# 中华人民共和国现行会计法律法规汇编

（2013年最新版）

全国人大常委会法制工作委员会　审定

立信会计出版社
LIXIN ACCOUNTING PUBLISHING HOUSE

**图书在版编目(CIP)数据**

中华人民共和国现行会计法律法规汇编:2013年最新版/全国人大常委会法制工作委员会审定.—上海:立信会计出版社,2013.3

ISBN 978-7-5429-3834-3

Ⅰ.①中… Ⅱ.①全… Ⅲ.①会计法—汇编—中国 Ⅳ.①D922.269

中国版本图书馆CIP数据核字(2013)第041925号

策划编辑 蔡伟莉
责任编辑 蔡伟莉 何颖颖

**中华人民共和国现行会计法律法规汇编(2013年最新版)**

出版发行 立信会计出版社
地　　址 上海市中山西路2230号　　邮政编码 200235
电　　话 (021)64411389　　传　　真 (021)64411325
网　　址 www.lixinaph.com　　电子邮箱 lxaph@sh163.net
网上书店 www.shlx.net　　电　　话 (021)64411071
经　　销 各地新华书店

印　　刷 北京通州皇家印刷厂
开　　本 787毫米×1092毫米 1/16
印　　张 68　　插　　页 4
字　　数 2290千字
版　　次 2013年3月第1版
印　　次 2013年3月第1次
书　　号 ISBN 978-7-5429-3834-3/D
定　　价 368.00元

如有印订差错,请与本社联系调换

# 前　　言

会计随着经济的发展而不断优化，会计法规为会计人员提供了行为规范和技术指导，能够大大提高对社会经济决策的支持作用。国家相关部门每年都会根据社会的需要对已经发布的会计法规进行修订，并发布一些新的法规，因此会计人员必须与时俱进，随时了解会计法规的最新进展。

在刚刚过去的2012年，《会计从业资格管理办法》等经过修订重新发布，《企业会计准则解释第5号》、《企业内部控制规范体系实施中相关问题解释》第1号和第2号等法规作为已经颁布法规实施的依据逐步推出。《金融工具确认与计量》等准则发布6年多来反映出很多问题，目前财政部正在征求意见，预计近期将会公布，读者要随时关注相关政策的颁布信息。

在行政事业单位会计法规方面，2012年度财政部陆续发布了《行政单位财务规则》、《事业单位财务规则》、《高等学校财务制度》、《事业单位会计准则》、《事业单位会计制度》、《财政总预算会计管理基础工作规定》以及《行政事业单位内部控制规范（试行）》等。《行政单位会计制度》、《高等学校会计制度（试行）》等颁布已经数年，急需修订但是目前尚未重新颁布，与对应的财务制度还不是很匹配，读者需要随时关注相关法规的出台。

虽然说审计与会计之间相对独立，但是两者互相依存，如果会计人员希望提高自身胜任能力，就要了解国家审计、社会审计和内部审计对会计信息的评价标准和审计重点，并且从审计活动中发现管理中存在的问题并持续优化。在2012年审计相关法规变化不大，即便如此，编者搜索重要相关审计法规并重新梳理，以方便读者查阅和学习。

2013版的会计法规汇编是对2012年版本的优化，为了方便读者了解法规的修订情况，在目录中增加了颁布、修正或修订的年度，还增加了最新的会计相关法规，删除了已经废止的和应用范围逐步缩小的法规，并对原有法规的编排顺序进行了调整。水平有限，请读者批评指正。

编　者

2013年2月3日

# 目　录

## 第一编　综合性会计法规



## 第二编　企业会计相关法规

## 第三编 行政事业单位法规汇编

# 第一编

# 综合性会计法规

# 第一章　统驭性会计法规

## 1. 中华人民共和国会计法(1999 年修正)

### 第一章　总　　则

**第一条**　为了规范会计行为,保证会计资料真实、完整,加强经济管理和财务管理,提高经济效益,维护社会主义市场经济秩序,制定本法。

**第二条**　国家机关、社会团体、公司、企业、事业单位和其他组织(以下统称单位)必须依照本法办理会计事务。

**第三条**　各单位必须依法设置会计账簿,并保证其真实、完整。

**第四条**　单位负责人对本单位的会计工作和会计资料的真实性、完整性负责。

**第五条**　会计机构、会计人员依照本法规定进行会计核算,实行会计监督。

任何单位或者个人不得以任何方式授意、指使、强令会计机构、会计人员伪造、变造会计凭证、会计账簿和其他会计资料,提供虚假财务会计报告。

任何单位或者个人不得对依法履行职责、抵制违反本法规定行为的会计人员实行打击报复。

**第六条**　对认真执行本法,忠于职守,坚持原则,做出显著成绩的会计人员,给予精神的或者物质的奖励。

**第七条**　国务院财政部门主管全国的会计工作。

县级以上地方各级人民政府财政部门管理本行政区域内的会计工作。

**第八条**　国家实行统一的会计制度。国家统一的会计制度由国务院财政部门根据本法制定并公布。

国务院有关部门可以依照本法和国家统一的会计制度制定对会计核算和会计监督有特殊要求的行业实施国家统一的会计制度的具体办法或者补充规定,报国务院财政部门审核批准。

中国人民解放军总后勤部可以依照本法和国家统一的会计制度制定军队实施国家统一的会计制度的具体办法,报国务院财政部门备案。

### 第二章　会计核算

**第九条**　各单位必须根据实际发生的经济业务事项进行会计核算,填制会计凭证,登记会计账簿,编制财务会计报告。

任何单位不得以虚假的经济业务事项或者资料进行会计核算。

**第十条**　下列经济业务事项,应当办理会计手续,进行会计核算:

(一)款项和有价证券的收付;

(二)财物的收发、增减和使用;

(三)债权债务的发生和结算;

(四)资本、基金的增减;

(五)收入、支出、费用、成本的计算;

(六)财务成果的计算和处理;

(七)需要办理会计手续、进行会计核算的其他事项。

**第十一条**　会计年度自公历 1 月 1 日起至 12 月 31 日止。

**第十二条**　会计核算以人民币为记账本位币。

业务收支以人民币以外的货币为主的单位,可以选定其中一种货币作为记账本位币,但是编报的财务会计报告应当折算为人民币。

**第十三条** 会计凭证、会计账簿、财务会计报告和其他会计资料，必须符合国家统一的会计制度的规定。

使用电子计算机进行会计核算的，其软件及其生成的会计凭证、会计账簿、财务会计报告和其他会计资料，也必须符合国家统一的会计制度的规定。

任何单位和个人不得伪造、变造会计凭证、会计账簿及其他会计资料，不得提供虚假的财务会计报告。

**第十四条** 会计凭证包括原始凭证和记账凭证。

办理本法第十条所列的经济业务事项，必须填制或者取得原始凭证并及时送交会计机构。

会计机构、会计人员必须按照国家统一的会计制度的规定对原始凭证进行审核，对不真实、不合法的原始凭证有权不予接受，并向单位负责人报告；对记载不准确、不完整的原始凭证予以退回，并要求按照国家统一的会计制度的规定更正、补充。

原始凭证记载的各项内容均不得涂改；原始凭证有错误的，应当由出具单位重开或者更正，更正处应当加盖出具单位印章。原始凭证金额有错误的，应当由出具单位重开，不得在原始凭证上更正。

记账凭证应当根据经过审核的原始凭证及有关资料编制。

**第十五条** 会计账簿登记，必须以经过审核的会计凭证为依据，并符合有关法律、行政法规和国家统一的会计制度的规定。会计账簿包括总账、明细账、日记账和其他辅助性账簿。

会计账簿应当按照连续编号的页码顺序登记。会计账簿记录发生错误或者隔页、缺号、跳行的，应当按照国家统一的会计制度规定的方法更正，并由会计人员和会计机构负责人（会计主管人员）在更正处盖章。

使用电子计算机进行会计核算的，其会计账簿的登记、更正，应当符合国家统一的会计制度的规定。

**第十六条** 各单位发生的各项经济业务事项应当在依法设置的会计账簿上统一登记、核算，不得违反本法和国家统一的会计制度的规定私设会计账簿登记、核算。

**第十七条** 各单位应当定期将会计账簿记录与实物、款项及有关资料相互核对，保证会计账簿记录与实物及款项的实有数额相符、会计账簿记录与会计凭证的有关内容相符、会计账簿之间相对应的记录相符、会计账簿记录与会计报表的有关内容相符。

**第十八条** 各单位采用的会计处理方法，前后各期应当一致，不得随意变更；确有必要变更的，应当按照国家统一的会计制度的规定变更，并将变更的原因、情况及影响在财务会计报告中说明。

**第十九条** 单位提供的担保、未决诉讼等或有事项，应当按照国家统一的会计制度的规定，在财务会计报告中予以说明。

**第二十条** 财务会计报告应当根据经过审核的会计账簿记录和有关资料编制，并符合本法和国家统一的会计制度关于财务会计报告的编制要求、提供对象和提供期限的规定；其他法律、行政法规另有规定的，从其规定。

财务会计报告由会计报表、会计报表附注和财务情况说明书组成。向不同的会计资料使用者提供的财务会计报告，其编制依据应当一致。有关法律、行政法规规定会计报表、会计报表附注和财务情况说明书须经注册会计师审计的，注册会计师及其所在的会计师事务所出具的审计报告应当随同财务会计报告一并提供。

**第二十一条** 财务会计报告应当由单位负责人和主管会计工作的负责人、会计机构负责人（会计主管人员）签名并盖章；设置总会计师的单位，还须由总会计师签名并盖章。

单位负责人应当保证财务会计报告真实、完整。

**第二十二条** 会计记录的文字应当使用中文。在民族自治地方，会计记录可以同时使用当地通用的一种民族文字。在中华人民共和国境内的外商投资企业、外国企业和其他外国组织的会计记录可以同时使用一种外国文字。

**第二十三条** 各单位对会计凭证、会计账簿、财务会计报告和其他会计资料应当建立档案，妥善保管。会计档案的保管期限和销毁办法，由国务院财政部门会同有关部门制定。

## 第三章 公司、企业会计核算的特别规定

**第二十四条** 公司、企业进行会计核算，除应当遵守本法第二章的规定外，还应当遵守本章规定。

**第二十五条** 公司、企业必须根据实际发生的经济业务事项，按照国家统一的会计制度的规定确认、计

量和记录资产、负债、所有者权益、收入、费用、成本和利润。

**第二十六条**　公司、企业进行会计核算不得有下列行为：

（一）随意改变资产、负债、所有者权益的确认标准或者计量方法，虚列、多列、不列或者少列资产、负债、所有者权益；

（二）虚列或者隐瞒收入，推迟或者提前确认收入；

（三）随意改变费用、成本的确认标准或者计量方法，虚列、多列、不列或者少列费用、成本；

（四）随意调整利润的计算、分配方法，编造虚假利润或者隐瞒利润；

（五）违反国家统一的会计制度规定的其他行为。

## 第四章　会计监督

**第二十七条**　各单位应当建立、健全本单位内部会计监督制度。单位内部会计监督制度应当符合下列要求：

（一）记账人员与经济业务事项和会计事项的审批人员、经办人员、财物保管人员的职责权限应当明确，并相互分离、相互制约；

（二）重大对外投资、资产处置、资金调度和其他重要经济业务事项的决策和执行的相互监督、相互制约程序应当明确；

（三）财产清查的范围、期限和组织程序应当明确；

（四）对会计资料定期进行内部审计的办法和程序应当明确。

**第二十八条**　单位负责人应当保证会计机构、会计人员依法履行职责，不得授意、指使、强令会计机构、会计人员违法办理会计事项。

会计机构、会计人员对违反本法和国家统一的会计制度规定的会计事项，有权拒绝办理或者按照职权予以纠正。

**第二十九条**　会计机构、会计人员发现会计账簿记录与实物、款项及有关资料不相符的，按照国家统一的会计制度的规定有权自行处理的，应当及时处理；无权处理的，应当立即向单位负责人报告，请求查明原因，作出处理。

**第三十条**　任何单位和个人对违反本法和国家统一的会计制度规定的行为，有权检举。收到检举的部门有权处理的，应当依法按照职责分工及时处理；无权处理的，应当及时移送有权处理的部门处理。收到检举的部门、负责处理的部门应当为检举人保密，不得将检举人姓名和检举材料转给被检举单位和被检举人个人。

**第三十一条**　有关法律、行政法规规定，须经注册会计师进行审计的单位，应当向受委托的会计师事务所如实提供会计凭证、会计账簿、财务会计报告和其他会计资料以及有关情况。

任何单位或者个人不得以任何方式要求或者示意注册会计师及其所在的会计师事务所出具不实或者不当的审计报告。

财政部门有权对会计师事务所出具审计报告的程序和内容进行监督。

**第三十二条**　财政部门对各单位的下列情况实施监督：

（一）是否依法设置会计账簿；

（二）会计凭证、会计账簿、财务会计报告和其他会计资料是否真实、完整；

（三）会计核算是否符合本法和国家统一的会计制度的规定；

（四）从事会计工作的人员是否具备从业资格。

在对前款第（二）项所列事项实施监督，发现重大违法嫌疑时，国务院财政部门及其派出机构可以向与被监督单位有经济业务往来的单位和被监督单位开立账户的金融机构查询有关情况，有关单位和金融机构应当给予支持。

**第三十三条**　财政、审计、税务、人民银行、证券监管、保险监管等部门应当依照有关法律、行政法规规定的职责，对有关单位的会计资料实施监督检查。

前款所列监督检查部门对有关单位的会计资料依法实施监督检查后，应当出具检查结论。有关监督检查部门已经作出的检查结论能够满足其他监督检查部门履行本部门职责需要的，其他监督检查部门应当加

以利用，避免重复查账。

**第三十四条**　依法对有关单位的会计资料实施监督检查的部门及其工作人员对在监督检查中知悉的国家秘密和商业秘密负有保密义务。

**第三十五条**　各单位必须依照有关法律、行政法规的规定，接受有关监督检查部门依法实施的监督检查，如实提供会计凭证、会计账簿、财务会计报告和其他会计资料以及有关情况，不得拒绝、隐匿、谎报。

## 第五章　会计机构和会计人员

**第三十六条**　各单位应当根据会计业务的需要，设置会计机构，或者在有关机构中设置会计人员并指定会计主管人员；不具备设置条件的，应当委托经批准设立从事会计代理记账业务的中介机构代理记账。

国有的和国有资产占控股地位或者主导地位的大、中型企业必须设置总会计师。总会计师的任职资格、任免程序、职责权限由国务院规定。

**第三十七条**　会计机构内部应当建立稽核制度。

出纳人员不得兼任稽核、会计档案保管和收入、支出、费用、债权债务账目的登记工作。

**第三十八条**　从事会计工作的人员，必须取得会计从业资格证书。

担任单位会计机构负责人（会计主管人员）的，除取得会计从业资格证书外，还应当具备会计师以上专业技术职务资格或者从事会计工作三年以上经历。

会计人员从业资格管理办法由国务院财政部门规定。

**第三十九条**　会计人员应当遵守职业道德，提高业务素质。对会计人员的教育和培训工作应当加强。

**第四十条**　因有提供虚假财务会计报告，做假账，隐匿或者故意销毁会计凭证、会计账簿、财务会计报告，贪污，挪用公款，职务侵占等与会计职务有关的违法行为被依法追究刑事责任的人员，不得取得或者重新取得会计从业资格证书。

除前款规定的人员外，因违法违纪行为被吊销会计从业资格证书的人员，自被吊销会计从业资格证书之日起五年内，不得重新取得会计从业资格证书。

**第四十一条**　会计人员调动工作或者离职，必须与接管人员办清交接手续。

一般会计人员办理交接手续，由会计机构负责人（会计主管人员）监交；会计机构负责人（会计主管人员）办理交接手续，由单位负责人监交，必要时主管单位可以派人会同监交。

## 第六章　法律责任

**第四十二条**　违反本法规定，有下列行为之一的，由县级以上人民政府财政部门责令限期改正，可以对单位并处三千元以上五万元以下的罚款；对其直接负责的主管人员和其他直接责任人员，可以处二千元以上二万元以下的罚款；属于国家工作人员的，还应当由其所在单位或者有关单位依法给予行政处分：

（一）不依法设置会计账簿的；

（二）私设会计账簿的；

（三）未按照规定填制、取得原始凭证或者填制、取得的原始凭证不符合规定的；

（四）以未经审核的会计凭证为依据登记会计账簿或者登记会计账簿不符合规定的；

（五）随意变更会计处理方法的；

（六）向不同的会计资料使用者提供的财务会计报告编制依据不一致的；

（七）未按照规定使用会计记录文字或者记账本位币的；

（八）未按照规定保管会计资料，致使会计资料毁损、灭失的；

（九）未按照规定建立并实施单位内部会计监督制度或者拒绝依法实施的监督或者不如实提供有关会计资料及有关情况的；

（十）任用会计人员不符合本法规定的。

有前款所列行为之一，构成犯罪的，依法追究刑事责任。

会计人员有第一款所列行为之一，情节严重的，由县级以上人民政府财政部门吊销会计从业资格证书。

有关法律对第一款所列行为的处罚另有规定的，依照有关法律的规定办理。

**第四十三条**　伪造、变造会计凭证、会计账簿，编制虚假财务会计报告，构成犯罪的，依法追究刑事责任。

有前款行为，尚不构成犯罪的，由县级以上人民政府财政部门予以通报，可以对单位并处五千元以上十万元以下的罚款；对其直接负责的主管人员和其他直接责任人员，可以处三千元以上五万元以下的罚款；属于国家工作人员的，还应当由其所在单位或者有关单位依法给予撤职直至开除的行政处分；对其中的会计人员，并由县级以上人民政府财政部门吊销会计从业资格证书。

**第四十四条**　隐匿或者故意销毁依法应当保存的会计凭证、会计账簿、财务会计报告，构成犯罪的，依法追究刑事责任。

有前款行为，尚不构成犯罪的，由县级以上人民政府财政部门予以通报，可以对单位并处五千元以上十万元以下的罚款；对其直接负责的主管人员和其他直接责任人员，可以处三千元以上五万元以下的罚款；属于国家工作人员的，还应当由其所在单位或者有关单位依法给予撤职直至开除的行政处分；对其中的会计人员，并由县级以上人民政府财政部门吊销会计从业资格证书。

**第四十五条**　授意、指使、强令会计机构、会计人员及其他人员伪造、变造会计凭证、会计账簿，编制虚假财务会计报告或者隐匿、故意销毁依法应当保存的会计凭证、会计账簿、财务会计报告，构成犯罪的，依法追究刑事责任；尚不构成犯罪的，可以处五千元以上五万元以下的罚款；属于国家工作人员的，还应当由其所在单位或者有关单位依法给予降级、撤职、开除的行政处分。

**第四十六条**　单位负责人对依法履行职责、抵制违反本法规定行为的会计人员以降级、撤职、调离工作岗位、解聘或者开除等方式实行打击报复，构成犯罪的，依法追究刑事责任；尚不构成犯罪的，由其所在单位或者有关单位依法给予行政处分。对受打击报复的会计人员，应当恢复其名誉和原有职务、级别。

**第四十七条**　财政部门及有关行政部门的工作人员在实施监督管理中滥用职权、玩忽职守、徇私舞弊或者泄露国家秘密、商业秘密，构成犯罪的，依法追究刑事责任；尚不构成犯罪的，依法给予行政处分。

**第四十八条**　违反本法第三十条规定，将检举人姓名和检举材料转给被检举单位和被检举人个人的，由所在单位或者有关单位依法给予行政处分。

**第四十九条**　违反本法规定，同时违反其他法律规定的，由有关部门在各自职权范围内依法进行处罚。

### 第七章　附　　则

**第五十条**　本法下列用语的含义：

单位负责人，是指单位法定代表人或者法律、行政法规规定代表单位行使职权的主要负责人。

国家统一的会计制度，是指国务院财政部门根据本法制定的关于会计核算、会计监督、会计机构和会计人员以及会计工作管理的制度。

**第五十一条**　个体工商户会计管理的具体办法，由国务院财政部门根据本法的原则另行规定。

**第五十二条**　本法自 2000 年 7 月 1 日起施行。

## 2.《中华人民共和国公司法》第八章(2005 年修正)

### 第八章　公司财务、会计

**第一百六十四条**　公司应当依照法律、行政法规和国务院财政部门的规定建立本公司的财务、会计制度。

**第一百六十五条**　公司应当在每一会计年度终了时编制财务会计报告，并依法经会计师事务所审计。

财务会计报告应当依照法律、行政法规和国务院财政部门的规定制作。

**第一百六十六条**　有限责任公司应当依照公司章程规定的期限将财务会计报告送交各股东。

股份有限公司的财务会计报告应当在召开股东大会年会的二十日前置备于本公司，供股东查阅；公开发行股票的股份有限公司必须公告其财务会计报告。

**第一百六十七条**　公司分配当年税后利润时，应当提取利润的百分之十列入公司法定公积金。公司法

定公积金累计额为公司注册资本的百分之五十以上的，可以不再提取。

公司的法定公积金不足以弥补以前年度亏损的，在依照前款规定提取法定公积金之前，应当先用当年利润弥补亏损。

后利润中提取法定公积金后，经股东会或者股东大会决议，还可以从税后利润中提取任意公积金。

亏损和提取公积金后所余税后利润，有限责任公司依照本法第三十五条的规定分配；股份有限公司按照股东持有的股份比例分配，但股份有限公司章程规定不按持股比例分配的除外。

股东大会或者董事会违反前款规定，在公司弥补亏损和提取法定公积金之前向股东分配利润的，股东必须将违反规定分配的利润退还公司。

公司持有的本公司股份不得分配利润。

**第一百六十八条** 股份有限公司以超过股票票面金额的发行价格发行股份所得的溢价款以及国务院财政部门规定列入资本公积金的其他收入，应当列为公司资本公积金。

# 第二章 综合性会计基础工作管理法规

## 1. 会计基础工作规范(1996 年颁布)

财会字[1996]19 号

### 第一章 总 则

**第一条** 为了加强会计基础工作,建立规范的会计工作秩序,提高会计工作水平,根据《中华人民共和国会计法》的有关规定,制定本规范。

**第二条** 国家机关、社会团体、企业、事业单位、个体工商户和其他组织的会计基础工作,应当符合本规范的规定。

**第三条** 各单位应当依据有关法律、法规和本规范的规定,加强会计基础工作,严格执行会计法规制度,保证会计工作依法有序地进行。

**第四条** 单位领导人对本单位的会计基础工作负有领导责任。

**第五条** 各省、自治区、直辖市财政厅(局)要加强对会计基础工作的管理和指导,通过政策引导、经验交流、监督检查等措施,促进基层单位加强会计基础工作,不断提高会计工作水平。

国务院各业务主管部门根据职责权限管理本部门的会计基础工作。

### 第二章 会计机构和会计人员

#### 第一节 会计机构设备和会计人员配备

**第六条** 各单位应当根据会计业务的需要设置会计机构;不具备单独设置会计机构条件的,应当在有关机构中配备专职会计人员。

事业行政单位会计机构的设置和会计人员的配备应当符合国家统一事业行政单位会计制度的规定。

设置会计机构,应当配备会计机构负责人;在有关机构中配备专职会计人员,应当在专职会计人员中指定会计主管人员。

会计机构负责人会计主管人员任免,应当符合《中华人民共和国会计法》和有关法律的规定。

**第七条** 会计机构负责人、会计主管人员应当具备下列基本条件:

(一)坚持原则,廉洁奉公;

(二)具有会计专业技术资格;

(三)主管一个单位或者单位内一个重要方面的财务会计工作时间不少于二年;

(四)熟悉国家财经法律、法规、规章和方针、政策,掌握本行业业务管理的有关知识;

(五)有较强的组织能力;

(六)身体状况能够适应本职工作的要求。

**第八条** 没有设置会计机构和配备会计人员的单位,应当根据《代理记账管理暂行办法》委托会计事务所或者有代理记账许可证书的其他代理记账机构进行代理记账。

**第九条** 大、中型企业、事业单位、业务主管部门应当根据法律和国家有关规定设置总会计师。总会计师由具有会计师以上专业技术资格的人员担任。

总会计师行使《总会计师条例》规定的职责、权限。

总会计师的任命(聘任)、免职(解聘)依照《总会计师条例》和有关法律的规定办理。

**第十条** 各单位应当根据会计业务需要配备持有会计证的会计人员。未取得会计证的人员,不得从事

会计工作。

**第十一条** 各单位应当根据会计业务需要设置会计工作岗位。

会计工作岗位一般可分为：会计机构负责人或者会计主管人员，出纳，财产物资核算，工资核算，成本费用核算，财务成果核算，资金核算，往来结算，总账报表，稽核，档案管理等。开展会计电算化和管理会计的单位，可以根据需要设置相应工作岗位，也可以与其他工作岗位相结合。

**第十二条** 会计工作岗位，可以一人一岗、一人多岗或者一岗多人。但出纳人员不得兼管稽核、会计档案保管和收入、费用、债权债务账目的登记工作。

**第十三条** 会计人员的工作岗位应当有计划地进行轮换。

**第十四条** 会计人员应当具备必要的专业知识和专业技术，熟悉国家有关法律、法规、规章和国家统一会计制度，遵守职业道德。

会计人员应当按照国家有关规定参加会计业务的培训。各单位应当合理安排会计人员的培训，保证会计人员每年有一定时间用于学习和参加培训。

**第十五条** 各单位领导人应当支持会计机构、会计人员依法行使职责；对忠于职守，坚持原则，做出显著成绩的会计机构、会计人员，应当给予精神和物质的奖励。

**第十六条** 国家机关、国有企业、事业单位任用会计人员应当实行回避制度。

单位领导人的直系亲属不得担任本单位的会计机构负责人、会计主管人员。会计机构负责人、会计主管人员的直系亲属不得在本单位会计机构中担任出纳工作。

需要回避的直系亲属：夫妻关系、直系血亲关系、三代以内旁系血亲以及配偶亲关系。

## 第二节 会计人员职业道德

**第十七条** 会计人员在会计工作中应当遵守职业道德，树立良好的职业品质、严谨的工作作风，严守工作纪律，努力提高工作效率和工作质量。

**第十八条** 会计人员应当热爱本职工作，努力钻研业务，使自己的知识和技能适应所从事工作的要求。

**第十九条** 会计人员应当熟悉财经法律、法规、规章和国家统一会计制度，并结合会计工作进行广泛宣传。

**第二十条** 会计人员应当按照会计法律、法规和国家统一会计制度规定的程序和要求进行会计工作，保证所提供的会计信息合法、真实、准确、及时、完整。

**第二十一条** 会计人员办理会计事务应当实事求是、客观公正。

**第二十二条** 会计人员应当熟悉本单位的生产经营和业务管理情况，运用掌握的会计信息和会计方法，为改善单位内部管理、提高经济效益服务。

**第二十三条** 会计人员应当保守本单位商业秘密。除法律规定和单位领导人同意外，不能私自向外界提供或者泄露单位的会计信息。

**第二十四条** 财政部门、业务主管部门和各单位应当定期检查会计人员遵守职业道德的情况，并作为会计人员晋升、晋级、聘任专业职务、表彰奖励的重要考核依据。

会计人员违反职业道德的，由所在单位进行处罚；情节严重的，由会计证发证机关吊销其会计证。

## 第三节 会计工作交接

**第二十五条** 会计人员工作调动或者因故离职，必须将本人所经管的会计工作全部移交给接替人员。没有办清交接手续的，不得调动或者离职。

**第二十六条** 接替人员应当认真接管移交工作，并继续办理移交的未了事项。

**第二十七条** 会计人员办理移交手续，必须及时做好以下工作：

（一）已经受理的经济业务尚未填制会计凭证的，应当填制完毕。

（二）尚未登记的账目，应当登记完毕，并在最后一笔余额后加盖经办人员印章。

（三）整理应该移交的各项资料，对未了事项写出书面材料。

（四）编制移交清册，列明应当移交的会计凭证、会计账簿、会计报表、印章、现金、有价证券、支票簿、发票、文件、其他会计资料和物品等内容；实行会计电算化的单位，从事该项工作的移交人还应当在移交清册中列明会计软件及密码、会计软件数据磁盘(磁带等)及有关资料、实物等内容。

**第二十八条** 会计人员办理交接手续,必须有监交人负责监交。一般会计人员交接,由单位会计机构负责人、会计主管人员负责监交;会计机构负责人、会计主管人员交接,由单位领导人负责监交,必要时可由上级主管部门派人会同监交。

**第二十九条** 移交人员在办理移交时,要按移交注册逐项移交;接替人员要逐项核对点收。

(一)现金、有价证券要根据会计账簿有关记录进行点交。库存现金、有价证券必须与会计账簿记录保持一致。不一致时,移交人员必须限期查清。

(二)会计凭证、会计账簿、会计报表和其他会计资料必须完整无缺,必须查清原因,并在移交注册中注明,由移交人员负责。

(三)银行存款账户余额要与银行对账单核对,如不一致,应当编制银行存款余额调节表调节相符,各种财产物资和债权债务的明细账户余额要与总账有关账户余额核对相符;必要时,要抽查个别账户的余额,与实物核对相符,或者与往来单位、个人核对清楚。

(四)移交人员经管的票据、印章和其他实物等,必须交接清楚;移交人员从事会计电算化工作的,要对有关电子数据在实际操作状态下进行交接。

**第三十条** 会计机构负责人、会计主管人员移交时,还必须将全部财务会计工作、重大财务收支和会计人员的情况等,向接替人员详细介绍。对需要移交的遗留问题,应当写出书面材料。

**第三十一条** 交接完毕后,交接双方和监交人员要在移交清册上签名或者盖章。并应在移交清册上注明:单位名称,交接日期,交接双方和监交人员的职务、姓名,移交清册页数以及需要说明的问题和意见等。

移交清册一般应当填制一式三份,交接双方各执一份,存档一份。

**第三十二条** 接替人员应当继续使用移交的会计账簿,不得自行另立新账,以保持会计记录的连续性。

**第三十三条** 会计人员临时离职或者因病不能工作且需要接替或者代理的,会计机构负责人、会计主管人员或者单位领导人必须指定有关人员接替或者代理,并办理交接手续。

临时离职或者因病不能工作的会计人员恢复工作的,应当与接替或者代理人员办理交接手续。

移交人员因病或者其他特殊原因不能亲自办理移交的,经单位领导人批准,可由移交人员委托他人代办移交,但委托人应当承担本规范第三十五条规定的责任。

**第三十四条** 单位撤销时,必须留有必要的会计人员,会同有关人员办理清理工作,编制决算。未移交前,不得离职。接收单位和移交日期由主管部门确定。

单位合并、分立的,其会计工作交接手续比照上述有关规定办理。

**第三十五条** 移交人员对所移交的会计凭证、会计账簿、会计报表和其他有关资料的合法性、真实性承担法律责任。

## 第三章 会计核算

### 第一节 会计核算一般要求

**第三十六条** 各单位应当按照《中华人民共和国会计法》和国家统一会计制度的规定建立会计账册,进行会计核算,及时提供合法、真实、准确、完整的会计信息。

**第三十七条** 各单位发生的下列事项,应当及时办理会计手续、进行会计核算:

(一)款项和有价证券的收付;

(二)财物的收发、增减和使用;

(三)债权债务的发生和结算;

(四)资本、基金的增减;

(五)收入、支出、费用、成本的计算;

(六)财务成果的计算和处理;

(七)其他需要办理会计手续、进行会计核算的事项。

**第三十八条** 各单位的会计核算应当以实际发生的经济业务为依据,按照规定的会计处理方法进行,保证会计指标的口径一致、相互可比和会计处理方法的前后各期相一致。

**第三十九条** 会计年度自公历一月一日起至十二月三十一日止。

**第四十条** 会计核算以人民币为记账本位币。

收支业务外国货币为主的单位，也可以选定某种外国货币作为记账本位币，但是编制的会计报表应当折算为人民币反映。

境外单位向国内有关部门编报的会计报表，应当折算为人民币反映。

**第四十一条** 各单位根据国家统一会计制度的要求，在不影响会计核算要求、会计报表指标汇总和对外统一会计报表的前提下，可以根据实际情况自行设置和使用会计科目。

事业行政单位会计科目的设置和使用，应当符合国家统一事业行政单位会计制度的规定。

**第四十二条** 会计凭证、会计账簿、会计报表和其他会计资料的内容和要求必须符合国家统一会计制度的规定，不得伪造、变造会计凭证、会计账簿，不得设置账外账，不得报送虚假会计报表。

**第四十三条** 各单位对外报送的会计报表格式由财政部统一规定。

**第四十四条** 实行会计电算化的单位，对使用的会计软件及其生成的会计凭证、会计账簿、会计报表和其他会计资料的要求，应当符合财政部关于会计电算化的有关规定。

**第四十五条** 各单位的会计凭证、会计账簿、会计报表和其他会计资料，应当建立档案，妥善保管。会计档案建档要求、保管期限、销毁办法等依据《会计档案管理办法》的规定进行。

实行会计电算化的单位，有关电子数据、会计软件资料等应当作为会计档案进行管理。

**第四十六条** 会计记录的文字应当使用中文，少数民族自治地区可以同时使用少数民族文字。中国境内的外商投资企业、外国企业和其他外国经济组织也可以同时使用某种外国文字。

## 第二节 填制会计凭证

**第四十七条** 各单位办理本规范第三十七条规定的事项，必须取得或者填制原始凭证，并及时送交会计机构。

**第四十八条** 原始凭证的基本要求是：

（一）原始凭证的内容必须具备：凭证的名称；填制凭证的日期；填制凭证单位名称或者填制人姓名；经办人员的签名或者盖章；接受凭证单位名称；经济业务内容；数量、单价和金额。

（二）从外单位取得的原始凭证，必须盖有填制单位的公章；从个人取得的原始凭证，必须有填制人员的签名或者盖章。自制原始凭证必须有经办单位领导人或者其指定的人员签名或者盖章。对外开出的原始凭证，必须加盖本单位公章。

（三）凡填有大写和小写金额的原始凭证，大写与小写金额必须相符。购买实物的原始凭证，必须有验收证明。支付款项的原始凭证，必须有收款单位和收款人的收款证明。

（四）一式几联的原始凭证，应当注明各联的用途，只能以一联作为报销凭证。

一式几联的发票和收据，必须用双面复写纸（发票和收据本身具备复写纸功能的除外）套写，并连续编号。作废时应当加盖“作废”戳记，连同存根一起保存，不得撕毁。

（五）发生销货退回的，除填制退货发票外，还必须有退货验收证明；退款时，必须取得对方的收款收据或者汇款银行的凭证，不得以退货发票代替收据。

（六）职工公出借款凭据，必须附在记账凭证之后。收回借款时，应当另开收据或者退还借据副本，不得退还原借款收据。

（七）经上级有关部门批准的经济业务，应当将批准文件作为原始凭证附件。如果批准文件需要单独归档的，应当在凭证上注明批准机关名称、日期和文件字号。

**第四十九条** 原始凭证不得涂改、挖补。发现原始凭证有错误的，应当由开出单位重开或者更正，更正处应当加盖开出单位的公章。

**第五十条** 会计机构、会计人员要根据审核无误的原始凭证填制记账凭证。

记账凭证可以分为收款凭证、付款凭证和转账凭证，也可以使用通用记账凭证。

**第五十一条** 记账凭证的基本要求是：

（一）记账凭证的内容必须具备：填制凭证的日期；凭证编号；经济业务摘要；会计科目；金额；所附原始凭证张数；填制凭证人员、稽核人员、记账人员、会计机构负责人、会计主管人员签名或者盖章。收款和付款记账凭证还应当由出纳人员签名或者盖章。

以自制的原始凭证或者原始凭证汇总表代替记账凭证的，也必须具备记账凭证应有的项目。

（二）填制记账凭证时，应当对记账凭证进行连续编号。一笔经济业务需要填制两张以上记账凭证的，可以采用分数编号法编号。

（三）记账凭证可以根据每一张原始凭证填制，或者根据若干张同类原始凭证汇总填制，也可以根据原始凭证汇总表填制。但不得将不同内容和类别的原始凭证汇总填制在一张记账凭证上。

（四）除结账和更正错误的记账凭证可以不附原始凭证外，其他记账必须附有原始凭证。如果一张原始凭证涉及几张记账凭证，可以把原始凭证附在一张主要的记账凭证后面，并在其他记账凭证上注明附有该原始凭证的记账凭证的编号或者附有原始凭证复印件。

一张原始凭证所列支出需要几个单位共同负担的，应当将其他单位负担的部分，开给对方原始凭证分割单，进行结算。原始凭证分割单必须具备原始凭证的基本内容：凭证名称、填制凭证日期、填制凭证单位名称或者填制人姓名、经办人的签名或者盖章、接受凭证单位名称、经济业务内容、数量、单价、金额和费用分摊情况等。

（五）如果在填制记账凭证时发生错误，应当重新填制。

已经登记入账的记账凭证，在当年内发现填写错误时，可以用红字填写一张与原内容相同的记账凭证，在摘要栏注明"注销某月某日某号凭证"字样，同时再用蓝字重新填制一张正确的记账凭证，注明"订正某月某日某号凭证"字样。如果会计科目没有错误，只是金额错误，也可以将正确数字与错误数字之间的差额，另编一张调整的记账凭证，调增金额用蓝字，调减金额用红字。发现以前年度记账凭证有错误的，应当用蓝字填制一张更正的记账凭证。

（六）记账凭证填制完经济业务事项后，如有空行，应当自金额栏最后一笔金额数字下的空行处至合计数上的空行处划线注销。

**第五十二条** 填制会计凭证，字迹必须清晰、工整，并符合下列要求：

（一）阿拉伯数字应当一个一个地写，不得连笔写。阿拉伯金额数字前面应当书写货币币种符号或者货币名称简写和币种符号。币种符号与阿拉伯金额数字之间不得留有空白。凡阿拉伯数字前写有币种符号的，数字后面不得再写货币单位。

（二）所有以元为单位（其他货币种类为货币基本单位，下同）的阿拉伯数字，除表示单价等情况外，一律填写到角分；无角分的，角位和分位可写"00"，或者符号"一"；有角无分的，分位应当写"0"，不得用符号"一"代替。

（三）汉字大写数字金额如零、壹、贰、叁、肆、伍、陆、柒、捌、玖、拾、佰、仟、万、亿等，一律用正楷或者行书体书写，不得用0、一、二、三、四、五、六、七、八、九、十等简写字代替，不得任意自造简化字。大写金额数字到元或者角为止的，在"元"或者"角"字之后应当写"整"字或者"正"字；大写金额数字有分的，分字后面不写"整"或者"正"字。

（四）大写金额数字前未印有货币名称的，应当加填货币名称，货币名称与金额数字之间不得留有空白。

（五）阿拉伯金额数字中间有"0"时，汉字大写金额要写"零"字；阿拉伯数字金额中连续有几个"0"时，汉字大写金额中可以只写一个"零"字；阿拉伯金额数字元位是"0"，或者数字中间连续有几个"0"、元位也是"0"但角位不是"0"时，汉字大写金额可以只写一个"零"字，也可以不写"零"字。

**第五十三条** 实行会计电算化的单位，对于机制记账凭证，要认真审核，做到会计科目使用正确，数字准确无误。打印出的机制记账凭证要加盖制单人员、审核人员、记账人员及会计机构负责人、会计主管人员印章或者签字。

**第五十四条** 各单位会计凭证的传递程序应当科学、合理，具体办法由各单位根据会计业务需要自行规定。

**第五十五条** 会计机构、会计人员要妥善保管会计凭证。

（一）会计凭证应当及时传递，不得积压。

（二）会计凭证登记完毕后，应当按照分类和编号顺序保管，不得散乱丢失。

（三）记账凭证应当连同所附的原始凭证或者原始凭证汇总表，按照编号顺序，折叠整齐，按期装订成册，并加具封面，注明单位名称、年度、月份和起讫日期、凭证种类、起讫号码，由装订人在装订线封签处签名

或者盖章。

对于数量过多的原始凭证，可以单独装订保管，在封面上注明记账凭证日期、编号、种类，同时在记账凭证上注明“附件另订”和原始凭证名称及编号。

各种经济合同、存出保证金收据以及涉外文件等重要原始凭证，应当另编目录，单独登记保管，并在有关的记账凭证和原始凭证上相互注明日期和编号。

（四）原始凭证不得外借，其他单位如因特殊原因需要使用原始凭证时，经本单位会计机构负责人、会计主管人员批准，可以复制。向外单位提供的原始凭证复制件，应当在专设的登记簿上登记，并由提供人员和收取人员共同签名或者盖章。

（五）从外单位取得的原始凭证如有遗失，应当取得原开出单位盖有公章的证明，并注明原来凭证的号码、金额和内容等，由经办单位会计机构负责人、会计主管人员和单位领导人批准后，才能代作原始凭证。如果确实无法取得证明的，如火车、轮船、飞机票等凭证，由当事人写出详细情况，由经办单位会计机构负责人、会计主管人员和单位领导人批准后，代作原始凭证。

## 第三节　登记会计账簿

**第五十六条**　各单位应当按照国家统一会计制度的规定和会计业务的需要设置会计账簿。会计账簿包括总账、明细账、日记账和其他辅助性账簿。

**第五十七条**　现金日记账和银行存款日记账必须采用订本式账簿。不得用银行对账单或者其他方式代替日记账。

**第五十八条**　实行会计电算化的单位，用计算机打印的会计账簿必须连续编号，经审核无误后装订成册，并由记账人员和会计机构负责人、会计主管人员签字或者盖章。

**第五十九条**　启用会计账簿时，应当在账簿封面上写明单位名称和账簿名称。在账簿扉页上应当附启用表，内容包括：启用日期、账簿页数、记账人员和会计机构负责人、会计主管人员姓名，并加盖名章和单位公章。记账人员或者会计机构负责人、会计主管人员调动工作时，应当注明交接日期、接办人员或者监交人员姓名，并由交接双方人员签名或者盖章。

启用订本式账簿，应当从第一页到最后一页顺序编写页数，不得跳页、缺号。使用活页式账页，应当按账户顺序编号，并须定期装订成册。装订后再按实际使用的账页顺序编写页码，另加目录，记明每个账户的名称和页次。

**第六十条**　会计人员应当根据审核无误的会计凭证登记会计账簿。登记账簿的基本要求是：

（一）登记会计账簿时，应当将会计凭证日期、编号、业务内容摘要、金额和有关资料逐项记入账内、做到数字准确、摘要清楚、登记及时、字迹工整。

（二）登记完毕后，要在记账凭证上签名或者盖章，并注明已经登账的符号，表示已经记账。

（三）账簿中书写的文字和数字上面要留有适当空格，不要写满格，一般应占格距的二分之一。

（四）登记账簿要用蓝黑墨水或者碳素墨水书写，不得使用圆珠笔（银行的复写账簿除外）或者铅笔书写。

（五）下列情况，可以用红色墨水记账：

1. 按照红字冲账的记账凭证，冲销错误记录；

2. 在不设借贷等栏的多栏式账页中，登记减少数；

3. 在三栏式账户的余额栏前，如未印明余额方向的，在余额栏内登记负数余额；

4. 根据国家统一会计制度的规定可以用红字登记的其他会计记录。

（六）各种账簿按页次顺序连续登记，不得跳行、隔页。如果发生跑行、隔页，应当将空行、空页划线注销，或者注明“此行空白”、“此页空白”字样，并由记账人员签名或者盖章。

（七）凡需要结出余额的账户，结出余额后，应当在“借或贷”等栏内写明“借”或者“贷”等字样。没有余额的账户，应当在“借或贷”等栏内写“平”字，并在余额栏内用“0”表示。

现金日记账和银行存款日记账必须逐日结出余额。

（八）每一账页登记完毕结转下页时，应当结出本页合计数及余额，写在本页最后一行和下页第一行有关栏内，并在摘要栏内分别注明“过次页”和“承前页”字样；也可以将本页合计数及金额只写在下页第一行有关栏内，并在摘要栏内注明“承前页”字样。

对需要结计本月发生额的账户，结计“过次页”的本页合计数应当为自本月初起至本页末止发生额合计数；对需要结计本年累计发生额的账户，结计“过次页”的本页合计数应当为自年初起至本页末止的累计数；对既不需要结计本月发生额也不需要结计本年累计发生额的账户，可以只将每页末的余额转次页。

**第六十一条**　实行会计电算化的单位，总账和明细账应当定期打印。

发生收款和付款业务的，在输入收款凭证和付款凭证的当天必须打印出现金日记、银行存款日记账，并在库存现金核对无误。

**第六十二条**　账簿记录发生错误，不准涂改、挖补、刮擦或者用药水消除字迹，不准重新抄写，必须按照下列方法进行更正：

（一）登记账簿时发生错误，应当将错误的文字或者数字划上红线注销，但必须使原有字迹仍可辨认；然后在划线上方填写正确的文字或者数字，并由记账人员在更正处盖章。对于错误的数字，应当全部划红线更正，不得只更正其中的错误数字。对于文字错误，可只划去错误的部分。

（二）由于记账凭证错误而使账簿记录发生错误，应当按更正的记账凭证登记账簿。

**第六十三条**　各单位应当定期对会计账簿记录的有关数字与库存实物、货币资金、有价证券、往来单位或者个人进行相互核对，保证账证相符、账账相符、账实相符。对账工作每年至少进行一次。

（一）账证核对。核对会计账簿记录与原始凭证、记账凭证的时间、凭证字号、内容、金额是否一致，记账方向是否相符。

（二）账账核对。核对不同会计账簿之间的账簿记录是否相符，包括：总账有关账户的余额核对，总账与明细账核对，总账与日记账核对，会计部门的财产物资明细账与财产物资保管和使用部门的有关明细账核对等。

（三）账实核对。核对会计账簿记录与财产等实有数额是否相符。包括：现金日记账账面余额与现金实际库存数相核对；银行存款日记账账面余额定期与银行对账单相核对；各种应收、应付款明细账账面余额与有关债务、债权单位或者个人核对等。

**第六十四条**　各单位应当按照规定定期结账。

（一）结账前，必须将本期内所发生的各项经济业务全部登记入账。

（二）结账时，应当结出每个账户的期末余额。需要结出当月发生额的，应当在摘要栏内注明“本月合计”字样，并在下面通栏划单红线。需要结出本年累计发生额的，应当在摘要栏内注明“本年累计”字样，并在下面通栏划单红线；十二月末的“本年累计”就是全年累计发生额。全年累计发生额下面应当通栏划双红线。年度终了结账时，所有总账账户都应当结出全年发生额和年末余额。

（三）年度终了，要把各账户的余额转到下一会计年度，并在摘要栏注明“结转下年”字样；在下一会计年度新建有关会计账簿的第一行余额栏内填写上年结转的余额，并在摘要栏注明“上年结转”字样。

## 第四节　编制财务报告

**第六十五条**　各单位必须按照国家统一会计制度的规定定期编制财务报告。

财务报告包括会计报表及其说明。会计报表包括会计报表主表、会计报表附表、会计报表附注。

**第六十六条**　各单位对外报送的财务报告应当根据国家统一会计制度规定的格式和要求编制。

单位内部使用的财务报告，其格式和要求由各单位自行规定。

**第六十七条**　会计报表应当根据登记完整、核结无误的会计账簿记录和其他有关资料编制，做到数字真实、计算准确、内容完整、说明清楚。

任何人不得篡改或者授意、指使、强令他人篡改会计报表的有关数字。

**第六十八条**　会计报表之间、会计报表各项目之间，凡有对应关系的数字，应当相互一致。本期会计报表与上期会计报表之间有关的数字应当相互衔接。如果不同会计年度会计报表中各项目的内容和核算方法有变更的，应当在年度会计报表中加以说明。

**第六十九条**　各单位应当按照国家统一会计制度的规定认真编写会计报表附注及其说明，做到项目齐全，内容完整。

**第七十条**　各单位应当按照国家规定的期限对外报送财务报告。

对外报送的财务报告，应当依次编写页码，加具封面，装订成册，加盖公章。封面上应当注明：单位名称，单位地址，财务报告所属年度、季度、月度、送出日期，并由单位领导人、总会计师、会计机构负责人、会计主管人员签名或者盖章。

单位领导人对财务报告的合法性、真实性负法律责任。

**第七十一条** 根据法律和国家有关规定应当对财务报告进行审计的，财务报告编制单位应当先行委托注册会计师进行审计，并将注册会计师出具的审计报告随同财务报告按照规定的期限报送有关部门。

**第七十二条** 如果发现对外报送的财务报告有错误，应当及时办理更正手续。除更正本单位留存的财务报告外，并应同时通知接受财务报告的单位更正。错误较多的，应当重新编报。

## 第四章 会计监督

**第七十三条** 各单位的会计机构、会计人员对本单位的经济活动进行会计监督。

**第七十四条** 会计机构、会计人员进行会计监督的依据是：

（一）财经法律、法规、规章；

（二）会计法律、法规和国家统一会计制度；

（三）各省、自治区、直辖市财政厅（局）和国务院业务主管部门根据《中华人民共和国会计法》和国家统一会计制度制定的具体实施办法或者补充规定；

（四）各单位根据《中华人民共和国会计法》和国家统一会计制度制定的单位内部会计管理制度；

（五）各单位内部的预算、财务计划、经济计划、业务计划等。

**第七十五条** 会计机构、会计人员应当对原始凭证进行审核和监督。

对不真实、不合法的原始凭证，不予受理。对弄虚作假、严重违法的原始凭证，在不予受理的同时，应当予以扣留，并及时向单位领导人报告，请求查明原因，追究当事人的责任。

对记载不准确、不完整的原始凭证，予以退回，要求经办人员更正、补充。

**第七十六条** 会计机构、会计人员伪造、变造、故意毁灭会计账簿或者账外设账行为，应当制止和纠正；制止和纠正无效的，应当向上级主管单位报告，请求作出处理。

**第七十七条** 会计机构、会计人员应当对实物、款项进行监督，督促建立并严格执行财产清查制度。发现账簿记录与实物、款项不符时，应当按照国家有关规定进行处理。超出会计机构、会计人员职权范围的，应当立即向本单位领导报告，请求查明原因，作出处理。

**第七十八条** 会计机构、会计人员对指使、强令编造、篡改财务报告行为，应当制止和纠正；制止和纠正无效的，应当向上级主管单位报告，请求处理。

**第七十九条** 会计机构、会计人员应当对财务收支进行监督。

（一）对审批手续不全的财务收支，应当退回，要求补充、更正。

（二）对违反规定不纳入单位统一会计核算的财务收支，应当制止和纠正。

（三）对违反国家统一的财政、财务、会计制度规定的财务收支，不予办理。

（四）对认为是违反国家统一的财政、财务、会计制度规定的财务收支，应当制止和纠正；制止和纠正无效的，应当向单位领导人提出书面意见请求处理。

单位领导人应当在接到书面意见起十日内作出书面决定，并对决定承担责任。

（五）对违反国家统一的财政、财务、会计制度规定的财务收支，不予制止和纠正，又不向单位领导人提出书面意见的，也应当承担责任。

（六）对严重违反国家利益和社会公众利益的财务收支，应当向主管单位或者财政、审计、税务机关报告。

**第八十条** 会计机构、会计人员对违反单位内部会计管理制度的经济活动，应当制止和纠正；制止和纠正无效的，向单位领导人报告，请求处理。

**第八十一条** 会计机构、会计人员应当对单位制定的预算、财务计划、经济计划、业务计划的执行情况进行监督。

**第八十二条** 各单位必须依照法律和国家有关规定接受财政、审计、税务等机关的监督，如实提供会计凭证、会计账簿、会计报表和其他会计资料以及有关情况，不得拒绝、隐匿、谎报。

**第八十三条** 按照法律规定应当委托注册会计师进行审计的单位，应当委托注册会计师进行审计，并配合注册会计师的工作，如实提供会计凭证、会计账簿、会计报表和其他会计资料以及有关情况，不得拒绝、隐匿、谎报，不得示意注册会计师出具不当的审计报告。

## 第五章 内部会计管理制度

**第八十四条** 各单位应当根据《中华人民共和国会计法》和国家统一会计制度的规定，结合单位类型和内部管理的需要，建立健全相应的内部会计管理制度。

**第八十五条** 各单位制定内部会计管理制度应当遵循下列原则：

（一）应当执行法律、法规和国家统一的财务会计制度。

（二）应当体现本单位的生产经营、业务管理的特点和要求。

（三）应当全面规范本单位的各项会计工作，建立健全会计基础，保证会计工作的有序进行。

（四）应当科学、合理，便于操作和执行。

（五）应当定期检查执行情况。

（六）应当根据管理需要和执行中的问题不断完善。

**第八十六条** 各单位应当建立内部会计管理体系。主要内容包括：单位领导人、总会计师对会计工作的领导职责；会计部门及其会计机构负责人、会计主管人员的职责、权限；会计部门与其他职能部门的关系；会计核算的组织形式。

**第八十七条** 各单位应当建立会计人员岗位责任制度。主要内容包括：会计人员工作岗位设置；各会计工作岗位的职责和标准；各会计工作岗位的人员和具体分工；会计工作岗位轮换办法；对各会计工作岗位的考核办法。

**第八十八条** 各单位应当建立账务处理程序制度。主要内容包括：会计科目及其明细科目的设置和使用；会计凭证的格式、审核要求和传递程序；会计核算方法；会计账簿的设置；编制会计报表的种类和要求；单位会计指标体系。

**第八十九条** 各单位应当建立内部牵制制度。主要内容包括：内部牵制制度的原则；组织分工；出纳岗位的职责和限制条件；有关岗位的职责和权限。

**第九十条** 各单位应当建立稽核制度。主要内容包括：稽核工作的组织形式和具体分工；稽核工作的职责、权限；审核会计凭证和复核会计账簿、会计报表的方法。

**第九十一条** 各单位应当建立原始记录管理制度。主要内容包括：原始记录的内容和填制方法；原始记录的格式；原始记录的审核；原始记录填制人的责任；原始记录签署、传递、汇集要求。

**第九十二条** 各单位应当建立定额管理制度。主要内容包括：定额管理的范围；规定和修订定额的依据、程序和方法；定额的执行；定额考核和奖惩办法等。

**第九十三条** 各单位应当建立计量验收制度。主要内容包括：计量检测手段和方法；计量验收管理的要求；计量验收人员的责任和奖惩办法。

**第九十四条** 各单位应当建立财产清查制度。主要内容包括：财产清查的范围；财产清查的组织；财产清查的期限和方法；对财产清查中发现问题的处理办法；对财产管理人员的奖惩办法。

**第九十五条** 各单位应当建立财务收支审批制度。主要内容包括：财务收支审批人员和审批权限；财务收支审批程序；财务收支审批人员的责任。

**第九十六条** 实行成本核算的单位应当建立成本核算制度。主要内容包括：成本核算的对象；成本核算的方法和程序；成本分析等。

**第九十七条** 各单位应当建立财务会计分析制度。主要内容包括：财务会计分析的主要内容；财务会计分析的基本要求和组织程序；财务会计分析的具体方法；财务会计分析报告的编写要求等。

## 第六章 附 则

**第九十八条** 本规范所称国家统一会计制度，是指由财政部制定、或者财政部与国务院有关部门联合制定、或者经财政部审核批准的在全国范围内统一执行的会计规章、准则、办法等规范性文件。

本规范所称会计主管人员，是指不设置会计机构、只在其他机构中设置专职会计人员的单位行使会计

机构负责人职权的人员。

本规范第三章第二节和第三节关于填制会计凭证、登记会计账簿的规定，除特别指出外，一般适用于手工记账。实行会计电算化的单位，填制会计凭证和登记会计账簿的有关要求，应当符合财政部关于会计电算化的有关规定。

**第九十九条** 各省、自治区、直辖市财政厅（局）、国务院各业务主管部门可以根据本规范的原则，结合本地区、本部门的具体情况，制定具体实施办法，报财政部备案。

**第一百条** 本规范由财政部负责解释、修改。

**第一百零一条** 本规范自发布之日起实施。1984 年 4 月 24 日财政部发布的《会计人员工作规则》同时废止。

# 2. 人民币银行结算账户管理办法(2003 年修订)

中国人民银行令　2003 年第 5 号

## 第一章　总　　则

**第一条** 为规范人民币银行结算账户（以下简称银行结算账户）的开立和使用，加强银行结算账户管理，维护经济金融秩序稳定，根据《中华人民共和国中国人民银行法》和《中华人民共和国商业银行法》等法律法规，制定本办法。

**第二条** 存款人在中国境内的银行开立的银行结算账户适用本办法。

本办法所称存款人，是指在中国境内开立银行结算账户的机关、团体、部队、企业、事业单位、其他组织（以下统称单位）、个体工商户和自然人。

本办法所称银行，是指在中国境内经中国人民银行批准经营支付结算业务的政策性银行、商业银行（含外资独资银行、中外合资银行、外国银行分行）、城市信用合作社、农村信用合作社。

本办法所称银行结算账户，是指银行为存款人开立的办理资金收付结算的人民币活期存款账户。

**第三条** 银行结算账户按存款人分为单位银行结算账户和个人银行结算账户。

（一）存款人以单位名称开立的银行结算账户为单位银行结算账户。单位银行结算账户按用途分为基本存款账户、一般存款账户、专用存款账户、临时存款账户。

个体工商户凭营业执照以字号或经营者姓名开立的银行结算账户纳入单位银行结算账户管理。

（二）存款人凭个人身份证件以自然人名称开立的银行结算账户为个人银行结算账户。邮政储蓄机构办理银行卡业务开立的账户纳入个人银行结算账户管理。

**第四条** 单位银行结算账户的存款人只能在银行开立一个基本存款账户。

**第五条** 存款人应在注册地或住所地开立银行结算账户。符合本办法规定可以在异地（跨省、市、县）开立银行结算账户的除外。

**第六条** 存款人开立基本存款账户、临时存款账户和预算单位开立专用存款账户实行核准制度，经中国人民银行核准后由开户银行核发开户登记证。但存款人因注册验资需要开立的临时存款账户除外。

**第七条** 存款人可以自主选择银行开立银行结算账户。除国家法律、行政法规和国务院规定外，任何单位和个人不得强令存款人到指定银行开立银行结算账户。

**第八条** 银行结算账户的开立和使用应当遵守法律、行政法规，不得利用银行结算账户进行偷逃税款、逃废债务、套取现金及其他违法犯罪活动。

**第九条** 银行应依法为存款人的银行结算账户信息保密。对单位银行结算账户的存款和有关资料，除国家法律、行政法规另有规定外，银行有权拒绝任何单位或个人查询。对个人银行结算账户的存款和有关资料，除国家法律另有规定外，银行有权拒绝任何单位或个人查询。

**第十条** 中国人民银行是银行结算账户的监督管理部门。

## 第二章　银行结算账户的开立

**第十一条**　基本存款账户是存款人因办理日常转账结算和现金收付需要开立的银行结算账户。下列存款人，可以申请开立基本存款账户：

(一)企业法人。

(二)非法人企业。

(三)机关、事业单位。

(四)团级(含)以上军队、武警部队及分散执勤的支(分)队。

(五)社会团体。

(六)民办非企业组织。

(七)异地常设机构。

(八)外国驻华机构。

(九)个体工商户。

(十)居民委员会、村民委员会、社区委员会。

(十一)单位设立的独立核算的附属机构。

(十二)其他组织。

**第十二条**　一般存款账户是存款人因借款或其他结算需要，在基本存款账户开户银行以外的银行营业机构开立的银行结算账户。

**第十三条**　专用存款账户是存款人按照法律、行政法规和规章，对其特定用途资金进行专项管理和使用而开立的银行结算账户。对下列资金的管理与使用，存款人可以申请开立专用存款账户：

(一)基本建设资金。

(二)更新改造资金。

(三)财政预算外资金。

(四)粮、棉、油收购资金。

(五)证券交易结算资金。

(六)期货交易保证金。

(七)信托基金。

(八)金融机构存放同业资金。

(九)政策性房地产开发资金。

(十)单位银行卡备用金。

(十一)住房基金。

(十二)社会保障基金。

(十三)收入汇缴资金和业务支出资金。

(十四)党、团、工会设在单位的组织机构经费。

(十五)其他需要专项管理和使用的资金。

收入汇缴资金和业务支出资金，是指基本存款账户存款人附属的非独立核算单位或派出机构发生的收入和支出的资金。

因收入汇缴资金和业务支出资金开立的专用存款账户，应使用隶属单位的名称。

**第十四条**　临时存款账户是存款人因临时需要并在规定期限内使用而开立的银行结算账户。有下列情况的，存款人可以申请开立临时存款账户：

(一)设立临时机构。

(二)异地临时经营活动。

(三)注册验资。

**第十五条**　个人银行结算账户是自然人因投资、消费、结算等而开立的可办理支付结算业务的存款账户。有下列情况的，可以申请开立个人银行结算账户：

(一)使用支票、信用卡等信用支付工具的。

（二）办理汇兑、定期借记、定期贷记、借记卡等结算业务的。

自然人可根据需要申请开立个人银行结算账户，也可以在已开立的储蓄账户中选择并向开户银行申请确认为个人银行结算账户。

**第十六条** 存款人有下列情形之一的，可以在异地开立有关银行结算账户：

（一）营业执照注册地与经营地不在同一行政区域（跨省、市、县）需要开立基本存款账户的。

（二）办理异地借款和其他结算需要开立一般存款账户的。

（三）存款人因附属的非独立核算单位或派出机构发生的收入汇缴或业务支出需要开立专用存款账户的。

（四）异地临时经营活动需要开立临时存款账户的。

（五）自然人根据需要在异地开立个人银行结算账户的。

**第十七条** 存款人申请开立基本存款账户，应向银行出具下列证明文件：

（一）企业法人，应出具企业法人营业执照正本。

（二）非法人企业，应出具企业营业执照正本。

（三）机关和实行预算管理的事业单位，应出具政府人事部门或编制委员会的批文或登记证书和财政部门同意其开户的证明；非预算管理的事业单位，应出具政府人事部门或编制委员会的批文或登记证书。

（四）军队、武警团级（含）以上单位以及分散执勤的支（分）队，应出具军队军级以上单位财务部门、武警总队财务部门的开户证明。

（五）社会团体，应出具社会团体登记证书，宗教组织还应出具宗教事务管理部门的批文或证明。

（六）民办非企业组织，应出具民办非企业登记证书。

（七）外地常设机构，应出具其驻在地政府主管部门的批文。

（八）外国驻华机构，应出具国家有关主管部门的批文或证明；外资企业驻华代表处、办事处应出具国家登记机关颁发的登记证。

（九）个体工商户，应出具个体工商户营业执照正本。

（十）居民委员会、村民委员会、社区委员会，应出具其主管部门的批文或证明。

（十一）独立核算的附属机构，应出具其主管部门的基本存款账户开户登记证和批文。

（十二）其他组织，应出具政府主管部门的批文或证明。

本条中的存款人为从事生产、经营活动纳税人的，还应出具税务部门颁发的税务登记证。

**第十八条** 存款人申请开立一般存款账户，应向银行出具其开立基本存款账户规定的证明文件、基本存款账户开户登记证和下列证明文件：

（一）存款人因向银行借款需要，应出具借款合同。

（二）存款人因其他结算需要，应出具有关证明。

**第十九条** 存款人申请开立专用存款账户，应向银行出具其开立基本存款账户规定的证明文件、基本存款账户开户登记证和下列证明文件：

（一）基本建设资金、更新改造资金、政策性房地产开发资金、住房基金、社会保障基金，应出具主管部门批文。

（二）财政预算外资金，应出具财政部门的证明。

（三）粮、棉、油收购资金，应出具主管部门批文。

（四）单位银行卡备用金，应按照中国人民银行批准的银行卡章程的规定出具有关证明和资料。

（五）证券交易结算资金，应出具证券公司或证券管理部门的证明。

（六）期货交易保证金，应出具期货公司或期货管理部门的证明。

（七）金融机构存放同业资金，应出具其证明。

（八）收入汇缴资金和业务支出资金，应出具基本存款账户存款人有关的证明。

（九）党、团、工会设在单位的组织机构经费，应出具该单位或有关部门的批文或证明。

（十）其他按规定需要专项管理和使用的资金，应出具有关法规、规章或政府部门的有关文件。

**第二十条** 合格境外机构投资者在境内从事证券投资开立的人民币特殊账户和人民币结算资金账户纳入专用存款账户管理。其开立人民币特殊账户时应出具国家外汇管理部门的批复文件，开立人民币结算资金账户时应出具证券管理部门的证券投资业务许可证。

**第二十一条** 存款人申请开立临时存款账户，应向银行出具下列证明文件：

（一）临时机构，应出具其驻在地主管部门同意设立临时机构的批文。

（二）异地建筑施工及安装单位，应出具其营业执照正本或其隶属单位的营业执照正本，以及施工及安装地建设主管部门核发的许可证或建筑施工及安装合同。

（三）异地从事临时经营活动的单位，应出具其营业执照正本以及临时经营地工商行政管理部门的批文。

（四）注册验资资金，应出具工商行政管理部门核发的企业名称预先核准通知书或有关部门的批文。

本条第二、三项还应出具其基本存款账户开户登记证。

**第二十二条** 存款人申请开立个人银行结算账户，应向银行出具下列证明文件：

（一）中国居民，应出具居民身份证或临时身份证。

（二）中国人民解放军军人，应出具军人身份证件。

（三）中国人民武装警察，应出具武警身份证件。

（四）香港、澳门居民，应出具港澳居民往来内地通行证；台湾居民，应出具台湾居民来往大陆通行证或者其他有效旅行证件。

（五）外国公民，应出具护照。

（六）法律、法规和国家有关文件规定的其他有效证件。

银行为个人开立银行结算账户时，根据需要还可要求申请人出具户口簿、驾驶执照、护照等有效证件。

**第二十三条** 存款人需要在异地开立单位银行结算账户，除出具本办法第十七条、十八条、十九条、二十一条规定的有关证明文件外，应出具下列相应的证明文件：

（一）经营地与注册地不在同一行政区域的存款人，在异地开立基本存款账户的，应出具注册地中国人民银行分支行的未开立基本存款账户的证明。

（二）异地借款的存款人，在异地开立一般存款账户的，应出具在异地取得贷款的借款合同。

（三）因经营需要在异地办理收入汇缴和业务支出的存款人，在异地开立专用存款账户的，应出具隶属单位的证明。

属本条第二、三项情况的，还应出具其基本存款账户开户登记证。

存款人需要在异地开立个人银行结算账户，应出具本办法第二十二条规定的证明文件。

**第二十四条** 单位开立银行结算账户的名称应与其提供的申请开户的证明文件的名称全称相一致。有字号的个体工商户开立银行结算账户的名称应与其营业执照的字号相一致；无字号的个体工商户开立银行结算账户的名称，由“个体户”字样和营业执照记载的经营者姓名组成。自然人开立银行结算账户的名称应与其提供的有效身份证件中的名称全称相一致。

**第二十五条** 银行为存款人开立一般存款账户、专用存款账户和临时存款账户的，应自开户之日起3个工作日内书面通知基本存款账户开户银行。

**第二十六条** 存款人申请开立单位银行结算账户时，可由法定代表人或单位负责人直接办理，也可授权他人办理。

由法定代表人或单位负责人直接办理的，除出具相应的证明文件外，还应出具法定代表人或单位负责人的身份证件；授权他人办理的，除出具相应的证明文件外，还应出具其法定代表人或单位负责人的授权书及其身份证件，以及被授权人的身份证件。

**第二十七条** 存款人申请开立银行结算账户时，应填制开户申请书。开户申请书按照中国人民银行的规定记载有关事项。

**第二十八条** 银行应对存款人的开户申请书填写的事项和证明文件的真实性、完整性、合规性进行认真审查。

开户申请书填写的事项齐全，符合开立基本存款账户、临时存款账户和预算单位专用存款账户条件的，银行应将存款人的开户申请书、相关的证明文件和银行审核意见等开户资料报送中国人民银行当地分支行，经其核准后办理开户手续；符合开立一般存款账户、其他专用存款账户和个人银行结算账户条件的，银行应办理开户手续，并于开户之日起5个工作日内向中国人民银行当地分支行备案。

**第二十九条** 中国人民银行应于2个工作日内对银行报送的基本存款账户、临时存款账户和预算单位专用存款账户的开户资料的合规性予以审核，符合开户条件的，予以核准；不符合开户条件的，应在开户申请书上签署意见，连同有关证明文件一并退回报送银行。

**第三十条** 银行为存款人开立银行结算账户，应与存款人签订银行结算账户管理协议，明确双方的权利与义务。除中国人民银行另有规定的以外，应建立存款人预留签章卡片，并将签章式样和有关证明文件的原件或复印件留存归档。

**第三十一条** 开户登记证是记载单位银行结算账户信息的有效证明，存款人应按本办法的规定使用，并妥善保管。

**第三十二条** 银行在为存款人开立一般存款账户、专用存款账户和临时存款账户时，应在其基本存款账户开户登记证上登记账户名称、账号、账户性质、开户银行、开户日期，并签章。但临时机构和注册验资需要开立的临时存款账户除外。

## 第三章　银行结算账户的使用

**第三十三条** 基本存款账户是存款人的主办账户。存款人日常经营活动的资金收付及其工资、奖金和现金的支取，应通过该账户办理。

**第三十四条** 一般存款账户用于办理存款人借款转存、借款归还和其他结算的资金收付。该账户可以办理现金缴存，但不得办理现金支取。

**第三十五条** 专用存款账户用于办理各项专用资金的收付。

单位银行卡账户的资金必须由其基本存款账户转账存入。该账户不得办理现金收付业务。

财政预算外资金、证券交易结算资金、期货交易保证金和信托基金专用存款账户不得支取现金。

基本建设资金、更新改造资金、政策性房地产开发资金、金融机构存放同业资金账户需要支取现金的，应在开户时报中国人民银行当地分支行批准。中国人民银行当地分支行应根据国家现金管理的规定审查批准。

粮、棉、油收购资金、社会保障基金、住房基金和党、团、工会经费等专用存款账户支取现金应按照国家现金管理的规定办理。

收入汇缴账户除向其基本存款账户或预算外资金财政专用存款户划缴款项外，只收不付，不得支取现金。业务支出账户除从其基本存款账户拨入款项外，只付不收，其现金支取必须按照国家现金管理的规定办理。

银行应按照本条 的各项规定和国家对粮、棉、油收购资金使用管理规定加强监督，对不符合规定的资金收付和现金支取，不得办理。但对其他专用资金的使用不负监督责任。

**第三十六条** 临时存款账户用于办理临时机构以及存款人临时经营活动发生的资金收付。

临时存款账户应根据有关开户证明文件确定的期限或存款人的需要确定其有效期限。存款人在账户的使用中需要延长期限的，应在有效期限内向开户银行提出申请，并由开户银行报中国人民银行当地分支行核准后办理展期。临时存款账户的有效期最长不得超过2年。

临时存款账户支取现金，应按照国家现金管理的规定办理。

**第三十七条** 注册验资的临时存款账户在验资期间只收不付，注册验资资金的汇缴人应与出资人的名称一致。

**第三十八条** 存款人开立单位银行结算账户，自正式开立之日起3个工作日后，方可办理付款业务。但注册验资的临时存款账户转为基本存款账户和因借款转存开立的一般存款账户除外。

**第三十九条** 个人银行结算账户用于办理个人转账收付和现金存取。下列款项可以转入个人银行结算账户：

（一）工资、奖金收入。

（二）稿费、演出费等劳务收入。

（三）债券、期货、信托等投资的本金和收益。

（四）个人债权或产权转让收益。

（五）个人贷款转存。

（六）证券交易结算资金和期货交易保证金。

（七）继承、赠与款项。

（八）保险理赔、保费退还等款项。

（九）纳税退还。

（十）农、副、矿产品销售收入。

（十一）其他合法款项。

**第四十条**　单位从其银行结算账户支付给个人银行结算账户的款项，每笔超过5万元的，应向其开户银行提供下列付款依据：

（一）代发工资协议和收款人清单。

（二）奖励证明。

（三）新闻出版、演出主办等单位与收款人签订的劳务合同或支付给个人款项的证明。

（四）证券公司、期货公司、信托投资公司、奖券发行或承销部门支付或退还给自然人款项的证明。

（五）债权或产权转让协议。

（六）借款合同。

（七）保险公司的证明。

（八）税收征管部门的证明。

（九）农、副、矿产品购销合同。

（十）其他合法款项的证明。

从单位银行结算账户支付给个人银行结算账户的款项应纳税的，税收代扣单位付款时应向其开户银行提供完税证明。

**第四十一条**　有下列情形之一的，个人应出具本办法第四十条 规定的有关收款依据。

（一）个人持出票人为单位的支票向开户银行委托收款，将款项转入其个人银行结算账户的。

（二）个人持申请人为单位的银行汇票和银行本票向开户银行提示付款，将款项转入其个人银行结算账户的。

**第四十二条**　单位银行结算账户支付给个人银行结算账户款项的，银行应按第四十条、第四十一条规定认真审查付款依据或收款依据的原件，并留存复印件，按会计档案保管。未提供相关依据或相关依据不符合规定的，银行应拒绝办理。

**第四十三条**　储蓄账户仅限于办理现金存取业务，不得办理转账结算。

**第四十四条**　银行应按规定与存款人核对账务。银行结算账户的存款人收到对账单或对账信息后，应及时核对账务并在规定期限内向银行发出对账回单或确认信息。

**第四十五条**　存款人应按照本办法的规定使用银行结算账户办理结算业务。

存款人不得出租、出借银行结算账户，不得利用银行结算账户套取银行信用。

## 第四章　银行结算账户的变更与撤销

**第四十六条**　存款人更改名称，但不改变开户银行及账号的，应于5个工作日内向开户银行提出银行结算账户的变更申请，并出具有关部门的证明文件。

**第四十七条**　单位的法定代表人或主要负责人、住址以及其他开户资料发生变更时，应于5个工作日内书面通知开户银行并提供有关证明。

**第四十八条**　银行接到存款人的变更通知后，应及时办理变更手续，并于2个工作日内向中国人民银行报告。

**第四十九条**　有下列情形之一的，存款人应向开户银行提出撤销银行结算账户的申请：

（一）被撤并、解散、宣告破产或关闭的。

（二）注销、被吊销营业执照的。

（三）因迁址需要变更开户银行的。

（四）其他原因需要撤销银行结算账户的。

存款人有本条 第一、二项情形的，应于5个工作日内向开户银行提出撤销银行结算账户的申请。

本条所称撤销是指存款人因开户资格或其他原因终止银行结算账户使用的行为。

**第五十条** 存款人因本办法第四十九条第一、二项原因撤销基本存款账户的，存款人基本存款账户的开户银行应自撤销银行结算账户之日起2个工作日内将撤销该基本存款账户的情况书面通知该存款人其他银行结算账户的开户银行；存款人其他银行结算账户的开户银行，应自收到通知之日起2个工作日内通知存款人撤销有关银行结算账户；存款人应自收到通知之日起3个工作日内办理其他银行结算账户的撤销。

**第五十一条** 银行得知存款人有本办法第四十九条第一、二项情况，存款人超过规定期限未主动办理撤销银行结算账户手续的，银行有权停止其银行结算账户的对外支付。

**第五十二条** 未获得工商行政管理部门核准登记的单位，在验资期满后，应向银行申请撤销注册验资临时存款账户，其账户资金应退还给原汇款人账户。注册验资资金以现金方式存入，出资人需提取现金的，应出具缴存现金时的现金缴款单原件及其有效身份证件。

**第五十三条** 存款人尚未清偿其开户银行债务的，不得申请撤销该账户。

**第五十四条** 存款人撤销银行结算账户，必须与开户银行核对银行结算账户存款余额，交回各种重要空白票据及结算凭证和开户登记证，银行核对无误后方可办理销户手续。存款人未按规定交回各种重要空白票据及结算凭证的，应出具有关证明，造成损失的，由其自行承担。

**第五十五条** 银行撤销单位银行结算账户时应在其基本存款账户开户登记证上注明销户日期并签章，同时于撤销银行结算账户之日起2个工作日内，向中国人民银行报告。

**第五十六条** 银行对一年未发生收付活动且未欠开户银行债务的单位银行结算账户，应通知单位自发出通知之日起30日内办理销户手续，逾期视同自愿销户，未划转款项列入久悬未取专户管理。

## 第五章　银行结算账户的管理

**第五十七条** 中国人民银行负责监督、检查银行结算账户的开立和使用，对存款人、银行违反银行结算账户管理规定的行为予以处罚。

**第五十八条** 中国人民银行对银行结算账户的开立和使用实施监控和管理。

**第五十九条** 中国人民银行负责基本存款账户、临时存款账户和预算单位专用存款账户开户登记证的管理。

任何单位及个人不得伪造、变造及私自印制开户登记证。

**第六十条** 银行负责所属营业机构银行结算账户开立和使用的管理，监督和检查其执行本办法的情况，纠正违规开立和使用银行结算账户的行为。

**第六十一条** 银行应明确专人负责银行结算账户的开立、使用和撤销的审查和管理，负责对存款人开户申请资料的审查，并按照本办法的规定及时报送存款人开销户信息资料，建立健全开销户登记制度，建立银行结算账户管理档案，按会计档案进行管理。

银行结算账户管理档案的保管期限为银行结算账户撤销后10年。

**第六十二条** 银行应对已开立的单位银行结算账户实行年检制度，检查开立的银行结算账户的合规性，核实开户资料的真实性；对不符合本办法规定开立的单位银行结算账户，应予以撤销。对经核实的各类银行结算账户的资料变动情况，应及时报告中国人民银行当地分支行。

银行应对存款人使用银行结算账户的情况进行监督，对存款人的可疑支付应按照中国人民银行规定的程序及时报告。

**第六十三条** 存款人应加强对预留银行签章的管理。单位遗失预留公章或财务专用章的，应向开户银行出具书面申请、开户登记证、营业执照等相关证明文件；更换预留公章或财务专用章时，应向开户银行出具书面申请、原预留签章的式样等相关证明文件。个人遗失或更换预留个人印章或更换签字人时，应向开户银行出具经签名确认的书面申请，以及原预留印章或签字人的个人身份证件。银行应留存相应的复印件，并凭以办理预留银行签章的变更。

## 第六章　罚　　则

**第六十四条** 存款人开立、撤销银行结算账户，不得有下列行为：

(一)违反本办法规定开立银行结算账户。

(二)伪造、变造证明文件欺骗银行开立银行结算账户。

(三)违反本办法规定不及时撤销银行结算账户。

非经营性的存款人,有上述所列行为之一的,给予警告并处以 1000 元的罚款;经营性的存款人有上述所列行为之一的,给予警告并处以 1 万元以上 3 万元以下的罚款;构成犯罪的,移交司法机关依法追究刑事责任。

**第六十五条**　存款人使用银行结算账户,不得有下列行为:

(一)违反本办法规定将单位款项转入个人银行结算账户。

(二)违反本办法规定支取现金。

(三)利用开立银行结算账户逃废银行债务。

(四)出租、出借银行结算账户。

(五)从基本存款账户之外的银行结算账户转账存入、将销货收入存入或现金存入单位信用卡账户。

(六)法定代表人或主要负责人、存款人地址以及其他开户资料的变更事项未在规定期限内通知银行。

非经营性的存款人有上述所列一至五项行为的,给予警告并处以 1000 元罚款;经营性的存款人有上述所列一至五项行为的,给予警告并处以 5000 元以上 3 万元以下的罚款;存款人有上述所列第六项行为的,给予警告并处以 1000 元的罚款。

**第六十六条**　银行在银行结算账户的开立中,不得有下列行为:

(一)违反本办法规定为存款人多头开立银行结算账户。

(二)明知或应知是单位资金,而允许以自然人名称开立账户存储。

银行有上述所列行为之一的,给予警告,并处以 5 万元以上 30 万元以下的罚款;对该银行直接负责的高级管理人员、其他直接负责的主管人员、直接责任人员按规定给予纪律处分;情节严重的,中国人民银行有权停止对其开立基本存款账户的核准,责令该银行停业整顿或者吊销经营金融业务许可证;构成犯罪的,移交司法机关依法追究刑事责任。

**第六十七条**　银行在银行结算账户的使用中,不得有下列行为:

(一)提供虚假开户申请资料欺骗中国人民银行许可开立基本存款账户、临时存款账户、预算单位专用存款账户。

(二)开立或撤销单位银行结算账户,未按本办法规定在其基本存款账户开户登记证上予以登记、签章或通知相关开户银行。

(三)违反本办法第四十二条规定办理个人银行结算账户转账结算。

(四)为储蓄账户办理转账结算。

(五)违反规定为存款人支付现金或办理现金存入。

(六)超过期限或未向中国人民银行报送账户开立、变更、撤销等资料。

银行有上述所列行为之一的,给予警告,并处以 5000 元以上 3 万元以下的罚款;对该银行直接负责的高级管理人员、其他直接负责的主管人员、直接责任人员按规定给予纪律处分;情节严重的,中国人民银行有权停止对其开立基本存款账户的核准,构成犯罪的,移交司法机关依法追究刑事责任。

**第六十八条**　违反本办法规定,伪造、变造、私自印制开户登记证的存款人,属非经营性的处以 1000 元罚款;属经营性的处以 1 万元以上 3 万元以下的罚款;构成犯罪的,移交司法机关依法追究刑事责任。

## 第七章　附　　则

**第六十九条**　开户登记证由中国人民银行总行统一式样,中国人民银行各分行、营业管理部、省会(首府)城市中心支行负责监制。

**第七十条**　本办法由中国人民银行负责解释、修改。

**第七十一条**　本办法自 2003 年 9 月 1 日起施行。1994 年 10 月 9 日中国人民银行发布的《银行账户管理办法》同时废止。

# 3. 人民币银行结算账户管理办法实施细则(2005年颁布)

银发[2005]16号

## 第一章 总 则

**第一条** 为加强人民币银行结算账户(以下简称“银行结算账户”)管理,维护经济金融秩序稳定,根据《人民币银行结算账户管理办法》(以下简称《办法》),制定本实施细则。

**第二条** 《办法》和本实施细则所称银行,是指在中华人民共和国境内依法经批准设立,可经营人民币支付结算业务的银行业金融机构。

**第三条** 中国人民银行是银行结算账户的监督管理部门,负责对银行结算账户的开立、使用、变更和撤销进行检查监督。

**第四条** 中国人民银行通过人民币银行结算账户管理系统(以下简称“账户管理系统”)和其他合法手段,对银行结算账户的开立、使用、变更和撤销实施监控和管理。

**第五条** 中国人民银行对下列单位银行结算账户实行核准制度:

(一)基本存款账户;

(二)临时存款账户(因注册验资和增资验资开立的除外);

(三)预算单位专用存款账户;

(四)合格境外机构投资者在境内从事证券投资开立的人民币特殊账户和人民币结算资金账户(以下简称“QFII专用存款账户”)。

上述银行结算账户统称核准类银行结算账户。

**第六条** 《办法》中“开户登记证”全部改为开户许可证。开户许可证是中国人民银行依法准予申请人在银行开立核准类银行结算账户的行政许可证件,是核准类银行结算账户合法性的有效证明。

中国人民银行在核准开立基本存款账户、临时存款账户(因注册验资和增资验资开立的除外)、预算单位专用存款账户和QFII专用存款账户时分别颁发基本存款账户开户许可证、临时存款账户开户许可证和专用存款账户开户许可证(附式1)。

**第七条** 人民银行在颁发开户许可证时,应在开户许可证中载明下列事项:

(一)“开户许可证”字样;

(二)开户许可证编号;

(三)开户核准号;

(四)中国人民银行当地分支行账户管理专用章;

(五)核准日期;

(六)存款人名称;

(七)存款人的法定代表人或单位负责人姓名;

(八)开户银行名称;

(九)账户性质;

(十)账号。

临时存款账户开户许可证除记载上述事项外,还应记载临时存款账户的有效期限。

**第八条** 《办法》和本实施细则所称“注册地”是指存款人的营业执照等开户证明文件上记载的住所地。

## 第二章 银行结算账户的开立

**第九条** 存款人应以实名开立银行结算账户,并对其出具的开户申请资料实质内容的真实性负责、法律、行政法规另有规定的除外。银行应负责对存款人开户申请资料的真实性、完整性和合规性进行审查。中国人民银行应负责对银行报送的核准类银行结算账户的开户资料的合规性以及存款人开立基本存款账户的唯一性进行审核。

**第十条**　境外(含港澳台地区)机构在境内从事经营活动的,或境内单位在异地从事临时活动的,持政府有关部门批准其从事该项活动的证明文件,经中国人民银行当地分支行核准后可开立临时存款账户。

**第十一条**　单位存款人因增资验资需要开立银行结算账户的,应持其基本存款账户开户许可证、股东会或董事会决议等证明文件,在银行开立一个临时存款账户。该账户的使用和撤销比照因注册验资开立的临时存款账户管理。

**第十二条**　存款人为临时机构的,只能在其驻在地开立一个临时存款账户,不得开立其他银行结算账户。

存款人在异地从事临时活动的,只能在其临时活动地开立一个临时存款账户。

建筑施工及安装单位企业在异地同时承建多个项目的,可根据建筑施工及安装合同开立不超过项目合同个数的临时存款账户。

**第十三条**　《办法》第十七条所称“税务登记证”是指国税登记证或地税登记证。

存款人为从事生产、经营活动的纳税人,根据国家有关规定无法取得税务登记证的,在申请开立基本存款账户时可不出具税务登记证。

**第十四条**　存款人凭《办法》第十九条规定的同一证明文件,只能开立一个专用存款账户。

合格境外机构投资者申请开立 QFII 专用存款账户应根据《办法》第二十条的规定出具证明文件,无须出具基本存款账户开户许可证。

**第十五条**　自然人除可凭《办法》第二十二条规定的证明文件申请开立个人银行结算账户外,还可凭下列证明文件申请开立个人银行结算账户:

(一)居住在境内的中国公民,可出具户口簿或护照。

(二)军队(武装警察)离退休干部以及在解放军军事院校学习的现役军人,可出具离休干部荣誉证、军官退休证、文职干部退休证或军事院校学员证。

(三)居住在境内或境外的中国籍的华侨,可出具中国护照。

(四)外国边民在我国边境地区的银行开立个人银行账户,可出具所在国制发的《边民出入境通行证》。

(五)获得在中国永久居留资格的外国人,可出具外国人永久居留证。

**第十六条**　《办法》第二十三条第(一)项所称出具“未开立基本存款账户的证明”(附式 2)适用以下三种情形:

(一)注册地已运行账户管理系统,但经营地尚未运行账户管理系统的;

(二)经营地已运行账户管理系统,但注册地尚未运行账户管理系统的;

(三)注册地和经营地均未运行账户管理系统的。

**第十七条**　存款人为单位的,其预留签章为该单位的公章或财务专用章加其法定代表人(单位负责人)或其授权的代理人的签名或者盖章。存款人为个人的,其预留签章为该个人的签名或者盖章。

**第十八条**　存款人在申请开立单位银行结算账户时,其申请开立的银行结算账户的账户名称、出具的开户证明文件上记载的存款人名称以及预留银行签章中公章或财务专用章的名称应保持一致,但下列情形除外:

(一)因注册验资开立的临时存款账户,其账户名称为工商行政管理部门核发的“企业名称预先核准通知书”或政府有关部门批文中注明的名称,其预留银行签章中公章或财务专用章的名称应是存款人与银行在银行结算账户管理协议中约定的出资人名称;

(二)预留银行签章中公章或财务专用章的名称依法可使用简称的,账户名称应与其保持一致;

(三)没有字号的个体工商户开立的银行结算账户,其预留签章中公章或财务专用章应是个体户字样加营业执照上载明的经营者的签字或盖章。

**第十九条**　存款人因注册验资或增资验资开立临时存款账户后,需要在临时存款账户有效期届满前退还资金的,应出具工商行政管理部门的证明;无法出具证明的,应于账户有效期届满后办理销户退款手续。

**第二十条**　《办法》第二十七条所称“填制开户申请书”是指,存款人申请开立单位银行结算账户时,应填写“开立单位银行结算账户申请书”(附式 3),并加盖单位公章。存款人有组织机构代码、上级法人或主管单位的,应在“开立单位银行结算账户申请书”上如实填写相关信息。存款人有关联企业的,应填写“关联

企业登记表”(附式4)。存款人申请开立个人银行结算账户时,应填写“开立个人银行结算账户申请书”(附式5),并加其个人签章。

**第二十一条** 中国人民银行当地分支行在核准存款人开立基本存款账户后,应为存款人打印初始密码,由开户银行转交存款人。

存款人可到中国人民银行当地分支行或基本存款账户开户银行,提交基本存款账户开户许可证,使用密码查询其已经开立的所有银行结算账户的相关信息。

**第二十二条** 开户银行和存款人签订的银行结算账户管理协议的内容可在开户申请书中列明,也可由开户银行与存款人另行约定。

**第二十三条** 存款人符合《办法》和本实施细则规定的开户条件的,银行应为其开立银行结算账户。

## 第三章 银行结算账户的使用

**第二十四条** 《办法》第三十六条所称“临时存款账户展期”的具体办理程序是,存款人在临时存款账户有效期届满前申请办理展期时,应填写“临时存款账户展期申请书”(附式6),并加盖单位公章,连同临时存款账户开户许可证及开立临时存款账户时需要出具的相关证明文件一并通过开户银行报送中国人民银行当地分支行。

符合展期条件的,中国人民银行当地分支行应核准其展期,收回原临时存款账户开户许可证,并颁发新的临时存款账户开户许可证。不符合展期条件的,中国人民银行当地分支行不核准其展期申请,存款人应及时办理该临时存款账户的撤销手续。

**第二十五条** 《办法》第三十八条所称“正式开立之日”具体是指:对于核准类银行结算账户,“正式开立之日”为中国人民银行当地分支行的核准日期;对于非核准类单位银行结算账户,“正式开立之日”为银行为存款人办理开户手续的日期。

**第二十六条** 当存款人在同一银行营业机构撤销银行结算账户后重新开立银行结算账户时,重新开立的银行结算账户可自开立之日起办理付款业务。

**第二十七条** 《办法》第四十一条所称“有下列情形之一的”,是指“有下列情形之一”,且符合“单位从其银行结算账户支付给个人银行结算账户的款项每笔超过5万元”的情形。

**第二十八条** 《办法》第四十二条所称“银行应按第四十条、第四十一条规定认真审查付款依据或收款依据的原件,并留存复印件”是指:对于《办法》第四十条规定的情形,单位银行结算账户的开户银行应认真审查付款依据的原件,并留存复印件;对于《办法》第四十一条规定的情形,个人银行结算账户的开户银行应认真审查收款依据的原件,并留存复印件。

存款人应对其提供的收款依据或付款依据的真实性、合法性负责,银行应按会计档案管理规定保管收款依据、付款依据的复印件。

**第二十九条** 个人持出票人(或申请人)为单位且一手或多手背书人为单位的支票、银行汇票或银行本票,向开户银行提示付款并将款项转入其个人银行结算账户的,应按照《办法》第四十一条和本实施细则第二十八条的规定,向开户银行出具最后一手背书人为单位且被背书人为个人的收款依据。

**第三十条** 《办法》第四十四条所称“规定期限”是指银行与存款人约定的期限。

## 第四章 银行结算账户的变更与撤销

**第三十一条** 《办法》第四十六条所称“提出银行结算账户的变更申请”是指,存款人申请办理银行结算账户信息变更时,应填写“变更银行结算账户申请书”(附式7)。属于申请变更单位银行结算账户的,应加盖单位公章;属于申请变更个人银行结算账户的,应加其个人签章。

**第三十二条** 存款人申请变更核准类银行结算账户的存款人名称、法定代表人或单位负责人的,银行应在接到变更申请后的2个工作日内,将存款人的“变更银行结算账户申请书”、开户许可证以及有关证明文件报送中国人民银行当地分支行。

符合变更条件的,中国人民银行当地分支行核准其变更申请,收回原开户许可证,颁发新的开户许可证。不符合变更条件的,中国人民银行当地分支行不核准其变更申请。

**第三十三条** 存款人因《办法》第四十九条第(一)、(二)项原因撤销银行结算账户的,应先撤销一般存款账户、专用存款账户、临时存款账户，将账户资金转入基本存款账户后，方可办理基本存款账户的撤销。

**第三十四条** 存款人因《办法》第四十九条第(三)、(四)项原因撤销基本存款账户后，需要重新开立基本存款账户的，应在撤销其原基本存款账户后10日内申请重新开立基本存款账户。

存款人在申请重新开立基本存款账户时，除应根据《办法》第十七条的规定出具相关证明文件外，还应出具"已开立银行结算账户清单"(附式8)。

**第三十五条** 存款人申请撤销银行结算账户时，应填写"撤销银行结算账户申请书"(附式9)。属于申请撤销单位银行结算账户的，应加盖单位公章；属于申请撤销个人银行结算账户的，应加其个人签章。

**第三十六条** 银行在收到存款人撤销银行结算账户的申请后，对于符合销户条件的，应在2个工作日内办理撤销手续。

**第三十七条** 《办法》第五十四条所称交回"开户登记证"是指存款人撤销核准类银行结算账户时应交回开户许可证。

**第三十八条** 存款人申请临时存款账户展期，变更、撤销单位银行结算账户以及补(换)发开户许可证时，可由法定代表人或单位负责人直接办理，也可授权他人办理。

由法定代表人或单位负责人直接办理的，除出具相应的证明文件外，还应出具法定代表人或单位负责人的身份证件；授权他人办理的，除出具相应的证明文件外，还应出具法定代表人或单位负责人的身份证件及其出具的授权书，以及被授权人的身份证件。

**第三十九条** 对于按照《办法》和本实施细则规定应撤销而未办理销户手续的单位银行结算账户，银行应通知该单位银行结算账户的存款人自发出通知之日起30日内办理销户手续，逾期视同自愿销户，未划转款项列入久悬未取专户管理。

## 第五章 银行结算账户的管理

**第四十条** 中国人民银行当地分支行通过账户管理系统与支付系统、同城票据交换系统等系统的连接，实现相关银行结算账户信息的比对，依法监测和查处未经中国人民银行核准或未向中国人民银行备案的银行结算账户。

**第四十一条** 账户管理系统中的银行机构代码是按照中国人民银行规定的编码规则为银行编制的，用于识别银行身份的唯一标识，是账户管理系统的基础数据。

中国人民银行负责银行机构代码信息的统一管理和维护。银行应按要求准确、完整、及时地向中国人民银行当地分支行申报银行机构代码信息。

**第四十二条** 中国人民银行应将开户许可证作为重要空白凭证进行管理，建立健全开户许可证的印制、保管、领用、颁发、收缴和销毁制度。

**第四十三条** 开户许可证遗失或毁损时，存款人应填写"补(换)发开户许可证申请书"(附式10)，并加盖单位公章，比照《办法》和本实施细则有关开立银行结算账户的规定，通过开户银行向中国人民银行当地分支行提出补(换)发开户许可证的申请。申请换发开户许可证的，存款人应缴回原开户许可证。

**第四十四条** 单位存款人申请更换预留公章或财务专用章，应向开户银行出具书面申请、原预留公章或财务专用章等相关证明材料。

单位存款人申请更换预留公章或财务专用章但无法提供原预留公章或财务专用章的，应向开户银行出具原印签卡片、开户许可证、营业执照正本、司法部门的证明等相关证明文件。

单位存款人申请变更预留公章或财务专用章，可由法定代表人或单位负责人直接办理，也可授权他人办理。由法定代表人或单位负责人直接办理的，除出具相应的证明文件外，还应出具法定代表人或单位负责人的身份证件；授权他人办理的，除出具相应的证明文件外，还应出具法定代表人或单位负责人的身份证件及其出具的授权书，以及被授权人的身份证件。

**第四十五条** 单位存款人申请更换预留个人签章，可由法定代表人或单位负责人直接办理，也可授权他人办理。

由法定代表人或单位负责人直接办理的，应出具加盖该单位公章的书面申请以及法定代表人或单位负责人的身份证件。

授权他人办理的，应出具加盖该单位公章的书面申请、法定代表人或单位负责人的身份证件及其出具

的授权书、被授权人的身份证件。无法出具法定代表人或单位负责人的身份证件的，应出具加盖该单位公章的书面申请、该单位出具的授权书以及被授权人的身份证件。

**第四十六条** 存款人应妥善保管其密码。存款人在收到开户银行转交的初始密码之后，应到中国人民银行当地分支行或基本存款账户开户银行办理密码变更手续。

存款人遗失密码的，应持其开户时需要出具的证明文件和基本存款账户开户许可证到中国人民银行当地分支行申请重置密码。

### 第六章 附 则

**第四十七条** 本实施细则所称各类申请书，可由银行参照本实施细则所附申请书式样，结合本行的需要印制，但必须包含本实施细则所附申请书式样中列明的记载事项。

**第四十八条** 《办法》和本实施细则所称身份证件，是指符合《办法》第二十二条和本实施细则第十五条规定的身份证件。

**第四十九条** 本实施细则由中国人民银行负责解释、修改。

**第五十条** 本实施细则自 2005 年 1 月 31 日起施行。

## 4. 现金管理暂行条例(1988 年修订)

中华人民共和国国务院令 1988 年第 12 号

### 第一章 总 则

**第一条** 为改善现金管理，促进商品生产和流通，加强对社会经济活动的监督，制定本条例。

**第二条** 凡在银行和其他金融机构(以下简称开户银行)开立账户的机关、团体、部队企业、事业单位和其他单位(以下简称开户单位)，必须依照本条例的规定收支和使用现金，接受开户银行的监督。

国家鼓励开户单位和个人在经济活动中，采取转账方式进行结算，减少使用现金。

**第三条** 开户单位之间的经济往来，除按本条例规定的范围可以使用现金外，应当通过开户银行进行转账结算。

**第四条** 各级人民银行应当严格履行金融主管机关的职责，负责对开户银行的现金管理进行监督和稽核。

开户银行依照本条例和中国人民银行的规定，负责现金管理的具体实施，对开户单位收支、使用现金进行监督管理。

### 第二章 现金管理和监督

**第五条** 开户单位可以在下列范围内使用现金：

(一)职工工资、津贴；

(二)个人劳务报酬；

(三)根据国家规定颁发给个人的科学技术、文化艺术、体育等各种奖金；

(四)各种劳保、福利费用以及国家规定的对个人的其他支出；

(五)向个人收购农副产品和其他物资的价款；

(六)出差人员必须随身携带的差旅费；

(七)结算起点以下的零星支出；

(八)中国人民银行确定需要支付现金的其他支出。

前款结算起点定为一千元。结算起点的调整，由中国人民银行确定，报国务院备案。

**第六条** 除本条例第五条第(五)、(六)项外，开户单位支付给个人的款项，超过使用现金限额的部分，应当以支票或者银行本票支付；确需全额支付现金的，经开户银行审核后，予以支付现金。

前款使用现金限额，按本条例第五条第二款的规定执行。

**第七条**　转账结算凭证在经济往来中，具有同现金相同的支付能力。

开户单位在销售活动中，不得对现金结算给予比转账结算优惠待遇；不得拒收支票、银行汇票和银行本票。

**第八条**　机关、团体、部队、全民所有制和集体所有制企业事业单位购置国家规定和专项控制商品，必须采取转账结算方式，不得使用现金。

**第九条**　开户银行应当根据实际需要，核定开户单位三天至五天的日常零星开支所需的库存现金限额。

边远地区和交通不便地区的开户单位的库存现金限额，可以多于五天，但不得超过十五天的日常零星开支。

**第十条**　经核定的库存现金限额，开户单位必须严格遵守。需要增加或者减少库存现金限额的，应当向开户银行提出申请，由开户银行核定。

**第十一条**　开户单位现金收支应当依照下列规定办理：

(一)开户单位现金收入应当于当日送存开户银行。当日送存确有困难的，由开户银行确定送存时间；

(二)开户单位支付现金，可以从本单位库存现金限额中支付或者从开户银行提取，不得从本单位的现金收入中直接支付(即坐支)。因特殊情况需要坐支现金的，应当事先报经开户银行审查批准，由开户银行核定坐支范围和限额。坐支单位应当定期向开户银行报送坐支金额和使用情况；

(三)开户单位根据本条例第五条和第六条的规定，从开户银行提取现金，应当写明用途，由本单位财会部门负责人签字盖章，经开户银行审核后，予以支付现金；

(四)因采购地点不固定，交通不便，生产或者市场急需，抢险救灾以及其他特殊情况必须使用现金的，开户单位应当向开户银行提出申请，由本单位财会部门负责人签字盖章，经开户银行审核后，予以支付现金。

**第十二条**　开户单位应当建立健全现金账目，逐笔记载现金支付。账目应当日清月结，账款相符。

**第十三条**　对个体工商户、农村承包经营户发放的贷款，应当以转账方式支付。对确需在集市使用现金购买物资的，经开户银行审核后，可以贷款金额内支付现金。

**第十四条**　在开户银行开户的个体工商户、农村承包经营户异地采购所需货款，应当通过银行汇兑方式支付。因采购地点不固定，交通不便必须携带现金的，由开户银行根据实际需要，予以支付现金。

未在开户银行开户的个体工商户、农村承包经营户异地采购所需货款，可以通过银行汇兑方式支付。凡加盖"现金"字样的结算凭证，汇入银行必须保证支付现金。

**第十五条**　具备条件的银行应当接受开户单位的委托，开展代发工资、转存储蓄业务。

**第十六条**　为保证开户单位的现金收入及时送存银行，开户银行必须按照规定做好现金收款工作，不得随意缩短收款时间。大中城市和商业比较集中的地区，应当建立非营业时间收款制度。

**第十七条**　开户银行应当加强柜台审查，定期和不定期地对开户单位现金收支情况进行检查，并按规定向当地人民银行报告现金管理情况。

**第十八条**　一个单位在几家银行开户的，由一家开户银行负责现金管理工作，核定开户单位库存现金限额。

各金融机构的现金管理分工，由中国人民银行确定。有关现金管理分工的争议，由当地人民银行协调、裁决。

**第十九条**　开户银行应当建立健全现金管理制度，配备专职人员，改进工作作风，改善服务设施。现金管理工作所需经费应当在开户银行业务费中解决。

## 第三章　法律责任

**第二十条**　开户单位有下列情形之一的，开户银行应当依照中国人民银行的规定，责令其停止违法活动，并可根据情节轻重处以罚款：

(一)超出规定范围、限额使用现金的；

（二）超出核定的库存现金限额留存现金的。

**第二十一条** 开户单位有下列情形之一的，开户银行应当依照中国人民银行的规定，予以警告或者罚款；情节严重的，可在一定期限内停止对该单位的贷款或者停止对该单位的现金支付：

（一）对现金结算给予比转账结算优惠待遇的；

（二）拒收支票、银行汇票和银行本票的；

（三）违反本条例第八条规定，不采取转账结算方式购置国家规定的专项控制商品的；

（四）用不符合财务会计制度规定的凭证顶替库存现金的；

（五）用转账凭证套换现金的；

（六）编造用途套取现金的；

（七）互相借用现金的；

（八）利用账户替其他单位和个人套取现金的；

（九）将单位的现金收入按个人储蓄方式存入银行的；

（十）保留账外公款的；

（十一）未经批准坐支或者未按开户银行核定的坐支范围和限额坐支现金的。

**第二十二条** 开户单位对开户银行作出的处罚决定不服的，必须首先按照处罚决定执行，然后可在十日内向开户银行的同级人民银行申请复议。同级人民银行应当在收到复议申请之日起三十日内作出复议决定。开户单位对复议决定不服的，可以在收到复议决定之日起三十日内人民法院起诉。

**第二十三条** 银行工作人员违反本条例规定，徇私舞弊、贪污受贿、玩忽职守纵容违法行为的，应当根据情节轻重，给予行政处分和经济处罚；构成犯罪的，由司法机关依法追究刑事责任。

### 第四章 附 则

**第二十四条** 本条例由中国人民银行负责解释；施行细则由中国人民银行制定。

**第二十五条** 本条例自 1988 年 10 月 1 日起施行。1977 年 11 月 28 日发布的《国务院关于实行现金管理的决定》同时废止。

## 5. 现金管理暂行条例实施细则(1988 年颁布)

银发[1988]288 号

**第一条** 为了更好地贯彻执行国务院一九八八年发布的《现金管理暂行条例》，特制定本细则。

**第二条** 凡在银行和其他金融机构(以下简称开户银行)开立账户的机关、团体、部队、企业、事业单位(以下简称开户单位)，必须执行本细则，接受开户银行的监督。开户银行包括：各专业银行，国内金融机构，经批准在中国境内经营人民币业务的外资、中外合资银行和金融机构。企业包括：国营企业、城乡集体企业(包括村办企业)、联营企业、私营企业(包括个体工商户、农村承包经营户)。

中外合资和合作经营企业原则上执行本细则，具体管理办法由人民银行各省、自治区、直辖市分行根据当地实际情况制订。

部队、公安系统所属的保密单位和其他保密单位的现金管理，原则上执行本细则。具体管理办法和其他单位可以有所区别(见第四条第二款)。

**第三条** 中国人民银行总行是现金管理的主管部门。各级人民银行要严格履行金融主管机关的职责，负责对开户银行的现金管理进行监督和稽核。

开户银行负责现金管理的具体执行，对开户单位的现金收支、使用进行监督管理。

一个单位在几家银行开户的，只能在一家银行开设现金结算户，支取现金，并由该家银行负责核定现金库存限额和进行现金管理检查。当地人民银行要协同各开户银行，认真清理现金结算账户，负责将开户单位的现金结算户落实到一家开户银行。

**第四条** 各开户单位的库存现金都要核定限额。库存现金限额应由开户单位提出计划，报开户银行审批。经核定的库存现金限额，开户单位必须严格遵守。

部队、公安系统的保密单位和其他保密单位的库存现金限额的核定和现金管理工作检查事宜，由其主管部门负责，并由主管部门将确定的库存现金限额和检查情况报开户银行。

各开户单位的库存现金限额，由于生产或业务变化，需要增加或减少时，应向开户银行提出申请，经批准后再行调整。

**第五条**　开户银行根据实际需要，原则上以开户单位三至五天的日常零星开支所需核定库存现金限额。边远地区和交通不发达地区的开户单位的库存现金限额，可以适当放宽，但最多不得超过十五天的日常零星开支。

对没有在银行单独开立账户的附属单位也要实行现金管理，必须保留的现金，也要核定限额，其限额包括在开户单位的库存限额之内。

商业和服务行业的找零备用现金也要根据营业额核定定额，但不包括在开户单位的库存现金限额之内。

**第六条**　开户单位之间的经济往来，必须通过银行进行转账结算。根据国家有关规定，开户单位只可在下列范围内使用现金：

（一）职工工资、各种工资性津贴；

（二）个人劳务报酬，包括稿费和讲课费及其他专门工作报酬；

（三）支付给个人的各种奖金，包括根据国家规定颁发给个人的各种科学技术、文化艺术、体育等各种奖金；

（四）各种劳保、福利费用以及国家规定的对个人的其他现金支出；

（五）收购单位向个人收购农副产品和其他物资支付的价款；

（六）出差人员必须随身携带的差旅费；

（七）结算起点以下的零星支出；

（八）确实需要现金支付的其他支出（见第十一条第四项）。

**第七条**　结算起点为一千元，需要增加时由中国人民银行总行确定后，报国务院备案。

**第八条**　除本条例第六条第（五）、（六）项外，开户单位支付给个人的款项中，支付现金每人一次不得超过一千元，超过限额部分，根据提款人的要求在指定的银行转为储蓄存款或以支票、银行本票支付。确需全额支付现金的，应经开户银行审查后予以支付。

**第九条**　转账结算凭证在经济往来中具有同现金相同的支付能力。开户单位在购销活动中，不得对现金结算给予比转账结算优惠的待遇；不得只收现金拒收支票、银行汇票、银行本票和其他转账结算凭证。

**第十条**　开户单位购置国家规定的社会集团专项控制商品，必须采取转账方式，不得使用现金，商业单位也不得收取现金。

**第十一条**　开户单位现金收支按下列规定办理：

（一）开户单位收入现金应于当日送存开户银行，当日送存确有困难的，由开户银行确定送时间；

（二）开户单位支付现金，可以从本单位现金库存中支付或者从开户银行提取，不得从本单位的现金收入中直接支付（即坐支）；

需要坐支现金的单位，要事先报经开户银行审查批准，由开户银行核定坐支范围和限额。坐支单位必须在现金账上如实反映坐支金额，并按月向开户银行报送坐支金额和使用情况。

（三）开户单位根据本细则第六条和第七条的规定，从开户银行提取现金的，应当如实写明用途，由本单位财会部门负责人签字盖章，并经开户银行审查批准，予以支付。

（四）因采购地点不确定、交通不便、抢险救灾以及其他特殊情况，办理转账结算不够方便，必须使用现金的开户单位，要向开户银行提出书面申请。由本单位财会部门负责人签字盖章，开户银行审查批准后，予以支付现金。

**第十二条**　开户单位必须建立健全现金账目，逐笔记载现金支付，账目要日清月结，做到账款相符。不准用不符合财务制度的凭证顶替库存现金；不准单位之间相互借用现金；不准谎报用途套取现金；不准利用银行账户代其他单位和个人存入或支取现金；不准将单位收入的现金以个人名义存入储蓄；不准保留账外公款（即小金库）；禁止发行变相货币，不准以任何票券代替人民币在市场上流通。

**第十三条** 对个体工商户、农村承包户发放的贷款，应以转账方式支付；对于确需在集市使用现金购买物资的，由承贷人提出书面申请，经开户银行审查批准后，可以在贷款金额内支付现金。

**第十四条** 在银行开户的个体工商户、农村承包经营户异地采购的货款，应当通过银行以转账方式进行结算。因采购地点不确定、交通不方便必须携带现金的，由客户提出申请，开户银行根据实际需要予以支付现金。

未在银行开户的个体工商户、农村承包经营户异地采购，可以通过银行以汇兑方式支付。凡加盖“现金”字样的结算凭证，汇入银行必须保证支付现金。

**第十五条** 具备条件的银行应当积极开展代发工资、转存储蓄业务。

**第十六条** 为保证开户单位的现金收入及时送存银行，开户银行必须按照规定做好现金收款工作，不得随意缩短收款时间。大中城市和商业比较集中的地区，要建立非营业时间收款制度。

**第十七条** 开户银行应当加强柜台审查，定期和不定期地检查开户单位执行国务院《现金管理暂行条例》和本细则的情况，并按规定向其上级单位和当地人民银行报告现金管理情况。

各级人民银行要定期不定期地对同级专业银行和其他金融机构（包括经营人民币业务的外资、中外合资银行和金融机构）的现金管理情况进行检查监督，并及时解决有关现金管理中的问题。

各开户单位要向银行派出的检查人员提供有关资料，如实反映情况。

**第十八条** 各开户单位的主管部门要定期和不定期地检查所属单位执行国务院《现金管理暂行条例》和本细则的情况，发现问题及时纠正，并将检查情况书面通知开户银行。

**第十九条** 各级银行要支持敢于坚持原则、严格执行现金管理的财会人员，对模范遵守国务院《现金管理暂行条例》和本细则的单位和个人应给予表彰和奖励。

**第二十条** 开户单位如违犯《现金管理暂行条例》，开户银行有权责令其停止违法活动，并根据情节轻重给予警告或罚款。

有下列情况之一的，给予警告或处以罚款：

（一）超出规定范围和限额使用现金的，按超过额的百分之十至十三处罚；

（二）超出核定的库存现金限额留存现金的，按超出额的百分之十至三十处罚；

（三）用不符合财务制度规定的凭证顶替库存现金的，按凭证额百分之十至三十处罚；

（四）未经批准坐支或者未按开户银行核定坐支额度和使用范围坐支现金的，按坐支金额的百分之十至三十处罚；

（五）单位之间互相借用现金的，按借用金额百分之十至三十处罚。

有下列情况之一的，一律处以罚款：

（六）保留账外公款的，按保留金额百分十至三十处罚；

（七）对现金结算给予比转账结算优惠待遇的，按交易额的百分之十至五十处罚；

（八）只收现金拒收支票、银行汇票、本票的，按交易额的百分之十至五十处罚；

（九）开户单位不采取转账结算方式购置国家规定的专项控制商品的，按购买金额百分之五十至全额对买卖双方处罚；

（十）用转账凭证套取现金的，按套取金额百分之三十至五十处罚；

（十一）编造用途套取现金的，按套取金额百分之三十至五十处罚；

（十二）利用账户替其他单位和个人套取现金的，按套取金额百分之三十至五十处罚；

（十三）将单位的现金收入以个人储蓄方式存入银行的，按存入金额百分之三十至五十处罚；

（十四）发行变相货币和以票券代替人民币在市场流通的，按发行额或流通额百分三十至五十处罚。

**第二十一条** 中国人民银行各省、自治区、直辖市分行根据本细则第二十条的原则和当地实际情况制订具体处罚办法。所得的罚没款项一律上缴国库。

**第二十二条** 开户单位如对开户银行的处罚决定不服，必须首先按照处罚决定执行，然后在十日内向当地人民银行申请复议；各级人民银行应自收到复议申请之日起三十日内作出复议决定。开户单位如对复议决定不服，应自收到复议决定之日起三十日内向人民法院起诉。

**第二十三条** 开户银行不执行或违犯《现金管理暂行条例》及本细则，由当地人民银行负责查处；当地人民银行根据其情节轻重，可给予警告、追究行政领导责任直至停止其办理现金结算业务等处罚。

银行工作人员违犯《现金管理暂行条例》和本细则，徇私舞弊、贪污受贿、玩忽职守纵容违法行为的，根据情节轻重给予行政处分和经济处罚；构成犯罪的，由司法机关依法追究刑事责任。

**第二十四条** 各开户银行要建立健全现金管理制度，配备专职人员，改进工作作风，改善服务设施，方便开户单位。现金管理工作所需经费应当在各开户银行业务费用中解决。

**第二十五条** 现金管理工作政策性强、涉及面广，各级银行要加强调查研究，根据实际情况，实事求是地解决各种问题，及时满足单位正常的、合理的现金需要。

**第二十六条** 本细则由中国人民银行总行负责解释。

本细则自一九八八年十月一日起施行，过去发布的各项规定同时废除，一律以《现金管理暂行条例》和本细则为准。

# 6. 外商直接投资人民币结算业务管理办法（2011年颁布）

中国人民银行公告 [2011]第23号

## 第一章 总 则

**第一条** 为扩大人民币在跨境贸易和投资中的使用范围，规范银行业金融机构（以下简称银行）办理外商直接投资人民币结算业务，根据《中华人民共和国中国人民银行法》、《人民币银行结算账户管理办法》（中国人民银行令〔2003〕第5号发布）等有关法律、行政法规、规章，制定本办法。

**第二条** 银行办理外商直接投资人民币结算业务，适用本办法。

**第三条** 境外企业、经济组织或个人（以下统称境外投资者）以人民币来华投资应当遵守中华人民共和国外商直接投资法律规定。

**第四条** 中国人民银行根据本办法对外商直接投资人民币结算业务实施管理。

## 第二章 业务办理

**第五条** 境外投资者办理外商直接投资人民币结算业务，可以按照《人民币银行结算账户管理办法》、《境外机构人民币银行结算账户管理办法》（银发〔2010〕249号文印发）等银行结算账户管理规定，申请开立境外机构人民币银行结算账户。其中，与投资项目有关的人民币前期费用资金和通过利润分配、清算、减资、股权转让、先行回收投资等获得的用于境内再投资人民币资金应当按照专户专用原则，分别开立人民币前期费用专用存款账户和人民币再投资专用存款账户存放，账户不得办理现金收付业务。

**第六条** 银行应当在审核境外投资者提交的支付命令函、资金用途说明、资金使用承诺书等材料后，为其办理前期费用向境内人民币银行结算账户的支付。外商投资企业设立后，剩余前期费用应当转入按本办法第八条规定开立的人民币资本金专用存款账户或原路退回。

**第七条** 外商投资企业（含新设和并购）在领取营业执照后10个工作日内，应当向注册地中国人民银行分支机构提交以下材料，申请办理企业信息登记。

（一）外商投资企业批准证书复印件；

（二）营业执照副本、组织机构代码证。

外商投资合伙企业无需提交前述第（一）项材料。

外商投资企业注册地中国人民银行分支机构应当在收到申请材料之日起10个工作日内完成企业信息登记手续。

已登记外商投资企业发生名称、经营期限、出资方式、合作伙伴及合资合作方式等基本信息变更，或发生增资、减资、股权转让或置换、合并或分立等重大变更的，应当在经工商行政管理部门变更登记或备案后15个工作日内将上述变更情况报送注册地中国人民银行分支机构。

**第八条** 外商投资企业应当按照《人民币银行结算账户管理办法》等银行结算账户管理规定，向银行提

交营业执照等材料，申请开立人民币银行结算账户。其中，境外投资者汇入的人民币注册资本或缴付人民币出资应当按照专户专用原则，开立人民币资本金专用存款账户存放，该账户不得办理现金收付业务。

境外投资者以人民币并购境内企业设立外商投资企业的，被并购境内企业的中方股东应当按照《人民币银行结算账户管理办法》等银行结算账户管理规定，申请开立人民币并购专用存款账户，专门用于存放境外投资者汇入的人民币并购资金，该账户不得办理现金收付业务。

境外投资者以人民币向境内外商投资企业的中方股东支付股权转让对价款的，中方股东应当按照《人民币银行结算账户管理办法》等银行结算账户管理规定，申请开立人民币股权转让专用存款账户，专门用于存放境外投资者汇入的人民币股权转让对价款，该账户不得办理现金收付业务。

**第九条** 境外投资者在办理境外人民币投资资金汇入业务时，应当向银行提交国家有关部门的批准或备案文件等有关材料。银行应当进行认真审核，可以登入人民币跨境收付信息管理系统查询有关信息。

对于房地产业外商投资企业办理外商直接投资人民币资本金汇入业务时，银行还需登陆商务部网站，验证该企业是否通过商务部备案。

**第十条** 外商投资企业应当根据有关规定，委托会计师事务所对境外投资者缴付的注册资本、出资和股权收购人民币资金的实收情况进行验资询证。会计师事务所在向账户开户银行进行询证后，可以出具验资报告。

开户银行应当积极配合会计师事务所的工作，在收到银行询证函之后，认真核对有关数据资料，明确签署意见，加盖对外具有法定证明效力的业务专用章，并在收到询证函之日起5个工作日内回函。

**第十一条** 银行应当依据相关外商直接投资业务管理规定，监督外商投资企业依法使用人民币资本金，审查通过人民币资本金专用存款账户办理的资金支付业务。银行不得为未完成验资手续的人民币资本金专用存款账户办理人民币资金对外支付业务。

**第十二条** 境外投资者将其所得的人民币利润汇出境内的，银行在审核外商投资企业有关利润处置决议及纳税证明等有关材料后可直接办理。

**第十三条** 境外投资者将因减资、转股、清算、先行回收投资等所得人民币资金汇出境内的，银行应当在审核国家有关部门的批准或备案文件和纳税证明后为其办理人民币资金汇出手续。

**第十四条** 境外投资者将因人民币利润分配、先行回收投资、清算、减资、股权转让等所得人民币资金用于境内再投资或增加注册资本的，境外投资者可以将人民币资金存入人民币再投资专用存款账户，按照本办法办理有关结算业务。银行应当在审核国家有关部门的核准或备案文件和纳税证明后办理人民币资金对外支付。

**第十五条** 外商投资性公司、外商投资创业投资企业、外商股权投资企业和以投资为主要业务的外商投资合伙企业在境内依法以人民币开展投资业务的，其所投资企业应当按照《人民币银行结算账户管理办法》等银行结算账户管理规定，申请开立人民币资本金专用存款账户，专门用于存放人民币注册资本或出资资金并办理相关资金结算业务，该账户不得办理现金收付业务。

**第十六条** 境外投资者同时使用人民币资金和外汇资金出资的，银行应当按照本办法办理人民币资金结算手续，按照外汇管理有关规定办理外汇资金结算手续。人民币与外币的折算汇率为注册验资日当日中国人民银行公布的人民币汇率中间价。

**第十七条** 外商投资企业向其境外股东、集团内关联企业和境外金融机构的人民币借款和外汇借款应当合并计算总规模。

**第十八条** 外商投资企业应当按照《人民币银行结算账户管理办法》第十二条规定，凭人民币贷款合同，申请开立人民币一般存款账户，专门用于存放从境外借入的人民币资金。

**第十九条** 银行应当对外商投资企业人民币注册资本金和人民币借款资金使用的真实性和合规性进行审查，监督外商投资企业依法使用人民币资金。在办理结算业务过程中，银行应当根据有关审慎监管规定，要求企业提供支付命令函、资金用途证明等材料，并进行认真审核。

**第二十条** 外商投资企业用人民币偿还境外人民币借款本息的，可以凭贷款合同和支付命令函、纳税证明等材料直接到银行办理。

## 第三章 监督管理

**第二十一条** 银行应当认真履行信息报送义务，及时、准确、完整地向人民币跨境收付信息管理系统报送依据本办法开立的境外机构人民币银行结算账户、人民币资本金专用存款账户、人民币并购专用存款账户、人民币股权转让专用存款账户和人民币一般存款账户的开立信息，以及通过上述账户办理的跨境和境内人民币资金收入和支付信息。

**第二十二条**　银行应当按照《人民币银行结算账户管理办法》、《人民币银行结算账户管理办法实施细则》(银发〔2005〕16号文印发)和《境外机构人民币银行结算账户管理办法》等银行结算账户管理规定，为境外投资者、外商投资企业及其中方股东等存款人办理人民币银行结算账户业务。

**第二十三条**　在办理外商直接投资人民币结算业务时，银行和外商投资企业应当按照《国际收支统计申报办法》等有关规定办理国际收支申报。

**第二十四条**　银行在办理外商直接投资人民币结算业务时，应当按照《中华人民共和国反洗钱法》和中国人民银行的有关规定，切实履行反洗钱和反恐融资义务，预防利用外商直接投资人民币结算进行洗钱、恐怖融资等违法犯罪活动。银行应当收集境外投资者所在地的反洗钱和反恐融资信息，了解实际控制投资的自然人和投资真实受益人，评估投资的洗钱和恐怖融资风险，并采取适当的风险管理措施。

**第二十五条**　中国人民银行和有关部门建立必要的信息共享和管理机制，加大事后检查力度，有效监管外商直接投资人民币结算业务活动。

**第二十六条**　中国人民银行会同有关部门对银行、外商投资企业的外商直接投资人民币结算业务活动进行现场检查和非现场检查，以及资金使用的延伸检查，督促银行切实履行交易真实性审核、信息报送、反洗钱等职责。

**第二十七条**　银行、外商投资企业违反本办法有关规定的，中国人民银行会同有关部门可以依法对其进行通报批评或处罚；情节严重的，可以暂停或禁止银行、外商投资企业继续开展跨境人民币业务。

**第二十八条**　银行在办理外商直接投资人民币结算业务时违反有关审慎监管规定的，由有关部门依法进行处理；违反有关人民币银行结算账户和反洗钱、反恐融资等管理规定的，由中国人民银行依法进行处理。

### 第四章　附　　则

**第二十九条**　本办法由中国人民银行负责解释。

**第三十条**　本办法自发布之日起施行。此前有关规定，与本办法不一致的，以本办法为准。

## 7. 发票管理办法(2010年修订)

中华人民共和国国务院令　2010年第587号

### 第一章　总　　则

**第一条**　为了加强发票管理和财务监督，保障国家税收收入，维护经济秩序，根据《中华人民共和国税收征收管理法》，制定本办法。

**第二条**　在中华人民共和国境内印制、领购、开具、取得、保管、缴销发票的单位和个人(以下称印制、使用发票的单位和个人)，必须遵守本办法。

**第三条**　本办法所称发票，是指在购销商品、提供或者接受服务以及从事其他经营活动中，开具、收取的收付款凭证。

**第四条**　国务院税务主管部门统一负责全国的发票管理工作。省、自治区、直辖市国家税务局和地方税务局(以下统称省、自治区、直辖市税务机关)依据各自的职责，共同做好本行政区域内的发票管理工作。

财政、审计、工商行政管理、公安等有关部门在各自的职责范围内，配合税务机关做好发票管理工作。

**第五条**　发票的种类、联次、内容以及使用范围由国务院税务主管部门规定。

**第六条**　对违反发票管理法规的行为，任何单位和个人可以举报。税务机关应当为检举人保密，并酌

情给予奖励。

## 第二章　发票的印制

**第七条**　增值税专用发票由国务院税务主管部门确定的企业印制；其他发票，按照国务院税务主管部门的规定，由省、自治区、直辖市税务机关确定的企业印制。禁止私自印制、伪造、变造发票。

**第八条**　印制发票的企业应当具备下列条件：

（一）取得印刷经营许可证和营业执照；

（二）设备、技术水平能够满足印制发票的需要；

（三）有健全的财务制度和严格的质量监督、安全管理、保密制度。

税务机关应当以招标方式确定印制发票的企业，并发给发票准印证。

**第九条**　印制发票应当使用国务院税务主管部门确定的全国统一的发票防伪专用品。禁止非法制造发票防伪专用品。

**第十条**　发票应当套印全国统一发票监制章。全国统一发票监制章的式样和发票版面印刷的要求，由国务院税务主管部门规定。发票监制章由省、自治区、直辖市税务机关制作。禁止伪造发票监制章。

发票实行不定期换版制度。

**第十一条**　印制发票的企业按照税务机关的统一规定，建立发票印制管理制度和保管措施。

发票监制章和发票防伪专用品的使用和管理实行专人负责制度。

**第十二条**　印制发票的企业必须按照税务机关批准的式样和数量印制发票。

**第十三条**　发票应当使用中文印制。民族自治地方的发票，可以加印当地一种通用的民族文字。有实际需要的，也可以同时使用中外两种文字印制。

**第十四条**　各省、自治区、直辖市内的单位和个人使用的发票，除增值税专用发票外，应当在本省、自治区、直辖市内印制；确有必要到外省、自治区、直辖市印制的，应当由省、自治区、直辖市税务机关商印制地省、自治区、直辖市税务机关同意，由印制地省、自治区、直辖市税务机关确定的企业印制。

禁止在境外印制发票。

## 第三章　发票的领购

**第十五条**　需要领购发票的单位和个人，应当持税务登记证件、经办人身份证明、按照国务院税务主管部门规定式样制作的发票专用章的印模，向主管税务机关办理发票领购手续。主管税务机关根据领购单位和个人的经营范围和规模，确认领购发票的种类、数量以及领购方式，在5个工作日内发给发票领购簿。

单位和个人领购发票时，应当按照税务机关的规定报告发票使用情况，税务机关应当按照规定进行查验。

**第十六条**　需要临时使用发票的单位和个人，可以凭购销商品、提供或者接受服务以及从事其他经营活动的书面证明、经办人身份证明，直接向经营地税务机关申请代开发票。依照税收法律、行政法规规定应当缴纳税款的，税务机关应当先征收税款，再开具发票。税务机关根据发票管理的需要，可以按照国务院税务主管部门的规定委托其他单位代开发票。

禁止非法代开发票。

**第十七条**　临时到本省、自治区、直辖市以外从事经营活动的单位或者个人，应当凭所在地税务机关的证明，向经营地税务机关领购经营地的发票。

临时在本省、自治区、直辖市以内跨市、县从事经营活动领购发票的办法，由省、自治区、直辖市税务机关规定。

**第十八条**　税务机关对外省、自治区、直辖市来本辖区从事临时经营活动的单位和个人领购发票的，可以要求其提供保证人或者根据所领购发票的票面限额以及数量交纳不超过1万元的保证金，并限期缴销发票。

按期缴销发票的，解除保证人的担保义务或者退还保证金；未按期缴销发票的，由保证人或者以保证金承担法律责任。

税务机关收取保证金应当开具资金往来结算票据。

## 第四章　发票的开具和保管

**第十九条**　销售商品、提供服务以及从事其他经营活动的单位和个人，对外发生经营业务收取款项，收款方应当向付款方开具发票；特殊情况下，由付款方向收款方开具发票。

**第二十条**　所有单位和从事生产、经营活动的个人在购买商品、接受服务以及从事其他经营活动支付款项，应当向收款方取得发票。取得发票时，不得要求变更品名和金额。

**第二十一条**　不符合规定的发票，不得作为财务报销凭证，任何单位和个人有权拒收。

**第二十二条**　开具发票应当按照规定的时限、顺序、栏目，全部联次一次性如实开具，并加盖发票专用章。

任何单位和个人不得有下列虚开发票行为：

（一）为他人、为自己开具与实际经营业务情况不符的发票；

（二）让他人为自己开具与实际经营业务情况不符的发票；

（三）介绍他人开具与实际经营业务情况不符的发票。

**第二十三条**　安装税控装置的单位和个人，应当按照规定使用税控装置开具发票，并按期向主管税务机关报送开具发票的数据。

使用非税控电子器具开具发票的，应当将非税控电子器具使用的软件程序说明资料报主管税务机关备案，并按照规定保存、报送开具发票的数据。

国家推广使用网络发票管理系统开具发票，具体管理办法由国务院税务主管部门制定。

**第二十四条**　任何单位和个人应当按照发票管理规定使用发票，不得有下列行为：

（一）转借、转让、介绍他人转让发票、发票监制章和发票防伪专用品；

（二）知道或者应当知道是私自印制、伪造、变造、非法取得或者废止的发票而受让、开具、存放、携带、邮寄、运输；

（三）拆本使用发票；

（四）扩大发票使用范围；

（五）以其他凭证代替发票使用。

税务机关应当提供查询发票真伪的便捷渠道。

**第二十五条**　除国务院税务主管部门规定的特殊情形外，发票限于领购单位和个人在本省、自治区、直辖市内开具。

省、自治区、直辖市税务机关可以规定跨市、县开具发票的办法。

**第二十六条**　除国务院税务主管部门规定的特殊情形外，任何单位和个人不得跨规定的使用区域携带、邮寄、运输空白发票。

禁止携带、邮寄或者运输空白发票出入境。

**第二十七条**　开具发票的单位和个人应当建立发票使用登记制度，设置发票登记簿，并定期向主管税务机关报告发票使用情况。

**第二十八条**　开具发票的单位和个人应当在办理变更或者注销税务登记的同时，办理发票和发票领购簿的变更、缴销手续。

**第二十九条**　开具发票的单位和个人应当按照税务机关的规定存放和保管发票，不得擅自损毁。已经开具的发票存根联和发票登记簿，应当保存5年。保存期满，报经税务机关查验后销毁。

## 第五章　发票的检查

**第三十条**　税务机关在发票管理中有权进行下列检查：

（一）检查印制、领购、开具、取得、保管和缴销发票的情况；

（二）调出发票查验；

（三）查阅、复制与发票有关的凭证、资料；

（四）向当事各方询问与发票有关的问题和情况；

（五）在查处发票案件时，对与案件有关的情况和资料，可以记录、录音、录像、照相和复制。

**第三十一条** 印制、使用发票的单位和个人，必须接受税务机关依法检查，如实反映情况，提供有关资料，不得拒绝、隐瞒。

税务人员进行检查时，应当出示税务检查证。

**第三十二条** 税务机关需要将已开具的发票调出查验时，应当向被查验的单位和个人开具发票换票证。发票换票证与所调出查验的发票有同等的效力。被调出查验发票的单位和个人不得拒绝接受。

税务机关需要将空白发票调出查验时，应当开具收据；经查无问题的，应当及时返还。

**第三十三条** 单位和个人从中国境外取得的与纳税有关的发票或者凭证，税务机关在纳税审查时有疑义的，可以要求其提供境外公证机构或者注册会计师的确认证明，经税务机关审核认可后，方可作为记账核算的凭证。

**第三十四条** 税务机关在发票检查中需要核对发票存根联与发票联填写情况时，可以向持有发票或者发票存根联的单位发出发票填写情况核对卡，有关单位应当如实填写，按期报回。

## 第六章 罚 则

**第三十五条** 违反本办法的规定，有下列情形之一的，由税务机关责令改正，可以处 1 万元以下的罚款；有违法所得的予以没收：

（一）应当开具而未开具发票，或者未按照规定的时限、顺序、栏目，全部联次一次性开具发票，或者未加盖发票专用章的；

（二）使用税控装置开具发票，未按期向主管税务机关报送开具发票的数据的；

（三）使用非税控电子器具开具发票，未将非税控电子器具使用的软件程序说明资料报主管税务机关备案，或者未按照规定保存、报送开具发票的数据的；

（四）拆本使用发票的；

（五）扩大发票使用范围的；

（六）以其他凭证代替发票使用的；

（七）跨规定区域开具发票的；

（八）未按照规定缴销发票的；

（九）未按照规定存放和保管发票的。

**第三十六条** 跨规定的使用区域携带、邮寄、运输空白发票，以及携带、邮寄或者运输空白发票出入境的，由税务机关责令改正，可以处 1 万元以下的罚款；情节严重的，处 1 万元以上 3 万元以下的罚款；有违法所得的予以没收。

丢失发票或者擅自损毁发票的，依照前款规定处罚。

**第三十七条** 违反本办法第二十二条第二款的规定虚开发票的，由税务机关没收违法所得；虚开金额在 1 万元以下的，可以并处 5 万元以下的罚款；虚开金额超过 1 万元的，并处 5 万元以上 50 万元以下的罚款；构成犯罪的，依法追究刑事责任。

非法代开发票的，依照前款规定处罚。

**第三十八条** 私自印制、伪造、变造发票，非法制造发票防伪专用品，伪造发票监制章的，由税务机关没收违法所得，没收、销毁作案工具和非法物品，并处 1 万元以上 5 万元以下的罚款；情节严重的，并处 5 万元以上 50 万元以下的罚款；对印制发票的企业，可以并处吊销发票准印证；构成犯罪的，依法追究刑事责任。

前款规定的处罚，《中华人民共和国税收征收管理法》有规定的，依照其规定执行。

**第三十九条** 有下列情形之一的，由税务机关处 1 万元以上 5 万元以下的罚款；情节严重的，处 5 万元以上 50 万元以下的罚款；有违法所得的予以没收：

（一）转借、转让、介绍他人转让发票、发票监制章和发票防伪专用品的；

（二）知道或者应当知道是私自印制、伪造、变造、非法取得或者废止的发票而受让、开具、存放、携带、邮寄、运输的。

**第四十条** 对违反发票管理规定 2 次以上或者情节严重的单位和个人，税务机关可以向社会公告。

**第四十一条** 违反发票管理法规，导致其他单位或者个人未缴、少缴或者骗取税款的，由税务机关没收违法所得，可以并处未缴、少缴或者骗取的税款 1 倍以下的罚款。

**第四十二条** 当事人对税务机关的处罚决定不服的，可以依法申请行政复议或者向人民法院提起行政诉讼。

**第四十三条** 税务人员利用职权之便，故意刁难印制、使用发票的单位和个人，或者有违反发票管理法规行为的，依照国家有关规定给予处分；构成犯罪的，依法追究刑事责任。

### 第七章 附 则

**第四十四条** 国务院税务主管部门可以根据有关行业特殊的经营方式和业务需求，会同国务院有关主管部门制定该行业的发票管理办法。

国务院税务主管部门可以根据增值税专用发票管理的特殊需要，制定增值税专用发票的具体管理办法。

**第四十五条** 本办法自发布之日起施行。财政部1986年发布的《全国发票管理暂行办法》和原国家税务局1991年发布的《关于对外商投资企业和外国企业发票管理的暂行规定》同时废止。

## 8. 中华人民共和国发票管理办法实施细则(2011年颁布)

国家税务总局令 2011年第25号

### 第一章 总 则

**第一条** 根据《中华人民共和国发票管理办法》(以下简称《办法》)规定，制定本实施细则。

**第二条** 在全国范围内统一式样的发票，由国家税务总局确定。

在省、自治区、直辖市范围内统一式样的发票，由省、自治区、直辖市国家税务局、地方税务局(以下简称省税务机关)确定。

**第三条** 发票的基本联次包括存根联、发票联、记账联。存根联由收款方或开票方留存备查；发票联由付款方或受票方作为付款原始凭证；记账联由收款方或开票方作为记账原始凭证。

省以上税务机关可根据发票管理情况以及纳税人经营业务需要，增减除发票联以外的其他联次，并确定其用途。

**第四条** 发票的基本内容包括：发票的名称、发票代码和号码、联次及用途、客户名称、开户银行及账号、商品名称或经营项目、计量单位、数量、单价、大小写金额、开票人、开票日期、开票单位(个人)名称(章)等。

省以上税务机关可根据经济活动以及发票管理需要，确定发票的具体内容。

**第五条** 有固定生产经营场所、财务和发票管理制度健全的纳税人，发票使用量较大或统一发票式样不能满足经营活动需要的，可以向省以上税务机关申请印有本单位名称的发票。

### 第二章 发票的印制

**第六条** 发票准印证由国家税务总局统一监制，省税务机关核发。

税务机关应当对印制发票企业实施监督管理，对不符合条件的，应当取消其印制发票的资格。

**第七条** 全国统一的发票防伪措施由国家税务总局确定，省税务机关可以根据需要增加本地区的发票防伪措施，并向国家税务总局备案。

发票防伪专用品应当按照规定专库保管，不得丢失。次品、废品应当在税务机关监督下集中销毁。

**第八条** 全国统一发票监制章是税务机关管理发票的法定标志，其形状、规格、内容、印色由国家税务总局规定。

**第九条** 全国范围内发票换版由国家税务总局确定；省、自治区、直辖市范围内发票换版由省税务机关确定。

发票换版时，应当进行公告。

**第十条** 监制发票的税务机关根据需要下达发票印制通知书，被指定的印制企业必须按照要求印制。

发票印制通知书应当载明印制发票企业名称、用票单位名称、发票名称、发票代码、种类、联次、规格、印色、印制数量、起止号码、交货时间、地点等内容。

**第十一条** 印制发票企业印制完毕的成品应当按照规定验收后专库保管，不得丢失。废品应当及时销毁。

## 第三章 发票的领购

**第十二条** 《办法》第十五条所称经办人身份证明是指经办人的居民身份证、护照或者其他能证明经办人身份的证件。

**第十三条** 《办法》第十五条所称发票专用章是指用票单位和个人在其开具发票时加盖的有其名称、税务登记号、发票专用章字样的印章。

发票专用章式样由国家税务总局确定。

**第十四条** 税务机关对领购发票单位和个人提供的发票专用章的印模应当留存备查。

**第十五条** 《办法》第十五条所称领购方式是指批量供应、交旧购新或者验旧购新等方式。

**第十六条** 《办法》第十五条所称发票领购簿的内容应当包括用票单位和个人的名称、所属行业、购票方式、核准购票种类、开票限额、发票名称、领购日期、准购数量、起止号码、违章记录、领购人签字（盖章）、核发税务机关（章）等内容。

**第十七条** 《办法》第十五条所称发票使用情况是指发票领用存情况及相关开票数据。

**第十八条** 税务机关在发售发票时，应当按照核准的收费标准收取工本管理费，并向购票单位和个人开具收据。发票工本费征缴办法按照国家有关规定执行。

**第十九条** 《办法》第十六条所称书面证明是指有关业务合同、协议或者税务机关认可的其他资料。

**第二十条** 税务机关应当与受托代开发票的单位签订协议，明确代开发票的种类、对象、内容和相关责任等内容。

**第二十一条** 《办法》第十八条所称保证人，是指在中国境内具有担保能力的公民、法人或者其他经济组织。

保证人同意为领购发票的单位和个人提供担保的，应当填写担保书。担保书内容包括：担保对象、范围、期限和责任以及其他有关事项。

担保书须经购票人、保证人和税务机关签字盖章后方为有效。

**第二十二条** 《办法》第十八条第二款所称由保证人或者以保证金承担法律责任，是指由保证人缴纳罚款或者以保证金缴纳罚款。

**第二十三条** 提供保证人或者交纳保证金的具体范围由省税务机关规定。

## 第四章 发票的开具和保管

**第二十四条** 《办法》第十九条所称特殊情况下，由付款方向收款方开具发票，是指下列情况：

（一）收购单位和扣缴义务人支付个人款项时；

（二）国家税务总局认为其他需要由付款方向收款方开具发票的。

**第二十五条** 向消费者个人零售小额商品或者提供零星服务的，是否可免予逐笔开具发票，由省税务机关确定。

**第二十六条** 填开发票的单位和个人必须在发生经营业务确认营业收入时开具发票。未发生经营业务一律不准开具发票。

**第二十七条** 开具发票后，如发生销货退回需开红字发票的，必须收回原发票并注明“作废”字样或取得对方有效证明。

开具发票后，如发生销售折让的，必须在收回原发票并注明“作废”字样后重新开具销售发票或取得对方有效证明后开具红字发票。

**第二十八条** 单位和个人在开具发票时，必须做到按照号码顺序填开，填写项目齐全，内容真实，字迹清楚，全部联次一次打印，内容完全一致，并在发票联和抵扣联加盖发票专用章。

**第二十九条**　开具发票应当使用中文。民族自治地方可以同时使用当地通用的一种民族文字。

**第三十条**　《办法》第二十六条所称规定的使用区域是指国家税务总局和省税务机关规定的区域。

**第三十一条**　使用发票的单位和个人应当妥善保管发票。发生发票丢失情形时，应当于发现丢失当日书面报告税务机关，并登报声明作废。

## 第五章　发票的检查

**第三十二条**　《办法》第三十二条所称发票换票证仅限于在本县(市)范围内使用。需要调出外县(市)的发票查验时，应当提请该县(市)税务机关调取发票。

**第三十三条**　用票单位和个人有权申请税务机关对发票的真伪进行鉴别。收到申请的税务机关应当受理并负责鉴别发票的真伪；鉴别有困难的，可以提请发票监制税务机关协助鉴别。

在伪造、变造现场以及买卖地、存放地查获的发票，由当地税务机关鉴别。

## 第六章　罚　　则

**第三十四条**　税务机关对违反发票管理法规的行为进行处罚，应当将行政处罚决定书面通知当事人；对违反发票管理法规的案件，应当立案查处。

对违反发票管理法规的行政处罚，由县以上税务机关决定；罚款额在2000元以下的，可由税务所决定。

**第三十五条**　《办法》第四十条所称的公告是指，税务机关应当在办税场所或者广播、电视、报纸、期刊、网络等新闻媒体上公告纳税人发票违法的情况。公告内容包括：纳税人名称、纳税人识别号、经营地点、违反发票管理法规的具体情况。

**第三十六条**　对违反发票管理法规情节严重构成犯罪的，税务机关应当依法移送司法机关处理。

## 第七章　附　　则

**第三十七条**　《办法》和本实施细则所称“以上”、“以下”均含本数。

**第三十八条**　本实施细则自2011年2月1日起施行。

# 9. 会计档案管理办法(1998年修订)

财会字[1998]32号

**第一条**　为了加强会计档案管理，统一会计档案管理制度，更好地为发展社会主义市场经济服务，根据《中华人民共和国会计法》和《中华人民共和国档案法》的规定，制定本办法。

**第二条**　国家机关、社会团体、企业、事业单位，按规定应当建账的个体工商户和其他组织(以下简称各单位)，应当依照本办法管理会计档案。

**第三条**　各级人民政府财政部门和档案行政管理部门共同负责会计档案工作的指导、监督和检查。

**第四条**　各单位必须加强对会计档案管理工作的领导，建立会计档案的立卷、归档、保管、查阅和销毁等管理制度，保证会计档案妥善保管、有序存放、方便查阅，严防毁损、散失和泄密。

**第五条**　会计档案是指会计凭证、会计账簿和财务报告等会计核算专业材料，是记录和反映单位经济业务的重要史料和证据。具体包括：

(一)会计凭证类：原始凭证，记账凭证，汇总凭证，其他会计凭证。

(二)会计账簿类：总账，明细账，日记账，固定资产卡片，辅助账簿，其他会计账簿。

(三)财务报告类：月度、季度、年度财务报告，包括会计报表、附表、附注及文字说明，其他财务报告。

(四)其他类：银行存款余额调节表，银行对账单，其他应当保存的会计核算专业资料，会计档案移交清册，会计档案保管清册，会计档案销毁清册。

**第六条** 各单位每年形成的会计档案，应当由会计机构按照归档要求，负责整理立卷，装订成册，编制会计档案保管清册。

当年形成的会计档案，在会计年度终了后，可暂由会计机构保管一年，期满之后，应当由会计机构编制移交清册，移交本单位内部指定专人保管。出纳人员不得兼管会计档案。

移交本单位档案机构保管的会计档案，原则上应当保持原卷册的封装。个别需要拆封重新整理的，档案机构应当会同会计机构和经办人员共同拆封整理，以分清责任。

**第七条** 各单位保存的会计档案不得借出。如有特殊需要，经本单位负责人批准，可以提供查阅或者复制，并办理登记手续。查阅或者复制会计档案的人员，严禁在会计档案上涂画、拆封和抽换。

各单位应当建立健全会计档案查阅、复制登记制度。

**第八条** 会计档案的保管期限分为永久、定期两类。定期保管期限分为3年、5年、10年、15年、25年5类。

会计档案的保管期限，从会计年度终了后的第一天算起。

**第九条** 本办法规定的会计档案保管期限为最低保管期限，各类会计档案的保管原则上应当按照本办法附表所列期限执行。

各单位会计档案的具体名称如有同本办法附表所列档案名称不相符的，可以比照类似档案的保管期限办理。

**第十条** 保管期满的会计档案，除本办法第十一条规定的情形外，可以按照以下程序销毁：

（一）由本单位档案机构会同会计机构提出销毁意见，编制会计档案销毁清册，列明销毁会计档案的名称、卷号、册数、起止年度和档案编号、应保管期限、已保管期限、销毁时间等内容。

（二）单位负责人在会计档案销毁清册上签署意见。

（三）销毁会计档案时，应当由档案机构和会计机构共同派员监销。国家机关销毁会计档案时，应当由同级财政部门、审计部门派员参加监销。财政部门销毁会计档案时，应当由同级审计部门派员参加监销。

（四）监销人在销毁会计档案前，应当按照会计档案销毁清册所列内容清点核对所要销毁的会计档案；销毁后，应当在会计档案销毁清册上签名盖章，并将监销情况报告本单位负责人。

**第十一条** 保管期满但未结清的债权债务原始凭证和涉及其他未了事项的原始凭证，不得销毁，应当单独抽出立卷，应当在会计档案销毁清册和会计档案保管清册中列明。

正在项目建设期间的建设单位，其保管期满的会计档案不得销毁。

**第十二条** 采用电子计算机进行会计核算的单位，应当保存打印出的纸质会计档案。

具备采用磁带、磁盘、光盘、微缩胶片等磁性介质保存会计档案条件的，由国务院业务主管部门统一规定，并报财政部、国家档案局备案。

**第十三条** 单位因撤销、解散、破产或者其他原因而终止的，在终止和办理注销登记手续之前形成的会计档案，应当由终止单位的业务主管部门或财产所有者代管或移交有关档案馆代管。法律、行政法规另有规定的，从其规定。

**第十四条** 单位分立后原单位存续的，其会计档案应当由分立后的存续方统一保管，其他方可查阅、复制与其业务相关的会计档案；单位分立后原单位解散的，其会计档案应当经各方协商后由其中一方代管或移交档案馆代管，各方可查阅、复制与其业务相关的会计档案。单位分立中未结清的会计事项所涉及的原始凭证，应当单独抽出由业务相关方保存，并按规定办理交接手续。

单位因业务移交其他单位办理所涉及的会计档案，应当由原单位保管，承接业务单位可查阅、复制与其业务相关的会计档案，对其中未结清的会计事项所涉及的原始凭证，应当单独抽出由业务承接单位保存，并按规定办理交接手续。

**第十五条** 单位合并后原各单位解散或一方存续其他方解散的，原各单位的会计档案应当由合并后的单位统一保管；单位合并后原各单位仍存续的，其会计档案仍应由原各单位保管。

**第十六条** 建设单位在项目建设期间形成的会计档案，应当在办理竣工决算后移交给建设项目的接受单位，并按规定办理交接手续。

**第十七条** 单位之间交接会计档案的，交接双方应当办理会计档案交接手续。

移交会计档案的单位，应当编制会计档案移交清册，列明应当移交的会计档案名称、卷号、册数、起止年度和档案编号、应保管期限、已保管期限等内容。

交接会计档案时，交接双方应当按照会计档案移交清册所列内容逐项交接，并由交接双方的单位负责人负责监交。交接完毕后，交接双方经办人和监交人应当在会计档案移交清册上签名或者盖章。

**第十八条**　我国境内所有单位的会计档案不得携带出境。驻外机构和境内单位在境外设立的企业（简称境外单位）的会计档案，应当按照本办法和国家有关规定进行管理。

**第十九条**　预算、计划、制度等文件材料，应当执行文书档案管理规定，不适用本办法。

**第二十条**　各省、自治区、直辖市人民政府财政部门、档案管理部门，国务院各业务主管部门，中国人民解放军总后勤部，可以根据本办法的规定，结合本地区、本部门的具体情况，制定实施办法，报财政部和国家档案局备案。

**第二十一条**　本办法由财政部负责解释，自1999年1月1日起执行。1984年6月1日财政部、国家档案局发布的《会计档案管理办法》自本办法执行之日起废止。

**附表一：**企业和其他组织会计档案保管期限表

**附表二：**财政总预算、行政单位、事业单位和税收会计档案保管期限表

**附表一：**

## 企业和其他组织会计档案保管期限表

| 序号 | 档案名称 | 保管期限 | 备　注 |
|---|---|---|---|
| 一 | 会计凭证类 | | |
| 1 | 原始凭证 | 15年 | |
| 2 | 记账凭证 | 15年 | |
| 3 | 汇总凭证 | 15年 | |
| 二 | 会计账簿类 | | |
| 4 | 总账 | 15年 | 包括日记总账。 |
| 5 | 明细账 | 15年 | |
| 6 | 日记账 | 15年 | 现金和银行存款日记账保管25年。 |
| 7 | 固定资产卡片 | 固定资产报废清理后保管5年。 | |
| 8 | 辅助账簿 | 15年 | |
| 三 | 财务报告类 | 包括各级主管部门汇总财务报告。 | |
| 9 | 月、季度财务报告 | 3年 | 包括文字分析 |
| 10 | 年度财务报告(决算) | 永久 | 包括文字分析 |
| 四 | 其他类 | | |
| 11 | 会计移交清册 | 15年 | |
| 12 | 会计档案保管清册 | 永久 | |
| 13 | 会计档案销毁清册 | 永久 | |
| 14 | 银行余额调节表 | 5年 | |
| 15 | 银行对账单 | 5年 | |

附表二：

## 财政总预算、行政单位、事业单位和税收会计档案保管期限表

| 序号 | 档案名称 | 保管期限 | | | 备　注 |
|---|---|---|---|---|---|
| | | 财政总预算 | 行政单位事业单位 | 税收会计 | |
| 一 | 会计凭证类 | | | | |
| 1 | 国家金库编送的各种报表及缴库退库凭证 | 10 年 | 10 年 | | |
| 2 | 各收入机关编送的报表 | 10 年 | | | |
| 3 | 行政单位和事业单位的各种会计凭证 | | 15 年 | | 包括：原始凭证、记账凭证和传票汇总表。 |
| 4 | 各种完税凭证和缴、退库凭证 | | | 15 年 | 缴款书存根联在销号后保管 2 年。 |
| 5 | 财政总预算拨款凭证及其他会计凭证 | 15 年 | | | 包括：拨款凭证和其他会计凭证。 |
| 6 | 农牧业税结算凭证 | | | 15 年 | |
| 二 | 会计账簿类 | | | | |
| 7 | 日记账 | | 15 年 | 15 年 | |
| 8 | 总账 | 15 年 | 15 年 | 15 年 | |
| 9 | 税收日记账（总账）和税收票证分类出纳账 25 年 | | | | |
| 10 | 明细分类、分户账或登记簿 | 15 年 | 15 年 | 15 年 | |
| 11 | 现金出纳账、银行存款账 | | 25 年 | 25 年 | |
| 12 | 行政单位和事业单位固定资产明细账（卡片） | | | | 行政单位和事业单位固定资产报废清理后保管 5 年。 |
| 三 | 财务报告类 | | | | |
| 13 | 财政总预算 | 永久 | | | |
| 14 | 行政单位和事业单位决算 | 10 年 | 永久 | | |
| 15 | 税收年报（决算） | 10 年 | | 永久 | |
| 16 | 国家金库年报（决算） | 10 年 | | | |
| 17 | 基本建设拨、贷款年报（决算） | 10 年 | | | |
| 18 | 财政总预算会计旬报 | 3 年 | | | 所属单位报送的保管 2 年。 |
| 19 | 财政总预算会计月、季度报表 | 5 年 | | | 所属单位报送的保管 2 年。 |
| 20 | 行政单位和事业单位会计月、季度报表 | | 5 年 | | 所属单位报送的保管 2 年。 |
| 21 | 税收会计报表（包括票证报表） | | | 10 年 | 电报保管 1 年，所属税务机关报送的保管 3 年。 |

（续表）

| 序号 | 档案名称 | 保管期限 | | | 备　注 |
|---|---|---|---|---|---|
| | | 财政总预算 | 行政单位事业单位 | 税收会计 | |
| 四 | 其他类 | | | | |
| 22 | 会计移交清册 | 15 年 | 15 年 | 15 年 | |
| 23 | 会计档案保管清册 | 永久 | 永久 | 永久 | |
| 24 | 会计档案销毁清册 | 永久 | 永久 | 永久 | |

注：税务机关的税务经费会计档案保管期限，按行政单位会计档案保管期限规定办理。

# 第三章　综合性会计电算化管理相关法规[①]

## 1. 中华人民共和国电子签名法(2005年颁布)

中华人民共和国主席令　2004年第18号

### 第一章　总　　则

**第一条**　为了规范电子签名行为，确立电子签名的法律效力，维护有关各方的合法权益，制定本法。

**第二条**　本法所称电子签名，是指数据电文中以电子形式所含、所附用于识别签名人身份并表明签名人认可其中内容的数据。

本法所称数据电文，是指以电子、光学、磁或者类似手段生成、发送、接收或者储存的信息。

**第三条**　民事活动中的合同或者其他文件、单证等文书，当事人可以约定使用或者不使用电子签名、数据电文。

当事人约定使用电子签名、数据电文的文书，不得仅因为其采用电子签名、数据电文的形式而否定其法律效力。

前款规定不适用下列文书：

(一)涉及婚姻、收养、继承等人身关系的；

(二)涉及土地、房屋等不动产权益转让的；

(三)涉及停止供水、供热、供气、供电等公用事业服务的；

(四)法律、行政法规规定的不适用电子文书的其他情形。

### 第二章　数据电文

**第四条**　能够有形地表现所载内容，并可以随时调取查用的数据电文，视为符合法律、法规要求的书面形式。

**第五条**　符合下列条件的数据电文，视为满足法律、法规规定的原件形式要求：

(一)能够有效地表现所载内容并可供随时调取查用；

(二)能够可靠地保证自最终形成时起，内容保持完整、未被更改。但是，在数据电文上增加背书以及数据交换、储存和显示过程中发生的形式变化不影响数据电文的完整性。

**第六条**　符合下列条件的数据电文，视为满足法律、法规规定的文件保存要求：

(一)能够有效地表现所载内容并可供随时调取查用；

(二)数据电文的格式与其生成、发送或者接收时的格式相同，或者格式不相同但是能够准确表现原来生成、发送或者接收的内容；

(三)能够识别数据电文的发件人、收件人以及发送、接收的时间。

**第七条**　数据电文不得仅因为其是以电子、光学、磁或者类似手段生成、发送、接收或者储存的而被拒绝作为证据使用。

---

① 《企业会计信息化工作规范》正在广泛征求意见，《商品化会计核算软件评审规则》(财会字〔1994〕27号)、《会计电算化管理办法》(财会字〔1994〕27号)即将废止，请读者关注相关法规的废止和出台。

**第八条**　审查数据电文作为证据的真实性，应当考虑以下因素：

（一）生成、储存或者传递数据电文方法的可靠性；

（二）保持内容完整性方法的可靠性；

（三）用以鉴别发件人方法的可靠性；

（四）其他相关因素。

**第九条**　数据电文有下列情形之一的，视为发件人发送：

（一）经发件人授权发送的；

（二）发件人的信息系统自动发送的；

（三）收件人按照发件人认可的方法对数据电文进行验证后结果相符的。

当事人对前款规定的事项另有约定的，从其约定。

**第十条**　法律、行政法规规定或者当事人约定数据电文需要确认收讫的，应当确认收讫。发件人收到收件人的收讫确认时，数据电文视为已经收到。

**第十一条**　数据电文进入发件人控制之外的某个信息系统的时间，视为该数据电文的发送时间。

收件人指定特定系统接收数据电文的，数据电文进入该特定系统的时间，视为该数据电文的接收时间；未指定特定系统的，数据电文进入收件人的任何系统的首次时间，视为该数据电文的接收时间。

当事人对数据电文的发送时间、接收时间另有约定的，从其约定。

**第十二条**　发件人的主营业地为数据电文的发送地点，收件人的主营业地为数据电文的接收地点。没有主营业地的，其经常居住地为发送或者接收地点。

当事人对数据电文的发送地点、接收地点另有约定的，从其约定。

## 第三章　电子签名与认证

**第十三条**　电子签名同时符合下列条件的，视为可靠的电子签名：

（一）电子签名制作数据用于电子签名时，属于电子签名人专有；

（二）签署时电子签名制作数据仅由电子签名人控制；

（三）签署后对电子签名的任何改动能够被发现；

（四）签署后对数据电文内容和形式的任何改动能够被发现。

当事人也可以选择使用符合其约定的可靠条件的电子签名。

**第十四条**　可靠的电子签名与手写签名或者盖章具有同等的法律效力。

**第十五条**　电子签名人应当妥善保管电子签名制作数据。电子签名人知悉电子签名制作数据已经失密或者可能已经失密时，应当及时告知有关各方，并终止使用该电子签名制作数据。

**第十六条**　电子签名需要第三方认证的，由依法设立的电子认证服务提供者提供认证服务。

**第十七条**　提供电子认证服务，应当具备下列条件：

（一）具有与提供电子认证服务相适应的专业技术人员和管理人员；

（二）具有与提供电子认证服务相适应的资金和经营场所；

（三）具有符合国家安全标准的技术和设备；

（四）具有国家密码管理机构同意使用密码的证明文件；

（五）法律、行政法规规定的其他条件。

**第十八条**　从事电子认证服务，应当向国务院信息产业主管部门提出申请，并提交符合本法第十七条规定条件的相关材料。国务院信息产业主管部门接到申请后经依法审查，征求国务院商务主管部门等有关部门的意见后，自接到申请之日起四十五日内作出许可或者不予许可的决定。予以许可的，颁发电子认证许可证书；不予许可的，应当书面通知申请人并告知理由。

申请人应当持电子认证许可证书依法向工商行政管理部门办理企业登记手续。

取得认证资格的电子认证服务提供者，应当按照国务院信息产业主管部门的规定在互联网上公布其名称、许可证号等信息。

**第十九条**　电子认证服务提供者应当制定、公布符合国家有关规定的电子认证业务规则，并向国务院

信息产业主管部门备案。

电子认证业务规则应当包括责任范围、作业操作规范、信息安全保障措施等事项。

**第二十条** 电子签名人向电子认证服务提供者申请电子签名认证证书，应当提供真实、完整和准确的信息。

电子认证服务提供者收到电子签名认证证书申请后，应当对申请人的身份进行查验，并对有关材料进行审查。

**第二十一条** 电子认证服务提供者签发的电子签名认证证书应当准确无误，并应当载明下列内容：

（一）电子认证服务提供者名称；

（二）证书持有人名称；

（三）证书序列号；

（四）证书有效期；

（五）证书持有人的电子签名验证数据；

（六）电子认证服务提供者的电子签名；

（七）国务院信息产业主管部门规定的其他内容。

**第二十二条** 电子认证服务提供者应当保证电子签名认证证书内容在有效期内完整、准确，并保证电子签名依赖方能够证实或者了解电子签名认证证书所载内容及其他有关事项。

**第二十三条** 电子认证服务提供者拟暂停或者终止电子认证服务的，应当在暂停或者终止服务九十日前，就业务承接及其他有关事项通知有关各方。

电子认证服务提供者拟暂停或者终止电子认证服务的，应当在暂停或者终止服务六十日前向国务院信息产业主管部门报告，并与其他电子认证服务提供者就业务承接进行协商，作出妥善安排。

电子认证服务提供者未能就业务承接事项与其他电子认证服务提供者达成协议的，应当申请国务院信息产业主管部门安排其他电子认证服务提供者承接其业务。

电子认证服务提供者被依法吊销电子认证许可证书的，其业务承接事项的处理按照国务院信息产业主管部门的规定执行。

**第二十四条** 电子认证服务提供者应当妥善保存与认证相关的信息，信息保存期限至少为电子签名认证证书失效后五年。

**第二十五条** 国务院信息产业主管部门依照本法制定电子认证服务业的具体管理办法，对电子认证服务提供者依法实施监督管理。

**第二十六条** 经国务院信息产业主管部门根据有关协议或者对等原则核准后，中华人民共和国境外的电子认证服务提供者在境外签发的电子签名认证证书与依照本法设立的电子认证服务提供者签发的电子签名认证证书具有同等的法律效力。

## 第四章 法律责任

**第二十七条** 电子签名人知悉电子签名制作数据已经失密或者可能已经失密未及时告知有关各方、并终止使用电子签名制作数据，未向电子认证服务提供者提供真实、完整和准确的信息，或者有其他过错，给电子签名依赖方、电子认证服务提供者造成损失的，承担赔偿责任。

**第二十八条** 电子签名人或者电子签名依赖方因依据电子认证服务提供者提供的电子签名认证服务从事民事活动遭受损失，电子认证服务提供者不能证明自己无过错的，承担赔偿责任。

**第二十九条** 未经许可提供电子认证服务的，由国务院信息产业主管部门责令停止违法行为；有违法所得的，没收违法所得；违法所得三十万元以上的，处违法所得一倍以上三倍以下的罚款；没有违法所得或者违法所得不足三十万元的，处十万元以上三十万元以下的罚款。

**第三十条** 电子认证服务提供者暂停或者终止电子认证服务，未在暂停或者终止服务六十日前向国务院信息产业主管部门报告的，由国务院信息产业主管部门对其直接负责的主管人员处一万元以上五万元以下的罚款。

**第三十一条** 电子认证服务提供者不遵守认证业务规则、未妥善保存与认证相关的信息，或者有其他违法行为的，由国务院信息产业主管部门责令限期改正；逾期未改正的，吊销电子认证许可证书，其直接负责的主管人员和其他直接责任人员十年内不得从事电子认证服务。吊销电子认证许可证书的，应当予以公告并通知工商行政管理部门。

**第三十二条** 伪造、冒用、盗用他人的电子签名，构成犯罪的，依法追究刑事责任；给他人造成损失的，依法承担民事责任。

**第三十三条** 依照本法负责电子认证服务业监督管理工作的部门的工作人员，不依法履行行政许可、监督管理职责的，依法给予行政处分；构成犯罪的，依法追究刑事责任。

### 第五章 附 则

**第三十四条** 本法中下列用语的含义：

（一）电子签名人，是指持有电子签名制作数据并以本人身份或者以其所代表的人的名义实施电子签名的人；

（二）电子签名依赖方，是指基于对电子签名认证证书或者电子签名的信赖从事有关活动的人；

（三）电子签名认证证书，是指可证实电子签名人与电子签名制作数据有联系的数据电文或者其他电子记录；

（四）电子签名制作数据，是指在电子签名过程中使用的，将电子签名与电子签名人可靠地联系起来的字符、编码等数据；

（五）电子签名验证数据，是指用于验证电子签名的数据，包括代码、口令、算法或者公钥等。

**第三十五条** 国务院或者国务院规定的部门可以依据本法制定政务活动和其他社会活动中使用电子签名、数据电文的具体办法。

**第三十六条** 本法自 2005 年 4 月 1 日起施行。

## 2. 电子商业汇票业务管理办法(2009 年颁布)

中国人民银行令 [2009]第 2 号

### 第一章 总 则

**第一条** 为规范电子商业汇票业务，保障电子商业汇票活动中当事人的合法权益，促进电子商业汇票业务发展，依据《中华人民共和国中国人民银行法》、《中华人民共和国票据法》、《中华人民共和国电子签名法》、《中华人民共和国物权法》、《票据管理实施办法》等有关法律法规，制定本办法。

**第二条** 电子商业汇票是指出票人依托电子商业汇票系统，以数据电文形式制作的，委托付款人在指定日期无条件支付确定金额给收款人或者持票人的票据。电子商业汇票分为电子银行承兑汇票和电子商业承兑汇票。电子银行承兑汇票由银行业金融机构、财务公司（以下统称金融机构）承兑；电子商业承兑汇票由金融机构以外的法人或其他组织承兑。电子商业汇票的付款人为承兑人。

**第三条** 电子商业汇票系统是经中国人民银行批准建立，依托网络和计算机技术，接收、存储、发送电子商业汇票数据电文，提供与电子商业汇票货币给付、资金清算行为相关服务的业务处理平台。

**第四条** 电子商业汇票各当事人应本着诚实信用原则，按照本办法的规定作出票据行为。

**第五条** 电子商业汇票的出票、承兑、背书、保证、提示付款和追索等业务，必须通过电子商业汇票系统办理。

**第六条** 电子商业汇票业务主体的类别分为：

（一）直接接入电子商业汇票系统的金融机构（以下简称接入机构）；

（二）通过接入机构办理电子商业汇票业务的金融机构（以下简称被代理机构）；

（三）金融机构以外的法人及其他组织。电子商业汇票系统对不同业务主体分配不同的类别代码。

**第七条** 票据当事人办理电子商业汇票业务应具备中华人民共和国组织机构代码。被代理机构、金融机构以外的法人及其他组织办理电子商业汇票业务，应在接入机构开立账户。

**第八条** 接入机构提供电子商业汇票业务服务，应对客户基本信息的真实性负审核责任，并依据本办法及相关规定，与客户签订电子商业汇票业务服务协议，明确双方的权利和义务。客户基本信息包括客户名称、账号、组织机构代码和业务主体类别等信息。

**第九条** 电子商业汇票系统运营者由中国人民银行指定和监管。

**第十条** 接入机构应按规定向客户和电子商业汇票系统转发电子商业汇票信息，并保证内部系统存储的电子商业汇票信息与电子商业汇票系统存储的相关信息相符。

**第十一条** 电子商业汇票信息以电子商业汇票系统的记录为准。

**第十二条** 电子商业汇票以人民币为计价单位。

## 第二章 基本规定

**第十三条** 电子商业汇票为定日付款票据。电子商业汇票的付款期限自出票日起至到期日止，最长不得超过1年。

**第十四条** 票据当事人在电子商业汇票上的签章，为该当事人可靠的电子签名。电子签名所需的认证服务应由合法的电子认证服务提供者提供。可靠的电子签名必须符合《中华人民共和国电子签名法》第十三条第一款的规定。

**第十五条** 电子商业汇票业务活动中，票据当事人所使用的数据电文和电子签名应符合《中华人民共和国电子签名法》的有关规定。

**第十六条** 客户开展电子商业汇票活动时，其签章所依赖的电子签名制作数据和电子签名认证证书，应向接入机构指定的电子认证服务提供者的注册审批机构申请。接入机构为客户提供电子商业汇票业务服务或作为电子商业汇票当事人时，其签章所依赖的电子签名制作数据和电子签名认证证书，应向电子商业汇票系统运营者指定的电子认证服务提供者的注册审批机构申请。

**第十七条** 接入机构、电子商业汇票系统运营者指定的电子认证服务机构提供者，应对电子签名认证证书申请者的身份真实性负审核责任。电子认证服务提供者依据《中华人民共和国电子签名法》承担相应责任。

**第十八条** 接入机构应对通过其办理电子商业汇票业务客户的电子签名真实性负审核责任。电子商业汇票系统运营者应对接入机构的身份真实性和电子签名真实性负审核责任。

**第十九条** 电子商业汇票系统应实时接收、处理电子商业汇票信息，并向相关票据当事人的接入机构实时发送该信息；接入机构应实时接收、处理电子商业汇票信息，并向相关票据当事人实时发送该信息。

**第二十条** 出票人签发电子商业汇票时，应将其交付收款人。电子商业汇票背书，背书人应将电子商业汇票交付被背书人。电子商业汇票质押解除，质权人应将电子商业汇票交付出质人。交付是指票据当事人将电子商业汇票发送给受让人，且受让人签收的行为。

**第二十一条** 签收是指票据当事人同意接受其他票据当事人的行为申请，签章并发送电子指令予以确认的行为。驳回是指票据当事人拒绝接受其他票据当事人的行为申请，签章并发送电子指令予以确认的行为。收款人、被背书人可与接入机构签订协议，委托接入机构代为签收或驳回行为申请，并代理签章。商业承兑汇票的承兑人应与接入机构签订协议，在符合本办法规定的情况下，由接入机构代为签收或驳回提示付款指令，并代理签章。

**第二十二条** 出票人或背书人在电子商业汇票上记载了“不得转让”事项的，电子商业汇票不得继续背书。

**第二十三条** 票据当事人通过电子商业汇票系统作出行为申请，行为接收方未签收且未驳回的，票据当事人可撤销该行为申请。电子商业汇票系统为行为接收方的，票据当事人不得撤销。

**第二十四条** 电子商业汇票的出票日是指出票人记载在电子商业汇票上的出票日期。电子商业汇票的提示付款日是指提示付款申请的指令进入电子商业汇票系统的日期。电子商业汇票的拒绝付款日是指驳回提示付款申请的指令进入电子商业汇票系统的日期。电子商业汇票追索行为的发生日是指追索通知的指令进入电子商业汇票系统的日期。承兑、背书、保证、质押解除、付款和追索清偿等行为的发生日是指相应的签收指令进入电子商业汇票系统的日期。

**第二十五条**　电子商业汇票责任解除前，电子商业汇票的承兑人不得撤销原办理电子商业汇票业务的账户，接入机构不得为其办理销户手续。

**第二十六条**　接入机构终止提供电子商业汇票业务服务的，应按规定由其他接入机构承接其电子商业汇票业务服务。

## 第三章　票据行为

### 第一节　出　　票

**第二十七条**　电子商业汇票的出票，是指出票人签发电子商业汇票并交付收款人的票据行为。出票人在电子商业汇票交付收款人前，可办理票据的未用退回。出票人不得在提示付款期后将票据交付收款人。

**第二十八条**　电子商业汇票的出票人必须为银行业金融机构以外的法人或其他组织。电子银行承兑汇票的出票人应在承兑金融机构开立账户。

**第二十九条**　电子商业汇票出票必须记载下列事项：

(一)表明“电子银行承兑汇票”或“电子商业承兑汇票”的字样；

(二)无条件支付的委托；

(三)确定的金额；

(四)出票人名称；

(五)付款人名称；

(六)收款人名称；

(七)出票日期；

(八)票据到期日；

(九)出票人签章。

**第三十条**　出票人可在电子商业汇票上记载自身的评级信息，并对记载信息的真实性负责，但该记载事项不具有票据上的效力。评级信息包括评级机构、信用等级和评级到期日。

### 第二节　承　　兑

**第三十一条**　电子商业汇票的承兑，是指付款人承诺在票据到期日支付电子商业汇票金额的票据行为。

**第三十二条**　电子商业汇票交付收款人前，应由付款人承兑。

**第三十三条**　电子银行承兑汇票由真实交易关系或债权债务关系中的债务人签发，并交由金融机构承兑。电子银行承兑汇票的出票人与收款人不得为同一人。

**第三十四条**　电子商业承兑汇票的承兑有以下几种方式：

(一)真实交易关系或债权债务关系中的债务人签发并承兑；

(二)真实交易关系或债权债务关系中的债务人签发，交由第三人承兑；

(三)第三人签发，交由真实交易关系或债权债务关系中的债务人承兑；

(四)收款人签发，交由真实交易关系或债权债务关系中的债务人承兑。

**第三十五条**　电子银行承兑汇票的出票人应向承兑金融机构提交真实、有效、用以证实真实交易关系或债权债务关系的交易合同或其他证明材料，并在电子商业汇票上作相应记录，承兑金融机构应负责审核。

**第三十六条**　承兑人应在票据到期日前，承兑电子商业汇票。

**第三十七条**　承兑人承兑电子商业汇票，必须记载下列事项：

（一）表明“承兑”的字样；

（二）承兑日期；

（三）承兑人签章。

**第三十八条** 承兑人可在电子商业汇票上记载自身的评级信息，并对记载信息的真实性负责，但该记载事项不具有票据上的效力。评级信息包括评级机构、信用等级和评级到期日。

## 第三节 转让背书

**第三十九条** 转让背书是指持票人将电子商业汇票权利依法转让给他人的票据行为。票据在提示付款期后，不得进行转让背书。

**第四十条** 转让背书应当基于真实、合法的交易关系和债权债务关系，或以税收、继承、捐赠、股利分配等合法行为为基础。

**第四十一条** 转让背书必须记载下列事项：

（一）背书人名称；

（二）被背书人名称；

（三）背书日期；

（四）背书人签章。

## 第四节 贴现、转贴现和再贴现

**第四十二条** 贴现是指持票人在票据到期日前，将票据权利背书转让给金融机构，由其扣除一定利息后，将约定金额支付给持票人的票据行为。转贴现是指持有票据的金融机构在票据到期日前，将票据权利背书转让给其他金融机构，由其扣除一定利息后，将约定金额支付给持票人的票据行为。再贴现是指持有票据的金融机构在票据到期日前，将票据权利背书转让给中国人民银行，由其扣除一定利息后，将约定金额支付给持票人的票据行为。

**第四十三条** 贴现、转贴现和再贴现按照交易方式，分为买断式和回购式。买断式是指贴出人将票据权利转让给贴入人，不约定日后赎回的交易方式。回购式是指贴出人将票据权利转让给贴入人，约定日后赎回的交易方式。电子商业汇票贴现、转贴现和再贴现业务中转让票据权利的票据当事人为贴出人，受让票据权利的票据当事人为贴入人。

**第四十四条** 电子商业汇票当事人在办理回购式贴现、回购式转贴现和回购式再贴现业务时，应明确赎回开放日、赎回截止日。赎回开放日是指办理回购式贴现赎回、回购式转贴现赎回和回购式再贴现赎回业务的起始日期。赎回截止日是指办理回购式贴现赎回、回购式转贴现赎回和回购式再贴现赎回业务的截止日期，该日期应早于票据到期日。

自赎回开放日起至赎回截止日止，为赎回开放期。

**第四十五条** 在赎回开放日前，原贴出人、原贴入人不得作出除追索行为外的其他票据行为。回购式贴现、回购式转贴现和回购式再贴现业务的原贴出人、原贴入人应按照协议约定，在赎回开放期赎回票据。在赎回开放期未赎回票据的，原贴入人在赎回截止日后只可将票据背书给他人或行使票据权利，除票据关系以外的其他权利义务关系由双方协议约定。

**第四十六条** 持票人申请贴现时，应向贴入人提供用以证明其与直接前手间真实交易关系或债权债务关系的合同、发票等其他材料，并在电子商业汇票上作相应记录，贴入人应负责审查。

**第四十七条** 电子商业汇票贴现、转贴现和再贴现必须记载下列事项：

（一）贴出人名称；

（二）贴入人名称；

（三）贴现、转贴现或再贴现日期；

（四）贴现、转贴现或再贴现类型；

（五）贴现、转贴现或再贴现利率；

（六）实付金额；

（七）贴出人签章。实付金额为贴入人实际支付给贴出人的金额。回购式贴现、回购式转贴现和回购式再贴现还应记载赎回开放日和赎回截止日。

贴现还应记载贴出人贴现资金入账信息。

**第四十八条** 电子商业汇票回购式贴现、回购式转贴现和回购式再贴现赎回应作成背书，并记载下列事项：

（一）原贴出人名称；

（二）原贴入人名称；

（三）赎回日期；

（四）赎回利率；

（五）赎回金额；

（六）原贴入人签章。

**第四十九条** 贴现和转贴现利率、期限等由贴出人与贴入人协商确定。再贴现利率由中国人民银行规定。

**第五十条** 电子商业汇票贴现、转贴现和再贴现可选择票款对付方式或其他方式清算资金。本办法所称票款对付，是指票据交付和资金交割同时完成，并互为条件的一种交易方式。

## 第五节 质　　押

**第五十一条** 电子商业汇票的质押，是指电子商业汇票持票人为了给债权提供担保，在票据到期日前在电子商业汇票系统中进行登记，以该票据为债权人设立质权的票据行为。

**第五十二条** 主债务到期日先于票据到期日，且主债务已经履行完毕的，质权人应按约定解除质押。主债务到期日先于票据到期日，且主债务到期未履行的，质权人可行使票据权利，但不得继续背书。票据到期日先于主债务到期日的，质权人可在票据到期后行使票据权利，并与出质人协议将兑现的票款用于提前清偿所担保的债权或继续作为债权的担保。

**第五十三条** 电子商业汇票质押，必须记载下列事项：

（一）出质人名称；

（二）质权人名称；

（三）质押日期；

（四）表明“质押”的字样；

（五）出质人签章。

**第五十四条** 电子商业汇票质押解除，必须记载下列事项：

（一）表明“质押解除”的字样；

（二）质押解除日期。

## 第六节 保　　证

**第五十五条** 电子商业汇票的保证，是指电子商业汇票上记载的债务人以外的第三人保证该票据获得付款的票据行为。

**第五十六条** 电子商业汇票获得承兑前，保证人作出保证行为的，被保证人为出票人。电子商业汇票获得承兑后、出票人将电子商业汇票交付收款人前，保证人作出保证行为的，被保证人为承兑人。出票人将电子商业汇票交付收款人后，保证人作出保证行为的，被保证人为背书人。

**第五十七条** 电子商业汇票保证，必须记载下列事项：

（一）表明“保证”的字样；

（二）保证人名称；

（三）保证人住所；

(四)被保证人名称;

(五)保证日期;

(六)保证人签章。

## 第七节 付　　款

**第五十八条** 提示付款是指持票人通过电子商业汇票系统向承兑人请求付款的行为。

持票人应在提示付款期内向承兑人提示付款。提示付款期自票据到期日起 10 日,最后一日遇法定休假日、大额支付系统非营业日、电子商业汇票系统非营业日顺延。

**第五十九条** 持票人在票据到期日前提示付款的,承兑人可付款或拒绝付款,或于到期日付款。承兑人拒绝付款或未予应答的,持票人可待票据到期后再次提示付款。

**第六十条** 持票人在提示付款期内提示付款的,承兑人应在收到提示付款请求的当日至迟次日(遇法定休假日、大额支付系统非营业日、电子商业汇票系统非营业日顺延)付款或拒绝付款。持票人超过提示付款期提示付款的,接入机构不得拒绝受理。持票人在作出合理说明后,承兑人仍应当承担付款责任,并在上款规定的期限内付款或拒绝付款。电子商业承兑汇票承兑人在票据到期后收到提示付款请求,且在收到该请求次日起第 3 日(遇法定休假日、大额支付系统非营业日、电子商业汇票系统非营业日顺延)仍未应答的,接入机构应按其与承兑人签订的《电子商业汇票业务服务协议》,进行如下处理:

(一)承兑人账户余额在该日电子商业汇票系统营业截止时

足够支付票款的,则视同承兑人同意付款,接入机构应扣划承兑人账户资金支付票款,并在下一日(遇法定休假日、大额支付系统非营业日、电子商业汇票系统非营业日顺延)电子商业汇票系统营业开始时,代承兑人作出付款应答,并代理签章;

(二)承兑人账户余额在该日电子商业汇票系统营业截止时不足以支付票款的,则视同承兑人拒绝付款,接入机构应在下一日(遇法定休假日、大额支付系统非营业日、电子商业汇票系统非营业日顺延)电子商业汇票系统营业开始时,代承兑人作出拒付应答,并代理签章。

**第六十一条** 接入机构应及时将持票人的提示付款请求通知电子商业承兑汇票的承兑人。通知方式由接入机构与承兑人自行约定。

**第六十二条** 持票人可选择票款对付方式或其他方式向承兑人提示付款。

**第六十三条** 电子商业汇票提示付款,必须记载下列事项:

(一)提示付款日期;

(二)提示付款人签章。持票人可与接入机构签订协议,委托接入机构代为提示付款并代理签章。

**第六十四条** 承兑人付款或拒绝付款,必须记载下列事项:

(一)承兑人名称;

(二)付款日期或拒绝付款日期;

(三)承兑人签章。承兑人拒绝付款的,还应注明拒绝付款的理由。

## 第八节 追　　索

**第六十五条** 追索分为拒付追索和非拒付追索。拒付追索是指电子商业汇票到期后被拒绝付款,持票人请求前手付款的行为。非拒付追索是指存在下列情形之一,持票人请求前手付款的行为:

(一)承兑人被依法宣告破产的;

(二)承兑人因违法被责令终止业务活动的。

**第六十六条** 持票人在票据到期日前被拒付的,不得拒付追索。持票人在提示付款期内被拒付的,可向所有前手拒付追索。持票人超过提示付款期提示付款被拒付的,若持票人在提示付款期内曾发出过提示付款,则可向所有前手拒付追索;若未在提示付款期内发出过提示付款,则只可向出票人、承兑人拒付追索。

**第六十七条** 追索时,追索人应当提供拒付证明。拒付追索时,拒付证明为票据信息和拒付理由。非拒付追索时,拒付证明为票据信息和相关法律文件。

**第六十八条**　持票人因电子商业汇票到期后被拒绝付款或法律法规规定其他原因，拥有的向票据债务人追索的权利时效规定如下：

(一)持票人对出票人、承兑人追索和再追索权利时效，自票据到期日起2年，且不短于持票人对其他前手的追索和再追索权利时效。

(二)持票人对其他前手的追索权利时效，自被拒绝付款之日起6个月；持票人对其他前手的再追索权利时效，自清偿日或被提起诉讼之日起3个月。

**第六十九条**　持票人发出追索通知，必须记载下列事项：

(一)追索人名称；

(二)被追索人名称；

(三)追索通知日期；

(四)追索类型；

(五)追索金额；

(六)追索人签章。

**第七十条**　电子商业汇票清偿，必须记载下列事项：

(一)追索人名称；

(二)清偿人名称；

(三)同意清偿金额；

(四)清偿日期；

(五)清偿人签章。

## 第四章　信息查询

**第七十一条**　票据当事人可通过接入机构查询与其相关的电子商业汇票票据信息。

**第七十二条**　接入机构应记录其与电子商业汇票系统之间发送和接收的电子商业汇票票据信息，并按规定将该信息向客户展示。票据信息包括票面信息和行为信息。票面信息是指出票人将票据交付收款人后、其他行为发生前，记载在票据上的所有信息。行为信息是指票据行为的必须记载事项。

**第七十三条**　出票人可查询电子商业汇票票面信息。承兑人在收到提示付款申请前，可查询电子商业汇票票面信息。收到提示付款申请后，可查询该票据的所有票据信息。收款人、被背书人和保证人可查询自身作出的行为信息及之前的票据信息。持票人可查询所有票据信息。在追索阶段，被追索人可查询所有票据信息。

**第七十四条**　票据当事人对票据信息有异议的，应通过接入机构向电子商业汇票系统运营者提出书面申请，电子商业汇票系统运营者应在10个工作日内按照查询权限办理相关查询业务。

**第七十五条**　电子商业汇票所有票据行为中，处于待签收状态的接收方可向电子商业汇票系统查询该票据承兑人和行为发起方的电子商业汇票支付信用信息。

**第七十六条**　电子商业汇票系统仅提供票据当事人的电子商业汇票支付信用信息，不对其进行信用评价或评级。

## 第五章　法律责任

**第七十七条**　电子商业汇票发生法律纠纷时，电子商业汇票系统运营者负有出具电子商业汇票系统相关记录的义务。

**第七十八条**　承兑人应及时足额支付电子商业汇票票款。承兑人故意压票、拖延支付，影响持票人资金使用的，按中国人民银行规定的同档次流动资金贷款利率计付赔偿金。

**第七十九条**　电子银行承兑汇票的出票人于票据到期日未能足额交存票款时，承兑人除向持票人无条件付款外，对出票人尚未支付的汇票金额转入逾期贷款处理，并按照每天万分之五计收罚息。

**第八十条**　电子商业汇票相关各方存在下列情形之一，影响电子商业汇票业务处理或造成其他票据当事人资金损失的，应承担相应赔偿责任。中国人民银行有权视情节轻重对其处以警告或3万元以下罚款：

（一）作为电子银行承兑汇票承兑人的财务公司、电子商业承兑汇票的承兑人违反《中华人民共和国票据法》、《票据管理实施办法》和本办法规定无理拒付或拖延支付的；

（二）接入机构为客户提供电子商业汇票业务服务，未对客户基本信息尽审核义务的；

（三）为电子商业汇票业务活动提供电子认证服务的电子认证服务提供者，未依据《中华人民共和国电子签名法》承担相应责任的；

（四）接入机构为客户提供电子商业汇票业务服务，未对客户电子签名真实性进行认真审核，造成资金损失的；

（五）电子商业汇票系统运营者未对接入机构身份真实性和电子签名真实性进行认真审核，造成资金损失的；

（六）接入机构因清算资金不足导致电子商业汇票资金清算失败，给票据当事人造成损失的；

（七）接入机构因人为或系统原因未及时转发电子商业汇票信息，给票据当事人造成损失的；

（八）接入机构内部系统存储的电子商业汇票信息与电子商业汇票系统相关信息严重不符，给票据当事人造成损失的；

（九）接入机构的内部系统出现故障，未及时排除，造成重大影响的；

（十）电子商业汇票系统运营者运营的电子商业汇票系统出现故障，未及时排除，造成重大影响的；

（十一）电子商业汇票债务解除前，接入机构违反本办法规定为承兑人撤销账户的；

（十二）其他违反《中华人民共和国票据法》、《票据管理实施办法》及本办法规定的行为。

**第八十一条** 电子商业汇票当事人应当妥善保管电子签名制作数据，严防泄露。因保管不善造成资金损失的，有关责任方应当依法承担赔偿责任。

**第八十二条** 金融机构发现利用电子商业汇票从事违法犯罪活动的，应依法履行报告义务。

### 第六章 附 则

**第八十三条** 电子商业汇票的数据电文格式和票据显示样式由中国人民银行统一规定。

**第八十四条** 本办法未尽事宜，遵照《中华人民共和国票据法》、《票据管理实施办法》等法律法规执行。

**第八十五条** 本办法由中国人民银行负责解释和修订。

**第八十六条** 本办法自公布之日起施行。

## 3. 计算机信息系统安全保护条例(1994年颁布)

中华人民共和国国务院令 1994年147号

### 第一章 总 则

**第一条** 为了保护计算机信息系统的安全，促进计算机的应用和发展，保障社会主义现代化建设的顺利进行，制定本条例。

**第二条** 本条例所称的计算机信息系统，是指由计算机及其相关的和配套的设备、设施（含网络）构成的，按照一定的应用目标和规则对信息进行采集、加工、存储、传输、检索等处理的人机系统。

**第三条** 计算机信息系统的安全保护，应当保障计算机及其相关的和配套的设备、设施（含网络）的安全，运行环境的安全，保障信息的安全，保障计算机功能的正常发挥，以维护计算机信息系统的安全运行。

**第四条** 计算机信息系统的安全保护工作，重点维护国家事务、经济建设、国防建设、尖端科学技术等重要领域的计算机信息系统的安全。

**第五条** 中华人民共和国境内的计算机信息系统的安全保护，适用本条例。未联网的微型计算机的安全保护办法，另行制定。

**第六条** 公安部主管全国计算机信息系统安全保护工作。国家安全部、国家保密局和国务院其他有关部门,在国务院规定的职责范围内做好计算机信息系统安全保护的有关工作。

**第七条** 任何组织或者个人,不得利用计算机信息系统从事危害国家利益、集体利益和公民合法利益的活动,不得危害计算机信息系统的安全。

## 第二章 安全保护制度

**第八条** 计算机信息系统的建设和应用,应当遵守法律、行政法规和国家其他有关规定。

**第九条** 计算机信息系统实行安全等级保护。安全等级的划分标准和安全等级保护的具体办法,由公安部会同有关部门制定。

**第十条** 计算机机房应当符合国家标准和国家有关规定。在计算机机房附近施工,不得危害计算机信息系统的安全。

**第十一条** 进行国际联网的计算机信息系统,由计算机信息系统的使用单位报省级以上人民政府公安机关备案。

**第十二条** 运输、携带、邮寄计算机信息媒体进出境的,应当如实向海关申报。

**第十三条** 计算机信息系统的使用单位应当建立健全安全管理制度,负责本单位计算机信息系统的安全保护工作。

**第十四条** 对计算机信息系统中发生的案件,有关使用单位应当在24小时内向当地县级以上人民政府公安机关报告。

**第十五条** 对计算机病毒和危害社会公共安全的其他有害数据的防治研究工作,由公安部归口管理。

**第十六条** 国家对计算机信息系统安全专用产品的销售实行许可证制度。具体办法由公安部会同有关部门制定。

## 第三章 安全监督

**第十七条** 公安机关对计算机信息系统安全保护工作行使下列监督职权:(一)监督、检查、指导计算机信息系统安全保护工作;(二)查处危害计算机信息系统安全的违法犯罪案件;(三)履行计算机信息系统安全保护工作的其他监督职责。

**第十八条** 公安机关发现影响计算机信息系统安全的隐患时,应当及时通知使用单位采取安全保护措施。

**第十九条** 公安部在紧急情况下,可以就涉及计算机信息系统安全的特定事项发布专项通令。

## 第四章 法律责任

**第二十条** 违反本条例的规定,有下列行为之一的,由公安机关处以警告或者停机整顿:(一)违反计算机信息系统安全等级保护制度,危害计算机信息系统安全的;(二)违反计算机信息系统国际联网备案制度的;(三)不按照规定时间报告计算机信息系统中发生的案件的;(四)接到公安机关要求改进安全状况的通知后,在限期内拒不改进的;(五)有危害计算机信息系统安全的其他行为的。

**第二十一条** 计算机机房不符合国家标准和国家其他有关规定的,或者在计算机机房附近施工危害计算机信息系统安全的,由公安机关会同有关单位进行处理。

**第二十二条** 运输、携带、邮寄计算机信息媒体进出境,不如实向海关申报的,由海关依照《中华人民共和国海关法》和本条例以及其他有关法律、法规的规定处理。

**第二十三条** 故意输入计算机病毒以及其他有害数据危害计算机信息系统安全的,或者未经许可出售计算机信息系统安全专用产品的,由公安机关处以警告或者对个人处以5000元以下的罚款、对单位处以15000元以下的罚款;有违法所得的,除予以没收外,可以处以违法所得1至3倍的罚款。

**第二十四条** 违反本条例的规定,构成违反治安管理行为的,依照《中华人民共和国治安管理处罚条例》的有关规定处罚;构成犯罪的,依法追究刑事责任。

**第二十五条** 任何组织或者个人违反本条例的规定,给国家、集体或者他人财产造成损失的,应当依法承担民事责任。

**第二十六条** 当事人对公安机关依照本条例所作出的具体行政行为不服的，可以依法申请行政复议或者提起行政诉讼。

**第二十七条** 执行本条例的国家公务员利用职权，索取、收受贿赂或者有其他违法、失职行为，构成犯罪的，依法追究刑事责任；尚不构成犯罪的，给予行政处分。

## 第五章 附　　则

**第二十八条** 本条例下列用语的含义：计算机病毒，是指编制或者在计算机程序中插入的破坏计算机功能或者毁坏数据，影响计算机使用，并能自我复制的一组计算机指令或者程序代码。计算机信息系统安全专用产品，是指用于保护计算机信息系统安全的专用硬件和软件产品。

**第二十九条** 军队的计算机信息系统安全保护工作，按照军队的有关法规执行。

**第三十条** 公安部可以根据本条例制定实施办法。

**第三十一条** 本条例自发布之日起施行。

# 第四章 综合性会计人员管理法规

## 1. 总会计师条例(1990年修订)

中华人民共和国国务院令 1990年第72号

### 第一章 总 则

**第一条** 为了确定总会计师的职权和地位,发挥总会计师在加强经济管理、提高经济效益中的作用,制定本条例。

**第二条** 全民所有制大、中型企业设置总会计师;事业单位和业务主管部门根据需要,经批准可以设置总会计师。

总会计师的设置、职权、任免和奖惩,依照本条例的规定执行。

**第三条** 总会计师是单位行政领导成员,协助单位主要行政领导人工作,直接对单位主要行政领导人负责。

**第四条** 凡设置总会计师的单位,在单位行政领导成员中,不设与总会计师职权重叠的副职。

**第五条** 总会计师组织领导本单位的财务管理、成本管理、预算管理、会计核算和会计监督等方面的工作,参与本单位重要经济问题的分析和决策。

**第六条** 总会计师具体组织本单位执行国家有关财经法律、法规、方针、政策和制度,保护国家财产。

总会计师的职权受国家法律保护。单位主要行政领导人应当支持并保障总会计师依法行使职权。

### 第二章 总会计师的职责

**第七条** 总会计师负责组织本单位的下列工作:

(一)编制和执行预算、财务收支计划、信贷计划,拟订资金筹措和使用方案,开辟财源,有效地使用资金;

(二)进行成本费用预测、计划、控制、核算、分析和考核,督促本单位有关部门降低消耗、节约费用、提高经济效益;

(三)建立、健全经济核算制度,利用财务会计资料进行经济活动分析;

(四)承办单位主要行政领导人交办的其他工作。

**第八条** 总会计师负责对本单位财会机构的设置和会计人员的配备、会计专业职务的设置和聘任提出方案;组织会计人员的业务培训和考核;支持会计人员依法行使职权。

**第九条** 总会计师协助单位主要行政领导人对企业的生产经营、行政事业单位的业务发展以及基本建设投资等问题作出决策。

总会计师参与新产品开发、技术改造、科技研究、商品(劳务)价格和工资奖金等方案的制定;参与重大经济合同和经济协议的研究、审查。

### 第三章 总会计师的权限

**第十条** 总会计师对违反国家财经法律、法规、方针、政策、制度和有可能在经济上造成损失、浪费的行为,有权制止或者纠正。制止或者纠正无效时,提请单位主要行政领导人处理。

单位主要行政领导人不同意总会计师对前款行为的处理意见的,总会计师应当依照《中华人民共和国会计法》第十九条的规定执行。

**第十一条** 总会计师有权组织本单位各职能部门、直属基层组织的经济核算、财务会计和成本管理方面的工作。

**第十二条** 总会计师主管审批财务收支工作。除一般的财务收支可以由总会计师授权的财会机构负责人或者其他指定人员审批外,重大的财务收支,须经总会计师审批或者由总会计师报单位主要行政领导人批准。

**第十三条** 预算、财务收支计划、成本和费用计划、信贷计划、财务专题报告、会计决算报表,须经总会计师签署。

涉及财务收支的重大业务计划、经济合同、经济协议等,在单位内部须经总会计师会签。

**第十四条** 会计人员的任用、晋升、调动、奖惩,应当事先征求总会计师的意见。财会机构负责人或者会计主管人员的人选,应当由总会计师进行业务考核,依照有关规定审批。

## 第四章 任免与奖惩

**第十五条** 企业的总会计师由本单位主要行政领导人提名,政府主管部门任命或者聘任;免职或者解聘程序与任命或者聘任程序相同。

事业单位和业务主管部门的总会计师依照干部管理权限任命或者聘任;免职或者解聘程序与任命或者聘任程序相同。

**第十六条** 总会计师必须具备下列条件:

(一)坚持社会主义方向,积极为社会主义建设和改革开放服务;

(二)坚持原则,廉洁奉公;

(三)取得会计师任职资格后,主管一个单位或者单位内一个重要方面的财务会计工作时间不少于三年;

(四)有较高的理论政策水平,熟悉国家财经法律、法规、方针、政策和制度,掌握现代化管理的有关知识;

(五)具备本行业的基本业务知识,熟悉行业情况,有较强的组织领导能力;

(六)身体健康,能胜任本职工作。

**第十七条** 总会计师在工作中成绩显著,有下列情形之一的,依照国家有关企业职工或者国家行政机关工作人员奖惩的规定给予奖励:

(一)在加强财务会计管理,应用现代化会计方法和技术手段,提高财务管理水平和经济效益方面,取得显著成绩的;

(二)在组织经济核算,挖掘增产节约,增收节支潜力,加速资金周转,提高资金使用效果方面,取得显著成绩的;

(三)在维护国家财经纪律,抵制违法行为,保护国家财产,防止或者避免国家财产遭受重大损失方面,有突出贡献的;

(四)在廉政建设方面,事迹突出的;

(五)有其他突出成就或者模范事迹的。

**第十八条** 总会计师在工作中有下列情形之一的,应当区别情节轻重,依照国家有关企业职工或者国家行政机关工作人员奖惩的规定给予处分:

(一)违反法律、法规、方针、政策和财经制度,造成财会工作严重混乱的;

(二)对偷税漏税、截留应当上交国家的收入,滥发奖金、补贴,挥霍浪费国家资财,损害国家利益的行为,不抵制、不制止、不报告,致使国家利益遭受损失的;

(三)在其主管的工作范围内发生严重失误,或者由于玩忽职守,致使国家利益遭受损失的;

(四)以权谋私,弄虚作假,徇私舞弊,致使国家利益遭受损失,或者造成恶劣影响的;

(五)有其他渎职行为和严重错误的。

总会计师有前款所列行为,情节严重,构成犯罪的,由司法机关依法追究刑事责任。

**第十九条** 单位主要行政领导人阻碍总会计师行使职权的,以及对其打击报复或者变相打击报复的,上级主管单位应当根据情节给予行政处分。情节严重,构成犯罪的,由司法机关依法追究刑事责任。

### 第五章 附 则

**第二十条** 城乡集体所有制企业事业单位需要设置总会计师的，参照本条例执行。

**第二十一条** 各省、自治区、直辖市，国务院各部门可以根据本条例的规定，结合本地区、本部门的实际情况制定实施办法。

**第二十二条** 本条例由财政部负责解释。

**第二十三条** 本条例自发布之日起施行。1983 年 10 月 18 日国务院批转国家经济委员会、财政部《关于国营工业、交通企业设置总会计师的几项规定(草案)》、1978 年 9 月 12 日国务院发布的《会计人员职权条例》中有关总会计师的规定同时废止。

## 2. 会计从业资格管理办法(2012 年修订)

中华人民共和国财政部令 2012 年第 73 号

### 第一章 总 则

**第一条** 为了加强会计从业资格管理，规范会计人员行为，根据《中华人民共和国会计法》(以下简称《会计法》)及相关法律的规定，制定本办法。

**第二条** 会计从业资格的取得和管理适用本办法。

**第三条** 在国家机关、社会团体、企业、事业单位和其他组织(以下统称单位)中担任会计机构负责人(会计主管)的人员，以及从事下列会计工作的人员应当取得会计从业资格：

(一)出纳；

(二)稽核；

(三)资本、基金核算；

(四)收入、支出、债权债务核算；

(五)职工薪酬、成本费用、财务成果核算；

(六)财产物资的收发、增减核算；

(七)总账；

(八)财务会计报告编制；

(九)会计机构内会计档案管理；

(十)其他会计工作。

**第四条** 单位不得任用(聘用)不具备会计从业资格的人员从事会计工作。

不具备会计从业资格的人员，不得从事会计工作，不得参加会计专业技术资格考试或评审、会计专业技术职务的聘任，不得申请取得会计人员荣誉证书。

**第五条** 除本办法另有规定外，县级以上地方人民政府财政部门负责本行政区域内的会计从业资格管理。

**第六条** 财政部委托中共中央直属机关事务管理局、国务院机关事务管理局按照各自权限分别负责中央在京单位的会计从业资格的管理。

新疆生产建设兵团财务局负责所属单位的会计从业资格的管理。

财政部委托铁道部负责铁路系统的会计从业资格的管理。

财政部委托中国人民解放军总后勤部、中国人民武装警察部队后勤部分别负责中国人民解放军、中国人民武装警察部队系统的会计从业资格的管理。

### 第二章 会计从业资格的取得

**第七条** 国家实行会计从业资格考试制度。

**第八条**　符合下列条件的人员，可以申请参加会计从业资格考试：

（一）遵守会计和其他财经法律、法规；

（二）具备良好的道德品质；

（三）具备会计专业基础知识和技能。

因有《会计法》第四十二条、第四十三条、第四十四条所列违法情形，被依法吊销会计从业资格证书的人员，自被吊销之日起5年以内不得参加会计从业资格考试，不得重新取得会计从业资格证书。

因有提供虚假财务会计报告，做假账，隐匿或者故意销毁会计凭证、会计账簿、财务会计报告，贪污、挪用公款，职务侵占等与会计职务有关的违法行为，被依法追究刑事责任的人员，不得参加会计从业资格考试，不得取得或者重新取得会计从业资格证书。

**第九条**　县级以上地方人民政府财政部门、新疆生产建设兵团财务局、中共中央直属机关事务管理局、国务院机关事务管理局、铁道部、中国人民解放军总后勤部、中国人民武装警察部队后勤部（以下简称会计从业资格管理机构）应当对申请参加会计从业资格考试人员的条件进行审核，符合条件的，允许其参加会计从业资格考试。

**第十条**　会计从业资格考试科目为：财经法规与会计职业道德、会计基础、会计电算化（或者珠算）。

会计从业资格考试大纲、考试合格标准由财政部统一制定和公布。

会计从业资格考试科目实行无纸化考试，无纸化考试题库由财政部统一组织建设。会计从业资格无纸化考试管理相关规定由财政部另行制定。

**第十一条**　会计从业资格各考试科目应当一次性通过。

会计从业资格管理机构应当在考试结束后及时公布考试结果，通知考试通过人员在考试结果公布之日起6个月内，到指定的会计从业资格管理机构领取会计从业资格证书。

通过会计从业资格考试的人员，应当持本人有效身份证件原件，在规定的期限内，到指定的地点领取会计从业资格证书。

通过会计从业资格考试的人员，可以委托代理人领取会计从业资格证书。代理人领取会计从业资格证书时，应当持本人和委托人的有效身份证件原件。

**第十二条**　各省、自治区、直辖市、计划单列市财政厅（局）（以下简称省级财政部门），新疆生产建设兵团财务局，中共中央直属机关事务管理局、国务院机关事务管理局、铁道部、中国人民解放军总后勤部、中国人民武装警察部队后勤部（以下简称中央主管单位），应当按照本办法第五条、第六条规定的管理范围，负责组织实施会计从业资格考试的下列事项：

（一）制定会计从业资格考试考务规则；

（二）组织会计从业资格考试软件系统的建设及管理；

（三）接收并管理财政部下发的会计从业资格无纸化考试题库；

（四）组织开展会计从业资格考试；

（五）监督检查会计从业资格考试考风、考纪，并依法对违规违纪行为进行处理处罚。

省级财政部门、新疆生产建设兵团财务局和中央主管单位应当根据本办法制定、公布会计从业资格考试的报考办法、考务规则、考试相关要求、报名条件和考试科目。

**第十三条**　会计从业资格考试收费标准按照国家物价管理部门的有关规定执行。

**第十四条**　财政部统一规定会计从业资格证书样式和编号规则。

省级财政部门负责本地区会计从业资格证书的印制；新疆生产建设兵团财务局和中央主管单位分别负责本部门、本系统会计从业资格证书的印制。

**第十五条**　会计从业资格证书是具备会计从业资格的证明文件，在全国范围内有效。

持有会计从业资格证书的人员（以下简称持证人员）不得涂改、出借会计从业资格证书。

## 第三章　会计从业资格管理

**第十六条**　持证人员应当接受继续教育，提高业务素质和会计职业道德水平。

持证人员参加继续教育采取学分制管理制度。持证人员继续教育相关规定由财政部另行制定。

**第十七条**　会计从业资格管理机构应当加强对持证人员继续教育工作的监督、指导。

单位应当鼓励和支持持证人员参加继续教育,保证学习时间,提供必要的学习条件。

**第十八条** 会计从业资格管理机构应当对开展会计人员继续教育的培训机构进行监督和指导,规范培训市场,确保培训质量。

**第十九条** 会计从业资格实行信息化管理。会计从业资格管理机构应当建立持证人员从业档案信息系统,及时记载、更新持证人员下列信息:

(一)持证人员的相关基础信息;

(二)持证人员从事会计工作情况;

(三)持证人员的变更、调转登记情况;

(四)持证人员换发会计从业资格证书情况;

(五)持证人员接受继续教育情况;

(六)持证人员受到表彰奖励情况;

(七)持证人员因违反会计法律、法规、规章和会计职业道德被处罚情况。

**第二十条** 持证人员的姓名、有效身份证件及号码、照片、学历或学位、会计专业技术职务资格、开始从事会计工作时间等基础信息,以及第十九条第(五)和第(六)项内容发生变化的,应当持相关有效证明和会计从业资格证书,到所属会计从业资格管理机构办理从业档案信息变更。会计从业资格管理机构应当在核实相关信息后,为持证人员办理从业档案信息变更。

持证人员的其他相关信息发生变化的,应当登陆所属会计从业资格管理机构指定网站进行信息变更,也可以到所属会计从业资格管理机构办理。

**第二十一条** 持证人员所属会计从业资格管理机构发生变化的,应当及时办理调转登记手续。

持证人员所属会计从业资格管理机构在各省级财政部门、新疆生产建设兵团财务局、中央主管单位各自管辖范围内发生变化的,应当持会计从业资格证书、工作证明(或户籍证明、居住证明)到调入地所属会计从业资格管理机构办理调转登记。

持证人员所属会计从业资格管理机构在各省级财政部门、新疆生产建设兵团财务局、中央主管单位管辖范围之间发生变化的,应当及时填写调转登记表,持会计从业资格证书,到原会计从业资格管理机构办理调出手续。持证人员应当自办理调出手续之日起3个月内,持会计从业资格证书、调转登记表和在调入地的工作证明(或户籍证明、居住证明),到调入地会计从业资格管理机构办理调入手续。

**第二十二条** 持证人员应当妥善保管会计从业资格证书。如有遗失,持证人员应当在履行公告程序后,填写补发申请表,持有关证明材料,向所属会计从业资格管理机构申请补发会计从业资格证书。会计从业资格管理机构核实无误后,应当自受理之日起20个工作日内予以补发。

如有毁损,持证人员应当填写补发申请表,持毁损证书原件,向所属会计从业资格管理机构申请补发会计从业资格证书。会计从业资格管理机构核实无误后,应当自受理之日起20个工作日内予以补发。

**第二十三条** 会计从业资格证书实行6年定期换证制度。

持证人员应当在会计从业资格证书到期前6个月内,填写定期换证登记表,持有效身份证件原件和会计从业资格证书,到所属会计从业资格管理机构办理换证手续。

**第二十四条** 有下列情形之一的,会计从业资格管理机构可以撤销持证人员的会计从业资格:

(一)会计从业资格管理机构工作人员滥用职权、玩忽职守,作出给予持证人员会计从业资格决定的;

(二)超越法定职权或者违反法定程序,作出给予持证人员会计从业资格决定的;

(三)对不具备会计从业资格的人员,作出给予会计从业资格决定的。

持证人员以欺骗、贿赂、舞弊等不正当手段取得会计从业资格的,会计从业资格管理机构应当撤销其会计从业资格。

**第二十五条** 持证人员具有下列情形之一的,会计从业资格管理机构应当注销其会计从业资格:

(一)死亡或者丧失行为能力的;

(二)会计从业资格被依法吊销的。

**第二十六条** 会计从业资格管理机构应当将领取会计从业资格证书和办理会计从业资格证书换发、调转、变更登记的条件、程序、期限以及需要提交的材料和相关申请登记表格示范文本等在办公场所公示,或者在会计从业资格管理机构指定网站进行公示。相关申请登记表格示范文本应当置放于会计从业资格管

理机构办公场所，免费提供，或者由申请人从会计从业资格管理机构指定网站下载。

**第二十七条** 会计从业资格管理机构应当对下列情况实施监督检查：

(一)从事会计工作的人员持有会计从业资格证书情况；

(二)持证人员换发、调转、变更登记会计从业资格证书情况；

(三)持证人员从事会计工作和执行国家统一的会计制度情况；

(四)持证人员遵守会计职业道德情况；

(五)持证人员接受继续教育情况。

会计从业资格管理机构在实施监督检查时，持证人员应当如实提供有关情况和材料，有关单位应当予以配合。

**第二十八条** 单位和个人对违反本办法规定的行为有权检举，会计从业资格管理机构应当及时核实、处理，并为检举人保密。

**第二十九条** 持证人员对会计从业资格管理机构的处理处罚决定，享有陈述权、申辩权；有权依法申请行政复议或者提起行政诉讼。

## 第四章 法律责任

**第三十条** 参加会计从业资格考试舞弊的，2 年内不得参加会计从业资格考试，由会计从业资格管理机构取消其考试成绩，已取得会计从业资格的，由会计从业资格管理机构撤销其会计从业资格。

**第三十一条** 持证人员具有下列情形之一的，由会计从业资格管理机构责令其限期改正：

(一)不参加继续教育或参加继续教育未取得规定学分的；

(二)未按照本办法规定办理调转登记的；

(三)未按照本办法规定进行信息更新的。

**第三十二条** 会计从业资格管理机构及其工作人员在实施会计从业资格管理中滥用职权、玩忽职守、循私舞弊的，依法给予处分。构成犯罪的，依法追究刑事责任。

**第三十三条** 会计从业资格管理机构工作人员违反本办法第二十八条规定，将检举人姓名和检举材料转给被检举单位或个人，或者将应当保密的检举信息对外泄露的，由所在单位或者有关单位依法给予处分。构成犯罪的，依法追究刑事责任。

## 第五章 附 则

**第三十四条** 省级财政部门、新疆生产建设兵团财务局和中央主管单位可以根据本办法制定具体实施办法，报财政部备案。

**第三十五条** 香港特别行政区、澳门特别行政区、台湾地区居民和外国居民在境内取得会计从业资格及相关管理适用本办法。

**第三十六条** 本办法施行之日前已被聘任为高级会计师或者从事会计工作满 20 年，且年满 50 周岁、目前尚在从事会计工作的，经本人申请并提供单位证明等相关材料，会计从业资格管理机构核实无误后，发给会计从业资格证书。

取得注册会计师证书，目前尚在从事会计工作的，经本人申请并提供单位证明等相关材料，会计从业资格管理机构核实无误后，发给会计从业资格证书。

**第三十七条** 本办法自 2013 年 7 月 1 日起施行。财政部 2005 年 1 月 22 日发布的《会计从业资格管理办法》(财政部令第 26 号)同时废止。

# 3. 全国会计从业资格证书信息化调转暂行办法(2011 年颁布)

(财会[2011]11 号)

**第一条** 为规范全国会计从业资格信息化调转工作，根据《会计从业资格管理办法》(财政部令第 26

号)，制定本办法。

**第二条**　本办法适用于开展跨省级行政区域、部门会计从业资格调转业务(以下简称会计从业资格调转)。

**第三条**　会计从业资格调转由县级以上(含县级)会计从业资格管理机构受理。各省、自治区、直辖市、计划单列市财政厅(局)，新疆生产建设兵团财务局，中共中央直属机关事务管理局、国务院机关事务管理局、中国人民解放军总后勤部、中国人民武装警察部队后勤部、铁道部(以下简称省级会计从业资格管理机构)应当依据自建会计从业资格信息管理系统环境和要求，规范会计从业资格调转业务流程，明确各工作岗位职责，建立内部复核、审查、监督机制，确保会计从业资格调转的顺利运行。

**第四条**　持证人员申请调转时，应填写调转登记表，并向会计从业资格所属地会计从业资格管理机构提出调转申请。调出地会计从业资格管理机构接受申请后，提供持证人员在本地管理系统中的基础信息和继续教育情况供其核对确认。调出地会计从业资格管理机构在审核持证人员的会计从业资格证书、调转登记表、身份证件、经签字确认的基础信息和继续教育情况等材料后，在5个工作日(遇节假日顺延)内将其电子信息上传至财政部调转平台，并将上传结果及时告知持证人员。

**第五条**　持证人员发现基础信息有误或有变更事项的，由本人提供相关证明，经会计从业资格管理机构审核后，依照《会计从业资格管理办法》(财政部令第26号)予以办理更正或变更。

**第六条**　持证人员在办理会计从业资格调转时，未按规定完成以前年度继续教育的，需在调出地补齐后，方可办理会计从业资格调转手续。

持证人员在办理会计从业资格调转时，未完成当年继续教育的，调出地会计从业资格管理机构应当在其调转登记表中予以注明，持证人员调转后，须参加调入地当年继续教育。

**第七条**　持证人员应在电子信息上传成功之日起90个工作日内，持会计从业资格证书、调转登记表、身份证件和调入单位开具的从事会计工作证明(或工作证明、户籍证明、居住地证明、暂住地证明)向调入地会计从业资格管理机构申请办理调入手续。

**第八条**　会计从业资格调转应当遵循以人为本、证随人走的原则，除第九条、第十一条所列情形外，应同意调入。调入地会计从业资格管理机构在办理调入手续时，应核对持证人员的相关材料和调转平台上的电子信息，确认无误后在调转平台确认接收，并将其电子信息及时导入本地管理系统。依据本办法第九条、第十一条所列情形，作出拒绝调入决定的，应在10个工作日(遇节假日顺延)内以适当方式通知持证人员。

**第九条**　具有下列情形之一的，调入地会计从业资格管理机构应拒绝调入，并在调转平台将持证人员的电子信息退回，同时注明退回原因。

(一)会计从业资格证书、调转登记表所列信息与调转平台电子信息不符的。

(二)自调出之日起超过90个工作日的。

(三)持证人员证书档案号(身份证号)与调入地已有持证人员证书档案号(身份证号)重复的。

**第十条**　持证人员证书档案号(身份证号)与调入地已有持证人员证书档案号(身份证号)重复的，应依法到相应行政机关变更身份证号和从业资格证书档案号后，重新办理调转手续。

**第十一条**　调出地会计从业资格管理机构应在10个工作日内将调转平台上退回的持证人员信息重新纳入本地管理系统。信息被退回的持证人员，如需调转应重新办理相关手续。

原调出地会计从业资格管理机构被合并或撤销的，由其所属省级会计从业资格管理机构负责接收退回的持证人员信息。

**第十二条**　在持证人员的电子信息被调入地会计从业资格管理机构接收或退回前，调出地会计从业资格管理机构可依持证人员申请等原因撤销调转。

**第十三条**　调入地会计从业资格管理机构发现持证人员信息在调转平台、财政专网查询系统、调出地调转记录中均不存在的，可认定其所持证书为虚假证书，应予以当场没收其证书并开具相应凭证。

**第十四条**　持证人员在申请调入时信息发生变更的，调入地会计从业资格管理机构应及时进行审核变更。

**第十五条**　会计从业资格管理机构应确保调出持证人员基础信息和继续教育信息的真实、完整，严格审核调出、调入资料。会计从业资格管理机构发现持证人员在调转过程中存在弄虚作假的，应责令其改正，情节严重的，应冻结其调转手续并予以公告。

**第十六条** 会计从业资格管理机构及其工作人员在实施会计从业资格调转管理工作中存在滥用职权、玩忽职守、徇私舞弊的，依法给予行政处分；涉嫌犯罪的，移送司法机关处理。

**第十七条** 各省级会计从业资格管理机构应结合本地区、本部门、本系统实际，依据《会计从业资格管理办法》(财政部令第26号)和本办法的规定，制定实施细则，并报财政部备案。

**第十八条** 本办法自2011年6月1日起执行。

# 4. 会计人员继续教育规定(2006年修订)

财会[2006]19号

## 第一章 总 则

**第一条** 为推进会计人员继续教育科学化、制度化、规范化，培养造就高素质的会计队伍，提高会计人员专业胜任能力，根据《中华人民共和国会计法》和《会计从业资格管理办法》(财政部令第26号)的规定，制定本规定。

**第二条** 会计人员继续教育必须紧密结合经济社会发展和会计行业发展要求，统筹规划，分类指导，强化服务，注重质量，全面推进会计人才队伍建设，为经济社会和会计行业发展提供人才保证和智力支持。

**第三条** 会计人员继续教育应当遵循下列基本原则：

(一)以人为本，按需施教。把握会计行业发展趋势和会计人员从业基本要求，突出提升会计人员专业胜任能力，引导会计人员更新知识、拓展技能，提高解决实际问题的能力。

(二)突出重点，提高能力。会计人员继续教育面向会计队伍，创造人人皆受教育、人人皆可成才的环境，全面提高会计人员整体素质。同时，突出高层次会计人才培养和提高综合能力培训，进一步改善会计队伍人才结构和知识结构。

(三)加强指导，创新机制。在统筹规划的前提下，有效利用各方面教育资源，引导社会办学单位参与会计人才继续教育，并不断创新继续教育内容，改进继续教育方式，提高继续教育质量，逐步形成政府部门规划指导、社会办学单位积极参与、用人单位支持督促的会计人员继续教育新格局。

## 第二章 管理体制

**第四条** 财政部负责全国会计人员继续教育的管理。

(一)制定全国会计人员继续教育规划；

(二)制定全国会计人员继续教育制度；

(三)制定全国会计人员继续教育大纲；

(四)组织开发、评估、推荐全国会计人员继续教育重点教材；

(五)组织全国高级会计人员培训和会计人员继续教育师资培训；

(六)指导、督促各地区和有关部门会计人员继续教育工作的开展。

**第五条** 各省、自治区、直辖市、计划单列市财政厅(局)负责本地区的会计人员继续教育的组织管理工作。

(一)依据全国会计人员继续教育制度，制定本地区的会计人员继续教育实施办法；

(二)制定本地区会计人员继续教育规划并组织实施；

(三)确定本地区各级财政部门对会计人员继续教育的具体职责和管理权限；

(四)组织推荐适合本地区的会计人员继续教育教材，或者选用财政部统一组织开发、推荐的全国会计人员继续教育重点教材；

(五)组织本地区各类会计人才培训和会计人员继续教育师资培训；

(六)指导、监督本地区会计人员继续教育工作，规范会计培训市场。

**第六条** 中共中央直属机关事务管理局、国务院机关事务管理局、铁道部、中国人民武装警察部队后勤部、中国人民解放军总后勤部(以下简称中央主管单位)比照会计从业资格管理体制,分别负责中央在京单位、铁路系统、中国人民武装警察部队系统、中国人民解放军系统会计人员继续教育的组织实施工作。

中央主管单位组织会计人员继续教育的职责,比照本规定第五条执行。

**第七条** 会计人员所在单位负责组织和督促本单位的会计人员参加继续教育。

会计人员所在单位应当遵循教育、考核、使用相结合的原则,支持、督促并组织本单位会计人员参加继续教育,保证学习时间,提供必要的学习条件。

## 第三章 继续教育对象

**第八条** 会计人员享有参加继续教育的权利和接受继续教育的义务。

**第九条** 会计人员继续教育的对象是取得并持有会计从业资格证书的人员。

**第十条** 会计人员继续教育分为高级、中级、初级三个级别。

(一)高级会计人员继续教育的对象为取得或者受聘高级会计专业技术资格(职称)及具备相当水平的会计人员;

(二)中级会计人员继续教育的对象为取得或者受聘中级会计专业技术资格(职称)及具备相当水平的会计人员;

(三)初级会计人员继续教育的对象为取得或者受聘初级会计专业技术资格(职称)的会计人员,以及取得会计从业资格证书但未取得或者受聘初级会计专业技术资格(职称)的会计人员。

**第十一条** 会计人员每年接受培训(面授)的时间累计不应少于24小时。

会计人员由于病假、在境外工作、生育等原因,无法在当年完成接受培训时间的,可由本人提供合理证明,经归口管理的当地财政部门或中央主管单位(以下简称继续教育管理部门)审核确认后,其参加继续教育时间可以顺延至以后年度完成。

## 第四章 继续教育的内容与形式

**第十二条** 会计人员继续教育的内容主要包括会计理论、政策法规、业务知识、技能训练和职业道德等。

(一)会计理论继续教育,重点加强会计基础理论和应用理论的培训,提高会计人员用理论指导实践的能力;

(二)政策法规继续教育,重点加强会计法规制度及其他相关法规制度的培训,提高会计人员依法理财的能力;

(三)业务知识培训和技能训练,重点加强履行岗位职责所必备的专业知识和经营管理、内部控制、信息化等方面的培训,提高会计人员的实际工作能力和业务技能;

(四)职业道德继续教育,重点加强会计职业道德的培训,提高会计人员职业道德水平。

**第十三条** 会计人员继续教育的形式以接受培训为主。在职自学是会计人员继续教育的重要补充。

会计人员可以自愿选择参加继续教育主管部门认可的接受培训的形式:

(一)参加在继续教育主管部门备案并予以公布的会计人员继续教育机构组织的会计培训;

(二)参加继续教育主管部门组织的会计人员继续教育师资培训和会计培训;

(三)参加会计人员所在单位组织的会计类脱产培训;

(四)参加会计、审计、统计、经济专业技术资格考试,以及注册会计师、注册资产评估师、注册税务师考试;

(五)继续教育主管部门认可的其他形式。

继续教育主管部门应当按照管理权限,定期公布会计人员继续教育机构名称等相关信息。

**第十四条** 鼓励会计人员参加在职自学。在职自学形式包括:

(一)参加普通院校或成人院校会计、审计、财务管理、理财学、会计电算化、注册会计师专门化、会计硕士专业学位(MPAcc)等国家承认的相关专业学历教育;

(二)独立完成通过地(市)级以上(含地、市级)财政部门或会计学术团体认可的会计类研究课题或在省

级以上(含省级)经济类报刊上发表会计类论文;

(三)系统地接受会计业务相关的远程教育和网上培训;

(四)其他在职自学形式。

会计人员所在单位应当对会计人员在职自学提出要求,并提供必要的条件。

**第十五条** 开展会计人员继续教育应当根据会计人员的特点,综合运用讲授式、研究式、案例式、模拟式、体验式等教学方法,提高培训效果和质量。

**第十六条** 推广网络教育、远程教育、电化教育,提高会计人员继续教育教学和管理的信息化水平。

## 第五章 继续教育机构

**第十七条** 加强会计人员继续教育机构建设,构建分工明确、优势互补、布局合理、竞争有序的会计人员继续教育网络。充分发挥国家会计学院、中华会计函授学校、会计学术团体、县级以上财政部门及中央主管单位会计人员培训基地(中心)等教育资源在会计人员继续教育中的主渠道作用,鼓励、引导高等院校、科研院所等社会办学单位参与会计人员继续教育工作。

**第十八条** 会计人员继续教育机构必须同时符合下列条件:

(一)具备承担培训工作相适应的教学场所和设施;

(二)拥有与承担培训工作相适应的师资队伍和管理力量;

(三)能够完成所承担的培训任务,保证培训质量。

**第十九条** 会计人员继续教育机构应当根据会计人员继续教育统一规划,改进培训方式,科学设置培训内容,加强教学管理,提高教学水平。

## 第六章 师资、教材

**第二十条** 从事会计人员继续教育工作的师资,应当具有良好的职业道德修养、较高的理论政策水平、扎实的专业知识基础,有一定的实际工作经验,掌握现代教育培训理论和方法,具备胜任教学、科研工作的能力。

(一)承担高级会计人员继续教育任务的教学人员,一般应具备教授职称、高级专业技术资格,或者为具备相应水平的专家。

(二)承担中级会计人员继续教育任务的教学人员,一般应具备副教授以上(含副教授)职称、高级专业技术资格,或者为具备相应水平的专家。

(三)承担初级会计人员继续教育任务的教学人员,一般应具备讲师以上(含讲师)职称、中级以上(含中级)专业技术资格,或者为具备相应水平的专家。

**第二十一条** 加强会计人员继续教育教材建设,逐步形成会计人员继续教育教材体系,以适应不同级别会计人员继续教育的需要。

**第二十二条** 坚持会计人员继续教育教材的开发与利用相结合,做到一纲多本、编审分开。加强教材开发的针对性和实用性。提倡会计人员继续教育教材开发社会化,鼓励社会上有能力的部门和单位按照统一的会计人员继续教育大纲,参与编制会计人员继续教育教材。

**第二十三条** 继续教育管理部门应当加强对会计人员继续教育教材的编写、评估、推荐、出版、发行、使用情况的管理和监督。

**第二十四条** 参加继续教育的会计人员自愿选择会计人员继续教育教材。

任何部门、单位和个人不得向会计人员强行推销、搭售培训教材。

## 第七章 考核与检查

**第二十五条** 继续教育主管部门应当加强对会计人员参加继续教育情况的考核,并将考核结果作为评选先进会计工作者、颁发会计人员荣誉证书等的依据之一。

对未按规定参加继续教育或者未完成接受培训时间的会计人员,继续教育主管部门应当督促其接受继续教育;对无正当理由仍不参加继续教育的,可采取适当方式向社会公布。

**第二十六条**　会计人员所在单位应当将会计人员参加继续教育情况作为会计人员任职、晋升的依据之一。

**第二十七条**　会计人员继续教育实行登记管理。会计人员按照要求接受培训，考核合格并取得相关证明后，应在90天内持《会计人员从业资格证书》及相关证明向继续教育主管部门办理继续教育事项登记。

继续教育主管部门应当加强会计人员业务档案、诚信档案建设，如实记载会计人员接受继续教育情况。

**第二十八条**　继续教育主管部门应当定期对继续教育机构的会计人员继续教育情况进行检查、评估，并将检查、评估结果以适当方式向社会公布。

**第二十九条**　会计人员继续教育机构有下列情形之一的，由继续教育主管部门责令限期整改；逾期不改正的，由继续教育主管部门予以通报：

(一)采取虚假、欺诈等手段招揽生源的；

(二)以会计人员继续教育名义组织境内外公费旅游或者进行其他高消费活动的；

(三)违反国家有关规定擅自印发学历或学位证书、资格证书或培训证书的；

(四)违反本规定的其他行为。

**第三十条**　继续教育主管部门应当将各单位会计人员继续教育情况列入《会计法》执行情况检查、会计从业资格情况检查的内容。

## 第八章　附　　则

**第三十一条**　各省、自治区、直辖市、计划单列市财政厅(局)，中共中央直属机关事务管理局、国务院机关事务管理局、铁道部、中国人民武装警察部队后勤部、中国人民解放军总后勤部可根据本规定制定具体实施办法，并报财政部备案。

**第三十二条**　本规定由财政部负责解释。

**第三十三条**　本规定自2007年1月1日起施行。财政部1998年1月23日公布的《会计人员继续教育暂行规定》(财会字[1998]4号)、1998年11月9日印发的《财政部关于开展中央单位会计人员继续教育工作有关问题的通知》(财会字[1998]69号)同时废止。

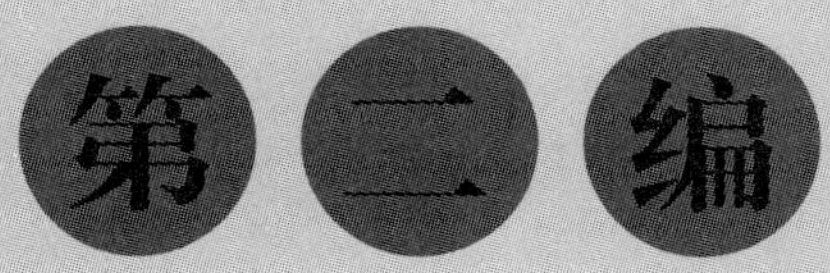


# 企业会计相关法规

# 第五章　综合性企业会计法规

## 1. 企业财务会计报告条例(2000 年颁布)

中华人民共和国国务院令　2000 年第 287 号

### 第一章　总　　则

**第一条**　为了规范企业财务会计报告，保证财务会计报告的真实、完整，根据《中华人民共和国会计法》，制定本条例。

**第二条**　企业(包括公司，下同)编制和对外提供财务会计报告，应当遵守本条例。

本条例所称财务会计报告，是指企业对外提供的反映企业某一特定日期财务状况和某一会计期间经营成果、现金流量的文件。

**第三条**　企业不得编制和对外提供虚假的或者隐瞒重要事实的财务会计报告。

企业负责人对本企业财务会计报告的真实性、完整性负责。

**第四条**　任何组织或者个人不得授意、指使、强令企业编制和对外提供虚假的或者隐瞒重要事实的财务会计报告。

**第五条**　注册会计师、会计师事务所审计企业财务会计报告，应当依照有关法律、行政法规以及注册会计师执业规则的规定进行，并对所出具的审计报告负责。(相关资料：实务指南)

### 第二章　财务会计报告的构成

**第六条**　财务会计报告分为年度、半年度、季度和月度财务会计报告。

**第七条**　年度、半年度财务会计报告应当包括：

(一)会计报表；

(二)会计报表附注；

(三)财务情况说明书。

会计报表应当包括资产负债表、利润表、现金流量表及相关附表。

**第八条**　季度、月度财务会计报告通常仅指会计报表，会计报表至少应当包括资产负债表和利润表。国家统一的会计制度规定季度、月度财务会计报告需要编制会计报表附注的，从其规定。

**第九条**　资产负债表是反映企业在某一特定日期财务状况的报表。资产负债表应当按照资产、负债和所有者权益(或者股东权益，下同)分类分项列示。其中，资产、负债和所有者权益的定义及列示应当遵循下列规定：

(一)资产，是指过去的交易、事项形成并由企业拥有或者控制的资源，该资源预期会给企业带来经济利益。在资产负债表上，资产应当按照其流动性分类分项列示，包括流动资产、长期投资、固定资产、无形资产及其他资产。银行、保险公司和非银行金融机构的各项资产有特殊性的，按照其性质分类分项列示。

(二)负债，是指过去的交易、事项形成的现时义务，履行该义务预期会导致经济利益流出企业。在资产负债表上，负债应当按照其流动性分类分项列示，包括流动负债、长期负债等。银行、保险公司和非银行金融机构的各项负债有特殊性的，按照其性质分类分项列示。

(三)所有者权益，是指所有者在企业资产中享有的经济利益，其金额为资产减去负债后的余额。在资产负债表上，所有者权益应当按照实收资本(或者股本)、资本公积、盈余公积、未分配利润等项目分项列示。

**第十条**　利润表是反映企业在一定会计期间经营成果的报表。利润表应当按照各项收入、费用以及构成利润的各个项目分类分项列示。其中，收入、费用和利润的定义及列示应当遵循下列规定：

(一)收入,是指企业在销售商品、提供劳务及让渡资产使用权等日常活动中所形成的经济利益的总流入。收入不包括为第三方或者客户代收的款项。在利润表上,收入应当按照其重要性分项列示。

(二)费用,是指企业为销售商品、提供劳务等日常活动所发生的经济利益的流出。在利润表上,费用应当按照其性质分项列示。

(三)利润,是指企业在一定会计期间的经营成果。在利润表上,利润应当按照营业利润、利润总额和净利润等利润的构成分类分项列示。

**第十一条** 现金流量表是反映企业一定会计期间现金和现金等价物(以下简称现金)流入和流出的报表。现金流量表应当按照经营活动、投资活动和筹资活动的现金流量分类分项列示。其中,经营活动、投资活动和筹资活动的定义及列示应当遵循下列规定:

(一)经营活动,是指企业投资活动和筹资活动以外的所有交易和事项。在现金流量表上,经营活动的现金流量应当按照其经营活动的现金流入和流出的性质分项列示;银行、保险公司和非银行金融机构的经营活动按照其经营活动特点分项列示。

(二)投资活动,是指企业长期资产的购建和不包括在现金等价物范围内的投资及其处置活动。在现金流量表上,投资活动的现金流量应当按照其投资活动的现金流入和流出的性质分项列示。

(三)筹资活动,是指导致企业资本及债务规模和构成发生变化的活动。在现金流量表上,筹资活动的现金流量应当按照其筹资活动的现金流入和流出的性质分项列示。

(相关资料:实务指南)

**第十二条** 相关附表是反映企业财务状况、经营成果和现金流量的补充报表,主要包括利润分配表以及国家统一的会计制度规定的其他附表。

利润分配表是反映企业一定会计期间对实现净利润以及以前年度未分配利润的分配或者亏损弥补的报表。利润分配表应当按照利润分配各个项目分类分项列示。

**第十三条** 年度、半年度会计报表至少应当反映两个年度或者相关两个期间的比较数据。

**第十四条** 会计报表附注是为便于会计报表使用者理解会计报表的内容而对会计报表的编制基础、编制依据、编制原则和方法及主要项目等所作的解释。会计报表附注至少应当包括下列内容:

(一)不符合基本会计假设的说明;

(二)重要会计政策和会计估计及其变更情况、变更原因及其对财务状况和经营成果的影响;

(三)或有事项和资产负债表日后事项的说明;

(四)关联方关系及其交易的说明;

(五)重要资产转让及其出售情况;

(六)企业合并、分立;

(七)重大投资、融资活动;

(八)会计报表中重要项目的明细资料;

(九)有助于理解和分析会计报表需要说明的其他事项。

**第十五条** 财务情况说明书至少应当对下列情况作出说明:

(一)企业生产经营的基本情况;

(二)利润实现和分配情况;

(三)资金增减和周转情况;

(四)对企业财务状况、经营成果和现金流量有重大影响的其他事项。

## 第三章 财务会计报告的编制

**第十六条** 企业应当于年度终了编报年度财务会计报告。国家统一的会计制度规定企业应当编报半年度、季度和月度财务会计报告的,从其规定。

**第十七条** 企业编制财务会计报告,应当根据真实的交易、事项以及完整、准确的账簿记录等资料,并按照国家统一的会计制度规定的编制基础、编制依据、编制原则和方法。

企业不得违反本条例和国家统一的会计制度规定,随意改变财务会计报告的编制基础、编制依据、编制原则和方法。

任何组织或者个人不得授意、指使、强令企业违反本条例和国家统一的会计制度规定，改变财务会计报告的编制基础、编制依据、编制原则和方法。

**第十八条** 企业应当依照本条例和国家统一的会计制度规定，对会计报表中各项会计要素进行合理的确认和计量，不得随意改变会计要素的确认和计量标准。

**第十九条** 企业应当依照有关法律、行政法规和本条例规定的结账日进行结账，不得提前或者延迟。年度结账日为公历年度每年的12月31日；半年度、季度、月度结账日分别为公历年度每半年、每季、每月的最后一天。

**第二十条** 企业在编制年度财务会计报告前，应当按照下列规定，全面清查资产、核实债务：

（一）结算款项，包括应收款项、应付款项、应交税金等是否存在，与债务、债权单位的相应债务、债权金额是否一致；

（二）原材料、在产品、自制半成品、库存商品等各项存货的实存数量与账面数量是否一致，是否有报废损失和积压物资等；

（三）各项投资是否存在，投资收益是否按照国家统一的会计制度规定进行确认和计量；

（四）房屋建筑物、机器设备、运输工具等各项固定资产的实存数量与账面数量是否一致；

（五）在建工程的实际发生额与账面记录是否一致；

（六）需要清查、核实的其他内容。

企业通过前款规定的清查、核实，查明财产物资的实存数量与账面数量是否一致、各项结算款项的拖欠情况及其原因、材料物资的实际储备情况、各项投资是否达到预期目的、固定资产的使用情况及其完好程度等。企业清查、核实后，应当将清查、核实的结果及其处理办法向企业的董事会或者相应机构报告，并根据国家统一的会计制度的规定进行相应的会计处理。

企业应当在年度中间根据具体情况，对各项财产物资和结算款项进行重点抽查、轮流清查或者定期清查。

**第二十一条** 企业在编制财务会计报告前，除应当全面清查资产、核实债务外，还应当完成下列工作：

（一）核对各会计账簿记录与会计凭证的内容、金额等是否一致，记账方向是否相符；

（二）依照本条例规定的结账日进行结账，结出有关会计账簿的余额和发生额，并核对各会计账簿之间的余额；

（三）检查相关的会计核算是否按照国家统一的会计制度的规定进行；

（四）对于国家统一的会计制度没有规定统一核算方法的交易、事项，检查其是否按照会计核算的一般原则进行确认和计量以及相关账务处理是否合理；

（五）检查是否存在因会计差错、会计政策变更等原因需要调整前期或者本期相关项目。

在前款规定工作中发现问题的，应当按照国家统一的会计制度的规定进行处理。

**第二十二条** 企业编制年度和半年度财务会计报告时，对经查实后的资产、负债有变动的，应当按照资产、负债的确认和计量标准进行确认和计量，并按照国家统一的会计制度的规定进行相应的会计处理。

**第二十三条** 企业应当按照国家统一的会计制度规定的会计报表格式和内容，根据登记完整、核对无误的会计账簿记录和其他有关资料编制会计报表，做到内容完整、数字真实、计算准确，不得漏报或者任意取舍。

**第二十四条** 会计报表之间、会计报表各项目之间，凡有对应关系的数字，应当相互一致；会计报表中本期与上期的有关数字应当相互衔接。

**第二十五条** 会计报表附注和财务情况说明书应当按照本条例和国家统一的会计制度的规定，对会计报表中需要说明的事项作出真实、完整、清楚的说明。

**第二十六条** 企业发生合并、分立情形的，应当按照国家统一的会计制度的规定编制相应的财务会计报告。

**第二十七条** 企业终止营业的，应当在终止营业时按照编制年度财务会计报告的要求全面清查资产、核实债务、进行结账，并编制财务会计报告；在清算期间，应当按照国家统一的会计制度的规定编制清算期间的财务会计报告。

**第二十八条** 按照国家统一的会计制度的规定，需要编制合并会计报表的企业集团，母公司除编制其

个别会计报表外，还应当编制企业集团的合并会计报表。

企业集团合并会计报表，是指反映企业集团整体财务状况、经营成果和现金流量的会计报表。

## 第四章　财务会计报告的对外提供

**第二十九条**　对外提供的财务会计报告反映的会计信息应当真实、完整。

**第三十条**　企业应当依照法律、行政法规和国家统一的会计制度有关财务会计报告提供期限的规定，及时对外提供财务会计报告。

**第三十一条**　企业对外提供的财务会计报告应当依次编定页数，加具封面，装订成册，加盖公章。封面上应当注明：企业名称、企业统一代码、组织形式、地址、报表所属年度或者月份、报出日期，并由企业负责人和主管会计工作的负责人、会计机构负责人（会计主管人员）签名并盖章；设置总会计师的企业，还应当由总会计师签名并盖章。

**第三十二条**　企业应当依照企业章程的规定，向投资者提供财务会计报告。

国务院派出监事会的国有重点大型企业、国有重点金融机构和省、自治区、直辖市人民政府派出监事会的国有企业，应当依法定期向监事会提供财务会计报告。

**第三十三条**　有关部门或者机构依照法律、行政法规或者国务院的规定，要求企业提供部分或者全部财务会计报告及其有关数据的，应当向企业出示依据，并不得要求企业改变财务会计报告有关数据的会计口径。

**第三十四条**　非依照法律、行政法规或者国务院的规定，任何组织或者个人不得要求企业提供部分或者全部财务会计报告及其有关数据。

违反本条例规定，要求企业提供部分或者全部财务会计报告及其有关数据的，企业有权拒绝。

**第三十五条**　国有企业、国有控股的或者占主导地位的企业，应当至少每年一次向本企业的职工代表大会公布财务会计报告，并重点说明下列事项：

（一）反映与职工利益密切相关的信息，包括：管理费用的构成情况，企业管理人员工资、福利和职工工资、福利费用的发放、使用和结余情况，公益金的提取及使用情况，利润分配的情况以及其他与职工利益相关的信息；

（二）内部审计发现的问题及纠正情况；

（三）注册会计师审计的情况；

（四）国家审计机关发现的问题及纠正情况；

（五）重大的投资、融资和资产处置决策及其原因的说明；

（六）需要说明的其他重要事项。

**第三十六条**　企业依照本条例规定向有关各方提供的财务会计报告，其编制基础、编制依据、编制原则和方法应当一致，不得提供编制基础、编制依据、编制原则和方法不同的财务会计报告。

**第三十七条**　财务会计报告须经注册会计师审计的，企业应当将注册会计师及其会计师事务所出具的审计报告随同财务会计报告一并对外提供。

**第三十八条**　接受企业财务会计报告的组织或者个人，在企业财务会计报告未正式对外披露前，应当对其内容保密。

## 第五章　法律责任

**第三十九条**　违反本条例规定，有下列行为之一的，由县级以上人民政府财政部门责令限期改正，对企业可以处3000元以上5万元以下的罚款；对直接负责的主管人员和其他直接责任人员，可以处2000元以上2万元以下的罚款；属于国家工作人员的，并依法给予行政处分或者纪律处分：

（一）随意改变会计要素的确认和计量标准的；

（二）随意改变财务会计报告的编制基础、编制依据、编制原则和方法的；

（三）提前或者延迟结账日结账的；

（四）在编制年度财务会计报告前，未按照本条例规定全面清查资产、核实债务的；

（五）拒绝财政部门和其他有关部门对财务会计报告依法进行的监督检查，或者不如实提供有关情况的。

会计人员有前款所列行为之一，情节严重的，由县级以上人民政府财政部门吊销会计从业资格证书。

**第四十条**　企业编制、对外提供虚假的或者隐瞒重要事实的财务会计报告，构成犯罪的，依法追究刑事责任。

有前款行为，尚不构成犯罪的，由县级以上人民政府财政部门予以通报，对企业可以处5000元以上10万元以下的罚款；对直接负责的主管人员和其他直接责任人员，可以处3000元以上5万元以下的罚款；属于国家工作人员的，并依法给予撤职直至开除的行政处分或者纪律处分；对其中的会计人员，情节严重的，并由县级以上人民政府财政部门吊销会计从业资格证书。

**第四十一条**　授意、指使、强令会计机构、会计人员及其他人员编制、对外提供虚假的或者隐瞒重要事实的财务会计报告，或者隐匿、故意销毁依法应当保存的财务会计报告，构成犯罪的，依法追究刑事责任；尚不构成犯罪的，可以处5000元以上5万元以下的罚款；属于国家工作人员的，并依法给予降级、撤职、开除的行政处分或者纪律处分。

**第四十二条**　违反本条例的规定，要求企业向其提供部分或者全部财务会计报告及其有关数据的，由县级以上人民政府责令改正。

**第四十三条**　违反本条例规定，同时违反其他法律、行政法规规定的，由有关部门在各自的职权范围内依法给予处罚。

### 第六章　附　　则

**第四十四条**　国务院财政部门可以根据本条例的规定，制定财务会计报告的具体编报办法。

**第四十五条**　不对外筹集资金、经营规模较小的企业编制和对外提供财务会计报告的办法，由国务院财政部门根据本条例的原则另行规定。

**第四十六条**　本条例自2001年1月1日起施行。

## 2. 中央企业总会计师工作职责管理暂行办法(2006年颁布)

国务院国有资产监督管理委员会令　2006年第13号

### 第一章　总　　则

**第一条**　为加强对国务院国有资产监督管理委员会(以下简称国资委)所出资企业(以下简称企业)总会计师工作职责管理，规范企业财务会计工作，促进建立健全企业内部控制机制，有效防范企业经营风险，依据《企业国有资产监督管理暂行条例》和国家有关规定，制定本办法。

**第二条**　企业总会计师工作职责管理，适用本办法。

**第三条**　本办法所称总会计师是指具有相应专业技术资格和工作经验，在企业领导班子成员中分工负责企业会计基础管理、财务管理与监督、财会内控机制建设、重大财务事项监管等工作，并按照干部管理权限通过一定程序被任命(或者聘任)为总会计师的高级管理人员。

**第四条**　本办法所称总会计师工作职责是指总会计师在企业会计基础管理、财务管理与监督、财会内控机制建设，以及企业投融资、担保、大额资金使用、兼并重组等重大财务事项监管工作中的职责。

**第五条**　企业及其各级子企业应当按规定建立和完善总会计师管理制度，明确总会计师的工作权限与责任，加强总会计师工作职责履行情况的监督管理。

**第六条**　国资委依法对企业总会计师工作职责履行情况进行监督管理。

### 第二章　职位设置

**第七条**　企业应当按照规定设置总会计师职位，配备符合条件的总会计师有效履行工作职责。符合条件的各级子企业，也应当按规定设置总会计师职位。

（一）现分管财务工作的副总经理（副院长、副所长、副局长），符合总会计师任职资格和条件的，可以兼任或者转任总会计师，人选也可以通过交流或公开招聘等方式及时配备。

（二）设置属于企业高管层的财务总监、首席财务官等类似职位的企业或其各级子企业，可不再另行设置总会计师职位，但应当明确指定其履行总会计师工作职责。

**第八条** 企业总会计师的任免按照国资委有关规定办理：

（一）已设立董事会的国有独资公司和国有控股公司的总会计师，应当经董事会审议批准，并按照有关干部管理权限与程序任命。

（二）未设立董事会的国有独资公司、国有独资企业的总会计师，按照有关干部管理权限与程序任命。

**第九条** 企业可以按照有关规定对其各级子企业实施总会计师或者财务总监委派等方式，积极探索完善总会计师工作职责监督管理的有效途径和方法。

**第十条** 担任企业总会计师应当具备以下条件：

（一）具有相应政治素养和政策水平，坚持原则、廉洁奉公、诚信至上、遵纪守法；

（二）大学本科以上文化程度，一般应当具有注册会计师、注册内部审计师等职业资格，或者具有高级会计师、高级审计师等专业技术职称或者类似职称；

（三）从事财务、会计、审计、资产管理等管理工作 8 年以上，具有良好的职业操守和工作业绩；

（四）分管企业财务会计工作或者在企业（单位）财务、会计、审计、资产管理等相关部门任正职 3 年以上，或者主管子企业或单位财务、会计、审计、资产管理等相关部门工作 3 年以上；

（五）熟悉国家财经法规、财务会计制度，以及现代企业管理知识，熟悉企业所属行业基本业务，具备较强组织领导能力，以及较强的财务管理能力、资本运作能力和风险防范能力。

**第十一条** 具有下列情形之一的，不得担任总会计师：

（一）不具备第十条规定的；

（二）曾严重违反法律法规和国家有关财经纪律，有弄虚作假、贪污受贿、挪用公款等重大违法行为，被判处刑罚或者受过党纪政纪处分的；

（三）曾因渎职或者决策失误造成企业重大经济损失的；

（四）对企业财务管理混乱、经营成果严重不实负主管或直接责任的；

（五）个人所负企业较大数额债务到期未清偿的；

（六）党纪、政纪、法律法规规定的其他情形。

**第十二条** 具有下列情形之一的，总会计师任职或者工作应当回避：

（一）按照国家关于干部任职回避工作有关规定应当进行任职回避的；

（二）除国资委或公司董事会批准外，在所在企业或其各级子企业、关联企业拥有股权，以及可能影响总会计师正常履行职责的其他重要利益的；

（三）在重大项目投资、招投标、对外经济技术合作等工作中，涉及与本人及本人亲属利益的。

## 第三章 职责权限

**第十三条** 企业应当结合董事会建设，积极推动建立健全内部控制机制，逐步规范企业主要负责人、总会计师、财务机构负责人的职责权限，促进建立分工协作、相互监督、有效制衡的经营决策、执行和监督管理机制。

**第十四条** 总会计师的主要职责包括：企业会计基础管理、财务管理与监督、财会内控机制建设和重大财务事项监管等。

**第十五条** 企业会计基础管理职责主要包括：

（一）贯彻执行国家方针政策和法律法规，遵守国家财经纪律，运用现代管理方法，组织和规范本企业会计工作；

（二）组织制定企业会计核算方法、会计政策，确定企业财务会计管理体系；

（三）组织实施企业财务收支核算与管理，开展财务收支的分析、预测、计划、控制和监督等工作，组织开展经济活动分析，提出加强和改进经营管理的具体措施；

（四）组织制定财会人员管理制度，提出财会机构人员配备和考核方案；

（五）组织企业会计诚信建设，依法组织编制和及时提供财务会计报告；

（六）推动实施财务信息化建设，及时掌控财务收支状况。

**第十六条**　企业财务管理与监督职责主要包括：

（一）组织制定企业财务管理规章制度，并监督各项财务管理制度执行情况；

（二）组织制定和实施财务战略，组织拟订和下达财务预算，评估分析预算执行情况，促进企业预算管理与发展战略实施相连接，推行全面预算管理工作；

（三）组织编制和审核企业财务决算，拟订公司的利润分配方案和弥补亏损方案；

（四）组织制定和实施长短期融资方案，优化企业资本结构，开展资产负债比例控制和财务安全性、流动性管理。

（五）制定企业增收节支、节能降耗计划，组织成本费用控制，落实成本费用控制责任；

（六）制定资金管控方案，组织实施大额资金筹集、使用、催收和监控工作，推行资金集中管理；

（七）及时评估监测集团及其各级子企业财务收支状况和财务管理水平，组织开展财务绩效评价，组织实施企业财务收支定期稽核检查工作。

（八）定期向股东会或者出资人、董事会、监事会和相关部门报告企业财务状况和经济效益情况。

**第十七条**　企业财会内控机制建设职责主要包括：

（一）研究制定本企业财会内部控制制度，促进建立健全企业财会内部控制体系；

（二）组织评估、测试财会内部控制制度的有效性；

（三）组织建立多层次的监督体制，落实财会内部控制责任，对本单位经济活动的全过程进行财务监督和控制；

（四）组织建立和完善企业财务风险预警与控制机制。

**第十八条**　企业重大财务事项监管职责主要包括：

（一）组织审核企业投融资、重大经济合同、大额资金使用、担保等事项的计划或方案；

（二）对企业业务整合、技术改造、新产品开发及改革改制等事项组织开展财务可行性论证分析，并提供资金保障和实施财务监督；

（三）对企业重大投资、兼并收购、资产划转、债务重组等事项组织实施必要的尽职调查，并独立发表专业意见；

（四）及时报告重大财务事件，组织实施财务危机或者资产损失的处理工作。

**第十九条**　企业应当赋予总会计师有效履行职责的相应工作权限，具体包括：对企业重大事项的参与权、重大决策和规章制度执行情况的监督权、财会人员配备的人事建议权，以及企业大额资金支出联签权。

**第二十条**　总会计师对企业重大事项的参与权是指总会计师应参加总经理办公会议或者企业其他重大决策会议，参与表决企业重大经营决策，具体包括：

（一）拟定企业年度经营目标、中长期发展规划以及企业发展战略；

（二）制定企业资金使用和调度计划、费用开支计划、物资采购计划、筹融资计划以及利润分配（派）、亏损弥补方案；

（三）贷款、担保、对外投资、企业改制、产权转让、资产重组等重大决策和企业资产管理工作；

（四）企业重大经济合同的评审。

**第二十一条**　总会计师对重大决策和规章制度执行情况的监督权具体包括：

（一）按照职责对董事会或总经理办公会议批准的重大决策执行情况进行监督；

（二）对企业的财务运作和资金收支情况进行监督、检查，有权向董事会或者总经理办公会提出内部审计或委托外部审计建议；

（三）对企业的内部控制制度和程序的执行情况进行监督。

**第二十二条**　财会人员配备的人事权是指企业财务部门负责人的任用、晋升、调动、奖惩，应当事先征求总会计师的意见。企业总会计师应当参与组织财务部门负责人或下一级企业总会计师的业务培训和考核工作。

**第二十三条**　总会计师大额资金支出联签权是指企业按规定对大额资金使用，应当建立由总会计师与

企业主要负责人联签制度；对于应当实施联签的资金，未经总会计师签字或者授权，财会人员不得支出。

**第二十四条** 企业行为有下列情形之一的，总会计师有权拒绝签字：

（一）违反法律法规和国家财经纪律；

（二）违反企业财务管理规定；

（三）违反企业经营决策程序；

（四）对企业可能造成经济损失或者导致国有资产流失。

**第二十五条** 总会计师对企业作出的重大经营决策应当发表独立的专业意见，有不同意见或者有关建议未被采纳可能造成经济损失或者国有资产流失的情况，应当及时向国资委报告。

## 第四章 履职评估

**第二十六条** 为督促企业总会计师正确履行工作职责，应当建立规范的企业总会计师工作履职评估制度。

**第二十七条** 总会计师履职评估工作分为年度述职和任期履职评估。年度述职应当结合企业年度财务决算工作和下一年度财务预算工作，对总会计师年度履职情况予以评估；任期履职评估应当结合经济责任审计工作，对总会计师任职期间的履职情况进行评估。

**第二十八条** 设立董事会的公司，总会计师应当在会计年度终了向董事会述职，董事会应当对总会计师工作进行履职评议，董事会评议结果及总会计师述职报告应当抄报股东会或者出资人备案；未建立董事会的企业，总会计师应当将述职报告报送出资人，出资人根据企业财会管理状况对总会计师工作进行履职评估。

**第二十九条** 总会计师年度述职报告应当围绕企业当年重大经营活动、财务状况、资产质量、经营风险、内控机制等全面报告本人的履职情况，对本人在其中发挥的监督制衡作用进行自我评价，并提出改进措施。

**第三十条** 企业应当按照人事管理权限，做好对其各级子企业总会计师履职评估工作。

**第三十一条** 对总会计师履职情况评估，应当根据总会计师在企业中的职责权限，全面考核总会计师职责的履行情况，具体应当包括以下内容：

（一）企业会计核算规范性、会计信息质量，以及企业财务预算、决算和财务动态编制工作质量情况；

（二）企业经营成果及财务状况，资金管理和成本费用控制情况；

（三）企业财会内部控制制度的完整性和有效性，企业财务风险控制情况；

（四）在企业重大经营决策中的监督制衡情况，有无重大经营决策失误；

（五）财务信息化建设情况；

（六）其他需考核的事项。

**第三十二条** 为充分发挥企业总会计师财务监督管理作用，建立健全企业内部控制机制，企业应当保障总会计师相应的工作权限。

## 第五章 工作责任

**第三十三条** 企业主要负责人对企业提供和披露的财务会计报告信息的真实性、完整性负领导责任；总会计师对企业提供和披露的财务会计报告信息的真实性、完整性负主管责任；企业财务机构负责人对企业提供和披露的财务会计信息的真实性、完整性负直接责任。对可能存在问题的财务会计报告，总会计师有责任提请总经理办公会讨论纠正，有责任向董事会、股东会（出资人）报告。

**第三十四条** 企业总会计师对下列事项负有主管责任：

（一）企业提供和披露的财务会计信息的真实性、完整性；

（二）企业会计核算规范性、合理性以及财务管理合规性、有效性；

（三）企业财会内部控制机制的有效性；

（四）企业违反国家财经法规造成严重后果的财务会计事项。

**第三十五条** 总会计师对下列事项负有相应责任：

（一）企业管理不当造成的重大经济损失；

（二）企业决策失误造成的重大经济损失；

（三）企业财务联签事项形成的重大经济损失。

**第三十六条** 企业总会计师应当严格遵守国家法律法规规定。对于企业出现严重违反法律法规和国家财经纪律行为的，以及企业内部控制制度存在严重缺陷的，应当依法追究企业总会计师的工作责任；造成重大损失的，应当追究其法律责任。

**第三十七条** 在企业财务会计工作中，对于违反国家法律法规和财经纪律行为，总会计师不抵制、不制止、不报告的，应当依法追究总会计师工作责任；造成重大损失的，应当追究其法律责任。

**第三十八条** 企业总会计师未履行或者未正确履行工作职责，致使出现下列情形之一的，应当引咎辞职：

（一）企业财务会计信息严重失真的；

（二）企业财务基础管理混乱且在规定时间内整改不力的；

（三）企业出现重大财务决策失误造成重大资产损失的。

**第三十九条** 在企业重大经营决策过程中，总会计师未能正确履行责任造成失误的，根据情节轻重，给予通报批评、经济处罚、撤职等处分，或给予职业禁入处理；涉嫌犯罪的，依法移交司法机关处理。

企业总会计师认真履行职责，成绩突出的，由本企业或者由本企业建议国资委给予表彰奖励。

**第四十条** 对于企业总会计师玩忽职守，造成企业财务会计工作严重混乱的，或以权谋私、滥用职权、徇私舞弊以及其他渎职行为致使国有资产遭受损失的，依照国家有关规定给予相应纪律处分；涉嫌犯罪的，依法移交司法机关处理。

**第四十一条** 在追究总会计师工作责任时，发现企业负责人、财务审计部门负责人和其他有关人员应当承担相关责任的，一并进行工作责任追究。

**第四十二条** 企业未按规定设置总会计师职位，或者未按规定明确分管财务负责人及类似职位人员兼任总会计师并履行总会计师工作职责的，或者企业总会计师未被授予必要管理权限有效履行工作职责的，本办法第三十五条、第三十六条、第三十七条、第三十八条规定的工作责任应当由企业主要负责人承担。

### 第六章 附 则

**第四十三条** 各企业可结合本企业实际情况，制定总会计师工作职责管理具体实施细则。

**第四十四条** 各省、自治区、直辖市国有资产监督管理机构可以参照本办法，制定本地区所出资企业总会计师工作职责管理相关工作规范。

**第四十五条** 本办法自 2006 年 5 月 14 日起施行。

# 3. 中央企业财务决算报告管理办法（2004 年颁布）

国务院国有资产监督管理委员会令 2004 年第 5 号

### 第一章 总 则

**第一条** 为加强国务院国有资产监督管理委员会（以下简称国资委）所出资企业（以下简称企业）的财务监督，规范企业年度财务决算报告编制工作，全面了解和掌握企业资产质量、经营效益状况，依据《企业国有资产监督管理暂行条例》和国家有关财务会计制度规定，制定本办法。

**第二条** 企业编制上报年度财务决算报告应当遵守本办法。

**第三条** 本办法所称年度财务决算报告，是指企业按照国家财务会计制度规定，根据统一的编制口径、报表格式和编报要求，依据有关会计账簿记录和相关财务会计资料，编制上报的反映企业年末结账日资产及财务状况和年度经营成果、现金流量、国有资本保值增值等基本经营情况的文件。

企业财务决算报告由年度财务决算报表、年度报表附注和年度财务情况说明书，以及国资委规定上报的其他相关生产经营及管理资料构成。

**第四条** 除涉及国家安全的特殊企业外，企业年度财务决算报表和报表附注应当按照国家有关规定，由符合资质条件的会计师事务所及注册会计师进行审计。

会计师事务所出具的审计报告是企业年度财务决算报告的必备附件，应当与企业年度财务决算报告一并上报。

**第五条** 国资委依法对企业年度财务决算报告的编制工作、审计质量等进行监督，并组织对企业财务决算报告的真实性、完整性进行核查。

## 第二章 财务决算报告的编制

**第六条** 企业及各级子企业在每个会计年度终了，应当严格按照国家财务会计制度及相关会计准则规定，在全面财产清查、债权债务确认、资产质量核实的基础上，认真组织编制年度财务决算报告，以全面、完整、真实、准确反映企业年度财务状况和经营成果。

本办法所称各级子企业包括企业所有境内外全资子企业、控股子企业，以及各类独立核算的分支机构、事业单位和基建项目。

**第七条** 企业及各级子企业编制年度财务决算报告应当遵循会计全面性、完整性原则，并符合下列规定：

(一)企业财务决算报告应当以经营年度内发生的全部经济业务事项及会计账簿为基础进行编制，全面、完整反映企业各项经济业务的收入、成本(费用)以及现金流入(出)等状况，不得漏报；

(二)企业不得存有未反映在财务决算报告中的财务、会计事项，不得有账外资产或设立账外账，不得以任何理由设立“小金库”；

(三)企业应当按规定将各级子企业全部纳入年度财务决算编制范围，以全面反映企业的财务状况；

(四)企业所属经营性事业单位应当按照规定要求执行统一的企业会计制度；暂未执行企业会计制度的所属事业单位，应当将相关财务决算内容一并纳入企业财务决算范围，以完整反映企业的经营成果；

(五)企业所属基建项目应当按照规定要求与企业财务并账；暂未并账的，应当将基建项目的相关财务决算内容一并纳入企业财务决算范围，以完整反映企业的资产状况。

**第八条** 企业及各级子企业编制年度财务决算报告应当遵循会计真实性、准确性原则，并符合下列规定：

(一)企业财务决算报告应当以经过核对无误的相关会计账簿进行编制，做到账实相符、账证相符、账账相符、账表相符；

(二)企业编制财务决算报告应当根据真实的交易事项、会计记录等资料，按照规定的会计核算原则及具体会计处理方法，对各项会计要素进行合理确认和计量；

(三)企业应当严格遵守会计核算规定，不得应提不提、应摊不摊或者多提多摊成本(费用)，造成企业经营成果不实，影响企业财务决算报告的真实性；

(四)企业不得采取利用会计政策、会计估计变更，以及减值准备计提、转回等方式，人为掩饰企业真实经营状况；不得计提秘密减值准备，影响企业财务决算报告的真实性；

(五)企业应当客观地反映实际发生的资产损失，以保证财务决算报告的真实、可靠。

**第九条** 企业及各级子企业应当遵循会计稳健性原则，按有关资产减值准备计提的标准和方法，合理预计各项资产可能发生的损失，定期对计提的各项资产减值准备逐项进行认定、计算。

**第十条** 企业及各级子企业编制财务决算报告应当遵循会计可比性原则，编制基础、编制原则、编制依据和编制方法及各项财务指标口径应当保持前、后各期一致，各年度期间财务决算数据保持衔接，如实反映年度间企业财务状况、经营成果的变动情况。

**第十一条** 除国家另有规定外，企业及各级子企业所执行的会计制度应当按照国家财务会计制度的有关规定和要求保持一致；因特殊情形不能保持一致的，应当事先报国资委备案，并陈述相关理由。

**第十二条** 企业及各级子企业的各项会计政策、会计估计一经确定，不得随意变更；因特殊情形发生较大变更的，应当事先报国资委备案，并陈述相关理由。

**第十三条** 企业在年度财务决算报告编制中，对报表各项指标的数据填报不得遗漏，报表内项目之间和表式之间各项指标的数据应当相互衔接，保证勾稽关系正确。

## 第三章 财务决算报表的合并

**第十四条** 集团型企业应当按照国家财务会计制度有关规定，将各级子企业年度财务决算进行层层合并，逐级编制企业集团年度财务决算合并报表。企业年度财务决算合并报表范围包括：

（一）执行企业会计制度的境内全部子企业；

（二）境外（含香港、澳门、台湾地区）子企业；

（三）所属各类事业单位；

（四）各类基建项目或者基建财务（含技改，下同）；

（五）按照规定执行金融会计制度的子企业；

（六）所属独立核算的其他经济组织。

**第十五条** 企业编制年度财务决算合并报表，应当将企业及各级子企业之间的内部交易、内部往来进行充分抵销，对涉及资产、负债、所有者权益、收入、成本和费用、利润及利润分配、现金流量等财务决算的相关指标数据均应当按照合并口径进行剔除。

**第十六条** 各级子企业执行的会计制度与企业总部不一致的，企业总部在编制财务决算合并报表时，应当按照国家统一会计制度的规定和要求将企业总部或者子企业的财务决算的数据进行调整，然后再进行企业财务决算报表的合并工作。

**第十七条** 企业所属合营子企业应当按照比例合并方式进行企业财务决算报表的合并工作；国有投资各方占等额股份的子企业，应当由委托管理一方按合并会计报表制度进行合并，或者按照股权比例进行企业财务决算报表的合并。

**第十八条** 企业财务决算报表合并过程中，境外子企业与企业总部会计期间或者会计结账日不一致时，应当以企业总部的会计期间和会计结账日为准进行调整。因特殊情形暂不能进行调整的，企业应当事先报国资委备案，并在报表附注中予以说明。

**第十九条** 凡年度内涉及产权划转的企业，财务决算报表合并原则上应当以企业年末结账日的产权隶属关系确定。结账日尚未办理产权划转手续的，由原企业合并编制；结账日已办理完产权划转关系的，由接收企业合并编制。

**第二十条** 按照国家财务会计有关规定，符合下列情形之一的，各级子企业可以不纳入年度财务决算合并报表范围，但企业应当向国资委报备具有法律效力的文件或者经济鉴证证明：

（一）已宣告破产的子企业；

（二）按照破产程序，已宣告被清理整顿的子企业；

（三）已实际关停并转的子企业；

（四）近期准备售出而短期持有其半数以上权益性资本的子企业；

（五）非持续经营的、所有者权益为负数的子企业；

（六）受所在国或地区外汇管制及其他管制，资金调度受到限制的境外子企业。

企业财务决算报表合并范围发生变更，应当于年度结账日之前，将变更范围及原因报国资委备案。

## 第四章 财务决算信息的披露

**第二十一条** 为便于理解企业财务决算报表，了解和分析企业资产质量、财务状况，核实企业真实经营成果，企业应当在报表附注和财务情况说明书中，对企业财务决算报表和财务决算合并报表的重要内容进行详尽说明和披露。

企业财务决算报告所披露的信息内容应当真实、全面、详尽，不得隐瞒企业有关重大违规事项。

**第二十二条** 企业财务决算的报表附注应当重点披露以下内容：

（一）企业报告期内采用的主要会计政策、会计估计和合并财务决算报表的编制方法；报告期内会计政策、会计估计变更的内容、理由、影响数额；

（二）财务决算报表合并的范围及其依据，将未纳入合并财务决算报表范围的子企业资产、负债、销售收入、实现利润、税后利润以及对企业合并财务决算报告的影响分户列示；

(三)企业年内各种税项缴纳的有关情况;

(四)控股子企业及合营企业的情况;

(五)财务决算报表项目注释。企业在财务决算合并报表附注中,除对财务决算合并报表项目注释外,还应当对企业总部财务决算报表的主要项目注释;

(六)子企业与企业总部会计政策不一致时对财务决算合并报表的影响;

(七)关联方关系及其交易的披露;

(八)或有事项、承诺事项及其资产负债表日后事项;

(九)重大会计差错的调整;

(十)按照规定应当披露的有助于理解和分析报表的其他重要财务会计事项,以及国资委要求披露的其他专门事项。

**第二十三条** 企业财务情况说明书应当重点说明下列内容:

(一)企业生产经营的基本情况;

(二)企业预算执行情况及实现利润、利润分配和企业盈亏情况;

(三)企业重大投融资及资金变动、周转情况;

(四)企业重大改制、改组情况;

(五)重大产权变动情况;

(六)对企业财务状况、经营成果和现金流量、资本保全等有重大影响的其他事项;

(七)上一会计年度企业经营管理、财务管理中存在的问题及整改情况;

(八)本年度企业经营管理、财务管理中存在的问题,拟采取的整改措施;

(九)其他情况。

**第二十四条** 企业及各级子企业对外提供的财务决算数据应当与报送国资委的财务决算报告数据及披露的财务信息保持一致。

## 第五章 财务决算的审计

**第二十五条** 为保证企业年度财务状况及经营成果的真实性,根据财务监督工作的需要,国资委统一委托会计师事务所对企业年度财务决算进行审计。

**第二十六条** 国资委统一委托会计师事务所,按照"公开、公平、公正"的原则,采取国资委公开招标或者企业推荐报国资委核准等方式进行。其中,国有控股企业采取企业推荐报国资委核准的方式进行。

**第二十七条** 国资委暂未委托会计师事务所进行年度财务决算审计工作的企业,应当按照"统一组织、统一标准、统一管理"的原则,经国资委同意,由企业总部依照有关规定采取招标等方式委托会计师事务所对企业及各级子企业的年度财务决算进行审计。

**第二十八条** 企业年度财务决算审计内容应当包括企业财务决算报表中的资产负债表、利润及利润分配表、现金流量表、所有者权益变动表等相关指标数据和报表附注,以及国资委要求的其他重要财务指标有关数据。

编制财务决算合并报表的企业,其财务决算合并报表应当纳入审计范围。

**第二十九条** 企业及各级子企业应当根据会计师事务所及注册会计师提出的审计意见进行财务决算调整;企业对审计意见存有异议且未进行财务决算调整的,应当在上报财务决算报告时,向国资委提交说明材料。

**第三十条** 会计师事务所及注册会计师出具的审计报告应当按照有关规定,对企业违反国家财务会计制度规定或者未按注册会计师意见进行调整的重大会计事项进行披露。

**第三十一条** 企业应当为会计师事务所及注册会计师开展财务决算审计、履行必要的审计程序、取得充分审计证据提供必要的条件和协助,不得干预会计师事务所及注册会计师的审计业务,以保证审计结论的独立、客观、公正。

**第三十二条** 境外子企业年度财务决算审计工作按照所在国家或地区的规定进行。为适应境外子企业的特殊性,企业应当建立和完善对境外子企业的内审制度,并出具内审报告,保证境外子企业财务决算数据的真实性、完整性。

**第三十三条**　对于涉及国家安全的特殊子企业，以及国家法律法规未规定须委托会计师事务所进行审计的有关单位，企业应当建立和完善对其年度财务决算内审制度，并出具内审报告，以保证财务决算数据的真实性、完整性。

## 第六章　财务决算报告的报送

**第三十四条**　企业应当按财务关系或者产权关系负责各级子企业财务决算报告的组织、收集、审核、汇总、合并等工作，并按规定及时将企业年度财务决算报告报送国资委。

**第三十五条**　企业向国资委报送的年度财务决算报告应当做到"统一编报口径、统一编报格式、统一编报要求"。

（一）符合国资委规定的报表格式、指标口径要求；

（二）使用统一下发的财务决算报表软件填报各项财务决算数据；

（三）按照要求报送纸质文件和电子文档的财务决算报表、报表附注、财务情况说明书、审计报告及国有资本保值增值说明等资料。

**第三十六条**　企业财务决算报告的报送级次如下：

（一）企业集团除报送企业合并财务决算报告外，还应当报送企业总部及二级子企业的分户财务决算报告，二级以下子企业财务决算数据应当并入第二级子企业报送；

设立境外子企业的企业集团，应当报送境外子企业的分户财务决算报告；

（二）企业总部设立在境外的企业集团，除报送合并财务决算报告外，还应当报送企业总部及所属二级以上子企业的分户财务决算报告；

（三）级次划分特殊的企业集团财务决算报告报送级次由国资委另行规定。

**第三十七条**　企业财务决算报告具体内容如下：

（一）企业集团（含企业总部设在境外企业集团）应当报送合并财务决算报告（含报表附注、财务情况说明书、国有资本保值增值情况说明等材料）和审计报告的纸质文件及电子文档；

（二）企业集团总部及二级子企业应当报送财务决算报告（含报表附注、财务情况说明书、国有资本保值增值情况说明等材料）和审计报告的电子文档；

（三）企业集团应当附报三级子企业年度财务决算报表的电子文档。

**第三十八条**　企业应当以正式文函向国资委报送财务决算报告。文函主要包括下列内容：

（一）年度财务决算工作组织情况；

（二）企业年度间主要财务决算数据的变化情况；

（三）纳入企业财务决算合并的范围；

（四）对于被出具非标准无保留意见审计报告的企业，应当对有关情况进行说明；

（五）需要说明的其他有关情况。

**第三十九条**　企业财务决算报告应当加盖企业公章，并由企业的法定代表人、总会计师或主管会计工作的负责人、会计机构负责人签名并盖章。

企业报送的财务决算报告及附送的各类资料应当按顺序装订成册，材料较多时应当编排目录，注明备查材料页码。

**第四十条**　企业主要负责人、总会计师或主管会计工作的负责人等应当对企业编制的财务决算报告真实性、完整性负责。承办企业年度财务决算审计业务的会计师事务所及注册会计师对其出具的审计报告真实性、合法性负责。

**第四十一条**　企业报送财务决算报告后，国资委应当在规定时间内对企业资产质量、财务状况及经营成果进行核批，并依据核批后的财务决算报告进行企业负责人业绩考核、企业绩效评价和企业国有资产保值增值结果确认等工作，有关办法另行制定。

## 第七章　罚　　则

**第四十二条**　企业报送的财务决算报告内容不完整、信息披露不充分，或者数据差错较大，造成财务决算不实，以及财务决算报告不符合规范要求的，由国资委责令其重新编报，并予以通报批评。

**第四十三条** 在财务决算编制工作中弄虚作假、提供虚假财务信息，以及严重故意漏报、瞒报，尚不构成犯罪嫌疑的，由国资委责令改正，并依照《中华人民共和国会计法》、《企业国有资产监督管理暂行条例》和《企业财务会计报告条例》等有关法律法规予以处罚；有犯罪嫌疑的，依法移送司法机关处理。

**第四十四条** 会计师事务所及注册会计师在企业财务决算报告审计工作中参与做假账，或者在审计程序、审计内容、审计方法等方面存在严重问题和缺陷，造成审计结论失实的，国资委应当禁止其今后承办企业财务决算审计业务，并通报或者会同有关部门依法查处；有犯罪嫌疑的，依法移送司法机关处理。

**第四十五条** 国资委相关工作人员在对企业财务决算信息的收集、汇总、审核和管理过程中徇私舞弊，造成重大工作过失或者泄露国家机密或企业商业秘密的，依法给予行政处分；有犯罪嫌疑的，依法移送司法机关处理。

## 第八章 附 则

**第四十六条** 各省、自治区、直辖市国有资产监督管理机构可以参照本办法，制定本地区相关工作规范。

**第四十七条** 本办法自公布之日起施行。

# 第六章　企业会计准则(2006年颁布)

## 1. 企业会计准则——基本准则

中华人民共和国财政部令　2006年第33号

### 第一章　总　　则

**第一条**　为了规范企业会计确认、计量和报告行为,保证会计信息质量,根据《中华人民共和国会计法》和其他有关法律、行政法规,制定本准则。

**第二条**　本准则适用于在中华人民共和国境内设立的企业(包括公司,下同)。

**第三条**　企业会计准则包括基本准则和具体准则,具体准则的制定应当遵循本准则。

**第四条**　企业应当编制财务会计报告(又称财务报告,下同)。财务会计报告的目标是向财务会计报告使用者提供与企业财务状况、经营成果和现金流量等有关的会计信息,反映企业管理层受托责任履行情况,有助于财务会计报告使用者作出经济决策。

财务会计报告使用者包括投资者、债权人、政府及其有关部门和社会公众等。

**第五条**　企业应当对其本身发生的交易或者事项进行会计确认、计量和报告。

**第六条**　企业会计确认、计量和报告应当以持续经营为前提。

**第七条**　企业应当划分会计期间,分期结算账目和编制财务会计报告。

会计期间分为年度和中期。中期是指短于一个完整的会计年度的报告期间。

**第八条**　企业会计应当以货币计量。

**第九条**　企业应当以权责发生制为基础进行会计确认、计量和报告。

**第十条**　企业应当按照交易或者事项的经济特征确定会计要素。会计要素包括资产、负债、所有者权益、收入、费用和利润。

**第十一条**　企业应当采用借贷记账法记账。

### 第二章　会计信息质量要求

**第十二条**　企业应当以实际发生的交易或者事项为依据进行会计确认、计量和报告,如实反映符合确认和计量要求的各项会计要素及其他相关信息,保证会计信息真实可靠、内容完整。

**第十三条**　企业提供的会计信息应当与财务会计报告使用者的经济决策需要相关,有助于财务会计报告使用者对企业过去、现在或者未来的情况作出评价或者预测。

**第十四条**　企业提供的会计信息应当清晰明了,便于财务会计报告使用者理解和使用。

**第十五条**　企业提供的会计信息应当具有可比性。

同一企业不同时期发生的相同或者相似的交易或者事项,应当采用一致的会计政策,不得随意变更。确需变更的,应当在附注中说明。

不同企业发生的相同或者相似的交易或者事项,应当采用规定的会计政策,确保会计信息口径一致、相互可比。

**第十六条**　企业应当按照交易或者事项的经济实质进行会计确认、计量和报告,不应仅以交易或者事项的法律形式为依据。

**第十七条**　企业提供的会计信息应当反映与企业财务状况、经营成果和现金流量等有关的所有重要交易或者事项。

**第十八条**　企业对交易或者事项进行会计确认、计量和报告应当保持应有的谨慎,不应高估资产或者

收益、低估负债或者费用。

**第十九条** 企业对于已经发生的交易或者事项，应当及时进行会计确认、计量和报告，不得提前或者延后。

## 第三章 资　产

**第二十条** 资产是指企业过去的交易或者事项形成的、由企业拥有或者控制的、预期会给企业带来经济利益的资源。

前款所指的企业过去的交易或者事项包括购买、生产、建造行为或其他交易或者事项。预期在未来发生的交易或者事项不形成资产。

由企业拥有或者控制，是指企业享有某项资源的所有权，或者虽然不享有某项资源的所有权，但该资源能被企业所控制。

预期会给企业带来经济利益，是指直接或者间接导致现金和现金等价物流入企业的潜力。

**第二十一条** 符合本准则第二十条规定的资产定义的资源，在同时满足以下条件时，确认为资产：

（一）与该资源有关的经济利益很可能流入企业；

（二）该资源的成本或者价值能够可靠地计量。

**第二十二条** 符合资产定义和资产确认条件的项目，应当列入资产负债表；符合资产定义、但不符合资产确认条件的项目，不应当列入资产负债表。

## 第四章 负　债

**第二十三条** 负债是指企业过去的交易或者事项形成的、预期会导致经济利益流出企业的现时义务。

现时义务是指企业在现行条件下已承担的义务。未来发生的交易或者事项形成的义务，不属于现时义务，不应当确认为负债。

**第二十四条** 符合本准则第二十三条规定的负债定义的义务，在同时满足以下条件时，确认为负债：

（一）与该义务有关的经济利益很可能流出企业；

（二）未来流出的经济利益的金额能够可靠地计量。

**第二十五条** 符合负债定义和负债确认条件的项目，应当列入资产负债表；符合负债定义、但不符合负债确认条件的项目，不应当列入资产负债表。

## 第五章 所有者权益

**第二十六条** 所有者权益是指企业资产扣除负债后由所有者享有的剩余权益。

公司的所有者权益又称为股东权益。

**第二十七条** 所有者权益的来源包括所有者投入的资本、直接计入所有者权益的利得和损失、留存收益等。

直接计入所有者权益的利得和损失，是指不应计入当期损益、会导致所有者权益发生增减变动的、与所有者投入资本或者向所有者分配利润无关的利得或者损失。

利得是指由企业非日常活动所形成的、会导致所有者权益增加的、与所有者投入资本无关的经济利益的流入。

损失是指由企业非日常活动所发生的、会导致所有者权益减少的、与向所有者分配利润无关的经济利益的流出。

**第二十八条** 所有者权益金额取决于资产和负债的计量。

**第二十九条** 所有者权益项目应当列入资产负债表。

## 第六章 收　入

**第三十条** 收入是指企业在日常活动中形成的、会导致所有者权益增加的、与所有者投入资本无关的经济利益的总流入。

**第三十一条**　收入只有在经济利益很可能流入从而导致企业资产增加或者负债减少、且经济利益的流入额能够可靠计量时才能予以确认。

**第三十二条**　符合收入定义和收入确认条件的项目，应当列入利润表。

## 第七章　费　　用

**第三十三条**　费用是指企业在日常活动中发生的、会导致所有者权益减少的、与向所有者分配利润无关的经济利益的总流出。

**第三十四条**　费用只有在经济利益很可能流出从而导致企业资产减少或者负债增加、且经济利益的流出额能够可靠计量时才能予以确认。

**第三十五条**　企业为生产产品、提供劳务等发生的可归属于产品成本、劳务成本等的费用，应当在确认产品销售收入、劳务收入等时，将已销售产品、已提供劳务的成本等计入当期损益。

企业发生的支出不产生经济利益的，或者即使能够产生经济利益但不符合或者不再符合资产确认条件的，应当在发生时确认为费用，计入当期损益。

企业发生的交易或者事项导致其承担了一项负债而又不确认为一项资产的，应当在发生时确认为费用，计入当期损益。

**第三十六条**　符合费用定义和费用确认条件的项目，应当列入利润表。

## 第八章　利　　润

**第三十七条**　利润是指企业在一定会计期间的经营成果。利润包括收入减去费用后的净额、直接计入当期利润的利得和损失等。

**第三十八条**　直接计入当期利润的利得和损失，是指应当计入当期损益、会导致所有者权益发生增减变动的、与所有者投入资本或者向所有者分配利润无关的利得或者损失。

**第三十九条**　利润金额取决于收入和费用、直接计入当期利润的利得和损失金额的计量。

**第四十条**　利润项目应当列入利润表。

## 第九章　会计计量

**第四十一条**　企业在将符合确认条件的会计要素登记入账并列报于会计报表及其附注（又称财务报表，下同）时，应当按照规定的会计计量属性进行计量，确定其金额。

**第四十二条**　会计计量属性主要包括：

（一）历史成本。在历史成本计量下，资产按照购置时支付的现金或者现金等价物的金额，或者按照购置资产时所付出的对价的公允价值计量。负债按照因承担现时义务而实际收到的款项或者资产的金额，或者承担现时义务的合同金额，或者按照日常活动中为偿还负债预期需要支付的现金或者现金等价物的金额计量。

（二）重置成本。在重置成本计量下，资产按照现在购买相同或者相似资产所需支付的现金或者现金等价物的金额计量。负债按照现在偿付该项债务所需支付的现金或者现金等价物的金额计量。

（三）可变现净值。在可变现净值计量下，资产按照其正常对外销售所能收到现金或者现金等价物的金额扣减该资产至完工时估计将要发生的成本、估计的销售费用以及相关税费后的金额计量。

（四）现值。在现值计量下，资产按照预计从其持续使用和最终处置中所产生的未来净现金流入量的折现金额计量。负债按照预计期限内需要偿还的未来净现金流出量的折现金额计量。

（五）公允价值。在公允价值计量下，资产和负债按照在公平交易中，熟悉情况的交易双方自愿进行资产交换或者债务清偿的金额计量。

**第四十三条**　企业在对会计要素进行计量时，一般应当采用历史成本，采用重置成本、可变现净值、现值、公允价值计量的，应当保证所确定的会计要素金额能够取得并可靠计量。

## 第十章　财务会计报告

**第四十四条**　财务会计报告是指企业对外提供的反映企业某一特定日期的财务状况和某一会计期间

的经营成果、现金流量等会计信息的文件。

财务会计报告包括会计报表及其附注和其他应当在财务会计报告中披露的相关信息和资料。会计报表至少应当包括资产负债表、利润表、现金流量表等报表。

小企业编制的会计报表可以不包括现金流量表。

**第四十五条** 资产负债表是指反映企业在某一特定日期的财务状况的会计报表。

**第四十六条** 利润表是指反映企业在一定会计期间的经营成果的会计报表。

**第四十七条** 现金流量表是指反映企业在一定会计期间的现金和现金等价物流入和流出的会计报表。

**第四十八条** 附注是指对在会计报表中列示项目所作的进一步说明，以及对未能在这些报表中列示项目的说明等。

### 第十一章 附 则

**第四十九条** 本准则由财政部负责解释。

**第五十条** 本准则自 2007 年 1 月 1 日起施行。

## 2. 企业会计准则第 1 号——存货

### 第一章 总 则

**第一条** 为了规范存货的确认、计量和相关信息的披露，根据《企业会计准则——基本准则》，制定本准则。

**第二条** 下列各项适用其他相关会计准则：

（一）消耗性生物资产，适用《企业会计准则第 5 号——生物资产》。

（二）通过建造合同归集的存货成本，适用《企业会计准则第 15 号——建造合同》。

### 第二章 确 认

**第三条** 存货，是指企业在日常活动中持有以备出售的产成品或商品、处在生产过程中的在产品、在生产过程或提供劳务过程中耗用的材料和物料等。

**第四条** 存货同时满足下列条件的，才能予以确认：

（一）与该存货有关的经济利益很可能流入企业；

（二）该存货的成本能够可靠地计量。

### 第三章 计 量

**第五条** 存货应当按照成本进行初始计量。存货成本包括采购成本、加工成本和其他成本。

**第六条** 存货的采购成本，包括购买价款、相关税费、运输费、装卸费、保险费以及其他可归属于存货采购成本的费用。

**第七条** 存货的加工成本，包括直接人工以及按照一定方法分配的制造费用。

制造费用，是指企业为生产产品和提供劳务而发生的各项间接费用。企业应当根据制造费用的性质，合理地选择制造费用分配方法。

在同一生产过程中，同时生产两种或两种以上的产品，并且每种产品的加工成本不能直接区分的，其加工成本应当按照合理的方法在各种产品之间进行分配。

**第八条** 存货的其他成本，是指除采购成本、加工成本以外的，使存货达到目前场所和状态所发生的其他支出。

**第九条** 下列费用应当在发生时确认为当期损益，不计入存货成本：

（一）非正常消耗的直接材料、直接人工和制造费用。

（二）仓储费用（不包括在生产过程中为达到下一个生产阶段所必需的费用）。

（三）不能归属于使存货达到目前场所和状态的其他支出。

**第十条** 应计入存货成本的借款费用，按照《企业会计准则第 17 号——借款费用》处理。

**第十一条** 投资者投入存货的成本，应当按照投资合同或协议约定的价值确定，但合同或协议约定价值不公允的除外。

**第十二条** 收获时农产品的成本、非货币性资产交换、债务重组和企业合并取得的存货的成本，应当分别按照《企业会计准则第 5 号——生物资产》、《企业会计准则第 7 号——非货币性资产交换》、《企业会计准则第 12 号——债务重组》和《企业会计准则第 20 号——企业合并》确定。

**第十三条** 企业提供劳务的，所发生的从事劳务提供人员的直接人工和其他直接费用以及可归属的间接费用，计入存货成本。

**第十四条** 企业应当采用先进先出法、加权平均法或者个别计价法确定发出存货的实际成本。

对于性质和用途相似的存货，应当采用相同的成本计算方法确定发出存货的成本。

对于不能替代使用的存货、为特定项目专门购入或制造的存货以及提供劳务的成本，通常采用个别计价法确定发出存货的成本。

对于已售存货，应当将其成本结转为当期损益，相应的存货跌价准备也应当予以结转。

**第十五条** 资产负债表日，存货应当按照成本与可变现净值孰低计量。

存货成本高于其可变现净值的，应当计提存货跌价准备，计入当期损益。

可变现净值，是指在日常活动中，存货的估计售价减去至完工时估计将要发生的成本、估计的销售费用以及相关税费后的金额。

**第十六条** 企业确定存货的可变现净值，应当以取得的确凿证据为基础，并且考虑持有存货的目的、资产负债表日后事项的影响等因素。

为生产而持有的材料等，用其生产的产成品的可变现净值高于成本的，该材料仍然应当按照成本计量；材料价格的下降表明产成品的可变现净值低于成本的，该材料应当按照可变现净值计量。

**第十七条** 为执行销售合同或者劳务合同而持有的存货，其可变现净值应当以合同价格为基础计算。

企业持有存货的数量多于销售合同订购数量的，超出部分的存货的可变现净值应当以一般销售价格为基础计算。

**第十八条** 企业通常应当按照单个存货项目计提存货跌价准备。

对于数量繁多、单价较低的存货，可以按照存货类别计提存货跌价准备。

与在同一地区生产和销售的产品系列相关、具有相同或类似最终用途或目的，且难以与其他项目分开计量的存货，可以合并计提存货跌价准备。

**第十九条** 资产负债表日，企业应当确定存货的可变现净值。以前减记存货价值的影响因素已经消失的，减记的金额应当予以恢复，并在原已计提的存货跌价准备金额内转回，转回的金额计入当期损益。

**第二十条** 企业应当采用一次转销法或者五五摊销法对低值易耗品和包装物进行摊销，计入相关资产的成本或者当期损益。

**第二十一条** 企业发生的存货毁损，应当将处置收入扣除账面价值和相关税费后的金额计入当期损益。存货的账面价值是存货成本扣减累计跌价准备后的金额。

存货盘亏造成的损失，应当计入当期损益。

## 第四章 披 露

**第二十二条** 企业应当在附注中披露与存货有关的下列信息：

（一）各类存货的期初和期末账面价值。

（二）确定发出存货成本所采用的方法。

（三）存货可变现净值的确定依据，存货跌价准备的计提方法，当期计提的存货跌价准备的金额，当期转回的存货跌价准备的金额，以及计提和转回的有关情况。

（四）用于担保的存货账面价值。

# 3. 企业会计准则第 2 号——长期股权投资

## 第一章 总 则

**第一条** 为了规范长期股权投资的确认、计量和相关信息的披露，根据《企业会计准则——基本准则》，制定本准则。

**第二条** 下列各项适用其他相关会计准则：

（一）外币长期股权投资的折算，适用《企业会计准则第 19 号——外币折算》。

（二）本准则未予规范的长期股权投资，适用《企业会计准则第 22 号——金融工具确认和计量》。

## 第二章 初始计量

**第三条** 企业合并形成的长期股权投资，应当按照下列规定确定其初始投资成本：

（一）同一控制下的企业合并，合并方以支付现金、转让非现金资产或承担债务方式作为合并对价的，应当在合并日按照取得被合并方所有者权益账面价值的份额作为长期股权投资的初始投资成本。长期股权投资初始投资成本与支付的现金、转让的非现金资产以及所承担债务账面价值之间的差额，应当调整资本公积；资本公积不足冲减的，调整留存收益。

合并方以发行权益性证券作为合并对价的，应当在合并日按照取得被合并方所有者权益账面价值的份额作为长期股权投资的初始投资成本。按照发行股份的面值总额作为股本，长期股权投资初始投资成本与所发行股份面值总额之间的差额，应当调整资本公积；资本公积不足冲减的，调整留存收益。

（二）非同一控制下的企业合并，购买方在购买日应当按照《企业会计准则第 20 号——企业合并》确定的合并成本作为长期股权投资的初始投资成本。

**第四条** 除企业合并形成的长期股权投资以外，其他方式取得的长期股权投资，应当按照下列规定确定其初始投资成本：

（一）以支付现金取得的长期股权投资，应当按照实际支付的购买价款作为初始投资成本。初始投资成本包括与取得长期股权投资直接相关的费用、税金及其他必要支出。

（二）以发行权益性证券取得的长期股权投资，应当按照发行权益性证券的公允价值作为初始投资成本。

（三）投资者投入的长期股权投资，应当按照投资合同或协议约定的价值作为初始投资成本，但合同或协议约定价值不公允的除外。

（四）通过非货币性资产交换取得的长期股权投资，其初始投资成本应当按照《企业会计准则第 7 号——非货币性资产交换》确定。

（五）通过债务重组取得的长期股权投资，其初始投资成本应当按照《企业会计准则第 12 号——债务重组》确定。

## 第三章 后续计量

**第五条** 下列长期股权投资应当按照本准则第七条规定，采用成本法核算：

（一）投资企业能够对被投资单位实施控制的长期股权投资。

控制，是指有权决定一个企业的财务和经营政策，并能据以从该企业的经营活动中获取利益。投资企业能够对被投资单位实施控制的，被投资单位为其子公司，投资企业应当将子公司纳入合并财务报表的合并范围。

投资企业对子公司的长期股权投资，应当采用本准则规定的成本法核算，编制合并财务报表时按照权益法进行调整。

（二）投资企业对被投资单位不具有共同控制或重大影响，并且在活跃市场中没有报价、公允价值不能可靠计量的长期股权投资。

共同控制，是指按照合同约定对某项经济活动所共有的控制，仅在与该项经济活动相关的重要财务和经营决策需要分享控制权的投资方一致同意时存在。投资企业与其他方对被投资单位实施共同控制的，被投资单位为其合营企业。

重大影响，是指对一个企业的财务和经营政策有参与决策的权力，但并不能够控制或者与其他方一起共同控制这些政策的制定。投资企业能够对被投资单位施加重大影响的，被投资单位为其联营企业。

**第六条** 在确定能否对被投资单位实施控制或施加重大影响时，应当考虑投资企业和其他方持有的被投资单位当期可转换公司债券、当期可执行认股权证等潜在表决权因素。

**第七条** 采用成本法核算的长期股权投资应当按照初始投资成本计价。追加或收回投资应当调整长期股权投资的成本。被投资单位宣告分派的现金股利或利润，确认为当期投资收益。投资企业确认投资收益，仅限于被投资单位接受投资后产生的累积净利润的分配额，所获得的利润或现金股利超过上述数额的部分作为初始投资成本的收回。

**第八条** 投资企业对被投资单位具有共同控制或重大影响的长期股权投资，应当按照本准则第九条至第十三条规定，采用权益法核算。

**第九条** 长期股权投资的初始投资成本大于投资时应享有被投资单位可辨认净资产公允价值份额的，不调整长期股权投资的初始投资成本；长期股权投资的初始投资成本小于投资时应享有被投资单位可辨认净资产公允价值份额的，其差额应当计入当期损益，同时调整长期股权投资的成本。

被投资单位可辨认净资产的公允价值，应当比照《企业会计准则第 20 号——企业合并》的有关规定确定。

**第十条** 投资企业取得长期股权投资后，应当按照应享有或应分担的被投资单位实现的净损益的份额，确认投资损益并调整长期股权投资的账面价值。投资企业按照被投资单位宣告分派的利润或现金股利计算应分得的部分，相应减少长期股权投资的账面价值。

**第十一条** 投资企业确认被投资单位发生的净亏损，应当以长期股权投资的账面价值以及其他实质上构成对被投资单位净投资的长期权益减记至零为限，投资企业负有承担额外损失义务的除外。

被投资单位以后实现净利润的，投资企业在其收益分享额弥补未确认的亏损分担额后，恢复确认收益分享额。

**第十二条** 投资企业在确认应享有被投资单位净损益的份额时，应当以取得投资时被投资单位各项可辨认资产等的公允价值为基础，对被投资单位的净利润进行调整后确认。

被投资单位采用的会计政策及会计期间与投资企业不一致的，应当按照投资企业的会计政策及会计期间对被投资单位的财务报表进行调整，并据以确认投资损益。

**第十三条** 投资企业对于被投资单位除净损益以外所有者权益的其他变动，应当调整长期股权投资的账面价值并计入所有者权益。

**第十四条** 投资企业因减少投资等原因对被投资单位不再具有共同控制或重大影响的，并且在活跃市场中没有报价、公允价值不能可靠计量的长期股权投资，应当改按成本法核算，并以权益法下长期股权投资的账面价值作为按照成本法核算的初始投资成本。

因追加投资等原因能够对被投资单位实施共同控制或重大影响但不构成控制的，应当改按权益法核算，并以成本法下长期股权投资的账面价值或按照《企业会计准则第 22 号——金融工具确认和计量》确定的投资账面价值作为按照权益法核算的初始投资成本。

**第十五条** 按照本准则规定的成本法核算的、在活跃市场中没有报价、公允价值不能可靠计量的长期股权投资，其减值应当按照《企业会计准则第 22 号——金融工具确认和计量》处理；其他按照本准则核算的长期股权投资，其减值应当按照《企业会计准则第 8 号——资产减值》处理。

**第十六条** 处置长期股权投资，其账面价值与实际取得价款的差额，应当计入当期损益。采用权益法核算的长期股权投资，因被投资单位除净损益以外所有者权益的其他变动而计入所有者权益的，处置该项投资时应当将原计入所有者权益的部分按相应比例转入当期损益。

## 第四章 披 露

**第十七条** 投资企业应当在附注中披露与长期股权投资有关的下列信息：

(一)子公司、合营企业和联营企业清单,包括企业名称、注册地、业务性质、投资企业的持股比例和表决权比例。

(二)合营企业和联营企业当期的主要财务信息,包括资产、负债、收入、费用等合计金额。

(三)被投资单位向投资企业转移资金的能力受到严格限制的情况。

(四)当期及累计未确认的投资损失金额。

(五)与对子公司、合营企业及联营企业投资相关的或有负债。

# 4. 企业会计准则第3号——投资性房地产

## 第一章　总　　则

**第一条**　为了规范投资性房地产的确认、计量和相关信息的披露,根据《企业会计准则——基本准则》,制定本准则。

**第二条**　投资性房地产,是指为赚取租金或资本增值,或两者兼有而持有的房地产。

投资性房地产应当能够单独计量和出售。

**第三条**　本准则规范下列投资性房地产:

(一)已出租的土地使用权。

(二)持有并准备增值后转让的土地使用权。

(三)已出租的建筑物。

**第四条**　下列各项不属于投资性房地产:

(一)自用房地产,即为生产商品、提供劳务或者经营管理而持有的房地产。

(二)作为存货的房地产。

**第五条**　下列各项适用其他相关会计准则:

(一)企业代建的房地产,适用《企业会计准则第15号——建造合同》。

(二)投资性房地产的租金收入和售后租回,适用《企业会计准则第21号——租赁》。

## 第二章　确认和初始计量

**第六条**　投资性房地产同时满足下列条件的,才能予以确认:

(一)与该投资性房地产有关的经济利益很可能流入企业;

(二)该投资性房地产的成本能够可靠地计量。

**第七条**　投资性房地产应当按照成本进行初始计量。

(一)外购投资性房地产的成本,包括购买价款、相关税费和可直接归属于该资产的其他支出。

(二)自行建造投资性房地产的成本,由建造该项资产达到预定可使用状态前所发生的必要支出构成。

(三)以其他方式取得的投资性房地产的成本,按照相关会计准则的规定确定。

**第八条**　与投资性房地产有关的后续支出,满足本准则第六条规定的确认条件的,应当计入投资性房地产成本;不满足本准则第六条规定的确认条件的,应当在发生时计入当期损益。

## 第三章　后续计量

**第九条**　企业应当在资产负债表日采用成本模式对投资性房地产进行后续计量,但本准则第十条 规定的除外。

采用成本模式计量的建筑物的后续计量,适用《企业会计准则第4号——固定资产》。

采用成本模式计量的土地使用权的后续计量,适用《企业会计准则第6号——无形资产》。

**第十条**　有确凿证据表明投资性房地产的公允价值能够持续可靠取得的,可以对投资性房地产采用公允价值模式进行后续计量。采用公允价值模式计量的,应当同时满足下列条件:

(一)投资性房地产所在地有活跃的房地产交易市场;

(二)企业能够从房地产交易市场上取得同类或类似房地产的市场价格及其他相关信息,从而对投资性房地产的公允价值作出合理的估计。

**第十一条** 采用公允价值模式计量的,不对投资性房地产计提折旧或进行摊销,应当以资产负债表日投资性房地产的公允价值为基础调整其账面价值,公允价值与原账面价值之间的差额计入当期损益。

**第十二条** 企业对投资性房地产的计量模式一经确定,不得随意变更。成本模式转为公允价值模式的,应当作为会计政策变更,按照《企业会计准则第 28 号——会计政策、会计估计变更和差错更正》处理。

已采用公允价值模式计量的投资性房地产,不得从公允价值模式转为成本模式。

### 第四章 转 换

**第十三条** 企业有确凿证据表明房地产用途发生改变,满足下列条件之一的,应当将投资性房地产转换为其他资产或者将其他资产转换为投资性房地产:

(一)投资性房地产开始自用。

(二)作为存货的房地产,改为出租。

(三)自用土地使用权停止自用,用于赚取租金或资本增值。

(四)自用建筑物停止自用,改为出租。

**第十四条** 在成本模式下,应当将房地产转换前的账面价值作为转换后的入账价值。

**第十五条** 采用公允价值模式计量的投资性房地产转换为自用房地产时,应当以其转换当日的公允价值作为自用房地产的账面价值,公允价值与原账面价值的差额计入当期损益。

**第十六条** 自用房地产或存货转换为采用公允价值模式计量的投资性房地产时,投资性房地产按照转换当日的公允价值计价,转换当日的公允价值小于原账面价值的,其差额计入当期损益;转换当日的公允价值大于原账面价值的,其差额计入所有者权益。

### 第五章 处 置

**第十七条** 当投资性房地产被处置,或者永久退出使用且预计不能从其处置中取得经济利益时,应当终止确认该项投资性房地产。

**第十八条** 企业出售、转让、报废投资性房地产或者发生投资性房地产毁损,应当将处置收入扣除其账面价值和相关税费后的金额计入当期损益。

### 第六章 披 露

**第十九条** 企业应当在附注中披露与投资性房地产有关的下列信息:

(一)投资性房地产的种类、金额和计量模式。

(二)采用成本模式的,投资性房地产的折旧或摊销,以及减值准备的计提情况。

(三)采用公允价值模式的,公允价值的确定依据和方法,以及公允价值变动对损益的影响。

(四)房地产转换情况、理由,以及对损益或所有者权益的影响。

(五)当期处置的投资性房地产及其对损益的影响。

## 5. 企业会计准则第 4 号——固定资产

### 第一章 总 则

**第一条** 为了规范固定资产的确认、计量和相关信息的披露,根据《企业会计准则——基本准则》,制定本准则。

**第二条** 下列各项适用其他相关会计准则:

（一）作为投资性房地产的建筑物，适用《企业会计准则第 3 号——投资性房地产》。

（二）生产性生物资产，适用《企业会计准则第 5 号——生物资产》。

## 第二章 确 认

**第三条** 固定资产，是指同时具有下列特征的有形资产：

（一）为生产商品、提供劳务、出租或经营管理而持有的；

（二）使用寿命超过一个会计年度。

使用寿命，是指企业使用固定资产的预计期间，或者该固定资产所能生产产品或提供劳务的数量。

**第四条** 固定资产同时满足下列条件的，才能予以确认：

（一）与该固定资产有关的经济利益很可能流入企业；

（二）该固定资产的成本能够可靠地计量。

**第五条** 固定资产的各组成部分具有不同使用寿命或者以不同方式为企业提供经济利益，适用不同折旧率或折旧方法的，应当分别将各组成部分确认为单项固定资产。

**第六条** 与固定资产有关的后续支出，符合本准则第四条 规定的确认条件的，应当计入固定资产成本；不符合本准则第四条规定的确认条件的，应当在发生时计入当期损益。

## 第三章 初始计量

**第七条** 固定资产应当按照成本进行初始计量。

**第八条** 外购固定资产的成本，包括购买价款、相关税费、使固定资产达到预定可使用状态前所发生的可归属于该项资产的运输费、装卸费、安装费和专业人员服务费等。

以一笔款项购入多项没有单独标价的固定资产，应当按照各项固定资产公允价值比例对总成本进行分配，分别确定各项固定资产的成本。

购买固定资产的价款超过正常信用条件延期支付，实质上具有融资性质的，固定资产的成本以购买价款的现值为基础确定。实际支付的价款与购买价款的现值之间的差额，除按照《企业会计准则第 17 号——借款费用》应予资本化的以外，应当在信用期间内计入当期损益。

**第九条** 自行建造固定资产的成本，由建造该项资产达到预定可使用状态前所发生的必要支出构成。

**第十条** 应计入固定资产成本的借款费用，按照《企业会计准则第 17 号——借款费用》处理。

**第十一条** 投资者投入固定资产的成本，应当按照投资合同或协议约定的价值确定，但合同或协议约定价值不公允的除外。

**第十二条** 非货币性资产交换、债务重组、企业合并和融资租赁取得的固定资产的成本，应当分别按照《企业会计准则第 7 号——非货币性资产交换》、《企业会计准则第 12 号——债务重组》、《企业会计准则第 20 号——企业合并》和《企业会计准则第 21 号——租赁》确定。

**第十三条** 确定固定资产成本时，应当考虑预计弃置费用因素。

## 第四章 后续计量

**第十四条** 企业应当对所有固定资产计提折旧。但是，已提足折旧仍继续使用的固定资产和单独计价入账的土地除外。

折旧，是指在固定资产使用寿命内，按照确定的方法对应计折旧额进行系统分摊。

应计折旧额，是指应当计提折旧的固定资产的原价扣除其预计净残值后的金额。已计提减值准备的固定资产，还应当扣除已计提的固定资产减值准备累计金额。

预计净残值，是指假定固定资产预计使用寿命已满并处于使用寿命终了时的预期状态，企业目前从该项资产处置中获得的扣除预计处置费用后的金额。

**第十五条** 企业应当根据固定资产的性质和使用情况，合理确定固定资产的使用寿命和预计净残值。

固定资产的使用寿命、预计净残值一经确定，不得随意变更。但是，符合本准则第十九条 规定的除外。

**第十六条** 企业确定固定资产使用寿命，应当考虑下列因素：

(一)预计生产能力或实物产量;

(二)预计有形损耗和无形损耗;

(三)法律或者类似规定对资产使用的限制。

**第十七条** 企业应当根据与固定资产有关的经济利益的预期实现方式,合理选择固定资产折旧方法。

可选用的折旧方法包括年限平均法、工作量法、双倍余额递减法和年数总和法等。

固定资产的折旧方法一经确定,不得随意变更。但是,符合本准则第十九条规定的除外。

**第十八条** 固定资产应当按月计提折旧,并根据用途计入相关资产的成本或者当期损益。

**第十九条** 企业至少应当于每年年度终了,对固定资产的使用寿命、预计净残值和折旧方法进行复核。

使用寿命预计数与原先估计数有差异的,应当调整固定资产使用寿命。

预计净残值预计数与原先估计数有差异的,应当调整预计净残值。

与固定资产有关的经济利益预期实现方式有重大改变的,应当改变固定资产折旧方法。

固定资产使用寿命、预计净残值和折旧方法的改变应当作为会计估计变更。

**第二十条** 固定资产的减值,应当按照《企业会计准则第 8 号——资产减值》处理。

### 第五章 处 置

**第二十一条** 固定资产满足下列条件之一的,应当予以终止确认:

(一)该固定资产处于处置状态。

(二)该固定资产预期通过使用或处置不能产生经济利益。

**第二十二条** 企业持有待售的固定资产,应当对其预计净残值进行调整。

**第二十三条** 企业出售、转让、报废固定资产或发生固定资产毁损,应当将处置收入扣除账面价值和相关税费后的金额计入当期损益。固定资产的账面价值是固定资产成本扣减累计折旧和累计减值准备后的金额。

固定资产盘亏造成的损失,应当计入当期损益。

**第二十四条** 企业根据本准则第六条 的规定,将发生的固定资产后续支出计入固定资产成本的,应当终止确认被替换部分的账面价值。

### 第六章 披 露

**第二十五条** 企业应当在附注中披露与固定资产有关的下列信息:

(一)固定资产的确认条件、分类、计量基础和折旧方法。

(二)各类固定资产的使用寿命、预计净残值和折旧率。

(三)各类固定资产的期初和期末原价、累计折旧额及固定资产减值准备累计金额。

(四)当期确认的折旧费用。

(五)对固定资产所有权的限制及其金额和用于担保的固定资产账面价值。

(六)准备处置的固定资产名称、账面价值、公允价值、预计处置费用和预计处置时间等。

## 6. 企业会计准则第 5 号——生物资产

### 第一章 总 则

**第一条** 为了规范与农业生产相关的生物资产的确认、计量和相关信息的披露,根据《企业会计准则——基本准则》,制定本准则。

**第二条** 生物资产,是指有生命的动物和植物。

**第三条** 生物资产分为消耗性生物资产、生产性生物资产和公益性生物资产。

消耗性生物资产,是指为出售而持有的、或在将来收获为农产品的生物资产,包括生长中的大田作物、蔬菜、用材林以及存栏待售的牲畜等。

生产性生物资产，是指为产出农产品、提供劳务或出租等目的而持有的生物资产，包括经济林、薪炭林、产畜和役畜等。

公益性生物资产，是指以防护、环境保护为主要目的的生物资产，包括防风固沙林、水土保持林和水源涵养林等。

**第四条** 下列各项适用其他相关会计准则：

（一）收获后的农产品，适用《企业会计准则第 1 号——存货》。

（二）与生物资产相关的政府补助，适用《企业会计准则第 16 号——政府补助》。

## 第二章 确认和初始计量

**第五条** 生物资产同时满足下列条件的，才能予以确认：

（一）企业因过去的交易或者事项而拥有或者控制该生物资产；

（二）与该生物资产有关的经济利益或服务潜能很可能流入企业；

（三）该生物资产的成本能够可靠地计量。

**第六条** 生物资产应当按照成本进行初始计量。

**第七条** 外购生物资产的成本，包括购买价款、相关税费、运输费、保险费以及可直接归属于购买该资产的其他支出。

**第八条** 自行栽培、营造、繁殖或养殖的消耗性生物资产的成本，应当按照下列规定确定：

（一）自行栽培的大田作物和蔬菜的成本，包括在收获前耗用的种子、肥料、农药等材料费、人工费和应分摊的间接费用等必要支出。

（二）自行营造的林木类消耗性生物资产的成本，包括郁闭前发生的造林费、抚育费、营林设施费、良种试验费、调查设计费和应分摊的间接费用等必要支出。

（三）自行繁殖的育肥畜的成本，包括出售前发生的饲料费、人工费和应分摊的间接费用等必要支出。

（四）水产养殖的动物和植物的成本，包括在出售或入库前耗用的苗种、饲料、肥料等材料费、人工费和应分摊的间接费用等必要支出。

**第九条** 自行营造或繁殖的生产性生物资产的成本，应当按照下列规定确定：

（一）自行营造的林木类生产性生物资产的成本，包括达到预定生产经营目的前发生的造林费、抚育费、营林设施费、良种试验费、调查设计费和应分摊的间接费用等必要支出。

（二）自行繁殖的产畜和役畜的成本，包括达到预定生产经营目的（成龄）前发生的饲料费、人工费和应分摊的间接费用等必要支出。达到预定生产经营目的，是指生产性生物资产进入正常生产期，可以多年连续稳定产出农产品、提供劳务或出租。

**第十条** 自行营造的公益性生物资产的成本，应当按照郁闭前发生的造林费、抚育费、森林保护费、营林设施费、良种试验费、调查设计费和应分摊的间接费用等必要支出确定。

**第十一条** 应计入生物资产成本的借款费用，按照《企业会计准则第 17 号——借款费用》处理。消耗性林木类生物资产发生的借款费用，应当在郁闭时停止资本化。

**第十二条** 投资者投入生物资产的成本，应当按照投资合同或协议约定的价值确定，但合同或协议约定价值不公允的除外。

**第十三条** 天然起源的生物资产的成本，应当按照名义金额确定。

**第十四条** 非货币性资产交换、债务重组和企业合并取得的生物资产的成本，应当分别按照《企业会计准则第 7 号——非货币性资产交换》、《企业会计准则第 12 号——债务重组》和《企业会计准则第 20 号——企业合并》确定。

**第十五条** 因择伐、间伐或抚育更新性质采伐而补植林木类生物资产发生的后续支出，应当计入林木类生物资产的成本。

生物资产在郁闭或达到预定生产经营目的后发生的管护、饲养费用等后续支出，应当计入当期损益。

## 第三章 后续计量

**第十六条** 企业应当按照本准则第十七条至第二十一条的规定对生物资产进行后续计量，但本准则

第二十二条规定的除外。

**第十七条**　企业对达到预定生产经营目的的生产性生物资产，应当按期计提折旧，并根据用途分别计入相关资产的成本或当期损益。

**第十八条**　企业应当根据生产性生物资产的性质、使用情况和有关经济利益的预期实现方式，合理确定其使用寿命、预计净残值和折旧方法。可选用的折旧方法包括年限平均法、工作量法、产量法等。生产性生物资产的使用寿命、预计净残值和折旧方法一经确定，不得随意变更。但是，符合本准则第二十条规定的除外。

**第十九条**　企业确定生产性生物资产的使用寿命，应当考虑下列因素：

(一)该资产的预计产出能力或实物产量；

(二)该资产的预计有形损耗，如产畜和役畜衰老、经济林老化等；

(三)该资产的预计无形损耗，如因新品种的出现而使现有的生产性生物资产的产出能力和产出农产品的质量等方面相对下降、市场需求的变化使生产性生物资产产出的农产品相对过时等。

**第二十条**　企业至少应当于每年年度终了对生产性生物资产的使用寿命、预计净残值和折旧方法进行复核。使用寿命或预计净残值的预期数与原先估计数有差异的，或者有关经济利益预期实现方式有重大改变的，应当作为会计估计变更，按照《企业会计准则第 28 号——会计政策、会计估计变更和差错更正》处理，调整生产性生物资产的使用寿命或预计净残值或者改变折旧方法。

**第二十一条**　企业至少应当于每年年度终了对消耗性生物资产和生产性生物资产进行检查，有确凿证据表明由于遭受自然灾害、病虫害、动物疫病侵袭或市场需求变化等原因，使消耗性生物资产的可变现净值或生产性生物资产的可收回金额低于其账面价值的，应当按照可变现净值或可收回金额低于账面价值的差额，计提生物资产跌价准备或减值准备，并计入当期损益。上述可变现净值和可收回金额，应当分别按照《企业会计准则第 1 号——存货》和《企业会计准则第 8 号——资产减值》确定。

消耗性生物资产减值的影响因素已经消失的，减记金额应当予以恢复，并在原已计提的跌价准备金额内转回，转回的金额计入当期损益。

生产性生物资产减值准备一经计提，不得转回。

公益性生物资产不计提减值准备。

**第二十二条**　有确凿证据表明生物资产的公允价值能够持续可靠取得的，应当对生物资产采用公允价值计量。采用公允价值计量的，应当同时满足下列条件：

(一)生物资产有活跃的交易市场；

(二)能够从交易市场上取得同类或类似生物资产的市场价格及其他相关信息，从而对生物资产的公允价值作出合理估计。

## 第四章　收获与处置

**第二十三条**　对于消耗性生物资产，应当在收获或出售时，按照其账面价值结转成本。结转成本的方法包括加权平均法、个别计价法、蓄积量比例法、轮伐期年限法等。

**第二十四条**　生产性生物资产收获的农产品成本，按照产出或采收过程中发生的材料费、人工费和应分摊的间接费用等必要支出计算确定，并采用加权平均法、个别计价法、蓄积量比例法、轮伐期年限法等方法，将其账面价值结转为农产品成本。收获之后的农产品，应当按照《企业会计准则第 1 号——存货》处理。

**第二十五条**　生物资产改变用途后的成本，应当按照改变用途时的账面价值确定。

**第二十六条**　生物资产出售、盘亏或死亡、毁损时，应当将处置收入扣除其账面价值和相关税费后的余额计入当期损益。

## 第五章　披　　露

**第二十七条**　企业应当在附注中披露与生物资产有关的下列信息：

(一)生物资产的类别以及各类生物资产的实物数量和账面价值。

(二)各类消耗性生物资产的跌价准备累计金额，以及各类生产性生物资产的使用寿命、预计净残值、折旧方法、累计折旧和减值准备累计金额。

（三）天然起源生物资产的类别、取得方式和实物数量。

（四）用于担保的生物资产的账面价值。

（五）与生物资产相关的风险情况与管理措施。

**第二十八条**　企业应当在附注中披露与生物资产增减变动有关的下列信息：

（一）因购买而增加的生物资产；

（二）因自行培育而增加的生物资产；

（三）因出售而减少的生物资产；

（四）因盘亏或死亡、毁损而减少的生物资产；

（五）计提的折旧及计提的跌价准备或减值准备；

（六）其他变动。

# 7. 企业会计准则第6号——无形资产

## 第一章　总　　则

**第一条**　为了规范无形资产的确认、计量和相关信息的披露，根据《企业会计准则——基本准则》，制定本准则。

**第二条**　下列各项适用其他相关会计准则：

（一）作为投资性房地产的土地使用权，适用《企业会计准则第3号——投资性房地产》。

（二）企业合并中形成的商誉，适用《企业会计准则第8号——资产减值》和《企业会计准则第20号——企业合并》。

（三）石油天然气矿区权益，适用《企业会计准则第27号——石油天然气开采》。

## 第二章　确　　认

**第三条**　无形资产，是指企业拥有或者控制的没有实物形态的可辨认非货币性资产。

资产满足下列条件之一的，符合无形资产定义中的可辨认性标准：

（一）能够从企业中分离或者划分出来，并能单独或者与相关合同、资产或负债一起，用于出售、转移、授予许可、租赁或者交换。

（二）源自合同性权利或其他法定权利，无论这些权利是否可以从企业或其他权利和义务中转移或者分离。

**第四条**　无形资产同时满足下列条件的，才能予以确认：

（一）与该无形资产有关的经济利益很可能流入企业；

（二）该无形资产的成本能够可靠地计量。

**第五条**　企业在判断无形资产产生的经济利益是否很可能流入时，应当对无形资产在预计使用寿命内可能存在的各种经济因素作出合理估计，并且应当有明确证据支持。

**第六条**　企业无形项目的支出，除下列情形外，均应于发生时计入当期损益：

（一）符合本准则规定的确认条件、构成无形资产成本的部分；

（二）非同一控制下企业合并中取得的、不能单独确认为无形资产、构成购买日确认的商誉的部分。

**第七条**　企业内部研究开发项目的支出，应当区分研究阶段支出与开发阶段支出。

研究是指为获取并理解新的科学或技术知识而进行的独创性的有计划调查。

开发是指在进行商业性生产或使用前，将研究成果或其他知识应用于某项计划或设计，以生产出新的或具有实质性改进的材料、装置、产品等。

**第八条**　企业内部研究开发项目研究阶段的支出，应当于发生时计入当期损益。

**第九条**　企业内部研究开发项目开发阶段的支出，同时满足下列条件的，才能确认为无形资产：

(一)完成该无形资产以使其能够使用或出售在技术上具有可行性；

(二)具有完成该无形资产并使用或出售的意图；

(三)无形资产产生经济利益的方式，包括能够证明运用该无形资产生产的产品存在市场或无形资产自身存在市场，无形资产将在内部使用的，应当证明其有用性；

(四)有足够的技术、财务资源和其他资源支持，以完成该无形资产的开发，并有能力使用或出售该无形资产；

(五)归属于该无形资产开发阶段的支出能够可靠地计量。

**第十条** 企业取得的已作为无形资产确认的正在进行中的研究开发项目，在取得后发生的支出应当按照本准则第七条至第九条的规定处理。

**第十一条** 企业自创商誉以及内部产生的品牌、报刊名等，不应确认为无形资产。

## 第三章 初始计量

**第十二条** 无形资产应当按照成本进行初始计量。外购无形资产的成本，包括购买价款、相关税费以及直接归属于使该项资产达到预定用途所发生的其他支出。

购买无形资产的价款超过正常信用条件延期支付，实质上具有融资性质的，无形资产的成本以购买价款的现值为基础确定。实际支付的价款与购买价款的现值之间的差额，除按照《企业会计准则第 17 号——借款费用》应予资本化的以外，应当在信用期间内计入当期损益。

**第十三条** 自行开发的无形资产，其成本包括自满足本准则第四条和第九条规定后至达到预定用途前所发生的支出总额，但是对于以前期间已经费用化的支出不再调整。

**第十四条** 投资者投入无形资产的成本，应当按照投资合同或协议约定的价值确定，但合同或协议约定价值不公允的除外。

**第十五条** 非货币性资产交换、债务重组、政府补助和企业合并取得的无形资产的成本，应当分别按照《企业会计准则第 7 号——非货币性资产交换》、《企业会计准则第 12 号——债务重组》、《企业会计准则第 16 号——政府补助》和《企业会计准则第 20 号——企业合并》确定。

## 第四章 后续计量

**第十六条** 企业应当于取得无形资产时分析判断其使用寿命。

无形资产的使用寿命为有限的，应当估计该使用寿命的年限或者构成使用寿命的产量等类似计量单位数量；无法预见无形资产为企业带来经济利益期限的，应当视为使用寿命不确定的无形资产。

**第十七条** 使用寿命有限的无形资产，其应摊销金额应当在使用寿命内系统合理摊销。

企业摊销无形资产，应当自无形资产可供使用时起，至不再作为无形资产确认时止。

企业选择的无形资产摊销方法，应当反映与该项无形资产有关的经济利益的预期实现方式。无法可靠确定预期实现方式的，应当采用直线法摊销。

无形资产的摊销金额一般应当计入当期损益，其他会计准则另有规定的除外。

**第十八条** 无形资产的应摊销金额为其成本扣除预计残值后的金额。已计提减值准备的无形资产，还应扣除已计提的无形资产减值准备累计金额。使用寿命有限的无形资产，其残值应当视为零，但下列情况除外：

(一)有第三方承诺在无形资产使用寿命结束时购买该无形资产。

(二)可以根据活跃市场得到预计残值信息，并且该市场在无形资产使用寿命结束时很可能存在。

**第十九条** 使用寿命不确定的无形资产不应摊销。

**第二十条** 无形资产的减值，应当按照《企业会计准则第 8 号——资产减值》处理。

**第二十一条** 企业至少应当于每年年度终了，对使用寿命有限的无形资产的使用寿命及摊销方法进行复核。无形资产的使用寿命及摊销方法与以前估计不同的，应当改变摊销期限和摊销方法。

企业应当在每个会计期间对使用寿命不确定的无形资产的使用寿命进行复核。如果有证据表明无形资产的使用寿命是有限的，应当估计其使用寿命，并按本准则规定处理。

### 第五章　处置和报废

**第二十二条**　企业出售无形资产，应当将取得的价款与该无形资产账面价值的差额计入当期损益。

**第二十三条**　无形资产预期不能为企业带来经济利益的，应当将该无形资产的账面价值予以转销。

### 第六章　披　　露

**第二十四条**　企业应当按照无形资产的类别在附注中披露与无形资产有关的下列信息：

（一）无形资产的期初和期末账面余额、累计摊销额及减值准备累计金额。

（二）使用寿命有限的无形资产，其使用寿命的估计情况；使用寿命不确定的无形资产，其使用寿命不确定的判断依据。

（三）无形资产的摊销方法。

（四）用于担保的无形资产账面价值、当期摊销额等情况。

（五）计入当期损益和确认为无形资产的研究开发支出金额。

## 8. 企业会计准则第7号——非货币性资产交换

### 第一章　总　　则

**第一条**　为了规范非货币性资产交换的确认、计量和相关信息的披露，根据《企业会计准则——基本准则》，制定本准则。

**第二条**　非货币性资产交换，是指交易双方主要以存货、固定资产、无形资产和长期股权投资等非货币性资产进行的交换。该交换不涉及或只涉及少量的货币性资产（即补价）。

货币性资产，是指企业持有的货币资金和将以固定或可确定的金额收取的资产，包括现金、银行存款、应收账款和应收票据以及准备持有至到期的债券投资等。

非货币性资产，是指货币性资产以外的资产。

**第三条**　非货币性资产交换同时满足下列条件的，应当以公允价值和应支付的相关税费作为换入资产的成本，公允价值与换出资产账面价值的差额计入当期损益：

（一）该项交换具有商业实质；

（二）换入资产或换出资产的公允价值能够可靠地计量。

换入资产和换出资产公允价值均能够可靠计量的，应当以换出资产的公允价值作为确定换入资产成本的基础，但有确凿证据表明换入资产的公允价值更加可靠的除外。

### 第二章　确认和计量

**第四条**　满足下列条件之一的非货币性资产交换具有商业实质：

（一）换入资产的未来现金流量在风险、时间和金额方面与换出资产显著不同。

（二）换入资产与换出资产的预计未来现金流量现值不同，且其差额与换入资产和换出资产的公允价值相比是重大的。

**第五条**　在确定非货币性资产交换是否具有商业实质时，企业应当关注交易各方之间是否存在关联方关系。关联方关系的存在可能导致发生的非货币性资产交换不具有商业实质。

**第六条**　未同时满足本准则第三条规定条件的非货币性资产交换，应当以换出资产的账面价值和应支付的相关税费作为换入资产的成本，不确认损益。

**第七条**　第七条企业在按照公允价值和应支付的相关税费作为换入资产成本的情况下，发生补价的，应当分别下列情况处理：

（一）支付补价的，换入资产成本与换出资产账面价值加支付的补价、应支付的相关税费之和的差额，应当计入当期损益。

（二）收到补价的，换入资产成本加收到的补价之和与换出资产账面价值加应支付的相关税费之和的差额，应当计入当期损益。

**第八条** 企业在按照换出资产的账面价值和应支付的相关税费作为换入资产成本的情况下，发生补价的，应当分别下列情况处理：

（一）支付补价的，应当以换出资产的账面价值，加上支付的补价和应支付的相关税费，作为换入资产的成本，不确认损益。

（二）收到补价的，应当以换出资产的账面价值，减去收到的补价并加上应支付的相关税费，作为换入资产的成本，不确认损益。

**第九条** 非货币性资产交换同时换入多项资产的，在确定各项换入资产的成本时，应当分别下列情况处理：

（一）非货币性资产交换具有商业实质，且换入资产的公允价值能够可靠计量的，应当按照换入各项资产的公允价值占换入资产公允价值总额的比例，对换入资产的成本总额进行分配，确定各项换入资产的成本。

（二）非货币性资产交换不具有商业实质，或者虽具有商业实质但换入资产的公允价值不能可靠计量的，应当按照换入各项资产的原账面价值占换入资产原账面价值总额的比例，对换入资产的成本总额进行分配，确定各项换入资产的成本。

## 第三章 披 露

**第十条** 企业应当在附注中披露与非货币性资产交换有关的下列信息：

（一）换入资产、换出资产的类别。

（二）换入资产成本的确定方式。

（三）换入资产、换出资产的公允价值以及换出资产的账面价值。

（四）非货币性资产交换确认的损益。

# 9. 企业会计准则第 8 号——资产减值

## 第一章 总 则

**第一条** 为了规范资产减值的确认、计量和相关信息的披露，根据《企业会计准则——基本准则》，制定本准则。

**第二条** 资产减值，是指资产的可收回金额低于其账面价值。

本准则中的资产，除了特别规定外，包括单项资产和资产组。

资产组，是指企业可以认定的最小资产组合，其产生的现金流入应当基本上独立于其他资产或者资产组产生的现金流入。

**第三条** 下列各项适用其他相关会计准则：

（一）存货的减值，适用《企业会计准则第 1 号——存货》。

（二）采用公允价值模式计量的投资性房地产的减值，适用《企业会计准则第 3 号——投资性房地产》。

（三）消耗性生物资产的减值，适用《企业会计准则第 5 号——生物资产》。

（四）建造合同形成的资产的减值，适用《企业会计准则第 15 号——建造合同》。

（五）递延所得税资产的减值，适用《企业会计准则第 18 号——所得税》。

（六）融资租赁中出租人未担保余值的减值，适用《企业会计准则第 21 号——租赁》。

（七）《企业会计准则第 22 号——金融工具确认和计量》规范的金融资产的减值，适用《企业会计准则第 22 号——金融工具确认和计量》。

（八）未探明石油天然气矿区权益的减值，适用《企业会计准则第 27 号——石油天然气开采》。

## 第二章　可能发生减值资产的认定

**第四条**　企业应当在资产负债表日判断资产是否存在可能发生减值的迹象。

因企业合并所形成的商誉和使用寿命不确定的无形资产，无论是否存在减值迹象，每年都应当进行减值测试。

**第五条**　存在下列迹象的，表明资产可能发生了减值：

（一）资产的市价当期大幅度下跌，其跌幅明显高于因时间的推移或者正常使用而预计的下跌。

（二）企业经营所处的经济、技术或者法律等环境以及资产所处的市场在当期或者将在近期发生重大变化，从而对企业产生不利影响。

（三）市场利率或者其他市场投资报酬率在当期已经提高，从而影响企业计算资产预计未来现金流量现值的折现率，导致资产可收回金额大幅度降低。

（四）有证据表明资产已经陈旧过时或者其实体已经损坏。

（五）资产已经或者将被闲置、终止使用或者计划提前处置。

（六）企业内部报告的证据表明资产的经济绩效已经低于或者将低于预期，如资产所创造的净现金流量或者实现的营业利润（或者亏损）远远低于（或者高于）预计金额等。

（七）其他表明资产可能已经发生减值的迹象。

## 第三章　资产可收回金额的计量

**第六条**　资产存在减值迹象的，应当估计其可收回金额。

可收回金额应当根据资产的公允价值减去处置费用后的净额与资产预计未来现金流量的现值两者之间较高者确定。

处置费用包括与资产处置有关的法律费用、相关税费、搬运费以及为使资产达到可销售状态所发生的直接费用等。

**第七条**　资产的公允价值减去处置费用后的净额与资产预计未来现金流量的现值，只要有一项超过了资产的账面价值，就表明资产没有发生减值，不需再估计另一项金额。

**第八条**　资产的公允价值减去处置费用后的净额，应当根据公平交易中销售协议价格减去可直接归属于该资产处置费用的金额确定。

不存在销售协议但存在资产活跃市场的，应当按照该资产的市场价格减去处置费用后的金额确定。资产的市场价格通常应当根据资产的买方出价确定。

在不存在销售协议和资产活跃市场的情况下，应当以可获取的最佳信息为基础，估计资产的公允价值减去处置费用后的净额，该净额可以参考同行业类似资产的最近交易价格或者结果进行估计。

企业按照上述规定仍然无法可靠估计资产的公允价值减去处置费用后的净额的，应当以该资产预计未来现金流量的现值作为其可收回金额。

**第九条**　资产预计未来现金流量的现值，应当按照资产在持续使用过程中和最终处置时所产生的预计未来现金流量，选择恰当的折现率对其进行折现后的金额加以确定。

预计资产未来现金流量的现值，应当综合考虑资产的预计未来现金流量、使用寿命和折现率等因素。

**第十条**　预计的资产未来现金流量应当包括下列各项：

（一）资产持续使用过程中预计产生的现金流入。

（二）为实现资产持续使用过程中产生的现金流入所必需的预计现金流出（包括为使资产达到预定可使用状态所发生的现金流出）。

该现金流出应当是可直接归属于或者可通过合理和一致的基础分配到资产中的现金流出。

（三）资产使用寿命结束时，处置资产所收到或者支付的净现金流量。该现金流量应当是在公平交易中，熟悉情况的交易双方自愿进行交易时，企业预期可从资产的处置中获取或者支付的、减去预计处置费用后的金额。

**第十一条**　预计资产未来现金流量时，企业管理层应当在合理和有依据的基础上对资产剩余使用寿命内整个经济状况进行最佳估计。

预计资产的未来现金流量，应当以经企业管理层批准的最近财务预算或者预测数据，以及该预算或者预测期之后年份稳定的或者递减的增长率为基础。企业管理层如能证明递增的增长率是合理的，可以以递增的增长率为基础。

建立在预算或者预测基础上的预计现金流量最多涵盖 5 年，企业管理层如能证明更长的期间是合理的，可以涵盖更长的期间。

在对预算或者预测期之后年份的现金流量进行预计时，所使用的增长率除了企业能够证明更高的增长率是合理的之外，不应当超过企业经营的产品、市场、所处的行业或者所在国家或者地区的长期平均增长率，或者该资产所处市场的长期平均增长率。

**第十二条** 预计资产的未来现金流量，应当以资产的当前状况为基础，不应当包括与将来可能会发生的、尚未作出承诺的重组事项或者与资产改良有关的预计未来现金流量。

预计资产的未来现金流量也不应当包括筹资活动产生的现金流入或者流出以及与所得税收付有关的现金流量。

企业已经承诺重组的，在确定资产的未来现金流量的现值时，预计的未来现金流入和流出数，应当反映重组所能节约的费用和由重组所带来的其他利益，以及因重组所导致的估计未来现金流出数。其中重组所能节约的费用和由重组所带来的其他利益，通常应当根据企业管理层批准的最近财务预算或者预测数据进行估计；因重组所导致的估计未来现金流出数应当根据《企业会计准则第 13 号——或有事项》所确认的因重组所发生的预计负债金额进行估计。

**第十三条** 折现率是反映当前市场货币时间价值和资产特定风险的税前利率。该折现率是企业在购置或者投资资产时所要求的必要报酬率。

在预计资产的未来现金流量时已经对资产特定风险的影响作了调整的，估计折现率不需要考虑这些特定风险。如果用于估计折现率的基础是税后的，应当将其调整为税前的折现率。

**第十四条** 预计资产的未来现金流量涉及外币的，应当以该资产所产生的未来现金流量的结算货币为基础，按照该货币适用的折现率计算资产的现值；然后将该外币现值按照计算资产未来现金流量现值当日的即期汇率进行折算。

## 第四章 资产减值损失的确定

**第十五条** 可收回金额的计量结果表明，资产的可收回金额低于其账面价值的，应当将资产的账面价值减记至可收回金额，减记的金额确认为资产减值损失，计入当期损益，同时计提相应的资产减值准备。

**第十六条** 资产减值损失确认后，减值资产的折旧或者摊销费用应当在未来期间作相应调整，以使该资产在剩余使用寿命内，系统地分摊调整后的资产账面价值（扣除预计净残值）。

**第十七条** 资产减值损失一经确认，在以后会计期间不得转回。

## 第五章 资产组的认定及减值处理

**第十八条** 有迹象表明一项资产可能发生减值的，企业应当以单项资产为基础估计其可收回金额。企业难以对单项资产的可收回金额进行估计的，应当以该资产所属的资产组为基础确定资产组的可收回金额。

资产组的认定，应当以资产组产生的主要现金流入是否独立于其他资产或者资产组的现金流入为依据。同时，在认定资产组时，应当考虑企业管理层管理生产经营活动的方式（如是按照生产线、业务种类还是按照地区或者区域等）和对资产的持续使用或者处置的决策方式等。

几项资产的组合生产的产品（或者其他产出）存在活跃市场的，

即使部分或者所有这些产品（或者其他产出）均供内部使用，也应当在符合前款规定的情况下，将这几项资产的组合认定为一个资产组。

如果该资产组的现金流入受内部转移价格的影响，应当按照企业管理层在公平交易中对未来价格的最佳估计数来确定资产组的未来现金流量。

资产组一经确定，各个会计期间应当保持一致，不得随意变更。

如需变更，企业管理层应当证明该变更是合理的，并根据本准则第二十七条的规定在附注中作相应说明。

**第十九条** 资产组账面价值的确定基础应当与其可收回金额的确定方式相一致。

资产组的账面价值包括可直接归属于资产组与可以合理和一致地分摊至资产组的资产账面价值，通常不应当包括已确认负债的账面价值，但如不考虑该负债金额就无法确定资产组可收回金额的除外。

资产组的可收回金额应当按照该资产组的公允价值减去处置费用后的净额与其预计未来现金流量的现值两者之间较高者确定。

资产组在处置时如要求购买者承担一项负债（如环境恢复负债等）、该负债金额已经确认并计入相关资产账面价值，而且企业只能取得包括上述资产和负债在内的单一公允价值减去处置费用后的净额的，为了比较资产组的账面价值和可收回金额，在确定资产组的账面价值及其预计未来现金流量的现值时，应当将已确认的负债金额从中扣除。

**第二十条** 企业总部资产包括企业集团或其事业部的办公楼、电子数据处理设备等资产。总部资产的显著特征是难以脱离其他资产或者资产组产生独立的现金流入，而且其账面价值难以完全归属于某一资产组。

有迹象表明某项总部资产可能发生减值的，企业应当计算确定该总部资产所归属的资产组或者资产组组合的可收回金额，然后将其与相应的账面价值相比较，据以判断是否需要确认减值损失。

资产组组合，是指由若干个资产组组成的最小资产组组合，包括资产组或者资产组组合，以及按合理方法分摊的总部资产部分。

**第二十一条** 企业对某一资产组进行减值测试，应当先认定所有与该资产组相关的总部资产，再根据相关总部资产能否按照合理和一致的基础分摊至该资产组分别下列情况处理。

（一）对于相关总部资产能够按照合理和一致的基础分摊至该资产组的部分，应当将该部分总部资产的账面价值分摊至该资产组，再据以比较该资产组的账面价值（包括已分摊的总部资产的账面价值部分）和可收回金额，并按照本准则第二十二条的规定处理。

（二）对于相关总部资产中有部分资产难以按照合理和一致的基础分摊至该资产组的，应当按照下列步骤处理：

首先，在不考虑相关总部资产的情况下，估计和比较资产组的账面价值和可收回金额，并按照本准则第二十二条的规定处理。

其次，认定由若干个资产组组成的最小的资产组组合，该资产组组合应当包括所测试的资产组与可以按照合理和一致的基础将该部分总部资产的账面价值分摊其上的部分。

最后，比较所认定的资产组组合的账面价值（包括已分摊的总部资产的账面价值部分）和可收回金额，并按照本准则第二十二条的规定处理。

**第二十二条** 资产组或者资产组组合的可收回金额低于其账面价值的（总部资产和商誉分摊至某资产组或者资产组组合的，该资产组或者资产组组合的账面价值应当包括相关总部资产和商誉的分摊额），应当确认相应的减值损失。减值损失金额应当先抵减分摊至资产组或者资产组组合中商誉的账面价值，再根据资产组或者资产组组合中除商誉之外的其他各项资产的账面价值所占比重，按比例抵减其他各项资产的账面价值。

以上资产账面价值的抵减，应当作为各单项资产（包括商誉）的减值损失处理，计入当期损益。抵减后的各资产的账面价值不得低于以下三者之中最高者：该资产的公允价值减去处置费用后的净额（如可确定的）、该资产预计未来现金流量的现值（如可确定的）和零。

因此而导致的未能分摊的减值损失金额，应当按照相关资产组或者资产组组合中其他各项资产的账面价值所占比重进行分摊。

## 第六章 商誉减值的处理

**第二十三条** 企业合并所形成的商誉，至少应当在每年年度终了进行减值测试。商誉应当结合与其相关的资产组或者资产组组合进行减值测试。

相关的资产组或者资产组组合应当是能够从企业合并的协同效应中受益的资产组或者资产组组合，不应当大于按照《企业会计准则第 35 号——分部报告》所确定的报告分部。

**第二十四条**　企业进行资产减值测试，对于因企业合并形成的商誉的账面价值，应当自购买日起按照合理的方法分摊至相关的资产组；难以分摊至相关的资产组的，应当将其分摊至相关的资产组组合。

在将商誉的账面价值分摊至相关的资产组或者资产组组合时，应当按照各资产组或者资产组组合的公允价值占相关资产组或者资产组组合公允价值总额的比例进行分摊。公允价值难以可靠计量的，按照各资产组或者资产组组合的账面价值占相关资产组或者资产组组合账面价值总额的比例进行分摊。

企业因重组等原因改变了其报告结构，从而影响到已分摊商誉的一个或者若干个资产组或者资产组组合构成的，应当按照与本条前款规定相似的分摊方法，将商誉重新分摊至受影响的资产组或者资产组组合。

**第二十五条**　在对包含商誉的相关资产组或者资产组组合进行

减值测试时，如与商誉相关的资产组或者资产组组合存在减值迹象的，应当先对不包含商誉的资产组或者资产组组合进行减值测试，计算可收回金额，并与相关账面价值相比较，确认相应的减值损失。再对包含商誉的资产组或者资产组组合进行减值测试，比较这些相关资产组或者资产组组合的账面价值（包括所分摊的商誉的账面价值部分）与其可收回金额，如相关资产组或者资产组组合的可收回金额低于其账面价值的，应当确认商誉的减值损失，按照本准则第二十二条的规定处理。

## 第七章　披　　露

**第二十六条**　企业应当在附注中披露与资产减值有关的下列信息：

（一）当期确认的各项资产减值损失金额。

（二）计提的各项资产减值准备累计金额。

（三）提供分部报告信息的，应当披露每个报告分部当期确认的减值损失金额。

**第二十七条**　发生重大资产减值损失的，应当在附注中披露导致每项重大资产减值损失的原因和当期确认的重大资产减值损失的金额。

（一）发生重大减值损失的资产是单项资产的，应当披露该单项资产的性质。提供分部报告信息的，还应披露该项资产所属的主要报告分部。

（二）发生重大减值损失的资产是资产组（或者资产组组合，下同）的，应当披露：

1. 资产组的基本情况。

2. 资产组中所包括的各项资产于当期确认的减值损失金额。

3. 资产组的组成与前期相比发生变化的，应当披露变化的原因以及前期和当期资产组组成情况。

**第二十八条**　对于重大资产减值，应当在附注中披露资产（或者资产组，下同）可收回金额的确定方法。

（一）可收回金额按资产的公允价值减去处置费用后的净额确定的，还应当披露公允价值减去处置费用后的净额的估计基础。

（二）可收回金额按资产预计未来现金流量的现值确定的，还应当披露估计其现值时所采用的折现率，以及该资产前期可收回金额也按照其预计未来现金流量的现值确定的情况下，前期所采用的折现率。

**第二十九条**　第二十六条（一）、（二）和第二十七条（二）第 2 项信息应当按照资产类别予以披露。资产类别应当以资产在企业生产经营活动中的性质或者功能是否相同或者相似为基础确定。

**第三十条**　分摊到某资产组的商誉（或者使用寿命不确定的无形资产，下同）的账面价值占商誉账面价值总额的比例重大的，应当在附注中披露下列信息：

（一）分摊到该资产组的商誉的账面价值。

（二）该资产组可收回金额的确定方法。

1. 可收回金额按照资产组公允价值减去处置费用后的净额确定的，还应当披露确定公允价值减去处置费用后的净额的方法。资产组的公允价值减去处置费用后的净额不是按照市场价格确定的，应当披露：

（1）企业管理层在确定公允价值减去处置费用后的净额时所采用的各关键假设及其依据。

（2）企业管理层在确定各关键假设相关的价值时，是否与企业历史经验或者外部信息来源相一致；如不一致，应当说明理由。

2. 可收回金额按照资产组预计未来现金流量的现值确定的，应当披露：

（1）企业管理层预计未来现金流量的各关键假设及其依据。

(2)企业管理层在确定各关键假设相关的价值时,是否与企业历史经验或者外部信息来源相一致;如不一致,应当说明理由。

(3)估计现值时所采用的折现率。

**第三十一条** 商誉的全部或者部分账面价值分摊到多个资产组、且分摊到每个资产组的商誉的账面价值占商誉账面价值总额的比例不重大的,企业应当在附注中说明这一情况以及分摊到上述资产组的商誉合计金额。

商誉账面价值按照相同的关键假设分摊到上述多个资产组、且分摊的商誉合计金额占商誉账面价值总额的比例重大的,企业应当在附注中说明这一情况,并披露下列信息:

(一)分摊到上述资产组的商誉的账面价值合计。

(二)采用的关键假设及其依据。

(三)企业管理层在确定各关键假设相关的价值时,是否与企业历史经验或者外部信息来源相一致;如不一致,应当说明理由。

# 10. 企业会计准则第9号——职工薪酬

## 第一章 总 则

**第一条** 为了规范职工薪酬的确认、计量和相关信息的披露,根据《企业会计准则——基本准则》,制定本准则。

**第二条** 职工薪酬,是指企业为获得职工提供的服务而给予各种形式的报酬以及其他相关支出。职工薪酬包括:

(一)职工工资、奖金、津贴和补贴;

(二)职工福利费;

(三)医疗保险费、养老保险费、失业保险费、工伤保险费和生育保险费等社会保险费;

(四)住房公积金;

(五)工会经费和职工教育经费;

(六)非货币性福利;

(七)因解除与职工的劳动关系给予的补偿;

(八)其他与获得职工提供的服务相关的支出。

**第三条** 下列各项适用其他相关会计准则:

(一)企业年金基金,适用《企业会计准则第10号——企业年金基金》。

(二)以股份为基础的薪酬,适用《企业会计准则第11号——股份支付》。

## 第二章 确认和计量

**第四条** 企业应当在职工为其提供服务的会计期间,将应付的职工薪酬确认为负债,除因解除与职工的劳动关系给予的补偿外,应当根据职工提供服务的受益对象,分别下列情况处理:

(一)应由生产产品、提供劳务负担的职工薪酬,计入产品成本或劳务成本。

(二)应由在建工程、无形资产负担的职工薪酬,计入建造固定资产或无形资产成本。

(三)上述(一)和(二)之外的其他职工薪酬,计入当期损益。

**第五条** 企业为职工缴纳的医疗保险费、养老保险费、失业保险费、工伤保险费、生育保险费等社会保险费和住房公积金,应当在职工为其提供服务的会计期间,根据工资总额的一定比例计算,并按照本准则第四条的规定处理。

**第六条** 企业在职工劳动合同到期之前解除与职工的劳动关系,
或者为鼓励职工自愿接受裁减而提出给予补偿的建议,同时满足下列条件的,应当确认因解除与职工的劳动关系给予补偿而产生的预计负债，同时计入当期损益：

（一）企业已经制定正式的解除劳动关系计划或提出自愿裁减建议，并即将实施。

该计划或建议应当包括拟解除劳动关系或裁减的职工所在部门、职位及数量；根据有关规定按工作类别或职位确定的解除劳动关系或裁减补偿金额；拟解除劳动关系或裁减的时间。

（二）企业不能单方面撤回解除劳动关系计划或裁减建议。

### 第三章　披　　露

**第七条**　企业应当在附注中披露与职工薪酬有关的下列信息：

（一）应当支付给职工的工资、奖金、津贴和补贴，及其期末应付未付金额。

（二）应当为职工缴纳的医疗保险费、养老保险费、失业保险费、工伤保险费和生育保险费等社会保险费，及其期末应付未付金额。

（三）应当为职工缴存的住房公积金，及其期末应付未付金额。

（四）为职工提供的非货币性福利，及其计算依据。

（五）应当支付的因解除劳动关系给予的补偿，及其期末应付未付金额。

（六）其他职工薪酬。

**第八条**　因自愿接受裁减建议的职工数量、补偿标准等不确定而产生的或有负债，应当按照《企业会计准则第 13 号——或有事项》披露。

## 11. 企业会计准则第 10 号——企业年金基金

### 第一章　总　　则

**第一条**　为了规范企业年金基金的确认、计量和财务报表列报，根据《企业会计准则——基本准则》，制定本准则。

**第二条**　企业年金基金，是指根据依法制定的企业年金计划筹集的资金及其投资运营收益形成的企业补充养老保险基金。

**第三条**　企业年金基金应当作为独立的会计主体进行确认、计量和列报。

委托人、受托人、托管人、账户管理人、投资管理人和其他为企业年金基金管理提供服务的主体，应当将企业年金基金与其固有资产和其他资产严格区分，确保企业年金基金的安全。

### 第二章　确认和计量

**第四条**　企业年金基金应当分别资产、负债、收入、费用和净资产进行确认和计量。

**第五条**　企业年金基金缴费及其运营形成的各项资产包括：货币资金、应收证券清算款、应收利息、买入返售证券、其他应收款、债券投资、基金投资、股票投资、其他投资等。

**第六条**　企业年金基金在运营中根据国家规定的投资范围取得的国债、信用等级在投资级以上的金融债和企业债、可转换债、投资性保险产品、证券投资基金、股票等具有良好流动性的金融产品，其初始取得和后续估值应当以公允价值计量：

（一）初始取得投资时，应当以交易日支付的成交价款作为其公允价值。发生的交易费用直接计入当期损益。

（二）估值日对投资进行估值时，应当以其公允价值调整原账面价值，公允价值与原账面价值的差额计入当期损益。

投资公允价值的确定，适用《企业会计准则第 22 号——金融工具确认和计量》。

**第七条**　企业年金基金运营形成的各项负债包括：应付证券清算款、应付受益人待遇、应付受托人管理费、应付托管人管理费、应付投资管理人管理费、应交税金、卖出回购证券款、应付利息、应付佣金和其他应

付款等。

**第八条** 企业年金基金运营形成的各项收入包括:存款利息收入、买入返售证券收入、公允价值变动收益、投资处置收益和其他收入。

**第九条** 收入应当按照下列规定确认和计量:

(一)存款利息收入,按照本金和适用的利率确定。

(二)买入返售证券收入,在融券期限内按照买入返售证券价款和协议约定的利率确定。

(三)公允价值变动收益,在估值日按照当日投资公允价值与原账面价值(即上一估值日投资公允价值)的差额确定。

(四)投资处置收益,在交易日按照卖出投资所取得的价款与其账面价值的差额确定。

(五)风险准备金补亏等其他收入,按照实际发生的金额确定。

**第十条** 企业年金基金运营发生的各项费用包括:交易费用、受托人管理费、托管人管理费、投资管理人管理费、卖出回购证券支出和其他费用。

**第十一条** 费用应当按照下列规定确认和计量:

(一)交易费用,包括支付给代理机构、咨询机构、券商的手续费和佣金及其他必要支出,按照实际发生的金额确定。

(二)受托人管理费、托管人管理费和投资管理人管理费,根据相关规定按实际计提的金额确定。

(三)卖出回购证券支出,在融资期限内按照卖出回购证券价款和协议约定的利率确定。

(四)其他费用,按照实际发生的金额确定。

**第十二条** 企业年金基金的净资产,是指企业年金基金的资产减去负债后的余额。资产负债表日,应当将当期各项收入和费用结转至净资产。

净资产应当分别企业和职工个人设置账户,根据企业年金计划按期将运营收益分配计入各账户。

**第十三条** 净资产应当按照下列规定确认和计量:

(一)向企业和职工个人收取的缴费,按照收到的金额增加净资产。

(二)向受益人支付的待遇,按照应付的金额减少净资产。

(三)因职工调入企业而发生的个人账户转入金额,增加净资产。

(四)因职工调离企业而发生的个人账户转出金额,减少净资产。

## 第三章 列　报

**第十四条** 企业年金基金的财务报表包括资产负债表、净资产变动表和附注。

**第十五条** 资产负债表反映企业年金基金在某一特定日期的财务状况,应当按照资产、负债和净资产分类列示。

**第十六条** 资产类项目至少应当列示下列信息:

(一)货币资金;

(二)应收证券清算款;

(三)应收利息;

(四)买入返售证券;

(五)其他应收款;

(六)债券投资;

(七)基金投资;

(八)股票投资;

(九)其他投资;

(十)其他资产。

**第十七条** 负债类项目至少应当列示下列信息:

(一)应付证券清算款;

(二)应付受益人待遇;

(三)应付受托人管理费;

（四）应付托管人管理费；

（五）应付投资管理人管理费；

（六）应交税金；

（七）卖出回购证券款；

（八）应付利息；

（九）应付佣金；

（十）其他应付款。

**第十八条**　净资产类项目列示企业年金基金净值。

**第十九条**　净资产变动表反映企业年金基金在一定会计期间的净资产增减变动情况，应当列示下列信息：

（一）期初净资产。

（二）本期净资产增加数，包括本期收入、收取企业缴费、收取职工个人缴费、个人账户转入。

（三）本期净资产减少数，包括本期费用、支付受益人待遇、个人账户转出。

（四）期末净资产。

**第二十条**　附注应当披露下列信息：

（一）企业年金计划的主要内容及重大变化。

（二）投资种类、金额及公允价值的确定方法。

（三）各类投资占投资总额的比例。

（四）可能使投资价值受到重大影响的其他事项。

# 12. 企业会计准则第 11 号——股份支付

## 第一章　总　　则

**第一条**　为了规范股份支付的确认、计量和相关信息的披露，根据《企业会计准则——基本准则》，制定本准则。

**第二条**　股份支付，是指企业为获取职工和其他方提供服务而授予权益工具或者承担以权益工具为基础确定的负债的交易。

股份支付分为以权益结算的股份支付和以现金结算的股份支付。

以权益结算的股份支付，是指企业为获取服务以股份或其他权益工具作为对价进行结算的交易。

以现金结算的股份支付，是指企业为获取服务承担以股份或其他权益工具为基础计算确定的交付现金或其他资产义务的交易。

本准则所指的权益工具是企业自身权益工具。

**第三条**　下列各项适用其他相关会计准则：

（一）企业合并中发行权益工具取得其他企业净资产的交易，适用《企业会计准则第 20 号——企业合并》。

（二）以权益工具作为对价取得其他金融工具等交易，适用《企业会计准则第 22 号——金融工具确认和计量》。

## 第二章　以权益结算的股份支付

**第四条**　以权益结算的股份支付换取职工提供服务的，应当以授予职工权益工具的公允价值计量。

权益工具的公允价值，应当按照《企业会计准则第 22 号——金融工具确认和计量》确定。

**第五条**　授予后立即可行权的换取职工服务的以权益结算的股份支付，应当在授予日按照权益工具的公允价值计入相关成本或费用，相应增加资本公积。

授予日，是指股份支付协议获得批准的日期。

**第六条** 完成等待期内的服务或达到规定业绩条件才可行权的换取职工服务的以权益结算的股份支付，在等待期内的每个资产负债表日，应当以对可行权权益工具数量的最佳估计为基础，按照权益工具授予日的公允价值，将当期取得的服务计入相关成本或费用和资本公积。

在资产负债表日，后续信息表明可行权权益工具的数量与以前估计不同的，应当进行调整，并在可行权日调整至实际可行权的权益工具数量。

等待期，是指可行权条件得到满足的期间。

对于可行权条件为规定服务期间的股份支付，等待期为授予日至可行权日的期间；对于可行权条件为规定业绩的股份支付，应当在授予日根据最可能的业绩结果预计等待期的长度。

可行权日，是指可行权条件得到满足、职工和其他方具有从企业取得权益工具或现金的权利的日期。

**第七条** 企业在可行权日之后不再对已确认的相关成本或费用和所有者权益总额进行调整。

**第八条** 以权益结算的股份支付换取其他方服务的，应当分别下列情况处理：

（一）其他方服务的公允价值能够可靠计量的，应当按照其他方服务在取得日的公允价值，计入相关成本或费用，相应增加所有者权益。

（二）其他方服务的公允价值不能可靠计量但权益工具公允价值能够可靠计量的，应当按照权益工具在服务取得日的公允价值，计入相关成本或费用，相应增加所有者权益。

**第九条** 在行权日，企业根据实际行权的权益工具数量，计算确定应转入实收资本或股本的金额，将其转入实收资本或股本。

行权日，是指职工和其他方行使权利、获取现金或权益工具的日期。

## 第三章 以现金结算的股份支付

**第十条** 以现金结算的股份支付，应当按照企业承担的以股份或其他权益工具为基础计算确定的负债的公允价值计量。

**第十一条** 授予后立即可行权的以现金结算的股份支付，应当在授予日以企业承担负债的公允价值计入相关成本或费用，相应增加负债。

**第十二条** 完成等待期内的服务或达到规定业绩条件以后才可行权的以现金结算的股份支付，在等待期内的每个资产负债表日，应当以对可行权情况的最佳估计为基础，按照企业承担负债的公允价值金额，将当期取得的服务计入成本或费用和相应的负债。

在资产负债表日，后续信息表明企业当期承担债务的公允价值与以前估计不同的，应当进行调整，并在可行权日调整至实际可行权水平。

**第十三条** 企业应当在相关负债结算前的每个资产负债表日以及结算日，对负债的公允价值重新计量，其变动计入当期损益。

## 第四章 披　　露

**第十四条** 企业应当在附注中披露与股份支付有关的下列信息：

（一）当期授予、行权和失效的各项权益工具总额。

（二）期末发行在外的股份期权或其他权益工具行权价格的范围和合同剩余期限。

（三）当期行权的股份期权或其他权益工具以其行权日价格计算的加权平均价格。

（四）权益工具公允价值的确定方法。

企业对性质相似的股份支付信息可以合并披露。

**第十五条** 企业应当在附注中披露股份支付交易对当期财务状况和经营成果的影响，至少包括下列信息：

（一）当期因以权益结算的股份支付而确认的费用总额。

（二）当期因以现金结算的股份支付而确认的费用总额。

（三）当期以股份支付换取的职工服务总额及其他方服务总额。

# 13. 企业会计准则第 12 号——债务重组

## 第一章 总 则

**第一条** 为了规范债务重组的确认、计量和相关信息的披露，根据《企业会计准则——基本准则》，制定本准则。

**第二条** 债务重组，是指在债务人发生财务困难的情况下，债权人按照其与债务人达成的协议或者法院的裁定作出让步的事项。

**第三条** 债务重组的方式主要包括：

(一)以资产清偿债务；

(二)将债务转为资本；

(三)修改其他债务条件，如减少债务本金、减少债务利息等，不包括上述(一)和(二)两种方式；

(四)以上三种方式的组合等。

## 第二章 债务人的会计处理

**第四条** 以现金清偿债务的，债务人应当将重组债务的账面价值与实际支付现金之间的差额，计入当期损益。

**第五条** 以非现金资产清偿债务的，债务人应当将重组债务的账面价值与转让的非现金资产公允价值之间的差额，计入当期损益。

转让的非现金资产公允价值与其账面价值之间的差额，计入当期损益。

**第六条** 将债务转为资本的，债务人应当将债权人放弃债权而享有股份的面值总额确认为股本(或者实收资本)，股份的公允价值总额与股本(或者实收资本)之间的差额确认为资本公积。

重组债务的账面价值与股份的公允价值总额之间的差额，计入当期损益。

**第七条** 修改其他债务条件的，债务人应当将修改其他债务条件后债务的公允价值作为重组后债务的入账价值。重组债务的账面价值与重组后债务的入账价值之间的差额，计入当期损益。

修改后的债务条款如涉及或有应付金额，且该或有应付金额符合《企业会计准则第 13 号——或有事项》中有关预计负债确认条件的，债务人应当将该或有应付金额确认为预计负债。重组债务的账面价值，与重组后债务的入账价值和预计负债金额之和的差额，计入当期损益。

或有应付金额，是指需要根据未来某种事项出现而发生的应付金额，而且该未来事项的出现具有不确定性。

**第八条** 债务重组以现金清偿债务、非现金资产清偿债务、债务转为资本、修改其他债务条件等方式的组合进行的，债务人应当依次以支付的现金、转让的非现金资产公允价值、债权人享有股份的公允价值冲减重组债务的账面价值，再按照本准则第七条的规定处理。

## 第三章 债权人的会计处理

**第九条** 以现金清偿债务的，债权人应当将重组债权的账面余额与收到的现金之间的差额，计入当期损益。债权人已对债权计提减值准备的，应当先将该差额冲减减值准备，减值准备不足以冲减的部分，计入当期损益。

**第十条** 以非现金资产清偿债务的，债权人应当对受让的非现金资产按其公允价值入账，重组债权的账面余额与受让的非现金资产的公允价值之间的差额，比照本准则第九条的规定处理。

**第十一条** 将债务转为资本的，债权人应当将享有股份的公允价值确认为对债务人的投资，重组债权的账面余额与股份的公允价值之间的差额，比照本准则第九条的规定处理。

**第十二条** 修改其他债务条件的，债权人应当将修改其他债务条件后的债权的公允价值作为重组后债

权的账面价值,重组债权的账面余额与重组后债权的账面价值之间的差额,比照本准则第九条的规定处理。

修改后的债务条款中涉及或有应收金额的,债权人不应当确认或有应收金额,不得将其计入重组后债权的账面价值。

或有应收金额,是指需要根据未来某种事项出现而发生的应收金额,而且该未来事项的出现具有不确定性。

**第十三条** 债务重组采用以现金清偿债务、非现金资产清偿债务、债务转为资本、修改其他债务条件等方式的组合进行的,债权人应当依次以收到的现金、接受的非现金资产公允价值、债权人享有股份的公允价值冲减重组债权的账面余额,再按照本准则第十二条的规定处理。

### 第四章 披　　露

**第十四条** 债务人应当在附注中披露与债务重组有关的下列信息:

(一)债务重组方式。

(二)确认的债务重组利得总额。

(三)将债务转为资本所导致的股本(或者实收资本)增加额。

(四)或有应付金额。

(五)债务重组中转让的非现金资产的公允价值、由债务转成的股份的公允价值和修改其他债务条件后债务的公允价值的确定方法及依据。

**第十五条** 债权人应当在附注中披露与债务重组有关的下列信息:

(一)债务重组方式。

(二)确认的债务重组损失总额。

(三)债权转为股份所导致的投资增加额及该投资占债务人股份总额的比例。

(四)或有应收金额。

(五)债务重组中受让的非现金资产的公允价值、由债权转成的股份的公允价值和修改其他债务条件后债权的公允价值的确定方法及依据。

## 14. 企业会计准则第13号——或有事项

### 第一章 总　　则

**第一条** 为了规范或有事项的确认、计量和相关信息的披露,根据《企业会计准则——基本准则》,制定本准则。

**第二条** 或有事项,是指过去的交易或者事项形成的,其结果须由某些未来事项的发生或不发生才能决定的不确定事项。

**第三条** 职工薪酬、建造合同、所得税、企业合并、租赁、原保险合同和再保险合同等形成的或有事项,适用其他相关会计准则。

### 第二章 确认和计量

**第四条** 与或有事项相关的义务同时满足下列条件的,应当确认为预计负债:

(一)该义务是企业承担的现时义务;

(二)履行该义务很可能导致经济利益流出企业;

(三)该义务的金额能够可靠地计量。

**第五条** 预计负债应当按照履行相关现时义务所需支出的最佳估计数进行初始计量。

所需支出存在一个连续范围,且该范围内各种结果发生的可能性相同的,最佳估计数应当按照该范围内的中间值确定。

在其他情况下，最佳估计数应当分别下列情况处理：

（一）或有事项涉及单个项目的，按照最可能发生金额确定。

（二）或有事项涉及多个项目的，按照各种可能结果及相关概率计算确定。

**第六条** 企业在确定最佳估计数时，应当综合考虑与或有事项有关的风险、不确定性和货币时间价值等因素。

货币时间价值影响重大的，应当通过对相关未来现金流出进行折现后确定最佳估计数。

**第七条** 企业清偿预计负债所需支出全部或部分预期由第三方补偿的，补偿金额只有在基本确定能够收到时才能作为资产单独确认。确认的补偿金额不应当超过预计负债的账面价值。

**第八条** 待执行合同变成亏损合同的，该亏损合同产生的义务满足本准则第四条规定的，应当确认为预计负债。

待执行合同，是指合同各方尚未履行任何合同义务，或部分地履行了同等义务的合同。

亏损合同，是指履行合同义务不可避免会发生的成本超过预期经济利益的合同。

**第九条** 企业不应当就未来经营亏损确认预计负债。

**第十条** 企业承担的重组义务满足本准则第四条规定的，应当确认预计负债。同时存在下列情况时，表明企业承担了重组义务：

（一）有详细、正式的重组计划，包括重组涉及的业务、主要地点、需要补偿的职工人数及其岗位性质、预计重组支出、计划实施时间等；

（二）该重组计划已对外公告。

重组，是指企业制定和控制的，将显著改变企业组织形式、经营范围或经营方式的计划实施行为。

**第十一条** 企业应当按照与重组有关的直接支出确定预计负债金额。

直接支出不包括留用职工岗前培训、市场推广、新系统和营销网络投入等支出。

**第十二条** 企业应当在资产负债表日对预计负债的账面价值进行复核。有确凿证据表明该账面价值不能真实反映当前最佳估计数的，应当按照当前最佳估计数对该账面价值进行调整。

**第十三条** 企业不应当确认或有负债和或有资产。

或有负债，是指过去的交易或者事项形成的潜在义务，其存在须通过未来不确定事项的发生或不发生予以证实；或过去的交易或者事项形成的现时义务，履行该义务不是很可能导致经济利益流出企业或该义务的金额不能可靠计量。

或有资产，是指过去的交易或者事项形成的潜在资产，其存在须通过未来不确定事项的发生或不发生予以证实。

## 第三章 披　露

**第十四条** 企业应当在附注中披露与或有事项有关的下列信息：

（一）预计负债。

1. 预计负债的种类、形成原因以及经济利益流出不确定性的说明。

2. 各类预计负债的期初、期末余额和本期变动情况。

3. 与预计负债有关的预期补偿金额和本期已确认的预期补偿金额。

（二）或有负债（不包括极小可能导致经济利益流出企业的或有负债）。

1. 或有负债的种类及其形成原因，包括已贴现商业承兑汇票、未决诉讼、未决仲裁、对外提供担保等形成的或有负债。

2. 经济利益流出不确定性的说明。

3. 或有负债预计产生的财务影响，以及获得补偿的可能性；无法预计的，应当说明原因。

（三）企业通常不应当披露或有资产。但或有资产很可能会给企业带来经济利益的，应当披露其形成的原因、预计产生的财务影响等。

**第十五条** 在涉及未决诉讼、未决仲裁的情况下，按照本准则第十四条披露全部或部分信息预期对企业造成重大不利影响的，企业无须披露这些信息，但应当披露该未决诉讼、未决仲裁的性质，以及没有披露这些信息的事实和原因。

# 15. 企业会计准则第 14 号——收入

## 第一章 总 则

**第一条** 为了规范收入的确认、计量和相关信息的披露，根据《企业会计准则——基本准则》，制定本准则。

**第二条** 收入，是指企业在日常活动中形成的、会导致所有者权益增加的、与所有者投入资本无关的经济利益的总流入。

本准则所涉及的收入，包括销售商品收入、提供劳务收入和让渡资产使用权收入。

企业代第三方收取的款项，应当作为负债处理，不应当确认为收入。

**第三条** 长期股权投资、建造合同、租赁、原保险合同、再保险合同等形成的收入，适用其他相关会计准则。

## 第二章 销售商品收入

**第四条** 销售商品收入同时满足下列条件的，才能予以确认：

(一)企业已将商品所有权上的主要风险和报酬转移给购货方；

(二)企业既没有保留通常与所有权相联系的继续管理权，也没有对已售出的商品实施有效控制；

(三)收入的金额能够可靠地计量；

(四)相关的经济利益很可能流入企业；

(五)相关的已发生或将发生的成本能够可靠地计量。

**第五条** 企业应当按照从购货方已收或应收的合同或协议价款确定销售商品收入金额，但已收或应收的合同或协议价款不公允的除外。

合同或协议价款的收取采用递延方式，实质上具有融资性质的，应当按照应收的合同或协议价款的公允价值确定销售商品收入金额。

应收的合同或协议价款与其公允价值之间的差额，应当在合同或协议期间内采用实际利率法进行摊销，计入当期损益。

**第六条** 销售商品涉及现金折扣的，应当按照扣除现金折扣前的金额确定销售商品收入金额。现金折扣在实际发生时计入当期损益。

现金折扣，是指债权人为鼓励债务人在规定的期限内付款而向债务人提供的债务扣除。

**第七条** 销售商品涉及商业折扣的，应当按照扣除商业折扣后的金额确定销售商品收入金额。

商业折扣，是指企业为促进商品销售而在商品标价上给予的价格扣除。

**第八条** 企业已经确认销售商品收入的售出商品发生销售折让的，应当在发生时冲减当期销售商品收入。

销售折让属于资产负债表日后事项的，适用《企业会计准则第 29 号——资产负债表日后事项》。

销售折让，是指企业因售出商品的质量不合格等原因而在售价上给予的减让。

**第九条** 企业已经确认销售商品收入的售出商品发生销售退回的，应当在发生时冲减当期销售商品收入。

销售退回属于资产负债表日后事项的，适用《企业会计准则第 29 号——资产负债表日后事项》。

销售退回，是指企业售出的商品由于质量、品种不符合要求等原因而发生的退货。

## 第三章 提供劳务收入

**第十条** 企业在资产负债表日提供劳务交易的结果能够可靠估计的，应当采用完工百分比法确认提供劳务收入。

完工百分比法，是指按照提供劳务交易的完工进度确认收入与费用的方法。

**第十一条**　提供劳务交易的结果能够可靠估计，是指同时满足下列条件：

（一）收入的金额能够可靠地计量；

（二）相关的经济利益很可能流入企业；

（三）交易的完工进度能够可靠地确定；

（四）交易中已发生和将发生的成本能够可靠地计量。

**第十二条**　企业确定提供劳务交易的完工进度，可以选用下列方法：

（一）已完工作的测量。

（二）已经提供的劳务占应提供劳务总量的比例。

（三）已经发生的成本占估计总成本的比例。

**第十三条**　企业应当按照从接受劳务方已收或应收的合同或协议价款确定提供劳务收入总额，但已收或应收的合同或协议价款不公允的除外。

企业应当在资产负债表日按照提供劳务收入总额乘以完工进度扣除以前会计期间累计已确认提供劳务收入后的金额，确认当期提供劳务收入；同时，按照提供劳务估计总成本乘以完工进度扣除以前会计期间累计已确认劳务成本后的金额，结转当期劳务成本。

**第十四条**　企业在资产负债表日提供劳务交易结果不能够可靠估计的，应当分别下列情况处理：

（一）已经发生的劳务成本预计能够得到补偿的，按照已经发生的劳务成本金额确认提供劳务收入，并按相同金额结转劳务成本。

（二）已经发生的劳务成本预计不能够得到补偿的，应当将已经发生的劳务成本计入当期损益，不确认提供劳务收入。

**第十五条**　企业与其他企业签订的合同或协议包括销售商品和提供劳务时，销售商品部分和提供劳务部分能够区分且能够单独计量的，应当将销售商品的部分作为销售商品处理，将提供劳务的部分作为提供劳务处理。

销售商品部分和提供劳务部分不能够区分，或虽能区分但不能够单独计量的，应当将销售商品部分和提供劳务部分全部作为销售商品处理。

### 第四章　让渡资产使用权收入

**第十六条**　让渡资产使用权收入包括利息收入、使用费收入等。

**第十七条**　让渡资产使用权收入同时满足下列条件的，才能予以确认：

（一）相关的经济利益很可能流入企业；

（二）收入的金额能够可靠地计量。

**第十八条**　企业应当分别下列情况确定让渡资产使用权收入金额：

（一）利息收入金额，按照他人使用本企业货币资金的时间和实际利率计算确定。

（二）使用费收入金额，按照有关合同或协议约定的收费时间和方法计算确定。

### 第五章　披　露

**第十九条**　企业应当在附注中披露与收入有关的下列信息：

（一）收入确认所采用的会计政策，包括确定提供劳务交易完工进度的方法。

（二）本期确认的销售商品收入、提供劳务收入、利息收入和使用费收入的金额。

## 16. 企业会计准则第15号——建造合同

### 第一章　总　则

**第一条**　为了规范企业（建造承包商，下同）建造合同的确认、计量和相关信息的披露，根据《企业会计

准则——基本准则》,制定本准则。

**第二条** 建造合同,是指为建造一项或数项在设计、技术、功能、最终用途等方面密切相关的资产而订立的合同。

**第三条** 建造合同分为固定造价合同和成本加成合同。

固定造价合同,是指按照固定的合同价或固定单价确定工程价款的建造合同。

成本加成合同,是指以合同约定或其他方式议定的成本为基础,加上该成本的一定比例或定额费用确定工程价款的建造合同。

## 第二章 合同的分立与合并

**第四条** 企业通常应当按照单项建造合同进行会计处理。但是,在某些情况下,为了反映一项或一组合同的实质,需要将单项合同进行分立或将数项合同进行合并。

**第五条** 一项包括建造数项资产的建造合同,同时满足下列条件的,每项资产应当分立为单项合同:

(一)每项资产均有独立的建造计划;

(二)与客户就每项资产单独进行谈判,双方能够接受或拒绝与每项资产有关的合同条款;

(三)每项资产的收入和成本可以单独辨认。

**第六条** 追加资产的建造,满足下列条件之一的,应当作为单项合同:

(一)该追加资产在设计、技术或功能上与原合同包括的一项或数项资产存在重大差异。

(二)议定该追加资产的造价时,不需要考虑原合同价款。

**第七条** 一组合同无论对应单个客户还是多个客户,同时满足下列条件的,应当合并为单项合同:

(一)该组合同按一揽子交易签订;

(二)该组合同密切相关,每项合同实际上已构成一项综合利润率工程的组成部分;

(三)该组合同同时或依次履行。

## 第三章 合同收入

**第八条** 合同收入应当包括下列内容:

(一)合同规定的初始收入;

(二)因合同变更、索赔、奖励等形成的收入。

**第九条** 合同变更,是指客户为改变合同规定的作业内容而提出的调整。合同变更款同时满足下列条件的,才能构成合同收入:

(一)客户能够认可因变更而增加的收入;

(二)该收入能够可靠地计量。

**第十条** 索赔款,是指因客户或第三方的原因造成的、向客户或第三方收取的、用以补偿不包括在合同造价中成本的款项。索赔款同时满足下列条件的,才能构成合同收入:

(一)根据谈判情况,预计对方能够同意该项索赔;

(二)对方同意接受的金额能够可靠地计量。

**第十一条** 奖励款,是指工程达到或超过规定的标准,客户同意支付的额外款项。奖励款同时满足下列条件的,才能构成合同收入:

(一)根据合同目前完成情况,足以判断工程进度和工程质量能够达到或超过规定的标准;

(二)奖励金额能够可靠地计量。

## 第四章 合同成本

**第十二条** 合同成本应当包括从合同签订开始至合同完成止所发生的、与执行合同有关的直接费用和间接费用。

**第十三条** 合同的直接费用应当包括下列内容:

(一)耗用的材料费用;

(二)耗用的人工费用;

(三)耗用的机械使用费;

(四)其他直接费用,指其他可以直接计入合同成本的费用。

**第十四条** 间接费用是企业下属的施工单位或生产单位为组织和管理施工生产活动所发生的费用。

**第十五条** 直接费用在发生时直接计入合同成本,间接费用在资产负债表日按照系统、合理的方法分摊计入合同成本。

**第十六条** 合同完成后处置残余物资取得的收益等与合同有关的零星收益,应当冲减合同成本。

**第十七条** 合同成本不包括应当计入当期损益的管理费用、销售费用和财务费用。

因订立合同而发生的有关费用,应当直接计入当期损益。

## 第五章 合同收入与合同费用的确认

**第十八条** 在资产负债表日,建造合同的结果能够可靠估计的,应当根据完工百分比法确认合同收入和合同费用。

完工百分比法,是指根据合同完工进度确认收入与费用的方法。

**第十九条** 固定造价合同的结果能够可靠估计,是指同时满足下列条件:

(一)合同总收入能够可靠地计量;

(二)与合同相关的经济利益很可能流入企业;

(三)实际发生的合同成本能够清楚地区分和可靠地计量;

(四)合同完工进度和为完成合同尚需发生的成本能够可靠地确定。

**第二十条** 成本加成合同的结果能够可靠估计,是指同时满足下列条件:

(一)与合同相关的经济利益很可能流入企业;

(二)实际发生的合同成本能够清楚地区分和可靠地计量。

**第二十一条** 企业确定合同完工进度可以选用下列方法:

(一)累计实际发生的合同成本占合同预计总成本的比例。

(二)已经完成的合同工作量占合同预计总工作量的比例。

(三)实际测定的完工进度。

**第二十二条** 采用累计实际发生的合同成本占合同预计总成本的比例确定合同完工进度的,累计实际发生的合同成本不包括下列内容:

(一)施工中尚未安装或使用的材料成本等与合同未来活动相关的合同成本。

(二)在分包工程的工作量完成之前预付给分包单位的款项。

**第二十三条** 在资产负债表日,应当按照合同总收入乘以完工进度扣除以前会计期间累计已确认收入后的金额,确认为当期合同收入;同时,按照合同预计总成本乘以完工进度扣除以前会计期间累计已确认费用后的金额,确认为当期合同费用。

**第二十四条** 当期完成的建造合同,应当按照实际合同总收入扣除以前会计期间累计已确认收入后的金额,确认为当期合同收入;同时,按照累计实际发生的合同成本扣除以前会计期间累计已确认费用后的金额,确认为当期合同费用。

**第二十五条** 建造合同的结果不能可靠估计的,应当分别下列情况处理:

(一)合同成本能够收回的,合同收入根据能够收回的实际合同成本予以确认,合同成本在其发生的当期确认为合同费用。

(二)合同成本不可能收回的,在发生时立即确认为合同费用,不确认合同收入。

**第二十六条** 使建造合同的结果不能可靠估计的不确定因素不复存在的,应当按照本准则第十八条的规定确认与建造合同有关的收入和费用。

**第二十七条** 合同预计总成本超过合同总收入的,应当将预计损失确认为当期费用。

## 第六章 披 露

**第二十八条** 企业应当在附注中披露与建造合同有关的下列信息:

（一）各项合同总金额，以及确定合同完工进度的方法。

（二）各项合同累计已发生成本、累计已确认毛利（或亏损）。

（三）各项合同已办理结算的价款金额。

（四）当期预计损失的原因和金额。

# 17. 企业会计准则第16号——政府补助

## 第一章 总　　则

**第一条**　为了规范政府补助的确认、计量和相关信息的披露，根据《企业会计准则——基本准则》，制定本准则。

**第二条**　政府补助，是指企业从政府无偿取得货币性资产或非货币性资产，但不包括政府作为企业所有者投入的资本。

**第三条**　政府补助分为与资产相关的政府补助和与收益相关的政府补助。

与资产相关的政府补助，是指企业取得的、用于购建或以其他方式形成长期资产的政府补助。

与收益相关的政府补助，是指除与资产相关的政府补助之外的政府补助。

**第四条**　下列各项适用其他相关会计准则：

（一）债务豁免，适用《企业会计准则第12号——债务重组》。

（二）所得税减免，适用《企业会计准则第18号——所得税》。

## 第二章 确认和计量

**第五条**　政府补助同时满足下列条件的，才能予以确认：

（一）企业能够满足政府补助所附条件；

（二）企业能够收到政府补助。

**第六条**　政府补助为货币性资产的，应当按照收到或应收的金额计量。

政府补助为非货币性资产的，应当按照公允价值计量；公允价值不能可靠取得的，按照名义金额计量。

**第七条**　与资产相关的政府补助，应当确认为递延收益，并在相关资产使用寿命内平均分配，计入当期损益。但是，按照名义金额计量的政府补助，直接计入当期损益。

**第八条**　与收益相关的政府补助，应当分别下列情况处理：

（一）用于补偿企业以后期间的相关费用或损失的，确认为递延收益，并在确认相关费用的期间，计入当期损益。

（二）用于补偿企业已发生的相关费用或损失的，直接计入当期损益。

**第九条**　已确认的政府补助需要返还的，应当分别下列情况处理：

（一）存在相关递延收益的，冲减相关递延收益账面余额，超出部分计入当期损益。

（二）不存在相关递延收益的，直接计入当期损益。

## 第三章 披　　露

**第十条**　企业应当在附注中披露与政府补助有关的下列信息：

（一）政府补助的种类及金额。

（二）计入当期损益的政府补助金额。

（三）本期返还的政府补助金额及原因。

# 18. 企业会计准则第 17 号——借款费用

## 第一章 总 则

**第一条** 为了规范借款费用的确认、计量和相关信息的披露，根据《企业会计准则——基本准则》，制定本准则。

**第二条** 借款费用，是指企业因借款而发生的利息及其他相关成本。

借款费用包括借款利息、折价或者溢价的摊销、辅助费用以及因外币借款而发生的汇兑差额等。

**第三条** 与融资租赁有关的融资费用，适用《企业会计准则第 21 号——租赁》。

## 第二章 确认和计量

**第四条** 企业发生的借款费用，可直接归属于符合资本化条件的资产的购建或者生产的，应当予以资本化，计入相关资产成本；其他借款费用，应当在发生时根据其发生额确认为费用，计入当期损益。

符合资本化条件的资产，是指需要经过相当长时间的购建或者生产活动才能达到预定可使用或者可销售状态的固定资产、投资性房地产和存货等资产。

**第五条** 借款费用同时满足下列条件的，才能开始资本化：

(一)资产支出已经发生，资产支出包括为购建或者生产符合资本化条件的资产而以支付现金、转移非现金资产或者承担带息债务形式发生的支出；

(二)借款费用已经发生；

(三)为使资产达到预定可使用或者可销售状态所必要的购建或者生产活动已经开始。

**第六条** 在资本化期间内，每一会计期间的利息(包括折价或溢价的摊销)资本化金额，应当按照下列规定确定：

(一)为购建或者生产符合资本化条件的资产而借入专门借款的，应当以专门借款当期实际发生的利息费用，减去将尚未动用的借款资金存入银行取得的利息收入或进行暂时性投资取得的投资收益后的金额确定。

专门借款，是指为购建或者生产符合资本化条件的资产而专门借入的款项。

(二)为购建或者生产符合资本化条件的资产而占用了一般借款的，企业应当根据累计资产支出超过专门借款部分的资产支出加权平均数乘以所占用一般借款的资本化率，计算确定一般借款应予资本化的利息金额。资本化率应当根据一般借款加权平均利率计算确定。

资本化期间，是指从借款费用开始资本化时点到停止资本化时点的期间，借款费用暂停资本化的期间不包括在内。

**第七条** 借款存在折价或者溢价的，应当按照实际利率法确定每一会计期间应摊销的折价或者溢价金额，调整每期利息金额。

**第八条** 在资本化期间内，每一会计期间的利息资本化金额，不应当超过当期相关借款实际发生的利息金额。

**第九条** 在资本化期间内，外币专门借款本金及利息的汇兑差额，应当予以资本化，计入符合资本化条件的资产的成本。

**第十条** 专门借款发生的辅助费用，在所购建或者生产的符合资本化条件的资产达到预定可使用或者可销售状态之前发生的，应当在发生时根据其发生额予以资本化，计入符合资本化条件的资产的成本；在所购建或者生产的符合资本化条件的资产达到预定可使用或者可销售状态之后发生的，应当在发生时根据其发生额确认为费用，计入当期损益。

一般借款发生的辅助费用，应当在发生时根据其发生额确认为费用，计入当期损益。

**第十一条** 符合资本化条件的资产在购建或者生产过程中发生非正常中断、且中断时间连续超过 3 个月的，应当暂停借款费用的资本化。在中断期间发生的借款费用应当确认为费用，计入当期损益，直至资产的购建或者生产活动重新开始。如果中断是所购建或者生产的符合资本化条件的资产达到预定可使用或者可销售状态必要的程序，借款费用的资本化应当继续进行。

**第十二条** 购建或者生产符合资本化条件的资产达到预定可使用或者可销售状态时，借款费用应当停止资本化。在符合资本化条件的资产达到预定可使用或者可销售状态之后所发生的借款费用，应当在发生时根据其发生额确认为费用，计入当期损益。

**第十三条** 购建或者生产符合资本化条件的资产达到预定可使用或者可销售状态，可从下列几个方面进行判断：

（一）符合资本化条件的资产的实体建造（包括安装）或者生产工作已经全部完成或者实质上已经完成。

（二）所购建或者生产的符合资本化条件的资产与设计要求、合同规定或者生产要求相符或者基本相符，即使有极个别与设计、合同或者生产要求不相符的地方，也不影响其正常使用或者销售。

（三）继续发生在所购建或生产的符合资本化条件的资产上的支出金额很少或者几乎不再发生。

购建或者生产符合资本化条件的资产需要试生产或者试运行的，在试生产结果表明资产能够正常生产出合格产品、或者试运行结果表明资产能够正常运转或者营业时，应当认为该资产已经达到预定可使用或者可销售状态。

**第十四条** 购建或者生产的符合资本化条件的资产的各部分分别完工，且每部分在其他部分继续建造过程中可供使用或者可对外销售，且为使该部分资产达到预定可使用或可销售状态所必要的购建或者生产活动实质上已经完成的，应当停止与该部分资产相关的借款费用的资本化。

购建或者生产的资产的各部分分别完工，但必须等到整体完工后才可使用或者可对外销售的，应当在该资产整体完工时停止借款费用的资本化。

### 第三章 披 露

**第十五条** 企业应当在附注中披露与借款费用有关的下列信息：

（一）当期资本化的借款费用金额。

（二）当期用于计算确定借款费用资本化金额的资本化率。

## 19. 企业会计准则第18号——所得税

### 第一章 总 则

**第一条** 为了规范企业所得税的确认、计量和相关信息的列报，根据《企业会计准则——基本准则》，制定本准则。

**第二条** 本准则所称所得税包括企业以应纳税所得额为基础的各种境内和境外税额。

**第三条** 本准则不涉及政府补助的确认和计量，但因政府补助产生暂时性差异的所得税影响，应当按照本准则进行确认和计量。

### 第二章 计税基础

**第四条** 企业在取得资产、负债时，应当确定其计税基础。资产、负债的账面价值与其计税基础存在差异的，应当按照本准则规定确认所产生的递延所得税资产或递延所得税负债。

**第五条** 资产的计税基础，是指企业收回资产账面价值过程中，计算应纳税所得额时按照税法规定可以自应税经济利益中抵扣的金额。

**第六条** 负债的计税基础，是指负债的账面价值减去未来期间计算应纳税所得额时按照税法规定可予抵扣的金额。

### 第三章 暂时性差异

**第七条** 暂时性差异，是指资产或负债的账面价值与其计税基础之间的差额；未作为资产和负债确认的项目，按照税法规定可以确定其计税基础的，该计税基础与其账面价值之间的差额也属于暂时性差异。

按照暂时性差异对未来期间应税金额的影响，分为应纳税暂时性差异和可抵扣暂时性差异。

**第八条** 应纳税暂时性差异，是指在确定未来收回资产或清偿负债期间的应纳税所得额时，将导致产生应税金额的暂时性差异。

**第九条** 可抵扣暂时性差异，是指在确定未来收回资产或清偿负债期间的应纳税所得额时，将导致产生可抵扣金额的暂时性差异。

## 第四章 确 认

**第十条** 企业应当将当期和以前期间应交未交的所得税确认为负债，将已支付的所得税超过应支付的部分确认为资产。

存在应纳税暂时性差异或可抵扣暂时性差异的，应当按照本准则规定确认递延所得税负债或递延所得税资产。

**第十一条** 除下列交易中产生的递延所得税负债以外，企业应当确认所有应纳税暂时性差异产生的递延所得税负债：

（一）商誉的初始确认。

（二）同时具有下列特征的交易中产生的资产或负债的初始确认：

1. 该项交易不是企业合并；

2. 交易发生时既不影响会计利润也不影响应纳税所得额（或可抵扣亏损）。

与子公司、联营企业及合营企业的投资相关的应纳税暂时性差异产生的递延所得税负债，应当按照本准则第十二条的规定确认。

**第十二条** 企业对与子公司、联营企业及合营企业投资相关的应纳税暂时性差异，应当确认相应的递延所得税负债。但是，同时满足下列条件的除外：

（一）投资企业能够控制暂时性差异转回的时间；

（二）该暂时性差异在可预见的未来很可能不会转回。

**第十三条** 企业应当以很可能取得用来抵扣可抵扣暂时性差异的应纳税所得额为限，确认由可抵扣暂时性差异产生的递延所得税资产。但是，同时具有下列特征的交易中因资产或负债的初始确认所产生的递延所得税资产不予确认：

（一）该项交易不是企业合并；

（二）交易发生时既不影响会计利润也不影响应纳税所得额（或可抵扣亏损）。

资产负债表日，有确凿证据表明未来期间很可能获得足够的应纳税所得额用来抵扣可抵扣暂时性差异的，应当确认以前期间未确认的递延所得税资产。

**第十四条** 企业对与子公司、联营企业及合营企业投资相关的可抵扣暂时性差异，同时满足下列条件的，应当确认相应的递延所得税资产：

（一）暂时性差异在可预见的未来很可能转回；

（二）未来很可能获得用来抵扣可抵扣暂时性差异的应纳税所得额。

**第十五条** 企业对于能够结转以后年度的可抵扣亏损和税款抵减，应当以很可能获得用来抵扣可抵扣亏损和税款抵减的未来应纳税所得额为限，确认相应的递延所得税资产。

## 第五章 计 量

**第十六条** 资产负债表日，对于当期和以前期间形成的当期所得税负债（或资产），应当按照税法规定计算的预期应交纳（或返还）的所得税金额计量。

**第十七条** 资产负债表日，对于递延所得税资产和递延所得税负债，应当根据税法规定，按照预期收回该资产或清偿该负债期间的适用税率计量。

适用税率发生变化的，应对已确认的递延所得税资产和递延所得税负债进行重新计量，除直接在所有者权益中确认的交易或者事项产生的递延所得税资产和递延所得税负债以外,应当将其影响数计入变化当期的所得税费用。

**第十八条** 递延所得税资产和递延所得税负债的计量,应当反映资产负债表日企业预期收回资产或清偿负债方式的所得税影响,即在计量递延所得税资产和递延所得税负债时,应当采用与收回资产或清偿债务的预期方式相一致的税率和计税基础。

**第十九条** 企业不应当对递延所得税资产和递延所得税负债进行折现。

**第二十条** 资产负债表日,企业应当对递延所得税资产的账面价值进行复核。如果未来期间很可能无法获得足够的应纳税所得额用以抵扣递延所得税资产的利益,应当减记递延所得税资产的账面价值。

在很可能获得足够的应纳税所得额时,减记的金额应当转回。

**第二十一条** 企业当期所得税和递延所得税应当作为所得税费用或收益计入当期损益,但不包括下列情况产生的所得税:

(一)企业合并。

(二)直接在所有者权益中确认的交易或者事项。

**第二十二条** 与直接计入所有者权益的交易或者事项相关的当期所得税和递延所得税,应当计入所有者权益。

### 第六章　列　　报

**第二十三条** 递延所得税资产和递延所得税负债应当分别作为非流动资产和非流动负债在资产负债表中列示。

**第二十四条** 所得税费用应当在利润表中单独列示。

**第二十五条** 企业应当在附注中披露与所得税有关的下列信息:

(一)所得税费用(收益)的主要组成部分。

(二)所得税费用(收益)与会计利润关系的说明。

(三)未确认递延所得税资产的可抵扣暂时性差异、可抵扣亏损的金额(如果存在到期日,还应披露到期日)。

(四)对每一类暂时性差异和可抵扣亏损,在列报期间确认的递延所得税资产或递延所得税负债的金额,确认递延所得税资产的依据。

(五)未确认递延所得税负债的,与对子公司、联营企业及合营企业投资相关的暂时性差异金额。

## 20. 企业会计准则第19号——外币折算

### 第一章　总　　则

**第一条** 为了规范外币交易的会计处理、外币财务报表的折算和相关信息的披露,根据《企业会计准则——基本准则》,制定本准则。

**第二条** 外币交易,是指以外币计价或者结算的交易。外币是企业记账本位币以外的货币。外币交易包括:

(一)买入或者卖出以外币计价的商品或者劳务;

(二)借入或者借出外币资金;

(三)其他以外币计价或者结算的交易。

**第三条** 下列各项适用其他相关会计准则:

(一)与购建或生产符合资本化条件的资产相关的外币借款产生的汇兑差额,适用《企业会计准则第17号——借款费用》。

(二)外币项目的套期,适用《企业会计准则第24号——套期保值》。

(三)现金流量表中的外币折算,适用《企业会计准则第31号——现金流量表》。

## 第二章　记账本位币的确定

**第四条**　记账本位币，是指企业经营所处的主要经济环境中的货币。

企业通常应选择人民币作为记账本位币。业务收支以人民币以外的货币为主的企业，可以按照本准则第五条规定选定其中一种货币作为记账本位币。但是，编报的财务报表应当折算为人民币。

**第五条**　企业选定记账本位币，应当考虑下列因素：

（一）该货币主要影响商品和劳务的销售价格，通常以该货币进行商品和劳务的计价和结算；

（二）该货币主要影响商品和劳务所需人工、材料和其他费用，通常以该货币进行上述费用的计价和结算；

（三）融资活动获得的货币以及保存从经营活动中收取款项所使用的货币。

**第六条**　企业选定境外经营的记账本位币，还应当考虑下列因素：

（一）境外经营对其所从事的活动是否拥有很强的自主性；

（二）境外经营活动中与企业的交易是否在境外经营活动中占有较大比重；

（三）境外经营活动产生的现金流量是否直接影响企业的现金流量、是否可以随时汇回；

（四）境外经营活动产生的现金流量是否足以偿还其现有债务和可预期的债务。

**第七条**　境外经营，是指企业在境外的子公司、合营企业、联营企业、分支机构。

在境内的子公司、合营企业、联营企业、分支机构，采用不同于企业记账本位币的，也视同境外经营。

**第八条**　企业记账本位币一经确定，不得随意变更，除非企业经营所处的主要经济环境发生重大变化。

企业因经营所处的主要经济环境发生重大变化，确需变更记账本位币的，应当采用变更当日的即期汇率将所有项目折算为变更后的记账本位币。

## 第三章　外币交易的会计处理

**第九条**　企业对于发生的外币交易，应当将外币金额折算为记账本位币金额。

**第十条**　外币交易应当在初始确认时，采用交易发生日的即期汇率将外币金额折算为记账本位币金额；也可以采用按照系统合理的方法确定的、与交易发生日即期汇率近似的汇率折算。

**第十一条**　企业在资产负债表日，应当按照下列规定对外币货币性项目和外币非货币性项目进行处理：

（一）外币货币性项目，采用资产负债表日即期汇率折算。因资产负债表日即期汇率与初始确认时或者前一资产负债表日即期汇率不同而产生的汇兑差额，计入当期损益。

（二）以历史成本计量的外币非货币性项目，仍采用交易发生日的即期汇率折算，不改变其记账本位币金额。

货币性项目，是指企业持有的货币资金和将以固定或可确定的金额收取的资产或者偿付的负债。

非货币性项目，是指货币性项目以外的项目。

## 第四章　外币财务报表的折算

**第十二条**　企业对境外经营的财务报表进行折算时，应当遵循下列规定：

（一）资产负债表中的资产和负债项目，采用资产负债表日的即期汇率折算，所有者权益项目除“未分配利润”项目外，其他项目采用发生时的即期汇率折算。

（二）利润表中的收入和费用项目，采用交易发生日的即期汇率折算；也可以采用按照系统合理的方法确定的、与交易发生日即期汇率近似的汇率折算。

按照上述（一）、（二）折算产生的外币财务报表折算差额，在资产负债表中所有者权益项目下单独列示。

比较财务报表的折算比照上述规定处理。

**第十三条**　企业对处于恶性通货膨胀经济中的境外经营的财务报表，应当按照下列规定进行折算：

对资产负债表项目运用一般物价指数予以重述，对利润表项目运用一般物价指数变动予以重述，再按照最近资产负债表日的即期汇率进行折算。

在境外经营不再处于恶性通货膨胀经济中时，应当停止重述，按照停止之日的价格水平重述的财务报表进行折算。

**第十四条** 企业在处置境外经营时，应当将资产负债表中所有者权益项目下列示的、与该境外经营相关的外币财务报表折算差额，自所有者权益项目转入处置当期损益；部分处置境外经营的，应当按处置的比例计算处置部分的外币财务报表折算差额，转入处置当期损益。

**第十五条** 企业选定的记账本位币不是人民币的，应当按照本准则第十二条规定将其财务报表折算为人民币财务报表。

### 第五章 披 露

第十六条 企业应当在附注中披露与外币折算有关的下列信息：

(一)企业及其境外经营选定的记账本位币及选定的原因，记账本位币发生变更的，说明变更理由。

(二)采用近似汇率的，近似汇率的确定方法。

(三)计入当期损益的汇兑差额。

(四)处置境外经营对外币财务报表折算差额的影响。

## 21. 企业会计准则第20号——企业合并

### 第一章 总 则

**第一条** 为了规范企业合并的确认、计量和相关信息的披露，根据《企业会计准则——基本准则》，制定本准则。

**第二条** 企业合并，是指将两个或者两个以上单独的企业合并形成一个报告主体的交易或事项。

企业合并分为同一控制下的企业合并和非同一控制下的企业合并。

**第三条** 涉及业务的合并比照本准则规定处理。

**第四条** 本准则不涉及下列企业合并：

(一)两方或者两方以上形成合营企业的企业合并。

(二)仅通过合同而不是所有权份额将两个或者两个以上单独的企业合并形成一个报告主体的企业合并。

### 第二章 同一控制下的企业合并

**第五条** 参与合并的企业在合并前后均受同一方或相同的多方最终控制且该控制并非暂时性的，为同一控制下的企业合并。

同一控制下的企业合并，在合并日取得对其他参与合并企业控制权的一方为合并方，参与合并的其他企业为被合并方。

合并日，是指合并方实际取得对被合并方控制权的日期。

**第六条** 合并方在企业合并中取得的资产和负债，应当按照合并日在被合并方的账面价值计量。合并方取得的净资产账面价值与支付的合并对价账面价值(或发行股份面值总额)的差额，应当调整资本公积；资本公积不足冲减的，调整留存收益。

**第七条** 同一控制下的企业合并中，被合并方采用的会计政策与合并方不一致的，合并方在合并日应当按照本企业会计政策对被合并方的财务报表相关项目进行调整，在此基础上按照本准则规定确认。

**第八条** 合并方为进行企业合并发生的各项直接相关费用，包括为进行企业合并而支付的审计费用、评估费用、法律服务费用等，应当于发生时计入当期损益。

为企业合并发行的债券或承担其他债务支付的手续费、佣金等，应当计入所发行债券及其他债务的初始计量金额。企业合并中发行权益性证券发生的手续费、佣金等费用，应当抵减权益性证券溢价收入，溢价收入不足冲减的，冲减留存收益。

**第九条** 企业合并形成母子公司关系的，母公司应当编制合并日的合并资产负债表、合并利润表和合并现金流量表。

合并资产负债表中被合并方的各项资产、负债，应当按其账面价值计量。因被合并方采用的会计政策与合并方不一致，按照本准则规定进行调整的，应当以调整后的账面价值计量。

合并利润表应当包括参与合并各方自合并当期期初至合并日所发生的收入、费用和利润。被合并方在合并前实现的净利润，应当在合并利润表中单列项目反映。

合并现金流量表应当包括参与合并各方自合并当期期初至合并日的现金流量。

编制合并财务报表时，参与合并各方的内部交易等，应当按照《企业会计准则第 33 号——合并财务报表》处理。

## 第三章 非同一控制下的企业合并

**第十条** 参与合并的各方在合并前后不受同一方或相同的多方最终控制的，为非同一控制下的企业合并。

非同一控制下的企业合并，在购买日取得对其他参与合并企业控制权的一方为购买方，参与合并的其他企业为被购买方。

购买日，是指购买方实际取得对被购买方控制权的日期。

**第十一条** 购买方应当区别下列情况确定合并成本：

（一）一次交换交易实现的企业合并，合并成本为购买方在购买日为取得对被购买方的控制权而付出的资产、发生或承担的负债以及发行的权益性证券的公允价值。

（二）通过多次交换交易分步实现的企业合并，合并成本为每一单项交易成本之和。

（三）购买方为进行企业合并发生的各项直接相关费用也应当计入企业合并成本。

（四）在合并合同或协议中对可能影响合并成本的未来事项作出约定的，购买日如果估计未来事项很可能发生并且对合并成本的影响金额能够可靠计量的，购买方应当将其计入合并成本。

**第十二条** 购买方在购买日对作为企业合并对价付出的资产、发生或承担的负债应当按照公允价值计量，公允价值与其账面价值的差额，计入当期损益。

**第十三条** 购买方在购买日应当对合并成本进行分配，按照本准则第十四条的规定确认所取得的被购买方各项可辨认资产、负债及或有负债。

（一）购买方对合并成本大于合并中取得的被购买方可辨认净资产公允价值份额的差额，应当确认为商誉。

初始确认后的商誉，应当以其成本扣除累计减值准备后的金额计量。商誉的减值应当按照《企业会计准则第 8 号——资产减值》处理。

（二）购买方对合并成本小于合并中取得的被购买方可辨认净资产公允价值份额的差额，应当按照下列规定处理：

1. 对取得的被购买方各项可辨认资产、负债及或有负债的公允价值以及合并成本的计量进行复核；

2. 经复核后合并成本仍小于合并中取得的被购买方可辨认净资产公允价值份额的，其差额应当计入当期损益。

**第十四条** 被购买方可辨认净资产公允价值，是指合并中取得的被购买方可辨认资产的公允价值减去负债及或有负债公允价值后的余额。被购买方各项可辨认资产、负债及或有负债，符合下列条件的，应当单独予以确认：

（一）合并中取得的被购买方除无形资产以外的其他各项资产（不仅限于被购买方原已确认的资产），其所带来的经济利益很可能流入企业且公允价值能够可靠地计量的，应当单独予以确认并按照公允价值计量。

合并中取得的无形资产，其公允价值能够可靠地计量的，应当单独确认为无形资产并按照公允价值计量。

（二）合并中取得的被购买方除或有负债以外的其他各项负债，履行有关的义务很可能导致经济利益流出企业且公允价值能够可靠地计量的，应当单独予以确认并按照公允价值计量。

（三）合并中取得的被购买方或有负债，其公允价值能够可靠地计量的，应当单独确认为负债并按照公允价值计量。或有负债在初始确认后，应当按照下列两者孰高进行后续计量：

1. 按照《企业会计准则第 13 号——或有事项》应予确认的金额；

2. 初始确认金额减去按照《企业会计准则第 14 号——收入》的原则确认的累计摊销额后的余额。

**第十五条** 企业合并形成母子公司关系的，母公司应当设置备查簿，记录企业合并中取得的子公司各项可辨认资产、负债及或有负债等在购买日的公允价值。编制合并财务报表时，应当以购买日确定的各项可辨认资产、负债及或有负债的公允价值为基础对子公司的财务报表进行调整。

**第十六条** 企业合并发生当期的期末，因合并中取得的各项可辨认资产、负债及或有负债的公允价值或企业合并成本只能暂时确定的，购买方应当以所确定的暂时价值为基础对企业合并进行确认和计量。

购买日后 12 个月内对确认的暂时价值进行调整的，视为在购买日确认和计量。

**第十七条** 企业合并形成母子公司关系的，母公司应当编制购买日的合并资产负债表，因企业合并取得的被购买方各项可辨认资产、负债及或有负债应当以公允价值列示。母公司的合并成本与取得的子公司可辨认净资产公允价值份额的差额，以按照本准则规定处理的结果列示。

### 第四章 披　露

**第十八条** 企业合并发生当期的期末，合并方应当在附注中披露与同一控制下企业合并有关的下列信息：

（一）参与合并企业的基本情况。

（二）属于同一控制下企业合并的判断依据。

（三）合并日的确定依据。

（四）以支付现金、转让非现金资产以及承担债务作为合并对价的，所支付对价在合并日的账面价值；以发行权益性证券作为合并对价的，合并中发行权益性证券的数量及定价原则，以及参与合并各方交换有表决权股份的比例。

（五）被合并方的资产、负债在上一会计期间资产负债表日及合并日的账面价值；被合并方自合并当期期初至合并日的收入、净利润、现金流量等情况。

（六）合并合同或协议约定将承担被合并方或有负债的情况。

（七）被合并方采用的会计政策与合并方不一致所作调整情况的说明。

（八）合并后已处置或准备处置被合并方资产、负债的账面价值、处置价格等。

**第十九条** 企业合并发生当期的期末，购买方应当在附注中披露与非同一控制下企业合并有关的下列信息：

（一）参与合并企业的基本情况。

（二）购买日的确定依据。

（三）合并成本的构成及其账面价值、公允价值及公允价值的确定方法。

（四）被购买方各项可辨认资产、负债在上一会计期间资产负债表日及购买日的账面价值和公允价值。

（五）合并合同或协议约定将承担被购买方或有负债的情况。

（六）被购买方自购买日起至报告期期末的收入、净利润和现金流量等情况。

（七）商誉的金额及其确定方法。

（八）因合并成本小于合并中取得的被购买方可辨认净资产公允价值的份额计入当期损益的金额。

（九）合并后已处置或准备处置被购买方资产、负债的账面价值、处置价格等。

## 22. 企业会计准则第 21 号——租赁

### 第一章 总　则

**第一条** 为了规范租赁的确认、计量和相关信息的列报，根据《企业会计准则－－基本准则》，制定本准则。

**第二条** 租赁,是指在约定的期间内,出租人将资产使用权让与承租人,以获取租金的协议。

**第三条** 下列各项适用其他相关会计准则:

(一)出租人以经营租赁方式租出的土地使用权和建筑物,适用《企业会计准则第 3 号——投资性房地产》。

(二)电影、录像、剧本、文稿、专利和版权等项目的许可使用协议,适用《企业会计准则第 6 号——无形资产》。

(三)出租人因融资租赁形成的长期债权的减值,适用《企业会计准则第 22 号——金融工具确认和计量》。

## 第二章 租赁的分类

**第四条** 承租人和出租人应当在租赁开始日将租赁分为融资租赁和经营租赁。

租赁开始日,是指租赁协议日与租赁各方就主要租赁条款作出承诺日中的较早者。

**第五条** 融资租赁,是指实质上转移了与资产所有权有关的全部风险和报酬的租赁。其所有权最终可能转移,也可能不转移。

**第六条** 符合下列一项或数项标准的,应当认定为融资租赁:

(一)在租赁期届满时,租赁资产的所有权转移给承租人。

(二)承租人有购买租赁资产的选择权,所订立的购买价款预计将远低于行使选择权时租赁资产的公允价值,因而在租赁开始日就可以合理确定承租人将会行使这种选择权。

(三)即使资产的所有权不转移,但租赁期占租赁资产使用寿命的大部分。

(四)承租人在租赁开始日的最低租赁付款额现值,几乎相当于租赁开始日租赁资产公允价值;出租人在租赁开始日的最低租赁收款额现值,几乎相当于租赁开始日租赁资产公允价值。

(五)租赁资产性质特殊,如果不作较大改造,只有承租人才能使用。

**第七条** 租赁期,是指租赁合同规定的不可撤销的租赁期间。租赁合同签订后一般不可撤销,但下列情况除外:

(一)经出租人同意。

(二)承租人与原出租人就同一资产或同类资产签订了新的租赁合同。

(三)承租人支付一笔足够大的额外款项。

(四)发生某些很少会出现的或有事项。

承租人有权选择续租该资产,并且在租赁开始日就可以合理确定承租人将会行使这种选择权,不论是否再支付租金,续租期也包括在租赁期之内。

**第八条** 最低租赁付款额,是指在租赁期内,承租人应支付或可能被要求支付的款项(不包括或有租金和履约成本),加上由承租人或与其有关的第三方担保的资产余值。

承租人有购买租赁资产选择权,所订立的购买价款预计将远低于行使选择权时租赁资产的公允价值,因而在租赁开始日就可以合理确定承租人将会行使这种选择权的,购买价款应当计入最低租赁付款额。

或有租金,是指金额不固定、以时间长短以外的其他因素(如销售量、使用量、物价指数等)为依据计算的租金。

履约成本,是指租赁期内为租赁资产支付的各种使用费用,如技术咨询和服务费、人员培训费、维修费、保险费等。

**第九条** 最低租赁收款额,是指最低租赁付款额加上独立于承租人和出租人的第三方对出租人担保的资产余值。

**第十条** 经营租赁是指除融资租赁以外的其他租赁。

## 第三章 融资租赁中承租人的会计处理

**第十一条** 在租赁期开始日,承租人应当将租赁开始日租赁资产

公允价值与最低租赁付款额现值两者中较低者作为租入资产的入账价值,将最低租赁付款额作为长期

应付款的入账价值,其差额作为未确认融资费用。

承租人在租赁谈判和签订租赁合同过程中发生的,可归属于租赁项目的手续费、律师费、差旅费、印花税等初始直接费用,应当计入租入资产价值。

租赁期开始日,是指承租人有权行使其使用租赁资产权利的开始日。

**第十二条** 承租人在计算最低租赁付款额的现值时,能够取得出租人租赁内含利率的,应当采用租赁内含利率作为折现率;否则,应当采用租赁合同规定的利率作为折现率。承租人无法取得出租人的租赁内含利率且租赁合同没有规定利率的,应当采用同期银行贷款利率作为折现率。

**第十三条** 租赁内含利率,是指在租赁开始日,使最低租赁收款额的现值与未担保余值的现值之和等于租赁资产公允价值与出租人的初始直接费用之和的折现率。

**第十四条** 担保余值,就承租人而言,是指由承租人或与其有关的第三方担保的资产余值;就出租人而言,是指就承租人而言的担保余值加上独立于承租人和出租人的第三方担保的资产余值。

资产余值,是指在租赁开始日估计的租赁期届满时租赁资产的公允价值。

未担保余值,是指租赁资产余值中扣除就出租人而言的担保余值以后的资产余值。

**第十五条** 未确认融资费用应当在租赁期内各个期间进行分摊。

承租人应当采用实际利率法计算确认当期的融资费用。

**第十六条** 承租人应当采用与自有固定资产相一致的折旧政策计提租赁资产折旧。

能够合理确定租赁期届满时取得租赁资产所有权的,应当在租赁资产使用寿命内计提折旧。

无法合理确定租赁期届满时能够取得租赁资产所有权的,应当在租赁期与租赁资产使用寿命两者中较短的期间内计提折旧。

**第十七条** 或有租金应当在实际发生时计入当期损益。

## 第四章 融资租赁中出租人的会计处理

**第十八条** 在租赁期开始日,出租人应当将租赁开始日最低租赁收款额与初始直接费用之和作为应收融资租赁款的入账价值,同时记录未担保余值;将最低租赁收款额、初始直接费用及未担保余值之和与其现值之和的差额确认为未实现融资收益。

**第十九条** 未实现融资收益应当在租赁期内各个期间进行分配。

出租人应当采用实际利率法计算确认当期的融资收入。

**第二十条** 出租人至少应当于每年年度终了,对未担保余值进行复核。

未担保余值增加的,不作调整。

有证据表明未担保余值已经减少的,应当重新计算租赁内含利率,将由此引起的租赁投资净额的减少,计入当期损益;以后各期根据修正后的租赁投资净额和重新计算的租赁内含利率确认融资收入。

租赁投资净额是融资租赁中最低租赁收款额及未担保余值之和与未实现融资收益之间的差额。

已确认损失的未担保余值得以恢复的,应当在原已确认的损失金额内转回,并重新计算租赁内含利率,以后各期根据修正后的租赁投资净额和重新计算的租赁内含利率确认融资收入。

**第二十一条** 或有租金应当在实际发生时计入当期损益。

## 第五章 经营租赁中承租人的会计处理

**第二十二条** 对于经营租赁的租金,承租人应当在租赁期内各个期间按照直线法计入相关资产成本或当期损益;其他方法更为系统合理的,也可以采用其他方法。

**第二十三条** 承租人发生的初始直接费用,应当计入当期损益。

**第二十四条** 或有租金应当在实际发生时计入当期损益。

## 第六章 经营租赁中出租人的会计处理

**第二十五条** 出租人应当按资产的性质,将用作经营租赁的资产包括在资产负债表中的相关项目内。

**第二十六条** 对于经营租赁的租金,出租人应当在租赁期内各个期间按照直线法确认为当期损益;其他方法更为系统合理的，也可以采用其他方法。

**第二十七条** 出租人发生的初始直接费用，应当计入当期损益。

**第二十八条** 对于经营租赁资产中的固定资产，出租人应当采用类似资产的折旧政策计提折旧；对于其他经营租赁资产，应当采用系统合理的方法进行摊销。

**第二十九条** 或有租金应当在实际发生时计入当期损益。

### 第七章 售后租回交易

**第三十条** 承租人和出租人应当根据本准则第二章的规定，将售后租回交易认定为融资租赁或经营租赁。

**第三十一条** 售后租回交易认定为融资租赁的，售价与资产账面价值之间的差额应当予以递延，并按照该项租赁资产的折旧进度进行分摊，作为折旧费用的调整。

**第三十二条** 售后租回交易认定为经营租赁的，售价与资产账面价值之间的差额应当予以递延，并在租赁期内按照与确认租金费用相一致的方法进行分摊，作为租金费用的调整。但是，有确凿证据表明售后租回交易是按照公允价值达成的，售价与资产账面价值之间的差额应当计入当期损益。

### 第八章 列 报

**第三十三条** 承租人应当在资产负债表中，将与融资租赁相关的长期应付款减去未确认融资费用的差额，分别长期负债和一年内到期的长期负债列示。

**第三十四条** 承租人应当在附注中披露与融资租赁有关的下列信息：

（一）各类租入固定资产的期初和期末原价、累计折旧额。

（二）资产负债表日后连续三个会计年度每年将支付的最低租赁付款额，以及以后年度将支付的最低租赁付款额总额。

（三）未确认融资费用的余额，以及分摊未确认融资费用所采用的方法。

**第三十五条** 出租人应当在资产负债表中，将应收融资租赁款减去未实现融资收益的差额，作为长期债权列示。

**第三十六条** 出租人应当在附注中披露与融资租赁有关的下列信息：

（一）资产负债表日后连续三个会计年度每年将收到的最低租赁收款额，以及以后年度将收到的最低租赁收款额总额。

（二）未实现融资收益的余额，以及分配未实现融资收益所采用的方法。

**第三十七条** 承租人对于重大的经营租赁，应当在附注中披露下列信息：

（一）资产负债表日后连续三个会计年度每年将支付的不可撤销经营租赁的最低租赁付款额。

（二）以后年度将支付的不可撤销经营租赁的最低租赁付款额总额。

**第三十八条** 出租人对经营租赁，应当披露各类租出资产的账面价值。

**第三十九条** 承租人和出租人应当披露各售后租回交易以及售后租回合同中的重要条款。

## 23. 企业会计准则第 22 号——金融工具确认和计量

### 第一章 总 则

**第一条** 为了规范金融工具的确认和计量，根据《企业会计准则——基本准则》，制定本准则。

**第二条** 金融工具，是指形成一个企业的金融资产，并形成其他单位的金融负债或权益工具的合同。

**第三条** 衍生工具，是指本准则涉及的、具有下列特征的金融工具或其他合同：

（一）其价值随特定利率、金融工具价格、商品价格、汇率、价格指数、费率指数、信用等级、信用指数或其他类似变量的变动而变动，变量为非金融变量的，该变量与合同的任一方不存在特定关系；

（二）不要求初始净投资，或与对市场情况变化有类似反应的其他类型合同相比，要求很少的初始净投资；

（三）在未来某一日期结算。

衍生工具包括远期合同、期货合同、互换和期权，以及具有远期合同、期货合同、互换和期权中一种或一种以上特征的工具。

**第四条** 下列各项适用其他相关会计准则：

（一）由《企业会计准则第 2 号——长期股权投资》规范的长期股权投资，适用《企业会计准则第 2 号——长期股权投资》。

（二）由《企业会计准则第 11 号——股份支付》规范的股份支付，适用《企业会计准则第 11 号——股份支付》。

（三）债务重组，适用《企业会计准则第 12 号——债务重组》。

（四）因清偿预计负债获得补偿的权利，适用《企业会计准则第 13 号——或有事项》。

（五）企业合并中合并方的或有对价合同，适用《企业会计准则第 20 号——企业合并》。

（六）租赁的权利和义务，适用《企业会计准则第 21 号——租赁》。

（七）金融资产转移，适用《企业会计准则第 23 号——金融资产转移》。

（八）套期保值，适用《企业会计准则第 24 号——套期保值》。

（九）原保险合同的权利和义务，适用《企业会计准则第 25 号——原保险合同》。

（十）再保险合同的权利和义务，适用《企业会计准则第 26 号——再保险合同》。

（十一）企业发行的权益工具，适用《企业会计准则第 37 号——金融工具列报》

**第五条** 本准则不涉及企业作出的不可撤销授信承诺（即贷款承诺）。但是，下列贷款承诺除外：

（一）指定为以公允价值计量且其变动计入当期损益的金融负债的贷款承诺。

（二）能够以现金净额结算，或通过交换或发行其他金融工具结算的贷款承诺。

（三）以低于市场利率贷款的贷款承诺。

本准则不涉及的贷款承诺，适用《企业会计准则第 13 号——或有事项》。

**第六条** 本准则不涉及按照预定的购买、销售或使用要求所签订，并到期履约买入或卖出非金融项目的合同。但是，能够以现金或其他金融工具净额结算，或通过交换金融工具结算的买入或卖出非金融项目的合同，适用本准则。

## 第二章 金融资产和金融负债的分类

**第七条** 金融资产应当在初始确认时划分为下列四类：

（一）以公允价值计量且其变动计入当期损益的金融资产，包括交易性金融资产和指定为以公允价值计量且其变动计入当期损益的金融资产；

（二）持有至到期投资；

（三）贷款和应收款项；

（四）可供出售金融资产。

**第八条** 金融负债应当在初始确认时划分为下列两类：

（一）以公允价值计量且其变动计入当期损益的金融负债，包括交易性金融负债和指定为以公允价值计量且其变动计入当期损益的金融负债；

（二）其他金融负债。

**第九条** 金融资产或金融负债满足下列条件之一的，应当划分为交易性金融资产或金融负债：

（一）取得该金融资产或承担该金融负债的目的，主要是为了近期内出售或回购。

（二）属于进行集中管理的可辨认金融工具组合的一部分，且有客观证据表明企业近期采用短期获利方式对该组合进行管理。

（三）属于衍生工具。但是，被指定且为有效套期工具的衍生工具、属于财务担保合同的衍生工具、与在活跃市场中没有报价且其公允价值不能可靠计量的权益工具投资挂钩并须通过交付该权益工具结算的衍生工具除外。

**第十条**　除本准则第二十一条和第二十二条的规定外，只有符合下列条件之一的金融资产或金融负债，才可以在初始确认时指定为以公允价值计量且其变动计入当期损益的金融资产或金融负债：

（一）该指定可以消除或明显减少由于该金融资产或金融负债的计量基础不同所导致的相关利得或损失在确认或计量方面不一致的情况。

（二）企业风险管理或投资策略的正式书面文件已载明，该金融资产组合、该金融负债组合、或该金融资产和金融负债组合，以公允价值为基础进行管理、评价并向关键管理人员报告。

在活跃市场中没有报价、公允价值不能可靠计量的权益工具投资，不得指定为以公允价值计量且其变动计入当期损益的金融资产。

活跃市场，是指同时具有下列特征的市场：

（一）市场内交易的对象具有同质性；

（二）可随时找到自愿交易的买方和卖方；

（三）市场价格信息是公开的。

**第十一条**　持有至到期投资，是指到期日固定、回收金额固定或可确定，且企业有明确意图和能力持有至到期的非衍生金融资产。下列非衍生金融资产不应当划分为持有至到期投资：

（一）初始确认时被指定为以公允价值计量且其变动计入当期损益的非衍生金融资产；

（二）初始确认时被指定为可供出售的非衍生金融资产；

（三）贷款和应收款项。

企业应当在资产负债表日对持有意图和能力进行评价。发生变化的，应当按照本准则有关规定处理。

**第十二条**　存在下列情况之一的，表明企业没有明确意图将金融资产投资持有至到期：

（一）持有该金融资产的期限不确定。

（二）发生市场利率变化、流动性需要变化、替代投资机会及其投资收益率变化、融资来源和条件变化、外汇风险变化等情况时，将出售该金融资产。但是，无法控制、预期不会重复发生且难以合理预计的独立事项引起的金融资产出售除外。

（三）该金融资产的发行方可以按照明显低于其摊余成本的金额清偿。

（四）其他表明企业没有明确意图将该金融资产持有至到期的情况。

**第十三条**　金融资产或金融负债的摊余成本，是指该金融资产或金融负债的初始确认金额经下列调整后的结果：

（一）扣除已偿还的本金；

（二）加上或减去采用实际利率法将该初始确认金额与到期日金额之间的差额进行摊销形成的累计摊销额；

（三）扣除已发生的减值损失（仅适用于金融资产）。

**第十四条**　实际利率法，是指按照金融资产或金融负债（含一组金融资产或金融负债）的实际利率计算其摊余成本及各期利息收入或利息费用的方法。

实际利率，是指将金融资产或金融负债在预期存续期间或适用的更短期间内的未来现金流量，折现为该金融资产或金融负债当前账面价值所使用的利率。

在确定实际利率时，应当在考虑金融资产或金融负债所有合同条款（包括提前还款权、看涨期权、类似期权等）的基础上预计未来现金流量，但不应当考虑未来信用损失。

金融资产或金融负债合同各方之间支付或收取的、属于实际利率组成部分的各项收费、交易费用及溢价或折价等，应当在确定实际利率时予以考虑。金融资产或金融负债的未来现金流量或存续期间无法可靠预计时，应当采用该金融资产或金融负债在整个合同期内的合同现金流量。

**第十五条**　存在下列情况之一的，表明企业没有能力将具有固定期限的金融资产投资持有至到期：

（一）没有可利用的财务资源持续地为该金融资产投资提供资金支持，以使该金融资产投资持有至到期。

（二）受法律、行政法规的限制，使企业难以将该金融资产投资持有至到期。

（三）其他表明企业没有能力将具有固定期限的金融资产投资持有至到期的情况。

**第十六条**　企业将尚未到期的某项持有至到期投资在本会计年度内出售或重分类为可供出售金融资

产的金额，相对于该类投资在出售或重分类前的总额较大时，应当将该类投资的剩余部分重分类为可供出售金融资产，且在本会计年度及以后两个完整的会计年度内不得再将该金融资产划分为持有至到期投资。但是，下列情况除外：

（一）出售日或重分类日距离该项投资到期日或赎回日较近（如到期前三个月内），市场利率变化对该项投资的公允价值没有显著影响。

（二）根据合同约定的定期偿付或提前还款方式收回该投资几乎所有初始本金后，将剩余部分予以出售或重分类。

（三）出售或重分类是由于企业无法控制、预期不会重复发生且难以合理预计的独立事项所引起。此种情况主要包括：

1. 因被投资单位信用状况严重恶化，将持有至到期投资予以出售；

2. 因相关税收法规取消了持有至到期投资的利息税前可抵扣政策，或显著减少了税前可抵扣金额，将持有至到期投资予以出售；

3. 因发生重大企业合并或重大处置，为保持现行利率风险头寸或维持现行信用风险政策，将持有至到期投资予以出售；

4. 因法律、行政法规对允许投资的范围或特定投资品种的投资限额作出重大调整，将持有至到期投资予以出售；

5. 因监管部门要求大幅度提高资产流动性，或大幅度提高持有至到期投资在计算资本充足率时的风险权重，将持有至到期投资予以出售。

**第十七条** 贷款和应收款项，是指在活跃市场中没有报价、回收金额固定或可确定的非衍生金融资产。企业不应当将下列非衍生金融资产划分为贷款和应收款项：

（一）准备立即出售或在近期出售的非衍生金融资产。

（二）初始确认时被指定为以公允价值计量且其变动计入当期损益的非衍生金融资产。

（三）初始确认时被指定为可供出售的非衍生金融资产。

（四）因债务人信用恶化以外的原因，使持有方可能难以收回几乎所有初始投资的非衍生金融资产。

企业所持证券投资基金或类似基金，不应当划分为贷款和应收款项。

**第十八条** 可供出售金融资产，是指初始确认时即被指定为可供出售的非衍生金融资产，以及除下列各类资产以外的金融资产：

（一）贷款和应收款项。

（二）持有至到期投资。

（三）以公允价值计量且其变动计入当期损益的金融资产。

**第十九条** 企业在初始确认时将某金融资产或某金融负债划分为以公允价值计量且其变动计入当期损益的金融资产或金融负债后，不能重分类为其他类金融资产或金融负债；其他类金融资产或金融负债也不能重分类为以公允价值计量且其变动计入当期损益的金融资产或金融负债。

## 第三章 嵌入衍生工具

**第二十条** 嵌入衍生工具，是指嵌入到非衍生工具（即主合同）中，使混合工具的全部或部分现金流量随特定利率、金融工具价格、商品价格、汇率、价格指数、费率指数、信用等级、信用指数或其他类似变量的变动而变动的衍生工具。嵌入衍生工具与主合同构成混合工具，如可转换公司债券等。

**第二十一条** 企业可以将混合工具指定为以公允价值计量且其变动计入当期损益的金融资产或金融负债。但是，下列情况除外：

（一）嵌入衍生工具对混合工具的现金流量没有重大改变。

（二）类似混合工具所嵌入的衍生工具，明显不应当从相关混合工具中分拆。

**第二十二条** 嵌入衍生工具相关的混合工具没有指定为以公允价值计量且其变动计入当期损益的金融资产或金融负债，且同时满足下列条件的，该嵌入衍生工具应当从混合工具中分拆，作为单独存在的衍生工具处理：

（一）与主合同在经济特征及风险方面不存在紧密关系；

（二）与嵌入衍生工具条件相同，单独存在的工具符合衍生工具定义。

无法在取得时或后续的资产负债表日对其进行单独计量的，应当将混合工具整体指定为以公允价值计量且其变动计入当期损益的金融资产或金融负债。

**第二十三条**　嵌入衍生工具按照本准则规定从混合工具分拆后，主合同是金融工具的，应当按照本准则有关规定处理；主合同是非金融工具的，应当按照其他会计准则的规定处理。

## 第四章　金融工具确认

**第二十四条**　企业成为金融工具合同的一方时，应当确认一项金融资产或金融负债。

**第二十五条**　金融资产满足下列条件之一的，应当终止确认：

（一）收取该金融资产现金流量的合同权利终止。

（二）该金融资产已转移，且符合《企业会计准则第 23 号——金融资产转移》规定的金融资产终止确认条件。

终止确认，是指将金融资产或金融负债从企业的账户和资产负债表内予以转销。

**第二十六条**　金融负债的现时义务全部或部分已经解除的，才能终止确认该金融负债或其一部分。

企业将用于偿付金融负债的资产转入某个机构或设立信托，偿付债务的现时义务仍存在的，不应当终止确认该金融负债，也不能终止确认转出的资产。

**第二十七条**　企业（债务人）与债权人之间签订协议，以承担新金融负债方式替换现存金融负债，且新金融负债与现存金融负债的合同条款实质上不同的，应当终止确认现存金融负债，并同时确认新金融负债。

企业对现存金融负债全部或部分的合同条款作出实质性修改的，应当终止确认现存金融负债或其一部分，同时将修改条款后的金融负债确认为一项新金融负债。

**第二十八条**　金融负债全部或部分终止确认的，企业应当将终止确认部分的账面价值与支付的对价（包括转出的非现金资产或承担的新金融负债）之间的差额，计入当期损益。

**第二十九条**　企业回购金融负债一部分的，应当在回购日按照继续确认部分和终止确认部分的相对公允价值，将该金融负债整体的账面价值进行分配。分配给终止确认部分的账面价值与支付的对价（包括转出的非现金资产或承担的新金融负债）之间的差额，计入当期损益。

## 第五章　金融工具计量

**第三十条**　企业初始确认金融资产或金融负债，应当按照公允价值计量。对于以公允价值计量且其变动计入当期损益的金融资产或金融负债，相关交易费用应当直接计入当期损益；对于其他类别的金融资产或金融负债，相关交易费用应当计入初始确认金额。

**第三十一条**　交易费用，是指可直接归属于购买、发行或处置金融工具新增的外部费用。新增的外部费用，是指企业不购买、发行或处置金融工具就不会发生的费用。

交易费用包括支付给代理机构、咨询公司、券商等的手续费和佣金及其他必要支出，不包括债券溢价、折价、融资费用、内部管理成本及其他与交易不直接相关的费用。

**第三十二条**　企业应当按照公允价值对金融资产进行后续计量，且不扣除将来处置该金融资产时可能发生的交易费用。但是，下列情况除外：

（一）持有至到期投资以及贷款和应收款项，应当采用实际利率法，按摊余成本计量。

（二）在活跃市场中没有报价且其公允价值不能可靠计量的权益工具投资，以及与该权益工具挂钩并须通过交付该权益工具结算的衍生金融资产，应当按照成本计量。

**第三十三条**　企业应当采用实际利率法，按摊余成本对金融负债进行后续计量。但是，下列情况除外：

（一）以公允价值计量且其变动计入当期损益的金融负债，应当按照公允价值计量，且不扣除将来结清金融负债时可能发生的交易费用。

（二）与在活跃市场中没有报价、公允价值不能可靠计量的权益工具挂钩并须通过交付该权益工具结算的衍生金融负债，应当按照成本计量。

（三）不属于指定为以公允价值计量且其变动计入当期损益的金融负债的财务担保合同，或没有指定为以公允价值计量且其变动计入当期损益并将以低于市场利率贷款的贷款承诺，应当在初始确认后按照下列

两项金额之中的较高者进行后续计量：

1. 按照《企业会计准则第 13 号——或有事项》确定的金额；

2. 初始确认金额扣除按照《企业会计准则第 14 号——收入》的原则确定的累计摊销额后的余额。

**第三十四条** 企业因持有意图或能力发生改变，使某项投资不再适合划分为持有至到期投资的，应当将其重分类为可供出售金融资产，并以公允价值进行后续计量。重分类日，该投资的账面价值与公允价值之间的差额计入所有者权益，在该可供出售金融资产发生减值或终止确认时转出，计入当期损益。

**第三十五条** 持有至到期投资部分出售或重分类的金额较大，且不属于第十六条所指的例外情况，使该投资的剩余部分不再适合划分为持有至到期投资的，企业应当将该投资的剩余部分重分类为可供出售金融资产，并以公允价值进行后续计量。重分类日，该投资剩余部分的账面价值与其公允价值之间的差额计入所有者权益，在该可供出售金融资产发生减值或终止确认时转出，计入当期损益。

**第三十六条** 对按照本准则规定应当以公允价值计量，但以前公允价值不能可靠计量的金融资产或金融负债，企业应当在其公允价值能够可靠计量时改按公允价值计量，相关账面价值与公允价值之间的差额按照本准则第三十八条的规定处理。

**第三十七条** 因持有意图或能力发生改变，或公允价值不再能够可靠计量，或持有期限已超过本准则第十六条所指"两个完整的会计年度"，使金融资产或金融负债不再适合按照公允价值计量时，企业可以将该金融资产或金融负债改按成本或摊余成本计量，该成本或摊余成本为重分类日该金融资产或金融负债的公允价值或账面价值。与该金融资产相关、原直接计入所有者权益的利得或损失，应当按照下列规定处理：

（一）该金融资产有固定到期日的，应当在该金融资产的剩余期限内，采用实际利率法摊销，计入当期损益。该金融资产的摊余成本与到期日金额之间的差额，也应当在该金融资产的剩余期限内，采用实际利率法摊销，计入当期损益。该金融资产在随后的会计期间发生减值的，原直接计入所有者权益的相关利得或损失，应当转出计入当期损益。

（二）该金融资产没有固定到期日的，仍应保留在所有者权益中，在该金融资产被处置时转出，计入当期损益。该金融资产在随后的会计期间发生减值的，原直接计入所有者权益的相关利得或损失，应当转出计入当期损益。

**第三十八条** 金融资产或金融负债公允价值变动形成的利得或损失，除与套期保值有关外，应当按照下列规定处理：

（一）以公允价值计量且其变动计入当期损益的金融资产或金融负债公允价值变动形成的利得或损失，应当计入当期损益。

（二）可供出售金融资产公允价值变动形成的利得或损失，除减值损失和外币货币性金融资产形成的汇兑差额外，应当直接计入所有者权益，在该金融资产终止确认时转出，计入当期损益。

可供出售外币货币性金融资产形成的汇兑差额，应当计入当期损益。采用实际利率法计算的可供出售金融资产的利息，应当计入当期损益；可供出售权益工具投资的现金股利，应当在被投资单位宣告发放股利时计入当期损益。

与套期保值有关的金融资产或金融负债公允价值变动形成的利得或损失的处理，适用《企业会计准则第 24 号——套期保值》。

**第三十九条** 以摊余成本计量的金融资产或金融负债，在终止确认、发生减值或摊销时产生的利得或损失，应当计入当期损益。但是，该金融资产或金融负债被指定为被套期项目的，相关的利得或损失的处理，适用《企业会计准则第 24 号——套期保值》。

## 第六章　金融资产减值

**第四十条** 企业应当在资产负债表日对以公允价值计量且其变动计入当期损益的金融资产以外的金融资产的账面价值进行检查，有客观证据表明该金融资产发生减值的，应当计提减值准备。

**第四十一条** 表明金融资产发生减值的客观证据，是指金融资产初始确认后实际发生的、对该金融资产的预计未来现金流量有影响，且企业能够对该影响进行可靠计量的事项。金融资产发生减值的客观证据，包括下列各项：

（一）发行方或债务人发生严重财务困难；

（二）债务人违反了合同条款，如偿付利息或本金发生违约或逾期等；

（三）债权人出于经济或法律等方面因素的考虑，对发生财务困难的债务人作出让步；

（四）债务人很可能倒闭或进行其他财务重组；

（五）因发行方发生重大财务困难，该金融资产无法在活跃市场继续交易；

（六）无法辨认一组金融资产中的某项资产的现金流量是否已经减少，但根据公开的数据对其进行总体评价后发现，该组金融资产自初始确认以来的预计未来现金流量确已减少且可计量，如该组金融资产的债务人支付能力逐步恶化，或债务人所在国家或地区失业率提高、担保物在其所在地区的价格明显下降、所处行业不景气等；

（七）债务人经营所处的技术、市场、经济或法律环境等发生重大不利变化，使权益工具投资人可能无法收回投资成本；

（八）权益工具投资的公允价值发生严重或非暂时性下跌；

（九）其他表明金融资产发生减值的客观证据。

**第四十二条**　以摊余成本计量的金融资产发生减值时，应当将该金融资产的账面价值减记至预计未来现金流量（不包括尚未发生的未来信用损失）现值，减记的金额确认为资产减值损失，计入当期损益。

预计未来现金流量现值，应当按照该金融资产的原实际利率折现确定，并考虑相关担保物的价值（取得和出售该担保物发生的费用应当予以扣除）。原实际利率是初始确认该金融资产时计算确定的实际利率。对于浮动利率贷款、应收款项或持有至到期投资，在计算未来现金流量现值时可采用合同规定的现行实际利率作为折现率。

短期应收款项的预计未来现金流量与其现值相差很小的，在确定相关减值损失时，可不对其预计未来现金流量进行折现。

**第四十三条**　对单项金额重大的金融资产应当单独进行减值测试，如有客观证据表明其已发生减值，应当确认减值损失，计入当期损益。对单项金额不重大的金融资产，可以单独进行减值测试，或包括在具有类似信用风险特征的金融资产组合中进行减值测试。

单独测试未发生减值的金融资产（包括单项金额重大和不重大的金融资产），应当包括在具有类似信用风险特征的金融资产组合中再进行减值测试。已单项确认减值损失的金融资产，不应包括在具有类似信用风险特征的金融资产组合中进行减值测试。

**第四十四条**　对以摊余成本计量的金融资产确认减值损失后，如有客观证据表明该金融资产价值已恢复，且客观上与确认该损失后发生的事项有关（如债务人的信用评级已提高等），原确认的减值损失应当予以转回，计入当期损益。但是，该转回后的账面价值不应当超过假定不计提减值准备情况下该金融资产在转回日的摊余成本。

**第四十五条**　在活跃市场中没有报价且其公允价值不能可靠计量的权益工具投资，或与该权益工具挂钩并须通过交付该权益工具结算的衍生金融资产发生减值时，应当将该权益工具投资或衍生金融资产的账面价值，与按照类似金融资产当时市场收益率对未来现金流量折现确定的现值之间的差额，确认为减值损失，计入当期损益。

**第四十六条**　可供出售金融资产发生减值时，即使该金融资产没有终止确认，原直接计入所有者权益的因公允价值下降形成的累计损失，应当予以转出，计入当期损益。该转出的累计损失，为可供出售金融资产的初始取得成本扣除已收回本金和已摊销金额、当前公允价值和原已计入损益的减值损失后的余额。

**第四十七条**　对于已确认减值损失的可供出售债务工具，在随后的会计期间公允价值已上升且客观上与确认原减值损失确认后发生的事项有关的，原确认的减值损失应当予以转回，计入当期损益。

**第四十八条**　可供出售权益工具投资发生的减值损失，不得通过损益转回。但是，在活跃市场中没有报价且其公允价值不能可靠计量的权益工具投资，或与该权益工具挂钩并须通过交付该权益工具结算的衍生金融资产发生的减值损失，不得转回。

**第四十九条**　金融资产发生减值后，利息收入应当按照确定减值损失时对未来现金流量进行折现采用的折现率作为利率计算确认。

## 第七章　公允价值确定

**第五十条**　公允价值，是指在公平交易中，熟悉情况的交易双方自愿进行资产交换或者债务清偿的金额。在公平交易中，交易双方应当是持续经营企业，不打算或不需要进行清算、重大缩减经营规模，或在不利条件下仍进行交易。

**第五十一条** 存在活跃市场的金融资产或金融负债，活跃市场中的报价应当用于确定其公允价值。活跃市场中的报价是指易于定期从交易所、经纪商、行业协会、定价服务机构等获得的价格，且代表了在公平交易中实际发生的市场交易的价格。

(一)在活跃市场上，企业已持有的金融资产或拟承担的金融负债的报价，应当是现行出价；企业拟购入的金融资产或已承担的金融负债的报价，应当是现行要价。

(二)企业持有可抵销市场风险的资产和负债时，可采用市场中间价确定可抵销市场风险头寸的公允价值；同时，用出价或要价作为确定净敞口的公允价值。

(三)金融资产或金融负债没有现行出价或要价，但最近交易日后经济环境没有发生重大变化的，企业应当采用最近交易的市场报价确定该金融资产或金融负债的公允价值。

最近交易日后经济环境发生了重大变化时，企业应当参考类似金融资产或金融负债的现行价格或利率，调整最近交易的市场报价，以确定该金融资产或金融负债的公允价值。

企业有足够的证据表明最近交易的市场报价不是公允价值的，应当对最近交易的市场报价作出适当调整，以确定该金融资产或金融负债的公允价值。

(四)金融工具组合的公允价值，应当根据该组合内单项金融工具的数量与单位市场报价共同确定。

(五)活期存款的公允价值，应当不低于存款人可支取时应付的金额；通知存款的公允价值，应当不低于存款人要求支取时应付金额从可支取的第一天起进行折现的现值。

**第五十二条** 金融工具不存在活跃市场的，企业应当采用估值技术确定其公允价值。采用估值技术得出的结果，应当反映估值日在公平交易中可能采用的交易价格。估值技术包括参考熟悉情况并自愿交易的各方最近进行的市场交易中使用的价格、参照实质上相同的其他金融工具的当前公允价值、现金流量折现法和期权定价模型等。

企业应当选择市场参与者普遍认同，且被以往市场实际交易价格验证具有可靠性的估值技术确定金融工具的公允价值：

(一)采用估值技术确定金融工具的公允价值时，应当尽可能使用市场参与者在金融工具定价时考虑的所有市场参数，包括无风险利率、信用风险、外汇汇率、商品价格、股价或股价指数、金融工具价格未来波动率、提前偿还风险、金融资产或金融负债的服务成本等，尽可能不使用与企业特定相关的参数。

(二)企业应当定期使用没有经过修正或重新组合的金融工具公开交易价格校正所采用的估值技术，并测试该估值技术的有效性。

(三)金融工具的交易价格应当作为其初始确认时的公允价值的最好证据，但有客观证据表明相同金融工具公开交易价格更公允，或采用仅考虑公开市场参数的估值技术确定的结果更公允的，不应当采用交易价格作为初始确认时的公允价值，而应当采用更公允的交易价格或估值结果确定公允价值。

**第五十三条** 初始取得或原生的金融资产或承担的金融负债，应当以市场交易价格作为确定其公允价值的基础。

债务工具的公允价值，应当根据取得日或发行日的市场情况和当前市场情况，或其他类似债务工具(即有类似的剩余期限、现金流量模式、标价币种、信用风险、担保和利率基础等)的当前市场利率确定。

债务人的信用风险和适用的信用风险贴水在债务工具发行后没有改变的，可使用基准利率估计当前市场利率确定债务工具的公允价值。债务人的信用风险和相应的信用风险贴水在债务工具发行后发生改变的，应当参考类似债务工具的当前价格或利率，并考虑金融工具之间的差异调整，确定债务工具的公允价值。

**第五十四条** 企业采用未来现金流量折现法确定金融工具公允价值的，应当使用合同条款和特征在实质上相同的其他金融工具的市场收益率作为折现率。金融工具的条款和特征，包括金融工具本身的信用质量、合同规定采用固定利率计息的剩余期间、支付本金的剩余期间以及支付时采用的货币等。

没有标明利率的短期应收款项和应付款项的现值与实际交易价格相差很小的，可以按照实际交易价格计量。

**第五十五条** 在活跃市场中没有报价的权益工具投资，以及与该权益工具挂钩并须通过交付该权益工具结算的衍生工具，满足下列条件之一的，表明其公允价值能够可靠计量：

（一）该金融工具公允价值合理估计数的变动区间很小。

（二）该金融工具公允价值变动区间内，各种用于确定公允价值估计数的概率能够合理地确定。

### 第八章　金融资产、金融负债和权益工具定义

**第五十六条**　金融资产，是指企业的下列资产：

（一）现金；

（二）持有的其他单位的权益工具；

（三）从其他单位收取现金或其他金融资产的合同权利；

（四）在潜在有利条件下，与其他单位交换金融资产或金融负债的合同权利；

（五）将来须用或可用企业自身权益工具进行结算的非衍生工具的合同权利，企业根据该合同将收到非固定数量的自身权益工具；

（六）将来须用或可用企业自身权益工具进行结算的衍生工具的合同权利，但企业以固定金额的现金或其他金融资产换取固定数量的

自身权益工具的衍生工具合同权利除外。其中，企业自身权益工具不包括本身就是在将来收取或支付企业自身权益工具的合同。

**第五十七条**　金融负债，是指企业的下列负债：

（一）向其他单位交付现金或其他金融资产的合同义务；

（二）在潜在不利条件下，与其他单位交换金融资产或金融负债的合同义务；

（三）将来须用或可用企业自身权益工具进行结算的非衍生工具的合同义务，企业根据该合同将交付非固定数量的自身权益工具；

（四）将来须用或可用企业自身权益工具进行结算的衍生工具的合同义务，但企业以固定金额的现金或其他金融资产换取固定数量的自身权益工具的衍生工具合同义务除外。其中，企业自身权益工具不包括本身就是在将来收取或支付企业自身权益工具的合同。

**第五十八条**　权益工具，是指能证明拥有某个企业在扣除所有负债后的资产中的剩余权益的合同。

## 24. 企业会计准则第 23 号——金融资产转移

### 第一章　总　　则

**第一条**　为了规范金融资产（含单项或一组类似金融资产）转移的确认和计量，根据《企业会计准则——基本准则》，制定本准则。

**第二条**　金融资产转移，是指企业（转出方）将金融资产让与或交付给该金融资产发行方以外的另一方（转入方）。

**第三条**　企业对金融资产转入方具有控制权的，除在该企业财务报表基础上运用本准则外，还应当按照《企业会计准则第 33 号——合并财务报表》的规定，将转入方纳入合并财务报表范围。

### 第二章　金融资产转移的确认

**第四条**　企业金融资产转移，包括下列两种情形：

（一）将收取金融资产现金流量的权利转移给另一方；

（二）将金融资产转移给另一方，但保留收取金融资产现金流量的权利，并承担将收取的现金流量支付给最终收款方的义务，同时满足下列条件：

1. 从该金融资产收到对等的现金流量时，才有义务将其支付给最终收款方。企业发生短期垫付款，但有权全额收回该垫付款并按照市场上同期银行贷款利率计收利息的，视同满足本条件。

2. 根据合同约定,不能出售该金融资产或作为担保物,但可以将其作为对最终收款方支付现金流量的保证。

3. 有义务将收取的现金流量及时支付给最终收款方。企业无权将该现金流量进行再投资,但按照合同约定在相邻两次支付间隔期内将所收到的现金流量进行现金或现金等价物投资的除外。企业按照合同约定进行再投资的,应当将投资收益按照合同约定支付给最终收款方。

**第五条** 企业应当将金融资产转移区分为金融资产整体转移和部分转移,并分别按照本准则有关规定处理。

**第六条** 金融资产部分转移,包括下列三种情形:

(一)将金融资产所产生现金流量中特定、可辨认部分转移,如企业将一组类似贷款的应收利息转移等。

(二)将金融资产所产生全部现金流量的一定比例转移,如企业将一组类似贷款的本金和应收利息合计的一定比例转移等。

(三)将金融资产所产生现金流量中特定、可辨认部分的一定比例转移,如企业将一组类似贷款的应收利息的一定比例转移等。

**第七条** 企业已将金融资产所有权上几乎所有的风险和报酬转移给转入方的,应当终止确认该金融资产;保留了金融资产所有权上几乎所有的风险和报酬的,不应当终止确认该金融资产。

终止确认,是指将金融资产或金融负债从企业的账户和资产负债表内予以转销。

**第八条** 企业在判断是否已将金融资产所有权上几乎所有的风险和报酬转移给了转入方时,应当比较转移前后该金融资产未来现金流量净现值及时间分布的波动使其面临的风险。

企业面临的风险因金融资产转移发生实质性改变的,表明该企业已将金融资产所有权上几乎所有的风险和报酬转移给了转入方,如不附任何保证条款的金融资产出售等。

企业面临的风险没有因金融资产转移发生实质性改变的,表明该企业仍保留了金融资产所有权上几乎所有的风险和报酬,如将贷款整体转移并对该贷款可能发生的信用损失进行全额补偿等。

企业需要通过计算判断是否已将金融资产所有权上几乎所有的风险和报酬转移给了转入方的,在计算金融资产未来现金流量净现值时,应当考虑所有合理、可能的现金流量波动,并采用适当的现行市场利率作为折现率。

**第九条** 企业既没有转移也没有保留金融资产所有权上几乎所有的风险和报酬的(即不属于本准则第七条所指情形),应当分别下列情况处理:

(一)放弃了对该金融资产控制的,应当终止确认该金融资产。

(二)未放弃对该金融资产控制的,应当按照其继续涉入所转移金融资产的程度确认有关金融资产,并相应确认有关负债。

继续涉入所转移金融资产的程度,是指该金融资产价值变动使企业面临的风险水平。

**第十条** 企业在判断是否已放弃对所转移金融资产的控制时,应当注重转入方出售该金融资产的实际能力。转入方能够单独将转入的金融资产整体出售给与其不存在关联方关系的第三方,且没有额外条件对此项出售加以限制的,表明企业已放弃对该金融资产的控制。

**第十一条** 企业在判断金融资产转移是否满足本准则规定的金融资产终止确认条件时,应当注重金融资产转移的实质。

(一)在附回购协议的金融资产出售中,转出方将予回购的资产与售出的金融资产相同或实质上相同、回购价格固定或是原售价加上合理回报的,不应当终止确认所出售的金融资产,如采用买断式回购、质押式回购交易卖出债券等。

(二)转出方在金融资产转移后只保留了优先按照公允价值回购该金融资产的权利的(在转入方出售该金融资产的情况下),应当终止确认所转移的金融资产。

(三)在采用保留次级权益或提供信用担保等进行信用增级的金融资产转移中,转出方只保留了所转移金融资产所有权上的部分(非几乎所有)风险和报酬且能控制所转移金融资产的,应当按照其继续涉入所转移金融资产的程度确认相关资产和负债。

## 第三章 金融资产转移的计量

**第十二条** 金融资产整体转移满足终止确认条件的,应当将下列两项金额的差额计入当期损益:

(一)所转移金融资产的账面价值;

(二)因转移而收到的对价,与原直接计入所有者权益的公允价值变动累计额(涉及转移的金融资产为可供出售金融资产的情形)之和。

因金融资产转移获得了新金融资产或承担了新金融负债的,应当在转移日按照公允价值确认该金融资产或金融负债(包括看涨期权、看跌期权、担保负债、远期合同、互换等),并将该金融资产扣除金融负债后的净额作为上述对价的组成部分。

企业与金融资产转入方签订服务合同提供相关服务的(包括收取该金融资产的现金流量,并将所收取的现金流量交付给指定的资金保管机构等),应当就该服务合同确认一项服务资产或服务负债。服务负债应当按照公允价值进行初始计量,并作为上述对价的组成部分。

**第十三条** 金融资产部分转移满足终止确认条件的,应当将所转移金融资产整体的账面价值,在终止确认部分和未终止确认部分(在此种情况下,所保留的服务资产应当视同未终止确认金融资产的一部分)之间,按照各自的相对公允价值进行分摊,并将下列两项金额的差额计入当期损益:

(一)终止确认部分的账面价值;

(二)终止确认部分的对价,与原直接计入所有者权益的公允价值变动累计额中对应终止确认部分的金额(涉及转移的金融资产为可供出售金融资产的情形)之和。

原直接计入所有者权益的公允价值变动累计额中对应终止确认部分的金额,应当按照金融资产终止确认部分和未终止确认部分的相对公允价值,对该累计额进行分摊后确定。

**第十四条** 根据本准则第十三条规定将所转移金融资产整体的账面价值按相对公允价值在终止确认部分和未终止确认部分之间进行分摊时,未终止确认部分的公允价值按照下列规定确定:

(一)企业出售过与未终止确认部分类似的金融资产,或发生过与未终止确认部分有关的其他市场交易的,应当按照最近实际交易价格确定。

(二)未终止确认部分在活跃市场上没有报价,且最近市场上也没有与其有关的实际交易价格的,应当按照所转移金融资产整体的公允价值扣除终止确认部分的对价后的余额确定。该金融资产整体的公允价值确实难以合理确定的,按照金融资产整体的账面价值扣除终止确认部分的对价后的余额确定。

**第十五条** 企业仍保留与所转移金融资产所有权上几乎所有的风险和报酬的,应当继续确认所转移金融资产整体,并将收到的对价确认为一项金融负债。

该金融资产与确认的相关金融负债不得相互抵销。在随后的会计期间,企业应当继续确认该金融资产产生的收入和该金融负债产生的费用。所转移的金融资产以摊余成本计量的,确认的相关负债不得指定为以公允价值计量且其变动计入当期损益的金融负债。

**第十六条** 企业既没有转移也没有保留金融资产所有权上几乎所有的风险和报酬,且未放弃对该金融资产控制的,根据本准则第九条规定确认的相关资产和负债,应当充分反映保留的权利和承担的义务。

**第十七条** 通过对所转移金融资产提供财务担保方式继续涉入的,应当在转移日按照金融资产的账面价值和财务担保金额两者之中的较低者,确认继续涉入形成的资产,同时按照财务担保金额和财务担保合同的公允价值(提供担保的取费)之和确认继续涉入形成的负债。财务担保金额,是指企业所收到的对价中,将被要求偿还的最高金额。

在随后的会计期间,财务担保合同的初始确认金额应当在该财务担保合同期间内按照时间比例摊销,确认为各期收入。因担保形成的资产的账面价值,应当在资产负债表日进行减值测试。

**第十八条** 企业因卖出一项看跌期权或持有一项看涨期权,使所转移金融资产不符合终止确认条件,且按照摊余成本计量该金融资产的,应当在转移日按照收到的对价确认继续涉入形成的负债。

所转移金融资产在期权到期日的摊余成本和继续涉入形成的负债初始确认金额之间的差额,应当采用实际利率法摊销,计入当期损益;同时,调整继续涉入所形成负债的账面价值。相关期权行权的,应当在行权时,将继续涉入形成负债的账面价值与行权价格之间的差额计入当期损益。

**第十九条** 企业因持有一项看涨期权使所转移金融资产不满足终止确认条件,且按照公允价值计量该金融资产的,应当在转移日仍按照公允价值确认所转移金融资产,同时按照下列规定计量继续涉入形成的负债:

(一)该期权是价内或平价期权的,应当按照期权的行权价格扣除期权的时间价值后的余额,计量继续涉入形成的负债。

（二）该期权是价外期权的，应当按照所转移金融资产的公允价值扣除期权的时间价值后的余额，计量继续涉入形成的负债。

**第二十条** 企业因卖出一项看跌期权使所转移金融资产不满足终止确认条件，且按照公允价值计量该金融资产的，应当在转移日按照该金融资产的公允价值和该期权行权价格之间的较低者，确认继续涉入形成的资产；同时，按照该期权的行权价格与时间价值之和，确认继续涉入形成的负债。

**第二十一条** 企业因卖出一项看跌期权和购入一项看涨期权（即上下期权）使所转移金融资产不满足终止确认条件，且按照公允价值计量该金融资产的，应当在转移日仍按照公允价值确认所转移金融资产；同时，按照下列规定计量继续涉入形成的负债：

（一）该看涨期权是价内或平价期权的，应当按照看涨期权的行权价格和看跌期权的公允价值之和，扣除看涨期权的时间价值后的金额，计量继续涉入形成的负债。

（二）该看涨期权是价外期权的，应当按照所转移金融资产的公允价值总额和看跌期权的公允价值之和，扣除看涨期权的时间价值后的金额，计量继续涉入形成的负债。

**第二十二条** 企业应当对因继续涉入所转移金融资产形成的有关资产确认相关收入，对继续涉入形成的有关负债确认相关费用。继续涉入所形成的相关资产和负债不应当相互抵销，其后续计量适用《企业会计准则第 22 号——金融工具确认和计量》。

**第二十三条** 企业仅继续涉入所转移金融资产一部分的，应当比照本准则第十三条的规定处理。

**第二十四条** 企业向金融资产转入方提供了非现金担保物（如债务工具或权益工具投资等）的，企业和转入方应当按照下列规定处理：

（一）转入方按照合同或惯例有权出售该担保物或将其再作为担保物的，企业应当将该非现金担保物在资产负债表中重新归类，并单独列示。

（二）转入方已将该担保物出售的，转入方应当就归还担保物义务，按照公允价值确认一项负债。

（三）企业违约，丧失了赎回担保物权利的，应当终止确认该担保物；转入方应当按照公允价值将该担保物确认为一项资产。转入方已出售该担保物的，转入方应当终止确认归还担保物的义务。

（四）除上述（三）所涉及的情况外，企业应当继续将担保物确认为一项资产。

# 25. 企业会计准则第 24 号——套期保值

## 第一章 总 则

**第一条** 为了规范套期保值的确认和计量，根据《企业会计准则——基本准则》，制定本准则。

**第二条** 套期保值（以下简称套期），是指企业为规避外汇风险、利率风险、商品价格风险、股票价格风险、信用风险等，指定一项或一项以上套期工具，使套期工具的公允价值或现金流量变动，预期抵销被套期项目全部或部分公允价值或现金流量变动。

**第三条** 套期分为公允价值套期、现金流量套期和境外经营净投资套期。

（一）公允价值套期，是指对已确认资产或负债、尚未确认的确定承诺，或该资产或负债、尚未确认的确定承诺中可辨认部分的公允价值变动风险进行的套期。该类价值变动源于某类特定风险，且将影响企业的损益。

（二）现金流量套期，是指对现金流量变动风险进行的套期。该类现金流量变动源于与已确认资产或负债、很可能发生的预期交易有关的某类特定风险，且将影响企业的损益。

（三）境外经营净投资套期，是指对境外经营净投资外汇风险进行的套期。境外经营净投资，是指企业在境外经营净资产中的权益份额。

**第四条** 对于满足本准则第三章规定条件的套期，企业可运用套期会计方法进行处理。

套期会计方法，是指在相同会计期间将套期工具和被套期项目公允价值变动的抵销结果计入当期损益的方法。

## 第二章 套期工具和被套期项目

**第五条** 套期工具，是指企业为进行套期而指定的、其公允价值或现金流量变动预期可抵销被套期项目的公允价值或现金流量变动的衍生工具，对外汇风险进行套期还可以将非衍生金融资产或非衍生金融负债作为套期工具。

**第六条** 企业在确立套期关系时，应当将套期工具整体或其一定比例（不含套期工具剩余期限内的某一时段）进行指定，但下列情况除外：

（一）对于期权，企业可以将期权的内在价值和时间价值分开，只就内在价值变动将期权指定为套期工具；

（二）对于远期合同，企业可以将远期合同的利息和即期价格分开，只就即期价格变动将远期合同指定为套期工具。

**第七条** 企业通常可将单项衍生工具指定为对一种风险进行套期，但同时满足下列条件的，可以指定单项衍生工具对一种以上的风险进行套期：

（一）各项被套期风险可以清晰辨认；

（二）套期有效性可以证明；

（三）可以确保该衍生工具与不同风险头寸之间存在具体指定关系。

套期有效性，是指套期工具的公允价值或现金流量变动能够抵销被套期风险引起的被套期项目公允价值或现金流量变动的程度。

**第八条** 企业可以将两项或两项以上衍生工具的组合或该组合的一定比例指定为套期工具。

对于外汇风险套期，企业可以将两项或两项以上非衍生工具的组合或该组合的一定比例，或将衍生工具和非衍生工具的组合或该组合的一定比例指定为套期工具。

对于利率上下限期权或由一项发行的期权和一项购入的期权组成的期权，其实质相当于企业发行的一项期权的（即企业收取了净期权费），不能将其指定为套期工具。

**第九条** 被套期项目，是指使企业面临公允价值或现金流量变动风险，且被指定为被套期对象的下列项目：

（一）单项已确认资产、负债、确定承诺、很可能发生的预期交易，或境外经营净投资；

（二）一组具有类似风险特征的已确认资产、负债、确定承诺、很可能发生的预期交易，或境外经营净投资；

（三）分担同一被套期利率风险的金融资产或金融负债组合的一部分（仅适用于利率风险公允价值组合套期）。

确定承诺，是指在未来某特定日期或期间，以约定价格交换特定数量资源、具有法律约束力的协议。预期交易，是指尚未承诺但预期会发生的交易。

**第十条** 被套期风险是信用风险或外汇风险的，持有至到期投资可以指定为被套期项目。被套期风险是利率风险或提前还款风险的，持有至到期投资不能指定为被套期项目。

**第十一条** 企业集团内部交易形成的货币性项目的汇兑收益或损失，不能在合并财务报表中全额抵销的，该货币性项目的外汇风险可以在合并财务报表中指定为被套期项目。

企业集团内部很可能发生的预期交易，按照进行此项交易的主体的记账本位币以外的货币标价（即按外币标价），且相关的外汇风险将影响合并利润或损失的，该外汇风险可以在合并财务报表中指定为被套期项目。

**第十二条** 对于与金融资产或金融负债现金流量或公允价值的一部分相关的风险，其套期有效性可以计量的，企业可以就该风险将金融资产或金融负债指定为被套期项目。

**第十三条** 在金融资产或金融负债组合的利率风险公允价值套期中，可以将某货币金额（如人民币、美元或欧元金额）的资产或负债指定为被套期项目。

**第十四条** 企业可以将金融资产或金融负债现金流量的全部指定为被套期项目。但金融资产或金融负债现金流量的一部分被指定为被套期项目的，被指定部分的现金流量应当少于该金融资产或金融负债现金流量总额。

**第十五条** 非金融资产或非金融负债指定为被套期项目的，被套期风险应当是该非金融资产或非金融负债相关的全部风险或外汇风险。

**第十六条** 对具有类似风险特征的资产或负债组合进行套期时，该组合中的各单项资产或单项负债应当同时承担被套期风险，且该组合内各单项资产或单项负债由被套期风险引起的公允价值变动，应当预期与该组合由被套期风险引起的公允价值整体变动基本成比例。

## 第三章 套期确认和计量

**第十七条** 公允价值套期、现金流量套期或境外经营净投资套期同时满足下列条件的，才能运用本准则规定的套期会计方法进行处理：

（一）在套期开始时，企业对套期关系（即套期工具和被套期项目之间的关系）有正式指定，并准备了关于套期关系、风险管理目标和套期策略的正式书面文件。该文件至少载明了套期工具、被套期项目、被套期风险的性质以及套期有效性评价方法等内容。

套期必须与具体可辨认并被指定的风险有关，且最终影响企业的损益。

（二）该套期预期高度有效，且符合企业最初为该套期关系所确定的风险管理策略。

（三）对预期交易的现金流量套期，预期交易应当很可能发生，且必须使企业面临最终将影响损益的现金流量变动风险。

（四）套期有效性能够可靠地计量。

（五）企业应当持续地对套期有效性进行评价，并确保该套期在套期关系被指定的会计期间内高度有效。

**第十八条** 套期同时满足下列条件的，企业应当认定其为高度有效：

（一）在套期开始及以后期间，该套期预期会高度有效地抵销套期指定期间被套期风险引起的公允价值或现金流量变动；

（二）该套期的实际抵销结果在80%至125%的范围内。

**第十九条** 企业至少应当在编制中期或年度财务报告时对套期有效性进行评价。

**第二十条** 对利率风险进行套期的，企业可以通过编制金融资产和金融负债的到期时间表，标明每期的利率净风险，据此对套期有效性进行评价。

**第二十一条** 公允价值套期满足运用套期会计方法条件的，应当按照下列规定处理：

（一）套期工具为衍生工具的，套期工具公允价值变动形成的利得或损失应当计入当期损益；套期工具为非衍生工具的，套期工具账面价值因汇率变动形成的利得或损失应当计入当期损益。

（二）被套期项目因被套期风险形成的利得或损失应当计入当期损益，同时调整被套期项目的账面价值。被套期项目为按成本与可变现净值孰低进行后续计量的存货、按摊余成本进行后续计量的金融资产或可供出售金融资产的，也应当按此规定处理。

**第二十二条** 对于金融资产或金融负债组合一部分的利率风险公允价值套期，为符合本准则第二十一条（二）的要求，企业对被套期项目形成的利得或损失可按下列方法处理：

（一）被套期项目在重新定价期间内是资产的，在资产负债表中资产项下单列项目反映（列在金融资产后），待终止确认时转销；

（二）被套期项目在重新定价期间内是负债的，在资产负债表中负债项下单列项目反映（列在金融负债后），待终止确认时转销。

**第二十三条** 满足下列条件之一的，企业不应当再按照本准则第二十一条的规定处理：

（一）套期工具已到期、被出售、合同终止或已行使。

套期工具展期或被另一项套期工具替换时，展期或替换是企业正式书面文件所载明的套期策略组成部分的，不作为已到期或合同终止处理。

（二）该套期不再满足本准则所规定的运用套期会计方法的条件。

（三）企业撤销了对套期关系的指定。

**第二十四条** 被套期项目是以摊余成本计量的金融工具的，按照本准则第二十一条（二）对被套期项目账面价值所作的调整，应当按照调整日重新计算的实际利率在调整日至到期日的期间内进行摊销，计入当期损益。

对利率风险组合的公允价值套期，在资产负债表中单列的相关项目，也应当按照调整日重新计算的实际利率在调整日至相关的重新定价期间结束日的期间内摊销。采用实际利率法进行摊销不切实可行的，可以采用直线法进行摊销。

上述调整金额应当于金融工具到期日前摊销完毕；对于利率风险组合的公允价值套期，应当于相关重新定价期间结束日前摊销完毕。

**第二十五条**　被套期项目为尚未确认的确定承诺的，该确定承诺因被套期风险引起的公允价值变动累计额应当确认为一项资产或负债，相关的利得或损失应当计入当期损益。

**第二十六条**　在购买资产或承担负债的确定承诺的公允价值套期中，该确定承诺因被套期风险引起的公允价值变动累计额(已确认为资产或负债)，应当调整履行该确定承诺所取得的资产或承担的负债的初始确认金额。

**第二十七条**　现金流量套期满足运用套期会计方法条件的，应当按照下列规定处理：

(一)套期工具利得或损失中属于有效套期的部分，应当直接确认为所有者权益，并单列项目反映。该有效套期部分的金额，按照下列两项的绝对额中较低者确定：

1. 套期工具自套期开始的累计利得或损失；

2. 被套期项目自套期开始的预计未来现金流量现值的累计变动额。

(二)套期工具利得或损失中属于无效套期的部分(即扣除直接确认为所有者权益后的其他利得或损失)，应当计入当期损益。

(三)在风险管理策略的正式书面文件中，载明了在评价套期有效性时将排除套期工具的某部分利得或损失或相关现金流量影响的，被排除的该部分利得或损失的处理适用《企业会计准则第 22 号——金融工具确认和计量》。

对确定承诺的外汇风险进行的套期，企业可以作为现金流量套期或公允价值套期处理。

**第二十八条**　被套期项目为预期交易，且该预期交易使企业随后确认一项金融资产或一项金融负债的，原直接确认为所有者权益的相关利得或损失，应当在该金融资产或金融负债影响企业损益的相同期间转出，计入当期损益。但是，企业预期原直接在所有者权益中确认的净损失全部或部分在未来会计期间不能弥补时，应当将不能弥补的部分转出，计入当期损益。

**第二十九条**　被套期项目为预期交易，且该预期交易使企业随后确认一项非金融资产或一项非金融负债的，企业可以选择下列方法处理：

(一)原直接在所有者权益中确认的相关利得或损失，应当在该非金融资产或非金融负债影响企业损益的相同期间转出，计入当期损益。但是，企业预期原直接在所有者权益中确认的净损失全部或部分在未来会计期间不能弥补时，应当将不能弥补的部分转出，计入当期损益。

(二)将原直接在所有者权益中确认的相关利得或损失转出，计入该非金融资产或非金融负债的初始确认金额。

非金融资产或非金融负债的预期交易形成了一项确定承诺时，该确定承诺满足运用本准则规定的套期会计方法条件的，也应当选择上述两种方法之一处理。

企业选择了上述两种处理方法之一作为会计政策后，应当一致地运用于相关的所有预期交易套期，不得随意变更。

**第三十条**　对于不属于本准则第二十八条和第二十九条涉及的现金流量套期，原直接计入所有者权益中的套期工具利得或损失，应当在被套期预期交易影响损益的相同期间转出，计入当期损益。

**第三十一条**　在下列情况下，企业不应当再按照本准则第二十七条至第三十条的规定处理：

(一)套期工具已到期、被出售、合同终止或已行使。

在套期有效期间直接计入所有者权益中的套期工具利得或损失不应当转出，直至预期交易实际发生时，再按照本准则第二十八条、第二十九条或第三十条的规定处理。

套期工具展期或被另一项套期工具替换，且展期或替换是企业正式书面文件所载明套期策略组成部分的，不作为已到期或合同终止处理。

(二)该套期不再满足运用本准则规定的套期会计方法的条件。

在套期有效期间直接计入所有者权益中的套期工具利得或损失不应当转出，直至预期交易实际发生时，再按照本准则第二十八条、第二十九条或第三十条的规定处理。

（三）预期交易预计不会发生。

在套期有效期间直接计入所有者权益中的套期工具利得或损失应当转出，计入当期损益。

（四）企业撤销了对套期关系的指定。

对于预期交易套期，在套期有效期间直接计入所有者权益中的套期工具利得或损失不应当转出，直至预期交易实际发生或预计不会发生。预期交易实际发生的，应当按照本准则第二十八条、第二十九条或第三十条的规定处理；预期交易预计不会发生的，原直接计入所有者权益中的套期工具利得或损失应当转出，计入当期损益。

**第三十二条** 对境外经营净投资的套期，应当按照类似于现金流量套期会计的规定处理：

（一）套期工具形成的利得或损失中属于有效套期的部分，应当直接确认为所有者权益，并单列项目反映。

处置境外经营时，上述在所有者权益中单列项目反映的套期工具利得或损失应当转出，计入当期损益。

（二）套期工具形成的利得或损失中属于无效套期的部分，应当计入当期损益。

# 26. 企业会计准则第25号——原保险合同

## 第一章 总 则

**第一条** 为了规范保险人签发的原保险合同的确认、计量和相关信息的列报，根据《企业会计准则——基本准则》，制定本准则。

**第二条** 保险合同，是指保险人与投保人约定保险权利义务关系，并承担源于被保险人保险风险的协议。保险合同分为原保险合同和再保险合同。

原保险合同，是指保险人向投保人收取保费，对约定的可能发生的事故因其发生所造成的财产损失承担赔偿保险金责任，或者当被保险人死亡、伤残、疾病或者达到约定的年龄、期限时承担给付保险金责任的保险合同。

**第三条** 下列各项适用其他相关会计准则：

（一）保险人签发的原保险合同产生的损余物资等资产的减值，适用《企业会计准则第1号——存货》。

（二）保险人向投保人签发的承担保险风险以外的其他风险的合同，适用《企业会计准则第22号——金融工具确认和计量》和《企业会计准则第37号——金融工具列报》。

（三）保险人签发、持有的再保险合同，适用《企业会计准则第26号——再保险合同》。

## 第二章 原保险合同的确定

**第四条** 保险人与投保人签订的合同是否属于原保险合同，应当在单项合同的基础上，根据合同条款判断保险人是否承担了保险风险。

发生保险事故可能导致保险人承担赔付保险金责任的，应当确定保险人承担了保险风险。

保险事故，是指保险合同约定的保险责任范围内的事故。

**第五条** 保险人与投保人签订的合同，使保险人既承担保险风险又承担其他风险的，应当分别下列情况进行处理：

（一）保险风险部分和其他风险部分能够区分，并且能够单独计量的，可以将保险风险部分和其他风险部分进行分拆。保险风险部分，确定为原保险合同；其他风险部分，不确定为原保险合同。

（二）保险风险部分和其他风险部分不能够区分，或者虽能够区分但不能够单独计量的，应当将整个合同确定为原保险合同。

**第六条** 保险人应当根据在原保险合同延长期内是否承担赔付保险金责任，将原保险合同分为寿险原保险合同和非寿险原保险合同。

在原保险合同延长期内承担赔付保险金责任的，应当确定为寿险原保险合同；在原保险合同延长期内不承担赔付保险金责任的，应当确定为非寿险原保险合同。

原保险合同延长期，是指投保人自上一期保费到期日未交纳保费，保险人仍承担赔付保险金责任的期间。

## 第三章 原保险合同收入

**第七条** 保费收入同时满足下列条件的，才能予以确认：

(一)原保险合同成立并承担相应保险责任；

(二)与原保险合同相关的经济利益很可能流入；

(三)与原保险合同相关的收入能够可靠地计量。

**第八条** 保险人应当按照下列规定计算确定保费收入金额：

(一)对于非寿险原保险合同，应当根据原保险合同约定的保费总额确定。

(二)对于寿险原保险合同，分期收取保费的，应当根据当期应收取的保费确定；一次性收取保费的，应当根据一次性应收取的保费确定。

**第九条** 原保险合同提前解除的，保险人应当按照原保险合同约定计算确定应退还投保人的金额，作为退保费，计入当期损益。

## 第四章 原保险合同准备金

**第十条** 原保险合同准备金包括未到期责任准备金、未决赔款准备金、寿险责任准备金和长期健康险责任准备金。

未到期责任准备金，是指保险人为尚未终止的非寿险保险责任提取的准备金。

未决赔款准备金，是指保险人为非寿险保险事故已发生尚未结案的赔案提取的准备金。

寿险责任准备金，是指保险人为尚未终止的人寿保险责任提取的准备金。

长期健康险责任准备金，是指保险人为尚未终止的长期健康保险责任提取的准备金。

**第十一条** 保险人应当在确认非寿险保费收入的当期，按照保险精算确定的金额，提取未到期责任准备金，作为当期保费收入的调整，并确认未到期责任准备金负债。

保险人应当在资产负债表日，按照保险精算重新计算确定的未到期责任准备金金额与已提取的未到期责任准备金余额的差额，调整未到期责任准备金余额。

**第十二条** 保险人应当在非寿险保险事故发生的当期，按照保险精算确定的金额，提取未决赔款准备金，并确认未决赔款准备金负债。

未决赔款准备金包括已发生已报案未决赔款准备金、已发生未报案未决赔款准备金和理赔费用准备金。

已发生已报案未决赔款准备金，是指保险人为非寿险保险事故已发生并已向保险人提出索赔、尚未结案的赔案提取的准备金。

已发生未报案未决赔款准备金，是指保险人为非寿险保险事故已发生、尚未向保险人提出索赔的赔案提取的准备金。

理赔费用准备金，是指保险人为非寿险保险事故已发生尚未结案的赔案可能发生的律师费、诉讼费、损失检验费、相关理赔人员薪酬等费用提取的准备金。

**第十三条** 保险人应当在确认寿险保费收入的当期，按照保险精算确定的金额，提取寿险责任准备金、长期健康险责任准备金，并确认寿险责任准备金、长期健康险责任准备金负债。

**第十四条** 保险人至少应当于每年年度终了，对未决赔款准备金、寿险责任准备金、长期健康险责任准备金进行充足性测试。

保险人按照保险精算重新计算确定的相关准备金金额超过充足性测试日已提取的相关准备金余额的，应当按照其差额补提相关准备金；保险人按照保险精算重新计算确定的相关准备金金额小于充足性测试日已提取的相关准备金余额的，不调整相关准备金。

**第十五条** 原保险合同提前解除的，保险人应当转销相关未到期责任准备金、寿险责任准备金、长期健康险责任准备金余额，计入当期损益。

## 第五章 原保险合同成本

**第十六条** 原保险合同成本，是指原保险合同发生的、会导致所有者权益减少的、与向所有者分配利润无关的经济利益的总流出。

原保险合同成本主要包括发生的手续费或佣金支出、赔付成本，以及提取的未决赔款准备金、寿险责任准备金、长期健康险责任准备金等。

赔付成本包括保险人支付的赔款、给付，以及在理赔过程中发生的律师费、诉讼费、损失检验费、相关理赔人员薪酬等理赔费用。

**第十七条** 保险人在取得原保险合同过程中发生的手续费、佣金，应当在发生时计入当期损益。

**第十八条** 保险人按照保险精算确定提取的未决赔款准备金、寿险责任准备金、长期健康险责任准备金，计入当期损益。

保险人应当在确定支付赔付款项金额的当期，按照确定支付的赔付款项金额，计入当期损益；同时，冲减相应的未决赔款准备金、寿险责任准备金、长期健康险责任准备金余额。

保险人应当在实际发生理赔费用的当期，按照实际发生的理赔费用金额，计入当期损益；同时，冲减相应的未决赔款准备金、寿险责任准备金、长期健康险责任准备金余额。

**第十九条** 保险人按照充足性测试补提的未决赔款准备金、寿险责任准备金、长期健康险责任准备金，计入当期损益。

**第二十条** 保险人承担赔偿保险金责任取得的损余物资，应当按照同类或类似资产的市场价格计算确定的金额确认为资产，并冲减当期赔付成本。

处置损余物资时，保险人应当按照收到的金额与相关损余物资账面价值的差额，调整当期赔付成本。

**第二十一条** 保险人承担赔付保险金责任应收取的代位追偿款，同时满足下列条件的，应当确认为应收代位追偿款，并冲减当期赔付成本：

（一）与该代位追偿款有关的经济利益很可能流入；

（二）该代位追偿款的金额能够可靠地计量。

收到应收代位追偿款时，保险人应当按照收到的金额与相关应收代位追偿款账面价值的差额，调整当期赔付成本。

## 第六章 列　　报

**第二十二条** 保险人应当在资产负债表中单独列示与原保险合同有关的下列项目：

（一）未到期责任准备金；

（二）未决赔款准备金；

（三）寿险责任准备金；

（四）长期健康险责任准备金。

**第二十三条** 保险人应当在利润表中单独列示与原保险合同有关的下列项目：

（一）保费收入；

（二）退保费；

（三）提取未到期责任准备金；

（四）已赚保费；

（五）手续费支出；

（六）赔付成本；

（七）提取未决赔款准备金；

（八）提取寿险责任准备金；

（九）提取长期健康险责任准备金。

**第二十四条** 保险人应当在附注中披露与原保险合同有关的下列信息：

（一）代位追偿款的有关情况。

（二）损余物资的有关情况。

（三）各项准备金的增减变动情况。

（四）提取各项准备金及进行准备金充足性测试的主要精算假设和方法。

# 27. 企业会计准则第 26 号——再保险合同

## 第一章 总 则

**第一条** 为了规范再保险合同的确认、计量和相关信息的列报，根据《企业会计准则——基本准则》，制定本准则。

**第二条** 再保险合同，是指一个保险人（再保险分出人）分出一定的保费给另一个保险人（再保险接受人），再保险接受人对再保险分出人由原保险合同所引起的赔付成本及其他相关费用进行补偿的保险合同。

**第三条** 本准则适用于保险人签发、持有的再保险合同。

保险人将分入的再保险业务转分给其他保险人而签订的转分保合同，比照本准则处理。

**第四条** 保险人签发的原保险合同，适用《企业会计准则第 25 号——原保险合同》。

## 第二章 分出业务的会计处理

**第五条** 再保险分出人不应当将再保险合同形成的资产与有关原保险合同形成的负债相互抵销。

再保险分出人不应当将再保险合同形成的收入或费用与有关原保险合同形成的费用或收入相互抵销。

**第六条** 再保险分出人应当在确认原保险合同保费收入的当期，按照相关再保险合同的约定，计算确定分出保费，计入当期损益；同时，原保险合同为非寿险原保险合同的，再保险分出人还应当按照相关再保险合同的约定，计算确认相关的应收分保未到期责任准备金资产，并冲减提取未到期责任准备金。

再保险分出人应当在资产负债表日调整原保险合同未到期责任准备金余额时，相应调整应收分保未到期责任准备金余额。

**第七条** 再保险分出人应当在确认原保险合同保费收入的当期，按照相关再保险合同的约定，计算确定应向再保险接受人摊回的分保费用，计入当期损益。

**第八条** 再保险分出人应当在提取原保险合同未决赔款准备金、寿险责任准备金、长期健康险责任准备金的当期，按照相关再保险合同的约定，计算确定应向再保险接受人摊回的相应准备金，确认为相应的应收分保准备金资产。

**第九条** 再保险分出人应当在确定支付赔付款项金额或实际发生理赔费用而冲减原保险合同相应准备金余额的当期，冲减相应的应收分保准备金余额；同时，按照相关再保险合同的约定，计算确定应向再保险接受人摊回的赔付成本，计入当期损益。

**第十条** 再保险分出人应当在原保险合同提前解除的当期，按照相关再保险合同的约定，计算确定分出保费、摊回分保费用的调整金额，计入当期损益；同时，转销相关应收分保准备金余额。

**第十一条** 再保险分出人应当在因取得和处置损余物资、确认和收到应收代位追偿款等而调整原保险合同赔付成本的当期，按照相关再保险合同的约定，计算确定摊回赔付成本的调整金额，计入当期损益。

**第十二条** 再保险分出人应当在发出分保业务账单时，将账单标明的扣存本期分保保证金确认为存入分保保证金；同时，按照账单标明的返还上期扣存分保保证金转销相关存入分保保证金。

再保险分出人应当根据相关再保险合同的约定，按期计算存入分保保证金利息，计入当期损益。

**第十三条** 再保险分出人应当根据相关再保险合同的约定，在能够计算确定应向再保险接受人收取的纯益手续费时，将该项纯益手续费作为摊回分保费用，计入当期损益。

**第十四条** 对于超额赔款再保险等非比例再保险合同，再保险分出人应当根据再保险合同的约定，计算确定分出保费，计入当期损益。

再保险分出人调整分出保费时,应当将调整金额计入当期损益。

再保险分出人应当在能够计算确定应向再保险接受人摊回的赔付成本时,将该项应摊回的赔付成本计入当期损益。

## 第三章　分入业务的会计处理

**第十五条**　分保费收入同时满足下列条件的,才能予以确认:

(一)再保险合同成立并承担相应保险责任;

(二)与再保险合同相关的经济利益很可能流入;

(三)与再保险合同相关的收入能够可靠地计量。

再保险接受人应当根据相关再保险合同的约定,计算确定分保费收入金额。

**第十六条**　再保险接受人应当在确认分保费收入的当期,根据相关再保险合同的约定,计算确定分保费用,计入当期损益。

**第十七条**　再保险接受人应当根据相关再保险合同的约定,在能够计算确定应向再保险分出人支付的纯益手续费时,将该项纯益手续费作为分保费用,计入当期损益。

**第十八条**　再保险接受人应当在收到分保业务账单时,按照账单标明的金额对相关分保费收入、分保费用进行调整,调整金额计入当期损益。

**第十九条**　再保险接受人提取分保未到期责任准备金、分保未决赔款准备金、分保寿险责任准备金、分保长期健康险责任准备金,以及进行相关分保准备金充足性测试,比照《企业会计准则第 25 号——原保险合同》的相关规定处理。

**第二十条**　再保险接受人应当在收到分保业务账单的当期,按照账单标明的分保赔付款项金额,作为分保赔付成本,计入当期损益;

同时,冲减相应的分保准备金余额。

**第二十一条**　再保险接受人应当在收到分保业务账单时,将账单标明的扣存本期分保保证金确认为存出分保保证金;同时,按照账单标明的返还上期扣存分保保证金转销相关存出分保保证金。

再保险接受人应当根据相关再保险合同的约定,按期计算存出分保保证金利息,计入当期损益。

## 第四章　列　　报

**第二十二条**　保险人应当在资产负债表中单独列示与再保险合同有关的下列项目:

(一)应收分保账款;

(二)应收分保未到期责任准备金;

(三)应收分保未决赔款准备金;

(四)应收分保寿险责任准备金;

(五)应收分保长期健康险责任准备金;

(六)应付分保账款。

**第二十三条**　保险人应当在利润表中单独列示与再保险合同有关的下列项目:

(一)分保费收入;

(二)分出保费;

(三)摊回分保费用;

(四)分保费用;

(五)摊回赔付成本;

(六)分保赔付成本;

(七)摊回未决赔款准备金;

(八)摊回寿险责任准备金;

(九)摊回长期健康险责任准备金。

**第二十四条**　保险人应当在附注中披露与再保险合同有关的下列信息:

(一)分入业务各项分保准备金的增减变动情况。

(二)分入业务提取各项分保准备金及进行分保准备金充足性测试的主要精算假设和方法。

# 28. 企业会计准则第 27 号——石油天然气开采

## 第一章 总 则

**第一条** 为了规范石油天然气(以下简称油气)开采活动的会计处理和相关信息的披露,根据《企业会计准则——基本准则》,制定本准则。

**第二条** 油气开采活动包括矿区权益的取得以及油气的勘探、开发和生产等阶段。

**第三条** 油气开采活动以外的油气储存、集输、加工和销售等业务的会计处理,适用其他相关会计准则。

## 第二章 矿区权益的会计处理

**第四条** 矿区权益,是指企业取得的在矿区内勘探、开发和生产油气的权利。

矿区权益分为探明矿区权益和未探明矿区权益。探明矿区,是指已发现探明经济可采储量的矿区;未探明矿区,是指未发现探明经济可采储量的矿区。

探明经济可采储量,是指在现有技术和经济条件下,根据地质和工程分析,可合理确定的能够从已知油气藏中开采的油气数量。

**第五条** 为取得矿区权益而发生的成本应当在发生时予以资本化。企业取得的矿区权益,应当按照取得时的成本进行初始计量:

(一)申请取得矿区权益的成本包括探矿权使用费、采矿权使用费、土地或海域使用权支出、中介费以及可直接归属于矿区权益的其他申请取得支出。

(二)购买取得矿区权益的成本包括购买价款、中介费以及可直接归属于矿区权益的其他购买取得支出。

矿区权益取得后发生的探矿权使用费、采矿权使用费和租金等维持矿区权益的支出,应当计入当期损益。

**第六条** 企业应当采用产量法或年限平均法对探明矿区权益计提折耗。采用产量法计提折耗的,折耗额可按照单个矿区计算,也可按照若干具有相同或类似地质构造特征或储层条件的相邻矿区所组成的矿区组计算。计算公式如下:

探明矿区权益折耗额=探明矿区权益账面价值×探明矿区权益折耗率探明矿区权益折耗率=探明矿区当期产量/(探明矿区期末探明经济可采储量+探明矿区当期产量)

**第七条** 企业对于矿区权益的减值,应当分别不同情况确认减值损失:

(一)探明矿区权益的减值,按照《企业会计准则第 8 号——资产减值》处理。

(二)对于未探明矿区权益,应当至少每年进行一次减值测试。

单个矿区取得成本较大的,应当以单个矿区为基础进行减值测试,并确定未探明矿区权益减值金额。单个矿区取得成本较小且与其他相邻矿区具有相同或类似地质构造特征或储层条件的,可按照若干具有相同或类似地质构造特征或储层条件的相邻矿区所组成的矿区组进行减值测试。

未探明矿区权益公允价值低于账面价值的差额,应当确认为减值损失,计入当期损益。未探明矿区权益减值损失一经确认,不得转回。

**第八条** 企业转让矿区权益的,应当按照下列规定进行处理:

(一)转让全部探明矿区权益的,将转让所得与矿区权益账面价值的差额计入当期损益。

转让部分探明矿区权益的,按照转让权益和保留权益的公允价值比例,计算确定已转让部分矿区权益账面价值,转让所得与已转让矿区权益账面价值的差额计入当期损益。

(二)转让单独计提减值准备的全部未探明矿区权益的,转让所得与未探明矿区权益账面价值的差额,计入当期损益。

转让单独计提减值准备的部分未探明矿区权益的，如果转让所得大于矿区权益账面价值，将其差额计入当期损益；如果转让所得小于矿区权益账面价值，以转让所得冲减矿区权益账面价值，不确认损益。

（三）转让以矿区组为基础计提减值准备的未探明矿区权益的，

如果转让所得大于矿区权益账面原值，将其差额计入当期损益；如果转让所得小于矿区权益账面原值，以转让所得冲减矿区权益账面原值，不确认损益。

转让该矿区组最后一个未探明矿区的剩余矿区权益时，转让所得与未探明矿区权益账面价值的差额，计入当期损益。

**第九条** 未探明矿区（组）内发现探明经济可采储量而将未探明矿区（组）转为探明矿区（组）的，应当按照其账面价值转为探明矿区权益。

**第十条** 未探明矿区因最终未能发现探明经济可采储量而放弃的，应当按照放弃时的账面价值转销未探明矿区权益并计入当期损益。因未完成义务工作量等因素导致发生的放弃成本，计入当期损益。

## 第三章 油气勘探的会计处理

**第十一条** 油气勘探，是指为了识别勘探区域或探明油气储量而进行的地质调查、地球物理勘探、钻探活动以及其他相关活动。

**第十二条** 油气勘探支出包括钻井勘探支出和非钻井勘探支出。

钻井勘探支出主要包括钻探区域探井、勘探型详探井、评价井和资料井等活动发生的支出；非钻井勘探支出主要包括进行地质调查、地球物理勘探等活动发生的支出。

**第十三条** 钻井勘探支出在完井后，确定该井发现了探明经济可采储量的，应当将钻探该井的支出结转为井及相关设施成本。

确定该井未发现探明经济可采储量的，应当将钻探该井的支出扣除净残值后计入当期损益。

确定部分井段发现了探明经济可采储量的，应当将发现探明经济可采储量的有效井段的钻井勘探支出结转为井及相关设施成本，无效井段钻井勘探累计支出转入当期损益。

未能确定该探井是否发现探明经济可采储量的，应当在完井后一年内将钻探该井的支出予以暂时资本化。

**第十四条** 在完井一年时仍未能确定该探井是否发现探明经济可采储量，同时满足下列条件的，应当将钻探该井的资本化支出继续暂时资本化，否则应当计入当期损益：

（一）该井已发现足够数量的储量，但要确定其是否属于探明经济可采储量，还需要实施进一步的勘探活动；

（二）进一步的勘探活动已在实施中或已有明确计划并即将实施。

钻井勘探支出已费用化的探井又发现了探明经济可采储量的，已费用化的钻井勘探支出不作调整，重新钻探和完井发生的支出应当予以资本化。

**第十五条** 非钻井勘探支出于发生时计入当期损益。

## 第四章 油气开发的会计处理

**第十六条** 油气开发，是指为了取得探明矿区中的油气而建造或更新井及相关设施的活动。

**第十七条** 油气开发活动所发生的支出，应当根据其用途分别予以资本化，作为油气开发形成的井及相关设施的成本。

油气开发形成的井及相关设施的成本主要包括：

（一）钻前准备支出，包括前期研究、工程地质调查、工程设计、确定井位、清理井场、修建道路等活动发生的支出；

（二）井的设备购置和建造支出，井的设备包括套管、油管、抽油设备和井口装置等，井的建造包括钻井和完井；

（三）购建提高采收率系统发生的支出；

（四）购建矿区内集输设施、分离处理设施、计量设备、储存设施、各种海上平台、海底及陆上电缆等发生的支出。

**第十八条**　在探明矿区内，钻井至现有已探明层位的支出，作为油气开发支出；为获取新增探明经济可采储量而继续钻至未探明层位的支出，作为钻井勘探支出，按照本准则第十三条和第十四条处理。

## 第五章　油气生产的会计处理

**第十九条**　油气生产，是指将油气从油气藏提取到地表以及在矿区内收集、拉运、处理、现场储存和矿区管理等活动。

**第二十条**　油气的生产成本包括相关矿区权益折耗、井及相关设施折耗、辅助设备及设施折旧以及操作费用等。操作费用包括油气生产和矿区管理过程中发生的直接和间接费用。

**第二十一条**　企业应当采用产量法或年限平均法对井及相关设施计提折耗。井及相关设施包括确定发现了探明经济可采储量的探井和开采活动中形成的井，以及与开采活动直接相关的各种设施。采用产量法计提折耗的，折耗额可按照单个矿区计算，也可按照若干具有相同或类似地质构造特征或储层条件的相邻矿区所组成的矿区组计算。计算公式如下：

$$\text{探明矿区权益折耗额}=\text{探明矿区权益账面价值}\times\text{探明矿区权益折耗率}$$

$$\text{探明矿区权益折耗率}=\frac{\text{探明矿区当期产量}}{\text{探明矿区期末探明经济可采储量}+\text{探明矿区当期产量}}$$

探明已开发经济可采储量，包括矿区的开发井网钻探和配套设施建设完成后已全面投入开采的探明经济可采储量，以及在提高采收率技术所需的设施已建成并已投产后相应增加的可采储量。

**第二十二条**　地震设备、建造设备、车辆、修理车间、仓库、供应站、通讯设备、办公设施等辅助设备及设施，应当按照《企业会计准则第 4 号——固定资产》处理。

**第二十三条**　企业承担的矿区废弃处置义务，满足《企业会计准则第 13 号——或有事项》中预计负债确认条件的，应当将该义务确认为预计负债，并相应增加井及相关设施的账面价值。

不符合预计负债确认条件的，在废弃时发生的拆卸、搬移、场地清理等支出，应当计入当期损益。

矿区废弃，是指矿区内的最后一口井停产。

**第二十四条**　井及相关设施、辅助设备及设施的减值，应当按照《企业会计准则第 8 号——资产减值》处理。

## 第六章　披　　露

**第二十五条**　企业应当在附注中披露与石油天然气开采活动有关的下列信息：

（一）拥有国内和国外的油气储量年初、年末数据。

（二）当期在国内和国外发生的矿区权益的取得、油气勘探和油气开发各项支出的总额。

（三）探明矿区权益、井及相关设施的账面原值，累计折耗和减值准备累计金额及其计提方法；与油气开采活动相关的辅助设备及设施的账面原价，累计折旧和减值准备累计金额及其计提方法。

# 29. 企业会计准则第 28 号——会计政策、会计估计变更和差错更正

## 第一章　总　　则

**第一条**　为了规范企业会计政策的应用，会计政策、会计估计变更和前期差错更正的确认、计量和相关信息的披露，根据《企业会计准则——基本准则》，制定本准则。

**第二条**　会计政策变更和前期差错更正的所得税影响，适用《企业会计准则第 18 号——所得税》。

## 第二章　会计政策

**第三条**　企业应当对相同或者相似的交易或者事项采用相同的会计政策进行处理。但是，其他会计准

则另有规定的除外。

会计政策，是指企业在会计确认、计量和报告中所采用的原则、基础和会计处理方法。

**第四条** 企业采用的会计政策，在每一会计期间和前后各期应当保持一致，不得随意变更。但是，满足下列条件之一的，可以变更会计政策：

（一）法律、行政法规或者国家统一的会计制度等要求变更。

（二）会计政策变更能够提供更可靠、更相关的会计信息。

**第五条** 下列各项不属于会计政策变更：

（一）本期发生的交易或者事项与以前相比具有本质差别而采用新的会计政策。

（二）对初次发生的或不重要的交易或者事项采用新的会计政策。

**第六条** 企业根据法律、行政法规或者国家统一的会计制度等要求变更会计政策的，应当按照国家相关会计规定执行。

会计政策变更能够提供更可靠、更相关的会计信息的，应当采用追溯调整法处理，将会计政策变更累积影响数调整列报前期最早期初留存收益，其他相关项目的期初余额和列报前期披露的其他比较数据也应当一并调整，但确定该项会计政策变更累积影响数不切实可行的除外。

追溯调整法，是指对某项交易或事项变更会计政策，视同该项交易或事项初次发生时即采用变更后的会计政策，并以此对财务报表相关项目进行调整的方法。

会计政策变更累积影响数，是指按照变更后的会计政策对以前各期追溯计算的列报前期最早期初留存收益应有金额与现有金额之间的差额。

**第七条** 确定会计政策变更对列报前期影响数不切实可行的，应当从可追溯调整的最早期间期初开始应用变更后的会计政策。

在当期期初确定会计政策变更对以前各期累积影响数不切实可行的，应当采用未来适用法处理。

未来适用法，是指将变更后的会计政策应用于变更日及以后发生的交易或者事项，或者在会计估计变更当期和未来期间确认会计估计变更影响数的方法。

## 第三章 会计估计变更

**第八条** 企业据以进行估计的基础发生了变化，或者由于取得新信息、积累更多经验以及后来的发展变化，可能需要对会计估计进行修订。会计估计变更的依据应当真实、可靠。

会计估计变更，是指由于资产和负债的当前状况及预期经济利益和义务发生了变化，从而对资产或负债的账面价值或者资产的定期消耗金额进行调整。

**第九条** 企业对会计估计变更应当采用未来适用法处理。

会计估计变更仅影响变更当期的，其影响数应当在变更当期予以确认；既影响变更当期又影响未来期间的，其影响数应当在变更当期和未来期间予以确认。

**第十条** 企业难以对某项变更区分为会计政策变更或会计估计变更的，应当将其作为会计估计变更处理。

## 第四章 前期差错更正

**第十一条** 前期差错，是指由于没有运用或错误运用下列两种信息，而对前期财务报表造成省略漏或错报。

（一）编报前期财务报表时预期能够取得并加以考虑的可靠信息。

（二）前期财务报告批准报出时能够取得的可靠信息。

前期差错通常包括计算错误、应用会计政策错误、疏忽或曲解事实以及舞弊产生的影响以及存货、固定资产盘盈等。

**第十二条** 企业应当采用追溯重述法更正重要的前期差错，但确定前期差错累积影响数不切实可行的除外。

追溯重述法，是指在发现前期差错时，视同该项前期差错从未发生过，从而对财务报表相关项目进行更正的方法。

**第十三条**　确定前期差错影响数不切实可行的，可以从可追溯重述的最早期间开始调整留存收益的期初余额，财务报表其他相关项目的期初余额也应当一并调整，也可以采用未来适用法。

**第十四条**　企业应当在重要的前期差错发现当期的财务报表中，调整前期比较数据。

### 第五章　披　　露

**第十五条**　企业应当在附注中披露与会计政策变更有关的下列信息：

(一)会计政策变更的性质、内容和原因。

(二)当期和各个列报前期财务报表中受影响的项目名称和调整金额。

(三)无法进行追溯调整的，说明该事实和原因以及开始应用变更后的会计政策的时点、具体应用情况。

**第十六条**　企业应当在附注中披露与会计估计变更有关的下列信息：

(一)会计估计变更的内容和原因。

(二)会计估计变更对当期和未来期间的影响数。

(三)会计估计变更的影响数不能确定的，披露这一事实和原因。

**第十七条**　企业应当在附注中披露与前期差错更正有关的下列信息：

(一)前期差错的性质。

(二)各个列报前期财务报表中受影响的项目名称和更正金额。

(三)无法进行追溯重述的，说明该事实和原因以及对前期差错开始进行更正的时点、具体更正情况。

**第十八条**　在以后期间的财务报表中，不需要重复披露在以前期间的附注中已披露的会计政策变更和前期差错更正的信息。

## 30. 企业会计准则第29号——资产负债表日后事项

### 第一章　总　　则

**第一条**　为了规范资产负债表日后事项的确认、计量和相关信息的披露，根据《企业会计准则——基本准则》，制定本准则。

**第二条**　资产负债表日后事项，是指资产负债表日至财务报告批准报出日之间发生的有利或不利事项。财务报告批准报出日，是指董事会或类似机构批准财务报告报出的日期。

资产负债表日后事项包括资产负债表日后调整事项和资产负债表日后非调整事项。

资产负债表日后调整事项，是指对资产负债表日已经存在的情况提供了新的或进一步证据的事项。

资产负债表日后非调整事项，是指表明资产负债表日后发生的情况的事项。

**第三条**　资产负债表日后事项表明持续经营假设不再适用的，企业不应当在持续经营基础上编制财务报表。

### 第二章　资产负债表日后调整事项

**第四条**　企业发生的资产负债表日后调整事项，应当调整资产负债表日的财务报表。

**第五条**　企业发生的资产负债表日后调整事项，通常包括下列各项：

(一)资产负债表日后诉讼案件结案，法院判决证实了企业在资产负债表日已经存在现时义务，需要调整原先确认的与该诉讼案件相关的预计负债，或确认一项新负债。

(二)资产负债表日后取得确凿证据，表明某项资产在资产负债表日发生了减值或者需要调整该项资产原先确认的减值金额。

(三)资产负债表日后进一步确定了资产负债表日前购入资产的成本或售出资产的收入。

(四)资产负债表日后发现了财务报表舞弊或差错。

### 第三章　资产负债表日后非调整事项

**第六条**　企业发生的资产负债表日后非调整事项，不应当调整资产负债表日的财务报表。

**第七条**　企业发生的资产负债表日后非调整事项，通常包括下列各项：

（一）资产负债表日后发生重大诉讼、仲裁、承诺。

（二）资产负债表日后资产价格、税收政策、外汇汇率发生重大变化。

（三）资产负债表日后因自然灾害导致资产发生重大损失。

（四）资产负债表日后发行股票和债券以及其他巨额举债。

（五）资产负债表日后资本公积转增资本。

（六）资产负债表日后发生巨额亏损。

（七）资产负债表日后发生企业合并或处置子公司。

**第八条**　资产负债表日后，企业利润分配方案中拟分配的以及经审议批准宣告发放的股利或利润，不确认为资产负债表日的负债，但应当在附注中单独披露。

### 第四章　披　　露

**第九条**　企业应当在附注中披露与资产负债表日后事项有关的下列信息：

（一）财务报告的批准报出者和财务报告批准报出日。

按照有关法律、行政法规等规定，企业所有者或其他方面有权对报出的财务报告进行修改的，应当披露这一情况。

（二）每项重要的资产负债表日后非调整事项的性质、内容，及其对财务状况和经营成果的影响。无法做出估计的，应当说明原因。

**第十条**　企业在资产负债表日后取得了影响资产负债表日存在情况的新的或进一步的证据，应当调整与之相关的披露信息。

## 31. 企业会计准则第30号——财务报表列报

### 第一章　总　　则

**第一条**　为了规范财务报表的列报，保证同一企业不同期间和同一期间不同企业的财务报表相互可比，根据《企业会计准则——基本准则》，制定本准则。

**第二条**　财务报表是对企业财务状况、经营成果和现金流量的结构性表述。财务报表至少应当包括下列组成部分：

（一）资产负债表；

（二）利润表；

（三）现金流量表；

（四）所有者权益（或股东权益，下同）变动表；

（五）附注。

**第三条**　现金流量表的编制和列报，以及其他会计准则的特殊列报要求，适用《企业会计准则第31号——现金流量表》和其他相关会计准则。

### 第二章　基本要求

**第四条**　企业应当以持续经营为基础，根据实际发生的交易和事项，按照《企业会计准则——基本准则》和其他各项会计准则的规定进行确认和计量，在此基础上编制财务报表。

企业不应以附注披露代替确认和计量。

以持续经营为基础编制财务报表不再合理的，企业应当采用其他基础编制财务报表，并在附注中披露这一事实。

**第五条**　财务报表项目的列报应当在各个会计期间保持一致，不得随意变更，但下列情况除外：

（一）会计准则要求改变财务报表项目的列报。

（二）企业经营业务的性质发生重大变化后，变更财务报表项目的列报能够提供更可靠、更相关的会计信息。

**第六条**　性质或功能不同的项目，应当在财务报表中单独列报，但不具有重要性的项目除外。

性质或功能类似的项目，其所属类别具有重要性的，应当按其类别在财务报表中单独列报。

重要性，是指财务报表某项目的省略或错报会影响使用者据此作出经济决策的，该项目具有重要性。重要性应当根据企业所处环境，从项目的性质和金额大小两方面予以判断。

**第七条**　财务报表中的资产项目和负债项目的金额、收入项目和费用项目的金额不得相互抵销，但其他会计准则另有规定的除外。

资产项目按扣除减值准备后的净额列示，不属于抵销。

非日常活动产生的损益，以收入扣减费用后的净额列示，不属于抵销。

**第八条**　当期财务报表的列报，至少应当提供所有列报项目上一可比会计期间的比较数据，以及与理解当期财务报表相关的说明，但其他会计准则另有规定的除外。

根据本准则第五条的规定，财务报表项目的列报发生变更的，应当对上期比较数据按照当期的列报要求进行调整，并在附注中披露调整的原因和性质，以及调整的各项目金额。对上期比较数据进行调整不切实可行的，应当在附注中披露不能调整的原因。

不切实可行，是指企业在作出所有合理努力后仍然无法采用某项规定。

**第九条**　企业应当在财务报表的显著位置至少披露下列各项：

（一）编报企业的名称。

（二）资产负债表日或财务报表涵盖的会计期间。

（三）人民币金额单位。

（四）财务报表是合并财务报表的，应当予以标明。

**第十条**　企业至少应当按年编制财务报表。年度财务报表涵盖的期间短于一年的，应当披露年度财务报表的涵盖期间，以及短于一年的原因。

对外提供中期财务报告的，还应遵循《企业会计准则第 32 号——中期财务报告》的规定。

**第十一条**　本准则规定在财务报表中单独列报的项目，应当单独列报。其他会计准则规定单独列报的项目，应当增加单独列报项目。

## 第三章　资产负债表

**第十二条**　资产和负债应当分别流动资产和非流动资产、流动负债和非流动负债列示。

金融企业的各项资产或负债，按照流动性列示能够提供可靠且更相关信息的，可以按照其流动性顺序列示。

**第十三条**　资产满足下列条件之一的，应当归类为流动资产：

（一）预计在一个正常营业周期中变现、出售或耗用。

（二）主要为交易目的而持有。

（三）预计在资产负债表日起一年内（含一年，下同）变现。

（四）自资产负债表日起一年内，交换其他资产或清偿负债的能力不受限制的现金或现金等价物。

**第十四条**　流动资产以外的资产应当归类为非流动资产，并应按其性质分类列示。

**第十五条**　负债满足下列条件之一的，应当归类为流动负债：

（一）预计在一个正常营业周期中清偿。

（二）主要为交易目的而持有。

（三）自资产负债表日起一年内到期应予以清偿。

（四）企业无权自主地将清偿推迟至资产负债表日后一年以上。

**第十六条** 流动负债以外的负债应当归类为非流动负债,并应按其性质分类列示。

**第十七条** 对于在资产负债表日起一年内到期的负债,企业预计能够自主地将清偿义务展期至资产负债表日后一年以上的,应当归类为非流动负债;不能自主地将清偿义务展期的,即使在资产负债表日后、财务报告批准报出日前签订了重新安排清偿计划协议,该项负债仍应归类为流动负债。

**第十八条** 企业在资产负债表日或之前违反了长期借款协议,导致贷款人可随时要求清偿的负债,应当归类为流动负债。

贷款人在资产负债表日或之前同意提供在资产负债表日后一年以上的宽限期,企业能够在此期限内改正违约行为,且贷款人不能要求随时清偿,该项负债应当归类为非流动负债。

其他长期负债存在类似情况的,比照上述第一款和第二款处理。

**第十九条** 资产负债表中的资产类至少应当单独列示反映下列信息的项目:

(一)货币资金;

(二)应收及预付款项;

(三)交易性投资;

(四)存货;

(五)持有至到期投资;

(六)长期股权投资;

(七)投资性房地产;

(八)固定资产;

(九)生物资产;

(十)递延所得税资产;

(十一)无形资产。

**第二十条** 资产负债表中的资产类至少应当包括流动资产和非流动资产的合计项目。

**第二十一条** 资产负债表中的负债类至少应当单独列示反映下列信息的项目:

(一)短期借款;

(二)应付及预收款项;

(三)应交税金;

(四)应付职工薪酬;

(五)预计负债;

(六)长期借款;

(七)长期应付款;

(八)应付债券;

(九)递延所得税负债。

**第二十二条** 资产负债表中的负债类至少应当包括流动负债、非流动负债和负债的合计项目。

**第二十三条** 资产负债表中的所有者权益类至少应当单独列示反映下列信息的项目:

(一)实收资本(或股本);

(二)资本公积;

(三)盈余公积;

(四)未分配利润。

在合并资产负债表中,应当在所有者权益类单独列示少数股东权益。

**第二十四条** 资产负债表中的所有者权益类应当包括所有者权益的合计项目。

**第二十五条** 资产负债表应当列示资产总计项目,负债和所有者权益总计项目。

## 第四章 利 润 表

**第二十六条** 费用应当按照功能分类,分为从事经营业务发生的成本、管理费用、销售费用和财务费用等。

**第二十七条** 利润表至少应当单独列示反映下列信息的项目:

（一）营业收入；

（二）营业成本；

（三）营业税金；

（四）管理费用；

（五）销售费用；

（六）财务费用；

（七）投资收益；

（八）公允价值变动损益；

（九）资产减值损失；

（十）非流动资产处置损益；

（十一）所得税费用；

（十二）净利润。

金融企业可以根据其特殊性列示利润表项目。

**第二十八条**　在合并利润表中，企业应当在净利润项目之下单独列示归属于母公司的损益和归属于少数股东的损益。

## 第五章　所有者权益变动表

**第二十九条**　所有者权益变动表应当反映构成所有者权益的各组成部分当期的增减变动情况。当期损益、直接计入所有者权益的利得和损失以及与所有者（或股东，下同）的资本交易导致的所有者权益的变动，应当分别列示。

**第三十条**　所有者权益变动表至少应当单独列示反映下列信息的项目：

（一）净利润；

（二）直接计入所有者权益的利得和损失项目及其总额；

（三）会计政策变更和差错更正的累积影响金额；

（四）所有者投入资本和向所有者分配利润等；

（五）按照规定提取的盈余公积；

（六）实收资本（或股本）、资本公积、盈余公积、未分配利润的期初和期末余额及其调节情况。

## 第六章　附　　注

**第三十一条**　附注是对在资产负债表、利润表、现金流量表和所有者权益变动表等报表中列示项目的文字描述或明细资料，以及对未能在这些报表中列示项目的说明等。

**第三十二条**　附注应当披露财务报表的编制基础，相关信息应当与资产负债表、利润表、现金流量表和所有者权益变动表等报表中列示的项目相互参照。

**第三十三条**　附注一般应当按照下列顺序披露：

（一）财务报表的编制基础。

（二）遵循企业会计准则的声明。

（三）重要会计政策的说明，包括财务报表项目的计量基础和会计政策的确定依据等。

（四）重要会计估计的说明，包括下一会计期间内很可能导致资产、负债账面价值重大调整的会计估计的确定依据等。

（五）会计政策和会计估计变更以及差错更正的说明。

（六）对已在资产负债表、利润表、现金流量表和所有者权益变动表中列示的重要项目的进一步说明，包括终止经营税后利润的金额及其构成情况等。

（七）或有和承诺事项、资产负债表日后非调整事项、关联方关系及其交易等需要说明的事项。

**第三十四条**　企业应当在附注中披露在资产负债表日后、财务报告批准报出日前提议或宣布发放的股利总额和每股股利金额（或向投资者分配的利润总额）。

**第三十五条**　下列各项未在与财务报表一起公布的其他信息中披露的，企业应当在附注中披露：

(一)企业注册地、组织形式和总部地址。

(二)企业的业务性质和主要经营活动。

(三)母公司以及集团最终母公司的名称。

# 32. 企业会计准则第31号——现金流量表

## 第一章 总 则

**第一条** 为了规范现金流量表的编制和列报,根据《企业会计准则——基本准则》,制定本准则。

**第二条** 现金流量表,是指反映企业在一定会计期间现金和现金等价物流入和流出的报表。

现金,是指企业库存现金以及可以随时用于支付的存款。

现金等价物,是指企业持有的期限短、流动性强、易于转换为已知金额现金、价值变动风险很小的投资。

本准则提及现金时,除非同时提及现金等价物,均包括现金和现金等价物。

**第三条** 合并现金流量表的编制和列报,适用《企业会计准则第33号——合并财务报表》。

## 第二章 基本要求

**第四条** 现金流量表应当分别经营活动、投资活动和筹资活动列报现金流量。

**第五条** 现金流量应当分别按照现金流入和现金流出总额列报。

但是,下列各项可以按照净额列报:

(一)代客户收取或支付的现金。

(二)周转快、金额大、期限短项目的现金流入和现金流出。

(三)金融企业的有关项目,包括短期贷款发放与收回的贷款本金、活期存款的吸收与支付、同业存款和存放同业款项的存取、向其他金融企业拆借资金、以及证券的买入与卖出等。

**第六条** 自然灾害损失、保险索赔等特殊项目,应当根据其性质,分别归并到经营活动、投资活动和筹资活动现金流量类别中单独列报。

**第七条** 外币现金流量以及境外子公司的现金流量,应当采用现金流量发生日的即期汇率或按照系统合理的方法确定的、与现金流量发生日即期汇率近似的汇率折算。汇率变动对现金的影响额应当作为调节项目,在现金流量表中单独列报。

## 第三章 经营活动现金流量

**第八条** 企业应当采用直接法列示经营活动产生的现金流量。

经营活动,是指企业投资活动和筹资活动以外的所有交易和事项。

直接法,是指通过现金收入和现金支出的主要类别列示经营活动的现金流量。

**第九条** 有关经营活动现金流量的信息,可以通过下列途径之一取得:

(一)企业的会计记录。

(二)根据下列项目对利润表中的营业收入、营业成本以及其他项目进行调整:

1. 当期存货及经营性应收和应付项目的变动;
2. 固定资产折旧、无形资产摊销、计提资产减值准备等其他非现金项目;
3. 属于投资活动或筹资活动现金流量的其他非现金项目。

**第十条** 经营活动产生的现金流量至少应当单独列示反映下列信息的项目:

(一)销售商品、提供劳务收到的现金;

(二)收到的税费返还;

(三)收到其他与经营活动有关的现金;

(四)购买商品、接受劳务支付的现金;

（五）支付给职工以及为职工支付的现金；

（六）支付的各项税费；

（七）支付其他与经营活动有关的现金。

**第十一条**　金融企业可以根据行业特点和现金流量实际情况，合理确定经营活动现金流量项目的类别。

## 第四章　投资活动现金流量

**第十二条**　投资活动，是指企业长期资产的购建和不包括在现金等价物范围的投资及其处置活动。

**第十三条**　投资活动产生的现金流量至少应当单独列示反映下列信息的项目：

（一）收回投资收到的现金；

（二）取得投资收益收到的现金；

（三）处置固定资产、无形资产和其他长期资产收回的现金净额；

（四）处置子公司及其他营业单位收到的现金净额；

（五）收到其他与投资活动有关的现金；

（六）购建固定资产、无形资产和其他长期资产支付的现金；

（七）投资支付的现金；

（八）取得子公司及其他营业单位支付的现金净额；

（九）支付其他与投资活动有关的现金。

## 第五章　筹资活动现金流量

**第十四条**　筹资活动，是指导致企业资本及债务规模和构成发生变化的活动。

**第十五条**　筹资活动产生的现金流量至少应当单独列示反映下列信息的项目：

（一）吸收投资收到的现金；

（二）取得借款收到的现金；

（三）收到其他与筹资活动有关的现金；

（四）偿还债务支付的现金；

（五）分配股利、利润或偿付利息支付的现金；

（六）支付其他与筹资活动有关的现金。

## 第六章　披　露

**第十六条**　企业应当在附注中披露将净利润调节为经营活动现金流量的信息。至少应当单独披露对净利润进行调节的下列项目：

（一）资产减值准备；

（二）固定资产折旧；

（三）无形资产摊销；

（四）长期待摊费用摊销；

（五）待摊费用；

（六）预提费用；

（七）处置固定资产、无形资产和其他长期资产的损益；

（八）固定资产报废损失；

（九）公允价值变动损益；

（十）财务费用；

（十一）投资损益；

（十二）递延所得税资产和递延所得税负债；

（十三）存货；

（十四）经营性应收项目；

（十五）经营性应付项目。

**第十七条** 企业应当在附注中以总额披露当期取得或处置子公司及其他营业单位的下列信息：

（一）取得或处置价格；

（二）取得或处置价格中以现金支付的部分；

（三）取得或处置子公司及其他营业单位收到的现金；

（四）取得或处置子公司及其他营业单位按照主要类别分类的非现金资产和负债。

**第十八条** 企业应当在附注中披露不涉及当期现金收支、但影响企业财务状况或在未来可能影响企业现金流量的重大投资和筹资活动。

**第十九条** 企业应当在附注中披露与现金和现金等价物有关的下列信息：

（一）现金和现金等价物的构成及其在资产负债表中的相应金额。

（二）企业持有但不能由母公司或集团内其他子公司使用的大额现金和现金等价物金额。

# 33. 企业会计准则第32号——中期财务报告

## 第一章 总 则

**第一条** 为了规范中期财务报告的内容和编制中期财务报告应当遵循的确认与计量原则，根据《企业会计准则——基本准则》，制定本准则。

**第二条** 中期财务报告，是指以中期为基础编制的财务报告。

中期，是指短于一个完整的会计年度的报告期间。

## 第二章 中期财务报告的内容

**第三条** 中期财务报告至少应当包括资产负债表、利润表、现金流量表和附注。

中期资产负债表、利润表和现金流量表应当是完整报表，其格式和内容应当与上年度财务报表相一致。

当年新施行的会计准则对财务报表格式和内容作了修改的，中期财务报表应当按照修改后的报表格式和内容编制，上年度比较财务报表的格式和内容，也应当作相应调整。

基本每股收益和稀释每股收益应当在中期利润表中单独列示。

**第四条** 上年度编制合并财务报表的，中期期末应当编制合并财务报表。

上年度财务报告除了包括合并财务报表，还包括母公司财务报表的，中期财务报告也应当包括母公司财务报表。

上年度财务报告包括了合并财务报表，但报告中期内处置了所有应当纳入合并范围的子公司的，中期财务报告只需提供母公司财务报表，但上年度比较财务报表仍应当包括合并财务报表，上年度可比中期没有子公司的除外。

**第五条** 中期财务报告应当按照下列规定提供比较财务报表：

（一）本中期末的资产负债表和上年度末的资产负债表。

（二）本中期的利润表、年初至本中期末的利润表以及上年度可比期间的利润表。

（三）年初至本中期末的现金流量表和上年度年初至可比本中期末的现金流量表。

**第六条** 财务报表项目在报告中期作了调整或者修订的，上年度比较财务报表项目有关金额应当按照本年度中期财务报表的要求重新分类，并在附注中说明重新分类的原因及其内容，无法重新分类的，应当在附注中说明不能重新分类的原因。

**第七条** 中期财务报告中的附注应当以年初至本中期末为基础编制，披露自上年度资产负债表日之后发生的，有助于理解企业财务状况、经营成果和现金流量变化情况的重要交易或者事项。

对于理解本中期财务状况、经营成果和现金流量有关的重要交易或者事项，也应当在附注中作相应披露。

**第八条**　中期财务报告中的附注至少应当包括下列信息：

（一）中期财务报表所采用的会计政策与上年度财务报表相一致的声明。

会计政策发生变更的，应当说明会计政策变更的性质、内容、原因及其影响数；无法进行追溯调整的，应当说明原因。

（二）会计估计变更的内容、原因及其影响数；影响数不能确定的，应当说明原因。

（三）前期差错的性质及其更正金额；无法进行追溯重述的，应当说明原因。

（四）企业经营的季节性或者周期性特征。

（五）存在控制关系的关联方发生变化的情况；关联方之间发生交易的，应当披露关联方关系的性质、交易类型和交易要素。

（六）合并财务报表的合并范围发生变化的情况。

（七）对性质特别或者金额异常的财务报表项目的说明。

（八）证券发行、回购和偿还情况。

（九）向所有者分配利润的情况，包括在中期内实施的利润分配和已提出或者已批准但尚未实施的利润分配情况。

（十）根据《企业会计准则第 35 号——分部报告》规定应当披露分部报告信息的，应当披露主要报告形式的分部收入与分部利润（亏损）。

（十一）中期资产负债表日至中期财务报告批准报出日之间发生的非调整事项。

（十二）上年度资产负债表日以后所发生的或有负债和或有资产的变化情况。

（十三）企业结构变化情况，包括企业合并，对被投资单位具有重大影响、共同控制或者控制关系的长期股权投资的购买或者处置，终止经营等。

（十四）其他重大交易或者事项，包括重大的长期资产转让及其出售情况、重大的固定资产和无形资产取得情况、重大的研究和开发支出、重大的资产减值损失情况等。

企业在提供上述（五）和（十）有关关联方交易、分部收入与分部利润（亏损）信息时，应当同时提供本中期（或者本中期末）和本年度年初至本中期末的数据，以及上年度可比本中期（或者可比期末）和可比年初至本中期末的比较数据。

**第九条**　企业在确认、计量和报告各中期财务报表项目时，对项目重要性程度的判断，应当以中期财务数据为基础，不应以年度财务数据为基础。中期会计计量与年度财务数据相比，可在更大程度上依赖于估计，但是，企业应当确保所提供的中期财务报告包括了相关的重要信息。

**第十条**　在同一会计年度内，以前中期财务报告中报告的某项估计金额在最后一个中期发生了重大变更、企业又不单独编制该中期财务报告的，应当在年度财务报告的附注中披露该项估计变更的内容、原因及其影响金额。

## 第三章　确认和计量

**第十一条**　企业在中期财务报表中应当采用与年度财务报表相一致的会计政策。

上年度资产负债表日之后发生了会计政策变更，且变更后的会计政策将在年度财务报表中采用的，中期财务报表应当采用变更后的会计政策，并按照本准则第十四条的规定处理。

**第十二条**　中期会计计量应当以年初至本中期末为基础，财务报告的频率不应当影响年度结果的计量。

在同一会计年度内，以前中期财务报表项目在以后中期发生了会计估计变更的，以后中期财务报表应当反映该会计估计变更后的金额，但对以前中期财务报表项目金额不作调整。同时，该会计估计变更应当按照本准则第八条（二）或者第十条的规定在附注中作相应披露。

**第十三条**　企业取得的季节性、周期性或者偶然性收入，应当在发生时予以确认和计量，不应在中期财务报表中预计或者递延，但会计年度末允许预计或者递延的除外。

企业在会计年度中不均匀发生的费用，应当在发生时予以确认和计量，不应在中期财务报表中预提或者待摊，但会计年度末允许预提或者待摊的除外。

**第十四条**　企业在中期发生了会计政策变更的，应当按照《企业会计准则第28号——会计政策、会计估计变更和差错更正》处理，并按照本准则第八条（一）的规定在附注中作相应披露。

会计政策变更的累积影响数能够合理确定、且涉及本会计年度以前中期财务报表相关项目数字的，应当予以追溯调整，视同该会计政策在整个会计年度一贯采用；同时，上年度可比财务报表也应当作相应调整。

# 34. 企业会计准则第33号——合并财务报表

## 第一章　总　　则

**第一条**　为了规范合并财务报表的编制和列报，根据《企业会计准则——基本准则》，制定本准则。

**第二条**　合并财务报表，是指反映母公司和其全部子公司形成的企业集团整体财务状况、经营成果和现金流量的财务报表。

母公司，是指有一个或一个以上子公司的企业（或主体，下同）。

子公司，是指被母公司控制的企业。

**第三条**　合并财务报表至少应当包括下列组成部分：

（一）合并资产负债表；

（二）合并利润表；

（三）合并现金流量表；

（四）合并所有者权益（或股东权益，下同）变动表；

（五）附注。

**第四条**　母公司应当编制合并财务报表。

**第五条**　外币财务报表折算，适用《企业会计准则第19号——外币折算》和《企业会计准则第31号——现金流量表》。

## 第二章　合并范围

**第六条**　合并财务报表的合并范围应当以控制为基础予以确定。

控制，是指一个企业能够决定另一个企业的财务和经营政策，并能据以从另一个企业的经营活动中获取利益的权力。

**第七条**　母公司直接或通过子公司间接拥有被投资单位半数以上的表决权，表明母公司能够控制被投资单位，应当将该被投资单位认定为子公司，纳入合并财务报表的合并范围。但是，有证据表明母公司不能控制被投资单位的除外。

**第八条**　母公司拥有被投资单位半数或以下的表决权，满足下列条件之一的，视为母公司能够控制被投资单位，应当将该被投资单位认定为子公司，纳入合并财务报表的合并范围。但是，有证据表明母公司不能控制被投资单位的除外：

（一）通过与被投资单位其他投资者之间的协议，拥有被投资单位半数以上的表决权。

（二）根据公司章程或协议，有权决定被投资单位的财务和经营政策。

（三）有权任免被投资单位的董事会或类似机构的多数成员。

（四）在被投资单位的董事会或类似机构占多数表决权。

**第九条**　在确定能否控制被投资单位时，应当考虑企业和其他企业持有的被投资单位的当期可转换的可转换公司债券、当期可执行的认股权证等潜在表决权因素。

**第十条**　母公司应当将其全部子公司纳入合并财务报表的合并范围。

## 第三章　合并程序

**第十一条**　合并财务报表应当以母公司和其子公司的财务报表为基础，根据其他有关资料，按照权益法调整对子公司的长期股权投资后，由母公司编制。

**第十二条**　母公司应当统一子公司所采用的会计政策，使子公司采用的会计政策与母公司保持一致。

子公司所采用的会计政策与母公司不一致的，应当按照母公司的会计政策对子公司财务报表进行必要的调整；或者要求子公司按照母公司的会计政策另行编报财务报表。

**第十三条**　母公司应当统一子公司的会计期间，使子公司的会计期间与母公司保持一致。

子公司的会计期间与母公司不一致的，应当按照母公司的会计期间对子公司财务报表进行调整；或者要求子公司按照母公司的会计期间另行编报财务报表。

**第十四条**　在编制合并财务报表时，子公司除了应当向母公司提供财务报表外，还应当向母公司提供下列有关资料：

（一）采用的与母公司不一致的会计政策及其影响金额；

（二）与母公司不一致的会计期间的说明；

（三）与母公司、其他子公司之间发生的所有内部交易的相关资料；

（四）所有者权益变动的有关资料；

（五）编制合并财务报表所需要的其他资料。

## 第一节　合并资产负债表

**第十五条**　合并资产负债表应当以母公司和子公司的资产负债表为基础，在抵销母公司与子公司、子公司相互之间发生的内部交易对合并资产负债表的影响后，由母公司合并编制。

（一）母公司对子公司的长期股权投资与母公司在子公司所有者权益中所享有的份额应当相互抵销，同时抵销相应的长期股权投资减值准备。

在购买日，母公司对子公司的长期股权投资与母公司在子公司所有者权益中所享有的份额的差额，应当在商誉项目列示。商誉发生减值的，应当按照经减值测试后的金额列示。

各子公司之间的长期股权投资以及子公司对母公司的长期股权投资，应当比照上述规定，将长期股权投资与其对应的子公司或母公司所有者权益中所享有的份额相互抵销。

（二）母公司与子公司、子公司相互之间的债权与债务项目应当相互抵销，同时抵销应收款项的坏账准备和债券投资的减值准备。

母公司与子公司、子公司相互之间的债券投资与应付债券相互抵销后，产生的差额应当计入投资收益项目。

（三）母公司与子公司、子公司相互之间销售商品（或提供劳务，下同）或其他方式形成的存货、固定资产、工程物资、在建工程、无形资产等所包含的未实现内部销售损益应当抵销。

对存货、固定资产、工程物资、在建工程和无形资产等计提的跌价准备或减值准备与未实现内部销售损益相关的部分应当抵销。

（四）母公司与子公司、子公司相互之间发生的其他内部交易对合并资产负债表的影响应当抵销。

**第十六条**　子公司所有者权益中不属于母公司的份额，应当作为少数股东权益，在合并资产负债表中所有者权益项目下以"少数股东权益"项目列示。

**第十七条**　母公司在报告期内因同一控制下企业合并增加的子公司，编制合并资产负债表时，应当调整合并资产负债表的期初数。

因非同一控制下企业合并增加的子公司，编制合并资产负债表时，不应当调整合并资产负债表的期初数。

**第十八条**　母公司在报告期内处置子公司，编制合并资产负债表时，不应当调整合并资产负债表的期初数。

## 第二节　合并利润表

**第十九条**　合并利润表应当以母公司和子公司的利润表为基础，在抵销母公司与子公司、子公司相互之间发生的内部交易对合并利润表的影响后，由母公司合并编制。

（一）母公司与子公司、子公司相互之间销售商品所产生的营业收入和营业成本应当抵销。

母公司与子公司、子公司相互之间销售商品，期末全部实现对外销售的，应当将购买方的营业成本与销售方的营业收入相互抵销。

母公司与子公司、子公司相互之间销售商品，期末未实现对外销售而形成存货、固定资产、工程物资、在建工程、无形资产等资产的，在抵销销售商品的营业成本和营业收入的同时，应当将各项资产所包含的未实现内部销售损益予以抵销。

（二）在对母公司与子公司、子公司相互之间销售商品形成的固定资产或无形资产所包含的未实现内部销售损益进行抵销的同时，也应当对固定资产的折旧额或无形资产的摊销额与未实现内部销售损益相关的部分进行抵销。

（三）母公司与子公司、子公司相互之间持有对方债券所产生的投资收益，应当与其相对应的发行方利息费用相互抵销。

（四）母公司对子公司、子公司相互之间持有对方长期股权投资的投资收益应当抵销。

（五）母公司与子公司、子公司相互之间发生的其他内部交易对合并利润表的影响应当抵销。

**第二十条** 子公司当期净损益中属于少数股东权益的份额，应当在合并利润表中净利润项目下以“少数股东损益”项目列示。

**第二十一条** 子公司少数股东分担的当期亏损超过了少数股东在该子公司期初所有者权益中所享有的份额，其余额应当分别下列情况进行处理：

（一）公司章程或协议规定少数股东有义务承担，并且少数股东有能力予以弥补的，该项余额应当冲减少数股东权益；

（二）公司章程或协议未规定少数股东有义务承担的，该项余额应当冲减母公司的所有者权益。该子公司以后期间实现的利润，在弥补了由母公司所有者权益所承担的属于少数股东的损失之前，应当全部归属于母公司的所有者权益。

**第二十二条** 母公司在报告期内因同一控制下企业合并增加的子公司，应当将该子公司合并当期期初至报告期末的收入、费用、利润纳入合并利润表。

因非同一控制下企业合并增加的子公司，应当将该子公司购买日至报告期末的收入、费用、利润纳入合并利润表。

**第二十三条** 母公司在报告期内处置子公司，应当将该子公司期初至处置日的收入、费用、利润纳入合并利润表。

## 第三节 合并现金流量表

**第二十四条** 合并现金流量表应当以母公司和子公司的现金流量表为基础，在抵销母公司与子公司、子公司相互之间发生的内部交易对合并现金流量表的影响后，由母公司合并编制。

本准则提及“现金”时，除非同时提及现金等价物，均包括现金和现金等价物。

**第二十五条** 编制合并现金流量表应当符合下列要求：

（一）母公司与子公司、子公司相互之间当期以现金投资或收购股权增加的投资所产生的现金流量应当抵销。

（二）母公司与子公司、子公司相互之间当期取得投资收益收到的现金，应当与分配股利、利润或偿付利息支付的现金相互抵销。

（三）母公司与子公司、子公司相互之间以现金结算债权与债务所产生的现金流量应当抵销。

（四）母公司与子公司、子公司相互之间当期销售商品所产生的现金流量应当抵销。

（五）母公司与子公司、子公司相互之间处置固定资产、无形资产和其他长期资产收回的现金净额，应当与购建固定资产、无形资产和其他长期资产支付的现金相互抵销。

（六）母公司与子公司、子公司相互之间当期发生的其他内部交易所产生的现金流量应当抵销。

**第二十六条** 合并现金流量表补充资料可以根据合并资产负债表和合并利润表进行编制。

**第二十七条** 母公司在报告期内因同一控制下企业合并增加的子公司，应当将该子公司合并当期期初至报告期末的现金流量纳入合并现金流量表。

因非同一控制下企业合并增加的子公司，应当将该子公司购买日至报告期末的现金流量纳入合并现金流量表。

**第二十八条** 母公司在报告期内处置子公司，应当将该子公司期初至处置日的现金流量纳入合并现金流量表。

### 第四节 合并所有者权益变动表

**第二十九条** 合并所有者权益变动表应当以母公司和子公司的所有者权益变动表为基础，在抵销母公司与子公司、子公司相互之间发生的内部交易对合并所有者权益变动表的影响后，由母公司合并编制。

(一)母公司对子公司的长期股权投资应当与母公司在子公司所有者权益中所享有的份额相互抵销。

各子公司之间的长期股权投资以及子公司对母公司的长期股权投资，应当比照上述规定，将长期股权投资与其对应的子公司或母公司所有者权益中所享有的份额相互抵销。

(二)母公司对子公司、子公司相互之间持有对方长期股权投资的投资收益应当抵销。

(三)母公司与子公司、子公司相互之间发生的其他内部交易对所有者权益变动的影响应当抵销。

合并所有者权益变动表也可以根据合并资产负债表和合并利润表进行编制。

**第三十条** 有少数股东的，应当在合并所有者权益变动表中增加“少数股东权益”栏目，反映少数股东权益变动的情况。

## 第四章 披 露

**第三十一条** 企业应当在附注中披露下列信息：

(一)子公司的清单，包括企业名称、注册地、业务性质、母公司的持股比例和表决权比例。

(二)母公司直接或通过子公司间接拥有被投资单位表决权不足半数但能对其形成控制的原因。

(三)母公司直接或通过其他子公司间接拥有被投资单位半数以上的表决权但未能对其形成控制的原因。

(四)子公司所采用的与母公司不一致的会计政策，编制合并财务报表的处理方法及其影响。

(五)子公司与母公司不一致的会计期间，编制合并财务报表的处理方法及其影响。

(六)本期增加子公司，按照《企业会计准则第 20 号——企业合并》的规定进行披露。

(七)本期不再纳入合并范围的原子公司，说明原子公司的名称、注册地、业务性质、母公司的持股比例和表决权比例，本期不再成为子公司的原因，其在处置日和上一会计期间资产负债表日资产、负债和所有者权益的金额以及本期期初至处置日的收入、费用和利润的金额。

(八)子公司向母公司转移资金的能力受到严格限制的情况。

(九)需要在附注中说明的其他事项。

# 35. 企业会计准则第 34 号——每股收益

## 第一章 总 则

**第一条** 为了规范每股收益的计算方法及其列报，根据《企业会计准则——基本准则》，制定本准则。

**第二条** 本准则适用于普通股或潜在普通股已公开交易的企业，以及正处于公开发行普通股或潜在普通股过程中的企业。

潜在普通股，是指赋予其持有者在报告期或以后期间享有取得普通股权利的一种金融工具或其他合同，包括可转换公司债券、认股权证、股份期权等。

**第三条** 合并财务报表中，企业应当以合并财务报表为基础计算和列报每股收益。

## 第二章 基本每股收益

**第四条** 企业应当按照归属于普通股股东的当期净利润，除以发行在外普通股的加权平均数计算基本每股收益。

**第五条** 发行在外普通股加权平均数按下列公式计算：

发行在外普通股加权平均数＝期初发行在外普通股股数＋当期新发行普通股股数×已发行时间÷报告期时间－当期回购普通股股数×已回购时间÷报告期时间

已发行时间、报告期时间和已回购时间一般按照天数计算；在不影响计算结果合理性的前提下，也可以采用简化的计算方法。

**第六条** 新发行普通股股数，应当根据发行合同的具体条款，从应收对价之日（一般为股票发行日）起计算确定。通常包括下列情况：

（一）为收取现金而发行的普通股股数，从应收现金之日起计算。

（二）因债务转资本而发行的普通股股数，从停计债务利息之日或结算日起计算。

（三）非同一控制下的企业合并，作为对价发行的普通股股数，从购买日起计算；同一控制下的企业合并，作为对价发行的普通股股数，应当计入各列报期间普通股的加权平均数。

（四）为收购非现金资产而发行的普通股股数，从确认收购之日起计算。

## 第三章　稀释每股收益

**第七条** 企业存在稀释性潜在普通股的，应当分别调整归属于普通股股东的当期净利润和发行在外普通股的加权平均数，并据以计算稀释每股收益。

稀释性潜在普通股，是指假设当期转换为普通股会减少每股收益的潜在普通股。

**第八条** 计算稀释每股收益，应当根据下列事项对归属于普通股股东的当期净利润进行调整：

（一）当期已确认为费用的稀释性潜在普通股的利息；

（二）稀释性潜在普通股转换时将产生的收益或费用。

上述调整应当考虑相关的所得税影响。

**第九条** 计算稀释每股收益时，当期发行在外普通股的加权平均数应当为计算基本每股收益时普通股的加权平均数与假定稀释性潜在普通股转换为已发行普通股而增加的普通股股数的加权平均数之和。

计算稀释性潜在普通股转换为已发行普通股而增加的普通股股数的加权平均数时，以前期间发行的稀释性潜在普通股，应当假设在当期期初转换；当期发行的稀释性潜在普通股，应当假设在发行日转换。

**第十条** 认股权证和股份期权等的行权价格低于当期普通股平均市场价格时，应当考虑其稀释性。计算稀释每股收益时，增加的普通股股数按下列公式计算：

增加的普通股股数＝拟行权时转换的普通股股数－行权价格×拟行权时转换的普通股股数÷当期普通股平均市场价格

**第十一条** 企业承诺将回购其股份的合同中规定的回购价格高于当期普通股平均市场价格时，应当考虑其稀释性。计算稀释每股收益时，增加的普通股股数按下列公式计算：

增加的普通股股数＝回购价格×承诺回购的普通股股数÷当期普通股平均市场价格－承诺回购的普通股股数

**第十二条** 稀释性潜在普通股应当按照其稀释程度从大到小的顺序计入稀释每股收益，直至稀释每股收益达到最小值。

## 第四章　列　　报

**第十三条** 发行在外普通股或潜在普通股的数量因派发股票股利、公积金转增资本、拆股而增加或因并股而减少，但不影响所有者权益金额的，应当按调整后的股数重新计算各列报期间的每股收益。

上述变化发生于资产负债表日至财务报告批准报出日之间的，应当以调整后的股数重新计算各列报期间的每股收益。

按照《企业会计准则第28号——会计政策、会计估计变更和差错更正》的规定对以前年度损益进行追溯调整或追溯重述的，应当重新计算各列报期间的每股收益。

**第十四条** 企业应当在利润表中单独列示基本每股收益和稀释每股收益。

**第十五条** 企业应当在附注中披露与每股收益有关的下列信息：

(一)基本每股收益和稀释每股收益分子、分母的计算过程。

(二)列报期间不具有稀释性但以后期间很可能具有稀释性的潜在普通股。

(三)在资产负债表日至财务报告批准报出日之间,企业发行在外普通股或潜在普通股股数发生重大变化的情况。

# 36. 企业会计准则第35号——分部报告

## 第一章　总　　则

**第一条**　为了规范分部报告的编制和相关信息的披露,根据《企业会计准则——基本准则》,制定本准则。

**第二条**　企业存在多种经营或跨地区经营的,应当按照本准则规定披露分部信息。但是,法律、行政法规另有规定的除外。

**第三条**　企业应当以对外提供的财务报表为基础披露分部信息。

对外提供合并财务报表的企业,应当以合并财务报表为基础披露分部信息。

## 第二章　报告分部的确定

**第四条**　企业披露分部信息,应当区分业务分部和地区分部。

**第五条**　业务分部,是指企业内可区分的、能够提供单项或一组相关产品或劳务的组成部分。该组成部分承担了不同于其他组成部分的风险和报酬。

企业在确定业务分部时,应当结合企业内部管理要求,并考虑下列因素:

(一)各单项产品或劳务的性质,包括产品或劳务的规格、型号、最终用途等;

(二)生产过程的性质,包括采用劳动密集或资本密集方式组织生产、使用相同或者相似设备和原材料、采用委托生产或加工方式等;

(三)产品或劳务的客户类型,包括大宗客户、零散客户等;

(四)销售产品或提供劳务的方式,包括批发、零售、自产自销、委托销售、承包等;

(五)生产产品或提供劳务受法律、行政法规的影响,包括经营范围或交易定价限制等。

**第六条**　地区分部,是指企业内可区分的、能够在一个特定的经济环境内提供产品或劳务的组成部分。该组成部分承担了不同于在其他经济环境内提供产品或劳务的组成部分的风险和报酬。

企业在确定地区分部时,应当结合企业内部管理要求,并考虑下列因素:

(一)所处经济、政治环境的相似性,包括境外经营所在地区经济和政治的稳定程度等;

(二)在不同地区经营之间的关系,包括在某地区进行产品生产,而在其他地区进行销售等;

(三)经营的接近程度大小,包括在某地区生产的产品是否需在其他地区进一步加工生产等;

(四)与某一特定地区经营相关的特别风险,包括气候异常变化等;

(五)外汇管理规定,即境外经营所在地区是否实行外汇管制;

(六)外汇风险。

**第七条**　两个或两个以上的业务分部或地区分部同时满足下列条件的,可以予以合并:

(一)具有相近的长期财务业绩,包括具有相近的长期平均毛利率、资金回报率、未来现金流量等;

(二)确定业务分部或地区分部所考虑的因素类似。

**第八条**　企业应当以业务分部或地区分部为基础确定报告分部。

业务分部或地区分部的大部分收入是对外交易收入,且满足下列条件之一的,应当将其确定为报告分部:

(一)该分部的分部收入占所有分部收入合计的10%或者以上。

(二)该分部的分部利润(亏损)的绝对额,占所有盈利分部利润合计额或者所有亏损分部亏损合计额的绝对额两者中较大者的10%或者以上。

(三)该分部的分部资产占所有分部资产合计额的10%或者以上。

**第九条** 业务分部或地区分部未满足本准则第八条规定条件的，可以按照下列规定处理：

(一)不考虑该分部的规模，直接将其指定为报告分部；

(二)不将该分部直接指定为报告分部的，可将该分部与一个或一个以上类似的、未满足本准则第八条规定条件的其他分部合并为一个报告分部；

(三)不将该分部指定为报告分部且不与其他分部合并的，应当在披露分部信息时，将其作为其他项目单独披露。

**第十条** 报告分部的对外交易收入合计额占合并总收入或企业总收入的比重未达到75%的，应当将其他的分部确定为报告分部(即使它们未满足本准则第八条规定的条件)，直到该比重达到75%。

**第十一条** 企业的内部管理按照垂直一体化经营的不同层次来划分的，即使其大部分收入不通过对外交易取得，仍可将垂直一体化经营的不同层次确定为独立的报告业务分部。

**第十二条** 对于上期确定为报告分部的，企业本期认为其依然重要，即使本期未满足本准则第八条规定条件的，仍应将其确定为本期的报告分部。

## 第三章 分部信息的披露

**第十三条** 企业应当区分主要报告形式和次要报告形式披露分部信息。

(一)风险和报酬主要受企业的产品和劳务差异影响的，披露分部信息的主要形式应当是业务分部，次要形式是地区分部。

(二)风险和报酬主要受企业在不同的国家或地区经营活动影响的，披露分部信息的主要形式应当是地区分部，次要形式是业务分部。

(三)风险和报酬同时较大地受企业产品和劳务的差异以及经营活动所在国家或地区差异影响的，披露分部信息的主要形式应当是业务分部，次要形式是地区分部。

**第十四条** 对于主要报告形式，企业应当在附注中披露分部收入、分部费用、分部利润(亏损)、分部资产总额和分部负债总额等。

(一)分部收入，是指可归属于分部的对外交易收入和对其他分部交易收入。分部的对外交易收入和对其他分部交易收入，应当分别披露。

(二)分部费用，是指可归属于分部的对外交易费用和对其他分部交易费用。分部的折旧费用、摊销费用以及其他重大的非现金费用，应当分别披露。

(三)分部利润(亏损)，是指分部收入减去分部费用后的余额。

在合并利润表中，分部利润(亏损)应当在调整少数股东损益前确定。

(四)分部资产，是指分部经营活动使用的可归属于该分部的资产，不包括递延所得税资产。

分部资产的披露金额应当按照扣除相关累计折旧或摊销额以及累计减值准备后的金额确定。

披露分部资产总额时，当期发生的在建工程成本总额、购置的固定资产和无形资产的成本总额，应当单独披露。

(五)分部负债，是指分部经营活动形成的可归属于该分部的负债，不包括递延所得税负债。

**第十五条** 分部的日常活动是金融性质的，利息收入和利息费用应当作为分部收入和分部费用进行披露。

**第十六条** 企业披露的分部信息，应当与合并财务报表或企业财务报表中的总额信息相衔接。

分部收入应当与企业的对外交易收入(包括企业对外交易取得的、未包括在任何分部收入中的收入)相衔接；分部利润(亏损)应当与企业营业利润(亏损)和企业净利润(净亏损)相衔接；分部资产总额应当与企业资产总额相衔接；分部负债总额应当与企业负债总额相衔接。

**第十七条** 分部信息的主要报告形式是业务分部的，应当就次要报告形式披露下列信息：

(一)对外交易收入占企业对外交易收入总额10%或者以上的地区分部，以外部客户所在地为基础披露对外交易收入。

(二)分部资产占所有地区分部资产总额10%或者以上的地区分部，以资产所在地为基础披露分部资产总额。

**第十八条** 分部信息的主要报告形式是地区分部的，应当就次要报告形式披露下列信息：

（一）对外交易收入占企业对外交易收入总额10%或者以上的业务分部，应当披露对外交易收入。

（二）分部资产占所有业务分部资产总额10%或者以上的业务分部，应当披露分部资产总额。

**第十九条** 分部间转移交易应当以实际交易价格为基础计量。转移价格的确定基础及其变更情况，应当予以披露。

**第二十条** 企业应当披露分部会计政策，但分部会计政策与合并财务报表或企业财务报表一致的除外。

分部会计政策变更影响重大的，应当按照《企业会计准则第28号——会计政策、会计估计变更和差错更正》进行披露，并提供相关比较数据。提供比较数据不切实可行的，应当说明原因。

企业改变分部的分类且提供比较数据不切实可行的，应当在改变分部分类的年度，分别披露改变前和改变后的报告分部信息。

分部会计政策，是指编制合并财务报表或企业财务报表时采用的会计政策，以及与分部报告特别相关的会计政策。与分部报告特别相关的会计政策包括分部的确定、分部间转移价格的确定方法，以及将收入和费用分配给分部的基础等。

**第二十一条** 企业在披露分部信息时，应当提供前期比较数据。

但是，提供比较数据不切实可行的除外。

# 37. 企业会计准则第36号——关联方披露

## 第一章 总 则

**第一条** 为了规范关联方及其交易的信息披露，根据《企业会计准则——基本准则》，制定本准则。

**第二条** 企业财务报表中应当披露所有关联方关系及其交易的相关信息。对外提供合并财务报表的，对于已经包括在合并范围内各企业之间的交易不予披露，但应当披露与合并范围外各关联方的关系及其交易。

## 第二章 关联方

**第三条** 一方控制、共同控制另一方或对另一方施加重大影响，以及两方或两方以上同受一方控制、共同控制或重大影响的，构成关联方。

控制，是指有权决定一个企业的财务和经营政策，并能据以从该企业的经营活动中获取利益。

共同控制，是指按照合同约定对某项经济活动所共有的控制，仅在与该项经济活动相关的重要财务和经营决策需要分享控制权的投资方一致同意时存在。

重大影响，是指对一个企业的财务和经营政策有参与决策的权力，但并不能够控制或者与其他方一起共同控制这些政策的制定。

**第四条** 下列各方构成企业的关联方：

（一）该企业的母公司。

（二）该企业的子公司。

（三）与该企业受同一母公司控制的其他企业。

（四）对该企业实施共同控制的投资方。

（五）对该企业施加重大影响的投资方。

（六）该企业的合营企业。

（七）该企业的联营企业。

（八）该企业的主要投资者个人及与其关系密切的家庭成员。主要投资者个人，是指能够控制、共同控

制一个企业或者对一个企业施加重大影响的个人投资者。

(九)该企业或其母公司的关键管理人员及与其关系密切的家庭成员。关键管理人员,是指有权力并负责计划、指挥和控制企业活动的人员。与主要投资者个人或关键管理人员关系密切的家庭成员,是指在处理与企业的交易时可能影响该个人或受该个人影响的家庭成员。

(十)该企业主要投资者个人、关键管理人员或与其关系密切的家庭成员控制、共同控制或施加重大影响的其他企业。

**第五条** 仅与企业存在下列关系的各方,不构成企业的关联方:

(一)与该企业发生日常往来的资金提供者、公用事业部门、政府部门和机构。

(二)与该企业发生大量交易而存在经济依存关系的单个客户、供应商、特许商、经销商或代理商。

(三)与该企业共同控制合营企业的合营者。

**第六条** 仅仅同受国家控制而不存在其他关联方关系的企业,不构成关联方。

## 第三章 关联方交易

**第七条** 关联方交易,是指关联方之间转移资源、劳务或义务的行为,而不论是否收取价款。

**第八条** 关联方交易的类型通常包括下列各项:

(一)购买或销售商品。

(二)购买或销售商品以外的其他资产。

(三)提供或接受劳务。

(四)担保。

(五)提供资金(贷款或股权投资)。

(六)租赁。

(七)代理。

(八)研究与开发项目的转移。

(九)许可协议。

(十)代表企业或由企业代表另一方进行债务结算。

(十一)关键管理人员薪酬。

## 第四章 披 露

**第九条** 企业无论是否发生关联方交易,均应当在附注中披露与母公司和子公司有关的下列信息:

(一)母公司和子公司的名称。

母公司不是该企业最终控制方的,还应当披露最终控制方名称。

母公司和最终控制方均不对外提供财务报表的,还应当披露母公司之上与其最相近的对外提供财务报表的母公司名称。

(二)母公司和子公司的业务性质、注册地、注册资本(或实收资本、股本)及其变化。

(三)母公司对该企业或者该企业对子公司的持股比例和表决权比例。

**第十条** 企业与关联方发生关联方交易的,应当在附注中披露该关联方关系的性质、交易类型及交易要素。交易要素至少应当包括:

(一)交易的金额。

(二)未结算项目的金额、条款和条件,以及有关提供或取得担保的信息。

(三)未结算应收项目的坏账准备金额。

(四)定价政策。

**第十一条** 关联方交易应当分别关联方以及交易类型予以披露。

类型相似的关联方交易,在不影响财务报表阅读者正确理解关联方交易对财务报表影响的情况下,可以合并披露。

**第十二条** 企业只有在提供确凿证据的情况下,才能披露关联方交易是公平交易。

# 38. 企业会计准则第37号——金融工具列报

## 第一章 总 则

**第一条** 为了规范金融工具的列报，根据《企业会计准则——基本准则》，制定本准则。

金融工具列报，包括金融工具列示和金融工具披露。

**第二条** 企业在进行金融工具列报时，应当根据金融工具的特点及相关信息的性质对金融工具进行归类。

**第三条** 下列各项适用其他相关会计准则：

（一）由《企业会计准则第2号——长期股权投资》规范的长期股权投资，适用《企业会计准则第2号——长期股权投资》。

（二）由《企业会计准则第11号——股份支付》规范的股份支付，适用《企业会计准则第11号——股份支付》。

（三）债务重组，适用《企业会计准则第12号——债务重组》。

（四）企业合并中合并方的或有对价合同，适用《企业会计准则第20号——企业合并》。

（五）租赁的权利和义务，适用《企业会计准则第21号——租赁》。

（六）原保险合同的权利和义务，适用《企业会计准则第25号——原保险合同》。

（七）再保险合同的权利和义务，适用《企业会计准则第26号——再保险合同》。

**第四条** 本准则不涉及按预定的购买、销售或使用要求所签订，并到期履约买入或卖出非金融项目的合同。但是，能够以现金或其他金融工具净额结算，或通过交换金融工具结算的买入或卖出非金融项目的合同，适用本准则。

## 第二章 金融工具列示

**第五条** 企业发行金融工具，应当按照该金融工具的实质，以及金融资产、金融负债和权益工具的定义，在初始确认时将该金融工具或其组成部分确认为金融资产、金融负债或权益工具。

**第六条** 企业发行的、将来以自身权益工具进行结算的金融工具满足下列条件之一的，应当在初始确认时确认为权益工具：

（一）该金融工具没有包括交付现金或其他金融资产给其他单位的合同义务。

（二）该金融工具没有包括在潜在不利条件下与其他单位交换金融资产或金融负债的合同义务。

**第七条** 企业发行的、将来须用或可用自身权益工具进行结算的金融工具满足下列条件之一的，应当在初始确认时确认为权益工具：

（一）该金融工具是非衍生工具，且企业没有义务交付非固定数量的自身权益工具进行结算。

（二）该金融工具是衍生工具，且企业只有通过交付固定数量的自身权益工具换取固定数额的现金或其他金融资产进行结算。其中，所指权益工具不包括需要通过收取或交付企业自身权益工具进行结算的合同。

**第八条** 对于是否通过交付现金、其他金融资产进行结算，需要由发行方和持有方均不能控制的未来不确定事项（如股价指数、消费价格指数变动等）的发生或不发生来确定的金融工具（即附或有结算条款的金融工具），发行方应当将其确认为金融负债。但是，满足下列条件之一的，发行方应当确认为权益工具：

（一）可认定要求以现金、其他金融资产结算的或有结算条款相关的事项不会发生。

（二）只有在发行方发生企业清算的情况下才需以现金、其他金融资产进行结算。

**第九条** 对于发行方或持有方能选择以现金净额或以发行股份交换现金等方式进行结算的衍生金融工具，发行方应当将其确认为金融资产或金融负债，但所有可供选择的结算方式表明该衍生金融工具应当确认为权益工具的除外。

**第十条** 企业发行的非衍生金融工具包含负债和权益成份的，应当在初始确认时将负债和权益成份进行分拆，分别进行处理。

在进行分拆时，应当先确定负债成份的公允价值并以此作为其初始确认金额，再按照该金融工具整体的发行价格扣除负债成份初始确认金额后的金额确定权益成份的初始确认金额。发行该非衍生金融工具发生的交易费用，应当在负债成份和权益成份之间按照各自的相对公允价值进行分摊。

**第十一条** 企业发行权益工具收到的对价扣除交易费用(不涉及企业合并中合并方发行权益工具发生的交易费用)后，应当增加所有者权益；回购自身权益工具支付的对价和交易费用，应当减少所有者权益。企业在发行、回购、出售或注销自身权益工具时，不应当确认利得或损失。

**第十二条** 金融工具或其组成部分属于金融负债的，其相关利息、利得或损失等，计入当期损益。

企业对权益工具持有方的各种分配(不包括股票股利)，应当减少所有者权益。企业不应当确认权益工具的公允价值变动额。

**第十三条** 金融资产和金融负债应当在资产负债表内分别列示，不得相互抵销。但是，同时满足下列条件的，应当以相互抵销后的净额在资产负债表内列示：

(一)企业具有抵销已确认金额的法定权利，且该种法定权利现在是可执行的；

(二)企业计划以净额结算，或同时变现该金融资产和清偿该金融负债。

不满足终止确认条件的金融资产转移，转出方不得将已转移的金融资产和相关负债进行抵销。

## 第三章　金融工具披露

**第十四条** 金融工具披露，是指企业在附注中披露已确认和未确认金融工具的有关信息。

企业所披露的金融工具信息，应当有助于财务报告使用者就金融工具对企业财务状况和经营成果影响的重要程度作出合理评价。

**第十五条** 企业应当披露编制财务报表时对金融工具所采用的重要会计政策、计量基础等信息，主要包括：

(一)对于指定为以公允价值计量且其变动计入当期损益的金融资产或金融负债，应当披露下列信息：

1. 指定的依据；

2. 指定的金融资产或金融负债的性质；

3. 指定后如何消除或明显减少原来由于该金融资产或金融负债的计量基础不同所导致的相关利得或损失在确认或计量方面不一致的情况，以及是否符合企业正式书面文件载明的风险管理或投资策略的说明。

(二)指定金融资产为可供出售金融资产的条件。

(三)确定金融资产已发生减值的客观依据以及计算确定金融资产减值损失所使用的具体方法。

(四)金融资产和金融负债的利得和损失的计量基础。

(五)金融资产和金融负债终止确认条件。

(六)其他与金融工具相关的会计政策。

**第十六条** 企业应当披露下列金融资产或金融负债的账面价值：

(一)以公允价值计量且其变动计入当期损益的金融资产；

(二)持有至到期投资；

(三)贷款和应收款项；

(四)可供出售金融资产；

(五)以公允价值计量且其变动计入当期损益的金融负债；

(六)其他金融负债。

**第十七条** 企业将单项或一组贷款或应收款项指定为以公允价值计量且其变动计入当期损益的金融资产的，应当披露下列信息：

(一)资产负债表日该贷款或应收款项使企业面临的最大信用风险敞口金额，以及相关信用衍生工具或类似工具分散该信用风险的金额。信用风险，是指金融工具的一方不能履行义务，造成另一方发生财务损失的风险。

（二）该贷款或应收款项本期因信用风险变化引起的公允价值变动额和累计变动额，相关信用衍生工具或类似工具本期公允价值变动额以及自该贷款或应收款项指定以来的累计变动额。

**第十八条** 企业将某项金融负债指定为以公允价值计量且其变动计入当期损益的金融负债的，应当披露下列信息：

（一）该金融负债本期因相关信用风险变化引起的公允价值变动额和累计变动额。

（二）该金融负债的账面价值与到期日按合同约定应支付金额之间的差额。

**第十九条** 企业将金融资产进行重分类，使该金融资产后续计量基础由成本或摊余成本改为公允价值，或由公允价值改为成本或摊余成本的，应当披露该金融资产重分类前后的公允价值或账面价值和重分类的原因。

**第二十条** 对于不满足《企业会计准则第 23 号——金融资产转移》规定的金融资产终止确认条件的金融资产转移，企业应当披露下列信息：

（一）所转移金融资产的性质；

（二）仍保留的与所有权有关的风险和报酬的性质；

（三）继续确认所转移金融资产整体的，披露所转移金融资产的账面价值和相关负债的账面价值；

（四）继续涉入所转移金融资产的，披露所转移金融资产整体的账面价值、继续确认资产的账面价值以及相关负债的账面价值。

**第二十一条** 企业应当披露与作为担保物的金融资产有关的下列信息：

（一）本期作为负债或有负债的担保物的金融资产的账面价值。

（二）与担保物有关的期限和条件。

**第二十二条** 企业收到的担保物（金融资产或非金融资产）在担保物所有人没有违约时就可以出售或再作为担保物的，应当披露下列信息：

（一）所持有担保物的公允价值。

（二）已将收到的担保物出售或再作为担保物的，披露该担保物的公允价值，以及企业是否承担了将担保物退回的义务。

（三）与担保物使用相关的期限和条件。

**第二十三条** 企业应当披露每类金融资产减值损失的详细信息，包括前后两期可比的金融资产减值准备期初余额、本期计提数、本期转回数、期末余额之间的调节信息等。

**第二十四条** 企业应当披露与违约借款有关的下列信息：

（一）违约（本期没有按合同如期还款的借款本金、利息等）性质及原因。

（二）资产负债表日违约借款的账面价值。

（三）在财务报告批准对外报出前，就违约事项已采取的补救措施、与债权人协商将借款展期等情况。

**第二十五条** 企业应当披露与每类套期保值有关的下列信息：

（一）套期关系的描述。

（二）套期工具的描述及其在资产负债表日的公允价值。

（三）被套期风险的性质。

**第二十六条** 企业应当披露与现金流量套期有关的下列信息：

（一）现金流量预期发生及其影响损益的期间。

（二）以前运用套期会计方法处理但预期不会发生的预期交易的描述。

（三）本期在所有者权益中确认的金额。

（四）本期从所有者权益中转出、直接计入当期损益的金额。

（五）本期从所有者权益中转出、直接计入预期交易形成的非金融资产或非金融负债初始确认金额的金额。

（六）本期无效套期形成的利得或损失。

**第二十七条** 对于公允价值套期，企业应当披露本期套期工具形成的利得或损失，以及被套期项目因被套期风险形成的利得或损失。

**第二十八条** 对于境外经营净投资套期，企业应当披露本期无效套期形成的利得或损失。

**第二十九条** 除本准则第三十一条的规定外，企业应当按照每类金融资产和金融负债披露下列公允价值信息：

（一）确定公允价值所采用的方法，包括全部或部分直接参考活跃市场中的报价或采用估值技术等。采用估值技术的，按照各类金融资产或金融负债分别披露相关估值假设，包括提前还款率、预计信用损失率、利率或折现率等。

（二）公允价值是否全部或部分采用估值技术确定，而该估值技术没有以相同金融工具的当前公开交易价格和易于获得的市场数据作为估值假设。这种估值技术对估值假设具有重大敏感性的，披露这一事实及改变估值假设可能产生的影响，同时披露采用这种估值技术确定的公允价值的本期变动额计入当期损益的数额。

企业在判断估值技术对估值假设是否具有重大敏感性时，应当综合考虑净利润、资产总额、负债总额、所有者权益总额（适用于公允价值变动计入所有者权益的情形）等因素。

金融资产和金融负债的公允价值应当以总额为基础披露（在资产负债表中金融资产和金融负债按净额列示的除外），且披露方式应当有利于财务报告使用者比较金融资产和金融负债的公允价值和账面价值。

**第三十条** 对于不存在活跃市场的金融资产或金融负债，根据《企业会计准则第22号——金融工具确认和计量》第五十二条（三）的规定，采用更公允的相同金融工具的公开交易价格或估值结果计量的，应当按照金融资产或金融负债的类别披露下列信息：

（一）在损益中确认原实际交易价格与公允价值之间形成的差异所采用的会计政策。

（二）该项差异的期初和期末余额。

**第三十一条** 企业可以不披露下列金融资产或金融负债的公允价值信息：

（一）其账面价值与公允价值相差很小的短期金融资产或金融负债。

（二）活跃市场中没有报价的权益工具投资，以及与该权益工具挂钩并须通过交付该权益工具结算的衍生工具。

**第三十二条** 企业应当披露在活跃市场中没有报价的权益工具投资，以及与该权益工具挂钩并须通过交付该权益工具结算的衍生工具有关的下列信息：

（一）因公允价值不能可靠计量而未作相关公允价值披露的事实。

（二）该金融工具的描述、账面价值以及公允价值不能可靠计量的原因。

（三）该金融工具相关市场的描述。

（四）企业是否有意处置该金融工具以及可能的处置方式。

（五）本期已终止确认该金融工具的，应当披露该金融工具终止确认时的账面价值以及终止确认形成的损益。

**第三十三条** 企业应当披露与金融工具有关的下列收入、费用、利得或损失：

（一）本期以公允价值计量且其变动计入当期损益的金融资产或金融负债、持有至到期投资、贷款和应收款项、可供出售金融资产、按摊余成本计量的金融负债的净利得或净损失。

（二）本期按实际利率法计算确认的金融资产或金融负债利息收入总额或利息费用总额。

（三）下列项目形成的、在确定实际利率时未包括的手续费收入或支出：

1. 以公允价值计量且其变动计入当期损益的金融资产或金融负债以外的金融资产或金融负债；

2. 企业为他人管理信托财产和其他托管行为。

（四）已发生减值的金融资产产生的利息收入。

（五）持有至到期投资、贷款和应收款项、可供出售金融资产本期发生的减值损失。

**第三十四条** 企业应当披露与各类金融工具风险相关的描述性信息和数量信息。

（一）描述性信息

1. 风险敞口及其形成原因。

2. 风险管理目标、政策和过程以及计量风险的方法。

上述描述性信息在本期发生改变的，应当作相应说明。

（二）数量信息

1. 资产负债表日风险敞口总括数据。企业在提供该数据时，应当以内部提供给关键管理人员的相关信息为基础。企业运用多种方法管理风险的，应当说明哪种方法能提供最相关和可靠的信息。

2. 按照本准则第三十五条至第四十五条规定提供的信息。

3. 资产负债表日风险集中信息。风险集中信息应当包括管理层如何确定风险集中点的说明、确定各风险集中点的参考因素（包括交易对手、地理区域、货币种类、市场类型等）、各风险集中点相关的风险敞口金额。

上述数量信息不能代表企业本期风险敞口情况的，应当进一步提供相关信息。

**第三十五条** 企业应当披露与每类金融工具信用风险有关的下列信息：

（一）在不考虑可利用的担保物或其他信用增级（如不符合相互抵销条件的净额结算协议等）的情况下，最能代表企业资产负债表日最大信用风险敞口的金额，以及可利用担保物或其他信用增级的信息。

（二）尚未逾期和发生减值的金融资产的信用质量信息。

（三）原已逾期或发生减值但相关合同条款已重新商定过的金融资产的账面价值。

**第三十六条** 最能代表企业资产负债表日最大信用风险敞口的金融资产金额，应当是金融资产的账面余额扣除下列两项金额后的余额：

（一）按照本准则第十三条规定已抵销的金额；

（二）已对该金融资产确认的减值损失。

**第三十七条** 企业应当按照类别披露已逾期或发生减值的金融资产的下列信息：

（一）资产负债表日已逾期但未减值的金融资产的期限分析。

（二）资产负债表日单项确定为已发生减值的金融资产信息，以及判断该金融资产发生减值所考虑的因素。

（三）企业持有的、与各类金融资产对应的担保物和其他信用增级对应的资产及其公允价值。相关公允价值确实难以估计的，应当予以说明。

**第三十八条** 企业本期因债务人违约而处置担保物或其他信用增级对应的资产所取得的金融资产或非金融资产满足资产确认条件的，应当披露下列信息：

（一）所取得资产的性质和账面价值。

（二）这些资产不易转换为现金的，应当披露处置这些资产或拟将其用于日常经营的计划等。

**第三十九条** 企业应当披露金融资产和金融负债按剩余到期日所作的到期期限分析，以及管理这些金融资产和金融负债流动风险的方法。

流动风险，是指企业在履行与金融负债有关的义务时遇到资金短缺的风险。

**第四十条** 企业在披露金融资产和金融负债到期期限分析时，应当运用职业判断确定适当的时间段。列入各时间段内的金融资产和金融负债金额，应当是未经折现的合同现金流量。

企业可以但不限于按下列时间段进行到期期限分析：

（一）一个月以内（含本数，下同）；

（二）一个月至三个月以内；

（三）三个月至一年以内；

（四）一年至五年以内；

（五）五年以上。

**第四十一条** 债权人可以选择收回债权时间的，债务人应当将相应的金融负债列入债权人要求收回债权的最早时间段内。

债务人应付债务金额不固定的，应当根据资产负债表日的情况确定用于到期期限分析的金额。

债务人承诺分期支付金融负债的，债权人应当把每期将收取的款项列入相应的最早时间段内；债务人应当把每期将支付的款项列入相应的最早时间段内。

债权人吸收的活期存款以及其他具有活期性质的存款，应当列入最早的时间段内。

**第四十二条** 金融工具的市场风险，是指金融工具的公允价值或未来现金流量因市场价格变动而发生波动的风险，包括外汇风险、利率风险和其他价格风险。

外汇风险，是指金融工具的公允价值或未来现金流量因外汇汇率变动而发生波动的风险。

利率风险，是指金融工具的公允价值或未来现金流量因市场利率变动而发生波动的风险。

其他价格风险，是指外汇风险和利率风险以外的市场风险。

**第四十三条** 企业应当披露与敏感性分析有关的下列信息：

（一）资产负债表日所面临的各类市场风险的敏感性分析。该项披露应当反映资产负债表日相关风险变量发生合理、可能的变动时，将对企业当期损益或所有者权益产生的影响。

（二）本期敏感性分析所使用的方法和假设。该方法和假设与前一期不同的，应当披露发生改变的原因。

**第四十四条** 企业采用风险价值法或类似方法进行敏感性分析能够反映风险变量之间（如利率和汇率之间等）的关联性，且企业已采用该种方法管理财务风险的，可不按照本准则第四十三条的规定进行披露，但应当披露下列信息：

（一）用于该种敏感性分析的方法、选用的主要参数和假设。

（二）所使用方法的目的，以及使用该种方法不能充分反映相关金融资产和金融负债公允价值的可能性。

第四十五条 按照本准则第四十三条或第四十四条对敏感性分析的披露不能反映金融工具内在市场风险的，企业应当披露这一事实及其原因。

# 39. 企业会计准则第38号——首次执行企业会计准则

## 第一章 总 则

**第一条** 为了规范首次执行企业会计准则对会计要素的确认、计量和财务报表列报，根据《企业会计准则——基本准则》，制定本准则。

**第二条** 首次执行企业会计准则，是指企业第一次执行企业会计准则体系，包括基本准则、具体准则和会计准则应用指南。

**第三条** 首次执行企业会计准则后发生的会计政策变更，适用《企业会计准则第28号——会计政策、会计估计变更和差错更正》。

## 第二章 确认和计量

**第四条** 在首次执行日，企业应当对所有资产、负债和所有者权益按照企业会计准则的规定进行重新分类、确认和计量，并编制期初资产负债表。

编制期初资产负债表时，除按照本准则第五条至第十九条规定要求追溯调整的项目外，其他项目不应追溯调整。

**第五条** 对于首次执行日的长期股权投资，应当分别下列情况处理：

（一）根据《企业会计准则第20号——企业合并》属于同一控制下企业合并产生的长期股权投资，尚未摊销完毕的股权投资差额应全额冲销，并调整留存收益，以冲销股权投资差额后的长期股权投资账面余额作为首次执行日的认定成本。

（二）除上述（一）以外的其他采用权益法核算的长期股权投资，存在股权投资贷方差额的，应冲销贷方差额，调整留存收益，并以冲销贷方差额后的长期股权投资账面余额作为首次执行日的认定成本；存在股权投资借方差额的，应当将长期股权投资的账面余额作为首次执行日的认定成本。

**第六条** 对于有确凿证据表明可以采用公允价值模式计量的投资性房地产，在首次执行日可以按照公允价值进行计量，并将账面价值与公允价值的差额调整留存收益。

**第七条** 在首次执行日，对于满足预计负债确认条件且该日之前尚未计入资产成本的弃置费用，应当增加该项资产成本，并确认相应的负债；同时，将应补提的折旧（折耗）调整留存收益。

**第八条** 对于首次执行日存在的解除与职工的劳动关系计划，满足《企业会计准则第9号——职工薪酬》预计负债确认条件的，应当确认因解除与职工的劳动关系给予补偿而产生的负债，并调整留存收益。

**第九条**　对于企业年金基金在运营中所形成的投资，应当在首次执行日按照公允价值进行计量，并将账面价值与公允价值的差额调整留存收益。

**第十条**　对于可行权日在首次执行日或之后的股份支付，应当根据《企业会计准则第11号——股份支付》的规定，按照权益工具、其他方服务或承担的以权益工具为基础计算确定的负债的公允价值，将应计入首次执行日之前等待期的成本费用金额调整留存收益，相应增加所有者权益或负债。

首次执行日之前可行权的股份支付，不应追溯调整。

**第十一条**　在首次执行日，企业应当按照《企业会计准则第13号——或有事项》的规定，将满足预计负债确认条件的重组义务，确认为负债，并调整留存收益。

**第十二条**　企业应当按照《企业会计准则第18号——所得税》的规定，在首次执行日对资产、负债的账面价值与计税基础不同形成的暂时性差异的所得税影响进行追溯调整，并将影响金额调整留存收益。

**第十三条**　除下列项目外，对于首次执行日之前发生的企业合并不应追溯调整：

（一）按照《企业会计准则第20号——企业合并》属于同一控制下企业合并，原已确认商誉的摊余价值应当全额冲销，并调整留存收益。

按照该准则的规定属于非同一控制下企业合并的，应当将商誉在首次执行日的摊余价值作为认定成本，不再进行摊销。

（二）首次执行日之前发生的企业合并，合并合同或协议中约定根据未来事项的发生对合并成本进行调整的，如果首次执行日预计未来事项很可能发生并对合并成本的影响金额能够可靠计量的，应当按照该影响金额调整已确认商誉的账面价值。

（三）企业应当按照《企业会计准则第8号——资产减值》的规定，在首次执行日对商誉进行减值测试，发生减值的，应当以计提减值准备后的金额确认，并调整留存收益。

**第十四条**　在首次执行日，企业应当将所持有的金融资产（不含《企业会计准则第2号——长期股权投资》规范的投资），划分为以公允价值计量且其变动计入当期损益的金融资产、持有至到期投资、贷款和应收款项、可供出售金融资产。

（一）划分为以公允价值计量且其变动计入当期损益或可供出售金融资产的，应当在首次执行日按照公允价值计量，并将账面价值与公允价值的差额调整留存收益。

（二）划分为持有至到期投资、贷款和应收款项的，应当自首次执行日起改按实际利率法，在随后的会计期间采用摊余成本计量。

**第十五条**　对于在首次执行日指定为以公允价值计量且其变动计入当期损益的金融负债，应当在首次执行日按照公允价值计量，并将账面价值与公允价值的差额调整留存收益。

**第十六条**　对于未在资产负债表内确认、或已按成本计量的衍生金融工具（不包括套期工具），应当在首次执行日按照公允价值计量，同时调整留存收益。

**第十七条**　对于嵌入衍生金融工具，按照《企业会计准则第22号——金融工具确认和计量》规定应从混合工具分拆的，应当在首次执行日将其从混合工具分拆并单独处理，但嵌入衍生金融工具的公允价值难以合理确定的除外。

对于企业发行的包含负债和权益成份的非衍生金融工具，应当按照《企业会计准则第37号——金融工具列报》的规定，在首次执行日将负债和权益成份分拆，但负债成份的公允价值难以合理确定的除外。

**第十八条**　在首次执行日，对于不符合《企业会计准则第24号——套期保值》规定的套期会计方法运用条件的套期保值，应当终止采用原套期会计方法，并按照《企业会计准则第24号——套期保值》处理。

**第十九条**　发生再保险分出业务的企业，应当在首次执行日按照《企业会计准则第26号——再保险合同》的规定，将应向再保险接受人摊回的相应准备金确认为资产，并调整各项准备金的账面价值。

## 第三章　列　　报

**第二十条**　在首次执行日后按照企业会计准则编制的首份年度财务报表（以下简称首份年度财务报表）期间，企业应当按照《企业会计准则第30号——财务报表列报》和《企业会计准则第31号——现金流量表》的规定，编报资产负债表、利润表、现金流量表和所有者权益变动表及附注。

对外提供合并财务报表的，应当遵循《企业会计准则第33号——合并财务报表》的规定。

在首份年度财务报表涵盖的期间内对外提供中期财务报告的，应当遵循《企业会计准则第 32 号——中期财务报告》的规定。

企业应当在附注中披露首次执行企业会计准则财务报表项目金额的变动情况。

**第二十一条** 首份年度财务报表至少应当包括上年度按照企业会计准则列报的比较信息。财务报表项目的列报发生变更的，应当对上年度比较数据按照企业会计准则的列报要求进行调整，但不切实可行的除外。

对于原未纳入合并范围但按照《企业会计准则第 33 号——合并财务报表》规定应纳入合并范围的子公司，在上年度的比较合并财务报表中，企业应当将该子公司纳入合并范围。对于原已纳入合并范围但按照该准则规定不应纳入合并范围的子公司，在上年度的比较合并财务报表中，企业不应将该子公司纳入合并范围。上年度比较合并财务报表中列示的少数股东权益，应当按照该准则的规定，在所有者权益类列示。

应当列示每股收益的企业，比较财务报表中上年度的每股收益按照《企业会计准则第 34 号——每股收益》的规定计算和列示。

应当披露分部信息的企业，比较财务报表中上年度关于分部的信息按照《企业会计准则第 35 号——分部报告》的规定披露。

# 第七章　企业会计准则应用指南(2006年颁布)

## 1.《企业会计准则第1号——存货》应用指南

**一、商品存货的成本**

本准则第六条规定，存货的采购成本，包括购买价款、相关税费、运输费、装卸费、保险费以及其他可归属于存货采购成本的费用。

企业(商品流通)在采购商品过程中发生的运输费、装卸费、保险费以及其他可归属于存货采购成本的费用等进货费用，应当计入存货采购成本，也可以先进行归集，期末根据所购商品的存销情况进行分摊。对于已售商品的进货费用，计入当期损益；对于未售商品的进货费用，计入期末存货成本。企业采购商品的进货费用金额较小的，可以在发生时直接计入当期损益。

**二、周转材料的处理**

周转材料，是指企业能够多次使用、逐渐转移其价值但仍保持原有形态不确认为固定资产的材料，如包装物和低值易耗品，应当采用一次转销法或者五五摊销法进行摊销；企业(建造承包商)的钢模板、木模板、脚手架和其他周转材料等，可以采用一次转销法、五五摊销法或者分次摊销法进行摊销。

**三、存货的可变现净值**

(一)可变现净值的特征

可变现净值的特征表现为存货的预计未来净现金流量，而不是存货的售价或合同价。

企业预计的销售存货现金流量，并不完全等于存货的可变现净值。存货在销售过程中可能发生的销售费用和相关税费，以及为达到预定可销售状态还可能发生的加工成本等相关支出，构成现金流入的抵减项目。企业预计的销售存货现金流量，扣除这些抵减项目后，才能确定存货的可变现净值。

(二)以确凿证据为基础计算确定存货的可变现净值

存货可变现净值的确凿证据，是指对确定存货的可变现净值有直接影响的客观证明，如产成品或商品的市场销售价格、与产成品或商品相同或类似商品的市场销售价格、销货方提供的有关资料和生产成本资料等。

(三)不同存货可变现净值的确定

1. 产成品、商品和用于出售的材料等直接用于出售的商品存货，在正常生产经营过程中，应当以该存货的估计售价减去估计的销售费用和相关税费后的金额，确定其可变现净值。

2. 需要经过加工的材料存货，在正常生产经营过程中，应当以所生产的产成品的估计售价减去至完工时估计将要发生的成本、估计的销售费用和相关税费后的金额，确定其可变现净值。

3. 资产负债表日，同一项存货中一部分有合同价格约定、其他部分不存在合同价格的，应当分别确定其可变现净值，并与其相对应的成本进行比较，分别确定存货跌价准备的计提或转回的金额。

## 2.《企业会计准则第2号——长期股权投资》应用指南

**一、本准则规范的范围**

(一)企业持有的能够对被投资单位实施控制的权益性投资，即对子公司投资。

(二)企业持有的能够与其他合营方一同对被投资单位实施共同控制的权益性投资，即对合营企业投资。

(三)企业持有的能够对被投资单位施加重大影响的权益性投资，即对联营企业投资。

(四)企业对被投资单位不具有控制、共同控制或重大影响，且在活跃市场中没有报价、公允价值不能可靠计量的权益性投资。

除上述情况以外，企业持有的其他权益性投资，应当按照《企业会计准则第22号——金融工具确认和计量》的规定处理。

**二、长期股权投资的初始投资成本**

本准则第四条(三)所称投资者投入的长期股权投资，是指投资者将其持有的对第三方的投资作为出资投入企业形成的长期股权投资。

企业取得长期股权投资，实际支付的价款或对价中包含的已宣告但尚未发放的现金股利或利润，作为应收项目处理，不构成取得长期股权投资的成本。

**三、长期股权投资的权益法核算**

(一)投资损益的处理

1. 根据本准则第十二条规定，确认投资损益时，应当以取得投资时被投资单位各项可辨认资产等的公允价值为基础，对被投资单位的净利润进行调整后加以确定。比如，以取得投资时被投资单位固定资产、无形资产的公允价值为基础计提的折旧额或摊销额，相对于被投资单位已计提的折旧额、摊销额之间存在差额的，应按其差额对被投资单位净损益进行调整，并按调整后的净损益和持股比例计算确认投资损益。在进行有关调整时，应当考虑具有重要性的项目。

2. 存在下列情况之一的，可以按照被投资单位的账面净损益与持股比例计算确认投资损益，但应当在附注中说明这一事实及其原因。

(1)无法可靠确定投资时被投资单位各项可辨认资产等的公允价值；

(2)投资时被投资单位可辨认资产等的公允价值与其账面价值之间的差额较小；

(3)其他原因导致无法对被投资单位净损益进行调整。

3. 本准则第十一条规定的其他实质上构成对被投资单位净投资的长期权益，通常是指长期应收项目。比如，企业对被投资单位的长期债权，该债权没有明确的清收计划、且在可预见的未来期间不准备收回的，实质上构成对被投资单位的净投资。

在确认应分担被投资单位发生的亏损时，应当按照以下顺序进行处理：

首先，冲减长期股权投资的账面价值。

其次，长期股权投资的账面价值不足以冲减的，应当以其他实质上构成对被投资单位净投资的长期权益账面价值为限继续确认投资损失，冲减长期应收项目等的账面价值。

最后，经过上述处理，按照投资合同或协议约定企业仍承担额外义务的，应按预计承担的义务确认预计负债，计入当期投资损失。

被投资单位以后期间实现盈利的，企业扣除未确认的亏损分担额后，应按与上述相反的顺序处理，减记已确认预计负债的账面余额、恢复其他实质上构成对被投资单位净投资的长期权益及长期股权投资的账面价值，同时确认投资收益。

(二)被投资单位除净损益以外所有者权益其他变动的处理

对于被投资单位除净损益以外所有者权益的其他变动，在持股比例不变的情况下，企业按照持股比例计算应享有或承担的部分，调整长期股权投资的账面价值，同时增加或减少资本公积(其他资本公积)。

**四、共同控制经营及共同控制资产**

(一)共同控制经营

企业使用本企业的资产或其他经济资源与其他合营方共同进行某项经济活动(该经济活动不构成独立的会计主体)，并且按照合同或协议约定对该经济活动实施共同控制的，为共同控制经营。在共同控制经营下，每一合营方归集本企业发生的相关成本费用，同时按照合营合同或协议约定分享合营产生的收入。共同控制经营的合营方，应当按照以下原则进行处理：

1. 确认其所控制的用于共同控制经营的资产及发生的负债。

2. 确认与共同控制经营有关的成本费用及共同控制经营产生收入的份额。

(二)共同控制资产

企业与其他合营方共同投入或出资购买一项或多项资产(有关的资产不构成独立的会计主体)，按照合同或协议约定对有关的资产实施共同控制的，为共同控制资产。每一合营方通过其所控制的资产份额享有共同控制资产带来的未来经济利益,按照合同或协议约定分享相关的产出并分担所发生费用。比如,两个企业共同控制一栋出租的房屋,每一合营方均享有该房屋出租收入的一定份额并承担相应的费用。共同控制资产的合营方,应当按照以下原则进行处理:

1. 根据共同控制资产的性质,如固定资产、无形资产等,确认本企业拥有该资产的份额。

2. 确认与其他合营方共同承担的负债中应由本企业负担的部分以及本企业直接承担的与共同控制资产相关的负债。

3. 确认共同控制资产产生的收入中应由本企业享有的部分。

4. 确认与其他合营方共同发生的费用中应由本企业负担的部分以及本企业直接发生的与共同控制资产相关的费用。

# 3.《企业会计准则第 3 号——投资性房地产》应用指南

**一、投资性房地产的范围**

根据本准则第二条和第三条规定,投资性房地产是指为赚取租金或资本增值,或两者兼有而持有的房地产,包括已出租的土地使用权、持有并准备增值后转让的土地使用权、已出租的建筑物。

(一)已出租的土地使用权和已出租的建筑物,是指以经营租赁方式出租的土地使用权和建筑物。其中,用于出租的土地使用权是指企业通过出让或转让方式取得的土地使用权;用于出租的建筑物是指企业拥有产权的建筑物。

(二)持有并准备增值后转让的土地使用权,是指企业取得的、准备增值后转让的土地使用权。

按照国家有关规定认定的闲置土地,不属于持有并准备增值后转让的土地使用权。

(三)某项房地产,部分用于赚取租金或资本增值、部分用于生产商品、提供劳务或经营管理,能够单独计量和出售的、用于赚取租金或资本增值的部分,应当确认为投资性房地产;不能够单独计量和出售的、用于赚取租金或资本增值的部分,不确认为投资性房地产。

(四)企业将建筑物出租,按租赁协议向承租人提供的相关辅助服务在整个协议中不重大的,如企业将办公楼出租并向承租人提供保安、维修等辅助服务,应当将该建筑物确认为投资性房地产。

企业拥有并自行经营的旅馆饭店,其经营目的主要是通过提供客房服务赚取服务收入,该旅馆饭店不确认为投资性房地产。

**二、投资性房地产的后续计量**

企业通常应当采用成本模式对投资性房地产进行后续计量,也可采用公允价值模式对投资性房地产进行后续计量。但同一企业只能采用一种模式对所有投资性房地产进行后续计量,不得同时采用两种计量模式。

(一)采用成本模式对投资性房地产进行后续计量

在成本模式下,应当按照《企业会计准则第 4 号——固定资产》和《企业会计准则第 6 号——无形资产》的规定,对投资性房地产进行计量,计提折旧或摊销;存在减值迹象的,应当按照《企业会计准则第 8 号——资产减值》的规定进行处理。

(二)采用公允价值模式对投资性房地产进行后续计量根据本准则第十条规定,只有存在确凿证据表明投资性房地产的公允价值能够持续可靠取得的,才可以采用公允价值模式计量。采用公允价值模式计量的投资性房地产,应当同时满足下列条件:

1. 投资性房地产所在地有活跃的房地产交易市场。

所在地,通常是指投资性房地产所在的城市。对于大中型城市,应当为投资性房地产所在的城区。

2. 企业能够从活跃的房地产交易市场上取得同类或类似房地产的市场价格及其他相关信息,从而对投资性房地产的公允价值作出合理的估计。

同类或类似的房地产,对建筑物而言,是指所处地理位置和地理环境相同、性质相同、结构类型相同或相近、新旧程度相同或相近、可使用状况相同或相近的建筑物;对土地使用权而言,是指同一城区、同一位置区域、所处地理环境相同或相近、可使用状况相同或相近的土地。

三、投资性房地产的转换

(一)转换日的确定。

1. 投资性房地产开始自用,是指投资性房地产转为自用房地产。其转换日为房地产达到自用状态,企业开始将房地产用于生产商品、提供劳务或者经营管理的日期。

2. 作为存货的房地产改为出租,或者自用建筑物、自用土地使用权停止自用改为出租,其转换日为租赁期开始日。

(二)自用房地产或存货转换为采用公允价值模式计量的投资性房地产。

自用房地产或存货转换为采用公允价值模式计量的投资性房地产,该项投资性房地产应当按照转换日的公允价值计量。转换日的公允价值小于原账面价值的,其差额计入当期损益。转换日的公允价值大于原账面价值的,其差额作为资本公积(其他资本公积),计入所有者权益。处置该项投资性房地产时,原计入所有者权益的部分应当转入处置当期损益。

## 4.《企业会计准则第 4 号——固定资产》应用指南

一、固定资产的折旧

(一)固定资产应当按月计提折旧,当月增加的固定资产,当月不计提折旧,从下月起计提折旧;当月减少的固定资产,当月仍计提折旧,从下月起不计提折旧。

固定资产提足折旧后,不论能否继续使用,均不再计提折旧;提前报废的固定资产,也不再补提折旧。提足折旧,是指已经提足该项固定资产的应计折旧额。应计折旧额,是指应当计提折旧的固定资产的原价扣除其预计净残值后的金额。已计提减值准备的固定资产,还应当扣除已计提的固定资产减值准备累计金额。

(二)已达到预定可使用状态但尚未办理竣工决算的固定资产,应当按照估计价值确定其成本,并计提折旧;待办理竣工决算后,再按实际成本调整原来的暂估价值,但不需要调整原已计提的折旧额。

二、固定资产的后续支出

固定资产的后续支出是指固定资产在使用过程中发生的更新改造支出、修理费用等。

固定资产的更新改造等后续支出,满足本准则第四条规定确认条件的,应当计入固定资产成本,如有被替换的部分,应扣除其账面价值;不满足本准则第四条规定确认条件的固定资产修理费用等,应当在发生时计入当期损益。

三、固定资产的弃置费用

弃置费用通常是指根据国家法律和行政法规、国际公约等规定,企业承担的环境保护和生态恢复等义务所确定的支出,如核电站核设施等的弃置和恢复环境义务等。企业应当根据《企业会计准则第 13 号——或有事项》的规定,按照现值计算确定应计入固定资产成本的金额和相应的预计负债。油气资产的弃置费用,应当按照《企业会计准则第 27 号——石油天然气开采》及其应用指南的规定处理。

不属于弃置义务的固定资产报废清理费,应当在发生时作为固定资产处置费用处理。

四、备品备件和维修设备

备品备件和维修设备通常确认为存货,但符合固定资产定义和确认条件的,如企业(民用航空运输)的高价周转件等,应当确认为固定资产。

五、经营租入固定资产改良

企业以经营租赁方式租入的固定资产发生的改良支出,应予资本化,作为长期待摊费用,合理进行摊销。

## 5.《企业会计准则第 5 号——生物资产》应用指南

一、生物资产与农产品

本准则规范的农业,包括种植业、畜牧养殖业、林业和水产业等。

有生命的动物和植物具有生物转化的能力，这种能力导致生物资产质量或数量发生变化，通常表现为生长、蜕化、生产和繁殖等。生物资产的形态、价值以及产生经济利益的方式，随其出生、成长、衰老、死亡等自然规律和生产经营活动的变化而变化。企业从事农业生产的目的，主要是增强生物资产的生物转化能力，最终获得更多的符合市场需要的农产品。

农产品与生物资产密不可分，当其附在生物资产上时，构成生物资产的一部分。收获的农产品从生物资产这一母体分离开始，不再具有生命和生物转化能力、或者其生命和生物转化能力受到限制，应当作为存货处理，比如，从用材林中采伐的木材、奶牛产出的牛奶、绵羊产出的羊毛、肉猪宰杀后的猪肉、收获后的蔬菜、从果树上采摘的水果等。

**二、林木类消耗性生物资产**

（一）郁闭通常指林木类消耗性生物资产的郁闭度达 0.20 以上（含 0.20）。郁闭度是指森林中乔木树冠遮蔽地面的程度，是反映林分密度的指标，以林地树冠垂直投影面积与林地面积之比表示，完全覆盖地面为 1。

不同林种、不同林分等对郁闭度指标的要求有所不同，比如，生产纤维原料的工业原材料林一般要求郁闭度相对较高；以培育珍贵大径材为主要目标的林木一般要求郁闭度相对较低。企业应当结合历史经验数据和自身实际情况，确定林木类消耗性生物资产的郁闭度及是否达到郁闭。各类林木类消耗性生物资产的郁闭度一经确定，不得随意变更。

（二）郁闭之前的林木类消耗性生物资产处在培植阶段，需要发生较多的造林费、抚育费、营林设施费、良种试验费、调查设计费等相关支出，这些支出应当予以资本化计入林木成本；郁闭之后的林木类消耗性生物资产基本上可以比较稳定地成活，一般只需要发生较少的管护费用，应当计入当期费用。

因择伐、间伐或抚育更新等生产性采伐而进行补植所发生的支出，应当予以资本化。

**三、消耗性和生产性生物资产的减值迹象**

根据本准则第二十一条规定，企业至少应当于每年年度终了对消耗性和生产性生物资产进行检查，有确凿证据表明生物资产发生减值的，应当计提消耗性生物资产跌价准备或生产性生物资产减值准备。

生物资产存在下列情形之一的，通常表明该生物资产发生了减值：

（一）因遭受火灾、旱灾、水灾、冻灾、台风、冰雹等自然灾害，造成消耗性或生产性生物资产发生实体损坏，影响该资产的进一步生长或生产，从而降低其产生经济利益的能力。

（二）因遭受病虫害或动物疫病侵袭，造成消耗性或生产性生物资产的市场价格大幅度持续下跌，并且在可预见的未来无回升的希望。

（三）因消费者偏好改变而使企业消耗性或生产性生物资产收获的农产品的市场需求发生变化，导致市场价格逐渐下跌。

（四）因企业所处经营环境，如动植物检验检疫标准等发生重大变化，从而对企业产生不利影响，导致消耗性或生产性生物资产的市场价格逐渐下跌。

（五）其他足以证明消耗性或生产性生物资产实质上已经发生减值的情形。

**四、天然起源的生物资产**

天然林等天然起源的生物资产，有确凿证据表明企业能够拥有或者控制时，才能予以确认。

企业拥有或控制的天然起源的生物资产，通常并未进行相关的农业生产，如企业从土地、河流湖泊中取得的天然生长的天然林、水生动植物等。

根据本准则第十三条规定，企业应当按照名义金额确定天然起源的生物资产的成本，同时计入当期损益，名义金额为 1 元。

**五、生物资产的后续计量**

根据本准则规定，生物资产通常按照成本计量，但有确凿证据表明其公允价值能够持续可靠取得的除外。采用公允价值计量的生物资产，应当同时满足下列两个条件：

一是生物资产有活跃的交易市场。活跃的交易市场，是指同时具有下列特征的市场：(1)市场内交易的对象具有同质性；(2)可以随时找到自愿交易的买方和卖方；(3)市场价格的信息是公开的。

二是能够从交易市场上取得同类或类似生物资产的市场价格及其他相关信息，从而对生物资产的公允价值作出合理估计。同类或类似，是指生物资产的品种相同或类似、质量等级相同或类似、生长时间相同或

类似、所处气候和地理环境相同或类似。

## 6.《企业会计准则第 6 号——无形资产》应用指南

**一、本准则不规范商誉的处理**

本准则第三条规定，无形资产是指企业拥有或控制的没有实物形态的可辨认非货币性资产。无形资产主要包括专利权、非专利技术、商标权、著作权、土地使用权、特许权等。商誉的存在无法与企业自身分离，不具有可辨认性，不在本准则规范。

**二、研究阶段与开发阶段**

本准则将研究开发项目区分为研究阶段与开发阶段。企业应当根据研究与开发的实际情况加以判断。

（一）研究阶段研究阶段是探索性的，为进一步开发活动进行资料及相关方面的准备，已进行的研究活动将来是否会转入开发、开发后是否会形成无形资产等均具有较大的不确定性。

比如，意在获取知识而进行的活动，研究成果或其他知识的应用研究、评价和最终选择，材料、设备、产品、工序、系统或服务替代品的研究，新的或经改进的材料、设备、产品、工序、系统或服务的可能替代品的配制、设计、评价和最终选择等，均属于研究活动。

（二）开发阶段相对于研究阶段而言，开发阶段应当是已完成研究阶段的工作，在很大程度上具备了形成一项新产品或新技术的基本条件。比如，生产前或使用前的原型和模型的设计、建造和测试，不具有商业性生产经济规模的试生产设施的设计、建造和运营等，均属于开发活动。

**三、开发支出的资本化**

根据本准则第八条和第九条规定，企业内部研究开发项目研究阶段的支出，应当于发生时计入当期损益；开发阶段的支出，同时满足下列条件的，才能确认为无形资产：

（一）完成该无形资产以使其能够使用或出售在技术上具有可行性。

判断无形资产的开发在技术上是否具有可行性，应当以目前阶段的成果为基础，并提供相关证据和材料，证明企业进行开发所需的技术条件等已经具备，不存在技术上的障碍或其他不确定性。比如，企业已经完成了全部计划、设计和测试活动，这些活动是使资产能够达到设计规划书中的功能、特征和技术所必需的活动，或经过专家鉴定等。

（二）具有完成该无形资产并使用或出售的意图。企业能够说明其开发无形资产的目的。

（三）无形资产产生经济利益的方式。无形资产是否能够为企业带来经济利益，应当对运用该无形资产

生产产品的市场情况进行可靠预计，以证明所生产的产品存在市场并能够带来经济利益，或能够证明市场上存在对该无形资产的需求。

（四）有足够的技术、财务资源和其他资源支持，以完成该无形资产的开发，并有能力使用或出售该无形资产。

企业能够证明可以取得无形资产开发所需的技术、财务和其他资源，以及获得这些资源的相关计划。企业自有资金不足以提供支持的，应能够证明存在外部其他方面的资金支持，如银行等金融机构声明愿意为该无形资产的开发提供所需资金等。

（五）归属于该无形资产开发阶段的支出能够可靠地计量。企业对研究开发的支出应当单独核算，比如，直接发生的研发人员工资、材料费，以及相关设备折旧费等。同时从事多项研究开发活动的，所发生的支出应当按照合理的标准在各项研究开发活动之间进行分配；无法合理分配的，应当计入当期损益。

**四、估计无形资产使用寿命应当考虑的相关因素**

根据本准则第十七条和第十九条规定，使用寿命有限的无形资产应当摊销，使用寿命不确定的无形资产不予摊销。

（一）企业持有的无形资产，通常来源于合同性权利或其他法定权利，且合同规定或法律规定有明确的使用年限。

来源于合同性权利或其他法定权利的无形资产，其使用寿命不应超过合同性权利或其他法定权利的期限；合同性权利或其他法定权利在到期时因续约等延续、且有证据表明企业续约不需要付出大额成本的，续

约期应当计入使用寿命。合同或法律没有规定使用寿命的，企业应当综合各方面因素判断，以确定无形资产能为企业带来经济利益的期限。比如，与同行业的情况进行比较、参考历史经验，或聘请相关专家进行论证等。

按照上述方法仍无法合理确定无形资产为企业带来经济利益期限的，该项无形资产应作为使用寿命不确定的无形资产。

(二)企业确定无形资产使用寿命通常应当考虑的因素。

1. 运用该资产生产的产品通常的寿命周期、可获得的类似资产使用寿命的信息；

2. 技术、工艺等方面的现阶段情况及对未来发展趋势的估计；

3. 以该资产生产的产品或提供服务的市场需求情况；

4. 现在或潜在的竞争者预期采取的行动；

5. 为维持该资产带来经济利益能力的预期维护支出，以及企业预计支付有关支出的能力；

6. 对该资产控制期限的相关法律规定或类似限制，如特许使用期、租赁期等；

7. 与企业持有其他资产使用寿命的关联性等。

**五、无形资产的摊销**

根据本准则第十七条规定，无形资产的摊销金额一般应当计入当期损益。某项无形资产包含的经济利益通过所生产的产品或其他资产实现的，其摊销金额应当计入相关资产的成本。

**六、土地使用权的处理**

企业取得的土地使用权通常应确认为无形资产，但改变土地使用权用途，用于赚取租金或资本增值的，应当将其转为投资性房地产。

自行开发建造厂房等建筑物，相关的土地使用权与建筑物应当分别进行处理。外购土地及建筑物支付的价款应当在建筑物与土地使用权之间进行分配；难以合理分配的，应当全部作为固定资产。

企业(房地产开发)取得土地用于建造对外出售的房屋建筑物，相关的土地使用权账面价值应当计入所建造的房屋建筑物成本。

# 7.《企业会计准则第7号——非货币性资产交换》应用指南

**一、非货币性资产交换的认定**

非货币性资产交换是指交易双方通过存货、固定资产、无形资产和长期股权投资等非货币性资产进行的交换，有时也涉及少量货币性资产(即补价)。认定涉及少量货币性资产的交换为非货币性资产交换，通常以补价占整个资产交换金额的比例低于25%作为参考。

支付的货币性资产占换入资产公允价值(或占换出资产公允价值与支付的货币性资产之和)的比例，或者收到的货币性资产占换出资产公允价值(或占换入资产公允价值和收到的货币性资产之和)的比例低于25%的，视为非货币性资产交换，适用本准则；高于25%(含25%)的，视为以货币性资产取得非货币性资产，适用其他相关准则。

**二、商业实质的判断**

企业应当遵循实质重于形式的要求判断非货币性资产交换是否具有商业实质。根据换入资产的性质和换入企业经营活动的特征等，换入资产与换入企业其他现有资产相结合能够产生更大的效用，从而导致换入企业受该换入资产影响产生的现金流量与换出资产明显不同，表明该项资产交换具有商业实质。

根据本准则第四条规定，满足下列条件之一的非货币性资产交换具有商业实质：

(一)换入资产的未来现金流量在风险、时间和金额方面与换出资产显著不同。这种情况通常包括下列情形：

1. 未来现金流量的风险、金额相同，时间不同。此种情形是指换入资产和换出资产产生的未来现金流量总额相同，获得这些现金流量的风险相同，但现金流量流入企业的时间明显不同。

2. 未来现金流量的时间、金额相同，风险不同。此种情形是指换入资产和换出资产产生的未来现金流量时间和金额相同，但企业获得现金流量的不确定性程度存在明显差异。

3. 未来现金流量的风险、时间相同,金额不同。此种情形是指换入资产和换出资产产生的未来现金流量总额相同,预计为企业带来现金流量的时间跨度相同,风险也相同,但各年产生的现金流量金额存在明显差异。

(二)换入资产与换出资产的预计未来现金流量现值不同,且其差额与换入资产和换出资产的公允价值相比是重大的。

这种情况是指换入资产对换入企业的特定价值(即预计未来现金流量现值)与换出资产存在明显差异。本准则所指资产的预计未来现金流量现值,应当按照资产在持续使用过程中和最终处置时所产生的预计税后未来现金流量,根据企业自身而不是市场参与者对资产特定风险的评价,选择恰当的折现率对其进行折现后的金额加以确定。

**三、换入资产或换出资产公允价值的可靠计量**

符合下列情形之一的,表明换入资产或换出资产的公允价值能够可靠地计量。

(一)换入资产或换出资产存在活跃市场。对于存在活跃市场的存货、长期股权投资、固定资产、无形资产等非货币性资产,应当以该资产的市场价格为基础确定其公允价值。

(二)换入资产或换出资产不存在活跃市场、但同类或类似资产存在活跃市场。对于同类或类似资产存在活跃市场的存货、长期股权投资、固定资产、无形资产等非货币性资产,应当以同类或类似资产市场价格为基础确定其公允价值。

(三)换入资产或换出资产不存在同类或类似资产的可比市场交易,应当采用估值技术确定其公允价值。该公允价值估计数的变动区间很小,或者在公允价值估计数变动区间内,各种用于确定公允价值估计数的概率能够合理确定的,视为公允价值能够可靠计量。

**四、非货币性资产交换的会计处理**

非货币性资产交换具有商业实质且公允价值能够可靠计量的,在发生补价的情况下,支付补价方,应当以换出资产的公允价值加上支付的补价(或换入资产的公允价值)和应支付的相关税费,作为换入资产的成本;收到补价方,应当以换出资产的公允价值减去补价(或换入资产的公允价值)加上应支付的相关税费,作为换入资产的成本。

换出资产公允价值与其账面价值的差额,应当分别不同情况处理:

换出资产为存货的,应当作为销售处理,按照《企业会计准则第 14 号——收入》以其公允价值确认收入,同时结转相应的成本。

换出资产为固定资产、无形资产的,换出资产公允价值与其账面价值的差额,计入营业外收入或营业外支出。

换出资产为长期股权投资的,换出资产公允价值与其账面价值的差额,计入投资损益。

# 8.《企业会计准则第 8 号——资产减值》应用指南

**一、估计资产可收回金额应当遵循重要性要求**

企业应当在资产负债表日判断资产是否存在可能发生减值的迹象。资产存在减值迹象的,应当进行减值测试,估计资产的可收回金额。在估计资产可收回金额时,应当遵循重要性要求。

(一)以前报告期间的计算结果表明,资产可收回金额显著高于其账面价值,之后又没有发生消除这一差异的交易或者事项的,资产负债表日可以不重新估计该资产的可收回金额。

(二)以前报告期间的计算与分析表明,资产可收回金额相对于某种减值迹象反应不敏感,在本报告期间又发生了该减值迹象的,可以不因该减值迹象的出现而重新估计该资产的可收回金额。比如,当期市场利率或市场投资报酬率上升,对计算资产未来现金流量现值采用的折现率影响不大的,可以不重新估计资产的可收回金额。

**二、预计资产未来现金流量应当考虑的因素和采用的方法**

(一)预计资产未来现金流量应当考虑的主要因素

1. 预计资产未来现金流量和折现率,应当在一致的基础上考虑因一般通货膨胀而导致物价上涨等因素的影响。如果折现率考虑了这一影响因素，资产预计未来现金流量也应当考虑；折现率没有考虑这一影响因素的，预计未来现金流量则不予考虑。

2. 预计资产未来现金流量，应当分析以前期间现金流量预计数与实际数的差异情况，以评判预计当期现金流量所依据的假设的合理性。通常应当确保当期预计现金流量所依据假设与前期实际结果相一致。

3. 预计资产未来现金流量应当以资产的当前状况为基础，不应包括与将来可能会发生的、尚未作出承诺的重组事项有关或者与资产改良有关的预计未来现金流量。未来发生的现金流出是为了维持资产正常运转或者原定正常产出水平所必需的，预计资产未来现金流量时应当将其考虑在内。

4. 预计在建工程、开发过程中的无形资产等的未来现金流量，应当包括预期为使该资产达到预定可使用或可销售状态而发生的全部现金流出。

5. 资产的未来现金流量受内部转移价格影响的，应当采用在公平交易前提下企业管理层能够达成的最佳价格估计数进行预计。

(二)预计资产未来现金流量的方法预计资产未来现金流量，通常应当根据资产未来期间最有可能产生的现金流量进行预测。采用期望现金流量法更为合理的，应当采用期望现金流量法预计资产未来现金流量。

采用期望现金流量法，资产未来现金流量应当根据每期现金流量期望值进行预计，每期现金流量期望值按照各种可能情况下的现金流量乘以相应的发生概率加总计算。

**三、折现率的确定方法**

折现率的确定通常应当以该资产的市场利率为依据。无法从市场获得的，可以使用替代利率估计折现率。

替代利率可以根据加权平均资金成本、增量借款利率或者其他相关市场借款利率作适当调整后确定。调整时，应当考虑与资产预计未来现金流量有关的特定风险以及其他有关货币风险和价格风险等。

估计资产未来现金流量现值时，通常应当使用单一的折现率；资产未来现金流量的现值对未来不同期间的风险差异或者利率的期限结构反应敏感的，应当使用不同的折现率。

**四、资产组的认定**

资产组是企业可以认定的最小资产组合，其产生的现金流入应当基本上独立于其他资产或者资产组。资产组应当由创造现金流入相关的资产组成。

(一)认定资产组最关键的因素是该资产组能否独立产生现金流入。企业的某一生产线、营业网点、业务部门等，如果能够独立于其他部门或者单位等形成收入、产生现金流入，或者其形成的收入和现金流入绝大部分独立于其他部门或者单位、且属于可认定的最小资产组合的，通常应将该生产线、营业网点、业务部门等认定为一个资产组。

几项资产的组合生产的产品(或者其他产出)存在活跃市场的，无论这些产品(或者其他产出)是用于对外出售还是仅供企业内部使用，均表明这几项资产的组合能够独立产生现金流入，应当将这些资产的组合认定为资产组。

(二)企业对生产经营活动的管理或者监控方式以及对资产使用或者处置的决策方式等，也是认定资产组应考虑的重要因素。

比如，某服装企业有童装、西装、衬衫三个工厂，每个工厂在核算、考核和管理等方面都相对独立，在这种情况下，每个工厂通常为一个资产组。

再如，某家具制造商有A车间和B车间，A车间专门生产家具部件(该家具部件不存在活跃市场)，生产完后由B车间负责组装，该企业对A车间和B车间资产的使用和处置等决策是一体的，在这种情况下，A车间和B车间通常应当认定为一个资产组。

**五、存在少数股东权益情况下的商誉减值测试**

根据《企业会计准则第20号——企业合并》的规定，在合并财务报表中反映的商誉，不包括子公司归属于少数股东权益的商誉。但对相关的资产组(或者资产组组合，下同)进行减值测试时，应当将归属于少数股东权益的商誉包括在内，调整资产组的账面价值，然后根据调整后的资产组账面价值与其可收回金额进行比较，以确定资产组(包括商誉)是否发生了减值。

上述资产组发生减值的，应当按照本准则第二十二条规定进行处理，但由于根据上述步骤计算的商誉减值损失包括了应由少数股东权益承担的部分，应当将该损失在可归属于母公司和少数股东权益之间按比例进行分摊，以确认归属于母公司的商誉减值损失。

## 9.《企业会计准则第9号——职工薪酬》应用指南

**一、职工薪酬的范围**

本准则将企业因获得职工提供服务而给予职工的各种形式的报酬或对价，全部纳入职工薪酬的范围。由《企业会计准则第11号——股份支付》规范的对职工的股份支付，也属于职工薪酬。

（一）职工，是指与企业订立劳动合同的所有人员，含全职、兼职和临时职工；也包括虽未与企业订立劳动合同但由企业正式任命的人员，如董事会成员、监事会成员等。

在企业的计划和控制下，虽未与企业订立劳动合同或未由其正式任命，但为其提供与职工类似服务的人员，也纳入职工范畴，如劳务用工合同人员。

（二）职工薪酬，包括企业为职工在职期间和离职后提供的全部货币性薪酬和非货币性福利。提供给职工配偶、子女或其他被赡养人的福利等，也属于职工薪酬。

（三）养老保险费，包括根据国家规定的标准向社会保险经办机构缴纳的基本养老保险费，以及根据企业年金计划向企业年金基金相关管理人缴纳的补充养老保险费。

以购买商业保险形式提供给职工的各种保险待遇，也属于职工薪酬。

（四）非货币性福利，包括企业以自产产品发放给职工作为福利、将企业拥有的资产无偿提供给职工使用、为职工无偿提供医疗保健服务等。

**二、职工薪酬的确认和计量**

在职工为企业提供服务的会计期间，企业应根据职工提供服务的受益对象，将应确认的职工薪酬（包括货币性薪酬和非货币性福利）计入相关资产成本或当期损益，同时确认为应付职工薪酬，但解除劳动关系补偿（下称“辞退福利”）除外。

（一）计量应付职工薪酬时，国家规定了计提基础和计提比例的，应当按照国家规定的标准计提。比如，应向社会保险经办机构等缴纳的医疗保险费、养老保险费（包括根据企业年金计划向企业年金基金相关管理人缴纳的补充养老保险费）、失业保险费、工伤保险费、生育保险费等社会保险费，应向住房公积金管理机构缴存的住房公积金，以及工会经费和职工教育经费等。

没有规定计提基础和计提比例的，企业应当根据历史经验数据和实际情况，合理预计当期应付职工薪酬。当期实际发生金额大于预计金额的，应当补提应付职工薪酬；当期实际发生金额小于预计金额的，应当冲回多提的应付职工薪酬。

对于在职工提供服务的会计期末以后一年以上到期的应付职工薪酬，企业应当选择恰当的折现率，以应付职工薪酬折现后的金额计入相关资产成本或当期损益；应付职工薪酬金额与其折现后金额相差不大的，也可按照未折现金额计入相关资产成本或当期损益。

（二）企业以其自产产品作为非货币性福利发放给职工的，应当根据受益对象，按照该产品的公允价值，计入相关资产成本或当期损益，同时确认应付职工薪酬。

将企业拥有的房屋等资产无偿提供给职工使用的，应当根据受益对象，将该住房每期应计提的折旧计入相关资产成本或当期损益，同时确认应付职工薪酬。租赁住房等资产供职工无偿使用的，应当根据受益对象，将每期应付的租金计入相关资产成本或当期损益，并确认应付职工薪酬。难以认定受益对象的非货币性福利，直接计入当期损益和应付职工薪酬。

**三、辞退福利**

（一）辞退福利包括：(1)职工劳动合同到期前，不论职工本人是否愿意，企业决定解除与职工的劳动关系而给予的补偿；(2)职工劳动合同到期前，为鼓励职工自愿接受裁减而给予的补偿，职工有权选择继续在职或接受补偿离职。

辞退福利通常采取在解除劳动关系时一次性支付补偿的方式，也有通过提高退休后养老金或其他离职后福利的标准，或者将职工工资支付至辞退后未来某一期间的方式。

(二)满足本准则第六条确认条件的解除劳动关系计划或自愿裁减建议的辞退福利应当计入当期管理费用,并确认应付职工薪酬。

正式的辞退计划或建议应当经过批准。辞退工作一般应当在一年内实施完毕,但因付款程序等原因使部分款项推迟至一年后支付的,视为符合应付职工薪酬的确认条件。

(三)企业应当根据本准则和《企业会计准则第 13 号——或有事项》的规定,严格按照辞退计划条款的规定,合理预计并确认辞退福利产生的应付职工薪酬。对于职工没有选择权的辞退计划,应当根据辞退计划条款规定的拟解除劳动关系的职工数量、每一职位的辞退补偿标准等,计提应付职工薪酬。

企业对于自愿接受裁减的建议,应当预计将会接受裁减建议的职工数量,根据预计的职工数量和每一职位的辞退补偿标准等,按照《企业会计准则第 13 号——或有事项》规定,计提应付职工薪酬。

符合本准则规定的应付职工薪酬确认条件、实质性辞退工作在一年内完成、但付款时间超过一年的辞退福利,企业应当选择恰当的折现率,以折现后的金额计量应付职工薪酬。

## 10.《企业会计准则第 10 号——企业年金基金》应用指南

**一、企业年金基金是独立的会计主体**

本准则第二条规定,企业年金基金是指根据依法制定的企业年金计划筹集的资金及其投资运营收益形成的企业补充养老保险基金。

企业年金是指企业及其职工在依法参加基本养老保险的基础上,自愿建立的补充养老保险制度。企业年金基金由企业缴费、职工个人缴费和企业年金基金投资运营收益组成,实行完全积累,采用个人账户方式进行管理。企业缴费属于职工薪酬的范围,适用《企业会计准则第 9 号——职工薪酬》。

企业年金基金作为一种信托财产,独立于委托人、受托人、账户管理人、托管人、投资管理人等的固有资产及其他资产,应当存入企业年金基金专户,作为独立的会计主体进行确认、计量和列报。

**二、企业年金基金管理各方当事人**

企业年金基金管理各方当事人包括:委托人、受托人、账户管理人、托管人、投资管理人和中介服务机构等。

(一)委托人,是指设立企业年金基金的企业及其职工。委托人应当与受托人签订书面合同。

(二)受托人,是指受托管理企业年金基金的企业年金理事会或符合国家规定的养老金管理公司等法人受托机构。受托人根据信托合同,负责编报企业年金基金财务报表等。受托人是编报企业年金基金财务报表的法定责任人。

(三)账户管理人,是指受托管理企业年金基金账户的专业机构。账户管理人根据账户管理合同负责建立企业年金基金的企业账户和个人账户,记录企业缴费、职工个人缴费以及企业年金基金投资运营收益情况,计算企业年金待遇,提供账户查询和报告活动等。

(四)托管人,是指受托保管企业年金基金财产的商业银行或专业机构。托管人根据托管合同负责企业年金基金会计处理和估值,复核、审查投资管理人计算的基金财产净值,定期向受托人提交企业年金基金财务报表等。

(五)投资管理人,是指受托管理企业年金基金投资的专业机构。投资管理人根据投资管理合同负责对企业年金基金财产进行投资,及时与托管人核对企业年金基金会计处理和估值结果等。

(六)中介服务机构,是指为企业年金基金管理提供服务的投资顾问公司、信用评估公司、精算咨询公司、会计师事务所、律师事务所等。

**三、企业年金基金的投资**

企业年金基金投资运营应当遵循谨慎、分散风险的原则,充分考虑企业年金基金财产的安全性和流动性。企业年金基金应当严格按照国家相关规定进行投资。

根据本准则第六条规定,企业年金基金投资公允价值的确定,适用《企业会计准则第 22 号——金融工具确认和计量》。

初始取得投资时,应当以交易日支付的价款(不含支付的价款中所包含的、已到付息期但尚未领取的利

息或已宣告但尚未发放的现金股利）计入投资的成本。发生的交易费用及相关税费直接计入当期损益。支付的价款中所包含的、已到付息期但尚未领取的利息或已宣告但尚未发放的现金股利，分别计入应收利息或应收股利。

投资持有期间被投资单位宣告发放的现金股利，或资产负债表日按债券票面利率计算的利息收入，应确认为投资收益。

企业年金基金的投资应当按日估值，或至少按周进行估值。估值日对投资进行估值时，应当以估值日的公允价值计量，公允价值与上一估值日公允价值的差额，计入当期损益（公允价值变动损益）。

投资处置时，应在交易日按照卖出投资所取得的价款与其账面价值（买入价）的差额，确定为投资损益。

**四、企业年金基金投资管理风险准备金补亏**

企业年金基金按规定向投资管理人支付的管理费，应当按照应付的金额计入当期损益（投资管理人管理费），同时确认为负债（应付投资管理人管理费）。企业年金基金取得投资管理人风险准备金补亏时，应当按照收到或应收的金额计入其他收入。

**五、企业年金基金的账务处理和财务报表的编报**

（一）受托人、托管人、投资管理人应当参照《企业会计准则——应用指南》（会计科目和主要账务处理）设置相应会计科目和账簿，对企业年金基金发生的交易或者事项进行会计处理。

（二）企业年金基金财务报表包括资产负债表、净资产变动表和附注。

受托人应当按照本准则的规定，定期向委托人、受益人等提交企业年金基金财务报表。

托管人应当按照本准则的规定，定期向受托人提交企业年金基金财务报表。

（三）企业年金基金财务报表附注，除按本准则第二十条的规定进行披露外，还应当披露以下内容：

（1）财务报表的编制基础。

（2）重要会计政策和会计估计变更及差错更正的说明。

（3）报表重要项目的说明，包括：货币资金、买入返售证券、债券投资、基金投资、股票投资、其他投资、卖出回购证券款、收取企业缴费、收取职工个人缴费、个人账户转入、支付受益人待遇、个人账户转出等。

（4）企业年金基金净收入，包括本期收入、本期费用的构成。

（5）资产负债表日后事项、关联方关系及其交易的说明等。

（6）企业年金基金投资组合情况、风险管理政策等。

# 11.《企业会计准则第11号——股份支付》应用指南

**一、股份支付的含义**

本准则第二条规定，股份支付是指企业为获取职工和其他方提供服务而授予权益工具或者承担以权益工具为基础确定的负债的交易。

企业授予职工期权、认股权证等衍生工具或其他权益工具，对职工进行激励或补偿，以换取职工提供的服务，实质上属于职工薪酬的组成部分，但由于股份支付是以权益工具的公允价值为计量基础，因此由本准则进行规范。

**二、股份支付的处理**

股份支付的确认和计量，应当以真实、完整、有效的股份支付协议为基础。

（一）授予日除了立即可行权的股份支付外，无论权益结算的股份支付或者现金结算的股份支付，企业在授予日都不进行会计处理。

授予日是指股份支付协议获得批准的日期。其中"获得批准"，是指企业与职工或其他方就股份支付的协议条款和条件已达成一致，该协议获得股东大会或类似机构的批准。

（二）等待期内的每个资产负债表日股份支付在授予后通常不可立即行权，一般需要在职工或其他方履行一定期限的服务或在企业达到一定业绩条件之后才可行权。

业绩条件分为市场条件和非市场条件。市场条件是指行权价格、可行权条件以及行权可能性与权益工具的市场价格相关的业绩条件，如股份支付协议中关于股价至少上升至何种水平才可行权的规定。非市场条件是指除市场条件之外的其他业绩条件，如股份支付协议中关于达到最低盈利目标或销售目标才可行权的规定。

等待期长度确定后，业绩条件为非市场条件的，如果后续信息表明需要调整等待期长度，应对前期确定的等待期长度进行修改；业绩条件为市场条件的，不应因此改变等待期长度。对于可行权条件为业绩条件的股份支付，在确定权益工具的公允价值时，应考虑市场条件的影响，只要职工满足了其他所有非市场条件，企业就应当确认已取得的服务。

1. 等待期内每个资产负债表日，企业应将取得的职工提供的服务计入成本费用，计入成本费用的金额应当按照权益工具的公允价值计量。

对于权益结算的涉及职工的股份支付，应当按照授予日权益工具的公允价值计入成本费用和资本公积（其他资本公积），不确认其后续公允价值变动；对于现金结算的涉及职工的股份支付，应当按照每个资产负债表日权益工具的公允价值重新计量，确定成本费用和应付职工薪酬。

对于授予的存在活跃市场的期权等权益工具，应当按照活跃市场中的报价确定其公允价值。对于授予的不存在活跃市场的期权等权益工具，应当采用期权定价模型等确定其公允价值，选用的期权定价模型至少应当考虑以下因素：(1)期权的行权价格；(2)期权的有效期；(3)标的股份的现行价格；(4)股价预计波动率；(5)股份的预计股利；(6)期权有效期内的无风险利率。

2. 等待期内每个资产负债表日，企业应当根据最新取得的可行权职工人数变动等后续信息作出最佳估计，修正预计可行权的权益工具数量。在可行权日，最终预计可行权权益工具的数量应当与实际可行权数量一致。

根据上述权益工具的公允价值和预计可行权的权益工具数量，计算截至当期累计应确认的成本费用金额，再减去前期累计已确认金额，作为当期应确认的成本费用金额。

（三）可行权日之后

1. 对于权益结算的股份支付，在可行权日之后不再对已确认的成本费用和所有者权益总额进行调整。企业应在行权日根据行权情况，确认股本和股本溢价，同时结转等待期内确认的资本公积（其他资本公积）。

2. 对于现金结算的股份支付，企业在可行权日之后不再确认成本费用，负债（应付职工薪酬）公允价值的变动应当计入当期损益（公允价值变动损益）。

**三、回购股份进行职工期权激励**

企业以回购股份形式奖励本企业职工的，属于权益结算的股份支付，应当进行以下处理：

（一）回购股份

企业回购股份时，应当按照回购股份的全部支出作为库存股处理，同时进行备查登记。

（二）确认成本费用

按照本准则对职工权益结算股份支付的规定，企业应当在等待期内每个资产负债表日按照权益工具在授予日的公允价值，将取得的职工服务计入成本费用，同时增加资本公积（其他资本公积）。

（三）职工行权

企业应于职工行权购买本企业股份收到价款时，转销交付职工的库存股成本和等待期内资本公积（其他资本公积）累计金额，同时，按照其差额调整资本公积（股本溢价）。

# 12.《企业会计准则第12号——债务重组》应用指南

**一、债务重组的特征**

本准则第二条规定，债务重组是指在债务人发生财务困难的情况下，债权人按照其与债务人达成的协议或者法院的裁定作出让步的事项。

债务人发生财务困难，是指因债务人出现资金周转困难、经营陷入困境或者其他原因，导致其无法或者没有能力按原定条件偿还债务。

债权人作出让步，是指债权人同意发生财务困难的债务人现在或者将来以低于重组债务账面价值的金额或者价值偿还债务。债权人作出让步的情形主要包括：债权人减免债务人部分债务本金或者利息，降低债务人应付债务的利率等。

**二、用以清偿债务的非现金资产公允价值的计量**

债务重组采用非现金资产清偿债务的，非现金资产的公允价值应当按照下列规定进行计量：

（一）非现金资产属于企业持有的股票、债券、基金等金融资产的，应当按照《企业会计准则第 22 号——金融工具确认和计量》的规定确定其公允价值。

（二）非现金资产属于存货、固定资产、无形资产等其他资产且存在活跃市场的，应当以其市场价格为基础确定其公允价值；不存在活跃市场但与其类似资产存在活跃市场的，应当以类似资产的市场价格为基础确定其公允价值；采用上述两种方法仍不能确定非现金资产公允价值的，应当采用估值技术等合理的方法确定其公允价值。

**三、债务重组的会计处理**

（一）债务人的处理

债务人应当将重组债务的账面价值超过清偿债务的现金、非现金资产的公允价值、所转股份的公允价值、或者重组后债务账面价值之间的差额，在满足《企业会计准则第 22 号——金融工具确认和计量》所规定的金融负债终止确认条件时，将其终止确认，计入营业外收入（债务重组利得）。

非现金资产公允价值与账面价值的差额，应当分别不同情况进行处理：

非现金资产为存货的，应当作为销售处理，按照《企业会计准则第 14 号——收入》的规定，以其公允价值确认收入，同时结转相应的成本。

非现金资产为固定资产、无形资产的，其公允价值和账面价值的差额，计入营业外收入或营业外支出。

非现金资产为长期股权投资的，其公允价值和账面价值的差额，计入投资损益。

（二）债权人的处理

债权人应当将重组债权的账面余额与受让资产的公允价值、所转股份的公允价值、或者重组后债权的账面价值之间的差额，在满足《企业会计准则第 22 号——金融工具确认和计量》所规定的金融资产终止确认条件时，将其终止确认，计入营业外支出（债务重组损失）等。

重组债权已计提减值准备的，应当先将上述差额冲减已计提的减值准备，冲减后仍有损失的，计入营业外支出（债务重组损失）；冲减后减值准备仍有余额的，应予转回并抵减当期资产减值损失。

债权人收到存货、固定资产、无形资产、长期股权投资等非现金资产的，应当以其公允价值入账。

**四、修改其他债务条件涉及或有应付金额**

根据本准则第七条规定，以修改其他债务条件进行债务重组涉及或有应付金额，且该或有应付金额符合《企业会计准则第 13 号——或有事项》中有关预计负债确认条件的，债务人应将该或有应付金额确认为预计负债。比如，债务重组协议规定，债务人在债务重组后一定期间内，其业绩改善到一定程度或者符合一定要求（如扭亏为盈、摆脱财务困境等），应向债权人额外支付一定款项，当债务人承担的或有应付金额符合预计负债确认条件时，应当将该或有应付金额确认为预计负债。

上述或有应付金额在随后会计期间没有发生的，企业应当冲销已确认的预计负债，同时确认营业外收入。

# 13.《企业会计准则第 13 号——或有事项》应用指南

**一、或有事项的特征**

本准则第二条规定，或有事项是指过去的交易或者事项形成的，其结果须由某些未来事项的发生或不发生才能决定的不确定事项。

（一）由过去交易或事项形成，是指或有事项的现存状况是过去交易或事项引起的客观存在。

比如，未决诉讼虽然是正在进行中的诉讼，但该诉讼是企业因过去的经济行为导致起诉其他单位或被其他单位起诉。这是现存的一种状况而不是未来将要发生的事项。未来可能发生的自然灾害、交通事故、经营亏损等，不属于或有事项。

（二）结果具有不确定性，是指或有事项的结果是否发生具有不确定性，或者或有事项的结果预计将会发生，但发生的具体时间或金额具有不确定性。

比如，债务担保事项的担保方到期是否承担和履行连带责任，需要根据债务到期时被担保方能否按时还款加以确定。这一事项的结果在担保协议达成时具有不确定性。

（三）由未来事项决定，是指或有事项的结果只能由未来不确定事项的发生或不发生才能决定。

比如，债务担保事项只有在被担保方到期无力还款时企业（担保方）才履行连带责任。

常见的或有事项主要包括：未决诉讼或仲裁、债务担保、产品质量保证（含产品安全保证）、承诺、亏损合同、重组义务、环境污染整治等。

**二、或有事项相关义务确认为预计负债的条件**

本准则第四条规定了或有事项相关义务确认为预计负债应当同时满足的条件：

（一）该义务是企业承担的现时义务。企业没有其他现实的选择，只能履行该义务，如法律要求企业必须履行、有关各方合理预期企业应当履行等。

（二）履行该义务很可能导致经济利益流出企业，通常是指履行与或有事项相关的现时义务时，导致经济利益流出企业的可能性超过50%。

履行或有事项相关义务导致经济利益流出的可能性，通常按照下列情况加以判断：

| 结果的可能性 | 对应的概率区间 |
|---|---|
| 基本确定 | 大于95%但小于100% |
| 很可能 | 大于50%但小于或等于95% |
| 可能 | 大于5%但小于或等于50% |
| 极小可能 | 大于0但小于或等于5% |

（三）该义务的金额能够可靠地计量。企业计量预计负债金额时，通常应当考虑下列情况：

1. 充分考虑与或有事项有关的风险和不确定性，在此基础上按照最佳估计数确定预计负债的金额。

2. 预计负债的金额通常等于未来应支付的金额，但未来应支付金额与其现值相差较大的，如油气井及相关设施或核电站的弃置费用等，应当按照未来应支付金额的现值确定。

3. 有确凿证据表明相关未来事项将会发生的，如未来技术进步、相关法规出台等，确定预计负债金额时应考虑相关未来事项的影响。

4. 确定预计负债的金额不应考虑预期处置相关资产形成的利得。

**三、亏损合同的相关义务确认为预计负债**

根据本准则第八条规定，待执行合同变成亏损合同的，该亏损合同产生的义务满足预计负债确认条件的，应当确认为预计负债。在履行合同义务过程中，发生的成本预期将超过与合同相关的未来流入经济利益的，待执行合同即变成了亏损合同。

企业与其他方签订的尚未履行或部分履行了同等义务的合同，如商品买卖合同、劳务合同、租赁合同等，均属于待执行合同。待执行合同不属于本准则规范的内容，但待执行合同变成亏损合同的，应当作为本准则规范的或有事项。

待执行合同变成亏损合同时，有合同标的资产的，应当先对标的资产进行减值测试并按规定确认减值损失，如预计亏损超过该减值损失，应将超过部分确认为预计负债；无合同标的资产的，亏损合同相关义务满足预计负债确认条件时，应当确认为预计负债。

**四、重组事项**

本准则第十条规定，重组是指企业制定和控制的，将显著改变企业组织形式、经营范围或经营方式的计划实施行为。属于重组的事项主要包括：

（一）出售或终止企业的部分经营业务。

（二）对企业的组织结构进行较大调整。

（三）关闭企业的部分营业场所，或将营业活动由一个国家或地区迁移到其他国家或地区。

# 14.《企业会计准则第14号——收入》应用指南

**一、日常活动的认定**

本准则第二条规定，收入是指企业在日常活动中形成的、会导致所有者权益增加的、与所有者投入资本无关的经济利益的总流入。其中“日常活动”，是指企业为完成其经营目标所从事的经常性活动以及与之相关的活动。

比如，工业企业制造并销售产品、商品流通企业销售商品、保险公司签发保单、咨询公司提供咨询服务、软件企业为客户开发软件、安装公司提供安装服务、商业银行对外贷款、租赁公司出租资产等，均属于企业为完成其经营目标所从事的经常性活动，由此产生的经济利益的总流入构成收入。

工业企业转让无形资产使用权、出售不需用原材料等，属于与经常性活动相关的活动，由此产生的经济利益的总流入也构成收入。

企业处置固定资产、无形资产等活动，不是企业为完成其经营目标所从事的经常性活动，也不属于与经常性活动相关的活动，由此产生的经济利益的总流入不构成收入，应当确认为营业外收入。

**二、商品所有权上主要风险和报酬转移的判断**

根据本准则第四条规定，企业已将商品所有权上的主要风险和报酬转移给购货方，构成确认销售商品收入的重要条件。

（一）企业已将商品所有权上的主要风险和报酬转移给购货方，是指与商品所有权有关的主要风险和报酬同时转移。与商品所有权有关的风险，是指商品可能发生减值或毁损等形成的损失；与商品所有权有关的报酬，是指商品价值增值或通过使用商品等产生的经济利益。

（二）判断企业是否已将商品所有权上的主要风险和报酬转移给购货方，应当关注交易的实质，并结合所有权凭证的转移进行判断。

通常情况下，转移商品所有权凭证并交付实物后，商品所有权上的主要风险和报酬随之转移，如大多数零售商品。某些情况下，转移商品所有权凭证但未交付实物，商品所有权上的主要风险和报酬随之转移，企业只保留了次要风险和报酬，如交款提货方式销售商品。有时，已交付实物但未转移商品所有权凭证，商品所有权上的主要风险和报酬未随之转移，如采用支付手续费方式委托代销的商品。

**三、销售商品收入金额的计量**

根据本准则第五条规定，企业销售商品满足收入确认条件时，应当按照已收或应收合同或协议价款的公允价值确定销售商品收入金额。

从购货方已收或应收的合同或协议价款，通常为公允价值。某些情况下，合同或协议明确规定销售商品需要延期收取价款，如分期收款销售商品，实质上具有融资性质的，应当按照应收的合同或协议价款的现值确定其公允价值。应收的合同或协议价款与其公允价值之间的差额，应当在合同或协议期间内，按照应收款项的摊余成本和实际利率计算确定的摊销金额，冲减财务费用。

**四、销售商品收入确认条件的具体应用**

（一）下列商品销售，通常按规定的时点确认为收入，有证据表明不满足收入确认条件的除外：

1. 销售商品采用托收承付方式的，在办妥托收手续时确认收入。

2. 销售商品采用预收款方式的，在发出商品时确认收入，预收的货款应确认为负债。

3. 销售商品需要安装和检验的，在购买方接受商品以及安装和检验完毕前，不确认收入，待安装和检验完毕时确认收入。如果安装程序比较简单，可在发出商品时确认收入。

4. 销售商品采用以旧换新方式的，销售的商品应当按照销售商品收入确认条件确认收入，回收的商品作为购进商品处理。

5. 销售商品采用支付手续费方式委托代销的，在收到代销清单时确认收入。

（二）采用售后回购方式销售商品的，收到的款项应确认为负债；回购价格大于原售价的，差额应在回购期间按期计提利息，计入财务费用。有确凿证据表明售后回购交易满足销售商品收入确认条件的，销售的商品按售价确认收入，回购的商品作为购进商品处理。

（三）采用售后租回方式销售商品的，收到的款项应确认为负债；售价与资产账面价值之间的差额，应当采用合理的方法进行分摊，作为折旧费用或租金费用的调整。有确凿证据表明认定为经营租赁的售后租回交易是按照公允价值达成的，销售的商品按售价确认收入，并按账面价值结转成本。

**五、提供劳务收入确认条件的具体应用**

下列提供劳务满足收入确认条件的，应按规定确认收入：

（一）安装费，在资产负债表日根据安装的完工进度确认收入。安装工作是商品销售附带条件的，安装费在确认商品销售实现时确认收入。

（二）宣传媒介的收费，在相关的广告或商业行为开始出现于公众面前时确认收入。广告的制作费，在资产负债表日根据制作广告的完工进度确认收入。

（三）为特定客户开发软件的收费，在资产负债表日根据开发的完工进度确认收入。

（四）包括在商品售价内可区分的服务费，在提供服务的期间内分期确认收入。

（五）艺术表演、招待宴会和其他特殊活动的收费，在相关活动发生时确认收入。收费涉及几项活动的，预收的款项应合理分配给每项活动，分别确认收入。

（六）申请入会费和会员费只允许取得会籍，所有其他服务或商品都要另行收费的，在款项收回不存在重大不确定性时确认收入。申请入会费和会员费能使会员在会员期内得到各种服务或商品，或者以低于非会员的价格销售商品或提供服务的，在整个受益期内分期确认收入。

（七）属于提供设备和其他有形资产的特许权费，在交付资产或转移资产所有权时确认收入；属于提供初始及后续服务的特许权费，在提供服务时确认收入。

（八）长期为客户提供重复的劳务收取的劳务费，在相关劳务活动发生时确认收入。

# 15.《企业会计准则第16号——政府补助》应用指南

**一、政府补助的特征**

本准则第二条规定，政府补助是指企业从政府无偿取得货币性资产或非货币性资产，但不包括政府作为企业所有者投入的资本。政府包括各级政府及其所属机构，国际类似组织也在此范围之内。

（一）政府补助是无偿的、有条件的。

政府向企业提供补助具有无偿性的特点。政府并不因此而享有企业的所有权，企业未来也不需要以提供服务、转让资产等方式偿还。

政府补助通常附有一定的条件，主要包括：(1)政策条件。企业只有符合政府补助政策的规定，才有资格申请政府补助。符合政策规定不一定都能够取得政府补助；不符合政策规定、不具备申请政府补助资格的，不能取得政府补助。(2)使用条件。企业已获批准取得政府补助的，应当按照政府规定的用途使用。

（二）政府资本性投入不属于政府补助。

政府以投资者身份向企业投入资本，享有企业相应的所有权，企业有义务向投资者分配利润，政府与企业之间是投资者与被投资者的关系。政府拨入的投资补助等专项拨款中，国家相关文件规定作为“资本公积”处理的，也属于资本性投入的性质。政府的资本性投入无论采用何种形式，均不属于政府补助。

**二、政府补助的主要形式**

政府补助表现为政府向企业转移资产，通常为货币性资产，也可能为非货币性资产。政府补助主要有以下形式：

（一）财政拨款。财政拨款是政府无偿拨付给企业的资金，通常在拨款时明确规定了资金用途。

比如，财政部门拨付给企业用于购建固定资产或进行技术改造的专项资金，鼓励企业安置职工就业而给予的奖励款项，拨付企业的粮食定额补贴，拨付企业开展研发活动的研发经费等，均属于财政拨款。

（二）财政贴息。财政贴息是政府为支持特定领域或区域发展，根据国家宏观经济形势和政策目标，对承贷企业的银行贷款利息给予的补贴。

财政贴息主要有两种方式：(1)财政将贴息资金直接拨付给受益企业；(2)财政将贴息资金拨付给贷款银行，由贷款银行以政策性优惠利率向企业提供贷款，受益企业按照实际发生的利率计算和确认利息费用。

（三）税收返还。税收返还是政府按照国家有关规定采取先征后返（退）、即征即退等办法向企业返还的税款，属于以税收优惠形式给予的一种政府补助。增值税出口退税不属于政府补助。

除税收返还外，税收优惠还包括直接减征、免征、增加计税抵扣额、抵免部分税额等形式。这类税收优惠并未直接向企业无偿提供资产，不作为本准则规范的政府补助。

（四）无偿划拨非货币性资产。比如，行政划拨土地使用权、天然起源的天然林等。

**三、政府补助的确认**

本准则第三条规定，政府补助分为与资产相关的政府补助和与收益相关的政府补助。

（一）与资产相关的政府补助。与资产相关的政府补助，是指企业取得的、用于购建或以其他方式形成长期资产的政府补助。

企业取得与资产相关的政府补助，不能直接确认为当期损益，应当确认为递延收益，自相关资产达到预定可使用状态时起，在该资产使用寿命内平均分配，分次计入以后各期的损益（营业外收入）。

相关资产在使用寿命结束前被出售、转让、报废或发生毁损的，应将尚未分配的递延收益余额一次性转入资产处置当期的损益（营业外收入）。

（二）与收益相关的政府补助。与收益相关的政府补助，是指除与资产相关的政府补助之外的政府补助。

与收益相关的政府补助，用于补偿企业以后期间的相关费用或损失的，取得时确认为递延收益，在确认相关费用的期间计入当期损益（营业外收入）；用于补偿企业已发生的相关费用或损失的，取得时直接计入当期损益（营业外收入）。

**四、政府补助的计量**

（一）货币性资产形式的政府补助。根据本准则第六条规定，企业取得的各种政府补助为货币性资产的，如通过银行转账等方式拨付的补助，通常按照实际收到的金额计量；存在确凿证据表明该项补助是按照固定的定额标准拨付的，如按照实际销量或储备量与单位补贴定额计算的补助等，可以按照应收的金额计量。

（二）非货币性资产形式的政府补助。

本准则第六条规定，政府补助为非货币性资产的，应当按照公允价值计量；公允价值不能可靠取得的，按照名义金额计量。

政府补助为非货币性资产的，如该资产附带有关文件、协议、发票、报关单等凭证注明的价值与公允价值差异不大的，应当以有关凭证中注明的价值作为公允价值；如没有注明价值或注明价值与公允价值差异较大、但有活跃市场的，应当根据有确凿证据表明的同类或类似资产市场价格作为公允价值；如没有注明价值、且没有活跃市场、不能可靠取得公允价值的，应当按照名义金额计量，名义金额为1元。

## 16.《企业会计准则第17号——借款费用》应用指南

**一、符合借款费用资本化条件的存货**

根据本准则规定，企业借款购建或者生产的存货中，符合借款费用资本化条件的，应当将符合资本化条件的借款费用予以资本化。

符合借款费用资本化条件的存货，主要包括企业（房地产开发）开发的用于对外出售的房地产开发产品、企业制造的用于对外出售的大型机械设备等。这类存货通常需要经过相当长时间的建造或者生产过程，才能达到预定可销售状态。其中“相当长时间”，是指为资产的购建或者生产所必需的时间，通常为1年以上（含1年）。

**二、借款利息费用资本化金额的确定**

（一）专门借款利息费用的资本化金额

本准则第六条（一）规定，为购建或者生产符合资本化条件的资产而借入专门借款的，应当以专门借款当期实际发生的利息费用，减去将尚未动用的借款资金存入银行取得的利息收入或者进行暂时性投资取得的投资收益后的金额，确定为专门借款利息费用的资本化金额，并应当在资本化期间内，将其计入符合资本化条件的资产成本。

专门借款应当有明确的专门用途，即为购建或者生产某项符合资本化条件的资产而专门借入的款项，通常应有标明专门用途的借款合同。

（二）一般借款利息费用的资本化金额一般借款是指除专门借款以外的其他借款。

根据本准则第六条（二）规定，在借款费用资本化期间内，为购建或者生产符合资本化条件的资产占用了一般借款的，一般借款应予资本化的利息金额应当按照下列公式计算：

$$\text{一般借款利息费用资本化金额}=\begin{matrix}\text{累计资产支出超过专门借款}\\\text{部分的资产支出加权平均数}\end{matrix}\times\begin{matrix}\text{所占用一般借款}\\\text{的资本化率}\end{matrix}$$

$$\begin{matrix}\text{所占用一般借款}\\\text{的资本化率}\end{matrix}=\begin{matrix}\text{所占用一般借款}\\\text{加权平均利率}\end{matrix}=\frac{\begin{matrix}\text{所占用一般借款当期}\\\text{实际发生的利息之和}\end{matrix}}{\text{所占用一般借款本金加权平均数}}$$

$$\text{所占用一般借款本金加权平均数}=\sum\left(\frac{\begin{matrix}\text{所占用每笔}\\\text{一般借款本金}\end{matrix}\times\begin{matrix}\text{每笔一般借款在当}\\\text{期所占用的天数}\end{matrix}}{\text{当期天数}}\right)$$

**三、借款辅助费用的处理**

本准则第十条规定，专门借款发生的辅助费用，在所购建或者生产的符合资本化条件的资产达到预定可使用或者可销售状态之前，应当在发生时根据其发生额予以资本化，计入符合资本化条件的资产的成本；在所购建或者生产的符合资本化条件的资产达到预定可使用或者可销售状态之后，应当在发生时根据其发生额确认为费用，计入当期损益。上述资本化或计入当期损益的辅助费用的发生额，是指根据《企业会计准则第 22 号——具确认和计量》，按照实际利率法所确定的金融负债交易费用对每期利息费用的调整额。借款实际利率与合同利率差异较小的，也可以采用合同利率计算确定利息费用。

一般借款发生的辅助费用，也应当按照上述原则确定其发生额并进行处理。

**四、借款费用资本化的暂停**

根据本准则第十一条规定，符合资本化条件的资产在购建或者生产过程中发生非正常中断、且中断时间连续超过 3 个月的，应当暂停借款费用的资本化。正常中断期间的借款费用应当继续资本化。

非正常中断，通常是由于企业管理决策上的原因或者其他不可预见的原因等所导致的中断。比如，企业因与施工方发生了质量纠纷，或者工程、生产用料没有及时供应，或者资金周转发生了困难，或者施工、生产发生了安全事故，或者发生了与资产购建、生产有关的劳动纠纷等原因，导致资产购建或者生产活动发生中断，均属于非正常中断。

非正常中断与正常中断显著不同。正常中断通常仅限于因购建或者生产符合资本化条件的资产达到预定可使用或者可销售状态所必要的程序，或者事先可预见的不可抗力因素导致的中断。比如，某些工程建造到一定阶段必须暂停下来进行质量或者安全检查，检查通过后才可继续下一阶段的建造工作，这类中断是在施工前可以预见的，而且是工程建造必须经过的程序，属于正常中断。

某些地区的工程在建造过程中，由于可预见的不可抗力因素（如雨季或冰冻季节等原因）导致施工出现停顿，也属于正常中断。比如，某企业在北方某地建造某工程期间，正遇冰冻季节，工程施工因此中断，待冰冻季节过后方能继续施工。由于该地区在施工期间出现较长时间的冰冻为正常情况，由此导致的施工中断是可预见的不可抗力因素导致的中断，属于正常中断。

## 17.《企业会计准则第 18 号——所得税》应用指南

**一、资产、负债的计税基础**

资产的账面价值大于其计税基础或者负债的账面价值小于其计税基础的，产生应纳税暂时性差异；资产的账面价值小于其计税基础或者负债的账面价值大于其计税基础的，产生可抵扣暂时性差异。

（一）资产的计税基础

本准则第五条规定，资产的计税基础是指企业收回资产账面价值过程中，计算应纳税所得额时按照税

法规定可以自应税经济利益中抵扣的金额。

通常情况下，资产在取得时其入账价值与计税基础是相同的，后续计量过程中因企业会计准则规定与税法规定不同，可能产生资产的账面价值与其计税基础的差异。

比如，交易性金融资产的公允价值变动。按照企业会计准则规定，交易性金融资产期末应以公允价值计量，公允价值的变动计入当期损益。如果按照税法规定，交易性金融资产在持有期间公允价值变动不计入应纳税所得额，即其计税基础保持不变，则产生了交易性金融资产的账面价值与计税基础之间的差异。假定某企业持有一项交易性金融资产，成本为1000万元，期末公允价值为1500万元，如计税基础仍维持1000万元不变，该计税基础与其账面价值之间的差额500万元即为应纳税暂时性差异。

（二）负债的计税基础

本准则第六条规定，负债的计税基础是指负债的账面价值减去未来期间计算应纳税所得额时按照税法规定可予抵扣的金额。

短期借款、应付票据、应付账款等负债的确认和偿还，通常不会对当期损益和应纳税所得额产生影响，其计税基础即为账面价值。但在某些情况下，负债的确认可能会影响损益，并影响不同期间的应纳税所得额，使其计税基础与账面价值之间产生差额。比如，上述企业因某事项在当期确认了100万元负债，计入当期损益。假定按照税法规定，与确认该负债相关的费用，在实际发生时准予税前扣除，该负债的计税基础为零，其账面价值与计税基础之间形成可抵扣暂时性差异。

企业应于资产负债表日，分析比较资产、负债的账面价值与其计税基础，两者之间存在差异的，确认递延所得税资产、递延所得税负债及相应的递延所得税费用（或收益）。企业合并等特殊交易或事项中取得的资产和负债，应于购买日比较其入账价值与计税基础，按照本准则规定计算确认相关的递延所得税资产或递延所得税负债。

**二、递延所得税资产和递延所得税负债**

资产负债表日，企业应当按照暂时性差异与适用所得税税率计算的结果，确认递延所得税负债、递延所得税资产以及相应的递延所得税费用（或收益），本准则第十一条至第十三条规定不确认递延所得税负债或递延所得税资产的情况除外。沿用上述举例，假定该企业适用的所得税税率为33%，递延所得税资产和递延所得税负债不存在期初余额，对于交易性金融资产产生的500万元应纳税暂时性差异，应确认165万元递延所得税负债；对于负债产生的100万元可抵扣暂时性差异，应确认33万元递延所得税资产。

确认由可抵扣暂时性差异产生的递延所得税资产，应当以未来期间很可能取得用以抵扣可抵扣暂时性差异的应纳税所得额为限。企业在确定未来期间很可能取得的应纳税所得额时，应当包括未来期间正常生产经营活动实现的应纳税所得额，以及在可抵扣暂时性差异转回期间因应纳税暂时性差异的转回而增加的应纳税所得额，并应提供相关的证据。

**三、所得税费用的确认和计量**

企业在计算确定当期所得税（即当期应交所得税）以及递延所得税费用（或收益）的基础上，应将两者之和确认为利润表中的所得税费用（或收益），但不包括直接计入所有者权益的交易或事项的所得税影响。即：

所得税费用（或收益）＝当期所得税＋递延所得税费用（－递延所得税收益）

仍沿用上述举例，该企业12月31日资产负债表中有关项目账面价值及其计税基础如下：

××企业　　单位：万元

| | 项　　目 | 账面价值 | 计税基础 | 暂时性差异 | |
|---|---|---|---|---|---|
| | | | | 应纳税暂时性差异 | 可抵扣暂时性差异 |
| 1 | 交易性金融资产 | 1500 | 1000 | 500 | |
| 2 | 负债 | 100 | 0 | 100 | |
| | 合　　计 | 500 | 100 | | |

假定除上述项目外，该企业其他资产、负债的账面价值与其计税基础不存在差异，也不存在可抵扣亏损和税款抵减；该企业当期按照税法规定计算确定的应交所得税为600万元；该企业预计在未来期间能够产

生足够的应纳税所得额用以抵扣可抵扣暂时性差异。

该企业计算确认的递延所得税负债、递延所得税资产、递延所得税费用以及所得税费用如下：

递延所得税负债＝500×33％＝165(万元)

递延所得税资产＝100×33％＝33(万元)

递延所得税费用＝165－33＝132(万元)

当期所得税费用＝600万元

所得税费用＝600＋132＝732(万元)

**四、递延所得税的特殊处理**

(一)直接计入所有者权益的交易或事项产生的递延所得税

根据本准则第二十二条规定，直接计入所有者权益的交易或事项，如可供出售金融资产公允价值的变动，相关资产、负债的账面价值与计税基础之间形成暂时性差异的，应当按照本准则规定确认递延所得税资产或递延所得税负债，计入资本公积(其他资本公积)。

(二)企业合并中产生的递延所得税

由于企业会计准则规定与税法规定对企业合并的处理不同，可能会造成企业合并中取得资产、负债的入账价值与其计税基础的差异。比如非同一控制下企业合并产生的应纳税暂时性差异或可抵扣暂时性差异，在确认递延所得税负债或递延所得税资产的同时，相关的递延所得税费用(或收益)，通常应调整企业合并中所确认的商誉。

(三)按照税法规定允许用以后年度所得弥补的可抵扣亏损以及可结转以后年度的税款抵减，比照可抵扣暂时性差异的原则处理。

# 18.《企业会计准则第19号——外币折算》应用指南

**一、即期汇率和即期汇率的近似汇率**

根据本准则规定，企业在处理外币交易和对外币财务报表进行折算时，应当采用交易发生日的即期汇率将外币金额折算为记账本位币金额反映；也可以采用按照系统合理的方法确定的、与交易发生日即期汇率近似的汇率折算。

即期汇率，通常是指中国人民银行公布的当日人民币外汇牌价的中间价。企业发生的外币兑换业务或涉及外币兑换的交易事项，应当按照交易实际采用的汇率(即银行买入价或卖出价)折算。

即期汇率的近似汇率，是指按照系统合理的方法确定的、与交易发生日即期汇率近似的汇率，通常采用当期平均汇率或加权平均汇率等。

企业通常应当采用即期汇率进行折算。汇率变动不大的，也可以采用即期汇率的近似汇率进行折算。

**二、汇兑差额的处理**

根据本准则第十一条规定，在资产负债表日，企业应当分别外币货币性项目和外币非货币性项目进行会计处理。

(一)外币货币性项目

货币性项目，是指企业持有的货币资金和将以固定或可确定的金额收取的资产或者偿付的负债。

货币性项目分为货币性资产和货币性负债。货币性资产包括库存现金、银行存款、应收账款、其他应收款、长期应收款等；货币性负债包括短期借款、应付账款、其他应付款、长期借款、应付债券、长期应付款等。

对于外币货币性项目，因结算或采用资产负债表日的即期汇率折算而产生的汇兑差额，计入当期损益，同时调增或调减外币货币性项目的记账本位币金额。

(二)外币非货币性项目

非货币性项目，是指货币性项目以外的项目，包括存货、长期股权投资、固定资产、无形资产等。

1. 以历史成本计量的外币非货币性项目，由于已在交易发生日按当日即期汇率折算，资产负债表日不应改变其原记账本位币金额，不产生汇兑差额。

2. 以公允价值计量的外币非货币性项目，如交易性金融资产(股票、基金等)，采用公允价值确定日的即期汇率折算，折算后的记账本位币金额与原记账本位币金额的差额，作为公允价值变动(含汇率变动)处理，计入当期损益。

(三)外币投入资本

企业收到投资者以外币投入的资本，应当采用交易发生日即期汇率折算，不得采用合同约定汇率和即期汇率的近似汇率折算，外币投入资本与相应的货币性项目的记账本位币金额之间不产生外币资本折算差额。

(四)实质上构成对境外经营净投资的外币货币性项目企业编制合并财务报表涉及境外经营的，如有实质上构成对境外经营净投资的外币货币性项目，因汇率变动而产生的汇兑差额，应列入所有者权益“外币报表折算差额”项目；处置境外经营时，计入处置当期损益。

**三、分账制记账方法**

对于外币交易频繁、外币币种较多的金融企业，也可以采用分账制记账方法进行日常核算。资产负债表日，应当按照本准则第十一条的规定对相应的外币账户余额分别货币性项目和非货币性项目进行调整。

采用分账制记账方法，其产生的汇兑差额的处理结果，应当与统账制一致。

**四、境外经营处于恶性通货膨胀经济的判断**

本准则第十三条规定了处于恶性通货膨胀经济中的境外经营的财务报表的折算。恶性通货膨胀经济通常按照以下特征进行判断：

(一)最近3年累计通货膨胀率接近或超过100%；

(二)利率、工资和物价与物价指数挂钩；

(三)公众不是以当地货币、而是以相对稳定的外币为单位作为衡量货币金额的基础；

(四)公众倾向于以非货币性资产或相对稳定的外币来保存自己的财富，持有的当地货币立即用于投资以保持购买力；

(五)即使信用期限很短，赊销、赊购交易仍按补偿信用期预计购买力损失的价格成交。

# 19.《企业会计准则第20号——企业合并》应用指南

**一、企业合并的方式**

(一)控股合并。合并方(或购买方)在企业合并中取得对被合并方(或被购买方)的控制权，被合并方(或被购买方)在合并后仍保持其独立的法人资格并继续经营，合并方(或购买方)确认企业合并形成的对被合并方(或被购买方)的投资。

(二)吸收合并。合并方(或购买方)通过企业合并取得被合并方(或被购买方)的全部净资产，合并后注销被合并方(或被购买方)的法人资格，被合并方(或被购买方)原持有的资产、负债，在合并后成为合并方(或购买方)的资产、负债。

(三)新设合并。参与合并的各方在合并后法人资格均被注销，重新注册成立一家新的企业。

**二、合并日或购买日的确定**

企业应当在合并日或购买日确认因企业合并取得的资产、负债。按照本准则第五条和第十条规定，合并日或购买日是指合并方或购买方实际取得对被合并方或被购买方控制权的日期，即被合并方或被购买方的净资产或生产经营决策的控制权转移给合并方或购买方的日期。

同时满足下列条件的，通常可认为实现了控制权的转移：

(一)企业合并合同或协议已获股东大会等通过。

(二)企业合并事项需要经过国家有关主管部门审批的，已获得批准。

(三)参与合并各方已办理了必要的财产权转移手续。

(四)合并方或购买方已支付了合并价款的大部分(一般应超过50%)，并且有能力、有计划支付剩余款项。

(五)合并方或购买方实际上已经控制了被合并方或被购买方的财务和经营政策，并享有相应的利益、承担相应的风险。

### 三、同一控制下的企业合并

根据本准则第五条规定，参与合并的企业在合并前后均受同一方或相同的多方最终控制且该控制并非暂时性的，为同一控制下的企业合并。同一方，是指对参与合并的企业在合并前后均实施最终控制的投资者。

相同的多方，通常是指根据投资者之间的协议约定，在对被投资单位的生产经营决策行使表决权时发表一致意见的两个或两个以上的投资者。

控制并非暂时性，是指参与合并的各方在合并前后较长的时间内受同一方或相同的多方最终控制。较长的时间通常指 1 年以上(含 1 年)。

同一控制下企业合并的判断，应当遵循实质重于形式要求。

### 四、非同一控制下的企业合并

(一)非同一控制下的吸收合并，购买方在购买日应当按照合并中取得的被购买方各项可辨认资产、负债的公允价值确定其入账价值，确定的企业合并成本与取得被购买方可辨认净资产公允价值的差额，应确认为商誉或计入当期损益。

(二)非同一控制下的控股合并，母公司在购买日编制合并资产负债表时，对于被购买方可辨认资产、负债应当按照合并中确定的公允价值列示，企业合并成本大于合并中取得的被购买方可辨认净资产公允价值份额的差额，确认为合并资产负债表中的商誉。企业合并成本小于合并中取得的被购买方可辨认净资产公允价值份额的差额，在购买日合并资产负债表中调整盈余公积和未分配利润。

非同一控制下的企业合并形成母子公司关系的，母公司应自购买日起设置备查簿，登记其在购买日取得的被购买方可辨认资产、负债的公允价值，为以后期间编制合并财务报表提供基础资料。

(三)分步实现的企业合并。根据本准则第十一条(二)规定，通过多次交换交易分步实现的企业合并，合并成本为每一单项交易成本之和。购买方在购买日，应当按照以下步骤进行处理：

1. 将原持有的对被购买方的投资账面价值调整恢复至最初取得成本，相应调整留存收益等所有者权益项目。

2. 比较每一单项交易的成本与交易时应享有被投资单位可辨认净资产公允价值的份额，确定每一单项交易中应予确认的商誉金额(或应予确认损益的金额)。

3. 购买方在购买日确认的商誉(或计入损益的金额)应为每一单项交易产生的商誉(或应予确认损益的金额)之和。

4. 被购买方在购买日与原交易日之间可辨认净资产公允价值的变动相对于原持股比例的部分，属于被购买方在交易日至购买日之间实现留存收益的，相应调整留存收益，差额调整资本公积。

(四)购买方应当按照以下规定确定合并中取得的被购买方各项可辨认资产、负债及或有负债的公允价值：

1. 货币资金，按照购买日被购买方的账面余额确定。

2. 有活跃市场的股票、债券、基金等金融工具，按照购买日活跃市场中的市场价格确定。

3. 应收款项，其中的短期应收款项，一般按照应收取的金额作为其公允价值；长期应收款项，应按适当的利率折现后的现值确定其公允价值。在确定应收款项的公允价值时，应考虑发生坏账的可能性及相关收款费用。

4. 存货，对其中的产成品和商品按其估计售价减去估计的销售费用、相关税费以及购买方出售类似产成品或商品估计可能实现的利润确定；在产品按完工产品的估计售价减去至完工仍将发生的成本、估计的销售费用、相关税费以及基于同类或类似产成品的基础上估计出售可能实现的利润确定；原材料按现行重置成本确定。

5. 不存在活跃市场的金融工具如权益性投资等，应当参照《企业会计准则第 22 号——金融工具确认和计量》的规定，采用估值技术确定其公允价值。

6. 房屋建筑物、机器设备、无形资产，存在活跃市场的，应以购买日的市场价格为基础确定其公允价值；不存在活跃市场，但同类或类似资产存在活跃市场的，应参照同类或类似资产的市场价格确定其公允价值；同类或类似资产也不存在活跃市场的，应采用估值技术确定其公允价值。

7. 应付账款、应付票据、应付职工薪酬、应付债券、长期应付款，其中的短期负债，一般按照应支付的金额确定其公允价值；长期负债，应按适当的折现率折现后的现值作为其公允价值。

8. 取得的被购买方的或有负债，其公允价值在购买日能够可靠计量的，应确认为预计负债。此项负债应当按照假定第三方愿意代购买方承担，就其所承担义务需要购买方支付的金额作为其公允价值。

9. 递延所得税资产和递延所得税负债，取得的被购买方各项可辨认资产、负债及或有负债的公允价值与其计税基础之间存在差额的，应当按照《企业会计准则第 18 号——所得税》的规定确认相应的递延所得税资产或递延所得税负债，所确认的递延所得税资产或递延所得税负债的金额不应折现。

**五、业务合并**

本准则第三条规定，涉及业务的合并比照本准则规定处理。业务是指企业内部某些生产经营活动或资产的组合，该组合一般具有投入、加工处理过程和产出能力，能够独立计算其成本费用或所产生的收入，但不构成独立法人资格的部分。比如，企业的分公司、不具有独立法人资格的分部等。

# 20.《企业会计准则第 21 号——租赁》应用指南

**一、租赁开始日与租赁期开始日**

本准则第四条和第十一条规定了租赁开始日和租赁期开始日。

租赁开始日，是指租赁协议日与租赁各方就主要租赁条款作出承诺日中的较早者。在租赁开始日，承租人和出租人应当将租赁认定为融资租赁或经营租赁。

租赁期开始日，是指承租人有权行使其使用租赁资产权利的日期，表明租赁行为的开始。在租赁期开始日，承租人应当对租入资产、最低租赁付款额和未确认融资费用进行初始确认；出租人应当对应收融资租赁款、未担保余值和未实现融资收益进行初始确认。

**二、融资租赁与经营租赁**

（一）融资租赁的认定标准

本准则第六条（一）规定，在租赁期届满时，租赁资产的所有权转移给承租人。此种情况通常是指在租赁合同中已经约定、或者在租赁开始日根据相关条件作出合理判断，租赁期届满时出租人能够将资产的所有权转移给承租人。

本准则第六条（三）规定，即使资产的所有权不转移，但租赁期占租赁资产使用寿命的大部分。其中“大部分”，通常掌握在租赁期占租赁资产使用寿命的 75％以上（含 75％）。

本准则第六条（四）规定，承租人在租赁开始日的最低租赁付款额现值，几乎相当于租赁开始日租赁资产公允价值；出租人在租赁开始日的最低租赁收款额现值，几乎相当于租赁开始日租赁资产公允价值。其中“几乎相当于”，通常掌握在 90％以上（含 90％）。

（二）经营租赁的认定标准

根据本准则第十条规定，经营租赁是指除融资租赁以外的其他租赁。经营租赁资产的所有权不转移，租赁期届满后，承租人有退租或续租的选择权，而不存在优惠购买选择权。

**三、融资租赁中出租人的初始确认**

根据本准则第十八条规定，在租赁期开始日，出租人应当将租赁开始日最低租赁收款额与初始直接费用之和作为应收融资租赁款的入账价值，同时记录未担保余值；将最低租赁收款额、初始直接费用及未担保余值之和与其现值之和的差额确认为未实现融资收益。出租人在租赁期开始日按照上述规定转出租赁资产，租赁资产公允价值与其账面价值如有差额，应当计入当期损益。

**四、融资租赁中实际利率法的应用**

（一）未确认融资费用的分摊

根据本准则第十五条规定，未确认融资费用应当在租赁期内各个期间进行分摊。承租人应当采用实际利率法计算确认当期的融资费用。

承租人采用实际利率法分摊未确认融资费用时，应当根据租赁期开始日租入资产入账价值的不同情况，对未确认融资费用采用不同的分摊率：

1. 以出租人的租赁内含利率为折现率将最低租赁付款额折现、且以该现值作为租入资产入账价值的，应当将租赁内含利率作为未确认融资费用的分摊率。

2. 以合同规定利率为折现率将最低租赁付款额折现、且以该现值作为租入资产入账价值的，应当将合同规定利率作为未确认融资费用的分摊率。

3. 以银行同期贷款利率为折现率将最低租赁付款额折现、且以该现值作为租入资产入账价值的，应当将银行同期贷款利率作为未确认融资费用的分摊率。

4. 以租赁资产公允价值作为入账价值的，应当重新计算分摊率。该分摊率是使最低租赁付款额的现值与租赁资产公允价值相等的折现率。

（二）未实现融资收益的分配

根据本准则第十九条规定，未实现融资收益应当在租赁期内各个期间进行分配。出租人应当采用实际利率法计算确认当期的融资收入。

出租人采用实际利率法分配未实现融资收益时，应当将租赁内含利率作为未实现融资收益的分配率。

# 21.《企业会计准则第22号——金融工具确认和计量》应用指南

**一、金融资产和金融负债的计量**

根据本准则规定，企业对于取得的金融资产或承担的金融负债，应当分别不同类别进行计量。

（一）以公允价值计量且其变动计入当期损益的金融资产或金融负债

此类金融资产或金融负债可进一步分为交易性金融资产或金融负债和直接指定为以公允价值计量且其变动计入当期损益的金融资产或金融负债。

1. 交易性金融资产或金融负债，主要是指企业为了近期内出售而持有的金融资产或近期内回购而承担的金融负债。比如，企业以赚取差价为目的从二级市场购入的股票、债券、基金等。

本准则范围内的衍生工具，包括远期合同、期货合同、互换和期权，以及具有远期合同、期货合同、互换和期权中一种或一种以上特征的工具。衍生工具不作为有效套期工具的，也应划分为交易性金融资产或金融负债。

2. 直接指定为以公允价值计量且其变动计入当期损益的金融资产或金融负债，主要是指企业基于风险管理、战略投资需要等所作的指定。

3. 企业划分为以公允价值计量且其变动计入当期损益的金融资产的股票、债券、基金，以及不作为有效套期工具的衍生工具，应当按照取得时的公允价值作为初始确认金额，相关的交易费用在发生时计入当期损益。支付的价款中包含已宣告但尚未发放的现金股利或已到付息期但尚未领取的债券利息，应当单独确认为应收项目。

企业在持有以公允价值计量且其变动计入当期损益的金融资产期间取得的利息或现金股利，应当确认为投资收益。资产负债表日，企业应将以公允价值计量且其变动计入当期损益的金融资产或金融负债的公允价值变动计入当期损益。

处置该金融资产或金融负债时，其公允价值与初始入账金额之间的差额应确认为投资收益，同时调整公允价值变动损益。

（二）持有至到期投资

根据本准则第十一条规定，企业从二级市场上购入的固定利率国债、浮动利率公司债券等，符合持有至到期投资条件的，可以划分为持有至到期投资。购入的股权投资因其没有固定的到期日，不符合持有至到期投资的条件，不能划分为持有至到期投资。持有至到期投资通常具有长期性质，但期限较短（1年以内）的债券投资，符合持有至到期投资条件的，也可将其划分为持有至到期投资。

持有至到期投资应当按取得时的公允价值和相关交易费用之和作为初始确认金额。支付的价款中包含的已到付息期但尚未领取的债券利息，应单独确认为应收项目。

持有至到期投资在持有期间应当按照摊余成本和实际利率计算确认利息收入，计入投资收益。实际利率应当在取得持有至到期投资时确定,在该持有至到期投资预期存续期间或适用的更短期间内保持不变。实际利率与票面利率差别较小的,也可按票面利率计算利息收入,计入投资收益。

处置持有至到期投资时,应将所取得价款与该投资账面价值之间的差额计入投资收益。

(三)贷款和应收款项

根据本准则第十七条规定,贷款和应收款项主要是指金融企业发放的贷款和一般企业销售商品或提供劳务形成的应收款项等债权。贷款和应收款项在活跃市场中没有报价。

金融企业按当前市场条件发放的贷款,应按发放贷款的本金和相关交易费用之和作为初始确认金额。一般企业对外销售商品或提供劳务形成的应收债权,通常应按从购货方应收的合同或协议价款作为初始确认金额。

贷款持有期间所确认的利息收入,应当根据实际利率计算。实际利率应在取得贷款时确定,在该贷款预期存续期间或适用的更短期间内保持不变。实际利率与合同利率差别较小的,也可按合同利率计算利息收入。

企业收回或处置贷款和应收款项时,应将取得的价款与该贷款和应收款项账面价值之间的差额计入当期损益。

(四)可供出售金融资产

根据本准则第十八条规定,可供出售金融资产通常是指企业没有划分为以公允价值计量且其变动计入当期损益的金融资产、持有至到期投资、贷款和应收款项的金融资产。比如,企业购入的在活跃市场上有报价的股票、债券和基金等,没有划分为以公允价值计量且其变动计入当期损益的金融资产或持有至到期投资等金融资产的,可归为此类。

可供出售金融资产应当按取得该金融资产的公允价值和相关交易费用之和作为初始确认金额。支付的价款中包含的已到付息期但尚未领取的债券利息或已宣告但尚未发放的现金股利,应单独确认为应收项目。

可供出售金融资产持有期间取得的利息或现金股利,应当计入投资收益。资产负债表日,可供出售金融资产应当以公允价值计量,且公允价值变动计入资本公积(其他资本公积)。

处置可供出售金融资产时,应将取得的价款与该金融资产账面价值之间的差额,计入投资损益;同时,将原直接计入所有者权益的公允价值变动累计额对应处置部分的金额转出,计入投资损益。

(五)其他金融负债

根据本准则第八条规定,其他金融负债是指除以公允价值计量且其变动计入当期损益的金融负债以外的金融负债。通常情况下,企业发行的债券、因购买商品产生的应付账款、长期应付款等,应当划分为其他金融负债。其他金融负债应当按其公允价值和相关交易费用之和作为初始确认金额。其他金融负债通常采用摊余成本进行后续计量。

**二、金融资产减值损失的计量**

(一)持有至到期投资、贷款和应收款项

对于持有至到期投资、贷款和应收款项,有客观证据表明其发生了减值的,应当根据其账面价值与预计未来现金流量现值之间的差额计算确认减值损失。

1. 商业银行贷款减值损失的计量

根据本准则第四十三条规定,商业银行对贷款进行减值测试,应根据本银行的实际情况分为单项金额重大和非重大的贷款。对单项金额重大的贷款,应单独进行减值测试;对单项金额不重大的贷款,可以单独进行减值测试,或者将其包含在具有类似信用风险特征的贷款组合中进行减值测试。单独测试未发生减值的贷款,也应当包括在具有类似信用风险特征的贷款组合中再进行减值测试。

商业银行进行贷款减值测试时,可以根据自身管理水平和业务特点,确定单项金额重大贷款的标准。比如,可以将本金大于或等于一定金额的贷款作为单项金额重大的贷款,此标准以下的贷款属于单项金额非重大的贷款。单项金额重大贷款的标准一经确定,不得随意变更。

商业银行对于单独进行减值测试的贷款,有客观证据表明其发生了减值的,应当计算资产负债表日的未来现金流量现值(通常以初始确认时确定的实际利率作为折现率),该现值低于其账面价值之间的差额确认为贷款减值损失。

商业银行采用组合方式对贷款进行减值测试的，可以根据自身风险管理模式和数据支持程度，选择合理的方法确认和计量减值损失。

2. 一般企业应收款项减值损失的计量

对于单项金额重大的应收款项，应当单独进行减值测试。有客观证据表明其发生了减值的，应当根据其未来现金流量现值低于其账面价值的差额，确认减值损失，计提坏账准备。

对于单项金额非重大的应收款项可以单独进行减值测试，确定减值损失，计提坏账准备；也可以与经单独测试后未减值的应收款项一起按类似信用风险特征划分为若干组合，再按这些应收款项组合在资产负债表日余额的一定比例计算确定减值损失，计提坏账准备。根据应收款项组合余额的一定比例计算确定的坏账准备，应当反映各项目实际发生的减值损失，即各项组合的账面价值超过其未来现金流量现值的金额。

企业应当根据以前年度与之相同或相类似的、具有类似信用风险特征的应收款项组合的实际损失率为基础，结合现时情况确定本期各项组合计提坏账准备的比例，据此计算本期应计提的坏账准备。

持有至到期投资减值损失的计量，比照贷款和应收款项减值损失计量的相关规定处理。

（二）可供出售金融资产

分析判断可供出售金融资产是否发生减值，应当注重该金融资产公允价值是否持续下降。通常情况下，如果可供出售金融资产的公允价值发生较大幅度下降，或在综合考虑各种相关因素后，预期这种下降趋势属于非暂时性的，可以认定该可供出售金融资产已发生减值，应当确认减值损失。

可供出售金融资产发生减值的，在确认减值损失时，应当将原直接计入所有者权益的公允价值下降形成的累计损失一并转出，计入减值损失。

# 22.《企业会计准则第 23 号——金融资产转移》应用指南

## 一、金融资产终止确认

（一）根据本准则第七条规定，企业终止确认某项金融资产，是指将该金融资产从其账户和资产负债表内予以转销。以下例子表明企业已将金融资产所有权上几乎所有风险和报酬转移给了转入方，应当终止确认相关金融资产。

1. 企业以不附追索权方式出售金融资产；

2. 企业将金融资产出售，同时与买入方签订协议，在约定期限结束时按当日该金融资产的公允价值回购；

3. 企业将金融资产出售，同时与买入方签订看跌期权合约（即买入方有权将该金融资产返售给企业），但从合约条款判断，该看跌期权是一项重大价外期权（即期权合约的条款设计，使得金融资产的买方极小可能会到期行权）。

以下例子表明企业保留了金融资产所有权上几乎所有风险和报酬，不应当终止确认相关金融资产：

1. 企业采用附追索权方式出售金融资产；

2. 企业将金融资产出售，同时与买入方签订协议，在约定期限结束时按固定价格将该金融资产回购；

3. 企业将金融资产出售，同时与买入方签订看跌期权合约（即买入方有权将该金融资产返售给企业），但从合约条款判断，该看跌期权是一项重大价内期权（即期权合约的条款设计，使得金融资产的买方很可能会到期行权）；

4. 企业（银行）将信贷资产整体转移，同时保证对金融资产买方可能发生的信用损失进行全额补偿。

（二）根据本准则第九条规定，企业对既没有转移也没有保留所有权上几乎所有风险和报酬的金融资产转移，应当判断是否放弃了对所转移金融资产的控制，分别情况进行处理。

判断是否已放弃对所转移金融资产的控制，应当重点关注转入方出售该金融资产的实际能力。如果转入方能够单独将转入的金融资产整体出售给与其不存在关联方关系的第三方，且没有额外条件对此项出售加以限制，说明转入方有出售该金融资产的实际能力，同时表明企业（转出方）已放弃对该金融资产的控制，从而应终止确认所转移的金融资产。

转入方是否能够将转入的金融资产整体出售给与其不存在关联方关系的第三方，应当关注该金融资产

是否存在活跃市场。如果不存在活跃市场，即使合同约定转入方有权处置金融资产，也不表明转入方有“实际能力”。

转入方是否能够单独出售所转入的金融资产且没有额外条件对此销售加以限制(是否可以自由地处置所转入金融资产)，主要关注是否存在与出售密切相关的约束性条款。比如，转入方出售转入的金融资产时附有一项看涨期权，且该看涨期权又是重大价内期权，以致于可以认定转入方将来很可能会行权。在这种情况下，不表明转入方有出售所转入金融资产的实际能力。

**二、金融资产转移的计量**

(一)满足终止确认条件根据本准则第十二条规定，金融资产整体转移满足终止确认条件的，应当终止确认该金融资产，同时按以下公式确认相关损益：

因转移收到的对价

加：原直接计入所有者权益的公允价值变动累计利得

(如为累计损失，应为减项)

减：所转移金融资产的账面价值

金融资产整体转移的损益

说明：

1. 因转移收到的对价＝因转移交易收到的价款＋新获得金融资产的公允价值＋因转移获得服务资产的公允价值－新承担金融负债的公允价值－因转移承担的服务负债的公允价值。其中，新获得的金融资产或新承担的金融负债，包括看涨期权、看跌期权、担保负债、远期合同、互换等；

2. 原直接计入所有者权益的公允价值变动累计利得或损失，是指所转移金融资产(可供出售金融资产)转移前公允价值变动直接计入所有者权益的累计额。

(二)不满足终止确认条件

根据本准则第十五条规定，金融资产转移不满足终止确认条件的，应当继续确认该金融资产，所收到的对价确认为一项金融负债。此类金融资产转移实质上具有融资性质，不能将金融资产与所确认的金融负债相互抵销。比如，企业将国债卖出后又承诺将以固定价格买回，因卖出国债所收到的款项应单独确认为一项金融负债。

# 23.《企业会计准则第24号——套期保值》应用指南

**一、套期工具**

(一)根据本准则第五条规定，衍生工具通常可以作为套期工具。衍生工具包括远期合同、期货合同、互换和期权，以及具有远期合同、期货合同、互换和期权中一种或一种以上特征的工具。比如，企业为规避库存铜品价格下跌的风险，可以通过卖出一定数量铜品的期货合同加以实现，其中卖出铜品的期货合同即是套期工具。

衍生工具如无法有效地降低被套期项目的风险，不能作为套期工具。比如，对于利率上下限期权或由一项发行的期权和一项购入的期权组成的期权，其实质相当于企业发行一项期权的(即企业收取了净期权费)，不能将其指定为套期工具。

(二)根据本准则第六条规定，对于符合套期工具条件的衍生工具，在套期开始时，通常应当将其整体或其一定比例指定为套期工具。

根据本准则第七条规定，单项衍生工具通常被指定为对一种风险进行套期。附有多种风险的衍生工具也可以被指定为对一种以上风险进行套期，前提是可以清晰地辨认这些被套期风险、可以证明套期有效性，同时可以确保该衍生工具与不同风险之间存在具体指定关系。

比如，某企业的记账本位币是人民币，发行了一期5年期美元浮动利率债券。为规避该金融负债的外汇风险和利率风险，该企业与某金融企业签订一项交叉货币互换合同并将其指定为套期工具，同时将该美元浮动利率债券指定为被套期项目。执行此项合同后，该企业将从金融企业定期收到浮动利率美元利息，以支付债券持有者，并按固定利率支付人民币利息给金融企业。在此例中，该企业将浮动利率美元利息转化成了固定利率人民币利息，从而规避了美元对人民币汇率变动风险及美元利率变动风险。

**二、被套期项目**

根据本准则第九条规定，库存商品、持有至到期投资、可供出售金融资产、贷款、长期借款、预期商品销售、预期商品购买、对境外经营净投资等项目使企业面临公允价值或现金流量风险变动的，均可被指定为被套期项目。

根据本准则第十六条规定，对具有类似风险特征的资产或负债组合（即被套期项目）进行套期时，该组合中的各单项资产或单项负债应当共同承担被套期风险，且该组合内各单项资产或单项负债由被套期风险引起的公允价值变动，应当预期与该组合由被套期风险引起的公允价值整体变动基本成比例。比如，当被套期组合整体因被套期风险形成的公允价值变动 10%时，该组合中各单项金融资产或单项金融负债因被套期风险形成的公允价值变动通常应限制在 9%至 11%的较小范围内。

**三、套期会计方法的运用**

根据本准则第四条规定，套期会计方法是指在相同会计期间将套期工具和被套期项目公允价值变动的抵销结果计入当期损益的方法。

比如，某企业拟对 6 个月之后很可能发生的贵金属销售进行现金流量套期，为规避相关贵金属价格下跌的风险，该企业可于现在卖出相同数量的该种贵金属期货合同并指定为套期工具，同时指定预期的贵金属销售为被套期项目。资产负债表日（假定预期贵金属销售尚未发生），期货合同的公允价值上涨了 100 万元，对应的贵金属预期销售价格的现值下降了 100 万元。假定上述套期符合运用套期会计方法的条件，该企业应将期货合同的公允价值变动计入所有者权益（资本公积），待预期销售交易实际发生时，再转出调整销售收入。

**四、套期有效性评价**

根据本准则第十七条规定，企业应当持续地对套期有效性进行评价，并确保该套期关系在被指定的会计期间高度有效。常见的套期有效性评价方法主要有：(1)主要条款比较法；(2)比率分析法；(3)回归分析法等。

# 24.《企业会计准则第 27 号——石油天然气开采》应用指南

**一、矿区的划分**

矿区，是指企业进行油气开采活动所划分的区域或独立的开发单元。矿区的划分是计提油气资产折耗、进行减值测试等的基础。矿区的划分应当遵循以下原则：

（一）一个油气藏可作为一个矿区；

（二）若干相临且地质构造或储层条件相同或相近的油气藏可作为一个矿区；

（三）一个独立集输计量系统为一个矿区；

（四）一个大的油气藏分为几个独立集输系统并分别进行计量的，可分为几个矿区；

（五）采用重大新型采油技术并实行工业化推广的区域可作为一个矿区；

（六）在同一地理区域内不得将分属不同国家的作业区划分在同一个矿区或矿区组内。

**二、钻井勘探支出的处理采用成果法**

根据本准则第十三、十四和十五条规定，对于钻井勘探支出的资本化应当采用成果法，即只有发现了探明经济可采储量的钻井勘探支出才能资本化，结转为井及相关设施成本，否则计入当期损益。

**三、油气资产及其折耗**

（一）油气资产，是指油气开采企业所拥有或控制的井及相关设施和矿区权益。油气资产属于递耗资产。递耗资产是指通过开采、采伐、利用而逐渐耗竭，以致无法恢复或难以恢复、更新或按原样重置的自然资源，如矿藏等。开采油气所必需的辅助设备和设施（如房屋、机器等），作为一般固定资产管理，适用《企业会计准则第 4 号——固定资产》。

（二）油气资产的折耗，是指油气资产随着当期开发进展而逐渐转移到所开采产品（油气）成本中的价值。本准则第六条和第二十一条规定，企业应当采用产量法或年限平均法对油气资产计提折耗。

1. 产量法，又称单位产量法。该方法是以单位产量为基础对探明矿区权益的取得成本和井及相关设施成本计提折耗。采用该方法对油气资产计提折耗时，矿区权益应以探明经济可采储量为基础，井及相关设施以探明已开发经济可采储量为基础。

2. 年限平均法，又称直线法。该方法将油气资产成本均衡地分摊到各会计期间。采用该方法计算的每期油气资产折耗金额相等。企业采用的油气资产折耗方法，一经确定，不得随意变更。未探明矿区权益不计提折耗。

**四、弃置义务**

根据本准则第二十三条规定，在确认井及相关设施成本时，弃置义务应当以矿区为基础进行预计，主要涉及井及相关设施的弃置、拆移、填埋、清理和恢复生态环境等所发生的支出。

**五、未探明矿区权益的减值**

根据本准则第七条(二)规定，未探明矿区权益应当至少每年进行一次减值测试。按照单个矿区进行减值测试的，其公允价值低于账面价值的，应当将其账面价值减记至公允价值，减记的金额确认为油气资产减值损失；按照矿区组进行减值测试并计提减值准备的，确认的减值损失不分摊至单个矿区权益的账面价值。

## 25.《企业会计准则第28号——会计政策、会计估计变更和差错更正》应用指南

**一、会计政策和会计估计的确定**

企业应当根据本准则的规定，结合本企业的实际情况，确定会计政策和会计估计，经股东大会或董事会、经理(厂长)会议或类似机构批准，按照法律、行政法规等的规定报送有关各方备案。

企业的会计政策和会计估计一经确定，不得随意变更。如需变更，应重新履行上述程序，并按本准则的规定处理。

**二、会计政策及其变更**

根据本准则第三条规定，会计政策是指企业在会计确认、计量和报告中所采用的原则、基础和会计处理方法。企业采用的会计计量基础也属于会计政策。

(一)实务中某项交易或者事项的会计处理，具体会计准则或应用指南未作规范的，应当根据《企业会计准则——基本准则》规定的原则、基础和方法进行处理；待作出具体规定时，从其规定。

(二)会计政策变更采用追溯调整法的，应当将会计政策变更的累积影响数调整期初留存收益。留存收益包括当年和以前年度的未分配利润和按照相关法律规定提取并累积的盈余公积。调整期初留存收益是指对期初未分配利润和盈余公积两个项目的调整。

**三、前期差错及其更正**

前期差错应当采用追溯重述法进行更正，视同该项前期差错从未发生过，从而对财务报表相关项目进行重新列示和披露。追溯重述法的会计处理与追溯调整法相同。

## 26.《企业会计准则第30号——财务报表列报》应用指南

**一、财务报表列报的基本要求**

(一)列报基础

1. 本准则规范企业持续经营基础下的财务报表列报。企业管理层应当评价企业的持续经营能力，对持续经营能力产生重大怀疑的，应当在附注中披露导致对持续经营能力产生重大怀疑的影响因素。

2. 企业正式决定或被迫在当期或将在下一个会计期间进行清算或停止营业的，表明其处于非持续经营状态，应当采用其他基础编制财务报表，并在附注中声明财务报表未以持续经营为基础列报、披露未以持续经营为基础的原因和财务报表的编制基础。

（二）重要性的判断

判断项目性质的重要性，应当考虑该项目的性质是否属于企业日常活动等因素；判断项目金额大小的重要性，应当通过单项金额占资产总额、负债总额、所有者权益总额、营业收入总额、营业成本总额、净利润等直接相关项目金额的比重加以确定。

（三）正常营业周期本准则判断流动资产、流动负债所指的一个正常营业周期，通常是指企业从购买用于加工的资产起至实现现金或现金等价物的期间。

正常营业周期通常短于一年，在一年内有几个营业周期。但是，也存在正常营业周期长于一年的情况，如房地产开发企业开发用于出售的房地产开发产品，造船企业制造用于出售的大型船只等，往往超过一年才变现、出售或耗用，仍应划分为流动资产。

正常营业周期不能确定的，应当以一年（12 个月）作为正常营业周期。

（四）终止经营终止经营，是指企业已被处置或被划归为持有待售的、在经营和编制财务报表时能够单独区分的组成部分，该组成部分按照企业计划将整体或部分进行处置。

同时满足下列条件的企业组成部分应当确认为持有待售：(1)企业已经就处置该组成部分作出决议；(2)企业已经与受让方签订了不可撤销的转让协议；(3)该项转让将在一年内完成。

**二、财务报表的组成和适用范围**

财务报表至少应当包括资产负债表、利润表、现金流量表、所有者权益（或股东权益，下同）变动表和附注。本准则及应用指南适用于个别财务报表和合并财务报表，以及中期财务报表和年度财务报表。

现金流量表的编制和列报，还应遵循《企业会计准则第 31 号——现金流量表》及其应用指南；合并财务报表的编制和列报，还应遵循《企业会计准则第 33 号——合并财务报表》及其应用指南；中期财务报表的编制和列报，还应遵循《企业会计准则第 32 号——中期财务报告》。

财务报表格式和附注分别按一般企业、商业银行、保险公司、证券公司等企业类型予以规定。企业应当根据其经营活动的性质，确定本企业适用的财务报表格式和附注。

除不存在的项目外，企业应当按照具体准则及应用指南规定的报表格式进行列报。

政策性银行、信托投资公司、租赁公司、财务公司、典当公司应当执行商业银行财务报表格式和附注规定，如有特别需要，可以结合本企业的实际情况，进行必要调整和补充。

担保公司应当执行保险公司财务报表格式和附注规定，如有特别需要，可以结合本企业的实际情况，进行必要调整和补充。

资产管理公司、基金公司、期货公司应当执行证券公司财务报表格式和附注规定，如有特别需要，可以结合本企业的实际情况，进行必要调整和补充。

**三、一般企业资产负债表、利润表和所有者权益变动表格式**

**资 产 负 债 表**

会企 01 表

编制单位：　　　　年　月　日　　　　单位：元

| 资　　产 | 期末余额 | 年初余额 | 负债和所有者权益（或股东权益） | 期末余额 | 年初余额 |
|---|---|---|---|---|---|
| 流动资产： | | | 流动负债： | | |
| 货币资金 | | | 短期借款 | | |
| 交易性金融资产 | | | 交易性金融负债 | | |
| 应收票据 | | | 应付票据 | | |
| 应收账款 | | | 应付账款 | | |
| 预付款项 | | | 预收款项 | | |

（续表）

| 资　　产 | 期末余额 | 年初余额 | 负债和所有者权益（或股东权益） | 期末余额 | 年初余额 |
|---|---|---|---|---|---|
| 应收利息 | | | 应付职工薪酬 | | |
| 应收股利 | | | 应交税费 | | |
| 其他应收款 | | | 应付利息 | | |
| 存货 | | | 应付股利 | | |
| 一年内到期的非流动资产 | | | 其他应付款 | | |
| 其他流动资产 | | | 一年内到期的非流动负债 | | |
| 流动资产合计 | | | 其他流动负债 | | |
| 非流动资产： | | | 流动负债合计 | | |
| 可供出售金融资产 | | | 非流动负债： | | |
| 持有至到期投资 | | | 长期借款 | | |
| 长期应收款 | | | 应付债券 | | |
| 长期股权投资 | | | 长期应付款 | | |
| 投资性房地产 | | | 专项应付款 | | |
| 固定资产 | | | 预计负债 | | |
| 在建工程 | | | 递延所得税负债 | | |
| 工程物资 | | | 其他非流动负债 | | |
| 固定资产清理 | | | 非流动负债合计 | | |
| 生产性生物资产 | | | 负债合计 | | |
| 油气资产 | | | 所有者权益（或股东权益）： | | |
| 无形资产 | | | 实收资本（或股本） | | |
| 开发支出 | | | 资本公积 | | |
| 商誉 | | | 减：库存股 | | |
| 长期待摊费用 | | | 盈余公积 | | |
| 递延所得税资产 | | | 未分配利润 | | |
| 其他非流动资产 | | | 所有者权益（或股东权益）合计 | | |
| 非流动资产合计 | | | | | |
| 资产总计 | | | 负债和所有者权益（或股东权益）总计 | | |

## 利　润　表

会企 02 表

编制单位：　　　　　　　　　　年　月　　　　　　　　　　单位：元

| 项　　　目 | 本期金额 | 上期金额 |
|---|---|---|
| 一、营业收入 | | |
| 减：营业成本 | | |
| 营业税金及附加 | | |
| 销售费用 | | |
| 管理费用 | | |
| 财务费用 | | |
| 资产减值损失 | | |
| 加：公允价值变动收益（损失以“-”号填列） | | |
| 投资收益（损失以“-”号填列） | | |
| 其中：对联营企业和合营企业的投资收益 | | |
| 二、营业利润（亏损以“-”号填列） | | |
| 加：营业外收入 | | |
| 减：营业外支出 | | |
| 其中：非流动资产处置损失 | | |
| 三、利润总额（亏损总额以“-”号填列） | | |
| 减：所得税费用 | | |
| 四、净利润（净亏损以“-”号填列） | | |
| 五、每股收益： | | |
| （一）基本每股收益 | | |
| （二）稀释每股收益 | | |

## 所有者权益变动表

会企 04 表

编制单位：　　　　　　　　　　年度　　　　　　　　　　单位：元

| 项　目 | 本年金额 | | | | | | 上年金额 | | | | | |
|---|---|---|---|---|---|---|---|---|---|---|---|---|
| | 实收资本（或股本） | 资本公积 | 减：库存股 | 盈余公积 | 未分配利润 | 所有者权益合计 | 实收资本（或股本） | 资本公积 | 减：库存股 | 盈余公积 | 未分配利润 | 所有者权益合计 |
| 一、上年年末余额 | | | | | | | | | | | | |
| 加：会计政策变更 | | | | | | | | | | | | |
| 前期差错更正 | | | | | | | | | | | | |
| 二、本年年初余额 | | | | | | | | | | | | |
| 三、本年增减变动金额（减少以“-”号填列） | | | | | | | | | | | | |

（续表）

| 项目 | 本年金额 | | | | | | 上年金额 | | | | | |
|---|---|---|---|---|---|---|---|---|---|---|---|---|
| | 实收资本（或股本） | 资本公积 | 减:库存股 | 盈余公积 | 未分配利润 | 所有者权益合计 | 实收资本（或股本） | 资本公积 | 减:库存股 | 盈余公积 | 未分配利润 | 所有者权益合计 |
| （一）净利润 | | | | | | | | | | | | |
| （二）直接计入所有者权益的利得和损失 | | | | | | | | | | | | |
| 1. 可供出售金融资产公允价值变动净额 | | | | | | | | | | | | |
| 2. 权益法下被投资单位其他所有者权益变动的影响 | | | | | | | | | | | | |
| 3. 与计入所有者权益项目相关的所得税影响 | | | | | | | | | | | | |
| 4. 其他 | | | | | | | | | | | | |
| 上述（一）和（二）小计 | | | | | | | | | | | | |
| （三）所有者投入和减少资本 | | | | | | | | | | | | |
| 1. 所有者投入资本 | | | | | | | | | | | | |
| 2. 股份支付计入所有者权益的金额 | | | | | | | | | | | | |
| 3. 其他 | | | | | | | | | | | | |
| （四）利润分配 | | | | | | | | | | | | |
| 1. 提取盈余公积 | | | | | | | | | | | | |
| 2. 对所有者（或股东）的分配 | | | | | | | | | | | | |
| 3. 其他 | | | | | | | | | | | | |
| （五）所有者权益内部结转 | | | | | | | | | | | | |
| 1. 资本公积转增资本（或股本） | | | | | | | | | | | | |
| 2. 盈余公积转增资本（或股本） | | | | | | | | | | | | |
| 3. 盈余公积弥补亏损 | | | | | | | | | | | | |
| 4. 其他 | | | | | | | | | | | | |
| 四、本年年末余额 | | | | | | | | | | | | |

**四、一般企业报表附注**

附注是财务报表的重要组成部分。企业应当按照规定披露附注信息，主要包括下列内容：

（一）企业的基本情况

1. 企业注册地、组织形式和总部地址。

2. 企业的业务性质和主要经营活动。

3. 母公司以及集团最终母公司的名称。

4. 财务报告的批准报出者和财务报告批准报出日。

(二)财务报表的编制基础

(三)遵循企业会计准则的声明

企业应当声明编制的财务报表符合企业会计准则的要求，真实、完整地反映了企业的财务状况、经营成果和现金流量等有关信息。

(四)重要会计政策和会计估计

企业应当披露采用的重要会计政策和会计估计，不重要的会计政策和会计估计可以不披露。在披露重要会计政策和会计估计时，应当披露重要会计政策的确定依据和财务报表项目的计量基础，以及会计估计中所采用的关键假设和不确定因素。

(五)会计政策和会计估计变更以及差错更正的说明

企业应当按照《企业会计准则第 28 号——会计政策、会计估计变更和差错更正》及其应用指南的规定，披露会计政策和会计估计变更以及差错更正的有关情况。

(六)报表重要项目的说明

企业对报表重要项目的说明，应当按照资产负债表、利润表、现金流量表、所有者权益变动表及其项目列示的顺序，采用文字和数字描述相结合的方式进行披露。报表重要项目的明细金额合计，应当与报表项目金额相衔接。

1. 交易性金融资产的披露格式如下：

| 项　　目 | 期末公允价值 | 年初公允价值 |
|---|---|---|
| 1. 交易性债券投资 | | |
| 2. 交易性权益工具投资 | | |
| 3. 指定为以公允价值计量且其变动计入当期损益的金融资产 | | |
| 4. 衍生金融资产 | | |
| 5. 其他 | | |
| 合　　计 | | |

2. 应收款项

(1)应收账款按账龄结构披露的格式如下：

| 账龄结构 | 期末账面余额 | 年初账面余额 |
|---|---|---|
| 1 年以内(含 1 年) | | |
| 1 年至 2 年(含 2 年) | | |
| 2 年至 3 年(含 3 年) | | |
| 3 年以上 | | |
| 合　　计 | | |

注：有应收票据、预付账款、长期应收款、其他应收款的，比照应收账款进行披露。

(2)应收账款按客户类别披露的格式如下：

| 客户类别 | 期末账面余额 | 年初账面余额 |
|---|---|---|
| 客户 1 | | |
| …… | | |
| 其他客户 | | |
| 合　　计 | | |

注：有应收票据、预付账款、长期应收款、其他应收款的，比照应收账款进行披露。

3. 存货

(1)存货的披露格式如下：

| 存货种类 | 年初账面余额 | 本期增加额 | 本期减少额 | 期末账面余额 |
|---|---|---|---|---|
| 1. 原材料 | | | | |
| 2. 在产品 | | | | |
| 3. 库存商品 | | | | |
| 4. 周转材料 | | | | |
| 5. 消耗性生物资产 | | | | |
| …… | | | | |
| 合　　计 | | | | |

(2)说明消耗性生物资产的期末实物数量，并按下列格式披露金额信息：

| 项　　目 | 年初账面余额 | 本期增加额 | 本期减少额 | 期末账面余额 |
|---|---|---|---|---|
| 一、种植业 | | | | |
| 1. | | | | |
| …… | | | | |
| 二、畜牧养殖业 | | | | |
| 1. | | | | |
| …… | | | | |
| 三、林业 | | | | |
| 1. | | | | |
| …… | | | | |
| 四、水产业 | | | | |
| 1. | | | | |
| …… | | | | |
| 合　　计 | | | | |

(3)存货跌价准备的披露格式如下：

| 存货种类 | 年初账面余额 | 本期计提额 | 本期减少额 | | 期末账面余额 |
|---|---|---|---|---|---|
| | | | 转回 | 转销 | |
| 1. 原材料 | | | | | |
| 2. 在产品 | | | | | |
| 3. 库存商品 | | | | | |
| 4. 周转材料 | | | | | |
| 5. 消耗性生物资产 | | | | | |
| 6. 建造合同形成的资产 | | | | | |
| …… | | | | | |
| 合　　计 | | | | | |

4. 其他流动资产的披露格式如下：

| 项 目 | 期末账面价值 | 年初账面价值 |
|---|---|---|
| 1. | | |
| …… | | |
| 合 计 | | |

注：有长期待摊费用、其他非流动资产的，比照其他流动资产进行披露。

5. 可供出售金融资产的披露格式如下：

| 项 目 | 期末公允价值 | 年初公允价值 |
|---|---|---|
| 1. 可供出售债券 | | |
| 2. 可供出售权益工具 | | |
| 3. 其他 | | |
| 合 计 | | |

6. 持有至到期投资的披露格式如下：

| 项 目 | 期末账面余额 | 年初账面余额 |
|---|---|---|
| 1. | | |
| …… | | |
| 合 计 | | |

7. 长期股权投资

(1)长期股权投资的披露格式如下：

| 被投资单位 | 期末账面余额 | 年初账面余额 |
|---|---|---|
| 1. | | |
| …… | | |
| 合 计 | | |

(2)被投资单位由于所在国家或地区及其他方面的影响，其向投资企业转移资金的能力受到限制的，应当披露受限制的具体情况。

(3)当期及累计未确认的投资损失金额。

8. 投资性房地产

(1)企业采用成本模式进行后续计量的，应当披露下列信息：

| 项 目 | 年初账面余额 | 本期增加额 | 本期减少额 | 期末账面余额 |
|---|---|---|---|---|
| 一、原价合计 | | | | |
| 1. 房屋、建筑物 | | | | |
| 2. 土地使用权 | | | | |
| 二、累计折旧和累计摊销合计 | | | | |
| 1. 房屋、建筑物 | | | | |
| 2. 土地使用权 | | | | |
| 三、投资性房地产减值准备累计金额合计 | | | | |
| 1. 房屋、建筑物 | | | | |

（续表）

| 项　、　目 | 年初账面余额 | 本期增加额 | 本期减少额 | 期末账面余额 |
|---|---|---|---|---|
| 2. 土地使用权 | | | | |
| 四、投资性房地产账面价值合计 | | | | |
| 1. 房屋、建筑物 | | | | |
| 2. 土地使用权 | | | | |

（2）企业采用公允价值模式进行后续计量的，应当披露投资性房地产公允价值的确定依据及公允价值金额的增减变动情况。

（3）如有房地产转换的，应当说明房地产转换的原因及其影响。

9. 固定资产

（1）固定资产的披露格式如下：

| 项　　目 | 年初账面余额 | 本期增加额 | 本期减少额 | 期末账面余额 |
|---|---|---|---|---|
| 一、原价合计 | | | | |
| 其中：房屋、建筑物 | | | | |
| 机器设备 | | | | |
| 运输工具 | | | | |
| …… | | | | |
| 二、累计折旧合计 | | | | |
| 其中：房屋、建筑物 | | | | |
| 机器设备 | | | | |
| 运输工具 | | | | |
| …… | | | | |
| 三、固定资产减值准备累计金额合计 | | | | |
| 其中：房屋、建筑物 | | | | |
| 机器设备 | | | | |
| 运输工具 | | | | |
| …… | | | | |
| 四、固定资产账面价值合计 | | | | |
| 其中：房屋、建筑物 | | | | |
| 机器设备 | | | | |
| 运输工具 | | | | |
| …… | | | | |

（2）企业确有准备处置固定资产的，应当说明准备处置的固定资产名称、账面价值、公允价值、预计处置费用和预计处置时间等。

10. 生产性生物资产和公益性生物资产

（1）说明各类生物资产的期末实物数量，并按下列格式披露金额信息：

| 项　　目 | 年初账面价值 | 本期增加额 | 本期减少额 | 期末账面价值 |
| --- | --- | --- | --- | --- |
| 一、种植业 | | | | |
| 1. | | | | |
| …… | | | | |
| 二、畜牧养殖业 | | | | |
| 1. | | | | |
| …… | | | | |
| 三、林业 | | | | |
| 1. | | | | |
| …… | | | | |
| 四、水产业 | | | | |
| 1. | | | | |
| …… | | | | |
| 合　　计 | | | | |

如有天然起源的生物资产，还应披露该资产的类别、取得方式和数量等。

(2)各类生产性生物资产的预计使用寿命、预计净残值、折旧方法、累计折旧和减值准备累计金额。

(3)与生物资产相关的风险情况与管理措施。

11. 油气资产

(1)当期在国内和国外发生的取得矿区权益、油气勘探和油气开发各项支出的总额。

(2)油气资产的披露格式如下：

| 项　　目 | 年初账面余额 | 本期增加额 | 本期减少额 | 期末账面余额 |
| --- | --- | --- | --- | --- |
| 一、原价合计 | | | | |
| 1. 探明矿区权益 | | | | |
| 2. 未探明矿区权益 | | | | |
| 3. 井及相关设施 | | | | |
| 二、累计折耗合计 | | | | |
| 1. 探明矿区权益 | | | | |
| 2. 井及相关设施 | | | | |
| 三、油气资产减值准备累计金额合计 | | | | |
| 1. 探明矿区权益 | | | | |
| 2. 未探明矿区权益 | | | | |
| 3. 井及相关设施 | | | | |
| 四、油气资产账面价值合计 | | | | |
| 1. 探明矿区权益 | | | | |
| 2. 未探明矿区权益 | | | | |
| 3. 井及相关设施 | | | | |

12. 无形资产

(1)各类无形资产的披露格式如下：

| 项　　目 | 年初账面余额 | 本期增加额 | 本期减少额 | 期末账面余额 |
|---|---|---|---|---|
| 一、原价合计 | | | | |
| 1. | | | | |
| …… | | | | |
| 二、累计摊销额合计 | | | | |
| 1. | | | | |
| …… | | | | |
| 三、无形资产减值准备累计金额合计 | | | | |
| 1. | | | | |
| …… | | | | |
| 四、无形资产账面价值合计 | | | | |
| 1. | | | | |
| …… | | | | |

计入当期损益和确认为无形资产的研究开发支出金额。

13. 商誉的形成来源、账面价值的增减变动情况。

14. 递延所得税资产和递延所得税负债

(1)已确认递延所得税资产和递延所得税负债的披露格式如下：

| 项　　目 | 期末账面余额 | 年初账面余额 |
|---|---|---|
| 一、递延所得税资产 | | |
| 1. | | |
| …… | | |
| 合　　计 | | |
| 二、递延所得税负债 | | |
| 1. | | |
| …… | | |
| 合　　计 | | |

(2)未确认递延所得税资产的可抵扣暂时性差异、可抵扣亏损等的金额(存在到期日的，还应披露到期日)。

15. 资产减值准备的披露格式如下：

| 项　　目 | 年初账面余额 | 本期计提额 | 本期减少额 | | 期末账面余额 |
|---|---|---|---|---|---|
| | | | 转回 | 转销 | |
| 一、坏账准备 | | | | | |
| 二、存货跌价准备 | | | | | |
| 三、可供出售金融资产减值准备 | | | | | |
| 四、持有至到期投资减值准备 | | | | | |
| 五、长期股权投资减值准备 | | | | | |

（续表）

| 项　目 | 年初账面余额 | 本期计提额 | 本期减少额 | | 期末账面余额 |
|---|---|---|---|---|---|
| | | | 转回 | 转销 | |
| 六、投资性房地产减值准备 | | | | | |
| 七、固定资产减值准备 | | | | | |
| 八、工程物资减值准备 | | | | | |
| 九、在建工程减值准备 | | | | | |
| 十、生产性生物资产减值准备 | | | | | |
| 其中：成熟生产性生物资产减值准备 | | | | | |
| 十一、油气资产减值准备 | | | | | |
| 十二、无形资产减值准备 | | | | | |
| 十三、商誉减值准备 | | | | | |
| 十四、其他合计 | | | | | |

16. 所有权受到限制的资产

(1)资产所有权受到限制的原因。

(2)所有权受到限制的资产金额披露格式如下：

| 所有权受到限制的资产类别 | 年初账面价值 | 本期增加额 | 本期减少额 | 期末账面价值 |
|---|---|---|---|---|
| 一、用于担保的资产 | | | | |
| 1. | | | | |
| …… | | | | |
| 二、其他原因造成所有权受到限制的资产 | | | | |
| 1. | | | | |
| …… | | | | |
| 合　计 | | | | |

17. 交易性金融负债的披露格式如下：

| 项　目 | 期末公允价值 | 年初公允价值 |
|---|---|---|
| 1. 发行的交易性债券 | | |
| 2. 指定为以公允价值计量且其变动计入当期损益的金融负债 | | |
| 3. 衍生金融负债 | | |
| 4. 其他 | | |
| 合　计 | | |

18. 职工薪酬

(1)应付职工薪酬的披露格式如下:

| 项　　目 | 年初账面余额 | 本期增加额 | 本期支付额 | 期末账面余额 |
|---|---|---|---|---|
| 一、工资、奖金、津贴和补贴 | | | | |
| 二、职工福利费 | | | | |
| 三、社会保险费 | | | | |
| 其中:1. 医疗保险费 | | | | |
| 2. 基本养老保险费 | | | | |
| 3. 年金缴费 | | | | |
| 4. 失业保险费 | | | | |
| 5. 工伤保险费 | | | | |
| 6. 生育保险费 | | | | |
| 四、住房公积金 | | | | |
| 五、工会经费和职工教育经费 | | | | |
| 六、非货币性福利 | | | | |
| 七、因解除劳动关系给予的补偿 | | | | |
| 八、其他 | | | | |
| 其中:以现金结算的股份支付 | | | | |
| 合　　计 | | | | |

(2)企业本期为职工提供的各项非货币性福利形式、金额及其计算依据。

19. 应交税费的披露格式如下:

| 税费项目 | 期末账面余额 | 年初账面余额 |
|---|---|---|
| 1. 增值税 | | |
| …… | | |
| 合　　计 | | |

20. 其他流动负债的披露格式如下:

| 项　　目 | 期末账面余额 | 年初账面余额 |
|---|---|---|
| 1. | | |
| …… | | |
| 合　　计 | | |

注:有预计负债、其他非流动负债的,比照其他流动负债进行披露。

21. 短期借款和长期借款

(1)借款的披露格式如下:

| 项目 | 短期借款 | | 长期借款 | |
|---|---|---|---|---|
| | 期末账面余额 | 年初账面余额 | 期末账面余额 | 年初账面余额 |
| 信用借款 | | | | |
| 抵押借款 | | | | |
| 质押借款 | | | | |
| 保证借款 | | | | |
| 合计 | | | | |

(2)对于期末逾期借款,应分别贷款单位、借款金额、逾期时间、年利率、逾期未偿还原因和预期还款期等进行披露。

22. 应付债券的披露格式如下:

| 项目 | 年初账面余额 | 本期增加额 | 本期减少额 | 期末账面余额 |
|---|---|---|---|---|
| 1. | | | | |
| …… | | | | |
| 合计 | | | | |

23. 长期应付款的披露格式如下:

| 项目 | 期末账面价值 | 年初账面价值 |
|---|---|---|
| 1. | | |
| …… | | |
| 合计 | | |

24. 营业收入

(1)营业收入的披露格式如下:

| 项目 | 本期发生额 | 上期发生额 |
|---|---|---|
| 1. 主营业务收入 | | |
| 2. 其他业务收入 | | |
| 合计 | | |

(2)披露建造合同当期预计损失的原因和金额,同时按下列格式披露:

| 合同项目 | | 总金额 | 累计已发生成本 | 累计已确认毛利(亏损以"—"号表示) | 已办理结算的价款金额 |
|---|---|---|---|---|---|
| 固定造价合同 | 1. | | | | |
| | …… | | | | |
| | 合计 | | | | |
| 成本加成合同 | 1. | | | | |
| | …… | | | | |
| | 合计 | | | | |

25. 公允价值变动收益的披露格式如下：

| 产生公允价值变动收益的来源 | 本期发生额 | 上期发生额 |
| --- | --- | --- |
| 1. | | |
| …… | | |
| 合　　计 | | |

26. 投资收益

(1)投资收益的披露格式如下：

| 产生投资收益的来源 | 本期发生额 | 上期发生额 |
| --- | --- | --- |
| 1. | | |
| …… | | |
| 合　　计 | | |

(2)按照权益法核算的长期股权投资，直接以被投资单位的账面净损益计算确认投资损益的事实及原因。

27. 资产减值损失的披露格式如下：

| 项　　目 | 本期发生额 | 上期发生额 |
| --- | --- | --- |
| 一、坏账损失 | | |
| 二、存货跌价损失 | | |
| 三、可供出售金融资产减值损失 | | |
| 四、持有至到期投资减值损失 | | |
| 五、长期股权投资减值损失 | | |
| 六、投资性房地产减值损失 | | |
| 七、固定资产减值损失 | | |
| 八、工程物资减值损失 | | |
| 九、在建工程减值损失 | | |
| 十、生产性生物资产减值损失 | | |
| 十一、油气资产减值损失 | | |
| 十二、无形资产减值损失 | | |
| 十三、商誉减值损失 | | |
| 十四、其他 | | |
| 合　　计 | | |

28. 营业外收入的披露格式如下：

| 项　　目 | 本期发生额 | 上期发生额 |
| --- | --- | --- |
| 1. 非流动资产处置利得合计 | | |
| 其中：固定资产处置利得 | | |
| 无形资产处置利得 | | |
| …… | | |
| 合　　计 | | |

29. 营业外支出的披露格式如下：

| 项　　目 | 本期发生额 | 上期发生额 |
| --- | --- | --- |
| 1. 非流动资产处置损失合计 | | |
| 其中：固定资产处置损失 | | |
| 无形资产处置损失 | | |
| …… | | |
| 合　　计 | | |

30. 所得税费用

(1)所得税费用(收益)的组成，包括当期所得税、递延所得税。

(2)所得税费用(收益)与会计利润的关系。

31. 企业应当披露取得政府补助的种类及金额。

32. 每股收益

(1)基本每股收益和稀释每股收益分子、分母的计算过程。

(2)列报期间不具有稀释性但以后期间很可能具有稀释性的潜在普通股。

(3)在资产负债表日至财务报告批准报出日之间，企业发行在外普通股或潜在普通股股数发生重大变化的情况，如股份发行、股份回购、潜在普通股发行、潜在普通股转换或行权等。

33. 企业可以按照费用的性质分类披露利润表。

34. 非货币性资产交换

(1)换入资产、换出资产的类别。

(2)换入资产成本的确定方式。

(3)换入资产、换出资产的公允价值及换出资产的账面价值。

35. 股份支付

(1)当期授予、行权和失效的各项权益工具总额。

(2)期末发行在外股份期权或其他权益工具行权价的范围和合同剩余期限。

(3)当期行权的股份期权或其他权益工具以其行权日价格计算的加权平均价格。

(4)股份支付交易对当期财务状况和经营成果的影响。

36. 债务重组

按照《企业会计准则第 12 号——债务重组》第十四条或第十五条的相关规定进行披露。

37. 借款费用

(1)当期资本化的借款费用金额。

(2)当期用于计算确定借款费用资本化金额的资本化率。

38. 外币折算

(1)计入当期损益的汇兑差额。

(2)处置境外经营对外币财务报表折算差额的影响。

39. 企业合并

企业合并发生当期的期末，合并方或购买方应当按照《企业会计准则第 20 号——企业合并》第十八条或第十九条的相关规定进行披露。

40. 租赁

(1)融资租赁出租人应当说明未实现融资收益的余额，并披露与融资租赁有关的下列信息：

| 剩余租赁期 | 最低租赁收款额 |
| --- | --- |
| 1 年以内(含 1 年) | |
| 1 年以上 2 年以内(含 2 年) | |
| 2 年以上 3 年以内(含 3 年) | |

（续表）

| 剩余租赁期 | 最低租赁收款额 |
|---|---|
| 3 年以上 | |
| 合　　计 | |

(2)经营租赁出租人各类租出资产的披露格式如下：

| 经营租赁租出资产类别 | 期末账面价值 | 年初账面价值 |
|---|---|---|
| 1. 机器设备 | | |
| 2. 运输工具 | | |
| …… | | |
| 合　　计 | | |

(3)融资租赁承租人应当说明未确认融资费用的余额，并披露与融资租赁有关的下列信息：

①各类租入固定资产的年初和期末原价、累计折旧额、减值准备累计金额。

②以后年度将支付的最低租赁付款额的披露格式如下：

| 剩余租赁期 | 最低租赁收款额 |
|---|---|
| 1 年以内(含 1 年) | |
| 1 年以上 | |
| 2 年以内(含 2 年) | |
| 2 年以上 | |
| 3 年以内(含 3 年) | |
| 3 年以上 | |
| 合　　计 | |

(4)对于重大的经营租赁，经营租赁承租人应当披露下列信息：

| 剩余租赁期 | 最低租赁收款额 |
|---|---|
| 1 年以内(含 1 年) | |
| 1 年以上 | |
| 2 年以内(含 2 年) | |
| 2 年以上 | |
| 3 年以内(含 3 年) | |
| 3 年以上 | |
| 合　　计 | |

(5)披露各售后租回交易以及售后租回合同中的重要条款。

41. 终止经营的披露格式如下：

| 项　　目 | 本期发生额 | 上期发生额 |
|---|---|---|
| 一、终止经营收入 | | |
| 减：终止经营费用 | | |
| 二、终止经营利润总额 | | |

（续表）

| 项　　目 | 本期发生额 | 上期发生额 |
|---|---|---|
| 减：终止经营所得税费用 | | |
| 三、终止经营净利润 | | |

42. 分部报告

(1)主要报告形式是业务分部的披露格式如下：

| 项　　目 | ××业务 | | ××业务 | | …… | 其他 | | 抵销 | | 合计 | |
|---|---|---|---|---|---|---|---|---|---|---|---|
| | 本期 | 上期 | 本期 | 上期 | | 本期 | 上期 | 本期 | 上期 | 本期 | 上期 |
| 一、营业收入 | | | | | | | | | | | |
| 其中：对外交易收入 | | | | | | | | | | | |
| 分部间交易收入 | | | | | | | | | | | |
| 二、营业费用 | | | | | | | | | | | |
| 三、营业利润(亏损) | | | | | | | | | | | |
| 四、资产总额 | | | | | | | | | | | |
| 五、负债总额 | | | | | | | | | | | |
| 六、补充信息 | | | | | | | | | | | |
| 1. 折旧和摊销费用 | | | | | | | | | | | |
| 2. 资本性支出 | | | | | | | | | | | |
| 3. 折旧和摊销以外的非现金费用 | | | | | | | | | | | |

注：主要报告形式是地区分部的，比照业务分部格式进行披露。

(2)在主要报告形式的基础上，对于次要报告形式，企业还应披露对外交易收入、分部资产总额。

(七)或有事项

按照《企业会计准则第13号——或有事项》第十四条和第十五条的相关规定进行披露。

(八)资产负债表日后事项

1. 每项重要的资产负债表日后非调整事项的性质、内容，及其对财务状况和经营成果的影响。无法做出估计的，应当说明原因。

2. 资产负债表日后，企业利润分配方案中拟分配的以及经审议批准宣告发放的股利或利润。

(九)关联方关系及其交易

1. 本企业的母公司有关信息披露格式如下：

| 母公司名称 | 注册地 | 业务性质 | 注册资本 |
|---|---|---|---|
| | | | |

母公司不是本企业最终控制方的，说明最终控制方名称。

母公司和最终控制方均不对外提供财务报表的，说明母公司之上与其最相近的对外提供财务报表的母公司名称。

2. 母公司对本企业的持股比例和表决权比例。

3. 本企业的子公司有关信息披露格式如下：

| 子公司名称 | 注册地 | 业务性质 | 注册资本 | 本企业合计持股比例 | 本企业合计享有的表决权比例 |
|---|---|---|---|---|---|
| 1. | | | | | |
| …… | | | | | |

4. 本企业的合营企业有关信息披露格式如下：

| 被投资单位名称 | 注册地 | 业务性质 | 注册资本 | 本企业持股比例 | 本企业在被投资单位表决权比例 | 期末资产总额 | 期末负债总额 | 本期营业收入总额 | 本期净利润 |
|---|---|---|---|---|---|---|---|---|---|
| 1. | | | | | | | | | |
| …… | | | | | | | | | |

注：有联营企业的，比照合营企业进行披露。

5. 本企业与关联方发生交易的，分别说明各关联方关系的性质、交易类型及交易要素。交易要素至少应当包括：

(1)交易的金额。

(2)未结算项目的金额、条款和条件，以及有关提供或取得担保的信息。

(3)未结算应收项目的坏账准备金额。

(4)定价政策。

**五、商业银行资产负债表、利润表和所有者权益变动表格式**

**资 产 负 债 表**

会商银01表

编制单位： 年 月 日 单位：元

| 资　　产 | 期末余额 | 年初余额 | 负债和所有者权益（或股东权益） | 期末余额 | 年初余额 |
|---|---|---|---|---|---|
| 资产： | | | 负债： | | |
| 现金及存放中央银行款项 | | | 向中央银行借款 | | |
| 存放同业款项 | | | 同业及其他金融机构存放款项 | | |
| 贵金属 | | | 拆入资金 | | |
| 拆出资金 | | | 交易性金融负债 | | |
| 交易性金融资产 | | | 衍生金融负债 | | |
| 衍生金融资产 | | | 卖出回购金融资产款 | | |
| 买入返售金融资产 | | | 吸收存款 | | |
| 应收利息 | | | 应付职工薪酬 | | |
| 发放贷款和垫款 | | | 应交税费 | | |
| 可供出售金融资产 | | | 应付利息 | | |
| 持有至到期投资 | | | 预计负债 | | |
| 长期股权投资 | | | 应付债券 | | |
| 投资性房地产 | | | 递延所得税负债 | | |
| 固定资产 | | | 其他负债 | | |
| 无形资产 | | | 负债合计 | | |
| 递延所得税资产 | | | 所有者权益(或股东权益)： | | |
| 其他资产 | | | 实收资本(或股本) | | |
| | | | 资本公积 | | |
| | | | 减：库存股 | | |
| | | | 盈余公积 | | |

（续表）

| 资　　产 | 期末余额 | 年初余额 | 负债和所有者权益（或股东权益） | 期末余额 | 年初余额 |
|---|---|---|---|---|---|
| | | | 一般风险准备 | | |
| | | | 未分配利润 | | |
| | | | 所有者权益（或股东权益）合计 | | |
| 资产总计 | | | 负债和所有者权益（或股东权益）总计 | | |

**利　润　表**

会商银 02 表

编制单位：　　　　　　　　　年　月　　　　　　　　　单位：元

| 项　　目 | 本期金额 | 上期金额 |
|---|---|---|
| 一、营业收入 | | |
| 利息净收入 | | |
| 利息收入 | | |
| 利息支出 | | |
| 手续费及佣金净收入 | | |
| 手续费及佣金收入 | | |
| 手续费及佣金支出 | | |
| 投资收益（损失以“-”号填列） | | |
| 其中：对联营企业和合营企业的投资收益 | | |
| 公允价值变动收益（损失以“-”号填列） | | |
| 汇兑收益（损失以“-”号填列） | | |
| 其他业务收入 | | |
| 二、营业支出 | | |
| 营业税金及附加 | | |
| 业务及管理费 | | |
| 资产减值损失 | | |
| 其他业务成本 | | |
| 三、营业利润（亏损以“-”号填列） | | |
| 加：营业外收入 | | |
| 减：营业外支出 | | |
| 四、利润总额（亏损总额以“-”号填列） | | |
| 减：所得税费用 | | |
| 五、净利润（净亏损以“-”号填列） | | |
| 六、每股收益： | | |
| （一）基本每股收益 | | |
| （二）稀释每股收益 | | |

## 所有者权益变动表

会商银:04 表

编制单位:　　　　　　　　　　　　年度　　　　　　　　　　　　单位:元

| 项　目 | 本年金额 | | | | | | | 上年金额 | | | | | | |
|---|---|---|---|---|---|---|---|---|---|---|---|---|---|---|
| | 实收资本(或股本) | 资本公积 | 减:库存股 | 盈余公积 | 一般风险准备 | 未分配利润 | 所有者权益合计 | 实收资本(或股本) | 资本公积 | 减:库存股 | 盈余公积 | 一般风险准备 | 未分配利润 | 所有者权益合计 |
| 一、上年年末余额 | | | | | | | | | | | | | | |
| 加:会计政策变更 | | | | | | | | | | | | | | |
| 前期差错更正 | | | | | | | | | | | | | | |
| 二、本年年初余额 | | | | | | | | | | | | | | |
| 三、本年增减变动金额(减少以"-"号填列) | | | | | | | | | | | | | | |
| (一)净利润 | | | | | | | | | | | | | | |
| (二)直接计入所有者权益的利得和损失 | | | | | | | | | | | | | | |
| 1. 可供出售金融资产公允价值变动净额 | | | | | | | | | | | | | | |
| (1)计入所有者权益的金额 | | | | | | | | | | | | | | |
| (2)转入当期损益的金额 | | | | | | | | | | | | | | |
| 2. 现金流量套期工具公允价值变动净额 | | | | | | | | | | | | | | |
| (1)计入所有者权益的金额 | | | | | | | | | | | | | | |
| (2)转入当期损益的金额 | | | | | | | | | | | | | | |
| (3)计入被套期项目初始确认金额中的金额 | | | | | | | | | | | | | | |
| 3. 权益法下被投资单位其他所有者权益变动的影响 | | | | | | | | | | | | | | |
| 4. 与计入所有者权益项目相关的所得税影响 | | | | | | | | | | | | | | |
| 5. 其他 | | | | | | | | | | | | | | |
| 上述(一)和(二)小计 | | | | | | | | | | | | | | |
| (三)所有者投入和减少资本 | | | | | | | | | | | | | | |
| 1. 所有者投入资本 | | | | | | | | | | | | | | |
| 2. 股份支付计入所有者权益的金额 | | | | | | | | | | | | | | |
| 3. 其他 | | | | | | | | | | | | | | |
| (四)利润分配 | | | | | | | | | | | | | | |
| 1. 提取盈余公积 | | | | | | | | | | | | | | |
| 2. 提取一般风险准备 | | | | | | | | | | | | | | |
| 3. 对所有者(或股东)的分配 | | | | | | | | | | | | | | |

（续表）

| 项　目 | 本年金额 | | | | | | | 上年金额 | | | | | | |
|---|---|---|---|---|---|---|---|---|---|---|---|---|---|---|
| | 实收资本（或股本） | 资本公积 | 减:库存股 | 盈余公积 | 一般风险准备 | 未分配利润 | 所有者权益合计 | 实收资本（或股本） | 资本公积 | 减:库存股 | 盈余公积 | 一般风险准备 | 未分配利润 | 所有者权益合计 |
| 4. 其他 | | | | | | | | | | | | | | |
| （五）所有者权益内部结转 | | | | | | | | | | | | | | |
| 1. 资本公积转增资本（或股本） | | | | | | | | | | | | | | |
| 2. 盈余公积转增资本（或股本） | | | | | | | | | | | | | | |
| 3. 盈余公积弥补亏损 | | | | | | | | | | | | | | |
| 4. 一般风险准备弥补亏损 | | | | | | | | | | | | | | |
| 5. 其他 | | | | | | | | | | | | | | |
| 四、本年年末余额 | | | | | | | | | | | | | | |

**六、商业银行报表附注**

商业银行应当按照规定披露附注信息，主要包括下列内容：

（一）商业银行的基本情况

（二）财务报表的编制基础

（三）遵循企业会计准则的声明

（四）重要会计政策和会计估计

（五）会计政策和会计估计变更以及差错更正的说明

以上（一）至（五）项，应当比照一般企业进行披露。

（六）报表重要项目的说明

1. 现金及存放中央银行款项的披露格式如下：

| 项　目 | 期末账面余额 | 年初账面余额 |
|---|---|---|
| 库存现金 | | |
| 存放中央银行法定准备金 | | |
| 存放中央银行超额存款准备金 | | |
| 存放中央银行的其他款项 | | |
| 合　计 | | |

2. 拆出资金的披露格式如下：

| 项　目 | 期末账面余额 | 年初账面余额 |
|---|---|---|
| 拆放其他银行 | | |
| 拆放非银行金融机构 | | |
| 减:贷款损失准备 | | |
| 拆出资金账面价值 | | |

3. 交易性金融资产（不含衍生金融资产）的披露格式如下：

| 项　　目 | 期末公允价值 | 年初公允价值 |
|---|---|---|
| 债券 | | |
| 基金 | | |
| 权益工具 | | |
| 其他 | | |
| 合　　计 | | |

如有指定为以公允价值计量且其变动计入当期损益的金融资产，也应比照上述格式进行披露。

4. 衍生工具的披露格式如下：

| 类　　别 | 期末金额 | | | | | | 年初金额 | | | | | |
|---|---|---|---|---|---|---|---|---|---|---|---|---|
| | 套期工具 | | | 非套期工具 | | | 套期工具 | | | 非套期工具 | | |
| | 名义金额 | 公允价值 | | 名义金额 | 公允价值 | | 名义金额 | 公允价值 | | 名义金额 | 公允价值 | |
| | | 负债 | 资产 | | 负债 | 资产 | | 负债 | 资产 | | 负债 | 资产 |
| 利率衍生工具 | | | | | | | | | | | | |
| 衍生工具 1 | | | | | | | | | | | | |
| …… | | | | | | | | | | | | |
| 货币衍生工具 | | | | | | | | | | | | |
| 衍生工具 1 | | | | | | | | | | | | |
| …… | | | | | | | | | | | | |
| 权益衍生工具 | | | | | | | | | | | | |
| 衍生工具 1 | | | | | | | | | | | | |
| …… | | | | | | | | | | | | |
| 信用衍生工具 | | | | | | | | | | | | |
| 衍生工具 1 | | | | | | | | | | | | |
| …… | | | | | | | | | | | | |
| 其他衍生工具 | | | | | | | | | | | | |
| 合　　计 | | | | | | | | | | | | |

5. 买入返售金融资产的披露格式如下：

| 项　　目 | 期末账面余额 | 年初账面余额 |
|---|---|---|
| 证券 | | |
| 票据 | | |
| 贷款 | | |
| 其他 | | |
| 减：坏账准备 | | |
| 买入返售金融资产账面价值 | | |

6. 发放贷款和垫款

(1)贷款和垫款按个人和企业分布情况的披露格式如下：

| 项　　目 | 期末账面余额 | 年初账面余额 |
|---|---|---|
| 个人贷款和垫款<br>—信用卡<br>—住房抵押<br>—其他 | | |
| 企业贷款和垫款<br>—贷款<br>—贴现<br>—其他 | | |
| 贷款和垫款总额 | | |
| 减:贷款损失准备<br>其中:单项计提数<br>组合计提数 | | |
| 贷款和垫款账面价值 | | |

(2)贷款和垫款按行业分布情况的披露格式如下:

| 行业分布 | 期末账面余额 | 比例(%) | 年初账面余额 | 比例(%) |
|---|---|---|---|---|
| 农牧业、渔业 | | | | |
| 采掘业 | | | | |
| 房地产业 | | | | |
| 建筑业 | | | | |
| 金融保险业 | | | | |
| …… | | | | |
| 其他行业 | | | | |
| 贷款和垫款总额 | | | | |
| 减:贷款损失准备 | | | | |
| 其中:单项计提数数 | | | | |
| 组合计提 | | | | |
| 贷款和垫款账面价值 | | | | |

注:银行可以按行业风险集中情况自行确定行业分布。

(3)贷款和垫款按地区分布情况的披露格式如下:

| 地区分布 | 期末账面余额 | 比例(%) | 年初账面余额 | 比例(%) |
|---|---|---|---|---|
| 华南地区 | | | | |
| 华北地区 | | | | |
| …… | | | | |
| 其他地区 | | | | |
| 贷款和垫款总额 | | | | |
| 减:贷款损失准备 | | | | |
| 其中:单项计提数 | | | | |

（续表）

| 地区分布 | 期末账面余额 | 比例(%) | 年初账面余额 | 比例(%) |
|---|---|---|---|---|
| 组合计提数 | | | | |
| 贷款和垫款账面价值 | | | | |

注：银行可以按地区风险集中情况自行确定地区分布。

（4）贷款和垫款按担保方式分布情况的披露格式如下：

| 项　　目 | 期末账面余额 | 年初账面余额 |
|---|---|---|
| 信用贷款 | | |
| 保证贷款 | | |
| 附担保物贷款 | | |
| 其中：抵押贷款 | | |
| 质押贷款 | | |
| …… | | |
| 贷款和垫款总额 | | |
| 减：贷款损失准备 | | |
| 其中：单项计提数 | | |
| 组合计提数 | | |
| 贷款和垫款账面价值 | | |

（5）逾期贷款的披露格式如下：

| 项　　目 | 期末账面余额 | | | | | 年初账面余额 | | | | |
|---|---|---|---|---|---|---|---|---|---|---|
| | 逾期1天至90天(含90天) | 逾期90天至360天(含360天) | 逾期360天至3年(含3年) | 逾期3年以上 | 合计 | 逾期1天至90天(含90天) | 逾期90天至360天(含360天) | 逾期360天至3年(含3年) | 逾期3年以上 | 合计 |
| 信用贷款 | | | | | | | | | | |
| 保证贷款 | | | | | | | | | | |
| 附担保物贷款 | | | | | | | | | | |
| 其中：抵押贷款 | | | | | | | | | | |
| 质押贷款 | | | | | | | | | | |
| …… | | | | | | | | | | |
| 合　　计 | | | | | | | | | | |

注：即使是本金逾期1天，整笔贷款也应划为逾期贷款。

（6）贷款损失准备的披露格式如下：

| 项　　目 | 本期金额 | | 上期金额 | |
|---|---|---|---|---|
| | 单项 | 组合 | 单项 | 组合 |
| 期初余额 | | | | |
| 本期计提 | | | | |
| 本期转出 | | | | |

（续表）

| 项　　目 | 本期金额 | | 上期金额 | |
|---|---|---|---|---|
| | 单项 | 组合 | 单项 | 组合 |
| 本期核销 | | | | |
| 本期转回<br>—收回原转销贷款和垫款导致的转回<br>—贷款和垫款因折现价值上升导致转回<br>—其他因素导致的转回 | | | | |
| 期末余额 | | | | |

注：①本期转出是指贷款转为抵债资产等而转出的贷款损失准备。

②本期核销是指经批准贷款予以核销而核销的贷款损失准备。

7. 可供出售金融资产的披露格式如下：

| 项　　目 | 期末公允价值 | 年初公允价值 |
|---|---|---|
| 债券 | | |
| 其中：债券类别 1 | | |
| …… | | |
| 权益工具 | | |
| 其中：权益类别 1 | | |
| …… | | |
| 其他 | | |
| 合　　计 | | |

8. 持有至到期投资的披露格式如下：

| 项　　目 | 期末账面余额 | 年初账面余额 | 期末公允价值 |
|---|---|---|---|
| 债券 | | | |
| 其中：债券类别 1 | | | |
| …… | | | |
| 其他 | | | |
| 持有至到期投资合计 | | | |
| 减：持有至到期投资减值准备 | | | |
| 持有至到期投资账面价值 | | | |

9. 其他资产的披露格式如下：

| 项　　目 | 期末账面价值 | 年初账面价值 |
|---|---|---|
| 存出保证金 | | |
| 应收股利 | | |
| 其他应收款 | | |
| 抵债资产 | | |
| …… | | |
| 合　　计 | | |

注：抵债资产的类别、减值准备计提、本年处置情况及未来处置计划，应同时予以披露。

10. 企业应当分别借入中央银行款项、国家外汇存款等披露期末账面余额和年初账面余额。

11. 企业应当分别同业、其他金融机构存放款项披露期末账面余额和年初账面余额。

12. 企业应当分别银行拆入、非银行金融机构拆入披露期末账面余额和年初账面余额。

13. 交易性金融负债(不含衍生金融负债)的披露格式如下:

| 项　　目 | 期末公允价值 | 年初公允价值 |
|---|---|---|
| 外币债券卖空 | | |
| 其他 | | |
| 合　　计 | | |

如有指定为以公允价值计量且其变动计入当期损益的金融负债,也应比照上述格式披露。

14. 卖出回购金融资产款的披露格式如下:

| 项　　目 | 期末账面余额 | 年初账面余额 |
|---|---|---|
| 证券 | | |
| 票据 | | |
| 贷款 | | |
| 其他 | | |
| 合　　计 | | |

15. 吸收存款的披露格式如下:

| 项　　目 | 期末账面余额 | 年初账面余额 |
|---|---|---|
| 活期存款 | | |
| ——公司 | | |
| …… | | |
| 定期存款(含通知存款) | | |
| ——公司 | | |
| …… | | |
| 其他存款(含汇出汇款、应解汇款等) | | |
| 合计 | | |

16. 应付债券的披露格式如下:

| 债券类型 | 发行日 | 到期日 | 利率 | 期初账面余额 | 本期增加额 | 本期减少额 | 期末账面余额 |
|---|---|---|---|---|---|---|---|
| 债券类别 1 | | | | | | | |
| …… | | | | | | | |
| 合　　计 | | | | | | | |

注:(1)发行次级债券的,应补充披露发行总面值、转换选择权条款、未摊销发行成本余额等。

(2)发行可转换公司债券的,应补充披露发行日可转换公司债券面值、债务成份和权益成份的初始确认金额、本期和上期支付的利息总额等。

17. 其他负债的披露格式如下：

| 项　　目 | 期末账面余额 | 年初账面余额 |
|---|---|---|
| 存入保证金 | | |
| 应付股利 | | |
| 其他应付款 | | |
| …… | | |
| 合　　计 | | |

18. 披露一般风险准备的期末、年初余额及计提比例。

19. 利息净收入的披露格式如下：

| 项　　目 | 本期发生额 | 上期发生额 |
|---|---|---|
| 利息收入<br>——存放同业<br>——存放中央银行<br>——拆出资金<br>——发放贷款及垫款<br>其中：个人贷款和垫款<br>公司贷款和垫款<br>票据贴现<br>——买入返售金融资产<br>——债券投资<br>——其他<br>其中：已减值金融资产利息收入 | | |
| 利息支出<br>——同业存放<br>——向中央银行借款<br>——拆入资金<br>——吸收存款<br>——卖出回购金融资产<br>——发行债券<br>——其他 | | |
| 利息净收入 | | |

20. 手续费及佣金净收入的披露格式如下：

| 项　　目 | 本期发生额 | 上期发生额 |
|---|---|---|
| 手续费及佣金收入<br>——结算与清算手续费<br>——代理业务手续费<br>——信用承诺手续费及佣金<br>——银行卡手续费<br>——顾问和咨询费<br>——托管及其他受托业务佣金<br>——其他 | | |

（续表）

| 项　　目 | 本期发生额 | 上期发生额 |
| --- | --- | --- |
| 手续费及佣金支出<br>——手续费支出<br>——佣金支出 | | |
| 手续费及佣金净收入 | | |

21．投资收益的披露格式如下：

| 项　　目 | 本期发生额 | 上期发生额 |
| --- | --- | --- |
| 以公允价值计量且其变动计入当期损益的权益工具投资 | | |
| 可供出售权益工具投资 | | |
| 长期股权投资 | | |
| 其他 | | |
| 合　　计 | | |

22．公允价值变动收益的披露格式如下：

| 项　　目 | 本期发生额 | 上期发生额 |
| --- | --- | --- |
| 交易性金融工具 | | |
| 指定为以公允价值计量且其变动计入当期损益的金融工具 | | |
| 衍生工具 | | |
| 其他 | | |
| 合　　计 | | |

23．业务及管理费的披露格式如下：

| 项　　目 | 本期发生额 | 上期发生额 |
| --- | --- | --- |
| 电子设备运转费 | | |
| 安全防范费 | | |
| 物业管理费 | | |
| 其他 | | |
| 合　　计 | | |

24．分部报告：

（1）主要报告形式是业务分部的披露格式如下：

| 项　　目 | ××业务 | | ××业务 | | …… | 其他 | | 抵销 | | 合计 | |
| --- | --- | --- | --- | --- | --- | --- | --- | --- | --- | --- | --- |
| | 本期 | 上期 | 本期 | 上期 | | 本期 | 上期 | 本期 | 上期 | 本期 | 上期 |
| 一、营业收入 | | | | | | | | | | | |
| 利息净收入<br>　其中：分部间利息净收入 | | | | | | | | | | | |

（续表）

| 项　目 | ××业务 | | ××业务 | | …… | 其他 | | 抵销 | | 合计 | |
|---|---|---|---|---|---|---|---|---|---|---|---|
| | 本期 | 上期 | 本期 | 上期 | | 本期 | 上期 | 本期 | 上期 | 本期 | 上期 |
| 手续费及佣金净收入<br>其中：分部间手续费及佣金净收入 | | | | | | | | | | | |
| 其他收入 | | | | | | | | | | | |
| 二、营业费用 | | | | | | | | | | | |
| 三、营业利润（亏损） | | | | | | | | | | | |
| 四、资产总额 | | | | | | | | | | | |
| 五、负债总额 | | | | | | | | | | | |
| 六、补充信息 | | | | | | | | | | | |
| 1. 折旧和摊销费用 | | | | | | | | | | | |
| 2. 资本性支出 | | | | | | | | | | | |
| 3. 折旧和摊销以外的非现金费用 | | | | | | | | | | | |

注：主要报告形式是地区分部的，比照业务分部格式进行披露。

(2)在主要报告形式的基础上，对于次要报告形式，企业还应披露对外交易收入、分部资产总额。

25. 担保物

按照《企业会计准则第 37 号——金融工具列报》第二十一条和第二十二条的相关规定进行披露。

26. 金融资产转移（含资产证券化）

按照《企业会计准则第 37 号——金融工具列报》第二十条的相关规定进行披露。

27. 除上述项目以外的其他项目，应当比照一般企业进行披露。

（七）或有事项

除比照一般企业进行披露外，还应对承诺事项作如下披露：

1. 信贷承诺的披露格式如下：

| 项　目 | 期末合同金额 | 年初合同金额 |
|---|---|---|
| 贷款承诺<br>其中：1. 原到期日在 1 年以内<br>2. 原到期日在 1 年或以上 | | |
| 开出信用证 | | |
| 开出保函 | | |
| 银行承兑汇票 | | |
| 其他 | | |
| 合　计 | | |

注：对信贷承诺应计算并披露本期和上期信贷风险加权金额。

2. 存在经营租赁承诺、资本支出承诺、证券承销及债券承兑承诺的，还应披露有关情况。

（八）资产负债表日后事项比照一般企业进行披露。

（九）关联方关系及其交易

比照一般企业进行披露。

（十）风险管理

按照《企业会计准则第 37 号——金融工具列报》第二十五条至第四十五条的相关规定进行披露。

## 七、保险公司资产负债表、利润表、所有者权益变动表格式

### 资 产 负 债 表

会保 01 表

编制单位：　　　　　　　　　年　月　日　　　　　　　　　单位：元

| 资　产 | 期末余额 | 年初余额 | 负债和所有者权益（或股东权益） | 期末余额 | 年初余额 |
|---|---|---|---|---|---|
| 资产： | | | 负债： | | |
| 货币资金 | | | 短期借款 | | |
| 拆出资金 | | | 拆入资金 | | |
| 交易性金融资产 | | | 交易性金融负债 | | |
| 衍生金融资产 | | | 衍生金融负债 | | |
| 买入返售金融资产 | | | 卖出回购金融资产款 | | |
| 应收利息 | | | 预收保费 | | |
| 应收保费 | | | 应付手续费及佣金 | | |
| 应收代位追偿款 | | | 应付分保账款 | | |
| 应收分保账款 | | | 应付职工薪酬 | | |
| 应收分保未到期责任准备金 | | | 应交税费 | | |
| 应收分保未决赔款准备金 | | | 应付赔付款 | | |
| 应收分保寿险责任准备金 | | | 应付保单红利 | | |
| 应收分保长期健康险责任准备金 | | | 保户储金及投资款 | | |
| 保户质押贷款 | | | 未到期责任准备金 | | |
| 定期存款 | | | 未决赔款准备金 | | |
| 可供出售金融资产 | | | 寿险责任准备金 | | |
| 持有至到期投资 | | | 长期健康险责任准备金 | | |
| 长期股权投资 | | | 长期借款 | | |
| 存出资本保证金 | | | 应付债券 | | |
| 投资性房地产 | | | 独立账户负债 | | |
| 固定资产 | | | 递延所得税负债 | | |
| 无形资产 | | | 其他负债 | | |
| 独立账户资产 | | | 负债合计 | | |
| 递延所得税资产 | | | 所有者权益（或股东权益）： | | |
| 其他资产 | | | 实收资本（或股本） | | |
| | | | 资本公积 | | |
| | | | 减：库存股 | | |
| | | | 盈余公积 | | |
| | | | 一般风险准备 | | |
| | | | 未分配利润所有者权益（或股东权益）合计 | | |
| 资产总计 | | | 负债和所有者权益（或股东权益）总计 | | |

利　润　表

会保 02 表

编制单位：　　　　年　月　　　　单位：元

| 项　　目 | 本期金额 | 上期金额 |
| --- | --- | --- |
| 一、营业收入 | | |
| 已赚保费 | | |
| 保险业务收入 | | |
| 其中：分保费收入 | | |
| 减：分出保费 | | |
| 提取未到期责任准备金 | | |
| 投资收益（损失以“-”号填列） | | |
| 其中：对联营企业和合营企业的投资收益 | | |
| 公允价值变动收益（损失以“-”号填列） | | |
| 汇兑收益（损失以“-”号填列） | | |
| 其他业务收入 | | |
| 二、营业支出 | | |
| 退保金 | | |
| 赔付支出 | | |
| 减：摊回赔付支出 | | |
| 提取保险责任准备金 | | |
| 减：摊回保险责任准备金 | | |
| 保单红利支出 | | |
| 分保费用 | | |
| 营业税金及附加 | | |
| 手续费及佣金支出 | | |
| 业务及管理费 | | |
| 减：摊回分保费用 | | |
| 其他业务成本 | | |
| 资产减值损失 | | |
| 三、营业利润（亏损以“-”号填列） | | |
| 加：营业外收入 | | |
| 减：营业外支出 | | |
| 四、利润总额（亏损总额以“-”号填列） | | |
| 减：所得税费用 | | |
| 五、净利润（净亏损以“-”号填列） | | |
| 六、每股收益： | | |
| （一）基本每股收益 | | |
| （二）稀释每股收益 | | |

保险公司所有者权益变动表，比照商业银行格式。

**八、保险公司报表附注**

保险公司应当按照规定披露附注信息，主要包括下列内容：

（一）保险公司的基本情况

（二）财务报表的编制基础

（三）遵循企业会计准则的声明

（四）重要会计政策和会计估计

（五）会计政策和会计估计变更以及差错更正的说明

以上（一）至（五）项，应当比照一般企业进行披露。

（六）报表重要项目的说明

1. 应收保费账龄结构的披露格式如下：

| 账　　龄 | 期末账面余额 | 年初账面余额 |
| --- | --- | --- |
| 3个月以内（含3个月） | | |
| 3个月至1年（含1年） | | |
| 1年以上 | | |
| 合　　计 | | |

2. 应收代位追偿款：

（1）应收代位追偿款账龄结构的披露格式如下：

| 账　　龄 | 期末账面余额 | 年初账面余额 |
| --- | --- | --- |
| 1个月以内（含1个月） | | |
| 1个月至3个月（含3个月） | | |
| 3个月至1年（含1年） | | |
| 1年以上 | | |
| 合　　计 | | |

（2）金额重大代位追偿款产生的原因和未确认的理由。

3. 定期存款的披露格式如下：

| 到期期限 | 期末账面余额 | 年初账面余额 |
| --- | --- | --- |
| 1个月至3个月（含3个月） | | |
| 3个月至1年（含1年） | | |
| 年至2年（含2年） | | |
| 年至3年（含3年） | | |
| 年至4年（含4年） | | |
| 年至5年（含5年） | | |
| 5年以上 | | |
| 合　　计 | | |

债券投资到期期限结构，比照上述格式披露。

4. 其他资产的披露格式如下：

| 项　目 | 期末账面价值 | 年初账面价值 |
| --- | --- | --- |
| 应收股利 | | |
| 损余物资 | | |
| …… | | |
| 其他 | | |
| 合　计 | | |

注：损余物资产生的原因、所处置损余物资的账面价值、实现的损益，应同时予以披露。

5. 保户储金（或保户投资款）的披露格式如下：

| 到期期限 | 期末账面余额 | 年初账面余额 |
| --- | --- | --- |
| 1年以内（含1年） | | |
| 1年至3年（含3年） | | |
| 3年至5年（含5年） | | |
| 5年以上 | | |
| 合　计 | | |

6. 保险合同准备金：

（1）保险合同准备金增减变动情况的披露格式如下：

| 项　目 | 年初账面余额 | 本期增加额 | 本期减少额 | | | | 期末账面余额 |
| --- | --- | --- | --- | --- | --- | --- | --- |
| | | | 赔付款项 | 提前解除 | 其他 | 合计 | |
| 未到期责任准备金 | | | | | | | |
| 原保险合同 | | | | | | | |
| 再保险合同 | | | | | | | |
| 未决赔款准备金 | | | | | | | |
| 原保险合同 | | | | | | | |
| 再保险合同 | | | | | | | |
| 寿险责任准备金 | | | | | | | |
| 原保险合同 | | | | | | | |
| 再保险合同 | | | | | | | |
| 长期健康险责任准备金 | | | | | | | |
| 原保险合同 | | | | | | | |
| 再保险合同 | | | | | | | |
| 合　计 | | | | | | | |

（2）保险合同准备金未到期期限的披露格式如下：

| 项　目 | 期末账面余额 | | 年初账面余额 | |
| --- | --- | --- | --- | --- |
| | 1年以下（含1年） | 1年以上 | 1年以下（含1年） | 1年以上 |
| 未到期责任准备金 | | | | |
| 原保险合同 | | | | |

（续表）

| 项　　目 | 期末账面余额 | | 年初账面余额 | |
|---|---|---|---|---|
| | 1年以下（含1年） | 1年以上 | 1年以下（含1年） | 1年以上 |
| 再保险合同 | | | | |
| 未决赔款准备金 | | | | |
| 原保险合同 | | | | |
| 再保险合同 | | | | |
| 寿险责任准备金 | | | | |
| 原保险合同 | | | | |
| 再保险合同 | | | | |
| 长期健康险责任准备金 | | | | |
| 原保险合同 | | | | |
| 再保险合同 | | | | |
| 合　　计 | | | | |

（3）原保险合同未决赔款准备金的披露格式如下：

| 未决赔款准备金 | 期末账面余额 | 年初账面余额 |
|---|---|---|
| 已发生已报案未决赔款准备金 | | |
| 已发生未报案未决赔款准备金 | | |
| 理赔费用准备金 | | |
| 合　　计 | | |

7．其他负债的披露格式如下：

| 项　　目 | 期末账面余额 | 年初账面余额 |
|---|---|---|
| 应付利息 | | |
| …… | | |
| 合　　计 | | |

8．企业应当分别原保险合同和再保险合同披露提取未到期责任准备金的本期发生额和上期发生额。

9．赔付支出：

（1）赔付支出按保险合同列示的披露格式如下：

| 项　　目 | 本期发生额 | 上期发生额 |
|---|---|---|
| 原保险合同 | | |
| 再保险合同 | | |
| 合　　计 | | |

(2)赔付支出按内容列示的披露格式如下：

| 项目 | 本期发生额 | 上期发生额 |
| --- | --- | --- |
| 赔款支出 | | |
| 满期给付 | | |
| 年金给付 | | |
| 死伤医疗给付 | | |
| …… | | |
| 合计 | | |

10. 提取保险责任准备金：

(1)提取保险责任准备金按保险合同列示的披露格式如下：

| 项目 | 本期发生额 | 上期发生额 |
| --- | --- | --- |
| 提取未决赔款准备金 | | |
| 原保险合同 | | |
| 再保险合同 | | |
| 提取寿险责任准备金 | | |
| 原保险合同 | | |
| 再保险合同 | | |
| 提取长期健康险责任准备金 | | |
| 原保险合同 | | |
| 再保险合同 | | |
| 合计 | | |

(2)提取原保险合同未决赔款准备金按构成内容列示的披露格式如下：

| 提取未决赔款准备金 | 本期发生额 | 上期发生额 |
| --- | --- | --- |
| 已发生已报案未决赔款准备金 | | |
| 已发生未报案未决赔款准备金 | | |
| 理赔费用准备金 | | |
| 合计 | | |

11. 摊回保险责任准备金的披露格式如下：

| 项目 | 本期发生额 | 上期发生额 |
| --- | --- | --- |
| 摊回未决赔款准备金 | | |
| 摊回寿险责任准备金 | | |
| 摊回长期健康险责任准备金 | | |
| 合计 | | |

12. 分部报告

(1)主要报告形式是业务分部的披露格式如下：

| 项　　目 | ××业务 | | ××业务 | | …… | 其他 | | 抵销 | | 合计 | |
|---|---|---|---|---|---|---|---|---|---|---|---|
| | 本期 | 上期 | 本期 | 上期 | | 本期 | 上期 | 本期 | 上期 | 本期 | 上期 |
| 一、营业收入 | | | | | | | | | | | |
| 二、营业费用 | | | | | | | | | | | |
| 三、营业利润(亏损) | | | | | | | | | | | |
| 四、资产总额 | | | | | | | | | | | |
| 五、负债总额 | | | | | | | | | | | |
| 六、补充信息 | | | | | | | | | | | |
| 1. 折旧和摊销费用 | | | | | | | | | | | |
| 2. 资本性支出 | | | | | | | | | | | |
| 3. 折旧和摊销以外的非现金费用 | | | | | | | | | | | |

注:主要报告形式是地区分部的,比照业务分部格式进行披露。

(2)在主要报告形式的基础上,对于次要报告形式,企业还应披露对外交易收入、分部资产总额。

13. 投资连结产品

(1)投资连结产品基本情况,包括名称、设立时间、账户特征、投资组合规定、投资风险等。

(2)独立账户单位数及每一独立账户单位净资产。

(3)独立账户的投资组合情况。

(4)风险保费、独立账户管理费计提情况。

(5)投资连结产品采用的主要会计政策。

(6)独立账户资产的估值原则。

14. 除以上项目以外的其他项目,应当比照商业银行进行披露。

(七)或有事项

比照商业银行进行披露。

(八)资产负债表日后事项

比照商业银行进行披露。

(九)关联方关系及其交易

比照商业银行进行披露。

(十)风险管理

1. 保险风险

(1)风险管理目标和减轻风险的政策

①管理资产负债的技术,包括保持偿付能力的方法等。

②选择和接受可承保保险风险的政策,包括确定可接受风险的范围和水平等。

③评估和监控保险风险的方法,包括内部风险计量模型、敏感性分析等。

④限制和转移保险风险的方法,包括共同保险、再保险等。

(2)保险风险类型

①保险风险的内容。

②减轻保险风险的因素及程度,包括再保险等。

③可能引起现金流量发生变动的因素。

(3)保险风险集中度

①保险风险集中的险种。

②保险风险集中的地域。

(4)不考虑分出业务的索赔进展信息的披露格式如下:

| 项　　目 | 前四年 | 前三年 | 前二年 | 前一年 | 本年 | 合计 |
|---|---|---|---|---|---|---|
| 本年末累计赔付款项估计额 | | | | | | |
| 一年后累计赔付款项估计额 | | | | | | |
| 二年后累计赔付款项估计额 | | | | | | |
| 三年后累计赔付款项估计额 | | | | | | |
| 四年后累计赔付款项估计额 | | | | | | |
| 累计赔付款项估计额 | | | | | | |
| 累计支付的赔付款项 | | | | | | |
| 以前期间调整额 | | | | | | |
| 尚未支付的赔付款项 | | | | | | |

扣除分出业务后的索赔进展信息，比照上述不考虑分出业务的索赔进展信息的格式进行披露。

(5)与保险合同有关的重大假设

①重大假设，包括死亡率、发病率、退保率、投资收益率等。

②对假设具有重大影响的数据的来源。

③假设变动的影响及敏感性分析。

④影响假设不确定性的事项和程度。

⑤不同假设之间的关系。

⑥描述过去经验和当前情况。

⑦假设与可观察到的市场价格或其他公开信息的符合程度。

2. 除保险风险以外的其他风险，应当比照商业银行进行披露。

**九、证券公司资产负债表、利润表、所有者权益变动表格式**

**资 产 负 债 表**

会证01表

编制单位：　　　　年　月　日　　　　单位：元

| 资　　产 | 期末余额 | 年初余额 | 负债和所有者权益（或股东权益） | 期末余额 | 年初余额 |
|---|---|---|---|---|---|
| 资产： | | | 负债： | | |
| 货币资金 | | | 短期借款 | | |
| 其中：客户资金存款 | | | 其中：质押借款 | | |
| 结算备付金 | | | 拆入资金 | | |
| 其中：客户备付金 | | | 交易性金融负债 | | |
| 拆出资金 | | | 衍生金融负债 | | |
| 交易性金融资产 | | | 卖出回购金融资产款 | | |
| 衍生金融资产 | | | 代理买卖证券款 | | |
| 买入返售金融资产 | | | 代理承销证券款 | | |
| 应收利息 | | | 应付职工薪酬 | | |
| 存出保证金 | | | 应交税费 | | |
| 可供出售金融资产 | | | 应付利息 | | |
| 持有至到期投资 | | | 预计负债 | | |

（续表）

| 资　　产 | 期末余额 | 年初余额 | 负债和所有者权益（或股东权益） | 期末余额 | 年初余额 |
|---|---|---|---|---|---|
| 长期股权投资 | | | 长期借款 | | |
| 投资性房地产 | | | 应付债券 | | |
| 固定资产 | | | 递延所得税负债 | | |
| 无形资产 | | | 其他负债 | | |
| 其中：交易席位费 | | | 负债合计 | | |
| 递延所得税资产 | | | 所有者权益（或股东权益）： | | |
| 其他资产 | | | 实收资本（或股本） | | |
| | | | 资本公积 | | |
| | | | 减：库存股 | | |
| | | | 盈余公积 | | |
| | | | 一般风险准备 | | |
| | | | 未分配利润所有者权益（或股东权益）合计 | | |
| 资产总计 | | | 负债和所有者权益（或股东权益）总计 | | |

## 利　润　表

会证 02 表

编制单位：　　　　　　　　年　月　　　　　　　　单位：元

| 项　　　目 | 本期金额 | 上期金额 |
|---|---|---|
| 一、营业收入 | | |
| 手续费及佣金净收入 | | |
| 其中：代理买卖证券业务净收入 | | |
| 证券承销业务净收入 | | |
| 受托客户资产管理业务净收入 | | |
| 利息净收入 | | |
| 投资收益（损失以“-”号填列） | | |
| 其中：对联营企业和合营企业的投资收益 | | |
| 公允价值变动收益（损失以“-”号填列） | | |
| 汇兑收益（损失以“-”号填列） | | |
| 其他业务收入 | | |
| 二、营业支出 | | |
| 营业税金及附加 | | |
| 业务及管理费 | | |
| 资产减值损失 | | |
| 其他业务成本 | | |

（续表）

| 项　　目 | 本期金额 | 上期金额 |
|---|---|---|
| 三、营业利润（亏损以“－”号填列） | | |
| 加：营业外收入 | | |
| 减：营业外支出 | | |
| 四、利润总额（亏损总额以“－”号填列） | | |
| 减：所得税费用 | | |
| 五、净利润（净亏损以“－”号填列） | | |
| 六、每股收益： | | |
| （一）基本每股收益 | | |
| （二）稀释每股收益 | | |

证券公司所有者权益变动表，比照商业银行格式。

**十、证券公司报表附注**

证券公司应当按照规定披露附注信息，主要包括下列内容：

（一）证券公司的基本情况

（二）财务报表的编制基础

（三）遵循企业会计准则的声明

（四）重要会计政策和会计估计

（五）会计政策和会计估计变更以及差错更正的说明

以上（一）至（五）项，应当比照一般企业进行披露。

（六）报表重要项目的说明

1. 货币资金的披露格式如下：

| 项　　目 | 期末账面余额 | 年初账面余额 |
|---|---|---|
| 库存现金 | | |
| 银行存款 | | |
| 其中：公司自有 | | |
| 经纪业务客户 | | |
| 结算备付金 | | |
| 其中：公司自有 | | |
| 经纪业务客户 | | |
| 其他货币资金 | | |
| 其中：新股申购款 | | |
| 合　　计 | | |

2. 买入返售金融资产除比照商业银行进行披露外，还应按交易对手披露以下信息：

| 项　　目 | 期末账面余额 | 年初账面余额 |
|---|---|---|
| 同业 | | |
| 其他非银行金融机构 | | |
| 合　　计 | | |

3. 存出保证金的披露格式如下：

| 项　　目 | 期末账面余额 | 年初账面余额 |
|---|---|---|
| 交易保证金 | | |
| 履约保证金 | | |
| 合　　计 | | |

4. 企业应当披露代理承销证券的方式(全额包销、余额包销、代销)、承销证券的种类等情况。

5. 企业应当披露代理兑付债券的方式、种类、记名证券或无记名证券情况。

6. 交易席位费的披露格式如下：

| 项　　目 | 年初账面余额 | 本期增加额 |
|---|---|---|
| 本期减少额 | | |
| 期末账面余额 | | |
| 一、原价合计 | | |
| 1. 上海证券交易所 | | |
| 其中：A 股 | | |
| B 股 | | |
| 2. 深圳证券交易所 | | |
| 其中：A 股 | | |
| B 股 | | |
| 二、累计摊销额合计 | | |
| 1. 上海证券交易所 | | |
| 其中：A 股 | | |
| B 股 | | |
| 2. 深圳证券交易所 | | |
| 其中：A 股 | | |
| B 股 | | |
| 三、交易席位费账面价值合计 | | |
| 1. 上海证券交易所 | | |
| 其中：A 股 | | |
| B 股 | | |
| 2. 深圳证券交易所 | | |
| 其中：A 股 | | |
| B 股 | | |

7. 其他资产的披露格式如下：

| 项　　目 | 期末账面价值 | 年初账面价值 |
|---|---|---|
| 应收股利 | | |
| 其他应收款 | | |
| …… | | |
| 其他 | | |
| 合　　计 | | |

8. 卖出回购金融资产款除比照商业银行进行披露外，还应按交易对手披露以下信息：

| 项　　目 | 期末账面余额 | 年初账面余额 |
| --- | --- | --- |
| 同业 | | |
| 其他非银行金融机构 | | |
| 合　　计 | | |

9. 代理买卖证券款的披露格式如下：

| 项　　目 | 期末账面余额 | 年初账面余额 |
| --- | --- | --- |
| 个人客户 | | |
| 法人客户 | | |
| …… | | |
| 合　　计 | | |

10. 代理承销证券款的披露格式如下：

| 项　　目 | 期末账面余额 | 年初账面余额 |
| --- | --- | --- |
| 股票 | | |
| 债券 | | |
| 其中：国债 | | |
| 　　金融债券 | | |
| 　　企业债券 | | |
| 　　其他有价证券 | | |
| 合　　计 | | |

11. 代理兑付证券款的披露格式如下：

| 项　　目 | 年初账面余额 | 本期收到兑付资金 | 本期已兑付债券 | 本期结转手续费收入 | 期末账面余额 |
| --- | --- | --- | --- | --- | --- |
| 国债 | | | | | |
| 企业债券 | | | | | |
| 金融债券 | | | | | |
| 其他债券 | | | | | |
| 合　　计 | | | | | |

12. 其他负债的披露格式如下：

| 项　　目 | 期末账面余额 | 年初账面余额 |
| --- | --- | --- |
| 应付股利 | | |
| 其他应付款 | | |
| …… | | |
| 合　　计 | | |

13. 受托客户资产管理业务的披露格式如下：

| 资产项目 | 期末余额 | 年初余额 | 负债项目 | 期末余额 | 年初余额 |
|---|---|---|---|---|---|
| 受托管理资金存款 | | | 受托管理资金 | | |
| 客户结算备付金 | | | 应付款项 | | |
| 应收款项受托投资 | | | | | |
| 其中：投资成本 | | | | | |
| 已实现未结算损益合计 | | | | | |
| 合　计 | | | | | |

14. 手续费及佣金净收入的披露格式如下：

| 项　目 | 本期发生额 | 上期发生额 |
|---|---|---|
| 手续费及佣金收入<br>—证券承销业务<br>—证券经纪业务<br>—受托客户资产管理业务<br>—代理兑付证券<br>—代理保管证券<br>—其他 | | |
| 手续费及佣金支出<br>—证券经纪业务手续费支出<br>—佣金支出<br>—其他 | | |
| 手续费及佣金净收入 | | |

15. 受托客户资产管理手续费及佣金收入的披露格式如下：

| 项　目 | 本期发生额 | 上期发生额 |
|---|---|---|
| 定向资产管理业务 | | |
| 专项资产管理业务 | | |
| 集合资产管理业务(按项目列示) | | |
| 1. | | |
| …… | | |
| 合　计 | | |

16. 分部报告

(1)主要报告形式是业务分部的披露格式如下：

单位：元

| 项　目 | ××业务 | | ××业务 | | …… | 其他 | | 抵销 | | 合计 | |
|---|---|---|---|---|---|---|---|---|---|---|---|
| | 本期 | 上期 | 本期 | 上期 | | 本期 | 上期 | 本期 | 上期 | 本期 | 上期 |
| 一、营业收入手续费及佣金净收入 | | | | | | | | | | | |
| 其中：分部间手续费及佣金净收入<br>其他收入 | | | | | | | | | | | |
| 二、营业费用 | | | | | | | | | | | |

（续表）

| 项目 | ××业务 | | ××业务 | | …… | 其他 | | 抵销 | | 合计 | |
|---|---|---|---|---|---|---|---|---|---|---|---|
| | 本期 | 上期 | 本期 | 上期 | | 本期 | 上期 | 本期 | 上期 | 本期 | 上期 |
| 三、营业利润（亏损） | | | | | | | | | | | |
| 四、资产总额 | | | | | | | | | | | |
| 五、负债总额 | | | | | | | | | | | |
| 六、补充信息 | | | | | | | | | | | |
| 1. 折旧和摊销费用 | | | | | | | | | | | |
| 2. 资本性支出 | | | | | | | | | | | |
| 3. 折旧和摊销以外的非现金费用 | | | | | | | | | | | |

注：主要报告形式是地区分部的，比照业务分部格式进行披露。

（2）在主要报告形式的基础上，对于次要报告形式，企业还应披露对外交易收入、分部资产总额。

17. 除以上项目以外的其他项目，应当比照商业银行进行披露。

（七）或有事项

比照商业银行进行披露。

（八）资产负债表日后事项

比照商业银行进行披露。

（九）关联方关系及其交易

比照商业银行进行披露。

（十）风险管理

1. 风险管理政策和组织架构

（1）风险管理政策，主要包括对各种风险的来源、正式风险治理组织和科学的监督流程及其定期复核制度，以及在严格职责分离、监督和控制基础上各相关业务部门、高级管理人员和风险管理职能部门之间的沟通和协作等。

（2）风险治理组织架构，主要包括各风险管理委员会和相关职能部门的设立和运转情况。

2. 信用风险

除比照商业银行披露必要的信用风险信息外，还应按行业、地区和交易对手的信用评级等分别披露信用风险信息。

3. 流动风险

除比照商业银行披露必要的流动风险信息外，还应披露进行流动性风险管理拟采取的主要措施。

4. 市场风险

比照商业银行披露市场风险信息。

# 27.《企业会计准则第31号——现金流量表》应用指南

## 一、现金及现金等价物

现金，是指企业库存现金以及可以随时用于支付的存款。不能随时用于支付的存款不属于现金。

现金等价物，是指企业持有的期限短、流动性强、易于转换为已知金额现金、价值变动风险很小的投资。期限短，一般是指从购买日起三个月内到期。现金等价物通常包括三个月内到期的债券投资等。权益性投资变现的金额通常不确定，因而不属于现金等价物。企业应当根据具体情况，确定现金等价物的范围，一经确定不得随意变更。

现金流量，是指现金和现金等价物的流入和流出。

**二、现金流量表格式**

现金流量表格式分别一般企业、商业银行、保险公司、证券公司等企业类型予以规定。企业应当根据其经营活动的性质，确定本企业适用的现金流量表格式。

政策性银行、信托投资公司、租赁公司、财务公司、典当公司应当执行商业银行现金流量表格式规定，如有特别需要，可以结合本企业的实际情况，进行必要调整和补充。

担保公司应当执行保险公司现金流量表格式规定，如有特别需要，可以结合本企业的实际情况，进行必要调整和补充。资产管理公司、基金公司、期货公司应当执行证券公司现金流量表格式规定，如有特别需要，可以结合本企业的实际情况，进行必要调整和补充。

（一）一般企业现金流量表格式

**现 金 流 量 表**

会企 03 表

编制单位： 年 月 单位：元

| 项 目 | 本期金额 | 上期金额 |
|---|---|---|
| 一、经营活动产生的现金流量： | | |
| 销售商品、提供劳务收到的现金 | | |
| 收到的税费返还 | | |
| 收到其他与经营活动有关的现金 | | |
| 经营活动现金流入小计 | | |
| 购买商品、接受劳务支付的现金 | | |
| 支付给职工以及为职工支付的现金 | | |
| 支付的各项税费 | | |
| 支付其他与经营活动有关的现金 | | |
| 经营活动现金流出小计 | | |
| 经营活动产生的现金流量净额 | | |
| 二、投资活动产生的现金流量： | | |
| 收回投资收到的现金 | | |
| 取得投资收益收到的现金 | | |
| 处置固定资产、无形资产和其他长期资产收回的现金净额 | | |
| 处置子公司及其他营业单位收到的现金净额 | | |
| 收到其他与投资活动有关的现金 | | |
| 投资活动现金流入小计 | | |
| 购建固定资产、无形资产和其他长期资产支付的现金 | | |
| 投资支付的现金 | | |
| 取得子公司及其他营业单位支付的现金净额 | | |
| 支付其他与投资活动有关的现金 | | |
| 投资活动现金流出小计 | | |
| 投资活动产生的现金流量净额 | | |
| 三、筹资活动产生的现金流量： | | |
| 吸收投资收到的现金 | | |

（续表）

| 项　　　　目 | 本期金额 | 上期金额 |
|---|---|---|
| 取得借款收到的现金 | | |
| 收到其他与筹资活动有关的现金 | | |
| 筹资活动现金流入小计 | | |
| 偿还债务支付的现金 | | |
| 分配股利、利润或偿付利息支付的现金 | | |
| 支付其他与筹资活动有关的现金 | | |
| 筹资活动现金流出小计 | | |
| 筹资活动产生的现金流量净额 | | |
| 四、汇率变动对现金及现金等价物的影响 | | |
| 五、现金及现金等价物净增加额 | | |
| 加：期初现金及现金等价物余额 | | |
| 六、期末现金及现金等价物余额 | | |

（二）商业银行现金流量表格式

**现 金 流 量 表**

会商银 03 表

编制单位：　　　　　　　　　年　月　　　　　　　　　单位：元

| 项　　　　目 | 本期金额 | 上期金额 |
|---|---|---|
| 一、经营活动产生的现金流量： | | |
| 客户存款和同业存放款项净增加额 | | |
| 向中央银行借款净增加额 | | |
| 向其他金融机构拆入资金净增加额 | | |
| 收取利息、手续费及佣金的现金 | | |
| 收到其他与经营活动有关的现金 | | |
| 经营活动现金流入小计 | | |
| 客户贷款及垫款净增加额 | | |
| 存放中央银行和同业款项净增加额 | | |
| 支付手续费及佣金的现金 | | |
| 支付给职工以及为职工支付的现金 | | |
| 支付的各项税费 | | |
| 支付其他与经营活动有关的现金 | | |
| 经营活动现金流出小计 | | |
| 经营活动产生的现金流量净额 | | |
| 二、投资活动产生的现金流量： | | |
| 收回投资收到的现金 | | |
| 取得投资收益收到的现金 | | |

（续表）

| 项　　　　目 | 本期金额 | 上期金额 |
| --- | --- | --- |
| 收到其他与投资活动有关的现金 | | |
| 投资活动现金流入小计 | | |
| 投资支付的现金 | | |
| 购建固定资产、无形资产和其他长期资产支付的现金 | | |
| 支付其他与投资活动有关的现金 | | |
| 投资活动现金流出小计 | | |
| 投资活动产生的现金流量净额 | | |
| 三、筹资活动产生的现金流量： | | |
| 吸收投资收到的现金 | | |
| 发行债券收到的现金 | | |
| 收到其他与筹资活动有关的现金 | | |
| 筹资活动现金流入小计 | | |
| 偿还债务支付的现金 | | |
| 分配股利、利润或偿付利息支付的现金 | | |
| 支付其他与筹资活动有关的现金 | | |
| 筹资活动现金流出小计 | | |
| 筹资活动产生的现金流量净额 | | |
| 四、汇率变动对现金及现金等价物的影响 | | |
| 五、现金及现金等价物净增加额 | | |
| 加：期初现金及现金等价物余额 | | |
| 六、期末现金及现金等价物余额 | | |

（三）保险公司现金流量表格式

**现 金 流 量 表**

会保 03 表

编制单位：　　　　　　　　年　月　　　　　　　　单位：元

| 项　　　　目 | 本期金额 | 上期金额 |
| --- | --- | --- |
| 一、经营活动产生的现金流量： | | |
| 收到原保险合同保费取得的现金 | | |
| 收到再保业务现金净额 | | |
| 保户储金及投资款净增加额 | | |
| 收到其他与经营活动有关的现金 | | |
| 经营活动现金流入小计 | | |
| 支付原保险合同赔付款项的现金 | | |
| 支付手续费及佣金的现金 | | |
| 支付保单红利的现金 | | |

（续表）

| 项　　　　目 | 本期金额 | 上期金额 |
|---|---|---|
| 支付给职工以及为职工支付的现金 | | |
| 支付的各项税费 | | |
| 支付其他与经营活动有关的现金 | | |
| 经营活动现金流出小计 | | |
| 经营活动产生的现金流量净额 | | |
| 二、投资活动产生的现金流量： | | |
| 收回投资收到的现金 | | |
| 取得投资收益收到的现金 | | |
| 收到其他与投资活动有关的现金 | | |
| 投资活动现金流入小计 | | |
| 投资支付的现金 | | |
| 质押贷款净增加额 | | |
| 购建固定资产、无形资产和其他长期资产支付的现金 | | |
| 支付其他与投资活动有关的现金 | | |
| 投资活动现金流出小计 | | |
| 投资活动产生的现金流量净额 | | |
| 三、筹资活动产生的现金流量： | | |
| 吸收投资收到的现金 | | |
| 发行债券收到的现金 | | |
| 收到其他与筹资活动有关的现金 | | |
| 筹资活动现金流入小计 | | |
| 偿还债务支付的现金 | | |
| 分配股利、利润或偿付利息支付的现金 | | |
| 支付其他与筹资活动有关的现金 | | |
| 筹资活动现金流出小计 | | |
| 筹资活动产生的现金流量净额 | | |
| 四、汇率变动对现金及现金等价物的影响 | | |
| 五、现金及现金等价物净增加额 | | |
| 加：期初现金及现金等价物余额 | | |
| 六、期末现金及现金等价物余额 | | |

（四）证券公司现金流量表格式

**现 金 流 量 表**

会证03表

编制单位：　　　　年　月　　　　单位：元

| 项　　　　目 | 本期金额 | 上期金额 |
|---|---|---|
| 一、经营活动产生的现金流量： | | |
| 处置交易性金融资产净增加额 | | |

（续表）

| 项　　　目 | 本期金额 | 上期金额 |
| --- | --- | --- |
| 收取利息、手续费及佣金的现金 | | |
| 拆入资金净增加额 | | |
| 回购业务资金净增加额 | | |
| 收到其他与经营活动有关的现金 | | |
| 经营活动现金流入小计 | | |
| 支付利息、手续费及佣金的现金 | | |
| 支付给职工以及为职工支付的现金 | | |
| 支付的各项税费 | | |
| 支付其他与经营活动有关的现金 | | |
| 经营活动现金流出小计 | | |
| 经营活动产生的现金流量净额 | | |
| 二、投资活动产生的现金流量： | | |
| 收回投资收到的现金 | | |
| 取得投资收益收到的现金 | | |
| 收到其他与投资活动有关的现金 | | |
| 投资活动现金流入小计 | | |
| 投资支付的现金 | | |
| 购建固定资产、无形资产和其他长期资产支付的现金 | | |
| 支付其他与投资活动有关的现金 | | |
| 投资活动现金流出小计 | | |
| 投资活动产生的现金流量净额 | | |
| 三、筹资活动产生的现金流量： | | |
| 吸收投资收到的现金 | | |
| 发行债券收到的现金 | | |
| 收到其他与筹资活动有关的现金 | | |
| 筹资活动现金流入小计 | | |
| 偿还债务支付的现金 | | |
| 分配股利、利润或偿付利息支付的现金 | | |
| 支付其他与筹资活动有关的现金 | | |
| 筹资活动现金流出小计 | | |
| 筹资活动产生的现金流量净额 | | |
| 四、汇率变动对现金及现金等价物的影响 | | |
| 五、现金及现金等价物净增加额 | | |
| 加：期初现金及现金等价物余额 | | |
| 六、期末现金及现金等价物余额 | | |

**三、现金流量表附注**

现金流量表附注适用于一般企业、商业银行、保险公司、证券公司等各类企业。

(一)现金流量表补充资料披露格式企业应当采用间接法在现金流量表附注中披露将净利润调节为经营活动现金流量的信息。

| 补 充 资 料 | 本期金额 | 上期金额 |
|---|---|---|
| 1. 将净利润调节为经营活动现金流量: | | |
| 净利润 | | |
| 加:资产减值准备 | | |
| 固定资产折旧、油气资产折耗、生产性生物资产折旧 | | |
| 无形资产摊销 | | |
| 长期待摊费用摊销 | | |
| 处置固定资产、无形资产和其他长期资产的损失(收益以“-”号填列) | | |
| 固定资产报废损失(收益以“-”号填列) | | |
| 公允价值变动损失(收益以“-”号填列) | | |
| 财务费用(收益以“-”号填列) | | |
| 投资损失(收益以“-”号填列) | | |
| 递延所得税资产减少(增加以“-”号填列) | | |
| 递延所得税负债增加(减少以“-”号填列) | | |
| 存货的减少(增加以“-”号填列) | | |
| 经营性应收项目的减少(增加以“-”号填列) | | |
| 经营性应付项目的增加(减少以“-”号填列) | | |
| 其他 | | |
| 经营活动产生的现金流量净额 | | |
| 2. 不涉及现金收支的重大投资和筹资活动: | | |
| 债务转为资本 | | |
| 一年内到期的可转换公司债券 | | |
| 融资租入固定资产 | | |
| 3. 现金及现金等价物净变动情况: | | |
| 现金的期末余额 | | |
| 减:现金的期初余额 | | |
| 加:现金等价物的期末余额 | | |
| 减:现金等价物的期初余额 | | |
| 现金及现金等价物净增加额 | | |

(二)企业应当按下列格式披露当期取得或处置子公司及其他营业单位的有关信息:

| 项 目 | 金 额 |
|---|---|
| 一、取得子公司及其他营业单位的有关信息: | |
| 1. 取得子公司及其他营业单位的价格 | |
| 2. 取得子公司及其他营业单位支付的现金和现金等价物 | |
| 减:子公司及其他营业单位持有的现金和现金等价物 | |
| 3. 取得子公司及其他营业单位支付的现金净额 | |

（续表）

| 项　　　　目 | 金　　　额 |
|---|---|
| 4. 取得子公司的净资产 | |
| 流动资产 | |
| 非流动资产 | |
| 流动负债 | |
| 非流动负债 | |
| 二、处置子公司及其他营业单位的有关信息： | |
| 1. 处置子公司及其他营业单位的价格 | |
| 2. 处置子公司及其他营业单位收到的现金和现金等价物 | |
| 减：子公司及其他营业单位持有的现金和现金等价物 | |
| 3. 处置子公司及其他营业单位收到的现金净额 | |
| 4. 处置子公司的净资产 | |
| 流动资产 | |
| 非流动资产 | |
| 流动负债 | |
| 非流动负债 | |

（三）现金和现金等价物的披露格式如下：

| 项　　　　目 | 本期金额 | 上期金额 |
|---|---|---|
| 一、现金 | | |
| 其中：库存现金 | | |
| 可随时用于支付的银行存款 | | |
| 可随时用于支付的其他货币资金 | | |
| 可用于支付的存放中央银行款项 | | |
| 存放同业款项 | | |
| 拆放同业款项 | | |
| 二、现金等价物 | | |
| 其中：三个月内到期的债券投资 | | |
| 三、期末现金及现金等价物余额 | | |
| 其中：母公司或集团内子公司使用受限制的现金和现金等价物 | | |

# 28.《企业会计准则第33号——合并财务报表》应用指南

## 一、以控制为基础确定合并财务报表的合并范围

（一）应当纳入合并财务报表合并范围的被投资单位。母公司应当将其控制的所有子公司，无论是小规模的子公司还是经营业务性质特殊的子公司，均应纳入合并财务报表的合并范围。

以控制为基础确定合并财务报表的合并范围，应当强调实质重于形式，综合考虑所有相关事实和因素进行判断，如投资者的持股情况、投资者之间的相互关系、公司治理结构、潜在表决权等。

（二）母公司控制的特殊目的主体也应纳入合并财务报表的合并范围。判断母公司能否控制特殊目的主体应当考虑如下主要因素：

1. 母公司为融资、销售商品或提供劳务等特定经营业务的需要直接或间接设立特殊目的主体。

2. 母公司具有控制或获得控制特殊目的主体或其资产的决策权。比如，母公司拥有单方面终止特殊目的主体的权力、变更特殊目的主体章程的权力、对变更特殊目的主体章程的否决权等。

3. 母公司通过章程、合同、协议等具有获取特殊目的主体大部分利益的权力。

4. 母公司通过章程、合同、协议等承担了特殊目的主体的大部分风险。

（三）不能控制的被投资单位，不纳入合并财务报表的合并范围。

原采用比例合并法的合营企业，应当改用权益法核算。

**二、合并报表格式**

合并财务报表的格式及其中各项目，涵盖了母公司和从事各类经济业务的子公司的情况，包括一般企业、商业银行、保险公司和证券公司等。

合并资产负债表、合并利润表、合并现金流量表、合并所有者权益变动表的格式如下：

**合并资产负债表**

会证 01 表

编制单位：　　　　年　月　日　　　　单位：元

| 资　产 | 期末余额 | 年初余额 | 负债和所有者权益（或股东权益） | 期末余额 | 年初余额 |
|---|---|---|---|---|---|
| 流动资产： | | | 流动负债： | | |
| 货币资金 | | | 短期借款 | | |
| 结算备付金 | | | 向中央银行借款 | | |
| 拆出资金 | | | 吸收存款及同业存放 | | |
| 交易性金融资产 | | | 拆入资金 | | |
| 应收票据 | | | 交易性金融负债 | | |
| 应收账款 | | | 应付票据 | | |
| 预付款项 | | | 应付账款 | | |
| 应收保费 | | | 预收款项 | | |
| 应收分保账款 | | | 卖出回购金融资产款 | | |
| 应收分保合同准备金 | | | 应付手续费及佣金 | | |
| 应收利息 | | | 应付职工薪酬 | | |
| 其他应收款 | | | 应交税费 | | |
| 买入返售金融资产 | | | 应付利息 | | |
| 存货 | | | 其他应付款 | | |
| 一年内到期的非流动资产 | | | 应付分保账款 | | |
| 其他流动资产 | | | 保险合同准备金 | | |
| 流动资产合计 | | | 代理买卖证券款 | | |
| 非流动资产： | | | 代理承销证券款 | | |
| 发放贷款及垫款 | | | 一年内到期的非流动负债 | | |

（续表）

| 资　　产 | 期末余额 | 年初余额 | 负债和所有者权益（或股东权益） | 期末余额 | 年初余额 |
|---|---|---|---|---|---|
| 可供出售金融资产 | | | 其他流动负债 | | |
| 持有至到期投资 | | | 流动负债合计 | | |
| 长期应收款 | | | 非流动负债： | | |
| 长期股权投资 | | | 长期借款 | | |
| 投资性房地产 | | | 应付债券 | | |
| 固定资产 | | | 长期应付款 | | |
| 在建工程 | | | 专项应付款 | | |
| 工程物资 | | | 预计负债 | | |
| 固定资产清理 | | | 递延所得税负债 | | |
| 生产性生物资产 | | | 其他非流动负债 | | |
| 油气资产 | | | 非流动负债合计 | | |
| 无形资产 | | | 负债合计 | | |
| 开发支出 | | | 所有者权益(或股东权益)： | | |
| 商誉 | | | 实收资本(或股本) | | |
| 长期待摊费用 | | | 资本公积 | | |
| 递延所得税资产 | | | 减：库存股 | | |
| 其他非流动资产 | | | 盈余公积 | | |
| 非流动资产合计 | | | 一般风险准备 | | |
| | | | 未分配利润 | | |
| | | | 外币报表折算差额 | | |
| | | | 归属于母公司所有者权益合计 | | |
| | | | 少数股东权益 | | |
| | | | 所有者权益合计 | | |
| 资产总计 | | | 负债和所有者权益总计 | | |

## 合并利润表

会合 02 表

编制单位：　　　　　　　　　　年　月　　　　　　　　　　单位：元

| 项　　　　目 | 本期金额 | 上期金额 |
|---|---|---|
| 一、营业总收入 | | |
| 其中：营业收入 | | |
| 利息收入 | | |
| 已赚保费 | | |
| 手续费及佣金收入 | | |
| 二、营业总成本 | | |
| 其中：营业成本 | | |

（续表）

| 项　　　　　　目 | 本期金额 | 上期金额 |
|---|---|---|
| 利息支出 | | |
| 手续费及佣金支出 | | |
| 退保金 | | |
| 赔付支出净额 | | |
| 提取保险合同准备金净额 | | |
| 保单红利支出 | | |
| 分保费用 | | |
| 营业税金及附加 | | |
| 销售费用 | | |
| 管理费用 | | |
| 财务费用 | | |
| 资产减值损失 | | |
| 加：公允价值变动收益（损失以“－”号填列） | | |
| 投资收益（损失以“－”号填列） | | |
| 其中：对联营企业和合营企业的投资收益 | | |
| 汇兑收益（损失以“－”号填列） | | |
| 三、营业利润（亏损以“－”号填列） | | |
| 加：营业外收入 | | |
| 减：营业外支出 | | |
| 其中：非流动资产处置损失 | | |
| 四、利润总额（亏损总额以“－”号填列） | | |
| 减：所得税费用 | | |
| 五、净利润（净亏损以“－”号填列）* | | |
| 归属于母公司所有者的净利润 | | |
| 少数股东损益 | | |
| 六、每股收益： | | |
| （一）基本每股收益 | | |
| （二）稀释每股收益 | | |

注：(1)合并利润表收入、费用项目按照各类企业利润表的相同口径填列。

(2)同一控制下企业合并的当期，还应单独列示被合并方在合并前实现的净利润。

**合并现金流量表**

会合03表

编制单位：　　　　　　　　　　　　年　月　　　　　　　　　　　　单位：元

| 项　　　　　　目 | 本期金额 | 上期金额 |
|---|---|---|
| 一、经营活动产生的现金流量： | | |
| 销售商品、提供劳务收到的现金 | | |

（续表）

| 项　　　　　目 | 本期金额 | 上期金额 |
|---|---|---|
| 客户存款和同业存放款项净增加额 | | |
| 向中央银行借款净增加额 | | |
| 向其他金融机构拆入资金净增加额 | | |
| 收到原保险合同保费取得的现金 | | |
| 收到再保险业务现金净额 | | |
| 保户储金及投资款净增加额 | | |
| 处置交易性金融资产净增加额 | | |
| 收取利息、手续费及佣金的现金 | | |
| 拆入资金净增加额 | | |
| 回购业务资金净增加额 | | |
| 收到的税费返还 | | |
| 收到其他与经营活动有关的现金 | | |
| 经营活动现金流入小计 | | |
| 购买商品、接受劳务支付的现金 | | |
| 客户贷款及垫款净增加额 | | |
| 存放中央银行和同业款项净增加额 | | |
| 支付原保险合同赔付款项的现金 | | |
| 支付利息、手续费及佣金的现金 | | |
| 支付保单红利的现金 | | |
| 支付给职工以及为职工支付的现金 | | |
| 支付的各项税费 | | |
| 支付其他与经营活动有关的现金 | | |
| 经营活动现金流出小计 | | |
| 经营活动产生的现金流量净额 | | |
| 二、投资活动产生的现金流量： | | |
| 收回投资收到的现金 | | |
| 取得投资收益收到的现金 | | |
| 处置固定资产、无形资产和其他长期资产收回的现金净额 | | |
| 处置子公司及其他营业单位收到的现金净额 | | |
| 收到其他与投资活动有关的现金 | | |
| 投资活动现金流入小计 | | |
| 购建固定资产、无形资产和其他长期资产支付的现金 | | |
| 投资支付的现金 | | |
| 质押贷款净增加额 | | |
| 取得子公司及其他营业单位支付的现金净额 | | |
| 支付其他与投资活动有关的现金 | | |

（续表）

| 项　　目 | 本期金额 | 上期金额 |
| --- | --- | --- |
| 投资活动现金流出小计 | | |
| 投资活动产生的现金流量净额 | | |
| 三、筹资活动产生的现金流量： | | |
| 吸收投资收到的现金 | | |
| 其中：子公司吸收少数股东投资收到的现金 | | |
| 取得借款收到的现金 | | |
| 发行债券收到的现金 | | |
| 收到其他与筹资活动有关的现金 | | |
| 筹资活动现金流入小计 | | |
| 偿还债务支付的现金 | | |
| 分配股利、利润或偿付利息支付的现金 | | |
| 其中：子公司支付给少数股东的股利、利润 | | |
| 支付其他与筹资活动有关的现金 | | |
| 筹资活动现金流出小计 | | |
| 筹资活动产生的现金流量净额 | | |
| 四、汇率变动对现金及现金等价物的影响 | | |
| 五、现金及现金等价物净增加额 | | |
| 加：期初现金及现金等价物余额 | | |
| 六、期末现金及现金等价物余额 | | |

## 合并所有者权益变动表

会合：04 表

编制单位：　　　　　　　　　　年度　　　　　　　　　　单位：元

| 项　目 | 本年金额 | | | | | | | | | 上年金额 | | | | | | | | |
| --- | --- | --- | --- | --- | --- | --- | --- | --- | --- | --- | --- | --- | --- | --- | --- | --- | --- | --- |
| | 归属于母公司所有者权益 | | | | | | | 少数股东权益 | 所有者权益合计 | 归属于母公司所有者权益 | | | | | | | 少数股东权益 | 所有者权益合计 |
| | 实收资本（或股本） | 资本公积 | 减：库存股 | 盈余公积 | 一般风险准备 | 未分配利润 | 其他 | | | 实收资本（或股本） | 资本公积 | 减：库存股 | 盈余公积 | 一般风险准备 | 未分配利润 | 其他 | | |
| 一、上年年末余额 | | | | | | | | | | | | | | | | | | |
| 加：会计政策变更 | | | | | | | | | | | | | | | | | | |
| 前期差错更正 | | | | | | | | | | | | | | | | | | |
| 二、本年年初余额 | | | | | | | | | | | | | | | | | | |
| 三、本年增减变动金额（减少以“-”号填列） | | | | | | | | | | | | | | | | | | |
| （一）净利润 | | | | | | | | | | | | | | | | | | |
| （二）直接计入所有者权益的利得和损失 | | | | | | | | | | | | | | | | | | |

（续表）

| 项　目 | 本年金额 | | | | | | | | | 上年金额 | | | | | | | | |
|---|---|---|---|---|---|---|---|---|---|---|---|---|---|---|---|---|---|---|
| | 归属于母公司所有者权益 | | | | | | | 少数股东权益 | 所有者权益合计 | 归属于母公司所有者权益 | | | | | | | 少数股东权益 | 所有者权益合计 |
| | 实收资本(或股本) | 资本公积 | 减:库存股 | 盈余公积 | 一般风险准备 | 未分配利润 | 其他 | | | 实收资本(或股本) | 资本公积 | 减:库存股 | 盈余公积 | 一般风险准备 | 未分配利润 | 其他 | | |
| 1. 可供出售金融资产公允价值变动净额 | | | | | | | | | | | | | | | | | | |
| 2. 权益法下被投资单位其他所有者权益变动的影响 | | | | | | | | | | | | | | | | | | |
| 3. 与计入所有者权益项目相关的所得税影响 | | | | | | | | | | | | | | | | | | |
| 4. 其他 | | | | | | | | | | | | | | | | | | |
| 上述(一)和(二)小计 | | | | | | | | | | | | | | | | | | |
| (三)所有者投入和减少资本 | | | | | | | | | | | | | | | | | | |
| 1. 所有者投入资本 | | | | | | | | | | | | | | | | | | |
| 2. 股份支付计入所有者权益的金额 | | | | | | | | | | | | | | | | | | |
| 3. 其他 | | | | | | | | | | | | | | | | | | |
| (四)利润分配 | | | | | | | | | | | | | | | | | | |
| 1. 提取盈余公积 | | | | | | | | | | | | | | | | | | |
| 2. 提取一般风险准备 | | | | | | | | | | | | | | | | | | |
| 3. 对所有者(或股东)的分配 | | | | | | | | | | | | | | | | | | |
| 4. 其他 | | | | | | | | | | | | | | | | | | |
| (五)所有者权益内部结转 | | | | | | | | | | | | | | | | | | |
| 1. 资本公积转增资本(或股本) | | | | | | | | | | | | | | | | | | |
| 2. 盈余公积转增资本(或股本) | | | | | | | | | | | | | | | | | | |
| 3. 盈余公积弥补亏损 | | | | | | | | | | | | | | | | | | |
| 4. 其他 | | | | | | | | | | | | | | | | | | |
| 四、本年年末余额 | | | | | | | | | | | | | | | | | | |
| (三)所有者投入和减少资本 | | | | | | | | | | | | | | | | | | |

（续表）

| 项　目 | 本年金额 | | | | | | | | | 上年金额 | | | | | | | | |
|---|---|---|---|---|---|---|---|---|---|---|---|---|---|---|---|---|---|---|
| | 归属于母公司所有者权益 | | | | | | | 少数股东权益 | 所有者权益合计 | 归属于母公司所有者权益 | | | | | | | 少数股东权益 | 所有者权益合计 |
| | 实收资本(或股本) | 资本公积 | 减:库存股 | 盈余公积 | 一般风险准备 | 未分配利润 | 其他 | | | 实收资本(或股本) | 资本公积 | 减:库存股 | 盈余公积 | 一般风险准备 | 未分配利润 | 其他 | | |
| 1. 所有者投入资本 | | | | | | | | | | | | | | | | | | |
| 2. 股份支付计入所有者权益的金额 | | | | | | | | | | | | | | | | | | |
| 3. 其他 | | | | | | | | | | | | | | | | | | |
| (四)利润分配 | | | | | | | | | | | | | | | | | | |
| 1. 提取盈余公积 | | | | | | | | | | | | | | | | | | |
| 2. 提取一般风险准备 | | | | | | | | | | | | | | | | | | |
| 3. 对所有者(或股东)的分配 | | | | | | | | | | | | | | | | | | |
| 4. 其他 | | | | | | | | | | | | | | | | | | |
| (五)所有者权益内部结转 | | | | | | | | | | | | | | | | | | |
| 1. 资本公积转增资本(或股本) | | | | | | | | | | | | | | | | | | |
| 2. 盈余公积转增资本(或股本) | | | | | | | | | | | | | | | | | | |
| 3. 盈余公积弥补亏损 | | | | | | | | | | | | | | | | | | |
| 4. 其他 | | | | | | | | | | | | | | | | | | |
| 四、本年年末余额 | | | | | | | | | | | | | | | | | | |

**三、合并报表附注**

企业应当按照规定披露附注信息，主要包括下列内容：

(一)企业集团的基本情况

(二)财务报表的编制基础

(三)遵循企业会计准则的声明

(四)重要会计政策和会计估计

(五)会计政策和会计估计变更以及差错更正的说明

(六)报表重要项目的说明

(七)或有事项

(八)资产负债表日后事项

(九)关联方关系及其交易

(十)风险管理

以上(一)至(十)项，应当比照《企业会计准则第 30 号——财务报表列报》应用指南的相关规定进行披露。合并现金流量表，还应遵循《企业会计准则第 31 号——现金流量表》应用指南的相关规定进行披露。

(十一)母公司和子公司信息

1. 子公司有关信息的披露格式如下：

| 子公司名称 | 注册地 | 业务性质 | 注册资本 |
|---|---|---|---|
| 本企业合计持股比例 | | | |
| 本企业合计享有的表决权比例 | | | |
| 1. | | | |
| …… | | | |

2. 母公司拥有被投资单位表决权不足半数但能对被投资单位形成控制的原因。

3. 母公司直接或通过其他子公司间接拥有被投资单位半数以上的表决权但未能对其形成控制的原因。

4. 子公司所采用的会计政策与母公司不一致的，母公司编制合并财务报表的处理方法。

5. 子公司与母公司会计期间不一致的，母公司编制合并财务报表的处理方法。

6. 本期不再纳入合并范围的原子公司，说明原子公司的名称、注册地、业务性质、母公司的持股比例和表决权比例，本期不再成为子公司的原因。

原子公司在处置日和上一会计期间资产负债表日资产、负债和所有者权益的金额以及本期期初至处置日的收入、费用和利润的金额。

7. 子公司向母公司转移资金的能力受到严格限制的情况。

8. 作为子公司纳入合并范围的特殊目的主体的业务性质、业务活动等。

# 28.《企业会计准则第34号——每股收益》应用指南

**一、发行在外普通股加权平均数的计算**

根据本准则第五条规定，计算发行在外普通股加权平均数，作为权数的已发行时间、报告期时间和已回购时间通常按天数计算；在不影响计算结果合理性的前提下，也可以采用简化的计算方法，如按月数计算。

**二、稀释每股收益的计算**

根据本准则第七条规定，企业存在稀释性潜在普通股的，应当计算稀释每股收益。潜在普通股主要包括：可转换公司债券、认股权证和股份期权等。

（一）可转换公司债券。对于可转换公司债券，计算稀释每股收益时，分子的调整项目为可转换公司债券当期已确认为费用的利息等的税后影响额；分母的调整项目为假定可转换公司债券当期期初或发行日转换为普通股的股数加权平均数。

（二）认股权证和股份期权。根据本准则第十条规定，认股权证、股份期权等的行权价格低于当期普通股平均市场价格时，应当考虑其稀释性。

计算稀释每股收益时，作为分子的净利润金额一般不变；分母的调整项目为按照本准则第十条中规定的公式所计算的增加的普通股股数，同时还应考虑时间权数。

公式中的行权价格和拟行权时转换的普通股股数，按照有关认股权证合同和股份期权合约确定。公式中的当期普通股平均市场价格，通常按照每周或每月具有代表性的股票交易价格进行简单算术平均计算。在股票价格比较平稳的情况下，可以采用每周或每月股票的收盘价作为代表性价格；在股票价格波动较大的情况下，可以采用每周或每月股票最高价与最低价的平均值作为代表性价格。无论采用何种方法计算平均市场价格，一经确定，不得随意变更，除非有确凿证据表明原计算方法不再适用。当期发行认股权证或股份期权的，普通股平均市场价格应当自认股权证或股份期权的发行日起计算。

（三）多项潜在普通股

根据本准则第十二条规定，稀释性潜在普通股应当按照其稀释程度从大到小的顺序计入稀释每股收益，直至稀释每股收益达到最小值。其中“稀释程度”，根据不同潜在普通股转换的增量股的每股收益大小进行衡量，即：假定稀释性潜在普通股转换为普通股时，将增加的归属于普通股股东的当期净利润除以增加的普通股股数加权平均数所确定的金额。

在确定计入稀释每股收益的顺序时，通常应首先考虑股份期权和认股权证的影响。

每次发行的潜在普通股应当视为不同的潜在普通股，分别判断其稀释性，而不能将其作为一个总体考虑。

**三、计算每股收益时应考虑的其他调整因素**

（一）企业派发股票股利、公积金转增资本、拆股或并股等，会增加或减少其发行在外普通股或潜在普通股的数量，但不影响所有者权益总额，也不改变企业的盈利能力。企业应当在相关报批手续全部完成后，按调整后的股数重新计算各列报期间的每股收益。上述变化发生于资产负债表日至财务报告批准报出日之间的，应当以调整后的股数重新计算各列报期间的每股收益。

（二）企业当期发生配股的情况下，计算基本每股收益时，应当考虑配股中包含的送股因素，据以调整各列报期间发行在外普通股的加权平均数。计算公式如下：

$$\text{每股理论除权价格}=\frac{\text{行权前发行在外普通股的公允价值}+\text{配股收到的款项}}{\text{行权后发行在外的普通股股数调整系数}}$$

$$=\frac{\text{行权前每股公允价值}}{\text{每股理论除权价格因配股重新计算的上年度基本每股收益}}$$

$$=\frac{\text{上年度基本每股收益}}{\text{调整系数}}$$

$$\text{本年度基本每股收益}=\frac{\text{归属于普通股股东的当期净利润}}{\begin{matrix}\text{行权前发行在}\\\text{外普通股股数}\end{matrix}\times\begin{matrix}\text{调整}\\\text{系数}\end{matrix}\times\begin{matrix}\text{行权前普通股发行}\\\text{在外的时间权数}\end{matrix}+\begin{matrix}\text{行权后发行在外}\\\text{普通股加权平均数}\end{matrix}}$$

存在非流通股的企业可以采用简化的计算方法，不考虑配股中内含的送股因素，而将配股视为发行新股处理。

**四、以合并财务报表为基础计算和列报每股收益**

本准则第三条规定，合并财务报表中，企业应当以合并财务报表为基础计算和列报每股收益。其中，计算基本每股收益时，分子为归属于母公司普通股股东的合并净利润，分母为母公司发行在外普通股的加权平均数。

## 29.《企业会计准则第35号——分部报告》应用指南

**一、主要报告形式和次要报告形式**

根据本准则第十三条规定，企业应当区分主要报告形式和次要报告形式披露分部信息。在确定分部信息的主要报告形式和次要报告形式时，应当以企业的风险和报酬的主要来源和性质为依据，同时结合企业的内部组织结构、管理结构以及向董事会或类似机构的内部报告制度。

企业的风险和报酬的主要来源和性质，主要与其提供的产品或劳务，或者经营所在国家或地区密切相关。企业在分析其所承担的风险和报酬时，应当注意以下相关因素：(1)所生产产品或提供劳务的性质、过程、客户类型、销售方式等；(2)所生产产品或提供劳务受法律、行政法规的影响等；(3)所处经济、政治环境等。

企业的内部组织结构、管理结构以及向董事会或类似机构内部报告制度的安排，通常会考虑或结合企业风险和报酬的主要来源和性质等相关因素。

**二、分部收入**

根据本准则第十四条规定，分部收入是指可归属于分部的对外交易收入和对其他分部交易收入。分部收入主要由可归属于分部的对外交易收入构成，通常为营业收入，下列项目不包括在内：

（一）利息收入和股利收入，如采用成本法核算的长期股权投资的股利收入（投资收益）、债券投资的利息收入、对其他分部贷款的利息收入等。但是，分部的日常活动是金融性质的除外。

（二）采用权益法核算的长期股权投资在被投资单位实现的净利润中应享有的份额以及处置投资产生的净收益。但是，分部的日常活动是金融性质的除外。

（三）营业外收入，如处置固定资产、无形资产等产生的净收益。

三、分部费用

根据本准则第十四条规定，分部费用是指可归属于分部的对外交易费用和对其他分部交易费用。分部费用主要由可归属于分部的对外交易费用构成，通常包括营业成本、营业税金及附加、销售费用等，下列项目不包括在内：

（一）利息费用，如发行债券、向其他分部借款的利息费用等。但是，分部的日常活动是金融性质的除外。

（二）采用权益法核算的长期股权投资在被投资单位发生的净损失中应承担的份额以及处置投资发生的净损失。但是，分部的日常活动是金融性质的除外。

（三）与企业整体相关的管理费用和其他费用。但是，企业代所属分部支付的、与分部经营活动相关的、且能直接归属于或按合理的基础分配给该分部的费用，属于分部费用。

（四）营业外支出，如处置固定资产、无形资产等发生的净损失。

（五）所得税费用。

# 30.《企业会计准则第37号——金融工具列报》应用指南

一、权益工具及所有者权益

（一）权益工具，是指能证明拥有某个企业在扣除所有负债后的资产中的剩余权益的合同。比如，企业发行的普通股，以及企业发行的、使持有者有权以固定价格购入固定数量本企业普通股的认股权证等。

企业发行权益工具收到的对价扣除交易费用后，应当确认为股本（或实收资本）、资本公积（股本溢价或资本溢价）等。其中，交易费用是可直接归属于发行权益工具新增的外部费用，包括支付给代理机构、咨询公司、券商等的手续费和佣金及其他必要支出。

（二）企业发行的权益工具通常构成所有者权益的重要组成内容。所有者权益包括股本（或实收资本）、资本公积（含股本溢价或资本溢价、其他资本公积）、盈余公积和未分配利润。商业银行、保险公司、证券公司等金融机构在净利润中提取的一般风险准备，也构成其所有者权益。

其他资本公积，是指股本溢价（或资本溢价）以外的资本公积，主要包括以下内容：

1. 可供出售金融资产公允价值变动；

2. 企业根据以权益结算的股份支付协议授予职工或其他方的权益工具的公允价值；

3. 现金流量套期中，有效套期工具的公允价值变动；

4. 长期股权投资采用权益法核算的，在持股比例不变的情况下，被投资单位除净损益以外的其他所有者权益变动引起的长期股权投资账面价值的变动；

5. 自用房地产或存货转换为采用公允价值模式计量的投资性房地产时，转换日投资性房地产的公允价值大于原账面价值的差额。

（三）企业回购自身权益工具支付的对价和交易费用，应当减少所有者权益。

股份有限公司按法定程序报经批准采用收购本公司股票方式减资的，按注销股票面值总额减少股本，购回股票支付的价款（含交易费用）超过面值总额的部分，应依次冲减资本公积（股本溢价）、盈余公积和未分配利润；购回股票支付的价款低于面值总额的，低于面值总额的部分增加资本公积（股本溢价）。

（四）企业对权益工具持有方的各种分配（不包括股票股利），如现金股利，应当减少所有者权益。

（五）企业发行的某些非衍生金融工具（如可转换公司债券等）既含有负债成份，又含有权益成份。对这些金融工具，应在初始确认时，将相关负债和权益成份进行分拆，先对负债成份的未来现金流量进行折现确定负债成份的初始确认金额，再按发行收入扣除负债成份初始金额的差额确认权益成份的初始确认金额。发行非衍生金融工具发生的交易费用，应当在负债成份和权益成份之间按其初始确认金额的相对比例进行分摊。

二、金融资产和金融负债的相互抵销

根据本准则第十三条规定，金融资产和金融负债应当在资产负债表内分别列示，通常不得相互抵销。

以下列举了金融资产和金融负债不应相互抵销的交易或事项：

(一)企业将浮动利率长期债券与收取浮动利息、支付固定利息的互换组合在一起,合成为一项固定利率长期债券。这种组合的各单项金融工具形成的金融资产或金融负债不能相互抵销。

(二)企业将某项金融资产充作金融负债的担保物,该金融资产不能与被担保的金融负债抵销。

(三)企业与外部交易对手进行多项金融工具交易,同时签订"总抵销协议"。根据该协议,一旦某单项金融工具交易发生违约或解约,企业可以将所有金融工具交易以单一净额进行结算,以减少交易对手可能无法履约造成损失的风险。在这种情况下,只有交易对手违约或解约时,相关的金融资产和金融负债可以相互抵销;否则,不得相互抵销。

(四)保险公司在保险合同下的应收分保保险责任准备金,不能与相关保险责任准备金抵销。

# 31.《企业会计准则第38号——首次执行企业会计准则》应用指南

## 一、首次执行日采用追溯调整法有关项目的处理

(一)预计的资产弃置费用

根据本准则第七条规定,企业在预计首次执行日前尚未计入资产成本的弃置费用时,应当满足预计负债的确认条件,选择该项资产初始确认时适用的折现率,以该项预计负债折现后的金额增加资产成本,据此计算确认应补提的固定资产折旧(或油气资产折耗),同时调整期初留存收益。

折现率的选择应当考虑货币时间价值和相关期间通货膨胀等因素的影响。

预计弃置费用的范围,适用《企业会计准则第4号——固定资产》、《企业会计准则第27号——石油天然气开采》等限定的资产范围。

(二)可行权日在首次执行日或之后的股份支付

根据本准则第十条规定,授予职工以权益结算的股份支付,应当按照权益工具在授予日的公允价值调整期初留存收益,相应增加资本公积;授予日的公允价值不能可靠计量的,应当按照权益工具在首次执行日的公允价值计量。

授予职工以现金结算的股份支付,应当按照权益工具在等待期内首次执行日之前各资产负债表日的公允价值调整期初留存收益,相应增加应付职工薪酬。上述各资产负债表日的公允价值不能可靠计量的,应当按照权益工具在首次执行日的公允价值计量。

授予其他方的股份支付,在首次执行日比照授予职工的股份支付处理。

(三)所得税

根据本准则第十二条规定,在首次执行日,企业应当停止采用应付税款法或原纳税影响会计法,改按《企业会计准则第18号——所得税》规定的资产负债表债务法对所得税进行处理。

原采用应付税款法核算所得税费用的,应当按照企业会计准则相关规定调整后的资产、负债账面价值与其计税基础进行比较,确定应纳税暂时性差异和可抵扣暂时性差异,采用适用的税率计算递延所得税负债和递延所得税资产的金额,相应调整期初留存收益。

原采用纳税影响会计法核算所得税费用的,应当根据《企业会计准则第18号——所得税》的相关规定,计算递延所得税负债和递延所得税资产的金额,同时冲销递延税款余额,根据上述两项金额之间的差额调整期初留存收益。

在首次执行日,企业对于能够结转以后年度的可抵扣亏损和税款抵减,应以很可能获得用来抵扣可抵扣亏损和税款抵减的未来应纳税所得额为限,确认相应的递延所得税资产,同时调整期初留存收益。

(四)金融工具的分拆

根据本准则第十七条规定,对于嵌入衍生金融工具,按照《企业会计准则第22号——金融工具确认和计量》规定应从混合工具中分拆的,应当在首次执行日按其在该日的公允价值,将其从混合工具中分拆并单独处理。首次执行日嵌入衍生金融工具的公允价值难以合理确定的,应当将该混合工具整体指定为以公允价值计量且其变动计入当期损益的金融资产或金融负债。

企业发行的包含负债和权益成份的非衍生金融工具,在首次执行日按照《企业会计准则第37号——金

融工具列报》进行分拆时，先按该项负债在首次执行日的公允价值作为其初始确认金额，再按该项金融工具的账面价值扣除负债公允价值后的金额，作为权益成份的初始确认金额。首次执行日负债成份的公允价值难以合理确定的，不应对该项金融工具进行分拆，仍然作为负债处理。

**二、首次执行日采用未来适用法有关项目的处理**

根据本准则第四条规定，除本准则第五条至第十九条规定要求追溯调整的项目外，其他项目不应追溯调整，应当自首次执行日起采用未来适用法。

（一）借款费用

对于处于开发阶段的内部开发项目、处于生产过程中的需要经过相当长时间才能达到预定可销售状态的存货（如飞机和船舶），以及营造、繁殖需要经过相当长时间才能达到预定可使用或可销售状态的生物资产，首次执行日之前未予资本化的借款费用，不应追溯调整。上述尚未完成开发或尚未完工的各项资产，首次执行日及以后发生的借款费用，符合《企业会计准则第 17 号——借款费用》规定的资本化条件的部分，应当予以资本化。

（二）超过正常信用条件延期付款（或收款）、实质上具有融资性质的购销业务

对于首次执行日处于收款过程中的采用递延收款方式、实质上具有融资性质的销售商品或提供劳务收入，比如采用分期收款方式的销售，首次执行日之前已确认的收入和结转的成本不再追溯调整。首次执行日后的第一个会计期间，企业应当将尚未确认但符合收入确认条件的合同或协议剩余价款部分确认为长期应收款，按其公允价值确认为营业收入，两者的差额作为未实现融资收益，在剩余收款期限内采用实际利率法进行摊销。在确认收入的同时，应当相应地结转成本。

首次执行日之前购买的固定资产、无形资产在超过正常信用条件的期限内延期付款、实质上具有融资性质的，首次执行日之前已计提的折旧和摊销额，不再追溯调整。在首次执行日，企业应当以尚未支付的款项与其现值之间的差额，减少资产的账面价值，同时确认为未确认融资费用。首次执行日后，企业应当以调整后的资产账面价值作为认定成本并以此为基础计提折旧，未确认融资费用应当在剩余付款期限内采用实际利率法进行摊销。

（三）无形资产

首次执行日处于开发阶段的内部开发项目，首次执行日之前已经费用化的开发支出，不应追溯调整；根据《企业会计准则第 6 号——无形资产》规定，首次执行日及以后发生的开发支出，符合无形资产确认条件的，应当予以资本化。

企业持有的无形资产，应当以首次执行日的摊余价值作为认定成本，对于使用寿命有限的无形资产，应当在剩余使用寿命内根据《企业会计准则第 6 号——无形资产》的规定进行摊销。对于使用寿命不确定的无形资产，在首次执行日后应当停止摊销，按照《企业会计准则第 6 号——无形资产》的规定处理。

首次执行日之前已计入在建工程和固定资产的土地使用权，符合《企业会计准则第 6 号——无形资产》的规定应当单独确认为无形资产的，首次执行日应当进行重分类，将归属于土地使用权的部分从原资产账面价值中分离，作为土地使用权的认定成本，按照《企业会计准则第 6 号——无形资产》的规定处理。

（四）开办费

首次执行日企业的开办费余额，应当在首次执行日后第一个会计期间内全部确认为管理费用。

（五）职工福利费

首次执行日企业的职工福利费余额，应当全部转入应付职工薪酬（职工福利）。首次执行日后第一个会计期间，按照《企业会计准则第 9 号——职工薪酬》规定，根据企业实际情况和职工福利计划确认应付职工薪酬（职工福利），该项金额与原转入的应付职工薪酬（职工福利）之间的差额调整管理费用。

**三、首份中期财务报告和首份年度财务报表的列报**

根据本准则第二十条和第二十一规定，企业应当按照《企业会计准则第 30 号——财务报表列报》、《企业会计准则第 31 号——现金流量表》、《企业会计准则第 32 号——中期财务报告》和《企业会计准则第 33 号——合并财务报表》等准则及其应用指南的规定，编制首份中期财务报告和首份年度财务报表。

（一）首份中期财务报告和首份年度财务报表

1. 首份中期财务报告至少应当包括资产负债表、利润表、现金流量表和附注，上年度可比中期的财务报表也应当按照企业会计准则列报。

2. 首份年度财务报表应当是一套完整的财务报表，至少包括资产负债表、利润表、现金流量表、所有者权益变动表和附注。在首份年度财务报表中，至少应当按照企业会计准则列报上年度全部比较信息。

3. 母公司执行企业会计准则、但子公司尚未执行企业会计准则的，母公司在编制合并财务报表时，应当按照企业会计准则的规定调整子公司的财务报表。

母公司尚未执行企业会计准则、而子公司已执行企业会计准则的，母公司在编制合并财务报表时，可以将子公司的财务报表按照母公司的会计政策进行调整后合并，也可以将子公司按照企业会计准则编制的财务报表直接合并。

(二)首份中期财务报告和首份年度财务报表的附注企业在首份中期财务报告和首份年度财务报表的附注中，应当以列表形式详细披露下列数据的调节过程：

1. 按原会计制度或准则列报的比较报表最早期间的期初所有者权益，调整为按企业会计准则列报的所有者权益。

2. 按原会计制度或准则列报的最近年度年末所有者权益，调整为按企业会计准则列报的所有者权益。

3. 按原会计制度或准则列报的最近年度损益，调整为按企业会计准则列报的损益。

4. 比较中期期末按原会计制度或准则列报的所有者权益，调整为按企业会计准则列报的所有者权益。

5. 比较中期按原会计制度或准则列报的损益(可比中期和上年初至可比中期期末累计数)，调整为同一期间按企业会计准则列报的损益。

执行企业会计准则后首份季报(或首份半年报)，需要披露上述 1 至 5 项数据的调节过程，其他季度季报(或半年报)只需提供上述 4、5 项数据的调节过程。首份年度财务报表中只需提供上述 1 至 3 项数据的调节过程。

# 第八章 企业会计准则解释

## 1. 企业会计准则解释第1号(2007年颁布)

财会[2007]14号

一、企业在编制年报时,首次执行日有关资产、负债及所有者权益项目的金额是否要进一步复核?原同时按照国内及国际财务报告准则对外提供财务报告的B股、H股等上市公司,首次执行日如何调整?

答:企业在编制首份年报时,应当对首次执行日有关资产、负债及所有者权益项目的账面余额进行复核,经注册会计师审计后,在附注中以列表形式披露年初所有者权益的调节过程以及作出修正的项目、影响金额及其原因。

原同时按照国内及国际财务报告准则对外提供财务报告的B股、H股等上市公司,首次执行日根据取得的相关信息,能够对因会计政策变更所涉及的交易或事项的处理结果进行追溯调整的,以追溯调整后的结果作为首次执行日的余额。

二、中国境内企业设在境外的子公司在境外发生的有关交易或事项,境内不存在且受相关法律法规等限制或交易不常见,企业会计准则未作规范的,如何进行处理?

答:中国境内企业设在境外的子公司在境外发生的交易或事项,境内不存在且受法律法规等限制或交易不常见,企业会计准则未作出规范的,可以将境外子公司已经进行的会计处理结果,在符合《企业会计准则——基本准则》的原则下,按照国际财务报告准则进行调整后,并入境内母公司合并财务报表的相关项目。

三、经营租赁中出租人发生的初始直接费用以及融资租赁中承租人发生的融资费用应当如何处理?出租人对经营租赁提供激励措施的,如提供免租期或承担承租人的某些费用等,承租人和出租人应当如何处理?企业(建造承包商)为订立建造合同发生的相关费用如何处理?

答:(一)经营租赁中出租人发生的初始直接费用,是指在租赁谈判和签订租赁合同过程中发生的可归属于租赁项目的手续费、律师费、差旅费、印花税等,应当计入当期损益;金额较大的应当资本化,在整个经营租赁期间内按照与确认租金收入相同的基础分期计入当期损益。

承租人在融资租赁中发生的融资费用应予资本化或是费用化,应按《企业会计准则第17号——借款费用》处理,并按《企业会计准则第21号——租赁》进行计量。

(二)出租人对经营租赁提供激励措施的,出租人与承租人应当分别下列情况进行处理:

1. 出租人提供免租期的,承租人应将租金总额在不扣除免租期的整个租赁期内,按直线法或其他合理的方法进行分摊,免租期内应当确认租金费用;出租人应将租金总额在不扣除免租期的整个租赁期内,按直线法或其他合理的方法进行分配,免租期内出租人应当确认租金收入。

2. 出租人承担了承租人某些费用的,出租人应将该费用自租金收入总额中扣除,按扣除后的租金收入余额在租赁期内进行分配;承租人应将该费用从租金费用总额中扣除,按扣除后的租金费用余额在租赁期内进行分摊。

(三)企业(建造承包商)为订立合同发生的差旅费、投标费等,能够单独区分和可靠计量且合同很可能订立的,应当予以归集,待取得合同时计入合同成本;未满足上述条件的,应当计入当期损益。

四、企业发行的金融工具应当在满足何种条件时确认为权益工具?

答:企业将发行的金融工具确认为权益性工具,应当同时满足下列条件:

(一)该金融工具应当不包括交付现金或其他金融资产给其他单位,或在潜在不利条件下与其他单位交换金融资产或金融负债的合同义务。

(二)该金融工具须用或可用发行方自身权益工具进行结算的,如为非衍生工具,该金融工具应当不包括交付非固定数量的发行方自身权益工具进行结算的合同义务；如为衍生工具，该金融工具只能通过交付固定数量的发行方自身权益工具换取固定数额的现金或其他金融资产进行结算。其中，所指的发行方自身权益工具不包括本身通过收取或交付企业自身权益工具进行结算的合同。

五、嵌入保险合同或嵌入租赁合同中的衍生工具应当如何处理？

答：根据《企业会计准则第 22 号——金融工具确认和计量》的规定，嵌入衍生工具相关的混合工具没有指定为以公允价值计量且其变动计入当期损益的金融资产或金融负债，同时满足有关条件的，该嵌入衍生工具应当从混合工具中分拆，作为单独的衍生工具处理。该规定同样适用于嵌入在保险合同中的衍生工具，除非该嵌入衍生工具本身属于保险合同。

按照保险合同约定，如果投保人在持有保险合同期间，拥有以固定金额或是以固定金额和相应利率确定的金额退还保险合同选择权的，即使其行权价格与主保险合同负债的账面价值不同，保险人也不应将该选择权从保险合同中分拆，仍按保险合同进行处理。但是，如果退保价值随同某金融变量或者某一与合同一方不特定相关的非金融变量的变动而变化，嵌入保险合同中的卖出选择权或现金退保选择权，应适用《企业会计准则第 22 号——金融工具确认和计量》；如果持有人实施卖出选择权或现金退保选择权的能力取决于上述变量变动的，嵌入保险合同中的卖出选择权或现金退保选择权，也适用《企业会计准则第 22 号——金融工具确认和计量》。

嵌入租赁合同中的衍生工具，应当按照《企业会计准则第 22 号——金融工具确认和计量》进行处理。

六、企业如有持有待售的固定资产和其他非流动资产，如何进行确认和计量？

答：《企业会计准则第 4 号——固定资产》第二十二条规定，企业对于持有待售的固定资产，应当调整该项固定资产的预计净残值，使该固定资产的预计净残值反映其公允价值减去处置费用后的金额，但不得超过符合持有待售条件时该项固定资产的原账面价值，原账面价值高于调整后预计净残值的差额，应作为资产减值损失计入当期损益。

同时满足下列条件的非流动资产应当划分为持有待售：一是企业已经就处置该非流动资产作出决议；二是企业已经与受让方签订了不可撤销的转让协议；三是该项转让将在一年内完成。

符合持有待售条件的无形资产等其他非流动资产，比照上述原则处理，但不包括递延所得税资产、《企业会计准则第 22 号——金融工具确认和计量》规范的金融资产、以公允价值计量的投资性房地产和生物资产、保险合同中产生的合同权利。

持有待售的非流动资产包括单项资产和处置组，处置组是指作为整体出售或其他方式一并处置的一组资产。

七、企业在确认由联营企业及合营企业投资产生的投资收益时，对于与联营企业及合营企业发生的内部交易损益应当如何处理？首次执行日对联营企业及合营企业投资存在股权投资借方差额的，计算投资损益时如何进行调整？企业在首次执行日前持有对子公司的长期股权投资，取得子公司分派现金股利或利润如何处理？

答：(一)企业持有的对联营企业及合营企业的投资，按照《企业会计准则第 2 号——长期股权投资》的规定，应当采用权益法核算，在按持股比例等计算确认应享有或应分担被投资单位的净损益时，应当考虑以下因素：

投资企业与联营企业及合营企业之间发生的内部交易损益按照持股比例计算归属于投资企业的部分，应当予以抵销，在此基础上确认投资损益。投资企业与被投资单位发生的内部交易损失，按照《企业会计准则第 8 号——资产减值》等规定属于资产减值损失的，应当全额确认。投资企业对于纳入其合并范围的子公司与其联营企业及合营企业之间发生的内部交易损益，也应当按照上述原则进行抵销，在此基础上确认投资损益。

投资企业对于首次执行日之前已经持有的对联营企业及合营企业的长期股权投资，如存在与该投资相关的股权投资借方差额，还应扣除按原剩余期限直线摊销的股权投资借方差额，确认投资损益。

投资企业在被投资单位宣告发放现金股利或利润时，按照规定计算应分得的部分确认应收股利，同时冲减长期股权投资的账面价值。

(二)企业在首次执行日以前已经持有的对子公司长期股权投资，应在首次执行日进行追溯调整，视同该子公司自最初即采用成本法核算。执行新会计准则后，应当按照子公司宣告分派现金股利或利润中应分

得的部分，确认投资收益。

八、企业在股权分置改革过程中持有的限售股权如何进行处理？

答：企业在股权分置改革过程中持有对被投资单位在重大影响以上的股权，应当作为长期股权投资，视对被投资单位的影响程度分别采用成本法或权益法核算；企业在股权分置改革过程中持有对被投资单位不具有控制、共同控制或重大影响的股权，应当划分为可供出售金融资产，其公允价值与账面价值的差额，在首次执行日应当追溯调整，计入资本公积。

九、企业在编制合并财务报表时，因抵销未实现内部销售损益在合并财务报表中产生的暂时性差异是否应当确认递延所得税？母公司对于纳入合并范围子公司的未确认投资损失，执行新会计准则后在合并财务报表中如何列报？

答：(一)企业在编制合并财务报表时，因抵销未实现内部销售损益导致合并资产负债表中资产、负债的账面价值与其在所属纳税主体的计税基础之间产生暂时性差异的，在合并资产负债表中应当确认递延所得税资产或递延所得税负债，同时调整合并利润表中的所得税费用，但与直接计入所有者权益的交易或事项及企业合并相关的递延所得税除外。

(二)执行新会计准则后，母公司对于纳入合并范围子公司的未确认投资损失，在合并资产负债表中应当冲减未分配利润，不再单独作为"未确认的投资损失"项目列报。

十、企业改制过程中的资产、负债，应当如何进行确认和计量？

答：企业引入新股东改制为股份有限公司，相关资产、负债应当按照公允价值计量，并以改制时确定的公允价值为基础持续核算的结果并入控股股东的合并财务报表。改制企业的控股股东在确认对股份有限公司的长期股权投资时，初始投资成本为投出资产的公允价值及相关费用之和。

## 2. 企业会计准则解释第2号(2008年颁布)

财会[2008]11号

一、同时发行A股和H股的上市公司，应当如何运用会计政策及会计估计？

答：内地企业会计准则和香港财务报告准则实现等效后，同时发行A股和H股的上市公司，除部分长期资产减值损失的转回以及关联方披露两项差异外，对于同一交易事项，应当在A股和H股财务报告中采用相同的会计政策、运用相同的会计估计进行确认、计量和报告，不得在A股和H股财务报告中采用不同的会计处理。

二、企业购买子公司少数股东拥有对子公司的股权应当如何处理？企业或其子公司进行公司制改制的，相关资产、负债的账面价值应当如何调整？

答：(一)母公司购买子公司少数股权所形成的长期股权投资，应当按照《企业会计准则第2号——长期股权投资》第四条的规定确定其投资成本。

母公司在编制合并财务报表时，因购买少数股权新取得的长期股权投资与按照新增持股比例计算应享有子公司自购买日(或合并日)开始持续计算的净资产份额之间的差额，应当调整所有者权益(资本公积)，资本公积不足冲减的，调整留存收益。

上述规定仅适用于本规定发布之后发生的购买子公司少数股权交易，之前已经发生的购买子公司少数股权交易未按照上述原则处理的，不予追溯调整。

(二)企业进行公司制改制的，应以经评估确认的资产、负债价值作为认定成本，该成本与其账面价值的差额，应当调整所有者权益；企业的子公司进行公司制改制的，母公司通常应当按照《企业会计准则解释第1号》的相关规定确定对子公司长期股权投资的成本，该成本与长期股权投资账面价值的差额，应当调整所有者权益。

三、企业对于合营企业是否应纳入合并财务报表的合并范围？

答：按照《企业会计准则第33号——合并财务报表》的规定，投资企业对于与其他投资方一起实施共同控制的被投资单位，应当采用权益法核算，不应采用比例合并法。但是，如果根据有关章程、协议等，表明投资企业能够对被投资单位实施控制的，应当将被投资单位纳入合并财务报表的合并范围。

四、企业发行认股权和债券分离交易的可转换公司债券，其认股权应当如何进行会计处理？

答：企业发行认股权和债券分离交易的可转换公司债券（以下简称分离交易可转换公司债券），其认股权符合《企业会计准则第 22 号——金融工具确认和计量》和《企业会计准则第 37 号——金融工具列报》有关权益工具定义的，应当按照分离交易可转换公司债券发行价格，减去不附认股权且其他条件相同的公司债券公允价值后的差额，确认一项权益工具（资本公积）。

企业对于本规定发布之前已经发行的分离交易可转换公司债券，应当进行追溯调整。

五、企业采用建设经营移交方式（BOT）参与公共基础设施建设业务应当如何处理？

答：企业采用建设经营移交方式（BOT）参与公共基础设施建设业务，应当按照以下规定进行处理：

（一）本规定涉及的 BOT 业务应当同时满足以下条件：

1. 合同授予方为政府及其有关部门或政府授权进行招标的企业。

2. 合同投资方为按照有关程序取得该特许经营权合同的企业（以下简称合同投资方）。合同投资方按照规定设立项目公司（以下简称项目公司）进行项目建设和运营。项目公司除取得建造有关基础设施的权利以外，在基础设施建造完成以后的一定期间内负责提供后续经营服务。

3. 特许经营权合同中对所建造基础设施的质量标准、工期、开始经营后提供服务的对象、收费标准及后续调整作出约定，同时在合同期满，合同投资方负有将有关基础设施移交给合同授予方的义务，并对基础设施在移交时的性能、状态等作出明确规定。

（二）与 BOT 业务相关收入的确认。

1. 建造期间，项目公司对于所提供的建造服务应当按照《企业会计准则第 15 号——建造合同》确认相关的收入和费用。基础设施建成后，项目公司应当按照《企业会计准则第 14 号——收入》确认与后续经营服务相关的收入。

建造合同收入应当按照收取或应收对价的公允价值计量，并分别以下情况在确认收入的同时，确认金融资产或无形资产：

（1）合同规定基础设施建成后的一定期间内，项目公司可以无条件地自合同授予方收取确定金额的货币资金或其他金融资产的；或在项目公司提供经营服务的收费低于某一限定金额的情况下，合同授予方按照合同规定负责将有关差价补偿给项目公司的，应当在确认收入的同时确认金融资产，并按照《企业会计准则第 22 号——金融工具确认和计量》的规定处理。

（2）合同规定项目公司在有关基础设施建成后，从事经营的一定期间内有权利向获取服务的对象收取费用，但收费金额不确定的，该权利不构成一项无条件收取现金的权利，项目公司应当在确认收入的同时确认无形资产。

建造过程如发生借款利息，应当按照《企业会计准则第 17 号——借款费用》的规定处理。

2. 项目公司未提供实际建造服务，将基础设施建造发包给其他方的，不应确认建造服务收入，应当按照建造过程中支付的工程价款等考虑合同规定，分别确认为金融资产或无形资产。

（三）按照合同规定，企业为使有关基础设施保持一定的服务能力或在移交给合同授予方之前保持一定的使用状态，预计将发生的支出，应当按照《企业会计准则第 13 号——或有事项》的规定处理。

（四）按照特许经营权合同规定，项目公司应提供不止一项服务（如既提供基础设施建造服务又提供建成后经营服务）的，各项服务能够单独区分时，其收取或应收的对价应当按照各项服务的相对公允价值比例分配给所提供的各项服务。

（五）BOT 业务所建造基础设施不应作为项目公司的固定资产。

（六）在 BOT 业务中，授予方可能向项目公司提供除基础设施以外其他的资产，如果该资产构成授予方应付合同价款的一部分，不应作为政府补助处理。项目公司自授予方取得资产时，应以其公允价值确认，未提供与获取该资产相关的服务前应确认为一项负债。

本规定发布前，企业已经进行的 BOT 项目，应当进行追溯调整；进行追溯调整不切实可行的，应以与 BOT 业务相关的资产、负债在所列报最早期间期初的账面价值为基础重新分类，作为无形资产或是金融资产，同时进行减值测试；在列报的最早期间期初进行减值测试不切实可行的，应在当期期初进行减值测试。

六、售后租回交易认定为经营租赁的，应当如何进行会计处理？

答:企业的售后租回交易认定为经营租赁的,应当分别以下情况处理:

(一)有确凿证据表明售后租回交易是按照公允价值达成的,售价与资产账面价值的差额应当计入当期损益。

(二)售后租回交易如果不是按照公允价值达成的,售价低于公允价值的差额,应计入当期损益;但若该损失将由低于市价的未来租赁付款额补偿时,有关损失应予以递延(递延收益),并按与确认租金费用相一致的方法在租赁期内进行分摊;如果售价大于公允价值,其大于公允价值的部分应计入递延收益,并在租赁期内分摊。

## 3. 企业会计准则解释第3号(2009年颁布)

财会〔2009〕8号

一、采用成本法核算的长期股权投资,投资企业取得被投资单位宣告发放的现金股利或利润,应当如何进行会计处理?

答:采用成本法核算的长期股权投资,除取得投资时实际支付的价款或对价中包含的已宣告但尚未发放的现金股利或利润外,投资企业应当按照享有被投资单位宣告发放的现金股利或利润确认投资收益,不再划分是否属于投资前和投资后被投资单位实现的净利润。

企业按照上述规定确认自被投资单位应分得的现金股利或利润后,应当考虑长期股权投资是否发生减值。在判断该类长期股权投资是否存在减值迹象时,应当关注长期股权投资的账面价值是否大于享有被投资单位净资产(包括相关商誉)账面价值的份额等类似情况。出现类似情况时,企业应当按照《企业会计准则第8号——资产减值》对长期股权投资进行减值测试,可收回金额低于长期股权投资账面价值的,应当计提减值准备。

二、企业持有上市公司限售股权,对上市公司不具有控制、共同控制或重大影响的,应当如何进行会计处理?

答:企业持有上市公司限售股权(不包括股权分置改革中持有的限售股权),对上市公司不具有控制、共同控制或重大影响的,应当按照《企业会计准则第22号——金融工具确认和计量》的规定,将该限售股权划分为可供出售金融资产或以公允价值计量且其变动计入当期损益的金融资产。

企业在确定上市公司限售股权公允价值时,应当按照《企业会计准则第22号——金融工具确认和计量》有关公允价值确定的规定执行,不得改变企业会计准则规定的公允价值确定原则和方法。

本解释发布前未按上述规定确定所持有限售股权公允价值的,应当按照《企业会计准则第28号——会计政策、会计估计变更和差错更正》进行处理。

三、高危行业企业提取的安全生产费,应当如何进行会计处理?

答:高危行业企业按照国家规定提取的安全生产费,应当计入相关产品的成本或当期损益,同时记入"4301专项储备"科目。

企业使用提取的安全生产费时,属于费用性支出的,直接冲减专项储备。企业使用提取的安全生产费形成固定资产的,应当通过"在建工程"科目归集所发生的支出,待安全项目完工达到预定可使用状态时确认为固定资产;同时,按照形成固定资产的成本冲减专项储备,并确认相同金额的累计折旧。该固定资产在以后期间不再计提折旧。

"专项储备"科目期末余额在资产负债表所有者权益项下"减:库存股"和"盈余公积"之间增设"专项储备"项目反映。

企业提取的维简费和其他具有类似性质的费用,比照上述规定处理。

本解释发布前未按上述规定处理的,应当进行追溯调整。

四、企业收到政府给予的搬迁补偿款应当如何进行会计处理?

答:企业因城镇整体规划、库区建设、棚户区改造、沉陷区治理等公共利益进行搬迁,收到政府从财政预算直接拨付的搬迁补偿款,应作为专项应付款处理。其中,属于对企业在搬迁和重建过程中发生的固定资产和无形资产损失、有关费用性支出、停工损失及搬迁后拟新建资产进行补偿的，应自专项应付款转入递延收益，并按照《企业会计准则第 16 号——政府补助》进行会计处理。企业取得的搬迁补偿款扣除转入递延收益的金额后如有结余的，应当作为资本公积处理。

企业收到除上述之外的搬迁补偿款，应当按照《企业会计准则第 4 号——固定资产》、《企业会计准则第 16 号——政府补助》等会计准则进行处理。

五、在股份支付的确认和计量中，应当如何正确运用可行权条件和非可行权条件？

答：企业根据国家有关规定实行股权激励的，股份支付协议中确定的相关条件，不得随意变更。其中，可行权条件是指能够确定企业是否得到职工或其他方提供的服务、且该服务使职工或其他方具有获取股份支付协议规定的权益工具或现金等权利的条件；反之，为非可行权条件。可行权条件包括服务期限条件或业绩条件。服务期限条件是指职工或其他方完成规定服务期限才可行权的条件。业绩条件是指职工或其他方完成规定服务期限且企业已经达到特定业绩目标才可行权的条件，具体包括市场条件和非市场条件。

企业在确定权益工具授予日的公允价值时，应当考虑股份支付协议规定的可行权条件中的市场条件和非可行权条件的影响。股份支付存在非可行权条件的，只要职工或其他方满足了所有可行权条件中的非市场条件（如服务期限等），企业应当确认已得到服务相对应的成本费用。

在等待期内如果取消了授予的权益工具，企业应当对取消所授予的权益性工具作为加速行权处理，将剩余等待期内应确认的金额立即计入当期损益，同时确认资本公积。职工或其他方能够选择满足非可行权条件但在等待期内未满足的，企业应当将其作为授予权益工具的取消处理。

六、企业自行建造或通过分包商建造房地产，应当遵循哪项会计准则确认与房地产建造协议相关的收入？

答：企业自行建造或通过分包商建造房地产，应当根据房地产建造协议条款和实际情况，判断确认收入应适用的会计准则。

房地产购买方在建造工程开始前能够规定房地产设计的主要结构要素，或者能够在建造过程中决定主要结构变动的，房地产建造协议符合建造合同定义，企业应当遵循《企业会计准则第 15 号——建造合同》确认收入。

房地产购买方影响房地产设计的能力有限（如仅能对基本设计方案做微小变动）的，企业应当遵循《企业会计准则第 14 号——收入》中有关商品销售收入的原则确认收入。

七、利润表应当作哪些调整？

答：（一）企业应当在利润表"每股收益"项下增列"其他综合收益"项目和"综合收益总额"项目。"其他综合收益"项目，反映企业根据企业会计准则规定未在损益中确认的各项利得和损失扣除所得税影响后的净额。"综合收益总额"项目，反映企业净利润与其他综合收益的合计金额。"其他综合收益"和"综合收益总额"项目的序号在原有基础上顺延。

（二）企业应当在附注中详细披露其他综合收益各项目及其所得税影响，以及原计入其他综合收益、当期转入损益的金额等信息。

（三）企业合并利润表也应按照上述规定进行调整。在"综合收益总额"项目下单独列示"归属于母公司所有者的综合收益总额"项目和"归属于少数股东的综合收益总额"项目。

（四）企业提供前期比较信息时，比较利润表应当按照《企业会计准则第 30 号——财务报表列报》第八条的规定处理。

八、企业应当如何改进报告分部信息？

答：企业应当以内部组织结构、管理要求、内部报告制度为依据确定经营分部，以经营分部为基础确定报告分部，并按下列规定披露分部信息。原有关确定地区分部和业务分部以及按照主要报告形式、次要报告形式披露分部信息的规定不再执行。

（一）经营分部，是指企业内同时满足下列条件的组成部分：

1. 该组成部分能够在日常活动中产生收入、发生费用；

2. 企业管理层能够定期评价该组成部分的经营成果，以决定向其配置资源、评价其业绩；

3. 企业能够取得该组成部分的财务状况、经营成果和现金流量等有关会计信息。

企业存在相似经济特征的两个或多个经营分部，同时满足《企业会计准则第 35 号——分部报告》第五条相关规定的，可以合并为一个经营分部。

（二）企业以经营分部为基础确定报告分部时，应当满足《企业会计准则第35号——分部报告》第八条规定的三个条件之一。未满足规定条件，但企业认为披露该经营分部信息对财务报告使用者有用的，也可将其确定为报告分部。

报告分部的数量通常不应超过10个。报告分部的数量超过10个需要合并的，应当以经营分部的合并条件为基础，对相关的报告分部予以合并。

（三）企业报告分部确定后，应当披露下列信息：

1. 确定报告分部考虑的因素、报告分部的产品和劳务的类型；

2. 每一报告分部的利润（亏损）总额相关信息，包括利润（亏损）总额组成项目及计量的相关会计政策信息；

3. 每一报告分部的资产总额、负债总额相关信息，包括资产总额组成项目的信息，以及有关资产、负债计量的相关会计政策。

（四）除上述已经作为报告分部信息组成部分披露的外，企业还应当披露下列信息：

1. 每一产品和劳务或每一类似产品和劳务组合的对外交易收入；

2. 企业取得的来自于本国的对外交易收入总额以及位于本国的非流动资产（不包括金融资产、独立账户资产、递延所得税资产，下同）总额，企业从其他国家取得的对外交易收入总额以及位于其他国家的非流动资产总额；

3. 企业对主要客户的依赖程度。

## 4. 企业会计准则解释第4号（2010年颁布）

财会[2010]4号

一、同一控制下的企业合并中，合并方发生的审计、法律服务、评估咨询等中介费用以及其他相关管理费用，应当于发生时计入当期损益。非同一控制下的企业合并中，购买方发生的上述费用，应当如何进行会计处理？

答：非同一控制下的企业合并中，购买方为企业合并发生的审计、法律服务、评估咨询等中介费用以及其他相关管理费用，应当于发生时计入当期损益；购买方作为合并对价发行的权益性证券或债务性证券的交易费用，应当计入权益性证券或债务性证券的初始确认金额。

二、非同一控制下的企业合并中，购买方在购买日取得被购买方可辨认资产和负债，应当如何进行分类或指定？

答：非同一控制下的企业合并中，购买方在购买日取得被购买方可辨认资产和负债，应当根据企业会计准则的规定，结合购买日存在的合同条款、经营政策、并购政策等相关因素进行分类或指定，主要包括被购买方的金融资产和金融负债的分类、套期关系的指定、嵌入衍生工具的分拆等。但是，合并中如涉及租赁合同和保险合同且在购买日对合同条款作出修订的，购买方应当根据企业会计准则的规定，结合修订的条款和其他因素对合同进行分类。

三、企业通过多次交易分步实现非同一控制下企业合并的，对于购买日之前持有的被购买方的股权，应当如何进行会计处理？

答：企业通过多次交易分步实现非同一控制下企业合并的，应当区分个别财务报表和合并财务报表进行相关会计处理：

（一）在个别财务报表中，应当以购买日之前所持被购买方的股权投资的账面价值与购买日新增投资成本之和，作为该项投资的初始投资成本；购买日之前持有的被购买方的股权涉及其他综合收益的，应当在处置该项投资时将与其相关的其他综合收益（例如，可供出售金融资产公允价值变动计入资本公积的部分，下同）转入当期投资收益。

（二）在合并财务报表中，对于购买日之前持有的被购买方的股权，应当按照该股权在购买日的公允价值进行重新计量，公允价值与其账面价值的差额计入当期投资收益；购买日之前持有的被购买方的股权涉及其他综合收益的，与其相关的其他综合收益应当转为购买日所属当期投资收益。购买方应当在附注中披露其在购买日之前持有的被购买方的股权在购买日的公允价值、按照公允价值重新计量产生的相关利得或损失的金额。

四、企业因处置部分股权投资或其他原因丧失了对原有子公司控制权的，对于处置后的剩余股权应当如何进行会计处理？

答：企业因处置部分股权投资或其他原因丧失了对原有子公司控制权的，应当区分个别财务报表和合并财务报表进行相关会计处理：

（一）在个别财务报表中，对于处置的股权，应当按照《企业会计准则第 2 号——长期股权投资》的规定进行会计处理；同时，对于剩余股权，应当按其账面价值确认为长期股权投资或其他相关金融资产。处置后的剩余股权能够对原有子公司实施共同控制或重大影响的，按有关成本法转为权益法的相关规定进行会计处理。

（二）在合并财务报表中，对于剩余股权，应当按照其在丧失控制权日的公允价值进行重新计量。处置股权取得的对价与剩余股权公允价值之和，减去按原持股比例计算应享有原有子公司自购买日开始持续计算的净资产的份额之间的差额，计入丧失控制权当期的投资收益。与原有子公司股权投资相关的其他综合收益，应当在丧失控制权时转为当期投资收益。企业应当在附注中披露处置后的剩余股权在丧失控制权日的公允价值、按照公允价值重新计量产生的相关利得或损失的金额。

五、在企业合并中，购买方对于因企业合并而产生的递延所得税资产，应当如何进行会计处理？

答：在企业合并中，购买方取得被购买方的可抵扣暂时性差异，在购买日不符合递延所得税资产确认条件的，不应予以确认。购买日后 12 个月内，如取得新的或进一步的信息表明购买日的相关情况已经存在，预期被购买方在购买日可抵扣时性差异带来的经济利益能够实现的，应当确认相关的递延所得税资产，同时减少商誉，商誉不足冲减的，差额部分确认为当期损益；除上述情况以外，确认与企业合并相关的递延所得税资产，应当计入当期损益。

六、在合并财务报表中，子公司少数股东分担的当期亏损超过了少数股东在该子公司期初所有者权益中所享有的份额的，其余额应当如何进行会计处理？

答：在合并财务报表中，子公司少数股东分担的当期亏损超过了少数股东在该子公司期初所有者权益中所享有的份额的，其余额仍应当冲减少数股东权益。

七、企业集团内涉及不同企业的股份支付交易应当如何进行会计处理？

答：企业集团（由母公司和其全部子公司构成）内发生的股份支付交易，应当按照以下规定进行会计处理：

（一）结算企业以其本身权益工具结算的，应当将该股份支付交易作为权益结算的股份支付处理；除此之外，应当作为现金结算的股份支付处理。

结算企业是接受服务企业的投资者的，应当按照授予日权益工具的公允价值或应承担负债的公允价值确认为对接受服务企业的长期股权投资，同时确认资本公积（其他资本公积）或负债。

（二）接受服务企业没有结算义务或授予本企业职工的是其本身权益工具的，应当将该股份支付交易作为权益结算的股份支付处理；接受服务企业具有结算义务且授予本企业职工的是企业集团内其他企业权益工具的，应当将该股份支付交易作为现金结算的股份支付处理。

八、融资性担保公司应当执行何种会计标准？

答：融资性担保公司应当执行企业会计准则，并按照《企业会计准则——应用指南》有关保险公司财务报表格式规定，结合公司实际情况，编制财务报表并对外披露相关信息，不再执行《担保企业会计核算办法》（财会〔2005〕17 号）。

融资性担保公司发生的担保业务，应当按照《企业会计准则第 25 号——原保险合同》、《企业会计准则第 26 号——再保险合同》、《保险合同相关会计处理规定》（财会〔2009〕15 号）等有关保险合同的相关规定进行会计处理。

九、企业发生的融资融券业务，应当执行何种会计标准？

答：融资融券业务，是指证券公司向客户出借资金供其买入证券或者出借证券供其卖出，并由客户交存

相应担保物的经营活动。企业发生的融资融券业务，分为融资业务和融券业务两类。

关于融资业务，证券公司及其客户均应当按照《企业会计准则第 22 号——金融工具确认和计量》有关规定进行会计处理。证券公司融出的资金，应当确认应收债权，并确认相应利息收入；客户融入的资金，应当确认应付债务，并确认相应利息费用。

关于融券业务，证券公司融出的证券，按照《企业会计准则第 23 号——金融资产转移》有关规定，不应终止确认该证券，但应确认相应利息收入；客户融入的证券，应当按照《企业会计准则第 22 号——金融工具确认和计量》有关规定进行会计处理，并确认相应利息费用。

证券公司对客户融资融券并代客户买卖证券时，应当作为证券经纪业务进行会计处理。

证券公司及其客户发生的融资融券业务，应当按照《企业会计准则第 37 号——金融工具列报》有关规定披露相关会计信息。

十、企业根据《企业会计准则解释第 2 号》(财会〔2008〕11 号)的规定，对认股权和债券分离交易的可转换公司债券中的认股权，单独确认了一项权益工具(资本公积——其他资本公积)。认股权持有人没有行权的，原计入资本公积(其他资本公积)的部分，应当如何进行会计处理？

答：企业发行的认股权和债券分离交易的可转换公司债券，认股权持有人到期没有行权的，应当在到期时将原计入资本公积(其他资本公积)的部分转入资本公积(股本溢价)。

十一、本解释一至四条的规定，自 2010 年 1 月 1 日起施行；五至十条的规定，应当进行追溯调整，追溯调整不切实可行的除外。

# 5. 企业会计准则解释第 5 号(2012 年颁布)

财会[2012]19 号

一、非同一控制下的企业合并中，购买方应如何确认取得的被购买方拥有的但在其财务报表中未确认的无形资产？

答：非同一控制下的企业合并中，购买方在对企业合并中取得的被购买方资产进行初始确认时，应当对被购买方拥有的但在其财务报表中未确认的无形资产进行充分辨认和合理判断，满足以下条件之一的，应确认为无形资产：

(一)源于合同性权利或其他法定权利；

(二)能够从被购买方中分离或者划分出来，并能单独或与相关合同、资产和负债一起，用于出售、转移、授予许可、租赁或交换。

企业应当在附注中披露在非同一控制下的企业合并中取得的被购买方无形资产的公允价值及其公允价值的确定方法。

二、企业开展信用风险缓释工具相关业务，应当如何进行会计处理？

答：信用风险缓释工具，是指信用风险缓释合约、信用风险缓释凭证及其他用于管理信用风险的信用衍生产品。信用风险缓释合约，是指交易双方达成的、约定在未来一定期限内，信用保护买方按照约定的标准和方式向信用保护卖方支付信用保护费用，由信用保护卖方就约定的标的债务向信用保护买方提供信用风险保护的金融合约。信用风险缓释凭证，是指由标的实体以外的机构创设，为凭证持有人就标的债务提供信用风险保护的、可交易流通的有价凭证。

信用保护买方和卖方应当根据信用风险缓释工具的合同条款，按照实质重于形式的原则，判断信用风险缓释工具是否属于财务担保合同，并分别下列情况进行处理：

(一)属于财务担保合同的信用风险缓释工具，除融资性担保公司根据《企业会计准则解释第 4 号》第八条的规定处理外，信用保护买方和卖方应当按照《企业会计准则第 22 号——金融工具确认和计量》中有关财务担保合同的规定进行会计处理。其中，信用保护买方支付的信用保护费用和信用保护卖方取得的信用保护收入，应当在财务担保合同期间内按照合理的基础进行摊销，计入各期损益。

(二)不属于财务担保合同的其他信用风险缓释工具，信用保护买方和卖方应当按照《企业会计准则第

22 号——金融工具确认和计量》的规定，将其归类为衍生工具进行会计处理。

财务担保合同，是指当特定债务人到期不能按照最初或修改后的债务工具条款偿付时，要求签发人向蒙受损失的合同持有人赔付特定金额的合同。

开展信用风险缓释工具相关业务的信用保护买方和卖方，应当根据信用风险缓释工具的分类，分别按照《企业会计准则第 37 号——金融工具列报》、《企业会计准则第 25 号——原保险合同》或《企业会计准则第 26 号——再保险合同》以及《企业会计准则第 30 号——财务报表列报》进行列报。

三、企业采用附追索权方式出售金融资产，或将持有的金融资产背书转让，是否应当终止确认该金融资产？

答：企业对采用附追索权方式出售的金融资产，或将持有的金融资产背书转让，应当根据《企业会计准则第 23 号——金融资产转移》的规定，确定该金融资产所有权上几乎所有的风险和报酬是否已经转移。企业已将该金融资产所有权上几乎所有的风险和报酬转移给转入方的，应当终止确认该金融资产；保留了金融资产所有权上几乎所有的风险和报酬的，不应当终止确认该金融资产；既没有转移也没有保留金融资产所有权上几乎所有的风险和报酬的，应当继续判断企业是否对该资产保留了控制，并根据《企业会计准则第 23 号——金融资产转移》的规定进行会计处理。

四、银行业金融机构开展同业代付业务，应当如何进行会计处理？

答：银行业金融机构应当根据委托行（发起行、开证行）与受托行（代付行）签订的代付业务协议条款判断同业代付交易的实质，按照融资资金的提供方不同以及代付本金和利息的偿还责任不同，分别下列情况进行处理：

（一）如果委托行承担合同义务在约定还款日无条件向受托行偿还代付本金和利息，委托行应当按照《企业会计准则第 22 号——金融工具确认和计量》，将相关交易作为对申请人发放贷款处理，受托行应当将相关交易作为向委托行拆出资金处理。

（二）如果申请人承担合同义务向受托行在约定还款日偿还代付本金和利息（无论还款是否通过委托行），委托行仅在申请人到期未能偿还代付本金和利息的情况下，才向受托行无条件偿还代付本金和利息的，对于相关交易中的担保部分，委托行应当按照《企业会计准则第 22 号——金融工具确认和计量》对财务担保合同的规定处理；对于相关交易中的代理责任部分，委托行应当按照《企业会计准则第 14 号——收入》处理。受托行应当按照《企业会计准则第 22 号——金融工具确认和计量》，将相关交易作为对申请人发放贷款处理。

银行业金融机构应当严格遵循《企业会计准则第 37 号——金融工具列报》和其他相关准则的规定，对同业代付业务涉及的金融资产、金融负债、贷款承诺、担保、代理责任等相关信息进行列报。同业代付业务产生的金融资产和金融负债不得随意抵销。

本条解释既适用于信用证项下的同业代付业务，也适用于保理项下的同业代付业务。

五、企业通过多次交易分步处置对子公司股权投资直至丧失控制权，应当如何进行会计处理？

答：企业通过多次交易分步处置对子公司股权投资直至丧失控制权的，应当按照《关于执行会计准则的上市公司和非上市企业做好 2009 年年报工作的通知》（财会[2009]16 号）和《企业会计准则解释第 4 号》（财会[2010]15 号）的规定对每一项交易进行会计处理。处置对子公司股权投资直至丧失控制权的各项交易属于一揽子交易的，应当将各项交易作为一项处置子公司并丧失控制权的交易进行会计处理；但是，在丧失控制权之前每一次处置价款与处置投资对应的享有该子公司净资产份额的差额，在合并财务报表中应当确认为其他综合收益，在丧失控制权时一并转入丧失控制权当期的损益。

处置对子公司股权投资的各项交易的条款、条件以及经济影响符合以下一种或多种情况，通常表明应将多次交易事项作为一揽子交易进行会计处理：

（1）这些交易是同时或者在考虑了彼此影响的情况下订立的；

（2）这些交易整体才能达成一项完整的商业结果；

（3）一项交易的发生取决于其他至少一项交易的发生；

（4）一项交易单独看是不经济的，但是和其他交易一并考虑时是经济的。

六、企业接受非控股股东（或非控股股东的子公司）直接或间接代为偿债、债务豁免或捐赠的，应如何进行会计处理？

答：企业接受代为偿债、债务豁免或捐赠，按照企业会计准则规定符合确认条件的，通常应当确认为当期收益；但是，企业接受非控股股东（或非控股股东的子公司）直接或间接代为偿债、债务豁免或捐赠，经济实质表明属于非控股股东对企业的资本性投入，应当将相关利得计入所有者权益（资本公积）。

企业发生破产重整，其非控股股东因执行人民法院批准的破产重整计划，通过让渡所持有的该企业部分股份向企业债权人偿债的，企业应将非控股股东所让渡股份按照其在让渡之日的公允价值计入所有者权益（资本公积），减少所豁免债务的账面价值，并将让渡股份公允价值与被豁免的债务账面价值之间的差额计入当期损益。控股股东按照破产重整计划让渡了所持有的部分该企业股权向企业债权人偿债的，该企业也按此原则处理。

七、本解释自 2013 年 1 月 1 日施行，不要求追溯调整。

# 第九章 企业涉税会计法规

## 1. 纳税人财务会计报表报送管理办法(2005年颁布)

国税发[2005]20号

### 第一章 总 则

**第一条** 为了统一纳税人财务会计报表报送,规范税务机关对财务会计报表数据的接收、处理及应用维护,减轻纳税人负担,夯实征管基础,根据《中华人民共和国税收征收管理法》(以下简称《征管法》)及其实施细则以及其他相关法律、法规的规定,制定本办法。

**第二条** 本办法所称纳税人是指《征管法》第十五条所规定的从事生产、经营的纳税人。实行定期定额征收方式管理的纳税人除外。

**第三条** 本办法所称财务会计报表是指会计制度规定编制的资产负债表、利润表、现金流量表和相关附表。

前款所称会计制度是指国务院颁布的《中华人民共和国企业财务会计报告条例》以及财政部制定颁发的各项会计制度。

**第四条** 纳税人应当按照国家相关法律、法规的规定编制和报送财务会计报表,不得编制提供虚假的财务会计报表。纳税人的法定代表人或负责人对报送的财务会计报表的真实性和完整性负责。

**第五条** 纳税人应当在规定期间,按照现行税收征管范围的划分,分别向主管国家税务局、地方税务局报送财务会计报表。除有特殊要求外,同样的报表只报送一次。

主管税务机关应指定部门采集录入,实行“一户式”存储,实现信息共享,不得要求纳税人按税种或者在办理其它涉税事项时重复报送财务会计报表。

**第六条** 税务机关应当依法对取得的纳税人财务会计报表数据保密,不得随意公开或用于税收以外的用途。

### 第二章 报表报送

**第七条** 纳税人无论有无应税收入、所得和其他应税项目,或者在减免税期间,均必须依照《征管法》第二十五条的规定,按其所适用的会计制度编制财务报表,并按本办法第八条规定的时限向主管税务机关报送;其所适用的会计制度规定需要编报相关附表以及会计报表附注、财务情况说明书、审计报告的,应当随同财务会计报表一并报送。

适用不同的会计制度报送财务会计报表的具体种类,由省、自治区、直辖市和计划单列市国家税务局和地方税务局联合确定。

**第八条** 纳税人财务会计报表报送期间原则上按季度和年度报送。确需按月报送的,由省、自治区、直辖市和计划单列市国家税务局和地方税务局联合确定。

**第九条** 纳税人财务会计报表的报送期限为:按季度报送的在季度终了后15日内报送;按年度报送的内资企业在年度终了后45天,外商投资企业和外国企业在年度终了后4个月内报送。

**第十条** 纳税人经批准延期办理纳税申报的,其财务会计报表报送期限可以顺延。

**第十一条** 纳税人可以直接到税务机关办理财务会计报表的报送,也可以按规定采取邮寄、数据电文或者其他方式办理上述报送事项。

**第十二条** 纳税人采取邮寄方式办理财务会计报表报送的,以邮政部门收据作为报送凭据。邮寄报送的,以寄出日的邮戳日期为实际报送日期。

**第十三条** 纳税人以磁盘、IC卡、U盘等电子介质(以下简称电子介质)或网络方式报送财务会计报表的,税务机关应当提供数据接口。凡使用总局软件的,数据接口格式标准由总局公布;未使用总局软件的,也必须按总局标准对自行开发软件作相应调整。

**第十四条** 《中华人民共和国电子签名法》正式施行后,纳税人可按照税务机关的规定只报送财务会计报表电子数据。在此之前,纳税人以电子介质或网络方式报送财务会计报表的,仍按照税务机关规定,相应报送纸质报表。

## 第三章 接收处理

**第十五条** 纳税人报送的纸质财务会计报表,由税务机关的办税服务厅或办税服务室(以下简称办税厅)负责受理、审核、录入和归档;以电子介质报送的电子财务会计报表由办税厅负责接收、读入、审核和存储;以网络方式报送的财务会计报表电子数据由税务机关指定的部门通过系统接收、读入、校验。

**第十六条** 主管税务机关应当对不同形式报送的财务会计报表分别审核校验:

(一)办税厅对于纸质财务会计报表,实行完整性和时效性审核通过后在综合征管软件系统中作报送记录。凡符合规定的,当场打印回执凭证交纳税人留存;凡不符合规定的,要求纳税人在限期内补正,限期内补正的,视同按规定期限报送财务会计报表。

(二)办税厅对于电子介质财务会计报表,实行安全过滤并进行系统校验性审核。凡符合规定的,当场打印回执凭证交纳税人留存;凡不符合规定的,要求纳税人在限期内补正,限期内补正的,视同按规定期限报送财务会计报表。

(三)主管税务机关对于通过网络报送的财务会计报表电子数据,必须实施安全过滤后实时进行系统性校验。凡符合规定的,系统提示纳税人报送成功,并提供电子回执凭证;凡不符合要求的,系统提示报送不成功,纳税人应当及时检查纠正,重新报送。

**第十七条** 办税厅应当及时将纳税人当期报送的纸质财务会计报表的各项数据,准确、完整地采集和录入。

税务机关指定的部门对于纳税人当期报送的财务会计报表电子数据,应当按照“一户式”存储的管理要求,统一存储,数据共享,并负责数据安全和数据备份。

**第十八条** 有条件的地区,国家税务局和地方税务局可将各自采集的纳税人财务会计报表数据进行交换和比对,以提高财务会计报表数据的真实性和完整性。

**第十九条** 财务会计报表报送期届满,主管税务机关应当将综合征管信息系统生成的未报送财务会计报表的纳税人清单分送纳税人所辖税务机关,由所辖税务机关负责督促税收管理员逐户催报。

**第二十条** 纳税人报送的财务会计报表由主管税务机关根据税收征管法及其实施细则和相关法律、法规规定的保存期限归档和销毁。

## 第四章 数据维护

**第二十一条** 总局对各地反馈上报要求在财务会计报表之外增加的数据需求,应当按照《国家税务总局工作规则》的规定,由总局征收管理司(以下简称征管司)组织相关司局进行分析、确认,并提出具体的解决建议,报经局长办公会或局务会批准后,方可增加。涉及软件修改的,由征管司组织相关司局编制业务需求。

**第二十二条** 总局信息中心根据征管司组织相关司局编制的业务需求,负责进行需求分析,提出技术要求并分别作出处理:

(一)涉及税务机关的业务内容变化,直接安排修改总局综合征管软件;同时将需要修改的内容标准化,下发未使用总局综合征管软件的税务机关自行修改软件。

(二)涉及纳税人的业务变化,将需要修改的内容标准化并向社会公布,同时公布软件接口标准,以便商用软件开发商修改软件,及时为纳税人更新申报软件版本。

**第二十三条** 使用自行开发软件地区需要进行数据维护的,可参照本办法第二十一、二十二条的规则办理。

**第二十四条** 总局临时性需下级税务机关报送的各类调查表、统计表,涉及纳税人财务会计报表指标的，由征管司确认，凡可从已有的财务会计报表公共信息中提取，主管税务机关不再采集。

### 第五章 法律责任

**第二十五条** 纳税人有违反本办法规定行为的，主管税务机关应当责令限期改正。责令限期改正的期限最长不超过15天。

**第二十六条** 纳税人未按照规定期限报送财务会计报表，或者报送的财务会计报表不符合规定且未在规定的期限内补正的，由主管税务机关依照《征管法》第六十二条的规定处罚。

**第二十七条** 纳税人提供虚假的财务会计报表，或者拒绝提供财务会计报表的，由主管税务机关依照《征管法》第七十条的规定处罚。

**第二十八条** 由于税务机关原因致使纳税人已报送的纸质或电子财务会计报表遗失或残缺，税务机关应当向纳税人道歉，并由纳税人重新报送。

### 第六章 附 则

**第二十九条** 纳税人按规定需要报送的财务会计报表，可以委托具有合法资质的中介机构报送。

**第三十条** 本办法所称日内均含本日，遇有法定公休日、节假日，按照税收征管法及其实施细则的规定顺延。

**第三十一条** 各省、自治区、直辖市和计划单列市国家税务局、地方税务局可根据本办法制定具体实施细则，并报国家税务总局备案。

**第三十二条** 本办法由国家税务总局负责解释。

**第三十三条** 本办法自2005年5月1日起执行。

## 2. 总分支机构试点纳税人增值税计算缴纳暂行办法（2012年颁布）

财税[2012]84号

一、经财政部和国家税务总局批准的总机构试点纳税人，及其分支机构按照本办法的规定计算缴纳增值税。

二、总机构应当汇总计算总机构以及其分支机构发生《应税服务范围注释》所列业务的应交增值税，抵减分支机构发生《应税服务范围注释》所列业务已缴纳的增值税和营业税税款后，在总机构所在地解缴入库。总机构销售货物、提供加工修理修配劳务，按照增值税暂行条例及相关规定申报缴纳增值税。

三、总机构的汇总应征增值税销售额由以下两部分组成：

（一）总机构及其试点地区分支机构发生《应税服务范围注释》所列业务的应征增值税销售额；

（二）非试点地区分支机构发生《应税服务范围注释》所列业务的销售额。计算公式如下：

销售额＝应税服务的营业额÷（1＋增值税适用税率）

应税服务的营业额，是指非试点地区分支机构发生《应税服务范围注释》所列业务的营业额。增值税适用税率，是指《交通运输业和部分现代服务业营业税改征增值税试点实施办法》（以下简称《试点实施办法》）规定的增值税适用税率。

四、总机构汇总的销项税额，按照本办法第三条规定的应征增值税销售额和《试点实施办法》规定的增值税适用税率计算。

五、总机构汇总的进项税额，是指总机构及其分支机构因发生《应税服务范围注释》所列业务而购进货物或者接受加工修理修配劳务和应税服务，支付或者负担的增值税税额。总机构及其分支机构用于发生《应税服务范围注释》所列业务之外的进项税额不得汇总。

六、试点地区分支机构发生《应税服务范围注释》所列业务，按照应征增值税销售额和预征率计算缴纳

增值税。计算公式如下：

应缴纳的增值税＝应征增值税销售额×预征率

预征率由财政部和国家税务总局规定，并适时予以调整。

试点地区分支机构和非试点地区分支机构销售货物、提供加工修理修配劳务，按照增值税暂行条例及相关规定就地申报缴纳增值税；非试点地区分支机构发生《应税服务范围注释》所列业务，按照现行规定申报缴纳营业税。

七、分支机构发生《应税服务范围注释》所列业务当期已缴纳的增值税和营业税税款，允许在总机构当期增值税应纳税额中抵减，抵减不完的，可以结转下期继续抵减。

八、总机构以及试点地区分支机构的其他增值税涉税事项，按照《财政部 国家税务总局关于在上海市开展交通运输业和部分现代服务业营业税改征增值税试点的通知》(财税[2011]111 号)及其他增值税有关政策执行。

九、总分机构试点纳税人增值税具体管理办法由国家税务总局另行制定。

# 3. 国家税务总局关于代征代扣税款会计核算问题的通知(2002 年颁布)

国税发[2002]49 号

为严格规范代征代扣税款的核算和代征代扣手续费的收支，根据《财政部、国家税务总局、中国人民银行关于代扣、代收和代征税款手续费纳入预算管理的通知》(财预[2001]523 号)，现将代征代扣税款手续费纳入预算管理后的有关税收会计核算问题明确如下：

一、代征代扣税款的核算范围为：扣缴义务人按税法规定的要求已向税务机关办理申报和缴款手续的代扣代收税款；税务机关按照有利于税收控管和方便纳税的原则，根据税收征管制度规定签有委托代征协议的代征单位和个人(以下简称代征人)按协议的要求已向税务机关办理票款结报和缴款手续的代征税款。

下列税收收入不得纳入代征代扣税款核算：

(一)海关代征的进口环节增值税、消费税；

(二)税务机关(包括税务机关聘用的助征员)自收的现金税款(包括税收罚款、罚没收入、税款滞纳金等自收现金收入)；

(三)企业纳税人同城直接转账缴纳的税款(包括罚款、罚没收入、税款滞纳金等转账收入，不包括税务机关委托银行向异地企业托收的转账税款)；

(四)未办理或未保存代扣代收税款申报材料和代征协议的。

二、各税收会计入库单位和双重业务单位必须单独设置“代征代扣税款登记簿”，并下设“代扣代收”、“委托代征”二类明细科目，以辅助账形式分税种登记反映代征代扣税款征收情况。

三、扣缴义务人代扣代收税款后，在按规定向主管税务机关报送代扣代收税款报告表或结报票款时，必须同时向税务机关填报“代征代扣税款结报单”(格式见附件 1)。税收会计以结报单作为核算代扣代收税款和计付代扣手续费的原始凭证。

代征人代征税款后，必须按代征协议规定的票款结报时间和要求，向主管税务机关填报“代征代扣税款结报单”，并办理票款结报。税收会计以结报单作为核算代征税款和计付代征手续费的原始凭证。

各入库单位和双重业务单位必须将代征代扣税款结算单按月单独装订成册，并按税收会计档案要求保存备查。

四、为准确反映代征代扣税款的征收情况，2002 年税收会计报表中增设《代征代扣税款明细月报表》(表式见附件 2)。从 2002 年 8 月份编报 7 月份税收会计报表起，各核算单位应根据“代征代扣税款登记簿”如实编报。同时，取消《入库税金明细月报表》中“其中：银行代征”、“其中：其他代征”和“其中：代扣代缴”三栏目。有关计算机表格及参数将通过广域网下发各地。

五、各税务机关计会部门应根据代征代扣税款结报单定期分户、分税种汇总代征代扣税款数，提供本单位财务部门作为计付代征或代扣税款手续费的依据。

凡是扣缴义务人和代征人未向税务机关报送代征代扣税款结报单的，税务机关不得向扣缴义务人和代征人支付代征代扣手续费。违规支付的，将按有关规定严肃追究责任。

从2002年7月1日起，扣缴义务人和代征人代征代扣税款时，必须严格按照上述要求，向主管税务机关填报代征代扣税款结报单，并据此核算代征代扣税款和支付代征代扣手续费；2002年7月1日前代征代扣的税款，扣缴义务人和代征人代征代扣税款时，必须严格按照上述要求，向主管税务机关填报代征代扣税款结报单，并据此核算代征代扣税款和支付代征代扣手续费；2002年7月1日前代征代扣的税款，扣缴义务人和代征人向税务机关填报手续费领款申请单，并附实际代征代扣税款的有关申报或结报证明材料。

# 4. 国家税务总局关于确认企业所得税收入若干问题的通知(2008年颁布)

国税函〔2008〕875号

各省、自治区、直辖市和计划单列市国家税务局、地方税务局：

根据《中华人民共和国企业所得税法》(以下简称企业所得税法)及《中华人民共和国企业所得税法实施条例》(以下简称实施条例)规定的原则和精神，现对确认企业所得税收入的若干问题通知如下：

一、除企业所得税法及实施条例另有规定外，企业销售收入的确认，必须遵循权责发生制原则和实质重于形式原则。

(一)企业销售商品同时满足下列条件的，应确认收入的实现：

1. 商品销售合同已经签订，企业已将商品所有权相关的主要风险和报酬转移给购货方；

2. 企业对已售出的商品既没有保留通常与所有权相联系的继续管理权，也没有实施有效控制；

3. 收入的金额能够可靠地计量；

4. 已发生或将发生的销售方的成本能够可靠地核算。

(二)符合上款收入确认条件，采取下列商品销售方式的，应按以下规定确认收入实现时间：

1. 销售商品采用托收承付方式的，在办妥托收手续时确认收入。

2. 销售商品采取预收款方式的，在发出商品时确认收入。

3. 销售商品需要安装和检验的，在购买方接受商品以及安装和检验完毕时确认收入。如果安装程序比较简单，可在发出商品时确认收入。

4. 销售商品采用支付手续费方式委托代销的，在收到代销清单时确认收入。

(三)采用售后回购方式销售商品的，销售的商品按售价确认收入，回购的商品作为购进商品处理。有证据表明不符合销售收入确认条件的，如以销售商品方式进行融资，收到的款项应确认为负债，回购价格大于原售价的，差额应在回购期间确认为利息费用。

(四)销售商品以旧换新的，销售商品应当按照销售商品收入确认条件确认收入，回收的商品作为购进商品处理。

(五)企业为促进商品销售而在商品价格上给予的价格扣除属于商业折扣，商品销售涉及商业折扣的，应当按照扣除商业折扣后的金额确定销售商品收入金额。

债权人为鼓励债务人在规定的期限内付款而向债务人提供的债务扣除属于现金折扣，销售商品涉及现金折扣的，应当按扣除现金折扣前的金额确定销售商品收入金额，现金折扣在实际发生时作为财务费用扣除。

企业因售出商品的质量不合格等原因而在售价上给的减让属于销售折让；企业因售出商品质量、品种不符合要求等原因而发生的退货属于销售退回。企业已经确认销售收入的售出商品发生销售折让和销售退回，应当在发生当期冲减当期销售商品收入。

二、企业在各个纳税期末，提供劳务交易的结果能够可靠估计的，应采用完工进度(完工百分比)法确认提供劳务收入。

（一）提供劳务交易的结果能够可靠估计，是指同时满足下列条件：

1. 收入的金额能够可靠地计量；

2. 交易的完工进度能够可靠地确定；

3. 交易中已发生和将发生的成本能够可靠地核算。

（二）企业提供劳务完工进度的确定，可选用下列方法：

1. 已完工作的测量；

2. 已提供劳务占劳务总量的比例；

3. 发生成本占总成本的比例。

（三）企业应按照从接受劳务方已收或应收的合同或协议价款确定劳务收入总额，根据纳税期末提供劳务收入总额乘以完工进度扣除以前纳税年度累计已确认提供劳务收入后的金额，确认为当期劳务收入；同时，按照提供劳务估计总成本乘以完工进度扣除以前纳税期间累计已确认劳务成本后的金额，结转为当期劳务成本。

（四）下列提供劳务满足收入确认条件的，应按规定确认收入：

1. 安装费。应根据安装完工进度确认收入。安装工作是商品销售附带条件的，安装费在确认商品销售实现时确认收入。

2. 宣传媒介的收费。应在相关的广告或商业行为出现于公众面前时确认收入。广告的制作费，应根据制作广告的完工进度确认收入。

3. 软件费。为特定客户开发软件的收费，应根据开发的完工进度确认收入。

4. 服务费。包含在商品售价内可区分的服务费，在提供服务的期间分期确认收入。

5. 艺术表演、招待宴会和其他特殊活动的收费。在相关活动发生时确认收入。收费涉及几项活动的，预收的款项应合理分配给每项活动，分别确认收入。

6. 会员费。申请入会或加入会员，只允许取得会籍，所有其他服务或商品都要另行收费的，在取得该会员费时确认收入。申请入会或加入会员后，会员在会员期内不再付费就可得到各种服务或商品，或者以低于非会员的价格销售商品或提供服务的，该会员费应在整个受益期内分期确认收入。

7. 特许权费。属于提供设备和其他有形资产的特许权费，在交付资产或转移资产所有权时确认收入；属于提供初始及后续服务的特许权费，在提供服务时确认收入。

8. 劳务费。长期为客户提供重复的劳务收取的劳务费，在相关劳务活动发生时确认收入。

三、企业以买一赠一等方式组合销售本企业商品的，不属于捐赠，应将总的销售金额按各项商品的公允价值的比例来分摊确认各项的销售收入。

国家税务总局

二〇〇八年十月三十日

# 5. 企业研究开发费用税前扣除管理办法(试行)
# (2008年颁布)

国税发〔2008〕116号

**第一条** 为鼓励企业开展研究开发活动，规范企业研究开发费用的税前扣除及有关税收优惠政策的执行，根据《中华人民共和国企业所得税法》及其实施条例、《中华人民共和国税收征收管理法》及其实施细则和《国务院关于印发实施〈国家中长期科学和技术发展规划纲要（2006－2020）〉若干配套政策的通知》（国发［2006］6号）的有关规定，制定本办法。

**第二条** 本办法适用于财务核算健全并能准确归集研究开发费用的居民企业（以下简称企业）。

**第三条** 本办法所称研究开发活动是指企业为获得科学与技术（不包括人文、社会科学）新知识，创造性运用科学技术新知识，或实质性改进技术、工艺、产品（服务）而持续进行的具有明确目标的研究开发活动。

创造性运用科学技术新知识，或实质性改进技术、工艺、产品（服务），是指企业通过研究开发活动在技术、工艺、产品（服务）方面的创新取得了有价值的成果，对本地区（省、自治区、直辖市或计划单列市）相关行业的技术、工艺领先具有推动作用，不包括企业产品（服务）的常规性升级或对公开的科研成果直接应用等活动（如直接采用公开的新工艺、材料、装置、产品、服务或知识等）。

**第四条** 企业从事《国家重点支持的高新技术领域》和国家发展改革委员会等部门公布的《当前优先发展的高技术产业化重点领域指南（2007年度）》规定项目的研究开发活动，其在一个纳税年度中实际发生的下列费用支出，允许在计算应纳税所得额时按照规定实行加计扣除。

（一）新产品设计费、新工艺规程制定费以及与研发活动直接相关的技术图书资料费、资料翻译费。

（二）从事研发活动直接消耗的材料、燃料和动力费用。

（三）在职直接从事研发活动人员的工资、薪金、奖金、津贴、补贴。

（四）专门用于研发活动的仪器、设备的折旧费或租赁费。

（五）专门用于研发活动的软件、专利权、非专利技术等无形资产的摊销费用。

（六）专门用于中间试验和产品试制的模具、工艺装备开发及制造费。

（七）勘探开发技术的现场试验费。

（八）研发成果的论证、评审、验收费用。

**第五条** 对企业共同合作开发的项目，凡符合上述条件的，由合作各方就自身承担的研发费用分别按照规定计算加计扣除。

**第六条** 对企业委托给外单位进行开发的研发费用，凡符合上述条件的，由委托方按照规定计算加计扣除，受托方不得再进行加计扣除。

对委托开发的项目，受托方应向委托方提供该研发项目的费用支出明细情况，否则，该委托开发项目的费用支出不得实行加计扣除。

**第七条** 企业根据财务会计核算和研发项目的实际情况，对发生的研发费用进行收益化或资本化处理的，可按下述规定计算加计扣除：

（一）研发费用计入当期损益未形成无形资产的，允许再按其当年研发费用实际发生额的50%，直接抵扣当年的应纳税所得额。

（二）研发费用形成无形资产的，按照该无形资产成本的150%在税前摊销。除法律另有规定外，摊销年限不得低于10年。

**第八条** 法律、行政法规和国家税务总局规定不允许企业所得税前扣除的费用和支出项目，均不允许计入研究开发费用。

**第九条** 企业未设立专门的研发机构或企业研发机构同时承担生产经营任务的，应对研发费用和生产经营费用分开进行核算，准确、合理的计算各项研究开发费用支出，对划分不清的，不得实行加计扣除。

**第十条** 企业必须对研究开发费用实行专账管理，同时必须按照本办法附表的规定项目，准确归集填写年度可加计扣除的各项研究开发费用实际发生金额。企业应于年度汇算清缴所得税申报时向主管税务机关报送本办法规定的相应资料。申报的研究开发费用不真实或者资料不齐全的，不得享受研究开发费用加计扣除，主管税务机关有权对企业申报的结果进行合理调整。

企业在一个纳税年度内进行多个研究开发活动的，应按照不同开发项目分别归集可加计扣除的研究开发费用额。

**第十一条** 企业申请研究开发费加计扣除时，应向主管税务机关报送如下资料：

（一）自主、委托、合作研究开发项目计划书和研究开发费预算。

（二）自主、委托、合作研究开发专门机构或项目组的编制情况和专业人员名单。

（三）自主、委托、合作研究开发项目当年研究开发费用发生情况归集表。

（四）企业总经理办公会或董事会关于自主、委托、合作研究开发项目立项的决议文件。

（五）委托、合作研究开发项目的合同或协议。

（六）研究开发项目的效用情况说明、研究成果报告等资料。

**第十二条** 企业实际发生的研究开发费，在年度中间预缴所得税时，允许据实计算扣除，在年度终了进行所得税年度申报和汇算清缴时，再依照本办法的规定计算加计扣除。

**第十三条** 主管税务机关对企业申报的研究开发项目有异议的，可要求企业提供政府科技部门的鉴定意见书。

**第十四条** 企业研究开发费各项目的实际发生额归集不准确、汇总额计算不准确的，主管税务机关有权调整其税前扣除额或加计扣除额。

**第十五条** 企业集团根据生产经营和科技开发的实际情况，对技术要求高、投资数额大，需要由集团公司进行集中开发的研究开发项目，其实际发生的研究开发费，可以按照合理的分摊方法在受益集团成员公司间进行分摊。

**第十六条** 企业集团采取合理分摊研究开发费的，企业集团应提供集中研究开发项目的协议或合同，该协议或合同应明确规定参与各方在该研究开发项目中的权利和义务、费用分摊方法等内容。如不提供协议或合同，研究开发费不得加计扣除。

**第十七条** 企业集团采取合理分摊研究开发费的，企业集团集中研究开发项目实际发生的研究开发费，应当按照权利和义务、费用支出和收益分享一致的原则，合理确定研究开发费用的分摊方法。

**第十八条** 企业集团采取合理分摊研究开发费的，企业集团母公司负责编制集中研究开发项目的立项书、研究开发费用预算表、决算表和决算分摊表。

**第十九条** 税企双方对企业集团集中研究开发费的分摊方法和金额有争议的，如企业集团成员公司设在不同省、自治区、直辖市和计划单列市的，企业按照国家税务总局的裁决意见扣除实际分摊的研究开发费；企业集团成员公司在同一省、自治区、直辖市和计划单列市的，企业按照省税务机关的裁决意见扣除实际分摊的研究开发费。

**第二十条** 本办法从 2008 年 1 月 1 日起执行。

# 第十章 其他企业会计法规

## 1. 小企业会计准则(2011 年颁布)

财会[2011]17 号

### 第一章 总 则

**第一条** 为了规范小企业会计确认、计量和报告行为,促进小企业可持续发展,发挥小企业在国民经济和社会发展中的重要作用,根据《中华人民共和国会计法》及其他有关法律和法规,制定本准则。

**第二条** 本准则适用于在中华人民共和国境内依法设立的、符合《中小企业划型标准规定》所规定的小型企业标准的企业。

下列三类小企业除外:

(一)股票或债券在市场上公开交易的小企业。

(二)金融机构或其他具有金融性质的小企业。

(三)企业集团内的母公司和子公司。

前款所称企业集团、母公司和子公司的定义与《企业会计准则》的规定相同。

**第三条** 符合本准则第二条规定的小企业,可以执行本准则,也可以执行《企业会计准则》。

(一)执行本准则的小企业,发生的交易或者事项本准则未作规范的,可以参照《企业会计准则》中的相关规定进行处理。

(二)执行《企业会计准则》的小企业,不得在执行《企业会计准则》的同时,选择执行本准则的相关规定。

(三)执行本准则的小企业公开发行股票或债券的,应当转为执行《企业会计准则》;因经营规模或企业性质变化导致不符合本准则第二条规定而成为大中型企业或金融企业的,应当从次年 1 月 1 日起转为执行《企业会计准则》。

(四)已执行《企业会计准则》的上市公司、大中型企业和小企业,不得转为执行本准则。

**第四条** 执行本准则的小企业转为执行《企业会计准则》时,应当按照《企业会计准则第 38 号——首次执行企业会计准则》等相关规定进行会计处理。

### 第二章 资 产

**第五条** 资产,是指小企业过去的交易或者事项形成的、由小企业拥有或者控制的、预期会给小企业带来经济利益的资源。

小企业的资产按照流动性,可分为流动资产和非流动资产。

**第六条** 小企业的资产应当按照成本计量,不计提资产减值准备。

#### 第一节 流动资产

**第七条** 小企业的流动资产,是指预计在 1 年内(含 1 年,下同)或超过 1 年的一个正常营业周期内变现、出售或耗用的资产。

小企业的流动资产包括:货币资金、短期投资、应收及预付款项、存货等。

**第八条** 短期投资,是指小企业购入的能随时变现并且持有时间不准备超过 1 年(含 1 年,下同)的投资,如小企业以赚取差价为目的从二级市场购入的股票、债券、基金等。

短期投资应当按照以下规定进行会计处理:

(一)以支付现金取得的短期投资,应当按照购买价款和相关税费作为成本进行计量。

实际支付价款中包含的已宣告但尚未发放的现金股利或已到付息期但尚未领取的债券利息，应当单独确认为应收股利或应收利息，不计入短期投资的成本。

（二）在短期投资持有期间，被投资单位宣告分派的现金股利或在债务人应付利息日按照分期付息、一次还本债券投资的票面利率计算的利息收入，应当计入投资收益。

（三）出售短期投资，出售价款扣除其账面余额、相关税费后的净额，应当计入投资收益。

**第九条** 应收及预付款项，是指小企业在日常生产经营活动中发生的各项债权。包括：应收票据、应收账款、应收股利、应收利息、其他应收款等应收款项和预付账款。

应收及预付款项应当按照发生额入账。

**第十条** 小企业应收及预付款项符合下列条件之一的，减除可收回的金额后确认的无法收回的应收及预付款项，作为坏账损失：

（一）债务人依法宣告破产、关闭、解散、被撤销，或者被依法注销、吊销营业执照，其清算财产不足清偿的。

（二）债务人死亡，或者依法被宣告失踪、死亡，其财产或者遗产不足清偿的。

（三）债务人逾期 3 年以上未清偿，且有确凿证据证明已无力清偿债务的。

（四）与债务人达成债务重组协议或法院批准破产重整计划后，无法追偿的。

（五）因自然灾害、战争等不可抗力导致无法收回的。

（六）国务院财政、税务主管部门规定的其他条件。

应收及预付款项的坏账损失应当于实际发生时计入营业外支出，同时冲减应收及预付款项。

**第十一条** 存货，是指小企业在日常生产经营过程中持有以备出售的产成品或商品、处在生产过程中的在产品、将在生产过程或提供劳务过程中耗用的材料和物料等，以及小企业（农、林、牧、渔业）为出售而持有的、或在将来收获为农产品的消耗性生物资产。

小企业的存货包括：原材料、在产品、半成品、产成品、商品、周转材料、委托加工物资、消耗性生物资产等。

（一）原材料，是指小企业在生产过程中经加工改变其形态或性质并构成产品主要实体的各种原料及主要材料、辅助材料、外购半成品（外购件）、修理用备件（备品备件）、包装材料、燃料等。

（二）在产品，是指小企业正在制造尚未完工的产品。包括：正在各个生产工序加工的产品，以及已加工完毕但尚未检验或已检验但尚未办理入库手续的产品。

（三）半成品，是指小企业经过一定生产过程并已检验合格交付半成品仓库保管，但尚未制造完工成为产成品，仍需进一步加工的中间产品。

（四）产成品，是指小企业已经完成全部生产过程并已验收入库，

符合标准规格和技术条件，可以按照合同规定的条件送交订货单位，或者可以作为商品对外销售的产品。

（五）商品，是指小企业（批发业、零售业）外购或委托加工完成并已验收入库用于销售的各种商品。

（六）周转材料，是指小企业能够多次使用、逐渐转移其价值但仍保持原有形态且不确认为固定资产的材料。包括：包装物、低值易耗品、小企业（建筑业）的钢模板、木模板、脚手架等。

（七）委托加工物资，是指小企业委托外单位加工的各种材料、商品等物资。

（八）消耗性生物资产，是指小企业（农、林、牧、渔业）生长中的大田作物、蔬菜、用材林以及存栏待售的牲畜等。

**第十二条** 小企业取得的存货，应当按照成本进行计量。

（一）外购存货的成本包括：购买价款、相关税费、运输费、装卸费、保险费以及在外购存货过程发生的其他直接费用，但不含按照税法规定可以抵扣的增值税进项税额。

（二）通过进一步加工取得存货的成本包括：直接材料、直接人工以及按照一定方法分配的制造费用。

经过 1 年期以上的制造才能达到预定可销售状态的存货发生的借款费用，也计入存货的成本。

前款所称借款费用，是指小企业因借款而发生的利息及其他相关成本。包括：借款利息、辅助费用以及因外币借款而发生的汇兑差额等。

（三）投资者投入存货的成本，应当按照评估价值确定。

（四）提供劳务的成本包括：与劳务提供直接相关的人工费、材料费和应分摊的间接费用。

（五）自行栽培、营造、繁殖或养殖的消耗性生物资产的成本，应当按照下列规定确定：

1. 自行栽培的大田作物和蔬菜的成本包括：在收获前耗用的种子、肥料、农药等材料费、人工费和应分摊的间接费用。

2. 自行营造的林木类消耗性生物资产的成本包括：郁闭前发生的造林费、抚育费、营林设施费、良种试验费、调查设计费和应分摊的间接费用。

3. 自行繁殖的育肥畜的成本包括：出售前发生的饲料费、人工费和应分摊的间接费用。

4. 水产养殖的动物和植物的成本包括：在出售或入库前耗用的苗种、饲料、肥料等材料费、人工费和应分摊的间接费用。

（六）盘盈存货的成本，应当按照同类或类似存货的市场价格或评估价值确定。

**第十三条**　小企业应当采用先进先出法、加权平均法或者个别计价法确定发出存货的实际成本。计价方法一经选用，不得随意变更。

对于性质和用途相似的存货，应当采用相同的成本计算方法确定发出存货的成本。

对于不能替代使用的存货、为特定项目专门购入或制造的存货以及提供的劳务，采用个别计价法确定发出存货的成本。

对于周转材料，采用一次转销法进行会计处理，在领用时按其成本计入生产成本或当期损益；金额较大的周转材料，也可以采用分次摊销法进行会计处理。出租或出借周转材料，不需要结转其成本，但应当进行备查登记。

对于已售存货，应当将其成本结转为营业成本。

**第十四条**　小企业应当根据生产特点和成本管理的要求，选择适合于本企业的成本核算对象、成本项目和成本计算方法。

小企业发生的各项生产费用，应当按照成本核算对象和成本项目分别归集。

（一）属于材料费、人工费等直接费用，直接计入基本生产成本和辅助生产成本。

（二）属于辅助生产车间为生产产品提供的动力等直接费用，可以先作为辅助生产成本进行归集，然后按照合理的方法分配计入基本生产成本；也可以直接计入所生产产品发生的生产成本。

（三）其他间接费用应当作为制造费用进行归集，月度终了，再按一定的分配标准，分配计入有关产品的成本。

**第十五条**　存货发生毁损，处置收入、可收回的责任人赔偿和保险赔款，扣除其成本、相关税费后的净额，应当计入营业外支出或营业外收入。

盘盈存货实现的收益应当计入营业外收入。

盘亏存货发生的损失应当计入营业外支出。

## 第二节　长期投资

**第十六条**　小企业的非流动资产，是指流动资产以外的资产。

小企业的非流动资产包括：长期债券投资、长期股权投资、固定资产、生产性生物资产、无形资产、长期待摊费用等。

**第十七条**　长期债券投资，是指小企业准备长期（在1年以上，下同）持有的债券投资。

**第十八条**　长期债券投资应当按照购买价款和相关税费作为成本进行计量。

实际支付价款中包含的已到付息期但尚未领取的债券利息，应当单独确认为应收利息，不计入长期债券投资的成本。

**第十九条**　长期债券投资在持有期间发生的应收利息应当确认为投资收益。

（一）分期付息、一次还本的长期债券投资，在债务人应付利息日按照票面利率计算的应收未收利息收入应当确认为应收利息，不增加长期债券投资的账面余额。

（二）一次还本付息的长期债券投资，在债务人应付利息日按照票面利率计算的应收未收利息收入应当增加长期债券投资的账面余额。

（三）债券的折价或者溢价在债券存续期间内于确认相关债券利息收入时采用直线法进行摊销。

**第二十条** 长期债券投资到期，小企业收回长期债券投资，应当冲减其账面余额。

处置长期债券投资，处置价款扣除其账面余额、相关税费后的净额，应当计入投资收益。

**第二十一条** 小企业长期债券投资符合本准则第十条所列条件之一的，减除可收回的金额后确认的无法收回的长期债券投资，作为长期债券投资损失。

长期债券投资损失应当于实际发生时计入营业外支出，同时冲减长期债券投资账面余额。

**第二十二条** 长期股权投资，是指小企业准备长期持有的权益性投资。

**第二十三条** 长期股权投资应当按照成本进行计量。

（一）以支付现金取得的长期股权投资，应当按照购买价款和相关税费作为成本进行计量。

实际支付价款中包含的已宣告但尚未发放的现金股利，应当单独确认为应收股利，不计入长期股权投资的成本。

（二）通过非货币性资产交换取得的长期股权投资，应当按照换出非货币性资产的评估价值和相关税费作为成本进行计量。

**第二十四条** 长期股权投资应当采用成本法进行会计处理。

在长期股权投资持有期间，被投资单位宣告分派的现金股利或利润，应当按照应分得的金额确认为投资收益。

**第二十五条** 处置长期股权投资，处置价款扣除其成本、相关税费后的净额，应当计入投资收益。

**第二十六条** 小企业长期股权投资符合下列条件之一的，减除可

收回的金额后确认的无法收回的长期股权投资，作为长期股权投资损失：

（一）被投资单位依法宣告破产、关闭、解散、被撤销，或者被依法注销、吊销营业执照的。

（二）被投资单位财务状况严重恶化，累计发生巨额亏损，已连续停止经营 3 年以上，且无重新恢复经营改组计划的。

（三）对被投资单位不具有控制权，投资期限届满或者投资期限已超过 10 年，且被投资单位因连续 3 年经营亏损导致资不抵债的。

（四）被投资单位财务状况严重恶化，累计发生巨额亏损，已完成清算或清算期超过 3 年以上的。

（五）国务院财政、税务主管部门规定的其他条件。

长期股权投资损失应当于实际发生时计入营业外支出，同时冲减长期股权投资账面余额。

## 第三节　固定资产和生产性生物资产

**第二十七条** 固定资产，是指小企业为生产产品、提供劳务、出租或经营管理而持有的，使用寿命超过 1 年的有形资产。

小企业的固定资产包括：房屋、建筑物、机器、机械、运输工具、设备、器具、工具等。

**第二十八条** 固定资产应当按照成本进行计量。

（一）外购固定资产的成本包括：购买价款、相关税费、运输费、装卸费、保险费、安装费等，但不含按照税法规定可以抵扣的增值税进项税额。

以一笔款项购入多项没有单独标价的固定资产，应当按照各项固定资产或类似资产的市场价格或评估价值比例对总成本进行分配，分别确定各项固定资产的成本。

（二）自行建造固定资产的成本，由建造该项资产在竣工决算前发生的支出（含相关的借款费用）构成。

小企业在建工程在试运转过程中形成的产品、副产品或试车收入冲减在建工程成本。

（三）投资者投入固定资产的成本，应当按照评估价值和相关税费确定。

（四）融资租入的固定资产的成本，应当按照租赁合同约定的付款总额和在签订租赁合同过程中发生的相关税费等确定。

（五）盘盈固定资产的成本，应当按照同类或者类似固定资产的市场价格或评估价值，扣除按照该项固定资产新旧程度估计的折旧后的余额确定。

**第二十九条** 小企业应当对所有固定资产计提折旧，但已提足折旧仍继续使用的固定资产和单独计价入账的土地不得计提折旧。

固定资产的折旧费应当根据固定资产的受益对象计入相关资产成本或者当期损益。

前款所称折旧，是指在固定资产使用寿命内，按照确定的方法对应计折旧额进行系统分摊。应计折旧额，是指应当计提折旧的固定资产的原价（成本）扣除其预计净残值后的金额。预计净残值，是指固定资产预计使用寿命已满，小企业从该项固定资产处置中获得的扣除预计处置费用后的净额。已提足折旧，是指已经提足该项固定资产的应计折旧额。

**第三十条** 小企业应当按照年限平均法（即直线法，下同）计提折旧。小企业的固定资产由于技术进步等原因，确需加速折旧的，可以采用双倍余额递减法和年数总和法。

小企业应当根据固定资产的性质和使用情况，并考虑税法的规定，合理确定固定资产的使用寿命和预计净残值。

固定资产的折旧方法、使用寿命、预计净残值一经确定，不得随意变更。

**第三十一条** 小企业应当按月计提折旧，当月增加的固定资产，当月不计提折旧，从下月起计提折旧；当月减少的固定资产，当月仍计提折旧，从下月起不计提折旧。

**第三十二条** 固定资产的日常修理费，应当在发生时根据固定资产的受益对象计入相关资产成本或者当期损益。

**第三十三条** 固定资产的改建支出，应当计入固定资产的成本，但已提足折旧的固定资产和经营租入的固定资产发生的改建支出应当计入长期待摊费用。

前款所称固定资产的改建支出，是指改变房屋或者建筑物结构、延长使用年限等发生的支出。

**第三十四条** 处置固定资产，处置收入扣除其账面价值、相关税费和清理费用后的净额，应当计入营业外收入或营业外支出。

前款所称固定资产的账面价值，是指固定资产原价（成本）扣减累计折旧后的金额。

盘亏固定资产发生的损失应当计入营业外支出。

**第三十五条** 生产性生物资产，是指小企业（农、林、牧、渔业）为生产农产品、提供劳务或出租等目的而持有的生物资产。包括：经济林、薪炭林、产畜和役畜等。

**第三十六条** 生产性生物资产应当按照成本进行计量。

（一）外购的生产性生物资产的成本，应当按照购买价款和相关税费确定。

（二）自行营造或繁殖的生产性生物资产的成本，应当按照下列规定确定：

1. 自行营造的林木类生产性生物资产的成本包括：达到预定生产经营目的前发生的造林费、抚育费、营林设施费、良种试验费、调查设计费和应分摊的间接费用等必要支出。

2. 自行繁殖的产畜和役畜的成本包括：达到预定生产经营目的前发生的饲料费、人工费和应分摊的间接费用等必要支出。

前款所称达到预定生产经营目的，是指生产性生物资产进入正常生产期，可以多年连续稳定产出农产品、提供劳务或出租。

**第三十七条** 生产性生物资产应当按照年限平均法计提折旧。

小企业（农、林、牧、渔业）应当根据生产性生物资产的性质和使用情况，并考虑税法的规定，合理确定生产性生物资产的使用寿命和预计净残值。

生产性生物资产的折旧方法、使用寿命、预计净残值一经确定，不得随意变更。

小企业（农、林、牧、渔业）应当自生产性生物资产投入使用月份的下月起按月计提折旧；停止使用的生产性生物资产，应当自停止使用月份的下月起停止计提折旧。

## 第四节 无形资产

**第三十八条** 无形资产，是指小企业为生产产品、提供劳务、出租或经营管理而持有的、没有实物形态的可辨认非货币性资产。

小企业的无形资产包括：土地使用权、专利权、商标权、著作权、非专利技术等。

自行开发建造厂房等建筑物，相关的土地使用权与建筑物应当分别进行处理。外购土地及建筑物支付的价款应当在建筑物与土地使用权之间按照合理的方法进行分配；难以合理分配的，应当全部作为固定资产。

**第三十九条** 无形资产应当按照成本进行计量。

(一)外购无形资产的成本包括:购买价款、相关税费和相关的其他支出(含相关的借款费用)。

(二)投资者投入的无形资产的成本,应当按照评估价值和相关税费确定。

(三)自行开发的无形资产的成本,由符合资本化条件后至达到预定用途前发生的支出(含相关的借款费用)构成。

**第四十条** 小企业自行开发无形资产发生的支出,同时满足下列条件的,才能确认为无形资产:

(一)完成该无形资产以使其能够使用或出售在技术上具有可行性;

(二)具有完成该无形资产并使用或出售的意图;

(三)能够证明运用该无形资产生产的产品存在市场或无形资产自身存在市场,无形资产将在内部使用的,应当证明其有用性;

(四)有足够的技术、财务资源和其他资源支持,以完成该无形资产的开发,并有能力使用或出售该无形资产;

(五)归属于该无形资产开发阶段的支出能够可靠地计量。

**第四十一条** 无形资产应当在其使用寿命内采用年限平均法进行摊销,根据其受益对象计入相关资产成本或者当期损益。

无形资产的摊销期自其可供使用时开始至停止使用或出售时止。有关法律规定或合同约定了使用年限的,可以按照规定或约定的使用年限分期摊销。

小企业不能可靠估计无形资产使用寿命的,摊销期不得低于10年。

**第四十二条** 处置无形资产,处置收入扣除其账面价值、相关税费等后的净额,应当计入营业外收入或营业外支出。

前款所称无形资产的账面价值,是指无形资产的成本扣减累计摊销后的金额。

## 第五节 长期待摊费用

**第四十三条** 小企业的长期待摊费用包括:已提足折旧的固定资产的改建支出、经营租入固定资产的改建支出、固定资产的大修理支出和其他长期待摊费用等。

前款所称固定资产的大修理支出,是指同时符合下列条件的支出:

(一)修理支出达到取得固定资产时的计税基础50%以上;

(二)修理后固定资产的使用寿命延长2年以上。

**第四十四条** 长期待摊费用应当在其摊销期限内采用年限平均法进行摊销,根据其受益对象计入相关资产的成本或者管理费用,并冲减长期待摊费用。

(一)已提足折旧的固定资产的改建支出,按照固定资产预计尚可使用年限分期摊销。

(二)经营租入固定资产的改建支出,按照合同约定的剩余租赁期限分期摊销。

(三)固定资产的大修理支出,按照固定资产尚可使用年限分期摊销。

(四)其他长期待摊费用,自支出发生月份的下月起分期摊销,摊销期不得低于3年。

# 第三章 负 债

**第四十五条** 负债,是指小企业过去的交易或者事项形成的,预期会导致经济利益流出小企业的现时义务。

小企业的负债按照其流动性,可分为流动负债和非流动负债。

## 第一节 流动负债

**第四十六条** 小企业的流动负债,是指预计在1年内或者超过1年的一个正常营业周期内清偿的债务。

小企业的流动负债包括:短期借款、应付及预收款项、应付职工薪酬、应交税费、应付利息等。

**第四十七条** 各项流动负债应当按照其实际发生额入账。

小企业确实无法偿付的应付款项,应当计入营业外收入。

**第四十八条** 短期借款应当按照借款本金和借款合同利率在应付利息日计提利息费用,计入财务费用。

**第四十九条**　应付职工薪酬，是指小企业为获得职工提供的服务而应付给职工的各种形式的报酬以及其他相关支出。

小企业的职工薪酬包括：

（一）职工工资、奖金、津贴和补贴。

（二）职工福利费。

（三）医疗保险费、养老保险费、失业保险费、工伤保险费和生育保险费等社会保险费。

（四）住房公积金。

（五）工会经费和职工教育经费。

（六）非货币性福利。

（七）因解除与职工的劳动关系给予的补偿。

（八）其他与获得职工提供的服务相关的支出等。

**第五十条**　小企业应当在职工为其提供服务的会计期间，将应付的职工薪酬确认为负债，并根据职工提供服务的受益对象，分别下列情况进行会计处理：

（一）应由生产产品、提供劳务负担的职工薪酬，计入产品成本或劳务成本。

（二）应由在建工程、无形资产开发项目负担的职工薪酬，计入固定资产成本或无形资产成本。

（三）其他职工薪酬（含因解除与职工的劳动关系给予的补偿），计入当期损益。

### 第二节　非流动负债

**第五十一条**　小企业的非流动负债，是指流动负债以外的负债。

小企业的非流动负债包括：长期借款、长期应付款等。

**第五十二条**　非流动负债应当按照其实际发生额入账。

长期借款应当按照借款本金和借款合同利率在应付利息日计提利息费用，计入相关资产成本或财务费用。

## 第四章　所有者权益

**第五十三条**　所有者权益，是指小企业资产扣除负债后由所有者享有的剩余权益。

小企业的所有者权益包括：实收资本（或股本，下同）、资本公积、盈余公积和未分配利润。

**第五十四条**　实收资本，是指投资者按照合同协议约定或相关规定投入到小企业、构成小企业注册资本的部分。

（一）小企业收到投资者以现金或非货币性资产投入的资本，应当按照其在本企业注册资本中所占的份额计入实收资本，超出的部分，应当计入资本公积。

（二）投资者根据有关规定对小企业进行增资或减资，小企业应当增加或减少实收资本。

**第五十五条**　资本公积，是指小企业收到的投资者出资额超过其在注册资本或股本中所占份额的部分。

小企业用资本公积转增资本，应当冲减资本公积。小企业的资本公积不得用于弥补亏损。

**第五十六条**　盈余公积，是指小企业按照法律规定在税后利润中提取的法定公积金和任意公积金。

小企业用盈余公积弥补亏损或者转增资本，应当冲减盈余公积。小企业的盈余公积还可以用于扩大生产经营。

**第五十七条**　未分配利润，是指小企业实现的净利润，经过弥补亏损、提取法定公积金和任意公积金、向投资者分配利润后，留存在本企业的、历年结存的利润。

## 第五章　收　　入

**第五十八条**　收入，是指小企业在日常生产经营活动中形成的、会导致所有者权益增加、与所有者投入资本无关的经济利益的总流入。包括：销售商品收入和提供劳务收入。

**第五十九条**　销售商品收入，是指小企业销售商品（或产成品、材料，下同）取得的收入。

通常，小企业应当在发出商品且收到货款或取得收款权利时，确认销售商品收入。

（一）销售商品采用托收承付方式的，在办妥托收手续时确认收入。

（二）销售商品采取预收款方式的，在发出商品时确认收入。

（三）销售商品采用分期收款方式的，在合同约定的收款日期确认收入。

（四）销售商品需要安装和检验的，在购买方接受商品以及安装和检验完毕时确认收入。安装程序比较简单的，可在发出商品时确认收入。

（五）销售商品采用支付手续费方式委托代销的，在收到代销清单时确认收入。

（六）销售商品以旧换新的，销售的商品作为商品销售处理，回收的商品作为购进商品处理。

（七）采取产品分成方式取得的收入，在分得产品之日按照产品的市场价格或评估价值确定销售商品收入金额。

**第六十条** 小企业应当按照从购买方已收或应收的合同或协议价款，确定销售商品收入金额。

销售商品涉及现金折扣的，应当按照扣除现金折扣前的金额确定销售商品收入金额。现金折扣应当在实际发生时，计入当期损益。

销售商品涉及商业折扣的，应当按照扣除商业折扣后的金额确定销售商品收入金额。

前款所称现金折扣，是指债权人为鼓励债务人在规定的期限内付款而向债务人提供的债务扣除。商业折扣，是指小企业为促进商品销售而在商品标价上给予的价格扣除。

**第六十一条** 小企业已经确认销售商品收入的售出商品发生的销售退回（不论属于本年度还是属于以前年度的销售），应当在发生时冲减当期销售商品收入。

小企业已经确认销售商品收入的售出商品发生的销售折让，应当在发生时冲减当期销售商品收入。

前款所称销售退回，是指小企业售出的商品由于质量、品种不符合要求等原因发生的退货。销售折让，是指小企业因售出商品的质量不合格等原因而在售价上给予的减让。

**第六十二条** 小企业提供劳务的收入，是指小企业从事建筑安装、修理修配、交通运输、仓储租赁、邮电通信、咨询经纪、文化体育、科学研究、技术服务、教育培训、餐饮住宿、中介代理、卫生保健、社区服务、旅游、娱乐、加工以及其他劳务服务活动取得的收入。

**第六十三条** 同一会计年度内开始并完成的劳务，应当在提供劳务交易完成且收到款项或取得收款权利时，确认提供劳务收入。提供劳务收入的金额为从接受劳务方已收或应收的合同或协议价款。

劳务的开始和完成分属不同会计年度的，应当按照完工进度确认提供劳务收入。年度资产负债表日，按照提供劳务收入总额乘以完工进度扣除以前会计年度累计已确认提供劳务收入后的金额，确认本年度的提供劳务收入；同时，按照估计的提供劳务成本总额乘以完工进度扣除以前会计年度累计已确认营业成本后的金额，结转本年度营业成本。

**第六十四条** 小企业与其他企业签订的合同或协议包含销售商品和提供劳务时，销售商品部分和提供劳务部分能够区分且能够单独计量的，应当将销售商品的部分作为销售商品处理，将提供劳务的部分作为提供劳务处理。

销售商品部分和提供劳务部分不能够区分，或虽能区分但不能够单独计量的，应当作为销售商品处理。

## 第六章　费　　用

**第六十五条** 费用，是指小企业在日常生产经营活动中发生的、会导致所有者权益减少、与向所有者分配利润无关的经济利益的总流出。

小企业的费用包括：营业成本、营业税金及附加、销售费用、管理费用、财务费用等。

（一）营业成本，是指小企业所销售商品的成本和所提供劳务的成本。

（二）营业税金及附加，是指小企业开展日常生产经营活动应负担的消费税、营业税、城市维护建设税、资源税、土地增值税、城镇土地使用税、房产税、车船税、印花税和教育费附加、矿产资源补偿费、排污费等。

（三）销售费用，是指小企业在销售商品或提供劳务过程中发生的各种费用。包括：销售人员的职工薪酬、商品维修费、运输费、装卸费、包装费、保险费、广告费、业务宣传费、展览费等费用。

小企业（批发业、零售业）在购买商品过程中发生的费用（包括：运输费、装卸费、包装费、保险费、运输途中的合理损耗和入库前的挑选整理费等）也构成销售费用。

（四）管理费用，是指小企业为组织和管理生产经营发生的其他费用。包括：小企业在筹建期间内发生的开办费、行政管理部门发生的费用(包括:固定资产折旧费、修理费、办公费、水电费、差旅费、管理人员的职工薪酬等)、业务招待费、研究费用、技术转让费、相关长期待摊费用摊销、财产保险费、聘请中介机构费、咨询费(含顾问费)、诉讼费等费用。

(五)财务费用,是指小企业为筹集生产经营所需资金发生的筹资费用。包括:利息费用(减利息收入)、汇兑损失、银行相关手续费、小企业给予的现金折扣(减享受的现金折扣)等费用。

**第六十六条** 通常,小企业的费用应当在发生时按照其发生额计入当期损益。

小企业销售商品收入和提供劳务收入已予确认的,应当将已销售商品和已提供劳务的成本作为营业成本结转至当期损益。

## 第七章 利润及利润分配

**第六十七条** 利润,是指小企业在一定会计期间的经营成果。包括:营业利润、利润总额和净利润。

(一)营业利润,是指营业收入减去营业成本、营业税金及附加、销售费用、管理费用、财务费用,加上投资收益(或减去投资损失)后的金额。

前款所称营业收入,是指小企业销售商品和提供劳务实现的收入总额。投资收益,由小企业股权投资取得的现金股利(或利润)、债券投资取得的利息收入和处置股权投资和债券投资取得的处置价款扣除成本或账面余额、相关税费后的净额三部分构成。

(二)利润总额,是指营业利润加上营业外收入,减去营业外支出后的金额。

(三)净利润,是指利润总额减去所得税费用后的净额。

**第六十八条** 营业外收入,是指小企业非日常生产经营活动形成的、应当计入当期损益、会导致所有者权益增加、与所有者投入资本无关的经济利益的净流入。

小企业的营业外收入包括:非流动资产处置净收益、政府补助、捐赠收益、盘盈收益、汇兑收益、出租包装物和商品的租金收入、逾期未退包装物押金收益、确实无法偿付的应付款项、已作坏账损失处理后又收回的应收款项、违约金收益等。

通常,小企业的营业外收入应当在实现时按照其实现金额计入当期损益。

**第六十九条** 政府补助,是指小企业从政府无偿取得货币性资产或非货币性资产,但不含政府作为小企业所有者投入的资本。

(一)小企业收到与资产相关的政府补助,应当确认为递延收益,并在相关资产的使用寿命内平均分配,计入营业外收入。

收到的其他政府补助,用于补偿本企业以后期间的相关费用或亏损的,确认为递延收益,并在确认相关费用或发生亏损的期间,计入营业外收入;用于补偿本企业已发生的相关费用或亏损的,直接计入营业外收入。

(二)政府补助为货币性资产的,应当按照收到的金额计量。

政府补助为非货币性资产的,政府提供了有关凭据的,应当按照凭据上标明的金额计量;政府没有提供有关凭据的,应当按照同类或类似资产的市场价格或评估价值计量。

(三)小企业按照规定实行企业所得税、增值税、消费税、营业税等先征后返的,应当在实际收到返还的企业所得税、增值税(不含出口退税)、消费税、营业税时,计入营业外收入。

**第七十条** 营业外支出,是指小企业非日常生产经营活动发生的、应当计入当期损益、会导致所有者权益减少、与向所有者分配利润无关的经济利益的净流出。

小企业的营业外支出包括:存货的盘亏、毁损、报废损失,非流动资产处置净损失,坏账损失,无法收回的长期债券投资损失,无法收回的长期股权投资损失,自然灾害等不可抗力因素造成的损失,税收滞纳金,罚金,罚款,被没收财物的损失,捐赠支出,赞助支出等。

通常,小企业的营业外支出应当在发生时按照其发生额计入当期损益。

**第七十一条** 小企业应当按照企业所得税法规定计算的当期应纳税额,确认所得税费用。

小企业应当在利润总额的基础上,按照企业所得税法规定进行纳税调整,计算出当期应纳税所得额,按照应纳税所得额与适用所得税税率为基础计算确定当期应纳税额。

**第七十二条** 小企业以当年净利润弥补以前年度亏损等剩余的税后利润,可用于向投资者进行分配。

小企业(公司制)在分配当年税后利润时,应当按照公司法的规定提取法定公积金和任意公积金。

## 第八章 外币业务

**第七十三条** 小企业的外币业务由外币交易和外币财务报表折算构成。

**第七十四条** 外币交易，是指小企业以外币计价或者结算的交易。

小企业的外币交易包括：买入或者卖出以外币计价的商品或者劳务、借入或者借出外币资金和其他以外币计价或者结算的交易。

前款所称外币，是指小企业记账本位币以外的货币。记账本位币，是指小企业经营所处的主要经济环境中的货币。

**第七十五条** 小企业应当选择人民币作为记账本位币。业务收支以人民币以外的货币为主的小企业，可以选定其中一种货币作为记账本位币，但编报的财务报表应当折算为人民币财务报表。

小企业记账本位币一经确定，不得随意变更，但小企业经营所处的主要经济环境发生重大变化除外。

小企业因经营所处的主要经济环境发生重大变化，确需变更记账本位币的，应当采用变更当日的即期汇率将所有项目折算为变更后的记账本位币。

前款所称即期汇率，是指中国人民银行公布的当日人民币外汇牌价的中间价。

**第七十六条** 小企业对于发生的外币交易，应当将外币金额折算为记账本位币金额。

外币交易在初始确认时，采用交易发生日的即期汇率将外币金额折算为记账本位币金额；也可以采用交易当期平均汇率折算。

小企业收到投资者以外币投入的资本，应当采用交易发生日即期汇率折算，不得采用合同约定汇率和交易当期平均汇率折算。

**第七十七条** 小企业在资产负债表日，应当按照下列规定对外币货币性项目和外币非货币性项目进行会计处理：

（一）外币货币性项目，采用资产负债表日的即期汇率折算。因资产负债表日即期汇率与初始确认时或者前一资产负债表日即期汇率不同而产生的汇兑差额，计入当期损益。

（二）以历史成本计量的外币非货币性项目，仍采用交易发生日的即期汇率折算，不改变其记账本位币金额。

前款所称货币性项目，是指小企业持有的货币资金和将以固定或可确定的金额收取的资产或者偿付的负债。货币性项目分为货币性资

产和货币性负债。货币性资产包括：库存现金、银行存款、应收账款、其他应收款等；货币性负债包括：短期借款、应付账款、其他应付款、长期借款、长期应付款等。非货币性项目，是指货币性项目以外的项目。包括：存货、长期股权投资、固定资产、无形资产等。

**第七十八条** 小企业对外币财务报表进行折算时，应当采用资产负债表日的即期汇率对外币资产负债表、利润表和现金流量表的所有项目进行折算。

## 第九章 财务报表

**第七十九条** 财务报表，是指对小企业财务状况、经营成果和现金流量的结构性表述。小企业的财务报表至少应当包括下列组成部分：

（一）资产负债表；

（二）利润表；

（三）现金流量表；

（四）附注。

**第八十条** 资产负债表，是指反映小企业在某一特定日期的财务状况的报表。

（一）资产负债表中的资产类至少应当单独列示反映下列信息的项目：

1. 货币资金；
2. 应收及预付款项；
3. 存货；
4. 长期债券投资；
5. 长期股权投资；

6. 固定资产；
7. 生产性生物资产；
8. 无形资产；
9. 长期待摊费用。

（二）资产负债表中的负债类至少应当单独列示反映下列信息的项目：

1. 短期借款；
2. 应付及预收款项；
3. 应付职工薪酬；
4. 应交税费；
5. 应付利息；
6. 长期借款；
7. 长期应付款。

（三）资产负债表中的所有者权益类至少应当单独列示反映下列信息的项目：

1. 实收资本；
2. 资本公积；
3. 盈余公积；
4. 未分配利润。

（四）资产负债表中的资产类应当包括流动资产和非流动资产的合计项目；负债类应当包括流动负债、非流动负债和负债的合计项目；所有者权益类应当包括所有者权益的合计项目。

资产负债表应当列示资产总计项目，负债和所有者权益总计项目。

**第八十一条**　利润表，是指反映小企业在一定会计期间的经营成果的报表。

费用应当按照功能分类，分为营业成本、营业税金及附加、销售费用、管理费用和财务费用等。

利润表至少应当单独列示反映下列信息的项目：

（一）营业收入；

（二）营业成本；

（三）营业税金及附加；

（四）销售费用；

（五）管理费用；

（六）财务费用；

（七）所得税费用；

（八）净利润。

**第八十二条**　现金流量表，是指反映小企业在一定会计期间现金流入和流出情况的报表。

现金流量表应当分别经营活动、投资活动和筹资活动列报现金流量。现金流量应当分别按照现金流入和现金流出总额列报。

前款所称现金，是指小企业的库存现金以及可以随时用于支付的存款和其他货币资金。

**第八十三条**　经营活动，是指小企业投资活动和筹资活动以外的所有交易和事项。

小企业经营活动产生的现金流量应当单独列示反映下列信息的项目：

（一）销售产成品、商品、提供劳务收到的现金；

（二）购买原材料、商品、接受劳务支付的现金；

（三）支付的职工薪酬；

（四）支付的税费。

**第八十四条**　投资活动，是指小企业固定资产、无形资产、其他非流动资产的购建和短期投资、长期债券投资、长期股权投资及其处置活动。

小企业投资活动产生的现金流量应当单独列示反映下列信息的项目：

（一）收回短期投资、长期债券投资和长期股权投资收到的现金；

（二）取得投资收益收到的现金；

（三）处置固定资产、无形资产和其他非流动资产收回的现金净额；

（四）短期投资、长期债券投资和长期股权投资支付的现金；

（五）购建固定资产、无形资产和其他非流动资产支付的现金。

**第八十五条** 筹资活动，是指导致小企业资本及债务规模和构成发生变化的活动。

小企业筹资活动产生的现金流量应当单独列示反映下列信息的项目：

（一）取得借款收到的现金；

（二）吸收投资者投资收到的现金；

（三）偿还借款本金支付的现金；

（四）偿还借款利息支付的现金；

（五）分配利润支付的现金。

**第八十六条** 附注，是指对在资产负债表、利润表和现金流量表等报表中列示项目的文字描述或明细资料，以及对未能在这些报表中列示项目的说明等。

附注应当按照下列顺序披露：

（一）遵循小企业会计准则的声明。

（二）短期投资、应收账款、存货、固定资产项目的说明。

（三）应付职工薪酬、应交税费项目的说明。

（四）利润分配的说明。

（五）用于对外担保的资产名称、账面余额及形成的原因；未决诉讼、未决仲裁以及对外提供担保所涉及的金额。

（六）发生严重亏损的，应当披露持续经营的计划、未来经营的方案。

（七）对已在资产负债表和利润表中列示项目与企业所得税法规定存在差异的纳税调整过程。

（八）其他需要在附注中说明的事项。

**第八十七条** 小企业应当根据实际发生的交易和事项，按照本准则的规定进行确认和计量，在此基础上按月或者按季编制财务报表。

**第八十八条** 小企业对会计政策变更、会计估计变更和会计差错更正应当采用未来适用法进行会计处理。

前款所称会计政策，是指小企业在会计确认、计量和报告中所采用的原则、基础和会计处理方法。会计估计变更，是指由于资产和负债的当前状况及预期经济利益和义务发生了变化，从而对资产或负债的账面价值或者资产的定期消耗金额进行调整。前期差错包括：计算错误、应用会计政策错误、应用会计估计错误等。未来适用法，是指将变更后的会计政策和会计估计应用于变更日及以后发生的交易或者事项，或者在会计差错发生或发现的当期更正差错的方法。

### 第十章 附 则

**第八十九条** 符合《中小企业划型标准规定》所规定的微型企业标准的企业参照执行本准则。

**第九十条** 本准则自 2013 年 1 月 1 日起施行。财政部 2004 年发布的《小企业会计制度》(财会[2004]2 号)同时废止。

## 2. 小企业执行〈小企业会计准则〉有关问题衔接规定(2012 年颁布)

财会[2012]20 号

为促进小企业严格遵循《中华人民共和国会计法》及《小企业会计准则》的规定，做好自《小企业会计制度》(以下简称原制度)向《小企业会计准则》(以下简称新准则)转换的衔接工作，现对小企业执行新准则有关问题衔接规定如下：

**一、总体要求**

首次执行新准则的小企业应当认真做好内部会计核算办法修订、资产和负债清查、科目转换与账务调整、会计信息系统改造等工作，确保新旧制度的顺利衔接和平稳过渡。

（一）及时修订内部会计核算办法。小企业应当根据新准则的规定，结合自身实际情况，确定会计政策和会计估计，修订小企业内部会计核算办法，细化会计核算内容，确保会计确认、计量和报告行为制度化、规范化。

（二）认真做好资产负债清查工作。小企业应当在执行新准则前全面清查各项资产和负债，如实反映其状况及潜在风险。对于清查出的损益，应先记入"待处理财产损溢"科目，经批准后，调整相关所有者权益。

（三）认真做好有关账务衔接工作。小企业应当根据新准则的规定，结合自身实际情况，设置会计科目并进行相应的账务处理。对于一级科目，在不违反新准则确认、计量和报告规定的前提下，可以根据本企业的实际情况自行增设、分拆与合并；对于明细科目，可以根据本企业的实际情况自行设置。首次执行新准则时，应当对原制度有关科目按新准则要求进行余额转换，确保新旧会计科目顺利衔接。

（四）及时调整会计信息系统。小企业应当对原有会计核算软件和会计信息系统进行及时更新和调试，正确实现数据转换，确保新旧账套的有序衔接。

**二、账目调整**

（一）资产类

1."现金"、"银行存款"、"其他货币资金"和"短期投资"科目

新准则设置了"库存现金"、"银行存款"、"其他货币资金"和"短期投资"科目，其核算内容与原制度相应科目的核算内容基本相同。转账时，应将原账中上述科目的余额直接转入新账中相应科目，也可沿用原账。

2."应收票据"、"应收股息"、"应收账款"和"其他应收款"科目

新准则设置了"应收票据"、"应收账款"和"其他应收款"科目，其核算内容与原制度相应科目的核算内容基本相同。原制度和新准则均规定，预付款项不多的小企业可以将预付款项直接记入"应付账款"科目借方，预付款项较多的小企业也可单独设置"预付账款"科目核算。转账时，应将原账中上述科目的余额直接转至新账，也可沿用原账。

新准则设置了"应收股利"和"应收利息"科目，这两个科目的核算内容与原账中"应收股息"科目的核算内容基本相同。转账时，应对原账中"应收股息"科目的余额进行分析，将应收取现金股利或利润的金额转入新账中"应收股利"科目，将应收取利息的金额转入新账中"应收利息"科目。

3."短期投资跌价准备"、"坏账准备"和"存货跌价准备"科目

新准则没有设置"短期投资跌价准备"、"坏账准备"和"存货跌价准备"科目。转账时，应将上述资产减值准备科目的余额转入"利润分配——未分配利润"科目。

4."在途物资"、"材料"、"低值易耗品"、"库存商品"、"商品进销差价"、"委托加工物资"、"委托代销商品"科目

新准则设置了"在途物资"、"原材料"、"库存商品"、"商品进销差价"、"委托加工物资"科目，采用支付手续费方式委托其他单位代销商品的小企业还可以单独设置"委托代销商品"科目，这些科目的核算内容与原制度相应科目的核算内容基本相同。原制度规定，采用计划成本进行材料日常核算的小企业，可以增设"物资采购"和"材料成本差异"科目；新准则相应设置了"材料采购"和"材料成本差异"科目，其核算内容也基本相同。转账时，应将原账中上述科目的余额直接转入新账中相应科目，也可沿用原账。

新准则设置了"周转材料"科目，用于核算小企业库存的周转材料的成本，包括包装物、低值易耗品，以及小企业（建筑业）的钢模板、木模板、脚手架等。转账时，应将原账中"低值易耗品"科目的余额转入新账中"周转材料"科目。新准则下单独设置了"包装物"和"低值易耗品"科目的小企业，转账时，应对原账中"低值易耗品"等科目的余额进行分析，分别转入新账中的相应科目。

针对小企业（农、林、牧、渔业），新准则专门设置了"消耗性生物资产"科目，用于核算小企业持有的消耗性生物资产的实际成本。转账时，小企业（农、林、牧、渔业）应对原账中存货类科目的余额进行分析，将其中属于消耗性生物资产的部分转入新账中"消耗性生物资产"科目。

5."待摊费用"科目

新准则没有设置"待摊费用"科目，但允许小企业根据需要自行增设相应科目用于日常核算。新准则下

不再增设“待摊费用”科目的小企业，转账时，应对原账中“待摊费用”科目的余额进行分析，转入新账中“预付账款”等科目。新准则下增设了“待摊费用”科目的小企业，转账时，应将原账中“待摊费用”科目的余额直接转至新账，也可沿用原账，并在以后期间按原摊销期限继续摊销。资产负债表日，对于新旧转换时转入的尚未摊销完毕的待摊费用余额，或者执行新准则后发生的尚未摊销完毕的待摊费用余额，应根据其性质进行分析，在资产负债表“预付账款”、“其他流动资产”等项目中填列。

6.“长期股权投资”科目

新准则设置了“长期股权投资”科目，其核算内容与原制度相应科目的核算内容基本相同，但核算方法有所不同。新准则要求小企业对长期股权投资一律采用成本法核算。转账时，应将原账中“长期股权投资”科目的余额直接转至新账，也可沿用原账。

对于原制度下采用权益法核算的长期股权投资，因以前期间投资收益确认导致长期股权投资账面余额大于其投资成本的，在以后期间被投资单位宣告分派现金股利或利润时，应按照应分得的金额冲减长期股权投资账面余额，直至该项投资账面余额冲减至原投资成本。

7.“长期债权投资”科目

新准则设置了“长期债券投资”科目，其核算内容与原制度相应科目的核算内容基本相同。转账时，应将原账中“长期债权投资”科目的余额转入新账中“长期债券投资”科目，也可沿用原账。

8.“固定资产”、“累计折旧”、“在建工程”、“工程物资”和“固定资产清理”科目新准则设置了“固定资产”、“累计折旧”、“在建工程”、“工程物资”和“固定资产清理”科目，其核算内容与原制度相应科目的核算内容基本相同。转账时，应将原账中上述科目的余额直接转至新账，也可沿用原账。

针对小企业（农、林、牧、渔业），新准则专门设置了“生产性生物资产”和“生产性生物资产累计折旧”科目，分别核算小企业持有的生产性生物资产的原价（成本）及成熟生产性生物资产的累计折旧。转账时，小企业（农、林、牧、渔业）应对原账中“固定资产”和“累计折旧”科目的余额进行分析，将属于生产性生物资产的部分转入新账中“生产性生物资产”和“生产性生物资产累计折旧”科目。

9.“无形资产”科目

新准则设置了“无形资产”和“累计摊销”科目，分别核算小企业持有的无形资产成本及其计提的累计摊销。转账时，应对原账中“无形资产”科目的余额进行分析，将无形资产成本的金额转入新账中“无形资产”科目，将无形资产已计提的累计摊销额转入新账中“累计摊销”科目；如上述调整不切实可行的，应将原账中“无形资产”科目的余额直接转入新账中“无形资产”科目，也可沿用原账。

10.“长期待摊费用”科目

新准则设置了“长期待摊费用”科目，其核算内容与原制度相应科目的核算内容略有不同。转账时，应对原账中“长期待摊费用”科目的余额进行分析，将小企业筹建期间内发生的尚未摊销完毕的开办费冲减“利润分配——未分配利润”科目；将其他尚未摊销完毕的长期待摊费用直接转入新账中“长期待摊费用”科目，以后期间按原摊销期限继续摊销。

（二）负债类

1.“短期借款”、“应付票据”、“应付账款”、“预收账款”、“应付工资”、“应付福利费”、“应付利润”、“应交税金”、“其他应交款”和“其他应付款”科目

新准则设置了“短期借款”、“应付票据”、“应付账款”、“应付利润”和“其他应付款”科目，其核算内容与原制度相应科目的核算内容基本相同。原制度和新准则均规定，预收款项不多的小企业可以将预收款项直接记入“应收账款”科目贷方，预收款项较多的小企业也可单独设置“预收账款”科目核算。转账时，应将原账中上述科目的余额直接转至新账，也可沿用原账。

新准则设置了“应付职工薪酬”科目，用于核算小企业根据有关规定应付给职工的各种薪酬，小企业（外商投资）按照规定从净利润中提取的职工奖励及福利基金也通过该科目核算。转账时，应将原账中“应付工资”和“应付福利费”科目的余额一并转入新账中“应付职工薪酬”科目。

新准则设置了“应交税费”科目，用于核算小企业按照税法等规定计算应交纳的各种税费。转账时，应将原账中“应交税金”和“其他应交款”科目的余额一并转入新账中“应交税费”科目。

2.“预提费用”科目

新准则没有设置“预提费用”科目，但允许小企业根据需要自行增设相应科目用于日常核算。新准则下

不再增设“预提费用”科目的小企业，转账时，应对原账中“预提费用”科目的余额进行分析，转入新账中“应付利息”、“其他应付款”等科目。新准则下增设“预提费用”科目的小企业，转账时，应将原账中“预提费用”科目的余额直接转至新账，也可沿用原账，并在以后期间实际支付时予以冲销。资产负债表日，对于新旧转换时转入的尚未冲减完毕的预提费用余额，或者执行新准则后发生的尚未冲减完毕的预提费用余额，应根据其性质进行分析，在资产负债表“应付利息”、“其他应付款”、“其他流动负债”等项目中填列。

3.“待转资产价值”科目

新准则没有设置“待转资产价值”科目。转账时，应将原账中“待转资产价值”科目的余额转入“利润分配——未分配利润”科目。

4.“长期借款”和“长期应付款”科目

新准则设置了“长期借款”和“长期应付款”科目，其核算内容与原制度相应科目的核算内容基本相同。转账时，应将原账中上述科目的余额直接转至新账，也可沿用原账。

（三）所有者权益类

1.“实收资本”科目

新准则设置了“实收资本”科目，其核算内容与原制度相应科目的核算内容相同。转账时，应将原账中“实收资本”科目的余额直接转至新账，也可沿用原账。

2.“资本公积”科目

新准则设置了“资本公积”科目，其核算内容较原制度有所减少。转账时，应将原账中“资本公积”科目的金额在冲减有关损失后的余额转至新账，也可沿用原账。

3.“盈余公积”科目新准则设置了“盈余公积”科目，其核算内容与原制度相应科目的核算内容相同。转账时，应将原账中“盈余公积”科目的金额在冲减有关损失后的余额转至新账，也可沿用原账。

4.“本年利润”科目新准则设置了“本年利润”科目，其核算内容与原制度相应科目的核算内容相同。由于“本年利润”科目年末无余额，不需要进行转账处理。

5.“利润分配”科目新准则设置了“利润分配”科目，其核算内容与原制度相应科目的核算内容相同。

转账时，应首先结转执行新准则前各项资产和负债所清查出的损益，经批准后，从“待处理财产损溢”科目转入“利润分配——未分配利润”科目。同时，将相关资产减值准备科目的余额以及“待转资产价值”科目的余额转入“利润分配——未分配利润”科目，将小企业筹建期间内发生的尚未摊销完毕的开办费冲减“利润分配——未分配利润”科目。

经上述调整后，“利润分配——未分配利润”科目如为借方余额的，属于按规定提取盈余公积的小企业或者“资本公积”科目有贷方余额的小企业，还应依次冲减盈余公积和资本公积。

最后，应将“利润分配——未分配利润”科目的金额在进行相关调整后的余额转至新账，也可沿用原账。

（四）成本类

1.“生产成本”和“制造费用”科目

新准则设置了“生产成本”和“制造费用”科目，其核算内容与原制度相应科目的核算内容相同。转账时，应将原账中“生产成本”科目的余额直接转至新账，也可沿用原账。对于季节性生产性小企业之外的小企业，“制造费用”科目年末无余额，不需要进行转账处理。对于季节性生产性小企业，“制造费用”科目年末有余额的，应在转账时将原账中该科目的余额直接转至新账，也可沿用原账。

2.“研发支出”、“工程施工”和“机械作业”科目

原制度没有设置“研发支出”科目，且不允许研发支出资本化，因此不需要进行转账处理。

针对小企业（建筑业），新准则专门设置了“工程施工”和“机械作业”科目，分别核算小企业（建筑业）实际发生的各种工程成本，小企业（建筑业）及其内部独立核算的施工单位、机械站和运输队使用自有施工机械和运输设备进行机械作业（含机械化施工和运输作业等）所发生的各项费用。转账时，应将原账中相关科目的余额转入新账中“工程施工”科目。

（五）损益类

原制度设置了“主营业务收入”、“其他业务收入”、“投资收益”、“营业外收入”、“主营业务成本”、“主营业务税金及附加”、“其他业务支出”、“营业费用”、“管理费用”、“财务费用”、“营业外支出”和“所得税”科目。新准则设置了“主营业务收入”、“其他业务收入”、“投资收益”、“营业外收入”、“主营业务成本”、“营业税金

及附加”、“其他业务成本”、“销售费用”、“管理费用”、“财务费用”、“营业外支出”和“所得税费用”科目，其核算内容与原制度相应科目的核算内容相比有所调整。由于原账中上述损益类科目年末无余额，不需要进行转账处理。

**三、会计报表**

（一）资产负债表小企业执行新准则当年年末“资产负债表”的“年初余额”栏内各项目数字，应根据上年末“资产负债表”的“期末数”栏内所列数字按照新准则的规定进行调整后填列。调整方法根据上述有关规定处理。执行新准则当年的“资产负债表”应按新准则的规定编制。

（二）利润表

小企业执行新准则当年“利润表”的“上年金额”栏内各项目数字，应根据上年“利润表”的“本年累计数”栏内各项目数字经调整后填列，即原制度下“利润表”项目与新准则规定的“利润表”项目如有不同，应将原制度下“利润表”各项目数字按照新准则规定的项目进行调整后填列。执行新准则当年的“利润表”应按新准则的规定编制。

（三）现金流量表

小企业执行新准则当年“现金流量表”的“上年金额”栏内各项目数字，应根据上年“现金流量表”（如果小企业编制的话）的“本年数”栏内各项目数字经调整后填列，即原制度下“现金流量表”项目与新准则规定的“现金流量表”项目如有不同，应将原制度下“现金流量表”各项目数字按照新准则规定的项目进行调整后填列。如果小企业上年没有编制现金流量表或者上述调整不切实可行的，小企业执行新准则当年“现金流量表”的“上年金额”栏可以不予填列。执行新准则当年的“现金流量表”应按新准则的规定编制。

**四、其他有关问题**

执行《工业企业会计制度》、《企业会计制度》等其他会计制度的小企业，在首次执行新准则时应比照本规定执行。

**附：**

**小企业会计制度与小企业会计准则会计科目转换对照表**

| 小企业会计制度会计科目 | | | 小企业会计准则会计科目 | | |
|---|---|---|---|---|---|
| 顺序号 | 编号 | 会计科目名称 | 顺序号 | 编号 | 会计科目名称 |
| 一、资产类 | | | 一、资产类 | | |
| 1 | 1001 | 现金 | 1 | 1001 | 库存现金 |
| 2 | 1002 | 银行存款 | 2 | 1002 | 银行存款 |
| 3 | 1009 | 其他货币资金 | 3 | 1012 | 其他货币资金 |
| 4 | 1101 | 短期投资 | 4 | 1101 | 短期投资 |
| 5 | 1102 | 短期投资跌价准备 | | | |
| 6 | 1111 | 应收票据 | 5 | 1121 | 应收票据 |
| 7 | 1121 | 应收股息 | 8 | 1131 | 应收股利 |
| | | | | 1132 | 应收利息 |
| 8 | 1131 | 应收账款 | 6 | 1122 | 应收账款 |
| | | | 7 | 1123 | 预付账款 |
| 9 | 1133 | 其他应收款 | 10 | 1221 | 其他应收款 |
| 10 | 1141 | 坏账准备 | | | |
| | | | 11 | 1401 | 材料采购 |

（续表）

| 小企业会计制度会计科目 | | | 小企业会计准则会计科目 | | |
|---|---|---|---|---|---|
| 顺序号 | 编号 | 会计科目名称 | 顺序号 | 编号 | 会计科目名称 |
| 11 | 1201 | 在途物资 | 12 | 1402 | 在途物资 |
| 12 | 1211 | 材料 | 13 | 1403 | 原材料 |
| | | | 14 | 1404 | 材料成本差异 |
| 13 | 1231 | 低值易耗品 | 18 | 1411 | 周转材料 |
| 14 | 1243 | 库存商品 | 15 | 1405 | 库存商品 |
| 15 | 1244 | 商品进销差价 | 16 | 1407 | 商品进销差价 |
| 16 | 1251 | 委托加工物资 | 17 | 1408 | 委托加工物资 |
| 17 | 1261 | 委托代销商品 | | | |
| 18 | 1281 | 存货跌价准备 | | | |
| 19 | 1301 | 待摊费用 | | | |
| | | | 19 | 1421 | 消耗性生物资产 |
| 20 | 1401 | 长期股权投资 | 21 | 1511 | 长期股权投资 |
| 21 | 1402 | 长期债权投资 | 20 | 1501 | 长期债券投资 |
| 22 | 1501 | 固定资产 | 22 | 1601 | 固定资产 |
| 23 | 1502 | 累计折旧 | 23 | 1602 | 累计折旧 |
| 25 | 1603 | 在建工程 | 24 | 1604 | 在建工程 |
| 24 | 1601 | 工程物资 | 25 | 1605 | 工程物资 |
| 26 | 1701 | 固定资产清理 | 26 | 1606 | 固定资产清理 |
| | | | 27 | 1621 | 生产性生物资产 |
| | | | 28 | 1622 | 生产性生物资产累计折旧 |
| 27 | 1801 | 无形资产 | 29 | 1701 | 无形资产 |
| | | | 30 | 1702 | 累计摊销 |
| 28 | 1901 | 长期待摊费用 | 31 | 1801 | 长期待摊费用 |
| | | | 32 | 1901 | 待处理财产损溢 |
| 二、负债类 | | | 二、负债类 | | |
| 29 | 2101 | 短期借款 | 33 | 2001 | 短期借款 |
| 30 | 2111 | 应付票据 | 34 | 2201 | 应付票据 |
| 31 | 2121 | 应付账款 | 35 | 2202 | 应付账款 |
| | | | 36 | 2203 | 预收账款 |
| 32 | 2151 | 应付工资 | 37 | 2211 | 应付职工薪酬 |
| 33 | 2153 | 应付福利费 | | | |
| 34 | 2161 | 应付利润 | 40 | 2232 | 应付利润 |
| 35 | 2171 | 应交税金 | 38 | 2221 | 应交税费 |

（续表）

| 小企业会计制度会计科目 | | | 小企业会计准则会计科目 | | |
|---|---|---|---|---|---|
| 顺序号 | 编号 | 会计科目名称 | 顺序号 | 编号 | 会计科目名称 |
| 36 | 2176 | 其他应交款 | | | |
| | | | 39 | 2231 | 应付利息 |
| 37 | 2181 | 其他应付款 | 41 | 2241 | 其他应付款 |
| 38 | 2191 | 预提费用 | | | |
| 39 | 2201 | 待转资产价值 | | | |
| | | | 42 | 2401 | 递延收益 |
| 40 | 2301 | 长期借款 | 43 | 2501 | 长期借款 |
| 41 | 2321 | 长期应付款 | 44 | 2701 | 长期应付款 |
| 三、所有者权益类 | | | 三、所有者权益类 | | |
| 42 | 3101 | 实收资本 | 45 | 3001 | 实收资本 |
| 43 | 3111 | 资本公积 | 46 | 3002 | 资本公积 |
| 44 | 3121 | 盈余公积 | 47 | 3101 | 盈余公积 |
| 45 | 3131 | 本年利润 | 48 | 3103 | 本年利润 |
| 46 | 3141 | 利润分配 | 49 | 3104 | 利润分配 |
| 四、成本类 | | | 四、成本类 | | |
| 47 | 4101 | 生产成本 | 50 | 4001 | 生产成本 |
| 48 | 4105 | 制造费用 | 51 | 4101 | 制造费用 |
| | | | 52 | 4301 | 研发支出 |
| | | | 53 | 4401 | 工程施工 |
| | | | 54 | 4403 | 机械作业 |
| 五、损益类 | | | 五、损益类 | | |
| 49 | 5101 | 主营业务收入 | 55 | 5001 | 主营业务收入 |
| 50 | 5102 | 其他业务收入 | 56 | 5051 | 其他业务收入 |
| 51 | 5201 | 投资收益 | 57 | 5111 | 投资收益 |
| 52 | 5301 | 营业外收入 | 58 | 5301 | 营业外收入 |
| 53 | 5401 | 主营业务成本 | 59 | 5401 | 主营业务成本 |
| 54 | 5402 | 主营业务税金及附加 | 61 | 5403 | 营业税金及附加 |
| 55 | 5405 | 其他业务支出 | 60 | 5402 | 其他业务成本 |
| 56 | 5501 | 营业费用 | 62 | 5601 | 销售费用 |
| 57 | 5502 | 管理费用 | 63 | 5602 | 管理费用 |
| 58 | 5503 | 财务费用 | 64 | 5603 | 财务费用 |
| 59 | 5601 | 营业外支出 | 65 | 5711 | 营业外支出 |
| 60 | 5701 | 所得税 | 66 | 5801 | 所得税费用 |

# 3. 企业安全生产费用提取和使用管理办法(2012年修订)

财企[2012]16号

## 第一章　总　　则

**第一条**　为了建立企业安全生产投入长效机制,加强安全生产费用管理,保障企业安全生产资金投入,维护企业、职工以及社会公共利益,依据《中华人民共和国安全生产法》等有关法律法规和《国务院关于加强安全生产工作的决定》(国发[2004]2号)和《国务院关于进一步加强企业安全生产工作的通知》(国发[2010]23号),制定本办法。

**第二条**　在中华人民共和国境内直接从事煤炭生产、非煤矿山开采、建设工程施工、危险品生产与储存、交通运输、烟花爆竹生产、冶金、机械制造、武器装备研制生产与试验(含民用航空及核燃料)的企业以及其他经济组织(以下简称企业)适用本办法。

**第三条**　本办法所称安全生产费用(以下简称安全费用)是指企业按照规定标准提取在成本中列支,专门用于完善和改进企业或者项目安全生产条件的资金。

安全费用按照"企业提取、政府监管、确保需要、规范使用"的原则进行管理。

**第四条**　本办法下列用语的含义是:

煤炭生产是指煤炭资源开采作业有关活动。

非煤矿山开采是指石油和天然气、煤层气(地面开采)、金属矿、非金属矿及其他矿产资源的勘探作业和生产、选矿、闭坑及尾矿库运行、闭库等有关活动。

建设工程是指土木工程、建筑工程、井巷工程、线路管道和设备安装及装修工程的新建、扩建、改建以及矿山建设。

危险品是指列入国家标准《危险货物品名表》(GB12268)和《危险化学品目录》的物品。

烟花爆竹是指烟花爆竹制品和用于生产烟花爆竹的民用黑火药、烟火药、引火线等物品。

交通运输包括道路运输、水路运输、铁路运输、管道运输。道路运输是指以机动车为交通工具的旅客和货物运输;水路运输是指以运输船舶为工具的旅客和货物运输及港口装卸、堆存;铁路运输是指以火车为工具的旅客和货物运输(包括高铁和城际铁路);管道运输是指以管道为工具的液体和气体物资运输。

冶金是指金属矿物的冶炼以及压延加工有关活动,包括:黑色金属、有色金属、黄金等的冶炼生产和加工处理活动,以及炭素、耐火材料等与主工艺流程配套的辅助工艺环节的生产。

机械制造是指各种动力机械、冶金矿山机械、运输机械、农业机械、工具、仪器、仪表、特种设备、大中型船舶、石油炼化装备及其他机械设备的制造活动。

武器装备研制生产与试验,包括武器装备和弹药的科研、生产、试验、储运、销毁、维修保障等。

## 第二章　安全费用的提取标准

**第五条**　煤炭生产企业依据开采的原煤产量按月提取。各类煤矿原煤单位产量安全费用提取标准如下:

(一)煤(岩)与瓦斯(二氧化碳)突出矿井、高瓦斯矿井吨煤30元;

(二)其他井工矿吨煤15元;

(三)露天矿吨煤5元。

矿井瓦斯等级划分按现行《煤矿安全规程》和《矿井瓦斯等级鉴定规范》的规定执行。

**第六条**　非煤矿山开采企业依据开采的原矿产量按月提取。各类矿山原矿单位产量安全费用提取标准如下:

(一)石油,每吨原油17元;

(二)天然气、煤层气(地面开采),每千立方米原气 5 元;

(三)金属矿山,其中露天矿山每吨 5 元,地下矿山每吨 10 元;

(四)核工业矿山,每吨 25 元;

(五)非金属矿山,其中露天矿山每吨 2 元,地下矿山每吨 4 元;

(六)小型露天采石场,即年采剥总量 50 万吨以下,且最大开采高度不超过 50 米,产品用于建筑、铺路的山坡型露天采石场,每吨 1 元;

(七)尾矿库按入库尾矿量计算,三等及三等以上尾矿库每吨 1 元,四等及五等尾矿库每吨 1.5 元。

本办法下发之日以前已经实施闭库的尾矿库,按照已堆存尾砂的有效库容大小提取,库容 100 万立方米以下的,每年提取 5 万元;超过 100 万立方米的,每增加 100 万立方米增加 3 万元,但每年提取额最高不超过 30 万元。

原矿产量不含金属、非金属矿山尾矿库和废石场中用于综合利用的尾砂和低品位矿石。

地质勘探单位安全费用按地质勘查项目或者工程总费用的 2%提取。

**第七条** 建设工程施工企业以建筑安装工程造价为计提依据。各建设工程类别安全费用提取标准如下:

(一)矿山工程为 2.5%;

(二)房屋建筑工程、水利水电工程、电力工程、铁路工程、城市轨道交通工程为 2.0%;

(三)市政公用工程、冶炼工程、机电安装工程、化工石油工程、港口与航道工程、公路工程、通信工程为 1.5%。

建设工程施工企业提取的安全费用列入工程造价,在竞标时,不得删减,列入标外管理。国家对基本建设投资概算另有规定的,从其规定。

总包单位应当将安全费用按比例直接支付分包单位并监督使用,分包单位不再重复提取。

**第八条** 危险品生产与储存企业以上年度实际营业收入为计提依据,采取超额累退方式按照以下标准平均逐月提取:

(一)营业收入不超过 1000 万元的,按照 4%提取;

(二)营业收入超过 1000 万元至 1 亿元的部分,按照 2%提取;

(三)营业收入超过 1 亿元至 10 亿元的部分,按照 0.5%提取;

(四)营业收入超过 10 亿元的部分,按照 0.2%提取。

**第九条** 交通运输企业以上年度实际营业收入为计提依据,按照以下标准平均逐月提取:

(一)普通货运业务按照 1%提取;

(二)客运业务、管道运输、危险品等特殊货运业务按照 1.5%提取。

**第十条** 冶金企业以上年度实际营业收入为计提依据,采取超额累退方式按照以下标准平均逐月提取:

(一)营业收入不超过 1000 万元的,按照 3%提取;

(二)营业收入超过 1000 万元至 1 亿元的部分,按照 1.5%提取;

(三)营业收入超过 1 亿元至 10 亿元的部分,按照 0.5%提取;

(四)营业收入超过 10 亿元至 50 亿元的部分,按照 0.2%提取;

(五)营业收入超过 50 亿元至 100 亿元的部分,按照 0.1%提取;

(六)营业收入超过 100 亿元的部分,按照 0.05%提取。

**第十一条** 机械制造企业以上年度实际营业收入为计提依据,采取超额累退方式按照以下标准平均逐月提取:

(一)营业收入不超过 1000 万元的,按照 2%提取;

(二)营业收入超过 1000 万元至 1 亿元的部分,按照 1%提取;

(三)营业收入超过 1 亿元至 10 亿元的部分,按照 0.2%提取;

(四)营业收入超过 10 亿元至 50 亿元的部分,按照 0.1%提取;

(五)营业收入超过 50 亿元的部分,按照 0.05%提取。

**第十二条** 烟花爆竹生产企业以上年度实际营业收入为计提依据,采取超额累退方式按照以下标准平均逐月提取：

（一）营业收入不超过 200 万元的，按照 3.5％提取；

（二）营业收入超过 200 万元至 500 万元的部分，按照 3％提取；

（三）营业收入超过 500 万元至 1000 万元的部分，按照 2.5％提取；

（四）营业收入超过 1000 万元的部分，按照 2％提取。

**第十三条**　武器装备研制生产与试验企业以上年度军品实际营业收入为计提依据，采取超额累退方式按照以下标准平均逐月提取：

（一）火炸药及其制品研制、生产与试验企业（包括：含能材料，炸药、火药、推进剂，发动机，弹箭，引信、火工品等）：

1. 营业收入不超过 1000 万元的，按照 5％提取；
2. 营业收入超过 1000 万元至 1 亿元的部分，按照 3％提取；
3. 营业收入超过 1 亿元至 10 亿元的部分，按照 1％提取；
4. 营业收入超过 10 亿元的部分，按照 0.5％提取。

（二）核装备及核燃料研制、生产与试验企业：

1. 营业收入不超过 1000 万元的，按照 3％提取；
2. 营业收入超过 1000 万元至 1 亿元的部分，按照 2％提取；
3. 营业收入超过 1 亿元至 10 亿元的部分，按照 0.5％提取；
4. 营业收入超过 10 亿元的部分，按照 0.2％提取。
5. 核工程按照 3％提取（以工程造价为计提依据，在竞标时，列为标外管理）。

（三）军用舰船（含修理）研制、生产与试验企业：

1. 营业收入不超过 1000 万元的，按照 2.5％提取；
2. 营业收入超过 1000 万元至 1 亿元的部分，按照 1.75％提取；
3. 营业收入超过 1 亿元至 10 亿元的部分，按照 0.8％提取；
4. 营业收入超过 10 亿元的部分，按照 0.4％提取。

（四）飞船、卫星、军用飞机、坦克车辆、火炮、轻武器、大型天线等产品的总体、部分和元器件研制、生产与试验企业：

1. 营业收入不超过 1000 万元的，按照 2％提取；
2. 营业收入超过 1000 万元至 1 亿元的部分，按照 1.5％提取；
3. 营业收入超过 1 亿元至 10 亿元的部分，按照 0.5％提取；
4. 营业收入超过 10 亿元至 100 亿元的部分，按照 0.2％提取；
5. 营业收入超过 100 亿元的部分，按照 0.1％提取。

（五）其他军用危险品研制、生产与试验企业：

1. 营业收入不超过 1000 万元的，按照 4％提取；
2. 营业收入超过 1000 万元至 1 亿元的部分，按照 2％提取；
3. 营业收入超过 1 亿元至 10 亿元的部分，按照 0.5％提取；
4. 营业收入超过 10 亿元的部分，按照 0.2％提取。

**第十四条**　中小微型企业和大型企业上年末安全费用结余分别达到本企业上年度营业收入的 5％和 1.5％时，经当地县级以上安全生产监督管理部门、煤矿安全监察机构商财政部门同意，企业本年度可以缓提或者少提安全费用。

企业规模划分标准按照工业和信息化部、国家统计局、国家发展和改革委员会、财政部《关于印发中小企业划型标准规定的通知》（工信部联企业[2011]300 号）规定执行。

**第十五条**　企业在上述标准的基础上，根据安全生产实际需要，可适当提高安全费用提取标准。

本办法公布前，各省级政府已制定下发企业安全费用提取使用办法的，其提取标准如果低于本办法规定的标准，应当按照本办法进行调整；如果高于本办法规定的标准，按照原标准执行。

**第十六条**　新建企业和投产不足一年的企业以当年实际营业收入为提取依据，按月计提安全费用。

混业经营企业，如能按业务类别分别核算的，则以各业务营业收入为计提依据，按上述标准分别提取安全费用；如不能分别核算的，则以全部业务收入为计提依据，按主营业务计提标准提取安全费用。

## 第三章 安全费用的使用

**第十七条** 煤炭生产企业安全费用应当按照以下范围使用：

（一）煤与瓦斯突出及高瓦斯矿井落实“两个四位一体”综合防突措施支出，包括瓦斯区域预抽、保护层开采区域防突措施、开展突出区域和局部预测、实施局部补充防突措施、更新改造防突设备和设施、建立突出防治实验室等支出；

（二）煤矿安全生产改造和重大隐患治理支出，包括“一通三防”（通风，防瓦斯、防煤尘、防灭火）、防治水、供电、运输等系统设备改造和灾害治理工程，实施煤矿机械化改造，实施矿压（冲击地压）、热害、露天矿边坡治理、采空区治理等支出；

（三）完善煤矿井下监测监控、人员定位、紧急避险、压风自救、供水施救和通信联络安全避险“六大系统”支出，应急救援技术装备、设施配置和维护保养支出，事故逃生和紧急避难设施设备的配置和应急演练支出；

（四）开展重大危险源和事故隐患评估、监控和整改支出；

（五）安全生产检查、评价（不包括新建、改建、扩建项目安全评价）、咨询、标准化建设支出；

（六）配备和更新现场作业人员安全防护用品支出；

（七）安全生产宣传、教育、培训支出；

（八）安全生产适用新技术、新标准、新工艺、新装备的推广应用支出；

（九）安全设施及特种设备检测检验支出；

（十）其他与安全生产直接相关的支出。

**第十八条** 非煤矿山开采企业安全费用应当按照以下范围使用：

（一）完善、改造和维护安全防护设施设备（不含“三同时”要求初期投入的安全设施）和重大安全隐患治理支出，包括矿山综合防尘、防灭火、防治水、危险气体监测、通风系统、支护及防治边帮滑坡设备、机电设备、供配电系统、运输（提升）系统和尾矿库等完善、改造和维护支出以及实施地压监测监控、露天矿边坡治理、采空区治理等支出；

（二）完善非煤矿山监测监控、人员定位、紧急避险、压风自救、供水施救和通信联络等安全避险“六大系统”支出，完善尾矿库全过程在线监控系统和海上石油开采出海人员动态跟踪系统支出，应急救援技术装备、设施配置及维护保养支出，事故逃生和紧急避难设施设备的配置和应急演练支出；

（三）开展重大危险源和事故隐患评估、监控和整改支出；

（四）安全生产检查、评价（不包括新建、改建、扩建项目安全评价）、咨询、标准化建设支出；

（五）配备和更新现场作业人员安全防护用品支出；

（六）安全生产宣传、教育、培训支出；

（七）安全生产适用的新技术、新标准、新工艺、新装备的推广应用支出；

（八）安全设施及特种设备检测检验支出；

（九）尾矿库闭库及闭库后维护费用支出；

（十）地质勘探单位野外应急食品、应急器械、应急药品支出；

（十一）其他与安全生产直接相关的支出。

**第十九条** 建设工程施工企业安全费用应当按照以下范围使用：

（一）完善、改造和维护安全防护设施设备支出（不含“三同时”要求初期投入的安全设施），包括施工现场临时用电系统、洞口、临边、机械设备、高处作业防护、交叉作业防护、防火、防爆、防尘、防毒、防雷、防台风、防地质灾害、地下工程有害气体监测、通风、临时安全防护等设施设备支出；

（二）配备、维护、保养应急救援器材、设备支出和应急演练支出；

（三）开展重大危险源和事故隐患评估、监控和整改支出；

（四）安全生产检查、评价（不包括新建、改建、扩建项目安全评价）、咨询和标准化建设支出；

（五）配备和更新现场作业人员安全防护用品支出；

（六）安全生产宣传、教育、培训支出；

(七)安全生产适用的新技术、新标准、新工艺、新装备的推广应用支出；

(八)安全设施及特种设备检测检验支出；

(九)其他与安全生产直接相关的支出。

**第二十条** 危险品生产与储存企业安全费用应当按照以下范围使用：

(一)完善、改造和维护安全防护设施设备支出(不含“三同时”要求初期投入的安全设施)，包括车间、库房、罐区等作业场所的监控、监测、通风、防晒、调温、防火、灭火、防爆、泄压、防毒、消毒、中和、防潮、防雷、防静电、防腐、防渗漏、防护围堤或者隔离操作等设施设备支出；

(二)配备、维护、保养应急救援器材、设备支出和应急演练支出；

(三)开展重大危险源和事故隐患评估、监控和整改支出；

(四)安全生产检查、评价(不包括新建、改建、扩建项目安全评价)、咨询和标准化建设支出；

(五)配备和更新现场作业人员安全防护用品支出；

(六)安全生产宣传、教育、培训支出；

(七)安全生产适用的新技术、新标准、新工艺、新装备的推广应用支出；

(八)安全设施及特种设备检测检验支出；

(九)其他与安全生产直接相关的支出。

**第二十一条** 交通运输企业安全费用应当按照以下范围使用：

(一)完善、改造和维护安全防护设施设备支出(不含“三同时”要求初期投入的安全设施)，包括道路、水路、铁路、管道运输设施设备和装卸工具安全状况检测及维护系统、运输设施设备和装卸工具附属安全设备等支出；

(二)购置、安装和使用具有行驶记录功能的车辆卫星定位装置、船舶通信导航定位和自动识别系统、电子海图等支出；

(三)配备、维护、保养应急救援器材、设备支出和应急演练支出；

(四)开展重大危险源和事故隐患评估、监控和整改支出；

(五)安全生产检查、评价(不包括新建、改建、扩建项目安全评价)、咨询和标准化建设支出；

(六)配备和更新现场作业人员安全防护用品支出；

(七)安全生产宣传、教育、培训支出；

(八)安全生产适用的新技术、新标准、新工艺、新装备的推广应用支出；

(九)安全设施及特种设备检测检验支出；

(十)其他与安全生产直接相关的支出。

**第二十二条** 冶金企业安全费用应当按照以下范围使用：

(一)完善、改造和维护安全防护设施设备支出(不含“三同时”要求初期投入的安全设施)，包括车间、站、库房等作业场所的监控、监测、防火、防爆、防坠落、防尘、防毒、防噪声与振动、防辐射和隔离操作等设施设备支出；

(二)配备、维护、保养应急救援器材、设备支出和应急演练支出；

(三)开展重大危险源和事故隐患评估、监控和整改支出；

(四)安全生产检查、评价(不包括新建、改建、扩建项目安全评价)和咨询及标准化建设支出；

(五)安全生产宣传、教育、培训支出；

(六)配备和更新现场作业人员安全防护用品支出；

(七)安全生产适用的新技术、新标准、新工艺、新装备的推广应用支出；

(八)安全设施及特种设备检测检验支出；

(九)其他与安全生产直接相关的支出。

**第二十三条** 机械制造企业安全费用应当按照以下范围使用：

(一)完善、改造和维护安全防护设施设备支出(不含“三同时”要求初期投入的安全设施)，包括生产作业场所的防火、防爆、防坠落、防毒、防静电、防腐、防尘、防噪声与振动、防辐射或者隔离操作等设施设备支出，大型起重机械安装安全监控管理系统支出；

(二)配备、维护、保养应急救援器材、设备支出和应急演练支出；

（三）开展重大危险源和事故隐患评估、监控和整改支出；

（四）安全生产检查、评价（不包括新建、改建、扩建项目安全评价）、咨询和标准化建设支出；

（五）安全生产宣传、教育、培训支出；

（六）配备和更新现场作业人员安全防护用品支出；

（七）安全生产适用的新技术、新标准、新工艺、新装备的推广应用；

（八）安全设施及特种设备检测检验支出；

（九）其他与安全生产直接相关的支出。

**第二十四条** 烟花爆竹生产企业安全费用应当按照以下范围使用：

（一）完善、改造和维护安全设备设施支出（不含“三同时”要求初期投入的安全设施）；

（二）配备、维护、保养防爆机械电器设备支出；

（三）配备、维护、保养应急救援器材、设备支出和应急演练支出；

（四）开展重大危险源和事故隐患评估、监控和整改支出；

（五）安全生产检查、评价（不包括新建、改建、扩建项目安全评价）、咨询和标准化建设支出；

（六）安全生产宣传、教育、培训支出；

（七）配备和更新现场作业人员安全防护用品支出；

（八）安全生产适用新技术、新标准、新工艺、新装备的推广应用支出；

（九）安全设施及特种设备检测检验支出；

（十）其他与安全生产直接相关的支出。

**第二十五条** 武器装备研制生产与试验企业安全费用应当按照以下范围使用：

（一）完善、改造和维护安全防护设施设备支出（不含“三同时”要求初期投入的安全设施），包括研究室、车间、库房、储罐区、外场试验区等作业场所的监控、监测、防触电、防坠落、防爆、泄压、防火、灭火、通风、防晒、调温、防毒、防雷、防静电、防腐、防尘、防噪声与振动、防辐射、防护围堤或者隔离操作等设施设备支出；

（二）配备、维护、保养应急救援、应急处置、特种个人防护器材、设备、设施支出和应急演练支出；

（三）开展重大危险源和事故隐患评估、监控和整改支出；

（四）高新技术和特种专用设备安全鉴定评估、安全性能检验检测及操作人员上岗培训支出；

（五）安全生产检查、评价（不包括新建、改建、扩建项目安全评价）、咨询和标准化建设支出；

（六）安全生产宣传、教育、培训支出；

（七）军工核设施（含核废物）防泄漏、防辐射的设施设备支出；

（八）军工危险化学品、放射性物品及武器装备科研、试验、生产、储运、销毁、维修保障过程中的安全技术措施改造费和安全防护（不包括工作服）费用支出；

（九）大型复杂武器装备制造、安装、调试的特殊工种和特种作业人员培训支出；

（十）武器装备大型试验安全专项论证与安全防护费用支出；

（十一）特殊军工电子元器件制造过程中有毒有害物质监测及特种防护支出；

（十二）安全生产适用新技术、新标准、新工艺、新装备的推广应用支出；

（十三）其他与武器装备安全生产事项直接相关的支出。

**第二十六条** 在本办法规定的使用范围内，企业应当将安全费用优先用于满足安全生产监督管理部门、煤矿安全监察机构以及行业主管部门对企业安全生产提出的整改措施或者达到安全生产标准所需的支出。

**第二十七条** 企业提取的安全费用应当专户核算，按规定范围安排使用，不得挤占、挪用。年度结余资金结转下年度使用，当年计提安全费用不足的，超出部分按正常成本费用渠道列支。

主要承担安全管理责任的集团公司经过履行内部决策程序，可以对所属企业提取的安全费用按照一定比例集中管理，统筹使用。

**第二十八条** 煤炭生产企业和非煤矿山企业已提取维持简单再生产费用的，应当继续提取维持简单再生产费用，但其使用范围不再包含安全生产方面的用途。

**第二十九条** 矿山企业转产、停产、停业或者解散的，应当将安全费用结余转入矿山闭坑安全保障基金，用于矿山闭坑、尾矿库闭库后可能的危害治理和损失赔偿。

危险品生产与储存企业转产、停产、停业或者解散的，应当将安全费用结余用于处理转产、停产、停业或者解散前的危险品生产或者储存设备、库存产品及生产原料支出。

企业由于产权转让、公司制改建等变更股权结构或者组织形式的，其结余的安全费用应当继续按照本办法管理使用。

企业调整业务、终止经营或者依法清算，其结余的安全费用应当结转本期收益或者清算收益。

**第三十条** 本办法第二条规定范围以外的企业为达到应当具备的安全生产条件所需的资金投入，按原渠道列支。

## 第四章 监督管理

**第三十一条** 企业应当建立健全内部安全费用管理制度，明确安全费用提取和使用的程序、职责及权限，按规定提取和使用安全费用。

**第三十二条** 企业应当加强安全费用管理，编制年度安全费用提取和使用计划，纳入企业财务预算。企业年度安全费用使用计划和上一年安全费用的提取、使用情况按照管理权限报同级财政部门、安全生产监督管理部门、煤矿安全监察机构和行业主管部门备案。

**第三十三条** 企业安全费用的会计处理，应当符合国家统一的会计制度的规定。

**第三十四条** 企业提取的安全费用属于企业自提自用资金，其他单位和部门不得采取收取、代管等形式对其进行集中管理和使用，国家法律、法规另有规定的除外。

**第三十五条** 各级财政部门、安全生产监督管理部门、煤矿安全监察机构和有关行业主管部门依法对企业安全费用提取、使用和管理进行监督检查。

**第三十六条** 企业未按本办法提取和使用安全费用的，安全生产监督管理部门、煤矿安全监察机构和行业主管部门会同财政部门责令其限期改正，并依照相关法律法规进行处理、处罚。

建设工程施工总承包单位未向分包单位支付必要的安全费用以及承包单位挪用安全费用的，由建设、交通运输、铁路、水利、安全生产监督管理、煤矿安全监察等主管部门依照相关法规、规章进行处理、处罚。

**第三十七条** 各省级财政部门、安全生产监督管理部门、煤矿安全监察机构可以结合本地区实际情况，制定具体实施办法，并报财政部、国家安全生产监督管理总局备案。

## 第五章 附 则

**第三十八条** 本办法由财政部、国家安全生产监督管理总局负责解释。

**第三十九条** 实行企业化管理的事业单位参照本办法执行。

**第四十条** 本办法自公布之日起施行。《关于调整煤炭生产安全费用提取标准加强煤炭生产安全费用使用管理与监督的通知》(财建〔2005〕168号)、《关于印发〈烟花爆竹生产企业安全费用提取与使用管理办法〉的通知》(财建〔2006〕180号)和《关于印发〈高危行业企业安全生产费用财务管理暂行办法〉的通知》(财企〔2006〕478号)同时废止。《关于印发〈煤炭生产安全费用提取和使用管理办法〉和〈关于规范煤矿维简费管理问题的若干规定〉的通知》(财建[2004]119号)等其他有关规定与本办法不一致的，以本办法为准。

# 4. 可再生能源电价附加有关会计处理规定(2012年颁布)

财会[2012]24号

根据《中华人民共和国可再生能源法》、《财政部 国家发展改革委国家能源局关于印发〈可再生能源电价附加补助资金管理暂行办法〉的通知》(财建[2012]102号)等相关规定，现就可再生能源电价附加有关会计处理规定如下：

一、电网企业代征代缴可再生能源电价附加的会计处理 电网企业向电力用户销售电量时，按实际收到或应收的金额，借记“银行存款”、“应收账款”等科目，按实现的电价收入，贷记“主营业务收入”科目，按实际销售电量计算的应代征可再生能源电价附加额，贷记“其他应付款”等科目，按专用发票上注明的增值税额，贷记“应交税费——应交增值税（销项税额）”科目。电网企业按月上缴可再生能源电价附加时，按取得的《非税收入一般缴款书》上注明的缴款额，借记“其他应付款”等科目，贷记“银行存款”科目。电网企业取得可再生能源电价附加代征手续费时，借记“银行存款”等科目，贷记“其他业务收入”科目。

电网企业按有关规定进行可再生能源电价附加汇算清缴时，因电力用户欠缴电费，经专员办审核确认后作为坏账损失核销而不计入电网企业实际销售电量的，按核减电量计算的可再生能源电价附加，借记“其他应付款”等科目，贷记“应收账款”科目。已审核确认并核销的坏账损失如果以后又收回的，按实际收回电量计算的可再生能源电价附加，借记“银行存款”科目，贷记“其他应付款”等科目。

二、电网企业收购可再生能源电量的会计处理　电网企业收购可再生能源电量时，按可再生能源发电上网电价计算的购电费，借记“生产成本”等科目，按专用发票上注明的增值税额，借记“应交税费——应交增值税（进项税额）”科目，按实际支付或应付的金额，贷记“银行存款”、“应付账款”等科目。

三、电网企业取得可再生能源发电项目上网电价补助的会计处理　电网企业取得可再生能源发电项目上网电价补助时，按收到或应收的金额，借记“银行存款”等科目，贷记“主营业务收入”科目。

四、可再生能源发电企业销售可再生能源电量的会计处理可再生能源发电企业销售可再生能源电量时，按实际收到或应收的金额，借记“银行存款”、“应收账款”等科目，按实现的电价收入，贷记“主营业务收入”科目，按专用发票上注明的增值税额，贷记“应交税费——应交增值税（销项税额）”科目。

五、企业取得可再生能源发电项目接网费用等补助的会计处理 企业专为可再生能源发电项目接入电网系统而发生的工程投资和运行维护费用，以及国家投资或补贴建设的公共可再生能源独立电力系统所发生的合理的运行和管理费用超出销售电价的部分，按规定取得可再生能源电价附加补助资金的，按收到或应收的补助金额，借记“银行存款”、“其他应收款”等科目，贷记“主营业务收入”科目。

# 第十一章 企业财务管理法规

## 1. 企业财务通则(2006年修订)

中华人民共和国财政部令 2006年第41号

### 第一章 总 则

**第一条** 为了加强企业财务管理,规范企业财务行为,保护企业及其相关方的合法权益,推进现代企业制度建设,根据有关法律、行政法规的规定,制定本通则。

**第二条** 在中华人民共和国境内依法设立的具备法人资格的国有及国有控股企业适用本通则。金融企业除外。

其他企业参照执行。

**第三条** 国有及国有控股企业(以下简称企业)应当确定内部财务管理体制,建立健全财务管理制度,控制财务风险。

企业财务管理应当按照制定的财务战略,合理筹集资金,有效营运资产,控制成本费用,规范收益分配及重组清算财务行为,加强财务监督和财务信息管理。

**第四条** 财政部负责制定企业财务规章制度。

各级财政部门(以下通称主管财政机关)应当加强对企业财务的指导、管理、监督,其主要职责包括:

(一)监督执行企业财务规章制度,按照财务关系指导企业建立健全内部财务制度。

(二)制定促进企业改革发展的财政财务政策,建立健全支持企业发展的财政资金管理制度。

(三)建立健全企业年度财务会计报告审计制度,检查企业财务会计报告质量。

(四)实施企业财务评价,监测企业财务运行状况。

(五)研究、拟订企业国有资本收益分配和国有资本经营预算的制度。

(六)参与审核属于本级人民政府及其有关部门、机构出资的企业重要改革、改制方案。

(七)根据企业财务管理的需要提供必要的帮助、服务。

**第五条** 各级人民政府及其部门、机构,企业法人、其他组织或者自然人等企业投资者(以下通称投资者),企业经理、厂长或者实际负责经营管理的其他领导成员(以下通称经营者),依照法律、法规、本通则和企业章程的规定,履行企业内部财务管理职责。

**第六条** 企业应当依法纳税。企业财务处理与税收法律、行政法规规定不一致的,纳税时应当依法进行调整。

**第七条** 各级人民政府及其部门、机构出资的企业,其财务关系隶属同级财政机关。

### 第二章 企业财务管理体制

**第八条** 企业实行资本权属清晰、财务关系明确、符合法人治理结构要求的财务管理体制。

企业应当按照国家有关规定建立有效的内部财务管理级次。企业集团公司自行决定集团内部财务管理体制。

**第九条** 企业应当建立财务决策制度,明确决策规则、程序、权限和责任等。法律、行政法规规定应当通过职工(代表)大会审议或者听取职工、相关组织意见的财务事项,依照其规定执行。

企业应当建立财务决策回避制度。对投资者、经营者个人与企业利益有冲突的财务决策事项,相关投资者、经营者应当回避。

**第十条** 企业应当建立财务风险管理制度，明确经营者、投资者及其他相关人员的管理权限和责任，按照风险与收益均衡、不相容职务分离等原则，控制财务风险。

**第十一条** 企业应当建立财务预算管理制度，以现金流为核心，按照实现企业价值最大化等财务目标的要求，对资金筹集、资产营运、成本控制、收益分配、重组清算等财务活动，实施全面预算管理。

**第十二条** 投资者的财务管理职责主要包括：

（一）审议批准企业内部财务管理制度、企业财务战略、财务规划和财务预算。

（二）决定企业的筹资、投资、担保、捐赠、重组、经营者报酬、利润分配等重大财务事项。

（三）决定企业聘请或者解聘会计师事务所、资产评估机构等中介机构事项。

（四）对经营者实施财务监督和财务考核。

（五）按照规定向全资或者控股企业委派或者推荐财务总监。

投资者应当通过股东（大）会、董事会或者其他形式的内部机构履行财务管理职责，可以通过企业章程、内部制度、合同约定等方式将部分财务管理职责授予经营者。

**第十三条** 经营者的财务管理职责主要包括：

（一）拟订企业内部财务管理制度、财务战略、财务规划，编制财务预算。

（二）组织实施企业筹资、投资、担保、捐赠、重组和利润分配等财务方案，诚信履行企业偿债义务。

（三）执行国家有关职工劳动报酬和劳动保护的规定，依法缴纳社会保险费、住房公积金等，保障职工合法权益。

（四）组织财务预测和财务分析，实施财务控制。

（五）编制并提供企业财务会计报告，如实反映财务信息和有关情况。

（六）配合有关机构依法进行审计、评估、财务监督等工作。

## 第三章　资金筹集

**第十四条** 企业可以接受投资者以货币资金、实物、无形资产、股权、特定债权等形式的出资。其中，特定债权是指企业依法发行的可转换债券、符合有关规定转作股权的债权等。

企业接受投资者非货币资产出资时，法律、行政法规对出资形式、程序和评估作价等有规定的，依照其规定执行。

企业接受投资者商标权、著作权、专利权及其他专有技术等无形资产出资的，应当符合法律、行政法规规定的比例。

**第十五条** 企业依法以吸收直接投资、发行股份等方式筹集权益资金的，应当拟订筹资方案，确定筹资规模，履行内部决策程序和必要的报批手续，控制筹资成本。

企业筹集的实收资本，应当依法委托法定验资机构验资并出具验资报告。

**第十六条** 企业应当执行国家有关资本管理制度，在获准工商登记后30日内，依据验资报告等向投资者出具出资证明书，确定投资者的合法权益。

企业筹集的实收资本，在持续经营期间可以由投资者依照法律、行政法规以及企业章程的规定转让或者减少，投资者不得抽逃或者变相抽回出资。

除《公司法》等有关法律、行政法规另有规定外，企业不得回购本企业发行的股份。企业依法回购股份，应当符合有关条件和财务处理办法，并经投资者决议。

**第十七条** 对投资者实际缴付的出资超出注册资本的差额（包括股票溢价），企业应当作为资本公积管理。

经投资者审议决定后，资本公积用于转增资本。国家另有规定的，从其规定。

**第十八条** 企业从税后利润中提取的盈余公积包括法定公积金和任意公积金，可以用于弥补企业亏损或者转增资本。法定公积金转增资本后留存企业的部分，以不少于转增前注册资本的25%为限。

**第十九条** 企业增加实收资本或者以资本公积、盈余公积转增实收资本，由投资者履行财务决策程序后，办理相关财务事项和工商变更登记。

**第二十条** 企业取得的各类财政资金，区分以下情况处理：

（一）属于国家直接投资、资本注入的，按照国家有关规定增加国家资本或者国有资本公积。

（二）属于投资补助的，增加资本公积或者实收资本。国家拨款时对权属有规定的，按规定执行；没有规定的，由全体投资者共同享有。

（三）属于贷款贴息、专项经费补助的，作为企业收益处理。

（四）属于政府转贷、偿还性资助的，作为企业负债管理。

（五）属于弥补亏损、救助损失或者其他用途的，作为企业收益处理。

**第二十一条**　企业依法以借款、发行债券、融资租赁等方式筹集债务资金的，应当明确筹资目的，根据资金成本、债务风险和合理的资金需求，进行必要的资本结构决策，并签订书面合同。

企业筹集资金用于固定资产投资项目的，应当遵守国家产业政策、行业规划、自有资本比例及其他规定。

企业筹集资金，应当按规定核算和使用，并诚信履行合同，依法接受监督。

## 第四章　资产营运

**第二十二条**　企业应当根据风险与收益均衡等原则和经营需要，确定合理的资产结构，并实施资产结构动态管理。

**第二十三条**　企业应当建立内部资金调度控制制度，明确资金调度的条件、权限和程序，统一筹集、使用和管理资金。企业支付、调度资金，应当按照内部财务管理制度的规定，依据有效合同、合法凭证，办理相关手续。

企业向境外支付、调度资金应当符合国家有关外汇管理的规定。

企业集团可以实行内部资金集中统一管理，但应当符合国家有关金融管理等法律、行政法规规定，并不得损害成员企业的利益。

**第二十四条**　企业应当建立合同的财务审核制度，明确业务流程和审批权限，实行财务监控。

企业应当加强应收款项的管理，评估客户信用风险，跟踪客户履约情况，落实收账责任，减少坏账损失。

**第二十五条**　企业应当建立健全存货管理制度，规范存货采购审批、执行程序，根据合同的约定以及内部审批制度支付货款。

企业选择供货商以及实施大宗采购，可以采取招标等方式进行。

**第二十六条**　企业应当建立固定资产购建、使用、处置制度。

企业自行选择、确定固定资产折旧办法，可以征询中介机构、有关专家的意见，并由投资者审议批准。固定资产折旧办法一经选用，不得随意变更。确需变更的，应当说明理由，经投资者审议批准。

企业购建重要的固定资产、进行重大技术改造，应当经过可行性研究，按照内部审批制度履行财务决策程序，落实决策和执行责任。

企业在建工程项目交付使用后，应当在一个年度内办理竣工决算。

**第二十七条**　企业对外投资应当遵守法律、行政法规和国家有关政策的规定，符合企业发展战略的要求，进行可行性研究，按照内部审批制度履行批准程序，落实决策和执行的责任。

企业对外投资应当签订书面合同，明确企业投资权益，实施财务监管。依据合同支付投资款项，应当按照企业内部审批制度执行。

企业向境外投资的，还应当经投资者审议批准，并遵守国家境外投资项目核准和外汇管理等相关规定。

**第二十八条**　企业通过自创、购买、接受投资等方式取得的无形资产，应当依法明确权属，落实有关经营、管理的财务责任。

无形资产出现转让、租赁、质押、授权经营、连锁经营、对外投资等情形时，企业应当签订书面合同，明确双方的权利义务，合理确定交易价格。

**第二十九条**　企业对外担保应当符合法律、行政法规及有关规定，根据被担保单位的资信及偿债能力，按照内部审批制度采取相应的风险控制措施，并设立备查账簿登记，实行跟踪监督。

企业对外捐赠应当符合法律、行政法规及有关财务规定，制定实施方案，明确捐赠的范围和条件，落实执行责任，严格办理捐赠资产的交接手续。

**第三十条**　企业从事期货、期权、证券、外汇交易等业务或者委托其他机构理财，不得影响主营业务的正常开展，并应当签订书面合同，建立交易报告制度，定期对账，控制风险。

**第三十一条** 企业从事代理业务，应当严格履行合同，实行代理业务与自营业务分账管理，不得挪用客户资金、互相转嫁经营风险。

**第三十二条** 企业应当建立各项资产损失或者减值准备管理制度。各项资产损失或者减值准备的计提标准，一经选用，不得随意变更。企业在制订计提标准时可以征询中介机构、有关专家的意见。

对计提损失或者减值准备后的资产，企业应当落实监管责任。能够收回或者继续使用以及没有证据证明实际损失的资产，不得核销。

**第三十三条** 企业发生的资产损失，应当及时予以核实、查清责任，追偿损失，按照规定程序处理。

企业重组中清查出的资产损失，经批准后依次冲减未分配利润、盈余公积、资本公积和实收资本。

**第三十四条** 企业以出售、抵押、置换、报废等方式处理资产时，应当按照国家有关规定和企业内部财务管理制度规定的权限和程序进行。其中，处理主要固定资产涉及企业经营业务调整或者资产重组的，应当根据投资者审议通过的业务调整或者资产重组方案实施。

**第三十五条** 企业发生关联交易的，应当遵守国家有关规定，按照独立企业之间的交易计价结算。投资者或者经营者不得利用关联交易非法转移企业经济利益或者操纵关联企业的利润。

## 第五章　成本控制

**第三十六条** 企业应当建立成本控制系统，强化成本预算约束，推行质量成本控制办法，实行成本定额管理、全员管理和全过程控制。

**第三十七条** 企业实行费用归口、分级管理和预算控制，应当建立必要的费用开支范围、标准和报销审批制度。

**第三十八条** 企业技术研发和科技成果转化项目所需经费，可以通过建立研发准备金筹措，据实列入相关资产成本或者当期费用。

符合国家规定条件的企业集团，可以集中使用研发费用，用于企业主导产品和核心技术的自主研发。

**第三十九条** 企业依法实施安全生产、清洁生产、污染治理、地质灾害防治、生态恢复和环境保护等所需经费，按照国家有关标准列入相关资产成本或者当期费用。

**第四十条** 企业发生销售折扣、折让以及支付必要的佣金、回扣、手续费、劳务费、提成、返利、进场费、业务奖励等支出的，应当签订相关合同，履行内部审批手续。

企业开展进出口业务收取或者支付的佣金、保险费、运费，按照合同规定的价格条件处理。

企业向个人以及非经营单位支付费用的，应当严格履行内部审批及支付的手续。

**第四十一条** 企业可以根据法律、法规和国家有关规定，对经营者和核心技术人员实行与其他职工不同的薪酬办法，属于本级人民政府及其部门、机构出资的企业，应当将薪酬办法报主管财政机关备案。

**第四十二条** 企业应当按照劳动合同及国家有关规定支付职工报酬，并为从事高危作业的职工缴纳团体人身意外伤害保险费，所需费用直接作为成本（费用）列支。

经营者可以在工资计划中安排一定数额，对企业技术研发、降低能源消耗、治理“三废”、促进安全生产、开拓市场等作出突出贡献的职工给予奖励。

**第四十三条** 企业应当依法为职工支付基本医疗、基本养老、失业、工伤等社会保险费，所需费用直接作为成本（费用）列支。

已参加基本医疗、基本养老保险的企业，具有持续盈利能力和支付能力的，可以为职工建立补充医疗保险和补充养老保险，所需费用按照省级以上人民政府规定的比例从成本（费用）中提取。超出规定比例的部分，由职工个人负担。

**第四十四条** 企业为职工缴纳住房公积金以及职工住房货币化分配的财务处理，按照国家有关规定执行。

职工教育经费按照国家规定的比例提取，专项用于企业职工后续职业教育和职业培训。

工会经费按照国家规定比例提取并拨缴工会。

**第四十五条** 企业应当依法缴纳行政事业性收费、政府性基金以及使用或者占用国有资源的费用等。

企业对没有法律法规依据或者超过法律法规规定范围和标准的各种摊派、收费、集资，有权拒绝。

**第四十六条** 企业不得承担属于个人的下列支出：

（一）娱乐、健身、旅游、招待、购物、馈赠等支出。

（二）购买商业保险、证券、股权、收藏品等支出。

（三）个人行为导致的罚款、赔偿等支出。

（四）购买住房、支付物业管理费等支出。

（五）应由个人承担的其他支出。

## 第六章　收益分配

**第四十七条**　投资者、经营者及其他职工履行本企业职务或者以企业名义开展业务所得的收入，包括销售收入以及对方给予的销售折扣、折让、佣金、回扣、手续费、劳务费、提成、返利、进场费、业务奖励等收入，全部属于企业。

企业应当建立销售价格管理制度，明确产品或者劳务的定价和销售价格调整的权限、程序与方法，根据预期收益、资金周转、市场竞争、法律规范约束等要求，采取相应的价格策略，防范销售风险。

**第四十八条**　企业出售股权投资，应当按照规定的程序和方式进行。股权投资出售底价，参照资产评估结果确定，并按照合同约定收取所得价款。在履行交割时，对尚未收款部分的股权投资，应当按照合同的约定结算，取得受让方提供的有效担保。

上市公司国有股减持所得收益，按照国务院的规定处理。

**第四十九条**　企业发生的年度经营亏损，依照税法的规定弥补。税法规定年限内的税前利润不足弥补的，用以后年度的税后利润弥补，或者经投资者审议后用盈余公积弥补。

**第五十条**　企业年度净利润，除法律、行政法规另有规定外，按照以下顺序分配：

（一）弥补以前年度亏损。

（二）提取10%法定公积金。法定公积金累计额达到注册资本50%以后，可以不再提取。

（三）提取任意公积金。任意公积金提取比例由投资者决议。

（四）向投资者分配利润。企业以前年度未分配的利润，并入本年度利润，在充分考虑现金流量状况后，向投资者分配。属于各级人民政府及其部门、机构出资的企业，应当将应付国有利润上缴财政。

国有企业可以将任意公积金与法定公积金合并提取。股份有限公司依法回购后暂未转让或者注销的股份，不得参与利润分配；以回购股份对经营者及其他职工实施股权激励的，在拟订利润分配方案时，应当预留回购股份所需利润。

**第五十一条**　企业弥补以前年度亏损和提取盈余公积后，当年没有可供分配的利润时，不得向投资者分配利润，但法律、行政法规另有规定的除外。

**第五十二条**　企业经营者和其他职工以管理、技术等要素参与企业收益分配的，应当按照国家有关规定在企业章程或者有关合同中对分配办法作出规定，并区别以下情况处理：

（一）取得企业股权的，与其他投资者一同进行企业利润分配。

（二）没有取得企业股权的，在相关业务实现的利润限额和分配标准内，从当期费用中列支。

## 第七章　重组清算

**第五十三条**　企业通过改制、产权转让、合并、分立、托管等方式实施重组，对涉及资本权益的事项，应当由投资者或者授权机构进行可行性研究，履行内部财务决策程序，并组织开展以下工作：

（一）清查财产，核实债务，委托会计师事务所审计。

（二）制订职工安置方案，听取重组企业的职工、职工代表大会的意见或者提交职工代表大会审议。

（三）与债权人协商，制订债务处置或者承继方案。

（四）委托评估机构进行资产评估，并以评估价值作为净资产作价或者折股的参考依据。

（五）拟订股权设置方案和资本重组实施方案，经过审议后履行报批手续。

**第五十四条**　企业采取分立方式进行重组，应当明晰分立后的企业产权关系。

企业划分各项资产、债务以及经营业务，应当按照业务相关性或者资产相关性原则制订分割方案。对不能分割的整体资产，在评估机构评估价值的基础上，经分立各方协商，由拥有整体资产的一方给予他方适

当经济补偿。

**第五十五条** 企业可以采取新设或者吸收方式进行合并重组。企业合并前的各项资产、债务以及经营业务，由合并后的企业承继，并应当明确合并后企业的产权关系以及各投资者的出资比例。

企业合并的资产税收处理应当符合国家有关税法的规定，合并后净资产超出注册资本的部分，作为资本公积；少于注册资本的部分，应当变更注册资本或者由投资者补足出资。

对资不抵债的企业以承担债务方式合并的，合并方应当制定企业重整措施，按照合并方案履行偿还债务责任，整合财务资源。

**第五十六条** 企业实行托管经营，应当由投资者决定，并签订托管协议，明确托管经营的资产负债状况、托管经营目标、托管资产处置权限以及收益分配办法等，并落实财务监管措施。

受托企业应当根据托管协议制订相关方案，重组托管企业的资产与债务。未经托管企业投资者同意，不得改组、改制托管企业，不得转让托管企业及转移托管资产、经营业务，不得以托管企业名义或者以托管资产对外担保。

**第五十七条** 企业进行重组时，对已占用的国有划拨土地应当按照有关规定进行评估，履行相关手续，并区别以下情况处理：

（一）继续采取划拨方式的，可以不纳入企业资产管理，但企业应当明确划拨土地使用权权益，并按规定用途使用，设立备查账簿登记。国家另有规定的除外。

（二）采取作价入股方式的，将应缴纳的土地出让金转作国家资本，形成的国有股权由企业重组前的国有资本持有单位或者主管财政机关确认的单位持有。

（三）采取出让方式的，由企业购买土地使用权，支付出让费用。

（四）采取租赁方式的，由企业租赁使用，租金水平参照银行同期贷款利率确定，并在租赁合同中约定。

企业进行重组时，对已占用的水域、探矿权、采矿权、特许经营权等国有资源，依法可以转让的，比照前款处理。

**第五十八条** 企业重组过程中，对拖欠职工的工资和医疗、伤残补助、抚恤费用以及欠缴的基本社会保险费、住房公积金，应当以企业现有资产优先清偿。

**第五十九条** 企业被责令关闭、依法破产、经营期限届满而终止经营的，或者经投资者决议解散的，应当按照法律、法规和企业章程的规定实施清算。清算财产变卖底价，参照资产评估结果确定。国家另有规定的，从其规定。

企业清算结束，应当编制清算报告，委托会计师事务所审计，报投资者或者人民法院确认后，向相关部门、债权人以及其他的利益相关人通告。其中，属于各级人民政府及其部门、机构出资的企业，其清算报告应当报送主管财政机关。

**第六十条** 企业解除职工劳动关系，按照国家有关规定支付的经济补偿金或者安置费，除正常经营期间发生的列入当期费用以外，应当区别以下情况处理：

（一）企业重组中发生的，依次从未分配利润、盈余公积、资本公积、实收资本中支付。

（二）企业清算时发生的，以企业扣除清算费用后的清算财产优先清偿。

## 第八章　信息管理

**第六十一条** 企业可以结合经营特点，优化业务流程，建立财务和业务一体化的信息处理系统，逐步实现财务、业务相关信息一次性处理和实时共享。

**第六十二条** 企业应当逐步创造条件，实行统筹企业资源计划，全面整合和规范财务、业务流程，对企业物流、资金流、信息流进行一体化管理和集成运作。

**第六十三条** 企业应当建立财务预警机制，自行确定财务危机警戒标准，重点监测经营性净现金流量与到期债务、企业资产与负债的适配性，及时沟通企业有关财务危机预警的信息，提出解决财务危机的措施和方案。

**第六十四条** 企业应当按照有关法律、行政法规和国家统一的会计制度的规定，按时编制财务会计报告，经营者或者投资者不得拖延、阻挠。

**第六十五条** 企业应当按照规定向主管财政机关报送月份、季度、年度财务会计报告等材料，不得在报送的财务会计报告等材料上作虚假记载或者隐瞒重要事实。主管财政机关应当根据企业的需要提供必要的培训和技术支持。

企业对外提供的年度财务会计报告,应当依法经过会计师事务所审计。国家另有规定的,从其规定。

**第六十六条** 企业应当在年度内定期向职工公开以下信息:

(一)职工劳动报酬、养老、医疗、工伤、住房、培训、休假等信息。

(二)经营者报酬实施方案。

(三)年度财务会计报告审计情况。

(四)企业重组涉及的资产评估及处置情况。

(五)其他依法应当公开的信息。

**第六十七条** 主管财政机关应当建立健全企业财务评价体系,主要评估企业内部财务控制的有效性,评价企业的偿债能力、盈利能力、资产营运能力、发展能力和社会贡献。评估和评价的结果可以通过适当方式向社会发布。

**第六十八条** 主管财政机关及其工作人员应当恰当使用所掌握的企业财务信息,并依法履行保密义务,不得利用企业的财务信息谋取私利或者损害企业利益。

## 第九章 财务监督

**第六十九条** 企业应当依法接受主管财政机关的财务监督和国家审计机关的财务审计。

**第七十条** 经营者在经营过程中违反本通则有关规定的,投资者可以依法追究经营者的责任。

**第七十一条** 企业应当建立、健全内部财务监督制度。

企业设立监事会或者监事人员的,监事会或者监事人员依照法律、行政法规、本通则和企业章程的规定,履行企业内部财务监督职责。

经营者应当实施内部财务控制,配合投资者或者企业监事会以及中介机构的检查、审计工作。

**第七十二条** 企业和企业负有直接责任的主管人员和其他人员有以下行为之一的,县级以上主管财政机关可以责令限期改正、予以警告,有违法所得的,没收违法所得,并可以处以不超过违法所得 3 倍、但最高不超过 3 万元的罚款;没有违法所得的,可以处以 1 万元以下的罚款。

(一)违反本通则第三十九条、四十条、四十二条第一款、四十三条、四十六条规定列支成本费用的。

(二)违反本通则第四十七条第一款规定截留、隐瞒、侵占企业收入的。

(三)违反本通则第五十条、五十一条、五十二条规定进行利润分配的。但依照《公司法》设立的企业不按本通则第五十条第一款第二项规定提取法定公积金的,依照《公司法》的规定予以处罚。

(四)违反本通则第五十七条规定处理国有资源的。

(五)不按本通则第五十八条规定清偿职工债务的。

**第七十三条** 企业和企业负有直接责任的主管人员和其他人员有以下行为之一的,县级以上主管财政机关可以责令限期改正、予以警告。

(一)未按本通则规定建立健全各项内部财务管理制度的。

(二)内部财务管理制度明显与法律、行政法规和通用的企业财务规章制度相抵触,且不按主管财政机关要求修正的。

**第七十四条** 企业和企业负有直接责任的主管人员和其他人员不按本通则第六十四条、第六十五条规定编制、报送财务会计报告等材料的,县级以上主管财政机关可以依照《公司法》、《企业财务会计报告条例》的规定予以处罚。

**第七十五条** 企业在财务活动中违反财政、税收等法律、行政法规的,依照《财政违法行为处罚处分条例》(国务院令第 427 号)及有关税收法律、行政法规的规定予以处理、处罚。

**第七十六条** 主管财政机关以及政府其他部门、机构有关工作人员,在企业财务管理中滥用职权、玩忽职守、徇私舞弊或者泄露国家机密、企业商业秘密的,依法进行处理。

## 第十章 附 则

**第七十七条** 实行企业化管理的事业单位比照适用本通则。

**第七十八条** 本通则自 2007 年 1 月 1 日起施行。

# 2. 企业国有资本与财务管理暂行办法(2001 年颁布)

财企[2001]325 号

## 第一章 总 则

**第一条** 为适应建立现代企业制度的需要,加强企业国有资本与财务管理,根据我国有关法律、行政法规的规定,制定本办法。

**第二条** 本办法适用于持有国有资本的各类非金融企业(以下统称企业)。金融企业国有资本与财务管理办法由财政部另行制定。

**第三条** 按照国家所有、分级管理、授权经营、分工监管的原则,各级主管财政机关根据本级人民政府赋予的职权,负责企业国有资本与财务管理;企业按照国家有关国有资本与财务管理的规章制度,承担国有资本保值增值的责任。

**第四条** 企业应当按照建立现代企业制度的要求,明晰产权,理顺和规范资本与财务管理关系。

企业拥有子公司的,要建立母子公司资本与财务管理体制,母公司以其出资额为限对子公司承担责任。

**第五条** 本办法所称"国有资本",是指国家对企业各种形式的投资和投资所形成的权益,以及依法认定为国家所有的其他权益。

本办法所称"主管财政机关",是指负责企业国有资本与财务管理的各级人民政府财政部门。其中:中央管理企业的主管财政机关是指财政部;地方管理企业的主管财政机关是指地方同级财政部门。

本办法所称"母公司",是指直接持有国有资本的各类集团公司、总公司以及国家授权投资的机构。

本办法所称"子公司",是指由母公司直接投资或者由各级人民政府划转母公司直接管理并取得控制权的企业。

## 第二章 管理职责与权限

**第六条** 财政部负责制定国家统一的企业国有资本与财务管理的各项规章、制定。各级主管财政机关的主要职责如下:

(一)核定企业国有资本,监管国有资本变动事宜;

(二)参与企业制度改革,负责国有股权管理;

(三)组织清产核资和产权界定,办理国有资产产权登记;

(四)负责国有资产产权纠纷调处;

(五)指导财产评估业务,监管国有资产评估;

(六)制定企业税后利润分配制度,监缴国有资本收益;

(七)制定企业财务考核指标体系,组织国有资本营运效绩评价;

(八)监管国有资本保值增值情况,防止国有资产流失;

(九)指导和督促企业建立健全内部资本与财务管理办法;

(十)各级政府授予行使的企业国有资本与财务管理的其他职责。

**第七条** 母公司的主要职责如下:

(一)执行国家有关企业国有资本与财务管理的各项规章制度,建立健全内部资本与财务管理办法;

(二)确定企业内容财务管理体制;

(三)编制企业年度财务预算和财务会计报告;

(四)按照规定的程序和权限处置企业各项资产;

(五)按照国家政策确定企业内部工资分配制度;

(六)拟订母公司增加或减少注册资本的方案,依法决定子公司注册资本增加或减少事宜;

(七)拟订子公司资产重组方案,依法审定子公司以下企业的资产重组事项;

(八)实行企业内部资金集中统一管理,依法管理子公司投资、融资事项;

(九)制订企业对外担保管理措施,依法审议子公司及其以下企业对外担保事项;

(十)制订母公司的税后利润分配方案和弥补亏损方案,依法审定子公司税后利润分配和弥补亏损事宜;

(十一)组织内部财务考核和评价,落实国有资本保值增值的责任;

(十二)统一向主管财政机关报送财务会计报表和年度财务预算、申办企业国有资本与财务审批事项;

(十三)按照主管财政机关的规定行使其他有关企业国有资本与财务管理的职责。

**第八条** 主管财政机关对企业国有资本与财务的部分管理职能,可以委托给母公司。

母公司可向全资子公司或者通过子公司董事会向拥有控制权的子公司委派财务主管或财务总监。

**第九条** 企业合并、分立、转让、中外合资合作、公司制改建等涉及国有资本变动的,应当按以下权限报经批准:

(一)母公司国有资本变动的,中央管理企业报请国务院批准,地方管理企业报请地市级以上(含地市级)人民政府批准;

(二)子公司国有资本变动的,属于集团内部结构调整的,由母公司审批,涉及集团外部的,由母公司报主管财政机关审批;

(三)子公司以下企业国有资本变动的,由母公司审批的。

股份有限公司国有股设置方案和上市公司国有股减持的,按照国务院和财政部的有关规定执行。

**第十条** 企业国有资本与财务管理的重大事项,包括合并、分立、转让、中外合资合作、公司制改建、注册资本变动、重大投融资、对外担保、工资制度、财务预算等,应当由有关业务部门提出方案,经过财务部门审核提出意见,报企业董事会审议决定;没有设立董事会的企业,由经理办公会研究决定。对工资制度、社会保障、职工安置等涉及职工合法权益的财务事项,应当按照国家法律、行政法规的有关规定事先听取职工代表大会的意见。

企业董事会或经理办公会研究,审议国有资本与财务管理事项,必须作出会议纪要。企业财务部门负责人应当出席或者列席企业董事会或经理办公会等相关的会议。

**第十一条** 企业对于按规定需要报告主管财政机关的国有资本与财务管理的重大事项,以书面形式报送,并附送相关资料。

## 第三章 国有资本投入的管理

**第十二条** 企业依照国家有关规定进行清产核资时,所持有的国有资本按照经主管财政机关审核的结果调整;发生产权变动时,企业持有的国有资本按照实际交易价格调整。

**第十三条** 国家对企业注册的国有资本实行保全原则。

企业在持续经营期间,对注册的国有资本除依法转让以外,不得抽回,并且以出资额为限承担责任。持续经营的子公司发生资不抵债情形时,母公司对其未确认的股权投资损失,不能冲减所持有的国有资本;如需注入资本的,按国家有关规定及公司章程执行。

**第十四条** 企业拟定以盈余公积、资本公积转增实收资本的,国有企业和国有独资企公司由企业董事会或者经理办公会决定,并报主管财政机关备案;股份有限公司和有限责任公司由董事会决定,并经股东大会或者股东会审议通过。

**第十五条** 国有资本在不同企业法人单位之间的转移,实行有偿转让,国家另有规定的除外。

**第十六条** 企业必须按规定办理国有资产产权登记。国有资产产权登记证(表)是国有资本的出资证明,也是企业持有并经营国有资本的法律凭证。

## 第四章 国有资本营运的管理

**第十七条** 企业对年度内的资本营运与各项财务活动,应当实行财务预算管理制度。

母公司编制执行的年度财务预算以及预算调整方案，应当报主管财政机关备案。

**第十八条** 企业应当制定各项人工、材料、物料的消耗定额，编制各项经营管理费用预算，健全各项原始记录及相关的稽核制度，建立有效的内部控制制度。

企业大宗原辅材料或商品物资的采购、固定资产的购建和工程建设一般应当按照公开、公正、公平的原则，采取招标方式进行。

**第十九条** 企业应当执行国家规定的工资政策。在工资总额增长幅度不超过本企业经济效益增长幅度、职工实际平均增长幅度不超过本企业劳动生产率增长幅度的前提下，企业可以自主确定内部工资分配办法。

企业高级管理人员经批准可以实行年薪制、股票期权等分配制度。

**第二十条** 企业借款必须坚持适度筹措的原则，注意防范财务风险，并纳入财务预算管理。

母公司应当建立以现金流为核心的内部资金管理制度，对企业资金实行统一集中管理，明确资金高度的权限和程序，控制负债规模并改善债务结构，降低企业资金成本。

**第二十一条** 企业对外提供担保，应符合《中华人民共和国担保法》的规定，充分考虑被担保单位的资信和偿债能力，并按照企业内部管理制度规定的程序、权限审议决定。

对企业向外提供的各种类型的担保，财务部门要设置备查簿逐笔登记，并进行跟踪监督。

**第二十二条** 企业对外投资必须符合国家产业政策和企业发展战略，做好可行性研究，纳入财务预算管理，并明确投资项目决策者和实施者应承担的责任。

企业投入中外合资、合作经营企业的财产，必须在中外合资、合作经营项目批准后30日内，到主管财政机关办理中方财产转移申报手续。涉及国有划拨土地使用权的，企业应当按照国家有关规定办理。

企业向境外投资，应当符合国家有关规定，办理境外资产权属关系，承担有限责任。

**第二十三条** 企业合并、分立、转让、公司制改建等，应当在做好可行性研究的基础上，对各项资产进行全面清查，编制清查日资产负债表、财产清册和债权债务清单，与债权银行依法订立债务保全协议，制定包括职工安置、债权债务承继、转让价款结算、企业重整等内容的方案。

**第二十四条** 企业合并前，各方企业欠缴的职工社会保险费、税款和尚未归还的银行借款以及其他债务随同各项债权及其他资产，经审计、评估后一并转入合并后的企业。

企业分立前的各项债权及其他资产按照业务相关性原则划分，对不宜分割的整体资产，由持有的一方给另一方相应的价值补偿；企业欠缴的职工社会保险费、税款和尚未归还的银行借款以及其他债务，根据人员、业务相关性原则，随同资产由分立后的企业分别承担。

**第二十五条** 企业实施产权转让，转让方应当对受让方的资质、信誉、财务状况进行调查，确认受让方具有支付产权转让价款、承担债务、安置职工的能力。对持续经营但已资不抵债的企业，受让方具有实际资金投入、能够妥善安置职工并征得主要债权人同意的，可以采取承担企业债务的方式对企业进行兼并。

**第二十六条** 企业实行公司制改建，母体企业或者存续企业必须与公司制企业实行人、财、物和经营业务分开，防止国有资产流失。子公司实行公司制改建时，对没有纳入改建范围的国有资本，应当划转给母公司其他全资子公司持有。

**第二十七条** 企业发生对外投资、合并、分立、转让、公司制改建等行为的，必须委托相关中介机构进行资产评估，并以评估价值作为确定资产交易价格的基础。

## 第五章 国有资本收益的管理

**第二十八条** 国有资本收益是指注册的国有资本分享的企业税后利润以及国家法律、行政法规规定的其他国有资本收益。

**第二十九条** 企业实现的年度净利润，归企业投资者所有，必须按规定进行分配。以前年度未分配利润，并入本年度可向投资者分配的利润进行分配。

母公司制订的年度利润分配方案，应当报主管财政机关备案。母公司向主管财政机关上缴利润的具体办法，由财政部根据国务院的决定制定。

**第三十条** 企业发生的年度经营亏损，依法用以后年度实现的利润弥补。连续5年不足弥补的，用税后利润弥补，或者经企业董事会或经理办公会审议后，依次用企业盈余公积、资本公积弥补。

企业在以前年度亏损未弥补之前，不得向投资者分配利润。

**第三十一条** 企业发生的资产损失，包括坏账损失、存货损失、股权投资损失、固定资产及在建工程损失、担保（抵押）损失以及经营证券、期货、外汇交易损失等，由有关部门及时按财务制度等规定予以核实，查清责任。

对核实清楚的资产损失，企业可区别以下情况处理：生产经营的损失计入本期损益；清算期间的损失计入清算费用；公司制改建中的损失，可以冲减所有者权益。

**第三十二条** 转让母公司国有资本所得收益，上缴主管财政机关；企业转让子公司股权所得收益与其对子公司股权投资的差额，作为投资损益处理。

上市公司国有股减持所得收益，按国务院规定执行。

**第三十三条** 企业被责令关闭、依法破产或者经营期限届满终止经营或解散的，应当按照法律、行政法规的规定实施清算。

企业清算净收益归投资者所有，其中：子公司清算所得净收益，投资者分享的份额与其对子公司股权投资的差额，作为投资收益处理；母公司清算所得净收益，上缴主管财政机关。

## 第六章 财务考核与评价

**第三十四条** 企业财务考核评价以国有资本保值增值能力为核心，内容包括财务效益、资产营运、偿债能力和发展能力四个方面，具体指标和方法，按照《国有资本金效债评价规则》和《国有资本金效绩评价操作细则》执行。

企业财务考核与评价指标的标准值，由财政部制定发布。

**第三十五条** 企业财务考核与评价分为外部考评与内部考评。

企业外部考评由主管财政机关会同政府有关部门组织进行。

企业内部考评由母公司组织进行，主要检查、分析企业年度财务预算执行情况，按照国家统一制定的评价方法和评价标准考核各预算执行单位的经营业绩，并作为企业内部人力资源管理的一项重要依据。

**第三十六条** 主管财政机关会同政府有关部门对母公司进行年度财务考核与评价后，向同级人民政府以及负责管理企业领导人员的部门提交财务考核与评价报告，作为对企业领导人员的奖惩及任免的参考。

企业符合国家规定条件，经政府有关部门批准，可以对经营者产行年薪制等激励政策；对已批准实行年薪制的企业，可以财务考核与评价结果作为确定年薪的基本依据。

**第三十七条** 企业财务考核与评价以企业会计报告为基础。

企业财务会计报告应当经过会计师事务所审计。财政部另有规定的，从其规定。

企业委托的会计师事务所，应当符合财政部规定的条件。

**第三十八条** 除国家法律、行政法规另有规定以外，主管财政机关对企业年度财务会计报告进行财务考核与评价的结果，可以一定的方式向社会发布。

## 第七章 法律责任

**第三十九条** 主管机关有权对企业的国有资本与财务管理和相关社会中介机构的执业质量进行检查监督，对违法、违规行为依法进行处罚。

**第四十条** 企业凡有以下行为之一的，主管财政机关根据《中华人民共和国行政处罚法》的规定，可以责令限期纠正、追回损失或者没收非法所得、通报批评：

（一）企业不按规定进行资产评估，或者在评估中故意压低资产评估价值的；

（二）企业违反规定，将财产低价出售或无偿处置给其他单位或个人的；

（三）企业违反规定，将资产低价折股或者无偿量化给个人的；

（四）企业取得资产不按规定办理资产转移手续造成资产损失的；

（五）企业违反规定对外提供担保或抵押、对外投资、赊账经营、大宗商品物资采购及固定资产修建等，给企业造成损失的；

（六）企业未经批准擅自实行产权激励制度，或者违反国家有关规定发放薪酬，侵蚀国有资本权益的；

（七）国有股持股单位、中方出资者或合作者及其委派的股权代表与他人串通，损害国有资本权益或者对损害国有资本权益的行为不反对、不制止的；

（八）企业违反规定，隐瞒、截留国有资本收益，或者拖延应缴国有资本收益超过180天的。

**第四十一条** 企业未按照规定建立并实施内部控制制度，或者不按规定报送财务会计报表、不如实提供有关情况的，主管财政机关根据《中华人民共和国会计法》、《企业财务会计报告条例》的规定予以处罚。

**第四十二条** 企业凡有以下行为之一的，主管财政机关根据《中华人民共和国行政处罚法》的规定，可以责令限期改正：

（一）企业制定的内部资本与财务管理办法不按规定报主管财政机关备案的；

（二）不按规定编报年度财务预算的；

（三）不按规定申报国有资本变动事项，但尚未造成国有资本损失的；

（四）不按规定委托相关中介机构办理审计、评估业务，或者不按规定提交审计报告、资产评估报告的。

**第四十三条** 企业不按规定办理产权登记的，主管财政机关根据《企业国有资产产权登记管理办法》的规定予以处罚。

**第四十四条** 企业编制、对外提供虚假的或者隐瞒重要事实的财务会计报告的，或者拒绝主管财政机关对财务会计报告依法监督检查的，主管财政机关根据《中华人民共和国会计法》、《企业财务会计报告条例》的规定予以处罚。

**第四十五条** 主管财政机关对企业违法、违规行为进行财政处罚时，对负有直接责任的主管人员和其他人员，可建议人事管理部门给予行政处分。构成犯罪的，移交司法机关依法追究刑事责任。

**第四十六条** 主管财政机关的有关工作人员，在国有资本与财务管理中滥用职权、玩忽职守、徇私舞弊或者泄露国家机密、商业秘密，给予行政处分。构成犯罪的，移交司法机关依法追究刑事责任。

### 第八章 附　　则

**第四十七条** 各省、自治区、直辖市及计划单列市财政厅（局）可以根据本办法，结合本地区实际情况制定实施细则，并报财政部备案。

**第四十八条** 企业应当根据本办法及国家其他有关规定，制定内部资本与财务管理办法，并报主管财政机关备案。

**第四十九条** 本办法自发布之日起执行。

## 3. 中央企业国有资本收益收取管理暂行办法（2007年颁布）

财企［2007］309号

### 第一章 总　　则

**第一条** 为建立国有资本经营预算制度，规范国家与企业的分配关系，加强中央企业国有资本收益管理，依据《中华人民共和国公司法》、《中华人民共和国预算法》、《国务院关于试行国有资本经营预算的意见》（国发［2007］26号），制定本办法。

**第二条** 本办法试行范围包括国资委所监管企业和中国烟草总公司，简称中央企业。

**第三条** 本办法所称国有资本收益，是指国家以所有者身份依法取得的国有资本投资收益，具体包括：

（一）应交利润，即国有独资企业按规定应当上交国家的利润；

（二）国有股股利、股息，即国有控股、参股企业国有股权（股份）获得的股利、股息收入；

（三）国有产权转让收入，即转让国有产权、股权（股份）获得的收入；

（四）企业清算收入，即国有独资企业清算收入（扣除清算费用），国有控股、参股企业国有股权（股份）分享的公司清算收入（扣除清算费用）；

（五）其他国有资本收益。

**第四条**　中央企业国有资本收益应当按规定直接上交中央财政，纳入中央本级国有资本经营预算收入管理。

国家对中央企业国有资本收益另有规定的，从其规定。

**第五条**　中央企业国有资本收益由财政部负责收取，国资委负责组织所监管企业上交国有资本收益。

## 第二章　中央企业国有资本收益的申报与核定

**第六条**　中央企业上交国有资本收益应当按规定申报，并如实填写中央企业国有资本收益申报表（详见附表1～4）。具体申报时间及要求如下：

（一）应交利润，在年度终了后5个月内，由中央企业一次申报；

（二）国有股股利、股息，在股东会或者股东大会（没有设立股东会或者股东大会的为董事会，下同）表决日后30个工作日内，由国有控股、参股企业据实申报，并附送股东会、股东大会的决议文件；

（三）国有产权转让收入，在签订产权转让合同后30个工作日内，由中央企业或者国资委授权的机构据实申报，并附送产权转让合同和资产评估报告；

（四）企业清算收入，在清算组或者管理人编制剩余财产分配方案后30个工作日内，由清算组或者管理人据实申报，并附送企业清算报告和中国注册会计师出具的审计报告；

（五）其他国有资本收益，在收益确定后30个工作日内，由有关单位申报，并附送有关经济事项发生和金额确认的资料。

**第七条**　国资委所监管企业在向国资委申报上交国有资本收益时，将申报表及相关材料报送财政部；中国烟草总公司申报上交国有资本收益，将申报表及相关材料直接报送财政部。

**第八条**　国有独资企业拥有全资公司或者控股子公司、子企业的，应当由集团公司（母公司、总公司）以年度合并财务报表反映的归属于母公司所有者的净利润为基础申报。

企业计算应交利润的年度净利润，可以抵扣以前年度未弥补亏损。

**第九条**　国有独资企业上交年度净利润的比例，区别不同行业，分以下三类执行（企业分类名单详见附表5）：

（一）第一类10%；

（二）第二类5%；

（三）第三类暂缓3年上交或者免交。

**第十条**　国有控股、参股企业应付国有投资者的股利、股息，按照股东会或者股东大会决议通过的利润分配方案执行。

国有控股、参股企业应当依法分配年度净利润。当年不予分配的，应当说明暂不分配的理由和依据，并出具股东会或者股东大会的决议。

**第十一条**　中央企业上交国有资本收益区别以下情况核定：

（一）应交利润，根据经中国注册会计师审计的企业年度合并财务报表反映的归属于母公司所有者的净利润和规定的上交比例计算核定；

（二）国有股股利、股息，根据国有控股、参股企业关于利润分配的决议核定；

（三）国有产权转让收入，根据企业产权转让协议和资产评估报告等资料核定；

（四）企业清算收入，根据清算组或者管理人提交的企业清算报告核定；

（五）其他国有资本收益，根据有关经济行为的财务会计资料核定。

**第十二条**　中央企业根据国家政策进行重大调整，或者由于遭受重大自然灾害等不可抗力因素造成巨大损失，需要减免应交利润的，应当向财政部、国资委提出申请，由财政部商国资委报国务院批准后，将减免的应交利润直接转增国家资本或者国有资本公积。

## 第三章 中央企业国有资本收益的上交

**第十三条** 中央企业国有资本收益上交，使用政府收支分类科目中“国有资本经营收入”款级科目。

**第十四条** 中央企业国有资本收益上交，按照以下程序执行：

（一）国资委在收到所监管企业上报的国有资本收益申报表及相关材料后15个工作日内提出审核意见，报送财政部复核，财政部在收到国资委审核意见后15个工作日内提出复核意见；

（二）国资委根据财政部同意的审核结果向所监管企业下达国有资本收益上交通知，财政部向财政部驻企业所在省（自治区、直辖市、计划单列市）财政监察专员办事处下达国有资本收益收取通知；财政部驻企业所在省（自治区、直辖市、计划单列市）财政监察专员办事处依据财政部下达的国有资本收益收取通知向企业开具“非税收入一般缴款书”；

（三）国资委所监管企业依据国资委下达的国有资本收益上交通知和财政部驻企业所在省（自治区、直辖市、计划单列市）财政监察专员办事处开具的“非税收入一般缴款书”办理国有资本收益交库手续；

（四）财政部在收到中国烟草总公司的国有资本收益申报表及相关材料后15个工作日内，完成审核工作并向财政部驻北京市财政监察专员办事处下达国有资本收益收取通知；中国烟草总公司凭财政部驻北京市财政监察专员办事处开具的“非税收入一般缴款书”办理国有资本收益交库手续。

**第十五条** 中央企业当年应交利润应当在申报日后5个月内交清，其中：应交利润在10亿元以下（含10亿元）的，须一次交清；应交利润在10亿元以上、50亿元以下（含50亿元）的，可分两次交清；应交利润在50亿元以上的，可分三次交清。

**第十六条** 对中央企业欠交国有资本收益的情况，财政部、国资委应当查明原因，采取措施予以催交。

## 第四章 附 则

**第十七条** 本办法自公布之日起执行。

# 4. 中央企业综合绩效评价实施细则（2006年颁布）

国资发评价[2006]157号

## 第一章 总 则

**第一条** 为规范开展中央企业（以下简称企业）综合绩效评价工作，有效发挥综合绩效评价工作的评判、引导和诊断作用，推动企业提高经营管理水平，根据《中央企业综合绩效评价管理暂行办法》（国资委令第14号），制定本实施细则。

**第二条** 开展企业综合绩效评价应当充分体现市场经济原则和资本运营特征，以投入产出分析为核心，运用定量分析与定性分析相结合、横向对比与纵向对比互为补充的方法，综合评价企业经营绩效和努力程度，促进企业提高市场竞争能力。

**第三条** 开展企业综合绩效评价应当制定既符合行业实际又具有标杆引导性质的评价标准，并运用科学的评价计分方法，计量企业经营绩效水平，以充分体现行业之间的差异性，客观反映企业所在行业的盈利水平和经营环境，准确评判企业的经营成果。

**第四条** 企业综合绩效评价工作按照产权管理关系进行组织，国资委负责其履行出资人职责企业的综合绩效评价工作，企业集团（总）公司负责其控股子企业的综合绩效评价工作。

**第五条** 企业年度综合绩效评价工作，一般结合对企业年度财务决算审核工作组织进行；企业任期综合绩效评价工作，一般结合对企业负责人任期经济责任审计组织实施。

## 第二章 评价指标与权重

**第六条** 企业综合绩效评价指标由二十二个财务绩效定量评价指标和八个管理绩效定性评价指标组成。

**第七条** 财务绩效定量评价指标由反映企业盈利能力状况、资产质量状况、债务风险状况和经营增长状况等四个方面的八个基本指标和十四个修正指标构成，用于综合评价企业财务会计报表所反映的经营绩效状况（定量评价指标计算公式见附件 1）。

**第八条** 企业盈利能力状况以净资产收益率、总资产报酬率两个基本指标和销售（营业）利润率、盈余现金保障倍数、成本费用利润率、资本收益率四个修正指标进行评价，主要反映企业一定经营期间的投入产出水平和盈利质量。

**第九条** 企业资产质量状况以总资产周转率、应收账款周转率两个基本指标和不良资产比率、流动资产周转率、资产现金回收率三个修正指标进行评价，主要反映企业所占用经济资源的利用效率、资产管理水平与资产的安全性。

**第十条** 企业债务风险状况以资产负债率、已获利息倍数两个基本指标和速动比率、现金流动负债比率、带息负债比率、或有负债比率四个修正指标进行评价，主要反映企业的债务负担水平、偿债能力及其面临的债务风险。

**第十一条** 企业经营增长状况以销售（营业）增长率、资本保值增值率两个基本指标和销售（营业）利润增长率、总资产增长率、技术投入比率三个修正指标，主要反映企业的经营增长水平、资本增值状况及发展后劲。

**第十二条** 企业管理绩效定性评价指标包括战略管理、发展创新、经营决策、风险控制、基础管理、人力资源、行业影响、社会贡献等八个方面的指标，主要反映企业在一定经营期间所采取的各项管理措施及其管理成效。

（一）战略管理评价主要反映企业所制定战略规划的科学性，战略规划是否符合企业实际，员工对战略规划的认知程度，战略规划的保障措施及其执行力，以及战略规划的实施效果等方面的情况。

（二）发展创新评价主要反映企业在经营管理创新、工艺革新、技术改造、新产品开发、品牌培育、市场拓展、专利申请及核心技术研发等方面的措施及成效。

（三）经营决策评价主要反映企业在决策管理、决策程序、决策方法、决策执行、决策监督、责任追究等方面采取的措施及实施效果，重点反映企业是否存在重大经营决策失误。

（四）风险控制评价主要反映企业在财务风险、市场风险、技术风险、管理风险、信用风险和道德风险等方面的管理与控制措施及效果，包括风险控制标准、风险评估程序、风险防范与化解措施等。

（五）基础管理评价主要反映企业在制度建设、内部控制、重大事项管理、信息化建设、标准化管理等方面的情况，包括财务管理、对外投资、采购与销售、存货管理、质量管理、安全管理、法律事务等。

（六）人力资源评价主要反映企业人才结构、人才培养、人才引进、人才储备、人事调配、员工绩效管理、分配与激励、企业文化建设、员工工作热情等方面的情况。

（七）行业影响评价主要反映企业主营业务的市场占有率、对国民经济及区域经济的影响与带动力、主要产品的市场认可程度、是否具有核心竞争能力以及产业引导能力等方面的情况。

（八）社会贡献评价主要反映企业在资源节约、环境保护、吸纳就业、工资福利、安全生产、上缴税收、商业诚信、和谐社会建设等方面的贡献程度和社会责任的履行情况。

**第十三条** 企业管理绩效定性评价指标应当根据评价工作需要作进一步细化，能够量化的应当采用量化指标进行反映。

**第十四条** 企业综合绩效评价指标权重实行百分制，指标权重依据评价指标的重要性和各指标的引导功能，通过征求咨询专家意见和组织必要的测试进行确定。

**第十五条** 财务绩效定量评价指标权重确定为 70%，管理绩效定性评价指标权重确定为 30%。在实际评价过程中，财务绩效定量评价指标和管理绩效定性评价指标的权数均按百分制设定，分别计算分项指标的分值，然后按 70:30 折算（各评价指标权重见附件 2）。

## 第三章　评价标准选择

**第十六条**　财务绩效定量评价标准划分为优秀(A)、良好(B)、平均(C)、较低(D)、较差(E)五个档次，管理绩效定性评价标准分为优(A)、良(B)、中(C)、低(D)、差(E)五个档次。

**第十七条**　对应五档评价标准的标准系数分别为1.0、0.8、0.6、0.4、0.2,差(E)以下为0。标准系数是评价标准的水平参数,反映了评价指标对应评价标准所达到的水平档次。

**第十八条**　评价组织机构应当认真分析判断评价对象所属行业和规模,正确选用财务绩效定量评价标准值。

**第十九条**　企业财务绩效定量评价标准值的选用,一般根据企业的主营业务领域对照企业综合绩效评价行业基本分类,自下而上逐层遴选被评价企业适用的行业标准值。

**第二十条**　多业兼营的集团型企业财务绩效指标评价标准值的选用应当区分主业突出和不突出两种情况:

(一)存在多个主业板块但某个主业特别突出的集团型企业,应当采用该主业所在行业的标准值。

(二)存在多个主业板块但没有突出主业的集团型企业,可对照企业综合绩效评价行业基本分类,采用基本可以覆盖其多种经营业务的上一层次的评价标准值;或者根据其下属企业所属行业,分别选取相关行业标准值进行评价,然后按照各下属企业资产总额占被评价企业集团汇总资产总额的比重,加权形成集团评价得分;也可以根据集团的经营领域,选择有关行业标准值,以各领域的资产总额比例为权重进行加权平均,计算出用于集团评价的标准值。

**第二十一条**　如果被评价企业所在行业因样本原因没有统一的评价标准,或按第二十条规定方法仍无法确定被评价企业财务绩效定量评价标准值,则在征得评价组织机构同意后,直接选用国民经济十大门类标准或全国标准。

**第二十二条**　根据评价工作需要可以分别选择全行业和大、中、小型规模标准值实施评价。企业规模划分执行国家统计局《关于统计上大中小型企业划分办法(暂行)》(国统字[2003]17号)和国资委《关于在财务统计工作中执行新的企业规模划分标准的通知》(国资厅评价函[2003]327号)的规定。

**第二十三条**　管理绩效定性评价标准具有行业普遍性和一般性,在进行评价时,应当根据不同行业的经营特点,灵活把握个别指标的标准尺度。对于定性评价标准没有列示,但对被评价企业经营绩效产生重要影响的因素,在评价时也应予以考虑。

## 第四章　评价计分

**第二十四条**　企业综合绩效评价计分方法采取功效系数法和综合分析判断法,其中:功效系数法用于财务绩效定量评价指标的计分,综合分析判断法用于管理绩效定性评价指标的计分

**第二十五条**　财务绩效定量评价基本指标计分是按照功效系数法计分原理,将评价指标实际值对照行业评价标准值,按照规定的计分公式计算各项基本指标得分。计算公式为:

基本指标总得分=∑单项基本指标得分

单项基本指标得分=本档基础分+调整分

本档基础分=指标权数×本档标准系数

调整分=功效系数×(上档基础分-本档基础分)

上档基础分=指标权数×上档标准系数

功效系数=(实际值-本档标准值)/(上档标准值-本档标准值)

本档标准值是指上下两档标准值居于较低等级一档。

**第二十六条**　财务绩效定量评价修正指标的计分是在基本指标计分结果的基础上,运用功效系数法原理,分别计算盈利能力、资产质量、债务风险和经营增长四个部分的综合修正系数,再据此计算出修正后的分数。计算公式为:

修正后总得分＝∑各部分修正后得分

各部分修正后得分＝各部分基本指标分数×该部分综合修正系数

某部分综合修正系数＝∑该部分各修正指标加权修正系数

某指标加权修正系数＝（修正指标权数/该部分权数）×该指标单项修正系数

某指标单项修正系数＝1.0＋（本档标准系数＋功效系数×0.2－该部分基本指标分析系数），单项修正系数控制修正幅度为0.7～1.3

某部分基本指标分析系数＝该部分基本指标得分/该部分权数

**第二十七条** 在计算修正指标单项修正系数过程中，对于一些特殊情况作如下规定：

（一）如果修正指标实际值达到优秀值以上，其单项修正系数的计算公式如下：

单项修正系数＝1.2＋本档标准系数－该部分基本指标分析系数

（二）如果修正指标实际值处于较差值以下，其单项修正系数的计算公式如下：

单项修正系数＝1.0－该部分基本指标分析系数

（三）如果资产负债率≥100％，指标得0分；其他情况按照规定的公式计分。

（四）如果盈余现金保障倍数分子为正数，分母为负数，单项修正系数确定为1.1；如果分子为负数，分母为正数，单项修正系数确定为0.9；如果分子分母同为负数，单项修正系数确定为0.8。

（五）如果不良资产比率≥100％或分母为负数，单项修正系数确定为0.8。

（六）对于销售（营业）利润增长率指标，如果上年主营业务利润为负数，本年为正数，单项修正系数为1.1；如果上年主营业务利润为零本年为正数，或者上年为负数本年为零，单项修正系数确定为1.0。

（七）如果个别指标难以确定行业标准，该指标单项修正系数确定为1.0。

**第二十八条** 管理绩效定性评价指标的计分一般通过专家评议打分形式完成，聘请的专家应不少于7名；评议专家应当在充分了解企业管理绩效状况的基础上，对照评价参考标准，采取综合分析判断法，对企业管理绩效指标做出分析评议，评判各项指标所处的水平档次，并直接给出评价分数。计分公式为：

管理绩效定性评价指标分数＝∑单项指标分数

单项指标分数＝（∑每位专家给定的单项指标分数）/专家人数

**第二十九条** 任期财务绩效定量评价指标计分，应当运用任期各年度评价标准分别对各年度财务绩效定量指标进行计分，再计算任期平均分数，作为任期财务绩效定量评价分数。计算公式为：

任期财务绩效定量评价分数＝（∑任期各年度财务绩效定量评价分数）/任期年份数

**第三十条** 在得出财务绩效定量评价分数和管理绩效定性评价分数后，应当按照规定的权重，耦合形成综合绩效评价分数。计算公式为：

企业综合绩效评价分数＝财务绩效定量评价分数×70％＋管理绩效定性评价分数×30％

**第三十一条** 在得出评价分数以后，应当计算年度之间的绩效改进度，以反映企业年度之间经营绩效的变化状况。计算公式为：

绩效改进度＝本期绩效评价分数/基期绩效评价分数

绩效改进度大于1，说明经营绩效上升；绩效改进度小于1，说明经营绩效下滑。

**第三十二条** 对企业经济效益上升幅度显着、经营规模较大，有重大科技创新的企业，应当给予适当加分，以充分反映不同企业努力程度和管理难度，激励企业加强科技创新。具体的加分办法如下：

（一）效益提升加分。企业年度净资产收益率增长率和利润增长率超过行业平均增长水平10～40％加1～2分，超过40～100％加3～4分，超过100％加5分。

（二）管理难度加分。企业年度平均资产总额超过全部监管企业年度平均资产总额的给予加分，其中：工业企业超过平均资产总额每100亿元加0.5分，非工业企业超过平均资产总额每60亿元加0.5分，最多

加5分。

(三)重大科技创新加分。重大科技创新加分包括以下两个方面:企业承担国家重大科技攻关项目,并取得突破的,加3~5分;承担国家科技发展规划纲要目录内的重大科技专项主体研究,虽然尚未取得突破,但投入较大,加1~2分。

(四)国资委认定的其他事项。

以上加分因素合计不得超过15分,超过15分按15分计算。对加分前评价结果已经达到优秀水平的企业,以上加分因素按以下公式计算实际加分值:

$$实际加分值=(1-X\%)\times 6.6Y$$

其中:X表示评价得分,Y表示以上因素合计加分。

**第三十三条** 对被评价企业所评价期间(年度)发生以下不良重大事项,应当予以扣分:

(一)发生属于当期责任的重大资产损失事项,损失金额超过平均资产总额1%的,或者资产损失金额未超过平均资产总额1%,但性质严重并造成重大社会影响的,扣5分。正常的资产减值准备计提不在此列;

(二)发生重大安全生产与质量事故,根据事故等级,扣3~5分;

(三)存在巨额表外资产,且占合并范围资产总额20%以上的,扣3~5分;

(四)存在巨额逾期债务,逾期负债超过带息负债的10%,甚至发生严重的债务危机,扣2~5分;

(五)国资委认定的其他事项。

**第三十四条** 对存在加分和扣分事项的,应当与企业和有关部门进行核实,获得必要的外部证据,并在企业综合绩效评价报告中加以单独说明。

## 第五章 评价基础数据调整

**第三十五条** 企业综合绩效评价的基础数据资料主要包括企业提供的评价年度财务会计决算报表及审计报告、关于经营管理情况的说明等资料。

**第三十六条** 为确保评价基础数据的真实、完整、合理,在实施评价前应当对评价期间的基础数据进行核实,按照重要性和可比性原则进行适当调整。

**第三十七条** 在任期经济责任审计工作中开展任期财务绩效定量评价,其评价基础数据以财务审计调整后的数据为依据。

**第三十八条** 企业评价期间会计政策与会计估计发生重大变更的,需要判断变更事项对经营成果的影响,产生重大影响的,应当调整评价基础数据,以保持数据口径基本一致。

**第三十九条** 企业评价期间发生资产无偿划入划出的,应当按照重要性原则调整评价基础数据。原则上划入企业应纳入评价范围,无偿划出、关闭、破产(含进入破产程序)企业,不纳入评价范围。

**第四十条** 企业被出具非标准无保留意见审计报告的,应当根据审计报告披露的影响企业经营成果的重大事项,调整评价基础数据。

**第四十一条** 国资委在财务决算批复中要求企业纠正、整改,并影响企业财务会计报表、能够确认具体影响金额的,应当根据批复调整评价基础数据。

**第四十二条** 企业在评价期间损益中消化处理以前年度或上一任期资产损失的,承担国家某项特殊任务或落实国家专项政策对财务状况和经营成果产生重大影响的,经国资委认定后,可作为客观因素调整评价基础数据。

## 第六章 评价工作程序

**第四十三条** 企业综合绩效评价包括财务绩效定量评价和管理绩效定性评价两个方面内容。由于任期绩效评价和年度绩效评价的工作目标不同,评价工作内容应有所区别。

(一)任期绩效评价作为任期经济责任审计工作的重要组成部分,需要对企业负责人任职期间企业的绩效状况进行综合评价,工作程序包括财务绩效评价和管理绩效评价两方面内容。

（二）年度绩效评价除根据监管工作需要组织财务绩效与管理绩效的综合评价外，一般作为年度财务决算管理工作的组成部分，每个年度只进行财务绩效定量评价。

**第四十四条** 财务绩效定量评价工作具体包括提取评价基础数据、基础数据调整、评价计分、形成评价结果等内容。

（一）提取评价基础数据。以经社会中介机构或内部审计机构审计并经评价组织机构核实确认的企业年度财务会计报表为基础提取评价基础数据。

（二）基础数据调整。为客观、公正的评价企业经营绩效，根据本细则第五章的有关规定，对评价基础数据进行调整，其中：年度绩效评价基础数据以国资委审核确认的财务决算合并报表数据为准。

（三）评价计分。根据调整后的评价基础数据，对照相关年度的行业评价标准值，利用绩效评价软件或手工评价计分。

（四）形成评价结果。对任期财务绩效评价需要计算任期内平均财务绩效评价分数，并计算绩效改进度；对年度财务绩效评价除计算年度绩效改进度外，需要对定量评价得分深入分析，诊断企业经营管理存在的薄弱环节，并在财务决算批复中提示有关问题，同时进行所监管企业的分类排序分析，在一定范围内发布评价结果。

**第四十五条** 管理绩效定性评价工作具体包括收集整理管理绩效评价资料、聘请咨询专家、召开专家评议会、形成定性评价结论等内容。

（一）收集整理管理绩效评价资料。为了深入了解被评价企业的管理绩效状况，应当通过问卷调查、访谈等方式，充分收集并认真整理管理绩效评价的有关资料。

（二）聘请咨询专家。根据所评价企业的行业情况，聘请不少于7名的管理绩效评价咨询专家，组成专家咨询组，并将被评价企业的有关资料提前送达咨询专家。

（三）召开专家评议会。组织咨询专家对企业的管理绩效指标进行评议打分。

（四）形成定性评价结论。汇总管理绩效定性评价指标得分，形成定性评价结论。

**第四十六条** 管理绩效专家评议会一般按下列程序进行：

（一）阅读相关资料，了解企业管理绩效评价指标实际情况；

（二）听取评价实施机构关于财务绩效定量评价情况的介绍；

（三）参照管理绩效定性评价标准，分析企业管理绩效状况；

（四）对企业管理绩效定性评价指标实施独立评判打分；

（五）对企业管理绩效进行集体评议，并提出咨询意见，形成评议咨询报告；

（六）汇总评判打分结果。

**第四十七条** 根据财务绩效定量评价结果和管理绩效定性评价结果，按照规定的权重和计分方法，计算企业综合绩效评价总分，并根据规定的加分和扣分因素，得出企业综合绩效评价最后得分。

## 第七章 评价结果与评价报告

**第四十八条** 企业综合绩效评价结果以评价得分、评价类型和评价级别表示。

评价类型是根据评价分数对企业综合绩效所划分的水平档次，用文字和字母表示，分为优（A）、良（B）、中（C）、低（D）、差（E）五种类型。

评价级别是对每种类型再划分级次，以体现同一评价类型的不同差异，采用在字母后标注“＋、－”号的方式表示。

**第四十九条** 企业综合绩效评价结果以85、70、50、40分作为类型判定的分数线。

（一）评价得分达到85分以上（含85分）的评价类型为优（A），在此基础上划分为三个级别，分别为：A＋＋≥95分；95分＞A＋≥90分；90分＞A≥85分。

（二）评价得分达到70分以上（含70分）不足85分的评价类型为良（B），在此基础上划分为三个级别，分别为：85分＞B＋≥80分；80分＞B≥75分；75分＞B－≥85分。

（三）评价得分达到50分以上（含50分）不足70分的评价类型为中（C），在此基础上划分为两个级别，分别为：70分＞C≥60分；60分＞C－≥50分。

（四）评价得分在40分以上（含40分）不足50分的评价类型为低（D）。

（五）评价得分在 40 分以下的评价类型为差（E）。

**第五十条** 企业综合绩效评价报告是根据评价结果编制、反映被评价企业综合绩效状况的文本文件，由报告正文和附件构成。

**第五十一条** 企业综合绩效评价报告正文应当包括：评价目的、评价依据与评价方法、评价过程、评价结果及评价结论、重要事项说明等内容。企业综合绩效评价报告的正文应当文字简洁、重点突出、层次清晰、易于理解。

**第五十二条** 企业综合绩效评价报告附件应当包括：企业经营绩效分析报告、评价结果计分表、问卷调查结果分析、专家咨询报告、评价基础数据及调整情况，其中：企业经营绩效分析报告是根据综合绩效评价结果对企业经营绩效状况进行深入分析的文件，应当包括评价对象概述、评价结果与主要绩效、存在的问题与不足、有关管理建议等。

### 第八章 附 则

**第五十三条** 企业集团内部开展所属子企业的综合绩效评价工作，可参照本细则制定符合集团内部监管需要的实施细则。

**第五十四条** 各地区国有资产监督管理机构开展所监管企业的综合绩效评价工作，可参照本细则执行。

**第五十五条** 本细则由国资委负责解释。

**第五十六条** 本细则自 2006 年 10 月 12 日起施行。

## 5. 企业公司制改建有关国有资本管理与财务处理的暂行规定（2002 年修订）

财企〔2002〕313 号

**第一条** 为适应建立现代企业制度的需要，促进国有经济结构调整，规范企业公司制改建中国有资本管理与财务处理行为，根据《中华人民共和国公司法》、《企业国有资本与财务管理暂行办法》以及国家有关法律、行政法规，制定本规定。

**第二条** 本规定所称公司制改建，是指国有企业经批准改建为有限责任公司（含国有独资公司）或者股份有限公司。

本规定所称改建企业，是指经批准实行公司制改建的国有企业。

本规定所称公司制企业，是指实行公司制改建以后依法设立的有限责任公司（含国有独资公司）或者股份有限公司。

本规定所称国有资本持有单位，是指直接持有或者直接管理改建企业国有资本的国家授权的部门或者国家授权投资的机构、国有企业以及其他组织。

本规定所称存续企业，是指企业采取分立式改建后继续保留的企业。

**第三条** 企业实行公司制改建，应当由国有资本持有单位负责组织实施，并遵循《企业国有资本与财务管理暂行办法》第十条规定的内部议事规范。

**第四条** 改建企业的产权应当清晰。对于权属关系不明确或者存在产权纠纷的改建企业，应当按照国家有关规定先进行产权界定或者产权纠纷调处。

对于出资证据齐全但尚未明确产权归属关系的，应当由原占有单位按照国家规定补办相应手续。

**第五条** 改建企业应当对各类资产进行全面清查登记，对各类资产以及债权债务进行全面核对查实，编制改建日的资产负债表及财产清册。

在资产清查中，对拥有实际控制权的长期投资，应当延伸清查至被投资企业。

资产清查的结果由国有资本持有单位委托中介机构进行审计。委托中介机构所发生的费用由改建企业支付。

**第六条** 改建企业清查出来的资产损失，包括坏账损失、存货损失、固定资产及在建工程损失、担保损失、股权投资损失或者债权投资损失以及经营证券、期货、外汇交易损失等，按照财政部有关企业资产损失管理的规定确认处理。

**第七条** 企业实行公司制改建，国有资本持有单位应当按照国家有关规定委托具有相应资格的评估机构，对改建企业所涉及的全部资产，应当按照《国有资产评估管理办法》(1991 年 11 月 16 日国务院令第 91 号)、《国有资产评估管理若干问题的规定》(2001 年 12 月 31 日财政部令第 14 号)等有关规定进行评估。

**第八条** 资产评估结果是国有资本持有单位出资折股的依据，自评估基准日起一年内有效。

自评估基准日到公司制企业设立登记日的有效期内，原企业实现利润而增加的净资产，应当上缴国有资本持有单位，或经国有资本持有单位同意，作为公司制企业国家独享资本公积管理，留待以后年度扩股时转增国有股份；对原企业经营亏损而减少的净资产，由国有资本持有单位补足，或者由公司制企业用以后年度国有股份应分得的股利补足。

企业超过有效期未能注册登记，或者在有效期内被评估资产价值发生重大变化的，应当重新进行评估。

**第九条** 企业实行公司制改建，不得将国有资本低价折股或者低价转让给经营者及其他职工个人。

企业实行整体改建的，改建企业的国有资本应当按照评估结果全部折算为国有股份，由原企业国有资本持有单位持有，并将改建企业全部资产转入公司制企业。

企业实行分立式改建的，应当按照转入公司制企业的资产、负债经过评估后的净资产折合为国有股份，并可以由原企业国有资本持有单位持有，也可以由存续企业持有。分立后没有纳入改建范围的资产，按照本规定第十四条进行处理。

企业实行合并式改建的，经过评估后的净资产折合的国有股份，合并前各方如果属于同一投资主体，应当由原共同的国有资本持有单位一并持有；如果分属不同投资主体，应当有合并前各方原国有资本持有单位分别持有。企业合并后没有纳入改建范围的资产，按照本规定第十四条进行处理。

**第十条** 企业实行公司制改建的股权设置方案，应当由国有资本持有单位制定；在存在两个或者两个以上国有资本持有单位的情况下，应当由具有控制权的国有资本持有单位会同其他的国有资本持有单位协商制定。

股权设置方案应当载明以下内容：

(一)股本总数及其股权结构；

(二)国有资本折股以及股份认购；

(三)股份转让条件及其定价；

(四)其他规定。

**第十一条** 企业国有资本持有单位应当按照《企业国有资本与财务管理暂行办法》第九条规定的权限，向国有资本变动的审批单位提出书面报告，并附送以下文件资料：

(一)企业实行公司制改建的批准文件；

(二)改建企业的国有资产产权登记证；

(三)改建企业董事会或经理办公会议决议；

(四)改建企业资产清理结果以及资产重组方案；

(五)改建企业工会或者职工代表大会通过的职工安置方案；

(六)资产评估报告核准文件或者备案表；

(七)公司制企业国有股权设置方案；

(八)公司制企业股东认购股份的协议；

(九)公司制企业的公司章程。

设立股份有限公司应当报送的资料，按照财政部《关于股份有限公司国有股权管理工作有关问题的通知》(财管字〔2000〕200 号)执行。

**第十二条** 经批准实行内部职工持股的企业，内部职工股份的认购应当符合《中华人民共和国公司法》的有关规定。改建企业或者公司制企业不得为个人认购股份垫付款项，也不得为个人贷款提供担保。

内部职工(包括经营者)持有股份尚未缴付认股资金的,不得参与分红;超过法律规定期限尚未缴付认股资金的,应当调整公司制企业的股权比例,并依法承担出资违约的责任。

**第十三条** 企业实行公司制改建,对占有的国有划拨土地应当进行评估并按照土地主管机关的规定履行相关手续后,区别以下情况处理:

(一)采取作价入股方式的,评估后将国有土地使用权作价投资,随同改建企业国有资本一并折股,增加公司制企业的国有股份;

(二)采取出让方式的,由公司制企业购买国有土地使用权,按照规定支付土地使用权出让金;

(三)采取租赁方式的,由公司制企业租赁使用,按照规定支付租金。

**第十四条** 国有资本持有单位对没有纳入改建企业范围、具备经营条件的剥离资产,可以其组建企业法人,独立核算,依法经营;对不具备经营条件的剥离资产,可以按以下方法处置:

(一)整体出售,即以资产评估结果为作价基础,向其他单位和个人公开出售。出售价格低于评估结果10%以上的,国有资本持有单位应当向国有资本变动的审批单位作出书面说明。所得出售净收益,应当作为本期损益处理。

(二)租赁经营,即向公司制企业或者有条件的其他单位和个人租赁经营,并签定租赁合同。租赁费可以参照同期银行贷款利率约定。国有资本持有单位所得租赁收益,应当按照规定纳入财务预算管理。

(三)无偿移交,即与当地政府部门充分协商后,将改建企业原承担社会职能的相关资产,无偿移交当地政府有关部门或所在地社区管理,相应核减改建企业的国有资本。

凡是不能按照前款规定处置的剥离资产,可以由存续企业管理,也可以由国有资本持有单位直接管理。

**第十五条** 改建企业清理核实的各项债权债务,应当按照以下要求确定债权债务承继关系,并与债务人或者债权人订立债务保全协议:

(一)企业实行整体改建,应当由公司制企业承继原企业的全部债权债务;

(二)企业实行分立式改建,应当由分立的各方承继原企业的相关债权债务;

(三)企业实行合并式改建,应当由合并后的企业承继合并前各方的全部债权债务。

**第十六条** 企业实行公司改建时,经批准或者与债权人协商,可以实施债权转为股权。

(一)经国家批准的各金融资产管理公司持有的债权,可以实行债权转股权,原企业相应的债务转为金融资产管理公司的股权,企业相应增加实收资本或者资本公积;

(二)经银行以外的其他债权人协商同意,可以按照有关协议和公司章程将其债权转为股权,企业相应增加实收资本或者资本公积。

改建企业经过充分协商,债权人同意给予全部豁免或者部分豁免的债务,应当转作资本公积。

**第十七条** 改建企业账面原有的应付福利费、职工教育经费余额,仍作为流动负债管理,不得转为职工个人投资。因医疗费超支产生的职工福利费不足部分,可以依次以公益金、盈余公积金、资本公积金和资本金弥补。

改建企业账面原有应付工资余额中欠发职工工资部分,在符合国家政策、职工自愿的条件下,依法扣除个人所得税后可转为个人投资。不属于欠发职工工资的应付工资余额,作为工资基金使用,不得转为个人投资。

改建企业未退还的职工集资款、欠缴的社会保险费,应当以现有资产清偿。在符合国家政策、职工自愿的条件下,改建企业也可以将未退还的职工集资款转作个人投资。

**第十八条** 改建企业原由国家财政专项拨款、其他各类财政性资金投入以及实行先征后返政策返给企业的税收等,按照规定形成资本公积的,应当计入国有资本。对其中尚未形成资本公积而在专项应付款账户单独反映的部分,继续作为负债管理,形成资本公积后作为国家投资单独反映,留待以后年度按规定程序转增国有股份。

公司制企业享受国家财政扶持政策,收到财政拨给的资本性补助资金按照前款规定执行。

**第十九条** 在公司制改建过程中,企业依照国家有关规定支付解除劳动合同的职工的经济补偿金,以及为移交社会保障机构管理的职工一次性缴付的社会保险费,可从改建企业净资产中扣除或者以改建企业剥离资产的出售收入优先支付。

企业支付的经济补偿金,所在地县级以上人民政府有规定标准的,按照规定执行;没有规定标准的,按照原劳动部印发的《违反和解除劳动关系的经济补偿办法》(劳部发〔1994〕481 号)规定的标准执行。企业支付的社会保险费,按照省级人民政府确定的缴费比例执行。

**第二十条** 企业实行分立式改建,应当理顺存续企业与公司制企业的产权关系,明确存续企业及分立的公司制企业国有股权持有单位。

存续企业和分立后的公司制企业应当根据资产相关性和业务相关性的原则分离资产及其债权、债务,不得相互转嫁债权、债务。

存续企业和分离后的公司制企业之间的业务往来,应当严格按照独立企业之间的业务活动和市场价格结算,不得相互转移收入。

存续企业和分离后的公司制企业应当实行人员分开,经营人员不得相互兼职、转嫁工资性费用。

存续企业和分离后的公司制企业应当按照国家有关规定,严格分账,建立新账,分别编制企业财务会计报告。

**第二十一条** 企业实行公司制改建后,应当及时依法办理国有产权登记。

**第二十二条** 公司制企业吸收新的股东而增资,或者由部分股东增资,新增出资应当按照公司制企业账面每股净资产折股,或者按照原有股东协商的比例折股。

**第二十三条** 经批准实行内部职工持股的公司制企业,因吸收其他单位投资或者进行资本重组、经营者任期届满或者任期未满而离职、因故调离、解除职务或者离退休时,经与股份持有人协商一致,有关股份可以在公司制企业内部转让。

**第二十四条** 公司制企业应当按照《中华人民共和国公司法》和企业资本与财务管理制度的规定进行利润分配。向投资者分配利润,应当坚持同股同利的原则,国家股红利的具体收缴办法按财政部、原国家国有资产管理局、中国人民银行《关于颁发〈国有资产收益收缴管理办法〉的通知》〔(94)财工字第 295 号〕及财政部其他有关规定执行。

**第二十五条** 企业整体或者合并改建为公司制企业的,改建前的会计档案、资料应当由公司制企业按照有关规定保管、处理。

**第二十六条** 主管财政机关对企业实行公司制改建中涉及的国有资本变动行为,应当进行检查监督。

企业未经批准擅自实行公司制改建的,或者在公司制改建过程中未按照本规定执行导致国有资产流失的,主管财政机关按照《中华人民共和国公司法》及国家其他有关法律、行政法规的规定给予处罚;涉嫌犯罪的,移交司法机关依法处理。

**第二十七条** 各省、自治区、直辖市及计划单列市主管财政机关可以结合本地区实际情况,制定具体实施办法,并报财政部备案。

**第二十八条** 本规定自 2002 年 8 月 27 日起执行。财政部《关于印发〈国有企业公司制改建有关财务问题的暂行规定〉的通知》(财工字〔1995〕第 29 号)文件即予废止。财政部、原国家国有资产管理局此前发布的有关规定与本规定相抵触的,以本规定为准。

# 6. 中央国有资本经营预算编报办法(2011 年修订)

财企[2011]318 号

**第一条** 为规范中央国有资本经营预算编报工作,根据《国务院关于试行国有资本经营预算的意见》(国发[2007]26 号)等规定,制定本办法。

**第二条** 财政部为国有资本经营预算的主管部门,负责编制中央国有资本经营预算草案;各中央国有资本经营预算单位,包括国资委以及其他纳入中央国有资本经营预算实施范围的中央部门和单位(以下简称"中央预算单位"),负责编制本单位所监管中央企业(以下简称"中央企业")国有资本经营预算建议草案。

**第三条** 中央国有资本经营预算由预算收入和预算支出组成。预算收入根据中央财政当年取得的企业国有资本收益以及上年结转收入编制;预算支出根据预算收入规模编制,不列赤字。

**第四条** 中央国有资本经营预算收入反映当年企业国有资本收益预计入库数额及上年结转收入，包括以下项目内容：

（一）利润收入，即国有独资企业按规定上交国家的税后利润；

（二）股利、股息收入，即国有控股、参股企业国有股权（股份）享有的股利和股息；

（三）产权转让收入，即国有独资企业产权转让收入和国有控股、参股企业国有股权（股份）转让收入以及国有股减持收入；

（四）清算收入，即扣除清算费用后国有独资企业清算收入和国有控股、参股企业国有股权（股份）享有的清算收入；

（五）其他国有资本经营收入；

（六）上年结转收入。

**第五条** 中央国有资本经营预算收入由财政部组织中央预算单位根据中央企业年度盈利情况和国有资本收益收取办法进行测算。

**第六条** 中央国有资本经营预算支出主要用于：根据产业发展规划、国有经济布局和结构调整、国有企业发展要求以及国家战略、安全需要的支出，弥补国有企业改革成本方面的支出和其他支出。中央国有资本经营预算支出要加强与公共预算的有机衔接。

**第七条** 中央国有资本经营预算支出分为资本性支出、费用性支出和其他支出。

（一）资本性支出，即向新设企业注入国有资本金，向现有企业增加资本性投入，向公司制企业认购股权、股份等方面的资本性支出；

（二）费用性支出，即弥补企业改革成本等方面的费用性支出；

（三）其他支出。

**第八条** 中央预算单位根据所监管中央企业提出的中央国有资本经营预算支出项目计划编制本单位国有资本经营预算建议草案。

**第九条** 中央企业编制国有资本经营预算支出项目计划包括以下内容：

（一）编制报告

1. 项目名称及主要内容；

2. 项目承担企业基本情况；

3. 项目实施的主要目的和目标；

4. 资本性支出项目包括项目立项的依据，项目可行性分析，项目投资方案与资金筹措方案，项目实施进度与年度计划安排，项目经济效益和社会效益的分析等；

5. 费用性支出项目包括立项的必要性，项目具体的支出范围，项目资金测算依据和标准等；

6. 项目绩效考核及其有关责任的落实；

7. 项目承担企业提供的其他相关材料。

（二）中央企业国有资本经营预算表

1. 中央企业国有资本经营预算支出表（财资企预 01 表），反映企业国有资本经营预算支出安排的相关内容；

2. 中央企业国有资本经营预算支出明细表（财资企预 02 表），反映企业国有资本经营预算支出明细情况；

3. 中央企业国有资本经营预算支出项目表（财资企预 03 表），反映企业国有资本经营预算支出项目安排的明细内容。

**第十条** 中央企业将国有资本经营预算支出项目计划报相关中央预算单位，同时抄报财政部。中央预算单位审核汇总后编制本单位所监管企业国有资本经营预算建议草案。

**第十一条** 中央预算单位编制的国有资本经营预算建议草案包括以下内容：

（一）编制报告

1. 企业的基本情况（包括企业户数、经营状况、行业分布和企业国有资本经营状况等）；

2. 预算编制的组织及企业编报情况；

3. 年度预算支出规模及分类；

4. 预算年度国有资本经营预算支出所要达到的政策目标；

5. 预算支出项目的说明及依据。

(二)中央预算单位国有资本经营预算表

1. 中央预算单位国有资本经营预算支出表(财资预01表)，反映企业国有资本经营预算支出汇总情况；

2. 中央预算单位国有资本经营预算支出明细表(财资预02表)，反映企业国有资本经营预算支出明细情况；

3. 中央预算单位国有资本经营预算支出项目表(财资预03表)，反映企业国有资本经营预算支出项目安排的相关内容。

(三)中央企业编报的国有资本经营预算支出项目计划。

**第十二条** 中央预算单位将本单位国有资本经营预算建议草案报财政部。财政部根据预算收入和中央预算单位上报的国有资本经营预算建议草案，统筹安排、综合平衡后，编制中央国有资本经营预算草案。

**第十三条** 财政部编制的中央国有资本经营预算草案包括以下内容：

(一)编制说明。

1. 预算编制的指导思想和重点；

2. 预算编制范围；

3. 预算编制情况说明(包括收支预算总体情况，收入、支出预算具体编制说明)；

4. 其他说明事项。

(二)中央国有资本经营预算表

1. 中央国有资本经营预算收支总表(财资预总01表)，反映中央国有资本经营预算收支汇总情况

2. 中央国有资本经营预算收入表(财资预总02表)，反映中央国有资本经营预算收入情况；

3. 中央国有资本经营预算支出表(财资预总03表)，反映中央国有资本经营预算支出汇总情况；

4. 中央国有资本经营预算支出明细表(财资预总04表)，反映中央预算单位所监管企业国有资本经营预算支出情况；

5. 中央国有资本经营预算支出项目表(财资预总05表)，反映中央国有资本经营预算支出项目安排的相关内容。

**第十四条** 财政部对中央预算单位报送的国有资本经营预算建议草案中的支出项目，纳入财政部国有资本经营预算项目库，按轻重缓急排序，实行滚动管理。

**第十五条** 财政部于每年6月起，开始编制下一年度中央国有资本经营预算草案，同时向中央预算单位下发编报年度中央国有资本经营预算建议草案和中央企业支出项目计划的通知。

**第十六条** 中央企业于每年8月底以前，将编报的国有资本经营预算支出项目计划报中央预算单位，并抄报财政部

**第十七条** 中央预算单位于每年9月底以前，将所编制的国有资本经营预算建议草案报财政部。

**第十八条** 财政部于每年12月底以前，将中央国有资本经营预算草案报国务院审批。经国务院批准后，中央国有资本经营预算草案随同中央政府公共预算(草案)报全国人大常委会预算工作委员会和全国人大财政经济委员会审核，提交全国人民代表大会审议。

**第十九条** 中央国有资本经营预算草案经全国人民代表大会批准后，财政部在30个工作日内批复各中央预算单位；中央预算单位自财政部批复本单位预算之日起15个工作日内，批复所监管企业，同时抄报财政部备案。

**第二十条** 各中央预算单位的国有资本经营预算支出，必须按照财政部批复的预算支出科目、项目和数额执行，因国家政策发生变化或重大自然灾害等不可预见因素，在预算执行中确需作出调整的，必须报经财政部批准。

**第二十一条** 中央国有资本经营预算按财政年度编制，自公历1月1日至12月31日。

**第二十二条** 本办法由财政部负责解释。原《财政部关于印发〈中央国有资本经营预算编报试行办法〉的通知》(财企[2007]304号)相应废止。

**第二十三条** 本办法自发布之日起施行。

# 7. 中央企业财务预算管理暂行办法(2007年颁布)

国务院国有资产监督管理委员会令 2007年第18号

## 第一章 总 则

**第一条** 为加强对国务院国有资产监督管理委员会(以下简称国资委)履行出资人职责企业(以下简称企业)的财务监督,规范企业财务预算管理,根据《中华人民共和国公司法》、《企业国有资产监督管理暂行条例》和国家有关财务会计制度规定,制定本办法。

**第二条** 企业年度财务预算编制、报告、执行与监督工作,适用本办法。

**第三条** 本办法所称财务预算是指企业在预测和决策的基础上,围绕战略规划,对预算年度内企业各类经济资源和经营行为合理预计、测算并进行财务控制和监督的活动。

财务预算报告是指反映企业预算年度内企业资本运营、经营效益、现金流量及重要财务事项等预测情况的文件。

**第四条** 企业应当建立财务预算管理制度,组织开展内部财务预算编制、执行、监督和考核工作,完善财务预算工作体系,推进实施全面预算管理。

**第五条** 企业应当在规定的时间内按照国家财务会计制度规定和国资委财务监督工作有关要求,以统一的编制口径、报表格式和编报规范,向国资委报送年度财务预算报告。

**第六条** 国资委依据本办法对企业财务预算编制、报告及执行工作进行监督管理,督促和引导企业切实建立以预算目标为中心的各级责任体系。

## 第二章 工作组织

**第七条** 企业应当按照国家有关规定,组织做好财务预算工作,配备相应工作人员,明确职责权限,加强内部协调,完善编制程序和方法,强化执行监督,并积极推行全面预算管理。

**第八条** 企业应当按照加强财务监督和完善内部控制机制的要求,成立预算委员会或设立财务预算领导小组行使预算委员会职责。在设立董事会的企业中,预算委员会(财务预算领导小组)成员应当有熟悉企业财务会计业务并具备相应组织能力的董事参加。

**第九条** 企业预算委员会(财务预算领导小组)应当履行以下主要职责:

(一)拟订企业财务预算编制与管理的原则和目标;

(二)审议企业财务预算方案和财务预算调整方案;

(三)协调解决企业财务预算编制和执行中的重大问题;

(四)根据财务预算执行结果提出考核和奖惩意见。

**第十条** 企业财务管理部门为财务预算管理机构,在企业预算委员会(财务预算领导小组)领导下,依据国家有关规定和国资委有关工作要求,负责组织企业财务预算编制、报告、执行和日常监控工作。企业财务预算管理机构应当履行以下主要职责:

(一)组织企业财务预算的编制、审核、汇总及报送工作;

(二)组织下达财务预算,监督企业财务预算执行情况;

(三)制订企业财务预算调整方案;

(四)协调解决企业财务预算编制和执行中的有关问题;

(五)分析和考核企业内部各业务机构及所属子企业财务预算完成情况。

**第十一条** 企业内部各业务机构和所属子企业为财务预算执行单位。企业财务预算执行单位应当在企业预算管理机构的统一指导下,组织开展本部门或者本企业财务预算编制工作,严格执行经核准的财务预算方案。企业财务预算执行单位应当履行以下主要职责：

（一）负责本单位财务预算编制和上报工作；

（二）负责将本单位财务预算指标层层分解，落实到各部门、各环节和各岗位；

（三）按照授权审批程序严格执行各项预算，及时分析预算执行差异原因，解决财务预算执行中存在的问题；

（四）及时总结分析本单位财务预算编制和执行情况，并组织实施考核和奖惩工作；

（五）配合企业预算管理机构做好企业预算的综合平衡、执行监控等工作。

## 第三章　财务预算编制

**第十二条**　企业编制财务预算应当坚持以战略规划为导向，正确分析判断市场形势和政策走向，科学预测年度经营目标，合理配置内部资源，实行总量平衡和控制。

**第十三条**　企业编制财务预算应当将内部各业务机构和所属子企业、事业单位和基建项目等所属单位的全部经营活动纳入财务预算编制范围，全面预测财务收支和经营成果等情况。

**第十四条**　企业编制财务预算应当以资产、负债、收入、成本、费用、利润、资金为核心指标，合理设计基础指标体系，注重预算指标相互衔接。

**第十五条**　企业应当根据不同的预算项目，合理选择固定预算、弹性预算、滚动预算、零基预算、概率预算等方法编制财务预算，并积极开展与行业先进水平、国际先进水平的对标。

**第十六条**　企业编制财务预算应当按照国家相关规定，加强对外投资、收购兼并、固定资产投资以及股票、委托理财、期货（权）及衍生品等投资业务的风险评估和预算控制；加强非主业投资和无效投资的清理，严格控制非主业投资预算。

资产负债率过高、偿债能力下降以及投资回报差的企业，应当严格控制投资规模；不具备从事高风险业务的条件、发生重大投资损失的企业，不得安排高风险业务的投资预算。

**第十七条**　企业编制财务预算应当正确预测预算年度现金收支、结余与缺口，合理规划现金收支与配置，加强应收应付款项的预算控制，增强现金保障和偿债能力，提高资金使用效率。

**第十八条**　企业编制财务预算应当规范制定成本费用开支标准，严格控制成本费用开支范围和规模，加强投入产出水平的预算控制。

对于成本费用增长高于收入增长、成本费用利润率下降、经营效益下滑的企业，财务预算编制应当突出降本增效，适当压低成本费用的预算规模，其中，经营效益下滑的企业，不得扩大工资总额的预算规模。

**第十九条**　企业编制财务预算应当注重防范财务风险，严格控制担保、抵押和金融负债等规模。

资产负债率高于行业平均水平、存在较大偿债压力的企业，应当适当压缩金融债务预算规模；担保余额相当于净资产比重超过50%或者发生担保履约责任形成重大损失的企业（投资、担保类企业另行规定），原则上不再安排新增担保预算；企业不得安排与业务无关的集团外担保预算。

**第二十条**　企业编制财务预算应当将逾期担保、逾期债务、不良投资、不良债权等问题的清理和处置作为重要内容，积极消化潜亏挂账，合理预计资产减值准备，不得出现新的潜亏。

**第二十一条**　企业应当按照“上下结合、分级编制、逐级汇总”的程序，依据财务管理关系，层层组织做好各级子企业财务预算编制工作。

**第二十二条**　企业应当建立财务预算编制制度。企业内部计划、生产、市场营销、投资、物资、技术、人力资源、企业管理等职能部门应当配合做好财务预算编制工作。企业财务预算编制应当遵循以下基本工作程序：

（一）企业预算委员会及财务预算管理机构应当于每年9月底以前提出下一年度本企业预算总体目标；

（二）企业所属各级预算执行单位根据企业预算总体目标，并结合本单位实际，于每年10月底以前上报本单位下一年度预算目标；

（三）企业财务预算委员会及财务预算管理机构对各级预算执行单位的预算目标进行审核汇总并提出调整意见，经董事会会议或总经理办公会议审议后下达各级预算执行单位；

（四）企业所属各级预算执行单位应当按照下达的财务预算目标，于每年年底以前上报本单位财务预算；

（五）企业在对所属各级预算执行单位预算方案审核、调整的基础上，编制企业总体财务预算。

## 第四章　财务预算报告

**第二十三条**　企业应当在组织开展内部各级子企业财务预算编制管理的基础上，按照国资委统一印发的报表格式、编制要求，编制上报年度财务预算报告。企业年度财务预算报告由以下部分构成：

（一）年度财务预算报表；

（二）年度财务预算编制说明；

（三）其他相关材料。

第二十四 条企业年度财务预算报表重点反映以下内容：

（一）企业预算年度内预计资产、负债及所有者权益规模、质量及结构；

（二）企业预算年度内预计实现经营成果及利润分配情况；

（三）企业预算年度内为组织经营、投资、筹资活动预计发生的现金流入和流出情况；

（四）企业预算年度内预计达到的生产、销售或者营业规模及其带来的各项收入、发生的各项成本和费用；

（五）企业预算年度内预计发生的产权并购、长短期投资以及固定资产投资的规模及资金来源；

（六）企业预算年度内预计对外筹资总体规模与分布结构。

**第二十五条**　企业应当采用合并口径编制财务预算报表，合并范围应当包括：

（一）境内外子企业；

（二）所属各类事业单位；

（三）各类基建项目或者基建财务；

（四）按照规定执行金融会计制度的子企业；

（五）所属独立核算的其他经济组织。

**第二十六条**　企业应当对年度财务预算报表编制及财务预算管理有关情况进行分析说明。企业年度财务预算编制说明应当反映以下内容：

（一）预算编制工作组织情况；

（二）预算年度内生产经营主要预算指标分析说明；

（三）预算编制基础、基本假设及采用的重要会计政策和估计；

（四）预算执行保障措施以及可能影响预算指标事项说明；

（五）其他需说明的情况。

**第二十七条**　企业应当按规定组织开展所属子企业开展财务预算报告收集、审核、汇总工作，并按时上报财务预算报告。企业除报送合并财务预算报告外，还应当附送企业总部及二级子企业的分户财务预算报告电子文档。三级及三级以下企业的财务预算数据应当并入二级子企业报送。

级次划分特殊的企业集团财务预算报告报送级次由国资委另行规定。

**第二十八条**　企业应当按照下列程序，以正式文函向国资委报送财务预算报告：

（一）设董事会的国有独资企业和国有独资公司的财务预算报告，应当经董事会审议后与审议决议一并报送国资委；

（二）尚未设董事会的国有独资企业和国有独资公司的财务预算报告，应当经总经理办公会审议后与审议决议一并报送国资委；

（三）国有控股公司的财务预算报告，应当经董事会审议并提交股东会批准后抄送国资委。

**第二十九条**　企业财务预算报告应当加盖企业公章，并由企业的主要负责人、总会计师（或分管财务负责人）、财务管理部门负责人签名并盖章。

**第三十条**　国资委对企业财务预算实行分类管理制度，对于尚未设董事会的国有独资企业和国有独资公司的财务预算实行核准制；对于设董事会的国有独资公司和国有独资企业、国有控股公司的财务预算实行备案制。

**第三十一条**　国资委依据财务预算编制管理要求，建立企业财务预算报告质量评估制度，评估内容不少于以下方面：

（一）是否符合国家有关法律法规规定；
（二）是否符合国家宏观政策和产业政策规划；
（三）是否符合企业战略规划、主业发展方向；
（四）是否客观反映预算年度内经济形势和企业生产经营发展态势；
（五）是否符合财务预算编制管理要求；
（六）主要财务预算指标的年度间变动情况是否合理；
（七）预算执行保障和监督措施是否有效。

**第三十二条**　国资委根据质量评估结果，在规定时间内对企业财务预算提出审核意见并反馈企业。对于存在质量问题的，要求企业及时整改，其中对于严重脱离实际、各相关预算指标不衔接的，要求企业重新编制上报财务预算报告。

## 第五章　财务预算执行与监督

**第三十三条**　企业应当及时将各业务机构及所属各级企业重点财务预算指标进行层层分解。各预算执行单位应当将分解下达的年度财务预算指标细化为季度、月度预算，层层落实财务预算执行责任。

**第三十四条**　企业应当严格执行经核定的年度财务预算，切实加强投资、融资、担保、资金调度、物资采购、产品销售等重大事项以及成本费用预算执行情况的跟踪和监督，明确超预算资金追加审批程序和权限。

**第三十五条**　企业应当对财务预算执行情况进行跟踪监测，及时分析预算执行差异原因，及时采取相应的解决措施。

**第三十六条**　企业财务预算执行过程中出现以下情形之一，导致预算编制基本假设发生重大变化的，可予以调整：
（一）自然灾害等不可抗力因素；
（二）市场环境发生重大变化；
（三）国家经济政策发生重大调整；
（四）企业发生分立、合并等重大资产重组行为。

**第三十七条**　企业应当将财务预算调整情况及时报国资委备案。具体备案内容包括：
（一）主要财务指标的调整情况；
（二）调整的原因；
（三）预计执行情况及保障措施。

**第三十八条**　企业应当建立财务预算执行结果考核制度，将财务预算目标执行情况纳入考核及奖惩范围。

第三十九条 企业应当在预算年度终了及时撰写预算工作总结报告，认真总结年度财务预算工作经验和存在的不足，分析财务预算与实际执行结果的差异程度和影响因素，研究制定改进措施。

**第四十条**　国资委根据月度财务报告建立企业财务预算分类监测和反馈制度，对主要财务预算指标执行情况进行分类跟踪监测，对经营风险进行预测评估，并将监测和评估结果及时反馈企业，督促企业加强预算执行情况监督和控制。

**第四十一条**　国资委在预算年度终了，依据企业年度财务决算结果组织财务预算执行情况核查，对主要财务预算指标完成值与预算目标偏离的程度和影响因素进行分析，并将核查和分析结果作为企业财务预算报告质量评估的重要内容。

## 第六章　罚　　则

**第四十二条**　企业负责人、总会计师（或分管财务负责人）应当对企业财务预算编制、报告、执行和监督工作负责；企业总会计师（或分管财务负责人）、财务管理部门负责人对财务预算编制的合规性、合理性及完整性负责。

**第四十三条**　国资委将企业财务预算管理情况作为总会计师履职评估的内容。

**第四十四条**　企业不按时上报财务预算报告或者上报财务预算报告不符合统一编制要求、存在严重质量问题，以及财务预算执行监督不力的，国资委将责令整改。

**第四十五条** 企业在财务预算管理工作中弄虚作假的，或者上报的财务预算报告与内部财务预算不符的，国资委将给予通报批评。

**第四十六条** 企业编制年度财务预算主要指标与实际完成值差异较大的，国资委将要求企业作出专项说明，无正当理由的，国资委将给予警示。

**第四十七条** 国资委工作人员在企业财务预算监督管理工作中玩忽职守，导致重大工作过失或者泄露企业商业秘密的，视情节轻重予以行政处分。

## 第七章 附 则

**第四十八条** 企业应当根据本办法规定制定本企业财务预算管理工作制度。

**第四十九条** 各省、自治区、直辖市国有资产监督管理机构可以参照本办法，制定本地区相关工作规范。

**第五十条** 本办法自 2007 年 6 月 25 日起施行。

# 第十二章　企业内部控制相关法规

## 1. 企业内部控制基本规范（2008 年颁布）

财会[2008]7 号

### 第一章　总　　则

**第一条**　为了加强和规范企业内部控制，提高企业经营管理水平和风险防范能力，促进企业可持续发展，维护社会主义市场经济秩序和社会公众利益，根据《中华人民共和国公司法》、《中华人民共和国证券法》、《中华人民共和国会计法》和其他有关法律法规，制定本规范。

**第二条**　本规范适用于中华人民共和国境内设立的大中型企业。

小企业和其他单位可以参照本规范建立与实施内部控制。

大中型企业和小企业的划分标准根据国家有关规定执行。

**第三条**　本规范所称内部控制，是由企业董事会、监事会、经理层和全体员工实施的、旨在实现控制目标的过程。

内部控制的目标是合理保证企业经营管理合法合规、资产安全、财务报告及相关信息真实完整，提高经营效率和效果，促进企业实现发展战略。

**第四条**　企业建立与实施内部控制，应当遵循下列原则：

（一）全面性原则。内部控制应当贯穿决策、执行和监督全过程，覆盖企业及其所属单位的各种业务和事项。

（二）重要性原则。内部控制应当在全面控制的基础上，关注重要业务事项和高风险领域。

（三）制衡性原则。内部控制应当在治理结构、机构设置及权责分配、业务流程等方面形成相互制约、相互监督，同时兼顾运营效率。

（四）适应性原则。内部控制应当与企业经营规模、业务范围、竞争状况和风险水平等相适应，并随着情况的变化及时加以调整。

（五）成本效益原则。内部控制应当权衡实施成本与预期效益，以适当的成本实现有效控制。

**第五条**　企业建立与实施有效的内部控制，应当包括下列要素：

（一）内部环境。内部环境是企业实施内部控制的基础，一般包括治理结构、机构设置及权责分配、内部审计、人力资源政策、企业文化等。

（二）风险评估。风险评估是企业及时识别、系统分析经营活动中与实现内部控制目标相关的风险，合理确定风险应对策略。

（三）控制活动。控制活动是企业根据风险评估结果，采用相应的控制措施，将风险控制在可承受度之内。

（四）信息与沟通。信息与沟通是企业及时、准确地收集、传递与内部控制相关的信息，确保信息在企业内部、企业与外部之间进行有效沟通。

（五）内部监督。内部监督是企业对内部控制建立与实施情况进行监督检查，评价内部控制的有效性，发现内部控制缺陷，应当及时加以改进。

**第六条**　企业应当根据有关法律法规、本规范及其配套办法，制定本企业的内部控制制度并组织实施。

**第七条**　企业应当运用信息技术加强内部控制，建立与经营管理相适应的信息系统，促进内部控制流程与信息系统的有机结合，实现对业务和事项的自动控制，减少或消除人为操纵因素。

**第八条** 企业应当建立内部控制实施的激励约束机制，将各责任单位和全体员工实施内部控制的情况纳入绩效考评体系，促进内部控制的有效实施。

**第九条** 国务院有关部门可以根据法律法规、本规范及其配套办法，明确贯彻实施本规范的具体要求，对企业建立与实施内部控制的情况进行监督检查。

**第十条** 接受企业委托从事内部控制审计的会计师事务所，应当根据本规范及其配套办法和相关执业准则，对企业内部控制的有效性进行审计，出具审计报告。会计师事务所及其签字的从业人员应当对发表的内部控制审计意见负责。

为企业内部控制提供咨询的会计师事务所，不得同时为同一企业提供内部控制审计服务。

## 第二章 内部环境

**第十一条** 企业应当根据国家有关法律法规和企业章程，建立规范的公司治理结构和议事规则，明确决策、执行、监督等方面的职责权限，形成科学有效的职责分工和制衡机制。

股东(大)会享有法律法规和企业章程规定的合法权利，依法行使企业经营方针、筹资、投资、利润分配等重大事项的表决权。

董事会对股东(大)会负责，依法行使企业的经营决策权。

监事会对股东(大)会负责，监督企业董事、经理和其他高级管理人员依法履行职责。

经理层负责组织实施股东(大)会、董事会决议事项，主持企业的生产经营管理工作。

**第十二条** 董事会负责内部控制的建立健全和有效实施。监事会对董事会建立与实施内部控制进行监督。经理层负责组织领导企业内部控制的日常运行。

企业应当成立专门机构或者指定适当的机构具体负责组织协调内部控制的建立实施及日常工作。

**第十三条** 企业应当在董事会下设立审计委员会。审计委员会负责审查企业内部控制，监督内部控制的有效实施和内部控制自我评价情况，协调内部控制审计及其他相关事宜等。

审计委员会负责人应当具备相应的独立性、良好的职业操守和专业胜任能力。

**第十四条** 企业应当结合业务特点和内部控制要求设置内部机构，明确职责权限，将权利与责任落实到各责任单位。

企业应当通过编制内部管理手册，使全体员工掌握内部机构设置、岗位职责、业务流程等情况，明确权责分配，正确行使职权。

**第十五条** 企业应当加强内部审计工作，保证内部审计机构设置、人员配备和工作的独立性。

内部审计机构应当结合内部审计监督，对内部控制的有效性进行监督检查。内部审计机构对监督检查中发现的内部控制缺陷，应当按照企业内部审计工作程序进行报告；对监督检查中发现的内部控制重大缺陷，有权直接向董事会及其审计委员会、监事会报告。

**第十六条** 企业应当制定和实施有利于企业可持续发展的人力资源政策。人力资源政策应当包括下列内容：

(一)员工的聘用、培训、辞退与辞职。

(二)员工的薪酬、考核、晋升与奖惩。

(三)关键岗位员工的强制休假制度和定期岗位轮换制度。

(四)掌握国家秘密或重要商业秘密的员工离岗的限制性规定。

(五)有关人力资源管理的其他政策。

**第十七条** 企业应当将职业道德修养和专业胜任能力作为选拔和聘用员工的重要标准，切实加强员工培训和继续教育，不断提升员工素质。

**第十八条** 企业应当加强文化建设，培育积极向上的价值观和社会责任感，倡导诚实守信、爱岗敬业、开拓创新和团队协作精神，树立现代管理理念，强化风险意识。

董事、监事、经理及其他高级管理人员应当在企业文化建设中发挥主导作用。

企业员工应当遵守员工行为守则，认真履行岗位职责。

**第十九条** 企业应当加强法制教育，增强董事、监事、经理及其他高级管理人员和员工的法制观念，严格依法决策、依法办事、依法监督，建立健全法律顾问制度和重大法律纠纷案件备案制度。

## 第三章 风险评估

**第二十条** 企业应当根据设定的控制目标，全面系统持续地收集相关信息，结合实际情况，及时进行风险评估。

**第二十一条** 企业开展风险评估，应当准确识别与实现控制目标相关的内部风险和外部风险，确定相应的风险承受度。

风险承受度是企业能够承担的风险限度，包括整体风险承受能力和业务层面的可接受风险水平。

**第二十二条** 企业识别内部风险，应当关注下列因素：

(一)董事、监事、经理及其他高级管理人员的职业操守、员工专业胜任能力等人力资源因素。

(二)组织机构、经营方式、资产管理、业务流程等管理因素。

(三)研究开发、技术投入、信息技术运用等自主创新因素。

(四)财务状况、经营成果、现金流量等财务因素。

(五)营运安全、员工健康、环境保护等安全环保因素。

(六)其他有关内部风险因素。

**第二十三条** 企业识别外部风险，应当关注下列因素：

(一)经济形势、产业政策、融资环境、市场竞争、资源供给等经济因素。

(二)法律法规、监管要求等法律因素。

(三)安全稳定、文化传统、社会信用、教育水平、消费者行为等社会因素。

(四)技术进步、工艺改进等科学技术因素。

(五)自然灾害、环境状况等自然环境因素。

(六)其他有关外部风险因素。

**第二十四条** 企业应当采用定性与定量相结合的方法，按照风险发生的可能性及其影响程度等，对识别的风险进行分析和排序，确定关注重点和优先控制的风险。

企业进行风险分析，应当充分吸收专业人员，组成风险分析团队，按照严格规范的程序开展工作，确保风险分析结果的准确性。

**第二十五条** 企业应当根据风险分析的结果，结合风险承受度，权衡风险与收益，确定风险应对策略。

企业应当合理分析、准确掌握董事、经理及其他高级管理人员、关键岗位员工的风险偏好，采取适当的控制措施，避免因个人风险偏好给企业经营带来重大损失。

**第二十六条** 企业应当综合运用风险规避、风险降低、风险分担和风险承受等风险应对策略，实现对风险的有效控制。

风险规避是企业对超出风险承受度的风险，通过放弃或者停止与该风险相关的业务活动以避免和减轻损失的策略。

风险降低是企业在权衡成本效益之后，准备采取适当的控制措施降低风险或者减轻损失，将风险控制在风险承受度之内的策略。

风险分担是企业准备借助他人力量，采取业务分包、购买保险等方式和适当的控制措施，将风险控制在风险承受度之内的策略。

风险承受是企业对风险承受度之内的风险，在权衡成本效益之后，不准备采取控制措施降低风险或者减轻损失的策略。

**第二十七条** 企业应当结合不同发展阶段和业务拓展情况，持续收集与风险变化相关的信息，进行风险识别和风险分析，及时调整风险应对策略。

## 第四章 控制活动

**第二十八条** 企业应当结合风险评估结果，通过手工控制与自动控制、预防性控制与发现性控制相结合的方法，运用相应的控制措施，将风险控制在可承受度之内。

控制措施一般包括：不相容职务分离控制、授权审批控制、会计系统控制、财产保护控制、预算控制、运营分析控制和绩效考评控制等。

**第二十九条** 不相容职务分离控制要求企业全面系统地分析、梳理业务流程中所涉及的不相容职务，实施相应的分离措施，形成各司其职、各负其责、相互制约的工作机制。

**第三十条** 授权审批控制要求企业根据常规授权和特别授权的规定，明确各岗位办理业务和事项的权限范围、审批程序和相应责任。

企业应当编制常规授权的权限指引，规范特别授权的范围、权限、程序和责任，严格控制特别授权。常规授权是指企业在日常经营管理活动中按照既定的职责和程序进行的授权。特别授权是指企业在特殊情况、特定条件下进行的授权。

企业各级管理人员应当在授权范围内行使职权和承担责任。

企业对于重大的业务和事项，应当实行集体决策审批或者联签制度，任何个人不得单独进行决策或者擅自改变集体决策。

**第三十一条** 会计系统控制要求企业严格执行国家统一的会计准则制度，加强会计基础工作，明确会计凭证、会计账簿和财务会计报告的处理程序，保证会计资料真实完整。

企业应当依法设置会计机构，配备会计从业人员。从事会计工作的人员，必须取得会计从业资格证书。会计机构负责人应当具备会计师以上专业技术职务资格。

大中型企业应当设置总会计师。设置总会计师的企业，不得设置与其职权重叠的副职。

**第三十二条** 财产保护控制要求企业建立财产日常管理制度和定期清查制度，采取财产记录、实物保管、定期盘点、账实核对等措施，确保财产安全。

企业应当严格限制未经授权的人员接触和处置财产。

**第三十三条** 预算控制要求企业实施全面预算管理制度，明确各责任单位在预算管理中的职责权限，规范预算的编制、审定、下达和执行程序，强化预算约束。

**第三十四条** 运营分析控制要求企业建立运营情况分析制度，经理层应当综合运用生产、购销、投资、筹资、财务等方面的信息，通过因素分析、对比分析、趋势分析等方法，定期开展运营情况分析，发现存在的问题，及时查明原因并加以改进。

**第三十五条** 绩效考评控制要求企业建立和实施绩效考评制度，科学设置考核指标体系，对企业内部各责任单位和全体员工的业绩进行定期考核和客观评价，将考评结果作为确定员工薪酬以及职务晋升、评优、降级、调岗、辞退等的依据。

**第三十六条** 企业应当根据内部控制目标，结合风险应对策略，综合运用控制措施，对各种业务和事项实施有效控制。

**第三十七条** 企业应当建立重大风险预警机制和突发事件应急处理机制，明确风险预警标准，对可能发生的重大风险或突发事件，制定应急预案、明确责任人员、规范处置程序，确保突发事件得到及时妥善处理。

## 第五章 信息与沟通

**第三十八条** 企业应当建立信息与沟通制度，明确内部控制相关信息的收集、处理和传递程序，确保信息及时沟通，促进内部控制有效运行。

**第三十九条** 企业应当对收集的各种内部信息和外部信息进行合理筛选、核对、整合，提高信息的有用性。

企业可以通过财务会计资料、经营管理资料、调研报告、专项信息、内部刊物、办公网络等渠道，获取内部信息。

企业可以通过行业协会组织、社会中介机构、业务往来单位、市场调查、来信来访、网络媒体以及有关监管部门等渠道，获取外部信息。

**第四十条** 企业应当将内部控制相关信息在企业内部各管理级次、责任单位、业务环节之间，以及企业与外部投资者、债权人、客户、供应商、中介机构和监管部门等有关方面之间进行沟通和反馈。信息沟通过程中发现的问题，应当及时报告并加以解决。

重要信息应当及时传递给董事会、监事会和经理层。

**第四十一条** 企业应当利用信息技术促进信息的集成与共享，充分发挥信息技术在信息与沟通中的作用。

企业应当加强对信息系统开发与维护、访问与变更、数据输入与输出、文件储存与保管、网络安全等方面的控制，保证信息系统安全稳定运行。

**第四十二条** 企业应当建立反舞弊机制，坚持惩防并举、重在预防的原则，明确反舞弊工作的重点领域、关键环节和有关机构在反舞弊工作中的职责权限，规范舞弊案件的举报、调查、处理、报告和补救程序。

企业至少应当将下列情形作为反舞弊工作的重点：

（一）未经授权或者采取其他不法方式侵占、挪用企业资产，牟取不当利益。

（二）在财务会计报告和信息披露等方面存在的虚假记载、误导性陈述或者重大遗漏等。

（三）董事、监事、经理及其他高级管理人员滥用职权。

（四）相关机构或人员串通舞弊。

**第四十三条** 企业应当建立举报投诉制度和举报人保护制度，设置举报专线，明确举报投诉处理程序、办理时限和办结要求，确保举报、投诉成为企业有效掌握信息的重要途径。

举报投诉制度和举报人保护制度应当及时传达至全体员工。

## 第六章 内部监督

**第四十四条** 企业应当根据本规范及其配套办法，制定内部控制监督制度，明确内部审计机构（或经授权的其他监督机构）和其他内部机构在内部监督中的职责权限，规范内部监督的程序、方法和要求。

内部监督分为日常监督和专项监督。日常监督是指企业对建立与实施内部控制的情况进行常规、持续的监督检查；专项监督是指在企业发展战略、组织结构、经营活动、业务流程、关键岗位员工等发生较大调整或变化的情况下，对内部控制的某一或者某些方面进行有针对性的监督检查。

专项监督的范围和频率应当根据风险评估结果以及日常监督的有效性等予以确定。

**第四十五条** 企业应当制定内部控制缺陷认定标准，对监督过程中发现的内部控制缺陷，应当分析缺陷的性质和产生的原因，提出整改方案，采取适当的形式及时向董事会、监事会或者经理层报告。

内部控制缺陷包括设计缺陷和运行缺陷。企业应当跟踪内部控制缺陷整改情况，并就内部监督中发现的重大缺陷，追究相关责任单位或者责任人的责任。

**第四十六条** 企业应当结合内部监督情况，定期对内部控制的有效性进行自我评价，出具内部控制自我评价报告。

内部控制自我评价的方式、范围、程序和频率，由企业根据经营业务调整、经营环境变化、业务发展状况、实际风险水平等自行确定。

国家有关法律法规另有规定的，从其规定。

**第四十七条** 企业应当以书面或者其他适当的形式，妥善保存内部控制建立与实施过程中的相关记录或者资料，确保内部控制建立与实施过程的可验证性。

## 第七章 附 则

**第四十八条** 本规范由财政部会同国务院其他有关部门解释。

**第四十九条** 本规范的配套办法由财政部会同国务院其他有关部门另行制定。

**第五十条** 本规范自2009年7月1日起实施。

二〇〇八年五月二十二日

# 2. 企业内部控制应用指引第1号——组织架构（2010年颁布）

## 第一章 总 则

**第一条** 为了促进企业实现发展战略，优化治理结构、管理体制和运行机制，建立现代企业制度，根据《中华人民共和国公司法》等有关法律法规和《企业内部控制基本规范》，制定本指引。

**第二条** 本指引所称组织架构，是指企业按照国家有关法律法规、股东(大)会决议和企业章程，结合本企业实际，明确股东(大)会、董事会、监事会、经理层和企业内部各层级机构设置、职责权限、人员编制、工作程序和相关要求的制度安排。

**第三条** 企业至少应当关注组织架构设计与运行中的下列风险：(一)治理结构形同虚设，缺乏科学决策、良性运行机制和执行 力，可能导致企业经营失败，难以实现发展战略。

(二)内部机构设计不科学，权责分配不合理，可能导致机构重叠、职能交叉或缺失、推诿扯皮，运行效率低下。

## 第二章 组织架构的设计

**第四条** 企业应当根据国家有关法律法规的规定，明确董事会、监事会和经理层的职责权限、任职条件、议事规则和工作程序，确保决策、执行和监督相互分离，形成制衡。

董事会对股东(大)会负责，依法行使企业的经营决策权。可按照股东(大)会的有关决议，设立战略、审计、提名、薪酬与考核等专门委员会，明确各专门委员会的职责权限、任职资格、议事规则和工作程序，为董事会科学决策提供支持。

监事会对股东(大)会负责，监督企业董事、经理和其他高级管理人员依法履行职责。

经理层对董事会负责，主持企业的生产经营管理工作。经理和其他高级管理人员的职责分工应当明确。

董事会、监事会和经理层的产生程序应当合法合规，其人员构成、知识结构、能力素质应当满足履行职责的要求。

**第五条** 企业的重大决策、重大事项、重要人事任免及大额资金支付业务等，应当按照规定的权限和程序实行集体决策审批或者联签制度。任何个人不得单独进行决策或者擅自改变集体决策意见。

重大决策、重大事项、重要人事任免及大额资金支付业务的具体标准由企业自行确定。

**第六条** 企业应当按照科学、精简、高效、透明、制衡的原则，综合考虑企业性质、发展战略、文化理念和管理要求等因素，合理设置内部职能机构，明确各机构的职责权限，避免职能交叉、缺失或权责过于集中，形成各司其职、各负其责、相互制约、相互协调的工作机制。

**第七条** 企业应当对各机构的职能进行科学合理的分解，确定具体岗位的名称、职责和工作要求等，明确各个岗位的权限和相互关系。

企业在确定职权和岗位分工过程中，应当体现不相容职务相互分离的要求。不相容职务通常包括：可行性研究与决策审批；决策审批与执行；执行与监督检查等。

**第八条** 企业应当制定组织结构图、业务流程图、岗(职)位说明书和权限指引等内部管理制度或相关文件，使员工了解和掌握组织架构设计及权责分配情况，正确履行职责。

## 第三章 组织架构的运行

**第九条** 企业应当根据组织架构的设计规范，对现有治理结构和内部机构设置进行全面梳理，确保本企业治理结构、内部机构设置和运行机制等符合现代企业制度要求。

企业梳理治理结构，应当重点关注董事、监事、经理及其他高级管理人员的任职资格和履职情况，以及董事会、监事会和经理层的运行效果。治理结构存在问题的，应当采取有效措施加以改进。

企业梳理内部机构设置，应当重点关注内部机构设置的合理性和运行的高效性等。内部机构设置和运行中存在职能交叉、缺失或运行效率低下的，应当及时解决。

**第十条** 企业拥有子公司的，应当建立科学的投资管控制度，通过合法有效的形式履行出资人职责、维护出资人权益，重点关注子公司特别是异地、境外子公司的发展战略、年度财务预决算、重大投融资、重大担保、大额资金使用、主要资产处置、重要人事任免、内部控制体系建设等重要事项。

**第十一条** 企业应当定期对组织架构设计与运行的效率和效果进行全面评估，发现组织架构设计与运行中存在缺陷的，应当进行优化调整。

企业组织架构调整应当充分听取董事、监事、高级管理人员和其他员工的意见，按照规定的权限和程序进行决策审批。

# 3. 企业内部控制应用指引第2号——发展战略(2010年颁布)

## 第一章　总　　则

**第一条**　为了促进企业增强核心竞争力和可持续发展能力，根据有关法律法规和《企业内部控制基本规范》，制定本指引。

**第二条**　本指引所称发展战略，是指企业在对现实状况和未来趋势进行综合分析和科学预测的基础上，制定并实施的长远发展目标与战略规划。

**第三条**　企业制定与实施发展战略至少应当关注下列风险：

(一)缺乏明确的发展战略或发展战略实施不到位，可能导致企业盲目发展，难以形成竞争优势，丧失发展机遇和动力。

(二)发展战略过于激进，脱离企业实际能力或偏离主业，可能导致企业过度扩张，甚至经营失败。

(三)发展战略因主观原因频繁变动，可能导致资源浪费，甚至危及企业的生存和持续发展。

## 第二章　发展战略的制定

**第四条**　企业应当在充分调查研究、科学分析预测和广泛征求意见的基础上制定发展目标。企业在制定发展目标过程中，应当综合考虑宏观经济政策、国内外市场需求变化、技术发展趋势、行业及竞争对手状况、可利用资源水平和自身优势与劣势等影响因素。

**第五条**　企业应当根据发展目标制定战略规划。战略规划应当明确发展的阶段性和发展程度，确定每个发展阶段的具体目标、工作任务和实施路径。

**第六条**　企业应当在董事会下设立战略委员会，或指定相关机构负责发展战略管理工作，履行相应职责。企业应当明确战略委员会的职责和议事规则，对战略委员会会议的召开程序、表决方式、提案审议、保密要求和会议记录等作出规定，确保议事过程规范透明、决策程序科学民主。战略委员会应当组织有关部门对发展目标和战略规划进行可行性研究和科学论证，形成发展战略建议方案；必要时，可借助中介机构和外部专家的力量为其履行职责提供专业咨询意见。战略委员会成员应当具有较强的综合素质和实践经验，其任职资格和选任程序应当符合有关法律法规和企业章程的规定。

**第七条**　董事会应当严格审议战略委员会提交的发展战略方案，重点关注其全局性、长期性和可行性。董事会在审议方案中如果发现重大问题，应当责成战略委员会对方案作出调整。企业的发展战略方案经董事会审议通过后，报经股东(大)会批准实施。

## 第三章　发展战略的实施

**第八条**　企业应当根据发展战略，制定年度工作计划，编制全面预算，将年度目标分解、落实；同时完善发展战略管理制度，确保发展战略有效实施。

**第九条**　企业应当重视发展战略的宣传工作，通过内部各层级会议和教育培训等有效方式，将发展战略及其分解落实情况传递到内部各管理层级和全体员工。

**第十条**　战略委员会应当加强对发展战略实施情况的监控，定期收集和分析相关信息，对于明显偏离发展战略的情况，应当及时报告。

**第十一条**　由于经济形势、产业政策、技术进步、行业状况以及不可抗力等因素发生重大变化，确需对发展战略作出调整的，应当按照规定权限和程序调整发展战略。

# 4. 企业内部控制应用指引第3号——人力资源(2010年颁布)

## 第一章　总　　则

**第一条**　为了促进企业加强人力资源建设，充分发挥人力资源对实现企业发展战略的重要作用，根据有关法律法规和《企业内部控制基本规范》，制定本指引。

**第二条**　本指引所称人力资源，是指企业组织生产经营活动而录(任)用的各种人员，包括董事、监事、高级管理人员和全体员工。

**第三条**　企业人力资源管理至少应当关注下列风险：

(一)人力资源缺乏或过剩、结构不合理、开发机制不健全，可能导致企业发展战略难以实现。

(二)人力资源激励约束制度不合理、关键岗位人员管理不完善，可能导致人才流失、经营效率低下或关键技术、商业秘密和国家机密泄露。

(三)人力资源退出机制不当，可能导致法律诉讼或企业声誉受损。

**第四条**　企业应当重视人力资源建设，根据发展战略，结合人力资源现状和未来需求预测，建立人力资源发展目标，制定人力资源总体规划和能力框架体系，优化人力资源整体布局，明确人力资源的引进、开发、使用、培养、考核、激励、退出等管理要求，实现人力资源的合理配置，全面提升企业核心竞争力。

## 第二章　人力资源的引进与开发

**第五条**　企业应当根据人力资源总体规划，结合生产经营实际需要，制定年度人力资源需求计划，完善人力资源引进制度，规范工作流程，按照计划、制度和程序组织人力资源引进工作。

**第六条**　企业应当根据人力资源能力框架要求，明确各岗位的职责权限、任职条件和工作要求，遵循德才兼备、以德为先和公开、公平、公正的原则，通过公开招聘、竞争上岗等多种方式选聘优秀人才，重点关注选聘对象的价值取向和责任意识。

企业选拔高级管理人员和聘用中层及以下员工，应当切实做到因事设岗、以岗选人，避免因人设事或设岗，确保选聘人员能够胜任岗位职责要求。

企业选聘人员应当实行岗位回避制度。

**第七条**　企业确定选聘人员后，应当依法签订劳动合同，建立劳动用工关系。

企业对于在产品技术、市场、管理等方面掌握或涉及关键技术、知识产权、商业秘密或国家机密的工作岗位，应当与该岗位员工签订有关岗位保密协议，明确保密义务。

**第八条**　企业应当建立选聘人员试用期和岗前培训制度，对试用人员进行严格考察，促进选聘员工全面了解岗位职责，掌握岗位基本技能，适应工作要求。试用期满考核合格后，方可正式上岗；试用期满考核不合格者，应当及时解除劳动关系。

**第九条**　企业应当重视人力资源开发工作，建立员工培训长效机制，营造尊重知识、尊重人才和关心员工职业发展的文化氛围，加强后备人才队伍建设，促进全体员工的知识、技能持续更新，不断提升员工的服务效能。

## 第三章　人力资源的使用与退出

**第十条**　企业应当建立和完善人力资源的激励约束机制，设置科学的业绩考核指标体系，对各级管理人员和全体员工进行严格考核与评价，以此作为确定员工薪酬、职级调整和解除劳动合同等的重要依据，确保员工队伍处于持续优化状态。

**第十一条**　企业应当制定与业绩考核挂钩的薪酬制度，切实做到薪酬安排与员工贡献相协调，体现效率优先，兼顾公平。

**第十二条**　企业应当制定各级管理人员和关键岗位员工定期轮岗制度，明确轮岗范围、轮岗周期、轮岗方式等，形成相关岗位员工的有序持续流动，全面提升员工素质。

**第十三条**　企业应当按照有关法律法规规定，结合企业实际，建立健全员工退出（辞职、解除劳动合同、退休等）机制，明确退出的条件和程序，确保员工退出机制得到有效实施。

企业对考核不能胜任岗位要求的员工，应当及时暂停其工作，安排再培训，或调整工作岗位，安排转岗培训；仍不能满足岗位职责要求的，应当按照规定的权限和程序解除劳动合同。

企业应当与退出员工依法约定保守关键技术、商业秘密、国家机密和竞业限制的期限，确保知识产权、商业秘密和国家机密的安全。

企业关键岗位人员离职前，应当根据有关法律法规的规定进行工作交接或离任审计。

**第十四条**　企业应当定期对年度人力资源计划执行情况进行评估，总结人力资源管理经验，分析存在的主要缺陷和不足，完善人力资源政策，促进企业整体团队充满生机和活力。

# 5. 企业内部控制应用指引第4号——社会责任（2010年颁布）

## 第一章　总　　则

**第一条**　为了促进企业履行社会责任，实现企业与社会的协调发展，根据国家有关法律法规和《企业内部控制基本规范》，制定本指引。

**第二条**　本指引所称社会责任，是指企业在经营发展过程中应当履行的社会职责和义务，主要包括安全生产、产品质量（含服务，下同）、环境保护、资源节约、促进就业、员工权益保护等。

**第三条**　企业至少应当关注在履行社会责任方面的下列风险：（一）安全生产措施不到位，责任不落实，可能导致企业发生安全事故。

（二）产品质量低劣，侵害消费者利益，可能导致企业巨额赔偿、形象受损，甚至破产。

（三）环境保护投入不足，资源耗费大，造成环境污染或资源枯竭，可能导致企业巨额赔偿、缺乏发展后劲，甚至停业。

（四）促进就业和员工权益保护不够，可能导致员工积极性受挫，影响企业发展和社会稳定。

**第四条**　企业应当重视履行 社会责任，切实做到经济效益与社会效益、短期利益与长远利益、自身发展与社会发展相互协调，实现企业与员工、企业与社会、企业与环境的健康和谐发展。

## 第二章　安全生产

**第五条**　企业应当根据国家有关安全生产的规定，结合本企业实际情况，建立严格的安全生产管理体系、操作规范和应急预案，强化安全生产责任追究制度，切实做到安全生产。

企业应当设立安全管理部门和安全监督机构，负责企业安全生产的日常监督管理工作。

**第六条**　企业应当重视安全生产投入，在人力、物力、资金、技术等方面提供必要的保障，健全检查监督机制，确保各项安全措施落实到位，不得随意降低保障标准和要求。

**第七条**　企业应当贯彻预防为主的原则，采用多种形式增强员工安全意识，重视岗位培训，对于特殊岗位实行资格认证制度。

企业应当加强生产设备的经常性维护管理，及时排除安全隐患。

**第八条**　企业如果发生生产 安全事故，应当按照安全生产管理制度妥善处理，排除故障，减轻损失，追究责任。

重大生产安全事故应当启动应急预案，同时按照国家有关规定及时报告，严禁迟报、谎报和瞒报。

## 第三章　产品质量

**第九条**　企业应当根据国家和行业相关产品质量的要求，从事生产经营活动，切实提高产品质量和服务水平，努力为社会提供优质安全健康的产品和服务，最大限度地满足消费者的需求，对社会和公众负责，接受社会监督，承担社会责任。

**第十条**　企业应当规范生产流程，建立严格的产品质量控制和检验制度，严把质量关，禁止缺乏质量保障、危害人民生命健康的产品流向社会。

**第十一条**　企业应当加强产品的售后服务。售后发现存在严重质量缺陷、隐患的产品，应当及时召回或采取其他有效措施，最大限度地降低或消除缺陷、隐患产品的社会危害。

企业应当妥善处理消费者提出的投诉和建议，切实保护消费者权益。

## 第四章　环境保护与资源节约

**第十二条**　企业应当按照国家有关环境保护与资源节约的规定，结合本企业实际情况，建立环境保护与资源节约制度，认真落实节能减排责任，积极开发和使用节能产品，发展循环经济，降低污染物排放，提高资源综合利用效率。

企业应当通过宣传教育等有效形式，不断提高员工的环境保护和资源节约意识。

**第十三条**　企业应当重视生态保护，加大对环保工作的人力、物力、财力的投入和技术支持，不断改进工艺流程，降低能耗和污染物排放水平，实现清洁生产。

企业应当加强对废气、废水、废渣的综合治理，建立废料回收和循环利用制度。

**第十四条**　企业应当重视资源节约和资源保护，着力开发利用可再生资源，防止对不可再生资源进行掠夺性或毁灭性开发。

企业应当重视国家产业结构相关政策，特别关注产业结构调整的发展要求，加快高新技术开发和传统产业改造，切实转变发展方 式，实现低投入、低消耗、低排放和高效率。

**第十五条**　企业应当建立环境保护和资源节约的监控制度，定期开展监督检查，发现问题，及时采取措施予以纠正。污染物排放超过国家有关规定的，企业应当承担治理或相关法律责任。

发生紧急、重大环境污染事件时，应当启动应急机制，及时报告和处理，并依法追究相关责任人的责任。

## 第五章　促进就业与员工权益保护

**第十六条**　企业应当依法保护员工的合法权益，贯彻人力资源政策，保护员工依法享有劳动权利和履行劳动义务，保持工作岗位相对稳定，积极促进充分就业，切实履行社会责任。

企业应当避免在正常经营情况下批量辞退员工，增加社会负担。

**第十七条**　企业应当与员工签订并履行劳动合同，遵循按劳分配、同工同酬的原则，建立科学的员工薪酬制度和激励机制，不得克扣或无故拖欠员工薪酬。

企业应当建立高级管理人员与员工薪酬的正常增长机制，切实保持合理水平，维护社会公平。

**第十八条**　企业应当及时办理员工社会保险，足额缴纳社会保险费，保障员工依法享受社会保险待遇。

企业应当按照有关规定做好健康管理工作，预防、控制和消除职业危害；按期对员工进行非职业性健康监护，对从事有职业危害作业的员工进行职业性健康监护。

企业应当遵守法定的劳动时间和休息休假制度，确保员工的休息休假权利。

**第十九条**　企业应当加强职工代表大会和工会组织建设，维护员工合法权益，积极开展员工职业教育培训，创造平等发展机会。

企业应当尊重员工人格，维护员工尊严，杜绝性别、民族、宗教、年龄等各种歧视，保障员工身心健康。

**第二十条**　企业应当按照产学研用相结合的社会需求，积极创建实习基地，大力支持社会有关方面培养、锻炼社会需要的应用型人才。

**第二十一条**　企业应当积极履行社会公益方面的责任和义务，关心帮助社会弱势群体，支持慈善事业。

# 6. 企业内部控制应用指引第5号——企业文化(2010年颁布)

## 第一章　总　　则

**第一条**　为了加强企业文化建设，发挥企业文化在企业发展中的重要作用，根据《企业内部控制基本规范》，制定本指引。

**第二条**　本指引所称企业文化，是指企业在生产经营实践中逐步形成的、为整体团队所认同并遵守的价值观、经营理念和企业精神，以及在此基础上形成的行为规范的总称。

**第三条**　加强企业文化建设至少应当关注下列风险：(一)缺乏积极向上的企业文化，可能导致员工丧失对企业的信心和认同感，企业缺乏凝聚力和竞争力。

(二)缺乏开拓创新、团队协作和风险意识，可能导致企业发展目标难以实现，影响可持续发展。

(三)缺乏诚实守信的经营理念，可能导致舞弊事件的发生，造成企业损失，影响企业信誉。

(四)忽视企业间的文化差异和理念冲突，可能导致并购重组失败。

## 第二章　企业文化的建设

**第四条**　企业应当采取切实有效的措施，积极培育具有自身特色的企业文化，引导和规范员工行为，打造以主业为核心的企业品牌，形成整体团队的向心力，促进企业长远发展。

**第五条**　企业应当培育体现企业特色的发展愿景、积极向上的价值观、诚实守信的经营理念、履行社会责任和开拓创新的企业精神，以及团队协作和风险防范意识。

企业应当重视并购重组后的企业文化建设，平等对待被并购方的员工，促进并购双方的文化融合。

**第六条**　企业应当根据发展战略和实际情况，总结优良传统，挖掘文化底蕴，提炼核心价值，确定文化建设的目标和内容，形成企业文化规范，使其构成员工行为守则的重要组成部分。

**第七条**　董事、监事、经理和其他高级管理人员应当在企业文化建设中发挥主导和垂范作用，以自身的优秀品格和脚踏实地的工作作风，带动影响整个团队，共同营造积极向上的企业文化环境。

企业应当促进文化建设在内部各层级的有效沟通，加强企业文化的宣传贯彻，确保全体员工共同遵守。

**第八条**　企业文化建设应当融入生产经营全过程，切实做到文化建设与发展战略的有机结合，增强员工的责任感和使命感，规范员工行为方式，使员工自身价值在企业发展中得到充分体现。

企业应当加强对员工的文化教育和熏陶，全面提升员工的文化修养和内在素质。

## 第三章　企业文化的评估

**第九条**　企业应当建立企业文化评估制度，明确评估的内容、程序和方法，落实评估责任制，避免企业文化建设流于形式。

**第十条**　企业文化评估，应当重点关注董事、监事、经理和其他高级管理人员在企业文化建设中的责任履行情况、全体员工对企业核心价值观的认同感、企业经营管理行为与企业文化的一致性、企业品牌的社会影响力、参与企业并购重组各方文化的融合度，以及员工对企业未来发展的信心。

**第十一条**　企业应当重视企业文化的评估结果，巩固和发扬文化建设成果，针对评估过程中发现的问题，研究影响企业文化建设的不利因素，分析深层次的原因，及时采取措施加以改进。

# 7. 企业内部控制应用指引第 6 号——资金活动(2010 年颁布)

## 第一章 总 则

**第一条** 为了促进企业正常组织资金活动,防范和控制资金风险,保证资金安全,提高资金使用效益,根据有关法律法规和《企业内部控制基本规范》,制定本指引。

**第二条** 本指引所称资金活动,是指企业筹资、投资和资金营运等活动的总称。

**第三条** 企业资金活动至少应当关注下列风险:

(一)筹资决策不当,引发资本结构不合理或无效融资,可能导致企业筹资成本过高或债务危机。

(二)投资决策失误,引发盲目扩张或丧失发展机遇,可能导致资金链断裂或资金使用效益低下。

(三)资金调度不合理、营运不畅,可能导致企业陷入财务困境或资金冗余。

(四)资金活动管控不严,可能导致资金被挪用、侵占、抽逃或遭受欺诈。

**第四条** 企业应当根据自身发展战略,科学确定投融资目标和规划,完善严格的资金授权、批准、审验等相关管理制度,加强资金活动的集中归口管理,明确筹资、投资、营运等各环节的职责权限和岗位分离要求,定期或不定期检查和评价资金活动情况,落实责任追究制度,确保资金安全和有效运行。

企业财会部门负责资金活动的日常管理,参与投融资方案等可行性研究。总会计师或分管会计工作的负责人应当参与投融资决策过程。

企业有子公司的,应当采取合法有效措施,强化对子公司资金业务的统一监控。有条件的企业集团,应当探索财务公司、资金结算中心等资金集中管控模式。

## 第二章 筹 资

**第五条** 企业应当根据筹资目标和规划,结合年度全面预算,拟订筹资方案,明确筹资用途、规模、结构和方式等相关内容,对筹资成本和潜在风险作出充分估计。

境外筹资还应考虑所在地的政治、经济、法律、市场等因素。

**第六条** 企业应当对筹资方案进行科学论证,不得依据未经论证的方案开展筹资活动。重大筹资方案应当形成可行性研究报告,全面反映风险评估情况。

企业可以根据实际需要,聘请具有相应资质的专业机构进行可行性研究。

**第七条** 企业应当对筹资方案进行严格审批,重点关注筹资用途的可行性和相应的偿债能力。重大筹资方案,应当按照规定的权限和程序实行集体决策或者联签制度。

筹资方案需经有关部门批准的,应当履行相应的报批程序。筹资方案发生重大变更的,应当重新进行可行性研究并履行相应审批程序。

**第八条** 企业应当根据批准的筹资方案,严格按照规定权限和程序筹集资金。银行借款或发行债券,应当重点关注利率风险、筹资成本、偿还能力以及流动性风险等;发行股票应当重点关注发行风险、市场风险、政策风险以及公司控制权风险等。

企业通过银行借款方式筹资的,应当与有关金融机构进行洽谈,明确借款规模、利率、期限、担保、还款安排、相关的权利义务和违约责任等内容。双方达成一致意见后签署借款合同,据此办理相关借款业务。

企业通过发行债券方式筹资的,应当合理选择债券种类,对还本付息方案作出系统安排,确保按期、足额偿还到期本金和利息。

企业通过发行股票方式筹资的,应当依照《中华人民共和国证券法》等有关法律法规和证券监管部门的规定,优化企业组织架构,进行业务整合,并选择具备相应资质的中介机构协助企业做好相关工作,确保符合股票发行条件和要求。

**第九条** 企业应当严格按照筹资方案确定的用途使用资金。筹资用于投资的,应当分别按照本指引第三章和《企业内部控制应用指引第 11 号——工程项目》规定，防范和控制资金使用的风险。

由于市场环境变化等确需改变资金用途的，应当履行相应的审批程序。严禁擅自改变资金用途。

**第十条** 企业应当加强债务偿还和股利支付环节的管理，对偿还本息和支付股利等作出适当安排。

企业应当按照筹资方案或合同约定的本金、利率、期限、汇率及币种，准确计算应付利息，与债权人核对无误后按期支付。

企业应当选择合理的股利分配政策，兼顾投资者近期和长远利益，避免分配过度或不足。股利分配方案应当经过股东(大)会批准，并按规定履行披露义务。

**第十一条** 企业应当加强筹资业务的会计系统控制，建立筹资业务的记录、凭证和账簿，按照国家统一会计准则制度，正确核算和监督资金筹集、本息偿还、股利支付等相关业务，妥善保管筹资合同或协议、收款凭证、入库凭证等资料，定期与资金提供方进行账务核对，确保筹资活动符合筹资方案的要求。

## 第三章 投 资

**第十二条** 企业应当根据投资目标和规划，合理安排资金投放结构，科学确定投资项目，拟订投资方案，重点关注投资项目的收益和风险。企业选择投资项目应当突出主业，谨慎从事股票投资或衍生金融产品等高风险投资。

境外投资还应考虑政治、经济、法律、市场等因素的影响。

企业采用并购方式进行投资的，应当严格控制并购风险，重点关注并购对象的隐性债务、承诺事项、可持续发展能力、员工状况及其与本企业治理层及管理层的关联关系，合理确定支付对价，确保实现并购目标。

**第十三条** 企业应当加强对投资方案的可行性研究，重点对投资目标、规模、方式、资金来源、风险与收益等作出客观评价。

企业根据实际需要，可以委托具备相应资质的专业机构进行可行性研究，提供独立的可行性研究报告。

**第十四条** 企业应当按照规定的权限和程序对投资项目进行决策审批，重点审查投资方案是否可行、投资项目是否符合国家产业政策及相关法律法规的规定，是否符合企业投资战略目标和规划、是否具有相应的资金能力、投入资金能否按时收回、预期收益能否实现，以及投资和并购风险是否可控等。重大投资项目，应当按照规定的权限和程序实行集体决策或者联签制度。

投资方案需经有关管理部门批准的，应当履行相应的报批程序。投资方案发生重大变更的，应当重新进行可行性研究并履行相应审批程序。

**第十五条** 企业应当根据批准的投资方案，与被投资方签订投资合同或协议，明确出资时间、金额、方式、双方权利义务和违约责任等内容，按规定的权限和程序审批后履行投资合同或协议。

企业应当指定专门机构或人员对投资项目进行跟踪管理，及时收集被投资方经审计的财务报告等相关资料，定期组织投资效益分析，关注被投资方的财务状况、经营成果、现金流量以及投资合同履行情况，发现异常情况，应当及时报告并妥善处理。

**第十六条** 企业应当加强对投资项目的会计系统控制，根据对被投资方的影响程度，合理确定投资会计政策，建立投资管理台账，详细记录投资对象、金额、持股比例、期限、收益等事项，妥善保管投资合同或协议、出资证明等资料。

企业财会部门对于被投资方出现财务状况恶化、市价当期大幅下跌等情形的，应当根据国家统一的会计准则制度规定，合理计提减值准备、确认减值损失。

**第十七条** 企业应当加强投资收回和处置环节的控制，对投资收回、转让、核销等决策和审批程序作出明确规定。

企业应当重视投资到期本金的回收。转让投资应当由相关机构或人员合理确定转让价格，报授权批准部门批准，必要时可委托具有相应资质的专门机构进行评估。核销投资应当取得不能收回投资的法律文书和相关证明文件。

企业对于到期无法收回的投资，应当建立责任追究制度。

## 第四章 营 运

**第十八条** 企业应当加强资金营运全过程的管理，统筹协调内部各机构在生产经营过程中的资金需求，切实做好资金在采购、生产、销售等各环节的综合平衡，全面提升资金营运效率。

**第十九条** 企业应当充分发挥全面预算管理在资金综合平衡中的作用，严格按照预算要求组织协调资金调度，确保资金及时收付，实现资金的合理占用和营运良性循环。

企业应当严禁资金的体外循环，切实防范资金营运中的风险。

**第二十条** 企业应当定期组织召开资金调度会或资金安全检查，对资金预算执行情况进行综合分析，发现异常情况，及时采取措施妥善处理，避免资金冗余或资金链断裂。

企业在营运过程中出现临时性资金短缺的，可以通过短期融资等方式获取资金。资金出现短期闲置的，在保证安全性和流动性的前提下，可以通过购买国债等多种方式，提高资金效益。

**第二十一条** 企业应当加强对营运资金的会计系统控制，严格规范资金的收支条件、程序和审批权限。

企业在生产经营及其他业务活动中取得的资金收入应当及时入账，不得账外设账，严禁收款不入账、设立“小金库”。

企业办理资金支付业务，应当明确支出款项的用途、金额、预算、限额、支付方式等内容，并附原始单据或相关证明，履行严格的授权审批程序后，方可安排资金支出。

企业办理资金收付业务，应当遵守现金和银行存款管理的有关规定，不得由一人办理货币资金全过程业务，严禁将办理资金支付业务的相关印章和票据集中一人保管。

# 8. 企业内部控制应用指引第7号——采购业务(2010年颁布)

## 第一章 总 则

**第一条** 为了促进企业合理采购，满足生产经营需要，规范采购行为，防范采购风险，根据有关法律法规和《企业内部控制基本规范》，制定本指引。

**第二条** 本指引所称采购，是指购买物资(或接受劳务)及支付款项等相关活动。

**第三条** 企业采购业务至少应当关注下列风险：

(一)采购计划安排不合理，市场变化趋势预测不准确，造成库存短缺或积压，可能导致企业生产停滞或资源浪费。

(二)供应商选择不当，采购方式不合理，招投标或定价机制不科学，授权审批不规范，可能导致采购物资质次价高，出现舞弊或遭受欺诈。

(三)采购验收不规范，付款审核不严，可能导致采购物资、资金损失或信用受损。

**第四条** 企业应当结合实际情况，全面梳理采购业务流程，完善采购业务相关管理制度，统筹安排采购计划，明确请购、审批、购买、验收、付款、采购后评估等环节的职责和审批权限，按照规定的审批权限和程序办理采购业务，建立价格监督机制，定期检查和评价采购过程中的薄弱环节，采取有效控制措施，确保物资采购满足企业生产经营需要。

## 第二章 购 买

**第五条** 企业的采购业务应当集中，避免多头采购或分散采购，以提高采购业务效率，降低采购成本，堵塞管理漏洞。企业应当对办理采购业务的人员定期进行岗位轮换。重要和技术性较强的采购业务，应当组织相关专家进行论证，实行集体决策和审批。

企业除小额零星物资或服务外，不得安排同一机构办理采购业务全过程。

**第六条** 企业应当建立采购申请制度，依据购买物资或接受劳务的类型，确定归口管理部门，授予相应的请购权，明确相关部门或人员的职责权限及相应的请购和审批程序。

企业可以根据实际需要设置专门的请购部门，对需求部门提出的采购需求进行审核，并进行归类汇总，统筹安排企业的采购计划。

具有请购权的部门对于预算内采购项目，应当严格按照预算执行进度办理请购手续，并根据市场变化提出合理采购申请。对于超预算和预算外采购项目，应先履行预算调整程序，由具备相应审批权限的部门或人员审批后，再行办理请购手续。

**第七条** 企业应当建立科学的供应商评估和准入制度，确定合格供应商清单，与选定的供应商签订质量保证协议，建立供应商管理信息系统，对供应商提供物资或劳务的质量、价格、交货及时性、供货条件及其资信、经营状况等进行实时管理和综合评价，根据评价结果对供应商进行合理选择和调整。

企业可委托具有相应资质的中介机构对供应商进行资信调查。

**第八条** 企业应当根据市场情况和采购计划合理选择采购方式。大宗采购应当采用招标方式，合理确定招投标的范围、标准、实施程序和评标规则；一般物资或劳务等的采购可以采用询价或定向采购的方式并签订合同协议；小额零星物资或劳务等的采购可以采用直接购买等方式。

**第九条** 企业应当建立采购物资定价机制，采取协议采购、招标采购、谈判采购、询比价采购等多种方式合理确定采购价格，最大限度地减小市场变化对企业采购价格的影响。

大宗采购等应当采用招投标方式确定采购价格，其他商品或劳务的采购，应当根据市场行情制定最高采购限价，并对最高采购限价适时调整。

**第十条** 企业应当根据确定的供应商、采购方式、采购价格等情况拟订采购合同，准确描述合同条款，明确双方权利、义务和违约责任，按照规定权限签订采购合同。

企业应当根据生产建设进度和采购物资特性，选择合理的运输工具和运输方式，办理运输、投保等事宜。

**第十一条** 企业应当建立严格的采购验收制度，确定检验方式，由专门的验收机构或验收人员对采购项目的品种、规格、数量、质量等相关内容进行验收，出具验收证明。涉及大宗和新、特物资采购的，还应进行专业测试。

验收过程中发现的异常情况，负责验收的机构或人员应当立即向企业有权管理的相关机构报告，相关机构应当查明原因并及时处理。

**第十二条** 企业应当加强物资采购供应过程的管理，依据采购合同中确定的主要条款跟踪合同履行情况，对有可能影响生产或工程进度的异常情况，应出具书面报告并及时提出解决方案。

企业应当做好采购业务各环节的记录，实行全过程的采购登记制度或信息化管理，确保采购过程的可追溯性。

## 第三章 付 款

**第十三条** 企业应当加强采购付款的管理，完善付款流程，明确付款审核人的责任和权力，严格审核采购预算、合同、相关单据凭证、审批程序等相关内容，审核无误后按照合同规定及时办理付款。

企业在付款过程中，应当严格审查采购发票的真实性、合法性和有效性。发现虚假发票的，应查明原因，及时报告处理。

企业应当重视采购付款的过程控制和跟踪管理，发现异常情况的，应当拒绝付款，避免出现资金损失和信用受损。

企业应当合理选择付款方式，并严格遵循合同规定，防范付款方式不当带来的法律风险，保证资金安全。

**第十四条** 企业应当加强预付账款和定金的管理。涉及大额或长期的预付款项，应当定期进行追踪核查，综合分析预付账款的期限、占用款项的合理性、不可收回风险等情况，发现有疑问的预付款项，应当及时采取措施。

**第十五条** 企业应当加强对购买、验收、付款业务的会计系统控制，详细记录供应商情况、请购申请、采购合同、采购通知、验收证明、入库凭证、商业票据、款项支付等情况，确保会计记录、采购记录与仓储记录核对一致。

企业应当指定专人通过函证等方式，定期与供应商核对应付账款、应付票据、预付账款等往来款项。

**第十六条** 企业应当建立退货管理制度，对退货条件、退货手续、货物出库、退货货款回收等作出明确规定，并在与供应商的合同中明确退货事宜，及时收回退货货款。涉及符合索赔条件的退货，应在索赔期内及时办理索赔。

# 9. 企业内部控制应用指引第8号——资产管理(2010年颁布)

## 第一章 总 则

**第一条** 为了提高资产使用效能,保证资产安全,根据有关法律法规和《企业内部控制基本规范》,制定本指引。

**第二条** 本指引所称资产,是指企业拥有或控制的存货、固定资产和无形资产。

**第三条** 企业资产管理至少应当关注下列风险:(一)存货积压或短缺,可能导致流动资金占用过量、存货价值贬损或生产中断。

(二)固定资产更新改造不够、使用效能低下、维护不当、产能过剩,可能导致企业缺乏竞争力、资产价值贬损、安全事故频发或资源浪费。

(三)无形资产缺乏核心技术、权属不清、技术落后、存在重大技术安全隐患,可能导致企业法律纠纷、缺乏可持续发展能力。

**第四条** 企业应当加强各项资产管理,全面梳理资产管理流程,及时发现资产管理中的薄弱环节,切实采取有效措施加以改进,并关注资产减值迹象,合理确认资产减值损失,不断提高企业资产管理水平。

企业应当重视和加强各项资产的投保工作,采用招标等方式确定保险人,降低资产损失风险,防范资产投保舞弊。

## 第二章 存 货

**第五条** 企业应当采用先进的存货管理技术和方法,规范存货管理流程,明确存货取得、验收入库、原料加工、仓储保管、领用发出、盘点处置等环节的管理要求,充分利用信息系统,强化会计、出入库等相关记录,确保存货管理全过程的风险得到有效控制。

**第六条** 企业应当建立存货管理岗位责任制,明确内部相关部门和岗位的职责权限,切实做到不相容岗位相互分离、制约和监督。

企业内部除存货管理、监督部门及仓储人员外,其他部门和人员接触存货,应当经过相关部门特别授权。

**第七条** 企业应当重视存货验收工作,规范存货验收程序和方法,对入库存货的数量、质量、技术规格等方面进行查验,验收无误方可入库。

外购存货的验收,应当重点关注合同、发票等原始单据与存货的数量、质量、规格等核对一致。涉及技术含量较高的货物,必要时可委托具有检验资质的机构或聘请外部专家协助验收。

自制存货的验收,应当重点关注产品质量,通过检验合格的半成品、产成品才能办理入库手续,不合格品应及时查明原因、落实责任、报告处理。

其他方式取得存货的验收,应当重点关注存货来源、质量状况、实际价值是否符合有关合同或协议的约定。

**第八条** 企业应当建立存货保管制度,定期对存货进行检查,重点关注下列事项:(一)存货在不同仓库之间流动时应当办理出入库手续。

(二)应当按仓储物资所要求的储存条件贮存,并健全防火、防洪、防盗、防潮、防病虫害和防变质等管理规范。

(三)加强生产现场的材料、周转材料、半成品等物资的管理,防止浪费、被盗和流失。

(四)对代管、代销、暂存、受托加工的存货,应单独存放和记录,避免与本单位存货混淆。

(五)结合企业实际情况,加强存货的保险投保,保证存货安全,合理降低存货意外损失风险。

**第九条** 企业应当明确存货发出和领用的审批权限,大批存货、贵重商品或危险品的发出应当实行特别授权。仓储部门应当根据经审批的销售（出库）通知单发出货物。

**第十条** 企业仓储部门应当详细记录存货入库、出库及库存情况，做到存货记录与实际库存相符，并定期与财会部门、存货管理部门进行核对。

**第十一条** 企业应当根据各种存货采购间隔期和当前库存，综合考虑企业生产经营计划、市场供求等因素，充分利用信息系统，合理确定存货采购日期和数量，确保存货处于最佳库存状态。

**第十二条** 企业应当建立存货盘点清查制度，结合本企业实际情况确定盘点周期、盘点流程等相关内容，核查存货数量，及时发现存货减值迹象。企业至少应当于每年年度终了开展全面盘点清查，盘点清查结果应当形成书面报告。

盘点清查中发现的存货盘盈、盘亏、毁损、闲置以及需要报废的存货，应当查明原因、落实并追究责任，按照规定权限批准后处置。

## 第三章 固定资产

**第十三条** 企业应当加强房屋建筑物、机器设备等各类固定资产的管理，重视固定资产维护和更新改造，不断提升固定资产的使用效能，积极促进固定资产处于良好运行状态。

**第十四条** 企业应当制定固定资产目录，对每项固定资产进行编号，按照单项资产建立固定资产卡片，详细记录各项固定资产的来源、验收、使用地点、责任单位和责任人、运转、维修、改造、折旧、盘点等相关内容。

企业应当严格执行固定资产日常维修和大修理计划，定期对固定资产进行维护保养，切实消除安全隐患。

企业应当强化对生产线等关键设备运转的监控，严格操作流程，实行岗前培训和岗位许可制度，确保设备安全运转。

**第十五条** 企业应当根据发展战略，充分利用国家有关自主创新政策，加大技改投入，不断促进固定资产技术升级，淘汰落后设备，切实做到保持本企业固定资产技术的先进性和企业发展的可持续性。

**第十六条** 企业应当严格执行固定资产投保政策，对应投保的固定资产项目按规定程序进行审批，及时办理投保手续。

**第十七条** 企业应当规范固定资产抵押管理，确定固定资产抵押程序和审批权限等。

企业将固定资产用作抵押的，应由相关部门提出申请，经企业授权部门或人员批准后，由资产管理部门办理抵押手续。

企业应当加强对接收的抵押资产的管理，编制专门的资产目录，合理评估抵押资产的价值。

**第十八条** 企业应当建立固定资产清查制度，至少每年进行全面清查。对固定资产清查中发现的问题，应当查明原因，追究责任，妥善处理。

企业应当加强固定资产处置的控制，关注固定资产处置中的关联交易和处置定价，防范资产流失。

## 第四章 无形资产

**第十九条** 企业应当加强对品牌、商标、专利、专有技术、土地使用权等无形资产的管理，分类制定无形资产管理办法，落实无形资产管理责任制，促进无形资产有效利用，充分发挥无形资产对提升企业核心竞争力的作用。

**第二十条** 企业应当全面梳理外购、自行开发以及其他方式取得的各类无形资产的权属关系，加强无形资产权益保护，防范侵权行为和法律风险。无形资产具有保密性质的，应当采取严格保密措施，严防泄露商业秘密。

企业购入或者以支付土地出让金等方式取得的土地使用权，应当取得土地使用权有效证明文件。

**第二十一条** 企业应当定期对专利、专有技术等无形资产的先进性进行评估，淘汰落后技术，加大研发投入，促进技术更新换代，不断提升自主创新能力，努力做到核心技术处于同行业领先水平。

**第二十二条** 企业应当重视品牌建设，加强商誉管理，通过提供高质量产品和优质服务等多种方式，不断打造和培育主业品牌，切实维护和提升企业品牌的社会认可度。

# 10. 企业内部控制应用指引第 9 号——销售业务(2010 年颁布)

## 第一章 总 则

**第一条** 为了促进企业销售稳定增长,扩大市场份额,规范销售行为,防范销售风险,根据有关法律法规和《企业内部控制基本规范》,制定本指引。

**第二条** 本指引所称销售,是指企业出售商品(或提供劳务)及收取款项等相关活动。

**第三条** 企业销售业务至少应当关注下列风险:(一)销售政策和策略不当,市场预测不准确,销售渠道管理不当等,可能导致销售不畅、库存积压、经营难以为继。

(二)客户信用管理不到位,结算方式选择不当,账款回收不力等,可能导致销售款项不能收回或遭受欺诈。

(三)销售过程存在舞弊行为,可能导致企业利益受损。

**第四条** 企业应当结合实际情况,全面梳理销售业务流程,完善销售业务相关管理制度,确定适当的销售政策和策略,明确销售、发货、收款等环节的职责和审批权限,按照规定的权限和程序办理销售业务,定期检查分析销售过程中的薄弱环节,采取有效控制措施,确保实现销售目标。

## 第二章 销 售

**第五条** 企业应当加强市场调查,合理确定定价机制和信用方式,根据市场变化及时调整销售策略,灵活运用销售折扣、销售折让、信用销售、代销和广告宣传等多种策略和营销方式,促进销售目标实现,不断提高市场占有率。

企业应当健全客户信用档案,关注重要客户资信变动情况,采取有效措施,防范信用风险。

企业对于境外客户和新开发客户,应当建立严格的信用保证制度。

**第六条** 企业在销售合同订立前,应当与客户进行业务洽谈、磋商或谈判,关注客户信用状况、销售定价、结算方式等相关内容。

重大的销售业务谈判应当吸收财会、法律等专业人员参加,并形成完整的书面记录。

销售合同应当明确双方的权利和义务,审批人员应当对销售合同草案进行严格审核。重要的销售合同,应当征询法律顾问或专家的意见。

**第七条** 企业销售部门应当按照经批准的销售合同开具相关销售通知。发货和仓储部门应当对销售通知进行审核,严格按照所列项目组织发货,确保货物的安全发运。企业应当加强销售退回管理,分析销售退回原因,及时妥善处理。

企业应当严格按照发票管理规定开具销售发票。严禁开具虚假发票。

**第八条** 企业应当做好销售业务各环节的记录,填制相应的凭证,设置销售台账,实行全过程的销售登记制度。

**第九条** 企业应当完善客户服务制度,加强客户服务和跟踪,提升客户满意度和忠诚度,不断改进产品质量和服务水平。

## 第三章 收 款

**第十条** 企业应当完善应收款项管理制度,严格考核,实行奖惩。

销售部门负责应收款项的催收,催收记录(包括往来函电)应妥善保存;财会部门负责办理资金结算并监督款项回收。

**第十一条** 企业应当加强商业票据管理,明确商业票据的受理范围,严格审查商业票据的真实性和合法性,防止票据欺诈。

企业应当关注商业票据的取得、贴现和背书，对已贴现但仍承担收款风险的票据以及逾期票据，应当进行追索监控和跟踪管理。

**第十二条** 企业应当加强对销售、发货、收款业务的会计系统控制，详细记录销售客户、销售合同、销售通知、发运凭证、商业票据、款项收回等情况，确保会计记录、销售记录与仓储记录核对一致。

企业应当指定专人通过函证等方式，定期与客户核对应收账款、应收票据、预收账款等往来款项。

企业应当加强应收款项坏账的管理。应收款项全部或部分无法收回的，应当查明原因，明确责任，并严格履行审批程序，按照国家统一的会计准则制度进行处理。

# 11. 企业内部控制应用指引第10号——研究与开发(2010年颁布)

## 第一章 总 则

**第一条** 为了促进企业自主创新，增强核心竞争力，有效控制研发风险，实现发展战略，根据有关法律法规和《企业内部控制基本规范》，制定本指引。

**第二条** 本指引所称研究与开发，是指企业为获取新产品、新技术、新工艺等所开展的各种研发活动。

**第三条** 企业开展研发活动至少应当关注下列风险：

(一)研究项目未经科学论证或论证不充分，可能导致创新不足或资源浪费。

(二)研发人员配备不合理或研发过程管理不善，可能导致研发成本过高、舞弊或研发失败。

(三)研究成果转化应用不足、保护措施不力，可能导致企业利益受损。

**第四条** 企业应当重视研发工作，根据发展战略，结合市场开拓和技术进步要求，科学制定研发计划，强化研发全过程管理，规范研发行为，促进研发成果的转化和有效利用，不断提升企业自主创新能力。

## 第二章 立项与研究

**第五条** 企业应当根据实际需要，结合研发计划，提出研究项目立项申请，开展可行性研究，编制可行性研究报告。

企业可以组织独立于申请及立项审批之外的专业机构和人员进行评估论证，出具评估意见。

**第六条** 研究项目应当按照规定的权限和程序进行审批，重大研究项目应当报经董事会或类似权力机构集体审议决策。审批过程中，应当重点关注研究项目促进企业发展的必要性、技术的先进性以及成果转化的可行性。

**第七条** 企业应当加强对研究过程的管理，合理配备专业人员，严格落实岗位责任制，确保研究过程高效、可控。

企业应当跟踪检查研究项目进展情况，评估各阶段研究成果，提供足够的经费支持，确保项目按期、保质完成，有效规避研究失败风险。

企业研究项目委托外单位承担的，应当采用招标、协议等适当方式确定受托单位，签订外包合同，约定研究成果的产权归属、研究进度和质量标准等相关内容。

**第八条** 企业与其他单位合作进行研究的，应当对合作单位进行尽职调查，签订书面合作研究合同，明确双方投资、分工、权利义务、研究成果产权归属等。

**第九条** 企业应当建立和完善研究成果验收制度，组织专业人员对研究成果进行独立评审和验收。

企业对于通过验收的研究成果，可以委托相关机构进行审查，确认是否申请专利或作为非专利技术、商业秘密等进行管理。企业对于需要申请专利的研究成果，应当及时办理有关专利申请手续。

**第十条** 企业应当建立严格的核心研究人员管理制度，明确界定核心研究人员范围和名册清单，签署符合国家有关法律法规要求的保密协议。

企业与核心研究人员签订劳动合同时，应当特别约定研究成果归属、离职条件、离职移交程序、离职后保密义务、离职后竞业限制年限及违约责任等内容。

### 第三章　开发与保护

**第十一条**　企业应当加强研究成果的开发，形成科研、生产、市场一体化的自主创新机制，促进研究成果转化。

研究成果的开发应当分步推进，通过试生产充分验证产品性能，在获得市场认可后方可进行批量生产。

**第十二条**　企业应当建立研究成果保护制度，加强对专利权、非专利技术、商业秘密及研发过程中形成的各类涉密图纸、程序、资料的管理，严格按照制度规定借阅和使用。禁止无关人员接触研究成果。

**第十三条**　企业应当建立研发活动评估制度，加强对立项与研究、开发与保护等过程的全面评估，认真总结研发管理经验，分析存在的薄弱环节，完善相关制度和办法，不断改进和提升研发活动的管理水平。

## 12. 企业内部控制应用指引第 11 号——工程项目（2010 年颁布）

### 第一章　总　　则

**第一条**　为了加强工程项目管理，提高工程质量，保证工程进度，控制工程成本，防范商业贿赂等舞弊行为，根据有关法律法规和《企业内部控制基本规范》，制定本指引。

**第二条**　本指引所称工程项目，是指企业自行或者委托其他单位所进行的建造、安装工程。

**第三条**　企业工程项目至少应当关注下列风险：

（一）立项缺乏可行性研究或者可行性研究流于形式，决策不当，盲目上马，可能导致难以实现预期效益或项目失败。

（二）项目招标暗箱操作，存在商业贿赂，可能导致中标人实质上难以承担工程项目、中标价格失实及相关人员涉案。

（三）工程造价信息不对称，技术方案不落实，概预算脱离实际，可能导致项目投资失控。

（四）工程物资质次价高，工程监理不到位，项目资金不落实，可能导致工程质量低劣，进度延迟或中断。

（五）竣工验收不规范，最终把关不严，可能导致工程交付使用后存在重大隐患。

**第四条**　企业应当建立和完善工程项目各项管理制度，全面梳理各个环节可能存在的风险点，规范工程立项、招标、造价、建设、验收等环节的工作流程，明确相关部门和岗位的职责权限，做到可行性研究与决策、概预算编制与审核、项目实施与价款支付、竣工决算与审计等不相容职务相互分离，强化工程建设全过程的监控，确保工程项目的质量、进度和资金安全。

### 第二章　工程立项

**第五条**　企业应当指定专门机构归口管理工程项目，根据发展战略和年度投资计划，提出项目建议书，开展可行性研究，编制可行性研究报告。

项目建议书的主要内容包括：项目的必要性和依据、产品方案、拟建规模、建设地点、投资估算、资金筹措、项目进度安排、经济效果和社会效益的估计、环境影响的初步评价等。

可行性研究报告的内容主要包括：项目概况，项目建设的必要性，市场预测，项目建设选址及建设条件论证，建设规模和建设内容，项目外部配套建设，环境保护，劳动保护与卫生防疫，消防、节能、节水，总投资及资金来源，经济、社会效益，项目建设周期及进度安排，招投标法规定的相关内容等。

企业可以委托具有相应资质的专业机构开展可行性研究，并按照有关要求形成可行性研究报告。

**第六条**　企业应当组织规划、工程、技术、财会、法律等部门的专家对项目建议书和可行性研究报告进行充分论证和评审，出具评审意见，作为项目决策的重要依据。

在项目评审过程中，应当重点关注项目投资方案、投资规模、资金筹措、生产规模、投资效益、布局选址、技术、安全、设备、环境保护等方面，核实相关资料的来源和取得途径是否真实、可靠和完整。

企业可以委托具有相应资质的专业机构对可行性研究报告进行评审，出具评审意见。从事项目可行性研究的专业机构不得再从事可行性研究报告的评审。

**第七条** 企业应当按照规定的权限和程序对工程项目进行决策，决策过程应有完整的书面记录。重大工程项目的立项，应当报经董事会或类似权力机构集体审议批准。总会计师或分管会计工作的负责人应当参与项目决策。

任何个人不得单独决策或者擅自改变集体决策意见。工程项目决策失误应当实行责任追究制度。

**第八条** 企业应当在工程项目立项后、正式施工前，依法取得建设用地、城市规划、环境保护、安全、施工等方面的许可。

## 第三章 工程招标

**第九条** 企业的工程项目一般应当采用公开招标的方式，择优选择具有相应资质的承包单位和监理单位。

在选择承包单位时，企业可以将工程的勘察、设计、施工、设备采购一并发包给一个项目总承包单位，也可以将其中的一项或者多项发包给一个工程总承包单位，但不得违背工程施工组织设计和招标设计计划，将应由一个承包单位完成的工程肢解为若干部分发包给几个承包单位。

企业应当依照国家招投标法的规定，遵循公开、公正、平等竞争的原则，发布招标公告，提供载有招标工程的主要技术要求、主要合同条款、评标的标准和方法，以及开标、评标、定标的程序等内容的招标文件。

企业可以根据项目特点决定是否编制标底。需要编制标底的，标底编制过程和标底应当严格保密。

在确定中标人前，企业不得与投标人就投标价格、投标方案等实质性内容进行谈判。

**第十条** 企业应当依法组织工程招标的开标、评标和定标，并接受有关部门的监督。

**第十一条** 企业应当依法组建评标委员会。评标委员会由企业的代表和有关技术、经济方面的专家组成。评标委员会应当客观、公正地履行职务、遵守职业道德，对所提出的评审意见承担责任。

企业应当采取必要的措施，保证评标在严格保密的情况下进行。

评标委员会应当按照招标文件确定的标准和方法，对投标文件进行评审和比较，择优选择中标候选人。

**第十二条** 评标委员会成员和参与评标的有关工作人员不得透露对投标文件的评审和比较、中标候选人的推荐情况以及与评标有关的其他情况，不得私下接触投标人，不得收受投标人的财物或者其他好处。

**第十三条** 企业应当按照规定的权限和程序从中标候选人中确定中标人，及时向中标人发出中标通知书，在规定的期限内与中标人订立书面合同，明确双方的权利、义务和违约责任。

企业和中标人不得再行订立背离合同实质性内容的其他协议。

## 第四章 工程造价

**第十四条** 企业应当加强工程造价管理，明确初步设计概算和施工图预算的编制方法，按照规定的权限和程序进行审核批准，确保概预算科学合理。

企业可以委托具备相应资质的中介机构开展工程造价咨询工作。

**第十五条** 企业应当向招标确定的设计单位提供详细的设计要求和基础资料，进行有效的技术、经济交流。

初步设计应当在技术、经济交流的基础上，采用先进的设计管理实务技术，进行多方案比选。

施工图设计深度及图纸交付进度应当符合项目要求，防止因设计深度不足、设计缺陷，造成施工组织、工期、工程质量、投资失控以及生产运行成本过高等问题。

**第十六条** 企业应当建立设计变更管理制度。设计单位应当提供全面、及时的现场服务。因过失造成设计变更的，应当实行责任追究制度。

**第十七条** 企业应当组织工程、技术、财会等部门的相关专业人员或委托具有相应资质的中介机构对编制的概预算进行审核，重点审查编制依据、项目内容、工程量的计算、定额套用等是否真实、完整和准确。

工程项目概预算按照规定的权限和程序审核批准后执行。

## 第五章　工程建设

**第十八条**　企业应当加强对工程建设过程的监控，实行严格的概预算管理，切实做到及时备料，科学施工，保障资金，落实责任，确保工程项目达到设计要求。

**第十九条**　按照合同约定，企业自行采购工程物资的，应当按照《企业内部控制应用指引第 7 号——采购业务》等相关指引的规定，编织工程物资采购、验收和付款；由承包单位采购工程物资的，企业应当加强监督，确保工程物资采购符合设计标准和合同要求。严禁不合格工程物资投入工程项目建设。

重大设备和大宗材料的采购应当根据有关招标采购的规定执行。

**第二十条**　企业应当实行严格的工程监理制度，委托经过招标确定的监理单位进行监理。工程监理单位应当依照国家法律法规及相关技术标准、设计文件和工程承包合同，对承包单位在施工质量、工期、进度、安全和资金使用等方面实施监督。

工程监理人员应当具备良好的职业操守，客观公正地执行监理任务，发现工程施工不符合设计要求、施工技术标准和合同约定的，应当要求承包单位改正；发现工程设计不符合建筑工程质量标准或者合同约定的质量要求的，应当报告企业要求设计单位改正。

未经工程监理人员签字，工程物资不得在工程上使用或者安装，不得进行下一道工序施工，不得拨付工程价款，不得进行竣工验收。

**第二十一条**　企业财会部门应当加强与承包单位的沟通，准确掌握工程进度，根据合同约定，按照规定的审批权限和程序办理工程价款结算，不得无故拖欠。

**第二十二条**　企业应当严格控制工程变更，确需变更的，应当按照规定的权限和程序进行审批。

重大的项目变更应当按照项目决策和概预算控制的有关程序和要求重新履行审批手续。

因工程变更等原因造成价款支付方式及金额发生变动的，应当提供完整的书面文件和其他相关资料，并对工程变更价款的支付进行严格审核。

## 第六章　工程验收

**第二十三条**　企业收到承包单位的工程竣工报告后，应当及时编制竣工决算，开展竣工决算审计，组织设计、施工、监理等有关单位进行竣工验收。

**第二十四条**　企业应当组织审核竣工决算，重点审查决算依据是否完备，相关文件资料是否齐全，竣工清理是否完成，决算编制是否正确。

企业应当加强竣工决算审计，未实施竣工决算审计的工程项目，不得办理竣工验收手续。

**第二十五条**　企业应当及时组织工程项目竣工验收。交付竣工验收的工程项目，应当符合规定的质量标准，有完整的工程技术经济资料，并具备国家规定的其他竣工条件。

验收合格的工程项目，应当编制交付使用财产清单，及时办理交付使用手续。

**第二十六条**　企业应当按照国家有关档案管理的规定，及时收集、整理工程建设各环节的文件资料，建立完整的工程项目档案。

**第二十七条**　企业应当建立完工项目后评估制度，重点评价工程项目预期目标的实现情况和项目投资效益等，并以此作为绩效考核和责任追究的依据。

# 13. 企业内部控制应用指引第 12 号——担保业务(2010 年颁布)

## 第一章　总　　则

**第一条**　为了加强企业担保业务管理，防范担保业务风险，根据《中华人民共和国担保法》等有关法律法规和《企业内部控制基本规范》，制定本指引。

**第二条**　本指引所称担保，是指企业作为担保人按照公平、自愿、互利的原则与债权人约定，当债务人不履行债务时，依照法律规定和合同协议承担相应法律责任的行为。

**第三条**　企业办理担保业务至少应当关注下列风险：

（一）对担保申请人的资信状况调查不深，审批不严或越权审批，可能导致企业担保决策失误或遭受欺诈。

（二）对被担保人出现财务困难或经营陷入困境等状况监控不力，应对措施不当，可能导致企业承担法律责任。

（三）担保过程中存在舞弊行为，可能导致经办审批等相关人员涉案或企业利益受损。

**第四条**　企业应当依法制定和完善担保业务政策及相关管理制度，明确担保的对象、范围、方式、条件、程序、担保限额和禁止担保等事项，规范调查评估、审核批准、担保执行等环节的工作流程，按照政策、制度、流程办理担保业务，定期检查担保政策的执行情况及效果，切实防范担保业务风险。

## 第二章　调查评估与审批

**第五条**　企业应当指定相关部门负责办理担保业务，对担保申请人进行资信调查和风险评估，评估结果应出具书面报告。企业也可委托中介机构对担保业务进行资信调查和风险评估工作。

企业在对担保申请人进行资信调查和风险评估时，应当重点关注以下事项：

（一）担保业务是否符合国家法律法规和本企业担保政策等相关要求。

（二）担保申请人的资信状况，一般包括：基本情况、资产质量、经营情况、偿债能力、盈利水平、信用程度、行业前景等。

（三）担保申请人用于担保和第三方担保的资产状况及其权利归属。

（四）企业要求担保申请人提供反担保的，还应当对与反担保有关的资产状况进行评估。

**第六条**　企业对担保申请人出现以下情形之一的，不得提供担保：

（一）担保项目不符合国家法律法规和本企业担保政策的。

（二）已进入重组、托管、兼并或破产清算程序的。

（三）财务状况恶化、资不抵债、管理混乱、经营风险较大的。

（四）与其他企业存在较大经济纠纷，面临法律诉讼且可能承担较大赔偿责任的。

（五）与本企业已经发生过担保纠纷且仍未妥善解决的，或不能及时足额交纳担保费用的。

**第七条**　企业应当建立担保授权和审批制度，规定担保业务的授权批准方式、权限、程序、责任和相关控制措施，在授权范围内进行审批，不得超越权限审批。重大担保业务，应当报经董事会或类似权力机构批准。

经办人员应当在职责范围内，按照审批人员的批准意见办理担保业务。对于审批人超越权限审批的担保业务，经办人员应当拒绝办理。

**第八条**　企业应当采取合法有效的措施加强对子公司担保业务的统一监控。企业内设机构未经授权不得办理担保业务。

企业为关联方提供担保的，与关联方存在经济利益或近亲属关系的有关人员在评估与审批环节应当回避。

对境外企业进行担保的，应当遵守外汇管理规定，并关注被担保人所在国家的政治、经济、法律等因素。

**第九条**　被担保人要求变更担保事项的，企业应当重新履行调查评估与审批程序。

## 第三章　执行与监控

**第十条**　企业应当根据审核批准的担保业务订立担保合同。担保合同应明确被担保人的权利、义务、违约责任等相关内容，并要求被担保人定期提供财务报告与有关资料，及时通报担保事项的实施情况。

担保申请人同时向多方申请担保的，企业应当在担保合同中明确约定本企业的担保份额和相应的责任。

**第十一条**　企业担保经办部门应当加强担保合同的日常管理，定期监测被担保人的经营情况和财务状况，对被担保人进行跟踪和监督，了解担保项目的执行、资金的使用、贷款的归还、财务运行及风险等情况，

确保担保合同有效履行。

担保合同履行过程中,如果被担保人出现异常情况,应当及时报告,妥善处理。

对于被担保人未按有法律效力的合同条款偿付债务或履行相关合同项下的义务的,企业应当按照担保合同履行义务,同时主张对被担保人的追索权。

**第十二条** 企业应当加强对担保业务的会计系统控制,及时足额收取担保费用,建立担保事项台账,详细记录担保对象、金额、期限、用于抵押和质押的物品或权利以及其他有关事项。

企业财会部门应当及时收集、分析被担保人担保期内经审计的财务报告等相关资料,持续关注被担保人的财务状况、经营成果、现金流量以及担保合同的履行情况,积极配合担保经办部门防范担保业务风险。

对于被担保人出现财务状况恶化、资不抵债、破产清算等情形的,企业应当根据国家统一的会计准则制度规定,合理确认预计负债和损失。

**第十三条** 企业应当加强对反担保财产的管理,妥善保管被担保人用于反担保的权利凭证,定期核实财产的存续状况和价值,发现问题及时处理,确保反担保财产安全完整。

**第十四条** 企业应当建立担保业务责任追究制度,对在担保中出现重大决策失误、未履行集体审批程序或不按规定管理担保业务的部门及人员,应当严格追究相应的责任。

**第十五条** 企业应当在担保合同到期时,全面清查用于担保的财产、权利凭证,按照合同约定及时终止担保关系。

企业应当妥善保管担保合同、与担保合同相关的主合同、反担保函或反担保合同,以及抵押、质押的权利凭证和有关原始资料,切实做到担保业务档案完整无缺。

# 14. 企业内部控制应用指引第13号——业务外包(2010年颁布)

## 第一章 总 则

**第一条** 为了加强业务外包管理,规范业务外包行为,防范业务外包风险,根据有关法律法规和《企业内部控制基本规范》,制定本指引。

**第二条** 本指引所称业务外包,是指企业利用专业化分工优势,将日常经营中的部分业务委托给本企业以外的专业服务机构或其他经济组织(以下简称承包方)完成的经营行为。

本指引不涉及工程项目外包。

**第三条** 企业应当对外包业务实施分类管理,通常划分为重大外包业务和一般外包业务。重大外包业务是指对企业生产经营有重大影响的外包业务。

外包业务通常包括:研发、资信调查、可行性研究、委托加工、物业管理、客户服务、IT服务等。

**第四条** 企业的业务外包至少应当关注下列风险:

(一)外包范围和价格确定不合理,承包方选择不当,可能导致企业遭受损失。

(二)业务外包监控不严、服务质量低劣,可能导致企业难以发挥业务外包的优势。

(三)业务外包存在商业贿赂等舞弊行为,可能导致企业相关人员涉案。

**第五条** 企业应当建立和完善业务外包管理制度,规定业务外包的范围、方式、条件、程序和实施等相关内容,明确相关部门和岗位的职责权限,强化业务外包全过程的监控,防范外包风险,充分发挥业务外包的优势。

企业应当权衡利弊,避免核心业务外包。

## 第二章 承包方选择

**第六条** 企业应当根据年度生产经营计划和业务外包管理制度,结合确定的业务外包范围,拟定实施方案,按照规定的权限和程序审核批准。

总会计师或分管会计工作的负责人应当参与重大业务外包的决策。

重大业务外包方案应当提交董事会或类似权力机构审批。

**第七条** 企业应当按照批准的业务外包实施方案选择承包方。承包方至少应当具备下列条件：

(一)承包方是依法成立和合法经营的专业服务机构或其他经济组织，具有相应的经营范围和固定的办公场所。(二)承包方应当具备相应的专业资质，其从业人员符合岗位要求和任职条件，并具有相应的专业技术资格。

(三)承包方的技术及经验水平符合本企业业务外包的要求。

**第八条** 企业应当综合考虑内外部因素，合理确定外包价格，严格控制业务外包成本，切实做到符合成本效益原则。

**第九条** 企业应当引入竞争机制，遵循公开、公平、公正的原则，采用适当方式，择优选择外包业务的承包方。采用招标方式选择承包方的，应当符合招投标法的相关规定。

企业及相关人员在选择承包方的过程中，不得收受贿赂、回扣或者索取其他好处。承包方及其工作人员不得利用向企业及其工作人员行贿、提供回扣或者给予其他好处等不正当手段承揽业务。

**第十条** 企业应当按照规定的权限和程序从候选承包方中确定最终承包方，并签订业务外包合同。业务外包合同内容主要包括：外包业务的内容和范围，双方权利和义务，服务和质量标准，保密事项，费用结算标准和违约责任等事项。

**第十一条** 企业外包业务需要保密的，应当在业务外包合同或者另行签订的保密协议中明确规定承包方的保密义务和责任，要求承包方向其从业人员提示保密要求和应承担的责任。

## 第三章 业务外包实施

**第十二条** 企业应当加强业务外包实施的管理，严格按照业务外包制度、工作流程和相关要求，组织开展业务外包，并采取有效的控制措施，确保承包方严格履行业务外包合同。

**第十三条** 企业应当做好与承包方的对接工作，加强与承包方的沟通与协调，及时搜集相关信息，发现和解决外包业务日常管理中存在的问题。

对于重大业务外包，企业应当密切关注承包方的履约能力，建立相应的应急机制，避免业务外包失败造成本企业生产经营活动中断。

**第十四条** 企业应当根据国家统一的会计准则制度，加强对外包业务的核算与监督，做好业务外包费用结算工作。

**第十五条** 企业应当对承包方的履约能力进行持续评估，有确凿证据表明承包方存在重大违约行为，导致业务外包合同无法履行的，应当及时终止合同。

承包方违约并造成企业损失的，企业应当按照合同对承包方进行索赔，并追究责任人责任。

**第十六条** 业务外包合同执行完成后需要验收的，企业应当组织相关部门或人员对完成的业务外包合同进行验收，出具验收证明。

验收过程中发现异常情况，应当立即报告，查明原因，及时处理。

# 15. 企业内部控制应用指引第 14 号——财务报告(2010 年颁布)

## 第一章 总 则

**第一条** 为了规范企业报告，保证报告的真实、完整，根据《中华人民共和国会计法》等有关法律法规和《企业内部控制基本规范》，制定本指引。

**第二条** 本指引所称报告，是指反映企业某一特定日期状况和某一会计期间经营成果、现金流量的文件。

**第三条** 企业编制、对外提供和分析利用报告，至少应当关注下列风险：

（一）编制报告违反会计法律法规和国家统一的会计准则制度，可能导致企业承担法律责任和声誉受损。

（二）提供虚假报告，误导报告使用者，造成决策失误，干扰市场秩序。

（三）不能有效利用报告，难以及时发现企业经营管理中存在的问题，可能导致企业和经营风险失控。

**第四条** 企业应当严格执行会计法律法规和国家统一的会计准则制度，加强对报告编制、对外提供和分析利用全过程的管理，明确相关工作流程和要求，落实责任制，确保报告合法合规、真实完整和有效利用。总会计师或分管会计工作的负责人负责组织领导报告的编制、对外提供和分析利用等相关工作。企业负责人对报告的真实性、完整性负责。

## 第二章 报告的编制

**第五条** 企业编制报告，应当重点关注会计政策和会计估计，对报告产生重大影响的交易和事项的处理应当按照规定的权限和程序进行审批。企业在编制年度报告前，应当进行必要的资产清查、减值测试和债权债务核实。

**第六条** 企业应当按照国家统一的会计准则制度规定，根据登记完整、核对无误的会计账簿记录和其他有关资料编制报告，做到内容完整、数字真实、计算准确，不得漏报或者随意进行取舍。

**第七条** 企业报告列示的资产、负债、所有者权益金额应当真实可靠。各项资产计价方法不得随意变更，如有减值，应当合理计提减值准备，严禁虚增或虚减资产。各项负债应当反映企业的现时义务，不得提前、推迟或不确认负债，严禁虚增或虚减负债。所有者权益应当反映企业资产扣除负债后由所有者享有的剩余权益，由实收资本、资本公积、留存收益等构成。企业应当做好所有者权益保值增值工作，严禁虚假出资、抽逃出资、资本不实。

**第八条** 企业报告应当如实列示当期收入、费用和利润。各项收入的确认应当遵循规定的标准，不得虚列或者隐瞒收入，推迟或提前确认收入。各项费用、成本的确认应当符合规定，不得随意改变费用、成本的确认标准或计量方法，虚列、多列、不列或者少列费用、成本。利润由收入减去费用后的净额、直接计入当期利润的利得和损失等构成。不得随意调整利润的计算、分配方法，编造虚假利润。

**第九条** 企业报告列示的各种现金流量由经营活动、投资活动和筹资活动的现金流量构成，应当按照规定划清各类交易和事项的现金流量的界限。

**第十条** 附注是报告的重要组成部分，对反映企业状况、经营成果、现金流量的报表中需要说明的事项，作出真实、完整、清晰的说明。企业应当按照国家统一的会计准则制度编制附注。

**第十一条** 企业集团应当编制合并报表，明确合并报表的合并范围和合并方法，如实反映企业集团的状况、经营成果和现金流量。

**第十二条** 企业编制报告，应当充分利用信息技术，提高工作效率和工作质量，减少或避免编制差错和人为调整因素。

## 第三章 报告的对外提供

**第十三条** 企业应当依照法律法规和国家统一的会计准则制度的规定，及时对外提供报告。

**第十四条** 企业报告编制完成后，应当装订成册，加盖公章，由企业负责人、总会计师或分管会计工作的负责人、财会部门负责人签名并盖章。

**第十五条** 报告须经注册会计师审计的，注册会计师及其所在的事务所出具的审计报告，应当随同报告一并提供。企业对外提供的报告应当及时整理归档，并按有关规定妥善保存。

## 第四章 报告的分析利用

**第十六条** 企业应当重视报告分析工作，定期召开分析会议，充分利用报告反映的综合信息，全面分析企业的经营管理状况和存在的问题，不断提高经营管理水平。企业分析会议应吸收有关部门负责人参加。总会计师或分管会计工作的负责人应当在分析和利用工作中发挥主导作用。

**第十七条** 企业应当分析企业的资产分布、负债水平和所有者权益结构，通过资产负债率、流动比率、资产周转率等指标分析企业的偿债能力和营运能力；分析企业净资产的增减变化，了解和掌握企业规模和净资产的不断变化过程。

**第十八条** 企业应当分析各项收入、费用的构成及其增减变动情况，通过净资产收益率、每股收益等指标，分析企业的盈利能力和发展能力，了解和掌握当期利润增减变化的原因和未来发展趋势。

**第十九条** 企业应当分析经营活动、投资活动、筹资活动现金流量的运转情况，重点关注现金流量能否保证生产经营过程的正常运行，防止现金短缺或闲置。

**第二十条** 企业定期的分析应当形成分析报告，构成内部报告的组成部分。分析报告结果应当及时传递给企业内部有关管理层级，充分发挥报告在企业生产经营管理中的重要作用。

# 16. 企业内部控制应用指引第 15 号——全面预算（2010 年颁布）

## 第一章 总 则

**第一条** 为了促进企业实现发展战略，发挥全面预算管理作用，根据有关法律法规和《企业内部控制基本规范》，制定本指引。

**第二条** 本指引所称全面预算，是指企业对一定期间经营活动、投资活动、财务活动等作出的预算安排。

**第三条** 企业实行全面预算管理，至少应当关注下列风险：

（一）不编制预算或预算不健全，可能导致企业经营缺乏约束或盲目经营。

（二）预算目标不合理、编制不科学，可能导致企业资源浪费或发展战略难以实现。

（三）预算缺乏刚性、执行不力、考核不严，可能导致预算管理流于形式。

**第四条** 企业应当加强全面预算工作的组织领导，明确预算管理体制以及各预算执行单位的职责权限、授权批准程序和工作协调机制。

企业应当设立预算管理委员会履行全面预算管理职责，其成员由企业负责人及内部相关部门负责人组成。

预算管理委员会主要负责拟定预算目标和预算政策，制定预算管理的具体措施和办法，组织编制、平衡预算草案，下达经批准的预算，协调解决预算编制和执行中的问题，考核预算执行情况，督促完成预算目标。预算管理委员会下设预算管理工作机构，由其履行日常管理职责。预算管理工作机构一般设在财会部门。

总会计师或分管会计工作的负责人应当协助企业负责人负责企业全面预算管理工作的组织领导。

## 第二章 预算编制

**第五条** 企业应当建立和完善预算编制工作制度，明确编制依据、编制程序、编制方法等内容，确保预算编制依据合理、程序适当、方法科学，避免预算指标过高或过低。

企业应当在预算年度开始前完成全面预算草案的编制工作。

**第六条** 企业应当根据发展战略和年度生产经营计划，综合考虑预算期内经济政策、市场环境等因素，按照上下结合、分级编制、逐级汇总的程序，编制年度全面预算。

企业可以选择或综合运用固定预算、弹性预算、滚动预算等方法编制预算。

**第七条** 企业预算管理委员会应当对预算管理工作机构在综合平衡基础上提交的预算方案进行研究论证，从企业发展全局角度提出建议，形成全面预算草案，并提交董事会。

**第八条** 企业董事会审核全面预算草案，应当重点关注预算科学性和可行性，确保全面预算与企业发展战略、年度生产经营计划相协调。

企业全面预算应当按照相关法律法规及企业章程的规定报经审议批准。批准后,应当以文件形式下达执行。

## 第三章　预算执行

**第九条**　企业应当加强对预算执行的管理,明确预算指标分解方式、预算执行审批权限和要求、预算执行情况报告等,落实预算执行责任制,确保预算刚性,严格预算执行。

**第十条**　企业全面预算一经批准下达,各预算执行单位应当认真组织实施,将预算指标层层分解,从横向和纵向落实到内部各部门、各环节和各岗位,形成全方位的预算执行责任体系。

企业应当以年度预算作为组织、协调各项生产经营活动的基本依据,将年度预算细分为季度、月度预算,通过实施分期预算控制,实现年度预算目标。

**第十一条**　企业应当根据全面预算管理要求,组织各项生产经营活动和投融资活动,严格预算执行和控制。

企业应当加强资金收付业务的预算控制,及时组织资金收入,严格控制资金支付,调节资金收付平衡,防范支付风险。对于超预算或预算外的资金支付,应当实行严格的审批制度。

企业办理采购与付款、销售与收款、成本费用、工程项目、对外投融资、研究与开发、信息系统、人力资源、安全环保、资产购置与维护等业务和事项,均应符合预算要求。涉及生产过程和成本费用的,还应执行相关计划、定额、定率标准。

对于工程项目、对外投融资等重大预算项目,企业应当密切跟踪其实施进度和完成情况,实行严格监控。

**第十二条**　企业预算管理工作机构应当加强与各预算执行单位的沟通,运用财务信息和其他相关资料监控预算执行情况,采用恰当方式及时向决策机构和各预算执行单位报告、反馈预算执行进度、执行差异及其对预算目标的影响,促进企业全面预算目标的实现。

**第十三条**　企业预算管理工作机构和各预算执行单位应当建立预算执行情况分析制度,定期召开预算执行分析会议,通报预算执行情况,研究、解决预算执行中存在的问题,提出改进措施。

企业分析预算执行情况,应当充分收集有关财务、业务、市场、技术、政策、法律等方面的信息资料,根据不同情况分别采用比率分析、比较分析、因素分析等方法,从定量与定性两个层面充分反映预算执行单位的现状、发展趋势及其存在的潜力。

**第十四条**　企业批准下达的预算应当保持稳定,不得随意调整。由于市场环境、国家政策或不可抗力等客观因素,导致预算执行发生重大差异确需调整预算的,应当履行严格的审批程序。

## 第四章　预算考核

**第十五条**　企业应当建立严格的预算执行考核制度,对各预算执行单位和个人进行考核,切实做到有奖有惩、奖惩分明。

**第十六条**　企业预算管理委员会应当定期组织预算执行情况考核,将各预算执行单位负责人签字上报的预算执行报告和已掌握的动态监控信息进行核对,确认各执行单位预算完成情况。必要时,实行预算执行情况内部审计制度。第十七条 企业预算执行情况考核工作,应当坚持公开、公平、公正的原则,考核过程及结果应有完整的记录。

# 17. 企业内部控制应用指引第16号——合同管理(2010年颁布)

## 第一章　总　　则

**第一条**　为了促进企业加强合同管理,维护企业合法权益,根据《中华人民共和国合同法》等有关法律法规和《企业内部控制基本规范》,制定本指引。

**第二条** 本指引所称合同,是指企业与自然人、法人及其他组织等平等主体之间设立、变更、终止民事权利义务关系的协议。

企业与职工签订的劳动合同,不适用本指引。

**第三条** 企业合同管理至少应当关注下列风险:

(一)未订立合同、未经授权对外订立合同、合同对方主体资格未达要求、合同内容存在重大疏漏和欺诈,可能导致企业合法权益受到侵害。

(二)合同未全面履行或监控不当,可能导致企业诉讼失败、经济利益受损。

(三)合同纠纷处理不当,可能损害企业利益、信誉和形象。

**第四条** 企业应当加强合同管理,确定合同归口管理部门,明确合同拟定、审批、执行等环节的程序和要求,定期检查和评价合同管理中的薄弱环节,采取相应控制措施,促进合同有效履行,切实维护企业的合法权益。

## 第二章 合同的订立

**第五条** 企业对外发生经济行为,除即时结清方式外,应当订立书面合同。合同订立前,应当充分了解合同对方的主体资格、信用状况等有关内容,确保对方当事人具备履约能力。

对于影响重大、涉及较高专业技术或法律关系复杂的合同,应当组织法律、技术、财会等专业人员参与谈判,必要时可聘请外部专家参与相关工作。

谈判过程中的重要事项和参与谈判人员的主要意见,应当予以记录并妥善保存。

**第六条** 企业应当根据协商、谈判等的结果,拟订合同文本,按照自愿、公平原则,明确双方的权利义务和违约责任,做到条款内容完整,表述严谨准确,相关手续齐备,避免出现重大疏漏。

合同文本一般由业务承办部门起草、法律部门审核。重大合同或法律关系复杂的特殊合同应当由法律部门参与起草。国家或行业有合同示范文本的,可以优先选用,但对涉及权利义务关系的条款应当进行认真审查,并根据实际情况进行适当修改。

合同文本须报经国家有关主管部门审查或备案的,应当履行相应程序。

**第七条** 企业应当对合同文本进行严格审核,重点关注合同的主体、内容和形式是否合法,合同内容是否符合企业的经济利益,对方当事人是否具有履约能力,合同权利和义务、违约责任和争议解决条款是否明确等。

企业对影响重大或法律关系复杂的合同文本,应当组织内部相关部门进行审核。相关部门提出不同意见的,应当认真分析研究,慎重对待,并准确无误地加以记录;必要时应对合同条款作出修改。内部相关部门应当认真履行职责。

**第八条** 企业应当按照规定的权限和程序与对方当事人签署合同。正式对外订立的合同,应当由企业法定代表人或由其授权的代理人签名或加盖有关印章。授权签署合同的,应当签署授权委托书。

属于上级管理权限的合同,下级单位不得签署。下级单位认为确有需要签署涉及上级管理权限的合同,应当提出申请,并经上级合同管理机构批准后办理。上级单位应当加强对下级单位合同订立、履行情况的监督检查。

**第九条** 企业应当建立合同专用章保管制度。合同经编号、审批及企业法定代表人或由其授权的代理人签署后,方可加盖合同专用章。

**第十条** 企业应当加强合同信息安全保密工作,未经批准,不得以任何形式泄露合同订立与履行过程中涉及的商业秘密或国家机密。

## 第三章 合同的履行

**第十一条** 企业应当遵循诚实信用原则严格履行合同,对合同履行实施有效监控,强化对合同履行情况及效果的检查、分析和验收,确保合同全面有效履行。

合同生效后,企业就质量、价款、履行地点等内容与合同对方没有约定或者约定不明确的,可以协议补充;不能达成补充协议的,按照国家相关法律法规、合同有关条款或者交易习惯确定。

**第十二条** 在合同履行过程中发现有显失公平、条款有误或对方有欺诈行为等情形，或因政策调整、市场变化等客观因素，已经或可能导致企业利益受损，应当按规定程序及时报告，并经双方协商一致，按照规定权限和程序办理合同变更或解除事宜。

**第十三条** 企业应当加强合同纠纷管理，在履行合同过程中发生纠纷的，应当依据国家相关法律法规，在规定时效内与对方当事人协商并按规定权限和程序及时报告。

合同纠纷经协商一致的，双方应当签订书面协议。合同纠纷经协商无法解决的，应当根据合同约定选择仲裁或诉讼方式解决。

企业内部授权处理合同纠纷的，应当签署授权委托书。纠纷处理过程中，未经授权批准，相关经办人员不得向对方当事人作出实质性答复或承诺。

**第十四条** 企业财会部门应当根据合同条款审核后办理结算业务。未按合同条款履约的，或应签订书面合同而未签订的，财会部门有权拒绝付款，并及时向企业有关负责人报告。

**第十五条** 合同管理部门应当加强合同登记管理，充分利用信息化手段，定期对合同进行统计、分类和归档，详细登记合同的订立、履行和变更等情况，实行合同的全过程封闭管理。

**第十六条** 企业应当建立合同履行情况评估制度，至少于每年年末对合同履行的总体情况和重大合同履行的具体情况进行分析评估，对分析评估中发现合同履行中存在的不足，应当及时加以改进。

企业应当健全合同管理考核与责任追究制度。对合同订立、履行过程中出现的违法违规行为，应当追究有关机构或人员的责任。

# 18. 企业内部控制应用指引第17号——内部信息传递(2010年颁布)

## 第一章 总 则

**第一条** 为了促进企业生产经营管理信息在内部各管理层级之间的有效沟通和充分利用，根据《企业内部控制基本规范》，制定本指引。

**第二条** 本指引所称内部信息传递，是指企业内部各管理层级之间通过内部报告形式传递生产经营管理信息的过程。

**第三条** 企业内部信息传递至少应当关注下列风险：

（一）内部报告系统缺失、功能不健全、内容不完整，可能影响生产经营有序运行。

（二）内部信息传递不通畅、不及时，可能导致决策失误、相关政策措施难以落实。

（三）内部信息传递中泄露商业秘密，可能削弱企业核心竞争力。

**第四条** 企业应当加强内部报告管理，全面梳理内部信息传递过程中的薄弱环节，建立科学的内部信息传递机制，明确内部信息传递的内容、保密要求及密级分类、传递方式、传递范围以及各管理层级的职责权限等，促进内部报告的有效利用，充分发挥内部报告的作用。

## 第二章 内部报告的形成

**第五条** 企业应当根据发展战略、风险控制和业绩考核要求，科学规范不同级次内部报告的指标体系，采用经营快报等多种形式，全面反映与企业生产经营管理相关的各种内外部信息。

内部报告指标体系的设计应当与全面预算管理相结合，并随着环境和业务的变化不断进行修订和完善。设计内部报告指标体系时，应当关注企业成本费用预算的执行情况。

内部报告应当简洁明了、通俗易懂、传递及时，便于企业各管理层级和全体员工掌握相关信息，正确履行职责。

**第六条** 企业应当制定严密的内部报告流程，充分利用信息技术，强化内部报告信息集成和共享，将内部报告纳入企业统一信息平台，构建科学的内部报告网络体系。

企业内部各管理层级均应当指定专人负责内部报告工作，重要信息应及时上报，并可以直接报告高级管理人员。

企业应当建立内部报告审核制度，确保内部报告信息质量。

**第七条** 企业应当关注市场环境、政策变化等外部信息对企业生产经营管理的影响，广泛收集、分析、整理外部信息，并通过内部报告传递到企业内部相关管理层级，以便采取应对策略。

**第八条** 企业应当拓宽内部报告渠道，通过落实奖励措施等多种有效方式，广泛收集合理化建议。

企业应当重视和加强反舞弊机制建设，通过设立员工信箱、投诉热线等方式，鼓励员工及企业利益相关方举报和投诉企业内部的违法违规、舞弊和其他有损企业形象的行为。

### 第三章 内部报告的使用

**第九条** 企业各级管理人员应当充分利用内部报告管理和指导企业的生产经营活动，及时反映全面预算执行情况，协调企业内部相关部门和各单位的运营进度，严格绩效考核和责任追究，确保企业实现发展目标。

**第十条** 企业应当有效利用内部报告进行风险评估，准确识别和系统分析企业生产经营活动中的内外部风险，确定风险应对策略，实现对风险的有效控制。

企业对于内部报告反映出的问题应当及时解决；涉及突出问题和重大风险的，应当启动应急预案。

**第十一条** 企业应当制定严格的内部报告保密制度，明确保密内容、保密措施、密级程度和传递范围，防止泄露商业秘密。

**第十二条** 企业应当建立内部报告的评估制度，定期对内部报告的形成和使用进行全面评估，重点关注内部报告的及时性、安全性和有效性。

## 19. 企业内部控制应用指引第18号——信息系统（2010年颁布）

### 第一章 总 则

**第一条** 为了促进企业有效实施内部控制，提高企业现代化管理水平，减少人为因素，根据有关法律法规和《企业内部控制基本规范》，制定本指引。

**第二条** 本指引所称信息系统，是指企业利用计算机和通信技术，对内部控制进行集成、转化和提升所形成的信息化管理平台。

**第三条** 企业利用信息系统实施内部控制至少应当关注下列风险：

（一）信息系统缺乏或规划不合理，可能造成信息孤岛或重复建设，导致企业经营管理效率低下。

（二）系统开发不符合内部控制要求，授权管理不当，可能导致无法利用信息技术实施有效控制。

（三）系统运行维护和安全措施不到位，可能导致信息泄漏或损，系统无法正常运行。

**第四条** 企业应当重视信息系统在内部控制中的作用，根据内部控制要求，结合组织架构、业务范围、地域分布、技术能力等因素，制定信息系统建设整体规划，加大投入力度，有序组织信息系统开发、运行与维护，优化管理流程，防范经营风险，全面提升企业现代化管理水平。

企业应当指定专门机构对信息系统建设实施归口管理，明确相关位的职责权限，建立有效工作机制。企业可委托专业机构从事信息系统的开发、运行和维护工作。

企业负责人对信息系统建设工作负责。

### 第二章 信息系统的开发

**第五条** 企业应当根据信息系统建设整体规划提出项目建设方案，明确建设目标、人员配备、职责分

工、经费保障和进度安排等相关内容，按照规定的权限和程序审批后实施。

企业信息系统归口管理部门应当组织内部各单位提出开发需求和关键控制点，规范开发流程，明确系统设计、编程、安装调试、验收、上线等全过程的管理要求，严格按照建设方案、开发流程和相关要求组织开发工作。

企业开发信息系统，可以采取自行开发、外购调试、业务外包等方式。选定外购调试或业务外包方式的，应当采用公开招标等形式择优确定供应商或开发单位。

**第六条** 企业开发信息系统，应当将生产经营管理业务流程、关键控制点和处理规则嵌入系统程序，实现手工环境下难以实现的控制功能。

企业在系统开发过程中，应当按照不同业务的控制要求，通过信息系统中的权限管理功能控制用户的操作权限，避免将不相容职责的处理权限授予同一用户。

企业应当针对不同数据的输入方式，考虑对进入系统数据的检查和校验功能。对于必需的后台操作，应当加强管理，建立规范的流程制度，对操作情况进行监控或者审计。

企业应当在信息系统中设置操作日志功能，确保操作的可审计性。对异常的或者违背内部控制要求的交易和数据，应当设计由系统自动报告并设置跟踪处理机制。

**第七条** 企业信息系统归口管理部门应当加强信息系统开发全过程的跟踪管理，组织开发单位与内部各单位的日常沟通和协调，督促开发单位按照建设方案、计划进度和质量要求完成编程工作，对配备的硬件设备和系统软件进行检查验收，组织系统上线运行等

**第八条** 企业应当组织独立于开发单位的专业机构对开发完成的信息系统进行验收测试，确保在功能、性能、控制要求和安全性等方面符合开发需求。

**第九条** 企业应当切实做好信息系统上线的各项准备工作，培训业务操作和系统管理人员，制定科学的上线计划和新旧系统转换方案，考虑应急预案，确保新旧系统顺利切换和平稳衔接。系统上线涉及数据迁移的，还应制定详细的数据迁移计划。

## 第三章 信息系统的运行与维护

**第十条** 企业应当加强信息系统运行与维护的管理，制定信息系统工作程序、信息管理制度以及各模块子系统的具体操作规范，及时跟踪、发现和解决系统运行中存在的问题，确保信息系统按照规定的程序、制度和操作规范持续稳定运行。

企业应当建立信息系统变更管理流程，信息系统变更应当严格遵照管理流程进行操作。信息系统操作人员不得擅自进行系统软件的删除、修改等操作；不得擅自升级、改变系统软件版本；不得擅自改变软件系统环境配置。

**第十一条** 企业应当根据业务性质、重要性程度、涉密情况等确定信息系统的安全等级，建立不同等级信息的授权使用制度，采用相应技术手段保证信息系统运行安全有序。

企业应当建立信息系统安全保密和泄密责任追究制度。委托专业机构进行系统运行与维护管理的，应当审查该机构的资质，并与其签订服务合同和保密协议。

企业应当采取安装安全软件等措施防范信息系统受到病毒等恶意软件的感染和破坏。

**第十二条** 企业应当建立用户管理制度，加强对重要业务系统的访问权限管理，定期审阅系统账号，避免授权不当或存在非授权账号，禁止不相容职务用户账号的交叉操作。

**第十三条** 企业应当综合利用防火墙、路由器等网络设备，漏洞扫描、入侵检测等软件技术以及远程访问安全策略等手段，加强网络安全，防范来自网络的攻击和非法侵入。

企业对于通过网络传输的涉密或关键数据，应当采取加密措施，确保信息传递的保密性、准确性和完整性。

**第十四条** 企业应当建立系统数据定期备份制度，明确备份范围、频度、方法、责任人、存放地点、有效性检查等内容。

**第十五条** 企业应当加强服务器等关键信息设备的管理，建立良好的物理环境，指定专人负责检查，及时处理异常情况。未经授权，任何人不得接触关键信息设备。

# 20. 企业内部控制评价指引(2010 年颁布)

财会〔2010〕11 号

## 第一章 总 则

**第一条** 为了促进企业全面评价内部控制的设计与运行情况,规范内部控制评价程序和评价报告,揭示和防范风险,根据有关法律法规和《企业内部控制基本规范》,制定本指引。

**第二条** 本指引所称内部控制评价,是指企业董事会或类似权力机构对内部控制的有效性进行全面评价、形成评价结论、出具评价报告的过程。

**第三条** 企业实施内部控制评价至少应当遵循下列原则:

(一)全面性原则。评价工作应当包括内部控制的设计与运行,涵盖企业及其所属单位的各种业务和事项。

(二)重要性原则。评价工作应当在全面评价的基础上,关注重要业务单位、重大业务事项和高风险领域。

(三)客观性原则。评价工作应当准确地揭示经营管理的风险状况,如实反映内部控制设计与运行的有效性。

**第四条** 企业应当根据本评价指引,结合内部控制设计与运行的实际情况,制定具体的内部控制评价办法,规定评价的原则、内容、程序、方法和报告形式等,明确相关机构或岗位的职责权限,落实责任制,按照规定的办法、程序和要求,有序开展内部控制评价工作。企业董事会应当对内部控制评价报告的真实性负责。

## 第二章 内部控制评价的内容

**第五条** 企业应当根据《企业内部控制基本规范》、应用指引以及本企业的内部控制制度,围绕内部环境、风险评估、控制活动、信息与沟通、内部监督等要素,确定内部控制评价的具体内容,对内部控制设计与运行情况进行全面评价。

**第六条** 企业组织开展内部环境评价,应当以组织架构、发展战略、人力资源、企业文化、社会责任等应用指引为依据,结合本企业的内部控制制度,对内部环境的设计及实际运行情况进行认定和评价。

**第七条** 企业组织开展风险评估机制评价,应当以《企业内部控制基本规范》有关风险评估的要求,以及各项应用指引中所列主要风险为依据,结合本企业的内部控制制度,对日常经营管理过程中的风险识别、风险分析、应对策略等进行认定和评价。

**第八条** 企业组织开展控制活动评价,应当以《企业内部控制基本规范》和各项应用指引中的控制措施为依据,结合本企业的内部控制制度,对相关控制措施的设计和运行情况进行认定和评价。

**第九条** 企业组织开展信息与沟通评价,应当以内部信息传递、财务报告、信息系统等相关应用指引为依据,结合本企业的内部控制制度,对信息收集、处理和传递的及时性、反舞弊机制的健全性、财务报告的真实性、信息系统的安全性,以及利用信息系统实施内部控制的有效性等进行认定和评价。

**第十条** 企业组织开展内部监督评价,应当以《企业内部控制基本规范》有关内部监督的要求,以及各项应用指引中有关日常管控的规定为依据,结合本企业的内部控制制度,对内部监督机制的有效性进行认定和评价,重点关注监事会、审计委员会、内部审计机构等是否在内部控制设计和运行中有效发挥监督作用。

**第十一条** 内部控制评价工作应当形成工作底稿,详细记录企业执行评价工作的内容,包括评价要素、主要风险点、采取的控制措施、有关证据资料以及认定结果等。评价工作底稿应当设计合理、证据充分、简便易行、便于操作。

## 第三章　内部控制评价的程序

**第十二条**　企业应当按照内部控制评价办法规定的程序，有序开展内部控制评价工作。内部控制评价程序一般包括：制定评价工作方案、组成评价工作组、实施现场测试、认定控制缺陷、汇总评价结果、编报评价报告等环节。企业可以授权内部审计部门或专门机构（以下简称内部控制评价部门）负责内部控制评价的具体组织实施工作。

**第十三条**　企业内部控制评价部门应当拟订评价工作方案，明确评价范围、工作任务、人员组织、进度安排和费用预算等相关内容，报经董事会或其授权机构审批后实施。

**第十四条**　企业内部控制评价部门应当根据经批准的评价方案，组成内部控制评价工作组，具体实施内部控制评价工作。评价工作组应当吸收企业内部相关机构熟悉情况的业务骨干参加。评价工作组成员对本部门的内部控制评价工作应当实行回避制度。企业可以委托中介机构实施内部控制评价。为企业提供内部控制审计服务的会计师事务所，不得同时为同一企业提供内部控制评价服务。

**第十五条**　内部控制评价工作组应当对被评价单位进行现场测试，综合运用个别访谈、调查问卷、专题讨论、穿行测试、实地查验、抽样和比较分析等方法，充分收集被评价单位内部控制设计和运行是否有效的证据，按照评价的具体内容，如实填写评价工作底稿，研究分析内部控制缺陷。

## 第四章　内部控制缺陷的认定

**第十六条**　内部控制缺陷包括设计缺陷和运行缺陷。企业对内部控制缺陷的认定，应当以日常监督和专项监督为基础，结合年度内部控制评价，由内部控制评价部门进行综合分析后提出认定意见，按照规定的权限和程序进行审核后予以最终认定。

**第十七条**　企业在日常监督、专项监督和年度评价工作中，应当充分发挥内部控制评价工作组的作用。内部控制评价工作组应当根据现场测试获取的证据，对内部控制缺陷进行初步认定，并按其影响程度分为重大缺陷、重要缺陷和一般缺陷。重大缺陷，是指一个或多个控制缺陷的组合，可能导致企业严重偏离控制目标。重要缺陷，是指一个或多个控制缺陷的组合，其严重程度和经济后果低于重大缺陷，但仍有可能导致企业偏离控制目标。一般缺陷，是指除重大缺陷、重要缺陷之外的其他缺陷。重大缺陷、重要缺陷和一般缺陷的具体认定标准，由企业根据上述要求自行确定。

**第十八条**　企业内部控制评价工作组应当建立评价质量交叉复核制度，评价工作组负责人应当对评价工作底稿进行严格审核，并对所认定的评价结果签字确认后，提交企业内部控制评价部门。

**第十九条**　企业内部控制评价部门应当编制内部控制缺陷认定汇总表，结合日常监督和专项监督发现的内部控制缺陷及其持续改进情况，对内部控制缺陷及其成因、表现形式和影响程度进行综合分析和全面复核，提出认定意见，并以适当的形式向董事会、监事会或者经理层报告。重大缺陷应当由董事会予以最终认定。企业对于认定的重大缺陷，应当及时采取应对策略，切实将风险控制在可承受度之内，并追究有关部门或相关人员的责任。

## 第五章　内部控制评价报告

**第二十条**　企业应当根据《企业内部控制基本规范》、应用指引和本指引，设计内部控制评价报告的种类、格式和内容，明确内部控制评价报告编制程序和要求，按照规定的权限报经批准后对外报出。

**第二十一条**　内部控制评价报告应当分别内部环境、风险评估、控制活动、信息与沟通、内部监督等要素进行设计，对内部控制评价过程、内部控制缺陷认定及整改情况、内部控制有效性的结论等相关内容作出披露。

**第二十二条**　内部控制评价报告至少应当披露下列内容：

（一）董事会对内部控制报告真实性的声明。

（二）内部控制评价工作的总体情况。

（三）内部控制评价的依据。

（四）内部控制评价的范围。

(五)内部控制评价的程序和方法。

(六)内部控制缺陷及其认定情况。

(七)内部控制缺陷的整改情况及重大缺陷拟采取的整改措施。

(八)内部控制有效性的结论。

**第二十三条** 企业应当根据年度内部控制评价结果,结合内部控制评价工作底稿和内部控制缺陷汇总表等资料,按照规定的程序和要求,及时编制内部控制评价报告。

**第二十四条** 内部控制评价报告应当报经董事会或类似权力机构批准后对外披露或报送相关部门。企业内部控制评价部门应当关注自内部控制评价报告基准日至内部控制评价报告发出日之间是否发生影响内部控制有效性的因素,并根据其性质和影响程度对评价结论进行相应调整。

**第二十五条** 企业内部控制审计报告应当与内部控制评价报告同时对外披露或报送。

**第二十六条** 企业应当以 12 月 31 日作为年度内部控制评价报告的基准日。内部控制评价报告应于基准日后 4 个月内报出。

**第二十七条** 企业应当建立内部控制评价工作档案管理制度。内部控制评价的有关文件资料、工作底稿和证明材料等应当妥善保管。

# 21. 企业内部控制审计指引(2010 年颁布)

财会〔2010〕11 号

## 第一章 总 则

**第一条** 为了规范注册会计师执行企业内部控制审计业务,明确工作要求,保证执业质量,根据《企业内部控制基本规范》、《中国注册会计师鉴证业务基本准则》及相关执业准则,制定本指引。

**第二条** 本指引所称内部控制审计,是指会计师事务所接受委托,对特定基准日内部控制设计与运行的有效性进行审计。

**第三条** 建立健全和有效实施内部控制,评价内部控制的有效性是企业董事会的责任。按照本指引的要求,在实施审计工作的基础上对内部控制的有效性发表审计意见,是注册会计师的责任。

**第四条** 注册会计师执行内部控制审计工作,应当获取充分、适当的证据,为发表内部控制审计意见提供合理保证。

注册会计师应当对财务报告内部控制的有效性发表审计意见,并对内部控制审计过程中注意到的非财务报告内部控制的重大缺陷,在内部控制审计报告中增加“非财务报告内部控制重大缺陷描述段”予以披露。

**第五条** 注册会计师可以单独进行内部控制审计,也可将内部控制审计与财务报表审计整合进行(下称“整合审计”)。

在整合审计中,注册会计师应当对内部控制设计与运行的有效性进行测试,以同时实现下列目标:(一)获取充分、适当的证据,支持其在内部控制审计中对内部控制有效性发表的意见。

(二)获取充分、适当的证据,支持其在财务报表审计中对控制风险的评估结果。

## 第二章 计划审计工作

**第六条** 注册会计师应当恰当地计划内部控制审计工作,配备具有专业胜任能力的项目组,并对助理人员进行适当的督导。

**第七条** 在计划审计工作时,注册会计师应当评价下列事项对内部控制、财务报表以及审计工作的影响:(一)与企业相关的风险。

(二)相关法律法规和行业概况。

（三）企业组织结构、经营特点和资本结构等相关重要事项。

（四）企业内部控制最近发生变化的程度。

（五）与企业沟通过的内部控制缺陷。

（六）重要性、风险等与确定内部控制重大缺陷相关的因素。

（七）对内部控制有效性的初步判断。

（八）可获取的、与内部控制有效性相关的证据的类型和范围。

**第八条**　注册会计师应当以风险评估为基础，选择拟测试的控制，确定测试所需收集的证据。

内部控制的特定领域存在重大缺陷的风险越高，给予该领域的审计关注就越多。

**第九条**　注册会计师应当对企业内部控制自我评价工作进行评估，判断是否利用企业内部审计人员、内部控制评价人员和其他相关人员的工作以及可利用的程度，相应减少可能本应由注册会计师执行的工作。

注册会计师利用企业内部审计人员、内部控制评价人员和其他相关人员的工作，应当对其专业胜任能力和客观性进行充分评价。

与某项控制相关的风险越高，可利用程度就越低，注册会计师应当更多地对该项控制亲自进行测试。

注册会计师应当对发表的审计意见独立承担责任，其责任不因为利用企业内部审计人员、内部控制评价人员和其他相关人员的工作而减轻。

## 第三章　实施审计工作

**第十条**　注册会计师应当按照自上而下的方法实施审计工作。自上而下的方法是注册会计师识别风险、选择拟测试控制的基本思路。注册会计师在实施审计工作时，可以将企业层面控制和业务层面控制的测试结合进行。

**第十一条**　注册会计师测试企业层面控制，应当把握重要性原则，至少应当关注：（一）与内部环境相关的控制。

（二）针对董事会、经理层凌驾于控制之上的风险而设计的控制。

（三）企业的风险评估过程。

（四）对内部信息传递和财务报告流程的控制。

（五）对控制有效性的内部监督和自我评价。

**第十二条**　注册会计师测试业务层面控制，应当把握重要性原则，结合企业实际、企业内部控制各项应用指引的要求和企业层面控制的测试情况，重点对企业生产经营活动中的重要业务与事项的控制进行测试。

注册会计师应当关注信息系统对内部控制及风险评估的影响。

**第十三条**　注册会计师在测试企业层面控制和业务层面控制时，应当评价内部控制是否足以应对舞弊风险。

**第十四条**　注册会计师应当测试内部控制设计与运行的有效性。

如果某项控制由拥有必要授权和专业胜任能力的人员按照规定的程序与要求执行，能够实现控制目标，表明该项控制的设计是有效的。

如果某项控制正在按照设计运行，执行人员拥有必要授权和专业胜任能力，能够实现控制目标，表明该项控制的运行是有效的。

**第十五条**　注册会计师应当根据与内部控制相关的风险，确定拟实施审计程序的性质、时间安排和范围，获取充分、适当的证据。与内部控制相关的风险越高，注册会计师需要获取的证据应越多。

**第十六条**　注册会计师在测试控制设计与运行的有效性时，应当综合运用询问适当人员、观察经营活动、检查相关文件、穿行测试和重新执行等方法。

询问本身并不足以提供充分、适当的证据。

**第十七条**　注册会计师在确定测试的时间安排时，应当在下列两个因素之间作出平衡，以获取充分、适当的证据：（一）尽量在接近企业内部控制自我评价基准日实施测试。

（二）实施的测试需要涵盖足够长的期间。

**第十八条** 注册会计师对于内部控制运行偏离设计的情况(即控制偏差),应当确定该偏差对相关风险评估、需要获取的证据以及控制运行有效性结论的影响。

**第十九条** 在连续审计中,注册会计师在确定测试的性质、时间安排和范围时,应当考虑以前年度执行内部控制审计时了解的情况。

## 第四章 评价控制缺陷

**第二十条** 内部控制缺陷按其成因分为设计缺陷和运行缺陷,按其影响程度分为重大缺陷、重要缺陷和一般缺陷。

注册会计师应当评价其识别的各项内部控制缺陷的严重程度,以确定这些缺陷单独或组合起来,是否构成重大缺陷。

**第二十一条** 在确定一项内部控制缺陷或多项内部控制缺陷的组合是否构成重大缺陷时,注册会计师应当评价补偿性控制(替代性控制)的影响。企业执行的补偿性控制应当具有同样的效果。

**第二十二条** 表明内部控制可能存在重大缺陷的迹象,主要包括:(一)注册会计师发现董事、监事和高级管理人员舞弊。

(二)企业更正已经公布的财务报表。

(三)注册会计师发现当期财务报表存在重大错报,而内部控制在运行过程中未能发现该错报。

(四)企业审计委员会和内部审计机构对内部控制的监督无效。

## 第五章 完成审计工作

**第二十三条** 注册会计师完成审计工作后,应当取得经企业签署的书面声明。书面声明应当包括下列内容:

(一)企业董事会认可其对建立健全和有效实施内部控制负责。

(二)企业已对内部控制的有效性作出自我评价,并说明评价时采用的标准以及得出的结论。

(三)企业没有利用注册会计师执行的审计程序及其结果作为自我评价的基础。

(四)企业已向注册会计师披露识别出的所有内部控制缺陷,并单独披露其中的重大缺陷和重要缺陷。

(五)企业对于注册会计师在以前年度审计中识别的重大缺陷和重要缺陷,是否已经采取措施予以解决。

(六)企业在内部控制自我评价基准日后,内部控制是否发生重大变化,或者存在对内部控制具有重要影响的其他因素。

**第二十四条** 企业如果拒绝提供或以其他不当理由回避书面声明,注册会计师应当将其视为审计范围受到限制,解除业务约定或出具无法表示意见的内部控制审计报告。

**第二十五条** 注册会计师应当与企业沟通审计过程中识别的所有控制缺陷。对于其中的重大缺陷和重要缺陷,应当以书面形式与董事会和经理层沟通。

注册会计师认为审计委员会和内部审计机构对内部控制的监督无效的,应当就此以书面形式直接与董事会和经理层沟通。

书面沟通应当在注册会计师出具内部控制审计报告之前进行。

**第二十六条** 注册会计师应当对获取的证据进行评价,形成对内部控制有效性的意见。

## 第六章 出具审计报告

**第二十七条** 注册会计师在完成内部控制审计工作后,应当出具内部控制审计报告。标准内部控制审计报告应当包括下列要素:

(一)标题。

(二)收件人。

(三)引言段。

(四)企业对内部控制的责任段。

（五）注册会计师的责任段。

（六）内部控制固有局限性的说明段。

（七）财务报告内部控制审计意见段。

（八）非财务报告内部控制重大缺陷描述段。

（九）注册会计师的签名和盖章。

（十）会计师事务所的名称、地址及盖章。

（十一）报告日期。

**第二十八条** 符合下列所有条件的，注册会计师应当对财务报告内部控制出具无保留意见的内部控制审计报告：

（一）企业按照《企业内部控制基本规范》、《企业内部控制应用指引》、《企业内部控制评价指引》以及企业自身内部控制制度的要求，在所有重大方面保持了有效的内部控制。

（二）注册会计师已经按照《企业内部控制审计指引》的要求计划和实施审计工作，在审计过程中未受到限制。

**第二十九条** 注册会计师认为财务报告内部控制虽不存在重大缺陷，但仍有一项或者多项重大事项需要提请内部控制审计报告使用者注意的，应当在内部控制审计报告中增加强调事项段予以说明。

注册会计师应当在强调事项段中指明，该段内容仅用于提醒内部控制审计报告使用者关注，并不影响对财务报告内部控制发表的审计意见。

**第三十条** 注册会计师认为财务报告内部控制存在一项或多项重大缺陷的，除非审计范围受到限制，应当对财务报告内部控制发表否定意见。

注册会计师出具否定意见的内部控制审计报告，还应当包括下列内容：

（一）重大缺陷的定义。

（二）重大缺陷的性质及其对财务报告内部控制的影响程度。

**第三十一条** 注册会计师审计范围受到限制的，应当解除业务约定或出具无法表示意见的内部控制审计报告，并就审计范围受到限制的情况，以书面形式与董事会进行沟通。

注册会计师在出具无法表示意见的内部控制审计报告时，应当在内部控制审计报告中指明审计范围受到限制，无法对内部控制的有效性发表意见。

注册会计师在已执行的有限程序中发现财务报告内部控制存在重大缺陷的，应当在内部控制审计报告中对重大缺陷作出详细说明。

**第三十二条** 注册会计师对在审计过程中注意到的非财务报告内部控制缺陷，应当区别具体情况予以处理：

（一）注册会计师认为非财务报告内部控制缺陷为一般缺陷的，应当与企业进行沟通，提醒企业加以改进，但无需在内部控制审计报告中说明。

（二）注册会计师认为非财务报告内部控制缺陷为重要缺陷的，应当以书面形式与企业董事会和经理层沟通，提醒企业加以改进，但无需在内部控制审计报告中说明。

（三）注册会计师认为非财务报告内部控制缺陷为重大缺陷的，应当以书面形式与企业董事会和经理层沟通，提醒企业加以改进；同时应当在内部控制审计报告中增加非财务报告内部控制重大缺陷描述段，对重大缺陷的性质及其对实现相关控制目标的影响程度进行披露，提示内部控制审计报告使用者注意相关风险。

**第三十三条** 在企业内部控制自我评价基准日并不存在、但在该基准日之后至审计报告日之前（下称“期后期间”）内部控制可能发生变化，或出现其他可能对内部控制产生重要影响的因素。注册会计师应当询问是否存在这类变化或影响因素，并获取企业关于这些情况的书面声明。

注册会计师知悉对企业内部控制自我评价基准日内部控制有效性有重大负面影响的期后事项的，应当对财务报告内部控制发表否定意见。

注册会计师不能确定期后事项对内部控制有效性的影响程度的，应当出具无法表示意见的内部控制审计报告。

## 第七章 记录审计工作

**第三十四条** 注册会计师应当按照《中国注册会计师审计准则第 1131 号——审计工作底稿》的规

定，编制内部控制审计工作底稿，完整记录审计工作情况。

**第三十五条** 注册会计师应当在审计工作底稿中记录下列内容：

（一）内部控制审计计划及重大修改情况。

（二）相关风险评估和选择拟测试的内部控制的主要过程及结果。

（三）测试内部控制设计与运行有效性的程序及结果。

（四）对识别的控制缺陷的评价。

（五）形成的审计结论和意见。

（六）其他重要事项。

**附录**：内部控制审计报告的参考格式

1. 标准内部控制审计报告

## 内部控制审计报告

××股份有限公司全体股东：

按照《企业内部控制审计指引》及中国注册会计师执业准则的相关要求，我们审计了××股份有限公司（以下简称××公司）××年×月×日的财务报告内部控制的有效性。

**一、企业对内部控制的责任**

按照《企业内部控制基本规范》、《企业内部控制应用指引》、《企业内部控制评价指引》的规定，建立健全和有效实施内部控制，并评价其有效性是企业董事会的责任。

**二、注册会计师的责任**

我们的责任是在实施审计工作的基础上，对财务报告内部控制的有效性发表审计意见，并对注意到的非财务报告内部控制的重大缺陷进行披露。

**三、内部控制的固有局限性**

内部控制具有固有局限性，存在不能防止和发现错报的可能性。此外，由于情况的变化可能导致内部控制变得不恰当，或对控制政策和程序遵循的程度降低，根据内部控制审计结果推测未来内部控制的有效性具有一定风险。

**四、财务报告内部控制审计意见**

我们认为，××公司按照《企业内部控制基本规范》和相关规定在所有重大方面保持了有效的财务报告内部控制。

**五、非财务报告内部控制的重大缺陷**

在内部控制审计过程中，我们注意到××公司的非财务报告内部控制存在重大缺陷[描述该缺陷的性质及其对实现相关控制目标的影响程度]。由于存在上述重大缺陷，我们提醒本报告使用者注意相关风险。需要指出的是，我们并不对××公司的非财务报告内部控制发表意见或提供保证。本段内容不影响对财务报告内部控制有效性发表的审计意见。

××会计师事务所
（盖章）

中国注册会计师：×××
（签名并盖章）

中国注册会计师：×××
（签名并盖章）

中国××市
二〇×二年×月×日

2. 带强调事项段的无保留意见内部控制审计报告

## 内部控制审计报告

××股份有限公司全体股东：

按照《企业内部控制审计指引》及中国注册会计师执业准则的相关要求，我们审计了××股份有限公司（以下简称××公司）××年×月×日的财务报告内部控制的有效性。

［"一、企业对内部控制的责任"至"五、非财务报告内部控制的重大缺陷"参见标准内部控制审计报告相关段落表述。］

**六、强调事项**

我们提醒内部控制审计报告使用者关注，（描述强调事项的性质及其对内部控制的重大影响）。本段内容不影响已对财务报告内部控制发表的审计意见。

××会计师事务所
（盖章）

中国注册会计师：×××
（签名并盖章）

中国注册会计师：×××
（签名并盖章）

中国××市
二○×二年×月×日

3. 否定意见内部控制审计报告

## 内部控制审计报告

××股份有限公司全体股东：

按照《企业内部控制审计指引》及中国注册会计师执业准则的相关要求，我们审计了××股份有限公司（以下简称××公司）××年×月×日的财务报告内部控制的有效性。［"一、企业对内部控制的责任"至"三、内部控制的固有局限性"参见标准内部控制审计报告相关段落表述。］

**四、导致否定意见的事项**

重大缺陷，是指一个或多个控制缺陷的组合，可能导致企业严重偏离控制目标。

［指出注册会计师已识别出的重大缺陷，并说明重大缺陷的性质及其对财务报告内部控制的影响程度。］

有效的内部控制能够为财务报告及相关信息的真实完整提供合理保证，而上述重大缺陷使××公司内部控制失去这一功能。

**五、财务报告内部控制审计意见**

我们认为，由于存在上述重大缺陷及其对实现控制目标的影响，××公司未能按照《企业内部控制基本规范》和相关规定在所有重大方面保持有效的财务报告内部控制。

**六、非财务报告内部控制的重大缺陷**

［参见标准内部控制审计报告相关段落表述。］

××会计师事务所
（盖章）

中国注册会计师：×××
（签名并盖章）

中国注册会计师：×××
（签名并盖章）

中国××市
二○×二年×月×日

4. 无法表示意见内部控制审计报告

## 内部控制审计报告

××股份有限公司全体股东：

我们接受委托，对××股份有限公司(以下简称××公司)××年×月×日的财务报告内部控制进行审计。

[删除注册会计师的责任段，“一、企业对内部控制的责任”和“二、内部控制的固有局限性”参见标准内部控制审计报告相关段落表述。]

**三、导致无法表示意见的事项**

[描述审计范围受到限制的具体情况。]

**四、财务报告内部控制审计意见**

由于审计范围受到上述限制，我们未能实施必要的审计程序以获取发表意见所需的充分、适当证据，因此，我们无法对××公司财务报告内部控制的有效性发表意见。

**五、识别的财务报告内部控制重大缺陷**(如在审计范围受到限制前，执行有限程序未能识别出重大缺陷，则应删除本段)

重大缺陷，是指一个或多个控制缺陷的组合，可能导致企业严重偏离控制目标。

尽管我们无法对××公司财务报告内部控制的有效性发表意见，但在我们实施的有限程序的过程中，发现了以下重大缺陷：

[指出注册会计师已识别出的重大缺陷，并说明重大缺陷的性质及其对财务报告内部控制的影响程度。]

有效的内部控制能够为财务报告及相关信息的真实完整提供合理保证，而上述重大缺陷使××公司内部控制失去这一功能。

**六、非财务报告内部控制的重大缺陷**

[参见标准内部控制审计报告相关段落表述。]

××会计师事务所
(盖章)

中国注册会计师：×××
(签名并盖章)

中国注册会计师：×××
(签名并盖章)

中国××市
二○×二年×月×日

# 22. 企业内部控制规范体系实施中相关问题解释第1号(2012年颁布)

财会[2012]3号

根据财政部等五部委的要求，《企业内部控制基本规范》(财会[2008]7号)及其配套指引已于2011年1月1日起在境内外同时上市的69家公司实施。同时，财政部、证监会又选择了200多家在境内主板上市的

公司进行试点。实施一年总体进展顺利，但也存在一定问题。为推动《企业内部控制基本规范》及其配套指引的顺利实施，现对有关问题解释如下：

1. 如何把握企业内部控制规范体系的强制性与指导性的关系？

答：在实施试点中，一些企业反映，《企业内部控制基本规范》及其配套指引的规定是否需要逐条执行。

《企业内部控制基本规范》是内部控制建设与实施应该遵循的基本原则和总体要求，具有强制性，纳入实施范围的企业应当遵照执行。《企业内部控制配套指引》（财会[2010]11号，包括18个应用指引、1个评价指引和1个审计指引）是对《企业内部控制基本规范》相关规定的进一步补充和说明，具有指导性和示范性，纳入实施范围的企业可以结合所在行业要求和企业自身特点，参照配套指引的规定开展内部控制建设与实施工作。

2. 已经完全按照境外监管机构要求建设与实施内部控制的境内外同时上市的公司，是否需要执行我国的企业内部控制规范体系？

答：目前，许多国家和地区对公众公司内部控制都有相关的规定和要求。我国企业内部控制规范体系在充分借鉴国际上先进经验和做法的同时，更多地适应了我国国情，尤其是充分考虑了我国目前法律法规体系、公司治理结构、企业管理体制、风险管控实务等具体情况，提出了内部控制的目标、原则、要素等，且不局限于财务报告内部控制，更多突出全面内部控制的要求。因此，境内外同时上市的公司应当在满足境外监管机构要求的基础上，对照我国企业内部控制规范体系，特别是应当围绕《企业内部控制基本规范》提出的内部控制五目标，对相关控制措施进行适当调整或补充完善。

3. 企业按照企业内部控制规范体系建设与实施内部控制，是否还需要遵守我国行业主管部门和市场监管部门对内部控制的有关要求？

答：《企业内部控制基本规范》及其配套指引是对不同行业、各类企业提出的一般性要求，具有普适性。行业主管或监管部门对所辖企业的内部控制管理规定，是不同行业内部控制的特殊要求，也是《企业内部控制基本规范》的重要补充。企业应当按照《企业内部控制基本规范》及其配套指引规定和行业管理、市场监管的要求，建设与实施内部控制。

4. 如何协调好内部控制与风险管理的关系？

答：《企业内部控制基本规范》及其配套指引，充分吸收了全面风险管理的理念和方法，强调了内部控制与风险管理的统一。内部控制的目标就是防范和控制风险，促进企业实现发展战略，风险管理的目标也是促进企业实现发展战略，二者都要求将风险控制在可承受范围之内。因此，内部控制与风险管理二者不是对立的，而是协调统一的整体。

在实际工作中，一些企业的内部控制和风险管理工作由不同机构负责。对此，企业可以对有关机构和业务进行整合，从工作内容、目标、要求以及具体工作执行的方法、程序等方面，将内部控制建设和风险管理工作有机结合起来，避免职能交叉、资源浪费、重复劳动，降低企业管理成本，提高工作效率和效果。

5. 对于《企业内部控制配套指引》尚未规范的领域，应如何处理？

答：由于企业所面临的客观环境和自身的经营管理活动比较复杂，目前的《企业内部控制配套指引》仅对企业常见的、一般性生产经营过程的主要方面和环节进行了规范。在建设与实施内部控制的过程中，对于《企业内部控制配套指引》尚未规范的业务领域，企业应当遵循《企业内部控制基本规范》的原则和要求，按照内部控制建设与实施的基本原理和一般方法，从企业经营目标出发，识别和评估相关风险，梳理关键业务流程，根据风险评估的结果，制定和执行相应控制措施。

6. 如何权衡内部控制的实施成本与预期效益？

答：企业按照《企业内部控制基本规范》及其配套指引的要求建设与实施内部控制，必然需要支付一定的成本，可能会发生内部控制制度和流程的设计与实施费用、聘请专业机构提供咨询服务费用、建立融入内部控制要求的信息系统费用、聘请会计师事务所开展内部控制审计费用，等等。建设与实施内部控制应当从提高企业长期效益出发，从促进企业可持续发展出发，将内部控制作为一项常规性工作，贯穿于企业管理之中，加大投入。同时，应当按照重要性原则，关注重要业务事项和高风险领域，抓住关键风险控制点。集团性企业可以采取分类试点、逐步推广的方式，选择下属不同类型的企业试点，形成范本，减少重复建设。

聘请会计师事务所开展内部控制审计是建设与实施内部控制的重要环节，是检验内部控制有效性的重要手段和有力保证。内部控制审计费用是企业实施内部控制规范体系应当承担的成本，企业应安排相应经费确保审计工作的及时、有效开展。内部控制审计是一项区别于财务报告审计的独立业务，企业应就该项业务与会计师事务所签订单独的业务约定书。同时，企业也应权衡审计成本与审计效益，在业务约定书中明确有关费用标准，并对会计师事务所审计资源的投入和审计质量提出明确要求。

7. 如何协调好内部控制与其他管理体系的关系？

答：内部控制贯穿于整个企业管理，与其他管理体系相辅相成、密不可分，是企业管理的重要组成部分。企业现有管理体系的设计、运行以及审核认证需要遵循已经发布的国家标准或行业标准。这些标准与企业内部控制规范体系的原则和要求并不矛盾。在实际工作中，个别企业的内部控制体系建设与管理体系运行发生冲突，原因可能是企业采用的方式方法出现了偏差，如简单照搬内部控制应用指引的规定，没有考虑企业的实际情况，为控制而控制，导致控制设计不合理，出现控制过度或控制冗余；也可能是企业经营管理部门对内部控制的重要性认识不足，不愿意受到更多的牵制和监督，从而以影响经营效率和目标为借口，拒绝必要的内部控制；等等。对此，企业应当立足管理现状，全面梳理各项管理制度和管理体系，从管理体制、机制以及落实各级权利责任等方面，将内部控制的要求融入各项管理体系中，形成内部控制的长效机制，使内部控制真正为经营管理服务；应当从总体目标出发，通过培训教育提高企业经营管理人员对内部控制的理解和认识，将内部控制的要求纳入绩效考核体系以加强执行；可以利用信息技术固化业务流程，提高业务处理效率和信息共享水平，从而尽可能减少内部控制与其他经营管理体系的冲突。

8. 企业如何确定内部控制缺陷的认定标准？

答：查找并纠正企业内部控制设计和运行中的缺陷，是开展企业内部控制评价的一项重要工作，是不断完善企业内部控制的重要手段。由于企业所处行业、经营规模、发展阶段、风险偏好等存在差异，《企业内部控制基本规范》及其配套指引没有对内部控制缺陷的认定标准进行统一规定。企业可以根据《企业内部基本规范》及其配套指引，结合企业规模、行业特征、风险水平等因素，研究确定适合本企业的内部控制重大缺陷、重要缺陷和一般缺陷的具体认定标准。企业确定的内部控制缺陷标准应当从定性和定量的角度综合考虑，并保持相对稳定。通过不断的实践，总结经验，形成一套行之有效的内部控制缺陷认定方法。

企业在开展内部控制监督检查中，对发现的内部控制缺陷，应当及时分析缺陷性质和产生原因，并提出整改方案，采取适当形式向董事会、监事会或者管理层报告。对于重大缺陷，企业应当在内部控制评价报告中进行披露。

财政部将会同证监会、审计署、银监会、保监会等有关部门，根据首次执行和试点情况，分行业、分类型总结企业的内部控制缺陷认定标准，供参考。

9. 实施《企业内部控制基本规范》及其配套指引的企业，是否需要设置专门的内部控制机构？

答：根据《企业内部控制基本规范》的规定，企业董事会负责内部控制的建立健全和有效实施。为便于董事会履行好企业内部控制规范体系的设计、建立、运行与改进方面的职责，董事会应当指定专门委员会负责指导内部控制建设与实施工作。一般情况下企业应当成立专门机构负责组织协调内部控制的建立实施及日常工作。

对于少数企业受制于岗位编制、专业人员等条件限制，目前尚不具备成立专门的内部控制管理机构的，可暂将内部控制管理职能划归现有机构。随着企业内部控制建设的持续深入和相关条件的不断成熟，企业应考虑成立专门机构，保证有足够的资源支持和协调内部控制工作的开展，确保内部控制工作的相对独立性。

10. 如何编制和披露企业内部控制评价报告？

企业内部控制评价是企业董事会对内部控制有效性进行全面评价、形成评价结论、出具评价报告的过程。开展内部控制评价，可以及时发现和纠正企业内部控制建设与实施中存在的问题，并持续自我完善。企业可以独立开展内部控制评价工作，也可以委托不承担本企业内部控制审计的中介机构协助开展内部控制评价工作。

根据《企业内部控制基本规范》、《企业内部控制评价指引》的要求，我们制定了企业内部控制评价报告的格式，供企业编制评价报告时参考，企业也可以根据实际情况对具体的报告方式作适当调整，但有关内容原则上应体现在年度报告中。

附：

# ××公司20××年度内部控制评价报告

××公司全体股东：

根据《企业内部控制基本规范》及其配套指引的规定和要求，结合本公司（以下简称公司）内部控制制度和评价办法，在内部控制日常监督和专项监督的基础上，我们对公司内部控制的有效性进行了自我评价。

**一、董事会声明**

公司董事会及全体董事保证本报告内容不存在任何虚假记载、误导性陈述或重大遗漏，并对报告内容的真实性、准确性和完整性承担个别及连带责任。

建立健全并有效实施内部控制是公司董事会的责任；监事会对董事会建立与实施内部控制进行监督；经理层负责组织领导公司内部控制的日常运行。

公司内部控制的目标是：[一般包括合理保证经营合法合规、资产安全、财务报告及相关信息真实完整，提高经营效率和效果，促进实现发展战略]。由于内部控制存在固有局限性，故仅能对实现上述目标提供合理保证。

**二、内部控制评价工作的总体情况**

公司董事会授权内部审计机构[或其他专门机构]负责内部控制评价的具体组织实施工作，对纳入评价范围的高风险领域和单位进行评价[描述评价工作的组织领导体制，一般包括评价工作组织结构图、主要负责人及汇报途径等]。

公司[是/否]聘请了专业机构[中介机构名称]提供内部控制咨询服务；公司[是/否]聘请了专业机构[中介机构名称]协助开展内部控制评价工作；公司[是/否]聘请会计师事务所[会计师事务所名称]对公司内部控制进行独立审计。

**三、内部控制评价的范围**

内部控制评价的范围涵盖了公司及其所属单位的主要业务和事项[列明评价范围占公司总资产比例或占公司收入比例等]，重点关注下列高风险领域：

[列示公司根据风险评估结果确定的内部控制前“十大”主要风险]

纳入评价范围的单位包括：

[无需罗列单位名称，而是描述纳入评价范围单位的行业性质、层级等]

纳入评价范围的业务和事项包括（根据实际情况调整，未尽事项可以充实）：

（一）组织架构

（二）发展战略

（三）人力资源

（四）社会责任

（五）企业文化

（六）资金活动

（七）采购业务

（八）资产管理

（九）销售业务

（十）研究与开发

（十一）工程项目

（十二）担保业务

（十三）业务外包

（十四）财务报告

（十五）全面预算

（十六）合同管理

（十七）内部信息传递

（十八）信息系统

上述业务和事项的内部控制涵盖了公司经营管理的主要方面，不存在重大遗漏。

（如存在重大遗漏）公司本年度未能对以下构成内部控制重要方面的单位或业务（事项）进行内部控制评价：

[逐条说明未纳入评价范围的重要单位或业务（事项），包括单位或业务（事项）描述、未纳入的原因、对内部控制评价报告真实完整性产生的重大影响等]

**四、内部控制评价的程序和方法**

内部控制评价工作严格遵循基本规范、评价指引及公司内部控制评价办法规定的程序执行[描述公司开展内部控制检查评价工作的基本流程]。

评价过程中，我们采用了（个别访谈、调查问题、专题讨论、穿行测试、实地查验、抽样和比较分析）等适当方法，广泛收集公司内部控制设计和运行是否有效的证据，如实填写评价工作底稿，分析、识别内部控制缺陷[说明评价方法的适当性及证据的充分性]。

**五、内部控制缺陷及其认定**

公司董事会根据基本规范、评价指引对重大缺陷、重要缺陷和一般缺陷的认定要求，结合公司规模、行业特征、风险偏好和风险承受度等因素，研究确定了适用本公司的内部控制缺陷具体认定标准，并与以前年度保持了一致[描述公司内部控制缺陷的定性及定量标准]，或作出了调整[描述具体调整标准及原因]。

根据上述认定标准，结合日常监督和专项监督情况，我们发现报告期内存在[数量]个缺陷，其中重大缺陷[数量]个，重要缺陷[数量]个。重大缺陷分别为：[对重大缺陷进行描述，并说明其对实现相关控制目标的影响程度]。

**六、内部控制缺陷的整改情况**

针对报告期内发现的内部控制缺陷（含上一期间未完成整改的内部控制缺陷），公司采取了相应的整改措施[描述整改措施的具体内容和实际效果]。对于整改完成的重大缺陷，公司有足够的测试样本显示，与重大缺陷[描述该重大缺陷]相关的内部控制设计且运行有效（运行有效的结论需提供90天内有效运行的证据）。

经过整改，公司在报告期末仍存在[数量]个缺陷，其中重大缺陷[数量]个，重要缺陷[数量]个。重大缺陷分别为：[对重大缺陷进行描述]。

针对报告期末未完成整改的重大缺陷，公司拟进一步采取相应措施加以整改[描述整改措施的具体内容及预期达到的效果]。

**七、内部控制有效性的结论**

公司已经根据基本规范、评价指引及其他相关法律法规的要求，对公司截至20××年12月31日的内部控制设计与运行的有效性进行了自我评价。

（存在重大缺陷的情形）报告期内，公司在内部控制设计与运行方面存在尚未完成整改的重大缺陷[描述该缺陷的性质及其对实现相关控制目标的影响程度]。由于存在上述缺陷，可能会给公司未来生产经营带来相关风险[描述该风险]。

（不存在重大缺陷的情形）报告期内，公司对纳入评价范围的业务与事项均已建立了内部控制，并得以有效执行，达到了公司内部控制的目标，不存在重大缺陷。

自内部控制评价报告基准日至内部控制评价报告发出日之间[是/否]发生对评价结论产生实质性影响的内部控制的重大变化。[如存在，描述该事项对评价结论的影响及董事会拟采取的应对措施]。

我们注意到，内部控制应当与公司经营规模、业务范围、竞争状况和风险水平等相适应，并随着情况的变化及时加以调整。[简要描述下一年度内部控制工作计划]未来期间，公司将继续完善内部控制制度，规范内部控制制度执行，强化内部控制监督检查，促进公司健康、可持续发展。

董事长：[签名]

××公司

20××年××月

# 23. 企业内部控制规范体系实施中相关问题解释第2号(2012年颁布)

财会[2012]18号

企业内部控制规范体系正式实施一年多来,总体平稳,但在具体实施过程中,部分企业还存在理解认识上的不到位和实际执行上的偏差。为了稳步推进企业内部控制规范体系贯彻实施,经研究,现就有关问题解释如下:

1. 企业应如何正确把握内部控制的组织实施工作?

答:企业在开始实施内部控制时,应当按照《企业内部控制基本规范》(财会〔2008〕7号)(以下简称基本规范)确定的内部控制目标、要素、原则和具体要求开展工作,强化组织领导,夯实内部控制基础。董事会负责内部控制的建立健全和有效实施,监事会对董事会建立与实施内部控制进行监督,经理层负责组织领导企业内部控制的日常运行,全体员工广泛参与内部控制的具体实施。企业的内部控制部门应结合实际,制定内部控制体系建设的分阶段目标,围绕内部控制的五个要素扎实开展工作,深入宣传、认真执行、严格监督、严肃考核,保证企业经营管理合法合规、资产安全、财务报告及相关信息真实完整,提高经营效率和效果,规避生产经营风险。随着实施工作的不断深入,企业应当加强内部控制全员、全面、全过程管理,进一步推动管理创新,不断提升管理水平,有效防控经营风险,保证实现价值目标,最终促进企业实现发展战略。

企业应当结合所在行业要求和自身特点,按照基本规范的要求,参照《企业内部控制配套指引》(财会〔2010〕11号)(以下简称配套指引)的规定开展内部控制实施工作。目前配套指引针对企业一般性的业务和重点环节制定了原则性的要求,未涵盖行业特点突出的具体业务。在实施过程中,企业应当全面执行基本规范,以配套指引为参考,结合行业管理要求,从自身经营管理的实际出发,识别和评估相关风险,加强对关键和重点业务的控制,保持信息沟通的顺畅,对实施效果做好监督评价,努力构建一套符合实际、业务规范、控制合理、管理有效的内部控制体系。

2. 不同的企业应如何把握好内部控制实施工作的进度和重点?

答:对于即将启动或刚刚启动内部控制实施工作的上市公司、国有企业和集团企业,应按照相关业务主管部门、监管部门等的要求加快推动,并根据企业实际全面实施;对于已经在部分下属分公司和子公司建立了较为完善的内部控制体系的企业,应当总结和借鉴已经开展内部控制建设的分公司和子公司的经验和做法,将其推广至全公司范围;对于已经在全公司范围内建立起覆盖全过程、各层级内部控制体系的企业,应将工作重心放在内部控制的持续改进上,充分运用内部控制自我评价的方法和手段,按照有关要求对实施情况进行常规、持续的监督检查,查找实施中的缺陷与不足,促进内部控制的持续改进和不断优化。

对于非上市的企业或企业集团,应从实际情况出发,根据下属公司的经营性质、业务规模等特点制定切实可行的内部控制实施方案,分类分步推进,全面启动内部控制建设与实施工作。企业集团也可以根据业务板块、管理特点等,先在部分企业建立起较为完善的内部控制体系,再逐步建立覆盖企业集团的内部控制体系,体现集团管控的要求。

3. 企业应如何改善内部控制专业人才缺乏的状况?

答:为解决企业内部控制专业人才紧缺状况,企业可以抽调财会、审计和生产管理等业务骨干开展内部控制管理工作,同时应当有计划地培养内部控制专业人才。一是通过参加政府部门、中介机构、企业内部举办的培训学习等,促使内控人员掌握相关知识;二是让从事内部控制的专业人员,在工作实践中不断探索学习,以内部控制基础理论、基本规范及配套指引为指针,借鉴其他企业的经验,结合实际,自我学习、自我积累,探索创新,不断提升个人的业务能力和企业的内控管理水平;三是在聘请中介机构开展内部控制咨询、审计服务时,充分利用中介机构的专业力量,通过业务沟通交流和参与实际运作来锻炼培养企业专业人才队伍。

企业领导要高度重视内部控制专业人才队伍建设，在强调全员参与内部控制的基础上，采取多种措施，建立激励机制，鼓励从事内部控制的专业人员岗位成才。对于为企业内部控制建设做出贡献的专业人员应当给予奖励，以调动内部控制专业人才队伍的工作积极性。

4. 集团性企业应如何确定内部控制评价的范围？

答：集团性企业在确认内部控制评价范围时，应当遵循全面性、重要性、客观性原则，在对集团总部及下属不同业务类型、不同规模的企业进行全面、客观评价的基础上，关注重要业务单位、重大事项和高风险业务。

重要业务单位一般以资产、收入、利润等作为判定标准。包括集团总部、资产占合并资产总额比例较高的分公司和子公司，营业收入占合并营业收入比例较高的分公司和子公司以及利润占合并利润比例较高的分公司和子公司等。

重大事项一般是指重大投资决策项目，兼并重组、资产调整、产权转让项目，期权、期货等金融衍生业务，融资、担保项目，重大的生产经营安排，重要设备和技术引进，采购大宗物资和购买服务，重大工程建设项目，年度预算内大额度资金调动和使用，以及其他大额度资金运作事项等。

高风险业务一般是指经过风险评估后确定为较高或高风险的业务，也包括特殊行业及特殊业务，国家法律、法规有特殊管制或监管要求的业务等。

5. 企业在选择中介机构协助开展内部控制体系建设与实施工作时，应重点考虑哪些因素？

答：企业建设与实施内部控制，应当按照基本规范及配套指引的要求，原则上要立足于行业特点和企业实际，倡导自上而下、自主开展内部控制建设与实施工作。

如果企业确有需要选择中介机构协助开展工作，可重点考虑以下几个因素：一是中介机构的专业性，如内控咨询团队的专业知识及项目管理经验等；二是服务内容与企业需求的匹配程度，如实施方案是否符合企业实际情况等；三是团队的配置水平，如人员数量是否适当、团队的整体知识结构、过去的成功案例情况及客户评价等；四是服务报价合理性等，企业对收费明显偏离合理性的中介机构，应防范服务质量风险。

企业在聘请中介机构协助开展内部控制体系建设与实施工作中，应当采取有效的方式保护企业核心商业秘密和国家机密，防范泄密风险。

6. 企业应采用何种组织形式开展内部控制评价工作？

答：内部控制评价是指企业董事会或类似权力机构对内部控制的有效性进行全面评价、形成评价结论、出具评价报告的过程。同时也是企业内部涉及业务面广、专业性强的工作，包括日常检查评价和专项检查评价。

企业可以授权内部审计机构具体实施内部控制有效性的定期评价工作。由于内部审计机构在企业内部处于相对独立的地位，该机构的工作内容、性质和人员的业务专长与内部控制评价工作有着密切的关联，因此内部审计机构可以负责内部控制评价的具体实施工作。

成立了专门的内部控制机构的企业，由内部控制机构负责组织协调内部控制的建立实施及日常管理工作，其工作直接向董事会或类似权力机构负责。企业的内部控制机构可以组织实施内部控制评价工作。内部控制机构可以组织审计、财务、生产管理等专业人员，对内部控制全面或某一方面进行日常和专项检查评价，也可以对认定的重大风险进行专项监督，定期出具内部控制评价报告，报董事会或类似权力机构审核。

企业也可以根据自身特点，成立内部控制评价工作的非常设机构，比如，抽调内部审计、内部控制等相关机构的人员组成内部控制评价小组，具体组织实施内部控制评价工作。

此外，企业可以委托中介机构实施内部控制评价。

7. 企业应如何对待内部控制评价中发现的缺陷？

答：内部控制缺陷按照成因分为设计缺陷和运行缺陷。对于设计缺陷，应从企业内部的管理制度入手查找原因，需要更新、调整、废止的制度要及时进行处理，并同时改进内部控制体系的设计，弥补设计缺陷的漏洞。对于运行缺陷，则应分析出现的原因，查清责任人，并有针对性地进行整改。

内部控制缺陷按照影响程度分为重大缺陷、重要缺陷和一般缺陷。对于重大缺陷，应当由董事会予以

最终认定，企业要及时采取应对策略，切实将风险控制在可承受度之内。对于重要缺陷和一般缺陷，企业应当及时采取措施，避免发生损失。

企业应当编制内部控制缺陷认定汇总表，结合实际情况对内部控制缺陷的成因、表现形式和影响程度进行综合分析和全面复核，提出认定意见和改进建议，确保整改到位，并以适当形式向董事会、监事会或者经理层报告。

对于因内部控制缺陷造成经济损失的，企业应当查明原因，追究相关部门和人员的责任。

8. 如果会计师事务所将其内部控制咨询业务和内部控制审计业务进行分离后，是否可以为同一企业提供内部控制审计和咨询服务？

答：基本规范及配套指引的发布实施，拓宽了会计师事务所的业务领域。随着 2012 年国内主板上市公司分类分批实施，内部控制咨询、内部控制评价、内部控制审计的需求会很大。当前，我国会计师事务所在内部控制咨询和内部控制审计方面的专业人才和技术力量有限。据了解，很多会计师事务所为了执行基本规范第十条的规定，主动开展了内部体制机制整合。

会计师事务所在受聘为企业提供有关内部控制咨询或审计服务时，应坚持独立性原则，严格遵守《中国注册会计师职业道德守则》要求，不得与具有网络关系的中介机构同时为同一企业提供内部控制咨询和审计服务。

有的会计师事务所采取内部隔离方式，即在内部成立咨询部门和审计部门，两个部门之间相互独立，人员不交叉使用，在形式上建立了内部的"防火墙"。这种方式难以有效地将内部控制咨询和内部控制审计业务进行分离，不符合独立性要求。

也有会计师事务所新设立了具有法人资格的咨询机构，如果新设立的咨询机构与原事务所构成网络关系，则违反独立性原则，也不能同时为同一家企业提供内控咨询和审计服务。

9. 注册会计师在开展内部控制审计时应如何安排时间？

答：按照配套指引中《企业内部控制审计指引》的要求，注册会计师在确定测试的时间安排时，应当尽量在接近企业内部控制自我评价基准日实施测试，实施的测试需要涵盖足够长的时间。

企业应按照要求及时委托会计师事务所开展内部控制审计业务，保证按期对外披露或报送内部控制审计报告。首次进行内部控制审计时，企业和注册会计师应当在当期会计年度的上半年即开始准备该年度的内部控制审计工作，从而保证整改后的控制运行有足够长的时间。对于认定为缺陷的业务，如果企业在基准日前对其进行了整改，但整改后的业务控制尚没有运行足够长的时间，注册会计师应当将其认定为内部控制在审计基准日存在缺陷。注册会计师在接受或开展内部控制审计业务时，应当尽早与企业沟通内部控制审计计划，并合理安排内部控制测试的时间。

在连续进行内部控制审计的过程中，注册会计师应当考虑以前年度执行内部控制审计时所了解的情况以及当年企业发生的相关变化，在此基础上确定适当的内部控制审计工作方案和时间安排。

10. 与大、中型企业相比，小型企业在实施内部控制时应有哪些特殊的考虑？

答：小型企业通常是指具有业务比较单一、所有权和管理权集中、管理层级较少、部门设置简单等特征的企业。小型企业根据基本规范及配套指引实施内部控制时，在保证有效性的基础上，可结合企业特点进行适当调整。

小型企业的管理层级一般较少，所有权、决策权和管理权较为集中，治理层通常密切参与公司日常经营及管理活动，使企业的控制力和执行力得到了提高，但也容易导致决策失误或舞弊风险，因此要提高董事会的集体决策能力，加强企业决策过程的控制。

小型企业应明确内部控制目标，准确评估经营风险，建立健全各项制度，将决策过程和各项业务流程制度化、规范化；明确不同层级部门和人员的权限和职责，强化岗位制衡，做到适度授权和分权；重点关注与企业资金、资产、资本、财务报告等关键业务有关的风险的控制。

小型企业应提高财务、会计和审计人员的素质，培养和聘用内部控制专业人才，加强对财务会计工作和财务报告的重视程度。小型企业的机构设置简单，管理资源易于整合，可以根据企业所面临的主要风险和相关控制的效果，适当简化内部控制体系建设，灵活设计、选择控制流程和控制活动，达到有效控制风险和防范舞弊的目的。

基于效率的考虑，小型企业应当提高信息技术的应用，结合业务风险和信息系统风险评估，加强信息系统控制的应用，采取手工控制与自动控制相结合的方式，将风险控制在可承受度之内。

小型企业应建立健全内部控制的监督机制，持续监控和定期评价内部控制的有效性，尤其要对会计信息、资金运转、资产安全、采购及销售等方面加强监控，及时发现和纠正缺陷，确保内部控制在企业不同成长阶段、不同环境下的持续有效改进。

# 24. 中央企业全面风险管理指引(2006 年颁布)

国资发改革[2006]108 号

## 第一章 总 则

**第一条** 为指导国务院国有资产监督管理委员会(以下简称国资委)履行出资人职责的企业(以下简称中央企业)开展全面风险管理工作，增强企业竞争力，提高投资回报，促进企业持续、健康、稳定发展，根据《中华人民共和国公司法》、《企业国有资产监督管理暂行条例》等法律法规，制定本指引。

**第二条** 中央企业根据自身实际情况贯彻执行本指引。中央企业中的国有独资公司董事会负责督导本指引的实施；国有控股企业由国资委和国资委提名的董事通过股东(大)会和董事会按照法定程序负责督导本指引的实施。

**第三条** 本指引所称企业风险，指未来的不确定性对企业实现其经营目标的影响。企业风险一般可分为战略风险、财务风险、市场风险、运营风险、法律风险等；也可以能否为企业带来盈利等机会为标志，将风险分为纯粹风险(只有带来损失一种可能性)和机会风险(带来损失和盈利的可能性并存)。

**第四条** 本指引所称全面风险管理，指企业围绕总体经营目标，通过在企业管理的各个环节和经营过程中执行风险管理的基本流程，培育良好的风险管理文化，建立健全全面风险管理体系，包括风险管理策略、风险理财措施、风险管理的组织职能体系、风险管理信息系统和内部控制系统，从而为实现风险管理的总体目标提供合理保证的过程和方法。

**第五条** 本指引所称风险管理基本流程包括以下主要工作：

(一)收集风险管理初始信息；

(二)进行风险评估；

(三)制定风险管理策略；

(四)提出和实施风险管理解决方案；

(五)风险管理的监督与改进。

**第六条** 本指引所称内部控制系统，指围绕风险管理策略目标，针对企业战略、规划、产品研发、投融资、市场运营、财务、内部审计、法律事务、人力资源、采购、加工制造、销售、物流、质量、安全生产、环境保护等各项业务管理及其重要业务流程，通过执行风险管理基本流程，制定并执行的规章制度、程序和措施。

**第七条** 企业开展全面风险管理要努力实现以下风险管理总体目标：

(一)确保将风险控制在与总体目标相适应并可承受的范围内；

(二)确保内外部，尤其是企业与股东之间实现真实、可靠的信息沟通，包括编制和提供真实、可靠的财务报告；

(三)确保遵守有关法律法规；

(四)确保企业有关规章制度和为实现经营目标而采取重大措施的贯彻执行，保障经营管理的有效性，提高经营活动的效率和效果，降低实现经营目标的不确定性；

(五)确保企业建立针对各项重大风险发生后的危机处理计划，保护企业不因灾害性风险或人为失误而遭受重大损失。

**第八条** 企业开展全面风险管理工作，应注重防范和控制风险可能给企业造成损失和危害，也应把机会风险视为企业的特殊资源，通过对其管理，为企业创造价值，促进经营目标的实现。

**第九条** 企业应本着从实际出发，务求实效的原则，以对重大风险、重大事件(指重大风险发生后的事实)的管理和重要流程的内部控制为重点，积极开展全面风险管理工作。具备条件的企业应全面推进，尽快建立全面风险管理体系；其他企业应制定开展全面风险管理的总体规划，分步实施，可先选择发展战略、投资收购、财务报告、内部审计、衍生产品交易、法律事务、安全生产、应收账款管理等一项或多项业务开展风险管理工作，建立单项或多项内部控制子系统。通过积累经验，培养人才，逐步建立健全全面风险管理体系。

**第十条** 企业开展全面风险管理工作应与其他管理工作紧密结合，把风险管理的各项要求融入企业管理和业务流程中。具备条件的企业可建立风险管理三道防线，即各有关职能部门和业务单位为第一道防线；风险管理职能部门和董事会下设的风险管理委员会为第二道防线；内部审计部门和董事会下设的审计委员会为第三道防线。

## 第二章 风险管理初始信息

**第十一条** 实施全面风险管理，企业应广泛、持续不断地收集与本企业风险和风险管理相关的内部、外部初始信息，包括历史数据和未来预测。应把收集初始信息的职责分工落实到各有关职能部门和业务单位。

**第十二条** 在战略风险方面，企业应广泛收集国内外企业战略风险失控导致企业蒙受损失的案例，并至少收集与本企业相关的以下重要信息：

(一)国内外宏观经济政策以及经济运行情况、本行业状况、国家产业政策；

(二)科技进步、技术创新的有关内容；

(三)市场对本企业产品或服务的需求；

(四)与企业战略合作伙伴的关系，未来寻求战略合作伙伴的可能性；

(五)本企业主要客户、供应商及竞争对手的有关情况；

(六)与主要竞争对手相比，本企业实力与差距；

(七)本企业发展战略和规划、投融资计划、年度经营目标、经营战略，以及编制这些战略、规划、计划、目标的有关依据；

(八)本企业对外投融资流程中曾发生或易发生错误的业务流程或环节。

**第十三条** 在财务风险方面，企业应广泛收集国内外企业财务风险失控导致危机的案例，并至少收集本企业的以下重要信息(其中有行业平均指标或先进指标的，也应尽可能收集)：

(一)负债、或有负债、负债率、偿债能力；

(二)现金流、应收账款及其占销售收入的比重、资金周转率；

(三)产品存货及其占销售成本的比重、应付账款及其占购货额的比重；

(四)制造成本和管理费用、财务费用、营业费用；

(五)盈利能力；

(六)成本核算、资金结算和现金管理业务中曾发生或易发生错误的业务流程或环节；

(七)与本企业相关的行业会计政策、会计估算、与国际会计制度的差异与调节(如退休金、递延税项等)等信息。

**第十四条** 在市场风险方面，企业应广泛收集国内外企业忽视市场风险、缺乏应对措施导致企业蒙受损失的案例，并至少收集与本企业相关的以下重要信息：

(一)产品或服务的价格及供需变化；

(二)能源、原材料、配件等物资供应的充足性、稳定性和价格变化；

(三)主要客户、主要供应商的信用情况；

(四)税收政策和利率、汇率、股票价格指数的变化；

(五)潜在竞争者、竞争者及其主要产品、替代品情况。

**第十五条** 在运营风险方面，企业应至少收集与本企业、本行业相关的以下信息：

(一)产品结构、新产品研发；

(二)新市场开发，市场营销策略，包括产品或服务定价与销售渠道，市场营销环境状况等；

（三）企业组织效能、管理现状、企业文化，高、中层管理人员和重要业务流程中专业人员的知识结构、专业经验；

（四）期货等衍生产品业务中曾发生或易发生失误的流程和环节；

（五）质量、安全、环保、信息安全等管理中曾发生或易发生失误的业务流程或环节；

（六）因企业内、外部人员的道德风险致使企业遭受损失或业务控制系统失灵；

（七）给企业造成损失的自然灾害以及除上述有关情形之外的其他纯粹风险；

（八）对现有业务流程和信息系统操作运行情况的监管、运行评价及持续改进能力；

（九）企业风险管理的现状和能力。

**第十六条**　在法律风险方面，企业应广泛收集国内外企业忽视法律法规风险、缺乏应对措施导致企业蒙受损失的案例，并至少收集与本企业相关的以下信息：

（一）国内外与本企业相关的政治、法律环境；

（二）影响企业的新法律法规和政策；

（三）员工道德操守的遵从性；

（四）本企业签订的重大协议和有关贸易合同；

（五）本企业发生重大法律纠纷案件的情况；

（六）企业和竞争对手的知识产权情况。

**第十七条**　企业对收集的初始信息应进行必要的筛选、提炼、对比、分类、组合，以便进行风险评估。

## 第三章　风险评估

**第十八条**　企业应对收集的风险管理初始信息和企业各项业务管理及其重要业务流程进行风险评估。风险评估包括风险辨识、风险分析、风险评价三个步骤。

**第十九条**　风险评估应由企业组织有关职能部门和业务单位实施，也可聘请有资质、信誉好、风险管理专业能力强的中介机构协助实施。

**第二十条**　风险辨识是指查找企业各业务单元、各项重要经营活动及其重要业务流程中有无风险，有哪些风险。风险分析是对辨识出的风险及其特征进行明确的定义描述，分析和描述风险发生可能性的高低、风险发生的条件。风险评价是评估风险对企业实现目标的影响程度、风险的价值等。

**第二十一条**　进行风险辨识、分析、评价，应将定性与定量方法相结合。定性方法可采用问卷调查、集体讨论、专家咨询、情景分析、政策分析、行业标杆比较、管理层访谈、由专人主持的工作访谈和调查研究等。定量方法可采用统计推论（如集中趋势法）、计算机模拟（如蒙特卡罗分析法）、失效模式与影响分析、事件树分析等。

**第二十二条**　进行风险定量评估时，应统一制定各风险的度量单位和风险度量模型，并通过测试等方法，确保评估系统的假设前提、参数、数据来源和定量评估程序的合理性和准确性。要根据环境的变化，定期对假设前提和参数进行复核和修改，并将定量评估系统的估算结果与实际效果对比，据此对有关参数进行调整和改进。

**第二十三条**　风险分析应包括风险之间的关系分析，以便发现各风险之间的自然对冲、风险事件发生的正负相关性等组合效应，从风险策略上对风险进行统一集中管理。

**第二十四条**　企业在评估多项风险时，应根据对风险发生可能性的高低和对目标的影响程度的评估，绘制风险坐标图，对各项风险进行比较，初步确定对各项风险的管理优先顺序和策略。

**第二十五条**　企业应对风险管理信息实行动态管理，定期或不定期实施风险辨识、分析、评价，以便对新的风险和原有风险的变化重新评估。

## 第四章　风险管理策略

**第二十六条**　本指引所称风险管理策略，指企业根据自身条件和外部环境，围绕企业发展战略，确定风险偏好、风险承受度、风险管理有效性标准，选择风险承担、风险规避、风险转移、风险转换、风险对冲、风险补偿、风险控制等适合的风险管理工具的总体策略，并确定风险管理所需人力和财力资源的配置

原则。

**第二十七条** 一般情况下，对战略、财务、运营和法律风险，可采取风险承担、风险规避、风险转换、风险控制等方法。对能够通过保险、期货、对冲等金融手段进行理财的风险，可以采用风险转移、风险对冲、风险补偿等方法。

**第二十八条** 企业应根据不同业务特点统一确定风险偏好和风险承受度，即企业愿意承担哪些风险，明确风险的最低限度和不能超过的最高限度，并据此确定风险的预警线及相应采取的对策。确定风险偏好和风险承受度，要正确认识和把握风险与收益的平衡，防止和纠正忽视风险，片面追求收益而不讲条件、范围，认为风险越大、收益越高的观念和做法；同时，也要防止单纯为规避风险而放弃发展机遇。

**第二十九条** 企业应根据风险与收益相平衡的原则以及各风险在风险坐标图上的位置，进一步确定风险管理的优选顺序，明确风险管理成本的资金预算和控制风险的组织体系、人力资源、应对措施等总体安排。

**第三十条** 企业应定期总结和分析已制定的风险管理策略的有效性和合理性，结合实际不断修订和完善。其中，应重点检查依据风险偏好、风险承受度和风险控制预警线实施的结果是否有效，并提出定性或定量的有效性标准。

## 第五章 风险管理解决方案

**第三十一条** 企业应根据风险管理策略，针对各类风险或每一项重大风险制定风险管理解决方案。方案一般应包括风险解决的具体目标，所需的组织领导，所涉及的管理及业务流程，所需的条件、手段等资源，风险事件发生前、中、后所采取的具体应对措施以及风险管理工具（如：关键风险指标管理、损失事件管理等）。

**第三十二条** 企业制定风险管理解决的外包方案，应注重成本与收益的平衡、外包工作的质量、自身商业秘密的保护以及防止自身对风险解决外包产生依赖性风险等，并制定相应的预防和控制措施。

**第三十三条** 企业制定风险解决的内控方案，应满足合规的要求，坚持经营战略与风险策略一致、风险控制与运营效率及效果相平衡的原则，针对重大风险所涉及的各管理及业务流程，制定涵盖各个环节的全流程控制措施；对其他风险所涉及的业务流程，要把关键环节作为控制点，采取相应的控制措施。

**第三十四条** 企业制定内控措施，一般至少包括以下内容：

（一）建立内控岗位授权制度。对内控所涉及的各岗位明确规定授权的对象、条件、范围和额度等，任何组织和个人不得超越授权做出风险性决定；

（二）建立内控报告制度。明确规定报告人与接受报告人，报告的时间、内容、频率、传递路线、负责处理报告的部门和人员等；

（三）建立内控批准制度。对内控所涉及的重要事项，明确规定批准的程序、条件、范围和额度、必备文件以及有权批准的部门和人员及其相应责任；

（四）建立内控责任制度。按照权利、义务和责任相统一的原则，明确规定各有关部门和业务单位、岗位、人员应负的责任和奖惩制度；

（五）建立内控审计检查制度。结合内控的有关要求、方法、标准与流程，明确规定审计检查的对象、内容、方式和负责审计检查的部门等；

（六）建立内控考核评价制度。具备条件的企业应把各业务单位风险管理执行情况与绩效薪酬挂钩；

（七）建立重大风险预警制度。对重大风险进行持续不断的监测，及时发布预警信息，制定应急预案，并根据情况变化调整控制措施；

（八）建立健全以总法律顾问制度为核心的企业法律顾问制度。大力加强企业法律风险防范机制建设，形成由企业决策层主导、企业总法律顾问牵头、企业法律顾问提供业务保障、全体员工共同参与的法律风险责任体系。完善企业重大法律纠纷案件的备案管理制度；

（九）建立重要岗位权力制衡制度，明确规定不相容职责的分离。主要包括：授权批准、业务经办、会计记录、财产保管和稽核检查等职责。对内控所涉及的重要岗位可设置一岗双人、双职、双责，相互制约；明确该岗位的上级部门或人员对其应采取的监督措施和应负的监督责任；将该岗位作为内部审计的重点等。

**第三十五条**　企业应当按照各有关部门和业务单位的职责分工，认真组织实施风险管理解决方案，确保各项措施落实到位。

## 第六章　风险管理的监督与改进

**第三十六条**　企业应以重大风险、重大事件和重大决策、重要管理及业务流程为重点，对风险管理初始信息、风险评估、风险管理策略、关键控制活动及风险管理解决方案的实施情况进行监督，采用压力测试、返回测试、穿行测试以及风险控制自我评估等方法对风险管理的有效性进行检验，根据变化情况和存在的缺陷及时加以改进。

**第三十七条**　企业应建立贯穿于整个风险管理基本流程，连接各上下级、各部门和业务单位的风险管理信息沟通渠道，确保信息沟通的及时、准确、完整，为风险管理监督与改进奠定基础。

**第三十八条**　企业各有关部门和业务单位应定期对风险管理工作进行自查和检验，及时发现缺陷并改进，其检查、检验报告应及时报送企业风险管理职能部门。

**第三十九条**　企业风险管理职能部门应定期对各部门和业务单位风险管理工作实施情况和有效性进行检查和检验，要根据本指引第三十条要求对风险管理策略进行评估，对跨部门和业务单位的风险管理解决方案进行评价，提出调整或改进建议，出具评价和建议报告，及时报送企业总经理或其委托分管风险管理工作的高级管理人员。

**第四十条**　企业内部审计部门应至少每年一次对包括风险管理职能部门在内的各有关部门和业务单位能否按照有关规定开展风险管理工作及其工作效果进行监督评价，监督评价报告应直接报送董事会或董事会下设的风险管理委员会和审计委员会。此项工作也可结合年度审计、任期审计或专项审计工作一并开展。

**第四十一条**　企业可聘请有资质、信誉好、风险管理专业能力强的中介机构对企业全面风险管理工作进行评价，出具风险管理评估和建议专项报告。报告一般应包括以下几方面的实施情况、存在缺陷和改进建议：

(一)风险管理基本流程与风险管理策略；

(二)企业重大风险、重大事件和重要管理及业务流程的风险管理及内部控制系统的建设；

(三)风险管理组织体系与信息系统；

(四)全面风险管理总体目标。

## 第七章　风险管理组织体系

**第四十二条**　企业应建立健全风险管理组织体系，主要包括规范的公司法人治理结构，风险管理职能部门、内部审计部门和法律事务部门以及其他有关职能部门、业务单位的组织领导机构及其职责。

**第四十三条**　企业应建立健全规范的公司法人治理结构，股东(大)会(对于国有独资公司或国有独资企业，即指国资委，下同)、董事会、监事会、经理层依法履行职责，形成高效运转、有效制衡的监督约束机制。

**第四十四条**　国有独资公司和国有控股公司应建立外部董事、独立董事制度，外部董事、独立董事人数应超过董事会全部成员的半数，以保证董事会能够在重大决策、重大风险管理等方面作出独立于经理层的判断和选择。

**第四十五条**　董事会就全面风险管理工作的有效性对股东(大)会负责。董事会在全面风险管理方面主要履行以下职责：

(一)审议并向股东(大)会提交企业全面风险管理年度工作报告；

(二)确定企业风险管理总体目标、风险偏好、风险承受度，批准风险管理策略和重大风险管理解决方案；

(三)了解和掌握企业面临的各项重大风险及其风险管理现状，做出有效控制风险的决策；

(四)批准重大决策、重大风险、重大事件和重要业务流程的判断标准或判断机制；

(五)批准重大决策的风险评估报告；

（六）批准内部审计部门提交的风险管理监督评价审计报告；

（七）批准风险管理组织机构设置及其职责方案；

（八）批准风险管理措施，纠正和处理任何组织或个人超越风险管理制度做出的风险性决定的行为；

（九）督导企业风险管理文化的培育；

（十）全面风险管理其他重大事项。

**第四十六条** 具备条件的企业，董事会可下设风险管理委员会。该委员会的召集人应由不兼任总经理的董事长担任；董事长兼任总经理的，召集人应由外部董事或独立董事担任。该委员会成员中需有熟悉企业重要管理及业务流程的董事，以及具备风险管理监管知识或经验、具有一定法律知识的董事。

**第四十七条** 风险管理委员会对董事会负责，主要履行以下职责：

（一）提交全面风险管理年度报告；

（二）审议风险管理策略和重大风险管理解决方案；

（三）审议重大决策、重大风险、重大事件和重要业务流程的判断标准或判断机制，以及重大决策的风险评估报告；

（四）审议内部审计部门提交的风险管理监督评价审计综合报告；

（五）审议风险管理组织机构设置及其职责方案；

（六）办理董事会授权的有关全面风险管理的其他事项。

**第四十八条** 企业总经理对全面风险管理工作的有效性向董事会负责。总经理或总经理委托的高级管理人员，负责主持全面风险管理的日常工作，负责组织拟订企业风险管理组织机构设置及其职责方案。

**第四十九条** 企业应设立专职部门或确定相关职能部门履行全面风险管理的职责。该部门对总经理或其委托的高级管理人员负责，主要履行以下职责：

（一）研究提出全面风险管理工作报告；

（二）研究提出跨职能部门的重大决策、重大风险、重大事件和重要业务流程的判断标准或判断机制；

（三）研究提出跨职能部门的重大决策风险评估报告；

（四）研究提出风险管理策略和跨职能部门的重大风险管理解决方案，并负责该方案的组织实施和对该风险的日常监控；

（五）负责对全面风险管理有效性评估，研究提出全面风险管理的改进方案；

（六）负责组织建立风险管理信息系统；

（七）负责组织协调全面风险管理日常工作；

（八）负责指导、监督有关职能部门、各业务单位以及全资、控股子企业开展全面风险管理工作；

（九）办理风险管理其他有关工作。

**第五十条** 企业应在董事会下设立审计委员会，企业内部审计部门对审计委员会负责。审计委员会和内部审计部门的职责应符合《中央企业内部审计管理暂行办法》（国资委令第8号）的有关规定。内部审计部门在风险管理方面，主要负责研究提出全面风险管理监督评价体系，制定监督评价相关制度，开展监督与评价，出具监督评价审计报告。

**第五十一条** 企业其他职能部门及各业务单位在全面风险管理工作中，应接受风险管理职能部门和内部审计部门的组织、协调、指导和监督，主要履行以下职责：

（一）执行风险管理基本流程；

（二）研究提出本职能部门或业务单位重大决策、重大风险、重大事件和重要业务流程的判断标准或判断机制；

（三）研究提出本职能部门或业务单位的重大决策风险评估报告；

（四）做好本职能部门或业务单位建立风险管理信息系统的工作；

（五）做好培育风险管理文化的有关工作；

（六）建立健全本职能部门或业务单位的风险管理内部控制子系统；

（七）办理风险管理其他有关工作。

**第五十二条** 企业应通过法定程序，指导和监督其全资、控股子企业建立与企业相适应或符合全资、控股子企业自身特点、能有效发挥作用的风险管理组织体系。

## 第八章 风险管理信息系统

**第五十三条** 企业应将信息技术应用于风险管理的各项工作，建立涵盖风险管理基本流程和内部控制系统各环节的风险管理信息系统，包括信息的采集、存储、加工、分析、测试、传递、报告、披露等。

**第五十四条** 企业应采取措施确保向风险管理信息系统输入的业务数据和风险量化值的一致性、准确性、及时性、可用性和完整性。对输入信息系统的数据，未经批准，不得更改。

**第五十五条** 风险管理信息系统应能够进行对各种风险的计量和定量分析、定量测试；能够实时反映风险矩阵和排序频谱、重大风险和重要业务流程的监控状态；能够对超过风险预警上限的重大风险实施信息报警；能够满足风险管理内部信息报告制度和企业对外信息披露管理制度的要求。

**第五十六条** 风险管理信息系统应实现信息在各职能部门、业务单位之间的集成与共享，既能满足单项业务风险管理的要求，也能满足企业整体和跨职能部门、业务单位的风险管理综合要求。

**第五十七条** 企业应确保风险管理信息系统的稳定运行和安全，并根据实际需要不断进行改进、完善或更新。

**第五十八条** 已建立或基本建立企业管理信息系统的企业，应补充、调整、更新已有的管理流程和管理程序，建立完善的风险管理信息系统；尚未建立企业管理信息系统的，应将风险管理与企业各项管理业务流程、管理软件统一规划、统一设计、统一实施、同步运行。

## 第九章 风险管理文化

**第五十九条** 企业应注重建立具有风险意识的企业文化，促进企业风险管理水平、员工风险管理素质的提升，保障企业风险管理目标的实现。

**第六十条** 风险管理文化建设应融入企业文化建设全过程。大力培育和塑造良好的风险管理文化，树立正确的风险管理理念，增强员工风险管理意识，将风险管理意识转化为员工的共同认识和自觉行动，促进企业建立系统、规范、高效的风险管理机制。

**第六十一条** 企业应在内部各个层面营造风险管理文化氛围。董事会应高度重视风险管理文化的培育，总经理负责培育风险管理文化的日常工作。董事和高级管理人员应在培育风险管理文化中起表率作用。重要管理及业务流程和风险控制点的管理人员和业务操作人员应成为培育风险管理文化的骨干。

**第六十二条** 企业应大力加强员工法律素质教育，制定员工道德诚信准则，形成人人讲道德诚信、合法合规经营的风险管理文化。对于不遵守国家法律法规和企业规章制度、弄虚作假、徇私舞弊等违法及违反道德诚信准则的行为，企业应严肃查处。

**第六十三条** 企业全体员工尤其是各级管理人员和业务操作人员应通过多种形式，努力传播企业风险管理文化，牢固树立风险无处不在、风险无时不在、严格防控纯粹风险、审慎处置机会风险、岗位风险管理责任重大等意识和理念。

**第六十四条** 风险管理文化建设应与薪酬制度和人事制度相结合，有利于增强各级管理人员特别是高级管理人员风险意识，防止盲目扩张、片面追求业绩、忽视风险等行为的发生。

**第六十五条** 企业应建立重要管理及业务流程、风险控制点的管理人员和业务操作人员岗前风险管理培训制度。采取多种途经和形式，加强对风险管理理念、知识、流程、管控核心内容的培训，培养风险管理人才，培育风险管理文化。

## 第十章 附 则

**第六十六条** 中央企业中未设立董事会的国有独资企业，由经理办公会议代行本指引中有关董事会的职责，总经理对本指引的贯彻执行负责。

**第六十七条** 本指引在中央企业投资、财务报告、衍生产品交易等方面的风险管理配套文件另行下发。

**第六十八条** 本指引的《附录》对本指引所涉及的有关技术方法和专业术语进行了说明。

**第六十九条** 本指引由国务院国有资产监督管理委员会负责解释。

**第七十条** 本指引自印发之日起施行。

# 25. 上海证券交易所上市公司内部控制指引（2006 年颁布）

（2006 年 6 月 5 日）

## 第一章 总 则

**第一条** 为推动和指导上海证券交易所（以下简称本所）上市公司建立健全和有效实施内部控制制度，提高上市公司风险管理水平，保护投资者的合法权益，依据《公司法》、《证券法》、《国务院批转证监会〈关于提高上市公司质量意见〉的通知》等法律法规及规范性文件和《上海证券交易所股票上市规则》的规定，制定本指引。

**第二条** 内部控制是指上市公司（以下简称公司）为了保证公司战略目标的实现，而对公司战略制定和经营活动中存在的风险予以管理的相关制度安排。它是由公司董事会、管理层及全体员工共同参与的一项活动。

**第三条** 在本所上市的公司应当按照法律、行政法规、部门规章以及本所股票上市规则的规定建立健全内部控制制度（以下简称内控制度），保证内控制度的完整性、合理性及实施的有效性，以提高公司经营的效果与效率，增强公司信息披露的可靠性，确保公司行为合法合规。

**第四条** 公司董事会对公司内控制度的建立健全、有效实施及其检查监督负责，董事会及其全体成员应保证内部控制相关信息披露内容的真实、准确、完整。

## 第二章 内部控制的框架

**第五条** 公司内控制度应力求全面、完整，至少在以下层面作出安排：

（一）公司层面；

（二）公司下属部门及附属公司层面；

（三）公司各业务环节层面。

**第六条** 公司建立和实施内控制度时，应考虑以下基本要素：

（一）目标设定，指董事会和管理层根据公司的风险偏好设定战略目标。

（二）内部环境，指公司的组织文化以及其他影响员工风险意识的综合因素，包括员工对风险的看法、管理层风险管理理念和风险偏好、职业道德规范和工作氛围、董事会和监事会对风险的关注和指导等。

（三）风险确认，指董事会和管理层确认影响公司目标实现的内部和外部风险因素。

（四）风险评估，指董事会和管理层根据风险因素发生的可能性和影响，确定管理风险的方法。

（五）风险管理策略选择，指董事会和管理层根据公司风险承受能力和风险偏好选择风险管理策略。

（六）控制活动，指为确保风险管理策略有效执行而制定的制度和程序，包括核准、授权、验证、调整、复核、定期盘点、记录核对、职能分工、资产保全、绩效考核等。

（七）信息沟通，指产生服务于规划、执行、监督等管理活动的信息并适时向使用者提供的过程。

（八）检查监督，指公司自行检查和监督内部控制运行情况的过程。

**第七条** 公司应在符合总体战略目标的基础上，针对各下属部门、附属公司以及各业务环节的特点，建立相应的内控制度。

**第八条** 公司内部控制通常应涵盖经营活动中所有业务环节，包括但不限于：

（一）销货及收款环节：包括订单处理、信用管理、运送货物、开出销货发票、确认收入及应收账款、收到现款及其记录等。

（二）采购及付款环节：包括采购申请、处理采购单、验收货物、填写验收报告或处理退货、记录应付账款、核准付款、支付现款及其记录等。

（三）生产环节：包括拟定生产计划、开出用料清单、储存原材料、投入生产、计算存货生产成本、计算销货成本、质量控制等。

（四）固定资产管理环节：包括固定资产的自建、购置、处置、维护、保管与记录等。

（五）货币资金管理环节：包括货币资金的入账、划出、记录、报告、出纳人员和财务人员的授权等。

（六）关联交易环节：包括关联方的界定，关联交易的定价、授权、执行、报告和记录等。

（七）担保与融资环节：包括借款、担保、承兑、租赁、发行新股、发行债券等的授权、执行与记录等。

（八）投资环节：包括投资有价证券、股权、不动产、经营性资产、金融衍生品及其他长、短期投资、委托理财、募集资金使用的决策、执行、保管与记录等。

（九）研发环节：包括基础研究、产品设计、技术开发、产品测试、研发记录及文件保管等。

（十）人事管理环节：包括雇用、签订聘用合同、培训、请假、加班、离岗、辞退、退休、计时、计算薪金、计算个人所得税及各项代扣款、薪资记录、薪资支付、考勤及考核等。

公司在内控制度制定过程中，可以根据自身所处行业及生产经营特点对上述业务环节进行调整。

**第九条** 公司内控制度除涵盖对经营活动各环节的控制外，还包括贯穿于经营活动各环节之中的各项管理制度，包括但不限于：印章使用管理、票据领用管理、预算管理、资产管理、质量管理、担保管理、职务授权及代理制度、定期沟通制度、信息披露管理制度及对附属公司的管理制度等。

**第十条** 公司使用计算机信息系统的，还应制定信息管理的内控制度。信息管理的内控制度至少应涵盖下列内容：

（一）信息处理部门与使用部门权责的划分；

（二）信息处理部门的功能及职责划分；

（三）系统开发及程序修改的控制；

（四）程序及资料的存取、数据处理的控制；

（五）档案、设备、信息的安全控制；

（六）在本所网站或公司网站上进行公开信息披露活动的控制。

**第十一条** 公司应根据国家财政主管部门的有关规定，建立内部会计控制规范。

**第十二条** 金融等特殊行业的公司建立内控制度，还应遵循有关主管部门的规定。

**第十三条** 公司应根据自身业务特点建立相应的内控制度，本所鼓励公司聘请中介机构协助建立内控制度。

## 第三章 专项风险的内部控制

### 第一节 对附属公司的管理控制

**第十四条** 公司应对控股子公司实行管理控制，主要包括：

（一）依法建立对控股子公司的控制架构，确定控股子公司章程的主要条款，选任董事、监事、经理及财务负责人。

（二）根据公司的战略规划，协调控股子公司的经营策略和风险管理策略，督促控股子公司据以制定相关业务经营计划、风险管理程序。

（三）制定控股子公司的业绩考核与激励约束制度。

（四）制定母子公司业务竞争、关联交易等方面的政策及程序。

（五）制定控股子公司重大事项的内部报告制度。重大事项包括但不限于发展计划及预算、重大投资、收购出售资产、提供财务资助、为他人提供担保、从事证券及金融衍生品投资、签订重大合同、海外控股子公司的外汇风险管理等。

（六）定期取得控股子公司月度财务报告和管理报告，并根据相关规定，委托会计师事务所审计控股子

公司的财务报告。

**第十五条** 公司应对控股子公司内控制度的实施及其检查监督工作进行评价。

**第十六条** 公司应比照上述要求，对分公司和具有重大影响的参股公司的内控制度作出安排。

### 第二节 金融衍生品交易的内部控制

**第十七条** 参与金融衍生品交易的公司，应评估自身风险控制能力，制定相应的内控制度。金融衍生品交易包括但不限于以商品或证券为基础的期货、期权、远期、调期等交易。

**第十八条** 公司董事会应充分认识金融衍生品交易的性质和风险，根据公司的风险承受能力，合理确定金融衍生品交易的风险限额和相关交易参数。

**第十九条** 公司应按照下列要求，对金融衍生品交易实行内部控制：

（一）合理制定金融衍生品交易的目标、套期保值的策略；

（二）制定金融衍生品交易的执行制度，包括交易员的资质、考核、风险隔离、执行、止损、记录和报告等的政策和程序；

（三）制定金融衍生品交易的风险报告制度，包括授权、执行、或有资产、隐含风险、对冲策略及其他交易细节；

（四）制定金融衍生品交易风险管理制度，包括机构设置、职责、记录和报告的政策和程序。

### 第三节 其他风险的内部控制

**第二十条** 公司应根据行业特点、战略目标和风险管理策略的不同，就特有风险作出相关内控制度安排。

**第二十一条** 公司应制定危机管理控制制度。

## 第四章 内部控制的检查监督

**第二十二条** 公司应对内控制度的落实情况进行定期和不定期的检查。董事会及管理层应通过内控制度的检查监督，发现内控制度是否存在缺陷和实施中是否存在问题，并及时予以改进，确保内控制度的有效实施。

**第二十三条** 公司应确定专门职能部门负责内部控制的日常检查监督工作，并根据相关规定以及公司的实际情况配备专门的内部控制检查监督人员。公司可根据自身组织架构和行业特点安排该职能部门的设置。

前款所述专门部门（以下简称“检查监督部门”）可直接向董事会报告，该部门负责人的任免可由董事会决定。

**第二十四条** 公司应制定内部控制检查监督办法，该办法至少包括如下内容：

（一）董事会或相关机构对内部控制检查监督的授权；

（二）公司各部门及下属机构对内部控制检查监督的配合义务；

（三）内部控制检查监督的项目、时间、程序及方法；

（四）内部控制检查监督工作报告的方式；

（五）内部控制检查监督工作相关责任的划分；

（六）内部控制检查监督工作的激励制度。

**第二十五条** 公司应根据自身经营特点制定年度内部控制检查监督计划，并作为评价内部控制运行情况的依据。

公司应将收购和出售资产、关联交易、从事衍生品交易、提供财务资助、为他人提供担保、募集资金使用、委托理财等重大事项作为内部控制检查监督计划的必备事项。

**第二十六条** 检查监督部门应在年度和半年度结束后向董事会提交内部控制检查监督工作报告。

公司董事会可根据公司经营特点，制定内部控制检查监督工作报告的内容与格式要求。

**第二十七条** 公司董事会对内部控制检查监督工作进行指导，并审阅检查监督部门提交的内部控制检查监督工作报告。公司董事会下设审计委员会的，可由审计委员会进行上述工作。

**第二十八条**　检查监督工作人员对于检查中发现的内部控制缺陷及实施中存在的问题，应在内部控制检查监督工作报告中据实反映，并在向董事会报告后进行追踪，以确定相关部门已及时采取适当的改进措施。

公司可将前款所发现的内部控制缺陷及实施中存在的问题列为各部门绩效考核的重要项目。

**第二十九条**　检查监督部门的工作资料，包括内部控制检查监督工作报告、工作底稿及相关资料，保存时间不少于十年。

## 第五章　内部控制的信息披露

**第三十条**　公司在内部控制的检查监督中如发现内部控制存在重大缺陷或存在重大风险，应及时向董事会报告。公司董事会应及时向本所报告该事项。经本所认定，公司董事会应及时发布公告。

公司应在公告中说明内部控制出现缺陷的环节、后果、相关责任追究以及拟采取的补救措施。

**第三十一条**　董事会应根据内部控制检查监督工作报告及相关信息，评价公司内部控制的建立和实施情况，形成内部控制自我评估报告。公司董事会应在审议年度财务报告等事项的同时，对公司内部控制自我评估报告形成决议。

公司董事会下设审计委员会的，可由审计委员会编制内部控制自我评估报告草案并报董事会审议。

**第三十二条**　公司董事会应在年度报告披露的同时，披露年度内部控制自我评估报告，并披露会计师事务所对内部控制自我评估报告的核实评价意见。

**第三十三条**　公司内部控制自我评估报告至少应包括如下内容：

(一)内控制度是否建立健全；

(二)内控制度是否有效实施；

(三)内部控制检查监督工作的情况；

(四)内控制度及其实施过程中出现的重大风险及其处理情况；

(五)对本年度内部控制检查监督工作计划完成情况的评价；

(六)完善内控制度的有关措施；

(七)下一年度内部控制有关工作计划。

会计师事务所应参照主管部门有关规定对公司内部控制自我评估报告进行核实评价。

## 第六章　附　　则

**第三十四条**　本指引由本所负责解释。

**第三十五条**　本指引自2006年7月1日起施行。

# 26. 深圳证券交易所上市公司内部控制指引(2006年颁布)

(2006年9月28日)

## 第一章　总　　则

**第一条**　为加强上市公司内部控制，促进上市公司规范运作和健康发展，保护投资者合法权益，根据《公司法》、《证券法》等法律、行政法规、部门规章和《深圳证券交易所股票上市规则》(以下简称"《上市规则》")的规定，制定本指引。

**第二条** 本指引所称内部控制是指上市公司(以下简称“公司”)董事会、监事会、高级管理人员及其他有关人员为实现下列目标而提供合理保证的过程:

(一)遵守国家法律、法规、规章及其他相关规定;

(二)提高公司经营的效益及效率;

(三)保障公司资产的安全;

(四)确保公司信息披露的真实、准确、完整和公平。

**第三条** 公司应按照本指引的要求及有关主管部门的相关内部控制规定,根据自身经营特点和所处环境,制定内部控制制度。

公司董事会应对公司内部控制制度的制定和有效执行负责。

**第四条** 本指引适用于其股票在本所主板上市的公司(不含中小企业板上市公司)。

## 第二章 基本要求

**第五条** 公司的内部控制应充分考虑以下要素:

(一)内部环境:指影响公司内部控制制度制定、运行及效果的各种综合因素,包括公司组织结构、企业文化、风险理念、经营风格、人事管理政策等。

(二)目标设定:公司管理层根据风险偏好设定公司战略目标,并在公司内层层分解和落实。

(三)事项识别:公司管理层对影响公司目标实现的内外事件进行识别,分清风险和机会。

(四)风险评估:公司管理层对影响其目标实现的内、外各种风险进行分析,考虑其可能性和影响程度,以便公司制定必要的对策。

(五)风险对策:公司管理层按照公司的风险偏好和风险承受能力,采取规避、降低、分担或接受的风险应对方式,制定相应的风险控制措施。

(六)控制活动:公司管理层为确保风险对策有效执行和落实所采取的措施和程序,主要包括批准、授权、验证、协调、复核、定期盘点、记录核对、财产的保护、职责的分离、绩效考核等内容。

(七)信息与沟通:指识别、采集来自于公司内部和外部的相关信息,并及时向相关人员有效传递。

(八)检查监督:指对公司内部控制的效果进行监督、评价的过程,它通过持续性监督活动、专项监督评价或者两者的结合进行。

**第六条** 公司应完善公司治理结构,确保董事会、监事会和股东大会等机构合法运作和科学决策,建立有效的激励约束机制,树立风险防范意识,培育良好的企业精神和内部控制文化,创造全体职工充分了解并履行职责的环境。

**第七条** 公司应明确界定各部门、岗位的目标、职责和权限,建立相应的授权、检查和逐级问责制度,确保其在授权范围内履行职能;设立完善的控制架构,并制定各层级之间的控制程序,保证董事会及高级管理人员下达的指令能够被严格执行。

**第八条** 公司的内部控制活动应涵盖公司所有营运环节,包括但不限于:销售及收款、采购和费用及付款、固定资产管理、存货管理、资金管理(包括投资融资管理)、财务报告、信息披露、人力资源管理和信息系统管理等。

上述控制活动涉及关联交易的,还应包括关联交易的控制政策及程序。

**第九条** 上市公司应依据所处的环境和自身经营特点,建立印章使用管理、票据领用管理、预算管理、资产管理、担保管理、资金借贷管理、职务授权及代理人制度、信息披露管理、信息系统安全管理等专门管理制度。

**第十条** 公司应重点加强对控股子公司的管理控制,加强对关联交易、对外担保、募集资金使用、重大投资、信息披露等活动的控制,按照本指引及有关规定的要求建立相应控制政策和程序。

**第十一条** 公司应建立完整的风险评估体系,对经营风险、财务风险、市场风险、政策法规风险和道德风险等进行持续监控,及时发现、评估公司面临的各类风险,并采取必要的控制措施。

**第十二条** 公司应制定公司内部信息和外部信息的管理政策,确保信息能够准确传递,确保董事会、监事会、高级管理人员及内部审计部门及时了解公司及其控股子公司的经营和风险状况,确保各类风险隐患和内部控制缺陷得到妥善处理。

**第十三条**　公司应明确各部门、岗位的目标、职责和权限，建立相关部门之间、岗位之间的制衡和监督机制，并设立专门负责监督检查的内部审计部门。

## 第三章　重点关注的控制活动

### 第一节　对控股子公司的管理控制

**第十四条**　公司应制定对控股子公司的控制政策及程序，并在充分考虑控股子公司业务特征等的基础上，督促其建立内部控制制度。

**第十五条**　公司对其控股子公司的管理控制，至少应包括下列控制活动：

(一)建立对各控股子公司的控制制度，明确向控股子公司委派的董事、监事及重要高级管理人员的选任方式和职责权限等；

(二)依据公司的经营策略和风险管理政策，督导各控股子公司建立起相应的经营计划、风险管理程序；

(三)要求各控股子公司建立重大事项报告制度和审议程序，及时向公司分管负责人报告重大业务事项、重大财务事项以及其他可能对公司股票及其衍生品种交易价格产生重大影响的信息，并严格按照授权规定将重大事项报公司董事会审议或股东大会审议；

(四)要求控股子公司及时向公司董事会秘书报送其董事会决议、股东大会决议等重要文件，通报可能对公司股票及其衍生品种交易价格产生重大影响的事项；

(五)定期取得并分析各控股子公司的季度(月度)报告，包括营运报告、产销量报表、资产负债报表、损益报表、现金流量报表、向他人提供资金及提供担保报表等；

(六)建立对各控股子公司的绩效考核制度。

**第十六条**　公司的控股子公司同时控股其他公司的，公司应督促其控股子公司参照本指引要求，逐层建立对其下属子公司的管理控制制度。

### 第二节　关联交易的内部控制

**第十七条**　公司关联交易的内部控制应遵循诚实信用、平等、自愿、公平、公开、公允的原则，不得损害公司和其他股东的利益。

**第十八条**　公司应按照有关法律、行政法规、部门规章以及《上市规则》等有关规定，明确划分公司股东大会、董事会对关联交易事项的审批权限，规定关联交易事项的审议程序和回避表决要求。

**第十九条**　公司应参照《上市规则》及其他有关规定，确定公司关联方的名单，并及时予以更新，确保关联方名单真实、准确、完整。

公司及其下属控股子公司在发生交易活动时，相关责任人应仔细查阅关联方名单，审慎判断是否构成关联交易。如果构成关联交易，应在各自权限内履行审批、报告义务。

**第二十条**　公司审议需独立董事事前认可的关联交易事项时，前条所述相关人员应于第一时间通过董事会秘书将相关材料提交独立董事进行事前认可。独立董事在作出判断前，可以聘请中介机构出具专门报告，作为其判断的依据。

**第二十一条**　公司在召开董事会审议关联交易事项时，会议召集人应在会议表决前提醒关联董事须回避表决。关联董事未主动声明并回避的，知悉情况的董事应要求关联董事予以回避。

公司股东大会在审议关联交易事项时，公司董事会及见证律师应在股东投票前，提醒关联股东须回避表决。

**第二十二条**　公司在审议关联交易事项时，应做到：

(一)详细了解交易标的的真实状况，包括交易标的运营现状、盈利能力、是否存在抵押、冻结等权利瑕疵和诉讼、仲裁等法律纠纷；

(二)详细了解交易对方的诚信纪录、资信状况、履约能力等情况，审慎选择交易对手方；

(三)根据充分的定价依据确定交易价格；

(四)遵循《上市规则》的要求以及公司认为有必要时，聘请中介机构对交易标的进行审计或评估；

公司不应对所涉交易标的状况不清、交易价格未确定、交易对方情况不明朗的关联交易事项进行审议并作出决定。

**第二十三条** 公司与关联方之间的交易应签订书面协议，明确交易双方的权利义务及法律责任。

**第二十四条** 公司董事、监事及高级管理人员有义务关注公司是否存在被关联方挪用资金等侵占公司利益的问题。公司独立董事、监事至少应每季度查阅一次公司与关联方之间的资金往来情况，了解公司是否存在被控股股东及其关联方占用、转移公司资金、资产及其他资源的情况，如发现异常情况，及时提请公司董事会采取相应措施。

**第二十五条** 公司发生因关联方占用或转移公司资金、资产或其他资源而给公司造成损失或可能造成损失的，公司董事会应及时采取诉讼、财产保全等保护性措施避免或减少损失。

## 第三节 对外担保的内部控制

**第二十六条** 公司对外担保的内部控制应遵循合法、审慎、互利、安全的原则，严格控制担保风险。

**第二十七条** 公司应按照有关法律、行政法规、部门规章以及《上市规则》等有关规定，在《公司章程》中明确股东大会、董事会关于对外担保事项的审批权限，以及违反审批权限和审议程序的责任追究机制。

在确定审批权限时，公司应执行《上市规则》关于对外担保累计计算的相关规定。

**第二十八条** 公司应调查被担保人的经营和信誉情况。董事会应认真审议分析被担保方的财务状况、营运状况、行业前景和信用情况，审慎依法作出决定。

公司可在必要时聘请外部专业机构对实施对外担保的风险进行评估，以作为董事会或股东大会进行决策的依据。

**第二十九条** 公司对外担保应尽可能要求对方提供反担保，谨慎判断反担保提供方的实际担保能力和反担保的可执行性。

**第三十条** 公司独立董事应在董事会审议对外担保事项时发表独立意见，必要时可聘请会计师事务所对公司累计和当期对外担保情况进行核查。如发现异常，应及时向董事会和监管部门报告并公告。

**第三十一条** 公司应妥善管理担保合同及相关原始资料，及时进行清理检查，并定期与银行等相关机构进行核对，保证存档资料的完整、准确、有效，注意担保的时效期限。

在合同管理过程中，一旦发现未经董事会或股东大会审议程序批准的异常合同，应及时向董事会和监事会报告。

**第三十二条** 公司应指派专人持续关注被担保人的情况，收集被担保人最近一期的财务资料和审计报告，定期分析其财务状况及偿债能力，关注其生产经营、资产负债、对外担保以及分立合并、法定代表人变化等情况，建立相关财务档案，定期向董事会报告。

如发现被担保人经营状况严重恶化或发生公司解散、分立等重大事项的，有关责任人应及时报告董事会。董事会有义务采取有效措施，将损失降低到最小程度。

**第三十三条** 对外担保的债务到期后，公司应督促被担保人在限定时间内履行偿债义务。若被担保人未能按时履行义务，公司应及时采取必要的补救措施。

**第三十四条** 公司担保的债务到期后需展期并需继续由其提供担保的，应作为新的对外担保，重新履行担保审批程序。

**第三十五条** 公司控股子公司的对外担保比照上述规定执行。公司控股子公司应在其董事会或股东大会做出决议后，及时通知公司按规定履行信息披露义务。

## 第四节 募集资金使用的内部控制

**第三十六条** 公司募集资金使用的内部控制应遵循规范、安全、高效、透明的原则，遵守承诺，注重使用效益。

**第三十七条** 公司应建立募集资金管理制度，对募集资金存储、审批、使用、变更、监督和责任追究等内容进行明确规定。

**第三十八条** 公司应对募集资金进行专户存储管理，与开户银行签订募集资金专用账户管理协议，掌握募集资金专用账户的资金动态。

**第三十九条** 公司应制定严格的募集资金使用审批程序和管理流程，保证募集资金按照招股说明书所列资金用途使用，按项目预算投入募集资金投资项目。

**第四十条** 公司应跟踪项目进度和募集资金的使用情况，确保投资项目按公司承诺计划实施。相关部门应细化具体工作进度，保证各项工作能按计划进行，并定期向董事会和公司财务部门报告具体工作进展情况。

确因不可预见的客观因素影响，导致项目不能按投资计划正常进行时，公司应按有关规定及时履行报告和公告义务。

**第四十一条** 公司应由内部审计部门跟踪监督募集资金使用情况并每季度向董事会报告。

独立董事和监事会应监督募集资金使用情况，定期就募集资金的使用情况进行检查。独立董事可根据公司章程规定聘请会计师事务所对募集资金使用情况进行专项审核。

**第四十二条** 公司应配合保荐人的督导工作，主动向保荐人通报其募集资金的使用情况，授权保荐代表人到有关银行查询募集资金支取情况以及提供其他必要的配合和资料。

**第四十三条** 公司如因市场发生变化，确需变更募集资金用途或变更项目投资方式的，必须经公司董事会审议、通知保荐机构及保荐代表人，并依法提交股东大会审批。

**第四十四条** 公司决定终止原募集资金投资项目的，应尽快选择新的投资项目。

公司董事会应当对新募集资金投资项目的可行性、必要性和投资效益作审慎分析。

**第四十五条** 公司应当在每个会计年度结束后全面核查募集资金投资项目的进展情况，并在年度报告中作相应披露。

## 第五节 重大投资的内部控制

**第四十六条** 公司重大投资的内部控制应遵循合法、审慎、安全、有效的原则，控制投资风险、注重投资效益。

**第四十七条** 公司应在《公司章程》中明确股东大会、董事会对重大投资的审批权限，制定相应的审议程序。

公司委托理财事项应由公司董事会或股东大会审议批准，不得将委托理财审批权授予公司董事个人或经营管理层行使。

**第四十八条** 公司应指定专门机构，负责对公司重大投资项目的可行性、投资风险、投资回报等事宜进行专门研究和评估，监督重大投资项目的执行进展，如发现投资项目出现异常情况，应及时向公司董事会报告。

**第四十九条** 公司进行以股票、利率、汇率和商品为基础的期货、期权、权证等衍生产品投资的，应制定严格的决策程序、报告制度和监控措施，并根据公司的风险承受能力，限定公司的衍生产品投资规模。

**第五十条** 公司进行委托理财的，应选择资信状况、财务状况良好，无不良诚信记录及盈利能力强的合格专业理财机构作为受托方，并与受托方签订书面合同，明确委托理财的金额、期间、投资品种、双方的权利义务及法律责任等。

**第五十一条** 公司董事会应指派专人跟踪委托理财资金的进展及安全状况，出现异常情况时应要求其及时报告，以便董事会立即采取有效措施回收资金，避免或减少公司损失。

**第五十二条** 公司董事会应定期了解重大投资项目的执行进展和投资效益情况，如出现未按计划投资、未能实现项目预期收益、投资发生损失等情况，公司董事会应查明原因，追究有关人员的责任。

## 第六节 信息披露的内部控制

**第五十三条** 公司应建立信息披露管理制度和重大信息内部报告制度，明确重大信息的范围和内容，指定董事会秘书为公司对外发布信息的主要联系人，并明确各相关部门（包括公司控股子公司）的重大信息报告责任人。

**第五十四条** 公司应明确规定，当出现、发生或即将发生可能对公司股票及其衍生品种的交易价格产生较大影响的情形或事件时，负有报告义务的责任人应及时将相关信息向公司董事会和董事会秘书进行报告；当董事会秘书需了解重大事项的情况和进展时，相关部门（包括公司控股子公司）及人员应予以积极配

合和协助，及时、准确、完整地进行回复，并根据要求提供相关资料。

**第五十五条** 公司应建立重大信息的内部保密制度。因工作关系了解到相关信息的人员，在该信息尚未公开披露之前，负有保密义务。若信息不能保密或已经泄漏，公司应采取及时向监管部门报告和对外披露的措施。

**第五十六条** 公司应按照《深圳证券交易所上市公司公平信息披露指引》、《深圳证券交易所上市公司投资者关系管理指引》等规定，规范公司对外接待、网上路演等投资者关系活动，确保信息披露的公平性。

**第五十七条** 公司董事会秘书应对上报的内部重大信息进行分析和判断。如按规定需要履行信息披露义务的，董事会秘书应及时向董事会报告，提请董事会履行相应程序并对外披露。

**第五十八条** 公司及其控股股东及其实际控制人存在公开承诺事项的，公司应指定专人跟踪承诺事项的落实情况，关注承诺事项履行条件的变化，及时向公司董事会报告事件动态，按规定对外披露相关事实。

## 第四章 内部控制的检查和披露

**第五十九条** 公司应按照本指引第十三条的规定设立内部审计部门，直接对董事会负责，定期检查公司内部控制缺陷，评估其执行的效果和效率，并及时提出改进建议。

**第六十条** 公司应根据自身经营特点和实际状况，制定公司内部控制自查制度和年度内部控制自查计划。

公司应要求内部各部门（含分支机构）、控股子公司，积极配合内部审计部门的检查监督，必要时可以要求其定期进行自查。

**第六十一条** 公司内部审计部门应对公司内部控制运行情况进行检查监督，并将检查中发现的内部控制缺陷和异常事项、改进建议及解决进展情况等形成内部审计报告，向董事会和列席监事通报。

公司内部审计部门如发现公司存在重大异常情况，可能或已经遭受重大损失时，应立即报告公司董事会并抄报监事会。公司董事会应提出切实可行的解决措施，必要时应及时报告本所并公告。

**第六十二条** 公司董事会应依据公司内部审计报告，对公司内部控制情况进行审议评估，形成内部控制自我评价报告。公司监事会和独立董事应对此报告发表意见。

自我评价报告至少应包括以下内容：

（一）对照本指引及有关规定，说明公司内部控制制度是否建立健全和有效运行，是否存在缺陷；

（二）说明本指引重点关注的控制活动的自查和评估情况；

（三）说明内部控制缺陷和异常事项的改进措施（如适用）；

（四）说明上一年度的内部控制缺陷及异常事项的改善进展情况（如适用）。

**第六十三条** 注册会计师在对公司进行年度审计时，应参照有关主管部门的规定，就公司财务报告内部控制情况出具评价意见。

**第六十四条** 如注册会计师对公司内部控制有效性表示异议的，公司董事会、监事会应针对该审核意见涉及事项做出专项说明，专项说明至少应包括以下内容：

（一）异议事项的基本情况；

（二）该事项对公司内部控制有效性的影响程度；

（三）公司董事会、监事会对该事项的意见；

（四）消除该事项及其影响的可能性；

（五）消除该事项及其影响的具体措施。

**第六十五条** 公司应将内部控制制度的健全完备和有效执行情况，作为对公司各部门（含分支机构）、控股子公司的绩效考核重要指标之一。公司应建立起责任追究机制，对违反内部控制制度和影响内部控制制度执行的有关责任人予以查处。

**第六十六条** 公司应于每个会计年度结束后四个月内将内部控制自我评价报告和注册会计师评价意见报送本所，与公司年度报告同时对外披露。

**第六十七条** 公司内部审计部门的工作底稿、审计报告及相关资料，保存时间应遵守有关档案管理规定。

## 第五章 附 则

**第六十八条** 公司及其有关人员违反本指引规定，本所参照《上市规则》有关规定给予处分。

**第六十九条** 本指引由本所负责解释。

**第七十条** 本指引自 2007 年 7 月 1 日起施行。

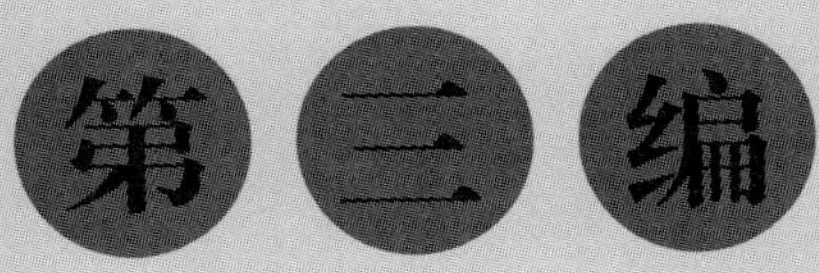


# 行政事业单位法规汇编

# 第十三章 行政事业单位会计制度与准则

## 1. 财政总预算会计制度(1997年修订)

财预字[1997]第287号

### 第一章 总 则

**第一条** 为了规范各级财政部门总预算会计(以下简称总预算会计)的核算,充分发挥总预算会计的职能作用,根据《中华人民共和国会计法》、《中华人民共和国预算法》,制定本制度。

**第二条** 本制度适用于中央,省、自治区、直辖市,设区的市、自治州,县、自治县、不设区的市、市辖区,乡、民族乡、镇等各级财政部门的总预算会计。

**第三条** 总预算会计是各级政府财政部门核算、反映、监督政府预算执行和财政周转金等各项财政性资金活动的专业会计。

**第四条** 总预算会计的主要职责是进行会计核算,反映预算执行,实行会计监督,参与预算管理,合理调度资金。基本任务如下:

一、处理总预算会计的日常核算事务。办理财政各项收支、资金调拨及往来款项的会计核算工作;及时组织年度政府决算、行政事业单位决算的编审和汇总工作,进行上下级财政之间的年终结算工作。

二、调度财政资金。根据财政收支的特点,妥善解决财政资金库存和用款单位需求的矛盾,在保证按计划及时供应资金的基础上,合理调度资金,提高资金使用效益。

三、实行会计监督,参与预算管理。通过会计核算和反映,提出预算执行情况分析,并对总预算、部门预算和单位预算的执行实施会计监督。

协调参与预算执行的国库会计、收入征解会计等之间的业务关系,共同做好预算执行的核算、反映和监督工作。

四、组织和指导本行政区域预算会计工作。省、自治区、直辖市(含计划单列城市,下同)总预算会计在与本制度不相违背的前提下,负责制定或审定本行政区域预算会计有关具体核算办法的补充规定;组织预算会计人员的培训活动;组织检查、辅导本单位会计和下级总预算会计工作,不断提高政策、业务水平。

五、做好预算会计的事务管理工作。负责预算会计的基础工作管理,参与预算会计人员专业技术资格考试、评定及核发会计证工作。

**第五条** 各级财政部门应当根据工作需要,设置与其工作任务相适应的总预算会计机构,配备一定数量的专职总预算会计,负责组织与管理预算会计工作,并要保持相对的稳定。

**第六条** 总预算会计工作应按工作任务建立岗位责任制,明确会计人员分工。

总预算会计机构应建立健全内部稽核制度。

总预算会计人员,不得兼任单位会计,不得收付现金和经管收缴的物资。

**第七条** 总预算会计核算应当按会计期间结算账目和编制会计报表。会计期间分为年度、季度和月份。会计年度、季度和月份以公历起讫日期为准。

年度终了后,可根据工作特殊需要设置一定期限的上年决算清理期。清理期限和清理事项,由各省、自治区、直辖市财政部门,根据财政部规定的原则作出具体规定。

**第八条** 总预算会计记账采用借贷记账法。

**第九条** 总预算会计核算以人民币为记账本位币,以元为金额单位,元以下记至角、分。有外币收支的,在登记外币金额的同时应根据国家银行公布的人民币外汇汇率折算成人民币记账。

**第十条** 总预算会计记录文字使用中文,少数民族地区可以同时使用本民族文字。

## 第二章 一般原则

**第十一条** 总预算会计核算应当以实际发生的经济业务为依据，如实反映财政收支执行情况和结果。

**第十二条** 总预算会计信息，应当符合预算法的要求，适应国家宏观经济管理和上级财政部门及本级政府对财政管理的需要。

**第十三条** 总预算会计核算应当按照规定的会计处理方法进行。

**第十四条** 财政部门管理的各项财政资金（包括一般预算资金、纳入预算管理的政府性基金、专用基金、财政周转金等）都应当纳入总预算会计核算管理。

**第十五条** 总预算会计处理方法前后各期应当一致，不得随意变更。如确有必要变更，应将变更的情况、原因和对会计报表的影响在预算执行报告中说明。

**第十六条** 总预算会计核算，应当及时进行。

**第十七条** 总预算会计记录和会计报表应当清晰明了，便于理解；对于重要的经济业务，应当单独反映。

**第十八条** 总预算会计核算以收付实现制为基础。

**第十九条** 凡是有指定用途的资金，必须按规定用途使用。

## 第三章 资　　产

**第二十条** 资产是一级财政掌管或控制的能以货币计量的经济资源。包括财政性存款、有价证券、暂付及应收款项、预拨款项、财政周转金放款、借出财政周转金以及待处理周转金等。

**第二十一条** 财政性存款是财政部门代表政府所掌管的财政资金。包括国库存款及其他财政存款。财政性存款的支配权属于同级政府财政部门，并由总预算会计负责管理，统一收付。总预算会计在管理财政性存款中，应当遵循以下原则：

一、集中资金，统一调度。各种应由财政部门掌管的资金，都应纳入总预算会计的存款账户。调度资金，应根据事业进度和资金使用情况，保证满足计划内各项正常支出的需求，并要充分发挥资金效益，把资金用活用好。

二、严格控制存款开户。财政部门的预算资金除财政部有明确规定者外，一律由总预算会计统一在国库或指定的银行开立存款账户。不得在国家规定之外将预算资金或其他财政性资金任意转存其他金融机构。

三、根据年度预算或季度分月用款计划拨付资金。不得办理超预算、无用款计划的拨款。

四、转账结算。总预算会计的各种会计凭证不得用以提取现金。

五、在存款余额内支付，不得透支。

**第二十二条** 有价证券是中央财政以信用方式发行的国家公债。各级财政只能用各项财政结余购买国家指定由地方各级政府购买的有价证券。

有价证券应按取得时实际支付的价款记账，购入有价证券（含债券收款单）应视同货币妥善保管。

当期取得有价证券的兑付利息及转让有价证券取得的收入与账面成本的差额，记入当期收入。

**第二十三条** 暂付及应收款项属于往来结算中形成的债权。包括在预算执行过程中上下级财政结算形成的债权以及对用款单位借垫款形成的债权。

暂付及应收款项应按实际发生数额记账，并应及时清理结算，不得长期挂账。

**第二十四条** 预拨款项是按规定预拨给用款单位的待结算资金，包括预拨经费和基建拨款。

预拨经费是用预算资金预拨给用款单位的款项。凡年度预算执行中总预算会计用预算资金预拨出应在以后各期列支的款项以及会计年度终了前预拨给用款单位的下年度经费款，均应作为预拨经费管理。

基建拨款是预拨给受托经办基本建设支出的专业银行或拨付基本建设财务管理部门的基本建设款项。

各项预拨款项应按实际预拨数额记账。预拨经费（不含预拨下年度经费）应在年终前转列支出或清理收回。基建拨款应按建设单位银行支出数（限额部分）和拨付建设单位数（非限额部分）转列支出账。

对行政事业单位拨款，应按照单位领报关系转拨。凡有上级主管部门的单位，不能作为主管会计单位，直接与各级财政部门发生领报关系。

**第二十五条**　财政周转金放款是直接贷付给用款单位的财政有偿资金。

借出财政周转金是指上级财政部门借给下级财政部门用于周转使用的有偿资金。

财政周转金的贷付、借出和回收，应按实际发生数额记账。

待处理财政周转金是指周转金放款超过约定的还款期限，经审核已成呆账，但尚未按规定程序报批核销的财政周转金。

待处理财政周转金应按实际转入数额记账。

## 第四章　负　　债

**第二十六条**　负债是一级财政所承担的能以货币计量、需以资产偿付的债务。包括应付及暂收款项、按法定程序及核定的预算举借的债务、借入财政周转金等。

**第二十七条**　应付及暂收款项是在预算执行期间，上下级财政或财政与其他部门结算中形成的债务，包括结算中发生的暂存款、与上级往来款以及收到其他性质不明的款项等。

**第二十八条**　按法定程序及核定的预算举借的债务，是指中央预算按全国人民代表大会批准的数额举借的国内和国外债务以及地方预算根据国家法律或国务院特别规定举借的债务。

**第二十九条**　借入财政周转金是指下级财政部门从上级财政部门借入的用于周转使用的有偿资金。

**第三十条**　各种负债应按实际发生数额和偿还数额记账。

**第三十一条**　各种债务应及时结算。属于应付暂收款及不明性质的款项应及时清理转账。

## 第五章　净 资 产

**第三十二条**　净资产是指资产减去负债的差额。包括各项结余、预算周转金及财政周转基金等。

**第三十三条**　结余是财政收支的执行结果。财政各项结余包括一般预算结余、基金预算结余和专用基金结余。

各项结余必须分别核算，不得混淆。

**第三十四条**　各项结余应每年结算一次。年终将各项收入与相应的支出冲销后，即成为该项资金的当年结余。当年结余加上年年末滚存结余为本年年末滚存结余。

**第三十五条**　预算周转金是为调剂预算年度内季节性收支差额，保证及时用款而设置的周转资金。预算周转金一般用年度预算结余资金设置、补充或由上级财政部门拨入。

**第三十六条**　财政周转基金是财政用于有偿使用的资金，在列报财政支出的同时转入。周转金的利息收入(或占用费收入)按规定扣除必要的业务费用后应用于补充财政周转金。

## 第六章　收　　入

**第三十七条**　财政收入是国家为实现其职能，根据法令和法规所取得的非偿还性资金，是一级财政的资金来源。收入包括一般预算收入、基金预算收入、专用基金收入、资金调拨收入和财政周转金收入等。

**第三十八条**　一般预算收入是通过一定的形式和程序，有计划组织的由国家支配，纳入预算管理的资金。预算收入项目的具体划分和内容，按《国家预算收入科目》办理。

各级预算收入的收纳、划分和报解，应通过国家金库，按《中华人民共和国国家金库条例》、《中华人民共和国国家金库条例实施细则》规定办理。

**第三十九条**　一般预算收入一般以本年度缴入基层国库(支金库)的数额为准。

已建乡(镇)国库的地区，乡(镇)财政的本级收入以乡(镇)国库收到数为准。县(含县本级)以上各级财政的各项预算收入(含固定收入与共享收入)仍以缴入基层国库数额为准。

未建乡(镇)国库的地区，乡(镇)财政的本级收入以乡(镇)总预算会计收到县级财政返回数额为准。

**第四十条**　基层国库在年度库款报解整理期内收到经收处报来的上年度收入，记入上年度账。整理期结束后，收到上年度收入一律记入新年度账。

**第四十一条**　基金预算收入是按规定收取、转入或通过当年财政安排，由财政管理并具有指定用途的政府性基金等。

各项基金预算收入以缴入国库数或总预算会计实际收到数额为准。

**第四十二条** 专用基金收入是指总预算会计管理的各项专用基金，如粮食风险基金。专用基金收入以总预算会计实际收到数额为准。

**第四十三条** 资金调拨收入是根据财政体制规定在各级财政之间进行资金调拨以及在本级财政各项资金之间的调剂所形成的收入。包括补助收入、上解收入和调入资金。

补助收入是上级财政按财政体制规定或因专项需要补助给本级财政的款项。

上解收入是按财政体制规定由下级财政上交给本级财政的款项。

调入资金是为平衡一般预算收支，从预算外资金结余调入预算的资金，以及按规定从其他渠道调入的资金。

乡(镇)财政部门收到由预算外资金财政专户拨付的自筹资金，视同调入资金处理。但乡镇财政的统筹资金不得作为调入资金，调入预算。

资金调拨收入应按上级财政部门的规定或实际发生数额记账。

**第四十四条** 财政周转金收入是指财政部门在办理财政周转金借出或放款业务中收取的资金占用费收入和利息收入。

财政周转金收入按实际收到数额记账。

**第四十五条** 各级总预算会计应加强各项收入的管理，严格会计核算手续。对于各项收入的事务处理必须以审核无误的国库入库凭证、预算收入日报表和其他合法的凭证为依据。发现错误，应在发现错误的月份按《中华人民共和国国家金库条例实施细则》及其他有关规定，及时通知有关单位共同更正。

对于已入库的预算收入和其他财政收入的退库，要严格把关，强化监督。凡不属于国家规定的退库项目，一律不得冲退预算收入。

属于国家规定的退库事项，按财政部规定的退库手续办理审批。

## 第七章 支　出

**第四十六条** 财政支出是一级政府为实现其职能，对财政资金的再分配。包括一般预算支出、基金预算支出、专用基金支出、资金调拨支出和财政周转金支出等。

**第四十七条** 一般预算支出是国家对集中的预算收入有计划地分配和使用而安排的支出。预算支出项目的具体划分和内容，按《国家预算支出科目》规定执行。

**第四十八条** 一般预算支出列报口径如下：

实行限额管理的基本建设支出按用款单位银行支出数列报支出。不实行限额管理的基本建设支出按拨付用款单位的拨款数列报支出。

对行政事业单位的非包干性支出和专项支出，平时按财政拨款数列报支出，清理结算收回拨款时，再冲销已列支出。对于收回以前年度已列支出的款项，除财政部门另有规定者外，应冲销当年支出。

除以上两款以外的其他各项支出均以财政拨款数列报支出。

**第四十九条** 凡是预拨以后各期的经费，不得直接按预拨数列作本期支出，应作为预拨款处理。到期后，按第四十八条规定的列报口径转列支出。

**第五十条** 总预算会计按拨款数办理预算支出必须认真做到以下几点：

一、严格执行《中华人民共和国预算法》。办理拨款支出必须以预算为准。预备费的动用必须经同级人民政府批准。

二、对主管部门(主管会计单位)提出的季度分月用款计划及分“款”、“项”填制的“预算经费请拨单”，应认真审核。根据经审核批准的拨款申请，结合库款余存情况按时向用款单位拨款。

三、总预算会计应根据预算管理要求和拨款的实际情况，分“款”、“项”核算、列报当期预算支出。

四、主管会计单位应按计划控制用款，不得随意改变资金用途。“款”、“项”之间如确需调剂，应填制“科目流用申请书”，报经同级财政部门核准后使用。总预算会计凭核定的流用数调整预算支出明细账。

总预算会计不得列报超预算的支出；不得任意调整预算支出科目；未拨付的经费，原则上不得列报当年支出。因特殊情况确需在当年预留的支出，应严格控制，并按规定的审批程序办理。

**第五十一条** 基金预算支出是用基金预算收入安排的支出。基金预算支出的会计事务处理，比照预算支出的有关规定办理。

专用基金支出是用专用基金收入安排的支出。

基金预算支出和专用基金支出应按规定的用途开支，并做到先收后支，量入为出。

**第五十二条** 资金调拨支出是根据财政体制规定在各级财政之间进行资金调拨以及在本级财政各项资金之间的调剂所形成的支出。资金调拨支出包括补助支出、上解支出、调出资金等等。

补助支出是本级财政按财政体制规定或因专项需要补助给下级财政的款项及其他转移支付的支出。

上解支出是按财政体制规定由本级财政上交给上级财政的款项。

调出资金是为平衡一般预算收支而从基金预算的地方财政税费附加收入结余中调出，补充预算的资金。

资金调拨支出按上级财政部门的规定或实际发生数额记账。

**第五十三条** 财政周转金支出是指地方财政部门从上级借入财政周转金所支付的占用费以及周转金管理使用过程中按规定开支的相关费用。

财政周转金支出应按实际支付数额记账。

## 第八章 会计科目

**第五十四条** 会计科目是各级总预算会计设置账户、确定核算内容的依据。各级总预算会计必须按以下要求使用会计科目：

一、各级总预算会计应按本制度规定设置会计科目，按本科目使用说明使用。不需要的可以不用，不得擅自更改科目名称。

二、明细科目的设置，除本制度已有规定者外，各级总预算会计可根据需要，自行设置。

三、为便于编制会计凭证、登记账簿、查阅账目和实行会计电算化，本制度统一规定了会计科目编码。各级总预算会计不得随意变更或打乱科目编码。

四、总预算会计在填制会计凭证、登记账簿时，应填列会计科目的名称或者同时填列名称和编码，不得只填编码，不填名称。

五、有关财政周转金的会计核算，可由各级财政的预算部门或专门管理机构按本制度规定的科目办理。

**第五十五条** 各级总预算会计适用的会计科目如下：

**会计科目表**

| 序号 | 编码 | 科目名称 |
|---|---|---|
| | | 一、资产类 |
| 1 | 101 | 国库存款 |
| 2 | 102 | 其他财政存款 |
| 3 | 104 | 有价证券 |
| 4 | 105 | 在途款 |
| 5 | 111 | 暂付款 |
| 6 | 112 | 与下级往来 |
| 7 | 121 | 预拨经费 |
| 8 | 122 | 基建拨款 |
| 9 | 131 | 财政周转金放款 |
| 10 | 132 | 借出财政周转金 |
| 11 | 133 | 待处理财政周转金 |

（续表）

| 序　　号 | 编　　码 | 科　目　名　称 |
| --- | --- | --- |
| | | 二、负债类 |
| 12 | 211 | 暂存款 |
| 13 | 212 | 与上级往来 |
| 14 | 222 | 借入款 |
| 15 | 223 | 借入财政周转金 |
| | | 三、净资产 |
| 16 | 301 | 预算结余 |
| 17 | 305 | 基金预算结余 |
| 18 | 307 | 专用基金结余 |
| 19 | 321 | 预算周转金 |
| 20 | 322 | 财政周转基金 |
| | | 四、收入类 |
| 21 | 401 | 一般预算收入 |
| 22 | 405 | 基金预算收入 |
| 23 | 407 | 专用基金收入 |
| 24 | 411 | 补助收入 |
| 25 | 412 | 上解收入 |
| 26 | 414 | 调入资金 |
| 27 | 425 | 财政周转金收入 |
| | | 五、支出类 |
| 28 | 501 | 一般预算支出 |
| 29 | 505 | 基金预算支出 |
| 30 | 507 | 专用基金支出 |
| 31 | 511 | 补助支出 |
| 32 | 512 | 上解支出 |
| 33 | 514 | 调出资金 |
| 34 | 524 | 财政周转金支出 |

**第五十六条**　会计科目使用说明

**一、资产类**

第101号科目　国库存款

1. 本科目核算各级总预算会计在国库的预算资金(含一般预算和基金预算)存款。

2. 本科目借方,记国库存款增加数;贷方,记国库存款减少数。本科目借方余额,反映国库存款的结存数。

3. 总预算会计收到预算收入时,根据国库报来的预算收入日报表入账。收到上级预算补助时,根据国库转来有关结算凭证入账。办理库款支付时，根据支付凭证回单入账。

4. 有外币收支业务的总预算会计应按外币的种类设置外币存款明细账。发生外币收支业务时，应根据中国人民银行公布的人民币外汇汇率折合为人民币记账，并登记外国货币金额和折合率。年度终了，应将外币账户余额按照期末国家银行颁布的人民币外汇汇价折合为人民币，作为外币账户期末人民币余额。调整后的各种外币账户人民币余额与原账面余额的差额，作为汇兑损溢列入有关支出科目。

本科目可分一般预算和基金预算存款进行明细核算。

第 102 号科目　其他财政存款

1. 本科目核算各级总预算会计未列入"国库存款"科目反映的各项财政性存款。包括财政周转金、未设国库的乡(镇)财政在专业银行的预算资金存款以及部分由财政部指定存入专业银行的专用基金存款等。

2. 本科目借方，记其他财政存款增加数；贷方，记其他财政存款减少数。本科目借方余额，反映其他财政存款的实际结存数，其年终余额结转下年。

3. 总预算会计应根据经办行报来的收入日报表或银行收款通知入账。

总预算会计支付其他财政存款时，应根据有关支付凭证的回单入账。

4. 为便于分类管理，"其他财政存款"总账科目下应按交存地点和资金性质分设明细账。

第 104 号科目　有价证券

1. 本科目核算各级政府按国家统一规定用各项财政结余购买有价证券的库存数。

2. 购入有价证券，借记本科目，贷记"国库存款"、"其他财政存款"科目；到期兑付有价证券时，其兑付本金部分，借记"国库存款"、"其他财政存款"科目，贷记本科目。利息收入通过有关收入科目核算。

3. 本科目借方余额反映有价证券的实际库存数。

4. 本科目应按有价证券种类和资金性质设置明细账。

第 105 号科目　在途款

1. 本科目核算决算清理期和库款报解整理期内发生的上下年度收入、支出业务及需要通过本科目过渡处理的资金数。

2. 决算清理期内收到属于上年度收入时，借记本科目，贷记"一般预算收入"、"补助收入"、"上解收入"等收入科目；收回属于上年度拨款或支出时，借记本科目，贷记"预拨经费"或"一般预算支出"等科目；冲转在途款时，借记"国库存款"科目，贷记本科目。

第 111 号科目　暂 付 款

1. 本科目核算各级财政部门借给所属预算单位或其他单位临时急需的款项。

2. 借出时，借记本科目，贷记"国库存款"、"其他财政存款"科目；收回或转作预算支出时，借记"国库存款"、"其他财政存款"或有关支出科目，贷记本科目。

3. 本科目应及时清理结算。年终，原则上应无余额。

4. 本科目应按资金性质及借款单位名称设置明细账。

第 112 号科目　与下级往来

1. 本科目核算与下级财政的往来待结算款项。

2. 借给下级财政款时，借记本科目，贷记"国库存款"科目。体制结算中应由下级财政上交的收入数，借记本科目，贷记"上解收入"科目；借款收回、转作补助支出或体制结算应补助下级财政数时，借记"国库存款"、"补助支出"等有关科目，贷记本科目。

3. 本科目借方余额，反映下级财政应归还本级财政的款项；本科目贷方余额，反映本级财政欠下级财政的款项。

4. 本科目应及时清理结算。应转作补助支出的部分，应在当年结清；其他年终未能结清的余额，结转下年。

5. 本科目是往来性质的科目，如发生贷方余额，在编制"资产负债表"时应以负数反映。

6. 本科目应按资金性质和下级财政部门名称设置明细账。

第 121 号科目　预拨经费

1. 本科目核算财政部门预拨给行政事业单位、尚未列为预算支出的经费。

2. 预拨经费时，借记本科目，贷记"国库存款"科目(未设国库的乡(镇)总预算会计，贷记"其他财政存

款”科目，下同)；转列支出或收到用款单位交回数时，借记“一般预算支出”、“国库存款”等科目，贷记本科目。

3. 本科目借方余额反映尚未转列支出或尚待收回的预拨经费数。

4. 本科目应按拨款单位设明细账。

第 122 号科目　基建拨款

1. 本科目核算拨付给经办基本建设支出的专业银行或拨付基本建设财务管理部门的基本建设拨款和贷款数。直接拨给建设单位的基本建设资金，不通过本科目核算。

2. 拨出款项时，借记本科目，贷记“国库存款”科目；收到基本建设财务管理部门或受委托的专业银行报来拨付建设单位数及缴回财政数时，借记“一般预算支出”、“国库存款”等有关科目，贷记本科目。

3. 本科目借方余额反映尚未列报支出数。

4. 本科目应按拨款单位设明细账。

第 131 号科目　财政周转金放款

1. 本科目核算财政有偿资金的拨出、贷付及收回情况。

2. 将财政周转金贷给用款单位时，借记本科目，贷记“其他财政存款”科目；收回时，借记“其他财政存款”科目，贷记本科目。

3. 本科目借方余额，反映总预算会计掌握的财政有偿资金放款数。

4. 本科目应按拨(放)款的对象及放款期限设分户明细账。对于周转金放款业务较多的地区，可以由总预算会计或周转金管理机构进行总分类核算，财政业务部门进行明细核算。

第 132 号科目　借出财政周转金

1. 本科目核算上级财政部门借给下级财政部门周转金的借出和收回情况。

2. 借给下级财政部门周转金时，借记本科目，贷记“其他财政存款”科目；下级财政部门归还时作相反会计分录。

3. 本科目借方余额反映借出周转金尚未收回数。

4. 本科目应按借款对象设明细账。

第 133 号科目　待处理财政周转金

1. 本科目核算经审核已经成为呆账，但尚未按规定程序报批核销的逾期财政周转金转入和核销情况。

2. 逾期未还的周转金经批准转入时，借记本科目，贷记“财政周转金贷款”科目；按规定程序报经核销时，借记“财政周转基金”科目，贷记本科目。

3. 本科目借方余额反映尚待核销的待处理资金数。

4. 本科目应按欠款单位名称设明细账。

**二、负债类**

第 211 号科目　暂 存 款

1. 本科目核算各级财政临时发生的应付、暂收和收到不明性质的款项。

2. 收到暂存款时，借记“国库存款”、“其他财政存款”科目，贷记本科目；冲转退还或转作收入时，借记本科目，贷记“国库存款”、“其他财政存款”或有关收入科目。

3. 本科目贷方余额，反映尚未结清的暂存款数额。

4. 本科目应按资金性质、债权单位或款项来源设明细账。

第 212 号科目　与上级往来

1. 本科目核算与上级财政的往来待结算款项。

2. 从上级财政借入款或体制结算中发生应上交上级财政款项时，借记“国库存款”或“上解支出”科目，贷记本科目；归还借款、转作上级补助收入数或体制结算中应由上级补给款项时，借记本科目，贷记“国库存款”、“补助收入”等科目。

3. 本科目贷方余额，为本级财政欠上级财政的款项；借方余额，为上级财政欠本级财政的款项。

4. 本科目应及时清理结算，年终未能结清的余额，结转下年。

5. 本科目是往来性质的科目，如发生借方余额，在编制“资产负债表”时，应以负数反映。

有基金预算往来的地区，可按资金性质分设明细账。

第222号科目 借入款

1. 本科目核算中央财政和地方财政按照国家法律、国务院规定向社会以发行债券等方式举借的债务。上下级财政之间临时性借垫款，不通过本科目核算。

2. 发行债券或举借债务时，借记“国库存款”科目，贷记本科目；到期偿还本金时，借记本科目，贷记“国库存款”科目。

3. 本科目贷方余额，反映尚未偿还的债务。

4. 本科目应按债券种类或债权人设明细账。

第223号科目 借入财政周转金

1. 本科目核算地方财政部门向上级财政部门借入有偿使用的财政周转金。

2. 借入时，借记“其他财政存款”科目，贷记本科目；还款时，作相反会计分录。

3. 本科目贷方余额，反映尚未归还的借入财政周转金数。

**三、净资产类**

第301号科目 预算结余

1. 本科目核算各级财政预算收支的年终执行结果。

2. 年终转账时，财政部门应将“一般预算收入”、“补助收入——一般预算补助”、“上解收入”、“调入资金”等科目贷方余额转入本科目贷方；将“预算支出”、“补助支出——一般预算补助”、“上解支出”等科目借方余额转入本科目借方。

根据本年预算结余增设周转金时，按增设数借记本科目，贷记“预算周转金”。

3. 本科目年终贷方余额，反映本年的预算滚存结余(含有价证券)，转入下年度。

第305号科目 基金预算结余

1. 本科目核算各级财政管理的政府性基金收支的年终执行结果。

2. 年终转账时，应将“基金预算收入”、“补助收入——基金预算补助”科目余额转入本科目贷方；将“基金预算支出”、“补助支出——基金预算补助”、“调出资金”科目余额转入本科目借方。

3. 本科目年终贷方余额，反映本年基金预算滚存结余，转入下年度。

本科目应根据基金预算科目所列的基金项目逐一反映各项基金的结余。

第307号科目 专用基金结余

1. 本科目用于核算总预算会计管理的专用基金收支的年终执行结果。

2. 年终转账时，将“专用基金收入”科目余额转入本科目，借记“专用基金收入”，贷记本科目；将“专用基金支出”科目余额转入本科目数，借记本科目，贷记“专用基金支出”科目。

3. 本科目年终贷方余额，反映本年专用基金的滚存结余，转入下年度。

第321号科目 预算周转金

1. 本科目核算各级财政设置的用于平衡季节性预算收支差额周转使用的资金。预算周转金应根据《中华人民共和国预算法》要求设置，并不得随意减少。

2. 设置和补充预算周转金时，借记“预算结余”科目，贷记本科目。本科目借方一般无发生额。

第322号科目 财政周转基金

1. 本科目核算各级财政部门设置的有偿使用资金。

2. 用预算资金增补有偿使用周转基金时，借记有关预算支出科目，贷记“国库存款”科目；同时借记“其他财政存款”科目，贷记本科目。收回财政周转基金时，借记本科目，贷记有关预算支出科目。用财政周转金收入补充财政周转基金时，借记“财政周转金收入”科目，贷记本科目。

3. 本科目贷方余额，反映财政部门财政周转基金总额，年终余额结转下年。

4. 本科目可根据实际需要设置相应的明细账。

**四、收入类**

第401号科目 一般预算收入

1. 本科目核算各级财政部门组织的纳入预算的各项收入。

2. 根据国库报来的预算收入日报表所列当日预算收入数，借记“国库存款”科目，贷记本科目；当日收入数为负数时，以红字记入(采用计算机记账的，用负数反映)。年终结账时，将本科目贷方余额全数转入

"预算结余"科目,借记本科目,贷记"预算结余"科目。

3. 未设国库的乡(镇)总预算会计根据征收机关(如税务所)报来的预算收入日报表登记预算收入辅助账,待收到县财政返回收入时,再做收入的账务处理。

4. 本科目平时贷方余额,反映预算收入累计数。

5. 本科目应根据《国家预算收支科目》中的"一般预算收入科目"(不含一般预算调拨收入类)设置相应明细账。

第405号科目　基金预算收入

1. 本科目核算各级财政部门管理的政府性基金预算收入。

2. 取得基金预算收入时,借记"国库存款"科目,贷记本科目。

对于财政部明文规定在指定银行存储的基金,应按规定办理转存手续。基金预算收入在银行的存款利息收入,作为基金预算收入处理。

年终转账时,将本科目贷方余额全数转入"基金预算结余"科目,借记本科目,贷记"基金预算结余"科目。

3. 本科目平时贷方余额,反映当年基金预算收入累计数。

4. 本科目应按"基金预算收入科目"(不含基金预算调拨收入类)规定设置明细账。

第407号科目　专用基金收入

1. 本科目核算财政部门按规定设置或取得的专用基金收入。

2. 从上级财政部门或通过本级预算支出安排取得专用基金收入时,借记"其他财政存款"科目,贷记本科目;退回专用基金收入时,做相反的会计分录。

3. 年终转账时,将本科目余额全部转入"专用基金结余"科目,借记本科目,贷记"专用基金结余"科目。

本科目年终无余额。

第411号科目　补助收入

1. 本科目核算上级财政部门拨来的补助款。包括:

(1)税收返还收入;

(2)按财政体制规定由上级财政补助的款项;

(3)上级财政对本级的专项补助和临时性补助。

2. 收到上级拨入的补助款,借记"国库存款"科目,贷记本科目;从"与上级往来"科目转入本科目时,借记"与上级往来"科目,贷记本科目;退还上级补助,借记本科目,贷记"国库存款"等有关科目。年终本科目贷方余额,应转入"预算结余"科目,借记本科目,贷记"预算结余"科目。

3. 本科目平时贷方余额,反映上级补助收入累计数。

4. 上级财政的"补助支出"应与所属下级财政的"补助收入"的数额相等。

5. 有基金预算补助收入的地区,应将基金预算补助通过明细科目核算。

第412号科目　上解收入

1. 本科目核算下级财政上缴的预算上解款。包括:

(1)按体制规定由国库在下级预算收入中直接划解给本级财政的款项;

(2)按体制结算后由下级财政补缴给本级财政的款项和各种专项上解款项。

2. 收到下级上解款时,借记"国库存款"科目,贷记本科目;收入退还时,作相反的会计分录。年终,本科目贷方余额,应全数转入"预算结余"科目,借记本科目,贷记"预算结余"科目。

3. 本科目平时贷方余额,反映下级上解收入累计数。

4. 本级财政的"上解收入"应与所属下级财政的"上解支出"的数额相等。

5. 本科目应按上解地区设明细账。

第414号科目　调入资金

1. 本科目核算各级财政部门因平衡一般预算收支从预算外资金结余以及其他渠道调入的资金。

2. 调入资金,借记"国库存款"科目,贷记本科目。

3. 年终,本科目贷方余额转入"预算结余"科目,借记"调入资金",贷记"预算结余"科目。

第425号科目　财政周转金收入

1. 本科目核算财政周转金利息及占用费的收入情况。

2. 本科目应设置“利息收入”和“占用费收入”二个明细科目。取得利息收入时，借记“其他财政存款”科目，贷记本科目(利息)；取得占用费收入时，借记“其他财政存款”科目，贷记本科目(占用费)。

3. 年终结账时，应将“财政周转金支出”科目余额转入本科目，借记本科目，贷记“财政周转金支出”科目。本科目余额为当年财政周转金收支结余数，应全数转入“财政周转基金”科目，借记本科目，贷记“财政周转基金”科目，结转后，本科目无余额。

**五、支出类**

第 501 号科目　一般预算支出

1. 本科目核算各级总预算会计办理的应由预算资金支付的各项支出。

2. 总预算会计办理预算直接支出时，借记本科目，贷记“国库存款”等有关科目；将预拨行政事业单位经费转列支出时，借记本科目，贷记“预拨经费”科目；办理基本建设支出时，实行限额管理的，根据建设银行报来的银行支出数借记本科目，不实行限额管理的，根据拨付用款单位数，借记本科目。支出收回或冲销转账时，借记有关科目，贷记本科目。年终，本科目借方余额应全数转入“预算结余”科目，借记“预算结余”科目，贷记本科目。

3. 本科目平时借方余额，反映预算支出累计数。

4. 本科目应根据《国家预算收支科目》中的“一般预算支出科目”(不含一般预算调拨支出类)分“款”、“项”设明细账。

第 505 号科目　基金预算支出

1. 本科目核算各级财政部门用基金预算收入安排的支出。

2. 发生基金预算支出时，借记本科目，贷记“国库存款(其他财政存款)”等有关科目；支出收回或冲销转账时，借记有关科目，贷记本科目。年终，本科目借方余额应全数转入“基金预算结余”科目冲销，借记“基金预算结余”科目，贷记本科目。

3. 本科目平时借方余额，反映基金预算支出累计数。

4. 本科目根据“基金预算支出科目”(不含基金预算调拨支出类)设置明细账。

第 507 号科目　专用基金支出

1. 本科目用于核算各级财政部门用专用基金收入安排的支出。

2. 发生专用基金支出时，借记本科目，贷记“国库存款”(对于根据国家规定将基金存在指定银行的，应为“其他财政存款”，下同)科目。支出收回时，做相反的会计分录。

3. 年终转账时，将本科目余额全部转入“专用基金结余”科目，借记“专用基金结余”科目，贷记本科目。

4. 本科目平时借方余额，反映专用基金支出累计数。

第 511 号科目　补助支出

1. 本科目核算本级财政对下级财政的补助支出。包括：

(1)税收返还支出；

(2)按原财政体制结算应补助给下级财政的款项；

(3)专项补助或临时性补助。

2. 发生补助支出或从“与下级往来”科目转入时，借记本科目，贷记“国库存款”、“与下级往来”科目；支出退转时，作相反的会计分录。年终，本科目借方余额应转入“预算结余”科目冲销，借记“预算结余”科目，贷记本科目。

3. 本科目平时借方余额，反映补助支出累计数。

4. 本科目应按补助地区设明细账。

5. 用基金预算资金补助下级财政的地区，应分设基金预算补助明细账。

第 512 号科目　上解支出

1. 本科目核算解缴上级财政的款项。包括：

(1)按体制由国库在本级预算收入中直接划解给上级财政的款项；

(2)按体制结算补解给上级财政款项和各种专项上解款项。

2. 发生上解支出时，借记本科目，贷记“国库存款”等有关科目；支出退转时，借记有关科目，贷记本科目。年终，本科目借方余额转入“预算结余”科目，借记“预算结余”科目，贷记本科目。

3. 本科目平时借方余额，反映上解支出累计数。

4. 本科目一般可不设明细账。

第514号科目　调出资金

1. 本科目用于核算各级财政部门从基金预算的地方财政税费附加收入结余中调出，用于平衡预算收支的资金。

2. 调出基金预算结余时，借记本科目，贷记“调入资金”科目。凡是一般预算与基金预算分设存款账户的地区，应同时调整国库存款的明细账。

3. 年终转账时，应将本科目借方余额转入“基金预算结余”科目，借记“基金预算结余”，贷记本科目。

第524号科目　财政周转金支出

1. 本科目核算借入上级财政周转金支付的占用费及周转金管理使用过程中按规定开支的相关费用支出情况。

2. 本科目应设置“占用费支出”、“业务费支出”等二个明细科目。

“占用费支出”核算因借入上级财政周转金而支付的资金占用费；

“业务费支出”核算委托银行放款支付的手续费以及经财政部门确定的有关费用支出。

3. 支付占用费时，借记本科目(占用费支出)，贷记“其他财政存款”科目；支付手续费时，借记本科目(手续费支出)，贷记“其他财政存款”科目。

4. 本科目平时借方余额为已支付的周转金占用费及手续费。

5. 年终结账时将本科目借方余额转入“财政周转金收入”科目冲销，借记“财政周转金收入”科目，贷记本科目。年终结账后本科目无余额。

## 第九章　会计结账和结算

**第五十七条**　各级总预算会计应当定期、及时地进行会计结账。结账期限为每月一次。结账的具体方法，按《会计基础工作规范》办理。

**第五十八条**　各级总预算会计，在会计年度结束前，应当全面进行年终清理结算。年终清理结算的主要事项如下：

一、核对年度预算。预算数字是考核决算和办理收支结算的依据，也是进行会计结算的依据。年终前，各级总预算会计，应配合预算管理部门把本级财政总预算与上、下级财政总预算和本级各单位预算之间的全年预算数核对清楚。追加追减、上划下划数字，必须在年度终了前核对完毕。为了便于年终清理，本年预算的追加追减和企事业单位的上划下划，一般截至11月底为止。各项预算拨款，一般截至12月25日为止。

二、清理本年预算收支。凡属本年的一般预算收入，都要认真清理，年终前必须如数缴入国库。督促国库在年终库款报解整理期内，迅速报齐当年的预算收入。应在本年预算支领列报的款项，非特殊原因，应在年终前办理完毕。

清理基金预算收支和专用基金收支。凡属应列入本年的收入，应及时催收，并缴入国库或指定的银行账户。

三、组织征收机关和国库进行年度对账。年度终了后，按照国库制度的规定，支库应设置十天的库款报解整理期(设置决算清理期的年度，库款报解整理期相应顺延)。各经收处12月31日前所收款项均应在“库款报解整理期”内报达支库，列入当年决算。同时，各级国库要按年度决算对账办法编制收入对账单，分送同级财政部门、征收机关核对签章。保证财政收入数字的一致。

四、清理核对当年拨款支出。各级总预算会计对本级各单位的拨款支出应与单位的拨款收入核对清楚。对于当年安排的非包干使用的拨款，其结余部分应根据具体情况处理。属于单位正常周转占用的资金，可仍作为预算支出处理；属于应收回的拨款，应及时收回，并按收回数相应冲减预算支出。属于预拨下年度的经费，不得列入当年预算支出。

五、清理往来款项。各级财政的暂收、暂付等各种往来款项，要在年度终了前认真清理结算，做到人欠收回，欠人归还。应转作各项收入或各项支出的款项，要及时转入本年有关收支账。

六、清理财政周转金收支。各级财政预算部门或周转金管理机构应对财政周转金收支款项、上下级财政之间的财政周转金借入借出款项进行清理。同时对于各项财政周转金贷放款进行清理。财政周转金明细账由财政业务部门核算的,各预算部门或周转金管理机构应与业务部门的明细账进行核对,做到账账相符。

七、进行年终财政结算。各级财政要在年终清理的基础上,结清上下级财政总预算之间的预算调拨收支和往来款项。要按照财政管理体制的规定,计算出全年应补助、应上解和应返还数额,与年度预算执行过程中已补助、已上解和已返还数额进行比较,结合借垫款项,计算出全年最后应补或应退数额,填制"年终财政决算结算单",经核对无误后,作为年终财政结算凭证,据以入账。

**第五十九条**　各级总预算会计,对年终决算清理期内发生的会计事项,应当划清会计年度。属于清理上年度的会计事项,记入上年度账内;属于新年度的会计事项,记入新账。要防止错记漏记。

**第六十条**　经过年终清理和结算,把各项结算收支记入旧账后,即可办理年终结账。年终结账工作一般分为年终转账、结清旧账和记入新账三个环节,依次作账。

一、年终转账。计算出各账户12月份合计数和全年累计数,结出12月末余额,编制结账前的"资产负债表"。再将应对冲转账的各个收入、支出账户余额,填制12月份的记账凭证(凭证按12月份连续编号,填制实际处理日期),分别转入"预算结余"、"基金预算结余"和"专用基金结余"科目冲销。将当年"财政周转金支出"转入"财政周转金收入"科目冲销,并将财政周转金收支相抵后的余额转入"财政周转基金"。

二、结清旧账。将各个收入和支出账户的借方、贷方结出全年总计数,然后在下面划双红线,表示本账户全部结清。

对年终有余额的账户,在"摘要"栏内注明"结转下年"字样,表示转入新账。

三、记入新账。根据本年度各个总账账户和明细账户年终转账后的余额编制年终决算"资产负债表"和有关明细表(不编记账凭证),将表列各账户的余额直接记入新年度有关总账和明细账各账户预留空行的余额栏内,并在"摘要"栏注明"上年结转"字样,以区别新年度发生数。

决算经本级人民代表大会常务委员会(或人民代表大会)审查批准后,如需更正原报决算草案收入、支出数字时,则要相应调整旧账,重新办理结账和记入新账。

## 第十章　会计报表的编审

**第六十一条**　总预算会计报表是各级预算收支执行情况及其结果的定期书面报告,是各级政府和上级财政部门了解情况、掌握政策、指导预算执行工作的重要资料,也是编制下年度预算的基础。

各级总预算会计必须定期编制和汇总预算会计报表。

**第六十二条**　总预算会计报表有资产负债表、预算执行情况表、财政周转金收支情况表、财政周转金设放情况表、预算执行情况说明书及其他附表等。其他附表有基本数字表、行政事业单位收支汇总表以及所附会计报表。报表格式及说明详见本制度附件三。

各级总预算会计报表按旬、按月、按年编报。旬报、月报和年报的报送期限及编报内容应根据上级财政部门具体要求和本行政区域预算管理的需要办理。

**第六十三条**　各级总预算会计报表要做到数字正确,报送及时,内容完整。

一、各级总预算会计要加强日常会计核算工作,督促有关单位及时记账、结账。所有预算会计单位都应在规定的期限内报出报表,以便主管部门和财政部门及时汇总。

二、总预算会计报表的数字,必须根据核对无误的账户记录汇总。切实做到账表相符,有根有据。不能估列代编,更不能弄虚作假。

三、总预算会计报表要严格按照统一规定的种类、格式、内容、计算方法和编制口径填制,以保证全国统一汇总和分析。汇总报表的单位,要把所属单位的报表汇集齐全,防止漏报。

**第六十四条**　总预算会计的年报,即各级政府决算,反映着年度预算收支的最终结果。各级总预算会计在财政部门首长的领导下,参与或具体负责组织下列决算草案编审工作:

一、参与组织制定决算草案编审办法。根据上级财政部门的统一要求和本行政区域预算管理的需要,提出年终收支清理、数字编列口径、决算审查和组织领导等具体要求,并对财政结算、结余处理等具体问题规定处理办法。

参与组织制定本级单位决算草案编审办法。

二、参与制发或根据上级财政部门的要求结合本行政区域的具体情况转(制)发本行政区域财政总决算统一表格和本级单位决算统一表格。协同财务部门设计基本数字表及其他附表。

三、办理全年各项收支、预拨款项、往来款项等会计对账、结账工作。

四、对下级财政部门和同级单位预算主管部门布置决算草案编审工作,并督促检查其及时汇总报送决算。

五、审查、汇总所属财政决算草案收支各表,并负责全部决算草案的审查汇总工作。

六、编写决算说明书,向上级财政部门汇报决算编审工作情况,进行上下级财政之间的财政体制结算以及财政总决算的文件归档工作。

**第六十五条** 各级财政部门应将汇总编制的本级决算草案及时报本级政府审定。各级财政部门应按照上级财政部门规定的时限和份数,将经本级人民政府审定的本行政区域决算草案逐级及时报送备案。计划单列城市的会计报表和年度财政决算在报送省级财政部门的同时,直接报送财政部。

## 第十一章　会计电算化

**第六十六条** 为了保证总预算会计电算化核算的准确、安全,省级(含省本级)以上财政部门必须制订相应的会计电算化管理办法并严格执行。省以下各级财政部门应相应制定有关具体实施办法。

**第六十七条** 随着计算机在会计领域的开发和运用,各级总预算会计人员要熟练掌握计算机在会计上的运用,实现会计操作技术的现代化。

**第六十八条** 总预算会计电算化软件,必须符合本制度规定的核算方法,并经财政部鉴定通过后,才能投入使用。

## 第十二章　会计监督

**第六十九条** 各级总预算会计应加强各项财政性资金的核算管理与会计监督。严格依法办事,对于不合法的会计事项,应及时予以纠正或及时向领导反映。

**第七十条** 各级总预算会计应自觉接受审计及监察部门的监督,按规定向审计及监察部门提供有关资料。

**第七十一条** 各级总预算会计应加强对用款单位拨出款项的管理,及时了解掌握有关单位的用款情况,发现问题及时纠正。

## 第十三章　附　　则

**第七十二条** 本制度未规定的一般会计处理方法,按财政部发布的《会计基础工作规范》处理。会计档案的管理,按财政部、国家档案局颁发的《会计档案管理办法》执行。

**第七十三条** 有关预算外资金的核算,由我部另行发文规定。财政周转金由专设的周转金管理部门管理的,其核算应由周转金管理部门参照本制度的规定执行。

**第七十四条** 本制度解释权属财政部。

**第七十五条** 本制度自 1998 年 1 月 1 日起执行。财政部 1988 年制发的《财政机关总预算会计制度》及有关补充规定,同时废止。

# 2.《财政总预算会计制度》暂行补充规定(2001 年颁布)

财库[2001]63 号

为了适应预算和国库收付制度改革的需要,进一步规范中央财政总预算会计核算,现对《财政总预算会计制度》作如下暂行补充规定(以下简称《补充规定》):

一、财政总预算会计核算以收付实现制为主,但中央财政总预算会计的个别事项可以采用权责发生制。

二、中央财政总预算会计采用权责发生制的事项有：

1. 预算已经安排，由于政策性因素，当年未能实现的支出；

2. 预算已经安排，由于用款进度等原因，当年未能实现的支出；

3. 动支中央预备费安排，因国务院审批较晚，当年未能及时拨付的支出；

4. 为平衡预算需要，当年未能实现的支出；

5. 其他。

中央财政总预算会计采用权责发生制仅限于上述事项，除此之外其他事项均不得采用权责发生制。

三、财政总预算会计采用权责发生制对上述事项进行会计核算时，平时不作账务处理。待年终结账，经确认当年确实无法实现财政拨款，需结转下一年度支出时，应借记"一般预算支出"等科目，贷记"暂存款"科目；下年度实际支付时，借记"暂存款"科目，贷记"国库存款"等科目。

四、本《补充规定》自文发之日起施行。

**附件二：**

## 关于"《财政总预算会计制度》暂行补充规定"的说明

为了更好地贯彻落实《〈财政总预算会计制度〉暂行补充规定》（以下简称《补充规定》），减少随意性，克服人为因素影响，特作如下说明：

一、《补充规定》仅适用于中央财政，地方各级财政不比照执行。

二、中央财政采用权责发生制的事项，仅限于《补充规定》中列示的五种情况，除此之外，其他任何事项均不得采用权责发生制。

（一）预算已经安排，由于政策性因素，当年未能实现的支出。是指国债投资项目支出。年初中央财政预算总盘子中已经安排，执行中由于国家计委未能按预算足额下达投资计划等原因，需作结转处理。

（二）预算已经安排，由于用款进度的原因，当年未能实现的支出。是指参加国库单一账户试点单位，由于用款进度的原因，年终有一部分资金留在财政总会计账上拨不出去，为了不虚增财政结余，需作结转处理。对于不实行国库单一账户试点的单位，财政总会计不得作结转处理。

（三）动支中央预备费安排，因国务院审批较晚，当年未能及时拨付的支出。

（四）为平衡预算需要，当年未能实现的支出。是指补充偿债基金支出。为了平衡预算，需要根据当年赤字规模和债务收支情况，确定补充偿债基金的具体数额，作当年支出处理。

（五）其他。主要是指除上述情况之外，根据国务院领导批示精神，需作结转处理的事项。

三、由于年终结账前，才能最后确定当年应支未支的数额，因此对于采用权责发生制的事项，平时不作账务处理，待年终结账时，根据经确认的结转数额，再作账务处理。

# 3. 财政总预算会计管理基础工作规定（2012 年颁布）

财库[2012]1 号

## 第一章 总 则

**第一条** 为适应财政国库管理制度改革需要，进一步加强和规范财政总预算会计基础管理，保障财政资金安全，根据《中华人民共和国会计法》、《会计基础工作规范》、《财政总预算会计制度》以及财政国库管理制度等有关法律、法规、制度，制定本规定。

**第二条** 本规定适用于各级财政国库管理和执行机构。

**第三条** 财政总预算会计管理基础工作包括：

（一）明确岗位职责分工，完善相关管理制度；

（二）规范账户管理；

（三）严格财政资金收付、调度管理，加强会计监督；

（四）及时组织会计核算，全面、准确反映预算执行；

（五）规范印章、票据、会计档案管理；

（六）其他基础性工作。

**第四条** 各级财政部门应当加强财政总预算会计管理信息化建设，充分运用现代信息技术，建立完善相关业务管理信息系统，保障财政资金安全高效运行，不断提高总预算会计管理水平。

**第五条** 各级财政部门应当按照本规定组织和开展财政总预算会计管理基础工作。各级财政部门负责人应当对本级财政总预算会计管理基础工作负领导责任。

## 第二章 岗位和人员管理

**第六条** 各级财政部门应当根据财政国库管理要求和财政总预算会计业务需要，遵循制衡、高效原则，科学设置财政总预算会计工作岗位，岗位设置不得交叉、重复。

**第七条** 财政总预算会计管理基础工作岗位包括账户管理岗位、资金调度岗位、审核岗位、支付岗位、会计核算岗位、监督管理岗位等：

（一）账户管理岗位，主要负责对国库单一账户、财政专户、零余额账户和预算单位银行账户等进行管理；

（二）资金调度岗位，主要负责分析财政资金结构和收支变动情况，预测财政资金流量，科学合理调度财政资金；

（三）审核岗位，主要负责依据预算对用款计划、支付申请等进行审核；

（四）支付岗位，主要负责对支付申请及相关单据要素进行复核，并开具支付凭证；

（五）会计核算岗位，主要负责对各类财政资金收支、债权债务、往来款项和上下级财政间结算等事项进行核算，并负责组织日常对账、编报会计报告；

（六）监督管理岗位，主要负责对财政部门内部资金收付管理和预算单位财政资金使用实施会计监督。

**第八条** 各级财政部门应当建立岗位责任制，按照岗位设置要求和不相容职务相分离原则，足额配备相关人员，明确岗位人员职责分工：

（一）负责开具支付凭证人员不得管理支付业务专用印章，不得兼管会计核算工作；

（二）负责管理支付业务专用印章人员，不得兼管会计核算工作；

（三）负责管理信息系统人员不得兼管财政总预算会计具体业务工作；

（四）其他需要相分离的工作，应当由不同人员负责。

**第九条** 各级财政部门应当严格设定总预算会计业务管理信息系统使用和管理人员的操作权限，加强密码和密码设备管理，禁止未经授权人员使用业务管理信息系统。

**第十条** 各级财政部门应当选用具备下列条件的人员从事财政总预算会计工作：

（一）坚持原则、廉洁奉公；

（二）具有良好的品行；

（三）熟悉国家财经法律、法规、规章和方针、政策，熟练掌握财政预算、国库管理等有关知识。

会计核算岗位人员除具备上述条件外，还应当取得会计从业资格证书。财政总预算会计其他管理岗位人员原则上也需要取得会计从业资格证书。

因在财务、会计、审计或者其他经济管理工作中犯有严重错误受到行政处罚、撤职以上处分，自处罚、处分决定之日起不满二年的人员不得从事财政总预算会计工作。

**第十一条** 各级财政部门应当定期组织财政总预算会计人员参加业务培训，开展会计职业道德教育和廉政风险教育。

**第十二条** 各级财政部门应当在保持相对稳定的基础上，对财政总预算会计人员进行定期轮岗。

**第十三条** 财政总预算会计人员因故离岗时不得违规替岗；因工作调动或其他原因离职，须按照《会计基础工作规范》相关规定办理交接手续。

**第十四条** 各级财政部门任用财政总预算会计人员应当按有关规定实行回避制度。

## 第三章 账户管理

**第十五条** 各级财政部门应当按照财政国库管理制度和银行账户管理有关规定，加强对国库单一账户、财政专户、零余额账户和预算单位银行账户等的管理。

**第十六条** 各级财政部门应当按照国家有关规定在相应的人民银行国库部门开设国库单一账户；未设人民银行机构的地方，应当在商业银行、信用社代理国库开设。

**第十七条** 各级财政部门应当严格按照国家有关规定设置财政专户，规范财政专户的开立、变更和撤销等工作：

（一）财政部门开立财政专户应当按规定办理审批手续；

（二）选择财政专户开户银行应当遵循公开、公平、公正原则，综合考量银行资质、偿债能力、盈利能力、运营情况、内部控制水平、信息化管理水平及服务水平等因素后确定，严格规范选择开户银行的审批程序，建立领导班子集体决策制度，有条件的应通过招标方式确定；

（三）财政部门应当与财政专户开户银行签订规范的账户管理协议，明确双方权利和义务；

（四）财政专户相关信息发生变更，财政部门应当按规定办理变更手续并进行备案；

（五）财政部门撤销财政专户应当按规定及时办理撤销手续并进行备案。

**第十八条** 各级财政部门应当按照有关规定规范零余额账户管理。零余额账户的开立、变更与撤销须经同级财政部门批准，并按照财政国库管理制度规定的程序和要求执行。

**第十九条** 各级财政部门应当建立预算单位银行账户审批、备案、年检等管理制度，按规定加强预算单位银行账户开立、变更、撤销等管理。

**第二十条** 各级财政部门应当建立账户管理信息系统，对账户开立、变更、撤销等情况实行动态管理，及时更新账户管理信息。

**第二十一条** 地方各级财政部门应当定期向上级财政部门报告账户管理情况。

## 第四章 财政资金管理

**第二十二条** 各级财政部门应当按照国库集中收付制度规定，建立科学规范的财政资金收付管理流程，将所有财政资金收付纳入信息系统管理，实现资金收付各环节之间有效制衡。信息系统应当具备严密的业务流程控制和完整的系统操作日志。

**第二十三条** 审核人员应当依据预算对用款计划进行审核；依据预算、用款计划、收入缴库进度等对支付申请进行审核。审核无误后在信息系统中进行确认并提交支付人员。

**第二十四条** 支付人员应当对审核后的支付申请等相关单据要素进行复核。经复核无误后，在信息系统中确认并开具相应的支付凭证，禁止手工填制。

**第二十五条** 支付凭证经复核无误后，由管理支付印章的人员加盖支付印章。支付印章包括支付业务专用章、法定代表人或经授权的法人代表人名章。

**第二十六条** 支付印章不得随意更换。因机构调整或单位领导变动等确需更换印章时，应履行必要的审批程序及时更换预留印鉴。新印章一经启用，原印章立即失效。

**第二十七条** 支付印章应当实行专人负责、分人分印管理，任何人员均不得统管、代管全部支付印章。

**第二十八条** 各级财政部门应当指定专人负责与银行交接支付凭证等原始单据，传输相关电子数据，确保原始单据及相关电子数据传递安全；与支付相关的银行回单等原始单据应由专人传递给会计核算人员保管。单据传递应当实行交接登记制度。

**第二十九条** 支付凭证作废时应当加盖“作废”戳记，连同留存联一并交由专人保管，定期销毁。

**第三十条** 完全采用无纸化支付方式的，应当按照《中华人民共和国电子签名法》有关规定建立完善的系统安全控制机制，有关各方应当预先签订协议，明确电子签名、电子印章、电子凭证的使用确认规范，无纸化支付程序及管理责任，保障财政资金和信息安全。

**第三十一条** 各级财政部门应当严格管理资金收付相关票据和凭证，重要票据和凭证应当实行专人专柜管理；领用、核销实行登记制度。

**第三十二条** 各级财政部门应当指定专人负责保管定期存单、有价证券等，配备单独的保险柜等设备存放，并进行定期盘点。

**第三十三条** 各级财政部门应当加强财政资金调度管理，定期分析资金结构和收支变动情况，预测资金流量，在确保资金安全性、规范性、流动性前提下，提高资金使用效率和效益；严禁违反国家相关规定调度和使用资金。

**第三十四条** 各级财政部门应当加强财政资金安全管理，建立风险防控管理机制，实现对财政资金的动态防控管理，确保财政资金安全。

## 第五章 会计核算管理

**第三十五条** 各级财政部门应当按照现行法律、法规和有关国家统一会计制度规定建立会计账册，进行会计核算，及时提供合法、真实、准确、完整的会计信息。

**第三十六条** 各级财政部门负责对下列事项进行会计核算：

（一）各类财政资金收支；

（二）财政债权债务的发生和结算；

（三）往来款项的发生和结算；

（四）上下级财政间的结算；

（五）其他需要进行会计核算的事项。

**第三十七条** 各级财政部门应当采用信息系统进行账务处理。

**第三十八条** 会计核算人员收到财政资金收付凭证等原始单据（含电子数据）后应当及时审核，相关信息核对无误后，通过信息系统生成记账凭证；记账凭证复核无误后登记相应的会计账簿。

**第三十九条** 会计核算人员不得直接在信息系统中更改登记有误的账簿信息，应当采取冲销法或补充登记法，重新填制调账记账凭证，复核无误后登记会计账簿。

**第四十条** 会计核算人员应当按月进行会计结账，具体结账按《财政总预算会计制度》等相关规定办理。

**第四十一条** 各级财政部门应当建立并严格执行对账制度，采取网上对账、交叉对账、后台对账等方式，确保账证相符、账账相符、账实相符、账表相符。

**第四十二条** 各级财政部门内部国库机构要与业务管理机构核对资金账等；上下级财政部门要核对资金账；财政部门要与本级各预算单位核对资金账等，与征收机关核对资金账，与同级人民银行国库核对资金账，与财政专户开户银行通过后台对账方式核对专户资金账，有条件的地方要与开户银行的上级单位核对专户余额账。

**第四十三条** 各级财政部门应当根据登记完整、核对无误的 会计账簿记录和其他有关资料，定期编制和汇总会计报告，做到数字真实、计算准确、内容完整、说明清楚。

**第四十四条** 各级财政部门应当结合实际需要定期打印会计凭证、会计账簿和会计报表，装订成册，并由制单人员、记账人员、复核人员和会计机构负责人或会计主管人员等相关人员签名或盖章。

**第四十五条** 各级财政部门应当指导本级预算单位做好日常会计管理工作，组织年度财政决算、部门决算的编审和汇总工作。

**第四十六条** 各级财政部门对总预算会计凭证、会计账簿、会计报表和其他会计资料，应当建立档案由专人妥善保管。总预算会计档案建档要求、保管期限、销毁办法等依据《会计档案管理办法》规定执行。

**第四十七条** 信息系统存储的总预算会计原始数据应当由专人定期备份至机房专用存储设备。保存电子会计数据的存储介质应当纳入容灾备份体系妥善保管。

## 第六章 监督检查

**第四十八条** 各级财政部门应当建立内部监督检查制度，对账户管理、财政资金管理、会计核算等日常工作实施定期检查和不定期抽查。

**第四十九条** 各级财政部门应当建立预算执行动态监控机制，严格监督专项转移支付资金拨付情况和本级预算单位财政资金使用情况。

**第五十条** 县级以上财政部门应当加强对下级财政总预算会计管理基础工作的指导,定期检查下级财政部门账户管理、财政资金管理、会计核算等工作开展情况,及时通报检查结果。

**第五十一条** 财政总预算会计管理基础工作中有违规、违纪行为的,应当根据《财政违法行为处罚处分条例》等有关规定进行处理。

**第五十二条** 各级财政部门要积极配合审计等部门的检查工作,自觉接受审查和监督。

### 第七章 附 则

**第五十三条** 纳入财政专户管理的其他资金参照本规定执行。

**第五十四条** 各省、自治区、直辖市、计划单列市财政厅(局)可以根据本规定结合本地区的实际情况,制定实施办法,并报财政部备案。

**第五十五条** 本规定自2012年3月1日起实施。

## 4. 行政单位会计制度(1998年修订)

财预字〔1998〕49号

### 第一章 总 则

**第一条** 为了适应我国社会主义市场经济发展的需要,规范行政单位会计核算行为,保证会计信息质量,根据《中华人民共和国会计法》,制定本制度。

**第二条** 本制度适用于中华人民共和国各级行政机关和实行行政财务管理的其他机关、政党组织(以下统称行政单位)。

**第三条** 行政单位会计是预算会计的组成部分。其会计核算必须遵守国家有关法律、法规及本制度的规定。

**第四条** 根据机构建制和经费领报关系,行政单位的会计组织系统,分为主管会计单位、二级会计单位和基层会计单位三级。

向财政部门领报经费,并发生预算管理关系的,为主管会计单位。

向主管会计单位或上一级会计单位领报经费,并发生预算管理关系,有下一级会计单位的,为二级会计单位。

向上一级会计单位领报经费,并发生预算管理关系,没有下级会计单位的,为基层会计单位。

向同级财政部门领报经费,没有下级会计单位的,视同基层会计单位。

主管会计单位、二级会计单位和基层会计单位实行独立会计核算,负责组织管理本部门、本单位的全部会计工作。

不具备独立核算条件的行政单位,实行单据报账制度,作为"报销单位"管理。

**第五条** 行政单位应当根据本单位的业务规模、人员编制以及负担的会计工作任务,设置相应的会计工作机构,配备会计人员,并应建立岗位责任制度和内部稽核制度。

**第六条** 会计核算应当以行政单位发生的各项经济业务为对象,记录和反映行政单位自身的各项经济活动。

行政单位的各项资金和财产,均应纳入行政单位会计核算。

**第七条** 会计核算应当划分会计期间,分期结算账目和编制会计报表。会计期间分为年度、季度和月份。会计年度、季度和月份采用公历日期。

**第八条** 会计核算以人民币为记账本位币。发生外币收支的,应当按照中国人民银行公布的当日人民币外汇汇率折算为人民币核算。业务收支以外币为主的,也可以选定某种外币为记账本位币。但编制会计报表时,应该按照编报日期的人民币外汇汇率折算为人民币反映。

**第九条** 会计记账采用借贷记账法。

**第十条** 会计记录应当使用中文,少数民族地区可以同时使用本民族文字。

## 第二章 一般原则

**第十一条** 会计核算应当以行政单位实际发生的经济业务为依据,客观真实地记录、反映各项收支情况及结果。

**第十二条** 会计信息应当符合国家宏观经济管理的要求,适应预算管理和有关方面了解行政单位财务状况及收支结果的需要,有利于单位加强内部财务管理。

**第十三条** 会计核算应当按照规定的会计处理方法进行。同类单位会计指标应当口径一致,相互可比。

**第十四条** 会计处理方法应当前后各期一致,不得随意变更。如确有必要变更,应当将变更的情况、原因和对单位财务收支情况及结果的影响在会计报表中说明。

**第十五条** 会计核算应当及时进行。

**第十六条** 会计记录和会计报表应当清晰明了,便于理解和运用。

**第十七条** 会计核算以收付实现制为基础。

**第十八条** 凡是指定用途的资金应按规定的用途使用,并单独核算反映。

**第十九条** 各项财产物资应当按照取得或购建时的实际成本计价。除国家另有规定者外,一律不得自行调整其账面价值。

**第二十条** 会计报表应当全面反映行政单位的财务收支情况及其结果。对于重要的业务事项,应当单独反映。

## 第三章 资 产

**第二十一条** 资产是行政单位占有或者使用的,能以货币计量的经济资源。包括流动资产和固定资产。

**第二十二条** 流动资产是指可以在一年内变现或者耗用的资产,包括现金、银行存款、暂付款、库存材料等。

现金和银行存款按照实际收入和支出数额记账。

行政单位必须严格银行存款的开户管理,禁止多头开户。预算经费应由财务部门统一在同级财政部门或上级主管部门指定的国家银行开户,不得自行转移资金。

暂付款是行政单位在业务活动中与其他单位、所属单位或本单位职工发生的临时性待结算款项。

暂付款按实际发生数额记账。

行政单位对暂付款业务要严格控制,健全手续,及时清理。属于临时性往来借欠款要及时结算,不得长期挂账。

库存材料是指行政单位大宗购入进入库存,并陆续耗用的行政用物资材料。库存材料应按实际耗用数列支。办公用品数量不大,随买随用的,按购入数直接列为支出。

行政单位的库存材料每年至少应当清点一次。如发生盘亏、盘盈,应当查明原因,作为增加或减少当期支出处理。

**第二十三条** 有价证券是指行政单位用结余资金购买的国债。行政单位购买的有价证券作为流动资产管理。

有价证券按取得时的实际成本记账。购入的有价证券应作为货币资金妥善保管,做到账券相符。

当期有价证券的利息以及转让有价证券取得的收入与其账面成本的差额,记入当期收入。

**第二十四条** 固定资产是指使用年限在一年以上,单位价值在规定标准以上,并在使用过程中基本保持原来物质形态的资产。包括房屋及建筑物、专用设备、一般设备、文物和陈列品、图书、其他固定资产。

单价虽然未达到规定标准,但使用时间在一年以上的大批同类物资,应作为固定资产核算。

固定资产应当按照取得或购建时的实际成本记账。盘盈和接受捐赠的固定资产应当按照同类资产的市场价格或者有关凭据确定固定资产价值。

对固定资产进行改建、扩建，其净增值部分，应当计入固定资产价值。

行政单位的固定资产不计提折旧。

**第二十五条** 行政单位对其占有或使用的固定资产，每年应当盘点一次。

固定资产报废、调拨和变卖，必须按规定的程序报经审批。

转让、毁损、报废及盘亏的固定资产，应当相应减少固定资产账面价值。有偿转让、变卖固定资产取得的变价收入和清理报废固定资产取得的变价收入，作为其他收入处理。清理固定资产所发生的费用，作为当期支出。出租固定资产取得的价款，应当记入其他收入。

## 第四章 负 债

**第二十六条** 负债是行政单位承担的能以货币计量，需要以资产偿付的债务，包括应缴预算款、应缴财政专户款、暂存款等。

**第二十七条** 应缴预算款是指行政单位在业务活动中按规定取得的应缴财政预算的各种款项，主要包括纳入预算管理的政府性基金、行政性收费罚款(指按国家规定由行政机关直接收缴的部分，下同)、没收财物变价款、无主财物变价款、赃款和赃物变价款、其他应缴预算的资金等。

行政单位取得的应缴预算款项应当按照规定及时、足额上缴国库。对于未达到缴款起点或需要定期清缴的，应及时存入银行存款账户。

行政单位的应缴预算款项应当按照同级财政部门规定的缴款方式、缴款期限及其他缴款要求及时办理缴库。每月月末不论是否达到缴款额度，均应清理结缴。任何单位不得缓缴、截留、挪用或自行坐支应缴预算款项。年终必须将当年的应缴预算款项全部清缴入库。

**第二十八条** 应缴财政专户款是指行政单位按规定代收的应上缴财政专户的预算外资金。应缴财政专户的预算外资金范围及管理办法，按国务院和财政部规定办理。

**第二十九条** 暂存款是行政单位在业务活动中与其他单位和个人发生的待结算款项。

各种应缴款及暂存款项应及时清理并按规定办理结算。不得长期挂账。

**第三十条** 各项负债应按实际发生数额记账。

## 第五章 净资产

**第三十一条** 净资产是指行政单位资产减负债和收入减支出的差额，包括固定基金、结余等。

**第三十二条** 固定基金是指行政单位固定资产所占用的基金。

固定基金按实际发生数额记账。

**第三十三条** 结余是行政单位各项收入与支出相抵后的余额。行政单位的正常经费结余与专项资金结余应分别核算。

## 第六章 收 入

**第三十四条** 收入是指行政单位为开展业务活动，依法取得的非偿还性资金。包括拨入经费、预算外资金收入、其他收入等。

**第三十五条** 拨入经费是指行政单位按照经费领报关系，由财政部门或上级单位拨入的预算经费。

行政单位应根据经上级主管部门或财政部门核定的季度(分月)用款计划，按经费领报关系向上级主管部门或同级财政部门申请拨款。

拨入经费应按预算规定的用途使用，未经同级财政部门批准，不得擅自改变用途。

**第三十六条** 预算外资金收入是指财政部门按规定从财政专户核拨给行政单位的预算外资金和部分经财政部门核准不上缴预算外资金财政专户，而直接由行政单位按计划使用的预算外资金。

其他收入是指行政单位按规定收取的各种收入，以及其他来源形成的收入。

**第三十七条** 由财政部门拨入的经费和预算外资金收入中属于指定用途，用于完成专项工程或专项工作、并需要单独报账结算的资金，应当与正常的拨款区分开来，分别核算。

**第三十八条** 行政单位的各项收入应按实际发生数额记账。

## 第七章 支　　出

**第三十九条** 支出是指行政单位为开展业务活动所发生的各项资金耗费及损失。

**第四十条** 行政单位的支出根据资金管理要求分为经常性支出和专项支出。

经常性支出是指行政单位为维持正常运转和完成日常工作任务发生的支出；专项支出是行政单位为完成专项或特定工作任务发生的支出。经常性支出和专项支出的具体项目包括基本工资、补助工资、其他工资、职工福利费、社会保障费、公务费、业务费，修缮费、设备购置费、其他费用等。

行政单位收回本年度已列为经费支出的款项，冲减当年的经费支出；收回以前年度已经列为经费支出的款项，增加上年结余，不得冲减当年经费支出。

**第四十一条** 行政单位的各项支出按实际支出数额记账。

## 第八章 会计科目

**第四十二条** 行政单位会计科目使用要求：

一、本制度规定的会计科目，是汇总和检查行政单位资金活动情况和结果的总账科目。非经财政部同意，不得减并或自行增设，不得擅自更改科目名称。不需要的科目可以不用。

二、本制度统一规定会计科目编号。各行政单位在使用会计科目编号时，应与会计科目名称同时使用。可以只使用会计科目名称，不用科目编号，但不得只填科目编号，不写科目名称。

**第四十三条** 各行政单位适用的会计科目如下：

**会计科目表**

| 编　　号 | 科　目　名　称 |
|---|---|
| | 一、资产类 |
| 101 | 现金 |
| 102 | 银行存款 |
| 103 | 有价证券 |
| 104 | 暂付款 |
| 105 | 库存材料 |
| 106 | 固定资产 |
| | 二、负债类 |
| 201 | 应缴预算款 |
| 202 | 应缴财政专户款 |
| 203 | 暂存款 |
| | 三、净资产类 |
| 301 | 固定基金 |
| 303 | 结余 |
| | 四、收入类 |
| 401 | 拨入经费 |
| 404 | 预算外资金收入 |
| 407 | 其他收入 |

（续表）

| 编　　号 | 科　目　名　称 |
|---|---|
| | 五、支出类 |
| 501 | 经费支出 |
| 502 | 拨出经费 |
| 505 | 结转自筹基建 |

**第四十四条** 会计科目使用说明

**一、资产类**

第101号科目　现　金

1. 本科目核算行政单位的库存现金。

2. 收到现金，借记本科目，贷记有关科目；支出现金，借记有关科目，贷记本科目。

本科目借方余额，反映行政单位库存现金数额。

3. 行政单位应设置"现金日记账"，由出纳人员根据收付款凭证，按照业务的发生顺序逐笔登记。每日业务终了，应计算当日的现金收入合计数、现金支出合计数和结余数，并将结余数与实际库存数核对，做到账款相符。

4. 有外币现金的行政单位，应分别按人民币、各种外币设置"现金日记账"进行明细核算。具体参见"银行存款"科目。

第102号科目　银行存款

1. 本科目核算行政单位存入银行其他金融机构的各种款项。

2. 行政单位将款项存入银行或其他金融机构时，借记本科目，贷记"现金"等有关科目；提取和支出存款时，借记"现金"等有关科目，贷记本科目。

本科目借方余额，反映行政单位银行存款数额。

3. 行政单位应按开户银行、存款种类等，分别设置"银行存款日记账"。由出纳人员根据收付款凭证，按照业务的发生顺序逐笔登记，每日终了应结出余额。"银行存款日记账"应定期与银行对账，至少每月核对一次。月份终了，行政单位账面结余与银行对账单人余额之间如有差额，应逐笔查明原因，分别情况进行处理。属于未达账项，应按月编制"银行存款余调节表"，调节相符。

4. 有外币存款的行政单位，应在本科目下分别人民币和各种外币设置"银行存款日记账"进行明细核算。

行政单位发生的外币银行存款业务，应将外币金额折合为人民币记账，并登记外国货币金额和折合率。外国货币折合为人民币记账时，应按业务发生时的中国人民银行公布的人民币外汇汇率折算。年度终了(外币存款业务量大的机关可按季或月结算)，行政单位应将外币账户余额按照期末中国人民银行公布的人民币外汇汇率折合为人民币，作为外币账户的期末人民币余额。调后的各外币账户人民币余额与原账面余额的差额，作为汇兑损溢列入有关支出。

第103号科目　有价证券

1. 本科目核算行政单位购入的有价证券。

2. 购入有价证券时，按照实际支付的款项，借记本科目，贷记"银行存款"科目；兑付本息时，借记"银行存款"科目，贷记科目(本金)和"其他收入"(利息)科目。

本科目借方余额，反映尚未兑付的有价证券本金数。

第104号科目　暂付款

1. 本科目核算行政单位发生的待核销的结算款项。

2. 发生暂付款时，借记本科目，贷记"现金"、"银行存款"等有关科目；结算收回或核销转列支出时，借记"经费支出"等有关科目，贷记本科目。

本科目借方余额，反映尚等结算的暂付款累计数。

3. 本科目应按债务单位或个人名称设置明细账。

第105号科目　库存材料

1. 本科目核算行政单位大宗购入、需要库存的物资材料等。行政单位办公材料随买随用或没有大宗购入,不需要库存的,可以不设本科目。

2. 购入、有偿调入的材料,分别以购价、调拨价作为入账价格。材料采购、运输过程中发生的差旅费、运杂费等不计入库存材料价格,直接列入有关支出科目核算。

3. 购入材料并已验收入库时,借记本科目,贷记"银行存款"等有关科目;领用出库时,贷记本科目,借记有关支出科目。

本科目借方余额,反映行政单位库存材料的实际库存数。

4. 本科目应按库存材料的类别、品种等有关项目设置明细账,并根据库存材料入库、出库单逐笔登记。

5. 行政单位的库存材料,每年至少应盘点一次。对于发生的盘盈、盘亏等情况,应当查明原因,属于正常的溢出或损耗,作为减少或增加当期支出处理。盘盈时,借记本科目,贷记有关支出科目;盘亏时,借记有关支出科目,贷记本科目。属于非正常性的毁损,应按规定的程序报经批准后处理。

库存材料变价处理,恢复存款。变价发生损溢,相应增减当期支出。

第106号科目　固定资产

1. 本科目核算行政单位固定资产的原价。

2. 行政单位的固定资产应按照下列规定确定其价值,登记入账:

(1)购入、调入的固定资产,按实际支付的买价、调拨价以及运杂费、保险费、安装费、车辆购置附加费记账。

(2)自行建造的固定资产,应按建造过程中实际发生的全部支出记账。

(3)在原有固定资产基础上进行改建、扩建的固定资产,应按改建、扩建发生的支出,减去改建、扩建过程中发生的变价收入后的净增加值,增记固定资产。

(4)接受捐赠的固定资产,应当按照同类固定资产的市场价格或者有关凭据记账。接受固定资产时发生的相关费用,应当记入固定资产价值。

(5)无偿调入的固定资产,应当按估计价值记账。

(6)盘盈的固定资产,按重置完全价值记账。

(7)已投入使用但尚未办理移交手续的固定资产,可先按估计价值记账。待确定实际价值后,再进行调整。

购置固定资产过程中发生的差旅费,不计入固定资产价值。

3. 已经入账的固定资产,除发生下列情况外,不得任意变动:

(1)根据国家规定对固定资产价值重新估价;

(2)增加补充设备或改良装置的;

(3)将固定资产的一部分拆除的;

(4)根据实际价值调整原来暂估价值的;

(5)发现原来记录固定资产价值有错误的。

4. 本科目的使用方法:

购建、有偿调入固定资产时,借记有关支出科目,贷记"银行存款"等科目;同时,借记本科目,贷记"固定基金"科目。

接受捐赠固定资产,借记本科目,贷记"固定基金"科目。

盘盈的固定资产,按重置完全价值,借记本科目,贷记"固定基金"科目。

有偿调出、变卖的固定资产,按其账面价值销账。借记"固定基金",贷记"固定资产"科目。

盘亏、毁损、报废的固定资产,按减少固定资产的账面原值销账。毁损、报废固定资产清理过程中发生的收入记入"其他收入"科目,清理过程中的支出,记入有关支出科目。

5. 本科目借方余额,反映行政单位所有固定资产价值的总额。

6. 行政单位应设置"固定资产登记簿"或"固定资产卡片",按固定资产类别进行明细核算。

**二、负债类**

第201号科目　应缴预算款

1. 本科目核算行政单位按规定应缴入国家预算的款项。

行政单位的应缴预算款主要包括：纳入预算管理的政府性基金、行政性收费、罚款、没收财物变价款、无主财物变价款、赃款和赃物变价款、其他按照预算管理规定应上缴预算的款项。

2. 收到应缴预算款项时，借记“银行存款”等科目，贷记本科目；上缴时，借记本科目，贷记“银行存款”等科目。

本科目贷方余额，反映应缴未缴数。年终，本科目应无余额。

3. 本科目应按应缴预算款项的类别设置明细账。

第202号科目 应缴财政专户款

1. 本科目核算行政单位按规定代收的应上缴财政专户的预算外资金。

2. 收到应上缴财政专户的各项收入时，借记“银行存款”等科目，贷记本科目；上缴财政专户时，作相反的会计分录；实行预算外资金结余上缴财政专户办法的单位定期结算预算外资金结余时，应按结余数借记“预算外资金收入”科目，贷记本科目；实行按比例上缴财政专户的行政单位收到预算外资金收入时，应分别记入“应缴财政专户款”和“预算外资金收入”科目，借记“银行存款”科目，贷记“预算外资金收入”科目，贷记“应缴财政专户款”科目。

本科目贷方余额，反映应缴未缴数。年终，本科目应无余额。

3. 本科目应按预算外资金的类别设置明细账。

第203号科目 暂存款

1. 本科目核算行政单位发生的临时性暂存、应付等待结算款项。

2. 收到暂存款时，借记“银行存款”、“现金”等科目，贷记本科目；冲转或结算退还时，借记本科目，贷记“银行存款”、“现金”等科目。

本科目贷方余额，反映尚未结算的暂存款数额。

3. 本科目应按债权单位或个人名称设置明细账。

**三、净资产类**

第301号科目 固定基金

1. 本科目核算行政单位因购入、调入、建造、接受捐赠以及盘盈固定资产所形成的基金。

2. 增加固定基金时，借记“固定资产”科目或有关科目，贷记本科目；减少固定资产基金时，借记本科目，贷记有关科目。

本科目贷方余额，反映行政单位固定基金总额。

第303号科目 结余

1. 本科目核算行政单位年度各项收支相抵后的累计余额。

2. 年终，将“拨入经费”(不含预拨下年经费)、“预算外资金收入”和“其他收入”科目的余额转入本科目的贷方，借记“拨入经费”、“预算外资金收入”、“其他收入”科目，贷记本科目；将“经费支出”(不含预拨下年经费)、“拨出经费”和“结转自筹基建”科目的余额转入本科目借方，借记本科目，贷记“经费支出”、“拨出经费”科目。有专项资金收支的单位，应将非专项的收支分别转入“结余”科目的“经常性结余”明细科目中；将专项收入和支出分别转入结余科目的“专项结余”明细科目中。

年终本科目贷方余额为行政单位滚存结余。

3. 有专项资金的单位应将结余分为经常性结余和专项结余进行明细核算。

**四、收入类**

第401号科目 拨入经费

1. 本科目核算行政单位按照经费领报关系，由财政部门或上级单位拨入的预算经费。

2. 收到拨款时，借记“银行存款”科目，贷记本科目；缴回拨款时，借记本科目，贷记“银行存款”科目。平时贷方余额反映拨入经费累计数。

3. 年终结账时，将本科目贷方余额(不含收到财政部门或上级单位预拨下年度的经费)转入“结余”科目。借记本科目，贷记“结余”科目。

4. 本科目应按拨入经费的资金管理要求分别设置拨入经常性经费和拨入专项经费两个二级科目。二级科目下按“国家预算收支科目”的“款”级科目设明细账。行政单位收到非主管会计单位拨入的财政性资金(如公费医疗经费、住房基金等)，应在“拨入专项经费”二级科目下按拨入的单位分别进行明细核算。

第404号科目　预算外资金收入

1. 本科目核算行政单位预算外资金的收入情况。

2. 行政单位收到从财政专户核拨本单位的预算外资金时，借记"银行存款"等有关科目，贷记本科目。主管部门收到财政专户核拨的属于应返还所属单位的预算外资金时，通过"暂存款"科目核算。

实行按确定的比例上缴预算外资金财政专户办法的行政单位收到预算外资金时，借记"银行存款"等科目，贷记"应缴财政专户款"科目，贷记本科目；实行结余上缴预算外资金财政专户办法的单位收到预算外资金收入时，借记"银行存款"科目，贷记本科目，定期结算应缴预算外资金结余时，借记本科目，贷记"应缴财政专户款"科目。

3. 年终结账时，将本科目贷方余额全数转入"结余"科目，结转后本科目无余额。

4. 本科目应按预算外资金收入管理要求分别设置经常性收入和专项收入二级科目，二级科目下按预算外资金项目设置明细账。

第407号科目　其他收入

1. 本科目核算行政单位其他资金收入的情况。包括：行政单位在业务活动中取得的不必上交财政的零星杂项收入、有偿服务收入、有价证券及银行存款利息收入等。

2. 发生其他收入时，借记"银行存款"、"现金"等科目，贷记本科目；冲销转出时，借记本科目，贷记有关科目。平时本科目贷方余额反映其他收入累计数。

年终结账时，本科目贷方余额全数转入"结余"科目，借记本科目，贷记"结余"科目。年终转账后，本科目无余额。

3. 本科目可按收入的主要类别设置明细账。

**五、支出类**

第501号科目　经费支出

1. 本科目核算行政单位在业务活动中发生的各项支出。

2. 发生支出时，借记本科目，贷记"银行存款"、"现金"等科目；支出收回或冲销转出时，借记有关科目，贷记本科目。平时借方余额反映经费实际支出累计数。

3. 年终，本科目借方余额应转入"结余"科目，借记"结余"科目，贷记本科目。年终转账后，本科目无余额。

4. 本科目应按经常性支出和专项支出分设二级科目，二级科目下按财政部门统一规定的"目"、"节"级支出科目设置明细账。

第502号科目　拨出经费

1. 本科目核算行政单位按核定预算拨付所属单位的预算资金。

2. 转拨经费时，借记本科目，贷记"银行存款"等科目；收回或冲销转出时，借记有关科目，贷记本科目，平时本科目借方余额反映拨出经费累计数。

3. 年终结账时，将本科目借方余额(不含预拨下年经费)转入"结余"科目。

4. 本科目应按拨出经常性经费和拨出专项经费分设二级科目，并按所属拨款单位设置明细账。

第505号科目　结转自筹基建

1. 本科目用于核算行政单位经批准用拨入经费拨款以外的资金安排基本建设，其所筹集并转存建设银行的资金。

2. 将自筹的基本建设资金转存建设银行时，根据转存数借记本科目，贷记"银行存款"科目。基本建设项目完工后剩余资金收回时，做相反的会计分录。

3. 年终结账时，应将本科目借方余额全数转入"结余"科目，借记"结余"，贷记本科目。结转后，本科目年终无余额。

## 第九章　年终清理结算和结账

**第四十五条**　行政单位在年度终了前，应根据财政部门或主管部门的决算编审工作要求，对各项收支账目、往来款项、货币资金和财产物资进行全面的清理结算。并在此基础上办理年度结账，编报决算。

**第四十六条**　清理、核对年度预算收支数字和各项缴拨款，保证上下级之间的年度预算数和领拨经费数一致。

**第四十七条**　为了准确反映各项收支数额，凡属本年度的应拨款项，应当在 12 月 31 日前汇达对方。主管会计单位对所属各单位的预算拨款和预算外资金拨款，截止 12 月 25 日为止，逾期一般不再下拨。

**第四十八条**　凡属本年的各项收入，都要及时入账。本年的各项应缴预算款和应缴财政专户的预算外资金钉在年终前全部上缴。属于本年的各项支出，要按规定的支出渠道如实列报。

年度单位支出决算，一律以基层用款单位截止 12 月 31 日止的本年实际支出数为准，不得将年终前预拨下级单位的下年预算拨款列入本年的支出，也不得以上级会计单位的拨款数代替基层会计单位的实际支出数。

**第四十九条**　行政单位的往来款项，年终前应尽量清理完毕。按照有关规定应当转作各项收入或各项支出的往来款项要及时转入各有关账户，编入本年决算。主管单位收到财政专户核算的预算外资金属于应返还所属单位的部分应及时转拨所属单位，不得在“暂存款”挂账。

**第五十条**　行政单位年终要及时同开户银行对账，银行存款账面余额，要同银行对账单的余额核对相符。现金账面余额，要同库存现金核对相符。有价证券账面数额，要同实存的有价证券实际成本核对相符。

**第五十一条**　年终前，应对各项财产物资进行清理盘点，发生盘盈、盘亏的，要及时查明原因，按规定作出处理，调整账务，做到账实相符，账账相符。

**第五十二条**　行政单位在年终清理结算的基础上进行年终结账。年终结账包括年终转账、结清旧账和记入新账。

年终转账。账目核对无误后，首先计算出各账户借方或贷方的 12 月份合计数和全年累计数，结出 12 月末的余额。然后，编制结账前的“资产负债表”，试算平衡后，再将应对冲结转的各个收支账户的余额按年终转账办法，填制 12 月 31 日的记账凭单办理结账冲转。

结清旧账。将转账后无余额的账户结出全年总累计数，然后在下面划双红线，表示本账户全部结清。对年终有余额的账户，在“全年累计数”下行的“摘要”栏内注明“结转下年”字样，再在下面划双红线，表示年终余额转入新账，旧账结束。

记入新账。根据本年度各账户余额，编制年终决算的“资产负债表”和有关明细表，将表列各账户的年终余额数（不编制记账凭单），直接记入新年度相应的各有关账户，并在“摘要”栏注明“上年结转”字样，以区别新年度发生数。

**第五十三条**　行政单位的决算经财政部门或上级单位审核批复后，需调整决算数字时，应作相应调整。

## 第十章　会计报表的编审

**第五十四条**　会计报表是反映行政单位财务会计状况和预算执行结果的书面文件。包括资产负债表、收入支出总表、支出明细表、附表和报表说明书。具体报表格式见本制度所附《会计凭证、账簿、报表》。

有专款收支业务的，还应按专款的种类编报专项资金支出明细表。

**第五十五条**　资产负债表是反映行政单位在某一特定日期财务状况的报表。资产负债表的项目，应当按会计要素的类别分别列示。

收入支出总表是反映行政单位年度收支总规模的报表。收入支出总表按单位实有各项收支项目汇总列示。

支出明细表是反映行政单位在一定时期内预算执行情况的报表。支出明细表的项目，应当按“国家预算支出科目”列示。对于用财政拨款和预算外资金收入安排的支出应按支出的用途分别列示。

附表是指根据财政部门或主管会计单位的要求编报的补充性报表，如基本数字表。附表按财政部门和上级单位规定的项目列示。

**第五十六条**　行政单位应当按财政部门或上级单位的规定报送月度、季度和年度会计报表。

月报，是反映行政单位截止报告月度资金活动和经费收支情况的报表。月报要求编报资产负债表、支出明细表。

季报，是分析、检查行政单位季度资金活动情况和经费收支情况的报表，应在月报的基础上较详细地反映单位经费收支的全貌。各行政单位的季报，要求在月报的基础上加报基本数字表。

年报（年度决算），是全面反映年度资金活动和经费收支执行结果的报表。年度决算报表种类和要求

等，按照财政部门和上级单位下达的有关决算编审规定组织执行。

**第五十七条** 行政单位的会计报表，要保证数字准确、内容完整、报送及时。会计报表必须经会计主管人员在机关负责人审阅签章并加盖公章后上报。财政部门和上级单位对于屡催不报报表的单位，有权暂停其预算拨款或预算外资金的拨付。

**第五十八条** 基层单位的会计报表，应根据登记完整、核对无误的账簿记录和其他有关资料编制，切实做到账表相符，不得估列代编。

**第五十九条** 主管会计单位除根据会计账簿记录和有关资料编制本级的会计报表外，还应根据本级会计报表和经审查过的所属单位会计报表，编制汇总会计报表。

**第六十条** 行政单位在报送月报、季报、年报时都应编写报表说明书。报表说明书包括报表编制技术说明和报表分析说明。

报表技术说明主要包括：采用的主要会计处理方法，特殊事项的会计处理方法，会计处理方法的变更情况，变更原因以及对收支情况和结果的影响等。

报表分析说明一般包括：基本情况，影响预算执行、资金活动的原因，经费支出、资金活动的趋势，管理中存在的问题和改进措施，对上级会计单位工作的意见和建议。

## 第十一章 附 则

**第六十一条** 本制度没有特殊规定的一般会计处理方法，按财政部发布的《会计基础工作规范》办理。会计档案的管理，按财政部、国家档案局颁发的《会计档案管理办法》执行。

行政单位基本建设投资会计核算，按照有关规定办理。

**第六十二条** 本制度由财政部负责解释。

**第六十三条** 本制度从1998年1月1日起执行。财政部1988年制定的《事业行政单位预算会计制度》及其补充规定在行政单位同时停止执行。各部门自行制定的适用于行政单位的会计制度同时废止。

# 5. 事业单位会计准则(2012年修订)

中华人民共和国财政部令 2012年第72号

## 第一章 总 则

**第一条** 为了规范事业单位的会计核算，保证会计信息质量，促进公益事业健康发展，根据《中华人民共和国会计法》等有关法律、行政法规，制定本准则。

**第二条** 本准则适用于各级各类事业单位。

**第三条** 事业单位会计制度、行业事业单位会计制度（以下统称会计制度）等，由财政部根据本准则制定。

**第四条** 事业单位会计核算的目标是向会计信息使用者提供与事业单位财务状况、事业成果、预算执行等有关的会计信息，反映事业单位受托责任的履行情况，有助于会计信息使用者进行社会管理、作出经济决策。

事业单位会计信息使用者包括政府及其有关部门、举办（上级）单位、债权人、事业单位自身和其他利益相关者。

**第五条** 事业单位应当对其自身发生的经济业务或者事项进行会计核算。

**第六条** 事业单位会计核算应当以事业单位各项业务活动持续正常地进行为前提。

**第七条** 事业单位应当划分会计期间，分期结算账目和编制财务会计报告（又称财务报告，下同）。

会计期间至少分为年度和月度。会计年度、月度等会计期间的起讫日期采用公历日期。

**第八条** 事业单位会计核算应当以人民币作为记账本位币。发生外币业务时，应当将有关外币金额折算为人民币金额计量。

**第九条** 事业单位会计核算一般采用收付实现制;部分经济业务或者事项采用权责发生制核算的,由财政部在会计制度中具体规定。

行业事业单位的会计核算采用权责发生制的,由财政部在相关会计制度中规定。

**第十条** 事业单位会计要素包括资产、负债、净资产、收入、支出或者费用。

**第十一条** 事业单位应当采用借贷记账法记账。

## 第二章 会计信息质量要求

**第十二条** 事业单位应当以实际发生的经济业务或者事项为依据进行会计核算,如实反映各项会计要素的情况和结果,保证会计信息真实可靠。

**第十三条** 事业单位应当将发生的各项经济业务或者事项统一纳入会计核算,确保会计信息能够全面反映事业单位的财务状况、事业成果、预算执行等情况。

**第十四条** 事业单位对于已经发生的经济业务或者事项,应当及时进行会计核算,不得提前或者延后。

**第十五条** 事业单位提供的会计信息应当具有可比性。

同一事业单位不同时期发生的相同或者相似的经济业务或者事项,应当采用一致的会计政策,不得随意变更。确需变更的,应当将变更的内容、理由和对单位财务状况及事业成果的影响在附注中予以说明。

同类事业单位中不同单位发生的相同或者相似的经济业务或者事项,应当采用统一的会计政策,确保同类单位会计信息口径一致,相互可比。

**第十六条** 事业单位提供的会计信息应当与事业单位受托责任履行情况的反映、会计信息使用者的管理、决策需要相关,有助于会计信息使用者对事业单位过去、现在或者未来的情况作出评价或者预测。

**第十七条** 事业单位提供的会计信息应当清晰明了,便于会计信息使用者理解和使用。

## 第三章 资 产

**第十八条** 资产是指事业单位占有或者使用的能以货币计量的经济资源,包括各种财产、债权和其他权利。

**第十九条** 事业单位的资产按照流动性,分为流动资产和非流动资产。

流动资产是指预计在1年内(含1年)变现或者耗用的资产。

非流动资产是指流动资产以外的资产。

**第二十条** 事业单位的流动资产包括货币资金、短期投资、应收及预付款项、存货等。

货币资金包括库存现金、银行存款、零余额账户用款额度等。

短期投资是指事业单位依法取得的,持有时间不超过1年(含1年)的投资。

应收及预付款项是指事业单位在开展业务活动中形成的各项债权,包括财政应返还额度、应收票据、应收账款、其他应收款等应收款项和预付账款。

存货是指事业单位在开展业务活动及其他活动中为耗用而储存的资产,包括材料、燃料、包装物和低值易耗品等。

**第二十一条** 事业单位的非流动资产包括长期投资、在建工程、固定资产、无形资产等。

长期投资是指事业单位依法取得的,持有时间超过1年(不含1年)的各种股权和债权性质的投资。

在建工程是指事业单位已经发生必要支出,但尚未完工交付使用的各种建筑(包括新建、改建、扩建、修缮等)和设备安装工程。

固定资产是指事业单位持有的使用期限超过1年(不含1年),单位价值在规定标准以上,并在使用过程中基本保持原有物质形态的资产,包括房屋及构筑物、专用设备、通用设备等。单位价值虽未达到规定标准,但是耐用时间超过1年(不含1年)的大批同类物资,应当作为固定资产核算。

无形资产是指事业单位持有的没有实物形态的可辨认非货币性资产,包括专利权、商标权、著作权、土地使用权、非专利技术等。

**第二十二条** 事业单位的资产应当按照取得时的实际成本进行计量。除国家另有规定外,事业单位不得自行调整其账面价值。

应收及预付款项应当按照实际发生额计量。

以支付对价方式取得的资产，应当按照取得资产时支付的现金或者现金等价物的金额，或者按照取得资产时所付出的非货币性资产的评估价值等金额计量。

取得资产时没有支付对价的，其计量金额应当按照有关凭据注明的金额加上相关税费、运输费等确定；没有相关凭据的，其计量金额比照同类或类似资产的市场价格加上相关税费、运输费等确定；没有相关凭据、同类或类似资产的市场价格也无法可靠取得的，所取得的资产应当按照名义金额入账。

**第二十三条** 事业单位对固定资产计提折旧、对无形资产进行摊销的，由财政部在相关财务会计制度中规定。

## 第四章 负 债

**第二十四条** 负债是指事业单位所承担的能以货币计量，需要以资产或者劳务偿还的债务。

**第二十五条** 事业单位的负债按照流动性，分为流动负债和非流动负债。

流动负债是指预计在1年内(含1年)偿还的负债。

非流动负债是指流动负债以外的负债。

**第二十六条** 事业单位的流动负债包括短期借款、应付及预收款项、应付职工薪酬、应缴款项等。

短期借款是指事业单位借入的期限在1年内(含1年)的各种借款。

应付及预收款项是指事业单位在开展业务活动中发生的各项债务，包括应付票据、应付账款、其他应付款等应付款项和预收账款。

应付职工薪酬是指事业单位应付未付的职工工资、津贴补贴等。

应缴款项是指事业单位应缴未缴的各种款项，包括应当上缴国库或者财政专户的款项、应缴税费，以及其他按照国家有关规定应当上缴的款项。

**第二十七条** 事业单位的非流动负债包括长期借款、长期应付款等。

长期借款是指事业单位借入的期限超过1年(不含1年)的各种借款。

长期应付款是指事业单位发生的偿还期限超过1年(不含1年)的应付款项，主要指事业单位融资租入固定资产发生的应付租赁款。

**第二十八条** 事业单位的负债应当按照合同金额或实际发生额进行计量。

## 第五章 净资产

**第二十九条** 净资产是指事业单位资产扣除负债后的余额。

**第三十条** 事业单位的净资产包括事业基金、非流动资产基金、专用基金、财政补助结转结余、非财政补助结转结余等。

事业基金是指事业单位拥有的非限定用途的净资产，其来源主要为非财政补助结余扣除结余分配后滚存的金额。

非流动资产基金是指事业单位非流动资产占用的金额。

专用基金是指事业单位按规定提取或者设置的具有专门用途的净资产。

财政补助结转结余是指事业单位各项财政补助收入与其相关支出相抵后剩余滚存的、须按规定管理和使用的结转和结余资金。

非财政补助结转结余是指事业单位除财政补助收支以外的各项收入与各项支出相抵后的余额。其中，非财政补助结转是指事业单位除财政补助收支以外的各专项资金收入与其相关支出相抵后剩余滚存的、须按规定用途使用的结转资金；非财政补助结余是指事业单位除财政补助收支以外的各非专项资金收入与各非专项资金支出相抵后的余额。

**第三十一条** 事业基金、非流动资产基金、专用基金、财政补助结转结余、非财政补助结转结余等净资产项目应当分项列入资产负债表。

## 第六章 收 入

**第三十二条** 收入是指事业单位开展业务及其他活动依法取得的非偿还性资金。

**第三十三条** 事业单位的收入包括财政补助收入、事业收入、上级补助收入、附属单位上缴收入、经营收入和其他收入等。

财政补助收入是指事业单位从同级财政部门取得的各类财政拨款,包括基本支出补助和项目支出补助。

事业收入是指事业单位开展专业业务活动及其辅助活动取得的收入。其中:按照国家有关规定应当上缴国库或者财政专户的资金,不计入事业收入;从财政专户核拨给事业单位的资金和经核准不上缴国库或者财政专户的资金,计入事业收入。

上级补助收入是指事业单位从主管部门和上级单位取得的非财政补助收入。

附属单位上缴收入是指事业单位附属独立核算单位按照有关规定上缴的收入。

经营收入是指事业单位在专业业务活动及其辅助活动之外开展非独立核算经营活动取得的收入。

其他收入是指财政补助收入、事业收入、上级补助收入、附属单位上缴收入和经营收入以外的各项收入,包括投资收益、利息收入、捐赠收入等。

**第三十四条** 事业单位的收入一般应当在收到款项时予以确认,并按照实际收到的金额进行计量。

采用权责发生制确认的收入,应当在提供服务或者发出存货,同时收讫价款或者取得索取价款的凭据时予以确认,并按照实际收到的金额或者有关凭据注明的金额进行计量。

## 第七章 支出或者费用

**第三十五条** 支出或者费用是指事业单位开展业务及其他活动发生的资金耗费和损失。

**第三十六条** 事业单位的支出或者费用包括事业支出、对附属单位补助支出、上缴上级支出、经营支出和其他支出等。

事业支出是指事业单位开展专业业务活动及其辅助活动发生的基本支出和项目支出。

对附属单位补助支出是指事业单位用财政补助收入之外的收入对附属单位补助发生的支出。

上缴上级支出是指事业单位按照财政部门和主管部门的规定上缴上级单位的支出。

经营支出是指事业单位在专业业务活动及其辅助活动之外开展非独立核算经营活动发生的支出。

其他支出是指事业支出、对附属单位补助支出、上缴上级支出和经营支出以外的各项支出,包括利息支出、捐赠支出等。

**第三十七条** 事业单位开展非独立核算经营活动的,应当正确归集开展经营活动发生的各项费用数;无法直接归集的,应当按照规定的标准或比例合理分摊。

事业单位的经营支出与经营收入应当配比。

**第三十八条** 事业单位的支出一般应当在实际支付时予以确认,并按照实际支付金额进行计量。

采用权责发生制确认的支出或者费用,应当在其发生时予以确认,并按照实际发生额进行计量。

## 第八章 财务会计报告

**第三十九条** 财务会计报告是反映事业单位某一特定日期的财务状况和某一会计期间的事业成果、预算执行等会计信息的文件。

**第四十条** 事业单位的财务会计报告包括财务报表和其他应当在财务会计报告中披露的相关信息和资料。

**第四十一条** 财务报表是对事业单位财务状况、事业成果、预算执行情况等的结构性表述。财务报表由会计报表及其附注构成。

会计报表至少应当包括下列组成部分:

(一)资产负债表;

(二)收入支出表或者收入费用表;

(三)财政补助收入支出表。

**第四十二条** 资产负债表是指反映事业单位在某一特定日期的财务状况的报表。

资产负债表应当按照资产、负债和净资产分类列示。资产和负债应当分别流动资产和非流动资产、流动负债和非流动负债列示。

**第四十三条** 收入支出表或者收入费用表是指反映事业单位在某一会计期间的事业成果及其分配情况的报表。

收入支出表或者收入费用表应当按照收入、支出或者费用的构成和非财政补助结余分配情况分项列示。

**第四十四条** 财政补助收入支出表是指反映事业单位在某一会计期间财政补助收入、支出、结转及结余情况的报表。

**第四十五条** 附注是指对在会计报表中列示项目的文字描述或明细资料，以及对未能在会计报表中列示项目的说明等。

附注至少应当包括下列内容：

（一）遵循事业单位会计准则、事业单位会计制度（行业事业单位会计制度）的声明；

（二）会计报表中列示的重要项目的进一步说明，包括其主要构成、增减变动情况等；

（三）有助于理解和分析会计报表需要说明的其他事项。

**第四十六条** 事业单位财务报表应当根据登记完整、核对无误的账簿记录和其他有关资料编制，做到数字真实、计算准确、内容完整、报送及时。

## 第九章 附 则

**第四十七条** 纳入企业财务管理体系的事业单位执行企业会计准则或小企业会计准则。

**第四十八条** 参照公务员法管理的事业单位对本准则的适用，由财政部另行规定。

**第四十九条** 本准则自2013年1月1日起施行。1997年5月28日财政部印发的《事业单位会计准则（试行）》（财预字[1997]286号）同时废止。

# 6. 事业单位会计制度（2012年修订）

财会[2012]22号

## 第一部分 总 说 明

一、为了规范事业单位的会计核算，保证会计信息质量，根据《中华人民共和国会计法》、《事业单位会计准则》和《事业单位财务规则》，制定本制度。

二、本制度适用于各级各类事业单位，下列事业单位除外：

（一）按规定执行《医院会计制度》等行业事业单位会计制度的事业单位；

（二）纳入企业财务管理体系执行企业会计准则或小企业会计准则的事业单位。

参照公务员法管理的事业单位对本制度的适用，由财政部另行规定。

三、事业单位对基本建设投资的会计核算在执行本制度的同时，还应当按照国家有关基本建设会计核算的规定单独建账、单独核算。

四、事业单位会计核算一般采用收付实现制，但部分经济业务或者事项的核算应当按照本制度的规定采用权责发生制。

五、事业单位应当按照《事业单位财务规则》或相关财务制度的规定确定是否对固定资产计提折旧、对无形资产进行摊销。

对固定资产计提折旧、对无形资产进行摊销的，按照本制度规定处理。

不对固定资产计提折旧、不对无形资产进行摊销的，不设置本制度规定的“累计折旧”、“累计摊销”科目，在进行账务处理时不考虑本制度其他科目说明中涉及的“累计折旧”、“累计摊销”科目。

六、事业单位会计要素包括资产、负债、净资产、收入和支出。

七、事业单位应当按照下列规定运用会计科目：

(一)事业单位应当按照本制度的规定设置和使用会计科目。在不影响会计处理和编报财务报表的前提下,可以根据实际情况自行增设、减少或合并某些明细科目。

(二)本制度统一规定会计科目的编号,以便于填制会计凭证、登记账簿、查阅账目,实行会计信息化管理。事业单位不得打乱重编。

(三)事业单位在填制会计凭证、登记会计账簿时,应当填列会计科目的名称,或者同时填列会计科目的名称和编号,不得只填列科目编号、不填列科目名称。

八、事业单位应当按照下列规定编报财务报表:

(一)事业单位的财务报表由会计报表及其附注构成。会计报表包括资产负债表、收入支出表和财政补助收入支出表。

(二)事业单位的财务报表应当按照月度和年度编制。

(三)事业单位应当根据本制度规定编制并对外提供真实、完整的财务报表。事业单位不得违反本制度规定,随意改变财务报表的编制基础、编制依据、编制原则和方法,不得随意改变本制度规定的财务报表有关数据的会计口径。

(四)事业单位财务报表应当根据登记完整、核对无误的账簿记录和其他有关资料编制,做到数字真实、计算准确、内容完整、报送及时。

(五)事业单位财务报表应当由单位负责人和主管会计工作的负责人、会计机构负责人(会计主管人员)签名并盖章。

九、事业单位会计机构设置、会计人员配备、会计基础工作、会计档案管理、内部控制等,按照《中华人民共和国会计法》、《会计基础工作规范》、《会计档案管理办法》、《行政事业单位内部控制规范(试行)》等规定执行。开展会计信息化工作的事业单位,还应按照财政部制定的相关会计信息化工作规范执行。

十、本制度自2013年1月1日起施行。1997年7月17日财政部印发的《事业单位会计制度》(财预字〔1997〕288号)同时废止。

## 第二部分 会计科目名称和编号

| 序号 | 科目编号 | 科目名称 |
|---|---|---|
| 一、资产类 | | |
| 1 | 1001 | 库存现金 |
| 2 | 1002 | 银行存款 |
| 3 | 1011 | 零余额账户用款额度 |
| 4 | 1101 | 短期投资 |
| 5 | 1201<br>120101<br>120102 | 财政应返还额度<br>财政直接支付<br>财政授权支付 |
| 6 | 1211 | 应收票据 |
| 7 | 1212 | 应收账款 |
| 8 | 1213 | 预付账款 |
| 9 | 1215 | 其他应收款 |
| 10 | 1301 | 存货 |
| 11 | 1401 | 长期投资 |
| 12 | 1501 | 固定资产 |
| 13 | 1502 | 累计折旧 |

（续表）

| 序　　号 | 科目编号 | 科　目　名　称 |
|---|---|---|
| 14 | 1511 | 在建工程 |
| 15 | 1601 | 无形资产 |
| 16 | 1602 | 累计摊销 |
| 17 | 1701 | 待处置资产损溢 |
| 二、负债类 | | |
| 18 | 2001 | 短期借款 |
| 19 | 2101 | 应缴税费 |
| 20 | 2102 | 应缴国库款 |
| 21 | 2103 | 应缴财政专户款 |
| 22 | 2201 | 应付职工薪酬 |
| 23 | 2301 | 应付票据 |
| 24 | 2302 | 应付账款 |
| 25 | 2303 | 预收账款 |
| 26 | 2305 | 其他应付款 |
| 27 | 2401 | 长期借款 |
| 28 | 2402 | 长期应付款 |
| 三、净资产类 | | |
| 29 | 3001 | 事业基金 |
| 30 | 3101<br>310101<br>310102<br>310103<br>310104 | 非流动资产基金<br>长期投资<br>固定资产<br>在建工程<br>无形资产 |
| 31 | 3201 | 专用基金 |
| 32 | 3301<br>330101<br>330102 | 财政补助结转<br>基本支出结转<br>项目支出结转 |
| 33 | 3302 | 财政补助结余 |
| 34 | 3401 | 非财政补助结转 |
| 35 | 3402 | 事业结余 |
| 36 | 3403 | 经营结余 |
| 37 | 3404 | 非财政补助结余分配 |
| 四、收入类 | | |
| 38 | 4001 | 财政补助收入 |
| 39 | 4101 | 事业收入 |

（续表）

| 序　号 | 科目编号 | 科　目　名　称 |
|---|---|---|
| 40 | 4201 | 上级补助收入 |
| 41 | 4301 | 附属单位上缴收入 |
| 42 | 4401 | 经营收入 |
| 43 | 4501 | 其他收入 |
| 五、支出类 | | |
| 44 | 5001 | 事业支出 |
| 45 | 5101 | 上缴上级支出 |
| 46 | 5201 | 对附属单位补助支出 |
| 47 | 5301 | 经营支出 |
| 48 | 5401 | 其他支出 |

## 第三部分　会计科目使用说明

**一、资产类**

### 1001　库存现金

一、本科目核算事业单位的库存现金。

二、事业单位应当严格按照国家有关现金管理的规定收支现金，并按照本制度规定核算现金的各项收支业务。

三、库存现金的主要账务处理如下：

（一）从银行等金融机构提取现金，按照实际提取的金额，借记本科目，贷记“银行存款”等科目；将现金存入银行等金融机构，按照实际存入的金额，借记“银行存款”等科目，贷记本科目。

（二）因内部职工出差等原因借出的现金，按照实际借出的现金金额，借记“其他应收款”科目，贷记本科目；出差人员报销差旅费时，按照应报销的金额，借记有关科目，按照实际借出的现金金额，贷记“其他应收款”科目，按其差额，借记或贷记本科目。

（三）因开展业务等其他事项收到现金，按照实际收到的金额，借记本科目，贷记有关科目；因购买服务或商品等其他事项支出现金，按照实际支出的金额，借记有关科目，贷记本科目。

四、事业单位应当设置“现金日记账”，由出纳人员根据收付款凭证，按照业务发生顺序逐笔登记。每日终了，应当计算当日的现金收入合计数、现金支出合计数和结余数，并将结余数与实际库存数核对，做到账款相符。

每日账款核对中发现现金溢余或短缺的，应当及时进行处理。

如发现现金溢余，属于应支付给有关人员或单位的部分，借记本科目，贷记“其他应付款”科目；属于无法查明原因的部分，借记本科目，贷记“其他收入”科目。如发现现金短缺，属于应由责任人赔偿的部分，借记“其他应收款”科目，贷记本科目；属于无法查明原因的部分，报经批准后，借记“其他支出”科目，贷记本科目。

现金收入业务较多、单独设有收款部门的事业单位，收款部门的收款员应当将每天所收现金连同收款凭据等一并交财务部门核收记账；或者将每天所收现金直接送存开户银行后，将收款凭据及向银行送存现金的凭证等一并交财务部门核收记账。

五、事业单位有外币现金的，应当分别按照人民币、各种外币设置“现金日记账”进行明细核算。有关外币现金业务的账务处理参见“银行存款”科目的相关规定。

六、本科目期末借方余额，反映事业单位实际持有的库存现金。

### 1002　银行存款

一、本科目核算事业单位存入银行或其他金融机构的各种存款。

二、事业单位应当严格按照国家有关支付结算办法的规定办理银行存款收支业务，并按照本制度规定核算银行存款的各项收支业务。

三、银行存款的主要账务处理如下：

（一）将款项存入银行或其他金融机构，借记本科目，贷记“库存现金”、“事业收入”、“经营收入”等有关科目。

（二）提取和支出存款时，借记有关科目，贷记本科目。

四、事业单位发生外币业务的，应当按照业务发生当日（或当期期初，下同）的即期汇率，将外币金额折算为人民币记账，并登记外币金额和汇率。

期末，各种外币账户的外币余额应当按照期末的即期汇率折算为人民币，作为外币账户期末人民币余额。调整后的各种外币账户人民币余额与原账面人民币余额的差额，作为汇兑损益计入相关支出。

（一）以外币购买物资、劳务等，按照购入当日的即期汇率将支付的外币或应支付的外币折算为人民币金额，借记有关科目，贷记本科目、“应付账款”等科目的外币账户。

（二）以外币收取相关款项等，按照收取款项或收入确认当日的即期汇率将收取的外币或应收取的外币折算为人民币金额，借记本科目、“应收账款”等科目的外币账户，贷记有关科目。

（三）期末，根据各外币账户按期末汇率调整后的人民币余额与原账面人民币余额的差额，作为汇兑损益，借记或贷记本科目、“应收账款”、“应付账款”等科目，贷记或借记“事业支出”、“经营支出”等科目。

五、事业单位应当按开户银行或其他金融机构、存款种类及币种等，分别设置“银行存款日记账”，由出纳人员根据收付款凭证，按照业务的发生顺序逐笔登记，每日终了应结出余额。“银行存款日记账”应定期与“银行对账单”核对，至少每月核对一次。月度终了，事业单位银行存款账面余额与银行对账单余额之间如有差额，必须逐笔查明原因并进行处理，按月编制“银行存款余额调节表”，调节相符。

六、本科目期末借方余额，反映事业单位实际存放在银行或其他金融机构的款项。

### 1011　零余额账户用款额度

一、本科目核算实行国库集中支付的事业单位根据财政部门批复的用款计划收到和支用的零余额账户用款额度。

二、零余额账户用款额度的主要账务处理如下：

（一）在财政授权支付方式下，收到代理银行盖章的“授权支付到账通知书”时，根据通知书所列数额，借记本科目，贷记“财政补助收入”科目。

（二）按规定支用额度时，借记有关科目，贷记本科目。

（三）从零余额账户提取现金时，借记“库存现金”科目，贷记本科目。

（四）因购货退回等发生国库授权支付额度退回的，属于以前年度支付的款项，按照退回金额，借记本科目，贷记“财政补助结转”、“财政补助结余”、“存货”等有关科目；属于本年度支付的款项，按照退回金额，借记本科目，贷记“事业支出”、“存货”等有关科目。

（五）年度终了，依据代理银行提供的对账单作注销额度的相关账务处理，借记“财政应返还额度——财政授权支付”科目，贷记本科目。事业单位本年度财政授权支付预算指标数大于零余额账户用款额度下达数的，根据未下达的用款额度，借记“财政应返还额度——财政授权支付”科目，贷记“财政补助收入”科目。

下年初，事业单位依据代理银行提供的额度恢复到账通知书作恢复额度的相关账务处理，借记本科目，贷记“财政应返还额度——财政授权支付”科目。事业单位收到财政部门批复的上年末未下达零余额账户用款额度的，借记本科目，贷记“财政应返还额度——财政授权支付”科目。

三、本科目期末借方余额，反映事业单位尚未支用的零余额账户用款额度。本科目年末应无余额。

### 1101　短期投资

一、本科目核算事业单位依法取得的，持有时间不超过 1 年（含 1 年）的投资，主要是国债投资。

二、事业单位应当严格遵守国家法律、行政法规以及财政部门、主管部门关于对外投资的有关规定。

三、本科目应当按照国债投资的种类等进行明细核算。

四、短期投资的主要账务处理如下：

(一)短期投资在取得时,应当按照其实际成本(包括购买价款以及税金、手续费等相关税费)作为投资成本,借记本科目,贷记"银行存款"等科目。

(二)短期投资持有期间收到利息时,按实际收到的金额,借记"银行存款"科目,贷记"其他收入——投资收益"科目。

(三)出售短期投资或到期收回短期国债本息,按照实际收到的金额,借记"银行存款"科目,按照出售或收回短期国债的成本,贷记本科目,按其差额,贷记或借记"其他收入——投资收益"科目。

五、本科目期末借方余额,反映事业单位持有的短期投资成本。

### 1201　财政应返还额度

一、本科目核算实行国库集中支付的事业单位应收财政返还的资金额度。

二、本科目应当设置"财政直接支付"、"财政授权支付"两个明细科目,进行明细核算。

三、财政应返还额度的主要账务处理如下:

(一)财政直接支付

年度终了,事业单位根据本年度财政直接支付预算指标数与当年财政直接支付实际支出数的差额,借记本科目(财政直接支付),贷记"财政补助收入"科目。

下年度恢复财政直接支付额度后,事业单位以财政直接支付方式发生实际支出时,借记有关科目,贷记本科目(财政直接支付)。

(二)财政授权支付

年度终了,事业单位依据代理银行提供的对账单作注销额度的相关账务处理,借记本科目(财政授权支付),贷记"零余额账户用款额度"科目。事业单位本年度财政授权支付预算指标数大于零余额账户用款额度下达数的,根据未下达的用款额度,借记本科目(财政授权支付),贷记"财政补助收入"科目。

下年初,事业单位依据代理银行提供的额度恢复到账通知书作恢复额度的相关账务处理,借记"零余额账户用款额度"科目,贷记本科目(财政授权支付)。事业单位收到财政部门批复的上年末未下达零余额账户用款额度时,借记"零余额账户用款额度"科目,贷记本科目(财政授权支付)。

四、本科目期末借方余额,反映事业单位应收财政返还的资金额度。

### 1211　应收票据

一、本科目核算事业单位因开展经营活动销售产品、提供有偿服务等而收到的商业汇票,包括银行承兑汇票和商业承兑汇票。

二、本科目应当按照开出、承兑商业汇票的单位等进行明细核算。

三、应收票据的主要账务处理如下:

(一)因销售产品、提供服务等收到商业汇票,按照商业汇票的票面金额,借记本科目,按照确认的收入金额,贷记"经营收入"等科目,按照应缴增值税金额,贷记"应缴税费——应缴增值税"科目。

(二)持未到期的商业汇票向银行贴现,按照实际收到的金额(即扣除贴现息后的净额),借记"银行存款"科目,按照贴现息,借记"经营支出"等科目,按照商业汇票的票面金额,贷记本科目。

(三)将持有的商业汇票背书转让以取得所需物资时,按照取得物资的成本,借记有关科目,按照商业汇票的票面金额,贷记本科目,如有差额,借记或贷记"银行存款"等科目。

(四)商业汇票到期时,应当分别以下情况处理:

1. 收回应收票据,按照实际收到的商业汇票票面金额,借记"银行存款"科目,贷记本科目。

2. 因付款人无力支付票款,收到银行退回的商业承兑汇票、委托收款凭证、未付票款通知书或拒付款证明等,按照商业汇票的票面金额,借记"应收账款"科目,贷记本科目。

四、事业单位应当设置"应收票据备查簿",逐笔登记每一应收票据的种类、号数、出票日期、到期日、票面金额、交易合同号和付款人、承兑人、背书人姓名或单位名称、背书转让日、贴现日期、贴现率和贴现净额、收款日期、收回金额和退票情况等资料。应收票据到期结清票款或退票后,应当在备查簿内逐笔注销。

五、本科目期末借方余额,反映事业单位持有的商业汇票票面金额。

### 1212　应收账款

一、本科目核算事业单位因开展经营活动销售产品、提供有偿服务等而应收取的款项。

二、本科目应当按照购货、接受劳务单位(或个人)进行明细核算。

三、应收账款的主要账务处理如下：

(一)发生应收账款时，按照应收未收金额，借记本科目，按照确认的收入金额，贷记“经营收入”等科目，按照应缴增值税金额，贷记“应缴税费——应缴增值税”科目。

(二)收回应收账款时，按照实际收到的金额，借记“银行存款”等科目，贷记本科目。

四、逾期三年或以上、有确凿证据表明确实无法收回的应收账款，按规定报经批准后予以核销。核销的应收账款应在备查簿中保留登记。

(一)转入待处置资产时，按照待核销的应收账款金额，借记“待处置资产损溢”科目，贷记本科目。

(二)报经批准予以核销时，借记“其他支出”科目，贷记“待处置资产损溢”科目。

(三)已核销应收账款在以后期间收回的，按照实际收回的金额，借记“银行存款”等科目，贷记“其他收入”科目。

五、本科目期末借方余额，反映事业单位尚未收回的应收账款。

### 1213　预付账款

一、本科目核算事业单位按照购货、劳务合同规定预付给供应单位的款项。

二、本科目应当按照供应单位(或个人)进行明细核算。

事业单位应当通过明细核算或辅助登记方式，登记预付账款的资金性质(区分财政补助资金、非财政专项资金和其他资金)。

三、预付账款的主要账务处理如下：

(一)发生预付账款时，按照实际预付的金额，借记本科目，贷记“零余额账户用款额度”、“财政补助收入”、“银行存款”等科目。

(二)收到所购物资或劳务，按照购入物资或劳务的成本，借记有关科目，按照相应预付账款金额，贷记本科目，按照补付的款项，贷记“零余额账户用款额度”、“财政补助收入”、“银行存款”等科目。

收到所购固定资产、无形资产的，按照确定的资产成本，借记“固定资产”、“无形资产”科目，贷记“非流动资产基金——固定资产、无形资产”科目；同时，按资产购置支出，借记“事业支出”、“经营支出”等科目，按照相应预付账款金额，贷记本科目，按照补付的款项，贷记“零余额账户用款额度”、“财政补助收入”、“银行存款”等科目。

四、逾期三年或以上、有确凿证据表明因供货单位破产、撤销等原因已无望再收到所购物资，且确实无法收回的预付账款，按规定报经批准后予以核销。核销的预付账款应在备查簿中保留登记。

(一)转入待处置资产时，按照待核销的预付账款金额，借记“待处置资产损溢”科目，贷记本科目。

(二)报经批准予以核销时，借记“其他支出”科目，贷记“待处置资产损溢”科目。

(三)已核销预付账款在以后期间收回的，按照实际收回的金额，借记“银行存款”等科目，贷记“其他收入”科目。

五、本科目期末借方余额，反映事业单位实际预付但尚未结算的款项。

### 1215　其他应收款

一、本科目核算事业单位除财政应返还额度、应收票据、应收账款、预付账款以外的其他各项应收及暂付款项，如职工预借的差旅费、拨付给内部有关部门的备用金、应向职工收取的各种垫付款项等。

二、本科目应当按照其他应收款的类别以及债务单位(或个人)进行明细核算。

三、其他应收款的主要账务处理如下：

(一)发生其他各种应收及暂付款项时，借记本科目，贷记“银行存款”、“库存现金”等科目。

(二)收回或转销其他各种应收及暂付款项时，借记“库存现金”、“银行存款”等科目，贷记本科目。

(三)事业单位内部实行备用金制度的，有关部门使用备用金以后应当及时到财务部门报销并补足备用金。财务部门核定并发放备用金时，借记本科目，贷记“库存现金”等科目。根据报销数用现金补足备用金定额时，借记有关科目，贷记“库存现金”等科目，报销数和拨补数都不再通过本科目核算。

四、逾期三年或以上、有确凿证据表明确实无法收回的其他应收款，按规定报经批准后予以核销。核销的其他应收款应在备查簿中保留登记。

(一)转入待处置资产时，按照待核销的其他应收款金额，借记“待处置资产损溢”科目，贷记本科目。

(二)报经批准予以核销时，借记“其他支出”科目，贷记“待处置资产损溢”科目。

(三)已核销其他应收款在以后期间收回的,按照实际收回的金额,借记"银行存款"等科目,贷记"其他收入"科目。

五、本科目期末借方余额,反映事业单位尚未收回的其他应收款。

### 1301 存 货

一、本科目核算事业单位在开展业务活动及其他活动中为耗用而储存的各种材料、燃料、包装物、低值易耗品及达不到固定资产标准的用具、装具、动植物等的实际成本。

事业单位随买随用的零星办公用品,可以在购进时直接列作支出,不通过本科目核算。

二、本科目应当按照存货的种类、规格、保管地点等进行明细核算。

事业单位应当通过明细核算或辅助登记方式,登记取得存货成本的资金来源(区分财政补助资金、非财政专项资金和其他资金)。

发生自行加工存货业务的事业单位,应当在本科目下设置"生产成本"明细科目,归集核算自行加工存货所发生的实际成本(包括耗用的直接材料费用、发生的直接人工费用和分配的间接费用)。

三、存货的主要账务处理如下:

(一)存货在取得时,应当按照其实际成本入账。

1. 购入的存货,其成本包括购买价款、相关税费、运输费、装卸费、保险费以及其他使得存货达到目前场所和状态所发生的其他支出。事业单位按照税法规定属于增值税一般纳税人的,其购进非自用(如用于生产对外销售的产品)材料所支付的增值税款不计入材料成本。

购入的存货验收入库,按确定的成本,借记本科目,贷记"银行存款"、"应付账款"、"财政补助收入"、"零余额账户用款额度"等科目。

属于增值税一般纳税人的事业单位购入非自用材料的,按确定的成本(不含增值税进项税额),借记本科目,按增值税专用发票上注明的增值税额,借记"应缴税费——应缴增值税(进项税额)"科目,按实际支付或应付的金额,贷记"银行存款"、"应付账款"等科目。

2. 自行加工的存货,其成本包括耗用的直接材料费用、发生的直接人工费用和按照一定方法分配的与存货加工有关的间接费用。

自行加工的存货在加工过程中发生各种费用时,借记本科目(生产成本),贷记本科目(领用材料相关的明细科目)、"应付职工薪酬"、"银行存款"等科目。

加工完成的存货验收入库,按照所发生的实际成本,借记本科目(相关明细科目),贷记本科目(生产成本)。

3. 接受捐赠、无偿调入的存货,其成本按照有关凭据注明的金额加上相关税费、运输费等确定;没有相关凭据的,其成本比照同类或类似存货的市场价格加上相关税费、运输费等确定;没有相关凭据、同类或类似存货的市场价格也无法可靠取得的,该存货按照名义金额(即人民币1元,下同)入账。相关财务制度仅要求进行实物管理的除外。

接受捐赠、无偿调入的存货验收入库,按照确定的成本,借记本科目,按照发生的相关税费、运输费等,贷记"银行存款"等科目,按照其差额,贷记"其他收入"科目。

按照名义金额入账的情况下,按照名义金额,借记本科目,贷记"其他收入"科目;按照发生的相关税费、运输费等,借记"其他支出"科目,贷记"银行存款"等科目。

(二)存货在发出时,应当根据实际情况采用先进先出法、加权平均法或者个别计价法确定发出存货的实际成本。计价方法一经确定,不得随意变更。低值易耗品的成本于领用时一次摊销。

1. 开展业务活动等领用、发出存货,按领用、发出存货的实际成本,借记"事业支出"、"经营支出"等科目,贷记本科目。

2. 对外捐赠、无偿调出存货,转入待处置资产时,按照存货的账面余额,借记"待处置资产损溢"科目,贷记本科目。

属于增值税一般纳税人的事业单位对外捐赠、无偿调出购进的非自用材料,转入待处置资产时,按照存货的账面余额与相关增值税进项税额转出金额的合计金额,借记"待处置资产损溢"科目,按存货的账面余额,贷记本科目,按转出的增值税进项税额,贷记"应缴税费——应缴增值税(进项税额转出)"科目。

实际捐出、调出存货时,按照"待处置资产损溢"科目的相应余额,借记"其他支出"科目,贷记"待处置资

产损溢”科目。

四、事业单位的存货应当定期进行清查盘点，每年至少盘点一次。对于发生的存货盘盈、盘亏或者报废、毁损，应当及时查明原因，按规定报经批准后进行账务处理。

（一）盘盈的存货，按照同类或类似存货的实际成本或市场价格确定入账价值；同类或类似存货的实际成本、市场价格均无法可靠取得的，按照名义金额入账。

盘盈的存货，按照确定的入账价值，借记本科目，贷记“其他收入”科目。

（二）盘亏或者毁损、报废的存货，转入待处置资产时，按照待处置存货的账面余额，借记“待处置资产损溢”科目，贷记本科目。

属于增值税一般纳税人的事业单位购进的非自用材料发生盘亏或者毁损、报废的，转入待处置资产时，按照存货的账面余额与相关增值税进项税额转出金额的合计金额，借记“待处置资产损溢”科目，按存货的账面余额，贷记本科目，按转出的增值税进项税额，贷记“应缴税费——应缴增值税（进项税额转出）”科目。

报经批准予以处置时，按照“待处置资产损溢”科目的相应余额，借记“其他支出”科目，贷记“待处置资产损溢”科目。

处置存货过程中所取得的收入、发生的费用，以及处置收入扣除相关处置费用后的净收入的账务处理，参见“待处置资产损溢”科目。

五、本科目期末借方余额，反映事业单位存货的实际成本。

### 1401　长期投资

一、本科目核算事业单位依法取得的，持有时间超过1年（不含1年）的股权和债权性质的投资。

二、事业单位应当严格遵守国家法律、行政法规以及财政部门、主管部门有关事业单位对外投资的规定。

三、本科目应当按照长期投资的种类和被投资单位等进行明细核算。

四、长期投资的主要账务处理如下：

（一）长期股权投资

1. 长期股权投资在取得时，应当按照其实际成本作为投资成本。

（1）以货币资金取得的长期股权投资，按照实际支付的全部价款（包括购买价款以及税金、手续费等相关税费）作为投资成本，借记本科目，贷记“银行存款”等科目；同时，按照投资成本金额，借记“事业基金”科目，贷记“非流动资产基金——长期投资”科目。

（2）以固定资产取得的长期股权投资，按照评估价值加上相关税费作为投资成本，借记本科目，贷记“非流动资产基金——长期投资”科目，按发生的相关税费，借记“其他支出”科目，贷记“银行存款”、“应缴税费”等科目；同时，按照投出固定资产对应的非流动资产基金，借记“非流动资产基金——固定资产”科目，按照投出固定资产已计提折旧，借记“累计折旧”科目，按投出固定资产的账面余额，贷记“固定资产”科目。

（3）以已入账无形资产取得的长期股权投资，按照评估价值加上相关税费作为投资成本，借记本科目，贷记“非流动资产基金——长期投资”科目，按发生的相关税费，借记“其他支出”科目，贷记“银行存款”、“应缴税费”等科目；同时，按照投出无形资产对应的非流动资产基金，借记“非流动资产基金——无形资产”科目，按照投出无形资产已计提摊销，借记“累计摊销”科目，按照投出无形资产的账面余额，贷记“无形资产”科目。

以未入账无形资产取得的长期股权投资，按照评估价值加上相关税费作为投资成本，借记本科目，贷记“非流动资产基金——长期投资”科目，按发生的相关税费，借记“其他支出”科目，贷记“银行存款”、“应缴税费”等科目。

2. 长期股权投资持有期间，收到利润等投资收益时，按照实际收到的金额，借记“银行存款”等科目，贷记“其他收入——投资收益”科目。

3. 转让长期股权投资，转入待处置资产时，按照待转让长期股权投资的账面余额，借记“待处置资产损溢——处置资产价值”科目，贷记本科目。

实际转让时，按照所转让长期股权投资对应的非流动资产基金，借记“非流动资产基金——长期投资”科目，贷记“待处置资产损溢——处置资产价值”科目。

转让长期股权投资过程中取得价款、发生相关税费，以及转让价款扣除相关税费后的净收入的账务处理，参见“待处置资产损溢”科目。

4. 因被投资单位破产清算等原因，有确凿证据表明长期股权投资发生损失，按规定报经批准后予以核销。将待核销长期股权投资转入待处置资产时，按照待核销的长期股权投资账面余额，借记“待处置资产损溢”科目，贷记本科目。

报经批准予以核销时，借记“非流动资产基金——长期投资”科目，贷记“待处置资产损溢”科目。

(二)长期债券投资

1. 长期债券投资在取得时，应当按照其实际成本作为投资成本。

以货币资金购入的长期债券投资，按照实际支付的全部价款(包括购买价款以及税金、手续费等相关税费)作为投资成本，借记本科目，贷记“银行存款”等科目；同时，按照投资成本金额，借记“事业基金”科目，贷记“非流动资产基金——长期投资”科目。

2. 长期债券投资持有期间收到利息时，按照实际收到的金额，借记“银行存款”等科目，贷记“其他收入——投资收益”科目。

3. 对外转让或到期收回长期债券投资本息，按照实际收到的金额，借记“银行存款”等科目，按照收回长期投资的成本，贷记本科目，按照其差额，贷记或借记“其他收入——投资收益”科目；同时，按照收回长期投资对应的非流动资产基金，借记“非流动资产基金——长期投资”科目，贷记“事业基金”科目。

五、本科目期末借方余额，反映事业单位持有的长期投资成本。

### 1501 固定资产

一、本科目核算事业单位固定资产的原价。

固定资产是指事业单位持有的使用期限超过1年(不含1年)、单位价值在规定标准以上，并在使用过程中基本保持原有物质形态的资产。单位价值虽未达到规定标准，但使用期限超过1年(不含1年)的大批同类物资，作为固定资产核算和管理。

二、事业单位的固定资产一般分为六类：房屋及构筑物；专用设备；通用设备；文物和陈列品；图书、档案；家具、用具、装具及动植物。有关说明如下：

1. 对于应用软件，如果其构成相关硬件不可缺少的组成部分，应当将该软件价值包括在所属硬件价值中，一并作为固定资产进行核算；如果其不构成相关硬件不可缺少的组成部分，应当将该软件作为无形资产核算。

2. 事业单位以经营租赁租入的固定资产，不作为固定资产核算，应当另设备查簿进行登记。

3. 购入需要安装的固定资产，应当先通过“在建工程”科目核算，安装完毕交付使用时再转入本科目核算。

三、事业单位应当根据固定资产定义，结合本单位的具体情况，制定适合于本单位的固定资产目录、具体分类方法，作为进行固定资产核算的依据。

事业单位应当设置“固定资产登记簿”和“固定资产卡片”，按照固定资产类别、项目和使用部门等进行明细核算。出租、出借的固定资产，应当设置备查簿进行登记。

四、固定资产的主要账务处理如下：

(一)固定资产在取得时，应当按照其实际成本入账。

1. 购入的固定资产，其成本包括购买价款、相关税费以及固定资产交付使用前所发生的可归属于该项资产的运输费、装卸费、安装调试费和专业人员服务费等。

以一笔款项购入多项没有单独标价的固定资产，按照各项固定资产同类或类似资产市场价格的比例对总成本进行分配，分别确定各项固定资产的入账成本。

购入不需安装的固定资产，按照确定的固定资产成本，借记本科目，贷记“非流动资产基金——固定资产”科目；同时，按照实际支付金额，借记“事业支出”、“经营支出”、“专用基金——修购基金”等科目，贷记“财政补助收入”、“零余额账户用款额度”、“银行存款”等科目。

购入需要安装的固定资产，先通过“在建工程”科目核算。安装完工交付使用时，借记本科目，贷记“非流动资产基金——固定资产”科目；同时，借记“非流动资产基金——在建工程”科目，贷记“在建工程”科目。

购入固定资产扣留质量保证金的，应当在取得固定资产时，按照确定的成本，借记本科目[不需安装]或“在建工程”科目[需要安装]，贷记“非流动资产基金——固定资产、在建工程”科目。同时取得固定资产全

款发票的，应当同时按照构成资产成本的全部支出金额，借记“事业支出”、“经营支出”、“专用基金——修购基金”等科目，按照实际支付金额，贷记“财政补助收入”、“零余额账户用款额度”、“银行存款”等科目，按照扣留的质量保证金，贷记“其他应付款”[扣留期在1年以内(含1年)]或“长期应付款”[扣留期超过1年]科目；取得的发票金额不包括质量保证金的，应当同时按照不包括质量保证金的支出金额，借记“事业支出”、“经营支出”、“专用基金——修购基金”等科目，贷记“财政补助收入”、“零余额账户用款额度”、“银行存款”等科目。质保期满支付质量保证金时，借记“其他应付款”、“长期应付款”科目，或借记“事业支出”、“经营支出”、“专用基金——修购基金”等科目，贷记“财政补助收入”、“零余额账户用款额度”、“银行存款”等科目。

2. 自行建造的固定资产，其成本包括建造该项资产至交付使用前所发生的全部必要支出。

工程完工交付使用时，按自行建造过程中发生的实际支出，借记本科目，贷记“非流动资产基金——固定资产”科目；同时，借记“非流动资产基金——在建工程”科目，贷记“在建工程”科目。已交付使用但尚未办理竣工决算手续的固定资产，按照估计价值入账，待确定实际成本后再进行调整。

3. 在原有固定资产基础上进行改建、扩建、修缮后的固定资产，其成本按照原固定资产账面价值(“固定资产”科目账面余额减去“累计折旧”科目账面余额后的净值)①加上改建、扩建、修缮发生的支出，再扣除固定资产拆除部分的账面价值后的金额确定。

将固定资产转入改建、扩建、修缮时，按固定资产的账面价值，借记“在建工程”科目，贷记“非流动资产基金——在建工程”科目；同时，按固定资产对应的非流动资产基金，借记“非流动资产基金——固定资产”科目，按固定资产已计提折旧，借记“累计折旧”科目，按固定资产的账面余额，贷记本科目。

工程完工交付使用时，借记本科目，贷记“非流动资产基金——固定资产”科目；同时，借记“非流动资产基金——在建工程”科目，贷记“在建工程”科目。

4. 以融资租赁租入的固定资产，其成本按照租赁协议或者合同确定的租赁价款、相关税费以及固定资产交付使用前所发生的可归属于该项资产的运输费、途中保险费、安装调试费等确定。

融资租入的固定资产，按照确定的成本，借记本科目[不需安装]或“在建工程”科目[需安装]，按照租赁协议或者合同确定的租赁价款，贷记“长期应付款”科目，按照其差额，贷记“非流动资产基金——固定资产、在建工程”科目。同时，按照实际支付的相关税费、运输费、途中保险费、安装调试费等，借记“事业支出”、“经营支出”等科目，贷记“财政补助收入”、“零余额账户用款额度”、“银行存款”等科目。

定期支付租金时，按照支付的租金金额，借记“事业支出”、“经营支出”等科目，贷记“财政补助收入”、“零余额账户用款额度”、“银行存款”等科目；同时，借记“长期应付款”科目，贷记“非流动资产基金——固定资产”科目。

跨年度分期付款购入固定资产的账务处理，参照融资租入固定资产。

5. 接受捐赠、无偿调入的固定资产，其成本按照有关凭据注明的金额加上相关税费、运输费等确定；没有相关凭据的，其成本比照同类或类似固定资产的市场价格加上相关税费、运输费等确定；没有相关凭据、同类或类似固定资产的市场价格也无法可靠取得的，该固定资产按照名义金额入账。

接受捐赠、无偿调入的固定资产，按照确定的固定资产成本，借记本科目[不需安装]或“在建工程”科目[需安装]，贷记“非流动资产基金——固定资产、在建工程”科目；按照发生的相关税费、运输费等，借记“其他支出”科目，贷记“银行存款”等科目。

(二)按月计提固定资产折旧时，按照实际计提金额，借记“非流动资产基金——固定资产”科目，贷记“累计折旧”科目。

(三)与固定资产有关的后续支出，应分别以下情况处理：

1. 为增加固定资产使用效能或延长其使用年限而发生的改建、扩建或修缮等后续支出，应当计入固定资产成本，通过“在建工程”科目核算，完工交付使用时转入本科目。有关账务处理参见“在建工程”科目。

2. 为维护固定资产的正常使用而发生的日常修理等后续支出，应当计入当期支出但不计入固定资产成本，借记“事业支出”、“经营支出”等科目，贷记“财政补助收入”、“零余额账户用款额度”、“银行存款”等科目。

---

① 本制度所称账面价值，是指某会计科目的账面余额减去相关备抵科目(如“累计折旧”、“累计摊销”科目)账面余额后的净值。本制度所称账面余额，是指某会计科目的账面实际余额。

(四)报经批准出售、无偿调出、对外捐赠固定资产或以固定资产对外投资,应当分别以下情况处理:

1. 出售、无偿调出、对外捐赠固定资产,转入待处置资产时,按照待处置固定资产的账面价值,借记“待处置资产损溢”科目,按照已计提折旧,借记“累计折旧”科目,按照固定资产的账面余额,贷记本科目。

实际出售、调出、捐出时,按照处置固定资产对应的非流动资产基金,借记“非流动资产基金——固定资产”科目,贷记“待处置资产损溢”科目。

出售固定资产过程中取得价款、发生相关税费,以及出售价款扣除相关税费后的净收入的账务处理,参见“待处置资产损溢”科目。

2. 以固定资产对外投资,按照评估价值加上相关税费作为投资成本,借记“长期投资”科目,贷记“非流动资产基金——长期投资”科目,按发生的相关税费,借记“其他支出”科目,贷记“银行存款”、“应缴税费”等科目;同时,按照投出固定资产对应的非流动资产基金,借记“非流动资产基金——固定资产”科目,按照投出固定资产已计提折旧,借记“累计折旧”科目,按照投出固定资产的账面余额,贷记本科目。

五、事业单位的固定资产应当定期进行清查盘点,每年至少盘点一次。对于发生的固定资产盘盈、盘亏或者报废、毁损,应当及时查明原因,按规定报经批准后进行账务处理。

(一)盘盈的固定资产,按照同类或类似固定资产的市场价格确定入账价值;同类或类似固定资产的市场价格无法可靠取得的,按照名义金额入账。

盘盈的固定资产,按照确定的入账价值,借记本科目,贷记“非流动资产基金——固定资产”科目。

(二)盘亏或者毁损、报废的固定资产,转入待处置资产时,按照待处置固定资产的账面价值,借记“待处置资产损溢”科目,按照已计提折旧,借记“累计折旧”科目,按照固定资产的账面余额,贷记本科目。

报经批准予以处置时,按照处置固定资产对应的非流动资产基金,借记“非流动资产基金——固定资产”科目,贷记“待处置资产损溢”科目。

处置毁损、报废固定资产过程中所取得的收入、发生的相关费用,以及处置收入扣除相关费用后的净收入的账务处理,参见“待处置资产损溢”科目。

六、本科目期末借方余额,反映事业单位固定资产的原价。

### 1502　累计折旧

一、本科目核算事业单位固定资产计提的累计折旧。

二、本科目应当按照所对应固定资产的类别、项目等进行明细核算。

三、事业单位应当对除下列各项资产以外的其他固定资产计提折旧:

(一)文物和陈列品;

(二)动植物;

(三)图书、档案;

(四)以名义金额计量的固定资产。

四、折旧是指在固定资产使用寿命内,按照确定的方法对应折旧金额进行系统分摊。有关说明如下:

(一)事业单位应当根据固定资产的性质和实际使用情况,合理确定其折旧年限。省级以上财政部门、主管部门对事业单位固定资产折旧年限作出规定的,从其规定。

(二)事业单位一般应当采用年限平均法或工作量法计提固定资产折旧。

(三)事业单位固定资产的应折旧金额为其成本,计提固定资产折旧不考虑预计净残值。

(四)事业单位一般应当按月计提固定资产折旧。当月增加的固定资产,当月不提折旧,从下月起计提折旧;当月减少的固定资产,当月照提折旧,从下月起不提折旧。

(五)固定资产提足折旧后,无论能否继续使用,均不再计提折旧;提前报废的固定资产,也不再补提折旧。已提足折旧的固定资产,可以继续使用的,应当继续使用,规范管理。

(六)计提融资租入固定资产折旧时,应当采用与自有固定资产相一致的折旧政策。能够合理确定租赁期届满时将会取得租入固定资产所有权的,应当在租入固定资产尚可使用年限内计提折旧;无法合理确定租赁期届满时能够取得租入固定资产所有权的,应当在租赁期与租入固定资产尚可使用年限两者中较短的期间内计提折旧。

(七)固定资产因改建、扩建或修缮等原因而延长其使用年限的,应当按照重新确定的固定资产的成本以及重新确定的折旧年限,重新计算折旧额。

五、累计折旧的主要账务处理如下：

（一）按月计提固定资产折旧时，按照应计提折旧金额，借记“非流动资产基金——固定资产”科目，贷记本科目。

（二）固定资产处置时，按照所处置固定资产的账面价值，借记“待处置资产损溢”科目，按照已计提折旧，借记本科目，按照固定资产的账面余额，贷记“固定资产”科目。

六、本科目期末贷方余额，反映事业单位计提的固定资产折旧累计数。

### 1511　在建工程

一、本科目核算事业单位已经发生必要支出，但尚未完工交付使用的各种建筑（包括新建、改建、扩建、修缮等）和设备安装工程的实际成本。

二、本科目应当按照工程性质和具体工程项目等进行明细核算。

三、事业单位的基本建设投资应当按照国家有关规定单独建账、单独核算，同时按照本制度的规定至少按月并入本科目及其他相关科目反映。

事业单位应当在本科目下设置“基建工程”明细科目，核算由基建账套并入的在建工程成本。有关基建并账的具体账务处理另行规定。

四、在建工程（非基本建设项目）的主要账务处理如下：

（一）建筑工程

1. 将固定资产转入改建、扩建或修缮等时，按照固定资产的账面价值，借记本科目，贷记“非流动资产基金——在建工程”科目；同时，按照固定资产对应的非流动资产基金，借记“非流动资产基金——固定资产”科目，按照已计提折旧，借记“累计折旧”科目，按照固定资产的账面余额，贷记“固定资产”科目。

2. 根据工程价款结算账单与施工企业结算工程价款时，按照实际支付的工程价款，借记本科目，贷记“非流动资产基金——在建工程”科目；同时，借记“事业支出”等科目，贷记“财政补助收入”、“零余额账户用款额度”、“银行存款”等科目。

3. 事业单位为建筑工程借入的专门借款的利息，属于建设期间发生的，计入在建工程成本，借记本科目，贷记“非流动资产基金——在建工程”科目；同时，借记“其他支出”科目，贷记“银行存款”科目。

4. 工程完工交付使用时，按照建筑工程所发生的实际成本，借记“固定资产”科目，贷记“非流动资产基金——固定资产”科目；同时，借记“非流动资产基金——在建工程”科目，贷记本科目。

（二）设备安装

1. 购入需要安装的设备，按照确定的成本，借记本科目，贷记“非流动资产基金——在建工程”科目；同时，按照实际支付金额，借记“事业支出”、“经营支出”等科目，贷记“财政补助收入”、“零余额账户用款额度”、“银行存款”等科目。

融资租入需要安装的设备，按照确定的成本，借记本科目，按照租赁协议或者合同确定的租赁价款，贷记“长期应付款”科目，按照其差额，贷记“非流动资产基金——在建工程”科目。同时，按照实际支付的相关税费、运输费、途中保险费等，借记“事业支出”、“经营支出”等科目，贷记“财政补助收入”、“零余额账户用款额度”、“银行存款”等科目。

2. 发生安装费用，借记本科目，贷记“非流动资产基金——在建工程”科目；同时，借记“事业支出”、“经营支出”等科目，贷记“财政补助收入”、“零余额账户用款额度”、“银行存款”等科目。

3. 设备安装完工交付使用时，借记“固定资产”科目，贷记“非流动资产基金——固定资产”科目；同时，借记“非流动资产基金——在建工程”科目，贷记本科目。

五、本科目期末借方余额，反映事业单位尚未完工的在建工程发生的实际成本。

### 1601　无形资产

一、本科目核算事业单位无形资产的原价。

无形资产是指事业单位持有的没有实物形态的可辨认非货币性资产，包括专利权、商标权、著作权、土地使用权、非专利技术等。

事业单位购入的不构成相关硬件不可缺少组成部分的应用软件，应当作为无形资产核算。

二、本科目应当按照无形资产的类别、项目等进行明细核算。

三、无形资产的主要账务处理如下：

(一)无形资产在取得时,应当按照其实际成本入账。

1. 外购的无形资产,其成本包括购买价款、相关税费以及可归属于该项资产达到预定用途所发生的其他支出。

购入的无形资产,按照确定的无形资产成本,借记本科目,贷记"非流动资产基金——无形资产"科目;同时,按照实际支付金额,借记"事业支出"等科目,贷记"财政补助收入"、"零余额账户用款额度"、"银行存款"等科目。

2. 委托软件公司开发软件视同外购无形资产进行处理。

支付软件开发费时,按照实际支付金额,借记"事业支出"等科目,贷记"财政补助收入"、"零余额账户用款额度"、"银行存款"等科目。软件开发完成交付使用时,按照软件开发费总额,借记本科目,贷记"非流动资产基金——无形资产"科目。

3. 自行开发并按法律程序申请取得的无形资产,按照依法取得时发生的注册费、聘请律师费等费用,借记本科目,贷记"非流动资产基金——无形资产"科目;同时,借记"事业支出"等科目,贷记"财政补助收入"、"零余额账户用款额度"、"银行存款"等科目。

依法取得前所发生的研究开发支出,应于发生时直接计入当期支出,借记"事业支出"等科目,贷记"银行存款"等科目。

4. 接受捐赠、无偿调入的无形资产,其成本按照有关凭据注明的金额加上相关税费等确定;没有相关凭据的,其成本比照同类或类似无形资产的市场价格加上相关税费等确定;没有相关凭据、同类或类似无形资产的市场价格也无法可靠取得的,该资产按照名义金额入账。

接受捐赠、无偿调入的无形资产,按照确定的无形资产成本,借记本科目,贷记"非流动资产基金——无形资产"科目;按照发生的相关税费等,借记"其他支出"科目,贷记"银行存款"等科目。

(二)按月计提无形资产摊销时,按照应计提摊销金额,借记"非流动资产基金——无形资产"科目,贷记"累计摊销"科目。

(三)与无形资产有关的后续支出,应分别以下情况处理:

1. 为增加无形资产的使用效能而发生的后续支出,如对软件进行升级改造或扩展其功能等所发生的支出,应当计入无形资产的成本,借记本科目,贷记"非流动资产基金——无形资产"科目;同时,借记"事业支出"等科目,贷记"财政补助收入"、"零余额账户用款额度"、"银行存款"等科目。

2. 为维护无形资产的正常使用而发生的后续支出,如对软件进行漏洞修补、技术维护等所发生的支出,应当计入当期支出但不计入无形资产成本,借记"事业支出"等科目,贷记"财政补助收入"、"零余额账户用款额度"、"银行存款"等科目。

(四)报经批准转让、无偿调出、对外捐赠无形资产或以无形资产对外投资,应当分别以下情况处理:

1. 转让、无偿调出、对外捐赠无形资产,转入待处置资产时,按照待处置无形资产的账面价值,借记"待处置资产损溢"科目,按照已计提摊销,借记"累计摊销"科目,按照无形资产的账面余额,贷记本科目。

实际转让、调出、捐出时,按照处置无形资产对应的非流动资产基金,借记"非流动资产基金——无形资产"科目,贷记"待处置资产损溢"科目。

转让无形资产过程中取得价款、发生相关税费,以及出售价款扣除相关税费后的净收入的账务处理,参见"待处置资产损溢"科目。

2. 以已入账无形资产对外投资,按照评估价值加上相关税费作为投资成本,借记"长期投资"科目,贷记"非流动资产基金——长期投资"科目,按发生的相关税费,借记"其他支出"科目,贷记"银行存款"、"应缴税费"等科目;同时,按照投出无形资产对应的非流动资产基金,借记"非流动资产基金——无形资产"科目,按照投出无形资产已计提摊销,借记"累计摊销"科目,按照投出无形资产的账面余额,贷记本科目。

(五)无形资产预期不能为事业单位带来服务潜力或经济利益的,应当按规定报经批准后将该无形资产的账面价值予以核销。

转入待处置资产时,按照待核销无形资产的账面价值,借记"待处置资产损溢"科目,按照已计提摊销,借记"累计摊销"科目,按照无形资产的账面余额,贷记本科目。

报经批准予以核销时,按照核销无形资产对应的非流动资产基金,借记"非流动资产基金——无形资产

产”科目，贷记“待处置资产损溢”科目。

四、本科目期末借方余额，反映事业单位无形资产的原价。

### 1602 累计摊销

一、本科目核算事业单位无形资产计提的累计摊销。

二、本科目应当按照对应无形资产的类别、项目等进行明细核算。

三、事业单位应当对无形资产进行摊销，以名义金额计量的无形资产除外。摊销是指在无形资产使用寿命内，按照确定的方法对应摊销金额进行系统分摊。有关说明如下：

（一）事业单位应当按照如下原则确定无形资产的摊销年限：法律规定了有效年限的，按照法律规定的有效年限作为摊销年限；法律没有规定有效年限的，按照相关合同或单位申请书中的受益年限作为摊销年限；法律没有规定有效年限、相关合同或单位申请书也没有规定受益年限的，按照不少于10年的期限摊销。

（二）事业单位应当采用年限平均法对无形资产进行摊销。

（三）事业单位无形资产的应摊销金额为其成本。

（四）事业单位应当自无形资产取得当月起，按月计提无形资产摊销。

（五）因发生后续支出而增加无形资产成本的，应当按照重新确定的无形资产成本，重新计算摊销额。

四、累计摊销的主要账务处理如下：

（一）按月计提无形资产摊销时，按照应计提摊销金额，借记“非流动资产基金——无形资产”科目，贷记本科目。

（二）无形资产处置时，按照所处置无形资产的账面价值，借记“待处置资产损溢”科目，按照已计提摊销，借记本科目，按照无形资产的账面余额，贷记“无形资产”科目。

五、本科目期末贷方余额，反映事业单位计提的无形资产摊销累计数。

### 1701 待处置资产损溢

一、本科目核算事业单位待处置资产的价值及处置损溢。

事业单位资产处置包括资产的出售、出让、转让、对外捐赠、无偿调出、盘亏、报废、毁损以及货币性资产损失核销等。

二、本科目应当按照待处置资产项目进行明细核算；对于在处置过程中取得相关收入、发生相关费用的处置项目，还应设置“处置资产价值”、“处置净收入”明细科目，进行明细核算。

三、事业单位处置资产一般应当先记入本科目，按规定报经批准后及时进行账务处理。年度终了结账前一般应处理完毕。

四、待处置资产损溢的主要账务处理如下：

（一）按规定报经批准予以核销的应收及预付款项、长期股权投资、无形资产

1. 转入待处置资产时，借记本科目[核销无形资产的，还应借记“累计摊销”科目]，贷记“应收账款”、“预付账款”、“其他应收款”、“长期投资”、“无形资产”等科目。

2. 报经批准予以核销时，借记“其他支出”科目[应收及预付款项核销]或“非流动资产基金——长期投资、无形资产”科目[长期投资、无形资产核销]，贷记本科目。

（二）盘亏或者毁损、报废的存货、固定资产

1. 转入待处置资产时，借记本科目（处置资产价值）[处置固定资产的，还应借记“累计折旧”科目]，贷记“存货”、“固定资产”等科目。

2. 报经批准予以处置时，借记“其他支出”科目[处置存货]或“非流动资产基金——固定资产”科目[处置固定资产]，贷记本科目（处置资产价值）。

3. 处置毁损、报废存货、固定资产过程中收到残值变价收入、保险理赔和过失人赔偿等，借记“库存现金”、“银行存款”等科目，贷记本科目（处置净收入）。

4. 处置毁损、报废存货、固定资产过程中发生相关费用，借记本科目（处置净收入），贷记“库存现金”、“银行存款”等科目。

5. 处置完毕，按照处置收入扣除相关处置费用后的净收入，借记本科目（处置净收入），贷记“应缴国库款”等科目。

(三)对外捐赠、无偿调出存货、固定资产、无形资产

1. 转入待处置资产时,借记本科目[捐赠、调出固定资产、无形资产的,还应借记“累计折旧”、“累计摊销”科目],贷记“存货”、“固定资产”、“无形资产”等科目。

2. 实际捐出、调出时,借记“其他支出”科目[捐出、调出存货]或“非流动资产基金——固定资产、无形资产”科目[捐出、调出固定资产、无形资产],贷记本科目。

(四)转让(出售)长期股权投资、固定资产、无形资产

1. 转入待处置资产时,借记本科目(处置资产价值)[转让固定资产、无形资产的,还应借记“累计折旧”、“累计摊销”科目],贷记“长期投资”、“固定资产”、“无形资产”等科目。

2. 实际转让时,借记“非流动资产基金——长期投资、固定资产、无形资产”科目,贷记本科目(处置资产价值)。

3. 转让过程中取得价款、发生相关税费,以及转让价款扣除相关税费后的净收入的账务处理,按照国家有关规定,比照本科目“四(二)”有关毁损、报废存货、固定资产进行处理。

五、本科目期末如为借方余额,反映尚未处置完毕的各种资产价值及净损失;期末如为贷方余额,反映尚未处置完毕的各种资产净溢余。年度终了报经批准处理后,本科目一般应无余额。

**二、负债类**

2001　短期借款

一、本科目核算事业单位借入的期限在1年内(含1年)的各种借款。

二、本科目应当按照贷款单位和贷款种类进行明细核算。

三、短期借款的主要账务处理如下:

(一)借入各种短期借款时,按照实际借入的金额,借记“银行存款”科目,贷记本科目。

(二)银行承兑汇票到期,本单位无力支付票款的,按照银行承兑汇票的票面金额,借记“应付票据”科目,贷记本科目。

(三)支付短期借款利息时,借记“其他支出”科目,贷记“银行存款”科目。

(四)归还短期借款时,借记本科目,贷记“银行存款”科目。

四、本科目期末贷方余额,反映事业单位尚未偿还的短期借款本金。

2101　应缴税费

一、本科目核算事业单位按照税法等规定计算应缴纳的各种税费,包括营业税、增值税、城市维护建设税、教育费附加、车船税、房产税、城镇土地使用税、企业所得税等。

事业单位代扣代缴的个人所得税,也通过本科目核算。

事业单位应缴纳的印花税不需要预提应缴税费,直接通过支出等有关科目核算,不在本科目核算。

二、本科目应当按照应缴纳的税费种类进行明细核算。属于增值税一般纳税人的事业单位,其应缴增值税明细账中应设置“进项税额”、“已交税金”、“销项税额”、“进项税额转出”等专栏。

三、应缴税费的主要账务处理如下:

(一)发生营业税、城市维护建设税、教育费附加纳税义务的,按税法规定计算的应缴税费金额,借记“待处置资产损溢——处置净收入”科目[出售不动产应缴的税费]或有关支出科目,贷记本科目。实际缴纳时,借记本科目,贷记“银行存款”科目。

(二)属于增值税一般纳税人的事业单位购入非自用材料的,按确定的成本(不含增值税进项税额),借记“存货”科目,按增值税专用发票上注明的增值税额,借记本科目(应缴增值税——进项税额),按实际支付或应付的金额,贷记“银行存款”、“应付账款”等科目。

属于增值税一般纳税人的事业单位所购进的非自用材料发生盘亏、毁损、报废、对外捐赠、无偿调出等税法规定不得从增值税销项税额中抵扣进项税额的,将所购进的非自用材料转入待处置资产时,按照材料的账面余额与相关增值税进项税额转出金额的合计金额,借记“待处置资产损溢”科目,按材料的账面余额,贷记“存货”科目,按转出的增值税进项税额,贷记本科目(应缴增值税——进项税额转出)。

属于增值税一般纳税人的事业单位销售应税产品或提供应税服务,按包含增值税的价款总额,借记“银行存款”、“应收账款”、“应收票据”等科目,按扣除增值税销项税额后的价款金额,贷记“经营收入”等科目,按增值税专用发票上注明的增值税金额,贷记本科目(应缴增值税——销项税额)。

属于增值税一般纳税人的事业单位实际缴纳增值税时，借记本科目(应缴增值税——已交税金)，贷记“银行存款”科目。

属于增值税小规模纳税人的事业单位销售应税产品或提供应税服务，按实际收到或应收的价款，借记“银行存款”、“应收账款”、“应收票据”等科目，按实际收到或应收价款扣除增值税额后的金额，贷记“经营收入”等科目，按应缴增值税金额，贷记本科目(应缴增值税)。实际缴纳增值税时，借记本科目(应缴增值税)，贷记“银行存款”科目。

(三)发生房产税、城镇土地使用税、车船税纳税义务的，按税法规定计算的应缴税金数额，借记有关科目，贷记本科目。实际缴纳时，借记本科目，贷记“银行存款”科目。

(四)代扣代缴个人所得税的，按税法规定计算应代扣代缴的个人所得税金额，借记“应付职工薪酬”科目，贷记本科目。实际缴纳时，借记本科目，贷记“银行存款”科目。

(五)发生企业所得税纳税义务的，按税法规定计算的应缴税金数额，借记“非财政补助结余分配”科目，贷记本科目。实际缴纳时，借记本科目，贷记“银行存款”科目。

(六)发生其他纳税义务的，按照应缴纳的税费金额，借记有关科目，贷记本科目。实际缴纳时，借记本科目，贷记“银行存款”等科目。

四、本科目期末借方余额，反映事业单位多缴纳的税费金额；本科目期末贷方余额，反映事业单位应缴未缴的税费金额。

### 2102　应缴国库款

一、本科目核算事业单位按规定应缴入国库的款项(应缴税费除外)。

二、本科目应当按照应缴国库的各款项类别进行明细核算。

三、应缴国库款的主要账务处理如下：

(一)按规定计算确定或实际取得应缴国库的款项时，借记有关科目，贷记本科目。

(二)事业单位处置资产取得的应上缴国库的处置净收入的账务处理，参见“待处置资产损溢”科目。

(三)上缴款项时，借记本科目，贷记“银行存款”等科目。

四、本科目期末贷方余额，反映事业单位应缴入国库但尚未缴纳的款项。

### 2103　应缴财政专户款

一、本科目核算事业单位按规定应缴入财政专户的款项。

二、本科目应当按照应缴财政专户的各款项类别进行明细核算。

三、应缴财政专户款的主要账务处理如下：

(一)取得应缴财政专户的款项时，借记有关科目，贷记本科目。

(二)上缴款项时，借记本科目，贷记“银行存款”等科目。

四、本科目期末贷方余额，反映事业单位应缴入财政专户但尚未缴纳的款项。

### 2201　应付职工薪酬

一、本科目核算事业单位按有关规定应付给职工及为职工支付的各种薪酬。包括基本工资、绩效工资、国家统一规定的津贴补贴、社会保险费、住房公积金等。

二、本科目应当根据国家有关规定按照“工资(离退休费)”、“地方(部门)津贴补贴”、“其他个人收入”以及“社会保险费”、“住房公积金”等进行明细核算。

三、应付职工薪酬的主要账务处理如下：

(一)计算当期应付职工薪酬，借记“事业支出”、“经营支出”等科目，贷记本科目。

(二)向职工支付工资、津贴补贴等薪酬，借记本科目，贷记“财政补助收入”、“零余额账户用款额度”、“银行存款”等科目。

(三)按税法规定代扣代缴个人所得税，借记本科目，贷记“应缴税费——应缴个人所得税”科目。

(四)按照国家有关规定缴纳职工社会保险费和住房公积金，借记本科目，贷记“财政补助收入”、“零余额账户用款额度”、“银行存款”等科目。

(五)从应付职工薪酬中支付其他款项，借记本科目，贷记“财政补助收入”、“零余额账户用款额度”、“银行存款”等科目。

四、本科目期末贷方余额，反映事业单位应付未付的职工薪酬。

2301 应付票据

一、本科目核算事业单位因购买材料、物资等而开出、承兑的商业汇票，包括银行承兑汇票和商业承兑汇票。

二、本科目应当按照债权单位进行明细核算。

三、应付票据的主要账务处理如下：

(一)开出、承兑商业汇票时，借记“存货”等科目，贷记本科目。

以承兑商业汇票抵付应付账款时，借记“应付账款”科目，贷记本科目。

(二)支付银行承兑汇票的手续费时，借记“事业支出”、“经营支出”等科目，贷记“银行存款”等科目。

(三)商业汇票到期时，应当分别以下情况处理：

1. 收到银行支付到期票据的付款通知时，借记本科目，贷记“银行存款”科目。

2. 银行承兑汇票到期，本单位无力支付票款的，按照汇票票面金额，借记本科目，贷记“短期借款”科目。

3. 商业承兑汇票到期，本单位无力支付票款的，按照汇票票面金额，借记本科目，贷记“应付账款”科目。

四、事业单位应当设置“应付票据备查簿”，详细登记每一应付票据的种类、号数、出票日期、到期日、票面金额、交易合同号、收款人姓名或单位名称，以及付款日期和金额等资料。应付票据到期结清票款后，应当在备查簿内逐笔注销。

五、本科目期末贷方余额，反映事业单位开出、承兑的尚未到期的商业汇票票面金额。

2302 应付账款

一、本科目核算事业单位因购买材料、物资等而应付的款项。

二、本科目应当按照债权单位(或个人)进行明细核算。

三、应付账款的主要账务处理如下：

(一)购入材料、物资等已验收入库但货款尚未支付的，按照应付未付金额，借记“存货”等科目，贷记本科目。

(二)偿付应付账款时，按照实际支付的款项金额，借记本科目，贷记“银行存款”等科目。

(三)开出、承兑商业汇票抵付应付账款，借记本科目，贷记“应付票据”科目。

(四)无法偿付或债权人豁免偿还的应付账款，借记本科目，贷记“其他收入”科目。

四、本科目期末贷方余额，反映事业单位尚未支付的应付账款。

2303 预收账款

一、本科目核算事业单位按合同规定预收的款项。

二、本科目应当按照债权单位(或个人)进行明细核算。

三、预收账款的主要账务处理如下：

(一)从付款方预收款项时，按照实际预收的金额，借记“银行存款”等科目，贷记本科目。

(二)确认有关收入时，借记本科目，按照应确认的收入金额，贷记“经营收入”等科目，按照付款方补付或退回付款方的金额，借记或贷记“银行存款”等科目。

(三)无法偿付或债权人豁免偿还的预收账款，借记本科目，贷记“其他收入”科目。

四、本科目期末贷方余额，反映事业单位按合同规定预收但尚未实际结算的款项。

2305 其他应付款

一、本科目核算事业单位除应缴税费、应缴国库款、应缴财政专户款、应付职工薪酬、应付票据、应付账款、预收账款之外的其他各项偿还期限在1年内(含1年)的应付及暂收款项，如存入保证金等。

二、本科目应当按照其他应付款的类别以及债权单位(或个人)进行明细核算。

三、其他应付款的主要账务处理如下：

(一)发生其他各项应付及暂收款项时，借记“银行存款”等科目，贷记本科目。

(二)支付其他应付款项时，借记本科目，贷记“银行存款”等科目。

(三)无法偿付或债权人豁免偿还的其他应付款项，借记本科目，贷记“其他收入”科目。

四、本科目期末贷方余额，反映事业单位尚未支付的其他应付款。

### 2401　长期借款

一、本科目核算事业单位借入的期限超过1年(不含1年)的各种借款。

二、本科目应当按照贷款单位和贷款种类进行明细核算。对于基建项目借款,还应按具体项目进行明细核算。

三、长期借款的主要账务处理如下:

(一)借入各项长期借款时,按照实际借入的金额,借记"银行存款"科目,贷记本科目。

(二)为购建固定资产支付的专门借款利息,分别以下情况处理:

1. 属于工程项目建设期间支付的,计入工程成本,按照支付的利息,借记"在建工程"科目,贷记"非流动资产基金——在建工程"科目;同时,借记"其他支出"科目,贷记"银行存款"科目。

2. 属于工程项目完工交付使用后支付的,计入当期支出但不计入工程成本,按照支付的利息,借记"其他支出"科目,贷记"银行存款"科目。

(三)其他长期借款利息,按照支付的利息金额,借记"其他支出"科目,贷记"银行存款"科目。

(四)归还长期借款时,借记本科目,贷记"银行存款"科目。

四、本科目期末贷方余额,反映事业单位尚未偿还的长期借款本金。

### 2402　长期应付款

一、本科目核算事业单位发生的偿还期限超过1年(不含1年)的应付款项,如以融资租赁租入固定资产的租赁费、跨年度分期付款购入固定资产的价款等。

二、本科目应当按照长期应付款的类别以及债权单位(或个人)进行明细核算。

三、长期应付款的主要账务处理如下:

(一)发生长期应付款时,借记"固定资产"、"在建工程"等科目,贷记本科目、"非流动资产基金"等科目。

(二)支付长期应付款时,借记"事业支出"、"经营支出"等科目,贷记"银行存款"等科目;同时,借记本科目,贷记"非流动资产基金"科目。

(三)无法偿付或债权人豁免偿还的长期应付款,借记本科目,贷记"其他收入"科目。

四、本科目期末贷方余额,反映事业单位尚未支付的长期应付款。

## 三、净资产类

### 3001　事业基金

一、本科目核算事业单位拥有的非限定用途的净资产,主要为非财政补助结余扣除结余分配后滚存的金额。

二、事业基金的主要账务处理如下:

(一)年末,将"非财政补助结余分配"科目余额转入事业基金,借记或贷记"非财政补助结余分配"科目,贷记或借记本科目。

(二)年末,将留归本单位使用的非财政补助专项(项目已完成)剩余资金转入事业基金,借记"非财政补助结转——××项目"科目,贷记本科目。

(三)以货币资金取得长期股权投资、长期债券投资,按照实际支付的全部价款(包括购买价款以及税金、手续费等相关税费)作为投资成本,借记"长期投资"科目,贷记"银行存款"等科目;同时,按照投资成本金额,借记本科目,贷记"非流动资产基金——长期投资"科目。

(四)对外转让或到期收回长期债券投资本息,按照实际收到的金额,借记"银行存款"等科目,按照收回长期投资的成本,贷记"长期投资"科目,按照其差额,贷记或借记"其他收入——投资收益"科目;同时,按照收回长期投资对应的非流动资产基金,借记"非流动资产基金——长期投资"科目,贷记本科目。

三、事业单位发生需要调整以前年度非财政补助结余的事项,通过本科目核算。国家另有规定的,从其规定。

四、本科目期末贷方余额,反映事业单位历年积存的非限定用途净资产的金额。

### 3101　非流动资产基金

一、本科目核算事业单位长期投资、固定资产、在建工程、无形资产等非流动资产占用的金额。

二、本科目应当设置"长期投资"、"固定资产"、"在建工程"、"无形资产"等明细科目,进行明细核算。

三、非流动资产基金的主要账务处理如下:

(一)非流动资产基金应当在取得长期投资、固定资产、在建工程、无形资产等非流动资产或发生相关支出时予以确认。

取得相关资产或发生相关支出时,借记"长期投资"、"固定资产"、"在建工程"、"无形资产"等科目,贷记本科目等有关科目;同时或待以后发生相关支出时,借记"事业支出"等有关科目,贷记"财政补助收入"、"零余额账户用款额度"、"银行存款"等科目。

(二)计提固定资产折旧、无形资产摊销时,应当冲减非流动资产基金。

计提固定资产折旧、无形资产摊销时,按照计提的折旧、摊销金额,借记本科目(固定资产、无形资产),贷记"累计折旧"、"累计摊销"科目。

(三)处置长期投资、固定资产、无形资产,以及以固定资产、无形资产对外投资时,应当冲销该资产对应的非流动资产基金。

1. 以固定资产、无形资产对外投资,按照评估价值加上相关税费作为投资成本,借记"长期投资"科目,贷记本科目(长期投资),按发生的相关税费,借记"其他支出"科目,贷记"银行存款"等科目;同时,按照投出固定资产、无形资产对应的非流动资产基金,借记本科目(固定资产、无形资产),按照投出资产已提折旧、摊销,借记"累计折旧"、"累计摊销"科目,按照投出资产的账面余额,贷记"固定资产"、"无形资产"科目。

2. 出售或以其他方式处置长期投资、固定资产、无形资产,转入待处置资产时,借记"待处置资产损溢"、"累计折旧"[处置固定资产]或"累计摊销"[处置无形资产]科目,贷记"长期投资"、"固定资产"、"无形资产"等科目。

实际处置时,借记本科目(有关资产明细科目),贷记"待处置资产损溢"科目。

四、本科目期末贷方余额,反映事业单位非流动资产占用的金额。

### 3201 专用基金

一、本科目核算事业单位按规定提取或者设置的具有专门用途的净资产,主要包括修购基金、职工福利基金等。

二、本科目应当按照专用基金的类别进行明细核算。

三、专用基金的主要账务处理如下:

(一)提取修购基金

按规定提取修购基金的,按照提取金额,借记"事业支出"、"经营支出"科目,贷记本科目(修购基金)。

(二)提取职工福利基金

年末,按规定从本年度非财政补助结余中提取职工福利基金的,按照提取金额,借记"非财政补助结余分配"科目,贷记本科目(职工福利基金)。

(三)提取、设置其他专用基金

若有按规定提取的其他专用基金,按照提取金额,借记有关支出科目或"非财政补助结余分配"等科目,贷记本科目。

若有按规定设置的其他专用基金,按照实际收到的基金金额,借记"银行存款"等科目,贷记本科目。

(四)使用专用基金

按规定使用专用基金时,借记本科目,贷记"银行存款"等科目;使用专用基金形成固定资产的,还应借记"固定资产"科目,贷记"非流动资产基金——固定资产"科目。

四、本科目期末贷方余额,反映事业单位专用基金余额。

### 3301 财政补助结转

一、本科目核算事业单位滚存的财政补助结转资金,包括基本支出结转和项目支出结转。

二、本科目应当设置"基本支出结转"、"项目支出结转"两个明细科目,并在"基本支出结转"明细科目下按照"人员经费"、"日常公用经费"进行明细核算,在"项目支出结转"明细科目下按照具体项目进行明细核算;本科目还应按照《政府收支分类科目》中"支出功能分类科目"的相关科目进行明细核算。

三、财政补助结转的主要账务处理如下:

(一)期末,将财政补助收入本期发生额结转入本科目,借记"财政补助收入——基本支出、项目支出"科目,贷记本科目(基本支出结转、项目支出结转);将事业支出(财政补助支出)本期发生额结转入本科目,借

记本科目(基本支出结转、项目支出结转),贷记“事业支出——财政补助支出(基本支出、项目支出)”或“事业支出——基本支出(财政补助支出)、项目支出(财政补助支出)”科目。

(二)年末,完成上述(一)结转后,应当对财政补助各明细项目执行情况进行分析,按照有关规定将符合财政补助结余性质的项目余额转入财政补助结余,借记或贷记本科目(项目支出结转——××项目),贷记或借记“财政补助结余”科目。

(三)按规定上缴财政补助结转资金或注销财政补助结转额度的,按照实际上缴资金数额或注销的资金额度数额,借记本科目,贷记“财政应返还额度”、“零余额账户用款额度”、“银行存款”等科目。取得主管部门归集调入财政补助结转资金或额度的,做相反会计分录。

四、事业单位发生需要调整以前年度财政补助结转的事项,通过本科目核算。

五、本科目期末贷方余额,反映事业单位财政补助结转资金数额。

3302　财政补助结余

一、本科目核算事业单位滚存的财政补助项目支出结余资金。

二、本科目应当按照《政府收支分类科目》中“支出功能分类科目”的相关科目进行明细核算。

三、财政补助结余的主要账务处理如下:

(一)年末,对财政补助各明细项目执行情况进行分析,按照有关规定将符合财政补助结余性质的项目余额转入财政补助结余,借记或贷记“财政补助结转——项目支出结转(××项目)”科目,贷记或借记本科目。

(二)按规定上缴财政补助结余资金或注销财政补助结余额度的,按照实际上缴资金数额或注销的资金额度数额,借记本科目,贷记“财政应返还额度”、“零余额账户用款额度”、“银行存款”等科目。取得主管部门归集调入财政补助结余资金或额度的,做相反会计分录。

四、事业单位发生需要调整以前年度财政补助结余的事项,通过本科目核算。

五、本科目期末贷方余额,反映事业单位财政补助结余资金数额。

3401　非财政补助结转

一、本科目核算事业单位除财政补助收支以外的各专项资金收入与其相关支出相抵后剩余滚存的、须按规定用途使用的结转资金。

二、本科目应当按照非财政专项资金的具体项目进行明细核算。

三、非财政补助结转的主要账务处理如下:

(一)期末,将事业收入、上级补助收入、附属单位上缴收入、其他收入本期发生额中的专项资金收入结转入本科目,借记“事业收入”、“上级补助收入”、“附属单位上缴收入”、“其他收入”科目下各专项资金收入明细科目,贷记本科目;将事业支出、其他支出本期发生额中的非财政专项资金支出结转入本科目,借记本科目,贷记“事业支出——非财政专项资金支出”或“事业支出——项目支出(非财政专项资金支出)”、“其他支出”科目下各专项资金支出明细科目。

(二)年末,完成上述(一)结转后,应当对非财政补助专项结转资金各项目情况进行分析,将已完成项目的项目剩余资金区分以下情况处理:缴回原专项资金拨入单位的,借记本科目(××项目),贷记“银行存款”等科目;留归本单位使用的,借记本科目(××项目),贷记“事业基金”科目。

四、事业单位发生需要调整以前年度非财政补助结转的事项,通过本科目核算。

五、本科目期末贷方余额,反映事业单位非财政补助专项结转资金数额。

3402　事业结余

一、本科目核算事业单位一定期间除财政补助收支、非财政专项资金收支和经营收支以外各项收支相抵后的余额。

二、事业结余的主要账务处理如下:

(一)期末,将事业收入、上级补助收入、附属单位上缴收入、其他收入本期发生额中的非专项资金收入结转入本科目,借记“事业收入”、“上级补助收入”、“附属单位上缴收入”、“其他收入”科目下各非专项资金收入明细科目,贷记本科目;将事业支出、其他支出本期发生额中的非财政、非专项资金支出,以及对附属单位补助支出、上缴上级支出的本期发生额结转入本科目,借记本科目,贷记“事业支出——其他资金支出”或“事业支出——基本支出(其他资金支出)、项目支出(其他资金支出)”科目、“其他支出”科目下各非专项资金支出明细科目、“对附属单位补助支出”、“上缴上级支出”科目。

（二）年末，完成上述（一）结转后，将本科目余额结转入“非财政补助结余分配”科目，借记或贷记本科目，贷记或借记“非财政补助结余分配”科目。

三、本科目期末如为贷方余额，反映事业单位自年初至报告期末累计实现的事业结余；如为借方余额，反映事业单位自年初至报告期末累计发生的事业亏损。年末结账后，本科目应无余额。

3403 经营结余

一、本科目核算事业单位一定期间各项经营收支相抵后余额弥补以前年度经营亏损后的余额。

二、经营结余的主要账务处理如下：

（一）期末，将经营收入本期发生额结转入本科目，借记“经营收入”科目，贷记本科目；将经营支出本期发生额结转入本科目，借记本科目，贷记“经营支出”科目。

（二）年末，完成上述（一）结转后，如本科目为贷方余额，将本科目余额结转入“非财政补助结余分配”科目，借记本科目，贷记“非财政补助结余分配”科目；如本科目为借方余额，为经营亏损，不予结转。

三、本科目期末如为贷方余额，反映事业单位自年初至报告期末累计实现的经营结余弥补以前年度经营亏损后的经营结余；如为借方余额，反映事业单位截至报告期末累计发生的经营亏损。

年末结账后，本科目一般无余额；如为借方结余，反映事业单位累计发生的经营亏损。

3404 非财政补助结余分配

一、本科目核算事业单位本年度非财政补助结余分配的情况和结果。

二、非财政补助结余分配的主要账务处理如下：

（一）年末，将“事业结余”科目余额结转入本科目，借记或贷记“事业结余”科目，贷记或借记本科目；将“经营结余”科目贷方余额结转入本科目，借记“经营结余”科目，贷记本科目。

（二）有企业所得税缴纳义务的事业单位计算出应缴纳的企业所得税，借记本科目，贷记“应缴税费——应缴企业所得税”科目。

（三）按照有关规定提取职工福利基金的，按提取的金额，借记本科目，贷记“专用基金——职工福利基金”科目。

（四）年末，按规定完成上述（一）至（三）处理后，将本科目余额结转入事业基金，借记或贷记本科目，贷记或借记“事业基金”科目。

三、年末结账后，本科目应无余额。

**四、收入类**

4001 财政补助收入

一、本科目核算事业单位从同级财政部门取得的各类财政拨款，包括基本支出补助和项目支出补助。

二、本科目应当设置“基本支出”和“项目支出”两个明细科目；两个明细科目下按照《政府收支分类科目》中“支出功能分类”的相关科目进行明细核算；同时在“基本支出”明细科目下按照“人员经费”和“日常公用经费”进行明细核算，在“项目支出”明细科目下按照具体项目进行明细核算。

三、财政补助收入的主要账务处理如下：

（一）财政直接支付方式下，对财政直接支付的支出，事业单位根据财政国库支付执行机构委托代理银行转来的《财政直接支付入账通知书》及原始凭证，按照通知书中的直接支付入账金额，借记有关科目，贷记本科目。

年度终了，根据本年度财政直接支付预算指标数与当年财政直接支付实际支出数的差额，借记“财政应返还额度——财政直接支付”科目，贷记本科目。

（二）财政授权支付方式下，事业单位根据代理银行转来的《授权支付到账通知书》，按照通知书中的授权支付额度，借记“零余额账户用款额度”科目，贷记本科目。

年度终了，事业单位本年度财政授权支付预算指标数大于零余额账户用款额度下达数的，根据未下达的用款额度，借记“财政应返还额度——财政授权支付”科目，贷记本科目。

（三）其他方式下，实际收到财政补助收入时，按照实际收到的金额，借记“银行存款”等科目，贷记本科目。

（四）因购货退回等发生国库直接支付款项退回的，属于以前年度支付的款项，按照退回金额，借记“财

政应返还额度”科目，贷记“财政补助结转”、“财政补助结余”、“存货”等有关科目；属于本年度支付的款项，按照退回金额，借记本科目，贷记“事业支出”、“存货”等有关科目。

（五）期末，将本科目本期发生额转入财政补助结转，借记本科目，贷记“财政补助结转”科目。

四、期末结账后，本科目应无余额。

### 4101　事业收入

一、本科目核算事业单位开展专业业务活动及其辅助活动取得的收入。

二、本科目应当按照事业收入类别、项目、《政府收支分类科目》中“支出功能分类”相关科目等进行明细核算。事业收入中如有专项资金收入，还应按具体项目进行明细核算。

三、事业收入的主要账务处理如下：

（一）采用财政专户返还方式管理的事业收入

1. 收到应上缴财政专户的事业收入时，按照收到的款项金额，借记“银行存款”、“库存现金”等科目，贷记“应缴财政专户款”科目。

2. 向财政专户上缴款项时，按照实际上缴的款项金额，借记“应缴财政专户款”科目，贷记“银行存款”等科目。

3. 收到从财政专户返还的事业收入时，按照实际收到的返还金额，借记“银行存款”等科目，贷记本科目。

（二）其他事业收入

收到事业收入时，按照收到的款项金额，借记“银行存款”、“库存现金”等科目，贷记本科目。

涉及增值税业务的，相关账务处理参照“经营收入”科目。

（三）期末，将本科目本期发生额中的专项资金收入结转入非财政补助结转，借记本科目下各专项资金收入明细科目，贷记“非财政补助结转”科目；将本科目本期发生额中的非专项资金收入结转入事业结余，借记本科目下各非专项资金收入明细科目，贷记“事业结余”科目。

四、期末结账后，本科目应无余额。

### 4201　上级补助收入

一、本科目核算事业单位从主管部门和上级单位取得的非财政补助收入。

二、本科目应当按照发放补助单位、补助项目、《政府收支分类科目》中“支出功能分类”相关科目等进行明细核算。上级补助收入中如有专项资金收入，还应按具体项目进行明细核算。

三、上级补助收入的主要账务处理如下：

（一）收到上级补助收入时，按照实际收到的金额，借记“银行存款”等科目，贷记本科目。

（二）期末，将本科目本期发生额中的专项资金收入结转入非财政补助结转，借记本科目下各专项资金收入明细科目，贷记“非财政补助结转”科目；将本科目本期发生额中的非专项资金收入结转入事业结余，借记本科目下各非专项资金收入明细科目，贷记“事业结余”科目。

四、期末结账后，本科目应无余额。

### 4301　附属单位上缴收入

一、本科目核算事业单位附属独立核算单位按照有关规定上缴的收入。

二、本科目应当按照附属单位、缴款项目、《政府收支分类科目》中“支出功能分类”相关科目等进行明细核算。附属单位上缴收入中如有专项资金收入，还应按具体项目进行明细核算。

三、附属单位上缴收入的主要账务处理如下：

（一）收到附属单位缴来款项时，按照实际收到金额，借记“银行存款”等科目，贷记本科目。

（二）期末，将本科目本期发生额中的专项资金收入结转入非财政补助结转，借记本科目下各专项资金收入明细科目，贷记“非财政补助结转”科目；将本科目本期发生额中的非专项资金收入结转入事业结余，借记本科目下各非专项资金收入明细科目，贷记“事业结余”科目。

四、期末结账后，本科目应无余额。

### 4401　经营收入

一、本科目核算事业单位在专业业务活动及其辅助活动之外开展非独立核算经营活动取得的收入。

二、本科目应当按照经营活动类别、项目、《政府收支分类科目》中“支出功能分类”相关科目等进行明细核算。

三、经营收入的主要账务处理如下：

(一)经营收入应当在提供服务或发出存货，同时收讫价款或者取得索取价款的凭据时，按照实际收到或应收的金额确认收入。

实现经营收入时，按照确定的收入金额，借记“银行存款”、“应收账款”、“应收票据”等科目，贷记本科目。

属于增值税小规模纳税人的事业单位实现经营收入，按实际出售价款，借记“银行存款”、“应收账款”、“应收票据”等科目，按出售价款扣除增值税额后的金额，贷记本科目，按应缴增值税金额，贷记“应缴税费——应缴增值税”科目。

属于增值税一般纳税人的事业单位实现经营收入，按包含增值税的价款总额，借记“银行存款”、“应收账款”、“应收票据”等科目，按扣除增值税销项税额后的价款金额，贷记本科目，按增值税专用发票上注明的增值税金额，贷记“应缴税费——应缴增值税(销项税额)”科目。

(二)期末，将本科目本期发生额转入经营结余，借记本科目，贷记“经营结余”科目。

四、期末结账后，本科目应无余额。

### 4501 其他收入

一、本科目核算事业单位除财政补助收入、事业收入、上级补助收入、附属单位上缴收入、经营收入以外的各项收入，包括投资收益、银行存款利息收入、租金收入、捐赠收入、现金盘盈收入、存货盘盈收入、收回已核销应收及预付款项、无法偿付的应付及预收款项等。

二、本科目应当按照其他收入的类别、《政府收支分类科目》中“支出功能分类”相关科目等进行明细核算。对于事业单位对外投资实现的投资净损益，应单设“投资收益”明细科目进行核算；其他收入中如有专项资金收入(如限定用途的捐赠收入)，还应按具体项目进行明细核算。

三、其他收入的主要账务处理如下：

(一)投资收益

1. 对外投资持有期间收到利息、利润等时，按实际收到的金额，借记“银行存款”等科目，贷记本科目(投资收益)。

2. 出售或到期收回国债投资本息，按照实际收到的金额，借记“银行存款”等科目，按照出售或收回国债投资的成本，贷记“短期投资”、“长期投资”科目，按其差额，贷记或借记本科目(投资收益)。

(二)银行存款利息收入、租金收入

收到银行存款利息、资产承租人支付的租金，按照实际收到的金额，借记“银行存款”等科目，贷记本科目。

(三)捐赠收入

1. 接受捐赠现金资产，按照实际收到的金额，借记“银行存款”等科目，贷记本科目。

2. 接受捐赠的存货验收入库，按照确定的成本，借记“存货”科目，按照发生的相关税费、运输费等，贷记“银行存款”等科目，按照其差额，贷记本科目。

接受捐赠固定资产、无形资产等非流动资产，不通过本科目核算。

(四)现金盘盈收入

每日现金账款核对中如发现现金溢余，属于无法查明原因的部分，借记“库存现金”科目，贷记本科目。

(五)存货盘盈收入

盘盈的存货，按照确定的入账价值，借记“存货”科目，贷记本科目。

(六)收回已核销应收及预付款项

已核销应收账款、预付账款、其他应收款在以后期间收回的，按照实际收回的金额，借记“银行存款”等科目，贷记本科目。

(七)无法偿付的应付及预收款项

无法偿付或债权人豁免偿还的应付账款、预收账款、其他应付款及长期应付款，借记“应付账款”、“预收账款”、“其他应付款”、“长期应付款”等科目，贷记本科目。

(八)期末，将本科目本期发生额中的专项资金收入结转入非财政补助结转，借记本科目下各专项资金

收入明细科目，贷记“非财政补助结转”科目；将本科目本期发生额中的非专项资金收入结转入事业结余，借记本科目下各非专项资金收入明细科目，贷记“事业结余”科目。

四、期末结账后，本科目应无余额。

**五、支出类**

5001　事业支出

一、本科目核算事业单位开展专业业务活动及其辅助活动发生的基本支出和项目支出。

二、本科目应当按照“基本支出”和“项目支出”，“财政补助支出”、“非财政专项资金支出”和“其他资金支出”等层级进行明细核算，并按照《政府收支分类科目》中“支出功能分类”相关科目进行明细核算；“基本支出”和“项目支出”明细科目下应当按照《政府收支分类科目》中“支出经济分类”的款级科目进行明细核算；同时在“项目支出”明细科目下按照具体项目进行明细核算。

三、事业支出的主要账务处理如下：

（一）为从事专业业务活动及其辅助活动人员计提的薪酬等，借记本科目，贷记“应付职工薪酬”等科目。

（二）开展专业业务活动及其辅助活动领用的存货，按领用存货的实际成本，借记本科目，贷记“存货”科目。

（三）开展专业业务活动及其辅助活动中发生的其他各项支出，借记本科目，贷记“库存现金”、“银行存款”、“零余额账户用款额度”、“财政补助收入”等科目。

（四）期末，将本科目（财政补助支出）本期发生额结转入“财政补助结转”科目，借记“财政补助结转——基本支出结转、项目支出结转”科目，贷记本科目（财政补助支出——基本支出、项目支出）或本科目（基本支出——财政补助支出、项目支出——财政补助支出）；将本科目（非财政专项资金支出）本期发生额结转入“非财政补助结转”科目，借记“非财政补助结转”科目，贷记本科目（非财政专项资金支出）或本科目（项目支出——非财政专项资金支出）；将本科目（其他资金支出）本期发生额结转入“事业结余”科目，借记“事业结余”科目，贷记本科目（其他资金支出）或本科目（基本支出——其他资金支出、项目支出——其他资金支出）。

四、期末结账后，本科目应无余额。

5101　上缴上级支出

一、本科目核算事业单位按照财政部门和主管部门的规定上缴上级单位的支出。

二、本科目应当按照收缴款项单位、缴款项目、《政府收支分类科目》中“支出功能分类”相关科目等进行明细核算。

三、上缴上级支出的主要账务处理如下：

（一）按规定将款项上缴上级单位的，按照实际上缴的金额，借记本科目，贷记“银行存款”等科目。

（二）期末，将本科目本期发生额转入事业结余，借记“事业结余”科目，贷记本科目。

四、期末结账后，本科目应无余额。

5201　对附属单位补助支出

一、本科目核算事业单位用财政补助收入之外的收入对附属单位补助发生的支出。

二、本科目应当按照接受补助单位、补助项目、《政府收支分类科目》中“支出功能分类”相关科目等进行明细核算。

三、对附属单位补助支出的主要账务处理如下：

（一）发生对附属单位补助支出的，按照实际支出的金额，借记本科目，贷记“银行存款”等科目。

（二）期末，将本科目本期发生额转入事业结余，借记“事业结余”科目，贷记本科目。

四、期末结账后，本科目应无余额。

5301　经营支出

一、本科目核算事业单位在专业业务活动及其辅助活动之外开展非独立核算经营活动发生的支出。

二、事业单位开展非独立核算经营活动的，应当正确归集开展经营活动发生的各项费用数；无法直接归集的，应当按照规定的标准或比例合理分摊。

事业单位的经营支出与经营收入应当配比。

三、本科目应当按照经营活动类别、项目、《政府收支分类科目》中“支出功能分类”相关科目等进行明细核算。

四、经营支出的主要账务处理如下：

(一)为在专业业务活动及其辅助活动之外开展非独立核算经营活动人员计提的薪酬等，借记本科目，贷记“应付职工薪酬”等科目。

(二)在专业业务活动及其辅助活动之外开展非独立核算经营活动领用、发出的存货，按领用、发出存货的实际成本，借记本科目，贷记“存货”科目。

(三)在专业业务活动及其辅助活动之外开展非独立核算经营活动中发生的其他各项支出，借记本科目，贷记“库存现金”、“银行存款”、“应缴税费”等科目。

(四)期末，将本科目本期发生额转入经营结余，借记“经营结余”科目，贷记本科目。

五、期末结账后，本科目应无余额。

5401 其他支出

一、本科目核算事业单位除事业支出、上缴上级支出、对附属单位补助支出、经营支出以外的各项支出，包括利息支出、捐赠支出、现金盘亏损失、资产处置损失、接受捐赠(调入)非流动资产发生的税费支出等。

二、本科目应当按照其他支出的类别、《政府收支分类科目》中“支出功能分类”相关科目等进行明细核算。其他支出中如有专项资金支出，还应按具体项目进行明细核算。

三、其他支出的主要账务处理如下：

(一)利息支出

支付银行借款利息时，借记本科目，贷记“银行存款”科目。

(二)捐赠支出

1. 对外捐赠现金资产，借记本科目，贷记“银行存款”等科目。

2. 对外捐出存货，借记本科目，贷记“待处置资产损溢”科目。

对外捐赠固定资产、无形资产等非流动资产，不通过本科目核算。

(三)现金盘亏损失

每日现金账款核对中如发现现金短缺，属于无法查明原因的部分，报经批准后，借记本科目，贷记“库存现金”科目。

(四)资产处置损失

报经批准核销应收及预付款项、处置存货，借记本科目，贷记“待处置资产损溢”科目。

(五)接受捐赠(调入)非流动资产发生的税费支出

接受捐赠、无偿调入非流动资产发生的相关税费、运输费等，借记本科目，贷记“银行存款”等科目。

以固定资产、无形资产取得长期股权投资，所发生的相关税费计入本科目。具体账务处理参见“长期投资”科目。

(六)期末，将本科目本期发生额中的专项资金支出结转入非财政补助结转，借记“非财政补助结转”科目，贷记本科目下各专项资金支出明细科目；将本科目本期发生额中的非专项资金支出结转入事业结余，借记“事业结余”科目，贷记本科目下各非专项资金支出明细科目。

四、期末结账后，本科目应无余额。

## 第四部分 会计报表格式

| 编 号 | 会计报表名称 | 编 制 期 |
|---|---|---|
| 会事业01表 | 资产负债表 | 月度、年度 |
| 会事业02表 | 收入支出表 | 月度、年度 |
| 会事业03表 | 财政补助收入支出表 | 年度 |
| | 附 注 | 年度 |

## 资产负债表

会事业 01 表

编制单位： ____年____月____日 单位：元

| 资　　产 | 期末余额 | 年初余额 | 负债和净资产 | 期末余额 | 年初余额 |
|---|---|---|---|---|---|
| 流动资产： | | | 流动负债： | | |
| 流动资产： | | | 流动负债： | | |
| 货币资金 | | | 短期借款 | | |
| 短期投资 | | | 应缴税费 | | |
| 财政应返还额度 | | | 应缴国库款 | | |
| 应收票据 | | | 应缴财政专户款 | | |
| 应收账款 | | | 应付职工薪酬 | | |
| 预付账款 | | | 应付票据 | | |
| 其他应收款 | | | 应付账款 | | |
| 存 货 | | | 预收账款 | | |
| 其他流动资产 | | | 其他应付款 | | |
| 流动资产合计 | | | 其他流动负债 | | |
| 非流动资产： | | | 流动负债合计 | | |
| 长期投资 | | | 非流动负债： | | |
| 固定资产 | | | 长期借款 | | |
| 固定资产原价 | | | 长期应付款 | | |
| 减：累计折旧 | | | 非流动负债合计 | | |
| 在建工程 | | | 负债合计 | | |
| 无形资产 | | | 净资产： | | |
| 无形资产原价 | | | 事业基金 | | |
| 减：累计摊销 | | | 非流动资产基金 | | |
| 待处置资产损溢 | | | 专用基金 | | |
| 非流动资产合计 | | | 财政补助结转 | | |
| | | | 财政补助结余 | | |
| | | | 非财政补助结转 | | |
| | | | 非财政补助结余 | | |
| | | | 1. 事业结余 | | |
| | | | 2. 经营结余 | | |
| | | | 净资产合计 | | |
| 资产总计 | | | 负债和净资产总计 | | |

**收入支出表**

会事业 02 表

编制单位：　　　　　　　　　　____年____月　　　　　　　　　　单位:元

| 项　　　　目 | 本月数 | 本年累计数 |
|---|---|---|
| 一、本期财政补助结转结余 | | |
| 财政补助收入 | | |
| 减:事业支出(财政补助支出) | | |
| 二、本期事业结转结余 | | |
| (一)事业类收入 | | |
| 1. 事业收入 | | |
| 2. 上级补助收入 | | |
| 3. 附属单位上缴收入 | | |
| 4. 其他收入 | | |
| 其中:捐赠收入 | | |
| 减:(二)事业类支出 | | |
| 1. 事业支出(非财政补助支出) | | |
| 2. 上缴上级支出 | | |
| 3. 对附属单位补助支出 | | |
| 4. 其他支出 | | |
| 三、本期经营结余 | | |
| 经营收入 | | |
| 减:经营支出 | | |
| 四、弥补以前年度亏损后的经营结余 | | |
| 五、本年非财政补助结转结余 | | |
| 减:非财政补助结转 | | |
| 六、本年非财政补助结余 | | |
| 减:应缴企业所得税 | | |
| 减:提取专用基金 | | |
| 七、转入事业基金 | | |

**财政补助收入支出表**

会事业 03 表

编制单位： ______年度 单位：元

| 项　　　目 | 本年数 | 上年数 |
|---|---|---|
| 一、年初财政补助结转结余 | | —— |
| （一）基本支出结转 | | —— |
| 1. 人员经费 | | —— |
| 2. 日常公用经费 | | —— |
| （二）项目支出结转 | | —— |
| ××项目 | | —— |
| （三）项目支出结余 | | —— |
| 二、调整年初财政补助结转结余 | | —— |
| （一）基本支出结转 | | —— |
| 1. 人员经费 | | —— |
| 2. 日常公用经费 | | —— |
| （二）项目支出结转 | | —— |
| ××项目 | | —— |
| （三）项目支出结余 | | —— |
| 三、本年归集调入财政补助结转结余 | | |
| （一）基本支出结转 | | |
| 1. 人员经费 | | |
| 2. 日常公用经费 | | |
| （二）项目支出结转 | | |
| ××项目 | | |
| （三）项目支出结余 | | |
| 四、本年上缴财政补助结转结余 | | |
| （一）基本支出结转 | | |
| 1. 人员经费 | | |
| 2. 日常公用经费 | | |
| （二）项目支出结转 | | |
| ××项目 | | |
| （三）项目支出结余 | | |
| 五、本年财政补助收入 | | |
| （一）基本支出 | | |
| 1. 人员经费 | | |

（续表）

| 项　　目 | 本年数 | 上年数 |
| --- | --- | --- |
| 2. 日常公用经费 | | |
| (二)项目支出 | | |
| ××项目 | | |
| 六、本年财政补助支出 | | |
| (一)基本支出 | | |
| 1. 人员经费 | | |
| 2. 日常公用经费 | | |
| (二)项目支出 | | |
| ××项目 | | |
| 七、年末财政补助结转结余 | | —— |
| (一)基本支出结转 | | —— |
| 1. 人员经费 | | —— |
| 2. 日常公用经费 | | —— |
| (二)项目支出结转 | | —— |
| ××项目 | | —— |
| (三)项目支出结余 | | —— |

## 第五部分　财务报表编制说明

**一、资产负债表编制说明**

(一)本表反映事业单位在某一特定日期全部资产、负债和净资产的情况。

(二)本表“年初余额”栏内各项数字，应当根据上年年末资产负债表“期末余额”栏内数字填列。如果本年度资产负债表规定的各个项目的名称和内容同上年度不相一致，应对上年年末资产负债表各项目的名称和数字按照本年度的规定进行调整，填入本表“年初余额”栏内。

(三)本表“期末余额”栏各项目的内容和填列方法：

1. 资产类项目

(1)“货币资金”项目，反映事业单位期末库存现金、银行存款和零余额账户用款额度的合计数。本项目应当根据“库存现金”、“银行存款”、“零余额账户用款额度”科目的期末余额合计填列。

(2)“短期投资”项目，反映事业单位期末持有的短期投资成本。本项目应当根据“短期投资”科目的期末余额填列。

(3)“财政应返还额度”项目，反映事业单位期末财政应返还额度的金额。本项目应当根据“财政应返还额度”科目的期末余额填列。

(4)“应收票据”项目，反映事业单位期末持有的应收票据的票面金额。本项目应当根据“应收票据”科目的期末余额填列。

(5)“应收账款”项目，反映事业单位期末尚未收回的应收账款余额。本项目应当根据“应收账款”科目的期末余额填列。

(6)“预付账款”项目，反映事业单位预付给商品或者劳务供应单位的款项。本项目应当根据“预付账款”科目的期末余额填列。

(7)“其他应收款”项目，反映事业单位期末尚未收回的其他应收款余额。本项目应当根据“其他应收款”科目的期末余额填列。

(8)“存货”项目，反映事业单位期末为开展业务活动及其他活动耗用而储存的各种材料、燃料、包装物、低值易耗品及达不到固定资产标准的用具、装具、动植物等的实际成本。本项目应当根据“存货”科目的期末余额填列。

(9)“其他流动资产”项目，反映事业单位除上述各项之外的其他流动资产，如将在1年内(含1年)到期的长期债券投资。本项目应当根据“长期投资”等科目的期末余额分析填列。

(10)“长期投资”项目，反映事业单位持有时间超过1年(不含1年)的股权和债权性质的投资。本项目应当根据“长期投资”科目期末余额减去其中将于1年内(含1年)到期的长期债券投资余额后的金额填列。

(11)“固定资产”项目，反映事业单位期末各项固定资产的账面价值。本项目应当根据“固定资产”科目期末余额减去“累计折旧”科目期末余额后的金额填列。

“固定资产原价”项目，反映事业单位期末各项固定资产的原价。本项目应当根据“固定资产”科目的期末余额填列。

“累计折旧”项目，反映事业单位期末各项固定资产的累计折旧。本项目应当根据“累计折旧”科目的期末余额填列。

(12)“在建工程”项目，反映事业单位期末尚未完工交付使用的在建工程发生的实际成本。本项目应当根据“在建工程”科目的期末余额填列。

(13)“无形资产”项目，反映事业单位期末持有的各项无形资产的账面价值。本项目应当根据“无形资产”科目期末余额减去“累计摊销”科目期末余额后的金额填列。

“无形资产原价”项目，反映事业单位期末持有的各项无形资产的原价。本项目应当根据“无形资产”科目的期末余额填列。

“累计摊销”项目，反映事业单位期末各项无形资产的累计摊销。本项目应当根据“累计摊销”科目的期末余额填列。

(14)“待处置资产损溢”项目，反映事业单位期末待处置资产的价值及处置损溢。本项目应当根据“待处置资产损溢”科目的期末借方余额填列；如“待处置资产损溢”科目期末为贷方余额，则以“－”号填列。

(15)“非流动资产合计”项目，按照“长期投资”、“固定资产”、“在建工程”、“无形资产”、“待处置资产损溢”项目金额的合计数填列。

2. 负债类项目

(16)“短期借款”项目，反映事业单位借入的期限在1年内(含1年)的各种借款。本项目应当根据“短期借款”科目的期末余额填列。

(17)“应缴税费”项目，反映事业单位应交未交的各种税费。本项目应当根据“应缴税费”科目的期末贷方余额填列；如“应缴税费”科目期末为借方余额，则以“－”号填列。

(18)“应缴国库款”项目，反映事业单位按规定应缴入国库的款项(应缴税费除外)。本项目应当根据“应缴国库款”科目的期末余额填列。

(19)“应缴财政专户款”项目，反映事业单位按规定应缴入财政专户的款项。本项目应当根据“应缴财政专户款”科目的期末余额填列。

(20)“应付职工薪酬”项目，反映事业单位按有关规定应付给职工及为职工支付的各种薪酬。本项目应当根据“应付职工薪酬”科目的期末余额填列。

(21)“应付票据”项目，反映事业单位期末应付票据的金额。本项目应当根据“应付票据”科目的期末余额填列。

(22)“应付账款”项目，反映事业单位期末尚未支付的应付账款的金额。本项目应当根据“应付账款”科目的期末余额填列。

(23)“预收账款”项目，反映事业单位期末按合同规定预收但尚未实际结算的款项。本项目应当根据“预收账款”科目的期末余额填列。

(24)“其他应付款”项目，反映事业单位期末应付未付的其他各项应付及暂收款项。本项目应当根据“其他应付款”科目的期末余额填列。

(25)“其他流动负债”项目，反映事业单位除上述各项之外的其他流动负债，如承担的将于1年内(含1

年)偿还的长期负债。本项目应当根据“长期借款”、“长期应付款”等科目的期末余额分析填列。

(26)“长期借款”项目,反映事业单位借入的期限超过1年(不含1年)的各项借款本金。本项目应当根据“长期借款”科目的期末余额减去其中将于1年内(含1年)到期的长期借款余额后的金额填列。

(27)“长期应付款”项目,反映事业单位发生的偿还期限超过1年(不含1年)的各种应付款项。本项目应当根据“长期应付款”科目的期末余额减去其中将于1年内(含1年)到期的长期应付款余额后的金额填列。

3. 净资产类项目

(28)“事业基金”项目,反映事业单位期末拥有的非限定用途的净资产。本项目应当根据“事业基金”科目的期末余额填列。

(29)“非流动资产基金”项目,反映事业单位期末非流动资产占用的金额。本项目应当根据“非流动资产基金”科目的期末余额填列。

(30)“专用基金”项目,反映事业单位按规定设置或提取的具有专门用途的净资产。本项目应当根据“专用基金”科目的期末余额填列。

(31)“财政补助结转”项目,反映事业单位滚存的财政补助结转资金。本项目应当根据“财政补助结转”科目的期末余额填列。

(32)“财政补助结余”项目,反映事业单位滚存的财政补助项目支出结余资金。本项目应当根据“财政补助结余”科目的期末余额填列。

(33)“非财政补助结转”项目,反映事业单位滚存的非财政补助专项结转资金。本项目应当根据“非财政补助结转”科目的期末余额填列。

(34)“非财政补助结余”项目,反映事业单位自年初至报告期末累计实现的非财政补助结余弥补以前年度经营亏损后的余额。本项目应当根据“事业结余”、“经营结余”科目的期末余额合计填列;如“事业结余”、“经营结余”科目的期末余额合计为亏损数,则以“—”号填列。在编制年度资产负债表时,本项目金额一般应为“0”;若不为“0”,本项目金额应为“经营结余”科目的期末借方余额(“—”号填列)。

“事业结余”项目,反映事业单位自年初至报告期末累计实现的事业结余。本项目应当根据“事业结余”科目的期末余额填列;如“事业结余”科目的期末余额为亏损数,则以“—”号填列。在编制年度资产负债表时,本项目金额应为“0”。

“经营结余”项目,反映事业单位自年初至报告期末累计实现的经营结余弥补以前年度经营亏损后的余额。本项目应当根据“经营结余”科目的期末余额填列;如“经营结余”科目的期末余额为亏损数,则以“—”号填列。在编制年度资产负债表时,本项目金额一般应为“0”;若不为“0”,本项目金额应为“经营结余”科目的期末借方余额(“—”号填列)。

**二、收入支出表编制说明**

(一)本表反映事业单位在某一会计期间内各项收入、支出和结转结余情况,以及年末非财政补助结余的分配情况。

(二)本表“本月数”栏反映各项目的本月实际发生数。在编制年度收入支出表时,应当将本栏改为“上年数”栏,反映上年度各项目的实际发生数;如果本年度收入支出表规定的各个项目的名称和内容同上年度不一致,应对上年度收入支出表各项目的名称和数字按照本年度的规定进行调整,填入本年度收入支出表的“上年数”栏。

本表“本年累计数”栏反映各项目自年初起至报告期末止的累计实际发生数。编制年度收入支出表时,应当将本栏改为“本年数”。

(三)本表“本月数”栏各项目的内容和填列方法:

1. 本期财政补助结转结余

(1)“本期财政补助结转结余”项目,反映事业单位本期财政补助收入与财政补助支出相抵后的余额。本项目应当按照本表中“财政补助收入”项目金额减去“事业支出(财政补助支出)”项目金额后的余额填列。

(2)“财政补助收入”项目,反映事业单位本期从同级财政部门取得的各类财政拨款。本项目应当根据“财政补助收入”科目的本期发生额填列。

(3)“事业支出(财政补助支出)”项目,反映事业单位本期使用财政补助发生的各项事业支出。本项目应当根据“事业支出——财政补助支出”科目的本期发生额填列，或者根据“事业支出——基本支出（财政补助支出）”、“事业支出——项目支出（财政补助支出）”科目的本期发生额合计填列。

2. 本期事业结转结余

(4)“本期事业结转结余”项目，反映事业单位本期除财政补助收支、经营收支以外的各项收支相抵后的余额。本项目应当按照本表中“事业类收入”项目金额减去“事业类支出”项目金额后的余额填列；如为负数，以“－”号填列。

(5)“事业类收入”项目，反映事业单位本期事业收入、上级补助收入、附属单位上缴收入、其他收入的合计数。本项目应当按照本表中“事业收入”、“上级补助收入”、“附属单位上缴收入”、“其他收入”项目金额的合计数填列。

“事业收入”项目，反映事业单位开展专业业务活动及其辅助活动取得的收入。本项目应当根据“事业收入”科目的本期发生额填列。

“上级补助收入”项目，反映事业单位从主管部门和上级单位取得的非财政补助收入。本项目应当根据“上级补助收入”科目的本期发生额填列。

“附属单位上缴收入”项目，反映事业单位附属独立核算单位按照有关规定上缴的收入。本项目应当根据“附属单位上缴收入”科目的本期发生额填列。

“其他收入”项目，反映事业单位除财政补助收入、事业收入、上级补助收入、附属单位上缴收入、经营收入以外的其他收入。本项目应当根据“其他收入”科目的本期发生额填列。

“捐赠收入”项目，反映事业单位接受现金、存货捐赠取得的收入。本项目应当根据“其他收入”科目所属相关明细科目的本期发生额填列。

(6)“事业类支出”项目，反映事业单位本期事业支出（非财政补助支出）、上缴上级支出、对附属单位补助支出、其他支出的合计数。本项目应当按照本表中“事业支出（非财政补助支出）”、“上缴上级支出”、“对附属单位补助支出”、“其他支出”项目金额的合计数填列。

“事业支出（非财政补助支出）”项目，反映事业单位使用财政补助以外的资金发生的各项事业支出。本项目应当根据“事业支出——非财政专项资金支出”、“事业支出——其他资金支出”科目的本期发生额合计填列，或者根据“事业支出——基本支出（其他资金支出）”、“事业支出——项目支出（非财政专项资金支出、其他资金支出）”科目的本期发生额合计填列。

“上缴上级支出”项目，反映事业单位按照财政部门和主管部门的规定上缴上级单位的支出。本项目应当根据“上缴上级支出”科目的本期发生额填列。

“对附属单位补助支出”项目，反映事业单位用财政补助收入之外的收入对附属单位补助发生的支出。本项目应当根据“对附属单位补助支出”科目的本期发生额填列。

“其他支出”项目，反映事业单位除事业支出、上缴上级支出、对附属单位补助支出、经营支出以外的其他支出。本项目应当根据“其他支出”科目的本期发生额填列。

3. 本期经营结余

(7)“本期经营结余”项目，反映事业单位本期经营收支相抵后的余额。本项目应当按照本表中“经营收入”项目金额减去“经营支出”项目金额后的余额填列；如为负数，以“－”号填列。

(8)“经营收入”项目，反映事业单位在专业业务活动及其辅助活动之外开展非独立核算经营活动取得的收入。本项目应当根据“经营收入”科目的本期发生额填列。

(9)“经营支出”项目，反映事业单位在专业业务活动及其辅助活动之外开展非独立核算经营活动发生的支出。本项目应当根据“经营支出”科目的本期发生额填列。

4. 弥补以前年度亏损后的经营结余

(10)“弥补以前年度亏损后的经营结余”项目，反映事业单位本年度实现的经营结余扣除本年初未弥补经营亏损后的余额。本项目应当根据“经营结余”科目年末转入“非财政补助结余分配”科目前的余额填列；如该年末余额为借方余额，以“－”号填列。

5. 本年非财政补助结转结余

(11)“本年非财政补助结转结余”项目，反映事业单位本年除财政补助结转结余之外的结转结余金额。如本表中“弥补以前年度亏损后的经营结余”项目为正数，本项目应当按照本表中“本期事业结转结余”、“弥补以前年度亏损后的经营结余”项目金额的合计数填列；如为负数，以“一”号填列。如本表中“弥补以前年度亏损后的经营结余”项目为负数，本项目应当按照本表中“本期事业结转结余”项目金额填列；如为负数，以“一”号填列。

(12)“非财政补助结转”项目，反映事业单位本年除财政补助收支外的各专项资金收入减去各专项资金支出后的余额。本项目应当根据“非财政补助结转”科目本年贷方发生额中专项资金收入。

转入金额合计数减去本年借方发生额中专项资金支出转入金额合计数后的余额填列。

6. 本年非财政补助结余

(13)“本年非财政补助结余”项目，反映事业单位本年除财政补助之外的其他结余金额。本项目应当按照本表中“本年非财政补助结转结余”项目金额减去“非财政补助结转”项目金额后的金额填列；如为负数，以“一”号填列。

(14)“应缴企业所得税”项目，反映事业单位按照税法规定应缴纳的企业所得税金额。本项目应当根据“非财政补助结余分配”科目的本年发生额分析填列。

(15)“提取专用基金”项目，反映事业单位本年按规定提取的专用基金金额。本项目应当根据“非财政补助结余分配”科目的本年发生额分析填列。

7. 转入事业基金

(16)“转入事业基金”项目，反映事业单位本年按规定转入事业基金的非财政补助结余资金。本项目应当按照本表中“本年非财政补助结余”项目金额减去“应缴企业所得税”、“提取专用基金”项目金额后的余额填列；如为负数，以“一”号填列。

上述(10)至(16)项目，只有在编制年度收入支出表时才填列；编制月度收入支出表时，可以不设置此7个项目。

**三、财政补助收入支出表编制说明**

(一)本表反映事业单位某一会计年度财政补助收入、支出、结转及结余情况。

(二)本表“上年数”栏内各项数字，应当根据上年度财政补助收入支出表“本年数”栏内数字填列。

(三)本表“本年数”栏各项目的内容和填列方法：

1.“年初财政补助结转结余”项目及其所属各明细项目，反映事业单位本年初财政补助结转和结余余额。各项目应当根据上年度财政补助收入支出表中“年末财政补助结转结余”项目及其所属各明细项目“本年数”栏的数字填列。

2.“调整年初财政补助结转结余”项目及其所属各明细项目，反映事业单位因本年发生需要调整以前年度财政补助结转结余的事项，而对年初财政补助结转结余的调整金额。各项目应当根据“财政补助结转”、“财政补助结余”科目及其所属明细科目的本年发生额分析填列。如调整减少年初财政补助结转结余，以“一”号填列。

3.“本年归集调入财政补助结转结余”项目及其所属各明细项目，反映事业单位本年度取得主管部门归集调入的财政补助结转结余资金或额度金额。各项目应当根据“财政补助结转”、“财政补助结余”科目及其所属明细科目的本年发生额分析填列。

4.“本年上缴财政补助结转结余”项目及其所属各明细项目，反映事业单位本年度按规定实际上缴的财政补助结转结余资金或额度金额。各项目应当根据“财政补助结转”、“财政补助结余”科目及其所属明细科目的本年发生额分析填列。

5.“本年财政补助收入”项目及其所属各明细项目，反映事业单位本年度从同级财政部门取得的各类财政拨款金额。各项目应当根据“财政补助收入”科目及其所属明细科目的本年发生额填列。

6.“本年财政补助支出”项目及其所属各明细项目，反映事业单位本年度发生的财政补助支出金额。各项目应当根据“事业支出”科目所属明细科目本年发生额中的财政补助支出数填列。

7.“年末财政补助结转结余”项目及其所属各明细项目，反映事业单位截至本年末的财政补助结转和结余余额。各项目应当根据“财政补助结转”、“财政补助结余”科目及其所属明细科目的年末余额填列。

**四、附注**

事业单位的会计报表附注至少应当披露下列内容：

(一)遵循《事业单位会计准则》、《事业单位会计制度》的声明；

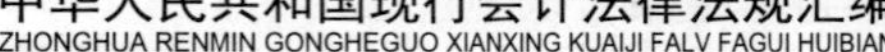

（二）单位整体财务状况、业务活动情况的说明；

（三）会计报表中列示的重要项目的进一步说明，包括其主要构成、增减变动情况等；

（四）重要资产处置情况的说明；

（五）重大投资、借款活动的说明；

（六）以名义金额计量的资产名称、数量等情况，以及以名义金额计量理由的说明；

（七）以前年度结转结余调整情况的说明；

（八）有助于理解和分析会计报表需要说明的其他事项。

# 7. 新旧事业单位会计制度有关衔接问题的处理规定（2013年颁布）

财会[2013]2号

我部对1997年7月印发的《事业单位会计制度》（财预字1997　288号）（以下简称原制度）进行了全面修订，于2012年12月19日发布了新《事业单位会计制度》（财会[2012]22号）（以下简称新制度），自2013年1月1日起施行。为了确保新旧制度顺利过渡，现对事业单位执行新制度的有关衔接问题规定如下：

**一、新旧制度衔接总要求**

（一）自2013年1月1日起，事业单位应当严格按照新制度的规定进行会计核算和编报财务报表。

（二）事业单位应当按照本规定做好新旧制度的衔接。相关工作包括以下几个方面：

1. 根据原账编制2012年12月31日的科目余额表。

2. 按照新制度设立2013年1月1日的新账。

3. 将2012年12月31日原账科目余额按照本规定进行调整（包括新旧结转调整和基建并账调整），按调整后的科目余额编制科目余额表，作为新账各会计科目的期初余额。上述“原账中各会计科目”指原制度规定的会计科目，以及参照财政部印发的相关补充规定增设的会计科目。

新旧会计科目对照情况参见本规定附表。

4. 根据新账各会计科目期初余额，按照新制度编制2013年1月1日期初资产负债表。

（三）及时调整会计信息系统。事业单位应当对原有会计核算软件和会计信息系统进行及时更新和调试，正确实现数据转换，确保新旧账套的有序衔接。

**二、将原账科目余额转入新账**

（一）资产类。

1.“现金”、“银行存款”、“零余额账户用款额度”、“财政应返还额度”、“应收票据”、“应收账款”、“预付账款”、“其他应收款”科目。

新制度设置了“库存现金”、“银行存款”、“零余额账户用款额度”、“财政应返还额度”、“应收票据”、“应收账款”、“预付账款”、“其他应收款”科目，其核算内容与原账中上述相应科目的核算内容基本相同。转账时，应将原账中上述科目的余额直接转入新账中相应科目。新账中相应科目设有明细科目的，应将原账中上述科目的余额加以分析，分别转入新账中相应科目的相关明细科目。

2.“材料”、“产成品”、“成本费用”科目。

新制度未设置“材料”、“产成品”、“成本费用”科目，但设置了“存货”科目，其核算范围包括原账中“材料”、“产成品”、“成本费用”科目的核算内容。转账时，应将原账中“材料”、“产成品”、“成本费用”科目的余额分析转入新账中“存货”科目的相关明细科目。

3.“对外投资”科目。

新制度将事业单位的对外投资划分为短期投资和长期投资，相应设置了“短期投资”、“长期投资”两个科目，两个科目的核算内容与原账中“对外投资”科目的核算内容基本相同。转账时，应对原账中“对外投资”科目的余额进行分析：将依法取得的、持有时间不超过1年（含1年）的对外投资余额转入新账中“短期投资”科目，将剩余余额转入新账中“长期投资”科目。

4."固定资产"科目。

新制度设置了"固定资产"科目,由于固定资产价值标准提高,原账中作为固定资产核算的实物资产,将有一部分要按照新制度转为低值易耗品。转账时,应当根据重新确定的固定资产目录,对原账中"固定资产"科目的余额进行分析:

(1)对于达不到新制度中固定资产确认标准的,应当将相应余额转入新账中"存货"科目,将相应的"固定基金"科目余额转入新账中"事业基金"科目;对于已领用出库的,还应同时将其成本一次性摊销,同时做好相关实物资产的登记管理工作,在新账中,借记"事业基金"科目,贷记"存货"科目。

(2)对于符合新制度中固定资产确认标准的,应当将相应余额转入新账中"固定资产"科目。

5."无形资产"科目。

新制度设置了"无形资产"科目,核算无形资产的原价。原账中"无形资产"科目余额反映的是尚未摊销的无形资产价值。转账时,将原账中"无形资产"科目的余额转入新账中的"无形资产"科目,同时将相应的"事业基金"科目余额转入新账中"非流动资产基金——无形资产"科目。

事业单位按新制度规定对无形资产进行摊销的,应当自 2013 年 1 月 1 日起设置和启用"累计摊销"科目,以"无形资产"科目 2013 年 1 月 1 日的期初余额为原价,按新制度规定进行摊销。

(二)负债类。

1."借入款项"科目。

新制度将事业单位的借入款项划分为短期借款和长期借款,相应设置了"短期借款"、"长期借款"两个科目,两个科目的核算内容与原账中"借入款项"科目的核算内容基本相同。转账时,应对原账中"借入款项"科目的余额进行分析:将期限在 1 年内(含 1 年)的各种借款余额转入新账中"短期借款"科目,将剩余余额转入新账中"长期借款"科目。

2."应交税金"、"应缴预算款"、"应缴财政专户款"科目。

新制度设置了"应缴税费"、"应缴国库款"、"应缴财政专户款"科目,其核算内容与原账中"应交税金"、"应缴预算款"、"应缴财政专户款"科目的核算内容基本相同。转账时,应将原账中"应交税金"、"应缴预算款"、"应缴财政专户款"科目的余额分别直接转入新账中的"应缴税费"、"应缴国库款"、"应缴财政专户款"科目。

3."应付工资(离退休费)"、"应付地方(部门)津贴补贴"、"应付其他个人收入"科目。

新制度未设置"应付工资(离退休费)"、"应付地方(部门)津贴补贴"、"应付其他个人收入"科目,但设置了"应付职工薪酬"科目,其核算内容涵盖了原账中上述三个科目的核算内容,并包括应付的社会保险费和住房公积金等。事业单位应在新账中该科目下按照国家有关规定设置明细科目。转账时,应将原账中"应付工资(离退休费)"、"应付地方(部门)津贴补贴"、"应付其他个人收入"科目的余额分别转入新账中"应付职工薪酬"科目的相关明细科目,并对原账中"其他应付款"科目的余额进行分析,将其中属于事业单位应付的社会保险费和住房公积金等的余额,转入新账中"应付职工薪酬"科目的相关明细科目。

4."应付票据"、"应付账款"、"预收账款"科目。

新制度设置了"应付票据"、"预收账款"科目,其核算内容与原账中上述相应科目的核算内容基本相同。转账时,应将原账中上述科目的余额直接转入新账中相应科目。

新制度设置了"应付账款"科目,其核算内容与原账中上述相应科目的核算内容基本相同,但不包括偿还期在 1 年以上(不含 1 年)的应付账款,如跨年度分期付款购入固定资产的价款等。转账时,应当对"应付账款"科目进行分析,将偿还期在 1 年以上(不含 1 年)的应付账款的余额转入新账中的"长期应付款"科目;将剩余余额,转入新账中"应付账款"科目。

5."其他应付款"科目。

新制度设置了"其他应付款"科目。该科目的核算范围比原账中"其他应付款"科目的核算范围小,不包括事业单位应付的社会保险费和住房公积金,以及偿还期限在 1 年以上(不含 1 年)的应付款项,如以融资租赁租入的固定资产租赁费等,相应内容转由新制度下"应付职工薪酬"、"长期应付款"科目核算。转账时,应将原账中"其他应付款"科目的余额进行分析:将其中属于应付的社会保险费和住房公积金的余额,转入新账中"应付职工薪酬"科目;将其中属于偿还期限在 1 年以上(不含 1 年)的应付款项的余额,转入新账中"长期应付款"科目;将剩余余额,转入新账中"其他应付款"科目。

（三）净资产类。

1.“事业基金”科目。

新制度设置了“事业基金”科目，但不再在该科目下设置“一般基金”、“投资基金”明细科目，其核算范围也较原账中“事业基金”科目发生变化，不再包括财政补助结转和财政补助结余。转账时，应将原账中“事业基金”科目所属“投资基金”明细科目的余额分析转入新账中“非流动资产基金——长期投资”科目，并对所属“一般基金”明细科目的余额（扣除转入新账中“非流动资产基金——无形资产”科目数额后的余额）进行分析：对属于新制度下财政补助结转的余额转入新账中“财政补助结转”科目；对属于新制度下财政补助结余的余额转入新账中“财政补助结余”科目；将剩余余额，转入新账中“事业基金”科目。

2.“固定基金”科目。

新制度未设置“固定基金”科目，但设置了“非流动资产基金”科目，核算事业单位长期投资、固定资产、在建工程、无形资产等非流动资产占用的金额。转账时，应将原账中“固定基金”科目的余额（扣除转为存货的固定资产对应的固定基金数额后的余额）转入新账中“非流动资产基金——固定资产”科目。

3.“专用基金”科目。

新制度设置了“专用基金”科目，转账时，应将原账中“专用基金”科目的余额分析转入新账中“专用基金”科目的相关明细科目。

4.“经营结余”科目。

新制度设置了“经营结余”科目，其核算范围与原账中“经营结余”科目的核算范围基本相同。转账时，如果原账中“经营结余”科目有借方余额，应直接转入新账中“经营结余”科目。

5.“事业结余”、“结余分配”科目。

新制度设置了“事业结余”科目，其核算范围较原账中“事业结余”科目发生变化，不再包括财政补助结转和财政补助结余；新制度未设置“结余分配”科目，但设置了“非财政补助结余分配”科目，核算事业单位本年度非财政补助结余分配的情况和结果。因原账中“事业结余”、“结余分配”科目一般无余额，不需进行转账处理。“事业结余”、“非财政补助结余分配”科目自2013年1月1日起直接启用新账即可。

（四）收入支出类。

1.“财政补助收入”、“事业收入”、“上级补助收入”、“附属单位缴款”、“经营收入”、“其他收入”、“拨出经费”、“事业支出”、“上缴上级支出”、“对附属单位补助”、“经营支出”、“销售税金”、“结转自筹基建”科目。

由于上述原账中收入支出类科目年末无余额，不需进行转账处理。自2013年1月1日起，应当按照新制度设置收入支出类科目并进行账务处理。

2.“拨入专款”、“拨出专款”、“专款支出”科目。

新制度未设置“拨入专款”、“拨出专款”、“专款支出”科目。转账时，应将原账中“拨入专款”科目的余额转入新账中“非财政补助结转”科目的贷方，将原账中“拨出专款”、“专款支出”科目的余额转入新账中“非财政补助结转”科目的借方。

**三、按照新制度将基建账相关数据并入新账**

事业单位应当按照新制度的要求，在按国家有关规定单独核算基本建设投资的同时，将基建账相关数据并入单位会计“大账”。新制度设置了“在建工程”科目，该科目为新设科目。事业单位应当在新账中“在建工程”科目下设置“基建工程”明细科目，核算由基建账并入的在建工程成本。

将2012年12月31日原基建账中相关科目余额并入新账时：按照基建账中“建筑安装工程投资”、“设备投资”、“待摊投资”、“预付工程款”等科目余额，借记新账中“在建工程——基建工程”科目；按照基建账中“交付使用资产”等科目余额，借记新账中“固定资产”等科目；按照基建账中“基建投资借款”科目余额，贷记新账中“长期借款”科目；按照基建账中“建筑安装工程投资”、“设备投资”、“待摊投资”、“预付工程款”、“交付使用资产”等科目余额，贷记新账中“非流动资产基金”科目的相关明细科目；按照基建账中“基建拨款”科目余额中归属于财政补助结转的部分，贷记新账中“财政补助结转”科目；按照基建账中其他科目余额，分析调整新账中相应科目；按照上述借贷方差额，贷记或借记新账中“事业基金”科目。

事业单位执行新制度后，应当至少按月根据基建账中相关科目的发生额，在“大账”中按照新制度对基建相关业务进行会计处理。

**四、财务报表新旧衔接**

（一）编制2013年1月1日期初资产负债表。

事业单位应当根据新账各会计科目期初余额，按照新制度编制 2013 年 1 月 1 日期初资产负债表。

(二)事业单位 2013 年度财务报表的编制。

事业单位应当按照新制度规定编制 2013 年的月度、年度财务报表。在编制 2013 年度收入支出表、财政补助收入支出表时，不要求填列上年比较数。

五、其他衔接事项

新制度设置了“累计折旧”科目，核算事业单位固定资产计提的累计折旧。事业单位应当按照《事业单位财务规则》或相关财务制度的规定确定是否对固定资产计提折旧。不对固定资产计提折旧的，不设置“累计折旧”科目。对固定资产计提折旧的，应当按照新制度的规定设置“累计折旧”科目，并进行如下处理：(1)对执行新制度前形成的固定资产(不包括新旧转账时转入“存货”的固定资产)，应当在 2013 年度全面核查其原价、截至 2013 年 12 月 31 日的已使用年限、尚可使用年限等，并于 2013 年 12 月 31 日对这些固定资产补提折旧，按照应计提的折旧金额，借记“非流动资产基金——固定资产”科目，贷记“累计折旧”科目，自 2014 年 1 月 1 日起对这些固定资产按照新制度的规定按月计提折旧；(2)对执行新制度后形成的固定资产，应当按照新制度的规定按月计提折旧。

**附：**

**新旧事业单位会计制度会计科目对照表**

| 新事业单位会计制度会计科目 | | | 原事业单位会计制度会计科目<br>及补充规定会计科目 | |
|---|---|---|---|---|
| 序号 | 编号 | 名称 | 编号 | 名称 |
| 一、资产类 | | | | |
| 1 | 1001 | 库存现金 | 101 | 现金 |
| 2 | 1002 | 银行存款 | 102 | 银行存款 |
| 3 | 1011 | 零余额账户用款额度 | | 零余额账户用款额度 * |
| 4 | 1101 | 短期投资 | 117 | 对外投资 |
| 5 | 1401 | | | 长期投资 |
| 6 | 1201<br>120101<br>120102 | 财政应返还额度<br>　财政直接支付<br>　财政授权支付 | | 财政应返还额度 *<br>　财政直接支付<br>　财政授权支付 |
| 7 | 1211 | 应收票据 | 105 | 应收票据 |
| 8 | 1212 | 应收账款 | 106 | 应收账款 |
| 9 | 1213 | 预付账款 | 108 | 预付账款 |
| 10 | 1215 | 其他应收款 | 110 | 其他应收款 |
| 11 | 1301 | 存货 | 115 | 材料 |
| | | | 116 | 产成品 |
| | | | 509 | 成本费用 |
| 12 | 1501 | 固定资产 | 120 | 固定资产 |
| 13 | 1502 | 累计折旧 | | |
| 14 | 1511 | 在建工程 | | |
| 15 | 1601 | 无形资产 | 124 | 无形资产 |

（续表）

| 新事业单位会计制度会计科目 | | | 原事业单位会计制度会计科目及补充规定会计科目 | |
|---|---|---|---|---|
| 序号 | 编号 | 名称 | 编号 | 名称 |
| 16 | 1602 | 累计摊销 | | |
| 17 | 1701 | 待处置资产损溢 | | |
| 二、负债类 | | | | |
| 18 | 2001 | 短期借款 | 201 | 借入款项 |
| 19 | 2401 | 长期借款 | | |
| 20 | 2101 | 应缴税费 | 210 | 应交税金 |
| 21 | 2102 | 应缴国库款 | 208 | 应缴预算款 |
| 22 | 2103 | 应缴财政专户款 | 209 | 应缴财政专户款 |
| 23 | 2201 | 应付职工薪酬 | | 应付工资（离退休费） |
| | | | | 应付地方（部门）津贴补贴 * |
| | | | | 应付其他个人收入 |
| 24 | 2301 | 应付票据 | 202 | 应付票据 |
| 25 | 2302 | 应付账款 | 203 | 应付账款 |
| 26 | 2303 | 预收账款 | 204 | 预收账款 |
| 27 | 2305 | 其他应付款 | 207 | 其他应付款 |
| 28 | 2402 | 长期应付款 | | |
| 三、净资产类 | | | | |
| 29 | 3001 | 事业基金 | 301 | 事业基金——一般基金 |
| 30 | 3101<br>310101<br>310102<br>310103<br>310104 | 非流动资产基金<br>长期投资<br>固定资产<br>在建工程<br>无形资产 | 301<br>302 | 事业基金——投资基金<br>固定基金 |
| 31 | 3201 | 专用基金 | 303 | 专用基金 |
| 32 | 3301<br>330101<br>330102 | 财政补助结转<br>基本支出结转<br>项目支出结转 | | |
| 33 | 3302 | 财政补助结余 | | |
| 34 | 3401 | 非财政补助结转 | 404 | 拨入专款 |
| | | | 502 | 拨出专款 |
| | | | 503 | 专款支出 |
| 35 | 3402 | 事业结余 | 306 | 事业结余 |

（续表）

| 新事业单位会计制度会计科目 | | | 原事业单位会计制度会计科目及补充规定会计科目 | |
|---|---|---|---|---|
| 序号 | 编号 | 名称 | 编号 | 名称 |
| 36 | 3403 | 经营结余 | 307 | 经营结余 |
| 37 | 3404 | 非财政补助结余分配 | 308 | 结余分配 |
| 四、收入类 | | | | |
| 38 | 4001 | 财政补助收入 | 401 | 财政补助收入 |
| 39 | 4101 | 事业收入 | 405 | 事业收入 |
| 40 | 4201 | 上级补助收入 | 403 | 上级补助收入 |
| 41 | 4301 | 附属单位上缴收入 | 412 | 附属单位缴款 |
| 42 | 4401 | 经营收入 | 409 | 经营收入 |
| 43 | 4501 | 其他收入 | 413 | 其他收入 |
| 五、支出类 | | | | |
| 44 | 5001 | 事业支出 | 501 | 拨出经费 |
| | | | 504 | 事业支出 |
| | | | 520 | 结转自筹基建 |
| 45 | 5101 | 上缴上级支出 | 516 | 上缴上级支出 |
| 46 | 5201 | 对附属单位补助支出 | 517 | 对附属单位补助 |
| 47 | 5301 | 经营支出 | 505 | 经营支出 |
| | | | 512 | 销售税金 |
| 48 | 5401 | 其他支出 | | |

注：上表中标有“*”号的会计科目为事业单位参照财政部印发的相关补充资料增设的会计科目。

# 8. 高等学校会计制度（试行）[①]（1998年颁布）

财预字〔1998〕105号

## 第一部分　总说明

一、为了适应我国社会主义市场经济体制和高等学校各项事业发展的需要，规范高等学校会计核算，保证会计信息质量，根据《中华人民共和国会计法》和《事业单位会计准则（试行）》（财预字（1997）286号），制定本制度。

二、本制度适用于各级人民政府举办的全日制普通高等学校、成人高等学校。普通中等专业学校、技工

① 财政部会计准则委员会已经发布《高等学校会计制度》（征求意见稿），近期将公布实施，请读者及时了解相关信息，因此本法规汇编提供的内容也相应有所简略。

学校、成人中等专业学校依照执行。企业事业组织、社会团体及其他社会组织举办的上述学校参照执行。

独立核算的高等学校校办产业的会计核算执行《企业会计准则》(财政部令第5号)和同行业或者相近行业企业的会计制度。

国家对高等学校的基本建设投资的会计核算,按照国家有关规定办理。

三、高等学校会计年度自公历1月1日起至12月31日止。

四、高等学校会计记账采用借贷记账法。

五、高等学校会计核算一般采用收付实现制,但经营性收支业务的核算采用权责发生制。

六、高等学校会计核算以人民币为记账本位币,记账以"元"为单位,元以下记至"角"、"分";发生外币收支的,应当折算为人民币核算。

七、高等学校应按本制度的规定设置和使用会计科目,不可减少或合并会计科目。在不影响会计核算要求和会计报表指标汇总,以及对外提供统一会计报表的前提下,可以结合实际情况分设一级科目,并报主管部门备案。

本制度统一规定会计科目的编号,以便于编制会计凭证,登记账簿,查阅账目,实行会计电算化。各高等学校不得改变或打乱重编。在某些会计科目之间留有空号,供增设会计科目之用。

高等学校在填制会计凭证、登记账簿时,必须填制会计科目的名称,或者同时填列会计科目的名称和编号,不得只填科目编号,不填科目名称。

八、实行"统一领导,分级管理"财务管理体制的高等学校,可采用两级核算方式核算二级单位的收支;在保证会计信息真实、完整的前提下,具体核算办法由各高等学校结合实际情况确定。

九、本制度由财政部、教育部负责解释和修订。

十、本制度自1998年1月1日起试行。

## 第二部分　会计科目

### 一、会计科目表

| 顺序号 | 科目编号 | 科目名称 | 顺序号 | 科目编号 | 科目名称 |
|---|---|---|---|---|---|
| | | 一、资产类 | 20 | 341 | 事业结余 |
| 1 | 101 | 现金 | 21 | 351 | 经营结余 |
| 2 | 102 | 银行存款 | 22 | 352 | 结余分配 |
| 3 | 110 | 应收票据 | | | |
| 4 | 112 | 应收及暂付款 | | | 四、收入类 |
| 5 | 115 | 借出款 | 23 | 411 | 教育经费拨款 |
| 6 | 120 | 材料 | 24 | 413 | 科研经费拨款 |
| 7 | 131 | 对校办产业投资 | 25 | 415 | 其他经费拨款 |
| 8 | 132 | 其他对外投资 | 26 | 421 | 上级补助收入 |
| 9 | 140 | 固定资产 | 27 | 431 | 教育事业收入 |
| 10 | 150 | 无形资产 | 28 | 432 | 科研事业收入 |
| | | | 29 | 451 | 经营收入 |
| | | 二、负债类 | 30 | 461 | 附属单位缴款 |
| 11 | 201 | 借入款项 | 31 | 471 | 其他收入 |
| 12 | 211 | 应付票据 | | | |
| 13 | 212 | 应付及暂存款 | | | 五、支出类 |

（续表）

| 顺序号 | 科目编号 | 科目名称 | 顺序号 | 科目编号 | 科目名称 |
|---|---|---|---|---|---|
| 14 | 221 | 应缴财政专户款 | 32 | 511 | 拨出经费 |
| 15 | 222 | 应交税金 | 33 | 521 | 教育事业支出 |
| 16 | 230 | 代管款项 | 34 | 531 | 科研事业支出 |
| | | | 35 | 551 | 经营支出 |
| | | 三、净资产类 | 36 | 561 | 上缴上级支出 |
| 17 | 301 | 事业基金 | 37 | 571 | 对附属单位补助 |
| 18 | 310 | 固定基金 | 38 | 581 | 结转自筹基建 |
| 19 | 320 | 专用基金 | | | |

**二、会计科目使用说明(略)**

## 第三部分 年终清理结算和结账(略)

## 第四部分 会计报表

**一、会计报表的编报要求**

(一)高等学校会计报表是反映高等学校财务状况和收支情况的书面文件,是财政部门和上级单位了解情况、掌握政策、指导高等学校预算执行工作的重要资料,也是编制下年度高等学校财务收支计划的基础。高等学校必须认真做好会计报表的编审工作。

(二)高等学校会计报表包括资产负债表、收入支出表、附表及收支情况说明书等。高等学校应按本制度规定的格式、内容对外报送会计报表。对于有指定项目和用途的资金,应当按照经费提供单位的要求编报有关报表。

高等学校必须根据管理需要,建立定期的内部会计报告制度。

(三)高等学校会计报表应当根据完整、核对无误的账簿记录和其他有关资料编制,做到数字准确,内容完整,报送及时,说明充分。

(四)高等学校会计报表应按规定期限报送各有关单位。月份报表应于月份终了后5日内报出;季度报表应于季度终了后10日内报出;年度会计报表应按主管部门规定的期限报出。

**二、会计报表的种类与格式(略)**

**三、会计报表编制说明(略)**

# 9. 中小学校会计制度(试行)(1998年颁布)

## 第一部分 总 说 明

一、为规范中小学校的会计核算,保证会计信息质量,根据《中华人民共和国会计法》及《事业单位会计准则(试行)》(财预字(1997)286号)等有关法规,结合中小学校的特点,制定本制度。

二、本制度适用于各级人民政府举办的普通中小学校、职业中学、特殊教育学校、工读教育学校、幼儿园、成人中学和成人初等学校。企业事业组织、社会团体及其他社会组织举办的上述学校参照执行。

学校所属独立核算、自负盈亏的校办产业的会计核算按照同行业企业会计制度执行,必须定期向学校报送会计报表。

学校基本建设投资的会计核算，按照国家有关规定执行。

三、学校会计年度自公历1月1日起至12月31日止。

四、会计核算基础主要采用收付实现制，对实行内部成本核算的勤工俭学收支可采用权责发生制。

五、学校会计记账采用借贷记账法。

六、会计核算以人民币为记账本位币，发生外币收支的业务，应当折合为人民币核算。

七、会计记录及报表填列以人民币"元"为金额单位，元以下记至角、分。

八、学校会计核算，应按本制度的规定设置和使用会计科目。不需用的科目，可以不用。

各省、自治区、直辖市在不影响会计核算要求、会计报表指标汇总以及提供统一的会计报表的前提下，可根据实际情况分设某些科目，统一二级科目和明细科目的设置。学校在符合上述要求前提下，也可根据实际情况分设某些明细科目。

本制度规定的会计科目编号不得改变或重编。会计科目之间留有的空号，供各地分设会计科目之用。

九、填制会计凭证、登记账簿，应同时填列会计科目的名称和编号，或只填列会计科目名称，省略其编号。不准只填科目编号，不填科目名称。

十、本制度规定了学校对外报送会计报表的格式和编制报表的要求，学校内部管理需要的报表可自行规定。

十一、会计报表的报送时间按当地财政部门的规定执行。年度会计报表应附收支情况说明书，对年度预算的执行情况，资产、负债及专用基金变动情况，对本期或者下期财务状况发生重大影响的事项以及需要说明的其他事项加以说明。

对外报出的会计报表应依次编定页数，加具封面，装订成册，加盖公章。封面上应注明：学校名称、报表所属期间、报出日期等，并由校长和会计主管人员签名。

十二、学校会计档案的管理，按财政部和国家档案局制定的《会计档案管理办法》执行。

有关会计核算的一般要求及会计核算事宜，按财政部印发的《会计基础工作规范》(财会字(1996)19号)办理。

十三、本制度由财政部和教育部负责解释和修订。

十四、本制度自1998年1月1日起试行。

## 第二部分　会计科目

### 一、会计科目表

| 序号 | 科目名称及编号 | 序号 | 科目名称及编号 |
|---|---|---|---|
| | 一、资产类 | | 01. 城市教育费附加 |
| 1 | 101　现金 | | 02. 农村教育事业费附加 |
| 2 | 102　银行存款 | | 03. 地方教育附加费 |
| 3 | 110　应收及暂付款 | 22 | 403　上级补助收入 |
| 4 | 115　材料 | 23 | 404　拨入专款 |
| 5 | 117　对勤工俭学项目投资 | 24 | 405　事业收入 |
| 6 | 118　其他对外投资 | | 01. 杂费 |
| 7 | 120　固定资产 | | 02. 学费 |
| 8 | 124　无形资产 | | 03. 借读费 |
| | | | 04. 住宿费 |
| | 二、负债类 | | 05. 其他事业收入 |

（续表）

| 序号 | 科目名称及编号 | 序号 | 科目名称及编号 |
|---|---|---|---|
| 9 | 201 借入款项 | 25 | 409 勤工俭学收入 |
| 10 | 206 代管款项 | 26 | 412 附属单位缴款 |
| 11 | 207 应付及暂存款 | 27 | 413 捐赠收入 |
| 12 | 209 应缴财政专户款 | 28 | 414 其他收入 |
| 13 | 210 应交税金 | | |
| | | | 五、支出类 |
| | 三、净资产类 | 29 | 501 拨出经费 |
| 14 | 301 事业基金 | | 01. 拨出教育事业费 |
| | 01. 一般基金 | | 02. 拨出教育费附加 |
| | 02. 投资基金 | | 03. 拨出其他经费 |
| 15 | 302 固定基金 | 30 | 503 专款支出 |
| 16 | 303 专用基金 | 31 | 504 事业支出 |
| | 01. 修购基金 | | 01. 基本工资 |
| | 02. 职工福利基金 | | 02. 补助工资 |
| | 03. 医疗基金 | | 03. 其他工资 |
| | 04. 奖教奖学基金 | | 04. 职工福利费 |
| | 05. 住房基金 | | 05. 社会保障费 |
| | 06. 留本基金 | | 06. 助学金 |
| | 07. 其他专用基金 | | 07. 公务费 |
| 17 | 306 事业结余 | | 08. 业务费 |
| 18 | 307 勤工俭学结余 | | 09. 设备购置费 |
| 19 | 308 结余分配 | | 10. 修缮费 |
| | | | 11. 其他费用 |
| | 四、收入类 | 32 | 505 勤工俭学支出 |
| 20 | 401 教育经费拨款 | 33 | 516 上缴上级支出 |
| | 01. 教育事业费拨款 | 34 | 517 对附属单位补助 |
| | 02. 其他经费拨款 | 35 | 520 结转自筹基建 |
| 21 | 402 教育附加拨款 | | |

**二、会计科目使用说明(略)**

## 第三部分 年终清理结算和结账(略)

## 第四部分 会计报表(略)

第五部分 会计档案(略)

# 10. 医院会计制度(2010年修订)

财会[2010]27号

## 第一部分 总说明

一、为了规范医院的会计核算,保证会计信息的真实、完整,根据《中华人民共和国会计法》、事业单位会计准则及国家有关法律法规的规定,制定本制度。

二、本制度适用于中华人民共和国境内各级各类独立核算的公立医院(以下简称医院),包括综合医院、中医院、专科医院、门诊部(所)、疗养院等,不包括城市社区卫生服务中心(站)、乡镇卫生院等基层医疗卫生机构。

企业事业单位、社会团体及其他社会组织举办的非营利性医院可参照本制度执行。

三、医院会计采用权责发生制基础。

医院会计要素包括资产、负债、净资产、收入和费用。

四、医院应当按照下列规定运用会计科目:

(一)医院应当按照本制度的规定,设置和使用会计科目。在不影响会计处理和编报会计报表的前提下,可以自行设置本制度规定之外的明细科目。

(二)本制度统一规定会计科目的编号,以便于编制会计凭证、登记账簿、查阅账目,实行会计信息化管理。医院不得随意打乱重编。

(三)医院在编制会计凭证、登记会计账簿时,应当填列会计科目的名称,或者同时填列会计科目的名称和编号,不得只填列科目编号、不填列科目名称。

五、医院财务报告是反映医院某一特定日期的财务状况和某一会计期间的收入费用、现金流量等的书面文件。医院财务报告由会计报表、会计报表附注和财务情况说明书组成。

六、医院财务报告分为中期财务报告和年度财务报告。以短于一个完整的会计年度的期间(如季度、月度)编制的财务报告称为中期财务报告。年度财务报告则是以整个会计年度为基础编制的财务报告。

医院对外提供的年度财务报告应按有关规定经过注册会计师审计。

七、医院对外提供的财务报告的内容、会计报表的种类和格式、会计报表附注应予披露的主要内容等,由本制度规定;医院内部管理需要的会计报表由医院自行规定。

八、医院财务报告中的会计报表包括资产负债表、收入费用总表、现金流量表、财政补助收支情况表以及有关附表。

医院应当根据本制度有关会计报表的编制基础、编制依据、编制原则和方法的要求,对外提供真实、完整的会计报表。医院不得违反规定,随意改变会计报表的编制基础、编制依据、编制原则和方法,不得随意改变本制度规定的会计报表有关数据的会计口径。

医院会计报表应当根据登记完整、核对无误的账簿记录和其他有关资料编制,要做到数字真实、计算准确、内容完整、报送及时。

九、医院会计报表附注是为便于会计报表使用者理解会计报表的内容而对会计报表的编制基础、编制依据、编制原则和方法及主要项目等所作的解释。医院会计报表附注至少应当包括下列内容:

(一)遵循《医院会计制度》的声明;

(二)重要会计政策、会计估计及其变更情况的说明;

(三)重要资产转让及其出售情况的说明;

(四)重大投资、借款活动的说明;

（五）会计报表重要项目及其增减变动情况的说明；

（六）以前年度结余调整情况的说明；

（七）有助于理解和分析会计报表需要说明的其他事项。

十、医院财务情况说明书至少应当对医院的下列情况做出说明：

（一）业务开展情况；

（二）年度预算执行情况；

（三）资产利用、负债管理情况；

（四）成本核算及控制情况；

（五）绩效考评情况；

（六）需要说明的其他事项。医院财务情况说明书中对上述事项（四）的说明应附有成本报表（成本报表参考格式参见本制度第六部分）。

十一、医院对外提供的财务报告应当由单位负责人和主管会计工作的负责人、会计机构负责人（会计主管人员）签名并盖章；设置总会计师的单位，还应当由总会计师签名并盖章。

十二、医院会计机构设置、会计人员配备、会计档案管理、内部会计监督与控制以及相关会计基础工作等，按照《中华人民共和国会计法》、会计基础工作规范、会计档案管理办法等规定执行。

十三、医院对基本建设投资的会计核算除按照本制度执行外，还应按国家有关规定单独建账、单独核算。

十四、本制度由财政部负责解释。

十五、本制度自 2011 年 7 月 1 日起在公立医院改革国家联系试点城市施行，自 2012 年 1 月 1 日起在全国施行。1998 年 11 月 17 日财政部、卫生部印发的《医院会计制度》（财会字[1998]58 号）同时废止。

## 第二部分 会计科目名称和编号

| 序号 | 编号 | 名称 |
|---|---|---|
| 一、资产类 | | |
| 1 | 1001 | 库存现金 |
| 2 | 1002 | 银行存款 |
| 3 | 1003 | 零余额账户用款额度 |
| 4 | 1004 | 其他货币资金 |
| 5 | 1101 | 短期投资 |
| 6 | 1201 | 财政应返还额度 |
| | 120101 | 财政直接支付 |
| | 120102 | 财政授权支付 |
| 7 | 1211 | 应收在院病人医疗款 |
| 8 | 1212 | 应收医疗款 |
| 9 | 1215 | 其他应收款 |
| 10 | 1221 | 坏账准备 |
| 11 | 1231 | 预付账款 |
| 12 | 1301 | 库存物资 |
| 13 | 1302 | 在加工物资 |

（续表）

| 序　　号 | 编　　号 | 名　　称 |
|---|---|---|
| 14 | 1401 | 待摊费用 |
| 15 | 1501 | 长期投资 |
|  | 150101 | 股权投资 |
|  | 150102 | 债权投资 |
| 16 | 1601 | 固定资产 |
| 17 | 1602 | 累计折旧 |
| 18 | 1611 | 在建工程 |
| 19 | 1621 | 固定资产清理 |
| 20 | 1701 | 无形资产 |
| 21 | 1702 | 累计摊销 |
| 22 | 1801 | 长期待摊费用 |
| 23 | 1901 | 待处理财产损溢 |
| 二、负债类 | | |
| 24 | 2001 | 短期借款 |
| 25 | 2101 | 应缴款项 |
| 26 | 2201 | 应付票据 |
| 27 | 2202 | 应付账款 |
| 28 | 2203 | 预收医疗款 |
| 29 | 2204 | 应付职工薪酬 |
| 30 | 2205 | 应付福利费 |
| 31 | 2206 | 应付社会保障费 |
| 32 | 2207 | 应交税费 |
| 33 | 2209 | 其他应付款 |
| 34 | 2301 | 预提费用 |
| 35 | 2401 | 长期借款 |
| 36 | 2402 | 长期应付款 |
| 三、净资产类 | | |
| 37 | 3001 | 事业基金 |
| 38 | 3101 | 专用基金 |
| 39 | 3201 | 待冲基金 |
|  | 320101 | 待冲财政基金 |
|  | 320102 | 待冲科教项目基金 |

（续表）

| 序　　号 | 编　　号 | 名　　称 |
|---|---|---|
| 40 | 3301 | 财政补助结转（余） |
| 41 | 3302 | 科教项目结转（余） |
| 42 | 3401 | 本期结余 |
| 43 | 3501 | 结余分配 |
| 四、收入类 | | |
| 44 | 4001 | 医疗收入 |
| | 400101 | 门诊收入 |
| | 400102 | 住院收入 |
| 45 | 4101 | 财政补助收入 |
| | 410101 | 基本支出 |
| | 410102 | 项目支出 |
| 46 | 4201 | 科教项目收入 |
| 47 | 4301 | 其他收入 |
| 五、费用类 | | |
| 48 | 5001 | 医疗业务成本 |
| 49 | 5101 | 财政项目补助支出 |
| 50 | 5201 | 科教项目支出 |
| 51 | 5301 | 管理费用 |
| 52 | 5302 | 其他支出 |

## 第三部分　会计科目使用说明

### 一、资产类

#### 1001　库存现金

一、本科目核算医院的库存现金。

二、医院应当严格按照国家有关现金管理的规定收支现金，并按照本制度规定核算现金的各项收支业务。

三、库存现金的主要账务处理如下：

（一）从银行提取现金，按照提取金额，借记本科目，贷记“银行存款”科目；将现金存入银行，按照存入金额，借记“银行存款”科目，贷记本科目。

（二）从零余额账户中提取现金，借记本科目，贷记“零余额账户用款额度”科目。

（三）因支付内部职工出差等原因所需的现金，按照借出金额，借记“其他应收款”科目，贷记本科目；收到出差人员交回的差旅费剩余款并结算时，按实际收回的现金，借记本科目，按应报销的金额，借记有关科目，按实际借出的现金，贷记“其他应收款”科目。

（四）因其他原因收到现金，借记本科目，贷记有关科目；支出现金，借记有关科目，贷记本科目。

四、医院应当设置“现金日记账”，按照业务发生顺序逐笔登记。每日终了，应当计算当日的现金收入合计数、现金支出合计数和结余数，并将结余数与实际库存数核对，做到账款相符。

每日账款核对中发现现金溢余或短缺的，应当及时进行处理。如发现现金溢余，属于应支付给有关人

员或单位的部分，借记本科目，贷记“其他应付款”科目；属于无法查明的其他原因的部分，借记本科目，贷记“其他收入”科目。如发现现金短缺，属于应由责任人赔偿的部分，借记“其他应收款”科目，贷记本科目；属于无法查明原因的部分，报经批准后，借记“其他支出”科目，贷记本科目。

五、本科目期末借方余额，反映医院实际持有的库存现金。

1002　银行存款

一、本科目核算医院存入银行的各种存款。医院的银行本票存款、银行汇票存款、信用卡存款等在“其他货币资金”科目核算，不在本科目核算。

二、医院应当严格按照国家有关支付结算办法的规定办理银行存款收支业务，并按照本制度规定核算银行存款的各项收支业务。

三、银行存款的主要账务处理如下：

（一）将款项存入银行，借记本科目，贷记“库存现金”、“应收医疗款”、“医疗收入”、“科教项目收入”等科目。

（二）提取和支出存款时，借记“库存现金”、“应付账款”、“医疗业务成本”、“科教项目支出”、“管理费用”等科目，贷记本科目。

四、医院发生外币业务的，应当按照业务发生当日（或当期期初）的即期汇率，将外币金额折算为人民币记账，并登记外币金额和汇率。

期末，各种外币账户的外币余额应当按照期末汇率折合为人民币。按照期末汇率折合的人民币金额与原账面人民币金额之间的差额，作为汇兑损益计入当期管理费用。

（一）以外币购入库存物资、设备等，按照购入当日（或当期期初）的即期汇率将支付的外币或应支付的外币折算为人民币金额，借记“固定资产”、“库存物资”等科目，贷记本科目、“应付账款”等科目的外币账户。

（二）会计期末，根据各外币账户按期末汇率调整后的人民币余额与原账面人民币余额的差额，作为汇兑损益，借记或贷记本科目、“应付账款”等科目，贷记或借记“管理费用——其他费用”科目。

五、医院应当按开户银行、存款种类及币种等，分别设置“银行存款日记账”，按照业务的发生顺序逐笔登记，每日终了应结出余额。“银行存款日记账”应定期与“银行对账单”核对，至少每月核对一次。月度终了，医院银行存款账面余额与银行对账单余额之间如有差额，必须逐笔查明原因并进行处理，按月编制“银行存款余额调节表”，调节相符。

六、本科目期末借方余额，反映医院实际存放在银行的款项。

1003　零余额账户用款额度

一、本科目核算实行国库集中支付的医院根据财政部门批复的用款计划收到的零余额账户用款额度。

二、零余额账户用款额度的主要账务处理如下：

（一）在财政授权支付方式下，收到授权支付到账额度时，根据收到的额度金额，借记本科目，贷记“财政补助收入”科目。

（二）支用零余额账户用款额度时，按照支付金额，借记“医疗业务成本”、“财政项目补助支出”等科目，贷记本科目；对于支用额度为购建固定资产、无形资产或购买药品等库存物资发生的支出，还应借记“在建工程”、“固定资产”、“无形资产”、“库存物资”等科目，贷记“待冲基金——待冲财政基金”科目。

（三）从零余额账户提取现金时，借记“库存现金”科目，贷记本科目。

（四）年度终了，依据代理银行提供的对账单中的注销额度，借记“财政应返还额度——财政授权支付”科目，贷记本科目。医院本年度财政授权支付预算指标数大于零余额账户用款额度下达数的，根据未下达的用款额度，借记“财政应返还额度——财政授权支付”科目，贷记“财政补助收入”科目。

医院依据下年初代理银行提供的额度恢复到账通知书中的恢复额度，借记本科目，贷记“财政应返还额度——财政授权支付”科目。下年度医院收到财政部门批复的上年末未下达零余额账户用款额度时，借记本科目，贷记“财政应返还额度——财政授权支付”科目。

三、本科目期末借方余额，反映医院尚未支用的零余额账户用款额度。本科目年末应无余额。

1004　其他货币资金

一、本科目核算医院的银行本票存款、银行汇票存款、信用卡存款等各种其他货币资金。

二、本科目应设置“银行本票存款”、“银行汇票存款”、“信用卡存款”等明细科目，进行明细核算。

三、其他货币资金的主要账务处理如下：

（一）将款项交存银行取得银行本票、银行汇票，按照取得的银行本票、银行汇票金额，借记本科目，贷记“银行存款”科目。使用银行本票、银行汇票发生支付，按照实际支付金额，借记“库存物资”等科目，贷记本科目。如有余款或因本票、汇票超过付款期等原因而退回款项，按照退款金额，借记“银行存款”科目，贷记本科目。

（二）将款项交存银行取得信用卡，按照交存金额，借记本科目，贷记“银行存款”科目。用信用卡购物或支付有关费用，借记有关科目，贷记本科目。医院信用卡在使用过程中，需向其账户续存资金的，按照续存金额，借记本科目，贷记“银行存款”科目。

四、医院应加强对其他货币资金的管理，及时办理结算，对于逾期尚未办理结算的银行汇票、银行本票等，应按规定及时转回，按上述规定进行相应账务处理。

五、本科目期末借方余额，反映医院实际持有的其他货币资金。

### 1101　短期投资

一、本科目核算医院购入能随时变现并且持有时间不准备超过1年（含1年）的投资，主要指短期国债。

二、本科目应按债券的种类设置明细账，进行明细核算。

三、短期投资的主要账务处理如下：

（一）医院的短期投资在取得时，应当按照取得时的实际成本（包括购买价款以及税金、手续费等相关费用）作为投资成本，借记本科目，贷记“银行存款”等科目。

（二）短期投资持有期间收到利息等投资收益时，按实际收到的金额，借记“银行存款”等科目，贷记“其他收入——投资收益”科目。

（三）出售短期投资或到期收回短期债券本息，按实际收到的金额，借记“银行存款”科目，按出售或收回短期投资的成本，贷记本科目，按其差额，借记或贷记“其他收入——投资收益”科目。

四、本科目期末借方余额，反映医院持有的短期投资的实际成本。

### 1201　财政应返还额度

一、本科目核算实行国库集中支付的医院应收财政返还的资金额度。

二、本科目应设置“财政直接支付”和“财政授权支付”两个明细科目，进行明细核算。

三、财政应返还额度的主要账务处理如下：

（一）财政直接支付 年度终了，医院根据本年度财政直接支付预算指标数与当年财政直接支付实际支出数的差额，借记本科目（财政直接支付），贷记“财政补助收入”科目。

下年度财政直接支付上年未支付的预算指标数时，借记相关科目，贷记本科目（财政直接支付）。

（二）财政授权支付

年度终了，医院依据代理银行提供的对账单中的注销额度，借记本科目（财政授权支付），贷记“零余额账户用款额度”科目。医院本年度财政授权支付预算指标数大于零余额账户用款额度下达数的，根据未下达的用款额度，借记本科目（财政授权支付），贷记“财政补助收入”科目。

下年初，医院依据代理银行提供的额度恢复到账通知书中的恢复额度，借记“零余额账户用款额度”科目，贷记本科目（财政授权支付）。下年度医院收到财政部门批复的上年末未下达零余额账户用款额度时，借记“零余额账户用款额度”科目，贷记本科目（财政授权支付）。

四、本科目期末借方余额，反映医院应收财政返还的资金额度。

### 1211　应收在院病人医疗款

一、本科目核算医院因提供医疗服务而应向住院病人收取的医疗款。

二、医院应当按照住院病人对应收在院病人医疗款进行明细核算。

三、应收在院病人医疗款的主要账务处理如下：

（一）发生应收住院病人医疗款时，按照应收未收金额，借记本科目，贷记“医疗收入”科目。

（二）住院病人办理出院手续，结算医疗费时，如病人应付的医疗款金额大于其预交金额，应按病人补付金额，借记“库存现金”、“银行存款”等科目，按病人预交金额，借记“预收医疗款”科目，按病人应付的医疗款金额，贷记本科目；如病人应付的医疗款金额小于其预交金额，应按病人预交金额，借记“预收医疗款”科目，按病人应付的医疗款金额，贷记本科目，按退还给病人的差额，贷记“库存现金”、“银行存款”等科目。结转

住院病人自负部分以外的应收医疗款或结转病人结算欠费，按应收在院病人医疗款总额中扣除病人自负部分以外的金额，或病人结算欠费金额，借记“应收医疗款”科目，贷记本科目。

四、本科目期末借方余额，反映医院尚未结算的应收在院病人医疗款。

### 1212　应收医疗款

一、本科目核算医院因提供医疗服务而应向门诊病人、出院病人、医疗保险机构等收取的医疗款。

二、本科目应当按照门诊病人、出院病人、医疗保险机构等设置明细账，进行明细核算。

三、应收医疗款的主要账务处理如下：

(一)结算门诊病人医疗费时，发生病人欠费的，按应收未收金额，借记本科目，贷记“医疗收入”科目。

门诊病人发生的医疗费中应由医疗保险机构等负担的部分，借记本科目，贷记“医疗收入”科目。

(二)住院病人办理出院手续结算医疗费时，结转出院病人自负部分以外的应收医疗款或结转出院病人结算欠费，按应收在院病人医疗款总额中扣除病人自负部分以外的金额，或病人结算欠费金额，借记本科目，贷记“应收在院病人医疗款”科目。

(三)收到病人等交来的医疗欠费时，按照实际收到的金额，借记“银行存款”、“库存现金”等科目，贷记本科目。

(四)同医疗保险机构结算应收医疗款时，按照实际收到的金额，借记“银行存款”科目，按照医院因违规治疗等管理不善原因被医疗保险机构拒付的金额，借记“坏账准备”科目，按照应收医疗保险机构的金额，贷记本科目，按照借贷方之间的差额，借记或贷记“医疗收入——门诊收入、住院收入(结算差额)”科目。

四、医院应当于每年年度终了，对应收医疗款进行全面检查，计提坏账准备。对于账龄超过规定年限、确认无法收回的应收医疗款，应当按照有关规定报经批准后，按照无法收回的应收医疗款金额，借记“坏账准备”科目，贷记本科目。

如果已转销的应收医疗款在以后期间又收回，应按实际收回的金额，借记本科目，贷记“坏账准备”科目；同时，借记“银行存款”等科目，贷记本科目。

五、本科目期末借方余额，反映医院尚未收回的应收医疗款金额。

### 1215　其他应收款

一、本科目核算医院除财政应返还额度、应收在院病人医疗款、应收医疗款、预付账款以外的其他各项应收、暂付款项，包括职工预借的差旅费、拨付的备用金、应向职工收取的各种垫付款项、应收长期投资的利息或利润等。

二、本科目应按其他应收款的项目分类以及不同的债务人设置明细账，进行明细核算。

三、其他应收款的主要账务处理如下：

(一)持有长期股权投资期间，被投资单位宣告分派利润时，按应享有的份额，借记本科目，贷记“其他收入——投资收益”科目。实际收到所分派的利润，按照实际收到的金额，借记“银行存款”科目，贷记本科目。

(二)持有的分期付息、到期还本的长期债券投资，已到付息期而尚未领取的利息，应于确认利息收入时，借记本科目，贷记“其他收入——投资收益”科目。实际收到利息，按实际收到的金额，借记“银行存款”科目，贷记本科目。

到期一次还本付息的长期债券投资应收取的利息，在“长期投资”科目核算，不在本科目核算。

(三)发生的其他各种应收、暂付款项等，借记本科目，贷记“银行存款”、“库存现金”等科目；收回或转销各种款项时，借记“库存现金”、“银行存款”等科目，贷记本科目。

实行定额备用金制度的医院，对于领用的备用金应定期向财会部门报销。财会部门根据报销数用现金补足备用金定额时，借记有关科目，贷记“库存现金”、“银行存款”科目，报销数和拨补数都不再通过本科目核算。

四、医院应当于每年年度终了，对其他应收款进行全面检查，计提坏账准备。对于账龄超过规定年限、确认无法收回的其他应收款，应当按照有关规定报经批准后，按照无法收回的其他应收款金额，借记“坏账准备”科目，贷记本科目。

如果已转销的其他应收款在以后期间又收回，应按实际收回的金额，借记本科目，贷记“坏账准备”科目；同时，借记“银行存款”等科目，贷记本科目。

五、本科目期末借方余额，反映医院尚未收回的其他应收款金额。

### 1221 坏账准备

一、本科目核算医院对应收医疗款和其他应收款提取的坏账准备。

二、医院应当于每年年度终了，对应收医疗款和其他应收款进行全面检查，分析其可收回性，对预计可能产生的坏账损失计提坏账准备、确认坏账损失并计入当期管理费用。

三、医院可以采用应收款项余额百分比法、账龄分析法、个别认定法等方法计提坏账准备。坏账准备提取方法一经确定，不得随意变更。如需变更，应当按照规定权限报经批准，并在会计报表附注中予以说明。

四、当期应补提或冲减的坏账准备金额的计算公式如下：

$$\text{当期应补提或冲减的坏账准备}=\text{当期按应收医疗款和其他应收款计算应计提的坏账准备金额}-\text{本科目贷方余额（或＋本科目借方余额）}$$

五、坏账准备的主要账务处理如下：

（一）提取坏账准备时，借记“管理费用”科目，贷记本科目；冲减坏账准备时，借记本科目，贷记“管理费用”科目。

（二）医院同医疗保险机构结算时，存在医院因违规治疗等管理不善原因被医疗保险机构拒付情况的，按照拒付金额，借记本科目，贷记“应收医疗款”科目。

（三）对于账龄超过规定年限并确认无法收回的应收医疗款或其他应收款，应当按照有关规定报经批准后，按照无法收回的应收款项金额，借记本科目，贷记“应收医疗款”、“其他应收款”科目。

如果已转销的应收医疗款、其他应收款在以后期间又收回，按照实际收回的金额，借记“应收医疗款”、“其他应收款”科目，贷记本科目；同时，借记“银行存款”等科目，贷记“应收医疗款”、“其他应收款”科目。

六、本科目期末贷方余额，反映医院提取的坏账准备金额。

### 1231 预付账款

一、本科目核算医院预付给商品供应单位或者服务提供单位的款项。

二、本科目应按商品供应单位或服务提供单位设置明细账，进行明细核算。

三、预付账款的主要账务处理如下：

（一）因采购设备等而预付款项时，按照实际预付的金额，借记本科目，贷记“银行存款”等科目。

（二）收到所购设备等时，按照应计入购入资产成本的金额，借记“固定资产”等科目，按预付的款项，贷记本科目，按退回或补付的款项，借记或贷记“银行存款”等科目。

四、医院应当于每年年度终了，对预付账款进行检查。如果有确凿证据表明预付账款并不符合预付款项性质，或者因供货单位破产、撤销等原因已无望再收到所购货物的，应当先将其转入其他应收款，然后再按规定进行处理。预付账款转入其他应收款前后的账龄可连续计算。将预付账款账面余额转入其他应收款时，借记“其他应收款”科目，贷记本科目。

五、本科目期末借方余额，反映医院实际预付尚未结算的款项。

### 1301 库存物资

一、本科目核算医院为开展医疗服务及其辅助活动而储存的药品、卫生材料、低值易耗品和其他材料的实际成本。

二、本科目应当按照库存物资的类别，如“药品”、“卫生材料”、“低值易耗品”、“其他材料”等设置一级明细科目。“药品”一级明细科目下应设置“药库”、“药房”两个二级明细科目，并按“西药”、“中成药”、“中草药”进行明细核算。

医院物资管理等部门应当在本科目明细账下，按品名、规格等设置数量金额明细账。

三、库存物资的主要账务处理如下：

（一）库存物资在取得时，应当以其成本入账。取得库存物资单独发生的运杂费，能够直接计入医疗业务成本的，计入医疗业务成本；不能直接计入医疗业务成本的，计入管理费用。

1. 外购的库存物资，其成本按照采购价格（含增值税额，下同）确定。外购的物资验收入库，按确定的成本，借记本科目，贷记“银行存款”、“应付账款”等科目。

使用财政补助、科教项目资金购入的物资验收入库，按确定的成本，借记本科目，贷记“待冲基金”科目；同时，按照实际支出金额，借记“财政项目补助支出”、“科教项目支出”等科目，贷记“财政补助收入”、“零余额账户用款额度”、“银行存款”等科目。

2. 自制的库存物资加工完成并验收入库，按照所发生的实际成本（包括耗用的直接材料费用、发生的

直接人工费用和分配的间接费用)，借记本科目，贷记“在加工物资”科目。

3. 委托外单位加工收回的库存物资，按照所发生的实际成本(包括加工前发出物资的成本和支付的加工费)，借记本科目，贷记“在加工物资”科目。

4. 接受捐赠的库存物资，其成本比照同类或类似物资的市场价格或有关凭据注明的金额确定。接受捐赠的物资验收入库，按照确定的成本，借记本科目，贷记“其他收入”科目。

(二)库存物资在发出时，应当根据实际情况采用个别计价法、先进先出法或者加权平均法确定发出物资的实际成本。计价方法一经确定，不得随意变更。

1. 开展业务活动领用或加工发出库存物资，按照其实际成本，借记“医疗业务成本”、“管理费用”、“在加工物资”等科目，贷记本科目。

低值易耗品应当于内部领用时一次性摊销，个别价值较高或领用报废相对集中的，可采用五五摊销法。

2. 药房从药库领取药品，按照领取药品的成本，借记本科目(药品——药房)，贷记本科目(药品——药库)。确认药品收入结转药品成本时，按照发出药品的实际成本，借记“医疗业务成本”科目，贷记本科目(药品——药房)。

3. 确认卫生材料收入结转材料成本时，按照发出材料的实际成本，借记“医疗业务成本”科目，贷记本科目。

4. 对外捐赠发出库存物资，按照其实际成本，借记“其他支出”科目，贷记本科目。

5. 使用财政补助、科教项目资金形成的库存物资，应在发出、领用物资时，按发出物资对应的待冲基金金额，借记“待冲基金”科目，贷记本科目。

6. 低值易耗品报废时，按照报废低值易耗品的残料变价收入扣除相关处置费用后的金额，借记“库存现金”、“银行存款”等科目，贷记“医疗业务成本”、“管理费用”等科目或“应缴款项”科目[按规定上缴时]。

四、医院的各种库存物资，应当定期进行清查盘点，每年至少盘点一次。对于发生的盘盈、盘亏以及变质、毁损等物资，应当先记入“待处理财产损溢”科目，并及时查明原因，根据管理权限报经批准后及时进行账务处理：

(一)盘盈的库存物资，按比照同类或类似物资的市场价格确定的价值，借记本科目，贷记“待处理财产损溢——待处理流动资产损溢”科目。报经批准处理时，借记“待处理财产损溢——待处理流动资产损溢”科目，贷记“其他收入”科目。

(二)盘亏、变质、毁损的库存物资，按照库存物资账面余额减去该物资对应的待冲基金数额后的金额，借记“待处理财产损溢——待处理流动资产损溢”科目，按该库存物资对应的待冲基金数额，借记“待冲基金”科目，按该库存物资账面余额，贷记本科目。

报经批准处理时，按照相关待处理财产损溢金额扣除可以收回的保险赔偿和过失人的赔偿等后的金额，借记“其他支出”科目，按照已收回或应收回的保险赔偿和过失人赔偿等，借记“库存现金”、“银行存款”、“其他应收款”等科目，按照相关待处理财产损溢的账面余额，贷记“待处理财产损溢——待处理流动资产损溢”科目。

五、本科目期末借方余额，反映医院库存物资的实际成本。

### 1302　在加工物资

一、本科目核算医院自制或委托外单位加工的各种药品、卫生材料等物资的实际成本。

二、本科目应设置“自制物资”、“委托加工物资”两个一级明细科目，并按照物资类别或品种设置明细账，进行明细核算。

自制药品、卫生材料等的，应当在本科目的相关明细科目下归集自制物资发生的直接材料、直接人工(专门从事物资制造工人的人工费)等直接费用；自制多种药品、卫生材料发生的间接费用，在本科目的“自制物资”一级明细科目下单独设置“间接费用”二级明细科目予以归集，会计期末，再按一定的分配标准和方法，分配计入有关药品、卫生材料的成本。

三、在加工物资的主要账务处理如下：

(一)自制物资

1. 为自制物资领用库存药品、材料等，借记本科目(自制物资——××药品、材料)，贷记“库存物资”科目。

2. 专门从事物资制造的人员发生的直接人工费用，借记本科目（自制物资——××药品、材料），贷记“应付职工薪酬”、“应付福利费”、“应付社会保障费”等科目。

3. 为自制物资发生其他直接费用，借记本科目（自制物资——××药品、材料），贷记“银行存款”等科目。

4. 为自制物资发生的间接费用，借记本科目（自制物资——间接费用），贷记“银行存款”、“应付职工薪酬”等科目。

期末按照受益对象及规定的标准和方法分配间接费用时，借记本科目（自制物资——××药品、材料），贷记本科目（自制物资——间接费用）。

间接费用一般可以按生产工人工资、生产工人工时、机器工时、耗用材料的数量或成本、直接费用（直接材料和直接人工）或药品、材料产量等进行分配。医院可根据自己的具体情况自行选择分配方法。分配方法一经确定，不得随意变更。

5. 已经制造完成并验收入库的药品、卫生材料，按所发生的实际成本（包括耗用的直接材料费用、发生的直接人工费用和分配的间接费用），借记“库存物资”科目，贷记本科目（自制物资）。

（二）委托加工物资

1. 发给外单位加工的药品、卫生材料等，按照其实际成本，借记本科目（委托加工物资），贷记“库存物资”科目。

2. 支付加工费用，按实际支付的金额，借记本科目（委托加工物资），贷记“银行存款”等科目。

3. 委托加工完成的药品、卫生材料等验收入库，按加工前发出物资的成本和加工成本，借记“库存物资”科目，贷记本科目（委托加工物资）。

四、本科目期末借方余额，反映医院自制或委托外单位加工但尚未完工的各种物资的实际成本。

### 1401 待摊费用

一、本科目核算医院已经支出，但应当由本期和以后各期分别负担的分摊期在1年以内（含1年）的各项费用，如预付保险费、预付租金等。

二、医院的待摊费用应当按照其受益期限在1年内分期平均摊销，计入当期费用。如果某项待摊费用已经不能使医院受益，应当将其摊余价值一次全部转入当期费用。

三、本科目应当按照摊销费用种类设置明细账，进行明细核算。四、待摊费用的主要账务处理如下：

（一）发生待摊费用时，借记本科目，贷记“银行存款”等科目。

（二）按照受益期限分期平均摊销时，借记“医疗业务成本”、“管理费用”等科目，贷记本科目。五、本科目期末借方余额，反映医院各种已支出但尚未摊销的费用。

### 1501 长期投资

一、本科目核算医院持有时间准备超过1年（不含1年）的各种股权性质的投资，以及购入的在1年内（含1年）不能变现或不准备随时变现的债权性质的投资。

二、本科目应当设置“股权投资”、“债权投资”两个一级明细科目，并在一级明细科目下按股权投资被投资单位和债权投资的种类设置明细账，进行明细核算。到期一次还本付息的长期债权投资，还应在“债权投资”一级明细科目下设置“成本”、“应收利息”两个明细科目，进行明细核算。

三、长期投资的主要账务处理如下：

（一）股权投资

1. 长期股权投资在取得时，应当按照取得时的实际成本作为其初始投资成本。

（1）以货币资金取得的长期股权投资，按照实际支付的全部价款（包括购买价款以及税金、手续费等相关费用）作为投资成本，借记本科目（股权投资），贷记“银行存款”等科目。

（2）以固定资产取得的长期股权投资，按照评估价加上发生的相关税费作为投资成本，借记本科目（股权投资），按照投出固定资产已提的折旧，借记“累计折旧”科目，按发生的相关税费，贷记“银行存款”、“应交税费”等科目，按投出固定资产的账面余额，贷记“固定资产”科目，按其差额，贷记“其他收入”科目或借记“其他支出”科目。

（3）以已入账无形资产取得的长期股权投资，按照评估价加上发生的相关税费作为投资成本，借记本科目（股权投资），按照投出无形资产已提的摊销额，借记“累计摊销”科目，按发生的相关税费，贷记“银行存款”、“应交税费”等科目，按照投出无形资产的账面余额，贷记“无形资产”科目，按其差额，贷记“其他收入”科目或借记“其他支出”科目。以未入账的无形资产取得的长期股权投资，按照评估价加上发生的相关税费作为投资成本，借记本科目（股权投资），按发生的相关税费，贷记“银行存款”、“应交税费”等科目，按其差额，贷记“其他收入”科目。

（4）无偿调入的长期股权投资，按在调出单位的原账面价值加上发生的相关税费作为其投资成本，借记本科目（股权投资），按发生的相关税费，贷记“银行存款”、“应交税费”等科目，按其差额，贷记“其他收入”科目。

2. 长期股权投资持有期间，应当采用成本法核算。采用成本法核算的长期股权投资，除非追加（或收回）投资，长期股权投资的账面价值一般保持不变。

被投资单位宣告分派利润时，按照宣告分派的利润中属于医院应享有的份额，确认当期投资收益，借记“其他应收款”科目，贷记“其他收入——投资收益”科目。实际收到利润时，按照实际收到的金额，借记“银行存款”等科目，贷记“其他应收款”科目。

3. 处置长期股权投资时，按照实际取得的价款，借记“银行存款”等科目，按照所处置长期股权投资的账面余额，贷记本科目（股权投资），按照尚未领取的已宣告分派的利润，贷记“其他应收款”科目，按照其差额，借记或贷记“其他收入——投资收益”科目。

（二）债权投资

1. 长期债权投资在取得时，应当按照取得时的实际成本作为其初始投资成本。

（1）以货币资金购入的长期债权投资，按照实际支付的全部价款（包括购买价款以及税金、手续费等相关费用）作为其投资成本，借记本科目（债权投资），贷记“银行存款”等科目。

（2）无偿调入的长期债权投资，按在调出单位的原账面价值加上发生的相关税费作为其投资成本，借记本科目（债权投资），按发生的相关税费，贷记“银行存款”、“应交税费”等科目，按其差额，贷记“其他收入”科目。

2. 长期债权投资持有期间，应当按照票面价值与票面利率按期计算确认利息收入。如为到期一次还本付息的债权投资，借记本科目（债权投资——应收利息），贷记“其他收入——投资收益”科目；如为分期付息、到期还本的债权投资，借记“其他应收款”科目，贷记“其他收入——投资收益”科目。

3. 出售长期债权投资或到期收回长期债权投资本息，按照实际收到的金额，借记“银行存款”等科目，按照债券初始投资成本和已计未收利息金额，贷记本科目（债权投资——成本、应收利息）[到期一次还本付息债券]，或本科目（债权投资）、“其他应收款”科目[分期付息债券]，按照其差额，贷记或借记“其他收入——投资收益”科目。

四、本科目期末借方余额，反映医院持有的长期投资的价值。

### 1601　固定资产

一、本科目核算医院固定资产的原价。

固定资产是指医院持有的预计使用年限在1年以上（不含1年）、单位价值在规定标准以上、在使用过程中基本保持原有物质形态的有形资产。单位价值虽未达到规定标准，但预计使用年限在1年以上（不含1年）的大批同类物资，应作为固定资产管理。二、医院固定资产包括房屋及建筑物、专用设备、一般设备和其他固定资产。相关说明如下：

1. 对于应用软件，如果其构成相关硬件不可缺少的组成部分，应当将该软件价值包括在所属硬件价值中，一并作为固定资产进行核算；如果其不构成相关硬件不可缺少的组成部分，应当将该软件作为无形资产核算。

2. 医院的图书应当参照固定资产进行管理，不计提折旧。

三、医院应当设置“固定资产登记簿”和“固定资产卡片”，按固定资产类别、使用部门和每项固定资产设置明细账，进行明细核算。医院应当在固定资产明细账中登记每项固定资产原价中财政补助资金、科教项目资金、其他资金的金额及其所占的比例。

出租、出借或作为担保的固定资产，应设置备查簿进行登记。经营租入的固定资产，应当另设辅助簿进行登记，不在本科目核算。

四、固定资产的主要账务处理如下：

(一)固定资产的取得 医院取得的固定资产,应当按取得时的实际成本作为入账成本。

1. 外购的固定资产,其成本包括实际支付的买价、相关税费以及使固定资产达到交付使用状态前所发生的可直接归属于该项资产的运输费、装卸费、安装费和专业人员服务费等。

以一笔款项购入多项没有单独标价的固定资产,按照各项固定资产同类或类似资产市场价格的比例对总成本进行分配,分别确定各项固定资产的入账成本。

购入不需要安装的固定资产,借记本科目,贷记"银行存款"、"应付账款"等科目。购入需要安装的固定资产,借记"在建工程"科目,贷记"银行存款"、"应付账款"等科目。发生安装费用,借记"在建工程"科目,贷记"银行存款"等科目。安装完毕交付使用时,借记本科目,贷记"在建工程"科目。

购入固定资产扣留质量保证金的,应当在取得固定资产时,按照确定的成本,借记本科目[不需安装]或"在建工程"科目[需要安装],按照实际支付的价款,贷记"银行存款"、"应付账款"等科目,按照扣留的质量保证金,贷记"其他应付款"科目;质保期满支付质量保证金时,借记"其他应付款"科目,贷记"银行存款"等科目。

使用财政补助、科教项目资金购入固定资产的,按构成固定资产成本的支出金额,借记本科目[不需安装]或"在建工程"科目[需要安装],贷记"待冲基金"科目;同时,借记"财政项目补助支出"、"科教项目支出"科目,贷记"财政补助收入"、"零余额账户用款额度"、"银行存款"等科目。

2. 自行建造的固定资产,其成本包括该项资产完工交付使用前所发生的全部必要支出。工程完工交付使用时,按自行建造过程中发生的实际支出,借记本科目,贷记"在建工程"科目。

3. 在原有固定资产基础上进行改建、扩建、大型修缮后的固定资产,其成本按照原固定资产账面价值("固定资产"科目账面余额减去"累计折旧"科目账面余额后的净值)①加上改建、扩建、修缮发生的支出,减去改建、扩建、修缮过程中的变价收入,再扣除固定资产拆除部分的账面价值后的金额确定。

将固定资产转入改建、扩建、大型修缮时,应按固定资产的账面价值,借记"在建工程"科目,按已计提的折旧,借记"累计折旧"科目,按固定资产的原价,贷记本科目。工程完工交付使用时,按工程实际成本,借记本科目,贷记"在建工程"科目。

4. 融资租入的固定资产,其成本按照租赁协议或者合同确定的价款、运输费、途中保险费、安装调试费等确定。按照确定的成本,借记本科目,按租赁协议或合同确定的租赁价款,贷记"长期应付款"科目,按照实际支付的运输费、保险费、安装调试费等相关费用,贷记"银行存款"等科目。

5. 无偿调入或接受捐赠的固定资产,其成本比照同类或类似资产的市场价格或有关凭据注明的金额加上相关税费确定。按确定的成本,借记本科目[不需安装]或"在建工程"科目[需要安装],按发生的相关税费,贷记"银行存款"等科目,按其差额,贷记"其他收入"科目。

(二)按月提取固定资产折旧时,按照财政补助、科教项目资金形成的金额部分,借记"待冲基金"科目,按照应提折旧额中的其余金额部分,借记"医疗业务成本"、"管理费用"等科目,按照应计提的折旧额,贷记"累计折旧"科目。

(三)与固定资产有关的更新改造等后续支出,应分别以下情况处理:

1. 为增加固定资产的使用效能或延长其使用寿命而发生的改建、扩建或大型修缮等后续支出,应当计入固定资产账面价值,通过"在建工程"科目核算。有关账务处理参见"在建工程"科目。

2. 为了维护固定资产的正常使用而发生的修理费等后续支出,应当计入当期费用,借记"医疗业务成本"、"管理费用"等科目,贷记"银行存款"等科目。

(四)固定资产在处置(包括出售、报废、毁损、对外投资、无偿调出、对外捐赠等)时,应分别以下情况处理:

1. 出售、报废、毁损的固定资产,按照所处置固定资产的账面价值减去该资产对应的尚未冲减完毕的待冲基金余额后的金额,借记"固定资产清理"科目,按照已提取的折旧,借记"累计折旧"科目,按照相关待冲基金余额,借记"待冲基金"科目,按照固定资产的账面余额,贷记本科目。

2. 以固定资产对外投资,按照评估价加上发生的相关税费作为投资成本,借记"长期投资——股权投

---

① 本制度所称账面价值,是指某会计科目的账面余额减去相关备抵科目(如"坏账准备"、"累计折旧"、"累计摊销")账面余额后的净值。本制度所称账面余额,是指某会计科目的账面实际余额。

资”科目，按照投出固定资产已提的折旧，借记“累计折旧”科目，按发生的相关税费，贷记“银行存款”、“应交税费”等科目，按投出固定资产的账面余额，贷记本科目，按其差额，贷记“其他收入”科目或借记“其他支出”科目。

3. 无偿调出、对外捐赠固定资产，按照发出固定资产已提的折旧，借记“累计折旧”科目，按照发出固定资产对应的尚未冲减完毕的待冲基金余额，借记“待冲基金”科目，按发出固定资产的账面余额，贷记本科目，按其差额，借记“其他支出”科目。

五、医院的固定资产应当定期进行清查盘点，每年至少盘点一次。对于盘盈、盘亏的固定资产，应当及时查明原因，根据规定的管理权限报经批准后及时进行账务处理。盘盈的固定资产，应当按照同类或类似资产市场价格确定的价值入账，并确认为当期收入；盘亏的固定资产，应先扣除可以收回的保险赔偿和过失人的赔偿等，将净损失确认为当期支出。

（一）盘盈的固定资产，按照同类或类似资产市场价格确定的价值，借记本科目，贷记“待处理财产损溢——待处理非流动资产损溢”科目。报经批准处理时，借记“待处理财产损溢——待处理非流动资产损溢”科目，贷记“其他收入”科目。

（二）盘亏的固定资产，按照固定资产账面价值减去该资产对应的尚未冲减完毕的待冲基金余额后的金额，借记“待处理财产损溢——待处理非流动资产损溢”，按已计提的折旧，借记“累计折旧”科目，按相关待冲基金余额，借记“待冲基金”科目，按固定资产的账面余额，贷记本科目。

报经批准处理时，按照相关待处理财产损溢金额扣除可以收回的保险赔偿和过失人的赔偿等后的金额，借记“其他支出”科目，按照已收回或应收回的保险赔偿和过失人赔偿等，借记“库存现金”、“银行存款”、“其他应收款”等科目，按照相关待处理财产损溢余额，贷记“待处理财产损溢——待处理非流动资产损溢”科目。

六、本科目期末借方余额，反映医院固定资产的原价。

### 1602　累计折旧

一、本科目核算医院固定资产计提的累计折旧。

二、本科目应当按照所对应固定资产的类别及项目设置明细账，进行明细核算。

三、医院应当对除图书外的固定资产计提折旧，在固定资产的预计使用年限内系统地分摊固定资产的成本。医院原则上应当根据固定资产的性质，采用年限平均法或工作量法计提折旧。折旧方法一经确定，不得随意变更。确需采用其他折旧方法的，应按规定报经审批，并在会计报表附注中予以说明。医院计提固定资产折旧不考虑预计净残值。

医院一般应当按月提取折旧，当月增加的固定资产，当月不提折旧，从下月起计提折旧；当月减少的固定资产，当月照提折旧，从下月起不提折旧。

固定资产提足折旧后，无论能否继续使用，均不再提取折旧；提前报废的固定资产，也不再补提折旧。

计提融资租入固定资产折旧时，应当采用与自有固定资产相一致的折旧政策。能够合理确定租赁期届满时将会取得租入固定资产所有权的，应当在租入固定资产尚可使用年限内计提折旧；无法合理确定租赁期届满时能够取得租入固定资产所有权的，应当在租赁期与租入固定资产尚可使用年限两者中较短的期间内计提折旧。

固定资产发生更新改造等后续支出而延长其使用年限的，应当按照更新改造后重新确定的固定资产的成本以及重新确定的折旧年限，重新计算折旧额。

四、累计折旧的主要账务处理如下：

（一）按月提取固定资产折旧时，按照财政补助、科教项目资金形成的金额部分，借记“待冲基金”科目，按照应提折旧额中的其余金额部分，借记“医疗业务成本”[医疗及其辅助活动用固定资产]、“管理费用”[行政及后勤管理部门用固定资产]、“其他支出”[经营出租用固定资产]等科目，按照应计提的折旧额，贷记本科目。

对于具有多种用途、混合使用的房屋等固定资产，其应提的折旧额应采用合理的方法分摊计入有关科目。

（二）固定资产处置或盘亏时，按照所处置或盘亏固定资产的账面价值减去该资产对应的尚未冲减完毕的待冲基金余额后的金额，借记有关科目，按已提取的折旧，借记本科目，按相关待冲基金余额，借记“待冲基金”科目，按固定资产账面余额，贷记“固定资产”科目。

五、本科目期末贷方余额，反映医院提取的固定资产折旧累计数。

### 1611 在建工程

一、本科目核算医院为建造、改建、扩建及修缮固定资产以及安装设备而进行的各项建筑、安装工程所发生的实际成本。

二、本科目应当按照具体工程项目等进行明细核算。

三、在建工程的主要账务处理如下：

(一)建筑工程

1. 将固定资产转入改建、扩建或大型修缮等时，应按固定资产的账面价值，借记本科目，按已计提的折旧，借记“累计折旧”科目，按固定资产的原价，贷记“固定资产”科目。

2. 根据工程价款结算账单与施工企业结算工程价款时，按医院应承付的工程价款，借记本科目，贷记“银行存款”等科目。

使用财政补助资金向施工企业支付工程款时，按照支付金额，借记“财政项目补助支出”科目，贷记“财政补助收入”、“零余额账户用款额度”等科目；同时，借记本科目，贷记“待冲基金——待冲财政基金”科目。

3. 在改建、扩建、大型修缮过程中收到的变价收入，按收到的金额，借记“银行存款”等科目，贷记本科目。

4. 医院为建筑工程借入的专门借款的利息，属于建设期间发生的，计入在建工程成本，借记本科目，贷记“长期借款”科目。

5. 工程完工交付使用时，按建筑工程所发生的实际成本，借记“固定资产”科目，贷记本科目。

(二)设备安装

1. 购入或融资租入需要安装的设备，借记本科目，贷记“银行存款”、“应付账款”、“长期应付款”等科目。使用财政补助资金购入需安装设备时，按照支付金额，借记“财政项目补助支出”等科目，贷记“财政补助收入”、“零余额账户用款额度”等科目；同时，借记本科目，贷记“待冲基金——待冲财政基金”科目。

2. 发生安装费用，借记本科目，贷记“银行存款”等科目。

使用财政补助资金支付安装费用时，按照支付金额，借记“财政项目补助支出”等科目，贷记“财政补助收入”、“零余额账户用款额度”等科目；同时，借记本科目，贷记“待冲基金——待冲财政基金”科目。

3. 设备安装完毕交付使用时，借记“固定资产”科目，贷记本科目。

四、本科目期末借方余额，反映医院尚未完工的在建工程发生的实际成本。

### 1621 固定资产清理

一、本科目核算医院因出售、报废、毁损等原因转入清理的固定资产净值及其清理过程中所发生的清理费用和清理收入等。

二、本科目应当按照“处置资产净额”、“处置净收入”以及被清理的固定资产项目设置明细账，进行明细核算。

三、固定资产清理的主要账务处理如下：

(一)出售、报废、毁损固定资产转入清理时，按照固定资产的账面价值减去该资产对应的尚未冲减完毕的待冲基金余额后的金额，借记本科目(处置资产净额)，按照已提取的折旧，借记“累计折旧”科目，按照相关待冲基金余额，借记“待冲基金”科目，按照固定资产账面余额，贷记“固定资产”科目。

(二)清理过程中发生的费用和相关税金，按照实际发生额，借记本科目(处置净收入)，贷记“应交税费”、“银行存款”等科目。

(三)固定资产出售、报废、毁损所收回的价款、残料价值和变价收入等，借记“银行存款”等科目，贷记本科目(处置净收入)；应当由保险公司或过失人赔偿的损失，借记“库存现金”、“银行存款”、“其他应收款”等科目，贷记本科目(处置净收入)。

(四)出售、报废、毁损固定资产清理完毕，借记本科目(处置净收入)，贷记“其他收入”科目或“应缴款项”科目[按规定上缴时]；同时，借记“其他支出”科目，贷记本科目(处置资产净额)。

四、本科目期末如为借方余额，反映医院尚未清理完毕的固定资产清理净损失；如为贷方余额，反映医院尚未清理完毕的固定资产清理净收益。

1701 无形资产

一、本科目核算医院为开展医疗服务等活动或为管理目的而持有的且没有实物形态的非货币性长期资产，包括专利权、非专利技术、商标权、著作权、土地使用权等。

医院购入的不构成相关硬件不可缺少组成部分的应用软件，应当作为无形资产核算。

二、本科目应当按照无形资产的类别和项目设置明细账，进行明细核算。医院应当在无形资产明细账中登记每项无形资产入账成本中财政补助资金、科教项目资金、其他资金的金额及其所占的比例。

三、无形资产的主要账务处理如下：

(一)无形资产在取得时，应当按照取得时的实际成本入账。

1. 购入的无形资产，其成本包括实际支付的购买价款、相关税费以及可归属于该项资产达到预定用途所发生的其他支出。按确定的成本，借记本科目，贷记“银行存款”等科目。

使用财政补助、科教项目资金购入无形资产的，按构成无形资产成本的支出金额，借记本科目，贷记“待冲基金”科目；同时，借记“财政项目补助支出”、“科教项目支出”科目，贷记“财政补助收入”、“零余额账户用款额度”、“银行存款”等科目。

2. 自行开发并按法律程序申请取得的无形资产，按依法取得时发生的注册费、聘请律师费等费用，借记本科目，贷记“银行存款”等科目。

(二)按月计提无形资产摊销时，按照财政补助、科教项目资金形成的金额部分，借记“待冲基金”科目，按照应提摊销额中的其余金额部分，借记“医疗业务成本”、“管理费用”等科目，按照应计提的摊销额，贷记“累计摊销”科目。

(三)与无形资产有关的后续支出，应分别以下情况处理：

1. 为增加无形资产的使用效能而发生的后续支出，如对软件进行升级或扩展其功能等所发生的支出，应当计入无形资产账面价值，借

记本科目，贷记“银行存款”等科目。

2. 为了维护无形资产的正常使用而发生的后续支出，如对软件进行漏洞修补等所发生的支出，应当计入当期费用，借记“医疗业务成本”、“管理费用”等科目，贷记“银行存款”等科目。

(四)无形资产在处置(包括转让、对外投资、核销等)时，应当分别以下情况处理：

1. 经批准转让无形资产，按照收到的价款，借记“银行存款”等科目，按所发生的相关税费，贷记“应交税费”、“银行存款”等科目，按收到的转让价款扣除相关税费后的金额，贷记“其他收入”科目或“应缴款项”科目[按规定上缴时]；同时，按无形资产账面价值减去该资产对应的尚未冲减完毕的待冲基金余额后的金额，借记“其他支出”科目，按已计提的累计摊销，借记“累计摊销”科目，按相关待冲基金余额，借记“待冲基金”科目，按无形资产账面余额，贷记本科目。

2. 以已入账无形资产对外投资，按照评估价加上发生的相关税费作为投资成本，借记“长期投资——股权投资”科目，按照投出无形资产已提的摊销额，借记“累计摊销”科目，按发生的相关税费，贷记“银行存款”、“应交税费”等科目，按照投出无形资产的账面余额，贷记本科目，按其差额，贷记“其他收入”科目或借记“其他支出”科目。

3. 无形资产预期不能为医院带来服务潜力或经济利益的，应当将该无形资产的账面价值及相关待冲基金余额予以核销。报经批准后，按准核销无形资产的账面价值减去该资产对应的尚未冲减完毕的待冲基金余额后的金额，借记“其他支出”科目，按准核销无形资产已计提的摊销，借记“累计摊销”科目，按相关待冲基金余额，借记“待冲基金”科目，按准核销无形资产的账面余额，贷记本科目。

四、本科目期末借方余额，反映医院已入账无形资产的原价。

1702 累计摊销

一、本科目核算医院无形资产计提的累计摊销。

二、本科目应当按照所对应无形资产的类别及项目设置明细账，进行明细核算。

三、医院无形资产应当自取得当月起，在预计使用年限内采用年限平均法分期平均摊销。如预计使用年限超过了相关合同规定的受益年限或法律规定的有效年限，该无形资产的摊销年限按如下原则确定：

1. 合同规定了受益年限但法律没有规定有效年限的，摊销期不应超过合同规定的受益年限；

2. 合同没有规定受益年限但法律规定了有效年限的，摊销期不应超过法律规定的有效年限；

3. 合同规定了受益年限，法律也规定了有效年限的，摊销期不应超过受益年限和有效年限两者之中较短者。

如果合同没有规定受益年限，法律也没有规定有效年限的，摊销期不应超过 10 年。

四、累计摊销的主要账务处理如下：

(一)按月计提无形资产摊销时，按照财政补助、科教项目资金形成的金额部分，借记“待冲基金”科目，按照应提摊销额中的其余金额部分，借记“医疗业务成本”、“管理费用”等科目，按照应计提的摊销额，贷记本科目。

(二)处置无形资产时，按无形资产账面价值减去该资产对应的尚未冲减完毕的待冲基金余额后的金额，借记有关科目，按已计提的累计摊销，借记本科目，按相关待冲基金余额，借记“待冲基金”科目，按无形资产账面余额，贷记“无形资产”科目。

五、本科目期末贷方余额，反映医院提取的无形资产累计摊销额。

1801　长期待摊费用

一、本科目核算医院已经发生但应由本期和以后各期负担的分摊期限在 1 年以上(不含 1 年)的各项费用，如以经营租赁方式租入的固定资产发生的改良支出等。

二、本科目应当按照费用项目进行明细核算。

三、医院发生的长期待摊费用，借记本科目，贷记“银行存款”等科目。摊销长期待摊费用时，借记“管理费用”等科目，贷记本科目。

四、本科目期末借方余额，反映医院尚未摊销完毕的长期待摊费用。

1901　待处理财产损溢

一、本科目核算医院在清查财产过程中查明的各种财产盘盈、盘亏和毁损的价值。

二、本科目应当设置“待处理流动资产损溢”、“待处理非流动资产损溢”明细科目，进行明细核算。

三、医院发现盘盈、盘亏、毁损的财产物资，应当先记入本科目，并及时查明原因，根据管理权限报经批准后及时进行账务处理。年度终了结账前一般应处理完毕。待处理财产损溢的主要账务处理如下：

(一)盘盈的库存物资，按比照同类或类似物资市场价格确定的价值，借记“库存物资”科目，贷记本科目(待处理流动资产损溢)。

盘亏、变质、毁损的库存物资，按其账面余额减去该物资对应的待冲基金数额后的金额，借记本科目(待处理流动资产损溢)，按相关待冲基金数额，借记“待冲基金”科目，按该物资账面余额，贷记“库存物资”科目。

(二)盘盈的固定资产，按比照同类或类似资产市场价格确定的价值，借记“固定资产”科目，贷记本科目(待处理非流动资产损溢)。

盘亏的固定资产，按照固定资产账面价值减去该资产对应的尚未冲减完毕的待冲基金余额后的金额，借记本科目(待处理非流动资产损溢)，按已计提的折旧，借记“累计折旧”科目，按相关待冲基金余额，借记“待冲基金”科目，按固定资产账面余额，贷记“固定资产”科目。

(三)上述财产物资的盘盈、盘亏、毁损在查明原因，报经批准处理时，作如下账务处理：盘盈的库存物资、固定资产等，借记本科目，贷记“其他收入”科目。

盘亏、变质、毁损的库存物资以及盘亏的固定资产，按照相关待处理财产损溢金额扣除可以收回的保险赔偿和过失人的赔偿等后的金额，借记“其他支出”科目，按照已收回或应收回的保险赔偿和过失人赔偿等，借记“库存现金”、“银行存款”、“其他应收款”等科目，按照相关待处理财产损溢余额，贷记本科目。

四、本科目期末如为借方余额，反映医院尚未处理的各种财产物资的净损失；如为贷方余额，反映尚未处理的各种财产物资的净溢余。年度终了报经批准处理后，本科目一般应无余额。

**二、负债类**

2001　短期借款

一、本科目核算医院向银行或其他金融机构等借入的期限在 1 年以下(含 1 年)的各种借款。

二、本科目应当按照贷款单位和贷款种类进行明细核算。

三、短期借款的主要账务处理如下：

(一)借入各种短期借款时，按照实际借得的金额，借记“银行存款”科目，贷记本科目。

（二）发生短期借款利息时，借记“管理费用”科目，贷记“预提费用”、“银行存款”等科目。

（三）归还借款时，借记本科目，贷记“银行存款”科目。

四、本科目期末贷方余额，反映医院尚未偿还的短期借款本金。

2101　应缴款项

一、本科目核算医院按规定应缴入国库或应上缴行政主管部门的款项。

二、本科目应按应缴款项类别进行明细核算。

三、应缴款项的主要账务处理如下：

（一）出售、报废、毁损固定资产清理后，按照清理收入（包括保险理赔收入）扣除清理费用后的净额，借记“固定资产清理——处置净收入”科目，贷记“其他收入”科目或本科目[按规定上缴时]。

（二）经批准转让无形资产，按照收到的价款，借记“银行存款”等科目，按所发生的相关税费，贷记“应交税费”、“银行存款”等科目，按收到的转让价款扣除相关税费后的金额，贷记“其他收入”科目或本科目[按规定上缴时]。

（三）按规定计算确定或实际取得的其他应缴款项，借记有关科目，贷记本科目。

（四）上缴款项时，借记本科目，贷记“银行存款”等科目。

四、本科目期末贷方余额，反映医院的应缴未缴款项。年终缴清后，本科目应无余额。

2201　应付票据

一、本科目核算医院购买库存物资、医疗设备，接受服务供应等而开出、承兑的商业汇票，包括银行承兑汇票和商业承兑汇票。

二、应付票据的主要账务处理如下：

（一）因购买物资、设备，接受服务供应等开出、承兑商业汇票时，借记“库存物资”、“固定资产”等科目，贷记本科目。支付银行承兑汇票的手续费时，借记“管理费用”科目，贷记“银行存款”科目。以商业承兑汇票抵付应付账款时，借记“应付账款”科目，贷记本科目。

（二）应付票据到期时，应当分别以下情况处理：

收到银行支付到期票据的付款通知时，借记本科目，贷记“银行存款”科目。

无力支付票款的，按照应付票据的账面余额，借记本科目，贷记“应付账款”科目。

（三）如果为带息应付票据，应当在会计期末或票据到期时计算应付利息，借记“管理费用”科目，贷记本科目。到期不能支付的带息应付票据，转入“应付账款”科目核算后，期末时不再计提利息。

三、医院应当设置“应付票据备查簿”，详细登记每一应付票据的种类、号数、签发日期、到期日、票面金额、票面利率、合同交易号、收款人姓名或单位名称，以及付款日期和金额等资料。应付票据到期结清时，应当在备查簿内逐笔注销。

四、本科目期末贷方余额，反映医院持有的尚未到期的应付票据本息。

2202　应付账款

一、本科目核算医院因购买库存物资、固定资产和接受服务供应等而应付给供应单位的款项。

二、本科目应当按照债权人等进行明细核算。

三、应付账款的主要账务处理如下：

（一）发生应付账款时，按照应付未付金额，借记“库存物资”、“固定资产”等科目，贷记本科目。

（二）偿付应付账款时，借记本科目，贷记“银行存款”等科目。

（三）开出、承兑商业汇票抵付应付账款时，借记本科目，贷记“应付票据”科目。

（四）确实无法支付或由其他单位承担的应付账款，借记本科目，贷记“其他收入”科目。

四、本科目期末贷方余额，反映医院尚未支付的应付账款。

2203　预收医疗款

一、本科目核算医院从住院病人、门诊病人等预收的款项。

二、医院应当按照住院病人、门诊病人等，对预收医疗款进行明细核算。

三、预收医疗款的主要账务处理如下：

（一）收到住院病人、门诊病人预交金，按实际预收的金额，借记“银行存款”、“库存现金”等科目，贷记本科目。

(二)与门诊病人结算医疗费时,如病人应付的医疗款金额大于其预交金额,按病人补付金额,借记“库存现金”、“银行存款”等科目,按病人预交金额,借记本科目,按病人应付的医疗款金额,贷记“医疗收入”科目。如病人应付的医疗款金额小于其预交金额,按病人应付的医疗款金额,借记本科目,贷记“医疗收入”科目;退还病人差额的,还应按退还金额,借记本科目,贷记“库存现金”、“银行存款”等科目。

(三)住院病人办理出院手续,结算医疗费时,如病人应付的医疗款金额大于其预交金额,应按病人补付金额,借记“库存现金”、“银行存款”等科目,按病人预交金额,借记本科目,按病人欠费金额,借记“应收医疗款”科目,按病人应付的医疗款金额,贷记“应收在院病人医疗款”科目;如病人应付的医疗款金额小于其预交金额,应按病人预交金额,借记本科目,按病人应付的医疗款金额,贷记“应收在院病人医疗款”科目,按退还给病人的差额,贷记“库存现金”、“银行存款”等科目。

四、本科目期末贷方余额,反映医院向住院病人、门诊病人等预收但尚未结算的款项。

2204 应付职工薪酬

一、本科目核算医院按有关规定应付给职工(包括离退休人员)的各种薪酬,包括工资、津补贴、奖金等。

二、本科目应当按国家有关规定设置明细科目,进行明细核算。三、应付职工薪酬的主要账务处理如下:

(一)计算分配应付的职工薪酬,借记“医疗业务成本”、“在加工物资”[专门从事物资自制人员发生]、“管理费用”等科目,贷记本科目。

(二)从应付职工薪酬中代扣代缴的各种款项(如职工基本养老保险费、失业保险费、基本医疗保险费、住房公积金、个人所得税等),借记本科目,贷记“应付社会保障费”、“应交税费”等科目。

(三)支付职工薪酬,借记本科目,贷记“财政补助收入”、“零余额账户用款额度”、“银行存款”等科目。

四、本科目期末贷方余额,反映医院应付未付的职工薪酬。

2205 应付福利费

一、本科目核算医院按国家有关规定从成本费用中提取的职工福利费。

二、应付福利费的主要账务处理如下:

(一)提取职工福利费时,按提取金额,借记“医疗业务成本”、“在加工物资”、“管理费用”等科目,贷记本科目。

(二)按规定的开支范围支付职工福利费时,借记本科目,贷记“库存现金”、“银行存款”等科目。

三、本科目期末贷方余额,反映医院已提取但尚未支付的职工福利费金额。

2206 应付社会保障费

一、本科目核算医院按有关规定应付给社会保障机构的各种社会保障费,包括城镇职工基本养老保险费、失业保险费、基本医疗保险费、住房公积金等。

二、本科目应按社会保障费类别设置明细账,进行明细核算。

三、应付社会保障费的主要账务处理如下:

(一)从应付职工薪酬中代扣代缴的社会保障费,借记“应付职工薪酬”科目,贷记本科目。

(二)计算确定应由医院为职工负担的社会保障费,借记“医疗业务成本”、“在加工物资”、“管理费用”等科目,贷记本科目。

(三)支付社会保障费,借记本科目,贷记“财政补助收入”、“零余额账户用款额度”、“银行存款”等科目。

四、本科目期末贷方余额,反映医院应付但尚未支付给社会保障机构的社会保障费。

2207 应交税费

一、本科目核算医院按照国家有关税法规定应当交纳或代扣代缴的各种税费,包括营业税、城市维护建设税、教育费附加、个人所得税、车船使用税、房产税等。医院应交纳的印花税不需要预提应交税费,直接通过“管理费用”科目核算,不在本科目核算。

二、本科目应当按应交的税费种类设置明细账,进行明细核算。

三、应交税费的主要账务处理如下:

(一)发生营业税、城市维护建设税、教育费附加纳税义务的,按照税法规定计算的应交税费金额,借记“固定资产清理”[出售不动产应交的税费]、“其他支出”等科目,贷记本科目。实际交纳时,借记本科目,贷记“银行存款”等科目。

(二)发生代扣代缴个人所得税纳税义务的,按照税法规定计算应代扣代交的个人所得税,借记"应付职工薪酬"科目,贷记本科目。实际交纳时,借记本科目,贷记"银行存款"等科目。

(三)按税法规定计算的应交房产税、车船使用税等,借记"管理费用"科目,贷记本科目。实际交纳时,借记本科目,贷记"银行存款"等科目。

(四)发生其他纳税义务的,按照应交纳的税金,借记有关科目,贷记本科目。实际交纳时,借记本科目,贷记"银行存款"等科目。四、本科目期末贷方余额,反映医院尚未交纳的税费。

2209　其他应付款

一、本科目核算医院除应缴款项、应付票据、应付账款、预收医疗款、应付职工薪酬、应付福利费、应付社会保障费、应交税费以外的其他各项应付、暂收款项,如存入保证金等。

二、本科目应当按照应付、暂收款项的类别和单位或个人设置明细账,进行明细核算。

三、其他应付款的主要账务处理如下:

(一)发生的各项应付、暂收款项,借记"银行存款"等科目,贷记本科目。

(二)支付款项时,借记本科目,贷记"银行存款"等科目。

(三)确实无法支付或由其他单位承担的其他应付款,借记本科目,贷记"其他收入"科目。

四、本科目期末贷方余额,反映医院尚未支付的其他应付款项。

2301　预提费用

一、本科目核算医院预先提取的已经发生但尚未支付的费用,如预提的短期借款利息等。

二、本科目应当按照预提费用种类设置明细账,进行明细核算。

三、预提费用的主要账务处理如下:

(一)按规定预提短期借款利息等时,按照预提的金额,借记"管理费用"等科目,贷记本科目。

(二)实际支付款项时,借记本科目,贷记"银行存款"等科目。

四、本科目期末贷方余额,反映医院已预提但尚未支付的各项费用。

2401　长期借款

一、本科目核算医院按规定向银行或其他金融机构借入的偿还期限在1年以上(不含1年)的各项借款及发生的相关利息。

二、本科目应当按贷款单位、具体贷款种类等进行明细核算。

三、长期借款的主要账务处理如下:

(一)借入长期借款时,按照实际借入额,借记"银行存款"科目,贷记本科目。

(二)为购建固定资产发生的专门借款利息,属于工程项目建设期间发生的,计入工程成本,借记"在建工程"科目,贷记本科目;属于工程完工交付使用后发生的,计入管理费用,借记"管理费用"科目,贷记本科目。

其他的长期借款利息应当计入管理费用,借记"管理费用"科目,贷记本科目。

(三)归还长期借款本息时,借记本科目,贷记"银行存款"科目。

四、本科目期末贷方余额,反映医院尚未偿还的长期借款本息。

2402　长期应付款

一、本科目核算医院发生的偿还期限在1年以上(不含1年)的应付款项,如融资租入固定资产的租赁费等。

二、本科目应当按照长期应付款的种类设置明细账,进行明细核算。

三、长期应付款的主要账务处理如下:

(一)发生长期应付款时,借记"固定资产"等科目,贷记本科目。

(二)支付长期应付款时,借记本科目,贷记"银行存款"科目。

四、本科目期末贷方余额,反映医院尚未支付的各种长期应付款。

**三、净资产类**

3001　事业基金

一、本科目核算医院拥有的非限定用途的净资产,主要包括滚存的结余资金和科教项目结余解除限定后转入的金额等。

二、事业基金的主要账务处理如下：

（一）按规定将科教项目结项后的结余资金转入事业基金时，借记“科教项目结转（余）”科目，贷记本科目。

（二）年末，将当年未分配结余转入事业基金时，借记“结余分配——转入事业基金”科目，贷记本科目。

（三）年末，用事业基金弥补亏损时，借记本科目，贷记“结余分配——事业基金弥补亏损”科目。

三、医院发生需要调整以前年度结余的事项，凡国家另有规定的，从其规定；没有规定的，应通过本科目进行核算，并在会计报表附注中予以说明。

四、本科目期末贷方余额，反映医院非限定用途净资产的金额。

3101 专用基金

一、本科目核算医院按规定设置、提取的具有专门用途的净资产，如职工福利基金、医疗风险基金等。

二、本科目应按照基金类别设置明细账，进行明细核算。

三、专用基金的主要账务处理如下：

（一）按照有关规定提取职工福利基金时，借记“结余分配——提取职工福利基金”科目，贷记本科目（职工福利基金）。

（二）按照有关规定提取医疗风险基金时，借记“医疗业务成本”科目，贷记本科目（医疗风险基金）。

（三）按规定使用专用基金时，借记本科目，贷记“银行存款”等科目。所提取的医疗风险基金不足支付时，按照超出部分的金额，借记“医疗业务成本”科目，贷记“银行存款”等科目。

四、本科目期末贷方余额，反映医院按规定设置、提取的具有专门用途净资产的金额。

3201 待冲基金

一、本科目核算医院使用财政补助、科教项目收入购建固定资产、无形资产或购买药品、卫生材料等物资所形成的，留待计提资产折旧、摊销或领用发出库存物资时予以冲减的基金。

二、本科目应设置“待冲财政基金”和“待冲科教项目基金”两个明细科目，进行明细核算。其中，“待冲财政基金”明细科目核算使用财政补助购建固定资产、无形资产或购买药品、卫生材料等物资所形成的，留待计提资产折旧、摊销或领用发出库存物资时予以冲减的基金；“待冲科教项目基金”明细科目核算使用科教项目收入购入固定资产、无形资产或购买药品、卫生材料等物资所形成的，留待计提资产折旧、摊销或领用发出库存物资时予以冲减的基金。

三、待冲基金应当在使用财政补助、科教项目收入购建固定资产、无形资产或购买药品、卫生材料等物资发生支出时予以确认，并在相关固定资产、无形资产按期计提折旧、摊销或领用发出库存物资时予以冲减。领用发出库存物资一并冲减的待冲基金金额为发出库存物资所对应的待冲基金金额。随相关固定资产、无形资产各期计提折旧、摊销一并冲减的待冲基金金额按照以下公式计算确定：

相关资产计提折旧、摊销时应冲减的待冲基金金额＝相关资产应计提的折旧、摊销额×相关资产入账成本中财政补助资金或科教项目资金所占的比例

相关固定资产、无形资产在提足折旧、摊销前处置、盘亏的，以及相关库存物资在领用发出前发生盘亏、变质、毁损的，应当在将该资产予以冲销的同时，将该资产所对应的尚未冲减完毕的待冲基金一并冲销。

四、待冲基金的主要账务处理如下：

（一）使用财政补助资金为购建固定资产、无形资产或购买药品、卫生材料等库存物资发生支出时，按照实际支出金额，借记“财政项目补助支出”等科目，贷记“财政补助收入”、“零余额账户用款额度”、“银行存款”等科目；同时，借记“在建工程”、“固定资产”、“无形资产”、“库存物资”等科目，贷记“待冲基金——待冲财政基金”科目。

（二）使用科教项目资金为购入固定资产、无形资产或购买药品、卫生材料等库存物资发生支出时，按照实际支出金额，借记“科教项目支出”科目，贷记“银行存款”等科目；同时，借记“固定资产”、“无形资产”、“库存物资”等科目，贷记“待冲基金——待冲科教项目基金”科目。

（三）财政补助、科教项目资金形成的固定资产、无形资产计提折旧、摊销时，按照财政补助、科教项目资金形成的金额部分，借记本科目，按照应提折旧、摊销额中的其余金额部分，借记“医疗业务成本”、“管理费用”等科目，按照应计提的折旧、摊销额，贷记“累计折旧”、“累计摊销”科目。

（四）领用、发出财政补助、科教项目资金形成的库存物资时，按发出物资所对应的待冲基金金额，借记

本科目，贷记“库存物资”科目。

（五）处置、盘亏财政补助、科教项目资金形成的固定资产、无形资产，以及财政补助、科教项目资金形成的库存物资发生盘亏、变质、毁损的，应当在进行相关账务处理的同时，按该项资产对应的尚未冲减完毕的待冲基金数额，借记本科目，贷记“固定资产”、“无形资产”、“库存物资”等科目。

五、本科目期末贷方余额，反映医院尚未冲减完毕的待冲基金数额。

3301 财政补助结转（余）

一、本科目核算医院历年滚存的财政补助结转和结余资金，包括基本支出结转、项目支出结转和项目支出结余。

二、本科目应当设置“财政补助结转”、“财政补助结余”两个一级明细科目。

（一）“财政补助结转”明细科目“财政补助结转”一级明细科目下应设置“基本支出结转”、“项目支出结转”两个二级明细科目。“基本支出结转”二级明细科目下应按照《政府收支分类科目》中“支出功能分类科目”的相关科目进行明细核算。

“项目支出结转”二级明细科目下应按照《政府收支分类科目》中“支出功能分类科目”的“医疗卫生”、“科学技术”、“教育”等相关科目以及具体项目进行明细核算。

（二）“财政补助结余”明细科目“财政补助结余”一级明细科目下应当按照《政府收支分类科目》中“支出功能分类科目”的相关科目进行明细核算。

三、财政补助结转（余）的主要账务处理如下：

（一）期末，将本期财政项目补助收入结转入财政补助结转（余）时，借记“财政补助收入——项目支出”科目，贷记本科目（财政补助结转——项目支出结转）；将本期财政项目补助支出结转入财政补助结转（余）时，借记本科目（财政补助结转——项目支出结转），贷记“财政项目补助支出”科目。

（二）年末，将本年财政基本补助结转转入财政补助结转（余）时，按“财政补助收入——基本支出”明细科目本年发生额减去“医疗业务成本”、“管理费用”科目下“财政基本补助支出”备查簿中登记的本年发生额合计后的金额，借记“本期结余”科目，贷记本科目（财政补助结转——基本支出结转）。

（三）年末，完成上述（一）、（二）结转后，应当对本科目下“财政补助结转——项目支出结转”明细科目下所属各明细项目的执行情况进行分析，按照有关规定将符合财政补助结余资金性质的对应项目的贷方余额转入本科目下“财政补助结余”明细科目。按照各项目结转金额，借记本科目（财政补助结转——项目支出结转——××项目），贷记本科目（财政补助结余）。

（四）按规定向主管部门等上缴财政补助结转和结余资金、注销财政补助结转和结余额度等时，按实际上缴资金数额或注销的资金额度数额，借记本科目，贷记“财政应返还额度”、“零余额账户用款额度”、“银行存款”等科目。

四、本科目期末贷方余额，反映医院财政补助结转和结余资金数额。

3302 科教项目结转（余）

一、本科目核算医院尚未结项的非财政资助科研、教学项目累计所取得收入减去累计发生支出后的，留待下期按原用途继续使用的结转资金，以及医院已经结项但尚未解除限定的非财政科教项目结余资金。

这里的“项目”，指医院从财政部门以外的部门或单位取得的、具有指定用途、项目完成后需要报送项目资金支出决算和使用效果书面报告的资金所对应的项目。

这里的“累计发生支出”，指使用非财政科研、教学项目收入累计所发生的支出。

二、本科目应设置“科研项目结转（余）”、“教学项目结转（余）”两个明细科目，并按具体项目进行明细核算。

三、科教项目结转（余）的主要账务处理如下：

（一）期末，结转本期科教项目收入，借记“科教项目收入”科目，贷记本科目。

（二）期末，结转本期科教项目支出，借记本科目，贷记“科教项目支出”科目。

（三）科教项目结项后如有结余资金并解除限定可以转入事业基金的，按照结转金额，借记本科目，贷记“事业基金”科目。

四、本科目期末贷方余额，反映医院留待下期按原用途继续使用的非财政科研、教学项目结转资金数额以及尚未解除限定的非财政科研、教学项目结余资金数额。

3401 本期结余

一、本科目核算医院本期除财政项目补助收支、科教项目收支以外的各项收入减去各项费用后的结余。

二、本期结余的主要账务处理如下：

(一)期末，应将除财政项目补助收支、科教项目收支以外的其他各收入、费用类科目的本期发生额结转入本期结余。按照应结转的各收入类科目的本期发生额，借记“医疗收入”、“财政补助收入——基本支出”、“其他收入”科目，贷记本科目；同时，按照应结转的各费用类科目的本期发生额，借记本科目，贷记“医疗业务成本”、“管理费用”、“其他支出”科目。

(二)年末，经过上述(一)结转后，首先，应将本年财政基本补助结转转入财政补助结转(余)，按“财政补助收入——基本支出”明细科目本年发生额减去“医疗业务成本”、“管理费用”科目下“财政基本补助支出”备查簿中登记的本年发生额合计后的金额，借记本科目，贷记“财政补助结转(余)——财政补助结转(基本支出结转)”科目。

其次，将扣除财政基本补助结转后本年实现的业务结余(或发生的业务亏损)结转入结余分配。如扣除财政基本补助结转后本科目为贷方余额(即为本年实现的业务结余)，借记本科目，贷记“结余分配”科目；如扣除财政基本补助结转后本科目为借方余额(即为本年发生的业务亏损)，借记“结余分配”科目，贷记本科目。

三、本科目期末如为贷方余额，反映医院自年初至报告期末累计实现的业务结余；如为借方余额，反映医院自年初至报告期末累计发生的业务亏损。年末结转后，本科目应无余额。

3501 结余分配

一、本科目核算医院当年提取职工福利基金、未分配结余结转事业基金、用事业基金弥补亏损等的情况和结果。

二、本科目应设置“事业基金弥补亏损”、“提取职工福利基金”、“转入事业基金”等明细科目，进行明细核算。

三、结余分配的主要账务处理如下：

(一)年末，将本年扣除财政基本补助结转后实现的业务结余结转入结余分配时，借记“本期结余”科目，贷记本科目；将本年扣除财政基本补助结转后发生的业务亏损结转入结余分配时，借记本科目，贷记“本期结余”科目。

(二)经过上述(一)结转后，本科目为贷方余额的，可以按国家有关规定提取职工福利基金，剩余部分转入事业基金。提取职工福利基金时，借记本科目(提取职工福利基金)，贷记“专用基金”科目；将提取职工福利基金后本科目的贷方余额转入事业基金时，借记本科目(转入事业基金)，贷记“事业基金”科目。

(三)经过上述(一)结转后，本科目为借方余额的，应由事业基金弥补，不得进行其他分配；事业基金不足以弥补的，为累计未弥补亏损。以事业基金弥补亏损时，借记“事业基金”科目，贷记本科目(事业基金弥补亏损)。

四、年末将未分配结余转入事业基金后，本科目一般应无余额。本科目年末有借方余额的，表示医院累计未弥补的亏损。

**四、收入类**

4001 医疗收入

一、本科目核算医院开展医疗服务活动取得的收入，包括门诊收入和住院收入。

二、本科目应设置“门诊收入”、“住院收入”两个一级明细科目。

(一)“门诊收入”一级明细科目“门诊收入”一级明细科目核算医院为门诊病人提供医疗服务所取得的收入。该一级明细科目下应当设置“挂号收入”、“诊察收入”、“检查收入”、“化验收入”、“治疗收入”、“手术收入”、“卫生材料收入”、“药品收入”、“药事服务费收入”、“其他门诊收入”、“结算差额”等二级明细科目，进行明细核算。其中：

“药品收入”二级明细科目下，应设置“西药”、“中成药”、“中草药”等三级明细科目。

“结算差额”二级明细科目核算医院同医疗保险机构结算时，因医院按照医疗服务项目收费标准计算确认的应收医疗款金额与医疗保险机构实际支付金额不同，而产生的需要调整医院医疗收入的差额(不包括医院因违规治疗等管理不善原因被医疗保险机构拒付所产生的差额)。医院因违规治疗等管理不善原因被医疗保险机构拒付而不能收回的应收医疗款，应按规定确认为坏账损失，不通过本明细科目核算。

（二）“住院收入”一级明细科目

“住院收入”一级明细科目核算医院为住院病人提供医疗服务所取得的收入。该一级明细科目下应当设置“床位收入”、“诊察收入”、“检查收入”、“化验收入”、“治疗收入”、“手术收入”、“护理收入”、“卫生材料收入”、“药品收入”、“药事服务费收入”、“其他住院收入”、“结算差额”等二级明细科目，进行明细核算。其中：

“药品收入”二级明细科目下，应设置“西药”、“中成药”、“中草药”等三级明细科目。

“结算差额”二级明细科目的核算内容同“门诊收入”一级明细科目所属的“结算差额”二级明细科目。

三、医疗收入应当在提供医疗服务（包括发出药品）并收讫价款或取得收款权利时，按照国家规定的医疗服务项目收费标准计算确定的金额确认入账。医院给予病人或其他付费方的折扣不计入医疗收入。

医院同医疗保险机构结算时，医疗保险机构实际支付金额与医院确认的应收医疗款金额之间存在差额的，对于除医院因违规治疗等管理不善原因被医疗保险机构拒付所产生的差额以外的差额，应当调整医疗收入。

四、医疗收入的主要账务处理如下：

（一）实现医疗收入时，按照依据规定的医疗服务项目收费标准计算确定的金额（不包括医院给予病人或其他付费方的折扣），借记“库存现金”、“银行存款”、“应收在院病人医疗款”、“应收医疗款”等科目，贷记本科目。

（二）同医疗保险机构结算应收医疗款时，按照实际收到的金额，借记“银行存款”科目，按照医院因违规治疗等管理不善原因被医疗保险机构拒付的金额，借记“坏账准备”科目，按照应收医疗保险机构的金额，贷记“应收医疗款”科目，按照借贷方之间的差额，借记或贷记本科目（门诊收入、住院收入——结算差额）。

（三）期末，将本科目余额转入本期结余，借记本科目，贷记“本期结余”科目。

五、期末结转后，本科目应无余额。

### 4101　财政补助收入

一、本科目核算医院按部门预算隶属关系从同级财政部门取得的各类财政补助。

二、本科目应设置“基本支出”和“项目支出”两个一级明细科目。其中，“基本支出”明细科目核算医院由财政部门拨入的符合国家规定的离退休人员经费、政策性亏损补贴等经常性补助；“项目支出”明细科目核算医院由财政部门拨入的主要用于基本建设和设备购置、重点学科发展、承担政府指定公共卫生任务等的专项补助。

“基本支出”一级明细科目下应按照《政府收支分类科目》中“支出功能分类科目”的相关科目进行明细核算。

“项目支出”一级明细科目下应按照《政府收支分类科目》中“支出功能分类科目”的“医疗卫生”、“科学技术”、“教育”等相关科目以及具体项目进行明细核算。

三、财政补助采用国库集中支付方式下拨时，在财政直接支付方式下，应在收到代理银行转来的《财政直接支付入账通知书》时，按照通知书中的直接支付入账金额确认财政补助收入；在财政授权支付方式下，应在收到代理银行转来的《授权支付到账通知书》时，按照通知书中的授权支付额度确认财政补助收入。

其他方式下拨的财政补助，应在实际取得补助时确认财政补助收入。

四、财政补助收入的主要账务处理如下：

（一）财政直接支付方式下，按照财政直接支付金额，借记“医疗业务成本”、“财政项目补助支出”等科目，贷记本科目；对于为购建固定资产、无形资产或购买药品等库存物资而由财政直接支付的支出，还应借记“在建工程”、“固定资产”、“无形资产”、“库存物资”等科目，贷记“待冲基金——待冲财政基金”科目。

年度终了，医院根据本年度财政直接支付预算指标数与当年财政直接支付实际支出数的差额，借记“财政应返还额度——财政直接支付”科目，贷记本科目。

（二）财政授权支付方式下，按照财政授权支付到账额度金额，借记“零余额账户用款额度”科目，贷记本科目。

年度终了，医院本年度财政授权支付预算指标数大于零余额账户用款额度下达数的，借记“财政应返还额度——财政授权支付”科目，贷记本科目。

(三)其他方式下,实际收到财政补助收入时,按照实际收到的金额,借记"银行存款"等科目,贷记本科目。

(四)期末,将本科目的贷方余额分别转入本期结余和财政补助结转(余)。按本科目(基本支出)的贷方余额,借记本科目(基本支出),贷记"本期结余"科目;按本科目(项目支出)的贷方余额,借记本科目(项目支出),贷记"财政补助结转(余)——财政补助结转(项目支出结转)"科目。

五、期末结转后,本科目应无余额。

4201 科教项目收入

一、本科目核算医院取得的除财政补助收入外专门用于科研、教学项目的补助收入。

二、本科目应设置"科研项目收入"、"教学项目收入"两个明细科目,并按具体项目进行明细核算。

三、科教项目收入应当在实际收到时,按照实际收到的金额予以确认。

四、科教项目收入的主要账务处理如下:

(一)取得除财政补助收入以外的科研、教学项目资金时,按收到的金额,借记"银行存款"等科目,贷记本科目。

(二)期末,将本科目余额转入科教项目结转(余),借记本科目,贷记"科教项目结转(余)"科目。五、期末结转后,本科目应无余额。

4301 其他收入

一、本科目核算医院除医疗收入、财政补助收入、科教项目收入以外的其他收入,包括培训收入、食堂收入、银行存款利息收入、租金收入、投资收益、财产物资盘盈收入、捐赠收入、确实无法支付的应付款项等。

二、本科目应当按照其他收入的种类设置明细账,进行明细核算。其中,医院对外投资实现的投资净损益,应单设"投资收益"明细科目进行核算。

三、其他收入的主要账务处理如下:

(一)取得培训收入、食堂收入、银行存款利息收入等时,按照实际收到的金额,借记"库存现金"、"银行存款"等科目,贷记本科目。

(二)固定资产出租收入,在租赁期内各个期间按直线法确认收入。

采用预付租金方式的,收到预付的租金时,借记"银行存款"等科目,贷记"其他应收款"科目;分期确认租金收入时,借记"其他应收款"科目,贷记本科目。

采用后付租金方式的,每期确认租金收入时,借记"其他应收款"科目,贷记本科目。收到租金时,借记"银行存款"等科目,贷记"其他应收款"科目。

采用分期收取租金方式的,每期收取租金时,借记"银行存款"等科目,贷记本科目。

(三)投资收益

1. 短期投资持有期间收到利息等投资收益时,按实际收到的金额,借记"银行存款"等科目,贷记本科目(投资收益)。

出售或到期收回短期债券本息,按实际收到的金额,借记"银行存款"科目,按出售或收回短期投资的成本,贷记"短期投资"科目,按其差额,借记或贷记本科目(投资收益)。

2. 长期股权投资持有期间,被投资单位宣告分派利润时,按照宣告分派的利润中属于医院应享有的份额,借记"其他应收款"科目,贷记本科目(投资收益)。

处置长期股权投资时,按照实际取得的价款,借记"银行存款"等科目,按照所处置长期股权投资的账面余额,贷记"长期投资——股权投资"科目,按照尚未领取的已宣告分派的利润,贷记"其他应收款"科目,按照其差额,借记或贷记本科目(投资收益)。

3. 持有的长期债券投资,应在债券持有期间按照票面价值与票面利率按期计算确认利息收入,如为到期一次还本付息的债券投资,借记"长期投资——债权投资(应收利息)"科目,贷记本科目(投资收益);如为分期付息、到期还本的债券投资,借记"其他应收款"科目,贷记本科目(投资收益)。

出售长期债权投资或到期收回长期债权投资本息,按照实际收到的金额,借记"银行存款"等科目,按照债券初始投资成本和已计未收利息金额,贷记"长期投资——债权投资(成本、应收利息)"科目[到期一次还本付息债券],或"长期投资——债权投资"、"其他应收款"科目[分期付息债券],按照其差额,贷记或借记本科目(投资收益)。

（四）盘盈的库存物资、固定资产等，在经批准处理时，借记“待处理财产损溢”科目，贷记本科目。

（五）接受的捐赠资金，按照实际收到的金额，借记“银行存款”等科目，贷记本科目；接受的实物资产捐赠，按照同类或类似资产的市场价格或有关凭据注明的金额加上相关税费，借记“固定资产”等科目，按发生的相关税费金额，贷记“银行存款”等科目，按其差额，贷记本科目。

（六）确实无法支付的应付款项，按照经批准核销的金额，借记“应付账款”、“其他应付款”科目，贷记本科目。

（七）期末，将本科目余额转入本期结余，借记本科目，贷记“本期结余”科目。

四、期末结转后，本科目应无余额。

**五、费用类**

### 5001　医疗业务成本

一、本科目核算医院开展医疗服务及其辅助活动发生的各项费用，包括人员经费、耗用的药品及卫生材料费、固定资产折旧费、无形资产摊销费、提取医疗风险基金和其他费用，不包括财政补助收入和科教项目收入形成的固定资产折旧和无形资产摊销。

医院统一负担的离退休人员经费在“管理费用”科目核算，不在本科目核算。

使用财政基本补助发生的归属于医疗业务成本的支出，在本科目核算；使用财政项目补助发生的支出，在“财政项目补助支出”科目核算，不在本科目核算。

医院开展科研、教学项目使用自筹配套资金发生的支出，以及医院开展的不与本制度规定的特定“项目”相关的医疗辅助科研、教学活动发生的相关人员经费、专用材料费、资产折旧（摊销）费等费用，在本科目核算，不在“财政项目补助支出”、“科教项目支出”科目核算。

二、本科目应设置“人员经费”、“卫生材料费”、“药品费”、“固定资产折旧费”、“无形资产摊销费”、“提取医疗风险基金”、“其他费用”等一级明细科目，并按照各具体科室进行明细核算，归集临床服务、医疗技术、医疗辅助类各科室发生的，能够直接计入各科室或采用一定方法计算后计入各科室的直接成本。

“人员经费”、“其他费用”明细科目下还应参照《政府收支分类科目》中“支出经济分类科目”的相关科目进行明细核算。

医院应当在本科目下设置“财政基本补助支出”备查簿，按《政府收支分类科目》中“支出功能分类科目”以及“支出经济分类科目”的相关科目，对各项归属于医疗业务成本的财政基本补助支出进行登记。

三、医疗业务成本的主要账务处理如下：

（一）为从事医疗活动及其辅助活动人员计提的薪酬、福利费等，借记本科目（人员经费），贷记“应付职工薪酬”、“应付福利费”、“应付社会保障费”等科目。

（二）开展医疗活动及其辅助活动中，内部领用或出售发出的药品、卫生材料等，按其实际成本，借记本科目（卫生材料费、药品费），贷记“库存物资”科目。

（三）开展医疗活动及其辅助活动所使用固定资产、无形资产计提的折旧、摊销，按照财政补助、科教项目资金形成的金额部分，借记“待冲基金”科目，按照应提折旧、摊销额中的其余金额部分，借记本科目（固定资产折旧费、无形资产摊销费），按照应计提的折旧、摊销额，贷记“累计折旧”、“累计摊销”科目。

（四）计提的医疗风险基金，按照计提金额，借记本科目（提取医疗风险基金），贷记“专用基金——医疗风险基金”科目。

（五）开展医疗活动及其辅助活动中发生的其他各项费用，借记本科目（其他费用），贷记“银行存款”、“待摊费用”等科目。

（六）期末，将本科目余额转入本期结余，借记“本期结余”科目，贷记本科目。

四、期末结转后，本科目应无余额。

### 5101　财政项目补助支出

一、本科目核算医院本期使用财政项目补助（包括当年取得的财政补助和以前年度结转或结余的财政补助）发生的支出。

二、本科目应当按照《政府收支分类科目》中“支出功能分类科目”的“医疗卫生”、“科学技术”、“教育”等相关科目以及具体项目进行明细核算。

三、财政项目补助支出的主要账务处理如下：

(一)财政直接支付方式下,发生财政直接支付的项目补助时,按照支付金额,借记本科目,贷记“财政补助收入”科目;对于为购建固定资产、无形资产或购买药品等物资而由财政直接支付的支出,还应借记“在建工程”、“固定资产”、“无形资产”、“库存物资”等科目,贷记“待冲基金——待冲财政基金”科目。

(二)财政授权支付方式下,使用零余额账户用款额度发生项目补助支付时,按照支付金额,借记本科目,贷记“零余额账户用款额度”科目;对于为购建固定资产、无形资产或购买药品等物资而由财政授权支付的支出,还应借记“在建工程”、“固定资产”、“无形资产”、“库存物资”等科目,贷记“待冲基金——待冲财政基金”科目。

(三)其他方式下,发生财政项目补助支出时,按照实际支付的金额,借记本科目,贷记“银行存款”等科目;对于为购建固定资产、无形资产或购买药品等物资发生的支出,还应借记“在建工程”、“固定资产”、“无形资产”、“库存物资”等科目,贷记“待冲基金——待冲财政基金”科目。

(四)期末,将本科目余额转入财政补助结转(余),借记“财政补助结转(余)——财政补助结转(项目支出结转)”科目,贷记本科目。

四、期末结转后,本科目应无余额。

### 5201 科教项目支出

一、本科目核算医院使用除财政补助收入以外的科研、教学项目收入开展科研、教学项目活动所发生的各项支出。

二、本科目应设置“科研项目支出”、“教学项目支出”两个明细科目,并按具体项目进行明细核算。医院还应设置相应的辅助账,登记开展各科研、教学项目所使用自筹配套资金的情况。

三、科教项目支出的主要账务处理如下:

(一)使用科教项目收入发生的各项支出,按实际支出金额,借记本科目,贷记“银行存款”等科目;形成固定资产、无形资产、库存物资的,还应同时借记“固定资产”、“无形资产”、“库存物资”等科目,贷记“待冲基金——待冲科教项目基金”科目。

(二)期末,将本科目余额转入科教项目结转(余),借记“科教项目结转(余)”科目,贷记本科目。

四、期末结转后,本科目应无余额。

### 5301 管理费用

一、本科目核算医院行政及后勤管理部门为组织、管理医疗、科研、教学业务活动所发生的各项费用,包括医院行政及后勤管理部门发生的人员经费、公用经费、资产折旧(摊销)费等费用,以及医院统一负担的离退休人员经费、坏账损失、银行借款利息支出、银行手续费支出、汇兑损益、聘请中介机构费、印花税、房产税、车船使用税等。

为购建固定资产取得的专门借款,在工程项目建设期间的借款利息应予资本化,不在本科目核算;在工程完工交付使用后发生的专门借款利息,在本科目核算。

使用财政基本补助发生的归属于管理费用的支出,在本科目核算;使用财政项目补助发生的支出,在“财政项目补助支出”科目核算,不在本科目核算。

二、本科目应设置“人员经费”、“固定资产折旧费”、“无形资产摊销费”、“其他费用”等一级明细科目。其中:“人员经费”、“其他费用”明细科目下应参照《政府收支分类科目》中“支出经济分类科目”的相关科目进行明细核算。

医院应当在本科目下设置“财政基本补助支出”备查簿,按《政府收支分类科目》中“支出功能分类科目”以及“支出经济分类科目”的相关科目,对各项归属于管理费用的财政基本补助支出进行登记。

三、管理费用的主要账务处理如下:

(一)为行政及后勤管理部门人员以及离退休人员计提的薪酬、福利费等,借记本科目(人员经费),贷记“应付职工薪酬”、“应付福利费”、“应付社会保障费”等科目。

(二)行政及后勤管理部门所使用固定资产、无形资产计提的折旧、摊销,按照财政补助、科教项目资金形成的金额部分,借记“待冲基金”科目,按照应提折旧、摊销额中的其余金额部分,借记本科目(固定资产折旧费、无形资产摊销费),按照应计提的折旧、摊销额,贷记“累计折旧”、“累计摊销”科目。

(三)提取坏账准备时,借记本科目(其他费用),贷记“坏账准备”科目;冲减坏账准备时,借记“坏账准备”科目,贷记本科目(其他费用)。

(四)发生应计入管理费用的银行借款利息支出时,借记本科目(其他费用),贷记“预提费用”、“银行存款”、“长期借款”等科目。

发生汇兑净收益时,借记“银行存款”、“应付账款”等科目,贷记本科目(其他费用);发生汇兑净损失时,借记本科目(其他费用),贷记“银行存款”、“应付账款”等科目。

(五)发生其他各项管理费用时,借记本科目(其他费用),贷记“库存现金”、“银行存款”、“库存物资”、“待摊费用”等科目。

(六)期末,将本科目余额转入本期结余,借记“本期结余”科目,贷记本科目。

四、期末结转后,本科目应无余额。

5302　其他支出

一、本科目核算医院本期发生的,无法归属到医疗业务成本、财政项目补助支出、科教项目支出、管理费用中的支出,包括培训支出,食堂提供服务发生的支出,出租固定资产的折旧费,营业税、城市维护建设税、教育费附加等税费,财产物资盘亏或毁损损失,捐赠支出,罚没支出等。

二、本科目应当按照其他支出的种类和项目设置明细账,进行明细核算。

三、其他支出的主要账务处理如下:

(一)为出租固定资产计提的折旧额,按照财政补助、科教项目资金形成的金额部分,借记“待冲基金”科目,按照应提折旧额中的其余金额部分,借记本科目,按照应计提的折旧额,贷记“累计折旧”科目。

(二)盘亏、变质、毁损的财产物资,按照相关待处理财产损溢金额扣除可以收回的保险赔偿和过失人的赔偿等后的金额,借记本科目,按照已收回或应收回的保险赔偿和过失人赔偿等,借记“库存现金”、“银行存款”、“其他应收款”等科目,按照相关待处理财产损溢余额,贷记“待处理财产损溢”科目。

(三)发生营业税、城市维护建设税、教育费附加等纳税义务的,按照税法规定计算的应交税费金额,借记本科目、“固定资产清理”等科目,贷记“应交税费”科目。

(四)发生培训支出、食堂支出、捐赠支出、罚没支出等其他支出,借记本科目,贷记“银行存款”等科目。

(五)期末,将本科目余额转入本期结余,借记“本期结余”科目,贷记本科目。

四、期末结转后,本科目应无余额。

## 第四部分　会计报表格式

| 编　　号 | 会计报表名称 | 编　　制　　期 |
|---|---|---|
| 会医 01 表 | 资产负债表 | 月度、季度、年度 |
| 会医 02 表 | 收入费用总表 | 月度、季度、年度 |
| 会医 02 表附表 01 | 医疗收入费用明细表 | 月度、季度、年度 |
| 会医 03 表 | 现金流量表 | 年度 |
| 会医 04 表 | 财政补助收支情况表 | 年度 |

**资 产 负 债 表**

会医 01 表

编制单位:　　　　　　　　年　月　日　　　　　　　　单位:元

| 资　　产 | 期末余额 | 年初余额 | 负债和净资产 | 期末余额 | 年初余额 |
|---|---|---|---|---|---|
| 流动资产: | | | 流动负债: | | |
| 货币资金 | | | 短期借款 | | |
| 短期投资 | | | 应缴款项 | | |
| 财政应返还额度 | | | 应付票据 | | |

（续表）

| 资　　产 | 期末余额 | 年初余额 | 负债和净资产 | 期末余额 | 年初余额 |
|---|---|---|---|---|---|
| 应收在院病人医疗款 | | | 应付账款 | | |
| 应收医疗款 | | | 预收医疗款 | | |
| 其他应收款 | | | 应付职工薪酬 | | |
| 减:坏账准备 | | | 应付福利费 | | |
| 预付账款 | | | 应付社会保障费 | | |
| 存货 | | | 应交税费 | | |
| 待摊费用 | | | 其他应付款 | | |
| 一年内到期的长期债权投资 | | | 预提费用 | | |
| 流动资产合计 | | | 一年内到期的长期负债 | | |
| 非流动资产: | | | 流动负债合计 | | |
| 长期投资 | | | 非流动负债: | | |
| 固定资产 | | | 长期借款 | | |
| 固定资产原价 | | | 长期应付款 | | |
| 减:累计折旧 | | | 非流动负债合计 | | |
| 在建工程 | | | 负债合计 | | |
| 固定资产清理 | | | 净资产: | | |
| 无形资产 | | | 事业基金 | | |
| 无形资产原价 | | | 专用基金 | | |
| 减:累计摊销 | | | 待冲基金 | | |
| 长期待摊费用 | | | 财政补助结转(余) | | |
| 待处理财产损溢 | | | 科教项目结转(余) | | |
| 非流动资产合计 | | | 本期结余 | | |
| | | | 未弥补亏损 | | |
| | | | 净资产合计 | | |
| 资产总计 | | | 负债和净资产总计 | | |

**收入费用总表**

会医 02 表

编制单位:　　　　年　月　　　　单位:元

| 项　　目 | 本月数 | 本年累计数 |
|---|---|---|
| 一、医疗收入 | | |
| 加:财政基本补助收入 | | |
| 减:医疗业务成本 | | |

（续表）

| 项　　目 | 本月数 | 本年累计数 |
|---|---|---|
| 减：管理费用 | | |
| 二、医疗结余 | | |
| 加：其他收入 | | |
| 减：其他支出 | | |
| 三、本期结余 | | |
| 减：财政基本补助结转 | | |
| 四、结转入结余分配 | | |
| 加：年初未弥补亏损 | | |
| 加：事业基金弥补亏损 | | |
| 减：提取职工福利基金 | | |
| 转入事业基金 | | |
| 年末未弥补亏损 | | |
| 五、本期财政项目补助结转(余)： | | |
| 财政项目补助收入 | | |
| 减：财政项目补助支出 | | |
| 六、本期科教项目结转(余)： | | |
| 科教项目收入 | | |
| 减：科教项目支出 | | |

**医疗收入费用明细表**

会医 02 表附表 01

编制单位：　　　　　　　　　　　　年　月　　　　　　　　　　　　单位：元

| 项　　目 | 本月数 | 本年累计数 | 项　　目 | 本月数 | 本年累计数 |
|---|---|---|---|---|---|
| 医疗收入 | | | 医疗成本 | | |
| 1. 门诊收入 | | | (一)按性质分类 | | |
| 其中：挂号收入 | | | 1. 人员经费 | | |
| 诊察收入 | | | 2. 卫生材料费 | | |
| 检查收入 | | | 3. 药品费 | | |
| 化验收入 | | | 4. 固定资产折旧费 | | |
| 治疗收入 | | | 5. 无形资产摊销费 | | |
| 手术收入 | | | 6. 提取医疗风险基金 | | |
| 卫生材料收入 | | | 7. 其他费用 | | |
| 药品收入 | | | (二)按功能分类 | | |

（续表）

| 项　　目 | 本月数 | 本年累计数 | 项　　目 | 本月数 | 本年累计数 |
|---|---|---|---|---|---|
| 其中：西药收入 | | | 1. 医疗业务成本 | | |
| 　　中草药收入 | | | 其中：临床服务成本 | | |
| 　　中成药收入 | | | 　　医疗技术成本 | | |
| 　　药事服务费收入 | | | 　　医疗辅助成本 | | |
| 　　其他门诊收入 | | | 2. 管理费用 | | |
| 2. 住院收入 | | | | | |
| 其中：床位收入 | | | | | |
| 　　诊察收入 | | | | | |
| 　　检查收入 | | | | | |
| 　　化验收入 | | | | | |
| 　　治疗收入 | | | | | |
| 　　手术收入 | | | | | |
| 　　护理收入 | | | | | |
| 　　卫生材料收入 | | | | | |
| 　　药品收入 | | | | | |
| 其中：西药收入 | | | | | |
| 　　中草药收入 | | | | | |
| 　　中成药收入 | | | | | |
| 　　药事服务费收入 | | | | | |
| 　　其他住院收入 | | | | | |

**现 金 流 量 表**

会医 03 表

编制单位：　　　　年度　　　　单位：元

| 项　　目 | 行　　次 | 金　　额 |
|---|---|---|
| 一、业务活动产生的现金流量： | | |
| 开展医疗服务活动收到的现金 | | |
| 财政基本支出补助收到的现金 | | |
| 非资本性项目补助收到的现金 | | |
| 从事科教项目活动收到的除财政补助以外的现金 | | |
| 收到的其他与业务活动有关的现金 | | |
| 现金流入小计 | | |
| 发生人员经费支付的现金 | | |

（续表）

| 项　　目 | 行　　次 | 金　　额 |
|---|---|---|
| 购买药品支付的现金 | | |
| 购买卫生材料支付的现金 | | |
| 使用财政非资本性项目补助支付的现金 | | |
| 使用科教项目收入支付的现金 | | |
| 支付的其他与业务活动有关的现金 | | |
| 现金流出小计 | | |
| 业务活动产生的现金流量净额 | | |
| 二、投资活动产生的现金流量： | | |
| 收回投资所收到的现金 | | |
| 取得投资收益所收到的现金 | | |
| 处置固定资产、无形资产收回的现金净额 | | |
| 收到的其他与投资活动有关的现金 | | |
| 现金流入小计 | | |
| 购建固定资产、无形资产支付的现金 | | |
| 对外投资支付的现金 | | |
| 上缴处置固定资产、无形资产收回现金净额支付的现金 | | |
| 支付的其他与投资活动有关的现金 | | |
| 现金流出小计 | | |
| 投资活动产生的现金流量净额 | | |
| 三、筹资活动产生的现金流量： | | |
| 取得财政资本性项目补助收到的现金 | | |
| 借款收到的现金 | | |
| 收到的其他与筹资活动有关的现金 | | |
| 现金流入小计 | | |
| 偿还借款支付的现金 | | |
| 偿付利息支付的现金 | | |
| 支付的其他与筹资活动有关的现金 | | |
| 现金流出小计 | | |
| 筹资活动产生的现金流量净额 | | |
| 四、汇率变动对现金的影响额 | | |
| 五、现金净增加额 | | |

## 财政补助收支情况表

会医04表

编制单位：　　　　年度　　　　单位：元

| 项　目 | 结转本年数 | — |
| --- | --- | --- |
| 一、上年结转 | | — |
| (一)财政补助结转 | | — |
| 1. 基本支出结转 | | — |
| 2. 项目支出结转 | | — |
| 其中：医疗卫生项目 | | — |
| 科学技术项目 | | — |
| 教育项目 | | — |
| (二)财政补助结余 | | — |
| 项　目 | 本年数 | 上年数 |
| 二、本年财政补助收入 | | |
| (一)基本支出 | | |
| (二)项目支出 | | |
| 其中：医疗卫生项目 | | |
| 科学技术项目 | | |
| 教育项目 | | |
| 三、本年财政补助支出 | | |
| (一)基本支出 | | |
| (二)项目支出 | | |
| 其中：医疗卫生项目 | | |
| 科学技术项目 | | |
| 教育项目 | | |
| 四、财政补助上缴 | | |
| (一)财政补助结转上缴 | | |
| (二)财政补助结余上缴 | | |
| 五、结转下年 | | — |
| (一)财政补助结转 | | — |
| 1. 基本支出结转 | | — |
| 2. 项目支出结转 | | — |
| 其中：医疗卫生项目 | | — |
| 科学技术项目 | | — |
| 教育项目 | | — |
| (二)财政补助结余 | | — |

## 第五部分　会计报表编制说明(略)

## 第六部分　成本报表参考格式(略)

# 11. 基层医疗卫生机构会计制度(2010年颁布)

财会[2010]26号

## 第一部分　总说明

一、为了规范基层医疗卫生机构的会计核算，保证会计信息的真实、完整，根据《中华人民共和国会计法》、事业单位会计准则及国家有关法律法规的规定，制定本制度。

二、本制度适用于中华人民共和国境内由政府举办的独立核算的城市社区卫生服务中心(站)、乡镇卫生院等基层医疗卫生机构。企业事业单位、社会团体及其他社会组织举办的非营利性基层医疗卫生机构参照执行。

三、基层医疗卫生机构应根据会计业务的需要，设置会计机构，或者在有关机构中设置会计人员并指定会计主管人员；不具备设置条件的，应委托经批准设立从事会计代理记账业务的中介机构代理记账。

有条件的地区，可对基层医疗卫生机构实行财务集中核算，具体办法由地方根据实际情况确定。

四、基层医疗卫生机构会计采用收付实现制基础。基层医疗卫生机构会计要素包括资产、负债、净资产、收入和支出。

五、基层医疗卫生机构应按照下列规定运用会计科目：(一)基层医疗卫生机构应按照本制度的规定，设置和使用会计科目。在不影响会计处理和编报会计报表的前提下，可以根据实际情况自行设置本制度规定之外的明细科目，不需用的科目可以不设置。

(二)本制度统一规定会计科目的编号，以便于编制会计凭证、登记账簿、查阅账目，实行会计信息化管理。基层医疗卫生机构不得随意打乱重编。

(三)基层医疗卫生机构在编制会计凭证、登记会计账簿时，应填列会计科目的名称，或者同时填列会计科目的名称和编号，不得只填列科目编号，不填列科目名称。

六、基层医疗卫生机构财务报告是反映基层医疗卫生机构某一特定日期的财务状况和某一会计期间的收支等情况的书面文件。基层医疗卫生机构应按照下列规定编制和提供财务报告：

(一)基层医疗卫生机构财务报告由会计报表、会计报表附注和财务情况说明书组成。

基层医疗卫生机构会计报表包括资产负债表、收入支出总表、净资产变动表以及业务收支明细表、财政补助收支明细表等有关附表。

基层医疗卫生机构会计报表附注至少应包括：重要会计政策、会计估计的说明，会计报表重要项目及其增减变动情况的说明，有助于理解和分析会计报表的需要说明的其他事项。

基层医疗卫生机构财务情况说明书应主要说明基层医疗卫生机构的业务开展情况、预算执行情况、财务收支状况、资产变动情况、基本建设情况及相关报表、绩效考评情况及相关报表、对本期或下期财务状况发生重大影响的事项、专项资金的使用情况以及其他需要说明的事项。

(二)基层医疗卫生机构财务报告分为月度、季度和年度财务报告。

(三)基层医疗卫生机构会计报表应根据登记完整、核对无误的账簿记录和其他有关资料编制，要做到数字真实、计算准确、内容完整、报送及时。

(四)基层医疗卫生机构对外提供的财务报告应由单位负责人和主管会计工作的负责人、会计机构负责人(会计主管人员)签名并盖章。

七、基层医疗卫生机构填制会计凭证、登记会计账簿、内部会计监督与控制、会计档案管理等相关会计基础工作，应按照会计基础工作规范和会计档案管理办法等规定执行。

八、基层医疗卫生机构对基本建设投资的会计核算除按照本制度执行外，还应按照国家有关规定单独建账、单独核算。

九、本制度由财政部负责解释。

十、本制度自2011年7月1日起施行。

## 第二部分 会计科目名称和编号

| 序号 | 编号 | 会计科目名称 |
|---|---|---|
| 一、资产类 | | |
| 1 | 101 | 库存现金 |
| 2 | 102 | 银行存款 |
| 3 | 103 | 零余额账户用款额度 |
| 4 | 104 | 其他货币资金 |
| 5 | 111 | 财政应返还额度 |
| | 11101 | 财政直接支付 |
| | 11102 | 财政授权支付 |
| 6 | 112 | 应收医疗款 |
| 7 | 114 | 其他应收款 |
| 8 | 121 | 库存物资 |
| 9 | 123 | 待摊支出 |
| 10 | 131 | 固定资产 |
| 11 | 133 | 在建工程 |
| 12 | 141 | 无形资产 |
| 二、负债类 | | |
| 13 | 201 | 借入款 |
| 14 | 202 | 待结算医疗款 |
| 15 | 203 | 应缴款项 |
| 16 | 206 | 应付账款 |
| 17 | 207 | 预收医疗款 |
| 18 | 208 | 应付职工薪酬 |
| 19 | 210 | 应付社会保障费 |
| 20 | 211 | 应交税费 |
| 21 | 221 | 其他应付款 |
| 三、净资产类 | | |
| 22 | 301 | 固定基金 |
| | 30101 | 固定资产占用 |

（续表）

| 序　　号 | 编　　号 | 会计科目名称 |
|---|---|---|
| | 30102 | 在建工程占用 |
| | 30103 | 无形资产占用 |
| 23 | 302 | 事业基金 |
| 24 | 303 | 专用基金 |
| 25 | 304 | 本期结余 |
| 26 | 305 | 财政补助结转(余) |
| | 30501 | 财政基本补助结转 |
| | 30502 | 财政项目补助结转(余) |
| 27 | 306 | 其他限定用途结转(余) |
| 28 | 308 | 结余分配 |
| | 30801 | 待分配结余 |
| | 30802 | 提取专用基金 |
| | 30803 | 事业基金弥补亏损 |
| 四、收入类 | | |
| 29 | 401 | 医疗收入 |
| | 40101 | 门诊收入 |
| | 40102 | 住院收入 |
| 30 | 402 | 财政补助收入 |
| 31 | 403 | 上级补助收入 |
| 32 | 406 | 其他收入 |
| 五、支出类 | | |
| 33 | 501 | 医疗卫生支出 |
| | 50101 | 医疗支出 |
| | 50102 | 公共卫生支出 |
| 34 | 502 | 财政基建设备补助支出 |
| 35 | 506 | 其他支出 |

## 第三部分　会计科目使用说明

**一、资产类**

### 101　库存现金

一、本科目核算基层医疗卫生机构的库存现金。

二、基层医疗卫生机构应严格按照国家有关现金管理的规定收支现金，并按照本制度的规定核算现金的各项收支业务。

三、库存现金的主要账务处理如下：

（一）从银行提取现金时，按照实际提取金额，借记本科目，贷记“银行存款”科目；将现金存入银行时，按照实际存入金额，借记“银行存款”科目，贷记本科目。

（二）从零余额账户中提取现金时，按照实际提取金额，借记本科目，贷记“零余额账户用款额度”科目。

（三）提供基本医疗和公共卫生服务等收到现金时，按照实际收到金额，借记本科目，贷记“待结算医疗款”、“医疗收入”等科目。

（四）垫付职工因出差等原因所需的现金，按照实际借出金额，借记“其他应收款”等科目，贷记本科目。结算时，按照实际收回金额，借记本科目，按照实际报销金额，借记“医疗支出”、“待摊支出”等科目，按照预借金额，贷记“其他应收款”科目。

四、基层医疗卫生机构应设置“现金日记账”，由出纳人员根据收付款凭证，按照业务发生顺序逐笔登记。每日终了，应计算当日的现金收入合计数、现金支出合计数和结余数，并将结余数与实际库存数核对，做到账款相符。

每日核对账款时发现现金溢余或短缺的，应及时查明原因并进行处理。如发现现金溢余，属于应付未付有关人员或单位的部分，借记本科目，贷记“其他应付款”科目；属于无法查明原因的部分，借记本科目，贷记“其他收入”科目。如发现现金短缺，属于应由过失人赔偿的部分，借记“其他应收款”科目，贷记本科目；属于无法查明原因的部分，借记“其他支出”科目，贷记本科目。

五、本科目期末借方余额，反映基层医疗卫生机构实际持有的库存现金。

### 102　银行存款

一、本科目核算基层医疗卫生机构存入银行等金融机构的各种存款。基层医疗卫生机构的银行本票存款、银行汇票存款、信用卡存款等在“其他货币资金”科目核算，不在本科目核算。

二、基层医疗卫生机构应严格按照国家有关支付结算办法的规定办理银行存款收支业务，并按照本制度规定核算银行存款的各项收支业务。

三、银行存款的主要账务处理如下：

（一）将款项存入银行时，按照实际存入金额，借记本科目，贷记“库存现金”、“应收医疗款”、“医疗收入”等科目。

（二）提取和支出存款时，按照实际提取和支出金额，借记“库存现金”、“应付账款”、“医疗卫生支出”等科目，贷记本科目。

四、基层医疗卫生机构应按照开户银行、存款种类等设置“银行存款日记账”，由出纳人员根据收付款凭证，按照业务的发生顺序逐笔登记，每日终了结出余额。“银行存款日记账”应定期与“银行对账单”核对，至少每月核对一次。月度终了，账面余额与银行对账单余额之间如有差额，必须逐笔查明原因并进行处理，按照月度编制“银行存款余额调节表”，调节相符。

五、本科目期末借方余额，反映基层医疗卫生机构实际存放银行等金融机构的款项。

### 103　零余额账户用款额度

一、本科目核算实行国库集中支付的基层医疗卫生机构根据财政部门批复的用款计划收到的、尚未动用的零余额账户用款额度。

二、零余额账户用款额度的主要账务处理如下：

（一）在财政授权支付方式下，收到代理银行盖章的“授权支付到账通知书”时，按照其所列数额，借记本科目，贷记“财政补助收入”科目。发生支出时，按照实际支出金额，借记“库存物资”、“医疗卫生支出”、“财政基建设备补助支出”等科目，贷记本科目。

（二）从零余额账户提取现金时，按照实际提取金额，借记“库存现金”科目，贷记本科目。

（三）年末，按照代理银行提供的对账单作注销额度时，借记“财政应返还额度——财政授权支付”科目，贷记本科目。下年初，按照代理银行提供的“额度恢复到账通知书”恢复额度时，借记本科目，贷记“财政应返还额度——财政授权支付”科目。

如本年度财政授权支付预算指标数大于零余额账户用款额度下达数，按照两者差额，借记“财政应返还额度——财政授权支付”科目，贷记“财政补助收入”科目。下年度收到财政部门批复的上年末未下达零余额账户用款额度时，按照批复额度，借记本科目，贷记“财政应返还额度——财政授权支付”科目。

三、本科目期末借方余额，反映基层医疗卫生机构尚未支用的零余额账户用款额度。本科目年末应无余额。

104　其他货币资金

一、本科目核算基层医疗卫生机构的银行本票存款、银行汇票存款、信用卡存款等各种其他货币资金。

二、本科目应设置“银行本票存款”、“银行汇票存款”和“信用卡存款”等一级明细科目，进行明细核算。

三、其他货币资金的主要账务处理如下：

（一）向银行办理银行本票存款、银行汇票存款、信用卡存款等业务时，按照实际存入金额，借记本科目，贷记“银行存款”等科目。

（二）使用银行本票存款、银行汇票存款、信用卡存款等其他货币资金支付库存物资等采购款项时，借记“库存物资”等科目，贷记本科目。

四、基层医疗卫生机构应加强对其他货币资金的管理，及时办理结算，对于逾期尚未办理结算的银行汇票、银行本票等，应按照规定及时转回。

五、本科目期末借方余额，反映基层医疗卫生机构实际持有的其他货币资金。

111　财政应返还额度

一、本科目核算实行国库集中支付的基层医疗卫生机构年终应收财政下年度返还的资金额度。

二、本科目应设置“财政直接支付”和“财政授权支付”一级明细科目，进行明细核算。

三、财政应返还额度的主要账务处理如下：

（一）财政直接支付年末结余资金的账务处理。年末，根据本年度财政直接支付预算指标数与财政直接支付实际支出数的差额，借记本科目（财政直接支付），贷记“财政补助收入”科目。

下年度恢复财政直接支付额度后，发生实际支出时，借记“库存物资”、“医疗卫生支出”、“财政基建设备补助支出”等科目，贷记本科目（财政直接支付）。

（二）财政授权支付年末结余资金的账务处理。年末，按照代理银行提供的对账单注销额度时，借记本科目（财政授权支付），贷记“零余额账户用款额度”科目。下年初，按照代理银行提供的额度恢复到账通知书恢复额度时，借记“零余额账户用款额度”科目，贷记本科目（财政授权支付）。

如本年度财政授权支付预算指标数大于零余额账户用款额度下达数，按照两者差额，借记本科目（财政授权支付），贷记“财政补助收入”科目。下年度收到财政部门批复的上年末未下达零余额账户用款额度时，按照批复额度，借记“零余额账户用款额度”科目，贷记本科目（财政授权支付）。

四、本科目期末借方余额，反映基层医疗卫生机构应收财政下年度返还的资金额度。

112　应收医疗款

一、本科目核算基层医疗卫生机构因提供基本医疗和公共卫生服务而应向门诊病人、住院病人收取的和与医疗保险机构结算的应收未收医疗款项。

二、本科目应设置“结算欠费”和“应收医疗保险金”一级明细科目。

“结算欠费”一级明细科目按照“门诊病人”和“住院病人”设置明细账，进行明细核算。

“应收医疗保险金”一级明细科目按照医疗保险机构设置明细账，进行明细核算。

三、应收医疗款的主要账务处理如下：

（一）与门诊病人结算医疗款时，应向门诊病人收取的部分，按照门诊病人实际支付或应付未付的医疗款金额，借记“库存现金”、本科目（结算欠费——门诊病人）等科目，应由医疗保险机构负担的部分，按照有关规定计算的应收医疗保险金额，借记本科目（应收医疗保险金），按照有关规定计算确定的门诊病人医疗款金额，贷记“医疗收入”科目（未实行“收支两条线”管理）或“待结算医疗款”科目（实行“收支两条线”管理）。

（二）与住院病人结算医疗款时，如住院病人应付医疗款金额大于其预交金额，按照预收住院病人医疗款金额，借记“预收医疗款”科目，按照实际补付或应付未付金额，借记“库存现金”、本科目（结算欠费——住院病人）等科目，按照有关规定计算的应由医疗保险机构负担的医疗保险金额，借记本科目（应收医疗保险金），按照有关规定计算确定的住院病人医疗款金额，贷记“医疗收入”科目（未实行“收支两条线”管理）或“待结算医疗款”科目（实行“收支两条线”管理）。

如住院病人应付医疗款金额小于其预交金额，按照预收住院病人医疗款金额，借记“预收医疗款”科目，按照有关规定计算的应由医疗保险机构负担的医疗保险金额，借记本科目（应收医疗保险金），按照退还给住院病人医疗款金额，贷记“库存现金”、“银行存款”等科目，按照有关规定计算确定的住院病人医疗款金额，贷记“医疗收入”科目（未实行“收支两条线”管理）或贷记“待结算医疗款”科目（实行“收支两条线”管理）。

（三）收到病人补交的结算欠费时，按照实际收到的金额，借记“库存现金”等科目，贷记本科目（结算欠费）。

（四）与医疗保险机构结算医疗款时，按照实际收到的医疗保险机构结算金额，借记“银行存款”等科目，贷记本科目（应收医疗保险金）。

如医疗保险机构预拨并需结算医疗保险金的，与医疗保险机构结算时，按照医疗保险机构预付金额，借记“预收医疗款”科目，按照医疗保险机构补付或退还医疗保险机构的金额，借记或贷记“银行存款”等科目，按照应收医疗保险机构的金额，贷记本科目（应收医疗保险金）。

（五）与医疗保险机构结算发生结算差额时，对于可由相关过失人赔偿的部分，按照实际赔偿金额，借记“库存现金”、“银行存款”等科目，贷记本科目（应收医疗保险金）；对于由相关过失人赔偿以外的部分，按照规定批准核销的金额，借记“其他支出”科目，贷记本科目（应收医疗保险金）。

四、基层医疗卫生机构应定期或者至少于每年年度终了，对应收医疗款进行全面检查。对于期限超过3年以上，确认无法收回的除医保结算差额以外的应收医疗款，应及时查明原因，并根据管理权限在报经批准后核销。核销时，借记“其他支出”科目，贷记本科目。基层医疗卫生机构应设置“坏账核销备查簿”，详细登记已核销应收医疗款坏账的债务人姓名、形成时间、金额、原因等相关信息。

如果已核销的应收医疗款在以后期间又收回的，应按照实际收回的金额，借记“银行存款”等科目，贷记“其他收入”等科目。

五、本科目期末借方余额，反映基层医疗卫生机构应收未收的医疗款项。

### 114　其他应收款

一、本科目核算基层医疗卫生机构除财政应返还额度、应收医疗款以外的其他各项应收、暂付款项，包括职工预借的差旅费、拨付的备用金、应向职工收取的各种垫付款项等。

二、本科目应按照其他应收款的项目分类以及不同的债务人设置明细账，进行明细核算。

三、其他应收款的主要账务处理如下：

（一）基层医疗卫生机构发生的其他各种应收、暂付款项等各项其他应收款，借记本科目，贷记“银行存款”、“库存现金”等科目；收回或转销各种款项时，借记“库存现金”、“银行存款”或相关支出科目，贷记本科目。

（二）实行定额备用金制度的基层医疗卫生机构，在领用备用金时，按照批准领用的金额，借记本科目（备用金），贷记“银行存款”等科目。定期向财会部门报销已使用的备用金并用现金补足备用金定额时，按照实际报销金额，借记有关支出科目，贷记“银行存款”等科目。

四、基层医疗卫生机构应定期或者至少于每年年度终了，对其他应收款进行全面检查。对于账龄超过3年以上，确认无法收回的其他应收款应及时查明原因，并根据管理权限报经批准后核销。核销时，借记“其他支出”科目，贷记本科目。基层医疗卫生机构应设置“坏账核销备查簿”，详细登记已核销其他应收款坏账的形成期限、金额、原因等相关信息。

如果已核销的其他应收款在以后期间又收回的，应按照实际收回的金额，借记“银行存款”科目，贷记“其他收入”等科目。

五、本科目期末借方余额，反映基层医疗卫生机构尚未收回的其他应收款。

### 121　库存物资

一、本科目核算基层医疗卫生机构为了开展基本医疗和公共卫生服务活动及其他活动储存的药品、卫生材料、低值易耗品和其他材料的实际成本。

二、本科目应按照库存物资的类别，如“药品”、“卫生材料”、“低值易耗品”和“其他材料”等设置一级明细科目，“药品”一级明细科目下应设置“药库”、“药房”两个二级明细科目，并按照西药、中成药、中草药进行明细核算。

本科目明细账下按照品名、规格设置数量金额明细账，库房应设置实物收、发、存数量明细账。

三、库存物资的主要账务处理如下：

（一）库存物资在取得时，应以其成本入账，具体如下：

1. 按照规定集中采购配送的库存物资，其成本按照通过集中采购确定的采购价格（包括配送费用，下同）确定，自行外购的库存物资成本按照实际采购价格及相关直接税费确定。外购或集中采购配送的物资验收入库时，按照确定的成本，借记本科目，贷记“银行存款”、“应付账款”、“零余额账户用款额度”等科目。

2. 接受捐赠的库存物资，其成本比照同类或类似物资的市场价格或有关凭据注明的金额确定。接受捐赠的物资验收入库时，按照确定的成本，借记本科目，贷记“其他收入”科目。

（二）库存物资在发出时，应根据实际情况采用个别计价法、先进先出法或者加权平均法确定发出物资的实际成本。计价方法一经确定，不得随意变更。

1. 开展基本医疗和公共卫生服务等业务活动领用库存物资时，按照其实际成本，借记“医疗卫生支出”、“待摊支出”等科目，贷记本科目。

低值易耗品应于内部领用时摊销，摊销方法可以采用一次摊销或五五摊销。

2. 药房从药库领取药品，按照领取药品的成本，借记本科目（药品——药房），贷记本科目（药品——药库）。药房结转已出售药品的成本时，按照其实际成本，借记“医疗卫生支出”等科目，贷记本科目（药品——药房）。

3. 因其他原因领用或发出库存物资，按照其实际成本，借记“待摊支出”等科目，贷记本科目。

四、基层医疗卫生机构的各种库存物资，应定期进行清查盘点，每年至少盘点一次。对于盘盈、盘亏以及变质、毁损的物资，应及时查明原因，根据管理权限报经批准后及时进行账务处理：

（一）盘盈的库存物资，比照同类或类似物资的市场价格确定的价值，借记本科目，贷记“其他收入”科目。

（二）盘亏、变质、毁损的库存物资，按照库存物资账面余额扣除保险赔偿和过失人赔偿等后的金额，借记“其他支出”科目，按照实际收回的保险赔偿和过失人赔偿等，借记“库存现金”、“银行存款”等科目，按照库存物资的账面余额，贷记“库存物资”科目。

五、本科目期末借方余额，反映基层医疗卫生机构库存物资的实际成本。

### 123　待摊支出

一、本科目核算基层医疗卫生机构为组织、管理基本医疗和公共卫生服务活动等日常发生且需要分摊至医疗支出和公共卫生支出的各项间接支出。

二、本科目应按照待摊支出的种类设置明细账，进行明细核算。

三、待摊支出的主要账务处理如下：

（一）无法直接确定归属于基本医疗或公共卫生服务的各项水、电、供暖、人员工资等待摊支出，在发生时按照实际支出金额，借记本科目，贷记“库存现金”、“银行存款”、“零余额账户用款额度”、“应付职工薪酬”等科目。

（二）期末，将本科目余额按照职工人数、场地面积等合理可行的分摊标准计算并分摊至医疗支出和公共卫生支出时，按照计算的分摊金额，借记“医疗卫生支出（医疗支出、公共卫生支出）”科目，贷记本科目。

四、本科目期末借方余额，反映基层医疗卫生机构尚未分摊的待摊支出余额。本科目年末应无余额。

### 131　固定资产

一、本科目核算基层医疗卫生机构固定资产的原价。

固定资产是指基层医疗卫生机构持有的预计使用年限超过 1 年、单位价值在 1000 元以上（其中，专用设备单位价值在 1500 元以上）的有形资产。单位价值虽未达到规定标准，但预计使用年限超过 1 年的大批同类物资，应作为固定资产管理。

二、基层医疗卫生机构固定资产主要包括房屋及建筑物、专用设备、一般设备和其他固定资产。

三、基层医疗卫生机构应设置“固定资产登记簿”和“固定资产卡片”，并按照固定资产类别、使用部门等设置明细账，进行明细核算。出租或出借的固定资产，应设置备查簿进行登记。经营租入或借入的固定资产，应设置备查簿进行登记，不在本科目核算。

四、固定资产的主要账务处理如下：

（一）固定资产的取得

1. 外购的固定资产，其成本包括实际支付的买价、相关税费以及使固定资产交付使用前所发生的可直接归属于该项资产的运输费、安装费等。

购入不需要安装的固定资产，借记本科目，贷记“固定基金—— 固定资产占用”科目；同时，借记“财政基建设备补助支出”、“待摊支出”等科目，贷记“银行存款”、“零余额账户用款额度”、“财政补助收入”等科目。

2. 通过在建工程转入的固定资产，其成本包括该项资产交付使用前所发生的全部必要支出。工程交付使用时，按照工程建造过程中发生的实际支出，借记本科目，贷记“在建工程”科目；同时，借记“固定基金——在建工程占用”科目，贷记“固定基金——固定资产占用”科目。

3. 无偿调入的固定资产，已经进行资产评估的，其成本按照评估值加上相关税费确定；未进行资产评估的，其成本按照在调出单位的原账面价值加上相关税费确定。

无偿调入不需安装的固定资产，按照确定的成本，借记本科目，贷记“固定基金——固定资产占用”科目；按照发生的相关税费，借记“待摊支出”等科目，贷记“银行存款”、“零余额账户用款额度”、“财政补助收入”等科目。

4. 接受捐赠的固定资产，其成本比照同类或类似物资的市场价格或有关凭据注明的金额加上相关税费确定。

接受捐赠的不需安装的固定资产，按照确定的成本，借记本科目，贷记“固定基金——固定资产占用”科目；按照发生的相关税费，借记“待摊支出”等科目，贷记“银行存款”等科目。

（二）与固定资产有关的更新改造等后续支出，应分别按照以下情况进行处理：

1. 为增加固定资产的使用效能或延长其使用寿命而发生的改建、扩建或大型修缮等后续支出，应计入固定资产账面价值，通过“在建工程”科目核算，完工交付使用时转入本科目。

2. 为了维护固定资产的正常使用而发生的修理费等后续支出，应计入当期支出，借记“待摊支出”等科目，贷记“银行存款”、“零余额账户用款额度”、“财政补助收入”等科目。

（三）固定资产以出售、报废、毁损、无偿调出、对外捐赠等方式进行处置时，应分别按照以下情况进行处理：

1. 出售、报废、毁损的固定资产，按照规定报经批准后，按照所处置固定资产的账面价值，借记“固定基金——固定资产占用”科目，贷记本科目。按照取得的价款或者变价收入扣减相关支出后的净额，借记“银行存款”科目，贷记“应缴款项”、“其他收入”科目。

2. 无偿调出、对外捐赠的固定资产，按照发出固定资产的账面价值，借记“固定基金——固定资产占用”科目，贷记本科目。

五、基层医疗卫生机构的固定资产应定期进行清查盘点，每年至少盘点一次。对于盘盈、盘亏的固定资产，应及时查明原因，按照规定报经批准后及时进行账务处理。盘盈的固定资产，应按照同类或类似资产市场价格确定的价值入账；盘亏的固定资产应按照其账面原值核销，对于其可以收回的保险赔偿和过失人赔偿等应记入“应缴款项”、“其他收入”科目。

（一）盘盈的固定资产，经上级主管部门批准同意后，按照同类或类似资产市场价格确定的价值，借记本科目，贷记“固定基金—— 固定资产占用”科目。

（二）盘亏的固定资产，按照规定报经批准后，借记“固定基金——固定资产占用”科目，贷记本科目，对于可以收回的保险赔偿和过失人赔偿等，在实际取得赔偿款时，借记“库存现金”、“银行存款”科目，贷记“应缴款项”、“其他收入”科目。

六、本科目期末借方余额，反映基层医疗卫生机构期末固定资产的账面余额。

### 133 在建工程

一、本科目核算基层医疗卫生机构的固定资产购建、改建、扩建、大型修缮及设备安装等工程发生的实际支出。

二、本科目应按照工程项目及施工单位等设置明细账，进行明细核算。

三、在建工程的主要账务处理如下：

（一）将固定资产转入改建、扩建或大型修缮时，应按照固定资产的账面价值，借记本科目（××工程），贷记“固定资产”科目；同时，借记“固定基金——固定资产占用”科目，贷记“固定基金——在建工程占用”科目。

（二）工程采用出包方式的，按照合同规定向施工企业预付工程价款时，按照实际预付工程价款金额，借记本科目（××工程），贷记“银行存款”等科目。

根据工程价款结算账单与施工企业结算工程价款时，如需补付工程价款的，按照应补付工程价款金额，借记本科目（××工程），贷记“银行存款”等科目；如需收回工程价款的，按照实际收回工程价款金额，借记“银行存款”等科目，贷记本科目（××工程）。同时，按照实际发生的工程价款金额，借记“财政基建设备补助支出”、“待摊支出”等科目，贷记“固定基金——在建工程占用”科目。

（三）自行建造固定资产的，按照其实际成本，借记本科目（××工程），贷记“固定基金——在建工程占用”科目；同时，借记“财政基建设备补助支出”等科目，贷记“银行存款”等科目。

（四）购入的需要安装的设备，其实际成本包括实际支付的购买价款及相关税费。按照确定的成本，借记本科目（××设备安装工程），贷记“固定基金——在建工程占用”科目；同时，借记“财政基建设备补助支出”、“待摊支出”等科目，贷记“银行存款”、“零余额账户用款额度”等科目。

无偿调入和接受捐赠的需要安装的设备，其成本比照同类或类似物资的市场价格或有关凭据注明的金额加上相关税费确定。按照确定的成本，借记本科目（××设备安装工程），贷记“固定基金——在建工程占用”科目。

支付安装费用时，按照实际支付金额，借记本科目（××设备安装工程），贷记“固定基金——在建工程占用”科目；同时，借记“财政基建设备补助支出”、“待摊支出”等科目，贷记“银行存款”等科目。

（五）工程完工交付使用时，按照有关规定确定的工程实际支出，借记“固定资产”科目，贷记本科目（××工程）；同时，借记“固定基金——在建工程占用”科目，贷记“固定基金——固定资产占用”科目。

四、本科目期末借方余额，反映基层医疗卫生机构尚未完工的在建工程发生的实际支出。

### 141　无形资产

一、本科目核算基层医疗卫生机构为开展公共卫生服务和基本医疗服务及其管理活动而持有的、不具有实物形态的资产，包括基层医疗卫生机构单独计价入账的应用软件及土地使用权等。

二、本科目应按照无形资产的类别和项目设置明细账，进行明细核算。

三、无形资产的主要账务处理如下：

（一）购入的无形资产，其实际成本包括实际支付的购买价款及相关税费。按照确定的成本，借记本科目，贷记“固定基金——无形资产占用”科目；同时，借记“财政基建设备补助支出”、“待摊支出”等科目，贷记“银行存款”、“零余额账户用款额度”、“财政补助收入”等科目。

（二）无形资产在处置（包括转让、核销等）时，应分别以下情况处理：

1. 按照规定报经批准核销的无形资产，按照其账面价值，借记“固定基金——无形资产占用”科目，贷记本科目。

2. 按照规定报经批准转让的无形资产，按照实际收到的转让价款金额，借记“银行存款”等科目，按照实际交纳或应交未交的相关税费，贷记“银行存款”、“应交税费”等科目，按照收到的转让价款扣除相关税费后的金额，贷记“应缴款项”、“其他收入”科目；同时，按照无形资产账面价值，借记“固定基金——无形资产占用”科目，贷记本科目。

四、本科目期末借方余额，反映基层医疗卫生机构已入账无形资产的账面余额。

## 二、负 债 类

### 201　借 入 款

一、本科目核算基层医疗卫生机构向银行等金融机构借入的款项。

二、本科目应按照贷款单位和贷款种类设置明细账，进行明细核算。

三、借入款的主要账务处理如下：

（一）发生借入款时，按照实际借入金额，借记“银行存款”等科目，贷记本科目。

（二）支付借入款利息时，按照实际支付的利息金额，借记“其他支出”等科目，贷记“银行存款”等科目。

（三）归还借入款时，按照实际还款金额，借记本科目，贷记“银行存款”等科目。

四、本科目期末贷方余额，反映基层医疗卫生机构尚未偿还的借入款本金。

### 202　待结算医疗款

一、本科目核算实行“收支两条线”管理的基层医疗卫生机构的待结算医疗收费。

二、本科目应设置“门诊收费”和“住院收费”一级明细科目。“门诊收费”一级明细科目核算基层医疗卫生机构为门诊病人提供医疗服务发生的待结算医疗收费。该一级明细科目下应按照挂号收费、诊察收费、检查收费、化验收费、治疗收费、手术收费、药品收费、卫材收费、一般诊疗费收费和其他门诊收费等设置二级明细科目，进行明细核算。

“住院收费”一级明细科目核算基层医疗卫生机构为住院病人提供医疗服务发生的待结算医疗收费。该一级明细科目下应按照床位收费、诊察收费、检查收费、化验收费、治疗收费、手术收费、护理收费、药品收费、卫材收费、一般诊疗费收费和其他住院收费等设置二级明细科目，进行明细核算。

上述“药品收费”二级明细科目下按照“西药”、“中成药”、“中草药”进行明细核算。

三、待结算医疗款的主要账务处理如下：

（一）与门诊病人结算医疗款时，应向门诊病人收取的部分，按照门诊病人实际支付或应付未付的医疗款金额，借记“库存现金”、“应收医疗款——结算欠费”等科目，应由医疗保险机构负担的部分，按照有关规定计算的应收医疗保险金额，借记“应收医疗款——应收医疗保险金”科目，按照有关规定计算确定的门诊病人医疗款金额，贷记本科目（门诊收费）。

（二）与住院病人结算医疗款时，如住院病人应付医疗款金额大于其预交金额，按照预收住院病人医疗款金额，借记“预收医疗款”科目，按照实际补付或应付未付金额，借记“库存现金”、“应收医疗款——结算欠费”等科目，按照有关规定计算的应由医疗保险机构负担的医疗保险金额，借记“应收医疗款——应收医疗保险金”科目，按照有关规定计算确定的住院病人医疗款金额，贷记本科目（住院收费）。

如住院病人应付医疗款金额小于其预交金额，按照预收住院病人医疗款金额，借记“预收医疗款”科目，按照有关规定计算的应由医疗保险机构负担的医疗保险金额，借记“应收医疗款——应收医疗保险金”科目，按照退还给住院病人的金额，贷记“库存现金”、“银行存款”等科目，按照有关规定计算确定的住院病人医疗款金额，贷记本科目（住院收费）。

（三）在期末或规定的上缴时间，按照有关规定确定的金额，借记本科目，按照有关规定计算确定的应上缴医疗款金额，贷记“应缴款项”科目，按照有关规定留用的结算医疗款金额，贷记“医疗收入”科目。

四、本科目期末贷方余额，反映基层医疗卫生机构的尚未确定应上缴或留用的医疗收费。

### 203　应缴款项

一、本科目核算基层医疗卫生机构按照规定应缴入国库和财政专户的款项。

二、本科目应按照“应缴医疗款”、“应缴资产处置收益”等应缴款项类别设置明细账，进行明细核算。

三、应缴款项的主要账务处理如下：

（一）实行“收支两条线”管理的，与病人或医疗保险机构完成医疗款结算后，分别在期末或规定的上缴时间，按照有关规定计算确定的应上缴医疗款金额，借记“待结算医疗款”科目，贷记本科目（应缴医疗款）。

（二）出售、报废、毁损的固定资产，根据有关规定其变价收入需要上缴的，按照实际取得收入（包括变价收入、保险赔偿和过失人赔偿等收入）扣除相关支出后的净额，借记“银行存款”等科目，贷记本科目。

（三）发生其他应缴款项时，借记相关科目，贷记本科目。

（四）根据有关规定上缴款项时，按照实际上缴金额，借记本科目，贷记“银行存款”等科目。

四、本科目期末贷方余额，反映基层医疗卫生机构的应缴未缴款项。

### 206　应付账款

一、本科目核算基层医疗卫生机构因购买库存物资、固定资产和接受服务供应等应付给供应单位的款项。

二、本科目应按照债权人设置明细账，进行明细核算。

三、应付账款的主要账务处理如下：

1. 因购买库存物资、接受劳务等发生应付账款时，按照应付未付金额，借记“库存物资”等科目，贷记本科目。

因购买固定资产等发生应付账款时，按照应付未付金额，借记“固定资产”等科目，贷记“固定基金——固定资产占用”等科目；同时，借记“财政基建设备补助支出”、“待摊支出”等科目，贷记本科目。

2. 偿付应付账款时，按照实际偿付金额，借记本科目，贷记“银行存款”等科目。

四、本科目期末贷方余额，反映基层医疗卫生机构尚未支付的应付账款。

207　预收医疗款

一、本科目核算基层医疗卫生机构预收的住院病人医疗款和医疗保险机构预付并需结算的医疗保险金。

二、本科目应按照住院病人和预付医疗保险金的医疗保险机构设置明细账，进行明细核算。

三、预收医疗款的主要账务处理如下：

（一）收到住院病人预交医疗款或医疗保险机构预付并需结算的医疗保险金时，按照实际收到的金额，借记"库存现金"、"银行存款"等科目，贷记本科目。

（二）与住院病人结算医疗款时，如住院病人应付医疗款大于其预交金额，按照预收住院病人医疗款金额，借记本科目，按照其实际补付或应付未付金额，借记"库存现金"、"应收医疗款——结算欠费"等科目，按照有关规定计算的应由医疗保险机构负担的医疗保险金额，借记"应收医疗款——应收医疗保险金"科目，按照有关规定计算确定的住院病人医疗款金额，贷记"医疗收入"科目（未实行"收支两条线"管理）或"待结算医疗款"科目（实行"收支两条线"管理）。

如住院病人应付医疗款小于其预交金额，按照预收住院病人医疗款金额，借记本科目，按照有关规定计算的应由医疗保险机构负担的医疗保险金额，借记"应收医疗款——应收医疗保险金"科目，按照退还给住院病人医疗款金额，贷记"库存现金"、"银行存款"等科目，按照有关规定计算确定的住院病人医疗款金额，贷记"医疗收入"科目（未实行"收支两条线"管理）或"待结算医疗款"科目（实行"收支两条线"管理）。

（三）对于医疗保险机构预付并需结算医疗保险金的，相关日常业务应按照上述（一）、（二）规定进行会计处理。与医疗保险机构结算时，按照医疗保险机构预付金额，借记本科目，按照医疗保险机构补付或退还医疗保险机构的金额，借记或贷记"银行存款"等科目，按照应收医疗保险机构的金额，贷记"应收医疗款——应收医疗保险金"科目。

四、本科目期末贷方余额，反映基层医疗卫生机构向住院病人和医疗保险机构预收但尚未结算的款项。

208　应付职工薪酬

一、本科目核算基层医疗卫生机构按照有关规定应付给职工（包括离退休职工）的各种薪酬，包括基本工资、绩效工资等。

二、本科目应按照有关规定设置明细科目，进行明细核算。

三、应付职工薪酬的主要账务处理如下：

（一）计算分配应付职工薪酬时，按照计算的职工薪酬金额，借记"医疗卫生支出"、"待摊支出"等科目，贷记本科目。

（二）从应付职工薪酬中代扣代缴的各种款项（如职工基本养老保险费、失业保险费、基本医疗保险费、住房公积金、个人所得税等），借记本科目，贷记"应付社会保障费"、"应交税费"等科目。

（三）采用国库直接支付方式支付职工薪酬的，按照财政国库支付执行机构委托代理银行转来的"财政直接支付入账通知书"和代发工资银行盖章转回的工资发放明细表，借记本科目，贷记"财政补助收入"等科目。

采用国库授权支付方式支付职工薪酬的，借记本科目，贷记"零余额账户用款额度"科目。采用银行存款等其他方式支付职工薪酬的，借记本科目，贷记"银行存款"等科目。

四、本科目期末贷方余额，反映基层医疗卫生机构应付未付的职工薪酬。

210　应付社会保障费

一、本科目核算基层医疗卫生机构按照有关规定应付给社会保障机构的各种社会保障费。

二、本科目应按照社会保障费类别设置明细账，进行明细核算。

三、应付社会保障费的主要账务处理如下：

（一）从应付职工薪酬中代扣代缴的社会保障费，借记"应付职工薪酬"科目，贷记本科目。

（二）计算确定除从应付职工薪酬中代扣部分外为职工缴纳的社会保障费，借记"医疗卫生支出"等科目，贷记本科目。

（三）采用国库直接支付方式支付社会保障费的，按照财政国库支付执行机构委托代理银行转来的"财政直接支付入账通知书"等，借记本科目，贷记"财政补助收入"科目。

采用国库授权支付方式支付社会保障费的，借记本科目，贷记"零余额账户用款额度"科目。采用银行存款等支付社会保障费的，借记本科目，贷记“银行存款”等科目。

四、本科目期末贷方余额，反映基层医疗卫生机构应付未付社会保障机构的社会保障费。

211 应交税费

一、本科目核算基层医疗卫生机构按照有关税法规定应交纳或代扣代缴的各种税费。基层医疗卫生机构应缴纳的印花税直接通过“其他支出”科目核算，不在本科目核算。

二、本科目应按照应交的税费种类设置明细账，进行明细核算。

三、应交税费的主要账务处理如下：

（一）发生代扣代缴个人所得税纳税义务的，按照税法规定计算应代扣代交的个人所得税金额，借记“应付职工薪酬”科目，贷记本科目。交纳个人所得税时，按照实际交纳金额，借记本科目，贷记“银行存款”科目。

（二）发生其他纳税义务的，按照税法规定计算的应交税费金额，借记“其他支出”等科目，贷记本科目。交纳相关税费时，按照实际交纳金额，借记本科目，贷记“银行存款”等科目。

四、本科目期末贷方余额，反映基层医疗卫生机构尚未交纳的税费。

221 其他应付款

一、本科目核算基层医疗卫生机构除应缴款项、应付账款、预收医疗款、应付职工薪酬、应付社会保障费、应交税费以外的其他各项应付、暂收款项等。

二、本科目应按照应付和暂收款项的类别、单位或个人设置明细账，进行明细核算。

三、其他应付款的主要账务处理如下：

（一）发生的各项应付、暂收款项，借记“银行存款”等科目，贷记本科目。

（二）支付款项时，借记本科目，贷记“银行存款”等科目。

（三）确实无法支付或由其他单位承担的其他应付款，借记本科目，贷记“其他收入”科目。

四、本科目期末贷方余额，反映基层医疗卫生机构尚未支付的其他应付款项。

**三、净资产类**

301 固定基金

一、本科目核算基层医疗卫生机构固定资产、在建工程、无形资产等长期资产所形成的资金占用。

二、本科目应设置“固定资产占用”、“在建工程占用”和“无形资产占用”一级明细科目，进行明细核算。“固定资产占用”一级明细科目核算基层医疗卫生机构购入、调入、建造等方式取得的固定资产所形成的资金占用，以及固定资产出售、报废、毁损等原因减少的资金占用。“在建工程占用”一级明细科目核算基层医疗卫生机构在建工程交付使用前累计占用的资金。

“无形资产占用”一级明细科目核算基层医疗卫生机构购入等方式取得的无形资产所形成的资金占用，以及无形资产出售等原因减少的资金占用。

三、固定基金的主要账务处理如下：

（一）固定基金增加

1. 购入、有偿调入固定资产等长期资产时，按照确定的成本，借记“固定资产”等科目，贷记本科目；同时，借记“财政基建设备补助支出”、“待摊支出”等科目，贷记“银行存款”等科目。

2. 自行或采用出包方式（代建制）建造固定资产，发生在建工程支出或结算工程价款时，按照实际支出金额，借记“在建工程”科目，贷记本科目（在建工程占用）；同时，借记“财政基建设备补助支出”、“待摊支出”等科目，贷记“银行存款”等科目。

工程交付使用时，借记“固定资产”科目，贷记“在建工程”科目；同时，借记本科目（在建工程占用），贷记本科目（固定资产占用）。

3. 无偿调入、接受捐赠取得的固定资产等长期资产，按照确定的成本，借记“固定资产”等科目，贷记本科目。

4. 盘盈的固定资产，借记“固定资产”科目，贷记本科目（固定资产占用）。

（二）固定基金减少

1. 有偿调出、出售的固定资产等长期资产，按照账面价值，借记本科目，贷记“固定资产”等科目；取得的收入扣减相关支出后的净额，借记“银行存款”等科目，贷记“应缴款项”、“其他收入”科目。

2. 毁损、报废的固定资产，按照账面价值，借记本科目（固定资产占用），贷记“固定资产”科目。同时，取得的价款或者变价收入扣减相关支出后的净额，借记“银行存款”科目，贷记“应缴款项”、“其他收入”科目。

3. 盘亏的固定资产，按照账面价值，借记本科目（固定资产占用），贷记“固定资产”科目。

四、本科目（固定资产占用）期末贷方余额，反映基层医疗卫生机构的固定资产资金占用金额；本科目（在建工程占用）期末贷方余额，反映基层医疗卫生机构的在建工程资金占用金额；本科目（无形资产占用）期末贷方余额，反映基层医疗卫生机构的无形资产资金占用金额。

### 302　事业基金

一、本科目核算基层医疗卫生机构按照规定设置的用于弥补亏损的净资产，包括从结余分配转入资金（不包括财政基本支出补助结转结余资金）等。

二、事业基金的主要账务处理如下：

（一）年末，按照有关规定从“结余分配”科目提取专用基金后转入本科目时，借记“结余分配——待分配结余”科目，贷记本科目。

（二）用事业基金弥补亏损时，按照规定批准的弥补亏损金额，借记本科目，贷记“结余分配——事业基金弥补亏损”科目。

三、本科目期末贷方余额，反映基层医疗卫生机构按照规定设置的事业基金金额。

### 303　专用基金

一、本科目核算基层医疗卫生机构按照有关规定设置、提取的有专门用途的资金，主要包括医疗风险基金、职工福利基金、奖励基金和其他专用基金等。

二、本科目应按照基金类别设置明细账，进行明细核算。

三、专用基金的主要账务处理如下：

（一）期末，提取医疗风险基金时，按照有关规定计算的提取金额，借记“医疗卫生支出——医疗支出（提取医疗风险基金）”科目，贷记本科目（医疗风险基金）。

（二）年末，提取职工福利基金时，按照有关规定计算的提取金额，借记“结余分配——提取专用基金（提取职工福利基金）”科目，贷记本科目（职工福利基金）。

（三）年末，提取奖励基金时，按照有关规定计算的提取金额，借记“结余分配——提取专用基金（提取奖励基金）”科目，贷记本科目（奖励基金）。

（四）年末，提取其他专用基金时，按照有关规定借记“结余分配——提取专用基金（提取其他专用基金）”、“待摊支出”等科目，贷记本科目。

（五）使用专用基金时，按照实际支出金额，借记本科目，贷记“银行存款”等科目。

四、本科目期末贷方余额，反映基层医疗卫生机构按照规定设置、提取的具有专门用途净资产的金额。

### 304　本期结余

一、本科目核算基层医疗卫生机构当期收入减去支出后的余额。

二、本期结余的主要账务处理如下：

（一）期末，应将各项收入、支出类科目的本期发生额结转入本期结余科目。结转各项收入类科目时，按照各项收入类科目贷方余额，借记“医疗收入”、“财政补助收入”、“上级补助收入”、“其他收入”科目，贷记本科目；结转各项支出类科目时，按照各项支出类科目借方余额，借记本科目，贷记“医疗卫生支出”、“财政基建设备补助支出”、“其他支出”科目。

（二）期末，结转本期收支后，应分析本期结余的构成，将属于财政补助结转（余）和其他限定用途结转（余）的部分结转至相关科目。结转时，按照“财政基本支出备查簿”分析计算的基本支出补助结转（余）金额，借记本科目，贷记“财政补助结转（余）——财政基本补助结转”科目，按照“财政项目支出备查簿”分析计算的项目支出补助结转（余）金额，借记本科目，贷记“财政补助结转（余）——财政项目补助结转（余）”科目，按照“其他限定用途资金备查簿”分析计算的其他限定用途资金结转（余）金额，借记本科目，贷记“其他限定用途结转（余）”科目。

（三）年末，完成上述（一）、（二）账务处理后，将本期结余年末余额转入待分配结余。将“本期结余”科目余额扣除限定用途结转（余）后的金额结转入本科目时，借记本科目，贷记“结余分配—— 待分配结余”科目;将“本期结余”科目余额扣除限定用途结转(余)后发生的亏损结转入结余分配时,借记“结余分配——待分配结余”科目,贷记本科目。

三、本科目期末贷方余额,反映基层医疗卫生机构自年初至期末止扣除财政补助结转(余)、其他限定用途结转(余)以后的尚未分配的累计结余;本科目期末借方余额,反映基层医疗卫生机构自年初至期末尚未结转的未弥补亏损。本科目年末结转后应无余额。

305　财政补助结转(余)

一、本科目核算基层医疗卫生机构具有限定用途结转继续使用的财政补助结转结余资金,包括基本支出补助结转和项目支出补助结转(余)。

二、本科目应设置“财政基本补助结转”和“财政项目补助结转(余)”一级明细科目,进行明细核算。

三、财政补助结转(余)的主要账务处理如下:

(一)期末,按照“财政基本支出备查簿”分析计算的基本支出补助结转金额,借记“本期结余”科目,贷记本科目(财政基本补助结转),按照“财政项目支出备查簿”分析计算的项目支出补助结转(余)金额,借记“本期结余”科目,贷记本科目(财政项目补助结转(余))。

(二)财政补助项目完成后,按照有关规定报经财政部门批准将本项目财政项目补助结转(余)上缴、调剂至其他项目或补充事业基金等用途的,按照批准金额,借记本科目(财政项目补助结转(余)——本项目),贷记“银行存款”、“零余额账户用款额度”、本科目(财政项目补助结转(余)——其他项目)、“事业基金”等科目。

四、本科目期末贷方余额,反映基层医疗卫生机构的财政补助结余资金数额。

306　其他限定用途结转(余)

一、本科目核算基层医疗卫生机构除财政补助结转(余)以外的结转以后年度继续使用的其他限定用途结转结余资金。

二、本科目应按照其他限定用途资金的具体项目进行明细核算。本科目应设置“其他限定用途资金备查簿”,按照具体项目详细登记其他限定用途资金收支情况,并在期末分析计算其他限定用途结转(余)金额。

三、其他限定用途结转(余)的主要账务处理如下:

(一)期末,按照“其他限定用途资金备查簿”分析计算的其他限定用途资金结转(余)金额,借记“本期结余”科目,贷记本科目。

(二)其他限定用途资金项目完成后,按照规定报经批准将本项目结转(余)上缴、调剂至其他项目或补充事业基金等用途的,按照批准金额,借记本科目(本项目),贷记“银行存款”、本科目(其他项目)、“事业基金”等科目。

四、本科目期末贷方余额,反映基层医疗卫生机构的其他限定用途结转结余资金数额。

308　结余分配

一、本科目核算基层医疗卫生机构当年结余的分配情况和结果。

二、本科目应设置“待分配结余”、“提取专用基金”和“事业基金弥补亏损”一级明细科目,进行明细核算。

“提取专用基金”一级明细科目,按照有关规定设置“提取职工福利基金”、“提取奖励基金”、“提取其他专用基金”等二级明细科目,进行明细核算。

三、结余分配的主要账务处理如下:

(一)年末,将“本期结余”科目余额扣除限定用途结转(余)后的金额结转入本科目时,借记“本期结余”科目,贷记本科目(待分配结余);将“本期结余”科目余额扣除限定用途结转(余)后发生的亏损结转入结余分配时,借记本科目,贷记“本期结余”科目。

(二)按照有关规定提取职工福利基金、奖励基金等专用基金时,借记本科目(提取专用基金——提取职工福利基金、提取奖励基金等),贷记“专用基金”科目。

(三)提取有关专用基金后,按照待分配结余贷方金额,借记本科目(待分配结余),按照提取专用基金借方金额,贷记本科目(提取专用基金)。

(四)按照有关规定批准将提取专用基金后的待分配结余结转入事业基金时,借记本科目(待分配结

余),贷记“事业基金”科目。

(五)报经批准用事业基金弥补亏损时,按照批准金额,借记“事业基金”科目,贷记本科目(事业基金弥补亏损)。

四、年末将待分配结余转入事业基金后,本科目应无余额。本科目年末有借方余额的,反映基层医疗卫生机构的累计未弥补亏损。

**四、收入类**

401　医疗收入

一、本科目核算基层医疗卫生机构在开展医疗服务活动中取得的收入,包括门诊收入和住院收入。

二、本科目应按照“门诊收入”和“住院收入”设置一级明细科目。

“门诊收入”一级明细科目核算基层医疗卫生机构为门诊病人提供医疗服务所取得的收入。该一级明细科目下应按照挂号收入、诊察收入、检查收入、化验收入、治疗收入、手术收入、药品收入、卫材收入、一般诊疗费收入和其他门诊收入设置二级明细科目,进行明细核算。

“住院收入”一级明细科目核算基层医疗卫生机构为住院病人提供医疗服务所取得的收入。该一级明细科目下应按照床位收入、诊察收入、检查收入、化验收入、治疗收入、手术收入、护理收入、药品收入、卫材收入、一般诊疗费收入和其他住院收入设置二级明细科目,进行明细核算。

上述“药品收入”二级明细科目下按照“西药”、“中成药”、“中草药”进行明细核算。

三、医疗收入的主要账务处理如下:

(一)未实行“收支两条线”管理的基层医疗卫生机构的账务处理。

与门诊病人结算医疗款时,应向门诊病人收取的部分,按照门诊病人实际支付或应付未付的医疗款金额,借记“库存现金”、“应收医疗款——结算欠费”等科目,应由医疗保险机构负担的部分,按照有关规定计算的应收医疗保险金额,借记“应收医疗款——应收医疗保险金”科目,按照有关规定计算确定的门诊病人医疗款金额,贷记本科目(门诊收入)。

1. 与住院病人结算医疗款时,如住院病人应付医疗款金额大于其预交金额,按照预收住院病人医疗款金额,借记“预收医疗款”科目,按照实际补付或应付未付金额,借记“库存现金”、“应收医疗款——结算欠费”等科目,按照有关规定计算的应由医疗保险机构负担的医疗保险金额,借记“应收医疗款——应收医疗保险金”科目,按照有关规定计算确定的住院病人医疗款金额,贷记本科目(住院收入)。

2. 如住院病人应付医疗款金额小于其预交金额,按照预收住院病人医疗款金额,借记“预收医疗款”科目,按照有关规定计算的应由医疗保险机构负担的医疗保险金额,借记“应收医疗款——应收医疗保险金”科目,按照退还给住院病人的金额,贷记“库存现金”、“银行存款”等科目,按照有关规定计算确定的住院病人医疗款金额,贷记本科目(住院收入)。

3. 采用医疗保险总额预付且不需结算的,在实际收到医疗保险机构预付的医疗保险金时,按照预付金额,借记“银行存款”科目,贷记本科目。

(二)实行“收支两条线”管理的基层医疗卫生机构的账务处理。

1. 与病人或(和)医疗保险机构结算医疗款时,不确认医疗收入,按照“待结算医疗款”科目有关规定进行处理。

2. 在实际收到财政专户返还医疗款时,按照返还医疗款金额,借记“银行存款”等科目,贷记本科目。

(三)期末,将本科目贷方余额转入本期结余,借记本科目,贷记“本期结余”科目。

四、期末结转后,本科目无余额。

402　财政补助收入

一、本科目核算基层医疗卫生机构从财政部门取得的基本建设补助收入、设备购置补助收入、人员经费补助收入和公共卫生服务补助收入等。

二、本科目应按照“人员经费补助收入”、“公用经费补助收入”、“公共卫生服务补助收入”、“基本建设补助收入”和“设备购置补助收入”等设置明细账,进行明细核算。

三、财政补助收入的主要账务处理如下:

(一)财政直接支付方式下,对于财政直接支付的人员经费、公用经费和财政基建设备补助支出等,应根据财政国库支付执行机构委托代理银行转来的“财政直接支付入账通知书”及原始凭证,借记“医疗卫生支出”、“待摊支出”、“财政基建设备补助支出”等科目，贷记本科目；同时，对于为购建固定资产等由财政直接支付的资本性支出，借记“固定资产”、“在建工程”等科目，贷记“固定基金”科目相关明细科目。

年度终了，根据本年度财政直接支付预算指标数与财政直接支付实际支出数的差额，借记“财政应返还额度——财政直接支付”科目，贷记本科目。

(二)财政授权支付方式下，应根据代理银行盖章的“授权支付到账通知书”与分月用款计划核对后记账，借记“零余额账户用款额度”科目，贷记本科目。

年度终了，对于本年度财政授权支付预算指标数大于零余额账户用款额度下达数的，借记“财政应返还额度——财政授权支付”科目，贷记本科目。

(三)其他方式下，实际收到财政拨款时，按照实际收到的金额，借记“银行存款”等科目，贷记本科目。

(四)期末，应将本科目贷方余额转入本期结余，借记本科目，贷记“本期结余”科目。

四、本科目设置“财政基本支出备查簿”，详细登记使用“人员经费补助收入”和“公用经费补助收入”等支付基本支出情况，包括安排基本支出的日期、事由、金额等资料，并在期末分析计算本期基本支出补助结转。

本科目设置“财政项目支出备查簿”，按照具体项目详细登记使用“公共卫生服务补助收入”、“基本建设补助收入”和“设备购置补助收入”等支付项目支出情况，包括安排项目支出的日期、事由、金额等资料，并在期末分析计算本期项目支出补助结转(余)。

五、期末结转后，本科目应无余额。

403 上级补助收入

一、本科目核算基层医疗卫生机构从主管部门和上级单位等取得的非财政补助收入。

二、本科目应按照上级补助收入项目等设置明细账，进行明细核算。

三、上级补助收入的主要账务处理如下：

(一)收到上级补助收入时，按照实际收到金额，借记“银行存款”等科目，贷记本科目。

(二)期末，将本科目余额转入本期结余，借记本科目，贷记“本期结余”科目。

四、期末结转后，本科目应无余额。

406 其他收入

一、本科目核算基层医疗卫生机构取得的除医疗收入、财政补助收入和上级补助收入以外的各项收入，包括接受社会捐赠、利息收入等。

二、本科目应按照其他收入的种类设置明细科目，进行明细核算。

三、其他收入的主要账务处理如下：

(一)盘盈的库存物资等，在经批准处理时，借记“库存物资”等科目，贷记本科目。

(二)接受的库存物资捐赠，按照同类或类似资产的市场价格或有关凭据注明的金额加上发生的相关费用，借记“库存物资”等科目，按照实际支付的相关费用金额，贷记“银行存款”等科目，按照其差额，贷记本科目。

(三)确实无法支付的应付款项，按照经批准核销的金额，借记“应付账款”、“其他应付款”等科目，贷记本科目。

(四)期末，将本科目余额转入本期结余，借记本科目，贷记“本期结余”科目。

四、期末结转后，本科目应无余额。

**五、支出类**

501 医疗卫生支出

一、本科目核算基层医疗卫生机构在开展基本医疗和公共卫生服务活动中发生的支出，包括相关人员经费、耗用的药品及材料成本、维修费和其他公用经费等。

二、本科目应设置“医疗支出”和“公共卫生支出”一级明细科目。

“医疗支出”一级明细科目按照“人员经费”、“药品支出”、“卫材支出”、“其他材料支出”、“非财政资本性支出”、“维修费”、“其他公用经费”、“提取医疗风险基金”等进行明细核算。

“公共卫生支出”一级明细科目下按照“人员经费”、“药品支出”、“卫材支出”、“其他材料支出”、“非财政资本性支出”、“维修费”、“其他公用经费”等进行明细核算。

三、医疗卫生支出的主要账务处理如下：

(一)为基层医疗卫生机构人员计提薪酬时,分别按照从事基本医疗和公共卫生服务人员的工资金额,借记本科目(医疗支出、公共卫生支出),贷记“应付职工薪酬”、“应付社会保障费”等科目。

(二)为开展基本医疗和公共卫生服务活动领用卫生材料、药品等库存物资时,如可确定领用的库存物资专门用于基本医疗或公共卫生服务,按照其实际成本,借记本科目(医疗支出、公共卫生支出),贷记“库存物资”科目。

(三)利用财政补助收入以外的资金安排的资本性支出,按照购建固定资产的实际成本,借记“固定资产”、“在建工程”等科目,贷记“固定基金”科目;同时,如可确定购建的固定资产专门用于基本医疗或公共卫生服务,在发生资本性支出时,按照实际支出金额,借记本科目(医疗支出——非财政资本性支出)或本科目(公共卫生支出——非财政资本性支出),贷记“银行存款”等科目。

(四)为应对医疗风险购买商业医疗保险所支付的保险费等支出,在发生时按照实际支出金额,借记本科目,贷记“库存现金”、“银行存款”等科目。

(五)对于无法直接计入基本医疗服务支出和公共卫生服务支出而需进行合理分摊的支出,应先记入“待摊支出”科目。期末,将待摊支出合理分摊至本科目的明细科目时,借记本科目(医疗支出、公共卫生支出),贷记“待摊支出”科目。

(六)期末,将本科目的余额转入本期结余,借记“本期结余”科目,贷记本科目。

四、期末结转后,本科目应无余额。

### 502　财政基建设备补助支出

一、本科目核算基层医疗卫生机构利用财政补助收入安排的基本建设支出和设备购置支出。

二、本科目应按照基建和设备购置的具体项目设置明细科目,进行明细核算。

三、财政基建设备补助支出的主要账务处理如下:

(一)使用财政补助收入安排相关基建和设备购置按照合同结算时,借记本科目,贷记“银行存款”、“零余额账户用款额度”、“财政补助收入”等科目;同时,借记“固定资产”、“在建工程”科目,贷记“固定基金”科目。

(二)期末将该科目余额转入本期结余,借记“本期结余”科目,贷记本科目。

四、期末结转后,本科目应无余额。

### 506　其他支出

一、本科目核算基层医疗卫生机构本期发生的,除医疗卫生支出、财政基建设备补助支出以外的其他支出,包括对外捐赠、财产物资盘亏或毁损损失、罚没支出和捐赠支出等。

二、本科目应按照其他支出种类和项目设置明细账,进行明细核算。

三、其他支出的主要账务处理如下:

(一)盘亏、变质、毁损的库存物资,按照账面价值扣除可以收回的保险赔偿和过失人的赔偿等后的金额,借记本科目,按照可以收回的保险赔偿和过失人赔偿等,借记“库存现金”、“银行存款”、“其他应收款”等科目,按照实际成本,贷记“库存物资”等科目。

(二)发生对外捐赠等其他支出,借记本科目,贷记“银行存款”等科目。

(三)期末,将本科目的余额转入本期结余,借记“本期结余”科目,贷记本科目。

四、期末结转后,本科目应无余额。

## 第四部分　会计报表格式

| 编　　号 | 会计报表名称 | 编　制　期 |
|---|---|---|
| 会基医 01 表 | 资产负债表 | 月度、季度、年度 |
| 会基医 02 表 | 收入支出总表 | 月度、季度、年度 |
| 会基医 02 表附表 01 | 业务收支明细表 | 月度、季度、年度 |
| 会基医 02 表附表 02 | 财政补助收支明细表 | 月度、季度、年度 |
| 会基医 03 表 | 净资产变动表 | 年度 |

## 第五部分 会计报表编制说明(略)

# 12. 工会会计制度(2009年修订)

财会[2009]10号

## 第一章 总 则

**第一条** 为了规范工会会计行为,保证会计信息质量,根据《中华人民共和国会计法》、《中华人民共和国工会法》等有关规定,制定本制度。

**第二条** 本制度适用于各级工会组织。

**第三条** 工会会计是各级工会核算、反映、监督工会预算执行和经济活动的专业会计。工会依法建立独立的会计核算管理体系,与工会预算管理体制相适应。

**第四条** 县级以上(含县级,下同)工会应当设置会计机构,配备专职会计人员。县级以下工会应当根据会计业务的需要设置会计机构或者在有关机构中设置专职会计人员;不具备设置条件的基层工会,应当委托经批准设立从事会计代理记账业务的中介机构代理记账或者聘请兼职会计。

**第五条** 各级工会应当建立健全内部控制体系,完善岗位责任制度和内部稽核制度。县级以上工会应当组织指导和检查下级工会会计工作,负责制定有关实施细则或补充规定;组织工会会计人员培训,不断提高政策、业务水平。

**第六条** 工会应当对其自身发生的经济业务进行会计处理和报告。

**第七条** 工会会计应当以工会的持续运行为前提。

**第八条** 工会应当划分会计期间,分期结算账目和编制会计报表。会计期间分为年度和中期,中期是指短于一个完整的会计年度的报告期间(如半年度、季度和月度)。

**第九条** 工会会计应当以货币计量,以人民币作为记账本位币。

**第十条** 工会会计以收付实现制为基础,以权责发生制为补充。

**第十一条** 工会会计要素包括:资产、负债、净资产、收入和支出。其平衡公式为:资产=负债+净资产。

**第十二条** 会计应当采用借贷记账法记账。

**第十三条** 会计记录的文字应当使用中文。在民族自治地方,会计记录可以同时使用当地通用的一种民族文字。

## 第二章 一般原则

**第十四条** 工会提供的会计信息应当符合工会宏观管理的要求,满足会计信息使用者的需要,满足本级工会加强财务管理的需要。

**第十五条** 工会会计应当以实际发生的经济业务为依据,如实反映工会财务状况、各项收支情况及结果,保证会计信息真实可靠、内容完整。

**第十六条** 工会提供的会计信息应当清晰明了,便于理解和使用。

**第十七条** 工会会计应当按照规定的会计处理方法进行,前后各期一致,不得随意变更,以确保会计信息口径一致,相互可比。

**第十八条** 工会会计应当遵循重要性原则。对于重要的经济业务,应当单独反映。

**第十九条** 工会应当及时进行会计处理和报告,不得提前或延后。

**第二十条** 资产在取得时应当按照实际成本计量。除另有规定外,一律不得自行调整账面价值。

**第二十一条** 凡是指定用途的资金,应按规定的用途专款专用,并单独反映。

## 第三章　资　　产

**第二十二条**　资产是工会拥有或控制的能以货币计量的经济资源。包括流动资产、投资和固定资产等。

**第二十三条**　流动资产是指预计在一年内(含一年)变现或者耗用的资产。主要包括货币资金、借出款、应收款项、库存物品等。

(一)货币资金包括库存现金、银行存款等。

货币资金应当按照实际发生额入账。工会应当设置库存现金和银行存款日记账,按照业务发生顺序逐日逐笔登记。库存现金的核算应当做到日清月结,其账面余额必须与库存数相符;银行存款的账面余额应当与银行对账单定期核对,如有不符,应编制银行存款余额调节表调节相符。

工会发生外币业务时,应当将有关外币金额折算成人民币金额记账。

(二)借出款是工会因开展工作或发展工运事业的需要而出借给其他工会或工会所属单位的款项。

工会应当对借出款严格管理,借出每笔款项时均需与借款单位签订书面文件,署明用途和还款期限,还款期限通常不应超过三年;对于逾期未还款的借出款,需在年度会计报表附注中说明原因。逾期三年以上、因借款单位原因尚未收回的借出款,报经批准认定确实无法收回或者报经批准认定不再要求借款单位还款的,应及时予以核销。

(三)应收款项包括应收上级经费、应收下级经费、其他应收款等。

应收上级经费是工会应收未收的上级工会应拨付(或划转)工会经费和补助。应收下级经费是本级工会应收下级工会的上缴经费。其他应收款是工会除应收上下级经费以外的其他应收及暂付款项。

应收款项应当按照实际发生额入账。期末,工会应当分析各项应收款项的可收回性,对于确实不能收回的应收款项应报经批准认定后及时予以核销。

(四)库存物品指工会取得的将在日常活动中耗用的材料、物品及达不到固定资产标准的工具、器具等。

库存物品在取得时应当按照其实际成本入账。购入、有偿调入的库存物品以实际支付的价款记账。无偿调拨、接受捐赠的库存物品以其公允价值或者有关凭据注明的金额(加上相关费用)记账。

库存物品在发出(领用或出售等)时,应当根据实际情况在先进先出法、加权平均法、个别计价法中选择一种方法确定发出库存物品的实际成本,一经选定,不得随意变更。

工会应当定期对库存物品进行清查盘点,每年至少全面盘点一次。对于盘盈、盘亏或报废、毁损的库存物品,应当及时查明原因,报经批准认定后及时进行处理。盘盈的库存物品按照其公允价值入账,并计入当期收入;盘亏的库存物品,将其账面余额计入当期支出。报废、毁损的库存物品,先扣除残料价值、可以收回的保险赔偿和责任人赔偿等,将净损失计入当期支出。

**第二十四条**　投资是指工会按照国家有关法律、行政法规和工会的相关规定,以货币资金、实物资产等方式向其他单位的投资。投资按其流动性分为短期投资和长期投资;按其性质分为股权投资、债权投资等。

(一)投资在取得时应当按照其实际成本入账。以货币资金方式对外投资,以实际支付的款项记账。以实物资产方式对外投资,以评估确认或合同、协议确定的价值记账。

(二)投资期内取得的利息、利润、红利等各项投资收益,应当计入当期收入。

(三)处置(出售)投资时,实际取得价款与投资账面余额的差额,应当计入当期投资收益。

对于因被投资单位破产、被撤销、注销、吊销营业执照或者被政府责令关闭等情况造成难以收回的未处置不良投资,报经批准认定后应当及时核销。

**第二十五条**　固定资产是指工会使用年限在一年以上,单位价值在规定标准以上,并在使用过程中基本保持原来物质形态的资产。包括房屋及建筑物、专用设备、一般设备、文物和陈列品、图书、其他固定资产。

(一)一般设备单位价值在500元以上,专用设备单位价值在800元以上,为固定资产。单位价值虽未达到规定标准,但是使用时间在一年以上的大批同类物资,按固定资产管理。

(二)固定资产在取得时应当按照其实际成本入账。

购入、有偿调入的固定资产,以实际支付的买价、运输费、保险费、安装费、装卸费及相关税费等记账。

自行建造的固定资产,以建造过程中实际发生的全部必要支出记账。

无偿调入、接受捐赠的固定资产，以其公允价值或者有关凭据注明的金额（加上相关费用）记账。

对固定资产进行改建、扩建，其净增值部分，应当计入固定资产价值。固定资产修理费用直接计入当期支出。

（三）处置（出售）固定资产时，冲减其账面余额并相应减少固定基金，处置中取得的变价收入扣除处置费用后的净收入（或损失）计入当期收入（或支出）。

（四）工会应当定期对固定资产进行清查盘点，每年至少全面盘点一次。对于盘盈、盘亏或报废、毁损的固定资产，应当及时查明原因，报经批准认定后及时进行处理。盘盈的固定资产按照其公允价值入账，并相应增加固定基金；盘亏的固定资产，冲减其账面余额并相应减少固定基金。报废、毁损的固定资产，冲减其账面余额并相应减少固定基金，清理中取得的变价收入扣除清理费用后的净收入（或损失）计入当期收入（或支出）。

## 第四章　负　　债

**第二十六条**　负债是指工会承担的能以货币计量，需以资产偿付的债务。包括借入款、应付个人收入、应付款项等。

**第二十七条**　借入款指工会借入的款项。

**第二十八条**　应付个人收入包括应付工资（离退休费）、应付地方（部门）津贴补贴、应付其他个人收入。

（一）应付工资（离退休费）指应付未付给本单位职工的工资及离退休费。其中，工资指按国家统一规定发放给在职人员的职务工资、级别工资、年终一次性奖金以及经国务院或人事部、财政部批准设立的津贴补贴等。离退休费指按国家统一规定发放给离退休人员的离休、退休费及经国务院或人事部、财政部批准设立的津贴补贴。

（二）应付地方（部门）津贴补贴指应付未付给本单位职工的地方（部门）津贴补贴。其中，地方（部门）津贴补贴指各地区各部门各单位出台的津贴补贴。

（三）应付其他个人收入指应付未付给本单位职工的其他个人收入。其中，其他个人收入指按国家规定发给个人除上述以外的其他收入，包括误餐费、夜餐费，出差人员伙食补助费、市内交通费，出国人员伙食费、公杂费、个人国外零用费，发放给个人的一次性奖励等。

**第二十九条**　应付款项包括应付上级经费、应付下级经费、其他应付款。

（一）应付上级经费指本级工会按规定应上缴的工会经费及建会筹备金。

（二）应付下级经费指本级工会应付下级工会的各项补助以及应转拨下级工会的工会经费和建会筹备金。

（三）其他应付款指除应付上下级经费之外的其他应付及暂存款项。

**第三十条**　各项负债应当按照实际发生额入账。

## 第五章　净 资 产

**第三十一条**　净资产是指工会的资产减去负债后的余额。包括固定基金、在建工程占用资金、投资基金、专用基金、后备金、结余。

**第三十二条**　固定基金指工会固定资产占用的基金。固定基金应当按照实际发生额入账。

在建工程占用资金指工会在建工程完工前累计占用的资金。在建工程占用资金应当按照实际发生额记账，待工程完工后转入固定基金。

**第三十三条**　投资基金指工会对外投资占用的基金。投资基金应当按照实际发生数额入账。

**第三十四条**　专用基金指工会按规定依法提取和使用的有专门用途的基金。包括增收留成基金、财务专用基金、工会干部权益保障金。

提取专用基金时，按照实际提取金额计入当期支出；使用专用基金时，按照实际支出金额冲减专用基金余额；专用基金未使用的余额，可滚存下一年度使用。

**第三十五条**　后备金指县级以上工会按规定依法提取的特殊情况下使用的储备金。

提取后备金时，按照实际提取金额冲减结余；使用后备金时，按照实际支出金额冲减后备金余额；后备金未使用的余额，可滚存下一年度使用。

**第三十六条** 结余指工会各项收入与支出相抵后滚存的累计余额。

## 第六章 收 入

**第三十七条** 收入是指工会根据《工会法》以及有关政策规定开展业务活动所取得的非偿还性资金。收入按照来源分为会费收入、拨缴经费收入、上级补助收入、政府补助收入、行政补助收入、事业收入、投资收益、其他收入。

(一)会费收入指工会会员依照规定向工会组织缴纳的会费。

(二)拨缴经费收入指基层单位行政拨缴、下级工会按规定上缴及上级工会按规定转拨的工会经费中归属于本级工会的经费及建会筹备金。

(三)上级补助收入指本级工会收到的上级工会补助的款项。包括回拨补助、专项补助、超收补助、帮扶补助、送温暖补助、救灾补助、其他补助。

(四)政府补助收入指各级人民政府按照《工会法》和国家的有关规定给予工会的补助款项。

(五)行政补助收入指工会取得的所在单位行政方面按照《工会法》和国家的有关规定给予工会的补助款项。

(六)事业收入指独立核算的工会附属事业单位上缴的收入和非独立核算的附属事业单位的各项事业收入。

(七)投资收益指工会对外投资发生的损益。

(八)其他收入指工会除会费收入、拨缴经费收入、上级补助收入、政府补助收入、行政补助收入、事业收入、投资收益之外的各项收入。

**第三十八条** 各项收入应当按照实际发生额入账。

## 第七章 支 出

**第三十九条** 支出是指工会为开展各项工作和活动所发生的各项资金耗费及损失。支出按照功能分为职工活动支出、维权支出、业务支出、行政支出、资本性支出、补助下级支出、事业支出、其他支出。

(一)职工活动支出指工会为会员及其他职工开展教育、文体、宣传等活动发生的支出。

(二)维权支出指工会直接用于维护职工权益的支出。

(三)业务支出指工会培训工会干部、加强自身建设及开展业务工作发生的各项支出。

(四)行政支出指工会为行政管理、后勤保障等发生的各项日常支出。

(五)资本性支出指工会从事建设工程、设备工具购置、大型修缮和信息网络购建而发生的实际支出。

(六)补助下级支出指工会为解决下级工会经费不足或根据有关规定给予下级工会的各类补助款项。

(七)事业支出指工会对独立核算的附属事业单位的补助和非独立核算的附属事业单位的各项支出。

(八)其他支出指各级工会除职工活动支出、维权支出、业务支出、行政支出、资本性支出、补助下级支出、事业支出以外的各项支出。

**第四十条** 各项支出应当按照实际发生额入账。

## 第八章 会计报表

**第四十一条** 工会会计报表是反映各级工会财务状况、业务活动和预算执行结果的书面文件。工会会计报表是各级工会领导、上级工会及其他会计报表使用者了解情况，掌握政策，指导工作的重要资料。

**第四十二条** 工会会计报表主要包括资产负债表、收入支出表和附注。

(一)资产负债表，是反映工会某一会计期末全部资产、负债和净资产情况的报表。

(二)收入支出表，是反映工会某一会计期间全部收入、支出及结余情况的报表。

(三)附注。附注应分析说明工会预算执行情况以及工会在筹集、分配、使用、管理经费过程中的成绩和问题，分析影响预算执行的原因，经费收支变动趋势，提出改进措施、意见和建议。

**第四十三条** 工会会计报表分为年度会计报表和中期会计报表。以短于一个完整的会计年度的期间(如半年度、季度和月度)编制的会计报表称为中期会计报表。年度会计报表是以整个会计年度为基础编制的会计报表。

**第四十四条**　工会要负责对所属单位会计报表和下级工会报送的年报进行审核、核批和汇总工作，定期向本级工会领导和上级工会报告本级工会预算执行情况。

**第四十五条**　会计报表要根据登记完整、核对无误的账簿记录和其他有关资料编制，做到数字准确、内容完整、报送及时。会计报表必须经会计主管人员和单位负责人审阅签章并加盖审查公章后上报。

### 第九章　附　　则

**第四十六条**　工会填制会计凭证、登记会计账簿、管理会计档案等，应当按照《会计基础工作规范》、《会计档案管理办法》等规定执行。

**第四十七条**　本制度从2010年1月1日起实施。

## 13. 新型农村合作医疗基金会计制度(2008年颁布)

财会[2008]1号

### 第一章　总　　则

**第一条**　为了规范新型农村合作医疗(以下简称新农合)基金的会计核算，根据《中华人民共和国会计法》、《新型农村合作医疗基金财务制度》以及有关法律、行政法规的规定，制定本制度。

**第二条**　本制度适用于新农合经办机构(以下简称经办机构)经办的新农合基金。

本制度所称新农合基金，是指各统筹地区根据国家有关规定设立的，通过参加新农合的农民(以下简称参合农民)个人缴纳、集体扶持、政府资助筹集的，用于对参合农民医药费用进行补偿的专项资金。

**第三条**　新农合基金应当作为独立的会计主体进行确认、计量和披露。新农合基金独立于经办机构的固有财产及其管理的其他财产，实行专款专用。

**第四条**　新农合基金的会计核算应当划分会计期间，分期结算账目和编制财务报表。会计期间分为年度、季度和月份。会计年度自公历1月1日起至12月31日止，季度、月份的起讫日期亦采用公历日期。

**第五条**　新农合基金的会计核算主要以收付实现制为基础。

**第六条**　新农合基金的会计记账采用借贷记账法。

**第七条**　新农合基金的会计核算应当遵循以下基本原则：

(一)新农合基金的会计核算应当以实际发生的业务为依据，如实反映新农合基金的财务状况和收支情况等信息，保证会计信息真实可靠、内容完整。

(二)新农合基金的会计核算应当采用规定的会计政策，确保会计信息口径一致、相互可比。

(三)新农合基金的会计核算应当及时进行，不得提前或者延后。

**第八条**　新农合基金会计机构设置、会计人员配备、内部会计监督与控制以及相关会计基础工作等，应当遵循《中华人民共和国会计法》、《会计基础工作规范》、《会计档案管理办法》及内部控制规范等相关法律、行政法规和制度。

**第九条**　本制度由中华人民共和国财政部负责解释，需要变更时，由财政部修订。

**第十条**　本制度自2008年1月1日起施行。

### 第二章　会计科目及使用说明

**第十一条**　经办机构应当根据本制度的规定设置和使用会计科目、编制会计凭证、登记会计账簿，对新农合基金进行会计核算。

在不违反本制度的前提下，经办机构可以根据核算和管理工作需要对明细科目的设置作必要的补充。

**第十二条**　会计科目名称和编号

| 顺序号 | 编号 | 名称 |
|---|---|---|
| | | 一、资产类 |
| 1 | 1001 | 现金 |
| 2 | 1002 | 财政专户存款 |
| 3 | 1003 | 收入户存款 |
| 4 | 1004 | 支出户存款 |
| 5 | 1101 | 暂付款 |
| 6 | 1201 | 缴存省级风险基金 |
| | | 二、负债类 |
| 7 | 2001 | 暂收款 |
| | | 三、净资产类 |
| 8 | 3001 | 统筹基金 |
| 9 | 3002 | 家庭账户基金 |
| | | 四、收入类 |
| 10 | 4001 | 农民个人缴费收入 |
| 11 | 4002 | 农村医疗救助资助收入 |
| 12 | 4003 | 集体扶持收入 |
| 13 | 4004 | 政府资助收入 |
| 14 | 4005 | 利息收入 |
| 15 | 4006 | 其他收入 |
| | | 五、支出类 |
| 16 | 5001 | 统筹基金支出 |
| 17 | 5002 | 家庭账户基金支出 |

**第十三条** 会计科目使用说明

1001 现 金

一、本科目核算新农合基金的库存现金。

二、经办机构应严格按照国家有关现金管理的规定收支现金。

三、现金的核算内容如下：

（一）收到现金形式的收入时，借记本科目，贷记相关收入科目。将现金存入银行，借记“财政专户存款”、“收入户存款”科目，贷记本科目。

（二）从银行提取现金，借记本科目，贷记“支出户存款”科目。支出现金，借记“统筹基金支出”、“家庭账户基金支出”科目，贷记本科目。

四、本科目应设置“现金日记账”，由出纳人员根据收付款凭证，按照业务发生顺序，逐笔登记，每日终了，应计算当日的现金收入合计数、现金支出合计数和结余数，并将结余数与实际库存数进行核对，做到账款相符。

五、本科目期末借方余额，反映新农合基金的库存现金。

1002 财政专户存款

一、本科目核算新农合基金存入国有或国有控股商业银行财政专户的款项。

二、财政专户存款的核算内容如下：

（一）将现金存入财政专户，借记本科目，贷记“现金”科目。

（二）设置收入户的地区，按规定将收入户的资金划入财政专户，借记本科目，贷记“收入户存款”科目。

（三）收到直接缴入财政专户的基金收入，借记本科目，贷记“农民个人缴费收入”、“农村医疗救助资助收入”、“集体扶持收入”、“政府资助收入”、“其他收入”等科目。

（四）收到财政专户存款利息，借记本科目，贷记“利息收入”科目。

（五）由财政专户向支出户拨入资金，借记“支出户存款”科目，贷记本科目。

将支出户的存款利息按规定转入财政专户，借记本科目，贷记“支出户存款”科目。

（六）实行财政专户与医疗机构直接结算的地区，发生支出时，借记“统筹基金支出”、“家庭账户基金支出”等科目，贷记本科目。

（七）风险基金按规定由省级统一管理的，由经办机构本级财政专户缴入省级财政专户时，借记“缴存省级风险基金”科目，贷记本科目；风险基金由省级财政专户拨回经办机构本级财政专户时，借记本科目，贷记“缴存省级风险基金”科目。

三、本科目应按开户银行设置“财政专户存款日记账”，由出纳人员根据财政部门转来的财政专户缴拨凭证和加盖专用印章的原始凭证复印件，按照业务的发生顺序逐笔登记，每日终了应结出余额。“财政专户存款日记账”应定期与财政部门核对，至少每月核对一次。月份终了，财政专户存款账面结余与财政部门对账单余额之间如有差额，必须逐笔查明原因进行处理，并应按月编制“财政专户存款余额调节表”调节相符。

四、本科目期末借方余额，反映财政专户存款结余。

1003 收入户存款

一、本科目核算新农合基金按规定存入国有或国有控股商业银行收入户的款项。

基金收入直接缴入财政专户的，不设置本科目，通过“财政专户存款”科目核算。

二、收入户主要用于暂存尚未缴入财政专户的各项基金收入，应按期汇缴财政专户。收入户除向财政专户划转收入外，不得发生其他支付业务。

三、收入户存款的核算内容如下：

（一）设置收入户的地区，收取农民个人缴费、接收集体经济组织扶持资金、社会捐赠资金等款项时，借记本科目，贷记“农民个人缴费收入”、“集体扶持收入”、“其他收入”等科目。

（二）收到收入户的利息，借记本科目，贷记“利息收入”科目。

（三）按规定将收入户的资金划入财政专户时，借记“财政专户存款”科目，贷记本科目。

四、本科目应按开户银行设置“收入户存款日记账”，由出纳人员根据收付款凭证，按照业务的发生顺序逐笔登记，每日终了应结出余额。“收入户存款日记账”应定期与“银行对账单”核对，至少每月核对一次。月份终了，收入户存款账面结余与银行对账单余额之间如有差额，必须逐笔查明原因进行处理，并应按月编制“银行收入户存款余额调节表”，调节相符。

五、收入户存款月末余额必须按规定全部划入财政专户。划转后，本科目月末无余额。

1004 支出户存款

一、本科目核算新农合基金按规定存入国有或国有控股商业银行支出户的款项。

全部补偿支出实行财政专户与医疗机构直接结算的地区，可不设置本科目。

二、支出户主要用于接收财政专户拨入款项、支付基金支出款项、暂存该账户利息收入及将该账户利息收入缴入财政专户。除接收财政专户拨付款项与该账户利息收入外，不得发生其他收入业务。

三、支出户存款的核算内容如下：

（一）接收财政专户拨入的款项时，借记本科目，贷记“财政专户存款”科目。

（二）收到支出户的利息时，借记本科目，贷记“利息收入”科目；划拨支出户的利息到财政专户，借记“财政专户存款”科目，贷记本科目。

（三）支付基金支出时，借记“统筹基金支出”、“家庭账户基金支出”科目，贷记本科目。

四、本科目应按开户银行设置"支出户存款日记账",由出纳人员根据收付款凭证,按照业务的发生顺序逐笔登记,每日终了应结出余额。"支出户存款日记账"应定期与"银行对账单"核对,至少每月核对一次。月份终了,支出户存款账面结余与银行对账单余额之间如有差额,必须逐笔查明原因进行处理,并应按月编制"银行支出户存款余额调节表",调节相符。

五、本科目期末借方余额,反映支出户存款结余。

### 1101 暂付款

一、本科目核算新农合基金收支活动中形成的各种暂付款项,如经办机构向定点医疗机构和定点药店的预付款。

二、暂付款的核算内容如下:

(一)经办机构向定点医疗机构和定点药店预付的医药费,借记本科目,贷记"支出户存款"、"财政专户存款"科目。

(二)经办机构定期与定点医疗机构和定点药店结算医药费款项时,根据予以补偿的医药费支出数额,借记"统筹基金支出"、"家庭账户基金支出"科目,按已预付的医药费金额,贷记本科目,按医药费实际支出数额与已预付医药费金额的差额,贷记"支出户存款"、"财政专户存款"等科目。

(三)定点医疗机构和定点药店退回经办机构多付的预付医药费,按资金的原渠道,借记"财政专户存款"、"支出户存款"科目,贷记本科目。

三、本科目应按暂付款种类和对方单位设置明细账。

四、本科目期末借方余额,反映尚未结清的暂付款。

### 1201 缴存省级风险基金

一、本科目核算风险基金实行省级统一管理的统筹地区,新农合基金缴存省级财政专户的风险基金。

二、缴存省级风险基金的核算内容如下:

(一)风险基金按规定由省级统一管理的,由经办机构本级财政专户缴入省级财政专户时,借记本科目,贷记"财政专户存款"科目。

(二)风险基金由省级财政专户拨回经办机构本级财政专户时,借记"财政专户存款"科目,贷记本科目。

三、本科目期末借方余额,反映缴存省级统一管理的风险基金余额。

### 2001 暂收款

一、本科目核算新农合基金收支活动中形成的暂收款。

二、经办机构在本年度收到的参合农民缴纳的以后年度个人缴费以及收到的其他属于以后年度的基金收入,通过本科目核算,在本科目下相应设置"预收基金收入"明细科目及相关明细账。

三、暂收款的核算内容如下:

(一)收到属于以后年度的基金收入时,借记"现金"、"财政专户存款"、"收入户存款"等科目,贷记本科目(预收基金收入)。以后年度,将归属于该年度的各预收基金收入转入相关收入科目,借记本科目(预收基金收入),贷记相关收入科目。

(二)收到其他暂收款项时,借记"现金"、"财政专户存款"、"收入户存款"等科目,贷记本科目。偿付或退回款项时,借记本科目,贷记"现金"、"财政专户存款"、"支出户存款"等科目。

因债权人等特殊原因确实无法偿付的暂收款,经财政部门批准后,计入其他收入,借记本科目,贷记"其他收入"科目。

四、本科目应按暂收款的种类和对方单位设置明细账。

五、本科目期末贷方余额,反映尚未偿付的暂收款。

### 3001 统筹基金

一、本科目核算新农合统筹基金全部收入扣除全部支出后的滚存结余。

二、本科目应当设置"一般统筹基金"、"风险基金"两个明细科目,进行明细核算。

三、统筹基金的核算内容如下:

(一)期末(含月末,下同),按照新农合统筹补偿方案的要求,将各收入科目贷方余额中归属于统筹基金的金额转入本科目,借记相关收入科目,贷记本科目(一般统筹基金)。将"统筹基金支出"科目借方余额转入本科目,借记本科目(一般统筹基金),贷记"统筹基金支出"科目。

(二)按规定提取风险基金的,借记本科目(一般统筹基金),贷记本科目(风险基金)。

(三)当期因弥补基金非正常超支造成的基金临时周转困难等动用了风险基金的,借记本科目(风险基金),贷记本科目(一般统筹基金)。

四、本科目期末贷方余额,反映历年积存的新农合统筹基金结余。

3002　家庭账户基金

一、本科目核算新农合家庭账户基金全部收入扣除全部支出后的滚存结余。

不设家庭账户的统筹地区,不设置本科目。

二、经办机构根据统筹地区实际情况,可按乡(镇)、每户参合农民家庭等设置明细账。

三、家庭账户基金的核算内容如下:

期末,按照新农合统筹补偿方案的要求,将各收入科目贷方余额中归属于家庭账户基金的金额转入本科目,借记相关收入科目,贷记本科目。将"家庭账户基金支出"科目借方余额转入本科目,借记本科目,贷记"家庭账户基金支出"科目。

四、本科目期末贷方余额,反映历年积存的新农合家庭账户基金结余。

4001　农民个人缴费收入

一、本科目核算参合农民以家庭为单位按照规定的缴费标准缴纳的款项。

经办机构在本年度收到的参合农民缴纳的以后年度个人缴费,在"暂收款(预收基金收入)"科目核算,以后年度再转入本科目。

农村医疗救助资助收入、集体扶持收入、政府资助收入等比照上述原则处理。

二、农民个人缴费收入的核算内容如下:

(一)收到参合农民本年度个人缴费时,借记"财政专户存款"、"收入户存款"等科目,贷记本科目。

(二)在本年度收到的参合农民缴纳的以后年度个人缴费,借记"财政专户存款"、"收入户存款"等科目,贷记"暂收款(预收基金收入)"科目。以后年度,将归属于该年度的农民个人缴费转入本科目,借记"暂收款(预收基金收入)"科目,贷记本科目。

(三)期末,将本科目贷方余额转入相关基金科目。借记本科目,贷记"统筹基金(一般统筹基金)"、"家庭账户基金"科目。

三、本科目期末结转后无余额。

4002　农村医疗救助资助收入

一、本科目核算农村医疗救助资金代资助对象缴纳的款项。

二、农村医疗救助资助收入的核算内容如下:

(一)收到本年度农村医疗救助资助资金时,借记"财政专户存款"科目,贷记本科目。

(二)期末,将本科目贷方余额转入相关基金科目。借记本科目,贷记"统筹基金(一般统筹基金)"、"家庭账户基金"科目。

三、本科目期末结转后无余额。

4003　集体扶持收入

一、本科目核算乡(镇)、村等集体经济组织扶持新农合的款项。

二、集体扶持收入的核算内容如下:

(一)收到本年度集体经济组织扶持资金时,借记"财政专户存款"、"收入户存款"科目,贷记本科目。

(二)期末,将本科目贷方余额转入相关基金科目。借记本科目,贷记"统筹基金(一般统筹基金)"、"家庭账户基金"科目。

三、本科目期末结转后无余额。

4004　政府资助收入

一、本科目核算各级政府按照规定标准和参合农民人数资助新农合的款项等政府拨付的新农合补助资金。

二、经办机构根据统筹地区实际情况,可在本科目下设置"中央财政资助收入"、"省级财政资助收入"、"地(市)级财政资助收入"、"县级财政资助收入"等明细科目。

三、政府资助收入的核算内容如下:

(一)收到本年度政府补助资金时,借记"财政专户存款"科目,贷记本科目。

(二)期末,将本科目贷方余额转入相关基金科目。借记本科目,贷记"统筹基金(一般统筹基金)"等科目。

四、本科目期末结转后无余额。

4005　利息收入

一、本科目核算新农合基金持有的资金存入银行取得的利息收入。

二、利息收入的核算内容如下:

(一)收到本年度财政专户利息收入时,直接计入财政专户,借记"财政专户存款"科目,贷记本科目。

(二)收到本年度支出户利息收入时,计入支出户存款,借记"支出户存款"科目,贷记本科目。将支出户利息收入转入财政专户时,借记"财政专户存款"科目,贷记"支出户存款"科目。

(三)收到本年度收入户利息收入时,计入收入户存款,借记"收入户存款"科目,贷记本科目。

(四)期末,将本科目贷方余额转入相关基金科目。借记本科目,贷记"统筹基金(一般统筹基金)"科目。

三、本科目期末结转后无余额。

4006　其他收入

一、本科目核算社会组织和个人对新农合基金的捐赠收入及经财政部门核准的其他收入。

二、其他收入的核算内容如下:

(一)收到社会捐赠等其他收入时,借记"财政专户存款"、"收入户存款"等科目,贷记本科目。

(二)期末,将本科目贷方余额转入相关基金科目。借记本科目,贷记"统筹基金(一般统筹基金)"等科目。

三、本科目期末结转后无余额。

5001　统筹基金支出

一、本科目核算应由统筹基金开支的对参合农民医药费用的补偿支出。

二、经办机构根据统筹地区实际情况,可在本科目下设置"住院支出"、"门诊支出"、"其他支出"等明细科目。

三、统筹基金支出的核算内容如下:

(一)经办机构定期与定点医疗机构和定点药店结算医药费款项时,根据予以补偿的医药费支出数额,借记本科目,贷记"财政专户存款"、"支出户存款"科目;经办机构向定点医疗机构和定点药店预付医药费的,借记本科目,贷记"暂付款"科目。

(二)采用其他结算方式支付的医药费补偿支出,根据经审核的医药费报销凭证,借记本科目,贷记"现金"、"支出户存款"等科目。

(三)期末,将本科目借方余额转入统筹基金。借记"统筹基金(一般统筹基金)"科目,贷记本科目。

四、期末结转后,本科目应无余额。

5002　家庭账户基金支出

一、本科目核算设置家庭账户基金的地区用于参合农民门诊医药费用、住院自负费用和健康体检费用等支出。

不设家庭账户基金的统筹地区,不设置本科目。

二、经办机构根据统筹地区实际情况,按每户参合农民家庭设置明细账。

三、家庭账户基金支出的核算内容如下:

(一)经办机构定期与定点医疗机构和定点药店结算医药费款项时,根据应由家庭账户开支的医药费支出数额,借记本科目,贷记"财政专户存款"、"支出户存款"科目;经办机构向定点医疗机构和定点药店预付医药费的,借记本科目,贷记"暂付款"科目。

(二)采用其他结算方式支付的医药费补偿支出,根据经审核的医药费报销凭证,借记本科目,贷记"现金"、"支出户存款"等科目。

(三)期末,将本科目借方余额转入家庭账户基金,借记"家庭账户基金"科目,贷记本科目。

四、期末结转后,本科目应无余额。

## 第三章　财务报表及编制说明

**第十四条**　经办机构应当根据本制度的规定编制新农合基金财务报表。

**第十五条**　新农合基金财务报表包括资产负债表、收支表、净资产变动表及附注。

资产负债表、收支表、净资产变动表按照本制度第十七条至第二十条的规定编报。

附注是对在资产负债表、收支表和净资产变动表中列示项目的文字描述或明细资料，以及对未能在这些报表中列示项目的说明等，包括收入明细表、支出明细表等相关附表。附注可由经办机构根据统筹地区具体要求自行编制。

**第十六条**　新农合基金财务报表应当至少按照月份、年度编制，做到数字真实、计算准确、手续完备、内容完整、编报及时。月度财务报表应于月份终了后8日内报出；年度财务报表应于年度终了后15日内报出。

**第十七条**　财务报表格式

| 报表编号 | 财务报表名称 | 编　制　期 |
|---|---|---|
| 会农合医01表 | 资产负债表 | 月报、年报 |
| 会农合医02表 | 收支表 | 月报、年报 |
| 会农合医03表 | 净资产变动表 | 年报 |

**资产负债表**

会农合医01表

编制单位：　　　　年　月　日　　　　单位：元

| 资　　产 | 年初数 | 期末数 | 负债和净资产 | 年初数 | 期末数 |
|---|---|---|---|---|---|
| 现金 | | | 负债 | | |
| 财政专户存款 | | | 暂收款 | | |
| 支出户存款 | | | 负债合计 | | |
| 暂付款 | | | 净资产 | | |
| 缴存省级风险基金 | | | 统筹基金 | | |
| | | | 其中：一般统筹基金 | | |
| | | | 风险基金 | | |
| | | | 家庭账户基金 | | |
| | | | 净资产合计 | | |
| 资产总计 | | | 负债与净资产总计 | | |

**收　支　表**

会农合医02表

编制单位：　　　　年　月　　　　单位：元

| | | 本月数 | 本年累计数 |
|---|---|---|---|
| 一、基金收入 | | | |
| 来源分类 | 1. 农民个人缴费收入 | | |
| | 2. 农村医疗救助资助收入 | | |
| | 3. 集体扶持收入 | | |
| | 4. 政府资助收入 | | |
| | 5. 利息收入 | | |
| | 6. 其他收入 | | |

（续表）

| | | 本月数 | 本年累计数 |
|---|---|---|---|
| 性质分类 | 1. 统筹基金收入 | | |
| | 2. 家庭账户基金收入 | | |
| 二、基金支出 | | | |
| （一）统筹基金支出 | | | |
| 1. 住院支出 | | | |
| 2. 门诊支出 | | | |
| 3. 其他支出 | | | |
| （二）家庭账户基金支出 | | | |
| 三、本期基金结余 | | | |
| （二）家庭账户基金结余 | | | |

**净资产变动表**

会农合医 03 表

编制单位： 年度 单位：元

| | 年初结余 | 本年数 | | 年末结余 |
|---|---|---|---|---|
| | | 本年增加 | 本年减少 | |
| 统筹基金 | (1) | (6) | (11) | (16) |
| 其中：一般统筹基金 | (2) | (7) | (12) | (17) |
| 风险基金 | (3) | (8) | (13) | (18) |
| 家庭账户基金 | (4) | (9) | (14) | (19) |
| 合计 | (5) | (10) | (15) | (20) |

**第十八条** 资产负债表编制说明

（一）本表反映月末、年末等会计期间终了时新农合基金全部资产、负债及净资产的构成情况。

（二）本表"年初数"栏各项数字，应根据上年末本表"期末数"所列数字填列。

（三）本表各项目的内容和填列方法：

1."现金"项目，反映库存现金余额。本项目应根据"现金"科目期末余额填列。

2."财政专户存款"项目，反映财政专户存款的余额。本项目应根据"财政专户存款"科目期末余额填列。

3."支出户存款"项目，反映支出户存款的余额。本项目应根据"支出户存款"科目期末余额填列。

4."暂付款"项目，反映尚未结清的暂付款项。本项目应根据"暂付款"科目期末余额填列。

5."缴存省级风险基金"项目，反映缴存省级统一管理的风险基金余额。本项目应根据"缴存省级风险基金"科目期末余额填列。

6."暂收款"项目，反映尚未结转的预收款项和尚未偿付的暂收款项。本项目应根据"暂收款"科目期末余额填列。

7."统筹基金"项目，反映截止到本期末历年积存的统筹基金结余。本项目应根据"统筹基金"科目期末余额填列。

(1)“一般统筹基金”项目，反映截止到本期末历年积存的一般统筹基金结余。本项目应根据“统筹基金(一般统筹基金)”明细科目期末余额填列。

(2)“风险基金”项目，反映截止到本期末历年积存的风险基金结余。本项目应根据“统筹基金(风险基金)”明细科目期末余额填列。

8.“家庭账户基金”项目，反映截止到本期末历年积存的家庭账户基金结余。本项目应根据“家庭账户基金”科目期末余额填列。

**第十九条** 收支表编制说明

(一)本表反映新农合基金在月份、年度等会计期间内的收入、支出和结余情况。

(二)本表“本月数”栏反映各项目的本月实际发生数，在编报年度会计报表时，将“本月数”栏改成“上年累计数”栏，填列上年全年累计实际发生数。

本表“本年累计数”栏反映各项目自年初起至本月末止的累计实际发生数。

(三)本表“本月数”栏各项目的内容及填列方法：

1.“基金收入”项目，反映当期基金收入总额。本项目应根据本表“农民个人缴费收入”、“农村医疗救助资助收入”、“集体扶持收入”、“政府资助收入”、“利息收入”及“其他收入”项目金额加总计算填列。

(1)来源分类项目：

①“农民个人缴费收入”项目，反映参合农民当期按规定缴纳的款项。本项目应根据“农民个人缴费收入”科目贷方发生额填列。

②“农村医疗救助资助收入”项目，反映农村医疗救助当期代资助对象缴纳的款项。本项目应根据“农村医疗救助资助收入”科目贷方发生额填列。

③“集体扶持收入”项目，反映乡(镇)、村等集体经济组织当期扶持新农合的款项。本项目应根据“集体扶持收入”科目贷方发生额填列。

④“政府资助收入”项目，反映各级政府当期按照规定标准和参合农民人数资助新农合的款项等政府拨付的新农合补助资金。本项目应根据“政府资助收入”科目贷方发生额填列。

⑤“利息收入”项目，反映新农合基金存入银行所取得的当期利息收入。本项目应根据“利息收入”科目贷方发生额填列。

⑥“其他收入”项目，反映社会组织和个人对新农合的捐赠及经财政部门核准的其他收入。本项目应根据“其他收入”科目贷方发生额填列。

(2)性质分类项目：

①“统筹基金收入”项目，反映本期按规定记入统筹基金的各项收入总额。本项目应根据结转入“统筹基金(一般统筹基金)”明细科目贷方的各项收入总额填列。

②“家庭账户基金收入”项目，反映本期按规定计入家庭账户基金的各项收入总额。本项目应根据结转入“家庭账户基金”科目贷方的各项收入总额填列。不设置家庭账户的地区，不填列本项目。

2.“基金支出”项目，反映当期基金支出总额。本项目应根据本表“统筹基金支出”及“家庭账户基金支出”项目金额加总计算填列。

(1)“统筹基金支出”项目及其“住院支出”、“门诊支出”、“其他支出”明细支出项目，反映当期应由统筹基金开支的各项支出。本项目及其明细支出项目应根据“统筹基金支出”科目及其明细科目借方发生额填列。

(2)“家庭账户基金支出”项目，反映当期应由家庭账户基金开支的参合农民门诊医药费用、住院自负费用和健康体检费用等支出。本项目应根据“家庭账户基金支出”科目借方发生额填列。

3.“本期基金结余”项目，反映当期基金总收入扣除总支出后的结余。本项目应根据本表“基金收入”减去“基金支出”项目金额后的金额填列。

(1)“统筹基金结余”项目，反映统筹基金当期各项收入减去各项支出后的结余。本项目应根据本表“统筹基金收入”减去“统筹基金支出”项目金额后的金额填列。

(2)“家庭账户基金结余”项目。反映家庭账户基金当期各项收入减去各项支出后的结余。本项目应根据本表“家庭账户基金收入”减去“家庭账户基金支出”项目金额后的金额填列。

**第二十条** 净资产变动表编制说明

（一）本表反映新农合基金的年初、年末结余及构成变动情况。

（二）本表各项目的内容及填列方法：

1."年初结余"栏，反映基金（包括一般统筹基金、风险基金与家庭账户基金）的年初余额。

（1）项目，根据"统筹基金"科目年初贷方余额填列，与年度资产负债表中"统筹基金"项目年初金额一致。

（2）项目，根据"统筹基金（一般统筹基金）"明细科目年初贷方余额填列，与年度资产负债表中"一般统筹基金"项目年初金额一致。

（3）项目，根据"统筹基金（风险基金）"明细科目年初贷方余额填列，与年度资产负债表中"风险基金"项目年初金额一致。

（4）项目，根据"家庭账户基金"科目年初贷方余额填列，与年度资产负债表中"家庭账户基金"项目年初金额一致。

（5）项目，根据（1）项目与（4）项目金额加总填列，与年度资产负债表中"净资产合计"项目年初金额一致。

2."本年增加"栏，反映基金当年取得收入增加的金额。

（6）项目，根据"统筹基金（一般统筹基金）"明细科目本年因结转收入产生的贷方发生额（即，本年度归属于统筹基金的各项收入总额）填列，与年度收支表中"统筹基金收入"项目本年累计数一致。

（7）项目，根据"统筹基金（一般统筹基金）"明细科目本年因结转收入产生的贷方发生额减去"统筹基金（风险基金）"明细科目本年贷方发生额后的余额（即，本年度归属于统筹基金的各项收入总额减去本年度按规定计提的风险基金）填列。

（8）项目，根据"统筹基金（风险基金）"明细科目本年贷方发生额（即，本年度按规定计提的风险基金）填列。

（9）项目，根据"家庭账户基金"科目本年贷方发生额（即，本年度归属于家庭账户基金的各项收入总额）填列，与年度收支表中"家庭账户基金收入"项目本年累计数一致。

（10）项目，根据（6）项目与（9）项目金额加总填列，与年度收支表中"基金收入"项目本年累计数一致。

3."本年减少"栏，反映基金当年发生支出减少的金额。

（11）项目，根据"统筹基金（一般统筹基金）"明细科目本年因结转支出产生的借方发生额（即，本年度由统筹基金开支的各项支出总额）填列，与年度收支表中"统筹基金支出"项目本年累计数一致。

（12）项目，根据"统筹基金（一般统筹基金）"明细科目本年因结转支出产生的借方发生额减去"统筹基金（风险基金）"明细科目本年借方发生额后的余额（即，本年度由统筹基金开支的各项支出总额减去本年度按规定动用的风险基金）填列。

（13）项目，根据"统筹基金（风险基金）"明细科目本年借方发生额（即，本年度按规定动用的风险基金）填列。

（14）项目，根据"家庭账户基金"科目本年借方发生额（即，本年度由家庭账户基金开支的各项支出总额）填列，与年度收支表中"家庭账户基金支出"项目本年累计数一致。

（15）项目，根据（11）项目与（14）项目金额加总填列，与年度收支表中"基金支出"项目本年累计数一致。

4."年末结余"栏，反映基金（包括一般统筹基金、风险基金与家庭账户基金）的年末余额。

（16）项目，根据（1）项目加上（6）项目减去（11）项目金额后的结果填列。该金额应当与"统筹基金"科目年末贷方余额，以及年度资产负债表中"统筹基金"项目期末金额一致。

（17）项目，根据（2）项目加上（7）项目减去（12）项目金额后的结果填列。该金额应当与"统筹基金（一般统筹基金）"明细科目年末贷方余额，以及年度资产负债表中"一般统筹基金"项目期末金额一致。

（18）项目，根据（3）项目加上（8）项目减去（13）项目金额后的结果填列。该金额应当与"统筹基金（风险基金）"明细科目年末贷方余额，以及年度资产负债表中"风险基金"项目期末金额一致。

（19）项目，根据（4）项目加上（9）项目减去（14）项目金额后的结果填列。该金额应当与"家庭账户基金"科目年末贷方余额，以及年度资产负债表中"家庭账户基金"项目期末金额一致。

（20）项目，根据（16）项目与（19）项目金额加总填列，与年度资产负债表中"净资产合计"项目期末金额一致。

# 14. 农业综合开发资金会计制度(2001年修订)

财发[2001]55号

## 第一章 总 则

**第一条** 为了规范农业综合开发资金会计核算,保证会计信息质量,根据《中华人民共和国会计法》及国家农业综合开发项目和资金管理的有关政策、法规,制定本制度。

**第二条** 本制度适用于农业综合开发管理部门和建设单位。

**第三条** 农业综合开发资金会计是以农业综合开发资金及其运动为核算对象的专门会计。

**第四条** 本制度核算的农业综合开发资金,是由中央财政资金、地方财政资金、农村集体和农民自筹资金、银行贷款及其他资金共同组成的专项资金。

**第五条** 会计核算应当以各项业务活动持续正常地进行为前提。

**第六条** 会计核算应当划分会计期间,分期结算账目和编制会计报表。会计期间分为年度、半年度、季度和月度。会计年度、半年度、季度和月度均按公历起讫日期确定。

**第七条** 会计记账采用借贷记账法。

**第八条** 会计核算以人民币为记账本位币。发生外币收支的,应当折算为人民币核算。

**第九条** 会计记录的文字应当使用中文。在民族自治地方,会计记录可以同时使用当地通用的一种民族文字。

## 第二章 一般原则

**第十条** 会计核算和会计报表应当以实际发生的经济业务为依据,客观、准确、全面地记录和反映农业综合开发资金收支情况和经济活动。对于重要的业务事项,应当单独反映。

**第十一条** 会计信息应当符合国家宏观经济管理的要求,满足有关各方了解农业综合开发资金活动情况及其结果的需要。

**第十二条** 会计核算应当按照规定的会计处理方法进行,会计指标应当口径一致,相互可比。

**第十三条** 会计处理方法前后各期应当一致,不得随意变更。如确有必要变更,应将变更的内容、理由和对财务状况及其结果的影响在会计报表附注中加以说明。

**第十四条** 会计核算应当及时进行,不得提前或延后。

**第十五条** 会计核算和会计报表应当清晰明了,便于理解和利用。

**第十六条** 会计核算一般采用权责发生制,但财政资金专账核算采用收付实现制。

**第十七条** 各项财产物资应当按照取得或购建时的实际成本计价。除国家另有规定者外,一律不得自行调整其账面价值。

## 第三章 资 产

**第十八条** 资产是指农业综合开发管理部门和建设单位为实施农业综合开发项目所占用或使用的能以货币计量的经济资源,包括现金、银行存款、应收款项、有偿资金放款、委托贷款、借出有偿资金、预付工程款、材料、待处理有偿资金、在建工程、间接费用和竣工工程。

**第十九条** 应收款项是指农业综合开发管理部门和建设单位应当收回的待结算款项。应收款项应及时清理结算,不得长期挂账。

**第二十条** 有偿资金放款是指财政部门按照有关规定借给用款单位或个人,应按时回收的农业综合开发财政有偿资金。

**第二十一条** 委托贷款是指财政部门按照有关规定,委托金融机构借给用款单位或个人的农业综合开

发财政有偿资金。

**第二十二条** 借出有偿资金是指上级财政部门借给下级财政部门的农业综合开发财政有偿资金。

**第二十三条** 预付工程款是指农业综合开发管理部门和建设单位按工程建设合同或工程预算预付给项目施工单位的资金或材料。

**第二十四条** 材料是指为农业综合开发工程建设而储存的各种物资。

**第二十五条** 待处理有偿资金是指有偿资金放款和委托贷款超过约定的还款期限,经审核批准,但尚未按规定程序列入呆账的有偿资金。待处理有偿资金的核销,必须按规定的程序报批。

**第二十六条** 在建工程是指尚未完工,需继续承建的农业综合开发实体工程成本。

**第二十七条** 间接费用是指不直接形成有形实体工程,但与实体工程有紧密联系所必须发生的共同费用,包括前期工作费(不含多种经营项目的前期工作费)、材料损耗等。

**第二十八条** 竣工工程是指符合项目建设要求并经农业综合开发管理部门验收合格的农业综合开发项目成本。

## 第四章 负 债

**第二十九条** 负债是指农业综合开发管理部门和建设单位为实施农业综合开发项目所承担的能以货币计量,需要以资产偿还的债务,包括借入有偿资金、应付工程款、应付质量保证金、其他应付款等。

**第三十条** 借入有偿资金是指下级财政部门从上级财政部门借入的农业综合开发财政有偿资金。

**第三十一条** 应付工程款是指工程竣工结算或报账后,应付未付项目施工单位的工程款项。

**第三十二条** 应付质量保证金是指按施工合同预留的,应付给项目施工单位的工程款项。

质量保证金在完工工程试运行期满后,应视运行情况及时清理结算。

**第三十三条** 其他应付款是指应付工程款、应付质量保证金以外的应付未付的款项。

## 第五章 净资产

**第三十四条** 净资产是指资产减去负债后的差额,包括本级有偿资金、竣工工程基金、完工项目结余和未完项目结存。

**第三十五条** 本级有偿资金是指本级财政拨入的农业综合开发有偿资金,以及占用费收支结余、其他收支结余和完工项目结余等转入的农业综合开发资金。

**第三十六条** 竣工工程基金是指已竣工待移交工程占用的资金。其金额应当与"竣工工程"一致。

**第三十七条** 完工项目结余是指完工工程在办理竣工结算后的资金结余。

**第三十八条** 未完项目结存是指农业综合开发财政资金专账当年收入数与拨款数之间的差额以及报账资金、工程资金专账当年收到的未完工项目资金。

## 第六章 收 入

**第三十九条** 收入是指农业综合开发管理部门和建设单位为实施农业综合开发项目,按规定渠道取得的非偿还性资金,包括拨入上级财政资金、拨入本级财政资金、乡级财政缴入资金、交入自筹资金、交入有偿资金、交入银行贷款、占用费收入、其他收入。

**第四十条** 拨入上级财政资金是指农业综合开发财政资金专账收到上级财政拨入的农业综合开发无偿资金。

**第四十一条** 拨入本级财政资金是指农业综合开发财政资金专账收到本级财政投入的农业综合开发无偿资金。

**第四十二条** 乡级财政缴入资金是指为农业综合开发项目建设而缴入县级农业综合开发财政资金专账的乡级财政配套资金。

**第四十三条** 拨入资金是指农业综合开发报账资金专账收到的农业综合开发财政无偿资金。

**第四十四条** 交入自筹资金是指项目单位、农村集体和农民群众自愿投入的用于农业综合开发项目建设的资金和物资。

**第四十五条**　交入有偿资金是指借款人交入工程资金专账的农业综合开发财政有偿资金(含委托贷款)。

**第四十六条**　交入银行贷款是指债务人交入工程资金专账的用于农业综合开发项目的银行贷款。

**第四十七条**　占用费收入是指按规定收取的农业综合开发财政有偿资金占用费。

**第四十八条**　其他收入是指银行存款利息收入以及农业综合开发投资形成资产的营运收入等。

## 第七章　支　　出

**第四十九条**　支出是指为实施农业综合开发项目建设而发生的资金和材料的耗费,包括农发资金支出、占用费支出、其他支出。

**第五十条**　拨出资金是指上级财政部门拨给下级财政部门或报账资金专账的农业综合开发财政无偿资金。

**第五十一条**　农发资金支出是指农业综合开发项目的全部支出,包括发生的贷款贴息、科技推广费、多种经营项目前期工作费等不构成实体工程成本的支出和从“在建工程”转来的完工工程支出。

**第五十二条**　占用费支出是指支付农业综合开发财政有偿资金占用费、必要的回收费用和按规定从占用费收入中提取的业务费。

**第五十三条**　其他支出是指按规定支付给银行的手续费和必要的资产营运费用等。

## 第八章　会计科目

**第五十四条**　农业综合开发会计科目使用要求:

一、本制度规定的会计科目,是汇总和检查农业综合开发资金活动情况和结果的总账科目。各级农业综合开发管理部门和建设单位可根据实际工作需要选用,但非经财政部同意,不得减并或自行增设,不得擅自更换科目名称。

二、本制度统一规定会计科目的编号,以便于编制会计凭证,登记账簿,实现会计电算化。各级农业综合开发管理部门和建设单位不得自行更改统一的会计科目编号。

三、各级农业综合开发管理部门和建设单位在使用会计科目编号时,应与会计科目名称同时使用。可以只使用会计科目名称,不用科目编号,但不得只填科目编号,不写科目名称。

**第五十五条**　各级农业综合开发管理部门和建设单位适用的会计科目如下:

**会计科目表**

| 序　　号 | 编　　码 | 科　目　名　称 |
|---|---|---|
| | | 一、资产类 |
| 1 | 111 | 现金 |
| 2 | 112 | 银行存款 |
| 3 | 121 | 应收款项 |
| 4 | 131 | 有偿资金放款＊ |
| 5 | 132 | 委托贷款＊ |
| 6 | 133 | 借出有偿资金＊ |
| 7 | 141 | 预付工程款＊＊ |
| 8 | 151 | 材料＊＊ |
| 9 | 161 | 待处理有偿资金＊ |
| 10 | 171 | 在建工程＊＊ |

（续表）

| 序　　号 | 编　　码 | 科　目　名　称 |
| --- | --- | --- |
| 11 | 172 | 间接费用＊＊ |
| 12 | 181 | 竣工工程＊＊ |
| | | 二、负债类 |
| 13 | 211 | 借入有偿资金＊ |
| 14 | 221 | 应付工程款＊＊ |
| 15 | 231 | 应付质量保证金＊＊ |
| 16 | 241 | 其他应付款 |
| | | 三、净资产类 |
| 17 | 311 | 本级有偿资金＊ |
| 18 | 321 | 竣工工程基金＊＊ |
| 19 | 331 | 完工项目结余 |
| 20 | 341 | 未完项目结存 |
| | | 四、收入类 |
| 21 | 411 | 拨入资金＊＊ |
| 22 | 421 | 拨入上级财政资金＊ |
| 23 | 422 | 拨入本级财政资金＊ |
| 24 | 423 | 乡级财政缴入资金＊ |
| 25 | 431 | 交入自筹资金＊＊ |
| 26 | 432 | 交入有偿资金＊＊ |
| 27 | 433 | 交入银行贷款＊＊ |
| 28 | 441 | 占用费收入＊ |
| 29 | 451 | 其他收入 |
| | | 五、支出类 |
| 30 | 511 | 拨出资金＊ |
| 31 | 521 | 农发资金支出＊＊ |
| 32 | 541 | 占用费支出＊ |
| 33 | 551 | 其他支出 |

注：标注“＊”号的为财政资金专账使用科目；标注“＊＊”号的为报账资金专账和建设单位工程资金专账使用科目；没有标注的为共用科目。

**第五十六条**　会计科目使用说明

**一、资产类**

第111号科目　现　　金

1. 本科目核算农业综合开发管理部门和建设单位库存现金的增减变动及余额情况。

2. 现金增加时，借记本科目，贷记“银行存款”等科目；现金减少时，借记“材料”等科目，贷记本科目。本科目借方余额，反映库存现金数额。

3. 各级农业综合开发管理部门和建设单位应设置“现金日记账”，出纳人员根据原始凭证逐笔顺序登记。每日终了，应计算出当日现金收入合计数、现金支出合计数和结余数，并将结余数与实际库存数核对，做到账款相符。

第112号科目　银行存款

1. 本科目核算农业综合开发管理部门和建设单位存入银行的农业综合开发各种款项的增减变动及余额情况。

2. 银行存款增加时，借记本科目，贷记"拨入上级财政资金"等科目；银行存款减少时，借记"材料"、"预付工程款"等科目，贷记本科目。

本科目借方余额，反映银行存款数额。

3. 各级农业综合开发管理部门和建设单位按开户银行和存款种类等，分别设置"银行存款日记账"，由出纳人员根据收付凭证逐笔顺序登记，每月终了应结出余额。银行存款日记账应定期与银行对账，至少每月一次。月终时，账面余额与银行对账单余额之间如有差额，应逐笔查明原因进行处理。属于未达账项，应编制"银行存款余额调节表"，进行调节。

第121号科目　应收款项

1. 本科目核算农业综合开发管理部门和建设单位应当收回的待结算款项。

2. 发生时，借记本科目，贷记"银行存款"等科目；应收款项归还时，借记"银行存款"等科目，贷记本科目。本科目借方余额，反映未结算的应收款项数。

3. 本科目应按债务单位或个人设置明细科目。

第131号科目　有偿资金放款

1. 本科目核算财政部门借给用款单位和个人需定期收回的农业综合开发有偿资金。有偿资金放款的占用费收入不在本科目核算。

2. 农业综合开发项目有偿资金放款时，借记本科目，贷记"银行存款"等科目；收到归还放款时，借记"银行存款"等科目，贷记本科目。本科目借方余额反映尚未收回的放款数。

3. 本科目应按债务人设置二级明细科目，按项目名称(项目名称可涵盖项目级次、项目年度、项目区和项目类别等。下同，设置三级明细科目。

第132号科目　委托贷款

1. 本科目核算财政部门按照有关规定，委托银行和非银行金融机构办理的有偿资金放款。有偿资金放款的占用费收入不在本科目核算。

2. 委托贷款明确债务后，划拨时借记本科目，贷记"银行存款"科目。收到归还放款时作相反分录。本科目借方余额反映尚未收回的委托贷款数。

3. 本科目应按委托银行名称设置二级明细科目，按债务人设置三级明细科目，按项目名称设置四级明细科目。

第133号科目　借出有偿资金

1. 本科目核算上级财政部门借给下级财政部门的农业综合开发有偿资金，资金占用费收入不在本科目核算。

2. 借出时，借记本科目，贷记"银行存款"科目；收回时作相反分录。

本科目借方余额反映尚未收回的借出有偿资金数。

3. 本科目应按债务人设置二级明细科目，按项目名称设置三级明细科目。

第141号科目　预付工程款

1. 本科目核算按施工合同或工程概预算预付给项目施工单位的资金或材料等。

2. 预拨时借记本科目，贷记"银行存款"、"材料"等科目；转作支出时借记"在建工程"等科目，贷记本科目。项目竣工办理结算后，本科目应无余额。

3. 本科目按项目施工单位设置二级明细科目，按项目名称设置三级明细科目。

第151号科目　材　料

1. 本科目核算为农业综合开发工程建设而储存的各种物资。小额的、用途明确的一次性使用材料，也可不经过本科目，而直接记入"预付工程款"等科目。

2. 购入和自筹交入材料时，借记本科目，贷记"银行存款"、"交入自筹资金"等科目；材料领用时，借记

"预付工程款"等科目，贷记本科目。本科目借方余额反映材料的实际库存数。

项目全部完工后，应将剩余材料及时作价处理。处理时，借记"银行存款"、"现金"等科目，贷记本科目。

3. 本科目按材料种类和规格设置二级明细科目。

第161号科目　待处理有偿资金

1. 本科目核算经批准列入的待核销有偿资金放款、委托贷款。

2. 逾期未还的有偿资金放款、委托贷款经批准转入时，借记本科目，贷记"有偿资金放款"、"委托贷款"等科目；按规定程序报经批准核销时，借记"本级有偿资金"、"借入有偿资金"等科目，贷记本科目。

本科目借方余额反映尚未核销的待处理有偿资金。

3. 本科目按项目名称设置二级明细科目，按上级和本级设置三级明细科目。

第171号科目　在建工程

1. 本科目核算在建工程成本，不构成实体工程成本的应核销支出不在本科目核算。

2. 发生直接形成实体工程的支出时，借记本科目，贷记"银行存款"、"预付工程款"等科目；摊销间接费用时，借记本科目，贷记"间接费用"科目；当单项实体工程完工并通过县级农业综合开发管理部门验收合格，结转已完工工程成本时，借记"农发资金支出"科目，贷记本科目；同时，借记"竣工工程"科目，贷记"竣工工程基金"科目。本科目借方余额反映未完工实体工程所发生的工程成本。

3. 本科目按项目名称设置二级明细科目，按有关治理措施设置三级明细科目，按单项工程名称设置四级明细科目。

第172号科目　间接费用

1. 本科目核算不直接形成有形实体工程，但与实体工程紧密联系所必须发生的共同费用，包括前期工作费(不含多种经营项目的前期工作费)、材料损耗等。

2. 费用发生时，借记本科目，贷记"银行存款"、"现金"等科目。

3. 间接费用应按单位工程预算占全部工程预算投资总额的比例进行分摊。单项工程完工分摊时，借记"在建工程"科目，贷记本科目。

4. 本科目按项目名称设置二级明细科目，按有关经济内容设置三级明细科目。

第181号科目　竣工工程

1. 本科目核算经县级以上农业综合开发管理部门验收合格的完工工程成本。

2. 工程竣工时，借记本科目，贷记"竣工工程基金"科目；当竣工工程正式移交使用单位时，借记"竣工工程基金"科目，贷记本科目。全部移交后，本科目应无余额。

3. 本科目按项目名称设置二级明细科目，按有关治理措施设置三级明细科目，按单项工程名称设置四级明细科目。

**二、负债类**

第211号科目　借入有偿资金

1. 本科目核算下级财政部门从上级财政部门借入的农业综合开发有偿资金。借入有偿资金的占用费不在本科目核算。

2. 借入时，借记"银行存款"科目，贷记本科目。归还时作相反分录。

本科目贷方余额，反映尚未归还的借入有偿资金数。

3. 本科目应按开发期设置二级明细科目，按项目类别设置三级明细科目。

第221号科目　应付工程款

1. 本科目核算应付未付给项目施工单位的工程款项。

2. 发生应付工程款项时，借记"在建工程"等科目，贷记本科目。将应付工程款支付给施工单位时，借记本科目，贷记"银行存款"等科目。本科目余额反映应付未付给项目施工单位的款项。

3. 本科目应按施工单位设置二级明细科目，按项目名称设置三级明细科目。

第231号科目　应付质量保证金

1. 本科目核算按施工合同有关条款预留的应付给项目施工单位的工程款项。

2. 预留质量保证金时，借记"在建工程"等科目，贷记本科目；支付时借记本科目，贷记"银行存款"、"现金"等科目。

本科目贷方余额反映应付未付的质量保证金。

3. 发生由于工程质量问题等原因不予支付质量保证金时，应将其转入完工项目结余，借记本科目，贷记“完工项目结余”科目。

4. 本科目按施工单位设置二级明细科目，按项目名称设置三级明细科目。

第241号科目　其他应付款

1. 本科目核算除应付工程款、应付质量保证金之外的应付未付的款项。

2. 发生时借记“银行存款”等科目，贷记本科目；还款时借记本科目，贷记“银行存款”等科目。本科目贷方余额反映未支付的应付款项。

3. 本科目应按债权人设置明细科目。

**三、净资产类**

第311号科目　本级有偿资金

本科目核算本级财政拨入有偿使用的农业综合开发资金，以及完工项目结余、占用费收支结余、其他收支结余转入的农业综合开发资金。

收到本级财政拨入有偿使用的农业综合开发资金时，借记“银行存款”科目，贷记本科目；年终时，将“其他收入”、“占用费收入”等科目的余额转入本科目，借记“其他收入”、“占用费收入”等科目，贷记本科目；同时将“占用费支出”、“其他支出”等科目的余额转入本科目，借记本科目，贷记“占用费支出”、“其他支出”等科目。

收到缴回的完工项目结余时，借记“银行存款”等科目，贷记本科目；本级有偿资金经批准转作无偿使用时，借记本科目，贷记收入类相关科目。

本科目贷方余额反映本级有偿资金规模，年终余额结转下年。

第321号科目　竣工工程基金

1. 本科目核算已竣工、但尚未移交使用的完工工程资金。

2. 竣工时，借记“竣工工程”科目，贷记本科目；当竣工工程正式移交使用时，借记本科目、贷记“竣工工程”科目。本科目余额应当与“竣工工程”科目一致。全部移交后，本科目应无余额。

第331号科目　完工项目结余

1. 本科目核算办理竣工决算后的农业综合开发项目资金结余。

2. 年终，应将相应的已完工工程收入和支出同时转入本科目。结转收入时，借记“拨入资金”等科目，贷记本科目；结转支出时，借记本科目，贷记“农发资金支出”等科目。

3. 所有工程完工，办理总竣工决算后，应编制完工项目结余款项移交表，及时将完工项目结余中属财政无偿投入的部分缴回财政资金专账，属农村集体和农民群众自筹投入的部分按程序退还农村集体和农民群众；移交时，借记本科目，贷记“银行存款”、材料”等科目。

4. 本科目按项目名称设置二级明细科目。

第341号科目　未完项目结存

1. 本科目核算农业综合开发财政资金专账当年收入数与拨款数之间的差额以及报账资金专账、工程资金专账当年收到的未完工项目资金。

2. 财政资金专账，年终结算时要将本年度项目资金收入与拨出的科目余额结转到本科目，结转收入时，借记“拨入上级财政资金”等科目，贷记本科目；结转拨出时，借记本科目，贷记“拨出资金”等科目；所有工程竣工结算后，“未完项目结存”贷方余额应转入“本级有偿资金”科目。报账资金专账和工程资金专账，年终结算时要将本年度收到的未完工项目资金余额转入本科目贷方；项目完工时，本科目应无余额。

3. 本科目按项目名称设置二级明细科目。

**四、收入类**

第411号科目　拨入资金

1. 本科目核算农业综合开发报账资金专账收到财政资金专账拨入的农业综合开发无偿资金。

2. 拨款时，借记“银行存款”科目，贷记本科目。年终转账，应将本科目余额分完工工程和未完工程，借记本科目，贷记“完工项目结余”、“未完项目结存”科目。

3. 本科目按项目名称设置二级明细科目。

第 421 号科目　拨入上级财政资金

1. 本科目核算农业综合开发财政资金专账收到上级财政拨入的农业综合开发无偿资金。

2. 收到时，借记“银行存款”科目，贷记本科目；年终结算时，应将本科目余额转入“未完项目结存”，借记本科目，贷记“未完项目结存”科目。

3. 本科目按项目名称设置二级明细科目。

第 422 号科目　拨入本级财政资金

1. 本科目核算农业综合开发财政资金专账收到本级财政拨入的农业综合开发无偿资金。

2. 收到时，借记“银行存款”科目，贷记本科目；年终结算时，应将本科目余额转入“未完项目结存”，借记本科目，贷记“未完项目结存”科目。

3. 本科目按项目名称设置二级明细科目。

第 423 号科目　乡级财政缴入资金

1. 本科目核算乡级财政缴入县级农业综合开发财政资金专账的乡级财政配套资金。

2. 缴入时，借记“银行存款”科目，贷记本科目；年终结算时应将本科目余额转入“未完项目结存”，借记本科目，贷记“未完项目结存”科目。

3. 本科目按项目名称设置二级明细科目。

第 431 号科目　交入自筹资金

1. 本科目核算项目单位或农村集体、农民群众用于农业综合开发项目的资金或物资。

2. 交入时，借记“银行存款”、“材料”等科目，贷记本科目；年终转账，应将本科目余额分完工工程和未完工程，借记本科目，贷记“完工项目结余”、“未完项目结存”科目。

3. 本科目按项目名称设置二级明细科目，按筹资单位或个人设置三级明细科目。

第 432 号科目　交入有偿资金

1. 本科目核算借款人交入工程资金专账的农业综合开发财政有偿资金(含委托贷款)。

2. 转入时，借记“银行存款”等科目，贷记本科目；年终转账，应将本科目余额分完工工程和未完工程，借记本科目，贷记“完工项目结余”、“未完项目结存”科目。

3. 本科目按项目名称设置二级明细科目，按交入的单位或个人设置三级明细科目。

第 433 号科目　交入银行贷款

1. 本科目核算交入工程资金专账的用于农业综合开发项目的银行贷款。

2. 转入时，借记“银行存款”等科目，贷记本科目；年终转账，应将本科目余额分完工工程和未完工程，借记本科目，贷记“完工项目结余”、“未完项目结存”科目。

3. 本科目按项目名称设置二级明细科目，按交入的单位和个人设置三级明细科目。

第 441 号科目　占用费收入

1. 本科目核算按规定收取的农业综合开发财政有偿资金占用费。

2. 收到时，借记“银行存款”等科目，贷记本科目；年末，应将本科目余额转入“本级有偿资金”科目，借记本科目，贷记“本级有偿资金”科目。

3. 本科目按上级和本级设置二级明细科目。

第 451 号科目　其他收入

1. 本科目核算银行存款利息收入和农业综合开发投资形成的资产营运收入等。

2. 收到时，借记“银行存款”等科目，贷记本科目。年末，财政资金专账应将本科目余额转入“本级有偿资金”科目，借记本科目，贷记“本级有偿资金”科目；报账资金和工程资金专账应将本科目余额转入“完工项目结余”科目，借记本科目，贷记完工项目结余”科目。

3. 本科目可根据需要设置明细科目。

**五、支出类**

第 511 号科目　拨出资金

1. 本科目核算财政部门拨给下级财政部门或报账资金专账的农业综合开发财政无偿资金。

2. 拨出时，借记本科目，贷记“银行存款”等科目；年终结算时，应将本科目余额转入未完项目结存，借记“未完项目结存”科目，贷记本科目。

3. 本科目按项目名称设置二级明细科目。

第 521 号科目 农发资金支出

1. 本科目核算农业综合开发项目的全部支出，包括发生的贷款贴息、科技推广费、多种经营项目前期工作费等不构成实体工程成本的支出和从“在建工程”转来的完工工程支出。

2. 发生时，借记本科目，贷记“银行存款”、“在建工程”等科目；年终，应将本科目余额转入“完工项目结余”，借记“完工项目结余”科目，贷记本科目。

3. 本科目按项目名称设置二级明细科目，按有关治理措施或经济内容设置三级明细科目。

第 541 号科目 占用费支出

1. 本科目核算支付农业综合开发财政有偿资金占用费、必要的回收费用和按规定从占用费收入中提取的业务费。

2. 发生支出时，借记本科目，贷记“银行存款”等相关科目；年末时，应将本科目余额转入“本级有偿资金”科目，借记“本级有偿资金”科目，贷记本科目。

第 551 号科目 其他支出

1. 本科目核算按规定支付给银行的手续费和必要的资产营运费用等。

2. 发生支出时，借记本科目，贷记“银行存款”等相关科目。年末时，财政资金专账应将本科目余额转入“本级有偿资金”科目，借记“本级有偿资金”，贷记本科目；报账资金和工程资金专账应将本科目余额转入“完工项目结余”科目，借记“完工项目结余”，贷记本科目。

## 第九章 年终清理结算和结账

**第五十七条** 各级农业综合开发管理部门和建设单位在年度终了前，应根据决算编审要求，对各种收支账目、往来款项、货币资金、财产物资进行全面的清理结算。并在此基础上办理年度结账，编报决算。

**第五十八条** 年终清理结算的主要事项如下：

与同级财政预算核对年度财政预算收支和预算调整情况，保证与预算数字相符；与上下级财政核对年度预算调整及资金拨付情况，保证上下级财政之间数字相符。

农业综合开发管理部门上下级之间及与各项目用款单位核对拨借款数额，保证拨借款项相符。

及时同开户银行对账，银行存款账面余额，要同银行对账单的余额相符。账面现金余额，要同库存现金相符。

清理债权债务，收回、归还到期款项，对待处理有偿资金及时清理报批。

对库存材料进行清查盘点，加强材料管理和成本核算。

**第五十九条** 经过年终清理和结算，把各项结算收支记入当年账簿，即可办理年终结账。年终结账工作一般分为年终转账、结清旧账和记入新账三个环节，依次作账。

年终转账。计算出各账户 12 月份合计数和全年累计数，结出 12 月末余额，编制结账前的“资产负债表”。试算平衡后，再将各个收支账户的余额分别转入净资产类相关科目，填制 12 月 31 日的记账凭单办理结账。

结清旧账。将所有账户结出全年发生额和年末余额，然后在下面通栏划双红线，表示本账户全部结清。

记入新账。根据本年度各个总账账户和明细账户年终转账后的余额编制年终决算“资产负债表”和有关明细表(不编记账凭证)，将表列各账户的余额直接记入新年度有关账户，并在“摘要”栏注明“上年结转”字样，以区别新年度发生数。

## 第十章 会计报表的编审

**第六十条** 农业综合开发会计报表是反映农业综合开发资金筹集、使用及其执行结果的书面报告，是了解情况、掌握政策、推动农业综合开发工作的重要资料，是编制农业综合开发中长期规划和下期实施计划的基础。

**第六十一条** 农业综合开发会计报表包括农业综合开发资产负债表、农业综合开发净资产变动情况表、农业综合开发财政资金收支决算表、农业综合开发财政资金拨借情况表、农业综合开发财政有偿资金使用和回收情况表、农业综合开发财政有偿资金科目余额表和报表编制说明书。会计报表格式及编制说明见

本办法附件。

**第六十二条** 各级农业综合开发管理部门和建设单位应按规定报送月度、季度、半年度、年度及项目竣工决算报表。会计报表要保证数字真实、内容完整、报送及时。报表应根据登记完整、核对无误的账簿记录和其他有关资料编制，切实做到账表相符，不得估列代编，更不能弄虚作假。汇总单位除编制本级报表外，还应根据本级报表和审核无误的全部所属单位报表，编制汇总会计报表。应按上级要求的时限和方式，及时报送报表，保证上级汇总的需要。月度会计报表应于月份终了10日内报出；季度会计报表应于季度终了15日内报出；半年度会计报表应于半年度终了30日内报出；年度会计报表应于次年3月底前报出；项目竣工决算报表应于项目竣工时报出。

## 第十一章 附 则

**第六十三条** 本制度不适用于具体实施农业综合开发多种经营项目的单位。农业综合开发机构经费核算，按行政或事业单位会计制度执行。

**第六十四条** 本制度没有特殊规定的一般会计处理方法，按财政部发布的《会计基础工作规范》办理。会计档案的管理，按财政部、国家档案局颁发的《会计档案管理办法》执行。

**第六十五条** 本制度自2002年1月1日起施行，原制定的《农业综合开发资金会计制度(试行)》同时废止。

# 15.《农业综合开发资金会计制度》补充规定 (2006年颁布)

财发〔2006〕40号

**一、“间接费用”的核算内容**

根据《国家农业综合开发资金和项目管理办法》(财政部令第29号)的有关规定，对“间接费用”科目所包含的内容作适当调整：取消土地治理项目前期工作费，将项目建设中发生的工程监理费、勘察设计费、工程预决算审计费纳入间接费用范畴，即调整后的“间接费用”科目包括工程监理费、勘察设计费、工程预决算审计费、材料损耗等。

**二、项目管理费的会计核算**

根据财政部令第29号的有关规定，县级农发办事机构提取使用的项目管理费不计入工程成本，直接在“农发资金支出”科目下增设“项目管理费”二级明细科目单独反映。

**三、贷款贴息的会计核算**

为加强财政贷款贴息资金的管理，在“农发资金支出”科目下增设“贴息资金”二级明细科目，单独反映中央和地方财政安排的贷款贴息资金。

**四、工程监理费的会计核算**

根据财政部令第29号、《国家农业综合开发土地治理项目工程建设监理办法(试行)》(国农办〔2004〕49号)等有关规定，农业综合开发土地治理项目发生的工程监理费通过省级农发办事机构报账时，应按实际发生数分摊计入工程成本。

(一)省级农发资金管理部门的账务处理。

1. 省级农发资金管理部门从本级财政配套资金中安排工程监理费时，借记“银行存款”等科目，贷记“拨入本级财政资金”科目。

2. 按照监理合同，省级农发资金管理部门预付工程监理费时，借记“应收款项”科目，贷记“银行存款”科目。

3. 省级农发资金管理部门与监理单位办理结算，支付剩余的工程监理费时，借记“应收款项”科目，贷记“银行存款”、“应付质量保证金”等科目。

工程监理的质量保证金在省级农发资金管理部门以应付款的方式挂账。

工程项目验收合格后，省级农发资金管理部门将质量保证金支付给监理公司时，借记“应付质量保证金”科目，贷记“银行存款”科目。

工程项目验收不合格，省级农发资金管理部门将该部分资金转入“未完项目结存”科目，借记“应付质量保证金”科目，贷记“未完项目结存”科目。

4. 省级农发资金管理部门向下级农发资金管理部门下达分摊监理费用通知时，借记“拨出资金”科目，贷记“应收款项”科目。

（二）市级农发资金管理部门的账务处理。

省级农发资金管理部门根据监理合同，向各（市、县）下达分摊监理费用的通知，市级农发资金管理部门收到通知时，借记“拨出资金”科目，贷记“拨入上级财政资金”科目。

（三）县级农发资金管理部门的账务处理。

市级农发资金管理部门向县级农发资金管理部门转发分摊监理费用的通知，县级农发资金管理部门收到通知时，财政资金专账借记“拨出资金”科目，贷记“拨入上级财政资金”科目。报账资金专账借记“间接费用”科目，贷记“拨入资金”科目。

以上各级收入、支出年终结转的会计核算按照《农业综合开发资金会计制度》（财发〔2001〕55 号）的有关规定执行。关于间接费用的分配，结转完工项目支出以及年终转账的账务处理与正常项目支出相同。

**五、参股经营资金的会计核算**

按照《国家农业综合开发投资参股经营试点管理办法》（财发〔2005〕39 号），为使国家投入的资产保值增值，增设“参股经营投资”（第 134 号科目）、“转出参股经营资金”（第 135 号科目）、“转入参股经营资金”（第 212 号科目）、“本级参股经营资金”（第 351 号科目）、“参股经营收益”（第 352 号科目）五个一级科目。以上科目为财政资金专账使用，用于核算农业综合开发财政资金投资参股经营情况。

（一）收到本级财政部门拨入财政参股经营资金时的会计核算。收到本级财政部门拨入财政参股经营资金时，借记“银行存款”等科目，贷记“本级参股经营资金”科目。

（二）上下级农发资金管理部门间拨付财政参股经营资金时的会计核算。上级农发资金管理部门拨付财政参股经营资金给下级农发资金管理部门时，借记“转出参股经营资金”科目，贷记“银行存款”等科目；下级农发资金管理部门收到上级农发资金管理部门财政参股经营资金时，借记“银行存款”等科目，贷记“转入参股经营资金”科目。

（三）投资参股时的会计核算。拨付资产运营公司财政参股经营资金时，借记“参股经营投资”科目，贷记“银行存款”等科目。

（四）收到投资分红时的会计核算。收到投资分红时，借记“银行存款”等科目，贷记“参股经营收益”科目。

（五）国有股权转让退出时的会计核算，财政参股经营资金形成的国有股权转让退出，溢价转让时，借记“银行存款”等科目，贷记“参股经营投资”、“参股经营收益”等科目；折价转让时，借记“银行存款”、“参股经营收益”等科目，贷记“参股经营投资”科目。

（六）参股经营企业破产清算时的会计核算。财政参股经营资金形成的国有股权分得破产清算资金时，借记“银行存款”、“参股经营收益”等科目，贷记“参股经营投资”科目。

（七）收益分配的会计核算。属于上级财政参股经营资金获得的收益，转给上级农发资金管理部门时，借记“参股经营收益”科目，贷记“银行存款”等科目；从参股经营收益分红中支付资产运营机构运营费用时，借记“参股经营收益”科目，贷记“银行存款”等科目。

# 16. 预算外资金财政专户会计核算制度（1998 年颁布）

财综字[1998]164 号

## 第一章 核算及管理原则

**第一条** 为了加强预算外资金管理，规范各级财政部门预算外资金财政专户会计（以下简称“财政专户

会计”)核算工作,根据《中华人民共和国会计法》、《国务院关于加强预算外资金管理的决定》和《财政总预算会计制度》,制定本制度。

**第二条** 本制度适用于各级财政部门预算外资金财政专户的核算和管理工作。

**第三条** 财政专户会计的基本任务是核算和反映预算外资金收支活动,监督预算外资金收支计划管理和执行情况。具体包括:

一、办理预算外资金日常收缴、拨付及往来款项的会计核算,做到账目清楚,内容真实,数字准确。

二、反映预算外资金收支计划执行情况,汇总编报年度预算外资金收支计划、决算、财政专户会计报表等。

三、监督部门和单位预算外资金收支计划执行情况,合理调度预算外资金。监督部门和单位及时、足额将预算外资金上缴财政专户,按批准的预算外资金收支计划,及时核拨资金。根据有关预算外资金管理法规和制度规定,参与做好预算外资金统筹调剂使用工作,提高预算外资金使用效益。

四、组织和指导本行政区域财政专户管理,负责检查下级财政专户会计工作,以及部门和单位预算外资金会计管理。

**第四条** 财政专户会计记账方法、会计期间、会计报表编制期间,以及记账货币及单位等,均按《财政总预算会计制度》中有关规定执行。

**第五条** 财政专户会计核算应当以实际发生的业务活动为依据,真实记录、反映财政专户的预算外资金收缴、拨付情况和结果。

**第六条** 财政专户会计提供的会计信息应当满足国家宏观经济管理和上级财政部门及本级政府对预算外资金管理的需要。

**第七条** 财政专户会计核算应当及时进行,会计处理方法前后各期应当一致,不得随意变更。如确有必要变更,应将变更情况、原因和对会计报表的影响在年度会计报告中予以说明。

**第八条** 财政专户会计核算和会计报表应当内容真实,数字准确。对于重要的业务活动,应当单独反映。

**第九条** 财政专户会计核算采用收付实现制。

**第十条** 各级财政部门应加强对财政专户资金的管理,并配置专门人员。财政专户资金应严格按规定用途使用。

**第十一条** 财政专户会计人员要严格执行国家有关会计电算化管理制度和办法,熟练掌握计算机在会计上的运用,实现会计操作技术的现代化。

**第十二条** 财政专户会计人员应加强对各项预算外资金的核算管理与会计监督,严格依法办事,对于不合法的会计事项,应及时予以纠正,及时向领导反映。

## 第二章 会计科目及使用说明

**第十三条** 会计科目是各级财政专户会计机构设置账户、确定核算内容的依据。各级财政专户会计必须按以下要求设置和使用会计科目:

一、各级财政专户会计机构应按本制度规定设置会计科目,没有相应会计事项的可以不设。

二、为便于编制会计凭证、登记账簿、查阅账目和实行会计电算化,本制度统一规定了会计科目编码,不得擅自变更或打乱科目编码。在各类会计科目之后留有空号,供各级财政专户会计根据需要增设会计科目及编号用。

三、会计人员在填制会计凭证、登记账簿时,应填列会计科目名称,或同时填列名称和编码,不得只填编码,不填名称。

**第十四条** 财政专户会计科目(略)

**第十五条** 会计科目使用说明。

**一、资产类**

### 第101号 财政专户存款

1. 本科目核算财政部门在国有商业银行开设的财政专户中各项预算外资金存款。

2. 财政专户收到部门和单位上缴的各项预算外资金收入时,借记本科目,贷记相关收入科目。财政专户按财政部门批准的预算外资金收支计划拨付资金时，借记相关支出科目，贷记本科目。

3. 本科目期末借方余额，反映期末财政专户结存数。

4. 本科目应按开户银行设置"财政专户存款日记账"，由出纳人员根据收付款凭证，按照业务的发生顺序逐笔登记，每日终了应结出余额。

第103号科目　有价证券

1. 本科目核算财政专户以前年度用预算外资金结余购买的未变现国债等有价证券。

2. 有价证券到期变现时，按照实际收到的金额，借记"财政专户存款"科目，按照实际成本，贷记本科目，按其差额，借记或贷记相关收入科目。

3. 本科目期末余额，反映期末尚未变现的有价证券的实际成本。

4. 本科目按证券种类设置明细科目。

第105号科目　应收款

1. 本科目核算财政部门以前年度按有关规定有偿拨付有关部门和单位使用等应收回的预算外资金。

2. 收回资金时，按实际收到的金额借记"财政专户存款"科目，按应收的金额贷记本科目，按其差额贷记相关收入科目。

3. 本科目期末余额，反映期末财政专户有偿拨付的未收回的款项。

4. 本科目应按资金项目及部门和单位设置明细科目。

**二、负债类**

第201号科目　应缴代收上级财政专户款

1. 本科目核算财政部门代上级财政部门收取或应上缴上级财政专户的预算外资金。

2. 财政专户收到收入时，借记"财政专户存款"科目，贷记本科目。资金上缴时，借记本科目，贷记"财政专户存款"科目。

3. 本科目余额反映本级财政专户应缴未缴上级财政专户资金数额。

4. 本科目应按应缴部门和单位及代收或应缴预算外资金种类设置明细科目。

第203号　暂存款

1. 本科目核算财政专户收到的其他不明性质的待结算款项。

2. 收到不明性质资金时，借记"财政专户存款"科目，贷记本科目，资金拨出时，借记本科目，贷记"财政专户存款"科目。

3. 本科目应按相关部门和单位设置明细科目。

**三、净资产类**

第301号科目　专项预算外资金结余

1. 本科目核算财政专户中专项用于公共工程和社会公共事业的基金、资金、附加等预算外资金结余。

2. 下年初建立新账时，应将"专项预算外资金收入"科目上年年末余额转入本科目贷方，借记"专项预算外资金收入"科目，贷记本科目。将"专项支出"科目上年年末余额转入本科目借方，借记本科目，贷记"专项支出"科目。

3. 本科目贷方余额，反映专项预算外资金累计结余数额。

4. 本科目应按部门和单位及专项预算外资金种类设置明细科目。

第302号科目　一般预算外资金结余

1. 本科目核算财政专户中除专项预算外资金以外的其他各项预算外资金结余，包括一般预算外资金收入、其他收入结余等。

2. 下年初建立新账时，应将"一般预算外资金收入"、"其他收入"科目上年年末余额结转到本科目，即借记"一般预算外资金收入"、"其他收入"科目，贷记本科目。将"行政事业支出"、"基本建设支出"、"政府调剂支出"及"其他支出"科目的上年年末余额转入本科目，即借记本科目，贷记"行政事业支出"、"基本建设支出"、"政府调剂支出"及"其他支出"科目。

如经批准将预算外资金转入财政预算内统筹使用时，应借记本科目，贷记"财政专户存款"科目。

3. 本科目贷方余额反映一般预算外资金累计结余数额。

4. 本科目应按"一般预算外资金收入"、"其他收入"设置明细科目，并按部门和单位进行明细核算。

第303号科目　乡统筹资金结余

1. 本科目核算财政专户中用于乡自筹资金和乡统筹资金支出的结余。

2. 下年初建立新账时，应将“乡统筹资金收入”科目上年年末余额结转到本科目，借记“乡统筹资金收入”科目，贷记本科目。将“乡统筹资金支出”科目上年年末余额转入本科目，借记本科目，贷记“乡统筹资金支出”科目。

如经批准将预算外资金转入财政预算内统筹使用时，应借记本科目，贷记“财政专户存款”科目。

3. 本科目贷方余额，反映乡统筹资金累计结余数额。

4. 本科目应按资金种类设置明细科目。

**四、收入类**

第401号科目　专项预算外资金收入

1. 本科目核算缴入财政专户中专项用于公共工程和社会公共事业的基金、资金、附加等预算外资金收入和专项预算外资金存款利息。

2. 取得基金、资金、附加等专项预算外资金收入时，借记“财政专户存款”科目，贷记本科目。

3. 下年初建立新账时，应将本科目上年年末余额全部转入“专项预算外资金结余”科目，即借记本科目，贷记“专项预算外资金结余”科目。

4. 本科目期末余额，反映本年度累计收取的专项预算外资金收入。

5. 本科目应按部门和单位及收入种类设置明细账。

第402号科目　一般预算外资金收入

本科目核算部门和单位缴入财政专户的预算外资金，包括部门和单位缴入财政专户的各项行政事业性收费及主管部门从所属单位集中的收入。

1. 行政事业性收费

(1)取得收费收入时，借记“财政专户存款”科目，贷记本科目。

(2)下年初建立新账时，应将本科目上年年末余额全部转入“一般预算外资金结余”科目，借记本科目，贷记“一般预算外资金结余”科目。

(3)本科目期末余额，反映本年度累计收取的各种行政事业性收费收入。

(4)本科目应按部门和单位设置明细账科目，并按收费项目进行明细核算。

2. 部门集中收入

(1)主管部门从所属单位集中的资金缴入财政专户时，借记“财政专户存款”科目，贷记本科目。

(2)下年初建立新账时，将本科目上年年末余额转入“一般预算外资金结余”科目，借记本科目，贷记“一般预算外资金结余”科目。

(3)本科目期末余额，反映本年度累计收取的部门集中资金收入。

(4)本科目应按部门和单位设置明细科目。

第404号科目　乡统筹资金收入

1. 本科目核算缴入财政专户的乡自筹资金和乡统筹资金。

2. 乡自筹和乡统筹资金缴入财政专户时，借记“财政专户存款”科目，贷记本科目。

3. 下年初建立新账时，将本科目上年年末余额转入“乡统筹资金结余”科目，借记本科目，贷记“乡统筹资金结余”科目。

4. 本科目期末余额，反映本年度累计收取的乡统筹资金收入。

5. 本科目应按收取的乡自筹和乡统筹资金收入种类设置明细科目。

第405号科目　其他收入

1. 本科目核算除专项预算外资金收入、一般预算外资金收入、乡统筹资金收入以外的未纳入预算，直接由各级财政专户管理的其他各种财政性资金。包括财政专户一般预算外资金存款利息、各种捐赠资金等。

2. 取得其他收入时，借记“财政专户存款”科目，贷记本科目。

3. 下年初建立新账时，本科目上年年末余额全部转入“一般预算外资金结余”科目，借记本科目，贷记“一般预算外资金结余”科目。

4. 本科目期末余额，反映本年累计收到的其他收入金额。

5. 本科目应按其他收入种类设置明细科目。

**五、支出类**

第 501 号科目　行政事业支出

1. 本科目核算财政部门核拨给部门和单位用于单位经费支出的预算外资金。

2. 拨付款项时，借记本科目，贷记“财政专户存款”科目。

3. 下年初建立新账时，将本科目上年年末余额全部转入“一般预算外资金结余”科目，借记“一般预算外资金结余”科目，贷记本科目。

4. 本科目期末余额，反映本年累计核拨的行政事业支出。

5. 本科目应按拨付款项的部门和单位设置明细科目。

第 502 号科目　专项支出

1. 本科目核算各级财政部门从财政专户中核拨给部门和单位专项用于公共工程和社会公共事业等专项支出。

2. 拨付款项时，借记本科目，贷记“财政专户存款”科目。

3. 下年初建立新账时，将本科目上年年末余额全部转入“专项预算外资金结余”科目，借记“专项预算外资金结余”科目，贷记本科目。

4. 本科目期末余额，反映本年累计核拨的专项支出。

5. 本科目应按部门和单位设置明细科目，并按资金用途进行明细核算。

第 503 号科目　基本建设支出

1. 本科目核算财政部门根据国家批准的基本建设投资计划，从财政专户中核拨的用于部门和单位基本建设的支出。

2. 拨付款项时，借记本科目，贷记“财政专户存款”科目。

3. 下年初建立新账时，本科目上年年末余额全部转入“一般预算外资金结余”科目，借记“一般预算外资金结余”科目，贷记本科目。

4. 本科目期末余额，反映本年累计核拨的基本建设支出。

5. 本科目应按部门和单位设置明细科目，并按基本建设项目进行明细核算。

第 511 号科目　乡统筹资金支出

1. 本科目核算财政专户中核拨的用于乡自筹资金和乡统筹资金支出。

2. 拨付款项时，借记本科目，贷记“财政专户存款”科目。

3. 下年初建立新账时，将本科目上年年末余额全部转到“乡统筹资金结余”科目，借记“乡统筹资金结余”科目，贷记本科目。

4. 本科目期末余额，反映本年累计核拨的乡统筹资金支出。

5. 本科目应按支出类种设置明细科目。

第 521 号科目　政府调剂支出

1. 本科目核算财政部门经批准从一般预算外资金中统筹安排的款项，包括调入财政预算内部分。

2. 统筹调剂拨出财政专户款项时，借记本科目，贷记“财政专户存款”科目。

3. 下年初建立新账时，将本科目上年年末余额全部转入“一般预算外资金结余”科目，借记“一般预算外资金结余”科目，贷记本科目。

4. 本科目期末余额，反映本年累计调剂使用预算外资金的数额。

5. 本科目应按调剂用途进行明细核算。

第 531 号科目　其他支出

1. 本科目核算除行政事业支出、专项支出、基本建设支出、乡统筹资金支出和政府调剂支出以外的其他支出，包括经批准支付的预算外资金管理费用等。

2. 发生支出时，借记本科目，贷记“财政专户存款”科目。

3. 下年初建立新账时，将本科目上年年末余额全部转入“一般预算外资金结余”等科目，借记“一般预算外资金结余”科目，贷记本科目。

4. 本科目期末余额,反映本年累计发生的其他支出。

5. 本科目应按其他支出类别设置明细科目进行核算。

## 第三章　会计结算、清算与会计报表

**第十六条**　财政专户会计应定期、及时地进行会计结账,结算期限为每月一次。结账的具体方法,按《会计基础工作规范》办理。

**第十七条**　财政专户会计在会计年度结束前,应当全面进行年终清理结算。年终清理结算的主要事项如下:

一、要在年度终了前,核对年度预算外资金收支计划执行情况。财政专户会计应将本级预算外资金收支总计划执行数与部门和单位上缴财政专户实际数核对清楚。

二、清理本年预算外资金收支。属本年度的预算外资金收入,年终前必须如数缴入财政专户。

财政专户会计对部门和单位的各项拨款支出,应与部门和单位的收入进行核对。由于部门和单位支出预算编制大,而造成部门和单位预算外资金支出户本年资金大量沉淀的,应在清算期内收回。收回的资金相应冲减本年预算外资金支出。

三、与开户银行进行对账。年度终了后,及时与各有关开户银行对账,发现问题,及时处理。

四、清理往来款项。财政专户的暂收、暂付等各种往来款项,要在年度终了前认真清理结算。应转作各项收入或各项支出的款项,要及时转入本年有关收支账户。

**第十八条**　经过年终清理和结算,把各项结算收支记入旧账后,即可办理年终结账。年终结账工作一般分为结清旧账和记入新账两个环节,依次作账。

一、结清旧账。将各项收入和支出账户的借方、贷方结出全年累计数,然后在下面划双红线,表示本账户全部结清。对年终有余额的账户,在“摘要”栏内注明“结转下年”字样,表示转入新账。

二、记入新账。将各账户上年余额直接记入新年度有关总账和明细账各账户预留空行的余额栏内,并在“摘要”栏注明“上年结转”字样,以区别新年度发生数。

决算经本级人民政府审查批准,批准数与上报的预算外资金决算数有差额时,在本年有关账户中进行相应处理。

**第十九条**　财政专户会计报表是预算外资金收支计划执行情况及其结果的定期书面报告,是各级政府和上级财政部门了解情况、掌握政策、指导预算外资金管理工作的重要资料,也是编制下年度预算外资金收支计划的基础。主要包括:资产负债表、预算外资金财政专户收支情况表和预算外资金财政专户收支项目表。

**第二十条**　财政专户会计报表要做到内容完整、数字准确,报送及时。

财政专户会计要严格按照统一规定的报表种类、格式、内容、方法填列报表。需要汇总报表的部门和单位,应按汇编范围汇总,防止漏报。

各级财政专户会计应定期编制和汇总预算外资金财政专户会计报表。

**第二十一条**　财政专户会计年报,反映年度预算外资金收支情况和年度收支计划的结果。各级财政专户会计在财政部门首长的领导下,负责组织决算草案编审工作。

**第二十二条**　各级财政专户会计应将汇总编制的本级决算草案及时报本级政府审定,并将经本级政府审定的本行政区域的预算外资金收支决算报上级财政备案。

## 第四章　附　　则

**第二十三条**　各级财政专户会计应严格遵守和执行财政部《会计基础工作规范》、财政部和国家档案局《会计档案管理办法》中有关总会计的规则和规定,做好财政专户会计工作。

**第二十四条**　各省、自治区、直辖市和计划单列市的财政部门可结合本地区实际情况,制定补充规定,报财政部备案。

**第二十五条**　本制度由财政部负责解释。

**第二十六条**　本制度自1999年1月1日起执行。预算外资金财政专户会计核算中凡与本制度规定有抵触的,以本制度规定为准。

# 17.《预算外资金财政专户会计核算制度》补充规定(2002 年颁布)

财办库[2002]36 号

根据《财政部、中国人民银行关于印发〈预算外资金收入收缴管理制度改革方案〉的通知》(财库[2002]37 号)和《财政部、中国人民银行关于印发〈中央单位预算外资金收入收缴管理改革试点办法〉的通知》(财库[2002]38 号)的有关规定,为保证预算外资金收入收缴管理制度改革顺利实施,方便对账和统计分析,现对《预算外资金财政专户会计核算制度》做如下补充规定:

一、在预算外财政专户资产类增设"已结报收入"(编号 106)一级会计科目,用于支付局会计核算缴入中央预算外资金收政专户的资金数;在负债类增设"代收款"(编号 204)一级会计科目,用于核算缴入国库前暂存在中央预算外资金财政专户的预算内资金,本科目下参照预算收入科目设置明细科目。

二、国库支付局会计在收到代理银行报来的《代理银行非税收入信息核对单》及所附缴款信息后,根据缴款内容分别记账。属于预算外的收入,

借:已结报收入

　贷:一般预算外资金收入(专项预算外资金收入、其他收入等)

属于预算内的收入,

借:已结报收入

　贷:代收款

属于尚未不能确认的收主,

借:已结报收入

　贷:暂存款

年终,将已结报收入与一般预算外资金收入以及代收款等对冲。即,

借:一般预算外资金收入(专项预算外资金收入,其他收入等)或代收款

　贷:已结报收入

三、本《补充规定》自发文之日起施行。

# 18. 国库会计管理规定(2005 年修订)

银发〔2005〕304 号

## 第一章　总　　则

**第一条**　为加强国库会计工作管理,建立健全内控机制,确保国库资金安全,提高国库会计工作水平,根据《中华人民共和国会计法》、《中华人民共和国中国人民银行法》、《中华人民共和国国家金库条例》及其《实施细则》、《中国人民银行会计基本制度》及其他有关规章制度,制定本规定。

**第二条**　国库会计管理的主要任务是:

(一)组织国库会计核算,真实、准确、及时、完整地记录和反映财政收入、支出情况。

(二)加强国库会计监督,防范国库资金风险,维护国库资金安全。

(三)规范国库会计行为,提高国库会计工作质量与服务水平。

**第三条**　国库会计管理遵循"垂直领导,分级管理"的原则。上级国库对下级国库的会计工作负有组织、检查、指导职责;下级国库对上级国库负责,根据上级国库的要求规范会计行为,并定期报告工作情况。

**第四条** 国库会计核算与管理应充分运用信息网络技术，强化控制与监督，有效利用国库会计核算信息资源，提高工作水平。

**第五条** 本规定适用于各级国库。各级国库应按照本规定的要求，加强会计基础工作，严密会计核算手续，防范国库资金风险，确保国库会计工作正常有序地进行。

## 第二章 国库会计人员

**第六条** 各级国库应根据业务需要，合理设置会计核算岗位，按岗位配备相应人员。

**第七条** 国库会计人员应持有国家颁发的会计人员从业资格证书，经国库业务培训后方可上岗。

国库会计主管由本部门会计核算工作负责人担任。担任国库会计主管的人员，除应取得会计人员从业资格证书外，还应具备会计师以上专业技术职务资格或从事会计工作三年以上经历。

**第八条** 国库会计人员应认真执行各项规章制度，履行岗位职责，按规定行使会计监督权利。

国库会计主管应切实发挥在会计核算中的组织、管理和监督作用，保证各项会计核算业务正常有序进行。

**第九条** 国库主任(包括副主任，下同)与国库部门负责人应支持国库会计人员依法履行职责，经常组织对国库会计人员进行政治思想、职业道德、金融财税法规、国库会计业务知识和技能等方面的教育和培训，以适应国库会计工作的发展要求。

**第十条** 国库会计人员原则上 2 至 3 年轮岗一次，重要岗位人员按有关规定强制休假，但不得因此影响核算质量。密押员应保持相对稳定。

**第十一条** 国库部门负责人的变动，应征得上级国库部门的同意；国库会计主管、国库会计经办人员的变动，应征得国库部门负责人的同意；代理国库会计人员变动，应报人民银行管辖国库部门备案。

**第十二条** 国库会计人员岗位变动或离岗时应办理业务交接，未按规定办理交接手续的不得离岗。国库会计经办人员办理交接手续，由国库会计主管监交；国库会计主管办理交接手续，由国库部门负责人监交；国库部门负责人办理离任交接手续，由国库主任监交。

**第十三条** 对认真执行国库会计各项规章制度、工作成绩显著、安全无事故的国库和对堵塞漏洞、避免事故或案件发生、揭发违法犯罪有功的国库会计人员，应给予表彰和奖励。对因不落实或不履行职责、不执行制度，或贯彻执行制度不力、存在风险隐患的国库，应予以批评，并限期整改。对发生违法案件或因违规等原因造成国库资金损失的，除依法追究有关当事人责任外，还应追究国库会计主管、国库部门负责人和国库主任的责任。

## 第三章 国库会计管理责任制

**第十四条** 国库会计实行国库主任、国库部门负责人、会计主管和会计经办人员目标管理责任制。国库会计经办人员对国库会计主管负责，国库会计主管对国库部门负责人负责，国库部门负责人对国库主任负责。

国库主任负责组织、领导辖区内国库的会计工作，是国库风险第一责任人，负主要领导责任；国库部门负责人负责具体组织、管理辖区内国库的会计工作，对国库资金风险负直接领导责任；国库会计主管负责组织、管理本部门会计人员准确、及时地办理会计核算业务，审批会计重要事项，及时处理、报告核算中发现的问题；国库会计经办人员按照岗位职责要求，严格执行国库会计的各项制度，准确、及时地办理核算业务。

**第十五条** 国库会计核算实行岗位责任制。国库会计岗位设置和分工以有利于相互制约、保证资金安全为原则，可实行一人一岗、一人多岗或一岗多人，确保各岗位之间既严格分工，又相互衔接；国库会计人员不得越权办理业务，严禁账务处理“一手清”；国库会计资金往来业务使用的印章、密押(钥)和重要空白凭证，应严格实行“三分管”。

**第十六条** 各级国库应设置资金清算记账岗、明细核算记账岗、复核岗、综合核算岗、同城票据交换岗、系统维护岗、会计主管岗等。

国库会计应由专门的机构或人员进行事后监督。

经国库部门负责人同意，国库会计主管可将其负责的国库会计核算管理方面的业务，向有关人员进行书面授权，但不得违反第十五条的规定。

**第十七条** 国库会计重要事项实行审批制度。国库会计重要事项包括:国库会计人员加班、影响会计账务的系统参数维护、系统升级、系统数据恢复、查询查复、补制凭证和回单、手工填制转账凭证划转资金、暂付款挂账、暂收款划出、补记账务、错账更正以及其他规定需要审批的事项。

国库会计重要事项由国库会计主管审批或登记。

## 第四章 国库会计核算

### 第一节 账务组织

**第十八条** 人民银行经理的国库,其国库会计核算纳入人民银行会计核算体系,执行《中国人民银行会计基本制度》的各项原则规定,单独核算,自求平衡。

商业银行、信用社代理的国库,其国库会计核算纳入商业银行或信用社会计核算体系。

**第十九条** 国库应建立健全规范的账簿、报表体系,各项业务的账务处理应符合会计核算手续的要求,坚持及时记账、账表复核、代收他行票据收妥进账、日清月结。禁止以表代账。

**第二十条** 国库按照"资金统一清算,收支按库核算"的原则办理多级多库的会计核算业务。

**第二十一条** 国库按照政府预算收支科目进行预算收支核算,编制预算收支报表。

**第二十二条** 国库会计账务记载错误按照银行会计制度的有关规定进行处理。预算收支核算差错采取红字(或负数,下同)冲正错误科目,蓝字(或正数,下同)记载正确科目的方法进行更正,需相应调整会计账务的,以借、贷方蓝字进行记载。

**第二十三条** 国库办理国库资金的清算、收纳、退付及库款的支拨等事宜,应正确使用统一规定的会计科目。

人民银行经理国库使用人民银行统一规定的会计科目。商业银行、信用社代理国库使用的会计科目应根据人民银行国库会计科目名称、性质及用途统一确定。

**第二十四条** 国库会计凭证分为原始凭证和记账凭证。原始凭证包括收入缴库凭证、收入退库凭证、收入更正凭证、库款支付凭证、资金结算凭证、国债凭证等。

记账凭证根据原始凭证制作,对于具备记账凭证基本要素的原始凭证,可以作为记账凭证使用。

国库应按规定审核、制作会计凭证。

**第二十五条** 国库应按规定管理国债收款单、资金结算凭证等有价单证与重要空白凭证,定期检查账实情况。

**第二十六条** 人民银行国库按会计科目设置总账,根据科目日结单登记借贷方发生额,并结计余额,每日综合平衡。

各级国库按照会计科目及有关规定设置相应的分户账,根据预算收支核算等需要设置相应的登记簿(表)。

**第二十七条** 国库报表分为会计报表与预算收支报表,按日、月、年编报,格式由总库统一规定。

各级国库应准确、及时、完整地编报各种国库报表。

**第二十八条** 各级国库要严密会计资料传递、签收手续。国库与会计营业部门、财政、税务、海关、商业银行之间的资金往来业务,凡涉及拨款、退库、申请划款等外来凭证的传递,必须认真审核,双方履行必要的签收手续。

### 第二节 预算收入的收纳、划分与报解

**第二十九条** 各级国库应准确、及时地收纳各项国家预算收入款项,并根据财政管理体制规定的预算收入级次和上级财政确定的分成留解比例,正确、及时办理各级预算收入的划分和留解。

**第三十条** 预算收入缴入乡(镇)国库及以上国库均为正式入库。

### 第三节 预算收入的退付

**第三十一条** 国库应严格按照规定的范围、程序和有关政策办理预算收入的退库。

(一)各级预算收入退库的审批权属于同级政府财政部门。中央预算收入、中央和地方共享收入的退

库，由财政部或其授权的机构批准。地方预算收入的退库，由地方政府财政部门或其授权的机构批准。

（二）退库应按预算收入的级次办理。中央预算收入退库，从中央级库款中退付；地方各级预算固定收入的退库，从地方各级库款中退付；各种分成收入的退库，按规定的分成比例，分别从相应级次库款中退付。

（三）退库必须按照国家规定退给原缴款单位或个人（以下简称缴款人），任何部门、单位和个人不得截留、挪用退库款项。

（四）各级国库在办理退库时，必须有依据。国库应要求有关财政或征收机关提供退库的相关文件依据，缴款人申请退库的，还应要求财政或征收机关提供退库申请书，作为审核退库的原始依据。

（五）退库原则上通过转账办理。如需退付现金时，原收款国库凭财政、征收机关开具的加盖“退付现金”戳记的收入退还书办理退库手续，收款人持书面通知、原完税凭证复印件和有效身份证明到指定银行办理领取现金手续。

（六）外资企业、中外合资企业和其他外籍人员，以外币缴纳税款，因发生多缴或错缴需要退库的，经征收机关审查批准后，在填制收入退还书时，加盖“可退付外币”戳记，国库办理退库手续后，将退库款项划转经收行。经收行按照缴款人取款或转入缴款人账户当天的外汇卖出牌价，折算成外币支付给缴款人或转入缴款人的外币存款账户。

（七）对本级预算收入的退库，如当日退库数大于收入数时，应检查核实本级地方财政库款账户余额是否足以退付，如存款余额不足，不能办理退付。

**第三十二条** 凡属以下情况之一的，国库一律不予办理退库：

（一）未经财政部授权的机构，要求国库办理中央预算收入、中央与地方共享收入退库的；

（二）下级地方财政部门或其他未经上级财政部门授权的机构，要求国库办理上级地方预算收入或共享收入退库的；

（三）退库款项退给非退库申请单位或申请个人的；

（四）口头或电话通知，要求国库办理退库的；

（五）要求国库办理退库，但不提供必要的相关文件、退库申请书的；

（六）收入退还书要素填写不符合规定的；

（七）其他违反规定要求国库办理退库的。

## 第四节 库款支拨

**第三十三条** 各级国库库款的支拨，必须根据同级财政机关签发的库款支付凭证、银行结算汇兑凭证或代理银行（代理财政性资金支付与清算业务的商业银行）开具的申请划款凭证办理。

**第三十四条** 各级国库可要求同级财政部门及时提供年度财政预算支出计划，以准确、及时地办理预算拨款业务，确保库款安全。

**第三十五条** 各级国库收到财政机关的拨款凭证和代理银行申请划款凭证时，应进行严格审核，发现有下列情况之一的，一律拒绝拨付或清算：

（一）凭证要素不全的；

（二）擅自涂改的；

（三）大小写金额不符的；

（四）小写金额前无人民币符号“¥”的；

（五）大写金额前无“人民币”字样的；

（六）前后联次填写内容不一致的；

（七）拨款金额超过库存余额的；

（八）未加盖印鉴或所盖印鉴与预留印鉴不符的；

（九）代理银行申请划款的金额与其附件的金额不一致的；

（十）财政直接支付申请划款金额超出《财政直接支付汇总清算额度通知单》的累计额度的；

（十一）财政授权支付申请划款金额超出《财政授权支付汇总清算额度通知单》的累计额度的。

**第三十六条** 国库对审核无误的库款支付凭证，原则上应在财政机关或代理银行送达的当日将款项划出，最迟不超过下一个工作日。库款支拨只办理转账，不支付现金。

## 第五节 预算收入更正

**第三十七条** 在办理预算收入的收纳、划分、报解、入库和退付时，如有差错，按照“谁的差错谁更正”的原则，由出错方填制更正通知书，送国库办理更正。

缴款书、收入退还书的收(付)款国库、预算级次、预算科目等填写错误，由征收机关填制更正通知书，并附原入(退)库依据，送国库办理更正。

国库在办理收入的收纳、划分、报解、入库和退付时发生的差错，由国库填制更正通知书，经国库会计主管审批后办理更正。

**第三十八条** 国库在办理更正事项时，应审核原缴款凭证，并在原缴款凭证上注明更正日期。

对于无正当理由的更正，国库一律拒绝办理。

**第三十九条** 对办理预算收入过程中的差错事项，一经发现，应及时逐一办理更正，原则上不得汇总更正。征收机关因特殊原因需要办理汇总更正的，应提供文件依据或书面说明，并附明细更正清单，开具汇总更正通知书。

**第四十条** 对于日常对账中发现的预算收入差错，应在发现的当月办理更正，但不得变更过去的账表。对于年度对账中发现的差错，应在整理期内办理更正，逾期国库不再受理。

**第四十一条** 审计部门和财政部派驻各地的财政监察专员办事处在检查中，如发现以前年度的预算收入混库等问题，国库应依据其专门行文，按第三十七条的规定在检查年度内及时办理更正。

**第四十二条** 因体制变化，财政部门、征收机关需要对已经入库的预算收入进行调库处理时，国库应依据更正通知书及有关文件审核无误后办理。

## 第六节 国债发行与兑付

**第四十三条** 国库应按照有关规定，办理国债发行与兑付的核算业务。

**第四十四条** 国库应加强对国债发行收入、兑付款项的审核与监督。

## 第七节 资金清算

**第四十五条** 国库应根据支付清算的有关规定，准确、及时、安全地办理国库资金清算业务。

**第四十六条** 人民银行各级国库必须加强对国库资金清算业务的管理，切实防范资金风险；严格保管和使用支付清算往来专用凭证，严密凭证的交接手续；认真落实复核制度、对账制度和查询查复制度，指定专人负责对账与查询查复工作，做到“有疑必查，有查必复，复必详尽，切实处理”。

## 第八节 账务核对

**第四十七条** 各级国库应认真做好各项对账工作，包括：国库与征收机关对账、国库与财政部门对账、国库与代理银行对账、国库与会计营业部门对账、国库与支付清算系统对账、国库与同城清算系统对账、国库上下级之间对账、国库内部对账等。

**第四十八条** 各级国库应按日、月、年与有关部门对账。对账数字一律精确到角分。财政、征收机关统计入库数额和入库日期，以国库实际收纳数额和入库日期为准。

**第四十九条** 各级国库与财政的库存对账，应分账户进行；与征收机关的预算收入(包括预算收入退库，下同)对账，应按财政部制定的政府预算收入科目，分级次进行；与征收机关每日、每月的收入对账，原则上只核对征收机关直接征收部分，年度收入对账，除核对征收机关直接征收部分外，还应对全辖汇总数进行核对。

**第五十条** 国库与有关部门的对账，可采取现场或非现场的方式进行，也可通过计算机网络进行。

**第五十一条** 征收机关之间相互代征预算收入的，其对账由代征机关与国库进行。

**第五十二条** 预算外收支及财政其他收支款项的对账，由各地国库与同级财政协商办理。

## 第九节 年终决算

**第五十三条** 国库会计年终决算日为12月31日，各级国库应按规定完成当日的全部账务处理。全年

账务结束后，编制会计决算报表，办理新旧年度会计账务结转工作。

**第五十四条** 年度终了后，各级国库可根据本地实际情况，设置1至10天库款报解整理期。国库经收处于12月31日以前所收款项，应在整理期内划缴国库，国库应按要求列入当年决算。

**第五十五条** 库款报解整理期结束后，各级国库应按要求编制预算收支年度决算报表，做好核对、签证、上报和数据备份等工作。

**第五十六条** 国债兑付期结束后，各级国库应及时做好国债兑付账务、实物的清理核对工作，做到账账、账实相符，编制国债兑付结束报告表。

## 第五章 国库会计计算机管理

**第五十七条** 国库会计计算机及其网络系统应符合国家有关计算机安全管理及会计制度的规定，具备严密的校验、核对、控制等手段，保证数据的真实性、准确性和完整性。

国库会计计算机及其网络系统与其他系统联接必须符合安全控制的规定。

**第五十八条** 符合规定生成并传输的电子信息及其输出的信息清单可视同凭证、报表等纸介质会计资料。但在未取消纸质凭证的情况下，应以纸质凭证为准。电子信息与纸质凭证核对一致后，为减少手工录入量，可依据电子信息进行账务处理。

**第五十九条** 国库会计计算机及其网络系统应以合法有效的会计凭证和电子信息作为账务处理依据，可采用自动方式处理会计账务。

电子形式会计签章的加载和核验应符合国家规定和标准，确保作为账务处理依据的电子信息及其输出的信息清单、报表的合法性。

**第六十条** 国库会计计算机及其网络系统的数据一经采集、生成，不得更改，在系统内可共享使用。

**第六十一条** 各级国库应严格遵守计算机软件、硬件和机房的管理制度。国库会计业务用机应专机专用，并配有备用机，以确保国库会计业务的正常、持续进行。

各级国库应做好会计核算数据备份和资料保管工作。上级国库下发的应用系统，下级国库不得擅自修改，不得随意打开数据库。

**第六十二条** 在同一业务系统中，每个用户只能拥有一个有效用户代码。国库会计人员应使用自己的用户代码上机操作，对自己用户口令的安全负责，用户口令自行保管并至少每月更换一次。

## 第六章 国库会计监督、检查与会计分析

**第六十三条** 国库会计监督应坚持事前审核、事中控制和事后检查，在实施全面监督的基础上，以防范资金风险为重点进行监督。

**第六十四条** 各级国库应根据国库的职能和有关国库制度、预算管理规定，加强对预算收入收纳、退付、更正和财政库款支拨等业务的监督。

国库会计监督以柜面监督、计算机控制为主，也可组织现场监督。

**第六十五条** 各级国库应定期对所辖国库会计核算工作进行检查，督促下级国库认真执行各项会计制度，正确处理各项账务，确保国库资金安全。

**第六十六条** 国库会计检查应履行规定的检查程序，及时向被检查单位反馈检查情况和处理意见。

**第六十七条** 国库会计检查实行“谁检查、谁负责”的工作责任制，检查人员应忠于职守，客观公正，实事求是，对检查结果负责。

**第六十八条** 国库会计分析是会计核算的延伸，是充分发挥国库执行、促进、反映、监督职能作用，加强国库资金管理，提高国库会计核算质量和管理水平，参与货币政策、财政政策决策，实现财政政策与货币政策的协调与配合的重要措施。国库应定期或不定期开展会计分析工作。

**第六十九条** 国库会计分析的主要内容包括：财政资金可用量及横向融通情况；各类财政资金的流向、流量及增减变化情况；结算资金结构及清算情况；在途资金和内部资金占用以及票据清算情况等。

## 第七章 国库会计签章

**第七十条** 国库会计签章是在会计凭证、账簿、报表等会计资料上表明并确认自己真实身份及业务合

法性的特定标识，包括印章、签名以及法律法规规定的用以鉴别真实身份的电子签名。

## 第一节　印　章

**第七十一条**　人民银行国库会计使用的印章包括：

（一）国家金库章：即“中华人民共和国国家金库××分（支）库”印章，主要用于国库编制的预算收支及其他规定的报表。

（二）国库业务专用章：即“中国人民银行××行国库业务专用章”，圆形，含日期，用于国库对外签发（或出具）的重要单证。

（三）业务转讫章：即“中国人民银行××行国库业务转讫章”，三角形，含日期，用于已处理的转账凭证、回单、收付款通知单。一个国库工作机构可以使用统一名称、不同编号的业务转讫章。

（四）同城票据交换专用章：用于同城票据交换提出的票据、提出计数单、提出票据交换汇总清单等。

（五）国库会计人员名章：用于办理和记载的各种单证、凭证、账簿、报表等。对已经处理或打印输出的会计凭证、账表必须按规定加盖印章或签名；由国库会计业务系统在凭证、账表上打印的会计人员姓名视同个人签章；国库会计业务系统自动处理的账务，会计凭证和账表打印输出后可不再加盖印章或签名。

**第七十二条**　国库印章按规定启用或销毁。除个人名章由个人自行保管外，国库印章应由国库部门负责人指定专人保管和使用，在日常业务活动中坚持“谁使用、谁保管、谁负责”的原则，做到人离落锁，下班入柜；印模应登记备案并永久保管。印章领用、保管人员短期离岗或调离时，应在国库会计主管监督下办理领用或交接手续。国库印章在未启用或停用待上缴销毁时，由国库部门负责人登记并封存保管。

**第七十三条**　国库部门负责人和国库会计主管应对业务印章的管理情况经常进行监督、检查，发现问题及时纠正。

**第七十四条**　各分库应按照人民银行有关规定统一制发辖区内各级国库的国家金库章，并预留印模。

## 第二节　密押、密钥

**第七十五条**　密押、密钥是国库办理内部资金、支付系统资金汇划时，辨别款项真伪，保证资金安全、准确的重要工具，也是会计签章的重要组成部分。密押、密钥属于绝密事项范围。

**第七十六条**　人民银行国库使用的密押和密钥及编制方法由人民银行统一制发，执行人民银行有关管理规定。

**第七十七条**　领用密押、密钥必须有专车、专人（密押员），并严格实行签收制度。密押、密钥实行专人、专柜保管，密押员应严守保密纪律。使用时应设定启用和工作时间，做到人离落锁，下班时将密押、密钥锁入保险柜，密押员口令必须定期更换。

**第七十八条**　密押员离岗时，应按规定办理交接。过期密押、密钥不得自行销毁，必须按有关规定上缴。

**第七十九条**　国库应严格控制知密范围。密押员不得泄露密押使用方法。

## 第三节　预留印鉴

**第八十条**　预留印鉴（签章）为单位签章加其法定代表人或其授权的代理人的签名或盖章。预留印鉴份数应满足柜面审核与事后监督等的需要。国库应根据财政部门及其授权的机构事先填制的印鉴卡，办理退库、更正、库款支拨等业务。

**第八十一条**　国库应加强预留印鉴的管理。印鉴卡应由国库部门负责人指定专人保管和使用，坚持“谁保管、谁使用、谁负责”的原则，做到人离落锁、下班入柜。保管人员离岗时，应在国库会计主管监督下办理交接手续。

**第八十二条**　单位变更印鉴时，应在印鉴卡的反面加盖原预留印鉴，并注明新印鉴的启用日期，原印鉴卡应装订在新印鉴启用日的会计凭证内；单位销户时，应将印鉴卡装订在销户日会计凭证内。

单位开立账户或原印鉴遗失，需要新设印鉴时，国库凭单位介绍信按规定办理。

# 第八章　国库会计档案

**第八十三条**　各级国库应严格执行《中国人民银行会计档案管理规定》等制度要求，确保国库会计档案

安全和完整，切实防止档案毁损、散失、泄密。

**第八十四条**　人民银行国库的会计档案应单独装订保管。

**第八十五条**　国库会计档案包括纸、磁(光盘)等介质的档案。采用非纸介质存储会计档案的，应满足查阅、打印的要求。

**第八十六条**　国库会计档案，由国库自行保管的，应指定专人负责；保管人员工作变动时，应办理移交手续。会计档案交由全行统一保管的，按有关规定执行。

**第八十七条**　国库会计档案的装订

(一)会计凭证

1. 国库会计凭证原则上应按日装订，业务量较小的国库可以几日合订一册，但每日应有单独的封面，会计凭证不得跨月装订；

2. 会计凭证每日按固定顺序整理，单式记账凭证以科目先后顺序排列，每个科目下再按借贷顺序排列，科目日结单装订在各该科目凭证的前面；

3. 单日凭证过多可分册装订，并在凭证封面注明册数及分册号，当日同一会计科目的凭证及附件原则上不得跨册装订；

4. 装订成册的国库会计凭证应按顺序对记账凭证编制序号，记账凭证的附件可不编号，但应加盖“附件”戳记，并在记账凭证的附件栏内登记数量；

5. 对于业务量大的国库，作为记账凭证附件的缴款书，可按日单独装订。附件单独装订时，在该附件的汇总记账凭证上注明“附件另订”，在封面上注明“本册为××××科目×××号凭证附件”。

(二)总账、分户账

总账、分户账按科目与账号先后次序排列、先表内科目后表外科目装订，视账页的数量确定装订期，但不得跨年装订。

(三)国库报表

1. 日报表、月报表按报表种类分别装订。原则上日报表按月装订，月报表按年装订。

2. 年度报表按会计报表类、收入报表类、支出报表类、退库报表类等顺序合并装订。

3. 经办多级多库业务的国库机构的报表按库分别装订。

4. 对账报表比照月报表、年报表的装订要求装订。

**第八十八条**　国库的凭证、账簿、报表等会计资料，由事后监督人员装订，立卷归档。

**第八十九条**　国库会计档案保管期限分为永久和定期两类，定期分为15年、5年两档。

(一)属于永久保管的有：

1. 各级国库本身和汇总全辖的年度决算报表(包括决算说明书)；

2. 国债兑付结束报告表、已兑付国债销毁表；国债收款单清理、移交后形成的各类报表、文字说明；国债收款单挂失、转移登记簿和国库券收款单抄本补发登记簿等其他属于永久保管的国债登记簿及报表；

3. 国库会计档案保管借阅登记簿、国库会计档案销毁清册和国库业务交接登记簿。

(二)属于定期保管15年的有：

1. 国库会计凭证及附件；

2. 国库总账、分户账和据以记账、编制报表的各种登记簿；

3. 国库本身及汇总全辖的月度报表；

4. 征收机关年度对账表；

5. 重要空白凭证的领取、使用、保管和销毁情况登记簿；

6. 国库会计事后监督日报表、事后监督通知书；

7. 国库内部往来对账单及对账回单；

8. 国库会计业务系统日志。

(三)属于定期保管5年的有：

1. 下级国库上报的各种国库月报表、年度决算报表(含附件)和联网通讯对账单；

2. 征收机关月度对账表；

3. 国库预算收入日报表、国债兑付日报表、库存日报表、日计表和余额表；

4. 支付系统与国库内部往来查询查复书、查询查复登记簿；

5. 各级国库的不定期报表和其他需要保管的登记簿。

对于有文件另行规定保管期的其他会计档案，从其规定。

**第九十条** 国库磁（光盘）介质档案的保管期限与相应纸介质档案的保管期限相同。

国库会计业务系统数据日备份保存1个月，月末备份保存至年度末，年度备份保存15年。

## 第九章 附 则

**第九十一条** 除有专门规定外，国库使用的各种会计凭证、账表，从当地会计部门领用。

**第九十二条** 国库会计制度、办法由总库制订。各分库结合当地实际制定的补充规定和实施办法不得与总库的规定相抵触，并应报总库备案。

**第九十三条** 本规定由中国人民银行负责解释和修订。

**第九十四条** 本规定自2006年1月1日起施行。《中国人民银行关于印发〈中国人民银行关于国库会计核算管理与操作的规定〉的通知》（银发〔2000〕112号）和《中国人民银行关于印发〈国库会计管理规定（试行）〉的通知》（银发〔2002〕302号）同时废止。

# 19. 土地储备资金会计核算办法（试行）（2008年颁布）

（财会[2008]10号）

## 第一章 总 则

**第一条** 为了规范土地储备资金的会计核算，根据《中华人民共和国会计法》、《土地储备资金财务管理暂行办法》（财综[2007]17号）以及有关法律、行政法规的规定，制定本办法。

**第二条** 本办法适用于土地储备机构管理的土地储备资金。

本办法所称土地储备资金是指土地储备机构按照国家有关规定征收、收购、优先购买、收回土地以及对其进行前期开发等所使用的资金。

土地储备机构在持有储备土地期间临时利用土地取得的应上缴国库的零星收入，不在本办法规范范围内。

**第三条** 土地储备资金应当作为独立的会计主体进行确认、计量和披露。土地储备资金应当独立于土地储备机构的固有财产及其管理的其他财产，实行分账核算。

**第四条** 土地储备资金的会计核算应当划分会计期间，分期结算账目和编制财务会计报告。会计期间分为年度、季度和月份。会计年度自公历1月1日起至12月31日止，季度、月份的起讫日期亦采用公历日期。

**第五条** 土地储备资金的会计核算主要以权责发生制为基础，对土地储备项目应进行成本核算。

**第六条** 土地储备资金的会计记账采用借贷记账法。

**第七条** 土地储备资金的会计核算应当遵循以下基本原则：

（一）土地储备资金的会计核算应当以实际发生的业务为依据，如实反映土地储备资金的收支情况和土地储备项目的成本信息，保证会计信息真实可靠、内容完整。

（二）土地储备资金的会计核算应当采用规定的会计政策，确保会计信息口径一致、相互可比。

（三）土地储备资金的会计核算应当及时进行，不得提前或者延后。

**第八条** 土地储备资金会计机构设置、会计人员配备、内部会计监督与控制以及相关会计基础工作等，应当遵循《中华人民共和国会计法》、《会计基础工作规范》（财会字[1996]19号）、《会计档案管理办法》（财会字[1998]32号）及内部控制规范等相关法律、行政法规和制度。

**第九条** 本办法由中华人民共和国财政部负责解释，需要变更时，由财政部修订。

**第十条** 本办法自2009年1月1日起施行。

## 第二章 会计科目及使用说明

**第十一条** 土地储备机构应当根据本办法的规定设置和使用会计科目、编制会计凭证、登记会计账簿，对土地储备资金进行会计核算。

在不违反本办法的前提下，土地储备机构可以根据核算和管理工作需要对明细科目的设置作必要的补充。

**第十二条** 会计科目名称和编号

| 序号 | 编号 | 名称 |
|---|---|---|
| | | 一、资产类 |
| 1 | 1001 | 库存现金 |
| 2 | 1002 | 银行存款 |
| 3 | 1003 | 零余额账户用款额度 |
| 4 | 1004 | 财政应返还额度 |
| 5 | 1005 | 应收利息 |
| 6 | 1006 | 预付工程款 |
| 7 | 1007 | 其他应收款 |
| 8 | 1101 | 收储项目 |
| 9 | 1102 | 待摊支出 |
| | | 二、负债类 |
| 10 | 2001 | 短期借款 |
| 11 | 2002 | 应付利息 |
| 12 | 2003 | 应付工程款 |
| 13 | 2004 | 应交税费 |
| 14 | 2005 | 其他应付款 |
| 15 | 2101 | 长期借款 |
| | | 三、净资产类 |
| 16 | 3001 | 土地储备资金 |
| | | 四、收入类 |
| 17 | 4001 | 财政拨款收入 |
| 18 | 4002 | 其他收入 |
| | | 五、支出类 |
| 19 | 5001 | 交付项目支出 |

**第十三条** 会计科目使用说明

### 第1001号科目 库存现金

一、本科目核算土地储备资金的库存现金。

二、现金的主要账务处理如下：

(一)收到现金时,借记本科目,贷记有关科目。

(二)支付现金时,借记有关科目,贷记本科目。

三、本科目应设置“现金日记账”,由出纳人员根据收、付款凭证,按照业务发生顺序,逐笔登记,每日终了,应计算当日的现金收入合计数、现金支出合计数和结余数,并将结余数与实际库存数进行核对,做到账款相符。

四、本科目期末借方余额,反映土地储备资金的库存现金数额。

第1002号科目　银行存款

一、本科目核算土地储备资金的银行存款。

二、土地储备机构应严格按照国家有关支付结算办法的规定,办理土地储备资金银行存款收支结算。

三、银行存款的主要账务处理如下:

(一)收到财政部门拨入的土地储备资金时,借记本科目,贷记“财政拨款收入”科目。

(二)从银行提取现金时,借记“库存现金”科目,贷记本科目。

(三)收到的银行存款利息收入,借记本科目,贷记“应收利息”、“其他收入”等科目。

(四)支付银行存款时,借记“收储项目”、“预付工程款”、“应付利息”等科目,贷记本科目。

四、土地储备机构应设置“银行存款日记账”,由出纳人员根据收付款凭证,按照业务发生的顺序逐笔登记,并结出账面余额。“银行存款日记账”应定期与“银行对账单”核对,至少每月核对一次。月份终了,土地储备机构账面余额与银行对账单余额如有差额,应当逐笔查明原因进行处理,并应按月编制“银行存款余额调节表”,调节相符。

五、本科目期末借方余额,反映土地储备资金的银行存款数额。

第1003号科目　零余额账户用款额度

一、本科目核算实行国库集中支付的土地储备机构根据财政部门批复的土地储备资金用款计划收到的零余额账户用款额度。

不实行国库集中支付的,不设置本科目。

二、零余额账户用款额度的主要账务处理如下:

(一)在财政授权支付方式下,收到代理银行转来的“授权支付到账通知书”时,根据通知书所列数额,借记“零余额账户用款额度”科目,贷记“财政拨款收入”科目。发生实际支出时,借记“收储项目”、“待摊支出”等科目,贷记“零余额账户用款额度”科目。

(二)从零余额账户提取现金时,借记“库存现金”科目,贷记“零余额账户用款额度”科目。

(三)年度终了,依据代理银行提供的对账单作注销额度的相关账务处理,借记“财政应返还额度(财政授权支付)”科目,贷记“零余额账户用款额度”科目。如果土地储备资金本年度财政授权支付预算指标数大于零余额账户用款额度下达数,借记“财政应返还额度(财政授权支付)”科目,贷记“财政拨款收入”科目。

下年初,依据代理银行提供的额度恢复到账通知书作相关恢复额度的账务处理,借记“零余额账户用款额度”科目,贷记“财政应返还额度(财政授权支付)”科目。如果下年度收到财政部门批复的上年末未下达零余额账户用款额度,借记“零余额账户用款额度”科目,贷记“财政应返还额度(财政授权支付)”科目。

三、本科目期末借方余额,反映尚未支用的土地储备资金零余额账户用款额度。本科目年末应无余额。

第1004号科目　财政应返还额度

一、本科目核算实行国库集中支付的土地储备资金年终应收财政下年度返还的资金额度。

不实行国库集中支付的,不设置本科目。

二、本科目应设置“财政直接支付”和“财政授权支付”等明细科目,进行明细核算。

三、财政应返还额度的主要账务处理如下:

(一)财政直接支付年终结余资金的账务处理。

年度终了,根据本年度财政直接支付预算指标数与当年财政直接支付实际支出数的差额,借记本科目(财政直接支付),贷记“财政拨款收入”科目。

下年度恢复财政直接支付额度后,发生实际支出时,借记“收储项目”、“待摊支出”等科目,贷记本科目(财政直接支付)。

(二)财政授权支付年终结余资金的账务处理。

年度终了，依据代理银行提供的对账单注销额度，具体账务处理参见“零余额账户用款额度”科目。下年初依据代理银行提供的额度恢复到账通知书恢复额度，具体账务处理参见“零余额账户用款额度”科目。

四、本科目期末借方余额，反映应收财政下年度返还的土地储备资金额度。

第1005号科目　应收利息

一、本科目核算土地储备资金银行存款发生的应收利息。

二、土地储备机构应当按期计算确定土地储备资金银行存款应收利息。期末，按照计算确定的应收利息，借记本科目，贷记“其他收入”科目。实际收到利息时，借记“银行存款”科目，贷记本科目。

应收利息金额不大的，也可于实际收到利息时确认相关的利息收入。收到利息时，借记“银行存款”科目，贷记“其他收入”科目。

三、本科目期末余额，反映土地储备资金银行存款应收未收的利息。

第1006号　预付工程款

一、本科目核算土地储备机构为土地储备项目预付给有关施工、设计、监理等单位的工程款项。

二、本科目应按施工单位进行明细核算。

三、预付工程款的主要账务处理如下：

(一)土地储备项目发生预付工程款时，借记本科目，贷记“银行存款”、“零余额账户用款额度”等科目。

(二)办理土地储备项目工程款结算时，按照实际发生的项目支出，借记“收储项目”等科目，按照可抵扣的预付工程款，贷记本科目，按照应付未付的工程款项，贷记“应付工程款”科目。

四、本科目期末借方余额，反映为土地储备项目预付的工程款项。

第1007号科目　其他应收款

一、本科目核算除应收利息、预付工程款外为土地储备项目发生的其他各种应收及暂付款项。

二、本科目应按单位和个人进行明细核算。

三、其他应收款的主要账务处理如下：

(一)为土地储备项目发生其他各种应收、暂付款项时，借记本科目，贷记有关科目。

(二)收回其他应收、暂付款项时，借记有关科目，贷记本科目。

四、本科目期末借方余额，反映为土地储备项目发生的其他各种应收及暂付款项的余额。

第1101号科目　收储项目

一、本科目核算土地储备机构发生的可直接归属于土地储备项目的实际成本。

二、本科目应当按照土地储备项目设置明细账，并在土地储备项目下设置“征地和拆迁补偿支出”、“土地开发支出”、“其他直接支出”、“待摊支出转入”、“交付成本”等明细科目进行二级明细核算。

(一)“征地和拆迁补偿支出”明细科目，核算征收、收购、优先购买或收回土地需要支付的土地价款或征地和拆迁补偿费用，包括土地补偿费和安置补助费、地上附着物和青苗补偿费、拆迁补偿费，以及依法需要支付的与征收、收购、优先购买或收回土地有关的其他费用。在征地过程中对被征地农民采用社会保障安置的，所发生的被征地农民的社会保障支出也在本明细科目核算。对于所发生的被征地农民的社会保障支出，应在本明细科目下单独设置“被征地农民社会保障支出”三级明细科目进行核算。

(二)“土地开发支出”明细科目，核算征收、收购、优先购买或收回土地后进行必要的前期土地开发费用，包括前期土地开发性支出以及按照财政部门规定与前期土地开发相关的费用等，含因出让土地涉及的需要进行相关道路、供水、供电、供气、排水、通讯、照明、绿化、土地平整等基础设施建设支出。

(三)“其他直接支出”明细科目，核算经同级财政部门批准的可直接归属于土地储备项目成本的其他支出。

(四)“待摊支出转入”明细科目，核算分摊计入土地储备项目成本的待摊支出。

(五)“交付成本”明细科目，核算本期已交付项目的成本。

三、本科目的主要账务处理如下：

(一)为土地储备项目发生各项支出时，借记本科目，贷记“银行存款”、“零余额账户用款额度”等科目；采用财政直接支付方式的，借记本科目，贷记“财政拨款收入”科目。

(二)对出包工程，土地储备机构应定期与施工单位进行工程结算。办理结算时，按照实际发生的项目支出，借记本科目，按照可抵扣的预付工程款，贷记“预付工程款”科目，按照应付未付的工程款项，贷记“应付工程款”科目。

(三)结转待摊支出时,借记本科目(待摊支出转入),贷记“待摊支出”科目。

(四)单个收储项目完成收储后交付的,应按照该项目归集的成本进行结转,按照本科目“征地和拆迁补偿支出”、“土地开发支出”、“其他直接支出”、“待摊支出转入”各明细科目的借方余额合计,借记本科目(交付成本),按照本科目“征地和拆迁补偿支出”、“土地开发支出”、“其他直接支出”、“待摊支出转入”各明细科目的借方余额,贷记本科目(征地和拆迁补偿支出、土地开发支出、其他直接支出、待摊支出转入);同时,将该项目成本结转入“交付项目支出”科目,借记“交付项目支出”科目,贷记本科目(交付成本)。

单个收储项目未全部完成收储、部分先交付的,应按合理的方法计算确定交付部分的成本并进行结转。计算方法一经确定,不得随意变更。单个收储项目部分交付时,按照计算确定的交付部分的成本,借记本科目(交付成本),贷记本科目(征地和拆迁补偿支出、土地开发支出、其他直接支出、待摊支出转入);同时,将交付部分的成本结转入“交付项目支出”科目,借记“交付项目支出”科目,贷记本科目(交付成本)。待该收储项目最后未交付部分完成收储后交付时,按照最后交付部分的成本,借记本科目(交付成本),贷记本科目(征地和拆迁补偿支出、土地开发支出、其他直接支出、待摊支出转入);同时,将最后交付部分的成本结转入“交付项目支出”科目,借记“交付项目支出”科目,贷记本科目(交付成本)。

四、本科目期末借方余额反映尚未交付的土地储备项目累计发生的收储成本。

第 1102 号科目 待摊支出

一、本科目核算为多个收储项目共同发生的、按照规定应当分摊计入项目成本的各项费用支出,如借款利息支出、金融机构手续费、可行性研究费、勘探设计费、储备保管费、评估费、临时用水用电费、临时设施支出等。

可直接计入单个收储项目的支出,在“收储项目”科目核算,不通过本科目核算。

二、本科目应当按照待摊支出的内容进行明细核算。

三、待摊支出的主要账务处理如下:

(一)为土地储备项目借款发生的利息支出,借记本科目、“收储项目”等科目,贷记“应付利息”、“银行存款”等科目。

(二)发生其他待摊支出时,借记本科目,贷记“库存现金”、“银行存款”、“零余额账户用款额度”等科目;采用财政直接支付方式的,借记本科目,贷记“财政拨款收入”科目。

(三)土地储备机构应按合理的方法(如按照各项目概预算占所有项目概预算总额的比例)将发生的待摊支出分摊计入有关项目成本,分摊时,借记“收储项目(待摊支出转入)”科目,贷记本科目。待摊支出的分配方法一经确定,不得随意变更。

四、本科目月末借方余额,反映为多个土地储备项目共同发生的尚未分摊的待摊支出。年末,待摊支出应分配完毕,本科目应无余额。

第 2001 号科目 短期借款

一、本科目核算土地储备机构为土地储备项目向银行或其他金融机构等借入的期限在一年以下(含一年)的各种借款。

二、本科目应按贷款人进行明细核算。

三、短期借款的主要账务处理如下:

(一)为土地储备项目借入的各种短期借款,借记“银行存款”科目,贷记本科目。

(二)短期借款应付的利息,借记“待摊支出”、“收储项目”等科目,贷记“应付利息”、“银行存款”等科目。

(三)归还借款时,借记本科目,贷记“银行存款”科目。

四、本科目期末贷方余额,反映为土地储备项目借入的尚未偿还的短期借款本金。

第 2002 号科目 应付利息

一、本科目核算土地储备机构为土地储备项目借款而发生的应付利息。

二、土地储备机构应当按期计算确定为土地储备项目借款而发生的应付利息。期末,按照计算确定的应付利息,借记“待摊支出”、“收储项目”等科目,贷记本科目。实际支付利息时,借记本科目,贷记“银行存款”科目。

应付利息金额不大的,也可于实际支付利息时确认相关的利息成本。支付利息时,借记“待摊支出”、

“收储项目”等科目，贷记“银行存款”科目。

三、本科目期末余额，反映为土地储备项目借款应付未付的利息。

第2003号科目　应付工程款

一、本科目核算土地储备机构为土地储备项目应付给有关施工、设计、监理等单位的工程款项。

二、本科目应按施工单位进行明细核算。

三、应付工程款的主要账务处理如下：

（一）办理土地储备项目工程款结算时，按照实际发生的项目支出，借记“收储项目”等科目，按可抵扣的预付工程款，贷记“预付工程款”科目，按照应付未付的工程款项，贷记本科目。

（二）支付应付工程款时，借记本科目，贷记“银行存款”等科目。

四、本科目期末贷方余额，反映为土地储备项目应付未付的工程款项。

第2004号科目　应交税费

一、本科目核算按税法等规定计算的为土地储备项目应交纳的各种税费。

二、本科目按应交的税费项目进行明细核算。

三、应交税费的主要账务处理如下：

（一）按规定计算的为土地储备项目应交的各种税费，借记“收储项目”科目，贷记本科目。涉及多个土地储备项目的，可通过“待摊支出”科目进行归集，然后按合理的方法进行分摊。

（二）实际交纳各项税费时，借记本科目，贷记“银行存款”等科目。

四、本科目期末贷方余额，反映土地储备项目应交未交的税费金额。

第2005号科目　其他应付款

一、本科目核算除应付利息、应付工程款、应交税费外为土地储备项目发生的其他各种应付、暂存款项。

二、本科目应按单位和个人进行明细核算。

三、其他应付款的主要账务处理如下：

（一）为土地储备项目发生其他各种应付、暂存款项时，借记有关科目，贷记本科目。

（二）实际支付时，借记本科目，贷记“银行存款”等科目。

四、本科目期末贷方余额，反映为土地储备项目发生的其他各种应付及暂存款项的余额。

第2101号科目　长期借款

一、本科目核算土地储备机构为土地储备项目向银行或其他金融机构等借入的期限在一年以上（不含一年）的各种借款。

二、本科目应按贷款人进行明细核算。

三、长期借款的主要账务处理如下：

（一）为土地储备项目借入的各种长期借款，借记“银行存款”科目，贷记本科目。

（二）长期借款应付的利息，借记“收储项目”、“待摊支出”等科目，贷记“应付利息”、“银行存款”等科目。

（三）归还借款时，借记本科目，贷记“银行存款”科目。

四、本科目期末贷方余额，反映为土地储备项目借入的尚未偿还的长期借款本金。

第3001号科目　土地储备资金

一、本科目核算土地储备资金各项收入与交付项目支出的差额。

二、期末，将各收入科目贷方余额转入本科目，借记“财政拨款收入”、“其他收入”科目，贷记本科目。将“交付项目支出”科目借方余额转入本科目，借记本科目，贷记“交付项目支出”科目。

三、本科目期末余额，反映土地储备资金各项收入与交付项目支出的累计差额。

第4001号科目　财政拨款收入

一、本科目核算当期财政部门拨付的土地储备资金。

二、本科目应设置“国有土地出让收入中安排的拨款”和“国有土地收益基金中安排的拨款”等明细科目，进行明细核算。

三、财政拨款收入的主要账务处理如下：

（一）土地储备机构收到财政部门拨付的土地储备资金时，借记“银行存款”、“零余额账户用款额度”等科目，贷记本科目。采用财政直接支付的方式支付收储支出时，借记“收储项目”、“待摊支出”等科目，贷记本科目。

(二)期末,将本科目贷方余额转入“土地储备资金”科目,借记本科目,贷记“土地储备资金”科目。

四、本科目期末结转后无余额。

第4002号科目 其他收入

一、本科目核算土地储备项目除财政拨款外的其他收入,如利息收入。

二、其他收入的主要账务处理如下:

(一)取得的其他收入,借记“银行存款”、“应收利息”等科目,贷记本科目。

(二)期末,将本科目贷方余额转入“土地储备资金”科目,借记本科目,贷记“土地储备资金”科目。

三、本科目期末结转后无余额。

第5001号科目 交付项目支出

一、本科目核算本期已交付的土地储备项目的实际支出。

二、交付项目支出的主要账务处理如下:

(一)项目全部或部分交付时,借记本科目,贷记“收储项目(交付成本)”科目。

(二)期末,将本科目借方余额转入“土地储备资金”科目,借记“土地储备资金”科目,贷记本科目。

三、本科目期末结转后无余额。

## 第三章 财务报表及编制说明

**第十四条** 土地储备机构应当根据本办法的规定编制土地储备资金财务报表。

**第十五条** 土地储备资金财务报表包括资产负债表、收支表、项目支出明细表及附注。

资产负债表、收支表、项目支出明细表按照本办法第十七条至第二十条的规定编报。

附注是对在资产负债表、收支表、项目支出明细表中列示项目的文字描述或明细资料,以及对未能在这些报表中列示项目的说明等。附注可由土地储备机构根据需要自行编制。

**第十六条** 土地储备资金财务报表应当至少按照月份和年度编制,做到数字真实、计算准确、手续完备、内容完整、编报及时。

**第十七条** 财务报表格式

| 报表编号 | 财务报表名称 | 编制期 |
|---|---|---|
| 土储会01表 | 资产负债表 | 月报、年报 |
| 土储会02表 | 收支表 | 月报、年报 |
| 土储会03表 | 项目支出明细表 | 月报、年报 |

**资 产 负 债 表**

土储会01表

单位:元

编制单位: __年__月__日

| 资 产 | | | 负债和净资产 | | |
|---|---|---|---|---|---|
| | 年初数 | 期末数 | | 年初数 | 期末数 |
| 资产 | | | 负债 | | |
| 货币资金 | | | 短期借款 | | |
| 财政应返还额度 | | | 应付利息 | | |
| 应收利息 | | | 应付工程款 | | |
| 预付工程款 | | | 应交税费 | | |
| 其他应收款 | | | 其他应付款 | | |

（续表）

| 资　　产 | | | 负债和净资产 | | |
|---|---|---|---|---|---|
| | 年初数 | 期末数 | | 年初数 | 期末数 |
| 收储项目 | | | 长期借款 | | |
| 待摊支出 | | | | | |
| | | | 负债合计 | | |
| | | | 净资产 | | |
| | | | 土地储备资金 | | |
| | | | 净资产合计 | | |
| 资产总计 | | | 负债和净资产总计 | | |

**收　支　表**

土储会 02 表

编制单位：　　　　　　　　　　　__年__月　　　　　　　　　　单位：元

| | 本月数 | 本年累计数 |
|---|---|---|
| 一、土地储备资金收入 | | |
| 1. 财政拨款收入 | | |
| 其中：国有土地出让收入中安排的拨款 | | |
| 国有土地收益基金中安排的拨款 | | |
| 2. 其他收入 | | |
| 二、交付项目支出 | | |

**项目支出明细表**

土储会 03 表

编制单位：　　　　　　　　　　　__年__月　　　　　　　　　　单位：元

| 收储项目 | 以前年度累计支出 | | | | | 本年累计支出 | | | | | 合计 |
|---|---|---|---|---|---|---|---|---|---|---|---|
| | 小计 | 征地和拆迁补偿支出 | 土地开发支出 | 其他直接支出 | 待摊支出转入 | 小计 | 征地和拆迁补偿支出 | 土地开发支出 | 其他直接支出 | 待摊支出转入 | |
| | 1=2+3+4+5 | 2 | 3 | 4 | 5 | 6=7+8+9+10 | 7 | 8 | 9 | 10 | 11=1+6 |
| ×项目 | | | | | | | | | | | |
| ×项目 | | | | | | | | | | | |
| ×项目 | | | | | | | | | | | |
| ×项目 | | | | | | | | | | | |
| …… | | | | | | | | | | | |

**第十八条**　资产负债表编制说明

(一)本表反映月末、年末等会计期间终了时土地储备资金全部资产、负债以及净资产的构成情况。

(二)本表"年初数"栏各项数字,应根据上年末本表"期末数"所列数字填列。

(三)本表各项目的内容和填列方法:

1."货币资金"项目,反映库存现金、银行存款等货币资金的期末合计余额,本项目应根据"库存现金"、"银行存款"、"零余额账户用款额度"科目期末余额加总填列。

2."财政应返还额度"项目,反映期末财政应返还额度的余额。本项目应根据"财政应返还额度"科目的期末余额填列。

3."应收利息"项目,反映土地储备资金银行存款应收未收的利息。本项目应根据"应收利息"科目的期末余额填列。

4."预付工程款"项目,反映为土地储备项目预付的工程款项。本项目应根据"预付工程款"科目的期末余额填列。

5."其他应收款"项目,反映除应收利息、预付工程款外为土地储备项目发生的其他各种应收及暂付款项。本项目应根据"其他应收款"科目的期末余额填列。

6."收储项目"项目,反映尚未交付的土地储备项目累计发生的收储成本。本项目应根据"收储项目"科目的期末余额填列。

7."待摊支出"项目,反映为多个土地储备项目共同发生的尚未分摊的待摊支出。本项目根据"待摊支出"科目的期末余额填列。编制年度资产负债表时,本项目应填"0"。

8."短期借款"项目,反映为土地储备项目借入的尚未偿还的短期借款本金。本项目应根据"短期借款"科目的期末余额填列。

9."应付利息"项目,反映为土地储备项目借款应付未付的利息。本项目应根据"应付利息"科目的期末余额填列。

10."应付工程款"项目,反映土地储备项目应付未付的工程款项。本项目应根据"应付工程款"科目的期末余额填列。

11."应交税费"项目,反映土地储备项目尚未交纳的税费。本项目应根据"应交税费"科目的期末余额填列。

12."其他应付款"项目,反映除应付利息、应付工程款、应交税费外为土地储备项目发生的其他各种应付及暂存款项。本项目应根据"其他应付款"科目的期末余额填列。

13."长期借款"项目,反映为土地储备项目借入的尚未偿还的长期借款本金。本项目应根据"长期借款"科目的期末余额填列。

14."土地储备资金"项目,反映土地储备资金各项收入与交付项目支出的累计差额。本项目应根据"土地储备资金"科目的期末余额填列。

**第十九条** 收支表编制说明

(一)本表反映土地储备资金在月份、年度等会计期间内的收入和费用情况。

(二)本表"本月数"栏反映各项目的本月实际发生数,在编报年度财务报表时,将"本月数"栏改成"上年累计数"栏,填列上年全年累计实际发生数。

本表"本年累计数"栏反映各项目自年初起至本月末止的累计实际发生数。

(三)本表中"本月数"栏各项目的内容及填列方法:

1."土地储备资金收入"项目,反映当期土地储备资金收入总额。本项目应根据本表"财政拨款收入"和"其他收入"项目金额加总计算填列。

2."财政拨款收入"项目,反映当期财政部门拨付的土地储备资金。本项目应根据"财政拨款收入"科目贷方发生额填列。"国有土地出让收入中安排的拨款"、"国有土地收益基金中安排的拨款"项目分别根据"财政拨款收入"科目所属明细科目贷方发生额填列。

3."其他收入"项目,反映当期除财政拨款外的其他收入,如利息收入。本项目应根据"其他收入"科目贷方发生额填列。

4."交付项目支出"项目,反映本期已交付的土地储备项目的实际支出。本项目应根据"交付项目支出"科目借方发生额填列。

**第二十条** 项目支出明细表编制说明

(一)本表反映收储项目以前年度的累计支出和本年自年初至本月末止累计实际发生的支出,包括本年尚未交付的收储项目和本年度收储完毕并交付的项目。不含以前年度已交付的项目。

(二)本表中"以前年度累计支出"栏,反映土地储备项目本年之前累计发生的支出。各具体栏目的内容及填列方法如下:

1."小计"(1栏),反映土地储备项目以前年度累计发生的各类支出小计,根据第2栏至第5栏的数字加总填列。

2."征地和拆迁补偿支出"(2栏),反映土地储备项目以前年度累计发生的征地和拆迁补偿支出。根据"收储项目"科目所属"征地和拆迁补偿支出"明细科目的上年末余额填列,或根据上年12月份本表本项目对应的第2栏和第7栏的数字加总填列。

3."土地开发支出"(3栏),反映土地储备项目以前年度累计发生的土地开发支出。根据"收储项目"科目所属"土地开发支出"明细科目的上年末余额填列,或根据上年12月份本表本项目对应的第3栏和第8栏的数字加总填列。

4."其他直接支出"(4栏),反映土地储备项目以前年度累计发生的其他直接支出。根据"收储项目"科目所属"其他直接支出"明细科目的上年末余额填列,或根据上年12月份本表本项目对应的第4栏和第9栏的数字加总填列。

5."待摊支出转入"(5栏),反映土地储备项目以前年度累计分摊的待摊支出。根据"收储项目"科目所属"待摊支出转入"明细科目的上年末余额填列,或根据上年12月份本表本项目对应的第5栏和第10栏的数字加总填列。

(三)本表中"本年累计支出"栏,反映土地储备项目本年自年初至本月末止累计发生的各项实际支出。各具体栏目的内容及填列方法如下:

1."小计"(6栏),反映土地储备项目本年自年初至本月末止累计发生的各类支出小计,根据第7栏至第10栏的数字加总填列。

2. 第7栏至第10栏,分别反映土地储备项目本年自年初至本月末止累计发生的征地和拆迁补偿支出、土地开发支出、其他直接支出和累计分摊的待摊支出,分别根据"收储项目"科目所属"征地和拆迁补偿支出"、"土地开发支出"、"其他直接支出"、"待摊支出转入"各明细科目本年自年初至本月末止的借方发生额填列。

(四)本表中"合计"(11栏),反映土地储备项目以前年度累计发生和本年累计发生的各类支出的合计数,根据第1栏和第6栏的数字加总填列。

# 20. 财政部代理发行地方政府债券财政总预算会计核算办法(2009年颁布)

财库[2009]19号

**第一条** 为适应财政部代理发行地方政府债券管理需要,规范和加强财政部代理发行的地方政府债券会计核算,根据国务院有关规定、《2009年地方政府债券预算管理办法》(财预[2009]21号)、《财政部代理发行2009年地方政府债券发行兑付办法》(财库[2009]15号)和《财政总预算会计制度》规定,制定本办法。

**第二条** 本办法适用于财政部代理发行的地方政府债券中地方财政总预算会计的账务处理。

**第三条** 在现行《财政总预算会计制度》中增设收入类科目"408 债务收入"、"409 债务转贷收入";支出类科目"508 债务还本支出"、"509 债务转贷支出"。

**第四条** "408 债务收入"科目,用于核算省级财政部门作为债务主体,发行地方政府债券收到的发行收入等。

省级财政部门实际收到地方政府债券发行收入时,借记"国库存款"科目,贷记本科目。

年终转账时,将本科目贷方余额全部转入"预算结余"科目,借记本科目,贷记"预算结余"科目。

本科目平时贷方余额，反映省级财政部门当年实际收到的地方政府债券发行收入累计数。

本科目应按照“政府收支分类科目”规定设置明细账。

**第五条** “409 债务转贷收入”科目，用于核算省级以下财政部门（不含省级，下同）收到的来自上级财政部门转贷的债务收入。

省级以下财政部门实际收到债务转贷收入时，借记“国库存款”科目，贷记本科目。

年终转账时，将本科目贷方余额全部转入“预算结余”科目，借记本科目，贷记“预算结余”科目。

本科目平时贷方余额，反映省级以下财政部门当年实际收到的来自上级财政部门转贷的债务收入累计数。

本科目应按照“政府收支分类科目”规定设置明细账。

**第六条** “508 债务还本支出”科目，用于核算各级财政部门发生的债务还本支出。

各级财政部门偿还债务本金时，借记本科目，贷记“国库存款”科目。

年终转账时，将本科目借方余额全部转入“预算结余”科目，借记“预算结余”科目，贷记本科目。

本科目平时借方余额，反映各级财政部门当年发生的债务还本支出累计数。

本科目应按照“政府收支分类科目”规定设置明细账。

**第七条** “509 债务转贷支出”科目，用于核算地方各级财政部门对下级财政部门转贷的债务支出。

地方各级财政部门对下级财政部门进行债务转贷时，借记本科目，贷记“国库存款”科目。

年终转账时，应将本科目借方余额全部转入“预算结余”科目，借记“预算结余”科目，贷记本科目。

本科目平时借方余额，反映地方各级财政部门当年对下级财政部门转贷的债务支出累计数。

本科目应按照“政府收支分类科目”规定及下级财政部门设置明细账。

**第八条** 省级财政部门收到地方政府债券发行收入时，借记“国库存款”，贷记“债务收入财政部代理发行地方政府债券收入”。

**第九条** 地方各级财政部门上缴本级承担的地方政府债券发行手续费时，借记“一般预算支出国内外债务发行”，贷记“国库存款”。

**第十条** 地方各级财政部门将地方政府债券收入转贷给下级财政部门时，按照转出资金数，借记“债务转贷支出——转贷财政部代理发行地方政府债券支出”，贷记“国库存款”。

省级以下财政部门收到上级财政部门转贷的地方政府债券收入时，借记“国库存款”，贷记“债务转贷收入——转贷财政部代理发行地方政府债券收入”。

**第十一条** 地方各级财政部门将债务收入或债务转贷收入安排用于本级政府实际支出时，借记“一般预算支出”，贷记“国库存款”。

**第十二条** 地方各级财政部门上缴本级承担的地方政府债券付息资金时，借记“一般预算支出——财政部代理发行地方政府债券付息”，贷记“国库存款”。

**第十三条** 上级财政部门代收地方政府债券付息资金时，借记“国库存款”，贷记“暂存款——＊＊地方政府债券付息”。上缴代收的地方政府债券付息资金时，借记“暂存款——＊＊地方政府债券付息”，贷记“国库存款”。

上级财政部门垫付地方政府债券付息资金时，借记“暂付款——＊＊地方政府债券付息”，贷记“国库存款”。收到下级财政部门缴来的垫付地方政府债券付息资金时，借记“国库存款”，贷记“暂付款——＊＊地方政府债券付息”。

**第十四条** 地方各级财政部门上缴本级承担的地方政府债券还本资金时，借记“债务还本支出财政部代理发行地方政府债券还本”，贷记“国库存款”。

**第十五条** 上级财政部门代收地方政府债券还本资金时，借记“国库存款”，贷记“暂存款——＊＊地方政府债券还本”。上缴代收的地方政府债券还本资金时，借记“暂存款——＊＊地方政府债券还本”，贷记“国库存款”。

上级财政部门垫付地方政府债券还本资金时，借记“暂付款——＊＊地方政府债券还本”，贷记“国库存款”。收到下级财政部门缴来的垫付地方政府债券还本资金时，借记“国库存款”，贷记“暂付款——＊＊地方政府债券还本”。

**第十六条** 地方各级财政部门未按时上缴地方政府债券本金，通过年终结算扣缴时，借记“暂付款——

* * 地方政府债券还本”，贷记“与上级往来”；列报支出时，对应由本级财政部门承担的还本支出，借记“债务还本支出——财政部代理发行地方政府债券还本”，贷记“暂付款——* * 地方政府债券还本”。

上级财政部门年终结算扣缴时，借记“与下级往来”，贷记“暂存款——* * 地方政府债券还本”或“暂付款——* * 地方政府债券还本”。

**第十七条** 地方各级财政部门未按时上缴地方政府债券利息，通过年终结算扣缴利息时，借记“暂付款——* * 地方政府债券付息”，贷记“与上级往来”；列报支出时，对应由本级财政部门承担的付息支出，借记“一般预算支出——财政部代理发行地方政府债券付息”，贷记“暂付款——* * 地方政府债券付息”。

上级财政部门年终结算扣缴时，借记“与下级往来”，贷记“暂存款——* * 地方政府债券付息”或“暂付款——* * 地方政府债券付息”。

**第十八条** 地方各级财政部门未按时上缴地方政府债券发行手续费，通过年终结算扣缴时，借记“暂付款——* * 地方政府债券发行手续费”，贷记“与上级往来”；列报支出时，对应由本级财政部门承担的发行手续费支出，借记“一般预算支出——国内外债务发行”，贷记“暂付款——* * 地方政府债券发行手续费”。

上级财政部门年终结算扣缴时，借记“与下级往来”，贷记“暂存款——* * 地方政府债券发行手续费”或“暂付款——* * 地方政府债券发行手续费”。

**第十九条** 地方各级财政部门未按时上缴地方政府债券还本付息资金的，通过年终结算扣缴罚息时，借记“上解支出”科目，贷记“与上级往来”科目；上级财政部门借记“与下级往来”科目，贷记“上解收入”科目。

**第二十条** 地方各级财政部门应设置相应的辅助账，详细记录收到和转贷的地方政府债券金额、种类、期限、发行日、到期日、票面利率、偿还及付息情况等。

**第二十一条** 地方各级财政部门应于年末编制财政部代理发行的地方政府债券情况表（具体格式见附表）。

**第二十二条** 本办法自印发之日起执行。

**附表：**××年度××财政部门财政部代理发行的地方政府债券情况表（表样）

**附表：**

**××××年度××财政部门**

**财政部代理发行的地方政府债券情况表（表样）**

填表单位：

单位：元

| 项　　目 | 年初地方政府债券余额 | 本年取得的地方政府债券收入 | 本年发生的地方政府债券转贷支出 | 本年发生的地方政府债券还本支出 | 年末地方政府债券余额 |
|---|---|---|---|---|---|
| 列次 | 1 | 2 | 3 | 4 | 5 |
| 省本级 | | | | | |
| 地市级 | | | | | |
| 县级 | | | | | |
| 合　　计 | | — | — | | |

说明：1. 表内公式：5列＝1列＋2列－3列－4列。

2. 本年取得的地方政府债券收入：省本级填列“债务收入”科目相关明细科目的本年贷方累计发生额，地市级、县级填列“债务转贷收入”科目相关明细科目的本年贷方累计发生额。

# 第十四章 行政事业单位会计制度配套法规

## 1. 行政事业单位会计决算报告制度(2002年颁布)

财统[2002]4号

### 第一章 总 则

**第一条** 为进一步加强行政事业单位各项资金和会计信息管理工作,规范行政事业单位会计决算行为,保证会计决算信息质量,根据《中华人民共和国会计法》、《中华人民共和国预算法》、《行政单位会计制度》、《事业单位会计制度》、《行政单位财务规则》和《事业单位财务规则》等法律规章,制定本制度。

**第二条** 行政事业单位会计决算报告制度的主要内容包括行政事业单位会计决算报告的编制范围、编制内容、工作组织、填报审核、汇总上报、质量核查及数据资料管理等方面的工作规范。

**第三条** 本制度所称行政事业单位会计决算报告指行政事业单位在每个会计年度终了,根据财政部门决算编审要求,在日常会计核算的基础上编制的、综合反映本单位财务收支状况和各项资金管理状况的总结性文件。

**第四条** 通过建立行政事业单位会计决算报告制度,收集汇总行政事业单位财务收支、经费来源与运用、资产与负债、机构、人员与工资等方面的基本数据,全面、真实反映行政事业单位财务状况和预算执行结果,为财政部门审查批复决算和编制后续年度财政预算提供基本依据,并满足国家财务会计监管、各项资金管理以及宏观经济决策等信息需要。

**第五条** 本制度适用于所有执行行政事业单位会计制度的行政事业单位;对于不执行行政事业单位会计制度、但纳入财政预算范围、且与各级财政有经常性经费领拨款关系的其他单位也适用于本制度。

### 第二章 会计决算报告工作组织

**第六条** 行政事业单位会计决算报告工作按照“科学、规范、统一、高效”的原则,由财政部实施统一管理,各部门、各地区依据财务管理关系或预算管理关系分别组织实施。

**第七条** 财政部是行政事业单位决算报告工作的主管部门。其职责主要是:

(一)制定行政事业单位会计决算管理的规章制度。

(二)制定下发统一的行政事业单位会计决算报告格式和工作处理软件,并组织全国行政事业单位会计决算报表与软件培训。

(三)组织全国行政事业单位会计决算报表的收集、审核、汇总和分析工作。

(四)负责全国行政事业单位会计决算信息上报和对外提供工作,并对全国行政事业单位会计决算信息披露实施统一管理。

(五)组织全国行政事业单位会计决算报告编制质量的核查工作。

(六)建立全国行政事业单位会计决算数据库和网络管理体系。

**第八条** 中央各部门(含中共中央有关部门、国务院各部委和直属机构、全国人大常委会办公厅、全国政协办公厅、最高人民法院、最高人民检察院、各人民团体和有关中央直管企业集团,下同)按照全国统一的工作程序、编报规范和时间要求,组织实施本部门所属行政事业单位会计决算报告的编报工作。其职责主要是:

(一)组织本部门行政事业单位会计决算报表的布置与培训工作。

(二)组织本部门行政事业单位会计决算报表的收集、审核、汇总和上报工作。

(三)组织本部门行政事业单位会计决算报告编制质量的核查工作。

（四）负责建立和管理本部门行政事业单位会计决算数据分库。

**第九条** 各地区（含各省、自治区、直辖市和计划单列市，下同）的财政部门按照统一的工作程序、编报规范和时间要求，负责组织实施本地区行政事业单位会计决算报告的编报工作。其职责主要是：

（一）组织本地区行政事业单位会计决算报表的布置与培训工作。

（二）组织本地区行政事业单位会计决算报表的收集、审核、汇总、分析和上报工作。

（三）组织本地区行政事业单位会计决算报告编制质量的核查工作。

（四）负责建立和管理本地区行政事业单位会计决算数据分库。

## 第三章 会计决算报告的内容

**第十条** 行政事业单位会计决算报告的内容主要包括：行政事业单位决算报表、报表附注和财务分析。

**第十一条** 行政事业单位决算报表包括：

（一）报表封面。

（二）主表。

（三）补充指标表。

**第十二条** 行政事业单位决算报表封面内容主要包括：行政事业单位名称、单位负责人、财务负责人、填表人、联系方式等文字信息，以及单位统一代码、基本性质、财政预算代码、预算管理级次、隶属关系、报表类型等相关信息。

**第十三条** 行政事业单位决算报表主表、补充指标表内容主要包括：行政事业单位各类收支与结余情况、资产与负债情况、人员与工资情况及财政部门规定的其他应上报的内容。主表适用于所有行政事业单位，补充指标表仅适用于相关业务的行政事业单位。

**第十四条** 行政事业单位决算报表附注用于注明需特别说明的有关报表编制事项，主要包括：报表编制基础、编制依据、编制原则和方法，以及特殊事项的说明和有关重要项目的明细资料。

**第十五条** 行政事业单位财务分析是对本单位收入支出、资产负债、净资产等主要财务指标增减变动情况和原因的分析。

**第十六条** 行政事业单位会计决算报告应当同时记载在纸介质和磁盘介质（或光盘介质）上。

## 第四章 会计决算报告的编制

**第十七条** 行政事业单位会计决算报告的统一编制时间点为每年的 12 月 31 日。

**第十八条** 各部门、各地区应按照财务管理关系或预算管理级次确定行政事业单位会计决算报告的基本报告单位。行政事业单位会计决算报告的基本报告单位应同时具备下列条件：

（一）具有独立法人资格。

（二）独立编制会计报表。

**第十九条** 行政事业单位会计决算报告的基本报告单位原则上应实行逐户录入。对于确实不具备基本报告单位逐户录入条件的，可按照财政部每年统一确定的原则适当调整录入级次。

**第二十条** 各级行政事业单位应在全面清理核实资产、负债、收入、支出，并办理年终结账的基础上，编制会计决算报告。

（一）应按照行政、事业单位财务会计制度规定及各级财政对单位预算的批复文件，及时清理收支账目、往来款项，核对年度预算收支和各项缴拨款项。各项收支应按规定要求进行年终结账。凡属本年的各项收入应及时入账，本年的各项应缴预算款和应缴财政专户的预算外资金应在年终前全部上缴。属于本年的各项支出，应按规定的支出渠道如实列报。

（二）应根据登记完整、核对无误的账簿记录和其他有关会计核算资料编制会计决算报告，做到数字真实、计算正确、内容完整、账表相符、表表相符。

**第二十一条** 各级行政事业单位应根据财政部统一下发的报表格式、编制说明及软件操作要求，认真编制会计决算报告。

（一）报表封面应按照国家统一标准和财政部统一规定如实填报。报表编制完毕后，须经单位负责人、财务负责人和报表编制人员审查、签字并盖章。单位公章应加盖单位行政公章，不得以财务专用章代替。

(二)报表各项指标应严格按照财政部统一制订的报表编制说明、指标解释认真编制,做到表内项目之间、表与表之间、本期数据与上期数据之间相互衔接。

**第二十二条** 各级财政部门、主管会计单位核拨经费给其他不属于会计决算报告编制范围的单位,由拨款单位代编决算,具体应按照财政部代编决算的有关规定执行。

## 第五章 会计决算报告的审核

**第二十三条** 会计决算报告的编制单位必须认真做好会计决算报告的审核工作,确保上报数据资料真实、完整、准确。

**第二十四条** 行政事业单位会计决算报告审核的主要内容包括:

(一)审核编制范围是否全面,是否有漏报和重复编报现象。

(二)审核编制方法是否符合国家统一的财务会计制度,是否符合行政事业单位会计决算报告的编制要求。

(三)审核编制内容是否真实、完整、准确,审核单位账簿与报表是否相符、金额单位是否正确,有无漏报、重报项目以及虚报和瞒报等弄虚作假现象。

(四)审核报表中的相关数据是否衔接一致,包括表间数据之间、分户数据与汇总数据之间、报表数据与计算机录入数据之间是否衔接一致。

(五)对报表与上年数据资料进行核对,审核数据变动是否合理。

**第二十五条** 会计决算报告审核的方法应采取人工审核与计算机审核相结合。

(一)人工审核:包括政策性审核和规范性审核。政策性审核主要以现行财务制度和有关政策规定为依据,对重点指标进行审核;规范性审核侧重于报告编制的正确性和真实性及勾稽关系等方面的审核。

(二)计算机审核:利用软件提供的数据审核功能,逐户审核报表的表内表间关系、检查数据的逻辑性及数据的完整性。

**第二十六条** 会计决算报告审核的工作方式可根据实际情况采取自行审核、集中会审、委托审核等多种形式。

(一)自行审核:各级行政事业单位在上报会计决算报告前应自行将本单位报表、磁盘以及有关数据资料,按统一规定的审核内容进行逐项复核。

(二)集中会审:各部门、各地区组织专门力量对行政事业单位编制的决算报表、磁盘及相关资料,按照统一的标准及要求进行集中对账或分户复核。

(三)委托审核:委托中介机构对行政事业单位决算报表数据及相关资料进行审核。

**第二十七条** 各部门、各地区要认真做好行政事业单位会计决算报告的审核工作,凡发现报告编制不符合规定,存在漏报、虚报、瞒报、错报以及相关数据不衔接等错误和问题,应要求有关单位立即纠正,并限期重报。

## 第六章 会计决算报告的汇总与上报

**第二十八条** 各级行政事业单位应按照财务管理关系或预算管理级次,采取自下而上方式,按时层层汇总上报。

**第二十九条** 各地区的财政部门应对下级财政部门上报的汇总会计决算报表、本级汇总会计决算报表及本级代编经费决算报表进行汇总,并对有关收入支出、内部往来项目等汇总虚增进行调整和剔除后,形成本地区汇总会计决算报表,并作为各级财政总决算相关数据的来源。

**第三十条** 中央各部门应对所属各级行政事业单位上报的会计决算报表、部门本级会计决算报表和本级代编经费决算报表进行汇总,并对有关收入支出、内部往来项目等汇总虚增进行调整和剔除后,形成本部门汇总会计决算报表。

**第三十一条** 各部门、各地区汇总会计决算报表要以所属各级行政事业单位上报的数据为准,不得随意调整数据和科目,更不能虚报、瞒报和随意结转。

**第三十二条** 各部门、各地区编制的行政事业单位汇总会计决算报告,应于次年3月底前上报财政部。

## 第七章　会计决算报告编制质量核查

**第三十三条**　会计决算报告编制质量核查是行政事业单位会计决算报告管理部门为加强会计决算管理，促进提高会计决算信息质量，依法组织开展对行政事业单位会计决算报告编制的真实性和完整性进行的抽样核查。

**第三十四条**　会计决算报告编制质量核查工作采取统一管理、分级实施原则，全国行政事业单位会计决算报告编制质量的核查工作由财政部组织实施，各地区行政事业单位会计决算报告编制质量的核查工作由各地区财政部门按照统一的工作要求分级组织实施。

**第三十五条**　会计决算报告编制质量核查的样本采集依据“随机抽取、适当调整”的原则，采取随机抽取与定向选择相结合的方式。

（一）随机抽取：通过计算机随机确定核查样本。

（二）定向选择：对会计决算报告存在明显质量问题或以往年份核查不合格单位，列为核查样本。

**第三十六条**　会计决算报告编制质量核查的内容由财政部每年根据行政事业单位会计决算报告编制情况以及财政检查工作要求统一规定。基本内容包括：报告编制范围是否齐全、会计决算报表与单位账簿是否一致、报表编制口径与汇总方法是否正确、向不同部门提供的报表数据是否一致等。各地区可结合本地区实际情况对核查内容进行补充。

**第三十七条**　被选定为核查对象的单位必须依照有关法律、法规，接受财政部门依法实施的核查，应按照核查工作的统一要求如实、及时提供所需会计凭证、会计账簿等有关会计资料，并如实反映有关情况。

**第三十八条**　财政部门对核查结果实行及时通报制度，对于会计决算报告不符合要求的单位给予通报批评，责令限期改正，并依法追究相应工作责任。

## 第八章　会计决算数据资料管理

**第三十九条**　会计决算数据资料包括行政事业单位会计决算报告中以各种介质存放的各类报表、编制说明、分析报告、总结材料。

**第四十条**　中央各部门和各地区财政部门要对行政事业单位上报的会计决算数据资料进行归类整理、建档建库，并从计算机中传出备份保存。

**第四十一条**　中央各部门和各地区财政部门要严格按照《会计档案管理办法》妥善保存行政事业单位会计决算数据资料。

**第四十二条**　各级财政部门应指定专门机构对行政事业单位会计决算数据资料进行管理和维护，配备必要的计算机技术人员，明确管理职责。

**第四十三条**　对于行政事业单位上报的分户会计决算数据资料，以及涉及国防、安全等国家保密部门的会计决算数据资料，要严格实行密级管理。

**第四十四条**　对外提供行政事业单位汇总会计决算数据资料，应有公函请求，并报经有关领导批准后方可提供。

**第四十五条**　各级财政部门不得发布上级财政部门管理范围内的行政事业单位会计决算信息。

**第四十六条**　各级财政部门应当在做好会计决算数据密级管理的同时，充分利用现代计算机和网络等先进技术，认真做好会计决算资料的“数据共享”，以提高会计决算信息的利用效率。

**第四十七条**　各级财政部门应加强会计决算信息专题研究分析，做好会计决算信息服务工作，按照规定的程序及时提供有关会计决算信息资料。

## 第九章　会计决算报告的工作责任

**第四十八条**　行政事业单位应当按照有关制度规定认真编制会计决算报告，全面、真实反映本单位会计决算信息。各单位负责人对本单位的会计工作和会计资料的真实性和完整性负责。

**第四十九条**　行政事业单位财务人员应当认真、如实编制会计决算报告，不得漏报、瞒报或因工作不认真错报有关会计决算信息，更不得编造虚假会计信息；行政事业单位负责人不得授意、指使、强令财务人员提供虚假会计决算信息，不得对拒绝、抵制编造虚假会计决算信息的人员进行打击报复。对于违反规定、提供虚假会计决算信息的单位及相关责任人，要按照《中华人民共和国会计法》等有关法律规定予以处理。

**第五十条** 各部门、各地区应当认真组织落实本部门、本地区行政事业单位会计决算报告工作。各级财政部门要加强对行政事业单位会计决算报告编制工作的考核，对在行政事业单位会计决算报告编制工作中成绩优秀的单位给予表彰；对因工作组织不力或不当，拖延报送会计决算报告或数据差错严重，给全国行政事业单位会计决算报告工作造成不良影响的单位，依据国家有关规定追究相关责任人的工作责任。

### 第十章 附 则

**第五十一条** 各部门、各地区可依据本制度，结合工作实际，制定相应实施细则，并报财政部备案。

**第五十二条** 本制度由财政部负责解释。

**第五十三条** 本制度自发布之日起施行。

## 2. 关于政府收支分类改革后行政单位核算问题的通知(2006年颁布)

财库[2006]26号

一、“401拨入经费”科目在基本支出和项目支出两个二级科目下，按《政府收支分类科目》中“支出功能分类科目”的“项”级科目设置明细账。

二、“404预算外资金收入”科目在基本支出和项目支出两个二级科目下，按《政府收支分类科目》中“支出功能分类科目”的“项”级科目设置明细账。

三、“501经费支出”科目在基本支出和项目支出两个二级科目下，按《政府收支分类科目》中“支出经济分类科目”的“款”级科目设置明细账。本通知自2007年1月1日起执行。执行中如果发现问题，请及时向财政部(国库司)反映。

## 3. 财政部关于政府收支分类改革后事业单位核算问题的通知(2006年颁布)

财会[2006]10号

各省、自治区、直辖市、计划单列市财政厅(局)，新疆生产建设兵团财务局，国务院各部委、各直属机构，高法院，高检院，解放军总后勤部：

一、事业单位应在“财政补助收入”科目下设置“基本支出”和“项目支出”二级明细科目，并在二级明细科目下按照《2007年政府收支分类科目》中“支出功能分类科目”的“项”级科目设置明细账，进行明细核算。

二、事业单位应在“事业支出”科目下设置“基本支出”和“项目支出”二级明细科目，并在二级明细科目下按照《2007年政府收支分类科目》中“支出经济分类科目”的“款”级科目设置明细账，进行明细核算。

同时，事业单位应设置“财政拨款支出备查簿”，逐笔登记每一项财政拨款支出的具体情况，并反映每个会计期末的财政拨款结余情况。

三、执行《医院会计制度》、《测绘事业单位会计制度》、《高等学校会计制度》、《中小学校会计制度》、《科学事业单位会计制度》的事业单位，应按照上述方法作相应调整。

四、本通知自2007年1月1日起执行。今后政府收支分类科目如有变化,事业单位的会计核算应随之调整。

财政部

二〇〇六年四月十三日

# 4. 预算外资金纳入预算管理后涉及有关财政专户管理资金会计核算(2010年颁布)

财库[2010]141号

为适应预算外资金纳入预算管理的需要,规范教育收费等未纳入预算并实行财政专户管理资金的会计核算,根据《财政部关于将按预算外资金管理的收入纳入预算管理的通知》(财预[2010]88号)等有关规定,从2011年1月1日起,未纳入预算并实行财政专户管理资金会计核算执行《财政总预算会计制度》,同时,对《财政总预算会计制度》作相应调整。现就有关事项通知如下:

**一、增设有关会计科目**

《财政总预算会计制度》增设3个会计科目:净资产类"财政专户管理资金结余"科目,收入类"财政专户管理资金收入"科目,支出类"财政专户管理资金支出"科目。

(一)"财政专户管理资金结余"科目编码为323。

本科目核算未纳入预算并实行财政专户管理的资金收支相抵形成的结余,包括教育收费、彩票发行机构和彩票销售机构业务费用等资金的结余。

年终转账时,应将"财政专户管理资金收入"等有关科目余额转入本科目贷方;将"财政专户管理资金支出"等有关科目余额转入本科目借方。

本科目年终贷方余额,反映未纳入预算并实行财政专户管理的资金收支相抵后的滚存结余,转入下年度。

本科目根据管理需要,按部门进行明细核算。

(二)"财政专户管理资金收入"科目编码为423。

本科目核算未纳入预算并实行财政专户管理的资金收入,包括教育收费、彩票发行机构和彩票销售机构的业务费用等收入。

收到财政专户管理的资金收入时,借记"其他财政存款"科目,贷记本科目。年终转账时,将本科目贷方余额全数转入"财政专户管理资金结余"科目,借记本科目,贷记"财政专户管理资金结余"科目。

本科目平时贷方余额,反映当年财政专户管理的资金收入累计数。

本科目应按"政府收支分类科目"中收入分类科目设置相应明细账。同时,根据管理需要,按部门进行明细核算。

(三)"财政专户管理资金支出"科目编码为523。

本科目核算用未纳入预算并实行财政专户管理的资金安排的支出。

发生财政专户管理的资金支出时,借记本科目,贷记"其他财政存款"等有关科目;年终转账时,将本科目借方余额全数转入"财政专户管理资金结余"科目,借记"财政专户管理资金结余"科目,贷记本科目。

本科目平时借方余额,反映当年财政专户管理的资金支出累计数。

本科目根据"政府收支分类科目"中支出功能分类科目设置相应明细账。同时,根据管理需要,按部门进行明细核算。

**二、调整有关会计科目使用说明**

调整《财政总预算会计制度》第102号科目"其他财政存款"的使用说明,在其包括的具体核算内容中增加"未纳入预算并实行财政专户管理的资金存款"。

**三、会计科目对应关系**

《预算外资金财政专户会计核算制度》及其它有关预算外资金会计核算规定废止后，原预算外资金会计科目核算事项，应结合具体预算管理方式，使用调整后的《财政总预算会计制度》中有关会计科目进行核算。具体会计科目对应关系见附件1。

**四、增设有关会计报表**

《财政总预算会计制度》增设财政专户管理资金分部门收支情况表（见附件2）和财政专户管理资金分科目收支情况表（见附件3）。

**五、其他事项**

（一）各级财政部门对未纳入预算并实行财政专户管理的资金应当单独设账核算。

（二）对预算外资金历年滚存结余从财政专户缴入国库的账务处理，按照《财政部关于预算外资金纳入预算管理后有关账务处理问题的通知》（财库[2008]103号）有关财政总预算会计的规定执行。

（三）本通知自2011年1月1日起执行。《财政部关于印发〈预算外资金财政专户会计核算制度〉的通知》（财综字[1998]164号）和《关于印发〈预算外资金财政专户会计核算制度补充规定〉的通知》（财办库[2002]36号），以及《财政部关于财政专户彩票资金管理有关事宜的通知》（财库[2002]31号）、《财政部关于政府收支分类改革后财政总预算会计预算外资金财政专户会计核算问题的通知》（财库[2006]25号）、《财政部关于预算外资金纳入预算管理后有关账务处理问题的通知》（财库[2008]103号）中有关预算外资金财政专户会计核算的规定，同时废止。

## 5. 关于中央预算单位财政拨款结余资金归集调整及会计核算等事项的通知（2008年颁布）

财库[2008]78号

党中央有关部门，国务院各部委、各直属机构，总后勤部、武警总部，全国人大常委会办公厅，全国政协办公厅，高法院，高检院，有关人民团体：

为了进一步加强中央部门财政拨款结余资金的管理，规范中央部门财政拨款结余资金的使用，根据《财政部关于印发〈中央部门财政拨款结余资金管理办法〉的通知》（财预[2006]489号）、《行政单位会计制度》、《事业单位会计制度》及财政国库管理制度有关规定，现对财政拨款结余资金的归集调整与会计核算等事项通知如下：

**一、财政拨款结余资金的归集调整主体和处理方式**

中央部门是财政拨款结余资金归集和调整的主体。统筹使用财政拨款结余资金实行分类管理，按照以下方式处理：

（一）主管部门直接归集调整结余资金。对于结存于实有资金账户且在不同预算单位之间调整使用的，采取由主管部门负责归集调整并转拨资金的方式处理，即调出资金单位向主管部门上交结余资金，主管部门收到下属单位上交的结余资金，核对无误后向调入资金单位转拨。

（二）主管部门统一调整用款计划。实行国库集中支付的财政拨款结余资金在不同预算单位之间，在同一单位不同功能分类科目之间，以及财政直接支付结余在同一单位同一功能分类科目下不同项目之间调整使用的，采取由主管部门汇总上报调整用款计划的方式处理。

（三）预算单位直接调整账务。对于结存于实有资金账户且在同一预算单位内调整使用，或结存于同一预算单位零余额账户且在同一功能科目下的不同项目之间调整使用的，采取直接调整账务的方式处理。

**二、有关会计科目的设置**

在行政、事业单位会计科目中分别增设“405财政调剂收入”、“420财政调剂收入”一级会计科目，核算预算单位收到财政部批准统筹使用的财政拨款结余资金，并设置“调剂基本支出经费收入”和“调剂项目支出经费收入”两个二级明细科目，分别核算收到调剂使用的基本支出结余资金和项目支出净结余资金。二级明细科目要按照政府收支分类科目中“支出功能分类科目”的“项”级科目设置明细账，进行明细核算。年

终,行政、事业单位分别将“财政调剂收入”科目贷方余额转入“结余”或“事业结余”科目的贷方。如果某项目或某类支出同时通过财政拨款结余资金和当年财政拨款两个来源安排,原则上财政拨款结余资金应优先确认和使用。

**三、统筹使用财政拨款结余资金的账务处理**

(一)调减结余的账务处理。预算单位在本通知第一条规定的三种处理方式下,上交结余资金、注销结余资金额度或直接调整账务等导致财政拨款结余资金减少时,行政单位借记“结余”,贷记“银行存款”、“零余额账户用款额度”或“财政应返还额度”等会计科目;事业单位借记“事业结余”或“事业基金”等,贷记“银行存款”、“零余额账户用款额度”或“财政应返还额度”等会计科目。

(二)确认财政调剂收入的账务处理。预算单位在本通知第一条规定的三种处理方式下,收到上级单位拨付统筹使用的结余资金、收到财政部下达的结余资金额度或直接调整账务等导致收入增加时,行政单位借记“银行存款”、“零余额账户用款额度”或“财政应返还额度”等会计科目,贷记“财政调剂收入”;事业单位借记“银行存款”、“零余额账户用款额度”或“财政应返还额度”等会计科目,贷记“财政调剂收入”。进行该项账务处理的具体时点,按照行政、事业单位会计制度及财政国库管理制度会计核算有关规定执行,其中对于实行财政直接支付的,在支出时,行政单位借记“经费支出”,贷记“财政调剂收入”;事业单位借记“事业支出”等会计科目,贷记“财政调剂收入”。

(三)负责归集和转拨财政拨款结余资金的一级预算单位和主管部门,收到资金时,行政单位借记“银行存款”,贷记“暂存款”;事业单位借记“银行存款”,贷记“其他应付款”。转拨资金时,作相反的会计分录。

**四、其他事项**

执行《医院会计制度》、《测绘事业单位会计制度》、《高等学校会计制度》、《中小学校会计制度》、《科学事业单位会计制度》的事业单位的会计科目设置及账务处理等事项,参照上述规定执行。

财政部

二〇〇八年十一月十八日

## 6. 关于中央级行政单位财政拨款结转和结余资金会计处理问题的通知(2010 年颁布)

财库[2010]18 号

党中央有关部门,国务院各部委、各直属机构,总参谋部、总政治部、总后勤部、总装备部、武警总部,新疆生产建设兵团,全国人大常委会办公厅,全国政协办公厅,高法院,高检院,有关人民团体:

为规范中央级行政单位财政拨款结转和结余资金的会计处理,根据《财政部关于印发〈中央部门财政拨款结转和结余资金管理办法〉的通知》(财预[2010]7 号)有关规定,现对有关会计核算问题通知如下:

**一、会计科目的设置**

(一)在“303 结余”科目下设置三个二级科目:“财政拨款结转和结余”、“政府性基金结余”和“其他资金结余”。其中,“财政拨款结转和结余”科目反映一般预算财政拨款收支相抵后的余额;“政府性基金结余”科目反映政府性基金收支相抵后的余额;“其他资金结余”科目反映除一般预算财政拨款、政府性基金以外的其他资金收支相抵后的余额。在“财政拨款结转和结余”科目下设置“财政拨款结转”和“财政拨款结余”两个三级科目,分别反映一般预算财政拨款结转资金余额和一般预算财政拨款结余资金余额。在“财政拨款结转”科目下设置“基本支出结转”和“项目支出结转”两个四级科目。

(二)在“501 经费支出”科目下设置三个二级科目:“财政拨款支出”、“政府性基金支出”和“其他资金支出”。其中“财政拨款支出”科目核算一般预算财政拨款实际支出;“政府性基金支出”科目核算政府性基金实际支出;“其他资金支出”科目核算除一般预算财政拨款、政府性基金以外的其他资金实际支出。在“财政拨款支出”科目下设置“基本支出”和“项目支出”两个三级科目。

1. 在“基本支出”科目下,按《政府收支分类科目》中“支出功能分类科目”的末级科目设置四级科目。

在四级科目下，按《政府收支分类科目》中“支出经济分类科目”的末级科目进行明细核算。

2. 在“项目支出”科目下，按《政府收支分类科目》中“支出功能分类科目”的末级科目设置四级科目。在四级科目下，按具体项目设置五级科目。在五级科目下，按《政府收支分类科目》中“支出经济分类科目”的末级科目进行明细核算。

(三)在“502 拨出经费”科目下设置三个二级科目:“拨出财政拨款”、“拨出政府性基金”和“拨出其他资金”。其中，“拨出财政拨款”科目核算拨付所属单位的一般预算财政拨款支出；“拨出政府性基金”科目核算拨付所属单位的政府性基金支出；“拨出其他资金”科目核算拨付所属单位的除一般预算财政拨款、政府性基金以外的其他资金支出。在“拨出财政拨款”科目下，分别设置“基本支出”和“项目支出”两个三级科目。在三级科目下，按《政府收支分类科目》中“支出功能分类科目”的末级科目设置四级科目，并按所属拨款单位设置明细账。

**二、年末相关账务处理**

年度终了，应将收入类科目下明细科目的贷方余额转入“结余”科目下相应明细科目的贷方；将支出类科目下明细科目的借方余额转入“结余”科目下相应明细科目的借方。

**三、有关要求**

(一)中央级行政单位应自 2010 年 1 月 1 日起按本规定设置有关明细科目。各行政单位应充分、合理运用账务处理软件，科学设置有关明细科目，进行明细核算，对本单位 2009 年年末“结余”科目余额分别转入新设置的“结余”明细科目。

(二)没有政府性基金的行政单位，不设置“政府性基金结余”、“政府性基金支出”和“拨出政府性基金”明细科目。

(三)除本规定之外的明细科目和辅助账，由各行政单位根据有关管理规定和要求自行设置。

财政部

二〇一〇年二月二十二日

## 7. 财政拨款结转和结余资金会计核算有关事项的通知(2010 年颁布)

(财会[2010]5 号)

党中央有关部门，国务院各部委、各直属机构，总参谋部、总政治部、总后勤部、总装备部、武警总部，全国人大常委会办公厅，全国政协办公厅，高法院，高检院，有关人民团体，有关中央管理企业：

为了进一步规范中央级事业单位、社会团体和企业财政拨款结转和结余资金的会计处理，提供真实、准确的相关会计信息，根据财政部关于印发《中央部门财政拨款结转和结余资金管理办法》的通知(财预[2010]7 号)等有关规定，现对上述单位财政拨款结转和结余资金会计核算有关问题规定如下：

**一、执行《事业单位会计制度》的中央级事业单位的相关规定**

(一)相关会计科目及明细科目和备查账簿的设置。

1. 增设“304 财政拨款结转”一级会计科目及相关明细科目。

增设“304 财政拨款结转”科目及相关明细科目，核算年末中央级事业单位(以下简称事业单位)的财政拨款结转数额。“财政拨款结转”一级会计科目下设置“当年财政拨款结转”和“以前年度财政拨款结转”两个一级明细科目，分别核算年末事业单位的当年财政拨款结转和以前年度财政拨款结转资金数额。“当年财政拨款结转”和“以前年度财政拨款结转”两个一级明细科目下均设置“基本支出结转”和“项目支出结转”两个二级明细科目，分别核算年末事业单位当年财政拨款结转和以前年度财政拨款结转中的基本支出结转和项目支出结转资金数额；“基本支出结转”二级明细科目下设置“人员经费结转”和“日常公用经费结转”两个三级明细科目，“项目支出结转”二级明细科目下按照具体项目设置明细科目，进行明细核算。

2. 增设“305 财政拨款结余”一级会计科目及相关明细科目。

增设“305 财政拨款结余”一级会计科目及相关明细科目，核算年末事业单位的财政拨款结余数额。“财政拨款结余”一级会计科目下设置“当年财政拨款结余”和“以前年度财政拨款结余”两个一级明细科目，分别核算年末事业单位的当年财政拨款结余和以前年度财政拨款结余资金数额。“当年财政拨款结余”和“以前年度财政拨款结余”两个一级明细科目下均按照具体项目设置明细科目，进行明细核算。

3.“306 事业结余”科目核算内容的修订。

“306 事业结余”科目核算事业单位在一定期间除经营收支和财政拨款结转和结余外其他各项收支相抵后的余额。

4.“401 财政补助收入”科目相关明细科目的设置。

在“401 财政补助收入”科目原“基本支出”明细科目下设置“人员经费”和“日常公用经费”明细科目，进行明细核算。在“401 财政补助收入”科目原“项目支出”明细科目下按照具体项目设置明细科目，进行明细核算。

5.“504 事业支出”科目相关明细会计科目的设置。

在“504 事业支出”科目下设置“财政拨款支出”和“其他事业支出”两个一级明细科目，分别核算事业单位使用财政拨款和其他资金支付的事业支出。“财政拨款支出”一级明细科目下设置“当年财政拨款支出”、“使用以前年度财政拨款结转支出”和“使用以前年度财政拨款结余支出”三个二级明细科目，分别核算事业单位使用当年财政拨款和以前年度财政拨款结转和结余支付的事业支出。“当年财政拨款支出”、“使用以前年度财政拨款结转支出”和“使用以前年度财政拨款结余支出”三个二级明细科目下均设置“基本支出”和“项目支出”两个三级明细科目，分别核算事业单位使用当年财政拨款支出和使用以前年度财政拨款结转和结余支出中的基本支出和项目支出资金数额；其中，“基本支出”三级明细科目下设置“人员经费支出”和“日常公用经费支出”两个四级明细科目，进行明细核算；“项目支出”三级明细科目下按照具体项目设置明细科目，进行明细核算。

6.“108 预付账款”科目相关备查簿的设置。

事业单位应当建立预付账款备查簿，详细登记使用财政拨款支付的预付账款以及其中使用当年财政拨款支付的预付账款。

（二）相关账务处理。

事业单位应当按照下列规定在每年年末将财政拨款收支转入“财政拨款结转”和“财政拨款结余”科目有关明细科目。

1. 结转财政拨款安排基本支出的收入和支出。

事业单位当年财政拨款基本支出结转不得提取职工福利基金和转入事业基金，应当在年末将财政拨款基本支出的收入和支出转入“财政拨款结转——当年财政拨款结转——基本支出结转”科目。

(1)结转财政拨款安排基本支出的收入。

年末，将财政拨款安排基本支出的收入转入当年财政拨款结转时，借记“财政补助收入——基本支出（人员经费、日常公用经费）”科目，贷记“财政拨款结转——当年财政拨款结转——基本支出结转（人员经费结转、日常公用经费结转）”科目。

(2)结转财政拨款安排的基本支出。

年末，将事业支出中当年财政拨款基本支出转入财政拨款结转时，借记“财政拨款结转——当年财政拨款结转——基本支出结转（人员经费结转、日常公用经费结转）”科目，贷记“事业支出——财政拨款支出——当年财政拨款支出——基本支出（人员经费支出、日常公用经费支出）”科目；将事业支出中使用以前年度财政拨款结转支出中基本支出转入财政拨款结转时，借记“财政拨款结转——以前年度财政拨款结转——基本支出结转（人员经费结转、日常公用经费结转）”科目，贷记“事业支出——财政拨款支出——使用以前年度财政拨款结转支出——基本支出（人员经费支出、日常公用经费支出）”科目。

2. 结转财政拨款安排项目支出的收入和支出。

事业单位应当在年末将财政拨款安排项目支出的收入和当年财政拨款项目支出转入“财政拨款结转——当年财政拨款结转

——项目支出结转”科目；将使用以前年度财政拨款项目结转和结余支出分别转入“财政拨款结转——以前年度财政拨款结转

——项目支出结转”科目和“财政拨款结余——以前年度财政拨款结余”科目。然后对“财政拨款结转——当年财政拨款结转——项目支出结转”科目和“财政拨款结转——以前年度财政拨款结转

——项目支出结转”科目下的财政拨款项目执行情况分别进行分析,按照《中央部门财政拨款结转和结余资金管理办法》(财预[2010]7号)的规定将财政拨款项目资金余额区分为财政拨款项目结转和财政拨款项目结余,将财政拨款项目支出结余资金数额分别转入“财政拨款结余——当年财政拨款结余”科目和“财政拨款结余——以前年度财政拨款结余”科目。

(1)结转财政拨款安排项目支出的收入。

年末,将财政拨款安排项目支出的收入转入当年财政拨款结转时,借记“财政补助收入——项目支出”科目,贷记“财政拨款结转——当年财政拨款结转——项目支出结转”科目。

(2)结转使用当年财政拨款的项目支出。

年末,将当年财政拨款支出中项目支出转入当年财政拨款结转时,借记“财政拨款结转——当年财政拨款结转——项目支出结转”科目,贷记“事业支出——财政拨款支出——当年财政拨款支出——项目支出”科目。

(3)结转使用以前年度财政拨款结转和结余的项目支出。

将使用以前年度财政拨款结转中项目支出转入以前年度财政拨款结转时,借记“财政拨款结转——以前年度财政拨款结转

——项目支出结转”科目,贷记“事业支出——财政拨款支出——使用以前年度财政拨款结转支出——项目支出”科目。

将使用以前年度财政拨款结余中项目支出转入以前年度财政拨款结余时,借记“财政拨款结余——以前年度财政拨款结余”科目,贷记“事业支出——财政拨款支出——使用以前年度财政拨款结余支出——项目支出”科目。

(4)分析并结转财政拨款项目支出结余资金。

完成上述处理后,根据有关项目执行情况的分析,按照当年财政拨款项目支出结余资金数额,借记“财政拨款结转——当年财政拨款结转——项目支出结转”科目,贷记“财政拨款结余

——当年财政拨款结余”科目;按照使用以前年度财政拨款项目支出结余资金数额,借记“财政拨款结转——以前年度财政拨款结转——项目支出结转”科目,贷记“财政拨款结余——以前年度财政拨款结余”科目。

3. 当年财政拨款结转和结余的结转。

事业单位应当在下年初将“财政拨款结转——当年财政拨款结转”科目下的全部明细科目转入“财政拨款结转——以前年度财政拨款结转”对应明细科目,借记“财政拨款结转——当年财政拨款结转——基本支出结转(人员经费结转、日常公用经费结转)”科目和“财政拨款结转——当年财政拨款结转——项目支出结转”科目,贷记“财政拨款结转——以前年度财政拨款结转

——基本支出结转(人员经费结转、日常公用经费结转)”科目和“财政拨款结转——以前年度财政拨款结转——项目支出结转”科目;同时,将“财政拨款结余——当年财政拨款结余”科目下的全部明细科目转入“财政拨款结余——以前年度财政拨款结余”科目,借记“财政拨款结余——当年财政拨款结余”科目,贷记“财政拨款结余——以前年度财政拨款结余”科目。

4. 使用以前年度财政拨款结余安排的基本支出和项目支出。

对于事业单位需要使用以前年度财政拨款结余安排的基本支出和项目支出,经财政部门审批同意后,调整财政拨款结余和结转科目的年初金额,将以前年度财政拨款结余转入以前年度财政拨款结转,借记“财政拨款结余——以前年度财政拨款结余”科目,贷记“财政拨款结转——以前年度财政拨款结转——基本支出结转(人员经费支出、日常公用经费支出)”科目或者“财政拨款结转——以前年度财政拨款结转——项目支出结转”科目。同时,事业单位应当建立使用以前年度财政拨款结余安排的基本支出和项目支出备查簿,详细登记已经使用的以前年度财政拨款结余安排的基本支出和项目支出资金数额。

5. 上缴财政拨款结转和结余资金。

事业单位按规定向主管部门等上缴财政拨款结转和结余资金时,按实际上缴资金数额或注销的资金额度数额,借记“财政拨款结转”或者“财政拨款结余”科目有关明细科目,贷记“银行存款”、“零余额账户用款

额度”、“财政应返还额度”等科目。

**二、执行行业会计制度的中央级事业单位的相关规定**

执行《医院会计制度》、《高等学校会计制度》、《中小学校会计制度》、《科学事业单位会计制度》、《测绘事业单位会计制度》的中央级事业单位，应当参照上述规定设置会计科目有关明细科目和备查账簿，进行相关账务处理。

**三、执行《民间非营利组织会计制度》、企业会计准则和制度的中央级事业单位、社会团体和企业的相关规定**

执行《民间非营利组织会计制度》、企业会计准则和制度的中央级事业单位、社会团体和企业，应当参照上述规定设置与财政拨款结转和结余资金有关的备查账簿，详细登记财政拨款结转和结余的相关信息。

**四、《财政拨款结转和结余资金情况表》的填列方法**

中央级事业单位、社会团体和企业在填报《中央部门财政拨款结转和结余资金管理办法》(财预[2010]7号)中规定上报的《财政拨款结转和结余资金情况表》时，根据下列方法填列：

(一)“截至上年底累计结转和结余资金－结转”(第5栏)：反映截至上年(即20××年的上一年)年底累计产生的财政拨款结转资金数，按照20××年初已结转当年财政拨款结转和结余后的“财政拨款结转——以前年度财政拨款结转”科目20××年初账面余额和使用以前年度财政拨款结余安排的基本支出和项目支出备查簿分析填列。

(二)“截至上年底累计结转和结余资金－结余”(第6栏)：反映截至上年(即20××年的上一年)年底累计产生的财政拨款结余资金数，按照20××年初已结转当年财政拨款结转和结余后的“财政拨款结余——以前年度财政拨款结余”科目20××年初账面余额和使用以前年度财政拨款结余安排的基本支出和项目支出备查簿分析填列。

(三)“20××年度－当年实际支出－当年财政拨款支出”(第9栏)：反映20××年年初预算批复、执行中调整的财政拨款实际支出数，按照“事业支出——财政拨款支出——当年财政拨款支出”科目20××年度借方发生额填列。

(四)“20××年度－当年实际支出－使用以前年度结转和结余资金－结转”(第11栏)：反映使用以前年度的财政拨款结转资金数，按照“事业支出——财政拨款支出——使用以前年度财政拨款结转支出”科目20××年度借方发生额和使用以前年度财政拨款结余安排的基本支出和项目支出备查簿分析填列。

(五)“20××年度－当年实际支出－使用以前年度结转和结余资金－结余”(第12栏)：反映使用以前年度的财政拨款结余资金数，按照“事业支出——财政拨款支出——使用以前年度财政拨款结余支出”科目20××年度借方发生额和使用以前年度财政拨款结余安排的基本支出和项目支出备查簿分析填列。

(六)“20××年度－当年形成结转和结余资金－结转”(第14栏)：反映20××年当年财政拨款形成的结转资金数，按照“财政拨款结转——当年财政拨款结转”科目20××年末贷方余额填列。

(七)“20××年度－当年形成结转和结余资金－结转－其中：暂付款”(第15栏)：反映20××年财政拨款结转资金中资金已经支付、会计上作为暂付款处理的数额，按照预付账款备查账簿中登记的有关数据填列。

(八)“20××年度－当年形成结转和结余资金－结余”(第16栏)：反映20××年当年财政拨款形成的结余资金数，按照“财政拨款结余——当年财政拨款结余”科目20××年末贷方余额填列。

(九)“截至20××年底累计结转和结余资金－结转”(第18栏)：反映截至20××年底累计产生的财政拨款结转资金数，按照“财政拨款结转——当年财政拨款结转”科目和“财政拨款结转——以前年度财政拨款结转”科目20××年末账面余额之和填列。

(十)“截至20××年度累计结转和结余资金－结转－其中：暂付款”(第19栏)：反映截至20××年底财政拨款累计结转资金中资金已经支付、会计上作为暂付款处理的数额，按照预付账款备查账簿中登记的有关数据填列。

(十一)“截至20××年底累计结转和结余资金－结余”(第20栏)：反映截至20××年底累计产生的财政拨款结余资金数，按照“财政拨款结余——当年财政拨款结余”科目和“财政拨款结余——以前年度财政拨款结余”科目20××年末账面余额之和填列。

**五、新旧衔接和2009年度相关报表的填列方法**

(一)新旧衔接。

中央级事业单位、社会团体和企业应当在2010年初根据上述规定设置相关会计科目及其明细科目和备查账簿。对本单位2009年末有关会计科目余额进行分析后,分别转入新设置的对应会计科目明细科目中,同时(或者)在相关备查账簿中登记。

对于事业单位在实行国库管理制度改革后已转入“事业基金——一般基金”科目但尚未使用的基本收支财政拨款资金,应当转回至财政拨款结转相关明细科目,借记“事业基金——一般基金”科目,贷记“财政拨款结转——以前年度财政拨款结转——基本支出结转(人员经费结转、日常公用经费结转)”科目。

对于事业单位在2009年末从财政拨款基本支出结转中提取的职工福利基金,应当予以转回至财政拨款结转相关明细科目,借记“专用基金——职工福利基金”科目,贷记“财政拨款结转——以前年度财政拨款结转——基本支出结转”科目。

对于在2009年末事业基金和事业结余中的财政拨款结转和结余资金,事业单位应当对其进行分析并分别转入2010年新账中的“财政拨款结转”和“财政拨款结余”相关明细科目。

(二)2009年度《财政拨款结转和结余资金情况表》的填列。

中央级事业单位、社会团体和企业应当根据新旧衔接后有关会计科目明细科目余额和有关备查账簿,按照“四、《财政拨款结转和结余资金情况表》的填列方法”的要求正确填报《财政拨款结转和结余资金情况表》。

(三)2009年度中央部门决算报表中财政拨款结转和结余资金的填列。

2009年度中央部门决算报表中关于财政拨款结转和结余资金的填列方法按照《关于规范2009年度中央部门财政拨款结转和结余资金部门决算填报口径的通知》(财办库[2010]8号)的有关规定填列。

# 第十五章　行政事业单位综合性财务管理法规

## 1. 行政单位财务规则(2012 年修订)

中华人民共和国财政部令　2012 年第 71 号

### 第一章　总　　则

**第一条**　为了规范行政单位的财务行为,加强行政单位财务管理和监督,提高资金使用效益,保障行政单位工作任务的完成,制定本规则。

**第二条**　本规则适用于各级各类国家机关、政党组织(以下统称行政单位)的财务活动。

**第三条**　行政单位财务管理的基本原则是:量入为出,保障重点,兼顾一般,厉行节约,制止奢侈浪费,降低行政成本,注重资金使用效益。

**第四条**　行政单位财务管理的主要任务是:

(一)科学、合理编制预算,严格预算执行,完整、准确、及时编制决算,真实反映单位财务状况;

(二)建立健全财务管理制度,实施预算绩效管理,加强对行政单位财务活动的控制和监督;

(三)加强资产管理,合理配置、有效利用、规范处置资产,防止国有资产流失;

(四)定期编制财务报告,进行财务活动分析;

(五)对行政单位所属并归口行政财务管理的单位的财务活动实施指导、监督;

(六)加强对非独立核算的机关后勤服务部门的财务管理,实行内部核算办法。

**第五条**　行政单位的财务活动在单位负责人领导下,由单位财务部门统一管理。

行政单位应当单独设置财务机构,配备专职财务会计人员,实行独立核算。人员编制少、财务工作量小等不具备独立核算条件的单位,可以实行单据报账制度。

### 第二章　单位预算管理

**第六条**　行政单位预算由收入预算和支出预算组成。

**第七条**　按照预算管理权限,行政单位预算管理分为下列级次:

(一)向同级财政部门申报预算的行政单位,为一级预算单位;

(二)向上一级预算单位申报预算并有下级预算单位的行政单位,为二级预算单位;

(三)向上一级预算单位申报预算,且没有下级预算单位的行政单位,为基层预算单位。

一级预算单位有下级预算单位的,为主管预算单位。

**第八条**　各级预算单位应当按照预算管理级次申报预算,并按照批准的预算组织实施,定期将预算执行情况向上一级预算单位或者同级财政部门报告。

**第九条**　财政部门对行政单位实行收支统一管理,定额、定项拨款,超支不补,结转和结余按规定使用的预算管理办法。

**第十条**　行政单位编制预算,应当综合考虑以下因素:

(一)年度工作计划和相应支出需求;

(二)以前年度预算执行情况;

(三)以前年度结转和结余情况;

(四)资产占有和使用情况;

(五)其他因素。

**第十一条**　行政单位预算依照下列程序编报和审批:

(一)行政单位测算、提出预算建议数,逐级汇总后报送同级财政部门;

(二)财政部门审核行政单位提出的预算建议数,下达预算控制数;

(三)行政单位根据预算控制数正式编制年度预算,逐级汇总后报送同级财政部门;

(四)经法定程序批准后,财政部门批复行政单位预算。

**第十二条**　行政单位应当严格执行预算,按照收支平衡的原则,合理安排各项资金,不得超预算安排支出。

预算在执行中原则上不予调整。因特殊情况确需调整预算的,行政单位应当按照规定程序报送审批。

**第十三条**　行政单位应当按照规定编制决算,逐级审核汇总后报同级财政部门审批。

**第十四条**　行政单位应当加强决算审核和分析,规范决算管理工作,保证决算数据的完整、真实、准确。

## 第三章　收入管理

**第十五条**　收入是指行政单位依法取得的非偿还性资金,包括财政拨款收入和其他收入。

财政拨款收入,是指行政单位从同级财政部门取得的财政预算资金。

其他收入,是指行政单位依法取得的除财政拨款收入以外的各项收入。

行政单位依法取得的应当上缴财政的罚没收入、行政事业性收费、政府性基金、国有资产处置和出租出借收入等,不属于行政单位的收入。

**第十六条**　行政单位取得各项收入,应当符合国家规定,按照财务管理的要求,分项如实核算。

**第十七条**　行政单位的各项收入应当全部纳入单位预算,统一核算,统一管理。

## 第四章　支出管理

**第十八条**　支出是指行政单位为保障机构正常运转和完成工作任务所发生的资金耗费和损失,包括基本支出和项目支出。

基本支出,是指行政单位为保障机构正常运转和完成日常工作任务发生的支出,包括人员支出和公用支出。

项目支出,是指行政单位为完成特定的工作任务,在基本支出之外发生的支出。

**第十九条**　行政单位应当将各项支出全部纳入单位预算。

各项支出由单位财务部门按照批准的预算和有关规定审核办理。

**第二十条**　行政单位的支出应当严格执行国家规定的开支范围及标准,建立健全支出管理制度,对节约潜力大、管理薄弱的支出进行重点管理和控制。

**第二十一条**　行政单位从财政部门或者上级预算单位取得的项目资金,应当按照批准的项目和用途使用,专款专用、单独核算,并按照规定向同级财政部门或者上级预算单位报告资金使用情况,接受财政部门和上级预算单位的检查监督。

项目完成后,行政单位应当向同级财政部门或者上级预算单位报送项目支出决算和使用效果的书面报告。

**第二十二条**　行政单位应当严格执行国库集中支付制度和政府采购制度等规定。

**第二十三条**　行政单位应当加强支出的绩效管理,提高资金的使用效益。

**第二十四条**　行政单位应当依法加强各类票据管理,确保票据来源合法、内容真实、使用正确,不得使用虚假票据。

## 第五章　结转和结余管理

**第二十五条**　结转资金,是指当年预算已执行但未完成,或者因故未执行,下一年度需要按照原用途继续使用的资金。

**第二十六条**　结余资金,是指当年预算工作目标已完成,或者因故终止,当年剩余的资金。

结转资金在规定使用年限未使用或者未使用完的,视为结余资金。

**第二十七条**　财政拨款结转和结余的管理,应当按照同级财政部门的规定执行。

## 第六章　资产管理

**第二十八条**　资产是指行政单位占有或者使用的，能以货币计量的经济资源，包括流动资产、固定资产、在建工程、无形资产等。

**第二十九条**　流动资产是指可以在一年内变现或者耗用的资产，包括现金、银行存款、零余额账户用款额度、应收及暂付款项、存货等。

前款所称存货是指行政单位在工作中为耗用而储存的资产，包括材料、燃料、包装物和低值易耗品等。

**第三十条**　固定资产是指使用期限超过一年，单位价值在1000元以上（其中：专用设备单位价值在1500元以上），并且在使用过程中基本保持原有物质形态的资产。单位价值虽未达到规定标准，但是耐用时间在一年以上的大批同类物资，作为固定资产管理。

固定资产一般分为六类：房屋及构筑物；通用设备；专用设备；文物和陈列品；图书、档案；家具、用具、装具及动植物。

**第三十一条**　在建工程是指已经发生必要支出，但尚未达到交付使用状态的建设工程。

在建工程达到交付使用状态时，应当按照规定办理工程竣工财务决算和资产交付使用。

**第三十二条**　无形资产是指不具有实物形态而能为使用者提供某种权利的资产，包括著作权、土地使用权等。

**第三十三条**　行政单位应当建立健全单位资产管理制度，加强和规范资产配置、使用和处置管理，维护资产安全完整。

**第三十四条**　行政单位应当按照科学规范、从严控制、保障工作需要的原则合理配置资产。

行政单位资产有原始凭证的，按照原始凭证记账；无原始凭证的，应当依法进行评估，按照评估价值记账。

**第三十五条**　行政单位应当加强资产日常管理工作，做好资产建账、核算和登记工作，定期或者不定期进行清查盘点，保证账账相符，账实相符。年度终了，应当进行全面清查盘点。对资产盘盈、盘亏应当及时处理。

**第三十六条**　行政单位开设银行存款账户，应当报同级财政部门审批，并由财务部门统一管理。

**第三十七条**　行政单位应当加强应收及暂付款项的管理，严格控制规模，并及时进行清理，不得长期挂账。

**第三十八条**　行政单位的资产增加时，应当及时登记入账；减少时，应当按照资产处置规定办理报批手续，进行账务处理。

行政单位的固定资产不计提折旧，但财政部另有规定的除外。

**第三十九条**　行政单位不得以任何形式用占有、使用的国有资产对外投资或者举办经济实体。对于未与行政单位脱钩的经济实体，行政单位应当按照有关规定进行监管。

除法律、行政法规另有规定外，行政单位不得举借债务，不得对外提供担保。

**第四十条**　未经同级财政部门批准，行政单位不得将占有、使用的国有资产对外出租、出借。

**第四十一条**　行政单位应当按照国家有关规定实行资源共享、装备共建，提高资产使用效率。

**第四十二条**　行政单位资产处置应当遵循公开、公平、公正的原则，依法进行评估，严格履行相关审批程序。

## 第七章　负债管理

**第四十三条**　负债是指行政单位所承担的能以货币计量，需要以资产或者劳务偿还的债务，包括应缴款项、暂存款项、应付款项等。

**第四十四条**　应缴款项是指行政单位依法取得的应当上缴财政的资金，包括罚没收入、行政事业性收费、政府性基金、国有资产处置和出租出借收入等。

**第四十五条**　行政单位取得罚没收入、行政事业性收费、政府性基金、国有资产处置和出租出借收入等，应当按照国库集中收缴的有关规定及时足额上缴，不得隐瞒、滞留、截留、挪用和坐支。

**第四十六条**　暂存款项是行政单位在业务活动中与其他单位或者个人发生的预收、代管等待结算的款项。

**第四十七条** 行政单位应当加强对暂存款项的管理，不得将应当纳入单位收入管理的款项列入暂存款项；对各种暂存款项应当及时清理、结算，不得长期挂账。

## 第八章 行政单位划转撤并的财务处理

**第四十八条** 行政单位划转撤并的财务处理，应当在财政部门、主管预算单位等部门的监督指导下进行。

划转撤并的行政单位应当对单位的财产、债权、债务等进行全面清理，编制财产目录和债权、债务清单，提出财产作价依据和债权、债务处理办法，做好资产的移交、接收、划转和管理工作，并妥善处理各项遗留问题。

**第四十九条** 划转撤并的行政单位的资产经主管预算单位审核并上报财政部门和有关部门批准后，分别按照下列规定处理：

（一）转为事业单位和改变隶属关系的行政单位，其资产无偿移交，并相应调整、划转经费指标。

（二）转为企业的行政单位，其资产按照有关规定进行评估作价后，转作企业的国有资本。

（三）撤销的行政单位，其全部资产由财政部门或者财政部门授权的单位处理。

（四）合并的行政单位，其全部资产移交接收单位或者新组建单位；合并后多余的资产，由财政部门或者财政部门授权的单位处理。

（五）分立的行政单位，其资产按照有关规定移交分立后的行政单位，并相应划转经费指标。

## 第九章 财务报告和财务分析

**第五十条** 财务报告是反映行政单位一定时期财务状况和预算执行结果的总结性书面文件。

**第五十一条** 行政单位的财务报告，包括财务报表和财务情况说明书。

财务报表包括资产负债表、收入支出表、支出明细表、财政拨款收入支出表、固定资产投资决算报表等主表及有关附表。

财务情况说明书，主要说明行政单位本期收入、支出、结转、结余、专项资金使用及资产负债变动等情况，以及影响财务状况变化的重要事项，总结财务管理经验，对存在的问题提出改进意见。

**第五十二条** 财务分析是依据会计核算资料和其他有关信息资料，对单位财务活动过程及其结果进行的研究、分析和评价。

**第五十三条** 财务分析的内容包括预算编制与执行情况、收入支出状况、人员增减情况、资产使用情况等。

财务分析的指标主要有：支出增长率、当年预算支出完成率、人均开支、项目支出占总支出的比率、人员支出占总支出的比率、公用支出占总支出的比率、人均办公使用面积、人车比例等。

行政单位可以根据其业务特点，增加财务分析指标。

**第五十四条** 行政单位应当真实、准确、完整、及时地编制财务报告，认真进行财务分析，并按照规定报送财政部门、主管预算单位和其他有关部门。

## 第十章 财务监督

**第五十五条** 行政单位财务监督主要包括对预算管理、收入管理、支出管理、结转和结余管理、资产管理、负债管理等的监督。

**第五十六条** 行政单位财务监督应当实行事前监督、事中监督、事后监督相结合，日常监督与专项监督相结合，并对违反财务规章制度的问题进行检查处理。

**第五十七条** 行政单位应当建立健全内部控制制度、经济责任制度、财务信息披露制度等监督制度，依法公开财务信息。

**第五十八条** 行政单位应当依法接受主管预算单位和财政、审计部门的监督。

**第五十九条** 财政部门、行政单位及其工作人员违反本规则，按照《财政违法行为处罚处分条例》（国务

院令第427号)处理。

## 第十一章 附 则

**第六十条** 行政单位基本建设投资的财务管理,应当执行本规则,但国家基本建设投资财务管理制度另有规定的,从其规定。

**第六十一条** 参照公务员法管理的事业单位财务制度的适用,由财政部另行规定。

行政单位所属独立核算的企业、事业单位分别执行相应的财务制度,不执行本规则。

**第六十二条** 省、自治区、直辖市人民政府财政部门可以依据本规则结合本地区实际情况制定实施办法。

**第六十三条** 本规则自2013年1月1日起施行。

# 2. 事业单位财务规则(2012年修订)

中华人民共和国财政部令 2012年第68号

## 第一章 总 则

**第一条** 为了进一步规范事业单位的财务行为,加强事业单位财务管理和监督,提高资金使用效益,保障事业单位健康发展,制定本规则。

**第二条** 本规则适用于各级各类事业单位(以下简称事业单位)的财务活动。

**第三条** 事业单位财务管理的基本原则是:执行国家有关法律、法规和财务规章制度;坚持勤俭办事业的方针;正确处理事业发展需要和资金供给的关系,社会效益和经济效益的关系,国家、单位和个人三者利益的关系。

**第四条** 事业单位财务管理的主要任务是:合理编制单位预算,严格预算执行,完整、准确编制单位决算,真实反映单位财务状况;依法组织收入,努力节约支出;建立健全财务制度,加强经济核算,实施绩效评价,提高资金使用效益;加强资产管理,合理配置和有效利用资产,防止资产流失;加强对单位经济活动的财务控制和监督,防范财务风险。

**第五条** 事业单位的财务活动在单位负责人的领导下,由单位财务部门统一管理。

## 第二章 单位预算管理

**第六条** 事业单位预算是指事业单位根据事业发展目标和计划编制的年度财务收支计划。

事业单位预算由收入预算和支出预算组成。

**第七条** 国家对事业单位实行核定收支、定额或者定项补助、超支不补、结转和结余按规定使用的预算管理办法。

定额或者定项补助根据国家有关政策和财力可能,结合事业特点、事业发展目标和计划、事业单位收支及资产状况等确定。定额或者定项补助可以为零。

非财政补助收入大于支出较多的事业单位,可以实行收入上缴办法。具体办法由财政部门会同有关主管部门制定。

**第八条** 事业单位参考以前年度预算执行情况,根据预算年度的收入增减因素和措施,以及以前年度结转和结余情况,测算编制收入预算;根据事业发展需要与财力可能,测算编制支出预算。

事业单位预算应当自求收支平衡,不得编制赤字预算。

**第九条** 事业单位根据年度事业发展目标和计划以及预算编制的规定,提出预算建议数,经主管部门审核汇总报财政部门(一级预算单位直接报财政部门,下同)。事业单位根据财政部门下达的预算控制数编制预算,由主管部门审核汇总报财政部门,经法定程序审核批复后执行。

**第十条**　事业单位应当严格执行批准的预算。预算执行中，国家对财政补助收入和财政专户管理资金的预算一般不予调整。上级下达的事业计划有较大调整，或者根据国家有关政策增加或者减少支出，对预算执行影响较大时，事业单位应当报主管部门审核后报财政部门调整预算；财政补助收入和财政专户管理资金以外部分的预算需要调增或者调减的，由单位自行调整并报主管部门和财政部门备案。

收入预算调整后，相应调增或者调减支出预算。

**第十一条**　事业单位决算是指事业单位根据预算执行结果编制的年度报告。

**第十二条**　事业单位应当按照规定编制年度决算，由主管部门审核汇总后报财政部门审批。

**第十三条**　事业单位应当加强决算审核和分析，保证决算数据的真实、准确，规范决算管理工作。

## 第三章　收入管理

**第十四条**　收入是指事业单位为开展业务及其他活动依法取得的非偿还性资金。

**第十五条**　事业单位收入包括：

（一）财政补助收入，即事业单位从同级财政部门取得的各类财政拨款。

（二）事业收入，即事业单位开展专业业务活动及其辅助活动取得的收入。其中：按照国家有关规定应当上缴国库或者财政专户的资金，不计入事业收入；从财政专户核拨给事业单位的资金和经核准不上缴国库或者财政专户的资金，计入事业收入。

（三）上级补助收入，即事业单位从主管部门和上级单位取得的非财政补助收入。

（四）附属单位上缴收入，即事业单位附属独立核算单位按照有关规定上缴的收入。

（五）经营收入，即事业单位在专业业务活动及其辅助活动之外开展非独立核算经营活动取得的收入。

（六）其他收入，即本条上述规定范围以外的各项收入，包括投资收益、利息收入、捐赠收入等。

**第十六条**　事业单位应当将各项收入全部纳入单位预算，统一核算，统一管理。

**第十七条**　事业单位对按照规定上缴国库或者财政专户的资金，应当按照国库集中收缴的有关规定及时足额上缴，不得隐瞒、滞留、截留、挪用和坐支。

## 第四章　支出管理

**第十八条**　支出是指事业单位开展业务及其他活动发生的资金耗费和损失。

**第十九条**　事业单位支出包括：

（一）事业支出，即事业单位开展专业业务活动及其辅助活动发生的基本支出和项目支出。基本支出是指事业单位为了保障其正常运转、完成日常工作任务而发生的人员支出和公用支出。项目支出是指事业单位为了完成特定工作任务和事业发展目标，在基本支出之外所发生的支出。

（二）经营支出，即事业单位在专业业务活动及其辅助活动之外开展非独立核算经营活动发生的支出。

（三）对附属单位补助支出，即事业单位用财政补助收入之外的收入对附属单位补助发生的支出。

（四）上缴上级支出，即事业单位按照财政部门和主管部门的规定上缴上级单位的支出。

（五）其他支出，即本条上述规定范围以外的各项支出，包括利息支出、捐赠支出等。

**第二十条**　事业单位应当将各项支出全部纳入单位预算，建立健全支出管理制度。

**第二十一条**　事业单位的支出应当严格执行国家有关财务规章制度规定的开支范围及开支标准；国家有关财务规章制度没有统一规定的，由事业单位规定，报主管部门和财政部门备案。事业单位的规定违反法律制度和国家政策的，主管部门和财政部门应当责令改正。

**第二十二条**　事业单位在开展非独立核算经营活动中，应当正确归集实际发生的各项费用数；不能归集的，应当按照规定的比例合理分摊。

经营支出应当与经营收入配比。

**第二十三条**　事业单位从财政部门和主管部门取得的有指定项目和用途的专项资金，应当专款专用、单独核算，并按照规定向财政部门或者主管部门报送专项资金使用情况；项目完成后，应当报送专项资金支出决算和使用效果的书面报告，接受财政部门或者主管部门的检查、验收。

**第二十四条**　事业单位应当加强经济核算，可以根据开展业务活动及其他活动的实际需要，实行内部成本核算办法。

**第二十五条** 事业单位应当严格执行国库集中支付制度和政府采购制度等有关规定。

**第二十六条** 事业单位应当加强支出的绩效管理，提高资金使用的有效性。

**第二十七条** 事业单位应当依法加强各类票据管理，确保票据来源合法、内容真实、使用正确，不得使用虚假票据。

## 第五章　结转和结余管理

**第二十八条** 结转和结余是指事业单位年度收入与支出相抵后的余额。

结转资金是指当年预算已执行但未完成，或者因故未执行，下一年度需要按照原用途继续使用的资金。结余资金是指当年预算工作目标已完成，或者因故终止，当年剩余的资金。

经营收支结转和结余应当单独反映。

**第二十九条** 财政拨款结转和结余的管理，应当按照同级财政部门的规定执行。

**第三十条** 非财政拨款结转按照规定结转下一年度继续使用。非财政拨款结余可以按照国家有关规定提取职工福利基金，剩余部分作为事业基金用于弥补以后年度单位收支差额；国家另有规定的，从其规定。

**第三十一条** 事业单位应当加强事业基金的管理，遵循收支平衡的原则，统筹安排、合理使用，支出不得超出基金规模。

## 第六章　专用基金管理

**第三十二条** 专用基金是指事业单位按照规定提取或者设置的有专门用途的资金。

专用基金管理应当遵循先提后用、收支平衡、专款专用的原则，支出不得超出基金规模。

**第三十三条** 专用基金包括：

（一）修购基金，即按照事业收入和经营收入的一定比例提取，并按照规定在相应的购置和修缮科目中列支（各列 50%），以及按照其他规定转入，用于事业单位固定资产维修和购置的资金。事业收入和经营收入较少的事业单位可以不提取修购基金，实行固定资产折旧的事业单位不提取修购基金。

（二）职工福利基金，即按照非财政拨款结余的一定比例提取以及按照其他规定提取转入，用于单位职工的集体福利设施、集体福利待遇等的资金。

（三）其他基金，即按照其他有关规定提取或者设置的专用资金。

**第三十四条** 各项基金的提取比例和管理办法，国家有统一规定的，按照统一规定执行；没有统一规定的，由主管部门会同同级财政部门确定。

## 第七章　资产管理

**第三十五条** 资产是指事业单位占有或者使用的能以货币计量的经济资源，包括各种财产、债权和其他权利。

**第三十六条** 事业单位的资产包括流动资产、固定资产、在建工程、无形资产和对外投资等。

**第三十七条** 事业单位应当建立健全单位资产管理制度，加强和规范资产配置、使用和处置管理，维护资产安全完整，保障事业健康发展。

**第三十八条** 事业单位应当按照科学规范、从严控制、保障事业发展需要的原则合理配置资产。

**第三十九条** 流动资产是指可以在一年以内变现或者耗用的资产，包括现金、各种存款、零余额账户用款额度、应收及预付款项、存货等。

前款所称存货是指事业单位在开展业务活动及其他活动中为耗用而储存的资产，包括材料、燃料、包装物和低值易耗品等。

事业单位应当建立健全现金及各种存款的内部管理制度，对存货进行定期或者不定期的清查盘点，保证账实相符。对存货盘盈、盘亏应当及时处理。

**第四十条** 固定资产是指使用期限超过一年，单位价值在 1000 元以上（其中：专用设备单位价值在 1500 元以上），并在使用过程中基本保持原有物质形态的资产。单位价值虽未达到规定标准，但是耐用时间在一年以上的大批同类物资，作为固定资产管理。

固定资产一般分为六类:房屋及构筑物;专用设备;通用设备;文物和陈列品;图书、档案;家具、用具、装具及动植物。行业事业单位的固定资产明细目录由国务院主管部门制定,报国务院财政部门备案。

**第四十一条** 事业单位应当对固定资产进行定期或者不定期的清查盘点。年度终了前应当进行一次全面清查盘点,保证账实相符。

**第四十二条** 在建工程是指已经发生必要支出,但尚未达到交付使用状态的建设工程。

在建工程达到交付使用状态时,应当按照规定办理工程竣工财务决算和资产交付使用。

**第四十三条** 无形资产是指不具有实物形态而能为使用者提供某种权利的资产,包括专利权、商标权、著作权、土地使用权、非专利技术、商誉以及其他财产权利。

事业单位转让无形资产,应当按照有关规定进行资产评估,取得的收入按照国家有关规定处理。事业单位取得无形资产发生的支出,应当计入事业支出。

**第四十四条** 对外投资是指事业单位依法利用货币资金、实物、无形资产等方式向其他单位的投资。

事业单位应当严格控制对外投资。在保证单位正常运转和事业发展的前提下,按照国家有关规定可以对外投资的,应当履行相关审批程序。事业单位不得使用财政拨款及其结余进行对外投资,不得从事股票、期货、基金、企业债券等投资,国家另有规定的除外。

事业单位以非货币性资产对外投资的,应当按照国家有关规定进行资产评估,合理确定资产价值。

**第四十五条** 事业单位资产处置应当遵循公开、公平、公正和竞争、择优的原则,严格履行相关审批程序。

事业单位出租、出借资产,应当按照国家有关规定经主管部门审核同意后报同级财政部门审批。

**第四十六条** 事业单位应当提高资产使用效率,按照国家有关规定实行资产共享、共用。

## 第八章 负债管理

**第四十七条** 负债是指事业单位所承担的能以货币计量,需要以资产或者劳务偿还的债务。

**第四十八条** 事业单位的负债包括借入款项、应付款项、暂存款项、应缴款项等。

应缴款项包括事业单位收取的应当上缴国库或者财政专户的资金、应缴税费,以及其他按照国家有关规定应当上缴的款项。

**第四十九条** 事业单位应当对不同性质的负债分类管理,及时清理并按照规定办理结算,保证各项负债在规定期限内归还。

**第五十条** 事业单位应当建立健全财务风险控制机制,规范和加强借入款项管理,严格执行审批程序,不得违反规定举借债务和提供担保。

## 第九章 事业单位清算

**第五十一条** 事业单位发生划转、撤销、合并、分立时,应当进行清算。

**第五十二条** 事业单位清算,应当在主管部门和财政部门的监督指导下,对单位的财产、债权、债务等进行全面清理,编制财产目录和债权、债务清单,提出财产作价依据和债权、债务处理办法,做好资产的移交、接收、划转和管理工作,并妥善处理各项遗留问题。

**第五十三条** 事业单位清算结束后,经主管部门审核并报财政部门批准,其资产分别按照下列办法处理:

(一)因隶属关系改变,成建制划转的事业单位,全部资产无偿移交,并相应划转经费指标。

(二)转为企业管理的事业单位,全部资产扣除负债后,转作国家资本金。需要进行资产评估的,按照国家有关规定执行。

(三)撤销的事业单位,全部资产由主管部门和财政部门核准处理。

(四)合并的事业单位,全部资产移交接收单位或者新组建单位,合并后多余的资产由主管部门和财政部门核准处理。

(五)分立的事业单位,资产按照有关规定移交分立后的事业单位,并相应划转经费指标。

## 第十章 财务报告和财务分析

**第五十四条** 财务报告是反映事业单位一定时期财务状况和事业成果的总结性书面文件。

事业单位应当定期向主管部门和财政部门以及其他有关的报表使用者提供财务报告。

**第五十五条** 事业单位报送的年度财务报告包括资产负债表、收入支出表、财政拨款收入支出表、固定资产投资决算报表等主表，有关附表以及财务情况说明书等。

**第五十六条** 财务情况说明书，主要说明事业单位收入及其支出、结转、结余及其分配、资产负债变动、对外投资、资产出租出借、资产处置、固定资产投资、绩效考评的情况，对本期或者下期财务状况发生重大影响的事项，以及需要说明的其他事项。

**第五十七条** 财务分析的内容包括预算编制与执行、资产使用、收入支出状况等。

财务分析的指标包括预算收入和支出完成率、人员支出与公用支出分别占事业支出的比率、人均基本支出、资产负债率等。主管部门和事业单位可以根据本单位的业务特点增加财务分析指标。

## 第十一章　财务监督

**第五十八条** 事业单位财务监督主要包括对预算管理、收入管理、支出管理、结转和结余管理、专用基金管理、资产管理、负债管理等的监督。

**第五十九条** 事业单位财务监督应当实行事前监督、事中监督、事后监督相结合，日常监督与专项监督相结合。

**第六十条** 事业单位应当建立健全内部控制制度、经济责任制度、财务信息披露制度等监督制度，依法公开财务信息。

**第六十一条** 事业单位应当依法接受主管部门和财政、审计部门的监督。

## 第十二章　附　　则

**第六十二条** 事业单位基本建设投资的财务管理，应当执行本规则，但国家基本建设投资财务管理制度另有规定的，从其规定。

**第六十三条** 参照公务员法管理的事业单位财务制度的适用，由国务院财政部门另行规定。

**第六十四条** 接受国家经常性资助的社会力量举办的公益服务性组织和社会团体，依照本规则执行；其他社会力量举办的公益服务性组织和社会团体，可以参照本规则执行。

**第六十五条** 下列事业单位或者事业单位特定项目，执行企业财务制度，不执行本规则：

（一）纳入企业财务管理体系的事业单位和事业单位附属独立核算的生产经营单位；

（二）事业单位经营的接受外单位要求投资回报的项目；

（三）经主管部门和财政部门批准的具备条件的其他事业单位。

**第六十六条** 行业特点突出，需要制定行业事业单位财务管理制度的，由国务院财政部门会同有关主管部门根据本规则制定。

部分行业根据成本核算和绩效管理的需要，可以在行业事业单位财务管理制度中引入权责发生制。

**第六十七条** 省、自治区、直辖市人民政府财政部门可以根据本规则结合本地区实际情况制定事业单位具体财务管理办法。

**第六十八条** 本规则自2012年4月1日起施行。

# 3. 高等学校财务制度(2012年修订)

财教[2012]488号

## 第一章　总　　则

**第一条** 为了进一步规范高等学校财务行为，加强财务管理和监督，提高资金使用效益，促进高等教育事业健康发展，根据《事业单位财务规则》(财政部令第68号)和国家有关法律制度，结合高等学校特点，制定本制度。

**第二条**　本制度适用于各级人民政府举办的全日制普通高等学校、成人高等学校(以下简称高等学校)。其他社会组织和个人举办的上述学校可以参照本制度执行。

**第三条**　高等学校财务管理的基本原则是:执行国家有关法律、法规和财务规章制度;坚持勤俭办学的方针;正确处理事业发展需要和资金供给的关系,社会效益和经济效益的关系,国家、学校和个人三者利益的关系。

**第四条**　高等学校财务管理的主要任务是:合理编制学校预算,有效控制预算执行,完整、准确编制学校决算,真实反映学校财务状况;依法多渠道筹集资金,努力节约支出;建立健全学校财务制度,加强经济核算,实施绩效评价,提高资金使用效益;加强资产管理,真实完整地反映资产使用状况,合理配置和有效利用资产,防止资产流失;加强对学校经济活动的财务控制和监督,防范财务风险。

## 第二章　财务管理体制

**第五条**　高等学校实行"统一领导、集中管理"的财务管理体制;规模较大的学校可以实行"统一领导、分级管理"的财务管理体制。

**第六条**　高等学校财务工作实行校(院)长负责制。

高等学校应当设置总会计师岗位。总会计师为学校副校级行政领导成员,协助校(院)长管理学校财务工作,承担相应的领导和管理责任。

凡设置总会计师的高等学校,不设与总会计师职权重叠的副校(院)长。

**第七条**　高等学校应当单独设置一级财务机构,在校(院)长和总会计师的领导下,统一管理学校财务工作。

**第八条**　高等学校校内非独立法人单位因工作需要设置的财务机构,应当作为学校的二级财务机构。二级财务机构应当遵守和执行学校统一制定的财务规章制度,并接受学校一级财务机构的统一领导、监督和检查。

**第九条**　高等学校财务机构应当配备专职财会人员。财会人员应当具备与其工作岗位相适应的资格和能力。财会人员的调入、调出、专业技术职务评聘以及校内二级财务机构负责人的任免、调动或者撤换,应当由学校一级财务机构会同有关部门办理。

## 第三章　预算管理

**第十条**　高等学校预算是指高等学校根据事业发展目标和计划编制的年度财务收支计划。

高等学校预算由收入预算和支出预算组成。

**第十一条**　国家对高等学校实行核定收支、定额或者定项补助、超支不补、结转和结余按规定使用的预算管理办法。

定额和定项补助根据国家有关政策和财力可能,结合事业特点、事业发展目标和计划、学校收支及资产状况等确定。

**第十二条**　高等学校预算编制应当遵循"量入为出、收支平衡"的原则。收入预算编制应当积极稳妥;支出预算编制应当统筹兼顾、保证重点、勤俭节约。

**第十三条**　高等学校参考以前年度预算执行、结转和结余情况,根据预算年度事业发展目标、计划与财力可能,以及年度收支增减因素和措施,按照预算编制的规定编制预算。

高等学校预算应当自求收支平衡,不得编制赤字预算。

**第十四条**　高等学校一级财务机构提出预算建议方案,经学校领导班子集体审议通过后,上报主管部门,经主管部门审核汇总报财政部门(一级预算单位直接报财政部门,下同)。高等学校根据财政部门下达的预算控制数编制预算,由主管部门审核汇总报财政部门,经法定程序审核批复后执行。

**第十五条**　高等学校应当严格执行批准的预算。预算执行中,国家对财政补助收入和财政专户核拨资金的预算一般不予调整;上级下达的事业计划有较大调整,或者根据国家有关政策增加或者减少支出,对预算执行影响较大时,高等学校应当报主管部门审核后报财政部门调整预算。财政补助收入和财政专户核拨资金以外部分的预算需要调增或者调减的,由学校自行调整并报主管部门和财政部门备案。

收入预算调整后，相应调增或者调减支出预算。

**第十六条** 高等学校决算是指高等学校根据预算执行结果编制的年度报告。

**第十七条** 高等学校应当按照规定编制年度决算，由主管部门审核汇总后报财政部门审批。

**第十八条** 高等学校应当加强决算审核和分析，保证决算数据的真实、准确，规范决算管理工作。

## 第四章 收入管理

**第十九条** 收入是指高等学校开展教学、科研及其他活动依法取得的非偿还性资金。

**第二十条** 高等学校收入包括：

（一）财政补助收入，即高等学校从同级财政部门取得的各类财政拨款。包括：

1. 财政教育拨款，即高等学校从同级财政部门取得的各类财政教育拨款。

2. 财政科研拨款，即高等学校从同级财政部门取得的各类财政科研拨款。

3. 财政其他拨款，即高等学校从同级财政部门取得的本条上述拨款范围以外的财政拨款。

（二）事业收入，即高等学校开展教学、科研及其辅助活动取得的收入。包括：

1. 教育事业收入，指高等学校开展教学及其辅助活动所取得的收入，包括：通过学历和非学历教育向学生个人或者单位收取的学费、住宿费、委托培养费、考试考务费、培训费和其他教育事业收入。

按照国家有关规定应当上缴国库或者财政专户的资金，不计入教育事业收入；从财政专户核拨给学校的资金和经核准不上缴国库或财政专户的资金，计入教育事业收入。

2. 科研事业收入，指高等学校开展科研及其辅助活动所取得的收入，包括：通过承接科研项目、开展科研协作、转化科技成果、进行科技咨询等取得的收入。科研事业收入不包括按照部门预算隶属关系从同级财政部门取得的财政拨款。

（三）上级补助收入，即高等学校从主管部门和上级单位取得的非财政补助收入。

（四）附属单位上缴收入，即高等学校附属独立核算单位按照有关规定上缴的收入。

（五）经营收入，即高等学校在教学、科研及其辅助活动之外，开展非独立核算经营活动取得的收入。

（六）其他收入，即本条上述规定范围以外的各项收入，包括投资收益、利息收入、捐赠收入等。

**第二十一条** 高等学校组织收入应当合法合规。各项收费应当严格执行国家规定的收费范围和标准，并使用合法票据；各项收入应当全部纳入学校预算，统一核算，统一管理。

**第二十二条** 高等学校对按照规定上缴国库或财政专户的资金，应当按照国库集中收缴的有关规定及时足额上缴，不得隐瞒、滞留、截留、挪用和坐支。

## 第五章 支出管理

**第二十三条** 支出是指高等学校开展教学、科研及其他活动发生的资金耗费和损失。

**第二十四条** 高等学校支出包括：

（一）事业支出，即高等学校开展教学、科研及其辅助活动发生的基本支出和项目支出。

基本支出是指高等学校为了保障其正常运转、完成教学科研和其他日常工作任务而发生的支出，包括人员支出和公用支出。

项目支出是指高等学校为了完成特定工作任务和事业发展目标，在基本支出之外所发生的支出。

（二）经营支出，即高等学校在教学、科研及其辅助活动之外开展非独立核算经营活动发生的支出。经营支出应当与经营收入配比。

（三）对附属单位补助支出，即高等学校用财政补助收入之外的收入对附属单位补助发生的支出。

（四）上缴上级支出，即高等学校按照财政部门和主管部门的规定上缴上级单位的支出。

（五）其他支出，即本条上述规定范围以外的各项支出。包括利息支出、捐赠支出等。

**第二十五条** 高等学校应当将各项支出全部纳入学校预算，建立健全支出管理制度。

**第二十六条** 高等学校的支出应当严格执行国家有关财务规章制度规定的开支范围及开支标准；国家有关财务规章制度没有统一规定的，由学校结合本校情况规定，报主管部门和财政部门备案。高等学校的规定违反法律制度和国家政策的，主管部门和财政部门应当责令改正。

**第二十七条** 高等学校从财政部门和主管部门取得的有指定项目和用途的专项资金，应当专款专用、单独核算，并按照规定向财政部门或者主管部门报送专项资金使用情况；项目完成后，应当报送专项资金支出决算和使用效果的书面报告，接受财政部门或者主管部门和其他相关部门的检查、验收。

**第二十八条** 高等学校应当严格执行国库集中支付制度和政府采购制度等有关规定。

**第二十九条** 高等学校应当加强支出管理，不得虚列虚报；应当进行支出绩效评价，提高资金使用的有效性。

**第三十条** 高等学校应当依法加强各类票据管理，确保票据来源合法、内容真实、使用正确，不得使用虚假票据。

## 第六章 结转和结余管理

**第三十一条** 结转和结余是指高等学校年度收入与支出相抵后的余额。

结转资金是指当年预算已执行但未完成，或者因故未执行，下一年度需要按原用途继续使用的资金。

结余资金是指当年预算工作目标已完成，或者因故终止，当年剩余的资金。

经营收支结转和结余应当单独反映。

**第三十二条** 高等学校财政拨款结转和结余资金的管理，应当按照同级财政部门的规定执行。

**第三十三条** 高等学校非财政拨款结转按照规定结转下一年度继续使用。非财政拨款结余可以按照国家有关规定提取职工福利基金，剩余部分作为事业基金用于弥补高等学校以后年度收支差额；国家另有规定的，从其规定。

**第三十四条** 高等学校应当加强事业基金的管理，遵循收支平衡的原则，统筹安排，合理使用，支出不得超出基金规模。

## 第七章 专用基金管理

**第三十五条** 专用基金是指高等学校按照规定提取或者设置的有专门用途的资金。

**第三十六条** 专用基金管理应当遵循先提后用、收支平衡、专款专用的原则，支出不得超出基金规模。

**第三十七条** 专用基金包括：

（一）职工福利基金，即按照非财政拨款结余的一定比例提取以及按照其他规定提取转入，用于单位职工的集体福利设施、集体福利待遇等的资金。

（二）学生奖助基金，即按照国家有关规定，按照事业收入的一定比例提取，在事业支出的相关科目中列支，用于学费减免、勤工助学、校内无息借款、校内奖助学金和特殊困难补助等的资金。

（三）其他基金，即按照其他有关规定，根据事业发展需要提取或者设置的其他专用资金。

**第三十八条** 各项基金的提取比例和管理办法，国家有统一规定的，按照统一规定执行；没有统一规定的，由主管部门会同同级财政部门确定。

## 第八章 资产管理

**第三十九条** 资产是指高等学校占有或者使用的能以货币计量的经济资源，包括各种财产、债权和其他权利。

**第四十条** 高等学校的资产包括流动资产、固定资产、在建工程、无形资产和对外投资等。

**第四十一条** 流动资产是指可以在一年以内变现或者耗用的资产，包括现金、各种存款、零余额账户用款额度、应收及预付款项、存货等。

前款所称存货是指高等学校在开展教学、科研及其他活动中为耗用而储存的资产，包括各类材料、燃料、低值易耗品等。

高等学校应当建立健全现金及各种存款的内部管理制度。对应收及预付款项应当及时清理结算，不得长期挂账；对无法收回的应收及预付款项，要查明原因，分清责任，按照规定程序批准后核销。对存货应当进行定期或者不定期清查盘点，保证账实相符。对存货盘盈、盘亏应当及时处理。

**第四十二条** 固定资产是指使用期限超过一年，单位价值在1000元以上（其中：专用设备单位价值在1500元以上），并在使用过程中基本保持原有物质形态的资产。单位价值虽未达到规定标准，但是耐用时

间在一年以上的大批同类物资，作为固定资产管理。

高等学校的固定资产一般分为六类：房屋及构筑物；专用设备；通用设备；文物和陈列品；图书、档案；家具、用具、装具及动植物。高等学校的固定资产明细目录由教育部制定，报财政部备案。

**第四十三条**　高等学校应当对固定资产采用年限平均法或工作量法计提折旧。计提固定资产折旧不考虑残值。已提足折旧的固定资产，可以继续使用的，应当继续使用，规范管理。

省级财政部门可以会同主管部门制定计提折旧的具体办法。文物和陈列品、图书、档案、动植物等，不计提折旧。

固定资产折旧不计入高等学校支出。

**第四十四条**　高等学校应当对固定资产定期或者不定期地进行清查盘点。年度终了前，应当进行一次全面清查盘点，保证账、卡、物相符。对固定资产的盘盈、盘亏应当按照规定处理。

高等学校应当根据国家有关规定，结合本校实际情况，制定学校固定资产管理办法。

**第四十五条**　在建工程是指已经发生必要支出，但尚未达到交付使用状态的建设工程。

在建工程达到交付使用状态时，应当按照有关规定办理工程竣工财务决算和资产交付使用。

**第四十六条**　无形资产是指不具有实物形态而能为使用者提供某种权利的资产，包括专利权、商标权、著作权、土地使用权、非专利技术以及其他财产权利。

高等学校通过外购、自行开发以及其他方式取得的无形资产应当合理计价，及时入账。学校转让无形资产，应当按照规定进行资产评估，取得的收入按照国家有关规定处理。高等学校取得无形资产而发生的支出，计入事业支出。

**第四十七条**　高等学校应当对无形资产在其使用期限内采用年限平均法进行摊销。对于使用期限不确定的无形资产，摊销办法执行国家有关规定。

无形资产摊销不计入高等学校支出。

**第四十八条**　对外投资是指高等学校依法利用货币资金、实物、无形资产等方式向其他单位的投资。

高等学校应当严格控制对外投资。在保证学校正常运转和事业发展的前提下，按照国家有关规定可以对外投资的，应当履行有关审批程序。

高等学校不得使用财政拨款及其结余进行对外投资，不得从事股票、期货、基金、企业债券等投资。国家另有规定的除外。

高等学校以实物、无形资产等非货币性资产对外投资的，应当按照国家有关规定进行资产评估，合理确定资产价值。

**第四十九条**　高等学校资产处置应当遵循公开、公平、公正和竞争、择优的原则，严格履行相关审批程序。

高等学校出租、出借资产，应当按照国家有关规定经主管部门审核同意后报同级财政部门审批。

**第五十条**　高等学校对外投资收益以及利用国有资产出租、出借取得的收入，应当纳入学校预算，统一核算、统一管理。

高等学校资产处置收入应当按照国家有关规定实行收支两条线管理。

**第五十一条**　高等学校应当按照国家有关规定，建立健全资产管理制度，加强资产管理，按照科学规范、从严控制、保障事业发展需要的原则合理配置资产，建立资产共享、共用制度，提高资产使用效率。

## 第九章　负债管理

**第五十二条**　负债是指高等学校所承担的能以货币计量，需要以资产或劳务偿还的债务。

**第五十三条**　高等学校的负债包括借入款项、应付及预收款项、应缴款项、代管款项等。

借入款项是指高等学校向银行等金融机构借入的各类款项。

应付及预收款项包括高等学校应付职工薪酬、应付票据、应付账款、预收账款和其他应付款等款项。

应缴款项包括高等学校收取的应当上缴国库或者财政专户的资金、应缴税费，以及其他按照国家有关规定应当上缴的款项。

代管款项是指高等学校接受委托代为管理的各类款项。

**第五十四条**　高等学校应当对不同性质的负债分类管理，及时清理并按照规定办理结算，保证各项负债在规定期限内归还。

**第五十五条** 高等学校应当建立健全财务风险控制机制，规范和加强借入款项管理，严格执行审批程序，不得违反规定举借债务和提供担保。具体审批办法由主管部门会同同级财政部门制定。

## 第十章 成本费用管理

**第五十六条** 高等学校应当根据事业发展需要，实行内部成本费用管理。

**第五十七条** 费用是高等学校为完成教学、科研、管理等活动而发生的当期资产耗费和损失。

**第五十八条** 高等学校应当在支出管理基础上，将效益与本会计年度相关的支出计入当期费用；将效益与两个或者两个以上会计年度相关的支出，按照有关规定，以固定资产折旧、无形资产摊销等形式分期计入费用。

**第五十九条** 成本核算是指按照相关核算对象和核算方法，对高等学校业务活动中发生的各种费用进行归集、分配和计算。

**第六十条** 费用按照其用途归集，主要包括：教育费用、科研费用、管理费用、离退休费用和其他费用。

教育费用是指高等学校在教学、教辅、学生事务和其他教育活动中发生的各项费用。

科研费用是指高等学校为完成所承担的科研任务而发生的各项费用。

管理费用是指高等学校为完成学校行政管理任务而发生的各项费用。主要包括：高等学校校级行政管理部门发生的各项费用，高等学校统一负担的工会经费、诉讼费、中介费、印花税、房产税和车船使用税等。

离退休费用是指高等学校负担的离退休人员社会保障和福利待遇方面的各项费用。

其他费用是指高等学校无法归属到本条上述费用中的其他各项费用。主要包括：对附属单位的补助、上缴上级支出、财务费用、捐赠支出等。

**第六十一条** 高等学校应当正确归集实际发生的各项费用；不能直接归集的，应当按照一定原则和标准合理分摊。

**第六十二条** 高等学校应当根据实际需要，逐步细化成本核算，开展学校、院系和专业的教育总成本和生均成本等核算工作。科研活动成本的核算应当细化到科研项目。

高等学校成本核算实施细则由国务院财政部门会同教育主管部门制定。

实行内部成本费用管理的高等学校，应当建立成本费用与相关支出的核对机制，以及成本费用分析报告制度。

## 第十一章 财务清算

**第六十三条** 经国家有关部门批准，高等学校发生划转、撤销、合并、分立时，应当进行财务清算。

**第六十四条** 高等学校财务清算，应当在主管部门和财政部门的监督指导下，对学校的财产、债权、债务等进行全面清理，编制财产目录和债权、债务清单，提出财产作价依据和债权、债务处理办法，做好国有资产的移交、接收、划转和管理工作，并妥善处理各项遗留问题。

**第六十五条** 高等学校清算结束后，经主管部门审核并报财政部门批准，其资产分别按照下列办法处理：

（一）因隶属关系改变，成建制划转的高等学校，全部资产无偿移交，并相应划转经费指标。

（二）撤销的高等学校，全部资产由主管部门和财政部门核准处理。

（三）合并的高等学校，全部资产移交接收单位或者新组建单位，合并后多余的国有资产由主管部门和财政部门核准处理。

（四）分立的高等学校，资产按照有关规定移交分立后的高等学校，并相应划转经费指标。

## 第十二章 财务报告和财务分析

**第六十六条** 财务报告是反映高等学校一定时期财务状况和事业成果的总结性书面文件。高等学校应当定期向各有关主管部门和财政部门以及其他有关的报表使用者提供财务报告。

**第六十七条** 高等学校报送的年度财务报告包括资产负债表、收入支出表、财政拨款收入支出表、固定

资产投资决算报表等主表,有关附表以及财务情况说明书等。

**第六十八条** 财务情况说明书,主要说明高等学校收入及其支出、结转、结余及其分配、资产负债变动、对外投资、资产出租出借、资产处置、固定资产投资、绩效评价的情况,对本期或者下期财务状况发生重大影响的事项,以及需要说明的其他事项。

**第六十九条** 高等学校的财务分析是财务管理工作的重要组成部分。高等学校应当按照主管部门的规定,根据学校财务管理的需要,科学设置财务分析指标,开展财务分析工作。

财务分析指标主要包括反映高等学校预算管理、财务风险管理、支出结构、财务发展能力等方面的指标(财务分析指标见附表)。

## 第十三章 财务监督

**第七十条** 高等学校财务监督的主要内容包括:

(一)预算编制、财务报告的科学性、真实性、完整性;预算执行的有效性、均衡性;

(二)各项收入和支出的合法性、合规性;

(三)结转和结余的管理情况;

(四)资产管理的规范性、有效性;

(五)负债的合规性和风险程度;

(六)对违反财务规章制度的问题进行检查纠正。

**第七十一条** 高等学校财务监督应当实行事前监督、事中监督、事后监督相结合,日常监督与专项检查相结合。

**第七十二条** 高等学校应当建立健全内部控制制度、经济责任制度、财务信息披露制度等监督制度,依法公开财务信息。

**第七十三条** 高等学校应当依法接受主管部门和财政、审计部门的监督。

## 第十四章 附 则

**第七十四条** 高等学校基本建设投资财务管理,应当执行本制度。但国家基本建设投资财务管理制度另有规定的,从其规定。

**第七十五条** 高等学校应当根据本制度,结合学校实际情况,制定内部财务管理办法,报主管部门备案。

**第七十六条** 本制度自 2013 年 1 月 1 日起施行。财政部、原国家教育委员会 1997 年 6 月 23 日颁布的《高等学校财务制度》同时废止。

# 4. 中小学校财务制度(2012 年修订)

财教[2012]489 号

## 第一章 总 则

**第一条** 为了进一步规范中小学校的财务行为,加强财务管理和监督,提高资金使用效益,促进教育事业健康发展,根据《事业单位财务规则》和国家有关法律制度,结合中小学校特点,制定本制度。

**第二条** 本制度适用于各级人民政府和接受国家经常性资助的社会力量举办的普通中小学校、中等职业学校、特殊教育学校、工读教育学校、成人中学和成人初等学校。

其他社会力量举办的上述学校可以参照本制度执行。

**第三条** 中小学校财务管理的基本原则是:贯彻执行国家有关法律、法规和财务规章制度;坚持勤俭办学的方针;正确处理事业发展需要和资金供给的关系,社会效益和经济效益的关系,国家、学校和个人三者利益的关系。

**第四条** 中小学校财务管理的主要任务是：合理编制学校预算，严格预算执行，完整、准确编制学校决算，真实反映学校财务状况；依法筹集教育经费，努力节约支出；建立健全财务制度，加强经济核算，实施绩效评价，提高资金使用效益；加强资产管理，合理配置和有效利用资产，防止资产流失；加强对学校经济活动的财务控制和监督，防范财务风险。

## 第二章 财务管理体制

**第五条** 中小学校财务管理实行校长负责制。学校的财务活动在校长的领导下，由学校财务部门统一管理。

**第六条** 中小学校以校为单位进行会计核算。

实行“集中记账，分校核算”的，不改变学校财务管理权。即在一定区域内，由县级财政和教育部门确定的会计核算机构统一办理区域内中小学校的会计核算，学校设置报账员，在校长领导下，管理学校的财务活动，统一在会计核算机构报账。

具体采取何种方式，由地方财政和教育部门根据当地实际情况确定。

**第七条** 中小学校财会人员的任职条件、工作职责、工作权限、专业技术职务、任免奖罚，应当严格按照国家会计法律制度执行。

**第八条** 非独立核算的勤工俭学、社会服务和经营等项目的财务活动，由学校财务部门统一管理。

义务教育阶段学校按照国家有关规定不得从事经营活动。

**第九条** 中小学校食堂应当坚持公益性和非营利性原则，在学校财务部门统一管理下，实行单独核算，定期公开账务。

## 第三章 预算管理

**第十条** 中小学校预算是指中小学校根据教育事业发展目标和计划编制的年度财务收支计划。

中小学校预算由收入预算和支出预算组成。

**第十一条** 国家对中小学校实行核定收支、定额或者定项补助、超支不补、结转和结余按照规定使用的预算管理办法。

定额或者定项补助根据国家有关政策和财力可能，结合中小学校特点、事业发展目标和计划、学校收支及资产状况等确定。

国家将义务教育经费全面纳入财政预算，由国务院和地方各级人民政府依法予以保障。

**第十二条** 中小学校预算以校为基本编制单位，教学点纳入其所隶属学校统一编制。预算编制应当坚持量入为出、收支平衡、统筹兼顾、保证重点的原则。中小学校不得编制赤字预算。

**第十三条** 收入预算，应当考虑学校维持正常运转和发展的基本需要，参考以前年度的预算执行情况和预算年度的收入增减因素，积极稳妥地逐项测算编制。

支出预算，应当根据学校开展教育教学等活动需要和财力可能，分轻重缓急，按照政府支出分类科目分项测算编制。

**第十四条** 中小学校预算由学校根据年度事业发展目标和计划以及预算编制的规定，提出预算建议数，经主管部门审核汇总后报财政部门。中小学校根据财政部门下达的预算控制数编制预算，由主管部门审核汇总报财政部门，经法定程序审核批复后执行。

**第十五条** 中小学校应当严格执行批准的预算，规范办理收支事项，加强预算执行管理。

**第十六条** 预算执行中，财政补助收入和财政专户管理资金的预算一般不予调整。如果国家有关政策或者事业计划有较大调整，对预算执行影响较大，确需调整的，中小学校应当报主管部门审核后报财政部门调整预算。财政补助收入和财政专户管理资金以外部分的预算需要调增或者调减的，由学校自行调整并报主管部门和财政部门备案。

收入预算调整后，相应调增或者调减支出预算。

**第十七条** 中小学校决算是指中小学校根据预算执行结果编制的年度报告。

**第十八条** 中小学校应当按照规定编制年度决算，由主管部门审核汇总后报财政部门审批。

**第十九条** 中小学校应当加强决算审核和分析，保证决算数据的真实、准确，规范决算管理工作。

## 第四章 收入管理

**第二十条** 收入是指中小学校为开展教育教学及其他活动依法取得的非偿还性资金。

**第二十一条** 中小学校收入包括：

（一）财政补助收入，即中小学校从同级财政部门取得的各类财政拨款。

（二）事业收入，即中小学校开展教育教学及其辅助活动依法取得的收入。其中：按照国家规定应当上缴国库或者财政专户的资金，不计入事业收入；从财政专户核拨给学校的资金和经核准不上缴国库或者财政专户的资金，计入事业收入。

（三）上级补助收入，即中小学校从主管部门和上级单位取得的非财政补助收入。

（四）附属单位上缴收入，即中小学校附属的独立核算单位按照规定上缴学校的收入。

（五）经营收入，即非义务教育阶段学校在教育教学及其辅助活动之外，开展非独立核算经营活动取得的收入。

（六）其他收入，即本条上述规定范围以外的各项收入，包括投资收益、利息收入、捐赠收入等。

**第二十二条** 中小学校应当将各项收入全部纳入学校预算，统一核算，统一管理。

中小学校严禁设立“小金库”，严禁账外设账，严禁公款私存。

**第二十三条** 中小学校组织收入应当合法合规；各项收费应当严格执行国家规定的收费范围、收费项目和收费标准，使用符合国家规定的合法票据。对按照规定上缴国库或者财政专户的资金，中小学校应当按照国库集中收缴的有关规定及时足额上缴，不得隐瞒、滞留、截留、挪用和坐支。

## 第五章 支出管理

**第二十四条** 支出是指中小学校为开展教育教学及其他活动发生的各项资金耗费和损失。

**第二十五条** 中小学校支出包括：

（一）事业支出，即中小学校开展教育教学及其辅助活动发生的基本支出和项目支出。基本支出是指中小学校为了保障其正常运转、完成教育教学和其他日常工作任务而发生的人员支出和公用支出。项目支出是指中小学校为了完成特定工作任务和事业发展目标，在基本支出之外所发生的支出。

（二）经营支出，即非义务教育阶段学校在教育教学及其辅助活动之外开展非独立核算经营活动发生的支出。

（三）对附属单位补助支出，即非义务教育阶段学校用财政补助收入之外的收入对附属单位补助发生的支出。

（四）上缴上级支出，即中小学校按照财政部门和主管部门的规定上缴上级单位的支出。

（五）其他支出，即本条上述规定范围以外的各项支出，包括利息支出、捐赠支出等。

中小学校可以结合实际，在上述支出分类的基础上，进一步按照教育教学功能细化支出分类。

**第二十六条** 中小学校应当将各项支出全部纳入学校预算，建立健全支出管理制度。

**第二十七条** 中小学校的支出应当严格执行国家有关财务规章制度规定的开支范围及开支标准；国家有关财务规章制度没有统一规定的，由学校结合本校情况规定，报主管部门和财政部门备案。学校规定违反法律制度和国家政策的，主管部门和财政部门应当责令改正。

中小学校应当加强支出管理，基本支出、项目支出不得混用。公用支出不得用于教职工福利等人员支出。项目支出应当按照规定专款专用，不得挤占和挪用。

**第二十八条** 非义务教育阶段学校开展非独立核算经营活动，应当以不影响正常教育教学活动为前提。在开展非独立核算经营活动中，应当加强经济核算，正确归集实际发生的各项费用；不能直接归集的，应当按照规定的比例合理分摊。

经营支出应当与经营收入配比。

**第二十九条** 中小学校从财政部门和主管部门取得的有指定项目和用途的专项资金，应当专款专用、单独核算，并按照规定向财政部门或者主管部门报送资金使用情况；项目完成后，应当报送专项资金支出决算和使用效果的书面报告，并接受财政部门和主管部门的检查、验收。

**第三十条**　中小学校各项支出应当按照实际发生数列支，不得虚列虚报，不得以计划数和预算数代替。

**第三十一条**　中小学校应当严格执行国库集中支付制度和政府采购制度等有关规定。

**第三十二条**　中小学校应当加强支出的绩效管理，提高资金使用的有效性。

**第三十三条**　中小学校应当依法加强各类票据管理，确保票据来源合法、内容真实、使用正确，不得使用虚假票据。

## 第六章　结转和结余管理

**第三十四条**　结转和结余是指中小学校年度收入与支出相抵后的余额。

结转资金是指当年预算已执行但未完成，或者因故未执行，下一年度需要按照原用途继续使用的资金。结余资金是指当年预算工作目标已完成，或者因故终止，当年剩余的资金。

经营收支结转和结余应当单独反映。

**第三十五条**　财政拨款结转和结余的管理，应当按照同级财政部门的规定执行。

**第三十六条**　非财政拨款结转按照规定结转下一年度继续使用。非财政拨款结余可以按照国家有关规定提取职工福利基金，剩余部分作为事业基金用于弥补以后年度学校收支差额；国家另有规定的，从其规定。

**第三十七条**　中小学校应当加强事业基金的管理，遵循收支平衡的原则，统筹安排、合理使用，支出不得超过基金规模。

## 第七章　专用基金管理

**第三十八条**　专用基金是指中小学校按照规定提取或者设置的有专门用途的资金。

专用基金管理应当遵循先提后用、收支平衡、专款专用的原则，支出不得超出基金规模。

**第三十九条**　专用基金包括：

（一）修购基金，即按照事业收入和经营收入的一定比例提取，并按照规定在相应的购置和修缮科目中列支（各列50%），以及按照其他规定转入，用于学校固定资产维修和购置的资金。

义务教育阶段学校不提取修购基金。事业收入和经营收入较少的其他中小学校，可以不提取修购基金。

（二）职工福利基金，即按照非财政拨款结余的一定比例提取以及按照其他规定提取转入，用于职工集体福利设施、集体福利待遇等的资金。

（三）奖助学基金，即接受社会捐赠和按照规定从事业收入中提取转入，用于奖励、资助学生的资金。

（四）其他基金，即按照其他有关规定，根据事业发展需要提取或者设置的专用资金。

**第四十条**　各项基金的提取比例和管理办法，国家有统一规定的，按照统一规定执行；没有统一规定的，由主管部门会同同级财政部门确定。

## 第八章　资产管理

**第四十一条**　资产是指中小学校占有或者使用的能以货币计量的经济资源，包括各种财产、债权和其他权利。

**第四十二条**　中小学校的资产包括流动资产、固定资产、在建工程、无形资产和对外投资等。

**第四十三条**　中小学校应当建立健全资产管理制度，加强和规范资产配置、使用和处置管理，维护资产安全完整，保障事业健康发展。

**第四十四条**　中小学校应当按照科学规范、从严控制、保障学校正常运转和事业发展需要的原则合理配置资产。

**第四十五条**　流动资产是指可以在一年以内变现或者耗用的资产，包括现金、各种存款、零余额账户用款额度、应收及预付款项、存货等。

应收及预付款项是指中小学校在开展教育教学和其他活动过程中形成的各项债权，包括应收账款、应收票据、预付账款和其他应收款等。

存货是指中小学校在开展教育教学及其他活动中为耗用而储存的资产，包括各类材料、燃料、消耗物资和低值易耗品等。

**第四十六条** 中小学校应当按照国家有关规定，建立健全现金及各种存款的内部管理制度，加强资金监督管理，对应收及预付款项应当及时清理结算，不得长期挂账。对存货进行定期或者不定期的清查盘点，保证账实相符。对存货的盘盈、盘亏应当及时处理。

**第四十七条** 固定资产是指使用期限超过一年，单位价值在1000元以上(其中:专用设备单位价值在1500元以上)，并在使用过程中基本保持原有物质形态的资产。单位价值虽未达到规定标准，但是耐用时间在一年以上的大批同类物资，作为固定资产管理。

中小学校的固定资产一般分为六类:房屋及构筑物;专用设备;通用设备;文物和陈列品;图书、档案;家具、用具、装具及动植物。

中小学校的固定资产明细目录由教育部制定，报财政部备案。

**第四十八条** 中小学校应当设置固定资产总账、明细账及固定资产卡片，详细记载固定资产的编码、名称、类别、规格、型号、原值、购置日期、使用部门等信息，完整反映固定资产情况。

中小学校应当对固定资产进行定期或者不定期的清查盘点。年度终了前应当进行一次全面清查盘点，做到账、卡、物相符。对盘盈、盘亏的固定资产，应当及时查明原因，按照规定处理。

**第四十九条** 在建工程是指已经发生必要支出，但尚未达到交付使用状态的建设工程。

在建工程达到交付使用状态时，应当按照规定办理工程竣工财务决算和资产交付使用手续。

**第五十条** 在建工程应当进行单独核算，反映在建工程的实际支出。

**第五十一条** 无形资产是指不具有实物形态而能为使用者提供某种权利的资产，包括专利权、商标权、著作权、土地使用权、非专利技术、商誉以及其他财产权利。

中小学校转让无形资产，应当按照有关规定进行资产评估，取得的收入按照国家有关规定处理。中小学校取得无形资产发生的支出，应当计入事业支出。

**第五十二条** 对外投资是指中小学校依法利用货币资金、实物、无形资产等方式向其他单位的投资。

中小学校应当严格控制对外投资。在保证学校正常运转和事业发展的前提下，按照国家有关规定可以对外投资的，应当履行相关审批程序。中小学校不得使用财政拨款及其结余进行对外投资，不得从事股票、期货、基金、企业债券等投资，国家另有规定的除外。

中小学校以实物、无形资产等非货币性资产对外投资的，应当按照国家有关规定进行资产评估，合理确定资产价值。

义务教育阶段学校不得对外投资。

**第五十三条** 中小学校出租、出借资产，应当按照国家有关规定经主管部门审核同意后报同级财政部门审批。

**第五十四条** 中小学校资产处置是指中小学校对其占有、使用的国有资产，进行产权转让或者注销产权的行为，包括无偿调拨(划转)、对外捐赠、出售、出让、转让、置换、报废、报损、货币性资产损失核销等。

中小学校资产处置应当遵循公开、公平、公正和竞争、择优的原则，严格履行相关审批程序。

**第五十五条** 中小学校资产处置收入应当按照国家有关规定，实行“收支两条线”管理。

**第五十六条** 中小学校应当提高资产使用效率，按照国家有关规定实行资产共享、共用。

## 第九章 负债管理

**第五十七条** 负债是指中小学校所承担的能以货币计量，需要以资产或者劳务偿还的债务。

**第五十八条** 中小学校的负债包括借入款项、应付及预收款项、应缴款项、代管款项等。

借入款项是指非义务教育阶段学校经批准从银行等金融机构借入的短期或者长期借款。

应付及预收款项包括中小学校应付票据、应付账款以及其他应付款和预收账款等。

应缴款项包括中小学校收取的应当上缴国库或者财政专户的资金、应缴税费，以及其他按照国家有关规定应当上缴的款项。

代管款项是指中小学校接受委托代为管理的各类款项。中小学校应当加强代管款项管理，分项核算，按时结清。

**第五十九条** 中小学校应当对不同性质的负债分类管理,及时清理并按照规定办理结算,保证各项负债在规定期限内归还。

**第六十条** 中小学校应当建立健全财务风险控制机制,规范和加强借入款项管理,严格执行审批程序。

严禁义务教育阶段学校举借债务,非义务教育阶段学校不得违反规定举借债务。

中小学校不得提供担保。

## 第十章 财务清算

**第六十一条** 经国家有关部门批准,中小学校发生划转、撤销、合并、分立时,应当进行财务清算。

**第六十二条** 中小学校财务清算,应当在主管部门和财政部门的监督指导下,对学校的财产、债权、债务等进行全面清理,编制财产目录和债权、债务清单,提出财产作价依据和债权、债务处理办法,做好资产的移交、接收、划转和管理工作,并妥善处理各项遗留问题。

**第六十三条** 中小学校财务清算结束后,经主管部门审核并报财政部门批准,其资产分别按照下列办法处理:

(一)因隶属关系改变,成建制划转的中小学校,全部资产无偿移交,并相应划转经费指标。

(二)撤销的中小学校,全部资产由主管部门和财政部门核准处理。

(三)合并的中小学校,全部资产移交接收单位或者新组建单位,合并后多余的资产由主管部门和财政部门核准处理。

(四)分立的中小学校,资产按照有关规定移交分立后的中小学校,并相应划转经费指标。

## 第十一章 财务报告和财务分析

**第六十四条** 财务报告是反映中小学校一定时期财务状况和事业发展成果的总结性书面文件。

中小学校应当定期向主管部门和财政部门以及其他有关的报表使用者提供财务报告。

**第六十五条** 中小学校报送的年度财务报告包括资产负债表、收入支出表、财政拨款收入支出表、固定资产投资决算报表等主表,有关附表及财务情况说明书等。

**第六十六条** 财务情况说明书,主要说明中小学校收入及其支出、结转、结余及其分配、资产负债变动、对外投资、资产出租出借、资产处置、固定资产投资、财务分析指标、绩效等情况,对本期或者下期财务状况发生重大影响的事项,以及需要说明的其他事项。

**第六十七条** 中小学校的财务分析是财务管理工作的重要组成部分。中小学校应当按照主管部门的规定和要求,根据学校财务管理的需要,进行财务分析,定期编制财务分析报告。

财务分析内容包括中小学校事业发展和预算编制与执行、资产使用、收入支出状况、专用基金变动以及财务管理情况、存在主要问题和改进措施等。

财务分析指标包括预算收入和支出完成率、人员支出与公用支出分别占事业支出的比率、生均事业支出、生均公用支出以及资产负债率等。

主管部门和中小学校可以根据学校特点增加财务分析指标。

## 第十二章 财务监督

**第六十八条** 中小学校财务监督的主要内容包括:

(一)预、决算编制的科学性、真实性、完整性和预算执行的时效性、均衡性;

(二)各项收入、支出的合法性、合规性;

(三)结转和结余资金以及专用基金管理的合规性;

(四)资产管理的安全性、合规性、有效性;

(五)负债的合规性和风险性;

(六)学生人数、教职工人数等基础数据的真实性和准确性。

**第六十九条** 中小学校财务监督应当实行事前监督、事中监督、事后监督相结合,日常监督和专项监督相结合。

**第七十条** 中小学校应当建立健全内部控制制度、经济责任制度、财务信息披露制度等监督制度，依法公开财务信息。

**第七十一条** 中小学校应当依法接受主管部门和财政、审计等部门的监督。

## 第十三章 附 则

**第七十二条** 中小学校基本建设投资的财务管理，应当执行本制度，但国家基本建设投资财务管理制度另有规定的，从其规定。

**第七十三条** 纳入企业财务管理体系的中小学校，以及独立核算的中小学校校办企业，执行企业财务制度，不执行本制度。

**第七十四条** 各级人民政府和接受国家经常性资助的社会力量举办的幼儿园依照本制度执行；其他社会力量举办的幼儿园可以参照本制度执行。

**第七十五条** 各省、自治区、直辖市人民政府财政部门、教育部门可以根据本制度，结合本地区实际情况，制定具体财务管理办法或者补充规定。

**第七十六条** 中小学校应当根据本制度结合学校实际情况制定内部财务管理办法，报主管部门备案。

**第七十七条** 本制度自2013年1月1日起施行。

# 5. 文化事业单位财务制度(2012年修订)

财教[2012]503号

## 第一章 总 则

**第一条** 为了进一步规范文化事业单位的财务行为，加强财务管理和监督，提高资金使用效益，保障文化事业单位的健康发展，根据《事业单位财务规则》和国家有关法律制度，结合文化事业单位特点，制定本制度。

**第二条** 本制度适用于各级各类文化事业单位(以下简称文化事业单位)的财务活动。

**第三条** 文化事业单位财务管理的基本原则是：执行国家有关法律、法规和财务规章制度；坚持勤俭办事业的方针；正确处理事业发展需要和资金供给的关系，社会效益和经济效益的关系，国家、单位和个人三者利益的关系。

**第四条** 文化事业单位财务管理的主要任务是：合理编制单位预算，严格预算执行，完整、准确编制单位决算，真实反映单位财务状况；依法组织收入，努力节约支出；建立健全财务制度，加强经济核算，实施绩效评价，提高资金使用效益；加强资产管理，合理配置和有效利用资产，防止资产流失；参与单位重大经济决策和对外签订经济合同等事项；加强对单位经济活动的财务控制和监督，防范财务风险。

**第五条** 文化事业单位应当按照国家有关规定设置财务会计机构，配备具备从业资格的财务会计人员。

**第六条** 文化事业单位的财务活动在单位负责人领导下，由单位财务部门统一管理。

## 第二章 单位预算管理

**第七条** 文化事业单位预算是文化事业单位根据单位职能、事业发展目标和计划编制的年度财务收支计划。

文化事业单位预算由收入预算和支出预算组成。

**第八条** 国家对文化事业单位实行核定收支、定额或者定项补助、超支不补、结转和结余按照规定使用的预算管理办法。

定额或者定项补助标准根据国家有关政策和财力可能，结合文化事业单位特点、事业发展目标和计划、财务收支及资产状况等确定。定额或者定项补助可以为零。

非财政补助收入大于支出较多的文化事业单位，可以实行收入上缴办法。具体办法由财政部门会同主管部门制定。

**第九条**　预算编制原则

（一）坚持合法合规的原则。根据国家有关方针政策、法律法规以及文化事业发展目标和计划编制单位预算。

（二）坚持以收定支、收支平衡的原则。文化事业单位预算编制应当自求收支平衡，不得编制赤字预算。

（三）坚持统筹兼顾、保证重点的原则。既要考虑事业发展的需要，又要考虑国家财力可能和单位收入状况、资产状况，保证重点，兼顾一般。

（四）坚持厉行节约、注重绩效的原则。挖掘内部潜力，努力增收节支，加强绩效管理，推进绩效评价与预算编制的有机结合，提高资金使用效益。

（五）坚持完整性和统一性原则。文化事业单位应当将全部财务收支在预算中予以反映，并按照国家预算表格和统一的口径、程序及计算依据编制单位预算。

**第十条**　文化事业单位参考以前年度预算执行情况，根据预算年度的收入增减因素和措施，以及以前年度结转和结余情况，测算编制收入预算；根据事业发展需要与财力可能，测算编制支出预算。

**第十一条**　预算编制程序

文化事业单位根据年度事业发展目标和计划以及预算编制的规定，提出预算建议数，经主管部门审核汇总报财政部门（一级预算单位直接报财政部门，下同）。文化事业单位根据财政部门下达的预算控制数编制预算，由主管部门审核汇总报财政部门，经法定程序审核批复后执行。

**第十二条**　文化事业单位应当严格执行批准的预算。预算执行中，对财政补助收入和财政专户管理资金的预算一般不予调整。

上级下达的事业计划有较大调整，或者根据国家有关政策增加或者减少支出，对预算执行影响较大时，文化事业单位应当报主管部门审核后报财政部门调整预算；财政补助收入和财政专户管理资金以外部分的预算需要调增或者调减的，由单位自行调整并报主管部门和财政部门备案。

收入预算调整后，相应调增或者调减支出预算。

**第十三条**　文化事业单位决算是指文化事业单位根据预算执行结果编制的年度报告。

**第十四条**　文化事业单位应当按照规定编制年度决算，经主管部门审核汇总后报财政部门审批。

**第十五条**　文化事业单位应当加强决算审核和分析，保证决算数据的真实、准确，规范决算管理工作。

## 第三章　收入管理

**第十六条**　收入是指文化事业单位为开展业务及其他活动依法取得的非偿还性资金。

**第十七条**　文化事业单位的收入包括：

（一）财政补助收入，即文化事业单位从同级财政部门取得的各类财政拨款。

（二）事业收入，即文化事业单位开展专业业务活动及其辅助活动取得的收入。其中：按照国家有关规定应当上缴国库或者财政专户的资金，不计入事业收入；从财政专户核拨给文化事业单位的资金和经核准不上缴国库或者财政专户的资金，计入事业收入。

（三）上级补助收入，即文化事业单位从主管部门和上级单位取得的各种非财政补助收入。

（四）附属单位上缴收入，即文化事业单位附属独立核算单位按照有关规定上缴的收入。

（五）经营收入，即文化事业单位在专业业务活动及其辅助活动之外开展非独立核算的经营活动取得的收入。

（六）其他收入，即本条上述规定范围以外的各项收入，包括投资收益、利息收入、捐赠收入等。

**第十八条**　事业收入包括：

（一）演出收入，即艺术表演团体进行各类文艺演出取得的收入。

（二）文化场馆服务收入，即艺术表演场所、文化展示及纪念机构开展文艺演出、举办展览展映等活动所取得的收入。

（三）技术服务收入，即文化事业单位提供各种技术指导、技术咨询、技术服务取得的收入。

（四）培训收入，即文化事业单位举办各种文化艺术培训班取得的收入。

（五）复印复制收入，即图书馆、文化馆、群艺馆、展览馆、美术馆、纪念馆等对外提供馆藏资料的复印复制等服务取得的收入。

（六）门票收入，即文化展示及纪念机构销售门票取得的收入。

（七）外借人员劳务收入，即文化事业单位对外提供演职人员、技术人员等取得的劳务收入。

（八）其他事业收入，即文化事业单位开展专业业务活动及其辅助活动取得的除上述各项收入以外的收入。

**第十九条** 经营收入包括：

（一）销售收入，即文化事业单位非独立核算部门销售商品取得的收入。

（二）经营服务收入，即文化事业单位非独立核算部门对外提供经营服务取得的收入。

（三）租赁收入，即文化事业单位对外出租房屋、场地和设备等取得的收入。

（四）其他经营收入，即文化事业单位在专业业务活动及其辅助活动之外，开展非独立核算的经营活动取得的除上述各项收入以外的收入。

**第二十条** 收入管理的要求：

（一）文化事业单位应当在国家政策允许的范围内，合法组织收入。坚持把社会效益放在首位，坚持社会效益和经济效益的有机统一。

（二）文化事业单位应当使用财政税务部门统一印制的票据，并建立健全各种收据、发票、门票等票据的管理制度。

（三）文化事业单位应当严格执行国家批准的收费项目和收费标准，不得擅自设立收费项目，自定收费标准。

（四）文化事业单位应当按照规定加强银行账户的统一管理，收入要及时入账，防止流失。

（五）文化事业单位应当将各项收入全部纳入单位预算，统一核算，统一管理。

**第二十一条** 文化事业单位对按照规定上缴国库或者财政专户的资金，应当按照国库集中收缴的有关规定及时足额上缴，不得隐瞒、滞留、截留、挪用和坐支。

## 第四章 支出管理

**第二十二条** 支出是指文化事业单位开展业务及其他活动发生的资金耗费和损失。

**第二十三条** 文化事业单位支出包括：

（一）事业支出，即文化事业单位开展专业业务活动及其辅助活动发生的基本支出和项目支出。基本支出是指文化事业单位为了保障其正常运转、完成日常工作任务而发生的人员支出和公用支出。项目支出是指文化事业单位为了完成特定工作任务和事业发展目标，在基本支出之外所发生的支出。

（二）经营支出，即文化事业单位在专业业务活动及其辅助活动之外开展非独立核算经营活动发生的支出。

（三）对附属单位补助支出，即文化事业单位用财政补助收入之外的收入对附属单位补助发生的支出。

（四）上缴上级支出，即文化事业单位按照财政部门和主管部门的规定上缴上级单位的支出。

（五）其他支出，即本条上述规定范围以外的各项支出，包括利息支出、捐赠支出等。

**第二十四条** 支出管理的要求：

（一）文化事业单位应当将各项支出全部纳入单位预算，建立健全支出管理制度。

（二）文化事业单位的支出应当严格执行国家有关财务规章制度规定的开支范围及开支标准；国家有关财务规章制度没有统一规定的，由文化事业单位规定，报主管部门和财政部门备案。

文化事业单位的规定违反法律制度和国家政策的，主管部门和财政部门应当责令改正。

（三）文化事业单位从财政部门和主管部门取得的有指定项目和用途的专项资金，应当专款专用、单独核算，并按照规定向财政部门或者主管部门报送专项资金使用情况；项目完成后，应当报送专项资金支出决算和使用效果的书面报告，接受财政部门和主管部门的检查和验收。

（四）文化事业单位应当依法加强各类票据管理，确保票据来源合法、内容真实、使用正确，不得使用虚假票据。

**第二十五条**　文化事业单位在开展非独立核算经营活动中，应当正确归集实际发生的各项费用数；不能归集的，应当按照规定的比例合理分摊。

经营支出应当与经营收入配比。

**第二十六条**　文化事业单位应当加强经济核算，可以根据开展业务活动及其他活动的实际需要，实行内部成本核算办法。

**第二十七条**　文化事业单位应当严格执行国库集中支付制度和政府采购制度等有关规定。

**第二十八条**　文化事业单位应当加强支出的绩效管理，提高资金使用的有效性。

## 第五章　结转和结余管理

**第二十九条**　结转和结余是指文化事业单位年度收入与支出相抵后的余额。

结转资金是指当年预算已执行但未完成，或者因故未执行，下一年度需要按照原用途继续使用的资金。结余资金是指当年预算工作目标已完成，或者因故终止，当年剩余的资金。

经营收支结转和结余应当单独反映。

**第三十条**　财政拨款结转和结余的管理，应当按照同级财政部门的规定执行。

**第三十一条**　文化事业单位非财政拨款结转按照规定结转下一年度继续使用。非财政拨款结余可以按照国家有关规定提取职工福利基金，剩余部分作为事业基金用于弥补以后年度单位收支差额；国家另有规定的，从其规定。

**第三十二条**　文化事业单位应当加强事业基金的管理，遵循收支平衡的原则，统筹安排、合理使用，支出不得超出基金规模。

## 第六章　专用基金管理

**第三十三条**　专用基金是指文化事业单位按照规定提取或者设置的有专门用途的资金。

专用基金管理应当遵循先提后用、收支平衡、专款专用的原则，支出不得超出基金规模。

**第三十四条**　专用基金包括：

（一）修购基金，即按照事业收入和经营收入的一定比例提取，并按照规定在相应的购置和修缮科目中列支（各列50%），以及按照其他规定转入，用于文化事业单位固定资产维修和购置的资金。事业收入和经营收入较少的事业单位可以不提取修购基金。

（二）职工福利基金，即按照非财政拨款结余的一定比例提取以及按照其他规定提取转入，用于单位职工的集体福利设施、集体福利待遇等的资金。

（三）其他基金，即按照其他有关规定提取或者设置的专用资金。

**第三十五条**　各项基金的提取比例和管理办法，国家有统一规定的，按照统一规定执行；没有统一规定的，由主管部门会同同级财政部门确定。

## 第七章　资产管理

**第三十六条**　资产是指文化事业单位占有或者使用的能以货币计量的经济资源，包括各种财产、债权和其他权利。

**第三十七条**　文化事业单位的资产包括流动资产、固定资产、在建工程、无形资产和对外投资等。

**第三十八条**　文化事业单位应当建立健全单位资产管理制度，加强和规范资产配置、使用和处置管理，维护资产安全完整，保障事业健康发展。

**第三十九条**　文化事业单位应当按照科学规范、从严控制、保障事业发展需要的原则合理配置资产。根据单位资产存量状况、人员编制和有关资产配置标准，编制资产购置计划，按照部门预算管理的有关要求列入年度部门预算，并履行相关政府采购规定。

**第四十条**　流动资产是指可以在一年以内变现或者耗用的资产，包括现金、各种存款、零余额账户用款额度、应收及预付款项、存货等。

前款所称存货是指文化事业单位在开展业务活动及其他活动中为耗用而储存的资产，包括材料、燃料、包装物和低值易耗品等。

**第四十一条** 文化事业单位应当加强流动资产管理：

(一)文化事业单位应当严格执行国家现金及各种存款的有关规定，建立健全内部管理制度；对存货进行定期或者不定期的清查盘点，保证账实相符；对存货盘盈、盘亏应当及时处理。

(二)文化事业单位应当对应收及预付款项按时清理结算，加强管理。

(三)文化事业单位应当建立健全存货管理制度。单位资产管理部门应当指定专人负责，严格收发手续，完善存货验收、出入库和保管制度，防止丢失、损坏和变质。

**第四十二条** 固定资产是指使用期限超过一年，单位价值在1000元以上(其中：专用设备单位价值在1500元以上)，并在使用过程中基本保持原有物质形态的资产。单位价值虽未达到规定标准，但是耐用时间在一年以上的大批同类物资，作为固定资产管理。

固定资产一般分为六类：房屋及构筑物；专用设备；通用设备；文物和陈列品；图书、档案；家具、用具、装具及动植物。

文化事业单位的固定资产明细目录由国务院文化主管部门制定，报国务院财政部门备案。

**第四十三条** 文化事业单位应当建立健全固定资产管理制度，加强固定资产维护和保养。

文化事业单位应当对固定资产进行定期或者不定期的清查盘点。年度终了前应当进行一次全面清查盘点，保证账实相符。

**第四十四条** 文化事业单位藏品的管理

(一)拥有文物、艺术品、图书等藏品的文化事业单位应当按照有关规定建立健全藏品的监督管理制度，做好登记建档工作。

(二)拥有文物、艺术品、图书等藏品的文化事业单位通过购买、接受捐赠、依法调拨、交换、移交、拣选等方式取得的藏品，财务部门应当及时登记入账。

(三)财务部门应当定期与保管部门进行藏品清查盘点，重点核对藏品资产账面数、藏品登记账数和实物，确保藏品的数量、名称和实物的对应。

**第四十五条** 在建工程是指已经发生必要支出，但尚未达到交付使用状态的建设工程。

在建工程达到交付使用状态时，应当按照规定办理工程竣工财务决算和资产交付使用。

**第四十六条** 无形资产是指不具有实物形态而能为使用者提供某种权利的资产，包括专利权、商标权、著作权、土地使用权、非专利技术以及其他财产权利。

文化事业单位转让无形资产，应当按照有关规定进行资产评估，取得的收入按照国家有关规定处理。文化事业单位取得无形资产发生的支出，应当计入事业支出。

**第四十七条** 对外投资是指文化事业单位依法利用货币资金、实物、无形资产等方式向其他单位的投资。

**第四十八条** 文化事业单位应当加强对外投资管理：

(一)文化事业单位应当严格控制对外投资。在保证单位正常运转和事业发展的前提下，按照国家有关规定可以对外投资的，应当履行相关审批程序。

(二)文化事业单位不得使用财政拨款及其结余进行对外投资，不得从事股票、期货、基金、企业债券等投资，国家另有规定的除外。

(三)文化事业单位以非货币性资产对外投资的，应当按照国家有关规定进行资产评估，合理确定资产价值。

**第四十九条** 文化事业单位资产处置应当遵循公开、公平、公正和竞争、择优的原则，严格履行相关审批程序。

文化事业单位出租、出借资产，应当按照国家有关规定经主管部门审核同意后报同级财政部门审批。

**第五十条** 文化事业单位应当提高资产使用效率，按照国家有关规定实行资产共享、共用。

## 第八章 负债管理

**第五十一条** 负债是指文化事业单位所承担的能以货币计量，需要以资产或者劳务偿还的债务。

**第五十二条** 文化事业单位的负债包括借入款项、应付款项、暂存款项、应缴款项等。

应缴款项包括文化事业单位收取的应当上缴国库或者财政专户的资金、应缴税费，以及其他按照国家有关规定应当上缴的款项。

**第五十三条**　文化事业单位应当对不同性质的负债分类管理，及时清理并按照规定办理结算，保证各项负债在规定期限内归还。

**第五十四条**　文化事业单位应当建立健全财务风险控制机制，规范和加强借入款项管理，严格执行审批程序，不得违反规定举借债务和提供担保。

## 第九章　事业单位清算

**第五十五条**　文化事业单位发生划转、撤销、合并、分立时，应当进行清算。

**第五十六条**　文化事业单位清算，应当在主管部门和财政部门的监督指导下，对单位的财产、债权、债务等进行全面清理，编制财产目录和债权、债务清单，提出财产作价依据和债权、债务处理办法，做好资产的移交、接收、划转和管理工作，并妥善处理各项遗留问题。

**第五十七条**　文化事业单位清算结束后，经主管部门审核并报财政部门批准，其资产分别按照下列办法处理：

（一）因隶属关系改变，成建制划转的文化事业单位，全部资产无偿移交，并相应划转经费指标。

（二）转为企业管理的文化事业单位，全部资产扣除负债后，转作国家资本金。需要进行资产评估的，按照国家有关规定执行。

（三）撤销的文化事业单位，全部资产由主管部门和财政部门核准处理。

（四）合并的文化事业单位，全部资产移交接收单位或者新组建单位，合并后多余的资产由主管部门和财政部门核准处理。

（五）分立的文化事业单位，资产按照有关规定移交分立后的文化事业单位，并相应划转经费指标。

## 第十章　财务报告和财务分析

**第五十八条**　财务报告是反映文化事业单位一定时期财务状况和事业成果的总结性书面文件。

文化事业单位应当按照财政部门和主管部门的规定，定期编制财务报告，并向主管部门和财政部门以及其他有关的报表使用者提供财务报告。

财务报告的编报应当做到内容完整、数据真实、计算准确、说明符合实际情况。

**第五十九条**　文化事业单位在编制年度财务报告前，应当对财产、债权、债务等进行全面清查盘点，根据清查盘点结果，对盘盈、盘亏、报废、毁损等按照有关规定程序办理。

**第六十条**　文化事业单位报送的年度财务报告包括资产负债表、收入支出表、财政拨款收入支出表、固定资产投资决算报表等主表，有关附表以及财务情况说明书等。

**第六十一条**　财务情况说明书，主要说明文化事业单位事业发展、收入及其支出、结转、结余及其分配、资产负债变动、对外投资、资产出租出借、资产处置、固定资产投资、绩效评价的情况，对本期或者下期财务状况发生重大影响的事项，以及需要说明的其他事项。

**第六十二条**　文化事业单位财务分析的内容包括预算编制与执行、资产使用、收入支出状况等。

**第六十三条**　财务分析指标分为财务指标和业务指标两类。

（一）财务指标包括：经费自给率，人员支出、公用支出分别占事业支出的比率，人均基本支出，资产负债率，预算收入和支出完成率，财政拨款收入、事业收入和经营收入分别占总收入的比率，事业收入比上年增长率等。

（二）业务指标包括：演出场次，观众人次，公共图书馆总藏量，公共图书馆本年度新增藏量，组织公益性活动次数，数字资源建设总量，公共文化服务设施（公共图书馆、文化馆、美术馆、文化站等）免费开放接待人次等。

除上述指标外，文化事业单位可以根据本单位业务特点增加财务分析指标。

## 第十一章　财务监督

**第六十四条**　文化事业单位财务监督主要包括对预算管理、收入管理、支出管理、结转和结余管理、专

用基金管理、资产管理、负债管理等方面的监督。

**第六十五条** 文化事业单位财务监督应当实行事前监督、事中监督、事后监督相结合，日常监督与专项监督相结合。

**第六十六条** 文化事业单位应当建立健全内部控制制度、经济责任制度、财务信息披露制度等监督制度，依法公开财务信息。

**第六十七条** 文化事业单位应当接受主管部门和财政、审计部门的监督。

## 第十二章 附 则

**第六十八条** 文化事业单位基本建设投资的财务管理，应当执行本规则，但国家基本建设投资财务管理制度另有规定的，从其规定。

**第六十九条** 参照公务员法管理的文化事业单位财务制度的适用，由国务院财政部门另行规定。

**第七十条** 接受国家经常性资助的社会力量举办的文化公益服务性组织和社会团体，依照本制度执行；其他社会力量举办的文化公益服务性组织和社会团体，可以参照本制度执行。

**第七十一条** 下列文化事业单位或者文化事业单位特定项目，执行企业财务制度，不执行本制度：

（一）纳入企业财务管理体系的文化事业单位和文化事业单位附属独立核算的生产经营单位；

（二）文化事业单位经营的、接受外单位投资且投资人要求投资回报的项目；

（三）经主管部门和财政部门批准的具备条件的其他文化事业单位。

**第七十二条** 文博单位、文化科学研究单位和艺术学校应当执行同行业事业单位财务制度。

**第七十三条** 省、自治区、直辖市财政部门和文化主管部门可以根据《事业单位财务规则》和本制度，结合本地区实际情况制定补充规定，报财政部、文化部备案。

文化事业单位应当按照本制度，根据单位实际情况，制定单位内部财务管理办法，并报主管部门备案。

**第七十四条** 本制度自2013年1月1日起施行。

# 6. 广播电视事业单位财务制度（2012年修订）

财教[2012]504号

## 第一章 总 则

**第一条** 为了进一步规范广播电视事业单位的财务行为，加强广播电视事业单位财务管理和监督，提高资金使用效益，保障广播电视事业单位健康发展，根据《事业单位财务规则》和国家有关法律制度，结合广播电视事业单位特点，制定本制度。

**第二条** 本制度适用于各级各类广播电视事业单位（以下简称广播电视事业单位）的财务活动。

**第三条** 广播电视事业单位财务管理的基本原则是：执行国家有关法律、法规和财务规章制度；坚持勤俭办事业的方针；正确处理事业发展需要和资金供给的关系，社会效益和经济效益的关系，国家、单位和个人三者利益的关系。

**第四条** 广播电视事业单位财务管理的主要任务是：合理编制单位预算，严格预算执行，完整准确编制单位决算，真实反映单位财务状况；依法组织收入，合理安排支出；建立健全财务制度，加强经济核算，建立科学的财务核算和指标体系，实施绩效评价，提高资金使用效益；加强资产管理，合理配置和有效利用资产，防止资产流失；参与单位重大经济决策和对外签订经济合同等事项，加强对单位经济活动的财务控制和监督，建立健全内部控制制度，防范财务风险。

**第五条** 广播电视事业单位应当按照国家有关规定设置财务会计机构，配备具备从业资格的财务会计人员。

省级以上（含副省级）广播电视事业单位应当设置总会计师；规模较大的广播电视事业单位根据需要可

以设置总会计师。总会计师按照《总会计师条例》规定的任职资格设置并履行职责。

**第六条** 广播电视事业单位的全部财务活动在单位负责人领导下，由单位财务部门统一管理。

## 第二章 单位预算管理

**第七条** 单位预算是指广播电视事业单位根据广播电视事业发展目标和年度计划编制的年度财务收支计划。

广播电视事业单位预算由收入预算和支出预算组成。

**第八条** 国家对广播电视事业单位实行核定收支、定额或者定项补助、超支不补、结转和结余按规定使用的预算管理办法。

定额或者定项补助标准根据国家有关政策和财力可能，结合广播电视事业特点、事业发展目标和计划、单位收支及资产状况确定。定额或者定项补助可以为零。

少数非财政补助收入大于支出较多的广播电视事业单位，可以实行收入上缴办法。具体办法由财政部门会同有关主管部门制定。

**第九条** 预算编制原则：

（一）坚持合法合规的原则。根据国家有关方针政策、法律法规以及广播电视事业发展目标和计划编制单位预算。

（二）坚持完整性和统一性原则。广播电视事业单位应当将全部财务收支在预算中予以反映，并按照国家预算表格和统一的口径、程序及计算依据编制单位预算。

（三）坚持以收定支、收支平衡的原则。单位预算应当自求平衡，不得编制赤字预算。

（四）坚持统筹兼顾、保证重点的原则。既要考虑事业发展的需要，又要考虑国家财力的可能和单位的收入状况、资产状况，保证重点，兼顾一般。

（五）坚持厉行节约、注重绩效的原则。挖掘内部潜力，努力增收节支，加强绩效管理，推进绩效评价与预算编制的有机结合，提高资金使用效益。

**第十条** 广播电视事业单位应当按照财政部门和主管部门预算编制的有关要求，根据预算年度事业发展目标、计划与财力可能，以及预算年度收支增减因素、以前年度资金结转结余、人员和资产等状况，参考以前年度预算执行情况，编制单位预算。

**第十一条** 广播电视事业单位根据年度广播电视事业发展目标、计划和预算编制的规定，提出预算建议数，经主管部门审核汇总报财政部门（一级预算单位按照规定程序报财政部门，下同）。广播电视事业单位根据财政部门下达的预算控制数编制预算，由主管部门审核汇总报财政部门，经法定程序审核批复后执行。

**第十二条** 广播电视事业单位应当严格执行批准的预算。预算执行中，国家对财政补助收入和财政专户管理资金的预算一般不予调整。

上级下达的事业计划有较大调整，或者根据国家有关政策增加或减少支出，对预算执行影响较大时，广播电视事业单位应当报主管部门审核后报财政部门调整预算；财政补助收入和财政专户管理资金以外部分的预算需要调增调减的，由单位自行调整并报主管部门和财政部门备案。

收入预算调整后相应调增或者调减支出预算。

**第十三条** 广播电视事业单位应当全面加强预算管理，建立健全预算编制、审批、执行、调整和绩效考评等管理制度。

**第十四条** 广播电视事业单位决算是指广播电视事业单位根据预算执行结果编制的年度报告。

**第十五条** 广播电视事业单位应当按照规定及时编制年度决算，由主管部门审核汇总后报财政部门审批。

对财政部门批复调整的事项，广播电视事业单位应当及时进行调整。

**第十六条** 广播电视事业单位应当加强决算的填报、审核和分析，保证决算数据的真实、完整、准确，规范决算管理工作。

## 第三章 收入管理

**第十七条** 收入是指广播电视事业单位为开展广播电视业务及其他活动依法取得的非偿还性资金。

**第十八条** 广播电视事业单位的收入包括：

(一)财政补助收入，即广播电视事业单位从同级财政部门取得的各类财政拨款。

(二)事业收入，即广播电视事业单位开展广播电视节目的制作、播出、传输、接收、监测等专业业务活动及其辅助活动取得的收入，其中：按照国家有关规定应当上缴国库或者财政专户的资金，不计入事业收入；从财政专户核拨给广播电视事业单位的资金和经核准不上缴国库或者财政专户的资金，计入事业收入。国家另有规定的除外。

(三)上级补助收入，即广播电视事业单位从主管部门和上级单位取得的非财政补助收入。

(四)附属单位上缴收入，即广播电视事业单位附属独立核算单位按照有关规定上缴的收入。

(五)经营收入，即广播电视事业单位在专业业务活动及其辅助活动之外开展非独立核算经营活动取得的收入。

(六)其他收入，即本条上述规定范围以外的各项收入，包括投资收益、利息收入、捐赠收入等。

**第十九条** 事业收入包括：

(一)广告收入，即广播电视事业单位因播出、刊登广告收取的收入。

(二)收视费收入，即广播电视事业单位收取的电视节目收视费收入。

(三)节目销售收入，即广播电视事业单位销售节目取得的收入。

(四)合作合拍收入，即广播电视事业单位与国内外单位和机构合作广播电视节目或合拍影视节目取得的收入。

(五)节目制作和播放收入，即广播电视事业单位为其他单位制作和播放广播电视节目取得的收入。

(六)节目传输收入，即广播电视事业单位为用户传送广播电视节目取得的收入。

(七)技术服务收入，即广播电视事业单位对外提供技术服务、技术咨询、翻译服务、信息服务、计量检测、设备技术安装和维修等取得的收入。

(八)其他事业收入，即广播电视事业单位开展专业业务及其辅助活动取得的除上述各项收入以外的收入，包括培训收入、门票收入等。

**第二十条** 经营收入包括：

(一)销售收入，即广播电视事业单位非独立核算部门销售商品取得的收入。

(二)经营服务收入，即广播电视事业单位非独立核算部门对外提供经营服务取得的收入。

(三)租赁收入，即广播电视事业单位出租房屋、场地和设备等取得的收入。

(四)其他经营收入，即广播电视事业单位在广播电视节目制作、播出、传输、接收、监测等专业业务活动及其辅助活动之外取得的除上述各项收入以外的收入。

**第二十一条** 收入管理的要求：

(一)广播电视事业单位应当在国家政策允许的范围内，依法组织收入，坚持把社会效益放在首位，坚持社会效益和经济效益有机统一。

(二)广播电视事业单位应当使用财政部门和税务部门统一印制的票据，并建立健全各种专用收款收据、销售发票等票据的管理制度。

(三)广播电视事业单位各项收入应当及时入账，不得由下属单位或其他单位违规代存代管资金，防止流失。

(四)广播电视事业单位应当将各项收入全部纳入单位预算，统一核算，统一管理。

**第二十二条** 广播电视事业单位对按照规定上缴国库或者财政专户的资金，应当按照国库集中收缴的有关规定及时足额上缴，不得隐瞒、滞留、截留、挪用和坐支。

## 第四章 支出管理

**第二十三条** 支出是广播电视事业单位开展广播电视节目的制作、播出、传输、接收、监测等业务及其他活动发生的资金耗费和损失。

**第二十四条** 广播电视事业单位支出包括：

(一)事业支出，即广播电视事业单位开展广播电视节目的制作、播出、传输、接收、监测等专业业务活动及其辅助活动发生的基本支出和项目支出。基本支出是指广播电视事业单位为了保障其正常运转、完成日常工作任务而发生的人员支出和公用支出。项目支出是指广播电视事业单位为了完成特定工作任务和事业发展目标，在基本支出之外所发生的支出。

（二）经营支出，即广播电视事业单位在广播电视节目的制作、播出、传输、接收、监测等专业业务活动及其辅助活动之外开展非独立核算经营活动发生的支出。

（三）对附属单位补助支出，即广播电视事业单位用财政补助收入之外的收入对附属单位补助发生的支出。

（四）上缴上级支出，即实行收入上缴办法的广播电视事业单位按照规定的定额或比例上缴上级单位的支出。

（五）其他支出，即本条上述规定范围以外的各项支出，包括利息支出、捐赠支出等。

**第二十五条** 广播电视事业单位应当将各项支出全部纳入单位预算，建立健全支出管理制度。各项支出应当在单位负责人的领导下，由单位财务部门按照经法定程序批复的预算，坚持量入为出，统一安排使用。单位业务部门按照财务部门核定的预算和规定的程序使用资金。

**第二十六条** 广播电视事业单位应当严格执行国家规定的开支范围及开支标准；没有统一规定的，由广播电视事业单位作出规定，报主管部门和财政部门备案。

广播电视事业单位的规定违反法律制度和国家政策的，主管部门和财政部门应当责令改正。

**第二十七条** 广播电视事业单位在开展非独立核算经营活动中，应当正确归集实际发生的各项费用；不能归集的，应当按照规定的比例合理分摊。

经营支出应当与经营收入配比。

**第二十八条** 广播电视事业单位从财政部门和主管部门取得的有指定项目和用途并且要求单独核算的专项资金，应当专款专用、单独核算，并按照规定向财政部门和主管部门报送专项资金使用情况；项目完成后，应当报送专项资金支出决算和使用效果的书面报告，接受财政部门和主管部门的检查和验收。

**第二十九条** 广播电视事业单位应当逐步建立健全支出定额标准体系，合理使用资金，控制支出规模。

**第三十条** 广播电视事业单位应当严格执行国库集中支付制度和政府采购制度等有关规定。

**第三十一条** 广播电视事业单位应当加强支出的绩效管理，提高资金使用的有效性。

**第三十二条** 广播电视事业单位应当依法加强票据管理，确保票据来源合法，内容真实，使用正确，不得使用虚假票据。

票据经办部门和人员应当对票据的真实性、合法性负责。财务部门应当加强票据的审核，拒绝报销虚假票据。

**第三十三条** 广播电视事业单位应当强化成本意识、加强经济核算，具备条件的广播电视事业单位可以根据开展广播电视业务活动及其他活动的实际需要，实行内部成本核算办法。

**第三十四条** 广播电视事业单位实行内部成本核算，应当按照核算对象将广播电视业务活动中所发生的各种费用进行归集、分配和计算，其费用可以划分为直接费用、间接费用和期间费用。

（一）直接费用是指直接从事广播电视节目制作、播出、传输、接收、监测等专业业务活动及其辅助活动和非独立核算经营活动所发生的费用。

（二）间接费用是指广播电视事业单位内部各业务部门为组织广播电视节目制作、播出、传输、接收、监测等专业业务活动及其辅助活动和非独立核算经营活动所发生的费用。

（三）期间费用是指广播电视事业单位内部行政后勤管理部门发生的各项费用。

**第三十五条** 广播电视事业单位实行内部成本核算，其成本费用应当按照支出用途分别归集到单位事业支出、经营支出等相应科目中。

**第三十六条** 广播电视事业单位实行内部成本核算，其基本建设支出、对外投资、各种罚款、赞助和捐赠支出以及国家规定不得列入成本费用的其他支出，不得计入成本费用。

**第三十七条** 广播电视事业单位实行内部成本核算，应当建立成本费用与相关支出的核对机制，以及成本核算分析报告制度。

## 第五章 结转和结余管理

**第三十八条** 结转和结余是指广播电视事业单位年度收入与支出相抵后的余额。

结转资金是指当年预算已执行但未完成，或者因故未执行，下一年度需要按照原用途继续使用的资金。结余资金是指当年预算工作目标已完成，或者因故终止，当年剩余的资金。

经营收支结转和结余应当单独反映。

**第三十九条** 财政拨款结转和结余的管理，应当按照同级财政部门的规定执行。

**第四十条** 非财政拨款结转按照规定结转下一年度继续使用。非财政拨款结余可以按照国家有关规定提取职工福利基金，剩余部分作为事业基金用于弥补以后年度单位收支差额；国家另有规定的，从其规定。

**第四十一条** 广播电视事业单位应当加强事业基金的管理，遵循收支平衡的原则，统筹安排，合理使用，支出不得超出基金规模。

## 第六章　专用基金管理

**第四十二条** 专用基金是指广播电视事业单位按照规定提取或设置的有专门用途的资金。

专用基金管理应当遵循先提后用、收支平衡、专款专用的原则，支出不得超出基金规模。

**第四十三条** 专用基金包括：

（一）修购基金，即按照事业收入和经营收入的一定比例提取，并按照规定在相应的购置和修缮科目中列支（各列50%），以及按照其他规定转入，用于广播电视事业单位固定资产维修和购置的资金。事业收入和经营收入较少的事业单位可以不提取修购基金。

（二）职工福利基金，即按照非财政拨款结余的一定比例提取以及按照其他规定提取转入，用于单位职工的集体福利设施、集体福利待遇等的资金。

（三）其他基金，即按照其他有关规定提取或者设置的专用资金。

**第四十四条** 各项基金的提取比例和管理办法，国家有统一规定的，按照统一规定执行；没有统一规定的，由主管部门会同同级财政部门确定。

## 第七章　资产管理

**第四十五条** 资产是指广播电视事业单位占有或者使用的能以货币计量的经济资源，包括各种财产、债权和其他权利。

**第四十六条** 广播电视事业单位的资产包括流动资产、固定资产、在建工程、无形资产和对外投资等。

**第四十七条** 广播电视事业单位应当建立健全单位资产管理制度，加强和规范资产配置、使用和处置管理，维护资产安全完整，保障事业健康发展。

**第四十八条** 广播电视事业单位应当按照科学规范、从严控制、保障事业发展需要的原则合理配置资产。根据单位资产存量状况、人员编制和有关资产配置标准，编制资产购置计划，按照部门预算管理的有关要求列入年度部门预算，并履行相关政府采购规定。

**第四十九条** 流动资产是指可以在一年以内变现或者耗用的资产，包括现金、各种存款、零余额账户用款额度、应收及预付款项和存货等。

**第五十条** 广播电视事业单位应当建立健全货币资金的内部管理制度，构建资金安全管理风险防控机制。广播电视事业单位应当按照国家有关规定开立、使用和管理银行账户。

**第五十一条** 广播电视事业单位对应收款项和预付款项应当按时清理结算，加强管理。

**第五十二条** 存货是指广播电视事业单位在开展广播电视业务活动及其他活动中为耗用而储存的资产，包括广播影视节目、材料、燃料、包装物、低值易耗品等。

（一）广播电视事业单位应当建立健全存货管理制度。单位资产管理部门应当指定专人负责，严格收发手续，完善存货验收、入库、保管和出库制度，防止丢失、损坏、变质。

（二）广播电视事业单位应当加强自制节目、外购节目和合作合拍节目等管理，建立健全广播影视节目的制作、购置、验收入库、播出等制度，确保广播影视节目安全、规范、有效管理。

（三）广播电视事业单位资产管理部门应当建立材料明细账，定期与财务部门的材料总账进行核对，做到账账相符。

（四）广播电视事业单位应当建立健全存货定额管理制度，科学制定材料储备定额和主要材料消耗定额，保持合理的存货库存量。

（五）广播电视事业单位应当对存货进行定期或不定期的清查盘点，保证账实相符。存货盘盈、盘亏应当按照规定处理。

**第五十三条** 固定资产是指使用期限超过一年，单位价值在1000元以上（其中：专用设备单位价值在1500元以上），并在使用过程中基本保持原有物质形态的资产。单位价值虽未达到规定标准，但耐用时间在一年以上的大批同类物资，作为固定资产管理。固定资产一般分为六类：房屋及构筑物；专用设备；通用设备；文物和陈列品；图书、档案；家具、用具、装具及动植物。

广播电视事业单位的固定资产明细目录由国务院广播电视主管部门制定，报国务院财政部门备案。

**第五十四条** 广播电视事业单位应当加强固定资产管理：

（一）建立健全固定资产管理制度。加强固定资产维护和保养，制定操作规程，建立技术档案和使用情况报告制度。

（二）购建和调入的固定资产，由单位资产管理部门负责验收，单位财务部门参与验收。购进专用设备和新建的房屋及构筑物竣工时，应当有专业技术人员参加验收。经验收后的固定资产应当及时入账并交付使用。

（三）广播电视事业单位固定资产报废和转让，按照规定程序办理。

（四）广播电视事业单位应当定期或者不定期对固定资产清查、盘点。年度终了前应当进行一次全面的清查盘点，保证账账、账卡、账实相符。对于盘盈、盘亏的固定资产应当及时按照规定处理。

（五）广播电视事业单位应当对单位固定资产实行动态管理，提高信息化水平，并按照主管部门和财政部门的规定定期报送固定资产购置、使用和处置等情况。

**第五十五条** 在建工程是指已经发生必要支出，但尚未达到交付使用状态的建设工程。

广播电视事业单位应当加强在建工程管理，在建工程达到预定使用状态时，应当按照规定办理工程竣工财务决算和资产交付使用。

**第五十六条** 无形资产是指不具有实物形态而能为使用者提供某种权利的资产，包括专利权、商标权、著作权、土地使用权、非专利技术以及其他财产权利。

广播电视事业单位应当加强本单位无形资产的评估确认、开发、保护、使用和转让管理。

广播电视事业单位转让无形资产应当按照有关规定进行资产评估，取得的收入按照国家有关规定处理。广播电视事业单位取得无形资产发生的支出应当计入事业支出。

**第五十七条** 对外投资是广播电视事业单位利用货币资金、实物、无形资产等方式向其他单位的投资。广播电视事业单位应当严格控制对外投资。在保证单位正常运转和事业发展的前提下，按照国家有关规定可以对外投资的，应当履行相关审批程序。广播电视事业单位不得使用财政拨款及其结余进行对外投资，不得从事股票、期货、基金、企业债券等投资，国家另有规定的除外。

广播电视事业单位以非货币性资产对外投资的，应当按照国家有关规定进行资产评估，合理确定资产价值。

广播电视事业单位应当加强对投资企业和投资项目的管理，确保国有资产的保值增值。

**第五十八条** 广播电视事业单位资产处置应当遵循公开、公平、公正和竞争、择优的原则，严格履行相关审批程序。

广播电视事业单位出租、出借资产，应当按照国家有关规定经主管部门审核同意后报同级财政部门审批。

**第五十九条** 广播电视事业单位应当提高资产使用效率，按照国家有关规定实行大型仪器、设施设备等资产的共享、共用。

## 第八章 负债管理

**第六十条** 负债是广播电视事业单位所承担的能以货币计量，需要以资产或劳务偿还的债务。

**第六十一条** 广播电视事业单位的负债包括借入款项、应付款项、暂存款项、应缴款项等。

应缴款项包括广播电视事业单位收取的应当上缴国库或者财政专户的资金、应缴税费以及其他按照国家有关规定应当上缴的款项。

**第六十二条**　广播电视事业单位应当对不同性质的负债分类管理，及时清理并按照规定办理结算，保证各项负债在规定期限内归还。

**第六十三条**　广播电视事业单位应当建立财务风险控制机制，规范和加强借入款项管理，严格执行审批程序，不得违反规定举借债务和提供担保。

## 第九章　事业单位清算

**第六十四条**　广播电视事业单位发生划转、撤销、合并、分立时，应当进行清算。

**第六十五条**　广播电视事业单位清算应当在主管部门和财政部门的监督指导下，对单位的财产、债权、债务等进行全面清理，编制资产负债表、财产目录和债权、债务清单，提出财产作价依据和债权、债务处理办法，做好资产的移交、接收、划转和管理工作，并妥善处理各项遗留问题。

**第六十六条**　广播电视事业单位清算结束后，经主管部门审核并报财政部门批准，其资产分别按照下列办法处理：

（一）因隶属关系改变，成建制划转的广播电视事业单位，其全部资产无偿移交，并相应划转经费指标。

（二）转为企业管理的广播电视事业单位，全部资产扣除负债后，转作国家资本金。需要进行资产评估的，按照国家有关规定执行。

（三）撤销的广播电视事业单位，全部资产由主管部门和财政部门核准处理。

（四）合并的广播电视事业单位，全部资产移交接收单位或新组建单位。合并后闲置的资产，由主管部门和财政部门核准后处理。

（五）分立的广播电视事业单位，资产按照有关规定移交分立后的事业单位，并相应划转经费指标。

## 第十章　财务报告和财务分析

**第六十七条**　财务报告是反映广播电视事业单位一定时期财务状况和事业成果的总结性书面文件。

广播电视事业单位应当定期向主管部门和财政部门以及其他有关的报表使用者提供财务报告。

**第六十八条**　广播电视事业单位在编制年度财务报告前，应当对财产、债权、债务等进行全面清查盘点，并编制盘存表，对盘盈、盘亏、报废、毁损等按照规定程序办理。

**第六十九条**　广播电视事业单位报送的年度财务报告包括资产负债表、收入支出表、财政拨款收入支出表、固定资产投资决算报表等主表、有关附表以及财务情况说明书等。

**第七十条**　财务情况说明书，主要说明事业发展情况、事业单位收入及其支出、结转、结余及其分配、资产负债变动、对外投资、资产出租出借、资产处置、固定资产投资、绩效考评、社会效益各项指标完成情况，对本期或者下期财务情况发生重大影响的事项，以及需要说明的其他事项。

**第七十一条**　广播电视事业单位应当定期开展财务分析，财务分析的内容包括预算编制与执行、资产使用、负债情况、收入支出状况、定员定额情况等。

**第七十二条**　财务分析指标分为财务指标和业务指标两类。

（一）财务指标包括：预算收入和支出完成率、人员支出与公用支出分别占事业支出的比率、人均基本支出、资产负债率、总资产增长率、固定资产利用率、事业收入与经营收入分别占总收入的比率、事业收入和经营收入增长率、频率（频道）收入成本比率、每分钟节目（栏目）制作成本等。

（二）业务指标包括：广播电视节目播出时间（小时/年）、广播电视节目自办率、广播电视节目首播率、发射机千瓦小时费用、发射机千瓦小时电费、发射机停播率等。

除上述指标外，广播电视事业单位可以根据本单位业务特点增加财务分析指标。

## 第十一章　财务监督

**第七十三条**　广播电视事业单位财务监督主要包括对预算管理、收入管理、支出管理、结转和结余管理、专用基金管理、资产管理、负债管理等的监督。

**第七十四条**　广播电视事业单位财务监督应当实行事前监督、事中监督、事后监督相结合，日常监督与专项监督相结合。

**第七十五条**　广播电视事业单位应当建立健全内部控制制度、经济责任制度、财务信息披露制度等监督制度。

**第七十六条**　广播电视事业单位应当依法接受主管部门和财政、审计部门的监督。

### 第十二章　附　　则

**第七十七条**　广播电视事业单位基本建设投资的财务管理，应当执行本规则，但国家基本建设投资财务管理制度另有规定的，从其规定。

**第七十八条**　参照公务员法管理的广播电视事业单位财务制度的适用，由国务院财政部门另行规定。

**第七十九条**　接受国家经常性资助的社会力量举办的广播电视公益服务性组织和社会团体，依照本制度执行；其他社会力量举办的广播电视公益服务性组织和社会团体可以参照本制度执行。

**第八十条**　下列广播电视事业单位或者广播电视事业单位的特定项目，不执行本制度：

(一)纳入企业财务管理体系的广播电视事业单位和广播电视事业单位附属独立核算的生产经营单位；

(二)广播电视事业单位接受外单位要求投资回报的经营项目；

(三)经主管部门和财政部门批准的具备条件的其他广播电视事业单位。

**第八十一条**　广播电影电视科学研究单位和学校执行同行业事业单位财务管理制度。

**第八十二条**　省、自治区、直辖市的财政部门和广播电视主管部门，可以根据本制度，结合本地区实际情况，制定补充规定，报财政部、国家广播电影电视总局备案。

广播电视事业单位应当按照本制度，根据单位实际情况，制定内部财务管理办法，并报主管部门备案。

**第八十三条**　本制度自2013年1月1日起施行。

## 7. 体育事业单位财务制度(2012年修订)

财教[2012]505号

### 第一章　总　　则

**第一条**　为了进一步规范体育事业单位的财务行为，加强体育事业单位财务管理和监督，提高资金使用效益，保障体育事业单位健康发展，根据《事业单位财务规则》和国家有关法律制度，结合体育事业单位特点，制定本制度。

**第二条**　本制度适用于各级各类体育事业单位(以下简称体育事业单位)的财务活动。

**第三条**　体育事业单位财务管理的基本原则是：执行国家有关法律、法规和财务规章制度；坚持勤俭办事业的方针；正确处理事业发展需要和资金供给的关系，社会效益和经济效益的关系，国家、单位和个人三者利益的关系。

**第四条**　体育事业单位财务管理的主要任务是：合理编制单位预算，严格预算执行，完整、准确编制单位决算，真实反映单位财务状况；依法组织收入，努力节约支出；建立健全财务制度，加强经济核算，实施绩效评价，提高资金使用效益；加强资产管理，合理配置和有效利用资产，防止资产流失；参与单位重大经济决策和对外签订经济合同等事项；加强对单位经济活动的财务控制和监督，防范财务风险。

**第五条**　体育事业单位应当按照国家有关规定设置财务会计机构，配备具备从业资格的财务会计人员。

**第六条**　体育事业单位的财务活动在单位负责人的领导下，由单位财务部门统一管理。

### 第二章　单位预算管理

**第七条**　体育事业单位预算是指体育事业单位根据事业发展目标和计划编制的年度财务收支计划。

体育事业单位预算由收入预算和支出预算组成。

**第八条** 国家对体育事业单位实行核定收支、定额或者定项补助、超支不补、结转和结余按规定使用的预算管理办法。

定额或者定项补助标准根据国家有关政策和财力可能，结合体育事业特点、发展目标和计划、单位收支及资产状况等确定。定额或者定项补助可以为零。

非财政补助收入大于支出较多的体育事业单位，可以实行收入上缴办法。具体办法由财政部门会同体育主管部门制定。

**第九条** 预算编制原则：

（一）坚持合法合规的原则。根据国家有关方针政策、法律法规以及体育事业发展目标和计划编制单位预算。

（二）坚持完整性和统一性原则。单位应当将全部财务收支在预算中予以反映，并按照国家预算表格和统一的口径、程序及计算依据编制单位预算。

（三）坚持以收定支、收支平衡的原则。单位预算应当自求平衡，不得编制赤字预算。

（四）坚持统筹兼顾、保证重点的原则。既要考虑事业发展的需要，又要考虑国家财力的可能和单位的收入状况、资产状况，保证重点，兼顾一般。

（五）坚持勤俭节约、注重绩效的原则。挖掘内部潜力，努力增收节支，提高资金使用效益。

**第十条** 体育事业单位参考以前年度预算执行情况，根据预算年度的收入增减因素和措施，以及以前年度结转和结余情况，测算编制收入预算；根据事业发展需要与财力可能，测算编制支出预算。

**第十一条** 体育事业单位根据年度事业发展目标和计划以及预算编制的规定，提出预算建议数，经主管部门审核汇总报财政部门（一级预算单位按同级财政部门规定报送，下同）。单位根据财政部门下达的预算控制数编制预算，由主管部门审核汇总报财政部门，经法定程序审核批复后执行。

**第十二条** 体育事业单位应当严格执行批准的预算。预算执行中，国家对财政补助收入和财政专户管理资金的预算一般不予调整。

上级下达或单位的事业计划有较大调整，或者根据国家有关政策增加或者减少支出，对预算执行影响较大时，单位应当报主管部门审核后报财政部门调整预算；财政补助收入和财政专户管理资金以外部分的预算需要调增或者调减的，由体育事业单位自行调整并报主管部门和财政部门备案。

收入预算调整后，相应调增或者调减支出预算。

**第十三条** 体育事业单位决算是指体育事业单位根据预算执行结果编制的年度报告。

**第十四条** 体育事业单位应当按照规定编制年度决算，由主管部门审核汇总后报财政部门审批。

**第十五条** 体育事业单位应当加强决算审核和分析，保证决算数据的真实、准确，规范决算管理工作。

## 第三章 收入管理

**第十六条** 收入是指体育事业单位为开展业务及其他活动依法取得的非偿还性资金。

**第十七条** 体育事业单位收入包括：

（一）财政补助收入，即体育事业单位从同级财政部门取得的各类财政拨款（含彩票公益金）。

（二）事业收入，即体育事业单位开展体育业务活动及其辅助活动取得的收入。其中：按照国家有关规定应当上缴国库或者财政专户的资金，不计入事业收入；从财政专户核拨给体育事业单位的资金和经核准不上缴国库或者财政专户的资金，计入事业收入。

（三）上级补助收入，即体育事业单位从主管部门和上级单位取得的非财政补助收入。

（四）附属单位上缴收入，即体育事业单位附属独立核算单位按照有关规定上缴的收入。

（五）经营收入，即体育事业单位在专业活动及其辅助活动之外开展非独立核算经营活动取得的收入。

（六）其他收入，即本条上述规定范围以外的各项收入，包括投资收益、利息收入、捐赠收入等。

**第十八条** 事业收入包括：

（一）体育竞赛收入，即体育事业单位组织和参加各类体育比赛和表演所取得的收入，包括出售门票、比赛冠名权、媒体转播权和提供服务等取得的各项收入。

（二）体育公共设施服务收入，即体育事业单位依托体育场地及附属设施提供体育比赛、健身休闲、健身指导、技能培训、运动康复、体质测试等服务取得的收入。

(三)体育技术服务收入,即体育事业单位对外提供技术指导、技术咨询、技术培训、信息服务和推广体育科研成果等取得的收入。

(四)体育衍生业务收入,即体育事业单位通过形象代言、特许使用权、冠名权等取得的收入。

(五)其他体育事业收入,即体育事业单位开展专业业务活动及其辅助活动取得的除上述各项收入以外的收入。

**第十九条** 经营收入包括:

(一)销售收入,即体育事业单位非独立核算部门销售商品所取得的收入。

(二)经营服务收入,即体育事业单位非独立核算部门对外提供经营服务取得的收入。

(三)租赁收入,即体育事业单位出租房屋、场地、大型设备等取得的收入。

(四)其他经营收入,即体育事业单位在专业业务活动及其辅助活动之外取得的除上述各项收入以外的收入。

**第二十条** 收入管理的要求

(一)体育事业单位应当在国家政策允许的范围内,依法组织收入,坚持把社会效益放在首位,同时注重经济效益。

(二)体育事业单位取得事业收入和经营收入,应当使用财政部门和税务部门统一印制的票据,并建立健全各种专用收款收据、销售发票、门票等票据的管理制度。

(三)体育事业单位应当严格执行国家批准的收费项目和收费标准,不得擅自设立收费项目,自定收费标准。

(四)体育事业单位应当按照规定加强银行账户的统一管理,收入要及时入账,防止流失。

(五)体育事业单位的各项收入应当全部纳入单位预算,统一核算,统一管理。

(六)体育事业单位对按照规定上缴国库或者财政专户的资金,应当按照国库集中收缴的有关规定及时足额上缴,不得隐瞒、滞留、截留、挪用和坐支。

## 第四章 支出管理

**第二十一条** 支出是体育事业单位开展业务及其他活动发生的资金耗费和损失。

**第二十二条** 体育事业单位支出包括:

(一)事业支出,即体育事业单位开展专业业务活动及其辅助活动发生的基本支出和项目支出。基本支出是指体育事业单位为了保障其正常运转、完成日常工作任务而发生的人员支出和公用支出。项目支出是指体育事业单位为了完成特定工作任务和事业发展目标,在基本支出之外所发生的支出。

(二)经营支出,即体育事业单位在专业业务活动及其辅助活动之外开展非独立核算经营活动发生的支出。

(三)对附属单位补助支出,即体育事业单位用财政补助收入之外的收入对附属单位补助发生的支出。

(四)上缴上级支出,即体育事业单位按照财政部门和主管部门的规定上缴上级单位的支出。

(五)其他支出,即本条上述规定范围以外的各项支出,包括利息支出、捐赠支出等。

**第二十三条** 体育事业单位应当将各项支出全部纳入单位预算,建立健全支出管理制度。

**第二十四条** 体育事业单位应当严格执行国家有关财务规章制度规定的开支范围及开支标准;国家有关财务规章制度没有统一规定的,由体育事业单位规定,报主管部门和财政部门备案。体育事业单位的规定违反法律制度和国家政策的,主管部门和财政部门应当责令改正。

**第二十五条** 体育事业单位在开展非独立核算经营活动中,应当正确归集实际发生的各项费用数;不能归集的,应当按照规定的比例合理分摊。

经营支出应当与经营收入配比。

**第二十六条** 体育事业单位从财政部门和主管部门取得的有指定项目和用途的专项资金,应当专款专用、单独核算,并按照规定向财政部门或者主管部门报送专项资金使用情况;项目完成后,应当报送专项资金支出决算和使用效果的书面报告,接受财政部门或者主管部门的检查、验收。

**第二十七条** 体育事业单位应当强化成本意识、加强经济核算,具备条件的体育事业单位可以根据开展业务及其他活动的实际需要,实行内部成本核算办法。

**第二十八条** 体育事业单位实行内部成本核算,应当按照核算对象将业务活动中所发生的各种费用进行归集、分配和计算,其费用可以划分为直接费用、间接费用和期间费用。

(一)直接费用是指直接从事体育公共设施服务、体育竞赛、体育技术服务、体育宣传品制作等专业业务活动和非独立核算生产经营活动所发生的费用。

(二)间接费用是指体育事业单位内部各业务部门为组织和管理体育公共设施服务、体育竞赛、体育技术服务、体育宣传品制作等专业业务活动和非独立核算生产经营活动所发生的费用。

(三)期间费用是指体育事业单位内部行政后勤管理部门发生的各项费用。

**第二十九条** 体育事业单位实行内部成本核算,其成本费用应当按照支出用途分别归集到单位事业支出、经营支出等相应科目中。

**第三十条** 体育事业单位实行内部成本核算,其基本建设支出、对外投资、各种罚款、赞助和捐赠支出以及国家规定不得列入成本费用的其他支出,不得计入成本费用。

**第三十一条** 体育事业单位实行内部成本核算,应当建立成本费用与相关支出的核对机制,以及成本核算分析报告制度。

**第三十二条** 体育事业单位应当严格执行国库集中支付制度和政府采购制度等有关规定。

**第三十三条** 体育事业单位应当加强支出的绩效管理,提高资金使用的有效性。

**第三十四条** 体育事业单位应当依法加强各类票据管理,确保票据来源合法、内容真实、使用正确,不得使用虚假发票。

票据经办部门和人员应当对票据的真实性、合法性负责。财务部门应当加强票据的审核,拒绝报销虚假票据。

## 第五章 结转和结余管理

**第三十五条** 结转和结余是指体育事业单位年度收入与支出相抵后的余额。

结转资金是指当年预算已执行但未完成,或者因故未执行,下一年度需要按照原用途继续使用的资金。结余资金是指当年预算工作目标已完成,或者因故终止,当年剩余的资金。

经营收支结转和结余应当单独反映。

**第三十六条** 财政拨款结转和结余的管理,应当按照同级财政部门的规定执行。

**第三十七条** 非财政拨款结转按照规定结转下一年度继续使用。非财政拨款结余可以按照国家有关规定提取职工福利基金,剩余部分作为事业基金用于弥补以后年度单位收支差额;国家另有规定的,从其规定。

**第三十八条** 体育事业单位应当加强事业基金的管理,遵循收支平衡的原则,统筹安排、合理使用,支出不得超出基金规模。

## 第六章 专用基金管理

**第三十九条** 专用基金是指体育事业单位按照规定提取或设置的有专门用途的资金。

专用基金管理应当遵循先提后用、收支平衡、专款专用的原则,支出不得超出基金规模。

**第四十条** 专用基金包括:

(一)修购基金,即按照事业收入和经营收入的一定比例提取,并按照规定在相应的购置和修缮科目中列支(各列50%),以及按照其他规定转入,用于体育事业单位固定资产维修和购置的资金。事业收入和经营收入较少的事业单位可以不提取修购基金。

(二)职工福利基金,即按照非财政拨款结余的一定比例提取以及按照其他规定提取转入,用于单位职工的集体福利设施、集体福利待遇等的资金。

(三)其他基金,即按照其他有关规定提取或者设置的专用基金。

**第四十一条** 各项基金的提取比例和管理办法,国家有统一规定的,按统一规定执行;没有统一规定的,由主管部门会同同级财政部门确定。

## 第七章 资产管理

**第四十二条** 资产是指体育事业单位占有或者使用的能以货币计量的经济资源,包括各种财产、债权和其他权利。

**第四十三条**　体育事业单位的资产包括流动资产、固定资产、在建工程、无形资产和对外投资等。

**第四十四条**　体育事业单位应当建立健全单位资产管理制度，加强和规范资产配置、使用和处置管理，维护资产安全完整，保障事业健康发展。

**第四十五条**　体育事业单位应当按照科学规范、从严控制、保障事业发展需要的原则合理配置资产。根据单位资产存量状况、人员编制和有关资产配置标准，编制资产购置计划，按照部门预算管理的有关要求列入年度部门预算，并履行相关政府采购规定。

**第四十六条**　流动资产是指可以在一年以内变现或者耗用的资产，包括现金、各种存款、零余额账户用款额度、应收及预付款项、存货等。

**第四十七条**　体育事业单位应当严格执行国家现金及各种存款的有关规定，并建立健全内部管理制度。

**第四十八条**　体育事业单位对应收及预付款项要按时清理结算，加强管理。

**第四十九条**　存货是指体育事业单位在开展业务活动及其他活动中为耗用而储存的资产，包括材料、燃料、包装物和低值易耗品等。

(一)体育事业单位应当建立健全存货管理制度。单位资产管理部门应当指定专人负责，严格收发手续，完善存货验收、出入库和保管制度，防止丢失、损坏和变质。

(二)单位资产管理部门应当建立存货明细账，定期与财务部门的存货总账进行核对，并对存货进行定期或不定期的清查盘点，做到账账相符、账实相符。对存货盘盈、盘亏应当及时处理。

(三)体育事业单位应当制定消耗性存货储备定额和主要存货消耗定额。

**第五十条**　固定资产是指使用期限超过一年，单位价值在1000元以上(其中：专用设备单位价值在1500元以上)，并在使用过程中基本保持原有物质形态的资产。单位价值虽未达到规定标准，但是耐用时间在一年以上的大批同类物资，作为固定资产管理。

固定资产一般分为六类：房屋及构筑物；专用设备；通用设备；文物和陈列品；图书、档案；家具、用具、装具及动植物。

体育事业单位的固定资产明细目录由国务院体育主管部门制定，报国务院财政部门备案。

**第五十一条**　体育事业单位要加强固定资产管理：

(一)建立健全固定资产管理制度，加强固定资产维护和保养，制定操作规程，建立技术档案和使用情况报告制度。

(二)购建、调入、捐赠、赞助的固定资产，由单位资产管理部门负责组织验收，财务部门参与验收，专业仪器设备和新建的房屋及构筑物应当有专业技术人员参加验收。经验收后的固定资产要及时入账并交付使用。

(三)体育事业单位应当对固定资产进行定期或者不定期的清查盘点。年度终了前应当进行一次全面清查盘点，保证账实相符。

**第五十二条**　体育事业单位接受捐赠、赞助的实物包括固定资产和消耗性物品两类。

体育事业单位接受捐赠、赞助的固定资产，按照同类固定资产的市场价格或者有关凭证记账，接受捐赠、赞助固定资产时发生的相关费用应当计入固定资产价值。

体育事业单位接受捐赠、赞助的服装、器材、食品、饮料等消耗性物品，按照实物管理要求建立健全物资台账，严格出入库管理。

**第五十三条**　在建工程是指已经发生必要支出，但尚未达到交付使用状态的建设工程。

在建工程达到交付使用状态时，应当按照规定办理工程竣工财务决算和资产交付使用。

**第五十四条**　无形资产是指不具有实物形态而能为使用者提供某种权利的资产，包括专利权、商标权、著作权、土地使用权、非专利技术以及其他财产权利。

体育事业单位应当加强本单位无形资产的评估确认、开发、保护、使用和转让的管理。转让无形资产，应当按照有关规定进行资产评估，取得的收入按照国家有关规定处理。体育事业单位取得无形资产发生的支出，应当计入事业支出。

**第五十五条**　对外投资是指体育事业单位依法利用货币资金、实物、无形资产等方式向其他单位的投资。

（一）体育事业单位应当严格控制对外投资。在保证单位正常运转和事业发展的前提下，按照国家有关规定可以对外投资的，应当进行充分的可行性论证，并履行相关审批程序。

（二）体育事业单位不得使用财政拨款（含彩票公益金）及其结余进行对外投资，不得从事股票、期货、基金、企业债券等投资，国家另有规定的除外。

（三）体育事业单位以非货币性资产对外投资的，应当按照国家有关规定进行资产评估，合理确定资产价值。

（四）体育事业单位应当建立健全对所办企业的管理制度，认真履行相关管理职责，对企业经营者任免、重大决策和收益分配等事项进行监督管理。

**第五十六条** 体育事业单位资产处置应当遵循公开、公平、公正和竞争、择优的原则，严格履行相关审批程序。

体育事业单位出租、出借资产，应当按照国家有关规定经主管部门审核同意后报同级财政部门审批。

**第五十七条** 体育事业单位应当提高资产使用效率，按照国家有关规定实行资产共享、共用。

## 第八章 负债管理

**第五十八条** 负债是指体育事业单位所承担的能以货币计量，需要以资产或者劳务偿还的债务。

**第五十九条** 体育事业单位的负债包括借入款项、应付款项、暂存款项、应缴款项等。

应缴款项包括体育事业单位收取的应当上缴国库或者财政专户的资金、应缴税费，以及其他按照国家有关规定应当上缴的款项。

**第六十条** 体育事业单位应当对不同性质的负债分类管理，及时清理并按规定办理结算，保证各种负债在规定期限内归还。

**第六十一条** 体育事业单位应当建立健全财务风险控制机制，规范和加强借入款项管理，严格执行审批程序，不得违反规定举借债务和提供担保。

## 第九章 事业单位清算

**第六十二条** 体育事业单位发生划转、撤销、合并、分立时，应当进行清算。

**第六十三条** 体育事业单位清算，应当在主管部门和财政部门的监督指导下，对单位的财产、债权、债务等进行全面清理，编制财产目录和债权、债务清单，提出财产作价依据和债权、债务处理办法，做好资产的移交、接收、划转和管理工作，并妥善处理各项遗留问题。

**第六十四条** 体育事业单位清算结束后，经主管部门审核并报财政部门批准，其资产分别按照下列办法处理：

（一）因隶属关系改变，成建制划转的体育事业单位，全部资产无偿移交，并相应划转经费指标。

（二）转为企业管理的体育事业单位，全部资产扣除负债后，转作国家资本金。需要进行资产评估的，按照国家有关规定执行。

（三）撤销的体育事业单位，全部资产由主管部门和财政部门核准处理。

（四）合并的体育事业单位，全部资产移交接收单位或者新组建单位，合并后多余的资产由主管部门和财政部门核准处理。

（五）分立的体育事业单位，资产按照有关规定移交分立后的事业单位，并相应划转经费指标。

## 第十章 财务报告和财务分析

**第六十五条** 财务报告是反映体育事业单位一定时期财务状况和事业成果的总结性书面文件。

体育事业单位应当按照财政部门和主管部门的规定和要求，定期编制财务报告，做到内容完整、数据真实、计算准确、说明符合实际情况，并定期向主管部门和财政部门以及其他有关的报表使用者提供财务报告。

**第六十六条** 体育事业单位在编制财务报告前，应当对财产、债权、债务等进行全面清查盘点，并编制盘存表。对盘盈、盘亏、报废、损毁等按照规定程序办理。

**第六十七条** 体育事业单位报送的年度财务报告包括资产负债表、收入支出表、财政拨款收入支出表、固定资产投资决算报表等主表，有关附表以及财务情况说明书等。

**第六十八条** 财务情况说明书，主要说明体育事业发展状况、体育事业单位收入及其支出、结转、结余及其分配、资产负债变动、对外投资、资产出租出借、资产处置、固定资产投资、绩效考评的情况，对本期或者下期财务情况发生重大影响的事项，以及需要说明的其他事项。

**第六十九条** 财务分析的内容包括事业成果、预算编制与执行、资产使用、收入支出状况、财务管理等。

**第七十条** 财务分析指标包括财务指标和业务指标两类。

(一)财务指标包括：预算收入和支出完成率、彩票公益金与一般财政拨款分别占总收入比率、人员支出与公用支出分别占事业支出的比率、人均基本支出、资产负债率、经费自给率等。

(二)业务指标包括：举办全民健身活动次数、参与全民健身活动人数、专业运动队人数、获世界冠军数、获洲际比赛冠军数、获全国比赛冠军数、体育场地设施种类、数量及面积、体育场馆开放率等。

除上述指标外，体育事业单位可以根据本单位业务特点增加财务分析指标。

## 第十一章 财务监督

**第七十一条** 体育事业单位财务监督主要包括对预算管理、收入管理、支出管理、结转和结余管理、专用基金管理、资产管理、负债管理等的监督。

**第七十二条** 体育事业单位财务监督应当实行事前监督、事中监督、事后监督相结合，日常监督与专项监督相结合。

**第七十三条** 体育事业单位应当建立健全内部控制制度、经济责任制度、财务信息披露制度等监督制度，依法公开财务信息。

**第七十四条** 体育事业单位的财务审计、监察机构履行内部财务监督职责，加强对单位经济活动的监督，有效防范财务风险。

**第七十五条** 体育事业单位应当依法接受主管部门和财政、审计部门的监督。

## 第十二章 附 则

**第七十六条** 体育事业单位基本建设投资的财务管理，应当执行本制度，但国家基本建设投资财务管理制度另有规定的，从其规定。

**第七十七条** 参照公务员法管理的体育事业单位财务制度的适用，按照国务院财政部门规定执行。

**第七十八条** 接受国家经常性资助的社会力量举办的体育公益服务性组织和社会团体，依照本制度执行；其他社会力量举办的体育公益服务性组织和社会团体，可以参照本制度执行。

**第七十九条** 下列体育事业单位或者体育事业单位的特定项目，执行企业财务制度，不执行本制度：

(一)纳入企业财务管理体系的体育事业单位和体育事业单位附属独立核算的生产经营单位；

(二)体育事业单位经营的接受外单位要求投资回报的项目；

(三)经主管部门和财政部门批准的具备条件的其他体育事业单位。

**第八十条** 体育科学研究单位、学校和体育医院执行同行业事业单位财务制度。

**第八十一条** 省、自治区、直辖市财政部门和体育主管部门可以根据《事业单位财务规则》和本制度，结合本地区实际情况制定补充规定，报财政部、国家体育总局备案。

体育事业单位应当按照本制度，根据单位实际情况，制定单位内部财务管理办法，并报主管部门备案。

**第八十二条** 本制度自 2013 年 1 月 1 日起施行。

# 8. 文物事业单位财务制度(2012 年修订)

财教[2012]506 号

## 第一章 总 则

**第一条** 为了进一步规范文物事业单位的财务行为，加强文物事业单位财务管理和监督，提高资金使

用效益，保障文物事业单位健康发展，根据《事业单位财务规则》和国家有关法律制度，结合文物事业单位特点，制定本制度。

**第二条** 本制度适用于各级各类文物事业单位(以下简称文物事业单位)的财务活动。

**第三条** 文物事业单位财务管理的基本原则是：执行国家有关法律、法规和财务规章制度；坚持勤俭办事业的方针；正确处理事业发展需要和资金供给的关系，社会效益和经济效益的关系，国家、单位和个人三者利益的关系。

**第四条** 文物事业单位财务管理的主要任务是：合理编制单位预算，严格预算执行，完整、准确编制单位决算，真实反映单位财务状况；依法组织收入，努力节约支出；建立健全财务制度，加强经济核算，实施绩效评价，提高资金使用效益；加强资产管理，合理配置和有效利用资产，防止资产流失；加强对单位经济活动的财务控制和监督，防范财务风险。

**第五条** 文物事业单位应当按照国家有关规定设置财务会计机构，配备具备从业资格的财务会计人员。

**第六条** 文物事业单位的财务活动在单位负责人的领导下，由单位财务部门统一管理。

## 第二章 单位预算管理

**第七条** 文物事业单位预算是指文物事业单位根据事业发展目标和计划编制的年度财务收支计划。

文物事业单位预算由收入预算和支出预算组成。

**第八条** 国家对文物事业单位实行核定收支、定额或者定项补助、超支不补、结转和结余按规定使用的预算管理办法。

定额或者定项补助根据国家有关政策和财力可能，结合文物事业特点、事业发展目标和计划、事业单位收支及资产状况等确定。定额或者定项补助可以为零。

非财政补助收入大于支出较多的文物事业单位，可以实行收入上缴办法。具体办法由财政部门会同主管部门制定。

**第九条** 预算编制原则：

(一)坚持合法合规的原则。根据国家有关方针政策、法律法规以及文物事业发展目标和计划编制单位预算。

(二)坚持完整性和统一性原则。预算编制要体现综合预算的原则。文物事业单位应当将所有收入和支出全部纳入部门预算。

(三)坚持以收定支、收支平衡的原则。预算编制应当自求收支平衡，不得编制赤字预算。

(四)坚持统筹兼顾、保证重点的原则。预算编制既要考虑文物事业发展的需要，又要考虑国家财力的可能和单位的收入状况、资产状况，保证重点，兼顾一般。

(五)坚持厉行节约、注重绩效的原则。文物事业单位应当建立绩效评价制度，对预算的执行过程和完成结果实行全面的追踪问效。

**第十条** 文物事业单位参考以前年度预算执行情况，根据预算年度的收入增减因素和措施，以及以前年度结转和结余情况，测算编制收入预算；根据文物事业发展需要与财力可能，测算编制支出预算。

**第十一条** 文物事业单位根据年度事业发展目标和计划以及预算编制的规定，提出预算建议数，经主管部门审核汇总报财政部门(一级预算单位直接报财政部门，下同)。文物事业单位根据财政部门下达的预算控制数编制预算，由主管部门审核汇总报财政部门，经法定程序审核批复后执行。

**第十二条** 文物事业单位应当严格执行批准的预算。预算执行中，国家对财政补助收入和财政专户管理资金的预算一般不予调整。

上级下达的事业计划有较大调整，或者根据国家有关政策增加或者减少支出，对预算执行影响较大时，文物事业单位应当报主管部门审核后报财政部门调整预算。

财政补助收入和财政专户管理资金以外部分的预算需要调增或者调减的，由单位自行调整并报主管部门和财政部门备案。

收入预算调整后，相应调增或者调减支出预算。

**第十三条** 文物事业单位决算是指文物事业单位根据预算执行结果编制的年度报告。

**第十四条** 文物事业单位应当按照规定编制年度决算,由主管部门审核汇总后报财政部门审批。

**第十五条** 文物事业单位应当加强决算审核和分析,保证决算数据的真实、准确,规范决算管理工作。

## 第三章 收入管理

**第十六条** 收入是指文物事业单位为开展业务及其他活动依法取得的非偿还性资金。

**第十七条** 文物事业单位收入包括:

(一)财政补助收入,即文物事业单位从同级财政部门取得的各类财政拨款。

(二)事业收入,即文物事业单位开展专业业务活动及其辅助活动取得的收入。其中:按照国家有关规定应当上缴国库或者财政专户的资金,不计入事业收入;从财政专户核拨给事业单位的资金和经核准不上缴国库或者财政专户的资金,计入事业收入。

(三)上级补助收入,即文物事业单位从主管部门和上级单位取得的非财政补助收入。

(四)附属单位上缴收入,即文物事业单位附属独立核算单位按照有关规定上缴的收入。

(五)经营收入,即文物事业单位在专业业务活动及辅助活动之外开展非独立核算的经营活动取得的收入。

(六)其他收入,即本条上述规定范围以外的各项收入,包括投资收益、利息收入、捐赠收入等。

**第十八条** 事业收入包括:

(一)门票收入,即文物事业单位开展业务活动出售门票取得的收入。

(二)展览收入,即文物事业单位自行举办或与外单位合办、协办展览而取得的收入。

(三)讲解导览收入,即文物事业单位为观众提供讲解、语音导览服务取得的收入。

(四)考古调查、勘探、发掘收入,即文物事业单位进行考古调查、勘探和依法考古发掘取得的收入。

(五)文物保护工程收入,即文物事业单位对外提供文物保护工程勘察设计、施工、监理等取得的收入。

(六)文物修复设计、施工收入,即文物事业单位对外提供文物修复等服务取得的收入。

(七)文物鉴定、审核收入,即文物事业单位对外提供文物拍卖标底审核、文物进出境审核等取得的收入。

(八)文物调拨、交换、出借补偿收入,即文物事业单位因文物调拨、交换、出借取得的补偿收入。

(九)其他事业收入,即文物事业单位开展专业业务活动及其辅助活动取得的除上述各项收入以外的收入。

**第十九条** 经营收入包括:

(一)文化产品销售收入,即文物事业单位非独立核算部门销售文化产品等商品取得的收入。

(二)经营服务收入,即文物事业单位非独立核算部门对外提供影视拍摄等经营服务取得的收入。

(三)租赁收入,即文物事业单位对外出租房屋、场地和设备等取得的收入。

(四)其他经营收入,即文物事业单位在专业业务活动及其辅助活动之外取得的除上述各项收入以外的收入。

**第二十条** 文物事业单位应当将各项收入全部纳入单位预算,统一核算,统一管理。

**第二十一条** 文物事业单位应当在国家政策允许的范围内,依法组织收入,坚持把社会效益放在首位,坚持社会效益和经济效益的有机统一。

**第二十二条** 文物事业单位应当严格执行国家批准的收费项目和收费标准。

文物事业单位应当使用财政部门或税务部门统一印制的票据,并建立健全票据的管理制度。

**第二十三条** 文物事业单位事业收入应当用于文物保护事业发展需要,任何单位和个人不得侵占、挪用。

配合建设工程进行考古调查、勘探、发掘取得的收入应当专门用于承担相关工作,任何单位不得统筹、挪用。

**第二十四条** 文物事业单位对按照规定上缴国库或者财政专户的资金,应当按照国库集中收缴的有关规定及时足额上缴,不得隐瞒、滞留、截留、挪用和坐支。

## 第四章 支出管理

**第二十五条** 支出是指文物事业单位开展业务及其他活动发生的资金耗费和损失。

**第二十六条** 文物事业单位支出包括:

(一)事业支出,即文物事业单位开展专业业务活动及其辅助活动发生的基本支出和项目支出。基本支出是文物事业单位为了保障其正常运转、完成日常工作任务而发生的人员支出和公用支出。项目支出是事业单位为了完成特定工作任务和事业发展目标,在基本支出之外所发生的支出。

(二)经营支出,即文物事业单位在专业业务活动及其辅助活动之外开展非独立核算经营活动发生的支出。

(三)对附属单位补助支出,即文物事业单位用财政补助收入之外的收入对附属单位补助发生的支出。

(四)上缴上级支出,即文物事业单位按照财政部门和主管部门的规定上缴上级单位的支出。

(五)其他支出,即上述规定范围以外的支出,包括利息支出、捐赠支出等。

**第二十七条** 文物事业单位应当将各项支出全部纳入单位预算,建立健全支出管理制度。

**第二十八条** 文物事业单位的支出应当严格执行国家有关财务规章制度规定的开支范围及开支标准;国家有关财务规章制度没有统一规定的,由文物事业单位规定,报主管部门备案。

文物事业单位的规定违反法律制度和国家政策的,主管部门和财政部门应当责令改正。

**第二十九条** 文物事业单位在开展非独立核算经营活动中,应当正确归集实际发生的各项费用数;不能归集的,应当按照规定的比例合理分摊。

经营支出应当与经营收入配比。

**第三十条** 文物事业单位从财政部门和主管部门取得的有指定项目和用途的专项资金,应当专款专用,单独核算,并按照规定向财政部门或者主管部门报送专项资金使用情况;项目完成后,应当报送专项资金支出决算和使用效果的书面报告,接受财政部门或者主管部门的检查、验收。

**第三十一条** 文物事业单位应当加强经济核算,可以根据开展业务活动及其他活动的实际需要,实行内部成本核算方法。

**第三十二条** 文物事业单位应当严格执行国库集中支付制度和政府采购制度等有关规定。

**第三十三条** 文物事业单位应当加强支出的绩效管理,提高资金使用的有效性。

**第三十四条** 文物事业单位应当依法加强票据管理,确保票据来源合法,内容真实,使用正确,严禁使用虚假票据。

## 第五章 结转和结余管理

**第三十五条** 结转和结余是指文物事业单位年度收入与支出相抵后的余额。

结转资金是指当年预算已执行但未完成,或者因故未执行,下一年度需要按照原用途继续使用的资金。结余资金是指当年预算工作目标已完成,或者因故终止,当年剩余的资金。

经营收支结转和结余应当单独反映。

**第三十六条** 财政拨款结转和结余的管理,应当按照同级财政部门的规定执行。

**第三十七条** 非财政拨款结转按照规定结转下一年度继续使用。非财政拨款结余可以按照国家有关规定提取职工福利基金,剩余部分作为事业基金用于弥补以后年度单位收支差额;国家另有规定的,从其规定。

**第三十八条** 文物事业单位应当加强事业基金的管理,遵循收支平衡的原则,统筹安排,合理使用,支出不得超出基金规模。

## 第六章 专用基金管理

**第三十九条** 专用基金是指文物事业单位按照规定提取或者设置的有专门用途的资金。

专用基金管理应当遵循先提后用、收支平衡、专款专用的原则,支出不得超出基金规模。

**第四十条** 专用基金包括:

(一)修购基金。即按照事业收入和经营收入的一定比例提取,并按照规定在相应的购置和修缮中列支(各列 50%),以及按照其他规定转入,用于事业单位固定资产维修和购置的资金。事业收入和经营收入较少的事业单位可以不提取修购基金。

(二)职工福利基金,即按照非财政拨款结余的一定比例提取以及按照其他规定提取转入,用于单位职工的集体福利设施、集体福利待遇等的资金。

（三）其他基金，即按照其他有关规定提取或者设置的专用资金。

**第四十一条** 各项基金的提取比例和管理办法，国家有统一规定的，按照统一规定执行；没有统一规定的，由主管部门会同同级财政部门确定。

## 第七章 资产管理

**第四十二条** 资产是指文物事业单位占有或者使用的能以货币计量的经济资源，包括各种财产、债权和其他权利。

**第四十三条** 文物事业单位的资产包括流动资产、固定资产、在建工程、无形资产和对外投资等。

**第四十四条** 文物事业单位应当建立健全单位资产管理制度，加强和规范资产配置、使用和处置管理，维护资产安全完整，保障事业健康发展。

**第四十五条** 文物事业单位应当按照科学规范、从严控制、保障事业发展需要的原则合理配置资产。根据单位资产存量状况、人员编制和有关资产配置标准，编制资产购置计划，按照部门预算管理的有关要求列入年度部门预算，并履行相关政府采购规定。

**第四十六条** 流动资产是指可以在一年以内变现或者耗用的资产，包括现金、各种存款、零余额账户用款额度、应收及预付款项、存货等。

**第四十七条** 文物事业单位应当建立健全现金及各种存款的内部管理制度，由财务机构按照国家有关规定开立、使用和管理银行账户。

**第四十八条** 文物事业单位应当按时清理结算应收款项和预付款项，加强管理。

**第四十九条** 存货是指文物事业单位在开展业务活动及其他活动中为耗用而储存的资产，包括材料、燃料、包装物和低值易耗品等。

文物事业单位应当对存货进行定期或者不定期的清查盘点，保证账实相符。对存货盘盈、盘亏应当及时处理。

**第五十条** 固定资产是指使用期限超过一年，单位价值在1000元及以上（其中：专用设备单位价值在1500元及以上），并在使用过程中基本保持原有物质形态的资产。单位价值虽未达到规定标准，但是耐用时间在一年以上的大批同类物资，作为固定资产管理。

固定资产一般分为六类：房屋及构筑物；专用设备；通用设备；文物和陈列品；图书、档案；家具、用具、装具及动植物。

文物事业单位的固定资产明细目录由国务院文物主管部门制定，报国务院财政部门备案。

**第五十一条** 文物事业单位应当对固定资产进行定期或者不定期的清查盘点。年度终了前应当进行一次全面清查盘点，保证账实相符。

**第五十二条** 在建工程是指已经发生必要支出，但尚未达到交付使用状态的建设工程。

在建工程达到预定使用状态时，应当按照规定办理工程竣工财务决算和资产交付使用。

**第五十三条** 文物藏品的管理

（一）文物事业单位应当按照有关行业规定建立健全文物藏品的监督管理制度，文物藏品要登记文物藏品总登记账。

（二）文物事业单位通过购买、接受捐赠、依法调拨、交换、移交、拣选等方式取得文物藏品，财务部门应当及时登记入账。

（三）财务部门应当定期与保管部门进行文物资产清查盘点，重点要核对文物藏品资产账面数、文物藏品登记账数和实物，确保文物藏品的数量、名称和实物一一对应。

**第五十四条** 无形资产是指不具有实物形态而能为使用者提供某种权利的资产，包括专利权、商标权、著作权、土地使用权、非专利技术以及其他财产权利。

文物事业单位应当加强对本单位无形资产的管理。转让无形资产应当按照有关规定进行资产评估，取得的收入按照国家有关规定处理。

文物事业单位取得无形资产发生的支出，应当计入事业支出。

**第五十五条** 对外投资是指文物事业单位依法利用货币资金、实物、无形资产等方式向其他单位的

投资。

文物事业单位应当严格控制对外投资。在保证单位正常运转和事业发展的前提下，按照国家有关规定可以对外投资的，应当履行相关审批程序。

文物事业单位不得使用财政拨款及其结余进行对外投资，不得从事股票、期货、基金、企业债券等投资，国家另有规定的除外。

文物事业单位以非货币性资产对外投资的，应当按照有关规定进行资产评估，合理确定资产价值。

**第五十六条** 文物事业单位资产处置应当遵循公开、公平、公正和竞争、择优的原则，严格履行相关审批程序。

文物事业单位出租、出借资产，应当按照国家有关规定报主管部门审核同意后报财政部门审批。

**第五十七条** 文物事业单位应当提高资产使用效率，按照国家有关规定实行资产共享、共用。

## 第八章 负债管理

**第五十八条** 负债是指文物事业单位所承担的能以货币计量，需要以资产或者劳务偿还的债务。

**第五十九条** 文物事业单位的负债包括借入款项、应付款项、暂存款项、应缴款项等。

应缴款项包括文物事业单位收取的应当上缴国库或者财政专户的资金、应缴税费，以及其他按照国家有关规定应当上缴的款项。

**第六十条** 文物事业单位应当对不同性质的负债分类管理，及时清理并按照规定办理结算，保证各项负债在规定期限内归还。

**第六十一条** 文物事业单位应当建立财务风险控制机制，规范和加强借入款项管理，严格执行审批程序，不得违反规定举借债务和提供担保。

## 第九章 事业单位清算

**第六十二条** 文物事业单位发生划转、撤销、合并、分立时，应当进行清算。

**第六十三条** 文物事业单位清算，应当在主管部门和财政部门的监督指导下，对单位的财产、债权、债务等进行全面清理，编制财产目录和债权、债务清单，提出财产作价依据和债权、债务处理办法，做好资产的移交、接受、划转和管理工作，并妥善处理各项遗留问题。

涉及的文物资产应当单独报文物主管部门核准后处理。

**第六十四条** 文物事业单位清算结束后，经主管部门审核并报财政部门批准，其资产分别按照下列办法处理：

（一）因隶属关系改变，成建制划转的文物事业单位，全部资产无偿移交，并相应划转经费指标。

（二）转为企业管理的文物事业单位，全部资产扣除负债后，转作国家资本金。需要进行资产评估的，按照国家有关规定执行。

（三）撤销的文物事业单位，全部资产由主管部门和财政部门核准处理。

（四）合并的文物事业单位，全部资产移交接收单位或者新组建单位，合并后多余的国有资产由主管部门和财政部门核准处理。

（五）分立的文物事业单位，资产按照有关规定移交分立后的文物事业单位，并相应划转经费指标。

## 第十章 财务报告和财务分析

**第六十五条** 财务报告是反映事业单位一定时期财务状况和事业成果的总结性书面文件。

文物事业单位应当定期向主管部门和财政部门以及其他有关的报表使用者提供财务报告。

**第六十六条** 文物事业单位报送的年度财务报告包括资产负债表、收入支出表、财政拨款收入支出表、固定资产投资决算报表等主表，有关附表以及财务情况说明书等。

**第六十七条** 财务情况说明书，主要说明文物事业单位收入及其支出、结转、结余及其分配、资产负债变动、文物藏品及其变动情况、对外投资、资产出租出借、资产处置、固定资产投资、绩效考评的情况，对本期或者下期财务状况发生重大影响的事项，以及需要说明的其他事项。

**第六十八条**　文物藏品及其变动情况应当包括文物藏品的总量及其等级分布、文物藏品的变动情况及其原因、文物藏品的金额、数量及其变动情况等。

**第六十九条**　财务分析指标分为财务指标和业务指标两类。

(一)财务指标包括:预算收入和支出完成率、人员支出与公用支出分别占事业支出的比率、人均基本支出、资产负债率等。

(二)业务指标包括:文物藏品数、文物藏品展出率、文物藏品完好率、基本陈列数、举办展览数、参观人次等。

除上述指标外,文物单位可以根据本单位的业务特点增加财务分析指标。

### 第十一章　财务监督

**第七十条**　文物事业单位财务监督主要包括对预算管理、收入管理、支出管理、结转和结余管理、专业基金管理、资产管理、负债管理等的监督。

**第七十一条**　文物事业单位财务监督应当实行事前监督、事中监督、事后监督相结合,日常监督与专项监督相结合。

**第七十二条**　文物事业单位应当建立健全内部控制制度、经济责任制度、财务信息披露制度等监督制度,按照规定公开财务信息。

**第七十三条**　文物事业单位应当依法接受主管部门和财政、审计部门的监督。

### 第十二章　附　　则

**第七十四条**　文物事业单位基本建设投资财务管理,应当执行本制度,但国家基本建设投资财务管理制度另有规定的,从其规定。

**第七十五条**　参照公务员法管理的文物事业单位财务制度的适用,按照国务院财政部门有关规定执行。

**第七十六条**　接受国家经常性资助的社会力量举办的文物公益服务性组织和社会团体,依照本制度执行。其他社会力量举办的文物公益服务性组织和社会团体,可以参照本制度执行。

**第七十七条**　下列文物事业单位或者事业单位特定项目,执行企业财务制度,不执行本制度。

(一)纳入企业财务管理体系的文物事业单位和文物事业单位附属独立核算的生产经营单位;

(二)文物事业单位经营的接受外单位要求投资回报的项目;

(三)经主管部门和财政部门批准的具备条件的其他文物事业单位。

**第七十八条**　省、自治区、直辖市财政部门和文物主管部门,可以根据本制度,结合本地区实际情况,制定补充规定,报财政部、国家文物局备案。

文物事业单位应当按照本制度,根据单位实际情况,制定单位内部财务管理办法,并报主管部门备案。

**第七十九条**　本制度自2013年1月1日起施行。

## 9. 人口和计划生育事业单位财务制度(2012年修订)

财教[2012]507号

### 第一章　总　　则

**第一条**　为了进一步规范人口和计划生育事业单位的财务行为,加强人口和计划生育事业单位财务管理和监督,提高资金使用效益,保障人口和计划生育事业单位的健康发展和计划生育基本国策的贯彻落实,根据《事业单位财务规则》,结合人口和计划生育事业单位的特点,制定本制度。

**第二条**　本制度适用于各级各类人口和计划生育事业单位(以下简称人口和计划生育事业单位)的财

务活动。

**第三条** 人口和计划生育事业单位财务管理的基本原则是:执行国家有关法律、法规和财务规章制度;坚持勤俭办事业的方针;正确处理事业发展需要和资金供给的关系,社会效益和经济效益的关系,国家、单位和个人三者利益的关系。

**第四条** 人口和计划生育事业单位财务管理的主要任务是:合理编制单位预算,严格预算执行,完整编制单位决算,真实反映单位财务状况;依法组织收入,努力节约支出;建立健全财务管理制度,加强经济核算,建立科学的财务考核指标体系,实施绩效评价,提高资金使用效益;加强资产管理,合理配置、有效利用、规范处置资产,防止资产流失;加强对单位经济活动的财务控制和监督,定期进行财务分析,防范财务风险。

**第五条** 人口和计划生育事业单位应当按照国家有关规定设置财务会计机构,配备具备从业资格的财务会计人员;不具备条件的,可以实行会计委托代理记账。

**第六条** 人口和计划生育事业单位的全部财务活动在单位负责人领导下,由单位财务部门统一管理。

## 第二章 单位预算管理

**第七条** 单位预算是指人口和计划生育事业单位根据事业发展计划、目标和任务编制的年度财务收支计划。

人口和计划生育事业单位预算由收入预算和支出预算组成。

**第八条** 国家对人口和计划生育事业单位实行核定收支、定额或者定项补助、超支不补、结转和结余按规定使用的预算管理办法。

定额或者定项补助标准根据国家有关政策和财力可能,结合人口和计划生育事业特点、事业发展目标和规划、单位收支和资产状况等确定。定额或者定项补助可以为零。

非财政补助收入大于支出较多的人口和计划生育事业单位,可以实行收入上缴办法。具体办法由财政部门会同主管部门制定。

**第九条** 预算编制原则:

(一)坚持合法合规原则。根据国家有关方针政策、法律法规以及人口和计划生育事业发展目标和计划编制单位预算。

(二)坚持完整性和统一性原则。人口和计划生育事业单位必须将全部财务收支在预算中予以反映,并按照国家预算表格和统一的口径、程序及计算依据编制单位预算。

(三)坚持以收定支、收支平衡原则。单位预算编制要量入为出,收支平衡,不得编制赤字预算。

(四)坚持统筹兼顾、保证重点的原则。既要考虑事业发展的需要,又要考虑国家财力的可能和单位的收入状况、资产状况,保证重点,兼顾一般。

(五)坚持厉行节约、注重绩效原则。挖掘内部潜力,努力增收节支,提高资金使用效益。

**第十条** 人口和计划生育事业单位参考以前年度预算执行情况,根据预算年度的收入增减因素和措施,以及以前年度结转和结余情况,测算编制收入预算;根据事业发展需要与财力可能,测算编制支出预算。

**第十一条** 人口和计划生育事业单位根据年度事业发展目标、计划和预算编制的规定,提出预算建议数,经主管部门审核汇总报财政部门。人口和计划生育事业单位根据财政部门下达的预算控制数编制预算,由主管部门审核汇总报财政部门,经法定程序审核批复后执行。预算报送时间按财政部门的规定执行。

**第十二条** 人口和计划生育事业单位应当严格执行批准的预算。预算执行中,国家对财政补助收入和财政专户管理资金的预算一般不予调整。

上级下达的事业计划有较大调整,或者根据国家有关政策增加或者减少支出,对预算执行影响较大时,事业单位应当报主管部门审核后报财政部门调整预算;财政补助收入和财政专户管理资金以外部分的预算需要调增或者调减的,由单位自行调整并报主管部门和财政部门备案。

收入预算调整后,相应调增或者调减支出预算。

**第十三条** 人口和计划生育事业单位决算是指事业单位根据预算执行结果编制的年度报告。

**第十四条** 人口和计划生育事业单位应当按照规定,编制年度决算,由主管部门审核汇总后报财政部门审批。对财政部门批复调整的事项,人口和计划生育事业单位应及时调整。

**第十五条** 人口和计划生育事业单位应当加强决算审核和分析,保证决算数据的真实、准确,规范决算管理工作。

## 第三章 收入管理

**第十六条** 收入是指人口和计划生育事业单位为开展业务及其他活动依法取得的非偿还性资金。

**第十七条** 人口和计划生育事业单位收入包括：

(一)财政补助收入,即人口和计划生育事业单位从同级财政部门取得的各类财政拨款。

(二)事业收入,即人口和计划生育事业单位开展专业业务活动及其辅助活动取得的收入,其中:按照国家有关规定应当上缴国库或者财政专户的资金,不计入事业收入;从财政专户核拨的资金和经核准不上缴国库或者财政专户的资金,计入事业收入。

(三)上级补助收入,即人口和计划生育事业单位从主管部门和上级单位取得的非财政补助收入。

(四)附属单位上缴收入,即人口和计划生育事业单位附属独立核算单位按照有关规定上缴的收入。

(五)经营收入,即人口和计划生育事业单位在专业业务活动及其辅助活动之外开展非独立核算经营活动取得的收入。

(六)其他收入,即本条上述规定范围以外的各项收入,包括投资收益、利息收入、捐赠收入等。

**第十八条** 事业收入包括：

(一)技术服务收入,即人口和计划生育事业单位开展计划生育优生优育咨询指导、避孕节育手术、孕前优生健康检查、孕情环情监测、计划生育手术并发症诊治、生殖健康检查治疗等技术服务活动取得的收入。

(二)病残儿鉴定收入,即人口和计划生育事业单位对病残儿进行鉴定所取得的收入。

(三)培训收入,即人口和计划生育事业单位开展业务培训取得的收入。

(四)宣传品制作收入,即人口和计划生育事业单位制作人口计生图书、音像等各类宣传品取得的收入。

(五)其他事业收入,即人口和计划生育事业单位开展专业业务活动及其辅助活动所取得的除上述各项收入以外的收入。

**第十九条** 经营收入包括：

(一)销售收入,即人口和计划生育事业单位非独立核算部门销售商品取得的收入。

(二)经营服务收入,即人口和计划生育事业单位非独立核算部门对外提供经营服务取得的收入。

(三)租赁收入,即人口和计划生育事业单位出租房屋、场地和设备取得的收入。

(四)其他经营收入,即人口和计划生育事业单位在专业业务活动及其辅助活动之外取得的除上述各项收入以外的收入。

**第二十条** 收入管理的要求：

(一)人口和计划生育事业单位应当在国家政策允许的范围内,依法组织收入,坚持社会效益为主,同时注重经济效益。

(二)人口和计划生育事业单位应当严格执行国家批准的收费项目和收费标准,不得擅自设立收费项目,并建立健全收费管理制度。

(三)人口和计划生育事业单位各项收入要及时入账,防止流失。

(四)人口和计划生育事业单位的各项收入应当全部纳入单位预算,统一核算,统一管理。

**第二十一条** 人口和计划生育事业单位对按照规定上缴国库或者财政专户的资金,应当按照国库集中收缴的有关规定及时足额上缴,不得隐瞒、滞留、截留、挪用和坐支。

## 第四章 支出管理

**第二十二条** 支出是人口和计划生育事业单位开展业务及其他活动发生的资金耗费和损失。

**第二十三条** 人口和计划生育事业单位支出包括：

(一)事业支出,即人口和计划生育事业单位开展专业业务活动及其辅助活动发生的基本支出和项目支出。基本支出,即人口和计划生育事业单位为了保障其正常运转、完成日常工作任务而发生的人员支出和公用支出。项目支出,即人口和计划生育事业单位为了完成特定工作任务和事业发展目标,在基本支出之外所发生的支出。

(二)经营支出,即人口和计划生育事业单位在专业业务活动及其辅助活动之外开展非独立核算经营活

动发生的支出。

（三）对附属单位补助支出，即人口和计划生育事业单位用财政补助收入之外的收入对附属单位补助发生的支出。

（四）上缴上级支出，即人口和计划生育事业单位按照财政和主管部门的规定，上缴上级单位的支出。

（五）其他支出，即本条上述规定范围之外的支出，包括利息支出、捐赠支出等。

**第二十四条** 人口和计划生育事业单位的各项支出应当全部纳入单位预算，建立健全支出管理制度。

**第二十五条** 人口和计划生育事业单位应当严格执行国家财务规章制度规定的开支范围及开支标准；国家没有统一规定的，由人口和计划生育事业单位做出规定，报主管部门和财政部门备案。

人口和计划生育事业单位的规定违反法律制度和国家政策的，主管部门和财政部门应当责令改正。

**第二十六条** 人口和计划生育事业单位在开展非独立核算经营活动中，应当正确归集实际发生的各项费用数；不能归集的，应当按照规定的比例合理分摊。经营支出应当与经营收入配比。

**第二十七条** 人口和计划生育事业单位从财政部门和主管部门取得的有指定项目和用途的专项资金，应当专款专用，定期向财政部门和主管部门报送专项资金使用情况；项目完成后，应当报送专项资金支出决算和使用效果的书面报告，接受财政部门和主管部门的检查和验收。

**第二十八条** 为了加强支出管理，提高经济核算水平，具备条件的人口和计划生育事业单位，可以根据开展业务及其他活动的实际需要，实行内部成本核算办法。

**第二十九条** 实行内部成本核算办法的范围：非财政补助收入能够基本满足正常支出的人口和计划生育管理服务机构。

**第三十条** 实行内部成本核算办法的单位、单位内部实行成本核算的部门，其成本费用应当按照支出用途分别归集到单位事业支出和经营支出的相应科目中。

**第三十一条** 人口和计划生育事业单位的基本建设支出、对外投资支出以及国家规定不得列入成本费用的其他支出，不得计入成本费用。

**第三十二条** 人口和计划生育事业单位应当严格执行国库集中支付制度和政府采购制度等有关规定。

**第三十三条** 人口和计划生育事业单位应当加强支出的绩效管理，提高资金使用的有效性。

**第三十四条** 人口和计划生育事业单位应当依法加强各类票据管理，确保票据来源合法，内容真实，使用正确，不得使用虚假票据。票据经办部门和人员应当对票据的真实性、合法性负责。财务部门和人员应当加强票据审核，杜绝报销虚假发票。

## 第五章　结转和结余管理

**第三十五条** 结转和结余是指人口和计划生育事业单位年度收入与支出相抵后的余额。

结转资金是指当年预算已执行但未完成，或者因故未执行，下一年度需要按照原用途继续使用的资金。结余资金是指当年预算工作目标已完成，或者因故终止，当年剩余的资金。

经营收支结转和结余应当单独反映。

**第三十六条** 财政拨款结转和结余的管理，应当按照同级财政部门的规定执行。

**第三十七条** 非财政拨款结转按照规定结转下一年度继续使用。非财政拨款结余可以按照国家有关规定提取职工福利基金，剩余部分作为事业基金用于弥补以后年度单位收支差额；国家另有规定的，从其规定。

**第三十八条** 人口和计划生育事业单位应当加强事业基金的管理，在编制年度预算时统筹安排，合理使用，支出不得超出基金规模。

## 第六章　专用基金管理

**第三十九条** 专用基金是指人口和计划生育事业单位按照规定提取或设置的有专门用途的资金。专用基金管理应当遵循先提后用、收支平衡、专款专用的原则，支出不得超出基金规模。

**第四十条** 专用基金包括：

（一）修购基金，即按照事业收入和经营收入的一定比例提取，并按照规定在相应的购置和修缮科目中列支（各列 50%），以及按照其他规定转入，用于人口和计划生育事业单位固定资产维修、购置的资金。事业收入和经营收入较少的事业单位可以不提取修购基金。

（二）职工福利基金，即按照非财政拨款结余的一定比例提取转入，用于单位职工的集体福利设施、集体福利待遇等的资金。

（三）其他基金，即按照其他有关规定提取和设置的专用基金。

**第四十一条** 各项基金的提取比例和管理办法，国家有统一规定的，按统一规定执行，没有统一规定的由主管部门会同同级财政部门确定。

## 第七章 资产管理

**第四十二条** 资产是指人口和计划生育事业单位占有或者使用的能以货币计量的经济资源，包括各种财产、债权和其他权利。

**第四十三条** 人口和计划生育事业单位的资产包括流动资产、固定资产、在建工程、无形资产和对外投资等。

**第四十四条** 人口和计划生育事业单位应当建立健全单位资产管理制度，加强和规范资产配置、使用和处置管理，维护资产安全完整，保障事业健康发展。

**第四十五条** 人口和计划生育事业单位应当按照科学规范、从严控制、保障事业发展需要的原则合理配置资产。根据单位资产存量状况、人员编制和有关资产配置标准，编制资产购置计划，按照部门预算管理的有关要求列入年度部门预算，并履行相关政府采购规定。

**第四十六条** 流动资产是指可以在一年以内（含一年）变现或者耗用的资产，包括现金、各种存款、零余额账户用款额度、应收及预付款项和存货等。

**第四十七条** 人口和计划生育事业单位建立健全现金及各种存款的内部管理制度，应当由财务部门按照国家有关规定开设、使用和管理银行账户。

**第四十八条** 人口和计划生育事业单位对应收款项和预付款项要按时清理结算，不得长期挂账。对确实无法收回的预付款，要查明原因，分清责任，按照规定权限，报经主管部门或财政部门批准后核销。

**第四十九条** 存货是指人口和计划生育事业单位在开展业务及其他活动中为耗用而储存的资产，包括材料、燃料、包装物、避孕药具、低值易耗品等。

（一）人口和计划生育事业单位应当建立健全存货管理制度。单位资产管理部门应指定专人负责，严格收发手续，完善存货验收、进出库和保管制度，防止丢失、损坏、变质。

（二）人口和计划生育事业单位资产管理部门应当建立材料明细账，定期与财务部门的材料总账进行核对，做到账账相符、账实相符。

（三）人口和计划生育事业单位应当制定材料储备定额和主要材料消耗定额。

（四）人口和计划生育事业单位应当对存货进行定期或不定期的清查盘点，保证账实相符。存货盘盈、盘亏应及时处理。

**第五十条** 固定资产是指使用期限超过一年，单位价值在1000元以上（其中：专用设备单位价值在1500元以上），并在使用过程中基本保持原有物质形态的资产。单位价值虽未达到规定标准，耐用时间在一年以上的大批同类物资，作为固定资产管理。

固定资产一般分为六类：房屋及构筑物；专用设备；通用设备；文物和陈列品；图书、档案；家具、用具、装具及动植物。

人口和计划生育事业单位的固定资产明细目录由国务院人口和计划生育主管部门制定，报国务院财政部门备案。

**第五十一条** 人口和计划生育事业单位应当加强固定资产管理。

（一）建立健全固定资产管理制度，加强固定资产维护和保养，制定操作规程，建立技术档案和使用情况报告制度。

（二）购建和调入的固定资产，由人口和计划生育事业单位资产管理部门负责验收，单位财务部门参与验收。购进专用设备和新建的房屋及建筑物竣工时，应有专业技术人员参加验收。经验收后的固定资产要及时入账并交付使用。

（三）人口和计划生育事业单位固定资产报废和转让，以及单位价值或者批量价值在规定限额以上的资

产的处置应当按照有关规定，报主管部门和财政部门批准。

（四）人口和计划生育事业单位应当定期或者不定期对固定资产清查盘点。年度终了前应当进行一次全面的清查盘点，做到账实相符。对于盘盈、盘亏的固定资产应当及时按照规定处理。

**第五十二条** 在建工程是指已经发生必要支出，但尚未达到交付使用状态的建设工程。

人口和计划生育事业单位对建设工程项目，应按照国家有关规定，单独建账、单独核算，严格控制工程成本，工程完工后应尽快办理工程结算和竣工财务决算，并及时办理资产交付手续。国家另有规定的，从其规定。

**第五十三条** 无形资产是指不具有实物形态而能为使用者提供某种权利的资产，包括专利权、商标权、著作权、土地使用权、非专利技术以及其他财产权利等。

人口和计划生育事业单位应当对本单位无形资产的评估确认、开发、保护、使用和转让加强管理。

人口和计划生育事业单位转让无形资产，应当按照有关规定进行资产评估，取得的收入按照国家有关规定处理。取得无形资产发生的支出，应当计入事业支出。

**第五十四条** 对外投资是人口和计划生育事业单位依法利用货币资金、实物、无形资产等方式向其他单位的投资。

（一）人口和计划生育事业单位应当严格控制对外投资。在保证单位正常运转和事业发展的前提下，按照国家有关规定可以对外投资的，应当履行相关审批程序。

事业单位不得使用财政拨款及其结余进行对外投资，不得从事股票、期货、基金、企业债券等投资，国家另有规定的除外。

（二）人口和计划生育事业单位以非货币性资产对外投资的，应当按照国家有关规定进行资产评估，合理确定资产价值。

（三）对外投资应当进行充分的技术和经济效益论证，保证资产的保值、增值。

（四）人口和计划生育事业单位应建立健全对投资企业和项目的管理制度、认真履行出资人职责，加强财务监督。

**第五十五条** 人口和计划生育事业单位资产处置应当遵循公开、公平、公正和竞争、择优的原则，严格履行相关审批程序。出租、出借资产，应当按照国家有关规定经主管部门审核同意后报同级财政部门审批。

**第五十六条** 人口和计划生育事业单位应当提高资产使用效率，按照国家有关规定实行资产共享、共用。

## 第八章　负债管理

**第五十七条** 负债是指人口和计划生育事业单位所承担的能以货币计量，需要以资产或者劳务偿还的债务。

**第五十八条** 人口和计划生育事业单位负债包括借入款项、应付款项、暂存款项、应缴款项等。

应缴款项包括人口和计划生育事业单位收取的应当上缴国库或者财政专户的资金、应缴税费，以及其他按照国家有关规定应当上缴的款项。

**第五十九条** 人口和计划生育事业单位应对不同性质的负债分别管理，及时清理并按照规定办理结算，保证各项负债在规定期限内归还。

**第六十条** 人口和计划生育事业单位应当建立财务风险控制机制，规范和加强借入款项管理，严格执行审批程序，不得违反规定举借债务和提供担保。

## 第九章　事业单位清算

**第六十一条** 人口和计划生育事业单位发生划转、撤销、合并、分立时，应当进行清算。

**第六十二条** 人口和计划生育事业单位清算，应当在主管部门和财政部门的监督指导下，对单位的财产、债权、债务等进行全面清理，编制资产负债表、财产目录和债权、债务清单，提出财产作价依据和债权、债务处理办法，做好资产的移交、接收、划转和管理工作，并妥善处理各项遗留问题。

**第六十三条** 人口和计划生育事业单位清算结束后，经主管部门审核并报国有资产管理部门和财政部门批准，其资产分别按下列办法处理：

(一)因隶属关系改变,成建制划转的人口和计划生育事业单位,其全部资产无偿移交,并相应划转经费指标。

(二)转为企业管理的人口和计划生育事业单位,全部资产扣除负债后,转作国家资本金。需要进行资产评估的,按照国家有关规定执行。

(三)撤销的人口和计划生育事业单位,全部资产由主管部门和财政部门核准处理。

(四)合并的人口和计划生育事业单位,全部资产移交接收单位或新组建单位。合并后多余的国有资产,由主管部门和财政部门核准后处理。

(五)分立的人口和计划生育事业单位,资产按照有关规定移交分立后的人口和计划生育事业单位,并相应划转经费指标。

## 第十章 财务报告与分析

**第六十四条** 财务报告是反映人口和计划生育事业单位一定时期财务状况和事业成果的总结性书面文件。

人口和计划生育事业单位应当按照财政部门和主管部门的规定和要求,定期向主管部门和财政部门以及其他有关的报表使用者提供财务报告。

**第六十五条** 人口和计划生育事业单位报送的年度财务报告包括资产负债表、收入支出表、财政拨款收入支出表、固定资产投资决算报表等主表,有关附表以及财务情况说明书等。

**第六十六条** 财务情况说明书,主要说明人口和计划生育事业单位收入及其支出、结转、结余及其分配、资产负债变动、对外投资、资产出租出借、资产处置、固定资产投资、绩效考评的情况,对本期或者下期财务状况发生重大影响的事项,以及需要说明的其他事项。

**第六十七条** 人口和计划生育事业单位财务分析的内容包括预算编制与执行、资产使用、负债情况、收入支出状况等。

**第六十八条** 财务分析指标分为财务指标和业务指标两类。

(一)财务指标包括:预算收入和预算支出完成率、人员支出与公用支出分别占事业支出的比率、人均基本支出、资产负债率、财政补助收入占总收入的比率、事业收入占总收入的比率、经营收入占总收入的比率、财政补助收入增长率、事业收入增长率、经营收入增长率、避孕药具库存量及库存结构等。

(二)业务指标包括:宣传品制作种类、宣传品发行量、宣传品进村入户率、人口和计划生育培训人次、避孕药具使用率、药具使用有效率、免费孕前检查覆盖率及技术服务总量等。

除上述指标外,人口和计划生育事业单位可以根据本单位业务特点增加财务分析指标。

## 第十一章 财务监督

**第六十九条** 人口和计划生育事业单位财务监督主要包括对预算管理、收入管理、支出管理、结转和结余管理、专用基金管理、资产管理、负债管理等的监督。

**第七十条** 事业单位财务监督应当实行事前监督、事中监督、事后监督相结合,日常监督与专项监督相结合。

**第七十一条** 人口和计划生育事业单位应当建立健全内部控制制度、经济责任制度、财务信息披露制度等监督制度,按照规定公开财务信息。

**第七十二条** 人口和计划生育事业单位应当依法接受主管部门和财政、审计部门的监督。

## 第十二章 附 则

**第七十三条** 人口和计划生育事业单位基本建设投资的财务管理,应当执行本制度,但国家基本建设投资财务管理制度另有规定的,从其规定。

**第七十四条** 参照公务员法管理的人口和计划生育事业单位财务制度的适用,由国务院财政部门另行规定。

**第七十五条** 接受国家经常性资助的社会力量举办的人口和计划生育公益服务性组织和社会团体,依

照本制度执行；其他社会力量举办的人口和计划生育公益服务性组织和社会团体，可以参照本制度执行。

**第七十六条** 下列人口和计划生育事业单位或者人口和计划生育事业单位的特定项目，执行企业财务制度或者同行业、相近行业财务制度，不执行本制度。

（一）纳入企业财务管理体系的人口和计划生育事业单位以及人口和计划生育事业单位附属独立核算的生产经营单位。

（二）人口和计划生育事业单位接受外单位要求投资回报的经营项目。

（三）经主管部门和财政部门批准的具备条件的其他人口和计划生育事业单位。

**第七十七条** 人口和计划生育部门所属的科学研究单位和学校，执行同行业事业单位财务制度。

**第七十八条** 省、自治区、直辖市财政部门与人口和计划生育主管部门，可以根据本制度，结合本地区实际情况，制定补充规定，报财政部、国家人口和计划生育委员会备案。

人口和计划生育事业单位应当按照本制度，根据单位实际情况，制定内部财务管理办法，并报主管部门备案。

**第七十九条** 本制度自2013年1月1日起施行。

# 10. 科学事业单位财务制度(2012年修订)

财教[2012]502号

## 第一章 总 则

**第一条** 为了进一步规范科学事业单位的财务行为，加强财务管理和监督，提高资金使用效益，促进科技事业健康发展，根据《事业单位财务规则》和国家有关法律制度，结合科学事业单位特点，制定本制度。

**第二条** 本制度适用于各级各类科学事业单位的财务活动。

**第三条** 科学事业单位财务管理的基本原则是：执行国家有关法律、法规和财务规章制度；坚持勤俭办事业的方针；正确处理事业发展需要与资金供给的关系，社会效益与经济效益的关系，国家、单位和个人三者利益的关系。

**第四条** 科学事业单位财务管理的主要任务是：合理编制单位预算，严格预算执行，完整、准确编制单位决算，真实反映单位财务状况；依法组织收入，努力节约支出，规范科研项目资金管理；建立健全财务制度，加强经济核算，实施绩效评价，提高资金使用效益；加强资产管理，合理配置和有效利用资产，防止资产流失；加强对单位经济活动的财务控制和监督，防范财务风险。

**第五条** 科学事业单位的财务活动在单位负责人的领导下，由单位财务部门统一管理。

## 第二章 单位预算管理

**第六条** 科学事业单位预算是指单位根据事业发展目标和计划编制的年度财务收支计划。

**第七条** 国家对科学事业单位实行核定收支、定额或者定项补助、超支不补、结转和结余按规定使用的预算管理办法。

定额或者定项补助根据国家有关政策和财力可能，科技事业发展目标和计划、科学事业单位特点、财务收支及资产状况等确定。定额或者定项补助可以为零。

**第八条** 非财政补助收入大于支出较多的科学事业单位，可以实行收入上缴办法。具体办法由财政部门会同财务主管部门制定。

**第九条** 科学事业单位预算由收入预算和支出预算组成。

收入预算包括财政补助收入、事业收入、上级补助收入、附属单位上缴收入、经营收入和其他收入的预算。支出预算包括事业支出、上缴上级支出、对附属单位补助支出、经营支出和其他支出的预算。

**第十条** 科学事业单位应当在单位负责人主持下，由财务部门会同其他有关业务部门，参考以前年度预算执行情况，根据预算年度收入增减因素和措施，以及以前年度结转和结余情况，测算编制收入预算；根据事业发展需要与财力可能，测算编制支出预算。

科学事业单位预算编制应当坚持以收定支、收支平衡、统筹兼顾、保证重点的原则，不得编制赤字预算。

**第十一条** 科学事业单位应当根据事业发展目标和计划以及预算编制的规定，提出预算建议数，经财务主管部门审核汇总报财政部门(一级预算单位直接报财政部门，下同)。单位根据财政部门下达的预算控制数编制单位预算，由财务主管部门审核汇总报财政部门，经法定程序审核批复后执行。

**第十二条** 科学事业单位应当严格执行批复的预算。预算执行中，国家对财政补助收入和财政专户管理资金的预算一般不予调整。当上级下达的事业发展计划有较大调整，或者根据国家有关政策增加或者减少支出，对预算执行影响较大时，单位应当报财务主管部门审核后报财政部门调整预算；财政补助收入和财政专户管理资金以外部分的预算需要调增或者调减的，由单位自行调整并报财务主管部门和财政部门备案。

单位收入预算调整后，相应调增或者调减支出预算。

**第十三条** 科学事业单位应当将批复的预算及时分解、落实，明确单位内部预算执行责任，加强预算执行管理，提高预算执行效率。

**第十四条** 科学事业单位决算是指单位根据预算执行结果编制的年度财务报告。

**第十五条** 科学事业单位应当按照规定编制年度决算，由财务主管部门审核汇总报财政部门审批。

**第十六条** 科学事业单位应当加强决算审核和分析，保证决算数据的真实、准确，规范决算管理工作。

**第十七条** 科学事业单位是单位承担的科研项目预算管理的责任主体，应当建立健全科研项目预算管理制度。

**第十八条** 科研项目预算应当由科研项目负责人协助单位财务部门，按照政策相符性、目标相关性和经济合理性的原则，根据研究开发任务的实际需要科学、合理、真实地编制。科研项目预算应当按照有关规定公开。

科研项目预算执行过程中需要调增或者调减的，应当按照有关规定办理。

## 第三章 收入管理

**第十九条** 收入是指科学事业单位为开展业务及其他活动依法取得的非偿还性资金。包括：

(一)财政补助收入，即科学事业单位从同级财政部门取得的各类财政拨款。

(二)事业收入，即科学事业单位开展专业业务活动及其辅助活动取得的收入。其中：按照国家有关规定应当上缴国库或者财政专户的资金，不计入事业收入；从财政专户核拨给科学事业单位的资金和经核准不上缴国库或者财政专户的资金，计入事业收入。

(三)上级补助收入，即科学事业单位从财务主管部门和上级单位取得的非财政补助收入。

(四)附属单位上缴收入，即科学事业单位附属独立核算的单位按照有关规定上缴的收入。

(五)经营收入，即科学事业单位在专业业务活动及其辅助活动之外开展非独立核算的经营活动取得的收入。

(六)其他收入，即本条上述规定范围以外的各项收入，包括投资收益、利息收入、捐赠收入等。

**第二十条** 科学事业单位的事业收入包括：

(一)科研收入，即科学事业单位承担科研项目取得的收入。

(二)技术收入，即科学事业单位对外提供技术咨询、技术服务等取得的收入。

(三)学术活动收入，即科学事业单位开展学术交流、学术期刊出版等活动取得的收入。

(四)科普活动收入，即科学事业单位开展科学知识宣传、讲座和科技展览等活动取得的收入。

(五)试制产品收入，即科学事业单位从事中间试验产品的试制取得的收入。

(六)教学活动收入，即科学事业单位开展教学及其辅助活动取得的收入。

以上各项收入不包括按照部门预算隶属关系从同级财政部门取得的财政拨款。

**第二十一条** 科学事业单位收入管理的要求主要包括：

(一)单位组织收入应当遵守国家政策规定，各项收入的来源应当合法。

(二)单位应当将各项收入全部纳入单位预算，统一核算，统一管理。

（三）单位应当执行国家规定的收费范围和标准。调整收费范围和标准，应当按照规定程序报经有关部门批准。

（四）单位应当按照规定使用财政、税务等部门统一印制的票据。

**第二十二条** 科学事业单位对按照规定上缴国库或者财政专户的资金，应当按照国库集中收缴的有关规定及时足额上缴，不得隐瞒、滞留、截留、挪用和坐支。

科学事业单位严禁设立小金库，严禁账外设账，严禁公款私存。

## 第四章 支出管理

**第二十三条** 支出是指科学事业单位开展业务及其他活动发生的资金耗费和损失。包括：

（一）事业支出，即科学事业单位开展专业业务活动及其辅助活动发生的基本支出和项目支出。

基本支出是指科学事业单位为了保障其正常运转、完成日常工作任务而发生的人员支出和公用支出。项目支出是指科学事业单位为了完成特定工作任务和事业发展目标，在基本支出之外所发生的支出。

（二）上缴上级支出，即科学事业单位按照财政部门和财务主管部门的规定上缴上级单位的支出。

（三）对附属单位补助支出，即科学事业单位用财政补助收入之外的收入对附属单位补助发生的支出。

（四）经营支出，即科学事业单位在专业业务活动及其辅助活动之外开展非独立核算经营活动发生的支出。

（五）其他支出，即本条上述规定范围以外的各项支出，包括利息支出、捐赠支出等。

**第二十四条** 科学事业单位应当将各项支出全部纳入单位预算，建立健全支出管理制度。

**第二十五条** 科学事业单位在开展非独立核算经营活动中，应当正确归集实际发生的各项费用；不能归集的，应当按照规定的比例合理分摊。

经营支出应当与经营收入配比。

**第二十六条** 科学事业单位应当严格执行国家有关财务规章制度规定的开支范围及开支标准；国家有关财务规章制度没有统一规定的，由单位规定，报财务主管部门和财政部门备案。单位的规定违反法律制度和国家政策的，财务主管部门和财政部门应当责令改正。

**第二十七条** 科学事业单位从财政部门、财务主管部门和其他相关部门取得的有指定项目和用途的专项资金，应当专款专用、单独核算，并按照规定向财政部门、财务主管部门和其他相关部门报送专项资金使用情况；项目完成后，应当报送专项资金支出决算和使用效果的书面报告，接受财政部门、财务主管部门和其他相关部门的检查、验收。

对于不同来源的科研项目资金，应当按照国家有关规定或者合同要求进行管理，不得截留、挤占、挪用和违反规定转拨资金，不得虚列支出，不得以任何形式谋取私利。

**第二十八条** 科学事业单位应当严格执行国库集中支付制度和政府采购制度等有关规定。

**第二十九条** 科学事业单位应当加强支出的绩效管理，提高资金使用的有效性。

**第三十条** 科学事业单位应当依法加强各类票据管理，确保票据来源合法、内容真实、使用正确，不得使用虚假票据。

## 第五章 结转和结余管理

**第三十一条** 结转和结余是指科学事业单位年度收入与支出相抵后的余额。

结转资金是指当年预算已执行但未完成，或者因故未执行，下一年度需要按照原用途继续使用的资金。结余资金是指当年预算工作目标已完成，或者因故终止，当年剩余的资金。

**第三十二条** 财政拨款结转和结余的管理，应当按照同级财政部门的规定执行。

**第三十三条** 非财政拨款结转按照规定结转下一年度继续使用。非财政拨款结余可以按照国家有关规定提取职工福利基金，剩余部分作为事业基金，用于弥补单位以后年度收支差额；国家另有规定的，从其规定。

经营收支结转和结余应当单独反映。经营收支结余先按照国家有关规定弥补以前年度经营收支发生的亏损，提取科技成果转化基金，其余部分并入单位的结余中进行分配。

**第三十四条** 科学事业单位应当加强事业基金的管理，遵循收支平衡的原则，统筹安排、合理使用，支出不得超出基金规模。

**第三十五条**　科研项目完成或者因故终止时,应当及时进行验收或者结算,并办理财务结账手续。

科研项目资金的结转和结余管理,按照国家有关规定或者合同的要求执行。

## 第六章　专用基金管理

**第三十六条**　专用基金是指科学事业单位按照规定提取或者设置的有专门用途的资金。

**第三十七条**　专用基金包括:

(一)职工福利基金,即按照非财政拨款结余的一定比例提取以及按照其他规定提取转入,用于单位职工的集体福利设施、集体福利待遇等的资金。

(二)科技成果转化基金,即单位从事业收入中提取,在事业支出的相关科目中列支,以及在经营收支结余中提取转入,用于科技成果转化的资金。事业收入和经营收支结余较少的单位可以不提取科技成果转化基金。

(三)其他基金,即按照其他有关规定提取或者设置的专用资金。

**第三十八条**　各项基金的提取比例和管理办法,国家有统一规定的,按照统一规定执行;没有统一规定的,由财务主管部门会同同级财政部门确定。

**第三十九条**　专用基金管理应当遵循先提后用、收支平衡、专款专用的原则,支出不得超出基金规模。

## 第七章　资产管理

**第四十条**　资产是指科学事业单位占有或者使用的能以货币计量的经济资源,包括各种财产、债权和其他权利。

**第四十一条**　科学事业单位的资产包括流动资产、固定资产、在建工程、无形资产和对外投资等。

**第四十二条**　科学事业单位应当建立健全单位资产管理制度,加强和规范资产配置、使用和处置管理,维护资产安全完整,保障事业健康发展。

**第四十三条**　科学事业单位应当按照科学规范、从严控制、保障事业发展需要的原则合理配置资产。

**第四十四条**　流动资产是指可以在一年以内变现或者耗用的资产,包括现金、各种存款、零余额账户用款额度、应收及预付款项、存货等。

前款所称存货是指科学事业单位在开展业务活动及其他活动中为耗用而储存的资产,包括各类材料、燃料、包装物和低值易耗品等。

单位应当加强流动资产的管理,建立健全现金及各种存款的内部管理制度;对应收及预付款项及时清理;对存货进行定期或者不定期清查盘点,保证账实相符。对存货盘盈、盘亏应当及时处理。

**第四十五条**　固定资产是指使用期限超过一年,单位价值在1000元以上(其中:专用设备单位价值在1500元以上),并在使用过程中基本保持原有物质形态的资产。单位价值虽未达到规定标准,但是耐用时间在一年以上的大批同类物资,作为固定资产管理。

固定资产一般分为六类:房屋及构筑物;专用设备;通用设备;文物和陈列品;图书、档案;家具、用具、装具及动植物。

**第四十六条**　科学事业单位应当对固定资产采用平均年限法或者工作量法计提折旧。文物、陈列品、图书、档案和动植物不计提折旧。固定资产折旧不计入单位支出。

**第四十七条**　科学事业单位应当指定专门机构或者专人对固定资产进行管理,年度终了前应当进行全面清查盘点,做到账账、账卡、账实相符,对于固定资产的盘盈、盘亏应当按照规定及时进行处理。

**第四十八条**　在建工程是指已发生必要支出,但尚未达到交付使用状态的建设工程。

在建工程达到交付使用状态时,应当按照规定办理工程竣工财务决算和资产交付使用。

**第四十九条**　无形资产是指不具有实物形态而能为使用者提供某种权利的资产,包括专利权、商标权、著作权、土地使用权、非专利技术以及其他财产权利。

**第五十条**　科学事业单位应当加强无形资产的管理。单位对于无形资产应当按照国家有关规定合理计价,及时入账。单位转让无形资产,应当按照规定进行资产评估,取得的收入按照国家有关规定处理。单位取得无形资产发生的支出,计入事业支出。

**第五十一条** 科学事业单位应当对无形资产在其使用期限内采用平均年限法进行摊销。对于使用期限不确定的无形资产，摊销办法执行国家有关规定。无形资产摊销不计入单位支出。

**第五十二条** 对外投资是指科学事业单位依法利用货币资金、实物、无形资产等方式向其他单位的投资。

科学事业单位应当严格控制对外投资。在保证单位正常运转和事业发展的前提下，按照国家有关规定可以对外投资的，应当履行相关审批程序。

科学事业单位不得使用财政拨款及其结余进行对外投资，不得从事股票、期货、基金、企业债券等投资，国家另有规定的除外。

科学事业单位以非货币性资产对外投资的，应当按照国家有关规定进行资产评估，合理确定资产价值。

**第五十三条** 科学事业单位出租、出借资产，应当按照国家有关规定经财务主管部门审核同意后报同级财政部门审批。

**第五十四条** 科学事业单位资产处置应当遵循公开、公平、公正和竞争、择优的原则，严格履行相关审批程序。

**第五十五条** 科学事业单位应当按照国家有关规定，建立健全科学仪器、设备等资产的共享使用制度，提高资产使用效率。

## 第八章 负债管理

**第五十六条** 负债是指科学事业单位所承担的能以货币计量，需要以资产或者劳务偿还的债务。包括：

（一）借入款项，即科学事业单位开展各项活动向银行等金融机构借入的款项。

（二）合同预收款项，即科学事业单位与国家有关部门及其他单位签订研究和试制合同以及其他经济合同后，按照合同规定预收的款项。包括政府专项合同款项、委托合同款项及其他合同款项等。

（三）应付款项，即科学事业单位按照规定和要求，应付而暂时未付的各种款项。

（四）暂存款项，即科学事业单位从其他单位或者个人收到的、代为保管或者暂时尚未确定性质的款项。

（五）应缴款项，即科学事业单位按照规定应当上缴国库或者财政专户的资金、应缴税费以及其他按照国家有关规定应当上缴的款项。

**第五十七条** 科学事业单位应当对不同性质和不同期限的负债进行分类管理。对借入款项应当按时清偿；对合同预收款项在合同完成或者阶段性完成后及时结转为收入；对应付款项，应当按时清付；对各项应缴税费，应当依据国家法律制度计缴。

**第五十八条** 科学事业单位应当建立健全财务风险控制机制，规范和加强借入款项管理，严格执行审批程序，不得违反规定举借债务和提供担保。

## 第九章 内部成本费用管理

**第五十九条** 成本费用是指科学事业单位为完成专业业务活动及其他活动而发生的资产耗费和损失，包括科研项目成本、非科研项目成本和期间费用。

**第六十条** 具备条件的科学事业单位应当按照财务主管部门和财政部门的要求或者根据业务发展需要，以科研项目为基本核算对象实施内部成本费用管理。

**第六十一条** 实施内部成本费用管理的科学事业单位，应当在支出管理的基础上，将效益仅与本会计年度相关的支出计入当期成本费用；将效益与两个或者两个以上会计年度相关的支出，按照有关规定以固定资产折旧、无形资产摊销等形式分期计入成本费用。

**第六十二条** 科研项目成本是指科学事业单位为完成科研项目而发生的资产耗费和损失，包括直接成本和间接成本。

（一）直接成本，即在实施科研项目过程中发生的，可以直接计入核算对象的各项费用，包括直接材料、直接人工及其他直接费用。

（二）间接成本，即在实施科研项目过程中发生的，不能直接计入核算对象，需要按照一定原则和标准分配计入的各项费用。

**第六十三条** 下列支出不应当计入科研项目成本：

（一）为购置和建造固定资产、无形资产和其他资产的资本性支出；

（二）上缴上级的支出和对附属单位的补助支出；

（三）对外投资的支出；

（四）各种罚款、赞助和捐赠支出；

（五）国家规定不得列入科研项目成本的其他支出。

**第六十四条** 非科研项目成本，是指科学事业单位为完成非科研项目活动而发生的资产耗费和损失。

**第六十五条** 期间费用，是指科学事业单位管理部门为组织管理科研项目、非科研项目以及其他活动而发生的资产耗费和损失。

**第六十六条** 实施内部成本费用管理的科学事业单位，应当合理区分科研项目成本、非科研项目成本和期间费用，真实、完整反映科研项目成本。单位应当按照有关要求，将科研项目成本及相关期间费用等信息报送财务主管部门或者科研项目主管部门。

**第六十七条** 实施内部成本费用管理的科学事业单位，应当建立成本费用与相关支出的核对机制，以及成本费用分析报告制度。

单位应当将科研项目成本信息在单位内公开。

## 第十章 财务清算

**第六十八条** 科学事业单位发生划转、撤销、合并、分立时，应当进行清算。

**第六十九条** 科学事业单位财务清算期间，应当在财务主管部门和财政部门的监督指导下成立财务清算机构。财务清算机构应当制定清算方案，对单位的财产、债权、债务等进行全面清理，编制财产目录和债权债务清单，提出财产作价依据和债权债务处理意见，做好资产的移交、接收、划转和管理工作。

**第七十条** 财务清算意见报经财务主管部门审核并报财政部门批准后，由财务清算机构妥善处理单位各项遗留问题。

**第七十一条** 科学事业单位清算结束后，经财务主管部门审核并报财政部门批准，其资产分别按照下列办法处理：

（一）因隶属关系改变，成建制划转的单位，全部资产无偿移交，并相应划转经费指标。

（二）转为企业管理的单位，其全部资产扣除负债后，转作国家资本金。需要进行资产评估的，应当按照国家有关规定执行。

（三）撤销的单位，全部资产由财务主管部门和财政部门核准处理。

（四）合并的单位，全部资产移交接收单位或者新组建单位，合并后多余的资产由财务主管部门和财政部门核准处理。

（五）分立的单位，资产按照有关规定移交分立后的单位，并相应划转经费指标。

## 第十一章 财务报告和财务分析

**第七十二条** 财务报告是科学事业单位一定时期财务状况和事业成果的总结性书面文件。财务报告集中、总括反映单位预算的执行、调整以及执行财务制度和财经纪律等情况，是国家制定科技政策的重要依据。

科学事业单位应当按照规定，定期向财务主管部门和财政部门以及其他有关的报表使用者提供财务报告。

**第七十三条** 科学事业单位的年度财务报告包括资产负债表、收入支出表、财政拨款收入支出表、固定资产投资决算报表等主表，有关附表以及财务情况说明书等。

财务情况说明书主要说明单位收入及其支出、结转、结余及其分配情况，资产负债变动、对外投资、资产出租出借、资产处置、固定资产投资、绩效评价的情况，对本期或者下期财务状况发生重大影响的事项，以及需要说明的其他事项。

单位应当定期按照财政部门和财务主管部门规定的统一格式和要求编制财务报告。

**第七十四条** 科学事业单位财务分析的内容包括预算编制与执行、资产使用、收入支出状况等。

财务分析的指标包括：预算收入和支出完成率、人员支出与公用支出分别占事业支出的比率、人均基本支出、资产负债率等。财务主管部门和单位可以根据本单位的业务特点和需要增加财务分析指标。

## 第十二章　财务监督

**第七十五条**　科学事业单位财务监督的主要内容包括：

（一）预算编制、财务报告的科学性、真实性、完整性和预算执行的有效性、均衡性；

（二）各项收入、支出的合法性、合规性；

（三）科研项目资金的管理、使用情况和内部成本费用核算的合规性；

（四）结转和结余资金、专用基金分配使用的合规性；

（五）资产管理的规范性和有效性；

（六）负债的合规性和风险性。

**第七十六条**　科学事业单位财务监督应当实行事前监督、事中监督、事后监督相结合，日常监督与专项监督相 结合。

**第七十七条**　科学事业单位应当建立健全内部控制制度、经济责任制度、财务信息披露制度等监督制度，依法公开财务信息。

**第七十八条**　科学事业单位应当依法接受财务主管部门和财政、审计部门的监督。

## 第十三章　附　　则

**第七十九条**　科学事业单位基本建设投资的财务管理，应当执行本制度，但国家基本建设投资财务管理制度另有规定的，从其规定。

**第八十条**　参照公务员法管理的科学事业单位财务制度的适用，按照国务院财政部门的有关规定执行。

**第八十一条**　中国科学技术协会及地方科学技术协会所属的事业单位执行本制度。

接受国家经常性资助的社会力量举办的从事科学研究及相关活动的公益服务性组织和社会团体，依照本制度执行；其他社会力量举办的从事科学研究及相关活动的公益服务性组织和社会团体，可以参照本制度执行。

**第八十二条**　下列科学事业单位执行企业财务制度，不执行本制度：

（一）纳入企业财务管理体系的科学事业单位和科学事业单位附属独立核算的生产经营单位；

（二）经财务主管部门和财政部门批准的具备条件的其他科学事业单位。

**第八十三条**　军工科研单位财务制度另行制定，不执行本制度。

**第八十四条**　科学事业单位应当按照《事业单位财务规则》和本制度的规定，根据本单位的实际情况，制定内部财务管理办法，并报财务主管部门备案。

**第八十五条**　本制度自 2013 年 1 月 1 日起施行，以前规定凡与本制度规定不一致的，以本制度为准。

# 11. 医院财务制度（2010 年颁布）

财社[2010]306 号

## 第一章　总　　则

**第一条**　为了适应社会主义市场经济和医疗卫生事业发展的需要，加强医院财务管理和监督，规范医院财务行为，提高资金使用效益，根据国家有关法律法规、《事业单位财务规则》（财政部令第 8 号）以及国家关于深化医药卫生体制改革的相关规定，结合医院特点制定本制度。

**第二条**　本制度适用于中华人民共和国境内各级各类独立核算的公立医院（以下简称医院），包括综合医院、中医院、专科医院、门诊部(所)、疗养院等,不包括城市社区卫生服务中心(站)、乡镇卫生院等基层医疗卫生机构。

**第三条** 医院是公益性事业单位,不以营利为目的。

**第四条** 医院财务管理的基本原则是:执行国家有关法律、法规和财务规章制度;坚持厉行节约、勤俭办事业的方针;正确处理社会效益和经济效益的关系,正确处理国家、单位和个人之间的利益关系,保持医院的公益性。

**第五条** 医院财务管理的主要任务是:科学合理编制预算,真实反映财务状况;依法组织收入,努力节约支出;健全财务管理制度,完善内部控制机制;加强经济管理,实行成本核算,强化成本控制,实施绩效考评,提高资金使用效益;加强国有资产管理,合理配置和有效利用国有资产,维护国有资产权益;加强经济活动的财务控制和监督,防范财务风险。

**第六条** 医院应设立专门的财务机构,按国家有关规定配备专职人员,会计人员须持证上岗。

三级医院须设置总会计师,其他医院可根据实际情况参照设置。

**第七条** 医院实行"统一领导、集中管理"的财务管理体制。医院的财务活动在医院负责人及总会计师领导下,由医院财务部门集中管理。

## 第二章 单位预算管理

**第八条** 预算是指医院按照国家有关规定,根据事业发展计划和目标编制的年度财务收支计划。

医院预算由收入预算和支出预算组成。医院所有收支应全部纳入预算管理。

**第九条** 国家对医院实行"核定收支、定项补助、超支不补、结余按规定使用"的预算管理办法。地方可结合本地实际,对有条件的医院开展"核定收支、以收抵支、超收上缴、差额补助、奖惩分明"等多种管理办法的试点。

定项补助的具体项目和标准,由同级财政部门会同主管部门(或举办单位),根据政府卫生投入政策的有关规定确定。

**第十条** 医院要实行全面预算管理,建立健全预算管理制度,包括预算编制、审批、执行、调整、决算、分析和考核等制度。

**第十一条** 医院应按照国家有关预算编制的规定,对以前年度预算执行情况进行全面分析,根据年度事业发展计划以及预算年度收入的增减因素,测算编制收入预算;根据业务活动需要和可能,编制支出预算,包括基本支出预算和项目支出预算。编制收支预算必须坚持以收定支、收支平衡、统筹兼顾、保证重点的原则。不得编制赤字预算。

**第十二条** 医院预算应经医院决策机构审议通过后上报主管部门(或举办单位)。

主管部门(或举办单位)根据行业发展规划,对医院预算的合法性、真实性、完整性、科学性、稳妥性等进行认真审核,汇总并综合平衡。

财政部门根据宏观经济政策和预算管理的有关要求,对主管部门(或举办单位)申报的医院预算按照规定程序进行审核批复。

**第十三条** 医院要严格执行批复的预算。经批复的医院预算是控制医院日常业务、经济活动的依据和衡量其合理性的标准,医院要严格执行,并将预算逐级分解,落实到具体的责任单位或责任人。医院在预算执行过程中应定期将执行情况与预算进行对比分析,及时发现偏差、查找原因,采取必要措施,保证预算整体目标的顺利完成。

**第十四条** 医院应按照规定调整预算。财政部门核定的财政补助等资金预算及其他项目预算执行中一般不予调整。当事业发展计划有较大调整,或者根据国家有关政策需要增加或减少支出、对预算执行影响较大时,医院应当按照规定程序提出调整预算建议,经主管部门(或举办单位)审核后报财政部门按规定程序调整预算。

收入预算调整后,相应调增或调减支出预算。

**第十五条** 年度终了,医院应按照财政部门决算编制要求,真实、完整、准确、及时编制决算。

医院年度决算由主管部门(或举办单位)汇总报财政部门审核批复。对财政部门批复调整的事项,医院应及时调整相关数据。

**第十六条** 医院要加强预算执行结果的分析和考核，并将预算执行结果、成本控制目标实现情况和业务工作效率等一并作为内部业务综合考核的重要内容。逐步建立与年终评比、内部收入分配挂钩机制。

主管部门（或举办单位）应会同财政部门制定绩效考核办法，对医院预算执行、成本控制以及业务工作等情况进行综合考核评价，并将结果作为对医院决策和管理层进行综合考核、实行奖惩的重要依据。

## 第三章 收入管理

**第十七条** 收入是指医院开展医疗服务及其他活动依法取得的非偿还性资金。

**第十八条** 收入包括：医疗收入、财政补助收入、科教项目收入和其他收入。

（一）医疗收入，即医院开展医疗服务活动取得的收入，包括门诊收入和住院收入。

1. 门诊收入是指为门诊病人提供医疗服务所取得的收入，包括挂号收入、诊察收入、检查收入、化验收入、治疗收入、手术收入、卫生材料收入、药品收入、药事服务费收入、其他门诊收入等。

2. 住院收入是指为住院病人提供医疗服务所取得的收入，包括床位收入、诊察收入、检查收入、化验收入、治疗收入、手术收入、护理收入、卫生材料收入、药品收入、药事服务费收入、其他住院收入等。

（二）财政补助收入，即医院按部门预算隶属关系从同级财政部门取得的各类财政补助收入，包括基本支出补助收入和项目支出补助收入。基本支出补助收入是指由财政部门拨入的符合国家规定的离退休人员经费、政策性亏损补贴等经常性补助收入，项目支出补助收入是指由财政部门拨入的主要用于基本建设和设备购置、重点学科发展、承担政府指定公共卫生任务等的专项补助收入。

（三）科教项目收入，即医院取得的除财政补助收入外专门用于科研、教学项目的补助收入。

（四）其他收入，即医院开展医疗业务、科教项目之外的活动所取得的收入，包括培训收入、租金收入、食堂收入、投资收益、财产物资盘盈收入、捐赠收入、确实无法支付的应付款项等。

**第十九条** 医疗收入在医疗服务发生时依据政府确定的付费方式和付费标准确认。

**第二十条** 医院要严格执行国家物价政策，建立健全各项收费管理制度。

医院门诊、住院收费必须按照有关规定使用国务院或省（自治区、直辖市）财政部门统一监制的收费票据，并切实加强管理，严禁使用虚假票据。

医疗收入原则上当日发生当日入账，并及时结算。严禁隐瞒、截留、挤占和挪用。现金收入不得坐支。

## 第四章 支出管理

**第二十一条** 支出是指医院在开展医疗服务及其他活动过程中发生的资产、资金耗费和损失。

**第二十二条** 支出包括医疗支出、财政项目补助支出、科教项目支出、管理费用和其他支出。

（一）医疗支出，即医院在开展医疗服务及其辅助活动过程中发生的支出，包括人员经费、耗用的药品及卫生材料支出、计提的固定资产折旧、无形资产摊销、提取医疗风险基金和其他费用，不包括财政补助收入和科教项目收入形成的固定资产折旧和无形资产摊销。

其中，人员经费包括基本工资、绩效工资（津贴补贴、奖金）、社会保障缴费、住房公积金等。其他费用包括办公费、印刷费、水费、电费、邮电费、取暖费、物业管理费、差旅费、会议费、培训费等。

（二）财政项目补助支出，即医院利用财政补助收入安排的项目支出。实际发生额全部计入当期支出。其中，用于购建固定资产、无形资产等发生的支出，应同时计入净资产，按规定分期结转。

（三）科教项目支出，即医院利用科教项目收入开展科研、教学活动发生的支出。用于购建固定资产、无形资产等发生的支出，应同时计入净资产，按规定分期结转。

（四）管理费用，即医院行政及后勤管理部门为组织、管理医疗和科研、教学业务活动所发生的各项费用，包括医院行政及后勤管理部门发生的人员经费、耗用的材料成本、计提的固定资产折旧、无形资产费用，以及医院统一管理的离退休经费、坏账损失、印花税、房产税、车船使用税、利息支出和其他公用经费，不包括计入科教项目、基本建设项目支出的管理费用。

（五）其他支出，即医院上述项目以外的支出，包括出租固定资产的折旧及维修费、食堂支出、罚没支出、捐赠支出、财产物资盘亏和毁损损失等。

基本建设项目支出按国家有关规定执行。

**第二十三条** 医院从财政部门或主管部门（或举办单位）取得的有指定用途的项目资金应当按照要求

定期向财政部门、主管部门(或举办单位)报送项目资金使用情况;项目完成后应报送项目资金支出决算和使用效果的书面报告,接受财政部门、主管部门(或举办单位)的检查验收。

**第二十四条**　医院的支出应当严格执行国家有关财务规章制度规定的开支范围及开支标准;国家有关财务规章制度没有统一规定的,由医院规定。医院的规定违反法律和国家政策的,主管部门(或举办单位)和财政部门应当责令改正。

医院应严格控制人员经费和管理费用。各省(自治区、直辖市)要按有关规定并结合管理要求制定具体的工资总额和管理费用支出比率等控制指标。

**第二十五条**　医院应当严格执行政府采购和国家关于药品采购的有关规定。

## 第五章　成本管理

**第二十六条**　成本管理是指医院通过成本核算和分析,提出成本控制措施,降低医疗成本的活动。

**第二十七条**　成本管理的目的是全面、真实、准确反映医院成本信息,强化成本意识,降低医疗成本,提高医院绩效,增强医院在医疗市场中的竞争力。

**第二十八条**　成本核算是指医院将其业务活动中所发生的各种耗费按照核算对象进行归集和分配,计算出总成本和单位成本的过程。

成本核算应遵循合法性、可靠性、相关性、分期核算、权责发生制、按实际成本计价、收支配比、一致性、重要性等原则。

**第二十九条**　根据核算对象的不同,成本核算可分为科室成本核算、医疗服务项目成本核算、病种成本核算、床日和诊次成本核算。成本核算一般应以科室、诊次和床日为核算对象,三级医院及其他有条件的医院还应以医疗服务项目、病种等为核算对象进行成本核算。

在以上述核算对象为基础进行成本核算的同时,开展医疗全成本核算的地方或医院,应将财政项目补助支出所形成的固定资产折旧、无形资产摊销纳入成本核算范围;开展医院全成本核算的地方或医院,还应在医疗成本核算的基础上,将科教项目支出形成的固定资产折旧、无形资产摊销纳入成本核算范围。

**第三十条**　科室成本核算是指将医院业务活动中所发生的各种耗费以科室为核算对象进行归集和分配,计算出科室成本的过程。

(一)科室区分为以下类别:临床服务类、医疗技术类、医疗辅助类和行政后勤类等。临床服务类指直接为病人提供医疗服务,并能体现最终医疗结果、完整反映医疗成本的科室;医疗技术类指为临床服务类科室及病人提供医疗技术服务的科室;医疗辅助类科室是服务于临床服务类和医疗技术类科室,为其提供动力、生产、加工等辅助服务的科室;行政后勤类指除临床服务、医疗技术和医疗辅助科室之外的从事院内外行政后勤业务工作的科室。

(二)科室成本的归集。

通过健全的组织机构,按照规范的统计要求及报送程序,将支出直接或分配归属到耗用科室,形成各类科室的成本。成本按照计入方法分为直接成本和间接成本。

直接成本是指科室为开展医疗服务活动而发生的能够直接计入或采用一定方法计算后直接计入的各种支出。间接成本是指为开展医疗服务活动而发生的不能直接计入、需要按照一定原则和标准分配计入的各项支出。

(三)科室成本的分摊。

各类科室成本应本着相关性、成本效益关系及重要性等原则,按照分项逐级分步结转的方法进行分摊,最终将所有成本转移到临床服务类科室。

先将行政后勤类科室的管理费用向临床服务类、医疗技术类和医疗辅助类科室分摊,分摊参数可采用人员比例、内部服务量、工作量等。

再将医疗辅助类科室成本向临床服务类和医疗技术类科室分摊,分摊参数可采用人员比例、内部服务量、工作量等。

最后将医疗技术类科室成本向临床服务类科室分摊,分摊参数可采用工作量、业务收入、收入、占用资产、面积等,分摊后形成门诊、住院临床服务类科室的成本。

**第三十一条**　医疗服务项目成本核算是以各科室开展的医疗服务项目为对象,归集和分配各项支出,

计算出各项目单位成本的过程。核算办法是将临床服务类、医疗技术类和医疗辅助类科室的医疗成本向其提供的医疗服务项目进行归集和分摊，分摊参数可采用各项目收入比、工作量等。

**第三十二条** 病种成本核算是以病种为核算对象，按一定流程和方法归集相关费用计算病种成本的过程。核算办法是将为治疗某一病种所耗费的医疗项目成本、药品成本及单独收费材料成本进行叠加。

**第三十三条** 诊次和床日成本核算是以诊次、床日为核算对象，将科室成本进一步分摊到门急诊人次、住院床日中，计算出诊次成本、床日成本。

**第三十四条** 为了正确反映医院正常业务活动的成本和管理水平，在进行医院成本核算时，凡属下列业务所发生的支出，一般不应计入成本范围。

（一）不属于医院成本核算范围的其他核算主体及其经济活动所发生的支出。

（二）为购置和建造固定资产、购入无形资产和其他资产的资本性支出。

（三）对外投资的支出。

（四）各种罚款、赞助和捐赠支出。

（五）有经费来源的科研、教学等项目支出。

（六）在各类基金中列支的费用。

（七）国家规定的不得列入成本的其他支出。

**第三十五条** 医院应根据成本核算结果，对照目标成本或标准成本，采取趋势分析、结构分析、量本利分析等方法及时分析实际成本变动情况及原因，把握成本变动规律，提高成本效率。

**第三十六条** 医院应在保证医疗服务质量的前提下，利用各种管理方法和措施，按照预定的成本定额、成本计划和成本费用开支标准，对成本形成过程中的耗费进行控制。

医院应建立健全成本定额管理制度、费用审核制度等，采取有效措施纠正、限制不必要的成本费用支出差异，控制成本费用支出。

## 第六章　收支结余管理

**第三十七条** 收支结余是指医院收入与支出相抵后的余额。包括：业务收支结余、财政项目补助收支结转（余）、科教项目收支结转（余）。当期各类收支结余计算公式如下：

业务收支结余＝医疗收支结余＋其他收入－其他支出

其中：医疗收支结余＝医疗收入＋财政基本支出补助收入－医疗支出－管理费用

财政项目补助收支结转（余）＝财政项目支出补助收入－财政项目补助支出

科教项目收支结转（余）＝科教项目收入－科教项目支出

**第三十八条** 业务收支结余应于期末扣除按规定结转下年继续使用的资金后，结转至结余分配，为正数的，可以按照国家有关规定提取专用基金，转入事业基金；为负数的，应由事业基金弥补，不得进行其他分配，事业基金不足以弥补的，转入未弥补亏损。实行收入上缴的地区要根据本地实际，制定具体的业务收支结余率、次均费用等控制指标。超过规定控制指标的部分应上缴财政，由同级财政部门会同主管部门统筹专项用于卫生事业发展和绩效考核奖励。

财政项目补助收支结转（余）、科教项目收支结转（余）结转下年继续使用。

国家另有规定的，从其规定。

**第三十九条** 医院应加强结余资金的管理，按照国家规定正确计算与分配结余。医院结余资金应按规定纳入单位预算，在编制年度预算和执行中需追加预算时，按照财政部门的规定安排使用。医院动用财政项目补助收支结转（余），应严格执行财政部门有关规定和报批程序。

## 第七章　流动资产管理

**第四十条** 流动资产是指可以在一年内（含一年）变现或者耗用的资产。医院的流动资产包括货币资金、应收款项、预付款项、存货等。

**第四十一条** 货币资金包括现金、银行存款、零余额账户用款额度等。医院应当严格遵守国家有关规定，建立健全货币资金管理制度。

**第四十二条** 应收及预付款项是指医院在开展业务活动和其他活动过程中形成的各项债权，包括应收医疗款、预付账款、财政应返还资金和其他应收款等。

医院对应收及预付款项要加强管理，定期分析、及时清理。

年度终了，医院可采用余额百分比法、账龄分析法、个别认定法等方法计提坏账准备。累计计提的坏账准备不应超过年末应收医疗款和其他应收款科目余额的2%—4%。计提坏账准备的具体办法由省（自治区、直辖市）财政、主管部门确定。

对账龄超过三年，确认无法收回的应收医疗款和其他应收款可作为坏账损失处理。坏账损失经过清查，按照国有资产管理的有关规定报批后，在坏账准备中冲销。收回已经核销的坏账，增加坏账准备。

**第四十三条**　存货是指医院为开展医疗服务及其他活动而储存的低值易耗品、卫生材料、药品、其他材料等物资。

购入的物资按实际购入价计价，自制的物资按制造过程中的实际支出计价，盘盈的物资按同类品种价格计价。

存货要按照"计划采购、定额定量供应"的办法进行管理。合理确定储备定额，定期进行盘点，年终必须进行全面盘点清查，保证账实相符。对于盘盈、盘亏、变质、毁损等情况，应当及时查明原因，根据管理权限报经批准后及时进行处理。

低值易耗品实物管理采取"定量配置、以旧换新"等管理办法。物资管理部门要建立辅助明细账，对各类物资进行数量、金额管理，反映低值易耗品分布、使用以及消耗情况。低值易耗品领用实行一次性摊销，个别价值较高或领用报废相对集中的可采用五五摊销法。低值易耗品报废收回的残余价值，按照国有资产管理有关规定处理。

医院要建立健全自制药品、材料管理制度，按类别、品种进行成本核算。自制药品、材料按成本价入库。

## 第八章　固定资产管理

**第四十四条**　固定资产是指单位价值在1000元及以上（其中：专业设备单位价值在1500元及以上），使用期限在一年以上（不含一年），并在使用过程中基本保持原有物质形态的资产。单位价值虽未达到规定标准，但耐用时间在一年以上（不含一年）的大批同类物资，应作为固定资产管理。

医院固定资产分四类：房屋及建筑物、专业设备、一般设备、其他固定资产。

图书参照固定资产管理办法，加强实物管理，不计提折旧。

**第四十五条**　固定资产按实际成本计量。

（一）外购的固定资产，按照实际支付的购买价款、相关税费、使固定资产达到预定可使用状态前所发生的可归属于该项资产的运输费、装卸费、安装费和专业人员服务费等相关支出作为成本。

以一笔款项购入多项没有单独标价的固定资产，按照同类或类似资产价格的比例对购置成本进行分配，分别确定各项固定资产的成本。

（二）自行建造的固定资产，按照国家有关规定计算成本。

（三）融资租入的固定资产，按照租赁协议或者合同确定的价款、运输费、运输保险费、安装调试费等作为成本。

（四）无偿取得（如无偿调入或接受捐赠）的固定资产，其成本比照同类资产的市场价格或有关凭据注明的金额加上相关税费确定。

大型医疗设备等固定资产的购建和租赁，要符合区域卫生规划，经过科学论证，并按国家有关规定报经主管部门会同有关部门批准。

**第四十六条**　在建工程是指医院已经发生必要支出，但按规定尚未达到交付使用状态的建设工程。

医院除按本制度执行外，还应按国家有关规定单独建账、单独核算，严格控制工程成本，做好工程概、预算管理，工程完工后应尽快办理工程结算和竣工财务决算，并及时办理资产交付使用手续。

**第四十七条**　医院原则上应当根据固定资产性质，在预计使用年限内，采用平均年限法或工作量法计提折旧（固定资产折旧年限见附1）。计提固定资产折旧不考虑残值。计提折旧的具体办法由各省（自治区、直辖市）主管部门会同财政部门规定或审批。当月增加的固定资产，当月不提折旧，从下月起计提折旧；当月减少的固定资产，当月仍计提折旧，从下月起不提折旧；已提足折旧仍继续使用的固定资产，不再计提折旧。

**第四十八条** 为增加固定资产的使用效能或延长其使用寿命而发生的改建、扩建或大型修缮等后续支出,应当记入固定资产及其他相关资产;为维护固定资产的正常使用而发生的修理费等后续支出,应当计入当期支出。大型修缮确认标准由各省(自治区、直辖市)财政部门会同主管部门(或举办单位)根据当地实际情况确定。

**第四十九条** 医院应设置专门管理机构或专人,使用单位应指定人员对固定资产实施管理,并建立健全各项管理制度。

建立健全三账一卡制度,即:财务部门负责总账和一级明细分类账,固定资产管理部门负责二级明细分类账,使用部门负责建卡(台账)。

大型医疗设备实行责任制,指定专人管理,制定操作规程,建立设备技术档案和使用情况报告制度。

医院应当提高资产使用效率,建立资产共享、共用制度。

**第五十条** 医院应当对固定资产定期进行实地盘点。对盘盈、盘亏的固定资产,应当及时查明原因,并根据规定的管理权限,报经批准后及时进行处理。

固定资产管理部门要对固定资产采取电子信息化管理,定期与财务部门核对,做到账账相符、账卡相符、账实相符。

**第五十一条** 医院出售、转让、报废固定资产或者发生固定资产毁损时,应当按照国有资产管理规定处理。

## 第九章 无形资产及开办费管理

**第五十二条** 无形资产是指不具有实物形态而能为医院提供某种权利的资产。包括专利权、著作权、版权、土地使用权、非专利技术、商誉、医院购入的不构成相关硬件不可缺少组成部分的应用软件及其他财产权利等。

购入的无形资产,按照实际支付的价款计价;自行开发并依法申请取得的无形资产,按依法取得时发生的注册费、聘请律师费等支出计价;接受捐赠的无形资产,按捐赠方提供的资料或同类无形资产估价计价;商誉除合作外,不得作价入账。

无形资产从取得当月起,在法律规定的有效使用期内平均摊入管理费用,法律没有规定使用年限的按照合同或单位申请书的受益年限摊销,法律和合同或单位申请书都没有规定使用年限的,按照不少于十年的期限摊销。

转让无形资产应当按照国有资产管理规定处理。

**第五十三条** 开办费是指医院筹建期间发生的费用,包括筹建期间人员工资、办公费、培训费、差旅费、印刷费以及不计入固定资产和无形资产购建成本的其他支出。

开办费在医院开业时计入管理费用。

## 第十章 对外投资管理

**第五十四条** 对外投资是指医院以货币资金购买国家债券或以实物、无形资产等开展的投资活动。

对外投资按照投资回收期的长短分为长期投资和短期投资。投资回收期一年以上(不含一年)的为长期投资。

**第五十五条** 医院应在保证正常运转和事业发展的前提下严格控制对外投资,投资范围仅限于医疗服务相关领域。医院不得使用财政拨款、财政拨款结余对外投资,不得从事股票、期货、基金、企业债券等投资。

投资必须经过充分的可行性论证,并报主管部门(或举办单位)和财政部门批准。

**第五十六条** 医院投资应按照国家有关规定进行资产评估,并按评估确定的价格作为投资成本。

医院认购的国家债券,按实际支付的金额作价。

**第五十七条** 医院应遵循投资回报、风险控制和跟踪管理等原则,对投资效益、收益与分配等情况进行监督管理,确保国有资产的保值增值。

## 第十一章 负债管理

**第五十八条** 负债是指医院所承担的能以货币计量，需要以资产或者劳务偿还的债务。包括流动负债和非流动负债。

流动负债是指偿还期在一年以内(含一年)的短期借款、应付票据、应付账款、预收医疗款、预提费用、应付职工薪酬和应付社会保障费等。

非流动负债是指偿还期在一年以上(不含一年)的长期借款、长期应付款等。

**第五十九条** 医院应加强病人预交金管理。预交金额度应根据病人病情和治疗的需要合理确定。

**第六十条** 医院应对不同性质的负债分别管理，及时清理并按照规定办理结算，保证各项负债在规定期限内归还。因债权人特殊原因确实无法偿还的负债，按规定计入其他收入。

**第六十一条** 医院原则上不得借入非流动负债，确需借入或融资租赁的，应按规定报主管部门(或举办单位)会同有关部门审批，并原则上由政府负责偿还。

医院财务风险管理指标和借款具体审批程序由各省(自治区、直辖市)财政部门会同主管部门(或举办单位)根据当地实际情况制定。

## 第十二章 净资产管理

**第六十二条** 净资产是指医院资产减去负债后的余额。包括事业基金、专用基金、待冲基金、财政补助结转(余)、科教项目结转(余)、未弥补亏损。

(一)事业基金，即医院按规定用于事业发展的净资产。包括结余分配转入资金(不包括财政基本支出补助结转)、非财政专项资金结余解除限制后转入的资金等。

事业基金按规定用于弥补亏损，用于弥补亏损的最高限额为事业基金扣除医院非财政补助资金和科教项目资金形成的固定资产、无形资产等资产净值。

医院应加强对事业基金的管理，统筹安排，合理使用。对于事业基金滚存较多的医院，在编制年度预算时应安排一定数量的事业基金。

(二)专用基金，即医院按照规定设置、提取具有专门用途的净资产。主要包括职工福利基金、医疗风险基金等。

职工福利基金是指按业务收支结余(不包括财政基本支出补助结转)的一定比例提取、专门用于职工集体福利设施、集体福利待遇的资金。

医疗风险基金是指从医疗支出中计提、专门用于支付医院购买医疗风险保险发生的支出或实际发生的医疗事故赔偿的资金。医院累计提取的医疗风险基金比例不应超过当年医疗收入的1‰—3‰。具体比例可由各省(自治区、直辖市)财政部门会同主管部门(或举办单位)根据当地实际情况制定。

医院应加强对职工福利基金和医疗风险基金的管理，统筹安排，合理使用。对于职工福利基金和医疗风险基金滚存较多的医院，可以适当降低提取比例或者暂停提取。

其他专用基金是指按照有关规定提取、设置的其他专用资金。

各项基金的提取比例和管理办法，国家有统一规定的，按照统一规定执行；没有统一规定的，由省(自治区、直辖市)主管部门(或举办单位)会同同级财政部门确定。

专用基金要专款专用，不得擅自改变用途。

(三)待冲基金，即财政补助收入和科教项目收入形成的资本性支出净值。

(四)财政补助结转(余)，即医院历年滚存的有限定用途的财政补助结转(余)资金，包括从业务收支结余转入的基本支出结转以及项目支出结转(余)。

(五)科教项目结转(余)，即医院尚未结项的科教项目累计取得科教项目收入减去累计发生支出后，留待以后按原用途继续使用的结转资金，以及医院已经结项但尚未解除限制的科研、教学项目结余资金。

(六)未弥补亏损，即事业基金不足以弥补的亏损。

## 第十三章 财务清算

**第六十三条** 医院发生撤销、划转、合并、分立时，应当进行清算。

医院清算时，应由各级政府授权主管部门(或举办单位)、财政部门负责按有关规定组成清算机构，并在相关部门的监督指导下开展工作。清算机构负责按规定制订清算方案，对医院的财产、债权、债务进行全面清理，对现有资产进行重新估价，编制资产负债表和财产清单、债权清单、债务清单，通知所有债权人在规定期限内向清算机构申报债权，提出财产作价依据和债权、债务处理办法，做好国有资产的移交、接收、划转和管理工作，并妥善处理各项遗留问题。清算期间，未经清算机构同意，任何组织机构和个人不得处理医院财产。

医院财产包括宣布清算时的全部财产和清算期间取得的财产。

清算期间发生的财产盘盈、盘亏或变卖，无力归还的债务，无法收回的应收账款等按国有资产管理有关规定处理。

**第六十四条** 在宣布医院终止前六个月至宣布终止之日，下列行为无效：

(一)无偿转让财产；

(二)非正常压价处理财产；

(三)对原来没有财产担保的债务提供财产担保；

(四)对未到期的债务提前清偿；

(五)放弃应属于医院的债权。

**第六十五条** 医院撤销时清偿的顺序为：

(一)清算期间发生的费用；

(二)应付未付的医院职工的工资、社会保障费等；

(三)债权人的各项债务；

(四)剩余资产经主管部门和财政部门核准后并入接收单位或上交主管部门。

医院被清算财产不足以清偿的，应先按照规定支付清算期间发生的费用，再按照比例进行清偿。

**第六十六条** 医院清算完毕，清算机构应当提出清算报告，编制清算期间的收支报表，验证后，报送主管部门(或举办单位)和财政部门审查备案。

**第六十七条** 经国家有关部门批准宣布医院划转、合并、分立时，其资产按照国有资产管理规定处理。

## 第十四章 财务报告与分析

**第六十八条** 财务报告是指反映医院一定时期的财务状况和业务开展成果的总括性书面文件，包括资产负债表、收入支出总表、业务收入支出明细表、财政补助收支明细情况表、基本建设收入支出表、现金流量表、净资产变动表、有关附表、会计报表附注以及财务情况说明书。

财务情况说明书主要说明医院的业务开展情况、预算执行情况、财务收支状况、成本控制情况、负债管理情况、资产变动及利用情况、基本建设情况、绩效考评情况、对本期或下期财务状况发生重大影响的事项、专项资金的使用情况以及其他需要说明的事项。

**第六十九条** 医院应通过相关指标对医院财务状况进行分析，具体分析参考指标详见附2。

**第七十条** 医院应当按月度、季度、年度向主管部门(或举办单位)和财政部门报送财务报告。

医院年度财务报告应按规定经过注册会计师审计，具体办法另行规定。

**第七十一条** 医院在办理年度决算前，应对财产物资、债权、债务进行全面清查盘点，并编制盘存表，对盘盈、盘亏、报废、毁损等按本制度规定及时处理。

## 第十五章 财务监督

**第七十二条** 财务监督是根据国家有关法律、法规和财务规章制度，对医院的财务活动及相关经济活动所进行的监察和督促。

**第七十三条** 财务监督的主要内容包括：预算管理的监督、收入管理的监督、支出管理的监督、资产管理的监督和负债管理的监督等。

**第七十四条** 医院的财务机构履行财务监督职责。医院应当建立健全内部监督制度和经济责任制。

**第七十五条** 医院财务监督应当实行事前监督、事中监督、事后监督相结合，日常监督与专项检查相结合，接受财政、审计和主管部门(或举办单位)的监督。

### 第十六章　附　　则

**第七十六条**　医院举办非独立法人分支机构的收支是医院财务收支的一部分，必须纳入医院财务统一管理。

**第七十七条**　医院必须在取得行医资格之日起30日内，持批准文件向主管部门（或举办单位）进行财务登记，并由主管部门（或举办单位）向财政部门备案。

**第七十八条**　医院基本建设投资财务管理除按照本制度执行外，还应执行国家基本建设投资方面的财务管理制度。

**第七十九条**　各省（自治区、直辖市）财政部门和主管部门可依照本制度，结合本地实际情况，制定具体实施办法，并报财政部、卫生部备案。

**第八十条**　本制度由财政部、卫生部负责解释。

**第八十一条**　企业事业组织、社会团体及其他社会组织举办的非营利性医院可参照本制度执行。

**第八十二条**　本制度自2011年7月1日起在公立医院改革国家联系试点城市执行，自2012年1月1日起在全国执行。1998年11月17日财政部、卫生部发布的《医院财务制度》（财社字[1998]148号）同时废止。

# 12. 基层医疗卫生机构财务制度（2010年颁布）

财社[2010]307号

### 第一章　总　　则

**第一条**　为了适应社会主义市场经济和医疗卫生事业发展的需要，加强基层医疗卫生机构财务管理和监督，规范基层医疗卫生机构财务行为，提高资金使用效益，根据国家有关法律法规、《事业单位财务规则》（财政部令第8号）以及国家关于深化医药卫生体制改革的相关规定，结合基层医疗卫生机构特点制定本制度。

**第二条**　本制度适用于政府举办的独立核算的城市社区卫生服务中心（站）、乡镇卫生院等基层医疗卫生机构。

**第三条**　政府举办的基层医疗卫生机构（以下简称基层医疗卫生机构）是公益性事业单位，不以营利为目的。

**第四条**　基层医疗卫生机构财务管理的基本原则是：执行国家有关法律、法规和财务规章制度；坚持厉行节约、勤俭办事业的方针；正确处理社会效益和经济效益的关系，正确处理国家、单位和个人之间的利益关系，保持基层医疗卫生机构的公益性。

**第五条**　基层医疗卫生机构财务管理的主要任务是：科学合理编制预算，真实反映财务状况；依法取得收入，努力控制支出；建立健全财务管理制度，准确进行经济核算，实施绩效考评，提高资金使用效益；加强国有资产管理，合理配置和有效利用国有资产，维护国有资产权益；对经济活动进行财务控制和监督，定期进行财务分析，防范财务风险。

**第六条**　基层医疗卫生机构实行“统一领导、集中管理”的财务管理体制，财务活动在基层医疗卫生机构负责人领导下，由财务部门集中管理。

基层医疗卫生机构应根据工作需要，设置财务核算机构或人员；不具备设置条件的，可实行会计委托代理记账。

有条件的地区，可对基层医疗卫生机构实行财务集中核算，具体办法由地方根据实际情况确定。

### 第二章　单位预算管理

**第七条**　预算是指基层医疗卫生机构按照国家有关规定，根据事业发展计划和任务编制的年度财务收

支计划。

基层医疗卫生机构预算由收入预算和支出预算组成。基层医疗卫生机构所有收支应全部纳入预算管理。

**第八条** 政府对基层医疗卫生机构实行“核定任务、核定收支、绩效考核补助、超支不补、结余按规定使用”的预算管理办法。

政府在对基层医疗卫生机构严格界定服务功能，明确使用适宜设备、适宜技术和国家基本药物，核定任务和收支的基础上，采取定项定额或绩效考核等方式核定补助，具体项目和标准由地方财政部门会同主管部门根据政府卫生投入政策的有关规定确定。

有条件的地区可探索对基层医疗卫生机构实行收支两条线管理。

**第九条** 基层医疗卫生机构按照财政部门预算编制的要求，提出预算建议数，经主管部门审核汇总报财政部门核定。基层医疗卫生机构根据财政部门下达的预算控制数编制预算，由主管部门审核汇总报财政部门，财政部门按照规定程序审核批复。

**第十条** 基层医疗卫生机构编制收支预算必须坚持以收定支、收支平衡、统筹兼顾、保证重点的原则。不得编制赤字预算。

**第十一条** 经批复后的基层医疗卫生机构预算是保障其履行基本医疗卫生服务职能、衡量有关部门核定工作任务完成情况的重要依据。基层医疗卫生机构要严格执行预算。

财政部门核定的财政补助等资金预算及其他项目预算执行中一般不予调整；如果国家有关政策或事业计划有较大调整，对预算执行影响较大，确需调整时，要按照规定程序提出调整预算建议，经主管部门审核后报财政部门按规定程序予以调整。

**第十二条** 年度终了，基层医疗卫生机构应按照财政部门决算编审要求，真实、完整、准确、及时编制决算。

基层医疗卫生机构年度决算由主管部门汇总报财政部门审核批复。对财政部门批复调整的事项，基层医疗卫生机构应及时调整。

**第十三条** 基层医疗卫生机构应当按照财政部门和主管部门的规定实施绩效考核，并按要求报送绩效考核报告。

主管部门每年都要结合核定工作任务完成情况，对基层医疗卫生机构的预算收支执行情况进行绩效考核，分析和评价预算执行效果，并将绩效考核结果作为年终评比考核、实行奖惩的重要依据，财政部门将绩效考核结果作为财政补助预算安排和结算的重要依据。

主管部门和财政部门应及时分析基层医疗卫生机构实际收支与财政核定的收支预算之间的差额及其变动原因，对不合理的超收或少支，应用于抵顶下一年度预算中的财政补助收入；对不合理的欠收或超支，应按本制度的有关规定处理，并追究相关责任人的责任。

**第十四条** 实行财务集中管理的基层医疗卫生机构，应由财务集中核算机构会同基层医疗卫生机构编报预算决算。

## 第三章 收入管理

**第十五条** 收入是指基层医疗卫生机构开展医疗卫生服务及其他活动依法取得的非偿还性资金。

**第十六条** 基层医疗卫生机构收入包括医疗收入、财政补助收入、上级补助收入和其他收入。

（一）医疗收入，即基层医疗卫生机构在开展医疗卫生服务活动中取得的收入，包括门诊收入、住院收入。

1. 门诊收入是指为门诊病人提供医疗服务所取得的收入，包括挂号收入、诊察收入、检查收入、化验收入、治疗收入、手术收入、卫生材料收入、药品收入、一般诊疗费收入和其他门诊收入等。

2. 住院收入是指为住院病人提供医疗服务所取得的收入，包括床位收入、诊察收入、检查收入、化验收入、治疗收入、手术收入、护理收入、卫生材料收入、药品收入、一般诊疗费收入和其他住院收入等。

（二）财政补助收入，即基层医疗卫生机构从财政部门取得的基本建设补助收入、设备购置补助收入、人员经费补助收入、公共卫生服务补助收入等。

（三）上级补助收入，即基层医疗卫生机构从主管部门和上级单位等取得的非财政补助收入。

(四)其他收入,即上述规定范围以外的各项收入,包括社会捐赠、利息收入等。

**第十七条**　医疗收入依据政府确定的付费方式和付费标准确认。

**第十八条**　基层医疗卫生机构要严格执行国家物价政策,建立健全各项收费管理制度。

基层医疗卫生机构门诊、住院收费必须使用省(自治区、直辖市)财政部门统一监制的收费票据,并切实加强管理,严禁使用虚假票据。

**第十九条**　医疗收入原则上当日发生当日入账,并及时结算。严禁隐瞒、截留、挤占和挪用。现金收入不得坐支。

## 第四章　支出管理

**第二十条**　支出是指基层医疗卫生机构开展医疗卫生服务及其他活动发生的资金耗费和损失。

**第二十一条**　基层医疗卫生机构支出包括医疗卫生支出、财政基建设备补助支出、其他支出和待摊费用:

(一)医疗卫生支出,即基层医疗卫生机构在开展基本医疗服务和公共卫生服务活动中发生的支出,包括医疗支出和公共卫生支出。

1. 医疗支出是指基层医疗卫生机构在开展基本医疗服务活动中发生的支出,包括人员经费、耗用的药品及材料成本、维修费、其他公用经费等。

其中,人员经费包括基本工资、绩效工资、社会保障缴费、离退休费、住房公积金等。其他公用经费包括办公费、印刷费、水费、电费、邮电费、取暖费、物业管理费、差旅费、会议费、培训费等。

2. 公共卫生支出是指基层医疗卫生机构在开展公共卫生服务活动中发生的支出,包括人员经费、耗用的药品及材料成本、维修费、其他公用经费等。

其中,人员经费包括基本工资、绩效工资、社会保障缴费、离退休费、住房公积金等。其他公用经费包括办公费、印刷费、水费、电费、邮电费、取暖费、物业管理费、差旅费、会议费、培训费等。

(二)财政基建设备补助支出,即基层医疗卫生机构利用财政补助收入安排的基本建设支出和设备购置支出。

(三)其他支出,即医疗卫生支出、财政基建设备补助支出以外的支出,包括罚没支出、捐赠支出、财产物资盘亏损失等。

(四)待摊费用,即基层医疗卫生机构为组织、管理医疗活动等所发生的需要摊销的各项费用。期末将待摊费用合理分摊到有关支出。

基本建设项目支出按国家有关规定执行。

**第二十二条**　基层医疗卫生机构从财政部门和主管部门取得的有指定项目和用途并且要求单独核算的专项资金,应当按照要求定期向财政部门或者主管部门报送专项资金使用情况;项目完成后,应当报送专项资金支出决算和使用效果的书面报告,接受财政部门或者主管部门的检查、验收。

**第二十三条**　基层医疗卫生机构的支出应当严格执行国家规定的开支范围及标准;国家没有统一规定的,由基层医疗卫生机构规定,报主管部门和财政部门备案。基层医疗卫生机构的规定违反法律和国家政策的,主管部门和财政部门应当责令其改正。

**第二十四条**　基层医疗卫生机构要加强对支出的管理,不得虚列虚报,不得以计划数和预算数代替。

**第二十五条**　基层医疗卫生机构应当严格执行政府采购和国家关于药品采购的有关规定。

## 第五章　收支结余管理

**第二十六条**　收支结余是指基层医疗卫生机构收入与支出相抵后的余额,包括业务收支结余和财政项目补助收支结转(余)。当期各类收支结余计算公式如下:

$$\text{业务收支结余}=\text{医疗收入}+\text{财政基本支出补助收入}+\text{上级补助收入}+\text{其他收入}-\text{医疗卫生支出}-\text{其他支出}$$

财政项目补助收支结转(余)=财政项目支出补助收入－财政项目补助支出

**第二十七条**　基层医疗卫生机构应于年末将业务收支结余扣除限定用途结转下一年度继续使用的资金后,转入结余分配,年末结余为正数的,可按规定提取职工福利基金等专用基金,剩余部分转入事业基金;

年末结余为负数的，不得进行分配，应由事业基金弥补，事业基金不足以弥补的，转入未弥补亏损。

国家另有规定的，从其规定。

**第二十八条** 基层医疗卫生机构应当加强结余资金的管理，按照国家规定正确计算和分配结余。结余资金应按规定纳入单位预算，在编制年度预算和执行中需追加预算时，按照财政部门的规定统筹安排使用。

## 第六章 资产管理

**第二十九条** 资产是指基层医疗卫生机构占有或者使用的能以货币计量的经济资源。包括流动资产、固定资产、无形资产等。

严格禁止基层医疗卫生机构对外投资。

**第三十条** 流动资产是指可以在一年以内（含一年）变现或者耗用的资产，包括货币资金、应收及预付款项、存货等。

基层医疗卫生机构应当遵守国家有关规定，建立健全货币资金管理制度。应收及预付款项应当及时清理结算，不得长期挂账。对期限超过3年以上，确认无法收回的，要查明原因，分清责任，按规定程序报经批准后核销。

存货是指基层医疗卫生机构为开展业务活动及其他活动储存的低值易耗品、卫生材料、药品和其他材料等。

对存货应当进行定期或者不定期的清查盘点，保证账实相符。对于盘盈、盘亏、变质、毁损等情况，应当及时查明原因，根据管理权限报经批准后及时进行处理。

低值易耗品实物管理采取“定量配置、以旧换新”等管理办法，并建立辅助明细账，对各类物资进行数量、金额管理。低值易耗品报废收回的残余价值，按照国有资产管理有关规定处理。

基层医疗卫生机构自制药品、材料按成本价入库，并建立健全管理制度。

**第三十一条** 固定资产是指单位价值在1000元及以上（其中：专用设备单位价值在1500元及以上）、使用期限在一年以上（不含一年），并在使用过程中基本保持原有物质形态的资产。单位价值虽未达到规定标准，但耐用时间在一年以上（不含一年）的大批同类物资，应作为固定资产管理。

基层医疗卫生机构固定资产分为四类：房屋及建筑物、专业设备、一般设备和其他固定资产。固定资产按实际成本计价。基层医疗卫生机构应结合本单位的具体情况，制定各类固定资产的明细目录。

大型医疗设备等固定资产的购建和租赁，要符合区域卫生规划，经过科学论证，并按国家有关规定报经主管部门会同发展改革部门、财政部门批准。

基层医疗卫生机构应当提高资产使用效率，建立资产共享、共用制度。

**第三十二条** 在建工程是指基层医疗卫生机构已经发生必要支出，但按规定尚未达到交付使用状态的建设工程。

基层医疗卫生机构除按本制度执行外，还应按国家有关规定，单独建账、单独核算，严格控制工程成本，做好工程概、预算管理，工程完工后应尽快办理工程结算和竣工财务决算，并及时办理资产交付使用手续。

**第三十三条** 与固定资产有关的更新改造等后续支出，符合固定资产确认条件的，应当记入固定资产；与固定资产有关的修理费用等后续支出，不符合固定资产确认条件的，应当记入当期支出。

**第三十四条** 基层医疗卫生机构应当对固定资产进行实地盘点。对盘盈、盘亏的固定资产，应当及时查明原因，并根据规定的管理权限，报经批准后及时进行处理。固定资产管理部门要定期与财务部门核对，做到账账相符、账实相符。

**第三十五条** 无形资产是指不具有实物形态而能为基层医疗卫生机构提供某种权利的资产。包括土地使用权、基层医疗卫生机构购入的单独计价的应用软件及其他财产权利等。

购入的无形资产，按照实际支付的价款计价。

**第三十六条** 基层医疗卫生机构出售、转让、报废固定资产或者发生固定资产毁损时，应当按照国有资产管理规定处理。

转让无形资产应按有关规定进行资产评估。

## 第七章 负债管理

**第三十七条** 负债是指基层医疗卫生机构所承担的能以货币计量、需要以资产或劳务偿还的债务。包括应付账款、预收医疗款、应缴款项、应交税费、应付职工薪酬和应付社会保障费等。

**第三十八条**　基层医疗卫生机构应当对不同性质的负债分别管理，及时清理并按照规定办理结算，保证各项负债在规定期限内归还。

**第三十九条**　基层医疗卫生机构不得借入偿还期在一年以上（不含一年）的长期借款，不得发生融资租赁行为。

**第四十条**　基层医疗卫生机构应加强病人预交金管理。预交金额度应根据病人病情和治疗的需要合理确定。

## 第八章　净资产管理

**第四十一条**　净资产是指基层医疗卫生机构资产减去负债后的余额。

**第四十二条**　净资产包括固定基金、事业基金、专用基金、财政补助结转（余）和未弥补亏损。

（一）固定基金，即基层医疗卫生机构固定资产、在建工程、无形资产形成的资金占用。

（二）事业基金，即基层医疗卫生机构按规定设置的用于弥补亏损的净资产。包括从结余分配转入资金（不包括财政基本支出补助收入）、资产评估增值等。

基层医疗卫生机构应加强对事业基金管理，统筹安排，合理使用。如事业基金滚存较多，在编制预算时应安排一定数量的事业基金。

（三）专用基金，即基层医疗卫生机构按照规定提取、设置的有专门用途的资金。主要包括医疗风险基金、职工福利基金、奖励基金和其他专用基金等。

医疗风险基金是指从医疗卫生支出中计提、专门用于支付基层医疗卫生机构购买医疗风险保险发生的支出或实际发生的医疗事故赔偿的资金。提取的医疗风险基金不得超过当年医疗收入的1%。具体比例可由各省（自治区、直辖市）财政部门会同主管部门根据当地实际情况制定。

职工福利基金是指按业务收支结余的一定比例提取、专门用于职工集体福利设施、集体福利待遇的资金。

基层医疗卫生机构应加强对职工福利基金和医疗风险基金的管理，统筹安排，合理使用。对于职工福利基金和医疗风险基金滚存较多的基层医疗卫生机构，可以适当降低提取比例或者暂停提取。

奖励基金是指执行核定收支等预算管理方式的基层医疗卫生机构，在年度终了对核定任务完成情况进行绩效考核合格后，可按照业务收支结余的一定比例提取的基金，由基层医疗卫生机构结合绩效工资的实施用于职工绩效考核奖励。

其他专用基金是指按照有关规定提取、设置的其他专用资金。

各项基金的提取比例和管理办法，国家有统一规定的，按照统一规定执行；没有统一规定的，由省（自治区、直辖市）主管部门会同同级财政部门确定。专用基金要专款专用，不得擅自改变用途。

（四）财政补助结转（余），即基层医疗卫生机构历年滚存的有限定用途的财政补助资金。

（五）未弥补亏损，即事业基金不足以弥补的亏损。

## 第九章　财务清算

**第四十三条**　基层医疗卫生机构发生划转、撤销、合并、分立时，应当进行财务清算。

**第四十四条**　基层医疗卫生机构财务清算，应当在主管部门和财政部门的监督指导下，对单位的财产、债权、债务等进行全面清理，编制财产目录和债权、债务清单，提出财产作价依据和债权、债务处理办法，做好国有资产的移交、接收、划转和管理工作，并妥善处理各项遗留问题。

**第四十五条**　基层医疗卫生机构财务清算结束后，经主管部门审核并报财政部门批准，分别按照下列办法处理：

（一）因隶属关系改变，成建制划转的基层医疗卫生机构，其全部资产、债权、债务等无偿移交，并相应划转财政补助经费指标。

（二）撤销的基层医疗卫生机构，全部资产、债权、债务等由主管部门和财政部门核准处理。

（三）合并的基层医疗卫生机构，全部资产、债权、债务等移交接收单位或新组建单位。合并后多余的国有资产由主管部门和财政部门核准处理。

（四）分立的基层医疗卫生机构，资产按照有关规定移交分立后的单位，并相应划转财政补助经费指标。

### 第十章　财务报告与分析

**第四十六条**　财务报告是反映基层医疗卫生机构一定时期财务状况和业务开展成果的总括性书面文件。

基层医疗卫生机构应当按月度、季度、年度向主管部门和财政部门报送财务报告。

**第四十七条**　基层医疗卫生机构报送的年度财务报告包括资产负债表、收入支出总表、业务收支明细表、财政补助收支明细表、基本建设收入支出表、净资产变动表、绩效考核表、有关附表、会计报表附注以及财务情况说明书。

**第四十八条**　财务情况说明书主要说明基层医疗卫生机构的业务开展情况、预算执行情况、财务收支状况、资产变动情况、基本建设情况、绩效考评情况、对本期或下期财务状况发生重大影响的事项、专项资金的使用情况以及其他需要说明的事项。

**第四十九条**　基层医疗卫生机构财务分析是财务管理工作的重要组成部分。基层医疗卫生机构应当按照财政部门和主管部门的规定和要求，根据单位财务管理的需要，定期编制财务分析报告。财务分析的内容包括基层医疗卫生机构事业发展和预算执行、资产使用管理、收入、支出和净资产变动以及财务管理情况、存在主要问题和改进措施等。

财务分析指标包括预算收支完成率、人员经费占医疗卫生支出的比率、公用经费占医疗卫生支出的比率、收支结余率、资产负债率、支出构成及次均费用等。

基层医疗卫生机构可以根据本单位特点增加财务分析指标。

### 第十一章　财务监督

**第五十条**　基层医疗卫生机构必须接受财政、审计和主管部门的财务监督，并建立严密的内部监督制度。

**第五十一条**　基层医疗卫生机构财务监督包括预算管理的监督、收支管理的监督、资产使用管理的监督等主要内容。采用事前监督、事中监督和事后监督等监督方式。

**第五十二条**　基层医疗卫生机构的财会人员有权按《中华人民共和国会计法》及其他有关法律法规行使财务监督权，对违反国家财经法规的行为，提出意见并向主管部门和其他有关部门反映。

### 第十二章　附　　则

**第五十三条**　基层医疗卫生机构基本建设投资财务管理除按照本制度执行外，还应执行国家基本建设投资方面的财务管理制度。

**第五十四条**　各省（自治区、直辖市）财政部门和主管部门可依照本制度，结合本地实际情况，制定具体实施办法，并报财政部、卫生部备案。

**第五十五条**　本制度由财政部、卫生部负责解释。

**第五十六条**　企业事业组织、社会团体及其他社会组织举办的非营利性基层医疗卫生机构参照本制度执行。

**第五十七条**　本制度自 2011 年 7 月 1 日起执行。1998 年 11 月 17 日财政部、卫生部发布的《医院财务制度》（财社字[1998]148 号）同时废止。

# 13. 农业综合开发财务管理办法（2006 年修订）

财发[2006]39 号

### 第一章　总　　则

**第一条**　为规范农业综合开发财务行为，提高农业综合开发财务管理水平和资金使用效益，结合财政体制、财务会计制度的要求，依据《国家农业综合开发资金和项目管理办法》(财政部令第29号)及相关财务规则，制定本办法。

**第二条**　本办法适用于农业综合开发管理部门和建设单位的财务活动(不包括外资项目财务管理)。

**第三条**　农业综合开发财务管理的原则：以资金投入控制项目规模，按项目管理资金；专人管理、专账核算、专款专用；实行财政无偿资金县级报账制。

**第四条**　农业综合开发财务管理的主要任务：认真贯彻国家有关法规和政策；建立健全财务管理制度；合理编制年度财务计划，依法筹措和使用农业综合开发资金，确保资金专款专用；加强会计核算、财务预决算和资产管理工作，定期编制财务报告；强化财务监督检查。

**第五条**　各级农业综合开发管理部门和建设单位应当设置财务管理机构，配备具有会计从业资格的专业人员，做好农业综合开发资金财务管理工作。

## 第二章　财务计划管理

**第六条**　财务计划是指各级农业综合开发管理部门和建设单位编制的资金收支计划。包括资金筹措计划和项目用款计划。

**第七条**　资金筹措计划依据所承担的开发任务和现行政策规定编制。要合理确定各级财政配套资金和自筹资金额度，不得留有缺口。

**第八条**　项目用款计划根据批准的项目计划编制。按照项目建设进度和施工合同的要求确定拨款计划，各级财政部门不得滞留项目资金。

**第九条**　财务计划一经确定，不得随意调整，但在项目计划经批准调整后，财务计划也应随之进行调整。

## 第三章　资金筹集

**第十条**　农业综合开发资金包括财政资金、自筹资金，以及采取投资参股、补贴、贴息、有偿扶持等多种形式吸引的金融资金、民间资本、工商资本等其他经过法定手续筹集的资金。

**第十一条**　农业综合开发财政资金由中央财政资金和地方财政资金组成。

农业综合开发财政资金列入各级财政年度预算。地方财政配套资金不得用其他支农专项资金抵顶。

**第十二条**　土地治理项目自筹资金是指经批准实施的项目建设所需的乡村集体自筹资金和农民的自筹现金、以物折资和投劳折资。其投入比例按照农业综合开发的有关规定执行。

产业化经营项目的自筹资金应不低于财政投资的50%。

**第十三条**　占用费收入是指财政部门按规定向财政有偿资金使用单位收取的资金使用费。

**第十四条**　其他收入是指银行存款利息收入以及农业综合开发投资形成资产的运营收入(不含参股经营的有关收入)。

**第十五条**　各级财政部门应当根据农业综合开发工作需要由财政预算单独安排农业综合开发事业费。

## 第四章　资金使用和支出管理

**第十六条**　农业综合开发资金必须严格按照国家农业综合开发资金和项目管理规定的范围使用。投资参股经营资金按照公司、企业法律制度和农业综合开发投资参股经营管理的有关规定使用。

**第十七条**　产业化经营项目财政无偿资金限用于项目可行性研究、初步设计或实施方案所需费用，新品种、新技术的引进、示范及培训所发生的费用，部分必要的公益性基础设施建设投入补助。

**第十八条**　土地治理项目和产业化经营项目可按财政资金的一定比例安排科技推广费。科技推广费的使用和管理分别执行两类项目的有关规定。

**第十九条**　贷款贴息是指农业综合开发财政资金单独安排的，对符合农业综合开发扶持范围的贷款项目的贴息支出。项目贷款未落实的，财政部门不予贴息。

**第二十条**　县级农发机构项目管理费按年度土地治理项目财政投资的一定比例提取使用：财政投资500万元以下的按3.5%提取，1000万元以下的其超过500万元的部分按1.5%提取，超过1000万元的其

超过部分按0.5%提取。项目管理费从地方财政配套资金中列支，主要用于项目实地考察、检查验收、业务培训、项目及工程招标、资金和项目公示以及土地治理项目可行性研究、土地治理项目一般工程初步设计等方面的支出，不得用于人员工资、补贴、购置车辆等行政经费开支。地、省级农发机构和国家农发办由本级财政预算单独安排事业费用于项目管理各项支出，不得另提项目管理费。

部门项目中的土地治理类项目由相关的县级项目主管部门按财政投资的一定比例提取项目管理费，提取比例比照地方项目执行。相应取消列支前期工作费的有关规定。中型灌区节水配套改造项目建设管理费按有关规定执行。

**第二十一条** 工程监理费按照实施监理的土地治理项目单项工程财政年度投资总额的2%以内控制使用，从地方财政配套资金中列支，按实际支出数计入工程成本。

**第二十二条** 财政无偿资金实行县级报账制。县级财政部门负责报账资金的日常核算和管理，项目实施单位应严格按照规定的程序和手续及时办理报账。

实行财政国库管理制度改革的，财政无偿资金应当纳入改革实施范围，资金支付按照国库集中支付制度有关规定执行。

**第二十三条** 有偿资金债务必须落实借款人，按照“谁受益、谁负担，谁借款、谁还款”的原则，确保有偿资金的及时、足额回收。

由于遭受毁灭性自然灾害等原因，造成有偿资金无法归还或不能按期归还的，可按有关规定申请呆账核销或延期还款。

**第二十四条** 占用费支出包括支付借入财政有偿资金的占用费、委托银行贷款手续费、按规定从占用费收入中提取的业务费及必要的回收费用等。

**第二十五条** 其他支出包括资产的租赁、承包、出售所发生的费用支出(不含参股经营的有关支出)。

## 第五章 工程成本管理

**第二十六条** 农业综合开发建设单位对实施的土地治理项目所形成实物工程发生的全部费用要进行成本核算。

**第二十七条** 农业综合开发工程成本分为农业工程成本、水利工程成本、林业工程成本。

农业工程成本包括土地整治、修建田间机耕路、种子繁育基地建设、设施农业建设、草场建设等发生的费用；水利工程成本包括修建渠道工程、渠系建筑物工程、水源工程、小型水利水保工程等发生的费用；林业工程成本包括封禁治理，营造农田防护林、防风固沙林、水土保持林、水源涵养林、经果林及苗圃建设等发生的费用。

**第二十八条** 农业综合开发有形实体工程建设所发生的费用分为直接费用和间接费用。

直接费用是形成有形实体工程发生的费用。包括材料费、机械设备费、普工和技工及机械施工费、林木种苗费等。

间接费用是不形成有形实体工程，但对形成实体工程有紧密联系所必须发生的共同费用。包括工程监理费、勘察设计费、工程预决算审计费、材料损耗等。

**第二十九条** 项目工程竣工后，农业综合开发管理部门应审核或委托具有资质的中介机构审核施工单位编制的工程竣工决算。

## 第六章 资产管理

**第三十条** 资产是指农业综合开发管理部门和建设单位为实施农业综合开发项目建设所占有或使用的、能以货币计量的经济资源。包括现金、银行存款、应收款项、借出有偿资金、委托贷款、有偿资金放款、参股经营投资、转出参股经营资金、预付工程款、材料、待处理有偿资金、在建工程和竣工工程。

**第三十一条** 农业综合开发管理部门和建设单位要建立和健全现金、银行存款等货币资金的内部管理制度。对工程款项的支付要实行转账结算，现金收支要执行《现金管理暂行条例》，严格控制现金结算，严禁白条入账。

**第三十二条** 应收款项是指农业综合开发管理部门和建设单位应当收回的待结算款项。年终，要做好应收款项的清理结算工作，不得长期挂账。

**第三十三条**　借出有偿资金是指上级财政部门借给下级财政部门的有偿资金。有偿资金实行逐级承借，统借统还，按照批准的年度项目计划和借款合同发放。

**第三十四条**　委托贷款是指由财政部门提供资金，贷款人根据已确定的贷款对象、用途、金额、期限、占用费率等代为发放、监督使用并协助回收的款项。

**第三十五条**　有偿资金放款是指按年度项目计划借给用款单位或个人的应按时回收的财政有偿资金。

**第三十六条**　参股经营投资是指通过资产运营机构投入到参股经营项目的农业综合开发财政资金。

**第三十七条**　转出参股经营资金是指上级财政部门拨给下级财政部门的财政参股经营资金。

**第三十八条**　预付工程款是指按工程建设合同预先支付给施工单位用于购买材料、设备等的款项。

**第三十九条**　材料是指为农业综合开发工程建设而储存的各种物资。

**第四十条**　待处理有偿资金是指有偿资金放款和委托贷款超过约定还款期限，经审核批准，但尚未按规定程序报批列入呆账的有偿资金。待处理有偿资金的核销必须按规定的程序报批。

**第四十一条**　在建工程是尚未完工、需继续承建的农业综合开发实体项目工程。

**第四十二条**　竣工工程是指已经完工、符合项目建设要求并经验收合格的农业综合开发项目工程。

竣工工程验收前，由于质量问题发生的工程修复和返工费用，按有关合同规定办理。竣工工程验收后，在质量保证期内发生的工程修复和返工费用，从预留的质量保证金中列支或按合同有关规定办理。

## 第七章　负债管理

**第四十三条**　负债是指农业综合开发管理部门和建设单位为实施农业综合开发项目而形成的、需要以资产来偿还的债务。包括借入有偿资金、转入参股经营资金、应付工程款、应付质量保证金和其他应付款。

**第四十四条**　借入有偿资金是指下级财政部门从上级财政部门借入的财政有偿资金。

**第四十五条**　转入参股经营资金是指下级财政部门收到的上级财政部门参股经营资金。

**第四十六条**　应付工程款是指工程竣工结算或报账后，应付未付项目施工单位的工程款项。

**第四十七条**　应付质量保证金是指按规定预留的，应付给项目施工单位或工程监理单位的工程质量保证金。付给项目施工单位的质量保证金应按不高于工程合同金额的10%预留，待项目运行期满后，视运行情况及时清理结算。付给工程监理单位的质量保证金预留比例执行农业综合开发工程监理的有关规定，待项目验收合格后支付。

**第四十八条**　其他应付款是指应付工程款、应付质量保证金以外的应付未付的款项，主要是其他往来款项。

## 第八章　净资产管理

**第四十九条**　净资产包括本级有偿资金、竣工工程基金、完工项目结余、未完项目结存、本级参股经营资金、参股经营收益。

**第五十条**　本级有偿资金是指本级财政预算安排有偿使用的资金，以及占用费收支结余、其他收支结余和完工项目结余等转入的农业综合开发资金。

**第五十一条**　竣工工程基金是指已竣工但尚未正式移交给使用单位的项目工程资金。

**第五十二条**　完工项目结余是指完工工程在办理竣工决算后的资金结余。

**第五十三条**　未完项目结存是指农业综合开发财政资金专账当年收入数与拨款数之间的差额以及报账资金、工程资金专账当年收到的未完工项目资金。

**第五十四条**　本级参股经营资金是指本级财政预算安排的参股经营资金。

**第五十五条**　参股经营收益是指投入到参股经营项目的财政资金实际取得的收益。

## 第九章　财务监督

**第五十六条**　各级农业综合开发管理部门和建设单位要加强对农业综合开发资金筹集、管理和使用的监督检查，如有必要，还可委托社会中介机构参与，确保农业综合开发资金专款专用，提高资金使用效益。同时，密切配合审计部门和财政监督机构，定期对农业综合开发资金进行检查审计。

对截留、挪用农业综合开发资金等违纪违规问题，必须及时予以纠正，并严格按照有关规定进行处理和处罚。

**第五十七条** 要切实推行土地治理项目和资金公示制，在项目申报阶段、实施阶段和竣工验收后，以适当的方式将项目资金的筹集、使用情况向项目所在地乡(镇)、村公布，接受民主监督。

## 第十章 财务报告和财务分析

**第五十八条** 农业综合开发管理部门和建设单位要定期编制财务报告。财务报告包括资产负债表、资金收支情况表、资金支出明细表、净资产变动情况表、有偿资金情况表和财务情况说明书等。

**第五十九条** 财务情况说明书的主要内容：资金筹措和落实情况；财产物资的变动情况；资金拨借情况；有偿资金投放和回收情况；参股经营投资的变动及保值增值情况；对本期或下期财务状况发生重大影响的事项；其他需要说明的事项。

**第六十条** 财务评价指标包括：配套资金到位率、自筹资金到位率、有偿资金回收率、国有资产保值增值率等。

(一)配套资金到位率。反映地方财政配套资金的到位情况。计算公式为：

$$配套资金到位率=\frac{配套资金实际到位数}{配套资金计划数}\times100\%$$

(二)自筹资金到位率。反映农村集体或农民自筹资金到位情况。计算公式为：

$$自筹资金到位率=\frac{现金投资到位数+以物折资到位数+投劳折资到位数}{自筹资金计划数}\times100\%$$

(三)有偿资金回收率。反映已到期有偿资金的回收情况。计算公式为：

$$有偿资金回收率=\frac{截至报告期已回收的有偿资金数}{截至报告期应回收的有偿资金数}\times100\%$$

(四)国有资产保值增值率。反映农业综合开发财政参股经营资金投入形成的国有资产的保值增值情况。国有资产是指财政部门授权资产运营机构进行的农业综合开发财政参股投资以及投资收益形成的，或者依法认定为国有的企业所有者权益。计算公式为：

$$国有资产保值增值率=\frac{期末国有资产总额}{期初国有资产总额}\times100\%$$

## 第十一章 附 则

**第六十一条** 各省、自治区、直辖市财政厅(局)可根据本办法规定，结合当地实际情况制定实施细则，并报财政部备案。

**第六十二条** 中央农口部门农业综合开发项目财务管理按照本办法执行。

**第六十三条** 本办法自发布之日起执行，原《农业综合开发财务管理办法》(财发[2000]57 号)同时废止。过去有关规定与本办法不一致的，以本办法为准。

# 14. 民间非营利组织会计制度(2004 年颁布)①

财会[2004]7 号

## 第一章 总 则

**第一条** 为了规范民间非营利组织的会计核算，保证会计信息的真实、完整，根据《中华人民共和国会

① 虽然民间非营利组织不属于行政事业单位，但是性质上类似于事业单位，单独作为一类则篇幅过小，因此放在行政事业单位会计制度类别中。

计法》及国家其他有关法律、法规的规定，制定本制度。

**第二条** 本制度适用于在中华人民共和国境内依法设立的符合本制度规定特征的民间非营利组织。民间非营利组织包括依照国家法律、行政法规登记的社会团体、基金会、民办非企业单位和寺院、宫观、清真寺、教堂等。

适用本制度的民间非营利组织应当同时具备以下特征：

(一)该组织不以营利为宗旨和目的；

(二)资源提供者向该组织投入资源不得取得经济回报；

(三)资源提供者不享有该组织的所有权。

**第三条** 会计核算应当以民间非营利组织的交易或者事项为对象，记录和反映该组织本身的各项业务活动。

**第四条** 会计核算应当以民间非营利组织的持续经营为前提。

**第五条** 会计核算应当划分会计期间，分期结算账目和编制财务会计报告。

**第六条** 会计核算应当以人民币作为记账本位币。业务收支以人民币以外的货币为主的民间非营利组织，可以选定其中一种货币作为记账本位币，但是编制的财务会计报告应当折算为人民币。

民间非营利组织在核算外币业务时，应当设置相应的外币账户。外币账户包括外币现金、外币银行存款、以外币结算的债权和债务账户等，这些账户应当与非外币的各该相同账户分别设置，并分别核算。

民间非营利组织发生外币业务时，应当将有关外币金额折算为记账本位币金额记账。除另有规定外，所有与外币业务有关的账户，应当采用业务发生时的汇率。当汇率波动较小时，也可以采用业务发生当期期初的汇率进行折算。

各种外币账户的外币余额，期末时应当按照期末汇率折合为记账本位币。按照期末汇率折合的记账本位币金额与账面记账本位币金额之间的差额，作为汇兑损益计入当期费用。但是，属于在借款费用应予资本化的期间内发生的与购建固定资产有关的外币专门借款本金及其利息所产生的汇兑差额，应当予以资本化，计入固定资产成本。借款费用应予资本化的期间依照本制度第三十五条加以确定。

本制度所称外币业务，是指以记账本位币以外的货币进行的款项收付、往来结算等业务。

本制度所称的专门借款，是指为购建固定资产而专门借入的款项。

**第七条** 会计核算应当以权责发生制为基础。

**第八条** 民间非营利组织在会计核算时，应当遵循以下基本原则：

(一)会计核算应当以实际发生的交易或者事项为依据，如实反映民间非营利组织的财务状况、业务活动情况和现金流量等信息。

(二)会计核算所提供的信息应当能够满足会计信息使用者(如捐赠人、会员、监管者)等的需要。

(三)会计核算应当按照交易或者事项的实质进行，而不应当仅仅按照它们的法律形式作为其依据据。

(四)会计政策前后各期应当保持一致，不得随意变更。如有必要变更，应当在会计报表附注中披露变更的内容和理由、变更的累积影响数，以及累积影响数不能合理确定的理由等。

(五)会计核算应当按照规定的会计处理方法进行，会计信息应当口径一致、相互可比。

(六)会计核算应当及时进行，不得提前或延后。

(七)会计核算和编制的财务会计报告应当清晰明了，便于理解和使用。

(八)在会计核算中，所发生的费用应当与其相关的收入相配比，同一会计期间内的各项收入和与其相关的费用，应当在该会计期间内确认。

(九)资产在取得时应当按照实际成本计量，但本制度有特别规定的，按照特别规定的计量基础进行计量。其后，资产账面价值的调整，应当按照本制度的规定执行。除法律、行政法规和国家统一的会计制度另有规定的外，民间非营利组织一律不得自行调整资产账面价值。

(十)会计核算应当遵循谨慎性原则。

(十一)会计核算应当合理划分应当计入当期费用的支出和应当予以资本化的支出。

(十二)会计核算应当遵循重要性原则的要求，对资产、负债、净资产、收入、费用等有较大影响，并进而影响财务会计报告使用者据以作出合理判断的重要会计事项，必须按照规定的会计方法和程序进行处理，并在财务会计报告中予以充分披露；对于非重要的会计事项，在不影响会计信息真实性和不致于误导会计

信息使用者作出正确判断的前提下，可适当简化处理。

**第九条** 会计记账应当采用借贷记账法。

**第十条** 会计记录的文字应当使用中文。在民族自治地区，会计记录可以同时使用当地通用的一种民族文字。境外民间非营利组织在中华人民共和国境内依法设立的代表处、办事处等机构也可以同时使用一种外国文字记账。

**第十一条** 民间非营利组织应当根据有关会计法律、行政法规和本制度的规定，在不违反本制度的前提下，结合其具体情况，制定会计核算办法。

**第十二条** 民间非营利组织填制会计凭证、登记会计账簿、管理会计档案等要求，按照《中华人民共和国会计法》、《会计基础工作规范》和《会计档案管理办法》等的规定执行。

**第十三条** 民间非营利组织应当根据国家有关法律、行政法规和内部会计控制规范，结合本单位的业务活动特点，制定相适应的内部会计控制制度，以加强内部会计监督，提高会计信息质量和管理水平。

## 第二章 资　　产

**第十四条** 资产，是指过去的交易或者事项形成并由民间非营利组织拥有或者控制的资源，该资源预期会给民间非营利组织带来经济利益或者服务潜力。资产应当按其流动性分为流动资产、长期投资、固定资产、无形资产和受托代理资产等。

**第十五条** 民间非营利组织应当定期或者至少于半年年度终了，对短期投资、应收款项、存货、长期投资等资产是否发生了减值进行检查，如果这些资产发生了减值，应当计提减值准备，确认减值损失，并计入当期费用。对于固定资产、无形资产等其他资产，如果发生了重大减值，也应当计提减值准备，确认减值损失，并计入当期费用。如果已计提减值准备的资产价值在以后会计期间得以恢复，则应当在该资产已计提减值准备的范围内部分或全部转回已确认的减值损失，冲减当期费用。

**第十六条** 对于民间非营利组织接受捐赠的现金资产，应当按照实际收到的金额入账。对于民间非营利组织接受捐赠的非现金资产，如接受捐赠的短期投资、存货、长期投资、固定资产和无形资产等，应当按照以下方法确定其入账价值：

（一）如果捐赠方提供了有关凭据（如发票、报关单、有关协议等）的，应当按照凭据上标明的金额，作为入账价值。如果凭据上表明的金额与受赠资产公允价值相差较大的，受赠资产应当以其公允价值作为其实际成本。

（二）如果捐赠方没有提供有关凭据的，受赠资产应当以其公允价值作为入账价值。

对于民间非营利组织接受的劳务捐赠，不予确认，但应当在会计报表附注中作相关披露。

**第十七条** 本制度中所称的公允价值是指在公平交易中，熟悉情况的交易双方，自愿进行资产交换或者债务清偿的金额。公允价值的确定顺序如下：

（一）如果同类或者类似资产存在活跃市场的，应当按照同类或者类似资产的市场价格确定公允价值；

（二）如果同类或类似资产不存在活跃市场，或者无法找到同类或者类似资产的，应当采用合理的计价方法确定资产的公允价值。

在本制度规定应当采用公允价值的情况下，如果有确凿的证据表明资产的公允价值确实无法可靠计量，则民间非营利组织应当设置辅助账，单独登记所取得资产的名称、数量、来源、用途等情况，并在会计报表附注中作相关披露。在以后会计期间，如果该资产的公允价值能够可靠计量，则民间非营利组织应当在该资产能够可靠计量的会计期间确认，并以公允价值予以计量。

**第十八条** 民间非营利组织如发生非货币性交易，应当按照以下原则处理：

（一）以换出资产的账面价值，加上应支付的相关税费，作为换入资产的入账价值。

（二）非货币性交易中如果发生补价，应区别不同情况处理：

1. 支付补价的民间非营利组织，应以换出资产的账面价值加上补价和应支付的相关税费，作为换入资产的入账价值。

2. 收到补价的民间非营利组织，应按以下公式确定换入资产的入账价值和应确认的收入或费用：

$$\text{换入资产入账价值}=\text{换出资产账面价值}-\left(\frac{\text{补价}}{\text{换出资产公允价值}}\right)\times$$

$$\text{换出资产账面价值}-\left(\frac{\text{补价}}{\text{换出资产公允价值}}\right)\times\text{应交税金}+\text{应支付的相关税费}$$

$$\text{应确认的收入或费用}=\text{补价}\times[1-(\text{换出资产账面价值}+\text{应交税金})\div\text{换出资产公允价值}]$$

(三)在非货币性交易中,如果同时换入多项资产,应按换入各项资产的公允价值占换入资产公允价值总额的比例,对换出资产的账面价值总额和应支付的相关税费进行分配,以确定各项换入资产的入账价值。

本制度所称非货币性交易是指交易双方以非货币性资产进行的交换,这种交换不涉及或只涉及少量的货币性资产(即补价)。其中,货币性资产是指持有的现金及将以固定或可确定金额的货币收取的资产;非货币性资产是指货币性资产以外的资产。

## 第一节 流动资产

**第十九条** 流动资产是指预期可在1年内(含1年)变现或者耗用的资产,主要包括现金、银行存款、短期投资、应收款项、预付账款、存货、待摊费用等。

**第二十条** 民间非营利组织应当设置现金和银行存款日记账。按照业务发生顺序逐日逐笔登记。有外币现金和存款的民间非营利组织,还应当分别按人民币和外币进行明细核算。

现金的核算应当做到日清月结,其账面余额必须与库存数相符;银行存款的账面余额应当与银行对账单定期核对,并与按月编制的银行存款余额调节表调节相符。

本制度所称的账面余额,是指会计科目的账面实际余额,不扣除作为该科目备抵的项目(如累计折旧、资产减值准备等)。

**第二十一条** 短期投资是指能够随时变现并且持有时间不准备超过1年(含1年)的投资,包括股票、债券投资等。

(一)短期投资在取得时应当按照投资成本计量。短期投资取得时的投资成本按以下方法确定:

1. 以现金购入的短期投资,按照实际支付的全部价款,包括税金、手续费等相关税费作为其投资成本。实际支付的价款中包含的已宣告但尚未领取的现金股利或已到付息期但尚未领取的债券利息,应当作为应收款项单独核算,不构成短期投资成本。

2. 接受捐赠的短期投资,按照本制度第十六条的规定确定其投资成本。

3. 通过非货币性交易换入的短期投资,按照本制度第十八条的规定确定其投资成本。

(二)短期投资的利息或现金股利应当于实际收到时冲减投资的账面价值,但在购买时已计入应收款项的现金股利或者利息除外。

(三)在期末,民间非营利组织应当按照本制度第十五条的规定对短期投资是否发生了减值进行检查。如果短期投资的市价低于其账面价值,应当按照市价低于账面价值的差额计提短期投资跌价准备,确认短期投资跌价损失并计入当期费用。如果短期投资的市价高于其账面价值,应当在该短期投资期初已计提跌价准备的范围内转回市价高于账面价值的差额,冲减当期费用。

(四)处置短期投资时,应当将实际取得价款与短期投资账面价值的差额确认当期投资损益。

本制度所称的账面价值,是指某会计科目的账面余额减去相关的备抵项目后的净额。

民间非营利组织的委托贷款和委托投资(包括委托理财)应当区分期限长短,分别作为短期投资和长期投资核算和列报。

**第二十二条** 应收款项是指民间非营利组织在日常业务活动过程中发生的各项应收未收债权,包括应收票据、应收账款和其他应收款等。

(一)应收款项应当按照实际发生额入账,并按照往来单位或个人等设置明细账,进行明细核算。

(二)期末,应当分析应收款项的可收回性,对预计可能产生的坏账损失计提坏账准备,确认坏账损失并计入当期费用。

**第二十三条** 预付账款是指民间非营利组织预付给商品供应单位或者服务提供单位的款项。

预付账款应当按照实际发生额入账,并按照往来单位或个人等设置明细账,进行明细核算。

**第二十四条** 存货是指民间非营利组织在日常业务活动过程中持有以备出售或捐赠的,或者为了出售或捐赠仍处在生产过程中的,或者将在生产、提供服务或日常管理过程中耗用的材料、物资、商品等。

（一）存货在取得时，应当以其实际成本入账。存货成本包括采购成本、加工成本和其他成本。其中，采购成本一般包括实际支付的采购价款、相关税费、运输费、装卸费、保险费以及其他可直接归属于存货采购的费用。加工成本包括直接人工以及按照合理方法分配的与存货加工有关的间接费用。其他成本是指除采购成本、加工成本以外的，使存货达到目前场所和状态所发生的其他支出。接受捐赠的存货，按照本制度第十六条的规定期定其成本。通过非货币性交易换入的存货，按照本制度第十八条的规定确定其成本。

（二）存货在发出时，应当根据实际情况采用个别计价法、先进先出法、或者加权平均法，确定发出存货的实际成本。

（三）存货应当定期进行清查盘点，每年至少盘点一次。对于发生的盘盈、盘亏以及变质、毁损等存货，应当及时查明原因，并根据民间非营利组织的管理权限，经理事会、董事会或类似权力机构批准后，在期末结账前处理完毕。对于盘盈的存货，应当按照其公允价值入账，并确认为当期收入；对于盘亏或者毁损的存货，应先扣除残料价值、可以收回的保险赔偿和过失人的赔偿等，将净损失确认为当期费用。

（四）期末，民间非营利组织应当按照本制度第十五条的规定对存货是否发生了减值进行检查。如果存货的可变现净值低于其账面价值，应当按照可变现净值低于账面价值的差额计提存货跌价准备，确认存货跌价损失并计入当期费用。如果存货的可变现净值高于其账面价值，应当在该存货期初已计提跌价准备的范围内转回可变现净值高于账面价值的差额，冲减当期费用。

本制度所称的可变现净值，是指在正常业务活动中，以存货的估计售价减去至完工将要发生的成本以及销售所必需的费用后的金额。

**第二十五条**　待摊费用是指民间非营利组织已经支出，但应当由本期和以后各期分别负担的、分摊期在1年以内（含1年）的各项费用，如预付保险费、预付租金等。

待摊费用应当按其受益期限在1年内分期平均摊销，计入有关费用。

## 第二节　长期投资

**第二十六条**　长期投资是指除短期投资以外的投资，包括长期股权投资和长期债权投资等。

**第二十七条**　长期股权投资应当按照以下原则核算：

（一）长期股权投资在取得时，应当按取得时的实际成本作为初始投资成本。初始投资成本按以下方法确定：

1. 以现金购入的长期股权投资，按照实际支付的全部价款，包括税金、手续费等相关费用，作为初始投资成本。实际支付的价款中包含的已宣告但尚未领取的现金股利，应当作为应收款项单独核算，不构成初始投资成本。

2. 接受捐赠的长期股权投资，按照本制度第十六条的规定，确定其初始投资成本。

3. 通过非货币性交易换入的长期股权投资，按照本制度第十八条的规定确定其初始投资成本。

（二）长期股权投资应当区别不同情况，分别采用成本法或者权益法核算。如果民间非营利组织对被投资单位无控制、无共同控制且重大影响，长期股权投资应当采用成本法进行核算；如果民间非营利组织对被投资单位具有控制、共同控制或重大影响，长期股权投资应当采用权益法进行核算。

采用成本法核算时，被投资单位经股东大会或者类似权力机构批准宣告发放的利润或现金股利，作为当期投资收益。

采用权益法核算时，按应当享有或应当分担的被投资单位当年实现的净利润或发生的净亏损的份额调整投资账面价值，并作为当期投资损益。按被投资单位宣告分派的利润或现金股利计算分得的部分，减少投资账面价值。

被投资单位宣告分派的股票股利，不作账务处理，但应当设置辅助账，进行数量登记。

本制度所称的控制，是指有权决定被投资单位的财务和经营政策，并能据以从该单位的经济活动中获得利益；本制度所称的共同控制，是指按合同约定对某项经济活动所共有的控制；本制度所称的重大影响，是指对被投资单位的财务和经营政策有参与决策的权力，但并不决定这些政策。

（三）处置长期股权投资时，应当将实际取得价款与投资账面价值的差额确认为当期投资损益。

**第二十八条**　长期债权投资应当按照以下原则核算：

(一)长期债权投资在取得时,应当按取得时的实际成本作为初始投资成本。初始投资成本按以下方法确定:

1. 以现金购入的长期债权投资,按照实际支付的全部价款,包括税金、手续费等相关费用,作为初始投资成本。实际支付的价款中包含的已到付息期但尚未领取的债券利息,应当作为应收款项单独核算,不构成初始投资成本。

2. 接受捐赠取得的长期债权投资,按照本制度第十六条的规定确定其初始投资成本。

3. 通过非货币性交易换入的长期债权投资,按照本制度第十八条的规定确定其初始投资成本。

(二)长期债权投资应当按照票面价值与票面利率按期计算确认利息收入。长期债券投资的初始投资成本与债券面值之间的差额,应当在债券存续期间,按照直线法,于确认相关债券利息收入时予以摊销。

(三)持有可转换公司债券的民间非营利组织,可转换公司债券在购买以及转换为股份之前,应当按一般债券投资进行处理。当民间非营利组织行使转换权利,将其持有的债券投资转换为股份时,应当按其账面价值减去收到的现金后的余额,作为股权投资的初始投资成本。

(四)处置长期债权投资时,应当将实际取得价款与投资账面价值的差额,确认为当期投资损益。

**第二十九条** 民间非营利组织改变投资目的,将短期投资划转为长期投资,应当按短期投资的成本与市价孰低结转。

**第三十条** 期末,民间非营利组织应当按照本制度第十五条的规定对长期投资是否发生了减值进行检查。如果长期投资的可收回金额低于其账面价值,应当按照可收回金额低于账面价值的差额计提长期投资减值准备,确认长期投资减值损失并计入当期费用。如果长期投资的可收回金额高于其账面价值,应当在该长期投资期初已计提减值准备的范围内转回可收回金额高于账面价值的差额,冲减当期费用。

本制度所称可收回金额是指资产的销售净价与预期从该资产的持续使用和使用寿命结束时的处置中形成的预计未来现金流量的现值两者之中的较高者,其中销售净价指销售价值减资产处置费用后的余额。

## 第三节 固定资产

**第三十一条** 固定资产是指同时具有以下特征的有形资产:

(一)为行政管理、提供服务、生产商品或者出租目的而持有的;

(二)预计使用年限超过1年;

(三)单位价值较高。

**第三十二条** 固定资产在取得时,应当按取得时的实际成本入账。取得时的实际成本包括买价、包装费、运输费、交纳的有关税金等相关费用,以及为使固定资产达到预定可使用状态前所必要的支出。固定资产取得时的实际成本应当根据以下具体情况分别确定:

(一)外购的固定资产,按照实际支付的买价、相关税费以及为使固定资产达到预定可使用状态前所发生的可直接归属于该固定资产的其他支出(如,运输费、安装费、装卸费等)确定其成本。

如果以一笔款项购入多项没有单独标价的固定资产,按各项固定资产公允价值的比例对总成本进行分配,分别确定各项固定资产的成本。

(二)自行建造的固定资产,按照建造该项资产达到预定可使用状态前所发生的全部必要支出确定其成本。

(三)接受捐赠的固定资产,应当按照本制度第十六条的规定确定其成本。

(四)通过非货币性交易换入的固定资产,按照本制度第十八条的规定确定其成本。

(五)融资租入的固定资产,按照租赁协议或者合同确定的价款、运输费、途中保险费、安装调试费以及融资租入固定资产达到预定可使用的状态前发生的借款费用等确定其成本。

**第三十三条** 在建工程,包括施工前期准备、正在施工中的建筑工程、安装工程、技术改造工程等。工程项目较多且工程支出较大的,应当按照工程项目的性质分项核算。

**第三十四条** 在建工程应当按照所建造工程达到预定可使用状态前实际发生的全部必要支出确定其工程成本,并单独核算。在建工程的工程成本应当根据具体情况分别确定:

(一)对于自营工程,按照直接材料、直接人工、直接机械使用费等确定其成本。

(二)对于出包工程,按照应支付的工程价款等确定其成本。

**第三十五条** 为购建固定资产而发生的专门借款的借款费用在确定的允许资本化的期间内,应当按照专门借款的借款费用的实际发生额予以资本化,计入在建工程成本。这里的借款费用包括因借款而发生的利息、辅助费用以及因外币借款而发生的汇兑差额。

只有在以下三个条件同时具备时,因专门借款所发生的借款费用才允许开始资本化:

(一)资产支出已经发生;

(二)借款费用已经发生;

(三)为使资产达到预定可使用状态所必要的购建活动已经开始。

如果固定资产的购建活动发生非正常中断,并且中断时间连续超过 3 个月(含 3 个月),应当暂停借款费用的资本化,将中断期间内所发生的借款费用确认为当期费用,直至资产的购建活动重新开始。但是,如果中断是使购建的固定资产达到预定可使用状态所必要的程序,则借款费用的资本化应当继续进行。

当所购建的固定资产达到预定可使用状态时,应当停止借款费用的资本化。之后所发生的借款费用应当于发生时计入当期费用。通常所购建的固定资产达到以下状态时,应当视为所购建的固定资产已经达到预定可使用状态:

(一)固定资产的实体建造(包括安装)工作已经全部完成或者实质上已经完成;

(二)所购建的固定资产与设计要求或者合同要求相符或者基本相符,即使有极个别与设计或者合同要求不相符的地方,也不影响其正常使用。

(三)继续发生在所购建固定资产上的支出金额很少或者几乎不再发生。

**第三十六条** 所购建的固定资产已达到预定可使用状态时,应当自达到预定可使用状态之日起,将在建工程成本转入固定资产核算。

**第三十七条** 民间非营利组织应当对固定资产计提折旧,在固定资产的预计使用寿命内系统地分摊固定资产的成本。

民间非营利组织应当根据固定资产的性质和消耗方式,合理地确定固定资产的预计使用年限和预计净残值。

民间非营利组织应当按照固定资产所含经济利益或者服务潜力的预期实现方式选择折旧方法,可选用的折旧方法包括年限平均法、工作量法、双倍余额递减法和年数总和法。折旧方法一经确定,不得随意变更。如果由于固定资产所含经济利益或者服务潜力预期实现方式发生重大改变而确实需要变更的,应当在会计报表附注中披露相关信息。

**第三十八条** 民间非营利组织应当按月提取折旧,当月增加的固定资产,当月不提折旧,从下月起计提折旧;当月减少的固定资产,当月照提折旧,从下月起不提折旧。

**第三十九条** 与固定资产有关的后续支出,如果使可能流入民间非营利组织的经济利益或者服务潜力超过了原先的估计,如延长了固定资产的使用寿命,或者使服务质量实质性提高,或者使商品成本实质性降低,则应当计入固定资产账面价值,但其增计后的金额不应当超过该固定资产的可收回金额。其他后续支出,应当计入当期费用。

**第四十条** 民间非营利组织由于出售、报废或者毁损等原因而发生的固定资产清理净损益,应当计入当期收入或者费用。

**第四十一条** 用于展览、教育或研究等目的的历史文物、艺术品以及其他具有文化或者历史价值并作长期或者永久保存的典藏等,作为固定资产核算,但不必计提折旧。在资产负债表中,应当单列单列"文物文化资产"项目予以反映。

**第四十二条** 民间非营利组织对固定资产应当定期或者至少每年实地盘点一次。对盘盈、盘亏的固定资产,应当及时查明原因,写出书面报告,并根据管理权限经董事会、理事会或类似权力机构批准后,在期末结账前处理完毕。盘盈的固定资产应当按照其公允价值入账,并计入当期收入;盘亏的固定资产在减去过失人或者保险公司等赔款和残料价值之后计入当期费用。

**第四十三条** 民间非营利组织对固定资产的购建、出售、清理、报废和内部转移等都应当办理会计手续，并应当设置固定资产明细账（或者固定资产卡片）进行明细核算。

## 第四节 无形资产

**第四十四条** 无形资产是指民间非营利组织为开展业务活动、出租给他人、或为管理目的而持有的、没有实物形态的、非货币性长期资产，包括专利权、非专利技术、商标权、著作权、土地使用权等。

**第四十五条** 无形资产在取得时，应当按照取得时的实际成本入账。

（一）购入的无形资产，按照实际支付的价款确定其实际成本。

（二）自行开发并按法律程序申请取得的无形资产，按依法取得时发生的注册费、聘请律师费等费用，作为无形资产的实际成本。依法取得前，在研究与开发过程中发生的材料费用、直接参与开发人员的工资及福利费、开发过程中发生的租金、借款费用等直接计入当期费用。

（三）接受捐赠的无形资产，按照本制度第十六条的规定确定其实际成本。

（四）通过非货币性交易换入的无形资产，按照本制度第十八条的规定确定其实际成本。

**第四十六条** 无形资产应当自取得当月起在预计使用年限内分期平均摊销，计入当期费用。如预计使用年限超过了相关合同规定的受益年限或法律规定的有效年限，该无形资产的摊销年限按如下原则确定：

（一）合同规定了受益年限但法律没有规定有效年限的，摊销期不应超过合同规定的受益年限；

（二）合同没有规定受益年限但法律规定了有效年限的，摊销期不应超过法律规定的有效年限；

（三）合同规定了受益年限，法律也规定了有效年限的，摊销期不应超过受益年限和有效年限两者之中较短者。

如果合同没有规定受益年限，法律也没有规定有效年限的，摊销期不应超过10年。

**第四十七条** 民间非营利组织处置无形资产，应当将实际取得的价款与该项无形资产的账面价值之间的差额，计入当期收入或者费用。

## 第五节 受托代理资产

**第四十八条** 受托代理资产，是指民间非营利组织因从事受托代理交易而从委托方取得的资产。在受托代理交易过程中，民间非营利组织通常只是从委托方收到受托资产，并按照委托人的意愿将资产转赠给指定的其他组织或者个人，或者按照有关规定将资产转交给指定的其他组织或者个人，民间非营利组织本身只是在交易过程中起中介作用。无权改变受托代理资产的用途或者变更受益人。

民间非营利组织应当对受托代理资产比照接受捐赠资产的原则进行确认和计量原则，但在确认一项受托代理资产时，应当同时确认一项受托代理负债。

## 第三章 负 债

**第四十九条** 负债是指过去的交易或者事项形成的现时义务，履行该义务预期会导致含有经济利益或者服务潜力的资源流出民间非营利组织。负债应当按其流动性分为流动负债、长期负债和受托代理负债等。

**第五十条** 或有事项是指过去的交易或者事项形成的一种状况，其结果须通过未来不确定事项的发生或不发生予以证实。

如果与或有事项相关的义务同时符合以下条件，应当将其确认为负债，以清偿该负债所需支出的最佳估计数予以计量，并在资产负债表中单列项目予以反映：

（一）该义务是民间非营利组织承担的现时义务；

（二）该义务的履行很可能导致含有经济利益或者服务潜力的资源流出民间非营利组织；

（三）该义务的金额能够可靠地计量。

**第五十一条** 流动负债是指将在1年内（含1年）偿还的负债，包括短期借款、应付款项、应付工资、应交税金、预收账款、预提费用和预计负债等。

（一）短期借款是指民间非营利组织向银行或其他金融机构等借入的期限在1年以下（含1年）的各种借款。

（二）应付款项是指民间非营利组织在日常业务活动过程中发生的各项应付票据、应付账款和其他应付款等应付未付款项。

（三）应付工资是指民间非营利组织应付未付的员工工资。

（四）应交税金是指民间非营利组织应交未交的各种税费。

（五）预收账款是指民间非营利组织向服务和商品购买单位预收的各种款项。

（六）预提费用是指民间非营利组织预先提取的已经发生但尚未支付的费用，如预提的租金、保险费、借款利息等。

（七）预计负债是指民间非营利组织对因或有事项所产生的现时义务而确认的负债。

**第五十二条** 各项流动负债应当按实际发生额入账。

短期借款应当按照借款本金和确定的利率按期计提利息，计入当期费用。

**第五十三条** 长期负债是指偿还期限在1年以上（不含1年）的负债，包括长期借款、长期应付款和其他长期负债。

（一）长期借款是指民间非营利组织向银行或其他金融机构等借入的期限在1年以上（不含1年）的各种借款。

（二）长期应付款主要是指民间非营利组织融资租入固定资产发生的应付租赁款。

（三）其他长期负债是指除长期借款和长期应付款外的长期负债。

**第五十四条** 各项长期负债应当按实际发生额入账。

**第五十五条** 受托代理负债是指民间非营利组织因从事受托代理业务、接受受托代理资产而产生的负债。受托代理负债应当按照相对应的受托代理资产的金额予以确认和计量。

## 第四章　净资产

**第五十六条** 民间非营利组织的净资产是指资产减去负债后的余额。净资产应当按照其是否受到限制，分为限定性净资产和非限定性净资产等。

如果资产或者资产所产生的经济利益（如资产的投资收益和利息等）的使用受到资产提供者或者国家有关法律行政法规所设置的时间限制或（和）用途限制，则由此形成的净资产即为限定性净资产；国家有关法律行政法规对净资产的使用直接设置限制的，该受限制的净资产亦为限定性净资产；除此之外的其他净资产，即为非限定性净资产。

本制度所称的时间限制，是指资产提供者或者国家有关法律行政法规要求民间非营利组织在收到资产后的特定时期之内或特定日期之后使用该项资产，或者对资产的使用设置了永久限制。

本制度所称的用途限制，是指资产提供者或者国家有关法律、行政法规要求民间非营利组织将收到的资产用于某一特定的用途。

民间非营利组织的董事会、理事会或类似机构对净资产的使用所作的限定性决策、决议或拨款限额等，属于民间非营利组织内部管理上对资产使用所作的限制，不属于本制度所界定的限定性净资产。

**第五十七条** 如果限定性净资产的限制已经解除，应当对净资产进行重新分类，将限定性净资产转为非限定性净资产。

当存在下列情况之一时，可以认为限定性净资产的限制已经解除：

（一）所限定净资产的限制时间已经到期；

（二）所限定净资产规定的用途已经实现（或者目的已经达到）；

（三）资产提供者或者国家有关法律行政法规撤销了所设置的限制。

如果限定性净资产受到两项或两项以上的限制，应当在最后一项限制解除时，才能认为该项限定性净资产的限制已经解除。

## 第五章　收　　入

**第五十八条** 收入是指民间非营利组织开展业务活动取得的、导致本期净资产增加的经济利益或者服务潜力的流入，收入应当按照其来源分为捐赠收入、会费收入、提供服务收入、政府补助收入、投资收益、商品销售收入等主要业务活动收入和其他收入等。

（一）捐赠收入是指民间非营利组织接受其他单位或者个人捐赠所取得的收入。

（二）会费收入是指民间非营利组织根据章程等的规定向会员收取的会费收入。

（三）提供服务收入是指民间非营利组织根据章程等的规定向其服务对象提供服务取得的收入，包括学费收入、医疗费收入、培训收入等。

（四）政府补助收入是指民间非营利组织接受政府拨款或者政府机构给予的补助而取得的收入。

（五）商品销售收入是指民间非营利组织销售商品（如出版物、药品等）等所形成的收入。

（六）投资收益是指民间非营利组织因对外投资取得的投资净损益。

民间非营利组织如果有除上述捐赠收入、会费收入、提供服务收入、政府补助收入、商品销售收入、投资收益之外的其他主要业务活动收入，也应当单独核算。

（七）其他收入是指除上述主要业务活动收入以外的其他收入，如固定资产处置净收入、无形资产处置净收入等。

对于民间非营利组织接受的劳务捐赠，不予确认，但应当在会计报表附注中作相关披露。

**第五十九条** 民间非营利组织在确认收入时，应当区分交换交易所形成的收入和非交换交易所形成的收入。

（一）交换交易是指按照等价交换原则所从事的交易，即当某一主体取得资产、获得服务或者解除债务时，需要向交易对方支付等值或者大致等值的现金，如果提供等值或者大致等值的货物、服务等的交易。如按照等价交换原则销售商品、提供劳务等均属于交换交易。对于因交换交易所形成的商品销售收入，应当在下列条件同时满足时予以确认：

1. 已将商品所有权上的主要风险和报酬转移给购货方；

2. 既没有保留通常与所有权相联系的继续管理权，也没有对已售出的商品实施控制；

3. 与交易相关的经济利益能够流入民间非营利组织；

4. 相关的收入和成本能够可靠地计量。

对于因交换交易所成本的提供劳务收入，应当按以下规定予以确认：

1. 在同一会计年度内开始并完成的劳务，应当在完成劳务时确认收入；

2. 如果劳务的开始和完成分属不同的会计年度，可以按完工进度或完成的工作量确认收入。

对于因交换交易所形成的因让渡资产使用权而发生的收入应当在下列条件同时满足时予以确认：

1. 与交易相关的经济利益能够流入民间非营利组织；

2. 收入的金额能够可靠地计量。

（二）非交换交易是指除交换交易之外的交易。在非交换交易中，某一主体取得资产、获得服务或者解除债务时，不必向交易对方支付等值或者大致等值的现金，或者提供等值或者大致等值的货物、服务等；或者某一主体在对外提供货物、服务等时，没有收到等值或者大致等值的现金、货物等。如捐赠、政府补助等属于非交换交易。

对于因非交换交易所形成的收入，应当在同时满足下列条件时予以确认：

1. 与交换相关的经济利益或者服务潜力的资源能够流入民间非营利组织并为其所控制，或者相关的债务能够得到解除；

2. 交换能够引起净资产的增加；

3. 收入的金额能够可靠地计量。

一般情况下，对于无条件的捐赠或政府补助，应当在捐赠或政府补助收到时确认收入；对于附条件的捐赠或政府补助，应当在取得捐赠资产或政府补助资产控制权时确认收入，但当民间非营利组织存在需要偿还全部或部分捐赠资产（或者政府补助资产）或者相应金额的现时义务时，应当根据需要偿还的金额同时确认一项负债和费用。

**第六十条** 民间非营利组织对于各项收入应当按是否存在限定区分为非限定性收入和限定性收入进行核算。

如果资产提供者对资产的使用设置了时间限制或者（和）用途限制，则所确认的相关收入为限定性收入；除此之外的其他所有收入，为非限定性收入。

民间非营利组织的会费收入、提供服务收入、商品销售收入和投资收益等一般为非限定性收入，除非相

关资产提供者对资产的使用设置了限制;民间非营利组织的捐赠收入和政府补助收入,应当视相关资产提供者对资产的使用是否设置了限制,分别限定性收入和非限定性收入进行核算。

**第六十一条** 期末,民间非营利组织应当将本期限定性收入和非限定性收入分别结转至净资产项下的限定性净资产和非限定性净资产。

## 第六章 费　　用

**第六十二条** 费用是指民间非营利组织为开展业务活动所发生的、导致本期净资产减少的经济利益或者服务潜力的流出。费用应当按照其功能分为业务活动成本、管理费用、筹资费用和其他费用等。

(一)业务活动成本,是指民间非营利组织为了实现其业务活动目标、开展其项目活动或者提供服务所发生的费用。如果民间非营利组织从事的项目、提供的服务或者开展的业务比较单一,可以将相关费用全部归集在"业务活动成本"项目下进行核算和列报;如果民间非营利组织从事的项目、提供的服务或者开展的业务种类较多,民间非营利组织应当在"业务活动成本"项目下分别项目、服务或者业务大类进行核算和列报。

(二)管理费用,是指民间非营利组织为组织和管理其业务活动所发生的各项费用。包括民间非营利组织董事会(或者理事会或者类似权力机构)经费和行政管理人员的工资、奖金、住房公积金、住房补贴、社会保障费、离退休人员工资与补助,以及办公费、水电费、邮电费、物业管理费、差旅费、折旧费、修理费、租赁费、无形资产摊销费、资产盘亏损失、资产减值损失、因预计负债所产生的损失、聘请中介机构费和应偿还的受赠资产等。其中,福利费应当依法根据民间非营组织的管理权限,按照董事会、理事会或类似权力机构等的规定据实列支。

(三)筹资费用,是指民间非营利组织为筹集业务活动所需资金而发生的费用,包括民间非营利组织为了获得捐赠资产而发生的费用以及应当计入当期费用的借款费用、汇兑损失(减汇兑收益)等。民间非营利组织为了获得捐赠资产而发生的费用包括举办募款活动费、准备、印刷和发放募款宣传资料费以及其他与募款或者争取捐赠资产有关的费用。

(四)其他费用,是指民间非营利组织发生的、无法归属到上述业务活动成本、管理费用或者筹资费用中的费用,包括固定资产处置净损失、无形资产处置净损失等。

民间非营利组织的某些费用如果属于多项业务活动或者属于业务活动、管理活动和筹资活动等共同发生的,而且不能直接归属于某一类活动,应当将这些费用按照合理的方法在各项活动中进行分配。

**第六十三条** 民间非营利组织发生的业务活动成本、管理费用、筹资费用和其他费用,应当在实际发生时按其发生额计入当期费用。

**第六十四条** 期末,民间非营利组织应当将本期发生的各项费用结转至净资产项下的非限定性净资产,作为非限定性净资产的减项。

## 第七章 财务会计报告

**第六十五条** 财务会计报告是反映民间非营利组织财务状况、业务活动情况和现金流量等的书面报告。

**第六十六条** 财务会计报告分为年度财务会计报告和中期财务会计报告。以短于一个完整的会计年度的期间(如半年度、季度和月度)编制的财务会计报告称为中期财务会计报告。年度财务会计报告则是以整个会计年度为基础编制的财务会计报告。

**第六十七条** 财务会计报告由会计报表、会计报表附注和财务情况说明书组成。民间非营利组织对外提供的财务会计报告的内容、会计报表的种类和格式、会计报表附注应予披露的主要内容等,由本制度规定;民间非营利组织内部管理需要的会计报表由单位自行规定。

民间非营利组织在编制中期财务会计报告时,应当采用与年度会计报表相一致的确认与计量原则。中期财务会计报告的内容相对于年度财务会计报告而言可以适当简化,但是,它仍然应当保证包括了与理解中期期末财务状况和中期业务活动情况及其现金流量相关的重要财务信息。

**第六十八条** 民间非营利组织采用的会计政策前后各期应当保持一致,不得随意变更,除非符合下列条件之一:

(一)法律或会计制度等行政法规、规章的要求；

(二)这种变更能够提供有关民间非营利组织财务状况、业务活动情况和现金流量等更可靠、更相关的会计信息。

民间非营利组织应当采用追溯调整法核算会计政策的变更，如果追溯调整法不可行，则应当采用未来适用法核算；如果相关法律或会计制度等另有规定，则应当按照相关规定进行核算。

本制度中所称追溯调整法，是指对某项交易或者事项变更会计政策时，如同该交易或者事项初次发生时就开始采用新的会计政策，并以此对相关项目进行调整的方法；本制度所称未来适用法，是指对某项交易或者事项变更会计政策时，新的会计政策适用于变更当期及未来期间发生的交易或者事项的方法。

**第六十九条** 资产负债表日至财务会计报告批准报出日之间发生的需要调整或说明的有利或不利事项，属于资产负债表日后事项。对于资产负债表日后事项，应当区分调整事项和非调整事项进行处理。

调整事项，是指资产负债表日后至财务会计报告批准报出日之间发生的，为资产负债表日已经存在的情况提供了新的或进一步证据，有助于对资产负债表日存在情况有关的金额作出重新估计的事项。民间非营利组织应当就调整事项，对资产负债表日所确认的相关资产、负债和净资产，以及资产负债表日所属期间的相关收入、费用等进行调整。

非调整事项，是指资产负债表日后至财务会计报告批准报出日之间才发生的，不影响资产负债表日的存在情况，但不加以说明将会影响财务会计报告使用者作出正确估计和决策的事项。民间非营利组织应当在会计报表附注中披露非调整事项的性质、内容，以及对财务状况和业务活动情况的影响。如无法估计其影响，应当说明理由。

**第七十条** 财务会计报告中的会计报表至少应当包括以下三张报表：

(一)资产负债表；

(二)业务活动表；

(三)现金流量表。

**第七十一条** 会计报表附注至少应当包括下列内容：

(一)重要会计政策及其变更情况的说明；

(二)董事会(或者理事会或者类似权力机构)成员和员工的数量、变动情况以及获得的薪金等报酬情况的说明；

(三)会计报表重要项目及其增减变动情况的说明；

(四)资产提供者设置了时间或用途限制的相关资产情况的说明；

(五)受托代理交易情况的说明，包括受托代理资产的构成、计价基础和依据、用途等；

(六)重大资产减值情况的说明；

(七)公允价值无法可靠取得的受赠资产和其他资产的名称、数量、来源和用途等情况的说明；

(八)对外承诺和或有事项情况的说明；

(九)接受劳务捐赠情况的说明；

(十)资产负债表日后非调整事项的说明；

(十一)有助于理解和分析会计报表需要说明的其他事项。

**第七十二条** 财务情况说明书至少应当对下列情况作出说明：

(一)民间非营利组织的宗旨、组织结构以及人员配备等情况；

(二)民间非营利组织业务活动基本情况，年度计划和预算完成情况，产生差异的原因分析，下一会计期间业务活动计划和预算等；

(三)对民间非营利组织运作有重大影响的其他事项。

**第七十三条** 民间非营利组织对外投资，而且占对被投资单位资本总额50%以上(不含50%)，或者虽然占该单位资本总额不足50%但具有实质上的控制权的，或者对被投资单位具有控制权的，应当编制合并会计报表。

**第七十四条** 民间非营利组织的年度财务会计报告至少应当于年度终了后4个月内对外提供。如果民间非营利组织被要求对外提供中期财务会计报告的，应当在规定的时间内对外提供。

会计报表的填列，以人民币“元”为金额单位，“元”以下填至“分”。

**第七十五条** 民间非营利组织对外提供的财务会计报告应当依次编定页数，加具封面，装订成册，加盖公章。封面上应当注明：组织名称、组织登记证号、组织形式、地址、报表所属年度或者中期、报出日期，并由单位负责人和主管会计工作的负责人、会计机构负责人（会计主管人员）签名并盖章；设置总会计师的单位，还应当由总会计师签名并盖章。

## 第八章 附 则

**第七十六条** 本制度自2005年1月1日起施行。

# 第十六章 行政事业单位内部控制及监察相关法规

## 1. 行政事业单位内部控制规范(试行)(2012年颁布)

财会[2012]21号

### 第一章 总 则

**第一条** 为了进一步提高行政事业单位内部管理水平,规范内部 控制,加强廉政风险防控机制建设,根据《中华人民共和国会计法》、《中华人民共和国预算法》等法律法规和相关规定,制定本规范。

**第二条** 本规范适用于各级党的机关、人大机关、行政机关、政 协机关、审判机关、检察机关、各民主党派机关、人民团体和事业单 位(以下统称单位)经济活动的内部控制。

**第三条** 本规范所称内部控制,是指单位为实现控制目标,通过 制定制度、实施措施和执行程序,对经济活动的风险进行防范和管控。

**第四条** 单位内部控制的目标主要包括:合理保证单位经济活动 合法合规、资产安全和使用有效、财务信息真实完整,有效防范舞弊 和预防腐败,提高公共服务的效率和效果。

**第五条** 单位建立与实施内部控制,应当遵循下列原则:

(一)全面性原则。内部控制应当贯穿单位经济活动的决策、执 行和监督全过程,实现对经济活动的全面控制。

(二)重要性原则。在全面控制的基础上,内部控制应当关注单位重要经济活动和经济活动的重大风险。

(三)制衡性原则。内部控制应当在单位内部的部门管理、职责 分工、业务流程等方面形成相互制约和相互监督。

(四)适应性原则。内部控制应当符合国家有关规定和单位的实 际情况,并随着外部环境的变化、单位经济活动的调整和管理要求的 提高,不断修订和完善。

**第六条** 单位负责人对本单位内部控制的建立健全和有效实施 负责。

**第七条** 单位应当根据本规范建立适合本单位实际情况的内部 控制体系,并组织实施。具体工作包括梳理单位各类经济活动的业务 流程,明确业务环节,系统分析经济活动风险,确定风险点,选择风 险应对策略,在此基础上根据国家有关规定建立健全单位各项内部管 理制度并督促相关工作人员认真执行。

### 第二章 风险评估和控制方法

**第八条** 单位应当建立经济活动风险定期评估机制,对经济活动 存在的风险进行全面、系统和客观评估。

经济活动风险评估至少每年进行一次;外部环境、经济活动或管 理要求等发生重大变化的,应及时对经济活动风险进行重估。

**第九条** 单位开展经济活动风险评估应当成立风险评估工作小组,单位领导担任组长。

经济活动风险评估结果应当形成书面报告并及时提交单位领导 班子,作为完善内部控制的依据。

**第十条** 单位进行单位层面的风险评估时,应当重点关注以下方面:

(一)内部控制工作的组织情况。包括是否确定内部控制职能部 门或牵头部门;是否建立单位各部门在内部控制中的沟通协调和联动 机制。

（二）内部控制机制的建设情况。包括经济活动的决策、执行、监督是否实现有效分离；权责是否对等；是否建立健全议事决策机制、岗位责任制、内部监督等机制。

（三）内部管理制度的完善情况。包括内部管理制度是否健全；执行是否有效。

（四）内部控制关键岗位工作人员的管理情况。包括是否建立工 作人员的培训、评价、轮岗等机制；工作人员是否具备相应的资格和 能力。

（五）财务信息的编报情况。包括是否按照国家统一的会计制度 对经济业务事项进行账务处理；是否按照国家统一的会计制度编制财 务会计报告。

（六）其他情况。

**第十一条** 单位进行经济活动业务层面的风险评估时，应当重点关注以下方面：

（一）预算管理情况。包括在预算编制过程中单位内部各部门间 沟通协调是否充分，预算编制与资产配置是否相结合、与具体工作是 否相对应；是否按照批复的额度和开支范围执行预算，进度是否合理，是否存在无预算、超预算支出等问题；决算编报是否真实、完整、准 确、及时。

（二）收支管理情况。包括收入是否实现归口管理，是否按照规 定及时向财会部门提供收入的有关凭据，是否按照规定保管和使用印 章和票据等；发生支出事项时是否按照规定审核各类凭据的真实性、合法性，是否存在使用虚假票据套取资金的情形。

（三）政府采购管理情况。包括是否按照预算和计划组织政府采 购业务；是否按照规定组织政府采购活动和执行验收程序；是否按照 规定保存政府采购业务相关档案。

（四）资产管理情况。包括是否实现资产归口管理并明确使用责 任；是否定期对资产进行清查盘点，对账实不符的情况及时进行处理；是否按照规定处置资产。

（五）建设项目管理情况。包括是否按照概算投资；是否严格履 行审核审批程序；是否建立有效的招投标控制机制；是否存在截留、挤占、挪用、套取建设项目资金的情形；是否按照规定保存建设项目 相关档案并及时办理移交手续。

（六）合同管理情况。包括是否实现合同归口管理；是否明确应签订合同的经济活动范围和条件；是否有效监控合同履行情况，是否 建立合同纠纷协调机制。

（七）其他情况。

**第十二条** 单位内部控制的控制方法一般包括：

（一）不相容岗位相互分离。合理设置内部控制关键岗位，明确 划分职责权限，实施相应的分离措施，形成相互制约、相互监督的工 作机制。

（二）内部授权审批控制。明确各岗位办理业务和事项的权限范 围、审批程序和相关责任，建立重大事项集体决策和会签制度。相关 工作人员应当在授权范围内行使职权、办理业务。

（三）归口管理。根据本单位实际情况，按照权责对等的原则，

采取成立联合工作小组并确定牵头部门或牵头人员等方式，对有关经 济活动实行统一管理。

（四）预算控制。强化对经济活动的预算约束，使预算管理贯穿 于单位经济活动的全过程。

（五）财产保护控制。建立资产日常管理制度和定期清查机制，采取资产记录、实物保管、定期盘点、账实核对等措施，确保资产安 全完整。

（六）会计控制。建立健全本单位财会管理制度，加强会计机构 建设，提高会计人员业务水平，强化会计人员岗位责任制，规范会计 基础工作，加强会计档案管理，明确会计凭证、会计账簿和财务会计 报告处理程序。

（七）单据控制。要求单位根据国家有关规定和单位的经济活动 业务流程，在内部管理制度中明确界定各项经济活动所涉及的表单和 票据，要求相关工作人员按照规定填制、审核、归档、保管单据。

（八）信息内部公开。建立健全经济活动相关信息内部公开制度，根据国家有关规定和单位的实际情况，确定信息内部公开的内容、范 围、方式和程序。

## 第三章 单位层面内部控制

**第十三条** 单位应当单独设置内部控制职能部门或者确定内部 控制牵头部门，负责组织协调内部控制工作。同时，应当充分发挥财 会、内部审计、纪检监察、政府采购、基建、资产管理等部门或岗位 在内部控

制中的作用。

**第十四条** 单位经济活动的决策、执行和监督应当相互分离。单位应当建立健全集体研究、专家论证和技术咨询相结合的议事 决策机制。

重大经济事项的内部决策,应当由单位领导班子集体研究决定。重大经济事项的认定标准应当根据有关规定和本单位实际情况确定,一经确定,不得随意变更。

**第十五条** 单位应当建立健全内部控制关键岗位责任制,明确岗 位职责及分工,确保不相容岗位相互分离、相互制约和相互监督。单位应当实行内部控制关键岗位工作人员的轮岗制度,明确轮岗周期。不具备轮岗条件的单位应当采取专项审计等控制措施。

内部控制关键岗位主要包括预算业务管理、收支业务管理、政府 采购业务管理、资产管理、建设项目管理、合同管理以及内部监督等 经济活动的关键岗位。

**第十六条** 内部控制关键岗位工作人员应当具备与其工作岗位 相适应的资格和能力。

单位应当加强内部控制关键岗位工作人员业务培训和职业道德 教育,不断提升其业务水平和综合素质。

**第十七条** 单位应当根据《中华人民共和国会计法》的规定建立 会计机构,配备具有相应资格和能力的会计人员。单位应当根据实际发生的经济业务事项按照国家统一的会计制度及时进行账务处理、编制财务会计报告,确保财务信息真实、完整。

**第十八条** 单位应当充分运用现代科学技术手段加强内部控制。对信息系统建设实施归口管理,将经济活动及其内部控制流程嵌入单 位信息系统中,减少或消除人为操纵因素,保护信息安全。

## 第四章 业务层面内部控制

### 第一节 预算业务控制

**第十九条** 单位应当建立健全预算编制、审批、执行、决算与评 价等预算内部管理制度。

单位应当合理设置岗位,明确相关岗位的职责权限,确保预算编制、审批、执行、评价等不相容岗位相互分离。

**第二十条** 单位的预算编制应当做到程序规范、方法科学、编制 及时、内容完整、项目细化、数据准确。

(一)单位应当正确把握预算编制有关政策,确保预算编制相关 人员及时全面掌握相关规定。

(二)单位应当建立内部预算编制、预算执行、资产管理、基建 管理、人事管理等部门或岗位的沟通协调机制,按照规定进行项目评 审,确保预算编制部门及时取得和有效运用与预算编制相关的信息,根据工作计划细化预算编制,提高预算编制的科学性。

**第二十一条** 单位应当根据内设部门的职责和分工,对按照法定 程序批复的预算在单位内部进行指标分解、审批下达,规范内部预算 追加调整程序,发挥预算对经济活动的管控作用。

**第二十二条** 单位应当根据批复的预算安排各项收支,确保预算 严格有效执行。

单位应当建立预算执行分析机制。定期通报各部门预算执行情 况,召开预算执行分析会议,研究解决预算执行中存在的问题,提出 改进措施,提高预算执行的有效性。

**第二十三条** 单位应当加强决算管理,确保决算真实、完整、准 确、及时,加强决算分析工作,强化决算分析结果运用,建立健全单 位预算与决算相互反映、相互促进的机制。

**第二十四条** 单位应当加强预算绩效管理,建立"预算编制有目标、预算执行有监控、预算完成有评价、评价结果有反馈、反馈结果 有应用"的全过程预算绩效管理机制。

### 第二节 收支业务控制

**第二十五条** 单位应当建立健全收入内部管理制度。

单位应当合理设置岗位,明确相关岗位的职责权限,确保收款、会计核算等不相容岗位相互分离。

**第二十六条** 单位的各项收入应当由财会部门归口管理并进行 会计核算,严禁设立账外账。

业务部门应当在涉及收入的合同协议签订后及时将合同等有关 材料提交财会部门作为账务处理依据,确保各项收入应收尽收,及时 入账。财会部门应当定期检查收入金额是否与合同约定相符;对应收 未

收项目应当查明情况，明确责任主体，落实催收责任。

**第二十七条** 有政府非税收入收缴职能的单位，应当按照规定项目和标准征收政府非税收入，按照规定开具财政票据，做到收缴分离、票款一致，并及时、足额上缴国库或财政专户，不得以任何形式截留、挪用或者私分。

**第二十八条** 单位应当建立健全票据管理制度。财政票据、发票等各类票据的申领、启用、核销、销毁均应履行规定手续。单位应当按照规定设置票据专管员，建立票据台账，做好票据的保管和序时登记工作。票据应当按照顺序号使用，不得拆本使用，做好废旧票据管理。负责保管票据的人员要配置单独的保险柜等保管设备，并做到人走柜锁。

单位不得违反规定转让、出借、代开、买卖财政票据、发票等票据，不得擅自扩大票据适用范围。

**第二十九条** 单位应当建立健全支出内部管理制度，确定单位经济活动的各项支出标准，明确支出报销流程，按照规定办理支出事项。单位应当合理设置岗位，明确相关岗位的职责权限，确保支出申请和内部审批、付款审批和付款执行、业务经办和会计核算等不相容岗位相互分离。

**第三十条** 单位应当按照支出业务的类型，明确内部审批、审核、支付、核算和归档等支出各关键岗位的职责权限。实行国库集中支付的，应当严格按照财政国库管理制度有关规定执行。

（一）加强支出审批控制。明确支出的内部审批权限、程序、责任和相关控制措施。审批人应当在授权范围内审批，不得越权审批。

（二）加强支出审核控制。全面审核各类单据。重点审核单据来源是否合法，内容是否真实、完整，使用是否准确，是否符合预算，审批手续是否齐全。

支出凭证应当附反映支出明细内容的原始单据，并由经办人员签字或盖章，超出规定标准的支出事项应由经办人员说明原因并附审批依据，确保与经济业务事项相符。

（三）加强支付控制。明确报销业务流程，按照规定办理资金支付手续。签发的支付凭证应当进行登记。使用公务卡结算的，应当按照公务卡使用和管理有关规定办理业务。

（四）加强支出的核算和归档控制。由财会部门根据支出凭证及时准确登记账簿；与支出业务相关的合同等材料应当提交财会部门作为账务处理的依据。

**第三十一条** 根据国家规定可以举借债务的单位应当建立健全债务内部管理制度，明确债务管理岗位的职责权限，不得由一人办理债务业务的全过程。大额债务的举借和偿还属于重大经济事项，应当进行充分论证，并由单位领导班子集体研究决定。

单位应当做好债务的会计核算和档案保管工作。加强债务的对账和检查控制，定期与债权人核对债务余额，进行债务清理，防范和控制财务风险。

## 第三节 政府采购业务控制

**第三十二条** 单位应当建立健全政府采购预算与计划管理、政府采购活动管理、验收管理等政府采购内部管理制度。

**第三十三条** 单位应当明确相关岗位的职责权限，确保政府采购需求制定与内部审批、招标文件准备与复核、合同签订与验收、验收与保管等不相容岗位相互分离。

**第三十四条** 单位应当加强对政府采购业务预算与计划的管理。建立预算编制、政府采购和资产管理等部门或岗位之间的沟通协调机制。根据本单位实际需求和相关标准编制政府采购预算，按照已批复的预算安排政府采购计划。

**第三十五条** 单位应当加强对政府采购活动的管理。对政府采购活动实施归口管理，在政府采购活动中建立政府采购、资产管理、财会、内部审计、纪检监察等部门或岗位相互协调、相互制约的机制。

单位应当加强对政府采购申请的内部审核，按照规定选择政府采购方式、发布政府采购信息。对政府采购进口产品、变更政府采购方式等事项应当加强内部审核，严格履行审批手续。

**第三十六条** 单位应当加强对政府采购项目验收的管理。根据规定的验收制度和政府采购文件，由指定部门或专人对所购物品的品种、规格、数量、质量和其他相关内容进行验收，并出具验收证明。

**第三十七条** 单位应当加强对政府采购业务质疑投诉答复的管理。指定牵头部门负责、相关部门参加，按照国家有关规定做好政府采购业务质疑投诉答复工作。

**第三十八条**　单位应当加强对政府采购业务的记录控制。妥善保管政府采购预算与计划、各类批复文件、招标文件、投标文件、评标文件、合同文本、验收证明等政府采购业务相关资料。定期对政府采购业务信息进行分类统计，并在内部进行通报。

**第三十九条**　单位应当加强对涉密政府采购项目安全保密的管理。对于涉密政府采购项目，单位应当与相关供应商或采购中介机构签订保密协议或者在合同中设定保密条款。

## 第四节　资产控制

**第四十条**　单位应当对资产实行分类管理，建立健全资产内部管理制度。

单位应当合理设置岗位，明确相关岗位的职责权限，确保资产安全和有效使用。

**第四十一条**　单位应当建立健全货币资金管理岗位责任制，合理设置岗位，不得由一人办理货币资金业务的全过程，确保不相容岗位相互分离。

（一）出纳不得兼管稽核、会计档案保管和收入、支出、债权、债务账目的登记工作。

（二）严禁一人保管收付款项所需的全部印章。财务专用章应当由专人保管，个人名章应当由本人或其授权人员保管。负责保管印章的人员要配置单独的保管设备，并做到人走柜锁。

（三）按照规定应当由有关负责人签字或盖章的，应当严格履行签字或盖章手续。

**第四十二条**　单位应当加强对银行账户的管理，严格按照规定的审批权限和程序开立、变更和撤销银行账户。

**第四十三条**　单位应当加强货币资金的核查控制。指定不办理货币资金业务的会计人员定期和不定期抽查盘点库存现金，核对银行存款余额，抽查银行对账单、银行日记账及银行存款余额调节表，核对是否账实相符、账账相符。对调节不符、可能存在重大问题的未达账项应当及时查明原因，并按照相关规定处理。

**第四十四条**　单位应当加强对实物资产和无形资产的管理，明确相关部门和岗位的职责权限，强化对配置、使用和处置等关键环节的管控。

（一）对资产实施归口管理。明确资产使用和保管责任人，落实资产使用人在资产管理中的责任。贵重资产、危险资产、有保密等特殊要求的资产，应当指定专人保管、专人使用，并规定严格的接触限制条件和审批程序。

（二）按照国有资产管理相关规定，明确资产的调剂、租借、对外投资、处置的程序、审批权限和责任。

（三）建立资产台账，加强资产的实物管理。单位应当定期清查盘点资产，确保账实相符。财会、资产管理、资产使用等部门或岗位应当定期对账，发现不符的，应当及时查明原因，并按照相关规定处理。

（四）建立资产信息管理系统，做好资产的统计、报告、分析工作，实现对资产的动态管理。

**第四十五条**　单位应当根据国家有关规定加强对对外投资的管理。

（一）合理设置岗位，明确相关岗位的职责权限，确保对外投资的可行性研究与评估、对外投资决策与执行、对外投资处置的审批与执行等不相容岗位相互分离。

（二）单位对外投资，应当由单位领导班子集体研究决定。

（三）加强对投资项目的追踪管理，及时、全面、准确地记录对外投资的价值变动和投资收益情况。

（四）建立责任追究制度。对在对外投资中出现重大决策失误、未履行集体决策程序和不按规定执行对外投资业务的部门及人员，应当追究相应的责任。

## 第五节　建设项目控制

**第四十六条**　单位应当建立健全建设项目内部管理制度。

单位应当合理设置岗位，明确内部相关部门和岗位的职责权限，确保项目建议和可行性研究与项目决策、概预算编制与审核、项目实施与价款支付、竣工决算与竣工审计等不相容岗位相互分离。

**第四十七条**　单位应当建立与建设项目相关的议事决策机制，严禁任何个人单独决策或者擅自改变集体决策意见。决策过程及各方面意见应当形成书面文件，与相关资料一同妥善归档保管。

**第四十八条**　单位应当建立与建设项目相关的审核机制。项目建议书、可行性研究报告、概预算、竣工决算报告等应当由单位内部的规划、技术、财会、法律等相关工作人员或者根据国家有关规定委托具有

相应资质的中介机构进行审核，出具评审意见。

**第四十九条** 单位应当依据国家有关规定组织建设项目招标工 作，并接受有关部门的监督。

单位应当采取签订保密协议、限制接触等必要措施，确保标底编 制、评标等工作在严格保密的情况下进行。

**第五十条** 单位应当按照审批单位下达的投资计划和预算对建设项目资金实行专款专用，严禁截留、挪用和超批复内容使用资金。财会部门应当加强与建设项目承建单位的沟通，准确掌握建设进 度，加强价款支付审核，按照规定办理价款结算。实行国库集中支付 的建设项目，单位应当按照财政国库管理制度相关规定支付资金。

**第五十一条** 单位应当加强对建设项目档案的管理。做好相关文 件、材料的收集、整理、归档和保管工作。

**第五十二条** 经批准的投资概算是工程投资的最高限额，如有调 整，应当按照国家有关规定报经批准。

单位建设项目工程洽商和设计变更应当按照有关规定履行相应 的审批程序。

**第五十三条** 建设项目竣工后，单位应当按照规定的时限及时办 理竣工决算，组织竣工决算审计，并根据批复的竣工决算和有关规定 办理建设项目档案和资产移交等工作。

建设项目已实际投入使用但超时限未办理竣工决算的，单位应当 根据对建设项目的实际投资暂估入账，转作相关资产管理。

### 第六节 合同控制

**第五十四条** 单位应当建立健全合同内部管理制度。

单位应当合理设置岗位，明确合同的授权审批和签署权限，妥善 保管和使用合同专用章，严禁未经授权擅自以单位名义对外签订合 同，严禁违规签订担保、投资和借贷合同。

单位应当对合同实施归口管理，建立财会部门与合同归口管理部门的沟通协调机制，实现合同管理与预算管理、收支管理相结合。第五十五条 单位应当加强对合同订立的管理，明确合同订立的 范围和条件。对于影响重大、涉及较高专业技术或法律关系复杂的合 同，应当组织法律、技术、财会等工作人员参与谈判，必要时可聘请 外部专家参与相关工作。谈判过程中的重要事项和参与谈判人员的主 要意见，应当予以记录并妥善保管。

**第五十六条** 单位应当对合同履行情况实施有效监控。合同履行 过程中，因对方或单位自身原因导致可能无法按时履行的，应当及时 采取应对措施。

单位应当建立合同履行监督审查制度。对合同履行中签订补充合 同，或变更、解除合同等应当按照国家有关规定进行审查。

**第五十七条** 财会部门应当根据合同履行情况办理价款结算和 进行账务处理。未按照合同条款履约的，财会部门应当在付款之前向 单位有关负责人报告。

**第五十八条** 合同归口管理部门应当加强对合同登记的管理，定 期对合同进行统计、分类和归档，详细登记合同的订立、履行和变更 情况，实行对合同的全过程管理。与单位经济活动相关的合同应当同 时提交财会部门作为账务处理的依据。

单位应当加强合同信息安全保密工作，未经批准，不得以任何形 式泄露合同订立与履行过程中涉及的国家秘密、工作秘密或商业秘密。

**第五十九条** 单位应当加强对合同纠纷的管理。合同发生纠纷 的，单位应当在规定时效内与对方协商谈判。合同纠纷协商一致的，双方应当签订书面协议；合同纠纷经协商无法解决的，经办人员应向 单位有关负责人报告，并根据合同约定选择仲裁或诉讼方式解决。

## 第五章 评价与监督

**第六十条** 单位应当建立健全内部监督制度，明确各相关部门或 岗位在内部监督中的职责权限，规定内部监督的程序和要求，对内部 控制建立与实施情况进行内部监督检查和自我评价。

内部监督应当与内部控制的建立和实施保持相对独立。

**第六十一条** 内部审计部门或岗位应当定期或不定期检查单位内部管理制度和机制的建立与执行情况，以及内部控制关键岗位及人员的设置情况等，及时发现内部控制存在的问题并提出改进建议。

**第六十二条** 单位应当根据本单位实际情况确定内部监督检查的方法、范围和频率。

**第六十三条** 单位负责人应当指定专门部门或专人负责对单位内部控制的有效性进行评价并出具单位内部控制自我评价报告。

**第六十四条** 国务院财政部门及其派出机构和县级以上地方各级人民政府财政部门应当对单位内部控制的建立和实施情况进行监督检查，有针对性地提出检查意见和建议，并督促单位进行整改。

国务院审计机关及其派出机构和县级以上地方各级人民政府审计机关对单位进行审计时，应当调查了解单位内部控制建立和实施的有效性，揭示相关内部控制的缺陷，有针对性地提出审计处理意见和建议，并督促单位进行整改。

### 第六章 附 则

**第六十五条** 本规范自2014年1月1日起施行。

## 2. 财政部门内部监督检查办法(2010年修订)

财政部令2010年第58号

**第一条** 为了规范财政部门内部监督检查行为，保障财政部门内部监督检查有效实施，根据《中华人民共和国预算法》、《中华人民共和国会计法》等法律的有关规定，制定本办法。

**第二条** 县级以上人民政府财政部门(以下简称财政部门)进行的内部监督检查，适用本办法。

**第三条** 本办法所称财政部门内部监督检查，是指财政部门统一领导、财政监督机构具体组织实施的，对本部门内部各业务管理机构和派出机构履行财政管理职责，本部门及所属单位预算、财务与资产管理，本部门内部控制等情况的监督检查。

**第四条** 财政部门应当按照依法监督、注重预防和规范管理的原则开展内部监督检查工作，促进本部门及其工作人员遵守国家法律制度、强化内部控制、防范管理风险、提高管理效能、推进廉政建设。

上级财政部门应当督促和指导下级财政部门开展内部监督检查工作。

**第五条** 财政部门内部监督检查工作实行主要领导负责制。财政部门主要负责人对本部门内部监督检查工作负总责，分管负责人负直接领导责任。

**第六条** 财政部门应当对下列事项实施内部监督检查：

(一)预算编制、预算执行、预算调整和决算等管理情况；

(二)国库集中收付、财政和预算单位账户管理、国库现金管理、政府采购监督管理、国债和地方政府债券发行与兑付管理等情况；

(三)税收减免等税政管理情况；

(四)政府非税收入管理、财政票据管理、彩票管理情况；

(五)财政专项资金管理情况；

(六)行政事业单位及企业国有资产和财务管理情况；

(七)会计管理、注册会计师行业和资产评估行业监管情况；

(八)外国政府、国际金融组织贷款和赠款管理情况；

(九)本部门及所属单位的预算、资产和财务管理情况；

(十)财政部门内部控制制度建立与执行情况；

(十一)对审计机关、上级财政部门等监督检查和本部门内部监督检查查出问题的整改落实情况；

(十二)其他需要监督检查的事项。

**第七条** 财政部门应当建立内部监督检查负责人专题会议制度和内部监督检查联络员制度等内部监督检查协调机制。

内部监督检查负责人专题会议由财政部门主要负责人或分管负责人主持，财政部门内部有关机构或所属单位负责人参加，通报内部监督检查情况，研究内部监督检查工作重点和问题整改等相关问题。

财政部门内部各业务管理机构和所属单位应当设立内部监督检查联络员，协助和配合财政监督机构开展内部监督检查工作。

**第八条** 财政部门内部监督检查人员以财政监督机构人员为主。必要时，报经财政部门主要负责人或分管负责人批准，财政监督机构可以抽调财政部门内部各业务管理机构、派出机构和所属单位人员参与内部监督检查工作。

在对财政部门所属单位实施内部监督检查时，根据需要，财政监督机构可以聘用专门机构或者具有专门知识的人员协助检查人员开展内部监督检查工作。

财政部门内部监督检查人员开展内部监督检查工作时，必须忠于职守、依法监督、廉洁自律、保守秘密，做到公正、客观、规范、高效。

**第九条** 财政部门应当重点监督检查本部门内部各业务管理机构和派出机构履行财政管理工作职责的合法性、合规性和有效性，本部门及所属单位预算、财务管理与会计核算的合法性、真实性以及资产的完整性、安全性，财政部门内部控制的健全性、合理性和有效性。

**第十条** 财政部门对财政部门内部控制进行监督检查时，应当从控制环境、风险评估、控制措施、信息与沟通和监督检查等方面进行检查评价，及时发现内部控制缺陷，防范管理风险，促进完善财政部门内部控制。

检查评价的重点内容包括：内部控制制度建设、工作人员岗位胜任能力、风险识别与应对、授权批准、岗位职责分离、查验与核对、工作督导以及信息准确性与沟通有效性等。

**第十一条** 财政监督机构根据工作需要，要求财政部门内部各业务管理机构、派出机构和所属单位提供有关文件、账表、凭证等相关资料的，有关机构和单位应当全面、及时地提供，并对所提供资料的完整性和真实性负责。

**第十二条** 财政部门应当结合本部门实际情况，综合运用日常监督和重点检查方式开展内部监督检查工作，实现对本部门管理活动的全过程监督。

日常监督是指对日常财政管理活动实施的实时、动态监督，包括事前审核、实时监控、现场核查、跟踪问效等。

重点检查是指根据年度重点检查计划，按照规定程序组织实施的有针对性、有重点的监督检查。

**第十三条** 财政部门应当制定并按照年度重点检查计划，开展内部监督检查的重点检查工作。

年度重点检查计划由财政监督机构提出，报经财政部门负责人批准后及时通知被检查的各相关业务管理机构、派出机构和所属单位。

财政部门每年对本部门有预算管理职能的内部各业务管理机构的重点检查数不得低于该类机构数的30％.

**第十四条** 开展重点检查工作应当组成检查组，检查组组长由财政监督机构确定。检查组实行组长负责制。

检查人员与被检查单位或者检查事项有直接利害关系的，应当回避。

**第十五条** 财政监督机构实施重点检查，一般应于3个工作日前向被检查单位送达检查通知书。

检查通知书应当包括下列内容：

（一）被检查单位名称；

（二）检查的依据、范围、内容、方式和实施计划；

（三）对被检查单位配合检查工作的具体要求；

（四）检查组组长及其他成员名单、联系电话；

（五）财政监督机构印章及签发日期。

**第十六条** 实施重点检查时，经批准，检查人员可以向与被检查单位有经济业务往来的部门和单位核实有关情况。必要时，可以根据《财政检查工作办法》（财政部令第32号）对有关问题进行延伸检查。

**第十七条** 检查组对被检查单位实施检查或调查、询问时，检查人员不得少于2人。

证明材料应当有提供者的签名或盖章。未取得提供者签名或盖章的，检查人员应当注明原因。

检查人员应当将检查内容与事项予以记录和摘录，编制财政检查工作底稿，并由被检查单位相关人员签字或者被检查单位盖章。

**第十八条** 检查组组长应当对检查人员的工作质量进行监督，并对有关事项进行必要的审查和复核，实施检查中遇到重大问题，应当及时报告。

**第十九条** 检查结束前，检查组应当就检查工作的基本情况、被检查单位存在的问题等事项征求被检查单位意见。被检查单位应当在5个工作日内予以回复。在规定期限内没有回复的，视为无异议。

**第二十条** 检查组应当在被检查单位回复意见后10个工作日内向财政监督机构提交检查报告。

检查报告应当包括以下内容：

(一)被检查单位财政财务管理、会计核算、内部控制运行等基本情况及对该单位工作的基本评价；

(二)被检查单位违法行为的基本事实、认定依据和处理意见；

(三)改进财政、财务管理的意见和建议；

(四)其他应当报告的事项。

**第二十一条** 财政监督机构应当在检查组提交检查报告后5个工作日内，从以下几个方面对检查报告进行复核：

(一)对被检查单位的工作评价是否恰当；

(二)与检查事项有关的事实是否清楚；

(三)检查证据是否真实、充分；

(四)对有关问题的定性和处理意见是否合法、适当，表述是否准确；

(五)提出的改进建议是否适当；

(六)其他需要复核的事项。

**第二十二条** 财政监督机构应当将复核形成的检查报告送被检查单位征求意见。被检查单位应当自收到检查报告之日起5个工作日内，提出书面意见或说明；无正当理由逾期没有提出书面意见或说明的，视为无异议。

财政监督机构应当将检查情况、审定后的检查报告和被检查单位的书面意见，一并上报财政部门负责人。

**第二十三条** 检查报告经财政部门负责人同意后，财政监督机构应当及时将财政部门负责人要求、监督检查结论和处理意见送达被检查单位。

**第二十四条** 财政部门内部各业务管理机构、派出机构和所属单位，应当做好内部监督检查发现问题的整改工作。有关机构和单位应当在收到监督检查结论和处理意见后30日内，将整改情况书面报告财政部门负责人，并抄送财政监督机构。

**第二十五条** 财政监督机构应当定期回访被检查单位整改落实内部监督检查处理意见和管理建议的情况，定期检查审计机关和上级财政部门查出问题的整改情况，并向财政部门负责人报告。

**第二十六条** 财政部门应当建立内部监督检查专题报告制度。财政监督机构应当定期对内部监督检查中发现的共性问题进行归纳总结，分析原因，提出建议，并向财政部门负责人专题报告。

**第二十七条** 财政部门应当将内部监督检查结果作为财政部门内部各业务管理机构、派出机构和所属单位评选先进和干部考核、任用的参考依据。

财政部门有预算管理职能的内部各业务管理机构，应当将内部监督检查结果作为加强预算管理的参考依据。

**第二十八条** 全部检查工作结束后30日内，财政监督机构应当将检查资料进行鉴别整理，依照档案管理的有关规定归卷存档。

**第二十九条** 财政部门应当推进内部监督检查信息化建设，实现财政监督机构与其他业务管理机构对于财政管理信息系统的信息共享，充分利用计算机信息化技术开展内部监督检查工作。

**第三十条** 内部监督检查发现的被检查单位和个人的违法违纪行为，依照有关法律、法规的规定追究相应责任。

**第三十一条** 有下列情形之一的被检查单位和个人，由财政部门根据有关规定给予内部通报批评或行政处分；涉嫌犯罪的，依法移送司法机关处理：

(一)拒绝、拖延提供情况和资料或者提供虚假情况和资料的;

(二)妨碍内部监督检查人员行使职权的;

(三)拒不执行内部监督检查决定的;

(四)报复陷害内部监督检查人员的。

**第三十二条** 有下列情形之一的内部监督检查人员,由财政部门根据有关规定给予处理;涉嫌犯罪的,依法移送司法机关处理:

(一)弄虚作假,隐瞒事实真相的;

(二)滥用职权,以权谋私的;

(三)玩忽职守,给国家和单位造成重大损失的;

(四)泄露国家秘密或者被监督检查单位秘密的。

**第三十三条** 各省、自治区、直辖市和计划单列市财政厅(局),新疆生产建设兵团财务局,可以根据本办法,结合实际情况制定具体实施办法。

**第三十四条** 本办法自 2010 年 3 月 1 日起实施。2002 年 1 月 16 日财政部发布的《财政部门内部监督检查暂行办法》(财监[2002]3 号)和 2003 年 12 月 30 日财政部发布的《财政部内部监督检查工作规则(试行)》(财监[2003]129 号)同时废止。

# 3. 财政票据管理办法(2012 年颁布)

中华人民共和国财政部令　2012 年第 70 号

## 第一章　总　　则

**第一条** 为了规范财政票据行为,加强政府非税收入征收管理和单位财务监督,维护国家财经秩序,保护公民、法人和其他组织的合法权益,根据国家有关规定,制定本办法。

**第二条** 财政票据的印制、领购、发放、使用、保管、核销、销毁及监督检查等活动,适用本办法。

**第三条** 本办法所称财政票据,是指由财政部门监(印)制、发放、管理,国家机关、事业单位、具有公共管理或者公共服务职能的社会团体及其他组织(以下简称"行政事业单位")依法收取政府非税收入或者从事非营利性活动收取财物时,向公民、法人和其他组织开具的凭证。

财政票据是财务收支和会计核算的原始凭证,是财政、审计等部门进行监督检查的重要依据。

**第四条** 财政部门是财政票据的主管部门。

财政部负责全国财政票据管理工作,承担中央单位财政票据的印制、发放、核销、销毁和监督检查等工作,指导地方财政票据管理工作。

省、自治区、直辖市人民政府财政部门(以下简称省级财政部门)负责本行政区域财政票据的印制、发放、核销、销毁和监督检查等工作,指导下级财政部门财政票据管理工作。

省级以下财政部门负责本行政区域财政票据的申领、发放、核销、销毁和监督检查等工作。

**第五条** 财政部门应当积极推进财政票据电子化改革,依托计算机和网络技术手段,实行电子开票、自动核销、全程跟踪、源头控制,提高财政票据管理水平。

## 第二章　财政票据的种类、适用范围和内容

**第六条** 财政票据的种类和适用范围如下:

(一)非税收入类票据

1. 非税收入通用票据,是指行政事业单位依法收取政府非税收入时开具的通用凭证。

2. 非税收入专用票据,是指特定的行政事业单位依法收取特定的政府非税收入时开具的专用凭证。主要包括行政事业性收费票据、政府性基金票据、国有资源(资产)收入票据、罚没票据等。

3. 非税收入一般缴款书，是指实施政府非税收入收缴管理制度改革的行政事业单位收缴政府非税收入时开具的通用凭证。

(二)结算类票据

资金往来结算票据，是指行政事业单位在发生暂收、代收和单位内部资金往来结算时开具的凭证。

(三)其他财政票据

1. 公益事业捐赠票据，是指国家机关、公益性事业单位、公益性社会团体和其他公益性组织依法接受公益性捐赠时开具的凭证。

2. 医疗收费票据，是指非营利医疗卫生机构从事医疗服务取得医疗收入时开具的凭证。

3. 社会团体会费票据，是指依法成立的社会团体向会员收取会费时开具的凭证。

4. 其他应当由财政部门管理的票据。

**第七条** 财政票据包括非定额和定额两种形式。

非定额财政票据应当包括票据名称、票据编码、票据监制章、项目、标准、数量、金额、交款人、开票日期、联次及其用途、开票单位、开票人、复核人等内容。

定额财政票据应当包括票据名称、票据编码、票据监制章、金额、开票日期、联次及其用途等内容。

**第八条** 非定额财政票据一般设置三联，包括存根联、收据联、记账联，各联次采用不同颜色予以区分。定额财政票据一般设置两联，包括存根联、收据联。存根联由开票方留存，收据联由支付方收执，记账联由开票方留做记账凭证。

非税收入一般缴款书属于非定额财政票据，一般设置五联，包括回单联、借方凭证、贷方凭证、收据联、存根联。回单联退执收单位，借方凭证和贷方凭证分别由缴款人、收款人开户银行留存，收据联由缴款人收执，存根联由执收单位留存。

## 第三章 财政票据的印制

**第九条** 财政票据由省级以上财政部门按照管理权限分别监(印)制。

**第十条** 省级以上财政部门应当按照国家政府采购有关规定确定承印财政票据的企业，并与其签订印制合同。

财政票据印制企业应当按照印制合同和财政部门规定的式样印制票据。

禁止私自印制、伪造、变造财政票据。

**第十一条** 印制财政票据应当使用省级以上财政部门确定的防伪专用品。禁止私自生产、使用或者伪造财政票据防伪专用品。

**第十二条** 财政票据应当套印全国统一式样的财政票据监制章。财政票据监制章的形状、规格和印色由财政部统一规定。

禁止伪造、变造财政票据监制章，禁止在非财政票据上套印财政票据监制章。

**第十三条** 财政票据应当使用中文印制。民族自治地方的财政票据，可以加印一种当地通用的民族文字。有实际需要的，可以同时使用中外两种文字印制。

**第十四条** 财政票据印制企业应当建立票据印制管理制度和保管措施，对财政票据式样模板、财政票据监制章印模、防伪专用品等的使用和管理实行专人负责，不得将承印的财政票据委托其他企业印制，不得向委托印制票据的财政部门以外的其他单位或者个人提供财政票据。

**第十五条** 印制合同终止后，财政票据印制企业应当将印制票据所需用品、资料交还委托印制票据的财政部门，不得自行保留或者提供给其他单位或者个人。

**第十六条** 禁止在境外印制财政票据。

**第十七条** 财政票据实行不定期换版制度。全国统一式样的财政票据换版时间、内容和要求，由财政部确定；非全国统一式样的财政票据换版时间、内容和要求，由财政部和省级财政部门按照职责权限分别确定。

财政票据换版时应当进行公告。

## 第四章 财政票据的领购与发放

**第十八条** 省级以下财政部门应当根据本地区用票需求，按照财政管理体制向上一级财政部门报送用

票计划，申领财政票据。上级财政部门经审核后发放财政票据。

**第十九条** 财政票据实行凭证领购、分次限量、核旧领新制度。

领购财政票据，一般按照财务隶属关系向同级财政部门申请。

**第二十条** 首次领购财政票据，应当按照规定程序办理《财政票据领购证》。

办理《财政票据领购证》，应当提交申请函、单位法人证书、组织机构代码证书副本原件及复印件，填写《财政票据领购证申请表》，并按照领购财政票据的类别提交相关依据。

领购非税收入类票据的，应当根据收取非税收入的性质分别提交下列依据：

(一)收取行政事业性收费的，提交国务院或者省级人民政府及其财政、价格主管部门批准收取行政事业性收费的文件复印件；

(二)收取政府性基金的，提交国务院或者财政部批准收取政府性基金的文件复印件；

(三)收取国有资源(资产)收入的，提交国务院或者省级人民政府及其财政部门批准收取国有资源收入的文件复印件，或者有关部门批准出租、出借、处置国有资产的文件复印件；

(四)收取罚没收入的，提交证明本单位具有罚没处罚权限的法律依据。

领购其他财政票据的，分别提交下列依据：

(一)领购公益事业捐赠票据的，提交本单位符合接受捐赠条件的依据；

(二)领购医疗收费票据的，提交《医疗机构执业许可证》以及县级以上价格主管部门批准的收费文件复印件；

(三)领购社会团体会费票据的，提交社会团体章程以及收取会费的依据；

(四)同级财政部门要求的其他材料。

**第二十一条** 受理申请的财政部门应当对申请单位提交的材料进行审核，对符合条件的单位，核发《财政票据领购证》，并发放财政票据。

《财政票据领购证》应当包括单位基本信息、使用的财政票据名称、非税收入项目(含标准)、文件依据、购领票据记录、审核票据记录、作废票据记录、票据检查及违纪处理记录、销毁票据记录等项目。

**第二十二条** 再次领购财政票据，应当出示《财政票据领购证》，提供前次票据使用情况，包括票据的种类、册(份)数、起止号码、使用份数、作废份数、收取金额及票据存根等内容。受理申请的财政部门审核后，核销财政票据存根，并发放财政票据。

**第二十三条** 领购未列入《财政票据领购证》内的财政票据，应当向原核发领购证的财政部门提出申请，并依照本办法规定提交相应材料。受理申请的财政部门审核后，应当在《财政票据领购证》上补充新增财政票据的相关信息，并发放财政票据。

**第二十四条** 财政票据一次领购的数量一般不超过本单位六个月的使用量。

**第二十五条** 财政部门发放财政票据时，对按照规定可以收取工本费的，收取后应当缴入同级国库，纳入预算管理。

## 第五章 财政票据的使用与保管

**第二十六条** 财政票据使用单位应当指定专人负责管理财政票据，建立票据使用登记制度，设置票据管理台账，按照规定向财政部门报送票据使用情况。

**第二十七条** 财政票据应当按照规定填写，做到字迹清楚、内容完整真实、印章齐全、各联次内容和金额一致。填写错误的，应当另行填写。

因填写错误等原因而作废的财政票据，应当加盖作废戳记或者注明“作废”字样，并完整保存各联次，不得擅自销毁。

**第二十八条** 填写财政票据应当统一使用中文。财政票据以两种文字印制的，可以同时使用另一种文字填写。

**第二十九条** 财政票据使用单位不得转让、出借、代开、买卖、擅自销毁、涂改财政票据；不得串用财政票据，不得将财政票据与其他票据互相替代。

**第三十条** 省级财政部门印制的财政票据应当在本行政区域内发放使用，但派驻外地的单位在派驻地使用的情形除外。

**第三十一条** 财政票据应当按照规定使用。不按规定使用的，付款单位和个人有权拒付款项，财务部门不得报销。

**第三十二条** 财政票据使用完毕，使用单位应当按照要求填写相关资料，按顺序清理财政票据存根、装订成册、妥善保管。

财政票据存根的保存期限一般为5年。保存期满需要销毁的，报经原核发票据的财政部门查验后销毁。保存期未满、但有特殊情况需要提前销毁的，应当报原核发票据的财政部门批准。

**第三十三条** 尚未使用但应予作废销毁的财政票据，使用单位应当登记造册，报原核发票据的财政部门核准、销毁。

**第三十四条** 财政票据使用单位发生合并、分立、撤销、职权变更，或者收费项目被依法取消或者名称变更的，应当自变动之日起15日内，向原核发票据的财政部门办理《财政票据领购证》的变更或者注销手续；对已使用财政票据的存根和尚未使用的财政票据应当分别登记造册，报财政部门核准、销毁。

**第三十五条** 财政票据或者《财政票据领购证》灭失的，财政票据使用单位应当查明原因，及时以书面形式报告原核发票据的财政部门，并自发现之日起3日内登报声明作废。

**第三十六条** 财政部门、财政票据印制企业、财政票据使用单位应当设置财政票据专用仓库或者专柜，指定专人负责保管，确保财政票据安全。

## 第六章 监督检查及罚则

**第三十七条** 财政部门应当建立健全财政票据监督检查制度，对财政票据印制、使用、管理等情况进行检查。

**第三十八条** 财政部门实施监督检查，应当按照规定程序和要求进行，不得滥用职权、徇私舞弊，不得向被检查单位收取费用。

**第三十九条** 财政票据使用单位和财政票据印制企业应当自觉接受财政部门的监督检查，如实反映情况，提供有关资料，不得隐瞒、弄虚作假或者拒绝、阻挠。

**第四十条** 单位和个人违反本办法规定，有下列行为之一的，由县级以上财政部门责令改正并给予警告；对非经营活动中的违法行为，处以1000元以下罚款；对经营活动中的违法行为，有违法所得的，处以违法所得金额3倍以下不超过30000元的罚款，没有违法所得的，处以10000元以下罚款。涉嫌犯罪的，依法移送司法机关：

（一）违反规定印制财政票据；

（二）转让、出借、串用、代开财政票据；

（三）伪造、变造、买卖、擅自销毁财政票据；

（四）伪造、使用伪造的财政票据监制章；

（五）未按规定使用财政票据监制章；

（六）违反规定生产、使用、伪造财政票据防伪专用品；

（七）在境外印制财政票据；

（八）其他违反财政票据管理规定的行为。

单位和个人违反本办法规定，对涉及财政收入的财政票据有本条第一款所列行为之一的，依照《财政违法行为处罚处分条例》第十六条的规定予以处理、处罚。

**第四十一条** 财政部门、行政事业单位工作人员违反本办法规定，在工作中徇私舞弊、玩忽职守、滥用职权的，依法给予处分；涉嫌犯罪的，依法移送司法机关。

**第四十二条** 单位和个人对处理、处罚决定不服的，可以依法申请行政复议或者提起行政诉讼。

国家工作人员对处分不服的，可以依照有关规定申请复核或者提出申诉。

## 第七章 附　　则

**第四十三条** 中国人民解放军和中国人民武装警察部队适用《军队票据管理规定》。

**第四十四条** 省级财政部门可以依据本办法，结合本地区实际情况制定具体实施办法，报财政部备案。

**第四十五条** 本办法自2013年1月1日起施行。1998年9月21日财政部发布的《行政事业性收费和政府性基金票据管理规定》（财综字〔1998〕104号）同时废止。

# 4. 行政事业单位资产清查暂行办法(2006年颁布)

财办[2006]52号

## 第一章 总 则

**第一条** 为加强行政事业单位国有资产监督管理,规范行政事业单位资产清查工作,真实反映行政事业单位的资产及财务状况,完善资产管理制度,提高资产使用效益,根据《行政单位国有资产管理暂行办法》(财政部令第35号)、《事业单位国有资产管理暂行办法》(财政部令第36号)和国家相关规定,制定本办法。

**第二条** 本办法适用于占有使用国有资产的各级各类行政事业单位的资产清查工作。

**第三条** 本办法所称行政事业单位资产清查,是指财政部门、主管部门或行政事业单位,根据各级政府及其财政部门专项工作要求或者特定经济行为需要,按照规定的政策、工作程序和方法,对行政事业单位进行账务清理、财产清查,依法认定各项资产损益,真实反映行政事业单位国有资产占有使用状况的工作。

**第四条** 行政事业单位有下列情形之一的,应当进行资产清查:

(一)根据各级政府及其财政部门专项工作要求,纳入统一组织的资产清查范围的;

(二)进行重大改革或者改制的;

(三)遭受重大自然灾害等不可抗力造成资产严重损失的;

(四)会计信息严重失真或者国有资产出现重大流失的;

(五)会计政策发生重大变更,涉及资产核算方法发生重要变化的;

(六)财政部门认为应当进行资产清查的其他情形。

**第五条** 行政事业单位资产清查工作由财政部门、主管部门或行政事业单位按照“统一政策、分级管理”的原则组织实施。

## 第二章 机构及其职责

**第六条** 财政部门是行政事业单位资产清查工作的综合管理部门。主要职责是:

(一)根据国家及上级财政部门有关行政事业单位资产清查的规定和工作要求,制定本地区和本级行政事业单位资产清查规章制度,并组织实施和监督检查;

(二)负责批复本级行政事业单位资产清查立项申请;

(三)负责本级行政事业单位资产清查中有关资产损益的认定和资产清查结果的核实;

(四)根据工作需要,负责汇总本地区和本级行政事业单位资产清查结果,并向上级财政部门及时报告工作情况;

(五)指导下级财政部门开展行政事业单位资产清查工作。

**第七条** 主管部门按照财务隶属关系负责组织本部门所属行政事业单位的资产清查工作。主要职责是:

(一)负责审核或提出本部门所属行政事业单位资产清查立项申请;

(二)负责制订本部门所属行政事业单位资产清查实施方案,并对所属行政事业单位资产清查工作进行监督检查;

(三)负责审核汇总本部门所属行政事业单位资产清查工作结果,并向同级财政部门报送资产清查工作结果报告;

(四)根据同级财政部门出具的资产核实批复文件,组织本部门所属行政事业单位进行账务处理。

**第八条** 行政事业单位负责本单位资产清查工作的具体实施。主要职责是:

(一)向主管部门和财政部门提出本单位资产清查立项申请;

(二)负责制定本单位资产清查实施方案,具体组织开展资产清查工作,并向主管部门报送资产清查工作结果；

（三）根据同级财政部门资产清查资产核实批复文件，进行账务处理，并报主管部门和同级财政部门备案；

（四）负责办理相关资产管理手续。

**第九条** 财政部门、主管部门或行政事业单位组织开展行政事业单位资产清查工作，应当设立或明确资产清查工作机构。

## 第三章 资产清查工作程序

**第十条** 行政事业单位进行资产清查，应当向主管部门提出

申请，并按照规定程序报同级财政部门批准立项后组织实施，但根据各级政府及其财政部门专项工作要求进行的资产清查除外。

行政事业单位资产清查申请报告应当说明资产清查的原因、范围以及工作基准日等内容。

**第十一条** 行政事业单位资产清查工作除国家另有规定外，按照下列程序进行：

（一）行政事业单位在主管部门、同级财政部门的监督指导下设立或明确资产清查工作机构，制订本单位资产清查工作实施方案；

（二）行政事业单位按照资产清查工作实施方案，实施自查；

（三）除涉及国家安全的特殊单位和特殊事项外，行政事业单位的自查结果须委托社会中介机构进行专项审计及相关工作；

（四）行政事业单位向主管部门报送资产清查工作结果报告，经主管部门审核后报同级财政部门；

（五）同级财政部门对有关资产损益进行认定，对资产清查结果进行核实；

（六）根据同级财政部门资产核实批复文件及时进行账务处理，并办理相关资产管理手续；

（七）根据资产清查工作情况，建立完善各项规章制度。

**第十二条** 财政部门组织开展的资产清查工作，由财政部门统一委托社会中介机构进行专项审计及相关工作。

主管部门组织或行政事业单位因特定经济行为需要开展的资产清查工作，由主管部门或行政事业单位自行委托社会中介机构进行专项审计及相关工作；财政部门认为必要时，也可直接委托。

**第十三条** 承担资产清查专项审计及相关工作的社会中介机构应当是依法设立的，并具备与所承担工作相适应的专业人员和专业执业能力。

**第十四条** 资产清查工作专项审计费用，按照“谁委托，谁付费”的原则，由委托方承担。

**第十五条** 行政事业单位资产清查工作结果报告主要包括下列内容：

（一）工作报告。主要反映本单位的资产清查工作基本情况和结果，包括：本单位资产清查的基准日、范围、内容、结果，以及基准日资产及财务状况。

（二）数据报表。按规定格式和软件填报的资产清查报表及相关材料。

（三）证明材料。需申报处理的资产损益和资金挂账等情况，相关材料应当单独汇编成册，并附有关凭证资料和具有法律效力的证明材料。

（四）审计报告。社会中介机构对行政事业单位资产清查的结果，出具经注册会计师签字的资产清查专项审计报告。

（五）其他需提供的备查材料。

## 第四章 资产清查工作内容

**第十六条** 资产清查工作内容包括：单位基本情况清理、账务清理、财产清查、损益认定、资产核实和完善制度等。

**第十七条** 单位基本情况清理是指根据资产清查工作的需要，对应当纳入资产清查工作范围的所属单位户数、编制和人员状况等基本情况的全面清理。

**第十八条** 账务清理是指对行政事业单位的各种银行账户、会计核算科目、各类库存现金、有价证券以及各项资金往来等基本账务情况进行全面核对和清理。

**第十九条** 财产清查是指对行政事业单位的各项资产进行全面的清理、核对和查实。

行政事业单位对清查出的各种资产盘盈和盘亏、报废及坏账等损失按照资产清查要求进行分类，提出相关处理建议。

**第二十条** 损益认定是指财政部门在行政事业单位进行基本情况清理、账务清理、财产清查的基础上，依据有关规定，对清理出来的有关资产盘盈、资产损失和资金挂账进行认证。

**第二十一条** 资产核实是指财政部门在损益认定的基础上，依据有关规定，对行政事业单位资产清查结果予以审核批复。

**第二十二条** 完善制度是指针对资产清查工作中发现的问题，进行全面总结、认真分析，提出相应整改措施和实施计划，建立健全资产管理制度。

**第二十三条** 对于资产清查中发现的，已使用但尚未办理竣工决算手续的基本建设项目，行政事业单位应当按照基本建设财务管理规定及时办理竣工决算手续。

**第二十四条** 行政事业单位对在资产清查中新形成的资料，要分类整理形成档案，按照《会计档案管理办法》[(84)财预字第85号]进行管理，并接受国家有关部门的监督。

## 第五章　监督和管理

**第二十五条** 财政部门应当加强对行政事业单位资产清查工作的组织领导和监督检查，加强对社会中介机构开展资产清查专项审计及相关工作的监督检查。

**第二十六条** 财政部门对行政事业单位有关资产损益的认定和资产清查工作结果的审核，应当严格执行国家有关法律、法规、规章和有关财务、会计制度规定，依法办事，严格把关，严肃工作纪律。

**第二十七条** 主管部门要在行政事业单位资产清查工作的基础上，组织力量进行认真复核，保证资产清查结果的全面、真实、准确。

**第二十八条** 行政事业单位进行资产清查，要做到账账、账实相符，不重不漏，查清资产来源、去向和管理情况，找出管理中存在的问题，完善制度、堵塞管理漏洞。

**第二十九条** 社会中介机构应当按照独立、客观、公正的原则，履行必要的程序，认真核实单位各项资产清查材料，并按规定进行实物盘点和账务核对；对单位资产损益按照国家资产清查政策和有关财务、会计制度规定的损益确定标准，在充分调查论证的基础上进行职业推断和客观评判，出具鉴证意见。

行政事业单位应当配合社会中介机构的工作，提供进行专项审计及相关工作必需的资料和线索。任何单位和个人不得干预社会中介机构的正常执业。

**第三十条** 财政部门可以结合实际情况组织相关专业人员或委托社会中介机构，对行政事业单位资产清查工作结果进行检查或抽查。

## 第六章　工作纪律

**第三十一条** 行政事业单位和主管部门在资产清查中违反本办法规定程序的，不组织或不积极组织，未按时完成资产清查工作的，由财政部门责令其限期完成；对资产清查工作质量不符合规定要求的，由财政部门责令其重新组织开展资产清查工作；对拒不完成资产清查工作的单位，财政部门予以通报批评。

**第三十二条** 行政事业单位在资产清查中有意瞒报、弄虚作假、提供虚假会计资料的，由财政部门责令其改正，并依据《中华人民共和国会计法》、《财政违法行为处罚处分条例》(国务院令第427号)等有关法律、法规规定予以处罚；单位负责人和直接责任人由财政部门会同有关部门依法查处；构成犯罪的，依法追究刑事责任。

**第三十三条** 单位负责人和有关工作人员在资产清查中，采取私分、低价变卖、虚报损失等手段侵吞、转移国有资产的，由财政部门会同有关部门依法查处；构成犯罪的，依法追究刑事责任。

**第三十四条** 行政事业单位负责人对申报的资产清查工作结果真实性、完整性承担责任；社会中介机构对单位资产清查专项审计报告的准确性、可靠性承担责任。

**第三十五条** 社会中介机构及有关当事人在资产清查中与单位相互串通，弄虚作假、提供虚假鉴证材料的，由财政部门会同有关部门依法查处；构成犯罪的，依法追究刑事责任。

**第三十六条** 财政部门工作人员在对单位资产清查工作结果进行审核过程中徇私舞弊，造成重大后果的，由有关部门依法给予行政处分或纪律处分；构成犯罪的，依法追究刑事责任。

## 第七章 附 则

**第三十七条** 各省、自治区、直辖市和计划单列市财政部门可根据本办法，结合本地区实际，制订具体的实施细则，并报财政部备案。

**第三十八条** 行政单位附属未脱钩企业，执行企业财务和会计制度的事业单位，以及事业单位兴办的具有法人资格的企业，按照财政部有关企业清产核资的规定执行。

**第三十九条** 行政事业单位资产清查中有关资产损益认定和资产核实工作，按照《行政事业单位资产核实暂行办法》的规定执行。

《行政事业单位资产核实暂行办法》由财政部另行制订。

**第四十条** 本办法由财政部负责解释。

**第四十一条** 本办法自发布之日起施行。

# 5. 行政事业单位资产核实暂行办法（2007年颁布）

财办[2007]19号

## 第一章 总 则

**第一条** 为加强行政事业单位国有资产管理，规范行政事业单位资产核实工作，真实反映行政事业单位的资产和财务状况，根据《行政事业单位资产清查暂行办法》（财办[2006]52号）和国家有关规定，制定本办法。

**第二条** 本办法适用于占有使用国有资产的各级各类行政事业单位。

**第三条** 行政事业单位资产核实，是指财政部门根据国家资产清查政策和有关财务、会计制度，对行政事业单位资产清查工作中的资产盘盈、资产损失和资金挂账进行认定批复，并对资产总额进行确认的工作。

**第四条** 财政部门、主管部门和行政事业单位，按照“防止流失，兼顾实际”的原则，在规定权限内对资产损益进行处理，国家另有规定的从其规定。

**第五条** 行政事业单位（以下简称单位）资产核实工作一般按照以下程序进行：

（一）单位清理。单位根据国家资产清查政策、有关财务、会计制度和单位内部控制制度，对资产清查中清理出的资产盘盈、资产损失和资金挂账，分别提出处理意见，并编制报表和撰写工作报告。

（二）专项审计。接受委托的会计师事务所根据《中国注册会计师审计准则》和国家其他有关规定，对资产清查结果进行审核，并出具专项审计报告。

（三）部门审核。主管部门对单位申报的资产清查材料（含专项审计报告）进行归纳、整理、汇总，并提出审核意见。

（四）财政审批。财政部门对主管部门报送的资产清查材料进行审核，并对清查结果予以批复。

**第六条** 单位对资产清查中的损益事项应提供合法证据，单位负责人对所提供的资产清查材料的真实性、完整性负责。

## 第二章 资产盘盈

**第七条** 资产盘盈是指单位在资产清查基准日无账面记载，但单位实际占有使用的能以货币计量的经济资源。包括货币资金盘盈、存货盘盈、有价证券盘盈、对外投资盘盈、固定资产盘盈、无形资产盘盈、往来款项盘盈等。

已投入使用但尚未办理竣工决算手续的，按照基本建设财务管理规定及时办理竣工决算有关手续，不作为资产盘盈。

**第八条** 货币资金盘盈是指单位清查出的无账面记载或反映的现金和各类存款等。

(一)现金盘盈,根据现金保管人确认的现金盘点表(包括倒推至基准日的记录)和现金保管人对于现金盘盈的说明等进行认定。

(二)存款盘盈,根据银行对账单和银行存款余额调节表进行认定。

(三)清理出的"小金库"和账外收入比照货币资金盘盈处理。

**第九条** 存货盘盈是指单位清查出无账面记载或反映的库存材料、材料和产成品等。

存货盘盈,根据存货盘点表、经济鉴证证明和其他材料(保管人对于盘盈的情况说明、价值确定依据等)进行认定。

**第十条** 有价证券盘盈是指单位清查出的无账面记载或反映的有价证券。

有价证券盘盈,根据有价证券盘点表、盘盈情况说明、经济鉴证证明、有价证券的价值确定依据等进行认定。

**第十一条** 对外投资盘盈是指单位清查出的无账面记载或反映的单位对外投资。

对外投资盘盈,根据对外投资合同(协议)、经济鉴证证明、情况说明等进行认定。

**第十二条** 固定资产盘盈是指单位清查出的无账面记载或反映的固定资产。

固定资产盘盈,根据固定资产盘点表、盘盈情况说明、经济鉴证证明、盘盈价值确定依据(同类资产的市场价格、类似资产的购买合同、发票或竣工决算资料)等进行认定。难以确认价值的,委托中介机构评估确定。

(一)单位清理出的账外固定资产,若产权属于部门内其他单位而被本单位长期无偿占用,且不属于纪检、监察部门规定清退范围的,当事双方协商一致并按规定程序报批后,按账面价值申报无偿划拨;若产权属于部门外单位的,当事双方应对占用资产按市场价值签订转让或租赁合同,并按规定程序上报。纳入资产清查范围的对方单位按本办法第三章规定处理。

(二)清查出的因历史原因而无法入账的无主财产,根据《民法通则》等有关规定,依法确认为国有资产的,要及时入账,纳入国有资产管理范围。

**第十三条** 无形资产盘盈是指单位清查出的无账面记载或反映的无形资产。

无形资产盘盈,根据无形资产盘点表、盘盈情况说明、经济鉴证证明、盘盈价值确定依据(同类资产的市场价格、类似资产的购买合同、发票或自行开发资料)等进行认定。难以确认价值的,委托中介机构评估确定。

**第十四条** 暂付款、应收账款等往来款项盘盈是指单位清查出的无账面记载或反映的暂付款、应收账款等往来款项。

暂付款、应收账款等往来款项盘盈,根据盘盈情况说明、经济鉴证证明、与对方单位的对账单或询证函等进行认定。

## 第三章　资产损失

**第十五条** 资产损失是指单位在资产清查基准日有账面记载,但不归本单位占有、使用或丧失使用价值的,能以货币计量的经济资源。包括货币资金损失、坏账损失、存货损失、有价证券损失、对外投资损失、固定资产损失、无形资产损失等。

**第十六条** 单位清查出的资产损失应逐项清理,取得合法证据后,对损失项目及金额按规定进行核实认定。对已取得具有法律效力的外部证据,而无法确定损失金额的,根据中介机构的经济鉴证证明进行认定。

**第十七条** 货币资金损失是指单位清查出的现金短缺和各类存款损失等。

现金短缺,在扣除责任人赔偿后,根据现金盘点表(包括倒推至基准日的记录)、经济鉴证证明、短款说明及核准文件、赔偿责任认定及说明、司法涉案材料等进行认定。各类存款损失比照执行。

**第十八条** 坏账损失是指单位不能收回的各项应收款项造成的损失。清查出的各项坏账,应分析原因,对有合法证据证明确实不能收回的应收款项,按以下方式处理:

(一)因债务单位破产、被撤销、注销、吊销营业执照或者被政府责令关闭等无法收回的应收款项,根据法院的破产公告、破产清算文件、工商部门注销吊销证明、政府部门有关文件等进行认定。对已经清算的,扣除清偿部分后不能收回的款项认定为损失；

（二）债务人失踪、死亡的应收款项，根据公安机关出具的证明进行认定。债务人财产不足清偿或无法追偿债务的，可以根据中介机构出具的经济鉴证证明认定损失；

（三）因战争、国际政治事件及自然灾害等不可抗力因素无法收回的应收款项，由单位做出专项说明，可以根据中介机构出具的经济鉴证证明认定损失；

（四）其他逾期不能收回的应收款项，一般应当根据生效的法院判决书、裁定书认定损失。但以下三种情况可以按照下述方式认定损失：

逾期三年以上、单笔数额较小、不足以弥补清收成本的，由单位做出专项说明，可以根据中介机构出具的经济鉴证证明认定损失；

逾期三年以上、有依法催收记录、债务人资不抵债且连续三年亏损或停止经营三年以上、确实不能收回的，可以根据中介机构出具的经济鉴证证明认定损失；

逾期三年以上、债务人在境外及港澳台地区、依法催收确实不能收回的，可以根据中介机构出具的有关证明或者我国驻外使（领）馆、驻外商务机构出具的有关证明认定损失；

（五）单位为减少坏账损失而与债务人协商，对逾期三年以上的应收款项，按原值一定比例折扣后收回（含收回的实物资产）的，根据双方签订的有效协议、资金回收证明和中介机构出具的经济鉴证证明（或评估报告），对折扣部分可以认定为损失。

**第十九条**　存货损失是指单位库存材料、材料、产成品等因盘亏、毁损、报废、被盗等原因造成的损失。

（一）盘亏的存货，扣除责任人赔偿后的部分，可以根据存货盘点表、社会中介机构的经济鉴证证明、盘亏情况说明、盘亏的价值确定依据、赔偿责任认定说明和内部核批文件等认定损失；

（二）报废、毁损的存货，扣除残值及保险赔偿或责任人赔偿后的部分，可以根据国家有关技术鉴定部门或具有技术鉴定资格的中介机构出具的技术鉴定证明（涉及保险索赔的应有保险公司理赔情况说明）、毁损报废说明、赔偿责任认定说明和内部核批文件等认定损失；

（三）被盗的存货，扣除保险理赔及责任人赔偿后的部分，可以根据公安机关的结案证明、责任认定及赔偿情况说明（涉及保险索赔的应有保险公司理赔情况说明）认定损失；

**第二十条**　有价证券及对外投资损失，应分析原因，有合法证据证明不能收回的，可以认定损失。

（一）因被投资单位破产、被撤销、注销、吊销营业执照或者被政府责令关闭等情况造成难以收回的不良投资，可以根据法院的破产公告或者破产清算的清偿文件、工商部门的注销吊销文件、政府有关部门的行政决定等认定损失；

已经清算的，扣除清算资产清偿后的差额部分，可以认定为损失；

尚未清算的，被投资单位剩余资产确实不足清偿投资的差额部分，根据中介机构出具的经济鉴证证明，可以认定为损失；

（二）对事业单位参股投资项目较小，被投资单位已资不抵债且连续停止经营三年以上的，根据中介机构出具的经济鉴证证明，对确实不能收回的部分，可以认定为损失；

（三）行政单位有价证券、事业单位证券等短期投资，未进行交割或清理的，不能认定损失。

**第二十一条**　固定资产损失是指单位房屋及建筑物、交通运输工具、通用设备、专用设备等因盘亏、毁损、报废、被盗等原因造成的损失。

（一）盘亏的固定资产，扣除责任人赔偿后的差额部分，可以根据固定资产盘点表、盘亏情况说明、盘亏的价值确定依据、社会中介机构的经济鉴证证明、赔偿责任认定说明和内部核批文件等认定损失；

（二）报废、毁损的固定资产，扣除残值、保险赔偿和责任人赔偿后的差额部分，可以根据国家有关技术鉴定部门或具有技术鉴定资格的中介机构出具的技术鉴定证明（涉及保险索赔的应有保险公司理赔情况说明）、毁损报废说明、赔偿责任认定说明和内部核批文件等认定损失；

因不可抗力（自然灾害、意外事故）造成固定资产毁损、报废的，应当有相关部门出具的鉴定报告。包括：事故处理报告、车辆报损证明、房屋拆除证明、受灾证明等；

（三）被盗的固定资产，扣除保险理赔及责任人赔偿后的部分，可以根据公安机关的结案证明、责任认定及赔偿情况说明（涉及保险索赔的应有保险公司理赔情况说明）认定损失；

**第二十二条**　无形资产损失是指无形资产因被其他新技术所代替或已经超过了法律保护的期限、丧失

了使用价值和转让价值等所造成的损失。

无形资产损失，可以根据有关技术部门的鉴定材料，或者已经超过了法律保护期限的证明文件等认定损失。

**第二十三条** 单位经批准核销的不良债权等损失，实行"账销案存"并进行清理和追索；经批准核销的实物资产损失应分类清理，对有利用价值或残值的，应积极处理，降低损失。

## 第四章 资金挂账

**第二十四条** 资金挂账是指单位在资产清查基准日应按损益、收支进行确认处理，但挂账未确认的资金（资产）数额。

**第二十五条** 对于清查出的资金挂账，按照真实客观反映经济状况的原则进行认定。中介机构对单位申报的资金挂账应当重点审计。

**第二十六条** 特殊资金挂账按以下方式处理：

（一）属于按国家规定组织实施住房制度改革，职工住房账面价值、固定基金应冲减而未冲减的挂账，在按国家规定办理房改有关合法手续、移交产权后，按规定核销。

（二）属于对外投资中由于所办企业按国家要求脱钩等政策性因素造成的损失挂账，在取得国家关于企业脱钩的文件和产权划转文件后，可在办理资产核实手续时申报核销处理。

（三）属于基本建设项目实际投资支出超过基本建设概算的，作为自筹基建支出列为暂付款的挂账，应按基本建设程序进行概算调整，基本建设项目实际支出应纳入项目建设成本，并根据竣工财务决算批复转增固定资产。

（四）转制为企业的，因固定资产未按规定核定净值、造成固定资产账面价值和实际价值背离较大的，按照使用年限和已使用年限对固定资产净值进行重新估价。

## 第五章 损益证据

**第二十七条** 单位申报的各项资产盘盈、资产损失和资金挂账，必须提供具有法律效力的外部证据、社会中介机构的经济鉴证证明和特定事项的单位内部证据。

**第二十八条** 具有法律效力的外部证据是指单位收集到的与本单位资产损益相关的具有法律效力的书面文件。主要包括：单位的撤销、合并公告及清偿文件；政府部门有关文件；司法机关的判决或者裁定；公安机关的结案证明；工商管理部门出具的注销、吊销及停业证明；专业技术部门的鉴定报告；保险公司的出险调查单和理赔计算单；企业的破产公告及破产清算的清偿文件；符合法律规定的其他证明等。

**第二十九条** 社会中介机构的经济鉴证证明是指社会中介机构按照独立、客观、公正的原则，对单位的某项经济事项出具的专项经济鉴证证明或鉴证意见书。社会中介机构包括：会计师事务所、资产评估机构、律师事务所、专业鉴定机构等。

**第三十条** 特定事项的单位内部证据是指单位对涉及资产盘盈、盘亏或者实物资产报废、毁损及相关资金挂账等情况的内部证明和内部鉴定意见书等。主要包括：有关会计核算资料和原始凭证；单位的内部核批文件及情况说明；资产盘点表；单位内部技术鉴定小组或内部专业技术部门的鉴定文件或资料；因经营管理责任造成的损失的责任认定意见及赔偿情况说明；相关经济行为的业务合同等。

## 第六章 审核批复

**第三十一条** 中央级单位的固定资产损失，按照以下权限处理：

（一）单项固定资产损失低于 50 万元的，根据中介机构的审计意见，经本单位负责人批准后核销，并报主管部门、财政部备案；

（二）单项固定资产损失超过 50 万元（含 50 万元），低于 200 万元的，由单位提出处理意见，报经主管部门批准后核销，并报财政部备案；

（三）单项固定资产损失超过 200 万元（含 200 万元）的，逐级上报，经财政部批准后核销。

**第三十二条** 中央级单位的货币资金损失、坏账损失、存货损失、有价证券损失、对外投资损失、无形资产损失等其他类资产损失，分类损失额低于 50 万元的，由单位提出处理意见，报经主管部门批准后核销，并报财政部备案；分类损失额 50 万元（含 50 万元）以上的，逐级上报，经财政部批准后核销。

**第三十三条**　单位对于清理出的各项资产盘盈（含账外资产），应按照财务、会计制度的有关规定确定价值，并在资产清查工作报告中予以说明，按规定权限核实批复。

中央级单位的资产盘盈审批权限，比照本办法第三十一条、第三十二条执行。

**第三十四条**　地方单位资产盘盈、资产损失的审批权限，根据资产清查工作的实际需要，由各级财政部门自行确定，并报上级财政部门备案。

**第三十五条**　单位的资金挂账，按照规定程序上报，经财政部门批准后调整有关账目。

**第三十六条**　根据各级政府及其财政部门专项工作要求开展的资产清查工作，有关资产损益的审批权限，可以根据资产清查工作的实际需要另行确定。

## 第七章　账务处理

**第三十七条**　资产损益确认后，按照以下原则进行账务处理：

（一）财政部门批复、备案前的资产盘盈（含账外资产）可以按照财务、会计制度的有关规定暂行入账。待财政部门批复、备案后，进行账务调整和处理。

（二）财政部门批复、备案前的资产损失和资金挂账，单位不得自行进行账务处理。待财政部门批复、备案后，进行账务处理。

**第三十八条**　资产盘盈、资产损失和资金挂账按规定权限审批后，按国家统一的会计制度进行账务处理。

**第三十九条**　资产核实审批后，单位在 30 个工作日内将账务处理结果报主管部门、财政部门备案。未按规定调账的，应详细说明情况并附相关证明材料。

**第四十条**　单位需要办理产权变更登记手续的，在资产核实审批后，按有关规定办理相关手续。单位下属企业注册资本发生变动的，应在规定时间内办理工商变更登记手续。

## 第八章　附　　则

**第四十一条**　各省、自治区、直辖市和计划单列市财政部门可根据本办法，结合本地区实际，制订具体的实施细则，并报财政部备案。

**第四十二条**　占有使用国有资产的各级各类社会团体的资产核实工作依照本办法执行。

**第四十三条**　行政单位附属未脱钩企业，执行企业财务和会计制度的事业单位，以及事业单位兴办的具有法人资格的企业，按照财政部有关企业清产核资的规定执行。

**第四十四条**　单位改制为企业或执行企业会计制度，按国家有关规定应进行价值重估、核实国家资本金等工作的，按照财政部有关企业清产核资的规定执行。

**第四十五条**　住房公积金管理中心管理的住房公积金的资产核销按照财政部有关规定执行。

**第四十六条**　本办法由财政部负责解释。

**第四十七条**　本办法自发布之日起施行。

# 第十七章　行政事业单位账户与资金管理法规

## 1．中央预算单位银行账户管理暂行办法(1999年颁布)

财预字〔1999〕66号

### 第一章　总　　则

**第一条**　为进一步加强中央预算单位资金管理，严格控制并规范中央预算单位开立银行账户，根据有关财政、金融法律、法规，特制定本办法。

**第二条**　本办法适用于中央各部门及所属行政事业单位(以下统称"中央预算单位")银行账户(包括人民币和外汇存款)的管理。

**第三条**　中央预算单位应当由本单位财务机构统一开立银行账户。单位内部其他机构确需开立银行账户的，须经财务机构审核后再按规定程序报批。

**第四条**　中央预算单位的银行账户，按照财务管理体制实行逐级审批。

**第五条**　中央预算单位应当在国有或国家控股的银行(以下简称银行)开立银行账户，存款利息按财政资金管理规定处理。

### 第二章　银行账户开立的一般条件

**第六条**　中央预算单位收取的应纳入政府一般预算管理的行政性收费，可由本单位财务机构在银行开设一个一般预算资金收入汇缴专用存款账户。该账户的资金只能上缴国库，不得用于本单位的支出。财政部拨付给中央预算单位纳入政府一般预算管理的资金，除经国务院、财政部明文规定需要单独开立专用存款账户外，可由本单位财务机构在银行开立一个一般预算资金支出基本存款账户。该账户办理一般预算资金的领取和支出。

**第七条**　中央预算单位收取的应纳入政府基金预算管理的资金，可由本单位财务机构在银行开立一个基金预算收入汇缴专用存款账户。该账户的资金只能上缴国库，不得用于本单位支出。财政部拨付给中央预算单位纳入政府基金预算管理的资金，可由本单位财务机构在银行开立一个基金预算支出专用存款账户。该账户办理基金预算资金的领取和支出。

**第八条**　中央预算单位收取的预算外资金，可由本单位财务机构在银行开立一个预算外资金收入汇缴专用存款账户。该账户的资金只能上缴财政部开立的中央财政专户，不得用于本部门的支出。财政部拨付给中央预算单位的预算外资金，可由本单位财务机构在银行开立一个预算外资金支出基本存款账户。该账户办理预算外资金的领取和支出。

**第九条**　中央预算单位在上述资金来源之外所取得的其他资金，除有特殊要求者外(如世界银行贷款)，应据其性质在上述相应账户中给予反映，不再单独开立银行账户。

**第十条**　中央预算单位可根据本单位实际情况，对上述需要开立的银行账户进行适当合并，但收入汇缴专用存款账户不得与支出专用存款账户合并。合并账户后，对不同性质的资金应设置明细账，分别核算。

### 第三章　银行账户的审批

**第十一条**　中央预算单位开立或撤销银行账户，须履行审批手续。中央各部门须向财政部申请，中央各部门所属行政事业单位须向其上级主管部门申请，经审核同意后，持财政部或其上级主管部门的批准文件向银行申请开立或撤销银行账户。

**第十二条**　银行依据有关金融法律、法规和有关部门的审批文件，审核中央预算单位的开户资格。中央预算单位在取得中国人民银行核发的开户许可证、国家外汇管理局核发的外汇账户使用证或开户通知书后，才能开立银行账户。

**第十三条**　中央各部门开立或撤销银行账户后，须抄送财政部备案。中央各部门所属行政事业单位开立或撤销银行账户后，须抄送其上级主管部门备案。

## 第四章　监督和检查

**第十四条**　财政部、中国人民银行、国家外汇管理局、审计署负责对中央预算单位银行账户的开立和管理进行监督和检查。中央各部门应加强对所属行政事业单位开立银行账户的监督管理，定期进行检查。

**第十五条**　财政部、中国人民银行、国家外汇管理局、审计署在检查中央预算单位银行账户情况时，受查单位应如实提供本单位及其下属单位银行账户的开立和管理情况，开户银行应如实提供受查单位银行账户的收付情况，不得隐瞒。

**第十六条**　不按规定开立和管理银行账户的，根据事实和情节，分别给予下列处罚：(一)由中国人民银行、国家外汇管理局撤销违规开设的银行账户；(二)由财政部或上级主管部门停拨有关单位的预算经费和中央财政专户款项；(三)由财政部、审计署、中国人民银行、国家外汇管理局视违规情况和性质，对有关单位和违规开户银行给予通报批评，或处以 3－5 万元的罚款；(四)情节严重的，责成有关单位和开户银行对有关领导和其他责任人员给予行政处分。构成犯罪的，要依法追究刑事责任。

## 第五章　附　　则

**第十七条**　中央预算单位在本办法下发前已开立的银行账户，应当按照本办法进行清理整顿。

**第十八条**　中央各部门可根据本办法，制定本部门及所属行政事业单位的银行账户管理办法，并抄送财政部中国人民解放军总后勤部、武装警察部队后勤部比照本办法制定本系统的银行账户管理办法，并抄送财政部。

**第十九条**　本办法自颁布之日起实施，由财政部、中国人民银行负责解释。

# 2.《中央预算单位银行账户管理暂行办法》补充规定(2006 年颁布)

财库〔2006〕96 号

为进一步加强和规范中央预算单位(以下简称预算单位)银行账户管理，针对预算单位银行账户审批中出现的一些新情况、新问题，根据《财政部、中国人民银行、监察部、审计署关于印发〈中央预算单位银行账户管理暂行办法〉的通知》(财库〔2002〕48 号)及《财政部、中国人民银行关于执行〈中央预算单位银行账户管理暂行办法〉的补充通知》(财库〔2004〕1 号)的规定，现将有关事项补充规定如下：

**一、关于开户银行的选择**

预算单位原则上应在国有银行、国有控股银行开立银行账户，确需在其他银行开立账户的基层预算单位，应在确保资金安全的前提下，对银行的资质、经营状况、资产质量等进行综合考量，并报上级主管单位审核同意后，按规定审批程序办理开户。

**二、关于事业单位经营性资金账户的设置**

实行企业管理的事业单位，确需开设经营性资金账户的，应从严控制，并经上级主管单位同意后，持营业执照及相关证明文件报中央财政部门(财政部或财政部驻各地财政监察专员办事处，下同)审批。

**三、关于预算单位内部资金集中核算机构及结算成员单位相关账户的设置**

中央财政预算单列的企业集团总公司、有关事业单位、政企合一等预算单位，为加强资金集中管理，提高资金整体使用效率，在系统或单位内部按照有关法定程序及政策规定成立资金管理中心、资金结算中心

等资金集中核算机构的，应在加强管理、从严控制的前提下，开设相关账户。

（一）资金集中核算机构为法人单位的，经主管部门同意，并报中央财政部门审批后，可开设相关银行结算账户，用于归集、核算所属结算成员单位资金。

预算单位所属资金集中核算机构为非法人单位的，该预算单位可以预算单位名称加资金集中核算机构名称开设相关银行结算账户。

（二）预算单位所属结算成员单位可在资金集中核算机构开设内部结算账户；企业集团公司下设财务公司的，其所属结算成员单位可在财务公司开设内部结算账户。

（三）内部结算账户应由集团总公司及行业系统管理部门按照相关管理办法或规定自行规范管理。

**四、关于预算单位所属医院及所属门诊部相关账户的设置**

预算单位所属医院及所属门诊部，根据有关政策规定以及管理需要，经主管部门同意，并报中央财政部门审批后，按以下规定开设账户。

（一）预算单位所属医院为法人单位的，为方便病人使用银行卡以及资金结算，可开设一个"一般存款账户"或"专用存款账户"，用于核算病人看病费用等结算资金。"专用存款账户"不得支取现金。

预算单位所属医院为非法人单位的，为方便病人看病费用结算，该预算单位可以预算单位名称后加所属医院名称开设一个"专用存款账户"，该"专用存款账户"不得支取现金。

（二）预算单位所属门诊部，被当地劳动和社会保障部门确定为"基本医疗保险定点医疗机构"的，预算单位须持有"基本医疗保险定点医疗机构"服务协议书、营业执照及相关证明文件，以预算单位名称后加所属门诊部名称开设一个"专用存款账户"，该"专用存款账户"不得支取现金。其他预算单位所属门诊部，不得开设账户，已开设的一律撤销。

**五、关于预算单位实行属地管理资金账户的设置**

预算单位按照国家有关政策规定，实行属地管理的住房改革资金、基本医疗保险基金等，确需开设相关账户进行核算的，由预算单位持地方政府或地方财政（国库）部门有关账户管理的文件，报中央财政部门审批后，开设相关账户。

**六、加强协调配合，形成工作合力，做好预算单位银行账户管理工作**

中央各主管部门应切实加强对所属预算单位银行账户的管理，按照中央预算单位银行账户管理有关规定，结合实际情况，建立健全和完善本系统银行账户管理制度，进一步明确银行账户管理的具体要求。

财政部驻各地财政监察专员办事处要充分发挥监管职能，加强管理，堵塞账户申报、审批和备案等各个环节的漏洞。要强化对账户管理的监督检查，加大违规处罚力度。对于预算单位出现的账户管理违规问题，财政监察专员办事处可会同中国人民银行有关机构，依据《财政违法行为处罚处分条例》（中华人民共和国国务院令第427号）、《财政部、中国人民银行、监察部、审计署关于印发〈中央预算单位银行账户管理暂行办法〉的通知》（财库〔2002〕48号）、《财政部、中国人民银行关于执行〈中央预算单位银行账户管理暂行办法〉的补充通知》（财库〔2004〕1号）等相关规定，对预算单位进行行政处罚。

银行账户管理相关部门要进一步加强协调配合，积极创造条件，逐步实现财政部、商业银行及相关部门账户管理系统信息共享和对预算单位银行账户实施动态监控。

# 3. 财政预算资金拨付管理暂行办法（2001年颁布）

财库[2001]60号

**第一条** 为加强财政资金拨付管理，保障资金使用安全，根据现行法规、制度有关规定，制定本办法。

**第二条** 本办法适用于各级财政部门管理的各项预算内和预算外资金。

**第三条** 财政资金的拨付管理包括：资金拨付管理机制的建立，资金账户的开立，依据预算编制资金使用计划的审批，资金核拨和会计核算，以及监督管理等活动过程。

**第四条** 财政资金的拨付管理，实行各级财政部门主管领导、计划审核与资金拨付等部门分工负责制。

（一）各级财政部门主管领导的职责是：组织和领导本级财政资金的审核拨付及会计管理工作；对财政

资金拨付的合法性、安全性、会计资料的真实性和完整性负责；组织并负责建立、健全内部会计监督制度和内部控制制度。

（二）各级财政国库等部门的职责是：对本级预算单位资金使用计划或请款书等进行全面审核，确保各请款事项真实并符合规定，按计划及时拨付；进行会计核算与监督，反映预算和计划执行情况，合理调度财政资金。

**第五条** 各级财政国库部门，应根据《会计基础工作规范》的相关规定，设置稳定的与其工作任务相适应的总预算会计机构，配备一定数量的专职会计人员。

**第六条** 总预算会计工作应当按工作任务建立岗位责任制，明确各岗位职责权限。

（一）总预算会计岗位设置和人员配备，应当结合实际工作需要，可以一人一岗、一人多岗或一岗多人，但拨款人员不得兼管稽核、账务和档案管理工作。

（二）会计人员的工作岗位应当有计划地进行轮换。因工作调动或其他原因离职，需通过离岗（离任）审计方能办理移交手续。

**第七条** 为防范风险，保证资金安全，充分发挥资金使用效益，各级财政部门要对财政资金实行集中管理，统一调度。

除财政部另有规定者外，各级财政部门的财政资金一律由总预算会计统一在国库或选定的代理银行开户。

**第八条** 总预算会计拨款使用的专用印章，是各级财政部门办理资金拨付的重要工具，不得随意更换。因机构调整或主管领导变动等确需更换印章时，要书面报经机构负责人及主管领导批准，并相应办理更换预留印鉴手续。新印章一经启用，原印章需及时上交封存。

**第九条** 拨款专用印章要按规定交由专人管理。各经办人员根据工作岗位的不同分别掌管相关印章，任何人员均不能以任何理由统管、代管全部拨款印章。

**第十条** 各级财政部门应当按照现行银行账户管理的有关规定，加强对本级预算单位资金账户的管理，从严审批预算单位的资金开户。

根据部门预算管理需要，凡与各级财政预算有领拨款关系的预算单位，要按照规定的程序和要求，由其财务部门向同级财政部门总预算会计办理银行领拨款账户的预留印鉴手续。

**第十一条** 审核、拨付财政资金的依据是：各级财政部门下达的本级预算单位的部门预算，追加、追减预算，以及根据预算核准的年（季）度分月用款计划和相关项目用款进度和收入缴库进度等。

人代会批准当年预算前，各级财政部门可以根据各预算单位全年预算控制数，并结合上年同期执行情况，核定用款计划，审核、拨付资金。

**第十二条** 各级财政国库部门，在依据第十一条之规定进行审核的同时，拨款人员还应当对各申请拨付资金预算单位的预算级次、资金用途、预留印鉴和相关附件等请款单据要素的完整性进行审核。对不符合规定要求的请款单据，有权拒绝受理。

**第十三条** 请款单据经审核无误后，由拨款人员结合库款情况开具拨款凭证，送稽核人员稽核。

**第十四条** 稽核人员要对包括拨款凭证在内的全部单据进行全面复核，复核无误后在拨款凭证上加盖专用印章，向国库或代理银行发出付款指令。

**第十五条** 付款指令一经签发，请款单据等原始凭证要及时转交记账人员保管，由记账人员与付款凭证回执核对后登录账务。具体做法按《会计基础工作规范》的要求办理。

**第十六条** 由于工作疏忽等原因，造成收款单位、拨款金额或拨款使用的预算科目出现错误，一经发现要及时纠正。

（一）属于多拨或收款单位发生错误，应及时追回，不能先行调账或抵顶后期支出；

（二）属于短拨资金的补差，出纳人员需写明情况，交主管领导核签后方能办理补拨手续。

**第十七条** 各级财政总预算会计要加强对财政资金的统一调度和集中管理，定期做好国库资金分析和预测工作，反映库款情况，保证各预算单位支出需要。

**第十八条** 各级财政部门要建立和健全财政内部相关业务职能机构之间、财政与预算单位、国库及代理银行之间的定期对账制度，发现问题及时纠正。

**第十九条** 为加强财政资金的监督管理，提高资金使用效率，各级财政部门应当建立财政资金，特别是

专项资金和重大项目建设资金的跟踪检查制度和信息反馈系统，确保财政资金使用安全、规范、合理。

**第二十条** 为提高工作效率和管理水平，各级财政部门要积极创造条件，加快资金审核拨付、会计核算、预算执行分析及资金信息查询监控等计算机管理的工作进程，并制定计算机操作规程和岗位责任制，为全面建立和实施财政管理信息系统奠定基础。

**第二十一条** 各级财政部门要建立内部监督检查制度，对财政资金审核拨付、会计核算等日常工作实施定期检查和不定期抽查。对违规、违纪行为及时作出处理。

（一）对管理不规范的，要限期纠正；

（二）对有违反管理规定行为的，要视情节轻重，相应给予批评教育、通报批评，以及对当事人和负有领导责任的人员进行纪律处分，必要时应将当事人调离现任工作岗位；

（三）对触犯刑法、构成犯罪的，要提交司法机关追究相关人员的刑事责任。

**第二十二条** 各级财政部门要积极配合审计部门、内部监察机构的检查工作，自觉接受审查和监督。

**第二十三条** 涉及国库管理制度改革的财政资金的拨付管理，在执行《财政国库管理制度改革试点方案》（财库[2001]24 号）及相关管理办法的同时，也要按照本办法相关基础管理要求执行。

**第二十四条** 本办法由财政部负责解释。

**第二十五条** 本办法自发布之日起执行。

# 4. 中央部门财政拨款结转和结余资金管理办法（2010 年修订）

财预[2010]7 号

## 第一章 总 则

**第一条** 为加强中央部门财政拨款结转和结余资金管理，优化财政资源配置，提高财政资金使用效益，根据《中华人民共和国预算法》、《中华人民共和国预算法实施条例》以及财政预算和国库管理制度等有关规定，制定本办法。

**第二条** 中央部门财政拨款结转和结余资金，是指与中央财政有缴拨款关系的中央级行政、事业单位（含企业化管理的事业单位）、社会团体及企业在预算年度内，按照财政部批复的本部门预算，当年未列支出的财政拨款资金。

**第三条** 财政拨款结转资金（以下简称结转资金）是指当年支出预算已执行但尚未完成，或因故未执行，下年需按原用途继续使用的财政拨款资金。

财政拨款结余资金（以下简称结余资金）是指支出预算工作目标已完成，或由于受政策变化、计划调整等因素影响工作终止，当年剩余的财政拨款资金。

**第四条** 中央部门应当对结转资金和结余资金分别进行明细核算和统计，并与单位会计账表相关数字核对一致。

**第五条** 按形成时间，中央部门结转资金分为当年结转资金和累计结转资金，结余资金分为当年结余资金和累计结余资金。当年结转和当年结余资金是指中央部门当年形成的财政拨款结转和结余资金；累计结转和累计结余资金是指中央部门截止到年底形成的历年累计财政拨款结转和结余资金。

## 第二章 结转资金的管理

**第六条** 中央部门结转资金包括部门预算基本支出结转资金和项目支出结转资金。其中基本支出结转资金包括人员经费结转资金和日常公用经费结转资金。

**第七条** 基本支出结转资金原则上结转下年继续使用，用于增人增编等人员经费和日常公用经费支出，但在人员经费和日常公用经费间不得挪用，不得用于提高人员经费开支标准。

项目支出结转资金结转下年按原用途继续使用。

**第八条**　结转资金原则上不得调整用途。在年度预算执行过程中，中央部门确需调整结转资金用途的，需报财政部审批。

**第九条**　中央部门在预算执行中因增人增编需增加基本支出的，应首先通过本部门基本支出结转资金安排，并将安排使用情况报财政部备案。

**第十条**　中央部门连续年度安排预算的延续项目，有结转资金的，在编制以后年度预算时，应根据项目结转资金情况和项目年度资金需求情况，统筹安排财政拨款预算。

## 第三章　结余资金的管理

**第十一条**　中央部门结余资金是指部门预算项目支出结余资金。

对某一预算年度安排的项目支出连续两年未使用、或者连续三年仍未使用完形成的剩余资金，视同结余资金管理。

**第十二条**　基本建设项目支出结余资金的确认按基本建设财务管理有关规定执行。

**第十三条**　对财政部核定的部门年度机动经费，当年未使用的资金按项目支出结余资金管理。

**第十四条**　中央部门在年度预算执行结束后，形成的项目支出结余资金，应全部统筹用于编制以后年度部门预算，按预算管理的有关规定，用于本部门相关支出。

**第十五条**　中央部门在编制本部门预算时，可以在部门本级和下级预算单位之间、下级不同预算单位之间、不同预算科目之间统筹安排使用结余资金。

**第十六条**　中央部门项目支出结余资金，在统筹用于编制以后年度部门预算之前，原则上不得动用。因特殊情况需在预算执行中动用项目支出结余资金安排必需支出的，应报财政部审批。

**第十七条**　中央部门基本建设项目竣工后，应及时按规定向项目主管部门或财政部报送项目竣工财务决算。中央部门根据项目主管部门或财政部批复的项目竣工财务决算中确认的结余资金数额，按基本建设财务管理有关规定，在项目主管部门或财政部批复竣工财务决算后 30 日内，将应上交中央国库的结余资金上交；中央部门及单位留用的结余资金需报财政部批准后方可动用。

## 第四章　减少结转和消化结余资金的措施

**第十八条**　中央部门在预算执行中，对当年执行进度缓慢、预计年底可能形成较多结转或结余资金的项目，应及时提出调减当年预算或调整用于本部门执行中新增的重要支出的建议，报财政部审批。对经财政部审核调减的部门预算资金，全部收回中央总预算。

**第十九条**　除特殊原因外，对当年结转和结余资金比上年增加较多，或常年累计结转和结余资金规模较大的中央部门，在编制部门预算时，财政部将视其结转和结余资金情况，适当压缩部门财政拨款预算总额。

**第二十条**　对以前年度部门预算安排的财政拨款资金，因特殊原因已无法支出或已不需要支出的，或因其他原因需要收回的，财政部可以商中央部门后通过调减部门预算等方式，将资金收回中央总预算。

## 第五章　预算编制阶段结转和结余资金的安排使用

**第二十一条**　预算编制阶段，中央部门结转和结余资金使用按以下程序办理：

（一）"一上"预算编制阶段。中央部门按照财政部关于编制部门预算的要求，结合本部门累计结转和结余资金情况以及当年部门预算执行进度，统筹安排提出部门"一上"预算申请。对拟统筹使用本部门累计结转和结余资金安排下一年度支出预算情况，随部门"一上"预算报送财政部。

（二）"一下"控制数测算阶段。财政部结合中央部门累计结转和结余资金情况以及当年部门预算执行进度，对部门"一上"预算进行审核，提出"一下"预算控制数。将对部门动用结余资金计划的审核意见，随"一下"预算控制数下达中央部门。

（三）"二上"预算编制阶段。中央部门根据财政部下达的"一下"预算控制数和结余资金安排使用建议数，编制"二上"预算。同时，对当年年底结转资金情况作充分预计，随部门"二上"预算报送财政部。因结合

部门预算执行进度，需对下年有关财政拨款预算数进行调整的，应商财政部同意并调整“一下”预算控制数后，调整编制“二上”预算。

（四）部门预算草案上报阶段。年度预算执行结束后，部门预算草案正式上报国务院并由国务院提交全国人大审议之前，财政部可结合中央部门的当年实际财政拨款结转和结余资金情况，商中央部门对有关项目财政拨款预算安排数及统筹使用结转和结余资金数进行调整。

**第二十二条** 中央部门的项目支出结余资金必须在年度预算执行结束、结余资金已实际形成后，才可在编制以后年度预算时统筹使用。对在年度预算执行中，因项目已完成或终止形成的剩余资金，未经财政部批准，不得直接在编制下年预算时安排使用。

## 第六章 结转和结余资金的报送及确认

**第二十三条** 预算年度结束后，中央部门应对本部门和所属预算单位的结转和结余资金情况逐级汇总，并对形成结转或结余资金的原因进行分析说明，于下年2月底前，将本部门《20××年度财政拨款结转和结余资金情况表》（格式及填制说明见附1、2）和有关说明文件报送财政部。

**第二十四条** 国库集中支付形成的年终预算结转和结余资金，中央部门还须按照财政部关于国库管理制度改革试点年终结转和结余资金管理有关规定，在下年1月20日之前报送相关报表。

**第二十五条** 财政部负责对中央部门结转和结余资金数额进行审核确认，并于3月底前将审核意见通知中央部门。财政部批复的部门预算中的结转资金数额与财政部审核确认的结转资金数额不一致的，以审核确认数为准。

## 第七章 附　　则

**第二十六条** 中央部门在结转和结余资金管理中违反本办法规定的，财政部应当责成其进行纠正，并可以通过调减部门预算等方式将有关资金收回中央总预算。

**第二十七条** 中央部门可以依据本办法规定，结合部门实际情况，制定本部门结转和结余资金的具体管理办法。中国人民解放军、武警部队参照本办法的原则，另行制定管理规定。

**第二十八条** 对纳入预算管理的政府性基金项目支出结转和结余资金，按照有关政府性基金项目管理规定执行。

**第二十九条** 本办法由财政部负责解释。

**第三十条** 本办法自发布之日起施行，财政部2006年12月7日发布的《中央部门财政拨款结余资金管理办法》（财预[2006]489号）同时废止。

# 5. 中央预算单位公务卡管理暂行办法（2007年颁布）

财库[2007]63号

## 第一章 总　　则

**第一条** 为进一步深化国库集中支付制度改革，规范中央预算单位财政授权支付业务，减少现金支付结算，提高支付透明度，加强财政监督，方便预算单位用款，根据《财政国库管理制度改革试点方案》（财库〔2001〕24号）和《银行卡业务管理办法》（银发〔1999〕17号）、《支付结算办法》（银发〔1997〕393号）等相关规定，制定本办法。

**第二条** 本办法所称公务卡，是指中央预算单位工作人员持有的，主要用于日常公务支出和财务报销业务的信用卡。

**第三条** 中央预算单位财政授权支付业务中原使用现金结算的公用经费支出，包括差旅费、会议费、招待费和5万元（以人民币为单位，下同）以下的零星购买支出等，一般应当使用公务卡结算。中央预算单位应根据银行卡受理环境等情况，积极扩大公务卡使用范围，尽量减少现金支出。

**第四条** 公务卡的发卡银行(以下简称发卡行)是指办理国库集中支付业务的代理银行，预算单位在确定的代理银行范围内，自行选择本单位公务卡发卡行。

**第五条** 与公务卡管理有关的信息维护、财务报销、银行划款和动态监控等业务，通过专门的公务卡支持系统辅助办理。

**第六条** 持有公务卡的工作人员(以下统称持卡人)应当妥善保管公务卡，规范使用公务卡办理公务支出的支付结算业务，并及时向所在单位财务部门申请办理报销手续。

**第七条** 预算单位财务部门应当依托公务卡支持系统，认真审核公务卡报销事项。对于批准报销的公务卡消费支出，应当按规定时间，通过零余额账户办理向公务卡的资金还款手续。

## 第二章 公务卡日常管理

**第八条** 公务卡由中央预算单位统一组织本单位工作人员向发卡行申办。公务卡申办成功后，经预算单位确认核实，由发卡行将持卡人姓名和卡号等信息统一录入公务卡支持系统管理。

**第九条** 预算单位在工作人员新增或调动、退休时，应及时组织办理公务卡的申领或停止使用等手续，并通知发卡行及时维护公务卡支持系统。现有工作人员涉及公务卡的相关信息变动时，应及时通知发卡行维护公务卡支持系统。

**第十条** 公务卡应当使用银联标准信用卡。试点阶段，公务卡原则上仅用于办理人民币支出结算业务。

**第十一条** 公务卡主要用于公务支出的支付结算。公务支出发生后，由持卡人及时向所在单位财务部门申请办理报销手续。公务卡也可用于个人支付结算业务，但不得办理财务报销手续，单位不承担私人消费行为引致的一切责任。

**第十二条** 公务卡的信用额度，由预算单位根据银行卡管理规定和业务需要，与发卡行协商设定。原则上每张公务卡的信用额度不超过5万元、不少于2万元。持卡人在规定的信用额度和免息还款期内先支付，后还款。

**第十三条** 发卡行可根据持卡人资信情况对其公务卡信用额度进行调整，并及时通知持卡人和持卡人所在单位财务部门。其中，调增信用额度的，须事前商持卡人所在单位财务部门同意。

**第十四条** 公务卡的卡片和密码均由个人负责保管。公务卡遗失或损毁后的补办等事项由个人自行到发卡行申请办理，并通过单位财务部门及时通知发卡行维护公务卡支持系统。

**第十五条** 发卡行应按月向持卡人提供公务卡对账单，并按照与持卡人约定的方式，及时向持卡人提供公务卡账户资金变动情况和还款提示等重要信息。

**第十六条** 持卡人对公务消费交易发生疑义，可按发卡行的相关规定等提出交易查询。

## 第三章 公务卡支付管理

**第十七条** 对于差旅、会议、购买等公务支出，使用公务卡结算的，应在公务卡信用额度内，先通过公务卡结算，并须取得发票等财务报销凭证和有关银行卡消费凭证。持卡人所在单位财务部门对于公务支出有事前审批要求的，持卡人应事先按要求履行相关审批手续。

**第十八条** 原则上同一持卡人信用消费单笔不得超过2万元，月透支余额不得超过5万元。

**第十九条** 特殊情况下公务卡信用额度不能满足公务支付需要时，持卡人可通过单位财务部门提前向发卡行申请临时增加信用额度，增加的额度和使用期限等具体事项，按照发卡行有关规定执行。

**第二十条** 持卡人在执行公务中原则上不允许通过公务卡提取现金。确有特殊需要，应当事前经过单位财务部门批准，未经批准的提现业务，提现手续费等费用由持卡人承担。

## 第四章 公务卡财务报销管理

**第二十一条** 持卡人使用公务卡消费结算的各项公务支出，必须在发卡行规定的免息还款期内，到所在单位财务部门报销。因个人报销不及时造成的罚息、滞纳金等相关费用，由持卡人承担；因持卡人所在单

位报销不及时造成的利息等费用，以及由此带来的对个人资信影响等责任，由单位承担。

**第二十二条** 持卡人办理公务卡消费支出报销业务时，应当按照所在单位财务部门要求填写报销审批单，并附有关财务报销凭证及公务卡消费凭证，按照单位规定的财务报销程序报请审批。

**第二十三条** 确因工作需要，持卡人不能在规定的免息还款期内返回单位办理报销手续的，可由持卡人或其所在单位相关人员向单位财务部门提供持卡人姓名、交易日期和每笔交易金额的明细信息，办理相关借款手续，经财务部门审核批准，于免息还款期之前，先将资金转入公务卡，持卡人返回单位后按财务部门规定时间补办报销手续。

**第二十四条** 单位财务人员登录公务卡支持系统，根据持卡人提供的姓名、交易日期和消费金额等信息，查询核对公务消费的真实性，审核确认后批准报销。

**第二十五条** 单位财务人员对批准报销的公务卡消费支出，按以下规定办理报销还款手续：

（一）通过公务卡支持系统，编制"还款明细表"，生成"还款汇总表"，并以电子文档形式将"还款汇总表"及"还款明细表"提交发卡行。

（二）签发财政授权支付指令（支票等支付凭证），附加盖单位财务公章的"还款汇总表"，通知发卡行向指定的公务卡还款。

（三）原则上应在公务卡免息还款期的前三个工作日内，统一办理报销资金的还款手续；对于确需提前还款的业务，预算单位可及时签发财政授权支付指令办理公务卡报销还款手续。

**第二十六条** "还款明细表"应包含流水号、预算单位组织机构代码、零余额账户账号、持卡人姓名、公务卡号、交易日期、交易金额、报销金额、商户名称、预算管理类型、预算科目（功能分类和经济分类）、支出类型、用途、创建用户、创建时间、复核用户、复核时间、处理状态等要素。

**第二十七条** "还款汇总表"在"还款明细表"基础上生成，应包含还款记录序号、持卡人姓名、公务卡号、报销金额、预算科目（功能分类）、支票号码、汇总还款金额等要素。

**第二十八条** "还款汇总表"电子信息与纸质信息必须确保一致。预算单位提交发卡行的"还款汇总表"必须从公务卡支持系统直接打印，不得使用另行编辑或下载修改的"还款汇总表"。

**第二十九条** 中央预算单位填写所有用于公务卡还款的财政授权支付指令时，国库集中支付制度原规定必须填写的12位连续代码中的后四位代码（3位经济分类代码和1位支出类型代码），改为统一填写"3000"代码。"还款明细表"中经济分类代码和支出类型代码，填写规定不变。财政授权支付指令收款人统一填写持卡人所在单位名称。

**第三十条** 代理银行根据预算单位签发的支付指令和"还款汇总表"信息，于收到支付指令的当日，将资金支付到公务卡账户。

**第三十一条** 因特殊原因导致发卡行当日无法将资金划转到公务卡账户，发卡行应于第二个工作日上午与预算单位沟通核实并重新划款。3个工作日内仍无法完成划款的，须及时通知预算单位，由预算单位按照财政授权支付业务流程，签发《财政授权支付更正（退回）通知书》，向零余额账户办理资金退回手续。

**第三十二条** 因向供应商退货等原因导致已报销资金退回公务卡的，持卡人应及时将相应款项退回所在单位财务部门，并由单位财务部门及时退回零余额账户。持卡人退款的财务审核手续按所在单位内部财务制度规定执行。

**第三十三条** 预算单位办理公务卡报销和资金退回等业务的账务处理，按照《财政部关于印发〈财政国库管理制度改革试点会计核算暂行办法〉的通知》（财库〔2001〕54号）等规定执行。

**第三十四条** 发卡行应当按财政部要求，向财政部动态监控系统实时、全面、准确反馈零余额账户向公务卡还款的支付信息，以及该笔报销业务所对应的公务卡明细消费信息。

**第三十五条** 发卡行应以纸质或电子形式按月向预算单位提供公务卡报销信息对账单。对账单区分预算科目，按日期、姓名、卡号、报销金额、退回金额等内容编制。

## 第五章　管理职责

**第三十六条** 财政部在公务卡管理工作中的主要职责是：

（一）会同中国人民银行组织制定公务卡管理的有关制度规定，组织管理中央预算单位公务卡试点和实施工作。

（二）指导和督促发卡行按照双方签署的协议，做好公务卡实施的系统建设、信息传递和资金还款等工作。

（三）管理国库动态监控系统，对中央预算单位公务卡项下的公务消费支出和报销事项进行监控管理，对重大问题进行调研或组织核查。

（四）协调有关部门，解决公务卡实施中的有关政策衔接问题，并协同推动银行卡受理环境的改善和银行卡产业发展。

**第三十七条**　中国人民银行在公务卡管理中的主要职责是：

（一）配合财政部组织制定公务卡管理的有关制度规定，共同推进公务卡实施工作。

（二）加强对发卡行在公务卡应用推广方面的指导和管理，引导推动发卡行不断加强公务卡应用方面的软、硬件设施建设。

（三）加强与有关方面的协调配合，落实与公务卡有关的配套措施建设，推动有关方面共同创造良好的公务卡用卡环境。

**第三十八条**　预算单位在公务卡管理工作中的主要职责是：

（一）选择本单位公务卡发卡行，签订公务卡服务协议。

（二）组织本单位工作人员统一办理公务卡，做好新增、调动、退休等人员的公务卡管理工作。

（三）督促本单位持卡人及时办理公务卡项下公务消费支出的财务报销手续。协助发卡行向本单位有逾期欠款的持卡人催收欠款。

（四）通过公务卡支持系统，审核本单位持卡人提请报销的公务卡消费信息，及时办理公务卡报销还款和资金退回等业务，及时下载保存报销还款信息，做好相关账务处理工作，并按月与发卡行就公务卡报销还款情况进行对账。

（五）配合财政部做好公务卡监督管理等有关工作。

**第三十九条**　发卡行在公务卡管理工作中的主要职责是：

（一）加强与公务卡管理有关的内部制度规范和信息系统建设，积极扩大银行卡机具布设范围，规范有关银行卡机具使用和银行卡消费信息的收集、存储、传送等方面的管理，提供良好的公务卡应用环境。

（二）按照与财政部所签订协议的要求定制公务卡，在试点初期开发维护或协助维护公务卡支持系统，及时、准确为财政部传送零余额账户资金支付及公务卡中的公务消费支出等动态监控信息，并确保信息传送的及时性、准确性和保密性。

（三）按照与预算单位签订的公务卡服务协议，为预算单位工作人员办理公务卡，维护公务卡支持系统，为公务卡报销、审核与支付还款业务提供及时、准确、规范、便捷的服务。

（四）按照本办法规定，与预算单位协商设定公务卡信用额度，为持卡人提供公务卡使用、挂失、注销等方面的便捷优质服务，并及时向持卡人反馈资金还款信息。

**第四十条**　中央预算单位工作人员除有涉密任务外，原则上均应在单位统一组织下申请办理公务卡。持卡人的主要职责是：

（一）按规定申请办理公务卡，妥善保管卡片和密码，并承担因个人保管不善等原因引起的公务卡有关费用。

（二）执行公务所需支出，原则上应使用公务卡结算和报销，并接受财政部门和所在单位财务部门对公务支出的监控管理。

（三）及时归还公务卡项下银行欠款。因离职、退休等原因离开所在单位，应按单位要求清理公务卡项下债权债务，停止公务卡的使用。

（四）遵守国家关于银行卡使用管理的法律法规和本办法有关规定，规范使用公务卡。

**第四十一条**　严禁预算单位将非本单位工作人员纳入公务卡管理范围、违规办理公务卡报销业务或查询、泄漏本单位公务卡持卡人的私人交易信息；严禁持卡人违规使用公务卡、恶意透支、拖欠还款或将非公务支出用于公务报销；严禁发卡行对外泄漏与公务卡支出有关的各种数据资料。违反规定的，追究单位负责人和直接责任人的行政责任，情节严重涉嫌犯罪的，移交司法机关，依法追究刑事责任。

## 第六章　附　　则

**第四十二条**　试点阶段，发卡行应为预算单位零余额账户的开户行。

**第四十三条** 试点阶段，对于特殊情况的，经单位财务部门审核同意，工作人员可向单位财务预借现金支付，并按现行财务规定办理报销手续。

第四十四条 中央预算单位财务部门应根据本办法规定，结合单位财务内部控制规范，制定本单位公务卡报销管理细则，加强财务管理，并认真做好对本单位持卡人的宣传培训等工作。

**第四十五条** 本办法未尽事宜，有相关规定的，按相关规定执行，没有相关规定的，由财政部会同中国人民银行负责解释。

**第四十六条** 本办法自印发之日起执行。

# 第十八章　行政事业单位基本建设相关财务管理法规

## 1. 基本建设财务管理规定(2002 年修订)

财建〔2002〕394 号

**第一条**　为了适应社会主义市场经济体制和投融资体制改革的需要，规范基本建设投资行为，加强基本建设财务管理和监督，提高投资效益，根据《中华人民共和国预算法》、《会计法》和《政府采购法》等法律、行政法规、规章，制定本规定。

**第二条**　本规定适用于国有建设单位和使用财政性资金的非国有建设单位，包括当年安排基本建设投资、当年虽未安排投资但有在建工程、有停缓建项目和资产已交付使用但未办理竣工决算项目的建设单位。其他建设单位可参照执行。

实行基本建设财务和企业财务并轨的单位，不执行本规定。

**第三条**　基本建设财务管理的基本任务是：贯彻执行国家有关法律、行政法规、方针政策；依法、合理、及时筹集、使用建设资金；做好基本建设资金的预算编制、执行、控制、监督和考核工作，严格控制建设成本，减少资金损失和浪费，提高投资效益。

**第四条**　各级财政部门是主管基本建设财务的职能部门，对基本建设的财务活动实施财政财务管理和监督。

**第五条**　使用财政性资金的建设单位，在初步设计和工程概算获得批准后，其主管部门要及时向同级财政部门提交初步设计的批准文件和项目概算，并按照预算管理的要求，及时向同级财政部门报送项目年度预算，待财政部门审核确认后，作为安排项目年度预算的依据。

建设项目停建、缓建、迁移、合并、分立以及其他主要变更事项，应当在确立和办理变更手续之日起 30 日内，向同级财政部门提交有关文件、资料的复制件。

**第六条**　建设单位要做好基本建设财务管理的基础工作，按规定设置独立的财务管理机构或指定专人负责基本建设财务工作；严格按照批准的概预算建设内容，做好账务设置和账务管理，建立健全内部财务管理制度；对基本建设活动中的材料、设备采购、存货、各项财产物资及时做好原始记录；及时掌握工程进度，定期进行财产物资清查；按规定向财政部门报送基建财务报表。

主管部门应指导和督促所属的建设单位做好基本建设财务管理的基础工作。

**第七条**　经营性项目，应按照国家关于项目资本金制度的规定，在项目总投资(以经批准的动态投资计算)中筹集一定比例的非负债资金作为项目资本金。

本规定中有关经营性项目和非经营性项目划分，由财政部门根据国家有关规定确认。

**第八条**　经营性项目筹集的资本金，须聘请中国注册会计师验资并出具验资报告。投资者以实物、工业产权、非专利技术、土地使用权等非货币资产投入项目的资本金，必须经过有资格的资产评估机构依照法律、行政法规评估作价。

经营性项目筹集的资本金，在项目建设期间和生产经营期间，投资者除依法转让外，不得以任何方式抽走。

**第九条**　经营性项目收到投资者投入项目的资本金，要按照投资主体的不同，分别以国家资本金、法人资本金、个人资本金和外商资本金单独反映。项目建成交付使用并办理竣工财务决算后，相应转为生产经营企业的国家资本金、法人资本金、个人资本金、外商资本金。

**第十条**　凡使用国家财政投资的建设项目应当执行财政部有关基本建设资金支付的程序，财政资金按批准的年度基本建设支出预算到位。

实行政府采购和国库集中支付的基本建设项目，应当根据政府采购和国库集中支付的有关规定办理资金支付。

**第十一条** 经营性项目对投资者实际缴付的出资额超出其资本金的差额(包括发行股票的溢价净收入)、接受捐赠的财产、外币资本折算差额等，在项目建设期间，作为资本公积金，项目建成交付使用并办理竣工财务决算后，相应转为生产经营企业的资本公积金。

**第十二条** 建设项目在建设期间的存款利息收入计入待摊投资，冲减工程成本。

**第十三条** 经营性项目在建设期间的财政贴息资金，作冲减工程成本处理。

**第十四条** 建设项目在编制竣工财务决算前要认真清理结余资金。应变价处理的库存设备、材料以及应处理的自用固定资产要公开变价处理，应收、应付款项要及时清理，清理出来的结余资金按下列情况进行财务处理：

经营性项目的结余资金，相应转入生产经营企业的有关资产。非经营性项目的结余资金，首先用于归还项目贷款。如有结余，30%作为建设单位留成收入，主要用于项目配套设施建设、职工奖励和工程质量奖，70%按投资来源比例归还投资方。

**第十五条** 项目建设单位应当将应交财政的竣工结余资金在竣工财务决算批复后30日内上交财政。

**第十六条** 建设成本包括建筑安装工程投资支出、设备投资支出、待摊投资支出和其他投资支出。

**第十七条** 建筑安装工程投资支出是指建设单位按项目概算内容发生的建筑工程和安装工程的实际成本，其中不包括被安装设备本身的价值以及按照合同规定支付给施工企业的预付备料款和预付工程款。

**第十八条** 设备投资支出是指建设单位按照项目概算内容发生的各种设备的实际成本，包括需要安装设备、不需要安装设备和为生产准备的不够固定资产标准的工具、器具的实际成本。

需要安装设备是指必须将其整体或几个部位装配起来，安装在基础上或建筑物支架上才能使用的设备；不需要安装设备是指不必固定在一定位置或支架上就可以使用的设备。

**第十九条** 待摊投资支出是指建设单位按项目概算内容发生的，按照规定应当分摊计入交付使用资产价值的各项费用支出，包括：建设单位管理费、土地征用及迁移补偿费、土地复垦及补偿费、勘察设计费、研究试验费、可行性研究费、临时设施费、设备检建费、负荷联合试车费、合同公证及工程质量监理费、(贷款)项目评估费、国外借款手续费及承诺费、社会中介机构审计(查)费、招投标费、经济合同仲裁费、诉讼费、律师代理费、土地使用税、耕地占用税、车船使用税、汇兑损益、报废工程损失、坏账损失、借款利息、固定资产损失、器材处理亏损、设备盘亏及毁损、调整器材调拨价格折价、企业债券发行费用、航道维护费、航标设施费、航测费、其他待摊投资等。

建设单位要严格按照规定的内容和标准控制待摊投资支出，不得将非法的收费、摊派等计入待摊投资支出。

**第二十条** 其他投资支出是指建设单位按项目概算内容发生的构成基本建设实际支出的房屋购置和基本畜禽、林木等购置、饲养、培育支出以及取得各种无形资产和递延资产发生的支出。

**第二十一条** 建设单位管理费是指建设单位从项目开工之日起至办理竣工财务决算之日止发生的管理性质的开支。包括：不在原单位发工资的工作人员工资、基本养老保险费、基本医疗保险费、失业保险费，办公费、差旅交通费、劳动保护费、工具用具使用费、固定资产使用费、零星购置费、招募生产工人费、技术图书资料费、印花税、业务招待费、施工现场津贴、竣工验收费和其他管理性质开支。

业务招待费支出不得超过建设单位管理费总额的10%。

施工现场津贴标准比照当地财政部门制定的差旅费标准执行。

**第二十二条** 建设单位管理费实行总额控制，分年度据实列支。

建设单位管理费的总额控制数以项目审批部门批准的项目投资总概算为基数，并按投资总概算的不同规模分档计算。具体计算方法见附件一(略)。

特殊情况确需超过上述开支标准的，须事前报同级财政部门审核批准。

**第二十三条** 建设单位发生单项工程报废，必须经有关部门鉴定。报废单项工程的净损失经财政部门批准后，作增加建设成本处理，计入待摊投资。

**第二十四条** 非经营性项目发生的江河清障、航道清淤、飞播造林、补助群众造林、退耕还林(草)、封山(沙)育林(草)、水土保持、城市绿化、取消项目可行性研究费、项目报废及其他经财政部门认可的不能形成资产部分的投资，作待核销处理。在财政部门批复竣工决算后，冲销相应的资金。形成资产部分的投资，计入交付使用资产价值。

**第二十五条** 非经营性项目为项目配套的专用设施投资，包括专用道路、专用通讯设施、送变电站、地下管道等，产权归属本单位的，计入交付使用资产价值；产权不归属本单位的，作转出投资处理，冲销相应的资金。

经营性项目为项目配套的专用设施投资，包括专用铁路线、专用公路、专用通讯设施、送变电站、地下管道、专用码头等，建设单位必须与有关部门明确界定投资来源和产权关系。由本单位负责投资但产权不归属本单位的，作无形资产处理；产权归属本单位的，计入交付使用资产价值。

**第二十六条** 建设项目隶属关系发生变化时，应及时进行财务关系划转，要认真做好各项资产和债权、债务清理交接工作，主要包括各项投资来源、已交付使用的资产、在建工程、结余资金、各项债权和债务等，由划转双方的主管部门报同级财政部门审批，并办理资产、财务划转手续。

**第二十七条** 基建收入是指在基本建设过程中形成的各项工程建设副产品变价净收入、负荷试车和试运行收入以及其他收入。

(一)工程建设副产品变价净收入包括：煤炭建设中的工程煤收入，矿山建设中的矿产品收入，油(汽)回钻井建设中的原油(汽)收入和森工建设中的路影材收入等。

(二)经营性项目为检验设备安装质量进行的负荷试车或按合同及国家规定进行试运行所实现的产品收入包括：水利、电力建设移交生产前的水、电、热费收入，原材料、机电轻纺、农林建设移交生产前的产品收入，铁路、交通临时运营收入等。

(三)其他收入包括：1. 各类建设项目总体建设尚未完成和移交生产，但其中部分工程简易投产而发生的营业性收入等；2. 工程建设期间各项索赔以及违约金等其他收入。

**第二十八条** 各类副产品和负荷试车产品基建收入按实际销售收入扣除销售过程中所发生的费用和税金确定。负荷试车费用计入建设成本。

试运行期间基建收入以产品实际销售收入减去销售费用及其他费用和销售税金后的纯收入确定。

**第二十九条** 试运行期按照以下规定确定：引进国外设备项目按建设合同中规定的试运行期执行；国内一般性建设项目试运行期原则上按照批准的设计文件所规定期限执行。个别行业的建设项目试运行期需要超过规定试运行期的，应报项目设计文件审批机关批准。

**第三十条** 建设项目按批准的设计文件所规定的内容建成，工业项目经负荷试车考核(引进国外设备项目合同规定试车考核期满)或试运行期能够正常生产合格产品，非工业项目符合设计要求，能够正常使用时，应及时组织验收，移交生产或使用。凡已超过批准的试运行期，并已符合验收条件但未及时办理竣工验收手续的建设项目，视同项目已正式投产，其费用不得从基建投资中支付，所实现的收入作为生产经营收入，不再作为基建收入。试运行期一经确定，各建设单位应严格按规定执行，不得擅自缩短或延长。

**第三十一条** 各项索赔、违约金等收入，首先用于弥补工程损失，结余部分按本规定第三十二条处理。

**第三十二条** 基建收入应依法缴纳企业所得税，税后收入按以下规定处理：

经营性项目基建收入的税后收入，相应转为生产经营企业的盈余公积。

非经营性项目基建收入的税后收入，相应转入行政事业单位的其他收入。

**第三十三条** 试生产期间一律不得计提固定资产折旧。

**第三十四条** 建设单位应当严格执行工程价款结算的制度规定，坚持按照规范的工程价款结算程序支付资金。建设单位与施工单位签订的施工合同中确定的工程价款结算方式要符合财政支出预算管理的有关规定。工程建设期间，建设单位与施工单位进行工程价款结算，建设单位必须按工程价款结算总额的5%预留工程质量保证金，待工程竣工验收一年后再清算。

**第三十五条** 基本建设项目竣工时，应编制基本建设项目竣工财务决算。建设周期长、建设内容多的项目，单项工程竣工，具备交付使用条件的，可编制单项工程竣工财务决算。建设项目全部竣工后应编制竣工财务总决算。

**第三十六条** 基本建设项目竣工财务决算是正确核定新增固定资产价值，反映竣工项目建设成果的文件，是办理固定资产交付使用手续的依据。各编制单位要认真执行有关的财务核算办法，严肃财经纪律，实事求是地编制基本建设项目竣工财务决算，做到编报及时，数字准确，内容完整。

**第三十七条** 建设单位及其主管部门应加强对基本建设项目竣工财务决算的组织领导，组织专门人员，及时编制竣工财务决算。设计、施工、监理等单位应积极配合建设单位做好竣工财务决算编制工作。建设单位应在项目竣工后三个月内完成竣工财务决算的编制工作。在竣工财务决算未经批复之前，原机构不得撤销，项目负责人及财务主管人员不得调离。

**第三十八条** 基本建设项目竣工财务决算的依据，主要包括：可行性研究报告、初步设计、概算调整及其批准文件；招投标文件（书）；历年投资计划；经财政部门审核批准的项目预算；承包合同、工程结算等有关资料；有关的财务核算制度、办法；其他有关资料。

**第三十九条** 在编制基本建设项目竣工财务决算前，建设单位要认真做好各项清理工作。清理工作主要包括基本建设项目档案资料的归集整理、账务处理、财产物资的盘点核实及债权债务的清偿，做到账账、账证、账实、账表相符。各种材料、设备、工具、器具等，要逐项盘点核实，填列清单，妥善保管，或按照国家规定进行处理，不准任意侵占、挪用。

**第四十条** 基本建设项目竣工财务决算的内容，主要包括以下两个部分：

（一）基本建设项目竣工财务决算报表

主要有以下报表（表式见附件二，略）：

1. 封面
2. 基本建设项目概况表
3. 基本建设项目竣工财务决算表
4. 基本建设项目交付使用资产总表
5. 基本建设项目交付使用资产明细表

（二）竣工财务决算说明书

主要包括以下内容：

1. 基本建设项目概况
2. 会计账务的处理、财产物资清理及债权债务的清偿情况
3. 基建结余资金等分配情况
4. 主要技术经济指标的分析、计算情况
5. 基本建设项目管理及决算中存在的问题、建议
6. 决算与概算的差异和原因分析
7. 需说明的其他事项

**第四十一条** 基本建设项目的竣工财务决算，按下列要求报批：

（一）中央级项目

1. 小型项目

属国家确定的重点项目，其竣工财务决算经主管部门审核后报财政部审批，或由财政部授权主管部门审批；其他项目竣工财务决算报主管部门审批。

2. 大、中型项目

中央级大、中型基本建设项目竣工财务决算，经主管部门审核后报财政部审批。

（二）地方级项目

地方级基本建设项目竣工财务决算的报批，由各省、自治区、直辖市、计划单列市财政厅（局）确定。

**第四十二条** 财政部对中央级大中型项目、国家确定的重点小型项目竣工财务决算的审批实行“先审核、后审批”的办法，即先委托投资评审机构或经财政部认可的有资质的中介机构对项目单位编制的竣工财务决算进行审核，再按规定批复。对审核中审减的概算内投资，经财政部审核确认后，按投资来源比例归还投资方。

**第四十三条** 基本建设项目竣工财务决算大中小型划分标准。经营性项目投资额在5000万元（含5000万元）以上、非经营性项目投资额在3000万元（含3000万元）以上的为大中型项目。其他项目为小型项目。

**第四十四条** 已具备竣工验收条件的项目，3个月内不办理竣工验收和固定资产移交手续的，视同项目已正式投产，其费用不得从基建投资中支付，所实现的收入作为生产经营收入，不再作为基建收入管理。

**第四十五条** 各省、自治区、直辖市、计划单列市财政厅(局)可以根据本规定,结合本地区建设项目的实际,制定实施细则并报财政部备案。

**第四十六条** 本规定自发布之日起 30 日后施行。财政部 1998 年印发的《基本建设财务管理若干规定》(财基字〔1998〕4 号文)同时废止。

# 2. 财政部关于解释《基本建设财务管理规定》执行中有关问题的通知(2003 年颁布)

财建[2003]724 号

党中央有关部门,国务院各部委、各直属机构,全国人大常委会办公厅,全国政协办公厅,高法院,高检院,各人民团体,中央管理企业,各省、自治区、直辖市、计划单列市财政厅(局),新疆生产建设兵团财务局:

我部印发《基本建设财务管理规定》以来,有关部门和地方来函来电要求对基本建设财务制度有关问题作进一步解释。经研究,现就有关问题答复如下:

一、在建项目执行新旧基建财务制度如何衔接。根据基本建设项目的特点,凡在 2002 年 10 月后开工的在建项目执行《基本建设财务管理规定》(财建[2002]394 号),2002 年 10 月前开工的在建项目可继续执行原基建财务制度,直至项目竣工。

二、实行基本建设财务和企业财务并轨的单位,其建设项目财务管理能否执行基本建设财务制度。

目前,对基建财务和企业财务并轨的试点,只批准在个别行业进行,具体基本建设项目,按并轨要求一时还难以做到的,经主管部门同意,仍可比照基本建设财务制度进行管理和核算。

三、关于财政性资金的具体范围。基本建设项目使用的财政性资金是指财政预算内和财政预算外资金,主要包括:

1. 财政预算内基本建设资金;
2. 财政预算内其他各项支出中用于基本建设项目投资的资金;
3. 纳入财政预算管理的专项建设基金中用于基本建设项目投资的资金;
4. 财政预算外资金中用于基本建设项目投资的资金;
5. 其他财政性基本建设资金。

四、一个建设单位同时承建多个建设项目可否统一核算。根据基本建设有关规定,每个基本建设项目都必须单独建账、单独核算;同一个建设项目,不论其建设资金来源性质,原则上必须在同一账户核算和管理。

五、经营性项目和非经营性项目能否统一划分标准。目前,单从项目所属行业和性质难以划分清楚并做出明确规定。同类项目在不同地区、不同时期,可以分别划分为经营性项目和非经营性项目。因此,只能在项目完工后,由同级财政部门根据项目的具体情况和主管部门意见判断确定。

六、对基本建设项目实行政府采购和国库集中支付的具体要求和规定应明确在基建财务制度中。因基本建设项目政府采购和国库集中支付试点工作正在逐步开展,有些做法尚未成熟,还需要不断修改完善,目前还不宜将具体要求和规定写入基建财务制度。

七、财政部门是否可以预留项目工程尾款。基建财务制度规定建设单位必须按工程价款结算总额的 5%预留工程质量保证金,但没有明确财政性资金是留在建设单位账上还是财政国库上,各地可根据实际情况掌握;同时 5%是最低比例,资金的具体预留比例和时间,有关各方可根据规定或合同(协议)确定。

八、项目存款利息的处理。项目存款是指建设项目的所有建设资金,包括财政拨款、银行贷款等,其产生的利息收入一律冲减项目建设工程成本。

九、非经营性项目建设期间的财政贴息资金如何处理。非经营性项目建设期间的财政贴息资金比照经营性项目建设期间的财政贴息资金处理办法进行处理,即冲减工程成本。

十、建设单位按规定留成的非经营性项目的结余资金,主要用于项目配套设施建设、职工奖励和工程质量奖,使用时,是否需报同级财政部门审批。

基建财务制度已明确建设单位留成资金的使用范围，财政部门可对其使用情况进行监督，但不必再进行审批。

十一、建设单位管理费开支的起止时间和计算基数。基本建设财务制度明确建设单位管理费是指建设单位从项目开工之日起至办理竣工财务决算之日止发生的管理性质开支。考虑到不少建设项目前期筹建期间管理性开支没有渠道，建设单位管理费修改为：建设单位从筹建之日起至办理竣工财务决算之日止发生的管理性质开支，建设单位管理费以项目投资总概算为计算基数。

十二、建设单位单项工程报废处理。建设单位单项工程报废是指建设单位原因造成的报废，施工单位施工造成的单项工程报废由施工单位承担责任。单项工程报废净损失按项目财务隶属关系由同级财政部门批准后，计入待摊投资。

十三、基本建设项目年度财务决算与竣工财务决算审批问题。

为减少审批，财政部对基本建设项目年度财务决算不再审批，地方或主管部门是否审批，由地方或主管部门自行决定；项目竣工财务决算按基本建设财务制度规定审批。

十四、经营性项目为项目配套的专用设施投资，产权不归属本单位的，如何处理。根据基本建设制度规定，经营性项目为项目配套的专用设施投资，产权不归属本单位的作无形资产处理。考虑到资产重复计算等因素，本次修改明确为：产权不归属本单位的，经项目主管部门及同级财政部门核准作转出投资处理。

十五、关于项目试运期、竣工验收条件标准问题。因各行业基本建设项目差别较大，不可能制定统一的项目试运期、竣工验收标准。有关主管部门应尽快制定分行业、分规模的项目试运期、竣工验收条件等规范标准，报财政部备案，以利项目竣工财务决算的编报和批复。

十六、中央级项目和地方级项目如何划分。按项目财务隶属关系划分，凡是财务关系在中央部门的，属中央级项目，凡财务关系在地方的，属地方级项目。

十七、建设项目投资包干责任制问题。建设项目实行《招投标法》和《政府采购法》后，财政部门取消了投资包干责任制的做法，各部门自行实施投资包干责任制的，财政部门不予认可。

十八、建设项目收尾工程如何确定。可根据项目投资总概算 5%掌握。尾工工程超过项目投资总概算 5%，不能编制项目竣工财务决算。

十九、违反基本建设财务制度如何处理。对没有严格执行基本建设财务制度，或违反基本建设财务制度的行为，各级主管部门和财政部门可根据国务院《关于违反财政法规处罚的暂行规定》，通过口头警告限期纠正、通报批评、停止拨款、收回拨款、撤销项目和对直接责任人行政处分等手段进行处罚。

二十、实行代建制的建设项目，如何执行基本建设财务制度。目前，我部正在根据基本建设财务制度和代建制项目的特点，研究制定加强代建制建设项目财政财务管理指导意见，实行代建制的建设项目可按此执行。

抄送：财政部驻各省、自治区、直辖市、计划单列市财政监察专员办事处。

## 3. 财政部关于进一步加强中央基本建设项目竣工财务决算工作的通知(2008 年颁布)

财办建[2008]91 号

党中央有关部门办公厅(室)，国务院各部委、各直属机构办公厅(室)，全国人大常委会办公厅秘书局，全国政协办公厅秘书局，高法院办公厅，高检院办公厅，有关人民团体办公厅(室)，有关中央管理企业：

为进一步加强基本建设项目竣工财务决算管理，根据《财政部关于印发〈基本建设财务管理规定〉的通知》(财建[2002]394 号)等规定，经研究，现就中央基本建设项目竣工财务决算编报及审核工作有关问题进一步明确如下：

**一、基本建设项目竣工财务决算编制依据**

(一)国家有关法律法规及制度；

(二)经批准的可行性研究报告、初步设计、概算及调整文件；

（三）历年下达的年度投资计划、项目支出预算；

（四）会计核算及财务管理资料；

（五）招投标文件，项目合同（协议）、工程结算等有关资料；

（六）其他有关资料等。

**二、基本建设项目竣工财务决算编报要求**

（一）时限要求

项目建设单位应在项目竣工后三个月内完成竣工财务决算的编制工作，并报主管部门审核。主管部门收到竣工财务决算报告后，对于按规定由主管部门审批的项目，应及时审核批复，并报财政部备案；对于按规定报财政部审批的项目，一般应在收到决算报告后一个月内完成审核工作，并将经其审核后的决算报告报财政部（经济建设司）审批。

以前年度已竣工尚未编报竣工财务决算的基建项目，主管部门应督促项目建设单位抓紧编报。

（二）组织管理要求

主管部门应督促项目建设单位加强对基本建设项目竣工财务决算的组织领导，组织专门人员，及时编制竣工财务决算。设计、施工、监理等单位应积极配合建设单位做好竣工财务决算编制工作。在竣工财务决算未经批复之前，原机构不得撤销，项目负责人及财务主管人员不得调离。

（三）编报内容要求

1. 基本建设项目竣工财务决算报表

主要有以下报表（表式见附件 1）：

(1)封面；

(2)基本建设项目概况表（建竣决 01 表）；

(3)基本建设项目竣工财务决算表（建竣决 02 表）；

(4)基本建设项目交付使用资产总表（建竣决 03 表）；

(5)基本建设项目交付使用资产明细表（建竣决 04 表）。

2. 竣工财务决算说明书，主要包括以下内容：

(1)基本建设项目概况；

(2)会计账务处理、财产物资清理及债权债务的清偿情况；

(3)基本建设支出预算、投资计划和资金到位情况；

(4)基建结余资金形成等情况；

(5)概算、项目预算执行情况及分析，主要分析决算与概算的差异及原因；

(6)尾工及预留费用情况；

(7)历次审计、核查、稽察及整改情况；

(8)主要技术经济指标的分析、计算情况；

(9)基本建设项目管理经验、问题和建议；

(10)预备费动用情况；

(11)招投标情况、工程政府采购情况、合同（协议）履行情况；

(12)征地拆迁补偿情况、移民安置情况；

(13)需说明的其他事项；

(14)编表说明。

3. 项目立项、可研及初步设计批复文件（复印件）；

4. 项目历年投资计划及中央财政预算文件（复印件）；

5. 经有关部门或单位进行决（结）算审计或审核的，需附完整的审计审核报告，报告内容应详实，其主要内容应包括：工程概况、资金来源、审核说明、审核依据、审核结果、意见和建议，并附有项目竣工决（结）算审核汇总表（见附件 2）、待摊投资明细表（见附件 3）、转出投资明细表（参考）（见附件 4）、待摊投资分配明细表（参考）（见附件 5）；

6. 其他与项目决算相关的资料。

**三、加强项目竣工财务决算审核管理**

主管部门应对项目建设单位报送的项目竣工财务决算认真审核，严格把关。审核的重点内容：项目是

否按规定程序和权限进行立项、可研和初步设计报批工作；项目建设超标准、超规模、超概算投资等问题审核；项目竣工财务决算金额的正确性审核；项目竣工财务决算资料的完整性审核；项目建设过程中存在主要问题的整改情况审核等。

对于报财政部审批的项目竣工财务决算需附主管部门对项目竣工财务决算的审核意见及项目建设过程中存在主要问题的处理意见。

**四、**财政部按规定对中央级大中型项目、国家确定的重点小型项目竣工财务决算的审批实行“先审核、后审批”的办法，即对需先审核后审批的项目，先委托财政投资评审机构或经财政部认可的有资质的中介机构对项目单位编制的竣工财务决算进行审核，再按规定批复项目竣工财务决算。

二〇〇八年七月二十二日

# 4. 建设工程价款结算暂行办法(2004年颁布)

财建[2004]369号

## 第一章　总　　则

**第一条**　为加强和规范建设工程价款结算，维护建设市场正常秩序，根据《中华人民共和国合同法》、《中华人民共和国建筑法》、《中华人民共和国招标投标法》、《中华人民共和国预算法》、《中华人民共和国政府采购法》、《中华人民共和国预算法实施条例》等有关法律、行政法规制订本办法。

**第二条**　凡在中华人民共和国境内的建设工程价款结算活动，均适用本办法。国家法律法规另有规定的，从其规定。

**第三条**　本办法所称建设工程价款结算(以下简称“工程价款结算”)，是指对建设工程的发承包合同价款进行约定和依据合同约定进行工程预付款、工程进度款、工程竣工价款结算的活动。

**第四条**　国务院财政部门、各级地方政府财政部门和国务院建设行政主管部门、各级地方政府建设行政主管部门在各自职责范围内负责工程价款结算的监督管理。

**第五条**　从事工程价款结算活动，应当遵循合法、平等、诚信的原则，并符合国家有关法律、法规和政策。

## 第二章　工程合同价款的约定与调整

**第六条**　招标工程的合同价款应当在规定时间内，依据招标文件、中标人的投标文件，由发包人与承包人(以下简称“发、承包人”)订立书面合同约定。

非招标工程的合同价款依据审定的工程预(概)算书由发、承包人在合同中约定。

合同价款在合同中约定后，任何一方不得擅自改变。

**第七条**　发包人、承包人应当在合同条款中对涉及工程价款结算的下列事项进行约定：

(一)预付工程款的数额、支付时限及抵扣方式；

(二)工程进度款的支付方式、数额及时限；

(三)工程施工中发生变更时，工程价款的调整方法、索赔方式、时限要求及金额支付方式；

(四)发生工程价款纠纷的解决方法；

(五)约定承担风险的范围及幅度以及超出约定范围和幅度的调整办法；

(六)工程竣工价款的结算与支付方式、数额及时限；

(七)工程质量保证(保修)金的数额、预扣方式及时限；

(八)安全措施和意外伤害保险费用；

(九)工期及工期提前或延后的奖惩办法；

（十）与履行合同、支付价款相关的担保事项。

**第八条**　发、承包人在签订合同时对于工程价款的约定，可选用下列一种约定方式：

（一）固定总价。合同工期较短且工程合同总价较低的工程，可以采用固定总价合同方式。

（二）固定单价。双方在合同中约定综合单价包含的风险范围和风险费用的计算方法，在约定的风险范围内综合单价不再调整。风险范围以外的综合单价调整方法，应当在合同中约定。

（三）可调价格。可调价格包括可调综合单价和措施费等，双方应在合同中约定综合单价和措施费的调整方法，调整因素包括：

1. 法律、行政法规和国家有关政策变化影响合同价款；

2. 工程造价管理机构的价格调整；

3. 经批准的设计变更；

4. 发包人更改经审定批准的施工组织设计（修正错误除外）造成费用增加；

5. 双方约定的其他因素。

**第九条**　承包人应当在合同规定的调整情况发生后 14 天内，将调整原因、金额以书面形式通知发包人，发包人确认调整金额后将其作为追加合同价款，与工程进度款同期支付。发包人收到承包人通知后 14 天内不予确认也不提出修改意见，视为已经同意该项调整。

当合同规定的调整合同价款的调整情况发生后，承包人未在规定时间内通知发包人，或者未在规定时间内提出调整报告，发包人可以根据有关资料，决定是否调整和调整的金额，并书面通知承包人。

**第十条**　工程设计变更价款调整

（一）施工中发生工程变更，承包人按照经发包人认可的变更设计文件，进行变更施工，其中，政府投资项目重大变更，需按基本建设程序报批后方可施工。

（二）在工程设计变更确定后 14 天内，设计变更涉及工程价款调整的，由承包人向发包人提出，经发包人审核同意后调整合同价款。变更合同价款按下列方法进行：

1. 合同中已有适用于变更工程的价格，按合同已有的价格变更合同价款；

2. 合同中只有类似于变更工程的价格，可以参照类似价格变更合同价款；

3. 合同中没有适用或类似于变更工程的价格，由承包人或发包人提出适当的变更价格，经对方确认后执行。如双方不能达成一致的，双方可提请工程所在地工程造价管理机构进行咨询或按合同约定的争议或纠纷解决程序办理。

（三）工程设计变更确定后 14 天内，如承包人未提出变更工程价款报告，则发包人可根据所掌握的资料决定是否调整合同价款和调整的具体金额。重大工程变更涉及工程价款变更报告和确认的时限由发承包双方协商确定。

收到变更工程价款报告一方，应在收到之日起 14 天内予以确认或提出协商意见，自变更工程价款报告送达之日起 14 天内，对方未确认也未提出协商意见时，视为变更工程价款报告已被确认。

确认增（减）的工程变更价款作为追加（减）合同价款与工程进度款同期支付。

## 第三章　工程价款结算

**第十一条**　工程价款结算应按合同约定办理，合同未作约定或约定不明的，发、承包双方应依照下列规定与文件协商处理：

（一）国家有关法律、法规和规章制度；

（二）国务院建设行政主管部门、省、自治区、直辖市或有关部门发布的工程造价计价标准、计价办法等有关规定；

（三）建设项目的合同、补充协议、变更签证和现场签证，以及经发、承包人认可的其他有效文件；

（四）其他可依据的材料。

**第十二条**　工程预付款结算应符合下列规定：

（一）包工包料工程的预付款按合同约定拨付，原则上预付比例不低于合同金额的 10%，不高于合同金额的 30%，对重大工程项目，按年度工程计划逐年预付。计价执行《建设工程工程量清单计价规范》（GB50500—2003）的工程，实体性消耗和非实体性消耗部分应在合同中分别约定预付款比例。

（二）在具备施工条件的前提下，发包人应在双方签订合同后的一个月内或不迟于约定的开工日期前的7天内预付工程款，发包人不按约定预付，承包人应在预付时间到期后10天内向发包人发出要求预付的通知，发包人收到通知后仍不按要求预付，承包人可在发出通知14天后停止施工，发包人应从约定应付之日起向承包人支付应付款的利息（利率按同期银行贷款利率计），并承担违约责任。

（三）预付的工程款必须在合同中约定抵扣方式，并在工程进度款中进行抵扣。

（四）凡是没有签订合同或不具备施工条件的工程，发包人不得预付工程款，不得以预付款为名转移资金。

**第十三条** 工程进度款结算与支付应当符合下列规定：

（一）工程进度款结算方式

1. 按月结算与支付。即实行按月支付进度款，竣工后清算的办法。合同工期在两个年度以上的工程，在年终进行工程盘点，办理年度结算。

2. 分段结算与支付。即当年开工、当年不能竣工的工程按照工程形象进度，划分不同阶段支付工程进度款。具体划分在合同中明确。

（二）工程量计算

1. 承包人应当按照合同约定的方法和时间，向发包人提交已完工程量的报告。发包人接到报告后14天内核实已完工程量，并在核实前1天通知承包人，承包人应提供条件并派人参加核实，承包人收到通知后不参加核实，以发包人核实的工程量作为工程价款支付的依据。发包人不按约定时间通知承包人，致使承包人未能参加核实，核实结果无效。

2. 发包人收到承包人报告后14天内未核实完工程量，从第15天起，承包人报告的工程量即视为被确认，作为工程价款支付的依据，双方合同另有约定的，按合同执行。

3. 对承包人超出设计图纸（含设计变更）范围和因承包人原因造成返工的工程量，发包人不予计量。

（三）工程进度款支付

1. 根据确定的工程计量结果，承包人向发包人提出支付工程进度款申请，14天内，发包人应按不低于工程价款的60%，不高于工程价款的90%向承包人支付工程进度款。按约定时间发包人应扣回的预付款，与工程进度款同期结算抵扣。

2. 发包人超过约定的支付时间不支付工程进度款，承包人应及时向发包人发出要求付款的通知，发包人收到承包人通知后仍不能按要求付款，可与承包人协商签订延期付款协议，经承包人同意后可延期支付，协议应明确延期支付的时间和从工程计量结果确认后第15天起计算应付款的利息（利率按同期银行贷款利率计）。

3. 发包人不按合同约定支付工程进度款，双方又未达成延期付款协议，导致施工无法进行，承包人可停止施工，由发包人承担违约责任。

**第十四条** 工程完工后，双方应按照约定的合同价款及合同价款调整内容以及索赔事项，进行工程竣工结算。

（一）工程竣工结算方式

工程竣工结算分为单位工程竣工结算、单项工程竣工结算和建设项目竣工总结算。

（二）工程竣工结算编审

1. 单位工程竣工结算由承包人编制，发包人审查；实行总承包的工程，由具体承包人编制，在总包人审查的基础上，发包人审查。

2. 单项工程竣工结算或建设项目竣工总结算由总（承）包人编制，发包人可直接进行审查，也可以委托具有相应资质的工程造价咨询机构进行审查。政府投资项目，由同级财政部门审查。单项工程竣工结算或建设项目竣工总结算经发、承包人签字盖章后有效。

承包人应在合同约定期限内完成项目竣工结算编制工作，未在规定期限内完成的并且提不出正当理由延期的，责任自负。

（三）工程竣工结算审查期限

单项工程竣工后，承包人应在提交竣工验收报告的同时，向发包人递交竣工结算报告及完整的结算资料，发包人应按以下规定时限进行核对（审查）并提出审查意见。

| | 工程竣工结算报告金额 | 审查时间 |
|---|---|---|
| 1 | 500万元以下 | 从接到竣工结算报告和完整的竣工结算资料之日起20天 |
| 2 | 500万元至2000万元 | 从接到竣工结算报告和完整的竣工结算资料之日起30天 |
| 3 | 2000万元至5000万元 | 从接到竣工结算报告和完整的竣工结算资料之日起45天 |
| 4 | 5000万元以上 | 从接到竣工结算报告和完整的竣工结算资料之日起60天 |

建设项目竣工总结算在最后一个单项工程竣工结算审查确认后15天内汇总，送发包人后30天内审查完成。

（四）工程竣工价款结算

发包人收到承包人递交的竣工结算报告及完整的结算资料后，应按本办法规定的期限（合同约定有期限的，从其约定）进行核实，给予确认或者提出修改意见。发包人根据确认的竣工结算报告向承包人支付工程竣工结算价款，保留5%左右的质量保证（保修）金，待工程交付使用一年质保期到期后清算（合同另有约定的，从其约定），质保期内如有返修，发生费用应在质量保证（保修）金内扣除。

（五）索赔价款结算

发承包人未能按合同约定履行自己的各项义务或发生错误，给另一方造成经济损失的，由受损方按合同约定提出索赔，索赔金额按合同约定支付。

（六）合同以外零星项目工程价款结算

发包人要求承包人完成合同以外零星项目，承包人应在接受发包人要求的7天内就用工数量和单价、机械台班数量和单价、使用材料和金额等向发包人提出施工签证，发包人签证后施工，如发包人未签证，承包人施工后发生争议的，责任由承包人自负。

**第十五条** 发包人和承包人要加强施工现场的造价控制，及时对工程合同外的事项如实纪录并履行书面手续。凡由发、承包双方授权的现场代表签字的现场签证以及发、承包双方协商确定的索赔等费用，应在工程竣工结算中如实办理，不得因发、承包双方现场代表的中途变更改变其有效性。

**第十六条** 发包人收到竣工结算报告及完整的结算资料后，在本办法规定或合同约定期限内，对结算报告及资料没有提出意见，则视同认可。

承包人如未在规定时间内提供完整的工程竣工结算资料，经发包人催促后14天内仍未提供或没有明确答复，发包人有权根据已有资料进行审查，责任由承包人自负。

根据确认的竣工结算报告，承包人向发包人申请支付工程竣工结算款。发包人应在收到申请后15天内支付结算款，到期没有支付的应承担违约责任。承包人可以催告发包人支付结算价款，如达成延期支付协议，承包人应按同期银行贷款利率支付拖欠工程价款的利息。如未达成延期支付协议，承包人可以与发包人协商将该工程折价，或申请人民法院将该工程依法拍卖，承包人就该工程折价或者拍卖的价款优先受偿。

**第十七条** 工程竣工结算以合同工期为准，实际施工工期比合同工期提前或延后，发、承包双方应按合同约定的奖惩办法执行。

## 第四章 工程价款结算争议处理

**第十八条** 工程造价咨询机构接受发包人或承包人委托，编审工程竣工结算，应按合同约定和实际履约事项认真办理，出具的竣工结算报告经发、承包双方签字后生效。当事人一方对报告有异议的，可对工程结算中有异议部分，向有关部门申请咨询后协商处理，若不能达成一致的，双方可按合同约定的争议或纠纷解决程序办理。

**第十九条** 发包人对工程质量有异议，已竣工验收或已竣工未验收但实际投入使用的工程，其质量争议按该工程保修合同执行；已竣工未验收且未实际投入使用的工程以及停工、停建工程的质量争议，应当就有争议部分的竣工结算暂缓办理，双方可就有争议的工程委托有资质的检测鉴定机构进行检测，根据检测结果确定解决方案，或按工程质量监督机构的处理决定执行，其余部分的竣工结算依照约定办理。

**第二十条** 当事人对工程造价发生合同纠纷时，可通过下列办法解决：

（一）双方协商确定；

（二）按合同条款约定的办法提请调解；

（三）向有关仲裁机构申请仲裁或向人民法院起诉。

## 第五章　工程价款结算管理

**第二十一条**　工程竣工后，发、承包双方应及时办清工程竣工结算，否则，工程不得交付使用，有关部门不予办理权属登记。

**第二十二条**　发包人与中标的承包人不按照招标文件和中标的承包人的投标文件订立合同的，或者发包人、中标的承包人背离合同实质性内容另行订立协议，造成工程价款结算纠纷的，另行订立的协议无效，由建设行政主管部门责令改正，并按《中华人民共和国招标投标法》第五十九条进行处罚。

**第二十三条**　接受委托承接有关工程结算咨询业务的工程造价咨询机构应具有工程造价咨询单位资质，其出具的办理拨付工程价款和工程结算的文件，应当由造价工程师签字，并应加盖执业专用章和单位公章。

## 第六章　附　　则

**第二十四条**　建设工程施工专业分包或劳务分包，总（承）包人与分包人必须依法订立专业分包或劳务分包合同，按照本办法的规定在合同中约定工程价款及其结算办法。

**第二十五条**　政府投资项目除执行本办法有关规定外，地方政府或地方政府财政部门对政府投资项目合同价款约定与调整、工程价款结算、工程价款结算争议处理等事项，如另有特殊规定的，从其规定。

**第二十六条**　凡实行监理的工程项目，工程价款结算过程中涉及监理工程师签证事项，应按工程监理合同约定执行。

**第二十七条**　有关主管部门、地方政府财政部门和地方政府建设行政主管部门可参照本办法，结合本部门、本地区实际情况，另行制订具体办法，并报财政部、建设部备案。

**第二十八条**　合同示范文本内容如与本办法不一致，以本办法为准。

**第二十九条**　本办法自公布之日起施行。

# 第四编

# 审计相关法规

# 第十九章　国家审计相关法规

## 1. 中华人民共和国审计法(2006 年修正)

### 第一章　总　　则

**第一条**　为了加强国家的审计监督，维护国家财政经济秩序，提高财政资金使用效益，促进廉政建设，保障国民经济和社会健康发展，根据宪法，制定本法。

**第二条**　国家实行审计监督制度。国务院和县级以上地方人民政府设立审计机关。

国务院各部门和地方各级人民政府及其各部门的财政收支，国有的金融机构和企业事业组织的财务收支，以及其他依照本法规定应当接受审计的财政收支、财务收支，依照本法规定接受审计监督。

审计机关对前款所列财政收支或者财务收支的真实、合法和效益，依法进行审计监督。

**第三条**　审计机关依照法律规定的职权和程序，进行审计监督。

审计机关依据有关财政收支、财务收支的法律、法规和国家其他有关规定进行审计评价，在法定职权范围内作出审计决定。

**第四条**　国务院和县级以上地方人民政府应当每年向本级人民代表大会常务委员会提出审计机关对预算执行和其他财政收支的审计工作报告。审计工作报告应当重点报告对预算执行的审计情况。必要时，人民代表大会常务委员会可以对审计工作报告作出决议。

国务院和县级以上地方人民政府应当将审计工作报告中指出的问题的纠正情况和处理结果向本级人民代表大会常务委员会报告。

**第五条**　审计机关依照法律规定独立行使审计监督权，不受其他行政机关、社会团体和个人的干涉。

**第六条**　审计机关和审计人员办理审计事项，应当客观公正，实事求是，廉洁奉公，保守秘密。

### 第二章　审计机关和审计人员

**第七条**　国务院设立审计署，在国务院总理领导下，主管全国的审计工作。审计长是审计署的行政首长。

**第八条**　省、自治区、直辖市、设区的市、自治州、县、自治县、不设区的市、市辖区的人民政府的审计机关，分别在省长、自治区主席、市长、州长、县长、区长和上一级审计机关的领导下，负责本行政区域内的审计工作。

**第九条**　地方各级审计机关对本级人民政府和上一级审计机关负责并报告工作，审计业务以上级审计机关领导为主。

**第十条**　审计机关根据工作需要，经本级人民政府批准，可以在其审计管辖范围内设立派出机构。

派出机构根据审计机关的授权，依法进行审计工作。

**第十一条**　审计机关履行职责所必需的经费，应当列入财政预算，由本级人民政府予以保证。

**第十二条**　审计人员应当具备与其从事的审计工作相适应的专业知识和业务能力。

**第十三条**　审计人员办理审计事项，与被审计单位或者审计事项有利害关系的，应当回避。

**第十四条**　审计人员对其在执行职务中知悉的国家秘密和被审计单位的商业秘密，负有保密的义务。

**第十五条**　审计人员依法执行职务，受法律保护。

任何组织和个人不得拒绝、阻碍审计人员依法执行职务，不得打击报复审计人员。

审计机关负责人依照法定程序任免。审计机关负责人没有违法失职或者其他不符合任职条件的情况的，不得随意撤换。地方各级审计机关负责人的任免，应当事先征求上一级审计机关的意见。

### 第三章　审计机关职责

**第十六条**　审计机关对本级各部门(含直属单位)和下级政府预算的执行情况和决算以及其他财政收

支情况，进行审计监督。

**第十七条** 审计署在国务院总理领导下，对中央预算执行情况和其他财政收支情况进行审计监督，向国务院总理提出审计结果报告。

地方各级审计机关分别在省长、自治区主席、市长、州长、县长、区长和上一级审计机关的领导下，对本级预算执行情况和其他财政收支情况进行审计监督，向本级人民政府和上一级审计机关提出审计结果报告。

**第十八条** 审计署对中央银行的财务收支，进行审计监督。审计机关对国有金融机构的资产、负债、损益，进行审计监督。

**第十九条** 审计机关对国家的事业组织和使用财政资金的其他事业组织的财务收支，进行审计监督。

**第二十条** 审计机关对国有企业的资产、负债、损益，进行审计监督。

**第二十一条** 对国有资本占控股地位或者主导地位的企业、金融机构的审计监督，由国务院规定。

**第二十二条** 审计机关对政府投资和以政府投资为主的建设项目的预算执行情况和决算，进行审计监督。

**第二十三条** 审计机关对政府部门管理的和其他单位受政府委托管理的社会保障基金、社会捐赠资金以及其他有关基金、资金的财务收支，进行审计监督。

**第二十四条** 审计机关对国际组织和外国政府援助、贷款项目的财务收支，进行审计监督。

**第二十五条** 审计机关按照国家有关规定，对国家机关和依法属于审计机关审计监督对象的其他单位的主要负责人，在任职期间对本地区、本部门或者本单位的财政收支、财务收支以及有关经济活动应负经济责任的履行情况，进行审计监督。

**第二十六条** 除本法规定的审计事项外，审计机关对其他法律、行政法规规定应当由审计机关进行审计的事项，依照本法和有关法律、行政法规的规定进行审计监督。

**第二十七条** 审计机关有权对与国家财政收支有关的特定事项，向有关地方、部门、单位进行专项审计调查，并向本级人民政府和上一级审计机关报告审计调查结果。

**第二十八条** 审计机关根据被审计单位的财政、财务隶属关系或者国有资产监督管理关系，确定审计管辖范围。

审计机关之间对审计管辖范围有争议的，由其共同的上级审计机关确定。

上级审计机关可以将其审计管辖范围内的本法第十八条第二款至第二十五条规定的审计事项，授权下级审计机关进行审计；上级审计机关对下级审计机关审计管辖范围内的重大审计事项，可以直接进行审计，但是应当防止不必要的重复审计。

**第二十九条** 依法属于审计机关审计监督对象的单位，应当按照国家有关规定建立健全内部审计制度；其内部审计工作应当接受审计机关的业务指导和监督。

**第三十条** 社会审计机构审计的单位依法属于审计机关审计监督对象的，审计机关按照国务院的规定，有权对该社会审计机构出具的相关审计报告进行核查。

## 第四章　审计机关权限

**第三十一条** 审计机关有权要求被审计单位按照审计机关的规定提供预算或者财务收支计划、预算执行情况、决算、财务会计报告，运用电子计算机储存、处理的财政收支、财务收支电子数据和必要的电子计算机技术文档，在金融机构开立账户的情况，社会审计机构出具的审计报告，以及其他与财政收支或者财务收支有关的资料，被审计单位不得拒绝、拖延、谎报。

被审计单位负责人对本单位提供的财务会计资料的真实性和完整性负责。

**第三十二条** 审计机关进行审计时，有权检查被审计单位的会计凭证、会计账簿、财务会计报告和运用电子计算机管理财政收支、财务收支电子数据的系统，以及其他与财政收支、财务收支有关的资料和资产，被审计单位不得拒绝。

**第三十三条** 审计机关进行审计时，有权就审计事项的有关问题向有关单位和个人进行调查，并取得有关证明材料。有关单位和个人应当支持、协助审计机关工作，如实向审计机关反映情况，提供有关证明材料。

审计机关经县级以上人民政府审计机关负责人批准，有权查询被审计单位在金融机构的账户。

审计机关有证据证明被审计单位以个人名义存储公款的，经县级以上人民政府审计机关主要负责人批准，有权查询被审计单位以个人名义在金融机构的存款。

**第三十四条** 审计机关进行审计时，被审计单位不得转移、隐匿、篡改、毁弃会计凭证、会计账簿、财务会计报告以及其他与财政收支或者财务收支有关的资料，不得转移、隐匿所持有的违反国家规定取得的资产。

审计机关对被审计单位违反前款规定的行为，有权予以制止；必要时，经县级以上人民政府审计机关负责人批准，有权封存有关资料和违反国家规定取得的资产；对其中在金融机构的有关存款需要予以冻结的，应当向人民法院提出申请。

审计机关对被审计单位正在进行的违反国家规定的财政收支、财务收支行为，有权予以制止；制止无效的，经县级以上人民政府审计机关负责人批准，通知财政部门和有关主管部门暂停拨付与违反国家规定的财政收支、财务收支行为直接有关的款项，已经拨付的，暂停使用。

审计机关采取前两款规定的措施不得影响被审计单位合法的业务活动和生产经营活动。

**第三十五条** 审计机关认为被审计单位所执行的上级主管部门有关财政收支、财务收支的规定与法律、行政法规相抵触的，应当建议有关主管部门纠正；有关主管部门不予纠正的，审计机关应当提请有权处理的机关依法处理。

**第三十六条** 审计机关可以向政府有关部门通报或者向社会公布审计结果。

审计机关通报或者公布审计结果，应当依法保守国家秘密和被审计单位的商业秘密，遵守国务院的有关规定。

**第三十七条** 审计机关履行审计监督职责，可以提请公安、监察、财政、税务、海关、价格、工商行政管理等机关予以协助。

## 第五章 审计程序

**第三十八条** 审计机关根据审计项目计划确定的审计事项组成审计组，并应当在实施审计三日前，向被审计单位送达审计通知书；遇有特殊情况，经本级人民政府批准，审计机关可以直接持审计通知书实施审计。

被审计单位应当配合审计机关的工作，并提供必要的工作条件。

审计机关应当提高审计工作效率。

**第三十九条** 审计人员通过审查会计凭证、会计账簿、财务会计报告，查阅与审计事项有关的文件、资料，检查现金、实物、有价证券，向有关单位和个人调查等方式进行审计，并取得证明材料。

审计人员向有关单位和个人进行调查时，应当出示审计人员的工作证件和审计通知书副本。

**第四十条** 审计组对审计事项实施审计后，应当向审计机关提出审计组的审计报告。审计组的审计报告报送审计机关前，应当征求被审计对象的意见。被审计对象应当自接到审计组的审计报告之日起十日内，将其书面意见送交审计组。审计组应当将被审计对象的书面意见一并报送审计机关。

**第四十一条** 审计机关按照审计署规定的程序对审计组的审计报告进行审议，并对被审计对象对审计组的审计报告提出的意见一并研究后，提出审计机关的审计报告；对违反国家规定的财政收支、财务收支行为，依法应当给予处理、处罚的，在法定职权范围内作出审计决定或者向有关主管机关提出处理、处罚的意见。

审计机关应当将审计机关的审计报告和审计决定送达被审计单位和有关主管机关、单位。审计决定自送达之日起生效。

**第四十二条** 上级审计机关认为下级审计机关作出的审计决定违反国家有关规定的，可以责成下级审计机关予以变更或者撤销，必要时也可以直接作出变更或者撤销的决定。

## 第六章 法律责任

**第四十三条** 被审计单位违反本法规定，拒绝或者拖延提供与审计事项有关的资料的，或者提供的资料不真实、不完整的，或者拒绝、阻碍检查的，由审计机关责令改正，可以通报批评，给予警告；拒不改正的，

依法追究责任。

**第四十四条** 被审计单位违反本法规定，转移、隐匿、篡改、毁弃会计凭证、会计账簿、财务会计报告以及其他与财政收支、财务收支有关的资料，或者转移、隐匿所持有的违反国家规定取得的资产，审计机关认为对直接负责的主管人员和其他直接责任人员依法应当给予处分的，应当提出给予处分的建议，被审计单位或者其上级机关、监察机关应当依法及时作出决定，并将结果书面通知审计机关；构成犯罪的，依法追究刑事责任。

**第四十五条** 对本级各部门（含直属单位）和下级政府违反预算的行为或者其他违反国家规定的财政收支行为，审计机关、人民政府或者有关主管部门在法定职权范围内，依照法律、行政法规的规定，区别情况采取下列处理措施：

（一）责令限期缴纳应当上缴的款项；

（二）责令限期退还被侵占的国有资产；

（三）责令限期退还违法所得；

（四）责令按照国家统一的会计制度的有关规定进行处理；

（五）其他处理措施。

**第四十六条** 对被审计单位违反国家规定的财务收支行为，审计机关、人民政府或者有关主管部门在法定职权范围内，依照法律、行政法规的规定，区别情况采取前条规定的处理措施，并可以依法给予处罚。

**第四十七条** 审计机关在法定职权范围内作出的审计决定，被审计单位应当执行。

审计机关依法责令被审计单位上缴应当上缴的款项，被审计单位拒不执行的，审计机关应当通报有关主管部门，有关主管部门应当依照有关法律、行政法规的规定予以扣缴或者采取其他处理措施，并将结果书面通知审计机关。

**第四十八条** 被审计单位对审计机关作出的有关财务收支的审计决定不服的，可以依法申请行政复议或者提起行政诉讼。

被审计单位对审计机关作出的有关财政收支的审计决定不服的，可以提请审计机关的本级人民政府裁决，本级人民政府的裁决为最终决定。

**第四十九条** 被审计单位的财政收支、财务收支违反国家规定，审计机关认为对直接负责的主管人员和其他直接责任人员依法应当给予处分的，应当提出给予处分的建议，被审计单位或者其上级机关、监察机关应当依法及时作出决定，并将结果书面通知审计机关。

**第五十条** 被审计单位的财政收支、财务收支违反法律、行政法规的规定，构成犯罪的，依法追究刑事责任。

**第五十一条** 报复陷害审计人员的，依法给予处分；构成犯罪的，依法追究刑事责任。

**第五十二条** 审计人员滥用职权、徇私舞弊、玩忽职守或者泄露所知悉的国家秘密、商业秘密的，依法给予处分；构成犯罪的，依法追究刑事责任。

### 第七章 附 则

**第五十三条** 中国人民解放军审计工作的规定，由中央军事委员会根据本法制定。

**第五十四条** 本法自 1995 年 1 月 1 日起施行。1988 年 11 月 30 日国务院发布的《中华人民共和国审计条例》同时废止。

## 2. 中华人民共和国审计法实施条例(2010 年颁布)

中华人民共和国国务院令 2010 年第 571 号

### 第一章 总 则

**第一条** 根据《中华人民共和国审计法》（以下简称审计法）的规定，制定本条例。

**第二条** 审计法所称审计，是指审计机关依法独立检查被审计单位的会计凭证、会计账簿、财务会计报告以及其他与财政收支、财务收支有关的资料和资产，监督财政收支、财务收支真实、合法和效益的行为。

**第三条** 审计法所称财政收支，是指依照《中华人民共和国预算法》和国家其他有关规定，纳入预算管理的收入和支出，以及下列财政资金中未纳入预算管理的收入和支出：

(一)行政事业性收费；

(二)国有资源、国有资产收入；

(三)应当上缴的国有资本经营收益；

(四)政府举借债务筹措的资金；

(五)其他未纳入预算管理的财政资金。

**第四条** 审计法所称财务收支，是指国有的金融机构、企业事业组织以及依法应当接受审计机关审计监督的其他单位，按照国家财务会计制度的规定，实行会计核算的各项收入和支出。

**第五条** 审计机关依照审计法和本条例以及其他有关法律、法规规定的职责、权限和程序进行审计监督。

审计机关依照有关财政收支、财务收支的法律、法规，以及国家有关政策、标准、项目目标等方面的规定进行审计评价，对被审计单位违反国家规定的财政收支、财务收支行为，在法定职权范围内作出处理、处罚的决定。

**第六条** 任何单位和个人对依法应当接受审计机关审计监督的单位违反国家规定的财政收支、财务收支行为，有权向审计机关举报。审计机关接到举报，应当依法及时处理。

## 第二章 审计机关和审计人员

**第七条** 审计署在国务院总理领导下，主管全国的审计工作，履行审计法和国务院规定的职责。

地方各级审计机关在本级人民政府行政首长和上一级审计机关的领导下，负责本行政区域的审计工作，履行法律、法规和本级人民政府规定的职责。

**第八条** 省、自治区人民政府设有派出机关的，派出机关的审计机关对派出机关和省、自治区人民政府审计机关负责并报告工作，审计业务以省、自治区人民政府审计机关领导为主。

**第九条** 审计机关派出机构依照法律、法规和审计机关的规定，在审计机关的授权范围内开展审计工作，不受其他行政机关、社会团体和个人的干涉。

**第十条** 审计机关编制年度经费预算草案的依据主要包括：

(一)法律、法规；

(二)本级人民政府的决定和要求；

(三)审计机关的年度审计工作计划；

(四)定员定额标准；

(五)上一年度经费预算执行情况和本年度的变化因素。

**第十一条** 审计人员实行审计专业技术资格制度，具体按照国家有关规定执行。

审计机关根据工作需要，可以聘请具有与审计事项相关专业知识的人员参加审计工作。

**第十二条** 审计人员办理审计事项，有下列情形之一的，应当申请回避，被审计单位也有权申请审计人员回避：

(一)与被审计单位负责人或者有关主管人员有夫妻关系、直系血亲关系、三代以内旁系血亲或者近姻亲关系的；

(二)与被审计单位或者审计事项有经济利益关系的；

(三)与被审计单位、审计事项、被审计单位负责人或者有关主管人员有其他利害关系，可能影响公正执行公务的。

审计人员的回避，由审计机关负责人决定；审计机关负责人办理审计事项时的回避，由本级人民政府或者上一级审计机关负责人决定。

**第十三条** 地方各级审计机关正职和副职负责人的任免，应当事先征求上一级审计机关的意见。

**第十四条** 审计机关负责人在任职期间没有下列情形之一的，不得随意撤换：

(一)因犯罪被追究刑事责任的;

(二)因严重违法、失职受到处分,不适宜继续担任审计机关负责人的;

(三)因健康原因不能履行职责1年以上的;

(四)不符合国家规定的其他任职条件的。

## 第三章　审计机关职责

**第十五条**　审计机关对本级人民政府财政部门具体组织本级预算执行的情况,本级预算收入征收部门征收预算收入的情况,与本级人民政府财政部门直接发生预算缴款、拨款关系的部门、单位的预算执行情况和决算,下级人民政府的预算执行情况和决算,以及其他财政收支情况,依法进行审计监督。经本级人民政府批准,审计机关对其他取得财政资金的单位和项目接受、运用财政资金的真实、合法和效益情况,依法进行审计监督。

**第十六条**　审计机关对本级预算收入和支出的执行情况进行审计监督的内容包括:

(一)财政部门按照本级人民代表大会批准的本级预算向本级各部门(含直属单位)批复预算的情况、本级预算执行中调整情况和预算收支变化情况;

(二)预算收入征收部门依照法律、行政法规的规定和国家其他有关规定征收预算收入情况;

(三)财政部门按照批准的年度预算、用款计划,以及规定的预算级次和程序,拨付本级预算支出资金情况;

(四)财政部门依照法律、行政法规的规定和财政管理体制,拨付和管理政府间财政转移支付资金情况以及办理结算、结转情况;

(五)国库按照国家有关规定办理预算收入的收纳、划分、留解情况和预算支出资金的拨付情况;

(六)本级各部门(含直属单位)执行年度预算情况;

(七)依照国家有关规定实行专项管理的预算资金收支情况;

(八)法律、法规规定的其他预算执行情况。

**第十七条**　审计法第十七条所称审计结果报告,应当包括下列内容:

(一)本级预算执行和其他财政收支的基本情况;

(二)审计机关对本级预算执行和其他财政收支情况作出的审计评价;

(三)本级预算执行和其他财政收支中存在的问题以及审计机关依法采取的措施;

(四)审计机关提出的改进本级预算执行和其他财政收支管理工作的建议;

(五)本级人民政府要求报告的其他情况。

**第十八条**　审计署对中央银行及其分支机构履行职责所发生的各项财务收支,依法进行审计监督。

审计署向国务院总理提出的中央预算执行和其他财政收支情况审计结果报告,应当包括对中央银行的财务收支的审计情况。

**第十九条**　审计法第二十一条所称国有资本占控股地位或者主导地位的企业、金融机构,包括:

(一)国有资本占企业、金融机构资本(股本)总额的比例超过50%的;

(二)国有资本占企业、金融机构资本(股本)总额的比例在50%以下,但国有资本投资主体拥有实际控制权的。

审计机关对前款规定的企业、金融机构,除国务院另有规定外,比照审计法第十八条第二款、第二十条规定进行审计监督。

**第二十条**　审计法第二十二条所称政府投资和以政府投资为主的建设项目,包括:

(一)全部使用预算内投资资金、专项建设基金、政府举借债务筹措的资金等财政资金的;

(二)未全部使用财政资金,财政资金占项目总投资的比例超过50%,或者占项目总投资的比例在50%以下,但政府拥有项目建设、运营实际控制权的。

审计机关对前款规定的建设项目的总预算或者概算的执行情况、年度预算的执行情况和年度决算、单项工程结算、项目竣工决算,依法进行审计监督;对前款规定的建设项目进行审计时,可以对直接有关的设计、施工、供货等单位取得建设项目资金的真实性、合法性进行调查。

**第二十一条**　审计法第二十三条所称社会保障基金,包括社会保险、社会救助、社会福利基金以及发展社会保障事业的其他专项基金；所称社会捐赠资金，包括来源于境内外的货币、有价证券和实物等各种形式的捐赠。

**第二十二条** 审计法第二十四条所称国际组织和外国政府援助、贷款项目，包括：

（一）国际组织、外国政府及其机构向中国政府及其机构提供的贷款项目；

（二）国际组织、外国政府及其机构向中国企业事业组织以及其他组织提供的由中国政府及其机构担保的贷款项目；

（三）国际组织、外国政府及其机构向中国政府及其机构提供的援助和赠款项目；

（四）国际组织、外国政府及其机构向受中国政府委托管理有关基金、资金的单位提供的援助和赠款项目；

（五）国际组织、外国政府及其机构提供援助、贷款的其他项目。

**第二十三条** 审计机关可以依照审计法和本条例规定的审计程序、方法以及国家其他有关规定，对预算管理或者国有资产管理使用等与国家财政收支有关的特定事项，向有关地方、部门、单位进行专项审计调查。

**第二十四条** 审计机关根据被审计单位的财政、财务隶属关系，确定审计管辖范围；不能根据财政、财务隶属关系确定审计管辖范围的，根据国有资产监督管理关系，确定审计管辖范围。

两个以上国有资本投资主体投资的金融机构、企业事业组织和建设项目，由对主要投资主体有审计管辖权的审计机关进行审计监督。

**第二十五条** 各级审计机关应当按照确定的审计管辖范围进行审计监督。

**第二十六条** 依法属于审计机关审计监督对象的单位的内部审计工作，应当接受审计机关的业务指导和监督。

依法属于审计机关审计监督对象的单位，可以根据内部审计工作的需要，参加依法成立的内部审计自律组织。审计机关可以通过内部审计自律组织，加强对内部审计工作的业务指导和监督。

**第二十七条** 审计机关进行审计或者专项审计调查时，有权对社会审计机构出具的相关审计报告进行核查。

审计机关核查社会审计机构出具的相关审计报告时，发现社会审计机构存在违反法律、法规或者执业准则等情况的，应当移送有关主管机关依法追究责任。

## 第四章 审计机关权限

**第二十八条** 审计机关依法进行审计监督时，被审计单位应当依照审计法第三十一条规定，向审计机关提供与财政收支、财务收支有关的资料。被审计单位负责人应当对本单位提供资料的真实性和完整性作出书面承诺。

**第二十九条** 各级人民政府财政、税务以及其他部门（含直属单位）应当向本级审计机关报送下列资料：

（一）本级人民代表大会批准的本级预算和本级人民政府财政部门向本级各部门（含直属单位）批复的预算，预算收入征收部门的年度收入计划，以及本级各部门（含直属单位）向所属各单位批复的预算；

（二）本级预算收支执行和预算收入征收部门的收入计划完成情况月报、年报，以及决算情况；

（三）综合性财政税务工作统计年报、情况简报，财政、预算、税务、财务和会计等规章制度；

（四）本级各部门（含直属单位）汇总编制的本部门决算草案。

**第三十条** 审计机关依照审计法第三十三条规定查询被审计单位在金融机构的账户的，应当持县级以上人民政府审计机关负责人签发的协助查询单位账户通知书；查询被审计单位以个人名义在金融机构的存款的，应当持县级以上人民政府审计机关主要负责人签发的协助查询个人存款通知书。有关金融机构应当予以协助，并提供证明材料，审计机关和审计人员负有保密义务。

**第三十一条** 审计法第三十四条所称违反国家规定取得的资产，包括：

（一）弄虚作假骗取的财政拨款、实物以及金融机构贷款；

（二）违反国家规定享受国家补贴、补助、贴息、免息、减税、免税、退税等优惠政策取得的资产；

（三）违反国家规定向他人收取的款项、有价证券、实物；

（四）违反国家规定处分国有资产取得的收益；

（五）违反国家规定取得的其他资产。

**第三十二条** 审计机关依照审计法第三十四条规定封存被审计单位有关资料和违反国家规定取得的资产的，应当持县级以上人民政府审计机关负责人签发的封存通知书，并在依法收集与审计事项相关的证明材料或者采取其他措施后解除封存。封存的期限为7日以内；有特殊情况需要延长的，经县级以上人民政府审计机关负责人批准，可以适当延长，但延长的期限不得超过7日。

对封存的资料、资产，审计机关可以指定被审计单位负责保管，被审计单位不得损毁或者擅自转移。

**第三十三条** 审计机关依照审计法第三十六条规定，可以就有关审计事项向政府有关部门通报或者向社会公布对被审计单位的审计、专项审计调查结果。

审计机关经与有关主管机关协商，可以在向社会公布的审计、专项审计调查结果中，一并公布对社会审计机构相关审计报告核查的结果。

审计机关拟向社会公布对上市公司的审计、专项审计调查结果的，应当在5日前将拟公布的内容告知上市公司。

## 第五章　审计程序

**第三十四条** 审计机关应当根据法律、法规和国家其他有关规定，按照本级人民政府和上级审计机关的要求，确定年度审计工作重点，编制年度审计项目计划。

审计机关在年度审计项目计划中确定对国有资本占控股地位或者主导地位的企业、金融机构进行审计的，应当自确定之日起7日内告知列入年度审计项目计划的企业、金融机构。

**第三十五条** 审计机关应当根据年度审计项目计划，组成审计组，调查了解被审计单位的有关情况，编制审计方案，并在实施审计3日前，向被审计单位送达审计通知书。

**第三十六条** 审计法第三十八条所称特殊情况，包括：

（一）办理紧急事项的；

（二）被审计单位涉嫌严重违法违规的；

（三）其他特殊情况。

**第三十七条** 审计人员实施审计时，应当按照下列规定办理：

（一）通过检查、查询、监督盘点、发函询证等方法实施审计；

（二）通过收集原件、原物或者复制、拍照等方法取得证明材料；

（三）对与审计事项有关的会议和谈话内容作出记录，或者要求被审计单位提供会议记录材料；

（四）记录审计实施过程和查证结果。

**第三十八条** 审计人员向有关单位和个人调查取得的证明材料，应当有提供者的签名或者盖章；不能取得提供者签名或者盖章的，审计人员应当注明原因。

**第三十九条** 审计组向审计机关提出审计报告前，应当书面征求被审计单位意见。被审计单位应当自接到审计组的审计报告之日起10日内，提出书面意见；10日内未提出书面意见的，视同无异议。

审计组应当针对被审计单位提出的书面意见，进一步核实情况，对审计组的审计报告作必要修改，连同被审计单位的书面意见一并报送审计机关。

**第四十条** 审计机关有关业务机构和专门机构或者人员对审计组的审计报告以及相关审计事项进行复核、审理后，由审计机关按照下列规定办理：

（一）提出审计机关的审计报告，内容包括：对审计事项的审计评价，对违反国家规定的财政收支、财务收支行为提出的处理、处罚意见，移送有关主管机关、单位的意见，改进财政收支、财务收支管理工作的意见；

（二）对违反国家规定的财政收支、财务收支行为，依法应当给予处理、处罚的，在法定职权范围内作出处理、处罚的审计决定；

（三）对依法应当追究有关人员责任的，向有关主管机关、单位提出给予处分的建议；对依法应当由有关主管机关处理、处罚的，移送有关主管机关；涉嫌犯罪的，移送司法机关。

**第四十一条** 审计机关在审计中发现损害国家利益和社会公共利益的事项，但处理、处罚依据又不明确的，应当向本级人民政府和上一级审计机关报告。

**第四十二条** 被审计单位应当按照审计机关规定的期限和要求执行审计决定。对应当上缴的款项，被审计单位应当按照财政管理体制和国家有关规定缴入国库或者财政专户。审计决定需要有关主管机关、单位协助执行的，审计机关应当书面提请协助执行。

**第四十三条** 上级审计机关应当对下级审计机关的审计业务依法进行监督。

下级审计机关作出的审计决定违反国家有关规定的，上级审计机关可以责成下级审计机关予以变更或者撤销，也可以直接作出变更或者撤销的决定；审计决定被撤销后需要重新作出审计决定的，上级审计机关可以责成下级审计机关在规定的期限内重新作出审计决定，也可以直接作出审计决定。

下级审计机关应当作出而没有作出审计决定的，上级审计机关可以责成下级审计机关在规定的期限内作出审计决定，也可以直接作出审计决定。

**第四十四条** 审计机关进行专项审计调查时，应当向被调查的地方、部门、单位出示专项审计调查的书面通知，并说明有关情况；有关地方、部门、单位应当接受调查，如实反映情况，提供有关资料。

在专项审计调查中，依法属于审计机关审计监督对象的部门、单位有违反国家规定的财政收支、财务收支行为或者其他违法违规行为的，专项审计调查人员和审计机关可以依照审计法和本条例的规定提出审计报告，作出审计决定，或者移送有关主管机关、单位依法追究责任。

**第四十五条** 审计机关应当按照国家有关规定建立、健全审计档案制度。

**第四十六条** 审计机关送达审计文书，可以直接送达，也可以邮寄送达或者以其他方式送达。直接送达的，以被审计单位在送达回证上注明的签收日期或者见证人证明的收件日期为送达日期；邮寄送达的，以邮政回执上注明的收件日期为送达日期；以其他方式送达的，以签收或者收件日期为送达日期。

审计机关的审计文书的种类、内容和格式，由审计署规定。

## 第六章 法律责任

**第四十七条** 被审计单位违反审计法和本条例的规定，拒绝、拖延提供与审计事项有关的资料，或者提供的资料不真实、不完整，或者拒绝、阻碍检查的，由审计机关责令改正，可以通报批评，给予警告；拒不改正的，对被审计单位可以处5万元以下的罚款，对直接负责的主管人员和其他直接责任人员，可以处2万元以下的罚款，审计机关认为应当给予处分的，向有关主管机关、单位提出给予处分的建议；构成犯罪的，依法追究刑事责任。

**第四十八条** 对本级各部门（含直属单位）和下级人民政府违反预算的行为或者其他违反国家规定的财政收支行为，审计机关在法定职权范围内，依照法律、行政法规的规定，区别情况采取审计法第四十五条规定的处理措施。

**第四十九条** 对被审计单位违反国家规定的财务收支行为，审计机关在法定职权范围内，区别情况采取审计法第四十五条规定的处理措施，可以通报批评，给予警告；有违法所得的，没收违法所得，并处违法所得1倍以上5倍以下的罚款；没有违法所得的，可以处5万元以下的罚款；对直接负责的主管人员和其他直接责任人员，可以处2万元以下的罚款，审计机关认为应当给予处分的，向有关主管机关、单位提出给予处分的建议；构成犯罪的，依法追究刑事责任。

法律、行政法规对被审计单位违反国家规定的财务收支行为处理、处罚另有规定的，从其规定。

**第五十条** 审计机关在作出较大数额罚款的处罚决定前，应当告知被审计单位和有关人员有要求举行听证的权利。较大数额罚款的具体标准由审计署规定。

**第五十一条** 审计机关提出的对被审计单位给予处理、处罚的建议以及对直接负责的主管人员和其他直接责任人员给予处分的建议，有关主管机关、单位应当依法及时作出决定，并将结果书面通知审计机关。

**第五十二条** 被审计单位对审计机关依照审计法第十六条、第十七条和本条例第十五条规定进行审计监督作出的审计决定不服的，可以自审计决定送达之日起60日内，提请审计机关的本级人民政府裁决，本级人民政府的裁决为最终决定。

审计机关应当在审计决定中告知被审计单位提请裁决的途径和期限。

裁决期间，审计决定不停止执行。但是，有下列情形之一的，可以停止执行：

（一）审计机关认为需要停止执行的；

（二）受理裁决的人民政府认为需要停止执行的；

（三）被审计单位申请停止执行，受理裁决的人民政府认为其要求合理，决定停止执行的。

裁决由本级人民政府法制机构办理。裁决决定应当自接到提请之日起 60 日内作出；有特殊情况需要延长的，经法制机构负责人批准，可以适当延长，并告知审计机关和提请裁决的被审计单位，但延长的期限不得超过 30 日。

**第五十三条** 除本条例第五十二条规定的可以提请裁决的审计决定外，被审计单位对审计机关作出的其他审计决定不服的，可以依法申请行政复议或者提起行政诉讼。

审计机关应当在审计决定中告知被审计单位申请行政复议或者提起行政诉讼的途径和期限。

**第五十四条** 被审计单位应当将审计决定执行情况书面报告审计机关。审计机关应当检查审计决定的执行情况。

被审计单位不执行审计决定的，审计机关应当责令限期执行；逾期仍不执行的，审计机关可以申请人民法院强制执行，建议有关主管机关、单位对直接负责的主管人员和其他直接责任人员给予处分。

**第五十五条** 审计人员滥用职权、徇私舞弊、玩忽职守，或者泄露所知悉的国家秘密、商业秘密的，依法给予处分；构成犯罪的，依法追究刑事责任。

审计人员违法违纪取得的财物，依法予以追缴、没收或者责令退赔。

## 第七章　附　　则

**第五十六条** 本条例所称以上、以下，包括本数。

本条例第五十二条规定的期间的最后一日是法定节假日的，以节假日后的第一个工作日为期间届满日。审计法和本条例规定的其他期间以工作日计算，不含法定节假日。

**第五十七条** 实施经济责任审计的规定，另行制定。

**第五十八条** 本条例自 2010 年 5 月 1 日起施行。

# 3. 审计机关审计管辖范围划分的暂行规定（1996 年颁布）

审综发〔1996〕第 370 号

**第一条** 为了确定审计机关的审计管辖范围，明确审计分工，根据《中华人民共和国审计法》（以下简称《审计法》），制定本规定。

**第二条** 本规定所称审计管辖范围，是指审计机关依法对国务院各部门和地方各级人民政府及其各部门的财政收支，国有的金融机构和企业事业组织的财务收支，以及其他依法应当接受审计的财政收支、财务收支的项目审计权限的分工。

**第三条** 审计机关及其派出机构应当依据《审计法》以及本规定确定的审计管辖和分工范围，开展审计和审计调查工作。

**第四条** 审计机关的审计管辖范围，根据被审计单位的财政、财务隶属关系或者国有资产监督管理关系确定，具体划分按下列规定办理：

（一）财政、财务关系隶属中央的被审计单位，由审计署审计管辖；财政、财务关系隶属地方的被审计单位，由地方审计机关审计管辖。不能按财政、财务隶属关系确定审计管辖范围的被审计单位，其国有资产属中央部门监督管理的，由审计署审计管辖；国有资产属地方部门监督管理的，由地方审计机关审计管辖。

（二）国有资产占控股或主导地位的被审计单位，按股份确定审计管辖范围。中央单位所占股份大于地方单位所占股份或占主导地位的，由审计署审计管辖，中央单位所占股份小于地方的，由占主导地位的地方审计机关审计管辖。

（三）国家建设项目（含技术改造项目），实行业主制的，审计管辖归属与业主的审计管辖一致。业主的审计管辖归属根据本条第一项确定。未实行业主制的，或中央与地方共同投资的建设项目，比照前两项规定划分。

(四)国税、关税系统及省级(含计划单列市,下同)财政决算,由审计署审计管辖。省级财政预算执行情况由审计署和省级审计机关审计。

(五)国有企业、事业单位兴办的经济实体比照本条第一项、第二项的规定确定审计管辖范围。

(六)中央统借统还或按贷援协议规定应当由审计署审计的世界银行、亚洲银行以及其他国际组织和外国政府的贷援款项目,由审计署审计管辖。

(七)中央单位交纳和代收代管的属地方的各项资(基)金,在中央单位发生的财务收支,由审计署负责审计。地方单位交纳和代收代管的属中央的各项资(基)金,在地方单位发生的财务收支,由地方审计机关负责审计。

**第五条** 审计署专业审计司和派出机构的审计分工按照审计力量与审计任务相适应,有利于提高审计工作效率,节约审计资源的原则确定,具体划分按下列规定办理:

(一)审计署专业审计司直接或组织审计国务院各部委、直属机构、办事机构、事业单位、总公司(含集团)等中央一级预算单位及所属与国计民生有重大关系的国有企业和重点下属单位,国有金融机构,海关,中央投资重点建设项目,武警部队,省级财政。

(二)审计署驻国务院部门审计局分工审计本条前项规定以外的本部门所属在京的单位和小型建设项目、限额以下技术改造项目。

(三)审计署驻地方特派员办事处分工审计驻在省(直辖市)及邻近省(自治区、直辖市)除本条第一项、第二项规定以外的中央其他被审计单位。

**第六条** 审计署根据工作需要统一组织或授权派出机构和地方审计机关对中央被审计单位进行审计,不受已划定审计管辖范围和审计分工的限制。

**第七条** 根据工作需要,上级审计机关对下级审计机关审计管辖范围内的重大审计事项,可以直接进行审计;上级审计机关可以将其审计管辖范围内的部分审计事项授权下级审计机关审计,法律、法规另有规定者除外。

**第八条** 涉及国家重大机密的军品科研、生产单位,由审计署专业审计司审计;国防科工委审计局应当加强对国防科研试制费,军用高技术经费,专项工程经费等专款的审计,必要时审计署有关专业审计司可以直接审计。

**第九条** 审计署根据本规定,结合审计对象的实际情况,具体确定审计署各专业审计司和派出机构的审计分工范围。

**第十条** 审计机关之间对审计管辖范围有争议的,可以由争议双方协商解决,协商不成的,报请其共同的上级审计机关确定。

**第十一条** 军队系统内部的审计管辖范围由中国人民解放军审计署确定,报国家审计署备案。

**第十二条** 本规定由审计署负责解释。

**第十三条** 本规定自 1997 年 1 月 1 日起施行。

# 4. 中华人民共和国国家审计准则(2010 年修订)

中华人民共和国审计署令 2010 年第 8 号

## 第一章 总 则

**第一条** 为了规范和指导审计机关和审计人员执行审计业务的行为,保证审计质量,防范审计风险,发挥审计保障国家经济和社会健康运行的“免疫系统”功能,根据《中华人民共和国审计法》、《中华人民共和国审计法实施条例》和其他有关法律法规,制定本准则。

**第二条** 本准则是审计机关和审计人员履行法定审计职责的行为规范,是执行审计业务的职业标准,是评价审计质量的基本尺度。

**第三条** 本准则中使用“应当”、“不得”词汇的条款为约束性条款,是审计机关和审计人员执行审计业

务必须遵守的职业要求。

本准则中使用“可以”词汇的条款为指导性条款，是对良好审计实务的推介。

**第四条** 审计机关和审计人员执行审计业务，应当适用本准则。其他组织或者人员接受审计机关的委托、聘用，承办或者参加审计业务，也应当适用本准则。

**第五条** 审计机关和审计人员执行审计业务，应当区分被审计单位的责任和审计机关的责任。

在财政收支、财务收支以及有关经济活动中，履行法定职责、遵守相关法律法规、建立并实施内部控制、按照有关会计准则和会计制度编报财务会计报告、保持财务会计资料的真实性和完整性，是被审计单位的责任。

依据法律法规和本准则的规定，对被审计单位财政收支、财务收支以及有关经济活动独立实施审计并作出审计结论，是审计机关的责任。

**第六条** 审计机关的主要工作目标是通过监督被审计单位财政收支、财务收支以及有关经济活动的真实性、合法性、效益性，维护国家经济安全，推进民主法治，促进廉政建设，保障国家经济和社会健康发展。

真实性是指反映财政收支、财务收支以及有关经济活动的信息与实际情况相符合的程度。

合法性是指财政收支、财务收支以及有关经济活动遵守法律、法规或者规章的情况。

效益性是指财政收支、财务收支以及有关经济活动实现的经济效益、社会效益和环境效益。

**第七条** 审计机关对依法属于审计机关审计监督对象的单位、项目、资金进行审计。

审计机关按照国家有关规定，对依法属于审计机关审计监督对象的单位的主要负责人经济责任进行审计。

**第八条** 审计机关依法对预算管理或者国有资产管理使用等与国家财政收支有关的特定事项向有关地方、部门、单位进行专项审计调查。

审计机关进行专项审计调查时，也应当适用本准则。

**第九条** 审计机关和审计人员执行审计业务，应当依据年度审计项目计划，编制审计实施方案，获取审计证据，作出审计结论。

审计机关应当委派具备相应资格和能力的审计人员承办审计业务，并建立和执行审计质量控制制度。

**第十条** 审计机关依据法律法规规定，公开履行职责的情况及其结果，接受社会公众的监督。

**第十一条** 审计机关和审计人员未遵守本准则约束性条款的，应当说明原因。

## 第二章 审计机关和审计人员

**第十二条** 审计机关和审计人员执行审计业务，应当具备本准则规定的资格条件和职业要求。

**第十三条** 审计机关执行审计业务，应当具备下列资格条件：

（一）符合法定的审计职责和权限；

（二）有职业胜任能力的审计人员；

（三）建立适当的审计质量控制制度；

（四）必需的经费和其他工作条件。

**第十四条** 审计人员执行审计业务，应当具备下列职业要求：

（一）遵守法律法规和本准则；

（二）恪守审计职业道德；

（三）保持应有的审计独立性；

（四）具备必需的职业胜任能力；

（五）其他职业要求。

**第十五条** 审计人员应当恪守严格依法、正直坦诚、客观公正、勤勉尽责、保守秘密的基本审计职业道德。

严格依法就是审计人员应当严格依照法定的审计职责、权限和程序进行审计监督，规范审计行为。

正直坦诚就是审计人员应当坚持原则，不屈从于外部压力；不歪曲事实，不隐瞒审计发现的问题；廉洁自律，不利用职权谋取私利；维护国家利益和公共利益。

客观公正就是审计人员应当保持客观公正的立场和态度，以适当、充分的审计证据支持审计结论，实事求是地作出审计评价和处理审计发现的问题。

勤勉尽责就是审计人员应当爱岗敬业，勤勉高效，严谨细致，认真履行审计职责，保证审计工作质量。

保守秘密就是审计人员应当保守其在执行审计业务中知悉的国家秘密、商业秘密；对于执行审计业务取得的资料、形成的审计记录和掌握的相关情况，未经批准不得对外提供和披露，不得用于与审计工作无关的目的。

**第十六条**　审计人员执行审计业务时，应当保持应有的审计独立性，遇有下列可能损害审计独立性情形的，应当向审计机关报告：

(一)与被审计单位负责人或者有关主管人员有夫妻关系、直系血亲关系、三代以内旁系血亲以及近姻亲关系；

(二)与被审计单位或者审计事项有直接经济利益关系；

(三)对曾经管理或者直接办理过的相关业务进行审计；

(四)可能损害审计独立性的其他情形。

**第十七条**　审计人员不得参加影响审计独立性的活动，不得参与被审计单位的管理活动。

**第十八条**　审计机关组成审计组时，应当了解审计组成员可能损害审计独立性的情形，并根据具体情况采取下列措施，避免损害审计独立性：

(一)依法要求相关审计人员回避；

(二)对相关审计人员执行具体审计业务的范围作出限制；

(三)对相关审计人员的工作追加必要的复核程序；

(四)其他措施。

**第十九条**　审计机关应当建立审计人员交流等制度，避免审计人员因执行审计业务长期与同一被审计单位接触可能对审计独立性造成的损害。

**第二十条**　审计机关可以聘请外部人员参加审计业务或者提供技术支持、专业咨询、专业鉴定。

审计机关聘请的外部人员应当具备本准则第十四条规定的职业要求。

**第二十一条**　有下列情形之一的外部人员，审计机关不得聘请：

(一)被刑事处罚的；

(二)被劳动教养的；

(三)被行政拘留的；

(四)审计独立性可能受到损害的；

(五)法律规定不得从事公务的其他情形。

**第二十二条**　审计人员应当具备与其从事审计业务相适应的专业知识、职业能力和工作经验。

审计机关应当建立和实施审计人员录用、继续教育、培训、业绩评价考核和奖惩激励制度，确保审计人员具有与其从事业务相适应的职业胜任能力。

**第二十三条**　审计机关应当合理配备审计人员，组成审计组，确保其在整体上具备与审计项目相适应的职业胜任能力。

被审计单位的信息技术对实现审计目标有重大影响的，审计组的整体胜任能力应当包括信息技术方面的胜任能力。

**第二十四条**　审计人员执行审计业务时，应当合理运用职业判断，保持职业谨慎，对被审计单位可能存在的重要问题保持警觉，并审慎评价所获取审计证据的适当性和充分性，得出恰当的审计结论。

**第二十五条**　审计人员执行审计业务时，应当从下列方面保持与被审计单位的工作关系：

(一)与被审计单位沟通并听取其意见；

(二)客观公正地作出审计结论，尊重并维护被审计单位的合法权益；

(三)严格执行审计纪律；

(四)坚持文明审计，保持良好的职业形象。

## 第三章　审计计划

**第二十六条**　审计机关应当根据法定的审计职责和审计管辖范围，编制年度审计项目计划。

编制年度审计项目计划应当服务大局，围绕政府工作中心，突出审计工作重点，合理安排审计资源，防止不必要的重复审计。

**第二十七条** 审计机关按照下列步骤编制年度审计项目计划：

（一）调查审计需求，初步选择审计项目；

（二）对初选审计项目进行可行性研究，确定备选审计项目及其优先顺序；

（三）评估审计机关可用审计资源，确定审计项目，编制年度审计项目计划。

**第二十八条** 审计机关从下列方面调查审计需求，初步选择审计项目：

（一）国家和地区财政收支、财务收支以及有关经济活动情况；

（二）政府工作中心；

（三）本级政府行政首长和相关领导机关对审计工作的要 求；

（四）上级审计机关安排或者授权审计的事项；

（五）有关部门委托或者提请审计机关审计的事项；

（六）群众举报、公众关注的事项；

（七）经分析相关数据认为应当列入审计的事项；

（八）其他方面的需求。

**第二十九条** 审计机关对初选审计项目进行可行性研究，确定初选审计项目的审计目标、审计范围、审计重点和其他重要事项。

进行可行性研究重点调查研究下列内容：

（一）与确定和实施审计项目相关的法律法规和政策；

（二）管理体制、组织结构、主要业务及其开展情况；

（三）财政收支、财务收支状况及结果；

（四）相关的信息系统及其电子数据情况；

（五）管理和监督机构的监督检查情况及结果；

（六）以前年度审计情况；

（七）其他相关内容。

**第三十条** 审计机关在调查审计需求和可行性研究过程中，从下列方面对初选审计项目进行评估，以确定备选审计项目及其优先顺序：

（一）项目重要程度，评估在国家经济和社会发展中的重要性、政府行政首长和相关领导机关及公众关注程度、资金和资产规模等；

（二）项目风险水平，评估项目规模、管理和控制状况等；

（三）审计预期效果；

（四）审计频率和覆盖面；

（五）项目对审计资源的要求。

**第三十一条** 年度审计项目计划应当按照审计机关规定的程序审定。

审计机关在审定年度审计项目计划前，根据需要，可以组织专家进行论证。

**第三十二条** 下列审计项目应当作为必选审计项目：

（一）法律法规规定每年应当审计的项目；

（二）本级政府行政首长和相关领导机关要求审计的项目；

（三）上级审计机关安排或者授权的审计项目。

审计机关对必选审计项目，可以不进行可行性研究。

**第三十三条** 上级审计机关直接审计下级审计机关审计管辖范围内的重大审计事项，应当列入上级审计机关年度审计项目计划，并及时通知下级审计机关。

**第三十四条** 上级审计机关可以依法将其审计管辖范围内的审计事项，授权下级审计机关进行审计。对于上级审计机关审计管辖范围内的审计事项，下级审计机关也可以提出授权申请，报有管辖权的上级审计机关审批。

获得授权的审计机关应当将授权的审计事项列入年度审计项目计划。

**第三十五条**　根据中国政府及其机构与国际组织、外国政府及其机构签订的协议和上级审计机关的要求，审计机关确定对国际组织、外国政府及其机构援助、贷款项目进行审计的，应当纳入年度审计项目计划。

**第三十六条**　对于预算管理或者国有资产管理使用等与国家财政收支有关的特定事项，符合下列情形的，可以进行专项审计调查：

（一）涉及宏观性、普遍性、政策性或者体制、机制问题的；

（二）事项跨行业、跨地区、跨单位的；

（三）事项涉及大量非财务数据的；

（四）其他适宜进行专项审计调查的。

**第三十七条**　审计机关年度审计项目计划的内容主要包括：

（一）审计项目名称；

（二）审计目标，即实施审计项目预期要完成的任务和结 果；

（三）审计范围，即审计项目涉及的具体单位、事项和所属期间；

（四）审计重点；

（五）审计项目组织和实施单位；

（六）审计资源。

采取跟踪审计方式实施的审计项目，年度审计项目计划应当列明跟踪的具体方式和要求。

专项审计调查项目的年度审计项目计划应当列明专项审计调查的要求。

**第三十八条**　审计机关编制年度审计项目计划可以采取文字、表格或者两者相结合的形式。

**第三十九条**　审计机关计划管理部门与业务部门或者派出机构，应当建立经常性的沟通和协调机制。

调查审计需求、进行可行性研究和确定备选审计项目，以业务部门或者派出机构为主实施；备选审计项目排序、配置审计资源和编制年度审计项目计划草案，以计划管理部门为主实施。

**第四十条**　审计机关根据项目评估结果，确定年度审计项目计划。

**第四十一条**　审计机关应当将年度审计项目计划报经本级政府行政首长批准并向上一级审计机关报告。

**第四十二条**　审计机关应当对确定的审计项目配置必要的审计人力资源、审计时间、审计技术装备、审计经费等审计资源。

**第四十三条**　审计机关同一年度内对同一被审计单位实施不同的审计项目，应当在人员和时间安排上进行协调，尽量避免给被审计单位工作带来不必要的影响。

**第四十四条**　审计机关应当将年度审计项目计划下达审计项目组织和实施单位执行。

年度审计项目计划一经下达，审计项目组织和实施单位应当确保完成，不得擅自变更。

**第四十五条**　年度审计项目计划执行过程中，遇有下列情形之一的，应当按照原审批程序调整：

（一）本级政府行政首长和相关领导机关临时交办审计项目的；

（二）上级审计机关临时安排或者授权审计项目的；

（三）突发重大公共事件需要进行审计的；

（四）原定审计项目的被审计单位发生重大变化，导致原计划无法实施的；

（五）需要更换审计项目实施单位的；

（六）审计目标、审计范围等发生重大变化需要调整的；

（七）需要调整的其他情形。

**第四十六条**　上级审计机关应当指导下级审计机关编制年度审计项目计划，提出下级审计机关重点审计领域或者审计项目安排的指导意见。

**第四十七条**　年度审计项目计划确定审计机关统一组织多个审计组共同实施一个审计项目或者分别实施同一类审计项目的，审计机关业务部门应当编制审计工作方案。

**第四十八条**　审计机关业务部门编制审计工作方案，应当根据年度审计项目计划形成过程中调查审计需求、进行可行性研究的情况，开展进一步调查，对审计目标、范围、重点和项目组织实施等进行确定。

**第四十九条**　审计工作方案的内容主要包括：

（一）审计目标；

（二）审计范围；

（三）审计内容和重点；

（四）审计工作组织安排；

（五）审计工作要求。

**第五十条**　审计机关业务部门编制的审计工作方案应当按照审计机关规定的程序审批。在年度审计项目计划确定的实施审计起始时间之前，下达到审计项目实施单位。

审计机关批准审计工作方案前，根据需要，可以组织专家进行论证。

**第五十一条**　审计机关业务部门根据审计实施过程中情况的变化，可以申请对审计工作方案的内容进行调整，并按审计机关规定的程序报批。

**第五十二条**　审计机关应当定期检查年度审计项目计划执行情况，评估执行效果。

审计项目实施单位应当向下达审计项目计划的审计机关报告计划执行情况。

**第五十三条**　审计机关应当按照国家有关规定，建立和实施审计项目计划执行情况及其结果的统计制度。

## 第四章　审计实施

### 第一节　审计实施方案

**第五十四条**　审计机关应当在实施项目审计前组成审计组。

审计组由审计组组长和其他成员组成。审计组实行审计组组长负责制。审计组组长由审计机关确定，审计组组长可以根据需要在审计组成员中确定主审，主审应当履行其规定职责和审计组组长委托履行的其他职责。

**第五十五条**　审计机关应当依照法律法规的规定，向被审计单位送达审计通知书。

**第五十六条**　审计通知书的内容主要包括被审计单位名称、审计依据、审计范围、审计起始时间、审计组组长及其他成员名单和被审计单位配合审计工作的要求。同时，还应当向被审计单位告知审计组的审计纪律要求。

采取跟踪审计方式实施审计的，审计通知书应当列明跟踪审计的具体方式和要求。

专项审计调查项目的审计通知书应当列明专项审计调查的要求。

**第五十七条**　审计组应当调查了解被审计单位及其相关情况，评估被审计单位存在重要问题的可能性，确定审计应对措施，编制审计实施方案。

对于审计机关已经下达审计工作方案的，审计组应当按照审计工作方案的要求编制审计实施方案。

**第五十八条**　审计实施方案的内容主要包括：

（一）审计目标；

（二）审计范围；

（三）审计内容、重点及审计措施，包括审计事项和根据本准则第七十三条确定的审计应对措施；

（四）审计工作要求，包括项目审计进度安排、审计组内部重要管理事项及职责分工等。

采取跟踪审计方式实施审计的，审计实施方案应当对整个跟踪审计工作作出统筹安排。

专项审计调查项目的审计实施方案应当列明专项审计调查的要求。

**第五十九条**　审计组调查了解被审计单位及其相关情况，为作出下列职业判断提供基础：

（一）确定职业判断适用的标准；

（二）判断可能存在的问题；

（三）判断问题的重要性；

（四）确定审计应对措施。

**第六十条**　审计人员可以从下列方面调查了解被审计单位及其相关情况：

（一）单位性质、组织结构；

（二）职责范围或者经营范围、业务活动及其目标；

（三）相关法律法规、政策及其执行情况；

(四)财政财务管理体制和业务管理体制；

(五)适用的业绩指标体系以及业绩评价情况；

(六)相关内部控制及其执行情况；

(七)相关信息系统及其电子数据情况；

(八)经济环境、行业状况及其他外部因素；

(九)以往接受审计和监管及其整改情况；

(十)需要了解的其他情况。

**第六十一条** 审计人员可以从下列方面调查了解被审计单位相关内部控制及其执行情况：

(一)控制环境，即管理模式、组织结构、责权配置、人力资源制度等；

(二)风险评估，即被审计单位确定、分析与实现内部控制目标相关的风险，以及采取的应对措施；

(三)控制活动，即根据风险评估结果采取的控制措施，包括不相容职务分离控制、授权审批控制、资产保护控制、预算控制、业绩分析和绩效考评控制等；

(四)信息与沟通，即收集、处理、传递与内部控制相关的信息，并能有效沟通的情况；

(五)对控制的监督，即对各项内部控制设计、职责及其履行情况的监督检查。

**第六十二条** 审计人员可以从下列方面调查了解被审计单位信息系统控制情况：

(一)一般控制，即保障信息系统正常运行的稳定性、有效性、安全性等方面的控制；

(二)应用控制，即保障信息系统产生的数据的真实性、完整性、可靠性等方面的控制。

**第六十三条** 审计人员可以采取下列方法调查了解被审计单位及其相关情况：

(一)书面或者口头询问被审计单位内部和外部相关人员；

(二)检查有关文件、报告、内部管理手册、信息系统的技术文档和操作手册；

(三)观察有关业务活动及其场所、设施和有关内部控制的执行情况；

(四)追踪有关业务的处理过程；

(五)分析相关数据。

**第六十四条** 审计人员根据审计目标和被审计单位的实际情况，运用职业判断确定调查了解的范围和程度。

对于定期审计项目，审计人员可以利用以往审计中获得的信息，重点调查了解已经发生变化的情况。

**第六十五条** 审计人员在调查了解被审计单位及其相关情况的过程中，可以选择下列标准作为职业判断的依据：

(一)法律、法规、规章和其他规范性文件；

(二)国家有关方针和政策；

(三)会计准则和会计制度；

(四)国家和行业的技术标准；

(五)预算、计划和合同；

(六)被审计单位的管理制度和绩效目标；

(七)被审计单位的历史数据和历史业绩；

(八)公认的业务惯例或者良好实务；

(九)专业机构或者专家的意见；

(十)其他标准。

审计人员在审计实施过程中需要持续关注标准的适用性。

**第六十六条** 职业判断所选择的标准应当具有客观性、适用性、相关性、公认性。

标准不一致时，审计人员应当采用权威的和公认程度高的标准。

**第六十七条** 审计人员应当结合适用的标准，分析调查了解的被审计单位及其相关情况，判断被审计单位可能存在的问题。

**第六十八条** 审计人员应当运用职业判断，根据可能存在问题的性质、数额及其发生的具体环境，判断其重要性。

**第六十九条** 审计人员判断重要性时，可以关注下列因素：

(一)是否属于涉嫌犯罪的问题;

(二)是否属于法律法规和政策禁止的问题;

(三)是否属于故意行为所产生的问题;

(四)可能存在问题涉及的数量或者金额;

(五)是否涉及政策、体制或者机制的严重缺陷;

(六)是否属于信息系统设计缺陷;

(七)政府行政首长和相关领导机关及公众的关注程度;

(八)需要关注的其他因素。

**第七十条** 审计人员实施审计时,应当根据重要性判断的结果,重点关注被审计单位可能存在的重要问题。

**第七十一条** 需要对财务报表发表审计意见的,审计人员可以参照中国注册会计师执业准则的有关规定确定和运用重要性。

**第七十二条** 审计组应当评估被审计单位存在重要问题的可能性,以确定审计事项和审计应对措施。

**第七十三条** 审计组针对审计事项确定的审计应对措施包括:

(一)评估对内部控制的依赖程度,确定是否及如何测试相关内部控制的有效性;

(二)评估对信息系统的依赖程度,确定是否及如何检查相关信息系统的有效性、安全性;

(三)确定主要审计步骤和方法;

(四)确定审计时间;

(五)确定执行的审计人员;

(六)其他必要措施。

**第七十四条** 审计组在分配审计资源时,应当为重要审计事项分派有经验的审计人员和安排充足的审计时间,并评估特定审计事项是否需要利用外部专家的工作。

**第七十五条** 审计人员认为存在下列情形之一的,应当测试相关内部控制的有效性:

(一)某项内部控制设计合理且预期运行有效,能够防止重要问题的发生;

(二)仅实施实质性审查不足以为发现重要问题提供适当、充分的审计证据。

审计人员决定不依赖某项内部控制的,可以对审计事项直接进行实质性审查。

被审计单位规模较小、业务比较简单的,审计人员可以对审计事项直接进行实质性审查。

**第七十六条** 审计人员认为存在下列情形之一的,应当检查相关信息系统的有效性、安全性:

(一)仅审计电子数据不足以为发现重要问题提供适当、充分的审计证据;

(二)电子数据中频繁出现某类差异。

审计人员在检查被审计单位相关信息系统时,可以利用被审计单位信息系统的现有功能或者采用其他计算机技术和工具,检查中应当避免对被审计单位相关信息系统及其电子数据造成不良影响。

**第七十七条** 审计人员实施审计时,应当持续关注已作出的重要性判断和对存在重要问题可能性的评估是否恰当,及时作出修正,并调整审计应对措施。

**第七十八条** 遇有下列情形之一的,审计组应当及时调整审计实施方案:

(一)年度审计项目计划、审计工作方案发生变化的;

(二)审计目标发生重大变化的;

(三)重要审计事项发生变化的;

(四)被审计单位及其相关情况发生重大变化的;

(五)审计组人员及其分工发生重大变化的;

(六)需要调整的其他情形。

**第七十九条** 一般审计项目的审计实施方案应当经审计组组长审定,并及时报审计机关业务部门备案。

重要审计项目的审计实施方案应当报经审计机关负责人审定。

**第八十条** 审计组调整审计实施方案中的下列事项,应当报经审计机关主要负责人批准:

(一)审计目标;

（二）审计组组长；

（三）审计重点；

（四）现场审计结束时间。

**第八十一条**　编制和调整审计实施方案可以采取文字、表格或者两者相结合的形式。

## 第二节　审计证据

**第八十二条**　审计证据是指审计人员获取的能够为审计结论提供合理基础的全部事实，包括审计人员调查了解被审计单位及其相关情况和对确定的审计事项进行审查所获取的证据。

**第八十三条**　审计人员应当依照法定权限和程序获取审计证据。

**第八十四条**　审计人员获取的审计证据，应当具有适当性和充分性。

适当性是对审计证据质量的衡量，即审计证据在支持审计结论方面具有的相关性和可靠性。相关性是指审计证据与审计事项及其具体审计目标之间具有实质性联系。可靠性是指审计证据真实、可信。

充分性是对审计证据数量的衡量。审计人员在评估存在重要问题的可能性和审计证据质量的基础上，决定应当获取审计证据的数量。

**第八十五条**　审计人员对审计证据的相关性分析时，应当关注下列方面：

（一）一种取证方法获取的审计证据可能只与某些具体审计目标相关，而与其他具体审计目标无关；

（二）针对一项具体审计目标可以从不同来源获取审计证据或者获取不同形式的审计证据。

**第八十六条**　审计人员可以从下列方面分析审计证据的可靠性：

（一）从被审计单位外部获取的审计证据比从内部获取的审计证据更可靠；

（二）内部控制健全有效情况下形成的审计证据比内部控制缺失或者无效情况下形成的审计证据更可靠；

（三）直接获取的审计证据比间接获取的审计证据更可靠；

（四）从被审计单位财务会计资料中直接采集的审计证据比经被审计单位加工处理后提交的审计证据更可靠；

（五）原件形式的审计证据比复制件形式的审计证据更可 靠。

不同来源和不同形式的审计证据存在不一致或者不能相互印证时，审计人员应当追加必要的审计措施，确定审计证据的可靠性。

**第八十七条**　审计人员获取的电子审计证据包括与信息系统控制相关的配置参数、反映交易记录的电子数据等。

采集被审计单位电子数据作为审计证据的，审计人员应当记录电子数据的采集和处理过程。

**第八十八条**　审计人员根据实际情况，可以在审计事项中选取全部项目或者部分特定项目进行审查，也可以进行审计抽样，以获取审计证据。

**第八十九条**　存在下列情形之一的，审计人员可以对审计事项中的全部项目进行审查：

（一）审计事项由少量大额项目构成的；

（二）审计事项可能存在重要问题，而选取其中部分项目进行审查无法提供适当、充分的审计证据的；

（三）对审计事项中的全部项目进行审查符合成本效益原则的。

**第九十条**　审计人员可以在审计事项中选取下列特定项目进行审查：

（一）大额或者重要项目；

（二）数量或者金额符合设定标准的项目；

（三）其他特定项目。

选取部分特定项目进行审查的结果，不能用于推断整个审计事项。

**第九十一条**　在审计事项包含的项目数量较多，需要对审计事项某一方面的总体特征作出结论时，审计人员可以进行审计抽样。

审计人员进行审计抽样时，可以参照中国注册会计师执业准则的有关规定。

**第九十二条**　审计人员可以采取下列方法向有关单位和个人获取审计证据：

（一）检查，是指对纸质、电子或者其他介质形式存在的文件、资料进行审查，或者对有形资产进行审查；

（二）观察，是指察看相关人员正在从事的活动或者执行的程序；

（三）询问，是指以书面或者口头方式向有关人员了解关于审计事项的信息；

（四）外部调查，是指向与审计事项有关的第三方进行调查；

（五）重新计算，是指以手工方式或者使用信息技术对有关数据计算的正确性进行核对；

（六）重新操作，是指对有关业务程序或者控制活动独立进行重新操作验证；

（七）分析，是指研究财务数据之间、财务数据与非财务数据之间可能存在的合理关系，对相关信息作出评价，并关注异常波动和差异。

审计人员进行专项审计调查，可以使用上述方法及其以外的其他方法。

**第九十三条** 审计人员应当依照法律法规规定，取得被审计单位负责人对本单位提供资料真实性和完整性的书面承诺。

**第九十四条** 审计人员取得证明被审计单位存在违反国家规定的财政收支、财务收支行为以及其他重要审计事项的审计证据材料，应当由提供证据的有关人员、单位签名或者盖章；不能取得签名或者盖章不影响事实存在的，该审计证据仍然有效，但审计人员应当注明原因。

审计事项比较复杂或者取得的审计证据数量较大的，可以对审计证据进行汇总分析，编制审计取证单，由证据提供者签名或者盖章。

**第九十五条** 被审计单位的相关资料、资产可能被转移、隐匿、篡改、毁弃并影响获取审计证据的，审计机关应当依照法律法规的规定采取相应的证据保全措施。

**第九十六条** 审计机关执行审计业务过程中，因行使职权受到限制而无法获取适当、充分的审计证据，或者无法制止违法行为对国家利益的侵害时，根据需要，可以按照有关规定提请有权处理的机关或者相关单位予以协助和配合。

**第九十七条** 审计人员需要利用所聘请外部人员的专业咨询和专业鉴定作为审计证据的，应当对下列方面作出判断：

（一）依据的样本是否符合审计项目的具体情况；

（二）使用的方法是否适当和合理；

（三）专业咨询、专业鉴定是否与其他审计证据相符。

**第九十八条** 审计人员需要使用有关监管机构、中介机构、内部审计机构等已经形成的工作结果作为审计证据的，应当对该工作结果的下列方面作出判断：

（一）是否与审计目标相关；

（二）是否可靠；

（三）是否与其他审计证据相符。

**第九十九条** 审计人员对于重要问题，可以围绕下列方面获取审计证据：

（一）标准，即判断被审计单位是否存在问题的依据；

（二）事实，即客观存在和发生的情况。事实与标准之间的差异构成审计发现的问题；

（三）影响，即问题产生的后果；

（四）原因，即问题产生的条件。

**第一百条** 审计人员在审计实施过程中，应当持续评价审计证据的适当性和充分性。

已采取的审计措施难以获取适当、充分审计证据的，审计人员应当采取替代审计措施；仍无法获取审计证据的，由审计组报请审计机关采取其他必要的措施或者不作出审计结论。

## 第三节 审计记录

**第一百零一条** 审计人员应当真实、完整地记录实施审计的过程、得出的结论和与审计项目有关的重要管理事项，以实现下列目标：

（一）支持审计人员编制审计实施方案和审计报告；

（二）证明审计人员遵循相关法律法规和本准则；

（三）便于对审计人员的工作实施指导、监督和检查。

**第一百零二条** 审计人员作出的记录，应当使未参与该项业务的有经验的其他审计人员能够理解其执行的审计措施、获取的审计证据、作出的职业判断和得出的审计结论。

**第一百零三条** 审计记录包括调查了解记录、审计工作底稿和重要管理事项记录。

**第一百零四条** 审计组在编制审计实施方案前，应当对调查了解被审计单位及其相关情况作出记录。调查了解记录的内容主要包括：

(一)对被审计单位及其相关情况的调查了解情况；

(二)对被审计单位存在重要问题可能性的评估情况；

(三)确定的审计事项及其审计应对措施。

**第一百零五条** 审计工作底稿主要记录审计人员依据审计实施方案执行审计措施的活动。

审计人员对审计实施方案确定的每一审计事项，均应当编制审计工作底稿。一个审计事项可以根据需要编制多份审计工作底稿。

**第一百零六条** 审计工作底稿的内容主要包括：

(一)审计项目名称；

(二)审计事项名称；

(三)审计过程和结论；

(四)审计人员姓名及审计工作底稿编制日期并签名；

(五)审核人员姓名、审核意见及审核日期并签名；

(六)索引号及页码；

(七)附件数量。

**第一百零七条** 审计工作底稿记录的审计过程和结论主要包括：

(一)实施审计的主要步骤和方法；

(二)取得的审计证据的名称和来源；

(三)审计认定的事实摘要；

(四)得出的审计结论及其相关标准。

**第一百零八条** 审计证据材料应当作为调查了解记录和审计工作底稿的附件。一份审计证据材料对应多个审计记录时，审计人员可以将审计证据材料附在与其关系最密切的审计记录后面，并在其他审计记录中予以注明。

**第一百零九条** 审计组起草审计报告前，审计组组长应当对审计工作底稿的下列事项进行审核：

(一)具体审计目标是否实现；

(二)审计措施是否有效执行；

(三)事实是否清楚；

(四)审计证据是否适当、充分；

(五)得出的审计结论及其相关标准是否适当；

(六)其他有关重要事项。

**第一百一十条** 审计组组长审核审计工作底稿，应当根据不同情况分别提出下列意见：

(一)予以认可；

(二)责成采取进一步审计措施，获取适当、充分的审计证据；

(三)纠正或者责成纠正不恰当的审计结论。

**第一百一十一条** 重要管理事项记录应当记载与审计项目相关并对审计结论有重要影响的下列管理事项：

(一)可能损害审计独立性的情形及采取的措施；

(二)所聘请外部人员的相关情况；

(三)被审计单位承诺情况；

(四)征求被审计对象或者相关单位及人员意见的情况、被审计对象或者相关单位及人员反馈的意见及审计组的采纳情况；

(五)审计组对审计发现的重大问题和审计报告讨论的过程及结论；

(六)审计机关业务部门对审计报告、审计决定书等审计项目材料的复核情况和意见；

（七）审理机构对审计项目的审理情况和意见；

（八）审计机关对审计报告的审定过程和结论；

（九）审计人员未能遵守本准则规定的约束性条款及其原因；

（十）因外部因素使审计任务无法完成的原因及影响；

（十一）其他重要管理事项。

重要管理事项记录可以使用被审计单位承诺书、审计机关内部审批文稿、会议记录、会议纪要、审理意见书或者其他书面形式。

### 第四节　重大违法行为检查

**第一百一十二条**　审计人员执行审计业务时，应当保持职业谨慎，充分关注可能存在的重大违法行为。

**第一百一十三条**　本准则所称重大违法行为是指被审计单位和相关人员违反法律法规、涉及金额比较大、造成国家重大经济损失或者对社会造成重大不良影响的行为。

**第一百一十四条**　审计人员检查重大违法行为，应当评估被审计单位和相关人员实施重大违法行为的动机、性质、后果和违法构成。

**第一百一十五条**　审计人员调查了解被审计单位及其相关情况时，可以重点了解可能与重大违法行为有关的下列事项：

（一）被审计单位所在行业发生重大违法行为的状况；

（二）有关的法律法规及其执行情况；

（三）监管部门已经发现和了解的与被审计单位有关的重大违法行为的事实或者线索；

（四）可能形成重大违法行为的动机和原因；

（五）相关的内部控制及其执行情况；

（六）其他情况。

**第一百一十六条**　审计人员可以通过关注下列情况，判断可能存在的重大违法行为：

（一）具体经济活动中存在的异常事项；

（二）财务和非财务数据中反映出的异常变化；

（三）有关部门提供的线索和群众举报；

（四）公众、媒体的反映和报道；

（五）其他情况。

**第一百一十七条**　审计人员根据被审计单位实际情况、工作经验和审计发现的异常现象，判断可能存在重大违法行为的性质，并确定检查重点。

审计人员在检查重大违法行为时，应当关注重大违法行为的高发领域和环节。

**第一百一十八条**　发现重大违法行为的线索，审计组或者审计机关可以采取下列应对措施：

（一）增派具有相关经验和能力的人员；

（二）避免让有关单位和人员事先知晓检查的时间、事项、范围和方式；

（三）扩大检查范围，使其能够覆盖重大违法行为可能涉及的领域；

（四）获取必要的外部证据；

（五）依法采取保全措施；

（六）提请有关机关予以协助和配合；

（七）向政府和有关部门报告；

（八）其他必要的应对措施。

## 第五章　审计报告

### 第一节　审计报告的形式和内容

**第一百一十九条**　审计报告包括审计机关进行审计后出具的审计报告以及专项审计调查后出具的专项审计调查报告。

**第一百二十条** 审计组实施审计或者专项审计调查后，应当向派出审计组的审计机关提交审计报告。审计机关审定审计组的审计报告后，应当出具审计机关的审计报告。遇有特殊情况，审计机关可以不向被调查单位出具专项审计调查报告。

**第一百二十一条** 审计报告应当内容完整、事实清楚、结论正确、用词恰当、格式规范。

**第一百二十二条** 审计机关的审计报告（审计组的审计报告）包括下列基本要素：

（一）标题；

（二）文号（审计组的审计报告不含此项）；

（三）被审计单位名称；

（四）审计项目名称；

（五）内容；

（六）审计机关名称（审计组名称及审计组组长签名）；

（七）签发日期（审计组向审计机关提交报告的日期）。

经济责任审计报告还包括被审计人员姓名及所担任职务。

**第一百二十三条** 审计报告的内容主要包括：

（一）审计依据，即实施审计所依据的法律法规规定；

（二）实施审计的基本情况，一般包括审计范围、内容、方式和实施的起止时间；

（三）被审计单位基本情况；

（四）审计评价意见，即根据不同的审计目标，以适当、充分的审计证据为基础发表的评价意见；

（五）以往审计决定执行情况和审计建议采纳情况；

（六）审计发现的被审计单位违反国家规定的财政收支、财务收支行为和其他重要问题的事实、定性、处理处罚意见以及依据的法律法规和标准；

（七）审计发现的移送处理事项的事实和移送处理意见，但是涉嫌犯罪等不宜让被审计单位知悉的事项除外；

（八）针对审计发现的问题，根据需要提出的改进建议。

审计期间被审计单位对审计发现的问题已经整改的，审计报告还应当包括有关整改情况。

经济责任审计报告还应当包括被审计人员履行经济责任的基本情况，以及被审计人员对审计发现问题承担的责任。

核查社会审计机构相关审计报告发现的问题，应当在审计报告中一并反映。

**第一百二十四条** 采取跟踪审计方式实施审计的，审计组在跟踪审计过程中发现的问题，应当以审计机关的名义及时向被审计单位通报，并要求其整改。

跟踪审计实施工作全部结束后，应当以审计机关的名义出具审计报告。审计报告应当反映审计发现但尚未整改的问题，以及已经整改的重要问题及其整改情况。

**第一百二十五条** 专项审计调查报告除符合审计报告的要素和内容要求外，还应当根据专项审计调查目标重点分析宏观性、普遍性、政策性或者体制、机制问题并提出改进建议。

**第一百二十六条** 对审计或者专项审计调查中发现被审计单位违反国家规定的财政收支、财务收支行为，依法应当由审计机关在法定职权范围内作出处理处罚决定的，审计机关应当出具审计决定书。

**第一百二十七条** 审计决定书的内容主要包括：

（一）审计的依据、内容和时间；

（二）违反国家规定的财政收支、财务收支行为的事实、定性、处理处罚决定以及法律法规依据；

（三）处理处罚决定执行的期限和被审计单位书面报告审计决定执行结果等要求；

（四）依法提请政府裁决或者申请行政复议、提起行政诉讼的途径和期限。

**第一百二十八条** 审计或者专项审计调查发现的依法需要移送其他有关主管机关或者单位纠正、处理处罚或者追究有关人员责任的事项，审计机关应当出具审计移送处理书。

**第一百二十九条** 审计移送处理书的内容主要包括：

（一）审计的时间和内容；

（二）依法需要移送有关主管机关或者单位纠正、处理处罚或者追究有关人员责任事项的事实、定性及

其依据和审计机关的意见；

（三）移送的依据和移送处理说明，包括将处理结果书面告知审计机关的说明；

（四）所附的审计证据材料。

**第一百三十条** 出具对国际组织、外国政府及其机构援助、贷款项目的审计报告，按照审计机关的相关规定执行。

## 第二节 审计报告的编审

**第一百三十一条** 审计组在起草审计报告前，应当讨论确定下列事项：

（一）评价审计目标的实现情况；

（二）审计实施方案确定的审计事项完成情况；

（三）评价审计证据的适当性和充分性；

（四）提出审计评价意见；

（五）评估审计发现问题的重要性；

（六）提出对审计发现问题的处理处罚意见；

（七）其他有关事项。

审计组应当对讨论前款事项的情况及其结果作出记录。

**第一百三十二条** 审计组组长应当确认审计工作底稿和审计证据已经审核，并从总体上评价审计证据的适当性和充分性。

**第一百三十三条** 审计组根据不同的审计目标，以审计认定的事实为基础，在防范审计风险的情况下，按照重要性原则，从真实性、合法性、效益性方面提出审计评价意见。

审计组应当只对所审计的事项发表审计评价意见。对审计过程中未涉及、审计证据不适当或者不充分、评价依据或者标准不明确以及超越审计职责范围的事项，不得发表审计评价意见。

**第一百三十四条** 审计组应当根据审计发现问题的性质、数额及其发生的原因和审计报告的使用对象，评估审计发现问题的重要性，如实在审计报告中予以反映。

**第一百三十五条** 审计组对审计发现的问题提出处理处罚意见时，应当关注下列因素：

（一）法律法规的规定；

（二）审计职权范围：属于审计职权范围的，直接提出处理处罚意见，不属于审计职权范围的，提出移送处理意见；

（三）问题的性质、金额、情节、原因和后果；

（四）对同类问题处理处罚的一致性；

（五）需要关注的其他因素。

审计发现被审计单位信息系统存在重大漏洞或者不符合国家规定的，应当责成被审计单位在规定期限内整改。

**第一百三十六条** 审计组应当针对经济责任审计发现的问题，根据被审计人员履行职责情况，界定其应当承担的责任。

**第一百三十七条** 审计组实施审计或者专项审计调查后，应当提出审计报告，按照审计机关规定的程序审批后，以审计机关的名义征求被审计单位、被调查单位和拟处罚的有关责任人员的意见。

经济责任审计报告还应当征求被审计人员的意见；必要时，征求有关干部监督管理部门的意见。

审计报告中涉及的重大经济案件调查等特殊事项，经审计机关主要负责人批准，可以不征求被审计单位或者被审计人员的意见。

**第一百三十八条** 被审计单位、被调查单位、被审计人员或者有关责任人员对征求意见的审计报告有异议的，审计组应当进一步核实，并根据核实情况对审计报告作出必要的修改。

审计组应当对采纳被审计单位、被调查单位、被审计人员、有关责任人员意见的情况和原因，或者上述单位或人员未在法定时间内提出书面意见的情况作出书面说明。

**第一百三十九条** 对被审计单位或者被调查单位违反国家规定的财政收支、财务收支行为，依法应当由审计机关进行处理处罚的，审计组应当起草审计决定书。

对依法应当由其他有关部门纠正、处理处罚或者追究有关责任人员责任的事项，审计组应当起草审计移送处理书。

**第一百四十条** 审计组应当将下列材料报送审计机关业务部门复核：

（一）审计报告；

（二）审计决定书；

（三）被审计单位、被调查单位、被审计人员或者有关责任人员对审计报告的书面意见及审计组采纳情况的书面说明；

（四）审计实施方案；

（五）调查了解记录、审计工作底稿、重要管理事项记录、审计证据材料；

（六）其他有关材料。

**第一百四十一条** 审计机关业务部门应当对下列事项进行复核，并提出书面复核意见：

（一）审计目标是否实现；

（二）审计实施方案确定的审计事项是否完成；

（三）审计发现的重要问题是否在审计报告中反映；

（四）事实是否清楚、数据是否正确；

（五）审计证据是否适当、充分；

（六）审计评价、定性、处理处罚和移送处理意见是否恰当，适用法律法规和标准是否适当；

（七）被审计单位、被调查单位、被审计人员或者有关责任人员提出的合理意见是否采纳；

（八）需要复核的其他事项。

**第一百四十二条** 审计机关业务部门应当将复核修改后的审计报告、审计决定书等审计项目材料连同书面复核意见，报送审理机构审理。

**第一百四十三条** 审理机构以审计实施方案为基础，重点关注审计实施的过程及结果，主要审理下列内容：

（一）审计实施方案确定的审计事项是否完成；

（二）审计发现的重要问题是否在审计报告中反映；

（三）主要事实是否清楚、相关证据是否适当、充分；

（四）适用法律法规和标准是否适当；

（五）评价、定性、处理处罚意见是否恰当；

（六）审计程序是否符合规定。

**第一百四十四条** 审理机构审理时，应当就有关事项与审计组及相关业务部门进行沟通。

必要时，审理机构可以参加审计组与被审计单位交换意见的会议，或者向被审计单位和有关人员了解相关情况。

**第一百四十五条** 审理机构审理后，可以根据情况采取下列措施：

（一）要求审计组补充重要审计证据；

（二）对审计报告、审计决定书进行修改。

审理过程中遇有复杂问题的，经审计机关负责人同意后，审理机构可以组织专家进行论证。

审理机构审理后，应当出具审理意见书。

**第一百四十六条** 审理机构将审理后的审计报告、审计决定书连同审理意见书报送审计机关负责人。

**第一百四十七条** 审计报告、审计决定书原则上应当由审计机关审计业务会议审定；特殊情况下，经审计机关主要负责人授权，可以由审计机关其他负责人审定。

**第一百四十八条** 审计决定书经审定，处罚的事实、理由、依据、决定与审计组征求意见的审计报告不一致并且加重处罚的，审计机关应当依照有关法律法规的规定及时告知被审计单位、被调查单位和有关责任人员，并听取其陈述和申辩。

**第一百四十九条** 对于拟作出罚款的处罚决定，符合法律法规规定的听证条件的，审计机关应当依照有关法律法规的规定履行听证程序。

**第一百五十条** 审计报告、审计决定书经审计机关负责人签发后，按照下列要求办理：

（一）审计报告送达被审计单位、被调查单位；

（二）经济责任审计报告送达被审计单位和被审计人员；

（三）审计决定书送达被审计单位、被调查单位、被处罚的有关责任人员。

## 第三节 专题报告与综合报告

**第一百五十一条** 审计机关在审计中发现的下列事项，可以采用专题报告、审计信息等方式向本级政府、上一级审计机关报告：

（一）涉嫌重大违法犯罪的问题；

（二）与国家财政收支、财务收支有关政策及其执行中存在的重大问题；

（三）关系国家经济安全的重大问题；

（四）关系国家信息安全的重大问题；

（五）影响人民群众经济利益的重大问题；

（六）其他重大事项。

**第一百五十二条** 专题报告应当主题突出、事实清楚、定性准确、建议适当。

审计信息应当事实清楚、定性准确、内容精炼、格式规范、反映及时。

**第一百五十三条** 审计机关统一组织审计项目的，可以根据需要汇总审计情况和结果，编制审计综合报告。必要时，审计综合报告应当征求有关主管机关的意见。

审计综合报告按照审计机关规定的程序审定后，向本级政府和上一级审计机关报送，或者向有关部门通报。

**第一百五十四条** 审计机关实施经济责任审计项目后，应当按照相关规定，向本级政府行政首长和有关干部监督管理部门报告经济责任审计结果。

**第一百五十五条** 审计机关依照法律法规的规定，每年汇总对本级预算执行情况和其他财政收支情况的审计报告，形成审计结果报告，报送本级政府和上一级审计机关。

**第一百五十六条** 审计机关依照法律法规的规定，代本级政府起草本级预算执行情况和其他财政收支情况的审计工作报告（稿），经本级政府行政首长审定后，受本级政府委托向本级人民代表大会常务委员会报告。

## 第四节 审计结果公布

**第一百五十七条** 审计机关依法实行公告制度。审计机关的审计结果、审计调查结果依法向社会公布。

**第一百五十八条** 审计机关公布的审计和审计调查结果主要包括下列信息：

（一）被审计（调查）单位基本情况；

（二）审计（调查）评价意见；

（三）审计（调查）发现的主要问题；

（四）处理处罚决定及审计（调查）建议；

（五）被审计（调查）单位的整改情况。

**第一百五十九条** 在公布审计和审计调查结果时，审计机关不得公布下列信息：

（一）涉及国家秘密、商业秘密的信息；

（二）正在调查、处理过程中的事项；

（三）依照法律法规的规定不予公开的其他信息。

涉及商业秘密的信息，经权利人同意或者审计机关认为不公布可能对公共利益造成重大影响的，可以予以公布。

审计机关公布审计和审计调查结果应当客观公正。

**第一百六十条** 审计机关公布审计和审计调查结果，应当指定专门机构统一办理，履行规定的保密审查和审核手续，报经审计机关主要负责人批准。

审计机关内设机构、派出机构和个人，未经授权不得向社会公布审计和审计调查结果。

**第一百六十一条**　审计机关统一组织不同级次审计机关参加的审计项目，其审计和审计调查结果原则上由负责该项目组织工作的审计机关统一对外公布。

**第一百六十二条**　审计机关公布审计和审计调查结果按照国家有关规定需要报批的，未经批准不得公布。

### 第五节　审计整改检查

**第一百六十三条**　审计机关应当建立审计整改检查机制，督促被审计单位和其他有关单位根据审计结果进行整改。

**第一百六十四条**　审计机关主要检查或者了解下列事项：

（一）执行审计机关作出的处理处罚决定情况；

（二）对审计机关要求自行纠正事项采取措施的情况；

（三）根据审计机关的审计建议采取措施的情况；

（四）对审计机关移送处理事项采取措施的情况。

**第一百六十五条**　审计组在审计实施过程中，应当及时督促被审计单位整改审计发现的问题。

审计机关在出具审计报告、作出审计决定后，应当在规定的时间内检查或者了解被审计单位和其他有关单位的整改情况。

**第一百六十六条**　审计机关可以采取下列方式检查或者了解被审计单位和其他有关单位的整改情况：

（一）实地检查或者了解；

（二）取得并审阅相关书面材料；

（三）其他方式。

对于定期审计项目，审计机关可以结合下一次审计，检查或者了解被审计单位的整改情况。

检查或者了解被审计单位和其他有关单位的整改情况应当取得相关证明材料。

**第一百六十七条**　审计机关指定的部门负责检查或者了解被审计单位和其他有关单位整改情况，并向审计机关提出检查报告。

**第一百六十八条**　检查报告的内容主要包括：

（一）检查工作开展情况，主要包括检查时间、范围、对象、和方式等；

（二）被审计单位和其他有关单位的整改情况；

（三）没有整改或者没有完全整改事项的原因和建议。

**第一百六十九条**　审计机关对被审计单位没有整改或者没有完全整改的事项，依法采取必要措施。

**第一百七十条**　审计机关对审计决定书中存在的重要错误事项，应当予以纠正。

**第一百七十一条**　审计机关汇总审计整改情况，向本级政府报送关于审计工作报告中指出问题的整改情况的报告。

## 第六章　审计质量控制和责任

**第一百七十二条**　审计机关应当建立审计质量控制制度，以保证实现下列目标：

（一）遵守法律法规和本准则；

（二）作出恰当的审计结论；

（三）依法进行处理处罚。

**第一百七十三条**　审计机关应当针对下列要素建立审计质量控制制度：

（一）审计质量责任；

（二）审计职业道德；

（三）审计人力资源；

（四）审计业务执行；

（五）审计质量监控。

对前款第二、三、四项应当按照本准则第二至五章的有关要求建立审计质量控制制度。

**第一百七十四条**　审计机关实行审计组成员、审计组主审、审计组组长、审计机关业务部门、审理机构、

总审计师和审计机关负责人对审计业务的分级质量控制。

**第一百七十五条**　审计组成员的工作职责包括：

（一）遵守本准则，保持审计独立性；

（二）按照分工完成审计任务，获取审计证据；

（三）如实记录实施的审计工作并报告工作结果；

（四）完成分配的其他工作。

**第一百七十六条**　审计组成员应当对下列事项承担责任：

（一）未按审计实施方案实施审计导致重大问题未被发现的；

（二）未按照本准则的要求获取审计证据导致审计证据不适当、不充分的；

（三）审计记录不真实、不完整的；

（四）对发现的重要问题隐瞒不报或者不如实报告的。

**第一百七十七条**　审计组组长的工作职责包括：

（一）编制或者审定审计实施方案；

（二）组织实施审计工作；

（三）督导审计组成员的工作；

（四）审核审计工作底稿和审计证据；

（五）组织编制并审核审计组起草的审计报告、审计决定书、审计移送处理书、专题报告、审计信息；

（六）配置和管理审计组的资源；

（七）审计机关规定的其他职责。

**第一百七十八条**　审计组组长应当从下列方面督导审计组成员的工作：

（一）将具体审计事项和审计措施等信息告知审计组成员，并与其讨论；

（二）检查审计组成员的工作进展，评估审计组成员的工作质量，并解决工作中存在的问题；

（三）给予审计组成员必要的培训和指导。

**第一百七十九条**　审计组组长应当对审计项目的总体质量负责，并对下列事项承担责任：

（一）审计实施方案编制或者组织实施不当，造成审计目标未实现或者重要问题未被发现的；

（二）审核未发现或者未纠正审计证据不适当、不充分问题的；

（三）审核未发现或者未纠正审计工作底稿不真实、不完整问题的；

（四）得出的审计结论不正确的；

（五）审计组起草的审计文书和审计信息反映的问题严重失实的；

（六）提出的审计处理处罚意见或者移送处理意见不正确的；

（七）对审计组发现的重要问题隐瞒不报或者不如实报告的；

（八）违反法定审计程序的。

**第一百八十条**　根据工作需要，审计组可以设立主审。主审根据审计分工和审计组组长的委托，主要履行下列职责：

（一）起草审计实施方案、审计文书和审计信息；

（二）对主要审计事项进行审计查证；

（三）协助组织实施审计；

（四）督导审计组成员的工作；

（五）审核审计工作底稿和审计证据；

（六）组织审计项目归档工作；

（七）完成审计组组长委托的其他工作。

**第一百八十一条**　审计组组长将其工作职责委托给主审或者审计组其他成员的，仍应当对委托事项承担责任。受委托的成员在受托范围内承担相应责任。

**第一百八十二条**　审计机关业务部门的工作职责包括：

（一）提出审计组组长人选；

（二）确定聘请外部人员事宜；

(三)指导、监督审计组的审计工作;

(四)复核审计报告、审计决定书等审计项目材料;

(五)审计机关规定的其他职责。

业务部门统一组织审计项目的,应当承担编制审计工作方案,组织、协调审计实施和汇总审计结果的职责。

**第一百八十三条** 审计机关业务部门应当及时发现和纠正审计组工作中存在的重要问题,并对下列事项承担责任:

(一)对审计组请示的问题未及时采取适当措施导致严重后果的;

(二)复核未发现审计报告、审计决定书等审计项目材料中存在的重要问题的;

(三)复核意见不正确的;

(四)要求审计组不在审计文书和审计信息中反映重要问题的。

业务部门对统一组织审计项目的汇总审计结果出现重大错误、造成严重不良影响的事项承担责任。

**第一百八十四条** 审计机关审理机构的工作职责包括:

(一)审查修改审计报告、审计决定书;

(二)提出审理意见;

(三)审计机关规定的其他职责。

**第一百八十五条** 审计机关审理机构对下列事项承担责任:

(一)审理意见不正确的;

(二)对审计报告、审计决定书作出的修改不正确的;

(三)审理时应当发现而未发现重要问题的。

**第一百八十六条** 审计机关负责人的工作职责包括:

(一)审定审计项目目标、范围和审计资源的配置;

(二)指导和监督检查审计工作;

(三)审定审计文书和审计信息;

(四)审计管理中的其他重要事项。

审计机关负责人对审计项目实施结果承担最终责任。

**第一百八十七条** 审计机关对审计人员违反法律法规和本准则的行为,应当按照相关规定追究其责任。

**第一百八十八条** 审计机关应当按照国家有关规定,建立健全审计项目档案管理制度,明确审计项目归档要求、保存期限、保存措施、档案利用审批程序等。

**第一百八十九条** 审计项目归档工作实行审计组组长负责制,审计组组长应当确定立卷责任人。

立卷责任人应当收集审计项目的文件材料,并在审计项目终结后及时立卷归档,由审计组组长审查验收。

**第一百九十条** 审计机关实行审计业务质量检查制度,对其业务部门、派出机构和下级审计机关的审计业务质量进行检查。

**第一百九十一条** 审计机关可以通过查阅有关文件和审计档案、询问相关人员等方式、方法,检查下列事项:

(一)建立和执行审计质量控制制度的情况;

(二)审计工作中遵守法律法规和本准则的情况;

(三)与审计业务质量有关的其他事项。

审计业务质量检查应当重点关注审计结论的恰当性、审计处理处罚意见的合法性和适当性。

**第一百九十二条** 审计机关开展审计业务质量检查,应当向被检查单位通报检查结果。

**第一百九十三条** 审计机关在审计业务质量检查中,发现被检查的派出机构或者下级审计机关应当作出审计决定而未作出的,可以依法直接或者责成其在规定期限内作出审计决定;发现其作出的审计决定违反国家有关规定的,可以依法直接或者责成其在规定期限内变更、撤销审计决定。

**第一百九十四条** 审计机关应当对其业务部门、派出机构实行审计业务年度考核制度,考核审计质量

控制目标的实现情况。

**第一百九十五条** 审计机关可以定期组织优秀审计项目评选，对被评为优秀审计项目的予以表彰。

**第一百九十六条** 审计机关应当对审计质量控制制度及其执行情况进行持续评估，及时发现审计质量控制制度及其执行中存在的问题，并采取措施加以纠正或者改进。

审计机关可以结合日常管理工作或者通过开展审计业务质量检查、考核和优秀审计项目评选等方式，对审计质量控制制度及其执行情况进行持续评估。

## 第七章 附 则

**第一百九十七条** 审计机关和审计人员开展下列工作，不适用本准则的规定：

（一）配合有关部门查处案件；

（二）与有关部门共同办理检查事项；

（三）接受交办或者接受委托办理不属于法定审计职责范围的事项。

**第一百九十八条** 地方审计机关可以根据本地实际情况，在遵循本准则规定的基础上制定实施细则。

**第一百九十九条** 本准则由审计署负责解释。

**第二百条** 本准则自2011年1月1日起施行。附件所列的审计署以前发布的审计准则和规定同时废止。

# 5. 审计机关审计听证的规定(2000年颁布)

审计署令 2000年第1号

**第一条** 为规范审计机关的审计处罚程序，保证审计质量，维护公民、法人或者其他组织的合法权益，根据《中华人民共和国行政处罚法》和《中华人民共和国审计法》，制定本规定。

**第二条** 审计机关进行审计听证应当遵循公正、公平、公开的原则。

**第三条** 审计机关对被审计单位和有关责任人员（以下简称当事人）作出下列审计处罚前，应当向当事人送达审计听证告知书，告知当事人在收到审计听证告知书之后三日内有权要求举行审计听证会：

（一）对被审计单位处以违反国家规定的财务收支金额百分之五以上且金额在十万元以上罚款；

（二）对违反国家规定的财务收支行为负有直接责任的有关责任人员处以二千元以上罚款。

**第四条** 审计听证告知书主要包括以下内容：

（一）当事人的名称或姓名；

（二）建议作出的审计处罚；

（三）审计处罚的事实依据；

（四）审计处罚的法律依据；

（五）当事人有要求审计听证的权利；

（六）当事人申请审计听证的期限；

（七）审计听证主持人的姓名；

（八）审计机关的名称（印章）和日期。

**第五条** 审计听证告知书可以直接送达、委托送达或者邮寄送达。

**第六条** 当事人要求举行审计听证会的，应当自收到审计听证告知书之日起三日内，向审计机关提出书面申请，列明听证要求，并由申请人签名或者盖章。逾期不提出审计听证要求的，视为放弃审计听证权利。

当事人直接送达、委托送达审计听证申请的，以审计机关收到审计听证申请之日为送达日；当事人邮寄送达审计听证申请的，以该申请寄出的邮戳日期为送达日。

**第七条** 审计机关收到审计听证申请后，应当进行审核。对符合审计听证条件的，应当组织审计听证；对不符合审计听证条件的，裁定不予审计听证。

**第八条**　审计机关应当在举行审计听证会七日前向当事人送达审计听证会通知书，告知当事人举行审计听证会的时间、地点。

裁定不予审计听证的，审计机关应当作出不予审计听证裁定书，载明理由告知当事人。

**第九条**　除涉及国家秘密、商业秘密或者个人隐私外，审计听证会应当公开举行。

**第十条**　审计听证会应当由审计机关指定的非本案审计人员主持。

**第十一条**　审计机关应当根据实际情况确定审计听证会的主持人、书记员。

主持人负责审计听证会的组织、主持工作。一般审计事项的审计听证会由一人主持；重大审计事项的审计听证会由三人主持，但审计机关应指定首席主持人。

书记员负责审计听证会的记录工作，可以由一至二人组成。

**第十二条**　当事人认为主持人或者书记员与本案有直接利害关系的，有权申请其回避并说明理由。

当事人申请主持人回避应当在审计听证会举行之前提出；申请书记员回避可以在审计听证会举行时提出。

当事人申请回避可以以书面形式提出，也可以以口头形式提出。以口头形式提出的，由书记员记录在案。

**第十三条**　主持人的回避，由听证机关决定；书记员的回避，由主持人决定。

主持人应当回避，需要重新确定主持人的，听证机关可以裁定延期审计听证；主持人不需回避的，听证机关裁定审计听证如期举行。

**第十四条**　当事人可以亲自参加审计听证，也可以委托一至二人代理参加审计听证。委托他人代理参加审计听证会的，代理人应当出具当事人的授权委托书。

当事人的授权委托书应当载明代理人的代理权限。

**第十五条**　当事人接到审计听证通知书后，不能按时参加审计听证会的，应当及时告知听证机关。

当事人无正当理由不按时参加审计听证会的，视为放弃听证权利，听证机关予以书面记载。在审计听证会举行过程中当事人放弃申辩或者无故退出审计听证会的，听证机关可以宣布终止听证，并记入审计听证笔录。

**第十六条**　审计听证会应当制作笔录。笔录应当交当事人确认无误后，由当事人签字或者盖章。当事人如认为笔录有差错，可以要求补正。

具备条件的审计机关应当对审计听证会情况进行录音、录像。

**第十七条**　审计听证会参加人和旁听人员应当遵守以下听证纪律：

(一)审计听证会参加人应当在主持人的主持下发言、提问、辩论；

(二)未经主持人允许，审计听证会参加人不得提前退席；

(三)未经主持人允许，任何人不得录音、录像或摄影；

(四)旁听人员要保持肃静，不得发言、提问或者议论。

**第十八条**　主持人在审计听证会主持过程中，有以下权利：

(一)对审计听证会参加人的不当辩论或者其他违反审计听证会纪律的行为予以制止、警告；

(二)对违反审计听证会纪律的旁听人员予以制止、警告、责令退席；

(三)对违反审计听证纪律的人员制止无效的，移交公安机关依法处置。

**第十九条**　审计听证会应当按照下列程序进行：

(一)主持人宣布审计听证会开始；

(二)主持人宣布案由并宣读参加审计听证会的主持人、书记员、听证参加人的姓名、工作单位和职务；

(三)主持人宣读审计听证会的纪律和应注意的事项；

(四)主持人告知当事人或其代理人有申请书记员回避的权利，并询问当事人或其代理人是否申请回避；

(五)参与审计的人员提出当事人违法违规的事实、证据、建议作出的审计处罚及其法律依据；

(六)当事人进行陈述、申辩；

(七)在主持人允许下，双方进行质证、辩论；

(八)双方作最后陈述；

(九)书记员将所作的笔录交听证双方当场确认并签字或者盖章；

(十)主持人宣布审计听证会结束。

**第二十条** 在听证会举行过程中当事人申请书记员回避的，由主持人当场作出是否回避的裁定。

**第二十一条** 有下列情形之一的，可以延期举行审计听证会：

(一)当事人有正当理由未到场的；

(二)需要通知新的证人到场，或者有新的事实需要重新调查核实的；

(三)其他需要延期的情形。

**第二十二条** 审计听证会结束后，听证主持人应当根据审计听证情况和有关法律、法规的规定，向审计机关提交审计听证报告。审计听证报告连同审计听证笔录、案卷材料一并报送审计机关。

**第二十三条** 审计听证报告主要包括以下内容：

(一)听证案由；

(二)主持人、书记员和听证参加人的姓名、工作单位和职务；

(三)审计听证的时间、地点；

(四)审计听证建议；

(五)听证主持人签名或盖章。

审计听证建议主要包括以下内容：

(一)确有应受审计处罚的违法行为的，根据情节轻重及具体情况，建议作出审计处罚；

(二)违法事实不成立或者没有处罚的法律、法规依据的，建议不给予审计处罚；

(三)违法行为情节轻微，依法可以不予审计处罚的，建议不予审计处罚。

**第二十四条** 审计机关应当对听证主持人提出的审计听证建议进行审查，作出决定。

审计机关不得因当事人要求审计听证、在审计听证中进行申辩和质证而加重处罚。

**第二十五条** 审计听证笔录和审计听证报告应当归入审计档案。

**第二十六条** 本规定由审计署负责解释。

**第二十七条** 本规定自发布之日起施行。

## 6. 审计机关审计行政应诉管理的规定(1996 年修订)

审法发〔1996〕357 号

**第一条** 为了维护审计机关依法行使职权，促进审计行政争议的有效解决，根据《中华人民共和国审计法》、《中华人民共和国行政诉讼法》，制定本规定。

**第二条** 本规定所称审计行政应诉，是指审计机关以被告身份参加行政诉讼的活动。

**第三条** 审计机关在审计行政应诉中，应当接受人民法院的监督，坚持以事实为根据、以法律为准绳，严格依法办事。

**第四条** 审计机关应当区分下列情况应诉：

(一)复议机关决定维持原审计具体行政行为的，由作出原审计具体行政行为的审计机关应诉；

(二)复议机关决定改变原审计具体行政行为的，由复议机关应诉。

第五条 审计机关的法制机构是本机关的行政应诉代理机构。未设立法制机构的审计机关，应当确定本机关的行政应诉代理机构或者专职代理人员。

第六条 审计行政应诉代理机构的职责是：

(一)组织、办理具体的审计行政应诉案件；

(二)指导下级审计机关的审计行政应诉工作；

(三)了解、研究审计行政应诉工作中带有普遍性的问题，并有针对性地向本机关领导提出改进审计行政执法工作的建议。

**第七条** 审计机关接到起诉状副本后，应诉代理机构应当根据法定代表人的授权，委托诉讼代理人。

**第八条** 诉讼代理人可以由本机关工作人员担任，也可以聘请律师担任。

**第九条** 法定代表人应当与诉讼代理人签订授权委托书。授权委托书应当具体明确诉讼代理人的代理事项、权限和期限。

**第十条** 审计机关、复议机构应当将与作出审计具体行政行为有关的材料移交给诉讼代理人，配合诉讼代理人做好应诉前的准备工作。

**第十一条** 诉讼代理人应当根据案件的具体情况草拟答辩状。

答辩状应当事实清楚，理由充分，观点明确，针对性强，法律依据准确。

**第十二条** 审计行政应诉代理机构应当在收到起诉状副本之日起10日内向人民法院提交下列材料：

(一)答辩状；

(二)作出审计具体行政行为的有关材料；

(三)法定代表人身份证明；

(四)授权委托书；

(五)人民法院要求提交的其他材料。

**第十三条** 诉讼代理人在开庭审理前，应当草拟代理词。

代理词应当客观陈述事实，正确引用法律、法规，理由确实充分，要求合理合法。

**第十四条** 法定代表人、诉讼代理人应当根据人民法院的通知按时出庭，并应当服从法庭指挥，遵守法庭纪律。

**第十五条** 庭审期间，诉讼代理人应当对法庭的审理情况作出记录。

**第十六条** 在案件审理过程中，诉讼代理人应当保守国家秘密。

**第十七条** 审计机关不服人民法院第一审判决的，应当在判决书送达之日起15日内向上一级人民法院提起上诉；不服第一审裁定的，应当在裁定书送达之日起10日内向上一级人民法院提起上诉。

**第十八条** 审计机关应当严格执行人民法院已经生效的判决或者裁定。

**第十九条** 被审计单位不执行人民法院已经生效的判决或者裁定的，审计机关可以按照《审计机关审计处理处罚的规定》的有关规定处理，还可以依法申请人民法院强制执行。

**第二十条** 诉讼期间，不停止审计具体行政行为的执行。但有下列情形之一的，停止审计具体行政行为的执行：

(一)审计机关认为需要停止执行的；

(二)被审计单位申请停止执行，人民法院裁定停止执行的；

(三)法律、法规规定停止执行的。

**第二十一条** 案件结案后，审计行政应诉代理机构应当写出结案报告。结案报告应当载明下列主要内容：

(一)审计机关与被审计单位争议的事实及理由；

(二)人民法院审理的主要过程；

(三)判决或者裁定的结果；

(四)其他需要说明的事项。

**第二十二条** 下级审计机关应当自审计行政应诉案件结案之日起1个月内，将案件的有关材料报上一级审计机关备案。

地方审计机关应当于半年和年度终了后，将本地区半年和年度的审计行政诉讼情况报告上一级审计机关。

**第二十三条** 本办法由审计署负责解释。

**第二十四条** 本办法自1997年1月1日起施行。《审计机关办理行政诉讼的暂行规定》同时废止。

# 7. 审计机关审计复议的规定(2000年修订)

审计署令 2000年第1号

**第一条** 为保证审计机关依法行使审计监督权，防止和纠正违法或者不当的审计具体行政行为，保护

公民、法人或者其他组织的合法权益，根据《中华人民共和国审计法》和《中华人民共和国行政复议法》(以下简称《行政复议法》)，制定本规定。

**第二条** 审计复议机关办理审计复议事项，适用本规定。

本规定所称审计复议机关，是指有权受理复议申请，依法对审计具体行政行为进行审查并作出决定的审计机关。

**第三条** 被审计单位认为审计机关的具体行政行为侵犯其合法权益，可以依照有关法律、法规和本规定，向审计复议机关申请复议。

**第四条** 向审计机关申请复议的审计具体行政行为包括：

(一)审计机关作出的责令限期缴纳、上缴应当缴纳或者上缴的收入、限期退还违法所得、限期退还被侵占的国有资产等审计处理行为；

(二)审计机关作出的罚款、没收违法所得等审计处罚行为；

(三)审计机关采取的通知有关部门暂停拨付有关款项、责令暂停使用有关款项等强制措施行为；

(四)法律、法规规定可以申请复议的其他具体行政行为。

**第五条** 被审计单位可以自知道该审计具体行政行为之日起六十日内提出审计复议申请。

因不可抗力或者其他正当理由耽误法定申请期限的，申请期限自障碍消除之日起继续计算。

**第六条** 被审计单位申请审计复议时，该被审计单位是审计复议的申请人。

申请人可以委托代理人代为参加审计复议。

委托代理人参加审计复议应当向审计复议机关提交授权委托书。

**第七条** 被审计单位对审计机关的具体行政行为不服申请审计复议，作出该审计具体行政行为的审计机关是被申请人。

**第八条** 申请人申请审计复议应当书面申请。申请人口头申请的，审计复议机关应当告知其以书面形式申请。复议申请书应当写明申请人的基本情况、复议请求、申请复议的主要事实和理由、申请时间等。

**第九条** 审计复议机关负责法制工作的机构是审计复议机构，具体办理审计复议事项，履行下列职责：

(一)审查、受理审计复议申请；

(二)查阅文件和资料，向有关组织和人员调查取证；

(三)审查申请审计复议的审计具体行政行为是否合法、适当，拟订审计复议决定；

(四)向审计复议机关提出对《行政复议法》第七条所列有关规定的处理意见；

(五)对被申请人违反《行政复议法》和本规定的行为依照法定的权限和程序提出处理建议；

(六)办理因不服审计复议决定提起行政诉讼的应诉事项；

(七)法律、法规和规章规定的其他职责。

**第十条** 审计复议机关履行复议职责，应当遵循合法、公正、公开的原则，坚持依法行政、有错必纠，保障法律、法规的正确实施。

**第十一条** 对审计署作出的具体行政行为不服的，向审计署申请审计复议。

对审计署依法设立的派出机构以自己的名义作出的具体行政行为不服的，向审计署申请审计复议。

**第十二条** 对地方审计机关作出的审计具体行政行为不服的，可以向上一级审计机关申请审计复议，也可以向本级人民政府申请审计复议。但对地方审计机关办理地方政府授权交办的事项和依照地方性法规、规章和有关规定办理的审计事项所作出的具体行政行为不服的，应当向该审计机关的本级人民政府申请复议。

对地方审计机关依法设立的派出机构以自己的名义作出的具体行政行为不服的，向设立该派出机构的审计机关或者该审计机关的本级人民政府申请审计复议。

**第十三条** 对审计机关与其他行政机关以共同的名义作出的具体行政行为不服的，向其共同的上一级行政机关申请复议。

**第十四条** 被审计单位对审计机关作出的具体行政行为不服的，应当先依法申请审计行政复议。在法定行政复议期限内不得向人民法院提起行政诉讼。

**第十五条** 审计复议机关收到审计复议申请后，应当在五日内进行审查，对不符合法定条件的审计复议申请，决定不予受理，并书面告知被审计单位；对符合法定条件，但是不属于本机关受理的审计复议申请，应当告知被审计单位向有关审计复议机关提出。

除前款规定外，审计复议申请自审计复议机关负责法制工作的机构收到之日起即为受理。

**第十六条** 申请人依法提出审计复议申请，审计复议机关无正当理由不予受理的，上级审计机关应当责令其受理；必要时，上级审计机关也可以直接受理。

**第十七条** 审计复议期间审计具体行政行为不停止执行；但是有下列情形之一的，可以停止执行：

(一)被申请人认为需要停止执行的；

(二)审计复议机关认为需要停止执行的；

(三)申请人申请停止执行，审计复议机关认为要求合理，决定停止执行的；

(四)法律规定停止执行的。

**第十八条** 审计复议机关办理审计复议事项原则上采取书面审查的办法，但是申请人提出要求或者审计复议机构认为必要时，可以采取适当的方式向有关组织和人员调查情况，听取申请人、被申请人和其他有关单位和个人的意见。

**第十九条** 审计复议机构应当自复议受理之日起七日内，将审计复议申请书副本发送被申请人。被申请人应当自收到申请书副本之日起十日内，提出复议答辩书，并提交作出审计具体行政行为的证据、依据和其他有关材料。

申请人及其委托代理人可以查阅被申请人提出的答辩书、作出审计具体行政行为的证据、依据和其他有关材料，除涉及国家秘密、商业秘密或者个人隐私外，审计复议机关、被申请人不得拒绝。

**第二十条** 在审计复议过程中，被申请人不得自行向申请人和其他有关组织或者个人收集证据。

**第二十一条** 审计复议决定作出前，申请人要求撤回审计复议申请的，经说明理由，可以撤回；申请人撤回审计复议申请的，审计复议终止。

审计复议机关应当将申请人撤回审计复议申请的情况记录在案。

**第二十二条** 审计复议机构应当对被申请人作出的审计具体行政行为进行审查，拟出审计复议决定稿，经审计复议机关的负责人同意或者集体讨论通过后，分别作出下列审计复议决定，制作审计复议决定书：

(一)审计具体行政行为认定事实清楚，证据确凿，适用依据正确，程序合法，内容适当的，决定维持；

(二)审计具体行政行为有下列情形之一的，决定撤销、变更或者确认该行为违法；决定撤销或者确认审计具体行政行为违法的，可以责令被申请人在一定期限内重新作出审计具体行政行为：

1. 主要事实不清、证据不足的；
2. 适用依据错误的；
3. 违反法定程序的；
4. 超越或者滥用职权的；
5. 审计具体行政行为明显不当的。

(三)被申请人不按照本规定第十九条规定提出书面答复、提交当初作出审计具体行政行为的证据、依据和其他有关材料的，视为该审计具体行政行为没有证据、依据，决定撤销该审计具体行政行为。

审计复议机关责令被申请人重新作出审计具体行政行为的，被申请人不得以同一事实和理由作出与原审计具体行政行为相同或者基本相同的审计具体行政行为。

**第二十三条** 申请人在申请审计复议时可以一并提出行政赔偿请求，审计复议机关按照国家有关法律的规定办理。

**第二十四条** 审计复议机关应当自受理审计复议申请之日起六十日内作出审计复议决定；情况复杂，不能在规定期限内作出审计复议决定的，经审计复议机构的负责人批准，可以适当延长，并告知申请人和被申请人；但是延长期限最多不超过三十日。

审计复议机关作出审计复议决定，应当制作审计复议决定书。

**第二十五条** 审计复议决定书可以直接送达，也可以邮寄送达。直接送达的，以受送达人在送达回证上注明的签收日期为送达日期。邮寄送达的，以受送达人在回执上注明的收件日期为送达日期。

**第二十六条** 审计复议决定书一经送达即发生法律效力。

**第二十七条** 被申请人应当履行审计复议决定。

被申请人不履行或者无正当理由拖延履行审计复议决定的，审计复议机关或者有关上级主管部门应当责令其限期履行。

**第二十八条** 申请人对审计复议决定不服的，可以依照《行政诉讼法》的规定向人民法院提起行政诉讼。但对审计署作出的审计具体行政行为不服提起审计复议后，又对审计复议决定不服的，也可以向国务院申请裁决，国务院作出的裁决为最终裁决，申请人不得再向人民法院起诉。

**第二十九条** 申请人、委托代理人弄虚作假、欺骗审计复议机关、扰乱复议工作秩序或者有其他违规行为的，审计复议机关可以给予警告、责令改正，并可以移送公安机关依法处置。

**第三十条** 申请人逾期不起诉、不申请裁决，又不履行审计复议决定的，按照下列规定分别处理：

(一)维持审计具体行政行为的审计复议决定，由作出审计具体行政行为的审计机关申请人民法院强制执行；

(二)变更审计具体行政行为的审计复议决定，由审计复议机关申请人民法院强制执行。

**第三十一条** 审计复议机关及其工作人员、被申请人有违反《行政复议法》规定的行为的，应当依照该法追究责任。

**第三十二条** 个人对审计机关作出的罚款不服的，按照有关法律、法规规定办理。

**第三十三条** 本规定由审计署负责解释。

**第三十四条** 本规定自发布之日起施行。审计署于1996年12月16日发布的《审计机关审计行政复议的规定》(审法发〔1996〕358号)同时废止。

## 8. 审计署管辖范围内审计事项授权地方审计机关审计的管理办法(2009年修订)

审办发〔2009〕11号

**第一条** 为了规范审计署审计管辖范围内的审计事项授权地方审计机关审计的管理工作，保证审计质量和成效，更好地发挥授权审计作用，根据《中华人民共和国审计法》第二十八条的有关规定，制定本办法。

**第二条** 审计署审计管辖范围内的审计事项授权地方审计机关审计的工作，实行统一管理、一年一定的办法。

**第三条** 安排授权审计项目(国外贷援款公证审计项目按已有规定执行，下同)计划，应当以整合审计资源、发挥审计机关的整体效能为目标，注重与审计署统一组织审计项目计划的配合和协调，逐步扩大审计监督覆盖面，加强对中央部门和企事业单位在基层的分支机构的审计监督。

**第四条** 审计署原则上只安排行业性授权审计项目，一般不对个别审计事项单独安排授权。

**第五条** 审计署审计管辖范围内的审计事项只授权省级审计机关(含新疆生产建设兵团、计划单列市审计局，下同)，由省级审计机关直接实施或统一组织下级审计机关实施。省级审计机关对审计署负责并报告审计结果。

**第六条** 审计署在调查研究的基础上，于每年年底前提出次年授权审计项目安排意见，包括明确授权审计项目安排的指导思想、授权范围或行业、选定被审计单位的原则和要求等。省级审计机关根据授权审计项目安排意见，本着自愿原则，选定审计项目，向审计署提交授权审计项目立项申请书(格式见附件)，说明选定的审计项目基本情况，立项理由，审计目标，审计内容、范围和重点，以及审计的组织分工等事项。

**第七条** 审计署收到省级审计机关申请授权的文件后，由办公厅统一汇总，进行综合平衡，并征求相关业务司、派出机构意见，形成授权审计项目计划草案，报审计长会议研究审定后，正式下达给省级审计机关执行。

**第八条** 授权审计项目计划一经下达，地方审计机关必须确保在当年完成，并在计划规定的期限向审计署报告审计结果。因特殊原因当年无法完成的，应当及时向审计署申请调减计划。

**第九条** 省级审计机关统一组织下级审计机关实施授权审计项目时，应当由省级审计机关制发审计工作方案，签发审计通知书，提出审计报告，出具审计移送处理书，作出审计决定。省级审计机关的法制工作机构应当对相关审计文书进行复核，提出复核意见。审计工作方案应当抄报审计署。

**第十条** 地方审计机关在实施授权审计项目过程中，应当严格执行审计法、相关审计准则和审计署关于审计质量控制的规定，规范审计行为，确保审计质量。审计查出被审计单位违反国家规定的财政收支、财务收支行为，应当严格依法进行处理处罚。在对违反国家规定的财政收支、财务收支行为的定性和处理处罚上，遇有政策界限不清，或与被审计单位有重大意见分歧的，省级审计机关应当报告审计署，由审计署有关职能机构研究提出意见。

**第十一条** 在实施授权审计项目过程中，发现有下列问题之一的，省级审计机关应当以《重要审计情况》及时向审计署报告，由审计署转送有关部门查处，或由审计署以《审计要情》、《重要信息要目》等形式上报：

(一)因决策失误、失职渎职、管理不善造成国有资金、资产损失金额较大；

(二)厅(局)级以上领导干部涉嫌严重违法犯罪，涉案金额较大；

(三)影响国家重要宏观政策执行的重大问题，涉及金额较大；

(四)其他性质特别恶劣，金额巨大的严重违法违规问题或案件。

**第十二条** 省级审计机关制发授权审计项目的审计报告、审计决定书及审计移送处理书时，应当抄报审计署并抄送审计署有审计管辖权的派出机构。审计终结后，对涉及多个被审计单位的行业性授权审计项目，省级审计机关应当及时汇总审计成果，编制授权审计综合报告报送审计署。

**第十三条** 对于未按上述要求报送包括不报送审计文书的审计机关，审计署将视情况作出处理，直至取消其承办授权事项的资格。

**第十四条** 授权审计项目的审计档案由省级审计机关统一保存并归档。

**第十五条** 授权审计项目可以参加审计署组织的地方优秀审计项目评选。

**第十六条** 审计署每年组织对授权审计项目计划执行、项目实施质量、审计成果等情况进行考核和抽查，并通报考核和抽查结果。

**第十七条** 在实施授权审计项目过程中，地方审计机关应当严格遵守审计工作纪律和各项廉政规定。发生以审计权力谋取单位和个人私利问题的，审计署暂停对其授权、限期整改并依法依纪作出相应处理。因审计人员失职、渎职等行为造成审计项目重大质量问题的，依法追究有关领导和直接责任人员的责任。

**第十八条** 本办法由审计署负责解释。

**第十九条** 本办法自发布之日起执行。《中央审计项目授权地方审计机关审计管理办法》(审办发〔2005〕34 号)同时废止。

## 9. 中央预算执行情况审计监督暂行办法(1995 年颁布)

国务院令 1995 年第 181 号

**第一条** 为了做好对中央预算执行和其他财政收支的审计监督工作，根据《中华人民共和国审计法》(以下简称《审计法》)，制定本办法。

**第二条** 审计署在国务院总理领导下，对中央预算执行情况进行审计监督，维护中央预算的法律严肃性，促进中央各部门(含直属单位，下同)严格执行预算法，发挥中央预算在国家宏观调控中的作用，保障经济和社会的健康发展。

**第三条** 对中央预算机行情况进行审计，应当有利于国务院财中央财政收支的管理和全国人民代表大会常务委员会对中央预算执行和其他财政收支的监督；有利于促进国务院财政税务部门和中央其他部门依法有效地行使预算管理职权，有利于实现中央预算执行和其他财政收支审计监督工作的法制化。

**第四条** 审计署依法对中央预算执行情况，省级预算执行情况和决算，以及中央级其他财政收支的真实、合法和效益，进行审计监督。

**第五条** 对中央预算执行情况进行审计监督的主要内容：

（一）财政部按照全国人民代表大会批准的中央预算向中央各部门批复预算的情况、中央预算执行中调整情况和预算收支变化情况；

（二）财政部、国家税务总局、海关总署等征收部门，依照有关法律、行政法规和国务院财政税务部门的有关规定，及时、足额征收应征的中央各项税收收入、中央企业上缴利润、专项收入和退库拨补企业计划亏损补贴等中央预算收入情况；

（三）财政部按照批准的年度预算和用款计划、预算级次和程序、用款单位的实际用款进度，拨付中央本级预算支出资金情况；

（四）财政部依照有关法律、行政法规和财政管理体制，拨付补助地方支出资金和办理结算情况；

（五）财政部依照有关法律、行政法规和财政部的有关规定，管理国内外债务还本付息情况；

（六）中央各部门执行年度支出预算和财政、财务制度，以及相关的经济建设和事业发展情况；有预算收入上缴任务的部门和单位预算收入上缴情况；

（七）中央国库按照国家有关规定，办理中央预算收入的收纳和预算支出的拨付情况；

（八）国务院总理授权审计的按照有关规定实行专项管理的中央级财政收支情况。

**第六条** 对中央级其他财政收支进行审计监督的主要内容：

（一）财政部依照有关法律、行政法规和财政部的有关规定，管理和使用预算外资金和财政有偿使用资金的情况；

（二）中央各部门依照有关法律、行政法规和财政部的有关规定，管理和使用预算外资金的情况。

**第七条** 为了做好中央预算执行情况审计监督工作，对省级政府预算执行和决算中，执行预算和税收法律、行政法规，分配使用中央财政补助地方支出资金和省级预算外资金管理和使用情况等关系国家财政工作全局的问题，进行审计或者审计调查。

**第八条** 根据《审计法》有关审计工作报告制度的规定，审计署应当在每年第一季度对上一年度国家税务总局、海关总署所属机构和中央有关部门实施中央预算情况和其他财政收支，进行就地审计；第二季度对上一年度中央预算执行情况进行审计。审计署对预算执行中的特定事项，应当及时组织专项审计调查。

审计署每年第二季度应当向国务院总理提出对上一年度中央预算执行和其他财政收支的审计结果报告。

审计署应当按照全国人民代表大会常务委员会的安排，受国务院委托，每年向全国人民代表大会常务委员会提出对上一年度中央预算执行和其他财政收支的审计工作报告。

**第九条** 国务院财政税务部门和中央其他部门应当向审计署报送以下资料：

（一）全国人民代表大会批准的中央预算和财政部向中央各部门批复的预算，税务、海关征收部门的年度收入计划，以及中央各部门向所属各单位批复的预算；

（二）中央预算收支执行和税务、海关收入计划完成情况月报、决算和年报，以及预算外资金收支决算和财政有偿使用资金收支情况；

（三）综合性财政税务工作统计年报，情况简报，财政、预算、税务、财务和会计等规章制度；

（四）中央各部门汇总编制的本部门决算草案。

**第十条** 对国务院财政税务部门和中央其他部门在组织中央预算执行和其他财政收支中，违反预算的行为或者其他违反国家规定的财政收支行为，审计署在法定职权范围内，依照有关法律、行政法规的规定，出具审计意见书或者作出审计决定，重大问题向国务院提出处理建议。

**第十一条** 国务院财政税务部门和中央其他部门发布的财政规章、制度和办法有同有关法律、行政法规相抵触或者有不适当之处，应当纠正或者完善的，审计署可以提出处理建议，报国务院审查决定。

**第十二条** 违反《审计法》的规定，拒绝或者阻碍审计检查的，由审计署责令改正，可以通报批评，给予警告；拒不改正的，依法追究责任。

**第十三条** 中国人民解放军审计署对中国人民解放军预算执行和其他财政收支的审计结果报告，报中央军事委员会的同时，并报审计署。

**第十四条** 省、自治区、直辖市审计机关，可以参照本办法，结合本地方的实际情况，制定地方预算执行情况审计监督实施办法，报同级人民政府批准，并报审计署备案。

**第十五条** 本办法自发布之日起施行。

# 10. 政府投资项目审计规定(2010年修订)

审投发〔2010〕173号

**第一条**　为进一步加强政府投资项目审计工作,规范政府投资项目审计行为,提升政府投资审计质量和成效,充分发挥审计保障国家经济社会健康运行的"免疫系统"功能,根据《中华人民共和国审计法》、《中华人民共和国审计法实施条例》和《中华人民共和国国家审计准则》等有关法律法规,制定本规定。

**第二条**　审计机关对政府投资和以政府投资为主的项目实施的审计和专项审计调查适用本规定。

**第三条**　审计机关依据《中华人民共和国审计法》和《中华人民共和国审计法实施条例》以及本级人民政府规定,确定政府投资项目审计的对象、范围和内容。

**第四条**　审计机关应当根据法律、法规、规章的规定和本级人民政府的要求以及上级审计机关的工作安排,按照全面审计、突出重点、合理安排、确保质量的原则,确定年度政府投资审计项目计划。

各级政府及其发展改革部门审批的政府重点投资项目,应当作为政府投资审计重点。

审计机关按照确定的审计管辖范围开展政府投资项目审计,防止不必要的重复审计。

**第五条**　审计机关对政府重点投资项目以及涉及公共利益和民生的城市基础设施、保障性住房、学校、医院等工程,应当有重点地对其建设和管理情况实施跟踪审计。

**第六条**　审计机关对政府投资项目重点审计以下内容:

(一)履行基本建设程序情况;

(二)投资控制和资金管理使用情况;

(三)项目建设管理情况;

(四)有关政策措施执行和规划实施情况;

(五)工程质量情况;

(六)设备、物资和材料采购情况;

(七)土地利用和征地拆迁情况;

(八)环境保护情况;

(九)工程造价情况;

(十)投资绩效情况;

(十一)其他需要重点审计的内容。

除重点审计上述内容外,还应当关注项目决策程序是否合规,有无因决策失误和重复建设造成重大损失浪费等问题;应当注重揭示和查处工程建设领域中的重大违法违规问题和经济犯罪线索,促进反腐倡廉建设;应当注重揭示投资管理体制、机制和制度方面的问题。

**第七条**　审计机关在真实性、合法性审计的基础上,应当更加注重检查和评价政府投资项目的绩效,逐步做到所有审计的政府重点投资项目都开展绩效审计。

**第八条**　对政府投入大、社会关注度高的重点投资项目竣工决算前,审计机关应当先进行审计。

审计机关应当提高工程造价审计质量,对审计发现的多计工程价款等问题,应当责令建设单位与设计、施工、监理、供货等单位据实结算。

**第九条**　审计机关对列入年度审计计划的竣工决算审计项目,一般应当在审计通知书确定的审计实施日起3个月内出具审计报告。确需延长审计期限时,应当报经审计计划下达机关批准。

**第十条**　审计机关开展政府投资项目审计,应当确定项目法人单位或其授权委托进行建设管理的单位为被审计单位。在审计通知书中应当明确,实施审计中将对与项目直接有关的设计、施工、监理、供货等单位取得项目资金的真实性、合法性进行调查。

采取跟踪审计方式实施审计的,审计通知书应当列明跟踪审计的具体方式和要求。

**第十一条**　审计机关在法定职权范围内对审计发现的违法违规问题进行处理处罚;对审计发现的需要追究有关人员责任的违法违纪案件线索,应当及时移送司法机关或纪检监察等机关处理;对不属于审计管辖范围内的、应当依法由其他有关部门纠正、处理处罚的事项,应当移送有关部门处理。

办理审计移送事项时,应当按规定移交相关证据材料。

审计机关应当进一步建立健全审计机关与纪检监察机关和司法机关的案件线索移送、协查和信息共享的协调沟通机制，发挥监督合力。

**第十二条** 审计机关应当及时向本级人民政府报告重点投资项目审计结果，并通报有关部门。政府投资项目审计中发现的重大问题，应当纳入本级预算执行审计结果报告。

审计机关在审计中发现有关部门履行职责不到位、政策法规不完善等问题，应当及时向本级人民政府或有关主管部门提出建议。

**第十三条** 审计机关实施政府投资项目审计，遇有相关专业知识局限等情况时，可以聘请符合审计职业要求的外部人员参加审计项目或者提供技术支持、专业咨询、专业鉴定。

审计机关应当制定有关聘请外部人员的工作规范，加强对聘请外部人员工作的督导和业务复核，保证审计质量。

审计机关聘请的外部人员在政府投资项目审计中违反有关法律法规规定的，审计机关应当停止其承担的工作，追究违约责任，移送有关部门处理；涉嫌犯罪的，移送司法机关追究刑事责任。

**第十四条** 审计机关应当根据《中华人民共和国国家审计准则》，建立健全政府投资项目审计质量控制制度，实行审计组成员、审计组主审、审计组组长、审计机关业务部门、审理机构、总审计师和审计机关负责人对审计业务的分级质量控制，作出恰当的审计结论，依法进行处理处罚，防范审计风险。

**第十五条** 审计机关应当建立健全政府投资项目审计整改检查机制，督促被审计单位和其他有关单位根据审计结果进行整改。审计组在审计实施过程中，应当及时督促被审计单位整改审计发现的问题。

对于跟踪审计项目，审计机关应当将上次审计查出问题的整改情况作为审计的重要内容。

**第十六条** 审计机关应当依法实行公告制度，及时客观公正地向社会公告政府投资项目审计结果及整改情况；逐步实现所有政府重点投资项目审计结果及整改情况，除涉及国家秘密和商业秘密外，都按程序全面、如实向社会公告。

**第十七条** 审计机关应当充分运用信息化手段开展政府投资项目审计工作，努力搭建管理平台，逐步建立政府投资项目审计数据库，加快方法体系建设，扩大工程造价软件在竣工决算审计中的应用，并探索信息化条件下的联网审计，提高政府投资项目审计管理水平和效率。

**第十八条** 上级审计机关应当加强对下级审计机关政府投资项目审计工作的业务领导，及时总结和推广好的经验与做法，研究制定政府投资项目审计业务规范，提高规范化水平。

下一级审计机关应当按规定向上一级审计机关报告政府重点投资项目审计结果。

**第十九条** 审计机关应当重视和加强投资审计队伍建设，积极引进符合条件的投资审计相关专业人才，培养投资审计业务骨干人才和领军人才，改善投资审计队伍的专业结构，逐步提高投资审计人员的整体素质，使投资审计人员具备与政府投资项目审计工作相适应的专业知识、业务能力和实践经验，为投资审计发展提供人才保障。

**第二十条** 审计机关应当加强对投资审计人员的职业道德和廉政纪律教育，针对投资审计工作容易出现廉政风险的环节，加强内部控制，强化管理，确保严格执行审计纪律，维护审计机关廉洁从审的良好形象。

**第二十一条** 地方审计机关可以根据《中华人民共和国审计法》和《中华人民共和国审计法实施条例》，结合本地实际，制定地方政府投资项目审计的实施细则。

**第二十二条** 审计机关对国有资本占控股地位或者主导地位的企业和国家事业组织投资的项目审计，参照本规定执行。

**第二十三条** 本规定由审计署负责解释，自发布之日起施行。2006 年 1 月 20 日颁布的《政府投资项目审计管理办法》同时废止。

## 11. 审计机关封存资料资产规定(2010 年颁布)

中华人民共和国审计署令　2010 年第 9 号

**第一条** 为了规范审计机关封存被审计单位有关资料和违反国家规定取得的资产的行为，保障审计机关和审计人员严格依法行使审计监督职权，提高依法审计水平，维护国家利益和被审计单位的合法权益，根据审计法、审计法实施条例和其他有关法律法规，制定本规定。

**第二条** 审计机关对被审计单位有关资料和违反国家规定取得的资产采取封存措施适用本规定。

审计机关在审计证据可能灭失或者以后难以取得的情况下，采取的先行登记保存措施，依照行政处罚法和有关行政法规的规定执行。

**第三条** 审计机关采取封存措施，应当遵循合法、谨慎的原则。

审计机关应当严格依照审计法、审计法实施条例和本规定确定的条件、程序采取封存措施，不得滥用封存权。

审计机关通过制止被审计单位违法行为、及时取证或者采取先行登记保存措施可以达到审计目的的，不必采取封存措施。

**第四条** 有下列情形之一的，审计机关可以采取封存措施：

(一)被审计单位正在或者可能转移、隐匿、篡改、毁弃会计凭证、会计账簿、财务会计报告以及其他与财政收支或者财务收支有关的资料的；

(二)被审计单位正在或者可能转移、隐匿违反国家规定取得的资产的。

**第五条** 审计机关依法对被审计单位的下列资料进行封存：

(一)会计凭证、会计账簿、财务会计报告等会计资料；

(二)合同、文件、会议记录等与被审计单位财政收支或者财务收支有关的其他资料。

上述资料存储在磁、光、电等介质上的，审计机关可以依法封存相关存储介质。

**第六条** 审计机关依法对被审计单位违反国家规定取得的现金、实物等资产或者有价证券、权属证明等资产凭证进行封存。

**第七条** 审计机关采取封存措施，应当经县级以上人民政府审计机关(含县级人民政府审计机关和省级以上人民政府审计机关派出机构，下同)负责人批准，由两名审计人员实施。

**第八条** 审计机关采取封存措施，应当向被审计单位送达封存通知书。

封存通知书包括下列内容：

(一)被审计单位名称；

(二)封存依据；

(三)封存资料或者资产的名称、数量等；

(四)封存期限；

(五)被审计单位申请行政复议或者提起行政诉讼的途径和期限；

(六)审计机关的名称、印章和日期。

在被审计单位正在转移、隐匿、篡改、毁弃有关资料或者正在转移、隐匿违反国家规定取得的资产等紧急情况下，审计人员报经县级以上人民政府审计机关负责人口头批准，可以采取必要措施，当场予以封存，再补送封存通知书。

**第九条** 审计机关采取封存措施时，审计人员应当会同被审计单位相关人员对有关资料或者资产进行清点，开列封存清单。

封存清单一般登记封存资料的名称、数量，封存资产的名称、规格、型号、数量等。封存资料存储在磁、光、电等介质上的，还应当列明存储介质的名称、规格等。

封存清单一式两份，由审计人员和被审计单位相关人员核对后签名或者盖章，双方各执一份。

**第十条** 审计机关应当对存放封存资料或者资产的文件柜、保险柜、档案室、库房等加贴封条。

封条上应当注明审计机关名称、封存日期并加盖审计机关印章。

**第十一条** 审计机关具备保管条件的，可以自行保管封存的资料或者资产；不具备保管条件的，可以指定被审计单位对存放封存资料、资产的设备或者设施进行保管或者看管；特殊情况下，也可以委托与被审计单位无利害关系的第三人保管。

审计机关指定被审计单位保管或者看管存放封存资料、资产的设备或者设施的，应当在封存通知书中一并载明被审计单位的保管责任。

**第十二条** 被审计单位或者受托保管的第三人应当履行保管责任，除本规定第十三条规定的情形外，

不得擅自启封,不得损毁或者转移存放封存资料、资产的设备或者设施。

**第十三条** 遇有自然灾害等突发事件,可能导致封存的资料或者资产损毁的,负有保管责任的被审计单位或者第三人,应当将封存的资料或者资产转移到安全的地方,并将情况及时报告采取封存措施的审计机关。

**第十四条** 封存的期限一般不得超过7个工作日;有特殊情况需要延长的,经县级以上人民政府审计机关负责人批准,可以适当延长,但延长的期限不得超过7个工作日。

**第十五条** 审计机关封存资料或者资产后,审计人员应当及时进行审查,获取审计证据,或者提请有关主管部门对被审计单位违反国家规定取得的资产进行处理。

**第十六条** 审计机关在封存期限届满或者在封存期限内完成对有关资料或者资产处理的,审计人员应当与被审计单位相关人员共同清点封存的资料或者资产后予以退还,并在双方持有的封存清单上注明解除封存日期和退还的资料或者资产,由双方签名或者盖章。

**第十七条** 审计机关违反规定采取封存措施,给国家利益或者被审计单位的合法权益造成重大损害的,依照有关法律法规的规定追究相关人员的责任。

**第十八条** 被审计单位或者负有保管责任的第三人有下列行为之一的,依照有关法律法规的规定追究相关人员的责任:

(一)除本规定第十三条规定的情形外,擅自启封的;

(二)故意或者未尽保管责任,导致封存的资料被转移、隐匿、篡改、毁弃的;

(三)故意或者未尽保管责任,导致封存的资产被转移、隐匿、损毁的。

**第十九条** 本规定由审计署负责解释。

**第二十条** 本规定自2011年2月1日起施行。

# 12. 党政主要领导干部和国有企业领导人员经济责任审计规定(2010年修订)

中办发〔2010〕32号

## 第一章 总 则

**第一条** 为健全和完善经济责任审计制度,加强对党政主要领导干部和国有企业领导人员(以下简称领导干部)的管理监督,推进党风廉政建设,根据《中华人民共和国审计法》和其他有关法律法规,以及干部管理监督的有关规定,制定本规定。

**第二条** 党政主要领导干部经济责任审计的对象包括:

(一)地方各级党委、政府、审判机关、检察机关的正职领导干部或者主持工作一年以上的副职领导干部;

(二)中央和地方各级党政工作部门、事业单位和人民团体等单位的正职领导干部或者主持工作一年以上的副职领导干部;上级领导干部兼任部门、单位的正职领导干部,且不实际履行经济责任时,实际负责本部门、本单位常务工作的副职领导干部。

**第三条** 国有企业领导人员经济责任审计的对象包括国有和国有控股企业(含国有和国有控股金融企业)的法定代表人。

**第四条** 本规定所称经济责任,是指领导干部在任职期间因其所任职务,依法对本地区、本部门(系统)、本单位的财政收支、财务收支以及有关经济活动应当履行的职责、义务。

**第五条** 领导干部履行经济责任的情况,应当依法接受审计监督。

根据干部管理监督的需要,可以在领导干部任职期间进行任中经济责任审计,也可以在领导干部不再担任所任职务时进行离任经济责任审计。

**第六条**　领导干部的经济责任审计依照干部管理权限确定。

地方审计机关主要领导干部的经济责任审计，由本级党委与上一级审计机关协商后，由上一级审计机关组织实施。

审计署审计长的经济责任审计，报请国务院总理批准后实施。

**第七条**　审计机关依法独立实施经济责任审计，任何组织和个人不得拒绝、阻碍、干涉，不得打击报复审计人员。

**第八条**　审计机关和审计人员对经济责任审计工作中知悉的国家秘密、商业秘密，负有保密义务。

**第九条**　各级党委和政府应当保证审计机关履行经济责任审计职责所必需的机构、人员和经费。

## 第二章　组织协调

**第十条**　各级党委和政府应当加强对经济责任审计工作的领导，建立经济责任审计工作联席会议（以下简称联席会议）制度。联席会议由纪检、组织、审计、监察、人力资源社会保障和国有资产监督管理等部门组成。

联席会议下设办公室，与同级审计机关内设的经济责任审计机构合署办公，负责日常工作。联席会议办公室主任为同级审计机关的副职领导或者同职级领导。

**第十一条**　联席会议的主要职责是研究制定有关经济责任审计的政策和制度，监督检查、交流通报经济责任审计工作开展情况，协调解决工作中出现的问题。

**第十二条**　联席会议办公室的主要职责是研究起草有关经济责任审计的法规、制度和文件，研究提出年度经济责任审计计划草案，总结推广经济责任审计工作经验，督促落实联席会议决定的有关事项。

**第十三条**　经济责任审计应当有计划地进行。组织部门每年提出下一年度经济责任审计委托建议，经联席会议办公室研究后提出经济责任审计计划草案，由审计机关报请本级政府行政首长审定后，纳入审计机关年度审计工作计划并组织实施。

## 第三章　审计内容

**第十四条**　经济责任审计应当以促进领导干部推动本地区、本部门（系统）、本单位科学发展为目标，以领导干部守法、守纪、守规、尽责情况为重点，以领导干部任职期间本地区、本部门（系统）、本单位财政收支、财务收支以及有关经济活动的真实、合法和效益为基础，严格依法界定审计内容。

**第十五条**　地方各级党委和政府主要领导干部经济责任审计的主要内容是：本地区财政收支的真实、合法和效益情况；国有资产的管理和使用情况；政府债务的举借、管理和使用情况；政府投资和以政府投资为主的重要项目的建设和管理情况；对直接分管部门预算执行和其他财政收支、财务收支以及有关经济活动的管理和监督情况。

**第十六条**　党政工作部门、审判机关、检察机关、事业单位和人民团体等单位主要领导干部经济责任审计的主要内容是：本部门（系统）、本单位预算执行和其他财政收支、财务收支的真实、合法和效益情况；重要投资项目的建设和管理情况；重要经济事项管理制度的建立和执行情况；对下属单位财政收支、财务收支以及有关经济活动的管理和监督情况。

**第十七条**　国有企业领导人员经济责任审计的主要内容是：本企业财务收支的真实、合法和效益情况；有关内部控制制度的建立和执行情况；履行国有资产出资人经济管理和监督职责情况。

**第十八条**　在审计以上主要内容时，应当关注领导干部在履行经济责任过程中的下列情况：贯彻落实科学发展观，推动经济社会科学发展情况；遵守有关经济法律法规、贯彻执行党和国家有关经济工作的方针政策和决策部署情况；制定和执行重大经济决策情况；与领导干部履行经济责任有关的管理、决策等活动的经济效益、社会效益和环境效益情况；遵守有关廉洁从政（从业）规定情况等。

**第十九条**　有关部门和单位、地方党委和政府的主要领导干部由上级领导干部兼任，且实际履行经济责任的，对其进行经济责任审计时，审计内容仅限于该领导干部所兼任职务应当履行的经济责任。

## 第四章　审计实施

**第二十条**　审计机关应当根据年度经济责任审计计划，组成审计组并实施审计。

**第二十一条** 审计机关应当在实施经济责任审计3日前，向被审计领导干部及其所在单位或者原任职单位（以下简称所在单位）送达审计通知书。遇有特殊情况，经本级政府批准，审计机关可以直接持审计通知书实施经济责任审计。

**第二十二条** 审计机关实施经济责任审计时，应当召开有审计组主要成员、被审计领导干部及其所在单位有关人员参加的会议，安排审计工作有关事项。联席会议有关成员单位根据工作需要可以派人参加。

审计机关实施经济责任审计，应当进行审计公示。

**第二十三条** 审计机关在经济责任审计过程中，应当听取本级党委、政府和被审计领导干部所在单位有关领导同志，以及本级联席会议有关成员单位的意见。

**第二十四条** 审计机关在进行经济责任审计时，被审计领导干部及其所在单位，以及其他有关单位应当提供与被审计领导干部履行经济责任有关的下列资料：

（一）财政收支、财务收支相关资料；

（二）工作计划、工作总结、会议记录、会议纪要、经济合同、考核检查结果、业务档案等资料；

（三）被审计领导干部履行经济责任情况的述职报告；

（四）其他有关资料。

**第二十五条** 被审计领导干部及其所在单位应当对所提供资料的真实性、完整性负责，并作出书面承诺。

**第二十六条** 审计机关履行经济责任审计职责时，可以依法提请有关部门和单位予以协助，有关部门和单位应当予以配合。

**第二十七条** 审计组实施审计后，应当将审计组的审计报告书面征求被审计领导干部及其所在单位的意见。根据工作需要可以征求本级党委、政府有关领导同志，以及本级联席会议有关成员单位的意见。

被审计领导干部及其所在单位应当自接到审计组的审计报告之日起10日内提出书面意见；10日内未提出书面意见的，视同无异议。

**第二十八条** 审计机关按照《中华人民共和国审计法》及相关法律法规规定的程序，对审计组的审计报告进行审议，出具审计机关的经济责任审计报告和审计结果报告。

**第二十九条** 审计机关应当将经济责任审计报告送达被审计领导干部及其所在单位。

**第三十条** 审计机关应当将经济责任审计结果报告等结论性文书报送本级政府行政首长，必要时报送本级党委主要负责同志；提交委托审计的组织部门；抄送联席会议有关成员单位。

**第三十一条** 被审计领导干部所在单位存在违反国家规定的财政收支、财务收支行为，依法应当给予处理、处罚的，由审计机关在法定职权范围内作出审计决定。

审计机关在经济责任审计中发现的应当由其他部门处理的问题，依法移送有关部门处理。

**第三十二条** 被审计领导干部对审计机关出具的经济责任审计报告有异议的，可以自收到审计报告之日起30日内向出具审计报告的审计机关申诉，审计机关应当自收到申诉之日起30日内作出复查决定；被审计领导干部对复查决定仍有异议的，可以自收到复查决定之日起30日内向上一级审计机关申请复核，上一级审计机关应当自收到复核申请之日起60日内作出复核决定。

上一级审计机关的复核决定和审计署的复查决定为审计机关的最终决定。

## 第五章　审计评价与结果运用

**第三十三条** 审计机关应当根据审计查证或者认定的事实，依照法律法规、国家有关规定和政策，以及责任制考核目标和行业标准等，在法定职权范围内，对被审计领导干部履行经济责任情况作出客观公正、实事求是的评价。审计评价应当与审计内容相统一，评价结论应当有充分的审计证据支持。

**第三十四条** 审计机关对被审计领导干部履行经济责任过程中存在问题所应当承担的直接责任、主管责任、领导责任，应当区别不同情况作出界定。

**第三十五条** 本规定所称直接责任，是指领导干部对履行经济责任过程中的下列行为应当承担的责任：

（一）直接违反法律法规、国家有关规定和单位内部管理规定的行为；

（二）授意、指使、强令、纵容、包庇下属人员违反法律法规、国家有关规定和单位内部管理规定的行为；

（三）未经民主决策、相关会议讨论而直接决定、批准、组织实施重大经济事项，并造成重大经济损失浪费、国有资产（资金、资源）流失等严重后果的行为；

（四）主持相关会议讨论或者以其他方式研究，但是在多数人不同意的情况下直接决定、批准、组织实施重大经济事项，由于决策不当或者决策失误造成重大经济损失浪费、国有资产（资金、资源）流失等严重后果的行为；

（五）其他应当承担直接责任的行为。

**第三十六条** 本规定所称主管责任，是指领导干部对履行经济责任过程中的下列行为应当承担的责任：

（一）除直接责任外，领导干部对其直接分管的工作不履行或者不正确履行经济责任的行为；

（二）主持相关会议讨论或者以其他方式研究，并且在多数人同意的情况下决定、批准、组织实施重大经济事项，由于决策不当或者决策失误造成重大经济损失浪费、国有资产（资金、资源）流失等严重后果的行为。

**第三十七条** 本规定所称领导责任，是指除直接责任和主管责任外，领导干部对其不履行或者不正确履行经济责任的其他行为应当承担的责任。

**第三十八条** 各级党委和政府应当建立健全经济责任审计情况通报、审计整改以及责任追究等结果运用制度，逐步探索和推行经济责任审计结果公告制度。

**第三十九条** 有关部门和单位应当根据干部管理监督的相关要求运用经济责任审计结果，将其作为考核、任免、奖惩被审计领导干部的重要依据，并以适当方式将审计结果运用情况反馈审计机关。

经济责任审计结果报告应当归入被审计领导干部本人档案。

## 第六章 附 则

**第四十条** 审计机关和审计人员、被审计领导干部及其所在单位，以及其他有关单位和个人在经济责任审计中的职责、权限、法律责任等，本规定未作规定的，依照《中华人民共和国审计法》、《中华人民共和国审计法实施条例》和其他法律法规的有关规定执行。

**第四十一条** 审计机关开展领导干部经济责任审计适用本规定。有关机构依法履行国有资产监督管理职责时，按照干部管理权限开展的经济责任审计，参照本规定组织实施。部门和单位可以根据本规定，制定内部管理领导干部经济责任审计的规定。

**第四十二条** 中央经济责任审计工作联席会议应当根据本规定，制定实施细则或者贯彻实施意见。

**第四十三条** 本规定由审计署负责解释。

**第四十四条** 本规定自印发之日起施行。1999 年 5 月中共中央办公厅、国务院办公厅印发的《县级以下党政领导干部任期经济责任审计暂行规定》和《国有企业及国有控股企业领导人员任期经济责任审计暂行规定》（中办发〔1999〕20 号）同时废止。

# 第二十章　注册会计师审计相关法规(上)——会计师事务所及注册会计师管理

## 1. 中华人民共和国注册会计师法(1993年修正)

中华人民共和国主席令1993年第十三号

### 第一章　总　　则

**第一条**　为了发挥注册会计师在社会经济活动中的鉴证和服务作用,加强对注册会计师的管理,维护社会公共利益和投资者的合法权益,促进社会主义市场经济的健康发展,制定本法。

**第二条**　注册会计师是依法取得注册会计师证书并接受委托从事审计和会计咨询、会计服务业务的执业人员。

**第三条**　会计师事务所是依法设立并承办注册会计师业务的机构。

注册会计师执行业务,应当加入会计师事务所。

**第四条**　注册会计师协会是由注册会计师组成的社会团体。中国注册会计师协会是注册会计师的全国组织,省、自治区、直辖市注册会计师协会是注册会计师的地方组织。

**第五条**　国务院财政部门和省、自治区、直辖市人民政府财政部门,依法对注册会计师、会计师事务所和注册会计师协会进行监督、指导。

**第六条**　注册会计师和会计师事务所执行业务,必须遵守法律、行政法规。

注册会计师和会计师事务所依法独立、公正执行业务,受法律保护。

### 第二章　考试和注册

**第七条**　国家实行注册会计师全国统一考试制度。注册会计师全国统一考试办法,由国务院财政部门制定,由中国注册会计师协会组织实施。

**第八条**　具有高等专科以上学校毕业的学历、或者具有会计或者相关专业中级以上技术职称的中国公民,可以申请参加注册会计师全国统一考试;具有会计或者相关专业高级技术职称的人员,可以免予部分科目的考试。

**第九条**　参加注册会计师全国统一考试成绩合格,并从事审计业务工作二年以上的,可以向省、自治区、直辖市注册会计师协会申请注册。

除有本法第十条所列情形外,受理申请的注册会计师协会应当准予注册。

**第十条**　有下列情形之一的,受理申请的注册会计师协会不予注册:

(一)不具有完全民事行为能力的;

(二)因受刑事处罚,自刑罚执行完毕之日起至申请注册之日止不满五年的;

(三)因在财务、会计、审计、企业管理或者其他经济管理工作中犯有严重错误受行政处罚、撤职以上处分,自处罚、处分决定之日起至申请注册之日止不满二年的;

(四)受吊销注册会计师证书的处罚,自处罚决定之日起至申请注册之日止不满五年的;

(五)国务院财政部门规定的其他不予注册的情形的。

**第十一条**　注册会计师协会应当将准予注册的人员名单报国务院财政部门备案。国务院财政部门发现注册会计师协会的注册不符合本法规定的,应当通知有关的注册会计师协会撤销注册。

注册会计师协会依照本法第十条的规定不予注册的,应当自决定之日起十五日内书面通知申请人。申请人有异议的，可以自收到通知之日起十五日内向国务院财政部门或者省、自治区、直辖市人民政府财政部门申请复议。

**第十二条** 准予注册的申请人，由注册会计师协会发给国务院财政部门统一制定的注册会计师证书。

**第十三条** 已取得注册会计师证书的人员，除本法第十一条第一款规定的情形外，注册后有下列情形之一的，由准予注册的注册会计师协会撤销注册，收回注册会计师证书：

(一)完全丧失民事行为能力的；

(二)受刑事处罚的；

(三)因在财务、会计、审计、企业管理或者其他经济管理工作中犯有严重错误受行政处罚、撤职以上的处分的；

(四)自行停止执行注册会计师业务满一年的。

被撤销注册的当事人有异议的，可以自接到撤销注册、收回注册会计师证书的通知之日起十五日内向国务院财政部门或者省、自治区、直辖市人民政府财政部门申请复议。

依照第一款规定被撤销注册的人员可以重新申请注册，但必须符合本法第九条、第十条的规定。

## 第三章 业务范围和规则

**第十四条** 注册会计师承办下列审计业务：

(一)审查企业会计报表，出具审计报告；

(二)验证企业资本，出具验资报告；

(三)办理企业合并、分立、清算事宜中的审计业务，出具有关的报告；

(四)法律、行政法规规定的其他审计业务。

注册会计师依法执行审计业务出具的报告，具有证明效力。

**第十五条** 注册会计师可以承办会计咨询、会计服务业务。

**第十六条** 注册会计师承办业务，由其所在的会计师事务所统一受理并与委托人签订委托合同。

会计师事务所对本所注册会计师依照前款规定承办的业务，承担民事责任。

**第十七条** 注册会计师执行业务，可以根据需要查阅委托人的有关会计资料和文件，查看委托人的业务现场和设施，要求委托人提供其他必要的协助。

**第十八条** 注册会计师与委托人有利害关系的，应当回避；委托人有权要求其回避。

**第十九条** 注册会计师对在执行业务中知悉的商业秘密，负有保密义务。

**第二十条** 注册会计师执行审计业务，遇有下列情形之一的，应当拒绝出具有关报告：

(一)委托人示意其作不实或者不当证明的；

(二)委托人故意不提供有关会计资料和文件的；

(三)因委托人有其他不合理要求，致使注册会计师出具的报告不能对财务会计的重要事项作出正确表述的。

**第二十一条** 注册会计师执行审计业务，必须按照执业准则、规则确定的工作程序出具报告。

注册会计师执行审计业务出具报告时，不得有下列行为：

(一)明知委托人对重要事项的财务会计处理与国家有关规定相抵触，而不予指明；

(二)明知委托人的财务会计处理会直接损害报告使用人或者其他利害关系人的利益，而予以隐瞒或者作不实的报告；

(三)明知委托人的财务会计处理会导致报告使用人或者其他利害关系人产生重大误解，而不予指明；

(四)明知委托人的会计报表的重要事项有其他不实的内容，而不予指明。

对委托人有前款所列行为，注册会计师按照执业准则、规则应当知道的，适用前款规定。

**第二十二条** 注册会计师不得有下列行为：

(一)在执行审计业务期间，在法律、行政法规规定不得买卖被审计单位的股票、债券或者不得购买被审计单位或者个人的其他财产的期限内，买卖被审计的单位的股票、债券或者购买被审计单位或者个人所拥有的其他财产；

(二)索取、收受委托合同约定以外的酬金或者其他财物，或者利用执行业务之便，谋取其他不正当的

利益；

（三）接受委托催收债款；

（四）允许他人以本人名义执行业务；

（五）同时在两个或者两个以上的会计师事务所执行业务；

（六）对其能力进行广告宣传以招揽业务；

（七）违反法律、行政法规的其他行为。

## 第四章　会计师事务所

**第二十三条**　会计师事务所可以由注册会计师合伙设立。

合伙设立的会计师事务所的债务，由合伙人按照出资比例或者协议的约定，以各自的财产承担责任。合伙人对会计师事务所的债务承担连带责任。

**第二十四条**　会计师事务所符合下列条件的，可以是负有限责任的法人：

（一）不少于三十万元的注册资本；

（二）有一定数量的专职从业人员，其中至少有五名注册会计师；

（三）国务院财政部门规定的业务范围和其他条件。

负有限责任的会计师事务所以其全部资产对其债务承担责任。

**第二十五条**　设立会计师事务所，由国务院财政部门或者省、自治区、直辖市人民政府财政部门批准。

申请设立会计师事务所，申请者应当向审批机关报送下列文件：

（一）申请书；

（二）会计师事务所的名称、组织机构和业务场所；

（三）会计师事务所章程，有合伙协议的并应报送合伙协议；

（四）注册会计师名单、简历及有关证明文件；

（五）会计师事务所主要负责人、合伙人的姓名、简历及有关证明文件；

（六）负有限责任的会计师事务所的出资证明；

（七）审批机关要求的其他文件。

**第二十六条**　审批机关应当自收到申请文件之日起三十日内决定批准或不批准。

省、自治区、直辖市人民政府财政部门批准的会计师事务所，应当报国务院财政部门备案。国务院财政部门发现批准不当的，应当自收到备案报告之日起三十日内通知原审批机关重新审查。

**第二十七条**　会计师事务所设立分支机构，须经分支机构所在地的省、自治区、直辖市人民政府部门批准。

**第二十八条**　会计师事务所依法纳税。

会计师事务所按照国务院财政部门的规定建立职业风险基金，办理职业保险。

**第二十九条**　会计师事务所受理业务，不受行政区域、行业的限制；但是，法律、行政法规另有规定的除外。

**第三十条**　委托人委托会计师事务所办理业务，任何单位和个人不得干预。

**第三十一条**　本法第十八条至第二十一条的规定，适用于会计师事务所。

**第三十二条**　会计师事务所不得有本法第二十二条第（一）项至第（四）项、第（六）项、第（七）项所列的行为。

## 第五章　注册会计师协会

**第三十三条**　注册会计师应当加入注册会计师协会。

**第三十四条**　中国注册会计师协会的章程由全国会员代表大会制定，并报国务院财政部门备案；省、自治区、直辖市注册会计师协会的章程由省、自治区、直辖市会员代表大会制定，并报省、自治区、直辖市人民政府财政部门备案。

**第三十五条**　中国注册会计师协会依法拟订注册会计师执业准则、规则，报国务院财政部门批准后施行。

**第三十六条**　注册会计师协会应当支持注册会计师依法执行业务，维护其合法权益，向有关方面反映其意见和建议。

**第三十七条**　注册会计师协会应当对注册会计师的任职资格和执业情况进行年度检查。

**第三十八条**　注册会计师协会依法取得社会团体法人资格。

### 第六章　法律责任

**第三十九条**　会计师事务所违反本法第二十条、第二十一条规定的，由省级以上人民政府财政部门给予警告，没收违法所得，可以并处违法所得一倍以上五倍以下的罚款；情节严重的，并可以由省级以上人民政府财政部门暂停其经营业务或者予以撤销。

注册会计师违反本法第二十条、第二十一条规定的，由省级以上人民政府财政部门给予警告；情节严重的，可以由省级以上人民政府财政部门暂停其执行业务或者吊销注册会计师证书。

会计师事务所、注册会计师违反本法第二十条、第二十一条的规定，故意出具虚假的审计报告、验资报告，构成犯罪的，依法追究刑事责任。

**第四十条**　对未经批准承办本法第十四条规定的注册会计师业务的单位，由省级以上人民政府财政部门责令其停止违法活动，没收违法所得，可以并处违法所得一倍以上五倍以下的罚款。

**第四十一条**　当事人对行政处罚决定不服的，可以在接到处罚通知之日起十五日内向作出处罚决定的机关的上一级机关申请复议；当事人也可以在接到处罚决定通知之日起十五日内直接向人民法院起诉。

复议机关应当在接到复议申请之日起六十日内作出复议决定。当事人对复议决定不服的，可以在接到复议决定之日起十五日内向人民法院起诉。复议机关逾期不作出复议决定的，当事人可以在复议期满之日起十五日内向人民法院起诉。

当事人逾期不申请复议，也不向人民法院起诉，又不履行处罚决定的，作出处罚决定的机关可以申请人民法院强制执行。

**第四十二条**　会计师事务所违反本法规定，给委托人、其他利害关系人造成损失的，应当依法承担赔偿责任。

### 第七章　附　　则

**第四十三条**　在审计事务所工作的注册审计师，经认定为具有注册会计师资格的，可以执行本法规定的业务，其资格认定和对其监督、指导、管理的办法由国务院另行规定。

**第四十四条**　外国人申请参加中国注册会计师全国统一考试和注册，按照互惠原则办理。外国会计师事务所在中国境内设立常驻代表机构，须报国务院财政部门批准。外国会计师事务所与中国的会计师事务所共同举办中外合作会计师事务所，须经国务院对外经济贸易主管部门或者国务院授权的部门和省级人民政府审查同意后报国务院财政部门批准。

除前款规定的情形外，外国会计师事务所需要在中国境内临时办理有关业务的，须经有关的省、自治区、直辖市人民政府财政部门批准。

**第四十五条**　国务院可以根据本法制定实施条例。

**第四十六条**　本法自1994年1月1日起施行。1986年7月3日国务院发布的《中华人民共和国注册会计师条例》同时废止。

## 2. 会计师事务所审批和监督暂行办法(2005年修订)

财政部令　2005年第24号

### 第一章　总　　则

**第一条**　为规范会计师事务所的审批，加强对会计师事务所的监督，促进注册会计师行业健康发展，根

据《中华人民共和国注册会计师法》及相关法律，制定本办法。

**第二条** 财政部和省、自治区、直辖市人民政府财政部门（以下简称“省级财政部门”）审批和监督会计师事务所，适用本办法。

**第三条** 财政部和省级财政部门应当遵循公开、公平、公正、便民、高效的原则，依法审批会计师事务所，监督会计师事务所的业务活动。

**第四条** 会计师事务所、注册会计师应当遵守法律、行政法规，恪守职业道德，遵循执业规范。

**第五条** 会计师事务所、注册会计师依法独立、客观、公正执业，受法律保护，任何单位和个人不得违法干预。

## 第二章 会计师事务所的设立

**第六条** 注册会计师可以申请设立合伙会计师事务所或者有限责任会计师事务所。

**第七条** 设立合伙会计师事务所，应当具备下列条件：

（一）有2名以上的合伙人；

（二）有书面合伙协议；

（三）有会计师事务所的名称；

（四）有固定的办公场所。

**第八条** 设立有限责任会计师事务所，应当具备下列条件：

（一）有5名以上的股东；

（二）有一定数量的专职从业人员；

（三）有不少于人民币30万元的注册资本；

（四）有股东共同制定的章程；

（五）有会计师事务所的名称；

（六）有固定的办公场所。

**第九条** 会计师事务所的合伙人或者股东，应当具备下列条件：

（一）持有中华人民共和国注册会计师证书（以下简称“注册会计师证书”）；

（二）在会计师事务所专职执业；

（三）成为合伙人或者股东前3年内没有因为执业行为受到行政处罚；

（四）有取得注册会计师证书后最近连续5年在会计师事务所从事下列审计业务的经历，其中在境内会计师事务所的经历不少于3年：

1. 审查企业会计报表，出具审计报告；

2. 验证企业资本，出具验资报告；

3. 办理企业合并、分立、清算事宜中的审计业务，出具有关的报告；

4. 法律、行政法规规定的其他审计业务。

（五）成为合伙人或者股东前1年内没有因采取隐瞒或提供虚假材料、欺骗、贿赂等不正当手段申请设立会计师事务所而被省级财政部门作出不予受理、不予批准或者撤销会计师事务所的决定。

**第十条** 会计师事务所应当设立主任会计师。

合伙会计师事务所的主任会计师由执行会计师事务所事务的合伙人担任。

有限责任会计师事务所的主任会计师由法定代表人担任，法定代表人由股东担任。

**第十一条** 注册会计师在成为会计师事务所的合伙人或者股东之前，应当在省、自治区、直辖市注册会计师协会（以下简称“省级注册会计师协会”）办理完从原会计师事务所转出的手续。若为原会计师事务所合伙人或者股东，还应当按照有关法律、行政法规，以及合伙协议或者章程办理完退伙或者股权转让手续。

**第十二条** 会计师事务所的名称应当符合国家有关规定。未经同意，会计师事务所不得使用包含其他会计师事务所字号的名称。

**第十三条** 设立会计师事务所，应当由全体合伙人或者全体股东提出申请，由拟设立的会计师事务所所在地的省级财政部门批准。

**第十四条** 申请设立会计师事务所，应当向省级财政部门提交下列材料：

(一)设立会计师事务所申请表(附表1);

(二)会计师事务所合伙人或者股东情况汇总表(附表2);

(三)注册会计师情况汇总表(附表3);

(四)工商行政管理部门出具的企业名称预先核准通知书复印件;

(五)全体合伙人或者全体股东现所在的省级注册会计师协会为其出具的从事本办法第九条第(四)项规定的审计业务情况的证明、已转出原会计师事务所证明,若合伙人或者股东为原会计师事务所合伙人或者股东的,还应提交退伙或者股权转让证明;

(六)会计师事务所注册会计师的注册会计师证书复印件;

(七)书面合伙协议或者股东共同制定的章程;

(八)办公场所的产权或者使用权的有效证明复印件。

设立有限责任会计师事务所,还应当提交验资证明。

因合并或者分立新设会计师事务所的,还应当提交合并协议或者分立协议。

申请人应当对申请材料内容的真实性负责。

**第十五条** 省级财政部门批准设立会计师事务所,应当按照下列程序办理:

(一)对申请人提交的申请材料进行审查,并核对有关复印件与原件是否相符。对申请材料不齐全或者不符合法定形式的,应当当场或者在5日内一次告知申请人需要补正的全部内容。对申请材料齐全、符合法定形式,或者申请人按照要求提交全部补正申请材料的应当受理。受理申请或者不予受理申请,应当向申请人出具加盖本行政机关专用印章和注明日期的书面凭证。

(二)对申请材料的内容进行审查,并将申请材料中有关会计师事务所名称以及合伙人或者股东执业资格及执业时间等情况予以公示。

(三)自受理申请之日起30日内作出批准或者不予批准设立会计师事务所的决定。

(四)作出批准设立会计师事务所决定的,应当自作出批准决定之日起10日内向申请人下达批准文件、颁发会计师事务所执业证书,并予以公告。批准文件中应当载明下列事项:

1. 会计师事务所的名称和组织形式;
2. 会计师事务所合伙人或者股东的姓名;
3. 会计师事务所主任会计师的姓名;
4. 有限责任会计师事务所的注册资本;
5. 会计师事务所的办公场所;
6. 会计师事务所的业务范围。

省级财政部门下达的批准文件应当抄送所在地的省级注册会计师协会。

省级财政部门作出不予批准设立会计师事务所决定的,应当自作出不予批准决定之日起10日内书面通知申请人。书面通知中应当说明不予批准的理由,并告知申请人享有依法申请行政复议或者提起行政诉讼的权利。

**第十六条** 省级财政部门作出批准设立会计师事务所决定的,应当自作出批准决定之日起30日内将批准文件连同下列材料报送财政部、中国注册会计师协会:

(一)批准设立会计师事务所有关情况表(附表4);

(二)会计师事务所合伙人或者股东情况汇总表(附表2)。

财政部发现批准不当的,应当自收到备案材料之日起30日内书面通知省级财政部门重新审查。

**第十七条** 经省级财政部门批准设立的会计师事务所,应当依法办理工商登记手续。

**第十八条** 会计师事务所的合伙人或者股东应当自会计师事务所办理完工商登记手续之日起60日内办理完转入该会计师事务所的手续。

注册会计师在未办理完转入手续以前,不得在新设立的会计师事务所执业。

**第十九条** 因合并或者分立新设会计师事务所,按照本办法设立会计师事务所有关规定办理。

## 第三章 会计师事务所分所的设立

**第二十条** 会计师事务所设立分支机构应当按照本办法规定设立分所。

**第二十一条** 会计师事务所应当在人事、财务、执业标准、质量控制等方面对其设立的分所进行统一管理，并对分所的业务活动和债务承担法律责任。

**第二十二条** 会计师事务所设立分所，应当由分所所在地的省级财政部门批准。

**第二十三条** 设立分所的会计师事务所，应当具备下列条件：

(一)依法成立3年以上，内部管理制度健全；

(二)注册会计师数量(不包括拟到分所执业的注册会计师)不低于50名；

(三)有限责任会计师事务所上年末的净资产和职业风险基金总额不低于人民币300万元，合伙会计师事务所上年末的净资产和职业风险基金总额不低于人民币150万元；

(四)申请设立分所前3年内该会计师事务所及其已设立的分所没有因为执业行为受到行政处罚。

因合并或者分立新设的会计师事务所申请设立分所的，其成立时间可以合并或者分立前会计师事务所的成立时间为准。

**第二十四条** 会计师事务所设立的分所，应当具备下列条件：

(一)分所负责人为会计师事务所的合伙人或者股东；

(二)至少有5名注册会计师(含分所负责人)；

(三)有固定的办公场所。

**第二十五条** 分所的名称应当采用“会计师事务所名称＋分所所在行政区划名＋分所”的形式。

**第二十六条** 会计师事务所申请设立分所，应当向拟设立分所所在地的省级财政部门提交下列材料：

(一)会计师事务所设立分所申请表(附表5)；

(二)会计师事务所全体合伙人或者股东会作出的设立分所的决议；

(三)注册会计师情况汇总表(附表3)；

(四)会计师事务所上年度资产负债表；

(五)会计师事务所拟设立的分所注册会计师的注册会计师证书复印件；

(六)会计师事务所对分所的管理办法；

(七)分所办公场所的产权或者使用权的有效证明复印件。

合并后的会计师事务所于合并当年提出设立分所的，不需要提交前款第(四)项规定的材料，但应当提交合并协议和合并基准日的资产负债表。

**第二十七条** 省级财政部门批准会计师事务所设立分所的程序比照本办法第十五条规定办理。

跨省级行政区划设立分所的，分所所在地的省级财政部门应当就设立该分所的会计师事务所是否符合本办法第二十三条规定的条件，征求该会计师事务所所在地的省级财政部门的意见。该会计师事务所所在地的省级财政部门应当在10日内回复意见。

省级财政部门应当自受理设立分所申请之日起20日内作出是否批准的决定。批准设立会计师事务所分所的，应当向申请人下达批准文件、颁发会计师事务所分所执业证书，并将批准文件抄报财政部、中国注册会计师协会。

会计师事务所跨省级行政区划设立分所的，批准设立分所的省级财政部门还应当将批准文件抄送会计师事务所所在地的省级财政部门及省级注册会计师协会。

**第二十八条** 会计师事务所设立的分所经省级财政部门批准后，应当依法办理分所工商登记手续。

## 第四章　会计师事务所的变更、终止

**第二十九条** 会计师事务所发生下列事项之一的，应当自作出决议之日起20日内向所在地的省级财政部门备案：

(一)变更会计师事务所名称、办公场所(在省级行政区划内)、主任会计师；

(二)变更合伙会计师事务所合伙人；

(三)变更有限责任会计师事务所注册资本、股东。

会计师事务所变更分所名称、负责人、办公场所，或者撤销已设立的分所，应当自作出决议之日起20日内同时向会计师事务所和分所所在地的省级财政部门备案。

**第三十条** 会计师事务所及其分所发生本办法第二十九条所列变更事项之一的，应当向所在地的省级财政部门报送下列备案材料：

（一）会计师事务所变更事项情况表（附表6）或者会计师事务所分所变更事项情况表（附表7）；

（二）变更后的情况符合本办法第七条至第十二条、第二十四条和第二十五条规定的证明材料。

**第三十一条** 会计师事务所及其设立的分所变更名称的，应当同时向会计师事务所及其分所所在地的省级财政部门备案，提交工商行政管理部门出具的企业名称预先核准通知书复印件，交回原会计师事务所执业证书或者原会计师事务所分所执业证书，换取新的会计师事务所执业证书或者会计师事务所分所执业证书。

会计师事务所撤销已设立的分所，应当向会计师事务所及其分所所在地省级财政部门报送会计师事务所撤销分所情况表（附表8），并交回会计师事务所分所执业证书。

省级财政部门收到会计师事务所撤销分所情况表或者换发执业证书后，应当将有关情况予以公告。

**第三十二条** 因合并或者分立存续的会计师事务所，应当按照本办法第二十九条至第三十一条的规定向所在地的省级财政部门备案。

**第三十三条** 会计师事务所跨省级行政区划迁移办公场所，应当由迁入地的省级财政部门批准。

**第三十四条** 会计师事务所跨省级行政区划迁移办公场所，应当具备下列条件：

（一）符合法定设立条件；

（二）申请迁移时未正在接受财政部或省级财政部门检查，或者中国注册会计师协会或省级注册会计师协会调查。

**第三十五条** 会计师事务所跨省级行政区划迁移办公场所，应当向迁入地省级财政部门提交下列材料：

（一）会计师事务所跨省级行政区划迁移申请表（附表9）；

（二）会计师事务所合伙人或者股东情况汇总表（附表2）；

（三）注册会计师情况汇总表（附表3）；

（四）书面合伙协议或者股东共同制定的章程；

（五）全体合伙人或者股东的注册会计师证书复印件；

（六）迁入地办公场所的产权或者使用权的有效证明复印件；

（七）全体合伙人或者股东会作出的迁移办公场所决议。

迁移同时需要变更会计师事务所名称的，还应当提交迁入地的工商行政管理部门出具的企业名称预先核准通知书复印件。

**第三十六条** 省级财政部门批准会计师事务所跨省级行政区划迁移办公场所的程序比照本办法第十五条规定办理。

迁入地的省级财政部门应当就该会计师事务所是否符合本办法第三十四条规定的条件，征求迁出地的省级财政部门的意见。迁出地的省级财政部门应当在10日内回复意见。

省级财政部门应当自受理申请之日起20日内作出决定。批准会计师事务所迁入的，应当向申请人下达批准文件、换发会计师事务所执业证书，并在30日内与迁出地的省级财政部门办理该会计师事务所档案材料的移交手续。

省级财政部门下达的批准文件还应当抄报财政部、中国注册会计师协会，抄送迁出地的省级财政部门和省级注册会计师协会。

**第三十七条** 经批准跨省级行政区划迁移办公场所的会计师事务所设有分所的，应当向其分所所在地的省级财政部门备案，并交回原会计师事务所分所执业证书。省级财政部门应当为其换发新的会计师事务所分所执业证书。

**第三十八条** 省级财政部门应当在受理申请的办公场所将申请设立会计师事务所、会计师事务所分所和跨省级行政区划迁移办公场所的条件、应当提交的材料目录及要求、批准的程序及期限予以公示。

**第三十九条** 会计师事务所与境外会计师事务所签订协议，建立成员所或者联系所关系的，应当自签订协议之日起20日内，通过所在地的省级财政部门向财政部、中国注册会计师协会报送会计师事务所与境外会计师事务所建立合作关系情况表（附表10）以及会计师事务所与境外会计师事务所签定的协议复印件。

**第四十条** 会计师事务所有下列情形之一的，应当终止：

（一）合伙协议或者章程规定的解散事由出现，自愿解散；

（二）全体合伙人或者股东会决议解散；

（三）因合并或者分立解散；

（四）被依法宣告破产；

（五）被依法注销、撤销或者吊销营业执照；

（六）被依法撤销或者撤回会计师事务所执业证书；

（七）法律、行政法规规定的其他终止情形。

**第四十一条** 会计师事务所发生应当终止的情形时，应当分别向会计师事务所及其分所所在地的省级财政部门备案，报送会计师事务所终止情况表（附表11），同时交回会计师事务所执业证书和会计师事务所分所执业证书。

会计师事务所终止，应当按照有关法律、行政法规的规定进行清算。

**第四十二条** 省级财政部门收到会计师事务所报送的会计师事务所终止情况表并收回会计师事务所执业证书或者会计师事务所分所执业证书后，应当将会计师事务所或者分所终止的有关情况予以公告。

## 第五章 监督检查

**第四十三条** 财政部和省级财政部门依法对下列事项实施监督检查：

（一）会计师事务所保持设立条件的情况；

（二）会计师事务所应当向财政部和省级财政部门备案事项的报备情况；

（三）会计师事务所和注册会计师的执业情况；

（四）会计师事务所的质量控制制度；

（五）法律、行政法规规定的其他监督检查事项。

**第四十四条** 财政部和省级财政部门在实施监督检查过程中应当严格遵守财政检查工作的有关规定，不得妨碍会计师事务所的正常经营活动，不得索取或者收受财物，不得谋取其他利益；应当在认定事实清楚、证据确凿、定性准确、法律依据充分的情况下依法处理。

**第四十五条** 财政部和省级财政部门在开展检查过程中，可以根据工作需要，聘用一定数量的专业人员协助检查。

**第四十六条** 财政部和省级财政部门及被聘用的专业人员对检查工作中知悉的国家秘密和商业秘密负有保密义务。

**第四十七条** 财政部应当加强对省级财政部门监督、指导注册会计师、会计师事务所工作的监督检查。

省级财政部门应当建立信息报告制度，对会计师事务所、注册会计师发生的重大违法违规案件及时上报财政部。

**第四十八条** 会计师事务所及其分所未保持设立条件的，应在20日内向所在地的省级财政部门备案，由所在地的省级财政部门责令其在60日内整改。未在规定期限内备案或者整改期满仍未达到设立条件的，由所在地的省级财政部门撤回设立许可。

**第四十九条** 会计师事务所和注册会计师存在下列情形之一的，财政部和省级财政部门应当进行重点监督检查：

（一）被投诉或者举报的；

（二）未保持设立条件的；

（三）在执业中有不良记录的；

（四）采取不正当竞争手段承接业务的。

**第五十条** 财政部和省级财政部门可以对会计师事务所依法进行实地检查，或者将有关材料调到本机关或检查人员办公地点进行核查。

调阅的有关材料应当在3个月内送还并保持完整。

**第五十一条** 财政部和省级财政部门在实施监督检查过程中，可以要求会计师事务所和注册会计师说明有关情况，调阅会计师事务所工作底稿及相关资料，向相关单位和人员调查、询问、取证和核实有关情况。

**第五十二条** 会计师事务所和注册会计师必须接受财政部和省级财政部门依法实施的监督检查，如实提供中文工作底稿以及有关资料，不得拒绝、阻挠、逃避检查，不得谎报、隐匿、销毁相关证据材料。

会计师事务所或者注册会计师有明显转移、隐匿有关证据材料迹象的，财政部和省级财政部门可以对证据材料先行登记保存。

**第五十三条** 对会计师事务所和注册会计师的违法违规行为，财政部和省级财政部门可以在作出行政处罚决定后予以公告。

**第五十四条** 会计师事务所应当于每年 5 月 31 日之前，向所在地的省级财政部门报送下列材料：

(一)会计师事务所基本情况表(附表 12)和会计师事务所分所基本情况表(附表 13)；

(二)会计师事务所上年末资产负债表和上年度利润表；

(三)会计师事务所合伙人或者股东情况汇总表(附表 2)；

(四)对分所的业务管理和执业质量控制情况的说明；

(五)会计师事务所出具审计报告情况表(附表 14)；

(六)会计师事务所及其注册会计师接受业务检查、被处罚情况；

(七)会计师事务所由于执行业务涉及法律诉讼情况。

会计师事务所与境外会计师事务所有成员所或者联系所合作关系的，还应当报送上年度与境外会计师事务所、境外会计师事务所其他成员所或者联系所合作开展业务的情况。

会计师事务所跨省级行政区划设有分所的，还应当将该分所有关材料报送分所所在地的省级财政部门。

**第五十五条** 省级财政部门收到会计师事务所按照本办法第五十四条的规定报送的材料后，应当对会计师事务所及其分所保持设立条件等情况进行汇总，并于 6 月 30 日之前报财政部、中国注册会计师协会。

**第五十六条** 会计师事务所和注册会计师必须按照执业准则、规则的要求，在实施必要的审计程序后，以经过核实的审计证据为依据，形成审计意见，出具审计报告，不得有下列行为：

(一)在未履行必要的审计程序，未获取充分适当的审计证据的情况下出具审计报告；

(二)对同一委托单位的同一事项，依据相同的审计证据出具不同结论的审计报告；

(三)隐瞒审计中发现的问题，发表不恰当的审计意见；

(四)未实施严格的逐级复核制度，未按规定编制和保存审计工作底稿；

(五)违反执业准则、规则的其他行为。

会计师事务所和注册会计师执行审计业务，遇到下列情形之一的，应当拒绝出具有关报告：

(一)委托人示意其作不实或者不当证明的；

(二)委托人故意不提供有关会计资料和文件的；

(三)因委托人有其他不合理要求，致使其出具的报告不能对财务会计的重要事项作出正确表述的。

**第五十七条** 注册会计师不得有下列行为：

(一)在执行审计业务期间，在法律、行政法规规定不得买卖被审计单位的股票、债券或者不得购买被审计单位或者个人的其他财产的期限内，买卖被审计单位的股票、债券或者购买被审计单位或者个人所拥有的其他财产；

(二)索取、收受委托合同约定以外的酬金或者其他财物，或者利用执行业务之便，谋取其他不正当利益；

(三)接受委托催收债款；

(四)允许他人以本人名义执行业务；

(五)同时在两个或者两个以上的会计师事务所执行业务；

(六)对其能力进行广告宣传以招揽业务；

(七)违反法律、行政法规的其他行为。

**第五十八条** 会计师事务所不得有下列行为：

(一)未经批准设立分所；

(二)向省级以上财政部门提供虚假材料或者不及时报送相关材料；

(三)雇用正在其他会计师事务所执业的注册会计师，或者明知本所的注册会计师在其他会计师事务所

执业而不予制止；

（四）允许本所注册会计师只在本所挂名而不在本所执行业务，或者明知本所注册会计师在其他单位从事获取工资性收入的工作而不予制止；

（五）允许其他单位或者个人以本所名义承办业务；

（六）采取强迫、欺诈等不正当方式招揽业务；

（七）承办与自身规模、执业能力、承担风险能力不匹配的业务；

（八）违反法律、行政法规的其他行为。

## 第六章　法律责任

**第五十九条**　会计师事务所或者注册会计师违反本办法规定的，由财政部或者省级财政部门依法给予行政处罚；违法情节轻微，没有造成危害后果的，可以采取下达关注函等方式进行处理或移送注册会计师协会处理。

**第六十条**　申请人隐瞒有关情况或者提供虚假材料提出申请的，省级财政部门不予受理或者不予批准，并给予警告。

**第六十一条**　会计师事务所及其分所采取欺骗、贿赂等不正当手段获得批准设立的，由所在地的省级财政部门予以撤销。

**第六十二条**　会计师事务所有下列情形之一的，责令限期改正，逾期不改正的予以公告：

（一）会计师事务所设立后合伙人或者股东未在规定时间内办理完转入该所手续的；

（二）未按照本办法规定办理有关事项备案手续的；

（三）对分所的人事、财务、执业标准、质量控制等不实施统一管理的；

（四）违反《中华人民共和国注册会计师法》第三十二条规定的；

（五）违反本办法第十条、第五十八条规定的。

**第六十三条**　会计师事务所向财政部或者省级财政部门隐瞒有关情况、提供虚假材料或者拒绝提供反映其活动情况的真实材料的，给予警告。

**第六十四条**　会计师事务所违反本办法第五十六条规定的，给予警告，没收违法所得，可并处违法所得1倍以上5倍以下的罚款；情节严重的，可以暂停其经营业务或者予以撤销。

**第六十五条**　注册会计师违反本办法第五十六条规定的，给予警告；情节严重的，可以暂停其执行业务或者吊销注册会计师证书。

注册会计师违反本办法第五十七条规定的，责令限期改正，逾期不改正的予以公告。

**第六十六条**　会计师事务所或者注册会计师违反本办法第五十六条的规定，故意出具虚假的审计报告、验资报告，构成犯罪的，依法追究刑事责任。

**第六十七条**　公民、法人或者其他组织未经批准，擅自从事注册会计师法第十四条规定的注册会计师业务的，给予警告，并责令其停止违法活动，没收违法所得；情节严重的，可以并处1倍以上5倍以下的罚款。

**第六十八条**　财政部或者省级财政部门在作出较大数额罚款、暂停执业、吊销注册会计师证书或者撤销会计师事务所的决定之前，应当告知当事人有要求听证的权利；当事人要求听证的，应当按照《财政部行政处罚听证实施办法》的规定组织听证。

**第六十九条**　当事人对财政部或者省级财政部门审批和监督行为不服的，可依法申请行政复议或者提起行政诉讼。

**第七十条**　财政部或者省级财政部门的工作人员在实施审批和监督过程中，滥用职权、玩忽职守、徇私舞弊或者泄露国家秘密、商业秘密的，依法给予行政处分。

## 第七章　附　　则

**第七十一条**　本办法规定的批准、备案期限均以工作日计算，不含法定节假日。

**第七十二条**　本办法有关申请材料规定中所指的“注册会计师证书复印件”均包括所有记录页的复印件。

**第七十三条** 境外人员申请设立会计师事务所适用本办法。

**第七十四条** 本办法施行前批准设立的会计师事务所及其分所发生变更事项，其变更后的情况应当符合本办法的规定。

**第七十五条** 本办法自 2005 年 3 月 1 日起施行。

自本办法施行之日起，以下文件同时废止：《合伙会计师事务所设立及审批试行办法》[(93)财会协字第 110 号]、《财政部关于明确合伙会计师事务所审批权限的通知》(财会协字[1997]46 号)、《违反注册会计师法处罚暂行办法》(财法字[1998]1 号)、《财政部关于会计师(审计)事务所终止的若干事项的通知》(财会协字[1998]23 号)、《有限责任会计师事务所审批办法》(财会协字[1998]55 号)、《注册会计师证书及事务所执业证书管理暂行办法》(财协字[1998]35 号)、《财政部关于有限责任会计师事务所出资人资格有关问题的复函》(财协字[1999]140 号)、《会计师事务所合并审批管理暂行办法》(财协字[2000]27 号)、《会计师事务所分所审批管理暂行办法》(财协字[2000]28 号)、《财政部关于会计师事务所设立分所有关问题的通知》(财会[2000]1017 号)、《财政部关于会计师事务所的股东离开事务所后是否继续享有股东资格的批复》(财会[2001]1014 号)、《财政部关于会计师事务所跨省设立分所有关注册管理事项的通知》(财会[2001]1024 号)。

## 3. 关于推动大中型会计师事务所采用特殊普通合伙组织形式的暂行规定(2010 年颁布)

财会[2010]12 号

**第一条** 为了推动大中型会计师事务所采用特殊普通合伙组织形式，促进我国会计师事务所做大做强，根据《中华人民共和国合伙企业法》、《国务院办公厅转发财政部关于加快发展我国注册会计师行业若干意见的通知》(国办发[2009]56 号)、《会计师事务所审批和监督暂行办法》(财政部令第 24 号)，制定本暂行规定。

**第二条** 采用特殊普通合伙组织形式的会计师事务所，一个合伙人或者数个合伙人在执业活动中因故意或者重大过失造成合伙企业债务的，应当承担无限责任或者无限连带责任，其他合伙人以其在合伙企业中的财产份额为限承担责任。

合伙人在执业活动中非因故意或者重大过失造成的合伙企业债务以及合伙企业的其他债务，由全体合伙人承担无限连带责任。

**第三条** 大型会计师事务所应当于 2010 年 12 月 31 日前转制为特殊普通合伙组织形式；鼓励中型会计师事务所于 2011 年 12 月 31 日前转制为特殊普通合伙组织形式。

**第四条** 大型会计师事务所是指在人才、品牌、规模、技术标准、执业质量和管理水平等方面居于行业领先地位，能够为我国企业“走出去”提供国际化综合服务，行业排名前 10 位左右的会计师事务所。

中型会计师事务所是指在人才、品牌、规模、技术标准、执业质量和管理水平等方面具有较高水准，能够为大中型企事业单位、上市公司提供专业或综合服务，行业排名前 200 位左右的会计师事务所(不含大型会计师事务所)。

**第五条** 会计师事务所转制为特殊普通合伙组织形式，应当有 25 名以上符合本办法第六条规定的合伙人、50 名以上的注册会计师，以及人民币 1000 万元以上的资本。

**第六条** 会计师事务所转制为特殊普通合伙组织形式，其具备注册会计师执业资格的合伙人应当符合下列条件：

(一)在会计师事务所专职执业；

(二)成为合伙人前 3 年内没有因为执业行为受到行政处罚；

(三)有取得注册会计师证书后最近连续 5 年在会计师事务所从事下列审计业务的经历，其中在境内会计师事务所的经历不少于 3 年：

1. 审查企业会计报表，出具审计报告；

2. 验证企业资本，出具验资报告；

3. 办理企业合并、分立、清算事宜中的审计业务，出具有关的报告；

4. 法律、行政法规规定的其他审计业务。

（四）成为合伙人前1年内没有因采取隐瞒或提供虚假材料、欺骗、贿赂等不正当手段申请设立会计师事务所而被省级财政部门作出不予受理、不予批准或者撤销会计师事务所的决定；

（五）年龄不超过65周岁。

**第七条** 注册资产评估师、注册税务师、注册造价工程师可以担任特殊普通合伙会计师事务所的合伙人，但应当符合下列条件：

（一）在会计师事务所专职执业；

（二）成为合伙人前3年内没有因为执业行为受到行政处罚；

（三）有取得相应执业资格后最近连续5年从事相关工作的经验；

（四）该类合伙人人数不得超过会计师事务所合伙人总数的20%；

（五）该类合伙人所持有的合伙财产份额不得超过会计师事务所合伙财产的20%；

（六）该类合伙人不得担任执行合伙事务的合伙人；

（七）年龄不超过65周岁。

会计师事务所转制为特殊普通合伙组织形式后，持有合伙财产份额前5位的合伙人应当具备注册会计师执业资格。

**第八条** 大中型会计师事务所转制为特殊普通合伙组织形式的，转制前的经营期限、经营业绩可连续计算，执业资格相应延续，转制前因执业质量可能引发的行政责任由转制后的事务所承担。

**第九条** 大中型会计师事务所申请转制为特殊普通合伙会计师事务所，应当向所在地省级财政部门提交以下材料：

（一）转制申请书；

（二）股东会、合伙人会议决议；

（三）合伙人身份证明复印件，合伙人情况汇总表；

（四）合伙人的注册会计师证书或者其他执业资格证书复印件；

（五）合伙协议；

（六）经审计的上年度财务报告；

（七）验资报告；

（八）能证明本暂行规定第七条各项条件的社会保险、工资关系等相关资料。

**第十条** 转制为特殊普通合伙组织形式的会计师事务所，应当在合伙协议中至少明确下列事项：

（一）合伙人入伙、退伙机制；

（二）合伙事务的执行；

（三）利益分配和风险分担方式；

（四）争议解决办法；

（五）解散与清算。

**第十一条** 会计师事务所转制应当向省级财政部门提出申请，省级财政部门批准转制，应当按照下列程序办理：

（一）对申请人提交的申请材料进行审查，并核对有关复印件与原件是否相符。对申请材料不齐全或者不符合法定形式的，应当当场或者在5日内一次告知申请人需要补正的全部内容。对申请材料齐全、符合法定形式，或者申请人按照要求提交全部补正申请材料的应当受理。受理申请或者不予受理申请，应当向申请人出具加盖本行政机关专用印章和注明日期的书面凭证。

（二）对申请材料的内容进行审查，并将申请材料中有关会计师事务所名称以及合伙人执业资格及执业时间等情况予以公示。

（三）自受理申请之日起30日内作出批准或者不予批准的决定。

（四）作出批准转制决定的，应当自作出批准决定之日起10日内向申请人下达批准文件、换发会计师事务所执业证书，并予以公告。批准文件中应当载明下列事项：

1. 会计师事务所的名称和组织形式；

2. 会计师事务所合伙人的姓名；

3. 会计师事务所主任会计师的姓名；

4. 会计师事务所的办公场所；

5. 会计师事务所的业务范围。

省级财政部门作出不予批准转制决定的，应当自作出不予批准决定之日起 10 日内书面通知申请人。书面通知中应当说明不予批准的理由，并告知申请人享有依法申请行政复议或者提起行政诉讼的权利。

**第十二条** 大中型会计师事务所转制过程中涉及合伙人变更的，应当在申请转制的同时，按照《会计师事务所审批和监督暂行办法》有关规定向省级财政部门办理变更备案手续，并向财政部备案。

**第十三条** 省级财政部门作出批准转制决定的，应当自作出批准决定之日起 30 日内将批准文件连同下列材料报送财政部和中国注册会计师协会：

(一)批准会计师事务所转制情况备案表(附表 1)；

(二)会计师事务所合伙人情况汇总表(附表 2)。

财政部发现批准不当的，应当自收到备案材料之日起 15 日内书面通知省级财政部门重新审查。

**第十四条** 省级财政部门下达的批准文件应当抄送所在地的省级注册会计师协会。

**第十五条** 转制为特殊普通合伙组织形式的会计师事务所应当持财政部门的转制批复文件办理有关工商登记手续。有限责任公司制的会计师事务所转制为特殊普通合伙组织形式，应当办理合伙企业的设立登记，同时原有限责任公司应当办理注销登记；原组织形式为普通合伙制的大中型会计师事务所，按变更登记办理。

**第十六条** 中外合作会计师事务所转制为特殊普通合伙组织形式的具体办法，由财政部另行制定。

**第十七条** 本暂行规定自发布之日起施行。

# 4. 会计师事务所合并程序指引(2010 年颁布)

会协[2010]26 号

为深入贯彻落实国务院办公厅转发财政部《关于加快发展我国注册会计师行业的若干意见》(国办发[2009]56 号)，深化会计师事务所(以下简称“事务所”)学习实践活动成果，推动注册会计师行业做大做强，指导事务所合并工作，避免合并过程中因法定程序不清或不到位多走弯路或引发矛盾，降低事务所合并风险与成本，现就合并工作中的重要程序提供如下指引。本指引是对目前事务所合并实践的观察、研究和总结，仅供事务所合并时参考。

## 第一部分 遵循的依据与原则

一、事务所合并应依照法律和行业规范进行。合并涉及到的法律、法规、规章和行业规范主要有：《注册会计师法》、《公司法》、《合伙企业法》、《会计师事务所审批监督和暂行办法》、《会计师事务所分所管理暂行办法》、《注册会计师注册办法》、《注册会计师转所规定》、《会计师事务所职业风险基金管理办法》等，以及中国注册会计师协会印发的《关于推动会计师事务所做大做强的意见》、《会计师事务所内部治理指南》、《合伙会计师事务所协议范本》、《有限责任会计师事务所章程范本》等。

二、本指引所谓合并，既指《公司法》意义上的吸收合并、新设合并，也指一家事务所吸收其他事务所的人员和业务的全部或部分。以上两种情况，在合并程序上会有所不同。

三、事务所合并方是有限责任公司的，应由董事会制定合并方案，由股东会根据法律法规和事务所《章程》规定，作出合并决议。

事务所合并方是普通合伙或者特殊普通合伙的，由合伙人会议根据法律法规和事务所《合伙协议》规定，作出合并决 议。

四、事务所要根据自身发展战略作出合并决策。通过合并，提高事务所的品牌价值，强化内部治理机

制，优化人才结构，增强抗风险能力，改善客户服务质量，拓展国际业务空间，使事务所服务经济社会发展的社会价值得以充分体现。

五、事务所合并应遵循以下基本原则：依法实施、权责明晰；自愿平等、诚实信用；结合实际、积极稳妥。

## 第二部分 合并谈判事项程序

### 第一阶段 启动合并程序

六、事务所选择合并对象，应主要考虑发展目标、地域布局、市场互补性、合伙团队职业价值观等因素。同时可通过各级注协、相关部门、客户等有关各方对合并对象进行深入了解。

七、事务所应成立各方高层管理人员组成的合并筹备工作组（以下简称“合并筹备组”）。负责拟定合并工作方案、磋商合并具体事项、组织起草合并相关文件、协调处理合并中的各方利益关系、办理合并相关手续事宜等。

八、在事务所合并中，撤销的一方以及变更各方均涉及其原有的审计客户需召开股东（大）会或由相关职权机构变更审计委托，往往耗费相当时间。为此，实施合并的时点，一般以年报审计结束后为宜。事务所启动合并时应充分考虑这一因素。

### 第二阶段 形成合并框架协议

九、合并筹备组经初步磋商，可形成“合并框架协议”。合并框架协议包括（但不限于）以下事项：合并目标、合并时间进度安排、合并后事务所名称议案、合并后事务所股权分配原则、执行层人数及其分配议案等。

合并框架协议需提交合并各方董事会（执行合伙人会议）审议通过，并经授权的双方法定代表人签字后生效。

十、提出合并后事务所名称议案。合并各方应协商确定合并后事务所的名称，并及时到工商行政管理部门办理名称预核准手续（经预核准的名称，一般可以保留半年）。

十一、形成合并后事务所组织架构议案。合并筹备组负责起草议事、决策、监督、执行等组织机构设立方案，合并各方根据方案推荐相关人选，形成合并后的股东会、董事会、经理层、监事会（或者合伙人会议、执行合伙人委员会、执行合伙人）以及职工代表大会等组织机构议案。

推荐的上述议事、决策、监督、执行机构的相关人选，一般由合并各方董事会（执行合伙人委员会）提名，由参加合并的各事务所股东会（或合伙人会议）审议通过，通常应听取事务所员工、高级管理人员的意见。

十二、提出合并后事务所股份（出资额）议案。

十三、提出合并后事务所分配制度议案。合并筹备组起草薪酬分配办法，确定股东（合伙人）、董事（执行合伙人）、高级专业人员（授薪合伙人）、其他业务人员等分配办法。

薪酬分配办法要经合并各方董事会（执行合伙人委员会）、股东大会（合伙人会议）审议，并向业务骨干、其他员工分别征求意见。

十四、提出合并各方合并前收入、注册登记日后完成的项目收入、跨注册登记日的项目收入，以及或有风险责任承担等处理方案。

十五、提出分所处理方案。事务所合并必然引起原分所合并、重新登记或新设，应当相应地提出分所的合并方案。哪些分所存续，哪些分所更名，哪些分所注销，新的分所管理团队建设，都应作出安排。

十六、提出合并后事务所资产负债处理议案。合并后事务所注册登记后，应将双方或者多方投入合并后事务所的主要实物资产（包括账内的固定资产、低值易耗品）进行清点，并合理计价。同时，合并中应对形成合并后事务所的资产、负债予以确认。

合并后事务所注册登记完成后，合并前的事务所应按规定标准将员工的“应付福利费”转入新所，同时将员工的“五险一金”的个人关系转入新所。

涉及合并前或有风险责任承担的，合并各方应当对合并前的或有风险责任、职业风险基金等作出约定，各方原股东（合伙人）应当对此作出书面承诺。

### 第三阶段 签署合并协议

十七、形成和签署合并协议。合并协议由合并各方董事会（合伙人执行委员会）、股东会（合伙人会议）审议通过，由各方全体股东（合伙人）签名，或者各方股东会（合伙人会议）集体授权的董事会（执行合伙人委员会）成员（或法定代表人、或执行合伙人）签名，方为有效。

第四阶段 形成章程(合伙协议)和内部制度

十八、起草章程(合伙协议)。合并筹备组根据各自股东会批准的合并协议起草《章程》(《合伙协议》),形成合并后事务所机构设置、部门设置、股东(合伙人)晋升条件与程序等重大事项决议文件议案,经新成立的事务所董事会(执行合伙人委员会)审议后,提交股东会(合伙人会议)通过。

十九、召开合并后事务所股东会(合伙人会议)。合并各方事务所签订正式合并协议后,应召开合并后事务所第一届股东会(合伙人会议),选举产生董事会(执行合伙人委员会)、监事会等机构及其负责人;通过合并后事务所的章程(合伙协议)及其他重要文件和管理制度。董事会(执行合伙人委员会)选举并任命总经理(执行合伙人)。

二十、制订合并后事务所制度。合并后事务所董事会(执行合伙人委员会)负责组织制订并批准事务所综合性管理制度和业务管理制度,包括技术管理(审计手册、审计指引、技术支持管理办法等)、质量管理、市场管理、分所管理、人力资源管理、财务管理、行政管理、IT 管理等各方面。

合并筹备组在组织起草工作方案等合并相关文件时,各方应就上述制度特别是其中的重大事项进行充分酝酿、讨论和征求意见,以减少合并后事务所制度制订和执行中的分歧和问题。

## 第三部分 合并变更事项程序

二十一、办理有关工商登记。采取新设合并的,涉及双方解散清算,新所重新注册登记。解散各方要履行解散法定程序。采取吸收合并的,涉及一方变更、其他合并各方解散注销登记。根据合并后事务所第一届股东会(合伙人会议)的决议,办理合并后章程(合伙协议)变更登记。

二十二、办理合并涉及的事务所执业许可变更(注销)手续。涉及执业许可注销和变更的,合并筹备组一般需要事先向有关事项主管部门通报,掌握相关政策,避免资格承继中断风险。正式合并协议签署后,要在规定期限内完成执业资格注销或变更手续。

二十三、办理合并涉及的注册会计师转所手续。事务所合并协议签署后,应在规定期限内到主管部门(这里涉及所在地注册会计师协会),将合并各方注册会计师转入合并后事务所或事务所分所。

二十四、适时完成合并各方客户的审计委托变更事项。

二十五、依照有关法律法规规定,办理税务登记变更、银行账户更名。

二十六、报备和信息变更。合并筹备组和合并后事务所要将合并事项和有关材料向有关主管部门进行报备。合并结束时要及时对合并后事务所涉及的行业管理信息进行变更。

二十七、合并各方要组织专门工作小组,集中人力,对合并前各方的档案特别是重要业务档案进行整理,并按规定保存。

二十八、因合并需要注销的一方或多方,应根据合并协议所规定的时限和要求完成清算、注销各项法定程序。

# 5. 会计师事务所党建工作指导员管理办法(试行)(2010 年颁布)

会行党[2010]8 号

## 第一章 总 则

**第一条** 为切实加强会计师事务所党建工作指导员队伍建设,进一步增强党在会计师事务所中的影响力和凝聚力,引导和推动会计师事务所又好又快发展,根据党章和中央组织部、财政部党组《关于进一步加强注册会计师行业党的建设工作的通知》(组通字[2009]49 号)的有关规定,结合注册会计师行业党建工作实际,制定本办法。

**第二条** 本办法所称的党建工作指导员,是指财政部门党组织或注册会计师行业(协会)党组织向会计

师事务所派出的党建工作指导员或党建工作联络员。

**第三条** 对无党员的会计师事务所，应派出党建工作指导员开展党的工作。根据工作需要，也可向尚未建立独立党组织的会计师事务所或者负责人中无党员的会计师事务所派出党建工作指导员。

## 第二章 选 派

**第四条** 党建工作指导员应具备以下基本条件：

（一）中共正式党员，具有一定的政策理论水平，熟悉党务工作；

（二）政治素质好，党性强，作风正；

（三）身体健康，具有较强的事业心和责任心，廉洁奉公，乐于奉献，工作务实，善于做群众工作；

（四）业务能力强，有较强的组织协调能力；

（五）熟悉注册会计师行业情况，具有一定的注册会计师业务知识和管理工作经验，熟悉会计师事务所内部运行机制和管理制度。

**第五条** 会计师事务所党建工作指导员的选派和管理工作，由省级注册会计师行业（协会）党组织负责。

**第六条** 会计师事务所党建工作指导员实行上级部门委派与下级单位推荐相结合的选派方式，主要从省级或地市级注册会计师行业（协会）党组织或财政部门党组织中选派，将选派过程与培养锻炼年轻干部相结合，也可从本地优秀注册会计师党员中选派。

**第七条** 每名党建工作指导员负责指导的会计师事务所数量，由省级注册会计师行业（协会）党组织根据本地区实际情况，自行确定。

**第八条** 向会计师事务所派出党建工作指导员，派出的党组织应书面通知相关会计师事务所，并报上级党组织备案。

党建工作指导员的姓名、联系方式、所负责指导的会计师事务所等信息，应在省级注册会计师协会网站上长期登载。

**第九条** 每年12月31日前，省级注册会计师行业（协会）党组织要将本地区派出会计师事务所党建工作指导员的情况报中国注册会计师行业党委备案。

## 第三章 职责任务

**第十条** 党建工作指导员的主要职责任务：

（一）广泛听取会计师事务所管理层和职工的意愿和呼声，全面了解掌握其思想状况，理清工作思路，及时向派出党组织反映；

（二）宣传贯彻党的路线方针政策以及财政部党组、中国注册会计师行业党委和上级党组织的重要决策和会议精神，引导和监督会计师事务所遵守国家法律法规；

（三）指导帮助会计师事务所开展党的工作，负责组织或指导预备党员的培养、教育、考察和转正工作，重点做好入党积极分子的培养、教育、考察工作，为发展党员、建立党组织打好基础；

（四）做好职工群众的思想政治工作，团结和凝聚职工群众。加强对会计师事务所合伙人（股东）的思想政治工作和党的知识宣传教育工作，帮助会计师事务所合伙人（股东）提高政治觉悟，认同并支持党建工作；

（五）指导和帮助会计师事务所建立和完善工会、共青团、妇代会等群众组织，支持他们依照法律和各自章程独立自主地开展工作；

（六）积极探索在会计师事务所发展党员、开展党的活动的新途径和新办法，总结推广会计师事务所党建工作好的做法和经验；

（七）派出党组织交办的其他工作。

**第十一条** 派出党组织的主要职责：

（一）领导和管理派出的党建工作指导员；

（二）与党建工作指导员工作单位沟通协调，帮助党建工作指导员合理安排好本职工作与党建指导工作，解决实际困难，为他们创造，宽松的工作环境，有足够的时间和精力投入到会计师事务所党建指导工作；

（三）同应派党建工作指导员的会计师事务所沟通协商，做好合伙人（股东）的教育和引导工作，力争得到他们的认同和支持；

（四）加强党建工作指导员队伍建设，认真把好选配关，做好培养和教育培训工作，不断提高他们的思想认识、工作能力和业务素质；

（五）做好对党建工作指导员的指导、督查、考核和奖惩工作；

（六）培养党建工作指导员典型，及时总结，加以推广，充分发挥示范带动作用。

## 第四章 工作方式和方法

**第十二条** 党建工作指导员采取兼职工作方式，不作为派驻会计师事务所职工，不参加具体业务活动，主要通过调查研究、讲课辅导、走访谈心、参加有关活动等方法开展工作，在工作中要坚持指导和服务相结合，注重实际效果。

**第十三条** 党建工作指导员可以采取电话、信件、电子邮件、QQ 和赴会计师事务所实地指导等方式开展指导工作。

**第十四条** 党建工作指导员实地指导工作中应遵循以下工作步骤和方法：

（一）事先充分掌握政策精神。到会计师事务所前应准备好有关文件资料，并学习领会好政策精神。

（二）事前与会计师事务所主要负责人沟通。就到达会计师事务所的时间、工作内容及范围、工作对象等事先协商一致。

（三）到达会计师事务所后首先与会计师事务所主要负责人交换意见。要通报情况，说明目的，宣讲政策，同时了解会计师事务所是否存在尚未接转组织关系的党员，根据调查了解的会计师事务所党员数量等具体情况，提出会计师事务所下一步党建工作的建议和意见。

（四）与会计师事务所主要负责人一起召集业务骨干座谈会。座谈时要先说明来意，谈形势、讲大局，宣读注册会计师行业党建工作的有关文件，下发和指导填写调查问卷，了解人员的基本情况。

（五）实地指导后要及时向派出党组织汇报。党建工作指导员走访每一家会计师事务所后，应及时向派出党组织提交有关调研资料，汇报会计师事务所党建工作情况以及存在的问题和困难。如有必要，可以建议派出党组织及其单位负责人出面协调沟通。

## 第五章 工作制度和纪律

**第十五条** 党建工作指导员在做好本职工作的同时，对所负责指导的会计师事务所，每个季度现场指导不少于一次。采取其他工作方式与会计师事务所及其员工进行沟通交流，每月不少于一次。

党建工作指导员对以各种方式开展的党建指导工作，应做好党务工作日志。每年撰写一篇有情况、有建议、有分析的党建工作调查报告。

**第十六条** 党建工作指导员至少每半年向派出党组织汇报一次工作。省级注册会计师行业（协会）党组织每年至少开一次党建工作指导员例会，听取汇报，交流经验，解决问题，布置工作。

**第十七条** 派出党组织对党建工作指导员的工作定期进行督促检查，对党建工作指导员的工作日志进行重点抽查。定期到会计师事务所征求合伙人（股东）和职工群众意见，检查了解党建工作指导员的工作表现和工作能力，并及时指导和解决其在工作中遇到的困难和问题。

**第十八条** 党建工作指导员应高度重视党建工作职责，服从派出党组织的统一领导，充分尊重会计师事务所的意见。注重自身形象，严肃工作纪律，不得在工作中索要钱物或报销应由个人或派出党组织负担的各种费用，不得以任何形式影响会计师事务所正常的业务活动，不得参与有损于党建工作指导员形象的活动。

**第十九条** 派出党组织对工作责任目标不落实、违反工作纪律的党建工作指导员及时给与批评教育，情节严重的，予以通报批评，免去党建工作指导员职务。

## 第六章 考核和奖惩

**第二十条** 省级注册会计师行业（协会）党组织每年对本地区党建工作指导员履职尽责情况进行一次检查考核，在注册会计师行业内向有关方面进行反馈和通报，并及时上报中国注册会计师行业党委。

**第二十一条**　检查考核的主要内容包括：

(一)党建工作指导员的工作记录资料；

(二)党建工作指导员的工作实绩，包括新增申请入党人数、培养入党积极分子数、发展新党员数和指导建立党组织数；

(三)党建工作指导员派驻会计师事务所合伙人(股东)和职工群众对党建工作指导员的评价和认可程度；

(四)党建工作指导员开展工作的做法、经验及对注册会计师行业党建工作的创新等情况。

**第二十二条**　对检查考核中发现的问题，应在工作例会中认真分析原因，制定切实可行的整改措施，提高考核实效。

**第二十三条**　对检查考核中认为优秀的党建工作指导员，应给予表彰奖励，并作为年度评优的重要依据之一；对不能履行职责的党建工作指导员应及时提出批评，进行帮助教育，必要时可进行调整，帮教及调整情况及时报上级党组织备案。

**第二十四条**　党建工作指导员的考核应当纳入其年度考核。

**第二十五条**　有条件的地方，应积极探索建立党建工作指导员管理考核制度和办法，并报中国注册会计师行业党委总结推广。

## 第七章　附　　则

**第二十六条**　各省级注册会计师行业(协会)党组织可根据本地区实际情况，制定党建工作指导员具体管理办法。

**第二十七条**　本办法由中国注册会计师行业党委负责解释。

**第二十八条**　本办法自发布之日起试行。

# 6. 会计师事务所从事H股企业审计业务试点工作方案(2009年颁布)

财会便[2009]79号

根据《内地与香港关于建立更紧密经贸关系的安排(CEPA)》、《关于内地企业会计准则与香港财务报告准则等效的联合声明》和《关于内地审计准则与香港审计准则等效的联合声明》，经财政部、证监会领导批准，财政部会计司、证监会会计部决定实施内地会计师事务所从事H股企业审计业务试点工作。为加快发展我国注册会计师行业，促进内地会计师事务所有序从事H股企业审计业务，实现与香港会计行业双赢，维护H股投资者利益和两地资本市场健康发展，现提出以下试点工作方案：

**一、试点原则**

试点工作必须坚持以下原则，确保参加试点的会计师事务所高质量完成H股企业审计业务：

(一)严格要求、质量第一。从事H股企业审计业务的会计师事务所应当适应内地企业赴港上市对注册会计师职业提出的要求，具有较好的专业胜任能力和社会认可度。

(二)择优选拔、稳步推进。试点初期，应择优选择符合条件的少数会计师事务所从事H股企业审计业务。根据具体情况，再择机审慎扩大试点范围。

(三)自愿申请、强化审核。符合要求的内地会计师事务所可自愿申请参加试点。财政部、证监会要强化审核，严把质量关，从源头上防范不符合要求的会计师事务所从事H股企业审计业务。

**二、审核推荐机构**

财政部、证监会成立"内地会计师事务所从事H股企业审计业务试点工作审核推荐委员会"(以下简称委员会)，负责对申请参加试点工作的会计师事务所的审核推荐工作。委员会主任由财政部会计司负责人担任，副主任由证监会会计部负责人担任，委员由财政部会计司和监督检查局、证监会会计部、中注协相关负责人组成。委员会下设办公室(财政部会计司),成员由财政部会计司和监督检查局、证监会会计部、中注协有关人员组成。

**三、基本要求**

委员会从符合以下基本要求的会计师事务所中择优选择参加试点:

(一)具有证券期货相关业务资格,从事过 H 股企业审计业务或预期能够承接 H 股企业审计业务;

(二)上年度业务收入(含境内、外分支机构收入,下同)不低于 30 000 万元,其中审计业务收入不低于 20 000 万元,且证券业务收入不低于 5000 万元或者上市公司审计客户不低于 30 家;

(三)中国注册会计师人数不少于 400 人,其中通过考试取得注册会计师资格的人数不少于 300 人;

(四)(自然人)股东持股比例或合伙人的财产份额每人不得超过 25% ;

(五)治理结构、质量控制和内部管理等相关制度健全并有效执行;

(六)在香港发展有成员所或者与香港会计师事务所同属某一国际会计公司的成员所。

会计师事务所通过合并满足上述基本要求的,可以申请参加试点,但应在 2009 年 10 月 31 日之前完成实质性合并程序。实质性合并程序包括签署合并协议、发布合并公告、交回被合并方的证券期货从业资格证书和(或)会计师事务所执业资格证书等。完成实质性合并程序的,本条第一款第(二)项"上年度业务收入"可以合并各方上年度经审计的业务收入总额汇总计算,第(三)项中国注册会计师人数也根据同一原则认定。

**四、优先考虑因素**

在满足基本要求的同等条件下,对具有以下情况之一的会计师事务所予以优先考虑:

(一)高级管理团队关系和谐、年富力强的。

(二)运用信息化手段实施质量控制和内部管理的。

(三)具有较强的执业责任承担能力的。

(四)组建会计师事务所管理公司的。

**五、申请材料**

会计师事务所申请参加试点工作,应当向委员会办公室提交以下材料:

(一)会计师事务所参加 H 股企业审计试点工作申请书(含申请表,附表 1)。

(二)会计师事务所营业执照副本复印件、证券期货从业资格证书复印件和执业证书复印件。

(三)在 H 股审计试点工作实施前从事 H 股企业审计业务执业经历的情况说明及相关业务合同复印件,或者预期能够承接 H 股企业审计业务的说明。

(四)会计师事务所上年度财务报表、审计业务收费情况表(附表 2)、证券业务情况表(附表 3)以及由其他具有证券、期货相关业务资格的会计师事务所出具的本会计师事务所上年度财务报表的审计报告。审计报告应当特别说明符合基本要求第(二)项的情况。

(五)通过财政会计行业管理系统(http://www. acc. gov. cn)和证监会会计师事务所与资产评估机构监管系统(http://assdata. csrc. gov. cn)打印的股东/合伙人情况表和注册会计师情况表。

(六)会计师事务所治理结构、质量控制制度、内部管理制度及执行情况说明。

(七)香港成员所的商业登记证明复印件、执业证书复印件以及成员所相关协议复印件。

(八)会计师事务所高级管理人员的身份证复印件。

(九)运用信息化手段实施质量控制和内部管理的情况说明。

(十)职业保险保单复印件(或其他证明文件)或职业风险基金相关说明。

(十一)会计师事务所管理公司营业执照副本复印件以及在管理公司范围内实现品牌、业务管理、资源调度、质量控制、教育培训和信息技术平台实质性统一的情况说明。

(十二)委员会办公室要求提交的其他材料。

涉及本办法第三条中合并事项的会计师事务所,除提交上述材料外,还需提交以下材料:合并协议复印件;在公开媒体发布的合并公告复印件;被合并方经审计的财务报表;交回证券期货从业资格证书和(或)会计师事务所执业证书的说明。

因办理工商手续、业务衔接等客观原因确实难以在 2009 年 10 月 31 日之前交回被合并方的证券期货从业资格证书和(或)会计师事务所执业资格证书的,应当出具经合并双方会计师事务所及其主任会计师签

章的承诺书，明确承诺在办理完毕相关工商、业务手续后立即交回相应证书。延期交回证书的截止时间不得迟于2009年12月31日。

申请人应当对申请材料内容的真实性、完整性负责。对隐瞒有关情况或者提供虚假材料的会计师事务所，取消其申请资格。

**六、工作程序**

委员会办公室收到申请材料后，根据本方案要求进行初审。初审通过后，通过财政会计行业管理系统网站和证监会网站进行公示。

委员会办公室应当对初审公示的会计师事务所进行实地考察，并形成书面报告上报委员会。委员会应当召开全体会议对初审公示和实地考察情况进行综合审核评议。

审核评议后，委员会应当将评议结果报财政部、证监会领导确定。委员会对确定参加试点的会计师事务所，将在财政会计行业管理系统网站和证监会网站上发布公告，同时推荐给香港财经事务及库务局、香港财务汇报局、香港证监会、香港联交所和香港会计师公会。自推荐之日起，被推荐的会计师事务所可以开始承接H股企业审计业务。

参加试点的会计师事务所应在出具H股企业审计报告15个工作日内向财政部会计司、证监会会计部报送审计报告复印件，并在每年证券期货从业资格会计师事务所年度报备材料中单独报送上年度从事H股审计业务情况说明。

参加试点的会计师事务所必须持续符合本方案规定的基本要求，对于不再符合本方案基本要求的，财政部会计司、证监会会计部将撤回推荐，同时告知香港财经事务及库务局、香港财务汇报局、香港证监会、香港联交所和香港会计师公会。

# 7. 会计师事务所财务管理暂行办法（2010年颁布）

财会[2010]14号

**第一条** 为了加强会计师事务所财务管理，优化会计师事务所内部治理，根据《中华人民共和国会计法》、《中华人民共和国注册会计师法》、《国务院办公厅转发财政部关于加快发展我国注册会计师行业若干意见的通知》（国办发[2009]56号）等，制定本暂行办法。

**第二条** 会计师事务所应当根据《中华人民共和国会计法》等国家有关法规制度和本暂行办法，结合合伙人协议、事务所章程等，建立内部财务管理体制和各项财务管理制度。

**第三条** 鼓励会计师事务所执行《企业内部控制基本规范》、《企业内部控制应用指引》和《企业内部控制评价指引》，进一步强化会计师事务所财务内部控制。

**第四条** 会计师事务所应当对全所范围内的会计核算、资金使用、业务收支和收益分配等进行统一管理，进一步加强对分所财务的集中控制，切实做到一体化管理，避免会计师事务所内部财务管理各自为政。

**第五条** 会计师事务所应当结合经营特点和管理要求，优化业务流程，加大信息技术应用推广力度，进一步整合财务和业务信息管理系统，不断提高财务管理效能。

**第六条** 会计师事务所应当按照统一的财务管理体制和财务会计法规制度，设立独立的财会部门或在相关部门内指定专职财会人员，明确相关部门和人员的职责权限。

**第七条** 会计师事务所任用会计人员应当实行回避制度。

大中型会计师事务所的合伙人（股东）的直系亲属不得担任本会计师事务所的会计机构负责人、会计主管人员。

**第八条** 大中型会计师事务所应当建立健全财务预算管理制度，对会计师事务所业务收支等实施预算管理。

鼓励小型会计师事务所建立财务预算管理制度。

**第九条** 会计师事务所应当加强对应收账款的管理，完善财务部门和业务部门的沟通和协作机制，保证应收账款真实、完整。

**第十条**　会计师事务所应当建立严格的资金支付授权审批制度，明确支出款项的用途、金额、限额、支付方式等内容，保证资金支出的合法、安全。

会计师事务所拓展和承接业务，不得向委托人或相关方面提供回扣或其他形式的商业贿赂。

**第十一条**　会计师事务所及其注册会计师购买有价证券应当符合相关法律法规和独立性要求。

会计师事务所不得为其他企业、单位或个人提供担保。

**第十二条**　会计师事务所应当建立健全财产物资采购、使用、保管、处置等各环节的管理制度，定期清查和盘点，对发生的财产损失要及时查明原因、作出处理。

**第十三条**　会计师事务所应当加强负债管理，保证适当的流动性，对发生的各种借款和应付应交款项，应当按合同约定方式和期限及时归还或支付。

会计师事务所分所不得同其他企业或单位发生除正常业务活动外的债权债务关系。

**第十四条**　会计师事务所应当按照业务类型对取得的收入进行明细核算，同时按照资金用途对支出的费用进行明细核算。

**第十五条**　会计师事务所应当建立有效的工时管理系统和成本控制系统，在保证执业质量的前提下，不断强化成本预算约束，实现成本的全员管理和全过程控制。

大中型会计师事务所应当以具体承做的业务项目为基础，对主营业务收入和直接成本费用进行核算。鼓励小型会计师事务所以具体承做的业务项目为基础，对主营业务收入和直接成本费用进行核算。

**第十六条**　会计师事务所应当结合人员定级定岗制度制定工资薪酬政策和制度。工资薪酬政策和制度应当统一，同时统筹考虑分所所在地的地区差异。

**第十七条**　会计师事务所应当统一购买职业保险，或按规定计提职业风险基金。

**第十八条**　会计师事务所应当为党组织的活动提供必要经费。

**第十九条**　会计师事务所应当加大教育培训投入，强化经费保障，提高从业人员职业道德水平和专业胜任能力。

**第二十条**　会计师事务所应当制定科学的业绩考核和收益分配制度，业绩考核和收益分配制度应当经合伙人会议（股东大会）审议批准，并在全所范围内执行。会计师事务所应当定期对业绩考核和分配制度进行评估，根据市场环境变化和自身发展需要不断修订完善。

**第二十一条**　会计师事务所制定业绩考核和收益分配制度，应当充分体现会计师事务所“人合”的特性，在优先考虑事务所持续发展的基础上，根据职级、能力和贡献等因素确定业绩考核标准和收益分配方案。

**第二十二条**　会计师事务所应当于每年年度终了编制年度财务报告，并向全体合伙人（股东）报告。

除国家统一的会计准则制度规定外，会计师事务所编制的年度财务报告还应当包括业务收入明细表（见附表 1）和支出明细表（见附表 2）。

**第二十三条**　会计师事务所应当于每年 3 月 31 日前，通过中国注册会计师行业管理信息系统财务报表子系统，向中国注册会计师协会、省级注册会计师协会上报经其他会计师事务所审计的上年度财务报告（包括本办法第二十二条中的业务收入明细表和支出明细表，下同）。省级注册会计师协会应将确认、汇总后的，与系统汇总数据一致的全省会计师事务所财务报告报送中国注册会计师协会。

会计师事务所经其他会计师事务所审计的上年度财务报告应当同时报送省级财政部门；其中，大中型会计师事务所经其他会计师事务所审计的财务报告还应当同时报送财政部。

**第二十四条**　会计师事务所应当按照财政部、国家档案局《会计档案管理办法》（财会字[98]第 32 号）的规定建立会计档案管理制度，明确会计档案的立卷、归档、保管、查阅和销毁等管理制度，保证会计档案的妥善保管和有序存放。

会计师事务所分所撤销后，其会计档案应由会计师事务所统一保管。

**第二十五条**　会计师事务所应当健全内部财务监督制度。

会计师事务所可以通过设立监事会、财务监督委员会、内部审计机构等方式，按照国家相关法规制度的要求、合伙人协议或事务所章程等履行内部财务监督职责。

**第二十六条**　本暂行办法自 2011 年 1 月 1 日起施行。

# 8. 会计师事务所职业风险基金管理办法(2007年颁布)

财会函[2007]9号

**第一条** 为规范会计师事务所(以下简称事务所)职业风险基金的管理,促进事务所增强职业责任风险意识,提高抵御职业责任风险的能力,根据《中华人民共和国注册会计师法》,制定本办法。

**第二条** 事务所应当按照本办法规定提取和使用职业风险基金。事务所分所的职业风险基金,由事务所统一提取和使用。

**第三条** 事务所应当于每年年末,以本年度审计业务收入为基数,按照不低于5%的比例提取职业风险基金。

**第四条** 事务所可以通过购买职业保险方式提高抵御职业责任风险的能力。事务所购买职业保险的,实际缴纳的保险费可以按以下公式计算抵扣保险受益年度的应提职业风险基金金额:可抵扣金额=当年度负担的保险费×15。可抵扣金额大于或者等于当年度应提职业风险基金金额的,当年度可以不提取职业风险基金。可抵扣金额小于当年度应提职业风险基金金额的,应当按其差额提取职业风险基金。事务所以保险费抵扣应提职业风险基金金额的,应当于每年5月31日前,将保单(含保险条款)复印件报所在地的省级财政部门、省级注册会计师协会备案。

**第五条** 中外合作事务所由国际总部统一办理职业保险的,该中外合作事务所应当于每年5月31日前将保险机构出具的、证明该中外合作事务所当年度交纳保险费金额的文件通过所在地省级财政部门报财政部、中国注册会计师协会备案。

**第六条** 事务所存续期间,职业风险基金只能用于下列支出:

(一)因职业责任引起的民事赔偿;

(二)与民事赔偿相关的律师费、诉讼费等法律费用。

**第七条** 有限责任事务所合并,合并各方合并前已提取的职业风险基金应当并入合并后事务所。

**第八条** 有限责任事务所分立,已提取的职业风险基金应当按照净资产分割比例在分立各方之间分割。分立各方另有约定的,从其约定。

**第九条** 事务所存续期间不得分配职业风险基金。

**第十条** 脱钩改制前事务所形成的职业风险基金,如果脱钩改制时事务所与挂靠单位签订了书面协议,明确该部分职业风险基金留给脱钩改制后事务所占有的,该部分职业风险基金纳入脱钩改制后形成的职业风险基金统一使用和分配。

**第十一条** 除第十条规定情形外,脱钩改制前事务所形成的职业风险基金留归脱钩改制后事务所的,该部分职业风险基金应当与脱钩改制后形成的职业风险基金分别核算,仅用于脱钩改制前业务引起的民事赔偿及相关法律费用。事务所清算时,该部分职业风险基金有结余的,应当交还原挂靠单位。原挂靠单位不存在的,应当上缴国库。

**第十二条** 除第十一条规定情形外,事务所清算时,职业风险基金应当纳入清算范围。

**第十三条** 事务所违反本办法规定的,由省级以上财政部门责令限期改正,逾期不改正的予以公告。

**第十四条** 本办法自印发之日起施行。

# 9. 中国注册会计师行业信息化建设总体方案(2011年颁布)

会协〔2011〕115号

信息化是当今世界经济和社会发展的大趋势,是推动经济社会变革的重要力量,是产业优化升级和经济发展方式转变的关键环节。推进注册会计师行业信息化战略,是贯彻落实科学发展观、深入开展创先争优活动、提升行业核心竞争力、推动行业跨越式发展、构建行业诚信体系、实现行业国际化的战略举措。因此，必须把推进行业信息化建设摆在突出位置，充分利用现代信息技术，全面提高行业信息化水平。

**一、行业信息化建设的重要意义**

注册会计师行业自恢复重建以来，一直重视信息化建设，从硬件投入、软件开发、人才培养等方面投入大量精力，为开展行业信息化建设奠定了基础。在行业管理和服务层面，形成了以中注协和地方协会两级网络平台为核心，覆盖会计师事务所、注册会计师和非执业会员的信息化网络；初步建立了网上考试报名和成绩查询、网上注册、网上培训、网上业务报备和财务信息报送等七大应用体系，积累了网络化管理和服务的经验；初步建立行业诚信信息监控体系，基本实现执业信息的记录功能、诚信信息的披露功能和异常情况的提示功能。在会计师事务所层面，行业信息化也有一定的进展。国内部分大型会计师事务所采用具备一定功能的业务管理和内部管理软件，一些中小型会计师事务所也逐步尝试采用一些相对简单的业务管理软件。与此同时，行业信息化建设与信息技术发展水平和行业发展要求相比，仍有相当差距。信息化理念落后，对推进信息化建设的重要性和紧迫性认识不足；信息技术应用水平不高，不能满足经济社会对行业管理和服务的需要；与国际同行差距较大，影响了会计师事务所核心竞争力和国际化水平；信息化投入不足与重复建设并存，信息化建设进程缓慢；行业数据集成交换程度低，“信息孤岛”现象严重；信息化运维机制不健全，专业人才缺乏。

为了迎接信息化对行业发展带来的新机遇，创新行业发展模式，破解行业发展难题，推进行业跨越式发展，中注协“五代会”确定了大力推进行业信息化战略，并将其作为行业未来五年的核心任务和行业实现跨越式发展的战略支点。加快行业信息化建设是提升会计师事务所核心竞争能力的关键环节。随着经济社会信息化水平的不断提高，会计师事务所已经处在信息化的业务环境之中。加快信息化建设，发挥科技是第一生产力的作用，以信息技术提高会计师事务所内部管理水平、以信息技术再造会计师事务所业务流程、以信息技术保障会计师事务所执业质量、以信息技术提升会计师事务所服务价值，使信息技术成为会计师事务所提升竞争能力的强力引擎，推动会计师事务所核心竞争力不断提升。

加快行业信息化建设是提高行业管理和服务效能的根本抓手。行业恢复重建以来，行业人员规模、机构规模、收入规模都有了翻天覆地的变化，传统的管理和服务手段越来越难以适应行业日新月异的发展要求。加强行业信息化建设，以信息化对行业管理和服务理念进行更新，以信息化对行业管理和服务范围进行拓展，以信息化对行业管理和服务的方式进行完善，以信息化对行业管理和服务的流程进行优化，真正实现行业管理和服务的科学化和精细化，提高行业管理和服务的效能。

加快行业信息化建设是实现行业国际化的重要途径。凭借我国注册会计师行业的后发优势，充分借鉴国际会计师事务所信息化发展成果，建设国际领先水平的信息基础设施、应用体系和支撑体系，打造适应国际化要求的大型会计师事务所业务管理和内部管理平台，提高承接国际业务胜任能力，适应国际化的业务环境，推动行业国际化战略实现跨越式发展。

加快行业信息化建设是提高行业服务 国家建设能力的强大支撑。加强行业信息化建设，不仅能够提升行业经济鉴证和管理咨询等服务能力，而且能够为宏观经济运行和政策制定提供参考和依据，发挥行业在宏观经济管理中的“智库风标”和“参谋助手”作用，将行业数字资源转换为经济监督资源、社会诚信资源、智力支持资源，更好地服务于国家建设。

**二、行业信息化建设的指导思想、总体目标和建设原则**

（一）指导思想

以邓小平理论和“三个代表”重要思想为指导，全面贯彻落实科学发展观，紧扣经济社会发展脉搏，坚持以行业发展实际需求为导向引领信息化，提升会计师事务所核心竞争力；以优化行业管理和服务理念、方式和流程为重点发展信息化，提高行业管理和服务效能；以加大信息化基础设施投入和深化应用为重点推进信息化，实现行业信息化国际水平；以改革创新和管理变革为动力普及信息化，提高服务国家建设的整体能力。

（二）总体目标

用现代信息技术全面装备注册会计师行业。充分利用现代化信息技术，实现行业信息化基础设施基本完善，应用体系广泛使用，信息系统互联互通，信息资源充分共享。具体来讲，到2015年，中注协和地方协会信息基础设施达到国际水平，建成功能完善和服务优异的综合信息网站、行业管理和服务平台，全面实现网上办公和网上审批；大型会计师事务所信息基础设施达到国际水平，各应用软件的功能完善程度和对业务的覆盖幅度与国际会计公司趋于一致；中小型会计师事务所建立起门户网站，普遍采用功能健全的审计软件执行审计业务。

（三）建设原则

“四统一”原则。统一规划，全行业统一进行顶层设计和规划，确保信息化建设的科学方向。统一标准，全行业统一设计数据交换、核心应用、硬件配置、人才素质等方面的相关标准。统一架构，行业信息化建设是以中注协应用架构为核心，以地方协会应用架构为枢纽，以会计师事务所应用架构为基础的整体系统。统一实施，按照行业信息化建设总体方案的统一要求，有组织、有步骤、有措施、有评价地稳步实施。

流程再造原则。要在充分研究行业业务流程的基础上，在信息技术更新升级的背景下，按照全面、科学、创新、提升的原则，重新思考并彻底优化有关流程，改造和升级行业管理和服务以及事务所内部管理和业务执行流程，形成流程便捷、符合标准、易于操作的行业业务流程。

国际化原则。行业信息化建设要始终以国际水平为标杆，瞄准国际先进理念、先进技术、先进应用、先进系统，不断消化、不断吸收、不断完善、不断拓展、不断创新，为中国会计师事务所“走出去”提供支持，为中国企业“走出去”提供保障，服务国家经济发展方式转变。

分类指导原则。行业信息化建设要对不同类型的会计师事务所，进行分门别类的指导。一是已加入国际网络的大型会计师事务所，在本地化和安全性的基础上，使用或借鉴使用国际网络的应用系统。二是其他具有证券期货资格的大型会计师事务所，使用或借鉴使用中注协遴选和推荐符合国际标准的应用系统，或按照大型会计师事务所信息化架构要求自行开发和定制符合国际标准的应用系统。三是对于中小型会计师事务所，将由中注协遴选和推荐符合国际标准的应用系统。

互联互通原则。行业信息化建设涉及中注协、地方协会、大中小型会计师事务所等不同主体的不同应用系统，各个系统在数据和应用上相互补充、相互完善、相互制约、相互验证，要始终坚持不同系统之间的互联互通，实现硬件资源的共享、软件系统的互联、数据资源的互通、共性与个性的结合，解放“信息孤岛”，打造开放式的信息网络。

主体能动原则。中注协积极发挥统筹作用，统筹开展顶层设计，制定总体方案，建设行业标准，加强制度建设，提供政策支持，培育示范典型，加强人才建设，加大宣传引导。地方协会按照总体方案的要求，强化自身信息化建设，利用行业管理信息系统加强和改善会员服务，结合地区实际指导和推动会计师事务所积极投身信息化建设，做好本地区信息化人才培养。事务所要发挥主观能动性，加大人力、资金投入，将业务流程再造与信息化建设紧密结合，严格按照行业信息化规范和标准，做好自身的信息化建设。

**三、行业信息化建设的总体框架**

从全局视角出发，研究分析影响行业信息化建设的各种关系，统筹中注协、地方协会和会计师事务所之间的业务流和数据流，建立行业信息化建设的总体框架。具体概括为“四大主体、四大架构”即在信息化建设总体目标统领下，针对中注协、地方协会、大型会计师事务所、中小型会计师事务所四个不同主体，按应用、支撑、数据、设施四大架构开展信息化建设。

系统建设严格遵循行业核心应用标准和交换标准，保证系统内部数据统一、系统之间数据联动，最终在多主体、多系统、跨网络的前提下实现全行业的协同运作。

（一）中注协信息化架构

1. 应用架构分为“行业管理和服务应用”与“内部管理应用”

两类。“行业管理和服务应用”覆盖考试管理、注册管理、业务监管、继续教育、行业财务、行业党建等12项应用，为中注协履行行业管理和服务职责提供网上办事平台。“内部管理应用”包括协同办公、人事管理、财务管理、固定资产、外事管理和通讯服务共6项应用，优化中注协内部管理，提供快速、便捷的内部办公环境。

2. 支撑架构指支撑系统正常、安全、稳定运行并随行业需求变化扩展的核心技术条件，包括运维支撑和安全保障。

3. 数据架构指建设行业统一的数据库，统一规划各应用系统的组成要素、数据格式、内容规范和交换方案，为解决数据孤岛，实现互联互通和科学决策奠定基础，包括行业管理和服务数据库以及内部管理数据库。

4. 设施架构指支撑系统日常稳定、安全运行的基础硬件设施,是应用系统和数据库持续运行的物质平台,包括主机设备、存储设备、备份设备、网络设备、安全设备、机房布线。

(二)地方协会信息化架构

1. 应用构架分为"行业管理和服务应用"与"内部管理应用"两大类。地方协会的"行业管理和服务应用"主要使用中注协建设的行业管理信息系统。"内部管理应用"由地方协会建设,包括协同办公、人事管理、财务管理和通讯服务共4项应用。

2. 支撑架构包括运维支撑和安全保障。

3. 数据架构包括行业管理和服务数据库以及内部管理数据库,数据资源需与中注协数据库互联互通。

4. 设施架构包括主机设备、网络设备,可以按照具体需要选建存储设备、备份设备、安全设备、机房布线。

(三)大型会计师事务所信息化架构

1. 应用构架分为"业务管理应用"和"内部管理应用"两大类。"业务管理应用"覆盖客户管理、独立性管理、项目管理、作业管理、后续管理共5项应用,"内部管理应用"覆盖财务管理、人力资源、培训管理、行政服务和决策支持共5项应用。

2. 支撑架构包括知识检索、运维支撑和安全保障。

3. 数据架构包括财务运维、客户项目、人力资源、底稿档案四大数据库。

4. 设施架构包括主机设备、存储设备、备份设备、网络设备、安全设备、机房布线。

(四)中小型会计师事务所信息化架构

1. 应用架构分为"业务管理应用"和"内部管理应用"两大类。

"业务管理应用"覆盖独立性管理、项目管理、作业管理、后续管理共4项应用,"内部管理应用"覆盖财务管理、人力资源与培训、行政服务共3项应用。

2. 支撑架构包括运维支撑和安全保障。

3. 数据架构包括财务运维、客户项目、人力资源、底稿档案四大数据库。

4. 设施架构包括主机设备、网络设备,按照具体需要选建安全设备和机房布线。行业信息化建设的总体架构及其主要内容以信息化建设指南向行业发布。

**四、行业信息化建设步骤**

行业信息化建设计划用五年的时间,按照"制定规划阶段开展四项制定、建设系统阶段实现六个突破、整合应用阶段建设三大平台"的三步走战略,循序渐进地完成行业信息化建设"四大主体、四大架构"任务,实现行业信息化建设的总体目标。

(一)制定规划(2011年)

启动行业信息化战略的顶层设计工作,通过开展"四项制定",为行业信息化建设找出问题、指明方向、理清思路、定出措施。

一是制定行业信息化建设总体方案,明确行业信息化发展的意义、指导思想、总体目标、建设原则、总体框架、建设步骤、保障措施等,指导行业信息化建设。

二是制定行业信息化建设指南,明确行业信息化建设各类主体的具体建设目标、实现途径、技术标准、核心应用和建设要求等,提供信息化建设的操作手册,指导协会系统和会计师事务所建设应用、支撑、数据和设施四大架构。

三是开展制定核心应用标准,按照行业信息化建设各个主体、各个系统功能模块的管理和统计需求,统筹规划考生、会员、综合评价、业务报备等数据的标准格式和组成要素,为实现行业数据共享、自动统计奠定基础。

四是开展制定数据交换标准,在核心应用数据标准的基础上,参考XBRL等公共数据规范和交换协议,借鉴相关部门的数据标准,确定行业数据交换的通讯协议、报文格式和数据采集时间,为实现行业信息化建设不同系统之间数据的互联互通、数据交换奠定基础。

(二)建设系统(2012年)

2012年是行业信息化建设的"攻坚年",要紧紧围绕行业信息化建设的"四大主体、四大架构",实现考试管理信息化、行业党建信息化、行业管理信息化、行业服务信息化、事务所信息化、服务经济社会信息化的

"六个突破"。

第一,实现考试管理信息化突破。

按照"技术支撑、安全保证"的原则,加快推进考试的计算机化进程,使信息化技术覆盖考试组织管理的全流程,重点防范考试舞弊,有效应对和化解考试风险,提升考试质量,保证考试安全。

完善考试管理系统。继续完善注册会计师考试管理系统,包括全国管理、省级管理、考区管理、网上报名、网络支付、二代身份证采集信息和各级考办网站后台管理平台的功能,进一步方便考生报名、确认和查分,进一步优化排考场和数据汇总,进一步增强系统安全性。

推进计算机考试系统。开展注册会计师计算机考试的可行性研究,调研国内外计算机考试的相关技术、专业公司和市场操作模式,启动注册会计师计算机考试系统的开发工作,在条件成熟的地区开展计算机考试试点。

第二,实现行业党建信息化突破。

通过建设行业创先争优综合评价在线系统和行业党建管理系统,完善行业党建网,建立统一开放的行业党建信息发布平台、覆盖行业各级党组织的网上活动平台、党员教育培训平台、行业党建事务管理平台和行业创先争优综合评价平台,最终形成一个集交流、培训、宣传、管理、评价五位一体的数字化行业党建系统。

建设行业党建管理系统。依托行业管理信息系统建设行业党建管理系统,为行业党组织、党员、统战、群建等相关基础数据的录入、统计、查询和数据分析提供在线平台。

建设创先争优综合评价在线系统。通过建设创先争优综合评价在线系统,实现创先争优综合评价相关数据的填列、审核、上报、评分、查询、分析功能的在线实现,为创先争优综合评价提供技术支持,为行业创先争优机制建设提供技术保障。

完善注册会计师行业党建网。进一步完善注册会计师行业党建网,在目前信息发布功能的基础上,完善在线组织活动、党员教育、党建事务交流等功能,使行业党建网真正成为行业党建的网上基地。

第三,实现行业管理信息化突破。

以现代信息技术为手段,着力加强对会员的信息化管理力度,通过强化和完善注册管理系统、继续教育系统、行业财务系统和监督检查系统,实现对会员从准入、继续教育、执行业务和退出的全过程、全方位信息化管理。

优化注册管理系统。以注册会计师在线年检系统为核心,对注册管理流程进行进一步优化和改进,实现注册会计师年检的资料提交、资格审核、结果报备的网络化。

完善继续教育系统。在进一步强化继续教育管理系统功能的同时,拓展在线继续教育平台功能,扩大在线继续教育的范围和内容,提升在线继续教育的效率和效果,扩大在线继续教育应用。

改进行业财务系统。进一步优化财务报表报送流程,加强财务数据的分析和统计功能,保证年度财务报表的按时、准确报送,实现事务所和个人会员网上交纳会费。

优化行业监管系统。完善执业质量检查系统,优化上市公司年报审计报备系统,改进行业监管信息系统。

第四,实现行业服务信息化突破。通过建设行业法规和知识支持系统、行业视频和通讯支持系统,初步形成行业信息化服务体系。

建设行业知识库。以网络方式向全行业提供包括会计审计准则、法律法规、审计案例和管理案例、行业资讯、宏观经济数据在内的知识库,并建设行业在线知识交流机制,保证会员方便获取知识支持,同时也为实现全行业的知识和技能共享奠定基础。

建设行业通讯服务系统。建设视频及语音会议系统、即时联络系统、短信平台、数字传真,完善行业邮件系统等,实现协会与会员以及会员之间的多渠道、可视化的便捷联络。

完善门户网站。提升行业网站信息公开、在线办事、专业技术咨询和指导、会员参与的功能,实现外网平台的在线咨询、申报、办事、查询和内网平台上的申报审批、预警管理等功能。

第五,实现事务所信息化突破。

按照"分类指导、重点突破"的原则,优先实现大型会计师事务所的突破,带动其他会计师事务所完成自身信息化建设。建设独立性管理系统。围绕禁止投资客户名单查核、投资合规性核查、独立性声明等,建设独立性管理系统，将独立性要求通过程序和软件实现自动控制和强制实施，用现代技术手段作为支撑推进职业道德守则的贯彻执行。

建设项目管理系统。围绕项目接受与保持、项目人力资源管理、项目质量控制、项目绩效评价等方面建设管理系统，帮助会计师事务所人员评价和控制项目风险、监控项目进度、有效组织项目实施。

建设作业管理系统。贯彻实施风险导向审计的要求，建设具有识别、评估和应对重大错报风险功能，支持协同审计、具备知识集成的审计系统。

建设门户网站。会计师事务所在互联网上建立门户网站，用以提升形象、发布信息、拓展商机、在线服务、在线咨询、在线调查、招聘人员等。

会计师事务所信息化建设突破的目标是：具备 H 股审计资格的会计师事务所完成四大架构建设，打造行业信息化建设标杆；

其他具有证券期货资格的会计师事务所建成独立性管理系统，使用审计软件和项目管理软件开展执业；50% 中小型会计师事务所使用审计软件和项目管理软件开展执业。

第六，实现服务经济社会信息化突破。

建设业务防伪报备系统。扩大会员信息采集的范围，将采集环节由个人基本情况延伸到所出具的业务报告相关信息，并对业务报告出具行为进行动态监控，向社会公众提供业务报告防伪识别服务，提升行业公信力，推动市场经济秩序健康有效。

（三）整合应用（2013—2015 年）

在第二阶段行业信息化骨干网络基本建成的基础上，形成行业核心应用标准和数据交换标准体系，完成“行业管理与服务的平台、会计师事务所管理与业务的平台、服务经济社会的平台”三大平台建设任务，形成立体、全面、完善、互联互通的行业信息化体系。同时，督促会计师事务所引进先进管理理念，加大管理创新力度，全面实施流程再造，将会计师事务所的运营和业务执行全面转移到信息化平台上来，保证信息化体系不但建起来，而且切实用起来，并保持持续发展。

第一，建成行业管理与服务的平台。

建设全行业数据仓库。根据行业信息化建设数据标准，建设考生数据库、会员数据库、综合评价数据库、法规数据库和内部管理数据库，以及会计师事务所的财务运维、客户项目、人力资源和底稿档案数据库，对数据进行汇总、加工、分析、集成、统筹整合和开发利用，用于支持管理和辅助决策。

完善数据交换系统。根据行业数据交换标准，与地方协会和大型会计师事务所自有系统进行接口共建，中小型会计师事务所使用接口预制的业务与管理平台，实现行业管理信息系统与地方协会信息系统和会计师事务所信息系统的互联互通。

建设协同办公、人事管理、财务管理、固定资产和外事管理系统。优化协会内部和外部办公环境，实现移动办公和无纸化办公，提升协会内部行政办公管理水平和协同效率。

持续深化以“注册”为枢纽的行业管理信息系统建设，建设专业标准、行业刊物等系统，积极整合和优化行业党建、创先争优综合评价、考试管理、会员管理、继续教育、业务监管、行业财务和行业专家库等业务，完成中注协和地方协会信息化的应用建设，形成信息技术对行业管理和服务的全面支持。

第二，建成会计师事务所业务与管理的平台。

建设客户管理系统。为会计师事务所提供客户档案管理、客户营销管理、客户关怀管理等相关功能，集中管理和开发客户资源，满足不同价值客户的个性化需求，提高客户忠诚度和保有率，实现客户价值持续贡献，并按照审计准则要求完成客户风险评估。

建设后续管理系统。实现项目后期管理，包括档案管理、质量监控和报备管理，严格执行质量监控制度，对上级监管部门的报备数据进行统一管理、自动报备。

建设会计师事务所内部管理系统。以信息技术支持和优化内部行政办公环境、内部管理水平和管理流程，包括财务管理、人力资源管理、培训管理、行政服务和决策支持系统，实现内部知识共享和支持会计师事务所科学决策。

通过行业信息化的指标引领和具备 H 股审计资格会计师事务所的典型示范，不断推进大型会计师事务所信息化建设，扶持中小型会计师事务所信息化建设，建成对会计师事务所和会员的支持平台，实现行业信息化的全覆盖，使行业信息化技术装备水平和应用水平、行业信息处理和服务能力实现与国际对接，达到

国际先进水平。

第三,建成服务经济社会的平台。

建设业务报告查阅系统。在行业业务报告防伪报备系统的基础上,建设报告查阅系统,与相关部门的系统相互衔接,对报告使用者和社会公众提供业务报告查询信息。

完善行业诚信信息监控系统。适时收集会计师事务所、注册会计师和非执业会员的资质、经验、能力、诚信等相关信息,实现诚信信息可靠、及时和准确地对外披露。

建设会计师事务所评价结果发布系统。对外公布每年会计师事务所综合评价前百家信息和会计师事务所分级评价,并对相关统计数据进行深度分析,形成体现行业整体发展现状与趋势的研究报告。

**五、行业信息化建设的保障措施**

第一,加强领导,夯实组织基础。

健全各级协会信息化工作组织管理协调机构,加强组织领导,强化部门职责,充实工作力量,建立决策科学、运行有效、职责明确的领导体制和工作机制。引导有条件的会计师事务所建立信息化职能部门,加强管理和技术力量,做到责任、措施、投入、人员"四到位"。

第二,拓宽资金渠道,强化资金保障。

各级注协要将信息化建设列入协会年度预算,逐年增大资金投入力度。会计师事务所要加大资金投入,尤其是在软件系统建设和人才建设方面的投入。行业要认真研究国家信息化建设扶持政策,特别是支持现代服务业发展的相关政策,争取国家和地区信息化建设方面的财政资金、科技开发资金、信用体系建设资金、扶持贷款等资金支持。

三,健全激励机制,形成推进合力。

中注协将适时开展各省区市信息化建设工作成果评估,对信息化建设推动较快的地方协会予以奖励和通报,并将信息化建设情况列入地方协会工作考核内容。有条件的地方协会要开展信息化建设优秀会计师事务所评选,对信息化建设有需求、有措施、有成绩的会计师事务所予以适当的奖励。鼓励行业软件供应商参与行业信息化建设,对行业信息化建设投入大、效果好的软件厂商的产品,在会计师事务所信息化软件推荐时优先予以考虑,充分调动软件供应商的助推作用。

第四,加强人才培养,提高信息化素质。

中注协将加大行业信息化人才培养力度,增大信息化建设课程在行业继续教育、领军人才培养中的比重,适时在注册会计师考试中增加信息技术相关内容、定期组织行业及会计师事务所信息化研讨会。会计师事务所要加大信息化人才培养和引进力度,重点培养和引进"懂技术、懂战略规划和项目管理"的复合型人才、创新性人才和技能型人才,满足信息化建设对专业人才的需求。

第五,加强宣传引导,提升信息化意识。

通过各种形式,广泛宣传信息化建设的作用和意义,普及信息化建设的相关知识,提高行业对信息化建设的认识,增强责任感和紧迫感,激发行业信息化建设的积极性、主动性和创造性。

加大信息化建设先进典型宣传力度,推广先进典型的经验和做法,典型引路、标杆引领,营造行业信息化建设的浓厚氛围。

# 10. 会计师事务所执业质量检查制度(2011年修订)

会协[2011]39号

## 第一章 总 则

**第一条** 为了规范和指导注册会计师协会对会计师事务所(以下简称事务所)的执业质量检查工作,引导和督促事务所强化质量控制体系建设,防范系统风险,提升事务所及其注册会计师的职业道德水平和执业质量,维护公众利益,根据《中华人民共和国注册会计师法》和《中国注册会计师协会章程》的有关规定,制定本制度。

**第二条**　本制度所称执业质量检查，是指注册会计师协会组织开展的对事务所、注册会计师遵循会计师事务所质量控制准则、中国注册会计师业务准则、职业道德守则等情况的检查，包括检查工作的组织实施，以及检查结果的评价和处理。

**第三条**　执业质量检查应当遵循风险导向的理念，对事务所的系统风险进行检查。系统风险检查的内容包括质量控制体系检查和业务项目检查。质量控制体系检查涉及事务所的职业道德规范，质量控制环境，合伙人机制，客户关系和具体业务的接受与保持，人力资源，业务规范，业务执行，监控，总分所管理和信息系统等要素。

执业质量检查应当坚持事务所质量控制体系检查与业务项目检查并重，以质量控制体系检查结果指导业务项目检查，以业务项目检查结果支持质量控制体系检查的结论，并对事务所质量控制体系设计和运行的有效性，以及事务所的执业质量水平作出整体评价。

**第四条**　执业质量检查应当坚持公平、公正的原则，以事实为依据，以准则为标准，严格检查，严格惩戒，切实实现帮助、教育、督促、提高的目的。

**第五条**　执业质量检查应当注意区分会计责任和审计责任，充分尊重注册会计师的职业判断。

**第六条**　注册会计师协会可以根据事务所执业质量的整体评价结果，对事务所进行分类分级监管，加强与有关监管部门的沟通协调和信息共享，以优化配置监管资源，提高监管效能。

**第七条**　注册会计师协会建立执业质量检查公告制度。

## 第二章　检查的职责分工

**第八条**　中国注册会计师协会(以下简称中注协)负责全国事务所执业质量检查标准和政策的制定以及组织协调工作，并对各省、自治区、直辖市注册会计师协会(以下简称省级协会)的执业质量检查工作进行指导和监督。

**第九条**　中注协直接组织对具有从事证券期货相关业务资格会计师事务所(包括分所，以下简称证券所)进行执业质量检查，并根据检查结果对存在执业违规行为的证券所实施惩戒。各省级协会按照中注协的统一部署，组织对本行政区域内的事务所进行执业质量检查。各级协会应加强沟通协调，安排好证券所的检查工作。

**第十条**　省级协会对本行政区域内事务所跨区域执行的业务进行执业质量检查，必要时可商请业务所在地省级协会协助检查。省级协会发现外地事务所在本行政区域内执行业务涉嫌存在违规问题的，可以提请事务所所在地省级协会进行查处。

## 第三章　检查周期

**第十一条**　注册会计师协会应当每年组织开展事务所执业质量检查。

证券所每 3 年内应当至少接受一次执业质量检查，其他事务所每 5 年内应当至少接受一次执业质量检查。

中注协每年应当对获准从事 H 股企业审计业务的事务所实施抽查。

**第十二条**　对存在下列情形的事务所，注册会计师协会可以考虑在一个检查周期内安排两次或两次以上的检查：

(一)受到行业惩戒或行政处罚的；

(二)在以往的执业质量检查中存在问题较多，执业质量整体评价结果较差的；

(三)未按照注册会计师协会的要求进行整改或者整改不力的；

(四)注册会计师协会认为需要检查的其他情形。

## 第四章　检查计划

**第十三条**　注册会计师协会应当制定年度检查计划或检查方案，明确检查依据、检查目的、检查对象、检查内容、检查方式、检查工作安排和要求等。

**第十四条**　省级协会的年度检查计划或检查方案，应当报送中注协备案。

**第十五条** 在确定被检查事务所名单时，注册会计师协会应当对存在下列情形的事务所予以重点考虑：

（一）新承接的业务可能存在重大审计风险的；

（二）股东（合伙人）之间纠纷较大，可能影响执业质量的；

（三）采用不正当竞争手段承揽业务的；

（四）诋毁同行、损害同行利益的；

（五）受到投诉举报较多且反映问题严重的；

（六）业务收费违反收费管理办法或显著低于行业平均收费水平的；

（七）新批准设立的；

（八）承接业务数量与事务所人力资源、规模明显不匹配的；

（九）存在第十二条规定情形的。

## 第五章 检查人员和咨询专家

**第十六条** 注册会计师协会应当合理选择和确定检查人员，组成检查组。检查组应当由不少于 3 名的检查人员组成，实行组长负责制。

检查组受注册会计师协会的委派，在注册会计师协会授权范围内开展检查工作。

**第十七条** 检查人员应当由职业道德好、专业素质高、实践经验丰富的注册会计师和注册会计师协会工作人员担任。

**第十八条** 担任检查人员的注册会计师应当同时具备下列基本条件：

（一）担任或曾经担任事务所项目负责人以上的职务；

（二）在事务所从事审计工作 5 年以上；

（三）熟悉会计、审计等专业理论和实务；

（四）最近 3 年没有因执业违规行为受到行业惩戒或行政处罚。

**第十九条** 注册会计师协会应当建立相对稳定的兼职检查人员队伍，有条件的可以建立专职检查人员队伍。注册会计师协会应对检查人员进行必要的培训。

**第二十条** 检查人员的权利主要包括下列内容：

（一）对被检查事务所的质量控制制度及相关的内部治理、内部管理制度，业务档案，财务会计资料，以及其他与检查相关的资料进行查阅、记录和复印，包括对相关信息系统的查阅和记录；

（二）对事务所有关人员进行询问或发放调查问卷；

（三）必要时，可对涉嫌严重违规或双方争议较大的业务报告和相关工作底稿调回注册会计师协会查阅。

**第二十一条** 检查人员的义务主要包括下列内容：

（一）对检查中了解到的国家机密、事务所及其客户的涉密信息应当保密，不得用于与检查工作无关的任何用途，也不得泄露给与检查工作无关的任何人员；

（二）与被检查事务所有利害关系的，应当主动回避；

（三）保持客观公正、廉洁自律，不得接受被检查事务所的宴请、礼品或礼金等。

**第二十二条** 注册会计师协会建立专家咨询制度，成立专家咨询组。

专家咨询组主要由事务所负责技术或质量控制的合伙人和注册会计师协会负责监管工作的人员组成。

**第二十三条** 咨询专家负责在执业质量现场检查、检查结果论证、惩戒过程中提供技术指导和援助。在现场检查期间，咨询专家对检查组遇到的重大疑难问题提供技术咨询，为检查组开展检查工作提供技术支持。检查结束后，咨询专家参与检查结果论证工作，复核检查结论、检查工作底稿、检查报告和整改建议书等。

咨询专家应遵守第二十一条规定的义务。

**第二十四条** 检查人员和咨询专家参加执业质量检查的时间可按照《中国注册会计师继续教育制度》和《中国注册会计师协会非执业会员继续教育暂行办法》的规定折合为本年度的继续教育学时。

**第二十五条** 注册会计师协会可向检查人员、咨询专家所在单位及个人支付一定的费用，并对表现优秀的检查人员予以表彰、奖励和重点培养，对违反检查纪律的上述人员予以相应的处分。

**第二十六条** 事务所应当积极推荐符合条件的相关人员参加检查，并支持其工作。

事务所应当保证检查人员、咨询专家在参加注册会计师协会的执业质量检查期间的业绩考核与评价、薪酬待遇等不因参加检查工作而受到影响。

## 第六章 现场检查

**第二十七条** 在实施现场检查前，注册会计师协会应当提前 15 个工作日公布被检查事务所名单，并提前 5 个工作日以书面形式通知被检查事务所。

**第二十八条** 被检查事务所应当在接受检查前进行自查，形成自查报告，并按照检查通知要求做好接受检查的准备工作。

**第二十九条** 被检查事务所应当依据下列要求积极配合检查工作：

(一)及时全面地提交检查所需的全部资料，并保证所提交资料的完整性和真实性；

(二)为检查组提供必要的工作场所和办公条件；

(三)确定专人负责与检查组的联络；

(四)妥善安排股东(合伙人)、注册会计师和其他相关人员配合检查组开展工作；

(五)如实回答检查人员的询问，准时参加检查组召集的会议，及时进行意见反馈。

对于被检查事务所及其注册会计师不配合检查工作，不按时提供相关资料，经提醒或敦促没有效果的，检查组在请示注册会计师协会并经其同意后，可以撤出被检查事务所。注册会计师协会将对相关事务所予以公告并给予相应的惩戒。

**第三十条** 注册会计师协会应当制定检查纪律并传达到检查人员。检查组进驻检查现场时要向被检查事务所告知检查纪律。检查人员、被检查事务所及注册会计师应当遵守检查纪律。

**第三十一条** 检查组一般应对事务所进行现场检查，必要时也可调阅事务所有关资料进行非现场检查。

**第三十二条** 检查组应当在对事务所质量控制体系检查的基础上，确定业务项目检查的重点。在实施业务项目检查时，一般应当抽取事务所当年度执行的业务。对于自上次接受检查后执行的以往年度或期间的业务，可以按照一定比例进行抽查。抽样时应当考虑事务所质量控制体系检查的结果，并考虑样本选取的充分性和代表性。

**第三十三条** 检查组应当就检查中发现的问题与被检查事务所和注册会计师进行充分沟通，听取并吸收其合理意见。

**第三十四条** 检查组应当收集检查证据，保证检查证据的充分性和适当性，并根据检查证据形成检查意见，向事务所出具检查意见书。事务所应在规定的时间内向检查组提交反馈意见。检查组从事务所获取的检查证据、反馈意见和重要的沟通事项及结果，应由事务所盖章和相关人员签名确认。对于事务所及其相关人员拒不盖章或签名确认的，检查组应及时向注册会计师协会报告，由注册会计师协会作出相应处理。

**第三十五条** 检查组应当及时向注册会计师协会汇报检查进展情况以及检查中遇到的重大问题，接受注册会计师协会的指导和监督。

**第三十六条** 检查组应当按照注册会计师协会确定的检查标准实施执业质量检查，编制检查工作底稿。

**第三十七条** 检查组应当在完成检查工作后向注册会计师协会提交执业质量检查报告。

执业质量检查报告的内容主要包括：

(一)被检查事务所概况；

(二)检查工作的开展情况；

(三)被检查事务所执业质量整体评价结果；

(四)质量控制体系检查情况及发现的问题；

(五)业务项目检查情况及发现的问题；

（六）被检查事务所的反馈意见。

**第三十八条** 检查组应当在检查工作结束后，及时归整检查工作底稿，形成检查档案（包括电子档案），统一交注册会计师协会。

注册会计师协会应当组织专家验收检查档案。检查档案的所有权属于注册会计师协会。

## 第七章 检查结果的处理

**第三十九条** 注册会计师协会应当从以下方面对检查组提交的检查报告和检查工作底稿进行复核：

（一）执业违规事实是否清楚，检查证据是否确凿，事实的认定是否有充分、适当的检查证据；

（二）检查工作是否符合检查程序；

（三）适用的法律、法规、职业准则是否恰当。

**第四十条** 注册会计师协会应当组织专家对检查组的工作结果进行论证。

**第四十一条** 注册会计师协会应当建立相应的惩戒制度，设立惩戒委员会或相应机构，对检查中发现存在严重问题的事务所和注册会计师给予相应的惩戒。

**第四十二条** 注册会计师协会实施惩戒，应当以事实为依据，与执业违规行为的性质、情节以及社会影响程度相当，并遵循独立、客观、公正的原则，坚持惩戒与教育相结合。

**第四十三条** 注册会计师协会应当维护事务所和注册会计师的合法权益，保障其陈述申辩和申诉的权利。

**第四十四条** 注册会计师协会应当责成受到惩戒以及其他存在质量控制缺陷的被检查事务所在规定时间内整改并提交整改报告。注册会计师协会应当对事务所整改情况跟踪检查，督促其切实整改。

**第四十五条** 注册会计师协会应当对年度检查工作进行总结。省级协会应当在年度检查工作结束后，在规定时间内向中注协报送年度检查工作总结。

**第四十六条** 注册会计师协会应当向社会公告每年检查的事务所数量、检查对象、检查内容、检查重点、检查处理结果以及检查发现的主要问题。

## 第八章 附 则

**第四十七条** 注册会计师协会开展专案检查、专项检查等其他检查工作，可参照本制度的规定执行。

**第四十八条** 注册会计师协会应当将年度检查总体情况及检查结果录入中注协行业管理信息系统。

**第四十九条** 各省级协会可以按照本制度，制定本地区的实施办法，并报中注协备案。

**第五十条** 本制度自2011年7月16日起施行。

# 11. 会计师事务所执业质量检查制度改革方案（2011年修订）

会协〔2011〕第39号

为了实现行业跨越式发展，深入推进行业创先争优“制度建设年”活动，贯彻落实建立新型行业管理和服务制度体系的要求，做好会计师事务所执业质量检查制度（以下简称执业质量检查制度）改革工作，夯实行业科学发展的基础，制定本方案。

**一、执业质量检查制度改革的必要性和紧迫性**

（一）执业质量检查制度改革是适应经济社会发展的必然要求。从国际会计师行业监管发展趋势看，为了应对经济全球化对我国注册会计师行业的挑战，必须将准则的国际趋同成果转换为注册会计师执业水平和执业质量的提升，根据准则的变化不断完善监管制度和创新监管手段，为在新的层面上实现与境外监管机构的相互协作与认同奠定基础。从国内经济社会发展看，围绕科学发展主题和加快转变经济发展方式主线实施“十二五”规划，注册会计师行业越来越成为关系市场经济秩序、影响资本市场发展和推动社会管理创新的重要方面，对注册会计师行业诚信执业的要求越来越高，必须在加快发展的同时，通过推进执业质量检查制度改革，加强行业监管，进一步提高行业整体执业质量和社会公信度，提升服务经济社会的水平和能力。

（二）执业质量检查制度改革是实现行业跨越式发展的有力保障。国际国内经验反复证明，行业发展必须建立健全行业质量保证体系。对会计师事务所（以下简称事务所）执业质量实施监督检查，是行业质量保证体系的重要一环，是法律赋予注册会计师协会的重要职能，是财政部党组对注册会计师协会工作的明确要求，是行业诚信建设的有力抓手，是行业发展质量的系统检验。2004 年以来，中注协积极推进执业质量检查制度建设，对事务所实行周期性的全面检查。总体上，行业执业质量明显提高，执业质量检查制度体系发挥了重要作用。服务国家建设，实现行业跨越式发展，对执业质量检查提出了更新更高的要求。目前，事务所和注册会计师执业质量还参差不齐，执业质量检查工作也存在一些薄弱环节，迫切需要通过深化改革、健全机制、完善制度加以解决，使执业质量检查工作为行业跨越式发展保驾护航。

（三）执业质量检查制度改革是促进事务所提高综合实力的迫切需要。健全的质量控制体系、完善的内部治理、有效的制度体系和高素质的人才队伍是事务所综合实力的集中体现。近年来，在行业推进事务所做强做大战略中，通过合并重组产生了一批大规模事务所，内部治理和制度建设任务很重。正在积极推进的事务所组织形式向特殊普通合伙制转化，将带来事务所治理结构和管理模式的重大调整，需要重新设计、整合，避免系统风险；新业务领域拓展使事务所更加全面、深入地服务于经济社会发展，要求事务所进一步提高执业质量和服务水平；信息化战略启动，也必须建立在动态、完备、有效的执业质量信息系统基础上。可以说，行业执业质量检查工作面临着新形势和新任务，迫切需要通过改革，促进事务所健全内部治理和质量控制体系，提高综合实力。

**二、执业质量检查制度改革的指导思想、总体要求和目标**

（四）执业质量检查制度改革的指导思想是：以邓小平理论和"三个代表"重要思想为指导，深入学习实践科学发展观，贯彻落实中注协"五代会"精神和行业创先争优"制度建设年"活动的要求，认真总结和遵循行业发展规律，充分借鉴国际有益实践，针对行业执业质量检查工作的薄弱环节，着力从制度和机制上改革、创新，进一步深化行业诚信建设，提升行业整体执业质量和服务经济社会发展的能力，切实维护公众利益，促进行业又好又快发展。

（五）执业质量检查制度改革的总体要求是：(1)质量控制体系检查与业务项目检查并重；(2)技术程序检查与职业道德检查并重；(3)完善检查技术与建立检查质量保证机制并重；(4)检查制度改革与检查专家队伍建设并重；(5)落实审计责任与落实注协监管责任并重。

（六）执业质量检查制度改革的目标是：围绕建立健全行业质量保证体系，贯彻落实风险导向的检查理念，转换监管模式，强化事务所系统风险检查；提高监管效能，对事务所实施分类分级监管；加强专兼职检查队伍建设；强化事前事中监管，加强现场检查指导；充分利用信息化手段，提升检查工作效率和效果，完善检查信息披露制度，大力提升行业执业质量水平和社会公信力，巩固监管制度国际趋同成果。

**三、强化事务所系统风险检查**

（七）各国执业实践充分证明，事务所的系统风险不仅关系事务所的生死存亡，也关乎行业的兴旺发达，更影响经济信息质量和社会诚信建设。在巩固已有执业质量检查成果的基础上，持续跟进职业道德守则和审计准则国际趋同成果，进一步突出事务所系统风险检查。系统风险检查旨在将事务所工作重心引导到质量控制体系建设上来，切实实现执业质量检查对事务所帮助、教育、督促、提高的目的。

（八）系统风险检查的内容包括质量控制体系检查和业务项目检查。质量控制体系检查涉及事务所的职业道德规范，质量控制环境，合伙人机制，客户关系和具体业务的接受与保持，人力资源，业务规范，业务执行，监控，总分所管理和信息系统等要素。系统风险检查应当坚持质量控制体系检查与业务项目检查并重，以质量控制体系检查结果指导业务项目检查，以业务项目检查结果支持质量控制体系检查结论；严格系统风险检查程序，在检查方案的设计、检查人员的选拔和分派以及检查时间的安排等方面，重点保证事务所质量控制体系的检查，切实将系统风险检查落到实处。

**四、积极探索实施事务所分类分级监管**

（九）优化监管资源，提高监管效能。要在证券资格事务所和非证券资格事务所分类的基础上，根据事务所的规模、业务构成、业务数量、执业风险、社会影响力、分所数量和监管资源等因素，科学划分事务所类

别，合理确定检查周期和监管主体；在保证周期性检查的基础上，开展必要的专项检查，充分利用有限的监管资源，建立高效的行业质量保证体系。在对事务所分类的基础上，根据事务所执业质量整体评价水平，对同一类别事务所合理分级，有效确定检查方式、频率、内容、重点、时间安排等，实行差别化监管，变“平均用力”为“集中用力”，既保持检查的周期性、系统性，又提高检查的针对性、有效性。

（十）各司其职，贯彻落实监管责任。中注协负责对证券资格事务所（包括分所）实施分类分级监管。对证券资格事务所，由于社会责任和影响重大，实行相对较短的检查周期，由中注协直接组织检查。考虑到H股企业审计的特殊性和重要性，中注协每年对获准从事H股企业审计业务的事务所实行抽查，重点检查新承接的H股企业审计业务。各地方注协负责对本行政区域内事务所实施分类分级监管。各地方注协要从本地实际出发，积极探索事务所分类分级监管办法，突出重点，严格规范，特别是在对小型事务所加强监管的同时，加大帮扶力度，以提高全行业的整体执业质量。

（十一）根据事务所执业质量整体评价级次采取不同的监管模式。对执业质量整体评价级次较低的事务所，要加大对整改措施落实的跟踪和督导；对受到惩戒的事务所，提高检查频率，加大复查和帮扶力度。

**五、进一步加强专兼职结合的检查队伍建设**

（十二）切实加强检查队伍建设。检查队伍是行业执业质量检查的关键因素，建立一支高水平、稳定的检查队伍，是提高执业质量检查水平的必要条件和根本保障。在充分利用现有人力、物力和财力的基础上，按照“兼职化→兼职与专职相结合→专职化”的发展路径加强检查队伍建设，培养和建立一支业务精湛、职业道德良好、人员相对稳定的高水平专职检查队伍。现阶段的主要任务是，从检查人员条件、来源、素质提升，强化激励约束措施和增强稳定性等方面着手，打造一支专职与兼职相结合的优秀检查队伍。

（十三）多措并举，使检查人员聘得到、稳得住、干得好。各级协会可采取考试、考核及公开招聘的方式，建立专职检查队伍，并吸引优秀的注册会计师加入兼职检查队伍，分层次、有针对性地充实和稳定检查队伍。要加大对各地方注协专门从事执业质量检查的工作人员的充实和培养，增加从事务所聘用的专门从事质量控制工作的高水平检查人员，聘请熟悉事务所内部治理与经营管理、负责质量控制与风险管理的合伙人参与检查；对检查人员进行专项和系统的培训，提高检查人员的业务素质和检查能力。加大对检查人员工作质量的考核，通过公开表彰、物质奖励和重点培养等手段，提高检查人员的待遇。

**六、全程发挥专家技术支持作用**

（十四）建立和实施专家咨询制度。为进一步发挥行业专家的作用，提升行业监管的质量和水平，设立执业质量检查专家咨询组。专家咨询组主要由事务所负责技术或质量控制的合伙人和注册会计师协会负责监管工作的人员组成，在执业质量现场检查、检查结果论证、惩戒过程中提供技术指导和援助。在现场检查期间，对检查组遇到的重大疑难问题进行技术咨询，为检查组开展检查工作提供技术支持；检查结束后，参与检查结果论证工作，复核检查结论、检查工作底稿、检查报告和整改建议书等。

（十五）围绕加强年报审计监管，组建年报审计专家咨询组。继续抓住上市公司变更事务所这一关键环节，强化年报审计事前事中监管，通过事前约谈事务所、现场查阅审计工作底稿等方式提醒事务所严控风险，谨慎执业，确保质量。充分利用年报审计监管结果，确定执业质量检查名单和检查重点。

**七、提高执业质量检查信息化管理水平**

（十六）建立事务所执业质量检查公告制度。各级协会应向社会公告每年开展事务所执业质量检查的事务所数量、检查对象、检查内容、检查重点、检查处理结果等总体情况，提高行业检查的透明度、公信力和威慑力，打造行业监管品牌，树立行业监管权威，进一步赢得社会公众对行业检查工作和诚信建设的认可与信赖。

（十七）以中注协行业诚信信息监控体系为支撑，加强相关监管信息的搜集、存储、分析和运用，完善事务所执业信息报备制度，将“近3年执行业务”信息网上公布制度落到实处。开发执业质量检查软件，运用信息化手段提升执业质量检查的工作效率和效果；建立执业质量检查信息库，及时记录和存储被检查事务所基本情况、抽查的业务项目、处理处罚情况等信息，实现各级协会监管信息的共享。

**八、执业质量检查制度改革的组织实施**

（十八）高度重视，加强领导。中注协要全面把握执业质量检查制度改革的形势和任务，加强领导、落实责任，科学筹划、民主参与，周密部署、认真实施，确保改革的各项政策措施落到实处、抓出实效。各地方注协要高度重视改革工作，充分认识执业质量检查制度改革的重要意义和必要性，结合本地区行业发展实际，积极研究制定支持执业质量检查制度改革的具体措施和办法。各事务所要重视和支持执业质量检查制度改革，强化内部治理，注重质量控制体系建设，提高遵循职业道德守则和执业准则的意识，积极选派高水平的合伙人和注册会计师参加检查工作。

（十九）系统筹划，组织落实。中注协组建执业质量检查制度改革咨询指导组和工作组，由行业内专家和协会工作人员组成，具体承担执业质量检查制度改革相关文件的起草工作。在充分借鉴国际同行监管经验的基础上，全面修订检查制度、检查手册及其他配套制度。修订和完善检查制度要突出行业监管特色和改革重点；修订检查手册要强化事务所系统风险检查，突出行业检查注重提高事务所整体业务质量和防范系统风险的特点；根据检查制度的要求，制定和修订分类分级监管办法、惩戒办法等系列检查配套制度。

（二十）加大宣传，营造氛围。各级协会要加大对执业质量检查制度改革的意义和必要性、改革的方向与目标、行业诚信建设结果和优秀注册会计师及优秀检查人员的先进事迹等的宣传力度，加深全社会对注册会计师行业改革检查制度的认知度和认同感，营造理解、支持、尊重注册会计师行业的有利氛围，为执业质量检查制度改革凝聚共识、汇聚力量，创造更加良好的外部环境。

# 12. 中国注册会计师协会会员执业违规行为惩戒办法（2011年修订）

会协[2011]39号

## 第一章 总 则

**第一条** 为了加强注册会计师行业诚信建设，规范对会员违规行为的惩戒，根据《中华人民共和国注册会计师法》（以下简称《注册会计师法》）和《中国注册会计师协会章程》，制定本办法。

**第二条** 中国注册会计师协会（以下简称中注协）对会员违规行为实施惩戒，适用本办法。

本办法所称的会员，是指团体会员和个人会员中的执业会员，即会计师事务所和注册会计师。

**第三条** 中注协实施惩戒，应当遵循客观和公正原则，坚持惩戒与教育相结合，保障法律法规以及行业规范得到贯彻执行。

实施惩戒应当以事实为依据，与违规行为的性质、情节以及社会影响程度相当。

**第四条** 对中注协实施的惩戒，会员有陈述和申辩权利，对惩戒不服的，可以提起申诉。

## 第二章 惩戒的种类与适用

**第五条** 中注协对会员违规行为实施惩戒的种类有：

（一）训诫；

（二）通报批评；

（三）公开谴责。

**第六条** 中注协认为会员的违规行为可能构成犯罪的，应当移交司法机关调查处理。

**第七条** 会员具有下列违规行为之一的，根据本办法的规定给予惩戒：

（一）违反《注册会计师法》及其他相关法律法规有关规定的；

（二）违反中国注册会计师职业道德守则的；

（三）违反中国注册会计师业务准则的；

（四）违反会计师事务所质量控制准则的；

（五）应当实施惩戒的其他情形。

**第八条** 会员违反《注册会计师法》第二十条、第二十一条和第二十二条的规定的，视情节给予通报批

评或公开谴责。

会员在执业过程中违反其他相关法律法规有关规定的，视情节给予训诫、通报批评或公开谴责。

**第九条** 会员违反中国注册会计师职业道德守则的要求，有下列行为之一的，视情节给予训诫、通报批评或公开谴责：

（一）在职业活动中，违反诚信原则的；

（二）在执行审计、审阅和其他鉴证业务时，违反职业道德守则有关独立性的相关要求的；

（三）在作出职业判断、发表专业意见时，违反客观和公正原则的；

（四）未能按照有关规定获取和保持专业胜任能力，在承接业务和提供专业服务时，缺乏适当的专业胜任能力的；

（五）在执业过程中没有保持应有的关注、勤勉尽责的；

（六）违反保密原则，泄露职业活动中获知的涉密信息的；

（七）违反相关法律法规，损害职业声誉的；

（八）向公众传递信息以及推介自己和工作时，夸大宣传提供的服务、拥有的资质，贬低或无根据地比较其他注册会计师的工作，未能诚实、实事求是，损害职业形象的；

（九）在提供专业服务时，违反职业道德守则有关收费的相关规定的；

（十）其他违反职业道德守则的行为。

**第十条** 会员违反中国注册会计师业务准则的规定，有下列行为之一的，视情节给予训诫、通报批评或公开谴责：

（一）未按规定计划和执行审计业务的；

（二）未获取充分、适当的证据支持审计结论的；

（三）因过失出具不恰当审计报告的；

（四）未按规定编制、归整和保存审计工作底稿的；

（五）隐瞒审计中发现的问题，出具不实审计报告的；

（六）与客户通同作弊，故意出具虚假审计报告的；

（七）其他违反业务准则的行为。

会员执行审阅业务、其他鉴证业务和相关服务业务，未遵守中国注册会计师审阅准则、中国注册会计师其他鉴证业务准则和中国注册会计师相关服务准则的，参照前款实施惩戒。

**第十一条** 会员违反会计师事务所质量控制准则的规定，有下列行为之一的，视情节给予训诫、通报批评或公开谴责：

（一）未按规定制定质量控制制度的；

（二）未按规定制定政策和程序，以合理保证事务所及其人员遵守相关职业道德要求的；

（三）未合理保证事务所恰当接受或保持客户关系和具体业务的；

（四）未合理保证事务所和注册会计师按照职业准则和适用的法律法规的规定执行业务并出具恰当报告的；

（五）未按要求对上市实体审计业务和其他规定的业务实施项目质量控制复核的；

（六）未合理保证项目组在出具业务报告后及时完成最终业务档案的归整工作并按照规定的期限保存业务工作底稿的；

（七）未制定监控政策和程序，以合理保证与质量控制制度相关的政策和程序具有相关性和适当性并有效运行的；

（八）其他违反质量控制准则的行为。

**第十二条** 会员阻挠或拒绝中注协的执业质量检查和调查，不按时提供相关检查资料、拒绝确认检查意见或沟通事项以及其他不配合检查工作情形的，应当给予公开谴责。

**第十三条** 会员有下列情形之一的，应当从重惩戒：

（一）同时具有两种或两种以上应予惩戒的行为的；

（二）在两年内发生两次或两次以上同一性质的应予惩戒的行为的；

（三）对投诉人、举报人、证人等有关人员打击报复的；

（四）违规行为发生后编造、隐匿、销毁证据的。

**第十四条** 会员有下列情形之一的，可以从轻、减轻惩戒：

（一）初次违规并且情节轻微的；

（二）主动报告其违规行为的；

（三）主动配合查处其违规行为的；

（四）自觉纠正违规行为，及时采取有效措施，防止或减轻不良后果的。

## 第三章 惩戒的实施机构和惩戒的回避

**第十五条** 中注协理事会下设惩戒委员会。

惩戒委员会负责对中注协查处的违规行为实施惩戒。

**第十六条** 中注协秘书处为惩戒委员会的常设执行机构，负责办理该委员会的日常事务，其主要职责包括：

（一）受理投诉和相关部门移送的会员相关案件；

（二）负责会员违规行为的检查和调查；

（三）负责向惩戒委员会主任委员提议召开惩戒委员会会议；

（四）负责惩戒委员会相关文书的制作、送达、整理归档；

（五）负责办理惩戒委员会委托的其他事项。

**第十七条** 惩戒委员会委员有下列情形之一的，应当自行回避，当事人、投诉人有权申请其回避：

（一）本人或近亲属与案件有直接利害关系的；

（二）与本案当事人在同一会计师事务所执业的；

（三）其他可能影响案件公正处理的。

前款规定，适用于惩戒委员会常设执行机构的工作人员。

## 第四章 惩戒的程序和决定

**第十八条** 对于中注协查处的违规行为，由惩戒委员会常设执行机构组织检查或调查后，向惩戒委员会提交检查或调查报告。

**第十九条** 惩戒委员会在作出惩戒决定前，应向当事人发送拟惩戒告知书，告知当事人初步认定的违规事实、拟作出的惩戒种类、理由及依据，并告知当事人享有陈述和申辩的权利。

当事人可在收到惩戒告知书后的 8 个工作日内，向惩戒委员会提交书面的陈述和申辩理由；当事人逾期不提交的，视为放弃陈述与申辩权利，不影响作出惩戒决定。

在提交书面的陈述和申辩材料后，当事人可以要求向惩戒委员会作口头陈述。

惩戒委员会应当充分听取当事人的意见；惩戒委员会可以要求当事人到惩戒委员会会议上接受委员询问。当事人提出的事实、理由或者证据成立的，惩戒委员会应当采纳。

**第二十条** 惩戒委员会根据不同情况，分别作出以下决定：

（一）确认会员有本办法规定违规行为的，作出给予训诫、通报批评或公开谴责的决定；

（二）确认会员违规事实不成立，或虽然违规但情节轻微的，或不符合本办法规定应当予以惩戒的，作出撤销案件或不予惩戒的决定。

**第二十一条** 惩戒委员会应当通过召开会议作出惩戒决定。会议至少应由三分之二的委员出席，惩戒决定应由出席会议委员的三分之二以上（含本数）通过。

**第二十二条** 惩戒决定通过后，惩戒委员会应当以中注协的名义制作惩戒决定书。惩戒决定书应当载明下列事项：

（一）被惩戒会员是个人会员的，写明姓名、性别、出生年月、注册会计师证书号码及其所在会计师事务所的名称；被惩戒会员是团体会员的，写明会计师事务所名称、办公地址以及主任会计师姓名；

（二）事实和证据；

（三）惩戒依据和结论；

（四）提起申诉的权利、期限；

(五)作出惩戒决定的日期。

**第二十三条** 惩戒决定通过直接送达、邮寄等方式送达。惩戒决定自送达之日起生效。

## 第五章 惩戒的申诉机构和申诉的回避

**第二十四条** 中注协理事会下设申诉与维权委员会。

申诉与维权委员会负责受理会员对中注协惩戒委员会作出的惩戒决定的申诉。

申诉与维权委员会委员不得兼任惩戒委员会委员。

**第二十五条** 中注协秘书处为申诉与维权委员会的常设执行机构,负责办理该委员会的日常事务,其主要职责包括:

(一)负责受理会员提出的申诉;

(二)负责申诉案件相关事实和证据的复查与核实;

(三)负责向申诉与维权委员会主任委员提议召开申诉与维权委员会会议;

(四)负责申诉与维权委员会相关文书的制作、送达、整理归档;

(五)负责办理申诉与维权委员会委托的其他事项。

**第二十六条** 申诉与维权委员会委员有下列情形之一的,应当自行回避,当事人有权申请其回避:

(一)本人或近亲属与案件有直接利害关系的;

(二)与本案当事人在同一会计师事务所执业的;

(三)其他可能影响案件公正处理的。

前款规定,适用于申诉与维权委员会常设执行机构的工作人员。

## 第六章 申诉的程序和决定

**第二十七条** 当事人对中注协惩戒委员会作出的惩戒决定不服的,可以在收到惩戒决定书之日起8个工作日内,向中注协申诉与维权委员会提起申诉,提交书面申诉材料。当事人提起申诉的,不影响惩戒决定的执行。

在申诉被受理后,当事人可以要求向申诉与维权委员会作口头陈述。申诉与维权委员会应当充分听取当事人的意见;申诉与维权委员会有权要求当事人到申诉与维权委员会会议上接受委员询问。当事人提出的事实、理由或者证据成立的,申诉与维权委员会应当采纳。

**第二十八条** 申诉与维权委员会根据不同情况,分别作出以下决定:

(一)原惩戒决定认定事实清楚,适用依据正确,程序适当的,维持原决定;

(二)原惩戒决定主要事实认定清楚,次要事实认定不清或不成立的,补正原决定;

(三)原惩戒决定认定事实不清,或适用依据错误,或程序严重不适当的,撤销原惩戒决定,对相关事实和证据进行复查和核实后,重新作出惩戒决定;原惩戒决定认定事实不成立的,撤销原惩戒决定,作出不予惩戒的决定。

**第二十九条** 申诉与维权委员会应当通过召开会议作出申诉审议决定。会议至少应由三分之二的委员出席,申诉审议决定应由出席会议委员的三分之二以上(含本数)通过。

**第三十条** 申诉审议决定通过后,申诉与维权委员会应当以中注协的名义制作申诉审议决定书。申诉审议决定书应当载明下列事项:

(一)申诉人是个人会员的,写明姓名、性别、出生年月、注册会计师证书号码及其所在会计师事务所的名称;申诉人是团体会员的,写明会计师事务所名称、办公地址以及主任会计师姓名;

(二)申诉请求和理由;

(三)申诉与维权委员会认定的事实和理由;

(四)申诉审议依据和结论;

(五)作出申诉审议决定的日期。

**第三十一条** 申诉与维权委员会应当在受理申诉后的两个月内作出申诉审议决定。

**第三十二条** 申诉与维权委员会的申诉审议决定是最终惩戒决定。改变原惩戒决定的,惩戒决定自申诉审议决定送达之日起生效；维持原惩戒决定的，原惩戒决定的生效日不变。

**第三十三条**　申诉审议决定通过直接送达、邮寄等方式送达。

## 第七章　附　　则

**第三十四条**　会员的违规行为及最终惩戒决定，应当记入中注协行业诚信信息监控系统。注册会计师协会应将涉及惩戒事务所的检查档案与惩戒决定书一同归档，并按照国家档案管理的有关规定保管。

**第三十五条**　各省、自治区、直辖市注册会计师协会可以直接采用本办法；也可以根据本办法，制定本地区的惩戒办法，并报中注协备案。

**第三十六条**　本办法所称当事人是指被投诉、被立案调查、被惩戒的会员。

**第三十七条**　本办法自 2011 年 7 月 16 日起施行。

# 13. 关于会计师事务所承担中央企业财务决算审计有关问题的通知（2011 年颁布）

财会〔2011〕24 号

各省、自治区、直辖市、计划单列市财政厅（局）、国资委，新疆生产建设兵团国资委，各中央管理企业：

为了进一步规范会计师事务所承担中央企业财务决算审计行为，提高财务决算审计质量，促进会计师事务所做大做强和规范发展，现就会计师事务所承担中央企业财务决算审计有关事项通知如下：

一、承担中央企业财务决算审计的主审会计师事务所，应当进入全国会计师事务所综合评价排名前 50 位，承担中央企业财务决算审计的参审会计师事务所，原则上应进入全国会计师事务所综合评价排名前 100 位，具体名单以中国注册会计师协会每年公布的会计师事务所综合评价排名前百家信息为准（下同）。

经财政部、证监会审核推荐从事 H 股企业审计且已经完成特殊普通合伙转制的大型会计师事务所，在同等条件下可优先承担中央企业财务决算审计工作。

二、会计师事务所连续承担同一家中央企业财务决算审计业务应不少于 2 年，不超过 5 年；进入全国会计师事务所综合评价排名前 15 位且审计质量优良的会计师事务所，经相关企业申请、国资委核准，可适当延长审计年限，但连续审计年限应不超过 8 年。经财政部、证监会审核推荐从事 H 股企业审计且已经完成特殊普通合伙转制的大型会计师事务所，连续审计年限达到上述规定的，经相关企业申请、国资委核准，可自完成转制工商登记当年起延缓 2 年轮换，但连续审计年限最长不超过 10 年。超过上述审计年限规定的，企业应当予以轮换。中外合作会计师事务所完成特殊普通合伙转制的情况由财政部认定，认定结果抄送国资委。

会计师事务所连续审计年限按上述规定可以超过 5 年的，应当自第 6 年起更换审计项目合伙人和签字注册会计师。

三、财政部、国资委鼓励证券资格的会计师事务所尤其是大型会计师事务所在中央企业“走出去”的重点国家和地区设立分支机构或办事机构，为“走出去”的中央企业提供财务决算审计和相关咨询服务。具体办法由财政部、国资委商国务院有关部门另行制定。

四、会计师事务所承担中央企业财务决算审计，应当严格遵守国家保密法规制度的规定。会计师事务所的外籍员工（含合伙人、经理和其他从业人员），不得以任何方式接触中央企业的涉密资料和信息，不得进入军工等涉密中央企业财务决算审计现场。涉密资料、信息和涉密中央企业的认定，按照国家保密主管部门的规定执行。

承担中央企业财务决算审计的会计师事务所，其信息系统和数据库（含相应的软硬件设备）应当置于境内。该会计师事务所为国际会计公司的成员所、联系所、合作所或者与国际会计公司存在其他业务合作关系的，其信息系统和数据库应当与国际会计公司物理隔离。

会计师事务所承担中央企业所属境外上市公司财务决算审计和其他审计、咨询服务的，对于资料、信息保密和档案管理的要求，执行证监会、保密局、档案局联合制定的《关于加强在境外发行证券与上市相关保密和档案管理工作的规定》(证监会公告〔2009〕29号)。

不符合本条款规定的会计师事务所，不得承担中央企业财务决算审计工作和相关咨询服务工作。

五、在2013年6月30日之前完成合伙制或者特殊普通合伙制转制工作的证券资格会计师事务所承担中央企业财务决算审计，其轮换年限可比照本通知第二条大型会计师事务所的有关规定执行。

除本通知有明确规定外，会计师事务所承担中央企业财务决算审计继续执行国资委《关于加强中央企业财务决算审计工作的通知》(国资厅发评价〔2005〕43号)和《关于印发〈中央企业财务决算审计有关问题解答〉的通知》(国资厅发评价〔2006〕23号)的有关规定。

财政部　国资委

二〇一一年十二月二十九日

# 14. 境外会计师事务所在中国内地临时执行审计业务暂行规定(2011年颁布)

财会〔2011〕4号

**第一条**　为了进一步规范境外会计师事务所在中国内地临时执行审计业务的行为，根据《中华人民共和国注册会计师法》和其他有关法律法规，制定本暂行规定。

**第二条**　本暂行规定所称的境外会计师事务所，是指在香港特别行政区、澳门特别行政区、台湾地区以及外国注册设立的会计师事务所。

本暂行规定所称的临时执行审计业务(以下简称临时执业)，是指境外会计师事务所接受境外委托方的委托，对中国内地设立的公司或其他相关机构(以下简称境内相关机构)临时性执行审计业务。

临时执业的业务范围仅限于境外委托方委托的审计业务，临时执业报告在中国内地不具有法律效力。

中国法律法规规定应当由内地会计师事务所及其注册会计师执行的业务，境外会计师事务所及其注册会计师不得执行。

**第三条**　境外会计师事务所在中国内地临时执业应当向临时执业所在地的省级财政部门提出书面申请。境外会计师事务所需在中国内地两个或两个以上省、自治区、直辖市临时执业的，应当向财政部提出申请。经财政部门批准并颁发临时执业许可证后，境外会计师事务所方可在中国内地临时执业。

**第四条**　鼓励境外会计师事务所与内地会计师事务所加强在临时执业中的业务合作，并以签订业务合作协议等方式明确双方的权利和义务。

内地会计师事务所及相关单位和个人，不得与尚未取得临时执业许可证或临时执业许可证已废止的境外会计师事务所开展临时执业方面的合作，也不得向其提供审计工作底稿等相关业务资料。

**第五条**　申请办理临时执业许可证的境外会计师事务所，应当向财政部门提交下列书面材料：

(一)境外会计师事务所在中国内地临时执行审计业务申请表(附表1)；

(二)境外会计师事务所所在国家或地区的开业证书复印件和营业执照复印件；

(三)境外委托方与境内相关机构信息表(附表2)；

(四)拟派注册会计师和其他境外相关工作人员信息表(附表3)；

(五)拟派注册会计师的执业证书复印件和其他境外相关工作人员的合法身份有效证明复印件；

(六)境外委托方委托书复印件；

(七)境内相关机构接受境外会计师事务所临时执业的确认书复印件。

境外会计师事务所、境外委托方、境内相关机构对上述申请材料的真实性、完整性负责。

**第六条**　财政部门批准境外会计师事务所在中国内地临时执业，应当按照下列要求办理：

(一)自受理申请之日起20个工作日内作出批准或者不予批准的决定。情况复杂，不能在规定期限内作出决定的，经财政部门负责人批准，可以适当延长，并告知申请人，但是延长期限最多不超过10个工作日。作出批准决定的，应当同时颁发《境外会计师事务所临时执行审计业务许可证》；

（二）财政部门批准临时执业的决定应当予以公告；

（三）财政部门应当自作出批准决定之日起15个工作日内将审批情况录入注册会计师行业管理信息系统；

（四）省级财政部门应当自作出批准决定之日起15个工作日内将批准文件报送财政部。

**第七条** 香港、澳门特别行政区会计师事务所临时执业许可证有效期为5年。

台湾地区会计师事务所临时执业许可证有效期为1年。

外国会计师事务所临时执业许可证有效期为半年。

临时执业许可证逾期的，应当重新申请办理。

**第八条** 境外会计师事务所在临时执业许可证有效期内新增或变更临时执业项目的，以及《境外会计师事务所临时执行审计业务许可证》上载明信息发生变更的，应当及时向审批机关报告。因前述事项变更需换发临时执业许可证的，应当提交相应的证明材料。

**第九条** 在临时执业许可证有效期内，境外会计师事务所终止经营或被境外相关机构撤销执业资格的，其所取得的在中国内地的临时执业许可证相应废止。

**第十条** 在中国内地临时执业的境外会计师事务所应当在每年5月31日之前，向临时执业许可证颁发机关报备上年度临时执业业务报告表(附表4)。向省级财政部门报备的，应当同时抄报财政部。

**第十一条** 临时执业许可证到期前即结束临时执业业务且在临时执业许可证有效期内不再临时执业的，应当在临时执业结束后3个月内报备临时执业业务报告表，交回临时执业许可证，并由财政部门予以公告。

**第十二条** 财政部门应当加强对境外会计师事务所在中国内地临时执业的监督和管理，采取约谈境外会计师事务所和境内相关机构、现场走访、定期核查等多种形式监督检查临时执业情况。

对临时执业审批和管理中发现的不当行为，按下列规定处理：

（一）未按规定办理临时执业许可证，或者临时执业许可证已过期但仍在中国内地临时执业的，责令其停止执业活动，予以公告，5年以内不再受理其临时执业申请。

（二）在申请临时执业许可证过程中弄虚作假的，不予批准，5年以内不再受理其临时执业申请。

（三）境外会计师事务所终止经营或被境外相关机构撤销执业资格后，仍以原获得的临时执业许可证在中国内地临时执业的，责令其停止执业活动，予以公告。对其执业的注册会计师，予以公告，5年以内不再受理与其相关的临时执业申请。

（四）未按临时执业申请的时间、地点、人员和境内相关机构名单开展临时执业活动且未及时向审批机关报告的，责令其限期改正；情节较重的，予以公告，5年以内不再受理其临时执业申请。

（五）未按规定报备临时执业业务活动的，责令其限期改正；情节较重的，予以公告，5年以内不再受理其临时执业申请。

（六）境外会计师事务所和境内相关机构、个人存在违反中国保密法律法规的，责令其限期改正，不再受理其临时执业申请；涉嫌犯罪的，移交司法机关处理。

**第十三条** 本规定自发布之日起施行。

**第十四条** 自本规定施行之日起，财政部于1993年12月6日发布的《外国会计师事务所在中国境内临时执行审计业务的暂行规定》(财会协字〔1993〕119号)、1993年12月27日发布的《〈外国会计师事务所在中国境内临时执行审计业务的暂行规定〉的补充规定》(财会协字〔1993〕134号)、1994年5月26日发布的《港、澳、台地区会计师事务所来内地临时执行审计业务的暂行规定》(财会协字〔1994〕81号)、2003年3月10日发布的《关于使用新版临时执行审计业务许可证书的通知》(财办会〔2003〕10号)、2003年11月26日发布的《〈港、澳、台地区会计师事务所来内地临时执行审计业务的暂行规定〉的补充规定》(财会〔2003〕33号)、2005年11月28日发布的《关于延长临时执行审计业务许可证有效期的通知》(财会〔2005〕21号)和2008年9月16日发布的《关于延长港澳地区会计师事务所来内地临时执行审计业务许可证有效期的通知》(财会〔2008〕12号)同时废止。

# 15. 关于加强和完善基金会注册会计师审计制度的通知(2011年颁布)

财会[2011]23号

各省、自治区、直辖市财政厅(局)、民政厅(局),深圳市财政委员会,新疆生产建设兵团民政局:

为了规范基金会的行为,提高基金会的财务管理和会计工作水平,扩大基金会的公开、透明程度,加强政府部门对基金会的监管,充分发挥注册会计师审计监督作用,维护基金会、捐赠人和受益人的合法权益,根据《基金会管理条例》(国务院令第400号)、《国务院办公厅转发财政部关于加快发展我国注册会计师行业若干意见的通知》(国办发[2009]56号)和《民间非营利组织会计制度》(财会[2004]7号)等法规文件的相关要求,财政部和民政部决定加大基金会注册会计师审计制度的实施力度,现就有关事项通知如下:

**一、审计的类别与形式**

基金会应当聘用会计师事务所对本单位的财务会计报告及相关信息进行审计,并依法披露财务会计报告和审计报告,接受社会公众的监督。登记管理机关为履行监管职责,也可以直接委托会计师事务所对基金会进行审计。

(一)年度审计。

基金会应当于每年3月31日前向登记管理机关报送上一年度经注册会计师审计的年度财务会计报告和会计师事务所出具的审计报告,接受年度检查;同时将年度财务会计报告在登记管理机关指定的统一信息公开平台上公布,接受社会公众的查询和监督。

基金会年度财务会计报告可以单独予以披露,也可以包含在年度工作报告中一并披露。基金会在依照相关法律法规申请公益性捐赠税前扣除资格、非营利组织免税资格以及办理免税手续时,应当按照有关文件的规定,将年度财务会计报告和审计报告等相关资料分别报送登记管理机关和与其同级的财政、税务部门。

(二)离任和换届审计。

1. 基金会在法定代表人变更时,应当向登记管理机关报送注册会计师出具的对法定代表人任职期间经济责任的履行情况作出审计评价并提出审计建议的审计报告,并按照登记管理机关的要求向社会公布。

2. 基金会在理事会换届时,应当向登记管理机关报送注册会计师出具的对理事会任期内财务收支真实、合法和效益等情况作出审计评价并提出审计建议的审计报告,并按照登记管理机关的要求向社会公布。

(三)专项审计。

基金会开展以下活动的,应当实施专项审计,在活动结束后向登记管理机关报送经注册会计师审计的专项审计报告,并按照登记管理机关的要求向社会公布。

1. 符合以下条件之一的重大公益项目:

(1)当年该项目的捐赠收入占基金会当年捐赠总收入的1/5以上且金额超过人民币50万元的;

(2)当年该项目的支出占基金会当年总支出的1/5以上且金额超过人民币50万元的;

(3)持续时间超过3年的。

2. 因参与处理自然灾害等突发事件需要开展的募捐活动。

3. 登记管理机关要求进行专项审计的其他活动。

**二、审计经费来源和支付方式**

基金会审计经费由下列一项或多项来源构成:

(一)基金会自行承担。

基金会应当根据《基金会管理条例》及其他有关要求,自行承担审计费用。

(二)财政资金。

按照基金会管理权限,中央财政和地方财政安排一定的资金,由登记管理机关在以下三种情形下使用:

1. 基金会确因资金困难无法承担审计费用的,可以向登记管理机关提出资助申请,登记管理机关视困难程度给予全额或一定比例的资助。相关申请和管理办法由登记管理机关商同级财政部门另行制定。

2. 对于内部治理结构完善、财务管理透明、公益项目运作规范、评估等级较高且同时具备公益性捐赠税前扣除资格和非营利组织免税资格的基金会，登记管理机关可以奖励形式全额或部分承担审计费用。

3. 登记管理机关为履行监管职责直接委托会计师事务所对基金会进行的审计，审计费用由登记管理机关承担。

登记管理机关应当按照国库集中支付管理制度和合同约定，将审计费用支付给受托会计师事务所。

（三）会计师事务所公益审计。

财政部门和民政部门鼓励会计师事务所为部分确有困难的基金会提供公益审计服务。会计师事务所提供公益审计服务，是履行社会责任的一种重要形式，中国注册会计师协会和地方注册会计师协会在具体开展全国及各省（自治区、直辖市）会计师事务所年度综合评价排名时应当予以考虑。

**三、会计师事务所选聘范围和方式**

（一）选聘范围。

对在民政部登记的基金会实施审计的会计师事务所，应当进入中国注册会计师协会公布的上一年度全国会计师事务所综合评价前100名；或具备三年以上（含三年）从事基金会或其他非营利组织审计工作经验，且注册会计师人数在15人以上，上一年度审计业务收入在600万元以上。

对在省级及以下民政部门登记的基金会实施审计的会计师事务所，应当进入全国会计师事务所综合评价前100名；或具备三年以上（含三年）从事基金会或其他非营利组织审计工作经验，且注册会计师人数在10人以上，上一年度审计业务收入在300万元以上。

（二）选聘方式。

基金会及其登记管理机关可以从上述范围内自行选聘会计师事务所；其中，使用财政资金聘请会计师事务所的，应当按照政府采购制度有关规定选聘会计师事务所。

**四、相关要求**

加强审计工作，强化社会监督，既是提高基金会公信力的有效举措，也是登记管理机关和其他有关部门依法监管的重要手段。

（一）各级财政部门和民政部门要高度重视这项工作，为会计师事务所依法依规做好审计工作提供保障，加强对会计师事务所和基金会的业务培训，加大检查力度，确保本通知的有关规定落到实处。

（二）各基金会应当深刻领会加强和完善审计制度的重要意义，积极配合注册会计师的审计工作，及时提供审计所需资料，并对所提供资料的真实性、合法性负责。基金会应当以此为契机，加强项目管理、收支管理和成本核算，不断提高财务管理和会计工作水平。

（三）参与基金会审计的会计师事务所应当按照法律法规和委托方要求，组织具有胜任能力的审计人员开展工作，严格遵守审计准则和职业道德的规定，认真完成各项审计工作，对审计报告的真实性和合法性负责。

（四）本通知自2012年1月1日起施行。考虑到基金会审计工作的连续性，如确有必要，基金会在参加2011年年度检查工作时可以继续聘请原会计师事务所开展审计工作。但在2012年年检工作启动时，必须根据本通知的要求聘请符合规定的会计师事务所开展审计工作。

（五）本通知适用于在民政部门登记注册的基金会、境外基金会代表机构和其他具有公益性捐赠税前扣除资格的公益性社会团体。

财政部　民政部

二〇一一年十二月二十六日

# 16. 基金行业人员离任审计及审查报告内容准则（2011年颁布）

证监会公告[2011]16号

**第一条**　为了规范基金行业人员离任审计及审查报告内容，根据基金监管相关规定，制定本准则。

**第二条**　基金管理公司、基金托管银行、基金销售机构应当建立相关人员离任审计或者离任审查制度。

**第三条** 基金管理公司高级管理人员、基金经理、投资经理及基金托管银行基金托管部门高级管理人员、独立基金销售机构的高级管理人员或者执行事务合伙人、证券投资咨询机构负责基金销售业务的高级管理人员、其他基金销售机构负责基金销售业务的部门负责人离任的，应当接受离任审计或者离任审查，在离任审计或者离任审查期间不得到其他基金管理公司、基金托管银行基金托管部门或者基金销售机构任职。

**第四条** 基金管理公司、独立基金销售机构的董事长、总经理离任或者执行事务合伙人退伙的，基金管理公司、独立基金销售机构应当立即聘请具有从事证券相关业务资格的会计师事务所对其进行离任审计，并自离任之日起30个工作日内将离任审计报告报送中国证监会基金监管部及企业经营所在地中国证监会派出机构，同时存档备查。

**第五条** 基金管理公司、独立基金销售机构的董事长、总经理或者执行事务合伙人的离任审计报告，应当至少包括其任职期间的以下内容：

（一）审计工作实施情况，包括审计时间、范围、内容、审计方法等；

（二）审计对象的基本情况、基本职责以及实际履行职责的情况；

（三）企业内部对审计对象的年度考核情况；

（四）企业的经营状况，包括资产管理规模或者基金销售规模的变化情况、业务拓展情况、主要财务指标的变动情况及原因；

（五）企业内部控制建设和风险管理情况，包括企业制度、管理模式等方面的调整情况及效果；

（六）企业发生违法违规行为，受到刑事处罚、行政处罚、被采取行政监管措施等，审计对象应当承担责任的情况；

（七）审计对象受到刑事处罚、行政处罚、被采取行政监管措施、受到行业自律组织纪律处分的情况以及违反企业制度受到企业处分的情况；

（八）审计中发现的主要问题；

（九）审计结论。

**第六条** 基金管理公司的副总经理、督察长、基金经理或者投资经理离任的，基金管理公司应当立即对其进行离任审查，并自离任之日起30个工作日内将审查报告报送中国证监会基金监管部及公司经营所在地中国证监会派出机构，同时存档备查，基金经理、投资经理的离任审查报告还应当同时报送行业协会。

**第七条** 基金管理公司副总经理、督察长的离任审查报告，应当参照本准则第五条第一项至第三项、第六项至第九项有关内容，副总经理的离任审查报告还应当包括其任期内分管业务的经营状况、内控建设和风险管理情况等，督察长的离任审查报告还应当包括其任期内基金管理公司合法合规、风险控制及监察稽核工作情况等。

**第八条** 基金经理、投资经理的离任审查报告应当至少包括其任职期间的以下内容：

（一）审查工作实施情况，包括审查时间、范围、内容、审查方法等；

（二）所管理基金或者投资组合的基本情况；

（三）所管理基金或者投资组合与业绩比较基准的对比情况；

（四）所管理基金或者投资组合的投资合规情况，是否发现有利益输送、利用非公开信息牟利及违反公平交易原则等情况；

（五）遵守投资管理人员行为规范的情况；

（六）基金管理公司发生违法违规行为，受到刑事处罚、行政处罚、被采取行政监管措施等，审查对象应当承担责任的情况；

（七）审查对象受到刑事处罚、行政处罚、被采取行政监管措施、受到行业自律组织纪律处分的情况以及违反基金管理公司制度受到基金管理公司处分的情况；

（八）审查中发现的主要问题；

（九）审查结论。

**第九条** 基金托管银行基金托管部门的总经理、副总经理离任的，基金托管银行应当立即对其进行离任审查，并自离任之日起30个工作日内将审查报告报送中国证监会基金监管部，同时存档备查。

基金托管银行基金托管部门总经理、副总经理的离任审查报告应当参照本准则第五条第一项至第三项、第六项至第九项有关内容，并应当包括其任期内主管或者分管业务的经营状况、内控建设和风险管理情况等。

**第十条** 独立基金销售机构的其他高级管理人员、证券投资咨询机构负责基金销售业务的高级管理人员、其他基金销售机构负责基金销售业务的部门负责人离任的，相关基金销售机构应当立即对其进行离任审查，并自离任之日起30个工作日内将离任审查报告报送中国证监会基金监管部及相关派出机构，同时存档备查。

上述人员的离任审查报告，应当参照本准则第五条第一项至第三项、第六项至第九项有关内容，并应当包括其任期内分管业务的经营状况、内控建设和风险管理情况等。

**第十一条** 基金管理公司、独立基金销售机构应当真实、准确、完整地向出具离任审计报告的会计师事务所提供相关材料。

会计师事务所应当勤勉尽责，对所依据的文件资料内容的真实性、准确性、完整性进行核查和验证，客观、公正地出具离任审计报告。

**第十二条** 离任审计、审查报告的内容应当全面、客观、公正地反映审计、审查对象任职期间履行职责情况及合规情况。

**第十三条** 审计、审查对象应当配合离任审计、审查工作。

离任审计、审查报告应当附审计、审查对象的书面意见，审计、审查对象拒绝对审计、审查报告发表意见的，应当注明。

**第十四条** 根据本企业、上级主管机关或者其他监管机构要求对审计、审查对象已经出具离任审计、审查报告的，如果审计、审查内容涵盖本准则规定的相关内容的，可以不进行重复审计或者审查。

**第十五条** 出具离任审计、审查报告的机构应当妥善保管离任审计、审查报告。

中国证监会在审核基金行业高级管理人员任职资格申请，行业协会在对基金经理、投资经理进行注册登记时，参考相关离任审计、审查报告。

**第十六条** 出具离任审计报告的会计师事务所未按本准则规定进行必要的核查、验证，离任审计报告内容不符合本准则要求或者出具的报告有虚假记载、重大遗漏的，中国证监会可以对会计师事务所相关负责人及直接责任人员采取行政监管措施，并要求重新出具离任审计报告；违反法律、行政法规或者规章的，按照相关规定进行处罚。

**第十七条** 基金管理公司、基金托管银行、基金销售机构未按规定建立离任审计、审查制度，出具的离任审查报告有虚假记载、重大遗漏或者不符合本准则要求的，中国证监会及其派出机构可以对负有主要责任的高级管理人员和直接责任人员采取行政监管措施，并要求重新出具离任审查报告；违反法律、行政法规或者规章的，按照相关规定进行处罚。

**第十八条** 离任审计、审查对象没有正当理由不配合离任审计、审查工作的，中国证监会及其派出机构可以对其采取相应行政监管措施。

**第十九条** 本准则自2011年10月1日起施行。

# 17. 会计师事务所内部治理指南（2007年颁布）

会协[2007]34号

## 第一章 总 则

**第一条** 为了加强会计师事务所（以下简称事务所）内部治理，建立健全事务所内部决策和管理机制，提高事务所风险管理和质量控制能力，为事务所做大做强奠定坚实的微观基础，根据《公司法》、《合伙企业法》、《注册会计师法》及相关法律法规，制定本指南。

**第二条** 本指南旨在为事务所加强章程（合伙事务所为合伙协议，以下统称章程）和制度建设、完善内部治理和内部管理提供指导。

除特别指明外，本指南条款同时适用于所有有限责任事务所和合伙事务所。

**第三条** 事务所内部治理应当以维护公众利益为宗旨，建立风险管理严格、质量控制有效、公开透明、相互制衡的治理结构和治理机制。

**第四条** 事务所内部治理应当以法律法规为依据，形成以章程为核心的、完善的内部决策和管理制度体系，以及尊重制度、执行制度的管理氛围。

**第五条** 事务所内部治理应当以"人合"为基础，尊重注册会计师的智力劳动和专业价值，充分发挥专业和知识在事务所内部决策和管理中的主导作用。

**第六条** 事务所内部治理应当以增进内部和谐为重点，合理规范和有效协调事务所股东（合伙人）之间、股东（合伙人）与注册会计师和员工之间以及其他各相关方面的关系，充分发挥事务所各层次管理机构的职能作用，保障事务所及各利益相关者的合法权益。

**第七条** 事务所内部治理应当以合伙文化为导向，积极树立"人合、事合、心合、志合"的事务所治理理念，推动形成诚信、合作、平等、协商的事务所合伙文化。

## 第二章　股东（合伙人）

### 第一节　股东（合伙人）的权利与义务

**第八条** 事务所应当在章程中约定股东（合伙事务所为合伙人，以下统称股东）应享有的权利及其应承担的义务。

**第九条** 事务所所有股东享有平等地位。股东之间应当相互信任，建立相互尊重、沟通协商、共谋发展的和谐关系。

**第十条** 股东享有股东会（合伙人会议）的表决权。股东有权查阅、复制事务所章程、股东会（合伙人会议）会议记录、董事会（合伙人管理委员会）会议决议和财务会计报告。

股东可以要求查阅事务所会计账簿。事务所有合理根据认为股东查阅会计账簿有不正当目的，可能损害事务所合法利益的，可以拒绝提供查阅，并说明理由。事务所拒绝提供查阅的，股东可以请求人民法院要求事务所提供查阅。

**第十一条** 股东对事务所可供分配利润以及清算后的剩余财产享有分配权。

事务所对每年可供股东分配的利润，应当在优先考虑事务所长远发展的基础上，充分尊重专业、知识和能力的价值贡献，在章程中约定合理的分配方式。

**第十二条** 股东应当合法行使权利、履行义务，不得滥用其权利损害事务所或其他股东的利益。

股东不得从事与本事务所相竞争或有其他利益冲突的业务；不得利用其股东身份和地位获得的各种业务信息及经营秘密，谋取属于所在事务所的商业机会，损害事务所的整体利益。

大股东不得利用其特殊地位损害事务所和其他股东的合法权益。

**第十三条** 股东违反法律法规、行业规范和事务所章程的规定，给事务所造成损害的，应当承担赔偿责任。

**第十四条** 事务所应当建立股东争议的解决协调机制。协商解决不成的，可向仲裁机构提请仲裁，或向有管辖权的人民法院起诉。

### 第二节　股东的加入与退出

**第十五条** 事务所股东除应当符合法律法规和行业规范规定的资格条件外，事务所可在章程中约定成为事务所股东在诚信记录、专业经历、议事能力和年龄条件等方面的要求。

**第十六条** 事务所应当在章程中约定新股东的加入程序，并明确新股东与原股东的权利与义务。未明确约定的，则享有同等权利、承担同等义务。

新股东的加入，应当经股东会同意，签订书面入股协议。

新股东加入时，原股东应当向新股东如实履行告知义务。

**第十七条** 事务所应当在章程中对股东退出的情形和程序作出约定。对于符合退出条件的股东，应当按约定程序准予退出。

事务所应当在章程中约定强制退出的情形,比如不在事务所专职执业、已离开事务所、超过约定的年龄界限、丧失股东资格条件等。

**第十八条** 事务所应当在章程中约定股东退出的财产份额的结算与退还办法。

对基于退出人退出前的原因发生的事务所债务,事务所应当明确其所应承担的清偿责任。

**第十九条** 事务所应当在章程中约定股东资格不可以继承。股东财产的合法继承人成为事务所的股东,应当具备事务所股东的资格条件,并按照章程约定的新股东加入的程序办理。

股东财产的合法继承人不能成为事务所股东的,事务所应当向其退还被继承股东的财产份额。

### 第三节 股东出资与股权(财产份额)转让

**第二十条** 事务所应当在章程中约定股东的出资方式、出资金额、出资比例、出资时间及相应的违约责任。

股东应当依法履行出资义务,按期足额缴纳约定的各自所认缴的出资额,不得以任何方式虚假出资、抽逃或者变相抽逃出资,不得以任何形式占有、转移事务所的财产。

**第二十一条** 股东应当直接持有事务所的股权,不得为他人代为持有股权,也不得委托他人持有自己的股权。

**第二十二条** 事务所应当在章程中约定股东之间或向股东以外的人转让其全部或者部分股权的程序和办法。

其他股东对转让股东转让的全部或部分股权享有优先购买权。

股东向股东以外的人转让其全部或者部分股权的,该受让人必须符合事务所章程约定的股东资格条件。

股东之间或股东以外的人依法受让股东在事务所中的全部或部分股权的,应当办理股权转让手续。

**第二十三条** 事务所应当在章程中约定股东不得以其在事务所中的股权出质。

## 第三章 决策与监督

### 第一节 股东会(合伙人会议)

**第二十四条** 股东会(合伙事务所为合伙人会议,以下统称股东会)是事务所的最高权力机构。事务所应当切实保障股东会的正常运转和职权行使,任何股东不得凌驾于股东会之上,不得越过股东会或者超越股东会的授权,代行股东会的职权。

事务所应当根据自身规模建立合理的股权结构。大中型事务所应当合理分散股权,防止出现绝对控股股东"一股独霸"的情况。

**第二十五条** 股东会的运转应当符合法律法规、行业规范和事务所章程的规定。

事务所应当在章程中约定股东会的职权范围、议事方式和表决程序,对股东会会议的召开、提案的审议、表决的程序、会议记录及其签署、决议的公布及其生效等议事规则应当进行详细约定,充分保障股东会按约定行使职权和有效运转。

**第二十六条** 股东会可以授权董事会(合伙人管理委员会)行使部分职权,但授权内容应当明确具体,并在事务所章程中作出约定或经股东会批准。

对于可能对事务所造成特别重大影响的事项,股东会应当谨慎授权。

**第二十七条** 股东会会议应当确保所有股东拥有充分参与议事、讨论和决策的权利,尊重股东提案,给予每个提案必要的讨论时间。

**第二十八条** 事务所应当根据行业"人合"的特性,在章程中约定股东会表决权的分配方式。

合伙事务所采取一人一票或其他体现"人合"特性的表决权分配方式。

有限责任事务所如果股权结构不能体现专业意见的决策作用,可采取一人一票、出资比例与股东人数相结合或其他体现"人合"特性的表决权分配方式。

**第二十九条** 事务所可根据表决事项的重要性程度,在章程中约定不同的股东会表决程序。

对一般事项,可约定经代表二分之一以上表决权的股东通过。

对涉及事务所重大利益的事项，比如修改章程，实施合并、分立、解散，变更事务所组织形式，增减注册资本，开设或撤销分所，股东加入与退出等，应当约定经代表三分之二以上或更高比例表决权的股东通过。

## 第二节　董事会(合伙人管理委员会)

**第三十条**　事务所设董事会(合伙事务所为合伙人管理委员会，以下统称董事会)，由股东会在股东中选举产生，对股东会负责并向其报告工作。

规模较小的事务所可以不设立董事会，只设一名执行董事或执行事务合伙人。

**第三十一条**　董事会的运转应当符合法律法规、行业规范和事务所章程的规定。

事务所应当在章程中约定董事(合伙事务所为合伙人管理委员会成员，以下统称董事)的任职条件和产生程序、董事会的人数及人员构成、董事会的职权范围以及董事会的议事规则等，以确保董事会的高效运转和科学决策。

**第三十二条**　事务所选举的董事，应当具有良好的职业道德和诚信记录，具备履行职责所需的专业能力、管理能力、协调能力、议事能力和丰富的工作经验，能够忠实、勤勉地履行职责。

**第三十三条**　董事会及其成员，应当公平对待所有股东，并关注其他利益相关者的权益。

**第三十四条**　董事会审议有关事项应当确保充分的时间和完备的程序，实行一人一票的表决方式。

董事会会议应当由董事本人亲自出席。本人不能亲自出席的，可以书面委托董事会其他成员代为出席。授权委托书应当写明授权范围；涉及表决事项的，应当载明委托人的具体表决意见。

事务所可以在章程中对董事的委托表决次数以及弃权次数予以限制，以保障董事会会议的议事效率和决议质量。

**第三十五条**　董事会可以设发展战略委员会、风险管理和质量控制委员会、专业技术委员会、薪酬与考核委员会等专门委员会，并制定明确的工作规则和工作职责，为董事会决策提供参考意见，保证董事会职能的充分发挥。

规模较小的事务所可以不设专门委员会，但应当指定董事分工负责相关方面的工作。

## 第三节　监 事 会

**第三十六条**　有限责任事务所设监事会。规模较小的事务所可以不设监事会，只设一至二名监事。

**第三十七条**　事务所应当在章程中约定监事的任职条件、监事会的构成、监事会的职责以及监事会的工作规则，切实保障监事会职责的履行。

**第三十八条**　监事会应当包括股东代表和适当比例的员工代表，使其人员结构确保监事会能够独立有效地行使监督权。其中，监事会的员工代表由事务所员工选举产生。

事务所的监事应当具备与其职责相适应的专业知识、监督能力和工作经验，审慎、勤勉地履行职责。

事务所董事、高级管理人员不得担任本事务所的监事。

**第三十九条**　监事会应当对事务所的财务活动，以及事务所董事、高级管理人员履行职责的合法性、合规性等进行监督，维护事务所及各利益相关者的合法权益。

监事会应当重点关注涉及中小股东、员工和其他利益相关者权益的事项。

**第四十条**　事务所应当采取措施保障监事的知情权，并为监事会提供必要的工作保障。董事会以及其他任何个人不得干预、阻扰监事会行使职权。

监事有了解事务所运作情况以及有关重大决策的权利，并应承担相应的保密义务。

# 第四章　主任会计师

**第四十一条**　事务所设主任会计师。

合伙事务所的主任会计师由执行事务所事务的合伙人担任。

有限责任事务所的主任会计师由法定代表人担任，从董事中产生。

**第四十二条**　事务所应当约定主任会计师的任职条件、任职期限、产生办法、任免程序和职责权限。

**第四十三条**　主任会计师应当具有良好的职业道德和诚信记录、严谨的工作作风和职业精神、突出的领导能力和专业能力，德才兼备，身体力行，得到股东的充分认同，在事务所内部具有影响力和号召力。

**第四十四条**　主任会计师应当切实履行法定代表人或执行事务合伙人的职权，其中包括主持事务所全面的业务和管理工作、组织实施股东会和董事会的决议、组织拟订和实施事务所执业操作规程和质量控制等内部管理制度。

## 第五章　员　　工

**第四十五条**　人才是事务所加强风险管理和质量控制、切实履行社会责任的核心力量。事务所应当积极制定和落实人才发展战略，根据自身的发展战略和专业发展目标，制定实施科学、合理的人力资源政策和专业人才结构规划，注重人力资源的有效使用、合理配置和战略储备，保证事务所专业队伍始终保持良好的职业素质和专业胜任能力。

**第四十六条**　事务所应当建立健全员工聘用管理和权益保障制度。

事务所可以结合当年业务总量、员工结构情况、事务所专业发展目标及客户群特征，编制员工发展计划，合理安排包括知识、技能、经验和年龄在内的人才结构。

事务所聘用员工应当重点考察其执业诚信和专业发展潜力。事务所对决定予以聘用的员工，应当签订劳动合同，明确约定员工的工资福利、社会保险、劳动保护、辞退辞职条件与程序等事项。

事务所研究决策有关工资福利、劳动保护、社会保险等涉及员工切身利益的重大问题时，应当充分听取员工的意见和建议。

**第四十七条**　事务所应当充分关注员工职业道德教育、专业胜任能力的保持及其职业发展，建立健全以岗前培训、继续教育和职业生涯开发为主要内容的员工培训体系。

事务所应当合理安排培训时间、培训方式、培训内容，保障员工培训质量，并为员工完成行业规定的继续教育任务提供支持和条件。对于新聘用的员工，应当经过岗前培训方能上岗。

事务所应当结合发展战略需要，在全面规划人才培养结构的同时，重视培养高层次专业人才和管理人才，为事务所的持续发展奠定坚实的人才基础。

**第四十八条**　事务所应当建立以质量为导向的、科学合理的员工业绩评价制度及奖惩制度，明确员工业绩评价标准、评价程序和要求，充分调动全体员工的积极性和创造性。

员工业绩评价标准应当客观、公正、全面，涵盖员工的执业质量、工作强度、工作效率、工作态度、职业道德、专业胜任能力、市场开拓能力、培训完成情况等因素。

**第四十九条**　事务所应当建立与业绩评价制度相结合的薪酬制度和晋升制度，“资合”与“人合”并重、责任与薪酬匹配、物质报酬与精神激励结合，不断保持和吸引优秀人才，支持员工成长和发展，建立与事务所发展战略、市场拓展、质量控制相适应的人才晋升机制。

## 第六章　质量控制

**第五十条**　执业质量是事务所的生命线，也是行业维护公众利益的专业基础和诚信义务。事务所应当按照质量控制准则的要求，制定实施科学、严谨的业务质量控制政策和程序，强化风险管理，保障质量控制落到实处。

**第五十一条**　事务所应当明确业务质量控制的领导责任和执行机构、控制制度体系和职业道德规范、风险领域和风险环节以及控制措施和程序等内容。

**第五十二条**　事务所应当强化董事会在制定和组织实施质量控制政策与程序中的责任，建立对重大项目、高风险业务、重大事项等的董事会审议决策制度。

主任会计师对事务所建立健全质量控制政策与程序以及业务质量控制等承担最终责任。

**第五十三条**　事务所应当建立风险管理和质量控制委员会或者设置专门机构，对事务所业务质量进行监控和把关。

规模较小的事务所可配备专职人员对事务所业务质量进行监控和把关。

**第五十四条**　事务所应当制定合理保障执业质量的收费标准，不得恶性压价，不得向他人支付佣金、回扣，杜绝收入分成，杜绝变相减少收费损害执业质量的行为。

**第五十五条**　事务所应当建立业务的风险评估制度。在业务承接与保持前，应当进行风险评估。

事务所对于决定承接的业务，应当进行统一的客户信息管理，为事务所统一业务质量控制提供充分的

基础信息，杜绝事务所个人或部门垄断客户信息。客户信息应当包括客户的基本情况、业务执行过程及其结果。

**第五十六条** 事务所应当建立业务质量控制的分类管理制度，明确规定常规与非常规业务、一般风险业务与重大风险业务以及是否涉及公众利益的划分标准与识别标准，并制定相应的业务质量控制程序。

非常规业务、高风险业务以及涉及公众利益的业务，事务所应当制定更为严格的质量控制程序。

**第五十七条** 事务所应当建立执业的回避制度，明确规定在执业过程中可能损害独立性应予回避的情形及补救措施。

事务所应当保证其形式上和实质上的独立性，制定事务所及注册会计师独立性的总体要求、评价与保持独立性的制度规范，明确规定影响事务所和注册会计师独立性的重要因素及应采取的措施。

**第五十八条** 事务所应当建立重大风险事项的报告制度，各级专业人员在执业过程中应当向专门机构或专职人员、上级业务主管人员报告所发现的重大风险事项。

**第五十九条** 事务所应当建立专业咨询制度，就重大疑难问题或争议事项向内部或外部专家进行咨询。

**第六十条** 事务所应当建立项目质量控制复核制度，确定实施项目质量控制复核的业务类型、复核方法与复核内容等。

**第六十一条** 事务所应当建立业务报告签发制度，严格各类业务报告的签发人和签发程序，禁止出卖公章的行为。

**第六十二条** 事务所应当建立业务工作底稿的归档、管理和使用制度。

**第六十三条** 事务所应当对质量控制制度进行不断检查和完善，并建立业务质量检查与评价制度以及相应的业务质量责任追究与赔偿机制。

**第六十四条** 事务所应当按照《会计师事务所职业风险基金管理办法》的规定提取和使用职业风险基金。事务所可以通过购买职业保险方式提高抵御职业责任风险的能力，为维护公众利益提供责任保障。

事务所存续期间不得分配职业风险基金，只能用于列支因职业责任引起的民事赔偿及其相关的法律费用。

**第六十五条** 事务所应当统一调度和组织本所人力资源，根据项目的复杂程度与工作量，合理安排项目参与人员及时间，保障项目参与人员的专业胜任能力和工作精力。项目参与人员应当相对稳定，如有调整，应当确保前后任项目参与人员的衔接与沟通。

事务所应当充分关注时间压力对执业质量可能造成的影响，并考虑自身的业务承接能力，采取相应的缓解措施。

## 第七章 分 所

**第六十六条** 加强分所管理，有效控制分所的执业风险，是事务所做大做强新形势下内部治理面临的一项新的重大课题。事务所应当高度重视分所管理，切实控制与分所相关的连带风险。

**第六十七条** 事务所应当在人事、财务、执业标准、质量控制、员工培训等方面对其分所进行统一管理。

**第六十八条** 事务所应当建立项目授权管理制度，对分所明确授权范围和限度。对事务所可能产生重大影响的业务或事项，应当严格限制其范围和权限，以有效控制事务所运行和决策风险。

事务所应当明确规定分所业务项目承接、独立承办的授权标准和范围。对禁止分所承接、独立承办的非常规和高风险等特殊业务项目，应当予以特别强调。

分所承办授权项目，应当执行事务所统一制定的质量控制政策和程序。

事务所应当建立项目授权检查制度，重点对分所独立承办的业务项目进行定期或不定期的检查。

**第六十九条** 事务所应当统一委派分所负责人，由其对分所的运行和执业质量进行控制。分所负责人应当为事务所的股东。

**第七十条** 事务所应当建立分所重大事项的报告制度。分所应当及时向事务所报告执业过程中的重大事项、业务承接情况及结果、执业中发现的风险事项及重大不确定事项。

**第七十一条** 事务所应当重视和加强对分所从业人员的统一培训，确保事务所的执业标准、业务质量控制政策和程序等得到全面、正确地理解与执行。

## 第八章 合伙文化建设

**第七十二条** 合伙文化是保障事务所和谐、持续发展的内在力量。事务所应当继承传统文化的精髓，汲取现代管理的成果，构建符合注册会计师职业特征、有益于事务所健康发展的合伙文化。

**第七十三条** 合伙文化是事务所在发展过程中不断培育和形成的统一的职业定位、价值取向、发展理念、道德标准和行为规范。事务所应当大力倡导包括诚信、民主、尊重、平等、合作、包容、协商等在内的合伙文化要素。

**第七十四条** 董事会对事务所合伙文化的形成有着重要的影响力。董事会及其成员，以及董事会聘任的高级管理人员，应当带头垂范，讲诚信、重协商、谋合作，相互信任，相互包容，引导事务所形成积极向上的合伙文化。

**第七十五条** 制度是合伙文化的固化表现，同时也是合伙文化建设的保障。事务所应当把合伙文化的精髓融入到各项制度和机制当中。

事务所应当重视治理机构的议事制度和沟通机制的建设，营造事务所决策、执行的民主氛围，增进理解、相互包容、化解矛盾、提升合力。

事务所应当建立与员工的平等对话机制，畅通员工参与事务所管理、监督事务所运行、服务事务所发展的渠道，形成尊重知识、尊重人才、尊重注册会计师的专业价值的良好风尚，增强员工的主人翁意识。

**第七十六条** 合伙文化的形成在于获得全体员工的充分认同和积极实践。事务所应当通过形象设计和推广、宣传和培训以及形式多样的文化活动，培育员工团队精神，增强事务所凝聚力，构建事务所诚信文化，建立形成积极、健康、向上的行为规范和工作氛围，大力弘扬诚信为本、操守为重的职业理念，牢固树立独立、客观、公正的职业形象。

## 第九章 信息沟通与披露

**第七十七条** 信息沟通与披露是监督和规范事务所治理行为、畅通与公众的联系、赢得公众信任的重要途径。事务所应当建立包括会计信息、治理信息等在内的信息沟通与披露制度，向各利益相关者有效沟通和披露相关信息。

**第七十八条** 事务所应当尊重股东对事务所重大事项的知情权和参与权。事务所应当向股东及时公开事务所的财务状况和经营管理情况、重要会议决定和重要制度、董事会成员的薪酬政策、重大事项的决策程序、可预见的重大风险、接受外部监督检查情况，以及其他有可能对股东产生实质性影响的信息。

事务所应当建立财务会计报告制度，在每一会计年度终了时编制财务会计报告，并依法接受独立审计。

**第七十九条** 事务所应当向员工公开包括事务所行为规范、业绩评价制度、薪酬制度、晋升制度、培训制度、质量控制政策和程序等在内的内部管理制度信息。

对于影响事务所未来发展的重大决策事项，事务所应当向员工通报。

**第八十条** 信息披露有助于增进公众对事务所道德标准和执业活动等方面的理解与信任。鼓励事务所建立信息披露制度，向公众披露事务所的内部治理状况、股东及注册会计师的基本情况、收费标准、事务所风险管理与质量控制体系建立情况、重大违规与接受处罚情况等方面的信息，接受公众的监督，提高事务所的公众信任度。

**第八十一条** 事务所应当对信息披露的质量、范围、流程以及披露权限和方式进行规范。

事务所对外披露信息应当不涉及商业秘密，不损害同行利益及客户利益。

## 第十章 附 则

第八十二条 注册会计师协会可以组织对事务所内部治理状况进行检查和评价。

**第八十三条** 本指南由中国注册会计师协会负责解释。

**第八十四条** 本指南自 2008 年 1 月 1 日起施行。

# 18. 会计师事务所综合评价办法(2012 年修订)

会协[2012]132 号

**第一条** 为综合反映与评价会计师事务所(以下简称事务所)科学发展水平,引导事务所做强做大,不断提升服务国家建设的能力,特制定本办法。

**第二条** 中国注册会计师协会(以下简称中注协)以注册会计师行业创先争优机制建设成果为基础,组织开展事务所综合评价工作,并公布事务所综合评价前百家有关信息。

**第三条** 事务所综合评价每年进行一次。

**第四条** 经批准设立的事务所,除具有下列情形之一者外,均可参加综合评价:

(一)未持续达到规定的设立条件;

(二)未按时履行会员义务;

(三)未按时填列综合评价信息;

(四)填列综合评价信息严重失实;

(五)因故终止;

(六)中注协认定不能参加综合评价的其他情形。

**第五条** 每年 4 月 30 日前,符合本办法第四条规定的事务所,在事务所创先争优综合评价系统中填写相应类型的综合评价表,上报所在地的省、自治区、直辖市注册会计师协会(以下简称省级协会)审核。

事务所跨省级行政区设立的分所,每年 4 月 20 日前,按照事务所创先争优综合评价的要求,在事务所创先争优综合评价系统中填写相应类型的综合评价表,上报分所所在地的省级协会审核。

**第六条** 事务所在填列综合评价表前已合并、分立的,可以以合并、分立后的事务所参加综合评价。

合并、分立的事务所应提交工商管理部门变更登记手续的证明、相关决议、协议等证明材料。

**第七条** 事务所及其分所应对综合评价表内容的真实性负责。

**第八条** 省级协会负责审核本地区事务所和本地区分所的填列信息,在每年的 5 月 15 日前,上报中注协。

**第九条** 每年 6 月 15 日前,中注协对事务所填列信息进行抽查。通过抽查等方式发现填列信息不实的,责令事务所限期更正。事务所故意填列不实信息,或逾期拒不更正的,扣除不实信息指标项目得分并通报批评;情节严重的,取消事务所当年及下一年度综合评价资格,并通报批评。

**第十条** 每年 6 月底前,中注协根据综合评价结果,按照本办法的规定,计算并确认事务所的综合评价得分,通过认定的网站和报刊,公布事务所得分前百家的信息。

对于在公布前终止的事务所的信息,不予公布。

**第十一条** 事务所综合评价以注册会计师行业创先争优机制建设成果为基础,按照大型事务所和中型事务所的可比指标遴选出百家事务所,并按照事务所综合评价指标排出位次。

**第十二条** 事务所综合评价指标包括:业务收入指标、注册会计师人数指标、综合评价质量指标、处罚和惩戒指标等四项。

(一)业务收入指标,是指事务所本身业务收入和与事务所统一经营的其他执业机构业务收入之和。

(二)注册会计师人数指标,是指截至上一年 12 月 31 日,事务所在中注协认定的管理系统中登记的数据。

(三)综合评价质量指标,是指会计师事务所创先争优综合评价指标体系大型事务所评价表中除了业务收入指标、注册会计师人数指标、处罚和惩戒指标以外的指标。

(四)处罚和惩戒指标,是指上一年度,事务所及其注册会计师在执业中受到刑事处罚、行政处罚和行业惩戒的情况。

**第十三条** 某事务所综合评价得分的计算公式如下:

$$\text{综合评价得分}=\text{业务收入指标得分}+\text{注册会计师人数指标得分}+\text{综合评价质量指标得分}-\text{事务所和注册会计师的处罚、惩戒指标应减分值}$$

其中：

(一)业务收入指标得分= 事务所本身业务收入指标得分+与事务所统一经营的其他执业机构业务收入指标得分

其中,事务所本身业务收入指标得分=(该事务所本身业务收入/ 全部候选前百家事务所业务收入平均值)×40

与事务所统一经营的其他执业机构业务收入指标得分=(与该事务所统一经营的其他执业机构业务收入/ 全部候选前百家事务所业务收入平均值)×8

(二)注册会计师人数指标得分=(该事务所注册会计师人数/ 全部候选前百家事务所的注册会计师人数平均值)×10

(三)综合评价质量指标得分=(在事务所创先争优综合评价中该事务所综合评价质量指标得分之和/全部候选前百家事务所综合评价质量指标得分之和的平均值)×42

(四)事务所和注册会计师的处罚、惩戒指标应减分值=∑[刑事处罚、行政处罚和行业惩戒的次数(人数)×相关分值]

处罚和惩戒指标为直接减分项,按照下列不同处罚和惩戒种类减分:

1. 事务所受到暂停业务处罚及与其他处罚并处的,一次减 5 分;单处警告、没收违法所得、罚款及以上三项或者两项处罚并处的,一次减 4 分;受到公开谴责的,一次减 3 分;受到通报批评的,一次减 2 分;受到训诫的,一次减 1 分。

2. 注册会计师受到吊销注册会计师证书、撤销会员资格的,减 4 分;受到其他行政处罚和行业惩戒的应减分值,分别按照事务所受到相应行政处罚和行业惩戒应减分值的 50%计算;受到刑事处罚的,按照对事务所的最高处罚减分。

**第十四条** 省级协会可参照本办法,结合自身实际情况,制定本省的综合评价办法。

**第十五条** 本办法自 2012 年 6 月 1 日起施行。

# 19. 会计师事务所服务收费管理办法(2010 年颁布)

发改价格〔2010〕196 号

**第一条** 为保障会计师事务所服务质量,维护社会公共利益以及委托人、会计师事务所的合法权益,促进注册会计师行业健康发展,根据《中华人民共和国价格法》、《中华人民共和国注册会计师法》等有关法律法规规定,制定本办法。

**第二条** 依照《中华人民共和国注册会计师法》设立的会计师事务所,根据相关法律法规规定,提供审计服务和其他服务,应当按照本办法收取服务费用。

**第三条** 会计师事务所服务收费应当遵循公开、公正、公平、自愿有偿、诚实信用和委托人付费的原则。

**第四条** 会计师事务所服务收费实行政府指导价和市场调节价。

会计师事务所提供下列审计服务的收费实行政府指导价:

(一)审查企业会计报表,出具审计报告;

(二)验证企业资本,出具验资报告;

(三)办理企业合并、分立、清算事宜中的审计服务,出具有关的报告;

(四)法律、行政法规规定的其他审计业务。

会计师事务所按照自愿有偿原则提供会计咨询、会计服务等其他服务的收费实行市场调节价。

**第五条** 审计服务可实行计件收费、计时收费或者计件与计时收费相结合的方式。

**第六条** 实行计件收费的审计服务,可以实收资本、资产总额或营业收入等反映审计对象规模的指标

为计费依据，采取差额定率累进计算的办法收取服务费。即按实收资本、资产总额或营业收入等划分收费档次，分档计算收费额，各档相加为收费总额。

**第七条** 实行计时收费的审计服务，可按照提供服务所需工作人日数和每个工作人日收费标准收取服务费用。工作人日数根据审计服务的性质、风险大小、繁简程度等确定；每个工作人日收费标准根据执业人员专业技能水平、审计工作的服务质量等分别确定。

**第八条** 实行政府指导价的具体收费项目、基准价及其上下浮动幅度，由各省、自治区、直辖市财政部门提出意见，报同级价格主管部门制定。

**第九条** 制定审计服务收费标准，应当以审计服务的社会平均成本、法定税金和合理利润为基础，并考虑当地经济发展水平、社会承受能力和注册会计师行业的发展等因素确定。

核定审计服务社会平均成本，应以《中国注册会计师执业准则》规定的必要执业程序为依据，并考虑执业责任风险和人员培训费用等因素。

**第十条** 实行市场调节价的其他服务，应由会计师事务所根据服务成本和当地社会经济发展状况，自主制定不同服务的收费标准范围。具体收费标准由会计师事务所与委托人协商确定。确定收费标准时应考虑以下主要因素：

（一）耗费的工作时间；

（二）业务的难易程度；

（三）委托人的承受能力；

（四）会计师事务所可能承担的风险和责任；

（五）会计师事务所的社会信誉。

**第十一条** 会计师事务所异地设立的分所，应当执行分所所在地的收费规定。

会计师事务所（分所）异地提供服务，可以执行会计师事务所（分所）所在地或者异地的收费规定，具体由会计师事务所与委托人协商确定。

**第十二条** 会计师事务所接受委托，应当与委托人签订服务收费合同（协议）或者在委托合同（协议）中载明收费条款。

收费合同（协议）或收费条款应包括：收费项目、收费标准、收费方式、收费金额、付款和结算方式、争议解决方式，采用计时收费的，还应载明计费的工作人日数等内容。

**第十三条** 会计师事务所与委托人签订合同（协议）后，委托关系终止的，有关费用的退补和赔偿依照《合同法》等有关规定办理。

**第十四条** 审计服务采取招（投）标方式取得的，会计师事务所应当在规定的基准价和浮动幅度内合理确定投标报价。

**第十五条** 会计师事务所为委托人提供服务，应当严格按照相关法律法规和《中国注册会计师执业准则》，恪守独立、客观、公正的原则，履行必要的执业程序。

**第十六条** 会计师事务所向委托人收取服务费，应当出具合法票据，注册会计师个人不得私自收费。

**第十七条** 会计师事务所应当在营业场所显著位置公示服务项目、收费标准、收费依据等内容，自觉接受社会监督。

**第十八条** 会计师事务所应当严格执行价格主管部门制定的会计师事务所服务收费管理办法和收费标准，建立健全内部收费管理制度。

**第十九条** 会计师事务所有下列情形之一的，由政府价格主管部门依照《价格法》和《价格违法行为行政处罚规定》实施行政处罚：

（一）未按规定公示服务项目、收费标准的；

（二）超出政府指导价浮动幅度制定价格的；

（三）擅自制定实行政府指导价的审计服务收费标准的；

（四）违反规定以佣金、回扣等形式变相降低审计服务收费超出政府指导价浮动下限的；

（五）采取分解收费项目、重复收费，扩大收费范围或自立名目等方式乱收费的；

（六）不按照规定提供服务而收取费用的；

（七）其他价格违法行为。

**第二十条** 公民、法人和其他组织对会计师事务所的价格违法行为，可以向会计师事务所所在地价格主管部门举报、投诉。

**第二十一条** 会计师事务所与委托人之间发生收费纠纷，会计师事务所应当与委托人协商解决，也可以申请仲裁或者向人民法院提起诉讼。

**第二十二条** 会计师事务所受委托人要求，赴境外或港澳台地区提供服务的收费，通过与委托人签订合同的方式协商确定。

**第二十三条** 本办法由国家发展改革委会同财政部负责解释。

## 20. 关于证券资格会计师事务所转制为特殊普通合伙会计师事务所有关业务延续问题的通知(2012年颁布)

财会[2012]17号

各省、自治区、直辖市计划单列市财政厅(局)、证券监管局、国资委，中国证监会驻上海、深圳专员办，新疆生产建设兵团国资委，上海、深圳证券交易所，各中央管理企业、证券资格会计师事务所：

为了贯彻落实《国务院办公厅转发财政部关于加快发展我国注册会计师行业若干意见的通知》(国办发[2009]56号)，促进我国大中型会计师事务所进一步优化组织形式和做强做大，根据《财政部 证监会关于调整证券资格会计师事务所申请条件的通知》(财会[2012]2号)和《财政部 工商总局 商务部 外汇局 证监会关于印发〈中外合作会计师事务所本土化转制方案〉的通知》(财会[2012]8号)的要求，具备证券期货相关业务资格的会计师事务所(以下简称证券资格会计师事务所)将全面转制为特殊普通合伙(或普通合伙，下同)组织形式。现就证券资格会计师事务所转制为特殊普通合伙会计师事务所有关业务延续问题通知如下：

一、证券资格会计师事务所转制为特殊普通合伙组织形式后，原会计师事务所的经营期限、经营业绩连续计算，执业资格和证券资格相应延续，原会计师事务所因执业质量可能引发的行政责任由转制后的特殊普通合伙会计师事务所承担。

二、转制后的特殊普通合伙会计师事务所履行原会计师事务所的业务合同，或与客户续签新的业务合同，不视为更换或重新聘任会计师事务所，上市公司和中央企业不需要召开股东(大)会或履行类似程序对相关事项作出决议。

三、原会计师事务所客户为非上市公司或非中央企业的，转制为特殊普通合伙会计师事务所后的有关业务延续问题，比照本通知的前述规定办理。

四、不具备证券资格的其他会计师事务所依法转制为特殊普通合伙会计师事务所的有关业务延续问题，比照本通知的前述规定办理。

财政部 证监会 国资委
2012年9月14日

# 21. 会计师事务所执业质量检查工作廉政规定（2012年颁布）

会协[2012]162号

**第一条** 为了加强中国注册会计师协会（以下简称中注协）会计师事务所执业质量检查工作廉政建设，明确廉洁检查纪律，保持检查工作廉洁公正，制定本规定。

**第二条** 本规定适用于中注协组织开展的证券资格会计师事务所（以下简称证券所）执业质量检查工作中的廉政行为。

**第三条** 本规定所称检查组，是指由中注协委派并在其授权范围内开展证券所执业质量检查工作的团队。

本规定所称检查人员，是指参加中注协组织的证券所执业质量检查的注册会计师和各级注协工作人员。

**第四条** 在检查过程中，检查组和检查人员应当切实做到客观公正、廉洁自律，严格遵守以下要求：

（一）不准接受被检查事务所的宴请、款待和住宿安排；

（二）不准使用被检查事务所安排的交通工具；

（三）不准参加被检查事务所安排的旅游和娱乐等活动；

（四）不准接受被检查事务所的纪念品、礼品、礼金、消费卡和有价证券等；

（五）不准在被检查事务所报销任何因公或因私产生的费用；

（六）不准利用检查获悉的被检查事务所涉密信息为自己和他人谋利；

（七）不准向被检查事务所提出任何与检查工作无关的要求；

（八）不准向被检查事务所和关联人透露不应由其知晓的检查信息；

（九）不准因外在压力、利益冲突或他人的不当影响损害自己的职业判断。

**第五条** 检查组长对检查组的廉政行为负责。检查组长要加强对检查组成员的教育、提醒和监督，防止违反廉政纪律规定行为的发生。发现问题要迅速纠正，并及时向中注协报告。检查组长同时也应接受检查组成员的监督。

**第六条** 被检查事务所所在地的省级注册会计师协会应为检查组顺利执行检查任务提供支持和保障，包括根据规定标准安排好检查组的食宿和交通等，但不得以任何方式影响检查组的判断。

**第七条** 被检查事务所应当积极支持和尊重检查组遵守本规定的行为，不得以任何方式影响检查组的判断。

**第八条** 对检查组和检查人员遵守廉政纪律行为的监督：

（一）检查组在进驻被检查事务所时，应将本规定的要求在被检查事务所的醒目位置公示，并接受被检查事务所的监督；

（二）中注协设立监督举报电话、举报邮箱，并进行廉政事项公示；

**第九条** 检查组和检查人员执行本规定的情况，列入检查组和检查人员考核评价的重要内容。

**第十条** 对于违反本规定的检查人员，将采取以下处理措施：

（一）责成其承担被检查事务所因其违规事项所产生的全部费用或退还收受的礼品、礼金等；

（二）取消其检查人员资格，并通报其所在单位；

（三）属于事务所兼职检查员的，视情节轻重，给予行业惩戒，记入诚信档案；属于中注协和地方协会工作人员的，由其所在单位按照干部管理权限予以处理；违反相关法规情节严重的，移交国家司法机关处理。

**第十一条** 检查组集体违反本规定的，取消其检查组长资格，并通报其所在单位，由其所在单位按照干部管理权限予以处理。

**第十二条** 中注协对检查人员的违规情况及处理结果进行公告。

**第十三条** 中注协开展专项检查、专案检查以及创先争优综合评价信息核查等工作中的廉政行为，参照本规定执行。

**第十四条** 各地方注协组织开展的会计师事务所执业质量检查工作中的廉政建设，可参照本规定制定本地区的相关办法。

**第十五条** 本规定自发布之日起施行。

# 22. 外商投资企业外方权益确认表审核指导意见（2012年颁布）

会协[2012]121号

## 第一章 总 则

**第一条** 为了规范注册会计师执行外商投资企业外方权益确认表审核业务，明确工作要求，保证执业质量，根据《中国注册会计师其他鉴证业务准则第3101号—历史财务信息审计或审阅以外的鉴证业务》，制定本指导意见。

**第二条** 本指导意见所称外商投资企业外方权益确认表审核，是指注册会计师接受外商投资企业（以下称被审核单位）委托，对其外商投资企业外方权益确认表（以下简称外方权益确认表）是否在所有重大方面按照国家外汇管理的有关规定编制进行审核，并提出审核结论。

**第三条** 按照国家外汇管理的有关规定，真实、完整地编制外方权益确认表是被审核单位管理层的责任。

按照本指导意见的规定，在执行审核工作的基础上对外方权益确认表提出审核结论是注册会计师的责任。

**第四条** 注册会计师应当基于已审计的财务报表对外方权益确认表进行审核。

如财务报表未经审计，注册会计师应当在对财务报表执行审计工作的基础上对外方权益确认表进行审核。

**第五条** 注册会计师应当获取充分、适当的审核证据，以得出恰当的审核结论，作为出具审核报告的基础。

**第六条** 注册会计师的审核结论旨在合理保证外方权益确认表在所有重大方面按照国家外汇管理的有关规定编制，但不应被视为是对被审核单位外汇收支行为的合规性提供的保证。

如在审核过程中注意到与外方权益确认表项目有关的严重违反国家外汇管理有关规定的情形，注册会计师应当与管理层和治理层进行沟通，并在审核报告中予以恰当反映。

**第七条** 注册会计师执行审核业务，应当遵守中国注册会计师职业道德守则，遵循诚信、客观和公正原则，保持独立性，保持专业胜任能力和应有的关注，勤勉尽责，并对执业过程中获知的涉密信息保密。

## 第二章 接受业务委托

**第八条** 在承接外方权益确认表审核业务前，注册会计师应当了解下列基本情况，考虑自身专业胜任能力和业务风险，以确定是否接受委托：

（一）国家外汇管理的有关法规；

（二）被审核单位外汇登记情况；

（三）被审核单位以前年度外汇年检情况；

（四）被审核单位年度财务报表是否由其他注册会计师审计。

**第九条** 如接受委托，注册会计师应当就委托目的、审核范围、双方的责任、审核报告的用途、审核收费等事项与委托人沟通，并签订业务约定书。

## 第三章　审核程序

**第十条**　注册会计师应当根据被审核单位的具体情况，合理运用重要性，计划和执行审核工作。

**第十一条**　注册会计师应当在年度财务报表审计的基础上，对外方权益确认表实施本指导意见第十二条至第十六条规定的程序。

注册会计师应当根据确定的重要性和评估的外方权益确认表的重大错报风险，确定审核程序的性质、时间安排和范围。

**第十二条**　注册会计师应当对外方投资者实际出资额实施下列审核程序：

（一）获取被审核单位的验资报告及相关文件，检查外方权益确认表中的外方投资者实际出资额及外方实到注册资本金额与被审核单位的验资报告及相关文件所载明的金额是否相符；

（二）如年末部分或全部外方投资者实际出资额及外方实到注册资本尚未经过验资，获取已投入未验资的外方投资者实际出资额及外方实到注册资本明细表，将明细表列示的项目与相关出资文件记录及有关支持凭证进行核对。

**第十三条**　注册会计师应当对外方享有的公积金及留存收益额实施下列审核程序：

（一）获取被审核单位经审计的财务报表，将资产负债表中的年末资本公积、盈余公积和未分配利润余额，乘以外方的股权比例或约定分配比例；

（二）检查上述计算结果与外方权益确认表中的外方享有的公积金及留存收益额金额是否一致。

**第十四条**　注册会计师应当对已分配但尚未汇出的外方股利实施下列审核程序：

（一）获取应付股利明细表，检查明细表的明细金额与应付股利明细账是否一致，检查明细表的合计数与经审计的财务报表中的应付股利余额是否一致；

（二）检查应付股利明细表中应付外方股利金额与相关的代扣代缴税款（如已扣除）的合计数是否与外方权益确认表中的已分配但尚未汇出的外方股利金额一致；

（三）检查外币的折算是否正确。

**第十五条**　注册会计师应当对外汇账户余额实施下列审核程序：

（一）获取外币银行存款明细表，将明细余额相对应的人民币金额和非外币银行存款明细表余额的合计数与已审计财务报表的银行存款余额进行核对；

（二）检查外币银行存款明细表的人民币分类汇总数是否与外方权益确认表中的外汇账户余额金额一致；

（三）检查外币的折算是否正确。

**第十六条**　注册会计师应当对外方权益确认表附注内容实施下列审核程序：

（一）对于本年度已汇出外方利润金额，检查实际支付给外方完税后利润的银行付款凭证；

（二）对于对外担保本年新增担保金额、本年减少担保金额及年末余额，结合被审核单位年度财务报表审计中针对对外担保实施的审计程序，检查填列币种和金额是否正确；如涉及外币折算的，检查外币的折算是否正确；

（三）对于对外担保本年新增担保金额，检查是否已取得外汇管理局的核准件。

**第十七条**　在执行外方权益确认表审核业务时，如注意到期初数存在重大错报，注册会计师应当要求管理层作出调整。

如期初数未经审核，注册会计师应当按照本指导意见第十二条至第十六条的规定，对期初数实施审核程序。

**第十八条**　如被审核单位的财务报表由其他注册会计师审计，注册会计师应当考虑利用其他注册会计师的工作并实施必要的审计程序，以作为外方权益确认表审核的基础。

如注册会计师认为经其他注册会计师审计的财务报表存在重大错报，且该错报导致外方权益确认表存在重大错报，应当要求被审核单位管理层对外方权益确认表金额作出相应调整。如管理层拒绝调整，注册会计师应当考虑出具保留结论或否定结论的审核报告。

**第十九条**　注册会计师应当就被审核单位管理层按照国家外汇管理的有关规定真实、完整地编制外方权益确认表获取书面声明。

**第二十条**　注册会计师应当对实施的审核程序及其结果形成审核工作底稿。

## 第四章　审核报告

**第二十一条**　注册会计师应当评价获取的审核证据，结合在执行财务报表审计时与外方权益确认表项目有关的审计工作及相应审计结论，提出审核结论，出具审核报告。

**第二十二条**　审核报告应当包括下列要素：

（一）标题；

（二）收件人；

（三）引言段；

（四）范围段；

（五）结论段；

（六）对审核报告分发和使用限制的说明；

（七）注册会计师的签名及盖章；

（八）会计师事务所的名称、地址及盖章；

（九）报告日期。

注册会计师可以根据需要，在结论段之后增加其他信息或解释，这些信息或解释不影响已提出的审核结论。

**第二十三条**　审核报告的标题应当为“外商投资企业外方权益确认表审核报告”。

**第二十四条**　审核报告的收件人应当为审核业务的委托人。审核报告应当载明收件人全称。

**第二十五条**　审核报告的引言段应当说明下列内容：

（一）已审核外方权益确认表的名称和期间；

（二）被审核单位管理层的责任和注册会计师的责任。

**第二十六条**　审核报告的范围段应当说明下列内容：

（一）审核的依据是中国注册会计师协会制定的《外商投资企业外方权益确认表审核指导意见》；

（二）审核工作包括询问、检查记录和文件、重新计算以及注册会计师认为必要的其他程序；

（三）审核工作为注册会计师提出审核结论提供了合理的基础。

**第二十七条**　审核报告的结论段应当说明外方权益确认表是否在所有重大方面按照国家外汇管理的有关规定编制。

**第二十八条**　注册会计师应当根据执行审核工作得出的结果，按照《中国注册会计师其他鉴证业务准则第3101号—历史财务信息审计或审阅以外的鉴证业务》，对外方权益确认表出具无保留结论、保留结论、否定结论或无法提出结论的审核报告。

**第二十九条**　如在审核过程中注意到与外方权益确认表项目有关的严重违反国家外汇管理有关规定的情形，注册会计师应当在结论段之后增加其他信息段予以说明。

注册会计师应当在其他信息段中指明，该段内容不影响已提出的审核结论。

**第三十条**　注册会计师应当在审核报告中说明，审核报告仅供被审核单位向国家外汇管理部门报送外方权益确认表时使用，不得用于其他用途。

**第三十一条**　审核报告应当由注册会计师签名并盖章，载明会计师事务所的名称和地址，并加盖会计师事务所公章。

**第三十二条**　审核报告日期是指注册会计师完成审核工作的日期。审核报告日期不应早于被审核单位管理层签署外方权益确认表的日期，且不早于注册会计师对被审核单位的财务报表出具的审计报告的日期。

**第三十三条**　注册会计师出具的审核报告应当后附已审核的并经被审核单位盖章及被审核单位相关人员签字的外方权益确认表。

## 第五章　附　　则

**第三十四条**　本指导意见自2012年5月1日起施行。

# 23. 中外合作会计师事务所本土化转制方案(2012年颁布)

财会[2012]8号

## 第一章 总 则

**第一条** 为了规范现有中外合作会计师事务所本土化转制工作，促进在我国法律框架和统一市场规则下公平竞争，根据《中华人民共和国注册会计师法》、《中华人民共和国合伙企业法》、《外国企业或者个人在中国境内设立合伙企业管理办法》(国务院令第567号)、《国务院办公厅转发财政部关于加快发展我国注册会计师行业若干意见的通知》(国办发[2009]56号)和《会计师事务所审批和监督暂行办法》(财政部令第24号)以及其他有关制度办法，制定本方案。

**第二条** 本方案所称中外合作会计师事务所，是指经财政部批准的、由境外会计师事务所与境内会计师事务所在中国境内合作设立的会计师事务所，包括安永华明会计师事务所、毕马威华振会计师事务所、德勤华永会计师事务所和普华永道中天会计师事务所。

本方案所称本土化转制，是指中外合作会计师事务所根据合作设立时所作承诺实现本土化，并在合作到期日之后或自愿在合作到期日之前采用符合中国法律法规规定的组织形式。

**第三条** 财政部负责组织协调和审批、评估中外合作会计师事务所本土化转制有关工作。国务院有关部委和相关单位在各自职责范围内对中外合作会计师事务所本土化转制工作予以指导和支持。

## 第二章 合伙人的资格条件

**第四条** 会计师事务所采用特殊普通合伙组织形式，应当有25名以上符合本方案下列条款规定的合伙人、100名以上的中国注册会计师，以及等值人民币1000万元以上的出资。

前款所称合伙人的年龄均不得超过65周岁。会计师事务所可以通过合伙协议自行约定退伙年龄，可以为60周岁或其他适当的年龄，但最高不得超过65周岁。

**第五条** 会计师事务所采用特殊普通合伙组织形式，其具备中国注册会计师执业资格的合伙人应当符合下列条件：

(一)在会计师事务所专职执业。

(二)成为合伙人前3年内没有因为执业行为受到行政处罚。

(三)有取得注册会计师证书后最近5年连续在会计师事务所从事下列业务的经历，其中在中国境内会计师事务所的经历不少于3年：

1. 法定审计业务；

2. 会计咨询、会计服务业务；

3. 法律法规规定的其他业务。

(四)成为合伙人前1年内，未因隐瞒或提供虚假材料、欺骗、贿赂等不正当手段申请设立会计师事务所而被拒绝批准或者撤销注册。

**第六条** 中国注册资产评估师、注册税务师、注册造价工程师可以担任特殊普通合伙会计师事务所的合伙人，但应当符合下列条件：

(一)在会计师事务所专职执业。

(二)成为合伙人前3年内没有因为执业行为受到行政处罚。

(三)取得相应专业资格证书后最近5年连续在会计师事务所从事业务。

(四)该类合伙人人数不得超过会计师事务所合伙人总数的20%.

(五)该类合伙人所持有的合伙财产份额不得超过会计师事务所合伙财产的20%.

**第七条** 不具备中国注册会计师执业资格或注册资产评估师、注册税务师、注册造价工程师专业资格但持有财政部认可的相关国家或地区注册会计师专业资格证书的香港特别行政区、澳门特别行政区、台湾地区居民及外国人可以担任特殊普通合伙会计师事务所的合伙人，但应当符合下列条件：

（一）在会计师事务所专职执业。

（二）成为合伙人前3年内没有因为执业行为受到行政处罚或所在职业团体（如香港会计师公会）的行业惩戒。

（三）有取得财政部认可的相关国家或地区注册会计师专业资格后最近10年连续在会计师事务所从事本方案第五条第三项所列业务的工作经验，其中在境内会计师事务所的经历不少于5年。

（四）至特殊普通合伙会计师事务所设立批准日（即财政部核发特殊普通合伙会计师事务所执业证书日，下同），该类合伙人占合伙人总数的比例及其在合伙人管理委员会（或履行会计师事务所最高决策管理职能的其他类似机构，下同）中的比例不得超过40%；截至2014年12月31日，该类合伙人占合伙人总数的比例及其在合伙人管理委员会中的比例不得超过35%；截至2016年12月31日，该类合伙人占合伙人总数的比例及其在合伙人管理委员会中的比例不得超过25%；截至2017年12月31日，该类合伙人占合伙人总数的比例及其在合伙人管理委员会中的比例不得超过20%.

（五）年龄不低于40周岁，但不得超过65周岁。

本条规定适用于本土化转制过渡期；过渡期结束后，不具备中国注册会计师执业资格或注册资产评估师、注册税务师、注册造价工程师专业资格但持有相关国家或地区注册会计师专业资格证书的香港特别行政区、澳门特别行政区、台湾地区居民及外国人担任特殊普通合伙会计师事务所合伙人的具体条件，遵照注册会计师行业法律法规和会计服务市场政府间互惠协议的规定执行。

**第八条** 既不具备中国注册会计师执业资格或注册资产评估师、注册税务师、注册造价工程师专业资格，也不具备第七条规定的其他国家或地区注册会计师专业资格的人员，经合伙人会议决议通过，可以担任履行会计师事务所内部管理职责的合伙人，但应当符合下列条件：

（一）该类合伙人应当持有财政部认可的、与履行其管理职责相关的其他专业资格，且在会计师事务所专职执业。

（二）该类合伙人只承担会计师事务所人力资源管理、财务管理、信息系统管理等内部管理职责。

（三）该类合伙人占合伙人总数的比例及其在合伙人管理委员会中的比例不得超过3%.

本条规定适用于本土化转制过渡期；过渡期结束后，该类合伙人担任特殊普通合伙会计师事务所合伙人的具体条件，遵照注册会计师行业法律法规的规定执行。

**第九条** 会计师事务所采用特殊普通合伙组织形式，持有合伙财产份额前5位的合伙人应当符合本方案第五条或第七条的规定，其中具备中国注册会计师执业资格的合伙人不得少于3人。

**第十条** 无论会计师事务所对重大经营管理决策采用何种表决方式，其所有非中国注册会计师合伙人的累计表决权自设立批准日起均不得超过40%；至2017年12月31日，前述累计表决权不得超过20%.

**第十一条** 担任特殊普通合伙会计师事务所首席合伙人（或履行最高管理职责的其他职务，下同）的，除满足前述条款规定的合伙人资格条件外，还应当符合下列条件：

（一）具有中国国籍。

（二）具备中国注册会计师执业资格。

（三）有最近10年连续在会计师事务所从事本方案第五条第三项所列业务的工作经验，其中在境内会计师事务所的经历不少于8年。

会计师事务所首席合伙人，应当是执行合伙事务的合伙人。

**第十二条** 会计师事务所首席合伙人满足第十一条所列条件确有困难的，应当按照下列原则办理：

（一）自特殊普通合伙会计师事务所设立批准日起，其首席合伙人剩余任期在3年以内的，可以由其继续担任首席合伙人；任期结束后，其继任者必须满足第十一条的规定要求。会计师事务所在2011年10月后作出的延长该首席合伙人任期的决定在财政部审批时视为无效。

（二）自特殊普通合伙会计师事务所设立批准日起，其首席合伙人剩余任期在3年以上的，其必须在3年内达到第十一条的规定要求；3年后未能达到第十一条的规定要求的，应当由满足第十一条规定要求的人士担任首席合伙人。

（三）自特殊普通合伙会计师事务所设立批准日起，其首席合伙人因故提前终止首席合伙人任期的，其继任者必须满足第十一条的规定要求。

## 第三章　转制的一般程序

**第十三条**　会计师事务所采用特殊普通合伙组织形式，总所沿用原中外合作会计师事务所字号，名称统一为“XX会计师事务所（特殊普通合伙）”。

**第十四条**　会计师事务所在国家工商行政管理总局（以下简称工商总局）办理名称预先核准后，持《名称预先核准通知书》到财政部办理特殊普通合伙会计师事务所设立审批手续。

**第十五条**　会计师事务所采用特殊普通合伙组织形式，应当向财政部提交下列材料：

（一）转制申请书（详见附表1）。

（二）董事会和合伙人会议关于实施本土化和采用特殊普通合伙组织形式的决议。

（三）合伙人身份证明复印件，合伙人情况汇总表（详见附表2）。

（四）合伙人的注册会计师证书或者其他专业资格证书复印件（持有其他国家或地区相关专业资格证书的，应提供该国家或地区相关监管机构或行业协会，如香港会计师公会的确认文件）。

（五）合伙人执业情况证明和行政处罚情况证明（出具方式参照《大中型会计师事务所转制为特殊普通合伙组织形式实施细则》（财会[2011]7号）执行）。

（六）合伙协议。

（七）经其他证券资格会计师事务所审计的上年度财务报告。

（八）合伙人出资额验资报告。

（九）主要经营场所的产权或者使用权的有效证明复印件。

（十）对不具备中国注册会计师执业资格的合伙人，由本人出具的接受财政部门和其他相关监管部门监督管理的承诺函，并由该会计师事务所保证以适当方式追究或承担其执业责任（详见附表3）。

（十一）能证明本方案有关合伙人资格条件的其他证明文件和材料。

**第十六条**　会计师事务所采用特殊普通合伙组织形式，其合伙协议可以参照由中国注册会计师协会制定的《会计师事务所特殊普通合伙协议范本》（会协[2011]104号）。

合伙协议中应当明确对不具备中国注册会计师执业资格的合伙人的责任追究机制。

**第十七条**　财政部按照下列程序办理特殊普通合伙会计师事务所设立审批事项：

（一）对申请人提交的申请材料进行审查，并核对有关复印件与原件是否相符。对申请材料不齐全或者不符合规定形式的，应当当场或者在5个工作日内一次告知申请人需要补正的全部内容。对申请材料齐全、符合规定形式，或者申请人已按照要求提交全部补正申请材料的应当受理。

（二）对申请材料的内容进行审查，并将申请材料中有关会计师事务所名称以及合伙人执业资格及执业时间等情况予以公示。

（三）自受理申请之日起30日内作出批准或者不予批准的决定。

（四）作出批准决定的，应当自作出批准决定之日起10个工作日内向申请人下达批准文件、换发会计师事务所执业证书，并予以公告。批准文件中应当载明下列事项：

1. 会计师事务所的名称和组织形式；
2. 会计师事务所合伙人的姓名；
3. 会计师事务所首席合伙人的姓名；
4. 会计师事务所的主要经营场所；
5. 会计师事务所的经营范围。

财政部作出不予批准决定的，应当自作出不予批准决定之日起10个工作日内书面通知申请人。书面通知中应当说明不予批准的理由，并告知申请人享有依法申请行政复议或者提起行政诉讼的权利。

**第十八条**　会计师事务所应当持财政部的批复文件到工商行政管理部门办理合伙企业的设立登记手续。

除毕马威华振会计师事务所转制后的登记机关由工商总局调整为北京市工商行政管理局外，其他会计师事务所及其分所的登记机关维持现状，其注销及设立登记仍由转制前的登记机关负责办理。

**第十九条**　会计师事务所各分所持总所的财政批复文件到财政部办理变更手续；持总所的工商营业执照到分所原工商登记机关办理设立登记。

会计师事务所采用特殊普通合伙组织形式，分所名称统一为"××会计师事务所(特殊普通合伙)＋行政区划(或中心城市)＋分所"。

本土化转制过渡期结束后，会计师事务所申请设立分所的管理办法由财政部根据注册会计师行业法律法规和本土化转制评估结果另行制定。

**第二十条**　会计师事务所应当于每年1月15日之前，向财政部报送上一年度(截至12月31日)会计师事务所首席合伙人基本情况备案表(详见附表4)和合伙人情况备案表(详见附表5)。

会计师事务所合伙人的资格条件不符合本方案规定的，由财政部出具警示函并责令其限期整改。逾期仍不符合规定的，予以通报或采取其他行政监管措施。

## 第四章　其他事项

**第二十一条**　会计师事务所采用特殊普通合伙组织形式后，原中外合作会计师事务所的经营期限、经营业绩可连续计算，执业资格(含证券期货业务资格等)相应延续，原会计师事务所因执业质量可能引发的行政责任由特殊普通合伙会计师事务所承担。

**第二十二条**　会计师事务所采用特殊普通合伙组织形式后，原中外合作会计师事务所的各类文件档案应当妥善保存，未经财政部批准，不得擅自处理或以任何方式带离出境。会计师事务所的全体员工应当严格遵守国家保密法规制度的规定。

**第二十三条**　中外合作会计师事务所自合作期限届满或者其他解散事由出现之日起，应当按照《中华人民共和国公司法》、《中华人民共和国中外合作经营企业法》及其实施细则、《公司登记管理条例》、《关于依法做好外商投资企业解散和清算工作的指导意见》(商法字[2008]31号)、《关于外商投资企业解散注销登记管理有关问题的通知》(工商外企字[2008]226号)以及其他有关规定对原会计师事务所进行清算，办理有关注销登记手续。

中外合作会计师事务所提前终止合作期的，应当向财政部、商务部报送提前解散申请书、董事会关于提前解散事务所的决议以及事务所的批准证书和营业执照。财政部、商务部收到解散申请书和相关材料后，于10个工作日内作出批准事务所解散的批件。

中外合作会计师事务所应当按照有关规定成立清算组。清算结束后，清算组应当编制清算报告，经董事会确认后，报送商务部，同时缴销批准证书。

**第二十四条**　中外合作会计师事务所清算后的资金可以根据现行外汇管理规定，汇出境外或者经所在地国家外汇管理局分支局(以下简称所在地外汇局)核准后在境内进行再投资。

中外合作会计师事务所应于清算完毕后30个工作日内，持财政部的转制批复文件和其他相关材料，到所在地外汇局办理外汇登记注销手续。

特殊普通合伙会计师事务所设立登记后，应当到所在地外汇局办理新设外商投资合伙企业外汇登记。

**第二十五条**　会计师事务所在办理工商注销登记前，应当按照国家税收法律法规的有关规定，办理税务清算。

**第二十六条**　会计师事务所采用特殊普通合伙组织形式后，应当按照国家税收法律法规的有关规定，缴纳各项税收。

## 第五章　附　　则

**第二十七条**　本方案所称合伙人，是指符合《中华人民共和国注册会计师法》和《中华人民共和国合伙企业法》，经财政部批准、在工商行政管理部门登记的合伙人。

本方案所称本土化转制过渡期，是指自特殊普通合伙会计师事务所设立批准日至2017年12月31日。

**第二十八条**　合作到期日在2012年12月31日之后的中外合作会计师事务所，自向财政部提交转制申请书之日起，比照本方案确定的原则、条件、程序和要求办理本土化转制工作。

**第二十九条**　本方案由财政部会同国务院有关部委负责解释。

**第三十条** 会计师事务所采用特殊普通合伙组织形式之前，现有中外合作会计师事务所依法持续经营，其业务开展及其他合法权益应予维护。

# 24. 上市公司年报审计监管工作规程(2011年颁布)

会协[2011]52号

## 第一章 总 则

**第一条** 为规范和改进上市公司年度财务报表审计(以下简称年报审计)监管工作，明确中国注册会计师协会(以下简称中注协)在上市公司年报审计监管方面的工作职责与工作内容，根据《中国注册会计师协会章程》，制定本规程。

**第二条** 本规程所称年报审计监管，是指中注协对会计师事务所(以下简称事务所)执行的上市公司年报审计业务实施的全程监控，包括事前、事中和事后三个环节。

**第三条** 上市公司年报审计监管应当贯彻风险导向理念，以跟踪和监控上市公司年报审计工作质量为核心；以维护社会公众利益和资本市场稳定，提升年报审计工作质量为目标；以上市公司年报审计风险的评价、预警和防范为重点。

**第四条** 在上市公司年报审计监管工作中，要采取切实有效的措施，支持和帮助注册会计师坚持诚信、独立、客观、公正的原则与立场，切实督促和引导事务所完善质量控制体系、健全内部治理机制、深化诚信道德建设、强化质量风险管控，不断提升行业的整体执业质量。

**第五条** 上市公司年报审计监管应当坚持事前事中监控与事后报备分析相结合，分类指导与个别辅导相结合，逐日跟踪分析与定期披露相结合，年报审计监管结果与执业质量检查工作相结合。

**第六条** 上市公司年报审计监管工作的组织与实施由中注协业务监管部室负责。中注协业务监管部室设置专门岗位，指派专人负责年报审计监管工作，并建立相应的工作记录。

**第七条** 为确保上市公司年报审计监管工作质量，应当注意发挥行业专家的作用，并逐步建立年报审计监管信息库，为上市公司年报审计监管提供技术支撑和信息支撑。

## 第二章 上市公司年报披露开始前的主要工作

**第八条** 在每个年度的上市公司年报披露工作开始前，中注协业务监管部室应当组建年报审计监管专家咨询组。咨询组主要由来自事务所和地方协会的专家组成，其主要职责包括：协助中注协分析上市公司年报，甄别事务所高风险客户；分析事务所年报审计业务可能面对的重大风险领域以及相关质量控制可能存在的问题，并提出防范对策与建议。

**第九条** 在每个年度的上市公司年报披露工作开始前，发布有关做好上市公司年报审计工作的通知，要求事务所和注册会计师认真落实风险导向审计理念，严格遵循执业准则要求，密切关注重大审计风险领域，切实强化质量风险管控，全力确保年报审计工作质量。

**第十条** 原则上，在每个年度的上市公司年报披露工作开始前，组织召开一次证券资格事务所年报审计工作会议，通报当年的年报审计监管和执业质量检查情况，对即将开始的上市公司年报审计工作提出具体要求。

**第十一条** 在每个年度的上市公司年报披露工作开始前，发布有关做好上市公司年报审计业务报备工作的通知，要求事务所切实落实报备工作要求，确保信息报备真实、准确、及时、完整。

**第十二条** 在每个年度的上市公司年报披露工作开始前，要提前搜集有关上市公司年报审计监管的分析资料，为上市公司年报披露期间的工作开展奠定基础。

## 第三章　上市公司年报披露期间的主要工作

**第十三条**　为强化上市公司年报审计事前事中监管，切实增强年报审计监管的前瞻性、针对性和有效性，在上市公司年报披露期间，应适时启动年报审计监管约谈机制，就上市公司年报审计业务可能存在的风险向相关事务所作出提示。

**第十四条**　在开展约谈工作时，应当合理选定约谈主题。约谈主题应当以事务所审计风险的防范和化解为主线，及时反映和解决事务所在年报审计工作中遇到的重大问题。在确定约谈主题时，应当了解相关政府部门的政策动向，考虑资本市场的发展变化和行业面临的主要矛盾与问题。

**第十五条**　在开展约谈工作前，应当结合约谈主题，合理确定约谈对象。约谈对象应当在深入分析上市公司公开信息，综合考虑媒体报道、公众举报、以往年度执业质量检查结果以及年报审计监管咨询专家意见的基础上确定。

**第十六条**　参加约谈的事务所人员包括：主任会计师，负责质量控制或技术的合伙人，以及执行上市公司年报审计业务的项目合伙人和签字注册会计师。

**第十七条**　约谈开始前，应当向事务所发出上市公司年报审计监管约谈函，要求事务所在规定时间内向中注协提交有关约谈项目年报审计开展情况的说明。

约谈结束后，应当继续跟踪约谈项目年报审计的后续开展情况，并要求事务所在约谈项目年报披露后的一定时间内，向中注协提交有关约谈项目年报审计情况的详细报告。

**第十八条**　除采取约谈方式对事务所进行风险提示外，对于上市公司年报披露期间注意到的高风险上市公司，可联系相关事务所了解情况，并向事务所发出上市公司年报审计监管沟通函，要求其在规定时间内提交高风险客户年报审计情况的书面报告。

**第十九条**　对于已披露的上市公司年报，如有媒体质疑、公众投诉举报或者发现审计报告不当的，应与相关事务所取得联系，全面了解情况，必要时，可采取当面沟通、专案检查等措施加以应对。

**第二十条**　在上市公司年报披露期间，要指派专人，逐日跟踪上市公司年报披露情况，每周编发一期上市公司年报审计情况快报并上网公布。

**第二十一条**　上市公司年报审计情况快报应当包括上市公司年报披露的基本情况、事务所出具的审计报告数量及类型、事务所出具非标准审计报告的原因、上市公司变更年报审计机构的情况等内容，并可根据实际情况，在快报中适当增加社会公众和资本市场广泛关注的问题与内容。

**第二十二条**　为切实强化对事务所年报审计工作的适时引导，扩大年报审计监管工作影响，在上市公司年报披露期间，应当定期或不定期地对上市公司年报审计情况加以汇总，并编发工作简报或形成报告在会刊上刊发。

**第二十三条**　年报披露期间，中注协业务监管部室要指派专人，督促和指导事务所做好上市公司年报审计机构变更信息报告工作。

上市公司变更年报审计机构的，前后任事务所应当在变更发生之日起5个工作日内，将相关情况报中注协和事务所所在地省级协会备案。

前后任事务所报告的内容应当包括：变更年报审计机构的上市公司名称、代码及其前后任事务所，变更日期与原因，以及前后任事务所的沟通情况等。

**第二十四条**　收到变更信息后，中注协业务监管部室应当将前任事务所报备的变更原因、后任事务所报备的变更原因以及上市公司对外披露的变更原因进行核对，了解变更的真实原因，密切关注其中可能存在的“炒鱿鱼、接下家”问题，对恶意“接下家”行为实施重点监控。

如发现上市公司因与事务所存在意见分歧等异常原因变更年报审计机构的，应与前任事务所取得联系，了解相关情况，及时对后任事务所进行提醒，必要时，将详细情况报告协会领导。

**第二十五条**　为不断拓展年报审计监管工作内涵，夯实年报审计监管工作基础，同时为领导决策提供有益参考，在上市公司年报披露期间，可组建上市公司年报分析专家工作组，对高风险上市公司或特定类型的上市公司已披露年报进行系统全面的分析、研究。

**第二十六条**　在上市公司年报审计监管过程中，如果遇到有关专业方面的重大疑难问题，可向中注协标准制定部室咨询，必要时，可提交中注协相关专门（专业）委员会讨论解决。

## 第四章　上市公司年报披露结束后的主要工作

**第二十七条**　年报审计业务报备工作应当在上市公司年报披露结束后 2 个月内完成。中注协业务监管部室应及时对报备信息进行加工、处理，对已披露的上市公司年报审计情况快报进行汇总、提炼，对上市公司年报审计监管过程中发现的问题进行归纳、梳理，并撰写有关上市公司年报审计情况的分析报告。分析报告应当在 7 月底前完成。

分析报告应当包括年报审计总体情况、年报审计前后的数据调整、年报审计意见、年报审计机构变更、年报审计收费、年报审计市场等内容。

中注协标准制定部室负责上市公司年报审计非标准审计报告的研究，相关分析报告应在上市公司年报审计工作结束后 6 个月内完成。

**第二十八条**　上市公司年报审计工作结束后，可采取座谈会、实地走访等方式，广泛听取事务所、注册会计师以及相关政府部门对进一步改进年报审计监管工作的意见与建议。同时，采取相关措施，逐步实现与相关政府部门之间的监管信息共享。

**第二十九条**　开展证券所执业质量检查，尤其是在确定证券所执业质量检查名单和检查工作重点时，应充分利用年报审计监管工作成果。对年报审计监管过程中发现的未严格遵循执业准则的事务所和注册会计师，将在执业质量检查中予以重点关注。

## 第五章　附　　则

**第三十条**　各省级协会可以参照本规程，组织开展本地区的年报审计监管工作。

**第三十一条**　本规程自发布之日起施行。

# 第二十一章 注册会计师审计相关法规(下)——注册会计师审计准则(2010年修订)

## 1. 中国注册会计师鉴证业务基本准则

### 第一章 总 则

**第一条** 为了规范注册会计师执行鉴证业务,明确鉴证业务的目标和要素,确定中国注册会计师审计准则、中国注册会计师审阅准则、中国注册会计师其他鉴证业务准则(分别简称审计准则、审阅准则和其他鉴证业务准则)适用的鉴证业务类型,根据《中华人民共和国注册会计师法》,制定本准则。

**第二条** 鉴证业务包括历史财务信息审计业务、历史财务信息审阅业务和其他鉴证业务。

注册会计师执行历史财务信息审计业务、历史财务信息审阅业务和其他鉴证业务时,应当遵守本准则以及依据本准则制定的审计准则、审阅准则和其他鉴证业务准则。

**第三条** 本准则所称注册会计师,是指取得注册会计师证书并在会计师事务所执业的人员,有时也指其所在的会计师事务所。

本准则所称鉴证业务要素,是指鉴证业务的三方关系、鉴证对象、标准、证据和鉴证报告。

**第四条** 注册会计师执行鉴证业务时,应当遵守中国注册会计师职业道德规范(简称职业道德规范)和会计师事务所质量控制准则。

### 第二章 鉴证业务的定义和目标

**第五条** 鉴证业务是指注册会计师对鉴证对象信息提出结论,以增强除责任方之外的预期使用者对鉴证对象信息信任程度的业务。

鉴证对象信息是按照标准对鉴证对象进行评价和计量的结果。如责任方按照会计准则和相关会计制度(标准)对其财务状况、经营成果和现金流量(鉴证对象)进行确认、计量和列报(包括披露,下同)而形成的财务报表(鉴证对象信息)。

**第六条** 鉴证对象信息应当恰当反映既定标准运用于鉴证对象的情况。如果没有按照既定标准恰当反映鉴证对象的情况,鉴证对象信息可能存在错报,而且可能存在重大错报。

**第七条** 鉴证业务分为基于责任方认定的业务和直接报告业务。

在基于责任方认定的业务中,责任方对鉴证对象进行评价或计量,鉴证对象信息以责任方认定的形式为预期使用者获取。如在财务报表审计中,被审计单位管理层(责任方)对财务状况、经营成果和现金流量(鉴证对象)进行确认、计量和列报(评价或计量)而形成的财务报表(鉴证对象信息)即为责任方的认定,该财务报表可为预期报表使用者获取,注册会计师针对财务报表出具审计报告。这种业务属于基于责任方认定的业务。

在直接报告业务中,注册会计师直接对鉴证对象进行评价或计量,或者从责任方获取对鉴证对象评价或计量的认定,而该认定无法为预期使用者获取,预期使用者只能通过阅读鉴证报告获取鉴证对象信息。如在内部控制鉴证业务中,注册会计师可能无法从管理层(责任方)获取其对内部控制有效性的评价报告(责任方认定),或虽然注册会计师能够获取该报告,但预期使用者无法获取该报告,注册会计师直接对内部控制的有效性(鉴证对象)进行评价并出具鉴证报告,预期使用者只能通过阅读该鉴证报告获得内部控制有效性的信息(鉴证对象信息)。这种业务属于直接报告业务。

**第八条** 鉴证业务的保证程度分为合理保证和有限保证。

合理保证的鉴证业务的目标是注册会计师将鉴证业务风险降至该业务环境下可接受的低水平,以此作

为以积极方式提出结论的基础。如在历史财务信息审计中，要求注册会计师将审计风险降至可接受的低水平，对审计后的历史财务信息提供高水平保证（合理保证），在审计报告中对历史财务信息采用积极方式提出结论。这种业务属于合理保证的鉴证业务。

有限保证的鉴证业务的目标是注册会计师将鉴证业务风险降至该业务环境下可接受的水平，以此作为以消极方式提出结论的基础。如在历史财务信息审阅中，要求注册会计师将审阅风险降至该业务环境下可接受的水平（高于历史财务信息审计中可接受的低水平），对审阅后的历史财务信息提供低于高水平的保证（有限保证），在审阅报告中对历史财务信息采用消极方式提出结论。这种业务属于有限保证的鉴证业务。

## 第三章 业务承接

**第九条** 在接受委托前，注册会计师应当初步了解业务环境。

业务环境包括业务约定事项、鉴证对象特征、使用的标准、预期使用者的需求、责任方及其环境的相关特征，以及可能对鉴证业务产生重大影响的事项、交易、条件和惯例等其他事项。

**第十条** 在初步了解业务环境后，只有认为符合独立性和专业胜任能力等相关职业道德规范的要求，并且拟承接的业务具备下列所有特征，注册会计师才能将其作为鉴证业务予以承接：

（一）鉴证对象适当；

（二）使用的标准适当且预期使用者能够获取该标准；

（三）注册会计师能够获取充分、适当的证据以支持其结论；

（四）注册会计师的结论以书面报告形式表述，且表述形式与所提供的保证程度相适应；

（五）该业务具有合理的目的。如果鉴证业务的工作范围受到重大限制，或委托人试图将注册会计师的名字和鉴证对象不适当地联系在一起，则该业务可能不具有合理的目的。

**第十一条** 当拟承接的业务不具备本准则第十条规定的鉴证业务的所有特征，不能将其作为鉴证业务予以承接时，注册会计师可以提请委托人将其作为非鉴证业务（如商定程序、代编财务信息、管理咨询、税务服务等相关服务业务），以满足预期使用者的需要。

**第十二条** 如果某项鉴证业务采用的标准不适当，但满足下列条件之一时，注册会计师可以考虑将其作为一项新的鉴证业务：

（一）委托人能够确认鉴证对象的某个方面适用于所采用的标准，注册会计师可以针对该方面执行鉴证业务，但在鉴证报告中应当说明该报告的内容并非针对鉴证对象整体；

（二）能够选择或设计适用于鉴证对象的其他标准。

**第十三条** 对已承接的鉴证业务，如果没有合理理由，注册会计师不应将该项业务变更为非鉴证业务，或将合理保证的鉴证业务变更为有限保证的鉴证业务。

当业务环境变化影响到预期使用者的需求，或预期使用者对该项业务的性质存在误解时，注册会计师可以应委托人的要求，考虑同意变更该项业务。如果发生变更，注册会计师不应忽视变更前获取的证据。

## 第四章 鉴证业务的三方关系

**第十四条** 鉴证业务涉及的三方关系人包括注册会计师、责任方和预期使用者。

责任方与预期使用者可能是同一方，也可能不是同一方。

**第十五条** 注册会计师可以承接符合本准则第十条规定的各类鉴证业务。

如果鉴证业务涉及的特殊知识和技能超出了注册会计师的能力，注册会计师可以利用专家协助执行鉴证业务。在这种情况下，注册会计师应当确信包括专家在内的项目组整体已具备执行该项鉴证业务所需的知识和技能，并充分参与该项鉴证业务和了解专家所承担的工作。

**第十六条** 责任方是指下列组织或人员：

（一）在直接报告业务中，对鉴证对象负责的组织或人员；

（二）在基于责任方认定的业务中，对鉴证对象信息负责并可能同时对鉴证对象负责的组织或人员。

责任方可能是鉴证业务的委托人，也可能不是委托人。

**第十七条** 注册会计师通常提请责任方提供书面声明，表明责任方已按照既定标准对鉴证对象进行评价或计量，无论该声明是否能为预期使用者获取。

在直接报告业务中,当委托人与责任方不是同一方时,注册会计师可能无法获取此类书面声明。

**第十八条** 预期使用者是指预期使用鉴证报告的组织或人员。责任方可能是预期使用者,但不是唯一的预期使用者。

注册会计师可能无法识别使用鉴证报告的所有组织和人员,尤其在各种可能的预期使用者对鉴证对象存在不同的利益需求时。注册会计师应当根据法律法规的规定或与委托人签订的协议识别预期使用者。

在可行的情况下,鉴证报告的收件人应当明确为所有的预期使用者。

**第十九条** 在可行的情况下,注册会计师应当提请预期使用者或其代表,与注册会计师和责任方(如果委托人与责任方不是同一方,还包括委托人)共同确定鉴证业务约定条款。

无论其他人员是否参与,注册会计师都应当负责确定鉴证业务程序的性质、时间和范围,并对鉴证业务中发现的、可能导致对鉴证对象信息作出重大修改的问题进行跟踪。

**第二十条** 当鉴证业务服务于特定的使用者,或具有特定目的时,注册会计师应当考虑在鉴证报告中注明该报告的特定使用者或特定目的,对报告的用途加以限定。

## 第五章 鉴证对象

**第二十一条** 鉴证对象与鉴证对象信息具有多种形式,主要包括:

(一)当鉴证对象为财务业绩或状况时(如历史或预测的财务状况、经营成果和现金流量),鉴证对象信息是财务报表;

(二)当鉴证对象为非财务业绩或状况时(如企业的运营情况),鉴证对象信息可能是反映效率或效果的关键指标;

(三)当鉴证对象为物理特征时(如设备的生产能力),鉴证对象信息可能是有关鉴证对象物理特征的说明文件;

(四)当鉴证对象为某种系统和过程时(如企业的内部控制或信息技术系统),鉴证对象信息可能是关于其有效性的认定;

(五)当鉴证对象为一种行为时(如遵守法律法规的情况),鉴证对象信息可能是对法律法规遵守情况或执行效果的声明。

**第二十二条** 鉴证对象具有不同特征,可能表现为定性或定量、客观或主观、历史或预测、时点或期间。这些特征将对下列方面产生影响:

(一)按照标准对鉴证对象进行评价或计量的准确性;

(二)证据的说服力。

鉴证报告应当说明与预期使用者特别相关的鉴证对象特征。

**第二十三条** 适当的鉴证对象应当同时具备下列条件:

(一)鉴证对象可以识别;

(二)不同的组织或人员对鉴证对象按照既定标准进行评价或计量的结果合理一致;

(三)注册会计师能够收集与鉴证对象有关的信息,获取充分、适当的证据,以支持其提出适当的鉴证结论。

## 第六章 标 准

**第二十四条** 标准是指用于评价或计量鉴证对象的基准,当涉及列报时,还包括列报的基准。

标准可以是正式的规定,如编制财务报表所使用的会计准则和相关会计制度;也可以是某些非正式的规定,如单位内部制定的行为准则或确定的绩效水平。

**第二十五条** 注册会计师在运用职业判断对鉴证对象作出合理一致的评价或计量时,需要有适当的标准。

适当的标准应当具备下列所有特征:

(一)相关性:相关的标准有助于得出结论,便于预期使用者作出决策;

(二)完整性:完整的标准不应忽略业务环境中可能影响得出结论的相关因素,当涉及列报时,还包括列报的基准;

（三）可靠性：可靠的标准能够使能力相近的注册会计师在相似的业务环境中，对鉴证对象作出合理一致的评价或计量；

（四）中立性：中立的标准有助于得出无偏向的结论；

（五）可理解性：可理解的标准有助于得出清晰、易于理解、不会产生重大歧义的结论。

注册会计师基于自身的预期、判断和个人经验对鉴证对象进行的评价和计量，不构成适当的标准。

**第二十六条** 注册会计师应当考虑运用于具体业务的标准是否具备本准则第二十五条所述的特征，以评价该标准对此项业务的适用性。在具体鉴证业务中，注册会计师评价标准各项特征的相对重要程度，需要运用职业判断。

标准可能是由法律法规规定的，或由政府主管部门或国家认可的专业团体依照公开、适当的程序发布的，也可能是专门制定的。采用标准的类型不同，注册会计师为评价该标准对于具体鉴证业务的适用性所需执行的工作也不同。

**第二十七条** 标准应当能够为预期使用者获取，以使预期使用者了解鉴证对象的评价或计量过程。标准可以通过下列方式供预期使用者获取：

（一）公开发布；

（二）在陈述鉴证对象信息时以明确的方式表述；

（三）在鉴证报告中以明确的方式表述；

（四）常识理解，如计量时间的标准是小时或分钟。

如果确定的标准仅能为特定的预期使用者获取，或仅与特定目的相关，鉴证报告的使用也应限于这些特定的预期使用者或特定目的。

## 第七章 证 据

### 第一节 总体要求

**第二十八条** 注册会计师应当以职业怀疑态度计划和执行鉴证业务，获取有关鉴证对象信息是否不存在重大错报的充分、适当的证据。

注册会计师应当及时对制定的计划、实施的程序、获取的相关证据以及得出的结论作出记录。

**第二十九条** 注册会计师在计划和执行鉴证业务，尤其在确定证据收集程序的性质、时间和范围时，应当考虑重要性、鉴证业务风险以及可获取证据的数量和质量。

### 第二节 职业怀疑态度

**第三十条** 职业怀疑态度是指注册会计师以质疑的思维方式评价所获取证据的有效性，并对相互矛盾的证据，以及引起对文件记录或责任方提供的信息的可靠性产生怀疑的证据保持警觉。

**第三十一条** 鉴证业务通常不涉及鉴定文件记录的真伪，注册会计师也不是鉴定文件记录真伪的专家，但应当考虑用作证据的信息的可靠性，包括考虑与信息生成和维护相关的控制的有效性。

如果在执行业务过程中识别出的情况使其认为文件记录可能是伪造的或文件记录中的某些条款已发生变动，注册会计师应当作出进一步调查，包括直接向第三方询证，或考虑利用专家的工作，以评价文件记录的真伪。

### 第三节 证据的充分性和适当性

**第三十二条** 证据的充分性是对证据数量的衡量，主要与注册会计师确定的样本量有关。证据的适当性是对证据质量的衡量，即证据的相关性和可靠性。

所需证据的数量受鉴证对象信息重大错报风险的影响，即风险越大，可能需要的证据数量越多；所需证据的数量也受证据质量的影响，即证据质量越高，可能需要的证据数量越少。

尽管证据的充分性和适当性相关，但如果证据的质量存在缺陷，注册会计师仅靠获取更多的证据可能无法弥补其质量上的缺陷。

**第三十三条** 证据的可靠性受其来源和性质的影响，并取决于获取证据的具体环境。

注册会计师通常按照下列原则考虑证据的可靠性：

（一）从外部独立来源获取的证据比从其他来源获取的证据更可靠；

（二）内部控制有效时内部生成的证据比内部控制薄弱时内部生成的证据更可靠；

（三）直接获取的证据比间接获取或推论得出的证据更可靠；

（四）以文件记录形式（无论是纸质、电子或其他介质）存在的证据比口头形式的证据更可靠；

（五）从原件获取的证据比从传真或复印件获取的证据更可靠。

在运用本条第二款第（一）项至第（五）项所述原则评价证据的可靠性时，注册会计师应当注意可能出现的重大例外情况。

**第三十四条**　如果针对某项认定从不同来源获取的证据或获取的不同性质的证据能够相互印证，与该项认定相关的证据通常具有更强的说服力。

如果从不同来源获取的证据或获取的不同性质的证据不一致，可能表明某项证据不可靠，注册会计师应当追加必要的程序予以解决。

**第三十五条**　针对一个期间的鉴证对象信息获取充分、适当的证据，通常要比针对一个时点的鉴证对象信息获取充分、适当的证据更困难。

针对过程提出的结论通常限于鉴证业务涵盖的期间，注册会计师不应对该过程是否在未来以特定方式继续发挥作用提出结论。

**第三十六条**　注册会计师可以考虑获取证据的成本与所获取信息有用性之间的关系，但不应仅以获取证据的困难和成本为由减少不可替代的程序。

在评价证据的充分性和适当性以支持鉴证报告时，注册会计师应当运用职业判断，并保持职业怀疑态度。

## 第四节　重 要 性

**第三十七条**　在确定证据收集程序的性质、时间和范围，评估鉴证对象信息是否不存在错报时，注册会计师应当考虑重要性。在考虑重要性时，注册会计师应当了解并评估哪些因素可能会影响预期使用者的决策。

注册会计师应当综合数量和性质因素考虑重要性。在具体业务中评估重要性以及数量和性质因素的相对重要程度，需要注册会计师运用职业判断。

## 第五节　鉴证业务风险

**第三十八条**　鉴证业务风险是指在鉴证对象信息存在重大错报的情况下，注册会计师提出不恰当结论的可能性。

在直接报告业务中，鉴证对象信息仅体现在注册会计师的结论中，鉴证业务风险包括注册会计师不恰当地提出鉴证对象在所有重大方面遵守标准的结论的可能性。

**第三十九条**　在合理保证的鉴证业务中，注册会计师应当将鉴证业务风险降至具体业务环境下可接受的低水平，以获取合理保证，作为以积极方式提出结论的基础。

在有限保证的鉴证业务中，由于证据收集程序的性质、时间和范围与合理保证的鉴证业务不同，其风险水平高于合理保证的鉴证业务；但注册会计师实施的证据收集程序至少应当足以获取有意义的保证水平，作为以消极方式提出结论的基础。

当注册会计师获取的保证水平很有可能在一定程度上增强预期使用者对鉴证对象信息的信任时，这种保证水平是有意义的保证水平。

**第四十条**　鉴证业务风险通常体现为重大错报风险和检查风险。

重大错报风险是指鉴证对象信息在鉴证前存在重大错报的可能性。

检查风险是指某一鉴证对象信息存在错报，该错报单独或连同其他错报是重大的，但注册会计师未能发现这种错报的可能性。

注册会计师对重大错报风险和检查风险的考虑受具体业务环境的影响，特别受鉴证对象性质，以及所执行的是合理保证鉴证业务还是有限保证鉴证业务的影响。

## 第六节　证据收集程序的性质、时间和范围

**第四十一条**　证据收集程序的性质、时间和范围因业务的不同而不同。注册会计师应当清楚表达证据收集程序，并以适当的形式运用于合理保证的鉴证业务和有限保证的鉴证业务。

**第四十二条**　在合理保证的鉴证业务中，为了能够以积极方式提出结论，注册会计师应当通过下列不断修正的、系统化的执业过程，获取充分、适当的证据：

（一）了解鉴证对象及其他的业务环境事项，在适用的情况下包括了解内部控制；

（二）在了解鉴证对象及其他的业务环境事项的基础上，评估鉴证对象信息可能存在的重大错报风险；

（三）应对评估的风险，包括制定总体应对措施以及确定进一步程序的性质、时间和范围；

（四）针对已识别的风险实施进一步程序，包括实施实质性程序，以及在必要时测试控制运行的有效性；

（五）评价证据的充分性和适当性。

**第四十三条**　合理保证提供的保证水平低于绝对保证。由于下列因素的存在，将鉴证业务风险降至零几乎不可能，也不符合成本效益原则：

（一）选择性测试方法的运用；

（二）内部控制的固有局限性；

（三）大多数证据是说服性而非结论性的；

（四）在获取和评价证据以及由此得出结论时涉及大量判断；

（五）在某些情况下鉴证对象具有特殊性。

**第四十四条**　合理保证的鉴证业务和有限保证的鉴证业务都需要运用鉴证技术和方法，收集充分、适当的证据。与合理保证的鉴证业务相比，有限保证的鉴证业务在证据收集程序的性质、时间、范围等方面是有意识地加以限制的。

无论是合理保证还是有限保证的鉴证业务，如果注意到某事项可能导致对鉴证对象信息是否需要作出重大修改产生疑问，注册会计师应当执行其他足够的程序，追踪这一事项，以支持鉴证结论。

## 第七节　可获取证据的数量和质量

**第四十五条**　可获取证据的数量和质量受下列因素的影响：

（一）鉴证对象和鉴证对象信息的特征；

（二）业务环境中除鉴证对象特征以外的其他事项。

**第四十六条**　对任何类型的鉴证业务，如果下列情形对注册会计师的工作范围构成重大限制，阻碍注册会计师获取所需要的证据，注册会计师提出无保留结论是不恰当的：

（一）客观环境阻碍注册会计师获取所需要的证据，无法将鉴证业务风险降至适当水平；

（二）责任方或委托人施加限制，阻碍注册会计师获取所需要的证据，无法将鉴证业务风险降至适当水平。

## 第八节　记　　录

**第四十七条**　注册会计师应当记录重大事项，以提供证据支持鉴证报告，并证明其已按照鉴证业务准则的规定执行业务。

**第四十八条**　对需要运用职业判断的所有重大事项，注册会计师应当记录推理过程和相关结论。

如果对某些事项难以进行判断，注册会计师还应当记录得出结论时已知悉的有关事实。

**第四十九条**　注册会计师应当将鉴证过程中考虑的所有重大事项记录于工作底稿。

在运用职业判断确定工作底稿的编制和保存范围时，注册会计师应当考虑，使未曾接触该项鉴证业务的有经验的专业人士了解实施的鉴证程序，以及作出重大决策的依据。

## 第八章　鉴证报告

**第五十条**　注册会计师应当出具含有鉴证结论的书面报告，该鉴证结论应当说明注册会计师就鉴证对象信息获取的保证。

注册会计师应当考虑其他报告责任，包括在适当时与治理层沟通。

**第五十一条** 在基于责任方认定的业务中，注册会计师的鉴证结论可以采用下列两种表述形式：

（一）明确提及责任方认定，如“我们认为，责任方作出的‘根据×标准，内部控制在所有重大方面是有效的’这一认定是公允的”。

（二）直接提及鉴证对象和标准，如“我们认为，根据×标准，内部控制在所有重大方面是有效的”。

在直接报告业务中，注册会计师应当明确提及鉴证对象和标准。

**第五十二条** 在合理保证的鉴证业务中，注册会计师应当以积极方式提出结论，如“我们认为，根据×标准，内部控制在所有重大方面是有效的”或“我们认为，责任方作出的‘根据×标准，内部控制在所有重大方面是有效的’这一认定是公允的”。

在有限保证的鉴证业务中，注册会计师应当以消极方式提出结论，如“基于本报告所述的工作，我们没有注意到任何事项使我们相信，根据×标准，×系统在任何重大方面是无效的”或“基于本报告所述的工作，我们没有注意到任何事项使我们相信，责任方作出的‘根据×标准，×系统在所有重大方面是有效的’这一认定是不公允的”。

**第五十三条** 当存在本准则第五十四条至第五十六条所述情况时，注册会计师应当对其影响程度作出判断。如果这些情况影响重大，注册会计师不能出具无保留结论的报告。

**第五十四条** 对任何类型的鉴证业务，如果注册会计师的工作范围受到限制，注册会计师应当视受到限制的重大与广泛程度，出具保留结论或无法提出结论的报告。

在某些情况下，注册会计师应当考虑解除业务约定。

**第五十五条** 如果存在下列情形，注册会计师应当视其影响的重大与广泛程度，出具保留结论或否定结论的报告：

（一）注册会计师的结论提及责任方的认定，且该认定未在所有重大方面作出公允表达；

（二）注册会计师的结论直接提及鉴证对象和标准，且鉴证对象信息存在重大错报。

**第五十六条** 在承接业务后，如果发现标准或鉴证对象不适当，可能误导预期使用者，注册会计师应当视其重大与广泛程度，出具保留结论或否定结论的报告。

如果发现标准或鉴证对象不适当，造成工作范围受到限制，注册会计师应当视受到限制的重大与广泛程度，出具保留结论或无法提出结论的报告。

在某些情况下，注册会计师应当考虑解除业务约定。

**第五十七条** 当注册会计师针对鉴证对象信息出具报告，或同意将其姓名与鉴证对象联系在一起时，则注册会计师与该鉴证对象发生了关联。

如果获知他人不恰当地将其姓名与鉴证对象相关联，注册会计师应当要求其停止这种行为，并考虑采取其他必要的措施，包括将不恰当使用注册会计师姓名这一情况告知所有已知的使用者或征询法律意见。

## 第九章 附 则

**第五十八条** 注册会计师执行司法诉讼中涉及会计、审计、税务或其他事项的鉴定业务，除有特定要求者外，应当参照本准则办理。

**第五十九条** 某些业务可能符合本准则第五条鉴证业务的定义，使用者可能从业务报告的意见、观点或措辞中推测出某种程度的保证，但如果满足下列所有条件，注册会计师执行这些业务不必遵守本准则：

（一）注册会计师的意见、观点或措辞对整个业务而言仅是附带性的；

（二）注册会计师出具的书面报告被明确限定为仅供报告中所提及的使用者使用；

（三）与特定预期使用者达成的书面协议中，该业务未被确认为鉴证业务；

（四）在注册会计师出具的报告中，该业务未被称为鉴证业务。

**第六十条** 本准则自 2007 年 1 月 1 日起施行。

# 2. 中国注册会计师审计准则第1101号——注册会计师的总体目标和审计工作的基本要求

## 第一章 总 则

**第一条** 为了规范注册会计师按照中国注册会计师审计准则执行财务报表审计工作，确立注册会计师的总体目标，明确注册会计师为实现总体目标而需要执行审计工作的性质和范围，以及在执行财务报表审计业务时承担的责任，制定本准则。

**第二条** 审计准则适用于注册会计师执行财务报表审计业务。

当执行其他历史财务信息审计业务时，注册会计师可以根据具体情况遵守适用的相关审计准则，以满足此类业务的要求。

## 第二章 定 义

**第三条** 注册会计师，是指取得注册会计师证书并在会计师事务所执业的人员，通常是指项目合伙人或项目组其他成员，有时也指其所在的会计师事务所。

当审计准则明确指出应由项目合伙人遵守的规定或承担的责任时，使用“项目合伙人”而非“注册会计师”的称谓。

**第四条** 本准则所称财务报表，是指依据某一财务报告编制基础对被审计单位历史财务信息作出的结构性表述，包括相关附注，旨在反映某一时点的经济资源或义务或者某一时期经济资源或义务的变化。相关附注通常包括重要会计政策概要和其他解释性信息。财务报表通常是指整套财务报表，有时也指单一财务报表。整套财务报表的构成应当根据适用的财务报告编制基础的规定确定。

**第五条** 历史财务信息，是指以财务术语表述的某一特定实体的信息，这些信息主要来自特定实体的会计系统，反映了过去一段时间内发生的经济事项，或者过去某一时点的经济状况或情况。

**第六条** 适用的财务报告编制基础，是指法律法规要求采用的财务报告编制基础；或者管理层和治理层（如适用）在编制财务报表时，就被审计单位性质和财务报表目标而言，采用的可接受的财务报告编著基础。

财务报告编制基础分为通用目的编制基础和特殊目的编制基础。

通用目的编制基础，是指旨在满足广大财务报表使用者共同的财务信息需求的财务报告编制基础，主要是指会计准则和会计制度。

特殊目的编制基础，是指旨在满足财务报表特定使用者对财务信息需求的财务报告编制基础，包括计税核算基础、监管机构的报告要求和合同的约定等。

**第七条** 管理层，是指对被审计单位经营活动的执行负有经营管理责任的人员。在某些被审计单位，管理层包括部分或全部的治理层成员，如治理层中负有经营管理责任的人员，或参与日常经营管理的业主（以下简称业主兼经理）。

**第八条** 治理层，是指对被审计单位战略方向以及管理层履行经营管理责任负有监督责任的人员或组织。治理层的责任包括监督财务报告过程。在某些被审计单位，治理层可能包括管理层，如治理层中负有经营管理责任的人员，或业主兼经理。

**第九条** 与管理层和治理层责任相关的执行审计工作的前提（以下简称执行审计工作的前提），是指管理层和治理层（如适用）认可并理解其应当承担下列责任，这些责任构成注册会计师按照审计准则的规定执行审计工作的基础：

（一）按照适用的财务报告编制基础编制财务报表，并使其实现公允反映（如适用）；

（二）设计、执行和维护必要的内部控制，以使财务报表不存在由于舞弊或错误导致的重大错报；

（三）向注册会计师提供必要的工作条件，包括允许注册会计师接触与编制财务报表相关的所有信息

（如记录、文件和其他事项），向注册会计师提供审计所需的其他信息，允许注册会计师在获取审计证据时不受限制地接触其认为必要的内部人员和其他相关人员。

**第十条** 错报，是指某一财务报表项目的金额、分类、列报或披露，与按照适用的财务报告编制基础应当列示的金额、分类、列报或披露之间存在的差异。错报可能是由于错误或舞弊导致的。

当注册会计师对财务报表是否在所有重大方面按照适用的财务报告编制基础编制并实现公允反映发表审计意见时，错报还包括根据注册会计师的判断，为使财务报表在所有重大方面实现公允反映，需要对金额、分类、列报或披露作出的必要调整。

**第十一条** 审计证据，是指注册会计师为了得出审计结论和形成审计意见而使用的信息。审计证据包括构成财务报表基础的会计记录所含有的信息和其他信息。

审计证据的充分性，是对审计证据数量的衡量。注册会计师需要获取的审计证据的数量受其对重大错报风险评估的影响，并受审计证据质量的影响。

审计证据的适当性，是对审计证据质量的衡量，即审计证据在支持审计意见所依据的结论方面具有的相关性和可靠性。

**第十二条** 合理保证，是指注册会计师在财务报表审计中提供的一种高水平但非绝对的保证。

**第十三条** 审计风险，是指当财务报表存在重大错报时，注册会计师发表不恰当审计意见的可能性。审计风险取决于重大错报风险和检查风险。

**第十四条** 重大错报风险，是指财务报表在审计前存在重大错报的可能性。重大错报风险分为财务报表层次的重大错报风险和认定层次的重大错报风险。认定层次的重大错报风险由固定风险和控制风险两个部分组成。

固有风险，是指在考虑相关的内部控制之前，某类交易、账户余额或披露的某一认定易于发生错报（该错报单独或连同其他错报可能是重大的）的可能性。

控制风险，是指某类交易、账户余额或披露的某一认定发生错报，该错报单独或连同其他错报可能是重大的，但没有被内部控制及时防止或发现并纠正的可能性。

**第十五条** 检查风险，是指如果存在某一错报，该错报单独或连同其他错报可能是重大的，注册会计师为将审计风险降至可接受的低水平而实施程序后没有发现这种错报的风险。

**第十六条** 职业判断，是指在审计准则、财务报告编制基础和职业道德要求的框架下，注册会计师综合运用相关知识、技能和经验，作出适合审计业务具体情况、有根据的行动决策。

**第十七条** 职业怀疑，是指注册会计师执行审计业务的一种态度，包括采取质疑的思维方式，对可能表明由于错误或舞弊导致错报的迹象保持警觉，以及对审计证据进行审慎评价。

## 第三章 财务报表审计

**第十八条** 审计的目的是提高财务报表预期使用者对财务报表的信赖程度。这一目的可以通过注册会计师对财务报表是否在所有重大方面按照适用的财务报告编制基础编制发表审计意见得以实现。就大多数通用目的财务报告框架而言，注册会计师针对财务报表是否在所有重大方面按照财务报告编制基础编制并实现公允反映发表审计意见。注册会计师按照审计准则和相关职业道德要求执行审计工作，能够形成这样的意见。

**第十九条** 财务报表是由被审计单位管理层在治理层的监督下编制的。审计准则不对管理层或治理层设定责任，也不超越法律法规对管理层或治理层责任作出的规定。

管理层和治理层（如适用）认可与财务报表相关的责任，是注册会计师执行审计工作的前提，构成注册会计师按照审计准则的规定执行审计工作的基础。

财务报表审计并不减轻管理层或治理层的责任。

**第二十条** 注册会计师应当按照审计准则的规定，对财务报表整体是否不存在由于舞弊或错误导致的重大错报获取合理保证，以作为发表审计意见的基础。

合理保证是一种高水平保证。当注册会计师获取充分、适当的审计证据将审计风险降至可接受的低水平时，就获取了合理保证。

由于审计存在固有限制，注册会计师据以得出结论和形成审计意见的大多数审计证据是说服性而非结

论性的，因此，审计只能提供合理保证，不能提供绝对保证。

**第二十一条** 在计划和执行审计工作，以及评价已识别出的错报对审计的影响和未更正的错报（如有）对财务报表的影响时，注册会计师应当运用重要性概念。

如果合理预期某一错报（包括漏报）单独或连同其他错报可能影响财务报表使用者依据财务报表作出的经济决策，则该项错报通常被认为是重大的。

重要性取决于在具体环境下对错报金额或性质的判断，或同时受到两者的影响，并受到注册会计师对于财务报表使用者对财务信息需求的了解的影响。

注册会计师针对财务报表整体发表审计意见，因此没有责任发现对财务报表整体影响并不重大的错报。

**第二十二条** 审计准则旨在规范和指导注册会计师对财务报表整体是否不存在重大错报获取合理保证，要求注册会计师在整个审计过程中运用职业判断和保持职业怀疑。

需要运用职业判断并保持职业怀疑的重要审计环节主要包括：

（一）通过了解被审计单位及其环境，识别和评估由于舞弊或错误导致的重大错报风险；

（二）通过对评估的风险设计和实施恰当的应对措施，针对是否存在重大错报获取充分、适当的审计证据；

（三）依据从获取的审计证据中得出的结论，对财务报表形成审计意见。

**第二十三条** 注册会计师发表审计意见的形式取决于适用的财务报告编制基础以及相关法律法规的规定。

**第二十四条** 按照审计准则和相关法律法规的规定，注册会计师还可能就审计中出现的事项，负有与管理层、治理层和其他财务报表使用者进行沟通和向其报告的责任。

## 第四章 总体目标

**第二十五条** 在执行财务报表审计工作时，注册会计师的总体目标是：

（一）对财务报表整体是否不存在由于舞弊或错误导致的重大错报获取合理保证，使得注册会计师能够对财务报表是否在所有重大方面按照适用的财务报告编制基础编制发表审计意见；

（二）按照审计准则的规定，根据审计结果对财务报表出具审计报告，并与管理层和治理层沟通。

**第二十六条** 在任何情况下，如果不能获取合理保证，并且在审计报告中发表保留意见也不足以实现向财务报表预期使用者报告的目的，注册会计师应当按照审计准则的规定出具无法表示意见的审计报告，或者在法律法规允许的情况下终止审计业务或解除业务约定。

## 第五章 要　　求

### 第一节 与财务报表审计相关的职业道德要求

**第二十七条** 注册会计师应当遵守与财务报表审计相关的职业道德要求，包括遵守有关独立性的要求。

### 第二节 职业怀疑

**第二十八条** 在计划和实施审计工作时，注册会计师应当保持职业怀疑，认识到可能存在导致财务报表发生重大错报的情形。

### 第三节 职业判断

**第二十九条** 在计划和实施审计工作时，注册会计师应当运用职业判断。

### 第四节 审计证据和审计风险

**第三十条** 为了获取合理保证，注册会计师应当获取充分、适当的审计证据，以将审计风险降至可接受的低水平，使其能够得出合理的结论，作为形成审计意见的基础。

### 第五节 按照审计准则的规定执行审计工作

**第三十一条** 注册会计师应当遵守与审计工作相关的所有审计准则。如果某项审计准则有效且所适用的情形存在,则该项审计准则与审计工作相关。

**第三十二条** 注册会计师应当掌握每项审计准则及应用指南的全部内容,以理解每项审计准则的目标并恰当地遵守其要求。

**第三十三条** 除非注册会计师已经遵守本准则以及与审计工作相关的其他所有审计准则,否则,注册会计师不得在审计报告中声称遵守了审计准则。

**第三十四条** 为了实现注册会计师的总体目标,在计划和实施审计工作时,注册会计师应当运用相关审计准则规定的目标。在运用规定的目标时,注册会计师应当认真考虑各项审计准则之间的相互关系,以采取下列措施:

(一)为了实现审计准则规定的目标,确定是否有必要实施除审计准则规定以外的其他审计程序;

(二)评价是否已获取充分、适当的审计证据。

**第三十五条** 除非存在下列情况之一,注册会计师应当遵守审计准则的所有要求:

(一)某项审计准则的全部内容与具体审计工作不相关;

(二)由于审计准则的某项要求存在适用条件,而该条件并不存在,导致该项要求不适用。

**第三十六条** 在极其特殊的情况下,注册会计师可能认为有必要偏离某项审计准则的相关要求。在这种情况下,注册会计师应当实施替代审计程序以实现相关要求的目的。只有当相关要求的内容是实施某项特定审计程序,而该程序无法在具体审计环境下有效地实现要求的目的时,注册会计师才能偏离该项要求。

**第三十七条** 如果不能实现相关审计准则规定的目标,注册会计师应当评价这是否使其不能实现总体目标。如果不能实现总体目标,注册会计师应当按照审计准则的规定出具非无保留意见的审计报告,或者在法律法规允许的情况下解除业务约定。

不能实现相关审计准则规定的目标构成重大事项,注册会计师应当按照《中国注册会计师审计准则第1131号——审计工作底稿》的规定予以记录。

## 第六章 附 则

**第三十八条** 本准则自2012年1月1日起施行。

# 3. 中国注册会计师审计准则第1111号——就审计业务约定条款达成一致意见

## 第一章 总 则

**第一条** 为了规范注册会计师确定审计的前提条件是否存在,以及与管理层就审计业务约定条款达成一致意见,制定本准则。

**第二条** 本准则规范被审计单位控制范围内的,注册会计师与管理层有必要达成一致意见的事项。《中国注册会计师审计准则第1121号——对财务报表审计实施的质量控制》规范注册会计师控制范围内的业务承接的有关事项。

## 第二章 定 义

**第三条** 审计的前提条件,是指管理层在编制财务报表时采用可接受的财务报告编制基础,以及管理层对注册会计师执行审计工作的前提的认同。

**第四条** 在本准则中单独提及的管理层,应当理解为管理层和治理层(如适用)。

## 第三章　目　　标

**第五条**　注册会计师的目标是，只有通过实施下列工作就执行审计工作的基础达成一致意见，才承接或保持审计业务：

（一）确定审计的前提条件存在；

（二）确认注册会计师和管理层已就审计业务约定条款达成一致意见。

## 第四章　要　　求

### 第一节　审计的前提条件

**第六条**　为了确定审计的前提条件是否存在，注册会计师应当：

（一）确定管理层在编制财务报表时采用的财务报告编制基础是否是可接受的；

（二）就管理层认可并理解其责任与管理层达成一致意见。

管理层的责任包括：

（一）按照适用的财务报告编制基础编制财务报表，并使其实现公允反映（如适用）；

（二）设计、执行和维护必要的内部控制，以使财务报表不存在由于舞弊或错误导致的重大错报；

（三）向注册会计师提供必要的工作条件，包括允许注册会计师接触与编制财务报表相关的所有信息（如记录、文件和其他事项），向注册会计师提供审计所需要的其他信息，允许注册会计师在获取审计证据时不受限制地接触其认为必要的内部人员和其他相关人员。

**第七条**　如果管理层或治理层在拟议的审计业务约定条款中对审计工作的范围施加限制，以致注册会计师认为这种限制将导致其对财务报表发表无法表示意见，注册会计师不应将该项业务作为审计业务予以承接，除非法律法规另有规定。

**第八条**　如果审计的前提条件不存在，注册会计师应当就此与管理层沟通。在下列情况下，除非法律法规另有规定，注册会计师不应承接拟议的审计业务：

（一）除本准则第十九条规定的情形外，注册会计师确定被审计单位在编制财务报表时采用的财务报告编制基础不可接受；

（二）注册会计师未能与管理层达成本准则第六条第一款第（二）项提及的一致意见。

### 第二节　就审计业务约定条款达成一致意见

**第九条**　注册会计师应当就审计业务约定条款与管理层或治理层（如适用）达成一致意见。

**第十条**　注册会计师应当将达成一致意见的审计业务约定条款记录于审计业务约定书或其他适当形式的书面协议中。审计业务约定条款应当包括下列主要内容：

（一）财务报表审计的目标与范围；

（二）注册会计师的责任；

（三）管理层的责任；

（四）指出用于编制财务报表所适用的财务报告编制基础；

（五）提及注册会计师拟出具的审计报告的预期形式和内容，以及对在特定情况下对出具的审计报告可能不同于预期形式和内容的说明。

**第十一条**　如果法律法规足够详细地规定了审计业务约定条款，注册会计师除了记录适用的法律法规以及管理层认可并理解其责任的事实外，不必将本准则第十条规定的事项记录于书面协议。

**第十二条**　如果法律法规规定的管理层的责任与本准则第六条第二款的规定相似，注册会计师根据判断可能确定法律法规规定的责任与本准则第六条第二款的规定在效果上是等同的。如果等同，注册会计师可以使用法律法规的措辞，在书面协议中描述管理层的责任；如果不等同，注册会计师应当使用本准则第六条第二款的措辞，在书面协议中描述这些责任。

## 第三节　连续审计

**第十三条**　对于连续审计，注册会计师应当根据具体情况评估是否要求对审计业务约定条款作出修改，以及是否需要提醒被审计单位注意现有的条款。

## 第四节　审计业务约定条款的变更

**第十四条**　在缺乏合理理由的情况下，注册会计师不应同意变更审计业务约定条款。

**第十五条**　在完成审计业务前，如果被审计单位或委托人要求将审计业务变更为保证程度较低的业务，注册会计师应当确定是否存在合理理由予以变更。

**第十六条**　如果审计业务约定条款发生变更，注册会计师应当与管理层就新的业务约定条款达成一致意见，并记录于业务约定书或其他适当形式的书面协议中。

**第十七条**　如果注册会计师不同意变更审计业务约定条款，而管理层又不允许继续执行原审计业务，注册会计师应当：

（一）在适用的法律法规允许的情况下，解除审计业务约定；

（二）确定是否有约定义务或其他义务向治理层、所有者或监管机构等报告该事项。

## 第五节　业务承接时的其他考虑

**第十八条**　如果相关部门对涉及财务会计的事项作出补充规定，注册会计师在承接审计业务时应当确定该补充规定是否与企业会计准则存在冲突。

如果存在冲突，注册会计师应当与管理层沟通补充规定的性质，并就下列事项之一达成一致意见：

（一）在财务报表中作出额外披露能否满足补充规定的要求；

（二）对财务报表中关于适用的财务报告编制基础的描述是否可以作出相应修改。

如果无法采取上述任何措施，按照《中国注册会计师审计准则第 1502 号——在审计报告中发表非无保留意见》的规定，注册会计师应当确定是否有必要发表非无保留意见。

**第十九条**　如果相关部门要求采用的财务报告编制基础不可接受，只有同时满足下列所有条件，注册会计师才能承接该项审计业务：

（一）管理层同意在财务报表中作出额外披露，以避免财务报表产生误导；

（二）在审计业务约定条款中明确，注册会计师按照《中国注册会计师审计准则第 1503 号——在审计报告中增加强调事项段和其他事项段》的规定，在审计报告中增加强调事项段，以提醒使用者关注额外披露；注册会计师在对财务报表发表的审计意见中不使用“财务报表在所有重大方面按照[适用的财务报告编制基础]编制，公允反映了……”等措辞，除非法律法规另有规定。

**第二十条**　如果不具备本准则第十九条规定的条件，但相关部门要求注册会计师承接审计业务，注册会计师应当：

（一）评价财务报表误导的性质对审计报告的影响；

（二）在审计业务约定条款中适当提及该事项。

**第二十一条**　如果相关部门规定的审计报告的结构或措辞与审计准则要求的明显不一致，注册会计师应当评价：

（一）使用者是否可能误解从财务报表审计中获取的保证；

（二）如果可能存在误解，审计报告中作出的补充解释是否能够减轻这种误解。

如果认为审计报告中作出的补充解释不能减轻可能的误解，除非法律法规另有规定，注册会计师不应承接该项审计业务。

按照相关部门的这类规定执行的审计工作，并不符合审计准则的要求。因此，注册会计师不应在审计报告中提及已按照审计准则的规定执行了审计工作。

# 第五章　附　　则

**第二十二条**　本准则自 2012 年 1 月 1 日起施行。

# 4. 中国注册会计师审计准则第 1121 号——对财务报表审计实施的质量控制

## 第一章　总　　则

**第一条**　为了规范注册会计师对财务报表审计实施质量控制程序的责任，以及项目质量控制复核人员的责任，制定本准则。

**第二条**　注册会计师在使用本准则时，需要结合相关职业道德要求。

**第三条**　建立和保持质量控制制度（包括政策和程序），是会计师事务所的责任。按照《质量控制准则第 5101 号——会计师事务所对执行财务报表审计和审阅、其他鉴证和相关服务业务实施的质量控制》的规定，会计师事务所有义务建立和保持质量控制制度，以合理保证：

（一）会计师事务所及其人员遵守职业准则和适用的法律法规的规定；

（二）会计师事务所和项目合伙人出具适合具体情况的审计报告。

本准则基于这样的前提，即会计师事务所遵守《质量控制准则第 5101 号——会计师事务所对执行财务报表审计和审阅、其他鉴证和相关服务业务实施的质量控制》的规定。

**第四条**　在会计师事务所质量控制制度框架下，项目组有责任实施适用于审计业务的质量控制程序，并向会计师事务所提供相关信息，以使质量控制制度中有关独立性的内容发挥作用。

**第五条**　在实施适用于审计业务质量控制程序时，项目组可以依赖会计师事务所质量控制制度，除非会计师事务所或者其他机构或人员提供的信息表明其不可信赖。

## 第二章　定　　义

**第六条**　项目质量控制复核，是指在审计报告日或审计报告日之前，项目质量控制复核人员对项目组作出的重大判断和在编制审计报告时得出的结论进行客观评价的过程。

项目质量控制复核适用于上市实体财务报表审计，以及会计师事务所确定需要实施项目质量控制复核的其他审计业务。

**第七条**　上市实体，是指其股份、股票或债券在法律法规认可的证券交易所报价或挂牌，或在法律法规认可的证券交易所或其他类似机构的监管下进行交易的实体。

**第八条**　项目质量控制复核人员，是指项目组成员以外的，具有足够、适当的经验和权限，对项目组作出的重大判断和在准备审计报告时得出的结论进行客观评价的合伙人、会计师事务所其他人员、具有适当资格的外部人员或由这类人员组成的小组。

**第九条**　人员，是指会计师事务所的合伙人和员工。

**第十条**　合伙人，是指在执行专业服务业务方面有权代表会计师事务所的个人。

**第十一条**　员工，是指合伙人以外的专业人员，包括会计师事务所的内部专家。

**第十二条**　具有适当资格的外部人员，是指会计师事务所以外的具有担任项目合伙人的胜任能力和必要素质的个人，如其他会计师事务所的合伙人，注册会计师协会或提供相关质量控制服务的组织中具有适当经验的人员。

**第十三条**　项目合伙人，是指会计师事务所中负责某项审计业务及其执行，并代表会计师事务所在出具的审计报告上签字的合伙人。如果项目合伙人以外的其他注册会计师在审计报告上签字，本准则对项目合伙人作出的规定也适用于该签字注册会计师。

**第十四条**　项目组，是指执行某项审计业务的所有合伙人和员工，以及会计师事务所或网络事务所聘请的为该项业务实施审计程序的所有人员，但不包括会计师事务所或网络事务所聘请的外部专家。

**第十五条**　网络事务所，是指属于某一网络的会计师事务所或实体。

**第十六条**　网络，是指由多个实体组成，旨在通过合作实现下列一个或多个目的的联合体：

（一）共享收益或分担成本；
（二）共享所有权、控制权或管理权；
（三）共享统一的质量控制政策和程序；
（四）共享同一经营战略；
（五）使用同一品牌；
（六）共享重要的专业资源。

**第十七条**　职业准则，是指中国注册会计师鉴证业务基本准则、中国注册会计师审计准则、中国注册会计师审阅准则、中国注册会计师其他鉴证业务准则、中国注册会计师相关服务准则、质量控制准则和相关职业道德要求。

**第十八条**　相关职业道德要求，是指项目组和项目质量控制复核人员应当遵守的职业道德规范，通常包括中国注册会计师职业道德守则中与财务报表审计相关的规定。

**第十九条**　监控，是指对会计师事务所质量控制制度进行持续考虑和评价的过程，包括定期选取已完成的业务进行检查，以使会计师事务所能够合理保证其质量控制制度正在有效运行。

**第二十条**　检查，是指实施程序以获取证据，确定项目组在已完成的业务中是否遵守会计师事务所质量控制政策和程序。

## 第三章　目　　标

**第二十一条**　注册会计师的目标是，在业务层面实施质量控制程序，以合理保证注册会计师：
（一）在审计工作中遵守职业准则和适用的法律法规的规定；
（二）出具适合具体情况的审计报告。

## 第四章　要　　求

### 第一节　对审计质量承担的领导责任

**第二十二条**　项目合伙人应当对会计师事务所分派的每项审计业务的总体质量负责。

### 第二节　相关职业道德要求

**第二十三条**　在整个审计过程中，项目合伙人应当通过观察和必要的询问，对项目组成员违反相关职业道德要求的迹象保持警觉。

**第二十四条**　如果通过会计师事务所质量控制制度或其他途径注意到项目组成员违反相关职业道德要求，项目合伙人应当在与会计师事务所相关人员讨论后，确定采取的适当措施。

**第二十五条**　项目合伙人应当就适用于审计业务的独立性要求的遵守情况形成结论。

在形成结论时，项目合伙人应当：
（一）从会计师事务所或网络事务所获取相关信息，识别、评价对独立性产生不利影响的情形；
（二）评价识别出的有关违反会计师事务所独立性政策和程序的信息，以确定其是否对审计业务的独立性产生不利影响；
（三）采取适当的行动，运用防范措施以消除对独立性的不利影响或将其降至可接受的水平，或在必要时解除审计业务约定（除非法律法规禁止）；对未能解决的事项，项目合伙人应当立即向会计师事务所报告，以便采取适当的行动。

### 第三节　客户关系和审计业务的接受与保持

**第二十六条**　项目合伙人应当确信，有关客户关系和审计业务的接受与保持的质量控制程序已得到遵守，并确定得出的有关结论是恰当的。

**第二十七条**　如果项目合伙人在接受审计业务后获知了某项信息，而该信息若在接受业务前获知，可能导致会计师事务所拒绝该项业务，项目合伙人应当立即将该信息告知会计师事务所，以使会计师事务所和项目合伙人能够采取必要的行动。

## 第四节　项目组的工作委派

**第二十八条**　项目合伙人应当确信，项目组和项目组以外的专家整体上具有适当的胜任能力和必要素质，以便能够：

（一）按照职业准则和适用的法律法规的规定执行审计业务；

（二）出具适合具体情况的审计报告。

## 第五节　业务执行

**第二十九条**　项目合伙人应当对下列事项负责：

（一）按照职业准则和适用的法律法规的规定指导、监督与执行审计业务；

（二）出具适合具体情况的审计报告。

**第三十条**　项目合伙人应当对项目组按照会计师事务所复核政策和程序实施的复核负责。

**第三十一条**　在审计报告日或审计报告日之前，项目合伙人应当通过复核审计工作底稿和与项目组讨论，确信已获取充分、适当的审计证据，支持得出的结论和拟出具的审计报告。

**第三十二条**　在涉及咨询时，项目合伙人应当：

（一）对项目组就疑难问题或争议事项进行适当咨询承担责任；

（二）确信项目组成员在审计过程中已就相关事项进行了适当咨询，咨询可能在项目组内部进行，或者在项目组与会计师事务所内部或外部的其他适当人员之间进行；

（三）确信这些咨询的性质、范围以及形成的结论已由被咨询者认可；

（四）确定这些咨询形成的结论已得到执行。

**第三十三条**　对于上市实体财务报表审计以及会计师事务所确定需要实施项目质量控制复核的其他审计业务，项目合伙人应当：

（一）确定会计师事务所已委派项目质量控制复核人员；

（二）与项目质量控制复核人员讨论在审计过程中遇到的重大事项，包括在项目质量控制复核过程中识别出的重大事项；

（三）只有完成了项目质量控制复核，才能签署审计报告。

**第三十四条**　项目质量控制复核人员应当客观地评价项目组作出的重大判断以及编制审计报告时得出的结论。

评价工作应当涉及下列内容：

（一）与项目合伙人讨论重大事项；

（二）复核财务报表和拟出具的审计报告；

（三）复核选取的与项目组作出的重大判断和得出的结论相关的审计工作底稿；

（四）评价在编制审计报告时得出的结论，并考虑拟出具审计报告的恰当性。

**第三十五条**　对于上市实体财务报表审计，项目质量控制复核人员在实施项目质量控制复核时，还应当考虑：

（一）项目组就具体审计业务对会计师事务所独立性作出的评价；

（二）项目组是否已就涉及意见分歧的事项，或者其他疑难问题或争议事项进行适当咨询，以及咨询得出的结论；

（三）选取的用于复核的审计工作底稿，是否反映了项目组针对重大判断执行的工作，以及是否支持得出的结论。

**第三十六条**　如果项目组内部、项目组与被咨询者之间、项目合伙人与项目质量控制复核人员之间出现意见分歧，项目组应当遵守会计师事务所处理及解决意见分歧的政策和程序。

## 第六节　监　　控

**第三十七条**　有效的质量控制制度应当包括监控过程，以合理保证质量控制制度中的政策和程序具有相关性和适当性，并正在有效运行。

**第三十八条**　项目合伙人应当根据会计师事务所和网络事务所通报的最新监控信息考虑实施监控过程的结果，并考虑监控信息提及的缺陷是否会对审计业务产生影响。

### 第七节　审计工作底稿

**第三十九条**　注册会计师应当就下列事项形成审计工作底稿：

（一）识别出的与遵守相关职业道德要求有关的问题，以及这些问题是如何得到解决的；

（二）针对适用于审计业务的独立性要求的遵守情况得出的结论，以及为支持该结论与会计师事务所进行的讨论；

（三）得出的有关客户关系和审计业务的接受与保持的结论；

（四）在审计过程中咨询的性质、范围和形成的结论。

**第四十条**　针对已复核的审计业务，项目质量控制复核人员应当就下列事项形成审计工作底稿：

（一）会计师事务所项目质量控制复核政策要求的程序已得到实施；

（二）项目质量控制复核在审计报告日或审计报告日之前已完成；

（三）项目质量控制复核人员没有注意到任何尚未解决的事项，使其认为项目组作出的重大判断和得出的结论不适当。

## 第五章　附　　则

**第四十一条**　本准则自 2012 年 1 月 1 日起施行。

# 5. 中国注册会计师审计准则第 1131 号——审计工作底稿

## 第一章　总　　则

**第一条**　为了规范审计工作底稿的格式、内容和范围以及审计工作底稿的归档，明确注册会计师在财务报表审计中编制审计工作底稿的责任，制定本准则。

**第二条**　本准则附录中列示的其他审计准则，对在特定情况下就相关事项编制审计工作底稿提出具体要求，但并不构成对本准则普遍适用性的限制。相关法律法规也可能对编制审计工作底稿提出额外要求。

**第三条**　在符合本准则和其他相关审计准则要求的情况下，审计工作底稿能够实现下列目的：

（一）提供证据，作为注册会计师得出实现总体目标结论的基础；

（二）提供证据，证明注册会计师按照审计准则和相关法律法规的规定计划和执行了审计工作。

**第四条**　审计工作底稿还可以实现下列目的：

（一）有助于项目组计划和执行审计工作；

（二）有助于负责督导的项目组成员按照《中国注册会计师审计准则第 1121 号——对财务报表审计实施的质量控制》的规定，履行指导、监督与复核审计工作的责任；

（三）便于项目组说明其执行审计工作的情况；

（四）保留对未来审计工作持续产生重大影响的事项的记录；

（五）便于会计师事务所按照《质量控制准则第 5101 号——会计师事务所对执行财务报表审计和审阅、其他鉴证和相关服务业务实施的质量控制》的规定，实施质量控制复核与检查；

（六）便于监管机构和注册会计师协会根据相关法律法规或其他相关要求，对会计师事务所实施执业质量检查。

## 第二章　定　　义

**第五条**　审计工作底稿，是指注册会计师对制定的审计计划、实施的审计程序、获取的相关审计证据，

以及得出的审计结论作出的记录。

**第六条** 审计档案，是指一个或多个文件夹或其他存储介质，以实物或电子形式存储构成某项具体业务的审计工作底稿的记录。

**第七条** 有经验的专业人士，是指会计师事务所内部或外部的具有审计实务经验，并且对下列方面有合理了解的人士：

（一）审计过程；

（二）审计准则和相关法律法规的规定；

（三）被审计单位所处的经营环境；

（四）与被审计单位所处行业相关的会计和审计问题。

## 第三章 目 标

**第八条** 注册会计师的目标是，编制审计工作底稿以便：

（一）提供充分、适当的记录，作为出具审计报告的基础；

（二）提供证据，证明注册会计师已按照审计准则和相关法律法规的规定计划和执行了审计工作。

## 第四章 要 求

### 第一节 及时编制审计工作底稿

**第九条** 注册会计师应当及时编制审计工作底稿。

### 第二节 记录实施的审计程序和获取的审计证据

**第十条** 注册会计师编制的审计工作底稿，应当使得未曾接触该项审计工作的有经验的专业人士清楚了解：

（一）按照审计准则和相关法律法规的规定实施的审计程序的性质、时间安排和范围；

（二）实施审计程序的结果和获取的审计证据；

（三）审计中遇到的重大事项和得出的结论，以及在得出结论时作出的重大职业判断。

**第十一条** 在记录已实施审计程序的性质、时间安排和范围时，注册会计师应当记录：

（一）测试的具体项目或事项的识别特征；

（二）审计工作的执行人员及完成审计工作的日期；

（三）审计工作的复核人员及复核的日期和范围。

**第十二条** 注册会计师应当记录与管理层、治理层和其他人员对重大事项的讨论，包括所讨论的重大事项的性质以及讨论的时间、地点和参加人员。

**第十三条** 如果识别出的信息与针对某重大事项得出的最终结论不一致，注册会计师应当记录如何处理该不一致的情况。

**第十四条** 在极其特殊的情况下，如果认为有必要偏离某项审计准则的相关要求，注册会计师应当记录实施的替代审计程序如何实现相关要求的目的以及偏离的原因。

**第十五条** 在某些例外情况下，如果在审计报告日后实施了新的或追加的审计程序，或者得出新的结论，注册会计师应当记录：

（一）遇到的例外情况；

（二）实施的新的或追加的审计程序，获取的审计证据，得出的结论，以及对审计报告的影响；

（三）对审计工作底稿作出相应变动的时间和人员，以及复核的时间和人员。

**第十六条** 编制审计工作底稿的文字应当使用中文。少数民族自治地区可以同时使用少数民族文字。中国境内的中外合作会计师事务所、国际会计公司成员所可以同时使用某种外国文字。会计师事务所执行涉外业务时可以同时使用某种外国文字。

### 第三节 审计工作底稿的归档

**第十七条** 注册会计师应当在审计报告日后及时将审计工作底稿归整为审计档案，并完成归整最终审计档案过程中的事务性工作。

审计工作底稿的归档期限为审计报告日后六十天内。

如果注册会计师未能完成审计业务，审计工作底稿的归档期限为审计业务中止后的六十天内。

**第十八条** 在完成最终审计档案的归整工作后，注册会计师不应在规定的保存期限届满前删除或废弃任何性质的审计工作底稿。

**第十九条** 会计师事务所应当自审计报告日起，对审计工作底稿至少保存十年。

如果注册会计师未能完成审计业务，会计师事务所应当自审计业务中止日起，对审计工作底稿至少保存十年。

**第二十条** 除本准则第十五条规定的情况外，在完成最终审计档案归整工作后，如果注册会计师发现有必要修改现有审计工作底稿或增加新的审计工作底稿，无论修改或增加的性质如何，注册会计师均应当记录：

（一）修改或增加审计工作底稿的理由；

（二）修改或增加审计工作底稿的时间和人员，以及复核的时间和人员。

## 第五章 附 则

**第二十一条** 本准则自 2012 年 1 月 1 日起施行。

# 6. 中国注册会计师审计准则第 1141 号——财务报表审计中与舞弊相关的责任

## 第一章 总 则

**第一条** 为了规范注册会计师在财务报表审计中与舞弊相关的责任，制定本准则。

**第二条** 在涉及识别、评估和应对由于舞弊导致的重大错报风险时，本准则是对注册会计师如何应用《中国注册会计师审计准则第 1211 号——通过了解被审计单位及其环境识别和评估重大错报风险》和《中国注册会计师审计准则第 1231 号——针对评估的重大错报风险采取的应对措施》的进一步扩展。

**第三条** 财务报表的错报可能由于舞弊或错误所致。舞弊和错误的区别在于，导致财务报表发生错报的行为是故意行为还是非故意行为。

**第四条** 舞弊是一个宽泛的法律概念，但注册会计师关注导的是致财务报表发生重大错报的舞弊。

与财务报表审计相关的故意错报，包括编制虚假财务报告导致的错报和侵占资产导致的错报。

尽管注册会计师可能怀疑被审计单位存在舞弊，甚至在极少数情况下识别出发生的舞弊，但注册会计师并不对舞弊是否已实际发生作出法律意义上的判定。

**第五条** 被审计单位治理层和管理层对防止或发现舞弊负有主要责任。

管理层在治理层的监督下，高度重视对舞弊的防范和遏制是非常重要的。对舞弊进行防范可以减少舞弊发生的机会；对舞弊进行遏制，即发现和惩罚舞弊行为，能够警示被审计单位人员不要实施舞弊。对舞弊的防范和遏制需要管理层营造诚实守信和合乎道德的文化，并且这一文化能够在治理层的有效监督下得到强化。

治理层的监督包括考虑管理层凌驾于控制之上或对财务报告过程施加其他不当影响的可能性，例如，管理层为了影响分析师对被审计单位业绩和盈利能力的看法而操纵利润。

**第六条** 在按照审计准则的规定执行审计工作时，注册会计师有责任对财务报表整体是否不存在由于舞弊或错误导致的重大错报获取合理保证。

由于审计的固有限制，即使注册会计师按照审计准则的规定恰当计划和执行了审计工作，也不可避免地存在财务报表中的某些重大错报未被发现的风险。

**第七条** 在舞弊导致错报的情况下，固有限制的潜在影响尤其重大。舞弊导致的重大错报未被发现的风险，大于错误导致的重大错报未被发现的风险。其原因是舞弊可能涉及精心策划和蓄意实施以进行隐瞒（如伪造证明或故意漏记交易），或者故意向注册会计师提供虚假陈述。如果涉及串通舞弊，注册会计师可能更加难以发现蓄意隐瞒的企图。串通舞弊可能导致原本虚假的审计证据被注册会计师误认为具有说服力。

注册会计师发现舞弊的能力取决于舞弊者实施舞弊的技巧、舞弊者操纵会计记录的频率和范围、舞弊者操纵的每笔金额的大小、舞弊者在被审计单位的职位级别、串通舞弊的程度等因素。

即使可以识别出实施舞弊的潜在机会，但对于诸如会计估计等判断领域的错报，注册会计师也难以确定这类错报是由于舞弊还是错误导致的。

**第八条** 管理层舞弊导致的重大错报未被发现的风险，大于员工舞弊导致的重大错报未被发现的风险。其原因是管理层往往可以利用职务之便，直接或间接操纵会计记录，提供虚假的财务信息，或凌驾于为防止其他员工实施类似舞弊而建立的控制之上。

**第九条** 在获取合理保证时，注册会计师有责任在整个审计过程中保持职业怀疑，考虑管理层凌驾于控制之上的可能性，并认识到对发现错误有效的审计程序未必对发现舞弊有效。

本准则的规定旨在帮助注册会计师识别和评估舞弊导致的重大错报风险，以及设计用以发现这类错报的审计程序。

## 第二章 定 义

**第十条** 舞弊，是指被审计单位的管理层、治理层、员工或第三方使用欺骗手段获取不当或非法利益的故意行为。

**第十一条** 舞弊风险因素，是指表明实施舞弊的动机或压力，或者为实施舞弊提供机会的事项或情况。

## 第三章 目 标

**第十二条** 注册会计师的目标是：

（一）识别和评估由于舞弊导致的财务报表重大错报风险；

（二）通过设计和实施恰当的应对措施，针对评估的由于舞弊导致的重大错报风险，获取充分、适当的审计证据；

（三）恰当应对审计过程中识别出的舞弊或舞弊嫌疑。

## 第四章 要 求

### 第一节 职业怀疑

**第十三条** 按照《中国注册会计师审计准则第 1101 号——注册会计师的总体目标和审计工作的基本要求》的规定，注册会计师应当在整个审计过程中保持职业怀疑，认识到存在由于舞弊导致的重大错报的可能性，而不应受到以前对管理层、治理层正直和诚信形成的判断的影响。

**第十四条** 除非存在相反的理由，注册会计师可以将文件和记录作为真品。但如果在审计过程中识别出的情况使注册会计师认为文件可能是伪造的或文件中的某些条款已发生变动但未告知注册会计师，注册会计师应当作出进一步调查。

**第十五条** 如果管理层或治理层对询问作出的答复相互之间不一致或与其他信息不一致，注册会计师应当对这种不一致加以调查。

### 第二节 项目组内部的讨论

**第十六条** 按照《中国注册会计师审计准则第 1211 号——通过了解被审计单位及其环境识别和评估

重大错报风险》的规定，项目组成员之间应当进行讨论，并由项目合伙人确定将哪些事项向未参与讨论的项目组成员通报。

项目组内部讨论的重点应当包括财务报表易于发生由于舞弊导致的重大错报的方式和领域，包括舞弊可能如何发生。

在讨论过程中，项目组成员不应假定管理层和治理层是正直和诚信的。

## 第三节 风险评估程序和相关活动

**第十七条** 当按照《中国注册会计师审计准则第 1211 号——通过了解被审计单位及其环境识别和评估重大错报风险》的规定实施风险评估程序和相关活动，以了解被审计单位及其环境时，注册会计师应当实施本准则第十八条至第二十五条规定的审计程序，以获取用以识别由于舞弊导致的重大错报风险所需的信息。

**第十八条** 注册会计师应当向管理层询问：

（一）管理层对财务报表可能存在由于舞弊导致的重大错报风险的评估，包括评估的性质、范围和频率等；

（二）管理层对舞弊风险的识别和应对过程，包括管理层识别出的或注意到的特定舞弊风险，或可能存在舞弊风险的各类交易、账户余额或披露；

（三）管理层就其对舞弊风险的识别和应对过程向治理层的通报；

（四）管理层就其经营理念和道德观念向员工的通报。

**第十九条** 注册会计师应当询问管理层和被审计单位内部的其他人员（如适用），以确定其是否知悉任何影响被审计单位的舞弊事实、舞弊嫌疑或舞弊指控。

**第二十条** 如果被审计单位设有内部审计，注册会计师应当询问内部审计人员，以确定其是否知悉任何影响被审计单位的舞弊事实、舞弊嫌疑或舞弊指控，并获取这些人员对舞弊风险的看法。

**第二十一条** 除非治理层全部成员参与管理被审计单位，注册会计师应当了解治理层如何监督管理层对舞弊风险的识别和应对过程，以及为降低舞弊风险而建立的内部控制。

**第二十二条** 除非治理层全部成员参与管理被审计单位，注册会计师应当询问治理层，以确定其是否知悉任何影响被审计单位的舞弊事实、舞弊嫌疑或舞弊指控。治理层对这些询问的答复，还可在一定程度上作为管理层答复的佐证信息。

**第二十三条** 注册会计师应当评价在实施分析程序时识别出的异常或偏离预期的关系（包括与收入账户有关的关系），是否表明存在由于舞弊导致的重大错报风险。

**第二十四条** 注册会计师应当考虑获取的其他信息是否表明存在由于舞弊导致的重大错报风险。

**第二十五条** 注册会计师应当评价通过其他风险评估程序和相关活动获取的信息，是否表明存在舞弊风险因素。

存在舞弊风险因素并不必然表明发生了舞弊，但在舞弊发生时通常存在舞弊风险因素，因此，舞弊风险因素可能表明存在由于舞弊导致的重大错报风险。

## 第四节 识别和评估由于舞弊导致的重大错报风险

**第二十六条** 按照《中国注册会计师审计准则第 1211 号——通过了解被审计单位及其环境识别和评估重大错报风险》的规定，注册会计师应当在财务报表层次和各类交易、账户余额、披露的认定层次识别和评估由于舞弊导致的重大错报风险。

**第二十七条** 在识别和评估由于舞弊导致的重大错报风险时，注册会计师应当基于收入确认存在舞弊风险的假定，评价哪些类型的收入、收入交易或认定导致舞弊风险。

如果认为收入确认存在舞弊风险的假定不适用于业务的具体情况，从而未将收入确认作为由于舞弊导致的重大错报风险领域，注册会计师应当按照本准则第五十一条的规定形成相应的审计工作底稿。

**第二十八条** 注册会计师应当将评估的由于舞弊导致的重大错报风险作为特别风险。如果此前未了解与此类风险相关的控制，注册会计师应当了解相关控制，包括了解控制活动。

## 第五节　应对评估的由于舞弊导致的重大错报风险

**第二十九条**　按照《中国注册会计师审计准则第1231号——针对评估的重大错报风险采取的应对措施》的规定，注册会计师应当针对评估的由于舞弊导致的财务报表层次重大错报风险确定总体应对措施。

**第三十条**　在针对评估的由于舞弊导致的财务报表层次重大错报风险确定总体应对措施时，注册会计师应当：

（一）在分派和督导项目组成员时，考虑承担重要业务职责的项目组成员所具备的知识、技能和能力，并考虑由于舞弊导致的重大错报风险的评估结果；

（二）评价被审计单位对会计政策（特别是涉及主观计量和复杂交易的会计政策）的选择和运用，是否可能表明管理层通过操纵利润对财务信息作出虚假报告；

（三）在选择审计程序的性质、时间安排和范围时，增加审计程序的不可预见性。

**第三十一条**　按照《中国注册会计师审计准则第1231号——针对评估的重大错报风险采取的应对措施》的规定，注册会计师应当设计和实施进一步审计程序，审计程序的性质、时间安排和范围应当能够应对评估的由于舞弊导致的认定层次重大错报风险。例如，针对由于舞弊导致的认定层次重大错报风险，注册会计师应当考虑实施函证程序以获取更多的相互印证的信息。

**第三十二条**　管理层处于实施舞弊的独特地位，其原因是管理层有能力通过凌驾于控制之上操纵会计记录并编制虚假财务报表，而这些控制却看似有效运行。

尽管管理层凌驾于控制之上的风险水平因被审计单位而异，但所有被审计单位都存在这种风险。

由于管理层凌驾于控制之上的行为发生方式不可预见，这种风险属于由于舞弊导致的重大错报风险，从而也是一种特别风险。

**第三十三条**　无论对管理层凌驾于控制之上的风险的评估结果如何，注册会计师都应当设计和实施审计程序，用以：

（一）测试日常会计核算过程中作出的会计分录以及编制财务报表过程中作出的调整是否适当；

（二）复核会计估计是否存在偏向，并评价产生这种偏向的环境是否表明存在由于舞弊导致的重大错报风险；

（三）对于超出被审计单位正常经营过程的重大交易，或基于对被审计单位及其环境的了解以及在审计过程中获取的其他信息而显得异常的重大交易，评价其商业理由（或缺乏商业理由）是否表明被审计单位从事交易的目的是为了对财务信息作出虚假报告或掩盖侵占资产的行为。

**第三十四条**　在设计和实施审计程序，以测试日常会计核算过程中作出的会计分录以及编制财务报表过程中作出的其他调整是否适当时，注册会计师应当：

（一）向参与财务报告过程的人员询问与处理会计分录和其他调整相关的不恰当或异常的活动；

（二）选择在报告期末作出的会计分录和其他调整；

（三）考虑是否有必要测试整个会计期间的会计分录和其他调整。

**第三十五条**　在复核会计估计是否存在偏向时，注册会计师应当：

（一）评价管理层在作出会计估计时所作的判断和决策是否反映出管理层的某种偏向（即使判断和决策单独看起来是合理的），从而可能表明存在由于舞弊导致的重大错报风险。如果存在偏向，注册会计师应当从整体上重新评价会计估计。

（二）追溯复核与以前年度财务报表反映的重大会计估计相关的管理层判断和假设。

**第三十六条**　当按照本准则第三十三条至第三十五条实施的程序无法涵盖特定的管理层凌驾于控制之上的其他风险时，注册会计师还应当确定是否有必要实施其他审计程序，以应对识别出的管理层凌驾于控制之上的风险。

## 第六节　评价审计证据

**第三十七条**　在就财务报表与所了解的被审计单位的情况是否一致形成总体结论时，注册会计师应当评价在临近审计结束时实施的分析程序，是否表明存在此前尚未识别的由于舞弊导致的重大错报风险。

**第三十八条**　如果识别出某项错报，注册会计师应当评价该项错报是否表明存在舞弊。

如果存在舞弊的迹象，鉴于舞弊不太可能是孤立发生的事项，注册会计师应当评价该项错报对审计工作其他方面的影响，特别是对管理层声明可靠性的影响。

**第三十九条** 如果识别出某项错报，并有理由认为该项错报是或可能是由于舞弊导致的，且涉及管理层，特别是涉及较高级别的管理层，无论该项错报是否重大，注册会计师都应当重新评价对由于舞弊导致的重大错报风险的评估结果，以及该结果对旨在应对评估的风险的审计程序的性质、时间安排和范围的影响。

在重新考虑此前获取的审计证据的可靠性时，注册会计师还应当考虑相关的情形是否表明可能存在涉及员工、管理层或第三方的串通舞弊。

**第四十条** 如果确认财务报表存在由于舞弊导致的重大错报，或无法确定财务报表是否存在由于舞弊导致的重大错报，注册会计师应当评价这两种情况对审计的影响。

## 第七节 无法继续执行审计业务

**第四十一条** 如果由于舞弊或舞弊嫌疑导致出现错报，致使注册会计师遇到对其继续执行审计业务的能力产生怀疑的异常情形，注册会计师应当：

(一)确定适用于具体情况的职业责任和法律责任，包括是否需要向审计业务委托人或监管机构报告；

(二)在相关法律法规允许的情况下，考虑是否需要解除业务约定。

**第四十二条** 如果决定解除业务约定，注册会计师应当采取下列措施：

(一)与适当层级的管理层和治理层讨论解除业务约定的决定和理由；

(二)考虑是否存在职业责任或法律责任，需要向审计业务委托人或监管机构报告解除业务约定的决定和理由。

## 第八节 书面声明

**第四十三条** 注册会计师应当就下列事项向管理层和治理层(如适用)获取书面声明：

(一)管理层和治理层认可其设计、执行和维护内部控制以防止和发现舞弊的责任；

(二)管理层和治理层已向注册会计师披露了管理层对由于舞弊导致的财务报表重大错报风险的评估结果；

(三)管理层和治理层已向注册会计师披露了已知的涉及管理层、在内部控制中承担重要职责的员工以及其他人员(在舞弊行为导致财务报表出现重大错报的情况下)的舞弊或舞弊嫌疑；

(四)管理层和治理层已向注册会计师披露了从现任和前任员工、分析师、监管机构等方面获知的、影响财务报表的舞弊指控或舞弊嫌疑。

## 第九节 与管理层和治理层的沟通

**第四十四条** 如果识别出舞弊或获取的信息表明可能存在舞弊，注册会计师应当及时将此类事项向适当层级的管理层通报，以便管理层告知对防止和发现舞弊事项负有主要责任的人员。

**第四十五条** 如果确定或怀疑舞弊涉及下列人员，注册会计师应当及时将此类事项向治理层通报，除非治理层全部人员参与管理被审计单位：

(一)管理层；

(二)在内部控制中承担重要职责的员工；

(三)其他人员(在舞弊行为导致财务报表重大错报的情况下)。

如果怀疑舞弊涉及管理层，注册会计师应当将此怀疑向治理层通报，并与其讨论为完成审计工作所必需的审计程序的性质、时间安排和范围。

**第四十六条** 如果根据判断认为还存在与治理层职责相关的、涉及舞弊的其他事项，注册会计师应当就此与治理层沟通。

## 第十节 向监管机构和执法机构报告

**第四十七条** 如果识别出舞弊或怀疑存在舞弊，注册会计师应当确定是否有责任向被审计单位以外的

机构报告。

尽管注册会计师对客户信息负有的保密义务可能妨碍这种报告，但如果法律法规要求注册会计师履行报告责任，注册会计师应当遵守法律法规的规定。

### 第十一节　审计工作底稿

**第四十八条**　《中国注册会计师审计准则第1211号——通过了解被审计单位及其环境识别和评估重大错报风险》规定注册会计师应当记录对被审计单位及其环境的了解以及对重大错报风险的评估结果。注册会计师应当将下列内容形成审计工作底稿：

（一）项目组内部就由于舞弊导致财务报表重大错报的可能性进行的讨论所得出的重要结论；

（二）识别和评估的由于舞弊导致的财务报表层次和认定层次的重大错报风险。

**第四十九条**　《中国注册会计师审计准则第1231号——针对评估的重大错报风险采取的应对措施》规定注册会计师应当记录对评估的重大错报风险采取的应对措施。注册会计师应当将下列内容形成审计工作底稿：

（一）对评估的由于舞弊导致的财务报表层次的重大错报风险采取的总体应对措施；

（二）审计程序的性质、时间安排和范围；

（三）审计程序与评估的由于舞弊导致的认定层次的重大错报风险之间的联系；

（四）实施审计程序（包括用于应对管理层凌驾于控制之上的风险而实施的审计程序）的结果。

**第五十条**　注册会计师应当在审计工作底稿中记录与管理层、治理层、监管机构或其他相关各方就舞弊事项进行沟通的情况。

**第五十一条**　如果认为收入确认存在舞弊风险的假定不适用于业务的具体情况，注册会计师应当在审计工作底稿中记录得出该结论的理由。

### 第五章　附　　则

**第五十二条**　本准则自2012年1月1日起施行。

## 7. 中国注册会计师审计准则第1142号——财务报表审计中对法律法规的考虑

### 第一章　总　　则

**第一条**　为了规范注册会计师在财务报表审计中对法律法规的考虑，制定本准则。

**第二条**　本准则不适用于注册会计师接受专项委托，对被审计单位遵守特定法律法规进行单独测试并出具报告的鉴证业务。

**第三条**　不同的法律法规对财务报表的影响差异很大。被审计单位需要遵守的所有法律法规，构成注册会计师在财务报表审计中需要考虑的法律法规框架。

某些法律法规的规定对财务报表有直接影响，决定财务报表中报告的金额和披露。而有些法律法规需要管理层遵守，或规定了允许被审计单位开展经营活动的条件，但不会对财务报表产生直接影响。某些被审计单位处于高度管制的行业，如银行或化工企业等。而有些被审计单位仅受到通常与经营活动相关的法律法规的制约，如安全生产和公平就业等。

违反法律法规可能导致被审计单位面临罚款、诉讼或其他对财务报表产生重大影响的后果。

**第四条**　在治理层的监督下，保证被审计单位按照法律法规的规定开展经营活动（包括遵守那些决定财务报表中报告的金额和披露的法律法规的规定），是管理层的责任。

**第五条**　本准则旨在帮助注册会计师识别由于违反法律法规导致的财务报表重大错报。注册会计师没有责任防止被审计单位违反法律法规行为，也不能期望其发现所有的违反法律法规行为。

**第六条**　注册会计师有责任对财务报表整体不存在由于舞弊或错误导致的重大错报获取合理保证。

在执行财务报表审计时，注册会计师需要考虑适用于被审计单位的法律法规框架。由于审计的固有限制，即使注册会计师按照审计准则的规定恰当地计划和执行审计工作，也不可避免地存在财务报表中的某些重大错报未被发现的风险。

就法律法规而言，由于下列原因，审计的固有限制对注册会计师发现重大错报的能力的潜在影响会加大：

（一）许多法律法规主要与被审计单位经营活动相关，通常不影响财务报表，且不能被与财务报告相关的信息系统所获取；

（二）违反法律法规可能涉及故意隐瞒的行为，如共谋、伪造、故意漏记交易、管理层凌驾于控制之上或故意向注册会计师提供虚假陈述；

（三）某行为是否构成违反法律法规，最终只能由法院认定。

通常情况下，违反法律法规与财务报表反映的交易和事项越不相关，就越难以被注册会计师关注或识别。

**第七条**　本准则对注册会计师的责任的界定，是根据被审计单位需要遵守的下列两类不同的法律法规而作出的：

（一）通常对决定财务报表中的重大金额和披露有直接影响的法律法规（如税收和企业年金方面的法律法规）；

（二）对决定财务报表中的金额和披露没有直接影响的其他法律法规，但遵守这些法律法规（如遵守经营许可条件、监管机构对偿债能力的规定或环境保护要求）对被审计单位的经营活动、持续经营能力或避免大额罚款至关重要；违反这些法律法规，可能对财务报表产生重大影响。

**第八条**　针对本准则第七条提及的两类不同的法律法规，本准则对注册会计师的责任作出不同的规定。

针对本准则第七条第（一）项提及的法律法规，注册会计师的责任是，就被审计单位遵守这些法律法规的规定获取充分、适当的审计证据。

针对本准则第七条第（二）项提及的法律法规，注册会计师的责任仅限于实施特定的审计程序，以有助于识别可能对财务报表产生重大影响的违反这些法律法规的行为。

**第九条**　为了对财务报表形成审计意见所实施的其他审计程序，可能使注册会计师识别出或怀疑被审计单位存在违反法律法规行为，本准则要求注册会计师对此保持警觉。

考虑到法律法规对被审计单位产生影响的范围，按照《中国注册会计师审计准则第 1101 号——注册会计师的总体目标和审计工作的基本要求》的规定，注册会计师在整个审计过程中保持职业怀疑尤为重要。

## 第二章　定　　义

**第十条**　本准则所称违反法律法规，是指被审计单位有意或无意违背除适用的财务报告编制基础以外的现行法律法规的行为。例如，被审计单位进行的或以被审计单位名义进行的违反法律法规的交易，或者治理层、管理层或员工代表被审计单位进行的违反法律法规的交易。违反法律法规不包括由治理层、管理层或员工实施的、与被审计单位经营活动无关的不当个人行为。

## 第三章　目　　标

**第十一条**　注册会计师的目标是：

（一）针对通常对决定财务报表中的重大金额和披露有直接影响的法律法规的规定，获取被审计单位遵守这些规定的充分、适当的审计证据；

（二）针对其他法律法规，实施特定的审计程序，以有助于识别可能对财务报表产生重大影响的违反这些法律法规的行为；

（三）恰当应对在审计过程中识别出的或怀疑存在的违反法律法规行为。

## 第四章　要　　求

### 第一节　注册会计师对被审计单位遵守法律法规的考虑

**第十二条**　按照《中国注册会计师审计准则第 1211 号——通过了解被审计单位及其环境识别和评估重大错报风险》的规定，在了解被审计单位及其环境时，注册会计师应当总体了解下列事项：

（一）适用于被审计单位及其所处行业或领域的法律法规框架；

（二）被审计单位如何遵守这些法律法规框架。

**第十三条**　针对通常对决定财务报表中的重大金额和披露有直接影响的法律法规的规定，注册会计师应当获取被审计单位遵守这些规定的充分、适当的审计证据。

**第十四条**　注册会计师应当实施下列审计程序，以有助于识别可能对财务报表产生重大影响的违反其他法律法规的行为：

（一）向管理层和治理层（如适用）询问被审计单位是否遵守了这些法律法规；

（二）检查被审计单位与许可证颁发机构或监管机构的往来函件。

**第十五条**　在审计过程中实施的其他审计程序可能使注册会计师识别出或怀疑存在违反法律法规行为，注册会计师应当对此保持警觉。

**第十六条**　注册会计师应当要求管理层和治理层（如适用）提供书面声明，以表明被审计单位已向注册会计师披露了所有知悉的、且在编制财务报表时应当考虑其影响的违反法律法规行为或怀疑存在的违反法律法规行为。

**第十七条**　在没有识别出或不怀疑被审计单位违反法律法规的情况下，除执行本准则第十二条至第十六条所述的工作外，注册会计师不必针对被审计单位遵守法律法规实施其他审计程序。

### 第二节　识别出或怀疑存在违反法律法规行为时实施的审计程序

**第十八条**　如果注意到与识别出的或怀疑存在的违反法律法规行为相关的信息，注册会计师应当：

（一）了解违反法律法规行为的性质及其发生的环境；

（二）获取进一步的信息，以评价对财务报表可能产生的影响。

**第十九条**　如果怀疑被审计单位存在违反法律法规行为，注册会计师应当就此与管理层和治理层（如适用）进行讨论。

如果管理层或治理层不能提供充分的信息，证明被审计单位遵守了法律法规，并且注册会计师根据判断认为怀疑存在的违反法律法规行为可能对财务报表产生重大影响，注册会计师应当考虑是否需要征询法律意见。

**第二十条**　如果针对怀疑存在的违反法律法规行为不能获取充分的信息，注册会计师应当评价缺乏充分、适当的审计证据对审计意见的影响。

**第二十一条**　注册会计师应当评价违反法律法规行为对审计的其他方面可能产生的影响，包括对注册会计师风险评估和被审计单位书面声明可靠性的影响，并采取适当措施。

### 第三节　对识别出的或怀疑存在的违反法律法规行为的报告

**第二十二条**　除非治理层全部成员参与管理被审计单位，因而知悉注册会计师已沟通的、涉及识别出的或怀疑存在的违反法律法规行为的事项，注册会计师应当与治理层沟通审计过程中注意到的有关违反法律法规的事项，但不必沟通明显不重要的事项。

**第二十三条**　如果根据判断认为本准则第二十二条提及的需要沟通的违反法律法规行为是故意和重大的，注册会计师应当就此尽快向治理层通报。

**第二十四条**　如果怀疑违反法律法规行为涉及管理层或治理层，注册会计师应当向被审计单位审计委员会或监事会等更高层级的机构通报。

如果不存在更高层级的机构，或者注册会计师认为被审计单位可能不会对通报作出反应，或者注册会计师不能确定向谁报告，注册会计师应当考虑是否需要征询法律意见。

**第二十五条** 如果认为违反法律法规行为对财务报表具有重大影响，且未能在财务报表中得到充分反映，注册会计师应当按照《中国注册会计师审计准则第 1502 号——在审计报告中发表非无保留意见》的规定，发表保留意见或否定意见。

**第二十六条** 如果因管理层或治理层阻挠而无法获取充分、适当的审计证据，以评价是否存在或可能存在对财务报表产生重大影响的违反法律法规行为，注册会计师应当按照《中国注册会计师审计准则第 1502 号——在审计报告中发表非无保留意见》的规定，根据审计范围受到限制的程度，发表保留意见或无法表示意见。

**第二十七条** 如果由于审计范围受到管理层或治理层以外的其他方面的限制而无法确定被审计单位是否存在违反法律法规行为，注册会计师应当按照《中国注册会计师审计准则第 1502 号——在审计报告中发表非无保留意见》的规定，评价这一情况对审计意见的影响。

**第二十八条** 如果识别出或怀疑存在违反法律法规行为，注册会计师应当考虑是否有责任向被审计单位以外的相关机构或人员报告。

### 第四节 审计工作底稿

**第二十九条** 注册会计师应当在审计工作底稿中记录识别出的或怀疑存在的违反法律法规行为，以及与管理层、治理层和被审计单位以外的相关机构或人员（如可行）进行讨论的结果。

## 第五章 附 则

**第三十条** 本准则自 2012 年 1 月 1 日起施行。

# 8. 中国注册会计师审计准则第 1151 号——与治理层的沟通

## 第一章 总 则

**第一条** 为了明确注册会计师在财务报表审计中与治理层沟通的责任，制定本准则。

**第二条** 本准则适用于各种治理结构和规模的被审计单位的财务报表审计，并针对治理层全部成员参与管理的情形以及上市实体提出了特殊考虑。本准则并不规范注册会计师与管理层或所有者的沟通，除非他们同时履行治理职责。

**第三条** 本准则是针对财务报表审计制定的，但对于其他历史财务信息审计，如果治理层对其他历史财务信息的编制负有监督责任，注册会计师可以根据具体情况遵守本准则的相关规定。

**第四条** 考虑到有效的双向沟通在财务报表审计中的重要性，本准则为注册会计师与治理层的沟通提供了一个基础框架，并明确了应当与其沟通的一些具体事项。

作为对本准则沟通要求的补充，附录列示的其他审计准则对需要沟通的补充事项作出了规定。此外，《中国注册会计师审计准则第 1152 号——向治理层和管理层通报内部控制缺陷》针对注册会计师向治理层通报在审计过程中识别出的值得关注的内部控制缺陷，提出了具体要求。

法律法规、业务约定或其他规定可能要求沟通本准则或其他审计准则没有规定的其他事项，本准则并不禁止注册会计师就此与治理层沟通。

**第五条** 本准则主要规范由注册会计师向治理层提议的沟通。但是，有效的双向沟通十分重要，这有助于：

（一）注册会计师和治理层了解与审计相关的背景事项，并建立建设性的工作关系；在建立这种关系时，注册会计师需要保持独立性和客观性；

（二）注册会计师向治理层获取与审计相关的信息，例如，治理层可以帮助注册会计师了解被审计单位

及其环境，确定审计证据的适当来源，以及提供有关具体交易或事项的信息；

（三）治理层履行其对财务报告过程的监督责任，从而降低财务报表重大错报风险。

**第六条** 注册会计师有责任与治理层沟通本准则要求的事项，管理层也有责任与治理层沟通有关治理的事项，但注册会计师的沟通并不减轻管理层的这种责任。同样，管理层与治理层就注册会计师需要沟通的事项进行的沟通，也不减轻注册会计师沟通这些事项的责任。但是，管理层就这些事项进行的沟通可能会影响注册会计师与治理层沟通的形式或时间安排。

**第七条** 清晰地沟通审计准则要求的具体事项是每项审计业务的必要组成部分。但是，审计准则并不要求注册会计师专门实施程序，以识别与治理层沟通的任何其他事项。

**第八条** 法律法规可能限制注册会计师就某些事项与治理层沟通。例如，法律法规可能特别禁止某些沟通或其他行为，以避免妨碍有关机关调查实际发生的或涉嫌的非法行为。

在某些情形下，注册会计师的保密义务与沟通义务之间的潜在冲突可能十分复杂，此时注册会计师可以考虑获取法律咨询意见。

## 第二章 定 义

**第九条** 治理层，是指对被审计单位战略方向以及管理层履行经营管理责任负有监督责任的人员或组织。治理层的责任包括对财务报告过程的监督。在某些被审计单位，治理层可能包括管理层成员。

**第十条** 管理层，是指对被审计单位经营活动的执行负有管理责任的人员。在某些被审计单位，管理层包括部分或全部的治理层成员。

## 第三章 目 标

**第十一条** 注册会计师的目标是：

（一）就注册会计师与财务报表审计相关的责任、计划的审计范围和时间安排的总体情况，与治理层进行清晰地沟通；

（二）向治理层获取与审计相关的信息；

（三）及时向治理层通报审计中发现的与治理层监督财务报告过程的责任相关的重大事项；

（四）推动注册会计师和治理层之间有效的双向沟通。

## 第四章 要 求

### 第一节 沟通的对象

**第十二条** 注册会计师应当确定与被审计单位治理结构中的哪些适当人员进行沟通。

**第十三条** 如果注册会计师与治理层的下设组织（如审计委员会）或个人沟通，应当确定是否还需要与治理层整体进行沟通。

**第十四条** 在某些情况下，治理层全部成员参与管理被审计单位，例如，在一家小企业中，仅有的一名业主管理该企业，并且没有其他人负有治理责任。此时，如果就本准则第十七条第（三）项要求沟通的事项已与负有管理责任的人员沟通，且这些人员同时负有治理责任，注册会计师无需就这些事项再次与负有治理责任的相同人员沟通。然而，注册会计师应当确信与负有管理责任人员的沟通能够向所有负有治理责任的人员充分传递应予沟通的内容。

### 第二节 沟通的事项

**第十五条** 注册会计师应当与治理层沟通注册会计师与财务报表审计相关的责任，包括：

（一）注册会计师负责对管理层在治理层监督下编制的财务报表形成和发表意见；

（二）财务报表审计并不减轻管理层或治理层的责任。

**第十六条** 注册会计师应当与治理层沟通计划的审计范围和时间安排的总体情况。

**第十七条** 注册会计师应当与治理层沟通审计工作中发现的下列问题：

(一)注册会计师对被审计单位会计实务(包括会计政策、会计估计和财务报表披露)重大方面的质量的看法。在适当的情况下,注册会计师应当向治理层解释为何某项在适用的财务报告编制基础下可以接受的重大会计实务,并不一定最适合被审计单位的具体情况;

(二)审计工作中遇到的重大困难;

(三)已与管理层讨论或需要书面沟通的、审计中出现的重大事项,以及注册会计师要求提供的书面声明,除非治理层全部成员参与管理被审计单位;

(四)审计中出现的、根据职业判断认为对监督财务报告过程重大的其他事项。

**第十八条** 如果被审计单位是上市实体,注册会计师还应当与治理层沟通下列内容:

(一)就审计项目组成员、会计师事务所其他相关人员以及会计师事务所和网络事务所按照相关职业道德要求保持了独立性作出声明;

(二)根据职业判断,注册会计师认为会计师事务所、网络事务所与被审计单位之间存在的可能影响独立性的所有关系和其他事项,包括会计师事务所和网络事务所在财务报表涵盖期间为被审计单位和受被审计单位控制的组成部分提供审计、非审计服务的收费总额;这些收费应当分配到适当的业务类型中,以帮助治理层评估这些服务对注册会计师独立性的影响;

(三)为消除对独立性的不利影响或将其降至可接受的水平,已经采取的相关防范措施。

### 第三节 沟通的过程

**第十九条** 注册会计师应当就沟通的形式、时间安排和拟沟通的基本内容与治理层沟通。

**第二十条** 对于审计中的重大发现,如果根据职业判断认为采用口头形式沟通不适当,注册会计师应当以书面形式与治理层沟通。书面沟通不必包括审计过程中的所有事项。

**第二十一条** 注册会计师应当就本准则第十八条要求的注册会计师的独立性,以书面形式与治理层沟通。

**第二十二条** 注册会计师应当及时与治理层沟通。

**第二十三条** 注册会计师应当评价其与治理层之间的双向沟通对实现审计目的是否充分。如果认为双向沟通不充分,注册会计师应当评价其对重大错报风险评估以及获取充分、适当的审计证据的能力的影响,并采取适当措施。

### 第四节 审计工作底稿

**第二十四条** 如果本准则要求沟通的事项是以口头形式沟通的,注册会计师应当将其包括在审计工作底稿中,并记录沟通的时间和对象。

如果本准则要求沟通的事项是以书面形式沟通的,注册会计师应当保存一份沟通文件的副本,作为审计工作底稿的一部分。

### 第五章 附 则

**第二十五条** 本准则自 2012 年 1 月 1 日起施行。

# 9. 中国注册会计师审计准则第 1152 号——向治理层和管理层通报内部控制缺陷

### 第一章 总 则

**第一条** 为了规范注册会计师向治理层和管理层恰当通报在财务报表审计中识别出的内部控制缺陷,制定本准则。

**第二条** 《中国注册会计师审计准则第 1211 号——通过了解被审计单位及其环境识别和评估重大错

报风险》和《中国注册会计师审计准则第 1231 号——针对评估的重大错报风险采取的应对措施》规范了注册会计师了解内部控制以及设计和实施控制测试的责任，本准则不对注册会计师在这方面的责任提出额外要求。

《中国注册会计师审计准则第 1151 号——与治理层的沟通》进一步规范了注册会计师与治理层沟通审计相关事项的责任。

**第三条** 在识别和评估重大错报风险时，审计准则要求注册会计师了解与审计相关的内部控制。在进行风险评估时，注册会计师了解内部控制的目的是设计适合具体情况的审计程序，而不是对内部控制的有效性发表意见。

无论在风险评估过程中，还是在审计工作的其他阶段，注册会计师都有可能识别出内部控制缺陷。本准则具体规定了注册会计师应当向治理层和管理层通报哪些识别出的内部控制缺陷。

**第四条** 本准则并不禁止注册会计师向治理层和管理层通报在审计过程中识别出的其他内部控制事项。

## 第二章 定　　义

**第五条** 内部控制缺陷，是指在下列任一情况下内部控制存在的缺陷：

（一）某项控制的设计、执行或运行不能及时防止或发现并纠正财务报表错报；

（二）缺少用以及时防止或发现并纠正财务报表错报的必要控制。

**第六条** 值得关注的内部控制缺陷，是指注册会计师根据职业判断，认为足够重要从而值得治理层关注的内部控制的一个缺陷或多个缺陷的组合。

## 第三章 目　　标

**第七条** 注册会计师的目标是，向治理层和管理层恰当通报注册会计师在审计过程中识别出的，根据职业判断认为足够重要从而值得治理层和管理层各自关注的内部控制缺陷。

## 第四章 要　　求

**第八条** 注册会计师应当根据已执行的审计工作，确定是否识别出内部控制缺陷。

**第九条** 如果识别出内部控制缺陷，注册会计师应当根据已执行的审计工作，确定该缺陷单独或连同其他缺陷是否构成值得关注的内部控制缺陷。

**第十条** 注册会计师应当以书面形式及时向治理层通报审计过程中识别出的值得关注的内部控制缺陷。

**第十一条** 注册会计师还应当及时向相应级别的管理层通报下列内部控制缺陷：

（一）已向或拟向治理层通报的值得关注的内部控制缺陷，除非在具体情况下不适合直接向管理层通报；

（二）在审计过程中识别出的、其他方尚未向管理层通报而注册会计师根据职业判断认为足够重要从而值得管理层关注的内部控制其他缺陷。

本条第一款第（一）项所述事项应当采取书面方式通报。

**第十二条** 值得关注的内部控制缺陷的书面沟通文件应当包括以下内容：

（一）对缺陷的描述以及对其潜在影响的解释；

（二）使治理层和管理层能够了解沟通背景的充分的信息。

在向治理层和管理层提供信息时，注册会计师应当特别说明下列事项：

（一）注册会计师执行审计工作的目的是对财务报表发表审计意见；

（二）审计工作包括考虑与财务报表编制相关的内部控制，其目的是设计适合具体情况的审计程序，并非对内部控制的有效性发表意见（如果结合财务报表审计对内部控制的有效性发表意见，应当删除“并非对内部控制的有效性发表意见”的措辞）；

（三）报告的事项仅限于注册会计师在审计过程中识别出的、认为足够重要从而值得向治理层报告的缺陷。

## 第五章　附　　则

**第十三条**　本准则自 2012 年 1 月 1 日起施行。

# 10. 中国注册会计师审计准则第 1153 号——前任注册会计师和后任注册会计师的沟通

## 第一章　总　　则

**第一条**　为了规范前任注册会计师和后任注册会计师在财务报表审计中的沟通责任，制定本准则。

**第二条**　前任注册会计师和后任注册会计师的沟通通常由后任注册会计师主动发起，但需征得被审计单位的同意。

**第三条**　前任注册会计师和后任注册会计师的沟通可以采用书面或口头的方式。

## 第二章　定　　义

**第四条**　前任注册会计师，是指已对被审计单位上期财务报表进行审计，但被现任注册会计师接替的其他会计师事务所的注册会计师。接受委托但未完成审计工作，已经或可能与委托人解除业务约定的注册会计师，也视为前任注册会计师。

**第五条**　后任注册会计师，是指正在考虑接受委托或已经接受委托，接替前任注册会计师对被审计单位本期财务报表进行审计的注册会计师。

如果被审计单位委托注册会计师对已审计财务报表进行重新审计，正在考虑接受委托或已经接受委托的注册会计师也视为后任注册会计师。

## 第三章　目　　标

**第六条**　注册会计师的目标是：

(一)在接受委托前，后任注册会计师与前任注册会计师就影响业务承接决策的事项进行必要沟通，以确定是否接受委托；

(二)在接受委托后，后任注册会计师在必要时与前任注册会计师就对审计有重大影响的事项进行沟通，以获取必要的审计证据；

(三)前任注册会计师在征得被审计单位书面同意后，对后任注册会计师提出的沟通要求予以必要的配合。

## 第四章　要　　求

### 第一节　接受委托前的沟通

**第七条**　在接受委托前，后任注册会计师应当与前任注册会计师进行必要沟通，并对沟通结果进行评价，以确定是否接受委托。

**第八条**　后任注册会计师应当提请被审计单位以书面方式同意前任注册会计师对其询问作出充分答复。如果被审计单位不同意前任注册会计师作出答复，或限制答复的范围，后任注册会计师应当向被审计单位询问原因，并考虑是否接受委托。

**第九条**　后任注册会计师向前任注册会计师询问的内容应当合理、具体，至少包括：

(一)是否发现被审计单位管理层存在正直和诚信方面的问题；

(二)前任注册会计师与管理层在重大会计、审计等问题上存在的意见分歧；

（三）前任注册会计师向被审计单位治理层通报的管理层舞弊、违反法律法规行为以及值得关注的内部控制缺陷；

（四）前任注册会计师认为导致被审计单位变更会计师事务所的原因。

**第十条** 在征得被审计单位书面同意后，前任注册会计师应当根据所了解的事实，对后任注册会计师的合理询问及时作出充分答复。

如果受到被审计单位的限制或存在法律诉讼的顾虑，决定不向后任注册会计师作出充分答复，前任注册会计师应当向后任注册会计师表明其答复是有限的，并说明原因。

如果得到的答复是有限的，或未得到答复，后任注册会计师应当考虑是否接受委托。

### 第二节 接受委托后的沟通

**第十一条** 接受委托后，如果需要查阅前任注册会计师的工作底稿，后任注册会计师应当征得被审计单位同意，并与前任注册会计师进行沟通。

**第十二条** 在征得被审计单位同意后，前任注册会计师应当根据情况确定是否允许后任注册会计师查阅相关审计工作底稿以及查阅的内容。

**第十三条** 在允许查阅工作底稿之前，前任注册会计师应当向后任注册会计师获取确认函，就审计工作底稿的使用目的、范围和责任等与后任注册会计师达成一致意见。

**第十四条** 查阅前任注册会计师工作底稿获取的信息可能影响后任注册会计师实施审计程序的性质、时间安排和范围，但后任注册会计师应当对自身实施的审计程序和得出的审计结论负责。

后任注册会计师不应在审计报告中表明，其审计意见全部或部分地依赖前任注册会计师的审计报告或工作。

### 第三节 发现前任注册会计师审计的财务报表可能存在重大错报时的处理

**第十五条** 如果发现前任注册会计师审计的财务报表可能存在重大错报，后任注册会计师应当提请被审计单位告知前任注册会计师。必要时，后任注册会计师应当要求被审计单位安排三方会谈，以便采取措施进行妥善处理。

**第十六条** 如果被审计单位拒绝告知前任注册会计师，或前任注册会计师拒绝参加三方会谈，或后任注册会计师对解决问题的方案不满意，后任注册会计师应当考虑对审计意见的影响或解除业务约定。

### 第四节 保密义务

**第十七条** 前任注册会计师和后任注册会计师应当对沟通过程中获知的信息保密。即使未接受委托，后任注册会计师仍应履行保密义务。

### 第五节 审计工作底稿

**第十八条** 后任注册会计师应当将沟通的情况记录于审计工作底稿。

## 第五章 附 则

**第十九条** 本准则自2012年1月1日起施行。

# 11. 中国注册会计师审计准则第1201号——计划审计工作

## 第一章 总 则

**第一条** 为了规范注册会计师计划财务报表审计工作，制定本准则。

**第二条** 本准则基于连续审计业务作出规定,同时也对首次审计业务作出补充规定。

**第三条** 计划审计工作包括针对审计业务制定总体审计策略和具体审计计划。

计划审计工作有利于注册会计师执行财务报表审计工作,具体包括:

(一)有助于注册会计师适当关注重要的审计领域;

(二)有助于注册会计师及时发现和解决潜在的问题;

(三)有助于注册会计师恰当地组织和管理审计业务,以有效的方式执行审计业务;

(四)有助于选择具备必要的专业素质和胜任能力的项目组成员应对预期的风险,并有助于向项目组成员分派适当的工作;

(五)有助于指导和监督项目组成员并复核其工作;

(六)在适用的情况下,有助于协调组成部分注册会计师和专家的工作。

## 第二章 目 标

**第四条** 注册会计师的目标是,计划审计工作,以使审计工作以有效的方式得到执行。

## 第三章 要 求

### 第一节 项目组关键成员的参与

**第五条** 项目合伙人和项目组其他关键成员应当参与计划审计工作,包括参与项目组成员的讨论。

### 第二节 初步业务活动

**第六条** 注册会计师应当在本期审计业务开始时开展下列初步业务活动:

(一)按照《中国注册会计师审计准则第 1121 号——对财务报表审计实施的质量控制》的规定,针对保持客户关系和具体审计业务,实施相应的质量控制程序;

(二)按照《中国注册会计师审计准则第 1121 号——对财务报表审计实施的质量控制》的规定,评价遵守相关职业道德要求(包括评价遵守独立性要求)的情况;

(三)按照《中国注册会计师审计准则第 1111 号——就审计业务约定条款达成一致意见》的规定,就审计业务约定条款与被审计单位达成一致意见。

### 第三节 计划活动

**第七条** 注册会计师应当制定总体审计策略,以确定审计工作的范围、时间安排和方向,并指导具体审计计划的制定。

**第八条** 在制定总体审计策略时,注册会计师应当:

(一)确定审计业务的特征,以界定审计范围;

(二)明确审计业务的报告目标,以计划审计的时间安排和所需沟通的性质;

(三)根据职业判断,考虑用以指导项目组工作方向的重要因素;

(四)考虑初步业务活动的结果,并考虑项目合伙人对被审计单位执行其他业务时获得的经验是否与审计业务相关(如适用);

(五)确定执行业务所需资源的性质、时间安排和范围。

**第九条** 注册会计师应当制定具体审计计划。

具体审计计划应当包括下列内容:

(一)按照《中国注册会计师审计准则第 1211 号——通过了解被审计单位及其环境识别和评估重大错报风险》的规定,计划实施的风险评估程序的性质、时间安排和范围;

(二)按照《中国注册会计师审计准则第 1231 号——针对评估的重大错报风险采取的应对措施》的规定,在认定层次计划实施的进一步审计程序的性质、时间安排和范围;

(三)根据审计准则的规定,计划应当实施的其他审计程序。

**第十条** 在审计过程中,注册会计师应当在必要时对总体审计策略和具体审计计划作出更新和修改。

**第十一条** 注册会计师应当制定计划，确定对项目组成员的指导、监督以及对其工作进行复核的性质、时间安排和范围。

### 第四节 审计工作底稿

**第十二条** 注册会计师应当就下列事项形成审计工作底稿：

（一）总体审计策略；

（二）具体审计计划；

（三）在审计过程中对总体审计策略或具体审计计划作出的任何重大修改及其理由。

### 第五节 首次审计业务的补充考虑

**第十三条** 在首次审计业务开始前，注册会计师应当开展下列活动：

（一）按照《中国注册会计师审计准则第 1121 号——对财务报表审计实施的质量控制》的规定，针对接受客户关系和具体审计业务，实施相应的质量控制程序；

（二）如果被审计单位变更了会计师事务所，按照相关审计准则和职业道德要求的规定，与前任注册会计师进行沟通。

## 第四章 附 则

**第十四条** 本准则自 2012 年 1 月 1 日起施行。

# 12. 中国注册会计师审计准则第 1211 号——通过了解被审计单位及其环境识别和评估重大错报风险

## 第一章 总 则

**第一条** 为了规范注册会计师通过了解被审计单位及其环境，识别和评估财务报表重大错报风险，制定本准则。

## 第二章 定 义

**第二条** 本准则所称内部控制，与适用的法律法规有关内部控制的概念一致。

控制，是指内部控制一个或多个要素，或要素表现出的各个方面。

**第三条** 认定，是指管理层在财务报表中作出的明确或隐含的表达，注册会计师将其用于考虑可能发生的不同类型的潜在错报。

**第四条** 风险评估程序，是指注册会计师为了解被审计单位及其环境，以识别和评估财务报表层次和认定层次的重大错报风险（无论错报由于舞弊或错误导致）而实施的审计程序。

**第五条** 经营风险，是指可能对被审计单位实现目标和实施战略的能力产生不利影响的重要状况、事项、情况、作为（或不作为）而导致的风险，或由于制定不恰当的目标和战略而导致的风险。

**第六条** 特别风险，是指注册会计师识别和评估的、根据判断认为需要特别考虑的重大错报风险。

## 第三章 目 标

**第七条** 注册会计师的目标是，通过了解被审计单位及其环境，识别和评估财务报表层次和认定层次的重大错报风险（无论该错报由于舞弊或错误导致），从而为设计和实施针对评估的重大错报风险采取的应对措施提供基础。

# 第四章　要　　求

## 第一节　风险评估程序和相关活动

**第八条**　注册会计师应当实施风险评估程序，为识别和评估财务报表层次和认定层次的重大错报风险提供基础。但是，风险评估程序本身并不能为形成审计意见提供充分、适当的审计证据。

**第九条**　风险评估程序应当包括：

（一）询问管理层以及被审计单位内部其他人员；

（二）分析程序；

（三）观察和检查。

需要询问的被审计单位内部其他人员，是注册会计师根据判断认为可能拥有某些信息的人员，这些信息有助于识别由于舞弊或错误导致的重大错报风险。

**第十条**　注册会计师应当考虑在客户接受或保持过程中获取的信息是否与识别重大错报风险相关。

**第十一条**　如果项目合伙人已为被审计单位执行了其他业务，项目合伙人应当考虑所获取的信息是否与识别重大错报风险相关。

**第十二条**　如果拟利用以往与被审计单位交往的经验和以前审计中实施审计程序获取的信息，注册会计师应当确定被审计单位及其环境自以前审计后是否已发生变化，进而可能影响这些信息对本期审计的相关性。

**第十三条**　项目合伙人和项目组其他关键成员应当讨论被审计单位财务报表存在重大错报的可能性，以及如何根据被审计单位的具体情况运用使用的财务报告编制基础。项目合伙人应当确定向未参与讨论的项目组成员通报哪些事项。

## 第二节　了解被审计单位及其环境

**第十四条**　注册会计师应当从下列方面了解被审计单位及其环境：

（一）相关行业状况、法律环境和监管环境及其他外部因素，包括适用的财务报告编制基础；

（二）被审计单位的性质，包括经营活动、所有权和治理结构、正在实施和计划实施的投资（包括对特殊目的实体的投资）的类型、组织结构和筹资方式。了解被审计单位的性质，可以使注册会计师了解预期在财务报表中反映的各类交易、账户余额和披露；

（三）被审计单位对会计政策的选择和运用，包括变更会计政策的原因。注册会计师应当根据被审计单位的经营活动，评价会计政策是否适当，并与适用的财务报告编制基础、相关行业使用的会计政策保持一致；

（四）被审计单位的目标、战略以及可能导致重大错报风险的相关经营风险；

（五）对被审计单位财务业绩的衡量和评价；

（六）被审计单位的内部控制。

注册会计师应当根据本章第三节的规定了解内部控制。

## 第三节　了解内部控制

**第十五条**　注册会计师应当了解与审计相关的内部控制。虽然大部分与审计相关的控制可能与财务报告相关，但并非所有与财务报告相关的控制都与审计相关。确定一项控制单独或连同其他控制是否与审计相关，需要注册会计师作出职业判断。

**第十六条**　在了解与审计相关的控制时，注册会计师应当综合运用询问被审计单位内部人员和其他程序，以评价这些控制的设计，并确定其是否得到执行。

**第十七条**　注册会计师应当了解控制环境。作为了解控制环境的一部分，注册会计师应当评价：

（一）管理层在治理层的监督下，是否营造并保持了诚实守信和合乎道德的文化；

（二）控制环境总体上的优势是否为内部控制的其他要素奠定了适当的基础，以及这些其他要素是否未被控制环境中存在的缺陷所削弱。

**第十八条** 注册会计师应当了解被审计单位是否已建立风险评估过程，包括：

（一）识别与财务报告目标相关的经营风险；

（二）估计风险的重要性；

（三）评估风险发生的可能性；

（四）决定应对这些风险的措施。

**第十九条** 如果被审计单位已建立风险评估过程，注册会计师应当了解风险评估过程及其结果。

如果识别出管理层未能识别出的重大错报风险，注册会计师应当评价是否存在这类风险，即注册会计师预期被审计单位风险评估过程应当识别出而未识别出的风险。如果存在这类风险，注册会计师应当了解风险评估过程未能识别出的原因，并评价风险评估过程是否适合具体情况，或者确定与风险评估过程相关的内部控制是否存在值得关注的内部控制缺陷。

**第二十条** 如果被审计单位未建立风险评估过程，或具有非正式的风险评估过程，注册会计师应当与管理层讨论是否识别出与财务报告目标相关的经营风险以及如何应对这些风险。注册会计师应当评价缺少记录的风险评估过程是否适合具体情况，或确定是否表明存在值得关注的内部控制缺陷。

**第二十一条** 注册会计师应当从下列方面了解与财务报告相关的信息系统（包括相关业务流程）：

（一）在被审计单位经营过程中，对财务报表具有重大影响的各类交易；

（二）在信息技术和人工系统中，被审计单位的交易生成、记录、处理、必要的更正、结转至总账以及在财务报表中报告的程序；

（三）用以生成、记录、处理和报告（包括纠正不正确的信息以及信息如何结转至总账）交易的会计记录、支持性信息和财务报表中的特定账户；

（四）被审计单位的信息系统如何获取除交易以外的对财务报表重大的事项和情况；

（五）用于编制被审计单位财务报表（包括作出的重大会计估计和披露）的财务报告过程；

（六）与会计分录相关的控制，这些分录包括用以记录非经常性的、异常的交易或调整的非标准会计分录。

**第二十二条** 注册会计师应当了解被审计单位如何沟通与财务报告相关的人员的角色和职责以及与财务报告相关的重大事项。这种沟通包括：

（一）管理层与治理层之间的沟通；

（二）外部沟通，如与监管机构的沟通。

**第二十三条** 注册会计师应当了解与审计相关的控制活动。与审计相关的控制活动，是注册会计师为评估认定层次重大错报风险并设计进一步审计程序应对评估的风险而认为有必要了解的控制活动。审计并不要求了解与财务报表中每类重大交易、账户余额和披露或与其每项认定相关的所有控制活动。

**第二十四条** 在了解被审计单位控制活动时，注册会计师应当了解被审计单位如何应对信息技术导致的风险。

**第二十五条** 注册会计师应当了解被审计单位用于监督与财务报告相关的内部控制的主要活动，包括了解针对与审计相关的控制活动的监督，以及被审计单位如何对控制缺陷采取补救措施。

**第二十六条** 如果被审计单位设有内部审计，注册会计师应当了解下列事项，以确定内部审计是否可能与审计相关：

（一）内部审计的职能范围以及内部审计在被审计单位组织结构中的地位和作用；

（二）内部审计已实施或拟实施的活动。

**第二十七条** 注册会计师应当了解被审计单位监督活动所使用信息的来源，以及管理层认为信息对于实现目的足够可靠的依据。

## 第四节 识别和评估重大错报风险

**第二十八条** 注册会计师应当在下列两个层次识别和评估重大错报风险，为设计和实施进一步审计程序提供基础：

（一）财务报表层次；

（二）各类交易、账户余额和披露的认定层次。

**第二十九条**　在识别和评估重大错报风险时，注册会计师应当实施下列审计程序：

（一）在了解被审计单位及其环境（包括与风险相关的控制）的整个过程中，结合对财务报表中各类交易、账户余额和披露的考虑，识别风险；

（二）评估识别出的风险，并评价其是否更广泛地与财务报表整体相关，进而潜在地影响多项认定；

（三）结合对拟测试的相关控制的考虑，将识别出的风险与认定层次可能发生错报的领域相联系；

（四）考虑发生错报的可能性（包括发生多项错报的可能性），以及潜在错报的重大程度是否足以导致重大错报。

**第三十条**　作为本准则第二十八条所述的风险评估的一部分，注册会计师应当根据职业判断，确定识别出的风险是否为特别风险。在进行判断时，注册会计师不应考虑识别出的控制对相关风险的抵消效果。

**第三十一条**　在判断哪些风险是特别风险时，注册会计师应当至少考虑下列方面：

（一）风险是否属于舞弊风险；

（二）风险是否与近期经济环境、会计处理方法或其他方面的重大变化相关，因而需要特别关注；

（三）交易的复杂程度；

（四）风险是否涉及重大的关联方交易；

（五）财务信息计量的主观程度，特别是计量结果是否具有高度不确定性；

（六）风险是否涉及异常或超出正常经营过程的重大交易。

**第三十二条**　如果认为存在特别风险，注册会计师应当了解被审计单位与该风险相关的控制（包括控制活动）。

**第三十三条**　对于某些风险，注册会计师可能认为仅从实质性程序中获取充分、适当的审计证据是不可能或不可行的。这些风险可能与对日常和重大类别的交易或账户余额作出的不准确或不完整的记录相关，对这些交易或账户余额通常可以采用高度自动化处理，不存在或存在很少人工干预。在这种情况下，被审计单位针对这类风险建立的控制与审计相关，注册会计师应当了解这些控制。

**第三十四条**　注册会计师对认定层次重大错报风险的评估，可能随着审计过程中不断获取审计证据而作出相应的变化。

如果实施进一步审计程序获取的审计证据，或获取的新信息，与注册会计师之前作出评估所依据的审计证据不一致，注册会计师应当修正风险评估结果，并相应修改原计划实施的进一步审计程序。

### 第五节　审计工作底稿

**第三十五条**　注册会计师应当就下列事项形成审计工作底稿：

（一）根据本准则第十三条的规定，项目组进行的讨论以及得出的重要结论；

（二）根据本准则第十四条的规定，对被审计单位及其环境各个方面的了解要点、根据本准则第十七条至第二十七条的规定对内部控制各项要素的了解要点，获取上述了解的信息来源，以及实施的风险评估程序；

（三）根据本准则第二十八条的规定，在财务报表层次和认定层次识别和评估的重大错报风险；

（四）根据本准则第三十条至第三十三条的规定，识别出的风险和了解的相关控制。

## 第五章　附　　则

**第三十六条**　本准则自 2012 年 1 月 1 日起施行。

# 13. 中国注册会计师审计准则第 1221 号——计划和执行审计工作时的重要性

## 第一章　总　　则

**第一条**　为了规范注册会计师在计划和执行财务报表审计工作时运用重要性概念，制定本准则。

**第二条** 《中国注册会计师审计准则第1251号——评价审计过程中识别出的错报》规范注册会计师在评价识别出的错报对审计的影响以及未更正错报对财务报表的影响时，如何运用重要性概念。

**第三条** 财务报告编制基础通常从编制和列报财务报表的角度阐释重要性概念。财务报告编制基础可能以不同的术语解释重要性，但通常而言，重要性概念可从下列方面进行理解：

（一）如果合理预期错报（包括漏报）单独或汇总起来可能影响财务报表使用者依据财务报表作出的经济决策，则通常认为错报是重大的；

（二）对重要性的判断是根据具体环境作出的，并受错报的金额或性质的影响，或受两者共同作用的影响；

（三）判断某事项对财务报表使用者是否重大，是在考虑财务报表使用者整体共同的财务信息需求的基础上作出的。由于不同财务报表使用者对财务信息的需求可能差异很大，因此不考虑错报对个别财务报表使用者可能产生的影响。

**第四条** 适用的财务报告编制基础对重要性概念的规定，为注册会计师在审计工作中确定重要性提供了参考依据。如果适用的财务报告编制基础未对重要性概念作出规定，本准则第三条为注册会计师确定重要性提供了参考依据。

**第五条** 注册会计师对重要性的确定属于职业判断，受注册会计师对财务报表使用者对财务信息需求的认识的影响。就审计而言，注册会计师针对财务报表使用者作出下列假定是合理的：

（一）拥有经营、经济活动和会计方面的适当知识，并有意愿认真研究财务报表中的信息；

（二）理解财务报表是在运用重要性水平基础上编制、列报和审计的；

（三）认可建立在对估计和判断的应用以及对未来事项的考虑的基础上的会计计量具有固有的不确定性；

（四）依据财务报表中的信息作出合理的经济决策。

**第六条** 在计划和执行审计工作，评价识别出的错报对审计的影响，以及未更正错报对财务报表和审计意见的影响时，注册会计师需要运用重要性概念。

**第七条** 在计划审计工作时，注册会计师需要对认为重大的错报金额作出判断。

作出的判断为下列方面提供了基础：

（一）确定风险评估程序的性质、时间安排和范围；

（二）识别和评估重大错报风险；

（三）确定进一步审计程序的性质、时间安排和范围。

在计划审计工作时确定的重要性（即确定的某一金额），并不必然表明单独或汇总起来低于该金额的未更正错报一定被评价为不重大。即使某些错报低于重要性，与这些错报相关的具体情形可能使注册会计师将其评价为重大。

尽管设计审计程序以发现仅因其性质而可能被评价为重大的错报并不可行，但是注册会计师在评价未更正错报对财务报表的影响时，不仅要考虑错报金额的大小，还要考虑错报的性质以及错报发生的特定环境。

## 第二章　定　　义

**第八条** 实际执行的重要性，是指注册会计师确定的低于财务报表整体的重要性的一个或多个金额，旨在将未更正和未发现错报的汇总数超过财务报表整体的重要性的可能性降至适当的低水平。如果适用，实际执行的重要性还指注册会计师确定的低于特定类别的交易、账户余额或披露的重要性水平的一个或多个金额。

## 第三章　目　　标

**第九条** 注册会计师的目标是，在计划和执行审计工作时恰当地运用重要性概念。

## 第四章　要　　求

### 第一节　计划审计工作时确定重要性和实际执行的重要性

**第十条** 在制定总体审计策略时，注册会计师应当确定财务报表整体的重要性。根据被审计单位的特定情况，如果存在一个或多个特定类别的交易、账户余额或披露，其发生的错报金额虽然低于财务报表整体的重要性，但合理预期可能影响财务报表使用者依据财务报表作出的经济决策，注册会计师还应当确定适用于这些交易、账户余额或披露的一个或多个重要性水平。

**第十一条** 注册会计师应当确定实际执行的重要性，以评估重大错报风险并确定进一步审计程序的性质、时间安排和范围。

### 第二节 审计过程中修改重要性

**第十二条** 如果在审计过程中获知了某项信息，而该信息可能导致注册会计师确定与原来不同的财务报表整体的重要性或者特定类别的交易、账户余额或披露的一个或多个重要性水平（如适用），注册会计师应当予以修改。

**第十三条** 如果认为运用低于最初确定的财务报表整体的重要性和特定类别的交易、账户余额或披露的一个或多个重要性水平（如适用）是适当的，注册会计师应当确定是否有必要修改实际执行的重要性，并确定进一步审计程序的性质、时间安排和范围是否仍然适当。

### 第三节 审计工作底稿

**第十四条** 注册会计师应当在审计工作底稿中记录下列金额以及在确定这些金额时考虑的因素：

（一）财务报表整体的重要性；

（二）特定类别的交易、账户余额或披露的一个或多个重要性水平（如适用）；

（三）实际执行的重要性；

（四）随着审计过程的推进，对本条第（一）项至第（三）项内容作出的任何修改。

### 第五章 附 则

**第十五条** 本准则自2012年1月1日起施行。

# 14. 中国注册会计师审计准则第1231号——针对评估的重大错报风险采取的应对措施

### 第一章 总 则

**第一条** 为了规范注册会计师针对评估的重大错报风险设计和实施应对措施，制定本准则。

### 第二章 定 义

**第二条** 实质性程序，是指用于发现认定层次重大错报的审计程序。实质性程序包括下列两类程序：

（一）对各类交易、账户余额和披露的细节测试；

（二）实质性分析程序。

**第三条** 控制测试，是指用于评价内部控制在防止或发现并纠正认定层次重大错报方面的运行有效性的审计程序。

### 第三章 目 标

**第四条** 注册会计师的目标是，针对评估的重大错报风险，通过设计和实施恰当的应对措施，获取充分、适当的审计证据。

## 第四章　要　　求

### 第一节　总体应对措施

**第五条**　注册会计师应当针对评估的财务报表层次重大错报风险，设计和实施总体应对措施。

### 第二节　进一步审计程序

**第六条**　注册会计师应当针对评估的认定层次重大错报风险，设计和实施进一步审计程序，包括审计程序的性质、时间安排和范围。

**第七条**　在设计拟实施的进一步审计程序时，注册会计师应当：

（一）考虑形成某类交易、账户余额和披露的认定层次重大错报风险评估结果的依据；

（二）评估的风险越高，需要获取越有说服力的审计证据。

形成某类交易、账户余额和披露的认定层次重大错报风险评估结果的依据包括：

（一）因相关交易类别、账户余额或披露的具体特征而导致重大错报的可能性（即固有风险）；

（二）风险评估是否考虑了相关控制（即控制风险），从而要求注册会计师获取审计证据以确定控制是否有效运行（即注册会计师在确定实质性程序的性质、时间安排和范围时，拟信赖控制运行的有效性）。

### 第三节　控制测试

**第八条**　当存在下列情形之一时，注册会计师应当设计和实施控制测试，针对相关控制运行的有效性，获取充分、适当的审计证据：

（一）在评估认定层次重大错报风险时，预期控制的运行是有效的（即在确定实质性程序的性质、时间安排和范围时，注册会计师拟信赖控制运行的有效性）；

（二）仅实施实质性程序并不能够提供认定层次充分、适当的审计证据。

**第九条**　在设计和实施控制测试时，对控制有效性的信赖程度越高，注册会计师应当获取越有说服力的审计证据。

**第十条**　在设计和实施控制测试时，注册会计师应当：

（一）将询问与其他审计程序结合使用，以获取有关控制运行有效性的审计证据；

（二）确定拟测试的控制是否依赖其他控制（间接控制）。如果依赖其他控制，确定是否有必要获取支持这些间接控制有效运行的审计证据。

注册会计师获取的有关控制运行有效性的证据应当包括：

（一）控制在所审计期间的相关时点是如何运行的；

（二）控制是否得到一贯执行；

（三）控制由谁或以何种方式执行。

**第十一条**　注册会计师应当按照本准则第十二条和第十五条的规定，测试其拟信赖的特定时点或整个期间的控制，为预期信赖程度提供恰当的依据。

**第十二条**　如果已获取有关控制在期中运行有效性的审计证据，注册会计师应当：

（一）获取这些控制在剩余期间发生重大变化的审计证据；

（二）确定针对剩余期间还需获取的补充审计证据。

**第十三条**　在确定利用以前审计获取的有关控制运行有效性的审计证据是否适当，以及再次测试控制的时间间隔时，注册会计师应当考虑下列因素：

（一）内部控制其他要素的有效性，包括控制环境、被审计单位对控制的监督以及被审计单位的风险评估过程；

（二）控制特征（人工控制还是自动化控制）产生的风险；

（三）信息技术一般控制的有效性；

（四）控制设计及其运行的有效性，包括在以前审计中发现的控制运行偏差的性质和程度，以及是否发生对控制运行产生重大影响的人员变动；

（五）是否存在由于环境发生变化而特定控制缺乏相应变化导致的风险；

（六）重大错报风险和对控制的信赖程度。

**第十四条** 如果拟利用以前审计获取的有关控制运行有效性的审计证据，注册会计师应当通过获取这些控制在以前审计后是否发生重大变化的审计证据，确定以前审计获取的审计证据是否与本期审计持续相关。

注册会计师应当通过实施询问并结合观察或检查程序，获取这些控制是否发生重大变化的审计证据，以确认对这些控制的了解，并根据下列情况作出不同处理：

（一）如果已发生变化，且这些变化对以前审计获取的审计证据的持续相关性产生影响，注册会计师应当在本期审计中测试这些控制运行的有效性；

（二）如果未发生这些变化，注册会计师应当每三年至少对控制测试一次，并且在每年审计中测试部分控制，以避免将所有拟信赖控制的测试集中于某一年，而在之后的两年中不进行任何测试。

**第十五条** 如果确定评估的认定层次重大错报风险是特别风险，并拟信赖针对该风险实施的控制，注册会计师应当在本期审计中测试这些控制运行的有效性。

**第十六条** 在评价相关控制运行的有效性时，注册会计师应当评价通过实施实质性程序发现的错报是否表明控制未得到有效运行。但通过实质性程序未发现错报，并不能证明与所测试认定相关的控制是有效的。

**第十七条** 如果发现拟信赖的控制出现偏差，注册会计师应当进行专门询问以了解这些偏差及其潜在后果，并确定：

（一）已实施的控制测试是否为信赖这些控制提供了适当的基础；

（二）是否有必要实施追加的控制测试；

（三）是否需要针对潜在的错报风险实施实质性程序。

## 第四节 实质性程序

**第十八条** 无论评估的重大错报风险结果如何，注册会计师都应当针对所有重大类别的交易、账户余额和披露，设计和实施实质性程序。

**第十九条** 注册会计师应当考虑是否将函证程序用作实质性程序。

**第二十条** 注册会计师实施的实质性程序应当包括下列与财务报表编制完成阶段相关的审计程序：

（一）将财务报表与其所依据的会计记录进行核对或调节；

（二）检查财务报表编制过程中作出的重大会计分录和其他调整。

**第二十一条** 如果认为评估的认定层次重大错报风险是特别风险，注册会计师应当专门针对该风险实施实质性程序。如果针对特别风险实施的程序仅为实质性程序，这些程序应当包括细节测试。

**第二十二条** 如果在期中实施了实质性程序，注册会计师应当针对剩余期间实施下列程序之一，以将期中测试得出的结论合理延伸至期末：

（一）结合对剩余期间实施的控制测试，实施实质性程序；

（二）如果认为对剩余期间拟实施的实质性程序是充分的，仅实施实质性程序。

**第二十三条** 如果期中检查出注册会计师在评估重大错报风险时未预期到的错报，注册会计师应当评价是否需要修改相关的风险评估结果以及针对剩余期间拟实施的实质性程序的性质、时间安排或范围。

## 第五节 列报与披露的恰当性

**第二十四条** 注册会计师应当实施审计程序，评价财务报表的总体列报与相关披露是否符合适用的财务报告编制基础的规定。

## 第六节 评价审计证据的充分性和适当性

**第二十五条** 在得出总体结论之前，注册会计师应当根据实施的审计程序和获取的审计证据，评价对认定层次重大错报风险的评估是否仍然适当。

**第二十六条** 注册会计师应当确定是否已获取充分、适当的审计证据。

在形成审计意见时，注册会计师应当考虑所有相关的审计证据，无论该证据与财务报表认定相互印证还是相互矛盾。

**第二十七条** 如果对重大的财务报表认定没有获取充分、适当的审计证据，注册会计师应当尽可能获取进一步的审计证据。

如果仍然不能获取充分、适当的审计证据，注册会计师应当对财务报表发表保留意见或无法表示意见。

### 第七节 审计工作底稿

**第二十八条** 注册会计师应当就下列事项形成审计工作底稿：

（一）针对评估的财务报表层次重大错报风险采取的总体应对措施，以及实施的进一步审计程序的性质、时间安排和范围；

（二）实施的进一步审计程序与评估的认定层次风险之间的联系；

（三）实施进一步审计程序的结果，包括在结果不明显时得出的结论。

**第二十九条** 如果拟利用在以前审计中获取的有关控制运行有效性的审计证据，注册会计师应当记录信赖这些控制的理由和结论。

**第三十条** 注册会计师的审计工作底稿应当能够证明财务报表与其所依据的会计记录是一致的或调节相符的。

### 第五章 附 则

**第三十一条** 本准则自2012年1月1日起施行。

## 15. 中国注册会计师审计准则第1241号——对被审计单位使用服务机构的考虑

### 第一章 总 则

**第一条** 为了规范注册会计师在被审计单位使用服务机构的服务时获取充分、适当的审计证据的责任，制定本准则。

**第二条** 《中国注册会计师审计准则第1211号——通过了解被审计单位及其环境识别和评估重大错报风险》和《中国注册会计师审计准则第1231号——针对评估的重大错报风险采取的应对措施》涉及注册会计师了解被审计单位（包括与审计相关的内部控制），以足够识别和评估重大错报风险，并针对这些风险设计和实施进一步审计程序，本准则是对注册会计师如何应用这些准则的进一步扩展。

**第三条** 许多被审计单位将其部分业务外包给服务机构，这些服务机构提供的服务范围很广，从按照被审计单位的指令执行特定任务，到整体替代被审计单位部分业务单元或职能。服务机构提供的很多服务构成被审计单位业务经营不可或缺的一部分，但并非所有这些服务都与审计相关。

**第四条** 如果服务机构提供的服务和对服务的控制，构成被审计单位与财务报告相关的信息系统（包括相关业务流程）的一部分，则服务机构提供的服务与被审计单位财务报表审计相关。服务机构的多数控制可能与财务报告相关，也可能有其他控制（如与资产保护相关的控制）与审计相关。如果服务机构提供的服务影响到下列任何一项，则该服务被视为构成被审计单位与财务报告相关的信息系统（包括相关业务流程）的一部分：

（一）在被审计单位的经营过程中，对财务报表重大的各类交易；

（二）在信息技术和人工系统中，对被审计单位的交易生成、记录、处理、必要的更正、结转至总账以及在财务报表中报告的程序；

（三）用以生成、记录、处理和报告（包括纠正不正确的信息以及信息如何结转至总账）被审计单位交易的会计记录（电子或人工形式）、支持性信息和财务报表中的特定账户；

（四）被审计单位的信息系统如何获取除交易以外的对财务报表重大的事项和情况；

（五）用于编制被审计单位财务报表（包括作出的重大会计估计和披露）的财务报告过程；

（六）与会计分录相关的控制，这些分录包括用以记录非经常性的、异常的交易或调整的非标准会计分录。

**第五条**　对于服务机构提供的服务，注册会计师拟执行工作的性质和范围，取决于服务的性质、服务对被审计单位的重要性以及与审计的相关性。

**第六条**　如果被审计单位在某一金融机构开设账户，该金融机构提供的服务仅限于按照被审计单位的特别授权在该账户下处理交易，（如银行对支票账户交易的处理或证券经纪机构对证券交易的处理），则本准则不适用。

如果被审计单位拥有其他实体（如合伙企业、股份制企业和合资公司）的所有权经济利益，并且这些实体对所有权经济利益进行会计核算和向所有者报告，本准则不适用于对被审计单位因拥有这些实体所有权经济利益而产生的交易的审计。

## 第二章　定　　义

**第七条**　服务机构，是指向被审计单位提供服务，并且其服务构成与被审计单位财务报告相关的信息系统组成部分的第三方机构（或第三方机构的分部）。

**第八条**　使用服务机构的被审计单位，在本准则中简称被审计单位，是指使用服务机构且正在接受财务报表审计的实体。

**第九条**　被审计单位注册会计师，在本准则中简称注册会计师，是指对被审计单位的财务报表进行审计并出具报告的注册会计师。

**第十条**　服务机构注册会计师，是指接受服务机构委托，对服务机构的控制出具鉴证报告的注册会计师。

**第十一条**　针对服务机构对控制的描述和设计出具的报告（本准则中称为第一类报告），内容包括：

（一）由服务机构管理层对服务机构系统、控制目标以及在特定日期已得到设计和执行的相关控制作出的描述；

（二）服务机构注册会计师出具的报告（旨在向使用者提供合理保证），包括针对服务机构对于系统、控制目标和相关控制的描述，以及控制的设计对于实现特定控制目标的适当性发表的意见。

**第十二条**　针对服务机构对控制的描述、设计和运行有效性出具的报告（本准则中称为第二类报告），内容包括：

（一）由服务机构管理层作出的描述，涉及服务机构系统、控制目标和相关控制、在特定日期或特定期间控制的设计和执行，以及在某些情况下控制在特定期间运行的有效性；

（二）服务机构注册会计师出具的报告（旨在向使用者提供合理保证），包括：针对服务机构对于系统、控制目标和相关控制的描述，控制的设计对于实现特定控制目标的适当性，以及控制运行的有效性发表的意见；针对控制测试及其结果作出的描述。

**第十三条**　服务机构的系统，是指为了向被审计单位提供服务机构注册会计师的报告所涵盖的服务而由服务机构设计、执行和维护的政策和程序。

**第十四条**　被审计单位的互补性控制，是指服务机构在设计服务时假定将由被审计单位实施的控制。如果对实现控制目标是必要的，则应当在服务机构系统描述中予以明确。

**第十五条**　分包服务机构，是指服务机构为向被审计单位提供服务而使用的另一个服务机构，其提供的服务是服务机构应提供服务的一部分，且构成被审计单位与财务报告相关的信息系统的组成部分。

## 第三章　目　　标

**第十六条**　当被审计单位使用服务机构提供的服务时，注册会计师的目标是：

（一）了解服务机构提供的服务的性质和重要性，及其对与审计相关的被审计单位内部控制的影响，以足够识别和评估重大错报风险；

（二）针对识别和评估的重大错报风险，设计和实施审计程序。

## 第四章 要 求

### 第一节 了解服务机构提供的服务

**第十七条** 当按照《中国注册会计师审计准则第 1211 号——通过了解被审计单位及其环境识别和评估重大错报风险》的规定了解被审计单位时，注册会计师应当了解被审计单位在经营中如何利用服务机构提供的服务，包括：

（一）服务机构提供的服务的性质，以及该服务对被审计单位的重要性，包括由此对被审计单位内部控制产生的影响；

（二）由服务机构处理的交易、受服务机构影响的账户或财务报告过程的性质和重要性；

（三）服务机构与被审计单位之间活动的相互影响程度；

（四）被审计单位与服务机构关系的性质，包括服务机构与被审计单位就提供服务订立的相关合同条款。

**第十八条** 当按照《中国注册会计师审计准则第 1211 号——通过了解被审计单位及其环境识别和评估重大错报风险》的规定了解与审计相关的内部控制时，注册会计师应当评价被审计单位的、与服务机构提供服务相关的控制的设计和执行情况，这些控制包括应用于服务机构所处理的交易的控制。

**第十九条** 注册会计师应当确定，是否已充分了解服务机构提供的服务的性质和重要性，及其对与审计相关的被审计单位内部控制的影响，以作为识别和评估重大错报风险的基础。

**第二十条** 如果不能从被审计单位获得充分的了解，注册会计师应当实施下列一项或多项程序：

（一）获取第一类报告或第二类报告；

（二）通过被审计单位联系服务机构，以获取特定信息；

（三）访问服务机构，并实施可以获取有关服务机构相关控制的必要信息的程序；

（四）利用其他注册会计师实施可以获取有关服务机构相关控制的必要信息的程序。

**第二十一条** 当确定第一类报告或第二类报告提供的审计证据的充分性和适当性时，注册会计师应当确信：

（一）服务机构注册会计师具有相应的专业胜任能力并独立于服务机构；

（二）服务机构注册会计师出具第一类报告或第二类报告所依据的标准是适当的。

**第二十二条** 如果拟利用第一类报告或第二类报告作为审计证据，以支持对服务机构内部控制设计和执行情况的了解，注册会计师应当：

（一）评价对服务机构控制的描述和设计所针对的时点或期间是否适用于注册会计师的审计目的；

（二）对了解与审计相关的被审计单位内部控制而言，评价报告提供的证据是否充分和适当；

（三）确定服务机构系统描述中明确的被审计单位的互补性控制是否与被审计单位相关；如果相关，了解被审计单位是否设计和执行了此类控制。

### 第二节 应对评估的重大错报风险

**第二十三条** 当按照《中国注册会计师审计准则第 1231 号——针对评估的重大错报风险采取的应对措施》的规定应对评估的重大错报风险时，注册会计师应当：

（一）确定是否能够从被审计单位保存的记录中获取有关财务报表认定的充分、适当的审计证据；

（二）如果不能获取充分、适当的审计证据，则实施进一步审计程序，或利用其他注册会计师代其对服务机构实施这些程序。

**第二十四条** 如果在评估重大错报风险时预期服务机构的控制的运行是有效的，注册会计师应当实施下列一项或多项程序，以获取有关这些控制运行有效性的审计证据：

（一）获取第二类报告（如可行）；

（二）对服务机构的控制实施适当测试；

（三）利用其他注册会计师代其对服务机构的控制实施测试。

**第二十五条** 如果根据本准则第二十四条第（一）项的规定拟利用第二类报告作为服务机构内部控制

运行有效性的审计证据，注册会计师应当通过实施下列程序，确定服务机构注册会计师的报告是否能够提供有关内部控制运行有效性的充分、适当的审计证据，以支持对重大错报风险的评估：

（一）评价对服务机构控制的描述、设计和运行有效性所针对的时点或期间是否适用于注册会计师的审计目的；

（二）确定服务机构系统描述中明确的被审计单位的互补性控制是否与被审计单位相关；如果相关，了解被审计单位是否设计和执行了此类控制，如是，测试其运行有效性；

（三）评价控制测试的涵盖期间和自实施控制测试以来的时间间隔的适当性；

（四）评价服务机构注册会计师报告中所述的、由服务机构注册会计师实施的控制测试及其结果是否与被审计单位财务报表的认定相关并提供充分、适当的审计证据，以支持注册会计师的风险评估。

**第二十六条** 如果注册会计师拟利用的第一类报告或第二类报告不涵盖分包服务机构提供的服务，而这些服务与被审计单位财务报表审计相关，针对这些由分包服务机构提供的服务，注册会计师应当遵守本准则的规定。

**第二十七条** 注册会计师应当询问被审计单位管理层，确定服务机构是否曾经向被审计单位报告，或被审计单位是否以其他方式获知任何影响被审计单位财务报表的舞弊、违反法律法规行为或未更正错报。

注册会计师应当评价这些事项如何影响进一步审计程序的性质、时间安排和范围，并评价对得出的结论和审计报告的影响。

### 第三节 审计报告

**第二十八条** 针对服务机构提供的与被审计单位财务报表审计相关的服务，如果无法获取充分、适当的审计证据，注册会计师应当根据《中国注册会计师审计准则第 1502 号——在审计报告中发表非无保留意见》的规定，在审计报告中发表非无保留意见。

**第二十九条** 注册会计师不应在无保留意见的审计报告中提及服务机构注册会计师的相关工作，除非法律法规另有规定。如果法律法规要求提及，审计报告应当指出这种提及并不减轻注册会计师对审计意见承担的责任。

**第三十条** 如果提及服务机构注册会计师的工作与理解注册会计师出具的非无保留意见相关，审计报告应当指出，这种提及并不减轻注册会计师对审计意见承担的责任。

## 第五章 附 则

**第三十一条** 本准则自 2012 年 1 月 1 日起施行。

# 16. 中国注册会计师审计准则第 1251 号——评价审计过程中识别出的错报

## 第一章 总 则

**第一条** 为了规范注册会计师评价识别出的错报对审计的影响以及未更正错报对财务报表的影响，制定本准则。

**第二条** 《中国注册会计师审计准则第 1501 号——对财务报表形成审计意见和出具审计报告》规定了在对财务报表形成审计意见时，注册会计师应当针对财务报表整体是否不存在重大错报，确定是否已就此获取合理保证得出结论。

注册会计师按照《中国注册会计师审计准则第 1501 号——对财务报表形成审计意见和出具审计报告》的规定得出的结论，考虑了对未更正错报的评价及其对财务报表的影响。

《中国注册会计师审计准则第 1221 号——计划和执行审计工作时的重要性》规范了注册会计师在计划和执行财务报表审计工作时恰当运用重要性概念的责任。

## 第二章　定　　义

**第三条**　错报，是指某一财务报表项目的金额、分类、列报或披露，与按照适用的财务报告编制基础应当列示的金额、分类、列报或披露之间存在的差异；或根据注册会计师的判断，为使财务报表在所有重大方面实现公允反映，需要对金额、分类、列报或披露作出的必要调整。错报可能是由于错误或舞弊导致的。

**第四条**　未更正错报，是指注册会计师在审计过程中累积的且被审计单位未更正的错报。

## 第三章　目　　标

**第五条**　注册会计师的目标是：

（一）评价识别出的错报对审计的影响；

（二）评价未更正错报对财务报表的影响。

## 第四章　要　　求

### 第一节　累积识别出的错报

**第六条**　注册会计师应当累积审计过程中识别出的错报，除非错报明显微小。

### 第二节　随着审计的推进考虑识别出的错报

**第七条**　如果出现下列情况之一，注册会计师应当确定是否需要修改总体审计策略和具体审计计划：

（一）识别出的错报的性质以及错报发生的环境表明可能存在其他错报，并且可能存在的其他错报与审计过程中累积的错报合计起来可能是重大的；

（二）审计过程中累积的错报合计数接近按照《中国注册会计师审计准则第 1221 号——计划和执行审计工作时的重要性》的规定确定的重要性。

**第八条**　如果管理层应注册会计师的要求，检查了某类交易、账户余额或披露并更正了已发现的错报，注册会计师应当实施追加的审计程序，以确定错报是否仍然存在。

### 第三节　沟通和更正错报

**第九条**　除非法律法规禁止，注册会计师应当及时将审计过程中累积的所有错报与适当层级的管理层进行沟通。注册会计师还应当要求管理层更正这些错报。

**第十条**　如果管理层拒绝更正沟通的部分或全部错报，注册会计师应当了解管理层不更正错报的理由，并在评价财务报表整体是否不存在重大错报时考虑该理由。

### 第四节　评价未更正错报的影响

**第十一条**　在评价未更正错报的影响之前，注册会计师应当重新评估按照《中国注册会计师审计准则第 1221 号——计划和执行审计工作时的重要性》的规定确定的重要性，以根据被审计单位的实际财务结果确认其是否仍然适当。

**第十二条**　注册会计师应当确定未更正错报单独或汇总起来是否重大。在确定时，注册会计师应当考虑：

（一）相对某类交易、账户余额或披露以及财务报表整体而言，错报的金额和性质以及错报发生的特定环境；

（二）与以前期间相关的未更正错报对相关类别的交易、账户余额或披露以及财务报表整体的影响。

**第十三条**　除非法律法规禁止，注册会计师应当与治理层沟通未更正错报，以及这些错报单独或汇总起来可能对审计意见产生的影响。

注册会计师在沟通时应当逐项指明重大的未更正错报。注册会计师应当要求被审计单位更正未更正错报。

**第十四条** 注册会计师应当与治理层沟通与以前期间相关的未更正错报对相关类别的交易、账户余额或披露以及财务报表整体的影响。

### 第五节 书面声明

**第十五条** 注册会计师应当要求管理层和治理层(如适用)提供书面声明,说明其是否认为未更正错报单独或汇总起来对财务报表整体的影响不重大。这些错报项目的概要应当包含在书面声明中或附在其后。

### 第六节 审计工作底稿

**第十六条** 注册会计师应当就下列事项形成审计工作底稿:

(一)设定的某一金额,低于该金额的错报视为明显微小;

(二)审计过程中累积的所有错报,以及是否已得到更正;

(三)注册会计师就未更正错报单独或汇总起来是否重大得出的结论,以及得出结论的基础。

## 第五章 附 则

**第十七条** 本准则自2012年1月1日起施行。

# 17. 中国注册会计师审计准则第1301号——审计证据

## 第一章 总 则

**第一条** 为了规范注册会计师在财务报表审计中确定审计证据的构成,明确注册会计师设计和实施审计程序以获取充分、适当的审计证据的责任,制定本准则。

**第二条** 本准则适用于注册会计师在审计过程中获取和评价所有审计证据。其他审计准则,对获取和评价审计证据提出了进一步要求。例如,《中国注册会计师审计准则第1211号——通过了解被审计单位及其环境识别和评估重大错报风险》等准则规范了审计的具体方面对审计证据的要求;《中国注册会计师审计准则第1324号——持续经营》等准则规范了针对特定问题需要获取的审计证据;《中国注册会计师审计准则第1313号——分析程序》等准则规范了获取审计证据需要实施的具体程序;《中国注册会计师审计准则第1101号——注册会计师的总体目标和审计工作的基本要求》和《中国注册会计师审计准则第1231号——针对评估的重大错报风险采取的应对措施》等准则规范了对已获取审计证据的充分性和适当性的评价。

**第三条** 审计证据的可靠性受其来源和性质的影响,并取决于获取审计证据的具体环境。判断审计证据可靠性的一般原则包括:

(一)从被审计单位外部独立来源获取的审计证据比从其他来源获取的审计证据更可靠;

(二)相关控制有效时内部生成的审计证据比控制薄弱时内部生成的审计证据更可靠;

(三)直接获取的审计证据比间接获取或推论得出的审计证据更可靠;

(四)以文件记录形式(包括纸质、电子或其他介质)存在的审计证据比口头形式的审计证据更可靠;

(五)从原件获取的审计证据比从复印、传真或通过拍摄、数字化或其他方式转化成电子形式的文件获取的审计证据更可靠。

通常情况下,注册会计师以函证方式直接从被询证者获取的审计证据,比被审计单位内部生成的审计证据更可靠。通过函证等方式从独立来源获取的相互印证的信息,可以提高注册会计师从会计记录或管理层书面声明中获取的审计证据的保证水平。

## 第二章 定 义

**第四条** 审计证据,是指注册会计师为了得出审计结论和形成审计意见而使用的信息。审计证据包括构成财务报表基础的会计记录所含有的信息和其他信息。

**第五条** 会计记录，是指对初始会计分录形成的记录和支持性记录。例如，支票、电子资金转账记录、发票和合同；总分类账、明细分类账、会计分录以及对财务报表予以调整但未在账簿中反映的其他分录；支持成本分配、计算、调节和披露的手工计算表和电子数据表。

**第六条** 审计证据的充分性，是对审计证据数量的衡量。注册会计师需要获取的审计证据的数量受其对重大错报风险评估的影响，并受审计证据质量的影响。

**第七条** 审计证据的适当性，是对审计证据质量的衡量，即审计证据在支持审计意见所依据的结论方面具有的相关性和可靠性。

**第八条** 管理层的专家，是指在会计、审计以外的某一领域具有专长的个人或组织，其工作被管理层利用以协助编制财务报表。

## 第三章 目　　标

**第九条** 注册会计师的目标是，通过恰当的方式设计和实施审计程序，获取充分、适当的审计证据，以得出合理的结论，作为形成审计意见的基础。

## 第四章 要　　求

### 第一节 充分、适当的审计证据

**第十条** 注册会计师应当根据具体情况设计和实施恰当的审计程序，以获取充分、适当的审计证据。

### 第二节 用作审计证据的信息

**第十一条** 在设计和实施审计程序时，注册会计师应当考虑用作审计证据的信息的相关性和可靠性。

**第十二条** 如果用作审计证据的信息在编制时利用了管理层的专家的工作，注册会计师应当考虑管理层的专家的工作对实现注册会计师目的的重要性，并在必要的范围内实施下列程序：

（一）评价管理层的专家的胜任能力、专业素质和客观性；

（二）了解管理层的专家的工作；

（三）评价将管理层的专家的工作用作相关认定的审计证据的适当性。

**第十三条** 在使用被审计单位生成的信息时，注册会计师应当评价该信息对实现注册会计师的目的是否足够可靠，包括根据具体情况在必要时实施下列程序：

（一）获取有关信息准确性和完整性的审计证据；

（二）评价信息对实现审计目的是否足够准确和详细。

### 第三节 选取测试项目以获取审计证据

**第十四条** 在设计控制测试和细节测试时，注册会计师应当确定选取测试项目的方法以有效实现审计程序的目的。

### 第四节 审计证据之间存在不一致或对审计证据可靠性存有疑虑

**第十五条** 如果存在下列情形之一，注册会计师应当确定需要修改或追加哪些审计程序予以解决，并考虑存在的情形对审计其他方面的影响：

（一）从某一来源获取的审计证据与从另一来源获取的不一致；

（二）注册会计师对用作审计证据的信息的可靠性存有疑虑。

## 第五章 附　　则

**第十六条** 本准则自2012年1月1日起施行。

# 18. 中国注册会计师审计准则第1311号——对存货、诉讼和索赔、分部信息等特定项目获取审计证据的具体考虑

## 第一章 总 则

**第一条** 为了规范注册会计师在财务报表审计中对存货、诉讼和索赔、分部信息等特定项目的某些方面获取充分、适当的审计证据的具体考虑,制定本准则。

**第二条** 本准则适用于注册会计师按照《中国注册会计师审计准则第1231号——针对评估的重大错报风险采取的应对措施》、《中国注册会计师审计准则第1301号——审计证据》和其他相关审计准则的规定对本准则第一条提及的特定项目的某些方面获取审计证据。

## 第二章 目 标

**第三条** 注册会计师的目标是,针对特定项目的下列方面获取充分、适当的审计证据:

(一)存货的存在和状况;

(二)涉及被审计单位的诉讼和索赔事项的完整性;

(三)按照适用的财务报告编制基础对分部信息的列报与披露。

## 第三章 要 求

### 第一节 存 货

**第四条** 如果存货对财务报表是重要的,注册会计师应当实施下列审计程序,对存货的存在和状况获取充分、适当的审计证据:

(一)在存货盘点现场实施监盘(除非不可行);

(二)对期末存货记录实施审计程序,以确定其是否准确反映实际的存货盘点结果。

在存货盘点现场实施监盘时,注册会计师应当实施下列审计程序:

(一)评价管理层用以记录和控制存货盘点结果的指令和程序;

(二)观察管理层制订的盘点程序的执行情况;

(三)检查存货;

(四)执行抽盘。

**第五条** 如果存货盘点在财务报表日以外的其他日期进行,注册会计师除实施本准则第四条规定的审计程序外,还应当实施其他审计程序,以获取审计证据,确定存货盘点日与财务报表日之间的存货变动是否已得到恰当的记录。

**第六条** 如果由于不可预见的情况,无法在存货盘点现场实施监盘,注册会计师应当另择日期实施监盘,并对间隔期内发生的交易实施审计程序。

**第七条** 如果在存货盘点现场实施存货监盘不可行,注册会计师应当实施替代审计程序,以获取有关存货的存在和状况的充分、适当的审计证据。

如果不能实施替代审计程序,注册会计师应当按照《中国注册会计师审计准则第1502号——在审计报告中发表非无保留意见》的规定,在审计报告中发表非无保留意见。

**第八条** 如果由第三方保管或控制的存货对财务报表是重要的,注册会计师应当实施下列一项或两项审计程序,以获取有关该存货存在和状况的充分、适当的审计证据:

(一)向持有被审计单位存货的第三方函证存货的数量和状况;

(二)实施检查或其他适合具体情况的审计程序。

### 第二节 诉讼和索赔

**第九条** 注册会计师应当设计和实施审计程序，以识别涉及被审计单位的可能导致重大错报风险的诉讼和索赔事项。

这些审计程序包括：

（一）询问管理层和被审计单位其他内部人员，包括询问被审计单位内部法律顾问；

（二）查阅治理层的会议纪要和被审计单位与外部法律顾问之间的往来信函；

（三）复核法律费用账户记录。

**第十条** 如果评估识别出的诉讼或索赔事项存在重大错报风险，或者实施的审计程序表明可能存在其他的重大诉讼或索赔事项，注册会计师除实施其他审计准则规定的审计程序外，还应当寻求与被审计单位外部法律顾问进行直接沟通。注册会计师应当通过亲自寄发由管理层编制的询证函，要求外部法律顾问直接与注册会计师沟通。

如果法律法规禁止被审计单位的外部法律顾问与注册会计师进行直接沟通，注册会计师应当实施替代审计程序。

**第十一条** 如果管理层不同意注册会计师与外部法律顾问沟通或会面，或者外部法律顾问拒绝对询证函恰当回复或被禁止回复，并且注册会计师无法通过实施替代审计程序获取充分、适当的审计证据，注册会计师应当按照《中国注册会计师审计准则第 1502 号——在审计报告中发表非无保留意见》的规定在审计报告中发表非无保留意见。

**第十二条** 注册会计师应当要求管理层和治理层（如适用）提供书面声明，确认已向注册会计师披露所有其知悉的、已经或可能发生的、在编制财务报表时应当考虑其影响的诉讼和索赔事项，并确认已按照适用的财务报告编制基础进行了会计处理和披露。

### 第三节 分部信息

**第十三条** 针对被审计单位按照适用的财务报告编制基础列报与披露的分部信息，注册会计师应当实施下列审计程序，获取充分、适当的审计证据：

（一）了解管理层在确定分部信息时使用的方法；

（二）实施分析程序或其他适合具体情况的审计程序。

在了解管理层确定分部信息使用的方法时，注册会计师应当实施下列审计程序：

（一）评价使用的方法是否以使分部信息按照适用的财务报告编制基础披露；

（二）在适当的情况下，测试对这些方法的应用。

## 第四章 附 则

**第十四条** 本准则自 2012 年 1 月 1 日起施行。

# 19. 中国注册会计师审计准则第 1312 号——函证

## 第一章 总 则

**第一条** 为了规范注册会计师按照《中国注册会计师审计准则第 1231 号——针对评估的重大错报风险采取的应对措施》和《中国注册会计师审计准则第 1301 号——审计证据》的规定使用函证程序，以获取相关、可靠的审计证据，制定本准则。

**第二条** 本准则不适用于注册会计师对被审计单位诉讼和索赔事项实施询问程序。《中国注册会计师审计准则第 1311 号——对存货、诉讼和索赔、分部信息等特定项目获取审计证据的具体考虑》规定了有关诉讼和索赔的审计程序。

**第三条** 《中国注册会计师审计准则第 1301 号——审计证据》规定，审计证据的可靠性受其来源和性质的影响，并取决于获取审计证据的具体环境。

判断审计证据可靠性的一般原则包括：

（一）从被审计单位外部独立来源获取的审计证据比从其他来源获取的审计证据更可靠；

（二）直接获取的审计证据比间接获取或推论得出的审计证据更可靠；

（三）以文件记录形式（包括纸质、电子或其他介质）存在的审计证据比口头形式的审计证据更可靠。

通常情况下，注册会计师以函证方式直接从被询证者获取的审计证据，比被审计单位内部生成的审计证据更可靠。

**第四条** 下列审计准则明确了实施函证程序以获取审计证据的重要性：

（一）《中国注册会计师审计准则第 1231 号——针对评估的重大错报风险采取的应对措施》规定，注册会计师应当针对评估的财务报表层次重大错报风险，设计和实施总体应对措施，针对评估的认定层次重大错报风险，设计和实施进一步审计程序（包括审计程序的性质、时间安排和范围）；无论评估的重大错报风险结果如何，注册会计师都应当针对所有重大类别的交易、账户余额和披露，设计和实施实质性程序；注册会计师应当考虑是否将函证程序用作实质性程序。

（二）《中国注册会计师审计准则第 1231 号——针对评估的重大错报风险采取的应对措施》规定，评估的风险越高，需要获取越有说服力的审计证据。为此，注册会计师可以增加审计证据的数量或者获取更相关、更可靠的审计证据，或将两种方式结合使用。例如，注册会计师更加重视直接从第三方获取审计证据，或从不同的独立来源获取相互印证的审计证据。实施函证程序，可以帮助注册会计师获取可靠性高的审计证据，以应对由于舞弊或错误导致的特别风险。

（三）《中国注册会计师审计准则第 1141 号——财务报表审计中与舞弊相关的责任》规定，针对由于舞弊导致的认定层次重大错报风险，注册会计师应当考虑实施函证程序以获取更多的相互印证的信息。

（四）《中国注册会计师审计准则第 1301 号——审计证据》规定，通过函证等方式从独立来源获取的相互印证的信息，可以提高注册会计师从会计记录或管理层书面声明中获取的审计证据的保证水平。

## 第二章 定 义

**第五条** 函证（即外部函证），是指注册会计师直接从第三方（被询证者）获取书面答复作为审计证据的过程，书面答复可以采用纸质、电子或其他介质等形式。

**第六条** 积极式函证，是指要求被询证者直接向注册会计师回复，表明是否同意询证函所列示的信息，或填列所要求的信息的一种询证方式。

**第七条** 消极式函证，是指要求被询证者只有在不同意询证函所列示的信息时才直接向注册会计师回复的一种询证方式。

**第八条** 未回函，是指被询证者对积极式询证函未予回复或回复不完整，或询证函因未被送达而退回。

**第九条** 不符事项，是指被询证者提供的信息与询证函要求确认的信息不一致，或与被审计单位记录的信息不一致。

## 第三章 目 标

**第十条** 在使用函证程序时，注册会计师的目标是，设计和实施函证程序，以获取相关、可靠的审计证据。

## 第四章 要 求

### 第一节 函证程序

**第十一条** 注册会计师应当确定是否有必要实施函证程序以获取认定层次的相关、可靠的审计证据。在作出决策时，注册会计师应当考虑评估的认定层次重大错报风险，以及通过实施其他审计程序获取的审计证据如何将检查风险降至可接受的水平。

**第十二条** 注册会计师应当对银行存款、借款(包括零余额账户和在本期内注销的账户)、借款及与金融机构往来的其他重要信息实施函证程序,除非有充分证据表明某一银行存款、借款及与金融机构往来的其他重要信息对财务报表不重要且与之相关的重大错报风险很低。

如果不对这些项目实施函证程序,注册会计师应当在审计工作底稿中说明理由。

**第十三条** 注册会计师应当对应收账款实施函证程序,除非有充分证据表明应收账款对财务报表不重要,或函证很可能无效。

如果认为函证很可能无效,注册会计师应当实施替代审计程序,获取相关、可靠的审计证据。

如果不对应收账款函证,注册会计师应当在审计工作底稿中说明理由。

**第十四条** 当实施函证程序时,注册会计师应当对询证函保持控制,包括:

(一)确定需要确认或填列的信息;

(二)选择适当的被询证者;

(三)设计询证函,包括正确填列被询证者的姓名和地址,以及被询证者直接向注册会计师回函的地址等信息;

(四)发出询证函并予以跟进,必要时再次向被询证者寄发询证函。

## 第二节 管理层不允许寄发询证函

**第十五条** 如果管理层不允许寄发询证函,注册会计师应当:

(一)询问管理层不允许寄发询证函的原因,并就其原因的正当性及合理性收集审计证据;

(二)评价管理层不允许寄发询证函对评估的相关重大错报风险(包括舞弊风险),以及其他审计程序的性质、时间安排和范围的影响;

(三)实施替代程序,以获取相关、可靠的审计证据。

**第十六条** 如果认为管理层不允许寄发询证函的原因不合理,或实施替代程序无法获取相关、可靠的审计证据,注册会计师应当按照《中国注册会计师审计准则第 1151 号——与治理层的沟通》的规定,与治理层进行沟通。注册会计师还应当按照《中国注册会计师审计准则第 1502 号——在审计报告中发表非无保留意见》的规定,确定其对审计工作和审计意见的影响。

## 第三节 实施函证程序的结果

**第十七条** 如果存在对询证函回函的可靠性产生疑虑的因素,注册会计师应当进一步获取审计证据以消除这些疑虑。

**第十八条** 如果认为询证函回函不可靠,注册会计师应当评价其对评估的相关重大错报风险(包括舞弊风险),以及其他审计程序的性质、时间安排和范围的影响。

**第十九条** 在未回函的情况下,注册会计师应当实施替代程序以获取相关、可靠的审计证据。

**第二十条** 如果注册会计师认为取得积极式函证回函是获取充分、适当的审计证据的必要程序,则替代程序不能提供注册会计师所需要的审计证据。在这种情况下,如果未获取回函,注册会计师应当按照《中国注册会计师审计准则第 1502 号——在审计报告中发表非无保留意见》的规定,确定其对审计工作和审计意见的影响。

**第二十一条** 注册会计师应当调查不符事项,以确定是否表明存在错报。

## 第四节 消极式函证

**第二十二条** 消极式函证比积极式函证提供的审计证据的说服力低。除非同时满足下列条件,注册会计师不得将消极式函证作为唯一实质性程序,以应对评估的认定层次重大错报风险:

(一)注册会计师将重大错报风险评估为低水平,并已就与认定相关的控制的运行的有效性获取充分、适当的审计证据;

(二)需要实施消极式函证程序的总体由大量的小额、同质的账户余额、交易或事项构成;

(三)预期不符事项的发生率很低;

(四)没有迹象表明接收询证函的人员或机构不认真对待函证。

### 第五节 评价获取的审计证据

**第二十三条** 注册会计师应当评价实施函证程序的结果是否提供了相关、可靠的审计证据，或是否有必要进一步获取审计证据。

## 第五章 附 则

**第二十四条** 本准则自 2012 年 1 月 1 日起施行。

# 20. 中国注册会计师审计准则第 1313 号——分析程序

## 第一章 总 则

**第一条** 为了规范注册会计师在财务报表审计中将分析程序用作实质性程序(即实质性分析程序)，以及在临近审计结束时设计和实施分析程序以有助于对财务报表形成总体结论，制定本准则。

**第二条** 除本准则以外，其他审计准则也对注册会计师使用分析程序作出了规定。《中国注册会计师审计准则第 1211 号——通过了解被审计单位及其环境识别和评估重大错报风险》规定了注册会计师将分析程序用作风险评估程序。《中国注册会计师审计准则第 1231 号——针对评估的重大错报风险采取的应对措施》规定了注册会计师针对评估的重大错报风险实施审计程序的性质、时间安排和范围，这些程序可能包括实质性分析程序。因此，注册会计师在审计过程中使用分析程序时，还需要遵守这些准则的规定。

## 第二章 定 义

**第三条** 分析程序，是指注册会计师通过分析不同财务数据之间以及财务数据与非财务数据之间的内在关系，对财务信息作出评价。分析程序还包括在必要时对识别出的、与其他相关信息不一致或与预期值差异重大的波动或关系进行调查。

## 第三章 目 标

**第四条** 注册会计师的目标是：

(一)在实施实质性分析程序时，获取相关、可靠的审计证据；

(二)在临近审计结束时，设计和实施分析程序，帮助注册会计师对财务报表形成总体结论，以确定财务报表是否与其对被审计单位的了解一致。

## 第四章 要 求

### 第一节 实质性分析程序

**第五条** 在设计和实施实质性分析程序时，无论单独使用或与细节测试结合使用，注册会计师都应当：

(一)考虑针对所涉及认定评估的重大错报风险和实施的细节测试(如有)，确定特定实质性分析程序对这些认定的适用性；

(二)考虑可获得信息的来源、可比性、性质和相关性以及与信息编制相关的控制，评价在对已记录的金额或比率作出预期时使用数据的可靠性；

(三)对已记录的金额或比率作出预期，并评价预期值是否足够精确地识别重大错报(包括单项重大的错报和单项虽不重大但连同其他错报可能导致财务报表产生重大错报的错报)；

(四)确定已记录金额与预期值之间可接受的，且无需按本准则第七条的要求作进一步调查的差异额。

### 第二节　有助于形成总体结论的分析程序

**第六条**　在临近审计结束时，注册会计师应当设计和实施分析程序，帮助其对财务报表形成总体结论，以确定财务报表是否与其对被审计单位的了解一致。

### 第三节　调查分析程序的结果

**第七条**　如果按照本准则的规定实施分析程序，识别出与其他相关信息不一致的波动或关系，或与预期值差异重大的波动或关系，注册会计师应当采取下列措施调查这些差异：

（一）询问管理层，并针对管理层的答复获取适当的审计证据；

（二）根据具体情况在必要时实施其他审计程序。

## 第五章　附　　则

**第八条**　本准则自 2012 年 1 月 1 日起施行。

# 21. 中国注册会计师审计准则第 1314 号——审计抽样

## 第一章　总　　则

**第一条**　为了规范注册会计师在实施审计程序时使用审计抽样，制定本准则。

**第二条**　《中国注册会计师审计准则第 1301 号——审计证据》要求注册会计师设计和实施审计程序，获取充分、适当的审计证据，以得出合理的结论，作为形成审计意见的基础。该准则还要求注册会计师确定用以选取测试项目的方法能够有效实现审计程序的目的，审计抽样是其中的一种方法。

**第三条**　本准则作为对《中国注册会计师审计准则第 1301 号——审计证据》的补充，规范了注册会计师在设计和选择审计样本以实施控制测试和细节测试，以及评价样本结果时对统计抽样和非统计抽样的使用。

## 第二章　定　　义

**第四条**　审计抽样（即抽样），是指注册会计师对具有审计相关性的总体中低于百分之百的项目实施审计程序，使所有抽样单元都有被选取的机会，为注册会计师针对整个总体得出结论提供合理基础。

**第五条**　总体，是指注册会计师从中选取样本并期望据此得出结论的整个数据集合。

**第六条**　抽样单元，是指构成总体的个体项目。

**第七条**　统计抽样，是指同时具备下列特征的抽样方法：

（一）随机选取样本项目；

（二）运用概率论评价样本结果，包括计量抽样风险。

不同时具备前款提及的两个特征的抽样方法为非统计抽样。

**第八条**　抽样风险，是指注册会计师根据样本得出的结论，可能不同于如果对整个总体实施与样本相同的审计程序得出的结论的风险。

抽样风险可能导致两种类型的错误结论：

（一）在实施控制测试时，注册会计师推断的控制有效性高于其实际有效性；或在实施细节测试时，注册会计师推断某一重大错报不存在而实际上存在。注册会计师主要关注这类错误结论，原因是其影响审计效果，非常有可能导致发表不恰当的审计意见。

（二）在实施控制测试时，注册会计师推断的控制有效性低于其实际有效性；或在实施细节测试时，注册会计师推断某一重大错报存在而实际上不存在。这类错误结论影响审计效率，原因是其通常导致注册会计师实施额外的工作，以证实初始结论是错误的。

**第九条** 非抽样风险，是指注册会计师由于任何与抽样风险无关的原因而得出错误结论的风险。

**第十条** 异常误差，是指对总体中的错报或偏差明显不具有代表性的错报或偏差。

**第十一条** 分层，是指将总体划分为多个子总体的过程，每个子总体由一组具有相同特征(通常为货币金额)的抽样单元组成。

**第十二条** 可容忍错报，是指注册会计师设定的货币金额，注册会计师试图对总体中的实际错报不超过该货币金额获取适当水平的保证。

**第十三条** 可容忍偏差率，是指注册会计师设定的偏离规定的内部控制程序的比率，注册会计师试图对总体中的实际偏差率不超过该比率获取适当水平的保证。

## 第三章 目　　标

**第十四条** 在使用审计抽样时，注册会计师的目标是，为得出有关抽样总体的结论提供合理的基础。

## 第四章 要　　求

### 第一节 样本设计、样本规模和选取测试项目

**第十五条** 在设计审计样本时，注册会计师应当考虑审计程序的目的和抽样总体的特征。

**第十六条** 注册会计师应当确定足够的样本规模，以将抽样风险降至可接受的低水平。

**第十七条** 注册会计师在选取样本项目时，应当使总体中的每个抽样单元都有被选取的机会。

### 第二节 实施审计程序

**第十八条** 注册会计师应当针对选取的每个项目，实施适合具体目的的审计程序。

**第十九条** 如果审计程序不适用于选取的项目，注册会计师应当针对替代项目实施该审计程序。

**第二十条** 如果未能对某个选取的项目实施设计的审计程序或适当的替代程序，注册会计师应当将该项目视为控制测试中对规定的控制的一项偏差，或细节测试中的一项错报。

### 第三节 偏差和错报的性质与原因

**第二十一条** 注册会计师应当调查识别出的所有偏差或错报的性质和原因，并评价其对审计程序的目的和审计的其他方面可能产生的影响。

**第二十二条** 在极其特殊的情况下，如果认为样本中发现的某项偏差或错报是异常误差，注册会计师应当对该项偏差或错报对总体不具有代表性获取高度肯定。

在获取这种高度肯定时，注册会计师应当实施追加的审计程序，获取充分、适当的审计证据，以确定该项偏差或错报不影响总体的其余部分。

### 第四节 推断错报

**第二十三条** 当实施细节测试时，注册会计师应当根据样本中发现的错报推断总体错报。

### 第五节 评价审计抽样结果

**第二十四条** 注册会计师应当对下列方面进行评价：

(一)样本结果；

(二)使用审计抽样是否已为注册会计师针对所测试的总体得出的结论提供合理基础。

## 第五章 附　　则

**第二十五条** 本准则自 2012 年 1 月 1 日起施行。

# 22. 中国注册会计师审计准则第1321号——审计会计估计(包括公允价值会计估计)和相关披露

## 第一章 总 则

**第一条** 为了规范注册会计师在财务报表审计中与会计估计(包括公允价值会计估计)和相关披露有关的责任,制定本准则。

**第二条** 在涉及审计会计估计时,本准则是对注册会计师如何应用《中国注册会计师审计准则第1211号——通过了解被审计单位及其环境识别和评估重大错报风险》、《中国注册会计师审计准则第1231号——针对评估的重大错报风险采取的应对措施》和其他相关审计准则的进一步扩展。

本准则还涉及如何处理个别会计估计的错报和可能存在管理层偏向的迹象。

**第三条** 某些财务报表项目不能精确计量,只能进行估计。在本准则中,对这些财务报表项目的计量作为会计估计。

管理层可获得的用以支持作出会计估计的信息的性质和可靠性差别很大,并因此影响与会计估计相关的估计不确定性的程度。估计不确定性的程度影响与会计估计相关的重大错报风险,包括会计估计对有意或无意的管理层偏向的敏感性。

**第四条** 会计估计的计量目标可能因适用的财务报告编制基础和所报告的报表项目而存在差异。

一些会计估计的计量目标是,在需要作出会计估计的情况下,预测一项或多项交易、事项或情况的结果。而对于包括许多公允价值会计估计在内的其他一些会计估计,计量目标有所不同,表现为按照计量日普遍存在的状况(如对某一特定类型资产或负债估计的市场价格)反映某一当前交易或财务报表项目的价值。例如,适用的财务报告编制基础可能要求公允价值计量以公平交易中熟悉情况的交易双方自愿进行的假定的当前交易为基础,而不是过去或者未来时点的交易为基础。

**第五条** 会计估计的结果与财务报表中原来已确认或披露的金额存在差异,并不必然表明财务报表存在错报。这对于公允价值会计估计而言尤其如此,因为任何已观察到的结果都不可避免地受到作出会计估计的时点后所发生的事项或情况的影响。

## 第二章 定 义

**第六条** 本准则所称会计估计,是指在缺乏精确计量手段的情况下采用的某项金额的近似值。会计估计一般包括存在估计不确定性时以公允价值计量的金额,以及其他需要估计的金额。

当仅针对涉及公允价值计量的会计估计时,本准则采用"公允价值会计估计"的术语。

**第七条** 注册会计师的点估计或区间估计,是指从审计证据中得出的、用于评价管理层点估计的金额或金额区间。

**第八条** 估计不确定性,是指会计估计和相关披露在计量方面对固有不精确性的敏感性。

**第九条** 管理层偏向,是指管理层在编制和列报信息时缺乏中立性。

**第十条** 管理层的点估计,是指管理层在财务报表中确认或披露一项会计估计而选择的金额。

**第十一条** 会计估计的结果,是指需要作出会计估计的交易、事项或情况得以解决时发生的实际货币金额。

## 第三章 目 标

**第十二条** 注册会计师的目标是,获取充分、适当的审计证据以确定:

(一)根据适用的财务报告编制基础,财务报表中确认或披露的会计估计(包括公允价值会计估计)是否合理;

(二)根据适用的财务报告编制基础,财务报表中的相关披露是否充分。

## 第四章 要 求

### 第一节 风险评估程序和相关活动

**第十三条** 当实施《中国注册会计师审计准则第 1211 号——通过了解被审计单位及其环境识别和评估重大错报风险》要求的风险评估程序和相关活动，以了解被审计单位及其环境时，注册会计师应当了解下列内容，作为识别和评估会计估计重大错报风险的基础：

(一)与会计估计(包括相关披露)相关的适用的财务报告编制基础的规定；

(二)管理层如何识别可能需要作出会计估计并在财务报表中确认或披露的交易、事项和情况。在进行了解时，注册会计师应当向管理层询问可能导致新的或需要修改现有的会计估计的环境变化；

(三)管理层如何作出会计估计，以及会计估计所依据的数据。

管理层作出会计估计的方法和依据包括：

(一)用以作出会计估计的方法，包括模型(如适用)；

(二)相关控制；

(三)管理层是否利用专家的工作；

(四)会计估计所依据的假设；

(五)用以作出会计估计的方法是否已经发生或应当发生不同于上期的变化，以及变化的原因；

(六)管理层是否评估以及如何评估估计不确定性的影响。

**第十四条** 注册会计师应当复核上期财务报表中会计估计的结果，或者复核管理层在本期财务报表中对上期会计估计作出的后续重新估计(如适用)。

在确定复核的性质和范围时，注册会计师应当考虑会计估计的性质，以及复核时获取的信息是否可能与识别和评估本期财务报表中会计估计的重大错报风险相关。

但是，注册会计师复核的目的不是质疑上期依据当时可获得的信息而作出的判断。

### 第二节 识别和评估重大错报风险

**第十五条** 当按照《中国注册会计师审计准则第 1211 号——通过了解被审计单位及其环境识别和评估重大错报风险》的规定识别和评估重大错报风险时，注册会计师应当评价与会计估计相关的估计不确定性的程度。

**第十六条** 注册会计师应当根据职业判断确定识别出的具有高度估计不确定性的会计估计是否会导致特别风险。

### 第三节 应对评估的重大错报风险

**第十七条** 基于评估的重大错报风险，注册会计师应当确定：

(一)管理层是否恰当运用与会计估计相关的适用的财务报告编制基础的规定；

(二)作出会计估计的方法是否恰当，并得到一贯运用，以及会计估计或作出会计估计的方法不同于上期的变化是否适合于具体情况。

**第十八条** 当按照《中国注册会计师审计准则第 1231 号——针对评估的重大错报风险采取的应对措施》的规定应对评估的重大错报风险时，注册会计师应当考虑会计估计的性质，并实施下列一项或多项程序：

(一)确定截至审计报告日发生的事项是否提供有关会计估计的审计证据；

(二)测试管理层如何作出会计估计以及会计估计所依据的数据；在进行测试时，注册会计师应当评价采用的计量方法在具体情况下是否恰当，以及根据适用的财务报告编制基础确定的计量目标，管理层使用的假设是否合理；

(三)测试与管理层如何作出会计估计相关的控制的运行有效性，并实施恰当的实质性程序；

(四)作出注册会计师的点估计或区间估计，以评价管理层的点估计。

在执行本条第一款第(四)项的规定时，注册会计师应当针对下列两种情况分别予以处理：

(一)如果使用有别于管理层的假设或方法,注册会计师应当充分了解管理层的假设或方法,以确定注册会计师在作出点估计或区间估计时已考虑了相关变量,并评价与管理层的点估计存在的任何重大差异;

(二)如果认为使用区间估计是恰当的,注册会计师应当基于可获得的审计证据来缩小区间估计,直至该区间估计范围内的所有结果均可被视为合理。

**第十九条** 在确定第十七条规定的事项,或者根据第十八条的规定应对评估的重大错报风险时,注册会计师应当考虑是否需要具备与会计估计的一个或多个方面相关的专门技能或知识,以获取充分、适当的审计证据。

## 第四节 实施进一步实质性程序以应对特别风险

**第二十条** 对导致特别风险的会计估计,除实施《中国注册会计师审计准则第1231号——针对评估的重大错报风险采取的应对措施》规定的其他实质性程序外,注册会计师还应当:

(一)评价管理层如何考虑替代性的假设或结果,以及拒绝采纳的原因,或者在管理层没有考虑替代性的假设或结果的情况下,评价管理层在作出会计估计时如何处理估计不确定性;

(二)评价管理层使用的重大假设是否合理;

(三)当管理层实施特定措施的意图和能力与其使用的重大假设的合理性或对适用的财务报告编制基础的恰当应用相关时,评价这些意图和能力。

**第二十一条** 如果根据职业判断认为管理层没有适当处理估计不确定性对导致特别风险的会计估计的影响,注册会计师应当在必要时作出用于评价会计估计合理性的区间估计。

**第二十二条** 对导致特别风险的会计估计,注册会计师应当获取充分、适当的审计证据,以确定下列方面是否符合适用的财务报告编制基础的规定:

(一)管理层对会计估计在财务报表中予以确认或不予确认的决策;

(二)作出会计估计所选择的计量基础。

## 第五节 评价会计估计的合理性并确定错报

**第二十三条** 注册会计师应当根据获取的审计证据,评价财务报表中的会计估计在适用的财务报告编制基础下是合理的还是存在误导。

## 第六节 与会计估计相关的披露

**第二十四条** 注册会计师应当获取充分、适当的审计证据,以确定与会计估计相关的财务报表披露是否符合适用的财务报告编制基础的规定。

**第二十五条** 对导致特别风险的会计估计,注册会计师还应当评价在适用的财务报告编制基础下,财务报表中对估计不确定性的披露的充分性。

## 第七节 可能存在管理层偏向的迹象

**第二十六条** 注册会计师应当复核管理层在作出会计估计时的判断和决策,以识别是否可能存在管理层偏向的迹象。在得出某项会计估计是否合理的结论时,可能存在管理层偏向的迹象本身并不构成错报。

## 第八节 书面声明

**第二十七条** 注册会计师应当向管理层和治理层(如适用)获取书面声明,以确定其是否认为在作出会计估计时使用的重要假设是合理的。

## 第九节 审计工作底稿

**第二十八条** 注册会计师应当就下列事项形成审计工作底稿:

(一)对导致特别风险的会计估计的合理性及其披露的充分性,注册会计师得出结论的基础;

(二)可能存在管理层偏向的迹象。

## 第五章 附 则

**第二十九条** 本准则自2012年1月1日起施行。

# 23. 中国注册会计师审计准则第1323号——关联方

## 第一章 总 则

**第一条** 为了规范注册会计师在财务报表审计中与关联方关系及其交易的责任,制定本准则。

**第二条** 在涉及与关联方关系及其交易相关的重大错报风险时,本准则是对注册会计师如何应用《中国注册会计师审计准则第1211号——通过了解被审计单位及其环境识别和评估重大错报风险》、《中国注册会计师审计准则第1231号——针对评估的重大错报风险采取的应对措施》和《中国注册会计师审计准则第1141号——财务报表审计中与舞弊相关的责任》的进一步扩展。

**第三条** 许多关联方交易是在正常经营过程中发生的,与类似的非关联方交易相比,这些关联方交易可能并不具有更高的财务报表重大错报风险。但是,在某些情况下,关联方关系及其交易的性质可能导致关联方交易比非关联方交易具有更高的财务报表重大错报风险。例如:

(一)关联方可能通过广泛而复杂的关系和组织结构进行运作,相应增加关联方交易的复杂程度;

(二)信息系统可能无法有效识别或汇总被审计单位与关联方之间的交易和未结算项目的金额;

(三)关联方交易可能未按照正常的市场交易条款和条件进行,例如,某些关联方交易可能没有相应的对价。

**第四条** 由于关联方之间彼此并不独立,为使财务报表使用者了解关联方关系及其交易的性质,以及关联方关系及其交易对财务报表实际或潜在的影响,许多财务报告编制基础对关联方关系及其交易的会计处理和披露作出了规定。

在适用的财务报告编制基础作出这些规定的情况下,注册会计师有责任实施审计程序,以识别、评估和应对被审计单位未能按照适用的财务报告编制基础对关联方关系及其交易进行恰当会计处理或披露导致的重大错报风险。

**第五条** 即使适用的财务报告编制基础对关联方作出很少的规定或没有作出规定,注册会计师仍然需要了解被审计单位的关联方关系及其交易,以足以确定财务报表(就其受到关联方关系及其交易的影响而言)是否实现公允反映。

**第六条** 由于关联方之间更容易发生舞弊,因此注册会计师了解被审计单位的关联方关系及其交易,与其按照《中国注册会计师审计准则第1141号——财务报表审计中与舞弊相关的责任》的规定评价是否存在一项或多项舞弊风险因素相关。

**第七条** 由于审计的固有限制,即使注册会计师按照审计准则的规定恰当计划和实施了审计工作,也不可避免地存在财务报表中的某些重大错报未被发现的风险。就关联方而言,由于下列原因,审计的固有限制对注册会计师发现重大错报能力的潜在影响会加大:

(一)管理层可能未能识别出所有关联方关系及其交易,特别是在适用的财务报告编制基础没有对关联方作出规定时;

(二)关联方关系可能为管理层的串通舞弊、隐瞒或操纵行为提供更多机会。

**第八条** 由于存在未披露关联方关系及其交易的可能性,注册会计师按照《中国注册会计师审计准则第1101号——注册会计师的总体目标和审计工作的基本要求》的规定,在计划和实施与关联方关系及其交易有关的审计工作时,保持职业怀疑态度尤为重要。

本准则的规定旨在帮助注册会计师识别和评估与关联方关系及其交易有关的重大错报风险,以及设计审计程序以应对评估的风险。

## 第二章　定　　义

**第九条**　在适用的财务报告编制基础对关联方作出规定的情况下，是指财务报告编制基础定义的关联方。

**第十条**　公平交易，是指按照互不关联、各自独立行事且追求自身最大利益的自愿的买方和自愿的卖方达成的条款和条件进行的交易。

## 第三章　目　　标

**第十一条**　注册会计师的目标是：

（一）无论适用的财务报告编制基础是否对关联方作出规定，充分了解关联方关系及其交易，以便能够确认由此产生的、与识别和评估由于舞弊导致的重大错报风险相关的舞弊风险因素（如有）；根据获取的审计证据，就财务报表受到关联方关系及其交易的影响而言，确定财务报表是否实现公允反映。

（二）如果适用的财务报告编制基础对关联方作出规定，获取充分、适当的审计证据，确定关联方关系及其交易是否已按照适用的财务报告编制基础得到恰当识别、会计处理和披露。

## 第四章　要　　求

### 第一节　风险评估程序和相关工作

**第十二条**　《中国注册会计师审计准则第 1211 号——通过了解被审计单位及其环境识别和评估重大错报风险》和《中国注册会计师审计准则第 1141 号——财务报表审计中与舞弊相关的责任》规定了注册会计师在审计过程中实施的风险评估程序和相关工作。作为风险评估程序和相关工作的一部分，注册会计师应当实施本准则第十三条至第十八条规定的审计程序和相关工作，以获取与识别关联方关系及其交易相关的重大错报风险的信息。

**第十三条**　项目组按照《中国注册会计师审计准则第 1211 号——通过了解被审计单位及其环境识别和评估重大错报风险》和《中国注册会计师审计准则第 1141 号——财务报表审计中与舞弊相关的责任》的规定进行内部讨论时，应当特别考虑由于关联方关系及其交易导致的舞弊或错误使得财务报表存在重大错报的可能性。

**第十四条**　注册会计师应当向管理层询问下列事项：

（一）关联方的名称和特征，包括关联方自上期以来发生的变化；

（二）被审计单位和关联方之间关系的性质；

（三）被审计单位在本期是否与关联方发生交易，如发生，交易的类型、定价策略和目的。

**第十五条**　如果管理层建立了下列与关联方关系及其交易相关的控制，注册会计师应当询问管理层和被审计单位内部其他人员，实施其他适当的风险评估程序，以获取对相关控制的了解：

（一）按照适用的财务报告编制基础，对关联方关系及其交易进行识别、会计处理和披露；

（二）授权和批准重大关联方交易和安排；

（三）授权和批准超出正常经营过程的重大交易和安排。

**第十六条**　某些安排或其他信息可能显示管理层以前未识别或未向注册会计师披露的关联方关系或关联方交易，在审计过程中检查记录或文件时，注册会计师应当对这些安排或其他信息保持警觉。

注册会计师应当检查下列记录或文件，以确定是否存在管理层以前未识别或未向注册会计师披露的关联方关系或关联方交易：

（一）注册会计师实施审计程序时获取的银行和律师的询证函回函；

（二）股东会和治理层会议的纪要；

（三）注册会计师认为必要的其他记录或文件。

**第十七条**　在实施本准则第十六条规定的审计程序或其他审计程序时，如果识别出被审计单位超出正常经营过程的重大交易，注册会计师应当向管理层询问这些交易的性质以及是否涉及关联方。

**第十八条** 在整个审计过程中，注册会计师应当与项目组其他成员分享获取的关联方的相关信息。

## 第二节 识别和评估与关联方关系及其交易相关的重大错报风险

**第十九条** 注册会计师应当按照《中国注册会计师审计准则第 1211 号——通过了解被审计单位及其环境识别和评估重大错报风险》的规定，识别和评估关联方关系及其交易导致的重大错报风险，并确定这些风险是否为特别风险。在确定时，注册会计师应当将识别出的、超出被审计单位正常经营过程的重大关联方交易导致的风险确定为特别风险。

**第二十条** 如果在实施与关联方有关的风险评估程序和相关工作中识别出舞弊风险因素，包括与能够对被审计单位或管理层施加支配性影响的关联方有关的情形，注册会计师应当按照《中国注册会计师审计准则第 1141 号——财务报表审计中与舞弊相关的责任》的规定，在识别和评估由于舞弊导致的重大错报风险时考虑这些信息。

## 第三节 针对与关联方关系及其交易相关的重大错报风险的应对措施

**第二十一条** 注册会计师应当按照《中国注册会计师审计准则第 1231 号——针对评估的重大错报风险采取的应对措施》的规定，针对评估的与关联方关系及其交易相关的重大错报风险，设计和实施进一步审计程序，以获取充分、适当的审计证据。这些程序应当包括本准则第二十二条至第二十五条规定的审计程序。

**第二十二条** 如果识别出可能表明存在管理层以前未识别或未向注册会计师披露的关联方关系或关联方交易的安排或信息，注册会计师应当确定相关情况是否能够证实关联方关系或关联方交易的存在。

**第二十三条** 如果识别出管理层以前未识别出或未向注册会计师披露的关联方关系或重大关联方交易，注册会计师应当：

（一）立即将相关信息向项目组其他成员通报；

（二）在适用的财务报告编制基础对关联方作出规定的情况下，要求管理层识别与新识别出的关联方之间发生的所有交易，以便注册会计师作出进一步评价；询问与关联方关系及其交易相关的控制为何未能识别或披露关联方关系或交易；

（三）对新识别出的关联方或重大关联方交易实施恰当的实质性审计程序；

（四）重新考虑可能存在管理层以前未识别出或未向注册会计师披露的其他关联方或重大关联方交易的风险，如有必要，实施追加的审计程序；

（五）如果管理层不披露关联方关系或交易看似是有意的，因而显示可能存在由于舞弊导致的重大错报风险，评价这一情况对审计的影响。

**第二十四条** 对于识别出的超出正常经营过程的重大关联方交易，注册会计师应当：

（一）检查相关合同或协议（如有）；

（二）获取交易已经恰当授权和批准的审计证据。

如果检查相关合同或协议，注册会计师应当评价：

（一）交易的商业理由（或缺乏商业理由）是否表明被审计单位从事交易的目的可能是为了对财务信息作出虚假报告或为了隐瞒侵占资产的行为；

（二）交易条款是否与管理层的解释一致；

（三）关联方交易是否已按照适用的财务报告编制基础得到恰当会计处理和披露。

**第二十五条** 如果管理层在财务报表中作出认定，声明关联方交易是按照等同于公平交易中通行的条款执行的，注册会计师应当就该项认定获取充分、适当的审计证据。

## 第四节 评价识别出的关联方关系及其交易的会计处理和披露

**第二十六条** 当按照《中国注册会计师审计准则第 1501 号——对财务报表形成审计意见和出具审计报告》的规定对财务报表形成审计意见时，注册会计师应当评价：

（一）识别出的关联方关系及其交易是否已按照适用的财务报告编制基础得到恰当会计处理和披露；

（二）关联方关系及其交易是否导致财务报表未实现公允反映。

### 第五节　书面声明

**第二十七条**　如果适用的财务报告编制基础对关联方作出规定，注册会计师应当向管理层和治理层（如适用）获取下列书面声明：

（一）已经向注册会计师披露了全部已知的关联方名称和特征、关联方关系及其交易；

（二）已经按照适用的财务报告编制基础的规定，对关联方关系及其交易进行了恰当的会计处理和披露。

### 第六节　与治理层的沟通

**第二十八条**　除非治理层全部成员参与管理被审计单位，注册会计师应当与治理层沟通审计工作中发现的与关联方相关的重大事项。

### 第七节　审计工作底稿

**第二十九条**　注册会计师应当就识别出的关联方名称、关联方关系的性质以及关联方交易类型和交易要素形成审计工作底稿。

## 第五章　附　　则

**第三十条**　本准则自2012年1月1日起施行。

# 24. 中国注册会计师审计准则第1324号——持续经营

## 第一章　总　　则

**第一条**　为了规范注册会计师在财务报表审计中与管理层编制财务报表时运用持续经营假设相关的责任，制定本准则。

**第二条**　在持续经营假设下，被审计单位被视为在可预见的将来会继续经营下去。

通用目的财务报表是在持续经营基础上编制的，除非管理层计划将被审计单位予以清算或终止经营，或者除此之外没有其他现实可行的选择。特殊目的财务报表可以根据需要按照（或不按照）以持续经营为基础的财务报告编制基础编制（例如，在特定国家或地区，持续经营基础与某些按照计税核算基础编制的财务报表无关）。

如果运用持续经营假设是适当的，则被审计单位对其资产和负债的记录是建立在正常经营过程中能够变现资产、清偿债务的基础上的。

**第三条**　某些适用的财务报告编制基础明确要求管理层对持续经营能力作出评估，并规定了与此相关的需要考虑的事项和作出的披露。相关法律法规还可能对管理层评估持续经营能力的责任和相关财务报表披露作出具体规定。

**第四条**　其他财务报告编制基础可能没有明确要求管理层对持续经营能力作出评估。然而，正如本准则第二条所述，由于持续经营假设是编制财务报表的基本原则，即使其他财务报告编制基础没有对此作出明确规定，管理层也需要在编制财务报表时评估持续经营能力。

**第五条**　管理层对持续经营能力的评估涉及在特定时点对事项或情况的未来结果作出判断，这些事项或情况的未来结果具有固有不确定性。下列因素与管理层的判断相关：

（一）某一事项或情况或其结果出现的时点距离管理层作出评估的时点越远，与事项或情况的结果相关的不确定性程度将显著增加。因此，明确要求管理层对持续经营能力作出评估的大多数财务报告编制基础可能规定了管理层应当考虑的所有可获得信息的期间。

（二）被审计单位的规模和复杂程度、经营活动的性质和状况以及被审计单位受外部因素影响的程度，将影响对事项或情况的结果作出的判断。

（三）对未来的所有判断都以作出判断时可获得的信息为基础。管理层作出的判断在当时情况下可能是合理的，但之后发生的事项可能导致事项或情况的结果与作出的判断不一致。

**第六条**　注册会计师的责任是，就管理层在编制和列报财务报表时运用持续经营假设的适当性获取充分、适当的审计证据，并就持续经营能力是否存在重大不确定性得出结论。

即使编制财务报表时采用的财务报告编制基础没有明确要求管理层对持续经营能力作出专门评估，注册会计师的这种责任仍然存在。

**第七条**　如果存在可能导致被审计单位不再持续经营的未来事项或情况，审计的固有限制对注册会计师发现重大错报能力的潜在影响会加大。注册会计师不能对这些未来事项或情况作出预测。相应地，注册会计师未在审计报告中提及持续经营的不确定性，不能被视为对被审计单位持续经营能力的保证。

## 第二章　目　　标

**第八条**　注册会计师的目标是：

（一）就管理层编制财务报表时运用持续经营假设的适当性，获取充分、适当的审计证据；

（二）根据获取的审计证据，就可能导致对被审计单位持续经营能力产生重大疑虑的事项或情况是否存在重大不确定性得出结论；

（三）确定对审计报告的影响。

## 第三章　要　　求

### 第一节　风险评估程序和相关活动

**第九条**　在按照《中国注册会计师审计准则第 1211 号——通过了解被审计单位及其环境识别和评估重大错报风险》的规定实施风险评估程序时，注册会计师应当考虑是否存在可能导致对被审计单位持续经营能力产生重大疑虑的事项或情况。在进行考虑时，注册会计师应当确定管理层是否已对被审计单位持续经营能力作出初步评估。

如果管理层已对持续经营能力作出初步评估，注册会计师应当与管理层进行讨论，并确定管理层是否已识别出单独或汇总起来可能导致对被审计单位持续经营能力产生重大疑虑的事项或情况。如果管理层已识别出这些事项或情况，注册会计师应当与其讨论应对计划。

如果管理层未对持续经营能力作出初步评估，注册会计师应当与管理层讨论其拟运用持续经营假设的基础，询问管理层是否存在单独或汇总起来可能导致对被审计单位持续经营能力产生重大疑虑的事项或情况。

**第十条**　针对有关可能导致对被审计单位持续经营能力产生重大疑虑的事项或情况的审计证据，注册会计师应当在整个审计过程中保持警觉。

### 第二节　评价管理层的评估

**第十一条**　注册会计师应当评价管理层对被审计单位持续经营能力作出的评估。

**第十二条**　在评价管理层对被审计单位持续经营能力作出的评估时，注册会计师的评价期间应当与管理层按照适用的财务报告编制基础或法律法规（如果法律法规要求的期间更长）的规定作出评估的涵盖期间相同。

如果管理层评估持续经营能力涵盖的期间短于自财务报表日起的十二个月，注册会计师应当提请管理层将其至少延长至自财务报表日起的十二个月。

**第十三条**　在评价管理层作出的评估时，注册会计师应当考虑该评估是否已包括注册会计师在审计过程中注意到的所有相关信息。

### 第三节　询问超出管理层评估期间的事项或情况

**第十四条**　注册会计师应当询问管理层是否知悉超出评估期间的、可能导致对持续经营能力产生重大疑虑的事项或情况。

## 第四节　识别出事项或情况时实施追加的审计程序

**第十五条**　如果识别出可能导致对持续经营能力产生重大疑虑的事项或情况，注册会计师应当通过实施追加的审计程序（包括考虑缓解因素），获取充分、适当的审计证据，以确定是否存在重大不确定性。

这些程序应当包括：

（一）如果管理层尚未对被审计单位持续经营能力作出评估，提请其进行评估；

（二）评价管理层与持续经营评估相关的未来应对计划，这些计划的结果是否可能改善目前的状况，以及管理层的计划对于具体情况是否可行；

（三）如果被审计单位已编制现金流量预测，且对预测的分析是评价管理层未来应对计划时所考虑的事项或情况的未来结果的重要因素，评价用于编制预测的基础数据的可靠性，并确定预测所基于的假设是否具有充分的支持；

（四）考虑自管理层作出评估后是否存在其他可获得的事实或信息；

（五）要求管理层和治理层（如适用）提供有关未来应对计划及其可行性的书面声明。

## 第五节　审计结论与报告

**第十六条**　注册会计师应当根据获取的审计证据，运用职业判断，确定是否存在与事项或情况相关的重大不确定性，且这些事项或情况单独或汇总起来可能导致对被审计单位持续经营能力产生重大疑虑。

如果注册会计师根据职业判断认为，鉴于不确定性潜在影响的重要程度和发生的可能性，为了使财务报表实现公允反映，有必要适当披露该不确定性的性质和影响，则表明存在重大不确定性。

**第十七条**　如果认为运用持续经营假设适合具体情况，但存在重大不确定性，注册会计师应当确定：

（一）财务报表是否已充分描述可能导致对持续经营能力产生重大疑虑的主要事项或情况，以及管理层针对这些事项或情况的应对计划；

（二）财务报表是否已清楚披露可能导致对持续经营能力产生重大疑虑的事项或情况存在重大不确定性，并由此导致被审计单位可能无法在正常的经营过程中变现资产和清偿债务。

**第十八条**　如果财务报表已作出充分披露，注册会计师应当发表无保留意见，并在审计报告中增加强调事项段，强调可能导致对持续经营能力产生重大疑虑的事项或情况存在重大不确定性的事实，并提醒财务报表使用者关注财务报表附注中对本准则第十七条所述事项的披露。

**第十九条**　如果财务报表未作出充分披露，注册会计师应当按照《中国注册会计师审计准则第 1502 号——在审计报告中发表非无保留意见》的规定，恰当发表保留意见或否定意见。

注册会计师应当在审计报告中说明，存在可能导致对被审计单位持续经营能力产生重大疑虑的重大不确定性。

**第二十条**　如果财务报表已在持续经营基础上编制，但根据判断认为管理层在财务报表中运用持续经营假设是不适当的，注册会计师应当发表否定意见。

**第二十一条**　如果管理层不愿按照注册会计师的要求作出评估或延长评估期间，注册会计师应当考虑这一情况对审计报告的影响。

## 第六节　与治理层沟通

**第二十二条**　注册会计师应当与治理层就识别出的可能导致对被审计单位持续经营能力产生重大疑虑的事项或情况进行沟通，除非治理层全部成员参与管理被审计单位。

与治理层的沟通应当包括下列方面：

（一）这些事项或情况是否构成重大不确定性；

（二）在财务报表编制和列报中运用持续经营假设是否适当；

（三）财务报表中的相关披露是否充分。

## 第七节　严重拖延对财务报表的批准

**第二十三条**　如果管理层或治理层在财务报表日后严重拖延对财务报表的批准，注册会计师应当询问拖延的原因。如果认为拖延可能涉及与持续经营评估相关的事项或情况，注册会计师应当实施本准则第十五条所述的有必要实施的追加的审计程序，并考虑本准则第十六条所述的存在重大不确定性对审计结论的影响。

### 第四章　附　　则

**第二十四条**　本准则自2012年1月1日起开始施行。

# 25. 中国注册会计师审计准则第1331号——首次审计业务涉及的期初余额

### 第一章　总　　则

**第一条**　为了规范注册会计师在执行首次审计业务时对期初余额的责任，制定本准则。

**第二条**　当财务报表包括比较财务信息时，《中国注册会计师审计准则第1511号——比较信息：对应数据和比较财务报表》的规定同样适用。《中国注册会计师审计准则第1201号——计划审计工作》对首次审计业务开始前的活动提出补充要求。

### 第二章　定　　义

**第三条**　首次审计业务，是指在上期财务报表未经审计，或上期财务报表由前任注册会计师审计的情况下承接的审计业务。

**第四条**　期初余额，是指期初存在的账户余额。期初余额以上期期末余额为基础，反映了以前期间的交易和事项以及上期采用的会计政策的结果。期初余额也包括期初存在的需要披露的事项，如或有事项和承诺事项。

**第五条**　前任注册会计师，是指已对被审计单位上期财务报表进行审计，但被现任注册会计师接替的其他会计师事务所的注册会计师。

### 第三章　目　　标

**第六条**　在执行首次审计业务时，注册会计师针对期初余额的目标是，获取充分、适当的审计证据以确定：

（一）期初余额是否含有对本期财务报表产生重大影响的错报；

（二）期初余额反映的恰当的会计政策是否在本期财务报表中得到一贯运用，或会计政策的变更是否已按照适用的财务报告编制基础作出恰当的会计处理和充分的列报与披露。

### 第四章　要　　求

#### 第一节　审计程序

**第七条**　注册会计师应当阅读最近期间的财务报表和前任注册会计师出具的审计报告（如有），获取与期初余额相关的信息，包括披露。

**第八条**　注册会计师应当通过采取下列措施，获取充分、适当的审计证据，以确定期初余额是否包含对本期财务报表产生重大影响的错报：

（一）确定上期期末余额是否已正确结转至本期，或在适当的情况下已作出重新表述；

（二）确定期初余额是否反映对恰当会计政策的运用；

（三）实施一项或多项审计程序。

注册会计师实施的一项或多项审计程序包括：

(一)如果上期财务报表已经审计，查阅前任注册会计师的工作底稿，以获取有关期初余额的审计证据；

(二)评价本期实施的审计程序是否提供了有关期初余额的审计证据；

(三)实施其他专门的审计程序，以获取有关期初余额的审计证据。

**第九条** 如果获取的审计证据表明期初余额存在可能对本期财务报表产生重大影响的错报，注册会计师应当实施适合具体情况的追加的审计程序，以确定对本期财务报表的影响。

如果认为本期财务报表中存在这类错报，注册会计师应当按照《中国注册会计师审计准则第1251号——评价审计过程中识别出的错报》的规定，就这类错报与适当层级的管理层和治理层进行沟通。

**第十条** 注册会计师应当获取充分、适当的审计证据，以确定期初余额反映的会计政策是否在本期财务报表中得到一贯运用，以及会计政策的变更是否已按照适用的财务报告编制基础作出恰当的会计处理和充分的列报与披露。

**第十一条** 如果上期财务报表已由前任注册会计师审计，并发表了非无保留意见，注册会计师应当按照《中国注册会计师审计准则第1211号——通过了解被审计单位及其环境识别和评估重大错报风险》的规定，在评估本期财务报表重大错报风险时，评价导致发表非无保留意见的事项的影响。

### 第二节　审计结论和审计报告

**第十二条** 如果不能获取有关期初余额的充分、适当的审计证据，注册会计师应当按照《中国注册会计师审计准则第1502号——在审计报告中发表非无保留意见》的规定，对财务报表发表保留意见或无法表示意见。

**第十三条** 如果认为期初余额存在对本期财务报表产生重大影响的错报，且错报的影响未能得到恰当的会计处理或适当的列报与披露，注册会计师应当按照《中国注册会计师审计准则第1502号——在审计报告中发表非无保留意见》的规定，对财务报表发表保留意见或否定意见。

**第十四条** 如果认为按照适用的财务报告框架，与期初余额相关的会计政策未能在本期得到一贯运用，或者会计政策的变更未能得到恰当的会计处理或适当的列报与披露，注册会计师应当按照《中国注册会计师审计准则第1502号——在审计报告中发表非无保留意见》的规定，对财务报表发表保留意见或否定意见。

**第十五条** 如果前任注册会计师对上期财务报表发表了非无保留意见，并且导致发表非无保留意见的事项对本期财务报表仍然相关和重大，注册会计师应当按照《中国注册会计师审计准则第1502号——在审计报告中发表非无保留意见》和《中国注册会计师审计准则第1511号——比较信息：对应数据和比较财务报表》的规定，对本期财务报表发表非无保留意见。

## 第五章　附　　则

**第十六条** 本准则自2012年1月1日起施行。

# 26. 中国注册会计师审计准则第1332号——期后事项

## 第一章　总　　则

**第一条** 为了规范注册会计师在财务报表审计中对期后事项的责任，制定本准则。

**第二条** 财务报表可能受到财务报表日后发生的事项的影响。

适用的财务报告编制基础通常专门提及期后事项，将其区分为下列两类：

(一)对财务报表日已经存在的情况提供证据的事项；

(二)对财务报表日后发生的情况提供证据的事项。

审计报告的日期向财务报表使用者表明，注册会计师已考虑其知悉的、截至审计报告日发生的事项和交易的影响。

## 第二章　定　　义

**第三条**　期后事项，是指财务报表日至审计报告日之间发生的事项，以及注册会计师在审计报告日后知悉的事实。

**第四条**　财务报表日，是指财务报表涵盖的最近期间的截止日期。

**第五条**　审计报告日，是指注册会计师按照《中国注册会计师审计准则第 1501 号——对财务报表形成审计意见和出具审计报告》的规定在对财务报表出具的审计报告上签署的日期。

**第六条**　财务报表报出日，是指审计报告和已审计财务报表提供给第三方的日期。

**第七条**　财务报表批准日，是指构成整套财务报表的所有报表（包括相关附注）已编制完成，并且被审计单位的董事会、管理层或类似机构已经认可其对财务报表负责的日期。

## 第三章　目　　标

**第八条**　注册会计师的目标是：

（一）获取充分、适当的审计证据，以确定财务报表日至审计报告日之间发生的、需要在财务报表中调整或披露的事项是否已经按照适用的财务报告编制基础在财务报表中得到恰当反映；

（二）恰当应对在审计报告日后注册会计师知悉的、且如果在审计报告日知悉可能导致注册会计师修改审计报告的事实。

## 第四章　要　　求

### 第一节　财务报表日至审计报告日之间发生的事项

**第九条**　注册会计师应当设计和实施审计程序，获取充分、适当的审计证据，以确定所有在财务报表日至审计报告日之间发生的、需要在财务报表中调整或披露的事项均已得到识别。但是，注册会计师并不需要对之前已实施审计程序并已得出满意结论的事项执行追加的审计程序。

**第十条**　注册会计师应当按照本准则第九条的规定实施审计程序，以使审计程序能够涵盖财务报表日至审计报告日（或尽可能接近审计报告日）之间的期间。

在确定审计程序的性质和范围时，注册会计师应当考虑风险评估的结果。这些程序应当包括：

（一）了解管理层为确保识别期后事项而建立的程序；

（二）询问管理层和治理层（如适用），确定是否已发生可能影响财务报表的期后事项；

（三）查阅被审计单位的所有者、管理层和治理层在财务报表日后举行会议的纪要，在不能获取会议纪要的情况下，询问此类会议讨论的事项；

（四）查阅被审计单位最近的中期财务报表（如有）。

**第十一条**　在实施本准则第九条和第十条规定的审计程序后，如果注册会计师识别出需要在财务报表中调整或披露的事项，应当确定这些事项是否按照适用的财务报告编制基础的规定在财务报表中得到恰当反映。

**第十二条**　注册会计师应当按照《中国注册会计师审计准则第 1341 号——书面声明》的规定，要求管理层和治理层（如适用）提供书面声明，确认所有在财务报表日后发生的、按照适用的财务报告编制基础的规定应予调整或披露的事项均已得到调整或披露。

### 第二节　注册会计师在审计报告日后至财务报表报出日前知悉的事实

**第十三条**　在审计报告日后，注册会计师没有义务针对财务报表实施任何审计程序。

在审计报告日后至财务报表报出日前，如果知悉了某事实，且若在审计报告日知悉可能导致修改审计报告，注册会计师应当：

（一）与管理层和治理层（如适用）讨论该事项；

（二）确定财务报表是否需要修改；

（三）如果需要修改，询问管理层将如何在财务报表中处理该事项。

**第十四条** 如果管理层修改财务报表，注册会计师应当：

（一）根据具体情况对有关修改实施必要的审计程序；

（二）除非本准则第十五条所述的情形适用，将本准则第九条和第十条规定的审计程序延伸至新的审计报告日，并针对修改后的财务报表出具新的审计报告。新的审计报告日不应早于修改后的财务报表被批准的日期。

**第十五条** 在有关法律法规或适用的财务报告编制基础未禁止的情况下，如果管理层对财务报表的修改仅限于反映导致修改的期后事项的影响，被审计单位的董事会、管理层或类似机构也仅对有关修改进行批准，注册会计师可以仅针对有关修改将本准则第九条和第十条所述的审计程序延伸至新的审计报告日。在这种情况下，注册会计师应当选用下列处理方式之一：

（一）修改审计报告，针对财务报表修改部分增加补充报告日期，从而表明注册会计师对期后事项实施的审计程序仅限于财务报表相关附注所述的修改；

（二）出具新的或经修改的审计报告，在强调事项段或其他事项段中说明注册会计师对期后事项实施的审计程序仅限于财务报表相关附注所述的修改。

**第十六条** 在某些国家或地区，法律法规或财务报告框架可能不要求管理层报出经修改的财务报表，相应地，注册会计师也无需出具经修改的或新的审计报告。然而，如果认为管理层应当修改财务报表而没有修改，注册会计师应当分别以下情况予以处理：

（一）如果审计报告尚未提交给被审计单位，注册会计师应当按照《中国注册会计师审计准则第 1502 号——在审计报告中发表非无保留意见》的规定发表非无保留意见，然后再提交审计报告；

（二）如果审计报告已经提交给被审计单位，注册会计师应当通知管理层和治理层（除非治理层全部成员参与管理被审计单位）在财务报表作出必要修改前不要向第三方报出。如果财务报表在未经必要修改的情况下仍被报出，注册会计师应当采取适当措施，以设法防止财务报表使用者信赖该审计报告。

## 第三节 注册会计师在财务报表报出后知悉的事实

**第十七条** 在财务报表报出后，注册会计师没有义务针对财务报表实施任何审计程序。

在财务报表报出后，如果知悉了某事实，且若在审计报告日知悉该事实可能导致修改审计报告，注册会计师应当：

（一）与管理层和治理层（如适用）讨论该事项；

（二）确定财务报表是否需要修改；

（三）如果需要修改，询问管理层将如何在财务报表中处理该事项。

**第十八条** 如果管理层修改了财务报表，注册会计师应当：

（一）根据具体情况对有关修改实施必要的审计程序；

（二）复核管理层采取的措施能否确保所有收到原财务报表和审计报告的人士了解这一情况；

（三）除非本准则第十五条所述的情形适用，将本准则第九条和第十条规定的审计程序延伸至新的审计报告日，并针对修改后的财务报表出具新的审计报告，新的审计报告日不应早于修改后的财务报表被批准的日期；

（四）如果本准则第十五条所述的情形适用，应当按照本准则第十五条的规定修改审计报告或提供新的审计报告。

**第十九条** 注册会计师应当在新的或经修改的审计报告中增加强调事项段或其他事项段，提醒财务报表使用者关注财务报表附注中有关修改原财务报表的详细原因和注册会计师提供的原审计报告。

**第二十条** 如果管理层没有采取必要措施确保所有收到原财务报表的人士了解这一情况，也没有在注册会计师认为需要修改的情况下修改财务报表，注册会计师应当通知管理层和治理层（除非治理层全部成员参与管理被审计单位）其将设法防止财务报表使用者信赖该审计报告。

如果注册会计师已经通知管理层或治理层，而管理层或治理层没有采取必要措施，注册会计师应当采取适当措施，以设法防止财务报表使用者信赖该审计报告。

## 十＊4 第五章 附 则

**第二十一条** 本准则自 2012 年 1 月 1 日起施行。

# 27. 中国注册会计师审计准则第 1341 号——书面声明

## 第一章 总 则

**第一条** 为了规范注册会计师在财务报表审计中向管理层获取书面声明，制定本准则。

**第二条** 本准则附录中列示的其他审计准则，对注册会计师在特定情况下就相关事项获取书面声明提出具体要求，但并不构成对本准则普遍适用性的限制。

**第三条** 审计证据是注册会计师为了得出审计结论和形成审计意见而使用的信息。书面声明是注册会计师在财务报表审计中需要获取的必要信息，也是审计证据。

**第四条** 尽管书面声明提供必要的审计证据，但其本身并不为所涉及的任何事项提供充分、适当的审计证据。而且，管理层已提供可靠书面声明的事实，并不影响注册会计师就管理层责任履行情况或具体认定获取的其他审计证据的性质和范围。

## 第二章 定 义

**第五条** 书面声明，是指管理层向注册会计师提供的书面陈述，用以确认某些事项或支持其他审计证据。

书面声明不包括财务报表及其认定，以及支持性账簿和相关记录。

**第六条** 在本准则中单独提及管理层时，应当理解为管理层和治理层（如适用）。管理层负责按照适用的财务报告编制基础编制财务报表并使其实现公允反映。

## 第三章 目 标

**第七条** 注册会计师的目标是：

（一）向管理层获取其认为自身已履行编制财务报表和向注册会计师提供完整信息的责任的书面声明；

（二）如果注册会计师认为有必要或其他审计准则有要求，通过书面声明支持与财务报表或具体认定相关的其他审计证据；

（三）恰当应对管理层提供的书面声明或管理层不提供注册会计师要求的书面声明的情况。

## 第四章 要 求

### 第一节 提供书面声明的管理层

**第八条** 注册会计师应当要求对财务报表承担相应责任并了解相关事项的管理层提供书面声明。

### 第二节 针对管理层责任的书面声明

**第九条** 针对财务报表的编制，注册会计师应当要求管理层提供书面声明，确认其根据审计业务约定条款，履行了按照适用的财务报告编制基础编制财务报表并使其实现公允反映（如适用）的责任。

**第十条** 针对提供的信息和交易的完整性，注册会计师应当要求管理层就下列事项提供书面声明：

（一）按照审计业务约定条款，已向注册会计师提供所有相关信息，并允许注册会计师不受限制地接触

所有相关信息以及被审计单位内部人员和其他相关人员。

(二)所有交易均已记录并反映在财务报表中。

**第十一条** 注册会计师应当要求管理层按照审计业务约定条款中对管理层责任的描述方式，在本准则第九条和第十条要求的书面声明中对管理层责任进行描述。

## 第三节 其他书面声明

**第十二条** 除本准则和其他审计准则要求的书面声明外，如果注册会计师认为有必要获取一项或多项其他书面声明，以支持与财务报表或者一项或多项具体认定相关的其他审计证据，注册会计师应当要求管理层提供这些书面声明。

## 第四节 书面声明的日期和涵盖的期间

**第十三条** 书面声明的日期应当尽量接近对财务报表出具审计报告的日期，但不得在审计报告日后。书面声明应当涵盖审计报告针对的所有财务报表和期间。

## 第五节 书面声明的形式

**第十四条** 书面声明应当以声明书的形式致送注册会计师。如果法律法规要求管理层就其责任作出书面公开陈述，并且注册会计师认为这些陈述提供了本准则第九条和第十条要求的部分或全部声明，则这些陈述所涵盖的相关事项不必包括在声明书中。

## 第六节 对书面声明可靠性的疑虑以及管理层不提供要求的书面声明

**第十五条** 如果对管理层的胜任能力、诚信、道德价值观或勤勉尽责存在疑虑，或者对管理层在这些方面的承诺或贯彻执行存在疑虑，注册会计师应当确定这些疑虑对书面或口头声明和审计证据总体的可靠性可能产生的影响。

**第十六条** 如果书面声明与其他审计证据不一致，注册会计师应当实施审计程序以设法解决这些问题。如果问题仍未解决，注册会计师应当重新考虑对管理层的胜任能力、诚信、道德价值观或勤勉尽责的评估，或者重新考虑对管理层在这些方面的承诺或贯彻执行的评估，并确定书面声明与其他审计证据的不一致对书面或口头声明和审计证据总体的可靠性可能产生的影响。

**第十七条** 如果认为书面声明不可靠，注册会计师应当采取适当措施，包括本准则第十九条所提及的按照《中国注册会计师审计准则第 1502 号——在审计报告中发表非无保留意见》的规定，确定其对审计意见可能产生的影响。

**第十八条** 如果管理层不提供要求的一项或多项书面声明，注册会计师应当：

(一)与管理层讨论该事项；

(二)重新评价管理层的诚信，并评价该事项对书面或口头声明和审计证据总体的可靠性可能产生的影响；

(三)采取适当措施，包括本准则第十九条提及的按照《中国注册会计师审计准则第 1502 号——在审计报告中发表非无保留意见》的规定，确定该事项对审计意见可能产生的影响。

**第十九条** 按照《中国注册会计师审计准则第 1502 号——在审计报告中发表非无保留意见》的规定，如果存在下列情形之一，注册会计师应当对财务报表发表无法表示意见：

(一)注册会计师对管理层的诚信产生重大疑虑，以至于认为其按照本准则第九条和第十条的要求作出的书面声明不可靠；

(二)管理层不提供本准则第九条和第十条要求的书面声明。

## 第五章 附　　则

**第二十条** 本准则自 2012 年 1 月 1 日起施行。

# 28. 中国注册会计师审计准则第 1401 号——对集团财务报表审计的特殊考虑

## 第一章 总 则

**第一条** 为了规范注册会计师执行集团审计时的特殊考虑，特别是涉及组成部分注册会计师的特殊考虑，制定本准则。

**第二条** 本准则规范集团审计的特定方面，其他审计准则同样适用于集团审计。

**第三条** 在执行非集团审计时，如果利用其他注册会计师的工作（如委托其他注册会计师对存放在偏远地点的存货实施监盘或对存放在偏远地点的固定资产实施检查），注册会计师可以根据具体情况遵守本准则的相关规定。

**第四条** 因法律法规要求或其他原因，组成部分注册会计师可能需要对组成部分财务报表发表审计意见。集团项目组可以决定利用组成部分注册会计师对组成部分财务报表发表审计意见所依据的审计证据，作为集团审计的审计证据，但仍需要遵守本准则的规定。

**第五条** 按照《中国注册会计师审计准则第 1121 号——对财务报表审计实施的质量控制》的规定，集团项目合伙人应当确信执行集团审计业务的人员（包括组成部分注册会计师）从整体上具备适当的胜任能力和必要素质。

集团项目合伙人还需要对指导、监督和执行集团审计业务承担责任。

**第六条** 无论是集团项目组还是组成部分注册会计师对组成部分财务信息执行相关工作，集团项目合伙人都需要遵守《中国注册会计师审计准则第 1121 号——对财务报表审计实施的质量控制》的相关规定。

当组成部分注册会计师对组成部分财务信息执行相关工作时，本准则有助于集团项目合伙人满足《中国注册会计师审计准则第 1121 号——对财务报表审计实施的质量控制》的要求。

**第七条** 审计风险取决于重大错报风险和检查风险。在集团审计中，审计风险包括组成部分注册会计师可能没有发现组成部分财务信息存在的错报（该错报导致集团财务报表发生重大错报）的风险，以及集团项目组可能没有发现该错报的风险。

本准则规定了在组成部分注册会计师对组成部分财务信息实施风险评估程序和进一步审计程序时，集团项目组在确定参与组成部分注册会计师工作的性质、时间安排和范围时需要考虑的事项。集团项目组参与组成部分注册会计师工作的目的是为了获取充分、适当的审计证据，以作为形成集团财务报表审计意见的基础。

## 第二章 定 义

**第八条** 集团，是指由所有组成部分构成的整体，并且所有组成部分的财务信息包括在集团财务报表中。集团至少拥有一个以上的组成部分。

**第九条** 集团财务报表，是指包括一个以上组成部分财务信息的财务报表。集团财务报表也指没有母公司但处在同一控制下的各组成部分编制的财务信息所汇总生成的财务报表。

**第十条** 本准则所称适用的财务报告编制基础，是指适用于集团财务报表的财务报告编制基础。

**第十一条** 集团管理层，是指负责编制集团财务报表的管理层。

**第十二条** 集团层面控制，是指集团管理层设计、执行和维护的与集团财务报告相关的控制。

**第十三条** 集团审计，是指对集团财务报表进行的审计。

**第十四条** 集团审计意见，是指对集团财务报表发表的审计意见。

**第十五条** 集团项目合伙人，是指会计师事务所中负责某项集团审计业务及其执行，并代表会计师事务所在对集团财务报表出具的审计报告上签字的合伙人。如果集团项目合伙人以外的其他注册会计师在对集团财务报表出具的审计报告上签字，本准则对集团项目合伙人的规定也适用于该签字注册会计师。

如果联合注册会计师执行集团审计，联合项目合伙人及其项目组整体上构成集团项目合伙人和集团项目组。但是，本准则并不规范联合注册会计师之间的关系，或参与联合审计的一方注册会计师执行的工作与另一方注册会计师执行的工作之间的关系。

**第十六条** 集团项目组，是指参与集团审计的，包括集团项目合伙人在内的所有合伙人和员工。集团项目组负责制定集团总体审计策略，与组成部分注册会计师沟通，针对合并过程执行相关工作，并评价根据审计证据得出的结论，作为形成集团财务报表审计意见的基础。

**第十七条** 组成部分，是指某一实体或某项业务活动，其财务信息由集团或组成部分管理层编制并包括在集团财务报表中。

**第十八条** 重要组成部分，是指集团项目组识别出的具有下列特征之一的组成部分：

（一）单个组成部分对集团具有财务重大性；

（二）由于单个组成部分的特定性质或情况，可能存在导致集团财务报表发生重大错报的特别风险。

**第十九条** 组成部分管理层，是指负责编制组成部分财务信息的管理层。

**第二十条** 组成部分注册会计师，是指基于集团审计目的，按照集团项目组的要求，对组成部分财务信息执行相关工作的注册会计师。

**第二十一条** 组成部分重要性，是指集团项目组为组成部分确定的重要性。

**第二十二条** 合并过程，是指：

（一）通过合并、比例合并、权益法或成本法，在集团财务报表中对组成部分财务信息进行确认、计量、列报和披露；

（二）对没有母公司但处在同一控制下的各组成部分编制的财务信息进行汇总。

## 第三章 目 标

**第二十三条** 注册会计师的目标是：

（一）确定是否担任集团审计的注册会计师；

（二）如果担任集团审计的注册会计师，就组成部分注册会计师对组成部分财务信息执行工作的范围、时间安排和发现的问题，与组成部分注册会计师进行清晰地沟通；针对组成部分财务信息和合并过程，获取充分、适当的审计证据，以对集团财务报表是否在所有重大方面按照适用的财务报告框架编制发表审计意见。

## 第四章 要 求

### 第一节 责 任

**第二十四条** 集团项目合伙人应当按照职业准则和适用的法律法规的规定，负责指导、监督和执行集团审计业务，并确定出具的审计报告是否适合具体情况。注册会计师对集团财务报表出具的审计报告不应提及组成部分注册会计师，除非法律法规另有规定。如果法律法规要求在审计报告中提及组成部分注册会计师，审计报告应当指明，这种提及并不减轻集团项目合伙人及其所在的会计师事务所对集团审计意见承担的责任。

### 第二节 集团审计业务的承接与保持

**第二十五条** 在具体运用《中国注册会计师审计准则第1121号——对财务报表审计实施的质量控制》时，集团项目合伙人应当确定是否能够合理预期获取与合并过程和组成部分财务信息相关的充分、适当的审计证据，以作为形成集团审计意见的基础。因此，集团项目组应当了解集团及其环境、集团组成部分及其环境，以足以识别可能的重要组成部分。如果组成部分注册会计师对重要组成部分财务信息执行相关工作，集团项目合伙人应当评价集团项目组参与组成部分注册会计师工作的程度是否足以获取充分、适当的审计证据。

**第二十六条** 如果集团项目合伙人认为由于集团管理层施加的限制，使集团项目组不能获取充分、适当的审计证据，由此产生的影响可能导致对集团财务报表发表无法表示意见，集团项目合伙人应当视具体情况采取下列措施：

（一）如果是新业务，拒绝接受业务委托，如果是连续审计业务，在法律法规允许的情况下，解除业务约定；

（二）如果法律法规禁止注册会计师拒绝接受业务委托，或者注册会计师不能解除业务约定，在可能的范围内对集团财务报表实施审计，并对集团财务报表发表无法表示意见。

**第二十七条** 集团项目合伙人应当按照《中国注册会计师审计准则第 1111 号——就审计业务约定条款达成一致意见》的规定，就集团审计业务约定条款与管理层或治理层（如适用）达成一致意见。

## 第三节 总体审计策略和具体审计计划

**第二十八条** 集团项目组应当按照《中国注册会计师审计准则第 1201 号——计划审计工作》的规定，制定集团总体审计策略和具体审计计划。

**第二十九条** 集团项目合伙人应当复核集团总体审计策略和具体审计计划。

## 第四节 了解集团及其环境、集团组成部分及其环境

**第三十条** 注册会计师应当通过了解被审计单位及其环境，识别和评估财务报表重大错报风险。

集团项目组应当：

（一）在业务承接或保持阶段获取信息的基础上，进一步了解集团及其环境、集团组成部分及其环境，包括集团层面控制；

（二）了解合并过程，包括集团管理层向组成部分下达的指令。

**第三十一条** 集团项目组应当对集团及其环境、集团组成部分及其环境获取充分的了解，以足以：

（一）确认或修正最初识别的重要组成部分；

（二）评估由于舞弊或错误导致集团财务报表发生重大错报的风险。

## 第五节 了解组成部分注册会计师

**第三十二条** 如果计划要求组成部分注册会计师执行组成部分财务信息的相关工作，集团项目组应当了解下列事项：

（一）组成部分注册会计师是否了解并将遵守与集团审计相关的职业道德要求，特别是独立性要求；

（二）组成部分注册会计师是否具备专业胜任能力；

（三）集团项目组参与组成部分注册会计师工作的程度是否足以获取充分、适当的审计证据；

（四）组成部分注册会计师是否处于积极的监管环境中。

**第三十三条** 如果组成部分注册会计师不符合与集团审计相关的独立性要求，或集团项目组对本准则第三十二条第（一）项至第（三）项所列事项存有重大疑虑，集团项目组应当就组成部分财务信息获取充分、适当的审计证据，而不应要求组成部分注册会计师对组成部分财务信息执行相关工作。

## 第六节 重 要 性

**第三十四条** 集团项目组应当确定与重要性相关的下列事项：

（一）在制定集团总体审计策略时，确定集团财务报表整体的重要性。

（二）根据集团的特定情况，如果存在特定类别的交易、账户余额或披露，其发生的错报金额低于集团财务报表整体的重要性，但合理预期将影响财务报表使用者依据集团财务报表作出的经济决策，则确定适用于这些交易、账户余额或披露的一个或多个重要性水平。

（三）如果组成部分注册会计师对组成部分财务信息实施审计或审阅，基于集团审计目的，为这些组成部分确定组成部分重要性。为将未更正和未发现错报的汇总数超过集团财务报表整体的重要性的可能性降至适当的低水平，组成部分重要性应当低于集团财务报表整体的重要性。

（四）设定临界值，不能将超过该临界值的错报视为对集团财务报表明显微小的错报。

**第三十五条** 如果基于集团审计目的，由组成部分注册会计师对组成部分财务信息执行审计工作，集团项目组应当评价在组成部分层面确定的实际执行的重要性的适当性。

**第三十六条** 如果因法律法规或其他原因要求对组成部分进行审计，并且集团项目组决定利用该审计为集团审计提供审计证据，集团项目组应当确定下列方面是否符合本准则的规定：

（一）组成部分财务报表整体的重要性；

（二）组成部分层面的实际执行的重要性。

## 第七节 针对评估的风险采取的应对措施

**第三十七条** 注册会计师应当针对评估的财务报表重大错报风险设计和实施恰当的应对措施。

对于组成部分财务信息，集团项目组应当确定由其亲自执行或由组成部分注册会计师代为执行的相关工作的类型。集团项目组还应当确定参与组成部分注册会计师工作的性质、时间安排和范围。

**第三十八条** 在确定对合并过程或组成部分财务信息拟实施的工作的性质、时间安排和范围时，如果预期集团层面控制运行有效，或者仅实施实质性程序不能提供认定层次的充分、适当的审计证据，集团项目组应当测试或要求组成部分注册会计师测试这些控制运行的有效性。

**第三十九条** 就集团而言，对于具有财务重大性的单个组成部分，集团项目组或代表集团项目组的组成部分注册会计师应当运用该组成部分的重要性，对组成部分财务信息实施审计。

**第四十条** 对由于其特定性质或情况，可能包括导致集团财务报表发生重大错报的特别风险的重要组成部分，集团项目组或代表集团项目组的组成部分注册会计师应当执行下列一项或多项工作：

（一）使用组成部分重要性对组成部分财务信息实施审计；

（二）针对与可能导致集团财务报表发生重大错报的特别风险相关的一个或多个账户余额、某类交易或披露事项实施审计；

（三）针对可能导致集团财务报表发生重大错报的特别风险实施特定的审计程序。

**第四十一条** 对于不重要的组成部分，集团项目组应当在集团层面实施分析程序。

**第四十二条** 如果集团项目组认为执行下列工作不能获取形成集团审计意见所依据的充分、适当的审计证据，应当采取本条第二款规定的措施：

（一）对重要组成部分财务信息执行的工作；

（二）对集团层面控制和合并过程执行的工作；

（三）在集团层面实施的分析程序。

集团项目组应当选择某些不重要的组成部分，并对已选择的组成部分财务信息亲自执行或由代表集团项目组的组成部分注册会计师执行下列一项或多项工作：

（一）使用组成部分重要性对组成部分财务信息实施审计；

（二）对一个或多个账户余额、一类或多类交易或披露实施审计；

（三）使用组成部分重要性对组成部分财务信息实施审阅；

（四）实施特定程序。

集团项目组应当在一段时间之后更换所选择的组成部分。

**第四十三条** 如果组成部分注册会计师对重要组成部分财务信息执行审计，集团项目组应当参与组成部分注册会计师实施的风险评估程序，以识别导致集团财务报表发生重大错报的特别风险。集团项目组参与的性质、时间安排和范围受其对组成部分注册会计师所了解情况的影响，但至少应当包括：

（一）与组成部分注册会计师或组成部分管理层讨论对集团而言重要的组成部分业务活动；

（二）与组成部分注册会计师讨论由于舞弊或错误导致组成部分财务信息发生重大错报的可能性；

（三）复核组成部分注册会计师对识别出的导致集团财务报表发生重大错报的特别风险形成的审计工作底稿。审计工作底稿可以采用备忘录的形式，反映组成部分注册会计师针对识别出的特别风险得出的结论。

**第四十四条** 如果在由组成部分注册会计师执行相关工作的组成部分内，识别出导致集团财务报表发生重大错报的特别风险，集团项目组应当评价针对识别出的特别风险拟实施的进一步审计程序的恰当性。根据对组成部分注册会计师的了解，集团项目组应当确定是否有必要参与进一步审计程序。

## 第八节 合并过程

**第四十五条** 根据本准则第三十条的规定，集团项目组应当了解集团层面的控制和合并过程，包括集团管理层向组成部分下达的指令。

根据本准则第三十八条的规定，如果对合并过程执行工作的性质、时间安排和范围基于预期集团层面控制有效运行，或者仅实施实质性程序不能提供认定层次的充分、适当的审计证据，集团项目组应当亲自测试或要求组成部分注册会计师代为测试集团层面控制运行的有效性。

**第四十六条** 集团项目组应当针对合并过程设计和实施进一步审计程序，以应对评估的、由合并过程导致的集团财务报表发生重大错报的风险。设计和实施的进一步审计程序应当包括评价所有组成部分是否均已包括在集团财务报表中。

**第四十七条** 集团项目组应当评价合并调整和重分类事项的适当性、完整性和准确性，并评价是否存在舞弊风险因素或可能存在管理层偏向的迹象。

**第四十八条** 如果组成部分财务信息没有按照集团财务报表采用的会计政策编制，集团项目组应当评价组成部分财务信息是否已得到适当调整，以满足编制和列报集团财务报表的要求。

**第四十九条** 集团项目组应当确定，组成部分注册会计师按照本准则第五十四条的规定进行的沟通中提及的财务信息是否就是包括在集团财务报表中的财务信息。

**第五十条** 如果集团财务报表包括的组成部分财务报表的报告期末不同于集团财务报表，集团项目组应当评价是否已按照适用的财务报告编制基础对这些财务报表作出恰当调整。

## 第九节 期后事项

**第五十一条** 如果集团项目组或组成部分注册会计师对组成部分财务信息实施审计，集团项目组或组成部分注册会计师应当实施审计程序，以识别组成部分自组成部分财务信息日至对集团财务报表出具审计报告日之间发生的、可能需要在集团财务报表中调整或披露的事项。

**第五十二条** 如果组成部分注册会计师执行组成部分财务信息审计以外的工作，集团项目组应当要求组成部分注册会计师告知其注意到的、可能需要在集团财务报表中调整或披露的期后事项。

## 第十节 与组成部分注册会计师的沟通

**第五十三条** 集团项目组应当及时向组成部分注册会计师通报工作要求。通报的内容应当明确组成部分注册会计师应执行的工作和集团项目组对其工作的利用，以及组成部分注册会计师与集团项目组沟通的形式和内容。

通报的内容还应当包括：

（一）在组成部分注册会计师知悉集团项目组将利用其工作的前提下，要求组成部分注册会计师确认其将配合集团项目组的工作。

（二）与集团审计相关的职业道德要求，特别是独立性要求。

（三）在对组成部分财务信息实施审计或审阅的情况下，组成部分的重要性和针对特定的某类交易、账户余额或披露采用的一个或多个重要性水平（如适用）以及临界值，超过临界值的错报不能视为对集团财务报表明显微小的错报。

（四）识别出的与组成部分注册会计师工作相关的、由于舞弊或错误导致集团财务报表发生重大错报的特别风险。集团项目组应当要求组成部分注册会计师及时沟通所有识别出的、在组成部分内的其他由于舞弊或错误可能导致集团财务报表发生重大错报的特别风险，以及组成部分注册会计师针对这些特别风险采取的应对措施。

（五）集团管理层编制的关联方清单和集团项目组知悉的任何其他关联方。集团项目组应当要求组成部分注册会计师及时沟通集团管理层或集团项目组以前未识别出的关联方。集团项目组应当确定是否需要将新识别的关联方告知其他组成部分注册会计师。

**第五十四条** 集团项目组应当要求组成部分注册会计师沟通与得出关于集团审计的结论相关的事项。沟通的内容应当包括：

（一）组成部分注册会计师是否已遵守与集团审计相关的职业道德要求，包括对独立性和专业胜任能力的要求；

（二）组成部分注册会计师是否已遵守集团项目组的要求；

（三）指出作为组成部分注册会计师出具报告对象的组成部分财务信息；

（四）因违反法律法规而可能导致集团财务报表发生重大错报的信息；

（五）组成部分财务信息中未更正错报的清单（清单不必包括低于集团项目组通报的临界值且明显微小的错报）；

（六）表明可能存在管理层偏向的迹象；

（七）描述识别出的组成部分层面值得关注的内部控制缺陷；

（八）组成部分注册会计师向组成部分治理层已通报或拟通报的其他重大事项，包括涉及组成部分管理层、在组成部分层面内部控制中承担重要职责的员工以及其他人员（在舞弊行为导致组成部分财务信息出现重大错报的情况下）的舞弊或舞弊嫌疑；

（九）可能与集团审计相关或者组成部分注册会计师期望集团项目组加以关注的其他事项，包括在组成部分注册会计师要求组成部分管理层提供的书面声明中指出的例外事项；

（十）组成部分注册会计师的总体发现、得出的结论和形成的意见。

## 第十一节　评价审计证据的充分性和适当性

**第五十五条**　集团项目组应当评价与组成部分注册会计师的沟通。集团项目组应当：

（一）与组成部分注册会计师、组成部分管理层或集团管理层（如适用）讨论在评价过程中发现的重大事项；

（二）确定是否有必要复核组成部分注册会计师审计工作底稿的相关部分。

**第五十六条**　如果认为组成部分注册会计师的工作不充分，集团项目组应当确定需要实施哪些追加的程序，以及这些程序是由组成部分注册会计师还是由集团项目组实施。

**第五十七条**　注册会计师应当获取充分、适当的审计证据，将审计风险降至可接受的低水平，从而得出合理的结论以作为形成审计意见的基础。

集团项目组应当评价，通过对合并过程实施的审计程序以及由集团项目组和组成部分注册会计师对组成部分财务信息执行的工作，是否已获取充分、适当的审计证据，作为形成集团审计意见的基础。

**第五十八条**　集团项目合伙人应当评价未更正错报（无论该错报是由集团项目组识别出的还是由组成部分注册会计师告知的）和未能获取充分、适当的审计证据的情况对集团审计意见的影响。

## 第十二节　与集团管理层和集团治理层的沟通

**第五十九条**　集团项目组应当按照《中国注册会计师审计准则第 1152 号——向治理层和管理层通报内部控制缺陷》的规定，确定哪些识别出的内部控制缺陷需要向集团治理层和集团管理层通报。

在确定通报的内容时，集团项目组应当考虑：

（一）集团项目组识别出的集团层面内部控制缺陷；

（二）集团项目组识别出的组成部分层面内部控制缺陷；

（三）组成部分注册会计师提请集团项目组关注的内部控制缺陷。

**第六十条**　如果集团项目组识别出舞弊或组成部分注册会计师提请集团项目组关注舞弊，或者有关信息表明可能存在舞弊，集团项目组应当及时向适当层级的集团管理层通报，以便管理层告知主要负责防止和发现舞弊事项的人员。

**第六十一条**　因法律法规要求或其他原因，组成部分注册会计师可能需要对组成部分财务报表发表审计意见。在这种情况下，集团项目组应当要求集团管理层告知组成部分管理层其尚未知悉的、集团项目组注意到的可能对组成部分财务报表产生重要影响的事项。

如果集团管理层拒绝向组成部分管理层通报该事项，集团项目组应当与集团治理层进行讨论。

如果该事项仍未得到解决，集团项目组在遵守法律法规和职业准则有关保密要求的前提下，应当考虑是否建议组成部分注册会计师在该事项得到解决之前，不对组成部分财务报表出具审计报告。

**第六十二条**　除《中国注册会计师审计准则第 1151 号——与治理层的沟通》和其他审计准则要求沟通的事项外，集团项目组还应当与集团治理层沟通下列事项：

（一）对组成部分财务信息拟执行工作的类型的概述；

（二）在组成部分注册会计师对重要组成部分财务信息拟执行的工作中，集团项目组计划参与其工作的性质的概述；

（三）对组成部分注册会计师的工作作出的评价，引起集团项目组对其工作质量产生疑虑的情形；

（四）集团审计受到的限制，如集团项目组接触某些信息受到的限制；

（五）涉及集团管理层、组成部分管理层、在集团层面控制中承担重要职责的员工以及其他人员（在舞弊行为导致集团财务报表出现重大错报的情况下）的舞弊或舞弊嫌疑。

### 第十三节　审计工作底稿

**第六十三条**　集团项目组应当就下列事项形成审计工作底稿：

（一）对组成部分的分析，指明重要组成部分以及对组成部分财务信息执行工作的类型；

（二）对于重要组成部分，集团项目组参与该组成部分注册会计师工作的性质、时间安排和范围，如果适用，还包括集团项目组对组成部分注册会计师审计工作底稿的相关部分进行的复核以及由此得出的结论；

（三）集团项目组与组成部分注册会计师就集团项目组提出的工作要求的书面沟通函件。

## 第五章　附　　则

**第六十四条**　本准则自2012年1月1日起施行。

# 29. 中国注册会计师审计准则第1411号——利用内部审计人员的工作

## 第一章　总　　则

**第一条**　为了规范注册会计师在获取充分、适当的审计证据时利用内部审计人员的工作，明确注册会计师利用内部审计人员工作的责任，制定本准则。

**第二条**　本准则适用于内部审计可能与注册会计师审计相关的情况，但不适用于内部审计人员在注册会计师实施审计程序时提供直接帮助的情况。

**第三条**　内部审计的目标是由管理层和治理层确定的。尽管内部审计的目标和注册会计师的目标不同，但用以实现各自目标的某些方式可能是相似的。

**第四条**　不论内部审计的自主程度和客观性如何，都不能像注册会计师那样对财务报表发表审计意见时独立于被审计单位。

注册会计师对发表的审计意见独立承担责任，这种责任并不因利用内部审计人员的工作而减轻。

## 第二章　定　　义

**第五条**　内部审计职责（简称内部审计），是指由被审计单位建立的或由外部机构以服务形式提供的一种评价活动。内部审计的职能包括检查、评价和监督内部控制的恰当性和有效性等。

**第六条**　内部审计人员，是指执行内部审计活动的人员。内部审计人员可能属于内部审计部门或履行内部审计职责的类似部门。

## 第三章　目　　标

**第七条**　在被审计单位设有内部审计，且注册会计师认为可能与其审计相关的情况下，注册会计师的目标是：

（一）确定是否利用以及在多大程度上利用内部审计人员的特定工作；

（二）如果利用内部审计人员的特定工作，确定该项工作是否足以实现审计目的。

## 第四章 要　　求

### 第一节 确定是否利用以及在多大程度上利用内部审计人员的工作

**第八条** 注册会计师应当确定：

(一)内部审计人员的工作是否可能足以实现审计目的；

(二)如果可能足以实现审计目的,内部审计人员的工作对注册会计师审计程序的性质、时间安排和范围产生的预期影响。

**第九条** 在确定内部审计人员的工作是否可能足以实现审计目的时,注册会计师应当评价：

(一)内部审计的客观性；

(二)内部审计人员的专业胜任能力；

(三)内部审计人员在执行工作时是否可能保持应有的职业关注；

(四)内部审计人员和注册会计师之间是否可能进行有效的沟通。

**第十条** 在确定内部审计人员的工作对注册会计师审计程序的性质、时间安排和范围产生的预期影响时,注册会计师应当考虑：

(一)内部审计人员已执行或拟执行的特定工作的性质和范围；

(二)针对特定的某类交易、账户余额和披露,评估的认定层次重大错报风险；

(三)在评价支持相关认定的审计证据时,内部审计人员的主观程度。

### 第二节 利用内部审计人员的特定工作

**第十一条** 如果拟利用内部审计人员的特定工作,注册会计师应当评价内部审计人员的特定工作并实施审计程序,以确定该项工作是否足以实现审计目的。

**第十二条** 在确定内部审计人员的特定工作是否足以实现审计目的时,注册会计师应当评价：

(一)内部审计工作是否由经过充分技术培训且精通业务的人员执行；

(二)内部审计人员的工作是否得到适当的监督、复核和记录；

(三)内部审计人员是否已经获取充分、适当的审计证据,使其能够得出合理的结论；

(四)内部审计人员得出的结论是否恰当,编制的报告是否与已执行工作的结果一致；

(五)内部审计人员披露的例外或异常事项是否得到恰当解决。

### 第三节 审计工作底稿

**第十三条** 如果利用内部审计人员的特定工作,注册会计师应当就下列事项形成审计工作底稿：

(一)针对内部审计人员工作的恰当性进行评价得出的结论；

(二)针对内部审计人员的工作实施的审计程序。

## 第五章 附　　则

**第十四条** 本准则自 2012 年 1 月 1 日起施行。

# 30. 中国注册会计师审计准则第 1421 号——利用专家的工作

## 第一章 总　　则

**第一条** 为了规范注册会计师在获取充分、适当的审计证据时利用专家的工作,明确注册会计师利用专家的工作的责任,制定本准则。

**第二条** 本准则不适用于下列情况:

(一)项目组拥有在会计或审计专业领域中具有专长的成员,或向在会计或审计专业领域中具有专长的个人或组织咨询。《中国注册会计师审计准则第 1121 号——对财务报表审计实施的质量控制》及其应用指南这种情况进行了规范。

(二)注册会计师利用在会计、审计以外的某一领域具有专长的个人或组织的工作,并且其工作被管理层利用以协助编制财务报表(即利用管理层的专家的工作)。《中国注册会计师审计准则第 1301 号——审计证据》及其应用指南对这种情况进行了规范。

**第三条** 注册会计师对发表的审计意见独立承担责任,这种责任不因利用专家的工作而减轻。

如果注册会计师按照本准则的规定利用了专家的工作,并得出结论认为专家的工作足以实现审计目的,注册会计师可以接受专家在其专业领域的工作结果或结论,并作为适当的审计证据。

## 第二章 定 义

**第四条** 专家,即注册会计师的专家,是指在会计或审计以外的某一领域具有专长的个人或组织,并且其工作被注册会计师利用,以协助注册会计师获取充分、适当的审计证据。专家既可能是会计师事务所内部专家(如会计师事务所或其网络事务所的合伙人或员工,包括临时员工),也可能是会计师事务所外部专家。

**第五条** 专长,是指在某一特定领域中拥有的专门技能、知识和经验。

**第六条** 管理层的专家,是指在会计或审计以外的某一领域具有专长的个人或组织,其工作被管理层利用以协助编制财务报表。

## 第三章 目 标

**第七条** 注册会计师的目标是:

(一)确定是否利用专家的工作;

(二)如果利用专家的工作,确定专家的工作是否足以实现审计目的。

## 第四章 要 求

### 第一节 确定是否利用专家的工作

**第八条** 如果在会计或审计以外的某一领域的专长对获取充分、适当的审计证据是必要的,注册会计师应当确定是否利用专家的工作。

### 第二节 审计程序的性质、时间安排和范围

**第九条** 本准则第十条至第十四条规定的审计程序的性质、时间安排和范围,将随着具体情况的变化而变化。

在确定本准则第十条至第十四条规定的审计程序的性质、时间安排和范围时,注册会计师应当考虑下列事项:

(一)与专家工作相关的事项的性质;

(二)与专家工作相关的事项中存在的重大错报风险;

(三)专家的工作在审计中的重要程度;

(四)注册会计师对专家以前所做工作的了解,以及与之接触的经验;

(五)专家是否需要遵守会计师事务所的质量控制政策和程序。

### 第三节 专家的胜任能力、专业素质和客观性

**第十条** 注册会计师应当评价专家是否具有实现审计目的所必需的胜任能力、专业素质和客观性。在

评价外部专家的客观性时，注册会计师应当询问可能对外部专家客观性产生不利影响的利益和关系。

### 第四节　了解专家的专长领域

**第十一条**　注册会计师应当充分了解专家的专长领域，以能够：

（一）为了实现审计目的，确定专家工作的性质、范围和目标；

（二）评价专家的工作是否足以实现注册会计师的目的。

### 第五节　与专家达成一致意见

**第十二条**　注册会计师应当与专家就下列事项达成一致意见，并根据需要形成书面协议：

（一）专家工作的性质、范围和目标；

（二）注册会计师和专家各自的角色和责任；

（三）注册会计师和专家之间沟通的性质、时间安排和范围，包括专家提供的报告的形式；

（四）对专家遵守保密规定的要求。

### 第六节　评价专家工作的恰当性

**第十三条**　注册会计师应当评价专家的工作是否足以实现审计目的，包括：

（一）专家的工作结果或结论的相关性和合理性，以及与其他审计证据的一致性；

（二）如果专家的工作涉及使用重要的假设和方法，这些假设和方法在具体情况下的相关性和合理性；

（三）如果专家的工作涉及使用重要的原始数据，这些原始数据的相关性、完整性和准确性。

**第十四条**　如果确定专家的工作不足以实现审计目的，注册会计师应当采取下列措施之一：

（一）就专家拟执行的进一步工作的性质和范围，与专家达成一致意见；

（二）根据具体情况，实施追加的审计程序。

### 第七节　在审计报告中提及专家

**第十五条**　注册会计师不应在无保留意见的审计报告中提及专家的工作，除非法律法规另有规定。

如果法律法规要求提及专家的工作，注册会计师应当在审计报告中指明，这种提及并不减轻注册会计师对审计意见承担的责任。

**第十六条**　如果注册会计师在审计报告中提及专家的工作，并且这种提及与理解审计报告中的非无保留意见相关，注册会计师应当在审计报告中指明，这种提及并不减轻注册会计师对审计意见承担的责任。

## 第五章　附　　则

**第十七条**　本准则自2012年1月1日起施行。

# 31. 中国注册会计师审计准则第1501号——对财务报表形成审计意见和出具审计报告

## 第一章　总　　则

**第一条**　为了规范注册会计师对财务报表形成审计意见，以及作为财务报表审计结果所出具的审计报告的格式和内容，制定本准则。

**第二条**　《中国注册会计师审计准则第1502号——在审计报告中发表非无保留意见》和《中国注册会计师审计准则第1503号——在审计报告中增加强调事项段和其他事项段》规定了注册会计师在审计报告中发表非无保留意见或者增加强调事项段或其他事项段时，审计报告的格式和内容如何受到影响。

**第三条**　本准则适用于注册会计师执行整套通用目的财务报表审计业务。

《中国注册会计师审计准则第 1601 号——对按照特殊目的编制基础编制的财务报表审计的特殊考虑》，规定了注册会计师对按照特殊目的编制基础编制的财务报表审计的特殊考虑。

《中国注册会计师审计准则第 1603 号——对单一财务报表和财务报表特定要素审计的特殊考虑》，规定了注册会计师对单一财务报表或财务报表特定要素、账户或项目审计的特殊考虑。

**第四条** 本准则要求注册会计师保持审计报告的一致性。在按照中国注册会计师审计准则执行了审计工作的情况下，注册会计师保持审计报告的一致性，将有助于使用者更容易识别已按照中国注册会计师审计准则执行的审计业务，从而增强审计报告的可信性，同时有助于使用者理解以及识别发生的异常情况。

## 第二章 定 义

**第五条** 本准则所称财务报表，是指整套通用目的财务报表，包括相关附注。相关附注通常包括重要会计政策概要和其他解释性信息。适用的财务报告编制基础的规定决定了财务报表的形式和内容，以及整套财务报表的构成。

**第六条** 通用目的财务报表，是指按照通用目的编制基础编制的财务报表。

**第七条** 通用目的编制基础，是指旨在满足广大财务报表使用者共同的财务信息需求的财务报告编制基础。

**第八条** 审计报告，是指注册会计师根据审计准则的规定，在执行审计工作的基础上，对财务报表发表审计意见的书面文件。

**第九条** 无保留意见，是指当注册会计师认为财务报表在所有重大方面按照适用的财务报告编制基础编制并实现公允反映时发表的审计意见。

**第十条** 标准审计报告，是指不含有说明段、强调事项段、其他事项段或其他任何修饰性用语的无保留意见的审计报告。

包含其他报告责任段，但不含有强调事项段或其他事项段的无保留意见的审计报告也被视为标准审计报告。

**第十一条** 非标准审计报告，是指带强调事项段或其他事项段的无保留意见的审计报告和非无保留意见的审计报告。

## 第三章 目 标

**第十二条** 注册会计师的目标是：

(一)在评价根据审计证据得出的结论的基础上，对财务报表形成审计意见；

(二)通过书面报告的形式清楚地表达审计意见，说明其形成基础。

## 第四章 要 求

### 第一节 对财务报表形成审计意见

**第十三条** 注册会计师应当就财务报表是否在所有重大方面按照适用的财务报告编制基础编制并实现公允反映形成审计意见。

**第十四条** 为了形成审计意见，针对财务报表整体是否不存在由于舞弊或错误导致的重大错报，注册会计师应当得出结论，确定是否已就此获取合理保证。

在得出结论时，注册会计师应当考虑下列方面：

(一)按照《中国注册会计师审计准则第 1231 号——针对评估的重大错报风险采取的应对措施》的规定，是否已获取充分、适当的审计证据；

(二)按照《中国注册会计师审计准则第 1251 号——评价审计过程中识别出的错报》的规定，未更正错报单独或汇总起来是否构成重大错报；

(三)本准则第十五条至第十八条要求作出的评价。

**第十五条** 注册会计师应当评价财务报表是否在所有重大方面按照适用的财务报告编制基础编制。

在评价时，注册会计师应当考虑被审计单位会计实务的质量，包括表明管理层的判断可能出现偏向的迹象。

**第十六条** 注册会计师应当依据适用的财务报告编制基础特别评价下列内容：

（一）财务报表是否充分披露了选择和运用的重要会计政策；

（二）选择和运用的会计政策是否符合适用的财务报告编制基础，并适合于被审计单位的具体情况；

（三）管理层作出的会计估计是否合理；

（四）财务报表列报的信息是否具有相关性、可靠性、可比性和可理解性；

（五）财务报表是否作出充分披露，使财务报表预期使用者能够理解重大交易和事项对财务报表所传递的信息的影响；

（六）财务报表使用的术语（包括每一财务报表的标题）是否适当。

**第十七条** 按照本准则第十五条和第十六条的规定作出的评价还应当包括财务报表是否实现公允反映。

在评价财务报表是否实现公允反映时，注册会计师应当考虑下列内容：

（一）财务报表的整体列报、结构和内容是否合理；

（二）财务报表（包括相关附注）是否公允地反映了相关交易和事项。

**第十八条** 注册会计师应当评价财务报表是否恰当提及或说明适用的财务报告编制基础。

## 第二节 审计意见的类型

**第十九条** 如果认为财务报表在所有重大方面按照适用的财务报告编制基础编制并实现反映，注册会计师应当发表无保留意见。

**第二十条** 当存在下列情形之一时，注册会计师应当按照《中国注册会计师审计准则第 1502 号——在审计报告中发表非无保留意见》的规定，在审计报告中发表非无保留意见：

（一）根据获取的审计证据，得出财务报表整体存在重大错报的结论；

（二）无法获取充分、适当的审计证据，不能得出财务报表整体不存在重大错报的结论。

**第二十一条** 如果财务报表没有实现公允反映，注册会计师应当就该事项与管理层讨论，并视适用的财务报告编制基础的规定和该事项得到解决的情况，决定是否有必要按照《中国注册会计师审计准则第 1502 号——在审计报告中发表非无保留意见》的规定在审计报告中发表非无保留意见。

## 第三节 审计报告

**第二十二条** 审计报告应当采用书面形式。

**第二十三条** 审计报告应当包括下列要素：

（一）标题；

（二）收件人；

（三）引言段；

（四）管理层对财务报表的责任段；

（五）注册会计师的责任段；

（六）审计意见段；

（七）注册会计师的签名和盖章；

（八）会计师事务所的名称、地址和盖章；

（九）报告日期。

**第二十四条** 审计报告应当具有标题，统一规范为“审计报告”。

**第二十五条** 审计报告应当按照审计业务约定的要求载明收件人。

**第二十六条** 审计报告的引言段应当包括下列方面：

（一）指出被审计单位的名称；

（二）说明财务报表已经审计；

（三）指出构成整套财务报表的每一财务报表的名称；

(四)提及财务报表附注,包括重要会计政策概要和其他解释性信息;

(五)指明构成整套财务报表的每一财务报表的日期或涵盖的期间。

**第二十七条** 审计报告应当包含标题为"管理层对财务报表的责任"的段落。

**第二十八条** 管理层对财务报表的责任段描述被审计单位中负责编制财务报表的人员的责任。

**第二十九条** 管理层对财务报表的责任段应当说明,编制财务报表是管理层的责任,这种责任包括:

(一)按照适用的财务报告编制基础编制财务报表,并使其实现公允反映;

(二)设计、执行和维护必要的内部控制,以使财务报表不存在由于舞弊或错误导致的重大错报。

**第三十条** 审计报告应当包含标题为"注册会计师的责任"的段落。

**第三十一条** 注册会计师的责任段应当说明下列内容:

(一)注册会计师的责任是在执行审计工作的基础上对财务报表发表审计意见。

(二)注册会计师按照中国注册会计师审计准则的规定执行了审计工作。中国注册会计师审计准则要求注册会计师遵守中国注册会计师职业道德守则,计划和执行审计工作以对财务报表是否不存在重大错报获取合理保证。

(三)审计工作涉及实施审计程序,以获取有关财务报表金额和披露的审计证据。选择的审计程序取决于注册会计师的判断,包括对由于舞弊或错误导致的财务报表重大错报风险的评估。在进行风险评估时,注册会计师考虑与财务报表编制和公允列报相关的内部控制,以设计恰当的审计程序,但目的并非对内部控制的有效性发表意见。审计工作还包括评价管理层选用会计政策的恰当性和作出会计估计的合理性,以及评价财务报表的总体列报。

(四)注册会计师相信获取的审计证据是充分、适当的,为其发表审计意见提供了基础。

如果结合财务报表审计对内部控制的有效性发表意见,注册会计师应当删除本条第一款第(三)项中"但目的并非对内部控制的有效性发表意见"的措辞。

**第三十二条** 审计报告应当包含标题为"审计意见"的段落。

**第三十三条** 如果对财务报表发表无保留意见,除非法律法规另有规定,审计意见应当使用"财务报表在所有重大方面按照[适用的财务报告编制基础(如企业会计准则等)]编制,公允反映了……"的措辞。

**第三十四条** 如果在审计意见中提及的适用的财务报告编制基础不是企业会计准则,而是国际财务报告准则、国际公共部门会计准则或者其他国家或地区的财务报告准则,注册会计师应当在审计意见段中指明国际财务报告准则或国际公共部门会计准则,或者财务报告准则所属的国家或地区。

**第三十五条** 除审计准则规定的注册会计师对财务报表出具审计报告的责任外,相关法律法规可能对注册会计师设定了其他报告责任。如果注册会计师在对财务报表出具的审计报告中履行其他报告责任,应当在审计报告中将其单独作为一部分,并以"按照相关法律法规的要求报告的事项"为标题。

**第三十六条** 如果审计报告包含"按照相关法律法规的要求报告的事项"部分,审计报告应当区分为"对财务报表出具的审计报告"和"按照相关法律法规的要求报告的事项"两部分。本准则第二十六条至第三十四条提及的标题和段落属于第一部分,置于"对财务报表出具的审计报告"标题下;"按照相关法律法规的要求报告的事项"属于第二部分,置于"对财务报表出具的审计报告"部分之后。

**第三十七条** 注册会计师出具非标准审计报告时,应当遵守《中国注册会计师审计准则第 1502 号——在审计报告中发表非无保留意见》、《中国注册会计师审计准则第 1503 号——在审计报告中增加强调事项段和其他事项段》和本准则的相关规定。

**第三十八条** 审计报告应当由注册会计师签名和盖章。

**第三十九条** 审计报告应当载明会计师事务所的名称和地址,并加盖会计师事务所公章。

**第四十条** 审计报告应当注明报告日期。审计报告的日期不应早于注册会计师获取充分、适当的审计证据,并在此基础上对财务报表形成审计意见的日期。

在确定审计报告日期时,注册会计师应当确信已获取下列两方面的审计证据:

(一)构成整套财务报表的所有报表(包括相关附注)已编制完成;

(二)被审计单位的董事会、管理层或类似机构已经认可其对财务报表负责。

**第四十一条** 注册会计师在按照中国注册会计师审计准则执行审计工作时,还可能同时被要求按照其他国家或地区审计准则执行审计工作。在这种情况下,审计报告除了提及中国注册会计师审计准则外,还

可能同时提及其他国家或地区审计准则。只有在同时符合下列条件时，注册会计师才应当同时提及：

（一）其他国家或地区审计准则与中国注册会计师审计准则不存在冲突，即不会导致注册会计师形成不同的审计意见，也不会导致在中国注册会计师审计准则要求增加强调事项段的情况下而其他国家或地区的审计准则不要求增加强调事项段；

（二）如果使用其他国家或地区审计准则规定的结构和措词，审计报告至少应当包括在本准则第二十四条规定的每一要素，并且指明其他国家或地区审计准则。

**第四十二条** 如果审计报告同时提及中国注册会计师审计准则和其他国家或地区审计准则，审计报告应当指明审计准则所属的国家或地区。

### 第四节 与财务报表一同列报的补充信息

**第四十三条** 如果被审计单位将适用的财务报告编制基础没有要求的补充信息与已审计财务报表一同列报，注册会计师应当评价被审计单位是否清楚地将这些补充信息与已审计财务报表予以区分。

如果被审计单位未能清楚地将补充信息与已审计财务报表予以区分，注册会计师应当要求管理层改变未审计补充信息的列报方式。如果管理层拒绝改变，注册会计师应当在审计报告中说明补充信息未审计。

**第四十四条** 对于适用的财务报告编制基础没有要求的补充信息，如果由于其性质和列报方式导致不能使其清楚地与已审计财务报表予以区分，从而构成财务报表必要的组成部分，这些补充信息应当涵盖在审计意见中。

## 第五章 附 则

**第四十五条** 本准则自2012年1月1日起施行。

# 32. 中国注册会计师审计准则第1502号——在审计报告中发表非无保留意见

## 第一章 总 则

**第一条** 为了规范注册会计师在财务报表审计中出具非无保留意见的审计报告，制定本准则。

**第二条** 当按照《中国注册会计师审计准则第1501号——对财务报表形成审计意见和出具审计报告》的规定形成审计意见时，如果认为有必要发表非无保留意见，注册会计师应当遵守本准则。

**第三条** 本准则规定了三种类型的非无保留意见，即保留意见、否定意见和无法表示意见。

注册会计师确定恰当的非无保留意见类型，取决于下列事项：

（一）导致非无保留意见的事项的性质，是财务报表存在重大错报，还是在无法获取充分、适当的审计证据的情况下，财务报表可能存在重大错报；

（二）注册会计师就导致非无保留意见的事项对财务报表产生或可能产生影响的广泛性作出的判断。

## 第二章 定 义

**第四条** 非无保留意见，是指保留意见、否定意见或无法表示意见。

**第五条** 广泛性，是描述错报影响的术语，用以说明错报对财务报表的影响，或者由于无法获取充分、适当的审计证据而未发现的错报（如存在）对财务报表可能产生的影响。

根据注册会计师的判断，对财务报表的影响具有广泛性的情形包括：

（一）不限于对财务报表的特定要素、账户或项目产生影响；

（二）虽然仅对财务报表的特定要素、账户或项目产生影响，但这些要素、账户或项目是或可能是财务报表的主要组成部分；

（三）当与披露相关时，产生的影响对财务报表使用者理解财务报表至关重要。

## 第三章 目 标

**第六条** 注册会计师的目标是，当存在下列情形之一时，对财务报表清楚地发表恰当的非无保留意见：

(一)根据获取的审计证据，得出财务报表整体存在重大错报的结论；

(二)无法获取充分、适当的审计证据，不能得出财务报表整体不存在重大错报的结论。

## 第四章 要 求

### 第一节 应当发表非无保留意见的情形

**第七条** 当存在下列情形之一时，注册会计师应当在审计报告中发表非无保留意见：

(一)根据获取的审计证据，得出财务报表整体存在重大错报的结论；

(二)无法获取充分、适当的审计证据，不能得出财务报表整体不存在重大错报的结论。

### 第二节 确定非无保留意见的类型

**第八条** 当存在下列情形之一时，注册会计师应当发表保留意见：

(一)在获取充分、适当的审计证据后，注册会计师认为错报单独或累计起来对财务报表影响重大，但不具有广泛性；

(二)注册会计师无法获取充分、适当的审计证据以作为形成审计意见的基础，但认为未发现的错报(如存在)对财务报表可能产生的影响重大，但不具有广泛性。

**第九条** 在获取充分、适当的审计证据后，如果认为错报单独或累计起来对财务报表的影响重大且具有广泛性，注册会计师应当发表否定意见。

**第十条** 如果无法获取充分、适当的审计证据以作为形成审计意见的基础，但认为未发现的错报(如存在)对财务报表可能产生的影响重大且具有广泛性，注册会计师应当发表无法表示意见。

**第十一条** 在极其特殊的情况下，可能存在多个不确定事项。尽管注册会计师对每个单独的不确定事项获取了充分、适当的审计证据，但由于不确定事项之间可能存在相互影响，以及可能对财务报表产生累积影响，注册会计师不可能对财务报表形成审计意见。在这种情况下，注册会计师应当发表无法表示意见。

**第十二条** 在承接审计业务后，如果注意到管理层对审计范围施

加了限制，且认为这些限制可能导致对财务报表发表保留意见或无法表示意见，注册会计师应当要求管理层消除这些限制。

**第十三条** 如果管理层拒绝消除本准则第十二条提及的限制，除非治理层全部成员参与管理被审计单位，注册会计师应当就此事项与治理层沟通，并确定能否实施替代程序以获取充分、适当的审计证据。

**第十四条** 如果无法获取充分、适当的审计证据，注册会计师应当通过下列方式确定其影响：

(一)如果未发现的错报(如存在)可能对财务报表产生的影响重大，但不具有广泛性，注册会计师应当发表保留意见；

(二)如果未发现的错报(如存在)可能对财务报表产生的影响重大且具有广泛性，以至于发表保留意见不足以反映情况的严重性，注册会计师应当在可行时解除业务约定(除非法律法规禁止)；如果在出具审计报告之前解除业务约定被禁止或不可行，应当发表无法表示意见。

**第十五条** 如果根据本准则第十四条第(二)项的规定解除业务约定，注册会计师应当在解除业务约定前，与治理层沟通在审计过程中发现的、将会导致发表非无保留意见的所有错报事项。

**第十六条** 如果认为有必要对财务报表整体发表否定意见或无法表示意见，注册会计师不应在同一审计报告中对按照相同财务报告编制基础编制的单一财务报表或者财务报表特定要素、账户或项目发表无保留意见。在同一审计报告中包含无保留意见，将会与对财务报表整体发表的否定意见或无法表示意见相矛盾。

### 第三节 非无保留意见审计报告的格式和内容

**第十七条** 如果对财务报表发表非无保留意见，除在审计报告中包含《中国注册会计师审计准则第

1501 号——对财务报表形成审计意见和出具审计报告》规定的审计报告要素外，注册会计师还应当增加一个段落，说明导致发表非无保留意见的事项。

注册会计师应当直接在审计意见段之前增加该段落，并使用恰当的标题，如“导致保留意见的事项”、“导致否定意见的事项”或“导致无法表示意见的事项”。

**第十八条** 如果财务报表中存在与具体金额（包括定量披露）相关的重大错报，注册会计师应当在导致非无保留意见的事项段中说明并量化该错报的财务影响。如果无法量化财务影响，注册会计师应当在导致非无保留意见的事项段中说明这一情况。

**第十九条** 如果财务报表中存在与叙述性披露相关的重大错报，注册会计师应当在导致非无保留意见的事项段中解释该错报错在何处。

**第二十条** 如果财务报表中存在与应披露而未披露信息相关的重大错报，注册会计师应当：

（一）与治理层讨论未披露信息的情况；

（二）在导致非无保留意见的事项段中描述未披露信息的性质；

（三）如果可行并且已针对未披露信息获取了充分、适当的审计证据，在导致非无保留意见的事项段中包含对未披露信息的披露，除非法律禁止。

**第二十一条** 如果无法获取充分、适当的审计证据而导致发表非无保留意见，注册会计师应当在导致非无保留意见的事项段中说明无法获取审计证据的原因。

**第二十二条** 即使发表了否定意见或无法表示意见，注册会计师也应当在导致非无保留意见的事项段中说明注意到的、将导致发表非无保留意见的所有其他事项及其影响。

**第二十三条** 在发表非无保留意见时，注册会计师应当对审计意见段使用恰当的标题，如“保留意见”、“否定意见”或“无法表示意见”。

**第二十四条** 当由于财务报表存在重大错报而发表保留意见时，注册会计师应当根据适用的财务报告编制基础在审计意见段中说明：注册会计师认为，除了导致保留意见的事项段所述事项产生的影响外，财务报表在所有重大方面按照适用的财务报告编制基础编制，并实现公允反映。

当无法获取充分、适当的审计证据而导致发表保留意见时，注册会计师应当在审计意见段中使用“除……可能产生的影响外”等措辞。

**第二十五条** 当发表否定意见时，注册会计师应当根据适用的财务报告框架在审计意见段中说明：

（一）注册会计师认为，由于导致否定意见的事项段所述事项的重要性，财务报表没有在所有重大方面按照适用的财务报告框架编制，未能实现公允反映（当财务报表按照公允列报框架编制时）；

（二）注册会计师认为，由于导致否定意见的事项段所述事项的重要性，财务报表没有在所有重大方面按照适用的财务报告框架编制（当财务报表按照遵循性框架编制时）。

**第二十六条** 当由于无法获取充分、适当的审计证据而发表无法表示意见时，注册会计师应当在审计意见段中说明：由于导致无法表示意见的事项段所述事项的重要性，注册会计师无法获取充分、适当的审计证据以为发表审计意见提供基础，因此，注册会计师不对这些财务报表发表审计意见。

**第二十七条** 当发表保留意见或否定意见时，注册会计师应当修改对注册会计师责任的描述，以说明：注册会计师相信，注册会计师已获取的审计证据是充分、适当的，为发表非无保留意见提供了基础。

**第二十八条** 当由于无法获取充分、适当的审计证据而发表无法表示意见时，注册会计师应当修改审计报告的引言段，说明注册会计师接受委托审计财务报表。

注册会计师还应当修改对注册会计师责任和审计范围的描述，并仅能作出如下说明：“我们的责任是在按照中国注册会计师审计准则的规定执行审计工作的基础上对财务报表发表审计意见。但由于导致无法表示意见的事项段中所述的事项，我们无法获取充分、适当的审计证据以为发表审计意见提供基础”。

### 第四节 与治理层的沟通

**第二十九条** 当拟在审计报告中发表非无保留意见时，注册会计师应当与治理层沟通导致拟发表非无保留意见的情况，以及拟使用的非无保留意见措辞。

## 第五章 附 则

**第三十条** 本准则自 2012 年 1 月 1 日起施行。

# 33. 中国注册会计师审计准则第 1503 号——在审计报告中增加强调事项段和其他事项段

## 第一章　总　　则

**第一条**　为了规范注册会计师在审计报告中增加强调事项段和其他事项段，以提供必要的补充信息，制定本准则。

**第二条**　如果认为有必要，注册会计师可以在审计报告中提供下列补充信息，以提醒使用者关注：

（一）尽管已在财务报表中列报或披露，但对使用者理解财务报表至关重要的事项；

（二）未在财务报表中列报或披露，但与使用者理解审计工作、注册会计师的责任或审计报告相关的事项。

**第三条**　本准则附录 1 和附录 2 列示的其他审计准则，对在审计报告中增加强调事项段和其他事项段提出具体要求。在这些情况下，本准则对强调事项段或其他事项段的格式和放置位置的要求同样适用。

## 第二章　定　　义

**第四条**　强调事项段，是指审计报告中含有的一个段落，该段落提及已在财务报表中恰当列报或披露的事项，根据注册会计师的职业判断，该事项对财务报表使用者理解财务报表至关重要。

**第五条**　其他事项段，是指审计报告中含有的一个段落，该段落提及未在财务报表中列报或披露的事项，根据注册会计师的职业判断，该事项与财务报表使用者理解审计工作、注册会计师的责任或审计报告相关。

## 第三章　目　　标

**第六条**　注册会计师的目标是，在对财务报表形成审计意见后，如果根据职业判断认为有必要在审计报告中增加强调事项段或其他事项段，通过明确提供补充信息的方式，提醒财务报表使用者关注下列事项：

（一）尽管已在财务报表中恰当列报或披露，但对财务报表使用者理解财务报表至关重要的事项；

（二）未在财务报表中列报或披露，但与财务报表使用者理解审计工作、注册会计师的责任或审计报告相关的其他事项。

## 第四章　要　　求

### 第一节　审计报告中的强调事项段

**第七条**　如果认为有必要提醒财务报表使用者关注已在财务报表中列报或披露，且根据职业判断认为对财务报表使用者理解财务报表至关重要的事项，注册会计师在已获取充分、适当的审计证据证明该事项在财务报表中不存在重大错报的条件下，应当在审计报告中增加强调事项段。强调事项段应当仅提及已在财务报表中列报或披露的信息。

**第八条**　如果在审计报告中增加强调事项段，注册会计师应当采取下列措施：

（一）将强调事项段紧接在审计意见段之后；

（二）使用“强调事项”或其他适当标题；

（三）明确提及被强调事项以及相关披露的位置，以便能够在财务报表中找到对该事项的详细描述；

（四）指出审计意见没有因该强调事项而改变。

### 第二节　审计报告中的其他事项段

**第九条**　对于未在财务报表中列报或披露，但根据职业判断认为与财务报表使用者理解审计工作、注册会计师的责任或审计报告相关且未被法律法规禁止的事项，如果认为有必要沟通，注册会计师应当在审计报告中增加其他事项段，并使用“其他事项”或其他适当标题。注册会计师应当将其他事项段紧接在审计意见段和强调事项段（如有）之后。如果其他事项段的内容与其他报告责任部分相关，这一段落也可以置于审计报告的其他位置。

### 第三节　与治理层的沟通

**第十条**　如果拟在审计报告中增加强调事项段或其他事项段，注册会计师应当就该事项和拟使用的措辞与治理层沟通。

### 第五章　附　　则

**第十一条**　本准则自 2012 年 1 月 1 日起施行。

# 34. 中国注册会计师审计准则第 1511 号——比较信息：对应数据和比较财务报表

### 第一章　总　　则

**第一条**　为了规范注册会计师在财务报表审计中与比较信息相关的责任，制定本准则。

**第二条**　当上期财务报表已由前任注册会计师审计或未经审计时，《中国注册会计师审计准则第 1331 号——首次审计业务涉及的期初余额》对期初余额的相关规定同样适用。

**第三条**　财务报表中列报的比较信息的性质取决于适用的财务报告编制基础的要求。比较信息包括对应数据和比较财务报表，相应地，注册会计师履行比较信息的报告责任有两种不同的方法。采用的方法通常由法律法规规定，但也可能在业务约定条款中作出约定。

**第四条**　本准则第三条提及的两种方法导致审计报告存在下列主要差异：

（一）对于对应数据，审计意见仅提及本期；

（二）对于比较财务报表，审计意见提及列报的财务报表所属的各期。

本准则对每种方法分别提出不同的审计报告要求。

### 第二章　定　　义

**第五条**　比较信息，是指包含于财务报表中的、符合适用的财务报告编制基础的、与一个或多个以前期间相关的金额和披露。

**第六条**　对应数据，属于比较信息，是指作为本期财务报表组成部分的上期金额和相关披露，这些金额和披露只能和与本期相关的金额和披露（称为“本期数据”）联系起来阅读。对应数据列报的详细程度主要取决于其与本期数据的相关程度。

**第七条**　比较财务报表，属于比较信息，是指为了与本期财务报表相比较而包含的上期金额和相关披露。比较财务报表包含信息的详细程度与本期财务报表包含信息的详细程度相似。如果上期金额和相关披露已经审计，则将在审计意见中提及。

**第八条**　当比较信息包括一期以上的金额和相关披露时，本准则所称“上期”应理解为“以前数期”。

### 第三章　目　　标

**第九条**　注册会计师的目标是：

（一）获取充分、适当的审计证据，确定在财务报表中包含的比较信息是否在所有重大方面按照适用的财务报告编制基础有关比较信息的要求进行列报；

（二）按照注册会计师的报告责任出具审计报告。

## 第四章 要 求

### 第一节 审计程序

**第十条** 注册会计师应当确定财务报表中是否包括适用的财务报告编制基础要求的比较信息，以及比较信息是否得到恰当分类。

基于上述目的，注册会计师应当评价：

（一）比较信息是否与上期财务报表列报的金额和相关披露一致，如果必要，比较信息是否已经重述；

（二）在比较信息中反映的会计政策是否与本期采用的会计政策一致，如果会计政策已发生变更，这些变更是否得到恰当处理并得到充分列报和披露。

**第十一条** 在实施本期审计时，如果注意到比较信息可能存在重大错报，注册会计师应当根据实际情况追加必要的审计程序，获取充分、适当的审计证据，以确定是否存在重大错报。

如果上期财务报表已经审计，注册会计师还应当遵守《中国注册会计师审计准则第 1332 号——期后事项》的相关规定。如果上期财务报表已经得到更正，注册会计师应当确定比较信息与更正后的财务报表是否一致。

**第十二条** 注册会计师应当按照《中国注册会计师审计准则第 1341 号——书面声明》的规定，获取与审计意见中提及的所有期间相关的书面声明。对于管理层作出的、更正上期财务报表中影响比较信息的重大错报的任何重述，注册会计师还应当获取特定书面声明。

### 第二节 审计报告：对应数据

**第十三条** 当财务报表中列报对应数据时，除本准则第十四条、第十五条和第十七条描述的情形外，审计意见不应提及对应数据。

**第十四条** 如果以前针对上期财务报表发表了保留意见、无法表示意见或否定意见，且导致非无保留意见的事项仍未解决，注册会计师应当对本期财务报表发表非无保留意见。

在审计报告的导致非无保留意见的事项段中，注册会计师应当分下列两种情况予以处理：

（一）如果未解决事项对本期数据的影响或可能的影响是重大的，注册会计师应当在导致非无保留意见事项段中同时提及本期数据和对应数据；

（二）如果未解决事项对本期数据的影响或可能的影响不重大，注册会计师应当说明，由于未解决事项对本期数据和对应数据之间可比性的影响或可能的影响，因此发表了非无保留意见。

**第十五条** 如果注册会计师已经获取上期财务报表存在重大错报的审计证据，而以前对该财务报表发表了无保留意见，且对应数据未经适当重述或恰当披露，注册会计师应当就包括在财务报表中的对应数据，在审计报告中对本期财务报表发表保留意见或否定意见。

**第十六条** 如果上期财务报表已由前任注册会计师审计，注册会计师在审计报告中可以提及前任注册会计师对对应数据出具的审计报告。

当注册会计师决定提及时，应当在审计报告的其他事项段中说明：

（一）上期财务报表已由前任注册会计师审计；

（二）前任注册会计师发表的意见的类型（如果是非无保留意见，还应当说明发表非无保留意见的理由）；

（三）前任注册会计师出具的审计报告的日期。

**第十七条** 如果上期财务报表未经审计，注册会计师应当在审计报告的其他事项段中说明对应数据未经审计。但这种说明并不减轻注册会计师获取充分、适当的审计证据，以确定期初余额不含有对本期财务报表产生重大影错报的责任。

### 第三节 审计报告：比较财务报表

**第十八条** 当列报比较财务报表时，审计意见应当提及列报财务报表所属的各期，以及发表的审计意

见涵盖的各期。

**第十九条** 当因本期审计而对上期财务报表发表审计意见时，如果对上期财务报表发表的意见与以前发表的意见不同，注册会计师应当按照《中国注册会计师审计准则第 1503 号——在审计报告中增加强调事项段和其他事项段》的规定，在其他事项段中披露导致不同意见的实质性原因。

**第二十条** 如果上期财务报表已由前任注册会计师审计，除非前任注册会计师对上期财务报表出具的审计报告与财务报表一同对外提供，注册会计师除对本期财务报表发表意见外，还应当在其他事项段中说明：

(一)上期财务报表已由前任注册会计师审计；

(二)前任注册会计师发表的意见的类型(如果是非无保留意见，还应当说明发表非无保留意见的理由)；

(三)前任注册会计师出具审计报告的日期。

**第二十一条** 如果认为存在影响上期财务报表的重大错报，而前任注册会计师以前出具了无保留意见的审计报告，注册会计师应当就此与适当层级的管理层沟通，并要求告知前任注册会计师。注册会计师还应当与治理层进行沟通，除非治理层全部成员参与管理被审计单位。如果上期财务报表已经更正，且前任注册会计师同意对更正后的上期财务报表出具新的审计报告，注册会计师应当仅对本期财务报表出具审计报告。

**第二十二条** 如果上期财务报表未经审计，注册会计师应当在其他事项段中说明比较财务报表未经审计。但这种说明并不减轻注册会计师获取充分、适当的审计证据，以确定期初余额不含有对本期财务报表产生重大影响的错报的责任。

### 第五章 附 则

**第二十三条** 本准则自 2012 年 1 月 1 日起施行。

# 35. 中国注册会计师审计准则第 1521 号——注册会计师对含有已审计财务报表的文件中的其他信息的责任

### 第一章 总 则

**第一条** 为了规范注册会计师对含有已审计财务报表的文件中的其他信息的责任，制定本准则。

**第二条** 在审计业务没有提出专门要求的情况下，审计意见不涵盖其他信息，注册会计师没有专门责任确定其他信息是否得到适当陈述。然而，由于已审计财务报表与其他信息之间可能存在的重大不一致将损害已审计财务报表的可信性，注册会计师需要阅读其他信息。

**第三条** 含有已审计财务报表的文件是被审计单位向股东(或类似的利益相关方)公布的含有已审计财务报表和审计报告的年度报告或类似文件。

对含有已审计财务报表的其他文件，如在证券发行中使用的文件，注册会计师可以根据具体情况遵守本准则的规定。

### 第二章 定 义

**第四条** 其他信息，是指根据法律法规的规定或惯例，在含有已审计财务报表的文件中包含的除已审计财务报表和审计报告以外的财务信息和非财务信息。

**第五条** 不一致，是指其他信息与已审计财务报表中的信息相矛盾。重大不一致可能导致注册会计师对依据以前获取的审计证据得出的审计结论产生怀疑，甚至对形成审计意见的基础产生怀疑。

**第六条** 对事实的错报，是指在其他信息中，对与已审计财务报表所反映事项不相关的信息作出的不正确陈述或列报。对事实的重大错报可能损害含有已审计财务报表的文件的可信性。

## 第三章 目 标

**第七条** 注册会计师的目标是，当含有已审计财务报表的文件中的其他信息可能损害财务报表和审计报告的可信性时，作出恰当的应对。

## 第四章 要 求

### 第一节 阅读其他信息

**第八条** 注册会计师应当阅读其他信息，以识别其是否与已审计财务报表存在重大不一致。

**第九条** 注册会计师应当与管理层或治理层作出适当安排，以便在审计报告日前获取其他信息。如果在审计报告日前无法获取所有其他信息，注册会计师应当在审计报告日后尽早阅读其他信息。

### 第二节 重大不一致

**第十条** 在阅读其他信息时，如果识别出重大不一致，注册会计师应当确定已审计财务报表或其他信息是否需要作出修改。

**第十一条** 如果在审计报告日前获取的其他信息中识别出重大不一致，并且需要对已审计财务报表作出修改，但管理层拒绝作出修改，注册会计师应当按照《中国注册会计师审计准则第 1502 号——在审计报告中发表非无保留意见》的规定，在审计报告中发表非无保留意见。

**第十二条** 如果在审计报告日前获取的其他信息中识别出重大不一致，并且需要对其他信息作出修改，但管理层拒绝作出修改，除非治理层的所有成员参与管理被审计单位，注册会计师应当就该事项与治理层进行沟通。

此外，注册会计师还应当采取下列措施之一：

（一）按照《中国注册会计师审计准则第 1503 号——在审计报告中增加强调事项段和其他事项段》的规定，在审计报告中增加其他事项段，说明重大不一致；

（二）拒绝提交审计报告；

（三）解除业务约定。

**第十三条** 如果在审计报告日后获取的其他信息中识别出重大不一致，并且需要对已审计财务报表作出修改，注册会计师应当遵守《中国注册会计师审计准则第 1332 号——期后事项》的相关规定。

**第十四条** 如果在审计报告日后获取的其他信息中识别出重大不一致，并且需要对其他信息作出修改，同时管理层同意修改，注册会计师应当根据具体情况实施必要的程序。

**第十五条** 如果在审计报告日后获取的其他信息中识别出重大不一致，并且需要对其他信息作出修改，但管理层拒绝作出修改，除非治理层的所有成员参与管理被审计单位，注册会计师应当将对其他信息的疑虑告知治理层，并采取适当的进一步措施。

### 第三节 对事实的重大错报

**第十六条** 在阅读其他信息以识别重大不一致时，如果注意到明显的对事实的重大错报，注册会计师应当与管理层讨论该事项。

**第十七条** 如果在讨论后仍然认为存在明显的对事实的重大错报，注册会计师应当提请管理层咨询被审计单位的法律顾问等有资格的第三方的意见。注册会计师应当考虑管理层收到的咨询意见。

**第十八条** 如果认为在其他信息中存在对事实的重大错报，但管理层拒绝作出修改，除非治理层的所有成员参与管理被审计单位，注册会计师应当将对其他信息的疑虑告知治理层，并采取适当的进一步措施。

## 第五章 附 则

**第十九条** 本准则自 2012 年 1 月 1 日起施行。

# 36. 中国注册会计师审计准则第 1601 号——对按照特殊目的编制基础编制的财务报表审计的特殊考虑

## 第一章 总 则

**第一条** 为了规范注册会计师对按照特殊目的编制基础编制的财务报表审计的特殊考虑，制定本准则。

**第二条** 中国注册会计师审计准则第 1101 号至第 1521 号适用于所有财务报表审计，本准则规范注册会计师运用这些审计准则对按照特殊目的编制基础编制的财务报表进行审计时的特殊考虑。

**第三条** 本准则是针对按照特殊目的编制基础编制的整套财务报表审计制定的。《中国注册会计师审计准则第 1603 号——对单一财务报表和财务报表特定要素审计的特殊考虑》规范注册会计师对单一财务报表，财务报表的特定要素、账户或项目审计相关的特殊考虑。

**第四条** 本准则并不超越其他审计准则的要求，也未涵盖注册会计师在执行特殊目的财务报表审计业务时需要根据业务的具体情况作出的所有特殊考虑。

## 第二章 定 义

**第五条** 特殊目的财务报表，是指按照特殊目的编制基础编制的财务报表。

**第六条** 特殊目的编制基础，是指用以满足财务报表特定使用者财务信息需求的财务报告编制基础。特殊目的编制基础包括公允列报编制基础和遵循性编制基础。

公允列报编制基础，是指要求管理层和治理层（如适用）遵守其规定并包含下列内容之一的财务报告编制基础：

（一）明确或隐含地认可，为了实现财务的公允列报，管理层和治理层（如适用）可能有必要提供除编制基础具体要求之外的其他披露；

（二）明确地认可，为了实现财务报表的公允列报，在极其特殊的情况下管理层和治理层（如适用）可能有必要偏离编制基础的某项要求。

遵循性编制基础，是指要求管理层和治理层（如适用）遵守其规定的财务报告编制基础，但不包含本条第二款第（一）项或第（二）项中的任何一项内容。

**第七条** 本准则所称财务报表，是指整套特殊目的财务报表包括相关附注。相关附注通常包含重要会计政策概要和其他解释性信息。适用的财务报告编制基础的规定决定了财务报表的形式和内容，以及整套财务报表的构成。

## 第三章 目 标

**第八条** 注册会计师的目标是，在运用审计准则执行特殊目的财务报表审计时，恰当处理与下列方面相关的特殊考虑：

（一）业务的承接；

（二）业务的计划和执行；

（三）对财务报表形成审计意见并出具报告。

## 第四章 要 求

### 第一节 业务承接时的考虑

**第九条** 注册会计师应当按照《中国注册会计师审计准则第 1111 号——就审计业务约定条款达成一

致意见》的规定，确定管理层编制财务报表时采用的财务报告编制基础的可接受性。

在特殊目的财务报表审计中，注册会计师应当了解下列方面：

（一）财务报表的编制目的；

（二）财务报表预期使用者；

（三）管理层为确定财务报告编制基础在具体情况下的可接受性所采取的措施。

### 第二节 计划和执行审计工作时的考虑

**第十条** 注册会计师应当按照《中国注册会计师审计准则第 1101 号——注册会计师的总体目标和审计工作的基本要求》的规定，遵守与审计相关的所有审计准则。

在计划和执行特殊目的财务报表审计工作时，注册会计师应当确定在运用这些审计准则时是否需要根据业务的具体情况作出特殊考虑。

**第十一条** 注册会计师应当按照《中国注册会计师审计准则第 1211 号——通过了解被审计单位及其环境识别和评估重大错报风险》的规定，了解被审计单位会计政策选择和运用的情况。

在财务报表按照合同条款编制的情况下，注册会计师应当了解被审计单位管理层在编制的财务报表中时对合同作出的所有重要解释。如果采用其他合理解释将导致财务报表中列报的信息产生重大差异，则管理层对合同作出的解释就是重要的。

### 第三节 形成审计意见和出具报告时的考虑

**第十二条** 当对特殊目的财务报表形成审计意见并出具报告时，注册会计师应当遵守《中国注册会计师审计准则第 1501 号——对财务报表形成审计意见和出具审计报告》的规定。

**第十三条** 注册会计师应当按照《中国注册会计师审计准则第 1501 号——对财务报表形成审计意见和出具审计报告》的规定，评价财务报表是否恰当提及或说明适用的财务报告编制基础。

在财务报表按照合同条款编制的情况下，注册会计师应当评价财务报表是否恰当说明对财务报表编制所依据的合同作出的所有重要解释。

**第十四条** 《中国注册会计师审计准则第 1501 号——对财务报表形成审计意见和出具审计报告》规定了审计报告的格式和内容。

对于特殊目的财务报表审计，审计报告的内容还应当包括：

（一）说明财务报表的编制目的，并在必要时说明财务报表预期使用者，或者提及含有这些信息的特殊目的财务报表附注；

（二）如果管理层在编制特殊目的财务报表时可以选择财务报告编制基础，在说明管理层对财务报表的责任时，提及管理层负责确定适用的财务报告编制基础在具体情况下的可接受性。

**第十五条** 注册会计师对特殊目的财务报表出具的审计报告应当增加强调事项段，以提醒审计报告使用者关注财务报表按照特殊目的编制基础编制，因此，财务报表可能不适用于其他目的。注册会计师应当将强调事项段置于适当的标题下。

## 第五章 附　　则

**第十六条** 本准则自 2012 年 1 月 1 日起施行。

# 37. 中国注册会计师审计准则第 1602 号——验资

## 第一章 总　　则

**第一条** 为了规范注册会计师执行验资业务，明确工作要求，制定本准则。

**第二条** 注册会计师在执行验资业务时，应当将本准则与相关审计准则结合使用。

**第三条** 本准则所称验资，是指注册会计师依法接受委托，对被审验单位注册资本的实收情况或注册资本及实收资本的变更情况进行审验，并出具验资报告。

验资分为设立验资和变更验资。设立验资是指注册会计师对被审验单位申请设立登记时的注册资本实收情况进行的审验。变更验资是指注册会计师对被审验单位申请变更登记时的注册资本及实收资本的变更情况进行的审验。

本准则所称被审验单位，是指在中华人民共和国境内拟设立或已设立的，依法应当接受验资的有限责任公司和股份有限公司。

**第四条** 按照法律法规以及协议、合同、章程的要求出资，提供真实、合法、完整的验资资料，保护资产的安全、完整，是出资者和被审验单位的责任。

**第五条** 按照本准则的规定，对被审验单位注册资本的实收情况或注册资本及实收资本的变更情况进行审验，出具验资报告，是注册会计师的责任。

注册会计师的责任不能减轻出资者和被审验单位的责任。

**第六条** 注册会计师执行验资业务，应当遵守相关的职业道德规范，恪守独立、客观、公正的原则，保持专业胜任能力和应有的关注，并对执业过程中获知的信息保密。

## 第二章 业务约定书

**第七条** 注册会计师应当了解被审验单位基本情况，考虑自身独立性和专业胜任能力，初步评估验资风险，以确定是否接受委托。

**第八条** 注册会计师应当就下列主要事项与委托人沟通，并达成一致意见：

（一）委托目的；

（二）出资者和被审验单位的责任以及注册会计师的责任；

（三）审验范围；

（四）时间要求；

（五）验资收费；

（六）报告分发和使用的限制。

**第九条** 如果接受委托，注册会计师应当与委托人就双方达成一致的事项签订业务约定书。

## 第三章 计划、程序与记录

**第十条** 注册会计师执行验资业务，应当编制验资计划，对验资工作作出合理安排。

**第十一条** 注册会计师应当向被审验单位获取注册资本实收情况明细表或注册资本、实收资本变更情况明细表。

**第十二条** 设立验资的审验范围一般限于与被审验单位注册资本实收情况有关的事项，包括出资者、出资币种、出资金额、出资时间、出资方式和出资比例等。

**第十三条** 变更验资的审验范围一般限于与被审验单位注册资本及实收资本增减变动情况有关的事项。

增加注册资本及实收资本时，审验范围包括与增资相关的出资者、出资币种、出资金额、出资时间、出资方式、出资比例和相关会计处理，以及增资后的出资者、出资金额和出资比例等。

减少注册资本及实收资本时，审验范围包括与减资相关的减资者、减资币种、减资金额、减资时间、减资方式、债务清偿或债务担保情况、相关会计处理，以及减资后的出资者、出资金额和出资比例等。

**第十四条** 对于出资者投入的资本及其相关的资产、负债，注册会计师应当分别采用下列方法进行审验：

（一）以货币出资的，应当在检查被审验单位开户银行出具的收款凭证、对账单及银行询证函回函等的基础上，审验出资者的实际出资金额和货币出资比例是否符合规定。对于股份有限公司向社会公开募集的股本，还应当检查证券公司承销协议、募股清单和股票发行费用清单等。

（二）以实物出资的，应当观察、检查实物，审验其权属转移情况，并按照国家有关规定在资产评估的基础上审验其价值。如果被审验单位是外商投资企业，注册会计师应当按照国家有关外商投资企业的规定，审验实物出资的价值。

（三）以知识产权、土地使用权等无形资产出资的，应当审验其权属转移情况，并按照国家有关规定在资产评估的基础上审验其价值。如果被审验单位是外商投资企业，注册会计师应当按照国家有关外商投资企业的规定，审验无形资产出资的价值。

（四）以净资产折合实收资本的，或以资本公积、盈余公积、未分配利润转增注册资本及实收资本的，应当在审计的基础上按照国家有关规定审验其价值。

（五）以货币、实物、知识产权、土地使用权以外的其他财产出资的，注册会计师应当审验出资是否符合国家有关规定。

（六）外商投资企业的外方出资者以本条第（一）项至第（五）项所述方式出资的，注册会计师还应当关注其是否符合国家外汇管理有关规定，向企业注册地的外汇管理部门发出外方出资情况询证函，并根据外方出资者的出资方式附送银行询证函回函、资本项目外汇业务核准件及进口货物报关单等文件的复印件，以询证上述文件内容的真实性、合规性。

**第十五条** 对于出资者以实物、知识产权和土地使用权等非货币财产作价出资的，注册会计师应当在出资者依法办理财产权转移手续后予以审验。

**第十六条** 对于设立验资，如果出资者分次缴纳注册资本，注册会计师应当关注全体出资者的首次出资额和出资比例是否符合国家有关规定。

**第十七条** 对于变更验资，注册会计师应当关注被审验单位以前的注册资本实收情况，并关注出资者是否按照规定的期限缴纳注册资本。

**第十八条** 注册会计师在审验过程中利用专家协助工作时，应当考虑其专业胜任能力和客观性，并对利用专家工作结果所形成的审验结论负责。

**第十九条** 注册会计师应当向出资者和被审验单位获取与验资业务有关的重大事项的书面声明。

**第二十条** 注册会计师应当对验资过程及结果进行记录，形成验资工作底稿。

## 第四章 验资报告

**第二十一条** 注册会计师应当评价根据审验证据得出的结论，以作为形成审验意见和出具验资报告的基础。

**第二十二条** 验资报告应当包括下列要素：

（一）标题；

（二）收件人；

（三）范围段；

（四）意见段；

（五）说明段；

（六）附件；

（七）注册会计师的签名和盖章；

（八）会计师事务所的名称、地址及盖章；

（九）报告日期。

**第二十三条** 验资报告的标题应当统一规范为“验资报告”。

**第二十四条** 验资报告的收件人是指注册会计师按照业务约定书的要求致送验资报告的对象，一般是指验资业务的委托人。验资报告应当载明收件人的全称。

**第二十五条** 验资报告的范围段应当说明审验范围、出资者和被审验单位的责任、注册会计师的责任、审验依据和已实施的主要审验程序等。

**第二十六条** 验资报告的意见段应当说明已审验的被审验单位注册资本的实收情况或注册资本及实收资本的变更情况。

对于变更验资，注册会计师仅对本次注册资本及实收资本的变更情况发表审验意见。

**第二十七条** 验资报告的说明段应当说明验资报告的用途、使用责任及注册会计师认为应当说明的其他重要事项。

对于变更验资，注册会计师还应当在验资报告说明段中说明对以前注册资本实收情况审验的会计师事务所名称及其审验情况，并说明变更后的累计注册资本实收金额。

**第二十八条** 如果在注册资本及实收资本的确认方面与被审验单位存在异议，且无法协商一致，注册会计师应当在验资报告说明段中清晰地反映有关事项及其差异和理由。

**第二十九条** 验资报告的附件应当包括已审验的注册资本实收情况明细表或注册资本、实收资本变更情况明细表和验资事项说明等。

**第三十条** 验资报告应当由注册会计师签名并盖章。

**第三十一条** 验资报告应当载明会计师事务所的名称和地址，并加盖会计师事务所公章。

**第三十二条** 验资报告日期是指注册会计师完成审验工作的日期。

**第三十三条** 注册会计师在审验过程中，遇有下列情形之一时，应当拒绝出具验资报告并解除业务约定：

（一）被审验单位或出资者不提供真实、合法、完整的验资资料的；

（二）被审验单位或出资者对注册会计师应当实施的审验程序不予合作，甚至阻挠审验的；

（三）被审验单位或出资者坚持要求注册会计师作不实证明的。

**第三十四条** 验资报告具有法定证明效力，供被审验单位申请设立登记或变更登记及据以向出资者签发出资证明时使用。

验资报告不应被视为对被审验单位验资报告日后资本保全、偿债能力和持续经营能力等的保证。委托人、被审验单位及其他第三方因使用验资报告不当所造成的后果，与注册会计师及其所在的会计师事务所无关。

### 第五章　附　　则

**第三十五条** 注册会计师执行有限责任公司和股份有限公司以外的其他单位的验资业务，除有特定要求者外，应当参照本准则办理。

**第三十六条** 本准则自 2007 年 1 月 1 日起施行。

## 38. 中国注册会计师审计准则第 1603 号——对单一财务报表和财务报表特定要素审计的特殊考虑

### 第一章　总　　则

**第一条** 为了规范注册会计师对单一财务报表和财务报表特定要素审计时的特殊考虑，制定本准则。

**第二条** 中国注册会计师审计准则第 1101 号至第 1521 号适用于所有财务报表审计。当执行其他历史财务信息（包括单一财务报表和财务报表特定要素）审计业务时，注册会计师可以根据具体情况遵守这些准则的相关规定，以满足此类业务的要求。

**第三条** 单一财务报表和财务报表特定要素可能按照通用目的编制基础或按照特殊目的编制基础编制。如果按照特殊目的编制基础编制，《中国注册会计师审计准则第 1601 号——对按照特殊目的编制基础编制的财务报表审计的特殊考虑》也适用于对单一财务报表和财务报表特定要素的审计。

**第四条** 本准则不适用于组成部分注册会计师应集团项目组的要求，基于集团财务报表审计目的，对组成部分财务信息执行工作并出具报告的情况。

**第五条** 本准则并不超越其他审计准则的要求，也未涵盖注册会计师在执行单一财务报表和财务报表特定要素审计业务时需要根据业务的具体情况作出的所有特殊考虑。

### 第二章　定　　义

**第六条** 财务报表特定要素（即特定要素），是指财务报表特定的要素、账户或项目。

**第七条**　单一财务报表或财务报表特定要素包括相关附注。相关附注通常包含重要会计政策概要以及与财务报表或要素相关的其他解释性信息。

## 第三章　目　　标

**第八条**　注册会计师的目标是，在运用审计准则执行单一财务报表和财务报表特定要素的审计时，恰当处理与下列方面相关的特殊考虑：

(一)业务的承接；

(二)业务的计划和执行；

(三)对单一财务报表和财务报表特定要素形成审计意见并出具审计报告。

## 第四章　要　　求

### 第一节　业务承接时的考虑

**第九条**　《中国注册会计师审计准则第 1101 号——注册会计师的总体目标和审计工作的基本要求》规定注册会计师应当遵守与审计工作相关的所有审计准则。在单一财务报表或财务报表特定要素审计中，无论注册会计师是否同时接受委托审计整套财务报表，该要求仍然适用。如果没有同时接受委托审计整套财务报表，注册会计师应当确定按照审计准则对单一财务报表或财务报表特定要素进行审计是否可行。

**第十条**　《中国注册会计师审计准则第 1111 号——就审计业务约定条款达成一致意见》要求注册会计师确定管理层在编制财务报表时采用的财务报告编制基础的可接受性。

在单一财务报表或财务报表特定要素审计中，前款提及的要求包括确定采用财务报告编制基础是否能够提供充分的披露或列报，以使财务报表预期使用者能够理解单一财务报表或财务报表特定要素所传递的信息，以及重大交易和事项对单一财务报表或财务报表特定要素所传递的信息的影响。

**第十一条**　《中国注册会计师审计准则第 1111 号——就审计业务约定条款达成一致意见》要求审计业务约定条款包括注册会计师拟出具审计报告的预期形式。

在单一财务报表或财务报表特定要素审计中，注册会计师应当考虑审计意见的预期形式是否适合具体情况。

### 第二节　计划和执行审计工作时的考虑

**第十二条**　《中国注册会计师审计准则第 1101 号——注册会计师的总体目标和审计工作的基本要求》指出，审计准则适用于注册会计师执行财务报表审计业务。当执行其他历史财务信息审计业务时，注册会计师可以根据具体情况遵守适用的相关审计准则，以满足此类业务的要求。

在计划和执行单一财务报表或财务报表特定要素的审计工作时，注册会计师应当根据业务的具体情况，遵守与审计工作相关的所有审计准则。

### 第三节　形成审计意见和出具审计报告时的考虑

**第十三条**　当对单一财务报表或财务报表特定要素形成审计意见和出具审计报告时，注册会计师应当根据业务的具体情况，遵守《中国注册会计师审计准则第 1501 号——对财务报表形成审计意见和出具审计报告》的相关规定。

**第十四条**　如果接受业务委托对单一财务报表或财务报表特定要素出具审计报告，并同时接受业务委托对整套财务报表进行审计，注册会计师应当针对每项业务分别发表审计意见。

**第十五条**　已审计的单一财务报表或财务报表特定要素可能连同已审计的整套财务报表一同公布。如果注册会计师认为管理层对单一财务报表或财务报表特定要素的列报与整套财务报表没有作出清楚的区分，注册会计师应当要求管理层纠正这种情况。

除遵守本准则第十七条和第十八条的规定外，注册会计师还应当将对单一财务报表或财务报表特定要素发表的审计意见与对整套财务报表发表的审计意见予以区分。

只有认为管理层进行了清楚的区分，注册会计师才应当对单一财务报表或财务报表特定要素发表审计

意见，并出具审计报告。

**第十六条** 如果对整套财务报表出具非无保留意见的审计报告，或出具包含强调事项段或其他事项段的审计报告，注册会计师应当确定对单一财务报表或财务报表特定要素出具的审计报告可能因此受到的影响。

相应地，如果认为适当，注册会计师应当对单一财务报表或财务报表特定要素出具非无保留意见的审计报告，或者出具包含强调事项段或其他事项段的审计报告。

**第十七条** 如果认为有必要对整套财务报表整体发表否定意见或无法表示意见，按照《中国注册会计师审计准则第1502号——在审计报告中发表非无保留意见》的规定，注册会计师不应在同一审计报告中对构成整套财务报表组成部分的单一财务报表或财务报表特定要素发表无保留意见。这是因为，在同一审计报告中包含的无保留意见，将与对整套财务报表整体发表的否定意见或无法表示意见相矛盾。

**第十八条** 如果注册会计师认为有必要对整套财务报表整体发表否定意见或无法表示意见，但又对该整套财务报表中的特定要素单独审计，只有在同时满足下列条件时，注册会计师才可以认为对特定要素发表无保留意见是适当的：

（一）法律法规并未禁止注册会计师对该特定要素发表无保留意见；

（二）注册会计师对特定要素出具的无保留意见审计报告，并不与包含否定意见或无法表示意见的审计报告一同公布；

（三）特定要素并不构成整套财务报表的主要部分。

**第十九条** 如果已对整套财务报表整体发表否定意见或无法表示意见，注册会计师不应对整套财务报表中的单一财务报表发表无保留意见。

即使注册会计师对单一财务报表出具的审计报告并不与包含否定意见或无法表示意见的审计报告一同公布，注册会计师也不应对整套财务报表中的单一财务报表发表无保留意见。这是因为单一财务报表被视为构成整套财务报表整体的主要部分。

### 第五章 附 则

**第二十条** 本准则自2012年1月1日起施行。

## 39. 中国注册会计师审计准则第1604号——对简要财务报表出具报告的业务

### 第一章 总 则

**第一条** 为了规范注册会计师对简要财务报表出具报告的责任，制定本准则。

**第二条** 简要财务报表来源于由同一注册会计师按照审计准则的规定审计的财务报表。

### 第二章 定 义

**第三条** 简要财务报表，是指来源于财务报表但详细程度低于财务报表的历史财务信息。简要财务报表对被审计单位某一特定日期的经济资源或义务或某一会计期间的经济资源或义务变化情况提供了与财务报表一致的结构性表述。

**第四条** 已审计财务报表，是指注册会计师按照审计准则的规定审计的财务报表，是简要财务报表的编制来源。

**第五条** 采用的标准，是指管理层在编制简要财务报表时采用的标准。

### 第三章 目 标

**第六条** 注册会计师的目标是：

（一）确定承接对简要财务报表出具报告的业务是否适当；

（二）如果承接该项业务，在评价根据审计证据得出的结论的基础上对简要财务报表形成审计意见，并通过书面报告的形式清楚地表达审计意见，说明其形成基础。

## 第四章　要　　求

### 第一节　业务的承接

**第七条**　只有当注册会计师已接受业务委托按照审计准则的规定执行财务报表审计，并且财务报表构成简要财务报表的来源时，才可以按照本准则的规定承接对简要财务报表出具报告的业务。

**第八条**　在承接对简要财务报表出具报告的业务之前，注册会计师应当：

（一）确定采用的标准是否可接受；

（二）就管理层认可并理解其责任与管理层达成一致意见；

（三）与管理层就拟对简要财务报表发表意见的形式达成一致意见。

本条第一款第（二）项提及的管理层的责任是：

（一）按照采用的标准编制简要财务报表；

（二）使简要财务报表的预期使用者能够比较方便地获取已审计财务报表（如果法律法规规定，已审计财务报表无需提供给简要财务报表的预期使用者，并且为编制简要财务报表制定了标准，在简要财务报表中说明法律法规的相关规定）；

（三）在含有简要财务报表并指明注册会计师已对其出具报告的所有文件中，包括注册会计师对简要财务报表出具的审计报告。

**第九条**　如果认为管理层采用的标准不可接受或未能按照本准则第八条第一款第（二）项的规定就管理层认可并理解其责任与管理层达成一致意见，注册会计师不应承接对简要财务报表出具报告的业务，除非法律法规另有规定。如果法律法规要求注册会计师承接该业务，由于业务的执行不符合本准则的规定，注册会计师对简要财务报表出具的审计报告不应指出已按照本准则的规定执行了该业务。注册会计师应当在业务约定条款中适当提及这一情况。注册会计师还应当确定这一情况对作为简要财务报表来源的财务报表审计业务可能产生的影响。

### 第二节　程序的性质

**第十条**　注册会计师应当实施下列程序及其可能认为必要的其他程序，作为对简要财务报表形成审计意见的基础：

（一）评价简要财务报表是否充分披露其简化的性质，并指出作为其来源的已审计财务报表；

（二）当简要财务报表未与已审计财务报表附在一起时，评价简要财务报表是否清楚地说明已审计财务报表的获取渠道；如果法律法规规定已审计财务报表无需提供给简要财务报表的预期使用者，并且为编制简要财务报表制定了标准，评价简要财务报表是否清楚地说明了相关法律法规；

（三）评价简要财务报表是否充分披露了采用的标准；

（四）将简要财务报表与已审计财务报表中的相关信息进行比较，以确定两者是否一致，或能否依据已审计财务报表中的相关信息重新计算得出简要财务报表；

（五）评价简要财务报表是否按照采用的标准编制；

（六）根据简要财务报表的目的，评价简要财务报表是否包含必要的信息，并在适当的层次进行了汇总，以使其在具体情况下不产生误导；

（七）评价简要财务报表的预期使用者能否比较方便地获取已审计财务报表，除非法律法规规定已审计财务报表无需提供给简要财务报表的预期使用者，并且为编制简要财务报表制定了标准。

### 第三节　意见的形式

**第十一条**　如果认为对简要财务报表发表无保留意见是恰当的，除非法律法规另有规定，注册会计师应当使用下列措辞之一：

（一）按照[×标准]（具体指出采用的标准），简要财务报表在所有重大方面与已审计财务报表保持了一致；

（二）按照[×标准]（具体指出采用的标准），简要财务报表公允概括了已审计财务报表。

**第十二条** 如果法律法规规定了对简要财务报表发表意见的措辞，并且与本准则第十一条规定的措辞存在差异，注册会计师应当实施下列程序：

（一）按照本准则第十条规定实施程序及其他必要的进一步程序，以使注册会计师能够发表符合规定的意见；

（二）评价简要财务报表的使用者是否可能误解注册会计师对简要财务报表发表的审计意见；如果可能出现误解，评价对简要财务报表出具的审计报告中的补充解释能否减轻可能出现的误解。

**第十三条** 在本准则第十二条第（二）项所述的情况下，如果认为对简要财务报表出具的审计报告中的补充解释不能减轻可能出现的误解，注册会计师不应承接该业务，除非法律法规另有规定。如果按照法律法规要求注册会计师承接该业务，由于业务的不执行不符合本准则的规定，注册会计师在对简要财务报表出具的审计报告中不应指出已按照本准则的规定执行了该业务。

## 第四节　工作的时间安排和期后事项

**第十四条** 简要财务报表的审计报告日可能迟于已审计财务报表的审计报告日。在这种情况下，对简要财务报表出具的审计报告应当说明，简要财务报表和已审计财务报表均未反映在已审计财务报表的审计报告日后发生的、可能需要在已审计财务报表中进行调整或披露的事项的影响。

**第十五条** 注册会计师可能知悉在已审计财务报表的审计报告日已经存在但以前并不知悉的事实。在这种情况下，只有在按照《中国注册会计师审计准则第 1332 号——期后事项》的规定，考虑了与已审计财务报表相关的这种事实后，注册会计师才应当对简要财务报表出具审计报告。

## 第五节　对简要财务报表出具的审计报告

**第十六条** 对简要财务报表出具的审计报告应当包括下列要素：

（一）标题；

（二）收件人；

（三）引言段；

（四）管理层对简要财务报表的责任段；

（五）注册会计师的责任段；

（六）审计意见段；

（七）注册会计师的签名和盖章；

（八）会计师事务所的名称、地址和盖章；

（九）报告日期。

**第十七条** 审计报告的标题应当统一规范为“对简要财务报表出具的审计报告”。

**第十八条** 审计报告应当按照审计业务约定条款的要求载明收件人。如果对简要财务报表出具的审计报告的收件人不同于已审计财务报表的审计报告的收件人，注册会计师应当评价使用不同收件人名称的适当性。

**第十九条** 引言段应当包括下列方面：

（一）指出注册会计师出具审计报告所针对的简要财务报表，包括每张简要财务报表的名称；

（二）指出已审计财务报表；

（三）提及对已审计财务报表出具的审计报告和报告日期，除本准则第二十四条和第二十五条规定的情形外，对已审计财务报表发表无保留意见这一事实；

（四）如果简要财务报表的审计报告日迟于已审计财务报表的审计报告日，说明简要财务报表和已审计财务报表均未反映在已审计财务报表的审计报告日后发生的事项的影响；

（五）指出简要财务报表未包含编制财务报表时所采用的财务报告编制基础要求披露的全部事项，因此，对简要财务报表的阅读不能替代对已审计财务报表的阅读。

**第二十条**　管理层对简要财务报表的责任段应当说明，按照采用的标准编制简要财务报表是管理层的责任。

**第二十一条**　注册会计师的责任段应当说明，注册会计师的责任是在实施本准则规定的程序的基础上对简要财务报表发表审计意见。

**第二十二条**　审计意见段应当清楚地表达对简要财务报表的意见。

**第二十三条**　简要财务报表的审计报告日期不应早于下列日期：

（一）注册会计师已获取充分、适当的证据并在此基础上形成审计意见的日期，这些证据包括简要财务报表已编制完成以及法律法规规定的被审计单位董事会、管理层或类似机构已经认可其对简要财务报表负责；

（二）已审计财务报表的审计报告日。

**第二十四条**　如果对已审计财务报表出具的审计报告包含保留意见、强调事项段或其他事项段，但注册会计师确信，简要财务报表按照采用的标准在所有重大方面与已审计财务报表保持一致或公允概括了已审计财务报表，对简要财务报表出具的审计报告除包括本准则第十六条规定的要素外，还应当：

（一）在引言段中说明对已审计财务报表出具的审计报告包含保留意见、强调事项段或其他事项段；

（二）在审计意见段中描述对已审计财务报表发表保留意见的依据，对已审计财务报表出具的审计报告中的保留意见，或者强调事项段或其他事项段，以及由此对简要财务报表的影响（如有）。

**第二十五条**　如果对已审计财务报表发表了否定意见或无法表示意见，对简要财务报表出具的审计报告除包括本准则第十六条规定的要素之外，还应当：

（一）在引言段中说明对已审计财务报表发表了否定意见或无法表示意见；

（二）在审计意见段中描述发表否定意见或无法表示意见的依据；

（三）在审计意见段中说明由于对已审计财务报表发表否定意见或无法表示意见，因此，对简要财务报表发表意见是不适当的。

**第二十六条**　如果简要财务报表没有按照采用的标准在所有重大方面与已审计财务报表保持一致或公允概括已审计财务报表，而管理层又不同意作出必要的修改，注册会计师应当对简要财务报表发表否定意见。

## 第六节　对审计报告分发或使用的限制或提醒阅读者关注编制基础

**第二十七条**　如果已审计财务报表出具的审计报告存在分发或使用的限制，或对已审计财务报表出具的审计报告提醒财务报表使用者关注已审计财务报表按照特殊目的编制基础编制，注册会计师应当在对简要财务报表出具的审计报告中包含相同的限制或提醒说明。

## 第七节　比较信息

**第二十八条**　如果已审计财务报表包含比较信息而简要财务报表未包含，注册会计师应当根据业务的具体情况确定这种省略是否合理。注册会计师应当确定不合理的省略对针对简要财务报表出具的审计报告的影响。

**第二十九条**　如果简要财务报表包含已由其他注册会计师出具审计报告的比较信息，对简要财务报表出具的审计报告还应当包含《中国注册会计师审计准则第 1511 号——比较信息：对应数据和比较财务报表》要求注册会计师在对已审计财务报表出具的审计报告中包含的事项。

## 第八节　与简要财务报表一同列报的未审计的补充信息

**第三十条**　注册会计师应当评价与简要财务报表一同列报的未审计补充信息是否清楚地与简要财务报表予以区分。如果认为被审计单位未清楚地将未审计的补充信息与简要财务报表予以区分，注册会计师应当要求管理层改变对未审计的补充信息的列报方式。如果管理层拒绝改变，注册会计师应当在对简要财务报表出具的审计报告中说明本报告未涵盖该补充信息。

### 第九节　含有简要财务报表的文件中的其他信息

**第三十一条**　注册会计师应当阅读在含有简要财务报表及其审计报告的文件中的其他信息，以识别其是否与简要财务报表存在重大不一致。

如果在阅读其他信息时识别出重大不一致，注册会计师应当确定简要财务报表或其他信息是否需要作出修改。

如果在阅读其他信息时注意到明显的对事实的重大错报，注册会计师应当就此与管理层进行讨论。

### 第十节　与注册会计师相关联

**第三十二条**　如果注意到被审计单位计划在含有简要财务报表的文件中说明注册会计师已对简要财务报表出具报告，但被审计单位并未计划在文件中包含该报告，注册会计师应当要求管理层将该报告包含在文件中。

如果管理层拒绝，注册会计师应当确定并采取其他适当的措施，以防止管理层在文件中将注册会计师与简要财务报表不适当地相关联。

**第三十三条**　注册会计师可能接受委托对被审计单位的财务报表出具报告，但未接受委托对简要财务报表出具报告。在这种情况下，如果注意到被审计单位计划在含有简要财务报表的文件中作出说明，包括提及注册会计师和简要财务报表来源于已审计财务报表，注册会计师应当确信：

（一）仅在提及对已审计财务报表出具的审计报告时，提及注册会计师；

（二）作出的说明不会导致简要财务报表的使用者产生注册会计师已对简要财务报表出具报告的误解。

如果注册会计师不能确信前款第（一）项或第（二）项所述事项，可以选择的方法包括：

（一）注册会计师应当要求管理层修改作出的说明以符合前款的规定，或在文件中不提及注册会计师；

（二）被审计单位可以委托注册会计师对简要财务报表出具报告，并将相关报告包含在文件中。

当采取前款第（一）项方法时，如果管理层不修改作出的说明，拒绝删除提及注册会计师的表述，或者当采取前款第（二）项方法时，管理层拒绝在含有简要财务报表的文件中包含对简要财务报表出具的审计报告，注册会计师应当告知管理层不同意提及注册会计师，并确定和采取其他适当措施，以防止管理层不恰当地提及注册会计师。

## 第五章　附　　则

**第三十四条**　本准则自 2012 年 1 月 1 日起施行。

# 40. 中国注册会计师审计准则第 1611 号——商业银行财务报表审计

## 第一章　总　　则

**第一条**　为了规范注册会计师执行商业银行财务报表审计业务，制定本准则。

**第二条**　注册会计师在执行商业银行财务报表审计业务时，应当将本准则与相关审计准则结合使用。

**第三条**　本准则所称商业银行，是指依照《中华人民共和国公司法》和《中华人民共和国商业银行法》设立的从事吸收公众存款、发放贷款、办理结算等业务的企业法人。

**第四条**　商业银行通常具有下列主要特征：

（一）经营大量货币性项目，要求建立健全严格的内部控制；

（二）从事的交易种类繁多、次数频繁、金额巨大，要求建立严密的会计信息系统，并广泛使用计算机信息系统及电子资金转账系统；

（三）分支机构众多、分布区域广、会计处理和控制职能分散，要求保持统一的操作规程和会计信息系统；

（四）存在大量不涉及资金流动的资产负债表表外业务，要求采取控制程序进行记录和监控；

（五）高负债经营，债权人众多，与社会公众利益密切相关，受到银行监管法规的严格约束和政府有关部门的严格监管。

**第五条** 商业银行具有下列主要风险：

（一）信用风险；

（二）国家风险和转移风险；

（三）市场风险；

（四）利率风险；

（五）流动性风险；

（六）操作风险；

（七）法律风险；

（八）声誉风险。

**第六条** 由于商业银行具有的特征和风险，注册会计师应当保持应有的职业谨慎，以将审计风险降至可接受的低水平。

## 第二章 接受业务委托

**第七条** 注册会计师应当初步了解商业银行的基本情况，评价自身独立性和专业胜任能力，初步评估审计风险，以确定是否接受业务委托。

**第八条** 在评价自身专业胜任能力时，注册会计师应当考虑：

（一）是否具备商业银行审计所需要的专门知识和技能；

（二）是否熟悉商业银行计算机信息系统及电子资金转账系统；

（三）是否具有对商业银行国内外分支机构实施审计的充足人力资源。

**第九条** 注册会计师在接受业务委托时，应当就审计目标和范围、双方的责任、审计报告的用途等事项与商业银行达成一致意见。

## 第三章 计划审计工作

**第十条** 在计划审计工作前，注册会计师应当了解商业银行下列主要情况：

（一）宏观经济形势对商业银行的影响；

（二）适用的银行监管法规及银行监管机构的监管程度；

（三）特殊会计惯例及问题；

（四）组织结构及资本结构；

（五）金融产品、服务及市场状况；

（六）风险及管理策略；

（七）相关内部控制；

（八）计算机信息系统及电子资金转账系统；

（九）资产、负债结构及信贷资产质量；

（十）主要贷款对象所处行业状况；

（十一）重大诉讼。

**第十一条** 在了解上述情况时，注册会计师应当重点查阅商业银行下列资料：

（一）章程、营业执照、经营许可证等法律文件；

（二）组织结构图；

（三）股东会、董事会、监事会及管理委员会的会议纪要；

（四）年度财务报表和中期财务报表；

（五）分部报告；

（六）风险管理策略和相关报告；

（七）有关控制程序和会计信息系统的文件；

（八）计算机信息系统和电子资金转账系统硬件、软件清单及流程图；

（九）信贷、投资等经营政策；

（十）银行监管机构的检查报告和有关文件；

（十一）内部审计报告；

（十二）经营计划、资本补足计划；

（十三）重大诉讼法律文书；

（十四）金融产品和服务营销手册；

（十五）新近颁布的影响商业银行经营的法规。

**第十二条**　在制定总体审计策略时，注册会计师应当考虑下列主要事项：

（一）重要性水平；

（二）预期的重大错报风险；

（三）商业银行使用计算机信息系统和电子资金转账系统的程度；

（四）商业银行内部控制的预期可信赖程度；

（五）重点审计领域；

（六）商业银行持续经营假设的合理性；

（七）利用内部审计的工作；

（八）利用专家的工作；

（九）利用其他注册会计师的工作；

（十）利用银行监管机构的检查报告及有关文件；

（十一）审计工作的组织与安排。

**第十三条**　在确定重要性水平时，注册会计师应当考虑：

（一）相对小的错报对资产负债表的影响可能不重要，但对利润表和资本充足率可能产生重大影响；

（二）既影响资产负债表又影响利润表的错报，比只影响资产、负债和资产负债表表外承诺的错报更重要；

（三）重要性水平有助于识别导致商业银行严重违反监管法规的错报。

**第十四条**　商业银行的重大错报风险较高，内部控制对防止或发现并纠正舞弊与错误至关重要；注册会计师应当评估重大错报风险，以确定检查风险的可接受水平。

**第十五条**　商业银行的计算机信息系统和电子资金转账系统具有下列重要作用，注册会计师应当关注其使用的方式和程度：

（一）计算和记录利息收入和支出；

（二）计算外汇和证券交易头寸，并记录相关的损益；

（三）提供资产、负债余额的最新记录；

（四）每日处理大量巨额交易。

**第十六条**　由于商业银行具有的特征和风险，注册会计师通常需要依赖控制测试而不能完全依赖实质性程序。

**第十七条**　注册会计师应当关注下列可能导致财务报表发生重大错报风险的重点审计领域：

（一）贷款损失准备；

（二）资产负债表表外业务；

（三）不符合银行监管法规的交易和事项；

（四）发生重大变动的财务报表项目；

（五）资产负债表日前后发生的重大一次性交易；

（六）高度复杂或投机性强的交易；

（七）非常规贷款；

（八）关联方交易；

(九)新金融产品或服务;

(十)受新近颁布的监管法规影响的业务领域。

**第十八条** 注册会计师应当考虑商业银行编制财务报表所依据的持续经营假设的合理性。

**第十九条** 内部审计是商业银行内部控制的重要组成部分,注册会计师应当考虑是否利用内部审计的工作。

**第二十条** 在评价计算机信息系统和电子资金转账系统等特殊领域时,注册会计师应当考虑是否利用专家的工作。

**第二十一条** 商业银行拥有的分支机构众多且分布区域广,注册会计师应当考虑是否利用其他注册会计师的工作。

**第二十二条** 注册会计师应当查阅商业银行持有的银行监管机构的检查报告和有关文件,以获取对确定重点审计领域有用的信息,提高审计效率。

**第二十三条** 在组织和安排审计工作时,注册会计师应当考虑:

(一)项目组组成及分工;

(二)其他注册会计师参与的程度;

(三)计划利用内部审计工作的程度;

(四)计划利用专家工作的程度;

(五)出具审计报告的时间要求;

(六)需要商业银行管理层提供的专项分析资料。

**第二十四条** 注册会计师应当根据总体审计策略制定具体审计计划,以合理确定进一步审计程序的性质、时间和范围。

## 第四章 了解和测试内部控制

**第二十五条** 注册会计师应当充分了解商业银行的相关内部控制,以确定有效的审计方案。

**第二十六条** 商业银行的相关内部控制应当实现下列目标:

(一)所有交易经管理层一般授权或特别授权方可执行;

(二)所有交易和事项以正确的金额,在恰当的会计期间及时记录于适当的账户,使编制的财务报表符合适用的会计准则和相关会计制度的规定;

(三)只有经过管理层授权才能接触资产和记录;

(四)将记录的资产与实有资产定期核对,并在出现差异时采取适当的措施;

(五)恰当履行受托保管协议规定的职责。

**第二十七条** 注册会计师应当了解商业银行分级授权体系的下列要素:

(一)有权批准特定交易的人员;

(二)授权遵守的程序;

(三)授权限额及条件;

(四)风险报告及监控。

**第二十八条** 注册会计师应当检查授权控制,以确定为各类交易设定的风险限额是否得到遵守,超出风险限额是否及时向适当层次管理人员报告。

**第二十九条** 由于临近资产负债表日发生的交易往往尚未完成,或在确定取得资产、承担债务的价值时缺乏依据,注册会计师应当重点检查这些交易的授权控制。

**第三十条** 在评价与交易和事项记录有关的内部控制的有效性时,注册会计师应当考虑:

(一)商业银行处理大量交易,其中单笔或数笔交易可能涉及巨额资金,需要定期执行试算平衡和调节程序,以及时发现差错并进行调查和纠正,将造成损失的风险降至最低;

(二)许多交易的会计核算有特殊规定,商业银行需要采取控制程序以保证这些规定得以遵守;

(三)有些交易不在资产负债表中列示,甚至不在财务报表附注中披露,商业银行需要采取控制程序保证这些交易以适当的方式被记录和监控,并能及时确认因交易状况变化而产生的损益;

(四)商业银行不断推出新的金融产品和服务,需要及时更新会计信息系统和相关内部控制;

（五）每日余额可能并不反映当日系统处理的全部交易量或最大损失风险，商业银行需要对最大交易量或最大损失风险保持控制；

（六）对大多数交易的记录应便于商业银行内部、商业银行客户及交易对方核对。

**第三十一条** 计算机信息系统和电子资金转账系统的广泛使用，对注册会计师评价商业银行的内部控制有重要影响。

注册会计师应当对影响系统开发、修改、接触、数据登录、网络安全和应急计划的相关内部控制进行评价。

注册会计师应当考虑商业银行使用电子资金转账系统的程度，评价交易前监督控制和交易后确认及调节程序的完整性。

**第三十二条** 商业银行的资产易于转移，金额巨大，仅通过实物控制难以奏效，管理层通常实施下列控制程序：

（一）凭借密码和接触控制，只有获得授权的人员才能操作计算机信息系统和电子资金转账系统；

（二）将资产接触与记录职责分离；

（三）由独立人员向第三方函证和调节资产余额。

注册会计师应当合理确信上述所有控制是否有效运行，必要时，复核或参与年末函证和调节程序。

**第三十三条** 将记录的资产与实有资产定期进行核对是一项重要的调节控制，该项控制具有下列重要作用：

（一）验证现金、有价证券等资产的存在性，及时发现舞弊与错误；

（二）检查易发生价值波动的资产计价的正确性；

（三）验证资产接触和授权控制运行的有效性。

注册会计师应当运用检查和询问等程序，测试该项控制的有效性。

**第三十四条** 在评价调节控制的有效性时，注册会计师应当考虑：

（一）需要调节的账户较多且调节频率较高；

（二）调节结果具有累积性；

（三）调节项目可能被不适当地结转到同一时期内未被调节和调查的账户。

**第三十五条** 在评价受托保管业务的内部控制有效性时，注册会计师应当考虑：

（一）是否由专门部门履行受托保管职责；

（二）是否将自有资产与受托保管资产适当分离；

（三）是否已对受托保管资产作出适当记录。

**第三十六条** 在评价特定控制程序有效性时，注册会计师应当考虑下列控制环境因素的影响：

（一）组织结构和权力、责任的划分；

（二）管理层监控工作的质量；

（三）内部审计工作的范围和效果；

（四）关键管理人员的素质；

（五）银行监管机构的监管程度。

**第三十七条** 对审计过程中注意到的商业银行内部控制的重大缺陷，注册会计师应当及时与治理层和管理层沟通。

## 第五章 实质性程序

**第三十八条** 注册会计师应当在评估商业银行财务报表重大错报风险的基础上，确定可接受的检查风险水平和实质性程序的性质、时间和范围。

**第三十九条** 注册会计师对重大错报风险的评估是一种判断，可能无法充分识别所有的重大错报风险，并且由于内部控制存在固有局限性，无论评估的重大错报风险结果如何，注册会计师都应当针对所有重大的各类交易、账户余额、列报（包括披露）实施实质性程序。

**第四十条** 在实施实质性程序时，注册会计师应当特别考虑运用下列重要审计程序：

（一）分析程序；

(二)监盘;

(三)检查;

(四)询问和函证。

**第四十一条** 注册会计师应当考虑对下列项目实施分析程序,以测试其总体合理性:

(一)利息收入、支出;

(二)手续费收入;

(三)贷款损失准备。

**第四十二条** 注册会计师应当考虑对下列项目实施监盘程序,以测试其存在性:

(一)现金;

(二)贵金属;

(三)有价证券;

(四)其他易转移资产。

**第四十三条** 在实施监盘程序时,注册会计师应当关注受托保管资产是否存在,是否与自有资产相混淆。

**第四十四条** 注册会计师应当考虑实施检查程序,以了解贷款协议、承诺协议等重要协议的条款,评价其约束力及相关会计处理的适当性。

**第四十五条** 注册会计师应当考虑实施询问和函证程序,以实现下列目的:

(一)确认货币性资产、负债和资产负债表表外承诺的存在性和完整性;

(二)获取经商业银行客户或交易对方确认的某项交易金额、条款和状况的审计证据;

(三)获取不能直接从商业银行会计记录中得到的其他信息。

**第四十六条** 注册会计师应当考虑对下列事项实施函证程序:

(一)存款、贷款和同业往来等账户的余额;

(二)特定贷款抵押品的状况;

(三)因担保、承诺和承兑等资产负债表表外业务产生的或有负债;

(四)资产回购和返售协议以及未履约期权;

(五)与远期外汇合约和其他未履行合约有关的信息;

(六)委托保管的有价证券等项目。

**第四十七条** 为了提高审计效率,注册会计师应当考虑:

(一)在资产负债表日前实施某些测试;

(二)使用计算机辅助审计技术;

(三)当存在大量同质账户或交易时,使用统计抽样技术。

**第四十八条** 在审计资产负债表表外业务时,注册会计师应当检查相应收入的来源,并实施其他审计程序,以证实:

(一)相关会计记录是否完整;

(二)计提的损失准备是否充足;

(三)披露是否充分。

**第四十九条** 在审计关联方和关联方交易时,注册会计师应当实施必要的审计程序,以确定:

(一)所有重要的关联方和关联方交易是否都已被识别;

(二)所有重要的关联方交易是否都经适当授权;

(三)关联方和关联方交易是否已按照适用的会计准则和相关会计制度的规定予以充分披露。

**第五十条** 在实施下列审计程序时,注册会计师可能注意到商业银行持续经营假设不再合理的迹象:

(一)分析程序;

(二)检查资产负债表日后事项;

(三)检查债务协议条款的遵守情况;

(四)查阅股东会、董事会、监事会及管理委员会的会议纪要;

(五)向商业银行的法律顾问询问有关诉讼、索赔等情况;

（六）函证关联方或第三方向商业银行提供财务支持的详细情况；
（七）查阅商业银行持有的银行监管机构的检查报告和有关文件；
（八）检查法定资本要求的遵守情况。

**第五十一条** 注册会计师应当关注商业银行持续经营假设不再合理的下列主要迹象：
（一）贷款业务量显著下降；
（二）不良贷款剧增；
（三）大量贷款集中于陷入困境的行业；
（四）过度依赖少数存款人的大额存款；
（五）存款大量流失；
（六）信用等级下降；
（七）未能达到银行监管机构规定的流动性监管指标；
（八）未能达到最低法定资本要求或未能遵守银行监管机构批准的资本补足计划；
（九）银行监管法规的变化已对商业银行经营产生重大不利影响；
（十）严重违反银行监管法规；
（十一）银行监管机构已对商业银行的不审慎经营表示关注或采取措施。

**第五十二条** 注册会计师应当就下列主要事项获取商业银行管理层声明：
（一）持有的银行监管机构的检查报告和有关文件已提供给注册会计师；
（二）长期投资和短期投资的分类准确地反映了管理层的计划和意图；
（三）确定公允价值所依据的假设是合理的；
（四）资本补足计划及其实施符合银行监管机构的要求，并已作充分的披露；
（五）或有负债已在财务报表中充分披露；
（六）关联方交易符合银行监管法规的规定，并已作充分的披露；
（七）对资产负债表日持有的有价证券、贷款等资产可能发生的损失计提充足的准备；
（八）具有重大风险的资产负债表表外业务已作充分的披露。

## 第六章 审计报告

**第五十三条** 注册会计师应当在实施必要的审计程序后，对财务报表进行总体复核，根据经过核实的审计证据形成审计意见，出具审计报告。

**第五十四条** 在评价审计证据、形成审计意见时，注册会计师应当考虑商业银行会计处理和报告的特殊规定。

**第五十五条** 在出具审计报告之前，注册会计师应当根据银行监管法规的有关要求，确定是否需要将重大事项告知银行监管机构。

## 第七章 附　　则

**第五十六条** 本准则自 2007 年 1 月 1 日起施行。

# 41. 中国注册会计师审计准则第 1612 号——银行间函证程序

## 第一章 总　　则

**第一条** 为了规范注册会计师在商业银行财务报表审计中实施银行间函证程序，制定本准则。

**第二条** 本准则所称银行间函证程序，是指注册会计师为了获取影响商业银行财务报表或相关披露认定的项目的信息，以商业银行的名义向确认银行寄发询证函，获取和评价审计证据的过程。

本准则所称确认银行，是指接收商业银行的询证函并被请求回函的银行。

**第三条**　在实施银行间函证程序时，注册会计师应当保持应有的关注，对函证全过程进行控制。

## 第二章　询证函的编制与寄发

**第四条**　注册会计师在选择确认银行时，应当考虑与商业银行的账户余额或其他信息有关的下列主要因素：

（一）账户余额的大小；

（二）交易的性质、数量和金额；

（三）相关内部控制的可信赖程度；

（四）重要性与审计风险。

**第五条**　注册会计师应当采用积极的函证方式，要求确认银行对所函证的账户余额或其他信息予以回函。

**第六条**　注册会计师在编制询证函时，可选用下列方法：

（一）在询证函中列示账户余额或其他信息，要求确认银行确认其准确性和完整性；

（二）要求确认银行在询证函中列示账户余额或其他信息的详细情况，据以与商业银行的记录相比较。

在选用上述方法时，注册会计师应当考虑函证的目的、对审计证据质量的要求及回函的可能性。

**第七条**　注册会计师应当经商业银行同意，以商业银行的名义向确认银行寄发询证函，并要求确认银行直接向注册会计师所在的会计师事务所回函。

**第八条**　注册会计师应当根据函证事项的性质等因素确定寄发询证函的时间。

## 第三章　函证的内容

**第九条**　注册会计师应当根据函证目的及商业银行会计信息系统等情况确定函证的内容。

**第十条**　注册会计师函证的内容主要包括：

（一）商业银行与确认银行之间的存款、贷款和同业往来等账户（包括零余额的往来账户和在函证日之前十二个月内注销的往来账户）的余额及到期日、利息条款、未使用的授信额度、抵销权、抵押权和质押权等详细情况。询证函应当载明账户摘要、账号和币种等有关信息。

（二）商业银行与确认银行之间因担保、承诺和承兑等资产负债表表外业务产生的或有负债。询证函应当载明或有负债的性质、币种和金额等有关信息。

（三）资产回购和返售协议以及未履约期权。询证函应当载明协议标的、签订日、到期日和达成交易的条件等有关信息。

（四）与远期外汇合约和其他未履行合约有关的信息。询证函应当载明每项合约的编号、交易日、到期日、成交价格、币种和金额等有关信息。

（五）确认银行代为保管的有价证券等项目。询证函应当载明项目摘要和权属等有关信息。

## 第四章　回函的评价

**第十一条**　在评价通过函证程序获取的审计证据是否充分时，注册会计师应当考虑：

（一）函证程序的可靠性；

（二）不符事项的性质和金额；

（三）实施其他审计程序获取的审计证据。

**第十二条**　当未收到确认银行的回函时，注册会计师应当实施替代审计程序。

**第十三条**　如果通过函证、替代审计程序和其他审计程序所获取的审计证据不充分，注册会计师应当扩大函证范围或追加审计程序。

## 第五章　附　　则

**第十四条**　本准则自2007年1月1日起施行。

# 42. 中国注册会计师审计准则第1613号——与银行监管机构的关系

## 第一章 总 则

**第一条** 为了明确在商业银行财务报表审计中商业银行治理层、管理层的责任和注册会计师的责任，促进注册会计师与银行监管机构之间的理解与合作，提高审计的有效性，制定本准则。

**第二条** 本准则适用于注册会计师执行商业银行财务报表审计业务，并适用于接受银行监管机构委托执行专项业务。

## 第二章 商业银行治理层和管理层的责任

**第三条** 商业银行的治理层和管理层应当按照《中华人民共和国公司法》、《中华人民共和国商业银行法》及其他法律法规的规定履行治理责任和管理责任。

**第四条** 商业银行的经营管理主要由治理层及其任命的管理层负责。这种责任旨在确保实现下列主要目的：

（一）商业银行工作人员具备充分的专业技能和诚信，关键岗位工作人员具有丰富的工作经验；

（二）针对商业银行各项业务建立并实施恰当的政策、制度和程序；

（三）建立适当的管理信息系统；

（四）具有适当的风险管理政策和程序；

（五）遵守包括有关偿付能力和流动性要求在内的法律法规及监管规定；

（六）充分保障股东、存款人及其他债权人的利益。

**第五条** 管理层负责建立会计信息系统，保持足以支持财务报表的会计记录，并按照适用的会计准则和相关会计制度的规定编制财务报表。管理层的责任还包括确保注册会计师完整地、不受限制地获得对财务报表和审计意见产生重大影响的所有必需信息。

**第六条** 治理层有责任确保建立并维护有效的内部控制，并根据法律法规的规定成立审计委员会履行有关职责。为提高工作有效性，审计委员会应当允许和鼓励内部审计人员、注册会计师参加审计委员会会议。

**第七条** 管理层有责任按照相关法律法规的规定和治理层的要求，设立与商业银行规模及业务性质相适应的内部审计部门并保证其有效运行。

**第八条** 为保证审计工作充分有效，内部审计部门应当独立于所审计或核查的业务活动，并独立于日常内部控制过程。

商业银行的所有业务活动以及分支机构、子公司和其他组成部分都应纳入内部审计部门的核查范围。

内部审计部门应当定期向治理层和管理层报告内部控制及风险管理系统的运行情况，以及内部审计目标完成情况。管理层应当建立能够确保内部审计建议得到考虑、并在适当时得以实施的程序。

**第九条** 注册会计师对商业银行财务报表的审计不能减轻商业银行治理层和管理层的责任。

## 第三章 注册会计师的责任

**第十条** 注册会计师的责任是按照中国注册会计师审计准则（以下简称审计准则）的规定，对商业银行财务报表是否按照适用的会计准则和相关会计制度的规定编制，是否在所有重大方面公允反映商业银行的财务状况、经营成果和现金流量发表审计意见。

**第十一条** 注册会计师应当根据业务约定恰当致送审计报告，致送对象通常为股东或董事会，但审计报告也可能被存款人、债权人及银行监管机构等方面获取。

注册会计师的审计意见可以提高商业银行财务报表的可信赖程度，但不是对商业银行未来生存能力或管理层经营效率、效果提供的保证。

**第十二条** 注册会计师应当了解商业银行及其环境，以足够识别和评估财务报表重大错报风险、设计和实施进一步审计程序。

**第十三条** 在评估商业银行财务报表重大错报风险时，注册会计师应当考虑商业银行的特征，主要包括：

（一）经营大量货币性项目，要求建立健全严格的内部控制；

（二）从事的交易种类繁多、次数频繁、金额巨大，要求建立严密的会计信息系统，并广泛使用信息技术及电子资金转账系统；

（三）分支机构众多，分布区域广，会计处理和控制职能分散，要求保持统一的操作规程和会计信息系统；

（四）存在大量不涉及资金流动的资产负债表表外业务，要求采取控制程序进行记录和监控；

（五）高负债经营，债权人众多，与社会公众利益密切相关，受到商业银行监管法规的严格约束和政府有关部门的严格监管。

**第十四条** 注册会计师应当针对评估的财务报表层次重大错报风险确定总体应对措施，并针对认定层次重大错报风险设计和实施进一步审计程序。

**第十五条** 商业银行的内部审计工作有助于注册会计师执行审计业务，注册会计师应当评价和考虑利用内部审计工作。

注册会计师在评价内部审计工作时，应当考虑内部审计部门在组织结构中的地位、工作范围、内部审计人员的专业胜任能力以及能否保持职业谨慎。

**第十六条** 职业判断贯穿于注册会计师审计工作的全过程。注册会计师主要在下列方面运用职业判断：

（一）评估重大错报风险；

（二）确定审计程序的性质、时间和范围；

（三）评价审计程序的实施结果；

（四）评估管理层在编制财务报表时所作出的判断和估计的合理性。

**第十七条** 注册会计师应当从财务报表层次和各类交易、账户余额、列报（包括披露）认定层次考虑重要性。

注册会计师审计商业银行财务报表时使用的重要性水平可能与其向银行监管机构提交专项报告时使用的重要性水平不同。

**第十八条** 注册会计师应当获取商业银行财务报表整体不存在重大错报的合理保证。但由于存在下列固有限制，注册会计师即使按照审计准则的规定恰当地计划和实施审计工作，也不可能绝对保证发现商业银行财务报表中的所有重大错报：

（一）选择性测试方法的运用；

（二）内部控制的固有局限性；

（三）大多数审计证据是说服性而非结论性的；

（四）为形成审计意见而实施的审计工作涉及大量判断；

（五）某些特殊性质的交易和事项可能影响审计证据的说服力。

**第十九条** 注册会计师应当考虑商业银行财务报表是否存在舞弊或错误导致的重大错报。

在考虑由舞弊导致的重大错报时，注册会计师应当关注：

（一）由于舞弊者可能通过精心策划以掩盖其舞弊行为，舞弊导致的重大错报未被发现的风险，通常大于错误导致的重大错报未被发现的风险。尤其是在串谋的情况下，舞弊导致的重大错报更难发现；

（二）由于管理层往往能够凌驾于内部控制之上，直接或间接地操纵会计记录并编报虚假财务信息，管理层舞弊导致的重大错报未被发现的风险，通常大于员工舞弊导致的重大错报未被发现的风险。

**第二十条** 如果发现财务报表存在重大错报，注册会计师应当提请商业银行予以更正。如果商业银行拒绝更正，注册会计师应当对财务报表出具保留意见或否定意见的审计报告。

如果商业银行未能提供审计工作所要求的所有必需信息，注册会计师应当就这些事项与商业银行管理层和治理层沟通。如果仍未获得所有必需信息，注册会计师应当对财务报表出具保留意见或无法表示意见的审计报告。

**第二十一条** 注册会计师应当按照《中国注册会计师审计准则第 1151 号——与治理层的沟通》的规定，及时和管理层、治理层沟通与财务报表审计相关的事项。

在某些情况下，注册会计师可以向管理层或银行监管机构提交一份长式报告，详细说明某些重大事项，如账户余额或贷款组合的明细项目、某些财务比率、内部控制的有效性、商业银行风险分析及合规情况。

**第二十二条** 如果存在下列事项，注册会计师应当根据相关法律法规的规定，考虑是否需要及时将这些事项告知银行监管机构：

（一）构成重大违反法律法规的事项；

（二）影响商业银行持续经营的事项或情况；

（三）出具非标准审计报告。

## 第四章　注册会计师与银行监管机构的关系

**第二十三条** 注册会计师与银行监管机构对下列事项关注的角度可能存在差异，但可以相互补充：

（一）注册会计师主要关心的是对商业银行财务报表出具审计报告，为此，应当评价管理层在编制财务报表时采用持续经营假设的合理性。银行监管机构主要关心的是保持商业银行系统的稳定性，促进各商业银行安全、稳健运行，以保证存款人的利益，因而银行监管机构需要依据财务报表评价商业银行经营状况和业绩，监控其现在和未来的生存能力。

（二）注册会计师关心的是评价内部控制，以确定在计划和实施审计工作时对内部控制的信赖程度。银行监管机构关心的是商业银行是否存在健全的内部控制，以作为商业银行安全经营和审慎管理的基础。

（三）注册会计师关心的是商业银行是否具有充分和可靠的会计记录，以使其编制的财务报表不存在重大错报。银行监管机构关心的是商业银行是否依据一贯的会计政策，保持充分的会计记录，并按规定定期公布财务报表。

**第二十四条** 如果银行监管机构在监管活动中使用已审计财务报表，注册会计师应当考虑以适当的方式提请商业银行管理层说明下列事项：

（一）商业银行编制财务报表的首要目的并非满足监管的需要；

（二）注册会计师依据审计准则实施审计工作旨在对财务报表整体不存在重大错报获取合理保证；

（三）商业银行在编制财务报表时，按照会计准则和相关会计制度的规定，需要在判断的基础上选择并运用会计政策；

（四）财务报表中包含的信息建立在管理层判断和估计的基础上；

（五）商业银行的财务状况可能受财务报表期后事项的影响；

（六）银行监管机构与注册会计师评价和测试内部控制的目的可能不同，银行监管机构不应假定注册会计师为审计目标而作出的有关内部控制的评价能够充分满足监管目的；

（七）注册会计师考虑的内部控制和会计政策可能不同于商业银行为银行监管机构提供信息时依据的内部控制和会计政策。

**第二十五条** 如果银行监管机构对商业银行出具了监管报告，注册会计师应当考虑向商业银行获取该报告。

**第二十六条** 基于履行保密责任的需要，注册会计师与银行监管机构进行必要联系时，通常需要事先告知商业银行管理层或请其到场。

如果需要沟通的事项涉及商业银行违反法规行为、治理层或管理层重大舞弊等事项，注册会计师应当考虑征询法律意见，以及时采取适当措施。

**第二十七条** 某些涉及治理层责任的事项可能为银行监管机构所关注，特别是那些需要银行监管机构采取紧急措施的事项。如果法律法规要求直接与银行监管机构沟通，注册会计师应当及时就这些事项与银行监管机构沟通。

如果法律法规没有要求直接与银行监管机构沟通，注册会计师应当提请管理层或治理层与银行监管机构沟通。如果管理层或治理层没有及时与银行监管机构沟通，注册会计师应当征询法律意见，考虑是否有必要直接与银行监管机构沟通。

**第二十八条** 注册会计师应当予以关注并需要提请银行监管机构采取紧急措施的事项主要包括：

（一）显示商业银行未能满足某项银行许可要求的信息；

（二）商业银行决策机构内部发生严重冲突或关键职能部门经理突然离职；

（三）显示商业银行可能严重违反法律法规、银行章程、规章或行业规范的信息；

（四）注册会计师拟辞聘或被解聘；

（五）银行经营风险的重大不利变化及影响未来经营的潜在风险。

注册会计师应当考虑就这些事项与治理层沟通。

**第二十九条** 注册会计师可以根据银行监管机构的委托，就商业银行的下列事项出具专项报告，以协助银行监管机构履行监管职能：

（一）是否满足许可条件；

（二）保持会计记录和其他记录的信息系统是否适当，内部控制是否有效；

（三）为银行监管机构编制的报告所使用的方法是否适当，这些报告中包含的诸如资产负债率及其他审慎指标的信息是否准确；

（四）是否根据银行监管机构规定的标准建立恰当的组织机构；

（五）是否遵守相关法律法规；

（六）是否采用恰当的会计政策。

## 第五章 协助完成特定监管任务时的补充要求

**第三十条** 如果银行监管机构依据明确的法律法规或与商业银行签订的协议，委托注册会计师协助完成特定监管任务，注册会计师应当另行签订业务约定书。

**第三十一条** 向银行监管机构提供完整、准确的信息是商业银行管理层的责任，注册会计师的责任是就该信息或特定程序的实施出具报告。注册会计师不承担任何监管责任，而是通过提供报告使银行监管机构更有效地对商业银行的状况作出判断。

**第三十二条** 注册会计师与商业银行的正常关系应被保护。如果没有法定要求或制约注册会计师工作的合约安排，注册会计师应当提请银行监管机构在商业银行的安排下进行沟通。

**第三十三条** 在接受银行监管机构的任务前，注册会计师应当考虑是否产生利益冲突。如果产生利益冲突，注册会计师应在工作开始前予以解决，解决方法通常是获得商业银行管理层的批准。

**第三十四条** 注册会计师应当提请银行监管机构以书面形式对监管要求作出详细、清楚的说明，并尽量详细描述对银行经营状况的评价标准，以便对商业银行是否符合监管要求出具报告。

注册会计师应当与银行监管机构就重要性及其运用达成一致的理解。

**第三十五条** 注册会计师在接受银行监管机构的委托时，应当考虑是否具有必要的素质和专业胜任能力。

**第三十六条** 注册会计师应当对执业过程中知悉的信息保密，尤其不应将通过业务关系获得的其他客户信息披露给被审计商业银行或公众。

## 第六章 附 则

**第三十七条** 本准则自2007年1月1日起施行。

# 43. 中国注册会计师审计准则第1631号——财务报表审计中对环境事项的考虑

## 第一章 总 则

**第一条** 为了规范注册会计师在财务报表审计中对被审计单位环境事项的考虑，制定本准则。

**第二条** 本准则适用于注册会计师执行财务报表审计业务。

**第三条** 本准则所称环境事项是指：

(一)被审计单位按照有关环境保护的法律法规(以下简称环境法律法规)或合同要求，或自愿为预防、减轻或弥补对环境造成的破坏，或为保护可再生资源和不可再生资源而采取的措施；

(二)因违反环境法律法规可能导致的后果；

(三)环境的破坏对他人或自然资源造成的后果；

(四)法律法规规定的代偿责任，包括由原使用者(或所有者)造成的环境破坏引起的责任。

**第四条** 影响财务报表的环境事项主要包括：

(一)因环境法律法规的实施导致资产减值，需要计提资产减值准备；

(二)因没有遵守环境法律法规，需要计提补救、赔偿或诉讼费用，或支付罚款等；

(三)某些被审计单位，如石油、天然气开采企业，化工厂或废弃物管理公司，因其核心业务而随之带来的环境保护义务；

(四)被审计单位自愿承担的环境保护推定义务；

(五)被审计单位需要在财务报表附注中披露的与环境事项相关的或有负债；

(六)在特殊情况下，违反环境法律法规可能对被审计单位的持续经营产生影响，并由此影响财务报表的编制基础。

**第五条** 对环境事项的恰当确认、计量和列报(包括披露，下同)是被审计单位管理层的责任。

注册会计师在财务报表审计中应当考虑可能导致财务报表重大错报风险的环境事项。

**第六条** 注册会计师是否需要考虑环境事项以及考虑的范围，取决于其对环境事项是否会引起财务报表重大错报风险作出的职业判断。

**第七条** 注册会计师对财务报表的审计，并非专为发现被审计单位可能违反环境法律法规的行为，所实施的审计程序也不足以就被审计单位环境法律法规的遵守情况，或与环境事项相关的内部控制的有效性得出结论。

## 第二章 实施风险评估程序时对环境事项的考虑

### 第一节 了解环境保护要求和问题

**第八条** 注册会计师在实施风险评估程序时，应当从下列方面考虑对被审计单位所处行业及其业务产生重大影响的环境保护要求和问题：

(一)所处行业存在的重大环境风险，包括已有的和潜在的风险；

(二)所处行业通常面临的环境保护问题；

(三)适用于被审计单位的环境法律法规；

(四)被审计单位的产品或生产过程中使用的原材料、技术、工艺及设备等是否属于法律法规强制要求淘汰或行业自愿淘汰之列；

(五)监管机构采取的行动或发布的报告是否对被审计单位及其财务报表可能产生重大影响；

(六)被审计单位为预防、减轻或弥补对环境造成的破坏，或为保护可再生资源和不可再生资源拟采取的措施；

(七)被审计单位因环境事项遭受处罚和诉讼的记录及其原因；

(八)是否存在与遵守环境法律法规相关的未决诉讼；

(九)所投保险是否涵盖环境风险。

**第九条** 对具体审计业务而言，注册会计师拥有的环境事项知识程度通常不如管理层或环境专家。但注册会计师应当具备足够的环境事项知识，以识别和了解与环境事项相关的，可能对财务报表及其审计产生重大影响的交易、事项和惯例。

**第十条** 某些行业因性质特殊存在重大环境风险，如石油天然气、化工、制药、冶金、采矿、造纸、制革、印染和公用事业等行业，注册会计师应当特别关注被审计单位存在因环境事项导致负债和或有负债的可能性。

**第十一条** 某些被审计单位并不一定处于本准则第十条所述的存在重大环境风险的行业,但如果存在下列情况,可能面临潜在的重大环境风险:

(一)在很大程度上受到环境法律法规的约束;

(二)拥有被原使用者(或所有者)污染的场地,或为之担保而可能承担代偿责任;

(三)某些业务可能会造成土壤、地下水和地表水及空气的污染;使用有害物质;产生或处理有害废弃物;或可能对顾客、员工或附近居民造成不利影响。

## 第二节 了解内部控制

**第十二条** 设计和执行内部控制,以有序、有效地开展业务活动(包括环境方面的活动)是管理层的责任。

不同被审计单位的管理层可能对环境事项采取下列不同的控制方式:

(一)处于环境风险较低行业的被审计单位或小型被审计单位,管理层可能把监控环境事项作为日常内部控制的一部分;

(二)处于环境风险较高行业的被审计单位,管理层可能针对环境事项设计和执行一套单独的内部控制子系统,以符合现有的环境管理系统标准;

(三)对某些被审计单位,管理层可能在一个整合的控制系统内设计和执行其所有的控制,包括与会计、环境和其他事项(如质量、健康和安全)相关的政策和程序。

**第十三条** 注册会计师的审计目标并不受管理层对环境事项实施控制方式的影响,但注册会计师应当考虑与环境事项相关的内部控制是否有效。

**第十四条** 根据职业判断,只有认为环境事项可能对财务报表产生重大影响,注册会计师才有必要了解与环境事项相关的内部控制。

**第十五条** 注册会计师应当主要从下列方面了解与环境事项相关的控制环境:

(一)治理层对与环境事项相关的内部控制承担的职责;

(二)管理层对于环境事项的诚信和道德价值观念、管理理念、经营风格及其处理方法;

(三)被审计单位管理环境事项的机构以及职权与责任的划分;

(四)控制系统,包括内部审计、环境审计、与环境事项相关的人力资源政策与实务以及恰当的职责分离。

**第十六条** 注册会计师应当主要从下列方面了解与环境事项相关的风险评估过程:

(一)被审计单位是否建立风险评估程序以识别环境风险,并评估该风险的重要性和发生的可能性,以及针对该风险采取的措施;

(二)管理层是否识别出环境风险,并考虑这些风险是否可能导致财务报表发生重大错报。

**第十七条** 注册会计师应当主要从下列方面了解有关环境事项的信息系统与沟通:

(一)按照环境法律法规的规定或自身对环境风险评估的需要,被审计单位是否建立适当的信息系统,以记录排放物和有害废弃物的数量、产品的环境特征、利益相关者的投诉、监管机构的监测结果、环保事故的发生及其影响等;

(二)该信息系统是否能够为与环境事项相关的财务数据和列报提供信息支持,如为计算废弃物的处置成本提供的废弃物数量等;

(三)被审计单位是否就环境事项进行有效沟通。

**第十八条** 注册会计师应当从授权、业绩评价、信息处理、实物控制和职责分离等方面,了解与环境事项相关的控制活动。

注册会计师在了解与环境事项相关的控制活动时,应当特别关注被审计单位的下列行为:

(一)是否执行环境管理系统标准并取得独立机构的认证;

(二)是否发布环境绩效报告,并经独立第三方验证;

(三)是否建立适当程序,处理员工或第三方对环境事项的投诉;

(四)是否按照环境法律法规的规定,建立适当的程序处理有害物和废弃物。

**第十九条** 注册会计师应当主要从下列方面了解被审计单位对与环境事项相关的控制的监督:

（一）被审计单位是否及时评价与环境事项相关的内部控制设计的合理性和运行的有效性，是否遵守环境法律法规和内部规定；

（二）被审计单位是否根据环境事项的变化，及时采取必要的纠正措施。

### 第三节　考虑与环境事项相关的法律法规

**第二十条**　保证经营活动符合环境法律法规要求，防止或发现并纠正违反环境法律法规行为，是管理层的责任。

**第二十一条**　注册会计师应当考虑通过下列途径了解相关环境法律法规及其遵守情况：

（一）利用在了解被审计单位所处行业和业务性质时获取的信息；

（二）向管理层和负责环境事项的关键管理人员询问为遵守相关环境法律法规而采用的政策和程序；

（三）向管理层询问对经营活动具有根本性影响的环境法律法规；

（四）与管理层讨论其采用的对诉讼和索赔进行识别、评价及会计处理的政策和程序。

**第二十二条**　注册会计师应当按照《中国注册会计师审计准则第 1142 号——财务报表审计中对法律法规的考虑》的规定，保持职业怀疑态度，充分考虑可能导致财务报表发生重大错报的违反环境法律法规行为。

### 第四节　评估重大错报风险

**第二十三条**　注册会计师应当利用风险评估程序收集的信息，识别和评估由于环境事项引起的财务报表层次以及各类交易、账户余额、列报认定层次的重大错报风险。

**第二十四条**　注册会计师应当重点关注下列与财务报表层次相关的环境风险：

（一）遵守环境法律法规或执行合同的成本；

（二）违反环境法律法规的风险；

（三）顾客对环境事项的具体要求以及对被审计单位环境保护行为作出的反应可能产生的影响。

**第二十五条**　注册会计师应当将环境风险的评估结果与重要的交易、账户余额、列报认定层次相联系，以设计和实施进一步审计程序。

注册会计师应当重点关注下列与各类交易、账户余额、列报认定层次相关的环境风险：

（一）账户余额依据与环境事项相关的会计估计的复杂程度；

（二）账户余额受与环境事项相关的异常或非常规交易的影响程度。

## 第三章　针对评估的重大错报风险实施审计程序时对环境事项的考虑

**第二十六条**　注册会计师应当针对评估的环境事项导致的财务报表层次重大错报风险确定总体应对措施，并针对评估的环境事项导致的认定层次重大错报风险设计和实施进一步审计程序。

**第二十七条**　针对环境事项，注册会计师实施的实质性程序主要包括：

（一）询问管理层和负责环境事项的关键管理人员，包括询问被审计单位商业保险是否涵盖环境事项；

（二）检查与环境事项相关的文件或记录；

（三）利用环境专家的工作；

（四）利用环境审计的工作；

（五）利用内部审计的工作；

（六）执行分析程序；

（七）检查与环境事项相关的财务报表项目；

（八）检查被审计单位因环境事项作出的会计估计；

（九）检查财务报表列报的适当性；

（十）获取管理层关于环境事项的书面声明。

**第二十八条**　由于确认和计量环境事项的结果存在下列困难，注册会计师运用职业判断显得尤为重要：

(一)环境问题从发生到被识别通常经历较长的时间;

(二)由于会计估计建立在假设的基础上,假设的数量和性质可能导致会计估计不存在既定的模式,或会计估计在很大的区间内似乎都是合理的;

(三)环境法律法规不断变化,对其解释可能面临困难或不明确;

(四)除法定义务或合同义务引起的负债外,还可能存在其他情况产生的负债。

**第二十九条**　注册会计师应当检查下列与环境事项相关的文件或记录:

(一)治理层及专职负责环境事项的委员会的会议纪要或工作记录;

(二)包含环境事项的公开行业信息;

(三)环境专家报告,如场地评估报告、环境影响研究报告;

(四)环境审计报告;

(五)内部审计报告;

(六)尽职调查报告;

(七)监管机构报告及被审计单位与监管机构的往来函件;

(八)可获取的生态环境恢复公开记录或规划;

(九)被审计单位的环境绩效报告;

(十)与监管机构和律师的往来函件。

**第三十条**　注册会计师在利用环境专家的工作时,应当按照《中国注册会计师审计准则第 1421 号——利用专家的工作》的规定,考虑环境专家的工作对于实现审计目标是否充分,并考虑专家的专业胜任能力、客观性、经验和声誉。

**第三十一条**　注册会计师应当考虑将环境审计的结果作为适当的审计证据。在这种情况下,注册会计师应当按照《中国注册会计师审计准则第 1411 号——利用内部审计人员的工作》和《中国注册会计师审计准则第 1421 号——利用专家的工作》的规定,考虑利用环境审计工作的适当性。

**第三十二条**　如果内部审计人员已将被审计单位经营活动的环境方面作为内部审计工作的一部分,注册会计师应当按照《中国注册会计师审计准则第 1411 号——利用内部审计人员的工作》的规定,考虑利用内部审计工作的适当性。

**第三十三条**　注册会计师可以实施分析程序,考虑相关财务信息与环境记录中的数量信息之间的关系。

**第三十四条**　在实施实质性程序时,注册会计师应当重点关注下列与环境事项相关的交易或事项:

(一)本期增加的土地、房屋建筑物和机器设备;

(二)受环境事项影响的长期投资项目;

(三)因环境事项需要计提的资产减值准备;

(四)因环境事项发生的支出和取得的索赔收入;

(五)因环境事项导致的负债和或有负债。

**第三十五条**　在检查与环境事项相关的会计估计时,注册会计师应当遵守《中国注册会计师审计准则第 1321 号——审计会计估计(包括公允价值会计估计)和相关披露》的有关规定。

**第三十六条**　在整个审计过程中,如果注意到下列情形显示财务报表存在因环境事项导致的重大错报风险,注册会计师应当对此予以关注:

(一)环境专家或内部审计人员出具的报告中显示有重大环境问题;

(二)被审计单位与监管机构的往来函件或监管机构发布的报告中提及存在违反环境法律法规行为;

(三)在生态环境恢复的公开记录或规划中列有被审计单位的名称;

(四)媒体评论涉及被审计单位的重大环境问题;

(五)律师函中对环境事项的评价意见;

(六)有证据表明被审计单位购买与环境事项相关的商品或服务,相对于常规业务活动而言属于异常交易;

(七)因违反环境法律法规导致诉讼费用、环境咨询费用或罚金增加或异常。

如果出现上述情形,注册会计师应当考虑是否需要重新评估重大错报风险。

**第三十七条** 注册会计师应当就环境事项向管理层获取下列书面声明：

（一）没有发现由环境事项引起的重大负债和或有负债；

（二）没有发现对财务报表产生重大影响的其他环境事项；

（三）如果发现上述第（一）项或第（二）项所述的环境事项，已在财务报表中进行了恰当的列报。

### 第四章 出具审计报告时对环境事项的考虑

**第三十八条** 在形成审计意见时，注册会计师应当考虑被审计单位是否已按照适用的会计准则和相关会计制度的规定对环境事项的影响作出适当的处理，并进行恰当的列报。

注册会计师还应当阅读含有已审计财务报表的文件中的其他信息所涉及的环境事项，以识别其是否与已审计财务报表存在重大不一致。

**第三十九条** 注册会计师在判断不确定事项对审计报告的影响时，应当重点考虑管理层对不确定事项的评价及披露程度。

如果认为环境事项对财务报表的影响具有重大不确定性或相关披露不充分，或根据职业判断认为环境事项可能导致持续经营假设不再合理，注册会计师应当按照《中国注册会计师审计准则第 1502 号——在审计报告中发表非无保留意见》、《中国注册会计师审计准则第 1503 号——在审计报告中增加强调事项段和其他事项段》和《中国注册会计师审计准则第 1324 号——持续经营》的规定，出具恰当的审计报告。

### 第五章 附 则

**第四十条** 本准则自 2007 年 1 月 1 日起实施。

## 44. 中国注册会计师审计准则第 1632 号——衍生金融工具的审计

### 第一章 总 则

**第一条** 为了规范注册会计师针对与衍生金融工具相关的财务报表认定计划和实施审计程序，制定本准则。

**第二条** 本准则适用于注册会计师在财务报表审计中，对被审计单位作为最终使用者持有的衍生金融工具的审计。

**第三条** 本准则所称最终使用者，是指为了达到套期、资产负债管理或投机目的，通过交易所或经纪商进行金融交易的单位。

### 第二章 衍生金融工具及活动

**第四条** 衍生金融工具是指同时具备下列特征，并形成一个单位的金融资产及其他单位的金融负债或权益工具的合同：

（一）其价值随特定利率、金融工具价格、商品价格、汇率、价格指数、费率指数、信用等级、信用指数或其他类似变量的变动而变动；变量为非金融变量的，该变量与合同的任一方不存在特定关系；

（二）不要求初始净投资，或与对市场情况变化有类似反应的其他类型合同相比，要求很少的初始净投资；

（三）在未来某一日期结算。

衍生金融工具包括金融远期合同、金融期货合同、金融互换和期权，以及具有金融远期合同、金融期货合同、金融互换和期权中一种或一种以上特征的工具。

**第五条** 被审计单位从事衍生活动的主要目的包括：

(一)管理当前或预期的与经营和财务状况有关的风险；

(二)通过未平仓或投机性头寸从预期市场变化中获利。

**第六条**　所有金融工具都有一定的风险，而衍生金融工具通常具有风险杠杆效应的特征，包括：

(一)在交易到期前不要求现金流出或流入，或只要求很少的现金流出或流入；

(二)不要求支付或收取本金或其他固定的金额；

(三)潜在的风险和回报可能远远大于目前的支出；

(四)衍生金融资产或负债的价值可能超过其在财务报表中已确认的金额，特别是那些在财务报表中未采用公允价值计量的衍生金融工具。

**第七条**　衍生金融工具和衍生活动的固有特征可能导致某些被审计单位经营风险的增加，注册会计师应当关注由此增加的审计风险。

## 第三章　管理层和治理层的责任

**第八条**　按照适用的会计准则和相关会计制度的规定编制财务报表是被审计单位管理层的责任。在编制财务报表时，管理层需要作出下列与衍生金融工具相关的认定：

(一)在财务报表中记录的所有衍生金融工具是存在的；

(二)在资产负债表日不存在未记录的衍生金融工具；

(三)在财务报表中记录的衍生金融工具得到恰当的计价和列报；

(四)在财务报表中作出了所有与衍生金融工具相关的披露。

**第九条**　被审计单位治理层通过监督管理层对下列方面负责：

(一)设计和实施内部控制，以便对风险和财务控制进行监督，合理保证被审计单位在其风险管理政策允许的范围内使用衍生金融工具，以及确保被审计单位遵守适用的法律法规；

(二)确保财务报告信息系统的完备性，以保证衍生活动的财务报告的可靠性。

**第十条**　财务报表审计不能减轻被审计单位管理层和治理层的责任。

## 第四章　注册会计师的责任

**第十一条**　在财务报表审计中，注册会计师对审计衍生金融工具的责任是，考虑管理层作出的与衍生金融工具相关的认定是否使得已编制的财务报表符合适用的会计准则和相关会计制度的规定。

**第十二条**　财务报表审计的目标是对财务报表发表审计意见，而不是对被审计单位与衍生活动相关的风险管理或控制的充分性提供保证。注册会计师应当考虑和管理层讨论与衍生活动相关的审计工作的性质和范围，以免发生误解。

**第十三条**　注册会计师可能需要特殊的知识和技能，以计划和实施与衍生金融工具相关的特定认定的审计程序。

这些特殊的知识和技能包括：

(一)了解被审计单位所处行业的经营特征和风险状况；

(二)了解被审计单位使用的衍生金融工具及其特征；

(三)了解被审计单位关于衍生金融工具的信息系统，包括服务机构提供的服务；

(四)了解衍生金融工具的估值方法；

(五)熟悉适用的会计准则和相关会计制度有关衍生金融工具的规定。

**第十四条**　在下列情形下，注册会计师应当考虑利用专家的工作：

(一)衍生金融工具本身非常复杂；

(二)简单的衍生金融工具应用于复杂的情形；

(三)衍生金融工具交易活跃；

(四)衍生金融工具的估值基于复杂的定价模型。

## 第五章　了解可能影响衍生活动及其审计的因素

**第十五条**　注册会计师应当从下列方面了解可能对衍生活动及其审计产生影响的因素：

(一)经济环境；
(二)行业状况；
(三)被审计单位相关情况；
(四)主要财务风险；
(五)与衍生金融工具认定相关的错报风险；
(六)持续经营；
(七)会计处理方法；
(八)会计信息系统；
(九)内部控制。

注册会计师应当按照本章第十六条至第二十三条的规定了解本条前款第(一)项至第(八)项，按照第六章的规定了解本条前款第(九)项。

**第十六条** 注册会计师应当了解经济环境对衍生活动的影响。

经济环境因素主要包括：
(一)经济活动的总体水平；
(二)利率(包括利率的期限结构)和融资的可获得性；
(三)通货膨胀和币值调整；
(四)汇率和外汇管制；
(五)与被审计单位使用的衍生金融工具相关的市场特征，包括该市场的流动性和波动性。

**第十七条** 注册会计师应当了解被审计单位所处行业状况对衍生活动的影响。

被审计单位所处行业状况主要包括：
(一)价格风险；
(二)市场和竞争；
(三)生产经营的季节性和周期性；
(四)经营业务的扩张或衰退；
(五)外币交易、折算或经济风险。

**第十八条** 注册会计师应当了解被审计单位的相关情况对衍生活动的影响。

被审计单位相关情况主要包括：
(一)管理层、治理层的知识和经验；
(二)及时和可靠的管理信息的可获得性；
(三)利用衍生金融工具的目标。

**第十九条** 注册会计师应当了解与衍生活动相关的主要财务风险。

与衍生活动相关的主要财务风险包括：

(一)市场风险，是指因权益价格、利率、汇率、商品价格或其他市场因素的变动导致衍生金融工具公允价值的不利变动而引起损失的风险，包括价格风险、流动性风险、模型风险、基准风险等；

(二)信用风险，是指客户或交易对方在到期时或之后期间内没有全额履行义务的风险；

(三)结算风险，是指被审计单位已履行交易义务，但没有从客户或交易对方收到对价的风险；

(四)偿债风险，是指被审计单位在付款承诺到期时没有资金履行承诺的风险；

(五)法律风险，是指某项法律法规或监管措施阻止被审计单位或交易对方执行合同条款或相关总互抵协议，或使其执行无效，从而给被审计单位带来损失的风险。

**第二十条** 注册会计师应当考虑下列因素，以了解与衍生金融工具认定相关的错报风险：
(一)衍生活动的经济和业务目的；
(二)衍生金融工具的复杂性；
(三)交易是否产生了涉及现金交换的衍生金融工具；
(四)被审计单位在衍生金融工具方面的经验；
(五)衍生金融工具是否嵌入在一项协议中；
(六)外部因素是否影响认定；

(七)衍生金融工具是在国内交易所交易还是跨国交易。

**第二十一条**　衍生金融工具潜在的损失可能足以引起对被审计单位持续经营能力的重大疑虑,注册会计师应当按照《中国注册会计师审计准则第1324号——持续经营》的规定,考虑被审计单位持续经营假设的合理性。

**第二十二条**　注册会计师应当了解被审计单位对衍生金融工具的会计处理方法,包括是否将衍生金融工具指定为套期工具并采用套期会计,以及套期关系是否高度有效。

**第二十三条**　注册会计师应当了解被审计单位会计信息系统的设计、变更及其运行。

如果认为会计信息系统或其中的某些方面较为薄弱,注册会计师应当关注是否有必要修改审计方案。

## 第六章　了解内部控制

### 第一节　控制环境

**第二十四条**　注册会计师在了解控制环境及其变化时,应当考虑治理层、管理层对衍生活动的总体态度和关注程度。

治理层负责确定被审计单位对风险的态度,管理层负责监控和管理被审计单位面临的风险。注册会计师应当了解衍生金融工具的控制环境如何对管理层的风险评估结果作出反应。

**第二十五条**　注册会计师应当特别关注控制环境的下列方面对衍生活动控制的潜在影响:

(一)管理层是否通过清晰表述的既定政策,指导衍生金融工具的买进、卖出和持有;

(二)衍生活动的交易、结算和记录的职责是否适当分离;

(三)总体控制环境是否已经影响负责衍生活动的人员。

**第二十六条**　如果被审计单位对涉及衍生活动的人员实施激励机制,注册会计师应当考虑被审计单位是否已经制定适当的规范、限额和控制,以确定执行的激励机制是否可能导致背离总体风险管理战略目标的交易。

**第二十七条**　如果被审计单位采用电子商务进行衍生金融工具交易,注册会计师应当按照《中国注册会计师审计准则第1633号——电子商务对财务报表审计的影响》的规定,考虑被审计单位如何处理与公共网络使用相关的安全和控制问题。

### 第二节　控制活动

**第二十八条**　注册会计师应当了解与衍生金融工具相关的控制活动,包括充分的职责分离、风险管理监控、管理层的监督和其他为实现控制目标而设计的政策和程序。

**第二十九条**　与衍生金融工具的买入、卖出和持有相关的内部控制的复杂程度因下列事项而存在差异:

(一)衍生金融工具的复杂程度和错报风险;

(二)相对于使用的资本,衍生交易的风险敞口;

(三)交易量。

**第三十条**　如果被审计单位在未对内部控制进行相应调整的情况下扩展其衍生活动的类型,注册会计师应当对此予以关注。

**第三十一条**　注册会计师应当考虑计算机信息系统环境对审计工作的影响,了解计算机信息系统活动的复杂性和重要程度、数据的可获得性以及资金转账的方法。

**第三十二条**　注册会计师应当了解与衍生活动相关的调节程序。

调节程序主要包括下列类型:

(一)交易员的记录与用于持续监控过程的记录以及与在总分类账中反映的头寸或利得和损失的调节;

(二)明细分类账与总分类账的调节;

(三)为保证所有尚未结清的项目及时得到识别和结算,所有的结算账户、银行账户与经纪商对账单的调节;

(四)在适用的情况下,被审计单位会计记录与服务机构持有记录的调节。

**第三十三条**　注册会计师应当了解被审计单位的初始成交记录是否明确反映单笔交易的性质和目的,

以及每个衍生合同产生的权利和义务。

除基本财务信息外，注册会计师还应当关注下列信息：

（一）交易员的身份；

（二）记录交易人员的身份；

（三）交易的日期和具体时间；

（四）交易的性质和目的，包括是否为了某项敞口进行套期；

（五）在采用套期会计时，符合套期会计要求的信息。

**第三十四条** 注册会计师应当了解被审计单位是否将衍生金融工具的交易记录保存在数据库、登记簿或明细分类账中，并就记录的准确性与从交易对方收到的独立的确认信息相核对。

**第三十五条** 注册会计师应当了解与保持衍生交易记录完整性相关的控制，包括被审计单位是否将自身记录与交易对方的确认函进行独立比较和核对。

### 第三节 内部审计

**第三十六条** 注册会计师应当按照《中国注册会计师审计准则第 1411 号——利用内部审计人员的工作》的规定，考虑内部审计人员是否具备与审计衍生活动相适应的知识和技能，以及内部审计工作范围涵盖衍生活动的程度。

**第三十七条** 内部审计工作可能有助于注册会计师评价内部控制，进而评价重大错报风险。

可能与注册会计师审计相关的内部审计工作包括：

（一）编制衍生金融工具使用范围的概况；

（二）复核政策和程序的适当性及管理层的遵守情况；

（三）复核控制程序的有效性；

（四）复核用以处理衍生交易的会计信息系统；

（五）复核与衍生活动相关的系统；

（六）确保被审计单位所有部门及人员，尤其是最有可能产生风险敞口的经营部门，完全了解衍生金融工具的管理目标；

（七）评价与衍生金融工具相关的新风险是否能够被即时识别、评估和管理；

（八）评价衍生金融工具的会计处理是否符合适用的会计准则和相关会计制度的规定，包括采用套期会计处理的衍生金融工具是否满足套期关系的条件；

（九）进行定期复核，以向管理层提供衍生活动得到恰当控制的保证，并确保新风险及为管理这些风险使用的衍生金融工具被即时识别、评估和管理。

**第三十八条** 当拟利用内部审计的特定工作时，注册会计师应当评价和测试其适当性，以确定能否满足审计目标。

### 第四节 服务机构

**第三十九条** 被审计单位可能使用服务机构进行衍生金融工具的买入、卖出或代为记录衍生交易。

注册会计师应当按照《中国注册会计师审计准则第 1241 号——对被审计单位使用服务机构的考虑》的规定，考虑使用服务机构对被审计单位内部控制的影响。

**第四十条** 如果服务机构担任被审计单位的投资顾问，注册会计师应当考虑与服务机构相关的风险。

在评价该风险时，注册会计师应当考虑的因素包括：

（一）被审计单位如何监督服务机构提供的服务；

（二）用以保护信息完备性及保密性的程序；

（三）应急安排；

（四）如果服务机构是被审计单位的关联方，又同时作为交易对方与被审计单位进行衍生交易，将产生关联方交易的问题。

## 第七章 控制测试

**第四十一条** 在了解相关内部控制后，如果预期控制运行是有效的，注册会计师应当实施控制测试，以获取支持重大错报风险评估结果的证据。

如果认为仅实施实质性程序获取的审计证据无法将认定层次的重大错报风险降至可接受的低水平，注册会计师应当实施相关的控制测试，以获取控制运行有效性的审计证据。

当被审计单位只进行少数几笔的衍生交易，或相对被审计单位整体规模而言，衍生金融工具具有特别的重要性，注册会计师应当考虑主要实施实质性方案，包括在某些情况下结合实施控制测试。

**第四十二条**　注册会计师在实施控制测试时，应当选取适当规模的交易样本，重点对下列方面进行评价：

(一)衍生金融工具是否根据既定的政策、操作规范并在授权范围内使用；

(二)适当的决策程序是否已得到运用，交易的原因是否可以清楚理解；

(三)执行的交易是否符合衍生交易政策，包括条款、限额、跨境交易或关联方交易；

(四)交易对方是否具有适当的信用风险等级；

(五)衍生金融工具是否由独立于交易员的其他人员适当、及时地计量，并报告风险敞口；

(六)是否已将确认函发给交易对方；

(七)是否已对交易对方的确认回函进行适当比较、核对和调节；

(八)衍生金融工具的提前终止或延期是否受到与新的衍生交易同样的控制；

(九)投机或套期的指定及其变更是否经过适当授权；

(十)是否适当地记录交易，并将其完整、准确地反映在会计信息系统中；

(十一)是否有足够措施保证电子资金转账密码的安全。

**第四十三条**　在实施控制测试时，注册会计师应当考虑实施下列程序：

(一)阅读治理层的会议纪要，以获取被审计单位定期复核衍生活动和套期有效性并遵守既定政策的证据；

(二)将衍生交易(包括已结算的衍生交易)与被审计单位政策相比较，以确定这些政策是否得到遵守。

**第四十四条**　在确定衍生交易的政策是否得到遵守时，注册会计师应当考虑：

(一)测试交易是否依据被审计单位政策中的特定授权执行；

(二)测试买入前是否进行相关投资政策要求的敏感性分析；

(三)测试交易，以确定被审计单位是否获得了从事相关交易的批准以及是否仅使用了经授权的经纪商或交易对方；

(四)向管理层询问衍生金融工具及相关交易是否得到及时监控和报告，并阅读相关支持文件；

(五)测试已记录的衍生金融工具的买入交易，包括测试衍生金融工具的分类、价格以及相关分录；

(六)测试是否及时调查和解决调节的差异，测试是否由监督人员复核和批准调节事项；

(七)测试与未记录交易相关的控制，包括检查被审计单位的第三方确认函，及其对确认函中例外事项的处理；

(八)测试与数据安全和备份相关的控制，并考虑被审计单位对电子化记录场所进行年度检查和维护的程序。

## 第八章　实质性程序

### 第一节　总体要求

**第四十五条**　由于衍生金融工具性质特殊，注册会计师在确定重要性时，除了考虑资产负债表金额外，还应当考虑衍生金融工具对财务报表中各类交易或账户余额的潜在影响。

**第四十六条**　注册会计师在设计衍生金融工具的实质性程序时，应当考虑下列因素：

(一)会计处理的适当性；

(二)服务机构的参与程度；

(三)期中实施的审计程序；

(四)衍生交易是常规还是非常规交易；

(五)在财务报表其他领域实施的程序。

**第四十七条** 在审计衍生活动时，注册会计师可能将分析程序作为实质性程序，以获取有关被审计单位经营业务的信息。

由于影响衍生金融工具价值的各种因素之间复杂的相互作用往往掩盖可能出现的异常趋势，分析程序本身通常不能提供衍生金融工具相关认定的充分证据。

**第四十八条** 如果获得了负责衍生活动人员对衍生活动结果分析的资料，注册会计师应当在评价其完整性和准确性以及分析人员的能力和经验的基础上，考虑利用这些资料，进一步了解被审计单位的衍生活动。

**第四十九条** 如果被审计单位在套期策略中使用衍生金融工具，而分析程序的结果表明已发生大额的利得或损失，注册会计师应当怀疑套期的有效性，以及运用套期会计的适当性。

**第五十条** 由于存在下列原因，注册会计师在评价衍生金融工具认定的审计证据时，需要运用较多的职业判断：

（一）衍生金融工具的性质特殊；

（二）适用的会计政策和会计处理方法复杂；

（三）相关认定尤其是计价认定依据高度主观的假设作出，或对基本假设的变化极其敏感。

## 第二节 存在和发生认定

**第五十一条** 对衍生金融工具存在和发生认定实施的实质性程序通常包括：

（一）向衍生金融工具持有者或交易对方进行函证；

（二）检查支持报告金额的协议或其他支持文件，包括被审计单位收到的有关报告金额的书面或电子形式的确认函；

（三）检查报告期后实现或结算的支持文件；

（四）询问和观察。

## 第三节 权利和义务认定

**第五十二条** 对衍生金融工具权利和义务认定实施的实质性程序通常包括：

（一）向衍生金融工具的持有者或交易对方函证重要的条款；

（二）检查书面或电子形式的协议和其他支持文件。

## 第四节 完整性认定

**第五十三条** 对衍生金融工具完整性认定实施的实质性程序通常包括：

（一）向衍生金融工具的持有者或交易对方进行函证，要求其提供所有与被审计单位相关的衍生金融工具和交易的详细信息；

（二）对余额为零的衍生金融工具账户，向可能的持有者或交易对方发出询证函；

（三）复核经纪商的对账单以测试是否存在被审计单位未记录的衍生交易和持有的头寸；

（四）复核收到的但与交易记录不匹配的交易对方的询证函回函；

（五）复核尚未解决的调节事项；

（六）检查贷款或权益协议、销售合同等，以了解这些协议或合同是否包含嵌入衍生金融工具；

（七）检查报告期后发生的活动的支持文件；

（八）询问和观察；

（九）阅读治理层的会议纪要，以及治理层收到的与衍生活动相关的文件和报告等其他信息。

## 第五节 计价认定

**第五十四条** 注册会计师应当根据计量或披露所采用的估值方法设计计价认定的实质性程序。

对衍生金融工具计价认定实施的实质性程序通常包括：

（一）检查买入价格的支持文件；

（二）向衍生金融工具的持有者或交易对方进行函证；

（三）复核交易对方的信用状况；

（四）对按照公允价值计量或披露的衍生金融工具，获取支持其公允价值的证据。

**第五十五条** 如果公允价值信息由衍生金融工具交易对方提供，注册会计师应当考虑这些信息的客观性。在某些情况下，注册会计师需要从独立的第三方获取对公允价值的估计结果。

**第五十六条** 从财经出版物或交易所获得的市场报价通常可为衍生金融工具的价值提供充分的证据，但注册会计师在使用市场报价测试计价认定时，可能需要特别了解报价形成的环境。

在某些情况下，注册会计师可能认为有必要从经纪商或其他第三方获取对公允价值的估计。如果某一价格来源与被审计单位可能存在损害客观性的关系，注册会计师应当考虑从多个价格来源获取估计结果。

**第五十七条** 如果被审计单位使用估值模型估计衍生金融工具的价值，注册会计师可以通过下列程序，测试运用模型确定的公允价值的相关认定：

（一）评价估值模型的合理性和适当性；

（二）使用自身或专家开发的估值模型进行重新计算，以印证公允价值的合理性；

（三）将被审计单位估计的公允价值与最近交易价格相比较；

（四）考虑估值对变量和假设变动的敏感性；

（五）检查报告期后发生的衍生交易实现和结算的支持文件，以获取有关资产负债表日估值的进一步证据。

**第五十八条** 当管理层确定衍生金融工具公允价值能够可靠计量的假定不成立时，注册会计师应当获取支持管理层作出这项决定的审计证据，并确定衍生金融工具是否按照适用的会计准则和相关会计制度的规定进行恰当的会计处理。如果管理层不能提出该假定不成立的合理理由，注册会计师应当出具保留意见或否定意见的审计报告。

如果无法获取充分的审计证据确定该假定是否成立，注册会计师应当将其视为审计工作范围受到限制，出具保留意见或无法表示意见的审计报告。

### 第六节 列报认定

**第五十九条** 注册会计师应当通过对下列事项的判断，评价衍生金融工具的列报（包括披露）是否符合适用的会计准则和相关会计制度的规定：

（一）选用的会计政策和会计处理方法是否符合适用的会计准则和相关会计制度的规定；

（二）会计政策和会计处理方法是否与具体情况相适应；

（三）财务报表（包括相关附注）是否提供了可能影响其使用和理解的事项的信息；

（四）披露是否充分，以确保被审计单位完全遵守适用的会计准则和相关会计制度对披露的规定；

（五）财务报表列报信息的分类和汇总是否合理；

（六）财务报表是否在能够合理和可行地获取信息的范围内列报财务状况、经营成果和现金流量，从而反映相关的交易和事项。

## 第九章 对套期活动的额外考虑

**第六十条** 注册会计师应当考虑被审计单位对套期交易进行会计处理时，管理层是否在交易之初指定衍生金融工具为套期，并记录下列事项：

（一）套期关系；

（二）套期风险管理目标和战略；

（三）被审计单位如何评估套期工具抵销被套期项目公允价值变动风险，或被套期交易现金流量变动风险的有效性。

**第六十一条** 注册会计师应当获取审计证据，以确定管理层是否遵守适用的会计准则和相关会计制度有关套期会计的规定，包括指定要求和记录要求。

## 第十章 管理层声明

**第六十二条** 尽管管理层声明书通常由被审计单位负责人及财务负责人签署，注册会计师仍应当考虑向被审计单位负责衍生活动的人员获取关于衍生活动的声明。

**第六十三条** 管理层关于衍生金融工具的声明通常包括：

(一)持有衍生金融工具的目的；

(二)关于衍生金融工具的财务报表认定，包括已记录所有的衍生交易、已识别所有的嵌入衍生金融工具、估值模型已采用合理的假设和方法；

(三)所有的交易是否按照正常公平交易条件和公允市价进行；

(四)衍生交易的条款；

(五)是否存在与衍生金融工具相关的附属协议；

(六)是否订立签出期权；

(七)是否符合适用的会计准则和相关会计制度有关套期的记录要求。

## 第十一章 与管理层和治理层的沟通

**第六十四条** 如果注意到与衍生金融工具相关的内部控制在设计或运行方面存在重大缺陷，注册会计师应当按照《中国注册会计师审计准则第1152号——向治理层和管理层送报内部控制缺陷》的规定，尽早与管理层和治理层沟通。

**第六十五条** 在审计衍生金融工具时，注册会计师应当考虑与治理层职责相关的下列事项，并及时与治理层沟通：

(一)内部控制在设计或运行方面存在的重大缺陷；

(二)管理层对衍生活动的性质、范围以及相关风险缺乏了解；

(三)缺乏关于使用衍生金融工具的目标和战略的全面政策，包括业务控制、对套期关系有效性的界定、风险敞口监控以及财务报告政策；

(四)不相容职务缺乏分离。

## 第十二章 附 则

**第六十六条** 本准则自2007年1月1日起施行。

# 45. 中国注册会计师审计准则第1633号——电子商务对财务报表审计的影响

## 第一章 总 则

**第一条** 为了规范注册会计师在财务报表审计中对被审计单位电子商务的考虑，制定本准则。

**第二条** 本准则适用于注册会计师执行财务报表审计业务。

**第三条** 本准则所称电子商务，是指被审计单位利用互联网等公共网络从事的商品购买和销售、劳务接受和提供等交易活动。

**第四条** 广泛使用互联网从事电子商务，产生了新的风险因素，需要被审计单位有效应对。注册会计师应当考虑电子商务在被审计单位业务活动中的重要性，以及对重大错报风险评估的影响。

**第五条** 注册会计师按照本准则的规定对电子商务进行考虑，旨在对财务报表形成审计意见，而非对电子商务系统或活动本身提出鉴证结论或咨询意见。

## 第二章 知识和技能的要求

**第六条** 当电子商务对被审计单位的业务活动具有重大影响时，注册会计师应当具备适当水平的信息技术和互联网商务知识，以实现下列目的：

(一)了解开展电子商务对财务报表的影响；

(二)确定审计程序的性质、时间和范围，评价审计证据；

(三)考虑被审计单位依赖电子商务的程度对持续经营能力的影响。

**第七条** 由于电子商务的特殊性和复杂性，必要时，注册会计师应当考虑利用专家的工作。

## 第三章 对被审计单位电子商务的了解

### 第一节 总体要求

**第八条** 注册会计师应当考虑电子商务导致的被审计单位经营环境的变化，以及识别出的对财务报表产生影响的电子商务风险。

**第九条** 在了解被审计单位及其环境时，注册会计师应当考虑下列事项对财务报表的影响：

(一)业务活动和所处行业；

(二)电子商务战略；

(三)开展电子商务的程度；

(四)外包安排。

### 第二节 被审计单位的业务活动和所处行业

**第十条** 在了解被审计单位的业务活动和所处行业时，注册会计师应当关注与电子商务相关的下列特点：

(一)电子商务可能是对传统业务活动的补充，也可能是新的业务类型；

(二)电子商务不具备货物和服务等实体贸易所具有的清晰、固定的运送路线这一传统特征；

(三)某些行业运用电子商务的程度较高，可能增大对财务报表产生影响的经营风险。

### 第三节 被审计单位的电子商务战略

**第十一条** 被审计单位的电子商务战略，包括在电子商务中运用信息技术的方式以及对可接受风险水平的评估，可能对财务记录的安全性和相关财务信息的完整性与可靠性产生影响。

在考虑被审计单位的电子商务战略时，注册会计师应当结合对控制环境的了解，关注下列事项：

(一)在整合电子商务与总体经营战略的过程中，治理层的参与程度；

(二)被审计单位开展电子商务的目的，是为新业务提供支持，还是提高现有业务的效率，抑或为现有业务开辟新的市场；

(三)被审计单位的收入来源及其正在发生的变化；

(四)管理层对电子商务如何影响盈利状况和财务需求的评价；

(五)管理层对风险的态度及其对风险总体状况可能产生的影响；

(六)管理层在多大程度上识别出电子商务战略所描述的机遇和风险，或者管理层仅在机遇和风险出现时才临时制定应对措施；

(七)管理层对执行相关最佳实务规则或者网络签章程序的信守程度。

### 第四节 被审计单位开展电子商务的程度

**第十二条** 不同的被审计单位可能以不同的方式开展电子商务。电子商务可能用于下列方面：

(一)仅提供关于被审计单位及其活动的信息，供投资者、顾客、供应商、资金提供者和员工等访问；

(二)通过互联网处理交易，方便已有的顾客；

(三)通过在互联网上提供信息和处理交易，开拓新市场和发展新客户；

(四)访问应用服务提供商；

(五)创立一种全新的经营模式。

**第十三条** 随着被审计单位开展电子商务程度的加深，以及内部系统更加集成化和复杂化，新的交易方式与传统业务活动的差异可能更加明显，并可能导致新的风险。

注册会计师应当了解电子商务的开展程度如何影响被审计单位需要应对的风险的性质。

### 第五节　被审计单位的外包安排

**第十四条**　被审计单位可能在下列方面使用服务机构的工作：

(一)提供电子商务运作所需的全部或部分信息技术支持；

(二)与电子商务相关的其他工作，包括订单履行、商品交付、呼叫中心运转，以及某些会计工作等。

被审计单位使用的服务机构包括互联网服务提供商、应用服务提供商和数据服务公司等。

**第十五条**　在被审计单位使用服务机构的情况下，服务机构采用和保持的某些政策、程序和记录可能与被审计单位财务报表审计相关，注册会计师应当按照《中国注册会计师审计准则第 1241 号——对被审计单位使用服务机构的考虑》的规定，考虑被审计单位的外包安排及相关风险的应对措施，以确定其对审计的影响。

## 第四章　识别风险

**第十六条**　管理层可能面临下列各种与电子商务相关的经营风险：

(一)无法保证交易的完备性，尤其在缺少充分的审计轨迹(无论是纸质还是电子形式)时，该风险的影响将更大；

(二)电子商务安全风险，包括顾客、员工和其他人士通过未经授权的访问实施舞弊的可能性，以及病毒攻击；

(三)运用不恰当的会计政策，包括收入确认、网站开发成本等支出的处理、与产品质量保证相关的预计负债的确认、外币折算等问题；

(四)未能遵守税法和其他法律法规，尤其在通过互联网开展跨国或跨地区电子商务时更易出现此类情况；

(五)无法保证仅以电子形式存在的合同具有约束力；

(六)过度依赖电子商务；

(七)系统和基础架构失效或崩溃。

**第十七条**　注册会计师应当利用对被审计单位及其环境的了解，识别电子商务中可能导致经营风险的事项、交易和惯例。

**第十八条**　注册会计师应当关注被审计单位是否运用适当的安全基础架构和相关控制，应对电子商务中出现的某些经营风险。

**第十九条**　注册会计师应当考虑被审计单位是否已恰当处理与电子商务环境密切相关的下列法律法规问题：

(一)隐私权保护；

(二)对特定行业的管制；

(三)合同的强制执行效力；

(四)特殊交易或事项的合法性；

(五)反洗钱；

(六)知识产权保护。

**第二十条**　在跨国或跨地区的电子商务中，注册会计师应当考虑被审计单位是否对电子商务涉及的不同司法管辖区内的法律法规差异有足够的了解，并遵守所有适用的法律法规；注册会计师尤其要考虑被审计单位有无适当的程序确认其在不同司法管辖区内的纳税义务(特别是营业税、增值税等流转税)。

可能导致电子商务交易产生相应纳税义务的因素包括：

(一)被审计单位的法定注册地；

(二)被审计单位的实际经营所在地；

(三)被审计单位网络服务器所在地；

(四)商品和服务的来源地；

(五)顾客所在地，或商品交付地和劳务提供地。

**第二十一条** 注册会计师应当按照《中国注册会计师审计准则第 1142 号——财务报表审计中对法律法规的考虑》的规定，实施相关程序，充分考虑被审计单位可能存在的违反与电子商务有关的法律法规的行为及其可能对财务报表产生的重大影响。必要时，应当考虑征询法律意见。

## 第五章 对内部控制的考虑

### 第一节 总体要求

**第二十二条** 注册会计师应当按照《中国注册会计师审计准则第 1211 号——了解被审计单位及其环境识别和评估重大错报风险》和《中国注册会计师审计准则第 1231 号——针对评估的重大错报风险采取的应对措施》的规定，考虑被审计单位在电子商务中运用的与审计相关的内部控制。

在某些情况下，仅依靠实施实质性程序不足以将审计风险降至可接受的低水平，注册会计师应当实施控制测试，并考虑使用计算机辅助审计技术。这些情况主要包括：

(一)电子商务系统高度自动化；

(二)交易量过大；

(三)未保留包含审计轨迹的电子证据。

**第二十三条** 当被审计单位从事电子商务时，注册会计师应当考虑与电子商务相关的安全性控制、交易完备性控制和流程整合。

注册会计师还应当考虑内部控制中与审计特别相关的下列方面：

(一)在快速变化的电子商务环境中保持控制程序的完备性；

(二)确保能够访问相关记录，以满足被审计单位和注册会计师审计的需要。

### 第二节 安全性控制

**第二十四条** 注册会计师应当考虑被审计单位安全基础架构和相关控制是否足以应对与电子商务交易的记录和处理相关的安全性风险。

**第二十五条** 注册会计师应当考虑下列事项对财务报表认定的潜在影响：

(一)有效使用防火墙和病毒防护软件；

(二)有效使用加密技术；

(三)对用于支持电子商务活动的系统的开发和运行的控制；

(四)当出现的新技术可能危害互联网安全时，现有的安全控制是否仍然有效；

(五)控制环境能否对所采用的控制程序提供支持。

### 第三节 交易完备性控制

**第二十六条** 注册会计师应当考虑交易完备性控制，包括被审计单位会计处理所依据信息的完整性、准确性、及时性以及是否经过授权。

**第二十七条** 注册会计师针对会计系统中与电子商务交易相关的信息完备性所实施的审计程序，主要涉及评估用于采集和处理此类信息的系统的可靠性。

在针对复杂电子商务实施审计程序时，注册会计师应当重点考虑在交易信息的采集和即时自动化处理中与交易完备性相关的自动化控制。

**第二十八条** 在电子商务环境中，与交易完备性相关的控制通常用于：

(一)验证输入；

(二)防止交易的重复记录或遗漏；

(三)确保在处理订单之前，交易双方已就交货条件和信用条件等交易条款达成一致；

(四)区分顾客的浏览和正式订单，确保交易的一方事后不能否认已达成一致的特定条款，必要时还应确保交易是与经核准的交易方进行的；

(五)确保所有步骤均已完成并得以记录，或拒绝未完成所有步骤的订单，以防止出现处理不完整的情况；

（六）确保交易的详细信息在同一网络内的多个系统之间适当分配；

（七）确保记录得到适当保管、备份和保护。

### 第四节　流程整合

**第二十九条**　流程整合是指将多个信息技术系统集成，使之实质上如同一个系统运转的过程。

**第三十条**　注册会计师应当关注被审计单位采集电子商务交易数据并将其传递至会计系统的方式可能对下列事项产生影响：

（一）交易处理和信息存储的完整性和准确性；

（二）销售收入、采购和其他交易的确认时点；

（三）有争议交易的识别和记录。

**第三十一条**　当下列控制与财务报表认定相关时，注册会计师应当予以考虑：

（一）针对电子商务交易与内部系统的集成实施的控制；

（二）针对系统改变和数据转换实施的控制。

## 第六章　电子记录对审计证据的影响

**第三十二条**　注册会计师应当考虑被审计单位实施的信息安全政策和安全控制措施，是否足以防止未经授权修改会计系统或会计记录，或修改向会计系统提供数据的系统。

**第三十三条**　在考虑电子证据的充分性和适当性时，注册会计师可能需要测试自动化控制（如记录完备性检查、电子日戳、数字签章和版本控制），并根据对这些控制的评价结论，考虑是否需要实施追加的审计程序，比如向第三方函证交易细节或账户余额。

## 第七章　附　　则

**第三十四条**　本准则自 2007 年 1 月 1 日起施行。

# 46. 中国注册会计师审阅准则第 2101 号——财务报表审阅

## 第一章　总　　则

**第一条**　为了规范注册会计师执行财务报表审阅业务，明确执业责任，制定本准则。

**第二条**　财务报表审阅的目标，是注册会计师在实施审阅程序的基础上，说明是否注意到某些事项，使其相信财务报表没有按照适用的会计准则和相关会计制度的规定编制，未能在所有重大方面公允反映被审阅单位的财务状况、经营成果和现金流量。

**第三条**　注册会计师应当遵守相关的职业道德规范，恪守独立、客观、公正的原则，保持专业胜任能力和应有的关注，并对执业过程中获知的信息保密。

**第四条**　注册会计师应当按照本准则的规定执行财务报表审阅业务。

**第五条**　在计划和实施审阅工作时，注册会计师应当保持职业怀疑态度，充分考虑可能存在导致财务报表发生重大错报的情形。

**第六条**　注册会计师应当主要通过询问和分析程序获取充分、适当的证据，作为得出审阅结论的基础。

## 第二章　审阅范围和保证程度

**第七条**　审阅范围是指为实现财务报表审阅目标，注册会计师根据本准则和职业判断实施的恰当的审阅程序的总和。

注册会计师应当根据本准则确定执行财务报表审阅业务所要求的程序。必要时，还应当考虑业务约定条款的要求。

**第八条**　由于实施审阅程序不能提供在财务报表审计中要求的所有证据，审阅业务对所审阅的财务报表不存在重大错报提供有限保证，注册会计师应当以消极方式提出结论。

## 第三章　业务约定书

**第九条**　注册会计师应当与被审阅单位就业务约定条款达成一致意见，并签订业务约定书。

**第十条**　业务约定书应当包括下列主要内容：

(一)审阅业务的目标；

(二)管理层对财务报表的责任；

(三)审阅范围，其中应提及按照本准则的规定执行审阅工作；

(四)注册会计师不受限制地接触审阅业务所要求的记录、文件和其他信息；

(五)预期提交的报告样本；

(六)说明不能依赖财务报表审阅揭示错误、舞弊和违反法规行为；

(七)说明没有实施审计，因此注册会计师不发表审计意见，不能满足法律法规或第三方对审计的要求。

## 第四章　审阅计划

**第十一条**　注册会计师应当计划审阅工作，以有效执行审阅业务。

**第十二条**　在计划审阅工作时，注册会计师应当了解被审阅单位及其环境，或更新以前了解的内容，包括考虑被审阅单位的组织结构、会计信息系统、经营管理情况以及资产、负债、收入和费用的性质等。

## 第五章　审阅程序和审阅证据

**第十三条**　在确定审阅程序的性质、时间和范围时，注册会计师应当运用职业判断，并考虑下列因素：

(一)以前期间执行财务报表审计或审阅所了解的情况；

(二)对被审阅单位及其环境的了解，包括适用的会计准则和相关会计制度、行业惯例；

(三)会计信息系统；

(四)管理层的判断对特定项目的影响程度；

(五)各类交易和账户余额的重要性。

**第十四条**　在考虑重要性水平时，注册会计师应当采用与执行财务报表审计业务相同的标准。

**第十五条**　财务报表审阅程序通常包括：

(一)了解被审阅单位及其环境；

(二)询问被审阅单位采用的会计准则和相关会计制度、行业惯例；

(三)询问被审阅单位对交易和事项的确认、计量、记录和报告的程序；

(四)询问财务报表中所有重要的认定；

(五)实施分析程序，以识别异常关系和异常项目；

(六)询问股东会、董事会以及其他类似机构决定采取的可能对财务报表产生影响的措施；

(七)阅读财务报表，以考虑是否遵循指明的编制基础；

(八)获取其他注册会计师对被审阅单位组成部分财务报表出具的审计报告或审阅报告。

注册会计师应当向负责财务会计事项的人员询问下列事项：

(一)所有交易是否均已记录；

(二)财务报表是否按照指明的编制基础编制；

(三)被审阅单位业务活动、会计政策和行业惯例的变化；

(四)在实施本条前款第(一)项至第(八)项程序时所发现的问题。

必要时，注册会计师应当获取管理层书面声明。

**第十六条**　注册会计师应当询问在资产负债表日后发生的、可能需要在财务报表中调整或披露的期后事项。注册会计师没有责任实施程序以识别审阅报告日后发生的事项。

**第十七条** 如果有理由相信所审阅的财务报表可能存在重大错报，注册会计师应当实施追加的或更为广泛的程序，以便能够以消极方式提出结论或确定是否出具非无保留结论的报告。

**第十八条** 在利用其他注册会计师或专家的工作时，注册会计师应当考虑其工作是否满足财务报表审阅的需要。

**第十九条** 注册会计师应当记录为审阅报告提供证据的重大事项，以及按照本准则的规定执行审阅业务的证据。

## 第六章 结论和报告

**第二十条** 审阅报告应当清楚地表达有限保证的结论。

注册会计师应当复核和评价根据审阅证据得出的结论，以此作为表达有限保证的基础。

**第二十一条** 根据已实施的工作，注册会计师应当评估在审阅过程中获知的信息是否表明财务报表没有按照适用的会计准则和相关会计制度的规定编制，未能在所有重大方面公允反映被审阅单位的财务状况、经营成果和现金流量。

**第二十二条** 审阅报告应当包括下列要素：

(一)标题；

(二)收件人；

(三)引言段；

(四)范围段；

(五)结论段；

(六)注册会计师的签名和盖章；

(七)会计师事务所的名称、地址及盖章；

(八)报告日期。

**第二十三条** 审阅报告的标题应当统一规范为“审阅报告”。

**第二十四条** 审阅报告的收件人应当为审阅业务的委托人。审阅报告应当载明收件人的全称。

**第二十五条** 审阅报告的引言段应当说明下列内容：

(一)所审阅财务报表的名称；

(二)管理层的责任和注册会计师的责任。

**第二十六条** 审阅报告的范围段应当说明审阅的性质，包括下列内容：

(一)审阅业务所依据的准则；

(二)审阅主要限于询问和实施分析程序，提供的保证程度低于审计；

(三)没有实施审计，因而不发表审计意见。

**第二十七条** 注册会计师应当根据实施审阅程序的情况，在审阅报告的结论段中提出下列之一的结论：

(一)根据注册会计师的审阅，如果没有注意到任何事项使其相信财务报表没有按照适用的会计准则和相关会计制度的规定编制，未能在所有重大方面公允反映被审阅单位的财务状况、经营成果和现金流量，注册会计师应当提出无保留的结论。

(二)如果注意到某些事项使其相信财务报表没有按照适用的会计准则和相关会计制度的规定编制，未能在所有重大方面公允反映被审阅单位的财务状况、经营成果和现金流量，注册会计师应当在审阅报告的结论段前增设说明段，说明这些事项对财务报表的影响，并提出保留结论。

如果这些事项对财务报表的影响非常重大和广泛，以至于认为仅提出保留结论不足以揭示财务报表的误导性或不完整性，注册会计师应当对财务报表提出否定结论，即财务报表没有按照适用的会计准则和相关会计制度的规定编制，未能在所有重大方面公允反映被审阅单位的财务状况、经营成果和现金流量。

(三)如果存在重大的范围限制，注册会计师应当在审阅报告中说明，假定范围不受限制，注册会计师可能发现需要调整财务报表的事项，因而提出保留结论。

如果范围限制的影响非常重大和广泛，以至于注册会计师认为不能提供任何程度的保证时，不应提供任何保证。

**第二十八条**　审阅报告应当由注册会计师签名并盖章。

**第二十九条**　审阅报告应当载明会计师事务所的名称和地址，并加盖会计师事务所公章。

**第三十条**　审阅报告应当注明报告日期。审阅报告的日期是指注册会计师完成审阅工作的日期，不应早于管理层批准财务报表的日期。

## 第七章　附　　则

**第三十一条**　本准则自2007年1月1日起施行。

**附录：**

## 审阅报告参考格式

1. 无保留结论的审阅报告

### 审 阅 报 告

ABC股份有限公司全体股东：

我们审阅了后附的ABC股份有限公司(以下简称ABC公司)财务报表，包括20×1年12月31日的资产负债表，20×1年度的利润表、股东权益变动表和现金流量表以及财务报表附注。这些财务报表的编制是ABC公司管理层的责任，我们的责任是在实施审阅工作的基础上对这些财务报表出具审阅报告。

我们按照《中国注册会计师审阅准则第2101号——财务报表审阅》的规定执行了审阅业务。该准则要求我们计划和实施审阅工作，以对财务报表是否不存在重大错报获取有限保证。审阅主要限于询问公司有关人员和对财务数据实施分析程序，提供的保证程度低于审计。我们没有实施审计，因而不发表审计意见。

根据我们的审阅，我们没有注意到任何事项使我们相信财务报表没有按照企业会计准则和《××会计制度》的规定编制，未能在所有重大方面公允反映被审阅单位的财务状况、经营成果和现金流量。

××会计师事务所　　　　中国注册会计师：×××
(盖章)　　　　(签名并盖章)

中国注册会计师：×××
(签名并盖章)

中国××市
二○×二年×月×日

2. 保留结论的审阅报告

### 审 阅 报 告

ABC股份有限公司全体股东：

我们审阅了后附的ABC股份有限公司(以下简称ABC公司)财务报表，包括20×1年12月31日的资产负债表，20×1年度的利润表、股东权益变动表和现金流量表以及财务报表附注。这些财务报表的编制是ABC公司管理层的责任，我们的责任是在实施审阅工作的基础上对这些财务报表出具审阅报告。

我们按照《中国注册会计师审阅准则第 2101 号——财务报表审阅》的规定执行了审阅业务。该准则要求我们计划和实施审阅工作，以对财务报表是否不存在重大错报获取有限保证。审阅主要限于询问公司有关人员和对财务数据实施分析程序，提供的保证程度低于审计。我们没有实施审计，因而不发表审计意见。

ABC 公司管理层告知我们，存货以高于可变现净值的成本计价。由 ABC 公司管理层编制并经过我们审阅的计算表显示，如果根据企业会计准则规定的成本与可变现净值孰低法计价，存货的账面价值将减少×元，净利润和股东权益将减少×元。

根据我们的审阅，除了上述存货价值高估所造成的影响外，我们没有注意到任何事项使我们相信财务报表没有按照适用的会计准则和相关会计制度的规定编制，未能在所有重大方面公允反映被审阅单位的财务状况、经营成果和现金流量。

××会计师事务所　　　　　　中国注册会计师：×××
（盖章）　　　　　　　　　　（签名并盖章）

中国注册会计师：×××
（签名并盖章）

中国××市
二〇×二年×月×日

3. 否定结论的审阅报告

# 审 阅 报 告

ABC 股份有限公司全体股东：

我们审阅了后附的 ABC 股份有限公司（以下简称 ABC 公司）财务报表，包括 20×1 年 12 月 31 日的资产负债表，20×1 年度的利润表、股东权益变动表和现金流量表以及财务报表附注。这些财务报表的编制是 ABC 公司管理层的责任，我们的责任是在实施审阅工作的基础上对这些财务报表出具审阅报告。

我们按照《中国注册会计师审阅准则第 2101 号——财务报表审阅》的规定执行了审阅业务。该准则要求我们计划和实施审阅工作，以对财务报表是否不存在重大错报获取有限保证。审阅主要限于询问公司有关人员和对财务数据实施分析程序，提供的保证程度低于审计。我们没有实施审计，因而不发表审计意见。

如财务报表附注×所述，ABC 公司在编制财务报表时未将各子公司纳入合并范围，且对这些子公司的长期股权投资以成本法核算。根据企业会计准则的规定，ABC 公司应当对子公司的长期股权投资采用权益法核算，并将子公司纳入合并范围。

根据我们的审阅，由于受到前段所述事项的重大影响，财务报表未能按照企业会计准则和《××会计制度》的规定编制。

××会计师事务所　　　　　　中国注册会计师：×××
（盖章）　　　　　　　　　　（签名并盖章）

中国注册会计师：×××
（签名并盖章）

中国××市
二〇×二年×月×日

# 47. 中国注册会计师其他鉴证业务准则第 3101 号——历史财务信息审计或审阅以外的鉴证业务

## 第一章　总　　则

**第一条**　为了规范注册会计师执行历史财务信息审计或审阅以外的鉴证业务，制定本准则。

**第二条**　本准则适用于注册会计师执行历史财务信息审计或审阅以外的鉴证业务(以下简称其他鉴证业务)。

**第三条**　注册会计师执行其他鉴证业务，应当遵守《中国注册会计师鉴证业务基本准则》和其他鉴证业务准则，以及职业道德规范和会计师事务所质量控制准则。

**第四条**　其他鉴证业务的保证程度分为合理保证和有限保证。

合理保证的其他鉴证业务的目标是注册会计师将鉴证业务风险降至该业务环境下可接受的低水平，以此作为以积极方式提出结论的基础。

有限保证的其他鉴证业务的目标是注册会计师将鉴证业务风险降至该业务环境下可接受的水平，以此作为以消极方式提出结论的基础。

有限保证的其他鉴证业务的风险水平高于合理保证的其他鉴证业务的风险水平。

## 第二章　承接与保持业务

**第五条**　只有符合下列所有条件，会计师事务所才能承接或保持其他鉴证业务：

(一)鉴证对象由预期使用者和注册会计师以外的第三方负责；

(二)在初步了解业务环境的基础上，未发现不符合职业道德规范和《中国注册会计师鉴证业务基本准则》要求的情况；

(三)确信执行其他鉴证业务的人员在整体上具备必要的专业胜任能力。

**第六条**　注册会计师应当向责任方获取书面声明，以明确责任方对鉴证对象的责任。如果无法获取责任方的书面声明，注册会计师应当考虑：

(一)承接业务是否适当，法律法规或合同是否明确了相关责任；

(二)如果承接业务，是否在鉴证报告中披露该情况。

**第七条**　注册会计师应当考虑职业道德规范中有关独立性的要求，以及拟承接的其他鉴证业务是否具备《中国注册会计师鉴证业务基本准则》第十条规定的所有特征。

**第八条**　在某些情况下，鉴证对象要求的专业知识和技能可能超出注册会计师通常具有的专业胜任能力。在这种情况下，注册会计师应当考虑利用专家工作或拒绝接受业务委托。

**第九条**　注册会计师应当在其他鉴证业务开始前，与委托人就其他鉴证业务约定条款达成一致意见，并签订业务约定书，以避免双方对其他鉴证业务的理解产生分歧。如果委托人与责任方不是同一方，业务约定书的性质和内容可以有所不同。

**第十条**　在完成其他鉴证业务前，如果委托人要求将其他鉴证业务变更为非鉴证业务，或将合理保证的其他鉴证业务变更为有限保证的其他鉴证业务，注册会计师应当考虑这一要求的合理性。如果没有合理的理由，注册会计师不应当同意这一变更。

当业务环境变化影响到预期使用者的需求，或预期使用者对该项业务的性质存在误解时，注册会计师可以应委托人的要求，考虑同意变更该项业务。如果发生变更，注册会计师不应忽视变更前获取的证据。

## 第三章　计划与执行业务

### 第一节　总体要求

**第十一条**　注册会计师应当计划其他鉴证业务工作，以有效执行其他鉴证业务。

计划工作包括制定总体策略和具体计划。总体策略包括确定其他鉴证业务的范围、重点、时间安排和实施。具体计划包括拟执行的证据收集程序的性质、时间和范围以及选择这些程序的理由。

计划工作的性质和范围因被鉴证单位的规模、复杂程度以及注册会计师的相关经验等情况的不同而存在差异。在计划其他鉴证业务工作时，注册会计师应当考虑下列主要因素：

（一）业务约定条款；

（二）鉴证对象特征和既定标准；

（三）其他鉴证业务的实施过程和可能的证据来源；

（四）对被鉴证单位及其环境的了解，包括对鉴证对象信息可能存在重大错报风险的了解；

（五）确定预期使用者及其需要，考虑重要性以及鉴证业务风险要素；

（六）对参与业务的人员及其技能的要求，包括专家参与的性质和范围。

**第十二条** 计划其他鉴证业务工作不是一个孤立阶段，而是整个其他鉴证业务中持续的、不断修正的过程。

由于未预期事项、业务情况变化或获取的证据等因素，注册会计师可能需要在业务实施过程中修订总体策略和具体计划，进而修改计划实施的进一步程序的性质、时间和范围。

**第十三条** 在计划和执行其他鉴证业务时，注册会计师应当保持职业怀疑态度，以识别可能导致鉴证对象信息发生重大错报的情况。

**第十四条** 注册会计师应当了解鉴证对象和其他的业务环境事项，以足够识别和评估鉴证对象信息发生重大错报的风险，并设计和实施进一步的证据收集程序。

**第十五条** 在计划和执行其他鉴证业务时，注册会计师应当了解鉴证对象和其他的业务环境事项，以便为在下列关键环节作出职业判断提供重要基础：

（一）考虑鉴证对象特征；

（二）评估标准的适当性；

（三）确定需要特殊考虑的领域，比如显示存在舞弊的迹象、需要特殊技能或利用专家工作的领域；

（四）确定重要性水平，评价其数量的持续适当性，并考虑其性质因素；

（五）实施分析程序时确定期望值；

（六）设计和实施进一步的证据收集程序，以将鉴证业务风险降至适当水平；

（七）评价证据，包括评价责任方口头声明和书面声明的合理性。

**第十六条** 注册会计师应当运用职业判断，确定需要了解鉴证对象及其他的业务环境事项的程度，并考虑这种了解是否足以评估鉴证对象信息发生重大错报的风险。

## 第二节 评估鉴证对象的适当性

**第十七条** 注册会计师应当评估鉴证对象的适当性。

适当的鉴证对象应当具备下列所有条件：

（一）鉴证对象可以识别；

（二）不同的组织或人员按照既定标准对鉴证对象进行评价或计量的结果合理一致；

（三）注册会计师能够收集与鉴证对象有关的信息，获取充分、适当的证据，以支持其提出适当的鉴证结论。

**第十八条** 只有当对业务环境的初步了解表明鉴证对象适当时，会计师事务所才能承接其他鉴证业务。

在承接其他鉴证业务后，如果认为鉴证对象不适当，注册会计师应当出具保留结论、否定结论或无法提出结论的报告。必要时，注册会计师应当考虑解除业务约定。

## 第三节 评估标准的适当性

**第十九条** 注册会计师应当评估用于评价或计量鉴证对象的标准的适当性。

适当的标准应当具备下列所有特征：

（一）相关性：相关的标准有助于得出结论，便于预期使用者作出决策；

（二）完整性：完整的标准不应忽略业务环境中可能影响得出结论的相关因素，当涉及列报时，还包括列报的基准；

（三）可靠性：可靠的标准能够使能力相近的注册会计师在相似的业务环境中，对鉴证对象作出合理一致的评价或计量；

（四）中立性：中立的标准有助于得出无偏向的结论；

（五）可理解性：可理解的标准有助于得出清晰、易于理解、不会产生重大歧义的结论。

**第二十条**　只有当对业务环境的初步了解表明使用的标准适当时，会计师事务所才能承接其他鉴证业务。

在承接其他鉴证业务后，如果认为使用的标准不适当，注册会计师应当出具保留结论、否定结论或无法提出结论的报告。必要时，注册会计师应当考虑解除业务约定。

**第二十一条**　标准可能是由法律法规规定的，或由政府主管部门或国家认可的专业团体依照公开、适当的程序发布的（以下简称公开发布标准），也可能是专门制定的。在通常情况下，只有当与预期使用者的需求相关时，公开发布标准才是适当的。

如果某鉴证对象存在公开发布标准，而特定的预期使用者出于特定目的使用其他标准，或专门建立一套标准满足其特殊需要，在这种情况下，注册会计师应当在鉴证报告中指明：

（一）使用的标准不是公开发布标准；

（二）使用的标准仅供特定的预期使用者使用，且仅适用于特殊目的。

**第二十二条**　对某些鉴证对象，可能不存在公开发布标准，而需要专门制定标准。注册会计师应当考虑专门制定的标准是否会导致鉴证报告对预期使用者产生误导。注册会计师应当尽可能使预期使用者或委托人确认专门制定的标准符合预期使用者的目的。

如果未获得对专门制定标准的确认，注册会计师应当考虑这种情况对评估既定标准适当性的影响，以及对鉴证报告中有关该标准的信息的影响。

### 第四节　重要性与鉴证业务风险

**第二十三条**　在计划和执行其他鉴证业务时，注册会计师应当考虑重要性和鉴证业务风险。

**第二十四条**　在确定证据收集程序的性质、时间和范围，评价鉴证对象信息是否不存在错报时，注册会计师应当考虑重要性。

在考虑重要性时，注册会计师应当了解并评价哪些因素可能会影响预期使用者的决策。

注册会计师应当综合数量和性质因素考虑重要性。在具体业务中，注册会计师需要运用职业判断，评估重要性以及数量和性质因素的相对重要程度。

**第二十五条**　注册会计师应当将鉴证业务风险降至该业务环境下可接受的水平。

在合理保证的其他鉴证业务中，注册会计师应当将鉴证业务风险降至该业务环境下可接受的低水平，以此作为以积极方式提出结论的基础。

由于证据收集程序的性质、时间和范围不同，有限保证的其他鉴证业务的风险水平高于合理保证的其他鉴证业务的风险水平。但在有限保证的其他鉴证业务中，证据收集程序的性质、时间和范围应当至少足以使注册会计师获得某种有意义的保证水平，以此作为注册会计师以消极方式提出结论的基础。

当注册会计师获取的保证水平很有可能在一定程度上增强预期使用者对鉴证对象信息的信任时，这种保证水平是有意义的保证水平。

**第二十六条**　鉴证业务风险通常体现为重大错报风险和检查风险。

重大错报风险是指鉴证对象信息在鉴证前存在重大错报的可能性。

检查风险是指注册会计师未能发现存在的重大错报的可能性。

注册会计师对重大错报风险和检查风险的考虑受具体业务环境的影响，特别受鉴证对象性质，以及所执行的是合理保证还是有限保证的其他鉴证业务的影响。

## 第四章　利用专家的工作

**第二十七条**　在收集和评价证据时，对于某些其他鉴证业务的鉴证对象和相关标准，可能需要运用特

殊知识和技能。在这种情况下，注册会计师应当考虑利用专家的工作。

**第二十八条** 当利用专家的工作收集和评价证据时，注册会计师与专家作为一个整体，应当具备与鉴证对象和标准相关的足够的专业知识和技能。

**第二十九条** 参与其他鉴证业务的所有人员（包括专家），都应当保持应有的关注。

在执行其他鉴证业务时，尽管并不要求专家在所有方面与注册会计师具备同样的专业知识和技能，但注册会计师应当确定专家已充分了解其他鉴证业务准则，以使专家能够按照具体业务目标开展工作。

**第三十条** 注册会计师应当实施质量控制程序，明确执行其他鉴证业务人员的责任，包括专家的工作责任，以确保其遵守其他鉴证业务准则。

**第三十一条** 注册会计师应当充分参与其他鉴证业务和了解专家所承担的工作，以足以对鉴证对象信息形成的结论承担责任。

在形成鉴证结论时，注册会计师应当考虑利用专家工作的程度是否合理。

**第三十二条** 尽管并不期望注册会计师具备与专家相同的专业知识和技能，但注册会计师应当具备足够的知识和技能，以实现下列目的：

（一）界定专家工作的目标及其如何与鉴证业务目标相联系；

（二）考虑专家使用的假设、方法和原始数据的合理性；

（三）考虑专家发现的问题和得出结论的合理性。

**第三十三条** 注册会计师应当获取充分、适当的证据，确定专家的工作是否符合其他鉴证业务的目标。

在评估专家提供证据的充分性和适当性时，注册会计师应当评价：

（一）专家的专业胜任能力，包括专家的经验和客观性；

（二）专家使用的假设、方法和原始数据的合理性；

（三）专家发现的问题和得出结论的合理性及其重要性。

## 第五章　获取证据

### 第一节　总体要求

**第三十四条** 注册会计师应当获取充分、适当的证据，据此形成鉴证结论。

证据的充分性是对证据数量的衡量。证据的适当性是对证据质量的衡量，即证据的相关性和可靠性。

**第三十五条** 注册会计师可以考虑获取证据的成本与所获取信息有用性之间的关系，但不应仅以获取证据的困难和成本为由减少不可替代的程序。

**第三十六条** 在评价证据的充分性和适当性以支持鉴证结论时，注册会计师应当运用职业判断，并保持职业怀疑态度。

**第三十七条** 其他鉴证业务通常不涉及鉴定文件记录的真伪，注册会计师也不是鉴定文件记录真伪的专家，但应当考虑用作证据的信息的可靠性，包括考虑与信息生成和维护相关的控制的有效性。

如果在执行业务过程中识别出的情况使其认为文件记录可能是伪造的或文件记录中的某些条款已发生变动，注册会计师应当作进一步调查，包括直接向第三方询证，或考虑利用专家的工作，以评价文件记录的真伪。

**第三十八条** 在合理保证的其他鉴证业务中，注册会计师应当通过下列不断修正的、系统化的执业过程，获取充分、适当的证据：

（一）了解鉴证对象及其他的业务环境事项，必要时包括了解内部控制；

（二）在了解鉴证对象及其他的业务环境事项的基础上，评估鉴证对象信息可能存在的重大错报风险；

（三）应对评估的风险，包括制定总体应对措施以及确定进一步程序的性质、时间和范围；

（四）针对识别的风险实施进一步程序，包括实施实质性程序，以及在必要时测试控制运行的有效性；

（五）评价证据的充分性和适当性。

**第三十九条** 合理保证提供的保证水平低于绝对保证。由于存在下列因素，将鉴证业务风险降至零几乎不可能，也不符合成本效益原则：

（一）选择性测试方法的运用；

（二）内部控制的固有局限性；

（三）大多数证据是说服性而非结论性的；

（四）在获取和评价证据以及由此得出结论时涉及大量判断；

（五）在某些情况下鉴证对象具有特殊性。

**第四十条**　合理保证的其他鉴证业务和有限保证的其他鉴证业务都需要运用鉴证技术和方法，收集充分、适当的证据。与合理保证的其他鉴证业务相比，有限保证的其他鉴证业务在证据收集程序的性质、时间、范围等方面是有意识地加以限制的。

**第四十一条**　无论是合理保证还是有限保证的其他鉴证业务，如果注意到某事项可能导致对鉴证对象信息是否需要作出重大修改产生疑问，注册会计师应当执行其他足够的程序，追踪这一事项，以支持鉴证结论。

## 第二节　责任方声明

**第四十二条**　注册会计师在必要时应当向责任方获取声明。责任方声明包括书面声明和口头声明。责任方对口头声明的书面确认，可以减少注册会计师和责任方之间产生误解的可能性。

注册会计师应当要求责任方就其按照既定标准对鉴证对象进行评价或计量出具书面声明，无论该声明作为责任方的认定能否为预期使用者获取。如果无法获取该项书面声明，注册会计师应当根据工作范围受到限制的程度，考虑出具保留结论或无法提出结论的鉴证报告，并考虑是否需要对鉴证报告的使用作出限制。

**第四十三条**　在其他鉴证业务中，责任方可能主动提供声明或以回复注册会计师询问的方式提供声明。当责任方声明与某一事项相关，且该事项对鉴证对象的评价或计量有重大影响时，注册会计师应当实施下列程序：

（一）评价责任方声明的合理性及其与其他证据（包括其他声明）的一致性；

（二）考虑作出声明的人员是否充分知晓所声明的特定事项；

（三）在合理保证的其他鉴证业务中，获取佐证性的证据；在有限保证的其他鉴证业务中，考虑是否有必要寻求佐证性的证据。

**第四十四条**　责任方声明不能替代注册会计师合理预期能够获取的其他证据。如果某事项对评价或计量鉴证对象产生重大影响或可能产生重大影响，且对该事项无法获取在正常情况下能够获取的充分、适当的证据，即使已从责任方获取相关声明，注册会计师应将其视为工作范围受到限制。

# 第六章　考虑期后事项

**第四十五条**　注册会计师应当考虑截至鉴证报告日发生的事项对鉴证对象信息和鉴证报告的影响。

**第四十六条**　注册会计师对期后事项的考虑程度，取决于这些事项对鉴证对象信息和鉴证结论适当性的潜在影响。

在某些其他鉴证业务中，由于鉴证对象性质特殊，注册会计师可能无需考虑期后事项，如对某一时点统计报表的准确性提出鉴证结论。

# 第七章　形成工作记录

**第四十七条**　注册会计师应当记录重大事项，以提供证据支持鉴证报告，并证明其已按照其他鉴证业务准则的规定执行业务。

**第四十八条**　对需要运用职业判断的所有重大事项，注册会计师应当记录推理过程和相关结论。

如果对某些事项难以进行判断，注册会计师还应当记录得出结论时已知悉的有关事实。

**第四十九条**　注册会计师应当将鉴证过程中考虑的所有重大事项记录于工作底稿。

在运用职业判断确定工作底稿的编制和保存范围时，注册会计师应当考虑，使未曾接触该项其他鉴证业务的有经验的专业人士了解实施的鉴证程序，以及作出重大决策的依据。

# 第八章　编制鉴证报告

## 第一节　总体要求

**第五十条**　注册会计师应当判断是否已获取充分、适当的证据，以支持鉴证结论。

在形成鉴证结论时，注册会计师应当考虑所有相关的证据，包括能够印证鉴证对象信息的证据和与之相矛盾的证据。

**第五十一条** 注册会计师应当以书面报告形式提出鉴证结论，鉴证报告应当清晰表述注册会计师对鉴证对象信息提出的结论。

**第五十二条** 注册会计师应当根据具体业务环境选择短式报告或长式报告，将信息有效地传达给预期使用者。

短式报告通常包括本准则第五十三条所述的鉴证报告基本内容。长式报告除包括基本内容外，还包括：

（一）对业务约定条款的详细说明；

（二）在特定方面发现的问题以及提出的相关建议。

在长式报告中，注册会计师应当将发现的问题及相关建议与鉴证结论清楚分开，并以适当措辞指出这些问题和建议不会影响鉴证结论。

## 第二节　鉴证报告的内容

**第五十三条** 鉴证报告应当包含下列基本内容：

（一）标题；

（二）收件人；

（三）对鉴证对象信息（适当时也包括鉴证对象）的界定与描述；

（四）使用的标准；

（五）适当时，对按照标准评价或计量鉴证对象存在的所有重大固有限制的说明；

（六）必要时，对报告使用者和使用目的的限定；

（七）责任方的界定，以及对责任方和注册会计师各自责任的说明；

（八）按照其他鉴证业务准则的规定执行业务的说明；

（九）工作概述；

（十）鉴证结论；

（十一）注册会计师的签名及盖章；

（十二）会计师事务所的名称、地址及盖章；

（十三）报告日期。

**第五十四条** 鉴证报告的标题应当清晰表述其他鉴证业务的性质。

**第五十五条** 鉴证报告的收件人是指鉴证报告应当提交的对象，在可行的情况下，鉴证报告的收件人应当明确为所有的预期使用者。

**第五十六条** 鉴证报告中对鉴证对象信息（适当时也包括鉴证对象）的界定与描述主要包括：

（一）与评价或计量鉴证对象相关的时点或期间；

（二）鉴证对象涉及的被鉴证单位或其组成部分的名称；

（三）对鉴证对象或鉴证对象信息的特征及其影响的解释，包括解释这些特征如何影响对鉴证对象按照既定标准进行评价或计量的准确性，以及如何影响所获取证据的说服力。

如果在鉴证结论中提及责任方的认定，注册会计师应当将该认定附于鉴证报告后，或在鉴证报告中复述该认定，或指明预期使用者能够从何处获取该认定。

**第五十七条** 鉴证报告应当指出评价或计量鉴证对象所使用的标准，以使预期使用者能够了解注册会计师提出结论的依据。

注册会计师可以将该标准直接包括在鉴证报告中。如果预期使用者能够获取的责任方认定中已包括该标准，或容易从其他来源获取该标准，注册会计师也可以仅在鉴证报告中提及该标准。

**第五十八条** 注册会计师应当根据具体业务环境考虑是否披露：

（一）标准的来源，以及标准是否为公开发布标准；如果不是公开发布标准，应当说明采用该标准的理由；

（二）当标准允许选用多种计量方法时，采用的计量方法；

(三)使用标准时作出的重要解释;

(四)采用的计量方法是否发生变更。

**第五十九条**　如果根据标准评价或计量鉴证对象存在重大固有限制,且预期鉴证报告的使用者不能充分理解,注册会计师应当在鉴证报告中明确提及该限制。

**第六十条**　如果用于评价或计量鉴证对象的标准仅能为特定使用者所获取,或仅与特定目的相关,注册会计师应当在鉴证报告中指明该鉴证报告的使用仅限于特定使用者或特定目的。

**第六十一条**　注册会计师应当在鉴证报告中界定责任方以及责任方和注册会计师各自的责任。

对于直接报告业务,注册会计师应当指明责任方对鉴证对象负责;对于基于认定的业务,注册会计师应当指明责任方对鉴证对象信息负责。

注册会计师的责任是对鉴证对象信息独立地提出结论。

**第六十二条**　注册会计师应当在鉴证报告中说明,该项其他鉴证业务是按照其他鉴证业务准则的规定执行的。如果存在针对该项其他鉴证业务的具体准则,注册会计师应当根据该准则的规定决定是否在鉴证报告中特别提及该准则。

**第六十三条**　为使预期使用者了解鉴证报告所表达的保证性质,注册会计师应当参照相关的审计准则和审阅准则,在鉴证报告中概述已执行的鉴证工作。

如果没有相关鉴证业务准则对特定鉴证对象的证据收集程序作出规定,注册会计师应当在概述时更具体地说明已执行的工作。

**第六十四条**　在有限保证的其他鉴证业务中,为使预期使用者理解以消极方式表达的结论所传达的保证性质,注册会计师对已执行工作的概述通常比在合理保证的其他鉴证业务中更加详细。

在有限保证的其他鉴证业务中,对已执行工作的概述应当包括下列内容:

(一)指出证据收集程序的性质、时间和范围存在的限制,必要时,说明没有执行合理保证的其他鉴证业务中通常实施的程序;

(二)说明由于证据收集程序比合理保证的其他鉴证业务更为有限,因此,获得的保证程度低于合理保证的其他鉴证业务的保证程度。

**第六十五条**　注册会计师应当在鉴证报告中清楚地说明鉴证结论。如果鉴证对象信息由多个方面组成,注册会计师可就每个方面分别提出结论。

虽然提出这些结论并非都需要执行相同水平的证据收集程序,但注册会计师应当根据某一方面执行的工作是合理保证还是有限保证,决定该方面结论的适当表达方式。

**第六十六条**　在适当情况下,注册会计师应当在鉴证报告中告知预期使用者提出该结论的背景,比如注册会计师的结论中可能包括“本结论是在受到鉴证报告中指出的固有限制的条件下形成的”的措辞。

**第六十七条**　在合理保证的其他鉴证业务中,注册会计师应当以积极方式提出结论,如“我们认为,根据×标准,内部控制在所有重大方面是有效的”或“我们认为,责任方作出的‘根据×标准,内部控制在所有重大方面是有效的’这一认定是公允的”。

**第六十八条**　在有限保证的其他鉴证业务中,注册会计师应当以消极方式提出结论,如“基于本报告所述的工作,我们没有注意到任何事项使我们相信,根据×标准,×系统在任何重大方面是无效的”或“基于本报告所述的工作,我们没有注意到任何事项使我们相信,责任方作出的‘根据×标准,×系统在所有重大方面是有效的’这一认定是不公允的”。

**第六十九条**　如果提出无保留结论之外的其他结论,注册会计师应当在鉴证报告中清楚地说明提出该结论的理由。

**第七十条**　鉴证报告应当注明报告日期,以使预期使用者了解注册会计师已考虑截至报告日发生的事项对鉴证对象信息和鉴证报告的影响。

**第七十一条**　注册会计师可以在鉴证报告中增加不会影响鉴证结论的其他信息或解释。这些信息或解释主要包括:

(一)注册会计师和其他参加具体业务的人员的资格和经验;

(二)重要性水平;

(三)在该业务的特定方面发现的问题及相关建议。

鉴证报告中是否包含此类信息取决于该信息对预期使用者需求的重要程度。增加的信息应当与注册会计师的结论清楚分开，并在措辞上不影响鉴证结论。

### 第三节 保留结论、否定结论和无法提出结论

**第七十二条** 如果存在下列事项，且判断该事项的影响重大或可能重大，注册会计师不应当提出无保留结论：

（一）由于工作范围受到业务环境、责任方或委托人的限制，注册会计师不能获取必要的证据将鉴证业务风险降至适当水平，在这种情况下，应当出具保留结论或无法提出结论的报告；

（二）如果结论提及责任方认定，且该认定未在所有重大方面作出公允表达，注册会计师应当提出保留结论或否定结论；如果结论直接提及鉴证对象及标准，且鉴证对象信息存在重大错报，注册会计师应当提出保留结论或否定结论；

（三）在承接业务后，如果发现标准或鉴证对象不适当，可能误导预期使用者，注册会计师应当提出保留结论或否定结论；如果发现标准或鉴证对象不适当，造成工作范围受到限制，注册会计师应当出具保留结论或无法提出结论的报告。

**第七十三条** 如果某事项造成影响的重大与广泛程度不足以导致出具否定结论或无法提出结论的报告，注册会计师应当提出保留结论，并在报告中使用“除……的影响外”等措辞。

**第七十四条** 如果责任方认定已指出并适当说明鉴证对象信息存在重大错报，注册会计师应当选择下列一种方式提出鉴证结论：

（一）直接对鉴证对象和使用的标准提出保留结论或否定结论；

（二）如果业务约定条款特别要求针对责任方认定提出结论，注册会计师应当提出无保留结论，并在鉴证报告中增加强调事项段，说明鉴证对象信息存在重大错报且责任方认定已对此作出了适当说明。

## 第九章 其他报告责任

**第七十五条** 注册会计师应当考虑其他报告责任，包括考虑就执行业务过程中注意到的与治理层责任相关的事项与治理层沟通的适当性。

如果委托人并非责任方，注册会计师直接与责任方或责任方的治理层沟通可能是不适当的。

**第七十六条** 如果业务约定条款没有特殊要求，注册会计师不必设计专门的程序以识别与治理层责任相关的事项。

## 第十章 附 则

**第七十七条** 本准则自2007年1月1日起施行。

# 48. 中国注册会计师其他鉴证业务准则第3111号——预测性财务信息的审核

## 第一章 总 则

**第一条** 为了规范注册会计师执行预测性财务信息审核业务，制定本准则。

**第二条** 本准则所称预测性财务信息，是指被审核单位依据对未来可能发生的事项或采取的行动的假设而编制的财务信息。

预测性财务信息可以表现为预测、规划或两者的结合，可能包括财务报表或财务报表的一项或多项要素。

本准则所称预测，是指管理层在最佳估计假设的基础上编制的预测性财务信息。最佳估计假设是指截至编制预测性财务信息日，管理层对预期未来发生的事项和采取的行动作出的假设。

本准则所称规划，是指管理层基于推测性假设，或同时基于推测性假设和最佳估计假设编制的预测性财务信息。推测性假设是指管理层对未来事项和采取的行动作出的假设，该事项或行动预期在未来未必发生。

**第三条** 在执行预测性财务信息审核业务时，注册会计师应当就下列事项获取充分、适当的证据：

（一）管理层编制预测性财务信息所依据的最佳估计假设并非不合理；在依据推测性假设的情况下，推测性假设与信息的编制目的是相适应的；

（二）预测性财务信息是在假设的基础上恰当编制的；

（三）预测性财务信息已恰当列报，所有重大假设已充分披露，包括说明采用的是推测性假设还是最佳估计假设；

（四）预测性财务信息的编制基础与历史财务报表一致，并选用了恰当的会计政策。

**第四条** 管理层负责编制预测性财务信息，包括识别和披露预测性财务信息依据的假设。

注册会计师接受委托对预测性财务信息实施审核并出具报告，可增强该信息的可信赖程度。

## 第二章 保证程度

**第五条** 注册会计师不应对预测性财务信息的结果能否实现发表意见。

**第六条** 当对管理层采用的假设的合理性发表意见时，注册会计师仅提供有限保证。

## 第三章 接受业务委托

**第七条** 在承接预测性财务信息审核业务前，注册会计师应当考虑下列因素：

（一）信息的预定用途；

（二）信息是广为分发还是有限分发；

（三）假设的性质，即假设是最佳估计假设还是推测性假设；

（四）信息中包含的要素；

（五）信息涵盖的期间。

**第八条** 如果假设明显不切实际，或认为预测性财务信息并不适合预定用途，注册会计师应当拒绝接受委托，或解除业务约定。

**第九条** 注册会计师应当与委托人就业务约定条款达成一致意见，并签订业务约定书。

## 第四章 了解被审核单位情况

**第十条** 注册会计师应当充分了解被审核单位情况，以评价管理层是否识别出编制预测性财务信息所要求的全部重要假设。

注册会计师还应当通过考虑下列事项，熟悉被审核单位编制预测性财务信息的过程：

（一）与编制预测性财务信息相关的内部控制，以及负责编制预测性财务信息人员的专业技能和经验；

（二）支持管理层作出假设的文件的性质；

（三）运用统计、数学方法及计算机辅助技术的程度；

（四）形成和运用假设时使用的方法；

（五）以前期间编制预测性财务信息的准确性，及其与实际情况出现重大差异的原因。

**第十一条** 注册会计师应当考虑被审核单位编制预测性财务信息时依赖历史财务信息的程度是否合理。

注册会计师应当了解被审核单位的历史财务信息，以评价预测性财务信息与历史财务信息的编制基础是否一致，并为考虑管理层假设提供历史基准。

注册会计师应当确定相关历史财务信息是否已经审计或审阅，是否选用了恰当的会计政策。

**第十二条** 如果对上期历史财务信息出具了非标准审计报告或非标准审阅报告，或被审核单位尚处于营业初期，注册会计师应当考虑各项相关的事实及其对预测性财务信息审核的影响。

## 第五章 涵盖期间

**第十三条** 注册会计师应当考虑预测性财务信息涵盖的期间。

随着涵盖期间的延长，假设的主观性将会增加，管理层作出最佳估计假设的能力将会减弱。预测性财务信息涵盖的期间不应超过管理层可作出合理假设的期间。

**第十四条** 注册会计师可以从下列方面考虑预测性财务信息涵盖的期间是否合理：

(一)经营周期；

(二)假设的可靠程度；

(三)使用者的需求。

## 第六章 审核程序

**第十五条** 在确定审核程序的性质、时间和范围时，注册会计师应当考虑下列因素：

(一)重大错报的可能性；

(二)以前期间执行业务所了解的情况；

(三)管理层编制预测性财务信息的能力；

(四)预测性财务信息受管理层判断影响的程度；

(五)基础数据的恰当性和可靠性。

**第十六条** 注册会计师应当评估支持管理层作出最佳估计假设的证据的来源和可靠性。注册会计师可以从内部或外部来源获取支持这些假设的充分、适当的证据，包括根据历史财务信息考虑这些假设，以及评价这些假设是否依据被审核单位有能力实现的计划。

第十七 当使用推测性假设时，注册会计师应当确定这些假设的所有重要影响是否已得到考虑。

对推测性假设，注册会计师不需要获取支持性的证据，但应当确定这些假设与编制预测性财务信息的目的相适应，并且没有理由相信这些假设明显不切合实际。

**第十八条** 注册会计师应当通过检查数据计算准确性和内在一致性等，确定预测性财务信息是否依据管理层确定的假设恰当编制。

内在一致性是指管理层拟采取的各项行动相互之间不存在矛盾，以及根据共同的变量确定的金额之间不存在不一致。

**第十九条** 注册会计师应当关注对变化特别敏感的领域，并考虑该领域影响预测性财务信息的程度。

**第二十条** 当接受委托审核预测性财务信息的一项或多项要素时，注册会计师应当考虑该要素与财务信息其他要素之间的关联关系。

**第二十一条** 当预测性财务信息包括本期部分历史信息时，注册会计师应当考虑对历史信息需要实施的程序的范围。

**第二十二条** 注册会计师应当就下列事项向管理层获取书面声明：

(一)预测性财务信息的预定用途；

(二)管理层作出的重大假设的完整性；

(三)管理层认可对预测性财务信息的责任。

## 第七章 列 报

**第二十三条** 在评价预测性财务信息的列报(包括披露)时，注册会计师除考虑相关法律法规的具体要求外，还应当考虑下列事项：

(一)预测性财务信息的列报是否提供有用信息且不会产生误导；

(二)预测性财务信息的附注中是否清楚地披露会计政策；

(三)预测性财务信息的附注中是否充分披露所依据的假设，是否明确区分最佳估计假设和推测性假设；对于涉及重大且具有高度不确定性的假设，是否已充分披露该不确定性以及由此导致的预测结果的敏感性；

(四)预测性财务信息的编制日期是否得以披露，管理层是否确认截至该日期止，编制该预测性财务信息所依据的各项假设仍然适当；

(五)当预测性财务信息的结果以区间表示时，是否已清楚说明在该区间内选取若干点的基础，该区间的选择是否不带偏见或不产生误导；

(六)从最近历史财务信息披露以来,会计政策是否发生变更、变更的原因及其对预测性财务信息的影响。

## 第八章　审核报告

**第二十四条**　注册会计师对预测性财务信息出具的审核报告应当包括下列内容:

(一)标题;

(二)收件人;

(三)指出所审核的预测性财务信息;

(四)提及审核预测性财务信息时依据的准则;

(五)说明管理层对预测性财务信息(包括编制该信息所依据的假设)负责;

(六)适当时,提及预测性财务信息的使用目的和分发限制;

(七)以消极方式说明假设是否为预测性财务信息提供合理基础;

(八)对预测性财务信息是否依据假设恰当编制,并按照适用的会计准则和相关会计制度的规定进行列报发表意见;

(九)对预测性财务信息的可实现程度作出适当警示;

(十)注册会计师的签名及盖章;

(十一)会计师事务所的名称、地址及盖章;

(十二)报告日期。报告日期应为完成审核工作的日期。

**第二十五条**　审核报告应当说明:

(一)根据对支持假设的证据的检查,注册会计师是否注意到任何事项,导致其认为这些假设不能为预测性财务信息提供合理基础;

(二)对预测性财务信息是否依据这些假设恰当编制,并按照适用的会计准则和相关会计制度的规定进行列报发表意见。

**第二十六条**　审核报告还应当说明:

(一)由于预期事项通常并非如预期那样发生,并且变动可能重大,实际结果可能与预测性财务信息存在差异;同样,当预测性财务信息以区间形式表述时,对实际结果是否处于该区间内不提供任何保证。

(二)在审核规划的情况下,编制预测性财务信息是为了特定目的(列明具体目的)。在编制过程中运用了一整套假设,包括有关未来事项和管理层行动的推测性假设,而这些事项和行动预期在未来未必发生。因此,提醒信息使用者注意,预测性财务信息不得用于该特定目的以外的其他目的。

**第二十七条**　如果认为预测性财务信息的列报不恰当,注册会计师应当对预测性财务信息出具保留或否定意见的审核报告,或解除业务约定。

**第二十八条**　如果认为一项或者多项重大假设不能为依据最佳估计假设编制的预测性财务信息提供合理基础,或在给定的推测性假设下,一项或者多项重大假设不能为依据推测性假设编制的预测性财务信息提供合理基础,注册会计师应当对预测性财务信息出具否定意见的审核报告,或解除业务约定。

**第二十九条**　如果审核范围受到限制,导致无法实施必要的审核程序,注册会计师应当解除业务约定,或出具无法表示意见的审核报告,并在报告中说明审核范围受到限制的情况。

## 第九章　附　　则

**第三十条**　本准则自2007年1月1日起施行。

**附录:**

## 审核报告参考格式

1. 对预测性财务报表出具无保留意见的报告(以预测为基础)

## 审 核 报 告

ABC 股份有限公司：

我们审核了后附的 ABC 股份有限公司(以下简称 ABC 公司)编制的预测(列明预测涵盖的期间和预测的名称)。我们的审核依据是《中国注册会计师其他鉴证业务准则第 3111 号——预测性财务信息的审核》。ABC 公司管理层对该预测及其所依据的各项假设负责。这些假设已在附注×中披露。

根据我们对支持这些假设的证据的审核,我们没有注意到任何事项使我们认为这些假设没有为预测提供合理基础。而且,我们认为,该预测是在这些假设的基础上恰当编制的,并按照××编制基础的规定进行了列报。

由于预期事项通常并非如预期那样发生,并且变动可能重大,实际结果可能与预测性财务信息存在差异。

××会计师事务所　　　　　　　　　　中国注册会计师:×××
（盖章）　　　　　　　　　　　　　　（签名并盖章）

中国注册会计师:×××
（签名并盖章）

中国××市
二〇×二年×月×日

2. 对预测性财务报表出具无保留意见的报告(以规划为基础)

## 审 核 报 告

ABC 股份有限公司：

我们审核了后附的 ABC 股份有限公司(以下简称 ABC 公司)编制的规划(列明规划涵盖的期间和规划的名称)。我们的审核依据是《中国注册会计师其他鉴证业务准则第 3111 号——预测性财务信息的审核》。ABC 公司管理层对该规划及其所依据的各项假设负责。这些假设已在附注×中披露。

ABC 公司编制规划是为了××目的。由于 ABC 公司尚处于营业初期,在编制规划时运用了一整套假设,包括有关未来事项和管理层行动的推测性假设,而这些事项和行动预期在未来未必发生。因此,我们提醒信息使用者注意,该规划不得用于××目的以外的其他目的。

根据我们对支持这些假设的证据的审核,在推测性假设(列明推测性假设)成立的前提下,我们没有注意到任何事项使我们认为这些假设没有为规划提供合理基础。我们认为,该规划是在这些假设的基础上恰当编制的,并按照××编制基础的规定进行了列报。

即使在推测性假设中所涉及的事项发生,但由于预期事项通常并非如预期那样发生,并且变动可能重大,因此实际结果仍然可能与预测性财务信息存在差异。

××会计师事务所　　　　　　　　　　中国注册会计师:×××
（盖章）　　　　　　　　　　　　　　（签名并盖章）

中国注册会计师:×××
（签名并盖章）

中国××市
二〇×二年×月×日

# 49. 中国注册会计师相关服务准则第4101号——对财务信息执行商定程序

## 第一章 总 则

**第一条** 为了规范注册会计师对财务信息执行商定程序业务,明确执业责任,制定本准则。

**第二条** 对财务信息执行商定程序的目标,是注册会计师对特定财务数据、单一财务报表或整套财务报表等财务信息执行与特定主体商定的具有审计性质的程序,并就执行的商定程序及其结果出具报告。

本准则所称特定主体,是指委托人和业务约定书中指明的报告致送对象。

**第三条** 注册会计师执行商定程序业务,仅报告执行的商定程序及其结果,并不提出鉴证结论。报告使用者自行对注册会计师执行的商定程序及其结果作出评价,并根据注册会计师的工作得出自己的结论。

**第四条** 商定程序业务报告仅限于参与协商确定程序的特定主体使用,以避免不了解商定程序的人对报告产生误解。

**第五条** 注册会计师执行商定程序业务,应当遵守相关职业道德规范,恪守客观、公正的原则,保持专业胜任能力和应有的关注,并对执业过程中获知的信息保密。

**第六条** 本准则不对商定程序业务提出独立性要求;但如果业务约定书或委托目的对注册会计师的独立性提出要求,注册会计师应当从其规定。

如果注册会计师不具有独立性,应当在商定程序业务报告中说明这一事实。

**第七条** 注册会计师应当按照本准则的规定和业务约定书的要求执行商定程序业务。

## 第二章 业务约定书

**第八条** 注册会计师应当与特定主体进行沟通,确保其已经清楚理解拟执行的商定程序和业务约定条款。

注册会计师应当就下列事项与特定主体沟通,并达成一致意见:

(一)业务性质,包括说明执行的商定程序并不构成审计或审阅,不提出鉴证结论;

(二)委托目的;

(三)拟执行商定程序的财务信息;

(四)拟执行的具体程序的性质、时间和范围;

(五)预期的报告样本;

(六)报告分发和使用的限制。

**第九条** 如果无法与所有的报告致送对象直接讨论拟执行的商定程序,注册会计师应当考虑采取下列措施:

(一)与报告致送对象的代表讨论拟执行的商定程序;

(二)查阅来自报告致送对象的相关信函和文件;

(三)向报告致送对象提交报告样本。

**第十条** 如果接受委托,注册会计师应当与委托人就双方达成一致的事项签订业务约定书,以避免双方对商定程序业务的理解产生分歧。

## 第三章 计划、程序与记录

**第十一条** 注册会计师应当合理制定工作计划,以有效执行商定程序业务。

**第十二条** 注册会计师应当执行商定的程序,并将获取的证据作为出具报告的基础。

**第十三条** 执行商定程序业务运用的程序通常包括:

(一)询问和分析;

(二)重新计算、比较和其他核对方法;

(三)观察;

(四)检查;

(五)函证。

**第十四条** 注册会计师应当记录支持商定程序业务报告的重大事项,并记录按照本准则的规定和业务约定书的要求执行商定程序的证据。

## 第四章 报 告

**第十五条** 商定程序业务报告应当详细说明业务的目的和商定的程序,以便使用者了解所执行工作的性质和范围。

**第十六条** 商定程序业务报告应当包括下列内容:

(一)标题;

(二)收件人;

(三)说明执行商定程序的财务信息;

(四)说明执行的商定程序是与特定主体协商确定的;

(五)说明已按照本准则的规定和业务约定书的要求执行了商定程序;

(六)当注册会计师不具有独立性时,说明这一事实;

(七)说明执行商定程序的目的;

(八)列出所执行的具体程序;

(九)说明执行商定程序的结果,包括详细说明发现的错误和例外事项;

(十)说明所执行的商定程序并不构成审计或审阅,注册会计师不提出鉴证结论;

(十一)说明如果执行商定程序以外的程序,或执行审计或审阅,注册会计师可能得出其他应报告的结果;

(十二)说明报告仅限于特定主体使用;

(十三)在适用的情况下,说明报告仅与执行商定程序的特定财务数据有关,不得扩展到财务报表整体;

(十四)注册会计师的签名和盖章;

(十五)会计师事务所的名称、地址及盖章;

(十六)报告日期。

## 第五章 附 则

**第十七条** 如果注册会计师具备专业胜任能力,且存在合理的判断标准,可参照本准则对非财务信息执行商定程序业务。

**第十八条** 本准则自2007年1月1日起施行。

# 50. 中国注册会计师相关服务准则第4111号——代编财务信息

## 第一章 总 则

**第一条** 为了规范注册会计师执行代编财务信息业务(以下简称代编业务),制定本准则。

**第二条** 代编业务的目标是注册会计师运用会计而非审计的专业知识和技能,代客户编制一套完整或非完整的财务报表,或代为收集、分类和汇总其他财务信息。

注册会计师执行代编业务使用的程序并不旨在、也不能对财务信息提出任何鉴证结论。

**第三条** 注册会计师执行代编业务,应当遵守相关职业道德规范,恪守客观、公正的原则,保持专业胜任能力和应有的关注，并对执业过程中获知的信息保密。

**第四条** 本准则不对代编业务提出独立性要求。但如果注册会计师不具有独立性，应当在代编业务报告中说明这一事实。

**第五条** 在任何情况下，如果注册会计师的姓名与代编的财务信息相联系，注册会计师应当出具代编业务报告。

## 第二章 业务约定书

**第六条** 注册会计师应当在代编业务开始前，与客户就代编业务约定条款达成一致意见，并签订业务约定书，以避免双方对代编业务的理解产生分歧。

**第七条** 业务约定书应当包括下列主要事项：

(一)业务的性质，包括说明拟执行的业务既非审计也非审阅，注册会计师不对代编的财务信息提出任何鉴证结论；

(二)说明不能依赖代编业务揭露可能存在的错误、舞弊以及违反法规行为；

(三)客户提供的信息的性质；

(四)说明客户管理层应当对提供给注册会计师的信息的真实性和完整性负责，以保证代编财务信息的真实性和完整性；

(五)说明代编财务信息的编制基础，并说明将在代编财务信息和出具的代编业务报告中对该编制基础以及任何重大背离予以披露；

(六)代编财务信息的预期用途和分发范围；

(七)如果注册会计师的姓名与代编的财务信息相联系，说明注册会计师出具的代编业务报告的格式；

(八)业务收费；

(九)违约责任；

(十)解决争议的方法；

(十一)签约双方法定代表人或其授权代表的签字盖章，以及签约双方加盖的公章。

## 第三章 计划、程序与记录

**第八条** 注册会计师应当制定代编业务计划，以有效执行代编业务。

**第九条** 注册会计师应当了解客户的业务和经营情况，熟悉其所处行业的会计政策和惯例，以及与具体情况相适应的财务信息的形式和内容。

**第十条** 注册会计师应当了解客户业务交易的性质、会计记录的形式和财务信息的编制基础。

注册会计师通常利用以前经验、查阅文件记录或询问客户的相关人员，获取对这些事项的了解。

**第十一条** 除本准则规定的程序外，注册会计师通常不需要执行下列程序：

(一)询问管理层，以评价所提供信息的可靠性和完整性；

(二)评价内部控制；

(三)验证任何事项；

(四)验证任何解释。

**第十二条** 如果注意到管理层提供的信息不正确、不完整或在其他方面不令人满意，注册会计师应当考虑执行本准则第十一条提及的程序，并要求管理层提供补充信息。

如果管理层拒绝提供补充信息，注册会计师应当解除该项业务约定，并告知客户解除业务约定的原因。

**第十三条** 注册会计师应当阅读代编的财务信息，并考虑形式是否恰当，是否不存在明显的重大错报。

本条前款所述的重大错报包括下列情形：

(一)错误运用编制基础；

(二)未披露所采用的编制基础和获知的重大背离；

(三)未披露注册会计师注意到的其他重大事项。

注册会计师应当在代编财务信息中披露采用的编制基础和获知的重大背离，但不必报告背离的定量影响。

**第十四条** 如果注意到存在重大错报，注册会计师应当尽可能与客户就如何恰当地更正错报达成一致意见。如果重大错报仍未得到更正，并且认为财务信息存在误导，注册会计师应当解除该项业务约定。

**第十五条** 注册会计师应当从管理层获取其承担恰当编制财务信息和批准财务信息的责任的书面声明。该声明还应当包括管理层对会计数据的真实性和完整性负责，以及已向注册会计师完整提供所有重要且相关的信息。

**第十六条** 注册会计师应当记录重大事项，以证明其已按照本准则的规定和业务约定书的要求执行代编业务。

## 第四章　代编业务报告

**第十七条** 代编业务报告应当包括下列内容：

(一)标题；

(二)收件人；

(三)说明注册会计师已按照本准则的规定执行代编业务；

(四)当注册会计师不具有独立性时，说明这一事实；

(五)指出财务信息是在管理层提供信息的基础上代编的，并说明代编财务信息的名称、日期或涵盖的期间；

(六)说明管理层对注册会计师代编的财务信息负责；

(七)说明执行的业务既非审计，也非审阅，因此不对代编的财务信息提出鉴证结论；

(八)必要时，应当增加一个段落，提醒注意代编财务信息对采用的编制基础的重大背离；

(九)注册会计师的签名及盖章；

(十)会计师事务所的名称、地址及盖章；

(十一)报告日期。

**第十八条** 注册会计师应当在代编财务信息的每页或一套完整的财务报表的首页明确标示"未经审计或审阅"、"与代编业务报告一并阅读"等字样。

## 第五章　附　　则

**第十九条** 注册会计师执行代编非财务信息业务，除有特定要求者外，应当参照本准则办理。

**第二十条** 本准则自2007年1月1日起施行。

**附录：**

## 代编业务报告参考格式

1. 代编财务报表业务报告

## 代编财务报表业务报告

(收件人名称)：

在ABC公司管理层提供信息的基础上，我们按照《中国注册会计师相关服务准则第4111号——代编财务信息》的规定，代编了ABC公司20××年12月31日的资产负债表，20××年度的利润表、股东权益变动表和现金流量表以及财务报表附注。管理层对这些财务报表负责。我们未对这些财务报表进行审计或审阅，因此不对其提出鉴证结论。

××会计师事务所　　　　　　　　中国注册会计师：×××
（盖章）　　　　　　　　　　　　（签名并盖章）

中国注册会计师：×××
（签名并盖章）

中国××市
二〇×二年×月×日

2. 代编财务报表业务报告，增加段落以引起对背离编制基础的关注

## 代编财务报表业务报告

（收件人名称）：

在ABC公司管理层提供信息的基础上，我们按照《中国注册会计师相关服务准则第4111号——代编财务信息》的规定，代编了ABC公司20××年12月31日的资产负债表，20××年度的利润表、股东权益变动表和现金流量表以及财务报表附注。管理层对这些财务报表负责。我们未对这些财务报表进行审计或审阅，因此不对其提出鉴证结论。

我们提请注意，如财务报表附注×所述，管理层对融资租赁的机器设备未予资本化，该事项不符合企业会计准则和《××会计制度》的规定。

××会计师事务所
（盖章）

中国注册会计师：×××
（签名并盖章）

中国注册会计师：×××
（签名并盖章）

中国××市
二〇×二年×月×日

# 51. 质量控制准则第5101号——会计师事务所对执行财务报表审计和审阅、其他鉴证和相关服务业务实施的质量控制

## 第一章 总 则

**第一条** 为了规范会计师事务所建立并保持有关财务报表审计和审阅、其他鉴证和相关服务业务的质量控制制度，制定本准则。

**第二条** 会计师事务所在使用本准则时，需要结合相关职业道德要求。

**第三条** 本准则适用于会计师事务所建立和保持业务质量控制制度。其他执业准则规定了会计师事务所人员对特定类型业务实施质量控制程序的责任，例如，《中国注册会计师审计准则第1121号——对财务报表审计实施的质量控制》规定了财务报表审计的质量控制程序。

**第四条** 质量控制制度包括为实现本准则第二十七条规定的目标而制定的政策，以及为执行政策和监督政策的遵守情况而制定的必要程序。

**第五条** 本准则适用于执行财务报表审计和审阅、其他鉴证和相关服务业务的所有会计师事务所。

会计师事务所按照本准则的要求制定的质量控制政策和程序的性质和范围，取决于会计师事务所的规模和运行特征以及是否是网络的一部分等诸多因素。

**第六条** 本准则包括会计师事务所在遵守本准则时应实现的目标，以及旨在使会计师事务所实现该目标而提出的要求。

**第七条** 本准则的目标为提出的要求提供了框架基础，旨在帮助会计师事务所了解需要完成的工作，以及确定是否需要完成更多的工作。

**第八条** 本准则的应用指南对本准则的要求提供了进一步解释，并为如何执行这些要求提供了指引。特别是，应用指南可以更为清楚地解释本准则要求的确切含义或所针对的情形，并举例说明适合具体情况的政策和程序。

尽管应用指南本身并不对会计师事务所提出要求，但与恰当运用本准则的要求是相关的。应用指南提供本准则所涉及的事项的背景信息，并包括与小型会计师事务所相关的特殊考虑（如适用）。这些特殊考虑有助于会计师事务所运用本准则的要求，但并不限制或减轻其运用和遵守本准则要求的责任。

## 第二章 定 义

**第九条** 职业准则，是指中国注册会计师鉴证业务基本准则、中国注册会计师审计准则、中国注册会计师审阅准则、中国注册会计师其他鉴证业务准则、中国注册会计师相关服务准则、质量控制准则和相关职业道德要求。

**第十条** 相关职业道德要求，是指项目组和项目质量控制复核人员应当遵守的职业道德规范，通常是指中国注册会计师职业道德守则。

**第十一条** 人员，是指会计师事务所的合伙人和员工。

**第十二条** 合伙人，是指在执行专业服务业务方面有权代表会计师事务所的个人。

**第十三条** 员工，是指合伙人以外的专业人员，包括会计师事务所的内部专家。

**第十四条** 项目合伙人，是指会计师事务所中负责某项业务及其执行，并代表会计师事务所在出具的报告上签字的合伙人。

如果项目合伙人以外的其他注册会计师在报告上签字，本准则对项目合伙人作出的规定也适用于该签字注册会计师。

**第十五条** 项目组，是指执行某项业务的所有合伙人和员工，以及会计师事务所或网络事务所聘请的为该项业务实施程序的所有人员，但不包括会计师事务所或网络事务所聘请的外部专家。

**第十六条** 网络事务所，是指属于某一网络的会计师事务所或实体。

**第十七条** 网络，是指由多个实体组成，旨在通过合作实现下列一个或多个目的的联合体：

（一）共享收益或分担成本；

（二）共享所有权、控制权或管理权；

（三）共享统一的质量控制政策和程序；

（四）共享同一经营战略；

（五）使用同一品牌；

（六）共享重要的专业资源。

**第十八条** 项目质量控制复核，是指在报告日或报告日之前，项目质量控制复核人员对项目组作出的重大判断和在准备报告时得出的结论进行客观评价的过程。

项目质量控制复核适用于上市实体财务报表审计，以及会计师事务所确定需要实施项目质量控制复核的其他业务。

**第十九条** 上市实体，是指其股份、股票或债券在法律法规认可的证券交易所报价或挂牌，或在法律法规认可的证券交易所或其他类似机构的监管下进行交易的实体。

**第二十条** 项目质量控制复核人员，是指项目组成员以外的，具有足够、适当的经验和权限，对项目组作出的重大判断和在编制报告时得出的结论进行客观评价的合伙人、会计师事务所的其他人员、具有适当资格的外部人员或由这类人员组成的小组。

**第二十一条** 具有适当资格的外部人员，是指会计师事务所以外的具有担任项目合伙人的胜任能力和必要素质的个人，如其他会计师事务所的合伙人、注册会计师协会或提供相关质量控制服务的组织中具有适当经验的人员。

**第二十二条** 业务工作底稿，是指注册会计师对执行的工作、获取的结果和得出的结论作出的记录。

**第二十三条** 报告日，是指注册会计师在出具的报告上签署的日期。

**第二十四条** 监控，是指对会计师事务所质量控制制度进行持续考虑和评价的过程，包括定期选取已完成的业务进行检查，以使会计师事务所能够合理保证其质量控制制度正在有效运行。

**第二十五条** 检查，是指实施程序以获取证据，确定项目组在已完成的业务中是否遵守会计师事务所质量控制政策和程序。

**第二十六条** 合理保证，是指一种高度但非绝对的保证水平。

## 第三章 目 标

**第二十七条** 会计师事务所的目标是建立并保持质量控制制度，以合理保证：

(一)会计师事务所及其人员遵守职业准则和适用的法律法规的规定；

(二)会计师事务所和项目合伙人出具适合具体情况的报告。

## 第四章 要 求

### 第一节 运用和遵守相关要求

**第二十八条** 会计师事务所内部负责建立并保持质量控制制度的人员应当了解本准则及应用指南的全部内容，以理解本准则的目标并恰当遵守其要求。

**第二十九条** 会计师事务所应当遵守本准则的所有要求，除非在某些情况下，本准则的某项要求与会计师事务所执行的财务报表审计和审阅、其他鉴证和相关服务业务不相关。

**第三十条** 本准则的要求旨在使会计师事务所能够实现本准则设定的目标。正确运用这些要求预期可以为实现目标提供充分的依据，但由于实际情况变化很大，且无法预料，会计师事务所应当考虑是否存在特殊事项或情况，要求其制定除本准则要求外的政策和程序，以实现本准则设定的目标。

### 第二节 质量控制制度的要素

**第三十一条** 会计师事务所应当建立并保持质量控制制度。

质量控制制度包括针对下列要素而制定的政策和程序：

(一)对业务质量承担的领导责任；

(二)相关职业道德要求；

(三)客户关系和具体业务的接受与保持；

(四)人力资源；

(五)业务执行；

(六)监控。

**第三十二条** 会计师事务所应当将质量控制政策和程序形成书面文件，并传达到全体人员。

### 第三节 对业务质量承担的领导责任

**第三十三条** 会计师事务所应当制定政策和程序，培育以质量为导向的内部文化。这些政策和程序应当要求会计师事务所主任会计师或类似职位的人员对质量控制制度承担最终责任。

**第三十四条** 会计师事务所应当制定政策和程序，使受会计师事务所主任会计师或类似职位的人员委派负责质量控制制度运作的人员具有足够、适当的经验和能力以及必要的权限以履行其责任。

### 第四节 相关职业道德要求

**第三十五条** 会计师事务所应当制定政策和程序，以合理保证会计师事务所及其人员遵守相关职业道德要求。

**第三十六条** 会计师事务所应当制定政策和程序，以合理保证会计师事务所及其人员和其他受独立性要求约束的人员(包括网络事务所的人员)，保持相关职业道德要求规定的独立性。

这些政策和程序应当使会计师事务所能够：

（一）向会计师事务所人员以及其他受独立性要求约束的人员传达独立性要求；

（二）识别和评价对独立性产生不利影响的情形，并采取适当的行动消除这些不利影响；或通过采取防范措施将其降至可接受的水平；或如果认为适当，在法律法规允许的情况下解除业务约定。

**第三十七条** 本准则第三十六条提及的政策和程序应当要求：

（一）项目合伙人向会计师事务所提供与客户委托业务相关的信息（包括服务范围），以使会计师事务所能够评价这些信息对保持独立性的总体影响；

（二）会计师事务所人员立即向会计师事务所报告对独立性产生不利影响的情形，以便会计师事务所采取适当行动；

（三）会计师事务所收集相关信息，并向适当人员传达。

会计师事务所应当向适当人员传达收集的相关信息，以便：

（一）会计师事务所及其人员能够容易地确定自身是否满足独立性要求；

（二）会计师事务所能够保持和更新与独立性相关的记录；

（三）会计师事务所能够针对识别出的、对独立性产生超出可接受水平的不利影响采取适当的行动。

**第三十八条** 会计师事务所应当制定政策和程序，以合理保证能够获知违反独立性要求的情况，并能够采取适当行动予以解决。

这些政策和程序应当包括下列要求：

（一）会计师事务所人员将注意到的、违反独立性要求的情况立即报告会计师事务所；

（二）会计师事务所将识别出的违反这些政策和程序的情况，立即传达给需要与会计师事务所共同处理这些情况的项目合伙人、需要采取适当行动的会计师事务所和网络内部的其他相关人员以及受独立性要求约束的人员；

（三）项目合伙人、会计师事务所和网络内部的其他相关人员以及受独立性要求约束的人员，在必要时立即向会计师事务所报告他们为解决有关问题而采取的行动，以使会计师事务所能够决定是否应当采取进一步的行动。

**第三十九条** 会计师事务所应当每年至少一次向所有需要按照相关职业道德要求保持独立性的人员获取其遵守独立性政策和程序的书面确认函。

**第四十条** 会计师事务所应当制定下列政策和程序：

（一）明确标准，以确定长期委派同一名合伙人或高级员工执行某项鉴证业务时，是否需要采取防范措施，将因密切关系产生的不利影响降至可接受的水平；

（二）对所有上市实体财务报表审计业务，按照相关职业道德要求和法律法规的规定，在规定期限届满时轮换项目合伙人、项目质量控制复核人员，以及受轮换要求约束的其他人员。

## 第五节 客户关系和具体业务的接受与保持

**第四十一条** 会计师事务所应当制定有关客户关系和具体业务接受与保持的政策和程序，以合理保证只有在下列情况下，才能接受或保持客户关系和具体业务：

（一）能够胜任该项业务，并具有执行该项业务必要的素质、时间和资源；

（二）能够遵守相关职业道德要求；

（三）已考虑客户的诚信，没有信息表明客户缺乏诚信。

**第四十二条** 本准则第四十一条提及的政策和程序应当要求：

（一）在接受新客户的业务前，或者决定是否保持现有业务和考虑接受现有客户的新业务时，会计师事务所根据具体情况获取必要信息；

（二）在接受新客户或现有客户的新业务时，如果识别出潜在的利益冲突，会计师事务所确定接受该业务是否适当；

（三）当识别出问题而又决定接受或保持客户关系或具体业务时，会计师事务所记录问题是如何得到解决的。

**第四十三条** 如果在接受业务后获知某项信息，而该信息若在接受业务前获知，可能导致会计师事务所拒绝接受业务，会计师事务所应当针对这种情况制定保持具体业务和客户关系的政策和程序。

这些政策和程序应当考虑下列方面：

(一)适用于这种情况的职业责任和法律责任，包括是否要求会计师事务所向委托人报告或在某些情况下向监管机构报告；

(二)解除业务约定或同时解除业务约定和客户关系的可能性。

## 第六节 人力资源

**第四十四条** 会计师事务所应当制定政策和程序，合理保证拥有足够的具有胜任能力和必要素质并承诺遵守职业道德要求的人员，以使：

(一)会计师事务所按照职业准则和适用的法律法规的规定执行业务；

(二)会计师事务所和项目合伙人能够出具适合具体情况的报告。

**第四十五条** 会计师事务所应当对每项业务委派至少一名项目合伙人，并制定政策和程序，明确下列要求：

(一)将项目合伙人的身份和作用告知客户管理层和治理层的关键成员；

(二)项目合伙人具有履行职责所要求的适当的胜任能力、必要素质和权限；

(三)清楚界定项目合伙人的职责，并告知该项目合伙人。

**第四十六条** 会计师事务所应当制定政策和程序，委派具有必要胜任能力和素质的适当人员，以便：

(一)按照职业准则和适用的法律法规的规定执行业务；

(二)会计师事务所和项目合伙人能够出具适合具体情况的报告。

## 第七节 业务执行

**第四十七条** 会计师事务所应当制定政策和程序，以合理保证按照职业准则和适用的法律法规的规定执行业务，使会计师事务所和项目合伙人能够出具适合具体情况的报告。

这些政策和程序应当包括：

(一)与保持业务执行质量一致性相关的事项；

(二)监督责任；

(三)复核责任。

**第四十八条** 会计师事务所在安排复核工作时，应当由项目组内经验较多的人员复核经验较少的人员的工作。会计师事务所应当根据这一原则，确定有关复核责任的政策和程序。

**第四十九条** 会计师事务所应当制定政策和程序，以合理保证：

(一)就疑难问题或争议事项进行适当咨询；

(二)能够获取充分的资源进行适当咨询；

(三)咨询的性质和范围以及咨询形成的结论得以记录，并经过咨询者和被咨询者的认可；

(四)咨询形成的结论得到执行。

**第五十条** 会计师事务所应当制定政策和程序，要求对特定业务实施项目质量控制复核，以客观评价项目组作出的重大判断以及在编制报告时得出的结论。

这些政策和程序应当包括下列要求：

(一)要求对所有上市实体财务报表审计实施项目质量控制复核；

(二)明确标准，据此评价所有其他的历史财务信息审计和审阅、其他鉴证和相关服务业务，以确定是否应当实施项目质量控制复核；

(三)要求对所有符合本条第二款第(二)项所提及标准的业务实施项目质量控制复核。

**第五十一条** 会计师事务所应当制定政策和程序，以明确项目质量控制复核的性质、时间安排和范围。这些政策和程序应当要求，只有完成项目质量控制复核，才可以签署业务报告。

**第五十二条** 会计师事务所应当制定政策和程序，要求项目质量控制复核包括下列工作：

(一)就重大事项与项目合伙人进行讨论；

(二)复核财务报表或其他业务对象信息及拟出具的报告；

（三）复核选取的与项目组作出重大判断和得出的结论相关的业务工作底稿；

（四）评价在编制报告时得出的结论，并考虑拟出具报告的恰当性。

**第五十三条** 针对上市实体财务报表审计，会计师事务所应当制定政策和程序，要求实施的项目质量控制复核包括对下列事项的考虑：

（一）项目组就具体业务对会计师事务所独立性作出的评价；

（二）项目组是否已就涉及意见分歧的事项，或者其他疑难问题或争议事项进行适当咨询，以及咨询得出的结论；

（三）选取的用于复核的业务工作底稿，是否反映项目组针对重大判断执行的工作，以及是否支持得出的结论。

**第五十四条** 会计师事务所应当制定政策和程序，解决项目质量控制复核人员的委派问题，明确项目质量控制复核人员的资格要求，包括：

（一）履行职责需要的技术资格，包括必要的经验和权限；

（二）在不损害其客观性的前提下，项目质量控制复核人员能够提供业务咨询的程度。

**第五十五条** 会计师事务所应当制定政策和程序，以使项目质量控制复核人员保持客观性。

**第五十六条** 会计师事务所的政策和程序应当规定，在项目质量控制复核人员客观实施复核的能力可能受到损害时，替换该项目质量控制复核人员。

**第五十七条** 会计师事务所应当制定有关项目质量控制复核记录的政策和程序，要求记录：

（一）会计师事务所有关项目质量控制复核的政策所要求的程序已得到实施；

（二）项目质量控制复核在报告日或报告日之前已完成；

（三）复核人员没有发现任何尚未解决的事项，使其认为项目组作出的重大判断和得出的结论不适当。

**第五十八条** 会计师事务所应当制定政策和程序，以处理和解决项目组内部、项目组与被咨询者之间以及项目合伙人与项目质量控制复核人员之间的意见分歧。

**第五十九条** 本准则第五十八条提及的政策和程序应当要求：

（一）得出的结论已得到记录和执行；

（二）只有问题得到解决，才可以签署业务报告。

**第六十条** 会计师事务所应当制定政策和程序，以使项目组在出具业务报告后及时完成最终业务档案的归整工作。

对历史财务信息审计和审阅业务、其他鉴证业务，业务工作底稿的归档期限为业务报告日后六十天内。

**第六十一条** 会计师事务所应当制定政策和程序，以满足下列要求：

（一）安全保管业务工作底稿并对业务工作底稿保密；

（二）保证业务工作底稿的完整性；

（三）便于使用和检索业务工作底稿。

**第六十二条** 会计师事务所应当制定政策和程序，以使业务工作底稿的保存期限满足会计师事务所的需要和法律法规的规定。

对历史财务信息审计和审阅业务、其他鉴证业务，会计师事务所应当自业务报告日起对业务工作底稿至少保存十年。如果组成部分业务报告日早于集团业务报告日，会计师事务所应当自集团业务报告日起对组成部分业务工作底稿至少保存十年。

## 第八节 监 控

**第六十三条** 会计师事务所应当制定监控政策和程序，以合理保证与质量控制制度相关的政策和程序具有相关性和适当性，并正在有效运行。

监控过程应当：

（一）包括持续考虑和评价会计师事务所质量控制制度；

（二）要求委派一个或多个合伙人，或会计师事务所内部具有足够、适当的经验和权限的其他人员负责监控过程；

（三）要求执行业务或实施项目质量控制复核的人员不参与该项业务的检查工作。

持续考虑和评价会计师事务所质量控制制度应当包括：

（一）周期性地选取已完成的业务进行检查，周期最长不得超过三年；

（二）在每个周期内，对每个项目合伙人，至少检查一项已完成的业务。

**第六十四条** 会计师事务所应当评价在监控过程中注意到的缺陷的影响，并确定缺陷是否属于下列情况之一：

（一）该缺陷并不必然表明会计师事务所的质量控制制度不足以合理保证会计师事务所遵守职业准则和适用的法律法规的规定，以及会计师事务所和项目合伙人出具适合具体情况的报告；

（二）该缺陷是系统性的、反复出现的或其他需要及时纠正的重大缺陷。

**第六十五条** 会计师事务所应当将实施监控程序注意到的缺陷以及建议采取的适当补救措施，告知相关项目合伙人及其他适当人员。

**第六十六条** 针对注意到的缺陷，建议采取的适当补救措施应当包括：

（一）采取与某项业务或某个人员相关的适当补救措施；

（二）将发现的缺陷告知负责培训和职业发展的人员；

（三）改进质量控制政策和程序；

（四）对违反会计师事务所政策和程序的人员，尤其是对反复违规的人员实施惩戒。

**第六十七条** 会计师事务所应当制定政策和程序，以应对下列两种情况：

（一）实施监控程序的结果表明出具的报告可能不适当；

（二）实施监控程序的结果表明在执行业务过程中遗漏了应实施的程序。

这些政策和程序应当要求会计师事务所确定采取哪些进一步行动以遵守职业准则和适用的法律法规的规定，并考虑是否征询法律意见。

**第六十八条** 会计师事务所应当每年至少一次将质量控制制度的监控结果，向项目合伙人及会计师事务所内部的其他适当人员通报。这种通报应当足以使会计师事务所及其相关人员能够在其职责范围内及时采取适当的行动。

通报的信息应当包括：

（一）对已实施的监控程序的描述；

（二）实施监控程序得出的结论；

（三）如果相关，对系统性的、反复出现的缺陷或其他需要及时纠正的重大缺陷的描述。

**第六十九条** 如果会计师事务所是网络的一部分，可能实施以网络为基础的某些监控程序，以保持在同一网络内实施的监控程序的一致性。

如果网络内部的会计师事务所在符合本准则要求的共同的监控政策和程序下运行，并且这些会计师事务所信赖该监控制度，为了网络内部的项目合伙人信赖网络内实施监控程序的结果，会计师事务所的政策和程序应当要求：

（一）每年至少一次就监控过程的总体范围、程度和结果，向网络事务所的适当人员通报；

（二）立即将识别出的质量控制制度缺陷，向相关网络事务所的适当人员通报，以便使其采取必要的行动。

**第七十条** 会计师事务所应当制定政策和程序，以合理保证能够适当处理下列事项：

（一）投诉和指控会计师事务所执行的工作未能遵守职业准则和适用的法律法规的规定；

（二）指控未能遵守会计师事务所质量控制制度。

作为处理投诉和指控过程的一部分，会计师事务所应当明确投诉和指控渠道，以使会计师事务所人员能够没有顾虑地提出关注的问题。

**第七十一条** 如果在调查投诉和指控的过程中识别出会计师事务所质量控制政策和程序在设计或运行方面存在缺陷，或存在违反质量控制制度的情况，会计师事务所应当按照本准则第六十六条的规定采取适当行动。

## 第九节 对质量控制制度的记录

**第七十二条** 会计师事务所应当制定政策和程序，要求形成适当

的工作记录，以对质量控制制度的每项要素的运行情况提供证据。

**第七十三条** 会计师事务所应当制定政策和程序，要求对工作记录保管足够的期限，以使执行监控程序的人员能够评价会计师事务所遵守质量控制制度的情况。

**第七十四条** 会计师事务所应当制定政策和程序，要求记录投诉、指控以及应对情况。

## 第五章 附 则

**第七十五条** 本准则自 2012 年 1 月 1 日起施行。

# 第二十二章　内部审计相关法规

## 1. 审计署关于内部审计工作的规定(2003年修订)

中华人民共和国审计署令　2003年第4号

**第一条**　为了加强内部审计工作,建立健全内部审计制度,根据《中华人民共和国审计法》等有关法律,制定本规定。

**第二条**　内部审计是独立监督和评价本单位及所属单位财政收支、财务收支、经济活动的真实、合法和效益的行为,以促进加强经济管理和实现经济目标。

**第三条**　国家机关、金融机构、企业事业组织、社会团体以及其他单位,应当按照国家有关规定建立健全内部审计制度。

法律、行政法规规定设立内部审计机构的单位,必须设立独立的内部审计机构。

法律、行政法规没有明确规定设立内部审计机构的单位,可以根据需要设立内部审计机构,配备内部审计人员。

有内部审计工作需要且不具有设立独立的内部审计机构条件和人员编制的国家机关,可以授权本单位内设机构履行内部审计职责。

设立内部审计机构的单位,可以根据需要设立审计委员会,配备总审计师。

**第四条**　内部审计机构在本单位主要负责人或者权力机构的领导下开展工作。

**第五条**　内部审计人员实行岗位资格和后续教育制度,本单位应当予以支持和保障。

**第六条**　单位主要负责人或者权力机构应当保护内部审计人员依法履行职责,任何单位和个人不得打击报复。

**第七条**　内部审计人员办理审计事项,应当严格遵守内部审计职业规范,忠于职守,做到独立、客观、公正、保密。

**第八条**　内部审计机构履行职责所必需的经费,应当列入财务预算,由本单位予以保证。

**第九条**　内部审计机构按照本单位主要负责人或者权力机构的要求,履行下列职责:

(一)对本单位及所属单位(含占控股地位或者主导地位的单位,下同)的财政收支、财务收支及其有关的经济活动进行审计;

(二)对本单位及所属单位预算内、预算外资金的管理和使用情况进行审计;

(三)对本单位内设机构及所属单位领导人员的任期经济责任进行审计;

(四)对本单位及所属单位固定资产投资项目进行审计;

(五)对本单位及所属单位内部控制制度的健全性和有效性以及风险管理进行评审;

(六)对本单位及所属单位经济管理和效益情况进行审计;

(七)法律、法规规定和本单位主要负责人或者权力机构要求办理的其他审计事项。

**第十条**　内部审计机构每年应当向本单位主要负责人或者权力机构提出内部审计工作报告。

**第十一条**　单位主要负责人或者权力机构应当制定相应规定,确保内部审计机构具有履行职责所必需的权限,主要是:

(一)要求被审计单位按时报送生产、经营、财务收支计划、预算执行情况、决算、会计报表和其他有关文件、资料;

(二)参加本单位有关会议,召开与审计事项有关的会议;

(三)参与研究制定有关的规章制度,提出内部审计规章制度,由单位审定公布后施行;

(四)检查有关生产、经营和财务活动的资料、文件和现场勘察实物;

(五)检查有关的计算机系统及其电子数据和资料；

(六)对与审计事项有关的问题向有关单位和个人进行调查,并取得证明材料；

(七)对正在进行的严重违法违规、严重损失浪费行为,作出临时制止决定；

(八)对可能转移、隐匿、篡改、毁弃会计凭证、会计账簿、会计报表以及与经济活动有关的资料,经本单位主要负责人或者权力机构批准,有权予以暂时封存；

(九)提出纠正、处理违法违规行为的意见以及改进经济管理、提高经济效益的建议；

(十)对违法违规和造成损失浪费的单位和人员,给予通报批评或者提出追究责任的建议。

**第十二条** 单位主要负责人或者权力机构在管理权限范围内,授予内部审计机构必要的处理、处罚权。

**第十三条** 内部审计机构对本单位有关部门及所属单位严格遵守财经法规、经济效益显著、贡献突出的集体和个人,可以向单位主要负责人或者权力机构提出表扬和奖励的建议。

**第十四条** 内部审计机构应当遵守内部审计准则、规定,按照单位主要负责人或者权力机构的要求实施审计。

**第十五条** 内部审计协会是内部审计行业的自律性组织,是社会团体法人。全国设立中国内部审计协会,地方根据需要和法定程序设立具有独立法人资格的地方内部审计协会。

**第十六条** 内部审计协会依照法律和章程履行职责,并接受审计机关的指导、监督和管理。

**第十七条** 内部审计机构应当不断提高内部审计业务质量,并依法接受审计机关对内部审计业务质量的检查和评估。

**第十八条** 被审计单位不配合内部审计工作、拒绝审计或者提供资料、提供虚假资料、拒不执行审计结论或者报复陷害内部审计人员的,单位主要负责人或者权力机构应当及时予以处理;构成犯罪的,移交司法机关追究刑事责任。

**第十九条** 对认真履行职责、忠于职守、坚持原则、做出显著成绩的内部审计人员,由所在单位给予精神或者物质奖励。

对滥用职权、徇私舞弊、玩忽职守、泄漏秘密的内部审计人员,由所在单位依照有关规定予以处理;构成犯罪的,移交司法机关追究刑事责任。

**第二十条** 本规定由审计署负责解释。

**第二十一条** 本规定自 2003 年 5 月 1 日起施行。审计署于 1995 年 7 月 14 日发布的《审计署关于内部审计工作的规定》(审计署令 1995 年第 1 号)同时废止。

## 2. 中国内部审计准则序言[①](2003 年颁布)

本序言旨在说明中国内部审计准则的制定依据、目标、体系、约束力、适用范围、制定与发布程序、修订和解释权。

**一、中国内部审计准则的制定依据与目标**

(一)中国内部审计准则依据《中华人民共和国审计法》、《审计署关于内部审计工作的规定》及相关法律法规制定。

(二)制定中国内部审计准则的目标:

1. 贯彻落实《中华人民共和国审计法》、《审计署关于内部审计工作的规定》以及相关法律法规,加强内部审计工作,实现内部审计的制度化、规范化和职业化。

2. 促使内部审计机构和人员按照统一的内部审计准则开展内部审计工作,保障内部审计机构和人员依法行使职权,保证内部审计质量,提高内部审计效率,防范审计风险,促进组织的自我完善与发展。

3. 明确内部审计机构和人员的责任,发挥内部审计在强化内部控制、改善风险管理、完善组织治理结构、促进组织目标实现的作用。

---

① 虽然《内部审计准则》不属于严格意义上的法规,但是对于企业做好会计和审计工作具有巨大的实践意义,因此编者把中国内部审计协会制定的《内部审计准则》纳入本书。

4. 建立与国际内部审计准则相衔接的中国内部审计准则。

**二、中国内部审计准则的体系**

中国内部审计准则是中国内部审计工作规范体系的重要组成部分，由内部审计基本准则、内部审计具体准则、内部审计实务指南三个层次组成。

（一）内部审计基本准则。内部审计基本准则是内部审计准则的总纲，是内部审计机构和人员进行内部审计时应当遵循的基本规范，是制定内部审计具体准则、内部审计实务指南的基本依据。

（二）内部审计具体准则。内部审计具体准则是依据内部审计基本准则制定的，是内部审计机构和人员在进行内部审计时应当遵循的具体规范。

（三）内部审计实务指南。内部审计实务指南是依据内部审计基本准则、内部审计具体准则制定的，为内部审计机构和人员进行内部审计提供的具有可操作性的指导意见。

**三、中国内部审计准则的约束力**

（一）内部审计基本准则、内部审计具体准则是内部审计机构和人员进行内部审计的执业规范，内部审计机构和人员在进行内部审计时应当遵照执行。

（二）内部审计实务指南是对内部审计机构和人员实施内部审计的具体指导，内部审计机构和人员在进行内部审计时应当参照执行。

**四、中国内部审计准则的适用范围**

（一）中国内部审计准则适用于内部审计机构和人员进行内部审计的全过程。

（二）中国内部审计准则适用于各类组织。无论组织是否以盈利为目的，也无论组织规模大小和组织形式如何，内部审计机构和人员在进行内部审计时，都应遵循内部审计准则。

**五、中国内部审计准则的制定程序**

（一）内部审计准则由中国内部审计协会制定。协会下设准则委员会负责内部审计准则的起草、修改和论证工作。

（二）中国内部审计准则的制定程序：

1. 选定项目。中国内部审计协会准则委员会提出内部审计准则备选项目，经专家咨询论证，征求有关方面意见后，由中国内部审计协会审批立项。

2. 拟定初稿。中国内部审计协会准则委员会根据确定的项目，进行调查研究，起草初稿。中国内部审计协会征询专家和有关方面意见，由中国内部审计协会准则委员会修订后提交征求意见稿。

3. 征求意见。中国内部审计协会发布征求意见稿，广泛征求各有关方面的意见。

4. 修改定稿。中国内部审计协会准则委员会根据各方面意见修改征求意见稿，中国内部审计协会征询专家及有关方面意见后定稿。

**六、中国内部审计准则的发布、修订与解释**

中国内部审计准则由中国内部审计协会负责发布、修订与解释。

# 3. 内部审计基本准则（2003年颁布）

## 第一章 总 则

**第一条** 为了规范内部审计工作，明确内部审计机构和人员的责任，根据《中华人民共和国审计法》、《审计署关于内部审计工作的规定》及相关法律法规制定本准则。

**第二条** 本准则所称内部审计，是指组织内部的一种独立客观的监督和评价活动，它通过审查和评价经营活动及内部控制的适当性、合法性和有效性来促进组织目标的实现。

**第三条** 本准则适用于各类组织的内部审计机构、内部审计人员及其从事的内部审计活动。

## 第二章 一般准则

**第四条** 内部审计机构的设置应考虑组织的性质、规模、内部治理结构及相关规定，并配备一定数量具有执业资格的内部审计人员。

**第五条** 内部审计机构应建立有效的质量控制制度，并积极了解、参与组织的内部控制建设。

**第六条** 内部审计人员应具备必要的学识及业务能力，熟悉本组织的经营活动和内部控制，并不断通过后续教育来保持和提高专业胜任能力。

**第七条** 内部审计人员应当遵循职业道德规范，并以应有的职业谨慎态度执行内部审计业务。

**第八条** 内部审计机构和人员应保持独立性和客观性，不得负责被审计单位经营活动和内部控制的决策与执行。

**第九条** 内部审计人员应具有较强的人际交往技能，能恰当地与他人进行有效的沟通。

## 第三章 作业准则

**第十条** 内部审计人员在审计过程中，应充分考虑重要性与审计风险的问题。

**第十一条** 内部审计人员应在考虑组织风险、管理需要及审计资源的基础上，制定审计计划，对审计工作做出合理安排。

**第十二条** 内部审计人员在实施审计前，应向被审计单位送达内部审计通知书，并做好必要的审计准备工作。

**第十三条** 内部审计人员应深入调查、了解被审计单位的情况，采用抽样审计等方法，对其经营活动及内部控制的适当性、合法性和有效性进行测试。

**第十四条** 内部审计人员可以运用审核、观察、询问、函证和分析性复核等方法，获取充分、相关、可靠的审计证据，以支持审计结论和建议。

**第十五条** 内部审计人员在审计过程中应积极利用计算机进行辅助审计。在计算机信息系统下进行审计，不应改变审计计划确定的目标和范围。

**第十六条** 内部审计人员应将审计程序的执行过程及收集和评价的审计证据，记录于审计工作底稿。

## 第四章 报告准则

**第十七条** 内部审计人员应在实施必要的审计程序后，出具审计报告。审计报告的编制应当以经过核实的审计证据为依据，做到客观、完整、清晰、及时、具有建设性，并体现重要性原则。

**第十八条** 审计报告应说明审计目的、范围，提出结论和建议，并应当包括被审计单位的反馈意见。

**第十九条** 审计报告应声明内部审计是按照中国内部审计准则的规定实施，若存在未遵循该准则的情形，审计报告应对其作出解释和说明。

**第二十条** 内部审计机构应建立审计报告的分级复核制度，明确规定各级复核的要求和责任。

**第二十一条** 内部审计人员应进行后续审计，促进被审计单位对审计发现的问题及时采取合理、有效的纠正措施。

## 第五章 内部管理准则

**第二十二条** 内部审计机构负责人应确定年度审计工作目标，制定年度审计计划，编制人力资源计划和财务预算。

**第二十三条** 内部审计机构负责人应根据《审计署关于内部审计工作的规定》和中国内部审计准则，结合本组织的实际情况，制定审计工作手册，以指导内部审计人员的工作。

**第二十四条** 内部审计机构负责人应建立内部激励约束制度，对内部审计人员的工作进行监督、考核，评价其工作业绩。

**第二十五条** 内部审计机构负责人应在组织适当管理层的支持和监督下，做好与外部审计的协调工作。

## 第六章 附　　则

**第二十六条** 本准则由中国内部审计协会发布并负责解释。

**第二十七条** 本准则自 2003 年 6 月 1 日起施行。

# 4. 内部审计具体准则第1号——审计计划(2003年颁布)

## 第一章 总 则

**第一条** 为了规范内部审计人员编制审计计划,保证及时、有效地执行审计业务,提高审计效率,根据《内部审计基本准则》制定本准则。

**第二条** 本准则所称审计计划,是指内部审计机构和人员为完成审计业务,达到预期的审计目的,对一段时期的审计工作任务或具体审计项目作出的事先规划。

**第三条** 本准则适用于各类组织的内部审计机构、内部审计人员及其从事的内部审计活动。

## 第二章 一般原则

**第四条** 审计计划一般包括年度审计计划、项目审计计划和审计方案三个层次:

(一)年度审计计划是对年度的审计任务所作的事先规划,是组织年度工作计划的重要组成部分;

(二)项目审计计划是对具体审计项目实施的全过程所作的综合安排;

(三)审计方案是对具体审计项目的审计程序及其时间等所作出的详细安排。

内部审计机构可以根据组织的性质、规模、审计业务的复杂程度等因素决定审计计划层次的繁简。

**第五条** 年度审计计划应在下年度开始前编制完成,并报组织适当管理层批准,以指导内部审计机构下年度的工作;项目审计计划和审计方案应在审计实施前编制完成,并经内部审计机构负责人批准。

**第六条** 内部审计机构应当根据批准后的审计计划组织实施内部审计活动。在计划执行过程中,若有必要,应按规定的程序对计划进行修改和补充。

**第七条** 内部审计机构负责人应定期检查审计计划的执行情况。

## 第三章 年度审计计划

**第八条** 内部审计机构负责人负责年度审计计划的制定工作。

**第九条** 年度审计计划应当包括以下基本内容:

(一)内部审计年度工作目标;

(二)需要执行的具体审计项目及其先后顺序;

(三)各审计项目所分配的审计资源;

(四)后续审计的必要安排。

**第十条** 在制定年度审计计划时,应当考虑组织风险、管理需要和审计资源,以确定具体审计项目。

**第十一条** 在制定年度审计计划前,应了解以下情况,以评价各审计项目的风险程度:

(一)组织的发展目标及年度工作重点;

(二)严重影响相关经营活动的法规、政策、计划和合同;

(三)相关内部控制的质量;

(四)相关经营活动的复杂性及其近期变化;

(五)相关人员的能力、品质及其岗位的近期变动;

(六)其他与项目有关的重要情况。

**第十二条** 内部审计机构负责人应根据审计项目的风险程度规划审计项目执行的先后顺序。

**第十三条** 内部审计机构负责人应根据审计项目的性质、复杂性及时间限制,合理安排所需的审计资源。

## 第四章 项目审计计划与审计方案

**第十四条** 内部审计机构应根据年度审计计划确定的审计项目和时间安排,选派内部审计人员开展审

计工作。

**第十五条** 在具体实施审计项目前，审计项目负责人应充分了解被审计单位的以下情况，以制定项目审计计划：

(一)经营活动概况；

(二)内部控制的设计及运行情况；

(三)财务、会计资料；

(四)重要的合同、协议及会议记录；

(五)上次审计的结论、建议以及后续审计的执行情况；

(六)上次外部审计的审计意见；

(七)其他与项目审计计划有关的重要情况。

**第十六条** 项目审计计划应当包括以下基本内容：

(一)审计目的和审计范围；

(二)重要性和审计风险的评估；

(三)审计小组构成和审计时间的分配；

(四)对专家和外部审计工作结果的利用；

(五)其他有关内容。

**第十七条** 审计项目负责人应根据项目审计计划制定审计方案。

**第十八条** 审计方案应当包括以下基本内容：

(一)具体审计目的；

(二)具体审计方法和程序；

(三)预定的执行人及执行日期；

(四)其他有关内容。

**第十九条** 审计项目负责人可以根据被审计单位的经营规模、业务复杂程度及审计工作的复杂程度确定项目审计计划和审计方案内容的繁简程度。

### 第五章 附 则

**第二十条** 本准则由中国内部审计协会发布并负责解释。

**第二十一条** 本准则自 2003 年 6 月 1 日起施行.

## 5. 内部审计具体准则第 2 号——审计通知书(2003 年颁布)

### 第一章 总 则

**第一条** 为了规范内部审计通知书的编制与发送，根据《内部审计基本准则》制定本准则。

**第二条** 本准则所称审计通知书，是指内部审计机构在实施审计前，通知被审计单位或个人接受审计的书面文件。

**第三条** 本准则适用于各类组织的内部审计机构、内部审计人员及其从事的内部审计活动。

### 第二章 审计通知书的编制与发送

**第四条** 审计通知书应包括以下基本内容：

(一) 被审计单位及审计项目名称；

(二) 审计目的及审计范围；

(三) 审计时间；

(四) 被审计单位应提供的具体资料和其他必要的协助；

（五）审计小组名单；

（六）内部审计机构及其负责人的签章和签发日期。

**第五条** 内部审计机构应根据经过批准后的审计计划编制审计通知书。

**第六条** 内部审计机构应在实施审计前，向被审计单位送达审计通知书。特殊审计业务可在实施审计时送达。

**第七条** 审计通知书主送被审计单位，必要时可抄送组织内部相关部门。涉及组织内个人责任的审计项目，应抄送被审计者本人。

### 第三章 附 则

**第八条** 本准则由中国内部审计协会发布并负责解释。

**第九条** 本准则自2003年6月1日起施行。

## 6. 内部审计实务指南第3号——审计报告（2003年颁布）

### 第一章 总 则

**第一条** 为了指导内部审计人员编制和出具审计报告，规范内部审计报告及相关活动，根据《内部审计基本准则》和《内部审计具体准则第7号—审计报告》制定本指南。

**第二条** 本指南所称审计报告是指内部审计人员根据审计计划对被审计单位实施必要的审计程序后，就被审计单位经营活动和内部控制的适当性、合法性和有效性出具的书面文件。

**第三条** 本指南适用于各类企业的内部审计机构、内部审计人员及其从事的内部审计活动。政府及非盈利组织的内部审计活动，可结合行政管理程度的要求，参照执行。

**第四条** 内部审计报告应当体现内部审计项目目标的要求，并有助于组织增加价值。内部审计项目目标的要求主要包括但不限于对以下方面的评价：

（一）经营活动合法性；

（二）经营活动的经济性、效果性和效率性；

（三）组织内部控制的健全性和有效性；

（四）组织负责人的经济责任履行状况；

（五）组织财务状况与会计核算状况；

（六）组织的风险管理状况。

**第五条** 正式立项的审计项目应当在终结审计后编制审计报告；如果存在下述情况之一时，应当根据组织适当管理层的要求和内部审计工作的需要编制并报送中期审计报告：

（一）审计周期过长；

（二）被审计项目内容特别庞杂；

（三）被审计期间比较长；

（四）突发事件引起特殊要求；

（五）组织适当管理层需要审计项目进展情况的信息；

（六）其他需要提供中期审计报告的情况。

中期审计报告不能取代终结审计报告，但中期审计报告能够作为终结审计报告的编制依据。中期审计报告不具有终结审计报告的效力。

**第六条** 编制审计报告应当遵循以下原则：

（一）客观性。审计报告应以可靠的证据为依据，实事求是地反映审计事项，做出客观、公正的审计结论。

（二）完整性。审计报告应当做到要素齐全，内容完整，不遗漏审计发现的重大事项。

（三）清晰性。审计报告应当做到逻辑性强、突出重点，简明扼要地阐明事实和结论。避免使用不必要的过于专业性和技术性的复杂语言。文字应当通顺流畅，用词准确，避免使用“几个、少数、大量”等模糊字眼说明情况。

（四）及时性。审计报告应当及时编制，以便组织适当管理层适时采取有效纠正措施。在保证审计报告质量的前提下，审计报告应当在完成现场审计后尽快编制，经过征求意见和补充修改后分别送达各有关方面。

（五）实用性。审计报告所提供的信息，应当有利于解决经营管理中存在的重要问题，并有助于组织实现预定的目标。

（六）建设性。审计报告不仅应当发现问题和评价过去，而且还应能解决问题和指导未来，应当针对被审计单位经营活动和内部控制的缺陷提出适当的改进建议。

（七）重要性。在形成审计结论与建议时，应充分考虑审计项目相关的风险水平和重要性，对于被审计单位经营活动和内部控制中存在的严重差异和漏洞以及审计风险高的领域应当在审计报告中有重点的详细说明。同时，内部审计人员还要考虑被审单位接受审计建议、采取相应措施的成本与效益关系。

**第七条** 内部审计机构应该建立健全审计报告分级复核制度，明确规定各级复核岗位的要求和责任。复核层次级别的具体设置应当视审计项目的复杂程度和内部审计机构的规模、人员配置等各种因素而定。

**第八条** 审计报告可以手工编制，也可以使用计算机软件自动编制。

**第九条** 内部审计人员需用联系及综合性的思维方式、以高超的沟通与合作技能来组织和编写审计报告。

## 第二章 审计报告的构成要素

**第十条** 内部审计报告因审计项目预定目的的不同而存在差异，一般的内部审计报告应包括以下基本要素：

（一）标题；

（二）收件人；

（三）正文；

（四）附件；

（五）签章；

（六）报告日期；

（七）其他。

**第十一条** 内部审计报告的标题应能反映审计的性质，力求言简意赅并有利于归档和索引。一般应当主要包括以下内容：

（一）被审计单位名称；

（二）审计事项（类别）；

（三）审计期间；

（四）其他。

**第十二条** 内部审计报告的收件人应当是与审计项目有管理和监督责任的机构或个人。一般应当包括：

（一）被审计单位适当管理层；

（二）董事会或其下设的审计委员会或者组织中的主要负责人；

（三）组织最高管理当局；

（四）上级主管部门的机构或人员；

（五）其他相关人员。

考虑到各个组织的法人治理结构、管理方式差异，审计报告的送达单位或个人应当根据具体情况确定。

**第十三条** 内部审计报告的正文是审计报告的核心内容。一般应当包括以下项目：

（一）审计概况；

（二）审计依据；

(三)审计发现;
(四)审计结论;
(五)审计建议;
(六)其他方面。

**第十四条** 内部审计报告的附件是对审计报告正文进行补充说明的文字和数字材料。一般应当包括:
(一)相关问题的计算及分析性复核审计过程;
(二)审计发现问题的详细说明;
(三)被审计单位及被审计责任人的反馈意见;
(四)记录审计人员修改意见、明确审计责任、体现审计报告版本的审计清单;
(五)需要提供解释和说明的其他内容。

**第十五条** 内部审计报告应当由主管的内部审计机构盖章,并由以下人员签字:
(一)审计机构负责人;
(二)审计项目负责人;
(三)其他经授权的人员。

**第十六条** 审计报告日期一般采用内部审计机构负责人批准送出日作为报告日期。以下情况下使用相关的日期:
(一)因采纳组织主管负责人的某些修改意见时;
(二)内部审计人员在本机构负责人审批之后又发现被审计单位存在新的重大问题时;
(三)内部审计报告存在重要疏忽时;
(四)其他情况。

## 第三章 审计报告的主要内容

**第十七条** 审计概况是对审计项目的总体情况的介绍和说明。一般主要包括:
(一)立项依据。在审计报告中应当根据实际情况说明审计项目的来源:
1. 审计计划安排的项目;
2. 有关机构(外部审计机构、组织有关部门)委托的项目;
3. 根据工作需要临时安排的项目;
4. 其他项目。

(二)背景介绍。在审计报告中,应当对有助于理解审计项目立项以及审计评价的以下情况进行简要描述:
1. 选择审计项目的目的和理由;
2. 被审计单位的规模、业务性质与特点、组织机构、管理方式、员工数量、主要管理人员等;
3. 上次同类审计的评价情况;
4. 与审计项目相关的环境情况;
5. 与被审计事项有关的技术性文件;
6. 其他情况。

(三)整改情况。如有必要,应当将上次审计后的整改情况在审计报告中加以说明。

(四)审计目标与范围。审计报告中应当明确地陈述本次审计的目标,并应与审计计划中提出的目标相一致;还应当指出本次审计的活动内容和所包含的期间。如果存在未进行审计的领域,应当在报告中指出,特别是某些受到限制无法进行检查的项目,应说明受限制无法审查的原因。

(五)审计重点。审计报告应当对本次审计项目的重点、难点进行详细说明,并指出针对这些方面采取了何种措施及其所产生的效果,也可以对审计中所发现的重点问题做出简短的叙述及评论。

(六)审计标准。财务审计的标准主要是国家有关部门所颁布的会计准则、会计制度以及其他相关规范制度。管理审计的标准主要是组织管理层已制定或已认可的各项标准。

**第十八条** 审计依据是审计报告应声明内部审计程序是按照内部审计准则的规定实施审计的。当确实无法按照审计准则要求执行必要的审计程序时,应在审计报告中陈述理由,并对由此可能导致的对审计

结论和整个审计项目质量的影响做出必要的说明。

**第十九条** 审计发现是内部审计人员在对被审计单位的经营活动与内部控制的检查和测试过程中所得到的积极或消极的事实，一般应包括以下内容：

（一）所发现事实的现状，即审计发现的具体情况；

（二）所发现事实应遵照的标准，如政策、程序和相关法律法规；

（三）所发现事实与预定标准的差异；

（四）所发现事实已经或可能造成的影响；

（五）所发现事实在目前现状下产生的原因（包括内在原因与环境原因）。

**第二十条** 审计结论是内部审计人员对审计发现所做出的职业判断和评价结果，表明内部审计人员对被审计单位的经营活动和内部控制所持有的态度和看法。

在做出审计结论时，内部审计人员应针对本次审计的目的和要求，根据已掌握的证据和已查明的事实，对被审计单位的经营活动和内部控制做出评价。内部审计人员提出的结论可以是对经营活动或内部控制的全面评价，也可仅限于对部分经营活动和内部控制进行评价。如果必要，审计结论还应包括对出色业绩的肯定。

**第二十一条** 审计建议是内部审计人员针对审计发现提出的方案、措施和办法。审计建议可以是对被审计单位经营活动和内部控制存在的缺陷和问题提出的改善和纠正的建议；也可以是对显著经济效益和有效内部控制提出的表彰和奖励的建议。

内部审计人员应该依据审计发现和审计证据，结合组织的实际情况和审计结论的性质，提出审计建议。审计建议可分为以下几种类型：

（一）现有系统运行良好，无需改变；

（二）现有系统需要全部或局部改变：

1. 改进的方案设计；

2. 方案实施的要求；

3. 方案实施效果的预计；

4. 未实施此方案的后果分析。

## 第四章 审计报告的基本格式

**第二十二条** 内部审计人员在确认有较大必要性的条件下编制规范的中期审计报告。一般中期审计报告篇幅较短，应当清楚地说明审计发现的事实、不良状况的影响，并提出审计建议。中期审计报告的格式可以根据实际需要选择以下所列格式之一：

（一）中期审计报告的基本格式包括：(1)标题，可由审计项目和“中期审计报告”两部分组成；(2)收件人；(3)审计发现；(4)审计建议；(5)附件；(6)签章；(7)报告日期。

中期审计报告一般格式参考范例如下：

### 关于“出纳付款程序”的中期审计报告(标题)

公司总经理：(收件人)

从正在进行的公司××年度财务收支审计中，我们发现公司财务部付款内部控制程序存在严重缺陷。出纳员××保管着公司财务专用章及财务经理私章，可随时支取公司款项，在我们的初步审核中，已经发现未经审批的付款××笔，共计××万元，如果不采取紧急措施，将可能导致更大的舞弊风险。(审计发现)

根据上述情况，我们建议财务经理收回相关印鉴，对每一笔公司款项的支付严格审核后才能签发，同时责成出纳员说清××万元款项的去向，采取各种手段追回款项，并建议临时停止出纳员的职务工作。(审计建议)

**附件**：1. ××

2. ××

3. ××(附件)

审计项目负责人:××
审计小组成员:××、××
××审计机构(签章)
××年××月××日(报告日期)

(二)中期审计报告的备忘格式包括:(1)标题,只简单列示审计项目即可;(2)收件人;(3)审计发现;(4)审计建议;(5)审计人员签章;(6)报告日期。

中期审计报告备忘格式参考范例如下:

## 资本性支出授权的中期报告(标题)

供销部经理:(收件人)

在审计贵单位资本性项目的过程中,我们发现目前所发生的资本性支出没有取得相应的批准文件。在××个资本性项目中,我们抽取了××个进行检查。累计支出××万元人民币。在档案资料中,均没有发现取得相应的批准文件。(审计发现的事件)

造成这种结果的原因是:最近改组重建的会计部门还没有在项目建设之前授权专门的人员负责批准;另外,采购订单的复核、批准还没有建立相应的程序。(审计发现的原因)

为了确保按照企业管理当局的意图对资本性支出业务进行有效的控制,我们建议贵单位应该授权专门人员负责采购业务的批准;另外,在实施采购之前,采购订单应该与经过批准的文件进行核对验证。(审计建议)

审计员:×××
×××(签章)
××年××月××日(报告日期)

**第二十三条**　内部审计人员应当编制终结审计报告。终结审计报告的基本格式包括:(1)标题;(2)收件人;(3)审计概况(立项依据及背景介绍,上次审计后的整改情况说明,审计目的和范围,审计重点等);(4)审计依据;(5)审计发现;(6)审计结论;(7)审计建议;(8)附件;(9)签章;(10)报告日期。

终结审计报告基本格式参考范例如下:

## 关于××公司内部会计控制的审计报告(标题)

××公司总经理:(收件人)

为了配合今年年底公司组织的行业检查活动,我们临时调整了审计计划,组成了以王××为项目负责人的5人审计小组,对公司内部会计控制制度进行了局部审计,旨在自我评价,消除内部控制的弱点,改善公司管理水平,争取在行业评比中获得优异成绩。我们的审计目标是测试内部会计控制方面是否存在漏洞,寻找与同行业其他企业的差距。审计涉及的期间是20××年1月1日至20××年12月31日。审核的范围包括会计制度设计、会计核算程序、会计工作机构和人员职责,财务管理制度等方面。(审计概况)

我们按照内部审计准则的规定计划和实施本项内部审计工作,并采用了我们认为应当采用的必要的审计程序,根据抽查结果,我们认为,下列情况应当予以关注:

1. 没有定期进行银行对账单调节。截至我们进行审计时,银行对账单的调节工作已延误了四个月,严重削弱了公司对资金安全性的控制。(见附件第××页)

2. 由于没有防止投资收益账户上舞弊行为的控制程序,导致超过100,000元的股利被非法挪用。(见附件第××页)

3. ……(审计发现)

除上述问题外，我们认为，组织管理层对内部会计控制的设计在整体上是符合公司的实际情况的，其运行取得了预期的效果。（审计结论）

我们认为，上述问题的发生，主要原因是相关职位人员配备不足，不相容职务未予以分离。建议财务部门健全资金控制制度，并招聘一名有经验的会计人员充实相关职位。（审计建议）

**附件**：1. ××

2. ××

3. ××（附件）

审计项目负责人：×××

审计小组成员：×××

×××

××审计机构（签章）

××年××月××日（报告日期）

## 第五章　审计报告编制的程序和方法

**第二十四条**　内部审计报告的编制应当在结束现场审计工作之后进行。内部审计人员应当按照以下程序编制审计报告：

（一）做好相关准备工作；

（二）编制审计报告初稿；

（三）征求被审计单位意见；

（四）复核、修订审计报告并最后定稿。

**第二十五条**　内部审计人员在进行审计报告的准备工作时，应重点关注以下事项：

（一）报告的整体或具体格式；

（二）可能的发送对象，以及报告收件人的姓名和职位；

（三）审计目的、范围等的表述；

（四）审计计划或审计委托书；

（五）审计发现的描述；

（六）用以支持审计发现和建议的各种信息，包括：附录、说明和图表；

（七）特别敏感的内容，包括：在报告中对于机密内容的披露程度；被审计单位对审计发现的可能性反应，以及内部政策等；

（八）其他需要考虑的重要报告事项。

**第二十六条**　审计报告初稿由审计项目负责人或者由其授权的审计项目小组其他成员起草。如由其他人员起草时，应当由审计项目负责人进行复核。审计报告初稿应当在审计项目小组进行讨论，并根据讨论结果进行适当的修订。编制审计报告充分应当体现审计报告的质量要求。

**第二十七条**　在审计报告正式提交之前，审计项目小组应与被审计单位及其相关人员进行及时、充分的沟通。

审计项目小组与被审计单位的沟通，应当根据沟通内容的要求，选择会议形式或个人交谈形式。内部审计机构和人员在与被审计单位进行沟通时，应注意沟通技巧，进行平等、诚恳、恰当、充分的交流。

审计项目小组应当根据沟通结果对审计报告适当进行处理。

**第二十八条**　审计报告应当由被授权的审计项目小组成员以及审计项目负责人、审计机构负责人等相关人员进行严格的复核和适当的修订。审计报告复核、修改后，再经与组织适当管理层充分沟通后，由经授权人员签章，提交给审计项目有责任的机构或个人。

**第二十九条**　内部审计人员应当在实施必要的审计程序后，采用以下方法编制审计报告：

（一）考虑审计报告使用者的各种合理需求。有些事项或后续审计结果与本次审计结论没有直接关系或关系不重要，但需审计人员向报告收件人如组织管理当局反映提请关注，此类事项和情况应适当写入审计报告。

（二）反映被审计对象的相关成绩。对被审计单位的突出业绩应当在审计报告中予以适当说明。

（三）反映改进的计划和行动。由于受到审计目标和准备工作的制约，或受到审计过程中新发生情况的影响，审计范围可能与年度审计计划或最初拟定的范围不一致，必要时可在审计报告中指出所改进的计划与所采取的行动。

（四）揭示导致问题产生的外部不利因素的影响。

（五）采用正面的、积极的语言。对审计过程中揭示的消极的审计发现，在不损害内部审计独立性和声誉的前提下，应当充分考虑被审计单位的意见及可能对其造成的不利影响，客观准确地以被审计单位可接受的语言写入审计报告。

（六）运用恰当的图表和脚注。审计报告可以运用适当的图表和脚注，以增强灵活性，快速准确直观地揭示和传递提供审计信息。

## 第六章　审计报告的复核、发送和保存

**第三十条**　内部审计机构应当建立审计报告的三级复核制度。由审计项目负责人主持现场全面复核；由内部审计机构的业务主管主持非现场重点复核；由内部审计机构负责人主持非现场总体复核。三级复核的分工，可由组织的内部审计机构自行决定。各级复核的主持人在必要时可以授权他人行使权力，但责任仍由主持人承担。

**第三十一条**　审计报告复核主要包括形式复核和内容复核。

（一）形式复核。一般包括：

1. 审计项目名称是否准确，描述是否恰当；
2. 被审计单位的名称和地址是否可靠；
3. 审计日期是否准确，审计报告格式是否规范；
4. 审计报告收件人是否为适当的发送对象，职位、名称、地址是否正确；
5. 审计报告是否表示希望获得被审计单位的回应；
6. 审计报告是否需要目录页，目录页的位置是否恰当，页码索引是否前后一致；
7. 审计报告中的附件序号与附件的实际编号是否对应；
8. 审计报告是否征求被审计单位意见；
9. 审计报告的复核手续是否完整。

（二）内容复核。一般包括：

1. 背景情况的介绍是否真实，语气是否适当；
2. 审计范围和目标是否明确，审计范围是否受限；
3. 审计发现的描述是否真实，证据是否充分；
4. 签发人是否恰当，签发人与收件人的级别是否相称；
5. 参与审计人员的名单是否列示完整，排名是否正确；
6. 报告收件人是否恰当，有无遗漏，姓名与职位是否正确；
7. 标题的使用是否适当；
8. 审计结论的表述是否准确；
9. 审计评价的依据的引用是否适当；
10. 审计建议是否可行。

**第三十二条**　审计报告的发送范围一般限于组织内部，通常可根据组织的一般要求和审计活动本身的性质来确定发送对象。

**第三十三条**　内部审计机构应根据具体情况，决定是否将内部审计报告送交组织外部的相关部门和人员，或者是将审计报告的部分内容呈送组织外部的相关部门和人员。在决定对外报送内部审计报告时，应当经过内部审计机构负责人或组织适当管理层的批准程序。

**第三十四条**　内部审计人员应当根据审计报告的保密性要求，充分考虑审计报告传递方式的恰当性。一般应当采取派专人直接传递、特快专递、邮政服务和办公室当面传递等方式进行报告传递。

**第三十五条** 组织应当制定制度性文件，对审计报告的发送对象和各种传递方式做出规定，防止报告在传递过程中被延误、丢失或误投。

**第三十六条** 内部审计机构应当保留审计报告副本。审计报告以及其它业务文档应当按照内部审计机构或组织管理层制定的审计档案管理制度纳入档案管理，加以分类并且妥善保存。

**第三十七条** 内部审计报告应在适当的范围予以公开。

### 第七章 附 则

**第三十八条** 本指南由中国内部审计协会发布并负责解释。

**第三十九条** 本指南自2009年1月1日起施行。

## 7. 内部审计具体准则第4号——审计工作底稿（2003年颁布）

### 第一章 总 则

**第一条** 为了规范审计工作底稿的编制和使用，根据《内部审计基本准则》制定本准则。

**第二条** 本准则所称审计工作底稿，是指内部审计人员在审计过程中形成的工作记录，是联系审计证据和审计结论的桥梁。

**第三条** 本准则适用于各类组织的内部审计机构、内部审计人员及其从事的内部审计活动。

### 第二章 一般原则

**第四条** 内部审计人员在审计工作中应编制审计工作底稿，以达到以下目的：

(一)为形成审计报告提供依据；

(二)说明审计目标的实现程度；

(三)为评价内部审计工作质量提供依据；

(四)证实内部审计机构及人员是否遵循内部审计准则；

(五)为以后的审计工作提供参考；

(六)提高内部审计人员的专业素质。

**第五条** 审计工作底稿应内容完整、记录清晰、结论明确，客观反映项目审计计划与审计方案的制定及实施情况，并包括与形成审计结论和建议有关的所有重要事项。

**第六条** 审计工作底稿的形式可以是纸质、磁带、磁盘、胶片或其他有效的信息载体。无纸化的工作底稿应制作备份。

**第七条** 审计工作底稿主要包括以下记录：

(一)内部审计通知书、项目审计计划、审计方案及其调整的记录；

(二)审计程序执行过程和结果的记录；

(三)获取的各种类型审计证据的记录；

(四)其他与审计事项有关的记录。

**第八条** 内部审计机构应当建立审计工作底稿的分级复核制度，明确规定各级复核的要求和责任。内部审计机构负责人对审计工作底稿的复核负完全责任。

### 第三章 审计工作底稿的编制与复核

**第九条** 审计工作底稿应载明下列事项：

(一)被审计单位的名称；

(二)审计事项及其期间或截止日期;

(三)审计程序的执行过程和执行结果记录;

(四)审计结论;

(五)执行人员姓名和执行日期;

(六)复核人员姓名、复核日期和复核意见;

(七)索引号及页次;

(八)审计标识与其他符号及其说明等。

**第十条** 审计工作底稿中可使用各种审计标识,但应注明含义并保持前后一致。

**第十一条** 审计工作底稿应注明索引编号和顺序编号。相关工作底稿之间如存在勾稽关系应予以清晰反映,相互引用时应交叉注明索引编号。

**第十二条** 审计工作底稿的复核应由内部审计机构中比工作底稿编制人员职位更高或具有丰富经验的人担任。

**第十三条** 在审计作业中,审计项目负责人应加强对工作底稿的现场复核。

**第十四条** 如果发现审计工作底稿存在问题,复核人员应在复核意见中加以说明,并要求相关人员补充或重编工作底稿。

### 第四章 审计工作底稿的整理与使用

**第十五条** 内部审计人员在审计项目完成后,应及时对审计工作底稿进行分类整理,按相关法规的要求归档、管理和使用。

**第十六条** 审计工作底稿归组织所有,由内部审计机构或组织内部有关部门保管。

**第十七条** 内部审计机构应建立工作底稿保密制度。如果内部审计机构以外的组织或个人要求查阅工作底稿,必须由内部审计机构负责人或其主管领导批准。但法院、检察院和其他有权部门依法进行查阅的除外。

### 第五章 附 则

**第十八条** 本准则由中国内部审计协会发布并负责解释。

**第十九条** 本准则自 2003 年 6 月 1 日起施行。

## 8. 内部审计具体准则第 5 号——内部控制审计(2003 年颁布)

### 第一章 总 则

**第一条** 为了规范内部审计人员审查与评价被审计单位的内部控制,根据《内部审计基本准则》制定本准则。

**第二条** 本准则所称内部控制,是指组织内部为实现经营目标,保护资产安全完整,保证遵循国家法律法规,提高组织运营的效率及效果,而采取的各种政策和程序。

**第三条** 本准则适用于各类组织的内部审计机构、内部审计人员及其从事的内部审计活动。

### 第二章 一般原则

**第四条** 内部控制审计的目的是合理地保证组织实现以下目标:

(一)遵守国家有关法律法规和组织内部规章制度;

(二)信息的真实、可靠;

(三)资产的安全、完整;
(四)经济有效地使用资源;
(五)提高经营效率和效果。
**第五条** 内部控制包括控制环境、风险管理、控制活动、信息与沟通、监督等五个要素。
**第六条** 控制环境主要包括以下内容:
(一)经济性质和经营类型;
(二)管理层的经营理念;
(三)管理层倡导的组织文化;
(四)法人治理结构;
(五)各项职责的分工及相应人员的胜任能力;
(六)人力资源政策及其执行。
**第七条** 风险管理主要包括以下内容:
(一)识别影响组织目标实现的各类风险;
(二)建立风险管理机制。
**第八条** 控制活动主要包括以下内容:
(一)所有经营活动应有适当的授权;
(二)不相容职务应当分离;
(三)有效控制凭证和记录的真实性;
(四)资产和记录的接近限制;
(五)独立的业务审核。
**第九条** 信息与沟通主要包括以下内容:
(一)及时、准确、完整地记录所有信息;
(二)保证管理信息系统的有序运行;
(三)保证管理信息系统的安全可靠。
**第十条** 监督主要包括以下内容:
(一)内部审计机构实施的独立监督;
(二)管理层对内部控制的自我评估。
**第十一条** 建立、健全内部控制并使之有效运行是组织高级管理层的责任。内部控制目标的实现有赖于组织所有人员的参与。
**第十二条** 内部控制是对组织目标实现的相对保证。由于人为错误、串通舞弊、超越制度、环境变化及成本效益原则等因素的影响,内部控制可能无法发挥其应有作用。

## 第三章 内部控制的审查与评价

**第十三条** 内部审计人员应实施适当的审查程序,以评价被审计单位的控制环境。其审查重点为以下内容:
(一) 经营活动的复杂程度;
(二) 管理权限的集中程度;
(三) 管理行为守则的健全性和有效性;
(四) 管理层对逾越既定控制程序的态度;
(五) 组织文化的内容及组织成员对此的理解与认同;
(六) 法人治理结构的健全性和有效性;
(七) 组织各阶层人员的知识与技能;
(八) 组织结构和职责划分的合理性;
(九) 重要岗位人员的权责相称程度及其胜任能力;
(十) 员工聘用程序及培训制度;
(十一) 员工业绩考核与激励机制。

**第十四条**　内部审计人员应实施适当的审查程序，评价组织风险管理机制的健全性和有效性。其审查重点为以下内容：

（一）可能引发风险的内外因素；

（二）风险发生的可能性和预计带来的后果；

（三）对抗风险的能力；

（四）风险管理的具体方法及效果。

**第十五条**　内部审计人员应实施适当的审查程序，评价控制活动的适当性、合法 性、有效性。其审查重点为以下内容：

（一）控制活动建立的适当性；

（二）控制活动对风险的识别和规避；

（三）控制活动对组织目标实现的作用；

（四）控制活动执行的有效性。

**第十六条**　内部审计人员应实施适当的审查程序，评价组织获取及处理信息的能力。其审查重点为以下内容：

（一）获取财务信息、非财务信息的能力；

（二）信息处理的及时性和适当性；

（三）信息传递渠道的便捷与畅通；

（四）管理信息系统的安全可靠性。

**第十七条**　内部审计人员对内部控制做出评价时，应选择适当的评价标准。

（一）内部审计人员首先应判断组织已有标准的适当性。如果认为已有标准不合适，应向适当管理层报告；

（二）如果管理层没有制定合适的标准，内部审计人员可以基于组织利益最大化的原则选择适当的评价标准。

**第十八条**　内部审计人员在评价内部控制时，按照项目的性质和需要，既可以对全部控制要素进行评价，也可以只对部分控制要素进行评价。

**第十九条**　内部审计人员可以采用文字叙述、调查问卷、流程图等方法对内部控制进行描述和评价，并记录于审计工作底稿中。

### 第四章　内部控制审计的报告

**第二十条**　内部审计人员应向组织的适当管理层报告内部控制的审计结果。审计报告应说明审查和评价内部控制的目的、范围、审计结论、审计决定及对改善内部控制的建议；并应当包括被审计单位的反馈意见。

**第二十一条**　内部审计人员应在必要时进行内部控制的后续审计。

### 第五章　附　　则

**第二十二条**　本准则由中国内部审计协会发布并负责解释。

**第二十三条**　本准则自 2003 年 6 月 1 日起施行。

## 9. 内部审计具体准则第 6 号——舞弊的预防、检查与报告

### 第一章　总　　则

**第一条**　为了规范内部审计机构和人员协助组织预防、检查和报告舞弊行为，明确相关责任，降低组织风险，根据《内部审计基本准则》制定本准则。

**第二条** 本准则所称舞弊，是指组织内、外人员采用欺骗等违法违规手段，损害或谋取组织经济利益，同时可能为个人带来不正当利益的行为。

**第三条** 本准则适用于各类组织的内部审计机构、内部审计人员及其从事的内部审计活动。

## 第二章 一般原则

**第四条** 组织管理层应对舞弊行为的发生承担责任。建立、健全并有效实施内部控制，预防、发现及纠正舞弊行为是组织管理层的主要责任。

**第五条** 内部审计机构和人员应当保持应有的职业谨慎，合理关注组织内部可能发生的舞弊行为，以协助组织管理层预防、检查和报告舞弊行为。

**第六条** 内部审计机构和人员应在以下几个方面保持应有的职业谨慎：

(一)具有预防、识别、检查舞弊的基本知识和技能，在执行审计项目时警惕相关方面可能存在的舞弊风险；

(二)根据被审计事项的重要性、复杂性以及审计的成本效益性，合理关注和检查可能存在的舞弊行为；

(三)运用适当的审计职业判断，确定审计范围和审计程序，以发现、检查和报告舞弊行为；

(四)发现舞弊迹象时，应及时向适当管理层报告，提出进一步检查的建议。

**第七条** 内部审计并非专为检查舞弊而进行。即使审计人员以应有的职业谨慎执行了必要的审计程序，也不能保证发现所有的舞弊行为。

**第八条** 损害组织经济利益的舞弊，是指组织内外人员为谋取自身利益，采用欺骗等违法违规手段使组织经济利益遭受损害的不正当行为。有下列情形之一者属于此类舞弊行为：

(一)收受贿赂或回扣；

(二)将正常情况下可以使组织获利的交易事项转移给他人；

(三)贪污、挪用、盗窃组织资财；

(四)使组织为虚假的交易事项支付款项；

(五)故意隐瞒、错报交易事项；

(六)泄露组织的商业秘密；

(七)其他损害组织经济利益的舞弊行为。

**第九条** 谋取组织经济利益的舞弊，是指组织内部人员为使本组织获得不当经济利益而其自身也可能获得相关利益，采用欺骗等违法违规手段，损害国家和其他组织或个人利益的不正当行为。有下列情形之一者属于此类舞弊：

(一)支付贿赂或回扣；

(二)出售不存在或不真实的资产；

(三)故意错报交易事项、记录虚假的交易事项，使财务报表使用者误解而作出不适当的投融资决策；

(四)隐瞒或删除应对外披露的重要信息；

(五)从事违法违规的经营活动；

(六)偷逃税款；

(七)其他谋取组织经济利益的舞弊行为。

**第十条** 组织应作好舞弊检查的保密工作。

## 第三章 舞弊的预防

**第十一条** 舞弊的预防是指采取适当行动防止舞弊的发生，或在舞弊行为发生时将其危害控制在最低限度以内。

**第十二条** 建立、健全组织的内部控制并使之得以有效实施是预防舞弊的主要途径。

**第十三条** 内部审计人员在审查和评价内部控制时，应当关注以下主要内容以协助组织预防舞弊：

(一)组织目标的可行性；

(二)控制意识和态度的科学性；

(三)员工行为规范的合理性和有效性；

(四)经营活动授权制度的适当性；

(五)风险管理机制的有效性；

(六)管理信息系统的有效性。

**第十四条**　除内部控制的固有局限外，还应考虑可能会导致舞弊发生的下列情况：

(一)管理人员品质不佳；

(二)管理人员遭受异常压力；

(三)经营活动中存在异常交易事项；

(四)组织内部个人利益、局部利益和整体利益存在较大冲突；

(五)内部审计机构在审计中难以获取充分、相关、可靠的证据。

**第十五条**　内部审计人员应根据审查和评价内部控制时发现的舞弊迹象或从其他来源获取的信息，考虑可能发生的舞弊行为的性质，向组织适当管理层报告，同时就需要实施的舞弊检查提出建议。

## 第四章　舞弊的检查

**第十六条**　舞弊的检查是指实施必要的检查程序，以确定舞弊迹象所显示的舞弊行为是否已经发生。

**第十七条**　舞弊的检查通常由内部审计人员、专业的舞弊调查人员、法律顾问及其他专家实施。

**第十八条**　内部审计人员应按照以下要求进行舞弊检查：

(一)评估舞弊涉及的范围及复杂程度，避免对可能涉及舞弊的人员提供信息或被其所提供的信息误导；

(二)对参与舞弊检查人员的资格、技能和独立性进行评估；

(三)设计适当的舞弊检查程序，以确定舞弊者、舞弊程度、舞弊手段及舞弊原因；

(四)在舞弊检查过程中与组织适当管理层、专业舞弊调查人员、法律顾问及其他专家保持必要的沟通；

(五)保持应有的职业谨慎，以避免损害相关组织或人员的合法权益。

**第十九条**　在舞弊检查工作结束后，内部审计人员应评价查明的事实，以满足下列要求：

(一)确定强化内部控制的措施；

(二)设计适当程序，对组织未来检查类似舞弊行为提供指导；

(三)使内部审计人员了解、熟悉相关的舞弊迹象特征。

## 第五章　舞弊的报告

**第二十条**　舞弊的报告是指内部审计人员以书面或口头形式向适当管理层报告舞弊预防、检查的情况及结果。

**第二十一条**　在舞弊检查过程中，出现下列情况时，内部审计人员应及时向适当管理层报告：

(一)可以合理确信舞弊已经发生，并需深入调查；

(二)舞弊行为已导致对外披露的财务报表严重失实；

(三)发现犯罪线索，并获得应当移送司法机关处理的证据。

**第二十二条**　内部审计人员完成必要的舞弊检查程序后，应从舞弊行为的性质和金额两方面考虑其严重程度，出具相应的审计报告。

(一)报告的内容应包括：舞弊行为的性质、涉及人员、舞弊手段及原因、检查结论、处理意见、提出的建议及纠正措施；

(二)若发现的舞弊行为性质较轻且金额较小时，可一并纳入常规审计报告；

(三)若发现的舞弊行为性质严重或金额较大，应出具专项审计报告，如果涉及敏感的或对公众有重大影响的问题，应征求法律顾问的意见。

## 第六章　附　　则

**第二十三条**　本准则由中国内部审计协会发布并负责解释。

**第二十四条**　本准则自 2003 年 6 月 1 日起施行。

# 10. 内部审计具体准则第7号——审计报告
# (2003年颁布)

## 第一章　总　　则

**第一条**　为了规范内部审计人员编制和出具审计报告，根据《内部审计基本准则》制定本准则。

**第二条**　本准则所称审计报告，是指内部审计人员根据审计计划对被审计单位实施必要的审计程序后，就被审计单位经营活动和内部控制的适当性、合法性和有效性出具的书面文件。

**第三条**　本准则适用于各类组织的内部审计机构、内部审计人员及其从事的内部审计活动。

## 第二章　一般原则

**第四条**　内部审计人员应在审计实施结束后，以经过核实的审计证据为依据，形成审计结论与建议，出具审计报告。如有必要，内部审计人员可以在审计过程中提交期中报告，以便及时采取有效的纠正措施改善经营活动和内部控制。

**第五条**　审计报告应当客观、完整、清晰、及时、具有建设性，并体现重要性原则。

（一）审计报告的编制应实事求是、不偏不倚地反映审计事项；

（二）审计报告应按照规定的格式及内容编制，作到要素齐全、格式规范，不遗漏审计中发现的重大事项；

（三）审计报告应突出重点、简明扼要、易于理解；

（四）审计报告应及时编制，以便适时采取有效纠正措施；

（五）审计报告应针对被审计单位经营活动和内部控制的缺陷提出可行的改进建议，促进组织目标的实现；

（六）审计报告形成的审计结论与建议应当充分考虑审计项目的重要性和风险水平。

**第六条**　内部审计机构应该建立健全审计报告分级复核制度，明确规定各级复核的要求和责任。

**第七条**　审计报告是对被审计单位经营活动及内部控制的适当性、合法性和有效性所做出的相对保证。

## 第三章　审计报告的内容

**第八条**　审计报告应当包括以下基本要素：

（一）标题；

（二）收件人；

（三）正文；

（四）附件：

（五）签章；

（六）报告日期。

**第九条**　审计报告的正文应包括以下主要内容：

（一）审计概况：说明审计立项依据、审计目的和范围、审计重点和审计标准等内容；

（二）审计依据：应声明内部审计是按照内部审计准则的规定实施，若存在未遵循该准则的情形，应对其做出解释和说明；

（三）审计结论：根据已查明的事实，对被审计单位经营活动和内部控制所作的评价；

（四）审计决定：针对审计发现的主要问题提出的处理、处罚意见；

（五）审计建议：针对审计发现的主要问题提出的改善经营活动和内部控制的建议。

**第十条**　审计报告的附件应包括对审计过程与审计发现问题的具体说明、被审计单位的反馈意见等内容。

## 第四章 审计报告的编制、复核与分发

**第十一条** 审计项目负责人应在实施必要的审计程序后，编制审计报告，并向被审计单位征求反馈意见。

**第十二条** 被审计单位对审计报告持有异议的，审计项目负责人及相关人员应进行研究、核实，必要时应修改审计报告。

**第十三条** 审计报告经过必要的修改后，应连同被审计单位的反馈意见及时送内部审计机构负责人复核。

**第十四条** 内部审计机构应将审计报告提交被审计单位和组织适当管理层，并要求被审计单位在规定的期限内落实纠正措施。

**第十五条** 内部审计机构应当及时地将审计报告归入审计档案，妥善保存。

## 第五章 附 则

**第十六条** 本准则由中国内部审计协会发布并负责解释。

**第十七条** 本准则自 2003 年 6 月 1 日起施行。

# 11. 内部审计具体准则第 8 号——后续审计（2003 年颁布）

## 第一章 总 则

**第一条** 为了规范内部审计人员的后续审计工作，保证审计的效果，根据《内部审计基本准则》制定本准则。

**第二条** 本准则所称后续审计，是指内部审计机构为检查被审计单位对审计发现的问题所采取的纠正措施及其效果而实施的审计。

**第三条** 本准则适用于各类组织的内部审计机构、内部审计人员及其从事的内部审计活动。

## 第二章 一般原则

**第四条** 被审计单位管理层的责任是对审计中发现的问题采取纠正措施。内部审计人员的责任是评价被审计单位管理层采取的纠正措施是否及时、合理、有效。

**第五条** 内部审计机构应在规定的期限内，或与被审计单位约定的期限内执行后续审计。

**第六条** 内部审计机构负责人应适时安排后续审计工作，并把它作为年度审计计划的一部分。

**第七条** 内部审计机构负责人如果初步认定被审计单位管理层对审计发现的问题已采取了有效的纠正措施，后续审计可以作为下次审计工作的一部分。

**第八条** 当被审计单位基于成本或其他考虑，决定对审计发现的问题不采取纠正措施，并做出书面承诺时，内部审计机构负责人应向组织的适当管理层报告。

## 第三章 后续审计程序

**第九条** 内部审计机构负责人应根据被审计单位的反馈意见，确定后续审计时间和人员安排，编制审计方案。

**第十条** 编制后续审计方案时应考虑以下基本因素：

（一）审计决定和建议的重要性；

（二）纠正措施的复杂性；

(三)落实纠正措施所需要的期限和成本;

(四)纠正措施失败可能产生的影响;

(五)被审计单位的业务安排和时间要求。

**第十一条** 内部审计人员在确定后续审计范围时,应分析原有审计决定和建议是否仍然可行。如果被审计单位的内部控制或其他因素发生变化,使原有审计决定和建议不再适用时,应对其进行必要的修订。

**第十二条** 对于已采取纠正措施的事项,内部审计人员应判断是否需要深入检查,必要时可提出应在下次审计中予以关注的事项。

**第十三条** 内部审计人员应根据后续审计的执行过程和结果,向被审计单位及组织适当管理层提交后续审计报告。

### 第四章 附 则

**第十四条** 本准则由中国内部审计协会发布并负责解释。

**第十五条** 本准则自 2003 年 6 月 1 日起施行。

## 12. 内部审计具体准则第 9 号——内部审计督导(2003 年颁布)

### 第一章 总 则

**第一条** 为了规范内部审计的督导工作,保证内部审计的质量,根据《内部审计基本准则》制定本准则。

**第二条** 本准则所称督导,是指内部审计机构负责人和审计项目负责人对实施审计工作的审计人员所进行的监督与指导。

**第三条** 本准则适用于各类组织的内部审计机构、内部审计人员及其从事的内部审计活动。

### 第二章 一般原则

**第四条** 内部审计机构应根据审计工作的具体情况,建立内部审计督导制度,明确督导的目的、范围及各级督导人员的责任。

**第五条** 内部审计机构负责人对督导工作负主要责任。审计项目负责人负责审计现场的督导工作。

**第六条** 对于重大或敏感的审计问题,审计机构负责人应直接进行督导。审计机构负责人应采取适当的措施,尽可能减少内部审计人员的专业判断风险。

**第七条** 在督导工作中,应遵循重要性、谨慎性和客观性原则。

(一)督导人员应根据内部审计人员的知识与技能,以及审计项目的复杂性,有重点地进行督导工作;

(二)实施督导时,应当保持应有的职业谨慎,进行合理的专业判断,减少审计风险;

(三)实施督导时,必须以事实为依据,做到客观公正。

**第八条** 督导应当贯穿于审计项目的全过程,包括审计准备、审计实施和审计终结三个阶段。

### 第三章 审计督导的内容与方法

**第九条** 督导人员应确保审计人员明确审计目标和审计责任,并具有完成审计项目所必需的知识和技能。

**第十条** 督导人员应确保审计人员了解被审计单位的业务性质和需要特别关注的重大经营问题,制定可行的审计方案。

**第十一条** 督导人员应确认审计人员按批准后的审计方案实施必要的审计程序,并针对新发现的重要问题修订审计方案。

**第十二条**　督导人员应复核审计人员所编工作底稿的质量。

**第十三条**　督导人员应确认审计证据的充分性、相关性及可靠性。

**第十四条**　督导人员应确认审计报告的可靠性，审计建议的可行性。

**第十五条**　对被审计单位提出的异议，督导人员应进行核实、复查，并及时给予答复。

**第十六条**　督导人员应确认审计目标实现的情况，确定是否存在尚未解决的重要问题。

**第十七条**　督导人员应确认审计人员遵循内部审计准则的情况。

### 第四章　附　　则

**第十八条**　本准则由中国内部审计协会发布并负责解释。

**第十九条**　本准则自 2003 年 6 月 1 日起施行。

## 13. 内部审计具体准则第 10 号——内部审计与外部审计的协调(2003 年颁布)

### 第一章　总　　则

**第一条**　为了规范内部审计与外部审计的协调工作，提高审计效率，根据《内部审计基本准则》制定本准则。

**第二条**　本准则所称内部审计与外部审计的协调，是指内部审计机构与会计师事务所、国家审计机构在审计工作中的沟通与合作。

**第三条**　本准则适用于各类组织的内部审计机构、内部审计人员及其从事的内部审计活动。

### 第二章　一般原则

**第四条**　内部审计应做好与外部审计的协调工作，以实现以下目的：

(一)确保充分的审计范围；

(二)减少重复审计，提高审计效率；

(三)共享审计成果，降低审计成本；

(四)提高内部审计人员素质，改进内部审计机构工作；

(五)维护组织利益。

**第五条**　内部审计与外部审计的协调工作，应在组织适当管理层的支持和监督下，由内部审计机构负责人具体组织实施。

**第六条**　内部审计机构负责人应定期对内外部审计的协调工作进行评估，并根据评估结果及时调整、改进协调工作。

### 第三章　协调的方法及内容

**第七条**　内部审计机构应在外部审计为本组织提供审计服务时做好协调工作。

**第八条**　内部审计与外部审计之间的协调，可以通过定期会议、不定期会面或其他沟通方式进行。

**第九条**　内部审计与外部审计的协调工作包括以下几个方面：

(一)与外部审计机构及人员的沟通；

(二)配合外部审计工作；

(三)评价外部审计工作质量；

(四)利用外部审计工作成果。

**第十条**　内部审计与外部审计应在审计范围上进行协调。在制定审计计划时，应考虑双方的工作，以确保充分的审计范围，最大限度减少重复性工作。

**第十一条** 内部审计与外部审计应在必要的范围内互相交流相关审计工作底稿，以便在审阅后相互评价工作质量，利用对方的工作成果。

**第十二条** 内部审计与外部审计应相互交流审计报告和管理建议书。

**第十三条** 内部审计与外部审计应在具体审计程序和方法上相互沟通，达成共识，以促进双方的合作。

### 第四章 附　　则

**第十四条** 本准则由中国内部审计协会发布并负责解释。

**第十五条** 本准则自 2003 年 6 月 1 日起施行。

## 14. 内部审计具体准则第 11 号——结果沟通（2004 年颁布）

### 第一章 总　　则

**第一条** 为了规范内部审计的结果沟通工作，保证审计工作质量，根据《内部审计基本准则》制定本准则。

**第二条** 本准则所称结果沟通，是指内部审计机构与被审计单位、组织适当管理层就审计概况、依据、结论、决定或建议进行讨论和交流的过程。

**第三条** 本准则适用于各类组织的内部审计机构、内部审计人员及其从事的内部审计活动。

### 第二章 一般原则

**第四条** 结果沟通的目的是为了保证审计结果的客观、公正，并取得被审计单位、组织适当管理层的理解。

**第五条** 内部审计机构应建立结果沟通制度，明确各级责任，积极有效的进行沟通。

**第六条** 被审计单位应与内部审计机构进行认真充分的沟通，并及时反馈意见。

**第七条** 结果沟通一般采取书面或口头方式，也可采用其他适当方式。

**第八条** 内部审计机构与人员应在审计报告正式提交之前进行结果沟通工作。

**第九条** 内部审计机构应当把结果沟通的有关书面材料作为审计工作底稿归档保存。

### 第三章 结果沟通的内容及方法

**第十条** 结果沟通的主要内容包括：

（一）审计概况；

（二）审计依据；

（三）审计结论；

（四）审计决定；

（五）审计建议。

**第十一条** 内部审计机构应与被审计单位进行审计结果沟通。被审计单位对审计结果持有异议，审计项目负责人及相关人员应进行研究、核实。

**第十二条** 内部审计机构负责人应与组织适当管理层就审计过程中发现的重大问题及时进行沟通。

**第十三条** 内部审计机构与被审计单位进行结果沟通时，应注意沟通技巧，进行平等、诚恳、恰当、充分的交流。

## 第四章 附 则

**第十四条** 本准则由中国内部审计协会发布并负责解释。

**第十五条** 本准则自 2004 年 5 月 1 日起施行。

# 15. 内部审计具体准则第 12 号——遵循性审计（2004 年颁布）

## 第一章 总 则

**第一条** 为了规范内部审计机构和人员实施遵循性审计的行为，明确相关责任，保证遵循性审计工作质量，根据《内部审计基本准则》制定本准则。

**第二条** 本准则所称遵循性审计，是指内部审计机构和人员审查组织在经营过程中遵守相关法规、政策、计划、预算、程序、合同等遵循性标准的情况并作出相应评价的审计活动。

**第三条** 本准则适用于各类组织的内部审计机构、内部审计人员及其从事的内部审计活动。

## 第二章 一般原则

**第四条** 组织管理层负责确定、制定并执行遵循性标准。为保障遵循性标准的执行，组织管理层应建立适当、合法、有效的内部控制。

**第五条** 内部审计机构和人员负责审查、评价组织执行有关遵循性标准的情况。

**第六条** 遵循性审计是内部控制审计的基本内容之一，是实施内部审计过程中不可缺少的环节。

**第七条** 内部审计机构和人员应当做好遵循性审计中的保密工作。

## 第三章 遵循性审计的内容和方法

**第八条** 遵循性审计包括以下主要内容：

（一）国家相关法规的遵循情况；

（二）行业、部门政策的遵循情况；

（三）组织经营计划和财务计划的遵循情况；

（四）组织经营预算和财务预算的遵循情况；

（五）组织所定各种程序标准的遵循情况；

（六）组织签定的各类合同的遵循情况；

（七）其他标准的遵循情况。

**第九条** 在确定审计目标时，内部审计人员应考虑向以下方面询问相关遵循性标准：

（一）组织经营、财务等相关方面负责人；

（二）组织的法律顾问；

（三）投资人、合同方；

（四）政府及其他主管机构；

（五）外部审计人员；

（六）其他。

**第十条** 内部审计人员在实施遵循性审计时，应当充分关注组织的以下情况：

（一）受到政府有关部门的调查或处罚；

（二）重要的法律诉讼；

（三）异常的交易或事项；

（四）计划、预算执行结果严重偏离标准；

（五）信息严重失真或资料不完整；

（六）缺乏相关的内部控制或相关内部控制无效；

（七）其他可能导致违反遵循性标准的情况。

**第十一条** 在实施遵循性审计的过程中，内部审计人员应获取充分、相关、可靠的审计证据，并记录于工作底稿中。

**第十二条** 在评价遵循性标准的执行情况时，若相关标准之间存在不一致，应当按照以下原则进行处理：

（一）国家制定的法规之间存在不一致时，应当按照《中华人民共和国立法法》的规定处理；

（二）行业、部门的政策之间存在不一致时，应当由其共同的上一级机构进行裁决和解释；

（三）组织内部的计划、预算、程序之间存在不一致时，应当按照标准制定者的管理层次由高至低进行取舍；

（四）涉及合同问题，应按照《中华人民共和国合同法》的规定处理。

**第十三条** 当有证据表明组织可能存在严重违反遵循性标准的事项，或严重违反遵循性标准的事项发生时，内部审计机构和人员应及时将有关事实告知适当管理层。

**第十四条** 遵循性审计情况和结果必须反映在审计报告中。对严重违反遵循性标准的审查结果，应出具专项审计报告。

## 第四章 附 则

**第十五条** 本准则由中国内部审计协会发布并负责解释。

**第十六条** 本准则自 2004 年 5 月 1 日起施行。

# 16. 内部审计具体准则第 13 号——评价外部审计工作质量（2004 年颁布）

## 第一章 总 则

**第一条** 为了规范内部审计机构对外部审计工作质量的评价工作，有效利用外部审计成果，根据《内部审计基本准则》制定本准则。

**第二条** 本准则所称评价外部审计工作质量，是指由内部审计机构对外部审计工作过程及结果的质量进行评价的活动。

**第三条** 本准则适用于各类组织的内部审计机构、内部审计人员及其从事的内部审计活动。

## 第二章 一般原则

**第四条** 内部审计机构在需要利用外部审计工作成果，以减少重复工作、提高审计效率时，应对外部审计工作质量进行评价。

**第五条** 在评价外部审计工作质量时，内部审计机构应根据适当的标准对外部审计工作质量进行客观的评价，合理利用外部审计成果。

**第六条** 评价外部审计工作质量，可以按照评价准备、评价实施和评价报告三个阶段进行。

**第七条** 内部审计机构应挑选具有足够专业胜任能力的人员对外部审计工作质量进行评价。

## 第三章 评价准备

**第八条** 在评价外部审计工作质量之前，内部审计机构应考虑以下因素：

(一)评价活动的必要性；

(二)评价活动的可行性；

(三)评价活动预期结果的有效性。

**第九条**　在决定对外部审计工作质量进行评价后，内部审计机构应编制适当的评价方案。评价方案应包括以下主要内容：

(一)评价目的；

(二)评价工作的时间安排；

(三)评价的主要内容与步骤；

(四)评价的依据；

(五)评价工作的主要方法；

(六)评价人员的分工。

**第十条**　内部审计机构应取得反映外部审计工作质量的审计报告及其它相关资料。

**第十一条**　内部审计机构应详细了解外部审计所采用的审计准则及其在执业过程中与组织之间协调的情况。

**第十二条**　如果有必要，内部审计机构可以与外部审计机构就评价事项进行适当的沟通。

## 第四章　评价实施

**第十三条**　内部审计机构对外部审计工作质量的评价应重点关注以下内容：

(一)外部审计机构及人员的独立性；

(二)外部审计人员的专业胜任能力；

(三)外部审计人员的职业谨慎性；

(四)外部审计机构的信誉；

(五)外部审计所用审计程序及方法的适当性；

(六)外部审计所用审计依据的有效性；

(七)外部审计范围和内容与内部审计机构要求的一致性。

**第十四条**　内部审计机构在评价外部审计工作质量时，应充分考虑其与内部审计活动的差异。

**第十五条**　内部审计机构在评价外部审计工作质量时，可以采用审核、观察、询问等一般方法以及与有关方面沟通、协调的特殊方法。

**第十六条**　内部审计机构应将评价工作过程记录于工作底稿中。

## 第五章　评价报告

**第十七条**　在形成外部审计工作质量的评价结论之前，内部审计机构应征求组织内部有关部门与相关人员的意见。

**第十八条**　评价外部审计工作质量应编制评价报告。评价报告应包括以下主要内容：

(一)评价报告的名称；

(二)被评价外部审计组织的名称；

(三)评价目的；

(四)评价的主要内容；

(五)评价结果；

(六)评价报告编制的时间。

**第十九条**　编制对外部审计工作质量的评价报告，应当做到客观、清晰、及时。

## 第六章　附　　则

**第二十条**　本准则由中国内部审计协会发布并负责解释。

**第二十一条**　本准则自 2004 年 5 月 1 日起施行。

# 17. 内部审计具体准则第 14 号——利用外部专家服务(2004 年颁布)

## 第一章　总　　则

**第一条**　为了规范内部审计机构利用外部专家服务的行为，获取充分、相关、可靠的审计证据，根据《内部审计基本准则》制定本准则。

**第二条**　本准则所称利用外部专家服务，是指内部审计机构聘请在某一领域中具有专门技能、知识和经验的个人或单位提供专业服务，并在审计活动中利用其工作结果。

**第三条**　本准则适用于各类组织的内部审计机构、内部审计人员及其从事的内部审计活动。

## 第二章　一般原则

**第四条**　内部审计机构可根据需要，利用外部专家服务。利用外部专家服务是为了获取充分、相关和可靠的审计证据，保证审计工作的质量。

**第五条**　外部专家应当对选用的假设、方法及其工作结果负责。

**第六条**　内部审计机构应当对利用外部专家服务结果所形成的审计结论负责。

**第七条**　内部审计机构和人员可在以下方面利用外部专家服务：

(一)特定资产的评估；

(二)工程项目的评估；

(三)产品或服务质量问题；

(四)信息技术问题；

(五)衍生金融工具问题；

(六)舞弊及安全问题；

(七)法律问题；

(八)风险管理问题；

(九)其他。

**第八条**　外部专家可由内部审计机构从组织外部聘请，也可在组织内部指派。

## 第三章　对外部专家的聘请

**第九条**　在聘请外部专家时，内部审计机构应当对外部专家的独立性进行评价，考虑以下影响独立性的因素：

(一)外部专家与被审计单位之间是否存在重大利益关系；

(二)外部专家与被审计单位管理层重要人员是否存在私人关系；

(三)外部专家与审计事项之间是否存在专业关系；

(四)其他可能影响独立性的因素。

**第十条**　在聘请外部专家时，内部审计机构应当对外部专家的专业胜任能力进行评价，考虑其专业资格、专业经验与声望等。

**第十一条**　在利用外部专家服务前，内部审计机构和人员应当与外部专家签订书面协议。协议主要包括以下内容：

(一)外部专家服务的目的、范围及相关责任；

(二)外部专家服务结果的预定用途；

(三)在审计报告中可能提及外部专家的情形；

(四)外部专家利用相关资料的范围;

(五)报酬及其支付方式;

(六)对保密性的要求;

(七)违约责任。

### 第四章 对外部专家服务结果的评价与利用

**第十二条** 内部审计机构在利用外部专家服务结果作为审计证据时,应当评价其充分性、相关性及可靠性。

**第十三条** 内部审计机构和人员在评价外部专家服务结果时,应当考虑下列因素:

(一)外部专家选用的假设和方法的适当性;

(二)外部专家所用资料的充分性、相关性和可靠性。

**第十四条** 在利用外部专家服务时,如果有必要,应该在审计报告中提及。

**第十五条** 内部审计机构对外部专家服务评价后,如果认为其服务的结果无法形成充分、相关、可靠的证据,且无法通过实施其他审计程序获取相应的审计证据时,应当在审计报告中具体说明原因。

### 第五章 附 则

**第十六条** 本准则由中国内部审计协会发布并负责解释。

**第十七条** 本准则自 2004 年 5 月 1 日起施行。

## 18. 内部审计具体准则第 15 号——分析性复核(2004 年颁布)

### 第一章 总 则

**第一条** 为了规范内部审计人员执行分析性复核的行为,提高审计效率,根据《内部审计基本准则》制定本准则。

**第二条** 本准则所称分析性复核,是指内部审计人员通过分析和比较信息之间的关系或计算相关的比率,以确定审计重点、获取审计证据和支持审计结论的一种审计方法。

**第三条** 本准则适用于各类组织的内部审计机构、内部审计人员及其从事的内部审计活动。

### 第二章 一般原则

**第四条** 内部审计人员应当合理运用职业判断,在审计准备阶段、实施阶段和完成阶段执行分析性复核。

**第五条** 内部审计人员执行分析性复核有助于以下目标的实现:

(一)确认经营活动的完成程度;

(二)发现意外差异;

(三)分析潜在的差异和漏洞;

(四)潜在的不合法和不合规的行为。

**第六条** 内部审计人员执行分析性复核能够获取与以下事项相关的证据:

(一)被审计单位的持续经营能力;

(二)被审计事项的总体合理性;

(三)经营活动与内部控制中可能的差异和漏洞的严重程度;
(四)经营活动的经济性、效率性与效果性;
(五)计划、预算的完成情况;
(六)其它事项。

分析性复核所获取的审计证据主要为间接证据,内部审计人员不能仅依赖分析性复核结果得出审计结论。

**第七条** 分析性复核所分析的信息主要包括以下几种形式:
(一)财务信息和非财务信息;
(二)实物量信息与货币量信息;
(三)电子数据信息与非电子数据信息;
(四)绝对数信息与相对数信息。

**第八条** 执行分析性复核时,应考虑信息之间的关联性,以免得出不恰当的结论。

**第九条** 内部审计人员应保持应有的职业谨慎,考虑以下因素以确定对分析性复核结果的依赖程度:
(一)分析性复核的目标;
(二)被审计单位的性质;
(三)已收集信息资料的充分性、相关性和可靠性;
(四)以往审计中对被审计单位内部控制的评价结果;
(五)以往审计中发现的差异与漏洞。

## 第三章 分析性复核的执行

**第十条** 分析性复核的基本内容包括:
(一)将当期信息与历史信息相比较并分析其波动情况及发展趋势;
(二)将当期信息与预测、计划或预算信息相比较并作差异分析;
(三)将当期信息与内部审计人员预期信息相比较并作差异分析;
(四)将被审计单位信息与组织其他部门类似信息相比较并作差异分析;
(五)将被审计单位信息与行业相关信息相比较并作差异分析;
(六)对会计信息与非财务信息之间的关系、比率的计算与分析;
(七)对重要信息内部组成因素的关系、比率的计算与分析。

**第十一条** 执行分析性复核的方法主要包括:
(一)简易比较法;
(二)比率分析法;
(三)结构分析法;
(四)趋势分析法;
(五)回归分析法;
(六)其他技术方法。

内部审计人员可以单独或联合使用以上方法。

**第十二条** 内部审计人员在审计准备阶段执行分析性复核,以了解被审计事项的基本情况,确定审计重点,帮助编制审计计划和审计方案。

**第十三条** 内部审计人员在审计实施阶段执行分析性复核,对经济活动和内部控制进行测试,以获取审计证据。

**第十四条** 内部审计人员在审计完成阶段执行分析性复核,验证其他审计程序所得结论的合理性,以保证审计质量。

## 第四章 对分析性复核结果的利用

**第十五条** 内部审计人员应当考虑以下影响分析性复核效率和效果的因素:

(一)被审计事项的重要性;

(二)内部控制的适当、合法和有效性;

(三)获取信息的便捷性和可靠性;

(四)分析性复核执行人员的素质。

**第十六条** 内部审计人员应充分考虑分析性复核的结果,在综合分析和评价的基础上得出审计结论。

**第十七条** 内部审计人员执行分析性复核发现意外差异时,应采用以下方法对其进行调查和评价:

(一)询问管理层获取其解释和答复;

(二)实施必要的审计程序,确认管理层解释和答复的合理性与可靠性;

(三)如果管理层没有作出恰当的解释,应扩大审计测试,执行其他审计程序,作进一步的审查,以便得出结论。

### 第五章 附 则

**第十八条** 本准则由中国内部审计协会发布并负责解释。

**第十九条** 本准则自 2004 年 5 月 1 日起施行。

## 19. 内部审计具体准则第 16 号——风险管理审计 (2005 年颁布)

### 第一章 总 则

**第一条** 为了规范内部审计人员对组织内部控制中的风险管理状况进行审查与评价,根据《内部审计基本准则》制定本准则。

**第二条** 本准则所称风险管理,是对影响组织目标实现的各种不确定性事件进行识别与评估,并采取应对措施将其影响控制在可接受范围内的过程。风险管理旨在为组织目标的实现提供合理保证。

**第三条** 本准则适用于各类组织的内部审计机构、内部审计人员及其从事的内部审计活动。

### 第二章 一般原则

**第四条** 风险管理是组织内部控制的基本组成部分,内部审计人员对风险管理的审查和评价是内部控制审计的基本内容之一。

**第五条** 组织管理层负责确定可接受的风险范围,建立、健全风险管理机制并使之有效运行。

**第六条** 风险管理包括以下主要阶段:

(一)风险识别,即根据组织目标、战略规划等识别所面临的风险;

(二)风险评估,即对已识别的风险,评估其发生的可能性及影响程度;

(三)风险应对,即采取应对措施,将风险控制在组织可接受的范围内。

**第七条** 内部审计机构和人员应当充分了解组织的风险管理过程,审查和评价其适当性和有效性,并提出改进建议。

**第八条** 风险管理包括组织整体及职能部门两个层面。内部审计人员既可对组织整体风险管理进行审查与评价,也可对职能部门风险管理进行审查与评价。

### 第三章 风险管理的审查与评价

**第九条** 内部审计人员应当实施必要的审计程序,对风险识别过程进行审查与评价,重点关注组织面

临的内、外部风险是否已得到充分、适当的确认。

**第十条** 外部风险是指外部环境中对组织目标的实现产生影响的不确定性，其主要来源于以下因素：

（一）国家法律、法规及政策的变化；

（二）经济环境的变化；

（三）科技的快速发展；

（四）行业竞争、资源及市场变化；

（五）自然灾害及意外损失；

（六）其他。

**第十一条** 内部风险是指内部环境中对组织目标的实现产生影响的不确定性，其主要来源于以下因素：

（一）组织治理结构的缺陷；

（二）组织经营活动的特点；

（三）组织资产的性质以及资产管理的局限性；

（四）组织信息系统的故障或中断；

（五）组织人员的道德品质、业务素质未达到要求；

（六）其他。

**第十二条** 内部审计人员应当实施必要的审计程序，对风险评估过程进行审查与评价，重点关注以下两个要素：

（一）风险发生的可能性；

（二）风险对组织目标的实现产生影响的严重程度。

**第十三条** 内部审计人员应当充分了解风险评估的方法。风险评估可以采用定性或定量的方法进行。

（一）定性方法，是指运用定性术语评估并描述风险发生的可能性及其影响程度。

（二）定量方法，是指运用数量方法评估并描述风险发生的可能性及其影响程度。

**第十四条** 内部审计人员应当对管理层所采用的风险评估方法进行审查，并重点考虑以下因素：

（一）已识别的风险的特征；

（二）相关历史数据的充分性与可靠性；

（三）管理层进行风险评估的技术能力；

（四）成本效益的考核与衡量；

（五）其他。

**第十五条** 内部审计人员在评价风险评估方法的适当性和有效性时，应当遵循以下原则：

（一）定性方法的采用需要充分考虑相关部门或人员的意见，以提高评估结果的客观性；

（二）在风险难以量化、定量评价所需数据难以获取时，一般应采用定性方法；

（三）定量方法一般情况下会比定性方法提供更为客观的评估结果。

**第十六条** 内部审计人员应当实施适当的审计程序，对风险应对措施进行审查。根据风险评估结果作出的风险应对措施主要包括以下几个方面：

（一）回避。是指采取措施避免进行可产生风险的活动；

（二）接受。是指由于风险已在组织可接受的范围内，因而可以不采取任何措施；

（三）降低。是指采取适当措施将风险降低到组织可接受的范围内；

（四）分担。是指采取措施将风险转移给其他组织或保险机构。

**第十七条** 内部审计人员在评价风险应对措施的适当性和有效性时，应当考虑以下因素：

（一）采取风险应对措施之后的剩余风险水平是否在组织可以接受的范围之内；

（二）采取的风险应对措施是否适合本组织的经营、管理特点；

（三）成本效益的考核与衡量。

**第十八条** 内部审计人员应向组织适当管理层报告审查和评价风险管理过程的结果，并提出改进建议。

**第十九条** 风险管理的审查和评价结果应反映在内部控制审计报告中，必要时应出具专项审计报告。

### 第四章 附 则

**第二十条** 本准则由中国内部审计协会发布并负责解释。

**第二十一条** 本准则自2005年5月1日起施行。

## 20. 内部审计具体准则第17号——重要性与审计风险(2005年颁布)

### 第一章 总 则

**第一条** 为了规范内部审计人员在审计过程中合理运用重要性原则和评估审计风险,根据《内部审计基本准则》制定本准则。

**第二条** 本准则所称重要性,是指被审计单位经营活动及内部控制中存在偏离特定目标的差异或缺陷的严重程度,这一程度的差异或缺陷在特定环境下可能会影响管理层的判断或决策以及组织目标的实现。

本准则所称审计风险,是指内部审计人员未能发现被审计单位经营活动及内部控制中存在的重大差异或缺陷而做出不恰当审计结论的可能性。

**第三条** 本准则适用于各类组织的内部审计机构、内部审计人员及其从事的内部审计活动。

### 第二章 一般原则

**第四条** 内部审计人员应当保持应有的职业谨慎,合理运用专业判断,确定重要性,评估审计风险。

**第五条** 内部审计人员在编制项目审计计划、实施审计程序及评价审计结果时,应当合理考虑并运用重要性标准。

**第六条** 内部审计人员在运用重要性标准时,应当充分考虑差异或缺陷的性质、数量等因素。

**第七条** 内部审计人员应当对审计风险进行评估,制定并实施相应的审计程序,以便将审计风险降低到可接受的水平。

**第八条** 内部审计人员应当考虑重要性与审计风险之间存在的反向关系。重要性标准量越高,审计风险越低;重要性标准量越低,审计风险越高。

**第九条** 内部审计人员应当将重要性标准的确定以及审计风险的评估过程记录于审计工作底稿。

### 第三章 重 要 性

**第十条** 内部审计人员在编制项目审计计划时,应当对重要性作出初步判断,合理估计所需审计证据的数量。重要性标准量越低,应当获取的审计证据越多。

**第十一条** 内部审计人员对审计范围中各项经营活动及内部控制的重要性作出判断时,应当考虑以下因素:

(一)相关管理层的需要;

(二)被审计单位经营活动受法律、法规的影响程度;

(三)被审计单位在组织中的重要程度;

(四)被审计单位的经营规模、经营风险及各项业务的性质;

(五)内部审计人员对被审计单位内部控制适当性、合法性及有效性的预估。

**第十二条** 内部审计人员应当合理选用重要性标准的判断基础,采用固定比率、变动比率等确定重要性标准量。判断基础通常包括经营活动的业务量、业务的复杂性、内部控制的执行频率、资产总额、收入总

额等。

**第十三条** 在审计过程中如需修改审计计划，内部审计人员应当重新考虑部分或全部经营活动及内部控制的重要性标准和审计风险。

**第十四条** 内部审计人员应在审计实施结束后，汇集已发现的差异或缺陷，考虑其性质、数量对管理层决策及对组织目标的实现产生影响的程度。

**第十五条** 内部审计人员应当根据汇集的差异或缺陷的情况，在审计报告中对被审计单位经营活动及内部控制的适当性、合法性和有效性作出评价。

**第十六条** 在审计报告提交前，如果被审计单位已就经营活动及内部控制中存在的差异或缺陷作了纠正，内部审计人员应当在审计报告中对此作出说明。

## 第四章 审计风险

**第十七条** 审计风险包括两方面内容：

（一）重大差异或缺陷风险，是指被审计单位经营活动及内部控制中存在重大差异或缺陷的可能性；

（二）检查风险，是指审计人员未能通过审计测试发现重大差异或缺陷的可能性。

**第十八条** 内部审计人员应当合理运用专业判断，考虑下列事项，评估重大差异或缺陷风险：

（一）管理层的品德和能力；

（二）管理层遭受的异常压力；

（三）重要岗位人员的变动情况；

（四）经营活动的复杂性；

（五）影响被审计单位的环境因素；

（六）容易受损失或被挪用的资产；

（七）经营活动中运用估计和判断的程度；

（八）内部控制设计及执行情况的预估；

（九）其他。

**第十九条** 内部审计人员可以实施以下审计程序，以评估重大差异或缺陷风险：

（一）询问被审计单位相关人员及组织相关管理层；

（二）查阅被审计单位的经营业务手册、内部控制手册等资料；

（三）查阅被审计单位年度经营计划、财务预算等文件；

（四）检查交易或事项的凭证和记录；

（五）观察被审计单位经营活动及内部控制的执行情况；

（六）选择若干交易进行测试。

**第二十条** 重大差异或缺陷风险对检查风险有直接影响。重大差异或缺陷风险水平越高，内部审计人员就应实施更为详细的检查程序，以便将检查风险降低至可接受的水平。

**第二十一条** 内部审计人员的检查风险与以下因素有关：

（一）抽样审计方法的应用；

（二）内部审计人员的专业胜任能力及职业道德水准；

（三）内部审计人员所用审计方法的适当性及有效性；

（四）其他。

**第二十二条** 内部审计人员应在评估审计风险的基础上制定项目审计计划和审计方案。

## 第五章 附 则

**第二十三条** 本准则由中国内部审计协会负责解释。

**第二十四条** 本准则自 2005 年 5 月 1 日起施行。

# 21. 内部审计具体准则第18号——审计抽样（2005年颁布）

## 第一章 总 则

**第一条** 为了规范内部审计人员运用审计抽样方法，提高审计效率，根据《内部审计基本准则》制定本准则。

**第二条** 本准则所称审计抽样，是指内部审计人员在内部审计活动中，采用适当的抽样方法从被审查和评价的审计总体中抽取一定数量有代表性的样本进行测试，以样本审查结果推断总体特征并作出相应结论的过程。

**第三条** 本准则适用于各类组织的内部审计机构、内部审计人员及其从事的内部审计活动。

## 第二章 一般原则

**第四条** 确定抽样总体、选择抽样方法时应当以审计目标为依据并考虑被审计单位与审计项目的具体情况。

**第五条** 抽样总体的确定应当遵循相关性、完整性和经济性原则。

（一）相关性是指抽样总体与审计目标相关；

（二）完整性是指抽样总体的内容能全面反映项目的实际情况；

（三）经济性是指抽样总体的确定应符合成本效益原则。

**第六条** 在审计抽样过程中，可以采用统计抽样方法，也可以采用非统计抽样方法，或两种方法结合使用。

**第七条** 抽取的样本应有代表性，具有与审计总体相似的特征。

**第八条** 内部审计人员在选取样本时，应当对经营活动中存在的重大差异或缺陷风险以及审计过程中的检查风险进行评估，并充分考虑因抽样引起的抽样风险及其他因素引起的非抽样风险。

**第九条** 抽样结果的评价应当从定量和定性两个方面进行，并以此为依据合理推断审计总体特征。

## 第三章 抽样程序和方法

**第十条** 审计抽样的一般程序包括以下步骤：

（一）根据审计目标及审计对象的特征制定审计抽样方案；

（二）选取样本；

（三）对样本执行审计测试；

（四）评价样本；

（五）根据样本评价结果推断总体特征；

（六）形成结论。

**第十一条** 内部审计人员应依据审计目标制定审计抽样方案，抽样方案主要包括下列内容：

（一）审计总体，是指审计对象的各个具体单位组成的整体；

（二）抽样单位，是指构成审计总体的单位项目；

（三）样本，是指在抽样过程中从审计总体中抽取的部分单位组成的整体；

（四）误差，是指经营活动及内部控制中存在的差异或缺陷；

（五）可容忍误差，是指内部审计人员所愿意接受的差异或缺陷的最大程度；

（六）预计总体误差，是指内部审计人员预先估计的审计总体中差异或缺陷发生的概率；

（七）可靠程度，是指预计抽样结果能够代表审计总体质量特征的概率；

（八）抽样风险，是指内部审计人员依据抽样结果得出的结论与总体特征不相符合的可能性；

（九）样本量，是指能够使内部审计人员对审计总体作出审计结论所确定的抽样单位的数量；

（十）其他因素。

**第十二条** 内部审计人员应根据审计重要性标准合理确定预计总体误差、可容忍误差和可靠程度的水平。

**第十三条** 内部审计人员应根据审计目标的要求及审计对象的特征选择不同的审计抽样方法。审计抽样方法分为统计抽样和非统计抽样两种。

（一）统计抽样是指以数理统计方法为基础，按照随机原则从总体中选取样本进行审查，并对总体特征进行推断的审计抽样方法。主要包括发现抽样、连续抽样等属性抽样方法，以及单位均值抽样、差异估计抽样和货币单位抽样等变量抽样方法。

（二）非统计抽样是审计人员根据自己的专业判断和经验进行抽样和推断总体的方法。

（三）统计抽样和非统计抽样审计方法相互结合使用，可以提高推断总体的精确度和可靠程度。

**第十四条** 内部审计人员应根据以下因素确定样本量：

（一）审计总体。审计总体的量越大，所需要的样本量越大；

（二）可容忍误差。可容忍误差增大，样本量减少；

（三）预计总体误差。预计总体误差增大，样本量增大；

（四）抽样风险。抽样风险越小，样本量越大；

（五）可靠程度。可靠程度增大，样本量增大。

**第十五条** 内部审计人员可以运用以下方法选取样本：

（一）随机数表选样法；

（二）系统选样法；

（三）分层选样法；

（四）整群选样法；

（五）任意选样法。

**第十六条** 样本选取之后，内部审计人员应当按照审计方案实施必要的审计程序，获取审计证据。

## 第四章 抽样结果的评价

**第十七条** 内部审计人员应当根据预先确定的构成误差的条件，确定存在误差的样本。

**第十八条** 内部审计人员应当对抽样风险和非抽样风险进行评估，以防止对审计总体作出不恰当的结论。

**第十九条** 抽样风险是由于抽取的样本不能代表总体特征，从而导致不恰当结论所带来的风险。抽样风险包括以下几类：

（一）错误接受风险，是指样本表明审计项目不存在重大差异或缺陷，而实际上却存在着重大差异或缺陷的可能性；

（二）错误拒绝风险，是指样本表明审计项目存在重大差异或缺陷，而实际上并没有存在重大差异或缺陷的可能性。

**第二十条** 非抽样风险是由抽样之外的其他因素造成的风险，一般包括以下原因：

（一）审计程序设计及执行不恰当；

（二）抽样过程没有按照规范程序执行；

（三）样本审查结果解释错误。

**第二十一条** 内部审计人员应根据样本误差，采用适当的方法，推断审计总体误差。

**第二十二条** 内部审计人员应根据抽样结果的评价，确定审计证据是否足以证实某一审计总体特征。如果推断的总体误差超过可容忍误差，应增加样本量或执行替代审计程序。

**第二十三条** 内部审计人员在上述评价的基础上还应考虑误差性质、误差产生的原因，以及误差对其他审计项目可能产生的影响等。

### 第五章 附 则

**第二十四条** 本准则由中国内部审计协会发布并负责解释。

**第二十五条** 本准则自 2005 年 5 月 1 日起施行。

## 22. 内部审计具体准则第 19 号——内部审计质量控制(2005 年颁布)

### 第一章 总 则

**第一条** 为了规范内部审计质量控制工作,保证内部审计质量,根据《内部审计基本准则》制定本准则。

**第二条** 本准则所称内部审计质量控制,是指内部审计机构为确保其审计质量符合内部审计准则的要求而制定和执行的政策和程序。

**第三条** 本准则适用于各类组织的内部审计机构、内部审计人员及其从事的内部审计活动。

### 第二章 一般原则

**第四条** 内部审计机构负责人对制定并实施系统、有效的质量控制政策与程序负总体责任。

**第五条** 内部审计质量控制的目标是:

(一)审计活动遵循内部审计准则和本机构审计工作手册的要求;

(二)审计活动的效率及效果达到既定要求;

(三)审计活动能够促进组织目标的实现,增加组织的价值。

**第六条** 内部审计质量控制一般包括内部审计督导、内部自我质量控制与外部评价三个方面。

**第七条** 督导是内部审计机构负责人和审计项目负责人对实施审计工作的审计人员所进行的监督和指导。对内部审计督导的规范应遵照中国内部审计协会发布的《内部审计具体准则第九号——内部审计督导》执行。

**第八条** 内部自我质量控制是内部审计机构负责人和审计项目负责人通过适当的手段对内部审计质量所实施的控制。

**第九条** 外部评价是由内部审计机构以外的其他机构和人员对内部审计质量所进行的考核与评价。

### 第三章 内部自我质量控制

**第十条** 内部自我质量控制包括内部审计机构质量控制与内部审计项目质量控制两个层次。

**第十一条** 内部审计机构质量控制是为合理保证所有内部审计活动符合内部审计准则的要求而制定的控制政策和程序。

**第十二条** 内部审计机构负责人在制定机构质量控制政策和程序时,应考虑以下因素:

(一)内部审计机构的组织形式及授权状况;

(二)内部审计人员的素质与专业结构;

(三)内部审计业务的范围与特点;

(四)成本与效益原则的要求;

(五)其他。

**第十三条** 内部审计机构质量控制主要包括以下内容:

(一)遵守职业道德规范;

(二)保持并不断提升内部审计人员的专业胜任能力;

(三)合理分派内部审计业务;

（四）依据内部审计准则制定操作规程；

（五）适当运用咨询手段；

（六）进行审计质量的内部考核与评价；

（七）评估审计报告的使用效果；

（八）监控内部审计机构质量控制政策与程序的执行。

**第十四条** 内部审计项目质量控制是为合理保证审计项目的实施符合内部审计准则的要求而制定的控制程序与方法。制定内部审计项目质量控制程序与方法应体现内部审计机构质量控制的要求。

**第十五条** 内部审计项目负责人在实施项目质量控制程序与方法时，应考虑以下因素：

（一）审计项目的性质及复杂程度；

（二）参与该项目的内部审计人员的专业胜任能力；

（三）其他。

**第十六条** 内部审计项目质量控制主要包括以下内容：

（一）指导内部审计人员执行审计计划；

（二）监督内部审计过程；

（三）复核审计工作底稿及审计报告。

**第十七条** 内部审计机构应将内部自我质量控制政策与程序列入审计工作手册，并以适当的方式传达给每一位内部审计人员。

**第十八条** 内部审计机构应通过持续和定期的检查，对内部审计质量进行考核和评价。

**第十九条** 内部审计机构对审计质量进行考核和评价可以采取以下方法：

（一）考核审计计划的完成情况；

（二）由内部审计人员进行自我评价；

（三）征求被审计单位和组织其他部门的意见；

**第二十条** 内部审计机构负责人应当将评价结果及时向组织适当管理层报告。

## 第四章 外部评价

**第二十一条** 内部审计机构负责人应按照组织适当管理层的要求，并结合实际情况，建立、实施外部评价制度。

**第二十二条** 内部审计机构负责确定外部评价机构，并报经组织适当管理层批准。

**第二十三条** 外部评价机构和人员应当遵循独立、客观、保密的原则，并具有评价工作所需要的专业胜任能力。

**第二十四条** 内部审计机构可以从以下途径选择外部评价机构和人员：

（一）组织内部其他机构和人员；

（二）会计师事务所；

（三）管理咨询公司；

（四）内部审计协会；

（五）其他组织的内部审计机构。

**第二十五条** 外部评价应当定期实施，在下述情况下，也可以适当延长外部评价的间隔：

（一）自上次外部评价后，内部审计机构的组织结构、规章制度、人员素质以及审计质量控制具有较大的稳定性；

（二）组织适当管理层在近期对内部审计质量的相关内容进行过考核与评价。

**第二十六条** 外部评价一般包括以下内容：

（一）内部审计机构组织结构的合理程度；

（二）内部审计人员履行内部审计准则的情况；

（三）内部审计人员的专业胜任能力；

（四）内部审计目标的实现程度；

（五）内部自我质量控制的适当性及有效性；

(六)其他。

**第二十七条**　外部评价人员在对内部审计质量作出评价后,应当出具外部评价报告,并提交给组织适当管理层。

**第二十八条**　外部评价报告应包括以下主要内容:

(一)对内部审计活动是否遵循内部审计准则发表意见;

(二)内部审计工作存在的主要问题;

(三)对提高内部审计质量的建议;

(四)内部审计机构的反馈意见。

**第二十九条**　内部审计机构应当对外部评价报告所提出的重大问题及时拟定改进方案或措施,改善内部审计质量。

### 第五章　附　　则

**第三十条**　本准则由中国内部审计协会发布并负责解释。

**第三十一条**　本准则自2005年5月1日起施行。

## 23. 内部审计具体准则第20号——人际关系(2005年颁布)

### 第一章　总　　则

**第一条**　为了规范内部审计人员与组织内外相关机构和人员良好人际关系的建立,保证内部审计工作顺利、有效地进行,根据《内部审计基本准则》制定本准则。

**第二条**　本准则所称人际关系是指内部审计人员与组织内外相关机构和人员之间的相互交往与联系。

**第三条**　本准则适用于各类组织的内部审计机构、内部审计人员及其从事的内部审计活动。

### 第二章　一般原则

**第四条**　内部审计活动中的人际关系主要包括内部审计人员与下列机构和人员之间的相互交往与联系:

(一)组织适当管理层和相关人员;

(二)被审计单位和相关人员;

(三)组织内部各职能部门及相关人员;

(四)组织外部的相关机构和人员;

(五)内部审计机构中的其他成员。

**第五条**　内部审计人员应当与组织内外相关机构和人员进行必要沟通,保持良好的人际关系,以实现以下目的:

(一)在内部审计工作中与相关机构和人员建立相互信任的关系,促进彼此的交流与沟通;

(二)在内部审计工作中尽量取得相关机构和人员的理解和配合,及时获得相关、可靠的信息,提高内部审计效率;

(三)确保内部审计意见得到有效贯彻,实现内部审计目标。

**第六条**　内部审计人员应当在遵循有关法律、法规的情况下灵活、妥善地处理人际关系。

**第七条**　内部审计人员在人际关系的处理中应注意保持内部审计的独立性和客观性。

**第八条**　内部审计人员应当具备建立良好人际关系的意识和能力。

**第九条**　内部审计机构负责人应定期对内部审计人员的人际关系进行评价,并根据评价结果及时采取

措施改进人际关系。

## 第三章　处理人际关系的方式和方法

**第十条**　内部审计人员在处理人际关系时，应主动、及时、有效地进行沟通，以保证信息的快捷传递和充分交流。

**第十一条**　内部审计人员处理人际关系时采用的主要沟通类型包括以下两种：

（一）人员沟通。内部审计人员与相关人员之间的沟通形式包括：①倾听，是指内部审计人员利用聆听行为接收口头信息，理解其含义并对此作出反应的过程；②语言沟通，是指内部审计人员利用语言行为发送和接收信息而进行信息交流的过程；③非语言沟通，是指内部审计人员利用形体、表情或其他非语言信号进行信息交流的过程。

（二）组织沟通。内部审计人员在特定组织环境下的沟通形式包括：①纵向沟通，是指与上下级部门之间的信息交流；②横向沟通，是指与组织内各平行部门之间的信息交流；③斜向沟通，是指信息在非平行、非隶属部门之间的交流。

**第十二条**　内部审计人员处理人际关系时采用的主要沟通方式包括以下两种：

（一）口头沟通。内部审计人员利用口头语言进行信息交流的方式，包括询问、会谈、调查、讨论、会议、征求意见等；

（二）书面沟通。内部审计人员利用书面语言进行信息交流的方式，包括审计通知书、问卷调查、内外部审计协调的书面报告、审计报告和管理建议书等。

**第十三条**　内部审计人员在工作中时常会遇到人际关系的冲突，其主要原因在于：

（一）缺乏必要、及时的信息沟通；

（二）对同一事物的认识存在分歧，导致不同的评价；

（三）各自的价值观、利益观不相一致；

（四）职业道德信念的差异。

**第十四条**　内部审计人员应当及时、妥善地化解人际冲突，可以采取的化解方法有：

（一）暂时回避，寻找适当的时机再进行协调；

（二）说服、劝导；

（三）适当的妥协；

（四）互相协作；

（五）向适当管理层报告，寻求协调；

（六）其他。

**第十五条**　内部审计人员应当积极、主动地与对内部审计工作负有领导责任的组织适当管理层进行沟通，可以采取的沟通途径包括：

（一）积极、主动地与组织适当管理层相联系；

（二）与组织适当管理层就审计计划进行沟通，以达成共识；

（三）咨询组织适当管理层，了解内部控制环境；

（四）根据审计发现的问题和审计结论，及时向组织适当管理层提出各种审计建议；

（五）发出书面审计报告之前，要利用各种沟通方式征求组织适当管理层对审计结论、决定和建议的意见。

**第十六条**　内部审计人员应当与被审计单位建立并保持良好的人际关系，采取下列沟通途径获得被审计单位的理解、配合和支持：

（一）在了解被审计单位基本情况时，应当进行及时、有效的沟通和协调；

（二）在实施审计前，利用审计通知书与被审计单位进行书面沟通，审计通知书内容的表述应清晰、简洁，并具备可行性；

（三）通过询问、会谈、会议、问卷调查等沟通方式，了解内部控制的情况；

（四）通过口头方式或其他非正式方式，与被审计单位交流审计发现；

（五）在审计报告提交之前，以书面方式与被审计单位进行正式结果沟通。

**第十七条**　内部审计人员应当与组织内其他职能部门建立并保持良好的人际关系，确保在以下方面得到支持与配合：

（一）了解组织及相关职能部门的情况；

（二）寻求审计中发现问题的解决方法；

（三）落实审计决定；

（四）有效利用审计成果；

（五）其他。

**第十八条**　内部审计人员应当与组织外部相关机构和人员之间建立并保持良好的人际关系，以获得更多的认同、支持及协助。

**第十九条**　内部审计人员应当重视内部审计机构成员间的人际关系，相互协作，相互包容。

### 第四章　附　　则

**第二十条**　本准则由中国内部审计协会发布并负责解释。

**第二十一条**　本准则自2005年5月1日起施行。

## 24. 内部审计具体准则第21号——内部审计的控制自我评估法（2006年颁布）

### 第一章　总　　则

**第一条**　为了规范内部审计人员在审计活动中应用控制自我评估法，提高审计效率，根据《内部审计基本准则》制定本准则。

**第二条**　本准则所称控制自我评估，是指由对内部控制的制定与执行负有责任的组织相关管理人员对内部控制进行评价的过程。内部审计人员可以应用控制自我评估法来协助内部控制的审查和评价。

**第三条**　本准则适用于各类组织的内部审计机构、内部审计人员及其从事的内部审计活动。

### 第二章　一般原则

**第四条**　内部审计人员在实施内部控制审查与评价之前应适当应用控制自我评估法，根据控制自我评估报告考虑审计重点，以提高审计效率，促进内部控制审计目的的实现。

**第五条**　内部审计人员应当制定控制自我评估计划，召集组织相关管理人员对内部控制进行自我评估，并做好组织、协调与记录工作。

**第六条**　内部审计人员可以根据内部控制审计的目的与范围，确定控制自我评估的内容。控制自我评估主要包括以下内容：

（一）确定组织整体或职能部门的目标，识别其主要风险；

（二）评估组织内部控制的适当性、合法性及有效性；

（三）确认内部控制重大缺陷或存在严重风险的业务环节；

（四）评估组织非正式的控制及其有效性；

（五）评估组织的业务流程及其运作效率；

（六）对控制自我评估中发现的问题提出改进建议。

**第七条**　内部审计机构负责人应当担任控制自我评估的召集人，并加强对控制自我评估过程的督导。

### 第三章　控制自我评估的程序与方法

**第八条**　内部审计人员在应用控制自我评估法时，一般包括以下主要程序：

（一）制订控制自我评估的计划；

（二）与组织相关管理人员就控制自我评估的目的、内容及程序进行事先沟通和交流；

（三）确定控制自我评估的时间与方法；

（四）召集组织相关管理人员开展控制自我评估；

（五）在控制自我评估过程中做好协调与记录工作；

（六）在控制自我评估过程结束后，及时反馈并提交控制自我评估报告。

**第九条** 内部审计人员应用控制自我评估法时，应当根据行业特性、组织文化、管理风格、员工素质等灵活选用适当的方法。控制自我评估的主要方法包括：专题讨论会、问卷调查法和管理分析法。

**第十条** 专题讨论会是指内部审计人员召集组织相关管理人员就内部控制的特定方面或过程进行讨论及评估的一种方法。专题讨论会一般采用以下主要形式：

（一）以目标为基础的形式，是指围绕实现目标的最佳方式展开讨论，并评价现有内部控制是否能促进组织目标的实现；

（二）以风险为基础的形式，是强调对影响目标实现的各种风险进行识别，并确定现有风险管理过程是否适当、有效；

（三）以控制为基础的形式，是对现有内部控制的运行情况进行讨论，评估其有效性；

（四）以过程为基础的形式，是对组织业务流程的各个环节进行讨论和分析，以提出改善或简化流程的建议。

**第十一条** 在采用专题讨论会法时，内部审计人员组织会议参与者就会议专题展开自由讨论，并且做好信息的收集与反馈工作。

（一）内部审计人员可以采取电子投票等方式及时收集信息；

（二）内部审计人员应当及时汇总专题讨论会上的投票情况及讨论意见，提出有针对性的内部控制改进措施，并及时向会议参与者反馈，以便其了解情况并采取措施。

**第十二条** 问卷调查法是指内部审计人员就内部控制的特定方面或过程以书面问卷的形式向组织相关管理人员收集意见的一种方法。

**第十三条** 管理分析法是指内部审计人员就内部控制的特定方面或过程向相关管理人员收集信息，并将之与其他来源的信息一起进行综合分析的一种方法。

**第十四条** 内部审计人员应当根据组织特点及内部控制审计的需要适当应用控制自我评估法，一般每季度进行一次，以便对内部控制进行持续的监督。

**第十五条** 内部审计人员应当将控制自我评估过程中相关管理人员对内部控制的意见、建议以及评估结论等记录于工作底稿中，并据此提出改进内部控制的建议，编制控制自我评估报告。

**第十六条** 内部审计人员应当将控制自我评估报告及时反馈给参与内部控制评估的相关管理人员。必要时，也可提交给董事会或最高管理层，以便其及时采取有效措施改善经营活动和内部控制。

### 第四章 附　　则

**第十七条** 本准则由中国内部审计协会发布并负责解释。

**第十八条** 本准则自 2006 年 7 月 1 日起施行。

## 25. 内部审计具体准则第 22 号——内部审计的独立性与客观性(2006 年颁布)

### 第一章 总　　则

**第一条** 为保障内部审计的独立性与客观性，根据《内部审计基本准则》制定本准则。

**第二条** 本准则所称独立性，是指内部审计机构和人员在进行内部审计活动时，不存在影响内部审计客观性的利益冲突的状态。独立性一般指内部审计机构的独立性。

本准则所称客观性,是指内部审计人员在进行内部审计活动时,应以事实为依据,保持公正、不偏不倚的精神状态。客观性一般指内部审计人员的客观性。

**第三条** 本准则适用于各类组织的内部审计机构、内部审计人员及其从事的内部审计活动。

## 第二章 一般原则

**第四条** 内部审计机构负责人应采取措施保障内部审计机构的独立性以及内部审计人员的客观性,以确保审计目的的实现。

**第五条** 内部审计机构的独立性主要受机构与董事会或最高管理层关系的影响,并需要依靠规范的机构管理工作得以保证。具体而言,受到以下因素的影响:

(一)董事会或最高管理层的支持;

(二)内部审计机构的管理体制;

(三)内部审计机构负责人的权责范围;

(四)内部审计活动受到的外在压力以及干涉程度;

(五)其他可能影响内部审计机构独立性的因素。

**第六条** 加强内部审计机构的独立性能够促进内部审计人员客观性的提高。除了内部审计机构的独立性之外,内部审计人员的客观性还受到以下因素的影响:

(一)内部审计人员的职业道德素质;

(二)内部审计人员的专业胜任能力;

(三)内部审计活动中是否存在利益冲突的状况;

(四)其他可能影响内部审计人员客观性的因素。

**第七条** 内部审计人员应提高职业道德素质及专业胜任能力,避免利益冲突,并主动采取措施保证客观性。

## 第三章 独 立 性

**第八条** 内部审计机构应隶属于组织的董事会或最高管理层,接受其指导和监督并取得其支持,以确保内部审计机构的独立性。

**第九条** 内部审计机构负责人的任免应由组织董事会或最高管理层经过适当的程序确定,内部审计机构负责人应直接向董事会或最高管理层负责。

**第十条** 内部审计机构应通过内部审计章程的制定明确其职责和权限范围,并报经董事会或最高管理层批准,以确保内部审计活动不受到组织内其他部门的干涉和限制。

**第十一条** 内部审计机构应向董事会或最高管理层提交审计报告及工作报告,并在日常工作中与其保持有效的沟通。

**第十二条** 内部审计机构负责人有权出席或参加由董事会或最高管理层举行的与审计、财务报告、内部控制、治理程序等有关的会议,并积极发挥内部审计的作用。

## 第四章 客 观 性

**第十三条** 内部审计人员在进行审计活动前,应主动对客观性进行评估,一般可以采用以下步骤:

(一)识别可能损害客观性的因素;

(二)评估这些因素影响的严重性;

(三)向审计项目负责人或内部审计机构负责人报告,采取措施降低这些因素的影响;

(四)向董事会或最高管理层报告或披露有关客观性受损的情况。

**第十四条** 内部审计人员在识别可能损害客观性的因素时,应重点考虑以下内容:

(一)内部审计人员审查和评价自己以前负责的经营活动和内部控制;

(二)内部审计人员与被审计单位存在直接的经济利益关系;

（三）内部审计人员与被审计单位管理层有密切的私人关系；

（四）内部审计人员与被审计单位有长期合作关系；

（五）内部审计人员对于被审计单位或其管理层存有文化、种族或性别上的歧视；

（六）内部审计人员对于审计项目存有认知上的偏见；

（七）内部审计人员遭受来自机构内部和外部的压力；

（八）内部审计范围受到限制。

**第十五条** 内部审计人员识别了可能损害客观性的因素后，应对这些因素的严重性进行评估，并考虑是否已存在降低其影响的措施。

**第十六条** 当发现存在严重损害客观性的因素时，内部审计人员应及时向审计项目负责人或内部审计机构负责人报告客观性受损的情况。

**第十七条** 内部审计机构负责人应采取以下主要措施保证客观性：

（一）加强人力资源管理，提高内部审计人员的职业道德素质及专业胜任能力；

（二）增派内部审计人员参加审计项目，并进行适当分工；

（三）采用工作轮换的方式安排审计项目及审计小组；

（四）建立适当、有效的激励机制；

（五）制定并实施系统、有效的内部审计质量控制政策和程序；

（六）停止执行有关业务并及时向董事会或最高管理层报告。

**第十八条** 在客观性受到严重损害的情况下，内部审计机构负责人应及时向董事会或最高管理层报告，披露客观性受损的具体情况。

### 第五章　附　　则

**第十九条** 本准则由中国内部审计协会发布并负责解释。

**第二十条** 本准则自 2006 年 7 月 1 日起施行。

## 26. 内部审计具体准则第 23 号——内部审计机构与董事会或最高管理层的关系（2006 年颁布）

**第一条** 为了明确和协调内部审计机构与董事会或最高管理层的关系，保证内部审计的独立性，增强内部审计工作的有效性，根据《内部审计基本准则》制定本准则。

**第二条** 本准则所称内部审计机构与董事会或最高管理层的关系，是指内部审计机构由于隶属于董事会或最高管理层，而形成的协助其工作并向其报告的组织关系。

**第三条** 本准则适用于各类组织的内部审计机构、内部审计人员及其所从事的内部审计活动。

### 第二章　一般原则

**第四条** 内部审计机构应接受董事会或最高管理层的领导，保持与董事会或最高管理层的良好关系，协助董事会或最高管理层履行职责，实现董事会、最高管理层与内部审计在组织治理中的协同作用。

**第五条** 对内部审计机构有领导作用的董事会和相类似的机构包括：

（一）董事会；

（二）董事会下属的审计委员会；

（三）非盈利组织的理事会。

**第六条** 对内部审计机构有领导作用的最高管理层包括：

（一）总经理；

（二）与总经理级别相当的人员。

**第七条** 内部审计机构与董事会或最高管理层的关系包括以下基本内容：

（一）接受董事会或最高管理层的领导；
（二）协助董事会或最高管理层的工作；
（三）向董事会或最高管理层报告工作。

**第八条**　内部审计机构负责人应积极寻求董事会或最高管理层对内部审计工作的理解与支持。

**第九条**　内部审计机构应在授权范围内配合监事会工作。

## 第三章　接受董事会或最高管理层的领导

**第十条**　内部审计机构应在董事会或最高管理层的领导下，有效履行内部审计职责，确保内部审计活动能满足董事会或最高管理层的需要。

**第十一条**　内部审计机构接受董事会或最高管理层领导的方式包括：
（一）报请董事会或最高管理层批准审计工作事项；
（二）接受并完成董事会或最高管理层的业务委派。

**第十二条**　内部审计机构应向董事会或最高管理层报请批准的事项包括：
（一）内部审计章程；
（二）年度审计计划；
（三）人力资源计划；
（四）财务预算；
（五）内部审计政策的制定及变动。

**第十三条**　董事会或最高管理层根据需要，委派给内部审计机构的业务包括：
（一）进行舞弊调查；
（二）经济责任审计；
（三）执行特别专项审计；
（四）评价会计师事务所的工作质量；
（五）其他。

## 第四章　协助董事会或最高管理层的工作

**第十四条**　内部审计机构应协助董事会或最高管理层的工作，充分履行内部审计机构的职责。

**第十五条**　内部审计机构协助董事会或最高管理层的工作包括以下内容：
（一）协助董事会履行职责，提供与其监督职责相关的合法性、舞弊和内部控制的信息；
（二）协助董事会评估其工作，并提出适当建议；
（三）对组织各项经营活动或内部控制提供咨询意见；
（四）在董事会或最高管理层对外披露内部控制信息的过程中提供协助；
（五）在组织的道德文化建设中提供协助。

## 第五章　向董事会或最高管理层报告

**第十六条**　内部审计机构应与董事会或最高管理层保持有效的沟通，除了向董事会或最高管理层提交项目的审计报告之外，还应当定期提交工作报告。

**第十七条**　内部审计机构应定期向董事会或最高管理层提交工作报告，一般每年至少一次。

**第十八条**　内部审计机构的工作报告应概括、清晰地说明审计工作的开展以及本机构各类资源的使用情况，具体包括以下主要内容：
（一）年度审计计划的执行情况；
（二）审计项目涉及范围及审计意见的总括说明；
（三）对组织经营活动和内部控制的总体评价；
（四）审计中发现的差异和缺陷的汇总及其原因分析；
（五）重要的审计发现和建议；

（六）财务预算的执行情况；
（七）人力资源计划的执行情况；
（八）内部审计工作的效率和效果；
（九）董事会或最高管理层要求或关注的其他内容。

**第十九条** 内部审计机构提交工作报告时，还应当对年度审计计划、财务预算以及人力资源计划执行中出现的重大偏差及原因做出说明，并提出应对措施。

**第二十条** 内部审计机构应向董事会或最高管理层提交审计报告，审计报告应清晰反映重要的审计发现和建议。

**第二十一条** 日常工作中，内部审计机构还应与董事会或最高管理层就以下事项进行交流：
（一）讨论董事会或最高管理层关注的领域；
（二）内部审计活动是否满足董事会或最高管理层信息需求；
（三）讨论内部审计的新趋势和最佳实务；
（四）内部审计与外部审计之间的协调是否有效。

### 第六章　附　　则

**第二十二条** 本准则由中国内部审计协会发布并负责解释。
**第二十三条** 本准则自 2006 年 7 月 1 日起施行。

## 27. 内部审计具体准则第 24 号——内部审计机构的管理(2006 年颁布)

### 第一章　总　　则

**第一条** 为了规范内部审计机构的管理工作，保证审计质量，提高审计效率，根据《内部审计基本准则》制定本准则。

**第二条** 本准则所称内部审计机构的管理，是指内部审计机构对内部审计人员和内部审计活动实施的计划、组织、领导、控制、和协调工作。

**第三条** 本准则适用于各类组织的内部审计机构、内部审计人员及其从事的内部审计活动。

### 第二章　一般原则

**第四条** 内部审计机构的管理应达到以下目的：
（一）实现内部审计目标；
（二）使内部审计资源得到经济和有效的利用；
（三）提高内部审计质量，更好地履行监督与评价的职责；
（四）使内部审计活动符合内部审计准则的要求。

**第五条** 内部审计机构应当接受组织董事会或最高管理层的指导和监督，内部审计机构负责人对内部审计机构管理的适当性和有效性负完全责任。

**第六条** 内部审计机构应当制定内部审计章程。章程应当采用书面形式对内部审计活动的目标、权限和职责进行正式规范，并报经董事会或最高管理层批准。内部审计章程应包括以下主要内容：
（一）内部审计目标；
（二）内部审计机构在组织中的地位；
（三）内部审计机构的职责和权限范围；
（四）其他需要明确的事项。

**第七条**　内部审计机构应建立合理、有效的组织结构，多层级组织的内部审计机构可实行集中管理制或分级管理制：

（一）集中管理制下，可对下级组织实行内部审计派驻制或委派制；

（二）分级管理制下，上级内部审计机构应通过适当的组织形式和方式对下级内部审计机构进行指导和监督。

**第八条**　内部审计机构管理的内容主要包括以下方面：

（一）计划编制；

（二）人力资源管理；

（三）组织协调；

（四）领导与沟通；

（五）审计项目业务控制。

**第九条**　内部审计机构管理可以分为部门管理和项目管理两个层次。部门管理是指内部审计机构运行过程中的一般性行政管理。项目管理是内部审计机构对审计项目业务工作的管理与控制。

## 第三章　部门管理的内容与方法

**第十条**　内部审计机构应当在考虑组织风险、管理需要和审计资源等因素的基础上，编制年度审计计划。

**第十一条**　内部审计机构应当根据内部审计目标和管理需要，加强人力资源管理，确保人力资源利用的充分性和有效性。该项管理包括：

（一）内部审计人员的聘用；

（二）内部审计人员的培训；

（三）内部审计人员的工作任务安排；

（四）内部审计人员知识结构及专业能力分析；

（五）内部审计人员的业绩考核与激励机制；

（六）其他有关事项。

**第十二条**　内部审计机构应当根据年度审计计划和人力资源计划编制财务预算。编制财务预算时应考虑以下因素：

（一）内部审计人员的数量；

（二）审计工作的安排；

（三）内部审计机构的行政管理活动；

（四）内部审计人员的教育及培训要求；

（五）审计工作的研究和发展；

（六）其他有关事项。

**第十三条**　内部审计机构应当根据组织的性质、规模和特点，编制审计工作手册，以指导内部审计人员的工作。审计工作手册应包括以下主要内容：

（一）内部审计机构的目标、权限和职责的说明；

（二）内部审计机构的组织、管理及工作说明；

（三）内部审计机构的岗位设置及岗位职责说明；

（四）主要审计工作流程；

（五）内部审计质量控制政策与程序；

（六）内部审计道德规范和奖惩措施；

（七）内部审计工作中应注意的事项。

**第十四条**　内部审计机构和人员，应在组织董事会或最高管理层的支持和监督下，做好与组织其他机构和外部审计的协调工作，以减少重复工作，提高审计效率。

**第十五条**　内部审计机构应当接受组织董事会或最高管理层的指导和监督，在日常工作中保持经常的沟通，定期向其提交工作报告。

**第十六条** 内部审计机构应制定内部审计质量控制政策与程序，通过实施持续、有效的督导，内部自我质量控制与外部评价，保证审计质量。

## 第四章 项目管理的内容与方法

**第十七条** 内部审计机构应根据年度审计计划确定的审计项目，编制项目审计计划并组织实施，在实施过程中做好审计项目业务管理与控制工作。

**第十八条** 在审计项目管理过程中，内部审计机构负责人与项目负责人应充分履行各自的职责，以确保审计质量，提高审计效率。

**第十九条** 内部审计机构负责人对审计项目的管理负领导责任，其职责范围主要包括：

(一)选派审计项目负责人并对其进行有效的授权；

(二)审批项目审计计划；

(三)对审计项目的实施进行总体督导；

(四)审定并签发审计报告；

(五)其他有关事项。

**第二十条** 审计项目负责人对审计项目的管理负直接责任。其职责范围主要包括：

(一)制定项目审计计划；

(二)制定审计方案；

(三)组织审计项目的实施；

(四)对项目审计工作进行现场督导；

(五)编制审计报告；

(六)组织后续审计的实施；

(七)其他有关事项。

**第二十一条** 内部审计机构应采取适当的管理辅助手段，完善和改进项目管理工作，保证审计项目管理与控制的有效性。这些管理辅助手段可以包括以下主要内容：

(一)审计工作授权表；

(二)审计任务清单；

(三)审计会议议程；

(四)审计工作底稿检查表；

(五)审计文书跟踪表；

(六)其他管理辅助手段。

**第二十二条** 内部审计机构应当建立审计档案管理制度，加强审计项目工作底稿的归档、保管、查询、复制、移交和销毁等环节的管理工作，妥善保存审计档案。

## 第五章 附 则

**第二十三条** 本准则由中国内部审计协会发布并负责解释。

**第二十四条** 本准则自 2006 年 7 月 1 日起施行。

# 28. 内部审计具体准则第 25 号——经济性审计 (2007 年颁布)

## 第一章 总 则

**第一条** 为了规范内部审计机构和人员审查与评价组织经营活动的经济性，根据《内部审计基本准则》制定本准则。

**第二条**　本准则所称经济性是指组织经营活动过程中获得一定数量和质量的产品和服务及其他成果时所耗费的资源最少。经济性主要关注的是资源投入和使用过程中成本节约的水平和程度及资源使用的合理性。

本准则所称经济性审计是指内部审计机构和人员对组织经营活动的经济性进行审查与评价的活动。经济性审计是管理审计的重要组成部分。

**第三条**　本准则适用于各类组织的内部审计机构、内部审计人员及其从事的内部审计活动。

## 第二章　一般原则

**第四条**　经济性审计的目的是通过审查与评价组织经营活动中资源的取得、使用及管理是否节约及合理，协助管理层改善管理，节约资源，增加组织价值。

**第五条**　经济性审计既可以针对整个组织的经营活动，也可以针对特定项目、特定业务。

**第六条**　内部审计机构和人员应当具备必要的专业知识和技能，熟悉组织经营活动过程中投入的人力、财力、物力、信息、技术及时间等资源，掌握经营活动经济性的评价标准，运用恰当的审计方法以获取充分、相关、可靠的审计证据。

**第七条**　内部审计机构和人员可以根据需要，适当利用外部专家服务，并对利用外部专家服务所形成的审计结论负责。

**第八条**　内部审计人员在整个审计过程中应当保持高度的职业谨慎性，以识别在资源的取得、使用及管理过程中可能出现的舞弊行为。

**第九条**　内部审计人员在进行经济性审计时应当避免影响客观性的利益冲突。

**第十条**　经济性与效果性、效率性有密切关系，内部审计机构和人员根据实际情况，可以同时对组织经营活动的经济性、效果性和效率性进行审查评价，并出具管理审计报告；也可以只对经济性进行审查评价。如果只进行经济性审计，内部审计机构和人员应关注与其它两种审计之间的联系，以提高内部审计的有效性，并出具专项经济性审计报告。

## 第三章　经济性审计的内容与方法

**第十一条**　经济性审计审查评价的主要内容包括：

(一)资金的取得和使用是否节约；

(二)人力资源的取得及配置是否恰当；

(三)物资财产的取得及消耗是否节约；

(四)资源取得和配置在时间消耗上的适当性；

(五)资源取得的机会成本；

(六)资源的取得、使用和管理是否合理，是否遵循有关法律、法规；

(七)组织是否建立了健全的管理控制系统，以评价、报告和监督特定业务或项目的经济性；

(八)管理层提供的有关经济性方面的信息是否真实、可靠；

(九)其他有关事项。

**第十二条**　内部审计机构和人员在选择经济性审计方法时应当与审计对象、审计目标及经济性审计评价标准相适应。除了运用常规的审计方法以外，还可以运用数量分析法、比较分析法、标杆法等。

(一)数量分析法。数量分析法是对经营活动相关数据进行计算分析，并运用抽样技术，对抽样结果进行评价以获得充分、相关、可靠的审计证据的方法。数量分析法包括线性规划法、网络分析法、回归分析法、经济批量分析法等。

(二)比较分析法。比较分析法是通过分析、比较数据间的关系、趋势或比率来取得审计证据、完成审计目标的方法。

(三)标杆法。标杆法是内部审计人员对经营活动状况进行实际观察和检查，通过与组织内外部相同或相似经营活动的最佳实务进行比较而取得审计证据的方法。

**第十三条**　内部审计机构和人员应当关注资源投入和使用过程，进行事前、事中和事后审计，及时将组织经营活动过程中资源的损失、浪费等情况报告适当管理层，以便其采取纠正措施。

## 第四章　经济性审计评价标准

**第十四条**　内部审计机构和人员应当选择适当的经济性审计评价标准。

（一）内部审计人员首先应确定组织管理层已建立标准的适当性。如果此标准是适当的，内部审计人员在经营活动的经济性评价中就应使用这些标准。如果标准不适当，应该向适当管理层报告；

（二）如果管理层没有制定标准，内部审计人员应会同管理层选择适当的评价标准。

**第十五条**　内部审计机构和人员应当根据不同的审计对象及目标，选择定性或定量的经济性评价标准，或将二者适当结合。

（一）定量的评价标准主要包括计划、预算、定额、目标值、评价标准值等。

（二）定性的评价标准主要包括：国家法律、法规、方针和政策；主管部门的有关规定；组织的规章制度；职业组织推荐的最佳实务等。

**第十六条**　经济性审计评价标准应具备适当性、先进性和动态性。评价标准可以是组织内部的，也可以是组织外部的；可以是本年度的，也可以是以前年度的。

## 第五章　经济性审计报告

**第十七条**　内部审计机构和人员在经济性审计结束后，应当及时形成恰当的审计结论和建议，并出具审计报告。

（一）对组织特定业务或项目进行专门的经济性审计，应当出具专项经济性审计报告；

（二）对组织特定业务或项目同时进行经济性、效果性和效率性审计，可以根据实际情况，将两项或三项审计内容相结合出具管理审计报告；

（三）对组织经营活动和内部控制进行审计时涉及经济性审查和评价，可以一并纳入常规审计报告。

**第十八条**　内部审计机构和人员应当按照《内部审计具体准则第 7 号——审计报告》的要求出具经济性审计报告。经济性审计报告的正文应当主要包括以下内容：

（一）被审计单位经营活动的基本情况；

（二）开展经济性审计的立项依据；

（三）开展经济性审计的目的；

（四）经营活动经济性的评价标准及评价意见或结论；

（五）经济性审计中发现的主要问题，包括在资源的取得、使用和管理中的损失、浪费等事实，导致上述结果的原因及产生的影响；

（六）对进一步优化组织资源管理、节约资源使用所提出的建议。

**第十九条**　内部审计机构和人员应当及时将经济性审计报告提交给组织适当管理层，并在必要时实施后续审计，持续追踪问题是否得到解决，以促进组织经营活动投入资源的节约。

## 第六章　附　　则

**第二十条**　本准则由中国内部审计协会发布并负责解释。

**第二十一条**　本准则自 2007 年 7 月 1 日起施行。

# 29. 内部审计具体准则第 26 号——效果性审计（2007 年颁布）

## 第一章　总　　则

**第一条**　为了规范内部审计机构和人员审查与评价组织经营活动的效果性，根据《内部审计基本准则》

制定本准则。

**第二条** 本准则所称效果性是指组织从事经营活动时实际取得成果与预期取得成果之间的对比关系。效果性主要关注的是既定目标的实现程度及经营活动产生的影响。

本准则所称效果性审计是指内部审计机构和人员对组织经营活动的效果性进行审查与评价的活动。效果性审计是管理审计的重要组成部分。

**第三条** 本准则适用于各类组织的内部审计机构、内部审计人员及其从事的内部审计活动。

## 第二章 一般原则

**第四条** 效果性审计的主要目的是通过审查与评价组织经营活动既定目标实现的程度,以协助组织管理层改善经营水平,提高经营活动的效果。

**第五条** 效果性审计既可以针对整个组织的经营活动,也可以针对特定项目、特定业务。

**第六条** 组织经营活动特定项目或业务的效果既要考虑经济目标(例如产值、收入、利润),也要考虑社会目标(例如社会满意度、环保效应、社会责任)。

**第七条** 内部审计机构和人员应当具备必要的专业知识和技能,熟悉经营活动项目和业务,掌握经营活动效果的评价标准,运用恰当的审计方法以获取充分、相关、可靠的审计证据。

**第八条** 内部审计机构和人员可以根据需要,适当利用外部专家服务,并对利用外部专家服务所形成的审计结论负责。

**第九条** 效果性与经济性、效率性有密切关系,内部审计机构和人员根据实际情况,可以同时对组织经营活动的经济性、效果性和效率性进行审查评价,并出具管理审计报告;也可以只对效果性进行审查评价。如果只进行效果性审计,内部审计机构和人员应关注与其它两种审计之间的联系,以提高内部审计的有效性,并出具专项效果性审计报告。

**第十条** 内部审计机构和人员在对组织经营活动同时进行经济性、效果性和效率性的审查评价时,应当优先考虑效果性。

## 第三章 效果性审计的内容与方法

**第十一条** 效果性审计审查评价的主要内容包括:

(一)组织经营活动的目标是否适当、相关及可行;

(二)组织经营活动达到既定目标或实现预期经济和社会效果等情况;

(三)组织为实现既定目标所采取的程序和方法的合法、合理性,以及对有关政策、计划、预算、程序、合同等的遵循情况;

(四)分析组织经营活动未能及时达到既定目标的原因;

(五)分析组织无法按原定计划开展相应项目、业务或者中途停止项目、业务的原因;

(六)组织是否建立了健全的管理控制系统,以评价、报告和监督特定项目或业务的效果性;

(七)管理层提供的有关效果性方面的信息是否真实、可靠;

(八)其他有关事项。

**第十二条** 内部审计机构及人员在选择效果性审计方法时应当与审计对象、审计目标及效果性审计评价标准相适应。除了运用常规的审计方法外,还可以运用调查法、问题解析法、专题讨论会等方法。

(一)调查法。调查法是凭借一定的手段和方式(如访谈、问卷),对某种或某几种现象或事实进行考察,通过对搜集到的各种事实资料的分析处理,进而得出结论的一种研究方法;

(二)问题解析法。问题解析法是通过确定总括性问题、相关子问题以及用来解答这些问题的具体步骤来开展效果性审计工作的方法;

(三)专题讨论会。专题讨论会是指通过召集组织相关管理人员就经营活动特定项目或业务的具体问题进行讨论及评估的一种方法。

**第十三条** 内部审计机构和人员应当采取以结果为导向的审计方式,关注经营活动特定项目及业务的结果，确认项目或业务目标的实现程度及其产生的影响。

## 第四章　效果性审计评价标准

**第十四条**　内部审计机构和人员应当选择适当的效果性审计评价标准。

（一）内部审计人员首先应确定组织管理层已建立标准的适当性。如果此标准是适当的，内部审计人员在经营活动的效果性评价中就应使用这些标准。如果标准不适当，应该向适当管理层报告；

（二）如果管理层没有制定标准，内部审计人员应当会同管理层选择适当的评价标准。

**第十五条**　内部审计机构和人员在对经营活动特定项目或业务的效果性进行评价时，应当充分考虑国家宏观政策、经济环境及组织内部条件等的变化对既定目标造成的不同影响，注意社会效果与经济效果、长远效果与短期效果的结合，选择恰当的评价标准。

**第十六条**　内部审计机构和人员应当根据不同的审计对象及目标，选择定性或定量的效果性评价标准，或将二者适当结合。

**第十七条**　内部审计机构和人员对组织经营活动特定项目或业务的效果性进行评价时可参照选择以下标准：

（一）项目或业务的设计要求或计划应达到的水平；

（二）项目或业务对完成时间的要求；

（三）其他组织的相同或类似项目及业务已达到的最佳状态；

（四）国家已制定的最高标准或已达到的最佳水平；

（五）国际上已达到的最高水平；

（六）社会有关各方对该项目或业务的社会经济效果的满意程度。

## 第五章　效果性审计报告

**第十八条**　内部审计机构和人员在效果性审计结束后，应当形成恰当的审计结论和建议，并出具审计报告。

（一）对组织特定项目或业务进行专门的效果性审计，应当出具专项效果性审计报告；

（二）对组织特定项目或业务同时进行经济性、效果性和效率性审计，可以根据实际情况，将两项或三项审计内容相结合出具管理审计报告；

（三）对组织经营活动和内部控制进行审计时涉及效果性审查和评价，可以一并纳入常规审计报告。

**第十九条**　内部审计机构和人员应当按照《内部审计具体准则第 7 号——审计报告》的要求出具效果性审计报告。效果性审计报告的正文应当主要包括以下内容：

（一）被审计经营活动特定项目或业务的基本情况；

（二）开展效果性审计的立项依据；

（三）开展效果性审计的目的；

（四）经营活动效果性的评价标准及评价意见或结论；

（五）效果性审计中发现的主要问题，包括审计发现的事实、导致上述结果的原因及产生的影响；

（六）对特定项目或业务经营管理的改善和效果的提高所提出的建议。

**第二十条**　内部审计机构和人员应当及时将效果性审计报告提交给组织适当管理层，并在必要时实施后续审计，持续追踪问题是否得到解决，以促进管理层持续改善和提高经营活动的效果。

## 第六章　附　　则

**第二十一条**　本准则由中国内部审计协会发布并负责解释。

**第二十二条**　本准则自 2007 年 7 月 1 日起施行。

# 30. 内部审计具体准则第 27 号——效率性审计（2007 年颁布）

## 第一章　总　　则

**第一条**　为了规范内部审计机构和人员审查与评价组织经营活动的效率性，根据《内部审计基本准则》制定本准则。

**第二条**　本准则所称效率性是指组织经营活动过程中投入资源与产出成果之间的对比关系。

本准则所称效率性审计是指内部审计机构和人员对组织经营活动的效率性进行审查与评价的活动。效率性审计是管理审计的重要组成部分。

**第三条**　本准则适用于各类组织的内部审计机构、内部审计人员及其从事的内部审计活动。

## 第二章　一般原则

**第四条**　效率性审计的主要目的是通过审查和评价组织经营活动的投入、产出关系，优化业务流程，提高经营活动效率。

**第五条**　效率性审计既可以针对整个组织的经营活动，也可以针对特定项目、特定业务。

**第六条**　内部审计机构和人员应当具备必要的专业知识和技能，熟悉经营活动特定业务或项目的流程，掌握国内外先进的生产工艺标准、流程设计方法和评价标准，熟悉计算机和网络技术等信息系统相关知识，运用恰当的审计方法以获取充分、相关、可靠的审计证据。

**第七条**　内部审计机构和人员可以根据需要，适当利用外部专家服务，并对利用外部专家服务所形成的审计结论负责。

**第八条**　效率性与经济性、效果性有密切关系，内部审计机构和人员根据实际情况，可以同时对组织经营活动的经济性、效果性和效率性进行审查评价，并出具管理审计报告；也可以只对效率性进行审查评价。如果只进行效率性审计，内部审计机构和人员应关注与其他两种审计之间的联系，以提高内部审计的有效性，并出具专项效率性审计报告。

**第九条**　在经营活动特定项目或业务有多种效果性目标时，效率性审计应当根据审计目标的要求对效率进行综合评价，这种评价可能因审计目标的不同，对审计内容有不同的关注程度。

## 第三章　效率性审计的内容与方法

**第十条**　效率性审计审查评价的主要内容包括：

（一）组织采购、销售等商业活动的效率；

（二）组织研发、生产等技术活动的效率；

（三）组织筹资、投资等财务活动的效率；

（四）组织为确保财产、信息及人员的安全以及对风险的管理所采取措施的效率；

（五）组织计划、控制等管理活动的效率；

（六）为提高上述经营活动效率所采取的措施是否遵循有关法律、法规；

（七）管理层提供的有关效率性方面的信息是否真实、可靠；

（八）其他有关事项。

**第十一条**　内部审计机构和人员在进行效率性审计时，可以从以下几个方面考虑：

（一）确认与评价经营活动的投入；

（二）确认与评价经营活动的产出；

（三）综合评价投入产出的效率。

**第十二条** 效率性审计要考虑经营活动中资源投入与成果产出之比。投入的资源主要包括人力、财力、物力、信息、技术、时间等方面的资源；产出则是投入资源后取得的实际效果。

**第十三条** 效率性审计的基本方法是在计算经营活动效率的基础上，与先进的、可比的效率评价标准进行对比，分析影响组织经营活动效率的主要因素，提出有针对性的、切实可行的改进建议。

**第十四条** 内部审计机构和人员在进行效率性审计时，除了运用常规的审计方法外，还可以运用比较分析法、因素分析法、量本利分析法等方法，在对影响组织经营效率的各种因素进行综合分析后，提出进一步提高经营活动效率的建议。

（一）比较分析法。比较分析法是通过分析、比较数据间的关系、趋势或比率来取得审计证据、完成审计目标的方法。

（二）因素分析法。因素分析法是查找产生影响的因素，并分析各个因素的影响方向和影响程度的方法。

（三）量本利分析法。量本利分析法是分析一定期间内的业务量、成本和利润三者之间变量关系的方法。

**第十五条** 效率性审计应当将事中审计和事后审计适当结合。内部审计机构和人员可以在经营活动进行过程中对业务流程的效率进行评价，及时将组织经营活动过程中无效率或低效率的情况报告组织适当管理层，以便采取纠正措施，提高效率。

## 第四章 效率性审计评价标准

**第十六条** 内部审计机构和人员应当选择适当的效率性审计评价标准。

（一）首先应确定组织管理层已建立标准的适当性。如果此标准是适当的，内部审计人员在经营活动的效率性评价中就应使用这些标准。如果标准不适当，应该向适当管理层报告；

（二）如果管理层没有制定标准，内部审计人员应当会同管理层选择适当的评价标准。

**第十七条** 内部审计人员选择的效率性评价标准应当符合以下要求：

（一）可获得性。是指内部审计人员在现有的工作条件下能够以合理成本取得该效率性评价标准。

（二）先进性。是指该效率性评价标准在被评价领域中代表了较优秀的水平。

（三）适用性。是指该效率性评价标准符合审计对象的特征要求，能够恰当地对被审计单位的效率性进行评价。

（四）关联性。是指该效率性评价标准在各个历史时期具有可比的特征。

（五）可验证性。是指效率性评价标准应当能够为组织管理层获取，以使组织管理层能够对效率性审计进行评价。

**第十八条** 内部审计机构和人员对组织经营活动效率性进行评价时可以参照选择以下标准：

（一）组织经营活动效率的设计水平或计划水平；

（二）组织经营活动效率的历史同期最高水平；

（三）职业组织推荐的最佳实务标准；

（四）组织经营活动效率的国家标准水平；

（五）组织经营活动效率的国际标准水平；

（六）某国家或地区各该项效率指标的先进水平；

（七）国内同行业同类组织各该项效率指标的先进水平。

## 第五章 效率性审计报告

**第十九条** 内部审计机构和人员在效率性审计结束后，应当形成恰当的审计结论和建议，并出具审计报告。

（一）对组织特定业务或项目进行专门的效率性审计，应当出具专项效率性审计报告；

（二）对组织特定业务或项目同时进行经济性、效果性和效率性审计，可以根据实际情况，将两项或三项审计内容相结合出具管理审计报告；

(三)对组织经营活动和内部控制进行审计时涉及效率性审查和评价,可以一并纳入常规审计报告。

**第二十条** 内部审计机构和人员应当按照《内部审计具体准则第7号——审计报告》的要求出具效率性审计报告。效率性审计报告的正文应当主要包括以下内容:

(一)组织经营活动与效率性审计有关的基本情况;

(二)开展效率性审计的立项依据;

(三)开展效率性审计的目的;

(四)经营活动效率性的评价标准及评价意见或结论;

(五)效率性审计中发现的经营活动无效率或低效率的问题,导致上述问题的原因及产生的影响;

(六)对优化业务流程、改进经营管理和提高效率所提出的建议。

**第二十一条** 内部审计机构和人员应当及时将效率性审计报告提交给组织适当管理层,并在必要时实施后续审计,持续追踪问题是否得到解决,以促进管理层改善业务流程和提高经营活动的效率。

### 第六章 附 则

**第二十二条** 本准则由中国内部审计协会发布并负责解释。

**第二十三条** 本准则自2007年7月1日起施行。

## 31. 内部审计具体准则第28号——信息系统审计 (2009年颁布)

### 第一章 总 则

**第一条** 为了规范组织内部审计机构及人员开展信息系统审计活动,保证审计质量,根据《内部审计基本准则》制定本准则。

**第二条** 本准则所称信息系统审计,是指由组织内部审计机构及人员对信息系统及其相关的信息技术内部控制和流程开展的一系列综合检查、评价与报告活动。

**第三条** 本准则适用于各类组织的内部审计机构、内部审计人员及其从事的信息系统审计活动。

### 第二章 一般原则

**第四条** 信息系统审计的目的是通过实施信息系统审计工作,对组织是否达成信息技术管理目标进行综合评价,并基于评价意见提出管理建议,协助组织信息技术管理人员有效地履行其受托责任以达成组织的信息技术管理目标。组织的信息技术管理目的是保证组织的信息技术战略充分反映该组织的业务战略目标,提高组织所依赖的信息系统的可靠性、稳定性、安全性及数据处理的完整性和准确性,提高信息系统运行的效果与效率,合理保证信息系统的运行符合法律法规及监管的相关要求。

**第五条** 组织中信息技术管理人员的责任是信息系统的开发、运行和维护以及信息技术相关的内部控制的设计、执行和监控;信息系统审计人员的责任是实施信息系统审计工作并出具审计报告。

**第六条** 从事信息系统审计人员的专业胜任能力是指在信息系统审计领域,胜任管理层与其他利益方的委托、履行其信息系统审计职能所应拥有的相关知识、技能和素质。信息系统审计人员应当熟悉内部审计业务并具备必要的信息技术及信息系统审计的专业知识。此外,审计项目负责人员应具有三年以上信息系统审计相关工作经验,或六年以上相关业务的从业经验。由于组织特殊性而产生的例外情况,应当获得组织管理层的特别授权。组织应当建立信息系统审计人员培训制度,鼓励审计人员取得注册信息系统审计师等执业资格,以保证审计人员的专业胜任能力。必要时,信息系统审计可利用外部专家的服务。

**第七条** 信息系统审计可作为独立的审计项目组织实施、或作为综合性内部审计项目的组成部分

实施。

**第八条** 信息系统审计划分为以下阶段：审计计划阶段、审计实施阶段、审计报告与后续工作阶段。

**第九条** 审计人员应采用以风险为导向的审计方法进行信息系统审计，风险评估应贯穿审计的计划、实施、报告与后续工作各个阶段。

## 第三章 审计计划

**第十条** 内部审计人员在执行信息系统审计之前，需要确定审计目标并初步评估审计风险，估算完成信息系统审计或专项审计所需的资源，确定重点审计领域及审计活动的优先次序，明确审计组成员的职责，并以此制定信息系统审计计划。

**第十一条** 制定信息系统审计计划时，应遵循其他相关内部审计具体准则规定的因素，同时针对信息系统审计的特殊性，审计人员还应充分考虑以下因素：

（一）高度依赖信息技术、信息系统的关键业务流程及相关的组织战略目标；

（二）信息技术管理的组织架构；

（三）信息系统框架和信息系统的长期发展规划及近期发展计划；

（四）信息系统及其支持的业务流程的变更情况；

（五）信息系统的复杂程度；

（六）以前年度信息系统内、外部审计等相关的审计发现及后续审计情况。

**第十二条** 信息系统审计作为综合性内部审计项目的一部分时，审计人员在审计计划阶段还应综合考虑相关内部审计的审计目标及要求。

## 第四章 信息技术风险评估

**第十三条** 进行信息系统审计时，审计人员应当识别组织所面临的与信息技术相关的内、外部风险，并采用适当的风险评估技术与方法，分析及评价其发生的可能性及影响程度，为确定审计目标、范围和方法提供依据。

**第十四条** 信息技术风险是指组织在信息处理和信息技术运用过程中产生的、可能影响组织目标实现的各种不确定因素。信息技术风险包括组织层面的信息技术风险、一般性控制层面的信息技术风险及业务流程层面的信息技术风险等。

**第十五条** 审计人员在识别、评估组织层面、一般性控制层面的信息技术风险时需要关注以下几方面：

（一）业务关注度，即组织的信息技术战略与组织整体发展战略规划的契合度以及信息技术（包括硬件及软件环境）对业务和用户需求的支持度；

（二）信息资产的重要性；

（三）对信息技术的依赖程度；

（四）对信息技术部门人员的依赖程度；

（五）对外部信息技术服务的依赖程度；

（六）信息系统及其运行环境的安全性、可靠性；

（七）信息技术变更；

（八）法律规范环境；

（九）其他。

**第十六条** 业务流程层面的信息技术风险受行业背景、业务流程的复杂程度、上述组织层面及一般性控制层面的控制有效性等因素的影响而存在差异。一般而言，审计人员应了解业务流程并关注以下几方面信息技术风险：

（一）数据输入；

（二）数据处理；

（三）数据输出。

**第十七条** 审计人员应充分考虑风险评估的结果，以合理确定信息系统审计的内容及范围，并对组织的信息技术内部控制的设计有效性和执行有效性进行测试。

## 第五章 信息系统审计的内容

**第十八条** 信息系统审计通常包括对组织层面信息技术控制、信息技术一般性控制及业务流程层面相关应用控制的审计。

**第十九条** 信息技术内部控制的各个层面都包括人工控制、自动控制和人工、自动相结合的控制形式，审计人员应根据不同的控制形式采取恰当的审计程序。

**第二十条** 组织层面信息技术控制是指管理层及治理层对信息技术治理职能及内部控制的重要性的态度、认识和措施，审计人员应考虑以下控制要素中与信息技术相关的内容：

（一）控制环境

审计人员应关注该组织的信息技术战略规划对业务战略规划的契合度、信息技术治理制度体系的建设、信息技术部门的组织结构和关系、信息技术治理相关职权与责任的分配、信息技术人力资源管理、对用户的信息技术教育和培训等方面；

（二）风险评估

审计人员应关注组织的风险评估的总体架构中信息技术风险管理的框架、流程和执行情况、信息资产的分类以及信息资产所有者的职责等方面；

（三）信息与沟通

审计人员应关注组织的信息系统架构及其对财务、业务流程的支持度、管理层及治理层的信息沟通模式、信息技术政策/信息安全制度的传达与沟通等方面；

（四）监控

审计人员应关注组织的监控管理报告系统、监控反馈、跟踪处理程序以及组织对信息技术内部控制的自我评估机制等方面。

**第二十一条** 信息技术一般性控制是指与网络、操作系统、数据库、应用系统及其相关人员有关的信息技术政策和措施，以确保信息系统持续稳定的运行，支持应用控制的有效性。对信息技术一般性控制的审计应考虑以下控制活动：

（一）信息安全管理

审计人员应关注组织的信息安全管理政策，物理访问及针对网络、操作系统、数据库、应用系统的身份认证和逻辑访问管理机制，系统设置的职责分离控制等；

（二）系统变更管理

审计人员应关注组织的应用系统及相关系统基础架构的变更、参数设置变更的授权与审批，变更测试，变更移植到生产环境的流程控制等；

（三）系统开发和采购管理

审计人员应关注组织的应用系统及相关系统基础架构的开发和采购的授权审批，系统开发的方法论，开发环境、测试环境、生产环境严格分离情况，系统的测试、审核、移植到生产环境等环节；

（四）系统运行管理

审计人员应关注组织的信息技术资产管理、系统容量管理、系统物理环境控制，系统和数据备份及恢复管理，问题管理和系统的日常运行管理等。

**第二十二条** 业务流程层面应用控制是指在业务流程层面为了合理保证应用系统准确、完整、及时完成业务数据的生成、记录、处理、报告等功能而设计、执行的信息技术控制。对业务流程层面应用控制的审计应考虑以下与数据输入、数据处理以及数据输出环节相关的控制活动：

（一）授权与批准；

（二）系统配置控制；

（三）异常情况报告和差错报告；

（四）接口/转换控制；

（五）一致性核对；

（六）职责分离；

（七）系统访问权限；

（八）系统计算；

（九）其他。

**第二十三条** 信息系统审计除上述常规的审计内容外，审计人员还可以根据组织当前面临的特殊风险或需求，设计专项审计以满足审计战略，具体包括但不限于下列领域：

（一）信息系统开发实施项目的专项审计；

（二）信息系统安全专项审计；

（三）信息技术投资专项审计；

（四）业务连续性计划的专项审计；

（五）外包条件下的专项审计；

（六）法律法规、行业规范要求的内部控制的合规性的专项审计；

（七）其他专项审计。

## 第六章 信息系统审计的方法

**第二十四条** 审计人员在进行审计与信息技术相关内部控制及流程中可以单独或综合应用下列的审计方法来获取充分、适当的审计证据以评估信息技术内部控制的设计有效性和执行有效性：

（一）询问相关的控制人员；

（二）观察特定控制的运用；

（三）审阅文件和报告；

（四）根据信息系统的特性，进行穿行测试，追踪交易在信息系统中的处理过程；

（五）验证系统控制和计算逻辑；

（六）登录信息系统进行系统查询；

（七）利用计算机辅助审计工具和技术；

（八）保证独立性、客观性及职业技能的质量控制前提下，利用其他专业机构的审计结果或组织对信息技术内部控制的自我评估结果；

（九）其他

**第二十五条** 信息系统审计人员可以根据需要利用计算机辅助审计工具和技术进行数据的验证、关键系统控制/计算的逻辑的验证、审计样本选取等；审计人员在充分考虑安全的前提下，可以利用可靠的信息安全侦测工具进行渗透性测试等。

**第二十六条** 审计人员在对信息技术内部控制进行评估时，应获得充分、可靠及相关的审计证据以支持审计结论完成审计目标，并应充分考虑系统自动控制的控制效果的一致性及可靠性的特点，在选取审计样本时可根据情况适当减少样本量。在系统未发生变更的情况下，可考虑适当降低审计频率。

**第二十七条** 审计人员在审计过程中进行风险评估，并在此基础上依据信息技术内部控制评估的结果重新评估审计风险，并根据剩余风险来进一步设计审计程序。

**第二十八条** 审计工作底稿应以正式的书面或电子形式进行记录，其中应包含审计程序、审计发现和审计结论以及支持审计结论的审计工作细节及审计证据。审计过程中获取的电子数据应建立严格的电子数据归档措施，并对敏感数据进行严格的保密管理。

## 第七章 审计报告与后续工作

**第二十九条** 在审计实施结束后，审计人员应以充分、可靠及相关的审计证据为依据形成审计结论与建议，出具审计报告，形成审计结果，追踪审计建议的落实并执行相应后续审计程序。

**第三十条** 当信息系统审计作为综合性内部审计项目的一部分时，审计人员应及时与其他相关内部审计人员沟通信息系统内部审计的发现，并考虑依据审计结果调整其他相关审计的范围、时间及性质。

## 第八章 附 则

**第三十一条** 本准则由中国内部审计协会负责解释。

**第三十二条** 本准则自2009年1月1日起施行。

# 32. 内部审计具体准则第29号——内部审计人员后续教育(2009年颁布)

## 第一章 总 则

**第一条** 为了规范内部审计人员后续教育,保持和提高内部审计人员的专业胜任能力,根据《内部审计基本准则》、《内部审计人员职业道德规范》制定本准则。

**第二条** 本准则所称的后续教育,是指内部审计人员为保持和提高其专业胜任能力,掌握和运用相关新知识、新技能和新法规所进行的学习与研究。

本准则所称的内部审计人员,是指取得内部审计人员岗位资格证书或国际注册内部审计师(CIA)资格证书的人员。

**第三条** 本准则积极引导其他从事内部审计活动的人员参加后续教育,以增强其专业知识和业务能力。

**第四条** 本准则适用于各级各类的内部审计(师)协会,各类组织的内部审计机构、内部审计人员进行的后续教育。

## 第二章 一般原则

**第五条** 内部审计人员应当根据职业发展需要,确定合理的后续教育内容,选择适当的后续教育形式。

**第六条** 中国内部审计协会、省级内部审计(师)协会应当明确划分其在后续教育中的职责与权限,合理组织并有效实施后续教育。

市、县级内部审计(师)协会,经中国内部审计协会或省级内部审计(师)协会授权,也可组织实施管辖范围内的后续教育。

内部审计机构应当为内部审计人员接受后续教育提供必要的保障。

**第七条** 中国内部审计协会、省级内部审计(师)协会应当定期检查与考核后续教育情况,确保后续教育质量。

## 第三章 内容与形式

**第八条** 后续教育应当讲求实效、学以致用。主要内容包括:

(一)国家颁布的有关法律法规;

(二)内部审计准则及内部审计人员职业道德规范;

(三)内部审计理论与实务;

(四)会计理论与方法;

(五)信息技术理论与应用技术;

(六)公司治理、内部控制和风险管理理论;

(七)其他相关专业知识与技能。

**第九条** 后续教育应当区分内部审计机构负责人、审计项目负责人和审计助理人员三个层次,突出重点、按需施教。具体内容包括:

(一)内部审计机构负责人应当学习和研究组织领导本单位(部门)内部审计工作方面的知识和技能,包括:相关法律法规、内部审计准则和会计准则及其最新变化,内部审计在公司治理、内部控制、风险管理和企业流程再造过程中的作用及其最新发展,内部审计章程拟订,审计关系处理与协调,审计管理案例,组织文化与政策,以及开展咨询服务业务的有关理论和实务等;

（二）审计项目负责人应当学习和研究独立完成一个审计项目方面的知识和技能，包括：内部审计准则和会计准则，财务管理理论与方法，经济管理理论，项目审计计划与审计方案制定，审计评价标准解读和选择，审计报告撰写与提出，审计案例分析，审计助理人员监督和指导，人际关系沟通等；

（三）审计助理人员应当学习和研究参与完成一个审计项目方面的知识和技能，包括：内部审计准则和会计准则，审计基本理论与技术方法，计算机基础知识，逻辑推理，相关人际关系沟通等。

**第十条** 内部审计人员接受培训是后续教育的主要方式。一般应当采取以下形式：

（一）参加国际内部审计师协会和亚洲内部审计联合会组织的专业会议及培训活动；

（二）参加中国内部审计协会和省级内部审计（师）协会举办的各种培训及考察活动；

（三）参加中国内部审计协会和省级内部审计（师）协会召开的专业会议及经验交流；

（四）参加中国内部审计协会和省级内部审计（师）协会认可的有关大专院校的专业课程进修；

（五）参加经中国内部审计协会或省级内部审计（师）协会授权的市、县级内部审计（师）协会组织的专业培训及经验交流。

**第十一条** 内部审计人员自学是后续教育的重要补充方式。一般应当包括以下形式：

（一）参加中国内部审计协会和省级内部审计（师）协会开办的网络教育；

（二）参加由本单位（部门）内部审计机构开展的业务技术培训；

（三）主持或参与完成省级以上内部审计（师）协会发布的课题研究，并取得研究成果；

（四）公开出版专业著作或发表专业论文；

（五）个人专业学习和实务研究；

（六）其他形式。

## 第四章 组织与实施

**第十二条** 内部审计人员后续教育由中国内部审计协会和省级内部审计（师）协会负责组织、实施。行业审计协会实施的有关培训活动实行年度认证制，认证工作由中国内部审计协会实施。

**第十三条** 中国内部审计协会负责组织、实施全国内部审计人员的后续教育。主要职责是：

（一）制定全国后续教育规划；

（二）制定全国后续教育制度、规定、办法；

（三）制定全国后续教育年度培训计划，提出教学大纲；

（四）组织全国后续教育教材的开发、评估、推荐；

（五）组织全国后续教育活动；

（六）组织全国后续教育检查、考核；

（七）指导、督促省级内部审计（师）协会的后续教育工作。

**第十四条** 省级内部审计（师）协会负责组织、实施管辖范围内的内部审计人员后续教育。主要职责是：

（一）制定管辖范围内后续教育规划；

（二）制定管辖范围内后续教育制度、规定、办法；

（三）制定管辖范围内后续教育年度培训计划，设置教学内容；

（四）组织管辖范围内后续教育教材的评估、遴选；

（五）组织管辖范围内后续教育活动；

（六）组织管辖范围内后续教育检查、考核；

（七）指导、督促市、县级内部审计（师）协会的后续教育工作。

**第十五条** 市、县级内部审计（师）协会同时符合下列条件的，经中国内部审计协会或省级内部审计（师）协会授权，也可组织实施管辖范围内的后续教育：

（一）具有承担后续教育工作的教学场所和设施；

（二）拥有与承担后续教育工作相适应的师资队伍和管理力量；

（三）能够完成所承担的后续教育任务，保证后续教育质量。

被授权的市、县级内部审计（师）协会在组织后续教育前，应当将实施方案报送相应授权协会备案。实施方案内容包括:教学目的、教学内容、教学方式、教材遴选、教师情况、考核形式、质量控制办法等。

**第十六条** 内部审计机构应当支持、督促本单位(部门)内部审计人员参加后续教育,保证学习时间和学习费用,提供必要的学习条件。

内部审计机构开展的本单位(部门)业务技术培训,如需申请确认为内部审计人员后续教育学时的,应当提请中国内部审计协会或省级内部审计(师)协会进行评估。评估内容包括:培训条件、培训计划、培训内容、师资来源、教学水平、管理水平、学员满意度和质量监控措施等。

## 第五章 检查与考核

**第十七条** 中国内部审计协会负责检查、考核全国内部审计人员的后续教育情况;省级内部审计(师)协会负责检查、考核管辖范围内的内部审计人员后续教育情况;内部审计机构负责检查,并如实填报本单位(部门)的内部审计人员后续教育情况。

**第十八条** 检查与考核的标准,按内部审计人员接受学习的时间计算,每两年为一个周期,时间不得少于80学时,其中每年接受后续教育的时间不得少于30小时。后续教育的学时计算标准是:

(一)属本准则第十条第(二)项、第(三)项、第(四)项的,第十一条第(一)项的,按设定的学时计算已完成后续教育学时;

(二)属本准则第十条第(五)项的,由市、县级内部审计(师)协会与中国内部审计协会或省级内部审计(师)协会协商后,确定已完成后续教育学时;

(三)属本准则第十条第(一)项的,其设定的学时报中国内部审计协会认定;

(四)属本准则第十一条第(二)项的,由内部审计机构提出申请,经中国内部审计协会或省级内部审计(师)协会评估后,确认已完成后续教育学时;

(五)属本准则第十一条第(三)项、第(四)项的,按每千字2学时计算已完成后续教育学时,全年累计不得超过40学时;

(六)荣获省级以上学术成果奖励的,当年按20学时计算已完成后续教育学时,全年累计不得超过40学时;

(七)取得相关中级以上专业技术职称和国家级执业资格的,当年按20学时计算已完成后续教育学时,全年累计不得超过40学时。

**第十九条** 有下列情形之一的,内部审计人员后续教育时间可以顺延,在下一年度一并完成规定的后续教育时间:

(一)年度内在境外工作超过六个月的;

(二)年度内病假超过六个月的;

(三)休产假的;

(四)其他情况。

有上述情形的内部审计人员须由个人提出申请,所在单位(部门)人事部门证明,报经中国内部审计协会或省级内部审计(师)协会审核后确认。

**第二十条** 内部审计人员接受检查、考核时,应当提交记录其后续教育情况的《内部审计人员岗位资格证书》、《国际注册内部审计师资格证书》;其他从事内部审计活动的人员应当提交记录其后续教育情况的《内部审计人员后续教育证书》。

后续教育情况由中国内部审计协会或省级内部审计(师)协会负责记录,包括:培训内容、培训时间、培训地点,以及教师的姓名、职称(职务)和累计培训学时等。

**第二十一条** 除本准则第十九条列示的情形外,内部审计人员未能提供其后续教育有效记录或无故未达到后续教育要求的,考核时不予通过;考核未予通过的内部审计人员,其所在单位(部门)内部审计机构应当督促其接受后续教育。

(一)年度内未接受后续教育或未按有关规定完成后续教育学时的内部审计人员,由省级内部审计(师)协会予以警告;

(二)连续二年未接受后续教育或连续二年未按有关规定完成后续教育学时的内部审计人员,省级内部审计(师)协会不予办理内部审计人员岗位资格证书、国际注册内部审计师(CIA)资格证书年检;

(三)连续三年未接受后续教育或连续三年未按有关规定完成后续教育学时的内部审计人员,由省级内部审计(师)协会作出或建议作出吊消其内部审计人员岗位资格证书、国际注册内部审计师(CIA)资格证书。

**第二十二条** 被授权的市、县级内部审计(师)协会,丧失组织后续教育条件的,由相应授权协会收回其组织实施后续教育的权力。

**第二十三条** 内部审计机构无故未按规定提供后续教育机会和条件、未按规定如实填报本单位(部门)内部审计人员后续教育情况的,内部审计(师)协会不予受理其申请内部审计先进集体评比,严重的可以取消其会员资格。

### 第六章 附　　则

**第二十四条** 本准则由中国内部审计协会发布并负责解释。

**第二十五条** 本准则自 2009 年 1 月 1 日起施行。

## 33. 内部审计质量评估机构管理暂行办法
## (2012 年颁布)

**第一条** 为加强对内部审计质量评估机构的管理,规范内部审计质量外部评估工作,根据《内部审计质量评估办法(试行)》,制定本办法。

**第二条** 本办法所称内部审计质量评估机构,是指经中国内部审计协会核准,具备内部审计质量外部评估资格的地方内部审计(师)协会和会计师事务所、财务咨询公司等中介机构。

**第三条** 内部审计质量评估机构应当具备以下条件:

(一)从事地方或行业内部审计管理工作或提供内部审计咨询服务;

(二)拥有一定数量具备内部审计质量评估资格的人员;

(三)中国内部审计协会会员单位。

**第四条** 中国内部审计协会负责内部审计质量评估机构业务资格的核准和监管。

**第五条** 符合本办法第三条规定条件的机构可以向中国内部审计协会申请内部审计质量外部评估业务资格,申请机构应当提交下列书面材料:

(一)内部审计质量评估业务资格申请表;

(二)机构组织法人登记证书或营业执照(复印件);

(三)具备内部审计质量评估资格的人员的相关职业资格及技术职称证明材料(复印件);

(四)机构组织章程和有关管理制度。

**第六条** 中国内部审计协会应当自收到申请材料后 30 日内进行审查。经审查符合条件的,核准其内部审计质量外部评估业务资格。

**第七条** 内部审计质量外部评估业务资格有效期为 3 年。申请延续业务资格的机构,应当在有效期满前 30 日,向中国内部审计协会提交以下材料,提出延续申请:

(一)延续申请表;

(二)3 年内完成的内部审计质量评估项目情况,包括被评估对象、评估时间、评估结果等;

(三)3 年内从事内部审计质量外部评估人员的情况,包括姓名、年龄、工作单位、专业技术职称、职业资格、是否担任评估组组长等。

**第八条** 内部审计质量评估机构在业务资格有效期内,如机构业务范围、人员情况发生变化,必须及时告知中国内部审计协会。中国内部审计协会可以视情况重新核准其内部审计质量外部评估业务资格。

**第九条** 内部审计质量评估机构必须按照《中国内部审计质量评估手册(试行)》规定的程序和方法开展评估工作。

**第十条** 内部审计质量评估机构开展质量评估项目前,应当与被评估单位签署协议,确定评估范围、实

正版图书★品质保障